中華人民共和國國務院批准的重大文化出版工程

國家文化發展規劃綱要的重點出版工程項目

新聞出版總署列爲『十一五』、『十二五』國家重大工程出版規劃之首

國家出版基金重點支持項目

中華大典

政治典

人民出版社

《中華大典》工作委員會

《中華大典》編纂委員會

《中華大典》前言

《中華大典》是運用我國歷代漢文古籍編纂的一部大型工具書。其目的是爲學術界及願意瞭解中國古代珍貴文化典籍的人士提供準確詳實、便於檢索的漢文古籍分類資料。

中國是世界文明古國之一，幾千年來纂寫和聚集的文化典籍浩如烟海。我國歷代都有編纂類書的優良傳統，具有代表性的《永樂大典》等大多已佚失，現存《古今圖書集成》編就距今也已數百年。爲了適應今天和以後研究和檢索的需要，一九八八年海内外三百多位專家學者和各古籍出版社同仁倡議，在已有類書的基礎上，用現代科學方法編纂一部新的類書《中華大典》。

國務院在關於編纂《中華大典》問題的批覆中指出，編纂《中華大典》『是我國建國以來最大的一項文化出版工程』。本書所收漢文古籍上起先秦，下迄清末，約三萬種，達七億多字，分爲二十二個典，近百個分典，内容廣博，規模宏大，前所未有。

《中華大典》的編纂工作堅持科學態度和百花齊放、百家争鳴方針。儘量采用古精校精刻本，優先采用我國建國後文獻學和考古學的優秀成果。對傳統文化中重要的不同學派的資料，兼收并蓄。運用現代圖書分類的方法，對收集到的資料，精選、精編，力求便於檢索、準確可信。

這項工作從開始起就受到中共中央、國務院和有關部門的重視和支持。國家主席江澤民、國務院總理李鵬分别爲《中華大典》題詞。江澤民的題詞是：『同心同德群策群力認真編好中華大典爲建設有中國特色的社會主義服務。』李鵬的題詞是：『繼承和弘揚民族優秀傳統文化。』全國政協主席李瑞環、國務委員李鐵映也作了重要指示，要求抓緊辦理。一九九〇年五月，國務院批准《中華大典》爲國家重點古籍整理項目。一九九二年九月，正式成立了《中華大典》工作委員會和《中華大典》編纂委員會，召開了《中華大典》工作、編纂會議。自此，《中華大典》的編纂工作由試點轉入正式啓動，逐步鋪開。

編纂《中華大典》，學術性很强，工作量很大，工程十分艱巨，全賴廣大專家學者和全國各有關高等院校、科研院所、圖書館、出版單位的鼎力支持與積極參與。大家本着弘揚中華民族優秀文化的心願，發揚奉獻精神，克服各種困難，團結協作，給這部巨大類書的出版提供了根本保證。在此謹表示誠摯的謝意。

對本書的批評與建議，我們將十分歡迎。

《中華大典》編纂委員會

一九九七年四月

《中華大典》編纂通則

一、性質：《中華大典》（以下簡稱《大典》）是對漢文古籍（含已翻譯成漢文的少數民族古籍）進行全面的、系統的、科學的分類整理和彙編總结的新型類書，是在繼承歷代類書優良傳統、考慮漢文古籍固有特點的基礎上，借鑒和參照近代編纂百科全書的經驗和方法編纂而成。編纂《大典》的目的，是爲學術界及願意瞭解中國古代珍貴文化典籍的人士提供各種分門別類的、準確詳細的古代漢文專題資料。

二、規模和體例：《大典》所收古籍的時限，上自先秦，下迄辛亥革命。全書共收各類漢文古籍三萬餘種，約七億字。全書體例，着重汲取清代《古今圖書集成》所采用的經目和緯目相交織這一統一框架結構的模式，同時參照現代科學的學科、目録分類方法，并根據各類學科内容的實際情況，一般將每一大類學科輯爲一典，也有將幾個相關學科共輯爲一典的。對各典名稱，均以現代學科命名，對於所收入的各種古籍資料，亦儘可能納入現代科學分類體系之中。

三、經目：大典共分二十四個典，即哲學典、宗教典、政治典、軍事典、經濟典、法律典、教育典、語言文字典、文學典、藝術典、歷史典、歷史地理典、民俗典、數學典、物理化學典、天文典、地學典、生物學典、醫藥衛生典、農業典、林業典、工業典、交通運輸典、文獻目録典。典以下以分典、總部、部、分部分級，分部之下的標目根據各學科特點由各典自行擬定。

四、緯目：共設置九項緯目，用以包容各級經目的具體内容：

①題解：對有關學科的名稱、概念、涵義、特點等作總體介紹的資料。

②論説：有關理論部份的資料。

③綜述：有關學科或事物的系統性資料，凡有關學科或事物的性狀、制度、範疇、特點及學科地位、發展情況等具體内容均編入此緯目中。

④傳記：有關人物的傳記资料。

⑤紀事：有關學科或事物的具體活動或事例的資料。

⑥著録：重要人物或文獻的有關著作資料，如專集介紹、序跋、藏書題記，以及有關著作的成書經過、版本源流等。

⑦藝文：有關屬於文學欣賞性的散文或韵文。

⑧雜録：凡未收入以上各緯目，而又有較高參考價值的資料，均入雜録。

⑨圖表：根據有關經目的内容需要，圖與表附於相關專題之下，或集中彙總於某級經目之後。

《大典》以内容分類安排各級緯目，各級緯目的正文，一般以原書爲單位，按時代順序排列。每一條資料前標明出處，包括書名或作者名、篇名或卷次，以利讀者核對原書。

五、書目：每分典後附有該分典所收書之書目，書目包括書名、作者、時（年）代、版本等内容。時代以成書時代爲準，成書時代不詳者，以作者主要活動時代爲準，并遵從歷史習慣。

六、版本：《大典》在選用版本時儘量采用古人的精校精刻本，亦采用學術界通用的近、現代整理圈點本及現代學者校點整理本。

七、校點：爲儘可能保存古籍原貌，《大典》衹對底本中明顯的脱、訛、衍、倒進行勘正。古本中的避諱字一般不作改動，衹對缺筆字補足筆劃。後人刻書時避當朝人諱而改動的字，據古本改回。《大典》采用新式標點法。

一九九六年八月

#《中華大典·政治典》編纂委員會

主　編：楊寄林

編　委：（按姓氏筆劃排列）

李炳泉　范紅霞　柏　樺　郝艷華

温玉春　喬鳳岐　楊永康　楊寄林

劉永海　譚景玉　顧乃武

#《中華大典·政治典》編輯出版工作委員會

《中華大典·政治典》序

政治是以國家、政府、權力爲基托、爲軸心而存在、運行和發展變化的一種社會歷史現象與活動。國家不同，政治亦異；時代不同，該國政治尤異。中國是世界上一個偉大的統一的多民族國家，是一個地廣人衆、歷史悠久而又富有革命傳統和優秀遺產的國家，是一個經歷過奴隸社會、封建社會、半殖民地半封建社會滄桑巨變的國家。其政治進程之綿長曲折又前途光明，其政治結構之中心突出又複雜多端，其政治運作之弘遠雄深又具體而微，其政治思維之批隙導窾又求真務實，在人類歷史和國際舞臺上都是極具特色且罕有儔匹的。

《政治典》作爲《中華大典》所屬二十四典之一，旨在依照《〈中華大典〉編纂通則》，結合中國古代政治暨近代政治實際而詳定義例，彙輯史料，上起先秦，下至晚清，形成一部規模空前、分類準確、選材精當、編排得體的新型專科大類書，爲此遂凸顯下列主題和主綫：

一、統一的多民族國家創建與發展的總歷程和大趨勢。從傳説時代的部落聯盟——炎黄族屬集團、東夷族屬集團、苗蠻族屬集團到夏商周奴隸制王朝先後崛起，復經春秋大國爭霸，戰國七雄兼併，標志着中國作爲統一的多民族國家在孕育，在肇興；逮至秦漢，則非僅宣告正式建立和形成，并且得到鞏固與壯大；其後隋、唐王朝相繼勃興，遂轉入强盛；歷經元、明、清迭次經營，到康乾時期更空前恢廓，愈益雄盛，穩固定型，巋然屹立於世界的東方。交替出現在其間的由諸侯列國尤其是對峙政權如南北朝、宋遼夏金造成的分裂局面，實質上都在爲最終實現或恢復、重建、再造大一統國家準備條件，積蓄力量，采取行動。儘管歷程艱難曲折，但統一始終構成了中國政治和中國歷史發展的主流，蘊涵并貫注着各族人民長期所形成的强固的親和力、嚮心力與凝聚力，其勢不可逆轉，亦不可阻擋。

二、政區建制的基本輪廓和變動情形。聚焦在：歷代各王朝及對峙政權的國號由來、命名涵義和世界影響；國土在開闢而互有消長，疆域在拓展而迭有盈縮，最終歸於版圖雄闊定型的歷史結局與定勢；與之相隨的京師、國都的矗立地點，選定緣由，獨特風貌，重大作用及遷都事宜；由分封制到郡縣制、州郡制、道路制、行省制而在其鼎盛時期所分別劃定的封國格局、政區層級和單位數量、等第差別與沿革情況；以及恰與轄境、政區緊密相聯的峰值人口的增減情勢，田地總面積的疊加累積狀況。由此表明中國幅員遼闊、領土廣大、主權歸屬明確和自然資源豐富多樣、孳生人口衆多的歷史淵源。

三、國家元首制度的牢固確立和整體特徵。緊扣在：其一，先秦國王制度遞相推移并向皇帝制度轉變，皇帝制度自秦以降不斷强化而達到頂點、終被廢除的全過程。其二，王制、王權和帝制、皇權在極具排他性的外在標志及物化象徵上，徑從名號、輿服、典禮、器物一直輻射到宮殿、宗廟、社稷、陵墓而轉密加詳的情狀，其威懾力和滲透力所達到的令人望即生畏、動輒觸忌的程度。其三，王位、皇位的尊不可及和禁絶窺覘，終身制與世襲制的共立互持及變例施用，建儲制的輔之而行和愈趨完善。其四，王權、皇權的至高無上、不可分割與不容侵犯，徑直或最終對政事決斷權、軍事統領權、法律掌控權、財政支配權的獨攬、獨裁甚至濫用、妄用的具體表現。其五，由帝王專制而衍生的后妃制度、宦官制度的特定形態與變化軌迹，隨之而造成王權或皇權異化的女主干政亂政、宦官弄權專權等諸多形式和諸類現象。其六，專制主義在中國歷史上所産生的客觀積極作用與嚴重消極影響。

四、國家政權組織的漸趨完備和運行機制。大要凡三：一是歷代王朝從中央到地方所設置的各級各類行政機構、軍事機構、監察機構的初始形態和鼎立式格局、寶塔形序列，諸如命名取義、職能劃分、內部組成、官職設立、員額配備、職權限定、責任歸屬，相互間主從或平行關係的確定，以及前後因革損益之迹、調整改造之處、權力制衡之局、蕃漢分治之由，特别是宰相職位和職權的演變鏈條與真諦所在。二是歷代王朝所制定的官吏管理制度的基本框架和組成部分，包括選拔任用，考核獎懲，監察法辦，秩品俸禄，輿服印信，公文程式，休假與致仕，旌表與優恤，行政法規定立頒行，以及各朝迭加修正、釐訂之舉，完善、健全之方，特别是科舉制度的優越性、行政立法的悠久傳統等。三是歷代王朝環繞軍國大政形成中央決策的必要程序，付諸實施的步驟和方法，特别是國王、皇帝在其中所起的決定性作用。從而得見：中央集權同地方分權互有消長而地方分權越往後越受嚴格控制的定勢，皇權同相權互有升降而相權越往後越被大幅削弱的趨向，在制度設計安排上保證國家機器正常運轉、一姓家天下長治久安的明智措置、成熟經驗暨必不可免的流弊痼疾。

五、政治意識形態的掌控方針和灌輸手段。突出顯現在：夏商周學在王官而被春秋私學勃興所衝決，早期天命觀盛行而被後期人事論繼起所淡化，戰國時代允許甚至鼓勵、歡迎百家爭鳴或以法爲教、以吏爲師而遽被漢代罷黜百家、獨尊儒術所取代，儒術遂屢經改造和變換理論形態而始終居於思想主宰地位。舉凡統一經學、御纂專書、敕編羣籍、設館修史、經義取士，又與之整合組配，爲其加重地位，加深影響，加大作用。面對道教、佛教，則基本實行既利用、又限制的政策，但對異端學説則一直抱定力行排斥、多方遏制甚且封殺的態度，而從焚書坑儒到大興文字獄之類的高壓鉗制手段又輪番施用，一脈相承，進而構築起定於一尊的嚴密乃至嚴酷的思想統治網、思想調控鏈和思想禁錮圈。

六、政治變遷的關鍵環節和往復曲綫。重中尤重者爲：歷代圍繞國家統一與分裂而採取的因時而異的平叛、削藩、靖邊等重大舉措，圍繞國家利益和安全而組織的戰績可觀的收復國土、抗擊外侵的軍事行動，圍繞富國强兵、起衰救弊而從事的效果迥别的變法革新運動，圍繞國家最高權力或中樞權力而展開的包括政變在内的殊死較量和激烈角逐。以及開國守成時期的政迹與景觀，盛世大治階段的規模與氣象，中興復振之際的局面與圖景；與此形成鮮明對照的政治危機的窘境困局，末世敗政的危情險態，亡國一幕的淒情慘狀；政治偉人的與時俱進和卓越建樹，政治敗類的倒行逆施和劣迹惡行。既於交織互動、循環往復之中，益明主流所在，愈顯人心所向；又於錯綜複雜、跌宕起伏之下，更見大勢所趨，頗有規律可尋。

七、近代中國以八大事件爲主綫而展開的『兩個過程』及其重大轉折點和藴含其間的未來走向，在此過程中所啓動的與之密不可分、息息相關的後發晚生型近代化進程，特別是其中深受外來影響而出現的政治新要素、新形式、新徵象和新動態。諸如傳統官制向新式官制的初步轉型，正規化海軍的首次組建，新軍的編練，警政的創辦，地方自治的倡行，君主立憲制的提上日程，大清國旗和大清國歌的先後制定。尤須彰明的則是：社團政黨的相繼建立，婦女解放運動的持續高漲，收回利權運動的迅猛發展，清王朝和封建帝制終被推翻，等等。

八、對外關係的構建模式和演進趨向。更多投注在：兩漢以來陸上和海上通道亦即絲綢之路的開闢與延伸，沿綫商港口岸的設置與拓展，各王朝務使朝貢體系得以確立并趨於完備化的主要措施，相繼奉行并一以貫之的以維繫和平爲宗旨的外交政策，遞次同亞洲、歐洲、非洲、美洲諸國結成的政治關係或政治聯繫，與之同步的重大通使活動，官方及民間經濟貿易往來所達到的頻度與强度，物質文化和精神文化交流所臻及的廣度與深度，以及閉關鎖國的弊害，晚清屈辱外交的惡果。從而昭示貫穿其間的由近而遠、由疏而密、由表而及裏的演變總趨向，彰顯中國在清中葉以前所長久贏得的崇高國際威望，佔據的領先地位，起到的主導作用，發揮出的巨大感召力和影響力，宣明中華民族所獨有的熱愛和平、珍視友誼、開放包容的民族特質、禀賦與風采。

九、深邃政治智慧的聚結和優秀政治理論遺產的積澱。歷久而彌珍者爲：駕馭全局的體系化、邏輯化的治國大道，卓見成效的綱目化、部門化的施政要術，對内憂外患確可緩解或化除的真知灼見與方略方策，對國家興衰存亡定律的多方究詰與深切剖判，富有民族思維特性的政治哲學觀點和政治認知成果，頗具普適性、警策性的政治名言和政治格言，世代延續的强烈愛國精神和深沉憂患意識，前所未有的近代民主革命思潮等。

凡此種種，歸結到一點，便是對中國數千年政治實踐活動和政治思想精髓進行集中梳理、系統復原、重點展示和内在揭櫫，使之軒豁呈露在今人面前，形成政治楷式同政治炯鑑的結合體，闡揚中華政治文明獨樹一幟又別開生面的創獲性成就，以供各界精英進一步深究詳探。

基於上列主體内容，《政治典》構建了由六級『經目』同四個『緯目』交織互持的框架結構，用以顯示主題，突出類別，統括和承載起傳世古籍暨出土文獻中與之恰相對應的宏富資料。六級經目除『典』居首外，下設六個『分典』，即：先秦政治分典、秦漢政治分典、魏晉南北朝政治分典、隋唐五代政治分典、宋遼夏金政治分典、元明清政治分典（由古代卷、近代卷兩大部分組成）。每一分典（除元明清政治分典近代卷之外），再設六個總部，即：政區總部、皇帝制度總部（先秦政治分典内爲『國王暨國君制度總部』）、官制總部、政治嬗變總部、對外關係總部（先秦政治分典内爲『邦交總部』）、政治思想總部；元明清政治分典近代卷則爲：政區變更總部、新設官制總部、政治嬗變總部、對外關係總部、社團政黨總部、政治思想總部。在各總部之下，復設若干個『部』、『分部』及『專題』。通過『分典』的斷代厝置和自成單元，旨在凸現各個歷史階段和相應朝代所獨具的最突出、最鮮明的政治特點；藉助各『總部』以迄『專題』的多維涵蓋和層級布列，旨在標揭特定時代的諸多政治根本問題、關鍵問題、重大問題、緊切問題及其深層底藴；進而通體聚合并前後銜接起來，即形成格局突兀而立且脈絡清楚、綫索明晰、要點俱在的相對完整的邏輯體系。

本典所設四個『緯目』爲：『綜述』、『論説』、『藝文』、『雜録』，適得其所地依次配置在『部』、『分部』或『專題』之下，組成每級『經目』所包納的具體内容和全部資料的展開區間和宣示點位。其中『綜述』集中收録切合於本經目的最基本、最主要的史實方面的資料，『論説』集中收録切合於本經目的包括針鋒相對之論、孤偏奇特之論在内的各種評議性的精彩文字，『藝文』集中收録切合於本經目的詩、詞、曲、賦和諸體文章，『雜録』則集中收録切合於本經目的具有補充、延伸、拾遺、考證等作用的相關資料。四個『緯目』之間各有側重，彼此映照，互作支撑，融爲一體。

《政治典》依託於相得益彰的既定經緯目框架結構，在資料搜集選定和編排上，大力講求『六强三化』。『六强』謂：『廣博性』和『對應性』雙『强』；『原始性』和『典型性』雙『强』；『完整性』和『獨特性』雙『强』。『三化』指：系統化、條理化、嚴密化。但凡輯録在各級經目之『四緯目』下方的資料各歸其類，密合無間，有倫有脊，渾然一體，是爲系統化。但凡輯録在各級經目之每一『緯目』下方的資料，通常俱按資料産生年代（具體引用典籍的成書年代）依序排列，縱貫而下，紅綫穿珍珠，形成一條龍，是爲條理化。在例行操作和技術層面上符合各項規範要求，恰切進行技術性加工等，是爲嚴密化。

《中華大典·政治典》以四千七百萬字的篇幅，力圖達成政治學原理和中國政治史的有機統一，實現傳統大型類書同現代新型類書的恰切整合，熔鑄成信息密集化的中國古代和近代政治資料庫，發揮出『經世致用』的直接功能，特向國家機關工作人員、社會各界研究者提供一九一一年以前豐富翔實、足資參取、利於統覽、便於查檢的政治專題素材與原始史料，并對總結治國理政的成功經驗和深刻教訓，完善國家治理體系，鞏固民族大團結，促進祖國和平統一大業，擴大中華政治文明的國際影響力，庶幾不失其借鑑意義、啓迪作用和輔助功效。

《中華大典·政治典》由河北師範大學、貴州師範大學、魯東大學、山東大學、山東理工大學、南開大學、天津師範大學、天津市社會科學院、北京外國語大學、河北大學、河北工業大學、山西大學、河南科技大學、湖北大學、華南師範大學、雲南大學、雲南師範大學等全國二十餘所高等院校、科研院所各具專長的學術同仁精誠合作，共同編纂，六易寒暑，始得告竣。期間始終得到《中華大典》工作委員會、《中華大典》編纂委員會、《中華大典》辦公室和國家出版基金規劃管理辦公室高屋建瓴的宏觀指導和强有力支持；人民出版社領導與責任編輯更爲本典確保并持續提升質量提出了許多寶貴意見，付出了大量學術心血和升華性的審訂勞動。謹此深致謝忱。本典有待社會檢驗和時間考驗，倘蒙海内外方家和廣大讀者不吝賜教，則如獲至寶，於此翹首以待。

《中華大典·政治典》編纂委員會

二〇一四年十月十五日

中華大典・政治典

元明清政治分典近代卷

主編：范紅霞　郝艷華

《元明清政治分典近代卷》編纂委員會

主　編：范紅霞　郝艷華

副主編：張艷麗　楊永康

編　委：（按姓氏筆劃排列）

范紅霞　郝艷華　張艷麗　楊永康

撰稿人：（按姓氏筆劃排列）

范紅霞　郝艷華　馬曉霞　張艷麗

項　勇　楊　潔　楊永康　賈億寶

鄭　偉　劉婉玉　邊志鵬

《元明清政治分典近代卷》編纂説明

《元明清政治分典近代卷》是《中華大典·政治典》下設《元明清政治分典》的近代部分。上起一八四〇年鴉片戰爭，下迄一九一一年辛亥革命，前後凡七十二年。這七十二年在中國歷史發展演變的長河中不啻短暫的一瞬間，僅僅比康熙朝多出十一年來，但它卻是清王朝衰落與滅亡的時期，更是中國社會性質發生根本性變化的階段。其間所呈現出的政治現象、政治活動、政治主題、政治趨勢和未來走向，較之以前中國封建政治形態則愈顯斑駁陸離，錯綜複雜，更加急遽多變，跌宕起伏，越發鮮明突出，深刻重要。

在這七十二年間，帝國主義和中國封建主義相結合，把封建的中國逐漸變成了半殖民地半封建國家，中國人民高揚反帝反封建的旗幟，為國家獨立、民族解放和民主自由進行了前仆後繼的英勇奮鬥。從鴉片戰爭到八國聯軍侵入北京，外國列强對中國多次發動野蠻的侵略戰爭，逼迫清王朝訂立壓迫性和奴役性越來越大的一系列不平等條約，變本加厲地攫奪和擴大在華權益。既大片割占中國領土，又恣意瓜分勢力範圍；既不時干預清廷內政，又相機調整『以華制華』的對華政策；既勒索巨額賠款，又榨取超額利潤；既大力阻礙中國社會進步，又多方進行文化滲透；既發動外交攻勢，又販掠迫害華工。不僅破壞了中國國家主權和領土完整，促使中國發生了資本主義因素，而且掌握了中國的經濟命脈，控制了中國的政局，竟至殘酷地間接統治了中國，一步步把中國推向了半殖民地半封建社會的深淵。

面對外國列强的長時間、全方位的罪惡侵略行徑，清王朝始則妄自尊大，繼則畏懼退讓，終則與之勾結，制定了牢固不易、必在奉行的對內鎮壓反抗、對外妥協投降的基本國策。在後一基本國策指導下，戰則即敗或不戰自敗，避戰招敗，轉而求和議和，簽約履約，一再割地賠款，不斷喪權辱國。在前一基本國策驅使下，鎮壓起義和絞殺革命凶殘至極，刑獄苛酷駭人聽聞，吏治腐敗積重難返，皇室奢靡無以復加。這種對內對外基本國策的頑固推行，給偌大國家和中華民族造成了史無先例的嚴重危機和莫大耻辱，給廣大民衆和整個社會帶來了世所罕見的深重苦難和慘烈災禍。其所暴露的封建專制統治之腐朽没落，竟爲歷代所僅見，致使中國跌入到半殖民地半封建社會的谷底。

爲打破、摧毁半殖民地半封建統治秩序，人民大衆奮起搏戰，從未止息。太平天國起義爆發於前，義和團運動勃興於後，以農民為主體的各種羣衆性自發鬥爭此仆彼起，遍及全國。儘管最終慘遭中外反动勢力聯合鎮壓，然則不僅沉重打擊和削弱了清王朝的統治力量，摇撼着清王朝的統治基礎，而且徹底擊碎了帝國主義妄圖瓜分中國的迷夢，阻止了帝國主義迅速使中國殖民地化的企圖。

在清王朝封建統治搖搖欲墜的形勢之下，清政府出於自救的需要，迫於內外的强大壓力，發起了洋務運動，展開了戊戌維新運動，實施起清末新政，藉此被動地醞釀和啓動了步伐沉重、曲折艱難、時斷時續、近乎畸形的近代化進程，而改制變法則始終被置於舉足輕重的地位，隨之在舊體制中不同程度地注入了明顯帶有近代西方色彩的政治新要素、新形式和新成分。諸如：邊疆危機下先後改新疆、臺灣、奉天、吉林、黑龍江為行省而將版圖整合到一元化國家政區建制之中；實現傳統官制向新式官制初步轉型；刷新外交體制并完成天朝封貢體系向近代條約體系轉變；以及正規化海軍的首次組建，新軍的編練，警政的創辦，地方自治的倡行，君主立憲制的提上日程，科舉制度的廢除與新式學堂的興辦，大清國旗和大清國歌的先後制定，等等。

諸如此類的在政治近代化進程中廢舊更新的舉措，引發了清廷既定政權結構的變異和滿漢權勢的消長，造成了中央權力下移、漢族官員權力膨脹的局面與態勢，但未觸動極端的慈禧太后個人專制、獨攬朝綱的體制機制和皇權至上的最高準則，以慈禧太后為代表的滿洲皇權仍在指導、影響着一切，以致徹底地蜕變成外國列强在中國的總代理人，墮落為洋人的朝廷，進而促使民族民主革命運動不斷向縱深發展，昭示着滿洲皇權的末日臨近與到來。

一九一一年，辛亥革命激烈爆發，取得歷史里程碑式的劃時代偉大功績，不僅推翻了清王朝的黑暗封建統治，更廢除了延續兩千一百多年的君主專制制度，創建了中華民國，確立了民主共和的國家體制，從此揭開了中國歷史新的一頁，為中國人民實現徹底的民主革命和社會主義革命開闢了廣闊的道路。

顯而易見，各種社會政治團體自戊戌維新至辛亥革命期間應運而生，如雨後春笋般大量湧現，直至壁壘分明地形成綱領明確、初具規模的改良派或革命派政黨組織，各自公開或秘密地展開組織活動，全力投入政治事業，分别發揮出推進政治改革或領導民主革命的重要作用，開始嶄露出政黨政治的雛形與端倪。這在中國政治史上則是别開生面、前所未有的。同樣别開生面、前所未有的是：近代中國婦女解放運動在持續高漲與深入。

置身於近代中國内憂外患接踵而至的年代，無論經世派、當權派成員還是改良派、革命派人士，都必須對『中國向何處去』這一核心問題做出回答、給出解決方案來。於是在政治思想領域不斷掀起軒然大波，隨同中學與西學的撞擊交融而起伏漲落，沿着化險拯危、救亡圖存、救國救民的方向而湍飛流急，形成了空前活躍、林林總總的政治新思潮，輪番顯現在：社會改革思潮的興起，禦侮自强思潮的盛行，變法維新思潮的掀捲，君主立憲思潮的湧動，民主革命思潮的高漲，國粹主義思潮的傳播，無政府主義思潮的宣揚，實業救國、教育救國等思潮的會合。這一波又一波政治思潮或遞次相繼，同時并存；或針鋒相對，前推後擁；或彼此呼應，相互影響，給如何應對風雨如晦的政治現實以直接引導，對採取何種政治行動產生深刻的影響。特别是三民主義學説脱穎而出，最符合當時的特殊國情，極富政治生命力，獲得最廣泛的認同，躍居於主導性政治思潮的首位，給中華民族留下了最中心、最本質、最偉大的遺産。

爲全面扼要地反映上列政治特點，《元明清政治分典近代卷》按照既定篇幅，旨在從浩如煙海的近代文獻中廣搜慎擇相關史料，尤重融會貫通，使之躍然紙上，原貌再現。爲此而從静態與動態的結合上設立『政區變更』、『新設官制』、『政治嬗變』、『對外關係』、『社團政黨』、『政治思想』六個總部、四十七個部、二百五十二個分部，組成層級式經目序列，用以彰顯主題，突出類屬，宣明主綫，標揭重心，展現全局，昭示趨向。與這一經目序列相交織、相匹配，依次設立『綜述』、『論説』、『藝文』、『雜録』等緯目，按部就班地置於各部、各分部或專題經目之下，用以包納和羅列與之恰相切合的羣書資料，藉以多視角展現其所藴含的具體内容和底藴。如此經緯互持，達成整體結構的有機統一，冀使近代中國政治特點軒豁呈露。

本卷在資料搜集、選定和編排上，特以《政治典》『六强三化』的總要求爲懸鵠而略作變通，進一步加以細化，主要體現在：

（一）鑑於搜羅廣博爲類書題中應有之義，故於這一時期各書涉及同一事類的歧異載述則兼收并蓄，以求各適其用，顯示全貌。

（二）鑑於當時有關中國近代政治問題的論説評析文字數量甚多，本卷以務求精要、力戒冗濫爲原則，審慎予以收録。其中政論名家、宰輔重臣之專論及散論，或出人意表，發聾振聵，或久居高位，感悟頗深，自然在所必録；一般文人學士之説，倘若别具隻眼，孤詣獨造，亦當優先采録；至於空泛膚淺之論，則悉數摒棄。

（三）在儘可能保持所輯原文完整性的前提下，遇有摘引之整段文字中夾帶其他記述或評説内容而與所屬經目無關者，則徑行删除，依《〈中華大典〉編纂通則》進行恰切的『【略】』處理。

（四）爲使主題和類屬愈加明晰，同時便於統括繁多且駁雜的資料幷鑲嵌得體，酌情在某些『部』或『分部』、『專題』的『綜述』緯目之下擬設自成一組的小標題，統統藉助字體、字號大小予以凸顯。

（五）在各緯目之下所標示的資料出處，大多包含五要素：時代、作者、書名、卷數、篇目，以利速檢速得。其先後排列順序，一般俱按資料的產生年代依次厝置，但不排除特殊情況特殊處理。或在同一緯目之下采取暗分明不分的方式彙聚編列其所含不同細類的資料，藉以免卻層次過於繁冗之累，適與通例有別而不悖，莫以自亂其例視之。

（六）另於本卷之末附引用書目。每一書目都開列書名、作者或編者（含佚名在内）、版本，通體則按時代縱貫而下，俾便索驗。

《元明清政治分典近代卷》係集體編纂。其中政區變更總部由郝艷華承擔，新設官制總部由郝艷華、張艷麗承擔，政治嬗變總部由范紅霞、郝艷華、鄭偉承擔，對外關係總部由郝艷華、項勇承擔，社團政黨總部由郝艷華承擔，政治思想總部由楊永康、賈億寶、馬曉霞、劉婉玉、邊志鵬、楊潔承擔。

《中華大典·政治典·元明清政治分典近代卷》編纂委員會

二〇一七年十二月二十日

目録

一

二

政區變更總部

通紀概説部

綜　述

王延熙、王樹敏《清道咸同光奏議》卷一七下《袁保恒〈密陳夷務疏〉》　東三省爲我朝根本重地，騎兵精勁，天下所無。以臣所見，軍興以來，調至各省者，衝鋒陷陣，所向無前。各軍倚以爲重，綠營馬兵、中原馬勇百練所不能及。二十年來，蕩平粤捻，立功甚鉅。良將勁卒，亦因此耗折殆盡。聞近來紀律技藝均已大遜從前，然其風氣剛勁，人習勤苦，敢於戰鬬，果能選其驍健，申以軍法，厚其餉糈，勤其訓練，不數年間，悉成勁旅。自古兵馬所萃爲控制天下之資，中外爭衡，每於此斤斤致慎。宋人自失燕雲，軍事從此不振，論者每爲嘆惜。觀古知今，不得不深籌而過計也。日來，道路傳聞，謂吉林邊界時有俄夷增兵往來，或謂其備戒他國，其事未能深悉。然臣歷觀各國情形，惟俄夷爲最强，亦惟俄夷爲最狡，往往不動聲色，布局於十數年以前，肆毒於十數年以後，其舉動尤爲叵測。在彼卽爲蠻觸之爭，在我不無虞虢之懼。履霜有象，桑土宜先。伏願特簡久經戰陣熟習韜鈐之知兵重臣，專辦東三省練兵事務。除三省地方事宜仍歸各將軍、府尹辦理外，其凡屬兵馬餉糈邊防之事，悉以屬之。數千里聯爲一氣，重以事權，寬以歲月，無事則可消覬覦之萌，有事則可爲撻伐之助。用以拱衛神京，懾服他族。根本至計，未可委之一二不相統轄之武臣，謂可威疆鄰而弭外患也。至福建之臺灣，地雖僻處海塗，而物產豐富，最爲各國所垂涎。倘爲夷人盤踞，則南北洋沿海各處輪船均數日可達，出沒窺伺，防不勝防，我無安枕之日矣。加以民、番偪處，區畫尤難，非專駐大臣，鎮以重兵，舉其地民、風俗、吏治、營制、鄉團，事事實力整頓，洽以德意，孚以威信，未易爲功。若以福建巡撫每歲駐臺灣半載，恐閩中全省之政務，道里懸隔，而轉就抛荒。臺灣甫定之規模，去住無常，而終爲具文，甚非計之得也。查直隸、四川、甘肅各省，皆以總督兼辦巡撫事，可否改福建巡撫爲臺灣巡撫，常川駐守，經理全臺。其福建全省事宜，歸總督辦理。庶事任各有攸司，責成卽各有專屬，似於臺灣目前情形不無裨益。以上兩處地方，均關係極重，宸謨廣運，自有權衡。臣一得之愚，是否有當，謹就管蠡所及，用備聖明採擇。

又《黎培敬〈敬陳時務疏〉》（光緒七年）一、臺灣宜設備也。臺地從古不通中國，明末荷蘭入居其地，鄭成功逐而踞之。國初平海，始立郡縣。地本沃饒，一歲三熟，閩浙、兩廣皆資其米，不特日本涎之，各國皆涎之久矣。特莫敢爲戎首，姑嗾日人先發以相嘗試耳。倘日人得志，諸國又必不容也。前督臣沈葆楨治軍臺灣，開闢一府三縣、移置一廳，奏稱生番地可加闢；又奏准令閩撫每年以六個月分駐臺灣；因其爲海南重鎮也；乃迄今未聞再闢，有無窒礙，難以懸揣。今日本既露狡謀，尤宜以全力設備，請敕福建撫臣駐紮其地，不拘六個月爲期，並移福建水師提督一體駐紮，與巡撫輪流更换。其福建所造之輪船礮械，酌撥運臺，交撫提二標認眞操練。臺灣爲全閩門户，禦賊於堂奥，不如禦賊於藩籬，此定理也。至生番地面，仍請責成撫提體察情形，添建郡縣，使外人知我以全力注臺，自可杜其窺伺之計。

一、盛京宜練兵也。我朝龍興遼左，東三省實爲根本。其地北接俄羅斯，康熙中曾經定界。今俄人越界，已抵琿春，則吉林、黑龍江、寧古塔、三姓、打牲、伯都訥、墨爾根、齊齊哈爾、阿勒楚喀等處，皆當嚴密隄防。查東三省夙稱勁旅，國初武功超越千古，承平已久，恐不如前然。軍興以來，如將軍都興阿、多隆阿等，均以索倫馬步隊建立奇功，爲時名將，可見兵隨將轉，得人以統帥之則壁壘一新，旌旗立爲變色，應請旨責成盛京總督、吉林、黑龍江將軍各副都統，挑選精鋭，簡拔將才，實力訓練，以成節制之師。其舊有邊牆，宜分地修築，毘連俄界之地，尤宜相擇險要，多築堡寨，務令固若金湯。至旅順、牛莊諸海口，直達外洋，距朝鮮至近，距日本亦不遠；上年俄人要挾，聲言欲封海口，雖係虛談，究應嚴加防範；請仍照烏魯木齊設立提督，巴里坤、伊犂各設總兵之例，特設盛京水陸提督各一員，增立標營，與各將軍都統，相爲輔翼，仍撥福建、上海所造輪船歸其兼管，選練水軍，駕駛周巡，往來於登萊、天津等處，以期熟練。查奉天所屬寧海縣，西南海中，有皮島、廣鹿島，明總兵毛文龍嘗開鎮於此，所謂雙島者也。水軍提督宜建行署，輪船常泊於此，一以防衛盛京，一以牽制日本，而諸商船之往來遼海者，我水軍亦得以稽察之。至陸軍則湖南提督鮑超所部，素稱敢戰，見駐樂亭，紀律較前更肅。臣愚謂宜即以鮑超調補新設之缺。蓋其聲威久著，足以懾服外人，而所部號稱健戰，尤足使三省健兒共獲觀摩之益。盛京爲國家根本重地，北防俄部，南制日本，即有時策應天津，水陸調撥皆易。就目下情形論之，添立提標，似屬因勢利導之急務也。

又《黃元善〈宜及時自强疏〉》（光緒七年）稽查豐益倉四品銜掌陝西道監察御史臣黃元善跪奏，爲邊釁暫弭，正宜及時自强，恭摺瀝陳，仰祈聖鑒事。

竊臣前因俄約未定，曾於上年九月間，會同御史臣李振南等，奏請堅持定見，嘉峪關內、西安、漢中各處，萬勿准其通商，等因在案。見聞使臣曾紀澤，稟承指授機宜，另與該國定議，此皆皇太后、皇上廟謨鎮定所致，薄海臣民，同深慶幸。惟是俄情狡詐，和局不可深恃。目前閒暇之時，正上下交儆之時，溯自庚申換約以來，外國虛聲恫喝，其以兵力相挾制者，奚止一次。然臨事則張皇無策，事過則苟且因循。後之視今，倘再如今之視昔，殊可寒心。臣區區愚忱，不容自已，謹就管見所及，酌擬數條，伏乞聖明採擇。

一，官制宜略事變通也。在昔中俄雖係毗連，然俄界實在外興安嶺以外，距吉林、黑龍江尚數千里，外藩各蒙古，又皆富强，足以禦侮，是以奉天、吉林、黑龍江設立三將軍，不相統轄，畫疆而守，可以高枕無憂。今俄屯兵於庫頁島、海參崴等處，陸路與吉林、黑龍江，擊柝相聞，海道又與日本狼狽爲奸。日本西岸，與高麗對馬島相距僅百餘里。若不於奉天設立重鎮，聯東三省爲一氣，高麗毫無應援，俄必肆無忌憚，將來東北一帶，隱憂何堪設想。臣愚擬請將奉天將軍兼總督一缺，改爲奉天總督，管理東三省一切地方軍務事宜，仿照腹地各總督制度，不拘滿漢，惟材是使，所有吉林、黑龍江兩將軍，以及盛京、金州、興京、吉林、寧古塔、伯都訥、三姓、阿勒楚喀、齊齊哈爾、墨爾根城各副都統，均請統歸奉天總督考察節制。此東三省官制，亟宜酌改也。直隸提督向駐古北口。查古北口外有熱河都統，內有密雲副都統，均屬重鎮。且地方綏靖，不必提督駐紮，自可安堵無恐。山海關瀕臨遼海，直達京師，不可不嚴加防備。擬請將直隸提督改駐山海關，與天津各水師彼此互相策應，而山海關防務可期周妥。此直隸官制宜量加酌改也。日本蕞爾小邦，近頗狡焉思逞，閩、浙海防，亟宜認眞籌辦，而臺防尤爲緊要。同治十三年，倭犯臺灣之役，前大臣沈葆楨曾有閩撫駐臺之請，迄未遵行。福建有兵輪多隻，近聞復購鐵甲，水師自可成軍。然非督撫駐臺，認眞操練，遇有事變，呼應既多不靈，指揮豈能即定。擬請擇素昔知兵者，爲福建巡撫，閩浙總督，令其更番駐臺，一年一換，仿照直隸總督半年駐津、半年駐省之例，一切衙署辦公章程，均可仍舊無改。此福建督撫駐紮地方宜量加酌改也。以上三端，均於邊防極有關繫，乃利弊捷於影響者，此外更有宜改兩端。中外各員，皆有職掌，惟翰林編檢諸臣，除文學侍從外，一無事事，自留館後，早或十年，遲或二十年，方能內膺卿貳，外放道府。夫以至優之選，少壯時投閒置散，俟其垂老衰頹，始加倚任，另取雜流各班，令其練習吏治洋務，是何異扃粟菽於倉廩，進粃糠爲珍羞也。溯查嘉、道年間，本有編檢輪班帶引、簡放知府、並發往河工學習故事，擬請自今以後，或每年特旨令掌院學士將在京編檢諸臣，按資俸出具考語，詳註籍貫年貌，開單進呈一次，請皇太后、皇上圈出十之三四，籤分沿江沿海各直省，交各該督撫量材器使，畀以局務，隨時隨事，考以吏治、軍務、洋務，俟練習三年，由督撫遴選十之五六，奏留各省，以知府即補，遇有請旨缺出，並准開單候簡。其未經奏留之先，仍敍資俸照常升轉，至三年不與奏留之員，即由督撫給咨回京供職。至進士、拔貢出身分部已經奏留未經得缺人員，見亦極形擁擠，擬請一併令各該堂官出具考語，開列清單進呈，候旨圈出，分發各省，與編檢一律辦理，庶於作養人材之道有裨，即於吏治洋務有裨矣。

論說

《東方雜志・蛤笑〈籌邊芻議一九〇七年三月〉》 嗚呼！居今日而言籌邊，此亦常不及之勢矣。顧失今不圖，後此更無措手之日。亡羊補牢，猶未爲晚。試爲借箸以籌，其能邀當塗之聽許也乎。

東三省更張官制之議，始於日俄息戰之時，紛擾者兩年，至今年三月初八日，而始克發表。顧記者猶有所未喻者，則朝廷所注重，似僅三省，而西北兩邊，若猶置爲後圖，且其所設一督三撫之制，亦未饜天下之望也。內地督撫並建之地，已裁撫留督，外官更制，且有盡改總督，罷去兼轄之議矣。何東三省而獨不然？意者以民事歸諸巡撫，而專責總督以兵事乎？然民事、兵事萬不可分，而兵之與財，尤有刻不相離之勢。昔日東南之役，統兵諸帥有土地財賦之權者常勝，無者必敗，已然之事可借鑑也。總督雖有欽差大臣及三省將軍兼銜，其地望較隆於三撫，然既無節制巡撫之明文，則欽差僅司軍旅，將軍止管旗營，其勢究無以相勝。明末經撫並處，經略尚爲巡撫所持，況一督三撫，四人並峙，而保其始終，不相牴牾耶！東省幅員廣漠，實抵腹地六七省之區域。竊謂宜析爲六道，罷巡撫而止設諸司，仿明初三司並建之規，而以總督一人統之。地小則措置易周，權專則推諉無自，危疆殘弊之局或有瘳乎。不然，亦宜授總督以節制諸撫之明文，使撫之於督如提督之於總督，輕重顯分，斯控治較易。非然者，恐富強之效，未可驟期，而齟齬之形，先已疊兆也。

由東三省而西，綿亘萬里者，實惟蒙藩；又西則新疆，折而南則青海衛藏；皆強鄰所耽視，而極夫杌隉之形者也。國朝皇輿廣闢，邁宋明而躡漢唐，顧其闢地也，不以之增殖國民之生產，而徒以誇張共主之聲靈。故其盛也，竭中國之力以資絕域，如獲石田無所用之；及其衰也，則強鄰環伺，力不能援，恆業業焉，不可以終日。此數地者，其與中國之關係互有不同，而其危急之情則一。大抵宗教力強者，控馭較難，宗教力薄者，撫綏稍易。而對付之方，亦從之而異。

新疆設省，垂三十年，而成效闃如。近且爲強俄禁臠，無均勢之可言。交涉之難，視東三省倍蓰。然地大物博，地力未開，實西方富國也。竊謂宜實行移民之法，內地生殖繁多，江淮南北，歲歲苦饑，誠簡其丁壯徙使實邊，而以兵法部勒之，擇沈果有才勇者，爲之渠帥，授之田畝，教之戰陳，激以忠義，寬其文法，是不費朝廷一錢而可爲邊塞增十數萬勁兵，利孰大焉。然後從事於路礦諸大政，則利源興而外患可弭矣。

國初以黃教馴服蒙藩，蓋開創之時，不得不藉手教宗，以銷其獷悍衝突之氣，而蒙古之貧弱，卽因緣於是。至今日而其敝大著，張弛振興之術，不可不急籌也。龍沙萬里，荒瘠不毛，而烏梁海、唐努山之陽，則地氣和煖，物產蕃昌，迤南至河套，水草豐腴，爲漢唐屯田故地，倘簡威信謀勇之大臣都護諸蕃，以教育開其智識，以尚武厲其志氣，需以歲月，成績必有可觀。蓋今日兩邊危局，惟蒙古爲稍紓，俄人鷹瞵虎視，雖時有南下牧馬之心，而戈壁夐絕，枯燥乏水，不利轉輸。俄人以其無關地球大勢也，故其所力爭者，常在東方。苟東方之守禦稍完，強俄不能得志，則其勢必移而西爭新疆，而蒙古得藉以少舒其急。詩曰：『迨天之未陰雨，徹彼桑土，綢繆牖户。』我政府尚其加之意乎？

最難者其惟西藏乎？國家開闢三危，本不以爲內地郡縣，故雖隸版圖者二百餘年，而形勢仍同荒服。外人之視之也，亦等諸安南、緬甸之列，而不以爲中國之方域。且其教力甚強，迷信孔深，欲一時遽變其政教，齊以中國法制，竊恐一無所就，徒以迫其外向之心。控馭之方，其可不審處乎！記者不敏，私籌一策，聞者鮮不嗤其迂謬，而下手之方，實無過於此者。衛藏爲蜀西脣輔，四川生齒繁多，冠絕宇內，溺女之風特盛，卽勉強撫育成人，輒鬻之爲人婢妾，有司雖勸諭禁止，三令五申，而生計所迫，無如何也。西藏則多男少女，一妻數夫，尚沿圖騰舊俗。爲西南計者，謂宜嚴禁蜀人鬻女之習，而選藏人子弟之聰穎者，使就學蜀中，略識普通之學，卽允爲畢業，而以蜀女配之。其商賈之往來內地者，亦一律辦理。姻婭既通，則隔閡漸去，學術輸轉，則迷信可輕。吸集之力稍強，斯離心之力漸弱。二三年後，一切改土歸流，整齊畫一之舉庶可逐漸徐施，無虞扞格矣。

嗚呼！河山大好，來日苦難。時至今日，豈尚有邊防之可言？然因循推諉，坐失事機，則求如今日之時局而不可得，吾政府奈何重視東方，而西北兩邊尚置諸不論不議之列也！

新疆建省部

綜述

清・左宗棠《左宗棠全集・奏稿》卷五〇《遵旨統籌全局摺》 光緒三年六月十六日，奏：爲遵旨統籌全局，謹將愚慮所及，據實密陳，仰祈聖鑒事：竊臣於五月二十四日欽奉諭旨：『關外軍情順利，吐魯番等處收復後，南八城門户洞開，自當乘勝底定回疆，殲除醜類，以竟全功。惟計貴出於萬全，事必要諸可久，吐魯番固爲南路要隘，此外各城如阿克蘇等處，尚有可據之形勢否？回酋報知帕夏縛送白彦虎、繳回南八城之説，是否可恃？喀什噶爾逆首依附彼族，尤易枝節横生。伊犂變亂多年，前此未遑兼顧，此次如能通盤籌畫，一氣呵成，於大局方爲有裨。該大臣親總師干，自以滅此朝食爲念，而如何進取，如何布置，諒早胸有成竹，爲朝廷紓西顧之憂，其卽統籌全局，直抒所見，密速奏聞，以慰廑念。等因，欽此。』跪誦之餘，具仰我皇上眷顧西服，聖慮深遠，於保大之中，廑馭邊之略，欽佩何言！竊維立國有疆，古今通義。規模存乎建置，而建置因乎形勢，必合時與地通籌之，乃能權其輕重，而建置始得其宜。伊古以來，中國邊患，西北恆劇於東南。蓋東南以大海爲界，形格勢禁，尚易爲功，西北則廣莫無垠，專恃兵力爲强弱，兵少固啓戎心，兵多又耗國用。以言防，無天險可限戎馬之足；以言戰，無舟楫可省轉饋之煩，非若東南之險阻可憑，集事較易也。周、秦至今，惟漢、唐爲得中策；及其衰也，舉邊要而捐之，國勢遂益以不振。往代陳迹，可覆按矣。顧祖禹於地學最稱淹貫，其論方輿形勢，視列朝建都之地爲重輕。我朝定鼎燕都，蒙部環衛北方，百數十年無烽燧之警，不特前代所謂九邊皆成腹地，卽由科布多、烏里雅蘇臺以達張家口，亦皆分屯列戍，斥堠遥通，而後畿甸宴然。蓋祖宗朝削平準部，兼定回部，開新疆，立軍府之所貽也。是故重新疆者所以保蒙古，保蒙古者所以衛京師。西北臂指相聯，形勢完整，自無隙可乘，若新疆不固，則蒙部不安，匪特陝甘、山西各邊時虞侵軼，防不勝防，卽直北關山，亦將無晏眠之日。而況今之與昔，事勢攸殊，俄人拓境日廣，由西而東萬餘里，與我北境相連，僅中段有蒙部爲之遮閡，徙薪宜遠，曲突宜先，尤不可不豫爲綢繆者也。高宗平定新疆，拓地周二萬里，一時帷幄諸臣，不能無耗中事西之疑，聖意堅定不搖者，推舊戍之瘠土，置新定之腴區，邊軍仍舊，餉不外加，疆宇益增鞏固，可爲長久計耳。方今北路已復烏魯木齊全境，秖伊犂尚未收回，南路已復吐魯番全境，秖白彦虎率其餘黨偷息開都河西岸，喀什噶爾尚有叛弁逃軍，終煩兵力。此外各城，則方如去虎口而投慈母之懷，自無更抗顔行者。新秋採運足供，餘糧栖畝，鼓行而西，宣布朝廷威德，且勦且撫，無難挈舊有之疆宇，還隸職方。此外，如安集延、布魯特諸部落，則等諸邱索之外，聽其翔泳故區可矣。英人爲安集延説者，慮俄之蠶食其地，於英有所不利，俄方爭土耳其，與英相持。我收復舊疆，兵以義動，彼將何以難之？設有意外爭辯，枝節横生，在我仗義執言，亦決無所撓屈。至新疆全境，向稱水草豐饒，牲畜充牣者，北路除伊犂外，奇臺古城、濟木薩至烏魯木齊、昌吉、綏來等處，回亂以來，漢回死喪流亡，地皆荒蕪。近惟奇臺古城、濟木薩商民、散勇、土著民人聚集開墾，收穫甚饒，官軍高價收取，足省運腳。餘如經理得宜，地方始有復元之望。南路各處，以吐魯番爲腴區，八城除喀喇沙爾所屬地多磽瘠，餘雖廣衍不及北路，而饒沃或過之。官軍已復烏魯木齊、吐魯番，雖有駐軍之所，而所得腴地尚不及三分之一。若全境收復，經畫得人，軍食可就地採運，餉需可就近取資，不至如前此之拮据憂煩，張皇靡措也。區區愚忱，實因地不可棄，兵不可停，而餉事匱絶，計非速復腴疆，無從著手，局勢所迫，未敢玩愒相將。至省費節勞，爲新疆畫久安長治之策，紓朝廷西顧之憂，則設行省改郡縣，事有不容已者。合無仰懇天恩，敕户、兵兩部速將咸豐初年陝甘新疆報銷卷冊各全分，及新疆額徵、俸薪、餉需、兵制各卷宗，由驛發交肅州，俾臣得稽考舊章，按照時勢，斟酌損益，以便從長計議，奏請定奪。茲因欽奉諭旨，統籌全局，直抒所見，謹據愚見所及，披瀝密陳，伏乞皇太后、皇上聖鑒，訓示施行。謹奏。軍機大臣奉旨另有旨。欽此。

軍機大臣字寄，光緒三年七月初二日，奉上諭，左宗棠奏《逆酋帕夏自斃情形》并《統籌全局》各一摺，據稱，安集延逆酋帕夏經官軍擊敗後，衆心離散，遂於四月間仰藥自盡，其子海古拉率黨西竄，亦被纏回截殺等語。該逆偪脅回衆，佔踞南路各城，肆其荼毒，罪惡貫盈。今既窮蹙自斃，餘衆勢必渙散，事機極爲順利，惟白彥虎尚踞開都河西岸。該逆稔惡已久，罪不容誅。喀什噶爾爲叛弁何姓所踞，自應乘此聲威，速籌殄滅。左宗棠擬俟新秋採運足供，鼓行而西。刻下已屆秋令，著卽檄飭各軍，剋日進兵，節節掃盪。各城回衆素受逆酋脅制，非盡甘心從逆，此時大軍西行，咸知效順，自當分別良莠，勦撫兼施，以安衆心。白彥虎素稱狡猾，務當設法就地擒斬，毋任再行遠竄。帕夏之子，除海古拉外，尚有三人見在。竄匿何處，并著查明，具奏。左宗棠所陳《統籌新疆全局》，自爲一勞永逸之計。南路地多饒沃，將來全境肅清，經理得宜，軍食自可就地取資。惟目前軍餉支絀，近雖借用洋款五百萬兩，亦是萬不得已之舉。可一而不可再，若南路一日不平，則曠日持久，餉匱兵飢，亦殊可慮。該大臣所稱『地不可棄，兵不可停，非速復腴疆，無從著手』等語，不爲無見。著卽督飭將士，戮力同心，剋期進勦，并揆時度勢，將如何省費節勞，爲新疆計久遠之處，與擬改行省郡縣一併通盤籌畫，妥議具奏。所請敕部將咸豐初年陝甘、新疆報銷卷冊各全分，及新疆額徵俸薪餉需兵制各卷宗，由驛發交等語，著户部、兵部查照辦理。將此由五百里諭令知之。欽此。

又　卷五三《覆陳新疆情形摺》　光緒四年十月二十二日奏：爲遵旨覆陳，仰祈聖鑒事：竊臣於十月十三日承准軍機大臣密寄光緒四年九月三十日欽奉上諭一道，跪聆之餘，敬悉皇太后、皇上保大定功，慎終如始，審時度勢，策及萬全，至意敢不畢獻其愚，仰俟聖明採酌。伏讀諭旨，伊犁在昔爲西路第一重鎮，今爲俄人佔據，形勢變遷，交還以後如何防守，尤應先事圖維。伊犁九城縱横相聯，大城西南北三面舊有卡倫，距俄境若干道路。俄軍紮至何處，金順見駐庫爾喀喇烏蘇前隊，西至何處。臣謹按俄人自佔據伊犁，於西面舊有拱宸、瞻德、廣仁、塔勒奇四城均棄而弗守，傾圮殆盡。綏定一城，近以之雜置陝回，距伊犁僅三十里。伊犁大城人煙甚少，俄兵及商户均萃居東面惠甯、熙春、甯遠三城，而金頂寺煙户尤多。伊犁管事俄官名馬依爾，品秩不過中國同知通判之類。主伊犁之事者，七河巡撫也。『七河』一作『七水』，其官爲固必納土爾，其名爲喀爾帕科斯克依。所駐阿爾瑪圖，地屬俄境，在伊犁西八百餘里。其兼轄之官名圖爾齊斯坦，總督名爲克復滿，亦呼高伏滿，自稱代國大臣，駐浩罕故都塔什干城，距我喀什噶爾不過數十程。由喀什噶爾至俄邊納林河，中隔俄屬布魯特部喀城，馬行六日可至。從前伊犁本不與俄境相連，以哈薩克、布魯特種人與哈罕所部安集延及布噶爾所屬，爲之隔閡。近年俄人先後脅誘哈薩克、布魯特種人，又攻奪浩罕三部，據其都城，而浩罕屬安集延亦隨風而靡。故，我北路伊犁、南路喀什噶爾之邊境，皆與俄屬相接、距俄境亦近也。臣前疏所稱地不可棄者，竊以腴地不可捐以資寇糧，要地不可借以長敵勢。非乘此兵威迅速圖之，彼得志日驕，將愈進愈偪，而我饋運艱阻，勢將自絀，無地堪立軍府，所憂不僅西北也。伊犁收還以後，應於邊境擇要築壘開濠，安設大小礮位，挑勁兵以增其險。至伊犁大城西北之塔勒奇、廣仁、瞻德、拱宸各城，户口鮮存，水草卻便，應各擇要隘暫駐各營分屯其閒。所有旂綠各營賸存兵丁，各給牛種牲畜，督令游牧耕墾。舊有城堡緩議修復尚非不可，大城以東惠甯、熙春、甯遠各城，民户、商户願遷徙者遷徙，願歸業者歸業。邊圉既奠，人安其土，耕其野，而出其途者，不待招徠，迥非甘肅從前東路、西路數百千里蒿萊滿望，杳無人煙，難於措置可比。若烏魯木齊所屬各城相距甚遠，難於照料，此伊犁收還以後情形也。伊犁未還之前，金順大軍駐庫爾喀喇烏蘇，其西精河地方，勢處要隘，向駐馬隊以資扼截。自福珠哩歸後，金順未及派紮填防，致被漢回侵掠。金順旋派馬隊二百前往填防，當可無虞。由精河西行一日，爲永濟湖；再西數十里，卽伊犁俄官所設之頭卡。三日卽抵伊犁。中閒山徑五道可達伊犁，不由惠甯、熙春、甯遠三城經過。然巖谷幽邃，僅容一人一騎行走，不能通車。若收還伊犁，則驛道山徑皆成腹地，此形勢變遷俄人見在布置官軍防守，及距伊犁道里遠近大略也。

諭旨：『郡縣之制，以民爲本。見由嘉峪關、烏魯木齊至庫爾喀喇烏蘇迤西商户、回户各存若干，由吐魯番至南八城纏頭回共存若干，除舊有各廳、州、縣外，其餘各城改設行省，究竟合宜與否？倘置郡縣，有無可治之民？不設行省，此外有無良策？』臣謹按，新疆之變，起於北路迪化失守，所屬相繼淪陷，户口傷亡最多，漢民被禍尤酷，以逆回仇視漢民故也。比大軍進勦，連拔堅城，而昌吉呼圖壁綏來，回民又因畏勦逃奔，南路煙户頓減。克復以來，還定安集，招徠開墾，户口漸增。迪化州各屬尤成效可覩，舊額民户共四千二百有奇，見報承墾者已三千六百餘户。昌吉縣民户舊共三千九百有奇，見報承墾者僅四百數十户。阜康縣民户舊有三千九十餘，見報承墾者僅二百一十餘户。綏來縣民户，舊有三千七百餘，見報承墾者八百五十餘户。奇臺縣舊有民户四千三百六十有奇，見報承墾者五百七十餘户。濟木薩縣丞所屬舊有民户二千八百有奇，見報承墾者三百五十餘户。呼圖壁巡檢所屬舊有民户一千七百三十有奇，見報承墾者二百八十餘户。庫爾喀喇烏蘇舊有民户僅八十有奇，見報承墾者尚數十户。精河舊有民户四十有奇，見報承墾者一百餘户。鎮西廳户口無考，舊種地六萬畝，見報民墾三萬六千餘畝，兵墾四千餘畝，土客漸增，此北路民户見存實數也。久罹兵燹，户口彫耗，無怪其然。鎮迪一道所屬，雖孑黎僅存，頻年散給耕牛、種籽，酌發賑糧，廣示招徠。自木壘河抵精河，除戈壁外，又均是腴區。土客、民人及遣散勇丁領地耕墾，逐漸增加。署鎮迪道周崇傅勤慎廉幹，事必躬親，漸有明效。需之時日，百堵皆興。卽以目前論之，亦非無可治之民也。吐魯番舊隸鎮迪道，荒地尚少，見委道員雷聲遠、署同知奎絨妥爲撫輯，糧石租稅已逾舊額之半。南八城除英吉沙爾壤地褊小，烏什土性瘠薄，餘均較吐魯番爲饒，而喀什噶爾、和闐、葉爾羌、阿克蘇庶而兼富，物產豐盈，又較各城爲盛。劉錦棠、張曜悉心經理，見委員開河引渠，清丈地畝，修築城堡塘站，鑄錢徵釐，百廢肇興，具有端緒，較之北路，尤易爲功。是南北開設行省，天時、人事均有可乘之機，失今不圖，未免可惜。此新疆之應改省者一也。北路得之準部，南路得之回部，皆因俗施治，未能與内地一道同風久已。概爲邊地伊犂設將軍，又設參贊大臣一員，烏魯木齊設都統，塔爾巴哈臺、葉爾羌均設辦事大臣，伊犂等處設領隊大臣五員，塔爾巴哈臺、烏魯木齊、庫爾喀喇、烏蘇古城、巴里坤、吐魯番、烏什英吉沙爾均設領隊大臣，哈密設辦事大臣一員、協辦大臣一員，葉爾羌設兼管和闐事務協辦大臣一員，烏什設幫辦大臣一員，喀什噶爾設換防總兵一員，是邊地腹地皆一律視之，無甚區別，與經野馭邊之義不符。將軍、都統與參贊、辦事大臣、協辦與領隊大臣，職分等夷，或皆出自禁闥，或久握兵符，民隱未能周知，吏事素少歷練，一旦持節臨邊，各不相下，稽察督責有所難行。地周二萬里，治兵之官多，治民之官少，而望政教旁敷，遠民被澤不亦難哉！北路糧員但管徵收，而承催則責之頭目。南路徵收，均由回目阿奇木伯克等交官，官民隔絕，民之畏官，不如其畏所管頭目。官之不肖者，狎玩其民，輒以犬羊視之。凡有徵索，頭目人等輒以官意傳取，倚勢作威，民知怨官，不知怨所管頭目也。内地徵收，常制地丁合而爲一，按畝出賦，故無無賦之地，亦無無地之賦。新疆則按丁索賦，富户丁少，賦役或輕；貧户丁多，則賦役反重。事理失平，莫甚於此。貨幣之制，子母不能相權；爭訟之事，曲直不能徑達。官與民語言不通，文字不曉，全恃通事居閒傳述，顛倒混淆，時所不免。此非官與民親漸通其情實，去其壅蔽，廣置義塾，先教以漢文，俾其略識字義，徵收所用券票，其户民、數目、漢文居中，旁行兼注回字，令户民易曉。遇有舛誤，卽予隨時更正。責成各廳州縣而道府察之，則綱目具而事易舉，頭目人等之權殺，官司之令行，民之情僞易知，政事之修廢易見，長治久安之效實基於此。此新疆之應改行省者二也。夫立國有疆，古今通義。傳曰：『天子有道，守在四夷。』周秦以前，姑弗具論。自漢以來，通道始於張騫，不能得月氏要領；求馬繼以廣利，不能下小國堅城。漢於西域窮天下之力以務之，卒有輪臺之悔，故班固以爲得之無益，棄之不爲損也。今主棄地之說者祖之。臣愚非不謂，然顧斷斷於兵不可停，地不可棄者，蓋以地形無今昔之殊，而建置則有因創之異，窮變通久，因時制宜，事固有不容已者。謹按：新疆開拓，肇自高宗時，移涼州、西安、熱河滿兵，延安、綏德、甯夏、興安、漢中、西甯、固原、肅州、河州、安西綠營兵丁駐守南北兩路，餉不外增，各城養廉經費則以京口、杭州等處出，旗漢軍俸餉口糧馬乾，及甘肅等處所減草料充之，計内地每歲節省之數共一百二十九萬兩有奇，而則抵新疆養廉經費一百零七萬八千四百餘兩，外尚餘銀二十一萬一千五百餘兩，不特無糜餉之虞，且有節餉之實論者竊以『耗中事西』疑之，於聖意拓邊節餉固無當也。臣自度隴以來卽留心稽考甘肅、新疆餉數，僉稱承平，時每歲約銀五百餘萬兩。自變亂以來，冊籍散佚，難以覆按。請部鈔示成案，亦無以應。近據藩司崇保詳稱，查得道光二十七年甘肅口内外駐防滿州蒙古旂綠官兵應需俸餉、紅白賞卹等項銀四百一十五萬二千三百五十三兩三錢九分九釐四絲一忽。內先一年預撥銀一百四十萬兩，外銀二百七十五萬二千三百五十三兩三錢九分九釐四絲一忽，由部臣照依估撥預撥完數。以此準之，甘肅、新疆實餉五百餘萬之數。雖無可考，而一歲之中，預撥、正撥四百一十五萬有奇，則有數可稽也。臣竊度南北兩路如行清丈之法，就畝徵賦，仿什一之制而從寬定額，民收十數分，官徵其一，以給軍食，尙可有餘。修渠導流，以備旱潦；改鑄制錢，以便民用；設局徵釐，以裕課稅；創設義塾，教之識字；選調匠師教之藝事。自季春至今，次第經理，甫有端緒，容俟各處函牘取齊，卽行具奏。此外，南北兩路物產尙有藥材、皮張、吐魯番之棉花、和闐之玉、庫車之金銅鉛鐵，均應設籌及之，是新疆利源非無可開也。甘肅地處邊陲，土曠人稀，瘠苦甲於天下。承平時，錢糧徵收不及東南一大郡，此其明徵。亂後孑黎，皮骨僅存，氣息僅屬，雖頻年拊循，休養漸有起色。究之致力多而成功少者，時地實有以限之。通省舊設額兵太多，全恃各省協款接濟。自中原軍興，各省未能兼顧，於是回禍起。新疆淪陷，甘肅全省名雖僅存，實則亡矣。幸值聖明在上，洞矚無遺。移東南之餘財，救西北之奇厄。親賢夾輔，內外一心，先關內而後關外，次第圖之，乃有今日，不可謂非幸也。此時所當亟籌者，善後之策。善後之策，當規久遠；利鈍所繫，匪僅一時。以甘肅與新疆幷論，新疆利源，可開流，亦可節；甘肅則開源爲難，而節流尙有可議。從前額兵之多者，一則轄疆與蒙部、回番雜處，兵少恐啓戎心；一則新疆需由內地撥兵換防，兵少難敷調派也。若以見在局勢而言，蒙部、回番已就鈐東防營可以漸減，前奏改行餉爲坐餉，圖節勇餉爲復甘肅制兵之漸。新疆南北如置行省，換防之制可以永停。又擬節制兵之餉，以紓各省協款之力。竊計甘肅、新疆承平時預撥估撥餉銀四百數十萬兩，俟伊犂收還，每歲約可節省百數十萬兩。後此利源日增，餉更可減，部臣可隨時察酌。而任甘肅、新疆之事者，可隨時陳奏。特恐非微臣所及見耳，此統籌甘肅、新疆節省餉需以規久遠之大略也。

諭旨：宜於萬難措施之中求一可進可退之計。臣愚竊以爲新疆歲需餉銀二百數十萬兩，甘肅歲需餉銀二百數十萬兩，本是承平時部臣預撥估撥常例，茲當全隴澄清。西域收復之時，照常指撥，於部章幷無不合，承撥各省當亦無詞，況承平時應撥數目內又可節省百餘萬兩。此後經理得宜，節省或尙不止此，實於國家經出之費不無小補，當亦部臣與疆圻諸臣所樂聞也。臣於新疆擬辦各事，皆以利民裕國爲主，行省之改與否尙未奏奉明旨，而所籌者無論改省與否，兩不相妨，可行則行，可止則止，進退尙屬綽然，過蒙聖明矜諒，示以轉圜之機，若不披瀝直陳，上紓慈念，更何以自處。至愚衷有未盡者，不得不及時陳明，仰祈垂察。臣軍積欠之餉本八百餘萬兩，頻年陸續清釐。截至光緒四年，尙欠一百數十萬兩。近因飭道員胡光墉息借商款遲遲未到，劉典向蘭州票號借銀四萬兩，又飭後路糧臺道員王加敏息借漢商銀四十萬兩，駐陝軍需局陝安道沈應奎息借票號銀二十萬兩，暫應急需。合之關內外新欠餉項及遣撤勇餉，又積至二百數十萬兩。將來胡光墉解到，息借鉅款除還陝鄂息借各款，點綴新舊欠餉外，所餘無幾。縱極力劃留，以備光緒五年應用之需，夏末秋初，又將告罄。前奉諭旨，嗣後無論何項急需，不得動輒息借商款，致貽後累。敢不懍遵，惟念甘肅、新疆軍務，臣既未嘗劃款請餉，而一切經費又未嘗另款請銷，如果此次借用商款外，各省協餉均能源源接濟，臣猶可通挪展轉以期兼顧，更何敢動輒息借商款，干瀆宸聽。無如各省疆臣身在事外，但見西事速了，此後需用或可稍紓，而頻年悉索以供，未免因煩生厭，頻催罔應，本屬人情之常，而臣則勢偪處此，莫展一籌，將有束手待斃之日，可否仰懇天恩，敕下軍機大臣、六部九卿公同集議，將甘肅、新疆從前每年預撥估撥的餉四百數十萬兩指省解濟臣軍，幷於見協臣軍稍優各省，酌撥解濟，共足成五百萬兩之數，以三年爲期。臣得於三年內盡心經理，斟酌損益，定爲永圖。三年以後，甘肅、新疆軍務既蕆，所擬開源節流之策，亦必有成效可睹，庶以前協款爲甘肅、新疆用兵，收復善後之需，以後部撥爲甘肅、新疆常例應有之款，每年以三百數十萬兩爲度，自無不可。臣本菲材，疊荷三朝恩遇，忝竊至今，當茲時艱孔亟，非不思仰體朝廷憂勤惕厲之懷，稍慰各省關頻施不倦之意，顧始謀未預，晚蓋爲難，所遇多艱，綢繆鮮補，雖有生之日皆報國之年，而年近七旬，神識衰鈍，欽承密諭，實切悚惶，謹據實備陳，是否有當，伏乞皇太后、皇上聖鑒，訓示施行。謹奏。

軍機大臣字寄，光緒四年十一月初九日奉上諭：左宗棠奏《覆陳新疆情形》一摺，據稱北路迪化等處自克復以來招徠開墾，户口日增。南八城地方富庶，見辦開渠，丈地，鑄錢，徵釐諸事具有端緒。開設行省，於天時、人事機有可乘等語，新疆議設行省，事關創始，必須熟籌於事前，乃能收效於後日。該大臣爲長治久安之計，因時通變，所奏不爲無見。刻下伊犂未經收還，一切建置事宜尚難遽定，其餘南北各城應如何隨時經理之處，卽著悉心籌畫，次第興辦。總期先實後名，俟諸事辦有眉目，然後設官分職，改設郡縣，自可收一勞永逸之效。所有辦理情形并著隨時詳悉具奏。至所奏『三年以內，每年請指撥銀五百萬兩，俾得斟酌損益，定爲永圖』等語，著軍機大臣會同户部議奏。將此由五百里諭令知之。欽此。

王延熙、王樹敏《道咸同光奏議》卷三九《左宗棠〈新疆應否改設行省請飭會議摺〉》（光緒四年正月初七日）奏為新疆應否改設行省，開置郡縣，事關西北全局，請旨敕下總理衙門、軍機處、六部、九卿及各省督撫會議覆陳，聽候聖裁，以期允協事。竊臣於上年六月十六日具奏遵旨統籌全局，謹將愚慮所及據實密陳一摺。七月十七日承準軍機大臣字寄，光緒三年七月初二日奉上諭：『左宗棠所陳統籌新疆全局，自為一勞永逸之計。南路地多饒沃，將來全境肅清，經理得宜，軍食自可就地取資。惟目前軍餉支絀，若南路一日不平，則曠日持久，餉饋兵饑，亦殊可慮。該大臣所稱「地不可棄，兵不可停，非速復腴疆，無從著手」等語，不為無見。著卽督飭將士，戮力同心，剋期進勦，并揆時度勢，將如何省費節勞，為新疆計久遠之處，與擬改行省郡縣，一并通盤籌畫，妥議具奏。欽此。』跪誦之餘，欽仰無既。上年秋後，官軍由托克遜、吐魯番聯絡西進，所有布置一切及餉糧轉運、地勢、賊蹤，臣已疊次預為陳奏。仰仗朝廷威福，師行迅利，連克喀喇沙爾、庫車、阿克蘇、烏什四城。劉錦棠派余虎恩、黄萬鵬等分軍兩路，進規喀什噶爾，駐軍於巴爾楚克、瑪納爾巴什，以扼葉爾羌、和闐衝要，兼策應前敵之軍，均經疊次陳奏。頃據總理行營營務處候補三品京堂劉錦棠十一月十九日葉爾羌馳報，已於十七日克復葉爾羌城。適接余虎恩、黄萬鵬飛稟，十三日齊抵喀什噶爾，卽於是夜克復喀什噶爾滿、漢兩城，復出城追勦竄賊，尚未收隊。又據張曜牘稱，由阿克蘇先派馬隊三營赴前敵助勦，適和闐伯克呢牙斯男婦五百餘口由間道來投，籲懇安插。臣批令仍歸和闐收輯部眾。劉錦棠甫將大概情形馳報，卽於二十日率馬步各營，繞道英吉沙爾，以抵喀什噶爾。所有復城殺賊詳細情形，俟劉錦棠到喀具報到臣，當卽露布上聞，仰紓慈廑。是南疆剋期底定，尚免老師糜餉之虞。而官軍自克復喀喇沙爾以後，所歷均是腴疆。臣調閲各城米糧、布匹、銀錢及軍民所需日用百貨價值清單，與東南各省腹地相若，且有較之内地市價更為平減者。加以經理，則得民用、裕軍儲，胥有攸賴。現飭古城、巴里坤、哈密、安西採運局減採停運，并將各局分别撤留，以示撙節。十年艱難辛苦，百計經營，時虞弗逮者，一旦霍然如沈疴之去體。將來軍食就地取資，全局既振，制用自紓，我皇上保大定功，規模宏遠，上與高宗拓地節餉之貽謀，若合符節。惟是新疆擬改設行省、置郡縣，雖久安長治之良圖，然事當他日始，關係天下大局，非集内外臣工之遠猷深算，參考異同，則思慮未周，籌策容多疏誤。且甘肅荒瘠著名，所有兵餉全資各省協濟，相沿已久。臣前奏請敕户部將咸豐年間報銷冊籍全分頒發到臣，以憑稽考，尚未見到。現復逐加訪詢甘省本省及鎮迪一道餉需經費，每年常額計三百二十餘萬兩内外，伊犂、塔爾巴哈臺及吐魯番、南八城滿綠各營餉經費約尚需百數十萬兩，均係由各省撥解接濟。此時雖指西征臺局及各省關專款分解濟用，將來應仍復舊額，以歸有著。合無仰懇皇上天恩，敕下軍機大臣、總理各國事務衙門、六部、九卿及各省督撫臣，將新疆應否改設行省、置郡縣從長計議，具奏請旨。

又《覆陳新疆宜開設郡縣疏》竊臣於光緒四年十一月奏《覆新疆情形》一摺，欽奉諭旨，事關創始，必須熟籌於事前，乃可收效於日後。刻下伊犂未經收還，一切建置事宜尚難遽定。其餘南北各城應如何經理之處，卽著左宗棠悉心籌畫，次第興辦。總期先實後名，俟諸事辦有眉目，然後設官分職，改設郡縣，自可收一勞永逸之效。所有辦理情形，並著隨時詳細具奏。嗣於五年九月續奉諭旨：『新疆地方愚回錮習未除，自應規畫久遠，移其風俗，俾就範圍。該大臣所擬改設郡縣應如何辦理之處，並著妥籌具奏。欽此。』竊惟新疆南路各城頻年辦理善後事宜均有端緒，所有詳細情形業經會銜陳奏。臣與楊昌濬再四諮度，分設郡縣於時務相宜，如蒙恩旨諭允，會同籌商辦理，從此邊地腹地綱舉目張，城郭廬帳，羣萃州處，彼此各仍其舊，治外則軍府立而安攘有藉，疆園奠焉；治内則吏事修而政教相承，民行興焉。上無鄙夷其民之心，下有比户可封之俗，長治久安之效，實基於此。臣兩次欽奉諭旨，恭録咨行新疆在事諸臣，意見相合。竊計改設郡縣，經出經入費用，較之從前部撥常年實數，不但無增，且可漸減。誠及此時籌議興辦開設行省，於國計邊防不無裨補。按新疆形勢所在，北路則烏魯木齊，南路則阿克蘇，以其能控制全疆，地居天山南北之脊，居高臨下，左右伸縮，足以有爲也。謹擬烏魯木齊爲新疆總督治所，阿克蘇爲新疆巡撫治所，彼此聲勢聯絡，互相表裏，足稱其形勢。將軍率旂營駐伊犁，塔爾巴哈臺改設都統，並統旂綠各營，並擬增設伊犁兵備道一員，塔爾巴哈臺擬增同知一員，以固邊防。北路鎮迪道應仍其舊，擬改迪化州直隸知州爲迪化府知府，擬增置迪化縣知縣一員，附郭州屬，原設縣四，一阜康、一昌吉、一綏來、一奇臺，應仍其舊。擬升呼圖壁巡檢爲圖壁縣知縣，升濟木薩縣丞爲濟木縣知縣。鎮西廳同知治巴里坤，擬改爲鎮西州直隸州，擬仍復原設宜禾縣知縣，附郭哈密通判擬改爲直隸廳同知。吐魯番境一名廣安州，爲入南疆衝要首站。擬增設廣安道一員以資控扼，其吐魯番同知，擬改爲廣安州直隸知州。擬升闢展巡檢爲闢展縣知縣。托克遜爲烏魯木齊通南八城衝要，擬就地置托遜縣知縣一員以資聯絡。南路擬設阿克蘇巡道一員、喀什噶爾兵備道一員；擬設知府四員，一治阿克蘇，一治庫車，並隸阿克蘇巡道。按：阿克蘇，即古溫宿國。擬設溫宿府知府一員、溫宿縣知縣一員，附郭擬設尹河縣知縣一員，治尹河瓦提；擬設拜城縣知縣一員，治拜城，均隸溫宿府知府管轄。庫車，即古龜茲國。擬設鳩茲府知府一員、鳩茲縣知縣一員，附郭擬設沙雅爾知縣一員，治沙雅爾，歸鳩茲府管轄。喀什噶爾，即古疏勒國。擬設疏勒府知府一員，疏勒縣知縣一員，治漢城；疏附縣知縣一員，治回城，並附郭歸疏勒府知府管轄。葉爾羌，即古莎車國。擬設莎車府知府一員，莎車縣知縣一員，治漢城；莎附縣知縣一員，治回城，並附郭歸莎車府知府管轄。喀喇沙爾，即古焉耆國。擬設焉耆直隸州知州一員，治喀喇沙爾；並設庫勒縣知縣，治庫爾勒，歸焉耆直隸州管轄。和闐，即古于闐國。擬設于闐直隸州知州一員，治和闐；並設于闐縣知縣，附郭歸于闐直隸州管轄。烏什，即古尉頭國。擬設尉頭直隸同知一員，治烏什。英吉沙爾，即古依耐國。擬設依耐直隸同知一員，治英吉沙爾。凡茲所擬建置，大略雖經臣與新疆在事諸臣悉心商訂，具有規模，而地非親歷，究難信之於心。既擬置省分、設郡縣，則政務繁簡，地畝肥磽，物產盈虛，丁户多寡，差徭輕重，爲缺分苦樂所關，非權其經出經入實數爲之斟酌損益，俾適於中，則官困而民必受其病。適奏調浙江候補知府陳寶善到營，臣留居幕中，令其熟閱新疆各局往復公牘，面爲講求，預將興革諸務貫徹胷中。飭三月下旬出關，遍歷新疆察驗一切。一面就近禀商各總統，一面禀報，聽候核示。陳寶善久官牧令，廉幹耐勞，熟嫻吏事，茲令參商建置與革事宜，或有裨益。至義塾甫興，學政及各府廳州縣校官應緩議設；其丞倅佐雜，應俟分設郡縣後再分別陳奏請旨遵行。新疆各員應否按照邊俸遷調升轉，暫時亦可緩議。至各城應安設臺站驛遞，增設提、鎮、副將、叅、遊、都、守、千、把、外額大小武職及額兵俸廉、餉乾本折，均應俟新設督撫會同議擬具奏。而藩、臬大員，均隨督撫駐紮，庶總滙之司得所禀承，事無不舉。凡此皆應由新疆督撫奏明次第興辦者，非臣所得預議也。如新疆置省分、設郡縣，仰荷諭旨允行。應懇天恩，先簡新疆總督、新疆巡撫，重以事權，俾得隨時陳奏，徑達宸聰。其新疆軍務，臣有督辦之責，固不敢稍有諉謝也。

劉錦棠《劉襄勤公奏稿》卷三《遵旨擬設南路郡縣摺》（七月初三日）奏：爲遵旨擬設新疆南路郡縣恭摺覆陳仰祈聖鑒事。竊臣等承准軍機大臣字寄，光緒八年三月十七日奉上諭，譚鍾麟又奏《籌度新疆南路情形》一摺，所請酌度七城廣狹繁簡，設立丞倅牧令一員，更於喀什噶爾、阿克蘇兩處各設巡道一員，如鎮迪道之例。著劉錦棠體察情形，會商該督，妥議具奏等因。欽此。遵旨寄信前來。仰見朝廷眷顧西陲，動規久遠之至意。跪聆之餘，莫名欽感。伏念新疆當久亂積罷之後，今昔情形判若霄壤，所有邊疆一切事宜，無論拘泥成法，於時勢多不相宜，且承平年間舊制，亂後蕩然無存，萬難再圖規復。欲爲一勞永逸之計，固舍增設郡縣，別無良策。種種緣由，經大學士、前任陝甘督臣左宗棠疊次奏明有案，仰蒙聖明洞鑑，准其因時制宜。在事諸臣先後禀承宸謨，籌辦善後諸務，罔敢稍涉疏懈。現在地利日闢，户口日增，各族嚮化諸事均有成效。郡縣之設，時不可失。茲奉旨，命臣等會商妥議。久安長治之基，實肇於此，自當竭愚慮所及，熟籌審度，以期妥協而垂永久。謹按：經野建官之道，必量其地之民力、物產足以完納國課，又可供給官吏胥役而有餘，然後視其形勢之衡僻繁簡，置官以治之。非從寬預爲計畫，則官困而民必受其害，故新疆添置郡縣，設官未可過多，此必然之勢也。惟南路各城民人較多，腴區較廣，其轄境之最遼闊者縱橫至數千里，少亦數百里，若設官太少，又慮鞭長莫及，難資治理，不足爲經久定制。臣鍾麟原奏內有『一城不過數十莊，不及東南一小縣，七城各設一官足矣』等語，經臣錦棠就近體察情形，此說蓋亦不盡然。又臣鍾麟原奏將吐魯番作爲南路城池，有七城設官之議，臣錦棠查吐魯番現不在八城數內，自吐城以西喀喇沙爾、庫車、阿克蘇、烏什是爲南路東四城，葉爾羌、喀什噶爾、英吉沙爾、和闐是爲南路西四城，應統八城通盤籌畫，一律改設郡縣。以上各節，均經臣錦棠與臣鍾麟往復緘商，意見相合，謹公同酌議。除自哈密南至吐魯番北至精河，應暫照臣鍾麟原奏，無須另設多員外，回疆東四城擬設巡道一員，駐紮阿克蘇。該道以守兼巡爲兵備道，督飭所屬水利、屯墾、錢糧、刑名事件，撫馭蒙部，彈壓布魯特，稽查卡倫。作爲衝、繁、疲三項要缺，喀喇沙爾與吐爾扈特、和碩特，游牧地方，犬牙相錯，每有交涉事件，擬設直隸廳撫民同知一員，治喀喇沙爾城。庫車擬設直隸廳撫民同知一員，治庫車城。阿克蘇爲古溫宿國，擬設溫宿直隸州知州一員，治阿克蘇城；拜城縣知縣一員，治拜城；歸溫宿直隸州管轄。烏什緊鄰布魯特部落，爲極邊衝要，擬設直隸廳撫彝同知一員，治烏什城。以上各廳州縣應統歸東四城巡道管轄。回疆西四城擬設巡道一員，駐劄喀什噶爾回城。該道以守兼巡爲兵備道，管理通商事宜，督飭所屬水利、屯墾、錢糧、刑名諸務，彈壓布魯特，控馭外夷，稽查卡倫。作爲衝、繁、疲、難請旨最要缺。喀什噶爾爲古疏勒國，擬設疏勒直隸州知州一員，治漢城；疏附縣知縣一員，治回城，歸疏勒直隸州管轄。英吉沙爾緊鄰布魯特，爲極邊衝要，情形與烏什略同，擬設直隸廳撫彝同知一員，治英吉沙爾城。葉爾羌爲古莎車國，擬設莎車直隸州知州一員，治漢城；葉城縣知縣一員，治回城，歸莎車直隸州管轄。葉爾羌所屬瑪喇巴什一城爲回疆東西咽喉要地，積年河水爲患，必須置員撫治。擬設直隸廳水利撫民通判一員，治瑪喇巴什城。和闐爲古于闐國，擬設和闐直隸州知州一員，治和闐城；于闐縣知縣一員，治哈拉哈什地方，歸和闐直隸州管轄。以上各廳州縣應統歸西四城巡道管轄。凡茲建置大略，較之光緒六年四月十八日左宗棠奏擬設立各員稍爲簡省。較之臣鍾麟原奏七城各設一官之議，略有加增。斟酌損益，務適於中，冀得免流弊而成永圖。至於佐雜人員，應俟郡縣設定，由道員暨各丞倅牧令就近察酌地方情形，將其必不可少者詳請奏設。其各廳州縣疆界，應俟立官畫分後再行奏咨。各處地方暫時責成諸軍統領、營官督率營勇駐防，俟兵制議定，再行奏請設立總兵、副將、參、游、都、守、千、把等官。其餘未盡事宜，統候陸續籌議，隨時奏請睿裁。所有擬設新疆南路郡縣大概情形，謹會同幫辦軍務臣張曜、幫辦新疆善後事宜臣楊昌濬，恭摺覆陳，是否有當，伏乞皇太后、皇上聖鑒，訓示施行。再，此摺係臣錦棠主稿，合併聲明，謹奏。軍機大臣奉旨，另有旨。欽此。

又　卷五《委員試署准設新疆南路道廳州縣各官並籌現辦情形摺》

（四月二十日）奏：爲承准部覆准設新疆南路道廳州縣各官，現擬委員前往試署以便詳察地勢民情，續陳未盡事宜，並籌現辦情形，恭摺仰祈聖鑒事，竊臣錦棠承准吏部咨會遵旨會議臣等前請變通新疆官制、營制具陳一摺，奉旨依議，欽此。黏連原奏知照到營，當即欽遵分咨關外在事諸臣，並飭現辦善後局員，各將所管地段界址暨一切情形詳悉察奪具報。去後伏維，體國經野，通籌局勢，須原始以要終。庶可大而可久，特當創辦之初，有因一處之妨而致疑全局之多礙，有因一端之阻，而動謂衆務之未宜。風氣之所浸漬，成例之所拘迫，欲變之於一旦，微論法制尚未詳訂，急切靡所適從，即使綱舉目張，自謂燦然大備，且有箕風畢雨之好，足以淆我視聽，擾我神明。種落之殊，教令之別。非獨其地有以限之，抑由其俗積漸使然也。關隴爲天下之屏蔽，而塞外又踞關隴之上游，山水之所從出。其地則高寒而多沙鹻，其人雖渾樸而不聯屬，不問向之居國行國，究其居處、服食、文字、語言，迥異中土。漢唐以來，殷憂西事，罔不經營捍禦，聊固吾圉，蓋既爲形勢所必爭，則即爲聲教所必及，乃以一其習尚，無復他虞。夫因創之所乘，實由天時人事之所湊拍。曩者漢置河西四郡，當時雖不免耗中事西之苦，而至今賴之。西域自古羈縻之地，往往一隅蠢動，腹地爲震。自祖宗朝櫛風沐雨，先後勘定南北兩路，或分置屯防，或間設郡縣，星羅碁布，遠近相維。南疆地雖饒沃，而因俗類榛狉難馴，繩以禮法，於是分命大臣督率文武員弁兵丁鎮駐扼要之區，彈壓巡緝，差徭賦稅，量爲征收，舉凡疏節闊目，用壯厥聲，靈堅其趨向以待我皇太后、皇上今日因時制宜，變通盡利。臣錦棠適躬逢其盛，前陳應設、應裁、應改、應移諸端，仰荷睿衡，飭部會議。茲各部院議覆，摺內於議設者，如『置巡撫、布政使及鎮迪道加按察使銜，管理刑名，改迪化州為縣，設迪化府』各節，暫從緩議，而議裁、議改、議移者，如裁各城都統、參贊、辦事領隊各大臣，應俟南八城建置事宜辦有成效。奉旨准設巡撫，再行會奏請旨。又裁去回官阿奇木伯克等，另行酌設頭目，則以均有職掌責任，應更體察，妥議章程核辦。改設額兵將烏魯木齊提督移駐喀什噶爾，亦令俟後請旨。回童現入義塾讀書，有能誦習一經熟悉華語者，咨部給予生監頂戴，議以向無成案，擬請俟回童粗通文藝時酌設學額，憑文取進，如以該回童等但須讀書認字不必責其文理，應另酌給獎勵，請旨遵行。至請南路改設道廳州縣各官，均經先行議准，令將應辦事宜會商妥協，次第奏明辦理各等因，詳繹部院諸臣議覆各條，其餘應准、應緩之事體，無不斟酌，至當上慰宸衷，誠以損益之舉動關久遠之規，縱使疑無可疑，猶當慎之又慎。然創制早開乎其先，則變通宜善乎其後。從前滇黔之改流官，近如臺灣、奉天、吉林之添郡縣，皆時會之所趨。聖化翔洽，幾若行乎其所不得不行。回童如能熟誦儒書，諳習華語，日久漸摩，帖然就範，既已革其舊習，自當被以政教，故應裁、應改、應移者，刻下既須籌擬。一則一氣相承，因勢利導，可收及時整飭之功；一則經費宜定，合計從長，可免異日虛糜之弊。部臣深知其然，而現未即請旨飭辦者，應俟准設之官具有規模，然後分別舉行，蓋即臣鍾麟所擬設立行省當從州縣辦起之意。自准部覆，即經往返函商，熟籌辦法，擬即由臣錦棠就近先行委員往署，詳察東西兩道應分之界限，並各直隸州與其轄縣應分之村境，各處城垣多未完固，尚有應行改建增修之城，各官衙署能否各就善後辦公局屋改作，或應別籌營造，壇廟、倉廒、監獄亦應擇要修建，驛傳、塘站，視其衝僻，安設文員雜職，置輔分司。現除教職緩議外，其各廳州縣之照磨、吏目、典史應與印官同城佐理。此外，各屬轄境遼闊，應添州同、州判、縣丞、巡檢、分防，各按所屬，繁簡酌添，以便控制。凡此要圖，務為先正其名，而後能責其事，否則委員以空名理實政，既無職守，亦無考成，難期與斯民相維繫，誠有如臣鍾麟所云者。臣錦棠擬遵部議，就差遣各員內，分委道員、同知、直隸州知州、通判、知縣各官前往署理，暫刊木質關防、鈐記，給令啓用，俾昭信守，惟是設官之後，文移征收詞訟，宜照官署之式。南路向無漢民，鎮迪所屬，自經兵燹，書吏更少，於前無可調派。前經分飭甘肅各府州，於所屬書吏中揀公事諳練者，各派數名優給川貲，令其攜眷西來，備日後之分撥。回官三四品阿奇木、伊什罕、伯克階職較崇，臣前慮其權重擾累，曾請裁去銜額，實欲杜漸防微，而相沿已久，未可驟加屈抑，擬請仍留頂戴，略如各省州縣之待所轄紳士，假以禮貌，使有別於齊民。昔之衆伯克等分理糧役、訟獄諸務，將來擬分撥為吏、户、禮、兵、刑工各書，與漢書胥雜處，互授漢回文言，期於相觀而善，既可收其把持之權，又可藉為公家之用，似屬兩有裨益。俟印官履任後，徐為圖之。如能行之有濟，屆時另行奏報。各官每年應支廉俸公費銀兩，已經部議，照鎮迪道所屬數目支領。所有應設書辦及各項人役名數、月支工食銀兩，麫勒數目亦應請照鎮迪道所屬定章招設支發，以歸一律。兩道綜司各屬政務，須有通曉各項文字之人以備繙譯，應請各添清字、回文書辦各數名，各屬傳訊訟案，勘劃經界，必先通其語言，乃能從而剖斷，應請各添回書通事數名。以上月支工食銀兩麫勒數目均請照鎮迪道所屬書吏章程開支。道員以下各官印信應懇飭部按照擬就各項缺銜鑄造頒行。查吐魯番同知之印文係兼用清漢回字，此項印信似應一體兼鑄回文，併懇飭下妥議定鑄。南疆此次設官，事屬創始，當就練習邊情之員先將應辦壹是趕緊興辦，方足以資治理。現准先設各官，籲懇天恩，准照吉林新設民官各缺成案統歸，因地擇人，由外揀補一次，則相從邊塞者，知所奮勉，吏治可期起色。至於城垣、衙署、倉廒、監禁，應修各工，舉不容緩。南路土性鬆浮多鹻，即燒成之甎塊，曾不數年多被潮鹻剝蝕，牆垣基身務較寬厚，始可耐久。已飭湘楚各軍選派勇丁趕將城工挑築，並商幫辦軍務臣張曜飭令嵩武軍營勇擇要興修，許以事竣懇恩擇尤獎勵，均極踴躍用命。第計工程浩大，仍須兼僱纏回，乃能期其成功。其須用之鐵木器及各項工匠、器物，防營之不能辦者，令各委員核實動用。再懇飭撥的款以濟要工。值此經費支絀之際，臣等受恩深重，尤當格外撙節，無如地處邊荒，工係創建，但期力杜浮冒，未能牽合成規，合無仰懇聖慈俯准。俟後蕆役，除繪圖貼說咨部外，即照實用實銷開單具報，藉省一再造冊之煩。徭賦上關國計，下係民生，綜計南路征糧，每年二十餘萬石，將來兵制酌改，需糧較少，日久積儲，勢難多備，倉廒變價，又苦無從銷售，潮腐堪虞。臣錦棠擬飭各屬於此後科定賦役時，權其輕重，或有前章稍重者，仰體皇仁，卽予酌減。征糧較多之處，核計兵食之外，所餘猶多，卽行折征銀兩，湊充度支，以爲涓滴之助。庶倉糧不至霉朽，而邊儲得以常充矣。除屯田兵制及未盡事宜，容俟會商妥籌，隨時具奏外，所有承准部覆准設新疆南路道廳州縣各官，現擬委員前往試署，以便詳察地勢民情，續陳未盡事宜，並籌現辦情形各緣由，是否有當，謹會同幫辦軍務廣東陸路提督臣張曜恭摺具陳，伏乞皇太后、皇上聖鑑，訓示施行。再，此摺係臣錦棠主稿，合併陳明。謹奏。軍機大臣奉旨，該部議奏。欽此。

又 卷七**《遵旨統籌新疆情形以規久遠摺》**（四月二十八日）奏：

爲遵旨統籌新疆兵餉官制屯田情形並陳欠餉不可折發全疆宜聯一氣以規久遠恭摺仰祈聖鑑事，竊臣承准軍機大臣字寄，光緒十年二月十七日奉上諭，户部奏西路軍餉浩繁急須統籌全局並詳籌未盡事宜各摺片，近年部庫及各省庫倍形支絀，而供億浩繁以西路餉需爲尤鉅。似此年復一年，殊非持久之道。部臣通盤計算，請飭統籌係屬顧念時艱力圖久遠起見，著劉錦棠、金順、張曜、譚鍾麟按照該部所奏各節，悉心區畫，切實籌商，將款項之應用應抵、兵勇之應留應汰，務就左宗棠原議三百數十萬之餉量入爲出，撙節開支，以期經久，而昭覈實定議後速行具奏。原摺片均著鈔給閱看等因。欽此。跪讀之餘，仰見睿謨廣運，下逮芻蕘，莫名欽悚。伏查新疆兵備向有旗綠之分。旗則酌撥滿洲、錫伯、索倫之兵，綠則酌撥陝西、甘肅標路之兵，或攜眷駐守，或按期換防。當時廟算於各本營掛支額糧，可免驟增新餉，拓地周數萬里之遙，兵不更添而防戍周匝，棋布星羅。北路郡縣而外以伊犂爲重鎮，設將軍領隊以下官並設理事撫民同知，塔爾巴哈臺設參贊，烏魯木齊設都統領隊，庫爾喀喇烏蘇古城、巴里坤設領隊，又有烏魯木齊提督、巴里坤鎮總兵所轄官弁。南路則葉爾羌設參贊，和闐設協辦，喀什噶爾、英吉沙爾、阿克蘇、烏什、庫車、喀喇沙爾設辦事，吐魯番設領隊。哈密當南北之總匯，設辦事、協辦各一員。又喀什噶爾有換防總兵及各城副參遊都守所轄官弁，更有章京、通判、糧員、筆帖式等，專司征收各務，大小員弁多至數千。兵屯並興以資彈壓而闢荆榛，遠近相維，疏密相間，種民效順，部落畏威，百數十年安之若素，惟回疆民事委之於阿奇木伯克，情僞無可訪諮，上下恆多隔閡，民怨沸騰，官尚罔覺。馴至全疆淪陷，一切蕩然無存。耗宇內之金錢，始得削平大難。譬人久病之後，一息僅屬，專賴滋培。征軍之留戍者，除臣部諸軍外，明春恭鏜所統各營近雖已散，而北有金順、錫綸之軍，南有張曜之軍，若伊犂塔爾巴哈臺、烏魯木齊、古城巴里坤所存之旗兵亦已漸次收集，餉章歧出，頭緒紛紜。以云省費，誠有可省。左宗棠屢疏請設行省，實見時會所趨，舍此不足言治。勇糧則積久愈深，協餉則報解日短，雖頻年多方騰挪，陸續裁遣，無如月餉善後所需出入斷難彌縫。臣仰荷恩綸，謬負督辦之責，而自湘楚及提鎮各營外，如金順、張曜、錫綸所部未能代爲籌畫，窮年累月，限制毫無，竭各省之轉輸，煩朝廷之廑系，時覺寢饋不安。部臣責以考核，又復深諒其艱，故以定額餉定兵額一事權三省爲當務之亟，誠係今日新疆之要圖。所貴先具規模，力求撙節，於大局則骨節靈通，於協濟則力堪供億。謹按部臣原奏，就臣管見所及，總舉四端，敬爲我皇太后、皇上陳之。一、擬留兵勇以定餉數也。查承平時新疆旗綠各營數逾四萬，協餉係與甘肅併估。一歲之中，預撥正餉四百一十五萬有奇，常例分半提用，曾經左宗棠查明奏報有案。其換防之兵九千餘人來自關內，則關外歷來得餉較優，經出之名亦夥，就地抵征無幾，概仰支於撥協。亂後情形迥殊於昔，安集延各部爲俄所併，哈薩克、布魯特大半歸俄，於是南北兩路邊界多與毗連，所在防範宜周，不僅伊犂一隅扼要也。從前額兵職官北路獨多，今則兩路並重。南路形勝以喀什噶爾爲最，阿克蘇、烏什次之。現擬規復兵額，全疆旗綠定以三萬一千人爲準，應如部臣所議，將舊有之烏魯木齊、巴里坤古城、庫爾喀喇、烏蘇、吐魯番各處旗丁歸併伊犂，卽以伊犂將軍與塔爾巴哈臺參贊爲駐防。旗制合馬步勇營共足萬人餘，以六千三百人歸喀什噶爾道屬，以四千五百人歸阿克蘇道屬，以六千四百人歸鎮迪道屬，其巴里坤鎮則定三千八百人。甘肅兵餉舊章滿年四本八折，馬兵每名月支銀二兩、糧二石，應支銀十六兩、糧八石；步兵每名月支銀一兩五錢、糧一石五斗，應支銀十二兩、糧六石；守兵每名月支銀一兩、糧一石，應支銀八兩、糧四石。遇閏遞加，馬步之餉稍裕，守兵幾難自存。內地人稠，猶有疲弱充數，平時多不歸伍，偶值迎送差使始行招集，餉數過少，不能嚴以相繩。新疆地曠人稀，求其虛應伍籍亦不可得。精壯之丁遠來邊外，募之爲兵，必須優給餉銀，方敷食用。勇營無款可裁，勢宜仍照行糧支給。臣曾瀝陳苦況，仰蒙聖慈，准如所請。兵制未復，舊勇久役思歸，若改坐糧，大都籍隸東南，距家萬里，必非所願。卽伊、塔兩處之錫伯、索倫、兀魯特、察哈爾等各項旗兵，經此亂離，異常寒苦，月餉暫宜寬給，以稍養其元氣。約計三年之內當可設法將舊勇裁併，旗兵困亦少舒，再按坐糧起支，以馬步三萬一千人併算，馬三步七，每年照行糧需銀二百九十一萬餘兩，照坐糧每年需銀二百十萬餘兩，茲除金順、錫綸兩軍外，臣與張曜所部共計二萬七千五百餘員名，適譚鍾麟息借陝西商款之三十萬，分解哈密十八萬，臣卽勉爲挪湊，已將董字定遠蜀軍改營爲旗，裁併二千。張曜之嵩武軍自光緒元年出關，時閱十年，不無疲廢，擬商抽裁千數百人。至臣前接部覆議准，修建南路城署，當卽分飭遵辦，趁此防營相助事半功倍，經費暫於軍餉挹注共需三十七萬四千餘兩，滿擬照數請撥部儲，歸款卽可權挪，再裁二千餘人，旋經户部議駁，艱窘概可想見。祗以勇存餉積年須多耗二十餘萬，能暫騰撥的款，臣得資以周轉，將來並張曜所部於二萬一千之額亦無所溢，實爲一舉兩得。部庫未充，臣更何敢堅申前請。伏讀諭旨，務就左宗棠原議三百數十萬之餉量入爲出，揆時度勢，目前斷不能敷，無論如何兵勇共留三萬一千人，萬難再減。除已改之坐糧、標勇、土勇外，餘存之營尚須照支行餉，則臣部應分餉銀百五十萬，加善後經費銀十四萬，添製軍裝器械銀十六萬；金順、錫綸共分餉銀九十四萬，加善後經費銀十六萬，添製軍裝器械銀十萬；張曜共分兵餉製辦銀四十萬；已需三百四十萬，頃接譚鍾麟緘商關內須分餉銀百二十萬，是合甘肅、新疆現尚須的餉四百六十萬，較之向額四百一十五萬僅多費銀四十餘萬。若舊勇裁畢，統改坐糧，新疆每年可省兵餉八十餘萬，其善後之三十萬兩於三年後均可停止，則每年合關內外止須協銀三百數十萬，適符左宗棠前奏所定之數。此通籌額兵以定餉數之大略也。一、酌改營制以歸實用也。查向來駐防旗營例分前鋒、領催、馬甲、步甲及養育兵，月餉季糧各有等第。綠營分、馬、步守三項，今於伊、塔兩處共擬分兵萬人，必照旗例，則概須以次安設，成規稍繁，邊防關緊，征勦極不可忽。臣愚妄，擬伊犂分七千人，塔爾巴哈臺分三千人。伊犂卽就該處現存之錫伯、索倫、察哈爾、兀魯特及現擬移烏魯木齊各城之旗丁內，挑選三千人以作旗兵，再於金順所部勇營挑留四千人作馬步游擊之兵，應如何歸舊設之伊犂總兵等官統馭，卽由將軍轄制酌定。伊犂各城旗丁素多，此後生齒繁衍，似應酌添旗兵之額，既便安插，且卽資其捍衛，並由將軍詳察籌擬。塔城挑留旗兵一千人，再於錫綸所部勇營挑留二千人作馬步游擊之兵，該處亦有綠營官弁，應由參贊酌奪，便於隨時調派兵力，實已不單戰守，自當確有把握，惟該兩軍並張曜之嵩武軍均議裁汰，舊勇必須鉅款解到乃能分遣，應請飭下原協各該軍之省關迅籌大批起解，以便各得趕定汰留藉免貽累。日後其三道所屬總二萬一千人，馬步分編，擇駐險要。馬爲馬營，步爲步營，不相攙雜，有事出征，一兵可得一兵之用。左宗棠、楊昌濬等前議減兵加餉聲明酌提馬步數成，擇地團紮，操練技藝，必須精强槍礮，務期有準，係爲猝有戰事起見，關外防守較前尤須嚴密。正在復兵伊始，除酌撥各處分汛，足敷彈壓匪類，查緝盜賊外，餘兵隨所隸之將軍、參贊、巡撫、提鎮駐紮，常川練習，俾成勁旅。嚴除應差、掛名、離伍之陋習，卽偶有蠢動，直可滅以朝食，不必悉藉客勇始足以殄寇氛。餉則由勇改兵，舊本行糧，今議俟後復兵改支坐糧，業經節省。因其既已著籍，不須往返川資，且室人聚處，糧餉所入無顆粒分毫之浪擲，苟善用其經營之術，尚勉足以支撐，倘更減於坐糧，則將無以存活，何能養其鋒鋭，緩急足恃！是則司農給餉當持之以堅，不可久而核減；邊將練兵當馭之有道，不可從而冒侵。庶幾防勦兼資，斥堠無驚，允堪靖鄰固圉，旗綠各兵常駐其地，從此不須換防，兼衛身家，其志益固。此酌改兵制以備征守之大略也。一、酌定官制以一事權也。查關外向止有鎮迪一道，近則南路添設兩道，並劃哈密通判以隸新疆，計廳州縣二十餘屬，回疆始有治民之官，旗丁概歸伊塔駐防，前此之都統、參贊、辦事、協辦、領隊各官若仍沿例簡放，則直無事可辦，無隊可領，坐使有用之材置諸閒散之地。諸臣世受國恩，豈肯徒糜祿糈！且各州縣撫此孑遺，疲瘠不堪，每遇大僚過境，雖無不格外體恤，然如車馬所需本係例所應供，況長途戈壁，使臣遄征艱辛已極，有司守土往往不待傳索，誼應稍盡東道之情。塞外百物騰昂，一差經過，恆致負累，茲欲從新整理。臣愚擬請除留伊犂將軍、塔爾巴哈參贊兩處旗營外，其餘兩路之都統、參贊、辦事、協辦、領隊各缺概予裁撤，移烏魯木齊提督於喀什噶爾，移喀什噶爾舊有之換防總兵於阿克蘇，其所屬各營旗分防城隘，應更詳勘明確，再行定議。烏魯木齊地可兼扼南北，卽裁都統，則臣原議請設甘肅、新疆巡撫藩司未可再緩。鎭迪道屬之兵卽作撫標，倘緣節費不亟設省別無鈐轄之方，至暫留都統，仿前節制鎭迪之例，係屬權宜敷衍，終亦務須更張。每歲協餉仍歸陝甘總督統估，按數分起撥解。關外各部不許各自派員坐催守提，免耗薪水旅費，且免不肖委員挪餉帶貨，多索車馬；而攤銷抵餉之累，亦將不禁自除。又，配造子藥所需物料，雖不必盡由內地置辦，而價昂工貴，甚不合算。應歸總督督飭甘肅、新疆總糧臺分別購製，撥解各處應用。共費若干，年終由應分協餉內劃抵歸款。本地歲入之項，除伊、塔兩城不計外，三道所屬歲征銀六萬八千餘兩，額糧二十四萬餘石，撥發各營扣收價銀。目前但勉敷各文員廉俸、書役工食及各軍臺、塘汛、驛站、卡倫、兵丁、夫馬工料之需，日後懇荒益廣，額糧必增，入款可望起色。營旗各員參用營勇之章便於訓練，如副將作營官，卽以中軍都司爲總哨千把，經制外委爲正副哨長；參將、游擊作營旗官，卽以中軍守備爲總哨千把，經制外委爲正副哨長；都司守備作旗官，卽以中軍千總爲總哨把總，經制外委爲正副哨長；兵署卽同行營壁壘，營官總哨哨長共居壘中，兵房隨哨，蓋建無故不准出外，逐日操演，俾其常存鋭氣，以免日久疏懈，漸就頹唐，否則各居衙署，散漫無歸，驟難查察。其應如何安置眷屬，容再詳擬。從此官署兼仿行壘之式，則隊伍自然整齊；馬步分起編列成營，則聲息自然聯絡。治兵之官不似往者之宂，牧令勤求民瘼，誠意感孚，使之渥沾聖化，去其阿奇木伯克之權，薄賦輕徭，相與維繫，數年之間，語言文字或可漸軌於大同，部臣所謂同是血氣之倫，綏之斯來，理有固然。此籌議官制以一事權之大略也。

一、屯田歸兵徐議抵餉也。前准户部咨鈔摺稿，以餉款艱難，新疆南北兩路急需大興屯政以裕邊儲。欽奉諭旨，飭臣等酌議辦理。方與諸臣熟商，此次户部又以屯田抵餉爲言。查屯田之說，自漢以後言兵農者，莫不引爲足食節餉之大經，其制不一。唐之營田、明之衛田，所在有屯，後率有名無實。新疆旗屯、兵屯、商屯、回屯酌收租糧，其效惟伊犂爲最大，次則塔爾巴哈臺，亦設屯營，南路各城較少。而伊拉里克之水利，經故督臣林則徐議修，於是中外稱善。臣前率師經歷兩路，曾經訪及屯務，如伊拉里克隸吐魯番，舊有民耕坎井，其法係向天山之麓開井，而下更爲上下浚渠，循此間十數丈，以次接開渠道暗通，導引雪水伏流以資灌漑。每修一坎，費錢約千餘緡，澆地二、三百畝不等。其不修明渠者，一恐風吹沙壓，一則渠深數丈搬土較難，惟吐魯番土質堅緻，乃能瀦流固岸，不虞浮壅，本是成法。林則徐復爲加意講求其利益溥，故該處之地民但有力無不爭墾。臣曾於南路哈密各處仿此試開，或無水可迎，或旋開旋揚，地勢所限，有非人力所能强爭者。至若旗屯、兵屯，地率專爲片段，中無民地淆雜，抵餉之議。臣昔以費繁餉絀，興屯爲大利源，極思仿而行之。比年試辦，始知其效不可驟期。久遭兵燹，水道湮塞，興修各工，咸資力於營勇。未克一律盡力於農，非如宋臣陳恕之所云『軍卒驕惰』也。各勇遠征絕徼，復迫之東作，心志既不專壹，人地本屬生疏，將領雖嚴加程督，而時而耒耜，時而干戈，無非勉强以應，終難諳悉。駐營多在衝途，附近之可墾者，早經土民承種。卽以哈密言之，擇地撥歸營屯，求其與民無礙，除戈壁不任開墾外，偏在大泉灣、塔爾納沁等處，遠隔百餘或二百里。上年總計各處所獲糧石，扣還成本，略無贏餘。倘因屯墾之故移營以就，則應防之汛地又須添營塡紮，不特甫闢之土，成否尚未可必。卽使豐收，已先專糜月餉統算，豈不極虧？此而欲抵實餉，必俟兵制定妥，寬予年限，乃有著落。蓋農夫之於耕務，先諳其土性，播種隨宜，然後秋成無誤。勇丁各懷故土之思，暫耕於此，雖任耰鋤之役，不期收穫之豐；又須購器豢牛籽種之需，耗費頗鉅，事屬大衆，祇圖塞責。如或界接民田，雖毫無騷擾，亦甚恐惶，澆水爭先，漫無分誌，燥溼過度，日至鮮成，民田固隱受其困，而官本亦坐耗矣。南路纏回多以農務爲生，間有荒萊，則實苦於無水。張曜謂其有類石田北路烏魯木齊一帶。恭鏜咨稱旗兵各屯折抵均無所獲。伊犂境內金順升泰覆咨亦云，通算迄無利益，伊地夙號膏腴，果能不相攘害，咸願耕於其野，委棄殊爲可惜。塔城亦多沃壤，錫綸當不忽視。現擬復兵，臣愚請於裁勇後，除伊、塔兩處由金順等妥籌外，餘就各兵駐防之所，如有荒地可撥，爲之酌數分給，卽同已業。兵雖不皆土著，卽經入伍，自各願有室家。令其操防之暇從事隴畝人情，各營其私，致力自倍尋常。甲年無息取償，乙歲扣抵，復從其輕，必且樂此不疲。公家既得略抵餉項，倉儲亦得藉以充盈，有恃不恐，其利可以操券。荀務期效且夕，考成所迫，始長慮而卻顧，卒致無功。此興屯抵餉難求速效之大略也。以上四者，部臣籌之甚切。臣苦識慮短淺，有慚遠謨，而邊寄忝膺，用敢竭誠條上，籲懇飭部詳核覆奏，請旨頒行，以節財用而策治安。抑臣更有請者，部臣鑑於邇來勇籍之多虛冒，務求核實歸併。有云補發半年欠餉，餘欠悉令報效。值此度支萬窘，幾於籌無可籌，乃援明春裁營補發半年欠餉之請以爲舊章，意謂似此清釐雖較積欠大減，究於實數無虧。然於臣部各軍，則其情事大相逕庭。查鄉勇越境勦賊始自故大學士曾國藩，由湘而推行於江西、湖北，厥後帥臣各就其鄉招募，遂徧各省。臣曩隸老湘軍，稔知勇夫之於領餉，亦若農人之占天時，按候無差，每屆准假，算明找補，不爽絲毫，故咸踴躍用命，父兄死事，子弟繼之，上無剋冒之弊，下盡心力之能，規制森嚴，莫敢攖犯。以言乎勦，則電掣風馳，無堅不破；以言乎防，則修工護運，無役不從。感聖朝之信賞，爭先恐後，髮捻苗回次第芟夷，湘楚各軍從無折發舊欠之舉。勇夫遠戍窮邊，離其父母兄弟妻子，至有十餘年未獲一還家者。少壯從戎，今且垂暮。平時存銀不能支取，家中或致凍餓，然猶有所待。上之所以慰勇者，曰俟後騰餉給假分釐皆清。勇之所以慰家者，曰少遲領欠假旋聊數事畜。此實塞上征夫里閭老幼所賴以爲養命之源，歷年遵行不渝者也。古語有之，『政莫大於信。』我皇太后、皇上平定四方，賦不少加，而偶災必賑；儉以自奉，而養軍惟優；厚澤深仁，獨超往古，薄海臣民，罔不淪浹肌髓。比者西陲敉靖，各勇方慶凱旋。有日前之歸者，役期若干，領欠若干，還而自按，若竟短扣，能無寒心？況其甘於遠役，原恃餉寬聊可爲身家之計，豈料至於折發？勇數並無浮報，入營悉屬的期，彰彰在人耳目，儘堪稽考。部臣極慮年積一年，姑具此說。微臣受恩深重，儻可强爲試行？甚願因之清欠，而身任其職，洞悉其隱，不敢緘默。

朝廷亦何吝此，致失大信於功成之後耶？伏懇天恩，矜念久征之勇，俟其裁撤，仍照原欠之數算找，則所全實大矣。全疆既籌經久之策，要在通力合作。將來統留兵勇三萬一千人，三道所屬縱横約二萬里，共擬分兵二萬一千，更難兼防外境。伊、塔分駐萬人，轄境比之昔年已形狹小，防戰亦應預籌。其與俄人交涉守約立威，軍壘務須整飭，城防務須布置，必兵數無缺，餉數無侵，斯鎮守非虛，士氣常振，紀律嚴明，則商賈不至裹足，户民得以安居，强鄰亦當震懾。前者伊犁收還，臣即縷晰函商金順速爲籌辦，洎今未接其覆書。金順成老碩望，戰績卓然，一經振刷精神，加之整頓，自足爲西域之長城。統計新疆近費已不下數千萬，俄壤緊接，嗣後但可進尺，不能退寸，盡在邊臣激發天良，廉以持躬，恩以孚衆，更精求武備，聯爲一氣，勿存旗綠之見，尚可互借聲援。積弊既除，鎧仗一新，軍容苟有可觀，成效乃有可覩。如荷鴻慈垂誠，臣雖駑鈍，惟罄人十己千之力稍酬高天厚地之施。金順等渥承眷畀，必當迅圖振奮，力保巖疆。久遠之規，實基於此矣。除關内兵餉一切另由督臣譚鍾麟通籌具奏外，臣與金順、張曜等相距過遠，必待一一函商，須延數月。重以西餉萬分拮据，去冬息借之銀訂於四月歸楚，不特無款可還，而本年報解寥寥，即每月應發之鹽菜銀兩亦苦無以點綴萬竈，所託迫切，殆難言狀。惟有懇恩，迅飭趕解以濟燃眉，邊局幸甚！不揣冒昧，謹先恭摺覆陳。是否有當，伏乞皇太后、皇上聖鑒。訓示施行。謹奏。軍機大臣奉旨，該部議奏。欽此。

又 卷九《新疆建省請改設添設各官摺》（七月十六日）奏：爲新疆建立省會應請改設添設各官以專責成而資治理恭摺仰祈聖鑒事，竊照新疆改建行省，治迪化州城，所有省會應設各官自應分别添改。除臬司仍照原議無庸專設，經臣奏請，加鎮迪道按察使銜，兼管全疆刑名驛傳事務外，惟省會應有首府，附府應有首縣，以期指臂相使，大小相維。臣前奏設甘肅新疆巡撫布政使摺内，請改設迪化府縣等官，嗣經部議，應俟南路八城建置事宜辦有頭緒，再行酌量具奏。奉旨依議，欽此。欽遵在案。伏查南路建置諸務隨時舉辦，漸有規模。臣與藩司魏光燾業經先後抵任，籌辦一切，需員臂助。省會各官未可再緩，應請升迪化直隸州爲迪化府，設知府一員，治迪化城。增置迪化縣知縣一員，爲附郭首縣，與迪化州原屬之昌吉、綏來、阜康、奇臺共五縣，均隸迪化府屬，遇事由該府核轉，其迪化州原管之户籍、田賦、驛刑、考試及地方一切事宜，概歸迪化縣經理。此外，藩司衙門首領各有職司，擬請設布政司經歷一員，又庫大使一員，專司庫務，庫擬請名新裕。至鎮迪道既兼刑名，應請設道庫大使兼按司獄一員，迪化府首領應設府經歷兼司獄一員。查迪化城舊有巡檢一員，爲稽查彈壓而設，現既建置省會，情形不同，擬請即裁該巡檢缺改設府經歷。迪化縣應設縣典史一員，專司監獄督捕。擬請即改迪化州吏目爲縣典史學官，則迪化州原設學正一員兼管所屬各縣學務，今升州爲府，擬請升學正爲府教授，照舊兼管各縣學事，一俟將來學校大興，再議添設，以省糜費。以上各缺應定爲何項缺分，俟設定後再行擬議辦理。仍懇照吉林新設各缺酌補一次，成案由外揀補一次，庶於地方有裨。據藩司魏光燾詳請具奏前來，臣覆查無異，合無仰懇天恩俯准，飭部核覆，以便遵循。除未盡事宜，容俟查明，陸續陳奏外，所有省會各官擬請改設添設各緣由，是否有當，謹會同陝甘督臣譚鍾麟恭摺具陳。伏乞皇太后、皇上聖鑒。訓示施行。謹奏。軍機大臣奉旨，吏部議奏。欽此。

王延熙、王樹敏《道咸同光奏議》卷三九《劉錦棠〈請歸併省分以垂久遠疏〉》（光緒八年）竊查光緒六年大學士前陝甘督臣左宗棠奏稱，將來議設行省，必以哈密劃隸新疆，形勢始合。哈密及鎮迪一道所屬文武地方均應歸劉錦棠統轄。所有升調、補署、考核及一切興革事宜，均可就近辦理，分別奏咨，陝甘總督無庸兼管等因。光緒六年十一月初四日奉上諭，左宗棠奏請將哈密、鎮迪道歸劉錦棠統轄等語等因，欽此。欽遵在案。伏念新疆改設行省之議，左宗棠實始發之。查本年三月十六日，陝甘督臣譚鍾麟奏《籌度新疆南路情形摺》內，亦有『設立行省，當從州縣辦起，然後遞設督撫，以統轄之』等語，蓋新疆本秦隴之屏障、燕晉之藩籬，亟宜經營盡善，以固吾圉。然舊制既不可復，自不得不另籌善策。左宗棠、譚鍾麟所議改設行省，固非無維持永久之謀，至臣愚慮所及，則與左宗棠等不能盡同，有不容不及時陳明者。臣自曩歲出關辦賊，洎於今已歷七載，熟度關外情形。求所以長治久安之道，固舍設郡縣易舊制，別鮮良圖，此臣之所見與左宗棠等相同者也。惟將新疆另爲一省，則臣頗以爲不然。現在臣等擬設之南路各廳州縣，合之哈密及鎮迪道等處原有各廳州縣，總共不過二十餘處，卽將來地方日益富庶，所增亦必無多。卷查光緒六年四月十八日左宗棠《覆陳新疆宜建行省開設郡縣摺》內所載，擬設及原有各屬廳州縣，亦不過二、三十處，查考各省中郡縣之最少者，莫如貴州、廣西等省，新疆則尚不能及其一半，其難自成一省，情形亦已明矣。且新疆之與甘肅形同脣齒，從前左宗棠以陝甘總督督辦新疆軍務，凡籌兵籌餉以及製辦轉運諸務，皆以關內爲根本，其勢順，故其事易舉。臣之才力資望萬不逮左宗棠，而自受代以來，兩年之間，雖無功過足録，然未至僨事者，皆賴譚鍾麟、楊昌濬誼篤公忠，力顧全局，故能勉强支持。向使甘肅大吏稍存畛域之見，則邊事已不堪問。若將關內外劃爲兩省，以二十餘州縣孤懸絕域，其勢難以自存。且後路轉餉製械諸務，必將與甘肅分門別户以清眉目，所需經費較目前必更浩繁，其將何以爲繼？故新疆、甘肅勢難分爲兩省，臣所見與左宗棠等不同者，此也。又臣閱譚鍾麟原奏《籌度新疆南路情形摺》稿，議將北路鎮迪等處暨擬設南路郡縣，皆歸欽差大臣統轄。謹按：欽差大臣本非國家常設之官，且哈密及鎮迪一道原係奉旨暫歸微臣統轄，現既議設南路郡縣，必須熟籌可久之道，不得仍作權宜之計。以郡縣設定後諸事，須照各省辦法。而言例章，則臣營無舊案可稽；言用人，則軍中無合例堪以補署之員；至於錢糧刑名升遷調補諸事，又無藩臬兩司可專責成；似茲窒礙難行之處，未可枚舉。微臣之愚，擬請將哈密、鎮迪道等處暨議設南路各廳州縣併歸甘肅爲一省。惟歸甘肅遙制，竊鞭長莫及。擬倣照江蘇建置大略，添設甘肅巡撫一員，駐紮烏魯木齊，管轄哈密以西南北兩路各道廳州縣，並請賞加兵部尚書銜，俾得統轄全疆官兵，督辦邊防；並設甘肅關外等處地方布政司一員，隨巡撫駐紮。舊有鎮迪道，擬請援照福建、臺灣道之例，賞加按察使銜，令其兼管全疆刑名驛傳事務。改迪化直隸州知州爲迪化縣，添設迪化府知府一員，治迪化城，管轄迪化、昌吉、綏來、阜康、奇臺五縣。似此辦理，實較另爲一省稍免繁費，而於新疆時勢亦甚相宜。如蒙聖明准行，仰懇迅簡巡撫、藩司及擬設之南路兩道員，以便及早措置壹是。現在伊犁既經收還，收界亦不久可以竣事，沿邊無警防務解嚴。如設巡撫，則欽差大臣儘可裁撤。臣擬俟巡撫西來，當舉關外一切情形詳細告知，並得經手事件交其接辦，再行呈繳關防，仍俟臣足疾醫治全愈，後卽當束裝北上，以伸累載戀闕之忱。蓋新疆蕩平，經六年之久，此時軍務日鬆，急宜定大局以修政理。臣於吏治嚮少閲歷，關外郡縣諸事宜多係創始，斷非軍旅粗材所能。區區愚悃，實貽誤將來，並非意存規避，此不能不預先瀝陳之也。

朱壽朋《光緒朝東華録》（光緒八年七月）丁未。劉錦棠又奏：新疆各城向設阿奇木伯克等員，其職銜有三四品者。現議建置郡縣，擬設丞倅牧令各員，官階既非甚崇，若回官仍循舊章，殊有枝大於本之嫌，似宜量爲變通以歸妥善。郡縣設定後，擬將回官各缺暨阿奇木伯克等名目概行裁去，各廳州縣另行酌設頭目。額數略如各省辦公紳士，不可以官目之，遇有缺額，即行就地選舉，出具切實考語，詳由該管道轉請邊疆大臣發給委牌，惟須照回官向例，撥給地畝作爲辦公薪資，免滋需索侵呑諸弊。又南路纏回，愚儒者居其大半，彼教中所謂條勒阿渾，往往揑造邪說，肆其綉脅之術，人心易爲搖惑，禍亂每由此起。纏回語言文字，本與滿漢不同，遇有訟獄徵收各事件，官民隔閡不通，阿奇木伯克通事人等得以從中舞弊，是非被以文教，無由除彼錮習。自全疆戡定以來，各城分設義塾，令回童讀書識字，學習華語。其中亦多聰穎可造之資，授之以經，輒能背誦；學寫楷書，居然端好；爲之講解義理，亦頗能領會，足見秉彜之良，無分中外。雖不必侈言化民成俗，而其效已有可覩。此時建置，南路郡縣教職等官暫可不設。惟宜設法鼓勵，使回族爭奮於學，庶教化可期漸興。所有原設各塾，應由各廳州縣延師訓課，以小學、《孝經》、《論語》、《孟子》、《大學》、《中庸》、《詩經》、《易經》、《春秋》教各回童。擬每歲合各廳州縣考試一次，有能誦習一經熟諳華語者，不拘人數多寡，即送該管道衙門覆試，詳由邊疆大員援照保舉武弁之例，咨部給予生監頂戴，待其年已長大，即准充當頭目。如有勤學不倦能多習一經或數經者，無論已未充當頭目，均准各廳州縣考送，由道覆試請奬，再行遞換五品以下各項頂戴，仍不得逾六品，以示限制。惟曾任三四五品阿奇木伯克者，裁缺後仍應准其照舊戴用翎頂，充當頭目。其各項頂戴頭目人等，如果承辦差使異常出力，仍隨時酌量保奏，懇恩賞給三四五品頂戴，用昭激勸。又奏，查光緒六年大學士前陝甘督臣左宗棠奏稱，將來議設行省，必以哈密劃隸新疆，形勢始合。哈密及鎮迪道所屬文武地方均應歸劉錦棠統轄，所有升調補署考核及一切興革事宜，均可就近辦理，分別奏咨，陝甘總督無庸兼管等因。光緒六年十一月初四日奉上諭，左宗棠奏請將哈密、鎮迪道歸劉錦棠統轄等語等因，欽此。欽遵在案。伏念新疆改設行省之議，左宗棠實始發之。查本年三月十六日陝甘督臣譚鍾麟奏《籌度新疆南路情形摺》內，亦有『設立行省當從州縣辦起，然後遞設督撫以統轄』之等語，蓋新疆本秦隴之屛障，燕晉之藩籬，亟宜經營盡善以固吾圉。然舊制既不可復，自不得不另籌善策。左宗棠、譚鍾麟所議改設行省，固無非維持永久之謀，至臣愚慮所及，則與左宗棠等不能盡同，有不容不及時陳明者。臣自曩歲出關辦賊，洎於今已歷七載，熟度關外情形，求所以長治久安之道，固舍設郡縣易舊制，別鮮良圖。此臣之所見與左宗棠等相同者也。惟將新疆另爲一省，則臣頗以爲不然。現在臣等擬設之南路各廳州縣，合之哈密及鎮迪道等處原有各廳州縣，總共不過三十餘處。即將來地方日益富庶，所增亦必無多。卷查光緒六年四月十八日左宗棠《覆陳新疆宜建行省開設郡縣摺》內所載，擬設及原有各屬廳州縣亦不過二、三十處，嘗考各省中郡縣之最少者，莫如貴州、廣西等處，新疆則尚不能及其一半，其難自成一省情形亦已明矣。且新疆之與甘肅，形同唇齒，從前左宗棠以陝甘總督督辦新疆軍務，凡籌兵籌餉以及製辦轉運諸務，皆以關內爲根本。其勢順，故其事易舉。臣之才力資望萬不逮左宗棠，而自受代以來，兩年之間，雖無功過足録，然未至僨事者，皆賴譚鍾麟、楊昌濬誼篤公忠，力顧全局，故能勉力支持。向使甘省大吏稍存畛域之見，則邊事已不堪問。若將關內外劃爲兩省，以三十餘州縣孤懸絕域，其勢難以自存。且後路轉餉製械諸務，必將與甘肅分門別户以淸眉目，所需經費較目前必更浩繁，其將何以爲繼？故新疆、甘肅勢難分爲兩省，此臣之所見與左宗棠等不同者也。又，臣閱譚鍾麟原奏《籌度新疆南路情形摺》稿，議將北路鎮迪等處暨擬設南路郡縣，皆歸欽差大臣統轄。謹按：欽差大臣本非國家常設之官，且哈密及鎮迪一道，原係奉旨暫歸微臣統轄，現既議設南路郡縣，必須熟籌可久之道，不得仍作權宜之計。以郡縣設定後，諸事須照各省辦法，而言例章則臣營無舊案可稽，言用人則軍中無合例堪以補署之員，至於錢糧刑名升遷調補諸事，又無藩臬兩司可專責成，似玆窒礙難行之處，未可枚舉。微臣之愚，擬請將哈密、鎮迪道等處暨議設南路各廳州縣併歸甘肅爲一省。惟歸甘肅遙制，竊恐鞭長莫及。擬仿照江蘇建置大略，添設甘肅巡撫一員，駐紮烏魯木齊，管轄哈密以西南北兩路各道廳州縣，並請賞加兵部尚書銜，俾得統轄全疆官兵，督辦邊防；並設甘肅關外等處地方布政使一員，隨巡撫駐紮。舊有鎮迪道，擬請援照福建、臺灣道之例，賞加按察使銜，令其兼管全疆刑名驛傳事務。改迪化直隸州知州爲迪化縣，添設迪化府知府一員，治迪化城，管轄迪化、昌吉、綏來、阜康、奇台五縣。似此辦理，實較另爲一省稍免煩費，而於新疆時事亦甚相宜。如蒙聖明准行，仰懇迅簡巡撫藩司及擬設之南路兩道員，以便及早措置壹是。現在伊犁既經收還，分界亦不久可以竣事，沿邊無警，防務解嚴，如設巡撫，則欽差大臣儘可裁撤。臣擬俟巡撫西來，當舉關外一切情形詳細告知，並將經手事件交其接辦，再行呈繳關防，仍俟臣足疾醫治全愈後，即當東裝北上，以伸累載戀闕之忱。蓋新疆蕩平經六年之久，此時軍務日鬆，急宜定大局以修政理。臣於吏治嚮少閱歷，關外郡縣諸事宜多係創始，斷非軍旅粗才所能了局。區區愚悃，實恐貽誤將來，並非意存規避，此不能不預先瀝陳者也。又奏，哈密以西各滿營旗丁，亂後孑遺僅存，舊制萬難規復。即以古城、烏魯木齊兩處言之，前此古城領隊大臣勝安由京西來，道出哈密，與臣談及古城滿營房屋久已鞠爲茂草，該處旗丁總共不過十數人，勝安自以補授斯缺，原應即行赴任，究竟古城無隊可領，無營署可住，進退維谷，殊形狼狽。臣比屬其與金順、恭鏜熟商自處之道，悵然踰天山北去。臣於光緒二年夏秋之交率師克復烏魯木齊，其時滿城傾圮，瓦礫荒涼，未見旗丁一人。嗣臣進克南路各城，始將旗丁之被賊裹脅者陸續拔出，咨送烏魯木齊安插。然爲數亦屬無多，故以恭鏜之精明强幹，世受國恩，鋭意欲有所爲以圖報稱，然所管旗丁只有此數，雖都統有兼轄鎮迪道之責，而政務亦甚簡少，不足以發抒其才氣。他如哈密辦事臣明春所部健鋭威儀各營，已奏明全行裁撤。其所轄回務，亦經左宗棠奏准歸哈密通判管理欽遵在案。竊國家建官分職，原各有分內應辦之事。現在新疆時事變遷，都統及辦事領隊各大臣，兵少事簡，幾無異投閒置散，此不但非朝廷設官之意，亦諸臣心所不安也。如蒙聖明體察臣言，准照擬設甘肅巡撫之議，則烏魯木齊自須設立撫標官兵，南北兩路均宜另設額兵，添置總兵副將參游都守千把等官，以爲永遠邊防之計。烏魯木齊提督應移駐喀什噶爾城以扼要害，吐魯番暨南路舊有參贊辦事領隊各大臣員缺，固可一律裁去。即自哈密北至伊犁所有都統暨辦事領隊各大臣員缺，亦宜酌量裁撤。巴里坤、古城、烏魯木齊、庫爾喀拉、烏蘇等處所餘旗丁，如目前之零星分布，終恐無濟實用，不如併歸伊犁滿營，生聚教訓，以期漸成勁旅。查承平時新疆南北兩路係歸伊犁將軍總統，烏魯木齊都統亦兼轄鎮迪一道。如設巡撫，不但鎮迪道無須都統兼轄，即將軍亦無庸總統全疆，免致政出多門，巡撫事權不一。其伊犁滿營，似應改照各省駐防將軍營制，從新整頓，務求精實可用，庶於邊防有所裨益。總之新疆不復舊制，便當概照行省辦法。若二省並行，則一切夾雜牽混之弊，難以枚舉。茲伊犁已還，界務將竣，大局急宜定奪，臣恭繹欽符，既有所見，不能不據實直陳。是否可行，祗候睿斷。張曜奏，奴才接准伊犁將軍金順、參贊大臣升泰咨函，本年二月初四日，伊犁業已接收，從此保境息民，講信修睦，蠉飛蠕動，咸獲少安。此堂陛之良圖，邊庭之幸事也。論者謂新疆局勢大定，今日之先務在於裁汰勇丁以節餉項。奴才則謂裁汰勇丁即可規復兵額，變通營制，方能永固邊防也。營制之宜變通者有三：曰增騎兵，曰重火器，曰設游擊之師。各省綠營定制，步多騎少。扼要防險，戰於山谷，步兵之利也。出奇鵰勦，平原蕩決，騎兵之利也。新疆各城，廣川大原，間以戈壁，減步增騎，宜亟變通者一也。軍興以來，多尚火器，愈講愈精。以他器敵火器，則他器鈍而火器利；以火器敵火器，則舊有鈍而新者利。少者鈍而多者利，故外國水師，非恃兵衆，惟恃器精，而又勤於習練。減養兵之資，爲購器之費，宜亟變通者二也。至各城營汛設立制兵，爲數不能過多。此城有警，彼城設防，各顧轄境，力難分救。故南北兩疆，宜設游擊之師，居中駐紮，統以知兵大員。此項兵丁，不供他役，規模嚴整，以期士氣常新。設遇各城有事，風馳電掣而赴之；無事之歲，南北兩疆，各於邊界定期會哨，振武揚威，隱戢奸宄，宜亟變通者三也。所謂變通營制方能永固邊防也。至於各城兵額，督辦新疆軍務劉錦棠陳明，請就關外現裁營勇。選其精壯耐勞者編成制兵。改行餉爲坐糧。實爲良策。蓋關外營勇。有籍隸陝、甘。去新疆較近風土相似者；有雖籍隸東南各省，幼被賊掠，輾轉投營，里居氏族不能自知者；有原籍遭兵，田廬已空，親屬已盡，不可復歸者；有寇亂之日樹怨於鄉，以異地爲樂土，故里爲畏途者；此屬若選爲制兵，久經戰陣，可期其得力，一利也。參用屯田之法，兵食兩足，二利也。關外多一精兵，關內少一游勇，隱弭無數事端，三利也。所謂裁汰勇丁即可規復兵額也。邊域要地，治兵爲先。兵强則邊固，邊固則民安，民安則事理矣。譚鍾麟奏，新疆底定左宗棠請設行省，蓋以維持久遠之策。臣閱左宗棠原奏，自督撫司道府廳州縣以及貳雜等官甚多，不但目前建置城池衙署，一切需用浩繁，費無所出，即以後文武廉俸役食等項經久之費，亦未易籌。臣愚竊維目前辦理善後，因革損益，百廢待興，而要以固結民心爲主。即設立行省，亦當從州縣辦起。如果地方日增庶富，然後遞設督撫以統轄之，其勢亦順而易。查新疆北路，由哈密以至精河，中間鎮迪道所屬州縣各官，均已復舊。伊犁同知，收復後即可委員往署。地曠人稀，現有之官足資控制，似無須另設多員。惟南路八城，僅吐魯番一同知，闢展一巡檢，其餘七城克復以後，一切善後事宜，如清丈地畝，稽查户口，徵收税釐，皆委員辦理。已經數年，委員非盡不善，第以空名辦實事。時復更易，既無責守，亦無考成，安得有與斯民相維繫之念！夫纏回亦人也。族類雖異，要各有田園家室之戀。其所以屢作不靖者，勢迫之也。聞未亂以前，誅求無厭，正賦之外，需索煩多。大約官取其一，阿奇木伯克等取其二。官與民文字不通，言語不同，阿奇木伯克等從中播弄，傳語恐嚇，故往時纏回視官如寇讐。比來回民頗有能通漢語者，誠得愷惻慈祥之吏安輯撫綏，均其賦役，正額外絲毫不以擾累，民知官之愛己也。自能上下相孚，相安無事。臣身受重恩，忝膺邊寄。凡有關民生利弊，曷敢緘默不言！請特旨飭令劉錦棠體察南路七城情形，分别地方廣狹煩簡，設立丞倅、牧令等官。一城不過數十莊，不及東南一小縣，七城各設一官足矣。更於喀什噶爾、阿克蘇各設巡道一員，如北路鎮迪之例，皆歸欽差大臣統轄。庶地方有所責成，民心有所繫屬。其餘未盡事宜，臣當隨時與劉錦棠互商辦理，斷不敢稍分畛域。上諭：劉錦棠、譚鍾麟、張曜奏請變通新疆官制營制各摺片，著各該衙門速議具奏。

《光緒朝上諭檔·光緒十年九月》 光緒十年九月三十日，內閣奉上諭：户部等部會奏議覆劉錦棠奏《統籌新疆全局》一摺。前據劉錦棠奏遵議新疆兵數餉數一切事宜，當經諭令該部議奏。兹據會議覆陳，新疆底定有年，綏邊輯民事關重大。允宜統籌全局，釐定新章。户部前奏以定額餉定兵數一事，權三端爲要圖。劉錦棠所議留兵、改營、設官、屯田四條，與該部所奏用意相同，即著次第舉行，以垂久遠。前經左宗棠創議改立行省，分設郡縣，業據劉錦棠詳晰陳奏，由部奏准，先設道廳州縣等官。現在更定官制，將南北兩路辦事大臣等缺裁撤，自應另設地方大員以資統轄。著照所議添設甘肅新疆巡撫、布政使各一員，其應裁之辦事、幫辦、領隊、叅贊各大臣及烏魯木齊都統等缺，除未經簡放有人外，所有實缺及署任各員，著俟新設巡撫布政使到任後，再行交卸，候旨簡用。至伊犂叅贊大臣一缺、塔爾巴哈台領隊大臣二缺，應裁應留，著劉錦棠等酌定具奏。新疆旗緑各營兵數及關內外餉數均照議覈實經理。國家度支有常，不容稍涉耗費。劉錦棠務當與金順等挑留精鋭，簡練軍實，並隨時稽查餉項。如將領中有侵冒情事，即著據實奏參，從重治罪。餘均照所議分别辦理，如有未盡事宜，仍著劉錦棠妥爲籌畫，陸續陳奏，再由該部詳覈定議。另片奏會議金順、譚鍾麟所奏兵餉各節，著依議行。欽此。

又《光緒十年十月》 光緒十年十月初二日，內閣奉上諭：劉錦棠著補授甘肅新疆巡撫，仍以欽差大臣督辦新疆事宜。欽此。

沈桐生《光緒政要》卷一一《（九月）改新疆爲行省》 先是欽差大臣左宗棠等，以關外地方遼濶，控制爲難，曾於光緒四年及五年間，籌議設官分職，改設郡縣。奉諭旨，新疆地方，愚回錮習未除，自應規畫久遠，移其風俗，俾就範圍等因。後又奉旨，以現在伊犂尚未收復，布置一切，不無窒礙，原摺留中。後經大臣劉錦棠等漸次整理，至此遂改行省。以迪化府爲省會，即向之烏魯木齊域。巡撫布政使與按察使銜鎮迪糧務兵備道，皆駐節於斯。領府二，曰迪化，曰伊犂。直隸州四，曰溫宿，曰疏勒，曰莎車，曰和闐。直隸廳十一，曰鎮西，曰哈密，曰吐魯番，曰庫爾喀喇烏蘇，曰精河，曰塔爾巴哈台，曰喀喇沙爾，曰庫車，曰烏什，曰英吉沙爾，曰瑪喇巴什。又設知縣十一。由是邊徼重地，綱舉目張，城郭廬帳，羣萃州處，彼此各仍其舊，治外則軍府立而安攘有藉，疆圉奠焉。治內則吏事修而政教相承，民行興焉。規模粗具，諸事方興。

又《（十月）户部奏統籌新疆全局以規久遠事宜》 疏云，竊維理財之要，在量入以爲出。考之《禮》曰，財用足故百事成。又曰，國無九年之蓄曰不足。是知財用窮乏則苟且之法繁興，即天下之大患潛伏，非小故也。我朝用兵之費，未有如今日之多且久。財用窘乏，亦未有如今日之甚者。軍興以來，近三十年，用財曷止萬萬。迄寰宇底定，而甘肅、新疆需餉孔多。除明春一軍業經裁撤不計外，以現在調撥而論，劉錦棠、譚鍾麟關內外之師，歲撥銀七百九十三萬兩，是爲西征軍餉；若西寧歲撥之一萬兩，寧夏歲撥之十萬兩，涼莊歲撥之八萬四千兩，尚不與焉。金順一軍，并接統榮全景廉舊部歲撥銀二百二十八萬兩，部墊三十六萬兩，是爲伊犂軍餉；若巴里坤專餉迭次提撥之四十萬兩不與焉。錫綸接統英廉所部并新募諸軍，歲撥銀三十三萬兩，是爲塔爾巴哈台軍餉；長順接統恭鏜所部，歲撥銀九萬六千兩，是爲烏魯木齊軍餉；若張曜所帶豫軍，歲需銀六十餘萬兩，向由河南供支不與焉，以上西路各軍，每歲共需銀一千一百八十餘萬兩，遇閏加銀九十餘萬兩。軍需而外，善後經費，又每次動撥數萬數十萬兩不等。事權本未畫一，故勇無定數，餉尤無定額。通盤計算，甘肅、新疆歲餉耗近歲財賦所入六分之一。各省關或括庫儲，或向商借，剜肉補瘡，設法籌解，已屬不遺餘力，而各路猶以餉不足用，屢請於朝。臣部不得已爲之提撥積久，各省關解積欠則停月餉，解月餉則停積欠，雖叠奉諭旨，令統兵大臣將欠解之藩司監督，指名嚴參，而各將帥深知艱窘情形，礙難參劾。公議既窮，不得已私函婉託委員守催提解。偶有不前，飛章告匱，咸謂嗷嗷待哺。奏請部儲，臣部無可指撥，不得已於封儲洋稅項下，動撥數萬或數十萬兩，以救其窮。此處甫行領完，彼處告急又至。事同一律，本難歧視，不得已再撥庫儲。所有歷年部墊餉銀，各省關未能悉數清還。出欵暗增，入欵暗耗，臣等以部庫關係根本，儲積無多，實難輕予外撥，而各處領到部餉，甫清舊欠，又有新虧，不得已另向商借，或將浮報勇數，暗地賠償；或將應協餉銀，明請抵補。一欵未清，又借一欵，重重計息，愈累愈多。近來所頒息欵，將近千萬。上損國帑，下竭民膏，難窘情形，日甚一日。查光緒八年分，各省關實借西路餉銀，尚有五百八十萬兩，劃還洋欵銀二百一十六萬九千兩，部墊銀四十八萬兩，部庫另撥銀八十一萬兩，各軍共受協餉銀八百五十三萬餘。夫協餉必出於庫，今則庫欵空虛矣。從前因軍餉不敷，務求節省，凡葬銀紅事等賞，久已悉停。廉俸兵餉役食，莫不減折。一切支欵，又須減平。綜計裁省之數，悉以供軍。既供本省各營，又顧各路協餉。預挪來年錢糧不足，塡補上年舊欠。疆吏則以羅掘一空，頻登奏牘。臣部亦以庫欵支絀，屢瀆宸聰。上年籌辦海防西路協餉，頗難兼顧。各省奏請改撥，臣部幾無可改。各省奏請停解，臣部何敢遽從！各省聲稱萬分艱難，臣部猶謂務當籌餉，不量其力，徒託空言。天下無大患難之時，猶且拮据如此，萬一海疆有警，歲入更減，各省自顧不暇，西路之事，何堪設想！且協餉究出於民，今則民益困窮矣。查咸豐初年，始行抽釐助餉於關稅之外，復設釐卡，迹近重徵。大吏諭民以暫時抽收，事竣裁撤。小民均切同仇之義，勉强輸將。其後釐卡愈密，法網愈周，析及秋毫，販負不得免，皆因夫軍餉不足，迄今未能遽裁。計每年報部收釐數目千數百萬，至外銷之欵，與夫吏員所侵蝕，書役所索取，又無論已。層層剝削，竭澤而漁，商賈咸謂事竣不裁，久爲商累。貨物昂貴，終歸累民。至於田賦所出，俱有常經。軍興既久，供億不息，遂隳經制。如四川之按糧津貼捐輸，已近加賦。各省遭賊蹂躪，城池甫復，遽事徵收，兵燹孑遺，靡得喘息。本年之錢糧，既須完納；歷年之積欠，又須帶徵，餉需緊要，不得不嚴其考成。考成綦嚴，不得不出於敲朴。至於州縣之勒派，胥吏之營求，尚不在其中，而民間捐貲以應差徭，攤派以辦團保，又無論已。雖官非增賦，而私已倍輸。數十年來海內疲弊，户鮮殷實，田多汙萊，率以此故。近年如山西、河南二省，迭遭大旱，死亡枕籍，閭里爲墟，竭全力以救之，僅有存者，至今元氣未復，生計蕭條。上年山東黄河潰隄，横流千里，沿河之衆，半付波臣，輾轉流亡，皆以萬計。雖蒙聖恩截漕發帑，恤此災黎，猶有居無室廬，食無藜藿，鬻男賣女，聊圖苟活者。飢民既衆，隱患方深，至於順天直隸、湖北、江蘇、浙江、安徽、河南、四川等省，水旱偏災，又無論已。大亂甫靖，又遘奇災，一切苟且之法，皆未停罷，臣等竊危之。伏查我朝戡定準回兩部，舉全疆二萬里隸之職方，其時府庫充溢，當世猶不免耗中事西之疑，今則庫欵空虛如此，民力困窮又如彼，而西路軍餉數倍於國家全盛之時，悉索以供，靡所底止。若不預爲籌畫，仰屋徒嗟，倘蒙聖明垂詢空虛之故，臣等毫無補救，實難辭咎。卽聖慈不加譴責，天下萬世淸議，其謂之何？臣等再四思維，耗中以奉邊，終非長策。但西陲要地，非內地爲之調撥，亦不能支，是用稽考舊章，旁參衆説，不揣冒昧，敬爲我皇太后、皇上陳之。一曰定額餉。甘肅、新疆歲需撥餉千數百萬，斷難供億，且斷無全解之理，徒使應協者任意挪移，盈虛難考；受協者藉口欠解，借墊頻仍；皆額餉未定之故。查道光年間，額兵尚未裁減，臣部估撥甘肅、新疆歲餉等項，四百四萬兩，或四百十五萬兩有奇。咸豐年間陸續裁減裁扣，每年計撥銀三百二萬兩。除核減折留抵外，僅調撥銀二百四十四萬五千餘兩。迨回逆搆亂，攻剿之師，另撥月餉，額餉久已停解。光緒四年，西路漸就肅清，前督臣左宗棠《覆陳新疆情形摺》內，請於三年之後，部撥甘肅新疆的餉，每年以三百數十萬兩爲度。臣部議覆，屆時再行奏明辦理。迄今已逾三載之期，所有甘肅、新疆各軍餉，應照左宗棠奏案，每年調撥的欵三百數十萬兩，不准各省蒂欠。合之本處歲入留抵之欵，已在四百萬兩上下。嗣後不准再向商借，亦不得率請部儲。經久之圖，莫要於此。一曰定兵額。查關內減兵裁勇，已有規模。惟關外統兵大員太多，均得專摺奏請，招募兵勇，迄無定額。現查劉錦棠所部馬步二萬三千餘人，張曜所部六千餘人，烏魯木齊古城兵勇八百餘人，巴里坤官兵九百人，金順錫綸所部約二萬餘人，綜計全疆兵勇數逾五萬，較承平額兵四萬之數，已多一萬有奇。力分於將多，財匱於兵衆。臣等竊以爲新疆既改設州縣，時勢變通，烏魯木齊、巴里坤、古城、庫爾喀喇、烏蘇等處，自遭回亂，旗丁所存無多，宜歸併伊犂，即以伊犂將軍專轄旗兵。如內地駐防之例，應令劉錦棠等通盤籌畫，就餉數而酌留兵勇，應併者速併，應裁者速裁，合南北兩路滿蒙漢兵勇，總不得逾乎舊額四萬之數。現在防營無事口分，尚給行糧，若有事之時，加餉則欵愈難籌，不加則何以示勸？臣等擬仿成法，量爲變通，暫以二萬人爲勇，改行糧爲坐糧，出征外域，始照行糧支給。再於客勇之願留關外者，加選精壯萬數千人，規復制兵，照土勇章程支給。其駐防及臺站、卡倫各項官兵口分，有較土勇少者，毋庸議增，以節餉項。惟各路兵勇餉章歧異，約有數十等，應令劉錦棠等查明各路章程，殫心經畫，力任其難，將兵數勇數餉數，妥議章程，奏明辦理。一曰一事權。查新疆南北兩路，歲需兵餉等項，向由該將軍都統參贊大臣核明確數，預先在甘省調撥，仍由陝甘總督將調撥各數歸入甘省兵餉，於年終造冊具報。臣部於冬撥案內，彙總撥給。至今成法已蕩然，募勇則各請專餉，善後則各立章程。餉則各自迎提，浮開盤費，局則各自添設，經費尤多。至無事之員，亦復張頤待哺。一官之費，耗十數勇之口糧。官階無可清查，虛冒更難考核。即如前烏魯木齊都統恭鏜所部一千餘人，開報差員至一百七十餘名，幾於數勇一官，紛紛濫支薪水，尤出情理之外。良由事權不一，無所考核，以至於此。雖有督辦軍務大臣，而各將帥位敵勢均，究不能如內地督撫，可以節制全省。今議調撥額餉，彙總發給，必須得人，總會其成。俾各營章程畫一，解到之欵，專歸一處。分撥各軍各路差員，儘可裁撤，以裕兵食。臣等所議三事，旁參遠證，理在不疑，猶慮有阻臣等之議，而撓臣等之說者。或曰，西事孔棘，今昔情形不同，撥餉千萬，猶苦不支，乃僅以三百數十萬兩爲額，西陲瘠區，歲入有限。爲邊計者，不已疏乎？不知內地根本也，邊陲枝葉也。公私匱竭則根本傷，根本傷則枝葉將安所附？夫天下之患，不在於外，常在於內。史冊所載，具有明徵。今自通商以來，寰海之內，皆有敵人，幾於無處不防，遇事虛聲恫喝，使我常爲之備。師老財匱，以冀乘間一逞。方今要策，在蓄財力以待時，斷無偏重一隅之理。新疆距神京萬里，而耗竭中原，予人以隙，非計之得也。溯查同治初年，各省辦操辦防，未能兼顧。額餉每年調撥新疆經費僅四十萬兩，尚未解齊，此後若有缺乏，客勇剽悍，豈止譁潰堪虞。欲求如旗兵之甘心窮餓，誠不可得，能不爲之寒心哉！即謂邊備不可不修，而籌畫必歸久遠，故額餉宜復。額餉，當裁勇以復兵，屯田以抵餉。所議額餉，原係左宗棠奏其時甘省尚未裁兵也。查左宗棠奏甘省裁兵節餉案內，較咸豐年間，調撥二百四十萬兩之數，已減去銀四十九萬兩千有奇。是調撥應減爲一百九十餘萬兩，今照左宗棠原議，以三百數十萬兩爲額，實已多銀一百數十萬兩。此外尚有本地之租賦雜稅釐金等欵，可資抵放。誠如左宗棠前奏新疆利源可開，流亦可節，就地取資之說。將來調撥，尚應照咸豐年間成案核減，若徒求目前調撥之多，而忘日久難繼之患，變出意外，恐非淺識所能窺耳。或又曰，逆酋勾煽回衆，俄人潛蓄陰謀，縱使益兵，猶慮疏失。裁客勇則軍威不競，減勇餉則口分不敷。所慮得毋未周，不知自古有必勝之將，無必勝之兵，顧謀略何如耳。若處處塡塞兵勇，則備多力分，善用兵者必不出此。方今養勇太多，浮冒居其半，老弱居其半，而西陲各軍，日虞敵至，不敢遽裁。坐使罷敝，久皆無用，殊爲失策。夫用兵猶奕棋然，巧者熟審全勢，置數子於要害，足以制人；拙者昧犄角之方，即布子滿局，不免於敗。現議汰弱留强，合全疆兵勇以四萬爲額，一半列戍爲防守之局，一半居中爲游擊之師。苟將得其人，軍無虛籍。平時屯田以勞勩之，農隙訓練而整齊之，必大可恃。縱俄人啓釁，逆酋窺邊，悉衆征行，不難調關內之兵，防固後路，固不在多養無事之役，耗國家有限之財也。議者以爲兵多足恃，譬之千金之家，常慮盜賊，日需數十人以防之。盜尚未至，不終歲而千金之家，已爲窶人矣。勇餉不敷之說，謂爲關外糧價昂貴。今查關外糧價，與關內不殊，且有比內地稍賤之處。前據劉錦棠奏稱頗有穀賤傷農之患，況楚軍坐糧，已較土勇爲優。土勇章程，較之制兵額餉，已加二三倍，亦不爲少。遠考之軍需則例出征給加鹽菜，事竣即應住支；近考之劉錦棠、張曜所議，亦以改行糧爲坐糧，招募土勇，規復制兵爲請；但須嚴禁剋扣軍餉口分，必無不敷。至各城回民雖衆，同是血氣之倫，綏之斯來，虐之則叛，疆臣仰體皇仁，奉揚風化，蚩蚩之氓，未有不帖然服者。間有頑梗之輩，不難誅鋤，又何勾煽之足慮哉！竊揣衆流所議略，盡於斯。臣等亦非故爲高論，漫相窮詰。至於用人者，皇上之大柄，臣下所不敢言。而籌兵籌餉，疆吏與臣等當共體時艱勉圖久安長治之規，以維國本。劉錦棠身膺重寄，洞悉邊情，尤當蒇此一簣之功。恢宏遠略，相應請旨飭下督辦軍務大臣劉錦棠等，會同陝甘總督譚鍾麟統籌全局，就左宗棠原議，歲撥三百數十萬兩之數會計，所有甘肅及新疆南北兩路某處酌留若干兵勇，某處實需若干，劃還洋欵若干，屯田抵餉若干，而一切經費若干，無論如何區畫，總應照原議餉數，量入爲出，一俟議覆到後，臣部即於本年秋季照新定額餉，將十一年分餉項，預爲奏撥。該大臣務當力求撙節，慮始圖終，庶免牽動大局，天下幸甚。伏乞聖鑒。謹奏。

袁大化《（宣統）新疆圖志》卷一 洎我聖清御宇，長駕遠馭，九有方夏，悉主悉臣，惟準噶爾崛强西陲，負固不服。自康熙迄雍、乾三朝之間，王師載駕，天戈所指，掃穴犂庭。於是一討噶爾丹，再俘達瓦齊，三殲阿睦爾撒納，鯨鯢既翦，屬土歸命，是爲北疆底定之始。既而回酋霍集占兄弟煽衆爲亂，移師南嚮，迭克名城，二豎窮蹙，授首荒外，傳檄而下，兵不衂刃，是爲南疆底定之始。方準夷再叛時，會廷議決進止，惟大學士傅恆主進取之策，而謀國持重之臣咸以謂戎索之外，古者弗臣，得其地不可以耕，虜其人不可以使，不如服而舍之，使守在四夷，樹我邊衛，於義爲便。天子內奮乾斷，外排羣議，戎衣壹著，拓疆萬里。乾隆二十四年，遂建總統伊犂等處將軍、參贊大臣、辦事大臣、同知總管等官鎮撫之，而畫烏魯木齊以東地改置州縣，隸於甘肅省。爵回準王公台吉世襲各有差，幷設回部諸札薩克伯克分理回務，鈐束其衆。當是之時，新疆版圖廣輪二萬餘里，帶甲之士四萬，歲納米粟十四萬三千餘石，開屯列戍，碁布星羅，蓋所以屛翰關輔，拱衛燕雲者，基益鞏固。而藩屬之效順朝貢者，若哈薩克、布魯特、霍罕即浩罕、安集延、瑪爾噶朗、那木干、塔什干、巴達克山、博洛爾、布哈爾、愛烏罕、即阿富汗。痕都斯坦、巴勒提復十餘國，自漢唐以還未有若斯之盛也。咸同之際，朝廷方用兵東南，黠回金相印等瞯新疆備弛，陰結安集延酋阿古柏作亂，陝回白彥虎應之。盡失天山南北之地，而俄羅斯藉代我收復爲名，入踞伊犂。西北糜爛，羣情沮喪。或以謂髮捻初平，宜休兵息民，徐以觀釁。西域阻遠，非所宜急，且强鄰干預，連兵不解，尤恐牽動全局，頗有主閉關之議者。時左宗棠督師隴右，獨力持不可。疏言，自古中國邊患西北常劇於東南。顧祖禹論方輿形勢，視列代建都之地以爲輕重。我朝定鼎燕京，內外蒙部環衛朔方，前代九邊胥成，腹地皆開，新疆立軍府之所貽也。是故重新疆者，所以保蒙古；保蒙古者，所以衛京師。若新疆不固，則蒙古不安，匪特秦、晉各邊時虞侵軼，即直北關山亦將無晏眠之日。況夫今昔勢殊，俄人拓境日廣，緣邊東西萬餘里與俄壤地毗連，僅藉蒙部爲之扞閡，徙薪宜遠，曲突宜先。臣愚以爲地不可棄，兵不可停，願挈舊有之疆宇，還隸職方，以弭外釁，固吾圉也。朝廷卒用其策，大軍西指，盡復故所失地。光緒四年，宗棠乃建議開行省設郡縣爲久遠計。時以伊犂未歸，不果。及西四城逸酋再糾衆犯邊，宗棠念非革除舊俗，漸以華風，無以爲長治久安之本。六年四月，復抗疏申前議。未及行，而宗棠內召，以通政使劉錦棠代之。光緒七年，伊犂欵議成，俄人反侵我地。明年，陝甘總督譚鍾麟暨劉錦棠因損益宗棠先後所條列上之，於是新疆行省之議定。設巡撫於烏魯木齊，歸甘肅總督兼轄，並設甘肅關外等處布政使一員，以鎮迪道加按察使銜，兼管全疆刑名驛傳諸事。回疆東四城設分巡兵備道，駐阿克蘇。設喀喇沙爾直隸撫民廳、庫車直隸撫民廳、溫宿直隸州、拜城縣、烏什直隸撫彝廳。西四城設分巡兵備道，駐喀什噶爾回城，即今疏附縣。兼管通商事。設疏勒直隸州、疏附縣、英吉沙爾直隸撫彝廳、莎車直隸州、葉城縣、瑪納巴什直隸水利撫民廳、和闐直隸州、于闐縣。北路改迪化直隸州爲迪化縣，添設迪化府爲省治，轄迪化及舊設昌吉、綏來、阜康、奇臺五縣，徙奇臺縣於古城，遷巡檢於舊治。凡設府一、廳五、直隸州四、縣四，改縣一，徙縣一，其哈密鎮、西吐魯番如故。十二年，設庫爾喀喇烏蘇廳。十四年，裁伊犂撫民同知，升伊犂廳爲府，附府設綏定縣，以廣仁、瞻德、拱宸、塔勒奇四城隸之，是爲西六城。將軍仿內地駐防之例，移駐惠遠滿城。設寧遠縣，以惠遠、熙春兩城隸之，是爲東三城。設伊塔分巡道，兼管通商事。設霍爾果斯分防廳、精河直隸撫民廳，改塔爾巴哈台理事通判爲塔城直隸撫民廳。二十四年，巡撫饒應祺復奏設新平縣。二十八年，奏請增改各廳州縣。於是南路西四城，升疏勒爲府，增置伽師縣；升莎車爲府，增置蒲犁分防廳、皮山縣、洛浦縣；改瑪納巴什廳爲巴楚州。東四城升溫宿爲府，增置溫宿縣、柯坪分縣；升喀喇沙爾廳爲焉耆府，增置輪臺縣、婼羌縣；改庫車廳爲直隸州，增置沙雅縣。北路增置孚遠縣、鄯善縣，呼圖壁分縣。是年，凡升設府三，改直隸州一、州一，增廳一、縣九、分縣二，諸府廳州縣皆分隸四道。自光緒八年至二十八年，凡設道四、府六、廳十一、直隸州二、州一、縣二十一、分縣二，地東西七千餘里，南北三千餘里，東界甘肅安西州，南界退擺特及克什米爾、巴勒提等部，東北界阿拉善及喀爾喀蒙古，西北界俄國七河省，斜米省，提封田一千一百五十萬一千四百七十六畝，民户四十一萬二千二百一十，口二百萬三千九百三十一。軍興，北疆被禍最酷，閭閻衰耗。耆定後，勞徠折煦，離逷稍集。及宣統元年，贏於光緒三年之數數倍，然多僑户，地著百無一二。俄蕃商賈皆以伊犁、塔城、迪化爲市場，而南疆舊分八城，西四城密邇英屬，故英人之仰機利者多歸之。獨婼羌新平，壤地荒僻，人民稀少；烏什醜土墝陿，户口凋殘。他城皆視吐魯番饒裕，而疏附、和闐、于闐、莎車、葉城等處既庶且富，粲然具大觀，又視各城優勝。今爲攷域望之因革，種姓之區分，推詳郡邑户數、道里遠近，夷察風俗純駁，生齒興衰，求本末窮變之由，參以所聞所見，蒐而論之，庶得其要領焉。

論說

《龔自珍全集・西域置行省議》　天下有大物，渾員曰海，四邊見之曰四海。四海之國無算數，莫大於我大清。大清國，堯以來所謂中國也。其實居地之東，東南臨海，西北不臨海，書契所能言，無有言西北海狀者。今西極徼，至愛烏罕而止；北極徼，至烏梁海總管治而止。若乾路，若水路，若大山小山，大川小川，若平地，皆非盛京、山東、閩、粵一本『閩粵』作『福廣』。版圖盡處卽是海比。西域者，釋典以爲地中央，而古近謂之爲西域矣。我大清肇祖以來，宅長白之山，天以東海界大清最先。世祖入關，盡有唐、堯以來南海，東南西北，設行省者十有八，方計二萬里，積二百萬里。古之有天下者，號稱有天下，尚不能以有一海。博聞之士，言廓惔者擯勿信，於北則小險，望見之；於西北正西則大險，望而不見。今聖朝既全有東、南二海，又控制蒙古喀爾喀部落，於北不可謂險。高宗皇帝又應天運而生，應天運而用武，則遂能以承祖宗之兵力，兼用東南北之衆，開拓西邊，遠者距京師一萬七千里，西藩屬國尚不預，則是天遂將通西海乎？未可測矣。然而用帑數千萬，不可謂費；然而積兩朝西顧之焦勞，軍書百尺，不可謂勞；八旗子弟，綠旗疏賤，感遇而捐軀，不可謂折。然而微夫天章聖訓之示不得已，淺見愚儒，下里鄙生，幾幾以耗中事邊，疑上之智；翦人之國，滅人之嗣，赤地千里，一本有『神武而殺』四字。疑上之仁。否否。有天下之道，則貴乎因之而已矣。假如鄙儒言，勞者不可復息，費者不可復收，滅者不可復續，絕者不可復蘇，則亦莫如以一本『以』作『遂』。因之以爲功，況乎斷非如鄙儒言。因功而加續之，所憑者益厚，所藉者益大，所加者益密，則豈非天之志與高宗之志所必欲遂者哉？欲因功而續加之，則莫如酌損益之道。何謂損益之道？曰：人則損中益西，財則損西益中，兩言而已矣。今中國生齒日益繁，氣象日益隘，黃河日益爲患，大官非不憂，主上一本『主上』作『朝廷』。非不諮，而不外乎開捐例、加賦、加鹽價之議。譬如割臂以肥腦，自啖自肉，無受代者。自乾隆末年以來，官吏士民，狼艱狽蹷，不士、不農、不工、不商之人，十將五六；又或飧菸草，習邪教，取誅戮，或凍餒以死；終不肯治一寸之絲、一粒之飯以益人。承乾隆六十載太平之盛，人心慣於泰侈，風俗習於游蕩，京師其尤甚者。自京師始，概乎四方，大抵富户變貧户，貧户變餓者，四民之首，奔走下賤，各省大局，岌岌乎皆不可以支月日，奚暇問年歲？嘉峪關以外，鎮將如此其相望也，戍卒如此其夥也，燧堡如此其密也。地縱數千里，部落數十支，除沙磧外，屯田總計，北繞二十三萬八千六百三十二畝，南繞四萬九千四百七十六畝，合計繞二十八萬八千一百零八畝；田丁，南北合計繞十萬三千九百零五名，加遣犯有名無實者，二百零四名。若云以西域治西域，則言之胡易易？今內地貴州一省，每歲廣東、四川，皆解餉以給。貴州無重兵，官糈兵糧，入不償出，每歲國家賠出五六萬兩至八九萬兩一本無『兩』字。不等，未嘗食貴州之利。內地如此，新疆尚何論耶？應請大募京師游食非土著之民，及直隸、山東、河南之民，陝西、甘肅之民，令西徙。除大江而南，筋力柔弱，道路險遠，易以生怨，毋庸議。雲南、貴州、兩湖、兩廣，相距亦遠，四川地廣人希，不宜再徙。山西號稱海內最富，土著者不願徙，毋庸議；雖毋庸議，而一本無「雖毋庸議而」五字。願往者皆往。一本「皆往」作「不禁」。其餘若江南省鳳、潁、淮、徐之民，及山西大同、朔平之民，亦皆性情強武，敢於行路，未驕慣於食稻衣蠶，地尚不絕遠，募之往，必願往。江西、福建兩省，一本「江西福建兩省」作「其他省」。種菸草之奸民最多，大爲害中國，宜盡行之無遺類。與其爲內地無產之民，孰若爲西邊有產之民，以耕以牧，得長其子孫哉！當行者，官給每户盤費若干，每丁盤費若干。議聞。一本無「議聞」二字。又各省駐防旗人，生齒日繁，南漕不給，大率買米而食，買緞而衣，若遣令回旗，京師內城不能容，若再生育數年，本省費又無所底。駐防者，所以衛天朝也。八旗子弟受恩久，忠義其所性成，苟有利於天朝者，必無異心，無異議也。各將軍議酌，每大省行若干丁，中、下省行若干丁，盤費宜視民人加重，以示優厚。議聞。一本無「議聞」二字。其遷政，暫設大臣料理之，七年停止。議聞。一本無「議聞」二字。先期斬危崖，劃仄嶺，引淙泉，瀉漫壑；到西，分插南北兩路後，官給蒙古帳房一間，牛犂具，籽種備，先給大户如干丈，中户如干丈，下户如干丈，不得自占。旗民同例。除沙磧不報墾外，每年，一奏開墾之數，十年，再奏總數，二十年，彙查大數。每年粟麵稞蔬，皆入其十分之一，貯於本地倉，以給糧俸；其地丁錢賦，應暫行免納，俟二十年後，再如內地交穀外，另有丁賦例。有丁賦後，再定解部額。現在交粟麵，暫勿折收銀錢，亦俟二十年後，再如內地折銀錢例。設兵部尚書、右都御史、準回等處地方總督一員，兵部侍郎、右副都御史、準回等處地方巡撫一員，（或如直隸、四川例，以督兼撫，不立撫，似亦可。）布政使一員，按察使一員，巡道三員，提督一員，總兵官三員，知府十一員，知直隸州三員，知州二員，知縣四十員。府州之目十有四：曰伊東府，曰伊西府，伊黎東一本「曰伊東府，曰伊西府，伊犂東」作「請爲府治一，伊犂東路也，爲府治二，伊犂」。西路也；曰庫州府，一本「曰庫州府」作「爲府治三」。庫爾喀喇烏蘇也；曰迪化府，一本「曰迪化府」作「爲府治四」。烏魯木齊也；（原設州）。曰鎮西府，一本「曰鎮西府」作「爲府治五」。巴爾庫勒也；（原設。）曰瓜州府，一本「曰瓜州府」作「爲府治六」。哈密也；曰塔州一本「曰塔州」作「請爲」。直隸州，一本此下有「治一」兩字。塔爾巴噶台也。以上北路。曰闢州府，一本「曰闢州府」作「請爲府治七」。闢展也；曰沙州府，一本「曰沙州府」作「爲府治八」。哈拉沙拉及庫車、沙雅爾也；曰蘇州府，一本「曰蘇州府」作「爲府治九」。阿克蘇及賽喇木也；曰羌州府，一本「曰羌州府」作「爲府治十」。葉爾羌也；曰和州府，一本「曰和州府」作「爲府治十一」。和闐也；曰吐蕃直隸州，一本「曰吐蕃直隸州」作「爲直隸州治二」。烏什也；曰磚房一本「曰磚房」作「爲」。直隸州，一本下有「治三」兩字。喀什噶爾也。以上南路。伊一本「伊」下有「犂」字。東府一本無「府」字。設縣四：以府城爲伊東一本無「伊東」二字。縣；以烏哈爾里克爲綏定一本無「綏定」二字。縣；以博羅塔拉爲博一本無「厚」字。縣；以幹珠罕爲珠一本無「珠」字。縣。四至核議。伊一本「伊」下有「犂」字。西府一本無「府」字。設縣四：以府城爲伊西一本無「伊西」二字。縣；以庫爾圖爲圖一本無「圖」字。縣；以古爾班薩里爲絜一本無「絜」字。縣；以烘郭爾鄂籠爲鄂一本無「鄂」字。縣。四至核議。庫州府一本「州府」作「爾喀喇烏蘇」。設縣三：以府爲庫一本無「庫」字。縣；以烏里雅蘇圖爲舊營一本無「舊營」二字。縣；以晶河爲豐潤一本無「豐潤」二字。縣。四至核議。瓜州府一本「瓜州府」作「哈密」。設縣四：以府城爲瓜一本無「瓜」字。縣；以蘇木哈喇垓爲舊堡一本無「舊堡」二字。縣；以賽巴什達里雅爲湖一本無「湖」字。縣；以塔勒納沁爲土城一本無「土城」二字。縣。四至核議。塔州設縣二：以州爲塔縣；以雅爾爲肇豐縣。四至核議。其鎮西、迪化兩府，現在章程已善，毋庸改議。南路闢州府一本「州府」作「展」。設縣六：以府城爲闢一本無「闢」字。縣；以納呼爲東闢一本無「東闢」二字。縣；以洪城爲洪一本無「洪」字。縣；以魯克察克爲柳中一本無「柳中」二字。縣；以哈喇和卓爲高昌一本無「高昌」二字。縣；以吐爾番爲安樂一本無「安樂」二字。縣。四至核議。沙州一本「沙州」作「哈剌沙剌及庫車、沙雅爾」。府設州一縣四：以府爲沙一本無「沙」字。縣；以庫車爲龜茲一本無「龜茲」二字。縣；以碩爾楚克爲舊城一本無「舊城」二字。縣；以託和鼐爲鼐一本無「鼐」字。縣；以沙雅爾爲沙城一本無「沙城」二字。縣。四至核議。蘇州府一本「蘇州府」作「阿克蘇」。設州一縣五：以府爲蘇一本無『蘇』字。縣；以賽喇木爲毗羅一本無『毗羅』二字。縣；以帕爾滿爲帕一本無『帕』字。縣；以託克三爲四村一本無『四村』二字。縣；以拜城爲拜一本無『拜』字。縣；以庫什塔木爲小城一本無『小城』二字。縣。四至核議。羌州府一本『羌州府』作『葉爾羌』。設縣五：以府爲羌一本無『羌』字。縣；以巴爾楚克爲新遷一本無『新遷』二字。縣；以呼拉瑪爲瑪平一本無『瑪平』二字。縣；以哈喇古哲什爲哲一本無『哲』字。縣；以裕勒里雅克爲西夜一本無『西夜』二字。縣。四至核議。和州府一本『州府』作『闐』。設縣四：以府城爲球一本無『球』字。縣；以皮什雅爲琳一本無『琳』字。縣；以玉隴哈什爲琅一本無『琅』字。縣；以博羅齊爲玕一本無『玕』字。縣。四至核議。吐蕃州一本『吐蕃州』作『烏什』。設縣二：以州爲明定一本無『明定』二字。縣；以森尼木爲森一本無『森』字。縣。磚房州一本『磚房州』作『喀什喀爾』。設縣三：以州爲磚房一本無『磚房』二字。縣；以塞爾門爲塞門一本無『塞門』二字。縣；以英噶薩爾爲依耐一本無『依耐』二字。縣。四至核議。武官副將以下，文官同知以下，應如干員，另議。總督駐劄伊東府，巡撫駐劄迪化府，提督駐劄迪化府。分巡安西北兵備道一員，分鎮安西北鎮總兵官一員，同駐劄鎮西府；分巡天山北兵備道一員，駐劄伊東府；分鎮天山北鎮總兵官一員，駐劄塔州；分巡天山南兵備道一員，駐羌州府；分鎮天山南鎮總兵官一員，駐吐蕃州。（非關州屬之安樂縣）。督撫必皆駐北路者，北可制南，南不可制北。昔者回部未隷天朝，無不甘心爲準夷役者，亦國勢然也。設采辦紅銅事務監督一員，用內務府人員，三年更調，駐劄吐蕃州。其甘肅省嘉峪關設監督一員，專司內地往準、回販易之稅。除稻米、鹽茶、大黄、布綢外，一切中國奇淫之物，不許出關，以厚其俗；除皮貨、西瓜外，不許入關，以豐其聚。銅務關務，皆所以劑官俸，給兵糈也。其哈密、闢展兩郡王，皆賞給協辦府事官名號，朔望祭祀，及大禮排班，在道府之下，同知之上；各回城伯克中，遴選一員，賞給協辦縣事名號，朔望祭祀，及大禮排班，在知縣之下，縣丞之上。甘肅省以安西南路爲盡境，準、回省以安西北路爲首境，立界石。新遷人等，及旗人回人等，未能知書，應請於三十年後，立學宮，設生員，舉鄉試，現在毋庸議；其鎮西、迪化，現已設立，姑仍舊交巡撫考試。戈壁無水草處，地方官踏看，有可籔采金屑之地，酌立條規奏聞。官缺在北路者，及臨戈壁者，設風沙邊缺，如內地煙瘴邊缺之例，速其升調。凡近磧之郊，處處設立風神祠、泉神祠，歲時致祭，仰祝上帝，地出其泉，風息於天，以宜蔬宜稞，頒祝文焉。大郭勒之在祀典者應幾處，核議；大達巴之在祀典者應幾處，核議。文移官事，往來經戈壁，皆帶泉水，應頒製西洋奇器，物小受多利行者；又宜一本無『頒製西洋奇器，物小受多，利行者，又宜』十五字。頒設高廣護風之具，田中可用者，（詳蕭山民人王煬議。）令仿造。夫然而屯田可盡撤矣。屯田者，有屯之名，不盡田之力。三代既遠，欲兵與農之合，欲以私力治公田，蓋其難也。應將見在屯田二十八萬畝零，即給與見在之屯丁十萬餘人，作爲世業，公田變爲私田，客丁變爲編户，戍邊變爲土著；其遣犯毋庸釋回，亦量予瘠地，一體耕種交納。既撤綠旗之屯，當撤八旗之戍。中國駐防旗人，往者別立冊籍，以別於民户回户，既有旗户名目，與回民有田籍者同，故撤之而不患無所歸也，應請將將軍、副都統、辦事大臣、領隊大臣、印房章京等一概裁撤。其駐防之滿洲、索倫、錫伯、蒙古弁丁等，戍安西北路者，作爲安西北路旗户；在天山北路者，作爲天山北路旗户；南路者，作爲南路旗户。伊犂將軍所領兵最多，伊東、伊西地亦最大，出之行陳，散之原野，勢便令順，無不給之患，應與自內地駐防旗人新移到者，一體歸地方官管轄。但有事不得受知縣以下杖責，交納時，應比民户回户，酌減十分之二，以償世僕之勞。如是，則又慮其單也，應請設立辦事大臣一員，駐南路極邊一本『邊』下有『葉爾』二字。羌、和二州一本『二州』作『闐』。之地，統領滿洲兵九百名，蒙古索倫兵七百名，錫伯兵四十名，綠旗兵六百名，共計二千二百四十名，以控藩部之布魯特、哈薩克、那木干、愛烏罕各國。掌各國之朝貢之務，鑄總統西邊辦事大臣印一，勅文一，秩正二品，受準、回總督節制，與提督、巡撫互相節制。布政使以下，具申文，總兵官以下，帶刀見，以昭威重。其駐一本無『駐』字。防兵丁，於現在議裁徹一本『徹』作『撤』。者，遴留至一本『至』作『留』。鋭者，其軍裝器械月餉，應照內地江寧、荆州例。歲一閲，三歲總督一閲，十歲請旨派威重大臣來西一大閲。布魯特、哈薩克一本『克』作『特』。之人咸侍，是爲天朝中外大疆界處。以上各議，現在所費極厚，所建極繁，所更張極大，所收之効在二十年以後，利且萬倍。夫二十年，非朝廷必不肯待之事，又非四海臣民望治者不及待之事，然則一損一益之道，一出一入之政，國運盛益盛，國基固益固，民生風俗厚益厚，官事辦益辦，必由是也，無其次也。其非順天心，究祖烈，劑大造之力，以統利夫東、西、南、北四海之民，不在此議。謹議。

［此議自珍籌之兩年而成，恐尚有小疏略及小窒礙處，刻之以呈教於當代大人長者，幸隨句籤駁爲感。自記。］

李雲麟《西陲事略》卷下《設省不行》 新疆改省，窒礙難行。其說已略具於前，請復條類其事而申言之。郡縣之制，以民爲本。今關外山南一路，由玉門安西燉煌直抵哈密，縱横二千里內，共有商民二千六百餘户。從此而西經吐魯番，直抵南八城，皆纏頭無漢民。其北路，自巴里坤之鎮西起，經奇臺、濟木薩、阜康、迪化、昌吉，至綏來止，東西二千餘里，實有商民不及三千户。迤西則皆蒙古各旗地界。兩路合計五千餘户，漢回商户在內。欲設郡縣，實無根本，不可一也。此五千餘户，流離失所，並非完善。不足抵內地一縣，而舊設有兩州、六縣、三廳，亂後已苦官多民少，無可爲治，況更添設乎？不可二也。欲徙民實邊則中隔安西至哈密，哈密至闢展，巴里坤至木壘，三大戈壁，皆横亘千餘里，水草缺乏，難以舉辦，不可三也。南路纏回非郡縣所能治，不可四也。北路旗蒙各部落，亦非郡縣所能治，不可五也。曠日持久，致北路善後事宜，延擱不能舉辦，不可六也。南路八城，留兵少則備多力分，不足彈壓；留兵多則耗餉難支，不可七也。回疆雖多饒沃，皆戈壁圍繞，零星細碎，無堪建爲重鎮者。兵行其地，軍儲就近採買則可行，至其原奏內稱『餉項就地取資』一説，則斷斷難行。各城纏回，種類紛歧。我朝舊制，僅以荒服要綏，未嘗有所科歛，尚致日久生亂，今將横征暴歛以求之，不可八也。且卽横征暴歛，能得幾何？我朝制度，西北之地，有兵無餉，是爲患根。卽甘省論額征地丁，歲入僅二十八萬有奇，而滿緑兩營、待給於他省之協餉歲額三百二十餘萬，利弊顯然。試問甘肅之與回疆，孰重孰輕？其利害得失，孰大孰小？整飭內地居民與辦理荒遐回衆，孰難孰易？若曰回疆膏腴，甘肅寒瘠，則甘境如秦州之富饒，寧夏、甘涼、肅州、渠水之利，甲於西北，饒沃雖不如回疆，而廣衍則過之。左相以封圻督軍務，近復身兼將相者十有餘年矣。不能興利除弊，以甘省之地養境內制兵，爲國家計久遠，但見挾威倚勢，搜剔各省儲胥供支楚軍客勇，坐致海內凋敝日甚一日，而欲行其説於萬里遐荒之外，將誰欺乎？然則西陲建省之説，亦可廢然思返，不待再計而決矣。

奕訢等《平定陝甘新疆回匪方略》卷三一五 （光緒八年二月二十七日）譚鍾麟又奏言：竊維新疆底安已四五年，前督臣左宗棠請設行省，誠維持久遠之策。惟左宗棠原奏，自督撫司道府廳州縣以及貳雜等官甚多，不但目前建置城池衙署一切需用浩繁，費無所出，卽以後文武廉俸役食等項經久之費，亦未易籌。臣愚以爲目前辦理善後，要以固結民心爲主。卽設立行省，亦當從州縣官辦起。如果地方日增富庶，然後遞設督撫以統轄之，其勢亦順而易。查新疆北路自哈密以至精河，中閒鎮迪道所屬州縣各官均已復舊，伊犁同知俟收復後卽可委員往署。地曠人稀，現有之官足資控制，似無須另設多員。惟南路八城，僅吐魯番一同知，闢展一巡檢，其餘七城克復以後，一切善後事宜，如清丈地畝，稽查户口，徵收税釐，皆委員辦理。已經數年，委員非盡不善，第以空名辦實事，時復更易，既無職守，亦無考成，安得有與斯民相維繫之念？且回疆未亂以前，徵賦之外，需索繁多。大約官取其一，阿奇木伯克等取其二。官與民文字不同，言語不通，卽傳回民當堂面諭，而阿奇木等從中播弄，傳語恐嚇，故往時纏回視官如寇讎。比來回民頗有能通漢語者，誠得愷惻慈祥之吏安輯撫綏，自能相安無事。擬請飭下劉錦棠體察南路七城情形，分別地方廣狹繁簡，設立丞倅、牧令等官。一城不過數十莊，不及東南一小縣，七城各設一官足矣。更於喀什噶爾、阿克蘇兩處各設巡道一員，如北路鎮迪之例，皆歸欽差大臣統轄。庶地方有所責成，民心有所繫屬。如蒙俞允，其餘未盡事宜，臣當隨時與劉錦棠互商辦理，斷不敢稍分畛域。【略】

（光緒八年）八月初三日丙辰，日講起居注官翰林院編修劉海鰲奏言：臣備員侍從玉門，未出阸塞，無由周知，曷敢妄參末議，惟通籌新疆善後事宜，郡縣未可遽設，屯田可以專辦，有不能不權緩急者，請爲皇上瀝陳之。郡縣自秦始然，春秋時夷於九縣，楚稱葉縣，則封建浸化爲郡縣，秦因而設之，相沿至今。臺灣富庶之區，沈葆楨請設臺北府，居者甚少，幾乎有城郭而無人民。時勢不同也。新疆地勢遼闊，閒以戈壁，周迴二萬餘里。版圖初入，設險建城，不過二十餘處，每城不過數十莊，數百莊。離亂之後，户口益稀。今欲舉一城百十莊而養一州縣，合二十餘城而成一省，臣知其不能。何者？地廣人稀，併歸甘肅，既難遙制；改設官制，亦屬虛名。剏事方經始，需費甚繁，庫儲支絀，西餉歲近千萬，力已難支，又何能籌此鉅款以供經野設官之用乎？此郡縣之未可遽設也。

藝文

《龔自珍全集・己亥雜詩》 文章合有老波瀾，莫作鄱陽夾漈看。五十年中言定驗，蒼茫六合此微官。（庚辰歲，爲《西域置行省議》、《東南罷番舶議》兩篇，有謀合刊之者。）

清・左宗棠《左宗棠全集・詩集・癸巳燕臺雜感八首之三》 西域環兵不計年，當時立國重開邊。橐駝萬里輸官稻，沙磧千秋此石田。置省尚煩它日策，興屯寧費度支錢？將軍莫更紓愁眼，生計中原亦可憐。

雜録

《龔自珍全集・上鎮守吐魯番領隊大臣寶公書》 不謦顏色已八年，自珍至京師之前一月，始聞西命。（一本無上三句。）吾師禁近大官，出萬里之磧，統甲一旅，同朝者惜公，門下士爭慰公，自珍謂内廷少吾師一人，天子未闕於侍從。漢大臣得罪者，或削職歸田里，吾師猶冠三品冠，以大臣印行；（一本無上四句。）且翰林多不更於政，部閣又不足以老公之才，吾師感激報効，翻（一本『翻』作『正』。）在今日。故於庚午同年之公郵而西也，（一本無『於庚午同年之公郵而西也』十字。）附區區所欲言者，以訊於隊下之吏。吐魯番故無領隊將也，自闢展移駐後，遂與四大城踦尾而五。自素賚璊襲爵後，南路無事，遂五十年矣。南路之民，與準部異，性情懦直，一異；面貌平正似内地，兩異；其文字聲音易通曉，三異。故天心之待之，亦大與準夷異。我高宗皇帝豈樂於窮武以炫史乘哉？我國家坐食數千城，何貪於準夷哉？實以準夷迫逐回人，北徙而南，天愍回人之無辜，故開高宗皇帝，起之鄙邑，隸之天廷，出之幽谷，暴之白日。準夷又積狡爲叛，其性惡，自祖先而然；氣感於天，而怒觸於帝。高宗，一天也，是故準噶爾故壞，若庫爾喀喇烏蘇，若塔爾巴噶台，若巴爾庫勒，若烏魯木齊，若伊犂東路西路，無一廬一帳，是阿魯台故種者。觀天之不慈不佑於準部，卽知其不絕佑於回部。巨物不兩立，亦不兩仆；回部多古民，叢叢蝨蝨，漢世三十六城之孽裔，尚有存者。天存之，高宗存之也。高宗，一天也。自波羅泥都、霍集占助逆背德，高宗始用兵於回，烏什之叛，乃再用兵於回。然而兩和卓木之罪，視準夷之達瓦齊、阿睦爾薩納爲殺；烏什之酋長罪，視兩和卓木爲又殺。微大和卓木之殺阿敏道一事，地雖大，高宗不欲取，民雖富，高宗不欲臣。洎乎臣之取之，回國亡而種姓不亡，或一姓亡而羣姓不亡，阿渾伯克得翎頂以從滿州世臣之後；甚至如烏什之滅，聖天子且未嘗如搜捕準夷例。故曰：高宗一天也。今之守回城者何如？曰：天天而已矣；天高宗而已矣。鄰國者，國之鑑也，吾師亦知烏什往事乎？素誠者，旗下役也，叨竊重寄，爲領隊大臣，占回之婦女無算，笞殺其男亦無算，奪男女之金銀衣服亦無算，烏什殺素誠以叛；烏什之叛，高宗且撻伐，且憐哀，聖諭以用素誠自引咎。御製詩，時以激變爲言，謂素誠死有餘罪。納世通卞塔海之誅也，非以失機也，以平日擾回也。明將軍、阿將軍之出也，非爲素誠報仇也，以警羣回也。至聖至明，未嘗稍有偏護及好殺之意。嗣後各城相顧，自疑自怖。數十年來，上賴朝廷德厚，下賴賢將軍、賢大臣等明示胸肝，告以天朝雖疆回地，斷無喜殺回人意，大臣皆奉公法。屯說户演，賴以無事。今之守回城者何如？曰：令回人安益安，信益信而已矣。信，生信；不信，生不信。不以駝羊視回男，不以禽雀待回女。回人皆内地人也，皆世僕也，回人老（一本『老』作『明』。）於禍福最老久，祭天而祈，拜佛而誓，寫氈而記之，刻刀而銘之，以烏什爲恐。吐魯番爲南路建首地，一王巋然，有僕三千户，皆以吐魯番爲望。恐之言曰：莫更爲烏什矣。望之言曰：安得如吐魯番矣？故吐魯番安，而四大城皆安；四大城安，而天山南路舉安；天山南路安，而非回之天山北路安；天山北路安，而安西南路北路舉安。伊犂將軍無内顧之憂，蘭州總督無外顧之憂，如此則回部之紅銅常貢於法局，回部之大頭羊常充於天廚，吾師乃不愧爲高宗皇帝之臣僕。夫高宗皇帝之臣僕，回長之所敬也，回民之所愛也。郭勒之神，達巴之靈，亦必福吾師矣。且吾師亦知準噶爾部之所由屠滅無遺種乎？珍又有說：始噶爾丹入居喀爾喀賽因諾顔部，（超勇親王未稱賽因諾顔汗時。）不過北陲一嗜肉之獸，不但東南不近札薩克，東不近牧廠；而且以西論，并不有後來準部全地。亡何，漸念貪，漸念忿，入寇赤臣土謝兩汗，兩汗亦有過境細夫，不勝而入控聖祖；我聖祖乃奮天威，三起而三逐之。每一次之入，必深於前次；聖祖之創懲之，亦嚴於前次；卒至噶爾丹棄地西走而死，謂可以集矣。不幸而其兄子能收舊人，又不幸而其族收其西境地，又不幸而輾轉强大，不北噬而西嘷地，逐回部，擾青海，直西藏，鄰俄羅斯。我朝一祖二宗，三世西顧，龍顔焦勞，幸而其國篡弑相繼，幸而三策凌來歸，幸而阿睦爾薩納來歸，謂可以集矣。詎知幸者皆不幸之伏，不幸者又幸之伏，幸不幸凡幾相迸激，而遂致我高宗皇帝之大怒。帝怒於上，將帥怒於下，自天而下，自地而上。大蹂大膊，千里一赤，睢盱之鬼，浴血之魂，萬億成羣，泰岱不籙，天帝不直，何爲而至是哉？彼回部者，亦有經卷，亦談因果，試召阿渾而問之，因何其細？果何其大？抑造因之時，能豫知果之至如是哉？是故今日守回之大臣，惟當敬謹率屬，以導回王回民，刻刻念念，知忠知孝，愛惜翎頂，愛惜衣食，唪誦經典。耕者毋出屯以墾，牧者毋越圈而刈，上毋虐下，下毋蕠上，防亂於極微，積福於無形，則可謂仰體上天好生之德，乃生毋負高宗用兵之意者哉！若夫議遷議設，撤屯編户，盡地力以劑中國之民，自珍另有《西域置行省議》一卷，用厚白紙寫上塵覽。珍受恩最深，受恩最早，故敢越分而多言。一本無上三句。惶悚！

清·魏源《聖武記》卷四《乾隆蕩平準部記》 臣源曰：漢之西域，前稱山北六國，後又稱車師六國。車師有前後部，前王庭則今吐魯番，後王庭則今烏魯木齊也。其西爲烏孫，則今伊犁；其北爲北匈奴地，則今塔爾巴哈台也：皆爲天山北路，行國非居國。當其阻於風氣，間於山川，我朝亦嘗勤天下之力以經營之，幾與漢世匈奴、大宛無異；一旦追天時，順人事，列亭障，置郡縣，人又或以爲取之雖不勞，而守之或太費。抑思兵果否嘗增耶？財果否嘗費耶？南北兩路養兵萬有九千餘名，設官千有四百餘員。有駐防，有換防。駐防攜眷之滿洲、索倫、蒙古、厄魯特兵，則移自盛京、黑龍江，移自張家口，移自熱河。其換防番戍之綠營兵，則調自陝、甘。歲支俸餉銀六十有七萬八千九百餘兩，卽內地應領之額項，其增兵者安在？內有新疆本地租稅、茶、馬、疋棉、花布，可抵銀七萬八千餘兩。三十七年十有一月，高宗斥四川總督文綬開捐之請，諭曰：『自平定西陲以來，酌減沿邊防秋兵馬，及酌裁各省駐防漢軍糧餉、馬乾等項，除抵補新疆經費外，每年節省銀九十餘萬兩。歷今十有餘載，歲出較少，約積存千有餘萬。』是以乾隆初年户部庫銀止三千三四百萬，今已多至七千八百餘萬，有盈無絀，是新疆不惟未嘗糜餉，而且節帑，其費財者又安在？案：《新疆識略》第二卷：甘肅等處所減草料，及京口、杭州等處出旗漢軍俸餉、口糧、馬乾、折色等項，每歲節省銀一百二十九萬餘兩，除抵新疆各城廉俸經費外，止餘銀二十一萬一千五百餘兩。詳後《武事餘記》。且北路屯田二十三萬八千六百餘畝，南路四萬九千四百餘畝，歲交糧米共十四萬三千餘石，盡支放外，尚不敷二萬三千石，于舊存倉貯五十萬石內支補。計兵屯、回屯、民屯、旗屯共十餘萬丁，統于烏魯木齊提督。自官田外，餘地聽民自占，農桑阡陌徭賦如內地。且夫一消一息者，天之道；衰多益寡者，政之經。國家提封百萬，地不加增，而户口日盛，中國土滿人滿。今西域南北二路地大物齎，牛、羊、麥、麪、蔬、蓏之賤，澆植貿易之利，金礦、銅礦之旺，徭役賦稅之簡，外番茶、馬、布、緞互市之利，又皆什伯內地。邊民服賈牽牛出關，至輒闢汗萊，長子孫，百無一反。是天留未闢之鴻荒，以爲盛世消息尾閭者也；是聖人損益經綸之義，所必因焉乘焉者也。中外一家，老死不見兵革。較之康熙、雍正間烽火偪近畿，邊民寢鋒鏑，中國運饟屯甲于科布多、巴里坤，且守且戰，先後糜帑七千餘萬者，其勞敝又安在？夫狃近安，忘昔禍，不可謂智。生齒日孳，民財日匱，反欲閉其大源，不可謂智。國用之絀，由名糧武俸之增，河工歲修之費，八旗口糧之重，文銀出洋之甚，皆倍于乾隆中葉以前；不探其本，而漫咎于新疆，耳食道聽，不可謂智。孟子曰：『天下之生久矣，一治一亂。』西域之不治，自上古至今數千載。天欲使化荆棘而康衢，化幽谷而白日，化榛狉而冠裳，化壇帳而閭井，則必得聖人而畀之，且必剗銷磨盪一掃其舊而後畀之。《傳》曰：『文王基之，武王鑿之，周公內之。』言其道同，終始相成。臣是以反覆于西陲軍事之本末，覘一支，念全體，觀一隅，釐中國，益三歎于始事之固難，與終事之不易焉。

附録

新疆南北路之蕩平也，以伊犁爲總滙重地，而烏魯木齊中外衝要，塔爾巴哈台邊接外藩，分設滿兵駐防，漢兵屯種，皆携眷移戍。惟南路回疆，則更番輪戍。其兵制可考者，伊犁駐防惠遠城滿洲兵四千，惠寧城滿洲兵二千有百四十。其伊犁河南岸分駐錫伯兵千，索倫、達瑚爾兵千，察哈爾蒙古兵千有八百，厄魯特兵二千八百，沙畢納爾兵六百，皆射獵游牧爲業。屯種惟達瑚爾兵，其餘皆游牧。又建六城分駐綠營携眷兵三千，開屯興築，星拱棋布，與伊犁城環峙。共兵萬有五千三百三十，兼歲派換防於回疆者八百，換防於塔爾巴哈台者千有五百。塔爾巴哈台本有駐防兵九百，綠旗駐屯兵六百，後撤去駐防，惟存換防及屯兵共二千。此北路駐防兵制也。其回疆南路，則皆換防之兵，共五千七百有六十。哈密及哈拉沙各七百，葉爾羌及喀什噶爾各九百，阿克哈八百，英吉爾沙四百，庫車及和闐各二百餘，烏什及賽里木各百五十。皆綠旗兵，由內地陝、甘及烏魯木齊分年派往；惟喀、葉二城騎兵各三百，英吉沙騎兵二百，由伊犁派往。初議三年一班，後改五年一班，各設辦事領隊大臣。此南路番戍之兵制也。東則烏魯木齊扼南北兩路之衝，設駐防滿洲兵三千四百六十，以都統轄之，兼轄巴里坤副都統駐防兵千，古城副都統駐防兵千，及烏里木齊總理屯田副都統二員屯田綠旗兵四千。又烏什屯田綠旗兵一千，並屬伊犁將軍節制調遣。此東路之兵制也。其烏魯木齊提督，則自安西提標移駐。又設巴里坤總兵、哈密副將，各轄綠營，而節制於陝甘總督，與新疆駐防相聯絡。新疆駐防、換防綠營，皆陝、甘二省移往，其駐防滿洲兵，則自熱河、西安、涼州、莊浪移往；察哈蒙古兵則自張家口外游牧移往；察哈爾都統兩翼兵額萬人，自移往新疆外，今惟八千有奇。索倫、錫伯等兵，則東三省移往；厄魯特、沙畢納爾，則由新附編入。沙畢納爾隨土爾扈特來投，乃厄魯特之附庸小部。或領以侍衛，或督以屯官，或隸于佐領，其回兵則分隸各城伯克，而總轄於將軍大臣。惟携眷駐防之兵有定額。其番戍之兵，三年更代，以次增設，無定額。或謂南路回疆亦宜仿北路駐防興屯之制，招華民實回疆，變膏腴爲內地，勢尤順，利尤大，異日必有措而行之者。

清·賀長齡等《清朝經世文編》卷八〇《魏源〈答人問西北邊域書〉》 承詢本朝西北邊域之略。國家威棱震叠，際天稽顙，括地成圖，東盡東海，南盡南海，西不盡西海，北不盡北海，而欲征圖朔貊，飆輪弱水，厥制嚴武，至雄以博。竊鈎檔冊之遺聞，諏都護之屬吏，除盛京、吉林、黑龍江號東三省，爲滿洲根本重地，不屬邊防外，其西北藩服，疆以戎索，綱紀條列，可得而云。

一曰正北內蒙古。亦有偏東者。凡出口之路五：曰獨石口、張家口、古北口、喜峰口、殺虎口。口外四十九旗，皆曰內藩蒙古。合歸化城、土默特二旗計之，合五十一旗，分東西六盟。其東四盟當東三省及直隸邊外，西二盟當山西、陝西、甘肅邊外，皆在漠南，皆聽天朝設札薩克。札薩克每旗一人，或世爵，或簡放，總理旗務。其部凡二十四，幷歸化城則二十五。

一曰正北外蒙古。亦有偏西者。分西路、北路、中路、東路四部，凡四汗，其汗以下，有親王、郡王、貝勒、貝子、公、臺吉等，與內蒙古同。共八十一旗。自設札薩克，俱在漠北。此漠北四部落，總稱喀爾喀。由正北迤西曰準部，即天山北路，喀爾喀之西，與科布多接壤。科布多横亘於準部、喀爾喀之間，過此則伊犁東路界。準部本有四衛。拉特用兵後，以其地爲大聚落，曰伊犁東路，曰伊犁西路，曰庫爾喀喇烏蘇，曰塔爾巴哈台。皆準之舊地也，今皆有重兵。稍東南近腹地，爲鎮西府迪化州，亦準舊地，而稱安西北路，非天山路矣。

由西北迤西南，即天山南路，皆回子境。準部及蒙古皆古稱行國。回則《漢書》三十六城郭之裔，以哈密爲北止境，以闢展爲南首境。再東南則爲安西南路，非天山路矣。由西南更西南，曰衛，曰藏，曰阿里，曰喀木，天朝設駐藏大臣司其事，而達賴喇嘛副之，藏王則虛存貝子爵而已，非有土之君也。衛、藏曰前藏，阿里、喀木曰后藏。正西曰青海，與藏與準皆接壤，界甘肅、四川邊境。凡五部，有喀爾喀，有輝特，有土爾扈特，有和碩特，有綽啰斯，設青海辦事大臣一。凡衛拉特之人，亦可稱蒙古，猶喀爾喀之得稱蒙古也。

其版圖不隸中朝者，又有西屬國。西屬國亦分三路：北路爲哈薩克，近準部故；南路爲布路特，爲安集延，爲溫都斯坦，爲愛烏罕，爲那木干，近回部故；溫都斯坦，古中印度地。西南路爲巴勒布，爲作木郎，爲落敏陽，爲布魯克巴，近西藏故。又有北屬國，亦分三：曰烏梁海，此亦一名而三處，在極北而稍東。曰巴眼虎，曰科布多。在北而稍西。科布多雖一國，而隸之者七種，仿佛西之有青海焉。大抵大清國之北境，東起鴨綠江、黑龍江，逾兩蒙古，西汔準部，袤二萬餘里，皆接俄羅斯界。故俄羅斯爲北徼極大之邦，從古不隸中國，其水皆流入北海矣，視北斗則在南矣。

以上東之八大類，惟蒙古最親附。其五十一旗內蒙古，直古雍、冀、幽、并、營五州北境，所謂漠南也。其新藩蒙古喀爾喀，則古漠北地也，秦漢時匈奴所居。冒頓强，始幷漠南，武帝時遁歸漠北，後漢爲北匈奴地，歷代皆與漠南諸部爲盛衰，至元太祖建都於此，曰和林。其後盡有漠南諸部，遂帝中國。順治末年，仍歸漠北，後始號喀爾喀，共七部，有三汗。雍正中，以額駙策凌奮擊噶爾丹功，封爲四汗。我朝龍興之初，內蒙古歸附最先，每大征伐，帥師以從。而喀爾喀外蒙古，則康熙中爲準噶爾破逐，款塞內附。聖祖親巡塞外，受其朝，復親征噶爾丹，掃平漠北，而返之于故地，設定邊左副將軍一，參贊大臣一，以鎮撫之。凡兩蒙古之君長，皆隸理藩院，世其爵祿，通其婚姻，時其朝貢，制其等威，定其牧地，均其互市，內宿衛禁廷，外捍禦要荒，縱橫萬餘里，臣妾百餘旗，蓋曠古所未有。至準、回二部，則皆古西域地也，皆出嘉峪關外。國家平準噶爾之地，易其名曰伊犁，城三。曰烏魯木齊，城三。曰巴里坤，曰哈密。城二。及平西域諸回部，若闢展，若新疆，若哈拉沙拉，若庫車，若沙雅爾，若賽里木，若拜城，以上各城二。若阿克蘇，城四。若烏什，城一。若哈什噶爾，城一。若葉爾羌，城一，此回部舊都。若和闐，城六。咸入版圖，設將軍、參贊、都統、提、鎮，及辦事領隊諸大臣，及侍衛司官有差。其回部司事各官，則曰伯克。

或謂地廣而無用，官糈兵餉，歲解賠數十萬，耗中事邊，有損無益。曾亦思西兵未罷時，勤三朝西顧憂，且沿克魯倫河長驅南牧，蹂躪至大同、歸化城，甘、陝大兵不解甲，費豈但倍蓰哉？且夫一消一息者，天之道；裒多益寡者，政之經。國家醰醲孳生，中國土滿人滿，獨新疆人寥地曠，牛羊、麥麵、蔬蓏之賤，播植澆灌、氈裘貿易之利，金礦之旺，徭役賦稅之輕且鮮，又皆什倍內地。窮民服賈牽牛出關，至輒長子孫，百無一反。是天留未闢之鴻荒，以爲盛世消息尾閭者也。是聖人損益經綸之義，所必因焉乘焉者也。奈何狃近安，忘昔禍，惜涓涘之費，昧溟渤之利，以甘里閈鄙儒眉睫之見？邇者逆回蠢動，思踞故都，喀什噶爾、葉爾羌、烏什三城，信息中斷，而阿克蘇扼其中道，則北五回城必安帖無事。乾隆初，犁葉爾羌巢穴，時大軍會阿克蘇，兩路進攻，其前事矣。至

西寧、西藏二處，先朝尙未大煩兵力，止各設總理事務大臣一人駐治，非蒙古準回諸部爲國家邊宇至大至要者比。某足迹所至，北廑古北口而止，西廑秦、蜀近界而止，未嘗歷九關，使絶域，只據圖籍傳聞，檃括梗略，以塞明問，其詳則有待焉。倘博訪之躬虎節老邊塞之人，講求方略。苟有未聞，悉以見教，幸甚。

又承詢部落地名，與史參差，何由得其要領。蒙謂邊外本罕文字，率以口音沿變，如土默特卽土門土蠻也，默特卽冒頓也，蘇厄特卽算端也，奈曼卽乃滿也，察哈爾卽插漢也，乾竺卽大竺，又卽身毒也，唐兀卽党項也，烏梁海卽兀良哈也，舉此可以隅反。若夫蒙古游牧所至異名，實有窮於稽詁。先識大綱，而地經之，人緯之，庶猶十得七八。幷聞。

臺灣建省部

綜述

沈葆楨《沈文肅公政書》卷五《請移駐巡撫摺》（同治十三年十一月十五日）奏爲臺地善後，勢當漸圖；番境開荒，事關刱始。請旨移駐巡撫，以專責成，以經久遠事。

竊臣等於十月二十七日將收回草房營地各情形奏明在案；因思洋務稍鬆，卽善後不容稍緩。惟此次之善後，與往時不同。臺地之所謂善後，卽臺地之所謂刱始也；善後難，以刱始爲善後則尤難。臣等曩爲海防孔亟，一面撫番，一面開路，以絶彼族覬覦之心，以消目前肘腋之患；固未遑爲經久之謀。數月以來，南北諸路，縋幽鑿險，斬棘披荆，雖各著成效；卑南、歧萊各處，雖分列軍屯，祗有端倪，尙無綱紀。若不從此悉心籌畫，詳定規模，路非不已開也，謂一開之不復塞，則不敢知；番非不已撫也，謂一撫之不復疑，則不敢必。何則？臺地延袤千有餘里，官吏所治祗濱海平原三分之一，餘皆番社耳。國家並育番黎，但令薄輸土貢，永禁侵陵，意至厚也。而奸民積匪，久已越界潛蹤，驅番佔地，而成窟穴，則有官未聞而民先開者；入山既深，人迹罕到，野番穴處，涵育孳生，則有番

已開而民未開者；疊巘外包，平埔中擴，鹿豕遊竄，草木蒙茸，地廣番稀，棄而弗處，則有民未開而番亦未開者。是但言開山，而山之不同已若此。生番種類數十，大概有三：牡丹等社，恃其悍暴劫殺爲生，暋不畏死；若是者，曰兇番。卑南、埔裏一帶，居近漢民，略通人性；若是者，曰良番。臺北斗史等社，雕題剺面，向不外通，屯聚無常，種落難悉，獵人如獸，雖社番亦懼之；若是者，曰『王』字兇番。是但言撫番，而番之不同又若此。

夫務開山而不先撫番，則開山無從下手；欲撫番而不先開山，則撫番仍屬空談。今欲開山，則曰屯兵衛、曰刊林木、曰焚草萊、曰通水道、曰定壤則、曰招墾户、曰給牛種、曰立村堡、曰設隘碉、曰致工商、曰設官吏、曰建城郭、曰設郵驛、曰置廨署；此數者，孰非開山之後，必須遞辦者？今欲撫番，則曰選土目、曰查番户、曰定番業、曰通語言、曰禁仇殺、曰教耕稼、曰修道塗、曰給茶鹽、曰易冠服、曰設番學、曰變風俗；此數者，又孰非撫番之時，必須竝行者？雖然此第言後山耳，其繁重已若此。

山前之入版圖也，百有餘年，一切規制何嘗具備。就目前之積弊而論，班兵之惰窳也、蠹役之盤踞也、土匪之橫恣也、民俗之慆淫也、海防陸守之俱虛也、械鬬紮厝之迭見也。學術之不明，庠序以容豪猾；禁令之不守，烟賭以爲饔飧。官斯土者，非無振作有爲、正己率屬之員，始苦於事權之牽制，繼苦於毀譽之混淆，救過不遑，計功何自？使不力加整頓，一洗浮澆，但以目下山前之規模，推而爲他日山後之風氣，雖多一新闢之區，適多一藏奸之藪！臣等竊以爲未可也。

嘗綜前、後山之幅員計之，可建郡者三、可建縣者有十數，固非一府所能轄。欲別建一省，又苦器局之未成；而閩省向需臺米接濟、臺餉向由省城轉輸，彼此相依，不能離而爲二。環海口岸，處處宜防；洋族教堂，漸漸分佈。居民向有漳籍、泉籍、粤籍之分，番族又有生番、熟番、屯番之異；氣類既殊，撫馭匪易。況以剏始之事，爲善後之謀，徒靜鎮之非宜，欲循例而無自！使臣持節，可暫而不可常。欲責效於崇朝，兵民有五日京兆之見；倘逾時而久駐，文武有兩姑爲婦之難。

臣等再四思維，宜仿江蘇巡撫分駐蘇州之例，移福建巡撫駐臺，而後一舉而數善備。何以言之？鎮、道雖有專責，事必稟承督、撫而行；重洋遠隔，文報稽延，率意徑行，又嫌專擅。駐巡撫，則有事可以立斷，其便一。鎮治兵、道治民，本兩相輔也。轉兩相妨，職分不相統攝，意見不免參差，上各有所疑，下各有所恃，不賢者以爲推卸地步，其賢者亦時時存形迹於其間。駐巡撫，則統屬文武，權歸一尊，鎮、道不敢不各修所職，其便二。鎮、道有節制文武之責，而無遴選文武之權。文官之貪廉、武弁之勇怯，督、撫所聞與鎮、道所見，時或互異。駐臺則不待采訪，而耳目能周，黜陟可以立定，其便三。城社之巨姦、民間之冤抑，覩聞親切，法令易行，公道速伸，人心帖服，其便四。臺民烟癮本多，臺兵爲甚；海疆營制久壞，臺兵爲尤。良以弁兵由督、撫、提、標抽取而來，各有恃其本帥之見。鎮將設法羈縻，只求其不生意外之事，是以比户窩賭，如賈之於市、農之於田。有巡撫，則考察無所瞻徇，訓練乃有實際，其便五。福建地瘠民貧，州、縣率多虧累，恆視臺地爲調劑之區；不肖者骫法取盈，往往不免。有巡撫以臨之，貪黷之風得以漸戢，其便六。向來臺員不得志於鎮、道，及其內渡，每造蜚語中傷之；鎮、道或時爲所挾。有巡撫，則此技悉窮，其便七。臺民遊惰可惡，而實戇直可憐。所以常聞蠢動者，始由官以吏役爲爪牙、吏役以民爲魚肉，繼則民以官爲仇讐。詞訟不清，而械鬬、紮厝之端起；奸宄得志，而豎旗聚衆之勢成。有巡撫，則能預拔亂本而塞禍源，其便八。況開地伊始，地殊勢異，成法難拘；可以因心裁酌，其便九。新建郡邑，驟立營堡，無地不需人才；丞倅將領可以隨時劄調，其便十。設官分職，有宜經久者、有屬權宜者，隨事增革，不至廩食之虛糜，其便十有一。開煤、鍊鐵有第資民力者，有宜參用洋機者；就近察勘，可以擇地而興利，其便十有二。夫以臺地向稱饒沃，久爲他族所垂涎；今雖外患暫平，旁人仍眈眈相視；未雨綢繆之計，正在斯時。而山前、山後其當變革者、其當剏建者，非十數年不能成功；而化番爲民，尤非漸漬優柔，不能渾然無間。與其苟且倉皇、徒滋流弊，不如先得一主持大局者，事事得以綱舉目張，爲我國家億萬年之計。況年來洋務日密，偏重在於東南，臺灣海外孤懸，七省以爲門户，其關係非輕。欲固地險，在得民心；欲得民心，先修吏治、營政；而整頓吏治、營政之權，操於督、撫。總督兼轄浙江，移駐不如巡撫之便。臣等明知地屬封疆，事關更制，非部民屬吏所應越陳；而夙夜深思，爲臺民計、爲閩省計、爲沿海籌防計，有不得不出於此者。敢不據實上聞，以爲芻蕘之獻！

謹將全臺善後情形及請移駐巡撫緣由，恭摺由輪船到滬付驛六百里馳奏。伏乞皇上聖鑒，訓示遵行。謹奏。

又 卷五《南北路開山並擬布置琅𤩝旂後各情形摺》（同治十三年十二月初一日）奏爲南路開山已抵卑南，北路開山已抵歧萊，並擬布置琅𤩝旂後各情形，恭摺馳陳，仰祈聖鑒事。竊臣等於十一月十五日將臺地善後事宜及請移駐巡撫緣由奏明在案，而於南北兩路撫番開路情形未遑詳述。茲疊據報稱：南路一帶自九月閒袁聞柝率綏靖一軍越崑崙坳而東，張其光隨派副將李光領前隊繼之；十月初一日，李營至坳東，袁聞柝乃得拔營前進；初七日至諸也葛社。自崑崙坳至諸也葛，計程不過數十里，而荒險異常；上崖懸升，下壑俯墜，山皆北向，日光不到，古木慘碧，陰風怒號，勇丁相顧失色，不能不中途暫駐，以待後隊之來。當袁聞柝駐營諸也葛之日，正張其光在內埔辦理兇番之時。內社地有老鴉石者，崑崙坳之西境也。初八日，張其光左營有勇丁五人，暮經該處，草閒突起數番截殺何禮一名、槍傷譚大一名，旋經都司張欣、守備周恩培等派隊追趕，該番逃散無蹤。隨傳內社頭人陳汝玉，查係七家蛋杜兇番，正在勒限緝辦。二十四日，參將周善初出哨雙溪，路見無首勇丁橫臥血地；方深疑駭，旋見兇番多人執械向山坡狂竄。揮勇追之，適周恩培出哨，橫截坡前，槍斃其一，兜擒其三，餘悉散走。譏供：被殺者曰拉立，被擒者曰亞利目、曰蘇拉，曰白牛，俱爲陳阿修社番，卽割路旁勇丁之首者；譚大、何禮之死，亦該番糾同七家蛋社所爲不諱。張其光卽將三人就地正法，以快人心。二十日，都司張朝光率兩哨營於大石巖，都司張天德亦率隊至諸也葛，袁聞柝乃得拔營前赴卑南。諸也葛以下地略平坦，但榛蕪未薙，焚萊伐木，頗費人功；而該丞桼夜露宿空山，感受瘴癘，染病甚重。臣等聞信，卽委候補通判鮑復康馳往暫領其軍，俾歸郡醫治；未至而該丞已輿疾率旅徑抵卑南，張天德一軍亦已趨紮大貓狸與之犄角。辰下卑南一路業已開通，其崑崙左近雖有兇番出沒，已分別懲儆，諒無敢生心。惟山道險遠，糧運殊艱，而卑南一帶海口，當此東北風司令，波濤拍岸，倒捲如壁，船隻不能攏泊。現聞袁聞柝病體漸輕，鮑復康亦已到軍，自內埔至卑南均已派營分布，聲勢尚能聯絡。此南路近日開山之情形也。臺北一帶，疊准提臣羅大春函稱：自九月十八日派都司陳光華爲首隊，守備李英、千總王得凱爲次隊，遊擊李得升爲三隊，前赴新城。別派軍功陳輝煌率兩哨前赴大清水溪，再派總兵戴德祥分三哨塡紮大南澳，分二哨前紮大濁水溪。時正風雨連山，諸軍阻不能進。二十五日天晴，陳輝煌先至大濁水溪，旋有兇番抗拒，經兵勇擊斃二人，隨卽獸散。李得升、李英、陳光華等踵至會勘形勢。近溪荒壤，周圍約寬數十里，惟地皆沙石，不及大南澳之膏腴；溪岸南北約距三十餘丈，波流陡急，副將周維先等連日趕造正河、支河木橋各一條，工程既竣，各軍乃得越溪而前。自大濁水溪以往，前者曰小清水溪，後者曰大清水溪。十月初八日，陳光華一營進紮小清水，陳輝煌等進紮大清水。隨有新城通事李阿隆等帶大魯閣番目十二人來迎，願爲嚮導。陳輝煌、李英、王得凱等各軍遂於十三日抵新城。十四日，李得升所部亦至，均營於新城河東。時又有符吻、豆蘭等社番目來迎，均各分別賞犒，我軍遂趨紮歧萊花蓮港之北。此地蓋後山橫走秀姑巒之道也。自蘇澳至新城計山路二萬七千餘丈，自新城至花蓮港計平路九千餘丈，統計二百里有奇；而沿途碉堡，除蘇澳至大南澳已設者不計外，應添建十有二處，均已興工。惟大南澳至大濁水溪一帶，兇番充斥，狙殺行人；因於大南澳山腰再闢一路，旁通新城，一以避海濱懸崖之險，一以塞兇番歧出之途；經派千總馮安國帶勇往辦，涉溪五重，方闢地十餘里。十一月十一、十三等日，勇丁正在開路，突有兇番千餘分段埋伏放槍；我兵竭力抵敵，經守備黃朋厚等擊斃四人，始退。是日，我兵陣亡者四人，受傷者十八人。十五日，行至一崇山之麓，我兵正在峽中開鑿，忽聞槍聲四起，抵禦兩時之久，兇番愈多。黃朋厚、馮安國料該番等傾社而至，社中必空，分隊繞擣，果有草寮數百，闃其無人，惟見新舊髑髏每寮或數十顆、百餘顆不等，穢臭難聞；旋乘暮風，縱火焚寮十數閒，陣番始散。是日計亡兵勇四名、重傷者二十名，而哨長祝榮山胸受槍傷頗重。其駐濁水溪之勇數十人，由小南澳運糧而歸，亦於十三日路過石壁，突遇兇番蜂擁包鈔，陣亡者二名、被迫落海者四名、重傷者一名，經守備朱榮彪馳隊赴救，始各駭散。而十五日五里亭地面復報稱兇番殺斃民人二名。羅大春以番族肆擾，難疏隄防；惟山場遼闊，營勇不敷分布，飛函商請添兵前來；臣等卽劄駐彰化之宣義左右兩軍赴之，想日內可到。至新城、歧萊一帶應如何設立營汛，建造墩臺，俟羅大春親至相度，再籌布置。此北路近日開山之情形也。至琅𤩝一帶，臣等復派淮軍兩營紮統領埔，王開俊一營紮風港。據報：十月三十日，有日本輪船一隻泊龜山下，隨有五人登岸，周覽舊營，時許始歸。十一月十一日，復有輪船一隻泊清港口，隨有西洋人五名登岸，經前臺灣鎮曾元福、軍功汪兆榮阻詰，據稱係簪文國人。查西洋向無此國，詢諸日意格，云：『殆日耳曼轉音之訛也。』該洋人求至新營一觀，淮軍管帶官李常孚、胡國恆等整隊而出，該洋人旋即下船開洋而去。臣等思急於琅𤩝建城置吏，以爲永久之計。本月初一日，臺灣道夏獻綸、候補道劉璈先赴琅𤩝，臣葆楨擬初四日同臺灣府周懋琦等親赴該處察勘形勢。應如何舉辦之處，再行請旨定奪。至臺南旂後海口，峭壁洪流，洵稱天險。前經夏獻綸履勘會商淮軍統領唐定奎，鑿山壘土，建礮臺六座以固海防。唐定奎委候補府田勤生等挑選營勇，於十一月初三日興工。理合聲明。茲先將南北路開山並擬往琅𤩝、旂後布置各情形，恭摺，附輪船到滬，交上海縣，由驛六百里馳奏。伏乞皇上聖鑑，訓示遵行。再，此摺係臣葆楨主稿，合併聲明。謹奏。

又《臺地後山請開舊禁摺》（同治十三年十二月初五日）奏：

爲臺地後山急須耕墾，請開舊禁，以杜訛索而廣招徠，恭摺馳陳，仰祈聖鑒事。竊臣等於十二月初一日，業將南北路開通及擬將琅𤩝、旂後等處布置各情形奏明在案。是日，奉到本年十月二十三日上諭：海防亟須認眞講求，以期有備無患。淮軍應如何分紮要隘，著沈葆楨等酌度布置；南北開路以及郡城修築礮壘，並著該大臣等悉心經理，毋得稍形鬆懈；琅𤩝諸社亟須次第清查；北路生番撲犯碉樓，傷斃兵丁，亟應妥辦，著沈葆楨、文煜、李鶴年、王凱泰、潘霨派員設法招徠，隨時撫恤；招墾事宜仍商同羅大春認眞籌畫；臺郡城工、安平礮臺一切工程，沈葆楨務當悉心經畫，毋得畏難思阻各等因，欽此。十二月初四日，復奉到本年十一月十三日上諭：琅𤩝一帶善後機宜，亟須悉心籌畫妥善，所有招撫生番及修城、開路各事宜，著沈葆楨、文煜、李鶴年、王凱泰、潘霨懍遵十月二十八日諭旨，妥爲布置，毋稍因循。沈葆楨等惟當於此時力圖自强之策，以期未雨綢繆，庶幾有備無患；黎兆棠現經簡放津海關道，著沈葆楨傳知病痊後迅速赴任，以重職守各等因，欽此。臣等伏讀之下，仰見聖謨遠大，欽感莫名。因思全臺後山除番社外，無非曠土。邇者南北各路雖漸開通，而深谷荒埔人蹤罕到，有可耕之地，而無入耕之民。草木叢雜，瘴霧下垂，兇番得以潛伏狙殺。縱闢蹊徑，終爲畏途；久而不用，茅將塞之。日來招集墾户，應者寥寥。蓋臺灣地廣人稀，山前一帶雖經蕃息百有餘年，户口尚未充牣。內地人民向來不准偷渡，近雖文法稍弛，而開禁未有明文，地方官思設法招徠，每恐與例不合。今欲開山不先招墾，則路雖通而仍塞；欲招墾不先開禁，則民裹足而不前。臣等查舊例稱：臺灣不准內地民人偷渡。拏獲偷渡船隻，將船户等分別治罪，文武官議處兵役治罪。又稱：如有充作客頭，在沿海地方引誘偷渡之人，爲首者充軍，爲從者杖一百、徒三年；互保之船户及歇寓知情容隱者杖一百、枷一箇月；偷渡之人杖八十，遞回原籍；文武失察者，分別議處。又內地商人置貨過臺，由原籍給照；如不及回籍，則由廈防廳查明取保給照；該廳濫給，降三級調用。又沿海村鎮有引誘客民過臺數至三十人以上者，壯者新疆爲奴，老者煙瘴充軍。又內地民人往臺者，地方官給照；盤驗出口濫給者，分別次數罰俸降調。又無照民人過臺，失察之口岸官照人數分別降調；隱匿者革職。以上六條，皆嚴禁內地民人渡臺之舊例也。又稱：凡民人私入番境者杖一百；如在近番處所抽藤、釣鹿、伐木、採椶者杖一百，徒三年。又臺灣南勢、北勢一帶，山口勒石分爲番界，如有偷越運貨者，失察之專管官降調，該管上司罰俸一年。又臺地民人不得與番民結親，違者離異、治罪，地方官參處；從前已娶者，毋許往來番社，違者治罪。以上三條，皆嚴禁臺民私入番界之舊例也。際此開山伊始，招墾方興，臣等揆度時勢，合無仰懇天恩，將一切舊禁盡與開豁，以廣招徠，俾無瞻顧。嗣又據臺灣道夏獻綸詳稱：舊例臺灣鼓鑄鍋皿農具之人，向須地方官舉充，由藩司給照，通臺祗二十七家，名曰鑄户。其鐵由內地漳州采買，私開私販者治罪。邇來海口通商，鐵觔載在進口稅則。昔杜內地之出，今自西洋而來，情形迥異。而不肖兵役人等往往向民間藉端訛索，該鑄户亦恃官舉，任意把持，民甚苦之。又臺產竹竿，向因洋面不靖，恐大竹篷篾有關濟匪，因禁出口，以致民間竹竿經過口岸均須稽查。不知海船，蒲布皆可爲帆，無須用竹立之。厲禁，徒爲兵役留一索詐之端，民間多一受害之事，應請毋庸查禁等因。

臣等思當茲開闢後山，百凡以便民爲急，不得不因時變通，合無再懇天恩，飭地方官將鐵、竹兩項悉弛舊禁，以斷胥役勒索之路，以濟閭閻日用之需。愚昧之見，是否有當？理合恭摺由輪船内渡付驛六百里馳奏，伏乞皇上聖鑒，訓示遵行。再，臣葆楨擬於本月初四日馳赴琅璚察勘形勢，隨因感冒甚重，未能如期起行。俟調治稍痊，當即前往。謹以附陳。至此摺係臣葆楨主稿，合併聲明。謹奏。

又《**請琅璚築城設官摺**》（同治十三年十二月二十三日）奏：

爲履勘琅璚形勢，擬即築城設官，以鎮民番而消窺伺，恭摺馳陳，仰祈聖鑒事。竊臣等於本年十二月初五日將臺地招墾開禁情形，奏明在案。臣葆楨前患咳逆，調治稍愈，遂於十三日帶同臺灣府知府周懋琦、前署臺灣鎮曾元福由郡登程。十四日，抵鳳山。閱淮軍城西八營、城東三營，結構精嚴，上堞下濠，周方四角，突起礮壘，分哨扼守，外瞭曠如，内平砥若，屹然偉觀。入營接見統領、營官，各加獎勗，並躬奠其病歿將士之墳而去。十五日南行，宿東港。十六日，宿枋寮。地本瘠壤，道光間，有鳳山令曹瑾者開水圳以通泉脈，遂爲膏腴，至今民食其利。時已殘冬，麥穗秧針，黃綠相閒，則内地四月閒景象也。該處尚爲鳳山壤則之區，過此以往，則皆番社，居民寥寥矣。十七日，過刺桐腳。鄉民泣訴，先後爲獅頭社番戕者五人；而王開俊營長夫過者，番疑爲民，亦斃其二。論起釁之根，番直而民曲；及其仇殺，斷難縱番以殃民；且營夫又何罪也。夕宿風港，適王開俊移營至。臣葆楨即令派汛弁郭占鼇至社，飭交兇犯懲辦；如敢違抗，則不能不示以威。風港倭營俱在，四無牆壁，草屋數十，高僅及肩；王開俊嫌其散不可守，擬合紥而加牆濠焉。十八日，抵琅璚，宿車城，爲前大學士福康安征林爽文駐兵之處。接見夏獻綸、劉璈，知已勘定車城南十五里之猴洞，可爲縣治。臣葆楨親往履勘，所見相同。蓋自枋寮南至琅璚，民居俱背山面海，外無屏障；至猴洞，忽山勢迴環，其主山由左迤邐海岸，而右中廓平埔，周可二十餘里，似爲全臺收局。從海上望之，一山橫隔，雖有巨礮，力無所施，建城無踰於此。劉璈素習堪輿家言，經畫審詳，現令專辦築城、建邑諸事。惟該處不產巨杉，且無陶瓦，屋材、甎甓必須内地轉運而來，匠石亦宜遠致。城地所用，已墾成田，不能不給價以卹貧户，未免繁費。惟有囑委員等核實估計，不得虛糜。縣名謹擬曰「恆春」，可否之處，伏候欽定。如蒙允准，擬先設知縣一員，審理詞訟，俾民番有所憑依。畀之親勇一旗，以資號召。其餘武員、學官、佐貳，且置爲緩圖，以一事權，而節糜費。車城外西南地曰後灣者，倭人舊營之址也。濱海當風，水泉又惡。當時彼族居之，病亡相繼，且船上礮彈可及，故淮軍之至，棄而不處。一營紥車城附近，以衛民居；一營紥統領埔，以扼牡丹各社出入之道，淮勇與番衆均屬相安。惟倭人舊營雖只係草屋，然交收後不數月，今無一存，或云火焚，或云風壞，四顧蕩然，現已飭查實在情形稟覆。當臣葆楨自猴洞回車城時，適洋將博郎、哥嘉、吉德、韓德喜等四人到車城，據稱赫德囑於龜仔角左近捌建燈樓。隨飭周懋琦與之同往相度，俟歸後定議。臣葆楨遂同夏獻綸、劉璈等於二十日坐輪船歸郡。辰下歲暮，暫且緩工。開春劉璈當赴琅璚督辦營建諸務，夏獻綸當赴中路主辦開山事宜。臣葆楨思船政叅年動費數百萬，方飭辦報銷，又爲臺事所閣，乘此稍曠之時，擬於本月二十四日由輪船内渡，句稽大數，具奏。事畢，再至臺灣，續行經理。茲先將履勘琅璚擇地建城各情由，合詞恭摺由輪船赴滬，交上海縣，付驛六百里馳奏。伏乞皇上聖鑒，訓示遵行。再，此摺係臣葆楨主稿，合併聲明。謹奏。

又《**臺北擬建一府三縣摺**》（同日）奏：爲臺北口岸四通，荒壤日闢，外防内治，政令難周，擬建府治，統轄一廳三縣，以便控馭，而固地方，恭摺仰祈聖鑒事。竊惟臺灣，始不過海外荒島耳。自康熙年閒收入版圖，乃設府治，領臺灣、鳳山、諸羅三縣。諸羅即今之嘉義，嘉義以北未設官也。郡南北各一百餘里，控制綽乎有餘。厥後北壤漸闢。雍正元年拓彰化一縣，並設淡水同知，主北路捕務，與彰化知縣同城。蓋明知非一縣政令之所能周，特以創建城池籌費維艱，姑權宜從事焉已耳。雍正九年，割大甲以北刑名、錢穀諸務歸淡水同知，改治竹塹。自大甲溪起，至三貂嶺下之遠望坑止，計地三百四十五里有奇。嘉慶十五年，復以遠望坑迤北而東至蘇澳止，計地一百三十里，設噶瑪蘭通判。則人事隨天時、地利爲轉移，欲因陋就簡而不可復得矣。然由噶瑪蘭上抵郡城，十三日始達；由淡水上抵郡城，亦七日始達；而政令皆統於臺灣府。當淡水設廳之初，不特淡北三貂等處榛莽四塞，即淡南各社亦土曠人稀，今則村社毘連，荒埔日闢。舊《志》稱東西相距僅十有七里，今則或五、六十里，或七、八十里不等。蘭廳建治以後，由三貂嶺繞至遠望坑復增地數十里有奇，其土壤之日闢不同有如此者。臺北海岸，前僅八里坌一口，來往社船不過數隻，其餘叉港支河僅堪漁捕。今則八里坌淤塞，新添各港口曰大安，曰後壠，曰香山，曰滬尾，曰雞籠，而雞籠、滬尾港門宏敞，舟楫尤多。年來夾板、輪船帆檣林立，洋樓、客棧闤闠喧囂，其口岸之歧出不同有如此者。前者，臺北幅幀雖廣，新墾之地土著既少，流寓亦稀。百餘年來，休養生息，前年統計户口，除噶瑪蘭外，已四十二萬有奇。近與各國通商，華洋雜處，睚眦之怨卽啓釁端，而八里坌一帶從教者漸多，防範稽查尤非易。其民人之生聚不同有如此者。臺地所產以靛、煤、茶葉、樟腦爲大宗，而皆出於淡北。比年荒山窮谷栽種愈盛，開采愈繁，洋船盤運，客民叢集，風氣浮動，嗜好互殊。淡南大甲一帶與彰化毘連，習尤獷悍。同知半年駐竹塹衙門，半年駐艋舺公所，相去百二十里，因奔馳而曠廢，勢所必然。況由竹塹而南至大甲尙百餘里，由艋舺而北至滬尾、雞籠尙各數十里，命盜等案層見迭出，往往方急北轅，旋憂南顧，分身無術，枝節橫生。公事之積壓、巨案之諱飾，均所不免。督撫知其缺之難，必擇循吏、能吏以膺是選，而到任後往往賢聲頓減，不副所望，則地爲之也。其駕馭之難周又有如此者。淡、蘭文風爲全臺之冠，乃歲、科童試廳考時，淡屬六、七百人，蘭屬四、五百人，而赴道考者不及三分之一。無非路途險遠，寒士艱於資斧，裹足不前。而詞訟一端，則四民均受其害。刁健者詞窮而遁，揑情控府，一奉准提，累月窮年；被誣者縱昭雪有期，家已爲之破。矯其弊者，因噎廢食，概不准提。則廳案爲胥吏所把持，便無可控訴。而械鬬之釁，萌櫱乎其中。至徒、流以上罪名定讞後，解郡勘轉，需費繁多，淹滯歲月，賠累不貲。則消弭不得不巧，官苦之，民尤苦之。其政教之難齊又有如此者。所以，前者臺灣道夏獻綸有改淡水同知爲直隸州，改噶瑪蘭爲知縣，添一縣於竹塹之請。臣鶴年、臣凱泰等正飭議試辦，臺事旋起，因之暫停。臺南騷動之時，卽有潛窺臺北之患。經夏獻綸馳往該處，預拔機牙，狡謀乃息。海防洋務，瞬息萬變，恐州牧尙不足以當之。況去年以來，自噶瑪蘭之蘇澳起，經提臣羅大春撫番開路至新城二百里有奇，至秀姑巒又百里有奇，倘山前之布置尙未周詳，則山後之經營何從藉手？故就今日臺北之形勢策之，非區三縣而分治之，則無以專其責成；非設知府以統轄之，則無以挈其綱領。伏查艋舺當雞籠、龜崙兩大山之間，沃壤平原，兩溪環抱，村落衢市，蔚成大觀。西至海口三十里，直達八里坌、滬尾兩口，並有觀音山、大屯山以爲屏障，且與省城五虎門遙對，非特淡、蘭扼要之區，實全臺北門之管。擬於該處創建府治，名之曰『臺北府』。自彰化以北直達後山胥歸控制，仍隸於臺灣兵備道。其附府一縣，南劃中壢以上至頭重溪爲界，計五十里而遙；北劃遠望坑爲界，計一百二十五里而近；東西相距五、六十里不等，方圍折算百里有餘，擬名之曰『淡水縣』。自頭重溪以南至彰化界之大甲溪止，南北相距百五十里，其閒之竹塹卽淡水廳舊治也。擬裁淡水同知，改設一縣，名之曰『新竹縣』。自遠望坑迆北而東，仍噶瑪蘭廳之舊治疆域，擬設一縣，名之曰『宜蘭縣』。惟雞籠一區，以建縣治，則其地不足，而通商以後竟成都會，且煤務方興，末技之民四集，海防既重，訟事尤繁，該處向未設官，亦非佐雜微員所能鎮壓。若事事受成於艋舺，則又官與民交困。應請改噶瑪蘭通判爲臺北府分防通判，移駐雞籠以治之。臣等爲外防內治因時制宜起見，是否有當？伏懇天恩，飭部議覆，俾有遵循。其建設城署，清查田賦及教佐營汛應裁、應改、應增，容俟奉旨允准後，再由臺灣道議詳核奏，期臻周密。至蘇澳以至歧萊，現恃營堡爲固。將來田畝開墾，商民輻輳，應否設官，容臣等隨時察看情形，請旨定奪。謹先將臺北議建府、縣緣由，合詞恭疏具陳。伏乞皇太后、皇上聖鑒訓示。再，此摺係臣葆楨主稿，合併聲明，謹奏。

丁日昌《丁中丞政書・撫閩奏稿一・遵旨冬春駐台片》 再，臣等於三月二十五日，欽奉諭旨：『著丁日昌仍遵前旨，冬春駐台，夏秋駐省，以期兩地兼顧，欽此。』等因，仰見聖主廑念邊陲，籌畫周備，曷勝欽感。臣日昌本擬卽日東渡，因值洋務吃緊，又兼吏治甫經開辦，未便鬆勁。督臣李鶴年又值入覲，且已交夏令臣文煜商留暫駐省垣以顧根本。其台灣吏治、兵事，臣等仍隨時會商，認眞整頓。各路老弱兵勇業已陸續裁併，責成各將官隨時訓練，不准仍蹈曠缺舊習。文武官吏之執法營私者，亦已擇尤參辦，並飭地方官留心教養，不得容縱差役，貽害閭閻。臣等仍不時密派妥員，改裝易服，前往查察。夫所謂開路撫番，其根源仍在兵事。吏治、兵事一有起色，則番不期撫而自撫。臣等惟有實事求是，庶餉不虛麋，而功歸實濟。一俟省城各事辦有頭緒，臣日昌謹當遵旨，冬春駐台，以期並籌兼顧。是否有當？謹附片陳明。伏乞聖鑑訓示。謹奏。

又《撫閩奏稿二·台灣生番未靖力疾渡台辦理疏》 奏：為台灣北路生番未靖，臣現擬力疾渡台，妥籌辦理，恭摺陳明，仰祈聖鑑事。竊照台灣各路生番，居高負險，人面獸心；殺人多者，推為酋長。示之以威，則懸不畏死；欲以恩羈縻之，則又文字不能諳，語言不能通。上年春間，南路獅頭社番拒捕，戕殺游擊王開俊；秋間，北路豆欄社番又時有乘機殺人，將首級賣與木瓜番之事。本年春間，臣到任後，察知北路疫重兵疲，辦理敷衍，當經會商將軍臣文煜、前督臣李鶴年，奏派水師提督彭楚漢、福寧鎮総兵吳光亮前往整頓，并挑裁舊勇。嗣於四月間，彭楚漢受瘴病，重回內地。七月間，吳光亮又受烟瘴致疾，幾死者數次；旋回中路養病，至今未能起床。屢接台灣道夏獻綸并該鎮等稟稱，以後山嘉禮遠番衆串通豆欄、木瓜各番，夜則暗攻營壘，日則伺殺軍民。稟請速籌剿辦。經臣與署督臣文煜會商，派總兵張陞楷先帶練勇二營前往北路，督同原派各軍，穩紮穩進，徐圖剿撫之方。惟台灣自南路至北路，自前山至後山，相隔千數百里，內山外海，巢穴深邃，口岸繁多；欲處處設防，則兵多餉重；欲擇要駐紮，則兵力偶有未周，外侮內患卽相乘迭起；況年來瘴氣尤重，疫癘繁興；上年之所謂精銳者，今年已成衰弱。整頓一切，尤須深費經營。茲據台灣鎮総兵張其光報稱：『患病甚重。』台灣道夏獻綸亦復因病請假一月。台事無人主持，實深焦灼。臣蒙恩賞假，雖未滿期，而值此軍事急逼，多一日之耽擱，卽誤一日之事機。現已函商船政速備輪船，臣擬卽日帶印東渡。俟至台灣察看情形，應如何籌畫布置，再當隨時奏請，訓示遵辦。其省中應辦事宜，遠隔重洋，欲圖兼營並顧，必致貽誤事機。茲將本署應題、應奏、應咨一切事件，商由督臣代辦；其日行一切公事，由藩司代印、代行；庶免蹈上年積壓、稽延之誤。至臣渡台後，應請敕下將軍臣文煜、新任督臣何璟，寬籌糧餉，顧臣後路；船政大臣吳贊誠應付輪船采購軍火，俾資接濟。想該將軍等平日公忠體國，必能相與有成。所有台灣北路生番蠢動，臣帶印東渡妥籌辦理緣由，謹恭摺，附商輪船，遞交上海縣，發驛五百里馳陳。

又《撫閩奏稿三·省台遠隔重洋難以兼顧片》 再，台灣現在疫癘盛行，營官兵勇喪亡相繼，聞者裹足。巡撫專管地方，向有刑錢幕友稽核例案。臣現在渡台，幕友堅不肯往。皆因前撫臣王凱泰之幕友陳煜在台得蠱脹之症，旋經身故，故人皆視台灣而畏途。臣於奏牘文檄向係自辦，尙無所求於人。惟有關例案之事，必須絲絲入扣，臣實無能為力。役將欲以一切公事包封遞台，姑無論有關例案者往返輾轉必致有誤考成；卽如詞訟，則羈候者瘦斃堪虞；錢糧，則望餉者枵腹可慮；且巡撫為刑錢総滙之區，舊卷山積，已不能全數攜至台灣，而每辦一事，必赴省弔查一卷，往復需時，吏胥因之舞弊貽害，胡可勝言？且輪船赴台，若遇順風，不過數日可到；倘遇逆風，或逢發霧，動至累日經旬。新委台灣府知府向熹十月初間乘坐輪船赴台，至今數旬，尙在海壇洋面守風，其阻滯情形概可想見。而輪船往來一次，煤炭、人工為費甚鉅，亦非可恃為良策。上年王凱泰駐台，係將應奏、應題、應咨有關考核事件，奏請回省補辦。但相隔半年之久，候勘轉者，牽連之人証愈積而愈多；待批示者，遠道之冤民有訴而無答；吏治墜壞於冥冥之中者，何可勝道？台事從前本係督臣主政，沈葆楨因與前督臣意見不合，又恐請設督辦大員於地方呼應不靈，故請改歸巡撫兼辦，本亦煞費經營，然而王凱泰渡台之後，欲咨調將弁數員赴台差遣，終未能諧。其呼應不靈，固如故也。台灣事事俱屬創始，斷非僅住半年卽能辦有頭緒。且沈葆楨原議巡撫定於冬春駐台，夏秋駐省，又安能保夏秋之間生番不蠢動乎？外人不侵凌乎？況台灣兵制向由內地分班調換，今以台事全屬撫臣，則內外反成兩橛，血脈豈能流通？台事之可憂者在外侮，非假以事權不能綢繆未雨；台利之可來者在礦務，非寬以時日不能收效將來。現值海疆事棘，臣不能不力疾前往，澈底確查，和盤托出，譬如醫者必先知病人癥結之處，然後能定應補、應瀉之方。惟臣疾入膏肓，才復拘滯，恐難久膺重寄。將來台事，尙求聖明獨斷，專派重臣督辦數年，畧假便宜於兵餉二事，不稍掣肘，卑專心致志，竭力經營，庶幾有濟。一俟辦有成効，方能徐議督撫分駐之局。所有省台遠隔重洋，難以兼顧，實情謹附片，縷晰陳明。

又《撫閩奏稿四·擬遵舊章輪赴台灣巡查片》 再，台灣開路撫番，本係兩江督臣沈葆楨辦理未竟之緒而臣接辦者。今督臣何璟署撫臣葆亨奏稱，為臣辦理未竟之緒，微臣焦灼萬分。現在內病且無暇計及，只有專用針炙外治之法，以求速效。但使雙足畧能移動，無論假滿與否，即當趕緊馳赴閩省，與何璟等和衷商酌，權衡兵事、餉事應否，駐閩、駐台，再行分別辦理。惟現接總兵吳光亮、孫開華等文稱，後山自納納社、阿棉山二股兇勦攻破後，勦撫兼施，羣番懾服，番務已有頭緒。又接台灣道夏獻綸稟稱，台灣每月額定月餉銀八萬四千兩，司局自九月起至十二月止，僅解過餉事五萬兩，核計不及八分之一等情。臣極知省中餉務萬分拮据，並非有心不解台中。既已無事可辦，臣與其株守台中，無益於台；曷若仍住在省，整頓吏治。既於省事有益，兼籌餉需，遙制番情及礦墾各務，亦於台事有裨。從前沈葆楨之所以請將巡撫分駐台灣者，亦以其時台事敗壞已極，閩省未遭兩次大水，餉務尚足接濟，擬將台事大加整頓，不得不議以巡撫駐台，藉資督率。並非偏袒巡撫，使奪總督節制台灣之權；亦非掣肘巡撫，使失省中應辦各事之職也。昨沈葆楨致臣信函，亦言『台事譬如病人，當其驟中邪風，宜用攻瀉；迨風邪去而虛症現，則宜用補劑。』是則沈葆楨倡議之人，亦以台事爲宜因時變通，光明磊落，並不膠柱鼓瑟也。且巡撫駐紮臺灣只有半年，除去白犬、澎湖、安平等口守風，合來往程途計之，已在一月；除去南、北路巡查，合來往程途計之，又須一月有餘；又除臺灣府文武試、台北府文武試，合計約須二月有餘；而自台南赴台北考試往返程途又須二十餘日，若遇大甲諸溪水漲，則又難以日計。是巡撫捨通省應辦之事而不辦，僅來臺灣代巡道辦一試事而已，因小失大，殊不合算。然則即考試一事，亦以仍歸巡道爲得計也。恭查乾隆五十二年定章，以督及水師、陸路兩提督每年輪值一人前往台灣；而停止巡查御史之例，迨嘉慶十四年欽奉上諭：『嗣後福建總督、將軍每隔三年，著輪赴臺灣巡查一次。』祖宗成憲，當時自有深意。以臣愚見，如遇台灣有緊要軍務，臣立即馳往，斷不稍有遲滯。倘遇無事之時，似不如遵照舊章，隔年輪赴台灣巡查。庶省中巡撫應辦之事，臣不致全行廢弛；台中督撫令辦之事，亦不致『督以省事爲重，撫以台事爲重』，各執意見，互相推諉。至台中番務如已肅清，防勇宜稍酌裁，俾可移爲辦理礦務、墾務之用。庶有土有財，目前既不致生外人覬覦之心，日後亦可資接濟內地之益。惟事關更變新章，仍遵故制，臣未敢固執己見，且未知於洋海重大事宜有無另有窒礙，合無仰懇天恩，飭下總理衙門、南北洋大臣李鴻章、沈葆楨等，詳察機宜，據實議覆，候旨遵行。庶省台免成兩橛，呼應靈通，督撫可以一心，邊疆受益。臣愚昧之見，是否有當？合併附片陳明。

《李鴻章全集・奏稿二九・籌議臺灣事宜摺》（光緒三年正月十六日）奏爲遵旨籌議臺灣事宜，仰祈聖鑒事。竊臣前奉光緒二年十一月十九日上諭，丁日昌奏臺事宜，應統籌全局，并省臺勢難兼顧及舉辦礦務懇務各摺片，著該督等籌商議奏等因。欽此！查臺灣情形，沈葆楨曾躬親其事，見聞最熟，既承諭旨垂詢，諒必有擘畫盡善之策。臣遙爲籌度，琉球距臺北千餘里，現日本分兵踞琉球，難保不漸思吞噬。日斯巴尼亞所屬之小呂宋，距臺南亦僅千數百里，現日國聲稱調兵船來華，難保不徑圖窺伺。幸有丁日昌赴臺密速布置，欽奉上年十二月二十二日密諭，已調孫開華、方耀所部各營陸續赴臺。臣又商催吳贊誠將赫德代購之龍驤、虎威兩礮船，由閩駛往協防，藉可虛張聲勢。丁日昌所擬辦法，以靜待動，以柔克剛，萬一遇有外侮當能操縱合宜，不至遽有戰事，此目前之可勿深慮也。若夫臺灣經久事宜，應以舉辦礦務、懇務爲興利之大端，雞籠煤礦開採已有端緒、硫磺、煤油、樟腦、茶鐵諸利亦應逐漸招商開拓，或借官本或集公司。該撫所稱十年後，成本可還，二十年後，庫儲可裕，殆非虛語。招懇人多，則經費必多，似須量力經營，不設限制。江海各關協撥緊餉，皆屬入不敷出，擬請敕部於各關解部四成及所存招商局稅項，酌量借助。若干由丁日昌於興利收回成本時，陸續解還部庫歸款，至鐵路、電綫二者相爲表裏，無事時運貨便商，有事時調兵通信，功用最大。東西洋各國富强之基，胥賴此以充拓。丁日昌到臺後，叠次函稱，該處路遠口多，防不勝防，非辦鐵路電綫不能通血脈，非制要害，亦無以息各國之垂涎，洵篤論也，惟鐵路需費過鉅，似須煤鐵開採有效，就地取料，工力較省。陸路電綫則移省廈已成之器，爲之亦尚易爲。至購鐵甲船、練水雷軍不獨臺防當辦，南北洋海防尤爲亟務。臣因海防奉撥額款報解無多，尚不敢遽行定購。去年議訂美國黎約翰新式魚雷五十具，并傳授制法用法，共索價五十萬兩，擬招令來津面試，如果精利無敵，當酌予收買，分給鐵甲船，則須道員李鳳苞帶閩廣學生至英國後，詳細查勘議辦。其價過昂，不得不格外慎重也。丁日昌辦事認眞，不避勞怨，惟近日肝病頗劇，求效過速，若欲諸務同時并舉，斷斷無此財力。若分緩急先後擇要以圖數年當有起色，所請專派重臣督辦一節，似不如責成該撫一手經理，俟辦有成效，再議督撫輪駐。近閱邸鈔，袁保恆請改福建巡撫爲臺灣巡撫，雖事有專屬，而臺地兵事餉源實與省城呼應一氣，分而爲二，則緩急難恃，臺防必將坐困，亦非計之行得者，愚昧之見，是否有當，時合恭摺由驛密陳，伏乞皇太后、皇上聖鑒，採擇施行。謹奏。

又**《總理各國事務衙門奏請照舊章派輪赴臺灣巡查摺》**（光緒四年六月初五日）總理各國事務和碩恭親王臣奕等跪奏：爲遵旨會議具奏事。福建巡撫丁日昌奏《請遵照舊章隔年輪赴臺灣巡查》一片，光緒四年二月二十三日軍機大臣奉旨：『該衙門議奏。欽此。』欽遵由軍機交出到臣衙門。據原片內稱，現接總兵吳光亮、孫開善等文稱：『後山自納納社、阿棉山二服兇巢攻破後，剿撫兼施，羣番懾服，番務已有頭緒。』又接臺灣道夏獻綸稟稱：『臺灣每月額定餉銀八萬四千兩。司局自九月起，至十二月止，僅解送餉銀五萬兩，覈計不及八分之一』等情。省中既無餉可籌，臺中必無事可辦。與其株守臺中，無益於臺；何如仍住在省，整頓吏治。恭查乾隆五十二年定章，以督、撫及水師、陸路兩提督每年輪值一人前往臺灣。迨嘉慶十四年欽奉上諭：『嗣後福建總督、將軍每隔三年，著輪赴臺灣巡查一次。』以臣愚見，如遇臺灣有緊要軍務，臣立卽馳往，斷不稍有遲滯。倘遇無事之時，似如遵照舊章隔年輪赴臺灣巡查等因。臣等查前據辦理臺灣等處海防兼理各國事務沈葆楨等奏稱：『臺地善後事當漸圖番境開荒，事關刱始，請移紮巡撫以專責成』一摺，奉上諭：『該衙門議奏。』欽遵由吏部會同臣衙門議復，『准將福建巡撫移紮臺灣地方』，於光緒元年三月十九日具奏。奉旨：『依議。欽此。』旋據南洋通商大臣沈葆楨等奏稱：『接奉寄諭，飭籌巡撫應如何往來兼顧，查巡撫有全省地方之責，自難常川駐臺。而臺灣海外孤懸，又非內地所能遙制。現在籌畫兼顧章程，謹擬以後福建巡撫冬春駐臺，夏秋駐省』等語。光緒元年十月三十日奉上諭：『卽著照所請辦理』等因，欽此。又據福建巡撫丁日昌奏稱：『臺灣事事創始，斷非僅住半年卽能辦有頭緒。將來臺灣事，尙求聖明獨斷，專派重臣督辦數年，俟辦有成效，方能徐議督、撫分駐之局』等因。光緒二年十一月十九日奉上諭：『丁日昌奏臺灣事宜亟應統籌全局，並省城臺灣勢難兼顧情形，所陳各節是否可行？李鴻章於洋務情形最爲熟悉，沈葆楨從前辦理臺灣事務，該處一切機宜自必周知。應如何擘畫盡善之處，著該督等妥密籌商，速議具奏』等因，欽此。光緒三年正月十九日，准軍機處交出軍機大臣面奉諭旨：『沈葆楨、李鴻章先後具奏籌議臺灣事宜各一摺，著該衙門議奏。欽此。』欽遵由臣衙門會同户部奏『請將臺灣一切事件應統歸丁日昌一手經理』等因，於光緒三年二月二十四日奉旨：『依議。欽此。』欽遵各在案。查巡撫有全省應辦之事，既不能常川住臺；臺灣事事創始，又非僅住半年所能蕆事。至省、臺本聯爲一氣，或議分省以專責成，或議專派重臣以爲督辦，畛域既分，緩急難恃，是以均經議駁。茲據該撫奏稱，從前沈葆楨所以請將巡撫分駐臺灣者，以其時臺事敗壞已極，閩省餉務尙足接濟，擬將臺事大加整頓，不得不議以巡撫駐臺，藉資督率。昨沈葆楨致臣函，亦言『臺事譬如病人，當其驟中風邪，宜用攻瀉；迨風邪去而虛症現，則宜用補劑。』是則沈葆楨倡議之人，亦以臺事爲宜因時變通也。且巡撫駐紮臺灣祇有半年，除去白犬、澎湖、安平等口守風，合來往程途計之，已在一月；除南、北路巡查，往返程途，又須一月有餘；又除臺灣文武試、臺北府文武試，合計約須二月有餘；而臺南赴臺北考試，往返程途又須二十餘日，若遇大甲諸溪水漲，則又難以日計。是巡撫捨通省應辦之事而不辦，僅來臺灣代巡道辦一試事，因小失大，殊不合算等語，自係實在情形。且該撫從前曾經奏明臺事俟辦有成效，徐議督、撫分駐之局。李鴻章覆奏摺內亦有辦有成效，再議督、撫輪住之局。現時臺地應辦各事漸已次第舉辦，該撫所稱遵照舊章輪赴臺灣巡查一節，應如所請辦理。惟督、撫有統轄全省之權、整頓吏治之責，於一切籌防、籌餉諸務呼應較靈，應責成督、撫輪赴分駐，以一事權而資得力。如臺灣遇緊要事件，自應立時馳往；卽遇無事之際，亦不必拘定隔年一次，並毋庸限以每年冬春駐臺，夏秋駐省之期。應令隨時斟酌情形，輪流前往，不得臨時互相推諉，亦不得日久視爲具文。丁日昌所稱將軍、提督輪赴臺灣之處，應請毋庸置議。至臺灣各海口防務及中外交涉事件，向由福州將軍、閩浙總督、福建巡撫會同辦理。臣等前於議『覆巡撫移紮臺灣』摺內，奏請均歸巡撫管理，奉旨允行在案。現如督、撫輪住臺灣，應仍由將軍、督、撫會辦。至總督節制臺灣之權與整頓省、臺吏治，吏部查：『總督、巡撫均有統轄全省之權，今經總理各國事務衙門議准巡撫毋庸限以每年冬春駐臺，夏秋駐省，應令隨時斟酌情形輪流前往，不得隨時互相推諉』等語，所有整頓省、臺吏治，總督巡撫均應仍照舊例辦理。至臺灣府、臺北府文武各試，禮部查：『臺灣學政事宜，向歸臺灣兼管。雍正五年，改歸巡臺御史。乾隆十七年，復改歸臺灣道。其達部事件，仍呈福建學政轉咨。嗣於光緒元年，據辦理臺灣等處海防事務大臣沈葆楨奏，福建巡撫移駐臺灣，請將臺屬考試統歸巡撫主政，咨達事件亦逕由巡撫辦理。經臣部議准在案。今該前撫奏請遵照舊章隔年輪赴臺灣巡查，既經總理各國事務衙門議令督、撫輪流赴臺，並不拘定年限，則輪應歲、科考試之時，未必適值巡撫渡臺之日。所有臺灣文場考試，自應改照舊章仍歸臺灣道辦理。其達部事件，並照舊呈由福建學政轉咨，以專責成而符體制。』兵部查：『文武事同一律，所有臺灣文場考試既經禮部議令改照舊章，其武場考試亦應仍歸臺灣道辦理。其咨部事件，並由該道呈送福建學政轉咨，以符舊制。再，閩浙總督、福建巡撫現既隨時輪流赴臺，所有前經改設臺地武職營制暨移改撫標遊擊等官有無另行酌改之處，應由該督、撫體察情形，奏明辦理。』其餘臺灣現辦各事及一切未盡事宜，仍應由該將軍、督、撫等體察情形，擘畫盡善；並請飭下南、北洋大臣等統籌全局，妥議具奏，候旨施行。所有臣等會議緣由，謹繕摺具陳，伏乞皇太后、皇上聖鑒。再，此摺係總理各國事務衙門主稿，會同吏、禮、兵等部辦理，合併聲明。謹奏請旨。光緒四年六月初十日，軍機大臣奉旨：『依議。欽此。』

劉銘傳《劉壯肅公奏議》卷二《臺灣暫難改省摺》（光緒十一年十月二十七日）十月十九日准兵部咨：九月初五日欽奉慈禧皇太后懿旨：『醇親王奕譞等奏稱，臺灣要區，宜有大員駐紮。臺灣爲南洋門户，關係緊要，自應因時變通，以資控制。着將福建巡撫改爲臺灣巡撫，常川駐紮。福建巡撫即着閩浙總督兼管。一切改設事宜，該督撫詳籌奏辦。欽此』。臣查臺灣一島，孤懸海外，爲南洋門户要樞，誠如聖諭關係緊要，自應因時變通，改設巡撫，以資控制。惟微臣到臺年餘，情形稍悉，此中奧曲，不得不瀝陳於聖主之前。

臺灣所出財賦，較之貴州、新疆則有餘，惟沿海八縣之地，番居其六，民居其四，重洋遠隔，倚傍一空，猝有難端，全恃閩疆爲根本，聲氣聯絡，痛癢相關，以助孤危之境。上年法人之亂，督臣楊昌濬未到之時、何璟罷官之際，前藩司沈保靖尚能力籌接濟，以救艱危，誠以本省受兵，義難辭卻。即沿海州縣，文報往來，尚通聲氣，亦以地歸本省，不敢膜視其間。若改設臺灣巡撫，與閩省劃界分疆，即督臣顧全大局，一視同仁，司道以下，畛域分明，勢必不相關顧。即以餉論，以後仍須閩省照常接濟，方能養兵辦防。現在籌餉艱難，除不得不用之費，萬難減省，以誤要需；其稍可緩減者，即須力求撙節，惟視事之緩急輕重，次第分籌。臣前陳善後摺，以辦防、練兵、清賦、撫番爲急圖。現既詔設臺灣巡撫，必先漸撫生番，清除內患，擴疆招墾，廣布耕民，方足自成一省。

臣查臺番與雲貴苗民、甘肅番回迥異。臺番不相統屬，各社所佔膏腴之地，高山宜茶，平地宜穀，一旦教之耕種，皆成富區。從前撫番，虛糜鉅款，皆由舉辦未能認眞。一撫就降，遂若無事。臺南降番甚衆，仇殺依然，聲氣仍歸隔絕。以臣度之，若認眞招撫，示以恩威，五年之間，全臺生番，計可盡行歸化。然後再籌分省，土地既廣，財賦自充，庶可無勞內地。刻下外辦防務，內撫生番，鉅款難籌，時形竭蹶。一經改設巡撫，省城必建彰化縣北適中之地。前撫臣岑毓英察勘，形勢昭然。核計建造城垣、衙署、廟宇之需，又非百萬不可。臣目疾沉重，業經奏乞假歸，如蒙恩准，無論何人接替，若外辦防務，內辦清賦、撫番，又造城垣、衙署，萬端草創，縱使經費有着，亦恐才力難支。

但臺灣重地，經醇親王等統籌全局，冀保海疆，自應派大員駐紮。似可仿照江寧、江蘇規制，添設藩司一員，巡撫以臺灣爲行臺，一切規模無須更動。全臺兵政吏治，由巡撫主持，內地由總督兼管。如此分而不分，不合而合，一俟全番歸化，再行改省，以重巖疆。既可寬此數年，從容籌辦，目下又可節省鉅款，騰出資財撫番、設防，先其所急。此臣審度事勢，擬從緩設巡撫之大略也。如蒙採擇，應請飭令王大臣等公同議奏，以期萬全。

至臺灣防務要需，業經片請籌撥借存洋款。核計設防餉項，惟仗閩省協籌，應請旨飭令將軍古尼音布、督臣楊昌濬自十二年正月起，月由廈門海關協濟餉銀三萬兩，每年協濟銀三十六萬，俟三、五年後臺事有成，或減或停，再行核議。是否有當，伏候聖裁。

奉光緒十一年十二月十二日上諭：據劉銘傳奏籌度臺灣情形暫難改省，又據楊昌濬奏籌議臺灣改設事宜請添設藩司各一摺，臺灣爲南洋門户，業經欽奉懿旨，將福建巡撫改爲臺灣巡撫，劉銘傳所稱從緩改設，着毋庸議。楊昌濬所奏，添設臺北道不如添設藩司，爲因地制宜起見，自可准行。惟此次該督所奏尚係大概情形，所有一切應辦事宜，均未籌商定妥。臺灣雖設行省，必須福建聯成一氣，如甘肅、新疆之制，庶可內外相維。着楊昌濬、劉銘傳詳細會商，奏明辦理。欽此。

又 卷六《遵議臺灣建省事宜摺》（十二年六月十三日）竊照光緒十一年九月初五日奉慈禧端佑康頤昭豫莊誠皇太后懿旨：『醇親王奕譞等遵籌海防善後事宜摺內，奏稱臺灣要區，宜有大員駐紮等語，臺灣爲南洋門户，關係緊要，自應因時變通，以資控制，着將福建巡撫改爲臺灣巡撫，常川駐紮，福建巡撫事即着閩浙總督兼管，所有一切改設事宜，該督撫詳細籌議奏明辦理。欽此』。又於十一年十月十九日奉上諭：『臺南北地輿袤延甚遠，以形勢而論，臺北各海口尤爲緊要。原設臺灣道一員，遠駐臺南，深慮難以兼顧，且巡撫常川駐紮，一切錢穀刑名事宜，必須分員管理，各專責成，應否於臺灣道之外添設臺北道一員，着楊昌濬、劉銘傳悉心會商，妥議具奏等因。欽此』。欽遵經臣等各將籌度情形，先後復奏。十一年十二月十二日奉上諭：『楊昌濬所奏添設臺北道不如添藩司，係爲因地制宜起見，自可准行。臺灣雖設行省，必須與福建聯成一氣，如甘肅、新疆之制，庶可內外相維。着詳細會商，奏明辦理。』復於十二年三月二十四日奉上諭：『劉銘傳奏澎湖爲閩臺門户，非特設重鎮，不足以資守禦。楊昌濬與該撫意見相同，擬將澎湖副將與海壇鎮對調，仍歸總督等管轄等語。即着楊昌濬、劉銘傳會同籌議具奏。閩臺防務關繫緊要，該督等商辦一切，務當和衷共濟，不分畛域，力顧大局。上年諭令該督等會議臺灣改設各事宜，並着一併妥速議奏，毋稍遲延等因。欽此』。仰見皇太后、皇上垂念海疆，諄諄訓誡之至意。臣等忝膺重寄，目擊時艱，何敢不竭力籌維，和衷商榷，以期事歸盡善，仰慰宸廑？除往返函牘不計外，臣昌濬於二月間渡臺，臣銘傳四月間復渡閩，詳細面商。查臺灣爲南洋門户，七省藩籬，奉旨改設巡撫，外資控制，內杜覬覦，實爲保固海疆至計。惟沿海僅數縣之地，其餘番地尚歸化外，氣局未成，海外孤懸，與新疆情勢迥異。閩、臺本爲一省，今雖分疆劃界，仍須脣齒相依，方可以資臂助。誠應遵旨內外相維，不分畛域，乃能相與有成。茲就省局司道及署臺灣道陳鳴志、總理糧臺前貴州藩司沈應奎籌議條陳，詳加酌核，謹繕清單，恭呈御覽。

方今整飭海防，百廢待舉，加之改設行省，經費浩繁。如澎湖一島，爲閩臺門户，往來咽喉，購礮築臺，急需銀八十萬兩，迭經臣等奏請敕部指撥。此外製械、設電、添官、分治、招墾、撫番，在在均關緊要，前車可鑑，安能再事因循？至建立省城衙署壇廟各巨工，雖不妨稍從緩辦，然既分省，亦不能不次第接籌。臺地防軍裁撤外，尚存三十五營，分布沿海，周回二千餘里，勢難再減。海外餉需缺乏，即有譁潰之虞。臣等悉心籌劃，擬由閩海關每年照舊協銀二十萬兩，經臣銘傳咨請署福州將軍古尼音布嗣後由廈關徑撥解臺；至閩省各庫，無論如何，每年協銀二十四萬兩，陸續籌解；並請旨敕下粵海、江海、浙海、九江、江漢五關，每年協濟銀三十六萬兩，共成八十萬兩，以五年爲期。統計閩省庫、閩海關所協四十四萬，合之臺地歲入百萬兩，專應防軍月餉之需。五關每歲各協銀七萬餘兩，集腋相資，尚屬輕而易舉，臺疆得此鉅款，庶不致盡託空言。惟仍懇朝廷寬以歲時，容臣銘傳分別緩急重輕，次第舉辦。經費支絀，固不能急切圖成，竭力經營，又烏敢遷延坐誤？現已奏明清理舊賦，並隨地隨時力求整頓，變私爲公。如三、五年後，能照部議，以臺地之財，供臺地之用，即當奏請停止協款。一切改設事宜單內，或未經賅載，容臣等續行妥議奏咨，用副國家經畫海疆之至意。

一、臺灣奉旨改設行省，必須與福建聯成一氣，如甘肅、新疆之制，庶可內外相維等因；查新疆新設巡撫關防內稱『甘肅新疆巡撫』，臺灣本隸福建，巡撫應照新疆名曰『福建臺灣巡撫』。凡司道以下各官，考核大計，閩省由總督主政，臺灣由巡撫主政，照舊會銜。巡撫一切賞罰之權，仍巡撫自主，庶可聯成一氣，內外相維，不致明分畛域。又陝甘總督關防內有『兼管甘肅巡撫』字樣，閩浙總督關防應否添鑄『兼管福建巡撫』字樣，恭候欽裁。

一、學政向歸臺灣道兼理，光緒元年曾有議歸巡撫明文，現應查照前議，由道將學政關防文卷呈送巡撫管理。文武鄉闈，援照安徽赴江南彙考之例，仍歸福建應試，中額亦仍舊例。將來生聚日繁，文風日盛，再行酌核增加，奏明辦理。

一、旗后、滬尾兩海關，向歸將軍管理，近年稅項所徵，均經撥充臺餉。現臺灣既設行省，兩關均隸臺疆，可否援照浙江之制，改歸巡撫監督，應請敕下福州將軍奏辦。

一、澎湖爲閩臺門户，須設重鎮，以固要區。擬將澎湖副將與海壇鎮對調，如蒙俞允，應飭先行互調，以重海防。一切事宜，另行奏辦。

一、新疆以廸化州爲省垣，城署無須建造；臺灣改設行省，必須以彰化中路爲省垣，方可南北兼顧。另造城池衙署，需費浩繁，一時萬難猝辦，所有官制，暫仍舊章，將來添設廳縣，改派營防，再行奏辦。

一、福建巡撫既已改歸臺灣，所有撫一標左右兩營，卽須移歸臺省；惟省垣未定，安置無從，以後遇有空名，無須募補，暫留閩省，仍歸總督兼管，兵餉亦由閩支發；俟臺灣巡撫移住中路，再行調歸臺灣，不願移者聽。

一、臺灣改省之後，應遵旨添設藩司一員，綜核錢糧、兵馬，整頓廳縣各官，並設布庫大使一員，兼經歷事。所有建造衙署、添設印官，百端草創，將來須仿照新疆章程，奉旨後再行會同請簡。

一、臺灣道向兼按察使銜，一切刑名由道審轉，其驛傳事務亦由道兼治，添設司獄一員，毋庸另設臬使；惟會典職官有按司獄、府司獄，無道司獄，應以候補按司獄、府司獄輪流借補。

一、臺灣鹽務，場產不足，半由內地運售，名曰唐鹽。內地長泰、南靖等縣澳引額定例撥歸臺灣代銷，所徵正溢課釐，雖留臺撥充防費，尚有抵解各款，歸內地鹽務雜支，每屆奏銷，由福建鹽法道彙核造報。各省鹽場引地多行外省，閩臺鹽務分辦，窒礙殊多，應請仍照舊章辦理。

一、臺灣各縣，地輿太廣，最大如彰化、嘉義、淡水、新竹四縣，亟須添官分治。統計四縣，按周圍百里爲城，約可分出四、五廳縣。將來彰化卽可改駐首府，另設首縣爲臺灣縣，將臺灣縣改爲安平縣，應俟添設藩司再行酌辦。

一、臺灣煙瘴之地，內地官吏渡臺，咸視爲畏途。向章：曾補臺灣府、廳、縣佐雜等缺，如回內地，卽屬調簡，故稍有才智者不肯渡臺。今擬仿照新疆章程，凡到臺灣實任，如逾三年，著有勞績，准回內地，不計繁簡，均須調補優缺，芟除調簡舊章，無缺當差，酌委優差一次；惟必得本營官切實考語，以免濫邀。兩省如有停委撤差之員，督撫互咨，均不委用，以杜鑽營。

一、臺灣生番，歸化已多，日漸開闢，急須分治添官。若照部章，廳縣佐雜各員均須循例補署，臺灣民番雜處，人地苟不相宜，萬難遷就，恐釀事端。僅用合例人員，又未必盡能得力。擬請旨飭部，聲明臺灣新設省治，暫行不論資格，俾得人地相宜。俟全臺生番歸化，一律分治設官，再請循照部章，以求實效。

一、番地日開，必添營汛。查新疆添設總兵、副將、參、遊、千、把等官甚多，臺灣情勢既殊，須俟盡撫生番，全局方能酌定，目前但能隨時察奪具奏，或添或改，以節餉需。

一、臺灣改設巡撫，本擬仿照江蘇分蘇、分寧成案，於各班人員到省，積有三員掣籤一次，以兩員分閩，一員渡臺，惟全臺現僅兩府、八縣，缺分無多，若照三分掣一，來臺必無位置。擬俟全臺生番歸化，一律設官，再行照辦。目前需員差遣，或由司申送，或由撫調咨，暫難定數，免致分發人員到省，積滯向隅。

一、臺灣改設巡撫，臺灣鎮總兵應銷去『掛印』字樣，與新調澎湖鎮總兵統歸巡撫節制。

一、撫轅原設經制書吏十二名，各有清書、幫書，今福建巡撫事歸總督兼治，擬留經制書吏六人，酌用幫、清各書留督署辦公，尚有經制書吏六人，酌帶幫、清各書赴臺供役。撫轅檔案造冊登開，關涉閩者逕留督轅，關涉臺者送臺備考。

又　《臺灣郡縣添改撤裁摺》（十三年八月十七日）竊臣等於光緒十二年六月十三日會奏臺灣改設事宜摺內，聲明彰化等縣地輿太廣，亟須分治設官，奉旨：『該部議奏，欽此。』旋准部咨，議會酌度情形奏明辦理等因。伏查臺灣疆域，南北相距七百餘里，東西近者二百餘里，遠或三、四百里，崇山大溪，鉤聯高下。從前所治，不過山前迤南一線，故僅設三縣而有餘；厥後榛莽日開，故屢增廳治而猶不足。光緒元年，沈葆楨請設臺北府縣以固北門，又將同知移治埤南以顧後山一路；全臺官制，粗有規模。然彼時局勢未開，擇要舉行，實非一勞永逸之計。臣等公同商酌，竊謂建置之法，形勢爲先，制治之方，均平爲要。臺疆治法，視內地爲獨難，各縣幅員，反較多於內地；如彰化、嘉義、鳳山、新竹、淡水等縣，縱橫多至二、三百里，鞭長莫及，治化何由？且防務爲治臺要領，轄境太廣，則耳目難周，控制太寬，則聲氣多阻。至山後中、北兩路，延袤三、四百里，僅區五段，分設碉堡，並無專駐治理之員，前實後虛，亦難遙制。現當改設伊始，百廢具興，若非量予變通，何以定責成而垂久遠？臣銘傳上年九月親赴中路督剿叛番，沿途察勘地勢，並據各地方官將境內河山阨塞，道里田園，繪圖貼說，呈送前來，又據撫番清賦各員將無墾地方分條續報；謹就山前後全局通籌，有應添設者，有應改設者，有應裁撤者。

查彰化橋孜圖地方，山環水複，中開平原，氣象宏開，又當全臺適中之地，擬照前撫臣岑毓英原議，建立省城。分彰化東北之境，設首府曰臺灣府，附郭首縣曰臺灣縣。將原有之臺灣府縣改爲臺南府、安平縣。嘉義之東，彰化之南，自濁水溪始，石圭溪止，截長補短，方長約百餘里，擬添設一縣曰雲林縣。新竹苗栗街一帶，扼內山之衝，東連大湖，沿山新墾荒地甚多，擬分新竹西南各境，添設一縣曰苗栗縣。合原有之彰化縣及埔裏社通判，四縣、一廳，均隸臺灣府屬。其鹿港同知一缺，應卽撤裁。淡水之北，東抵三貂嶺，番社紛歧，距城過遠；基隆爲臺北第一門户，通商建埠，交涉紛繁，現值開採煤礦，修造鐵路，商民麕集，尤賴撫綏；擬分淡水東北四保之地撥歸基隆廳管轄，將原設通判改爲撫民理事同知，以重事權。此前路添改之大略也。

後山形勢，北以蘇澳爲總隘，南以埤南爲要區，控扼中權，厥惟水尾。其地與擬設之雲林縣東西相直，聲氣未通。現開山路百八十餘里，由丹社嶺、集集街徑達彰化。將來省城建立，中路前後脈絡，呼吸相通，實爲臺東鎖鑰；擬添設直隸州知州一員，曰臺東直隸州，左界宜蘭，右界恆春，計長五百里，寬三、四十里、十餘里不等，統歸該州管轄，仍隸於臺灣兵備道。其埤南廳舊治，擬改設直隸州同知一員。水尾迤北，爲花蓮港，所墾熟田約數千畝，其外海口，水深數丈，稽查商舶，彈壓民番，擬請添設直隸州判一員，常川駐紮，均隸臺東直隸州。此後路添改之大略也。

謹案臺灣土疆賦役，日增月廣，與舊時羈縻僑置，情勢迥殊。因地制宜，似難再緩。況年來生番歸化，狉榛之性，初就範圍，尤須分道拊循，藉收實效。輯遐牖邇，在在需員。臣等身在局中，既不敢遇事紛更，以紊典章之舊，亦不敢因陋就簡，以失富庶之基，損益酌中，期歸妥協。如蒙俞允，擬先委員署任主辦，畫界分疆，並請飭部分別換鑄關防印信，先行頒發，俾昭信守。俟全臺勘定，再將四至冊圖，並何項缺分，詳細奏咨，請旨定奪。至教職暨沿山沿隘佐雜武弁並屯地等官，應添應改，亦擬於郡縣設定後，分飭各員就近體察，詳請奏咨。其餘未盡事宜，統俟陸續會商，隨時具奏辦理。

光緒十三年九月初八日奉硃批：該部議奏。欽此。

又《覆陳臺省初分各局驟難裁併摺》（十五年二月十三日）竊准户部咨：光緒十五年十一月十五日內閣奉上諭：『國家綜核度支，必先嚴除冗濫。從前各省辦理軍務，創立支應、採辦、轉運等局，本屬一時權宜，不能視爲常例。迨軍務敉定，又以善後爲名，凡事之應隸藩司者分設各局，名目衆多。鹽務則督銷、分銷，局卡林立，大率以候補道員爲總辦，而會辦、隨辦各員，其數不可勝計。所有專管之藩、運兩司，轉以循例畫諾爲了事。又如清訟、保甲、捕盜等事，本係臬司專責，亦皆另設一局，授權委員。論公事則推諉轉多，論庫款則虛糜甚鉅。至船政、機器各局，原爲當務之急，而局用開支，尤多弊竇。前於光緒十一年八月二十二日，欽奉懿旨，各省設立各局，種種名目，濫支濫應，無非瞻徇情面，爲位置閒員地步，飭令大加裁汰，定議復奏，仰見聖慈誥誡嚴明。各該省雖經遵議奏明，量爲裁減，總未能將煩費認眞除革。近年以來，冗員愈多，浮費愈甚。着各直省將軍、督撫，破除情面，將所有各局，通行查核，或刪減，或歸併，其有必不能裁者，卽將按月經費限定數目，不准任意增添。自接奉此旨後，勒限三個月，將議定限留各局開單奏報，並將各局經費每月若干，咨報户部存案。該部於每年報銷冊內，逐一查對，毋任稍有含混。理財與用人相輔而行，實爲圖治之大端，各將軍、督撫身膺重寄，務當振刷精神，切實經理，不得狃於積習，敷衍塞責。將此通諭知之。欽此。』咨行到臣，當經欽遵轉行，將各局切實裁減，其實不能裁各局，月需經費若干，開報核辦去後。茲據臺灣布政使沈應奎會同臺灣道兼按察使銜唐景崧詳稱：『查臺灣海外孤懸，自建行省，辦理撫墾，百廢待興，分設各局，有堪裁併者，均已隨時裁汰，現存之善後、稅釐、機器、軍裝、文報、通商、官醫、郵政、電報以及各路撫墾各局，察看情形，均屬驟難裁併。臺灣初設行省，百端草創，本與他省情勢迥不相同，經費按月尚難限定，惟有核實支銷，隨時察看各局，如有可裁，當卽裁併，以節糜費』，具詳前來。

臣查臺灣甫經建省，尚未竣工，草昧初開，萬端待舉，經營締造，用款浩繁，部臣前議以臺灣本地之財，供本地之用，當此庫藏奇絀，臣方仰屋興嗟，尚何敢位置閒員，增添繁費？此中情狀，久在聖明洞鑑之中。況分省之始，各局月支經費，增減無常，殊難定限，惟有恪遵諭旨，督同司道切實經釐，隨時節省。如有可裁之局，並卽破除情面，隨時裁撤，斷不敢稍涉因循，以期仰副聖主節愼帑藏至意。

又《新設郡縣興造城署工程立案摺》（十六年二月十六日）竊據署臺灣布政使沈應奎、臺灣道唐景崧等詳稱：『臺灣分省，以中路彰化橋孜圖地方爲省會，添設首府曰臺灣府，首縣曰臺灣縣；割嘉義、彰化轄地，就林圯埔設雲林縣；分新竹轄地，就苗栗縣；改埔裏社爲撫民廳；均經分徵錢糧，劃清地界，遴員署理，先後彙詳奏咨議准各在案。自臺近年籌辦海防，築臺購礮，剿撫社番，清丈田畝，興辦鐵路，購買輪船，庫儲早經罄竭。全臺歲入及閩省關年撥餉需，均經支款抵用，應辦分治、建城一切，目前本無力舉行，惟郡縣既設，各工可緩，而城垣保障攸關，衙署、監獄爲辦公羈禁之所，未可緩圖。除澎湖城垣、衙署已經興修、後山臺東人民稀少，尚難興辦外，其臺灣省城並雲林、苗栗兩縣城，似宜陸續興修。查臺灣山溪祇生卵石，所需杉木石條等料皆須內地采輸。中路港汊不通輪船，且風浪無常，卽商船亦惟夏秋往來，不能長年運載。原勘省城基址，周圍十一里有奇，若遽起造磚城、石城，經費浩繁，一時萬難籌集。曾由道員林朝棟會同縣令黃承乙籌議，就地搬運卵石，掘地塡基，先築土城；一面開掘城濠，牆外徧栽刺竹，八方四隅，應建城樓、礮臺、水關、閘壩，一併用磚。雲林、苗栗兩縣，工程較小，亦可仿行，以資捍衛。從前臺南府城，卽係土築，續於乾隆間始建磚城。至各縣衙監獄，並令先修。其知府武營及院司各衙，俟經費的籌，再行分年續建。此外廟祠、試院，由府縣邀商紳富先儘民捐，如果捐款難籌，再行籌助辦理。似此因陋就簡，草創開基，縱使撙節萬分，經始安能無備？查臺灣清賦之後，錢糧較之舊額，現有盈餘，擬請自光緒十六年起，卽由錢糧分年提撥，以臺灣自有之財，辦臺灣之事，核與户部奏案亦屬相符，應請奏咨准予興辦。至前奉部行，以修建工程應先專案估報，定限造銷，原應遵辦，惟臺灣中路，不通水道，非俟料件運到，核價通籌，無從預決。當此經費支絀，惟有力戒員紳認眞撙節，斷不敢稍任虛糜。若循例估工，必致妄估浮開，以防不給。從前修建恆春縣城，經費二十萬，現在倒塌不堪。萬一監工紳吏，執此計工，更恐無從核實。應請奏寬定例，准歸彙案造銷，必較恆春有減無增，破除虛冒』等情，詳請奏咨立案。

臣查臺灣建立省城，添設郡縣，一應城垣衙署，工程重大，需費浩繁。前於鐵路改歸官辦案內，曾請俟鐵路工竣，再行辦理省城工役，現經該處官紳籌議，先築土城，就地運用卵石爲基，外栽刺竹，僅用磚石建築城門、礮臺、水關、閘壩，較之全城純用磚石，所省實多，自應及時興辦。該司道等請就錢糧項下自十六年起分年提撥，將省會及雲林、苗栗兩縣城垣衙署，次第造修，以臺灣自有之財，辦臺灣之事，亦與分治原議相符；應懇恩准飭部立案，並准暫寬例章，彙案造報，以歸簡易，而杜虛糜，伏惟聖鑑。

光緒十六年三月十七日奉硃批：着照所請，該部知道。欽此。

《道咸同光四朝奏議・文煜、李鶴年等〈會籌全臺大局疏〉》（光緒元年）福州將軍臣文煜、閩浙總督臣李鶴年、福建巡撫臣王凱泰、辦理臺灣等處海防兼理各國事務臣沈葆楨跪奏，爲會籌全臺大局，撫番開路，勢難中止，並巡撫兼顧省臺情形，恭摺馳陳，仰祈聖鑑事。

竊臣等業將臺北郡縣應行添設臺營兵制應行變通各緣由，先後奏明在案。惟臺地自去年倭人啓釁，外假復仇，內圖佔地，狡謀已露，逆燄方張，不得已而有撫番開路之舉。當時固謂海防未固，則外侮難消，山險未通，則海防先無從下手。蓋臺灣四面環海，前山各口消息，尚能探悉，島岸尚可周知，後山則途徑不通，人迹罕到。但謀前山拒虎，一任後門進狼，雖日事籌防，而防務究無把握。人第知今日開山之爲撫番，固不知今日撫番之實以防海也。第知豫籌防海之關繫臺灣安危，而不知豫籌防海之關繫南北洋全局也。去夏以來，調派諸軍，分爲三路，縋幽鑿險，深入遐荒。剿撫兼施，恩威並用，無非藉拊循之政，折奸宄之謀。近者芟夷修闢，雖日起有功；若欲盡番壤而郡邑之，取番衆而衣冠之，必非一朝一夕所能致。倭事雖已順平，而各路之師，至今不可撤。其費用之數，轉踵事而日增。淮軍雖已凱旋，而各路分布之勇約三十營，兵力猶嫌單薄，軍餉業已不支，然尚有常額也。既防海則礮臺有費，城邑有費，輪船有費；既開路則橋樑有費，亭坊有費；既撫番則碉堡有費，賞犒有費；懸崖斗絕，糧道維艱，則儲運有費；荒谷招耕，農民裹足，則墾本有費。其餘棚帳軍裝，則有歲支之費。瘴癘痍傷，則有醫藥之費，賙卹之費。似此者不一而足，俱難裁減。論者每謂後山精華，停蓄日久，奇珍瑰寶，充牣其間，蠻荒之區，實天府之國。果爾則一時動款，轉瞬卽可取償。前人嘗有先我行之者，不待今日矣。今者北路已開抵秀姑巒，南路已開過卑南覓，中路所開，亦將越霜山而東，蔓草荒烟，蕭然在目。而所謂金砂銀礦，都屬影響之談。卽使有之，亦苦費人力煎鍊而成，所得不償所失。非無材木也，出運不得津途。非無煤礦也，挖取尚需機器。若謂新闢之壤，卽不涸之倉，臣等斷其必無此事。夫既創辦之甚難，而又無利源之可濬。當此帑項支絀，疫癘繁興，必有謂以不急之圖，勞民傷財，殊非善策者。不知臣等之經營後山者爲防患計，非爲興利計；爲興利儘可緩圖，爲防患必難中止。外人之垂涎臺地，非一日亦非一國也。去歲倭事，特嚆矢耳。自法郎西據安南，英吉利據印度、新加坡等處，南洋各國漸爲所收，遂使遠隔數萬里之豺狼，得以近吾臥榻，年來中國各口，異種雜居，蔓不可圖，近復聞雲、貴等處，有陸路通商之請，推波助瀾，侵尋未已。以臺地閩左屏藩，七省門户，天氣和暖，年穀易成。後山一帶，我不盡收版圖，彼必陰謀侵佔。邇來番社深險之處，皆有遊歷洋人來往傳教、圖繪山川，萌芽已見，涓涓不塞，恐成江河。引類呼羣，日積月盛，其輪船足以迅接濟，其礮火足以制生番，其機器足以盡地利，我今日所謂甌脫，彼他日皆可以成都會，根株已深，圖之曷及！後山一去，前山何可復守！臺地者，中土之藩籬也。藩籬既撤，則蛇蝎之毒，將由背膂而入我腹心。今日猶云借地以居商，他日竟與我分疆而對峙。言念及此，爲之寒心。所以早夜籌思，欲杜發緘肱篋之機，不能不爲塞門堇户之計。夫澳門片土，自明臣林富割居西人，以一時苟且之謀，遂貽今日無窮之患。此轍何堪再蹈？臣等亦非敢謂防海之事，盡於開山也。山尚未通，卽海何可防，欲致力於彼，不得不先事於此。果使餉源常濟，趁此事機漸順，一氣呵成，迨至荆棘日翦，聚落日多，物產日興，狉榛日化，又未嘗不可收其地入，以應常供。特非目前所能必耳。至臺地南北前後，周圍二千餘里，地氣迥異，情形不同。今雖路徑漸通，其中應辦之事，宏綱細目，非一時所能臆揣，仍俟臣凱泰親歷南北各路，細心察看，隨時會商奏明，逐漸布置。至巡撫有全省應辦事務，重洋遠隔，將來必有議分省以專責成者。以形勝論之，荆襄江北也，而必隸於鄂；徽池江南也，而必隸於皖；跨越控制，形勝乃有全神，畫而分之，脈斷則全神俱失。畫江而棄淮，淮棄而江不可守矣，以事勢論之，臺灣之餉源人才，皆取資於省會，而省會之煤斤米石，亦借潤於臺灣，畛域分而呼應不靈，不特巡撫束手一省而斷其左臂，倘海上事起，總督亦必有掣肘之時，況自去年五月以來，凡臺灣所需，取辦於船政者，十蓋八九。臣葆楨去臺後，必接辦船政之員，所以代臺灣周轉者，一如臣葆楨在臺時，於臺事方無窒礙，若另設一省，恐船政不能聯爲一氣，將事事皆窒矣。省臺兼顧，重洋跋涉，臣凱泰非不知往返之煩也。行乎其所不得不行也。愚昧之見，是否有當，謹合詞恭摺具陳，伏乞聖鑑訓示遵行。

又《恭王奏爲遵議臺地擬建府廳縣治摺》 軍機大臣和碩恭親王臣奕訢等謹奏：爲遵旨會議具奏事。

准軍機處交出辦理臺灣等處海防兼理各國事務沈葆楨等奏『臺北擬建府廳縣治暨請移駐南北路同知、換給關防』各摺片，於光緒元年七月十四日軍機大臣奉旨：『著軍機大臣會同該部妥議具奏。片併發。欽此。』又，軍機處交出沈葆楨等奏『酌改臺地營制，統歸巡撫節制暨臺屬考試請歸巡撫主政』各摺片，於光緒元年七月二十八日軍機大臣奉旨：『著軍機大臣會同該部於會議建設臺北府廳州縣案內一併妥議具奏。片併發。欽此。』欽遵先後交出到部。

除該大臣等奏『請移駐南北路同知、換給關防』並『臺屬考試請歸巡撫主政』二片由臣部會同各部另行附片陳明外，查該大臣等所奏『臺北移建府廳縣治』一摺原奏内稱：『臺灣，始不過海外荒島耳；自康熙年間收入版圖，乃設府治，領臺灣、鳳山、諸羅三縣。諸羅，即今之嘉義；嘉義以北，未設官也。郡南北各一百餘里，控制綽乎有餘。厥後，北壤漸闢。雍正元年，拓彰化一縣；並設淡水同知，主北路捕務，與彰化知縣同城。蓋明知非一縣政令之所能周，特以創建城池籌費維艱，姑權宜從事焉已耳。雍正九年，割大甲以北刑名、錢穀諸務歸淡水同知，改治竹塹；自大甲溪起、至三貂嶺下之遠望坑止，計地三百四十五里有奇。嘉慶十五年，復以遠望坑迤北而東至蘇澳止計地一百三十里，設噶瑪蘭通判：則人事隨天時、地利爲轉移，欲因陋就簡而不可復得矣。然由噶瑪蘭上抵郡城，十三日始達；由淡水上抵郡城，亦七日始達：而政令皆統於臺灣府。當淡水設廳之初，不特淡北三貂等處榛莽四塞，即淡南各社亦土曠人稀；今則村社毘連，荒蕪日闢。舊志稱東、西相距僅十有七里，今則或五、六十里，或七、八十里不等。蘭廳建治以後，由三貂嶺繞至遠望坑，復增地數十里有奇。其土壤之日闢不同，有如此者。臺北海岸前僅八里坌一口，來往社船不過數隻；其餘叉港支河，僅堪漁捕。今則八里坌淤塞，新添各港口，曰大安、曰後壠、曰香山、曰滬尾、曰鷄籠。而雞籠、滬尾港門宏敞，舟楫尤多。年來夾板輪船，帆檣林立；洋樓客棧，闤闠喧囂。其口岸之歧出不同，有如此者。前者臺北幅幀雖廣，新墾之地，土著既少、流寓亦稀；百餘年來休養生息，前年統計户口，噶瑪蘭外，已四十二萬有奇。其民人之生聚不同，有如此者。臺地所產以靛、煤、茶葉、樟腦爲大宗，而皆出於淡北。比年荒山窮谷栽種愈盛，開採愈繁；客民叢集，風氣浮動，嗜好互殊。淡南大甲一帶與彰化毘連，習尤獷悍。同知半年駐竹塹衙門、半年駐艋舺公所，相去百二十里；因奔馳而曠廢，勢所必然。況由竹塹而南，至大甲尚百餘里；由艋舺而北，至滬尾、鷄籠尚各數十里。命、盜等案，層見疊出。往往方急北轅，旋憂南顧；分身無術，枝節橫生。公事之積壓、巨案之諱飾，均所不免。督、撫知其缺之難，必擇循吏、能吏以膺是選；而到任後，往往賢聲頓減，不副所望，則地爲之也。其駕馭之難周，又有如此者。淡、蘭文風，爲全臺之冠。乃歲、科童試，廳考時淡屬六、七百人，蘭屬四、五百人；而赴道考者，不及三分之一：無非路途險遠，寒士艱於資斧，裹足不前。而詞訟一端，則四民皆受其害：刁健者詞窮而遁，捏情控府。一奉准提，累月窮年；被誣者縱昭雪有期，家已爲之破。矯其弊者，因噎廢食，概不准提；則廳案爲胥吏所把持，使無可控訴。而械鬬之釁，萌孽乎其中。至徒、流以上罪名，定讞後解郡勘轉，需費繁多；淹滯歲月，賠累不資，則消弭不得不巧：官苦之，民尤苦之。其政教之難齊，又有如此者。所以前者，臺灣道夏獻綸有改淡水同知爲直隸州、改噶瑪蘭爲知縣、添一縣於竹塹之請。去年以來，自噶瑪蘭之蘇澳起，經提臣羅大春撫番，開路至新城二百里有奇、至秀姑巒又百里有奇。倘山前之布置尚未周詳，則山後之經營何從藉手！故就臺北今日之形勢策之，非區三縣而分治之，則無以專其責成；非設知府以統轄之，則無以挈其綱領。伏查艋舺當鷄籠、龜崙兩大山之間，沃壤平原，兩溪環抱；村落衢市，蔚成大觀。西至海口三十里，直達八里坌、滬尾兩口，並有觀音山、大屯山以爲屏障，且與省城五虎門遥對；非特淡、蘭扼要之區，實全臺北門之管。擬於該處創建府治，名之曰臺北府；自彰化以北即達後山，胥歸控制，仍隸於臺灣兵備道。其附府一縣，南劃中壢以上至頭重溪爲界，計五十里而遥；北劃遠望坑爲界，計一百二十五里而遥。口東西相距五、六十里不等，方圓折算百里有餘：擬名之曰淡水縣。自頭重溪以南至彰化界之大甲溪止，南北相距百五十里——其間之竹塹，即淡水廳舊治也；擬裁淡水同知改設一縣，名之曰新竹縣。自遠望坑迤北而東，仍噶瑪蘭廳之舊治疆域，擬設一縣，名之曰宜蘭縣。惟鷄籠一區，以建縣治，則其地不足。而通商以後，竟成都會；且煤務方興，來投之民四集。海防既重，訟事尤繁。該處向未設官，亦非佐雜微員所能鎮壓；若事事受成於艋舺，則尤官與民交困。應請改噶瑪蘭通判爲臺北府分防通判，移駐鷄籠以治之。臣等爲外防、內治因時制宜起見，是否有當？伏懇天恩飭部議覆，俾有遵循。其建設城署、清查田賦及教佐營汛應裁、應改、應增，容俟奉旨允准後，由臺灣道議詳核奏，期臻周密。自蘇澳以至奇萊，現恃營堡爲固；將來田畝開墾、商民輻輳，應否設官？容臣等隨時察看情形，請旨定奪』等語。吏部查：臺北地方，既據該大臣等奏稱『就今日之形勢策之，非區三縣而分治之，則無以專其責成；非設知府以統轄之，則無以挈其綱領。伏查艋舺當鷄籠、龜崙兩大山之間，沃壤平原，兩溪環抱；村落衢市，蔚成大觀。西至海口三十里，直達八里坌、滬尾兩口，並有觀音山、大屯山以爲屏障，且與省城五虎門遥對；非特淡、蘭扼要之區，實全臺北門之管。擬於該處創建府治，名之曰臺北府；自彰化以北直達後山，胥歸控制，仍隸於臺灣兵備道。其附府一縣，南劃中壢以上至頭重溪爲界、北劃遠望坑爲界，擬名之曰淡水縣。自頭重溪以南至彰化界之大甲溪止，其間之竹塹，卽淡水廳舊治也；擬裁淡水同知改設一縣，名之曰新竹縣。自遠望坑迤北而東，仍噶瑪蘭廳之舊治疆域，擬設一縣，名之曰宜蘭縣。惟鷄籠一區，以建縣治，則其地不足。而通商以後，竟成都會；且煤務方興，來投之民四集。海防既重，訟事尤繁。該處向未設官，亦非佐雜微員所能鎮壓；若事事受成於艋舺，則又官與民交困。應請改噶瑪蘭通判爲臺北府分防通判，移駐鷄籠以治之』等語：係爲臺北地方土壤開闢日廣、民人生聚日多、今昔情形不同，因時制宜起見。自應准如所請，於臺北艋舺地方添設知府一缺，名爲臺北府；自彰化以北直達後山，胥歸控制，仍隸於臺灣兵備道。其附府添設知縣一缺，南劃中壢以上至頭重溪爲界、北劃遠望坑爲界，名爲淡水縣。自頭重溪以南至彰化界之大甲溪止，其間之竹塹，原設淡水廳同知；擬卽裁汰，改設新竹縣知縣一缺。自遠望坑迤北而東，仍噶瑪蘭廳之舊治彊域，添設宜蘭縣知縣；並改噶瑪蘭廳通判爲臺北府分防通判，移駐鷄籠地方。其應裁、應改、應增教佐各官，應由該大臣等察看地方形勢，分別奏明辦理。至建設衙署，工部查：福建臺灣地方創建臺北府、添設縣治並移駐通判各官應建衙署工程，應令該大臣等相度地勢，飭委妥員據實勘估興修；工竣之日，卽將用過工料銀兩照例造具分晰做法清冊，送部核銷。清查田賦，户部查：臺北地方擬創建府治、改設廳縣既經吏部議准，其清查田賦一節，某廳某縣管轄某處地方，某廳某縣應徵錢糧若干，應俟該大臣詳查核議奏報到日，再准户部查核辦理。應裁、應改、應增營汛各員，兵部查：臺北地方既經添設知府一缺、知縣三缺，該處營汛應否增改移撥之處，應俟該大臣等妥議奏明，再行核辦。

又該大臣等所奏『酌改臺地營制統歸巡撫節制』一摺，並准部咨議覆『巡撫移紮臺灣』摺內所□『該省原設撫標各營將備員弁如何布置？是否仍由總督節制，抑徑歸巡撫節制之處？應令該督、撫會同該大臣妥議具奏。除福建內地練兵事宜另由臣鶴年等籌議會奏外，查臺灣營伍廢弛，曾經迭次奏陳。上年府城挑練兩營，毫無起色；並將營官林英茂等參革在案。府城如此，外汛可知。其積弊之深，尤所罕見：汛弁則干預詞訟，勒索陋規；兵丁則巧避差操，僱名頂替。班兵皆由內地而來，本係各分氣類；偶有睚眦之怨，立卽聚衆鬬毆。□營將利弁兵之規費，弁兵恃營將爲護符。兵民涉訟，文員移提，無不曲爲庇匿；間有文員移營會辦案件，又必多方刁難需索，而匪徒早聞風遠颺矣：種種積習，相沿日久。皆由遠隔海外，文員事權較輕，將弁不復顧忌；非大加整頓不可。臣等體察情形，計無逾於裁汛併練者。蓋分汛裁撤，則驕擅詐擾，不禁自除；併營操練，則汰弱補強，漸歸有用。臺地除澎湖兩營外，尚有十五營；擬訪准楚軍營制歸併，以五百人爲一營。將南、淡、嘉義三營調至府城，合府城三營、安平三營爲一支，專顧臺、鳳、嘉三縣。其北路協副將所轄中、右兩營，合鹿港一營爲一支，專顧彰化一帶；艋舺、滬尾、噶瑪蘭三營爲一支，專顧淡、蘭一帶：均各認眞訓練，扼要駐劄。遇地方有事，接准劄調移撥，立時拔隊，不准延宕。其兵丁換班，固多疲弱；而就地招募，亦利弊參半：尚須詳加察看。顧立法惟在得人，而事權尤宜歸一。現既巡撫來臺，營伍似應歸統轄：千總以下，卽由巡撫考拔；守備以上，仍會同總督、提督揀選題補。臺灣鎮總兵，應請撤去「掛印」字樣，並歸巡撫節制。如蒙俞允，伏懇勅部另行頒換該總兵官關防，以昭信守。值此整頓伊始，將弁之營私骫法者，固宜隨時參辦；如有才具出衆、人地相需，亦應立予拔擢。置補各缺，暫請勿拘成例，俾收得人之效。臺地延袤一千餘里，處處濱海，皆可登岸；陸防之重，尤甚於水。而臺城以安平爲屏蔽，安平向設臺協水師副將一員，所轄三營，中、右兩營都司駐安平，左營遊擊駐鹿港；現擬均改爲陸路。府城有巡撫董率，且有道員隨同辦事；總兵擬請移劄安平，卽將安平協副將裁撤，以鎮標中營遊擊隨總兵駐安平。其臺協水師中、右兩營都司，改爲鎮標陸路左、右兩營都司；原設鎮標左營遊擊，改爲撫標左營遊擊，隨巡撫駐臺。其撫標原設兩營，仍行駐省；改左營爲中營，卽以中軍參將領之。原設臺協水師左營遊擊，改爲臺灣北路左營遊擊，歸北路協副將管轄。守備以下弁兵缺額，均仍照舊。至巡洋艇船，萬不及輪船之便利；應將閩廠現造輪船分撥濟用。臺、澎各營，現僅存拖罾艇船八號；俟屆修時，應請裁撤歸廠變價，以節虛糜。改設各官關防，俟准部覆，另行題請頒換』等語。兵部查：福建巡撫改駐臺灣，所有酌改臺地營制，該大臣等係爲因時制宜起見。自應准如所奏：千總以下，即由巡撫考拔；守備以上，仍會同總督揀選題補。並准將臺灣鎮總兵撤去『掛印』字樣，歸巡撫節制，移劄安平；即將安平協副將裁撤。其鎮標中營遊擊，隨總兵駐安平。並將臺協水師中、右兩營都司，改爲鎮標陸路左、右兩營都司；原設鎮標左營遊擊，改爲撫標左營遊擊，隨巡撫駐臺。撫標原設兩營，仍行駐省；改左營爲中營，以中軍參將領之。其臺灣水師左營遊擊，改爲臺灣北路協左營陸路遊擊，歸北路協副將管轄。所有臺地改駐將備各缺，應均作爲臺灣陸路題補之缺。其臺灣水師遊、都各缺既改陸路，所有現任人員應歸候補班；遇有水師遊、都缺出，即行抵補。所改各缺，即令該撫會同該督揀選請補。至稱『署補各缺，暫請勿拘成例』等語，查臺灣揀補將備員缺，例有專條；今該大臣等請勿拘成例之處，未便漫無限制。除應署之缺准令酌量委署外，其請補時，仍令該督、撫等按照例章辦理。至裁汛併練、臺地兵丁換班就地招募等事，亦應如所請，准其仿淮楚營制歸併，以五百人爲一營，將南、淡、嘉義三營調至府城，合府城三營、安平三營爲一支，專顧臺、鳳、嘉三縣；北路協副將所轄中、右兩營，合鹿港一營爲一支，專顧彰化一帶；艋舺、滬尾、噶瑪蘭三營爲一支，專顧淡、蘭一帶：認眞訓練，扼要駐劄而重地方。並將駐劄處所及成軍日期，報部備查。其兵丁換班固多疲弱、就地招募亦利弊參半一節，應由該大臣等察看地方情形，詳細妥籌辦理；總期兵歸實用，以資整頓。至臺、澎各營現僅存拖罾艇船八號，俟屆修時應裁撤歸廠變價以節虛糜，工部查：臺、澎各營現存拖罾艇船八號，既據奏稱俟屆修時裁撤歸廠變價，應如所請，俟前船屆修時據實估變，報部查核。户部查：既據該大臣查明現存拖罾艇船八號，俟屆修時裁撤歸廠變價等語，應俟將來工部核准後，即將此項變價銀兩數目造入奏撥冊報部候撥，以充經費。另行頒換該總兵官關防以昭信守並改設各官關防俟准部覆另行題請頒換，禮部查：定例：武職印信關防由兵部議准撰擬字樣到部，付鑄印局鑄造等語。今該大臣等請將臺灣鎮總兵撤去『掛印』字樣，既經兵部議准，自應如該大臣等所奏，另行頒換該總兵官關防，以昭信守；恭候命下，由兵部撰擬『鎮守總兵官關防』字樣送部，臣部即行鑄造頒發。其原頒『掛印總兵官印』，應俟新換關防到日，由該撫照例送部繳銷。至改設將備以下各官，亦經兵部議准，應如該大臣等所奏，由福建巡撫另行題請到部，再行頒換。

再，吏部查：該大臣等所奏請添設改設府廳縣各缺均作爲何項之缺及一切未盡事宜，應由該大臣等具奏到日，再行核辦。自蘇澳以至奇萊將來應否設官之處？應令該大臣等隨時察看情形，奏明辦理。

謹將臣等遵旨會議緣由繕摺具奏，伏乞皇上聖鑒，訓示遵行！再，此摺係吏部主稿，合併陳明。謹奏。

奉旨已録。

又《軍機大臣等〈奏爲遵旨會議臺灣善後各事宜片〉》 軍機大臣等片：

再，准軍機處交出光緒元年七月十四日據辦理臺灣等處海防兼理各國事務沈葆楨等片奏『移紮南北路同知、換給關防』一摺，又七月二十八日據沈葆楨等片奏『臺屬考試請歸巡撫主政』一摺，均於各本日奉旨『覽，欽此。』欽遵交出到部。

查該大臣等奏『請移紮南北路同知、換給關防』一摺原奏內稱：『據臺灣道夏獻綸詳稱：「臺灣向設南、北兩路理番同知，南路駐紮府城、北路駐紮鹿港。今內山開闢日廣，番民交涉事件日多，舊制殊苦鞭長莫及。如將南路同知移紮卑南、北路——改爲中路移紮水沙連，各加『撫民』字樣，凡有民番詞訟，俱歸審訊；將來升科等事，亦由其經理：似於民、番大有裨益。其南、北路屯餉向由各縣徵收、交該同知散放者，該同知既經移紮，礙難兼顧，改由各縣就近自行發給」等因。臣等伏思朝廷因事而設官，任官者即宜顧名而思義。該同知既以「理番」爲名，當以撫番爲事。向惟番境未闢，故分駐郡城、鹿港，以待招徠。今榛莽日開，蠢頑歸化，民熙熙而往、番攘攘而來；杜其猜嫌，均其樂利，咸以官爲依附。倘非躬親坐鎮，何以鎮撫循之實而期聲教之同！合無仰懇天恩，勅部核議；如蒙允准移紮，更請飭鑄「臺灣南路撫民理番同知」、「臺灣中路撫民理番同知」關防各一顆換給，以資信守。除衙署應飭行勘建外，俸廉照舊，毋庸議加』等語。吏部查：該大臣等所奏，係爲臺灣內山開闢日廣、番民交涉事件日多，舊制殊苦鞭長莫及，因時制宜起見。自應准如所請，將臺灣南路同知移紮卑南、北路同知改爲中路移紮水沙連，各加『撫民』字樣。凡有民番詞訟俱歸審訊，刑部查：據該大臣奏稱請將臺灣南路同知移紮卑南、北路同知改爲中路移劄水沙連，各加『撫民』字樣，凡有民番詞訟俱歸審訊等語，係爲鎮撫民番、各專責成起見，應如所奏辦理。吏部查：民番詞訟既歸該同知審訊，如有承審遲延及引律不當，卽將該同知查參，由吏部照例議處。將來升科等事，亦由其經理；其南、北屯餉向由各縣徵收、交該同知散放者，該同知既經移劄，礙難兼顧，應改由各縣就近自行發給；俸廉照舊，毋庸議加。户部查：該大臣等奏稱『南路同知移劄卑南、北路同知改爲中路移劄水沙連，各加「撫民」字樣，將來升科等事亦由其經理』等語，係爲安撫民番起見，自應准如所請，將卑南、水沙連等處升科等事，按照例定則例分別起科，認眞經理。其所稱『南、北路屯餉向由各縣徵收、交該同知散放，該同知既經移劄，應改由各縣就近發給』等語，亦應准如所請，以免牽掣。至『該兩路司知俸廉既稱毋庸議加，應令循照舊章分別支給。請鑄「臺灣南路無民理番同知」、「中路撫民理番同知」關防各一顆換給，以資信守。』禮部查：定例：文職關防由吏部議准、撰擬字樣到部，付鑄印局鑄造等語。今福建臺灣南路理番同知請改爲臺灣南路撫民理番同知、北路理番同知請改爲臺灣撫民理番同知，既經吏部議准，自應另行鑄給關防，以照信守。俟命下之日，由吏部撰擬字樣到部，臣部卽行鑄造頒發。衙署應另行勘建，工部查：南、北路同知既經奏請移改駐劄，所有衙署自應另行建蓋；應令該大臣等迅委妥員撙節勘估興修，工竣照例造具詳細清冊，送部核銷。

又，該大臣等奏『請臺屬考試歸巡撫主政』一摺原奏內稱：『據臺灣道夏獻綸詳稱：「臺地遠隔重洋，學政事宜向由巡臺漢御史兼理。乾隆十七年御史裁撤，所有歲、科兩試，改歸巡道考校；其達部事件，呈福建學政轉咨。今福建巡撫來臺，所有臺屬考試，似應統歸巡撫主政；咨達事件，亦徑由巡撫辦理，以一事權」等因。臣等竊思歲、科兩試，國家掄才大典；人文所繫，風教攸關。該道所請，具見慎重之意；惟事屬更張，臣等未敢擅便。所以本屆科試，臣凱泰仍照舊章，由道舉行；業於五月間局試竣事。以後應否以巡撫兼理學政之處？仰懇天恩，飭部議覆。至淡、蘭兩屬道阻且長，不特費鉅身勞，每遇淫潦爲災，不免有望洋而返者；甚非所以體恤寒畯。可否請旨於艋舺地方准其捐建考棚，巡撫於閱兵台北時順便按臨考試』等語。禮部查：臺灣學政事宜，向歸臺灣道兼管。雍正五年，改歸巡臺御史。乾隆十七年，復歸臺灣道；其達部事件，仍呈福建學政轉咨。今福建巡撫移駐臺灣，經該大臣等請以巡撫兼理學政等因，係爲因時制宜起見，應如所奏，將臺灣考試統歸巡撫主政，咨達事件亦徑由巡撫辦理，以昭慎重而一事權。至所奏淡、蘭兩屬道阻且長，不特費鉅身勞，每逢淫潦爲災，不免有望洋而返者，非所以體恤寒畯，請於猛舺地方捐建考棚，巡撫於閱兵臺北時順便按臨考試等因；亦應如所奏辦理。兵部查：臺灣考試既經禮部議准統歸巡撫主政，所有考試武生各事宜，自應一律歸巡撫辦理，而昭畫一。捐建考棚，户部查：同治七年閏四月間，吉林將軍富明阿等奏『親臨兩翼滿官學課考教習騎射、清語並捐建考棚』等因摺內，並未聲請將各捐生給予獎敍，臣部亦未按銀數議獎。此次該大臣所奏請於猛舺地方捐建考棚之處，與吉林捐建考棚情事相同，應照成案，毋庸請獎。至應否准其捐建之處？工部查：捐建考棚，應令該大臣等轉飭妥爲修建；一俟捐修完竣，照例造冊送部查核。其餘一切未盡事宜，應由該大臣等具奏到日，再行核辦。

謹將臣等遵旨會議緣由，理合附片陳明。謹奏。

奉旨已録。

又《侍郎袁（保恒）〈奏請福建巡撫改爲臺灣巡撫片〉》 至福建之臺灣，地雖僻處海澨，而物產豐富；加以民、番僑處，區畫尤難。非專駐大臣、鎮以重兵，擧其地民風、吏治、營制、鄉團事事實力整頓，洽以德意、孚以威信，未易爲功。若以福建巡撫每歲駐臺半載，恐閩中全省之政務，道里懸隔，而轉就拋荒；臺灣甫定之規模，去住無常，而終爲具文，甚非計之得也。查直隸、四川、甘肅各省，皆以總督兼辦巡撫事。可否改福建巡撫爲臺灣巡撫，常川駐守，經理全臺；其福建全省事宜，專歸總督辦理？庶事任各有攸司，責成卽各有專屬；似於臺灣目前情形，不無裨益。

臣一得之愚，是否有當？謹就管蠡所及，用備聖明採擇；伏乞皇太后、皇上聖鑑！謹奏。

奉旨已録。

又《林拱樞〈請敕撫臣渡臺籍全大局疏光緒二年〉》 江南道監察

御史臣林拱樞跪奏，爲臺地緊要，請旨迅飭撫臣東渡，藉全大局而實邊防，仰祈聖鑒事。

竊維臺灣本紅毛故區，鄭成功竊據時，海道未通，震動已徧吳越。自入版圖，沙綫風濤，往來利便，遂爲直隸、奉天、山東等沿海七省必達之咽喉。比來泰西通市，諸國許設馬頭，輒徧躧山南山北，測水繪圖，蓋島服必爭之地，非獨繫全閩一省之安危也。我皇上明燭萬里，議開山撫番，以消隱患；復准添設郡縣，使他族無所藉口。聞南北中三路皆已闢至秀姑峰，臣以爲未闢以前，風氣侏離，啓戎心者猶緩；既開以後，物產軒豁，漁利藪者更多。其地間產樟腦、硫磺，垂涎已衆，而煤鐵一項，尤運輸鑄械所取資。日本祇東洋一小國耳，前年尚思覬覦，況鄭成功本得之紅毛，彼西洋未能忘情也，亦意中事矣。國家舊設鎮道，祇能鎮撫番民，是以琅嶠之役，命沈葆楨暫任其事，議巡撫駐紮，使善其成；以見在情形論，區處臺灣，非善後之謀，實創始之事也。丁日昌洞悉夷情，久諳疆事，履閩未久，未議渡臺，度其爲全臺計者，必已指授機宜、責成鎮道。夫自古輿地之學，耳聞不如目覩，而地方建置之事，心畫不若躬臨。挖取旺苗，藉資機器，則外洋之侵擄，須有以防之；開墾荒土，藉募客民，則內地之攘爭，須有以杜之。而撫慰番社，區畫兵農，相度川原，籌分戰守，尤非鎮道所能勝任。上年獅頭社開山，因沈葆楨暫回船局，卽有遊擊王開俊戰歿之事，足見該處非有重臣調度，難協機宜。至巡撫任務本繁，倘未便久駐臺灣，或倣新設之一府四縣，規模略定，可否變通章程，敕議以總督移駐。蓋久遠之計，巡撫責重地方，終難兼顧，總督職歸巡閱，乃統邊防也。臣爲愼重海防起見，是否有當，恭摺備陳，伏乞聖鑒。

又《丁日昌〈請速籌臺事全局疏光緒二年〉》　福建巡撫臣丁日昌跪奏，爲臺事速宜統籌全局，恭摺密陳，仰祈聖鑒事。

竊查臺灣生番蠢動，尚是癬疥之疾，惟日本處心積慮，極意窺伺，傳聞近日有屯兵琉球之說，而德國亦常密遣兵船，前往臺北，測繪地圖。查琉球距臺北雞籠，水程不過千里，朝發可以夕至，該國弱小而貧，數百年來，爲中國不侵不叛之臣。其入貢也，不惟表其恭謹，卽販賣土貨，亦藉以稍得微利。聞今年貢物已具，而日本强之不令賫行。外則以示桀驁，實則懼琉球密以情僞相告，居心叵測，可恨亦復可憂。沈葆楨前因倭兵屯紮琅嶠，是以經營僅在臺南一帶。其實臺灣精華所聚，全局在臺北、淡水、雞籠等處，而外人心目所注，亦在臺北、淡水、雞籠。蓋茶葉、煤炭、硫磺、煤油、樟腦之利，皆出於此故也。臺灣洋面，居閩、粵、浙三界之中，爲泰西兵船所必經之地，與日本、呂宋鼎足而立，彼族之所眈眈虎視者，亦以爲據此要害，北可以扼津、沽之咽喉，南可以拊閩、粵之脊膂。從前榛狉未闢，習與相忘，近則天主、耶穌等教，訌入內山，一切利源以及險阻，無不深知。是以彼族所繪臺地圖說，較之官繪者尤爲詳盡，而臺屬各口，兵船林立，潮來汐往，無日無之。年來彼族，無論要求何事，動輒以兵船相恫喝，各省地段，類皆犬牙相錯，投鼠忌器，惟臺灣勢同孤注，如果兵力有餘，則遇彼族用武挾制之時，自可由臺出奇兵，斷其後路，爲擊首應尾之計，令彼族多所瞻顧，似更諸事易於轉圜。同治十三年冬，總理衙門原議練兵製器，以備海防之用。蓋亦深慮臺灣有關東南大局，因而爲未雨綢繆之計。以臣愚見，臺灣若不認眞整頓，速籌備禦之方，不出數年，日本必出全力以圖規取，其時恐不止如前時尚能以言語退敵也。臺中琅嶠之役，沿海各省，舉辦海防，用費殆將千萬，而變起倉猝，所購器械，必不能精，事非素習，所建礮臺，必不適用。與其臨時敷衍，浪擲而無補涓埃，曷若及早圖維，節省而有資實濟。故爲臺灣目前計，必須購中小鐵甲一、二號，以爲遊擊之用；練水雷數軍，以爲防阻之用；造礮臺數座，以爲攻敵之用；練槍礮隊各十數營，以爲陸戰之用；購機器、開鐵路、建電綫，以爲通信、運貨、調兵之用。購機器集公司，以爲開礦開墾之用。同時並舉，爲費必數百萬，臣極知庫款艱難，何敢妄發此議。惟臺灣有備，沿海可以無憂；臺灣不安，則全局殆爲震動。況礦利大興，十年後則成本可還，二十年後則庫儲可裕，若能於江海等關，各借撥二十萬以爲權輿，再由官紳百姓，湊集公司數十萬，自可次第舉辦，臣病勢沈重，且不知兵，萬難當此重任，然懼身入局中，而將邊疆大利大害，諱而不言，亦非臣平日愚誠報國之本心。惟有仰求我聖主速派威望素著知兵重臣，駐臺督辦，幷派熟悉軍火大員，辦理後路糧臺，寬籌糧餉，購買外洋鐵甲船、水雷、槍礮等件，以資備禦而裕接濟。臣雖不敏，亦必留臺聽候驅策，備幕府奔走之役，斷不敢置身事外，冀避艱難。仍求敕下南北洋大臣密速籌議復辦，以免道旁築室，徒託空言。臣爲統籌全局起見，是否有當，謹專摺密陳，伏乞聖鑑訓示。

又《親勘臺灣北路後山大略情形疏光緒二年》 福建巡撫臣丁日昌跪奏，爲微臣東渡親勘臺灣北路後山大略情形，恭摺陳明，仰祈聖鑑事。

竊臣於十一月十五日由閩省起程，乘坐輪船渡臺，曾經報明在案。旋於十八日到臺灣之北路雞籠，當卽前往察看煤礦，並派督辦煤務之道員葉文瀾，分勘硫磺礦，並試驗各山有無鐵苗。因聞後山蘇澳各營疫氣正盛，臣不能不親往撫慰將士，以作其氣。當帶同隨員張夢元、莊士敏、莊鎭藩等，由雞籠赴三貂嶺，土人謂之摩天嶺，懸崖陡壁，禽鳥聲絕，輿馬所不能通，皆攀藤援葛而上。蓋此嶺爲臺灣極北、極險之處，逾嶺而南，是爲後山。行三日，抵蘇澳，總兵張陞階帶領各弁勇來見，類皆病容滿面，據稱該鎭新帶兩營來此駐紮，不及月餘，病者已二百餘人，死者復十餘人。計該處統領，自總兵宋桂芳受疫病故後，提督彭楚漢、羅大春，總兵吳光亮皆先後病幾殆；其將弁兵勇之喪亡者，蓋不下二、三千人矣。因屬該總兵將各骸骨歸爲義塚，臣並爲文祭之。又查該處生番，勢仍猖獗，半月前，福靖新到各營勇丁，來市買米，回至蘇澳五里亭，被生番狙殺九名。該營官副將朱寶隆疎於防範，本應重辦，姑念全營病者過半，情有可原，相應請旨將候補副將朱寶隆卽行革職，以示懲儆。又據福銳左營參將李得陞稟稱，該營被生番二百餘人圍攻，李得陞督率兵勇，先已設伏，俟生番到時四面截殺，生番帶傷而逃者，不可勝數，斬取首級六顆，生擒四名。又據福靖右營營官副將陳得勝稟稱：督同五品軍功陳輝煌，陣擒生番二名，均解至蘇澳。臣親提審問，據降番供：該生番向例俟秋冬間，卽須出草殺人，能割取首級者，衆人稱爲英雄，卽敲折一齒以爲號，番俗方肯以女妻之。該生番數年來。依舊殺人，並不知有所謂就撫之說。臣審明後，當驗各生番有敲折一齒及二齒者，計共四名，據供均經殺人數次，當卽正法，以首級祭陣亡諸勇之靈。其未經折齒諸番，飭令暫留營中，以備將來擒縱之用。臣查後山生番計共數百社，穴居野處，並無總目管轄，行同禽獸。但以殺人爲樂，其居平原者，稍知人性，名曰平埔番，性極詭詐，每慫恿生番殺人，居間取利。咸豐年間開墾，百姓被該番殺害者約千餘人，自上年議撫以來，在我徒費賞賚之資，而在番並未稍弭殺人之害，長此羈縻，終無了局。臣屬張陞階先爲確查該番良歹，其平埔近海各番易與洋人勾結者，可撫則撫，不可撫則須擇尤痛加勦辦。然後另選頭目，令之薙髮，歸入版圖，嚴定界地，不許他人侵佔，俾得自安耕鑿，庶法立恩加，知懼而後知感，方免彼此相持，永無息肩之日。且我之所以撫番者，原以杜洋人覬覦之謀，若不大舉勦辦，收入版圖，萬一洋人復重利餌番，曰吾取地於番也，非取地於中國也，我復何說之辭！故爲目前計，得番地不足以爲益，不得番地不足以爲損，爲大局計，得番地則可永斷葛藤，不得番地，則恐難息窺伺。其高山各番，距海口稍遠者，如果能安本分。只可聽其自生自滅，以免多戕生命。惟是後山疫氣方盛，十勇九病，此時言勦，亦尚無把握，必須俟疫氣稍平，徐圖大舉，然後一發中的，方免輕於一試，轉致不可收拾。目前只可嚴絕接濟，俟鹽鐵一斷，自必漸就牢籠，熟察番情，必虛實盡諳，庶免誤蹈羅網。臣商榷既定，適總兵吳光亮、臺灣道夏獻綸前來雞籠，臣當力疾折回該處面商一切。所有臣至蘇澳察看後山並布置情形，理合恭摺密陳，伏乞聖鑒。

又《籌商大員移紮臺灣後山疏附臺灣中路築城防守片光緒三年》 福建巡撫臣丁日昌跪奏，爲臺灣後山防務緊要，擬請大員移紮，以靈呼應而求實濟，恭摺仰祈聖鑒事。

竊查臺灣自同治十三年日本琅嶠之役，始議通闢後山，於南北中三路籌辦開路撫番：北路則自蘇澳至吳全城爲止，共紮一十三營半，又水師一營，提督羅大春主之；南路自社寮至卑南爲止，共紮振字四營，又綏靖軍一營，總兵張其光、同知袁聞柝主之；中路自牛輼轆至璞石閣爲止，共紮二營半，總兵吳光亮主之。前山所紮兵勇，尙不在內，每年耗餉鉅萬，成效毫無，棄之則恐後山爲彼族所佔，後患滋深；守之則費重瘴深，兵勇非病卽死，荒地仍然未墾，生番仍然殺人，年復一年，勢成坐困。臣上年到閩後，僅將南北路兵勇裁撤數營，藉節餉需，然欲求一扼要制勝之策，終以未經親臨臺地察看，未敢憑空懸揣。此次親查南北路回郡，始知從前辦法，實有不能不改絃易轍，因時變通者，謹爲我皇太后、皇上縷晰陳之。查臺灣地勢，其形如魚，首尾薄削而中權豐隆。前山猶魚之腹，膏腴較多；後山則魚之脊也。後山北路除蘇澳至新城，約一百六十里，崇山峻嶺，偪近生番。上年勉强開路，終屬艱險難行，而且無田可墾，無礦可開，我既味同嚼蠟，則彼族亦斷不垂涎，可想而知。自新城起至大巴隴止，約一百里，是爲北路之岐萊；自大巴隴起至成廣澳止，約一百餘里，是爲中路之秀孤巒；自成廣澳起至阿郎臺止，約一百餘里，是爲南路之卑南；計共袤長約有三四百里，廣則有四五十里或千餘里不等。類皆平埔近海，沃壤甚多；而以中路之璞石閣水尾，爲適中之地，北可控制岐萊，南可聯絡卑南。若於其間駐紮大員，練兵屯田，招民開墾，並將附近生熟番教以稼穡，不惟餉需可節，而成邑亦指顧可期。將來約可設立一府三縣，足爲臺東巨鎮。前數年所辦開路撫番，精神專注於蘇澳至新城一帶不毛之地，而近海平埔，可以開墾之處，尙未極意經營。且南北中三路統領，各辦各事，平時既不能聲氣相通，臨時復不能首尾相顧，頻年株守荒山，士卒時遭疫癘，非計之得也。竊以爲駐兵於無用之地，地雖闢而無益事機，曷若移紮於有用之區，墾既開而有裨時局。當與總兵吳光亮、臺灣道夏獻綸等熟商，亦均以臣言爲然。吳光亮忠勇有爲，不避艱險，卽商屬日內將所部移紮後山璞石閣水尾，居中控馭，使南北聯爲一氣，而將蘇澳至新城中間所紮各營移紮岐萊、秀孤巒、卑南一帶，歸該鎭調度節制，免致零星散紮，漫無歸束。該處草昧初開，瘴氣尤盛，吳光亮毅然請往，臣以該鎭病尙未痊，頗欲留之，環顧左右，無能勝任愉快者，遂亦不能不聽其行也。聞秀孤巒既設有教堂一處，外人用意日深，番情反復日甚。茲屬吳光亮到地後，卽廣設義學，威惠兼施，無論生熟各番，但能引之略就範圍，卽爲豫籌教養，不必深責瑕疵，致生枝節。各營並於廣地屯田，以資持久，萬一省中籌有經費，則招回閩、粵赴外傭工之人，舉辦墾務，庶將來兵餉有着。尤於國計民生，大有裨益。至蘇澳爲後山北路門户，設有統領，前此提督羅大春、彭楚漢，皆以病去，總兵宋桂芳，因病身故，見在總兵張陞楷，亦因病請假。茲蘇澳以下各營，既經騰挪移紮，新城至卑南一帶，歸吳光亮調遣，則蘇澳自可不設統領，擬仍紮一營，就近歸駐紮雞籠之總兵孫開華調度，俾有稟承。所有籌商大員移紮後山，以靈呼應而求實濟緣由，謹會同督臣何璟恭摺密陳，伏乞聖鑒訓示。

再，臺灣中路水沙連，計有六社，曰田頭，曰水裏，曰貓蘭，曰審鹿，曰埔裏，曰眉裏。其入社之路，一由集集街，一由南投，一由北投，一由東勢角，皆彰化所轄，而以集集街、北投兩路行走，較爲平坦。六社周圍約七、八十里，平曠膏腴，道光年間，議開未果，而民人前往私墾，歲久益多，卽附近各縣匪類罪人，亦以其地僻山深，藉爲逋逃淵藪。近年洋人時往遊歷，影照地圖，並設教堂，煽惑民番，以致從教日多。日前駐厦門美國領事恆禮遜，親往該處游歷多日，並優給民番衣食物件，居心甚爲叵測。若不速行開闢，收入版圖，設官治理，誠恐彼族從中誘惑，釀成事端，爲患伊於胡底。臣前飭總兵吳光亮，將自集集街入埔裏社路徑開通，聯絡布置，尙合機宜。查前此沈葆楨業經奏准將臺灣北路同知，改爲中路，移紮水沙連等處。臣察看該處山水清佳，土田肥美，內地居民，爭往開墾，無俟招徠，不比後山煙瘴，闢地爲難。且居前後山之中，形勢險要，目前生聚漸繁，實可添設一縣，應否仍照原議，抑須酌量改設，當詳加查勘，再行奏明辦理。該社左右，數年前業已建設教堂三處，洋人輒謂此地未經中國管轄，垂涎尤甚，是則建城設官一節，殊不可緩；但需費浩大，籌措甚難。臣見擬於該社緊要適中之地，先行築一土城，派官駐紮，並分兵防守，兼募民栽種竹樹，以固藩籬。再將應辦各事，次第圖維，以爲先發制人之計。其附近番族，則應設法撫綏，積年逋匪，則宜寬其既往，庶可廣招徠而安反側。臣爲愼固邊防綢繆未雨起見，是否有當，伏乞聖鑒訓示。

又《沈葆楨〈籌商臺灣事宜疏光緒二年〉》　頭品頂帶兩江總督臣沈葆楨跪奏，爲遵旨籌商臺灣事宜，恭摺具陳，仰祈聖鑒事。

竊於本年十一月二十五日，承准軍機大臣密寄，光緒二年十一月十九日奉上諭，丁日昌奏臺灣亟應統籌全局，省臺勢難兼顧情形，著該督等速議具奏等因。欽此。查原奏所稱購船、練兵、礮臺、電綫、開礦、招墾諸務，皆臣在臺時先後條奏，緣絀於經費，限於時日，或奏焉而未及舉，或舉焉而未及成者。惟鐵路一端，當時未經議及；而實爲臺地所宜行。其云不出數年，日本必出全力以圖規取者，誠洞見癥結，綢繆未雨之苦衷，非故爲危言聳聽者也。同時並舉，必無此費，以時局而論，必待數百萬而後集事，則天下無集事之日矣。臺灣煤礦，自有權輿，所出之煤，卽可收其贏餘，以開硫磺、煤油、樟腦諸利，卽事有漸，旋相爲宮，生生不已，較鐵甲船、水雷軍，效遲費鉅者，正自不同。然則鐵甲水雷，宜儘北洋先辦，而臺灣眼前，不得不姑且從緩，惟招墾則必不可緩。蓋以杜內地之大害，興全臺之大利，計無踰於此者。而口食有費，居室有費，牛種器具有費，設官立營有費，誠不能以赤手空拳從事。然農田、茶山、木廠，利源以逐漸而開，所費正非無着，該撫請於江海關借撥銀二十萬，事關全局，臣何敢畏難！第江海關須籌鐵路購款二十餘萬，又須籌招商局二十萬，業已疲極。當俟明年下半年，竭力籌撥十萬，解臺接濟，其餘各海關，應請旨敕下各監督，酌量情形，力籌共濟，官爲之倡，庶幾公司可成。至專派重臣，臣竊以爲不如責成督撫，蓋曠務墮務，他人得以爲力，而吏治營政，非督撫斷難爲功。臺灣之吏治營政，若不認眞整頓，則目前之利藪，皆後日之亂階。丁日昌所稱事事創始，非僅住半年，卽能辦有頭緒，誠非虛語。第既將題奏事件交督臣代辦，則在臺之日，正可不必兼顧省城，而臺灣事宜，則萬不能不顧，使官民耳目有所專屬，事權歸一，法立令行。若刑錢幕友，向在省城者，固視爲畏途，其向在臺灣者，未嘗不安之若素，只求能檢例案，似亦不難其人。丁日昌遇事認眞，不避嫌怨，講求有用之學，務極精詳，當能濟此時艱，上紓宸顧。愚昧之見，是否有當，理合恭摺密陳，伏乞聖鑑訓示。

又《穆圖善、何璟、張兆棟〈籌辦臺防疏光緒十年〉》 福州將軍臣穆圖善、閩浙總督臣何璟、福建巡撫臣張兆棟跪奏，爲法信日緊，遵旨籌備臺防，恭摺覆陳，仰祈聖鑑事。

竊臣等續募營勇，布置閩省海防情形，於十二月初二日會摺奏報在案，旋於初七日欽奉光緒九年十一月十八日、十九日，寄諭二道，以臺灣防務緊要，重貽宵旰憂勞。跪誦之餘，莫名慚悚。伏念臺地孤懸巨浸，物產豐饒，久爲外人覬覦，近接探報，法人自攻陷桑臺後，勢焰漸張，敵情詭譎異常，防務自宜倍加嚴密。奉旨垂詢鎮將是否得力，兵勇是否足恃等因。臣等查兵事全賴鎮道得人，見在臺灣鎮總兵吳光亮，係久經戰陣之員，於同治十三年，經前督辦臺防臣沈葆楨。奏調來臺，旋補是缺。臣璟曾接沈葆楨復函，稱爲赤嵌一柱，見任臺灣道劉璈，曾在兩江督臣左宗棠行營多年，亦老於軍事。邇來設法籌防，尙屬妥協。兵勇一項，除舊存各營外，經左宗棠遵旨著派總兵楊在元等帶勇四營渡臺，計日可到。復查見署福建陸路提督孫開華，前曾辦理臺防，熟悉情形，勤勞卓著，已令其統率所部擢勝三營，由廈門徑渡臺北，與新授福寧鎮總兵曹志忠所統三營，扼要駐防，可期得力。澎湖爲臺內來往咽喉，用兵必爭之地，該管副將蘇吉良見經調省，據吳光亮稟稱副將周善初才識兼優，足當一面，卽委其代理澎湖協副將篆務，並飭劉璈照原議籌撥兵勇三千人，歸周善初統帶扼防。臺南則有鎮道駐紮，就近經理，防勇不敷，已飭劉璈趕緊酌募，仍照原議五路分防，互相策應，以一萬六千人爲準，各口礮臺礮勇，並飭嚴整以待。惟臺地口岸林立，港汊紛歧，勢難處處設備。幸民氣素稱强固，由鎮道督飭地方文武，妥定章程，認眞舉辦鄉團漁團，以輔兵力之不逮。此臺澎設防分別布置之實在情形也。北寧戰事如何，尙無確音，萬一有警，臣璟當審敵所向，出省調度，或照防倭成案，駐紮泉廈，與省臺聯絡，相機決策。臣穆圖善擬往來福州海口，與總理船政臣何如璋督率嚴防；臣兆棟與副都統臣多鑾布，督同司道，愼固省防，並籌濟軍火糧餉，總期可戰可守，力保疆宇，冀紓朝廷南顧之憂。所有臣籌備防務緣由，謹合詞恭摺覆陳，伏乞聖鑑。

《德宗實錄》卷一五（光緒元年七月二十八日）諭軍機大臣等：沈葆楨等奏並巡撫兼顧省臺情形一摺，據稱『撫番開山實爲豫籌防海地步，不但關繫臺灣安危，並關繫南北全局』等語，所籌深合機宜。現在臺地南北路徑漸通，所有應辦各事宜，必須妥爲區畫，爲一勞永逸之計。王凱泰務當親歷南北各路，將全臺情形悉心察看，卽與沈葆楨等隨時會商，次第布置，總期悉臻妥善，有裨全局。據奏，巡撫宜兼顧省臺，若另設一省，呼應不靈，且恐諸多窒礙。所陳亦係實在情形。並著沈葆楨等通盤籌畫，應如何往來兼顧，俾省臺各事，不致掣肘之處，卽行詳細奏聞。沈葆楨俟將善後諸務與王凱泰籌商交代後，卽懍遵前旨，迅赴新任，以重職守。將此由六百里各諭令知之。現月。

又 卷二〇（光緒元年十月三十日）諭軍機大臣等：沈葆楨等奏籌巡撫兼顧省臺情形暨臺灣各路續辦事宜，王凱泰奏整飭臺地營伍、吏治、士習、民風各摺片。臺灣開山撫番事宜，現經總兵吳光亮等將南北路及中路陸續督辦，並於刺桐腳等處塡紮勇營以備彈壓；於車城、新街等處增設義塾以資訓課。辦理尙爲妥協。卽著王凱泰飭令認眞經理，官兵糧餉，務當源源接濟，毋任缺乏。一切機宜，仍著沈葆楨、文煜、李鶴年隨時會商妥辦。至巡撫有全省地方之責，自難常川駐臺。王凱泰擬於冬春駐臺，夏秋駐省，庶兩地均可兼顧。卽著照所請辦理。該撫現返省垣。若俟明歲冬閉始行赴臺，爲日過久。著俟假滿後，卽將省署應辦事宜趕緊料理，卽行渡臺，以資鎭攝。該撫駐省期內，臺郡一切事務，卽著夏獻綸等妥爲辦理。臺灣孤懸海外，風氣迥殊。現在亟圖整理，自當於吏治、營規實力講求。而欲挽回積習，則民風、士習尤應設法轉移。該督撫當隨時認眞整飭，不得有名無實，致負委任。將此由五百里各諭令知之。

又　卷二一　（光緒元年十一月十四日）丁未。諭軍機大臣等：文煜、李鶴年奏王凱泰因病出缺，李鶴年奏委藩司暫護撫篆各一摺。福建巡撫本日已有旨，令丁日昌補授矣。臺灣撫番開山各事宜，關繫緊要。前據沈葆楨等奏巡撫宜於冬春駐臺，丁日昌當妥籌兼顧，前往該郡，悉心經理。以副委任閩廠船政，並著該撫督率委員，講求製造，務期工料堅固，有裨實用，不可徒糜饟需。巡撫係封疆大吏，署理篆務，自應候旨遵行。李鶴年遽委藩司護理，殊屬非是。著傳旨申飭。該省辦理海防，並中外交涉事件，該督當與文煜、丁日昌隨時會商，和衷共濟，毋得稍存意見，剛愎自用，致誤事機。將此由五百里各諭令知之。現月。

又　卷二七　（光緒二年三月初七日）己亥，諭軍機大臣等：據丁日昌奏臺灣撫番開山事宜，巡撫難以兼顧，請另派員專辦臺事。前據沈葆楨等奏會籌巡撫兼顧省臺情形，擬於冬春駐臺夏秋駐省，當經降旨照所請辦理。巡撫有全省地方之責，臺灣亦爲所轄，若另派大員專辦臺務，恐事權不一，轉致紛更。著丁日昌仍遵前旨，冬春駐臺，夏秋駐省，以期兩地兼顧。該撫駐臺後，所有省城一切應辦事宜，著李鶴年隨時會商，妥爲經理。本日已有旨，將吳贊誠開缺，以三品京堂候補督辦船政事宜。丁日昌俟吳贊誠到閩後，妥爲交代。應撥款項，著該將軍督撫等隨時籌解，俾應急需。將此由五百里各諭令知之。現月。

又　卷三四　（光緒二年六月初二日）諭軍機大臣等：御史林拱樞奏臺地緊要，請飭撫臣東渡籌辦，並酌用本地頭目各摺片。前經沈葆楨等奏會籌巡撫兼顧省臺情形，擬於冬春駐臺，夏秋駐省，當照所請辦理。茲據林拱樞奏稱，臺灣繫全省安危，現辦撫番開山事宜，係屬創始，關繫甚重，必須重臣親臨調度，方有裨益。著文煜、丁日昌酌度情形，悉心會商。如果臺事緊要，卽著丁日昌前往認眞經理。儻目前不必渡臺，亦當飭令該鎭道等妥愼籌辦，不可稍涉大意。該御史所奏招來、開墾及收用本地頭目各節，並著文煜等酌覈辦理。原摺片均著摘鈔給閱看。將此各諭令知之。

又　卷三八　（光緒二年八月初八日）閩浙總督文煜等奏，前因御史林拱樞奏『臺地緊要，請飭撫臣東渡籌辦。』當經降旨，諭飭督撫酌度情形。今遵旨，將酌度省臺情形報聞。得旨，仍著該撫隨時酌量。如可暫緩赴臺，卽著飭令該鎭道妥爲經理。遇有緊要事宜，再行馳往調度，期無遺誤。

又　卷四三　（光緒二年十一月十九日）丙子。諭軍機大臣等：丁日昌奏臺灣事宜亟應統籌全局，並省城臺灣勢難兼顧情形，及擬於臺灣舉辦礦務、墾務各摺片。臺灣時勢，今昔懸殊。自宜及早圖維，俾資實濟。丁日昌所擬購鐵甲船，練水雷車，造礮臺，練槍礮隊，開鐵路，建電綫，購機器，集公司各條，亦屬目前應辦之事。惟同時並舉，所費不貲。該撫請於江海等關各借撥銀二十萬兩以爲權輿，再由官紳百姓湊集公司數十萬，以期次第舉辦。並稱，臺灣事事創始，非僅住半年卽能辦有頭緒。省城、臺灣勢難兼顧，須專派重臣督辦，數年方可徐議督撫分住之局。所陳各節，是否可行？李鴻章於洋務情形最爲熟悉，沈葆楨從前辦理臺灣事務，該處一切機宜，自必周知。應如何擘畫盡善之處，著該督等妥密籌商，速議具奏。丁日昌指日赴臺，擬先於北路試辦礦務、墾務，並擬於香港、汕頭、廈門等處設立招墾局，冀免窮民出洋傭工之苦。所陳不爲無見，但經費必須寬籌，方能有濟。並著李鴻章、沈葆楨通盤籌畫，奏明辦理。原摺片均著鈔給閱看。另片奏請『將江蘇候補知縣高心夔調赴臺灣，藉資臂助』等語，著沈葆楨飭令該員迅速前赴臺灣，聽候差遣。將此由五百里各密諭知之。現月。又諭：文煜、丁日昌奏臺北生番滋事，現籌辦理，並丁日昌奏力疾赴臺各摺片。臺灣北路生番蠢動，屢次圍撲營盤，殺傷兵勇。丁日昌以軍事急迫，力疾渡臺，籌畫布置，實屬勇於任事，不避艱辛。各番社良莠不齊，自應區別辦理，懲兇惡而安善良，俾其知懼知感。著該撫察看情形，相機勦撫，以期一勞永逸。嘉禮遠番串通木瓜豆欄等番滋事，復呈獻木瓜番首級以明其並未串通，是否實情？卽著確切查明，痛加懲治，免致肆無忌憚。丁日昌渡臺後，著文煜寬籌糧饟，力顧後路，俾免缺乏之虞。並著吳贊誠應時應付輪船採購軍火，以資接濟。丁日昌另片奏聞

『日國調撥兵船，冀圖索價』等語，日國貨船搶失貨物一案，在未經立約之先，何得藉口索償？丁日昌恐該國兵船駛至臺灣，爲扶制計，豫籌辦法，所慮亦是。卽著該撫留心偵察該國如何舉動，隨時奏聞，酌覈辦理。將此由五百里各密諭知之。現月。

又 卷四八（光緒三年二月二十七日）諭軍機大臣等：丁日昌奏巡查臺灣南路，察勘旂後礮臺情形，並請派大員督辦後路糧臺各摺片。臺灣南路鳳山、恆春等處並旂後礮臺，經丁日昌巡歷查勘，飭令各該地方認眞辦理城工，並撫馭番民，籌買礮位，訓練營勇。辦理尙屬周妥。著丁日昌認眞籌畫，力圖整頓，以爲自强之計。惟足兵尤須足食，閩省欠解臺灣月餉，自上年正月至今，已積至八十餘萬之多，辦理實形棘手。現在臺灣諸事，俱宜整飭，且係閩省所轄之地，豈可使丁日昌獨任其難？所有該處後路糧臺，毋庸另派大員督辦。卽著文煜、何璟與丁日昌聯爲一氣，不分畛域，合力圖維。該處月餉應如何覈定準數，按月籌解，卽責成文煜、何璟先其所急，與丁日昌通盤籌畫，妥爲經理。一切情形，著丁日昌隨時馳奏，以慰廑系。將此由五百里各諭令知之。現月。

又 卷二一四（光緒十一年八月二十二日）戊子。欽奉慈禧端佑康頤昭豫莊誠皇太后懿旨：海防善後事宜，著軍機大臣、總理各國事務衙門王大臣，會同李鴻章妥議具奏。醇親王奕譞，著一併與議。所有左宗棠等條奏各摺片，均著給與閱看。

又 卷二一五（光緒十一年九月初五日）奉懿旨：醇親王奕譞等遵籌海防善後事宜摺內奏稱：『臺灣要區，宜有大員駐紮』等語，臺灣爲南洋門户，關繫緊要，自應因時變通，以資控制。著將福建巡撫改爲臺灣巡撫，常川駐紮；福建巡撫事，卽著閩浙總督兼管。所有一切改設事宜，該督詳細籌議，奏明辦理。

又 卷二二一（光緒十一年十二月十二日）諭軍機大臣等：據劉銘傳奏籌度臺灣情形，暫難改設省會，又據楊昌濬奏籌議臺灣改設事宜，請添設藩司，各一摺。臺灣爲南洋門户，業經欽奉懿旨，將福建巡撫改爲臺灣巡撫。劉銘傳所請從緩，改設巡撫著毋庸議。楊昌濬所奏添設臺北道，不如添設藩司，係爲因地制宜起見，自可准行。惟此次該督所奏，尙係大概情形，所有一切應辦事宜，均未籌商定妥。臺灣雖設行省，必須與福建聯成一氣，如甘肅、新疆之制，庶可內外相維。著楊昌濬、劉銘傳詳細會商，奏明辦理。將此由五百里各諭令知之。

沈桐生《光緒政要》卷一二（光緒十二年）七月，閩浙總督楊昌濬、福建巡撫劉銘傳奏籌議臺灣改設行省事。疏云，竊照光緒十一年九月初五日，欽奉慈禧端佑康頤昭豫莊誠皇太后懿旨，醇親王奕譞等遵『籌海防善後事宜摺內奏請，臺灣要區，宜有大員駐紮』等語，臺灣爲南洋門户，關係緊要，自應因時變通，以資控制。著將福建巡撫改爲台灣巡撫，常川駐紮。福建巡撫事，卽著閩省總督兼管。所有一切改設事宜，該督撫詳細籌議，奏明辦理。欽此。又於十一年十月十九日，奉上諭：『台灣南北地輿袤延甚遠，以形勢而論，台北各海口尤爲緊要。原設台灣道一員，遠駐台南，深慮難以兼顧，且巡撫常川駐紮，一切錢穀、刑名事宜，必須令分員管理，各專責成。應否於台灣道之外，添設台北道一員，著楊昌濬、劉銘傳悉心會商，妥議具奏等因。欽此。』欽遵經臣等各將籌度情形，先後覆奏。十一年十二月十二日，奉上諭：『楊昌濬所奏添設台北道不如添設藩司，係爲因地制宜起見，自可准行。台灣雖設行省，必須與福建連成一氣，如甘肅新疆之制，庶可內外相維。著詳細會商，奏明辦理。』復於十二年三月二十四日奉上諭：劉銘傳奏澎湖爲閩台門户，非特設重鎭不足以資守禦，楊昌濬與該撫意見相同，擬將澎湖副將與海壇鎭對調，仍歸總督管轄等語，卽著楊昌濬、劉銘傳會同籌議具奏。閩台防務，關係緊要。該督等商辦一切務，當和衷共濟，不分畛域，力顧大局。上年諭令該督等會議台灣改設各事宜，並著一併妥議，毋稍延遲等因。欽此。』仰見皇太后、皇上垂念海疆，諄諄訓誡之至意。臣等忝膺重寄，目擊時艱，何敢不竭力籌維，和衷商確，以冀事歸盡善，仰紓宸廑。除往返函牘不計外，臣昌濬於二月間渡台，臣銘傳四月間復內渡，詳細面商。查台灣爲南洋門户，七省藩籬，奉旨改設巡撫以資控制，而實爲保固海疆遠大之謀。惟沿海數縣之地，其餘番地尙係化外，氣局未成，孤懸海外，與新疆情形不同。閩、台本係一省，今分爲二，尤須唇齒相依，以收指臂之助。誠應遵旨內外相維，不分畛域，乃可於事有成。茲就省局司道署台灣道陳鳴志、總理糧台前貴州藩司沈應奎籌議各條，覆加酌核，謹繕清單，恭呈御覽。現在整頓海防，百廢待舉，加以改設行省，經費浩繁。如澎湖一島，辦防需銀八十萬兩，業經臣等先後奏請勅部指撥。此外，辦防、製械、設電、添官、分治、招墾、撫番，在在均關緊要。至建立省城衙署壇廟各項工程，雖不妨稍緩，既經分省，亦不能不次第舉辦。台地防營除裁撤外，尚存三十五營，分部沿海二千餘里，勢難再減。臣等悉心籌畫，擬由閩海關本年照舊協銀二十萬兩，經臣銘傳咨請福州將軍古尼音布嗣後由廈關徑撥解台。其閩省各庫局，無論如何爲難，每年按限協銀二十四萬兩，陸續籌解，並請旨飭下粵海、江海、浙海、九江、江漢五關，每年協銀三十六萬兩，共成八十萬兩，以五年爲度。統計閩省及閩海關所協四十四萬，合之台內歲入百萬兩，專爲防軍月餉之需。其五關每歲各協銀七萬餘兩，尚屬輕而易舉，而台事稍得藉手，庶不致盡託空言。仍求朝廷寬以時日，容臣銘傳分別緩急輕重，次第舉辦。現已奏明，清理田賦，並隨地隨事，力求整飭，變私爲公。如三、五年後，能照部議，以台地自有之財供台地之用，卽當奏請停止協欵。一切改設事宜，清單內有未賅載者，容臣等續行奏咨辦理。所有遵旨籌議緣由，是否有當，謹合詞恭摺具陳，伏乞皇太后、皇上聖鑒訓示施行。謹奏。

論　說

《申報·臺灣善後末議光緒元年六月二十六日》 前日火船『弗拉明可』到滬，帶有淮軍四營，實出上海各人意料之外。溯該勇去年起程往臺，正當中國與東洋戰事岌岌之際，咸稱此去係打倭人。今週年以來，乃知未得逞志於東人，反向東人之所敵者而從事焉。大約伐番人雖較易於逐東人，但各兵勇既大經苦勞，又未始非爲國大立勛勞矣。

夫臺灣一區，自康熙時始歸版圖以來，經迭次從事於番人，而莫有能全行鎭服，仍然任其自若而已。雖然，生番素心獷悍，每爲開闢寄居華民之病；鄰居番境各田廬既動受劫掠，而時時有性命之憂，故罔能高枕安居者。臺民生計不見振興，未始非由於此相繫也。今觀於回兵所述，則臺地最强悍之番社名『獅頭社』既經入山搜殺，其餘各社咸被威震，甘歸治下；而官兵所過之處，亦經達幽探僻，無處不及也。是則中國歷來力不能成者，今而一年之內克奏厥功□。以故現在目見淮兵凱回，能勿爲之慶賀歌頌以紀厥功乎！而所得大沾利澤者，固羈駐臺灣各華民是也。一島全平，無復鬬毆劫殺之慮；則諸事興旺，較之曩日奚啻倍蓰矣。

臺灣土脈□厚，所產有樟腦、木料、糖、煤各物，向推豐盛；吾今爲之有大望矣！蓋見於朝廷使閩撫移駐於臺，因而知非鄙視之可比。且其地居於海內，所產之物便於運動出賣他處，原可爲地利也。故臺灣若能從此廣爲招徠他處餘民而善以治之，則勢將見其列入中國要郡之內矣；曷勝跂予望之哉！

至於生番雖性成獷悍，不知禮義；然今既畏威受撫，尤宜因勢利導，□之漸改□□馴至善良，與中土之人永遠相安於無事，而不敢逞其頑野之性，則又深謀遠慮者所宜善爲之計也。

又《閩撫移鎭臺灣論光緒元年六月二十七日》 昨閱『京報』中載閩撫覆奏移鎭臺灣一摺，指陳諸弊信而有徵，並聲明暫住臺灣妥籌全局等情。然管見所□，猶未已也；謹就原奏中所未及指陳者，詳細言之。

竊惟國家分職設官，相繫相維，具有深意。定例：巡撫、藩、臬，同城辦事。直隸、四川等省無巡撫，總督卽兼巡撫事。誠以總督僅主兵，所以號爲『制軍』；而巡撫有統轄屬員、綏輯小民之責也。溯查福建全省領府十、州二、縣五十七，升降、遷調無虛日；雖由藩、臬會詳而題奏，必由督、撫主稿。至於錢穀，則藩司主之；刑名，則臬司主之；然按月彙題仍由督、撫，誠鄭重乎其事也。臺灣一府孤懸海□，設使巡撫、藩、臬均移節赴臺，則全省袤延二千餘里設有事故，誰爲彈壓？雖有閩浙總督，亦苦於控馭難周。設使巡撫鎭臺而藩、臬仍留省會，則日行公事渡海會詳，勢既有所未便。若經赴總督衙門關白，卽由總督出奏，並不經由巡撫；則巡撫既無督責之權，恐檄調之時，僚屬未免膜視；種種弊竇，誠有如王中丞原奏所稱者。然而移鎭之後，萬不能違朝廷之定例，使刑名、錢穀、升遷降級諸事竟不關白巡撫。吾恐此法一定，凡上下其手者，或以出爲入、以入爲出；巡撫既遠駐海外，耳目難周，輾轉朦詳，其弊伊於胡底！或有故爲稽遲，使之往返駁斥，希圖漏網；提案審辦，視爲具文：此刑名之弊也。至於大計、甄別、閱兵諸政，既苦鞭長莫及，又恐虛應故事；官方之不肅，民困其奚以蘇乎！此選政之弊也。況生番獷悍性成，獅頭一社，竭淮軍全力而後克；如必欲蕩平而使之內附，非十數年不爲功也。事平之後，採煤鐵、建城郭、施教化，又非十餘年所能蕆事。省會久虛，於體制似屬不協。竊思江南一省徵調甚繁，所以設兩藩司；而江蘇巡撫，必偕藩、臬同駐省城。迨後海疆多故，提督遂移駐松江，以資坐鎮。福建陸路提督，則駐泉州府；水師提督，則駐廈門。目下海禁既開，中外輯睦；提督似無庸永駐廈門。況提督統轄全省兵馬，巡撫欲檄調某鎮、某營，亦或咨移提督；提督親列戎行，較之文臣視師，更爲得力。愚意不如移提督駐劄臺灣，既可收行伍同袍同澤之效，並可復省會相維相繫之規。如嫌武職權輕，則臺灣道向本兼提督、學院、按察使銜矣，或更加以虛銜，使文武并力合謀。果使委任得人，似較巡撫駐臺而百弊叢生者幾同霄壤矣。俟後一律蕩平，或竟委臺灣道妥籌善後事宜，亦無不可。況開礦諸事，必得另委員弁，或飭其會商該道、或命其通稟大憲相機而行，目下可無須拘泥也。況臺灣道既兼學政，則他日事平之後，設立學校、修明禮樂，寓懲於勸，尤易爲功。

鄙見如此，未知有補高深於萬一否也？惟前譯新報曾載撫憲渡臺，大約不過兩月之久；俟明年衙署落成，然後再行移節云云。□若是，則議已定矣；想當局者，必另有確見也。

又《論丁雨生中丞辦理臺灣事光緒三年二月初一日》 孟子曰：『天時不如地利，地利不如人和』，豈徒用兵之事宜爾哉，蓋凡事皆然也。故自來言利之臣，苟一旦使長國家，惟知放利而行，必致天怒人怨，災害並至；因其全然不顧天時、地利、人和，故至於此也。然自來言利之臣與興利之臣，貌似而實殊。蓋言利之臣，其心私而刻，但知損下而益上；興利之臣，其心公而溥，必能裕國以足民。其中之分辨，實有差若毫釐、失之千里如此者。昔管仲、劉晏僅興鹽利，一以霸齊、一以復唐；蓋因天地自然之利而用人之謀力以興之，故不至於擾民，而尙可以富國也。若王安石之言利，固有大謬不然者。奪民之利以爲國利，不能另設一法、另興一利；卽能有利於國，必致不利於民，豈足爲利！又何況並國亦尙不能利哉！上古草昧初開，無所謂利。後聖人作，教民農桑，而耕織之利興；又教民以土地之宜樹藝萬物，而種植之利興；爲之商以事懋遷有無、爲之工以令制造器物，而工商之利興。第耕織、工商之利既興之後，亦不能再有所興也。後有賢聖之君，亦不過因其勢而私導之，不勞民、不斂財，使之上順天時、下盡地利、中得人和，培養元氣，君民俱足以相安於無事。故既無利可興，豈可惟利是言！若僅言利而不興利，不流於掊克聚斂而不止也。近二百年來，西國深明此理，故專心致志於格致之學，而興開采、制作之利；取煤鐵以用、造機器以代人、設公司以通商，是天地自然之利與夫人之心思才力有利益於世事者，無不盡心竭力以興之。是以二百年內，始能收此富厚之效也。否則，不興各利而僅惟利是言，則耕織、工商均有一定之利，求利於此、必不利於彼；不患貧已足矣，又安能再求富哉！愈足見利不貴乎能言，實貴乎能興矣。

余於福建巡撫丁雨生中丞之經營臺灣也，不禁爲中國慶幸！以爲此事，乃一大轉機焉。夫臺灣一區之隸版圖也，已二百餘年矣。前此生番所踞之地，中國均以度外置之；乃自前歲日本一役，始令中國甫生開闢其境之心：是天時已至矣。臺灣之在中國，不過彈丸之地耳；然其中生物之蕃蕪與其土種物之咸宜，實有取之無禁、用之不窮之勢：是地利又佳矣。然使經理其事者，不過拘守古法，勸耕織、招工商、置城設官、立學屯兵，則有之不足爲重、無之亦不足爲輕；亦僅與改土歸流關外新疆之地等耳。乃今丁中丞首開煤礦，又築鐵路；其餘諸務，均欲改用西法以從事。數年之後，而臺灣所得之利，必有可觀者焉：是人和又得矣。

然吾所慶幸者，尙不止此。若自今以往，臺灣之利既興，或者中國之人皆知西法之利，均樂羣起而則效，自必大有轉機，不求富而富自至矣。如此，乃興利之效，豈言利之臣所可同日語哉！使天下之人皆心丁中丞之心，非徒臺灣之幸，實爲中國之幸也與！

又《論改福建巡撫爲臺灣巡撫光緒二年二月初五日》 前閱去歲十二月十八日邸抄，恭奉上諭：『侍郎袁保恆奏：請將福建巡撫改爲臺灣巡撫，其福建全省事宜專歸總督辦理等語。著該衙門議奏。欽此。』當時未見原奏，不知如何立意措詞。茲閱本年正月十三日《京報》抄錄原奏，大略言『臺灣雖僻處海澨，而物產豐富；加以民、番偪處，區畫尤難。非專駐大臣、鎭以重兵，擧其地民風、吏治、營制、鄉團事事實心整頓，洽以德意、孚以威信，未易爲功。若以巡撫每歲駐臺半載，恐閩中全省之政務，道里懸隔，而轉就抛荒；臺灣甫定之規模，去住無常，而終爲具文，甚非計之得也。查直隸、四川、甘肅各省，皆以總督兼辦巡撫事。可否改福建巡撫爲臺灣巡撫，常川駐守，經理全臺；其福建全省事宜，專歸總督辦理？庶事任各有攸司，責成卽各有專屬，似於臺灣目前情形，不無裨益』等語。就原奏而論，其於臺灣一隅，似籌畫得宜；而於天下大局，則窒礙難行；恐部臣未必議准也。

緣巡撫一官，當有明創設之時，僅用之以統兵，令其總理軍務，得以便宜行事；若地方庶政，均歸藩、臬兩司管理，而巡撫不與焉。故遇各省地方有事則設之，無事則裁之，實無一定之額；或僅巡撫一處或令巡撫數府，或一巡撫跨有數省之地，或一巡撫僅理一府之事。其廢置也因時，其更改也因事；故可以有意增減。若今時之巡撫，則不然。今之設此官也，原於藩、臬兩司地方各官之上，再增設一總理之員；是巡撫者，實專理全省庶政之官也。故無巡撫之省，猶以總督兼理其事焉。所有腹內各省，可以不設總督，不能不設巡撫；職是之故也。是以一設巡撫，必須增設藩、臬以下各官，方成體統；從未聞既設巡撫，而無藩、臬以下各官之地方也。據原奏所稱，請改福建巡撫爲臺灣巡撫，而以閩浙總督兼管福建巡撫事。以總理福建全省庶政，仿照直隸、川、甘三省總督之式，原無不可；第臺灣既設巡撫，則不能不增設藩、臬以下各官。若使全臺灣盡歸版圖，其地方尙有數千里之大，再增設府、廳、州、縣，似與皖省尙可頡頏；則增設巡撫、藩、臬各官，方成局面。今生番之地尙有未歸教化，設一巡撫僅管一府之地，若增藩、臬以下各官，則土地不廣、人民又希、政事無幾，安用此多官爲！不增設藩、臬以下各官，則僅一巡撫獨立海外，似亦不成政體。故謂部臣恐難議准也。

在昔閩浙總督駐紮衢州、兩廣總督駐紮肇慶，後皆移駐省會；想亦因諸多不便也。然兩江總督駐紮於兩江適中之江寧，僅增設一江寧藩司以爲承上啓下之員；而臺灣亦難仿此。蓋一則臬司駐紮蘇州，而招解人犯尙便；若臺灣，又不能如此：此所以勢難求全也。或者先仿東三省及新疆之例，俟全臺盡入版圖增設府、廳、州、縣後，再議此舉；此時仍舊。如此辦法，亦如直隸總督駐紮天津之例。想他日部臣所議，大約亦如是而已。

又　《論丁中丞整頓臺灣各事光緒三年四月十四日》　前日福建巡撫丁雨生中丞之移駐臺灣也，道路傳聞，謂有帶勇武員尅扣勇糧，中丞誅之以警衆。又謂有一營官晏起，致誤操；時中丞亦誅之。傳者謂其實確，余則深以爲疑。

夫尅扣勇糧，大干例禁；中丞誅之，實屬情眞罪當。至晏起誤操，不比出兵後期；責之可也、再重革之亦可也。此而卽誅，何以處夫出兵後期者！大約因中丞治尙嚴厲，故傳者有是過甚之說。然中丞雖精明强幹，亦斷不至好殺若此，使人畏之如虎也。今觀中丞所奏，可以見中丞辦事，亦非僅以殺戮爲能者可比也。奏中所云，臺屬彰化縣盜賊横行，自設縣至今，叛案屢出；固由地險民玩、風俗强悍，亦因地方文武泄沓相承，釀成積習。其汛官則除收受陋規、尅扣兵糧之外，毫無所事；尤堪痛恨！臣去冬路過該縣，閱視營伍，見兵皆老弱不堪、槍則朽舊無比；當將該營弁嚴加申飭，屬以如再不能整頓、地方仍出劫案，當以軍法從事。乃本年正月十一日，據北路協彰化縣會稟：『上年十二月二十八日，該縣所轄之邱厝莊、烏石莊俱有匪徒乘夜恃强行劫之案；該汛外委黃成得暨管帶練兵之外委吳拔高，當時皆不在防所，以致盜匪横行。業由該營上緊緝拿，一面將黃成得、吳拔高撤委棍責，稟請核辦』前來。當卽咨行鎭、道飭委馳赴彰化會同營、縣確查，如該弁有縱賊殃民情節，卽以軍法從事。旋據會稟：查訊黃成得供：駐防犂頭店，原管汛兵五名；彼時緣有面稟營將事宜，回至縣城。是夜距犂頭店八里之邱厝莊，適有被搶之案；次早聞報，趕回勘驗，現已購線協拿；實不敢無故擅離汛地。其烏石莊搶案，不在該汛界內。又據吳拔高供：去年十二月二十三日，奉委帶練兵三十三名，在犂頭店一帶駐紮巡緝。到防數日，私回縣城，並未稟明營官；以致兩處搶案，不及防護。該委員會同營、縣查核外委吳拔高，係因歲暮巡防吃緊，該營、縣專飭督帶練兵多名駐紮該處，以資保衛；乃該弁兵力足以衛民，輒竟棄而不顧、到防數日擅自離汛，以致劫案疊出：實屬縱賊殃民。當卽遵照臣前次札飭，將吳拔高一名押赴烏石莊失事地方，按依軍法從事。其黃成得，汛兵僅有五名，情節稍輕；已札飭營務處、臺灣道訊詳咨革等語。奏中大略如此。夫同一疏防搶案而一死、一革，亦足見中丞不一例而辦也；安得有動輒軍法從事之理乎！

第據疏中所陳，臺灣各事之廢弛可知；若非中丞和盤托出，朝廷又何從而知之！雖然，吳拔高僅帶練兵三十三人，而巡緝十數里之地面；一夜兩處盜賊同發，亦有力難兼顧之處。其所以取死者，不應私行回城度歲，置所事於不顧耳。故古者欲收守望相助之效，必須寓兵於農。今臺灣盜賊橫行如此，倘望中丞於守望相助之道加意焉，庶幾有補於事也！

又　《論整頓臺灣吏治以化生番光緒三年四月十七日》　新疆八城自隸版圖以後，屢致叛逆；說者皆謂未能以治各直省之法治之耳。乃關東三省爲國朝根本重地，亦未以治各直省之法治之。雖關東三省之人世受國恩，未嘗叛逆；然寇盜橫行，吏治不肅，未必不由於此。方今變通章程，而盛京一省已更舊章，增置督、撫、道、府、廳、縣各官；惟吉林、黑龍江二省尚仍舊貫耳。雖然，事亦未可一概而論也。臺灣一島，自康熙年間歸化之後，固已早設郡、縣，以治各直省之法治之矣。乃因遠隔海外，而守令等官均未能各盡厥職，是以亦致屢有悖叛之事；至尚未歸化之生番，更無論矣。

茲閱福建巡撫丁雨生中丞片奏有云：『再，臺灣遠隔重洋，吏治黯無天日，衙役倚恃宮勢，嚇詐鄉里；所欲不遂，輒卽私押勒索。被害者，往往賣妻鬻子，破產傾家；實堪痛恨！臣訪查臺灣縣役林升，從前本係賊黨，充役後遇事索詐，衆怨切齒；當飭該縣密拘到案訊辦。旋據臺灣府稟覆：以林升充役有年，鄉民被詐者指不勝屈；且查其家資頗富，自係索詐民財以塡慾壑。應卽盡法懲辦，以儆其餘。隨經批飭臺灣道提訊明確後，卽將蠹役林升一名立斃杖下。其時萬衆聚觀，咸謂地方從此除一巨害，無不同聲稱快。其臺灣知縣白鸞卿，莅任十有餘年，一任差役妄爲，毫無聞見；實屬不勝首要之職！應卽一併撤任；如查有故縱情弊，再行嚴參』等語。以臺灣一府言之，大抵蠹役亦不止於林升一名；中丞所以有『盡法懲辦以儆其餘』之語，亦可謂極力整頓矣。嘗聞閩人有言：『臺灣地多瘴氣，昔之官場視爲畏途，今皆視爲樂土』；其故可知矣。故致民不堪擾之時，常有謀叛之擧。再加以營務之廢弛，以之除盜則不足，以之虐民則有餘；客民、土著、熟番諸人受其害者，安得不有怨言！是以生番聞之：歸化之後如此約束、如此荼毒，反不如不歸化得以自如；故常願作化外之民也。不然，生番亦猶夫人耳，同有知覺，共此嗜欲；豈有見各色人等鮮衣美食，而能毫不生羨慕之心乎！今中丞果能如此整頓吏治、營務，俾在治之各色人等均能常享樂利之休、承平之福，皆以得歸王化爲榮。生番見之，亦必能有感動於中者；從此漸能歸化，亦未可知也。若徒恃兵力以行剿伏之計，吾恐生番愈生畏懼之心，益爲逃匿之衆矣！試觀海島各國，或數千年前、或數百年前，其人民均與生番相似；或有一國、或有一人結之以恩、教之以法而後化爲聲明文物之區者，指不勝屈。何以獨臺灣之生番，竟若是之難化也！大抵亦由於二百年來之各官，未有能如華盛頓之治美國，並未有能如荷蘭之治臺灣者耳。

吾前嘗論欲化生番，必須如諸葛之伏孟獲，當先伏其心也。故曰欲伏生番，亦當先伏其心。欲伏生番之心，必須善待臺灣之人，而後可以令生番生歆羨之心、而後可以望生番有歸順之日也。否則，恐難奏效耳！有識者，以爲如何？

劉銘傳《劉壯肅公奏議》卷首《陳澹然〈建省略序六〉》　臺疆當鄭氏時僅三縣。厥後榛莽日闢，官吏日增，然規模固未備也。光緒初，沈文肅公始建臺北府固臺北，移同知治埤南以固後山。建省之議自此始。朝廷憚興作，乃議閩撫建行署於臺，以半歲駐臺，如直督始駐天津制。詔從之。岑襄勤之撫閩也，尤銳意更張，親勘彰化爲形勢建省之地，東西奔走，疲憊寡成。十一年五月，法事初平，六月，公上言：『臣病，不勝閩撫，乞辭，專駐臺疆，任防守』。詔强任之。當是時，醇賢親王參大政，銳意厲海軍，深計必劃臺疆設臺撫，專力經營，庶可作東南保障。九月，詔改閩撫爲臺撫，議分疆。十月，公奏言：『臺地分疆，必俟撫番、清賦，措置無遺，財堪自立，處常處變，乃可自全。今利未開，非閩協無能自給。一經劃省，督臣雖無畛域，司道以下，歧視必多。請專令閩撫駐臺專臺事，閩事一任督臣。五年後，籌進止』。復引疾乞歸。詔不可。疏再三入，詔卒强之。

十二年二月，總督楊公昌濬躬渡臺視疾。兩帥甚歡。公深慮臺防之無款也，楊公許還閩圖之。公見其忠坦，四月目漸瘳，乃赴閩中籌建省。建議臺撫仿甘肅新疆號福建臺灣巡撫，兼學政。設布政使佐用人理財，加臺道按察使銜理刑法。所任文武將吏，均請敕部寬文法，擢眞才。

初，前山彰化、嘉義、鳳山、新竹、淡水五縣，大者縱橫二、三百里，耳目難周；後山中、北兩路，延袤三、四百里，僅劃五區設碉堡，無專駐之官，尤稱難治。乃親巡考圖藉度焉。彰化橋孜圖山環水抱，氣象宏開，全臺適中，足爲省治。分彰化東北境設首府曰臺灣府，附郭曰臺灣縣。改故臺灣府曰臺南，縣曰安平。嘉義之東，彰化之南，自濁水溪止石圭溪，長約百里，增縣一，曰雲林。新竹苗栗街左右扼內山之衝，地多新墾，分新竹西南增縣一，曰苗栗。裁鹿港同知，合彰化及埔裏通判，四縣一廳爲臺灣府。淡水之北，東抵三貂嶺，番社紛歧，距城過遠。基隆爲臺北門户，商埠紛煩。分淡水東北四保隸基隆廳，改通判爲理事同知，重其職。此前山也。後山形勢，北以蘇澳爲總隘，南以埤南爲要區，控扼中權，厥惟水尾。其地與雲林縣東西相值，已自丹社集集街達彰化，闢路百八十里貫山中。省城既定，中權前後，脈絡貫通。水尾實臺東鎖鑰，設臺東直隸州駐之，左界宜蘭，右界恆春，地縱五百里，橫三、四十里，通隸此州而屬諸臺道。埤南廳舊治，設直州同治之。水尾迤北曰花蓮港，新墾既多，海口水深數丈，設直州判駐之，而均隸臺東州。此後山也。詔從之。

建置既成，必謀兵備。臺兵水、陸營凡十有八，水七而陸十一，共額萬四千人。三次迭裁，陸存四千五百，歲餉十七萬金；水師七營，分隸澎湖、安平、滬尾、噶瑪蘭諸港，船艦無存。今昔勢懸，非兵輪不能戰守。安平既設副將，臺灣總兵又駐臺南府城，距安平纔七里，兩大員並居一地，勢等駢枝。謹裁水師各營，以安平副將駐水尾爲臺東協，移北路副將駐埔裏社，均改陸師，並扼前後山適中地。陸兵月餉四兩五錢，視勇糧尤重。將貪兵滑，簡練莫由，請月加考試，能中五槍以次者，分別補署，不論年資，庶鑽營可除，疲殘自去。部議經制副將移改不行，廷議不能決也。番兵精悍，實過綠兵，請仍舊額四千人，加餉嚴訓練。許之。澎湖舊制，副將與通判主兵。地重勢孤，非大員不治。請以福建海壇鎮移澎湖，曰澎湖總兵。裁水師，以兵輪礮臺專戰守。郡縣吏緩部選惟其才。詔悉從之。

彰化省城久定議，而籌防既急，巨款難資。公之始蒞臺北也，軍餉皆集府城。所居淡水縣署，幕僚或處草廬。城內多水田，不能通輿馬。興造既衆，局所漸繁，不得不暫恃臺北爲根本。乃先購民田築官道，招商設闤闠，通貨財。商務漸興，始就城西北建撫藩行署，設兵房、銀庫，八局所附焉。淡水改廳爲縣，舊治乃爲新竹縣所居，淡水縣令及參將各官多賃居城外，非便也，因復各署於城內壯之。海外商民重視道，禮關帝、天后益虔，則廟以祀之。又念船政大臣沈公葆楨、吴公贊誠撫番開墾，勞苦實多；水師提督林公文察立功海疆，親平臺亂；基隆之戰，淮楚將士死者千六百人。既建三公專祠，復建淮楚昭忠祠以祀。益創西學堂，課西國語文、測繪、格致諸術，厲人才。建番學，教番民子弟。復就考試學額，以廣振士風。臺事粗備，乃建澎湖城於媽宫，與礮臺相聯絡。既念省城與分治兩縣之無城署也，復合臺紳籌捐集造之。踰年而公去矣。

羅大春《羅景山臺灣海防並開山日記》　星使於十一月之望，疏陳臺灣善後事宜，卽有移駐巡撫之議，是又臺事一大關鍵。

陳忠倚《清朝經世文三編》卷四四《李元度〈敬陳海防疏〉》　奏爲敬陳海防事宜，仰懇飭議施行，以張國勢事。竊惟時局艱難，海防多故，幸仗天威遠被，鯨浪粗平，藉得與民休息。然正宜及時明政，力圖發奮自强，縱外洋能永遵條約，而籌兵、籌餉之計，總宜及早議行。蓋戰守愈講而愈精，才力愈用而愈出。合中國之物力、人材，斷無不敵外國之理。但宜未雨綢繆，庶免臨渴掘井。臣不揣冒昧，謹擬籌餉之策十，籌防之策十，敬爲皇太后、皇上密陳之。【略】一曰闢台疆。台灣在明曾爲日本所據，荷蘭奪之，鄭成功又奪之。康熙中始入版圖。其地一歲三收，土產繁盛，可富可强，日本蓋垂涎不已也。沈葆楨闢生番，新設台北一府，恆春、淡水、新竹、宜蘭四縣，以權任江督而去，未竟其功。其實生番之地可盡闢也。法蘭西既曾踞雞籠，日本狡然思逞，則台北寔爲必爭之地。倘有疎虞，七省不能安枕矣。應請飭議令福建撫專駐台灣，兼理學政。其台北一律開闢，尚可得兩府八縣，生聚、教訓，可爲東南重鎮。况海防大臣駐劄於此，則聲勢尤振。其軍中所需軍火、砲械，均從台設局製辦，存儲不得，仍前仰給福州。致偶被封海，卽有隔絕之患也。查日本距台甚近，日本疆圉之大略如台灣，而歷朝以來能崛强自立。元世祖遣舟十萬以征之，且爲所敗；明時入寇中原，江浙遭其荼毒凡數十年；近來併琉球，亂朝鮮，改從西洋制度，儼然自立於强國。彼之材力，要皆取之於本國耳，非別有轉輪也，而獨能游刃有餘若此。然則台灣如果經理得人，需以歲月，何遽不如日本哉！夫强弱無異，民不善用之則弱，善用則强。應請簡任巡撫、鎮道，久任而責成之，闢土地，課農桑，征稅課，修武備，則七省之藩籬固矣。聞生番中有太古未伐之堅木，可以造船。生番樸野勇敢，若以熟番爲頭目，可以練作陸兵，豈非時務之至要者哉！

雜録

沈葆楨《沈文肅公牘·巡臺三·致王補翁中丞》　奉初八日手教，蒙籌解二十萬金以應急需，感激莫能舉。似日意格所辦大礮後膛槍已到，留十萬金由船局付清價值，以十萬解臺散餉，臘月再得二十萬金，便可敷衍下去。此皆我公之玉成之也。部文不准再以關稅抵償借欵，眞是棘手，而疆事斷難詘然而止。倭兵退後，臺防須上善後條陳，躊躇累日，正苦無從著筆，而總署又有飭議沿海六條之疏。如此大文，何以交卷，寢饋俱廢，莫得窾竅。我公其何以教之？星丈似須將六成不敷動撥處切實上陳，否則諭旨方諄諄，海防船政何敢停辦也。召民日就困頓，恆徹夜不眠，堅求歸粵，不忍拂之，有船卽行矣。

又《致李少翁中堂》　奉九月二十日手教，敬聆一一。倭兵思歸如渴驥奔泉，船亦接踵而來。數日內，便當了事。而閩疆民瘠而吏亦瘠，故省門視臺灣爲調劑之區。文武捧檄而來者，非積累之員，則終南之徑，而求其缺所以優之，故往往駭人聽聞。究其所得，僅足以供應酬，於亘虧並無所補。臺南北亘千餘里，斷非一郡所能治。而器局又不能自成一省，且省門需臺米接濟，又相依爲命也。如江南巡撫之分駐蘇州，則一舉而數善。備民間疾苦，與其神姦巨蠹，耳目周知，應恤、應禁令出惟行，無所牽制，一也。吏治優劣可以就近考覈，不搖於傳聞異辭，二也。營政隨時講明，切究訓練，方有實際，三也。陋規擇尤裁革，民困可以漸蘇；獄訟隨時清釐，民隱可以上達；賭煙械鬥棼厝，頽風可以消息；四也。開山墾田，費難驟集，長駐於此，從容布置，日計不足，月計有餘，五也。每開一處，設官分汛，亦以次遞舉，六也。煤鐵等礦伺便而行，地方官不敢畏難因循，亦不致輕率滋弊，七也。事權統於一尊，鎭、道無專擅之嫌，亦無連雞之患，八也。漸漬不驟，生番不致驚疑，九也。屹然坐鎭，官民不敢以五日京兆見待，亦無兩姑爲婦之難，十也。且船政豈隔海所能遙領？倭兵一退，穎叔立待出山，屢誤其行期，未免不情太甚；文星翁得户部『不准撥四成』之文，竟欲將應撥六成之船政月欵停止，局員爲之手足無措；故再四籌思，只有請巡撫移駐臺灣之一法。未審高深之見以爲何如。總署一奏，創鉅痛深，搜索枯腸，愈不知對。我公成竹在胸，可以賜示否？磁州鐵礦機器到後，必日起有功，不特閩廠可藉挹注，臺礦或可階梯。鐵船招匠仿製，所開拓廠購料之費，令人咋舌。有謂『宜向外國定製，兼帶生徒、工匠學習而歸，則措手較易。』事體重大，主意難定。俟詳議再行奉聞。

又《巡臺五·王中丞》　上澣肅狃寸牋，未卜何時入覽。伏惟曼福電綫事當不難了。惟立約不可不堅明，想早在洞鑑中矣。臺餉善後局報解五萬，經船局截留代發。臺防之軍火、磚石、木料、輪船、薪糧、煤炭等項，尙屬不敷，更無從藉潤船政。而臺局用欵垂罄，望眼欲穿，伏懇飭局迅賜，源源接濟，是所至禱。景山催北路建城設官，霽軒催中路建城設官，非但不容已，且亦不容緩。然琅璚一席，且喚奈何？烏能同時並舉？只得靦顔謝之，然實非心之所安。爲通盤打算，則愈速愈省，愈緩愈費，無可疑也。船政月欵，部議已回；而海關仍無欵可解，原屬實在情形。然舩政斷不能停工，應購之料，斷不能不購，此時去茶市不遠，若海關能開解一二批，遇有急切不能之應手之時，亦可向阜康文經等處籌借，以有解欵可抵也。今絀然而止，謂有解欵可抵，夫誰信之！懇晤將軍時，爲乞委曲，設法籌解，以蘇涸轍，不勝翹跂。【略】

奉本月十四二十手教，辱蒙誨注拳拳，心苦言詳，銘諸肺腑。淮軍營竹坑番巢後，仍以披木通道爲事。龜紋社得手，則剿撫漸有眉目。聞阿迷番乞地耕墾，似當許之。聞阿眉番者，爲北路兇番所逼，遁而南役於諸番，若受漢人顧役，則番目抽其值，性耐苦知耕，不敢殺人，其困於番也，久矣。景山實有肝痛嘔血之症，然公事尙可支持；迭次致書婉留，摠以迅速派人接辦，俾得靜養爲請。惟此間萬無替人，蘭舟雖有葬畢來臺之約，此君嗜堪輿如性命，塋地何時定，未易知也。霽軒放不下中路，筱濤離不開郡城，昨坿公函以魁五奉商，執事以爲何如？省門尙有何人？統希裁示。臺餉船欵極費藎籌，感刻豈有涯涘？十萬已從永保解到，臺局又以下月支欵請，媿殺急殺，久旱得雨，涸可立待。自知不當爲無厭之求，然如無當之卮、無底之壑，何京協各餉，欲部准明文減撥？卽吾輩置身部中，亦萬萬不能。然通省一年所出，只有此數，並非另有密儲，以備非常之用，亦諸大老所知也。無米雖詬誶亦不能成炊，先顧門內饔飧，後來或有惠及其鄰之一日，主者忍詬誶以權緩急，此一說也。減撥必駮，四成更不待言。部復後續申借洋欵之請，以竟未竟之功，此又一說也。舍是二說，只有半途而廢。東西鄰方，虎視眈眈，蹈瑕乘隙而來，再求今日之補牢，不可得矣。奈何奈何！椒殿大事禮節，渥叨指示，敬謹遵循，惟此間得夾板日，即照用藍印，今已滿十三日換硃矣。星丈處承曲達鄙衷，遂得破白，以後源源解濟，皆仁人之賜，又得留臺餉五萬，木料到暫可支持矣。得藴石太守信，電纜已有眉目，慰甚。其窾要不在目前之多減價值，而在既事之不生枝節，想我公已機宜密授矣。筠仙實心實力，爲執事，慶得人。琛航送潁叔去，順奉潭眷南來，甚好。已函致維允，飭林管駕，謹慎護送。聞潁叔滬上有小勾留，則回櫂當在端午也。

又 《復王中丞》 奉本月初十日手教，辱承誨示種種。景山倘可支持，誠如尊諭，最省周折。無如其志決甚，後山無人主持，殊恐變出意外，只得奉煩奎五矣。應俟旌節渡臺後，隨時斟酌行之。辦公行台，考棚甚好。弟現住臺防廳衙門也。如移駐後，察看臺鎮可裁，則不必另作衙署矣。淮軍已迫紮番社，以將領疾作，戰事稍延。而張兆臨軍門竟不起，爲之惻然。臺局窘極，四月尚有懸欵無可發，務懇飭司局於月內趕解十萬到臺，以滲眉急。弟感風寒，委頓數日，昨通宵大泄，草草作此，不盡所言，想握晤亦不遠也。

再，此間以五月科試。如節鉞以五月渡臺，則鴻指園亦可暫駐。舊爲蔚如所駐，但稍仄耳，即考棚隔壁也。又及。

又 《李中堂》 移駐之議，已得部文復准。補帆中丞恐長駐海外，將變成臺灣巡撫，提餉呼應不靈，此亦確不可易之論，擬援照天津之例復陳之。知念坿聞。

又 《王中丞》 奉念三日手教，以臺餉苦費藎籌，不勝慙感。協欵惟其不解，是以部准核減撥。若當年亦遵解，則此日亦並此不准減撥也。事貴因時制宜，當年閩疆無事，恤鄰封卽所以培國脉，炎風朔雪，忠良固惟力是視，不當畛域乎其間，今則非其時矣。臺灣半途而廢，患不在外而在內，不在番而在民。弱之肉、强之食，官私守此老譜，此可一朝居者哉！五月可敷衍之說，筱濤誤算。現四月領欵皆停半，淮軍卹賞亦停半，伏懇飭局解滲，是所至禱。兼顧是確論，前月函致合肥亦詳陳之。臺北月不能數日晴，聞看山尚未畢，有佳煤與金山等之說，未知確否。目疾想係肝鬱，似以疏散爲宜。弟患泄數日，已全愈矣。握晤匪遙，一切尚容面罄。

又 《李中堂》 奉四月十五念九手教，辱奬誨拳拳，且慙且感。獅頭巢覆，各營稍獲休息。社酋泥首轅門者，踵繼趾錯，俊侯訓而撫之，各如其意以去，臺民咸曰此令公之賜也。淮軍困於役，張兆臨軍門先出師之二日騎箕去，勇歿者二百餘人。俊侯聞晚有兩江之信，促爲謀內渡。適補帆中丞到，堅欲留之。晚方擬以執事許可之意，函說俊侯。得鳳山令報王子仙軍門復以病逝，爲之心悸魂搖，補帆亦不忍更申前說，晚函致俊侯。將病甚者，先拔三數營回鳳山，用小輪船陸續儎赴澎湖。閩局船不敷用，添僱洋船裝入申浦，聽候峴帥撥駐何處，再用滬局官輪隨時裝往。或者內渡較速，稍慰諸將士之心。晚料量淮軍歸後，方敢離臺也。砲船議單可謂約束堅明。日意格當函致其用煤多少，鋏板厚薄當一併詢之。鋏甲船是否先造能進口者兩隻，抑經費萬難，竟作罷論，乞誨示爲感。筠仙渡臺，恐非首座所欲，來書慷慨猶昔，是能肩難鉅者。子壽願膺出使絕域之選否？臺事得補帆接辦，足以放心。但願首席勿靳其餉，勿掣其肘耳。惟船政位置殊難，工程熟者資格太淺，物望重者恐太生疏，須到省方能商定也。鎮海赴奉天，尊處何可無一船？擬淮軍內渡後，撥濟安往聽指揮。何如？海上一軍似極少，須兵輪十餘隻，得鋏甲一，若『揚武』者二，若『滲安』、『鎮海』者各六，亦可開一小局面，若禦侮固多多益善也。統領最難，求之數年無當意者。由引港及洋船出身者，能熟風濤沙綫及駕駛法，而兵事非所知；由學堂出身者，畧知操演，而資輕望淺，無以號召同儕。老手提鎮，知中國營制；而西洋駕駛操演之法，又都茫如。目下改『揚武』爲練船，延英員爲教習，留蔡瑞葊軍門督練。瑞菴本我公部曲，其爲人何如，公必知之。幸以見示，晚向不識瑞菴，只因曾文正曾奏派統領輪船，藉文正公知人之明，令其一試，儗英員到時，先令赴津。求我公一閱，定其捺法。有合與否？電綫演熟似不難，如張魯生兄弟皆能之。赫德僱看煤之洋人到臺，將半年尚未報勘竣，蓋台北雨多晴少故也。如定議開煤，不能無機器，留俟補帆酌之。磁洲距河太遠，然則不能不需鋏路矣。船政額欵當遵諭請撥四成，第四成所餘者，亦不及二十萬矣。滇邊一案辦理不免棘手，洋務似有精實學問，圓輭者一味委靡，誤指買辦道事輩爲熟悉洋情；方正者謂忠信甲胄，禮義干櫓，畫餅可以充食，皆世道之憂也。晚惰窳性成，久邀洞鑒，況加之以衰朽，倘摳謁時我公必不識其爲故人面目也。他省之督撫，數十年前承平之兩江，都非其任，況在此地況在此日已具摺力辭，幸勿怪其不識抬舉也。肅此祗請鈞安，言不盡意。

摺稿函稿録呈察存。又臺灣城圖、安平海門圖，皆前學堂藝生按西法量繪者。謹以附呈。

《李鴻章全集·朋僚函稿》卷一五《復郭筠仙廉訪》（光緒元年七月二十一日）所論臺地開闢機宜，謂添立郡縣，須審量村社，分析民番，其野番屯聚處，約法羈縻，戒勿嗜殺。土地人民尚不足與經營，洵爲能見其大。若侈言遠略，所在屯兵歲餉百萬以外，又等新疆之有出無入，爲國家增一漏卮，其勢亦斷不可以持久。補帥依違其間，能否熟籌定計？幼帥諒已回省面相辨論，冀有歸宿，所得番地，果無可開之利，似不必張皇幽眇，致有后艱。言者多以經略臺灣可爲富强，本屬無根之談，但得重臣坐鎮，疏通拊循，相安無事而已。船政替人，幼帥擬與和公商定，本在南洋轄境，無論何人承辦，尚須幼帥遙制爲宜。

又《復王補帆中丞》（光緒元年八月初四日）幼帥鈔示會疏，極爲詳切，此後臺省兼駐局面已定，但兼顧卻甚爲難。卽使制軍毫無私見，氣脈已不聯貫，況臺防餉需甚巨，人心畛域易分，掣肘情形概可想見。和翁近因電綫一事與諸公頗有齟齬，將來他事恐亦不免齮齕。總署樞垣雖明知其故，而未能設法調停，其將何以持久！然數年來委曲調護之苦衷，遠近固已周知，他日公事若有貽誤，積誠所不能感、口舌所不能爭者，似只可據實瀝陳。內意視臺防極關重大，當能曲鑑隱微，主持一切。否則再相機乞退，未爲晚也。鄙意初疑筠仙可爲替人，昨因威妥瑪爲滇案狂吠，派出使英國，卽日交卸北上，則臺防善後非公莫屬，幸從容竭蹶圖之。唐軍苦於疫病，執事與幼帥慨允凱旋，曷任感佩。豫軍五營？果否允調，擬另撥他營尚得力否？開山撫番，事難中止，則分屯進扎，萬不可少。至通商開墾之利，茫如捕風。筠公陳義甚高，似有可採處。臺旆回省約在何時？甚念！甚念！

又 卷一六《復何筱宋制軍》（光緒二年十一月二十八日）雨生中丞將赴臺時一折兩片煌煌大文，欽奉廷旨令鴻章與幼丹制軍籌商議復，想臺駕過江，定已與聞梗概。所擬購鐵甲船、練水雷軍、槍礮隊、造炮臺、開鐵路、立電綫、開礦招墾各務，均係切要應辦之事，計非有的餉三、四百萬不能兼營並舉。請於各洋關借撥，率皆入不敷出，奚從提借？至稱臺事須專派重臣督辦數年，方可徐議督撫分駐，亦有遠識。但焉得威望素著、知兵之重臣，可以分身駐臺？又焉得數百萬現成巨款，可供重臣之指揮？願望難副，事勢難行，不知老成卓見如何區處。幼帥聞又續假，頗懷退志，能主持此大計否？弟實望洋興嘆矣。

又 卷一七《復沈幼丹制軍》（光緒三年正月十七日） 朝廷倚公爲東南柱石，喘疾卽不能驟愈，亦欲以卧治保障，況春氣融和，自漸痊復，幸勿堅持初志，久假不銷，致煩宸廑而負民望。【略】臺事昨始議復，與尊疏大意略同，筱塢請改爲臺灣巡撫，凡與雨生齟齬者，皆附和之。爲一時計固非妥策，爲百年計更非常局，不敢不引伸及之，以待廷臣決議。

又《復丁雨生中丞》（光緒三年三月二十一日）叠閱筱帥致召民函，情詞拂鬱，頗怪執事莫知我艱。筱濤赴省稟商，當漸融洽。春帆緘告，已允截留閩餉接濟臺防，並可商借洋債，似尚實心幫助，顧全大局。昨准總署咨，臺灣巡撫業已議駁，具見中朝倚畀甚殷。臺端無可求退之理，似仍如鄙論，鞠躬盡瘁爲是。聞司道公稟，吁請趨從回省會商一切，筱帥局量雖似褊急，而心地極厚，性情率眞。本係同鄉，一經面晤，無不能通商者。臺地各務尚未開辦，或可抽暇旋省耶？部署皆不以借洋債爲然，惟開辦鐵路，定購鐵船，一時斷難有此巨款。或者通融准行，惟各關無力分年認還。當於南洋海防應撥四成半分之半項下按結抵扣，爲數無幾，若僅借二百萬，分十年歸楚，尚不至誤，但此後解款愈少，幸預籌之。

王延熙、王樹敏《清道咸同光奏議》卷三九《張兆棟〈擬請添設移改疏〉》（光緒十年）竊臣兆棟前因渡臺巡閱，條陳應辦事宜，擬請在水沙連另設通判，將羅漢門巡檢改設澎湖，奉批旨，知道了。所有應辦事宜，卽著該署撫督飭屬員詳細查明，妥爲籌議，會同何璟奏明辦理。欽此。當經恭録轉行，欽遵茲催。據臺灣道劉璈議詳，批由藩、臬兩司會同善後局司道覈明，請奏前來。臣等伏查臺灣水沙連在中路之後山，未經開墾，以先祇爲荒埔，近以田園，日闢漸成要區。其界内之埔裏社地勢坦平，民番雜處，尤爲後山中權扼要。前議鹿港同知改爲中路，移紮水沙連，曾於埔裏地方建設土城、官廨，今鹿港同知未能改移，亟應另設通判一員，駐紮埔裏，辦理撫番開墾事宜，名爲『埔裏社撫民通判』。凡有民番詞訟，俱歸審訊，將來升科等事，亦由其經理；如遇命盜等案，仿照澎湖通判之式，由該通判勘驗查緝，移歸彰化縣招解。仍先由海防經費項下酌給津貼辦公，一俟田園墾升，將養廉、役食等項次第籌給。其與彰化縣如何劃界，容新設通判到任後會勘議。至於澎湖，島嶼縱横，文職祇一通判，控馭難周。是以有舉漢門巡檢改移媽祖宫之議，現經劉璈覆加查勘，距澎湖廳治九十里之入罩地方較媽祖宫更爲緊要。該處居民以漁爲業，良莠不齊，每有海船擱淺，乘危搶奪情事，廳員既鞭長莫及，汎弁把總又不足以資鎮壓。擬將臺灣縣羅漢門巡檢移紮入罩地方，歸澎湖通判管轄。附近將軍澳等嶼，卽歸該巡檢分管。因地制宜，洵於海疆有益。巡檢俸廉役食悉仍其舊，應需衙署委員勘估就防經費撥欵妥辦。除咨部查照外，合無仰懇天恩，俯准添設臺灣埔裏社通判一員，將羅漢門巡檢改爲澎湖巡檢，移紮入罩，以資治理而重巡防。如蒙俞允，並請勅鑄埔裏社撫民通判關防、澎湖入罩巡檢印信各一顆，頒給領換，俾資信守。羅漢門巡檢舊印，俟新印頒到，鐫字繳銷。以上二缺照臺地向例，均作爲調缺，准部覆分别辦理。

王之春《清朝柔遠記》卷一七　同治十三年夏四月，日本犯臺灣番社。先是，日本有船在臺灣遭風破壞，士人救出難民，官爲護送，交回上海領事。是月初三日，忽有日本船一號來後山沿海地，備載糖、酒、嗶吱諸物，云欲與生番聯和，立馬頭通市。續有劉穆齋等雇墨西哥國人啤嚕之船，亦來後山岐萊，至花蓮港觸礁船破。時有加禮宛及七交川等五社生番助之拖曳，船人因以溼物分給各番，且求寄住番莊。嗣有成富清風及啤嚕經頭圍，語縣丞鄒祖壽，云：此次失去洋銀千餘圓，意藉向生番尋釁。至是，突以兵船三路進攻番社，一由風港、一由石門、一由四重溪，路各五、六百人。生番紛紛逃竄，牡丹、高士佛、加芝來、竹仔各社咸被焚。又聲言進攻龜仔舟社。其時尚有兵輪泊廈門。於是臺灣戒嚴。

命船政大臣沈葆楨渡臺灣設防。臺灣報至，總理衙門王大臣請派大員查看情形；上以李鶴年事繁，命沈葆楨領輪船，聲言巡閲臺灣，相機籌辦。葆楨遂密奏：『日本越境稱兵，此其意有所圖，尚何待問。卽示以撻伐之威，並不得謂釁開自我。惟近來議洋務者，非一意畏葸苟安目前、不恤貽患將來，則專務高談，義憤快心，不妨孤注一擲，於國家深遠之計，均何當焉！臣夙夜思維，謹以管見所及，爲皇上陳之。一曰：聯外交。倭人狡譎非常，其稱兵也，西人曾斥其非。我將情形照會各國領事，請其公評曲直；如其怵於公論，斂兵而退，上也。否亦展轉時日，我得集備設防；其鬼蜮端倪，亦可隨時採悉。一曰：儲利器。日本之敢於鴟張者，恃美國暗中資助。又有鐵甲船二號雖非完璧，而以推尋常輪船，則綽綽有餘；彼有而我無之，水師氣爲之奪，則兩號鐵甲船不容不購。他如洋煤、洋火、合膛之開花彈以及火龍、火箭之類，尤須多辦。明知所費不貲，必有議其不量力者；然備則或可不用，不備則必啓戎心。乘軍務未興之時，尚可爲牖户綢繆之計；遲則無及矣。一曰：儲人才。此時欲消除萌蘗，須得折衝樽俎之才。黎兆棠膽識兼偉，洞悉洋情；臣請調之前來，以期集思廣益，毋失機宜。一曰：通消息。臺洋之險，甲諸海疆；欲消息常通，斷不可無電線。由福州陸路至廈門、由廈門水路至臺灣，水路之費較多、陸路之費較省，合之不及造一輪船之貲；瞬息可通，事至不虞倉卒矣』。

五月，沈葆楨、潘霨至臺灣。沈葆楨、潘霨奉命後，均於是朔率洋將日意格、斯恭塞格由馬尾啓程，分乘『安瀾』、『伏波』、『飛雲』各輪船，霨船直放大洋，葆楨暨日意格等兩船沿各口查察。抵南日（山島名，在興化海中），海壇鎮總兵黄聯開巡洋亦至，葆楨詢悉洋面情形。越三日，抵澎湖，登勘礮臺形勢。翼日，抵安平，霨已先二日至。既接臺灣鎮、道，具悉日本侵擾情事。遂奏稱：『辰下所宜行者三，曰理諭、曰設防、曰開禁。開禁非旦夕所能辦，必外侮稍定，乃可節次圖之。理諭一節，則臣霨過滬時，業與彼國公使柳原前光往復辯論。該酋始則推諉，繼忽自陳追悔爲西人所賣，商允退兵；有手書可據。乃到臺後，察其情狀，恐未足信；則設防，萬不容緩。臺地亘千餘里，固防不勝防，要以郡城爲根本。城去海十里，而近洋船礮力及之有餘。海口安平，沙水交錯，望之坦然。中一小阜突出，俗呼紅毛臺，蓋明季荷蘭國揆一王踞臺灣時築也；爲地震所圯，而磚石堅厚，遺址尚存，礮亦鏽而不適用。近日西洋礮火猛烈，磚石礮臺雖堅，不足恃。臣擬仿西洋新法，於是處築三合土大礮臺一座，安放西洋巨礮，使海口不得停泊兵船，而後郡城可守。又北路淡水、噶瑪蘭、雞籠一帶物產殷厚，蘇澳民番關鍵，尤他族所垂涎；故日意格謂急須派兵船駐紮。且去郡千里，有事鞭長莫及；臣等商派「靖遠」輪船，迎提督羅大春鎮之。並飭「長勝」輪船，同通曉算法之藝生轉入山後，周迴量水淺深，探其形勢；鎮、道等添招勁勇，着力訓練，多籌子藥、煤炭，以備不虞』。又稱：『防務方始，費用殷繁。臣等既駐臺地，時有動支；若俟省城展轉撥解，恐難應手，致誤事機。可否將臺灣鹽課、關稅、釐金等款應行解省者，儘數截留，歸臺灣道衙門支銷？俾遇事得迅速舉行。再有不足，則由省城撥解而來，以免支絀』。又稱：『臺、澎之用內地班兵也，當時以新入版圖、民情浮動，若用在地之兵，恐其聯爲一氣；計弭內變，非計禦外侮也。積久生弊，班兵視爲畏途，往往雇倩而來；伍籍且不符，何有於技勇！臣昨到澎湖踏勘，陂陀周迴數十里，無一山、一田、一樹，爲向來未見之瘠壤。然颱颶作時，臺南數百里舍此更無泊船之處。地則極要，守則極難。守將吳奇勳謂此地班兵七百餘人，皆疲茶不可用。該處不生五穀，民以捕魚爲業；自少至老，衽席風濤。誠招此輩以易班兵，民間既開生途，防務尤爲得力。臣等商諸鎮、道，咸謂全臺均宜照此辦理；否則，弁兵缺額候內地募補而來，動淹累月，緩不應亟。且臺地，閩、粵兩籍互相箝制，可無意外之虞；即使弊端踵生，事平不難改歸舊制。可否將臺、澎班兵疲弱者先行撤之歸伍，其曠餉招在地精壯充補，以固邊防』？皆奉旨允行。

沈葆楨請派水師提督彭楚漢率師來臺灣。時日本見我嚴防，番地皆登版籍，番民久已歸化，難盡誘；又自知力不能敵，詭謀已無所逞。然猶虛聲恫喝，冀倖有功。適沈葆楨奉諭云：『日本若能就我範圍，斂兵回國，自當消弭釁端；倘再肆志妄爲，即當聲罪致討，不得因循遷就，轉誤事機。沈葆楨與潘霨當相度機宜，悉心籌辦！應如何調撥之處？著會同文煜、李鶴年妥速布置，以維大局』。葆楨覆稱：『倭奴雖有悔心，然窺我軍械不精、兵力不厚，貪鶩之念，積久難消：退兵不甘，因求貼費；貼費不允，必求通商。此皆有萬不可開之端、不可勝窮之弊，非益嚴儆備，斷難望轉圜。倘恃其款詞，日延一日，奸民乘隙搆煽，必致事敗垂成。班兵惰窳性成、募勇訓練無素，擬請於北洋大臣借撥久練洋槍隊三千、於南洋大臣借撥久練洋槍隊二千；如蒙俯允，請飭其雇輪船來臺，乃有剿敵之軍。前接新任福建水師提督彭楚漢天津函，云是月可以抵閩；所有臣等請撥北洋洋槍隊三千人，如該提督尚在津門，應懇飭令統帶來臺，以資各營表率。提督羅大春，經臣鶴年奏留內地，不能不從新改圖。南路迫近倭營，則以鎮臣張其光專其任；該鎮原有部勇一營並內地調剿廖有富之兩營，更增募五營，以遏衝突。臺北之要甚於臺南，常有倭人窺伺，則以臺灣道夏獻綸專其任；該道原有部勇一營，擬添募一營，以杜旁竄。又據張其光稱前南澳鎮總兵吳光亮打仗勇敢、夏獻綸稱浙江候補道劉璈甚有勇略，各請奏調前來；合無仰懇飭兩廣總督、浙江巡撫派令刻日東行，俾收臂助。臺民尚義而難持久，且漳、泉、粵三籍氣類不同，須得人

以提督唐定奎統軍赴臺灣助防時李鴻章亦深慮臺地兵單，及沈葆楨請借撥洋槍隊，即奏以屯徐州之淮軍十三營，令提督唐定奎統之，至瓜州以輪船分次赴臺。葆楨遂奏稱：『澎湖爲臺、廈命脈所關，守備弱處，臣等正四顧徬徨；及連接李鴻章覆函，如久旱得霖，大喜過望，臣等飛派輪船迎之。兵力既厚，彼族詭謀或有所懾而中沮。然東洋探報變態日增，勿恃其不來，恃我有以備之。但非大枝勁旅，仍無以壯民氣而戢戎心！惟懇恩催其迅速前來。臣等非敢貪功好戰，但倭情如此，不能不先事圖維。仍請旨飭彭楚漢赴水師提督新任，庶臺灣、澎湖氣脈藉以靈通，金、廈諸防亦資鞏固』。奉旨俞允。又潘霨先募前煙臺稅務司博郎練洋槍隊，而屬前署鎮曾元福爲招土著壯勇五百，交博郎教習；至是，霨偕元福、博郎等赴鳳山舊城募土勇，並勵鄉團。因親履海口之打鼓山、大科圍、五塊處踏勘要隘，建兵柵，以待淮軍分駐。

沈葆楨撫降生番。沈葆楨欲招撫臺南、北路生番。南路，擬由下淡水開山路通埤南，遣人隨埤南番目從山後探路出山前。既知埤南番與西路各社番素隔絕，葆楨恐入山愈深則用力愈難，且慮有他虞，首宜招徠。及遣總兵張其光自鳳山往勘麟樂、上元諸莊（在下淡水），詢之土人，始知由潮州莊通埤南路直而坦。時崑崙、饒望祖、力扶圳、鹿坡角四社番聞總兵至，來求見；其光撫慰遣還。抵下淡水，有山豬毛社番總目求見，且願出力；其光駐騎待之。又有扶里煙六社番目率百餘人迎謁；其光分賞銀牌、

衣服，諭以薙髮、引路開山，皆首肯歡呼云。惟有番丁受賞，歸途爲屯番伏槍傷斃一人；都司丁汝霖以白其光，其光不卽往查，遽回府城，又不告知葆楨。葆楨奏劾，旋以無妨大局，仍留任，俾訖其事。此招撫臺南生番情形也。

北路，自蘇澳至岐萊港，水程百餘里，懸流逆浪，舟行甚險；陸路二百餘里，則懸崖峻峭，古木老藤叢雜，兵難大進。於是擬開平路以寬一丈、山蹊寬六尺爲準。屬夏獻綸由旂後乘輪船往巡，繞道澎湖，紳耆言前有倭船駛近放礮，居民驚駭；獻綸諭令亟辦團練自衛，以輪船添募水勇駐之。於是淡水、葛瑪蘭各廳屬，皆設鄉團。蘇澳地扼衝要，民番雜處；獻綸恐易啓釁，遂躬駐其地。葆楨慮蘇澳至岐萊水陸艱險，路未開，而獻綸以一營駐之、力太單，令增募土勇二營；有事則充伍，無事則開山。俟路成，則分移岐萊諸處墾荒；運火藥數萬磅給之。獻綸遂開岐萊新道，節次設寮駐勇；復增募勇夫三百、料匠二百同入山伐木，不十日開路近千丈。臺北生番，自此多歸附矣。

又 卷一八 籌造鐵甲船。初，沈葆楨奉命防臺，卽言鐵甲船當購、電報當設。遂招電線洋匠到臺，擬從臺灣府城北至滬尾，轉白沙渡海，過萬安寨（在福清縣）登陸至馬尾（在福州省城東），先從陸路起工；洋匠請回滬，與外國電局商議。洋將日意格以臺地與滬、粵隔遠，采購多艱，因留斯恭塞格於臺，自請歸滬另雇工匠、購辦物料；葆楨並諭其定買鐵甲船二。旋雇來礮臺洋匠頭帛爾、陀魯富二人、槍礮洋教習都布阿拉、保德、蛤利孟、貝魯愛四人到臺，今於安平海口相度要隘，繪圖以進。

葆楨旋疏陳防務，略云：『臺地六、七月間颱颶時作，琅璚浪湧，難泊輪船；龜山倭營又當風衝，亦難站脚。倘我陸兵厚集，乘此烈風暴雨併力合剿，彼鐵甲船不得近岸；孤軍懸絕，不難盡殲之海隅。此等情形，想亦倭所深悉；所以日來情狀，倍見張皇。若八、九月風浪漸平，彼之輪船必麕集海岸，互爲攻援，我之防水較防陸更亟；此時非多備戰艦不爲功。現在柳原至都，款服與否，尚未可知；臣等夙夜深籌，既望淮軍卽至，又盼鐵甲遄來，蓋爲此耳』！又疏：『請併力防務，以伐戎心。聞李讓禮爲廈門領事所擒，又爲滬領事所釋；雖信否未可知，究一李讓禮之去來，何關大局？我若可以自信，彼亦無所能爲。淮軍計日可以到臺，臣爵復於初四日馳赴鳳山，飭將營棚、薪米一切具備；南路得此勁旅，可壯聲威。提臣羅大春已赴蘇澳，「揚武」輪船往載其原部楚勇一營；夏獻綸派朱名登所招楚勇，聞亦成軍：日內均可東渡，北路亦足資捍禦。澎湖守備素虛，現借海關「凌風」輪船駐彼教習，分閩廠六船隨之，合操陣法；並兼顧地方。惟安平之礮臺，照西法興築；所雇洋匠初至，尚未施功。而臺地自六月以來暴風猛雨迭作，通計臺城二千七百餘丈，倒塌千有餘丈、坼裂又三四百丈；固由始基不愼，亦緣臺地常震，土弱沙鬆，磚石難購所致。見已發銀，由臺灣知府周懋琦轉飭紳士分段監修，多加蜃灰，厚砌基址；冀以外防衝突，內固人心。而役鉅工繁，非一時可畢。電線已有成言，近復翻異，屢經日意格駁詰，乃欲以舊線搪塞；臣等飭其不許遷就，致重款虛糜。然電線尚可緩圖，而鐵甲船必不容少。臣等曩派船政總監葉文瀾同日意格赴滬定買，近據函稱：所議英國之船，非英使周旋其間，無從成購；丹國一船合約垂定，旋以不肯擔承直駛入中國及換中國旗號，復致中變；日耳曼一船，有船無礮，製成且逾十稔，水缸只堪包用兩年。臣思國家擲此巨款，原爲利用起見；倘費百餘萬帑金，易一朽爛之船，將益爲外人所侮。臣囑日意格勿憚往復之勞，務求堅緻之物；倘議購不成，不如鳩工自造。雖三年求艾，要可計日成功。南北撫番、開路諸事，勇夫齊集，畚鍤日興。惟中路水沙連、秀姑巒一帶爲全臺適中之區、腹背膏腴之壤，故洋人在臺者，每雇奸民帶往煽惑番衆。聞該處社寮，竟有教堂數處。深林疊嶂，罪人、積匪往往逋匿其間，如逆匪廖有富等卽恃以藏身；而彰化之集集街，近復有『紮厝』斃命之事。安保日後不爲倭族勾通，斷我南北之路。臣等與營務處黎兆棠，商令募兵前往撫番搜匪，並開路設防。要之，倭將非不知難思退，而其主因貪成虐，不惜以數千兵民爲孤注之舉；謠言四布，冀我受其恫喝，遷就求和。倘入其彀中，必且得步進步。此皆屢試屢驗之覆轍，早在聖明洞鑑之中。議者以爲臺地得淮軍、得鐵甲船，則戰事起；臣等以爲得淮軍、得鐵甲船，而後撫局成。夫費數百萬帑金，殲此貪主所陷溺之數千兵民，不特無以體皇上偏覆之仁，抑且不足示天朝止戈之武。臣等之汲汲於儆備，非爲臺灣一戰計，實爲海疆全局計；願國家勿惜目前之巨費，以杜後患於未形。彼見我無隙可乘，自必帖耳而去。但寬其稱兵既往之咎，已足見朝廷逾格之恩；倘妄肆要求，伏懇我皇上堅持定見以却之。彼暴師於外，怨讟繁興；不待揮我天戈，而內亂將作。倘議者徒急欲銷兵，臣等恐轉成滋蔓矣』！

提督羅大春、同知袁聞柝剿撫臺灣叛番。

羅大春在北路開山，自東澳縋鑿幽險，至大南澳嶺（嶺距東澳二十餘里），有番賊伏叢莽，伺我軍翼日踰嶺刊木，兵役方瘁，凶番數百突以刀、標、鳥槍從林薄來犯，都司陳光華、守備黃明厚、千總王得凱等率勇迎拒，傷斃數番，始各駭散，我兵亦傷五人。進至大南澳，平埔廣長數十里，有竹園番四十餘社集衆數千，將邀我軍，架巨木爲臺，憑高下瞰；大春患其據險方拒，猝難剿平，遣人往撫，其渠皆聽命，因增募勇夫千人以助役。葆楨又調駐臺南東港總兵戴德祥前往，而咨唐定奎分營駐東港，爲枋藔後援。南路則袁聞柝督人夫自赤山披斬荆棘，踰獅頭山、入雞籠坑；埤南番目陳安生等已率番衆循山闢路，出崑崙坳以迎我軍。附近番社，亦各繳倭旂歸化；崑崙坳及內社番目率二百餘人，請領開路器具爲前導，聞柝各加賞犒。旁有望祖力社番目武甲素仇埤南，率衆伏箐林放槍邀截之；埤南番格殺武甲等三人。聞柝馳諭，望祖力社亦悔罪求撫。葆楨恐聞柝孤軍深入無後繼，令副將李光進扼雙溪口、遊擊鄭榮進駐內埔爲應援。時淮軍均在鳳山，張其光與南澳鎮總兵吳光亮所募粵勇二千亦至旂後，軍聲愈壯。

秋九月，日本兵大疫，多遁歸。

時沈葆楨奉上諭：『日本兵船在後灣、風港一帶，意圖招誘番衆，恫喝村民，日久相持，情形漸怯。現在防務漸臻嚴密，惟中路水沙連、秀姑巒一帶地方最爲緊要，刻下該處社藔竟有教堂數處，並有逃匪逋匿其間，難保倭族不暗爲勾通，肆其煽惑。卽著迅速籌商，妥爲調派。一面撫綏番衆、搜捕匪徒，一面開路設防，力求固守；毋使倭族得售其奸。安平礮臺，着沈葆楨設法興築；臺城倒塌，見經發款興修，著卽飭令周懋琦認眞經理。鐵甲船必不可少，沈葆楨等當切實籌辦，力圖自强；閩廠准其興造得力兵船，以資利用』。續奉諭云：『日本雖未啓兵端，然日久相持，終非了局。現在淮軍續抵鳳山、羅大春所調泉勇業抵蘇澳，滬尾、雞籠等口亦擬調募兵勇，扼紮布置，漸臻周密；當隨時聯絡，以壯聲威。刺桐脚莊民，有勾引倭兵往攻龜紋社之謠；當飭令王開俊迅傳該處民番解仇息事，毋任別滋事端。鐵甲船購買未成，仍著沈葆楨妥速籌議，以資得力。修築礮臺，勢不容緩；著沈葆楨等迅速辦理，毋失機宜。羅大春招勇開通番社，該處事務愈繁，需餉愈鉅，著文煜、李鶴年、王凱泰設法籌濟。』於是葆楨設防益嚴密，唐定奎厲兵以待戰；潘霨、夏獻綸巡視諸軍、稽核練丁，清查番社户口、給印牌，以固人心，民番俱歡欣遵辦。倭無間可乘，續到輪船，一載兵七百餘、一載琉球工役二百餘，皆多備藥彈及鍬、鋤、繩索器具，將爲久駐之計者；旋亦遣歸，並載回受疫兵役千三百餘人。後至遞信之船，皆不復留泊。惟初七日，倭忽移兵一棚至新街渡，莊民將户出壯丁二人設防守，倭遽撤棚歸營；翼日，倭列飛輪大小銅礮於營外，添兵巡邏爲衛。旋張示云：『新兵之至，乃替換舊兵，非有他意，各莊其安堵如故』。然營中疫死日多，醫云水土不服所致；皆涕泣思歸。遁歸者日益衆，倭將不能禁。

築安平礮臺。

張其光派員赴上海，購大鐵礮十。恐洋式礮臺遽難集事，先以巨筐盛沙上小石，堆垛爲蔽。及雇來礮臺洋匠，沈葆楨以候補知府凌定國與洋將勘定三鯤身基地（地濱海，距安平及臺灣府城均七里有奇），先爲圖以進。礮臺方式，四向共寬百八十丈，角爲凸形，中爲凹形；凸列大礮以利遠，凹列洋槍以防近。亭丈六尺、厚丈八尺有奇；外周重濠，寬丈，注水深七尺。臺容千五百人，置大礮五、小礮六，兵二百七十二；輔以洋槍隊，資防守。臺下爲避礮室，以備更番休息。後爲倉庫，以儲軍糧、藥彈。其牆則三合土壘成，層層撑以竹木，以防敵礮；外圍以甎，其厚五尺，以防久雨、地震坍塌之慮。計磚六百萬，竹木、灰石稱之。惟臺基盡沙地，運土須十餘里，甎則由泉、廈購運。遂以定國董其役，凡半載畢工。而內地江海各要隘礮臺，亦以次倣築。

增臺灣各路番地防營。

先是，沈葆楨剿撫番地，分三路開山：黎兆棠領中路，羅大春領北路，袁聞柝領南路。時兆棠雖招募成軍，其地途徑叢雜、巖壑深阻，水沙連等地久爲逋逃藪；擬先搜積匪、次撫生番，新軍不敷分布，請益兵。葆楨令吳光亮率粵勇兩營，自郡城赴之。大春既至大南澳，值大風雨，棚帳皆飛；兩溪盛漲，決爲四渠，工役停阻。結筏以渡，番賊從叢葦中狃擊，守備黃明厚等各受鏢傷；又犯蘇澳硐樓，大隊追至，始退散。我軍復進至石屋，平坡數十里，菅茅深丈餘；惟山水頗清腴。前爲濁水溪（距石屋十餘里），路極險仄。各社亦語言互異，其通事嚮以欺番爲利，號『番割』；番無所訴，則邀殺以洩憤。故通事入，番惴甚。其絶深阻者，亦不能詳。故每進，必留兵以防後路。大春商於葆楨，以輪船配兵械駐海口；移戴德祥營，益以新募勇，分屯蘇澳，以壯聲援。葆楨屬大春仍加意招徠，許民番咸助開山。聞柝在南路開闢，已越崑崙坳，近埤南界（距崑崙坳八十餘里）；俯瞰臺東，滄瀛在望。惟入山愈深，番社愈雜。沿途留隊扼險，兵漸單，亦請增營爲後繼；葆楨令張其光率粤勇兩營馳赴內埔，調前路各軍以次進駐。

冬十月，日本遵約撤兵。

王先謙《東華續録・同治一〇〇》 同治十三年甲戌（一八七四）春三月辛未（二十九日），諭軍機大臣等：『總理各國事務衙門奏「日本兵船見泊廈門，請派大員查看」一摺，日本國使臣上年在京換約時並未議及派員前赴臺灣生番地方之事，今忽興兵到閩，聲稱借地操兵。據英國使臣函報：日本係有事生番；並據南、北洋通商大臣咨覆，情形相同。事關中外交涉，亟應先事防範，以杜釁端。李鶴年於此等重大事件，至今未見奏報，殊堪詫異！生番地方本係中國轄境，豈容日本窺伺！該處情形如何？必須詳細查看，妥籌布置，以期有備無患。李鶴年公事較繁，不能遽離省城；著派沈葆楨帶領輪船兵弁，以巡閲爲名，前往臺灣生番一帶察看，不動聲色，相機籌辦。應如何調撥兵弁之處？著會商文煜、李鶴年及提督羅大春等酌量調撥。至生番如何開禁，卽設法撫綏駕馭，俾爲我用，藉衛地方；並著沈葆楨酌度情形，與文煜、李鶴年等悉心會商，請旨辦理。日本兵船到閩後作何動静？著文煜、李鶴年、沈葆楨據實具奏。南、北洋如探有確耗，並著李鴻章、李宗羲隨時咨明總理各國事務衙門覈辦。原摺均著鈔給閲看。將此由六百里各密諭知之』。

夏四月戊寅（初六日），諭軍機大臣等：『前據總理各國事務衙門奏：「日本兵船見泊廈門，聲稱借地操兵」，並據英國使臣及南、北洋大臣咨報，該國有事生番地方；當派沈葆楨帶領輪船兵弁，以巡閲爲名，前往臺灣一帶密爲籌辦。福建布政使潘霨早經陛辭出京，卽著馳赴臺灣幫同沈葆楨將一切事宜妥爲籌畫，會商文煜、李鶴年及提督羅大春等酌量情形，相機辦理。潘霨見在行抵何處？並著張樹聲查明，催令迅速赴閩，兼程前往，不得稍涉遲延。將此由五百里密諭沈葆楨、文煜、李鶴年、張樹聲，並傳諭潘霨知之』。

丙戌（十四日），諭軍機大臣等：『總理各國事務衙門奏「日本國兵船已赴臺灣，各國船隻亦有駛往福建洋面情事，請旨責成前派大員妥速籌策」一摺，據稱接李宗羲咨函內稱：日本國兵船於三月下旬，有駛進廈門海口者；有前往臺灣者，由琅璚地方登岸，並無阻問之人。英國水師提督，亦選兵船往臺灣迤南巡查。並聞日本購買輪船，裝載軍裝、糧餉；法國及日本兵船，均已抵廈。日本兵共八營，俱在臺灣東海旁起岸，欲攻生番。本月初間，始准李鶴年函稱：「臺灣道稟報，二月間日本水師官同夥一人抵琅璚柴城一帶，查看牡丹社等處形勢繪圖；並聲稱牡丹社係屬番界，彼自尋釁，在我勢難禁止」等語。生番地方久隸中國版圖，與臺灣唇齒相依，日本相距尤近，且各國均有兵船駛往；臺灣道視爲番界尋釁，勢難禁止，實屬不知緩急！見在日本兵船已赴臺灣，且有登岸情事；亟應迅籌辦法。沈葆楨著授爲欽差辦理臺灣等處海防兼理各國事務大臣，以重事權。所有福建鎮、道等官均歸節制，江蘇、廣東沿海各口輪船准其調遣，俾得與日本及各國按約辯論；而於徵調兵弁、船隻等事，亦臻便捷。該大臣接奉前旨，前已馳赴臺灣一帶。著卽體察情形，或諭以情理、或示以兵威，悉心酌度，妥速辦理；並與潘霨隨時愼密籌辦。一面會商文煜、李鶴年等督飭鎮、道妥爲布置，期於消患方萌，不得稍涉大意；一面將見在辦法及臺灣如何情形？迅速奏聞，以慰廑繫。除江蘇、廣東沿海各口輪船用款仍由各該省撥給外，所有該大臣需用餉銀，著文煜、李鶴年籌款源源接濟，毋任缺乏。應調官兵，並著李鶴年迅速撥派，毋誤事機』。

戊子（十六日），諭軍機大臣等：『李鶴年奏「日本師船擬攻臺灣番境，相機妥籌」一摺，據稱「日本以土番劫殺該國遭風難民，率領兵船擬攻臺灣番境；見已照覆該國將官令其早日回兵，並飭臺灣鎮、道按約理論」等語。日本違約興兵，前據總理各國事務衙門具奏，已派沈葆楨、潘霨前往臺灣生番一帶察看，與文煜、李鶴年等會商辦理，嗣後復授沈葆楨爲欽差辦理臺灣等處海防兼理各國事務大臣。見在日本兵船已有登岸情事，各國船隻復駛往福建洋面，較李鶴年所奏情形尤爲喫緊；著沈葆楨懍遵前日諭旨，與潘霨慎密籌畫，隨時會商文煜、李鶴年等悉心布置，毋令侵越，方爲妥善。並著文煜、李鶴年將撥餉、撥兵事宜，遵旨妥速籌辦，毋誤事機。日本是否回兵？臺灣鎮、道如何與之理論？即著據實奏聞』。

癸巳（二十一日），諭軍機大臣等：『李鶴年奏「日本兵船已抵臺灣番境，密籌防範」並「詳陳臺灣地利」各摺片，日本兵船不候照覆，即行駛赴臺灣登岸紮營；李鶴年已派水陸各營分往鳳山、澎湖等處屯紮，並調集莊團、水師防範臺境，藉壯聲威，以期有備無患。番地雖居荒服，究隸中國版圖；其戕殺日本難民，當聽中國持平辦理，日本何得遽爾興兵、侵軼入境。若謂該國僅與生番尋仇，未擾腹地，遂聽其蠻觸相爭，必爲外國所輕視，更生覬覦。釁端固不可開，體制更不可失；該督惟當按約理論，阻令回兵，以敦和好。不得以番地異於腹地，遂聽其肆意妄爲也。派往琅璚之員與日本如何辯論？能否就我範圍？著該督據實奏聞；仍隨時會同文煜悉心布置，務臻周密。沈葆楨計當起程，著懍遵疊次諭旨，與潘霨慎密籌畫，會商文煜、李鶴年妥爲辦理，毋稍大意。近日臺灣番境情形若何？著隨時詳細具奏。另片奏稱查辦彰化匪徒各情，匪黨雖就殄除，恐有餘孽潛藏，根株未盡；匪首廖有富亦未就捡。著李鶴年檄令臺灣鎮、道飭屬一體查拏，務將廖有富等按名弋獲，盡法懲治；毋令死灰復然』。

丁酉（二十五日），諭軍機大臣等：『李鶴年奏「日本師船已與生番接仗，見籌防範」一摺，日本並不遵約回兵，已與生番接仗，即日移營進勦。該國見到輪船七隻，尚有鐵甲船及堅固兵船未到；此時釁端已開，自應先事布置，嚴密設防，以期有備無患。江蘇、廣東沿海各口輪船，前已有旨准歸沈葆楨調遣，李鶴年亦擬添調直隸、江蘇輪船赴閩防範；應需輪船若干隻？即著李鴻章、李宗羲、張樹聲、瑞麟、張兆棟如數發往，以壯聲勢。日本被傷者是否止係數人？至生番有無被傷之人？未據該督奏及。生番既居中國土地，即當一視同仁，不得謂化外游民，恝置不顧，任其慘遭荼毒；事關海疆安危大計，未可稍涉疏虞，致生後患。著沈葆楨懍遵疊次諭旨，隨時與潘霨籌畫，會商文煜、李鶴年辦理；總當消弭邊釁、豫遏詭謀，方爲不負委任。李鶴年所籌自强之策有無把握？是否辦有端倪？不得以空言塞責，致誤事機』。

飭廣東等省迅解閩省兵餉。

五月壬寅朔，諭軍機大臣等：『文煜、李鶴年、沈葆楨奏「遵旨會籌臺灣防務大概情形」一摺，覽奏均屬妥協。日本上年遭風難民，經臺灣商民與熟番救出交回；該國轉藉他國積年舊案，越境稱兵。沈葆楨等擬將疊次洋船遭風各案摘要照會各國領事，其不候照覆即擧兵入境與生番開仗各情形亦分次照會，令其公評曲直；並擬購買鐵甲船、水雷及各項軍火器械，均著照所議行。並准其將閩省存款移緩就急，酌量動用；如有不敷，即照所請暫借洋款，以應急需。調赴浙江之「伏波」輪船，著沈葆楨迅速調回；直隸、江蘇、廣東沿海輪船應如何調撥之處？著沈葆楨等與李鴻章、李宗羲、張樹聲、瑞麟、張兆棟咨商妥辦。前置臺灣道黎兆棠，據沈葆楨奏稱該員洞悉詳情；著瑞麟、張兆棟飭令即行起程赴閩，以資得力。所請設電線以通消息，亦著沈葆楨等迅速辦理。該大臣此時計已起程前赴臺灣，著即察看情形，妥速籌辦；一面詳悉具奏，用慰廑繫。羅大春、潘霨等到臺後，沈葆楨即與該員等隨時會商辦理。該省防務，沈葆楨、文煜、李鶴年當統籌全局，妥爲布置。另片奏「請派員稽察船政」等語，沈葆楨見在赴臺，著文煜等傳諭前陝西布政使林壽圖前往船廠認眞稽查，隨時察看海口情形；如有緊要事宜，與文煜、李鶴年妥爲備禦，並著會銜具奏』。

壬子（十一日），諭軍機大臣等：『沈葆楨等奏「據報臺灣近日情形」一摺，日本已分三路進攻番社，生番逃散，遂將牡丹社等焚燒，並欲攻龜仔丹社；乘隙尋仇，意圖深入。若再不亟籌辦法，則生番更遭荼毒。沈葆楨已與潘霨起程赴臺，邀集各國領事公評曲直；若能斂兵回國，自可消弭釁端。倘仍悍然不顧，不得遷就因循，轉誤事機。沈葆楨與潘霨相度機宜，悉心籌辦。應如何調撥官兵前往，藉壯聲勢之處？著會商文煜、李鶴年妥速布置，以維大局。本日有旨諭令王凱泰即行起程回任，毋庸來京陛見；該撫回任後，著李鶴年隨時和衷商辦，以期共濟時艱』。

諭：『李鶴年奏「閩省海防緊要，請飭撫臣迅回本任」一摺，福建巡撫王凱泰前經行抵蘇州，因病奏請開缺，當經降旨賞假兩個月，毋庸開缺；見在閩省自日本違約興師，占踞臺灣牡丹社一帶，該省海防關繫緊要，著李宗羲、張樹聲即行傳知該撫速行回任，以重地方。王凱泰於接奉此旨後，卽日起程赴閩，毋庸來京陛見；不得俟假期屆滿，致有遲誤。將此由五百里各諭令知之』。

丙寅（二十五日），諭軍機大臣等：『沈葆楨等奏「到臺日期，籌辦大概情形」並「番目籲乞歸化，臺、澎防兵擬另招精壯充補，請將臺灣課稅等銀撥充經費」各摺片，沈葆楨、潘霨先後行抵臺灣察看該處情形，沈葆楨給與日本西鄉從道照會詞意頗爲嚴正，潘霨於本月初八日親赴琅璚面加詰問，設防之事自屬萬不容緩。沈葆楨等擬於海口建築礮臺、安放巨礮，使不得停泊兵船；北路淡水等處派兵駐紮，由提督羅大春督率巡防，並另招勁勇、多備軍火等事：所籌均是，卽著該大臣等妥速辦理。日本藉口他國積年舊案違約稱兵，曲直是非，中共外見。沈葆楨務當與之極力理論，不得稍涉遷就，致誤事機。該國如何照覆？潘霨到琅璚後如何辯論情形，著隨時詳悉奏聞，以慰廑繫。生番本隸中國版圖，朝廷一視同仁；疊諭該大臣等設法撫綏，不得視同化外，任其慘罹荼毒。見據各社番目籲乞歸化，卽著該大臣等酌度機宜，妥爲收撫，聯絡聲勢，以固其心。臺、澎向用內地班兵，率皆疲弱；見在因時制宜，自不妨變通辦理。沈葆楨等擬將班兵疲弱者撤令歸伍，另招本地精壯充補，事平之後察看情形再行酌辦；卽著照所議行。臺灣鹽課、關稅、釐金等款，准其儘數截留，撥充海防經費，歸臺灣道衙門支銷；不敷之款，著文煜、李鶴年籌撥接濟，毋令缺乏』。

戊辰（二十七日），諭軍機大臣等：『文煜、李鶴年奏「籌辦沿海各口防務」一摺，馬祖澳及白犬洋面已有日本鐵甲船、木輪舟在彼游弋，並有「孟春」兵船自廈門測水直至中岐，意存恫喝；此時防務，自應嚴密布置，以備不虞。覽文煜、李鶴年所奏籌防情形，半屬空言，並無切實辦法；當此事機緊要之際，若再掉以輕心，必致臨事張皇，貽誤大局。究竟福、廈各口何處最爲扼要？見應如何設防？福寧、連江沿海一帶作何準備？是否已臻周密？著文煜、李鶴年悉心籌畫，立見施行；不得以含混一奏，遂爲了事。沈葆楨見於淡水等處派兵駐紮，由羅大春督率巡防，責任綦重；仍當遵奉前旨，檄令卽日赴臺，以資得力。著文煜、李鶴年另派得力之員統兵駐紮廈門，並會商李新燕妥爲籌布。近省情形，當隨時知照沈葆楨、潘霨，以期聲息互通』。

諭：『見在日本與臺灣生番稱兵搆釁，疊經據理曉諭，仍未遵約退兵；近復有兵船在福州口往來。本日據文煜、李鶴年奏請留提督羅大春暫緩赴臺，駐紮廈門一帶以資鎭守。但臺灣事機甚急，昨經沈葆楨奏業與潘霨先後抵臺，擬於該處海口建築礮臺，並派兵駐紮淡水等處，由羅大春督率巡防；是該提督亟應速赴臺灣。省防一時未能兼顧，而福州各處海口關繫緊要，防守需人；福建水師提督彭楚漢，前經李鴻章奏請留帶直隸練軍，暫緩赴任。刻下閩省防務正急，著李鴻章卽飭彭楚漢剋日馳赴新任，以重地方。直隸練軍，卽由該督另揀妥員統帶。本日有寄諭沈葆楨及文煜、李鶴年夾板印封各一件，李鴻章接到後，卽著發交輪船速爲分別投遞，毋稍遲誤。將此由六里諭令知之』。

六月丙子（初五日），諭軍機大臣等：『文煜、李鶴年奏「布置海防、籌撥臺防餉銀軍火」並「探報日本船隻在五虎口外游弋情形」、「請飭宋慶統兵赴閩」各摺片，日本違約稱兵，昨據沈葆楨奏報到臺後，業經給與照會向其理論，並經潘霨親赴琅璚面加詰問；是否斂兵回國，尙未續有奏報。見據文煜等奏：福州五虎口百餘里外已有該國鐵甲等船在彼游弋；是福州、廈門等處海防甚爲喫緊。文煜等見擬擇要堅築礮臺，並飭副將楊廷輝將附近漁人召募成軍，免資寇兵；卽著迅速妥爲布置，並飭總兵孫開華等認眞辦理，以期有備無患。所需水雷及轉輪礮臺等，卽著咨商沈葆楨妥爲籌辦，以資要需。此外，沿江、沿海如尙有扼要之處，亦當豫爲防範，毋稍疏懈。臺灣近日情形，自沈葆楨給與照會之後，日本官如何照覆？能否就我範圍？著沈葆楨等相機妥辦，仍隨時奏聞，以慰廑繫。至提督宋慶一軍，見在整理出關，雖尙未成行；而閩省海防緊要，該軍遠在寧夏，焉能濟急！閩、浙兩省皆李鶴年管轄，何至乏員調撥！如防軍需人統帶，卽著另行揀派，以資得力。所請飭令宋慶帶兵赴閩之處，著毋庸議』。

己卯（初八日），諭軍機大臣等：『沈葆楨等奏「理諭倭將稍有端倪，仍遵旨加緊籌防」並「請飭彭楚漢帶隊赴臺」各摺片，潘霨偕道員夏獻綸等於五月初八日馳抵琅璚，與日本中將西鄉從道反復辯論，逐條窮詰；西鄉從道理屈詞窮，旋以「所用兵費無著」爲言，復經潘霨據理駁斥，彼稱一面致書柳原前光、一面寄信該國暫不添兵前來。沈葆楨等所奏

「非益嚴警備，難望轉圜。倘恃其款詞日延一日，奸民乘隙搆釁，必致事敗垂成」等語，深合機宜。著照所請，由北洋大臣調撥久練洋槍隊三千人，南洋大臣調撥久練洋槍隊二千人，均乘坐輪船赴臺。該郡見有兵勇不甚得力，李鴻章、李宗羲務當迅速調派，令其剋日起程前往，以壯聲勢。南、北洋防務緊要，俟日本兵退後，沈葆等卽令此項隊伍各歸防所。前據文煜等奏：擬留羅大春駐紮廈門；當經降旨仍令迅卽渡臺辦理淡水一帶防務，並諭李鴻章檄飭彭楚漢迅赴本任。沈葆楨等此時計可接奉前旨，所陳臺灣南、北路布置情形及令曾元福提倡鄉團各事宜，卽著督飭該員等悉心籌辦，務臻周妥；並偵探日本情形，隨時詳悉具奏。潘霨在琅𤩝時傳各社生番頭目，至者百數十人，皆稱懇求保護，並願設官經理，永隸編氓；仍著沈葆楨等遵奉疊次諭旨，妥爲收撫，以固其心。所有奏調之前南澳鎭總兵吳光亮、浙江候補道劉璈，著瑞麟、楊昌濬派令迅往臺郡，用資任使。閩省輪船不敷調撥，江蘇、廣東沿海各口輪船前有旨准歸沈葆楨調遣，卽著於滬局添調數號由吳大廷督帶駛往。前諭李鴻章飭彭楚漢赴閩，如該提督尚未起程，此次調撥之北洋洋槍隊三千人，著卽令其統帶，迅由輪船馳赴臺灣，毋稍遲緩。該提督抵臺後，應否留於該郡督隊辦防之處？著該大臣等與文煜、李鶴年會商辦理』。

癸未（十二日），諭軍機大臣等：『本日文祥奏「病仍未痊，懇請開缺」一摺，已明降諭旨賞假兩個月，俾得安心調理矣。數月以來，該大臣病體仍未就痊，甚深廑繫。惟各國交涉事件甚繁，刻下日本與生番尋釁，辦理亦無頭緒，亟須該大臣前赴總理各國事務衙門會同籌畫；著文祥不必均定假期，隨時前往該衙門悉心會商妥辦，共濟時艱。將此諭令知之』。

諭：『李鴻章奏「遵旨籌派洋槍隊航海馳赴臺防，並請調駐陝銘軍東來，以備南、北海口策應」一摺，前據沈葆楨等奏請由北洋撥久練洋槍隊三千人、南洋二千人馳赴臺灣，當經諭令李鴻章、李宗羲迅速調派。茲據李鴻章奏稱：「直隸防軍拱衛畿輔，必須留備緩急，礙難分調；南洋槍隊無多，亦難酌撥。且於兩處抽撥，恐兵將素不相習，轉致貽誤。查有提督唐定奎所統見駐徐州之武毅「銘」字一軍，素習西洋槍礮，訓練有年，堪以派往」等語。著照所請，卽飭唐定奎統帶所部步隊六千五百人由徐拔赴瓜洲口分起航海赴臺，聽候沈葆楨調遣。由李宗羲、張樹聲飭調滬局輪船暨雇用招商局輪船駛赴瓜洲，以備該軍東渡；並著沈葆楨酌派閩廠兵船入江接載，俾期迅速。該軍所需月餉、軍裝、子藥等項，仍著源源籌撥，毋任稍有缺乏。提督彭楚漢，著李鴻章飭令星速赴任，籌辦防務。日本違約稱兵，南、北洋沿海各口均須嚴密設防；自應添調勁兵屯紮適中之地，以壯聲援。見在陝西防務已鬆，著邵亨豫迅飭臬司劉盛藻統率陝防武毅銘軍馬步二十二營星夜兼程拔赴山東濟寧及江南徐州一帶擇要扼紮，以備南、北海口策應。該軍到防後，著李鴻章、李宗羲隨時會商，相機調派。南、北洋防務緊要，並著該督等悉心妥籌，詳細具奏。福州一帶沿海地方，文煜、李鶴年、王凱泰當實力籌防，務臻周密；不得稍存大意，致誤事機。日本近日情形若何？著沈葆楨等隨時確探；並將應行備豫事宜，妥爲區畫，卽行奏聞。另片奏：「輪船遲速無常，嗣後寄諭沈葆楨等夾板等件，除發交齎摺原輪船遞回、可期迅速外，其餘應仍由驛遞徑發閩省」等語。覽奏已悉；嗣後發交該督飭令遞回之件，卽著隨時交原輪船飛速齎遞』。

辛卯（二十日），諭：『沈葆楨等奏「積籌防務情形」一摺，日本復到輪船一隻、裝兵二百餘人，帶有鐵練、農器等件，又有輪船駛往後山一帶，意存覬覦；亟應厚集兵力，益嚴警備。提督唐定奎一軍，著李鴻章檄令迅速拔隊，兼程前進；不得稍涉延緩，致誤軍機。並著沈葆楨、李宗羲、張樹聲遵奉前旨，分別飭調船隻，妥爲豫備；俾得迅到防所，以壯軍威。臺灣南、北路防守事宜，均甚緊要；澎湖守備空虛，見添募勇丁一營是否足資捍禦？沈葆楨等務當督飭張其光、夏獻綸等妥籌布置，嚴密防守。北路淡水等處，前諭羅大春前往督防；該提督此時當已渡臺，並著該大臣等與之會商，相機籌辦。日本遣人往勾卑南社番，經沈葆楨等將該番目陳安生等招致來郡；潘霨見擬駐營鳳山，就近相度形勢，次第撫綏。惟日本既約牡丹社生番議和，並以「王」字社生番不肯議和，有進兵往攻之說；沈葆楨等應如何聯絡番衆之處？務宜設法妥辦。福州、廈門一帶，文煜、李鶴年、王凱泰見在如何籌防？著卽區畫周密，詳悉奏聞』。

秋七月乙巳（初五日），諭軍機大臣等：『沈葆楨等奏「臺灣南、北路防守情形，請飭淮軍迅速來臺」一摺，日本兵營麕聚龜山、風港等處不時游弋各莊，且有威偪大鳥萬、干仔帛二社到營說和及在茄鹿塘哨探情事，沈葆楨見飭王開俊由東港進紮枋寮，戴德祥由鳳山塡紮東港，潘霨與曾元福等馳赴鳳山招募士勇，激勵鄉團，並於海口要隘催建兵棚以備淮軍分紮，臺北諸路以夏獻綸所部一營駐紮蘇澳，擬就淡、蘭添募勇士兩營以厚兵力，並開通山路，卽可分移岐萊各處墾荒；布置尚屬周妥。卽著沈葆楨飭令派出各軍認眞防守，毋稍疏虞；並令潘霨等將生番各社設法招徠，俾爲我用。倭人雇墨西國船隻被傷一案，並著沈葆楨、文煜、李鶴年、王凱泰飭令夏獻綸速行辦結；仍一面招撫岐萊各處生番，剴切曉諭，毋爲利誘。省城各路海防，文煜等務當嚴密布置。見在「濟安」等輪船次第駛回，臺灣南、北防務略有端倪；沈葆楨等惟當愼密防維，固不可掉以輕心，亦不宜冒昧從事。總期審度機宜，悉心籌畫，以副委任。唐定奎所帶徐州洋槍隊十三營見在曾否起程？著李鴻章、李宗羲、張樹聲飭令該提督迅速赴臺，以資得力』。

丙辰（十六日），諭軍機大臣等：『沈葆楨等奏「續陳防務」暨「撫番開路情形」各摺片，日本兵船仍在龜山等處，相待日久，尚未退兵；見在羅大春、黎兆棠均已到臺，沈葆楨已飭張其光等先開通山路，潘霨亦前往鳳山督練新軍，催集民團，綏撫番社並飭地方官豫籌客兵薪米，各省輪船陸續駛回，唐定奎一軍不日亦可趕到。刻下颱颶時作，琅𤩝難泊輪船，龜山倭營又當風衝，彼族正在進退維谷之際；著沈葆楨、文煜、李鶴年、王凱泰、潘霨酌度情形，審愼籌畫，使倭船迅離臺境。柳原前光在都，經總理各國事務衙門王大臣與之剴切辯論，該使臣語意枝梧；沈葆楨等務宜乘此兵釁未開，速爲布置，一面撫馭番衆，一面厚集兵力，俾壯聲威。倭人劉穆齋失銀一案，並著飭令夏獻綸迅行辦結，毋令藉故躭延』。

八月壬申（初二日），諭軍機大臣等：『沈葆楨等奏「臺灣近日情形，力籌防務」並「北路倭案辦結，屯番槍傷生番見飭嚴辦」及「閩廠輪船懇請續造」各摺片，日本兵船在後灣楓港一帶，日以蓋兵房、掘濠溝、豎竹圍爲事，意圖招誘番衆、恫喝村民；日久相持，情形漸怯。見在淮軍業經到臺，羅大春已抵蘇澳，夏獻綸招募楚勇亦已成軍，澎湖地方見借海關「凌風」輪船駐彼教習，閩廠六船隨同操練，防務漸臻嚴密，彼族自無隙可乘。惟中路水沙連、秀姑巒一帶爲全臺適中之區，地方最爲緊要；刻下該處社寮竟有教堂數處，並有逃匪逋匿其間。沈葆楨等見擬募兵前往，卽著與文煜、李鶴年、王凱泰、潘霨迅速籌商，妥爲調派，一面撫綏番衆，搜捕匪徒，一面開路設防，力求固守。安平礮臺，並著沈葆楨等設法興築。臺城倒塌千有餘丈，見經發款分修；著卽飭令周懋琦等認眞經理，務期修築鞏固，不准草率從事。電線雖可緩圖，鐵甲船必不可少；卽使議購有成，將來仍應鳩工自造，目前尤須講求駕駛之法。沈葆楨惟當切實籌辦，力圖自强。閩廠輪船，卽照所請，准其續行興造得力兵船，以資利用。北路倭案已經辦結，沈葆楨等請將稅務司好博遜酌給獎勵之處，著該衙門議奏。屯番槍傷生番，亟宜速爲查辦。張其光正在下淡水一帶辦理招撫事宜，何以聞信不卽行馳往拏辦？迨回郡城後，復不與沈葆楨言及？實屬不知緩急！此案關繫撫番全局，豈容置若罔聞。著沈葆楨等嚴飭張其光將屯番拏獲懲辦，以安人心。倘該總兵再行辦理顢頇，卽著沈葆楨等據實奏明，從嚴參處』。

九月戊午（十九日），諭軍機大臣等：『沈葆楨等奏「淮、粵兩軍到臺及南北開路情形」一摺，見在淮、粵兩軍陸續到臺，卽著分別布置，擇要扼紮，以壯聲威。臺南生番尚易招致，北路各社率多頑梗之徒，大南澳平埔等處有兇番糾集丁壯數千，意在抗違。沈葆楨等務當悉心籌度，恩威並用，會同羅大春加意招徠，妥愼辦理；不可輕易進紮，致爲番族所乘，轉礙撫番大局。臺郡城垣關繫緊要，著督飭該地方官速行修葺，務期鞏固。沈葆楨另片奏「『大雅』、『安瀾』輪船遭風損壞，自請議處」等語。此次損壞船隻，卽著分別設法修理；沈葆楨未能先事豫防，殊屬疏忽！著交部議處。製造輪船工鉅費繁，嗣後務當飭令該管駕等隨時加愼。又片奏「訊結屯番槍傷生番」一案，卽著照所議辦理』。

丙寅（二十七日），總理各國事務衙門奏：『切籌海防，將緊要應辦事宜撮敍四條，請飭詳議』。命各督、撫詳細籌議，將逐條切實辦法，限於一月內覆奏。

冬十月戊子（十九日），諭軍機大臣等：『本日李鶴年奏參「藩司不能稱職」一摺，據稱「福建布政使潘霨由捐納佐雜出身，心術陰柔、人品卑瑣，差委員缺多係捐班人員，以致物議沸騰，編造歌謠黏貼街市；且有袒護同鄉，結爲朋黨及與將軍拜認師生各情。近日辦理日本事宜，卑詞下氣，求悅夷人，大失國體」等語。該藩司見在臺灣，其辦理一切事宜以及平日居官行事，沈葆楨知之必稔；卽著按照李鶴年所參各節，秉公詳細查明，迅速據實具奏，毋稍徇隱。原摺著鈔給閲看』。

壬辰（二十三日），諭軍機大臣等：『沈葆楨等奏「臺灣近日情形並淮軍到臺」一摺，日本兵船尚未退出臺灣，刻下退兵章程業經定議，惟此後海防各事宜亟須認眞講求，以期有備無患。現在淮軍三起均抵澎湖，應如何分紮要隘之處？仍著沈葆楨等酌度情形，妥爲布置。其南、北開路以及郡城修築礮壘各事，並著該大臣等悉心經理，毋稍鬆勁。刺桐脚莊民已與龜紋社釋嫌尋好，琅𤩝諸社均受約束，其餘亟須次第清查；惟入山愈深，番社愈雜，北路復有生番撲犯碉樓、傷斃兵丁之事，亟應妥爲籌辦，俾番衆悉爲我用，藉可自固藩籬。著沈葆楨、文煜、李鶴年、王凱泰、潘霨飭令派出各員設法招徠，隨時撫恤。招墾事宜，仍須商同羅大春認眞籌畫。臺郡城工業已過半，安平礮臺見擬設於三鯤身地方；一切工程，沈葆楨等務當悉心經畫，毋得畏難思阻』。

丁酉（二十八日），諭軍機大臣等：『大學士文祥奏「敬陳管見」一摺，臺灣之事權宜辦結，亟宜未雨綢繆，豈可仍蹈因循錮習。著沈葆楨、文煜、李鶴年、王凱泰、潘霨悉心籌商：所有在臺兵勇應如何酌留？淮軍素稱得力，見在業已到臺，應如何分紮防堵？全臺事宜，應如何布置？該大臣等務當妥爲經畫，以善將來，並著李鴻章、李宗羲將前議購買未成之鐵甲船、水礮臺及應用軍械等件，迅速籌款購辦；庶幾兵械精良，有備無患。原摺著鈔給閲看』。

十一月壬子（十三日），諭軍機大臣等：『沈葆楨等奏「日本遵約退兵，收回草房營地」一摺，日本兵船盡數退出臺灣，其遺下營房草房板片，均經點收完竣，該處已派官軍塡紮；惟琅𤩝一帶善後機宜，亟須悉心籌畫、妥善經營。所有招撫生番及修城、開路各事宜，仍當妥籌辦理；毋得以倭兵已退，卽形鬆懈。著沈葆楨、文煜、李鶴年、王凱泰、潘霨懍遵十月二十八日諭旨，妥爲布置，毋稍因循。沈葆楨等惟當於此時力圖自强之策，以期未雨綢繆，庶幾有備無患。另片奏「道員黎兆棠因病回籍」等語。該員見經簡放津海關道，卽著沈葆楨傳知黎兆棠病痊後迅速赴任，以重職守。』

設置東三省部

綜　述

盛康《清朝經世文續編》卷三三《吉林將軍長順〈奏擬請擇要續行增改民官摺〉》（光緒二十八年八月二十九日）跪奏爲吉林地廣事繁，從前添設改設民官措施未竟，擬請擇要續行增改，以敷政教，而資控制，恭摺仰祈聖鑒事。竊維古來經世之道，非量地制邑，不足奠民生；非分職建官，無以布政化。矧時當擾攘，政散民流，於此而欲補偏救弊，舍講求吏治而外，其道無由。吉林幅員之廣，東西徑距二千四百餘里，南北徑距一千五百餘里。若以東西兼北斜度計之，則四千數百里有奇。從前司牧之官，惟省城及西北一隅設有三廳。光緒初年，前將軍銘安，以地闢民聚，盜衆官稀，奏准添設賓州廳、五常廳、敦化縣三處，旋復奏准，於省城添設道府，及雙城廳、伊通州各缺，於是吏治漸有起色，而民氣爲之一新。十三年前，將軍希元奏准，將伊通州所屬之磨盤山，原議分設巡檢一缺，改爲州同；十四年復經希元奏准，將長春通判一缺改開爲長春府，分設農安縣，歸府統屬。然銘安增改官制未竟措施，希元略事變通，亦未盡利。

奴才前在吉林任內，默察形勢，以縱橫數千里地方，僅設兩府四廳一州兩縣，宜乎邊地空虛，無所布置，且各府廳州縣轄境太寬，控制既屬不易，而距城窵遠，居民涉訟訥糧，非奔走數百里不能赴質公庭，早完國課，思有以增改之，旋以多事不果。

此次奴才重任吉林，訪知前將軍延茂亦有添官分治之意，飭下道府核議有案。蓋吉林自甲午而後，奉天散勇流入爲匪，路工土夫招致日衆，游蕩之民過多，撫循之道匪易故也。邇年兵燹以後，民氣彫［凋］敝，亟宜休養生息，而土匪散勇，尚未盡除。去殺勝殘，道不在武功，而在文德。亂極思治，此其時矣。矧和局大定，撤兵有期，將來外攘既無足言，而内修何可不講？當經紮委吉林分巡道文　，將何處亟宜添官，何處可以設署，揀委熟悉情形之員，詳細妥議。去後，茲據正任伊通州知州、在任候補同知書瑞復稱：查得琿春城界連韓俄，東南緊接摩闊崴、海參崴各海口岸，稍南又與韓鍾城、穩城各府縣隔江相對，爲吉省東南緊要門户。前當辦理邊防伊始，曾在琿春城設立招墾總局，又於琿春東之五道溝、西之烟集岡各設分局，招致沿邊各處佃民開墾，以實邊地。迄今十餘年，各處阡陌相望，民户日增，早經成邑成聚，自建官以資教養。況距烟集岡九十里之和龍峪，爲韓民越墾地方，現雖設局撫墾，終非經久之規。

又查，三岔口地處寧古塔東南，其界緊連雙城子，俄卡設有招墾總局，該口西北相距三百餘里爲穆棱河，曾設招墾分局，其地開墾有年，民皆久住，且穆棱河爲火車入境門户，交涉繁劇，均宜設官經理。又查，磨盤山州同轄境寬闊，地勢袤延，從前所放之荒大半開墾，民户較前繁庶，應即改建縣治，以資治理。又據署賓州廳同知試用通判杜玉衡復稱：瑪琁河在賓州廳東，距廳二百二十里，爲寧古塔三姓通衢，地方數百里，僅設燒鍋甸分防巡檢，難期空［控］制，自宜改設縣治爲便。再將燒鍋甸巡檢移駐廳南之一面披［坡］，布置可期周密。又據農安縣知縣杜學瀛復稱：農安縣署之新安鎮，爲奉天、黑龍江商旅往來之途，地僻盜多，民情刁悍，與縣相距二百五十里，鞭長莫及，非設分防，難資鎮懾各等情，先後由道轉詳前來。

奴才復查該員所議各節，尚屬斟酌盡善，握要以圖。查前將軍銘安曾經奏請於琿春城添設知府一缺，三岔口相近之萬鹿溝添設知縣，南岡即煙集岡設立縣丞，嗣經部復，僅核准縣丞一缺，餘俱奏駁，飭從緩議，嗣復經前將軍希元將縣丞奏裁在案。目下時閱二十年，情形迥非昔比，若非稍事變通，實無以安養民人，慎固疆圉。擬請於琿春相近之煙集岡地方，設一撫民同知，名曰延吉廳，設巡檢兼司獄一員，教諭一員，於和龍峪設分防府經歷一員，歸廳管轄。所有琿春應收租賦雜税，亦歸廳經徵。其和龍峪經歷，專司緝捕，兼管華韓交涉及墾民一切詞訟。凡越墾界內應徵租賦，悉歸該經歷徵收。三岔口添設撫民同知一員，名曰綏芬廳，巡檢兼司獄一員，教諭一員。穆棱河添設廳知事一員，名曰分防穆棱河知事，以正九品主簿等官，酌量借補。瑪琁河添設知縣一員，該處居西長壽河東長壽河之中，名曰長壽縣。另設典史一員，訓導一員，將原設燒鍋甸巡檢移駐一面坡。緣該處已設火車巨站，交涉事繁，非官不足以鎮撫之也。惟賓州既有屬縣，應將賓州廳同知改爲直隸同知，以符體制。廳縣仍照原分界址，毋庸再事劃分。磨盤山從前奏設州同時，曾經聲明，俟數年後察看情形，地方果能富庶，再行改設州縣。今擬改設知縣一員，名曰磐石縣；訓導一員，巡檢兼行典史事一員，仍歸吉府［林］府管轄。其原設州同一缺，即移駐州界之赫爾蘇地方，仍作伊通州分防，俾資襄理。其吉林府之西南營城子地方，距州較近，劃歸伊通管轄。府之東南管界官街地方，與磨盤山毗連，距府計三百餘里，劃歸磐石縣管轄。至農安縣所屬之新安鎮，擬請添設主簿一員，名曰新安鎮分防主簿，歸縣管轄，專司緝捕，兼理徒罪以下詞訟事件。所有各官廉俸、役食及捕盜勇餉，仍由經徵斗税項下開支，以符向章。以上添設改設各缺，並非更張官制，實爲綏靖地方，且風會所趨勢獲已。但使得人而理，不特盜氛可息，元氣可培，而聚民即以實邊，長治久安之道，亦不外此。

如蒙俞允，應請旨飭部鑄造官防、印信、鈐記，迅即頒發，以昭信守。其定缺分、籌俸廉，修城垣，建衙署，興學校，設弁勇，應行詳議章程，另繕清單，恭呈御覽。合無仰懇天恩，飭下政務處及各部臣核議施行，實於邊境大有俾益。一俟奉文核准後，再行遴選妥員，前往試辦。如果辦理裕如，即以該員奏請試署，以收實效。所有吉林請添設改設各民官緣由，理合恭摺具奏，伏乞皇太后、皇上聖鑑，訓示。謹奏。

程德全《程將軍守江奏稿》卷三 十一月初三日，奏爲江省屬境遼廓，人民漸多，亟宜變通吏治，添設地方各官，以資治理，恭摺仰祈聖鑑事。竊維爲政之道，無千古不敝之法，即無百年不變之規，未有拘守舊章而可與之言治者，此所以井田廢而阡陌興，封建廢而郡縣出也。江省雖居邊遠，八旗世法未嘗不卓越古今。當時人嫻騎射，處若一家，但期武備修明，原無事畫井分疆，講求吏治。今則情隨事遷，無論旗漢紛紜，勢難不勞而理，即簿書繁劇，亦非不學所能。近來詔書屢降，諄諄以力求新治爲言。風會所趨，更何敢不立起直追，以仰副朝廷勵精圖治之意。等於到任後，詳加體察，博訪周諮，僉以此間幅員廣遠，生聚日繁，非多設地方官，不能治今日之邊疆而規久大。查江省三面鄰俄，僅南隔一江，毗連吉省。當茲門户洞開，舍招民實邊，實無固圉之計。就日前而論，呼蘭通肯村鎮相望，事多官少，已覺照顧難周。若再加以三蒙之新墾、陳墾一律開齊，犬牙相錯，商民駢集，更有鞭長莫及之勢。爲今日計，爲將來計，似應倣照前將軍銘治吉林辦法最爲相宜。今擬在齊齊哈爾省城設黑龍江分巡道一員，兼按察使銜，總司通省刑名，兼管驛傳事務。惟省城係總滙之區，雖人民無多，暫不設立郡縣，然無親民之官，亦不足以資輔佐。擬設撫民同知一員，凡地方旗民詞訟，皆歸管理，名曰『黑水廳』；又設巡檢兼司獄一員，以盡指臂相使，大小相維之義。省城西南札賚特新放蒙荒，川原曠遠，墾户漸繁，擬於莫勒紅岡子地方設撫民通判一員，名曰『大賚廳』；設巡檢兼司獄一員。又設塔子城分防經歷一員，歸省城分巡道管轄。省城東南呼蘭等處爲全省精華所萃，財賦所出，户口之多，甲於各屬。擬將原駐巴彦蘇蘇之呼蘭廳同知升設知府，移駐呼蘭城，名曰『呼蘭府』，自理地方，不設附郭首縣。擬將原有巡檢升設府經歷兼司獄一員，巴彦蘇蘇地方則另設知州一員，名曰『巴彦州』，並設吏目一員。迤西爲雙廟子，擬設知縣一員，以地在呼蘭河西，名曰『蘭西縣』，設巡檢兼典史事一員。迤東爲大小木蘭達，擬設知縣一員，名曰『木蘭縣』，亦設巡檢兼典史事一員。迤北爲趙胡窩堡，設分防經歷一員，通歸呼蘭府管轄，以一事權而資維繫。至綏化廳，土地、人民原與呼蘭相埒，擬將該廳原有通判改升府治，設知府一員，自理地方，不設附郭首縣，原有巡檢升設經歷兼司獄一員。餘慶街原有經歷升設知縣一員，仍名曰『餘慶縣』，設巡檢兼典史事一員。上集廠經歷則仍其舊，均隸綏化府屬。其通肯地方，開放數年，人煙輻輳，並已奏改民墾。擬設直隸廳同知一員，因該城在海倫河岸，名曰『海倫廳』，並設經歷兼司獄一員。柞樹岡則設知縣一員，名曰『青圖縣』，並設巡檢兼典史事一員，隸海倫廳屬。惟呼綏海兩府一廳，地方遼遠，政務殷繁，非有統轄之員，不足以相聯屬。擬設兵備道一員，管轄呼蘭、綏化兩府、海倫一廳，兼理營務，駐紮綏化府適中之地，並設道庫大使一員，專管所屬應解款項。至教職各缺，除呼蘭廳舊有學正無庸議改外，其餘各府廳州縣暫均不必添設，以節虛糜。如將來文風日盛，士子日多，再酌量請設。以上所擬各處均係旗民雜居，添設同通州縣等官，均請加理事銜，以便滿漢並用，旗民兼理；即將來一切民地、錢糧、旗民詞訟，應專歸各該地方官管理；其各外城副都統協佐防校等官，均按奉天成例，祇准管理旗務，防剿盜賊，不准干預地方公事，以示限制。並請援照奉天、吉林向章，奏留滿漢熟習人員，按班酌量委補，期於地方有裨。但各處甫經添設，創葺城垣，建修衙署、倉庫、監獄等項，及官員廉俸、書役工食所費不貲，當此庫款支絀之時，斷難請撥，祇有就地籌款以應急需。江省地利尚未大興，亂後民情彫敝，較之吉林尤爲枯窘。將來擬就田房稅契及新收荒價各項藉資挹注，實甲實銷。　等爲整頓地方，挽回時局起見，合無仰懇天恩，俯念江省今昔情形迥殊，亟宜添設民官，飭下政務處、吏部迅速議覆，以便等奉到覆准部文，即行權衡緩急，次第遴昌，奏明試署。俟一年後，如果辦理裕如，再請實授。其餘應辦事宜，並各該道府同通州縣應定界址缺分，及各官廉俸、書役工食，添設捕盜兵額一切詳細章程，應隨時體察情形，奏明辦理。再，省城及杜爾伯特、郭爾羅斯兩旗，地極寬闊，容俟荒務陸續放竣，再行增設。其湯旺河五站一帶，與吉接壤，應兩省會同設官，不可稍分畛域，方於吏治、防務可期有裨。容再另摺陳明。所有變通吏治，添設地方各官以資治理緣由，除分咨政務處、吏部查照外，理合恭摺具陳。伏乞皇太后、皇上聖鑑訓示。謹奏。於十二月初九日奉硃批：政務處、吏部議奏。欽此。

又　卷六　十月二十一日，奏爲籌擬江省添設改設道府同通州縣正佐各缺應辦事宜，敬繕清單，恭呈御覽，請旨遵行，恭摺仰祈聖鑒事。竊照十年十一月，前署將軍達與以黑龍江省地方遼闊，生聚日繁，非多設地方官不足以治今日之邊疆而規久大。當就闔屬地方情形，酌擬於齊齊哈爾省城、呼蘭、綏化、迪肯各處及札賚特蒙荒添設道府同通州縣正佐各缺奏，奉諭旨，飭由政務處會同吏部議准，先行派員試署。其餘詳細章程，應令隨時體察情形，奏明辦理等因。於光緒三十年十二月二十一日具奏。奉旨：依議。欽此。欽遵咨行到江，當因江省人不敷用，參仿新疆設官章程，就本省現有各員並鄰省候補人員逐加遴選，先將道府同通州縣各缺陸續奏請試署。欽奉諭旨：允准。一面派員前往各處，將户口、錢糧、界址妥爲勘查，詳加區別，去後茲查，奏准試署。各員多已到省，飭赴新任，自應籌擬詳細章程，請旨定奪，俾各屬知所遵守。維爲政之道，因時變通，事不師古，與拘泥古法而不知權宜，地方皆受其病，此建官設治之初所當審度時勢，參仿成規，稍事變通以期盡利者也。方今朝廷百度維新，各部書吏悉予裁汰。江省設治伊始，事事草刱，正可乘此舉行新政。即舊有呼蘭、綏化各民署規模粗備，尚易更張。現已飭令各署不設六科，不用門簽，另選司書，分股承辦，而以委員總其成。書吏去，而蠹國病民之害除；門簽去，而朦官舞弊之源絶。優予各屬津貼，庶可共礪廉隅，酌給員司薪，公可望收效指臂，是則要端既握，積弊自袪。其餘如寬籌學費以育人材，明訂訟費以杜訛索，酌減額役，另設壯勇以行警察，皆有新法可循。至於定缺分，支廉俸，建衙署，修城垣，以及審斷等第，講求緝捕，舊章具在，均可參考而定。謹將以上籌擬各節繕列清單，會具輿圖，恭呈御覽，伏候欽定，以便遵行。其未盡事宜，容再體察情形，隨時具奏。所有改添各缺，籌擬事宜緣由，除咨部查照外，理合恭摺具陳。伏乞皇太后、皇上聖鑑訓示。謹奏。十二月初九日，奉硃批：著照所請，該部知道。單併發，圖存。欽此。

朱壽朋《光緒朝東華録》（光緒三十一年七月庚子）趙爾巽奏：奴才奉命兼管五部事務，當將接管之期，先後奏報在案。伏查五部體制，所以隆重陪都。今昔異宜，道窮則變。主裁之議，衆論若一。朝廷折衷至當，因時制宜。上年奴才入覲天顔，即奉裁撤五部之諭。到任以後，悉心考察，愈服聖斷之明。蓋自光緒初年，前將軍崇實奏定將軍一缺，兼管兵、刑二部，並管帶金銀庫印鑰，稽核户部；其餘各部事務，均令與將軍商辦。事權已屬將軍，徒以名目尚在，界限顯分。歷任將軍部臣，雖亦力圖救挽，無如積重難返，事權不專，百弊叢生，胥根於此。若仍循舊辦理，則奴才今日之兼管，與往年崇實之兼管無殊。不予革除，難言整頓。此中利弊，久在聖明洞鑑之中，固無俟奴才多瀆。惟其中有關係重要者，如禮、工兩部所管典禮工程等事，自應敬謹妥籌。有頭緒紛繁者，如户、兵兩部所管租税驛站等事，自應詳細稽考。其餘部務，紊亂居多，則欲裁撤，非先行歸併不可。奴才現飭文案處人員，按照部務，分股辦事。選五部諳悉公事明白大義之司員數人，檢齊則例檔案來轅，以備顧問而資接洽。奴才躬親督飭，逐項清釐，當裁者裁，當改者改，當併者併，擬定辦法，分別具奏，請旨施行。一俟諸務清理就緒，即將五部衙門員缺，分別留撤改用，以副朝廷整飭官常實事求是之至意。得旨，如所請行。

沈桐生《光緒政要》卷三〇《政務處奏覆黑龍江添設地方各官事宜》

先是署黑龍江將軍達桂奏請變通吏治，添設地方各官。事下政務處議奏。旋據覆奏云，臣等查黑龍江省屏障奉吉，控馭蒙藩，幅幀向稱廣闊。近年荒日闢，交涉日繁，户口蕃庶。原設民官，僅有呼蘭、綏化兩廳，且僻在一隅，事多官少，誠有照顧難周之慮。查二十八年，奉天、吉林、新疆等省，迭經奏請添設府廳州縣，均經臣等議准。又於議覆升任護理山西巡撫趙爾巽通籌本計十條摺内，邊外軍府，不如郡縣，奏令各將軍悉心規劃，酌設廳縣等因。各在案。今該將軍擬請在齊齊哈爾省城設黑龍江分巡道一員，兼按察使銜，總司通省刑名驛傳事務；又擬設兵備道一員，駐紮綏化，兼理營務；並設道庫大使一員，升呼蘭廳爲府，移治呼蘭城；升綏化廳爲府，仍治綏化，各設知府一員；一設首縣，自理地方；原設巡檢，各升爲府經歷兼司獄；於通省地方添置海倫直隸廳，如經歷兼司獄各一員；齊齊哈爾省城添設里水廳，設撫民同知一員；省城西南札賚特新放蒙荒之莫勒紅崗子地方，添設大賚廳，設撫民通判一員，各設巡檢兼司獄一員；呼蘭廳原治之巴彦蘇蘇地方，添置巴彦州，設知州吏目各一員；迤西之雙廟子，添置蘭西縣；迤東之大小木蘭答，添置木蘭縣；均歸呼蘭府轄。改綏化廳餘慶街經歷爲餘慶縣，並原設之上集廠經歷，均歸綏化府轄。於通省所屬添置青岡縣，歸海倫所轄。以上四縣，各設知縣一員、巡檢兼典史一員。大賚兩廳，歸黑龍江分巡道管轄。呼蘭綏、化兩府，海倫一廳，歸綏化兵備道管轄。以上添設同通州縣等官，均加理事銜，滿漢並用，旗民兼理，一切民地、錢糧、刑名、詞訟，應專歸各該地方官管理。各外城副都統協佐防校等官，按奉天成案，不准干預地方官各節。均爲因地制宜起見，與臣等覆奏邊外酌設廳縣原議相符，應請照准。再擬設之綏化兵備道，係管轄呼蘭、綏化、海倫三府廳，名曰『分守綏蘭海兵備道』，以符名實。至此次請援照向章，奏留滿漢熟悉人員，按班酌量委補。又改設之呼蘭廳理事同知、綏化廳理事通判，並巡檢兩員，餘慶街經歷一員，吏部查該將軍奏請添設各缺，既經政務處議准，自應准其添設改設。應由該將軍察看情形，奏明辦理。其修建城垣衙署各項，應如所請，就地籌辦，核實支銷。謹奏。疏上。從之。

又《欽差大臣達桂爲遵旨擬吉林地方情形分別緩急辦法摺》（光緒三十一年六月初七日）民之勢本渙，有法以萃之；民之情未達，賴官以通之。昔人論吏治，謂察吏之官宜少，親民之官宜多，誠篤論也。吉林自前將軍銘安添改道府廳州縣各缺後，吏治爲之一變，希元到任，奏停邊界之官，添改長春農安府縣等官，此講求吏治，由近及遠之意。邇來，長　復於寧琿所屬添設兩廳，又於近邊添改縣佐各官，是布置已及邊界矣。今查吉林有人民已聚而尚待化理者，有地方遼闊而尚待分治者，如三姓，距省二千餘里，五站一帶，墾民衆多，並無一官統轄。曾於上年冬奏請黑龍江添設地方各官摺內聲明，湯旺河五站一帶，與吉接壤，應兩省會同設官，不可稍分畛域，實爲因地制宜起見；又如伯都訥廳現駐孤榆樹，而相距四百里之新城，僅設分防，民間涉訟、納糧，頗形不便。吉林府所屬蒙江一帶，地僻山深，民多强悍，尤應設官治理。至蜂密山地方，現據辦理招墾之候補知府吳瞻菁稟報情形，謂邊荒寥廓，招徠不易。一聞相度城鎮各基，領荒者紛紛而至，是設官不獨專事安民，並可藉以實邊。究竟各該處應設何項民官，擬請飭下吉林將軍，妥爲預籌，次第辦理。

又　卷三一《奉天將軍趙爾巽奏裁奉天府尹員缺》　疏云，竊奴才迭經欽奉諭旨，令將奉天應辦各事認眞整頓，破除成例，並令兼管五部事務等因，仰見朝廷顧念根本，力圖振興至意，伏念奉省局勢艱危，自非改絃更張，無以圖補救於萬一。歷年論奉治者，皆以軍府事權不一，爲叢弊之源，致弱之本。恭查乾隆年間諭旨，卽謂將軍、府尹過分畛域，於是有府尹歸將軍節制之命。旋以府尹不便節制，又改於五部侍郎內特簡一員，兼管府尹事務。光緒元年，又改令將軍兼管。是奉省軍、府，事權動多窒礙，屢煩朝廷爲之更改，久在聖明洞鑑之中。刻下情形大非昔比。與其襲舊而多礙，不如因時而制宜。且上年因督、撫同城，事權不一，已奉諭旨將湖北、雲南巡撫裁撤。奉天府尹以各副都御史行巡撫事，與湖北等省巡撫，事同一律。署府尹驛巡道增福，亦以裁撤府尹爲請。已於奏陳東省事宜摺內，披瀝言之。此奉天府府尹亟宜裁缺之實在情形也。至裁缺以後，應如何設官分職，凡廟堂之籌度、臣工之論列、鄉校之擬議，綜其大要，莫不謂當務久遠之制，而不當爲補苴之謀；宜參列國富强之成規，而不宜拘內地行省之陳迹。蓋中國政制，治民之官少，治官之官多。多臣大儒言之詳矣。今欲因利乘便，掃除更張，務宜審愼從容，斷不可張皇苟且。應請特旨卽將奉天府府尹裁撤。所有原管之田賦、鹽法以及旂民、户口、册籍，或暫行選員試辦，或歸併各局經理。仰懇朝廷寬假時日，責成奴才切實籌度。一俟東事大定，再行彙采中外政制，察酌地方情形，詳擬改章，請旨辦理，以仰副朝廷鄭重根本之圖。所有請裁奉天府府尹，以袪窒礙而規久遠，理合恭摺具陳。疏入。奉上諭：『奉天府府尹兼巡撫事一缺，著卽裁撤。所有府尹原管事務，均著責成趙爾巽悉心經理。欽此。』

又　《吏部議復吉林將軍達桂等奏請於三姓及吉林黑龍江兩省增改郡縣摺》　（光緒三十二年正月二十二日）謹奏爲遵旨議復恭折仰祈聖鑒事。光緒三十一年十一月二十八日，準軍機處鈔交，署吉林將軍達　等會奏，請於三姓及吉江兩省增改郡縣各折片。奉硃批：政務處吏部議奏，片併發，欽此。

原奏內稱：三姓一城爲吉將［江］門户，又爲松花、牡丹兩江匯流東下之地，多沃壤，户口殷繁，擬於該城設知府一員，名曰依蘭府，就近隸於哈爾濱江關道。凡旗民命盜、詞訟、錢糧、課賦均歸自理。姓城，賓州適中之地，爲崇古爾庫站，於此處設知縣一員，名曰大通縣。富克錦東北之拉哈蘇蘇，濱臨松花江南岸，北卽黑河口，實爲扼要咽喉，擬於此處添設之［知］州一員，名曰臨江州。江北呑河地方，已奏設湯源縣，應與此次添設之大通、臨江並隸依蘭府管屬。各該縣旗民雜處，所設一州兩縣，均請加理事銜，滿漢並用，旗民兼理。所有副都統、協、佐、防、校等官，只准管理旗務，緝捕盜賊，不得干預詞訟公事。三姓副都統衙門，原有山海土稅照舊徵收外，地方錢糧、租賦、契尾、牲畜、雜稅，專歸新設府州縣管理。修建城池、衙署、倉庫、監獄等項，擬由荒價動撥。各官廉俸、役食，擬由徵存租稅動支。所有添設府州縣地方清丈事宜，卽責令設員承辦，不另設局。

又片稱：伯都訥撫民同知一缺，光緒八年移駐孤榆樹，今請升爲府，設知府一員，仍駐伯都訥城，名曰新城府。凡旗民命盜、詞訟、課賦均歸自理，於孤榆樹設知縣一員，名曰榆樹縣，兼理事銜，隸新城府，與府劃疆而治，仍統屬於吉林分巡道。與新城府同城之副都統，只管旗務、緝捕，不得干預地方公事。原有山海土稅，仍由副都統派員抽收，旗民新舊錢糧、租賦、牲蓄［畜］、田房各稅，悉歸府州縣經徵，每年向由廳署應撥旗署俸餉，照舊撥解。新城府廉俸、工食、辦公銀兩，應照奉天昌圖府例支給。榆樹縣廉俸一切，則照奉省前設各缺章程支領，由斗稅項下開支各等語，均係爲愼重邊防，各專職守起見，自應准如所請。俟奉旨後，由臣等行知禮部，鑄發印信，以資信守。其餘未盡事宜，仍由該署將軍等悉心籌劃，分別奏咨辦理。湯源縣地屬江省崇古爾庫地方，亦係吉林向黑龍江借以設站。今既以湯源大通二縣歸吉林新設之依蘭府管轄，而湯源租賦課稅仍解江省，大通租賦課稅又兩省各半分解辦理，似不無歧異。惟該署將軍等身任地方，既據聲稱，並無窒礙，應卽準如所請，先行試辦。原奏又請於依蘭府設府經歷兼司獄事一員，湯源臨江二縣各設巡檢兼典史事一員。

又片，請於新城府設府經歷兼司獄事，升訓導爲教授，榆樹縣原有巡檢兼司獄事，則仍其舊，教職由府教授兼攝各等語。查上年七月間，臣等議覆侍郎沈家本條陳東三省事宜，摺內聲明，所請專設問刑官及鄉官，意在使下情上達。今州縣官膺民社之寄，凡舉一省大吏所應辦之事，皆備於一人之身，誠非有相助爲理之人不可，或變通原設之佐貳，分任職司，或聘用公舉之士紳，參預謀議，請由直隸先行試辦，以爲各省之倡等因。奏奉諭旨，允准在案。今吉林新設各府州縣，正當建置之初，自宜一切與民更始，若但因仍舊制，例設經歷巡檢等官，殊不足以資治理。現在直隸試辦章程未據奏到，臣等擬鈔録原奏，先行咨照吉江兩省，應請飭下該署將軍等查照原議辦法，參酌地方情形，詳酌妥籌，奏明辦理。至所請新設府州縣，由兩省人員遴請試署，一年後辦理裕如，再請實授。及請將新城府榆樹縣定爲繁、疲、難，沿邊奏補要缺，俱准升補兼行。如無合例之員，准於候補揀發人員內，不論滿漢揀員請補，三年俸滿，由將軍出具切實考語，保以升缺升用各節。吏部查該署將軍等所奏，均係爲因地擇人起見，自應准如所請，俟命下之日，臣等卽遵照辦理。所有會同議復緣由，謹繕摺具陳，伏乞皇太后、皇上聖鑒。謹奏。

附：政務處會同吏部議復侍郎沈家本奏陳東省官制摺

（光緒三十一年六月十四日）奏爲遵旨議奏恭摺仰祈聖鑒事。六月十四日軍機處鈔交，侍郎沈家本奏陳時務內，定官制通民情二條，奉旨：政務處議奏，欽此。

查現在東事將定，一切辦法亟應預爲籌劃，以保政權。該侍郎所奏定官制條內，擬請統三省設一總督，授以全權，便宜行事等語。查盛京將軍，業於光緒元年奏准兼奉天總督，至吉林黑龍江二省應否兼轄，擬俟東事大定，再行酌辦。其所請專設問刑官，而以府州縣等任行政專責，及通民情條內，擬設鄉官，輔地方官之不逮各節，意在使下情上達，以清吏治之源，洵爲扼要辦法。查二年五月間，外務部代遞候補五品京堂曾廣銓預籌東三省事宜摺內，理財、治兵、興商及分設局所等條，用意亦同，均爲當務之急，擬請一併飭交現任將軍趙爾巽，詳酌妥籌，認眞辦理。抑臣等更有請，在修明內治，實爲自强之基。而內治之當修，莫要於親民之牧令。蓋必周知民隱好惡與同，然後上下情通，無壅隔煩擾之弊。今州縣官膺民社之寄，幾舉一省大吏所應辦之事，皆備於一人之身，宜其耳目有不能周，精力亦不能給，而吏胥丁役之舞文弄法，魚肉鄉里，皆勢所必至。欲救其失，試非有相助爲理之人不可，或變通原設之佐貳，分任職司，或聘用公舉之士紳，參預謀議，不必拘定鄉官之名，但求能辦地方之事，事由該州縣自行舉擇，以專責成。庶幾佐治有資，而事權亦無歧出。擬請將該侍郎所陳兩事，並由直隸先行試辦，以爲各省之倡。督臣袁世凱任事實心，講求吏治，並請飭下該督酌定章程，愼選賢能之吏，先擇數處，妥爲籌辦，以期推行，盡利張弛，咸宜於大局，必有裨益。所有臣等議復緣由是否有當，謹繕摺具陳，伏乞皇太后、皇上聖鑒，訓示。謹奏。

光緒三十一年七月十二日，奉旨：依議，欽此。

又 卷三二**《（閏四月）盛京將軍趙爾巽請設盛京行部事宜》** 疏云，竊維易訓變法乃臻可久。禮經體國，莫先設官。誠以損益因時，憲章有制，固非因陋就簡，所可奏功；亦非罅漏補苴，所能成治也。奴才前奉上諭，令將奉事變通辦理，不必盡拘成例。嗣據政務處咨於議覆侍郎沈家本條陳時事摺內，聲明候補京堂曾廣銓條陳分設局所等條，爲當務之急，令詳酌妥籌，奏明辦理。欽奉諭旨允准。恭録抄奏遵照前來。仰見朝廷眷顧留都，破除成例，動規久遠之至意。奴才前於奏裁府尹摺內奏明，俟東事大定，再當參酌中外辦法，更定官制，上邀聖鑒。現在條約已立，日俄兩國之兵漸次撤退，奉省局勢略定，百端待舉，振理綱領，必以更定官制爲先。查奉省本以將軍兼總督，聖朝鄭重留鑰，歸一事權。光緒初元，已立參昉行省之制。近自軌路遠達，戰局陡開，東夏一隅，全球注目。譚舊制者，皆謂可改行省；通時事者，皆謂必創新規。奴才數月以來，詳證古今，博參中外，竊謂宜設行部，以仿歐美屬地施政之權；宜分參贊佐治，以破元明各省相沿之習。敬將遵議辦法，爲我皇太后、皇上陳之。中國各省官制沿自前明。其始以布政司易行中書省爲政府，而以糾治屬之按察司，繼苦文武不一，政權不一，於是又設督、撫以監督之。是外省政寄，已屬疆臣；而布按各權，早經潛徙。我朝咸豐以後，籌兵籌餉，多屬創行。藩臬所例辦者，不能兼綜。於是各省添設營務、籌餉、善後等局，以理各項要政。前湖北巡撫胡林翼謂『以破衙署之窠臼』，近以舉辦新政，而警務、學務、農工商諸事又別立專局，派專員，雖多委令兩司兼理，實則職掌過繁，兼顧者少，署銜畫諾，徒擁虛名。近三、四十年，藩臬而與督、撫令者，僅如南北朝文統府之上佐、唐節度之行軍司馬，預謀畫、承指揮，行文牘而已。不合者則相牽掣生攻訐，或一歲而數易。論者多謂督、撫侵權，不知疆吏之與兩司，權限本未分明；藩臬有權，則督、撫爲虛位，前左副都御史薛福成曾著書詳言之。中興以後，有名督撫，於用人理財察吏諸大端，無不總藩臬職事者，皆其明證。且藩司重在錢穀，而任藩司者，不必盡能理財；臬司重在刑名，而任臬司者，不必盡能理讞。自不如稍參活著，可冀有裨，此布按之不必沿襲也。東西各國，於所屬要地，類皆專設大臣，職掌一方政治。日本於所屬建置，亦略仿之。中國魏、唐行臺尙書省，外則總領諸州諸道，內則分列子部，辦法畧同。現擬總設一署，內列諸局，而統理於部長。如此，則合督、撫、布、按所掌於一署，而無職同位複之嫌。化新舊各局處爲實官，而無事重人輕之患。曾廣銓所奏分設外務等六局，以司道大員分任者，尤與此意相合。在內地見聞習慣，或且謂當議更張；在奉省締構一新，斷不容仍拘舊轍。此局所之宜改官署者也。今各直省相沿，稱爲『行省』，欽定一統志；督撫均稱部院，漢十三州曰司隸等部；擬卽合盛京奉天總督及舊五都府尹之政，併於一署，名之曰『盛京行部』，附設綜核處，並將新舊各局署歸併，分設內務外務，吏治、督練、財政、司法、學務、巡警、商礦、農工，凡十局，設行部大臣一員，總理庶務，綜核處隨同辦事。此外，內務爲將軍專責，外務爲交涉關鍵。用人用兵，關係治亂，應以內務、外務、吏治、督練四局，由行部大臣自判。此外設叅贊一員，副叅贊一員，左右叅議二員，左右副叅議二員，酌令按材地所宜，分判各局，以資佐理。前代更改官制，如唐修《六典》，宋改新階，往往博選通材，設局討論，經年累月，而後施行。日本維新，至今官制亦迭有更改。是必視國勢之進步、國民之進化，與爲推移，原非一成不易。又歷代官制多於國初頒定，其後但知墨守，鮮議維新。致弱之原，亦多由此。現在酌議辦法，係就奉省目前時勢規畫，嗣後如有應行變通之處，仍當隨時奏明辦理。世變日亟，東事日艱。凡奉省治制之張弛，皆係五洲之瞻聽。奴才忝領輔甸，又值聖明責望更化之時，若蹈襲故常，莫規詳備，則上負朝廷勵精之意。下辜中外望治之心，非奴才之所敢出也。所有遵議改定奉省官制各緣由，理合恭摺具陳。謹奏。

又《吉林將軍達桂會同黑龍江將軍程德全奏請於濱江關道設同知巡檢摺》（光緒三十二年七月十一日）跪奏爲濱江關道政務繁要，佐理需人，擬請援案添設同知巡檢等缺，以資輔助，恭摺會陳，仰祈聖鑑事。竊維吉林哈爾濱地方，爲東清鐵道之中心點，主權利權，應亟維持，力爭先著。曾經　等於上年九月間，會同奏請添設濱江關道一員，專辦吉江兩省交涉，稽徵關稅，並先委員試署，奉旨允准在案。

伏查該處現在商賈雲屯，行旅雜沓，華洋錯處，訟獄滋繁，雖設官分職，朝廷各有專司，而外攘內修，此日不容偏廢。是該道一缺，輯睦邦交，講求政治，皆責無旁貸者也。然使地方防捕之任，商民雀角之爭，悉責效於關道之展布。竊恐顧此失彼，轉致貽誤事機，而況道員品秩較崇，苟無承上啓下之員，亦恐首重足輕，於體制不甚相合。　等統盤籌劃，一再函商，擬請在哈爾濱援照奉天營口廳章程，添設江防同知一員，歸哈爾濱道所屬，專理兩省華洋交涉，並應稍爲變通。凡在哈爾濱鐵路界內命盜案件，亦統歸該同知驗勘詳報，外此一應公事，仍均查照向章，移送雙城廳核辦，俾清權限而免攙越。但該同知既有審理正案之責，卽不能無羈押人犯之所，事務龐雜，兼顧難周，並請另設巡檢兼司獄事一員，以盡指臂相使之義。如蒙俞允，卽由　等分別遴選妥員，奏請試署，並刊發木質關防，以昭信守。至定缺分，籌廉俸，建衙署，設弁勇各事宜，容由　等并入添設關道案內，會商妥協，再行奏明辦理。所有哈爾濱地方繁要，請添設佐貳等缺緣由，是否有當，除咨部查照外，謹合詞具陳，伏乞皇太后、皇上聖鑒，訓示。

再，此摺係達　主稿，合併聲明。謹奏。

徐世昌《退耕堂政書》卷五《密陳考查東三省情形摺》　奏爲敬陳考查東三省詳細情形，分別繕單恭摺具奏，仰祈聖鑒事。竊臣等此次奉命赴東三省查辦事件，於請訓後遵即起程，馳抵奉天，恭謁福陵、昭陵；旋赴黑龍江、吉林考查。事竣回抵奉天，即赴興京，恭謁永陵。迭經電奏在案。伏查東三省比歲以來疊遭變故，創鉅痛深，爲二百餘年所未有。臣等恭叩山陵，仰瞻宮闕，鬱葱未改，鐘簴不驚，楹桷重新，垣墉無恙。祖宗呵護之靈，鄰好保持之雅，皆非漢唐以後所敢望。喜懼交集，不覺涙下。撫今思昔，雖爲不幸中之大幸，而因往推來，則後患正未有艾。竊維三省自咸豐間兩次議訂界約後，疆域遞有變更，而其幅幀之廣，比諸日本全國尚大二倍，且川流貫注，運輸便捷，適於商戰。地脈沃饒，水草繁衍，宜於耕牧。平原廣漠，縱橫數千里，便於馳騁，利於用武。加以興安、長白諸山森林之多，五金鑛產之富，取之不盡，用之不竭，東西各國目爲世界之寶庫，稱爲中國第一富源。蓋其自然之美利求諸宇內，誠有罕與比倫者也。臣等出關以來，周歷三省，親見其土壤之膏腴、山川之雄厚，乃知開創之初，國家能以一隅之地制勝中夏，固由植基深厚，亦以先得地利之故。卽金之傾遼，宋元之併天下，亦莫不以是爲基礎。乃自日俄戰定，兩强勢力分布南北，一以哈爾濱爲中心，一以旅順、大連灣爲根據，囊括席捲，視同固有，名爲中國領土，實則幾無我國容足之地。且其開拓展布，有進無退，恐不數年間而西則蔓延蒙古，南則逼處京畿，均在意計之內。蓋根本既定，則以高屋建瓴之勢破竹而下，固地理形勝有以使之然也。事勢至此，猶不亟圖挽回之術，則此後大局益將無可措手；而於千鈞一髮之餘，爲亡羊補牢之計，又決非補苴罅漏，更張一、二細故所能爲功。臣等竊觀今日三省情形，一切外交內治雖未嘗無彼善於此之處，顧欲循是以爲恢復之地，則不待識者而知其有所不能。試就臣等見聞所及，撮其要領，敬爲我皇太后、皇上縷晰陳之。奉省屢經兵燹，受禍最深。自日兵入城以來，事事藉口軍政出以强權，甚至派憲兵至將軍署內捕人，而印委各官之由日人喜怒更換者無論矣。宮闕之近，且築小鐵路，而撫順、同江等處之因載煤運兵增築鐵路者，更莫之能遏矣。今軍政雖撤，新派領事則自韓國調任，隱以待韓者。待奉將軍趙爾巽力爭合辦東清鐵路、千山台煤鑛、金州鹽灘及省城警察官吏派出所等事，彼皆虛詞搪拒，迄無成議。凡鐵路由軍隊經管者，遇我商旅，牽如奴隸。偶失車票，則執縛澆水，盡情凌虐。近日人欲開屠牛場，我以警察阻之，彼則以憲兵保護。其他日官、日商、軍界、學界之往來奉天者絡繹不絕，省城日人商旅寓居者八月間僅九百餘名，現則驟增至二千餘名。日貨無一有稅，華貨無一不稅，且再稅、三稅，是以日貨暢銷而華貨愈滯。遼陽、安東爲彼著意經營之地，人數尤多。附近鐵路、各州縣之學堂，往往逼延日本教習；公私房舍占據者，交還什無三、四。我欲增練兵隊，初猶以尚未撤兵爲詞。鴨綠江右岸木植原約合辦，彼遽派員設廠，意存獨占。煙台等處煤鑛，則彼且視爲鐵路之附屬產，勢將久據。旅順、大連灣街市皆易以日本新名，使忘其舊。各商埠、旅館、車站皆高懸日本國旗，儼有反客爲主之勢。計通省日兵有二萬數千人，他如報社、工師、茶肆、妓寮，凡能名一藝，執一技者，亦胥出全力以謀我。蓋自一抵新民，而境界氣象迥然，有中外之殊。此尤臣等目擊心傷者。至於內治，奉省官吏向以情賄爲進取之階，以釐稅爲自肥之地。經將軍趙爾巽鋭意整飭，參劾至二十餘員，歲入釐稅增款至二百餘萬，創辦清賦、稅契等又增款至二百餘萬。較之從前，似有起色，約計每年入款有八百數十萬之多，然出款亦用至七百餘萬之鉅。以現在應辦要政計之，尚祇十分之一二，加以現錢缺乏，銀幣不敷，遂致俄之盧布、日之軍用手票、正金銀行票所在暢行。我雖設立官銀號以抵制之，而資本僅六十萬兩，斷不足以資周轉，且因禁用過碼錢，各商怨謗繁興，而遼陽又以商出虛帖，市面日壞，補救乏術。此財政圜法之交敝也。省城巡警開辦未久，尚有規模而各屬則以地捐、鋪捐等充經費，多至四百萬圓，幾有民力過殫之苦。至於學務，統計省城學生有三千餘人，外屬有一萬餘人。創辦不爲不力，而程度尚淺，難遽收效。至新軍未練，雖有巡防馬步隊四十營，而器械過雜，降隊過多，萬難得力剿捕之用。轉以北洋派出之淮軍統領張勳等爲著效，此外則本省統領朱慶瀾尚間有剿匪之績耳。實業如絲繭、鑛產、漁業之類，皆聽民間習慣自辦，而官未嘗提倡新法加意講求，更無以開利源。荒墾如圖什業圖、達爾罕各蒙旗大段可墾之地有開辦者，亦有正在擬辦者，而皆苦於無民。各屬葦塘山岡之私墾丈放者，民間自私自利，而不肯納之公家，委員加價加費，而不免失之操切。墾務之難又如此。民情則習尚樸實，賦質勇敢，自經兵革，貧難者則多流而爲匪，豪富者則多以堡防。自衛幾有粵西民匪不分，齊豫寨主稱豪之勢。昌、洮二府一州六縣，皆置於哲里木盟，科爾沁諸旗，蒙古習於漢俗，多築房舍以居，火化以食，亦有建學堂，設防會者。民蒙交訟，則旗漢會審。地租除新墾之札薩克圖郡王、鎮國公旗外，皆歸蒙旗自徵。現郡王烏泰勾串俄人，請其兵以自衛，資其財利，購其器械，煽誘諸藩，將爲腹心之患。而昌圖、洮南之間有蒙荒三百餘里，無官無兵，尤爲逋逃淵藪。全省旗丁列兵籍者二萬餘人，實則與民無異。所嗜者鴉片，所憚者耕種。故一切商業、農業皆賴客民經營，而旗民之生計日窘，其官長又多肆意侵扣，阻撓新政，以致錮習未能盡化。此奉天之情形也。吉林庚子之役，惟寧古塔、三姓、琿春等處曾受兵災，而省城特稱完善，乃至今城門仍有俄兵稽察，街市亦由俄人站岡，保衛之權幾不在我。鐵路則自阿什河車站起，至烏蘇里河交界止，沿綫占地至五萬五千晌之多。木植則由寧古塔附近之烏吉密至横道河子，又自磨刀口至綏芬廳之穆稜河一帶，均擬歸鐵路公司護養。斫伐鑛產，則夾皮溝金鑛俄人逾限未採，而駐吉之俄員仍欲干涉一面坡煤鑛，俄據以供東清鐵路之用，而我不能。復松花江僅有俄輪來往，而我無之。凡吉省官吏之待俄，事事以服從爲主義，哈爾濱附近之商民則有貪俄人之財，喜其狎處，幾與同化者。俄之游匪、我之馬賊，亦以俄兵所駐我不能辨，劫殺搶奪，日甚一日，商民有不得安居之勢。其與日人交涉事件，則自本年長春議開商埠，遂有日副領事及日商四百餘人陸續前來。吉長鐵路本省紳商原擬自辦，而日人執前將軍長順改歸鐵路公司之議，堅欲與我合辦，迄未動工。開埠地段則除寧古塔、三姓、琿春三處尚未籌議外，其長春、吉林、哈爾濱均已勘定。日人計較錙銖，土民無利可貪，故多怨日而頌俄。商民言語之間，則曰清國，曰俄國，曰日國，幾不辨地屬何國，民爲誰氏者。至於内治，自前將軍銘安設道府州縣，已二十餘年，久未整飭，地闢人聚，而民官無幾。近年，前將軍長順、署將軍達桂又奏設延吉、依蘭等府廳州縣九處，然寧、琿各城仍未專設民官。該省轄境遼遠，東南一帶郡縣過形疏闊，新政無成效可言。而門丁書差姦欺朦混之弊，則甚於奉、黑地方，裁判不講。臣等涖吉未逾數日，卽收呈至百數十起之多，可爲地方官玩視民事之證。財政則地方入款，以地糧釐捐合計有二百五十餘萬，歲出亦二百餘萬，以兵餉、練餉、民官廉俸各款爲鉅數，而按諸實際，中飽尚多。如吉林道新城、長春諸府及菸酒木稅局各差，均視爲著名優勝，或謂百不報一，或謂什不報一，人言雖不盡確，而以奉天、新民各府昔報斗秤捐數萬，今收至二十餘萬者例之，則其解額之少、得項之多可知。又該省酒稅經將軍達桂於本年正月奏准加徵制錢十六文，合市錢三十二文，而該局總理、佐領豐年輒朦改定章，多立名目，輾轉重徵，加至數倍。其中侵吞隱匿之弊又可想見。故有謂吉省財政如果澈底清釐，當可增至數百萬者，蓋非虛語。至錢幣則俄人盧布票到處通行。該省永衡官帖局成本不充，濫發無節，祇按二成付錢，又兼僞帖充斥，頗爲商民之累，將軍達桂前議加鑄銀圓，旋爲户部所駁，而俄人以現銀八十萬借鑄銀圓寶錠，以濟商民之用，而握操縱之權，尤可慨歎。軍政則制兵一萬二千餘人，不歸營，不應操，不復行團舊制，幾同虛設所。恃以防衛地方、緝捕盜賊者，則惟捕盜隊一萬五千四百餘人。而募練馬隊必須槍馬自備，應募者非豪富及素爲馬賊者，幾不得與發餉，皆用官帖，每兩實領二千九百文，衣裝火食均扣在內，兵頗苦之。其操法則以駐省之吉强右營爲差勝。新軍則本年始練，而官長皆以協佐領防禦等員，對品遴充，頗多年力就衰、目不識丁之員。故開辦未久，而逃兵已多。入營五月而尚不習步法。學務則省城師範學堂甫經竣工，尚未開學；蒙小學堂雖有十餘處，而程度過低，成效尚寡，其餘各屬更無可觀。實業則如吉林、琿春、磐石、綏芬等處，金鑛不下數十處，而皆未開闢。蜂蜜山及濛江可墾荒地甚多，而農民未招，馬賊肆擾，報種者尚屬寥寥。此外，如敦化東南之森林、牡丹諸江之漁業，該省官紳均未議辦。民俗好訟，睚眦小怨，告訐不休。又多嗜鴉片，三姓、琿春之間地植罌粟者十居三四，且自俄人通商以來，習染奢靡，前此勤儉之風爲之一變。日俄之役，俄人市牛馬草豆者惟吉林是資，力田之家，獲利頗厚。八旗丁口實有二十四萬，人數不爲不多，而實業既不講求，學堂又未推擴，無論旗、民，平日皆以賭博爲事，倖勝則惟供揮霍，屢負則流爲竊盜，故雖生齒之繁、生計之富過於奉、黑，而智識之淺劣、德性之淪溺，亦較兩省爲甚。此吉林之情形也。黑龍江地本苦寒，人口尤少，自西比利亞鐵路告成，全境已爲所横貫。庚子一役，又無城不遭蹂躪，現俄兵駐江境者尚有數萬人之多。俄人在呼倫貝爾越墾者有數百餘屯，愛琿左近占地至十二萬晌，而松花江左所占之六十四屯，迄未議還。前交涉委員周冕與俄員訂立合同，擅賣至十九萬七千六百餘晌，迭經署將軍程德全力爭，僅得減至十二萬晌。而地數如何勻分，尚無成議。森林則西北自滿洲里起，東南至呼蘭止，附近鐵路兩旁者，皆准該公司採伐。金鑛則都魯河、觀音山均久占而後還，漠河現始有歸我之議。而札賚諾爾最佳之煤鑛竟被開採，我不能爭。欲練兵則尚限於俄允二千三百之數，而難於驟加。欲運械則必由俄給照爲憑，而不能任意購置。兵力既單，馬賊日熾，實由於此。近年呼倫貝爾、滿洲里雖設有交涉局，然俄商民有萬餘人，俄兵有數千人，我呼倫貝爾僅有兵二百名，滿洲里則止有護兵八人，實不足以資守衛。加以旗署習舊，土民狃利於俄之占地，通商開鑛者則視爲固然，於我之開墾、收捐、興學者則目爲多事。風氣梗塞，新政阻滯，較諸奉、吉兩省尤多可慮。蓋由索倫各部地接鮮卑，與俄人種類嗜好相近者多，與內地風氣過於隔別，俄又餌以資財，懾以威勢，故幾於同化。署將軍程德全雖極意開通，力袪畛域，而札敦河等處開墾一事既阻於副都統蘇那穆策麟之異議，省城附近所放荒地又撓於旗員之不便。臣等此次抵江，該省旗員有請荒地免放熟地免糧者，有以不放荒爲保守至計者，苦爲勸諭，辨析再三，終覺領悟者少。財政則地租雜項稅捐不及百萬，舉辦一切輒苦無款。近年辦理墾務，收有荒價四百餘萬，留辦各項新政，然非經久可恃之款。其荒地現放者則爲墨爾根之嫩江源、布哈爾之納爾漠河。此外，青山、黑山、科爾芬河、依克明安公蒙界未放者不少。大率荒段百萬晌、數十萬晌者所在多有，數萬晌以下則視爲微末無經理者。而以時候所限，禁令所拘，皆苦有地土而無耕民。由鐵路入江境，至省七八百里，除已墾各地及有站店外，餘皆灌莽盈野，汙萊彌望。由省西北而興安嶺，而呼倫貝爾，而滿洲里，則多係索倫等打牲、游牧地段，禁漢民前往，止有商人，並無民户。近年雖增設府廳州縣十三處，皆在西南一隅，迤北之愛琿、墨爾根、布特哈諸城，祇有旗署，並無民官。治理日蔽，新機日滯。鄂爾順河之漁業以拘於俗禁而不能振興，呼倫貝爾之鹽產以囿於蒙情而不能製運。其錢幣則江省現錢缺乏，銀圓稀少，惟以俄之盧布交易。署將軍程德全雖創設廣信公司，通行紙幣，而集款僅五十萬，分行僅呼蘭、巴彥、綏化三處，呼倫貝爾諸城皆未之及。該處商民不特不能見中國現錢、銀圓，並他國銀圓亦無之，自盧布外無可用者。警務甫經開辦，省城警兵、巡兵約有數百人，巡警學堂與總局同在一地。至學務則以江省文教未興，旗民重在騎射，漢籍惟知貿易，向少書塾。惟俄文學堂早經奏設，上年省城始有高等官立小學堂、簡易師範科。迭經程德全勸諭官民興學，然多視爲畏途，鄙爲末務，學生人數迄未見增。外城如呼蘭、綏化均有學堂，備數而已。民情則旗丁習於遊惰，惟以補一甲兵、進一領催爲生計。自咸豐迄今，欠餉已四百餘萬，不得不減額支放。領全餉者歲不過十餘金，領半餉者歲不過數金，生計之窘如此，勞力營業尚不肯爲。呼蘭等處漢民則直隸、山東人居多，皆習耐勞苦，間以耕作致富。特自俄人築路以來，客工雲集，迨事竣失業，則歸無川資，留無衣食，投入馬賊者往往有之，自非由官廣集客工使務農務不能挽救。此黑龍江之情形也。由是觀之，現在三省辦法雖有圖新循舊之殊，行政用人亦復互有得失，而其不足以爲起衰之劑與救亡之策則一也。何者國家統治領土之法，莫要於行政機關有指臂相使之效。而我三省官制則以軍署爲之長官，以州縣爲之僚佐。夫以治兵之職而轄理民之官，所務不同，利害亦異。隔閡既甚，牽掣斯多，其終乃無一利之能興，無一弊之不出。所以數百年來，有最良之殖民地而曾不能一收殖民之效。觀俄人之於東海濱省，日本之於遼東半島，經營布置不遺餘力，設官分職，條理秩然。而我猶因襲故常不知變計，地廣而無民以實之，則無惑乎狡焉思啓者之乘間而入矣。欲謀行政之便捷，圖實業之擴充，則不可不以交通機關爲其命脈。乃以三省面積之廣、天產之饒，而顧令交通大權操諸外人之手。西比利亞鐵路橫貫北滿之約既一誤於先，東清鐵路直達旅順之約復再誤於後，一縱一橫，扼吭附背，雖有合辦之名，曾無半主之實。日俄戰後，形勢稍有變更，而昔以全部交通之權專授諸俄人者，今則以南北一貫之路分授諸俄日。臣等此次由新民東至奉天，北抵黑龍江，皆不得不仰息於日俄之汽車，明明我之境內而俯仰周旋，如適異國猶且不得不含恥茹痛，强作感謝之辭。彼有驕容，我多愧色，則直可謂國體全失矣。若欲另籌他路以相抵制，則中日原議又有不得修築並行幹路及有礙幹路利益之枝路之條，贖還既已無期，補救亦多窒礙。近聞俄人又將興修黑龍江東岸沿邊鐵路，直欲以失諸南滿者收諸北滿，而我並吉林、長春間數百里之短路亦復遷就束縛，無能爲役。且鐵路一失，而沿綫之森林、鑛產均隨之以去，血脈不通，利權盡失，要害之傷，此爲最甚矣。固圉之用，國防爲亟，日於旅大之軍備，聞歲費千萬而不止。俄於西比利亞之防隊猶存十餘萬，而我則寧、姓之礮台燬，奉、江之軍械燼矣。欲練新軍，則我無鉅款以擴充；欲購新械，則彼尚設詞以限制。卒之制兵，如民防隊，如盜三省新兵，尚不能成一鎮之衆，則邊衛全隳矣。興舉百務，全資財政，俄修西比利亞鐵路，糜款一千兆；日招南滿鐵路之股，一呼而集者五千萬圓，非其魄力之果雄，實由經理之得法。而我則現錢匱矣，銀圓停鑄矣，銅圓限制矣。舉三省萬里之廣，北用俄鈔，南行日幣，以我實貨易彼虛楮，官無抵制之法，民有信用之心，而我官商所發行之錢帖，則眞僞紛歧，流弊錯出，意在利國，適以病民，則財政又盡壞矣。以外交之困難也，如彼以內政之窳敗也，又如此聽其放棄，恐實去而名與俱亡。稍事彌縫，卽貌似而心仍不屬。臣等使車所至，刺戟在心。仰思締造之艱，近鑑目前之患，驚心動魄，寢饋弗遑。聞見既詳，不敢拘泥忌諱，輒爲披瀝上陳，伏維我皇太后、皇上眷懷列朝開闢之盛軌，慨念目下局勢之艱危，省覽之餘，亦必惄焉如擣，特是積衰之故，匪伊朝夕。三省情形既爲臣等所親睹，揆度時勢，必須大加改革。於用人、行政諸大端，破除成例，以全國之人力、財力注重東陲，乃可望補救挽回於萬一。臣載振臣、世昌受恩深重，誠見事機至急，誼無膜視。考查所及，不無一得之愚，容當悉心酌擬，詳細臚陳，恭候裁擇。茲先將三省各項報告分繕清單，恭呈御覽。除寧古塔、伯都訥等處道路較遠，應俟調查各員到日彙呈報告再行具奏外，所有考查東三省詳細情形繕單具奏緣由，謹恭摺具陳，伏乞皇太后、皇上聖鑑訓示。

又 卷七《密陳通籌東三省全局摺》 奏爲遵議東三省切實辦法，謹通籌全局，瀝抒管見，恭摺密陳，仰祈聖鑑事。竊臣載振、臣世昌於上月二十二日將考查東三省詳細情形繕單具奏，仰蒙迭次召見，訓諭周詳，洞見癥結，並令臣等將切實辦法次第上陳。朝廷眷顧根本之懷與慨念艱危之意，至誠惻怛，溢於言表。凡有血氣，無不感動。臣等承命以來，欽悚無已，徬徨數日，忘寢與餐，深懼無以仰副聖意，惟念東三省事勢至急，朝廷焦慮於東三省者至深。臣等又親奉德音，令籌補救，若復拘牽忌諱，知而不言，或摭拾細故，言而不盡，上負聖明垂詢之意，下負三省責望之心，均非臣等之所敢出也。伏念東三省之安危存亡，非僅一隅之安危存亡而已。中國前途之興替，實以此爲樞紐。向者列强虎視垂涎我土地之廣大沃饒而莫敢先發。自甲午一役，我之實力暴露於天下。俄人乃以其陰鷙之術，乘間要挾，不費一兵，不折一矢而收三省於掌握之中。及日俄戰定，形勢一變。北界隱屬之俄，南界隱屬之日，勢力所及，範圍略定，歐美列强亦已明認默許，不復視爲我有。於此而欲謀挽回之策，實已左支右絀，絕無把握可言。然聽其淪胥，則今日東陲已蹈之覆轍，卽異日全國前車之鑑。況發祥所自，陵寢在焉。此而不保，更將何以與天下相見！故無論事勢如何爲難，而終不得不出全力以爭之者，亦勢之所不容已也。臣等公同商搉，一再籌思，於無可如何之中，爲姑盡心力之舉。竊謂居今日而言東事應興應革者，何啻什百？然總其大要，不外兩言：曰充實內力，曰抵制外力而已。充實內力之策不一端，而徙民實邊爲其要義；抵制外力之策亦不一端，而籌畫交通爲其命脈。夫興利殖產移民爲急，有土無人，則雖得沃壤，無異石田。國初以來，東三省辦法專以保守蓄藏爲至計。森林、鑛產封閉綦嚴，內地人民移居有禁。近雖稍稍開放，招農墾地，而奉天蒙荒尚多，吉林山荒至廣，江省荒地墾者什未二三。一切地利韞藏未發者，正復無限。非大開例禁，獎勵移民，則其餘拓殖之方，均爲無本。顧倡議移民，阻撓者必且以旗丁生計爲詞，羣相熒惑，不知三省危局已如幕巢。外力侵入，日新月異，雖欲斤斤自守，恐不旋踵而將無容足之區。狃目前之小利，忘將來之大患，爲計已愚，且國家撫有中夏，垂三百年同爲臣民，有何畛域，乃人方合力以謀，我猶自區爲兩界，以萬里地寶委諸他人，譬諸大盜入室而子弟猶復分門別户，各顧其私。事之可痛，孰甚於此！此等積習，三省皆所不免，而黑龍江爲尤甚。官虞失權，兵虞失利，雷同附和，併爲一談，實則三省制兵久與編民無異，何如豁除界限，一視同仁；不立旗、漢之名，但注所居之籍。其旗丁原有之餉照例給發，應得之官酌量改用，化其成見仍不奪其生計，然後浮言可息，而移民之策可行。一面卽改置郡縣，增設民官，俾流移有歸，撫字有責，庶幾人煙所輳，便成都邑，孳生日久，漸收捍衛之效。所謂充實內力者，此也。顧邊地遼濶，聯絡之法全在交通。若聲氣隔絕，首尾不屬，則雖有衆民徒爲人役。今東清鐵路之實權爲日俄分掌，已非口舌所能爭。然新民至奉天線路則贖回之權由我自主，載在條約，初無異言，顧遷延至今，尚未收贖。此路距離雖短，實爲京師達奉天之關鍵，所係至重。若遲疑不決，則久假之後，漸難與爭，恐遼西一帶亦非我有，而奉天與關内之聯絡斷矣。此亟應收回者也。長春至吉林線路，去年中日會議定由中國自行籌築。不敷之欵，允向日本貸借，約以半數爲度。此路當日俄戰役以前，俄人要求合辦已非一次，今若參用日款，則俄人於黑龍江地方亦必指定路線，起而效尤，而滿洲全部之交通權且盡落於外人之手。多讓一路，卽不啻多割一地，大錯既成，便無挽回之法。竊謂會議止稱不敷之數允借日款，我若速行開辦，悉數自籌，苟無不敷，自無所用其借貸，縱有意外之爭論，拒之固尚有詞。此又亟應力爭者也。此外，自齊齊哈爾至愛琿之路、吉林經敦化至琿春之路、哈爾濱至三姓之路皆枝中之幹，爲吉、黑兩省命脈所關，非急起直追，恐不轉瞬而他人又先我著鞭，則事益棘手矣。至於由新民北出一枝，縱貫東蒙，直達齊齊哈爾，尤爲北滿第二幹路。此路若成，則南北銜接一氣，足與東清鐵道彼此抗衡。若謂中日會議録載有『中國允於東清鐵道附近不築並行幹路』之語，恐相抵觸，則此路取道蒙境，途徑較直，既非在該路附近，又不得謂爲並行，斷無所用其顧慮。末途之贖，此眞最亟，三省運命視爲轉移。失今不圖，後將無及。所謂抵制外力者，此也。以上二端實爲今日維一之要圖。稍知東事者，幾於衆口一詞，謂爲當務之急。卽臣等熟思審慮，亦以爲救亡之術舍此更無他途。顧枝枝節節而爲之，則一事未集而疑阻先乘，議論未終而事機已失，卒之曠日持久，什無一成。臣等此次奉命赴東，親歷三省，觀趙爾巽之於奉天，程德全之於黑龍江，亦何嘗不苦心焦思，力求振作！然經年累月曾無成效之可期者，非必事局之萬無可爲，與其才力之果有未逮，亦由種種阻礙、種種牽掣有以使然。何則？興舉百務非財末由方。今帑藏空虛，計臣仰屋，固無大宗的款可供經營三省之用，而東南各省偏災時告民不聊生，又屢經搜括，脂膏殆盡，自贍不暇，遑論他顧。故三省行政之費，國庫補助既已爲難，卽内地協餉之清還亦終無日，一切需用勢不得不就地自籌。就三省物力而論，果使經理得宜，開發有效，原未嘗不足以資周轉。卽如奉天籌款一歲驟增數百萬；江省興辦墾務節次收價亦至四百餘萬，吉林財力之富冠絕三省，說者謂振刷精神從事清理，歲入當不下千萬。以之刱辦一切，雖未必舒轉自如，而得尺得寸何遽不能收挹注之效！然成例所囿，窒礙甚多。邊地情形既與内地逈別，而部臣成見牢不可破。一經上聞，輒令聽候部撥。疆臣籌款本屬不易，焦頭爛額，所得無多；而復以繩墨拘之，使不得自由運用，則疆臣孰肯以身爲怨府而爭此不可必得之數乎！所以跋前疐後，百無一效，終乃冥心坐廢，束手無爲。臣等考查所及，未嘗不咨嗟歎息，於内外之隔膜有如此者。財力既絀，則一切要政自難責效，而用財最費者，莫如練兵。以三省幅幀之大、新兵之數至少，亦須六鎮方敷布置，乃三省要害皆苦無兵吉省甫成一協，奉省僅有一營，又皆散漫宂弱，毫無足觀。雖其致此之由，原因不一，而無餉、無械實爲最大之病根。轉瞬日俄撤軍，屆期我無接收之兵，人有可藉之口，貽誤大局，豈復可言！探本窮源，實亦不能盡爲該省將軍咎也。臣等以爲欲支持危局，非化散爲整，挈領提綱，得人而理，則其餘補苴之策均無可言。何者？目下三省情形，鐵路貫注，商埠同開，舉凡内政外交均有利害相因之勢。若各分疆域，各爲風氣，無論勢渙力薄，於控馭之方多所未便，且彼此政策不能一致，尤恐失外交之平衡，卒之散漫支離，同歸於盡。故必聯合三省屬諸一人，乃可收統一之效。然就令得人而理而不破除文法專一，事權亦無以盡人材之用。明臣袁崇煥以文武之略經營遼左，兩次督師未著功效，其奏議有言：『以臣之力，制全遼有餘，調衆口不足。一出國門，便成萬里。忌能妒功夫豈無人？卽不以權力掣臣肘，亦能以意見亂臣謀。』臣等每誦其言，輒相慨歎。殷鑑不遠，可爲寒心。方今東事之艱，什倍曩昔。禍在眉睫，豈容再誤！擬請特設東三省總督一員，予以全權，舉三省全部應辦之事，悉以委之，除外交事件關繫重要者，仍令與外務部咨商辦理外，其財政兵政及一切内治之事，均令通籌總攬，無所牽制。就三省要地分建行署，俾不專駐一省，得以隨時往來巡視。其總督之下，應設奉天、吉林、黑龍江巡撫各一員，專理三省民事、吏事，仍受督臣節制，其權限應略視内地各省巡撫爲輕，不得與督臣並行，凡有奏件均須由督臣領銜方許入告。所有三省用人行政，悉聽總督主持。略如咸、同間曾國藩、胡林翼之於東南各省，然後寬以時日，責以效驗，務令功罪皆有專歸，内外各相協助，以一人之力總集羣策，復以全國之力傾助一隅。庶幾委任既專，精神一振，或可收效於萬一。該督責任綦重，體制較尊，應否特賞崇銜，或頒給欽符，以示優異之處，出自聖裁，非臣等所敢擅擬。其應興應革各事宜，卽如移民實邊，融化旗漢，增置郡縣，籌辦鐵路，招練新軍，及其餘推廣教育，振興實業，開鑿鑛産，撫綏藩部等，宏綱細目，均俟該省總督簡放有人後，責令因地因時，熟籌妥辦。現在客軍尚未盡撤，凡所更張，不無阻礙。擬請先期切實豫備，俟明年二月撤兵期屆，然後明降諭旨，剋日施行，以昭鄭重。竊觀日俄現勢，其駐東軍隊果能按期全撤與否，誠不敢知。但期限既滿，則一切措置之權固已在我，彼果如約辦理，我自易於著手，卽使有意延宕，而彼曲我直，亦可爲所欲爲，無所用其瞻徇矣。惟豫備之法，決不可托諸空言。似此大舉，非厚集財力，豈能實行！現在度支奇絀，欲於咄嗟之間籌得鉅款，良非易易。臣等再四審度，竊謂籌款之法，除募集公債，商借國債外，殆無他策。擬請妥速籌辦，以赴事機。臣等非敢率臆妄談，輕變成法，實見東事日迫，後患方長，國家存亡，在此一舉。且以臣等此次奉詔前往，尤爲中外屬目之端。東民歡迎，羣有再見天日之望；卽鄰邦揣測亦謂我創鉅痛深，一朝覺悟，必將有根本刷新之舉，以收效桑榆者。若但循例覆奏，一無布置，不特日俄兩國將疑我於三省已置度外，益肆其進取之謀；而東土士民亦竊疑朝廷之意不我屬，益生其解體之志；則臣等此行非惟於三省無毫髮之補救，而轉速其載胥及溺之禍也。臣等憂憤所迫，不暇擇言。就東事而論，所敢披瀝上陳者，不過如此。抑更有進者，易稱正其本。萬事理四方之紀在於中央，股肱之疾由於心膂，大本既定，則其餘枝葉之事，一以貫之。是故朝廷之一舉一動實與地方休戚息息相關，果使政教聿新，百廢俱舉，辦一事有一事之成績，閱一時有一時之進步，風聲所樹，捷於影響，頹廢之習不禁自除，東事雖危，亦何至獨無起色！若其浮言一動，大計旋搖，瞻前顧後，方進又退，羣情疑惑，不知國家趨向之所在，則豈直東事無幾希之望，抑全國之治亂亦實在不可知之數也。方今聖明在上，渙汗頻頒，宣布立憲，釐定官制，勵精圖治之意可謂至矣。然而數月以來，情勢屢變，中外觀望，妄相擬議，其爲可慮。蓋尚有倍蓰於東事者，竊維窮變通久，理勢之常；因革損益，何代蔑有！卽我朝法制自開國迄今，列祖列宗未嘗不因時遞改。我皇太后、皇上今日所創垂之大經，卽爲後世子孫之成憲。庸衆之見，可與樂成，難與慮始。要在守定宗旨，百折不回，而後明效可期，危局可保。此尤臣等區區之愚所私憂過計者；不覺因條陳東事而言之，不厭其長也。所有臣等遵議東三省切實辦法緣由，謹恭摺密陳，伏乞皇太后、皇上聖鑒訓示。

《光緒朝上諭檔·光緒三十三年三月初八》 光緒三十三年三月初八日，內閣奉上諭：東三省吏治因循，民生困苦，亟應認眞整頓，以除積弊而專責成。盛京將軍著改爲東三省總督，兼管三省將軍事務，隨時分駐三省行臺。奉天、吉林、黑龍江各設巡撫一缺，以資治理。徐世昌著補授東三省總督兼管三省將軍事務，並授爲欽差大臣；奉天巡撫著唐紹儀補授；朱家寶著署理吉林巡撫；段芝貴著賞給布政使銜，署理黑龍江巡撫。該督等受茲重寄，務當悉心經畫，破除情面，任怨任勞，於一切應辦事宜，切實通籌，次第舉辦，用副委任。其應如何分設職司之處，卽著該督等妥議具奏。欽此。

《東三省總督徐世昌等奏東三省設立職司官制及督撫辦事要綱》

（光緒三十三年四月）徐督唐、朱撫憲奏爲遵議東三省設立職司官制及督撫辦事要綱事。竊維東三省爲我朝根本重地，歷來設官分職辦法，本與內地省分不同，各將軍衙署，原設有户、禮、兵、刑、工五司，盛京以陪都體制，又設有五部府尹，以資分理。近來交涉日繁，郡縣日闢，舉凡財政、軍政、警務、學務，無不量添局所，增派官員。於是舊司新局，紛列漸多，旗署民官，畛域顯判，幾於漫無統紀，寖就廢弛，此疆吏之擘畫，京員之章奏，中外人士之議論，皆以改定東三省官制爲第一要務也。

前蒙聖明鑑察，特裁盛京五部及奉天府尹，以一事權。上年又於東三省添設提學司，以廣教育，變通損益，原以振興政治，有裨地方。臣等以爲欲祛散漫牽掣之弊，則宜有總會公署，方能合一事權；欲謀整齊修舉之規，則必須分置廳司，方能各專職業。溯考各邊疆將軍大臣，有仿京都設户兵各司者，有派部員佐理者，本兼部體。欽定歷代職官表指明，督撫爲行部，盛京將軍原兼兵部尚書右都御史，亦有部院之稱，與晉唐都督府分設長史、司馬各曹參軍，及英之澳州、美之各省，於總督府分設財政、學務等官者相合。擬於奉天、吉林、黑龍江三省，每省各設行省公署，內分設二廳：一曰承宣廳，稟承督撫掌一省機要，總會考覈用人各事；一曰諮議廳，掌議議定法令章制各事。就原有局署酌量歸併，分設七司：一曰交涉、二曰旗務、三曰民政、四曰提學、五曰度支、六曰勸業、七曰蒙務，倣國初將軍設參贊及出使大臣參贊之例，設左右參贊各一員，分領承宣諮議兩廳事務。交涉等七司，各設司使一員，總辦司事。承宣廳及各司，均設分科，每科設僉事及一二三等科員佐之。諮議廳不設官缺，酌派議員、副議員、顧問員。額外議員皆選明達政治者充之，以資研究。此外，陸軍關系綦重，應另設督練處，以擴軍政。司法分權，宜預擬專設提法使，以理刑法。其官制，另由臣等詳復具奏。他如劃分權限，酌擬補署，建立衙署，籌支廉費，皆屬更張之要務，卽爲圖治所宜，先謹議章程繕呈。

又，東三省總督恭譯諭旨，責成視各省爲重，謹擬督撫辦事要綱六條，一併繕呈。其道府以下官制，亦擬酌定階級，以期簡捷，容俟到任後，體察三省情形，酌籌辦法，再行具奏。總之，東事措置，上關國家之本計，外爲環海所注觀，臣等惟有竭盡愚忱，悉心籌劃，於東省所難行者，不敢曲爲因仍，於所相宜者，必求規於詳備，法無一成而不變，道貴因時而制宜。國初，直省官制至雍，中正而大更，近來邊省建置，亦弛張之不一。此第粗擬大綱，其詳細章程及以後有應行酌議變通之處，仍當隨時奏明辦理。

再，三省旗務向歸將軍管理，今改設督撫，現總督奉特恩兼管三省將軍事務，則三省巡撫亦有分理旗務之責，相應籲懇天恩俯准，將三省巡撫皆兼副都統銜，以便措置，而資坐鎮。所有遵議東三省設立職官制及辦事要綱各緣由，分繕清單，恭摺具陳，伏乞皇太后、皇上聖鑑。

再，暫署黑龍江巡撫程德全，現未在京，是以未經列銜，合併聲明，謹奏。奉旨：依議，欽此。

東三省職司官職章程

計開：

一、設立行省公署。東三省向於將軍衙署分設各司，將軍副都統每日率領司員於衙署辦事，與京部辦法相合。現在東省外交內治，日以繁難，自未便照各省分設督撫、藩臬各署，致令公牘轉多周折，屬僚疲於稟謁，甚或動相齟齬，貽誤要公，所關非淺。擬以軍署各司合之現有各局，並提學司總立一署，倣前代行省行臺辦法，名之曰奉天行省公署，吉林黑龍如之。以總督爲長官，巡撫爲次官，於公署內分設承宣、諮議二廳，交涉、旗務、民政、提學、度支、勸業、蒙務七司隸之各員，逐日入署，事則公商，稿則會畫，以期赴機迅速，簡省繁文，藉收整理地方之效。

一、酌定官品。金元行省，本有丞參等官，明布政司卽行中書舍省，亦設有左右布政使、左右參政等官。國初將軍經略皆設參贊，現在出使大臣，亦設有參贊員缺。擬於行省公署內，設左參贊右參贊各一員，秩從二品，以左參贊領丞宣廳事，右參贊領諮議廳事。交涉、旗務、民政、提學、度支、勸業、蒙務七司，擬均設司使一員，總理一司事務，參照各省提學鹽運等司及軍署原設各司協領品位，酌按管理事務之繁次，量分等差，擬交涉、旗務、民政、提學四司使，秩正三品；度支、勸業、蒙務三司司使，秩從三品。承宣廳及各司，均就所管事務，以類相從，分設各科，每科設僉事一員，辦理科務，首科僉事，從四品；各科僉事，皆正五品。其下設一等科員從五品；二等科員，正六品；三等科員，正七品，分佐之交涉、提學、蒙務各司，別設一二等譯官；民政司，別設一二等醫官；提學司別設一二等藝士。凡列一等者，品視二等科員，二等者，品視三等科員。自僉事以下，無論京外人員，皆選有專門學業及材地相宜者遴充，庶幾事有專責，人用專長，以精職業。諮議廳擬設議員、副議員、顧問員、額外議員，以集討論政治之益，均不定品位。凡本省實缺候補及京外人員併紳士，皆選用明達政治，熟於本省情形者充之。督撫仍各設一二三等秘書官，無定員，以辦秘密事件。

一、釐定職掌。行省公署承宣廳，稟承督撫辦理一省機要總匯事件，考核用人及省內省外四品以下官員升調補署。諮議廳，掌議一省法令、章制，研究本省利病應行損益各事；交涉司，掌辦理外交各事，以原有交涉等局改併；旗務司，掌辦理旗署各事，以軍署原有户、禮、兵各司改併；民政司，掌辦理民治、巡警、緝捕等事；提學司，掌辦理教育等事；度支司，掌辦理財賦等事，以原有財政釐稅等局改併；勸業司，掌辦理農、工、商、郵電、航路、墾礦等事，以農工商各局改併；蒙務司，掌辦理蒙部各事。奉天則轄科爾沁六旗，吉林則轄郭爾羅斯前旗，黑龍江則轄郭爾羅斯後旗、扎賚特、杜爾伯特三旗。承宣廳及各司分科名目職掌，臣等到後體察情形，酌擬奏咨辦理。此外，應設局、所、廠、場、學堂、公司等，皆已類相從。附屬各司，酌令司使等人員，或有專長得力者辦理，合坐言起行爲一職，以資實驗。

一、劃分權限。舊時內地各省督撫同城，往往意見參差，僚屬遂多分黨，互相傾軋，最滋流弊。而同城之駐防將軍、副都統則鮮聞牽制等弊。蓋一則督撫各有關防，各有公署，則易於生隙；一則將軍有印，副都統無印，辦事同在一署，故無由啓爭也。現擬以總督爲行省公署長官，巡撫爲次官，凡奏、咨、批、札稿，廳司皆以次呈督撫核定。總督在他省時，日行公事，皆呈撫核，重要事件，先呈撫核，電商總督定奪。督撫如京部尙侍郎，三省公事皆由督撫聯銜具奏。至例行之事，與迫不及待者，如總督出省，仿內地兼轄省分之例，列總督前銜，由該省巡撫一面辦奏，一面電商總督，以期迅速而免貽誤。賀謝各摺仍例，專奉三省，皆仿照京都規制，鑄行省公署堂印，文曰：奉天省印，吉林省，黑龍江省印。凡道府以下印委公事，皆祇用行省公署，一分由承宣廳分交各司核辦。廳司稿件，經督撫核定後，卽用省印行下。如此，省批、詳之重迭，咨、移交之往復，權限分明，文牘簡捷，似較內地辦法爲合事。其廳司印曰：某省某廳印，某省某司印，皆如各部司印，冠省名於上，由臣等到任後，再行奏請頒行。

一、專設督練處。東三省練兵，關繫重要，現在肅清土匪，巡緝地方，又倚防軍之力。擬另設督練處，辦理開練新軍，振興兵學，整頓防軍各事。俟臣等到任後，再行詳議，奏明辦理。

（一）專立司法。東三省治理更張伊始，行政司法分權，宜豫擬仿明巡按御史，及國朝鹽政之制，於三省各設提法使一員，秩正三品，專管司法行政，兼理裁判事務，別爲一署，暫受督撫考核節制。應設高等裁判，以下各官由臣等到任後，督同新簡提法使，妥爲籌議辦理。

（一）議改各屬官制。東三省民官情形，新設知府，皆無首縣，其府廳各官，自新設東邊道、哈爾濱道外，大率逕歸將軍及駐省道員管轄，承轉本較內地爲少，各屬幅員寬廣，於治理不便，多須折［析］置。江省邊域，率無民官，增置更不容緩，且動係通商地方，民官體制，自須略爲加崇，擬多置府、廳，合州爲三級，增設道監督之。知府擬仿國初雲南各省軍民府之制，不設屬縣，兼轄旗民，與廳州皆隸於道，以期與東省時勢相宜。各外城副都統官階過大，動多牽制，擬照江省裁撤呼蘭等處副都統之例，酌擬裁撤。改設兵備道員暨以下各官以重民治。三省原設知縣，本兼有理事通判銜，均擬升爲廳治，原有廳州或酌改爲府，其直隸廳有屬縣者，亦解之，而升廳治爲府，逕隸於道，以省周折。統俟臣等到任後，詳細體察，通盤籌度，通行奏明辦理。

（一）酌擬補署辦法。左右參贊及提法使各司司使，品秩較崇，責任綦重，擬照各部，按兩司辦法作爲特簡之缺。惟現在東事萬棘，經營草創，非選得力人員，不足以資贊助。擬均臣等奏保堪勝人員，皆先以本官試充，原官大者作爲借署，原官小者作爲試署，俟一年後，再爲請補，不勝任者，另行撤換，匯案奏咨。

（一）設缺分別次第。奉天規模頗具，事務至繁，擬請左右參贊及各司司使，卽准設立。吉江兩省事務較簡，擬先不備設。俟查看情形，隨時奉［奏］明辦理。又，奉吉兩省公牘亦多，裁判尤重，擬於該兩省先設提法使司員缺，所有奉天驛巡道、吉林分巡道，原兼按察使銜，擬均請裁去，以一事權。江省民户較少，控案無多，俟臣等到任後，再行酌核辦理。

（一）建造衙署。三省原有將軍衙署，均極褊隘，現議合立一衙署，分別廳司，必須相度形勢，另行建造，方足以昭嚴整而重要公。督撫參贊司使，均應酌建住署，僉事以下，照京部司員規制，無須另建住署。

（一）籌支廉費。重祿勸士，圖治之本。現既議改立新制，分設廳司，自應寬給廉費。東三省近年兵荒迭乘，物價昂貴，數倍內地，若非從優酌給，無以袪蠹弊之源，責整飭之效。擬俟臣等到任後，酌核該三省入款，從優支給。僉事以下，亦按三省道府當差人員現支薪水之數，量爲加給，以勵廉隅。

（一）吉江兩省擬移建省治。查吉林將軍國初本駐寧古塔，黑龍江將軍本駐愛［瑷］琿，後移黑［墨］爾根，皆以控扼邊要，實較今省治偏在西南者爲合宜。擬俟應修東省鐵路開有規模後，仍擬以吉林省移治寧古塔，黑龍江省移治黑［墨］爾根，亦俟臣等到任後，再行體察，奏明辦理。奉批：欽此。

謹將酌擬東三省督撫辦事要綱繕具於左：

（一）東三省爲全球注目之地，措置得失，動關大局，外交內治全仰賴仰稟宸謨。現京奉鐵路兩日可達，三省皆有巡撫，表率空馭。查漢晉刺史，有乘輕車奏事京師之制。擬俟後三月，如有應辦重要事件，疑難待決者，准會總督隨時赴闕面奏機宜，恭請訓誨，及與樞部各臣悉心商辦，以圖周妥，而免貽誤。

（一）奉天距京較近，爲吉江兩省核本，現各幹路支路皆以該省城爲樞紐，總督應建駐署於奉天，以便控制。吉江兩省應各建行署，以仰副三省各建行臺之旨，俾得隨時周歷，商同三省巡撫辦理外交內治一切重要事務。三省巡撫亦可隨時前赴鄰省，會商整頓及互有關涉各事，並周巡屬境，以密考查。

（一）東三省現設巡撫辦法，應於內地疏別。凡三省公署堂印，應由總督佩帶，總督在他省時，則本省印信由巡撫佩帶，回省則仍交之總督。督撫每日率屬皆在公署辦事，以便會商而去延滯。如此，則收相維相助之效，而無內地督撫同城之弊、院司不合之弊，於整頓東事，裨益匪淺。

（一）東三省總督，現奉旨兼管三省將軍事務。臣世昌並蒙特恩，授爲欽差大臣，現已請頒發關防，改鑄印信。凡三省旗務及關涉特別重要事件，均應專用三省將軍印信暨欽差大臣關防奏咨，以專責成。

（一）東三省現在整頓一切，事同創始，得人爲前。先大學士曾國藩左宗棠於所轄用兵之省，提鎮藩臬，皆准保用。臣世昌現蒙特授欽差大臣，仰見朝廷鄭重東省事之意，擬東三省自三品以上大員，無論舊有新設，皆准擇堪勝任人員指名密保，或會同該省撫臣奏保，請旨簡放，或派員試署，以收得人之效。此外，各項員缺，擬皆准變通補署。布衣獲咎，及丁憂人員才具出行職事必需者，亦可擢用。凡實缺當差人員有績效者，或按邊俸升擢及按異常勞績保奬賞，均由東省督撫奏明辦理。能明習外交者，尤宜不次任用，以重交涉。三省實缺候補人員，擬皆得通用，如江省新設各缺，用吉奉人員之例，遇有差缺，均可互委，不分畛域，以廣量材任職之路。

（一）東三省地處邊要，諸事草創，若仍拘泥例章，恐致諸多貽誤，擬請嗣後東三省所有吏治損益，財款出入及一切事項，皆暫准酌量變通，隨時隨事因地分別奏咨核辦。俟數年後籌辦漸有端倪，再查看情形，奏明辦理。

東三省行公文程式（釐定行文）

（一）督撫咨行各部各省文牘

廳司各按其職掌核辦稿件，由督撫憲核行三省行文公事，皆列督撫憲雙銜。

（二）各部各省咨行文牘

督撫不以單銜行文，則各部各省來文，亦未宜單咨，總督及巡撫擬請各部各省，無論何者公事，應逕行三省行省衙門，如奉天行省之類應否通行，以免參差之處，請示遵行。

（三）督撫移咨文牘

司署辦公，此項可免。至督撫駐節此省，而與彼省撫憲知照之件，及撫憲出境會商之時，可用電報信函來往，如必須轉咨之件，即寫某省行省衙門，悉照公文程式辦理，商妥後，行文仍列雙銜，互相代行。

（四）督撫行廳司道文牘

同署辦公，亦可省免。惟遇有飭知、飭查、飭遵之件，仍照舊行。

（五）廳司道呈督撫文牘

同署辦公，亦可省免。如必須由廳司擬呈請核行者，仍照舊行，如呈請刊刻關防之類。

（六）督撫下行各屬文牘

此項亦由各廳司道按照職掌核辦，此稿呈請督憲核行。

（七）各官上行文牘

凡全省差缺各員，上行文牘，悉達省署，均照另開公文程式辦理，祇須一件，不必分省，仍由承宣廳收受，分司核辦，呈督撫憲批行。惟屑琑[瑣]之事，准呈廳司道核辦，既呈廳司道，即不必再呈省署。

（八）廳與司道移咨文牘

凡各司道所辦之稿，有關於行政者，由承宣廳復核，關於文法者，由諮議廳復核，則各司道咨廳之文牘，可以減免。惟承宣廳有專辦之稿件，其有與某司道關涉者，仍應移咨某司道，以免隔閡，如有應行各屬者，亦由廳轉行。

（九）廳司道移咨文牘

凡由此廳司道，移咨彼廳司道，其有關重要必需存案之件，仍照舊行。其隨事詢商者，擬設一編號書函，示如聯票，右草稿，左繕發，騎縫、列號、蓋印，外加信封發行（各廳司道一件）。

（十）廳司道下行各屬文牘

此項亦可減免。惟各屬有琑［瑣］屑之事，不必逕由省署者，各廳司道仍舊批行。

又，釐定公文程式

（一）無論上下來往公文，均一律用毛邊紙（俟紙官局購有機器制造，再一律用機器紙），長以八寸，寬以三寸爲度，封套均一律用皮，以一尺寬，以六寸長爲度（凡有緊要事件，可用包封，以火漆蓋印呈遞）。

（二）公文下行者，一律用札（牌諭間或用之），平行者一律用咨（照會間或用之），上行者，一律用呈（詳文間或用之）。

（三）上行之公文，既皆用正呈、副呈，呈內鈐印之下，須列本官銜名，封套上寫右呈奉天行省（總督徐巡撫唐），其關於各旗之公事，則寫右呈奉天省（管理將軍事務總督徐副都統銜巡撫唐），其用單銜者，則寫右呈。欽差大臣奉天行省總督徐，吉林、黑龍江仿此。

（四）外行之稿，面中印奉天行省稿（格式已另詳），皆用折叠式，便以黏卷，其下文公事，封套印銜，與前同式，其總督在此省，而專咨彼省之件（如在奉天行文吉江之類），稿內及封套面應寫：吉林黑龍江行省衙門。

（五）凡各種表式及商民所用之契據等，種類繁多，一時未便率定格式，俟隨時事酌量劃一程式，再行頒發。

（六）嗣後，各屬上行公事俱用呈文，紅白稟一概禁用。其夾單須通用手摺，不准沿用紅箋，亦不准沿用賀稟通套其文面上，事由不得用蠅頭細楷，事由多者，分行書之。

（七）奉省擬設立官紙局，一應公文紙張，均由該局承辦，由九月初一日起，一律通行。

謹擬憲政編查館辦事章程十六條

第一條，本館由軍機大臣管理，設提調二員，綜理館中一切事宜。

第二條，本館職掌分列如左：

（一）議復奉旨交議有關憲政摺件，及承擬軍機大臣交付調查各件；

（二）調查各國憲法編訂憲法草案；

（三）考核法律館所訂法典草案（法典指民法、商法、刑法、刑事訴訟法、民事訴訟法諸種而言），各部院各省所訂各項單行法（單行法指隸於一事之章程，不屬法典之各法而言），及行政法規（如改訂官制，及任用章程之類）；

（四）調查各國統計，頒定格式，滙成全國統計表，及各國比較統計表。

第三條，本館設編制局、統計局兩所，分司職掌各事。

第四條，編制局分爲三科如左：第一科掌屬於憲法之事；第二科掌屬於法典之事；第三科掌屬於各項單行法及行政法規之事。

第五條，統計局分爲三科如左：第一科掌屬於外交民政財政之事；第二科掌屬於教育軍政司法之事；第三科掌屬於實業交通藩務之事。

第六條，編制局統計局各設局長一人，承提調之命，管理局務，副局長一人，協同局長管理局務。各科視事務繁簡，酌設科員三人或四人，分司科務，所有奏咨文牘，卽白局長副局長挈同科員詳慎擬草，送由提調核奪辦稿。

第七條，編制局統計局辦事細則，由局長商承提調妥擬，呈王大臣核定施行。

第八條，本館設總核二員，稽查各項奏咨文牘及官報事件。

第九條，本館設庶務處一所，專司收發文書、款項出入及各項雜務，廉務處設總辦一員，商承提調督率本處委員辦理一切事務。

第十條，本館設譯書處一所，凡各國書籍爲調查所必需者，應精選譯才，陸續翻譯，其員數多寡，取足備用，不必豫定；另設圖書處一所，收儲中國圖籍，設收掌二員，專司其事。

第十一條，本館有統一全國法制之責，除法典草案應由法律館奏交本館考核外，如各部院全省法制有應修改及增訂者，得隨時咨明該管衙門辦理，或會同起草，或由該管衙門起草，咨送本館考核，臨時酌定。所有統計事項，應由各部院、各省，就其主管事務，派定專員，按照本館頒定格式，詳細列表，隨時咨明本館，由本館滙齊詳核，編列總表，以昭劃一。

第十二條，本館調查及編訂之件，應隨時發刊報告書，或月刊，或季刊，臨時酌定。

第十三條，本館調查各件，關係重要，得隨時派員分赴各國各省實地考察，並得隨時咨商各國出使大臣及各省督撫，代爲調查一切。

第十四條，本館擬訂及考核之件，除法典及重大事項應由資院議決外，其餘各件，呈由軍機處王大臣閲定，即奏准施行。

第十五條，本館奏明附設之官報局，應設局長一人，綜理原奏，所定之編輯、校對、印刷、發行四項事宜，並酌定辦事人員，分任責成，由局長商承提調，督飭辦理。

第十六條，以上各條臚舉綱要，其尚有未盡事宜，應隨時酌定，奏明辦理。

再，臣館現謀法制統一辦法，應自改設之日起，遇有各衙門各省奏定章程規則，均請敕交臣館復加考核，然後奏請施行。外省改革官制伊始，尤易參差不齊，其應由各部另訂。職掌各條，亦須有一匯總之地，始足以收整齊劃一之功，並應由臣館核議。至前議直省官制，所有直隸州廳暨各州縣佐治員缺考取委用章程，原請由考察政治館會同各部議訂者，應一並請由臣館接續辦理，俾期周密而免紛歧。謹附片具奏，伏乞聖鑒。

《東三省總督徐世昌等奏吉省請設司道各缺摺》（光緒三十三年十一月二十四日）奏爲吉省請設司道各缺，派員試署，並酌量裁改各情形，恭摺仰祈聖鑒事。竊臣世　於本年十一月初七日，行抵吉林省城，與臣家接晤，籌商一切並及官制辦法。伏念吉省爲我朝根本重地，實居三省之中，文化久開，民生較富。長春一府又綰南北要衝，交通既繁，形勢尤爲扼要，比之江省各事，俱有規撲［模］，比之奉天地方，亦尚爲完善。徒以官吏不知整頓，積弊叢滋。現在外患已形，不能不急圖治理。查吉省現有提學提法兩司，其吉林分巡道一缺，自應遵照奏定外省官制裁撤。此外，應增設者，吉省交涉事件，現在正關緊要，將來吉長通行鐵道，諸務更繁，各國商民必且日多一日，亟應設立專司經理。以交涉局附入民政，則以巡警局自治局及關於民政各項局所改設，不更設巡警道缺；度支，則以所有財政各局及從前之户司並設；勸業道，則以農工商礦林業各局所並設。從前之刑司裁歸提法司兼辦，工司則分別併入民政司勸業道。統計增設各缺合之原有兩司，共爲五司一道，庶可各專責成。旗務暫不設司，以從前兵司改設旗務處，先行試辦。蒙務則仍須體察情形，從緩辦理。至吉林副都統一缺，自改設行省以後，事務頗簡，與外城各副都統情形不同。查黑龍江省城副都統缺，早經奏請裁撤，吉省事同一律，相應請旨裁撤，俾昭核實。

所有新設各缺，自應派員試署。茲查有二品銜奏調分省補用道鄧邦述，器識閎通，才猷練達，考查各國政治，極有心得，堪以試署交涉司司使；二品銜軍機處存記代理吉林分巡道謝汝欽，才識優長，器局穩練，久歷邊徼，衆望允［尤］孚，堪以試署民政司司使；二品銜軍機處存記奏調分省補用道陳玉麟，時務通達，規畫精詳，前在湖南四川籌辦要政，均能潔己奉公，卓著成績，堪以試署度支司司使；二品銜奏調直隸補用道徐鼎康，心細才長，安詳謹慎，講究時務，識議開通，堪以試署勸業道，仍由臣等察看，如能勝任，再行請旨簡授參替。所領之承宣諮議兩廳事務，吉省亦由秘書官及文案處辦理，均臻妥洽，應如其舊。而以從前之印務處，併入司道，以下各官，先各設首科僉事一人，餘暫緩設，而以委員分任其事。至省外各缺，則以長春爲緊要，地居四達之衝，中外輻輳，交涉紛繁，實與哈爾濱同一情形，非有得力大員，不足以資鎮攝。應請先設吉林西路兵備道員缺，駐紮長春，責令辦理交涉一切事務，俾專責成。一俟奉旨允准設缺後，再行揀員試署。其餘各路應設員缺，容再體察地方情形，陸續奏明辦理。所有請設吉省司道各缺，派員試署併酌量裁改各緣由，理合恭摺具呈，伏乞皇太后、皇上聖鑒，訓示。謹奏。

光緒三十三年十二月十八日原摺賚回，奉到硃批：著照所請，該部知道。欽此。

《東三省總督兼管三省將軍事務徐世昌等奏議設東三省督練處試辦章程摺》（光緒三十三年十二月初六日）奏爲議設東三省督練處，以重軍政，謹將試辦章程繕具清單，恭摺會陳，仰祈聖鑒事。竊臣等前於遵議東三省官制章程摺內，聲明東省練兵關繫重要，擬另設督練處，辦理開練新軍，振興兵學，整頓巡防各事，奉旨允准在案。伏查舊制，盛京設兵部，以掌兵藉。而三省將軍以下，各置兵司，俸餉徵調，則胥隸於兵部，法未嘗不善也。積久弊生，日就廢弛。兵部前經奏請裁撤所存之兵司，亦僅司、旗、營尺藉，無關大計。統計三省軍隊有八旗額兵，有巡防營，有捕盜營，有護墾隊兵，馬步一百數十營，土客並收，操法不一。其制則龐雜紛歧，其勢則散漫惰窳。

臣等到任之始，又奏撥陸軍一鎮，兩混成協，分駐要地，自非有統管軍政之區，無以期整齊劃一之效。竊維前練兵處、兵部奏定陸軍章制內開，督練處官制均按事之繁簡，由督辦酌定人數，奏咨立案，思慮周密，允宜取法。又升任直隸督臣袁世凱於北洋設立督練公所，仿照部章，酌量變通，亦經奉旨允准在案。今三省地方，較北洋尤爲遼闊，其事機之迫切，軍政之頽敗，則又過之。亟宜參考形勢，酌仿成規，以期推廣而資整頓。臣等到任後，卽選擇熟悉兵事各員，分別委充，以爲開辦基礎。現經重加會議，匣定章程，擬請設立東三省督練處，經理新舊各軍事宜。遵章以總督爲督辦，三省巡撫爲會辦，分置參議官、兵備參謀、教練三處，總辦及幫辦、提調、文案等員，俱如定制。北洋大臣前曾奏請，添設總參議，以贊佐軍政。現三省地廣兵多，歸併、徵募、籌計、檢校之事，逐日益繁，必須有資深望重之大員，相助爲理，故擬仍設總參議一員。奉省遼河口舊設兵輪，現亦亟須整理，松花、黑龍二江，亦擬擴充航政，保護利權。必須有熟悉江防、海防人員相爲贊劃，故擬添設海軍參議官一員。定制督練公所，應設省會地方。東三省督練處，爲統一三省軍政機關，其勢不能三省並設。專駐一省，則又有偏重隔閡之慮，擬請以總督所駐之區，作爲東三省督練處，餘由該處派員輪流駐紮，稟承會辦，就近辦理，仍一面稟請督辦核奪，庶幾如臂使指，一氣相生。原定員司本無額數，而此次酌擬繁簡，與北洋互有異同者，亦正以此至。既設三省督練處，其吉林原設之督練處，固應裁撤，以一事權。卽三省舊有之營務處，亦應逐漸歸併。惟各防營編制不同，現經調防各處擬暫留營務處，就近督率，以資經理，容俟地方安堵，編制改定以後，再行歸併辦理。伏思三省本豐鎬舊部，士馬夙號精强。近年以來，日就凋敝，尙擬汰弱留强，挑入陸軍，同時練習，以成勁旅，藉以自固藩籬。此又於該處成立之後，所應行籌議者也。惟是軍政一端，爲人民之保障，外交之後援。三省頻遭兵燹，逼處强鄰，民貧而知不開，兵多而餉日絀，道路廣遠，交通不便，較內地尤難措手。臣等惟有殫謀竭慮，並力圖維，以改良營制，研求兵學爲始基，以整一軍隊，恢張國權爲主義，以期仰副皇太后、皇上眷念東陲，力圖自强之至意。

其督練處已派在事各員薪水，均參照北洋成案辦理。因東省百物翔貴，酌加津貼，以資辦公。如能勝任，再行具奏。至經費一項，亦飭該員等預算，俟核定後，另行陳明。此外，未盡事宜，及有應行變通之處，隨時奏請施行。臣等現所擬係屬試辦章程，俟陸軍部將督練處詳章奏准頒發後，再行遵照辦理。又，現在東三省陸軍已兩鎮有餘，所有應設之東三省陸軍糧餉局，業經照章設立；三省軍械局，就奉天原有之軍需局改設；軍醫局，以兵隊衛生關繫緊要，亦草創籌辦。其餘如講武堂及測繪學堂，現均次第開辦；憲兵學堂亦正籌設。合併聲明，所有議設東三省督練處試辦章程繕單會奏各緣由，是否有當，謹恭摺具陳，伏乞皇太后、皇上聖鑑，訓示。謹奏。

謹將擬定東三省督練處職掌暫行章程繕單，恭呈御覽。

職掌：

東三省督辦一員，東三省總督兼攝，管理三處，整飭三省營務；

奉天省會辦一員，奉天省巡撫兼攝，贊佐督辦，經理該省軍隊，籌備調遣事宜；

吉林省會辦一員，吉林省巡撫兼攝，贊佐督辦，經理該省軍隊，籌備調遣事宜；

黑龍江省會辦一員，黑龍江省巡撫兼攝，贊佐督辦，經理該省軍隊，籌備調遣事宜；

總參議一員；

參議五員，贊佐軍事，管理庶務、文牘；

文案八員，隨同參議經理文牘；

隨員六員；

先鋒官六員；

支發一員，掌管全處支發事宜；

清書八員，專司謄録；

石印工匠六名；

馬弁六名；

護兵三十名；

長火夫共二十名。

兵備處：掌管考核章制暨各營功過賞罰，籌備糧餉、軍械、醫務等事，其所屬分爲五科。

東三省兵備處總辦一員；分駐奉天省兵備處幫辦一員；分駐吉林省兵備處幫辦一員；分駐黑龍江省兵備處幫辦一員；文案四員；清書六員；護兵四名；長夫四名。

考功科：掌管三省各軍營升降、調補、委用及勛賞功過各項冊籍等事，均按照定章核擬，呈請總辦，轉稟督會辦，分別辦理。

提調一員；一等科員二員；二等科員二員；三等科員一員；清書三名。

籌備科：掌管各軍隊徵募、退伍暨改編舊營，屯田兵隊，並遵照部章，相度地宜，考核編制，實施籌備等事。

提調一員；一等步兵科員二員；一等馬兵科員二員；一等炮兵科員二員；一等工兵科員二員；一等輜重兵科員二員；一等要塞兵科員二員；三等科員二員；清書四名。

餉需科：掌管核放各軍餉薪，籌劃一切支應出入，兼理儲備軍械、軍裝、軍需及軍事建築等事。

提調一員；一等科員三員；三等科員三員；清書一名。

醫務科：掌管各軍隊衛生、療病、治傷，及籌備藥料，考究醫學各事宜，並遵照定章，核擬各醫官升調等事。

提調一員；一等科員一員；三等科員一員；清書一名。

執法科：掌管考察各軍執法事務，兼理高等軍法裁判，及陸軍重罪懲治等事。

提調一員；一等科員三員；三等科員一員；清書一名。

參謀處：掌管贊佐、調度、策劃，並考察中外輿圖形勝等事，其所屬分爲四科。

東三省參謀處總辦一員；分駐奉天省參謀處幫辦一員；分駐吉林省參謀處幫辦一員；分駐黑龍江省參謀處幫辦一員；文案四員；清書六名；護兵四名；長夫四名。

謀略科：掌管擬定各軍隊之調遣分配、各邊要之攻守設施，及綏靖布置秋季操演、調派水師等事。

提調一員；一等科員二員；二等科員二員；三等科員二員；清書一名。

調查科：掌管調查中外兵隊緊要情形，及地輿形勢、户口、物力、歲款出入等事。

提調一員；一等科員一員；二等科員三員；三等科員三員；清書一名。

運輸科：掌管考察三省鐵路、電信、船舶、郵政、道路、計劃、輸送等事。

提調一員；一等科員一員；二等科員二員；三等科員二員；清書一名。

測量科：掌管三省測量計劃，遵照定章，養成測繪人才，及修改中外輿圖。

提調一員；一等科員三員；二等科員三員；三等科員三員；清書二名。

教練處：掌管考察訓練兵隊暨審定學堂章程及海防等事，其所屬分爲三科。

東三省教練處總辦一員；分駐奉天省教練處幫辦一員；分駐吉林省教練處幫辦一員；分駐黑龍江省教練處幫辦一員；文案四員；清書六名；護兵四名；長夫四名。

學務科：掌管考核各項學堂辦法，稽查各軍隊官長教育，暨擬定章程遵制實施等事。

提調一員；一等科員三員；二等科員二員；三等科員二員；清書二名。

校兵科：掌管陸軍各兵種之訓育、巡防，各營伍之改練，遵照定章，考核其是否一律，有無進步，並擬各軍訓練實施表，核定各軍成績分數表等事。

提調一員；一等步兵科員二員；一等馬兵科員二員；一等炮兵科員二員；一等工兵科員二員；一等輜重兵科員二員；一等要塞兵科員二員；三

等科員二員；清書二名。

編譯科：掌管編纂譯述各種軍用書藉事宜。

提調一員；一等編纂員一員；三等編纂員二員；一等譯述員一員；二等譯述員二員；三等譯述員二員；清書二名。

海防科：附設於教練處，掌管籌劃三省海防暨考察中外海軍事宜。

提調一員；一等科員二員；三等科員二員；清書二名。

以上全處人員二百零六員，弁兵夫役八十六名，共二百九十二員名。

東三省督練處總轄三省兵事，掌管開練新軍，整頓旗防。各營事務甚繁，所需人員亦較他省爲多。茲所擬員數，僅係就目下情形核實計算，倘將來軍隊添多，仍應照章由督會辦隨時體察，酌量增置。

《政務處議復徐世昌等奏吉省屬境遼闊請擇要增設府州縣員缺摺》

（光緒三十三年十二月二十六日）奏爲遵旨會議，恭摺仰祈聖鑒事。

准軍機處鈔交，東三省總督徐世昌等奏：吉省屬境遼闊，擬請擇要增設府州縣員缺一摺。光緒三十三年十二月初六日奉硃批：會議政務處議奏，欽此。

竊維吉省控引江奉，幅員最廣，向以土曠人稀，設官無幾。近則移民墾土，生殖日繁。且現籌旗民生計，尚擬陸續遷往，自應豫謀建置，以期成邑成都。第經營伊始，必當審度地勢，布置適宜，庶可便控馭而規久遠。原奏稱，擬於省城東北蜂蜜山添設知府一員，曰蜜山府；省西長嶺子添設知縣一員，曰長嶺縣；西南蒙江添設知州一員，曰蒙江州；東南樺皮甸子添設知縣一員，曰樺甸縣。查吉省疆域，東北最爲遼闊，且界接强鄰，邊防尤重。原奏稱，蜂蜜山一帶，平原千里，東臨興凱湖，一無屏蔽，西距寧古塔城七百餘里，兼顧難周，委係實在情形，自應增設府治，以資鎮懾。至省西長嶺子，爲長春、洮南兩府要道，適中之地，西南蒙江，毗連韓境，東南樺皮甸子，爲頭二道江及古銅河大沙河流域，亦皆扼塞形便之處，所請增設一府一州二縣員缺，均係擇要建置，應即照准。原奏又稱，各缺均仿奉天章程，酌派設治委員先往試辦，一切事件逕由該員直接司道辦理，州縣亦不歸府轄，係爲便事核實起見，應請飭下該督撫，遵照所擬，慎揀委員，認眞經理，務使殖民興業，數年之後成效可期。一俟辦有端緒，再行奏請補授，並一面咨部立案，以符定制。至應行刊鑄印信，建葺城署，核給廉俸，暨籌款用人，劃疆分職，一切未盡事宜，統由該督撫等按照新章，酌量情形，隨時奏明辦理。所有臣等會議緣由，謹合詞恭摺具陳，伏乞皇太后、皇上聖鑒。謹奏。

論　說

徐世昌《東三省政略》卷五《官制·述要》 漢置都護，遂移塞下之民。元設總管，爰分遼西之守。衛、所、千百户，畫爲列戍之官。燕雲十六州，棄於劃疆而治。自來經營邊要，拱衛上都，罔不甄擇群倫，釐定掌職。紀綱悉應，大小相維。況東三省以豐鎬之舊京，作保障於區夏。蒙藩旗僕，遙戴皇靈，黑水白山，猶緘地寶。重發祥根本之地，立軍府統治之規。是以世僕之臣，惟嫻騎射，湯沐之邑，並禁樵蘇。北魏行臺，未列職官之表；西京留守，僅屬軍旅之司。洎乎事變屢更，歐風東漸。茫茫大陸，交通則電掣星馳；膴膴周原，越畔則結廬成市。荒凉祆火，釀成劇戰之場；悽絶神皋，藉作殖民之地。雖豐沛子弟，不覩司隸官章，而關隴山河，猶是舊邦文物。

朝廷鑒舊制之未善，念來軫之方遒，詔改東三省爲行省，命世昌督治之。時則憲政方新，成規更創，攷階勳舊秩，命公卿而闢宏文，罷臺寺空名，仿元豐之頒新制。顧府分曹，而縣分案，內地猶遲改置之勞。而左爲輔，而右爲丞邊塞實立範模之準。則霄旰衡時勢，通變古今，攷因革張弛之由，定品秩隆汚之序。漢河西之起五郡，知議邊最忌空虛；唐都督之設參軍，知分曹必資統屬。驗舊聞於日下，恢張三輔皇圖；樹新政之風聲，釐定九階秩序。約舉綱要，殆有數端。一曰行政官制。夫邊州設經略副使，或患其偪尊；江左起行臺丞郎，皆許其權制，乃爲之定督、撫同署辦公之制。如腹心之使指臂，民隱皆通；由中央而達四旁，政權益敏。元明行省，布政有左右之稱；歐美良規，立法居單行之地，乃爲之設奉天左右參贊。下率百僚庶尹，紀綱萬政之原；願與博士議郎，纂訂十篇之律。耽耽强敵，啓西鄰之責言；泱泱神州，重主權於國際，乃爲之設奉天、吉林交涉使。行人子羽，兩大聯盟會之歡；公法師鳩，萬國締平均之則。使稱宣撫，先王以保息養民；職重俯循，太史以觀風問俗，乃爲之設三省民政使。重民數而書於策，省方繪稼穡之圖；知王道之始於鄉，自治結枌榆之社。稽宗支於玉牒，政教陵夷；備軍籍於青衣，生齒衰落，乃爲之設奉天旗務使、吉林黑龍江旗務處。擐披甲從龍之裔，毋替家聲；教受廛牧馬之氓，爲謀生聚。勸教勸學，文公以之興邦；上黨下庠，周室釐爲等殺，乃爲之仍三省提學使。開邊荒之知識，聲教統於司成；合歐亞之課程，絃誦遍於遐塞。綜茶馬鹽鐵酒榷諸官，皆理財責任；覩日要旬會月計之事，卽決算明徵，乃爲之設三省度支使。仿大藏之省，財權得劑其盈虛；作平準之書，國用特司其出納。攷工皆專門之宮，六材是典；實業爲大利之藪，萬實告成，乃爲之設奉天、吉林勸業道。農商工藝，作模範於市場；林牧漁鹽，闢菁英於寶藏。一曰司法官制。司寇之屬有專官，非郡守所得預；司法之省爲獨立，尤東西之所同，乃爲之設三省提法使。區別邦典、邦法、邦成之制，卽刑律、民律、商律之所由分；釐定鄉士、遂士、方士之名，卽高等、地方、初級之所由判。變提點之舊制，置律學以待法官；分廷尉之職權，合衆庶以宣刑禁，乃爲之設奉天、吉林各級審判廳。劉僕射增損格勑，足徵法理之精神；宋元豐左右廳司，適合分庭之制度。詔獄可以起訴，謂之制勘之司；失斷以禁非爲別置糾察之吏，乃爲之設奉天、吉林各級檢察廳。命有司而察夷傷，期無枉縱；爲小民以正劑約，寧有貪漁。夫天下之法在審刑，天下之獄在大理，各司其職，自昔已分。比者組織法庭，研求律學，命郡縣不親訟事，遂疑獄吏之不尊；易鞭撲而使盡辭，又懼爰書之莫定。不知政與法不容混襲，而事與理各有定名。國一旬，郊二旬，野三旬，卽上訴之期限；曰司刑，曰司民，曰司隸，皆聽訟之專官。難措置未周，尚待新律實行之推廣；而精神一振，已爲法權分立之初基。一曰地方官制。夫形勢闊則控馭不周，交通梗則事機坐失。樂浪古郡幾同甌脫之區，瀇海天池實有鞭長之慮。又況强鄰逼處，兵燹餘生，虔劉我邊陲，震撼我藩屬。汽車所指，遂竊領土之大權；商場一開，莫辨主名之誰屬。滿洲里之侵國境，固無守土之官；興凱湖之移界碑。疇是問津之吏，不有官守，曷固邊防。乃爲之添置三省道、府、州、縣以下諸官。指河山而分界綫，有土先於有人；闢草萊而集邊氓，興養乃能興教。然而因時增損者，裁制人地之宜；綜覈名實者，統一事權之要。在昔軍府之世，虎賁舊族，兔罝干城，軍民半屬老臣，官吏成其故邑。今則壤地相接，門户洞開，新大陸爲競爭之場，都總管無地方之寄。觥觥勳戚，中郎鮮執戟之司；莽莽要荒，諸衛是守邊之吏。職司所掌，今昔殊情。又況統系一家，陶甄萬類，爲遺黎謀生計，自不僅以世祿終身；爲邊地選材官，自不應以舊規相限，乃爲之裁撤三省副統統、總管以下諸官。易荒榛而爲要塞，敢侈拓殖之謀；變舊職而作新民，已振因循之習，凡此經畫職權，變通任務，併分在勢。唐開元刪定舊階，增損因時；隋大業始行新令，固已大綱畢舉，百度咸資。他如圭璧世濤，氈裘部落，夜郎自大，攜貳難圖。南越賜書，羈縻勿絕。相依虞虢，將爲璧馬假道之謀；蕞爾江黃，恐蹈漢陽諸姬之續，乃爲之設三省蒙務局以統治蒙部。闢其田疇，一其政令。顓臾是東蒙主，毋啓戎心；夫餘有佐命勳，宜延世澤。又如整齊戎備，簡討軍容。神策軍之鎮陝州，用防邊患；羽林衛之置江右，別設兵曹。又況廂兵、禁兵，成規不襲；軍紀、風紀，學說日精，乃爲之設三省督練處以統一軍政。革屯營之積弊，殫籌畫於國防。漢設左右監，掌檢校諸軍之籍；宋置指揮使，卽參謀本部之官。其他因事命人，量材分職，機務繁賾，未遑僂指。雖然官制者，國家統一職權之大綱，非三省所能獨異也。往者草創宏規，更新名義。稽歐亞官人之法，特簡親賢；考古今得失之林，俾修法典。迺格令之頒行未普，而邊疆之創率宜先。世昌重任初膺，時艱正亟。欲官無廢職，則規定其名稱；欲責有專司，則申明其權限。願作同僚之譜，庶幾百廢俱興；深維立憲之基，毋悖三權分峙。卽此造因之迹，建置之端，或參以中西，非復列省職司之舊；或宜於邊塞，用仿前人戍邑之增，亦第粗具規模，暫資職守。他日者，定集權中央之制，行責任內閣之規，頒懲戒任用之章，官箴是肅；除內外重輕之失，昭代同風。則此三省官制者，固已立其準繩，爲之嚆矢。凝茲庶績，願考百世損益之宜；宏此巖疆，暫作一代職官之志。

警民《徐世昌·東三省之治績》 內政外交。欲知徐氏治東之績，當先論其地行政之沿革及日俄勢力範圍之所及。

（一）三省行政沿革。初皆置將軍，奉天則益以户、禮、兵、刑、工五部侍郎、奉天府府尹。自光緒初，崇實治奉，盡收各部權，將軍兼尚書都御史，行總督事，統轄滿漢旂民事務，府尹則行巡撫事地方，外設民官。其後，恭鏜於黑龍江、明安於吉林亦增設地方州縣丞倅各官。然將軍、府尹非旂人不能任，吏治往往不飭，賄賂公行，而徵收無比較，成案無卷牘，官吏務爲欺朦。及俄兵據瀋陽，將軍增祺逃，公私蕩然。乃特命趙爾巽繼之。至，卽立財政局，清理財賦，鼓鑄銀圓，行鈔幣，度支漸裕。時日方歸我侵地，爾巽乃摹其巡警諸政，少少行新法，盡裁五部、府尹，政權畢操之將軍。時廷茂於吉林、程德全於黑龍江亦頗仿其所爲，漸革故俗。而自甲午後，人民數蒙外患，咸思變法圖强，爭願輸資行新政焉。

（二）日俄勢力範圍之所及。日以大運爲根據地，其鐵路經奉天以迄長春，是曰南滿鐵道。沿道警權皆爲彼有。自南滿線大石橋，又有支路以達營口；由奉天至安東曰安奉鐵道，接鴨綠江，過橋卽朝鮮；撫順、烟台（奉天之烟台，非山東之烟台）煤礦，東邊采木業，盡爲所有。兩鐵路線皆駐重兵。俄以哈爾濱爲根據地，其鐵路經滿洲里以達長春，號東清線。其憑陵侵逼同於日本。

世昌既督東，於第一義主改革以變官制爲先務，於第二義主牽制以聯美爲宗旨。變官制，則總督爲三省長官，巡撫爲次官，三省各設行臺，隨地駐節。省立公署、巡撫民政、度支、提學、交涉提法、旂務、勸業、巡警等司道皆率其科員同署辦公。若京師各部員事皆主於總督，巡撫不得單銜奏事。奉公署復設左右兩參贊，左參贊領承宣廳司行政，右參贊領諮議廳司議政。總督兼將軍，巡撫兼副都統，道員兼參領，並以民官領旂務，總督復得隨時入朝奏機要。先撥賠欵磅餘二千萬爲行政費，大調京外官吏，各縣皆立巡警、勸學所、農會。其時中國新政以奉天爲完備，然亦徒有形式。以京奉咫尺，京師要人爭投洊牘，所調用者大都此曹。如道員李鳳年爲李蓮英姪，直牧王蔭第爲王聯喜姪，皆權奄也。又務增局所，位置私人。一省城有民政司、巡警道、巡警局總辦鄉鎮，巡警局總辦四者，他亦類此。所謂科長、科員者，無所事事，唯日徵逐狎游，故其時吏治不修亦以東三省爲最。南中亡賴揑稱府經縣丞職銜，卽可託人營一差，多者月百餘金，至薄亦五十金。一時署員、局員、投効員充塞，會垣劇園、酒肆、娼寮百業繁興。氏頗自矜，其敷行新政之力，謂已變荒陋爲繁庶。日報嘗言：『外人振興市政在推廣商業，中國振興市政在增設官僚』，卽指天津、奉天而言，蓋世凱壬寅於天津亦用此術也。聯美則以稅務司包羅爲介，以東省商業情形函告美國諸鉅商，於是美廷有公共管理東省鐵道之說。日本首提出抗議，事不得實行。世昌欲先營瀋遼鐵道，自盛京至鄭家屯，漸由東蒙出長春達瑷琿，以與南滿、東清抗。然中國安有是財力？遂密疏舉唐紹儀使美。紹儀時方爲奉天巡撫也。己酉四月內，任郵傳部尙書。紹儀猶未歸國，謀亦不就。其他如采木章程，則多奪木把生計。又日人輒於商埠外雜居營業，亦不能阻止；而間島交涉，風雲尤蹙。間島者，吉林屬延吉地也。毘接朝鮮境，朝民私至墾荒者實煩有徒。戊申，日人遽派兵警駐其地，謂乃韓地，當屬之彼國。清廷以其鄰近長白，爲祖宗發祥所，令世昌籌抵制。乃奏派陳昭常爲邊務督辦，吳祿貞爲會辦，皆治延吉。已而昭常權吉林巡撫，祿貞爲督辦。日人時尋畔辱我兵警，傷我商民。祿貞固不屈，齟齬益甚。世昌在任，日文電往來十越，月至七鉅冊，然空言終無補。既內用言於那桐，乃假安奉議約，提出延長築路權及各地采礦權讓日，日則歸我和龍峪以南地，間島事遂解決。然韓人私墾如故，地方吏罔敢阻禁。據上二者觀察，徐氏治東，內政可名爲形式的官僚，政治外交雖非喪失其手而亦少所補救。其建築奉天公署費三十餘萬，器具費十餘萬，宏壯華麗冠各省。後載濤自歐攷察陸軍歸國，經奉天見馬路、電燈、軍警無不備具，及駐宿公署，儼然歐式，益服世昌新政經畫，非他疆吏所及。還朝卽力洊其値樞府焉。

軍政。三者舊唯旂兵强者，若巴爾虎、索倫之屬。咸豐間，皆名實不副，盜賊日繁。崇實治奉，乃調左寶貴軍駐盛京，是以民軍入駐東省之始。自後統將旂漢迭更，而兵士則皆山東登、萊、青三府人。甲午，趙爾巽在任，頗倚朱慶瀾。時日俄戰亟，馬玉崑軍亦駐臨榆，且分營錦州備中立。時降盜張作霖積功至都司，爲防營統領，軍亦甚强。世昌奏調近畿第三鎭駐長春，其統制則曹錕，盧永祥亦統領之一也。復調王振畿一混成協駐奉天。此皆調用之客軍也，其薪餉支諸原省。又自編步兵兩協，以王汝賢、潘矩楹爲其統領，立東三省督練公所於盛京，以田中玉爲總參議，吳祿貞、傅良佐、劉之潔等爲參議，段祺勛爲兵備處總辦，管雲程爲參謀處總辦，岳開先爲教練處總辦，三人皆留日士官學校學生也。以王荃善筦糧餉，聶汚魁筦軍械；於吉林立督練分處，以王揖唐爲參議；黑龍江暫緩設置。凡講武、測繪、憲兵諸學堂亦同時開辦，此其籌備新軍之成績。更奏派張勳爲淮軍翼長，率所部淮軍駐昌圖，薪餉奉直協支；孟恩遠爲吉林翼長，倪嗣沖爲黑龍江翼長，設奉天防營營務處，以度支司張錫鑾爲總辦，分中前左右後五路，各置統領分統，以張作霖、馬龍潭、吳俊陞、馮麟閣等分充統領。江省軍以許蘭州爲强，姚福升次之。此其籌備防軍之成績。是其新軍仍仰給於北洋，防軍兵士漸多土著，而强半則俗所謂『胡子』之流，故地方官獲盜，訊供什七皆自承爲防營兵勇，其軍紀可知矣。

崇厚《盛京典制備考》卷八《奏擬請變通吏治摺》（光緒元年七月二十八日署將軍刑部尚書崇實具奏）奏爲熟籌奉省全局，遵旨變通吏治，謹議緊要章程，恭摺馳奏，仰祈聖鑒事。竊奴才自署任以來，屢奉諭旨，諄諄以奉省積弊太深，急宜變通，以期整頓；復于七月初四日接到軍機大臣字寄，奉上諭：『該省事權不一，從前將軍、府尹往往各存意見，以致政令歧出，遇事牴牾。該處公事究竟因何不能彼此相聯絡，勢成掣肘？著崇實將實在情形並酌定章程妥議具奏等因。欽此。』奴才膺茲艱鉅，兢惕難名，誠恐稍有疏虞，無補萬一。故于初到奉省時，雖查辦事件頭緒紛煩，而地方情形業經隨時入告，不敢略避嫌怨，致涉欺蒙。凡所敷陳，久邀聖鑑。現又督飭司員會同本城滿漢首領各官互相討論，復于其問博採衆議，不厭精詳。在深明大義者，急願更張；而瞻顧私情者，未免疑阻。奴才統籌全局，體驗再三，與其築室道謀，不如臨幾立斷，實事求是，漸有端倪。竊以興利不難，難于除弊。弊之習于下者易除，而弊之倡于上者難除，故整飭官常必由大吏而始。伏查奉省將軍之設，迄于地方各員，國初至今，屢有增易。在朝廷因時制宜，原無歷久不變之法。惟是陪都重地，根本所關，皆使建置規模，下同各省，殊不足以重維繫而守尊崇。目下習染所趨，未便再拘成格奴才輾轉思維，惟有仍存五部之名以隆體制，兼仿督撫之例以一事權。救弊補偏，大綱已立，然後籌經費以資辦公，則賄賂之風可息；專責任以防推諉，則盜賊之源可清。謹將現議章程，條分縷晰，敬爲皇太后、皇上詳陳之。

一、將軍事權宜變通也。奉天積弊，由于旗民不和，而推其本原，實緣大吏之先存意見。將軍于地方各官，向不兼轄；遇有會辦公件，呼應往往不靈。溯其建置之初，原與五部隱相兼攝，故至今公牘多半會銜；厥後將軍威望漸輕，而五部權力遂重，其中兼尹歸於户部，與將軍更易抗衡；旗民兩途，各不相下，雖有會稿，等于虛文。近年輿論，且謂『奉省大員，既非京而非外；將軍名位，雖有權而無權。』因此風氣所開，僚屬亦各立門户，有爲者轉多顧忌，無能者不免瞻狥，而公事遂不堪設想矣。夫將軍鎮守地方，何如鄭重！卽朝廷飭議所在，無不首專責成；今則畛域各分，何以統飭全局？且既督辦軍務，于兵刑糧餉，皆當並籌，而將軍向仿京員，印信亦存公署，每辦一事，經手多人，往復監鈐，斷難機密。奴才近發緊要文移，因奉使出京，帶有刑部預印空白，得以親加封遞，方免窺探之私。若拘定章，必多誤事。擬請旨，將盛京將軍一缺改爲管理兵刑兩部，兼管奉天府府尹事務，卽仿各省總督體制，加兵部尚書銜，另頒總督奉天旗民地方軍務關防一顆，並加兼理糧餉字樣，以便管帶金銀庫印鑰，且可稽核户部出入；其餘公事，悉仍其舊。如此，則旗民文武全歸統轄，機密重件亦易防閑，卽糧餉兵刑，悉有總理之責。而三陵內務府，原係本職所司。惟永陵離省較遠，今既添設副都統，則責有攸歸；其餘各部事務，皆令與將軍和衷商辦，此維持通省之苦衷，實絜領提綱之先務也。

一、府尹事權宜變通也。察吏安民，府尹最重。本與兼尹相助爲理，惟兼尹向屬户部；而旗民交涉之獄，又須由刑部會辦定案。近年民多于旗，轇轕最甚。府尹雖設有讞局，審斷每不得自專。往往一事，而上制于户部之兼尹，旁牽于刑部之會訊，稽留往復，淸理良難。各州縣申詳此等案情，亦遂紛而無主，甚至包苴爭納，徑竇互開；多一兼管衙門，卽多一需索地步；此弊之在上者也。健訟成風，意存拖累。原告控于府尹，被告又控刑部；而部中司員復不遵定章，任意收呈，隨處提案；問官亦有偏袒，胥吏因而作奸；審結無期，互傳不到，其中命盜重案，竟使待質囹圄多至一、二十年，微論瘐死紛紛，無從呼訴，而挾仇勒賄，被害尤深；至于會驗尸傷，每以索費久稽，動輒數月，此弊之在民者也。擬請旨將奉天府府尹一缺加二品銜，以右副都御史行巡撫事，旗民各務，悉歸專理，便與將軍相承一氣，不致兩歧。以此安民，先免株累；以此察吏，方有稟承；通省紀綱斯爲樞紐。

一、五部事權宜變通也。奉天及吉、黑兩省餉需滙于户部，其任匪輕，不宜再兼府尹，反增枝節；而三陵典禮，大內工程，禮、工兩部各有專司，皆於民間無涉；至將軍雖管理兵刑，而該部堂官責無旁貸。五部侍郎應仍其舊，無須移動，俾免紛更。夫刑部之弊，前已略陳。相應請旨申明定例，亦如京中刑部體制，嗣後惟旗民交涉，罪在犯徒以上者，方准該部按律定擬，其餘一概不得干預。該司官等如再有違例收呈提案，及相驗逾限等事，徑由將軍指名嚴參，以杜侵官而紓民困。至兵部僅管驛丁，事原簡易，惟文書任意私折，漏洩太多；一言未上，而通國皆知；一令未頒，而浮議先起；甚且機密釘封，往往破損；此外尋常公牘，積壓遺失，不可勝言。竊思陳奏機宜，軍、尹兩處多于各部。今以將軍管理，即可一手整齊。更擬請旨將地方通同州縣各員，兼理驛務。所有向設驛丁，准其會同兵部所派之驛站監督，隨時察核。沿途逐站，皆得其人，文報攸關，亟宜並議。

一、奉天府治中一缺宜變通也。奉省大吏太多，而下僚太少，未免足輕首重，是以政令不齊。查兼尹府尹以次，少一承上啓下之員，爲之關捩，僅有承德縣知縣，聯屬之際，太覺不倫。治中究係京員，外官勢不相洽，而通省清查虧空，督辦案情，須有專司，方資表率。擬于奉省中添設首道一缺，名曰『奉天驛巡道。』闔省驛站及新設捕盗管之同通州縣，悉隸其下，俾得稽巡。惟增修衙署，招募胥役，繁費殊多，猝無所出。擬即將治中一缺加一道銜，兼行首道事務，另頒奉天驛巡道關防一顆，餘仍其舊。如蒙議准，則廉俸亦須隨後另籌，事權既不參差，體制較爲宗備。查治中本係漢缺，向歸捐選。嗣後應將正途出身人員，改爲請旨簡放，以昭愼重。

一、旗民地方各官宜變通也。旗民交涉之案，各州縣必與城守尉等官會同辦理。查其列銜之處，稟將軍，則尉縣並書；稟府尹，則有縣無尉；同一公牘，任意紛歧，遂至守尉目中幾無府尹，營私挾詐，何所不爲？且于地方尤有數弊。旗界同居，非親即友，官中公事，但論私情，其弊一也。會辦各異，未能和衷，彼此留難，案久懸擱，其弊二也。命盗重件，遇有旗人，則借强宗爲護身之符，托本管爲説情之地，方拒容隱，不服查拏，其弊三也。捕盗不力，州縣官處分綦嚴，而城守尉佐領等官尤有專責，乃盡委罪于驍騎校及領催微末諸員，指名搪塞，刦掠横行，致無忌憚，其弊四也。上分其肥，下受其毒，曲直無從申理，州縣亦遂因循。是以奴才前次請照熱河定例，將地方通同以下全加理事等銜，並奏在案；今更擬請旨，嗣後奉省地方一切案件，無論旗民，專歸同通州縣等官管理。其旗界大小各員，只准經理旗租，緝捕盗賊，此外不得絲毫干預。其緝捕處分，自城守尉至路記佐領，必與州縣等官一律輕重，不得以屬弁隨時塞責。而本城旗人，尤須再申定例，不許作本界武職。如此劃清限制，自無包庇牽掣之虞。至各處城守尉，本係宗室專缺，官階同于府、道，責任亦遂不輕。嗣後請旨簡放，時擬擇宗室中諳練政事之員，方能稱職。如其才力不勝，應由將軍隨時甄別，方不至貽誤地方。其餘民界各官，升途太隘，雖有京察計典，奉省均屬具文，是以吏治毫無振作，擬併請將奉省道府同通州縣由吏部推廣升途，力加鼓勵。庶幾有所激勸，百廢可興，是亦爲根本儲才之急務也。

一、各大吏養廉宜變通也。奉省賄賂公行，已非一日。原情而論，出于貪黷者猶少，迫于窮困者實多。查將軍養廉雖名八成，而官票每兩折銀只以二錢五分入算，此外一成停止，一成實折，計廉銀額二千兩，實數僅五百餘金；推之府尹、府丞又當四成遞折，實數不過二百餘金矣。藉此從公，萬難敷衍，不得已設爲名目，取給下僚。有節壽之賀儀，有月費之攤欵，自兼尹刑部迄于府尹府丞，凡涉詞訟之官，地方無不餽送，變本加厲，習爲故常。甚至民間訛傳，委缺必酬，到任必謝，而營求囑託又無論矣。即有清潔自好之員，迫于時勢，亦姑擇受一、二，不敢矯異鳴高。夫上官既資于下僚，下僚必歛于百姓，追呼掊克，激成事端。是以官習爲不廉，而極之于縱役分贓；民亦習爲不廉，而極之于殺人放火。典章罔顧，教化不興，此陋規相沿，實奉省第一大弊也。竊思興廉不難，道在善養。若以竭蹶辦公之力，復有衣食內顧之憂，不惟阨塞人材，亦覺有傷政體。國家原情立法，本不苦以所難。擬請旨嗣後奉省各大吏養廉，與其遞折，但立虛名，不如另減，歸于實濟。將軍既照總督例，即以至少省分計之，養廉當一萬八千金；府尹既照巡撫例，養廉至少一萬二千金。然值此時艱，必須力求節省。因核各處用度，將軍養廉，至少非實銀八千兩不可；府尹養廉，至少非實銀六千兩不可。而府尹內有幕脩，外有役食，六千之數，仍屬難敷。查各地方官向有攤派之欵，奴才細加分別，凡涉私規，悉行汰去，尚留公用三四千金，擬即令其滙解府尹衙門，以補公用之不足。府丞既兼學政，亦係外官。今既裁撤陋規，其養廉非實銀二千亦難有濟。

以上各欵，可否卽由海關道征收盈餘及新增盈餘兩項下，按年支解，作正開銷？並懇天恩，格外俯恤。所有奉省督撫、學政養廉，均給實銀外，餘如副都統、五部廉俸，原額本少，皆准八成實放，不必疊爲折扣；而將軍兼轄事煩，支用尤鉅，雖議養廉八千，仍恐不敷所用，奴才另有津貼公費之籌，具詳此下條欵。亦知國用未充，可減則減，豈容別生枝節，徒事虛糜！惟關外情形迥殊各省。既欲力除積弊，便當籌及通盤，況乎宅鎬留豐，自古不嫌優異，力培根本，理所當然，外省養廉，豈容並論！在帑項所支無幾，而大局所全已多，苟可補苴，何敢遷就！自經此次議定章程後，凡奉省向來各大吏一切全分半分陋規，概行禁革。若蹈前轍，立予嚴懲。在小民可稍免苛求，而墨吏亦無所藉口。清源正本，莫切于斯。

一、倉差規費宜變通也。奉省各旗草豆，由折色以至實徵，最不畫一。數則任意增減，田則任人歸併。宗室未完之欵，或取償于平民；富紳應納之糧，反强派之貧户；浮收包攬，百弊叢生。而正供之外，尚有盈餘，謂之『倉差規費』。每年收租，例由將軍專派督催協領一員，由部分派正副監督司官二員；其奉派之員，每納規費于本管上官，始而每人不過三、四千金，繼則五、六千金，近來增至八、九千金。本屬私供，遂無定數。往往承辦各員，借貸墊賠，致招物議，甚或藉此訛索，其患仍受于民。奴才洞悉其弊，現將旗租草豆章程改爲一律，無論宗室、平民、上中下户，酌一適中之數，按畝交收。以此，貧民同聲感戴。所不便者，惟包糧之土棍及不法之豪强耳。如此力加核減，仍有盈餘約在一萬五、六千金，竊思此項雖非正供，尙于地方無礙，欲必概行裁撤，未免竭澤而漁，與其任作私規，茫無限制，不如改充公費，免再誅求。惟五部向係輪派司員，計必遞推三年，始受規費一次。任有久暫，事亦不均。奴才擬於盈餘中先提一萬金，作爲五部侍郎公費，每歲各分二千以資貼補；而派員督辦，仍循舊章；餘數千金，卽充軍署公費；所取有定，較覺光明。查前任將軍都興阿最稱狷介，始則力却此欵，後亦藉以資生；及其身後，仍復蕭條。仰蒙恩賞千金，始得扶柩歸里，亦可慨廉吏之難爲矣。奴才此次與岐元出差，倖荷恩施，准給口分，從公半載，方可支持。故于地方，毫不沾染。一俟養廉增定，卽請停支。是知規費潤餘，各員萬非得已。若再多方隱飾，終有玷于官箴。惟以臣子苦衷，上求諒于君父。冒瀆至此，悚仄難安。然既化私而爲官，卽非損下以益上，或亦因利乘便之一端也。以上章程，均係奉省緊要關鍵。奴才審時度勢，倍極焦勞，既不敢稍涉彌縫，又未便過於操切。蓋欲興一利，必預計其能行；欲剔一弊，必先去其太甚。總斯上維國體，下順民情。諸臣具有天良，敢不力圖補救！其餘文武各屬，上行下敦，勢易勸懲，但須舉劾得宜，便可隨時觀感。已往之愆，姑請免究；後來之咎，必予嚴叅。至其職所當爲，皆有成憲可守，無庸紛擾。上瀆宸聽，大局挽回，略具於此。伏思古有治人，原無治法，況奉天重地，屢經列聖貽謀，猶不惜增改再三，經權互濟。如奴才學愚識昧，何敢謂變通之計，卽可裕久遠之圖。惟是事以窮而始通，法必求其可繼。此則目前之整飭固難，而日後之防閑尤宜愼者也。夫國家勤求上理，專爲民生；政不出於多門，乃實受撫循之惠。賄不行於上，下始無傷衣食之原；用恩於立威之中，施教於既富之後，庶幾盜風可絶，元氣漸培。今則建議之初，最宜詳審。而根本所係，久廑聖懷。奴才一得之愚，未敢自信。惟有仰懇皇太后、皇上俯念事體重大，飭下軍機、王、大臣、六部九卿迅速會議，以便請旨遵行，實於奉省地方大有裨益。所有欽遵變通吏治章程緣由，理合恭摺馳奏。伏祈皇太后、皇上聖鑑訓示。謹奏。奉旨：軍機大臣、六部九卿會議具奏。欽此。嗣經會議，照准。惟治中一缺裁撤，改設驛巡道一員。

《光緒朝上諭檔・光緒元年十二月二十二日》 軍機大臣字寄，欽差刑部尙書署盛京將軍兼管奉天府府尹崇、署吉林將軍寧夏將軍穆、奉天府府尹慶，光緒元年十二月二十二日，奉上諭：本日軍機大臣、六部九卿會奏，遵議變通奉天吏治章程，暨通政使于淩辰奏另陳條款，並吉林請改設官員及請飭懲辦馬賊各摺片。軍機大臣等所奏業經明降諭旨照准矣。于淩辰所稱，將軍衙門掌關防各員請禁干預地方公事，訓練旗綠各營以裁客兵，八家鎮經歷缺改設撫民通判，與昌圖廳劃界分治，吉林廳等處請添設文武官員，伯都訥理事同知移設孤榆樹屯各節，著崇實、穆圖善、慶裕按照該京卿所奏，體察情形，擬定章經，奏明辦理。吉林地方積弊亦與奉天無殊，該處三廳理事同通等官應否改爲撫民同知之處，並著崇實等妥議具奏。除暴安良尤爲整飭地方要務，奉、吉兩省應如何嚴定緝捕章程，並賭匪應如何勒限嚴捕，該署將軍等務宜忠心籌畫，妥爲辦理。于淩辰摺一件、片二件，均著抄給閱看。將此各諭令知之。欽此。遵旨寄信前來。

盛康《清經世文續編》卷三三《崇厚〈奉省南北路設官分治疏〉》

（光緒三年）竊查奉省東邊外，南北延袤千有餘里，東西相距亦數百里至數十里不等。上年鳳凰邊門外東溝一帶丈清地畝之後，隨經前署將軍尚書崇實奏明，設立安東一縣，委員試辦，迄今一年之久，地方公事漸經辦有條理，民心尚爲帖服。上年經徵錢糧，俱已掃數完納。其安東以北，暨雲陽碱廠旺清三邊門外，並鳳凰城沿邊，以及通溝各處地畝，續經總辦邊務候補道陳本植、知府恆泰、提督左寶貴督飭各委員分路設局，逐段清查，現據旗民各户赴局投報者，約可增至七十餘萬畝，合之安東縣上年升科五十三萬餘畝，及前數年已報升科之五十餘萬畝，通計熟地不下一百七十餘萬畝，此外尚有未經清丈之地甚多。所有安東一縣，元年已收押荒者，二年起徵錢糧。其前此已經升科之地，則照章納糧，勢難再辦押荒。此次續行丈出之地，則先收押荒，再行起徵錢糧。以每畝徵銀三分計之，以一分津貼各州縣辦公，統俟一律丈完升科之後，每年酌可徵收正款三萬數千餘兩。此外葦塘爲數無幾，山貨、雜貨、糧石、斗租、燒鍋各稅，甫經試辦，亦難約計成數。至木稅一項，元年因東溝賊匪甫經蕩平，其多年堆積木植，均行下運，商賈雲集，徵收較旺，共收東錢九十餘萬吊。二年則木植下運漸少，商販亦稀，僅收東錢五十萬吊有零。查此項木植來源，現離水路較遠，下運漸難，稅自漸少，歲入確數，勢難豫定。臣崇厚、臣恩福到任後，節據陳本植等稟報前情，正在核辦間。臣崇厚承准軍機大臣字寄，奉上諭：『恩合奏東邊新墾地畝，請添設旗署，招佃旗丁，無庸添練勇營各摺片，著崇厚體察情形，妥議具奏等因。欽此。』臣等公同商酌，該副都統原奏不爲無見。除所陳添練勇營一條，另行附片覆奏外，查前署將軍尚書崇實以邊外結廬耕種，業已多年，不特各處流民，託以爲業，即各旗閒散，亦不免藉地營生，因而推廣皇仁，奏辦升科納稅等事，以爲私化爲官之計，而邊氓甫經向化，若必區分旗民，畸輕畸重，又恐不足壓服人心。所以奏請但凡認地開墾者，一律編入户口冊籍，以示旗民一體之意。仰蒙聖明洞鑑，恩准在案。而所編冊籍，復經前署將軍尚書崇實飭各委員等於本户名下分別註明『旗民』字樣，以杜改旗爲民之弊。是該副都統所慮旗人隱名於民，圈報地者，前署將軍尚書崇實固已早籌及此也。至此次投報升科各户，或數十畝，或數百畝不等，且皆各管各業，尚無套報情事，該副都統所稱一人任意指報極多，可以分段出兑招佃。旗人此事，或指從前而言，與現在情形又不相同。其所稱邊外添設旗署一節，查奉省邊內，前此本係旗多於民，嗣則旗民聚處，所以各城設立城守尉協佐等官，又設州縣官，以便旗民分治。邊外民多於旗，且旗人不過民人十分之一、二，奉省州縣各官，業經奏准，不論滿漢，一律請補，均加理事同知通判銜。現在設立州縣，照舊加銜請補，即可旗民兼理。臣等察看邊務，所最要者，上年試設之安東縣，僅管池南一隅之地。池北一帶，幅員遼闊，現經清查地畝，業有成數。若不即行添設州縣，委員試辦，散而無紀，不足維繫人心。當經札調陳本植來省，面加詢問，逐細籌商。目下亟應擇地設官，修築營堡，建置衙署兵房，以爲經久之計。因擬於六甸之寬甸添設一縣，名曰『寬甸縣』，六道河添設一縣，名曰『懷仁縣』，頭道江添設一縣，名曰『通化縣』，分疆畫界，委員試署，並於每縣各設巡檢一員，管典史事。但此三縣所轄地面較廣，尚須躧擇地勢，添設分防佐雜各官，以資襄理。其寬甸縣，即與已設之安東縣及邊內所設之岫巖州，統歸鳳凰廳管轄。懷仁、通化兩縣，則歸興京廳管轄。庶幾地方有所責成，既免人心渙散之虞，尚有未經丈完之地，亦可由各該縣會同委員就近查勘。所有各處分局，當即酌量裁撤歸并，以節經費。惟先後既經改設二廳、一州、四縣，則前署將軍尚書崇實原擬於鳳凰城添設邊關兵備道一員，亦應及時設立，派員試署，俾令提綱挈領，巡視東邊。第邊外地方，南北相距迢遙。臣等體察情形，公同商酌。夏初江海之交，南路帆檣雲集，該道應駐東溝一帶，稽查木稅，慎重海防；秋後水涸冰凝，北路邊防緊要，又應馳赴頭道江以上，彈壓督催徵收一切，迨至冬末，再回鳳凰城，清釐公件。一年之間，南北分巡周歷，始能彼此兼顧。至於邊外扼要之地甚多，且北接吉林，防務尤關緊要。現時東邊駐紮本省並客兵各隊，已有兩千數百名之多。將來邊外，非留重兵，不能鎮攝。臣等再四思維，惟有將奉省議准滿漢練軍，酌撥數營，換防駐守，若無統領之員，實不足以資控制。查興京副都統，係駐旺清門內，離邊較近，所有邊外各軍，統歸節制。現任副都統色楞額道員陳本植，本係奏派練軍翼長，應即仿照各省鎮道體制，派興京副都統及邊關道會同辦理東邊防務，仍兼充練軍翼長。至邊關道南北分巡，若無親兵，不足以備緩急。擬將前設大孤山步隊，及邊外新添各兵，設立道標馬兵二百名、步兵五百名，作爲兩營，以便該道親統。所有該副都統節制之兵，亦准該道調遣。庶文武和衷共濟，始足以綏靖地方。除繪具邊外地圖貼說，咨呈軍機處備查外，其餘未盡事宜，臣等當隨時體察情形，悉心籌畫妥議具奏。請旨遵行。

又《請升昌圖爲府並添設各官疏》（光緒三年）竊查奉省北邊外昌圖廳，所轄幅員一千六百七十里，蒙民雜處，盜賊出沒無常。廳屬朝陽坡地方，曾聚匪徒抗官拒捕。同治四年，經欽派原任大學士文祥帶兵痛勦，始臻安謐。該廳本係蒙古地界，邇來流民日多，耕種殆徧，械鬬命盜之案，層見疊出。祇以同知獨任其事，分設經歷照磨各一員，襄同佐理，地大事繁，實有鞭長莫及之勢。曾經前署將軍尙書崇實統籌奉省全局，以該廳亟須添官增兵藉資治理，而廳屬地租，全歸蒙古自管，無款可籌，因請試辦河稅斗租，以爲經費。奏明在案。旋經崇實飭派委員前往，會同該廳趙受璧妥定章程，試行辦理。該處商民，以此款爲設官增兵之用，亦甚樂從。計自上年六月以來，河稅一項，因河水淺涸，船隻難通，未經開辦。所有斗租，試辦半年，業已收有一萬七百三十餘兩；除去委員盤費，尙存九千九百六十餘兩。就現在試辦，每年可以收銀二萬一千餘兩。雖不能作爲定額，以之設官增兵，尙敷支用。目下地方甚關緊要，所有應行新設添設各官，自應及時議定，請旨遵行。查前署將軍尙書崇實原奏，擬將昌圖廳同知升爲知府，再於梨樹城增設通判一員，八家鎮增設知縣一員，並於廳屬西南康家屯地方增設知州一員，分設佐雜各官相助爲理等因。現在臣等察看情形，康家屯一處離昌圖較近，似可毋庸添設知州。擬請將該廳升爲府治，仿照熱河承德府之例，仍管地面詞訟各事；即康家屯地方，亦可歸其自理；移設八家鎮經歷於康家屯分防，再移梨樹城照磨於八面城駐紮，均照舊請加六品銜，分司緝捕土匪，並勘驗命盜各案。凡有地方詞訟、户婚、田土細故，准其就近審理；徒罪以上，送由該府訊辦；並將該廳巡檢一員，升爲府司獄；訓導一員，升爲府教授；既足以重地方，亦可以符體制。此臣等現擬升設昌圖府之情形也。八家鎮、梨樹城兩處，原設經歷照磨各一員，分防佐理。該兩處均係扼要之區，政務殷繁，措理非易。該經歷等職小權輕，勢難整頓。今擬將梨樹城改爲廳治，添設通判一員，名曰『奉化廳』，另添巡檢一員，管理監獄；八家鎮改爲縣治，添設知縣一員，名曰『懷德縣』，另添典史一員，管理監獄；並均添設訓導各一員，以興學校。該廳縣應照章請加理事同知銜，以便蒙民兼理。所有昌圖府自理詞訟，徒罪以上之命盜各案，應申詳驛巡道審轉，以昭愼重。至奉化廳、懷德縣自理詞訟，徒罪以上之命盜各案，則應詳由昌圖府審轉，徑詳府尹核辦。此臣等現擬添設廳縣教佐各官之情形也。似此星羅棋布，既有提綱挈領之人藉資表率，亦復畫界分疆而治，各專責成。但使地方愼選得人，不難從容整頓。惟是該處地廣民頑，盜風未息，東北直接吉林，邊防尤難鬆緩。現在三盟及吉林各客隊在彼駐紮馬隊四、五百名之多，兵力尙覺單薄。邊外情形，實與內地不同。若非多設捕盜弁兵，非特緝捕難期得力，且亦不足鎮壓地方。現擬於該府廳縣另添捕盜營馬兵二百名，交昌圖府分撥調遣，以專責成。所需餉乾，照章給發，即由此項斗租支銷。以該處之所出，供該處之所需，既免另籌餉項，並可撫輯閭閻，莫此爲便。至於學校之事，風化攸關。現既升設府學教授，並於奉化廳懷德縣添設訓導各一員，若不增廣學額，無以敦勵人材。自應酌量議增，以廣教化，俾令地方有所觀感，庶幾默化潛移，民風漸歸敦樸，以副朝廷綏靖邊陲之至意。其修建衙署監獄各費，即在上年秋、冬兩季所收斗租項下動用。如有不敷，仍在本年所收斗租開支廉俸、工食、捕盜、兵餉馬乾餘存項下，次第興辦。以上擬請升設添設各員，如蒙俞允，相應請旨飭部頒發印信關防，以昭信守。臣等爲因地制宜起見，所有清界址，定缺分，並一切廉俸役食，以及文武學額弁兵餉乾，應行詳議各事宜，謹繕清單，並繪具擬升昌圖府改設郡縣全圖貼說，恭呈御覽。合無仰懇天恩，飭下部臣核議施行，實於地方大有裨益。其未盡事宜，容臣等再行籌議，隨時奏聞。

又《吉林將軍銘安奏變通吉林地方官制增設府廳州縣摺》（光緒四年九月初九日）奏爲遵旨體察吉林地方情形，謹擬變通官制，增設府廳州縣大概章程，以端政本而清盜源，恭摺仰祈聖鑒事。竊維弭盜之方，固在整軍講武，而端本之治，要在察吏安民。誠以吏治與軍務相爲表裏，未有不講吏治而能清盜源者也。吉林盜賊充斥，師久無功，夫豈賊勢難平而兵威未振哉？蓋流賊之蔓延，此拿而彼竄；愚民之濡染，習慣而性成。不端其本而僅治其標，徒恃武功，未可以言勝殘去殺也。

奴才自前歲冬間查案來吉，回奉後，會同前署盛京將軍崇厚議奏辦馬賊，禁賭博，設民官，查荒地四條。迭奉諭旨，諄諄以吉林地方積弊甚深，亟應力圖整頓，命奴才署理吉林將軍，將所奏各節與崇厚妥愼籌商，奏明辦理，仰見我皇上宏謨廣遠，聖慮周詳。奴才具有天良，敢不竭盡愚忱以副勵精圖治之意？

到任後，遵將地方情形，細心體察，博訪周諮。查吉林省西自威遠堡門，東至俄界不下二千餘里，北至黑龍江交界，南至鴨綠土門兩江源，又不下二千餘里。

溯維國初寧古塔所屬各城，惟我旗人聚族而居。自道光初年，將軍富俊屢議開荒，內地遷流，如水歸壑。數十年來，吉林民人之多不啻數倍。旗人良莠本自不齊，梗頑因以成俗，甚有窮鄉僻壤聲教不通，土棍强豪，自爲衆長。其間，强弱相并，大小相陵，殺人放火，既視爲故常；拒捕抗官，遂成爲積習。蓋以司牧之官，惟省城西北一隅，設有三廳。三廳之理事同知、通判，向由京秩旗員揀放，雖間有長材，而初膺外任，歷練未深，往往艱鉅。乍投茫無所措，始但假於幕友丁胥之手，繼或刁生劣監要挾把持，而莫能制。至阿勒楚喀、三姓、寧古塔等處，命盜户婚，則就理于協佐衙門。協佐等官，但習騎射，不惟不諳吏治，且多不通漢文，悉憑委筆帖式司達等，任意軒輊。歷任將軍止以武事爲重，吏治多未講求，所以民怨沸騰，挺而走險。

近年以來，民愈窮而愈悍，賊愈剿而愈滋，峻法嚴刑，人無畏志，是皆不揣其本而齊其末，不清其源而塞其流也。現在大股賊匪已平，金廠渠魁授首，逋逃餘孽，尚多潛伏深藏。而墾地、採藥、捕牲各項游民，非內地遷流之户，卽亡命不逞之徒。若不亟設民官，劃疆分治，政刑以化其頑梗，教養以遂其生成，專恃武功，撫馭失宜，不惟重煩兵力，且恐若火燎原，益難撲滅。又況寧、姓所屬，密邇邊陲，更宜安集，拊循以弭隱患。

查奉省官制，經前署將軍崇實［厚］奏請，增改舊章後，吏治民風大有起色，是因時立制，原無歷久不變之規。而正本清源，乃見俗美化行之效。奴才與崇厚體察情形，迭經往返函商，意見相同，並集所屬文武紳耆，悉心討論，皆以爲地曠人多，非有地方親民之官，不足以資治理。奴才再四思維，與其拘守成規，循途而復轍，曷若權宜時勢，改弦而更張？擬請於所屬，尤爲衝要之區，酌中設立廳縣佐雜等官，並將吉林廳升爲府治，長春廳通判改爲同知，俾資治理。將來民地錢糧及旗民詞訟，專歸該廳州縣管理。其協佐防校等官，止准管理旗務，防剿盜賊，不准仍預地方詞訟，以示限制，而一事權。

惟添設廳縣，則創茸城垣，建修衙署、倉庫、監獄等項及官員廉俸、書役工食，所費不貲。當此庫儲支絀之時，斷不能另請撥款，祇有就地興利，以本地所籌供本地所需。但吉林地瘠天寒，庶物本不豐阜，商賈亦甚蕭疏。松花一江不通海舶，既無船稅可收，復無鹽釐可辦，較之奉省尤爲枯窘。且當凋敝之日，正宜與民休養，若操之太急，只圖遷就於目前，或致貽弊於日後。是以生財之道，必須因地以制宜，不敢朘民以斂怨。現已派員前往蘊梨廠、馬延河、阿克敦城一帶，查勘荒地，照章收取押荒，並飭各屬仿照奉天章程，試辦斗稅，擬以斗稅荒價二款作爲添官一切用度。將來廉俸工食並各項用款，亦由斗稅、荒租項下動支。惟試辦斗稅，查丈荒地，必須明幹廉潔之員，方能有利無弊。現在吉省辦理軍務及地方各事，奴才前調之員不敷分遣，亦不敢多調人員，致糜經費；荒務稅務，祇可由近及遠，以次興辦。所有擬添之官，須俟款項籌有端倪，方能陸續添設，一二年內恐難設齊，謹先擬定大概章程，另繕清單，恭呈御覽，伏候聖裁。

至旗民衙門應辦事宜，並府廳州縣應定界址，及各官廉俸書役工食，添設綠營兵額口分，一切詳細章程，俟奉到俞旨後，奴才選派通曉政體之員，前往各屬，查明户口地畝數目，相度地方形勢，詳愼斟酌，奏明辦理。其各廳州縣員缺，應俟何處地畝斗稅辦有成效，卽先奏派委員前往該處試署，並撰擬城名，隨時奏請，飭部頒發印信，以昭官守。

再，吉林三廳，向因專管旗人户婚各事，皆用理事人員。今既民户衆多，政務殷繁，與從前情形不同，應請與新設之同通州縣，均照奉天新章加理事銜，滿漢兼用，以廣材路。其寧古塔、琿春二城，距省較遠，應否設官分治，及吉林將軍應否仿照奉天將軍加兼文銜，並省城地方應否添設巡道之處，容奴才隨時體察情形，再行奏明，請旨遵辦。所有奴才變通官制，改設郡縣緣由，係爲整頓吏治以靖地方起見，是否有當，謹繕清單，恭摺具陳，伏乞皇太后、皇上聖鑒，飭部核議施行。謹奏。請旨。

謹將吉林改設府廳州縣佐雜等官章程恭呈御覽：

一、吉林廳理事同知，請升爲府治，改設知府一員。仿照奉天昌圖府章程，境内錢糧詞訟由該府自理，並管轄阿克敦城、五常堡、伊通新設二州一縣。其原設吉林廳巡檢，請改爲府經歷，兼管司獄事。

一、省東五常堡地方，距省五百里，地處衝要，民户繁多，應請設立州治，歸吉林府管轄。但吉省各處初設文員，民情未順，必須官銜稍大，方足以資鎮攝。擬請仿照熱河州縣章程，以同知管知州事，巡檢管吏目事。

一、省東南阿克敦城地方，距省五百里，爲南山門户，地多私墾，應請設立縣治，歸吉林府管轄，以通判管知縣事，巡檢管典史事。

一、省西伊通地方距省四百餘里，西距威遠堡邊門三百餘里，舊設分防巡檢一員，應請設立州治，仍歸吉林府管轄，以同知管知州事，原設巡檢管吏目事。

一、省東北阿勒楚喀地方，距省五百里，東距三姓六百餘里，爲東北最要咽喉，所屬馬延河一帶，地多私墾，應請設立撫民同知一員，巡檢兼司獄一員。

一、省東北三姓地方，距省一千二百里，地方遼闊，逼近金廠，應請設立撫民通判一員，巡檢兼司獄一員。

一、伯都訥廳駐孤榆樹屯，在省北二百七十里，所屬民户最多，詞訟亟繁，原設理事同知一員，擬請改爲撫民同知，原設孤榆樹巡檢，兼管司獄事。

一、長春廳在省西二百四十里，地屬蒙古，佃皆民人，與奉天昌圖府接壤，地方遼闊，民風强悍，最稱難治。原設理事通判一員，擬請改爲撫民同知，原設巡檢兼管司獄事。廳東農安地方，距廳一百二十里，擬請添設分防照磨一員。廳北靠山屯地方，距廳三百里，擬請添設分防經歷一員。

又 《岐元〈昌圖府屬擬請添設各官疏〉》 （光緒六年） 前因昌圖地廣民頑，奏請試辦河斗兩税，以爲設官經費。擬將昌圖同知改升知府，於梨樹城增設通判，八家鎮增設知縣，康家屯增設知州各一員。嗣於光緒三年奏明，將昌圖同知改升知府，並先後於八家鎮增設懷德縣，梨樹城增設奉化縣，當以康家屯尚屬近邊，且河税未行開辦，經費不足，將八家鎮經歷移駐康家屯，作爲分防府經歷。均蒙恩准，由部核覆遵辦在案。兹據昌圖府知府趙受璧詳稱，查康家屯離府雖近，惟西北一帶地面生齒日繁，流民耕種殆徧，雖不若懷德、奉化兩縣沿邊繁要，而地方遼闊，詞訟命盜案件層見迭出。由府自理，勢難兼顧。且蒙民雜處，撫輯尤關緊要，分防經歷職小權微，難以整頓，必得一正印之員，鎮壓其閒，方可從容就理。擬請將康家屯經歷一缺裁撤，照八家鎮梨樹城章程，添設知縣一缺，名曰『康平縣』。府屬遼河以西之地，分歸管轄。照章加理事同知銜，以便蒙民兼理。所有徒罪以上命盜各案，由府審轉以昭慎重，並設典史一員，照懷奉兩縣章程，加六品銜，專司監獄。康家屯迆北鄭家屯地方，界連蒙古封堆，民情强悍。擬設分防主簿一缺，照八面城照磨章程，加六品銜，分司緝捕；暨勘驗命盜各案，户婚、田土細故，准其就近審理；徒罪以上之案，送縣核辦。該縣應管界地，周圍四百餘里，地面既寬，緝捕緊要。現派外委一員，捕盜兵三十名，在彼駐緝，實屬不敷彈壓。擬請添練捕盜馬兵二十名，添把總一員管帶，再行撥給舊額捕盜兵十名，共有弁兵六十二員名，分紮緝捕，庶於地方可期整頓。至添官增兵一切經費，現查昌圖斗税開支一府兩縣用項外，每年尚可餘銀二千餘兩；試辦同江子河税雖無定數，每年約可收銀二千兩上下；以此支放，已屬有餘。將來修建衙署監獄，即由支存餘款，陸續動撥，另案報銷。至學校一事，現查該處應試人少，擬請暫附府學考試；以後察看應試人多，再行詳請奏設訓導學額，以符定制等情，詳請具奏前來。臣等覆查昌圖府屬之康家屯，地面本屬遼闊，原擬設一知州，前因經費不敷，未能與懷德、奉化兩縣同時並立。今該府既籌有經費，請照八家鎮梨樹城章程，添設知縣分防等官，仍以該處所出，即供該處所需，毋庸另籌款項。撫輯閭閻，清理詞訟，洵爲整頓地方要務。合無仰懇天恩，俯准於康家屯等處添設知縣各官，以資分治。所有清界地定缺分，照支廉俸，酌添弁兵各章程，謹繪圖貼説，臚列清單，恭呈御覽。相應請旨飭部核議施行，並頒發正佐印信以昭信守。其餘未盡事宜，應由臣等隨時籌議，請旨定奪。

又 《吏部等會議吉林將軍銘安等奏請添設民官摺》 （光緒六年十二月二十六日） 吏部等部謹奏爲遵旨會議具奏事。【略】 查原奏内稱，吉省馬賊肆擾，皆由地闊官稀，非有地方親民之官，不足以講求吏治而清盜源，業於光緒四年九月間，將變通官制，增設州縣大概章程，另繕清單，恭摺瀝陳。聲明創葺城垣，建修衙署、倉庫、監獄等項，需要浩煩，擬以斗稅荒價二款作爲添官一切用度，須俟款項籌有端倪，方能陸續添設，一二年內恐難設齊，均經奏明，仰邀聖鑑在案。嗣經部議復奏：吉林添設各缺，自係因時制宜整頓吏治起見，應請旨飭令該將軍體察情形，通籌全局，詳細分別，奏明辦理等因。奉旨：依議。欽此。欽遵恭録咨照前來。

奴才聞命之下，欽感難名。伏思法貴因時，庶足補偏而救弊，事由創始，尤宜慮遠而思深。除遴委妥員，分赴各城，查辦荒地，抽收斗稅，以籌設官建署經費外，查吉林屬界東西二千餘里，南北亦二千餘里，唯省城西北一隅，設有三廳，辦理地方之事。至寧古塔、三姓、阿拉楚喀等處，命盜户婚，則就理於協領衙門。而協佐等官，但習騎射，不諳吏治，是以民怨沸騰，鋌而走險。奴才詳察情形，通盤籌劃，吉林應設民官之處甚多，第籌款維艱，勢難一齊舉辦。惟先擇有緊要之區，如阿勒楚喀、五常堡、阿克敦城三處，放荒已著成效，生聚日煩，商賈輻輳，亟應添設民官，委員試辦。奴才前奏原單，擬添設各官，均係略舉大概，並未派員履勘。今當創立之初，必須相度形勢，體察輿情，斟酌不厭其詳，歷久可期無弊。

查阿勒楚喀地方，距省五百里，距三姓六百餘里，爲東北最要咽喉。奴才札派知府銜升用同知候選通判王紹元前往，查勘何處可以修城建署，飭令繪圖稟復。去後，旋據該通判王紹元稟稱：遵查阿勒楚喀副都統衙門城池，在全境西南一隅，而西南管界僅四十餘里，東南東北管界則三四百里不等，緣早年安設旗屯，俱在蜚克圖站迤西，距城皆不出六十里外。其蜚克圖河東，原係圍場禁山，其間曠邊荒，南北二百餘里，東西三百餘里，渺無人烟，無須治理。咸豐十一年，奏准開放蜚克圖河東等處荒地，命遠近民人，領種謀生，日聚日衆。二十年來，生齒番盛，商賈漸煩，命盜、詞訟，愈增愈多，儼有既庶且富景象。查有葦子溝地方，西距與拉林接界之古城店一百七十里，東距與三姓接界之瑪延河二百四十里，南距與五常堡接界之帽兒山二百里，北距與黑龍江屬呼蘭接界之松花江六十里，實爲合境適中之地，且係東北赴三姓，東南赴甬子溝、瑪延河三路通衢。蜚克圖與色勒佛特庫兩站中正腰站，原設東西大街一道，計長三里，街南北有開設大中鋪户二十餘座，小鋪户七十餘座，土著居民三百餘家，人烟稠密，商販殷煩，於此設立同知衙署、監獄及巡檢捕衙，實足以資治理。周圍土崗，可以建造城垣，形勢壯闊，城中多留隙地，以備分設祠廟、學署、倉厫、武廨等用。至瑪延河地方，既已就地安官，亦應統歸此缺同知管轄。第該處東西二百餘里，東北長一百五十六里，界面遼闊，誠恐同知兼顧難周，應請仿照奉天昌圖前設同知時於八家鎮添設分防經歷一員，今擬在瑪延河適中之燒鍋甸子，可否添設經歷一員，抑或添設照磨一員，以輔其治，均祈查核等語，並繪具地圖稟復前來。奴才前請在阿勒楚喀屬界添設撫民同知一員，巡檢兼司獄事一員，今核該通判王紹元查勘情形，既稱葦子溝係阿境適中之所，擬仿照伯都訥同知駐孤榆樹屯例，即請在葦子溝仍照原奏設立撫民同知一員，名曰賓州廳。並設巡檢兼司獄事一員，管理監獄；教諭一員，振興學校。瑪延河之燒鍋甸子，分設巡檢一員，即歸賓州廳統屬。此葦子溝、瑪延河擬設正印教佐各官之情形也。

又查，五常堡地方，距省五百里，爲東南衝要之地。奴才札派四品銜委用通判陳治、同知銜委用知縣毓斌前往查勘，何處可以修城建署，飭繪圖稟復。去後，旋據該通判陳治等稟稱，遵札馳赴五常堡城，勘得該處原築四方土垣，中立井子街，協領衙署居中，規模狹隘，人烟稀少，户不滿百，鋪居十餘家，生意蕭索。緣該城地處北隅，不當衝要，皮木山料、油、靛、烟、麻諸貨，非販運必經之途，故開荒垂二十年，尚無起色。勘驗畢，即赴堡城迤南三十里之歡喜嶺地方，勘得該處有東西大街一道，長七里，寬三里，商賈萃集，人烟較密。東南門各一，貿易四季煩盛，爲五常堡山河屯適中之區。今欲建立郡縣城池，該西北地勢高闊，可以設立衙署、倉庫、監獄，外建城垣，東西長可八里，南北寬可四里，祠宇、學署均可擇地並舉。相度畢，遂至歡喜嶺迤南六十里之山河屯地方，勘得該處商賈富厚，有東西大街一道，長四里，寬四里，四圍環以長溝，東西北門各一，貿易冬季爲最盛，餘三季平平，人烟尚多，誠豐盈之地，以建立城池，東西長須五里，南北寬須四里，官廨、祠宇、倉庫、監獄、考棚公所，均可擇地建立。該處西方偏北，地頗曠朗，可以建造有司衙署。勘驗畢，綜核堡界東西寬百餘里，南北長二百餘里，維東南一隅，長及四五百里，地方窵遠，現在莠民雖震於兵威，不敢公然出犯，而深山密林潛迹，擾匿閭閻，劫掠仍所不免，地方官更誠有鞭長莫及之勢。目下擬在歡喜嶺、山河屯二處，設立正佐各官，蘭彩橋、小山子二處，亦當衝要，宜分設汛官，長年巡緝，演練各隊，仍須駐紥，以資鎮撫等語，並繪具地圖，稟復前來。奴才前請在五常堡設立州治，仿照熱河章程，以同知管知州事一員，巡檢管吏目事一員。詳核該通判陳治等查勘情形，及稱歡喜嶺係堡界適中之所，該堡原有協領一員，自無庸再在該處設立民官，以無庸改作州治，即請在歡喜嶺設立撫民同知一員，名曰五常廳。另添巡檢兼司獄事一員，管理監獄；教諭一員，振興學校。山河屯分設經歷一員，即歸五常廳統屬。至稱蘭彩橋、小山子二處，地尚衝要，宜分設汛官一節。查蘭彩橋在小山子西南，相距二十里，由蘭彩橋至五常堡九十餘里，洵係扼要之區，自應添官駐守，以資鎮撫。惟吉省尚無汛官，礙難設立。茲擬在蘭彩橋地方設立巡檢一員，亦歸五常廳統屬。小山子既距蘭彩橋二十里，即毋庸添設分防。此歡喜嶺、山河屯、蘭彩橋擬設正印教佐各宮之情形也。

又查，阿克敦城地方，距省五百里，爲南山門户。奴才札派四品銜委用通判陳治、同知銜委用知縣毓斌，前往查勘，何處可以修城建署，飭令繪圖稟復。去後，嗣據該通判陳治等稟稱，遵勘阿克敦城地方，地勢平坦，寬闊高爽，東南係琿春大道，東北係寧古塔大道，西係吉林大道，實爲扼要之地。周圍山環水抱，而四面去山皆遠，可以設城建署。查阿克敦城地方，本係生荒，現經查地委員分省補用知縣趙敦誠，招集地户開墾，開誠布公，許以立城設官，保衛地方，百姓恃以無恐，源源而來。城內街市地基佃寫殆遍，已有成效，因時制宜，正印自應設於阿克敦城，以副民望。查南岡地方，東西三百餘里，南北二百餘里，沃壤十數萬晌，天氣和暖，地土肥潤，東通琿春、海參崴，東北通寧古塔，西南可通奉天，亦係衝要之區。但現在居民只有四百餘户，新就委員趙敦誠招撫，初放荒地，尚無成效，只宜設一巡檢或一縣丞，分司其事，仍隸阿克敦城管轄。俟數年後荒地齊放，商賈雲集，居民輻輳，再爲體察情形，改設正印，以哈勒巴嶺分界，以資治理。再查，張廣才嶺之東額穆赫索羅地方，係屬旗地，向隸吉林廳管轄，去吉林廳窵遠，且隔大嶺，聲教不通。該地去阿克敦城甚近，現在該處有爭訟之事，多赴阿克敦城向委員趙敦誠告訴，趙敦誠代爲剖折［析］，民皆悦服。可否將額穆赫索羅地方劃歸阿克敦城管轄，將來設立知縣，請加理事通判銜，知縣可以就近料理。以張廣才嶺一帶連山分水爲界，嶺西屬吉林廳管轄，嶺東屬阿克敦城管轄，似爲妥便。其阿克敦城所轄四至界趾：東至馬鹿溝一百一十里，馬鹿溝應歸阿克敦城管轄，迤東係寧古塔界；東北至都林河一百二十里，應以河爲界，河東北歸寧古塔管轄，河西南歸阿克敦城管轄；北至大洋白山一百七十里，應以山之分水爲界，分水之北歸五常堡管轄，分水之南歸阿克敦城管轄；西北至張廣才嶺一百八十里，應以嶺之水分爲界，分水西北歸吉林廳管轄，分水東南歸阿克敦城管轄；西至威呼［鱵鯱］嶺一百里，應以嶺之分水爲界，分水之西歸吉林廳管轄，分水之東歸阿克敦城管轄；西南至帽兒山一百三十里，應以山爲界，山東北歸阿克敦城管轄，山西南係南荒大山，直接長白山一千餘里；南至古洞河二百三十里，應以河爲界，河北歸阿克敦城管轄，河南係南荒大山八百里，直接高麗江界；東南至高麗江五百里，江內屬阿克敦城管轄，江外係朝鮮國界；又東南至高麗嶺四百里，應以嶺之分水爲界，分水迤東歸琿春管轄，分水迤西歸阿克敦城管轄。如此劃明疆界，各專責成，以免互相推諉等語，並繪具地圖，稟復前來。奴才前請在阿克敦城設立縣治，以通判管知縣事一員。巡檢管典史事一員，詳核該通判陳治等查勘情形，既稱阿克敦城可以設立民官，即請在阿克敦城設立知縣一員，名曰敦化縣。奴才此次於清單內請加理事通判銜，自可毋庸以通判管知縣事。另添設巡檢管典史事一員，管理監獄；訓導一員，振興學校。南岡分設縣丞一員，即歸敦化縣統屬。至額穆赫索羅地方，即距吉林廳窵遠，自準如所稟，將來劃歸敦化縣管轄。其餘分界各處，應令試辦之員詳細復勘，再行定界。此阿克敦城、南岡擬設正印教佐各官之情形也。

現在吉省收取荒價、勸辦斗税已歷年餘，積有成數。以上請設各官，亟應委員試辦。但草昧經營之始，事務艱距［鉅］，頭緒紛煩，況各處流民甫經向化，良莠不齊，必須上下交孚，始能綱目畢舉，纖悉不遺。若試辦一人，試署一人，事權既分，民情亦隔，勢必散而無紀，不足以一政令而係人心。今擬某處派某員試辦，即以其員試署，將該處地方應辦一切要件，責成經理，則情形熟悉，辦理自能裕如。如此，劃疆分治，責有攸歸，但使愼選得人，不難從容就理，庶幾大法小廉，民安物阜，則盜風可靖，元氣可培，以仰副聖主惠保黎元，綏靖邊鄅［陲］之至意。

此次擬設正印教佐各官，如蒙俞允，應請旨飭部鑄造關防、印信、鈐記，迅卽頒發，以照［昭］信守。其定缺分，籌俸廉，修城垣，建衙署，興學校，設弁兵，應行詳議章程，謹另繕清單恭呈御覽。合無仰懇天恩，飭下部臣核議施行，實於地方大有俾益。一俟奉到部文，再由奴才遴選妥員，奏請分別試辦。除繪具各該處地圖貼說，咨呈軍機處備查外，至各將軍應否加兼文銜，省城應否添設巡道，及吉林廳改爲府治，長春廳改爲同知，一切未盡事宜，奴才當在隨時體察情形，悉心籌劃，妥議具奏。

又《吉林將軍銘安奏邊疆緊要請設道府廳州縣摺》（光緒八年二月二十日）奏爲邊疆緊要，擬請添設道府廳縣以資治理，而控邊防，恭摺具奏，仰祈聖鑒事。竊奴才於前歲奏准，添設賓州廳、五常廳、敦化縣三處，復於上年請在省城添設道府及雙城廳伊通州各缺，均已奏邀聖鑑在案。

夫腹地分職設官，布置可期周密，而邊疆內修外攘，治理尤賴賢能。查寧古塔、琿春地當衝要，爲省城東南門户，且與俄界水陸毗連；海參崴一帶，該國添兵設職，悉力經營，已成重鎭。寧琿兩處，密邇强鄰，安輯撫循，尤不可緩。其三姓地方，地廣民頑，盜風未息，且東北直接俄境，邊防同爲喫重。現在該三處雖設有重兵，以固封守，而寧琿兩處，招撫流民辦理屯墾，三姓亦放閑荒，人烟日密，政務較繁，命盜户婚，仍就理於各城副都統衙門，誠恐協佐各官，吏治未諳，難期整頓。竊維自强之計，固在講武整軍，而求治之原，要在安民察吏，誠以吏治與防務相爲表裏者也。今擬在寧古塔城內添設巡道一缺，名曰分巡寧姓琿地方兵備道，俾令提綱挈領，南北邊要，周歷分巡，彼此兼顧，以期綏靖地方，鎭攝强敵。惟查奉天東邊道充當將軍異［翼］長，管理營務，並設有道標馬兵二百名，步兵五百名，作爲兩營，均歸巡道親統。現在吉省餉項支絀，若援照奉天章程設立額兵，應發餉乾，爲款甚鉅，經費難籌。現擬作權宜之計，飭令該道兼充防營異［翼］長，酌撥防軍數百名作爲該道親兵，以備緩急。如此辦理，既可節省餉需，亦可聯絡聲氣，實於地方防務，均有俾益，俟將來裁撤防軍，再行奏請添設巡道制兵。

再，寧古塔城內，應請添設直隸撫民同知一缺，加理事銜，管理地方各事，查元代名，該處爲合蘭路，現在新設同知，卽名曰合蘭廳；琿春添知府一缺，名曰琿春府，仿照熱河承德府、奉天昌圖府之例，仍管地面詞訟錢糧各事；三姓添設撫民同知一缺，加理事銜，名曰三姓廳；均歸分巡寧姓琿地方兵備道管轄。

又查，塔城東南五百四十餘里之萬鹿溝地方，距三岔口僅四十里，該處毗連俄界，地當要衝，必須添設縣治以資佐理，當卽紮派差委知府李金鏞前往，查勘何處可以修城建署，飭令繪圖稟復。去後，茲據稟稱，勘得萬鹿溝地方北山下有平坡一處，周圍約八九里，中含闊大，山水環抱，當海參崴赴塔沖衝途，前臨綏芬河，後當萬鹿溝口，於此處修城建署，分設市廛，不但可轄該處人民，而可進可退，戰守亦足兼資。至于琿春如何分界之處，則三岔口迤南，有分水大嶺爲限，水歸綏芬者，屬縣；水歸洪溪河者，屬琿。界址分明，無須再劃等語，並繪地圖，稟復前來。奴才等詳核該府所稟各節，均尙妥協，應請在萬鹿溝設立知縣一缺，加理事通判銜，名曰綏芬縣，卽歸合蘭直隸撫民廳統屬。

惟琿春府現無屬縣。查敦化縣分防之南岡地方，距琿較近，亦係衝要之區，前歲奏請設立縣丞時，曾經聲明該處居民僅有四百餘户，只宜設一縣丞，分司其事，俟數年後，體察情形，改設正印，卽以哈勒巴嶺分界等因。一俟將來該處荒地放齊，商賈輻輳，民户繁多，再行奏請改設縣治，卽歸琿春府統屬，以符體制。現擬在琿春府另設照磨管司獄事一缺，合蘭廳三姓廳各設巡檢管司獄事一缺，綏芬縣另設巡檢管典史事一缺，均係管理監獄。惟邊地荒寒，村屯較少，各該處有一民官足資治理，嗣後生聚日繁，再行酌擇地勢，設立分防。至教諭訓導各缺，亦可毋庸添設，各該處文武生童，仍照舊赴省考取，如將來文風日盛，再請另設學額。

以上添設各缺，如蒙俞允，應請旨飭部鑄造關防、印信、鈐記，迅卽頒發，以昭信守。其定缺分、籌俸廉、修城垣、建衙署、募弁勇、設馬撥，應行詳議章程，謹另繕清單，恭呈御覽，並繪具綏芬縣地圖貼說，咨呈軍機處備查。合無仰懇天恩，俯念邊疆緊要，亟應設立民官，飭部迅速議復，以便奴才奉到部文，卽行遴選妥員，奏明試辦試署，俟一二年後，如果辦理裕如，再請實授各官。應發俸廉、役食、勇糧、馬撥及建修各項工程，仍請照奴才前奏，照數概發實銀，以重地方，而求實濟。其餘未盡事宜，奴才當再與督辦寧古塔等處事宜太僕寺卿吴　　，隨時體察情形，悉心籌劃，妥議具奏，恭候聖裁。所有邊疆應設民官各緣由，謹會同督辦寧古塔等處事宜太僕寺卿臣吴　　，合詞恭折具奏，伏乞皇太后、皇上聖鑒，飭部速議，施行。謹奏。

又《吉林將軍希元奏請將吉林廳升爲府治長春伯都訥廳改爲撫民同知通判摺》（光緒十年七月二十四日）奏爲遵旨續設民官並請將吉林廳升爲府治，伯都訥廳長春廳改爲撫民同知通判，加理事銜以符體制而裨地方，恭摺具奏，仰祈聖鑒事。竊奴才前以吉省應設民官甚多，因本地籌款維艱，勢難一齊舉辦，先請添設賓州廳、五常廳、敦化縣三處正印教佐等官，當於光緒六年十二月初八日，專摺具奏，奉旨飭部核准，並由奴才委員試署在案。現在收取荒價，勸辦斗稅，又歷一年，積有成數，所有應行添設升改各缺，自當及時擬議請旨遵行。

查雙城堡地方，距省四百餘里，爲省城東北之門户，界外均有民官治理，惟該堡與拉林地方公事，仍係旗員經管，未免向隅。奴才紮派差委道顧肇熙前往查勘何處可以添官建署，飭令繪圖稟復。去後，旋據該道稟稱，遵查雙城堡在省城東北四百八十里，本屬拉林舊地。自嘉慶年間，移撥京旗，設立村屯，劃歸堡屬者，東西相距一百三十里，南北相距七十里，四面仍皆拉林界。現在堡城商賈雲集，户口繁多，較拉林爲盛，自應在該堡城內添設民官，以資撫輯。拉林但設分防，足以佐治，惟地界則當併拉林所屬，統歸雙城管轄，方覺整齊。東面本與阿勒楚喀以古城店分界，古城店之東今賓州廳界，店西應屬雙城；東南本與五常堡以莫勒恩河分界，河南今屬五常廳界，河北應屬雙城；南面西面均與伯都訥以拉林河分界，河南河西爲伯都訥廳界，河東河北應屬雙城；北面本與黑龍江以松花江分界，江北爲呼蘭廳界，江南應屬雙城。如此劃分，雙城地勢實居拉林之適中，爲省北之屏障，形勢宏敞，庶務殷繁，將來建立衙署、監獄以及巡檢、捕衙，修造城垣、祠廟，均爲隙地，足敷布置。第東南距拉林一隅，有遠在百里以外者，尚恐鞭長莫及，兼顧難周，應請於拉林地方設立分防衙署，緝捕之餘，藉資佐理等語，並繪具地圖，稟復前來。奴才前請在雙城堡拉林添設正印分防等官，擬將堡城總管一缺裁撤，改設協領一員，業經附片瀝陳，仰蒙俞允在案。既據該道復勘，明確稟稱，雙城堡商賈輻輳，事務殷繁，亟須添設民官以資治理，請仍照前奏，在雙城堡設立撫民通判一員，名曰雙城廳。另設巡檢兼司獄事一員，管理監獄；訓導一員，振興學校。拉林分設巡檢一員，即歸雙城廳統屬，其雙城堡原設總管一缺，即請裁撤，改設協領一員，專司緝捕及一切旗務。除雙城拉林土稅一項，照新設賓州五常各廳均歸旗署徵解之例，仍應由雙城拉林旗署徵解外，其餘一切租税，均歸新設民官徵收，詞訟命盜案件，均歸民官審理，以一事權。此雙城堡拉林擬設廳官教佐各員之情形也。

又查，伊通距省二百餘里，爲省西最要咽喉，向歸吉林廳管轄，地方遼闊，治理難周，必須添設民官，劃疆分治，方能通聲教而輯人心。奴才紮派差委道顧肇熙，本任吉林廳同治［知］善慶前往查勘，何處可以添官建署，飭令繪圖稟覆。去後，旋據該道等稟稱，勘得伊通河在省西二百八十里，西至威遠堡門二百七十里，係奉天界；北至長春廳一百餘里，南至圍場荒地二百餘里，爲長吉兩廳之門户，吉黑兩省之通衢，前山後河，中有大道，勢極扼要當衝，商賈雲集，居民櫛比。履勘周圍，東西五里，南北三里，能於此處修城建署，並設倉庫、監獄、學署、祠廟，確於地理相宜，民情深洽。至於勘分界址，正南至小伊通河七十里，河南屬奉天界，河北屬伊通，正西至威遠堡門二百七十里，門西屬奉天界，門東屬伊通；東南至那爾吽嶺三百四十里，嶺南屬吉林，嶺北屬伊通；西南至黑瞎子背嶺三十里，嶺南屬奉天界，嶺北屬伊通；西北至二十家子邊壕，壕北屬奉天界，壕南屬伊通；正東自距伊通五十里之石頭河子分界，河東屬吉林，河西屬伊通；東北自距伊通一百三十里之小河臺邊壕分界，壕東屬吉林，壕西屬伊通。如此劃分，似屬整齊。惟伊通河設立有司衙門，距圍荒二三百里，難期兼顧。今勘迤南一百六十里之磨磐［盤］山，東西寬三里，南北長五里，前通當石河，至輝發河入大江，後靠椅子等山，局勢寬平，居圍荒之適中，亦宜添設分防，以輔其治。伊通既擬添設正印官，則所分界內，舊有租賦，自應均歸新設之員徑徵，除俟圍荒放竣後，照例升科報部，歸伊通徵租外，所有石頭河子、小河臺迤西迤南，現擬與吉林廳分界之處，應徵地丁銀米，約數在二萬零五百兩有奇，均應劃歸伊通經徵，以期撫字，催科責成並重。惟吉林廳原徵賦額不過五萬兩有奇，今遽劃出少半，亦應設法籌補。查圍場邊荒前，於咸豐同治年間先後出放地十牌，共地六萬七千三百餘晌，現在該處正當勘丈，並浮多計之約在十萬晌，此項地畝每晌向收大租錢六百文，小租錢六十文，由户司經徵，而地屬吉林廳管轄，遇有佃民詞訟事件，均歸廳官管理。如將大小租撥歸吉林廳徵收，實屬官民兩便等語，並繪具地圖，稟復前來。奴才詳核該道等所稟各節，均尚妥協，即請在伊通設立知州一員，名曰伊通州。該處舊有吉林分防巡檢一員，改爲吏目，管理伊通監獄，添設訓導一員，振興學校；磨盤山分防巡檢一員，即歸伊通州統屬。至勘分界址及經徵租賦，審理詞訟，自應準如所稟辦理，此伊通磨盤山擬設正印教佐各官之情形也。

夫新設各缺，既已措置，咸宜治理，可期一律；而舊設之廳，亦應變通，盡利政教，庶免兩岐。溯查奴才前奏變通官制，增設府廳州縣一折，奉到部咨內開：該將軍請將吉林廳理事同知升府治，改設知府，原設吉林廳巡檢改爲府經歷，兼管司獄事；伯都訥原設理事同知改爲撫民同知，原設孤榆樹巡檢兼管司獄事；長春廳原設理事通判改爲撫民同知，原設巡檢兼管司獄事；農安城添設分防照磨一員，靠山屯添設分防經歷一員，並據奏稱，吉林三廳向因專管旗人户婚各事，皆用理事人員，今民户衆多，政務殷繁，與從前情形不同，請與新設之同通州縣均加理事銜，滿漢兼用等語。臣等查該將軍所奏，添設各缺及請加理事銜，滿汗［漢］兼用之處，自係因地制宜，整頓吏治起見。惟添設改設各缺，總期官民相安，方臻妥善，應請旨飭令該將軍體察情形，通籌全局，詳細分別奏明辦理等因。奏奉諭旨：依議，欽此。欽遵咨行前來。伏思吉林廳理事同知駐守省垣，幅員遼闊，管轄本屬難周，且邇來荒地日開，民居日密，户婚詞訟命盜之案倍多於前，只以同知獨任其事，權輕責怠，地廣事繁，難免有顧此失彼之處，擬請將吉林廳理事同知一缺升爲府治，改設知府，名曰吉林府，仿照熱河承德府、奉天昌圖府之例，仍管地面詞訟、錢糧各事；新設之伊通州歸其統屬，並將原設吉林巡檢一缺，升爲府經歷，管司獄事。教諭一缺升爲府教授，以符體制。其吉林府應分界址，東至張廣才嶺爲界，計二百里，外至敦化縣；東南至樺樹林子荒爲界，外至官山；南至輝發河荒爲界，外至官山；西南至太陽川爲界，計二百餘里，外至伊通川；西至石頭河子爲界，計二百三十里，外至伊通州；西北至小河臺爲界，計二百一十里，外至長春廳；北至法特哈邊門爲界，計二百一十里，外至伯都訥；東北至舒蘭荒耘字四牌爲界，外至五常廳。如此劃明疆界，各專責成，庶免互相推諉。至伯都訥廳理事同知一缺，請照原奏改爲撫民同知，加理事銜。長春廳理事通判一缺，毋庸改爲撫民同知，請改爲撫民通判，加理事銜。農安地方，地當衝要，生聚日繁，請照原奏添設分防照磨一員，歸長春廳統屬。靠山屯地方，民户無多，該廳可以兼顧，毋庸另設分防經歷。此吉林舊設三廳，擬請升改各官之情形也。

惟本年十月十一日接準吏部咨開，以奉天既無理事同知通判員缺，准用揀發曾任正途，不分滿漢補用明文，該將軍等請將吉林理事同通三廳，仿照奉天章程由揀發曾任實缺正途，不分滿汗［漢］，酌量補用之處，應毋庸議等因。維時吉林舊設三廳，當未奏請升改，均係理事同知通判，格於成例，是以吏部奏駁。查奉天昌圖廳，同知改爲知府，請由外揀員升補，興京理事通判改爲撫民同知，並請不論滿汗［漢］兼用，均加理事銜，照例將揀發人員請補，均經部議奏准在案。現在吉林廳理事同知升爲知府，應請仿照奉天昌圖府之例，由外揀員升補，伯都訥廳改爲撫民同知，長春廳改爲撫民通判，亦請仿奉天興京撫民同知之例，仍請由揀發曾任實缺各員，不分滿汗［漢］酌量補用，庶與新設各廳州縣統歸一律，實於政治有裨。以上添設升改正印教佐各官，如蒙俞允，應請旨飭部鑄造關防、印信、鈐記、條記，迅即頒發，以昭信守。其定缺分、籌廉俸，修城垣，建衙署，興學校，設弁兵，應行詳議章程。謹另繕清單，恭呈御覽，並繪具雙城堡、伊通各處地圖貼說，咨呈軍機處備查。合無仰懇天恩，飭部迅速議復，以便奴才奉到部文，即行遴選妥員，奏明試辦試署。俟二三年後，如果辦理裕如，再請實授各官，應發廉俸、役食、勇糧及建修各項工程，仍請照奴才前奏，照數概發實銀，以重地方，而求實濟。其餘未盡事宜，奴才當再隨時體察情形，悉心籌劃，妥議具奏，恭候聖裁。除寧古塔、三姓、琿春等處，應設民官，關係邊防，由奴才致函督辦寧古塔等處事宜太僕寺卿吳大澂，就近體察情形，妥商定擬，再行另折奏聞外，所有遵旨續設民官及升改各缺緣由，是否有當，謹會同奉天府府尹、督管、提督、學政事務奴才松林，合詞恭折具奏，伏乞皇太后、皇上聖鑑，飭部速議，施行。謹奏。請旨。

又《吉林將軍希元奏寧姓琿等處不宜添設道府廳縣等官摺》

（光緒十一年十月十三日）跪奏爲體察寧姓琿等處情形不宜添設道府廳縣等官，恭摺據實復奏，仰祈聖鑒事。竊奴才卷查前任將軍銘 、前督辦寧古塔事宜吳 ，於光緒八年二月會銜奏請，擬於寧、姓、琿三處添設道府廳縣等官。當奉部駁，謂：因民多事繁而設官，未有先設官而待民居漸密者，所請添設各缺之處，應毋庸議。旋於是年八月，復經吳 單銜奏請，爲通籌全局，撫輯邊氓，並深以招墾委員等實心任事，雖有牧民之責，仍居委員之名，究屬可暫而不可常，恐蚩蚩之衆，轉徙未定，易渙難聚，於邊事不無窒礙等語。是道府廳縣等官，勢在必設。又經部議，以將軍統轄全省，將來地方一切事宜，均係職分内事。建置伊始，不厭求詳，應如何妥爲經理，務期久遠無弊之處，合詞詳細奏陳，以昭詳愼而憑核議，等因具奏。奉旨：依議，欽此。行令欽遵前來。乃銘 於次年夏間開缺回旗，而吳 亦調赴津防，未及復行會奏。奴才希 到任已逾二年之久，平心體察，深維銘 吳 必欲添設民官之意，或以風會所趨，勢有不能不出於此。因之博訪周諮，審時度勢，乃知民官之不宜添設者，其故有三，請爲我皇太后、皇上敬陳之：

查吉林邊地，本多寬曠，自中俄劃綫爲界，該夷猶存覬覦之心，所以吳 建議開墾爲實邊久遠之計。然核其所放荒田雖有千晌萬晌之多，究之由俄歸回華民爲數無幾，大都外來游手之徒，不盡挈眷而至者，試種無利，便趦足他徙。以故，奴才去歲奏請以兵屯田，屢經商同依克唐阿，就近履勘，量撥旗丁，其外來客民實心務農者，間亦附之。但就目前而論，招墾尚無成效，人民亦未稠密，誠如部議所謂：民多事繁而設官，未有先設官而待民居漸密者，此不宜添設者一也。

吉林前設道府廳縣等官，所有修建城垣、衙署、監獄，及廉俸、辦公、役食等款，均由荒價斗稅項下動支。現在停放荒地，既無荒價可收，而核計每年斗稅已不敷出，卽本省官兵俸餉，除將各款列抵外，尙須由部指撥。若再添道府等官，則此項經費尤難籌措，此不宜添設者二也。

寧、姓、琿等處，與俄接壤，故皆設有專閫大員，經理地方詞訟錢糧，兼辦交涉事件。至沿邊卡倫，則以佐防校等官分司緝盜禁私各事，一切布置已周且密。近又設立靖邊防軍，駐紮要隘，無非愼固封守之意。原奏謂成邑成聚，其效已可立覩。又稱，萬鹿溝設立縣城，卽儼然巖疆鎖鑰，措詞未免過當，奴才實不敢附和其說，況設官之後，人民未聚，仍不能裁撤防軍，於邊事既無補苴，且勢同贅疣，徒滋紛擾，此不宜添設者三也。

竊思國家財賦，歲有常經，卽本省添練防軍，實出於萬不得已。刻因部庫籌餉維艱，猶且力圖裁汰歸併，若夫添官之舉，較之籌邊設備，孰重孰輕？緩急判然，不言可喻。又，況吉林係滿洲豐鎬，其風氣渾厚，迥與内省情形不同。今欲添官建治，是猶以江浙繁盛之區，强易爲邊徼簡樸之俗，勢必有所不能。此則通籌時局，爲尤不宜添設者也。

奴才體察地方實在情形，所有吳 、銘 前請擬設道府廳縣等官，仍應遵照部駁事理，無庸添設，以重舊制而免紛更。是否有當，謹恭摺據實復奏，伏乞皇太后、皇上聖鑒，訓示。謹奏。

光緒十一年十五日賫回原片。後開，軍機大臣奏旨：著照所請。欽此。

朱壽朋《光緒朝東華録》（光緒二十六年十一月丙申）奕劻、李鴻章電致行在軍機處。楊使㖿電，文旨未接俄照覆，外部卽日回都。洋報傳阿提督與增祺各派員互訂奉天交地九款。一、由將軍保護地方助造鐵路。二、保路俄兵房屋糧食由我供備。三、遣散華兵，交出軍火。四、燬全省礮臺。五、地方安靖後交回牛莊等處。六、地方歸我自備巡捕彈壓。七、俄派員駐瀋陽預聞要公。八、如華捕力不足，由俄派兵相助。九、以俄文爲準云。密詢維特，確有其事。惟增約係暫時辦法，倘彼挾此成見，商辦之件何從措手？與維駁詰至再。伊稱中國肇此大禍，若不愼防將來，勢必一誤再誤，俄非孩提可屢欺等語。竊思彼既而允歸地，決無翻悔，但恐所謂交還是吏治而非兵權，有空名而無實惠。九月間出外部轉東三省各電，迄今無覆，恐爲俄官所阻，消息彼通我塞，除晤外部續電外，請先代奏云。查增祺來信，前因省城危急，適已革道員周冕由黑龍江來瀋，因其略習俄事，派往旅順議和。惟不應加全權委員之名，致該員肆行無忌，擅立暫且章程九條，並未請示，卽行畫押。增欲改悔，又派員至旅相商，阿無回信。聞頗有後言，玩維特語氣，想外部亦必堅持，以後事實難辦，且晉昌、壽長各擁邊隊，聲稱報復，恐俄藉以開釁。楊使所稱交還吏治而非兵權，此實俄隱情成見牢不可破。應如何諭令相機維持，俾無決裂。再據格使屢言，既授楊儒全權，不應令臣等互相參酌，致轉折遲誤，以後但當自請電旨耳。請代奏，上諭軍機大臣等。奕劻等徑電悉，楊儒智電所稱增祺派委已革道員周冕往旅順，與俄擅立奉天交地暫且約章九條畫押等語，閱之殊深駭詫。此事增祺始終並未奏明。周冕係已革道員，久已擯棄不用。即係暫且約章，該革員亦無議訂之權。此次東三省交收事宜，關繫甚大。楊儒既膺全權重任，著即責成向俄外部婉切辯明，務臻允協。增祺擅行委員，妄加全權字樣，殊屬荒謬。著交部嚴加議處。俄與中國訂交最久，近年於中國諸事無不極力維持，此次許還東三省，尤爲深敦睦誼。想俄廷亦斷不至以該革員私畫暫且之約，遂執爲一成不易之據也。李鴻章曾赴俄國，立有專約，更應統籌全局。東三省安危所繫甚重，著仍遵前旨，隨時電商楊儒，參酌妥籌，總期吏治、兵權均不失我自主爲要。格使所言當與力辯，以期共濟。【略】

（光緒二十七年六月戊申）電諭奕劻、李鴻章、劉坤一、張之洞等：前後論俄事各電均覽悉。二月初間，中外諸臣僉言俄約一成，即起瓜分之禍。朝廷熟思利害，不得不爲停畫。此事勢之當然，本無所容其成見。乃自是之後，李鴻章誤以畫約爲劉坤一、張之洞所阻，至有江、鄂爲日人所愚之言；劉坤一、張之洞又以李鴻章爲偏執己見，亦有全權爲俄人所愚之言；彼此積疑，負氣爭論，究於國事何補！該大臣等受恩深重，上年共扶危局，各著勤勞，方深倚賴，國步至此，同心戮力，猶懼不濟，何忍自相水火，貽憂君父，見笑外人。平心而論，李鴻章身處其難，原多委曲，然時有不受商量之失；劉坤一、張之洞慮事固深，而發言太易，亦未免責人無已。要之俄約自難全廢，終當設法改訂。俄人交還東三省，若仍奪我兵權、利權，名還而實不還，害豈可言！且各國起而效尤，則內地之禍，何堪設想！必須乘公約既成之際，向俄使商定前約，婉與磋磨，並即照會各國公使，請爲公議，便可詢問關東撤兵日期，以觀動靜。若能將東三省許各國通商，得互相牽制之益，庶幾根本之地可保，全局亦安。應如何辦理之處，著責成奕劻、李鴻章趕緊籌商，務臻妥善，速行具奏。劉坤一、張之洞有會辦之責，亦不准置身事外。特此開誠申諭，該大臣等同一竭忠謀國，務各捐除意見，和衷經畫，挽回氣數，共濟艱難，實有厚望。爾功爾過，不能逃朝廷洞鑒也。【略】

（光緒三十三年三月丙辰）御史趙啓霖奏，東三省改設督撫，原以根本重地，日就阽危，朝廷鋭意整飭，特重封疆之寄，冀收拱衛之功。不謂竟有乘機運動，夤緣親貴，如署黑龍江巡撫段芝貴者。臣聞段芝貴人本猥賤，初在李經方處供使令之役，繼在袁世凱署中聽差，旋入武備學堂，爲時未久，百計夤緣。不數年間，由佐雜至道員，其人其才，本不爲袁世凱所重，徒以善於迎合，無微不至，雖袁世凱亦不能不爲所蒙。上年貝子載振往東三省，道過天津，段芝貴復夤緣充當隨員，所以逢迎載振者更無微不至，以一萬二千金於天津大觀園戲館買歌妓楊翠喜，獻之載振，其事爲路人所知。復從天津商會王竹林措十萬金，以爲慶親王奕劻壽禮，人言藉藉，道路喧傳。奕劻、載振等因爲之蒙蔽朝廷，遂得署理黑龍江巡撫。不思時事艱難，日甚一日。我皇太后、皇上宵旰焦慮，時時冀轉弱爲强。天下臣民稍有人心者，孰不仰體深宮憂勤之意！在段芝貴，以無功可紀無才可録並未曾引見之道員，專恃夤緣，驟躋巡撫，誠可謂無廉恥！在奕劻、載振父子，以親貴之位，蒙倚畀之專，惟知廣收賂遺，置時艱於不問，置大計於不顧，尤可謂無心肝！不思東三省爲何等重要之地，爲何等危迫之時，改設巡撫爲何等關繫之事，此而交通賄賂，欺罔朝廷，明目張膽，無復顧忌，眞孔子所謂『是可忍，孰不可忍』者矣。旬日以來，京師士大夫晤談，未有不首先及段芝貴而交口鄙之者。若任其濫綰疆符，誠恐增大局之阽危，貽外人之訕笑。臣謬居言職，緘默實有所不安，謹據實糾參，應如何懲處以肅綱紀之處，伏候聖裁。上諭：『御史趙啓霖奏，新設疆臣夤緣親貴物議沸騰據實糾參一摺，據稱段芝貴夤緣迎合，有以歌妓獻於載振，並從天津商會王竹林措十萬金爲慶親王壽禮等語。有無其事？均應澈查。著派醇親王載灃、大學士孫家鼐確切查明，務期水落石出。據實覆奏。』

清·張之洞《張文襄公全集·奏議五五·俄約要盟貽害請將東三省開門通商摺并鈔件》（光緒二十七年八月二十四日）竊照俄人自行訂立交還東省專約一案，將所有政權、兵權、利權、路權盡收掌握，陽爲歸地之名，陰行據地之實，且獨造鐵路直達京師，其利害得失，早在聖明昭鑑之中。當其危詞迫脅，幾若絲毫無可挽回，幸賴朝廷堅持定見，不允畫押，俄人亦終無可如何。乃近聞又有先立三條密約之舉，一認李鴻章獨有議約之權，一令中國聲明此約出於甘心自願，一此約不可泄漏使各國聞知干預。其愚我、欺我直視中華全國無一人，凡有血氣，孰不痛心，蓋其狡謀明知此約十三條，餘地不留，必干衆怒，故必勒我承認爲中國甘心自願，而後有詞以謝各國，若無約强占，究畏各國之議其後也。是以臣等屢陳管見，此約非付各國據理公斷，不能折其横恣之謀，非許各國開門通商，無以制其侵陵之勢。設或稍有遷就，各國勢必羣起效尤，則瓜分之禍立見。查開門通商者，謂許各國皆可在東三省均沾内地雜居及開礦，修路，工作，製造，商務一切利益，與尋常僅在口岸劃給租界准辦商務者不同，均經迭次電奏，陳明在案。此等辦法，外國名爲開門通商，亦名遍地開放。蓋該處内地皆准各國人遍到，任便居住，不設租界，不分華洋，工商礦路各利益皆准各國興辦，其利與各國共之，而管轄之權仍自我操之，一切利益我收其税，訟獄巡捕我司其權，官由我設，兵由我駐，地主之權絲毫不失。是以屢次瀝陳請旨，令我各國駐使及全權大臣布告各國。乃大學士李鴻章堅執不肯宣布，誠不可解。聞近日草約畫押後，京保聯軍雖允定期撤退，而天津並不交還。查本年七月間，臣之洞曾遣人向漢口英總領事霍必瀾婉商，言俄兵未撤，俄約未廢，可否由該總領事轉電薩使，照會俄人詰問。霍必瀾云，英使必不肯發照會詰問，俄國但恐將照會詰問中國耳。此語大有可疑。又七月及本月漢口英領事屢來照會，言英於宜昌歸州、巴東兩處購地囤煤，囑爲税契，雖未允許，然尚糾纏不休。又日本近日遣其著名武將來長江及浙、閩、廣東游歷，叠接日本委員及游學生來電來函，均謂該日將此次來華極爲鄭重，具有深意。至上海現駐英、德、法、日等陸兵，至今未撤。種種情節俱屬可慮，可見各國均將視俄約之利害以爲進退，效尤之舉已有端倪，各國援例於各省，各求所欲，即是瓜分。因循不斷，禍至無日矣。日前臣等同時接到日本國貴族院議長公爵近衛篤麿書函，並附陳措置東三省條議一册，詳加察覽，其言深切懇至，規畫宏遠，於吏治、兵備、警察、興利、徵税、聽訟各事，一一籌有辦法，條理詳明。查此事照俄約，則我於東三省事事無自主之權，與俄國屬地無異，利則歸彼獨享，害則責我獨承，較明據吾地計尤狠毒。照東人所擬辦法，則東三省雖許外人雜居，而主權猶操之在我，營口即不收税，而内地收項至三千餘萬之多。觀其章程，於財政各項一一指實，必其平日考察甚詳，目前縱未能遽臻此數，照彼辦法日後必不相懸。如英國倫墩進口貨全不收税，名爲無税口岸，其地工商之業更旺，富甲全球。至各國均沾，互相牽制，勢不得不安於無事，橋陵永無樵採之驚，豐鎬長有磐石之固，較之委地俄人掌握之中，利害奚啻霄壤。其所擬辦法，雖於中國舊章名目略有變更，而按之實政，皆於地方有益，即皆於國家有益。我若採用盡可節取其意，而不必盡襲其名，其間若參用各國人爲顧問官、法律官，雖非舊章所有，然其地遠於京師，而近於俄境，既許各國人雜居興利，若非大改法制參用客卿，其治理章程斷不能折服各國商民，一概令其歸我統馭。故該公爵條議中，以立法爲第一要義，而改定法制非用各國人爲顧問官不可。即如各海關，非用洋人爲税務司、扦子手，悉照外國稽察章程，豈能令各國洋輪帖服受驗納税，事理甚明。今使各國公同沾此利益，使各國公同爲我定此章程，實使各國公同爲我守此根本，開此上腴，從此遼東三省億萬年永爲我大清國所有，更無侵削之虞，杜大患而興大利，計無有便於此者矣。兹謹將其書面條議另繕清單恭呈御覽，以備採擇。臣等晝夜焦思，往復電商，舍此别無辦法。誠能照此施行，其形迹雖似稍予通融，而所得之實，有轉非從前中國自守之時所能冀望者。抑臣等之愚更有請者，方今屢奉明旨，講求變法，特是不變不能圖存，驟變又恐駭俗，莫若於東三省採用該公爵條議，先行酌量試辦，如顧問、法律、警察三條，果其有利無弊，内地再爲仿行。總之，關東已爲他人所踞，今若僅口舌商辨，斷無完璧歸趙之期，似無妨權出奇策，以保舊京，並可察驗成效而資節取。惟必須敕令外務部，趁早先向各國聲明，俄人何日交還東三省，我即日開門通商，與衆共利，最爲急著。一面請旨敕下外務部及全權大臣，將俄約照會各國，請其公斷，或可望英、日、美諸國合力相助，還我舊疆，庶免占踞日久，别生狡計。臣等憂憤迫切，但有一策可採，不敢不以上聞，不勝惶迫待命之至。

又　卷一七三《電牘·致江寧劉制台》（光緒二十七年四月二十八日寅刻發）函件均悉。長岡來鄂，帶來近衛函及東三省開門通商辦法一本，與呈尊處之件同。查俄人圖占遼東，非借各國通商，斷無保全之策。細閲近衛所擬各條，皆有利無害之事。進款三千萬，雖係懸擬，然五六百萬確有把握。至免營口關稅、僅抽內地課稅，乃英國辦法，便通商而不損國用，確無窒礙。若內地任便通商，借以收回審斷外人之權。日本籌謀十數載，始能辦到。東三省果能照辦，豈非幸事？即暫用洋員判斷，猶是中國之官行中國之律，究勝領事西律審辦也。竊思遼東已經俄踞，强立新約。此時若爭回，直是儻來之物，落得照此破格試辦。且中國果欲變法自强，挽回利權，必須多所更張方可。然內地十八省驟言及此，必然駭聽梗阻。莫妙於借俄人占踞滿州，趁此商諸各國，先行試辦。果有成效，再行酌取數條推行內地。此事終恐全權偏執成見，樞府拘泥游移。然事關我朝根本之地、中國自强之機，總宜竭力爭之。擬請將近衛此議，由尊處飛速會奏，將各條有利無害，剖析陳明，切勸朝廷照辦，以杜狡謀而保疆土。

再，公法，戰後立約，約內永聲明者，悉照戰後情形。今議公約，而全權絕不提及東三省，將來恐俄人以『約未聲明』，暫踞便成永踞，又不可不切請飭令全權趁此議及也。尊意如何，祈速復。沁。

新設官制總部

通紀概説部

綜　述

清·戴鴻慈等《軍機處録副奏摺·奏請改定官制以為立憲預備摺光緒三十二年七月初六日》　出使各國考察政治大臣，禮部尚書臣戴鴻慈、閩浙總督臣端方奏，為參酌中外統籌大局，請改定全國官制，為立憲之預備，恭摺具陳，仰祈聖鑒事。

竊臣等使事所及，歷查各國政治，以為中國非急採立憲制度，不足以圖强。又以現在如遽行立憲制度，亦不足以舉實。因籲請皇太后、皇上立頒明詔，先定國是，以十五年或二十年為實行立憲之期。又思此議若蒙聖明採擇，則綸綍一降，天下臣民無不喁喁想望，以待治化之成，惟此十數年間，苟不能先籌預備以新天下之觀聽，則轉瞬期屆，國中情況仍與今日無殊，必至欲舉一事而無可用之人，欲行一政而無相當之法，憲政之不能實行如故，而舉國今日屬望之誠，將疑朝廷為不可信，人心一去，大局愈不可問。此臣等所為一喜一懼，日夕焦慮而未能即安者也。臣等竊觀日本之實施憲法在明治二十三年，而先於明治七年、明治十八年兩次大改官制，論者謂其憲法之推行有效，實由官制之預備得宜。誠以未改官制以前，任人而不任法，既改官制以後，任法而不任人。任人不任法者，法既敝，雖聖智猶不足以圖功。任法不任人者，法有常，雖中材而足以自效。臣等遊歷所至，每與其國之賢士大夫潛心討論，舉以相衡，覺彼皆條理秩然，事無叢脞，而我則時形竭蹶，弊患潛滋，不盡由於才智之懸殊，當歸咎於制度之未備。於是熟察其官署組織之法，參考其行政秩序之方，雖亦頗有增減異同，實則無不完全粹美。即求其可以為我法者，則莫如日本之仿效歐西，事事為我先導。蓋各國國力人格自有不同，而日本則能取彼之長而棄其短，盡彼之利而去其弊。中國今日欲加改革，其情勢與日本當日正復相似，故於各國得一借鏡之資，實不啻於日本得一前車之鑒，事半功倍，效驗昭然，臣等不揣檮昧，謹就中國所闕失與立憲所不能不預為組織者，分條縷晰，敬為我皇太后、皇上剴切陳之。

一曰宜略仿責任內閣之制，以求中央行政之統一也。查東西各國無不有責任內閣。責任內閣者，合首相及各部之國務大臣組織一合議制之政府，代君主而負責任者也。蓋中央政府實一國行政之總樞，一切政策從茲出焉。各部漠不相謀，則政策萬難統一，故各國每由君主自擢首相，由首相薦舉閣臣，一切施政之方，由閣臣全體議定，然後施行，而得失功罪，則閣臣全體同負其責。所以必以閣臣負其責者，一則使之忠於職位，無敢諉卸以誤國，一則雖有缺失，有閣臣任之，則天下不敢怨君主，所謂神聖不敢於犯者此也。中國內閣昔為樞要，今如閒曹，比之各國固不同矣。軍機處雖有類各國之內閣，然對於上則僅備顧問，對於下則未受責成，考其職權，祇略如各國之樞密顧問院耳。若夫各部尚侍，實可稱一國行政長官，而各部相離，毫無聯絡，彼此政策平時既未咨與聞，遇事或轉相矛盾。且所掌者不過簿書期會，所爭者不過意見參差。其稍有實權者，或遇應辦之事，應撥之款，必須相助為理，通力合籌，又因素不相謀，以致各不相顧。機關阻遏，名實俱乖，若不合議一堂，共謀大局，則雖有開誠布公之念，恐必無同心協力之時，殊不足以收實效。各國所以合各部於內閣，以閣議為一國政綱之所由出，正為此也。且軍機處職在出謀發慮，各部臣職在宣化承流，雖皆上稟聖謨，實不啻躬親庶政，奉行一有不當，小民難免怨咨，一責尚未能施，宮廷已先受過，揆之各國責任內閣之義，殆有未安者矣。臣等考日本明治二年再改官制，於太政大臣外，增設左右兩大臣，太政大臣即各國之總理大臣也。變法之始，非一人之力所能因應，必有左右大臣以贊襄之。迨明治十八年後，一切新政均有基礎，乃更定官制，設內閣總理大臣及九省大臣，統為閣員，一切詔敕皆令大臣副署，代天皇負責任，此即今日相沿之制也。竊以為中國大於日本十餘倍，其審慎機宜，有不能不變通辦理者，似應略採其意，以軍機處歸併內閣，而置總理大臣一人兼充大學士，為其首長，以平章內外政事，任國政責成。置左右副大臣各一人，兼充協辦大學士，為其輔佐，以協同平章政事，共任國政責成。其原有之大學士，則仍帶各殿閣之名銜，簡為樞密院顧問大臣，以示優崇之意，而令各部尚書皆列於閣臣。此三大臣者，常與各部尚書入閣會議，以圖政事之統一，會議既決，奏請聖裁。及其施行，仍由總理大臣、左右大臣及該部尚書副署，使職權既專而無所掣肘，責任復重而無所諉卸，如此則行政之大本立矣。

二曰宜定中央與地方之權限，使一國機關運動靈通也。各國行政，大概可分為中央集權、地方分權兩種。中央集權，例如日本，所有地方行政長官皆屬於內務大臣監督之下，一切政策悉須禀承。地方分權，例如美國，中央政府僅掌軍事、外交、交通、關稅等等諸大政，其餘大小諸務悉歸各省巡撫自行辦理。二者各有所長，不容軒輊，要皆各有其職守，而不能越出於範圍。中國以軍機、各部統治於內，以督撫分治於外，參酌於集權之間，以中國之幅員既長，處置誠為得當。然因權限不清之故，各部與督撫往往兩失其權。蓋有時督撫以尋常奏報，遇部駁而格不能行，有時各部以管轄事宜，不奏咨而遂難過問，凡此等類，悉數難終。夫各部用其權以裁制督撫，若不量地方之情勢，則善政幾不得舉行，督撫張其權而輕視各部，又破壞一部之機關，而政令幾同於虛設，彼此之齟齬尚小，事機之貽誤實多。臣等之愚，以為治泱泱之中國，萬不能不假督撫以重權，而各部為全國政令所從出，亦不能置之不理，視為具文。誠宜明定職權，劃分限制，以某項屬之各部，雖疆吏亦必奉行，以某項屬之督撫，雖部臣不能攙越。如此則部臣、疆吏，於其權限內應行之事，無所用其推諉，於其權限外侵軼之事，無所施其阻撓，庶政策不至紛歧，而精神自能統一矣。

三曰內外各重要衙門，皆宜設輔佐官，而中央各部主任官之事權尤當歸一也。各國官制，凡各衙署皆有主任官與輔佐，主任官即一署之長官，輔佐官次於長官一等，承長官之指揮而輔佐其職權者也，主任官一，輔佐官則或有二三，兩者兼重，事乃畢治。中國現行官制，中央各部尚書似為主任官，而侍郎則其輔佐官也。惟是尚、侍職處平等，既不能受其指揮，即不可命為輔佐。而一部之中有二尚書、四侍郎，又加以管部之親王、大學士，則以一部而有七主任官矣，絕無分勞赴功之效，惟有推諉牽掣之能，官制之弊，莫此為甚。至新設各部，特置丞參，尚有輔佐之意，他部則惟有郎員，郎員分掌各司，實如日本諸省之各局局員、各課課長，不可謂為輔佐官也。夫主任既已事權不一，又無人為之承乏指揮，安得不以一部之權，付諸吏胥之手。若夫各省督撫責任至重，藩、臬兩司既各有職守，善後局、營務處等又各擔一部分之責任，遂令督撫之下無一完全之輔佐官，至為可異。間有宏開幕府，妙選賓僚，雖亦稍收臂指之效，實則不受分毫之責。夫至任事而不受其責，則賢者或相率諉卸，而不肖者轉得以營私，推至藩、臬、府、縣各官，均有地方責任，亦皆獨肩鉅細，絕少分司，漏略闕疏，殊多未善。臣等以為現今六七堂官之制，必須首先更改。最善者遝採各國之制，定為一大臣、一次官，大臣負閣臣之責成，次官綜一部之庶務。其次則如商、學、警三部成例，設一尚書、兩侍郎，不置管部，以尚書為主任官，而侍郎為之輔佐，受其指揮。更設丞、參各官，劃定職權，丞如日本之參事，專主審議立案，參議如日本之局長，郎員如各課。其外省督撫，設參事以代幕僚，設秘書以代文案。現有各局，除應裁撤、歸併外，存留者悉為專官，并隸督撫，然其餘各官，亦各量分輔佐。如此則責任分明，諸務畢舉，而內外各衙署之規模粗具矣。

四曰中央各官宜酌量增置、裁撤、歸併也。各國官制，中央政府各部名目雖各有不同，而槩括言之，不外內務、外交、財務、司法、軍事五者。其中以內務所轄較繁，如是有析教育行政為學部者，有析農工商業行政為農工商等部者，又有因交通之利大開，析鐵路、輪船、郵政、電報諸行政而為郵部者，軍事一項，有析兵部而為海軍、陸軍兩部者。又或領土廖廓，宜有專官，有於五者行政之外，而別為殖務部者。中國舊有六部，惟戶、刑、兵三部最為切要，近日新設外、商、警、學四部，體制較備於昔，然尚有闕而未舉，冗而無當，與職權不分明，名稱宜斟酌者。增置裁併，試舉其略。內部為民治事，職要而任繁，各國大率舉教育、農工商及交通諸行政別區為部，中國必應仿行。其留存於內部範圍者，尚有警察、衛生、土木、賑恤並監督地方行政諸大端。中國地方大廣，監督行政一層，斷不適於措理，自以警察為一部最要之圖。惟內務可以賅警察，而警察不能盡內務，今中國已設警部，復設內部，不獨迹近駢枝，亦且無事可辦。然考各國之制，以警部獨稱者甚希，而內部不立者則竟無有。臣等以為不若改巡警部為內務部，凡戶部、工部之關於丁口、工程者，皆併隸之。是為第一部。戶部掌財務行政，為舊制所固有，然以戶名其部者，蓋緣舊日財政以戶田為其專務，今徵諸各國所掌，則自國稅、關稅以至貨幣，國債，銀行，其事甚繁，戶田一端實不足以盡之。臣等以為宜因戶部之舊，更其名曰財政部，而以前所設之財政處併入焉。是為第二部。外務今已設立，法制略具，可以因仍不改。是為第三部。軍（兵）部掌軍事行政，為舊制所固有，現在綠營半皆裁撤，各省訓練新軍，非復部臣所能稽覈，然既無知兵之實，徒擁掌兵之名，名實不符，殆同閒冗，臣等以為宜仍舊制，以練兵處併入，改其名曰軍部，而將各國通行之軍事行政職權，應歸兵部大臣統轄者，皆責成焉。近世各國多以海、陸軍各自為部，中國雖應採用其制，而海軍初有萌芽，未能獨立，徒懸此職，亦等虛名，不若於部中分立陸軍、海軍兩局，暫擔責成。至參謀本部及軍事教育，均須依次另設專署，以底完全。是為第四部。刑部掌司法行政，亦舊制所固有，然司法實兼民事、刑事二者，其職在保人民之權利，正國家之紀綱，不以肅殺為功，而以寬仁為用，徒命曰刑，於義尚多偏激。臣等以為宜改名曰法部，一國司法行政皆統焉。司法之權，各國本皆獨立，中國急應取法。所有各省執法司、各級裁判所及監獄之監督，皆為本部分支，必須層層獨立，然後始為實行。是為第五部。學務部今已設立，法制略備，可以因仍無改。是為第六部。農、工、商三者為富國之本源，各國皆以殖產興業為重要之政，常以專部領之，而或分或合，則隨其所宜。法、普皆三部分立。英則僅有商部，而農工隸焉。日本則有農商部，而工隸焉。美以農部、工商部分立爲二。義、比等國則合三者而為一。此其大較也。中國自古以農立國，而土地之膏腴，物產之豐殖，加以林業、礦產、漁業之盛大，實為世界農國之冠，而人民精勤技巧，於工最宜，信義勇誠，於商為適。故以我之地利、民情論之，三者實兼擅其長，況以中國幅員之大，任舉一省，已足當歐洲之一國，國家若為之維持保護，一旦諸業發達，誰能禦之。本應各分職掌，始能悉協權宜，然目前農工諸學尚未講求，辦事人材頗形缺乏，不如仍仿英、義各國之制，統歸已設之商部管轄，日後再議增設。是為第七部。自輪船、鐵路、電線盛行，而交通行政浸以繁多，各國殆無不特設專部以領之者。中國鐵路，各國久為垂涎，急起經營，正恐惟日不足，郵政本為交通樞紐，今尚委諸稅司之手，辦理亦未得宜。其他輪船、電線創辦已久，而進步甚遲，欲求整頓擴張，正賴事權統一。臣等謂宜合此數項，仿日本遞信省例，特設一交通部。是為第八部。近世各國皆憂人滿，於是殖民事業相率踵興，英吉利、荷蘭、西班牙皆特設一部，法蘭西、葡萄牙則併於海軍，日本舊制亦有招殖省，惟專掌北海道移民事業，與他國經營域外者微異。中國新疆、西藏、青海、蒙古幅員闊大，地利未興，若能用晁錯徙民實邊之謀，行李悝廣盡地力之策，俾我列祖列宗百戰撫定之地，殖我薄海內外億兆蕃衍之民，不待跨越重洋，已復莫能相抗。乃日、英、俄三國，實偪處此，虎視眈眈，我若放棄固有之權，彼即各肆鯨吞之計，誠宜廣募腹地民族，以實邊陲。而體察外人殖民之方，圖其利便，大抵不外開鐵路以盡交通之用，明法令以收保護之效，投資本以開工作之途而已。茲事體大，所關亦覺甚鉅，臣等請參酌英、法等國之制，特設一殖務部，而以理藩院諸職掌併入之，凡東三省、蒙古、青海、新疆、西藏開拓之政策皆於是統焉。而南洋、美洲華民至夥，即於部內別設一局，為海外殖民專司，俾盡保護之責。是為第九部。此九部者為一國最高行政官署，總於內閣，如各國責任內閣之制。九部長官皆為閣臣，加以總理大臣、左右副大臣，為十二人。上之代皇太后、皇上負責任，下之各率其職，盡力於本部，是為中央政府之制。此外有宜於內閣之外增置而別為獨立機關者。一曰會計檢查院，考各國財務行政，均操之戶部大臣，而監督之者則為國會及會計檢查院。凡國庫金之出入、會計員之決算報告，均須經本院判決，當者認可，不當者使之辨正，仍不改，則一面奏陳君主，一面牒告長官，加以處分。此院之職務，殆與司法裁判同為獨立之性質，故能破除一切弊端。中國戶部徒掌本部收支，而各部歲計出入之當否，戶部無從過問，各省奏銷則凡外銷一項，亦皆無從稽核。是全國財政無一監督之機關也。查普魯士於未立憲法之先，即有會計檢查院。日本於明治初年，亦就大藏省先設檢查局，嗣因未能獨立，效力頗少，乃離政府而直隸君主，監督之權遂由此而擴大。今宜仿普、日之制，特置會計檢查院，設正卿、少卿各一人，凡關於檢查會計之事，各地方行政官皆受其監督指揮。其官吏等於司法裁判，非經懲戒裁判所判決者，不受別項懲罰，然後機關始稱完備。二曰行政裁判院，各國設此於司法行政之外，上圖國家公益，使行政官吏不敢踰法，下保人民權利，使舉國民族不致受損。雖制度各有不同，而公開裁判許衆庶旁聽，扶助私益許吏民對質，實與中國都察院大略相等。今都察院既如後所陳擬改為集議院矣，擬請設立行政裁判院，置正卿、少卿各一人，專理官民不公之訴訟，及官員懲戒處分，凡內外百僚之辦事無成效者，並有彈劾之責。其總裁判官之制，惟普魯士為最善，大抵其半選於司法，其半選於行政，皆以年三十以上者充之，又定之為終身官，以保存其獨立之資格，中國似宜切實仿行，以圖實效。三曰集議院，考日本歷設公議所、待詔局，皆使臣庶盡言，以為國會基礎，嗣又別置集議院，取決公論。良以國會既難驟開，若不設此機關，則憲制終難成立，不如先立此院以為練習之區，凡各省州縣所陳利病得失，皆上達政府，以備採擇，而定從違，亦准建議條陳，兼通輿情，而覘衆見，至於財政之預算，亦必屬之。此院議員選舉，除王公、勳爵、京員定額公推，此外則分奉天、吉林、黑龍江、直隸、山東、山西、河南、陝西、甘肅、新疆、四川、廣東、廣西、雲南、貴州、湖北、湖南、江蘇、安徽、江西、浙江、福建為二十二選舉區，每區薦舉議員八人，共為總額一百七十六人。選舉時暫行投票公舉，凡被舉者，無論紳商、士子，不拘資格，惟在位之實官不得被舉。其議事以多數決議之制行之，議長由議員中互選，有代表言事之權，無論平日有無職銜，既被舉為議長，則應加以優異職銜，以示朝廷殊典，此集議院與國會組織之分別也。將來程度日高，可由國會立法，自可與以立法之權，另行組織，今為一時權宜之計，擬請改都察院為集議院，姑照以上辦法行之，是選額既已平均，意見自無畛域，而本省利病亦可因此研究，以補中央耳目所不逮矣。至於應行歸併、裁撤各署，則如各國宮府體制，劃然分明，凡立憲君主之國，其所以保皇室之尊嚴者，首在釐定此制，臣等前於請定國是一摺，業已詳陳。日本宮內省制，統一切內廷供奉之職司，超然於內閣之上，不與諸部同負責任。臣等謂宜以現在所有之內務府，改名為宮內部，而以太僕寺、太醫院、鑾儀衛及其他供奉內廷之職司，歸併隸屬。其禮部、工部舊制有奉職內廷者，亦皆別立為司而統於宮內部，則體制謹嚴，尊榮無極。此應改併者一。政務處係屬新設，職權本未分明，然會議大政以待聖裁，本有類於各國之樞密顧問府，法良意美，允宜保存。似可仿日本之制改名為樞密院，以原有大學士及各裁缺之大員特旨簡任，十日一值，以備顧問，惟不入內閣，不受行政責成。此應改併者二。吏部為六官之長，體制本崇，職在進退羣僚，責任亦重。惟各國選除官吏，歸本部長官，故各部皆有試驗懲戒之司，各由本部考試拔用，即各由本部懲戒免除，知之既明，試之尤悉，是以易於得人。今吏部銓除多用抽籤成法，此制之弊已數百年。新設之外、商、學、警四部，一切司員皆由薦辟，即不啻專救此弊。臣等以為方今朝廷百度更新，首肅綜核名實，請俟各部成立，制度完備之後，再將吏部裁撤。其所管恩賞、封爵諸典不能盡廢者，將來可歸內閣管理。至於懲戒官吏，法律必肅，先為頒定，分別實行。此宜改撤者三。禮部職司典禮，兼掌貢舉事務，今科舉既停，禮部職權已裁其半，所存者惟典禮一項，請改名為典禮院，而以太常、光祿、鴻臚三寺併入焉。此宜改併者四。工部專掌工程，與工藝實不相涉，今工藝已暫歸商部兼領，而舊日所掌公共工程應歸內政部，宮廷營繕應歸宮內部，責任攸歸，體制始能不紊，工部一官已無應辦之事，擬請逕行裁去。此宜改撤者五。翰林院素號清華之選，自科舉既廢，新進漸稀，學校廣開，文衡罷掌，官已近於閒冗，議且加以汰裁。惟各國本有學士院，以待碩學耆儒，中國學術素號昌明，將來專門名家亦必乘時輩出，且經筵進講，時或需才，史館編修，人皆舉職，擬請留存此位，以勵學修。此宜因仍者六。大理寺之職頗似各國大審院，中國今日實行變法，則行政與司法兩權亟應分立，而一國最高之大審院必不可無。應俟司法獨立之後，改大理寺為都裁判廳，以當其職。此宜改併者七。以上皆就臣等管見所及，斟酌中外情形，定為中央官制。所增置者，出於時勢之不得不然，所歸併裁撤者，出於官司之不得不省，抑或釐正其名號，畫定其職權，非有意於紛更，殆僅求其有當。似此辦法，庶朝官皆無冗濫，而政事日事修明矣。

五曰宜變通地方行政制度，以求內外貫注也。中國現在各省官制未臻妥洽者有三端：一、官署之階級太多，二、輔佐之職分不備，三、地方之自治不修。考各國地方行政，大率分為三級，少乃二級，法國劃全國為郡，郡之下為縣，縣之下為鄉市。普國劃全國為州，州之下為縣，縣之下為郡與鄉市，凡三級。英國劃全國為州，州之下為區。日本劃全國為府縣，府縣之下為郡及市町村，凡二級。大率行三級制者，第一級為官治，第二級為官治、自治參半，第三級為自治。行兩級制者，第一級為官治、自治參半，第二級為自治，上下相維，治具畢舉。中國地方之制，以漢時為最美，自周、隋間，蘇綽廢鄉官之制，於是自治之精意淪亡，所餘者惟存官治。宋、元以後，長吏日多，親民之官日以卑下。今日州縣之上有府及直轄州，府州以上有兩司及守道，司道以上有督撫，凡經五級而政事始達於政府。試與各國互相比較，則英國倫敦不及中國四川三分之一，義國約比雲南一省，日本亦不過四川一省，所分州縣區域與吾之州縣正復相等。而彼則直接中央，而一無隔閡，我乃展轉五級，而莫識從違，且彼之州郡府縣，其下畫區數十，置吏數百以分舉各務。而我之州縣，則以一人而治彼數百人之事，絕無佐理之人，無論才具各有長短，亦且日力必多不給。臣等竊參酌中外制度，以為除鹽、糧、關、河諸道各有專責，不必議裁外，宜將守道及知府直轄州兩級悉行裁去，而以州縣直轄於督撫，採用普、法等國三級之制，以省為第一級，州縣為第二級，鄉市為第三級，庶幾繁簡得宜。惟是舊制州縣，秩卑而望輕，今既使之次於督撫，似宜進其品秩，以示優崇。考日本有府有縣，其領地大者謂之府，小者謂之縣，名稱雖殊，職權平等。臣等謂宜酌採其制，將現在各州縣因地之廣狹，民之多少，區為三等，大縣進為府，中縣為州，小縣為縣。大縣長官改稱知府，秩正四品，中縣稱知州，秩正五品，小縣稱知縣，秩從五品，不相統屬，而同受監督於督撫。至其任用之法，則凡道府州縣各班，皆可為地擇人，分途並用。其本為道員者，則曰管某府、某州、某縣事。本為知府者，則曰知某府事，管某州、某縣事。本為州縣者，則曰署某府事，知某州縣事。職權既無隔閡，仕路亦得疏通，如此則階級太多之弊除矣。又考各國內外衙署，莫不有輔佐官，與中國漢時郡縣諸丞曹掾相似。後世此制湮廢，自督撫以至州縣，署中祇存胥役，非士夫所屑為，輔助無人，事多叢脞。臣等竊計今一省督撫之所轄，足當歐洲一國而有餘，故省中制置各司，宜略具中央政府之規範，並宜設一省議會，以擬國會。一切法律與國法不相違背者，可任其因地制宜，自行發布，然後能與地方利弊相應，而實收佐理之功。查今之藩、臬兩司，雖為獨立官署，非等督撫署中之一職，然位為僚屬，義等次官，近設提學一司，地位亦復相埒。但一省要政，三司猶未能賅，臣等以為每省宜設八司。一曰民政司，二曰執法司，兼一省裁判事，三曰財務司，四曰提學司，五曰巡警司，六曰軍政司，七曰外交司，八曰郵遞司。除執法司為司法官，軍政司應直隸中央，不入行政範圍外，其餘六司皆為督撫之最高輔佐官。民政司如日本之民政長官，監督全省州縣及鄉市之行政，察其舉職與否，越權與否，而農工商一切勸勵保護之策皆出焉。財務司則專管全省理財之政，而撤各省善後局以入之。而提學、巡警、軍政、外交、郵務諸司，皆可裁併。向有局所稱名而舉其職以受成於督撫，每司之下分置各局，或以事分，或以地分，局設一長以統其屬，而受成於本司。為督撫者，總其大綱，如挈裘而振領，全省自無不舉之事。至於一省之議會，實有參與立法之權。現在國會未能驟開，而省會必當先辦，臣等以為宜俟各府州縣議會成立後，再由縣議員中選出，大縣二人，中小縣一人，暫充為省會議員，使立法機關草創成立。夫省會之必圖成立者，則以國家既定採用立憲政體，則此十餘年間必使人民略習憲法，講明其故，此會既立，則討論辨難，皆為有益。又如實行憲政，在在需財，中央之政費既已大增，一省之徵求正復無已，若不立省會以為豫算、決算之樞紐，則人民不知公益，豈樂輸將，其有礙於行政機關，正不亞於毫無輔佐，是以二者必當兼用。若夫州縣為第二級地方行政之官，彼官治、自治之要，關係亦復甚重，考日本府縣官制，於知事下設書記官、警部長、收稅官、參事官、視學官、典獄官等，除書記參事外，各官各有其屬。凡府縣署中分設四部：曰內務，曰警務，曰收稅，曰監獄。內務部復分五課，其他警務、收稅、監獄三部署亦皆各有分職，是其輔佐周備，纖悉靡遺，似亦我國州縣所宜酌量取法，分曹治事，而各設專官者也，如此則分職不備之弊除矣。又考各國之强，莫不原於地方自治，夫設官本以為民，而有時官為代謀，轉不若民之自謀為得者，是以必區官治、自治相輔而行，然後治化日進。中國鄉官廢於隋、唐之季，今之州縣不獨以一人舉歐美數百吏之職，其受治之人民，亦復羣焉依賴，未嘗自結團體，自開智識，以謀一方之公益，則以未有規制，無可率循，民德之衰，於斯為極。臣等習聞彼中賢士大夫所以相告者，咸謂中國立憲尚可需以日時，而地方自治之規則，固刻不容緩。蓋自治制度苟發達，雖不行憲法，而國本已可不搖，自治精神不養成，雖憲法極善，而推行亦且無效。今考各國政體，無論大而一國，小而一鄉，莫不分立法、行政為二事。故地方自治，其在鄉者，必有鄉會以司立法，有鄉長以司行政，鄉長大率一人，鄉會則置議員數人、數十人不等，以戶口之多寡為衡，皆由人民公舉，官不過問。市則人口視鄉為多，事務視鄉為夥，亦有市會以司立法，有市參議會以司行政，市會選舉與鄉會同。市參事會則以市長一人、市丞一人或二三人、參事會員若干人組織而成。鄉長既被公舉，便可視事，市長、市丞則被舉之後必待朝命然後任事，是鄉為完全之自治，而市已略參官治之性質矣。其上為縣，官治與自治參半，蓋有縣會以司立法，而行政則縣之長官與縣參事會共之，長官由君命，參事會由公舉也。臣等以為此實上下相維之妙用，不難立時舉行，應請取全國各縣而區畫之，其田野散處者命之為鄉，闤闠繁盛者命之為市，皆仿置鄉會、市會、鄉長、市長及市參事會，以為純粹自治之行政。府州縣則如前所陳官治行政之大概，復各立一府會、州會、縣會，以司立法，各立一參事會以輔助長官之行政。一縣之中，大端細務，無不克舉，一縣如此，縣縣如此，天下之治猶運諸掌矣。夫以吾民自治之力，本所固有，若得朝廷明定法制，使有率由，復得良有司鼓舞發明，似不難旋至立效，如此則自治不修之弊除矣。夫此三者，變通補助，皆屬要圖，其迹雖有似更張，其事則不能偏廢。蓋中國行省與各國迥不相同，設使官制不良，則中央之運掉雖靈，外省之推行仍阻，於情勢可謂之隔絕，於政俗可謂之懸殊，各自為謀，何能畫一。是以臣等不憚廣諮博採，斟酌盡宜，擬懇簡派內外重臣核實議定施行，或令各省同時舉辦，而以直隸一省為之模型，則成效必次第可覩見矣。

六曰裁判與收税事務，不宜與地方官合為一職也。司法與行政兩權分峙獨立，不容相混，此世界近百餘年來之公理，而各國奉為準則者也。蓋行政官與地方交接較多，遷就瞻徇，勢所難免，且政教愈修明，法律愈繁密，條文隱晦，非專門學者不能深知其意，行政官既已瘁心民事，豈能專精律文，故兩職之不能相兼，非惟理所宜然，抑亦勢所當爾。中國州縣向以聽訟為重要之圖，往往案牘勞形，不暇究心利病，而庶政之不舉，固其宜矣。臣等謂宜採各國公例，將全國司法事務離而獨立，不與行政官相屬，取全國各縣劃為四區，區設一裁判所，名曰區裁判所。其上則為一縣之縣裁判所，又其上則為一省之省裁判所，又其上則為全國之都裁判廳，級級相統，而並隸於法部。區裁判所則以一裁判官主之，縣裁判所以至省裁判所、都裁判廳，則以數人之裁判官主之，而置一長焉。各裁判所皆附設檢事局，區置檢事一人，縣以上數人，以掌刑事之公訴。凡民間民事、刑事，小者各訴於其區，大者得訴於其縣，其不甘服判決者，自區裁判所以至都裁判廳，均得層層遞訴，而以都裁判廳為一國最高之裁判。猶恐邊省人民控訴不易，則於陝西、甘肅、新疆、四川、雲南、貴州諸省設巡迴裁判焉，略與漢代繡衣直指之制，以平天下之疑。其官制不與行政各官同，其升轉事權分析兩無牽涉，在上者既能各行其是，小民自食其賜。又州縣定制兼徵錢糧，考各國官制，收税官為地方官之屬僚，而不躬親其事，蓋其改定官制之後，一切政費地方官皆得有權支銷，如此則權限釐然，而自無貪酷之風矣。

七曰內外衙署，宜皆以書記官代吏胥也。吏胥舞文之弊，前人亦悉言之，上年屢奉明詔，敕令革除，近日內外各衙門大加汰革，改用員司，而仍未能革除淨盡。良以從前舊例，久為吏胥窟穴之場，不免因熟於例文，藉以自固。臣等遊歷所至，親見各國衙署用人至夥，人治一事，事不止用一人，秩序昭然，靡不就理。考其所登進，或皆取之士類，或且兼用女生，從不聞有骫法營私致僨國事者。此後中國新政施行，律文昭著，從前胥吏本已失所憑依，萬不能容其久溷，應請將中外大小各衙門悉依新設各部成例，不復更設吏胥。惟聘用書記官及書記生代之，必用士大夫之能知自愛者，積有資勞，并准與本署各官吏同其升轉，庶人皆爭自濯磨，而永無蠹胥之害矣。

八曰宜更定任用、升轉、懲戒、俸給、恩賞諸法及官吏體制，以除種種窒礙而收實事求是之效也。夫制度無論若何美備，苟運用不得其法，則一切皆為具文，從前吏治窳壞，固由官制之未備，亦由立法之未周。臣等請條縷陳，以謀補救。舊制官吏出身，不外科第、捐納、廕襲、保舉諸途，而科第、捐納為最廣，捐納流品之雜，姑不具言。即科第號稱正途，而所學皆非所用，至於廕襲、保舉，叨濫尤多，是以銓敍雖寬，而人才難得。今者科舉已廢，捐納將停，亦知其弊而思所以易之矣。然易之者不得其途，舉國茫然莫知所適，有志仕進者不知從何道以求進身之階，數年之後，必多歧念，此不可不急為設法者也。考日本官吏登庸，皆由試驗，分高等、普通兩種。高等試驗科目則憲法、民法、刑法、行政法、經濟學、國際法，六者必須偏試，而財政學、商法、民事訴訟法、刑事訴訟法四者則任擇其一焉。普通試驗，一依中學校科目。至於外交官、裁判官等，又各用其專門科目。蓋凡所試者，不出其所學之途，而所用者即因其所執之業，是以學成入仕，無不各有治事之能。中國學校漸已成立，一國人才將由此出，且遊學之士日益增多，若不覘其學之淺深，何以別其人之用舍。應請嗣後新增官職，均用新法試驗，以廣登進，學既驗其本末，人必爭自濯磨，非惟吏治可以振興，即學風亦於以丕變。此選官之宜開新途者一也。各國通制，多以本籍之人任地方之事，不獨民選之鄉市各長為然，即長官亦初無歧異。中國宋、元以後始有迴避之條，以數千里風俗殊絕言語不通之人，來尹斯土，豈能熟其情狀，因應咸宜？然其為此制者，徒曰避嫌防弊耳。夫人孰不愛其桑梓，賢者固易增鄉里之情，孰不畏其友朋，不肖者亦或生人言之懼。應請嗣後地方各官，不必更問籍貫，皆可簡補，則不至視官如傳舍矣。此迴避之必須豁除者二也。三代以前，任官者多終身其職，有以官為氏族，俾長子孫者。漢制亦以久任為事，賜金增秩，傳為美談。近今歐美、日本各國，此例益嚴，往往既任一職，終身以之，即有遷除，亦不過遞升優級，或與原職相似者耳。而海陸軍官、外交官、裁判官、教育官等，則他途不能羼入，亦不得轉入他途，蓋以一切職務必恃有專長為之綜理，不能朝拜而夕遷也。中國本無專門學業，入官之後，又復任意遷轉，不論事情之同異，但論階秩之崇卑，習為固然，漠不為怪，官不舉職，夫何待言。臣等以為宜令各官分職久任。其海陸軍、裁判、外交、教育各官，皆宜各用其長，自為遷轉，一如各國之例。自餘各職，亦皆既效一職之長，不得更冀他途之轉，內而丞、參、郎、員，外而諸司府縣，凡就任者必先策其悠久之功，始不致有置棊之誚。其有以升轉拔擢為鼓勵之方，而致疑於任滿不遷，人將怠倦者。考日本有爵位、功勳之制，前代亦有加秩、晉爵之榮。臣等謂宜參考其法，於舊有品級之外，更定勳爵名目，加級者增其俸給，有功者榮以爵勳，或增設儀同特進上柱國、金紫銀青光祿大夫等名，或酌用五等封爵、都尉、騎尉舊制，或優給夫金帛，或寵錫以寶星。總期多其榮途以相激勸，則人自以盡職為事，而不徒以遷擢為榮。此升轉之不宜煩雜者三也。中國官俸之薄，為前代所未聞，外官雖各有養廉，實則不足為養，京曹則並此而無之。故在內者皆樂就新部，在外者皆願得優差，情勢之不同，祿入之厚薄為之也。臣等嘗考東西各國祿俸之制，雖位處最下之官吏，每年給數十兩者，至於重臣長官，定制尤形優厚，且薪俸所入專贍身家，而一切因公應用之經費、使令奔走之員役，無不由公家支給，不待自解私囊。又其車馬儀從之間，酬酢餽遺之細，亦無不事事簡略，種種蠲除，糜費既不見多，潔身易於自好。至於老病退職，則厚予年金，在官病故，則優賜恩給。任官者率無子孫之計、後顧之憂，吏治安得不日臻上理。臣等以為今日中國欲求財政之充盈，官方之整飭，皆非從增加廉俸下手，不足以正本清源，其內官當一切如新設外、商等部例，一律增加。其外官則督撫各司不足自給者，亦宜設法增給。至於州縣各官，則既升其品秩，自應更定祿糈，力從豐厚，且從前供應上官之用，酬酢往來之繁，羅致幕友之資，輿服傔從之費，一概悉予蠲減。其因公需用款項，仍准一一開支，不令由私囊津貼，而退老暨身後卹贈、恩賞，亦當徐為議定。若裁判、收稅等官，皆不可不悉從此例。使在官者，別無贍家之慮，但有勤事之心，然後用監督之方，定懲戒之律，有貪婪者重罪之而不少寬，嚴罰之而不敢怨。蓋必使官可以不犯法，而亦知法之不易犯，官方澄肅，庶幾有期。此祿俸恩給及政費界限儀制繁文之亟應變通者四也。凡此四端，為仕途之通弊，即蠹國之大源，無論官制更改與否，皆不可不急圖洗條，況伏遇我皇太后、皇上勵精圖强，開自古以來未有之盛治者耶。書曰：若藥不瞑眩，厥疾不瘳。臣等以為此類無形之積弊最足以敗事蠹法。倘不亟去此弊，是雖有良法美意，猶不足以為治，此於請改官制之後不得不附陳及之者也。

以上八條，臣等皆就此次考察所及，詳細參稽，悉心斟酌，實欲舍中國數千年之所短，就東西十數國之所長，且以日本變法在前，成規具在，不得不取法度之善，以為豫備之方。謹將請改內外官制名稱大略，另繕清單，恭呈御覽。

所有請改官制以為立憲豫備緣由，理合恭摺具陳，伏祈皇太后、皇上聖鑒，訓示施行。謹奏。

《軍機處上諭檔・宣示預備立憲先行釐定官制諭光緒三十二年七月十三日》

內閣奉上諭：朕欽奉慈禧端佑康頤昭豫莊誠壽恭欽獻崇熙皇太后懿旨，我朝自開國以來，列聖相承，謨烈昭垂，無不因時損益，著為憲典。現在各國交通，政治法度，皆有彼此相因之勢，而我國政令積久相仍，日處阽險，憂患迫切，非廣求智識，更訂法制，上無以承祖宗締造之心，下無以慰臣庶治平之望，是以前派大臣分赴各國考察政治。現載澤等回國陳奏，皆以國勢不振，實由於上下相睽，內外隔閡，官不知所以保民，民不知所以衛國。而各國之所以富强者，實由於實行憲法，取決公論，君民一體，呼吸相通，博採衆長，明定權限，以及籌備財用，經畫政務，無不公之於黎庶。又兼各國相師，變通盡利，政通民和有由來矣。

又 《派載澤等編纂官制奕劻等總司核定諭光緒三十二年七月十四日》

內閣奉上諭：昨已有旨宣示急為立憲之預備，飭令先行釐定官制，事關重要，必當酌古準今，上稽本朝法度之精，旁參列邦規制之善，折衷至當，纖悉無遺，庶幾推行盡利。著派載澤、世續、那桐、榮慶、載振、奎俊、鐵良、張百熙、戴鴻慈、葛寶華、徐世昌、陸潤庠、壽耆、袁世凱公同編纂。該大臣等務當共矢公忠，屏除成見，悉心妥訂。並著端方、張之洞、升允、錫良、周馥、岑春煊選派司道大員來京隨同參議。並著派慶親王奕劻、孫家鼐、瞿鴻機總司核定，候旨遵行，以昭鄭重。欽此。

楊晟《條陳官制大綱摺光緒三十二年七月二十八日》 二品頂戴四品卿銜出使德國大臣奴才楊晟跪奏，為欽奉明詔，仿行憲政，謹就奴才管見所及，條議官制大綱，恭摺具陳，仰祈聖鑒事。

竊奴才伏請電傳上諭：以政令積久相仍，日處阽危，憂悼迫切，非廣求智識，更訂法制，上無以承祖宗締造之忱，下無以慰臣庶治平之望。因亟亟仿行憲政，以立萬年有道之基，仰見聖仁洞察中外，廑念時艱，當創深痛鉅之餘，與薄海臣民為發憤圖强之舉，凡有血氣之倫，孰不感激與起，以共盡此應盡之責任，而贊成空前莫大之規模。竊思立憲政體，條理至密，矧當嬗遞時期，興革損益，規畫尤極繁複，自非扼其要領，無以絕蒙名淆實枝節瑣碎之弊。夫是非可決於坐論，而利害必驗於實施，事無大小，法無新舊，執行之務要在百官，誠如聖諭：廓清積弊，明定責成，必從官制入手。惟是我國地廣民衆，設官之數，勢必十倍他國，百倍前代。非討論古今政治家學說，研精極慮，以求其原理，綜舉內外百司所現行，及國家社會將來所必發生之事實，條分縷析，以核其類別，則權限不得分明，隸屬不得適當，即執行之際，無秩序可循，範圍可守。考各立憲國制度，莫不本立法、司法、行政三權鼎立之説為原則，而執行機關權在行政，其立法、司法兩權性質純一，故機關組織不如行政之複雜，然究三者相互之關係，實不能有絕對獨立之行為，更不能不防衝突，謀聯合，必以大權統治權貞固其統一之精神，而敏活其運動之機軸。況在憲法未實行，議會未成立以前，尤宜三復斯義，堅樹政基，用强國本，則大權統治權首當尊嚴，而欲專中央政府之責任，則當易其不負責任之機關，使天下人明知是非得失之所在。而欲促國家之發達，必以發達社會為根本，則地方制度，長官任用，及凡關於自治規則，亟宜及早制定。若督撫之自顧考成，致各省顯分畛域，州縣之兼理刑名，致民事轉多廢棄，既妨統一之義，更塞發達之機，尤當盪此積弊，使國家、社會兩方面相挈進行，庶實力內充，富强可致。至協贊立法，必資國會，論者多謂國民智識尚乏相當程度，然以謀大計，誠患不足。若夫周諮情隱，陳其切身之苦樂，方隅之利弊，何至生息其中，絕無足資芻蕘之獻者，則地方議會可以先開。至若法制之選定調查，尤宜博攬英才專司其事，雖非出國民之公舉，亦以昭示立法之不私。司法之權，義當獨立，則司法之官，必別置於行政官廳之外。惟此十數年間，類多試行之事，凡百制定，豈能一一吻合法理，而司法官特別尊重不可侵犯之資格，亦恐難於多得。是其職制可定，而權限伸縮在立憲以前與立憲以後，無妨斟酌時宜，稍事變通，務使今日無阻滯行政之虞，而仍不失其獨立之義。及公明大著，足堅天下信法之心，將不威而自嚴，優崇不在形式也。要之因革之際，精密明確，殆未易言，勢難盡泥學者之理論。而此次上諭大權統於朝廷，庶政決於輿論二語，已全揭一代憲法之精神，即為今日預備之標準，而更張官制，遂得根據斯意以定權限之範圍，他日即更有廢置分合，終不出此綱維之外。總使當事者知無旁貸之責，受治者知所稟承之地，舉天下之事，一望而知其當屬於何司，舉天下之官，一動作而知其能否稱其職，則無弗治者矣。奴才謹察內國之宜，畧採外國之制，條議大綱，為我皇太后、皇上陳之。

一、協贊立法，宜權置法制撰定之官也。古之學者曰：立法以為民令，順民心則易行。今之學者曰：國者，國民所構造，立法必出於國民。立説雖似各別，要其歸也，務適國人之願欲而已，務達治安之目的而已。夫非常之事，非所望於普通之人，今立憲國議會，豈遂無徒顧目前近利而忘國家遠計者，即所謂集合意力，又何嘗不因一二雄傑之政見，而輿論隨與為轉移。日本政黨去歲之反對和議，美國向來之門羅主義，舉國人百年保守而習慣之，今一變而從盧斯福侵畧之政策矣，此國民情狀可想者也。我國教育普及遠遜日、美，雖不乏奇傑之士，而實多蒙惑之人，與其取決多數，何如精擇其尤為之代表，而憑藉聖言，自有風草郵速之效。請以朝命嚴定格式，選舉宿學職舊典明法意達世情者，曾歷政界著治績才能練達者，德望服其鄉里悉地方生計民間疾苦者，習東西各國一國中法令而識力貫澈者，富資本能通曉一宗實業有經驗而信於其儕者，集之京師，置局司，優俸給，博採中西成典，以制定憲章。其議案仰稟聖裁，其法文詳加理解，使天下曉然其意，扞格自無從生。其體制當如翰詹科道平行，不相統屬，其去留當漸用互選、公劾之法，其部分支配當依各部名義，現行事件，以類相從。而更就科學門目，以用其所習，就地方區域風俗利害異同，以盡其所知，故分析不憚其繁，員額以多為貴。惟祇參與立法，而無國會監督行政之權。俟國會成立，然後減員撤署，而並其職掌於政府。此官之當權置而為今日立法之本者也。

一、鄭重司法，宜別設各級裁判之官也。今之論者，莫不知司法、行政兩權混合之非，推究百弊，胥源於此。夫以行政官兼司法權，無論弊與不弊，要難兼盡其職，故東西各國莫不於行政官之外，別設各級裁判所，以專理刑事、民事。不特此也，更有行政裁判，以裁判行政違法處分，有懲戒裁判，以裁判官吏不法行為，有權限爭議裁判，以裁判官吏爭權之事，有檢事局，以檢察判決之適當不適當，執行不執行。而管理司法上之行政事件，則歸司法省。其他關於軍事，關於特別事件，如軍法會議、捕獲、審檢、裁判等，尚不在此例。司法權之區別，學者論説甚多，而要不外以刑事、民事為其最明白之界限，實統一司法事件也。於此二者之外，則與行政範圍互相出入矣，既與行政範圍相出入，若司法官尺寸繩墨，不問無定之事實，而一一苛以鑄定之法文，則束縛行政之運用，若仍以行政官處分之，又必有瞻徇失平者，故不得不特別設立行政裁判官以救二者之弊。其用人宜取曾為高等行政官多年而公正深明法律者充之，此德、奧兩國之制，而日本仿行者也。夫司法官既與行政官對立，復受國家法律特別保護，甚至君主不得輕易運轉其職。有罪免革，尚須經各項官長會議而證明之，其嚴重如此，則又不能不有視察之法，故設檢事局，使與裁判所平行，不相統轄，有深意焉。而檢事局視察所不逮者，更有懲戒裁判所斷之，可謂密之至矣。然司法官不統轄地方，專以據法判事為職任，凡關於司法上應執行之事務，與執行之規則，如構成法、訴訟法、監獄法，以及號令警察逮捕罪犯，傳集證人等事，皆非司法官所能自定自理者，故悉以司法省總其事，而監督地方官行之。其互相關係如此密切，則權限之爭議在所不免矣，裁判爭議，或就相近之高等裁判所，或由特選之高等官吏臨時集會而成，皆視事之大小為斷。惟各省行政官與行政官爭權，則取決於政府之集議，日本所謂閣議是也。凡屬以上諸端，必用合議制度。裁判所等級愈高，則裁判官員數亦愈多。更有評定、判事等官，陪審、聽審等法，必詳必慎，必公必允，與行政官每一職專責成一人者不同，此其大區別也。中國歷代以來，刑名皆有專職，然皆隸屬於行政官節制之下，惟於京師設卿貳以領天下刑名，則地廣萬里，案積如山，一憑紙上案情以決輕重，案雖合例，情已失真。加以士大夫不習律學，一切案牘皆出幕書之手，雖刑官失出失入，處分極嚴，而規避亦極巧。其有意緣法為奸者勿論矣，其關於司法上之行政事件為法所未規定者，又勿論矣。夫法者，國民性命、財產所寄託者也，其不得不慎，不得不改，何待躊躇。然積習相沿，為時已久，修改舊律，纂訂新例，雖歲月從事，而明確完備，殆未易言，優具法官資格之士，亦恐難足內外之用。請先從下級裁判著手，令於每縣設一普通裁判所，選官三人任之，其下置書記、判事等職，專理刑民事件，而以地方官暫行檢事局之職，添設檢事書記官一員以佐之，典獄之官兼受裁判所、檢事局監督。凡判決之事，地方官不得過問，而司法上之行政事件，地方官亦不得推諉。其普通裁判所之下設立初級裁判所，於各鄉以地方人組織之。查各省地方向有團保等名目，紳衿富室往往公同處理鄉人爭端，甚有議罰者，即重要案件，亦多有先經紳耆而後赴官者，故設初級裁判所，所立頗易。此等裁判，但取其能得兩造實情，不必苛求其能深諳法律，以其無處斷執行之權故也。然後於每府設高等裁判所，以理各縣裁判所不能決之事，而行政裁判事件、權限爭議裁判事件，則會同知府判定。又於省會設上級裁判，類如各國控訴院，專審府縣上控之案，凡案非經府縣已審不服者，不得受理，以侵府縣裁判之權。再仿各國大審院之制，立最上級之司法官於京師，以統天下司法權，其司法上之行政事件，仍屬刑部。如是則權限分明，而仍相助為理，地方官得專心民政，司法官得專心研究法律，而兩事皆治矣。俟憲法完備，官制完備，一切法律完備，人才完備，然後分別設立各項各級裁判，以求精密。此官之當別置，而今日不能不畧事變通者也。

一、疏通監察，宜暫存整肅風憲之官也。言官之職，所以匡君德，儆官邪，達民情，自來有國者所不能廢。今各立憲國皆有懲戒委員、彈劾委員及受納民人上書委員，其制度事權雖與我都察院不同，而用意則無以異也。夫各國國會，其監督行政官，可謂至嚴且密，而猶不能不專設彈劾之官者，則以國會監督其行政之事務，而彈劾委員糾察其私人之行為也。人民意思既有無限之地方代議士為之代表，上下接近，亦已毫無阻隔，而猶不能不專設受納上書委員者，則以議士所代表者為人民之普通意思，而受納上書委員所傳達者，則人民之特別意思也，且以有專管委員之故，更得審視其所上書之格式，與上書人之能否謹守秩序也。至若懲戒委員，則有與懲戒裁判相輔而行者，一為判斷之職，一為處罰之職，不與都察院相同，要其為儆官邪則一也。獨至專司匡陳之官，則泰西各國數千年來所未嘗有，此實我古先哲王之美德，歷史之盛事，尤今日所當保全者。惟須稍易其職制，而釐正其發言之範圍耳。蓋現在國會未開，彈劾受納之職不可暫缺，請即就都察院現在規模，裁其長官，而改其行取之法，廢科道名目，另分為三職：一司諫諍，入侍禁闥，如古者左右史、殿中侍御史之職。一司監察，專察百官，每有參劾，必列實迹，不得以風聞入告。一司代達。考風問俗，訪求民事，擇其有關政教者隨時上聞，士民上書，審視其無悖於理法者代達之。而全班皆得陳論時事，但不得論議法律、敕令，以防阻滯行政之運用。將來國會成立，再行察看，如有與憲法所規定之立法、司法、行政權限相牴觸者，則裁撤其職，分別併入應管之官，而諫諍之職則終當存留，以彰聖德之美。此官之當暫存，而他日須分別去留者也。

一、聯合中央行政各部立政府以一事權也。秦、漢丞相，唐、宋省閣，歷代以來，莫不有弼贊之職，以為天下政本。中間雖多蒙蔽專恣等弊，要非立法之不善，不過權限未明，組織不備而已。明太祖以胡惟庸之故，至並廢除其名義，分其權於六部，遂以天子躬負執行之責任，而大臣轉得偷息於其間，是非功過，無所指名矣。然天下之大，萬幾之繁，上達下逮，豈能無喉舌之司，筦攝關鍵之地。於是內閣之制起，而未嘗有統攝指揮之能力，狡悍則百官趨附其私，闒弱則小人盜竊其後。即有英才奇俊，優荷寵任，而發一策，建一議，猶慮牽制百出，不得達其目的，竟其事功。而六部之對抗分立，各不相謀，但能自治其本部亦已幸矣，何暇謀及全體，統籌全局，政治之弊，於斯為極。國朝深鑒前事，登大學士為極品，而特置軍機處，凡三品以上大臣不依資格選任，盡得歷代三公坐論，省閣平章之精意，加以列聖相承，躬親庶政，午夜批覽奏章，未明召見執政，遂能弭除百弊，故二百年來，治績之盛，超邁前古，今之立憲各國君主未有如是之勤勞者也。夫列聖家法昭垂至今，相仍未替也。然昔為對於內而保治安，故一人勞而天下逸，今為對於外而求競勝，又必舉國奮而後政本强。上諭所謂因時損益，必當更張者矣。考各國政府，皆明負國務之責任，國務得失，一以政府當之，宰執賢愚，彰彰無所逃匿，察輿論以進退之，則英俊常接踵於政界，而政府既為國人所信賴，又具統攝强制之機能，每一政策得集全國之心力以共赴之。而國主以統治權統攬其大綱，以大權處分其非常，轉因不負責任之故，而神聖不可侵犯之尊嚴益著，國民忠愛敬服之志益堅，遂能成精密之治，而淬其鋭厲之鋒，以角勝於列强並峙之世。今我國勢積弱已久，政府非有强固之基礎，敏捷之運用，焉能黄鐘一擊，萬響齊應，非多析分任之司，廣置補助之職，焉能抽理亂絲，縷縷就緒。今以我軍機處擬各國政府職權，僅得其一部份耳，政務處類似樞密，內閣直同元老院矣。奴才以為宜併合三職，建立一大政府，用合議之制，以各部長官組織之，而特命一人為總理，居各大臣首班，其非各部長官應簡與政者，列於後座。輔弼天子，進退百僚，舉凡法律施行之敕令，外國重要之條約，各部各省重大事件，與其互相關係事件，以及釐正百司之主管權限，統籌國計之出入盈縮，悉以集議決之，而詳陳其理由。意有不盡，則召對坐論，反覆以申之，而可否一稟決於聖旨，然後大臣署名發布，蓋明委以一切國務之責任，而大權所在，仍未嘗稍涉實假也。政府僚屬所以應大臣之諮詢，總庶務之繁劇，尤宜甄拔學識兼優之士以充其選，受大臣監督命令，以行其職。而其職務大端：曰編録。凡舊典足備稽考者，現奉上諭事件備稽查者，摘録章奏簡明表列備復案者，及內閣所行各事悉使掌之。曰法綱。凡議案應審查者，應修正者，應廢止者，應提議者，詳附理由，申請各大臣集議，凡關於文案事件悉使掌之。此職既備，則今日權置之法制撰定官，將來裁撤之時，併歸於此。曰稽勳。凡殊恩異典，世爵承制，現有寶星辨其等級，以及將來有別制榮典以獎臣民者，正其佩用儀式，頒繳章程，及吏部稽勳諸事，悉使掌之。而立賞勳會議，遇有應行會議之時，特派大臣會集詳議，以符爵人於朝與衆共之之義。其有特恩賜爵者，不在此例。曰選舉。凡各項各級官吏，分別明立格式，考試而後用官，及吏部文選諸事，悉使掌之。曰考績。凡行政違法處分條件、行政裁判條件，審查而修正之，及官吏被彈被控已判定者，據律施罰，申其事於大臣行之。曰統計。凡內外百司各種報告，足以稽消長、核虛實者，各國公使、領事報告，凡有關政治、工商業者，及特別派人調查外國之事，足與內地資比較者，悉以統計法詳列之。曰公布。凡新舊法令、內外交書印刷發布之事，悉使掌之。以上諸端，大致畧備，惟專司章奏，逐日輪派一班，以司傳遞，不宜專委一司，以防壅滯。其他有重要事務必須直隸於政府者，隨時隨事奏派專員領之。總之，舉國大政，無二出之門，則舉國行政之人，不敢存依違之意，因循委靡之氣自振，諉謝侵權之弊亦除矣。至行政各部，合之固為政府之總體，而分之又必為獨立之機關，於其主任事務，當有裁斷之權，且得徑置局司於各省直接管理，而其第一要義，則一部只宜置一長官，以專責任。今商、學等部已立一尚書、兩侍郎之制，其他各部，自應改歸一律，務使一部命令，得周達於其所主管之事，而無橫格之虞，然後受功無愧，受過無辭。除現在外務部、商部、戶部、學部、兵部、刑部、巡警部之外，應增立內政部，郵政部、鐵道部。海軍雖未成立，國防要宜經營，必先專立一司預為規畫，稍有頭緒，即設海軍部。改理藩院為理藩部，經營蒙古，以固西北之圉。合此十二部以成政府，差足盡舉天下之事矣。其有應特立於行政十二部外，不入行政範圍者，別制定之。其舊部當廢者、九卿當裁者，分別其事改隸之，分別其人改官之。此中央行政官制之大綱，以集權為體，以能提挈全國為用者也。

一、改正地方制度，立行政自治之別，而多置參事官、民舉官，以增進地方之發達也。分地而治之官，在中國大抵不出三級：曰方面，曰監司，曰親民官。在外國大抵不出兩級：曰官治之行政官廳，曰自治之公共團體。方面之制，以漢刺史之秩為最卑，以宋諸司使之權為最弱，而晉、唐各代，都督、節度則統轄文武，並軍政、財政、用人各權而有之，致禍亂相等，殆無所謂治理。元之行省，幅員廣大，始於方面之上更立節制之官，其丞相、平章等官名，直同中書省矣。監司立於親民官之上，原以察吏安民為職。漢、唐末設州牧、節鎮以前，太守、刺史治行可稱者極多，以其能直達天子，不受壓制也。自層立節制，而州郡介乎二者之間，上受制於大府，而下不能逮及於百姓，不復能舉其監司之職矣。惟親民官自秦、漢以來，始總殆為一級，無大更革，然其下別無分治之官，獨漢之三老、五更、嗇夫，分掌教化、訟獄、盜賊諸務，有明定之職權。此外自秦之亭長至明之糧長，歷代名目不同，要皆以應官役，而非為治地方設也，三代鄉閭之制於是盡壞。考歐美各國所以成治化致富强之故，實以地方自治發達為本。近百年來，科學實業發達之盛，進步之速，無一不得諸地方自治之力。日本仿而行之，於今才三十餘年，社會之教育，經濟之程度，十百倍於其鎖港絕市之前，自治功效之偉大，尤可想見。今以我國人民之衆，土地之大，特產之饒，何遽日本之不若，而貧弱之思乃日甚一日。然則振起而經營之，其必由地方自治無疑矣。蓋治人之事，與使人自治其事，以一人兼治衆事，與使衆人共治一事，其智慮疏密，能力强弱，不待比較而自明，故地方自治實為合羣進化之理。查各國地方制度，凡各地方行政官廳，皆直受內部監督，以鐵路、電線交通便利之故，事無大小，報告絡繹於首都，而政府指揮衆務，亦極靈捷，原勿須遣派大臣秉節坐鎮。故行政官廳不過兩級，其分劃行政區域至大者方二三百里，而更於其中劃為無數下級行政區域。其行政官吏以及民選職員，動逾千百，地方議會之議士，尚不在此列，固已纖悉周至，事無不舉矣。况其地方自治之制日益詳密，直若舉全部人民，無一不從事於地方義務者，以此興實業，開利源，謀公益，資力焉得不厚，規畫焉得不精。至其各項章程雖難枚舉，然官治、自治之要義不過兩大端：曰地方行政官廳。受統治權之委任，以處理國家事務，所發命令一依法律，而非出於當事者之私意，而自治團體則能以其團體之公意處理地方事務，所謂有法人資格者是也。故行政官廳惟有行政權，而自治團體則並有立法權，得於本地之內自訂一切詳細規則，且有所謂獨立財政權者，則於國課之外徵租稅，募地方債等事是也，但不違背法律，即許施行，無須統治者之裁可。此官治、自治權限之區別也。曰自治團體。為養成公共愛國之精神，平社會之權利、義務，消公私利益之衝突。凡一切廢置，苟遵一定法規，政府不得强而易之，務以政府政策雖有變動，而地方不受影響，為固自治基礎之目的，而行政官於自治團體，則又有積極監督、消極監督二義。積極者，輔助其所以不能也。消極者，禁制其所不可也。故施行法令，有禁制執行之權，聯合各團體公同事業，防其爭議，有啓發平決之責，但使行政官不損害地方公益，不破壞自治目的，即不得拒其干涉。此官治、自治權限之範圍也。據此二義，以立地方通行制度之準的，其他規則，各地方皆不難依據此義分別議定。惟是歐美自治制度，發生也漸，由來已久，政府國民互相干涉，經無數劇烈之衝突，今日始得其平。既上下互爭權利，則其救之也不分明界限不能止也。中國自來無政府〔國民〕互爭政權之事，近日之弊，在於民不以國事為憂戚，官不以民事關痛癢。既官民不各盡其義務，則其救之也不疏通隔閡不能理也。然則今日官治、自治之權限，固宜分明，而求所以聯絡一氣，相需而成之道，立法之精神，又自不同。況我國版圖遼闊，中央政府實有鞭長莫及之勢，非予各省以適當之權，不克舉地方之政，非各省與中央政府團結一體，不能堅統一之力，此不可盡泥東西洋學説制度者也。請體察地方情勢，分別議之。一曰國家行政官。督撫是也，不並設，不兼轄，則應一律改為總督或巡撫，或另定官名，以總理一省行政之機關，為中央政府之分體，以督撫為國務大臣之一員。向來督撫例兼京秩，本以内官出臨方面，今請罷其原有兼官，即用前條所擬，非各部長官應簡與政之例，一律列於十二部長官之後，其品級降於各部長官一等，蓋十二部分事而治，各省分地而治，其為國務同也。以保守封疆維持治安為責任，以維持中央政府與地方之統一為辦事之標準。其權限一依各部主管之範圍，其下宜分置四司：曰民政兼巡警，曰學政，曰軍政，曰財政兼商務。品級降於督撫一等，各負本管之責任，而督撫監督之。其不屬行政範圍者，如司法裁判所，有協助之責，不得侵其判決之權。其由各部派員直接管理者，有稽查之權。其應由政府集議者，如各部之例，咨請政府議決。其屬朝廷大權統治權者，請旨辦理。其特別事務，隨時立專員領之。其行政裁判、權限爭議裁判、懲戒裁判等事，則會集諸司行之。設名譽議員，先由政府議定格式，選本省人充之，開參事會以諸司及名譽職員組織之，加派省中高等官吏參預之，而以督撫為會長。至開行省議會，必須於各地方議會開齊之後，乃可舉行，而先由政府會同各督撫議定議會通則、選舉通則，宣布各省，即令參事會遵照通則，議定本省地方議會細則，選舉細則，宣布各府縣施行。要之督撫有節制諸司各府之權，而不得視為輔助附屬之官，凡司府自負責任之事，不得侵奪其職。四司上於各部之事，皆得徑達，而大事應奏辦者列銜督撫之後，其下於各地方之事，皆由督撫署名，以總理機關之名義布之。舊日司道悉應議撤，併入四司，令四司與各府平行，不相統轄，則各府為上級之獨立行政機關，諸司為分事而治之行政機關，而權限明矣。一曰地方行政之官。以府為上級，縣為下級，廢廳州等名，一律改合兩級之制。各縣疆界，悉仍其舊，而量其大小遠近，以定隸屬，大約一府屬縣以八至十二為適中，多者省之，少者增之。升知府為三品，降於督撫一級，與四司同品，其下多設參事之職，分治衆事，而責任悉知府當之，不得諉過於屬吏。地方利害，得自奏陳，或條上中央政府及督撫，而舉辦重大事件，與他府相關係事件，則必詳由督撫分別奏咨而後行。本管各官皆聽舉劾，幕僚下吏自行辟署，使其權限如漢、唐之太守、刺史，庶幾一府政令不受牽制。至遇有緊急可以請兵，可以臨時召集府議會，可以自發號令，知府職權之大畧如此。分縣為三等，升大縣知縣為四品，中縣為五品，小縣為六品。久任中小縣稱職者，晋其秩為四品，不輕去其任，而大縣必曾任中小縣，或久任府中參事者，始得升調。其品秩漸崇者，擢以相當京外官，優其俸給而盡裁其陋規。變通知縣迴避之例，別定選任專章，以重其資格，非本省人不得與選，他省人非入籍若干年有田宅者，不得與選，非曾受何等教育者，不得與選，而悉以考試定之，以府縣參事官試之。現在各省候補州縣官之冗雜，自來所未見，尤歐美所絶無，請特立格式，發行甄別，除現任要缺要差之外，合格者咨回本省委用。此次甄別之後，悉遵新章。惟邊省乏人，始准揀發調用，借才他省，内省概停分發，捐納實官之例尤須亟罷，以清其入仕之源。蓋知縣職權上承知府監督，下臨自治團體，為官治、自治之樞紐，自行政言之，是為起治之地，自自治言之，是為總攬之地，人民身命財産寄託於此，實地方主要之官也。況與自治團體緊相接近，易啓衝突，否則失之放任，故其職權尤宜詳別，請亟定地方通行制度，府縣行政規則、地方自治通行規則，俾有所遵守。至地方官迴避，除督撫、諸司知府仍迴避本省外，其他官吏不論籍貫，知縣只迴避本府本縣及本縣境界緊接之鄰縣，及本人田宅、工商業所在之縣。縣下職員自七品至九品，所以佐知縣及分司各職者，務使一人專治一事，而地方財政必與地方人公理之。如是則官不能專，民不能肆，桑梓之地，見聞既真，情誼亦洽，而地方行政舉矣。一曰自治團體。分一縣為若干自治區域，廢一切都圖、里甲之名，別定名稱，以變其向來之稱習，而設二級自治之官，定官名，定俸薪，定升轉之階，定公舉之法，而限用本區域之人，其權限及辦事之方法、財政之計畫，皆宜詳載於地方自治通行規則。惟本區域中詳細規則，聽其自議而自行之，而知縣得察其無違背法律。至其會計報告，應由知縣詳府立案，以憑調查，以便統計。凡關本縣行政事務及各區域公共事務，一受知縣指揮。若夫通都大邑，宜定市制，設市長以行市政。其自治權限及會計選舉等法，亦應明定規則，以資實業之發達。如此則上下調和，互相為助，而自治成矣。蓋國家地大人衆，分疆而置，大府原出於萬不得已，宣布法令，聽民自治，為空前之創舉，尤今日之難事，而非此無以振民氣，救貧弱。論者或謂分疆過大，事權過重，恐釀專擅之憂，或謂外國鎮壓屬地，始遣大官秉重權以臨之，不可以待屬地之法待國民，或謂國民程度既乏自治資格，難保地方秩序，而以奴才愚見度之，皆不足慮。夫朝廷統治權大權既已足以統一其上，又使行省為中央政府之分體，督撫為國務大臣之一員，正所以固結中央政府聯合之力，而諸司各府之自負本管責任，省會、府縣會之公議是非，安所容此專擅之人，介於政府地方之間耶。至以待屬地法待國民之説，尤為不經。國家庶政，亦既公諸輿論，烏得徒據官制形式，橫加區別。至若國民程度，誠有難為諱者，然自治者，既所以發達教育，陶成其相當程度也。夫以數萬萬之人，安能一一設官學而教之，自治興則學校廣，而風氣開則思想盛，即所以預儲立憲國民之資格，上副皇太后、皇上之厚望，而教育普及之期，亦將不遠矣。此地方制度所以宜立行政自治之別也。

惟太廟陵寢之官，供奉侍從之職，似宜仿古者宮伯之制，總衆職為專司，以昭鄭重，以便稽核，其職制非臣下所敢擅擬。至其應直屬朝廷統治權大權，不在行政統轄之下，範圍之中，應特設者，則有專備顧問之官，如各國所謂樞密院者。不特足資輔翼，且使政策宗旨不同之大臣，得於前席陳言之時，補救執政者偏激矯枉之弊。今國家百度維新，將來政策難免無各持異同者，古者三公坐論，謂之調和鼎鼐之職。然則坐而言之與起而行之，固將各有所長，而欲水乳融洽，必賴調和之力。此其應特設者一也。則有運籌帷幄之官，如各國所謂元帥府者。蓋教練士卒，經理儲備，皆軍事行政之職，隸於部臣者也。若平日之編制布置，臨事之調度指揮，皆出朝廷大權，所以重國防慎機密，非行政官所能馭矣。故各國陸軍有參謀部，海軍有軍令司，而皆統於元帥府，即我古代所謂立素將立軍師也。而統兵權於朝廷，實具防微杜漸之深意。此其應特設者二也。則有檢定出納之官，如各國所謂會計檢查院者。夫內外百司莫不有會計出入之事，政府監督勢難偏及，且以行政官自相檢查，亦恐流於瞻徇，故必有一司獨立於政府之外以檢定之。況各國國會有擔負財政之責，即有監督財政之權，今國會未開，不能不有一鉤考之地以求整頓之法，蓋舉通國之盈虛，籌全局之大計，理財行政官有不能顧及不能合一者矣。此其應特設者三也。則有養老尊賢之官，如各國所謂元老院者。大抵才畧之士，精神以勞頓而衰，智識轉以閱歷而進，固有重望老成，不堪案牘之煩，而多言論可採者，特留一養尊處優之地以待之。既足償其前勞，亦不棄其餘智，而忠愛熱誠，猶得藉殘年以答君國未酬之恩，皇仁未彰，微忱斯慰。此其應特設者四也。

抑奴才更有進者，今風氣大開，學堂林立，遊學東西洋者絡繹於道，而深識之士，轉有以舊學式微為憂者。竊思經史詞章，皆專門名家之業，非普通所能深造，非致力科學之士所能兼習，若不留文章著作之官，以待天下專門研精舊學之士，則數千年文字之傳，不能不為之鰓鰓過慮，此又今日議定官制所應加意者矣。奴才從前留學日本、德國，研習法政有年，以駑鈍之材，優荷天恩，奉使海外，由奧而德，又逾二載。竊見其君民一體，呼吸相通，誠如聖諭洞察無遺，其一切施設，皆得由官制組織之完備，權限之分明，以知其法令之詳整，聲氣之靈通。奴才既畧有所見，不敢壅於止聞，謹就現在情形，兼採東西各國制度，參以奴才一得之愚，不揣冒昧，恭摺條陳官制大綱。是否有當，伏乞皇太后、皇上聖鑒訓示。

謹奏。

閔荷生《建言官制不必多所更張呈光緒三十二年八月初三日》 戶部廣東司員外郎閔荷生謹稟，為呈請代奏事。

職竊維雲鳥紀官，權輿攸肇，唐虞稽古，內外相維，周監夏商二代，厥制彌宏，官有公孤六卿，歷代參仿，洎明太祖罷中書而散柄六曹，嘉靖中葉，復歸內閣。本朝世廟設軍機，而大權總攬，樞府近臣遂為腹心，然愛惜言官，科道從無誅責，討論庶政，部議至於再三，斯實兼專制、立憲之美意，具仰列聖御宇之宏規。乃者兩宮軫念時艱，諭更官制，酌古準今，纖悉無遺，凡屬臣民，思補萬一。職愚以為官人之不甚得力，非果設官之未盡善，則以文臣計資甄敘，或欠歷練也，資格拘限豪俊，又未免過嚴也，任子多虛縻廩録，貲郎尤罕識詩書也，或徇情面，或行賄賂也，此等久在聖明洞鑒之中，職何敢更為冒瀆。其所欲言，則吏、戶、禮、兵、刑、工六部，請一仍舊，略增事任，以存古制宜今時而已。外務部之前宜設內務部，總內閣、軍機處、政務處、考察政治館而一之，有若公孤，不必員多，惟在得人，以為中央政府。次則外務部，可附以理藩院及凡非內政。若吏部則古冢宰統百官者也，當重其權，雖內務、宗人等府，皆歸其考察，不使京外各衙門自為黜陟，而朝廷以尊。戶部以清查天下戶口為最急，所謂擾兆民，而大司農久典會計，則財政處、稅務、銀行均附焉。禮部原管學校、祭祀，學部可併，太常、光祿、鴻臚三寺可裁，翰林、文學可隸宗伯，冀使神人治上下和。兵部兼太僕寺、練兵處、八旗海陸各軍為宜，足以一事權而平邦國。刑部職掌邦禁，有詰奸、刑暴之義，大理寺所事，暨審判、裁判，已在其內，即步軍衙門、巡警部亦似可無庸另設。至若工部以居四民時地利為職，詎止如今專覈工程，要在無曠土，無游民，內而商部路鑛，外而農工商務，允宜萃於茲部。此亦斟酌古今官制，因革損益之大凡也。

雖然庶事集於八部矣。古者工虞水火，不廢納言，唐虞成周，咸有四岳，方今指陳政事得失，不可無人，遵守朝章推行盡利，尤不可無人，人多則言雜，請即以都察院為會議之地，進言之官不必裁員，但精其選。人微則權輕，故總督之設，亦宜稍變通，請於大河以北，山西、直隸、東三省設一員駐天津，大河以南，新、甘、陝、豫、山東等省，設一員駐開封，長江上游，兩湖、四川、滇、黔等省，設一員駐武昌，長江下游，兩江、兩廣、閩、浙等省，設一員駐金陵。儼然如古方岳，後代四鎮故事，內防奸臣，外制强敵，近衛畿甸，遠播皇威。其各省無總督處設巡撫，督撫皆管軍民，督以軍事為重，撫以民事為重，督兼轄撫，撫必咨督，皆以省會為集權中央，司道大員為之輔。設司之意擬仿八部，巡道分布四方，令就近實行糾察府廳州縣，不至千里迢迢與省隔絕，民隱雖通，大以統小，小以承大，官必擇人，人必稱職。他如鄉官之設，原本《周禮》，事屬可行，仍應俟烟戶冊齊，學校林立，乃能議設。此則官制雖不大為變易，亦自宏通無礙，或者更張太驟，錯亂複雜，未甚典要，非獨恐有類偏安竊據之規模，稗官小說之紀録，取議將來。且水旱遍地，人心動搖，方議停捐，多有觖望，復何堪此紛紛也。宋太祖詔有曰：吏員冗多難以求其治，俸祿鮮薄而未可責以廉，與其冗員而重費，不若省官而益俸。斯言殆又澄敍官方要旨歟。

職一介書生，所見何裨萬一，然狂夫之言，聖人擇焉。伏乞俯賜鑒覈，代為奏陳，職不勝惶感之至。為此謹稟。

周克寬《奏更改官制祇各易新名實不如舊制摺光緒三十二年八月十三日》 日講起居注官，翰林院侍讀學士臣周克寬跪奏，為敬陳管見，仰祈聖鑒事。

竊臣恭讀七月十三、十四兩日諭旨，祇悉朝廷仿行憲政，明定責成，先從釐定官制入手，聖謨宏遠，欽服難名。本月初七日復由考察政治館將御史王步瀛奏准更定官制兼採衆議一條，知照翰林院衙門，令各抒所見，仰見宸衷撝挹，詢及芻蕘。臣詞館備員，例得與議，謹即得弊所在，切實發明，恭摺具陳，用備採擇。臣惟我朝官制，經列祖列宗參考數千年聖君賢相之遺，因革損益，折衷至當，自非才德優於列聖，何敢輕議更張。且外洋官制大半襲我名稱，我顧忍違祖制，摹擬外洋，而為之説曰，舊法之精意浸失，以致人無專事，事無專責，此次釐定，期於各國責成。殊不知《皇朝通典》、《通志》、《通考》及《大清會典》諸編所載，大小官員各有職守，權限分明，無事無專任之官，即無官無應辦之事。長官不肯破除情面嚴定考成，玩愒因循，漸成廢弛，病根在此，不從此痛下鍼砭，而以不對證之洋制醫之，試問外洋富强，在官制乎，抑在為官擇人乎？如在為官擇人，所不提議，各衙門既無人才可從裁併。如第為異己故，而以為所司者祖宗之法，非外洋之法，所行者祖宗之政，非外洋之政，投之不死不生之地，聽其浮沉，不相聞問，未免屈抑人才。所量予安置各人員，亦第為異己故，而大臣豢養以終之，小臣排擠以去之，煌煌帝京，曹署一空，亦復不成景象。聖明在上，豈宜有此畸重畸輕之政體，以致人心震動，因而疑議沸騰。然所訂果百利而無一弊之存，人言原可不恤，今細繹中央政府官制、地方官制、內外司法官制、地方自治官制四大綱，祇於各易新名，實係不如舊制。謹為我皇太后、皇上詳晰陳之。

臣伏考國朝定制之初，內閣職任繁重，自雍正十年設軍機處辦理密行要件，內閣之事稍分。而傳宣綸綍，表率寅僚，擇擬表箋，收掌國籍，各有專司，並無閒冗。庚子後，內政、外交日益繁雜，仿宋三司置條例司遺意，另設政務處，以軍機大臣領之，各部尚書多兼斯選，排日入直，密勿同參，比之五日一對，尤為切近。今議併軍機、政務於內閣，而設三大臣以擔全國之責成，官少事煩，恐難才力兼人，亦未易愉快勝任。此利在交益，而移幷之弊也。

部院堂司各員，滿漢並用，所以示天下之公，尚、侍必有六人，所以防臣下之專，三百年無一權臣，實由於此。而泄沓因之，不歸咎於委用之疏，別簡賢能，剗除積習，而矯之以減尚、侍，增丞、參，尚、侍藉以息肩，各司掌印、主稿之員亦即以無所責成，偷安長惰，大權悉入丞、參之手，重要事件，侍郎至有時亦不與聞。上年會議議停，有鑒於此，言猶在耳。又議此減而彼增，既貽朝令夕改之譏，而魁柄下移，久之將尾大不掉。此利在仍舊，而圖新之弊也。

《虞書》以稷名官，農為中國本計，海禁既弛，商職方殷，朘我脂膏，工藝尤甚。我朝以戶賅農，以工兼藝，處此競爭時代，已覺非宜。今議併三事於一部，而責之以修舉實業，收復利權，一時固綜攬無人，上下數千年，縱橫五大洲，恐亦乏此全才，副茲重寄。此利在分立，而强合之弊也。

巡警為萬事階梯，外洋庶政修明，得力於此。日本幅員非廣，號令易行，警政可併於內務。中國地大物博，既廢刑訊，又乏偵探，弭盜安良，全資巡警。外省以額兵改充警卒，流弊滋多，京師新政次第舉行，惟巡警頗著效果。一旦改屬內政，責分勢渙，外省無從遙制，京師必照舊含糊，功敗垂成，殊為可惜。此利在獨立，而强同之弊也。

都察院為監察之司，職兼彈奏，凡不法之官，病民之政，朝廷耳目所不及，藉臺諫敷陳之力，纖悉周知。我朝言路宏開，直前代所未有。今議員尚難合格，言官遽據全裁，輿論壅於上聞，宮禁勢成孤立，臣民驚懼，懔若冰淵。此利在緩辦，而驟辦之弊也。

州縣為親民之官，品秩過崇，障隔逾甚，無知府為之表率，廉明者固守官箴，貪酷者即恣為民害。憲政尚無基礎，州縣非歷於知府，必至驕橫自便，取督撫一人之悅，責閭閻十倍之償，為所欲為，肆無忌憚。此利在受制，而專制之弊也。

至禮部之改為院，理藩之改為殖務，兵、刑之改為軍、為法，職掌如舊，名稱取新，辭不雅馴，事同兒戲，從滋擾亂，胥動浮言，雖多過當之辭，究有宜杜之漸。

臣愚以為改官制為行憲政，即官制不改，亦斷無妨害憲政之官，破壞憲政，何必多一紛更之迹，轉致難為阻礙之防，惟冀恪守前模，認真整頓，渾化中西之見，永懷遠大之圖，以濟艱難，而臻上理，庶我國家億萬年有道之長基此矣。

臣愚昧之見，謹恭摺具陳，是否有當，伏乞皇太后、皇上聖鑒。謹奏。

胡思敏《陳言不可輕易改革官制呈光緒三十二年八月二十五日》 吏部稽勳司主事胡思敬謹呈，為敬陳管見，呈請代奏事。

頃五大臣考察政治歸自海邦，採摭中外浮言，議大更制度，以作立憲基礎。聖懷謙讓，既明降諭旨，簡派親貴大臣，和衷商辦，復俯從御史王步瀛之請，令大小臣工各抒所見，如江淮設行省故事。苟有一得之愚，何敢緘默自安，上負聖明，下慚衾影。竊惟今日改官制之議，有不可不慎重者八，有不能不變通者三。謹就見聞所及，一一縷晰陳之。

累葉相承之法，經緯萬端，非目論小儒所能窺見萬一。法未敢而欲掃除更張，竊外國之皮毛，紛更制度，惑亂天下之心，此職員所大懼也。春秋之末，諸候惡周籍害己而私去之，遂大亂殘殺不止。今改變官制，則必破壞會典，銷毀則例，一切以意為之，蕩然無復限制，强者出其堅僻自是之見，以逞其才，弱者守其持祿保妻子之心，以營其私。各部自闢規模，各省自為風氣，不必骫法，而可行一己之愛憎，不必舞文，而可弄朝廷之威福。驅踶齧不羈之馬登臨險阻，又自弛其韁轡，雖三尺童子知其必僨，僉人瞰車中重載，欲乘其既敗而攘取之。此不可不慎重者一也。

商部初興，籌款數十百萬，學部、警部繼之，費用更不知凡幾。搜括新法，愈出愈奇，徵賭不已，變而徵娼，教猱升木，國體何存？東西濱江各埠，因抗捐罷市，日有所聞。罄數百萬窮民終歲胼胝負戴所獲，不足供倖臣一夕之豪舉。今而舍舊圖新，經營創造，料非徒手可成。乃者湘、粵、蘇、豫同時大水，飢民嗷嗷待哺，僵仆載道，淮南、遼東大風，濟南、浙東大火，壞田廬、牲畜以億計。百物踴貴，土貨不流，若欲於敲膚吸髓之餘，更謀巧斂之術，鳥窮則啄，獸窮則攫，民不聊生，如水斯決。此不可不慎重者二也。

禮義既衰，邪説方熾，維新黨派昌言物競天擇，各磨礪齒牙以爭利祿，資格一破，人人有徼幸之思，夤緣請託輻輳於公卿之門，君子難進易退，恥與噲伍，舉倦思歸。祇此二三攀附勢力之徒，依戀闕下，平時既剝喪生民以自奉，臨變卽賣君父以邀功，九重孤立，誰與圖存。此不可不慎重者三也。

軍機處不設定員，同堂議事，無論官職崇卑，不相統攝。今而設立總理大臣，統一樞務，無論用親藩，用滿漢大臣，皆可恣睢自擅，竊弄權柄，啓奸人窺伺之漸。若更假以兵柄，如漢時呂產以相國兼統南北兩軍，傅翼而飛，恐生他變。日本維新之初，傾幕府，廢將軍，收王室已替之權，還之人主。我國事事效人，反樹立權臣，釀成幕府將軍之局，異時羽毛豐滿，咄咄逼人，欲藉外諸侯兵力翦之，拒虎進狼，噬臍何及。此不可不慎重者四也。

滿漢御史共五十六員，給事中二十四員，秩皆五品，資淺而近民，則耳目易周，位卑而祿薄，則顧惜之心不甚重。數十年來臺諫雖不甚得人，貪官墨吏被劾去位者纍纍相望，況懲一警百，隱然收效於無形者，又有藜藿不采之勢也。以我幅員之廣，人民之衆，祇此數十人者備員左右，職司糾彈，必挫折之摧殘之，今日議汰，明日議裁，將求通上下之情，而先塞人主之聽。揆之古人懸鞀置鐸之心固不合，卽質之諸臣要求立憲之意，亦豈有當乎？此不可不慎重者五也。

人才雜沓並進，不嚴定銓選之格，何以靖天下之人心，官常敗壞不堪，不慎操考察之權，何以肅朝廷之綱紀。會典載，內外官缺凡二萬七千餘員，合之候選候補當不下二十萬人。倘誤信讆言，仿東西洋規制，不設吏曹，悉解散其權，倒柄而授之督撫，一切升遷降罰，恣意任情，毋敢操成法以議其後，天下衣冠士族盡奔走效用於私門。遠則如戰國諸公子樹恩市義，招集四方游士，各騁其縱横捭闔之論，强私室而傾公家。近則如唐末藩鎮將吏，感主帥煦濡飲食之恩，但傾心節度使，不復知有朝廷。天子端拱於上，號令不出一城，不待四鄰分割，已先成華離破碎之區，此不可不慎重者六也。

地方官屬之有州縣、府道、院司，猶軍營之有哨官、營官、統領也。今裁去府道以州縣直達院司，大省如直隸一百二十五縣、十七州、六廳，四川一百十二縣、十一州、十三廳，以督撫一人管轄於上，姓氏且不能盡記，尚能察其孰為貪廉，孰賢孰不肖乎？邊地如甘肅安西州屬，去省會二千餘里，內地如江蘇徐州府屬、江西南安府屬，去省會亦皆千二三百里，聲息且不易通，其能收身使臂臂使指之效乎？將謂上遵兩漢，漢制縣令長之上有郡國、守相，郡國、守相之上有部刺史，與今制不甚懸殊。今之巡撫鎸用關防，稱為部院，本屬欽差，不過漢時差遣之刺史，官職畧卑，如今科道，我朝差遣之巡撫，官職較大，乃用副都御史。漢初承秦制，祇三十六郡，不得不重守相之權，今疆域廣，督撫位尊，知府之權遂稍替耳。將謂遠法日本，島國方輿，僅抵我四川一省，全國分為三府、三十七縣，而上隸於內務省，省卿猶我國之督撫也。裁判、稅賦各總其成於司法、大藏二省，省卿猶我國之藩臬也。立名雖各不同，命意未嘗少異，求治而自棼之，毋乃愈求而愈遠乎？此不可不慎重者七也。

談新法者又言宜規撫東洋州縣，各設專官分理裁判、警察、賦稅、學堂，舊制知縣以下有縣丞以督糧，有典史以督捕，有教官以勸學，此等官未嘗不備。今欲改立名目，將仍受制於州若縣乎？權力既不能自伸，今日之裁判、警察等官，安知不成為異時之縣丞、典史、教諭。徒為此紛紛擾擾，亂人耳目，駭人聽聞，暮四朝三，曾何補益。將重其權與州縣并行不相統轄乎？縱數十萬虎狼於山林，各憑藉勢力生事擾民，今日逐戶苛斂，招無數惡少以充警兵，明日履畝加徵，集無數狂狡以充學徒，使四境之民如鳥獸駭散，非迫為盜劫，即流為餓莩。縱有一二賢明之吏，徒為同僚牽制，袖手莫可如何。此不可不慎重者八也。

惟是法非成於一手，時會變遷，不無一二疏節闊目之處，樞庭贊襄密勿，六曹事務無所不統，從容論思，理宜予以逸暇。自雍正至今數百年，簡陋相因，尚以他官兼攝，諸大臣資望既深，精力就疲，多者兼八九差，少亦四五差，蚤夜奔馳，曷能有濟。是故一人而兼數差，勢必至勤者敷衍，惰者廢弛，一差而派數人，勢必至狡者傾軋，闇者推諉。此不能不變通者一也。

官俸太薄，廉吏不足自存，近歲新設四衙門，寬籌津貼，一郎中歲給三千餘金，而大學士春秋二俸祇三百金，猶按成減放。外缺肥瘠不同，疆吏為人擇地，更調紛紛，名為調劑。夫不能養其身家，而徒責以廉隅，雖堯舜在上，勢所難行。邇來學務大興，外洋游學生近二萬人，半屬官家資遣，總計內外學費，歲竭生民膏血不減庚子賠款。國家養一宰相，不及一平權自由之學生，事之駭絕可怪，孰有甚於是者乎？此不能不變通者二也。

以萬、皋、稷、契之才，終其身祇在一事。今之尚、侍，刑部之律未諳，俄而調理財政，戶部之席未煖，俄而又掌銓衡。以孔子之聖，自云三年有成，今之督撫朝由陝、甘度隴入關，而遷閩、浙，夕又由閩、浙涉江泛湖，而量移雲、貴。下至州縣末吏，或補缺十餘年，終身未蒞本任，親朋僕從奔走役役於道途，誰不視一官為傳舍。此不能不變通者三也。

若欲過此而事新奇，鹵莽圖功，禍可立至。夫以祖宗完全無缺之天下。庚子以前經一二執迷不悟大臣玩弄揣摩，浸成不可收拾之勢。今又以危言驚動聖聽，謂不立憲必亡，不變官制末由立憲。我國立憲在歐美未開闢以前，我朝立憲在英、德、美、日未興之先，諸臣生長中土，服官數十年，間以六典要政，列聖斟酌損益，內外相維，大小相制之法度，眙目不能言。竭數月之力，遠涉重洋，環游一周，憑二三譸昧舌人，遂謂得鄰邦秘鑰，載寶而歸，此不足以惑愚蒙，更何能以欺聖主？謂舊署閑冗無事，名實不相符，則宜解練兵處之權以還兵部，解財政處之權以還戶部，解學部之權以還禮部，舉鐵路、礦務、電政、船廠、製造局之權以畀工部，舉封駁之權以畀六科。謂舊人皆不可用，悉罷斥之，別舉所謂喜功好事強幹有氣力者，置之卿貳司曹可也。何為顛倒殽亂，遠效新莽，近循元豐之軌轍乎？舉棋一誤，大局全輸，官亂於上，民變於下，海外黨徒，長江會匪，東三省馬賊，環伺而起，外夷乘之，措手莫及。糜爛之後，疆臣擁兵自衛，各私其領土，朝臣偷生忍恥，不離效張禹、孔光之為，前車可鑒，能勿寒心。

疎逖小臣，罔知忌諱，但求有補於國，不惜糜碎其躬。用是仰首哀鳴，席臺待罪，伏乞代奏皇太后、皇上聖鑒。謹呈。

張世培《奏改革官制不可輕棄舊章摺光緒三十二年八月二十五日》 掌廣西道監察御史臣張世培跪奏，為變通官制宜酌量裁併添設，以專責成，而維政體，恭摺仰祈聖鑒事。

竊臣恭讀七月十四日諭旨，飭令釐定官制，必當酌古準今，上稽本朝法度之精，旁參列邦規制之善。臣維國家立法，在因地制宜，而效法外人，在取長補短，蓋變法者貴有治法有治人，尤貴不惟其名，惟其實也。考之東西各國政法不同，故官制迥異，而同進於富強者，其大要在以進出保守為主義而已。可知外人之互相效法，從不輕棄舊章，惟其進取之心愈勇，斯其保守之心亦愈堅固，非徒務虛名，聳當世之觀聽已也。朝廷舉行新政以來，孜孜求治，日昃不遑，而內政、外交，諸臣動多束手，實以官職太多，事權不一故也。去年振貝子奏改官制一疏，言之至詳且備，而推究官守之弊，曰推諉，曰牽制。因請仿行各國專任之法，將中央官制改而更張之，庶以植新政之初基，而自立於競爭之世。其改訂各部院官制，改訂各旗官制，或應存，或裁併，或添設，無不條分縷析，籌畫精詳，蓋其所陳者不在專改名稱，而在變通實際也。

臣愚以為各署之中，尤不應裁者為吏部，蓋吏部古冢宰，相人君以用人者也。人君以用人為職，職者權所在也。古者以參預賞罰為侵權，若各部皆預用人之權，是吏部直成虛設矣。自鄉舉里選之制廢，於是用籤掣選授之法，期於有公無私。今外、商、警、學各部，五品以下人員，均歸該堂官奏補，概不經由吏部，是不特開引用私人之端，抑且無此政體，蓋權不可分也。擬請嗣後變通吏部章程，就各班之內選用專門，如長於外交選外部，長於商學選商部，他部準此，均於注選時聲明，似較奏補為公允，且以專吏部責成。此外於內政最關係者，莫如郵政，辦法不同，然皆視為重要，且規例極嚴，必重臣總司其事。中國將來郵政通行之後，勢必改驛歸郵，若久假手於外人，其貽患有不可思議者。亟應簡派郵政大臣握其權利，宜與鐵路、電報均隸商部，蓋交通之事雖繁，似無須另設專署，因經費難籌，不如統於他部為得也。

若此者雖事更張，絕鮮紛擾，無抑中揚外之過，更無數典忘祖之譏。若謂署猶是署，官猶是官，不改用新名，必難聿新天下耳目。不知變法者循名責實，不必舍己從人，果能上下一體，無曠厥官，日後民智大開，自蘄至富强之域。是法之行不行，不在名之改不改也。宋王安石之變也，泥古而不通今，遂以亂有宋之天下。今當初定官制，若胥數百年成憲，悉取而弁髦之，恐截指適屨，築室道謀，而國是反無從定矣。臣不揣冒昧，勉効涓埃，可否將該貝子原摺及臣之管見核議施行之處，出自聖裁，臣不勝激切屏營之至。

是否有當，伏乞皇太后、皇上聖鑒。謹奏。

涂國盛《奏請勿遽改官制摺光緒三十二年八月二十九日》 三品銜掌廣東道監察御史臣涂國盛跪奏，為官制仍宜法祖，更名不如覈實，請勿遽改，計出萬全，恭摺仰祈聖鑒事。

竊思政貴因時損益，原操於上，而官遵定制，中西各安其民。臣於本年七月十三日恭讀上諭，有先將官制分別議定次第更張，并將各項法律詳慎釐訂，而又廣興教育，清理財政，整飭武備，普設巡警。使紳民明悉國政，以預備立憲基礎等因。欽此。欽遵。仰見我皇上監於成憲，因時制宜，有仰承祖宗締造之精心，普慰臣民治平之至意，凡屬臣民，無不欽感。嗣於本年七月十四日復恭讀上諭，有更定官制，事關重要，必當酌古準今，上稽本朝法度之精，旁參列邦規制之善，折衷至當，庶幾推行盡利，并欽派王大臣等，公同編纂，總司覈定，候旨遵行等因。欽此。欽遵。仰見我皇上以更改官制，事關重要，再三詳慎，有不敢輕改之至意。凡屬臣民，無不尤為感泣。敬維祖宗定制，監於前代，因革損益，無不酌中，歷二百餘年行之尚無流弊者，官制特其一端。試即京內百官，敬為我皇太后、皇上縷晰陳之。

如內閣六部與夫滿漢各署，無不秩序昭然，各有專職，加以軍機處仰承諭旨，夙夜宣勤，中外臣民，無不敬謹遵循，此官制之昭垂已久而不紊者也。至今時事日非，憂患迫切，非由官制之不善，有以致之，實由官之辦理不善者，有以釀之。譬彼泉水，其源不清，其流必濁，今欲廓清積弊，力圖富强，必先教以實心愛國，實事求是，而後帑不虛糜，富可漸圖，兵非虛練，强可馴致。如慮其顛危，急於更名，似乎積弊可以頓除，孰知本實已經先撥，昔王安石在宋時學問經濟，號為名儒，其酌改祖制，原欲外禦强鄰，內富本國。迨後一意紛更，而朝野騷然，泯泯紛紛，遂釀成南宋之禍，前車之鑒，曷可忽諸。

今國步雖艱，而民心尚固，皆原祖宗之良法美意，厚澤深仁，有以涵濡而維繫之。敬乞我皇太后、皇上神明默運，計出萬全，於軍機、內閣、六部則仍專責成，以端表率。於滿漢各署之公事稍簡者，則酌量歸併，庶事無大小，得人而理。國本不搖，民心益固。加以興學、理財、練兵、巡警，與夫恤商民、開礦路諸要政，無不實心辦理，倘有貪庸欺罔者，查明立予嚴懲。諒外人有知，必謂中國之官能愛民，民能愛國，君臣一德，官民同心，庶幾信義相安，和平共守，各泯覬覦，勿相殘賊，富强之計可見諸實行，而立憲亦有本矣。

臣愚昧之見，謹披瀝陳之。理合繕摺具陳，伏乞皇太后、皇上聖鑒。謹奏。

王誠義《奏更改官制應分未立憲與既立憲兩期次第推行摺光緒三十二年八月三十日》 掌四川道監察御史臣王誠義跪奏，為官制憲法，理實相須，勢難偏舉，謹再分別剖陳，以利推行而昭秩敍，恭摺仰祈聖鑒事。

竊臣前以釐定官制宜防偏重之患，曾經瀝陳，仰荷逾格優容，弗加譴責，莫名感悚。顧臣猶竊有私慮者。小臣所言，求有益於國家也，而釐定官制之請出於人臣，亦求有益於國家也。小臣但憑事理，似不若大臣得諸考驗，且立憲必從官制入手，明詔煌煌，頒布中外，倘事不實行，疑非所以昭大信於天下，以此論之，是小臣雖披瀝肝膽，而迹既嫌於阻撓，且易上累朝議，行止兩難，有無所適從之患，奚望裨補大局於萬一，然而無慮也。臣請再為我皇太后、皇上剖晰陳之。

伏念上年五大臣之出洋，以奉命考察立憲之制也，迨諸大臣考求回國，灼知中外情勢不同，遂主緩行憲法，先改官制之議，似亦幾費權衡矣。然試問諸臣所考察外洋之官制，果為既立憲之官制乎，抑為未立憲之官制乎？蓋外洋各國君無專制之權，而上下議院合通國之人心，以謀一國之政事，實所以補助君權也。故各國政府責任雖重，而內無專擅之嫌，外無藩鎮之禍者，恃有議院以持其後也。有時政府行事不為議院所附，大臣且立時相率以退，其權之相為維繫相為監防若是。假令各國並無議院之助，其設官必不盡如今日之制，斷可知矣。故各國今日之官制，實既立憲之官制也。

今中國憲法未立，議院未開，而遽仿外洋之官制，似未免不揣其本而資其末。且權在朝廷，猶議為專制，權在政府及督撫，反不嫌於專制乎，其義更扞格而難通矣。臣反覆思之，求其變通盡利，時措咸宜，上為國家立久遠之規，下為諸大臣伸公忠之節，則請分為二期焉。一、目前未立憲之官制若何釐定，綱舉目張，更求補偏而救弊。一、將來既立憲之官制，民和物阜，不妨舍舊以圖新。如此分晰條理，次第施行，是聖主勵精之治既表著於寰區，而新政美備之規亦可觀成於歲月，誠有兩得而無一失矣。如蒙聖明採擇，即請申諭編纂之王大臣本此兩義各勒一書，書成之後，先行刊布，准京外大小臣［工］悉心探討，各獻所疑，仍由原纂之王大臣上秉宸謨，折衷一是。然後詔諭天下，定日遵行，庶是非昭於薄海，上無羣疑衆謗之憂，舉措協於羣情，在下無倒行逆施之禍。

臣聞外洋議院凡改革重大事件，或經歷數期，然後決定，斷非謀諸數人，要諸旦夕，便足成為典要。今中國方取法東西洋大公之治，當此開宗明義，務其博采疇咨，乃真得議院之精意，而足為立憲之先聲矣。臣職位雖卑，然以茲事關係非常，不敢僅顧身家而昧於大局，謹再披瀝上陳。

愚陋之見，是否有當，伏乞皇太后、皇上聖鑒訓示，不勝悚惶待命之至。謹奏。

奕劻等《奏釐定中央各衙門官制繕單進呈摺光緒三十二年九月二十日》

臣奕劻、臣孫家鼐，臣瞿鴻禨跪奏，為遵旨釐定官制，為立憲預備，先將京官編定覆核，恭摺進呈，仰祈聖鑒事。

竊臣等伏讀七月十三日上諭，時處今日，惟有及時詳晰甄核，仿行憲政，廓清積弊，明定責成，必從官制入手，亟應先將官制，分別議定，次第更張等因。欽此。又伏讀十四日上諭：昨已有旨宣示，急為立憲之預備，飭令先行釐定官制，事關重要，必當酌古準今，折衷至當，纖悉無遺。著派載澤等，公同編纂，悉心妥訂，並派慶親王奕劻等，總司核定，候旨遵行，以昭鄭重等因。欽此。仰見皇太后、皇上力拯時難，通變宜民之至意，率土臣庶，感頌同聲，實中國轉弱為強之關鍵。茲事體大，臣等仰稟聖謨總司核定，斷不敢草率從事，亦不敢敷衍塞責，月餘以來，准釐定官制大臣載澤等陸續送到草案，臣等悉心詳核，反復商搉，間有未協，次第更定，京內各官現已竣事。竊維此次改定官制既為預備立憲之基，自以所定官制與憲政相近為要義。按立憲國官制，不外立法、行政、司法三權並峙，各有專屬，相輔而行，其意美法良，則諭旨所謂廓清積弊，明定責成，兩言盡之矣。蓋今日積弊之難清，實由於責成之不定，推究厥故，殆有三端。

一則權限之不分。以行政官而兼有立法權，則必有藉行政之名義，創為不平之法律，而未協輿情。以行政官而兼有司法權，則必有徇平時之愛憎，變更一定之法律，以意為出入。以司法官而兼有立法權，則必有謀聽斷之便利，制為嚴峻之法律，以肆行武健。而法律寖失其本意，舉人民之權利生命，遂妨害於無形。此權限不分，責成之不能定者一也。

一則職任之不明。政以分職而理，謀以專任而成，今則一堂而設有六官，是數人共一職也，其半為冗員可知，一人而歷官各部，是一人更數職也，其必無專長可見。數人分一任，則築室道謀，弊在玩時，一人兼數差，則日不暇給，弊在廢事。是故賢者累於牽制，不肖者安於推諉。此職任不明，責成之不能定者二也。

一則名實之不副。名為吏部，但司籤掣之事，並無銓衡之權。名為戶部，但司出納之事，並無統計之權。名為禮部，但司典禮之事，並無禮教之權。名為兵部，但司綠營兵籍、武職升轉之事，並無統御之權。此名實不副，責成之不能定者三也。

故臣等釐定官制，謹遵諭旨，上稽本朝法度之精，旁參列邦規制之善為主義，而尤以清積弊，定責成，漸圖憲政成立為指歸。

首分權以定限。立法、行政、司法三者，除立法當屬議院，今日尚難實行，擬暫設資政院以為預備外，行政之事則專屬之內閣各部大臣。內閣有總理大臣，各部尚書，亦均為內閣政務大臣，故分之為各部，合之皆為政府，而情無隔閡，入則參閣議，出則各治部務，而事可貫通。如是則中央集權之勢成，而政策統一之效著。司法之權則專屬之法部，以大理院任審判，而法部監督之，均與行政官相對峙，而不為所節制。此三權分立之梗概也。此外有資政院以持公論，有都察院以任糾彈，有審計院以查濫費，亦皆獨立不為內閣所節制，而轉足監督閣臣。此分權定限之大要也。

次分職以專任。分職之法，凡舊有各衙門與行政無關係者，自可無庸議改。今共分為十一部，更定次序，以期切於事情，首外務部，次吏部，次民政部，次度支部，次禮部，次學部，次陸軍部，次法部，次農工商部，次郵傳部，次理藩部。專任之法，內閣各大臣同負責任，除外務部載在公約，其餘均不得兼充繁重差缺，各部尚書衹設一人，侍郎衹設二人，皆歸一律。至新設之丞參，事權不明，尚多窒礙，故特設承政廳，使左右丞任一部總匯之事，設參議廳，使左右參議任一部謀議之事。其郎中、員外郎、主事以下，視事務之繁簡，定額缺之多寡。要使責有專歸，官無濫設。此分職專任之大要也。

次正名以覈實。巡警為民政之一端，擬正名為民政部。戶部擬正名為度支部，以財政處、稅務處併入。兵部徒擁虛名，擬正名為陸軍部，以練兵處、太僕寺併入，而海軍部暫隸焉。既設陸軍部，則練兵處之軍令司宜正名為軍諮府，以握全國軍政之要樞。刑部為司法之行政衙門，徒名曰刑，義有未盡，擬正名為法部。商部本兼掌農工，擬正名為農工商部。理藩院擬正名為理藩部。太常、光祿、鴻臚三寺，同為執禮之官，擬併入禮部。工部所掌半已分隸他部，而以輪、路、郵電併入，擬改為郵傳部。此正名核實之大要也。

若是者，責成既已明定，積弊庶可廓清，憲政規模實肇於此。如以議院甫有萌芽，驟難成立，所以監督行政者尚未完全，或改今日軍機大臣為辦理政務大臣，各部尚書均為參預政務大臣，大學士仍辦內閣事務。雖名稱略異，而規制則同，行政機關屹然已定，憲政官制確有始基矣。

抑臣等更有請者，制法固求其盡善，徒法不能以自行，必能有辦事之精神，而後有改良之功效。要在大小臣工顧名思義，視國如家，無自私自利之心，有任怨任勞之實，各修職事，共濟艱難，庶抑副兩宮孜孜圖治之懷，下慰薄海喁喁嚮風之望，是則臣等與有責成，尤不勝惶悚冀幸者也。是否有當，伏候聖明裁擇乾斷施行。

此次官制綱目固已觕具，其細節容有未盡周密之處，應請命下之日，飭令各該衙門堂官，按照所定大綱及本衙門應辦事宜，自行酌議，仍會同臣等核定奏明辦理。謹將內閣官制清單一件，各部官制清單十二件，各部官制通則清單一件，各院官制清單六件，軍諮府官制清單一件，閣部院官制節略、法部節略、資政院節略各一件，共二十四件，繕呈御覽。恭候訓示。

所有臣等核定京內官制緣由，恭摺具陳，伏乞皇太后、皇上聖鑒。謹奏。

附各部官制通則清單

謹擬各部官制通則，繕具清單，恭呈御覽。

第一條　各部尚書一人，總理本部所屬主管事務，擔負責任，為全部之長官。

第二條　各部左侍郎一人、右侍郎一人，贊助尚書整理部務，兼監督本部廳司各員。

第三條　各部尚書遇本部有重要事件，可隨同內閣總理大臣、左右副大臣入對，並得請開閣議。

第四條　各部尚書遇本部有緊急事件，可自請入對。

第五條　各部尚書於本部主管事務會同左右侍郎具奏。

第六條　各部尚書於本部與他部或他衙門有關涉事件，可分別咨行劄飭辦理。

第七條　各部尚書就本部主管事務，可咨行各省將軍、督撫轉飭所屬分別籌辦，並有檢查更正之權。

第八條　各部尚書就本部主管事務，可訂定規則，發布部示。

第九條　各部尚書遇有事故，以該部左侍郎代行。

第十條　各部均設承政廳，其所掌事務如左：一、機密事項，二、本部及本部所轄京外各職員進退、升轉及各項事故之註冊存案等事項，三、稽覈本部各司人員辦事功過事項，四、編纂、存儲併收發各項公文函件事項，五、典守堂印事項，六、編纂本部主管事務之統計報告事項，七、管理本部出入經費及一切預算、決算事項，八、稽覈本部報銷事項，九、管理本部雜項事件並經理本部公置財產及什物等事項，十、所有不屬各司事項。

第十一條　各部均設參議廳，其所掌事務如左：一、擬訂本部法令、章程、草稿事項，二、審議本部法令、章程之應行增刪修改事項。

第十二條　各部除設承政廳、參議廳外，應就本部主管事務酌設若干司分掌之。其各部分司事宜，別於各部官制內定之。

第十三條　各部承政廳暨各司內，應酌設若干科，分掌事務。其分科事宜，由該部尚書定之。

第十四條　各部置職員如左：左丞請簡，右丞請簡，左參議請簡，右參義請簡，參事奏補，郎中奏補，員外郎奏補，主事奏補，七品小京官奏補，録事委用。

第十五條　左右丞各一人，承尚書、侍郎之命，總覈承政廳兼考覈各司重要事務。

第十六條　左右參議各一人，承尚書、侍郎之命，總覈參議廳事務兼審議各司重要事務。

第十七條　參事承尚書、侍郎之命，佐左右參議審議擬稿。

第十八條　參事可視各該部情形，由尚書派令助理承政廳及各司事務。

第十九條　郎中每司一人，承尚書、侍郎之命，總覈本司事務。

第二十條　員外郎、主事、七品小京官，承尚書、侍郎之命，分任承政廳及各司內各科事務。

第二十一條　各部參事及員外郎、主事、小京官缺額，應視部務繁簡，由各該部尚書酌定，咨送閣議，請旨定奪。

第二十二條　各部可酌設額外郎中、員外郎、主事、小京官若干人，分廳司行走襄理科務。

第二十三條　録事承上官之命，繕寫文件，料理庶務。其額缺由該部尚書自定之。

第二十四條　各部請簡官由本部尚書商同左右侍郎選擬相當三人開單，經閣議後，請旨簡授。

第二十五條　各部奏補官由本部尚書商同左右侍郎擬定相當人員，帶領引見，請旨補授。

第二十六條　各部委用官由本部尚書商同左右侍郎遴選咨補，咨明內閣並分咨吏部存案。

第二十七條　各部請簡奏補各官，有應行懲處或罷斥者，由本部尚書商同左右侍郎定議後分別參處。

第二十八條　各部委用官之懲處罷斥，由本部尚書商同左右侍郎行之，仍咨明內閣並分咨吏部存案。

第二十九條　各部經費應於每年九月預定來年額支、活支數目，條列開單，由本部尚書與左右侍郎議決後，咨送閣議覈准指撥。

第三十條　除本通則所定外，各部如有須設專門職員者，於各該部官制中定之。

第三十一條　各部官制如有應行增刪修改之處，可隨時由本部尚書咨送閣議，請旨裁定。

第三十二條　本通則除陸軍部、海軍部及禮部外，所有外務部、吏部、民政部、度支部、學部、法部、農工商部、郵傳部、理藩部皆通用之。

附閣部院官制節略清單

謹擬釐定閣、部、院官制節略，繕具清單，恭呈御覽。

謹按此次釐定官制，自當恪遵諭旨，以廓清積弊，明定責成，為預備立憲之初步。查立憲國官制通例，中央政府即以各部行政長官會合而成。蓋一國之政至為殷繁，非有分司之官以各任其責，則叢脞必多。而庶政之行尤貴畫一，非有合議之地以互通其情，則紛歧可慮。故分之則為各部，合之則為內閣，出則為各部長官，而入則為內閣政務大臣，此現擬內閣官制之所由來也。內閣既總集羣卿協商要政，而萬幾所出一秉聖裁，不可無承宣之人為之樞紐，故設總理大臣一人以資表率。總理大臣之稱，初不昉於日本，我朝雍正、乾隆間，固嘗有之。採鄰國之良規，即以復聖朝之舊制，稱名至順，取則非遙。總理大臣既稟承聖謨，平章庶政，而維新伊始，機務尤繁，不可無分任之人為之參贊，必援立憲各國首輔一人之例，尚非其時，故設左右副大臣各一人以宏輔弼。且夫君主神聖不可侵犯，各國憲法之通義，善則歸君，過則歸己，昔我先正之格言，是以發縱指示之權操諸君上，而承旨施行之責端在臣工，故內閣各大臣不可以不負責任。人有專事，事有專司，無兼營並騖之虞，乃有趨事赴功之效，故內閣各大臣不可以兼充繁重差缺。猶慮其權之太重也，則有集賢院以備諮詢，有資政院以持公論，有都察院以任彈劾，有審計院以查濫費，有行政裁判院以待控訴。凡此五院，直隸朝廷，不為內閣所節制，而轉足以監內閣，皆所以鞏固大權，預防流弊。此內閣官制之大略也。

行政各官理宜獨任，向例每部尚書二人、侍郎四人，問事則政出多門，畫諾則動須累日，新設各部均不用此制，是其積弊已在聖明洞鑒之中。今若援立憲各國每部一長官、一次官之例，則裁缺過多，又生窒礙，故定為一尚書、二侍郎，使新舊各部均歸一律。向例各部參丞階級雖分，事權無別，故設承政廳，以一部總匯之事，使左右丞任之，設參議廳，以一部立法之事，使左右參議任之。每司郎中不過一人，而員外郎、主事以下均視事務之繁簡，定缺額之多寡，使責有專歸，官無濫設。此各部官制通則之大略也。

若夫各部名稱之所以變更，次第之所以移易，皆循名責實，務切事情，非厭故喜新，徒為紛變。列邦對峙，首重外交，外務部宜居第一。吏部舊冠六官，故次於外務部。巡警為保安行政，實內治之要綱，而清查戶口，齊整民風，改正市區，振興土木，均與保安行政息息相關，非合為一官，難期聯絡，故以戶、禮、工各部所兼掌之戶籍、風教、道路、溝渠等事併入，總為民政部，以次於吏部。戶部之稱本為民部，唐人避諱，以戶易民，今民政既有專官，財政自應獨立，故併戶部財政處為度支部，以次於民政部。天秩、天序，典禮攸崇，太常、光祿、鴻臚三寺皆禮官也，故禮部以三寺併入，以次於度支部。科舉既停，教育綦重，今已特立為部，故以學部次於禮部。兵部掌綠營兵籍，徒擁虛名，近日時局非有陸、海兩軍不能立國，而馬政應隸陸軍，故分兵部為陸軍部，以太僕寺併入，而海軍暫隸之，以次於學部。刑部為司法之行政衙門，徒名曰刑，猶嫌絓漏，故改為法部，以次於陸海軍部。農、工、商為富國之源，現設商部，本兼掌農、工，僅名曰商，義有未備，故正其名曰農工商部，以次於法部。輪電、交通，郵遞絡繹，非設專部則運轉不靈，故變工部為郵傳部，以次於農工商部。各國競爭，殖民為要，蒙、藏、青海，固圉防邊，其行政事宜實與各部並重，故易理藩院為理藩部以殿焉。此各部職掌次序之大略也。

以上各部，分負國政之責成，合為內閣之全體。至於耆臣碩望，則仿成周優禮老更之例，上備垂詢，裁缺庶官，則援宋代特定祠祿之條，暫令待用，故設集賢院以昭恩禮。欲廣皇仁，宜求民瘼，上自親貴，下及紳民，妙選通材，廣蒐輿論，祛下情之壅蔽，備聖世之芻蕘，故改政務處為資政院，以彰公溥。此外審計院所以監察財用之浮糜，行政裁判院所以糾正官權之過當，大理院平反重辟，審決獄，成為全國最高之法院，軍諮府贊畫戎機，弼成廟算，為全國軍政之要樞。此新擬五院一府之大略也。

至都察院原掌糾劾官邪，條陳利弊，關係至重，惟原缺職掌與新擬部院官制參差重複者，當略加釐正，以歸畫一。此都察院官制更正之大略也。

所有京朝行政、司法各官，業經斟酌再三，妥為釐定，或刪繁而就簡，或舍舊以謀新，凡所更張，均有依據。廓清積弊，雖非旦夕所敢期，而明定責成，竊意權輿之在此。至各官考驗任用，升轉懲戒，獎勵俸給等項，多與外官互有牽涉，應俟外省官制一律釐定後，再行分別覈議，以與官制相輔而行。是否有當，伏候聖裁。

《軍機處上諭檔·裁定奕劻等擬中央各衙門官制諭光緒三十二年九月二十日》 光緒三十二年九月二十日內閣奉上諭：朕欽奉慈禧端佑康頤昭豫莊誠壽恭欽獻崇熙皇太后懿旨，前經降旨宣示為立憲之預備，飭令先行釐訂官制，特派載澤等公同編纂，悉心妥訂，並派慶親王奕劻等總司覈定，候旨遵行。茲據該王大臣等將編纂原案詳覈定擬，一併繕單具奏，披覽之餘，權衡裁擇，用特明白宣諭，仰維列聖成憲昭垂，法良意美，設官分職，莫不因時制宜。今昔情形既有不同，自應變通盡利。其要旨惟在專責成，清積弊，求實事，去浮文，期於釐百工而熙庶績。軍機處為行政總匯，雍正年間本由內閣分設，取其近接內庭，每日入值承旨，辦事較為密速，相承至今，尚無流弊，自毋庸復改。內閣軍機處一切規制，著照舊行。其各部尚書均著充參預政務大臣，輪班值日，聽候召對。外務部、吏部均著仍舊。巡警為民政之一端，著改為民政部。戶部著改為度支部，以財政處併入。禮部著以太常、光祿、鴻臚三寺併入。學部仍舊。兵部著改為陸軍部，以練兵處、太僕寺併入。應行設立之海軍部及軍諮府，未設以前，均暫歸陸軍部辦理。刑部著改為法部，專任司法。大理寺著改為大理院，專掌審判。工部著併入商部，改為農工商部。輪船、鐵路、電線、郵政應設專司，著名為郵傳部。理藩院著改為理藩部。除外務部堂官員缺照舊外，各部堂官均設尚書一員，侍郎二員，不分滿漢。都察院本糾察行政之官，職在指陳闕失，伸理冤滯，著改為都御史一員，副都御史二員。六科給事中著改為給事中，與御史各員缺均暫如舊。其應行增設者，資政院為博採羣言，審計院為覈查經費，均著以次設立。其餘宗人府、內閣、翰林院、欽天監、鑾儀衛、內務府、太醫院、各旗營、侍衛處、步軍統領衙門、順天府、倉場衙門，均著毋庸更改。原擬各部院等衙門職掌事宜及員司名缺，仍著各該堂官自行覈議，悉心妥籌，會同軍機大臣奏明辦理。此次斟酌損益，原為立憲始基，實行預備，如有未盡合宜之處，仍著體察情形隨時修改，循序漸進，以臻至善。

總之，時局艱危，事機迫切，非定上下共守之法不足以起衰頽，非通軍民一體之情不足以伸疾苦。所有新簡及原派各大臣責無旁貸，惟當顧名思義，協力同心，盡去偏私，真任勞怨，務使志無不通，政無不舉，庶幾他日頒行憲法，成效可期。倘仍視為具文，因循不振，則是上負朝廷，下負國民，不能為爾等寬也。將此通諭知之。欽此。

《編纂官制大臣奏釐定官制宗旨摺》 竊臣等仰蒙簡派，會同釐定官制，業將開辦日期奏陳在案。伏惟中國官制，相沿已久，一旦驟議釐正，肇端實大，圖始維艱，非常之原，易滋疑議。更張必分乎次第，創制貴合乎時宜，乃可外仿良規，内成善法。臣等謹酌擬釐定宗旨大略：一此次釐定官制，遵旨為立憲預備，應參照君權立憲國官制釐定，以符聖訓而利推選。惟古今各國變更官制，條理至繁，俱非一期所能完備。現擬官制應就行政、司法各官，以次釐定。此外，凡與司法、行政無甚關係各衙門，一律照舊，概不提議，以清界限。一釐定官制，因舊制精意浸失，名實不符或事無專責致生推諉，或人無專事致多廢弛，故此次釐定要旨，總使官無曠位，事有專司，以期各副責成，盡心職守。一立憲國通例，俱分立法、行政、司法為三權，各不相侵，互相維持，用意最善。立法者，議院公議全國通行之法律而奏請君主裁定頒行之事也。行政者，閣部按法律命令而施行國家之政務也。司法者，裁判官糾判臣民有無違背法律命令之事也。三權分立而以君主大權統之，現在議院遽難成立，先從行政、司法釐定，當採用君主立憲國制度，以仰合大權統於朝廷之諭旨。一欽命官閣部院大臣、京卿以上各官作為特簡官，遇有缺出，恭候簡放。各閣部院所屬三、四品人員，作為請簡官，遇有缺出，由該管長官擬保相當三人，商同總理大臣請旨欽定簡放。各閣部院所屬五品至七品人員，作為奏補官，遇有缺出，由該管長官查明才資相當者擬定奏補。八、九品人員作為委用官，由該管長官量才録用，咨明内閣備案。一釐定官制之後，原衙門人員不無更動或致閑散，擬在京另設集賢、資政各院，妥籌位置，分別量移，仍優予俸禄。凡三品以上遇有相當行政、司法各官出缺，開單請簡。其四、五品京、堂各官，有才堪外用者，候旨簡用。五品以下各京官，由各部長官分別考選録用。有願就外職者，准其呈請。改用實缺人員，照本官加一階，以外官用額外候補人員，各以對品外官用。所有應行分發人員，均優列盡先班次，以示體恤。以上五條係臣等公同商酌，意見相同，如蒙聖明俞允，即當按照陸續籌議詳加核定，再行奏明請旨。謹奏。

《總覈大臣奏釐定京内官制摺》 竊臣等伏讀七月十三日上諭，時處今日惟有及時詳晰，甄核仿行憲政，廓清積弊，明定責成，必從官制入手，亟應先將官制分分議定，次第更張等因，欽此。又伏讀十四日上諭，昨已有旨宣示，急為立憲之預備，飭令先行釐定官制，事關重要，必當酌古準今，折衷至當，纖悉無遺，著派載澤等公同編纂，悉心妥訂，并派慶親王奕劻等總司核定，候旨遵行，以昭鄭重等因，欽此。仰見皇太后、皇上力拯時艱，通變宜民之至意，率土臣庶，感頌同聲，實中國轉弱為强之關鍵。茲事體大，臣等仰稟聖謨，總司核定斷不敢草率從事，亦不敢敷衍塞責，月餘以來準釐定官制大臣載澤等陸續送到草案，臣等悉心詳核，反覆商榷，間有未協，次第更定，京内各官現已竣事。竊維此次改定官制，既為預備立憲之基，自以所定官制與憲政相近為要義。按：立憲國官制，在立法、行政、司法三權并峙，各有專屬，相輔而行，其意美法良。則諭旨所謂廓清積弊，明定責成，兩言盡之矣。蓋今日積弊之難清，實由於責成之不定。推究厥故，殆有三端：一則權限之不分。以行政官而兼有立法權，則必有借行政之名義創為不平之法律而未協輿情。以行政官而兼有司法權，則必有徇平時之愛憎，變更一定之法律，以意為出入。以司法官而必有立法權，則必有謀聽斷之便利，制為嚴峻之法律，以肆行武健而法律浸失其本意，舉人民之權利、生命，遂妨害於無形，此權限不分，責成之不能定者一也。一則職任之不明。政以分職而理，謀以專任而成。今則一堂而有六官，是數人共一職也，其半為冗員可知。一人而歷官各部，是一人更數職也，其必無專長可見。數人分一任，則築室道謀，弊在玩時。一人兼數差，則日不暇給，弊在廢事。是故賢者累於牽制，不肖者安於推諉，是職任不明，責成之不能定者二也。一則名實之不副。名為吏部，但司簽掣之事，并無銓衡之權。名為户部，但司出納之事，并無統計之權。名為禮部，但司典議之事，并無禮教之權。名為兵部，但司綠營、兵籍、武職、升轉之事，并無統御之權。是名實不副，責成之不能定者三也。故臣等釐定官制，謹遵諭旨，上稽本朝法度之精，旁參列邦規制之善，為主義而尤以清積弊，定責成，漸圖憲政成立為指歸。首分權以定限，立法、行政、司法三者，除立法當屬議院，今日尚難實行，擬暫設資政院以為預備外，行政之事，則專屬之内閣，各部大臣，内閣有總理大臣，各部尚書亦為内閣政務大臣，故分之為各部，合之皆為政府，而情無隔閡。入則參閣議，出則各治部務，而事可貫通。如是，則中央集權之勢成，而政策統一之效著。司法之權，則專屬之法部，以大理院任審判而法部監督之。權與行政官相對峙，而不受節制。此三權分立之梗概也。此外有資政院以持公論，有都察院以任糾彈，有審計院以查濫費，亦皆獨立，不為内閣所節制而轉并監督閣臣，此分權定限之大要也。次分職以專任，分職之法，凡舊有各衙門與行政無關係者，自可切於事情，首外務部，次吏部，次民政部，次度支部，次禮部，次學部，次陸軍部，次法部，次農工商部，次郵傳部，次理藩部，專任之法内閣各大臣同負責任，除外務部載在公約，其餘均不得兼充繁重差缺。各部尚書只設一人，侍郎只設二人，皆歸一律。至新設之丞參，事權不明，尚多窒礙，故特設承政廳，使左、右丞任一部總匯之事，設參議廳，使左、右參議任一部謀議之事。其郎中、員外郎、主事以下，看事務之煩簡，定額缺之多寡，要使責有專歸，官無濫設，此分職專任之大要也。次正名以核實。巡警為民政之一端，擬正名，民政部、户部正名為度支部，以財政處、税務處并入兵部，徒擁虚名，擬正名為陸軍部，以練兵處、太僕寺并入，而海軍部暫隸焉。既設陸軍部，則練兵處之軍令司，宜正名為軍咨府，以握全國軍政之要樞。刑部為司法之行政衙門，徒名曰刑，義有未盡，擬正名為法部。商部本兼掌農、工，擬正名為農工商部。理藩院擬正名為理藩部。太常、光禄、鴻臚三寺，同為執禮之官，擬并入禮部。工部所掌，半已分隸他部，而以輪路、郵電并入，擬改為郵傳部。此正名核實之大要也。若是者責成既已明定，積弊庶可廓清，憲政規模實肇於此。如以議院甫有萌芽，驟難成立，所以監行政者，尚未完全。或改今日軍機大臣為辦理政務大臣，各部尚書均為參預政務大臣，大學士仍辦内閣事務，雖名稱略异，而規制則同。行政機關屹然已定，憲政官制確有始基矣。抑臣等更有請者，制法固求其盡善，徒法不能以自行，必能有辦事之精神，而後有改良之功效，要在大小臣工，顧名思義，視國如家，無自私自利之心，有任怨任勞之實，各修職事共濟艱難，庶仰副兩宫孜孜圖治之懷，下慰薄海喁喁向風之望，是則臣等與有責成，尤不勝惶悚冀幸者也。是否有當，伏候聖明裁擇，乾斷施行。此次官制綱目，固已粗具，細節容有未盡周密之處，應請命下之日，飭令各該衙門堂官按照所定大綱及本衙門應辦事宜，自行酌議，會同臣等核定奏明辦理，謹將内閣官制清單一件、各部官制清單十二件、各部官制通則清單一件、各院官制清單六件、軍咨府官制清單一件、閣部院官制節略、法部節略、資政院節略各一件，共二十四件，繕呈御覽，恭候訓示。謹奏。光緒三十二年九月二十日奉旨，已恭録卷首。

《釐定閣部院官制總説帖》 謹按：此次釐定官制，自當恪遵諭旨，以廓清積弊，明定責成，為預備立憲之初步。查立憲國官制通例，中央政府即以各部行政長官會合而成，蓋一國之政至為殷繁，非有分司之官以各任其責，則叢脞必多，而庶政之行尤貴畫一，非有合議之地以互通其情，則紛歧可慮。故分之則為各部，合之則為内閣，出則為各部長官，而入則為内閣政務大臣，此現擬内閣官制之所由來也。内閣既總集羣卿，協商要政，而萬幾所出，一秉聖裁，不可無承宣之人為之樞紐，故設總理大臣二人，以資表率。總理大臣之稱，初不昉於日本，我朝雍正、乾隆間固嘗有之。採鄰國之良規，即以復聖朝之舊制，稱名至順，取則非遥。總理大臣既秉承聖謨，平章庶政，而維新伊始，機務尤繁，不可無分任之人為之參贊，必援立憲各國首輔一人之例，尚非其時。故設左、右副大臣各一人，以宏輔弼。且夫君主神聖不可侵犯，各國立憲之通例。善則歸君，過則歸己，昔我先正之格言。是以發縱指示之權，操諸君上，而承旨施行之責，端在臣工。故内閣各大臣，不可以不負責任。人有專事，事有專司，無兼營并騖之虞，乃有趨事赴功之效，故内閣各大臣不可以兼充繁重差缺，猶慮其權之太重也，則有集賢院以備咨詢，有資政院以持公論，有都察院以任彈劾，有審計院以查濫費，有行政裁判院以待控訴。凡此五院，直隸朝廷，不為内閣所節制，而轉足以監内閣，皆所以鞏固大權，預防流弊，此内閣官制之大略也。行政各官，理宜獨任，向例每部尚書二人，侍郎四人，問事則政出多門，畫諾則動須累日。新設各部，均不用此制。是其積弊，已在聖明洞鑒之中。今若援立憲各國每部一長官、一次官之例，則裁缺過多，又生窒礙。故定為一尚書，二侍郎，使新舊各部，均歸一律。向例各部丞參階級雖分，事權無别，故設承政廳，以一部總匯之事，使左、右丞任之。設參議廳，以一部立法之事，使左、右參議任之。每司郎中不過一人，而員外郎、主事以下，均視事務之煩簡，定額缺之多寡。要使責有專歸，官無濫設，此各部官制通則之大略也。

若夫各部名稱之所以變更，次第之所以移易，皆循名責實，務切事情，非厭故喜新，徒為紛變。列邦對峙，首重外交，外務部宜居第一。巡警為保安，行政實内治之要綱，而清查户口，齊整民風，改正市區，振興土木，均與保安、行政息息相關，非合為一官，難期聯絡，故以户、禮、工各部所兼掌之户籍、風教、道路、溝渠等事并入，總為民政部，以次於外務部。户部之稱，本為民部，唐人避諱，以户易民。今民政既有專官，財政自應獨立，故并户部財政處為財政部，以次於民政部。兵部掌緑營兵籍，徒擁虚名。近日時局非有陸、海兩軍，不能立國，而馬政應隸陸軍，故分兵部為陸軍部，以太僕寺并入，而海軍暫隸之，以次於財政部。刑部為司法之行政衙門，徒名曰刑，猶嫌缺漏，故改為法部，以次於陸海軍部。法律既定，教育為先，故學部次於法部。農、工、商為富國之源，現設商部本兼掌農、工，僅名曰商，義有未備，故正其名曰農工商部，以次於學部；輪電、交通、郵遞、絡驛，非設專部，則運轉不靈，故變工部為交通部，以次於農工商部。各國競爭，殖民為要，蒙、藏、青海，固圉防邊，其行政事宜，實與各部并重，故易理藩院為理藩部，以次於交通部。進退百官之法，特簡者出自朝廷，請簡奏補者擬由各部，則吏部銓除、簽掣，例事無多，惟檔案所存，未宜裁撤，故以吏部殿焉。此各部職掌次序之大略也。以上各部分負國政之責成，合為内閣之全體，若夫事不關於行政而體固埒於閣臣者，則宜與各部命名有所區别。天秩天敍，典禮攸崇，禮部舊掌學校貢舉之法令，今已劃歸學部；臣民儀制之事，今已劃歸民政部，則該部為王者上儀之專署，無内閣政務之責成，改設為典禮院而以太常、光禄、鴻臚三寺并入，使執禮之官與行政之官隱然對峙，以示隆重。至於耆臣碩望，則仿成周優禮老更之例，上備垂詢。裁缺庶官，則援宋代持定祠禄之條，暫令待用。故設集賢院以照恩禮，欲廣皇仁，宜求民瘼。上自親貴，下乃紳民，妙選通材，廣蒐輿論，祛下情之壅蔽，備聖世之芻蕘。故改政務處為資政院，以彰公溥。此外，審計院所以盤查財用之淫糜，行政裁判院所以糾正官權之過當，大理院平反重辟，審決獄成，為全國最高之法院。軍咨府贊畫戎機，弼成廟算，為全國軍政之要樞，此又新擬六院一府之大略也。所有京朝行政、司法各官，業經斟酌，再三妥為厘定，或删煩而就簡，或舍舊而謀新，凡所更張，均有依據，廓清積弊，雖非旦夕，所可期而明定責成。竊意權輿之在此。至各官考驗、任用、升轉、懲戒、獎勵、俸給等項，多與外官互有牽涉，應俟外省官制一律釐定後，再行分别核議，以與官制相輔而行。是否有當，謹請鈞裁。

《各部官制通則草案》 第一條 各部尚書一人，總理本部所屬主管事務，擔任責任，為全部之長官。

第二條 各部左侍郎一人，右侍郎一人，贊成尚書，整理部務，并監督本部廳司各員。

第三條 各部尚書遇本部有重要事件，可隨同内閣總理大臣、内閣左右副大臣入對，并得請開閣議。

第四條 各部尚書遇本部有緊要事件，可自請入對。

第五條 各部尚書於本部主管事務，會同左右侍郎具奏。

第六條 各部尚書於本部與他部或他衙門有關涉事件，可分别咨行劄辦理。

第七條　各部尚書就本部主管事務，可咨行各省將軍督撫轉飭所屬分別籌辦，并有檢查更正之權。

第八條　各部尚書就本部主管事務，可訂定規則，發布部示。

第九條　各部尚書遇有事故，以該部左侍郎代行。

第十條　各部均設承政廳，其所掌事務如下：

一、機密事項；二、本部及本部所直轄各職員進退升轉之注册存案等事項；三、稽覈本部各司人員辦事功過事項；四、編纂存儲并收發各項公文函件事項；五、典守堂印事項；六、編纂本部主管事務之統計報告事項；七、管理本部出入經費及一切豫算決算事項；八、稽覈本部報銷事項；九、管理本部雜項事件，并經理本部公置財産及什物等事項；十、所有不屬各司事項。

第十一條　各部均設參議廳，其所掌事務如下：

一、擬訂本部法令章程草稿事項；

二、審議本部法令章程之應行增删修改事項。

第十二條　各部除設承政廳、參議廳外，應就本部主管事務酌設若干司分掌之。其各部分司事宜，别於各部官制内定之。

第十三條　各部承政廳暨各内司應酌設若干科，分掌事務，其分科事宜由該部尚書定之。

第十四條　各部置職員如下：

左丞、右丞、左參議、右參議，請簡。

參事、郎中、員外郎、主事、七品小京官，奏補。

録事、委用。

第十五條　左右丞各一人，承尚書、侍郎之命，總覈承政廳，兼覈各司重要事務。

第十六條　左右參議各一人，承尚書、侍郎之命，總覈參事廳事務，兼審議各司重要事務。

第十七條　參事承尚書、侍郎之命，佐左右參議擬稿。

第十八條　參事可視各該部情形，由尚書派令助理承政廳及各司事項。

第十九條　郎中每司一人，承尚書、侍郎之命，總覈本司事務。

第二十條　員外郎、主事、七品小京官，承尚書、侍郎之命，分任承政廳暨各司内各科事務。

第二十一條　員外郎、主事、七品小京官缺額，應視部務繁簡，由各該部尚書酌定，咨送閣議，請旨定奪。

第二十二條　各部可酌設額外郎中、員外郎、主事若干人，分廳司行走，襄辦科務。

第二十三條　録事承上官之命，繕寫文件，料理事務，其缺額由該部尚書自定之。

第二十四條　各部請簡官由本部尚書商同左右侍郎，選擬相當三人開單，經閣議後請旨簡授。

第二十五條　各部奏補官由本部尚書商同左右侍郎擬定相當人員，帶領引見，請旨補授。

第二十六條　各部委用官由本部尚書商同左右侍郎遴選札補，咨明内閣存案。

第二十七條　各部請簡奏補各官有應行懲處或罷斥者，由本部尚書商同左右侍郎定議後，分别參處。

第二十八條　各部委用官之懲處罷斥，由本部尚書商同左右侍郎之咨明内閣存案。

第二十九條　各部經費應於每年九月豫定來年額支、活支數目，條列開單，由本部尚書與左右侍郎議決後，咨送閣議覈准指撥。

第三十條　除本通則所定外，各部如有須設專門職員者，於各該部官制中定之。

第三十一條　各部官制如有應行增删修改之處，可隨時由本部尚書咨送閣議，請旨裁定。

第三十二條　本通則除陸軍部、海軍部及吏部外，所有外務部、内政部、財政部、法部、學部、農工商部、交通部、理藩部皆通用之。

《總核官制大臣奕劻等奏改訂外省官制摺并清單》光緒三十三年五月二十七日　竊臣等上年核定京内官制，欽奉諭旨分别施行，復奉上諭：各直省官制著即接續編訂，州縣各官關係尤要，現在地方自治一時難以遽行，應如何酌核辦理，先為籌議。等因。欽此。仰見皇太后、皇上軫念民生有加無已之至意，當經釐定官制大臣載澤等酌擬辦法，電商各省，數月以來，節據各督撫先後電復到京。其中或一意贊成，或主張緩辦，類皆各抒所見，業經分別繕單，進呈御覽。茲准載澤等將商定草案送交臣等覆核。伏念中國二十二行省幅員之廣、人民之繁，非東西洋各國所能比視。從前設官分職，大小本屬相維，近年新政日興，職多不舉，已不免稍形闕失。而此次釐定關鍵，尤在為預備立憲政之基。是以司道以上各官既與各國情形不同，尚不妨隨時量為更改，至於司法各官以及府州廳縣各制，則皆與人民直接，而為憲政萌芽，共有此國，共治其民，如其受治之理初不致大相懸殊，即其施治之方亦不容稍存偏倚。伏讀諭旨，以大理院專掌審判，又諄諄於州縣各官關係尤要，實已洞見及此，燭照無遺。臣等愚計所及，直省司道各官除原設之布政、提學兩司毋庸議外，按察司宜名為提法司，而解兼管驛傳事務，專管司法上之行政，監督各級審判。別就省會增設巡警道一員，專管全省警政事務。勸業道一員，專管全省農工商業及各項交通事務，現有之驛傳一并由其兼管。此外監糧關河各道各有專司，應仍其舊。分守分巡各道一律裁撤，其有距省遼遠地方應須大員鎮懾者，擬仍留道缺，即名為兵備道，由各省督撫察度情形，請旨設置，或一員或二、三員，均就地方斟酌辦理。此現擬增改司道各員之大概辦法也。至於此次釐定直省官制，注重之處仍不外兩端：一曰分設審判各廳，以為司法獨立之基礎。古者執法之官，事權本不相假。三代之士師、兩漢之廷尉，皆奉天子之法以為天下之平。權既不分，法無所枉。國朝因仍明制，公設布政、按察兩司，亦復各有專官，截然不紊，自州縣身兼其事，始不免憑恃以為威福。今為外人藉口而自失其權者，正坐於此。若使不相牽混，自能整飭紀綱，由此而收回治外法權，初非難事。如慮行政官一旦不兼司法，號令難施，則不知行政處分之權尚為地方官所有，況地方保衛自有警政擔其責成。又有慮及法官獨立，將有枉法以行其私者，又不知法者天下之公器，豈容其意為左右，且監督之官、檢查之法一切具在，正不必鰓鰓過慮。現在法部大理院既經分設，外省審判之事自應由此劃分權限，別立專司，俾内外均歸一律，此各省審判廳不能不按級分立者也。一曰增易佐治各員，以為地方自治之基礎。夫自治之機關包舉甚富，中國循良之選，往往以撫字心勞署為上考，究其實際，不過以治民不擾、聽訟稍勤畢其能事。近年舉辦州縣事實表册，於學堂、巡警、工藝、種植諸端考核非不認真，填寫率多敷衍，蓋繁劇之邑，詞訟綦多，賢能之官，已苦日不暇給，清苦之缺，又苦款項無著。風氣難開，至於縣丞巡檢各官既不准擅受民詞，又初無一定責成，雖號分防，幾同虚設，以致民生坐困，吏治不修，而其原則仍由於官制之未當完備。今使州縣各官不司審判，則盡有餘力以治地方，又於佐治各員各畀以相當責任，更次第組織議事董事各會，期如諭旨所云嚴防流弊，務通下情者，其收效之多，或不至如今日之敷衍從事，而自治範圍亦必能漸求恢擴。此各省佐治各官不能不切實增易者也。夫以時會所趨，事機相迫，斷不能不改弦易轍，切實振興。惟各省地方風俗之不齊，人民知識之未濬，措手不易，扞格必多。有不僅如各督撫所慮人材難得、款項難籌者，若必同時并舉，其勢有所不能。臣等審酌再三，竊以東三省根本重地，經畫宜先，且一切規模略同草創，或因或革，措置亦較易為功。此次官制辦法，擬請從東三省入手，除實與内地情形不同者應聽其量為變通，期於推行盡利，餘應令查照此次通則，酌核辦理，俾為各省之倡。直隸、江蘇兩省交通較便，風氣已開，亦宜及時舉辦。其餘各省分年分地逐漸推行，即一省之中何處宜先、何處宜緩，并由該督撫體察情形，斟酌辦理。惟須於十五年内，務令一律通行。抑臣等更有請者，現因國民程度未及，故不得不次第措施，但由未及以幾於及，全視官長為之轉移，若以時期尚緩，仍復因循，安有程度之可望。是在各督撫臣公忠體國，力任艱難，必使教育普及、人才輩出，事事準諸公理，以求通上下之情，明法律者多，則審判不致棘手，盡義務者衆，則地方必能改觀，然後預備始有實際，立憲始有定期。庶上副兩宮求治之心，下慰海内羣生之望。此則臣等與内外諸臣所當兢兢共勉而不容或懈者也。是否有當，恭候宸斷施行。謹奏。

謹擬各省官制通則清單，恭呈御覽：

第一條　一省或數省設總督一員，總理該管地方外交軍政，統轄該管地方行政事宜。

第二條　每省設巡撫一員，總理地方行政，統轄文武官吏。惟於該省外交軍政事宜，應商承本管總督辦理，其并無總督兼轄者，即由該省巡撫自行核辦。總督所駐省分不另置巡撫，即以總督兼管該省巡撫事。

第三條　總督、巡撫於各部咨行籌辦事件均有奉行之責。但督撫認為於地方情形窒礙難行者，宜咨商各部酌量變通，或奏明請旨辦理。

第四條　總督、巡撫衙門各設幕職，佐理文牘，分科治事。

第五條　督撫衙門幕職員數、職掌如下：

一、秘書員一人，承督撫之命，掌握機密摺電函牘，凡不屬各科之事皆隸之。

二、交涉科、吏科、民科、度支科、禮科、學科、軍政科、法科、農工商科、郵傳科參事員各一員，承督撫之命，就主管事務，掌理各項文牘。但各科參事員有事簡不必備設者，均由該省督撫酌量合并，以一員兼任三科以下之事。

三、秘書員、參事員不作為官缺，統由各省督撫自行徵辟，無庸拘定官階大小，但每年應將各員銜名及到差年月，分別奏咨存案。其辦事得力之員隨時切實保薦，以備簡擢。

四、秘書員、參事員以下應酌設助理及繕寫等人員者，均由各該省督撫酌定，毋庸奏咨。

五、各省督撫衙門幕職辦事章程由該督撫自行訂定。

第六條　各省督撫應於本署設會議廳，定期傳集司道以下官會議緊要事件，決定施行。如有關地方之事，亦可由官酌擇公正鄉紳與議。

第七條　除東三省外，各省均置三司如下：布政司、提學司、提法司。

第八條　各省布政司設布政使一員，受本管督撫節制，管理該省户口、疆理、財賦，考核該省地方官吏。

第九條　各省布政司所屬經歷、理問、都事、照磨、庫大使、倉大使等官，仿照提學司屬員分科治事章程，由吏部會同民政、度支等部另訂職掌，酌量改置。

第十條　各省提學司設提學使一員，受本管督撫節制，管理該省教育事務，并兼督各種學堂、學會。

第十一條　各省提學司所屬職員，應照學部奏定章程行之。

第十二條　各省提法司設提法使一員，秩正三品，即以原設提刑按察司使改設，受本管督撫節制，管理該省司法上之行政事務，監督各審判廳，并調度檢察事務。各省於審判制度未經更改以前，應暫仍按察使舊制，惟從前所管驛傳事務毋庸兼管。

第十三條　各省提法司應設屬員，即以原設按察司所屬經歷、知事、照磨、司獄等官，由法部擬定職掌，酌量改設。按察司職掌未改省分暫仍舊制。

第十四條　各省除上列三司外，應設兩道如下：

一、勸業道。專管全省農工商賈及各項交通事務，并將按察司舊管驛傳事務改歸該道兼管。

二、巡警道。專管全省巡警、消防、户籍、營繕、衛生事務。

第十五條　上列兩道每省各設一員，兩道各應酌設屬員，分科治事。其細則由農工商、民政、郵傳等部訂之。

第十六條　各省除上列各司道外，得視地方情形酌設司道各員如下：

鹽運司、鹽法道或鹽茶道。其鹽法道有原兼驛傳字樣者一律撤去。督糧道或糧儲道。糧道除江蘇、浙江兩省督運應留外，其餘應由各省督撫酌量裁并，以歸一律。關道。河道。

第十七條　上列各司道除主管事務外，不得兼管地方行政事宜。其上列各司道以外，所有管理地方之守巡各道一律裁撤。如距省較遠之地必須體制較崇之大員，以資鎮懾者，可仍留道缺，即名兵備道。或一員，或二三員，專管督捕盜賊、調遣軍隊事務，應由各該督撫酌察情形，奏明辦理。

第十八條　各省鹽運司所屬運同、運副、運判、監制官、鹽課提舉、鹽課大使、鹽引批驗大使、倉大使、庫大使、經歷、知事及上列各道所屬庫大使、倉大使等官，應如何裁并酌改，由各該省督撫核議，奏明辦理。

其守道、巡道原有屬官，應與道員同時裁撤，酌量改用。

第十九條　各省督撫幕職既已分科治事，所有原設各項局所，應視事務繁簡酌量裁并，由該督撫核議具奏辦理。

第二十條　各省所屬地方得因區劃廣狹、繁簡，分為三種：曰府、曰直隸州，曰直隸廳。

第二十一條　各府設知府一員，承該管督撫之命，并就布政司、提學司、勸業道、巡警道主管事務承該長官之命，監督指揮所屬州縣各官，處理境内各項行政。

第二十二條　各直隸州設知州一員，承該管督撫，并就布政司、提學司、勸業道、巡警道主管事務，承該長官之命，處理所治州境内各項行政，并監督指揮所屬各縣。

第二十三條　各省原設之直隸廳有屬縣者，一律改為直隸州。其無屬縣者，仍設同知一員，承該管督撫之命，處理所治境内各項行政。

第二十四條　各府所屬地方分為二種：曰州，曰縣。

第二十五條　各直隸州所屬地方曰縣。

第二十六條　各州設知州一員，受本管知府監督指揮，各縣設知縣一員，秩正六品，受本管知府或本管直隸州知州之監督指軍，處理各該州縣境内各項行政。

第二十七條　各府原設之同知、通判有轄境者，一律改為州縣。其無轄境而主管事務，如河南之河防、各省之海糧捕等同知、通判，均由各省督撫擇其事務繁要者，一律作為同知，撤去通判名目，别於各級審判，明定責成，以資治理。若不關緊要各員缺，應與各府所屬佐貳雜職一并斟酌改置，作為知府佐治員缺，由各該督撫體察情形，分别奏明辦理。

第二十八條　各直隸州、直隸廳及各州縣應酌設佐治各官，分掌事務如下：

一、警務長一員，掌握該州廳縣消防、户籍、巡警、營繕及衛生事宜。

二、視學員一員，掌理該州廳縣教育事宜。

三、勸業員一員，掌理該州廳縣農工商及交通事宜。

四、典獄員一員，掌理該州廳縣監獄事宜。

五、主計員一員，掌理該州廳縣收税事宜。此員應俟該州廳縣官俸公費確有定數實行支給，并將從前平餘名目一律剔除後，再行設置。其從前各直隸州直隸廳及各州縣所在佐貳雜職，應即一律裁撤，酌量改用。

第二十九條　各直隸州直隸廳及各州縣佐治各官，如因地小事簡、不必備設者，准以一人兼任二職，但警務長及視學員不得以他員兼任，亦不得兼任他職。

第三十條　各直隸州直隸廳及各州縣佐治缺，應由司道各就本科考取國文通暢、科學諳習人員，凡佐貳等官、舉人、五貢及中學以上畢業生均可與考，詳請督撫委用。視學、勸業二員并可參用本地士紳，由州縣採訪輿論，舉其賢能端正者，一律詳請與考委用，仍分咨各部存案。其考取委用詳細章程，由考察政治館會同各部議訂通律。

第三十一條　各直隸州、直隸廳及各州縣應將所管地方酌量分若干區，各置區官一員，承本管長官之命，掌理本區巡警事務，其原設之分局巡檢，應即一律裁撤，酌量改用。

第三十二條　各府州廳縣均設文廟奉祀官一員，秩正七品至從八品，掌理釋奠灑掃事宜，仍聽本管官統轄考核，應以原設教職酌量改用。

第三十三條　各省應就地方情形，分期設立府、廳、縣議事會、董事會，其細則由民政部議訂奏定後，通行各省辦理。

第三十四條　各省應就地方情形，分期設立高等審判廳、地方審判廳、初級審判廳（即原擬鄉讞局，以命名尚未妥治擬改），分别管理各項訴訟及上控事件，其細則另以法院編制法定之。

《宣統朝上諭檔·宣統三年四月初十日》　宣統三年四月初十日内閣奉上諭：上年降旨，飭將官制釐訂，提前頒布試辦，并即組織内閣，旋經憲政編查館奏擬修正籌備事宜清單，經朕定為宣統三年頒布内閣官制，設立内閣，所以統一政治，確定方針，用符立憲政體。兹據憲政編查館、會議政務處會奏，遵擬内閣官制十九條，採取各國君主立憲之制，參酌現在時勢之宜，審慎規定，尚屬周妥。又因閣制甫經創辦，必須以漸而進，作為籌畫試行，并擬内閣辦事暫行章程十四條，權宜損益，均屬可行，曾經召見會議政務處王大臣等面加垂詢，意見僉同。著將内閣官制頒布，遵照此項欽定閣制設立内閣，并即照辦事暫行章程先行試辦。除弼德院官制同時頒布外，所有内閣屬官制、京外官制、各項官規，仍著遵照修正籌備清單妥速擬訂，陸續奏聞，候朕頒布施行，用副朝廷進行憲政力圖自强之至意。欽此。

《憲政編查館奏酌擬行政事務明定權限辦法摺》　竊維君主立憲政體，統治權屬諸君上，而立法、司法、行政則分權執行，是為立憲要義。謹按欽定憲法大綱，君上有統治國家之大權，凡立法、行政、司法皆歸總攬，而以議院協贊立法，以政府輔弼行政，以法院遵律司法。仰見朝廷博採成規，折衷至當，風聲所樹，觀聽一新。兩年以來業經籌備事項，如開設諮議局為各省採取輿論之所，開辦資政院為上下議院之基。又法院編制法亦經欽定頒行，其京師東三省所辦各級審判廳先已成立，各直省亦次第籌設克期施行，是立法、司法兩大端基礎已具，若於行政機關不亟設法整理，匪惟不利推行，且恐滋生弊害。敬為我皇上縷析陳之。一曰行政權將為立法權所操縱也。三權分立固為憲政之精神，而君主立憲國則以君主統治大權冠諸其上，三權之中惟司法機關孑然獨立，其互相維係而處於對待之地位者，則立法與行政二者而已，然徵諸實事則二者對待各不相下，必有一焉隱握運用之權，始劑於平。其在議院政治之國，則議會操縱政府，其在大權政治之國，則政府操縱議會，不於此則於彼，東西各國有明徵矣。我國憲法既採大權政治主義，則於議院政治絕不兼容，故造端之始，三權機關必須同時設立，不可偏廢，否則立法之基先具，既有以磨厲其才增進其識，而行政機關襲故蹈常，不能相副，雖有人才無從歷練，優劣相形，勢必成以立法權操縱行政權之局，而君主立憲主旨將破壞而不可收拾矣。一曰行政之統系及責任不分明也。凡國家行政同一之事務，必以同一之官府統之，統系既明，責任自專，方能定趨向而促進行，現制有一事而分隸數部者，有一官而兼轄諸務者，互相牽制則召爭，互相推諉則廢事。至於宮府不分，皇室事務與國家事務混而為一，職掌未定，常設機關與特設機關動行抵牾，綜此數端，是行政之機關整理愈不容緩矣。一曰國家行政與地方行政界限不明也。行政事務何者應歸中央直轄，何者應歸地方管理，究其性質本有專司，不容牽混，現制每有應歸中央直轄之重要事務而舉以責諸地方者，相沿日久，遂難分析，以致政令不齊，無從畫一。上年各省諮議局開會亦以界限不明之故，動輒有侵越權限之虞。迭經各督撫以國家行政與地方行政作何區別電詢臣館，亦因標準未定不能詳析指明。本年資政院召集在邇，若不先期詳為規定，尤恐權限爭執無已時矣。一曰行政事類不分則財政無從清理也。籌備事宜既有國家財政與地方財政之分，則國家行政事類與地方行政事類必先逐一畫分，然後行政經費始有所據以為分配清理，財政始能措手，預算決算乃可實行。今則內而各部之計畫，外而各省之措施，俱以限於財力不能進行。遇有要政，部臣不能為謀，所需之經費或令其自行籌措，或逕攤派於各省，究其歸也，往往以無款可籌之故，要政因以不行，此尤臣等所焦思而重慮者也。行政關係之巨若此，則整理機關實為本原，不容置為緩圖也明矣。惟是治病者必察其源，治絲者先理其棼，方今行政之病由於職掌不清，以致權限不明，則整理之法必先規定職掌以明權限所在，方能收整齊畫一之效。是畫分行政職權又為整理行政本原中之本原也。考行政之要義有二：一、區分事務之性質；二、區分執行之機關。國家行政事務本極繁賾，必辨其類以區之，而立為部以統之，行政事類大別有五：曰內務行政，曰外務行政，曰財政，曰軍政，曰司法。行政其他事務不在國家行政之列，即不屬國務統系之中。至分部之法各國多寡不同，我國現制設有外務部掌外務行政，度支部掌財政，陸軍部掌軍政，法部掌司法行政，而民政部、學部、農工商部、郵傳部、理藩部分掌內務行政。較之各國編制雖有异同，揆諸國情折衷已屬允當。蓋五類行政之機關缺一不可立國，中外固無二致也。至於執行機關約分四級：一曰直接官治，由中央政府依據法令直接管轄或由部特設專員分赴各省辦理直達於部者也；二曰間接官治，由中央政府委任各省官吏遵照法令執行，不再由部特設專員者也；三曰地方官治由各省官吏遵照法令奉行者也；四曰地方自治，由各自治職遵照法令奉行者也。凡中央集權之國不須設地方官治一級，以事統於民部之故。凡地方分權之國不須設間接官治一級，以事分隸於地方之故，惟是我國情形不同，純然中央集權與純然地方分權之制均難適用，揆時度勢，似以四級具備為宜。臣等再四籌維，擬以各部現行職掌為經，以四級機關為緯，分別部居，列為簡表。遇有應行改并增減之處，附加按語，纂成行政綱目一編，繕具清本，恭呈御覽。俟命下後，即由臣館咨送各該衙門逐條核酌，如有尚須量為變通損益及事隸兩部或數部者，由各該衙門分別會商詳細簽注，限兩月內咨覆到館，再由臣館詳加釐訂，會同內閣會議政務處覆核具奏，請旨欽定實行。此後籌備事宜如釐訂官制、清理財政等項，悉據此以為準，其資政院暨諮議局權限亦即以此為範圍，庶幾綱舉目張，有條不紊矣。如蒙俞允，即由臣館咨行各衙門欽遵辦理。謹奏。宣統二年二月二十九日奉旨：著依議。欽此。謹將行政綱目一編繕具清本，恭呈御覽。

行政綱目總論

謹按：憲法大綱君主立憲政體，君上有統治國家之大權，凡立法、行政、司法皆歸總攬，而以議院協贊立法，以政府輔弼行政，以法院遵律司法等語。是所謂政府者乃君主行使大權所設機關之一，決非以君主為政府之長。所謂君主無責任也，惟君主無責任，斯必有負責任之政府。又必先將政府事務分配明確，始知責任之何所屬也。凡一國之事務大別有二：一曰國家事務，一曰皇室事務。立憲政體必先於此二者分別規定，是為第一要義。中國政治自昔宮府不分，國朝雖設內務府以領贊御左右諸司，而所司職掌，僅當今世各國宮內省之一部分，此外特設衙門處所及事之散隸於各部院者尚多，將來固應與皇室大典別為規定。茲謹先就國家行政事務分別部居，條分而縷析之，計為表十有二，各附以說，全國行政綱目略具，於是由是釐定官制、清理財政、編制法令，悉將依此為準，而諮議局、資政院議事之權限亦有一定之範圍矣。

國家行政事務類別表第一

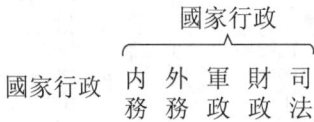

國家行政：司法　財政　軍政　外務　內務

國家行政

謹按：內務、外務、軍政、財政、司法五者缺一不可以立國，而國家行政事務此五者足以盡之。是為行政分類之通義，接諸學理事實，均極精確，莫可增減者也。

國家行政事務分部表第二

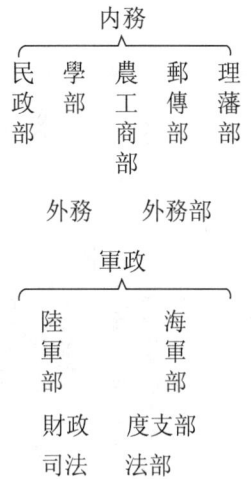

內務：理藩部　郵傳部　農工商部　學部　民政部

外務　外務部

軍政：海軍部　陸軍部

財政　度支部

司法　法部

謹按：各國建置部省之數多寡不同，而悉準此五類以為分合。五類之中有必不可析為二部者如外務，如財政，如司法，皆惟一而不可分，各國亦無分設者。軍政有海陸軍之殊，各國或只設一部或並設二部，則視乎其國軍事之繁簡若何。至於內務行政範圍最廣，事務較繁，各國大率分設多部以司之。我國現設民政部、學部、農工商部、郵傳部、理藩部五者皆屬內務行政，適合現在情形，固可毋庸增減。其吏、禮兩部既不負憲法之責任，即不屬國務之統系，故未列表。此外籌備事宜清單及官制草案如弼德院、軍諮府、行政審判院、審計院之屬皆為特設機關而不在責任官制之列，惟其事既屬國家行政，此項經費仍列入豫算案之內焉。

國家行政機關等級表第三

第一級	直接官治	中央政府所執行政務及特設官吏，於各省奉行中央政府所制定之法令者。
第二級	間接官治	中央政府制定法令，惟非直接執行又不特設官吏，即委任各省官府行之者。
第三級	地方官治	各省官府所制定法令，使地方官吏奉行之者。
第四級	地方自治	中央政府或各省官府所制定法令委任地方自治體行之者。

謹按：行政制度有中央集權與地方分權之別。我國廣土衆民分省而治

由來已久，其制為他國所無。凡純然集權與純然分權之例皆難適用，故雖全國政治必須統一，將來終以中央集權為歸，而今日則尚未能遽行也。茲謹融會列國成規，按切我國情事，分別四級如上表，然後就分部事務逐一縷析，分隸各級，庶幾綱舉目張焉。

又按：所謂地方行政者特就執行之機關分別稱之，實則同屬國家之事務，非謂地方與國家分離而對立也。即所謂地方自治者，自國家一面觀之，亦為國家行政機關之一部。惟因國家不設官吏而委諸自治體行之，故不曰官治，而曰自治，例如徵兵、賦稅、户籍之類皆屬直接官治，而日本恒委任自治體執行是其例也。

外交行政事務分配表第四

按：現制外務部四司曰和會、曰考工、曰榷算、曰庶務，茲就原定章程所列職掌事務分配如表。其新定秘書廳章程尚未刊布，故不列入。又外交事務純屬中央行政，故地方官治、地方自治兩級亦不贅列於表。

凡表內作●●式者謂事項應屬於此級，其作○式者則以示其不屬於此級也。

司別	事務條目	直接官治	間接官治	附考
和會司	各國使臣覲見會晤。	●●	○	按：使臣覲見，應由外務部大臣帶領，至入宮禮節，將來應與接待外國貴賓并隸宮職。
和會司	請賞寶星。	●●	○	按：中外衙門有奏請給洋員寶星之事，將來應統歸外務部核定具奏。
和會司	奉派使臣更换領事。	●●	○	按：此項與第五項，應歸承政廳辦理，以符官制通則，各部準此。
和會司	文武學堂事件。	●●	○	應劃歸學部及陸、海軍部。
和會司	本部員司升調各項保奬。	●●	○	見前。

司別	事務條目	直接官治	間接官治	附考
考工司	鐵路、礦務、電綫、機器製造、軍火、船政等項。	●●	鐵路、礦務、機器三項有可屬之間接官治者，應由主管之部核定。	應劃歸郵傳、農工商、陸、海軍等部，其路礦事務有關交涉者，仍應由各該管衙門會同本部辦理。
考工司	聘用洋匠、洋員、招工及出洋學生事件。	●●	○	應劃歸各該管衙門辦理，惟所訂合同有關重要者，仍應咨送本部查核。
榷算司	關税商務行船等項。	●●	○	管理關税事項，將來應劃歸度支部，商務行船應歸農工商部、郵傳部，其與各國定約、改正税則等事應由本部辦理。
榷算司	華洋借款。	●●	○	應歸度支部主辦，惟有關交涉者，應會同本部辦理。
榷算司	財幣	●●	○	應劃歸度支部。
榷算司	郵政	●●	○	應劃歸郵傳部，現在此項事宜多與交涉有關，應會同本部辦理。
榷算司	本部經費、使臣支銷經費。	●●	○	
庶務司	界務	●●		按：近年，界務以特派大臣辦理者居多，將來遇有事關一省者，似可委任該省督撫辦理。
庶務司	防務	●●		應劃歸陸、海軍部，其與交涉有關者，應會同本部商辦，或委任各省督撫、各路大臣辦理。
庶務司	傳教、游歷、保護償恤、禁令、警巡、詞訟等項。	●●	●●	按：此項大率關於地方，應由特設之交涉使辦理，或委任各省督撫辦理，其禁令、警巡、詞訟應歸民政部、法部主辦。

謹按：外交行政與軍政同為對外之行動，與普通行政迥殊，不能以法令豫為規定，必須臨機應變，始能因應咸宜，故各國制度大率取決閣議，然後由外部執行之。不但和戰訂約重要國際交涉為然也，凡屬國際之事幾無不經閣議者，其當屬直接官治固無疑義。惟我國幅員廣袤，中央政府時有鞭長莫及之虞，勢不能不擇其事之，無須直接者委諸督撫。又比年各國遇有地方細故，恒逕與中央政府交涉，亦非得策，擬將能以法令或條約所能豫為規定之事項，如庶務司職掌第三款所載傳教、游歷等事與關於國際私法之事，特設交涉使於各省，令其執行。其未經規定者，則仍稟承外務部訓令。當未設交涉使以前，仍委任各省督撫行之，而為間接官治，亦權宜之計也。至於國際條約最為要政，而原定章程未經明載，亟宜補入，至合同事件權利義務關乎全國或二省以上者，應屬直接官治。其祇關一省者以屬間接官治可也。

財政事務分配表第五

按：現制度支部十司：曰田賦、曰漕倉、曰稅課、曰管榷、曰通阜、曰庫藏、曰廉俸、曰軍餉、曰制用、曰會計。茲就原定章程所列職掌分配如表：

司別	事務條目	直接官治	間接官治	地方官治	地方自治	附考
田賦司	各直省地丁正耗完欠奏銷。	●●	●●	新制試行之初，仍可分別暫委地方官執行。	●●	按：現制純屬委任制度，然其事則本屬直接官治也。
	新增地丁、隨糧各捐，規復徵額差徭。	●●	●●	同上	●●	按：差徭之制，似宜變通而劃歸民政部委任自治體行之，其事關郵遞者，或歸并郵傳部。

司別	事務條目	直接官治	間接官治	地方官治	地方自治	附考
田賦司	籌議墾務	●●	●●	●●	●●	按：此項與農工商部所掌互有出入，應酌行劃分并省。
	清丈田畝，改正地租升科定則。	●●	○	●●	●●	按：日本改正地租成案，以自治體之力居多，將來似應仿行，惟定則悉由部頒。
	稽核內務府八旗莊田地畝。	●●	○	○	○	內務府莊田地畝應劃歸皇室事務。
	稽核賜復免科除役蠲賦緩徵。	●●	○	○	○	
	稽核州縣交代事宜。	●●	○	○	○	按：將來改定徵收法則，交代事例亦應改正。

謹按：清理財政歲入之事當以分別國家稅與地方稅為先，我國以田賦為國家惟正之供由來已久，自宜列入直接官治。惟向來徵收之法大抵由户部責成督撫藩司而督撫藩司責成州縣，州縣亦鮮有直接徵收者，則假諸吏胥之手，相沿日久，流弊滋多。將來改正賦課之法，則徵收法亦不得不改，特不能處處由部派員往徵，仍可委諸地方代行。又從前未有地方自治制度，故徵收機關以州縣官為最下級，州縣責任亦以此為最重。今既頒行地方自治章程，將來徵收事務亦可酌委府廳州縣自治體協同辦理，仍由地方長官稽查董率以免流弊。至耗羨本為州縣陋規，國朝雍正年間乃化私為

公，規定額數以其一部充各地方官養廉，其餘則充地方公費。所有管理之權職在直省藩司，每年督撫奏銷報部而已。考其性質頗與各國附加稅之例相似，將來或即改為地方附加稅以充地方經費，應屬之地方官治者矣。

司別	事務條目	直接官治	間接官治	地方官治	地方自治	附考
漕倉司	各直省漕糧漕折漕項等奏銷考成，春秋撥册及臨時蠲緩等項。	●●	○	○	○	按：將來實行豫算，則撥册之制亦必酌改。
	稽核京外各倉積儲支放。	●●	○	○	○	
	各省兵米穀數籌備賑撫各事宜。	兵米舊制將來應行酌改。	○	●●	○	兵米之外，餘皆關於地方事宜，應列地方官治，隸民政部。

謹按：漕糧、漕折、漕項等所以充京官及八旗兵丁人等俸米廩給之用。無論正兑、改兑、本色、折色，其性質純屬中央政府收入，應列直接官治，惟自裁漕運總督以後，事歸督撫兼理，除江浙兩省糧道外，無復特設督運之官，其徵收折算方法亦仍由州縣辦理，故并列入間接官治。

司別	事務條目	直接官治	間接官治	地方官治	地方自治	附考
稅課司	稽核常洋各關收支。	●●	●●	○	○	按：加稅免釐載在條約，將來釐金既裁，則常關亦應一律議廢。
	稽核各省商貨統稅及當雜各稅。	○	○	●●	○	此與第三第四等項除印花、烟酒稅外應參酌情形分別劃作地方稅。
	籌計各省新增稅項烟酒雜捐機器製造各貨稅。	●●	○	●●	○	
	發給各省田房稅契貨商牙帖及一切印花。	●●	○	●●	○	
	考核進出稅則發給關單執照。	●●	●●	○	○	
	考核官物暨新法製造應否免稅。	●●	●●	○	○	
	查核各關出入口貨稅收數比較各事宜。	●●	●●	○	○	

謹按：第一項常洋各關自其性質而言，純屬國家稅之收入，自徵稅機關而言則兼直接官治與間接官治兩級。現制常關監督或特派京員充當或以督撫將軍道府兼攝海關監督，則以總督或道員兼任，未能一律。至洋關雖各設監督而徵收之權則寄諸稅務司，名義雖隸稅務大臣之下而實權尚未能統一。竊謂將來整理稅制，此項關稅管理之權應悉歸之度支部，以厚中央政府之財力。至管理機關或概由部特派官吏或仍酌委地方官吏，此則因地制宜不嫌歧出，惟法制必須一致規定耳。

本司所掌第五項、第六項、第七項各事宜均與第一項洋關辦法以類相從。其第二、三、四等項所舉稅目除烟酒、印花稅應屬國家外，應如何分別國家稅、地方稅之處由本部酌核釐訂。查近年以來各直省攤派賠款及舉辦新政各費歲有增加，稅源亦搜括殆盡。將來整理稅法自當統籌全局，停罷厲民之雜捐而確定正宗之稅源，庶財政可望起色。然今日各省稅捐所以名目繁多者，因此項稅源非第以供地方之用也。中央政府之事務既悉委於地方，其經費亦即攤於各省。則各省之多所取求勢所必至，故必先分中央地方之事務，次分中央地方之財政，然後圖税法之改良，以厚中央之財務又留其有餘以備地方行政之需，俾各種事業得以發達，則税源因之益充，庶异乎支支節節而為之者矣。

司别	事務條目	直接官治	間接官治	地方官治	地方自治	附考
管榷司	掌各省鹽法。	●●	○	○	○	現已漸廢督撫兼鹽政之制改為直接官治
	稽核引票課厘租税規羨雜款加增折價場課竈課井課畦税各項考成，奏銷春秋撥冊貢鹽京餉帑利飯銀紙硃各款。	●●	○	○	○	以下二項均屬鹽政事務應與第一項一律辦理。
	盤查運庫道庫鹽屬各官交代更换綱總認辦引岸。	●●	○	○	○	鹽官應别行編制直接京部不隸督撫。
	兼管茶引茶課羨截土藥統税。	●●				現制屬間接官治，將來茶税似應廢止。
	籌議專賣各事宜。	●●	○	○	○	此項為國家税收入大宗，應屬直接官治。

謹按：本司所掌第一項至第四項均屬鹽政事務。舊制鹽政特派大臣充之，後改以督撫兼任。又現制鹽運使司與所屬鹽官亦已悉隸督撫之下，是由直接官治一變而為間接官治也。軍興以來行鹽區域之廣狹乃以督撫權力之大小為準，各省行鹽之法不一，課税起解亦不一。近年迭行鹽觔加價，官鹽騰貴，私鹽暢銷，於是鹽引疲滯、鹽課積逋、官商交病、餉源愈絀、民生益困，至此極矣。今已漸廢督撫兼鹽政之制，復為直接官治并擬改定鹽官制度，雖未能遽行專賣之法，但先將制鹽區與販鹽區通盤籌畫，而採用純益税之法規定税率，至於徵收方法或採就場徵税之議，則鹽課收入必增巨款，官民交便，再進而圖行專賣不難矣。第五項茶税現在入款無多而於茶業之發達不無窒礙，似應酌議變通。至土藥抽税辦法亦與禁烟事宜相妨，將來亦在停罷之例。第六項專賣事宜應屬直接官治。

司别	事務條目	直接官治	間接官治	地方官治	地方自治	附考
通阜司	稽核各省金銀銅鉛礦務，雲貴等省銅鉛運務。	●●	○	○	○	稽核礦務應由農工商部辦理，其雲貴等省銅綱之制，將來亦應酌改。
	籌鑄金銀銅各種貨幣。	●●	○	○	○	
	核議製造紙幣。	●●	○	○	○	
	代造商家銀行行使品憑票。	●●	○	○	○	
	訂正總分銀行總分造幣廠各章程。	●●	○	○	○	
	籌畫全國流通貨幣辦法。	●●	○	○	○	
	調查全國需用貨幣數目。	●●	○	○	○	
	稽核銀行造幣廠印刷造紙等廠局報告。	●●	○	○	○	
	核計各省購買銅鉛各事宜。	●●	○	○	○	

謹按：貨幣制度事關全國，權當中央自應概屬直接官治。至各省地方官立民立銀行之監督亦可委任於督撫，惟法規則仍由本部制定。

司別	事務條目	直接官治	間接官治	地方官治	地方自治	附考
庫藏司	稽核國庫出入款項。	●	○	○	○	
	各直省報解京餉各項經費。	●	○	○	○	整理財政之後則直省指撥報解之制，亦必另行規定。
	收放顏緞兩庫物料核定折價。					應劃歸皇室事務。
	核議蘇杭兩省織造奏銷。					應劃歸皇室事務。
	盤查銀緞顏三庫。					國庫制度定後銀庫即應歸并。
	稽核各省司道庫儲新舊案減平銀冊。	●	○	●	○	將來改定幣制自無所謂減平，又地方財政分析以後，則省庫應歸地方官治。
	本部飯銀出入。	●	○	○	○	按：飯銀名目將來應一律改易。

謹按：國庫制度都為三種，內有中央與地方各設國庫之一種辦法。我國部庫之外各省各有司庫，與此制合，惟因收入向無國家與地方之分，故國庫性質亦不能立，國家與地方之別耳，將來清理財政按照行政事務以為分配，則凡屬直接官治及間接官治經費悉由國庫出納，地方官治經費則悉由省庫出納。此則應於會計法規定之以為豫算、決算編制之準也。

司別	事務條目	直接官治	間接官治	地方官治	地方自治	附考
廉俸司	稽核京外王公百官廉俸。	●	○	●	○	在京廉俸歸直接官治，其由部特派之官吏亦然，惟地方行政官廉俸，可歸地方官治。
	各處駐防官兵半俸半餉養贍。	●	○	○	○	兵制改定後，此項應歸軍餉司辦理。
	紅白事賞	●	○	○	○	同上
	各衙門經費事宜。	●	○	○	○	按：此項當專指京師各衙門經費應改隸會計司。
軍餉司	稽核全國海陸軍餉項。	●	○	○	○	
	長江水師餉項。	●	○	○	○	以下四項將來編制新軍變通旗制、裁汰綠營以後，則所有事宜亦應隨改。
	在京各旗及各駐防餉項。	●	○	○	○	
	各省綠營官設警兵餉項。	●	○	○	○	
	各省報解協餉事宜。	●	○	○	○	

謹按：軍事為直接官治，惟現在情形有應暫屬間接官治者，別詳軍事行政篇內，然雖屬間接官治而稽核之任仍屬直接官治也。

司別	事務條目	直接官治	間接官治	地方官治	地方自治	附考
制用司	籌撥京協各餉。	●	○	○	○	整理財政之後，此項事宜，亦必另行規定，至凡關於豫算款項應統歸本部。
	稽核各項工程領款。	●	○	●	○	綜核其稽核決算則屬審計院之權，本部現辦核銷之事應行改并。
	一切例支雜支札庫事宜。	●	○	○	○	
	各處河工海塘歲修款項。	●	○	○	○	河工海塘，如僅關係省者，應歸入地方官治或地方自治。
	路礦郵電本利。	●	○	○	○	
	福建船廠經費報銷。	●	○	○	○	應并歸海軍項下。
	一切官有財産出入事宜。	●	○	○	○	
會計司	綜核全國歲入歲出款目，編豫算決算表式。	●	○	●	○	各省豫算決算應屬地方官治。
	匯纂各部各省財政統計。	●	○	○	○	廉俸司所掌各衙門經費，應改隸本司管理。
	頒布各項簿計法式。	●	○	○	○	

司別	事務條目	直接官治	間接官治	地方官治	地方自治	附考
會計司	核訂各項特别經費、特别報銷。	●	○	●	○	各省如有特别會計，應屬地方官治。
	籌計頒布國家公債。	●	○	●	○	各省地方公債應屬地方官治。
	核算賠還洋款。			●	○	將來此項賠款，若仍照現在攤派定額辦理，應兼列地方官治。
	核辦各省春秋冬撥册事宜。			○	○	

謹按：立憲政體以會計為最要之一端，凡屬中央行政之費應由本部編制豫算、決算而負憲法上之責，故必先分配國家行政事務而確定其經費，應由中央支付者然後豫算方能措手。現在清理財政尚未竣事，於行政經費應如何區別之處尚無把握，則度支部職掌即未能驟行規定。茲姑就原定章程臚列而分析之，至於各部事務亦但就現行章程逐一條舉。此後逐年籌備所有國家行政應行推廣者正多，則量出為入，籌畫此項政費表内所列尚不足以盡之，故本部惟有先就本表暫行籌計，以為試辦豫算之初桄而已。

軍政事務分配表第六

按現制陸軍部十司：曰軍衡、曰軍乘、曰軍計、曰軍實、曰軍制、曰軍需、曰軍學、曰軍醫、曰軍法、曰軍牧。茲就原定章程所列職掌分配如表。

司別	科別	事務條目	直接官治	地方官治	地方自治	附考
軍衡司	遴材	武職月選	●●	○	○	按：綠營盡裁之後，按照新章補授遷轉，則月選之制應廢。
	任官	綠營官弁輪升撥補。	●●	○	○	同上
	旗務	旗營官員輪升拔補。	●●	○	○	變通旗制之後應一律按照新章辦理。
	蔭襲	蔭襲封典	●●	○	○	文武蔭襲事務將來均應歸内閣主辦。
軍乘司	驛傳	軍臺驛站牌票貢、軍馬各項事宜。	●●	●●	○	按會典：各省驛務隸於州縣，間有設驛丞專司之者，均以道府稽察，復以按察使兼驛傳事務總核一切，是兼有間接官治與地方官治之性質也。其臺站事務或統於理藩部章京或統於各路大臣，是兼有直接官治與間接官治之性質也。將來此項事務固應屬諸直接官治，然間接官治亦不能廢。至於各省鋪司則純屬地方官治，將來應劃歸各省辦理。又，軍馬各事將來應并入軍牧司，牌票各事或隨郵政變通而均屬直接官治，其捷報處馬館亦擬并省。
	銷算	同上	●●	○	○	
	配戍	遣配等事	●●	○	○	

司別	科別	事務條目	直接官治	地方官治	地方自治	附考
軍計司	考績策勳 恤賞議罰	陸軍官佐補官任職并旗綠防營員弁之敘功議過各項事宜。	●●	○	○	按：此項事務與軍衡司職掌相同，將來一律實行新制，自應并省。
軍實司	製造保儲	器械彈藥一應軍裝製造存儲銷用各項事宜。	●●	●●	○	此項本屬直接官治，惟軍制甫行之初，亦有委任督撫奉行而為間接官治者。
軍制司	搜簡步兵 馬兵炮兵 工兵輕重 臺壘	陸軍一切制度編制徵調補充各項事宜。	●●	●●	●●	按：編制事務純屬直接官治，現在三十六鎮未經練齊，不能不暫委各省督撫籌辦而兼列間接官治，至將來軍制大定，關於徵兵調查事務，亦應有委諸地方自治者，故并列焉。
軍需司	統計糧服 建造	陸軍軍隊及各學堂局廠薪資餉項軍裝建造并經理人員教育各項事宜。	●●	●●	○	
軍學司	教育步隊 馬隊炮隊 工程隊輜重隊要塞	陸軍各學堂教育及各項隊伍操法，官兵學術教練程度各項事宜。	●●	○	○	按：此項屬於軍隊教育訓練事務，應由本部制定章程通行全國，故專列直接官治。

司别	科别	事務條目	直接官治	地方官治	地方自治	附考
軍醫司	醫務 馬醫	陸軍衛生療傷醫藥及軍醫馬醫教育各項事宜。	●●	○	○	應屬直接官治。
軍法司	不分科	陸軍一切法律及陸軍監獄各項事宜。	●●	○	○	應屬直接官治。
軍牧司	均調 番殖	掌各項馬匹孳生牧養及整頓改革頒行馬政各項事宜。	●●	○	○	

謹按：軍事行政必須全國統一，其在中央集權之國純屬直接官治，并間接官治而亦無之。中國創行伊始，不能不兼列間接一項，惟於地方官治殆無關係，故表内不備此格。至海軍部章尚未制定，惟其事務應純屬直接官治而無須兼列間接一項焉。

立憲國之軍政純屬對外行政，與外交同其編制也，即不能使地方各自為政，其行動也亦不能聽地方各自為戰，故列國制度大抵以屬中央行政之範圍。惟德意志帝國分統帥事務與行政事務截然為二不相混淆，即於憲法規定大綱，更於陸軍法詳為區别。蓋德為聯邦國不得不然，非他國所能模擬。日本制度統帥權與行政權亦分兩事，而又有聯屬事務之一種，故日本軍制可分為三。一曰統帥事務，掌國防用兵等事。由陸軍參謀本部或海軍軍令部計畫定策而陸軍參謀總長或海軍軍令部長單銜奏請勅裁可之後，由參謀總長或海軍軍令部長移會陸海軍大臣，下於師團或艦隊，故凡軍令無不經由陸海軍大臣者。蓋雖屬統帥事務亦不無與法律豫算相關者，陸海軍大臣苟未與聞於前，即不能負責於後也。二曰軍政事務，掌軍人軍事各項事宜。凡可以法律命令規定之者皆隸焉，由陸海軍部直接統理者也。三曰聯屬事務，例如建築要塞一事，其相度形勢則屬於國防用兵之計畫，其籌款興工則屬於陸海軍部之軍政，故曰聯屬事務。軍隊之編制亦然。戰時編制與平時不同，戰時編制屬於統帥事務，平時則與經費有關，與普通行政無异。此項聯屬事務日本辦法有二：一由陸軍參謀本部或海軍軍令部具案，會同陸海軍部協議分為兩次，第一次為豫備協議，第二次為本協議。豫備協議磋商最詳需時較久，議定之後編成公文。重開正式會議謂之本協議，此時惟會同畫諾而已，畫諾之後，其事關陸軍者則由參謀總長會同陸軍大臣具奏，其關於海軍者則由軍令部長會同海軍大臣具奏是也。一由陸軍部或海軍部具案會同陸軍參謀本部或海軍軍令部協議會奏是也。此外尚有陸軍與海軍相關之事應行會商者，則又有軍事參議院以資聯絡，此日本軍制之大要也。

國朝兵制修明，凡命將出師無不禀承廟略。雍正年間初設辦理軍機處，用兵方略於此傳達，實司統帥事務，其餘一切政令仍掌兵部。厥後軍機處贊理萬機事無不統，於是統帥機關遂侵行政權矣。咸同以來海内多故，兵權寄諸督撫，於是行政機關又侵統帥權矣。邇者改設陸軍部以綜行政事務，又先設軍諮處以綜統帥事務，從此軍政可期統一。惟兵權之能統一與否，實以財政權之能統一與否為斷，各國軍事豫算皆由中央政府制定，故軍隊編制亦由中央政府定之，我國財政尚未整理，中央財力甚薄，於是陸軍三十六鎮之計畫仍責成督撫籌辦，近日籌設海軍經費亦攤派各省認解，此皆與集權之旨不相吻合者。夫能厚集財力於中央，舉統帥事務、軍政事務悉歸中央主辦者上也。如尚未能遽行而兼用間接官治，則應亟籌暫行之法，務使統一之方針與財政之關係兩無所妨，斯為目前之急務矣。

又按：軍政為國家事務，國務大臣何者應負責任即何者應令與聞。日制凡統帥事務嚴守秘密，概不經由内閣而由陸海軍大臣擔負責任，承旨施行。凡軍政事務率與法律豫算有關，必付閣議，然後施行。至於聯屬事務雖與法律豫算有關，而事屬軍機軍令當守秘密，亦即不付閣議，由陸海軍大臣具奏施行，惟事後通告總理大臣而已。如事體重大須與國務大臣會商者則奏請敕裁，以特旨下付閣議，此日本内閣官制第七條所規定者也。我國設軍諮府以綜統帥事務，設陸海軍部以綜軍政事務，獨於聯屬事務尚未設有機關，又於國務責任尚未籌及。據内閣官制草案第十條，以軍國重要事件為應開閣議之一，所謂軍者係指何項事務而言，别無明文。按軍諮府官制草案第三條共有應商之内閣及陸海軍部者，亦准請開閣議等語，當即内閣官制所稱軍國重要事件而條文尚未完密，當改為軍事重要之件有關於法律豫算者請旨付閣議云云，乃為完善。又按本條文義所謂應商内閣與否，即審量其事與國家法律豫算有關與否，此屬於軍諮大臣之權，然苟事實有關者而軍諮大臣誤以為無關，不付閣議，將來如有違背豫算而生違憲問題之時，則應何人負責。蓋國務大臣即未與聞，則不應負責，軍諮大臣又非國務大臣，亦不能負責，於是責任遂無所歸矣。當補之云：軍諮大臣所奏擬之計畫命令請旨飭下陸海軍大臣辦理。儻陸海軍大臣以為有違憲法者得以封駁云云，庶幾責有攸歸，否則飭下辦理之事，而陸海軍大臣以為違憲不敢負責者此時惟有辭職一途而已。考日本有軍事參議院，陸海軍大臣兼充軍事參議官。凡帷幄上奏事件皆為其所與聞，自無此弊。我國既設軍諮府，則軍事參議院亦不可不并設也明矣。惟現在軍制尚未完備，經費亦復不充，多設機關轉致糜費，故憲法未經頒布以前不妨暫仍現制，但將軍諮處陸軍部辦事權限切實分析則目前之要務也。

司法行政事務分配表第七

按：現制法部二廳：曰承政、曰參議；八司：曰審録、曰制勘、曰編置、曰宥恤、曰舉敘、曰典獄、曰會計、曰都事。茲就原定章程所列職掌分配如表。又司法行政必須統一，現在創行伊始，間有委任督撫籌辦者，故兼列直接官治與間接官治，而地方官治、地方自治兩級不贅於表。

司別	事務條目	直接官治	間接官治	附考
承政廳	稽察各司重要事務。	●●	○	
	總辦秋朝審實緩進呈册本、兼核恩赦減等事宜。	●●	○	按：此可劃歸各司辦理而統於前項稽察之內。
	掌本部所轄之京外各職員進退。	●●	●●	按：現擬直省提法使官制凡奏補屬官詳由督撫咨部辦理故兼列間接官治。
	區畫各審判廳局轄地。	●●	●●	按：直省審判區現由各省督撫籌畫故兼列間接官治。
	調度司直及司法警察事項。	●●	○	按：司直官名業經奏改為檢察官。
參議廳	審定各司重要事務詳核各司駁議稿件。	●●	○	
	纂修律例、條定新章、調查中外法制內地風俗。	●●	●●	按：現設修訂法律大臣專司其事，將來應行并省，又調查事件兼列間接官治。
	編纂通行條例、統計書表。	●●	○	
	撰擬章奏文移及秘密函件。	●●	○	按：此項應劃歸承政廳。
	律師注册事項	●●	○	同上
審録司	分掌朝審録囚	●●	○	
	覆核大理院各裁判廳局暨直隸、察哈爾左翼、兩廣、雲貴刑事民事各項案件。			按：審制事務必須獨立，不應隸司法行政之下，現在覆核既歸大理院專辦，其屬蒙古回藏者，應如何變通之處，於理藩部職掌定之。
制勘司	分掌勘定秋審實緩宣告死刑。	●●	○	
	四川、河南、陝西、新疆、烏里雅蘇臺、科布多刑事民事各項案件。			按：此項應遵旨劃歸大理院專辦。
編置司	分掌京外奏咨減等盜犯定地編發給官兵為奴。	●●	○	按：刑律改訂後給官兵為奴一條應刪除。
	奉天、吉林、黑龍江、山東、山西、察哈爾右翼、綏遠城、歸化城刑事民事各項案件。			按語見前

司别	事務條目	直接官治	間接官治	附考
宥恤司	分掌恭辦恩旨恩詔、赦典頒降條款、清理庶獄。	●●	○	
	江蘇、安徽、江西、福建、浙江、湖南、湖北刑事民事各項案件。			按語見前
舉敘司	分掌請補各司員員缺功過事故京察奏留。	●●	○	按：此項應歸承政廳辦理。
	法部應行監督各衙門廳局請簡請補升降各官缺。	●●	○	同上
	考驗法官書記律師法律畢業各員事項。	●●	○	同上
典獄司	分掌直省監獄警察習藝所罪犯名册衣糧費用。	●●	●●	
	編纂牢獄之規則、統計書表事項。	●●	○	
會計司	分掌本部出入經費、一切豫算決算款項。	●●	○	
	納贖收贖罰金、充公贜物財産、罪犯習藝成績販賣訟費及各項之統計書表報告事件。	●●	●●	按：此項應兼列間接官治者甚多。
都事司	分掌繙清譯漢謄繕專摺值日遞摺遞牌典守堂印謄繕匯奏速議核議各省摺件。			按：所舉各項為普通例行公事，非司法行政衙門所獨有，無須特立專司應歸并承政廳。
收發所	分掌收發定罪人犯京外來往文件摺奏逾限之統計書表、賞罰書手皂差禁卒宣告各項示諭發收，修造刑具暨閣署工程各事項。			按：收發罪犯修造刑具均不應隸本所，此外所列各項其已細甚與都事司同應從并省。

謹按：司法事務純屬國家行政，東西各國皆以屬諸中央政府，由司法大臣主之。其各地方審判官長亦以司法大臣所派官吏之資格行之於各地方，惟是司法大臣所掌事務乃司法行政之事務，絶不與審判事務相混。審判官之進退由司法大臣按照法律執行，至於審判事務則決不容干預，此為司法獨立之要義。我國現在頒布法院編制法，業經欽奉諭旨將司法行政事務與審判事務明確分析，當實行之初，司法行政事務應如何分配，誠不可不預為籌及，若仿各國通例則當悉屬直接官治而不容有所謂間接官治者，至於地方官治更不待言，惟就現在情形而論，尚有必經之階級，未能一蹴而幾，則間接官治所不能廢。考司法行政事務有關於人事者、有關於財政者，其關於人事者如審判官之任免等事，必由法部大臣直接處理，以符司法獨立之本旨。其關於財政者如審判廳之設置、監獄之改良等事，則不妨暫委督撫籌辦而為間接官治亦權宜之計也。

內務行政事務分配要例

謹按：內務行政範圍最廣，考諸列國之成規，參以學者之義例，大抵分為三宗：一曰民庶行政如警察、户籍、衛生等項，凡關於人民身體之事務是也。日本以內務省掌之，我國則掌諸民政部；二曰民富行政如農工商、郵輪、電路礦等項，凡關於國民財産之事務是也。日本以農商務省、遞信省掌之，我國則掌諸農工商部、郵傳部；三曰民教行政，如教育、學術、技藝等項，凡關於國民道德知識之事務是也。日本以文部省掌之，我國則掌諸學部。此外更有拓殖事務，日本初辟北海道時曾設專省掌之，今則歸并內務省。我國初設理藩院統治蒙古回藏，今改院為部。其機關雖視內地省制有別，其統系實與地方事務一律，自應列入內務行政之內。以上各部所掌其可以劃歸地方官治者，較諸他部事務為多，茲仍各以事務為經，機關等級為緯，區以别之，其區别準則舉例如下：

一　凡非全國畫一通行不能達其主旨者必屬國家行政，反是則可以屬諸地方行政。

二　凡權利效力普及全國者必屬國家行政，反是則可以屬諸地方行政。

三　凡非合全國之力不能舉辦者則以屬國家行政，反是則可以屬諸地方行政。

民政部行政事務分配表第八

按：現制民政部五司：曰民治、曰警政、曰疆理、曰營繕、曰衛生，茲就原定章程所列職掌分配如表：

司別	事務條目	直接官治	間接官治	地方官治	地方自治	附考
民治司	稽核地方行政地方自治。	●	●	○	○	
	編審户口、整頓風俗禮教。	●	●	○	○	編審户口亦可委任地方自治。
	核辦保息荒政。	●	○	●	●	
	移民僑民各事項。	●	●	○	○	

按：第一款所稱地方行政當統各直省行政事務而言。將來應如何分別歸部稽核則屬於官制問題，茲不具論。至所稱地方自治，是否僅指府、廳、州縣上級自治抑兼括城鎮鄉下級自治，尚無明文。考各國下級自治體之監督機關以中央民部為最上之一級，是為通例。而現行城鎮鄉自治章程第一條衹有受地方官監督一語，并無上達於部之文，然據理而論，則無論上級自治與下級自治皆應以民政部為最上之監督，故宜屬諸直接官治。惟監督府廳州縣及城鎮鄉自治體亦屬間接官治應有之職權。至編審户口、移民、僑民事項則與國家徵兵、徵税重有關係，整飭風俗禮教亦為全國統一之事，均應屬之直接官治或間接官治。至核辦保息荒政似可屬諸地方官治，且中國救恤之政最為發達，京外善堂義聲素著，是又可屬諸地方自治也，但遇有規模宏大須由國庫支辦者，則應屬直接官治耳。

司別	事務條目	直接官治	間接官治	地方官治	地方自治	附考
警政司	核辦行政警察。	●	○	●	○	按：行政警察厥類不一，應歸地方辦理者居多。

司別	事務條目	直接官治	間接官治	地方官治	地方自治	附考
警政司	司法警察	●	○	○	○	第二、第三兩項純屬直接官治，但創行之初暫委諸督撫亦可。
	高等警察	●	○	○	○	
	教練警察各事項。	●	○	●	○	按：此與第一項皆應兼列地方官治。
疆理司	核議地方區劃統計土地面積。	●	○	○	○	
	稽核官民土地、收放買賣。	●	○	○	○	
	核辦測繪、審訂圖志各事項。	●	○	●	○	
營繕司	督理本部直轄土木工程。	●	○	○	○	
	稽核京外官辦土木工程及經費報銷。	●	○	●	○	
	保存古迹，調查廟宇各事項。	●	○	●	●	按：京師官辦工程為直接官治，其外省工程及經費核銷應屬地方官治。
衛生司	核辦防疫衛生檢查醫藥設治病院各事項。	●	○	●	●	按：此項事務純屬地方行政惟必須畫一之章程，應由部規定通行耳。

此外，如習藝所消防隊等項輕而易舉，應屬地方官治，至禮部、工部先後劃歸本部之兩陵事項，屬皇室事務。

按：日本内務省官制設有神社局。神社之大別有二：一曰伊勢神宮；一曰諸神社。伊勢神宮純由國立所置，神官亦有敕任、奏任、判任之別。與國家官吏同一切經費，由國庫動支，歲以五萬元為定額。諸神社有官幣社、國幣社、府縣社、鄉社、村社、無格社凡六等，其中惟官國幣社有由國庫給以補助金者，其餘則否。我國祭祀自昔列為大典，自應設有專職以司其事，將來釐訂祀典職務亦應立皇室與國家之別。如壇、廟、陵寢等項自宜列入皇室事務以保尊嚴，至於國家祀典擬分為神道、人事兩宗。神道祀典如先農城隍之類，人事祀典如昭忠賢良名宦鄉賢之類，所有例應遣官或由地方官春秋致祭者，悉由本部别設專司以典其事，并兼列直接官治。地方官治惟孔子先師為全國人士所宗仰，近已升為大祀。京師文廟以國子丞司之，隸於學部，各直省地方本均設有學官。近年京外學堂林立，無不於禮堂之内崇奉先師神位者，似應一律隸於學部而分統於直省提學使兼為間接官治焉。

學部行政事務分配表第九

按：現制學部五司，曰總務，曰專門，曰普通，曰實業，曰會計，兹就原定章程所列職掌分配如表：

司別	科別	事務條目	直接官治	間接官治	地方官治	地方自治	附考
總務司	機要科	掌理機密文書撰，擬緊要章奏及關涉全部事體之文件函電，稽核京外辦理學務職官功過及其任用升黜更調。	●●	●●	○	○	按：此項可劃歸承政廳。
		檢定教員，雇聘外國人，高等教育會議學堂衛生等事項。	●●	檢定教員可兼列為間接官治。	雇聘外國人可兼列地方官治。		按：檢定教員等款，如衛生事項應增考驗醫師藥師事務，而高等教育會議所係本部特設機關，不宜隸於本司之下。

司別	科別	事務條目	直接官治	間接官治	地方官治	地方自治	附考
總務司	案牘科	掌收儲各種公文函電案卷册籍編類編號。	●●	○	○	○	案牘科事項亦可劃歸承政廳。
		編纂統計報告兼掌各省學務報告等事。	●●	○	○	○	
	審定科	掌審核教科圖書，凡編譯局之已經編輯者，詳加審核頒行，并收管本部應用參考圖書，編録各種學藝報章等事。	●●	○	○	○	

按：本司事項除應并入承政廳外，其餘所司職掌應酌量劃歸各司局辦理，即毋庸另立總務司名目以昭劃一。

司別	科別	事務條目	直接官治	間接官治	地方官治	地方自治	附考
專門司	教務科	掌核辦大學堂高等學堂及凡屬文學政法學術技藝音樂各種專門學堂一切事務。	●●	●●	●●	○	按：日制高等專門以上學堂均由文部省直轄，我國之大學堂無論京師直省自應均屬直接官治，惟高等專門學堂應兼列間接官治，至關於高等專門學堂經費有由地方支辦者仍歸地方官治。
		稽核私立專門學堂教課設備是否合度及應否允准與官立學堂享有一律權利。	●●	●●	○	○	
		或頒公款補助等事。	●●	○	●●	○	按：此項應兼列地方官治。

司別	科別	事務條目	直接官治	間接官治	地方官治	地方自治	附考
專門司	庶務科	掌保護奬勵各種學術技藝，考察各種專門學會及耆德宿學研精專門者應否賜予學位。	●●	○	○	○	
		考察學堂與地方行政財政之關係。	●●	●●	○	○	
		掌海外游學生功課程度及派遣奬勵等事。	●●	○	○	○	
		凡關於圖書館、博物館、天文臺、氣象臺等事均歸辦理。	●●	○	○	○	按：此項皆為特設機關其附於本部者應設專員司之，不隸本司。
普通司	師範教育	掌優級師範、初級師範學堂、盲啞學堂、女子師範學堂教科規程、設備規則及關於管理員、教員、學生并學堂與地方行政、財政有關係之一切事務。	●●	●●	●●		按：所舉各項應分別兼列間接官治及地方官治兩級，惟教科規程、設備規則，悉由本部核定通行而為直接官治。
		凡通俗教育、家庭教育及教育博物館等事。	○	○	●●	○	按：此項可列入地方官治。
	中等教育	掌中學堂、女子中學堂教課規程、設備規則及關於管理員、教員、學生并學堂與地方行政財政有關之一切事務，又凡與中學堂相類之學堂一切事務。	●●	○	●●	○	按：此項應列入地方官治，惟所有規程規則均由部定。

司別	科別	事務條目	直接官治	間接官治	地方官治	地方自治	附考
普通司	小學教育	掌小學堂之設立，維持教課規程、設備規則及關於管理員、教員、學生并地方勸學所、教育會學堂與地方行政財政有關之一切事務，又凡蒙養院與小學堂相類之學堂一切事務。	●●	○	●●	●●	按：此項學堂及勸學所教育會應屬之地方官治，且可兼委令地方自治體行之，惟所有規程悉由部定。
實業司	實業教育	掌農工商業各學堂、實業教員講習所、實業補習普通學堂、藝徒學堂及各種學堂之設立維持教課規程、設備規則及關於管理員、教員、學生等一切事務。	●●	●●	●●	●●	按：各種實業教育當依地方之情形為準，一省之中或農或工或商各有所宜，必令各地方審量緩急自為權衡，然後能為適宜之設施，似可全部委諸地方官治，惟農學之與森林有關及工學之與製造工場有關，而有待國家補助者則分別屬諸間接官治。所有規程悉由部定則屬直接官治。
	實業庶務	掌調查各省實業情形及實業教育與地方行政財政之關係，并籌畫實業教育補助費等事。	●●	●●	○	○	按：此項專司調查情形及籌畫補助之事自應屬直接官治或間接官治。

司別	科別	事務條目	直接官治	間接官治	地方官治	地方自治	附考
會計司	度支科	掌本部經費之收支報銷及本部歲出歲入之豫算決算及教育恩給事宜，管理本部所有財産器物。	●●	○	○	○	按：此專指各省教育之屬直接官治或間接官治者而言，至於本屬地方官治者在各省豫算決算範圍之內，不必由部核算也。
		核算各省教育費用	○	○	●●	○	
	建築科	掌本部直轄各學堂圖書館、博物館之建造營繕，并考核全國學堂圖書館等之經營建造是否合度。	●●	●●	○	○	

此外，附設機關曰編譯圖書局，曰學制調查局，曰京師督學局，曰高等教育會議所，曰教育研究所，曰國子丞。又近日增設者曰圖書館，曰編訂名詞館。又東京使館原設有游學生監督，近復於英、俄、德、法、比各使館附設監督一員，皆本部行政之機關也。將來應擴充之處正復不少，以日制例之，若中央氣象臺、若臨時緯度觀測所，以及各項委員會、調查會之類，皆教育行政之所有事也。

又按：日本專門以上教育專屬文部省，中等教育則依據國家法令委任府縣行之，小學教育則依據國家法令委任自治體行之。蓋日本為中央集權之國，故惟有直接官治、間接官治及地方自治三種，固不僅教育行政為然也。我國較之日本多地方官治一級，此與日本不同者一。又日本無地方單行法律，故一切事務悉依據國家法令以行。我國直省有自定單行章程之權，故凡屬地方官治之事，但由中央政府定其綱要，至於細則則由各省因地制宜自行酌定，此與日本不同者二。又日本無所謂地方豫算、決算，悉匯於中央各部省而編制之，我國有各省豫算、決算之案例，於中央政府不相統攝，此與日本不同者三。此上三端，凡内務行政罔不如是，而教育行政則尤顯而易見者也。現制各省設提學使，其地位似介於直接官治、間接官治之間，實則所掌者地方官治之事，將來自應歸入各直省官制，專司地方教育行政而兼承間接官治之事。至學部之於各省，既有直轄之學堂，又學務統歸稽核，誠不可無直接之機關。查定章設有視學官，自應另定專章以司此項直接事務，與提學使相輔而行焉。又按日本維新之初，學制未能統一，其興建管理之權亦復分隸各部省，自置文部省以後，除陸海軍教育外，逐漸悉歸統轄，近日持教育統一論者謂軍事教育亦應統歸文部省管理。其説尚未能行，惟現雖仍屬諸陸海軍省，究為教育行政之變例，故自軍事教育以外其他各省不復援以為例，否則實業學校則屬農商務省。各專門學校亦各屬各省教育行政，勢必凌雜而不能統一矣。我國現在情形頗與日本前事相同，是不可謀統一之道也。

又按：三代盛時禮學兼崇，秦漢以降古禮廢墜，法令滋章。二千年來僅恃刑法以維持之，於是有禮法而無禮教。方今修訂刑律以禮為宗，而教育制度首重倫理，則修明禮教固屬學部專職。至關乎禮俗事宜向隸禮部者，應改隸民政部督率京外各地方官切實舉行，以收化民成俗之效。

農工商部行政事務分配表第十

按現制農工商部四司，曰農務，曰工務，曰商務，曰庶務，茲就原定章程所列職掌分配如表：

司別	事務條目	直接官治	間接官治	地方官治	地方自治	附考
農治司	專司農田屯墾樹藝蠶桑紡織森林水産山利海界畜牧狩獵暨一切整理農政，開拓農業，增殖農産，調查農品，組合農會，改良農具，刊布農務報告，整頓土貨絲茶。	●●	●●	●●	●●	
	各省河湖江海堤防工程，培修隄岸，建設閘壩，疏浚河道海港各處溝洫歲修款項，核銷事宜。	●●	●●	●●	●●	

司别	事務條目	直接官治	間接官治	地方官治	地方自治	附考
農司	統轄京外各農務學堂、公司局廠，各省船政及辦理商政河工水利人員，兼管本部農事試驗場。	●	○	○	○	學堂事項應歸學部，船政事項應歸郵傳部。

按：本司所掌事項約分三類：一管理事宜、二稽核事宜、三統轄事宜，謹分類疏析如下：

第一管理事宜。自農田屯墾以至土貨、絲茶皆是此項事宜。規模有大小之差，經費有巨細之別，自宜分別經理。如整頓農田屯墾等事，考日本整理耕地事務由中央勸業銀行及地方農工銀行借給資本，若猶不足則由國庫補助。又發起整理之時須呈請農商務大臣許可，許可之後設創業總會議定一切設備規則，再行呈請府縣知事認可。又整理委員議決事務須呈由農商務大臣核准實行。我國農田屯墾之事自可採用日制，兼直接官治與間接官治，惟其中規模較小者似可劃歸督撫按照定章辦理，則地方官治亦應兼列也。又如農會，考日本農會階級甚多，最下級者為町、村農會，其上為市、郡農會。又其上為府、縣農會。凡創設町、村農會須得郡長許可，市及郡之農會須得府、縣知事許可，府、縣農會須得農商務大臣許可。至農會費用，市、町、村會則由該團體補助，郡及府縣會則由郡及府縣補助。我國農會若城鎮、鄉，若府、廳、州縣，若直省均可分別舉辦，則自直接官治以至地方自治皆有關係也。又如森林，考日制有國有林、公有林、私有林、社寺林之分，以大林區署、小林區署監督之而統於農商務省山林局。大小林區署係特設官廳，與府縣無關係。我國若仿日制純屬直接官治，勢所不能。惟有委任各省督撫監督，則間接官治應兼列也。又如水産，考日本漁業有專用漁業、區劃漁業、定期漁業、特別漁業四種。專用漁業由農商務大臣許可直接官治，其餘三種則由府縣知事許可。又遠洋漁業例由國庫補助以示奬勸。我國沿海區域甚廣，中央政府之力勢難遍及，莫如制定通章委任各省執行，則間接官治之事也。至於蠶桑、紡績、畜牧、狩獵等事大抵可歸地方官治，惟事體重大者則屬直接官治。

第二稽核事宜。大抵屬於堤防水利工程款項。我國隄防之事黄河最大，自裁幷河督等官幷歸督撫，已由直接官治變而為間接官治，然稽核之權仍掌於部。惟海港事權既旁落於外人，浚浦事務復限之於條約，則幷稽核之權亦不屬於本部矣。所宜研究籌維者也，至於各省堤工水利向歸地方辦理者，應仍舊列之地方官治及地方自治。

第三統轄事宜。除京外農學堂應歸學部，各省船政應歸郵傳部外，其餘各項皆屬直接官治。

司别	事務條目	直接官治	間接官治	地方官治	地方自治	附考
工務司	專司工藝物料機器製造勸工組合工場辨别工作品物改良瓷業保護各項工匠暨調查全國礦産管理辦礦准駁事宜，發給勘礦開礦執照，延聘礦師整理一切工政礦政機器人工造作事宜。	●	●	●	○	辦礦延師等項有關外國交涉者應會同外務部辦理。
	統轄京外各工藝製造礦務學堂公司局廠及辦理工政礦政人員，兼管本部實業學堂、藝徒學堂、工藝局廠、勸工陳列所、綉工科化分礦質所、權衡度量局。	●	●	○	○	學堂事項應歸學部。

按：本司所掌事項約分二類：

一管理事宜，自工藝物料以至改良瓷業各項均屬民業，其保護工匠則應由部制定章程通行。至於礦産制度各國不同，有以礦産屬國有者，有以礦産屬地主所有者。日本採國有制度，凡試掘須由礦山監督局核准，採掘須由農商務大臣核准。我國近來辦礦亦須到部呈請領照，應屬直接官治，惟事關與外人交涉者應會同外務部辦理，其延聘外國礦師亦應知照該部備查也。

一統轄事務，除各項學堂應劃歸學部外，其餘均應歸本部統轄。又權衡度量必須全國劃一，宜屬直接官治。考日制，度量衡原器存於農商務省及文部省，另制各器頒布各府縣官署。凡商民製造均須呈請府縣檢定，是為間接官治也。

司別	事務條目	直接官治	間接官治	地方官治	地方自治	附考
商務司	專司商會商埠商勳賽會，專利保險厘訂商貨運輸及水面商貨保險規則，保護商船航業招商，設立工業商業儲畜等銀行，農工商礦各公司暨一切提倡保護獎勵，調查報告涉訟禁令事宜。	●	●	●	○	運貨保險商船航業等項應分別與郵傳部區畫聯絡，至於銀行事宜亦不宜與度支部所主辦者歧异。
	統轄京外各商務學堂、公司局廠及辦理商政人員兼管本部商律館、商報館、公司注册局、商標局。	●	●	○	○	涉訟事宜應歸審判廳，學堂事項應歸學部。

按：本司所掌一為商政事項，一為商律事項。商會商埠與全國商務及關税有關，運輪航業與外國貿易有關，商勳賽會與外國商業有關，此皆關係全局者也。商律事項如專利保險規則、訴訟禁令、公司注册商標之類皆保護商民財産之事，其權利效力普及全國者也，并應屬直接官治或間接官治。惟商律等事現由修訂法律大臣辦理，將來應行并省。又各省之單行法規亦以此項為最多，故地方官治亦應兼列。

又按：南北洋大臣現制以直隸總督、兩江總督兼充，所司者商務交涉各事是為間接官治，其職掌權限將來亦應改訂，以免歧异。

司別	事務條目	直接官治	間接官治	地方官治	地方自治	附考
庶務司	專司本部收支款項報銷經費。	●	○	○	○	按：此為本部會計事宜。
	各司員缺升遷調補。	●	○	○	○	按：此項可并入承政廳。
	承辦署中各項雜務。	●	○	○	○	按：此為本部雜務其事項不備舉。

郵傳部行政事務分配表第十一

按：現制郵傳部四司：曰船政，曰路政，曰電政，曰郵政，兹就原定章程所列職掌分配如表：

司別	事務條目	直接官治	間接官治	地方官治	地方自治	附考
船政司	掌全國船政，舉内港外海各江航業所有測量沙綫推廣埠頭建設各項公司營關廠塢以及審議運貨保險，檢查燈臺浮標各事。	●	○	○	○	農工商部現管之民船事務及税務司現管之理船廳均應劃歸本部以期統一

按：本司所掌事項皆須全國統一，應歸直接官治。惟所事多與農工商部互有出入，應斟酌區分及聯絡之法。

又按：日本遞信省於各地方置海事局以司船政。又附設海員審判所及機關航路標識所於局内，皆屬直接官治。我國創行之始或未能處處由部建置，則暫屬間接官治亦可。

司別	事務條目	直接官治	間接官治	地方官治	地方自治	附考
路政司	掌全國路政，所有規畫路綫、厘定軌制、籌還借款、提倡商辦并工程購料通運行車。	●	○	●	○	
	推廣電車各事。	●	○	●	●	電車可屬地方官治或地方自治。

按：鐵路事務應屬何種官治，當先定何種主義。現在各國鐵路制度漸趨於國有主義，所以然者非視為以收入為主之事業，乃視為以公益為主之事業也。我國鐵路事業方在萌芽而阻礙滋多，措施不易，究其所以為梗者凡三：一曰國界，如借款興路斥為大厲是也；一曰省界，如江浙、如粤漢、如川漢，此疆彼界有同异國是也；一曰官民之界如延長、如南潯，皆主張

商辦力抵官辦是也。查借款築路事關重大，利弊所在尚待研求，茲不具述。竊謂鐵路之政義主交通，與尋常道路理實相同，尋常道路各國皆有國道、里道之分。我國驛傳之制亦可分為國道、省道，而一省之中州縣地方各有鋪遞而統之於按察使，故以尋常道路而論，凡貫通全國及聯絡數省者必應屬之國道，而為直接官治，其但關一省者則應屬之省道而為地方官治。至於一鄉、一邑錯壤相銜則屬之地方自治蔑不可也，於鐵路亦何獨不然。查前年郵傳部具奏籌畫全國鐵路軌綫分别干路、支路緩急情形，其各路之名稱與起迄之所在，大抵附録與地以為準則，干路横跨數省，支路則有跨越兩省與囿於一省者，前者宜定為國有，後者宜定為省有。國有者以國力經營之，則為直接官治，省有者以地方之力經營之則為地方官治。舉凡路工軌制集款作業均有畫一之法規，以行使其管理之權，固不必問其為某省之款，抑不必問其為官款、為民款也。蓋今之路政非合全國之力不能促其發達，自應分布各地方同時并進。惟必權衡於中央政府以建統一之基，庶幾兩利兼存矣。

司別	事務條目	直接官治	間接官治	地方官治	地方自治	附考
電政司	掌全國電政，舉官局商局之則例、海綫陸綫之規章、萬國電政聯盟之條款。	●●	○	○	○	各省現辦之官電局應一律歸部辦理。
	下至城市所敷設之電話電燈各事。	●●	○	●●	●●	按：此項應屬地方官治及地方自治。

按：電政純屬直接官治，不容有官局、商局之殊。近日電報局已由部收回，亦無所謂商局矣。惟電話、電燈與電車，同由其區域較狹，經費易集，以屬地方官治或地方自治均無不可。

司別	事務條目	直接官治	間接官治	地方官治	地方自治	附考
郵政司	掌全國郵政，舉一切郵遞方法、郵便匯兑、郵便包。	●●	○	○	○	按：郵政局現在暫由税務司辦理，亟應改歸本部。
	掌郵票款式、郵盟條約各事。					

按：郵政應屬直接官治而不必悉由政府辦理，如運送物品，如郵便匯兑，均可屬之民業者也。此外，原設庶務司所掌事項現已并入承政廳辦理，茲不復列。

理藩部行政事務總論

謹按：會典理藩院掌外藩之政令，制其爵禄，定其朝會，正其刑罰，設旗籍、王會、典屬、柔遠、徠遠、理刑六司，分掌内外蒙古、回、藏各藩事宜，嗣於光緒三十二年改院為部。原擬官制清單改設五司，經本部奏請暫行緩辦，原設六司悉仍其舊，惟先設調查、編纂兩局以為整理之基。查理藩部之設本屬特别制度，與他部情形不同者約有三端：一各部行政事務專一而本部事務繁雜，如封爵、襲替、議敍、議處則兼有吏部、兵部之職，俸禄廩給則兼有户部之職，朝會燕饗則兼有禮部之職，軍旅驛站則兼有兵部之職，刑罰獄訟則兼有刑部之職，而各職務之中，有會同主管之部辦理者，亦有由本部專辦者，此其不同者一。各部諸司以事分職，本部雖亦以事名司，然其實除理刑司外均以地方分類而不以事為類。如旗籍司專掌内盟之升降襲替，而喇嘛事宜則全歸，典屬司專掌外盟喀爾喀之升降襲替矣，而又兼掌内外喇嘛及西藏、郭爾喀進貢之事，徠遠司專管回部矣，而年班事宜則歸王會司，至柔遠司似專管六盟四部落以外之孤旗事宜矣，然又掌京外寺廟錢糧及駐京蒙古王公等口糧盤費并及筵宴，推原其故，蓋由國初先得内蒙古，於是有旗籍司，嗣得外蒙古乃部落也，於是有典屬司，厥後得回疆而有徠遠司，得新疆一帶之蒙古而有柔遠司，版圖式廓，事務亦隨而增益，諸司職掌乃不能釐若畫一，此其不同者二。各藩之制本與内地行省制度懸殊，除新疆設立行省改治以各廳州縣不隸於院外，其餘内外蒙古各藩事務有以札薩克盟長統之者是為地方自治，有以將軍大臣統之者是為間接官治。又游牧之内屬者即統其治於將軍都統大臣以達於部而為間接官治矣，而直隸、山西沿邊又建各廳州縣以治之而為地方官治。本部既派遣理事司員以屬之將軍都統大臣而受成於部矣，而各廳之撫民同通則又由各省委任而受成於督撫，此其不同者三。故今日要務首須釐訂本部之職掌與各部之關係，次須釐訂各部大臣之機關與各藩治之關係，茲按照會典則例與本部現行事宜約分六類，仍緯以四級機關逐一表之。其各路將軍都統大臣之下應設屬官分科治事，與中央政府銜接，其事項有應隸本部者亦有應隸他部者，略為區劃，附列一表，以為將來改設省治之準備焉。

理藩部行政事務分配表第十二

類別	事務條目	直接官治	間接官治	地方官治	地方自治	附考
第一類	掌各藩屬朝覲會盟貢獻燕饗賚予賜恤賜祭。	●	○	○	○	按：舊制特派大臣會盟，乾隆十六年停止，將來應否規復舊制，似宜詳議。
	旌表賑濟俸祿廩給盤費賞驛服色等項。	●	○	○	○	
	凡關於禮節一切事宜。	●	○	○	○	

謹按：本部原設六司，既未畫一，即官制清單所擬五司亦未愜當，茲仍擬以事分司約為六類。其應如何酌定司名，則以俟諸釐訂官制再行妥擬。又按本類純屬直接官治之事。

類別	事務條目	直接官治	間接官治	地方官治	地方自治	附考
第二類	掌各藩屬封爵襲替升降補放議敘議處捐輸獎敘續修譜系編審户丁婚姻繼嗣及歲加銜。	●	○	○	○	
	凡關於制度一切事宜。	●	○	○	○	

按：本類亦屬直接官治之事，惟編審户丁之機關四級皆備而以自治辦理者為多，將來仍應分別規定。

類別	事務條目	直接官治	間接官治	地方官治	地方自治	附考
第三類	掌各藩屬疆理邊界卡倫臺站郵政。	●	●	○	○	卡倫以侍衛管理，應行酌改。臺站郵政應分別會同陸軍、郵傳兩部辦理。
	外人游歷保護交涉事務。	●	●	○	○	應會同外務部辦理。
	軍隊訓練征發戍防	●	●	○	征發之事可酌委自治。	將來應劃歸陸軍部專辦。
	購置軍火馬匹器械。	●	○	○	○	馬匹可兼列間接官治。
	稽察軍餉。	●	○	○	○	應由陸軍部專辦。
	凡關於兵制及邊防一切事宜。	●	●	○	○	同上

按：各藩屬軍制有二：一、蒙古內扎薩克各旗兵每年由盟長閱看，其外扎薩克喀爾喀四部落、內扎薩克圖汗、三音諸顏兩部及唐努烏梁海之兵統於烏里雅蘇臺將軍，土謝圖、車臣汗兩部之兵統於庫倫辦事大臣，杜爾伯特、扎哈沁明、阿特額魯特各部之兵統於科布多參贊大臣，新土爾扈特、和碩特、阿爾泰山烏梁海哈薩克之兵統於阿爾泰山辦事大臣，舊土爾扈特、和碩特及伊犁塔爾巴哈臺所屬哈薩克之兵統於伊犁將軍或塔爾巴哈臺參贊大臣，青海各部之兵統於西寧辦事大臣，惟西套額魯特額濟納土爾扈特不統以將軍大臣徵調，如扎薩克是為蒙旗之兵，由各扎薩克編制訓練而各路將軍大臣司簡閱調遣者也。一、各邊將軍都統所屬有八旗官兵，庫倫辦事大臣等所屬有綠營官兵，或常川駐扎或依期換防，是為戍防官兵，由各部將軍大臣統率以資鎮撫者也。西藏亦有番兵與官兵二種。番兵者就地挑補，以戴琫分管之前藏歸游擊統轄，後藏及江孜定日歸靖西游擊統轄，以達於駐藏大臣，唐古特兵則由駐藏大臣校閱，西藏官兵則由川督揀

選派駐，此其大概也。竊謂現既改練新軍，則戍防旗綠各兵應由陸軍部統籌布置，釐定規制，分別責成各路將軍大臣辦理，將來本部不復與聞，以歸統一。至於蒙旗各兵，國家向不干預，惟今日情事迥非昔比，應由陸軍部設法徐圖變通以資控馭。又近日蒙旗時有自行購置軍火轇轕之案，亦應由陸軍部另訂撥給軍械辦法，以示限制而杜流弊。

類別	事務條目	直接官治	間接官治	地方官治	地方自治	附考
第四類	掌各藩屬田産倉儲稅物稅銀租賦幣制。	●	●	○	○	應會同度支部辦理。
	墾務林業牧畜牲獵製造工業貿易商業開發礦産。	●	●	○	○	應會同農工商部辦理。
	籌修鐵路。	●	○	○	○	應會同郵傳部辦理。
	整理鹽法。	●	○	○	○	應會同度支部辦理。
	凡關於財政及實業一切事宜。	●	●	○	○	應分別會同度支部農工商部辦理。

按：本類應分隸於主管各部，惟現在藩屬情形非由本部會同辦理不可，其已設置廳州縣之所則悉仍現制。

類別	事務條目	直接官治	間接官治	地方官治	地方自治	附考
第五類	掌各藩屬京外喇嘛札付度牒印信升遷調補。	●	○	○	○	
	呼畢勒罕轉世掣瓶。	●	○	○	○	
	凡關於宗教及振興教育一切事宜。	●	●	○	●	振興教育應兼列間接官治地方自治兩級，會同學部辦理。

按：除回教之外，各藩無不尊奉黃教，故喇嘛勢力最强，未易遽言改革，所有宗教事宜自應屬直接官治。至於振興教育要在勿傷其信教之感情，以次進行，先導以淺易之國文而堅其感戴國威之心。應兼列間接官治與地方自治，其已設廳縣則兼列地方官治焉。

又按：舊制禁蒙古人習漢文，所有公文呈詞禁用漢字，此例應請删除。

類別	事務條目	直接官治	間接官治	地方官治	地方自治	附考
第六類	掌各藩屬詞訟刑罰一切禁令及與民涉訟之事。	●	●	●	●	
	凡修正律例整頓監獄一切事宜。					

按：定制蒙古之獄各以扎薩克聽之，不決則盟長聽之，不決則報於院駐司官者，司官會扎薩克而聽之，蒙古内屬者，將軍、都統、大臣各率其屬而聽之，與民訟地方官會聽之，是理刑事務實兼有四級之機關也。積至今日遽言改革，悉如省制設審判廳以治之，勢固有所不能，則姑仍舊貫而先改訂蒙古現行律及訴訟法。又於各路將軍大臣之下設理刑科，由本部會同法部奏揀諳練法律人員充補，以期逐漸畫一庶乎可耳。

又按定制，凡罪至遣者令報於院，以會於刑部而決焉，死者則會三法司以定讞，若監候則入於秋審。查司法事務與司法行政事務既已劃分，則凡定讞之事應歸大理院專辦而仍知照法部備案，其秋審事宜現歸法部辦理自應仍舊。

附各路將軍大臣官治表

各路將軍大臣

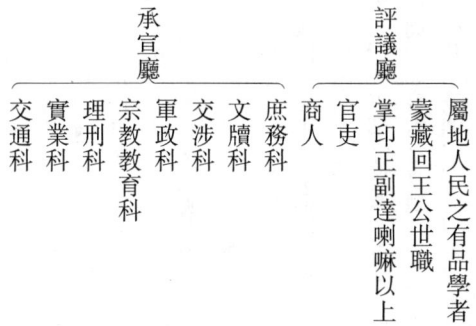

- 評議廳
  - 屬地人民之有品學者
  - 蒙藏回王公世職
  - 掌印正副達喇嘛以上
  - 官吏
  - 商人
- 承宣廳
  - 庶務科
  - 文牘科
  - 交涉科
  - 軍政科
  - 宗教教育科
  - 理刑科
  - 實業科
  - 交通科

按：現制駐扎各路者曰將軍、曰都統、曰辦事大臣、曰參贊大臣，其名稱不一，其編制不一，其用人行政之職權不一。又各路大臣大率徑行奏報而不必咨報本部，故其所行事務無從稽考，應由本部奏定章程，令各路大臣將近年政務案卷匯集送部，以為編纂統計之資，即為畫一職權之本。茲姑就各路大臣行政機關擬定如表，其評議廳為合議機關，略如直省會議廳之制，承宣廳為執行機關，分科治事務，科員應由本部奏請，由主管各部遴選相當人員派充，而統於各路大臣以達於部。

論說

《實務報·麥孟華〈論中國變法必自官制始〉光緒二十三年三月初一日至三月二十一日**》** 問中國自强之道，其通人磊士則莫不攘臂奮舌曰：『變法哉！變法哉！』麥孟華曰：中國變法蓋三十年矣，興輪船，設電綫，練海軍，創船政，開總署，派公使，開煤礦，勸紡織，習洋操，購槍炮，設同文館、武備學堂，凡仿行西法、關涉洋務之事，不一而足，而不免於今日。吾子變法之説其謂之何？彼則曰：『吾今日變法之説，則有以异於他日。他日鐵路未開也，銀行未創也，銀幣未鑄也，礦務未闢也，製造未盛也，小輪未行也，郵政未立、學堂未設也，其類乎此之西法一切未仿行也。風氣一開，舉而措之，國不足强矣。』麥孟華曰：疇昔之變法者，其心未嘗不如吾子之所言也，曰吾變此法而即可以强吾國也，然而不免於今日。今子之法猶彼之法也，子之言猶彼之言也，後人之視吾子，其猶視彼也。今試問興一鐵路，而籌款購鐵，招股集工，劃定官路，厘正章程，刻期必成，材無呰窳，吏無中飽，工無廢輟，任此者誰也？創一銀行，而聯合户部，糾集商民，部勸委員，令無奸僞，令無侵蝕，任此者誰也？鑄一銀圓，而成色無虧，重率無耗，費項無漏，抽提無缺，流通無窒，推行無阻，局費無濫，屬吏無偷，任此者誰也？辦一礦務，而延聘礦師，購辦機器，勘驗苗脉，熔化子色，通便轉運，厘定税額，選才督辦，無濫私人，開採化鑄，實著成效，任此者誰也？建一製造小輪，而鑄鐵制械，無致偷减，派員督理，無令敷衍，出費領牌，無訛民商，任此者誰也？立一郵政，而勿訛郵費，勿誤急遞，勿付浮沉，領局者勿視為利藪，督辦者勿諉為公事，任此者誰也？設一學堂，而聘請教習，招集生徒，商略課程，籌撥經費，富藏圖書，試課藝業，督訓奬勵，如誨子弟，任此者誰也？此外一切紡紗織布，鐵廠商局，以及類此之西法一切當仿行者，其經營監督，任此者誰也？今夫海内有心人之所喁望，四萬萬生靈之所寄托，千百萬種新政之所由推行，則豈不在彼巍巍然乘軒食肉、待漏持版之官吏之手哉！夫以若此重大之事，而托之此輩官吏之手，其能舉與否，雖蒙崽騃竪可一言而斷也。既不能舉矣，而猶日攘臂奮舌曰：『吾變法，吾變法』，其有以异於向者之所云者幾何矣。

然則中國之官，固皆闒冗無具矣乎？曰：古者設官以任事也，禮樂刑教，兵農工户，納言守土，分隸以職，專其責，久其任，厚其權，贍其身家，使無掣肘，使無内顧，故畢精亶力，事其事而事治。霸天下者創於權臣藩鎮之禍，慮其專擅而跋扈也，則繁之副佐，以殺其勢；慮其盤踞而肆蹇也，則促之更調，以窘其力；慮其挾重柄，席貴勢，以覷搏我也，則號令之，監察之，以剪其威；慮其侈縱不度，且官多而俸難給也，則薄糈賤禄，以節其用。權勢絀，才力絀，財用絀，是驅其臣於為惡之路矣。然其才智强，權術巧，不次之擢餌其前，不測之威躡其後，束縛而馳驟之，不敢不栗栗循職也。故畢精亶力，事其事而事亦治，逮霸天下者之孫子，馳驟亦既陊矣，然箝束既久，壓力日重，雖有才智，靡能自拔也。上者馴擾偃仰，煦沫文逊之中，其視官也如傳；下者奸詐賄墨，集詬無耻，其視官也如市。烏乎，豈古人必才桀狷潔，而今人必罷軟墨黷哉！則其制之不善也。

且夫賁育之勇，縛其手足，則不能勝匹雛；倕輸之巧，錮其耳目，則不能製一器。夫欲用人之耳目手足，乃先縛之錮之，使極之拘攣聾瞽，倉卒有急，則又號而求治，責才力聰智於拘攣聾瞽之人，是適裸壤而求龍章，趣聾俗而求韶濩也。且先王之任官也信之，後世之任官也疑之；先王之任官也用之，後世之任官也窘之。下亦習知上之窘我，上之疑我也，乃務為安静之説，乃惰乃諉乃陊，視其朝廷乃如粥肆，如路人。夫舉國而委之路人粥物者之手，其不欺賣而利之，幸矣，何望其能善其事哉！夫今日之官制，固明太祖操縱之術，而前代之敝政也。然閉關之世，濡沫太平，則奉行文書，按循資格，誠為防弊攬權之權術。若夫强鄰環睒，事變百幻，而仍此縛錮之舊，則必互相牽掣，互相推諉，延宕張皇，一事不辦。且同此善政，西人行之而大效，中國行之而滋弊，壅隔侵蝕，卒至廢輟。

夫變法而不正其本，是溉枝葉而求木之茂，澄港汊而求水之清也。董生不云乎，為政不調甚者乃解而更張之。無百年不敝之法，前代美治，至今猶敝，况勝朝數百年之秕政哉！强弱舉痿，振墜通塞，其政極大，其事極繁，而靡不建始於官制。然剔舉朝之宿弊，藥千年之沈疴，條理萬端，非可一言竟也，請先究其病源，條其要旨，以此醫國，庶有瘳乎？

欲治病源，一曰汰冗。善矣！夫日本之變政也，芟除冗官，以知縣直隸國主，而親王之尊，出為知縣，弛其監制，使可自達，尊其權位，使可任事，上與君近，下與民親，故情通事舉，不二十年而國遂强。今以縣親民矣，而控以本府，控以監司，控以督撫，上謁長官，如覲天帝；下規民事，動輒掣肘。君與臣相隔絶，官與民相隔絶，大臣小臣又相隔絶，堂陛九級，廉誠遠地矣。然噎鬱壅塞，上德何自宣，下情何自達哉？昔周以百里封侯，直隸天子；漢以郡守領令，下逮小民，今吾壤地遼廓，縣令繁多，縱不能遠師成周，如日本之直隸，亦宜法漢良制，領以巡撫，崇其品秩，授以事權，庶幾尋功簡能，易於規察，專城撫字，不患控掣。漢宣帝曰：『與我共治者，其惟良二千石乎？』每拜守相，輒親見問，觀其所繇，質其所言，故循良最盛，遂以中興。唐太宗重親民之任，督守之名，書於屏間，條其善惡，故州郡率理，貞觀之治，遂致太平。其親之也如彼，是以鍾離意、桓榮以尚書令僕射出領郡守，虞延、鮑昱以郡守入躋三公，妙選人才，級秩崇簡，其重之若此。今雖監司之尊，奏牘不能上達，政治不能逮民，傀然中立，壅絶上下。至於縣令，則吏部銓選，上不知其姓名，參謁長吏，勞幾同於僕役，清流之士，羞而不為，尚欲以之求治哉！汰藩臬道府之冗負，除參見拜跪之縟節，人知自愛，吏能舉事，而後上可收用也。至夫卿寺冗閑，尤宜并汰。刑部掌刑矣，而復設大理。禮部掌禮矣，而復設鴻臚。六部重任矣，而堂官六七，各無專事，潦倒冗枝乃若閑曹。若夫宰相，固天子之元輔矣。古者三公之制，二伯處外，一相治内，任至專也。後世則移為司徒司馬司空，而相有三矣；移為中書尚書，而三公具官矣；移為同三品平章事，而三省虚設矣；移為同平章事，參知機務，參預政事，而他官兼攝，宰相且存銜救尾矣。今則大學士四人，加以協辦，然樞密之事，悉隸軍機，内閣之設，皆為散秩，官制蕪敝，已傷國體。况舉一新政，則得而會議，得而撓阻，得而絆掣，是養虚冗之員，以自擾也，小則虚糜國俸，大則諉掣朝政。若猶因循敝法，是猶渡江河而棼其維楫，固不待風波之險，中流而船必覆矣。

一曰專任。今夫一人專制，千室鳴弦；二人牽羊，則僕於道矣。一人規劃，則千門萬户頃刻立定；築於道旁，則三年而室不成矣。非一人謀之，則智且才；衆人謀之，則愚且暗也。其權不一，其見不合，其勢又相持而不下，始則牽掣，繼則推諉，終則傾軋，乃至智靡而才亦僕。故專制之法，失人則亂，得人則治；分任之法，失人亦亂，得人亦亂。專任之法，治一其功，亂專其責；分任之法，治則相軋，亂則相諉。是以先王之立官也，廣其僚屬，而不佐以副二，所以專責成，而一事權也。漢之三公，魏之九卿，沿而勿改。後魏之世，始建少卿，以分九卿之職。隋煬之世，始置侍卿，以二尚書之權。遂乃控制紛轕，政事叢脞，官制之壞，垂及千年。今舍周漢之美法，襲魏隋之積弊，是游前車之覆軌，而以為坦途也。且上患下之攬權而專事也，故一部之中，堂官已六，復加管部，其權殺矣，其事分矣；而又慮其放惰無事也，於是使攝他部，一人之身，兼差數四，日到數署，奔走困頓，然每日到堂，拱立劃諾而已。其事不諳，其勢不逮，固不能治一事也。夫數人共一事，則才屈而事敗；一人治數事，則才絀而事亦敗。孰與人事其事之為愈乎？曰：庶務繁擾，固非一人耳目才智所可周也。如是，則莫若議政行政，分任其人，西國各部，長以一人，其有興革，議院集議其得失，然後下之各部，令其推行，故慮事周而集事速。今略仿其意，修虞帝闢門之典，復漢代議郎之制，精選通達中外之士，集之内廷，熟審機宜，詳慮利弊，計議即定，下部施行，詢謀則羣策無遺，措辦則一夫專制，既不患其攬權，復不憂其挾掣，數年之間，百廢具舉。舍良法而不行，徒為懲羹吹齏之舉，向之所以窘人者，乃適足以自窘而已。如此而欲求治安，雖堯舜不治。

一曰久任。安其土地，習其人民，諳其風俗，擾其人情，察其好惡，辨其土宜，衡其利害，規劃有年，然後可舉一事。然又非蚤行而莫效也，張綱振目，染濡淫浸，或行之數年而效，或行之十年而效，或行之數十年而後效。故吴祐之相膠東，九年而報績。杜詩之守南陽，十載而成化。若促其時日，數其更調，則雖皋繇司理，仲路治賦，龔遂文翁之守郡，亦將束手俯頸，無以自見，况以之責效於俗吏哉！漢宣帝之言曰：『守令吏民之本，數變易，則下不安，民知其將久而不可欺網也，乃服從其教化。』故漢世郡縣，皆久其任，其能异者，褒以璽書，累秩九卿，終不易位，漢世循吏，疊背相望，固由人才之盛，亦上之能竟其用也。後魏太和之世，始以六年為限，後唐則促為二十五月，宋世則定為三年。行之至今，復多攝署，變易急促，不及數月。方營一事，而忽調异郡，則它人嗣職，將變易其前為矣；方治一職，而檄權它部，則五日京兆，以不習而諉隊矣。且鐵路未通，道途遼絶，之官之期，動逾時月，未及布置，又復它移，自非上聖，疇能過化哉！古之封建，分土子民，親愛國人，如治家事，故廢興墜舉，土闢民治。封建易而郡縣矣，惟久任之法，尚存封建之遺意。若遷移倉卒，官如驛舍，過客雖才，誰能治驛舍之事哉？難者曰：『久據專城，勢將蹇肆，唐之藩鎮，其已事矣。』曰：引綫之差，視其起點，攝引之率，視其重心，唐以武力之臣授之大郡，私握兵柄，世之子孫，重心已偏，故攝引不能及也。今治僅百里，兵權不屬，十餘年外，即可遷調，雖有桀驁，何能專肆？且古之吏治也患其專，今之吏治也患其散；古之吏治也患其擅，今之吏治也患其諉；制异勢殊，專擅誠非所患。今猶藉口唐藩，謂久任不如時易，則胡不引漢世前事而觀之也？

三者行矣，然佐理無人，則事猶墜而不舉，治猶格而不達也。西國新相登朝，則各部之長皆必更易，聽自選擇，用其所知，如身使臂，如臂使指，令下流水，不憂阻捍，是以意無不行，事無不舉。漢世三公皆有曹椽，開閣辟士，妙簡英賢，故漢之公府得人最盛。外之州郡咸有僚屬，別駕治中，功曹主簿，皆州自辟除，通為百石，王涣辟仇覽為主簿，宗資署范滂為功曹，周景延陳蕃為別駕，成瑨除張牧為賦曹，委心任政，用奏殊績。魏晋以降，猶沿斯制，北齊失政，佞幸侵官，州官始有敕用。然隋唐之世，判官推官，雖待奏報，猶自辟召也。後世慮其延任私人，於是一命以上，銓於吏部。内之閣部司員皆由掣簽，無非市井無賴之尤，非能資其眦贊也；外之縣丞佐雜皆由捐納，僅供主稿署押之用，非能益其佐輔也。智有不及，才有不周，獨立既不可為治矣，况文書數尺，高可隱身，成案積例，非皆諳悉，乃不能不委用於胥吏。胥吏固天下之猾蠹也。詩説曰：『與師友處者治，與奴隸處者亡。』所與處者皆無賴猾蠹，而猶欲以是求治，非左書而右息之哉！為今之計，當略師漢制，内之宰相部官，外之督撫縣令，聽其辟士，略置品級，幕府儲才，庶裨政治。若夫胥吏，則猶木之巨蠹也。夫一署之中，書吏百數，盤隔上下，抑遏冤苦，訛索訟費，甚於虎狼，而又熟於成例，藉為要挾，雖恫其害，莫敢誰何。蠹之不去，木必不茂，去蠹之法，是宜用士人以易之。蕭何之主刀筆，朱震之為從事，繆彤之為主簿，省署文書，督促簿役，皆用名賢以親其事，故上能匡揚清化，而下能抽達鬱滯也。州縣之官不習吏事，一舉一動仰息吏胥，吏胥因持其急而短長之，是所謂以羊牧狼也。唐世士人初登科及未仕者，皆就藩府辟置，金設主事，亦猶書吏，以下第舉人為之。遠師其意，以士人試而不第者為吏，優其禮節，使可出身，其有能异，擢為部曹，上之所重，人自樂就。如此，則上有僚屬之謀議，下資良吏之馳驅，牧民之官不勞而治矣。此之不為，顧乃聽其噎蔽，任其蠹斃，不察病根，日責愈疾，豈不謬哉！豈不异哉！

若夫奔走百司，鼓舞豪桀，則資格固非所以得士也。曰：『後來居上，』汲黯諷其積薪，宋臣李沆亦謂不用少年喜事之人，固非以資格為治耶？』

曰：資格之説可治處常之天下，不可治應變之天下；可治一統之天下，不可治列國幷立之天下。閉關蒙業無需人才，一二老成足供令使，年少魁桀可老其才以遺孫子也。今日事變急矣，强鄰逼矣，遏抑既久，人才瘵悴，厚貌以求，傴言以號，猶恐不應，朝拔其尤，暮委以政，猶恐不逮，乃復限以品秩，投之閑散，一旦有急，其誰赴之？且夫舉大事，任大政，興大利，精察俶儻，侃然不慴於衆議，則豈不以鋭氣可用，而才力足以任事乎哉！窘以科舉，屈以下僚，剉以奔走，劘以歲月，其壯年之雄材偉略，與鄉所謂精察俶儻，不慴衆議之鋭氣，皆已摧獮蕩夷，以至於盡。雖有魁磊耆碩，憂國如家，且將躓僕仕途，白首郎署。幸而躋預樞要，則已昏滎頹耄，駑鈍不堪。嗚乎！老其才而才乃敝，習之事而事乃墜，下固窘矣，上亦何所賴哉？且夫英后明辟，號稱能羅駕天下之英隽者，豈不以爵賞自我，足以驅役之而操縱之哉！漢武擢霍光、金日磾碑於僕虜之中，起衛青、霍去病於氓隸之下，委以國事，屬以兵權，用能剪勁匈奴，弼輔委裘之治。明太祖陟用不測，一言稱旨，立躋顯宦，蕭滋以貢生為大學士，曾敏以監生為尚書，故士皆銜國士之知，奮不顧身，以徇利禄。今爵禄未為不尊榮也，神州靈淑魁才亦未為乏絶也，然格以官階，平流而進，得邀崇秩，則致以日力，非上之特拔我也；得授達官，則曰得於成例，非上之能知我也；苟得老壽，富貴固所自有，誰復感激圖報，糜國士之身，以酬衆人之遇哉？古者官階疏簡，數遷即可至公卿，故漢之車千秋起家大鴻臚，數月即為丞相，後漢黄瓊以議郎四遷而至司空。沿及明世，官品猶少，編檢三階可為大學士，以言資格猶未為害也。今則官級多密，遷轉繁難，入為翰林，數十遷乃躋卿貳，出為縣令，數十年未階督撫，雖有曾史之懿行，管葛之奇才，猶將俯首資例，末由自達，而庸材下品，反以年日深久，灼然先用，此踸踔之士所以掉頭解體，穢朝廷而不顧者也。昔崔亮創為停年之制，不問賢愚，斷以格限，人才淪敝，拓拔遂亡。夫魏之亡也如此，漢之興也如彼，由斯以談，果孰利而孰害，孰得而孰失矣。《詩》曰：『周王壽考遐不作人。』蘇軾曰：『能用智名勇功之人則治。』故欲振國勢，必作人才；欲作人才，必破資格。聽其上書，試之行事，廣為詢察，遍加抽擢，果有能异，立授大官。如此，則智名勇功之人有不縱萃輦轂、奮身而圖報者哉！才既得矣，而尚憂事之不治哉！以弱為强，以危為安，以亂為治，一轉移間而才集事舉，夫亦何憚而久不為也？

且上之明詔大號，睊睊晌晌，督誡其臣下，豈不曰潔己守法，無斂我利，無侵漁我小民乎哉？然而上以廉求，下以貪應，若是者何也？曰：與人以生者，乃可得人之死，贍人之家者，乃可得人之身，薄與厚求，非所以得廉潔於臣下也。中國官吏千數，夤緣為奸，盤剥小民，苞苴昌盛，賄托饋遺，因恬而不知怪，逐利否耳，慮非顧行也。又其甚者，欺上而利之矣，侵蝕國帑，克扣軍餉，鬻缺謀差，較揣肥瘠，主上有急，因以為利，可謂無行誼之最者也。然而沿習為例，視若固然，其有皎皎自好，潔己奉公，則已眵眵盱盱，詫為奇行，上自督撫，下至縣令，以墨敗者十常八九。若夫京官之炭敬，部員之印結，固昌言不諱，可公之大廷廣衆之中者也。雖號稱賢者，亦固眵然受之，而莫之或非矣。然繩之國法，準以古義，為污邪？為潔邪？非古所謂簠簋不飭者邪？烏乎！捐廉棄耻，乃至於此。等此顱趾，等此視息，豈其性獨异人哉？則上之道之者非其理故也。古者勸士，首在重禄，圭田之制，詳於《孟子》，庶人之仕，禄足代耕，法至良也。漢世以石為俸，厥有定制，宣帝用張敞、蕭望之之言，增天下吏俸十五。後漢建武，復益官秩，故室家無累，人懷自勵之心。降及隋唐，制禄猶厚。宋世階品官職，封勳差遣，皆有俸禄，正俸職錢公用職田之外，復有衣糧餐錢，而復制祠禄以佚老，厚恩賞以優賢，自秦以來，班禄最重，是以真仁之世，名臣疊背，潔清治行，吏治循良。遞至有明，官俸乃薄，一品之禄未及百石，而本色折色，實得無幾，始則以鈔折米，十貫而抵一石，則石俸乃僅二三十錢矣；（成化間鈔已極賤，一貫僅值錢二三文）繼則以布折鈔，匹布而抵二百貫，則石俸乃僅十四五錢矣；（布一匹亦僅值二三百錢）制禄之薄，古所未有。《管子》曰：『倉廩實而知禮節，衣食足而知榮辱。』身且不贍，而責以潔身守正，烏可得哉！我朝之興，因明敝制，大學士之貴，俸乃二百五十金，二百五斛米，家無九人之食，不及周之上農；禄無百石之入，不及漢之小吏。雍正七年，始加養廉，然中國儀節繁縟，費用滋巨，長吏靡其傔役，下官窘於供應，區區之數，未之足也。况夫慶典軍役，輒有扣折，太倉俸粟，紅朽不食，名雖達官，實幾不給，以此而求其狷介，雖鞭策督前，斧踞臨後，且不可得，而猥欲澄敘吏治哉！西國之任官也，分職甚寡，給俸甚優，別與公費，以給應酬。土耳其蕪敝之國，相臣月俸且一千八百磅，巡捕下役工貲亦月數十金，其有越理受賄，必與重懲，是以事無陋規，物無官價，人知自愛，耻犯贓污。驗之中外，稽之廷古，是非其明效大驗邪？人情莫不念室家，顧妻子，毀家濟國，高節不可以責人也。上不與厚糈以贍其家，彼必私取於下以自奉，與其下取以賊民，孰若上與以勸吏；與其私取以敗公，孰與公與以禁私。惜此小費，滋此大患，未見其計之得也。量其缺分，重其糈秩，紓其窘急，勵其廉隅，則士必争自濯磨，約身赴治。若患國帑空虛，費無從出，則冗濫之員千數百計，汰其虛糜，并其額禄，一舉手而廩費已裕矣。《語》曰：『正其本，萬事理。』欲正本者，則盍於此加之意矣。

其本正矣，然不清其流，仕途猶雜。清流之道，厥有二端：曰停捐納，曰嚴保舉。古者國有大慶，賜民爵級，與民同樂，非利之也。晁錯始為納粟拜爵之説，謂爵為上擅，出口無窮，捐納之開，遂為嚆矢。名器烏可以假人哉！然但與虛爵，未之或病也，桓靈之世，鬻及實官，吏治秕穢，遂屋漢社，是固敝政失德足以亡人之家國者矣。而議者動曰權宜之計，於是操奇計贏，易朝為市，始則止鬻虛銜也，浸而鬻及實缺矣，浸而鬻及監司矣，浸而鬻及科名矣。臧僕亡命市儈無賴之人，皆得出其贏餘，綰符紓組，揚然與士大夫齒。出粟納錢，乘傳行郡，此賈子所謂無行之尤者也。人習知夫綰符紓組者之一旦，我亦可以得此也，於是夷視官吏，於是輕量朝廷，於是賤功名而污其爵禄。爵不足勸，吏不足治，如是尚可為國哉？况夫清流之士，羞與噲伍，咸自引匿，不任國事，而民生大計，與夫興利除弊之新政，遂皆托之亡命無賴之手，烏乎！幾何而不為漢季之續也？且捐納之説，固謂資其款項，上濟國用也。元世捐一縣丞銜，猶需十五萬石，仍此貴重，猶有所得。今則爛羊侯尉，其賤如狗，捐一監司，未及萬金，其於國用，無裨萬一。夫行此敝政，雖厚得重獲，已壞朝事而傷國體，况坐受大害，而博此百數十萬之數哉！中國地廣壤腴，物産二十六萬，礦産之富冠絶地球，誠能開礦墾荒種植畜牧，國用百倍，猶可餘裕。顧乃棄此大利，蹈此敝舉，是固不可解也，無策甚矣。至若以人事君，固人臣之公義，古今之盛事也。叔牙舉管仲為上卿，蕭何薦曹參為丞相，齊遂以霸，漢遂以安。今之保舉，乃為弊藪，非循故例，則延攬其私人，巧宦鑽營，真才沉抑，故疆臣大吏，歲有薦剡，然姓氏累牘，未嘗有一奇才也。甚或得以諛媚，謀以賄賂，自非數者，莫得上聞，上欺君上，中敗官常，下鬱士氣。具有覺識，具有天性，顧乃謀人家國，若斯之奸謬哉？今天下未為乏才也，屬官治内，聞見未為遯絶也，是宜嚴責大臣，妙簡英俊，各舉所知，推薦非人，坐其舉主，汰康匏而顯寶鼎，退駑蹇而致絶足，庶幾爵賞無濫，而國家可得用才之效也。事至易行，效至易睹，而猶怯於更易，是珍饌當前，憚於舉箸，而日號以求療饑之術，烏可得哉！

數者俱舉，宏綱畢張，鬱噎以通，牽制以除，才干以展，蕪雜以清，魁杰以達，大數得矣。然既革宿弊，宜增善制。善制之要，首曰商部。中國洋貨内流，歲漏千萬，工藝呰楛，上不過問，茶絲美利，日以浸衰。西國商務，立為專部，商會力有不逮，則國家助其推行，專意經營，故能墟印度而弱我中國。今宜别立一部，掌以專官，合衆講求，助民推布，庶能振我絶業，塞其漏卮。二曰農部。西國民有農會，國有農院，擇種察土，灌培播刈，皆用新法，國家督之，農官考之，蠶務公會，究其飼養，驗其瘟病，以至種植畜牧，皆掌之農部，以善其事。故歐洲農田所值，歲計一萬一千九百三十兆兩；英人棉花之税，歲入一千二百萬金磅；俄人西伯利亞種樹之利，歲數百萬；而美人養蜂之入，且敵舊金山之金礦。有農部以督核之，故利盡而事舉也。中國沃壤，以歐洲新法所産推之，每縣年可增銀七十五萬。誠能特立專部，訓民務農，講求新法，不及十年富甲諸國矣，豈患貧哉！三曰學部。西國大小學校、諸學學堂，遍於國内，立部司之，識字之民，十得八九，著書之數，歲乃二萬。中國人寡讀書，獷若苗瑶，識字之數百不得十，非民之智於西而愚於中也，上不設學校以開其智也。多立學堂，别創學部，專官任事，重其責成，如是而民智不開，殆未有也。若此者增減得宜，利舉弊革，立法美善，中人之性可以賢，中人之質可以智，中人之力可以才，以行新政，何政不舉？以興新法，何法不張？而顧鰓鰓焉慮其事不治哉！曰：『其事重大，匪易任也。』曰：『變法之本，舍是末由，日本之强實基於此。《語》曰：『非常之原，黎民懼焉。』薾罷不振，怖為河漢，有其舉之，易亦反掌。若猶慴其艱巨，憚於革易，而顧仿行一二西法，委任一二西人，貿然自以為得計，何怪其一利未見，萬弊叢集，千瘡萬孔，反贈守舊者以藉口哉！

何啓、胡禮垣《新政真詮·新政論議》 夫以中國之大，民事之煩，若節節而勞於君，勢必不能，是宜分設部員以厘庶績也。部員日近天子，以備天子隨時之顧問，故謂之内官之徒。部員各派其屬，往各省府州縣而為官，故亦謂之外官之長。是部員者，上通天子，下達庶民者也。中國吏、户、禮、兵、刑、工部之設，由來已久，而新政既行，則宜并吏禮兩部而為一，名曰内部，而添商部、學部、外部，合兵刑工而為八部。論其次敍則以商部為第一，學部第二，户部第三，兵部第四，刑部第五，工部第六，内部第七，外部第八，究其同為要用之員，則固無分軒輊也。以一人為宰相，而八部之長，使宰相自擇其人。夫政者各有專司，不能越俎，政既為某部之政，則官必為某部之官，故升降黜陟必該部定議，而方能允當。繁文末節，治體無關，於有謂之事而加之意，先於無謂之事而省其煩。故拜跪趨蹌，必概行除免，而杰士始來，故并吏禮兩部而為一，所以專責成而大得士也。

《知新報·論中國變政並無過激光緒二十四年十一月》 一曰變官制。中國積數千年防弊之術，遞增遞減，而吏治非所以安民，實所以害民。約而舉之，大弊有三：一曰無專責。築室道旁者，三年而不成；一人規畫者，廣廈可立就；非一人智而衆人愚也，權不一也。今之設官也，一部之中，堂官已六，故興一事，則尚待互讓也。一省之中，督撫同城，欲創一利，則彼此相軋也。官於内者，攝數部而兼數差，拱立畫諾，事皆不諳；官於外者，以一人而總百事，分任下僚，權已旁落。得其人則勞而無功，失其人則亂而難理，互相牽掣，互相推諉，互相傾陷，事烏乎治也？二曰養冗員。無用之子，慈父所不畜；無益之臣，仁君所莫用；日本以親王領郡縣，而直隸天子；周室以百里封諸侯，而勤勞王室，去冗格之員，以即通上下之氣。今之設官也，以府控縣，以督撫控府，上德不宣，下情莫達也。大理與刑部同，鴻臚與禮部同，官無專事，事無專任也，俸廪虚糜，已非政要，蕪敝既極，又傷國體，會議而不成一事，絆掣而徒以自擾，政烏乎行也？三曰速遷調。民情好惡，非所素察，土宜樹畜，非所夙諳，吏治利害，非所素察，規畫者幾何時，敷布者幾何時，收效者幾何時，其事非可旦夕期，其功要難咄嗟致也。今之任官也，處常則定以三年，方營一事，而改遷他職矣；攝署則並無期限，方治一職而兼理别差矣。官之視職也如傳舍，民之視官也如逆旅，任之者綦重，而責之者極速，事烏乎舉也？

稟此三弊，而一切害國毒民之事，則緣此而生。且夫國家之有官也，將以任天子之勞也，民之仰官也，將以理吾民之事也，而官制不善，乃至於諉任害民，則甚不可以終日可知矣。吾聞日人之變政也，布置在二十年以前，而收效在二十年以後。官制者又為政治之所從出，及今為之，尚恐其不及也。

清·宋恕《六字課齋卑議·變通篇》 樞部章第八　軍機處宜改名總理處以副其實，設實缺大臣四員、參議三十員、主事百員，不兼别職差，以專其責。

六部：裁吏部，户部改理財部；禮部分為二，曰禮樂部、文學部；兵部分為二，曰陸軍部、海軍部；刑、工二部仍舊；增置醫部；共為八部。

尚書、侍郎，名不副實，宜每部改設正卿二員、副卿四員；卿以下分上中下大夫、上中下士六級；部卿須由下士漸升，升降不出本部；惟可内改總理處、閣院及外改總督以下。

吏部既裁，用人之權歸總理處、八部卿、議院；大學士管部差宜裁。

閣院章第九　内閣專備顧問，宜設實缺太師、傅、保各一員，大學士十員，學士五十員，中書百員。

宗人府宜改名宗務院，總理各國事務衙門宜改名交鄰院，以副其實。此二院合理藩院、都察院稱四院。

除此一閣、四院不屬八部外，其餘衙門、院、寺等悉行裁省，分屬八部。所有卿、使、統領等缺悉改部大夫，卑秩悉改部士。

康有為《戊戌奏稿·應詔統籌全局摺一八九八年一月二十九日》 奏為應詔陳言，乞統籌全局以救危立國，恭摺仰祈聖鑒事：

竊頃者德人割據膠州，俄人窺伺旅大，諸國環伺，岌岌待亡。自甲午和議成後，臣累上書，極陳時危，力請變法，格未得達。旋即告歸，土室撫膺，閉門泣血。未及三年，遂有兹變。臣萬里浮海，再詣闕廷，荷蒙皇上不棄芻蕘，特命總理各國事務王大臣傳詢，問以大計，復命具摺上陳，并宣取臣所著《日本變政考》、《俄大彼得變政考》進呈御覽。此蓋歷朝未有之异數，而大聖人採及葑菲之盛德也。臣愚何人，受此殊遇，遭際時艱，敢不竭盡其餘，以備採擇。

臣聞方今大地守舊之國，未有不分割危亡者也。有次第脅割其土地人民而亡之者，波蘭是也。有盡取其利權一舉而亡之者，緬甸是也。有盡亡其土地人民而存其虚號者，安南是也。有收其利權而後亡之者，印度是也。有握其利權而徐分割而亡之者，土耳其、埃及是也。我今無士、無兵、無餉、無船、無械，雖名為國，而土地、鐵路、輪船、商務、銀行，惟敵之命，聽客取求，雖無亡之形，而有亡之實矣。後此之變，臣不忍言。觀大地諸國，皆以變法而强，守舊而亡，然則守舊開新之效，已斷可睹矣。以皇上之明，觀萬國之勢，能變則全，不變則亡，全變則强，小變仍亡。皇上與諸臣誠審知其病之根源，則救病之方，即在是矣。

夫方今之病，在篤守舊法而不知變，處列國競爭之世而行一統垂裳之法，此如已夏而衣重裘，涉水而乘高車，未有不病暍而淪胥者也。《大學》言：日新又新。《孟子》稱：『新子之國。』《論語》：孝子毋改父道，不過三年。然則三年之後，必改可知。夫物新則壯，舊則老，新則鮮，舊則腐，新則活，舊則板，新則通，舊則滯，物之理也。法既積久，弊必叢生，故無百年不變之法。况今兹之法，皆漢、唐、元、明之敝政，何嘗為祖宗之法度哉？又皆為胥吏舞文作弊之巢穴，何嘗有絲毫祖宗之初意哉？今托於祖宗之法，固已誣祖宗矣。且法者所以守地者也，今祖宗之地既不守，何有於祖宗之法乎？夫使能守祖宗之法，而不能守祖宗之地，與稍變祖宗之法，而能守祖宗之地，孰得孰失，孰重孰輕，殆不待辨矣。雖然，欲變法矣，而國是未定，衆論不一，何從而能舍舊圖新哉？

夫國之有是，猶船之有舵，方之有針，所以決一國之趨向，而定天下之從違者也。若針之子午未定，舵之東西游移，則徘徊莫適，悵悵何之，行者不知所從，居者不知所往，放乎中流而莫知所休，指乎南北而莫知所極，以此而駕横海之大航，破滔天之巨浪，而適遭風沙大霧之交加，安有不沉溺者哉！今朝廷非不稍變法矣。然皇上行之，而大臣撓之，才士言之，而舊僚攻之，不以為用夷變夏，則以為變亂祖制，謡謗并起，水火相攻，以此而求變法之有效，猶却行而求及前也，必不可得矣。皇上既審時勢之不能不變，知舊法之不能不除，臣請皇上斷自聖心，先定國是而已。國是既定矣，然下手之方，其本末輕重，剛柔緩急不同，措置之宜，其規模條理，綱領節目大异，稍有乖誤，亦無成功。

臣愚嘗斟酌古今，考求中外，唐虞三代之法度至美，但上古與今既遠，臣願皇上日讀《孟子》，師其愛民之心。漢、唐、宋、明之沿革可採，但列國與一統迥异。臣願皇上上考《管子》，師其經國之意。若夫美、法民政，英、德憲法，地遠俗殊，變久迹絶，臣故請皇上以俄大彼得之心為心法，以日本明治之政為政法也。然求其時地不遠，教俗略同，成效已彰，推移即是，若名書佳畫，墨迹尚存，而易於臨摹，如宫室衣裳，裁量恰符，而立可鋪設，則莫如取鑒於日本之維新矣。

日本之始也，其守舊攘夷與我同，其幕府封建與我异，其國君守府，變法更難，然而成功甚速者，則以變法之始，趨向之方針定，措置之條理得也。考其維新之始，百度甚多，惟要義有三：一曰大誓羣臣以定國是，二曰立對策所以徵賢才，三曰開制度局而定憲法。其誓文在決萬機於公論，採萬國之良法，協國民之同心，無分種族，一上下之議論，無論藩庶，令羣臣咸誓言上表，革面相從，於是國是定而議論一矣。召天下之徵士、貢士，咸上書於對策所，五日一見，稱旨者擢用，於是下情通而羣才進矣。開制度局於宫中，選公卿、諸侯、大夫及草茅才士二十人充總裁，議定參預之任，商榷新政，草定憲法，於是謀議詳而章程密矣。日本之强，效原於此。

皇上若決定變法，請先舉三者：大集羣臣於天壇、太廟，或御乾清門，詔定國是，躬申誓戒，除舊布新，與民更始。令羣臣具名上表，咸革舊習，黽勉維新，否則自陳免官，以［激］厲［勵］衆志。一定輿論，設上書處於午門，日輪派御史二人監收，許天下士民，皆得上書。其羣僚言事，咸許自達，不得由堂官代遞，以致阻撓。其有稱旨者，召見察問，量才擢用，則下情咸通，羣才輻輳矣。設制度局於内廷，選天下通才十數人，入直其中，王公卿士，儀皆平等，略如聖祖設南書房，世宗設軍機處例。皇上每日親臨商榷，何者宜增，何者宜改，何者當存，何者當删，損益庶政，重定章程，然後敷布施行，乃不謬紊。

近泰西政論，皆言三權，有議政之官，有行政之官，有司法之官。三權立，然後政體備。以我朝論之，皇上則為元首，百體所從，軍機號為政府，出納王命，然跪對頃刻，未能謀議，但為喉舌之司，未嘗論思之寄。若部寺督撫，僅為行政之官，譬於手足，但供奔持，豈預謀議。且部臣以守例為職，而以新政與之議，事既違例，勢必反駁而已，安有以手足而參謀猷哉？近者新政多下總署，總署但任外交，豈能兼營商務？況員多年老，或兼數差，共議新政，取決俄頃，欲其詳美，勢必不能。若御史為耳目之官，刑曹當司法之寄，百官皆備，而獨無左右謀議之人，專任論思之寄。然而新政之行否，實關軍國之安危。而言者妄稱施行，主者不知別擇，無專司為之討論，無憲法為之著明，浪付有司，聽其抑揚，惡之者駁詰而不行，決之者倉卒而不盡，依違者狐疑而莫定，從之者條畫而不詳。是猶範人之形，有頭目手足口舌身體，而獨無心思，必至冥行擿埴，顛倒狂瞀而後已。以此而求新政之能行，豈可得哉？故制度局之設，尤為變法之原也。

然今之部寺，率皆守舊之官，驟與改革，勢實難行，既立制度局總其綱，宜立十二局分其事：

一曰法律局。外人來者，自治其民，不與我平等之權利，實為非常之國恥。彼以我刑律太重而法規不同故也。今宜採羅馬及英、美、德、法、日本之律，重定施行；不能驟行內地，亦當先行於通商各口。其民法、民律、商法、市則、舶則、訟律、軍律、國際公法，西人皆極詳明，既不能閉關絕市，則通商交際勢不能不概予通行。然既無律法，吏民無所率從，必致更滋百弊。且各種新法，皆我所夙無，而事勢所宜，可補我所未備。故宜有專司，採定各律，以定率從。

二曰度支局。我國地比歐洲，人數倍之，然患貧實甚，所入乃下等於智利、希臘小國，無理財之政故也。西人新法，紙幣、銀行、印稅、證券、訟紙、信紙、烟酒稅、礦產、山林、公債，皆致萬萬，多我所無。宜開新局專任之。

三曰學校局。自京師立大學，各省立高等中學，府縣立中小學及專門學，若海、陸、醫、律、師範各學，編譯西書，分定課級，非禮部所能辦，宜立局而責成焉。

四曰農局。舉國之農田、山林、水產、畜牧，料量其土宜，講求其進步改良焉。

五曰工局。司舉國之製造機器美術，特許其新製而鼓勵之，其船舶、市場，新造之橋梁、堤岸、道路咸屬焉。

六曰商局。舉國之商務、商學、商會、商情、商貨、商律，專任講求激厲之。

七曰鐵路局。舉國之應修鐵路，繪圖定例權限咸屬焉。

八曰郵政局。舉國皆行郵政以通信，命各省府縣鄉，咸立分局，并電綫屬焉。

九曰礦務局。舉國之礦產、礦稅、礦學屬焉。

十曰游會局。凡舉國各政會、學會、教會、游歷、游學各會，司其政律而鼓舞之。

十一曰陸軍局。選編國民為兵，而司其教練。

十二曰海軍局。治鐵艦練軍之事。

十二局設，庶政可得而舉矣。然國政之立，皆以為民，民政不舉，等於具文而已。

夫地方之治，皆起於民。而縣令之下，僅一二簿尉雜流，未嘗托以民治。縣令任重而選賤，俸薄而官卑，自治獄、催科外，餘皆置之度外。其上乃有藩、臬、道、府之轄，經累四重，乃至督撫，而後達於上。藩、臬、道、府，拱手無事，皆為冗員，徒增文書費厚祿而已。一省事權，皆在督撫，然必久累資勞，乃至此位，地大事繁，年老精衰，舊制且望而生畏，望其講求新政而舉行之，必不可得。向者興學堂、農商之詔累下矣，而各直省多以空文塞責，亦可見矣。日本以知縣上隸於國，漢制百郡以太守達天子。我地大不能同日本，宜用漢制，每道設一民政局，妙選通才，督辦其事。用南書房及學政例，自一品至七品京朝官，皆可為之。准其專摺奏事，體制與督撫平等。用出使例，聽其自辟參贊隨員，俾其指臂收得人之助。其本道有才者，皆可特授，否則開缺另候簡用，即以道缺給之。先撥釐稅，俾其創辦新政。每縣設民政分局督辦，派員會同地方紳士治之，除刑獄賦稅暫時仍歸知縣外，凡地圖、户口、道路、山林、學校、農工、商務、衛生、警捕，皆次第舉行。三月而備其規模，一年而責其成效。如此則內外并舉，臂指靈通，憲章草定，奉行有準，然後變法可成，新政有效也。若夫廣遺親王大臣游歷以通外情，大譯西書，游學外國以得新學，厚俸禄以養廉耻，變通科舉以育人才，皆宜先行者。

猶慮强鄰四逼，不能容我從容圖治也。且我民窮國匱，新政何以舉行？聞日本之變法也，先行紙幣，立銀行，財源通流，遂以足維新之用。今宜大籌數萬萬之款，立局以造紙幣，各省分設銀行，用印度田税之法，仿各國印花之税，我地大物博，可增十倍。然後郡縣遍立各種學堂，沿海皆設武備學院，大購鐵艦五十艘，急練民兵百萬，則氣象丕變，維新有圖，雖不敢望自强，亦庶幾可以自保。

臣愚夙夜憂國，統籌大局，思之至詳。其能舉而行之，惟皇上之明；其不能舉而行之，惟諸臣之罪。時阽國危，謹竭愚誠，伏乞皇上聖鑒。謹呈。

雜録

胡思敬《戊戌履霜録》卷三《蔡鎮藩奏請審官定職以成新政摺光緒二十四年七月》　一曰軍機處。中國之大弊，在名實不符，宰輔樞衡之任，魏晉以來，病其專擅，一以他官典領。國初内三院皆設大學士，康熙時改為内閣，分其職而設翰林院。雍正時，又分其職而設軍機處，内閣、翰林院、軍機處，即初時國史院、宏文院、秘書院也。惟軍機處因西北軍務而設，未遑定官，迄今百數十年，贊理萬幾，政事無所不統，並非專辦軍務，事平可議裁撤。宜仿内三院大學士均係本官之例，改軍機處為樞密院，或即名秘書院；除親王貝勒欽派管理無定員外，設大學士若干員，協辦大學士若干員，一二三等章京各若干員，秩約三四五品，建衙署，廣直房，略如内閣。向來大臣多有部務差事，早夜奔馳，無復從容論思之暇，此後新政章奏，日益繁多，既未可倉卒定議，亦不能稍涉遲延，而大學士等無簿書期會之煩，自朝至於日中，督同籌辦，必能發攄勳業，補救時艱，仰贊開物成務之治矣。

二曰總理各國事務衙門。萬國交通，古今創局，通則必久，斷無復閉之時，我皇上奮然維新，欲合天下聰明才智，萃於外交内政兩途，而洋務無專官承辦，各員皆由部院兼攝，不足以新耳目而作其志氣。擬請援理藩院例，定為外務部，除親王貝勒欽派管理無定員外，設大臣參贊大臣各若干員，秩與尚書侍郎同；一二三等章京各若干員，秩與所擬樞密院章京同，一等總部務，二等三等管國股；以外尚宜增置曹司，一改海防股為海防司，設郎中員外主事各一。復設行人司，查國初行人司司正，正七品，左右司副，從七品，行人正八品，本於明制，明時司正一，司副二，行人三百四十五，後減為三十七。順治十五年，裁行人六，雍正以後，率土臣屬，久乃全裁。今五洲通好，使才尤重，使學尤急，宜復行人司員數，增其品秩，司正從四品，司副正五品，行人六七品，專掌使臣領事參隨繙繹，及游學生員事宜，並講求約章律例税則公法，使臣以下應通之學，即以行人司為儲使才之地，内外互相遷轉。一設殖民司郎中、員外、主事，專掌南洋英法荷日各屬地、東洋日本高麗、美洲美秘智巴各城埠華商華工事宜，及西北邊民入俄、藏民入印、滇民入越緬互市情形，責成各該大臣督屬保護，按季咨報。夫通商大事也，彼來我往，乃謂通商，必如是乃有益而無害。中國誤在初開海禁。不急務此，退守至今，遂難進步，然閩廣商民自創之規模，不可不力與維持，因籌開拓，凡外務部官，升轉不出外務，與樞密院俱歸三年察典，不必按屆保奬。

三曰吏部。國初吏部有用人之權，選曹四司，每省必用一員，藉以周知賢否，後行俸次之法，於是天官職掌，一書吏足以辦之。然用人當審之於先，責之於後，資格所以抑躁競，亦正以課職事，不以職事為進退，而法乃敝。唐虞用人，曰考言，曰考績。考言至唐時為銓試，我朝順治康熙時，兩定鄉會試章程，二場俱試判五條，即寓銓試之法於科舉。惟官非一途，其不由科舉者尚多，而判辭引試俄頃，施於選人尤宜，議由吏部將擬選州縣以上官，當堂設題集試，一依唐法，會吏科河南道揭榜，分別留放，留者入選，放者停選若干年月，屆滿再擬再試；分發人員，由侍郎一員，會同驗看王大臣科道試判例，不及格者停其分發。考績之法，壞於差使保奬委署之例，今擬合官與職事為一，辦法已具各條，而公事例限，先須釐定。外省辦事，多無常員，廢弛疲玩，部中任催罔應，無從核實。惟有由各部將歷年未報未覆實有關係事件，開單請飭下各省，限半年内辦清，以後從新畫一定限，逾限兩期，即由各部咨交吏部照例參辦，以省繁瀆。

四曰戶部。明設戶部，分民度金倉四屬部，後改為每司之四科，遂沿至今。號地官而不掌土地之圖，名司農而不主農官之事，理財而市易無專職，制幣而平準無專責，籌軍餉，制國用，而度支無專司，不得不行派辦之法，久則派辦設有常處，兼隸省司之件，亦多承辦，故北檔房最為繁劇。今宜改北檔房為會計司，專管軍國度支，綜核財賦。增設農政司、商務司掌天下農商之政令，其礦冶諸務之兼隸各司者亦如之。農商體大事繁，若欲二千餘州縣，同時並興，惟有歸入地方官考成，令將籌辦情形申藩達部，部中既為總匯，擇取善法，使相仿效各省司分録行文，不旬月而徇天下，內外無隔閡，上下無蒙蔽，職事昭著，大吏不能偏私，而吏治蒸蒸日上矣。

五曰禮部。現裁之光祿、鴻臚二寺，既歸禮部，光祿應幷入精膳，鴻臚應幷入主客，然各國交涉，外部主之；蒙回各務，理藩院主之。主客職務本簡，宜與鴻臚並歸入儀制司，而以儀制司所管之學校舉貢，別立學校司員缺，一仍主客之舊。現學堂科舉，新舊並行，有特科，有常科，有府廳州縣學，有大小中等高等學，有寓洋商籍小學，有士紳倡設算藝文字小學，有生員舉貢進士，有學堂生員舉人進士，又有特科出身譯書出身，均應隸部另議。學校歸入地方官考成，尤關吏課，至於祠祭所掌，亦宜增定。一行僧道度牒納費之例，一定寺院莊田限制之例，一申明禁止淫祠之例。查順治二年，以天下尚未全定，僧道無多，度牒納銀，特著寬免。三百年來，游惰日繁，羽服緇流，至不能得大數，蓋不納銀則度牒廢，流品混雜，窩奸藪盜，既妨吏治，亦玷清規；納銀則度牒行，官可按冊而稽，彼亦尊重自愛，非必如前代之倚辦軍餉也。僧道置業，例止報官立案，直省寺觀莊田，動逾萬畝，衣稅食租，礙民生計，宜明定限制，一人不得過若干畝，一寺院不得過若干人，一州縣不得有若干寺院。仍先查明溢數，充地方學田，至淫祠不應禁止，民間不在祀典之祠廟，近已奉旨改為學堂，一舉數善，應由部頒行禁條，以免續建，外國教堂，應由地方官查明若干，年終由部彙奏總數，以重要務。

六曰兵部。强兵為第一要義，而兵部考核，祇以武職選補錢糧報銷為重，查外國陸軍隸兵部，水軍隸海部，今海軍衙門久撤，宜改選司為水軍司，管南北洋長江內外水師事宜；車駕司為陸軍司，管各省緑營防練團兵事宜，凡操練章程，駐紮處所，巡哨緝捕調度諸要務，考察功過得失，雖難遙制，務嚴責成。至於職方所掌，地圖尤要，曰版圖，曰界圖，曰五洲全圖，宜備置以周知利害，而水陸建置圖，如西北之倫博塞壘，東南之船塢砲台，以及口岸租界，凡有改設增置，均宜繪圖貼説，送部考核。外國每軍有測繪學生，兵部海部輿圖館，開辦至百餘年，今繪圖處不日將撤，即以職方為天下輿圖之總匯，武庫司改為軍器之總匯，亦如之。

七曰刑部。刑部省司外，有督捕司，因國初八旗逃人案多，故兵部設有督捕侍郎主事，後滿漢相安，逃案漸少，乃撤督捕衙門，一歸刑部。今八旗逃案，歲不數見，其情罪輕者，多由本旗及步軍衙門審結，遇有重案，必係奏交。凡奏交之案，又歸派審，不隸本司，而派審易涉嫌疑，故刑部近年屢招物議，宜改督捕司為見審司，專審奏交之案，其咨案仍籤派。至律例館本未停撤，似無妨博採西律，隨時入例。

八曰工部。百工六職之一，《周禮》以之富邦國，後世重官而輕事，貴士而賤工，然將作正卿，猶名大匠，水衡船官，實造軍械，其僚屬丞簿，即係工師，尚有百工居職之意。自漢魏以至國初，冬曹事官，未有名不副實如今日者。順治時，有營繕所，有所丞等官，鳩工會材，以時督之，原非專主銷算。今則工不居職，隨時招商，木廠工頭，把持挾制，而工部但司總核。承修別有大臣，又有初估覆估驗工各大臣，大臣與部又各有司員，錢糧不能覈實，工程不免偷減，近年糜費，以此為鉅。現在率作興事，宜定百工之職，設將作監衙門，如三庫錢法堂例，以本部侍郎領之，郎中員外郎主事大使，不定員額，精選熟諳中西工程專門之學，使處其位，來工為九經之一，招華洋上等工匠，使為國工，亦無定額，其工程分兩大宗，曰修宮室，曰修道路，凡京城內外工役，由京師選集衆工督造，其街道衙門，及管理溝渠河道例差，均可停撤。至軍器製造，尤為當務之急，現京營改練洋操，需用火器愈多，鉛子庫火藥局既不足以應用，專恃外省調取，難經久遠，宜設軍器監衙門，以本部尚書領之。查新法獎勵章程，能造新器者，請給工部郎中。大學堂章程，學製造者，歸工部，所有該監郎中員外主事大使工師，不限員缺，以待藝能之選，並仿唐宋甲弩坊令丞之設，槍廠砲廠藥廠，各設令一丞二，分司製造，俱用專門及大使工師升補。開辦之初，暫由南北洋湖北等處，將該局廠成效久著極為得力員匠，每處保送數名備用。凡新設各缺，遞升至郎中，遇應升時，加秩留任，加至二品，就升本部侍郎，營繕四司，仍照舊例。惟四司既主考核，即應詳定考核之職，各省工程工藝，令每季申報籌辦情形，其不歸州縣之電報郵政，及業已開車之鐵路，月出月入，均應報部。至工部軍器則例，造法價目，纖悉俱備，惟皆舊時軍營所用，而船械機器，購自外洋，無憑考核，故例所有者，絲毫俱關准駁，例所無者，十萬數十萬，無不照數准銷。查洋廠價值，隨時雖有漲落，要不相懸，宜飭出使各大臣，將兵輪槍砲大宗機器，中國所常購者，半年查報時價一次，並飭官報確訪登載，部中彙作比例表，按時修定，以憑鈎考，並可藉以講求，此亦有司之責也。

九曰六科。明設給事中，掌門下之任，審定詔旨，謂之封駁，駁正到部，謂之抄參。今事或由廷寄，或由閣抄，其下科者，皆係循例奏報，無所用其參駁，雖察六部，衹按月由部赴科注銷而已。然對駁之職，在我朝為拾遺，康熙六年，輔臣以言官既准不時陳奏，其拾遺應即停止，後雖以阻塞言路為輔臣罪，此例亦仍未復。查六科署在門下，雖隸都察院，實與各道御史有別，拾遺左右，其本職也。皇上察言好問，令編檢中贊科道，各隨該堂官到班值日，今詹事等衙門已裁，值日之員既少，預備亦無中贊，應於都察院外，令六科分期值日，即以值日復其拾遺之舊，而副其給事中之名。現在立法造端，事體繁重，雖詳求不厭再四，本可隨時變通，而一經奉旨，有司即應遵行，既無成案可循，而詔詞簡要，理難詳及，或恐漸生歧異，致失本指。其新章由各衙門議定者，雖大致已邀俞允，而其中詳細條目，未必盡無可議，尤宜慎之於初；可即由值日科臣，覆核每日奉旨事件，如原奏或有遺漏牴牾，及詔旨有應行申明之處，即於次日請旨辦理，以求盡善。至六科雖無所不察，其所察之部，尤為職分所當先，一切利弊得失因革損益，均宜隨時條論，亦藉以明習政務，庶不致專司風聞彈劾，轉拋荒其本職也。

十曰都察院。西國之官，人自行權，無大小相維之意。中國以上使下，內制外，國體異則官制難同，而惟事由公議，則彼國千年之善法，亦中國自古之良規。明臣邱濬有言，祖宗不以諫諍名官，欲人人得盡其言也，又寓其責於科道，其意甚微。我朝亦然，惟都察院官各有本職，都御史分蒞行省，監察道職在巡按，六科給事內廷分察六部，會議各修本職，則都察院宜別增議事之官。參中外古今之制，擬於十五道外，另添御史，仿周秦衹以御史名官，仿順治康熙時，兼用五六七品，仿漢制議郎不限員數，仿國初吏部司員例，及西國議員例，各省每道必有一二員，一切政事興革，咸使預議，上下交而其志同，端在此矣。

十一曰左都御史右副都御史。都御史左在內，右在外，即右行臺省之制，故曰行省。行臺省行尚書事，故督加尚書，撫加侍郎。然魏晉行臺，備置官屬，隋猶有主事，有侍郎，有食貨監、農圃監、武器監、百工監，監各有副，有丞，有録事，詳於庶務，故致富强。唐分大小行省，大省郎中等官，與京省同，餘降一等。惟宋無行省，沿唐末制，權宜置使。明改行中書省為布政司，中葉後，漸置督撫以監臨之，不考行臺舊制，而以宋人置使之法為之，千里數千里之地，付之一人，無掾屬，無幕府，孤立於百城之上，無所不責其建置，遂無一能有所建置。各省向來多自設文案處，而承充之員，不過圖薪水，望調劑，大吏亦衹取其文理公事，較勝書吏，事之得失，不相關也。今既不可如西國屬地政府之專，亦不能如前代行臺官屬之備，宜照將軍衙門主事筆帖式例，設行者主事四員，分掌吏治財賦營務工程一切奏咨事件，依古設録事四員，分掌農圃食貨武器百工以副之，秩比七品小京官，其體制亦照堂司辦理。現在皇上明目達聰，邇言必察，而封疆大吏，尚不開府，類仍深居簡出，坐受欺朦，似非一德一心之盛。宜令設考言院，接見屬員，候補州縣以上，逐日輪派若干員旅見，略去常儀，詢論政治，佐雜照舊排期傳見，仍准時具說帖，到院言事。另設采風館，接見紳士，考究地方情形，每郡公舉一二人入館，一切籌辦新法，因地制宜之舉，先發館紳議其可否，公具說帖，交有司核辦，督撫審定施行。凡士農工商人等，俱准上書，采風館言教養事，官權既無所侵，輿情無有不洽，措施既易，成效無難，自不致以空言塞責矣。

十二曰十五道監察御史。一統之世，郡縣星羅，不能不遞置長官，層層節制，而君與民日遠，國與民日分，官與民不相習，民與民不相聯，故有郡縣即有監郡御史，特以通氣脈而起痺痿。《通典》謂秦御史監郡，謂之監察御史是也。國朝本唐宋明監察之制，御史職在出巡，巡漕、巡鹽、巡河、巡農，俱係專差。惟巡按為第一要任，雖裹行未遣之員，仍依直省分道。康熙中天下無事，巡按停差，初時猶令督撫代巡，而無秋毫之益，有無窮之累，旋即停罷，不得已而親巡。夫任人則逸，任己則勞，天下之大輶迹難周，則耳目不能不有所寄。顧炎武《日知録》，謂監察巡按，深得西漢部刺史之意，且謂察吏安民之效，已見於有明三百年，非虚語也。查巡按之善，全在秩卑而權重，御史與行省督撫，一照臺規體制，更無漢時以卑臨尊輕重不相凖之嫌。謂宜復舊制，每省差巡按一員，由在京各衙門，公舉年壯才明廉勤公正御史，咨都察院彙請簡派，不足則取之都院五六品官，兼監察御史銜，如學政例，遷轉仍照本官，考成歸吏部都察院，兩年一代，不可久任，限定巡費不必報銷，常年周流，不必建置。其職掌大綱有三：一曰考核，二曰制置，三曰宣布。凡考核三條：一官方，貪酷糾劾尤要；二吏科，農桑新政尤要；三民情，民教交涉尤要。凡制置六條：一刑名，斷治冤獄，清理積控；二盗賊，督察奸訛，解散勾結；三屯牧；四團練，所至簡閲，拊循其忠義，釐定其約束賞罰；五賑濟，辦賑宜速，費少而有實惠；六撫卹，暖廠養老、育嬰、卹嫠等善堂，施醫牛痘等義舉，所至勸辦。凡宣布四條：一新詔，士民偏隅僻處，耳目未通，開改學校，則疑於廢經；變科舉，則疑於廢士；用機器，則憂人工之失利；開商局，則慮小販之失業；惶惑疑沮，勢所必然。惟巡按兩年一周，親歴各屬，將諭旨關乎新政者，恭録刊布，所至宣諭，庶民志大定，不至胥動於浮言。二新章，凡科舉學堂新法奬勵，及以後一切新政章程，刷印宣播，而征取部章，地方官利於浮派，尤不肯示令周悉，故上取一，下取十，籌款一次，動至竭澤而漁。更宜逐處曉諭，頒示明禁。三新書，教士書宜詳，教俗書宜簡，簡則頒行易廣，流布易周，西人最重此法。四新約，傳教訂約已數十年，而百姓尚以掊擊洋人為忠義，雖由愚民鄙陋，匪徒煽惑，實亦無詳知世務通達政體之有司，為之教導於平日。惟巡按至，將中外通商始末，現時各國修好之誼，傳教祇期為善，斷無叵測之情，刊發條教，令相勸戒，庶民信既孚，民氣自靖，不至再有教案矣。

十三曰布政司。布政司事繁責重，察吏則實缺數百，候補數千，理財則起存正雜之鈎稽，部餉軍糧之籌措，及一切興利除弊，責有攸歸。近又裁局所，裁鹽糧各道，兼領歸幷，職務益繁。查康熙六年，幷左右布政司，裁直省吏攢承差三千八百餘名，今藩署科房，多至二十餘所，額外書吏，至數百人，亟宜大加淘汰，酌留十數名，但司書算，而設布政司參議二員，分理庶務。所有首領官經歴理問都事，均可裁去，公事案牘，立限清理，五六年以來未經報銷者，分別補造免造，參追無著者，查明豁免，以後文冊，釐定簡明格式，期於易辦，省具文，責實事，治道庶可成矣。

十四曰按察司。外省辦事，曰吏曰幕，幕權重於吏，弊亦較甚，而臯幕尤通省刑幕之淵藪。夫獄訟原須參決，難持獨斷，西國用律師，我朝用佐貳刑幕，今日之教習，非法也。按察司舊有四品副使五品僉事，本無定員，今宜酌設僉事一二員，襄理刑案，不准再延幕友，其各省局，亦幷入臯司，不必由首府兼領。

十五曰道員同知通判。外官古分親民、釐務二等，今道與同通，除地方外，別有專管事務員缺，順治康熙時，屢裁屢復，時幷時分，大都視其事之繁簡，非有定也。咸豐以來，時事日變，舊制既無此官，則姑設一局以理之，續興一事，又添一局，遂使天下之官，爭以求差為務，而軍國重要，適為宦途營利之資，數十年來，所以日講富强而無効也，擬請於南北洋各設商務道二員，商務同知通判副之，分理所屬輪船招商製貨局廠，及稽察電報郵政銀行鐵路，一切通商事宜。湖北酌設道一同通各一，每省設軍械道一員，同通副之，專理製造機器槍砲局廠事務。江南湖北同通酌增。福建設船政道二員，同通副之。江南於康熙時，本有船政同知，今宜復設，並添通判，均管廠塢，督造兵商輪船，礦廠盛處，如漠河湖北，酌設礦務道，仍隨礦利之盛衰為裁置。各關監督，改為關道，學政分別省分，復為學道。凡新設各缺，如製造諸務，實難遽易生手，准由現辦人員內，按品揀補，及分別在實缺上行走。以後各省候補道員同通，令專歸一項候補，除候補地方員缺即專補地方員缺外，其事務員缺，仍各分班候補，先在所候各缺上行走，以資歴練，不准另派委員，庶分發候補人員，不至間曠，朝廷亦得實用，且不至用違所長，而奔競之風，不禁自息，一舉數善之法，似無過於此矣。

十六曰知府。監臨之官，職在督率學校農商工藝，擬歸入州縣考成。一州縣之事，多有與數州縣交涉者，化畛域，杜諉卸，或通力合作，或相因並舉，必須統籌兼顧，措置方宜。郡城學校為中學，學堂書局，切實辦理外，每府設官報館，開通風氣，各屬申報籌辦情形，概用説帖批籤，以後酌發報館登載，藉資講求。至知府考成，應以所屬政治之修廢為斷；將各州縣職事舉劾之員，通按十成計算，舉過八成為上考，五成為中考，二三成為下考。惟州縣之舉劾，既關知府考成，則大吏參劾州縣，不必仍由知府禀揭。

十七曰推官。教養為富强之本，中國官以萬數，其與民相及者為州縣。州縣所以治民者，不過刑名緝捕，然責之未嘗不備，而行之實有未能。州縣大者數百里，小亦百餘里，即論刑名緝捕二事，已極殷繁。至於兼三兼四要缺，雖以精明强幹之吏，殫力竭慮，僅得無誤，而錢穀之期會甚迫，民教之調處尤難，若再以學校農商工藝諸務，責令振興，雖古循良，豈能勝任？西國設官分主民事，而巡審季審月審，獄訟之專官尤詳。我朝順治康熙時，每府設有推官，秩同知縣，進士則推知並用，考滿則推知并升，主事行取，則推知同升御史。今宜復其官而變通之，每州縣設推官一員，品級升途，州推與知州同，縣推與知縣同。專主緝捕盜賊，審理詞訟，為地方問刑衙門，吏目典史屬之，其捕盜拿犯，即用汛兵民壯協捕之，練勇團防，即歸管帶，不必派委營官，設立武職。刑官既立，而教民養民諸政，乃可備責牧民之官矣。

十八曰知州知縣。民為邦本，今日最妨吏治，使善政皆成弊法者，殃民之吏役也。刑名既屬推官，則州縣衙門所有胥吏數十，多者百數，白役數百，多者千數，俱可淘汰净盡。設櫃徵收章程，捐借條款，分別刊碑懸揭以徵衆信，自無浮皆抑勒之弊，而刑錢分掌，地方官亦不能以酷濟貪，於是官與民親，乃可專意於教養。一學校，曰文藝，曰武備；一農課，曰農桑，曰畜牧，曰種植，曰礦產；一商務，曰貨，曰幣；一工作，曰製造，曰工程；製造曰製貨，曰製器，工程曰水利，曰道路。督同學會紳士切實籌辦，仿稅務司申報總稅司之法，按季分條，詳具説帖，一申府，一申藩，一由藩司核訖達部，説帖官用印，紳用押，皆有事實器數，非可空言搪塞，督撫考其功過，年終一舉劾，三年一大計，隨其事之修廢而黜陟之。然舊制尚有宜改定者，一計典分上中下九等，專主考績，貪酷八法，定為隨時參劾之格。一委署全行停止，缺出由同城官暫攝，嚴立請補期限，擬補之員，先飭赴任。一捐級不准抵銷處分。一同知直隸州通判，除京員實缺截取外，專作為推官州縣升途，庶勸懲既有實際，吏治可望起色矣。

《宮中硃批奏摺·增韞代奏在籍編修邵章條陳釐定官制等事宜摺宣統二年三月初二日》 浙江巡撫臣增韞跪奏，為在籍紳士條陳官制，謹據情代奏，恭摺仰祈聖鑒事。

竊據在籍紳士翰林院編修邵章呈稱：查憲政編查館逐年籌備事宜清單，第二年釐訂京師官制，第三年釐訂直省官制，而新定京外官制，期以第五年頒布，第七年試辦，第九年實行，誠有見於官制一端，於憲政前途至關重要也。惟是行政事務必循官制為範圍，立法機關必據官制為標準，故近來臣工章奏，有擬請速行釐定提前試辦者。竊敢貢其一得之愚，謹為我皇上縷晰陳之。

伏維立憲政體，必以立法、司法、行政三種分任統治機關。立法機關近今各國皆委之於議會，不待言矣，而司法機關與行政機關既屬截然異制，即司法官與行政官，於釐定官制，必宜劃然分途。為行政之範圍較廣，即行政官之配置宜詳。各國於司法行政外，大率別為內務行政、外務行政、軍務行政、財務行政。而行政官之中又有中央行政與地方行政之別，地方行政之中又有官治行政與自治行政之殊。竊謂官制愈繁，即釐訂匪易。今宜畧採日本親任、敕任、奏任、委任之制，釐定官等為四等，第一等曰特簡官，第二等曰請簡官，第三等曰奏用官，第四等曰委任官。必有官等之資格，而後得授官等之位置，必有官等之位置，而後得受官等之報酬。故關於此通義有三：

一曰官級之規定。官級者所以釐定官等之資格也。謹案我國官制自來以品級分，而肇始於周之所謂九命，漢之所謂禄石，皆所以辨高卑之等級也。自曹魏而後始有九品之制，至梁分為十八班，北魏始以九品分正從，而隋唐以來因之，蓋魏、晉、宋、陳，初無從品之制也。唐開元二十五年，制定官品，流內官九品三十階。唐制蓋於一品、二品、三品各分正從，自四品至九品，又各於正從之中分為上階、下階，故云三十階。其後乃廢上下階之名，而自一品至九品遂定為十八階之制。今擬廢去正從之稱，俾復魏、晉之舊，并宜分別職事之有無，有職事者謂之職級，無職事者則謂之官級。而於官級之中別定為特簡官之資格凡二項，正其名曰一品大臣，曰二品大臣，不復分內外區域及職務事類，凡有職事相當者，皆於此二項中各依官級簡任之，又別定為請簡官之資格凡二項，無論京外，皆正名曰三品行政官或三品司法官，曰四品行政官或四品司法官。有職事相當者，京官於京職，外官於外職，皆得各依官級，由各衙門開單請簡。又別定為奏用官之資格凡三項，亦無論京外，皆正名曰五品行政官或五品司法官，曰六品行政官或六品司法官，曰七品行政官或七品司法官。高等文官試驗合格者，以此三項為限。其京官之分歸各署者即各冠署名，外官之分歸各省者則冠以省名，有職事相當者，各依官級奏用。又別定為委用官之資格凡三項，自七品逮九品皆正名曰某品佐治官，京外從同，此則以普通文官試驗合格者為限。蓋嘗以我國舊日官制徵之，自三、四、五品京堂外，固有所謂七品小京官矣。近制又有所謂五、六、七品警官矣。似此別為改定，不特盡去繁雜之稱，抑且明示高卑之級。是關於官級之宜釐定者一也。官級既定，即資格攸分，由是而職任可言焉。

二曰職級之規定。職級者所以釐定官等之位置也。謹案唐制有職事官、散官、勳官之稱。凡職事官、散官計級等者，即相因而得，故同為一官，其勳官則從勳加授於階爵之外，更為節級，故別為一官。今宜畧仿唐制，擬定散官之名曰官級，定職事官之名曰職級，雜官與職而二之。凡有同一等之同一官級者，乃授以某級之職級，而授有職級時，其官級自在也。未受有職級或去職、辭職時，其官級亦自在也。惟必依官等而任，有職事乃得為有職級之官。如此則職任確定，有職事可名者，則名之曰某職官。無職事之候補學習官員，皆不得襲用舊時候補某官、學習某官之名，其名義不符之官稱皆可廢去矣。即如今制所稱候補三、四、五品京堂，亦未嘗加以候補某官之定名也。惟內而侍郎，或內閣學士，尚有指名以某官候補者，而尚書以上則無之，外而督撫各司亦然，是亦宜求官稱之統一也。至於現在或差或缺，名目繁多，殊不足昭統一而示整齊，宜將此等名目一律廢去，別為經常職與臨時職二種。而經常職之中，又分為甲、乙二種，甲種則非同一官等之同一官級者不得充是也，乙種則以同一官等為限，而不必限以同一之官級，但求其職事相當者充之。如隸於外務部之各國公使、參贊及領事官。如隸於學部之視學官，及專門以上各項學堂之監督以下各官，凡一切定為經常職者皆是也，其臨時職之中，亦分為二種，以重要者與非重要者為類別，仍如經常職甲、乙兩種之制。惟臨時職乙種，如有實在相需之才，得以僱傭之員參用之，此即庶人在官之遺意，並得暫時選用客卿，以符僱傭之廣義。至於職權之監督，亦有並宜議及者。

大凡監督權之限制，除司法行政外，宜以甲級直接監督乙級，乙級直接監督丙級，非有必不得已之事由，咸不得越級而有監督下級之權，則職有專司而無紛亂之弊，權有定限而無侵擅之虞。是關於職級之宜釐訂者二也。職任既定，由是而俸給宜詳。

三曰俸級之規定。俸級者所以釐定官等之報酬也。竊維近世公法之觀念，以為俸給者乃國家對於官吏所以保其體制上必需之費用，而支給以定額之金錢也，其與我國俸祿之制有截然不同者，即近世各國俸給，皆按職事之繁簡而定之，而我國則概準官級之高卑而給之。夫俸給固為保官吏體制上必需之費用，亦實為對官吏職事上相當之報酬，故必視職事繁簡而設等差，以此為俸制之原則。雖日本於同一官職，亦有隨官等之陞進而進俸給之等級者，然不過為一種之年功加俸，而不得謂其違此原則也。惟我國俸制向以榮譽為基礎，有何等榮譽之身分，即有何等俸祿之支給，故不獨文武各官一律給俸也。如皇族，如外藩，如世爵、世職，又如從前特用之翰林、主事，有給全俸者，有給半俸者，初不問其職事之有無與其繁簡也。此與日本中古時代隨立階而有俸祿者。正復相同。蓋可謂之官級俸給，不可謂之職級俸給也。惟其非職級俸給，故不得不變通而別定養廉之名，近今又別定公費與津貼、薪水等名目，於是俸制之範圍日廣，而俸給之名稱益淆矣。今宜採各國俸制原則，必以有官級而授有職級者乃給俸，其俸給之多寡，又必以職事之繁簡為衡。擬請畧仿北魏太和之制，而易其品位之等差，準之以為俸給之等差。蓋北魏之初，不特品分正從也，而每品正從之中，復分上、中、下三級，是一品又析為六階矣。今即廢去正從之稱，自宜變通，魏制由一品逮九品，定為俸給三十等，以為稱事報酬之準則。惟特簡官官等一品、二品凡二項，但宜就同一官等之中，定為特簡官俸級六等，而不必按一品、二品分之。請簡官官等三品、四品凡二項，於同一官等之中，其俸級亦如之。奏用官官等五品逮七品凡三項，於同一官等之中，則定為俸級九等。其下則為委用官官等七品逮九品，亦凡分三項，故於同一官等之中，其俸級宜並定為九等。而七品一級之中，奏用官與委用官職級雖同，然職任之輕重自別，委用官之俸給，固宜視奏用官之俸給而從殺也。蓋三倍九品之數，而別為俸給二十七等。又參以委用官七品一級之俸級，而合以八、九品各俸級，故曰定俸級為三十等，是與唐代流內官三十階之制，其取義固殊，其取數自合。顧於官級、職級等差皆從其簡，而此必從繁者，不徒為稱事之報酬計，亦兼為職官之激勵計也。惟近來重祿之議，見於私家著述暨臣工章奏者，已數數及之，況以體制上必需之費用，職事上相當之報酬而言，尤有不可不酌量更易者。茲擬請於特簡官俸級六等中其最優者，歲給四萬兩為率，最下者以一萬五千兩為率，每級以五千兩遞降。請簡官俸級六等中最優者，以歲給一萬五千兩為率，最下者以五千兩為率，每級以二千兩遞降。至於奏用官俸級九等中最優者，則以歲給五千兩為率，最下者則以一千兩為率，每級以五百兩遞降。委用官俸級九等中最優者，則以歲給一千兩為率，最下者則以二百兩為率，每級以一百兩遞降。又所以必按特簡、請簡、奏用、委用之官等而分別釐定者，固期無背乎制俸之原則，抑亦酌量我國財政情形，俸太薄則不足以彰激勵，俸太厚則又何以供取求，今惟明定其範圍而仍隱操其調劑。凡大小一切職官，其職事繁者，得授同一官等較優之俸級，其職事簡者，得授同一官等較次之俸級，其資勞卓著者，又得酌其同一官等之俸級而遞進之。此於日本年功加俸之制及漢加秩進祿之法，殆皆有合焉。又惟於本職得給以全俸，其攝有他職者，但得給以他職之半俸，所以示限制也。俸給既定，凡現在之養廉、津貼、薪水等項名目，及京官經制之俸米，咸宜罷去之。至於準同一官等所定之俸級以外，又宜酌分為五種：曰世襲俸，如皇族，如外藩，如世爵、世職等項之當給俸者是也，曰恩給俸，如職官以老病退職給俸，或特旨賞給全俸、半俸者是也，曰學位俸，但以庶吉士為限，所得酌給之俸是也，曰特別俸，如議員、議長、副議長，又加各學堂之教員及其他之臨時職所得酌給之俸是也。但此五種俸給，自宜酌量變通，而不得以官等所定俸級之數為比例，惟無論屬於何種俸給，均宜統籌於度支部，而不得由京外各衙門為單行之規定。則俸制既歸統一，等級亦歸詳明矣。是關於俸級之宜釐訂者三也。

要而言之，官級定則資格咸有所統宗，職級定則位置咸有所專屬，俸級定則報酬咸有所準則。顧三者之通義既明，而要義可舉者亦有三：

一曰任用宜重出身也，夫受何種之任用，必限何種之資格，則入官之始差無冒濫。近如游學生考試，及將來通儒院畢業授有學位之庶吉士，以逮大學、高等專門學堂畢業受有學位之進士、舉人，乃得有受高等文官試驗之資格，其合格者乃得有受高等文官任用之資格。其中小各學堂畢業授有學位之貢生、生員，乃得有受普通文官試驗之資格，其合格者乃得有受普通文官任用之資格。其法律專門畢業，不由高等試驗而應別為法官登用試驗者，亦如之。至現在候補學習之各項官員，其由舉人五貢以上出身，及有高級專門各學堂畢業文憑者，免其特別試驗。此外皆須經特別試驗，其合格者則分別其原官之高卑，作為同一官等之官級，又依其試驗合格之等第，而分別任用之先後。其不合格者咸依原官級頂戴，而擯之於任用資格之外，如此則任用之源乃清矣。

二曰升調宜嚴限制也，蓋遷官、遷職宜劃分為二，其尋常勞績及資深者，但得進其同一官等之官級，而職級不宜遽遷，其但有資而無勞者，並宜使之久於其任以責其成效，而官級亦不得遽遷。至有以同一之職級而更調者，則必以同類之職事為限，此外皆不得輕率更調。又經常職及臨時職中，有但限同一之官等而不限同一之官級者，於有所更調時亦如之。他如向來奏調之例，宜仍如其舊。惟於任用時除准其自辟之官屬外，其他但得以臨時職用，及不限同一官級之經常職用，而限於同一官級之經常職仍不得輕率調用之，皆所以嚴限制而杜紛擾也。又案我國官品之制，猶日本之官等與位階也。然日本官與職分，而奉同一職事之官員，則別設官等之高下與位階之等差，此其異焉者也。夫我國惟以一定之職級，必屬於一定之官級為原則，故苟無職級之陞進，即不得有官級之陞進。今既擬離職級與官級而為二，在限於同一官級之經常職及臨時職，其著有成績，人地實在相需者，並仿漢代加秩進祿之法，既得就其同一官等之官級酌予陞進，並得酌進其同一官等之俸級，而不必遽遷其職事之職級。迨至資勞久著，積遷至同一官等之最高官級，乃得特進其官等，而職級與官級並遷。其未積遷至同一官等之最高官級時，則但宜畧仿唐代行守之制，假其官級已遷高於職級者，得以高官級行卑職級之事，而職級不必與官級並遷。惟在同一官等中，官級、職級本皆居其最高者，則限以在職若干年乃得進官等而並遷其官職。至於經常職及臨時職，有但限於同一官級者，如以高官級行卑職級之事時，則但遷職級而官級自無所須於並遷，以卑官級守高級職之事時，則但得遷官級而職級亦無所須於並遷。大抵非官不得任職，離職亦不得遷官。其越官等而遷職者，則必並遷其官。越官等而降職者，則必並降其官。總期於官職分離而仍嚴守官等之限制，則不特有裨於職任之確定，亦庶幾無戾於久任之觀成矣。若夫與本職而攝他職時，亦必宜以類相從，仍不得越二職之限。至凡在監督機關之下而任有職事者，仍不得攝被監督機關之職事，所以杜舞文弄法之弊，此則宜並嚴限制者也。

三曰處分宜議變通也。大凡以禮去職，如丁憂、疾病及其他事故，並不關於懲戒處分，各員宜仍留其職任，而於去職之時，凡有期限可計者，得以相當之員權任之。俟去職之事由消滅，得隨時回復其原職。若此者是謂之去職，其由於本員之意思而永久辭退者，則謂之辭職。其由於懲戒處分而罷絀本職者，則謂之免職，其尤重者並免其官，免官者並不得敍復。惟辭職、免職各員，實有相需之時，均得以特旨起用，不得乍離而旋復，此免而彼庸，以鞏朝廷用人之大權。至於彈劾，宜分為二種：其以公事劾者，皆歸於懲戒處分，不宜悉準以刑法上之制裁，致罹於褫奪公權之罰。蓋今制無論公罪、私罪，必先科以何等之刑，而後準以何等之處分，往往有處分不過降級罰俸及革職留任，其官員之身分自在也，而準以科刑必奪權之義，微論實行與否，皆有所窒礙。至於以私事劾者，必宜併奪其官職，削除其身分，即依一般之刑法科之，而不必從重以失刑，亦不宜準官以當罪。其限於官員身分之犯罪，又別有刑法上瀆職之罪可科，此則於私罪之義差合，而公罪之義，固無取也。故宜併廢去公罪、私罪之稱，以明定官吏勸懲之法，此則宜並議變通者也。

三通義而外，更綜此三要義。由是而釐訂京外官制，乃有整齊劃一之規，而無牽制參差之弊。究其成效所在，必使大小臣工各循其職分，而絕無所觖望於其先，即各殫其才力，而不容有所希望於其後。無觖望則不致擾以身家之私計，而任一職咸效一職之用，無希望則不復騖於躐進之虛榮，而治一事必底一事之成。故所陳各節，蔽以兩言，即俸級必與職級相準，職級必與官級相離是也。蓋官級屬於自然，人而職級所定，即分任此行政、司法之統治機關，準官級而授職級，即本諸自然，人而分寄以各種機關。至於準機關事務之繁簡，以為俸給厚薄之等差，則國家優遇臣工之義，亦即臣工效忠國家之義所由起也。嘗徵之於《虞書》，敷奏以言，明試以功，車服以庸。實為我國自來官制之所準，亦即為彼國近今官制所莫外。我朝列聖相承，凡所綜覈名實，澄敘官方，因時以制宜者，固已無弗周備，足以駕漢、唐而上紹虞廷，今復鑑時會之所趨，為立憲之預備，夫關於憲政成立，必宜速定京外官制，俾昭行政事務之範圍，兼示司法機關之準據，謹臚陳管見，以備採擇等情。呈請代奏前來。

臣覆核該編修所呈，據古證今，深通法理，於釐定官制不無裨益，合無仰懇天恩，飭下憲政編查館採擇施行。理合據情代奏，伏乞皇上聖鑒。謹奏。

硃批：憲政編查館知道。欽此。

中樞機構部

責任內閣分部

綜　述

《內閣官制初議草案》 內閣以內閣軍機處改并內閣政務大臣共十四人，均輔弼君上，代負責任。

總理大臣一人，秉承聖謨，翊贊機務，平章內外政事。凡用人、行政一切重要事宜，均由該大臣承旨施行。除立法、司法各官外，所有行政各官，該大臣均有表率之責，并有督訪糾查之權。

左右副大臣協同總理大臣平章內外政事。

外務部、民政部、財政部、陸軍部、海軍部、法部、學部、農工商部、交通部、理藩部、吏部等大臣十一人，分任本部事宜，與總理大臣暨左、右副大臣均為內閣政務大臣，參知政事。閣臣以外，如因事務繁重，奉特旨添派人員入閣議事或協同辦事，均無定額。

內閣各大臣均不得兼充繁重差缺，或因一時需人暫攝，亦只以一項為止。總理大臣、左、右副大臣，仍逐日入對，各部大臣按五日入閣會議一次，遇有本部重要事件，即日呈遞膳牌，隨同總理大臣、左、右副大臣入對，詳細面奏，并得隨時請開閣議。各部大臣如有緊急事件，亦可隨時自請入對。大臣遇有事故，以該部左副大臣代行。

內閣各大臣恭奉諭旨，皆有署名之責，其機密緊急事件，由總理大臣、左、右副大臣署名，其關涉法律及行政全體者，由總理大臣、左、右副大臣及各部大臣連銜署名。其專涉一部之行政事務者，由總理大臣、左、右副大臣會同該本部大臣署名。

內閣各大臣具奏事件，其關涉行政全體者，由總理大臣、左、右副大臣會同各部大臣連銜具奏。其關涉數部變更者，由總理大臣、左、右副大臣會同各該部大臣連銜具奏，其關涉一部行政變更者，由總理大臣、左、右副大臣會同該部大臣連銜具奏。其專屬一部行政事務者，由該部大臣單銜具奏。凡遇重要事件，由各大臣開閣議，請旨定奪，開議時以總理大臣為議長議決之，其應議條目如下：

一　政府交集議院公議之法律草案及歲出入之預算、決算事件。

二　軍國重要事件。

三　外交條約及重要之外交事件。

四　奉旨飭交集議院之公議事件。

五　集議院送呈臣民陳請事件。

六　關係官制變更及法律施行之請旨事件。

七　奉旨交議奏補以上各官之任免黜陟事件。

八　彼此兩部有爭執時應由總理大臣判決事件。

內閣總理大臣暨左、右副大臣在其職司所屬事務內，得發布閣示。

內閣屬員官制

提調承總理大臣、左、右副大臣之命，恭擬諭旨草案暨管理密摺、文電，并提調內閣庶務，進退委用各官。

副提調協同提調處理事務。

書記承內閣總理大臣、右、左副大臣及提調、副提調之命，掌事務如下：

一　繕發諭旨。

二　收掌諭摺原本。

三　謄寫及發還硃批奏摺。

四　草擬文牘及檢查收發文牘之事。

五　監印。

六　本閣之會計。

七　收掌奏補以上官冊。

八　編纂本閣記録之事。

九　管理本閣應用圖籍及編制目録。

録事承以上各員之命，料理庶務。

內閣提調以下，員數如下：

提調一人，副提調一人，均請簡。一等書記一人、二等書記二人、三等書記三人，均奏補。録事無定員。委用。

內閣設局五，均直隸本閣。

制誥局所掌事務如下：

一　傳抄明發諭旨。

二　頒發恩詔條件。

三　頒發誥敕及撰擬文字。

四　請用御寶。

五　尊藏實録。

六　進呈賀表、賀本。

七　翻譯國文、蒙文。

制誥局置職員如下：

總辦一人，請簡。幫辦一人、書記四人、譯員四人，均奏補。録事四人。委用。

總辦管局中一切事務，監督本局職員。

本局奏補官之進退，由總辦呈請總理大臣、左、右副大臣行之，委用官之進退，由總辦專行之。

幫辦協同總辦處理局務。

總辦遇有請假，離任時幫辦代理其職務。

書記承總辦、幫辦之命，分任局中事務，兼收掌一切文件。

譯員掌翻譯事件。

録事承以上各官之命，料理庶務及謄寫文件。

庸勳局所掌事務如下：

一　開列請簡員缺差使名單。

二　收録奉旨存記名册。

三　開列宗室外藩請旨封賞單。

四　擬進封爵名號及巴圖魯勇號。

五　開具王公大臣應得恩賞保項。

六　開具王公大臣應得恤典條項。

七　擬進王公大臣謚號。

八　辦理寶星事件。

九　外國寶星領受、佩帶之存案注册。

庸勳局置職員如下：

總辦一人，請簡。幫辦一人、書記四人，均奏補。録事四人。委用。

總辦、幫辦權限及職掌同制誥局。

書記官以下職掌同制誥局。本局附設文官考試處，辦理奏補官考試事宜，臨時奏請簡派考官并稽核各衙門委用官考試事宜。

編制局所掌事務如下：

一　承總理大臣、左、右副大臣之命，擬訂各項行政法規草案。

二　考核各項行政法規，遇有應行增删、修改事項，可條列意見，呈請閣議裁決。

三　審議各部大臣提交閣議之法規草案，條列意見，呈送内閣。

四　若内閣總理大臣、左、右副大臣有所咨詢，應條列意見，隨時申覆。

編制局置職員如下：

總辦一人，請簡。幫辦一人、參事十人、書記四人，均奏補。録事四人。委用。

總辦、幫辦權限及職掌，同制誥等局。

參事承總理大臣、左、右副大臣及本局總辦之命，審議起草。

書記以下職掌，同制誥等局。

統計局所掌事務如下：

一　整理畫一行政各衙門之統計。

二　編制不專屬於行政各衙門之統計。

三　刊行關涉各項統計之册報。

四　聯絡各衙門統計員并籌辦統計各員集議事宜。

統計局置職員如下：

總辦一人，請簡。幫辦一人、纂修六人、書記四人，均奏補。録事四人。委用。

總辦、幫辦權限及職掌，同制誥等局。

纂修官掌編纂審查。

書記以下職掌同制誥等局。

印鑄局所掌事務如下：

一　編撰内閣官報。

二　編輯法規全書及文武縉紳録。

三　管理官報等之印刷發行。

四　恭辦鎸造册、寶及鑄造内外衙門印信、關防。

五　擬定内外衙門文書憑照等格式，并頒行樣本。

印鑄局置職員如下：

總辦一人，請簡。幫辦一人、纂修四人、書記二人、工師四人，均奏補。録事六人、司工無定員。均委用。

總辦、幫辦權限及職掌，同制誥等局。

纂修掌編纂事宜。

書記、録事職掌，同制誥等局。

工師承總辦之命監理工務。

司工承工師之命，料理工務。

凡有未盡事宜，隨時由本衙門續議核定，奏明增入。

書記以下各員，應按事之繁簡，隨時酌量增減。

釐定内閣官制考證緣由説帖

總理大臣一人。

謹按：《會典》：『内閣掌天下之政，大學士贊理機密，表率百官，當古宰相之職。』《欽定職官表》：『大學士當秦相國、漢丞相、唐中書令等宰輔之職。』雍正、乾隆初大學士充總理事務大臣者，則有馬齊、鄂爾泰諸臣，親王總理事務者，則有怡親王、莊親王諸人，與各國總理大臣之名相同。明以大學士資深者一人為首輔，如楊廷和、夏言、徐階、張居正之類，與各國總理大臣一人之制相同。

左、右副大臣各一人。

謹按：漢以御史大夫一人為丞相之副，唐以左、右僕射二人為尚書令之副，宋以參知政事二人為同平章事之副。國朝常置協辦大學士二人，為大學士之副。各國無副大臣者居多，偶置副大臣一、二人為總理大臣之副。現當整飭綱紀之始，應設左、右副大臣各一人，以資佐理。

各部大臣均為內閣政務大臣。

謹按：古六官之長，皆執政之官。漢之三公，皆稱宰相。明以六部為政府，與今立憲國各部大臣均入內閣之意相仿。

內閣各大臣不得兼充繁重差缺。

謹按：周之冢宰不兼別職，五官之長皆然。兩漢亦同周制。魏晋以後，公卿執政柄者，領攝漸多，然亦止一官一差。明內閣大學士官止五品，故兼尚書以示崇重。我朝國初大學士多兼尚書，實循明制，如虛銜非實職。乾隆初大學士張廷玉等辭兼管部務，奉旨令辭户部，止管吏部。徐本等則令不必管部。各國總理大臣多不兼他部，如英之沙士勃雷，間或兼外部，然亦不為常法。蓋紛則難稽，專則易用，古今中外皆同，今所擬實本之。

內閣各大臣恭奉諭旨，皆有署名之責。

謹按：各國內閣大臣副署諭旨，實仿於中國漢制，詔多由丞相下御史，唐詔命則中書令等皆同署名，宋、金、元皆仍之。明雖廢此制，但票擬出自內閣，則詔旨成誤言，為可劾票擬之閣臣，而不必斥言朝廷之誤，此與各國內閣大臣代君主負責任者相同，即歷來寄信諭旨，皆先書軍機大臣字寄，隱用前代宰相署敕之法。現擬恭奉署名，與歷代舊制、各國成法，無不吻合。

《軍機處上諭檔・宣布預備立憲先行釐定官制諭光緒三十二年九月二十日》 上諭：朕欽奉慈禧端佑康頤昭豫莊誠壽恭欽獻崇熙皇太后懿旨：前經降旨，宣示立憲之預備，飭令先行釐定官制，特派載澤等公同編纂，悉心妥訂，并派慶親王奕劻等總司核定，候旨遵行。茲據該王大臣等將編纂原案詳核定擬，一并繕單具奏。披覽之餘，權衡裁擇，用特明白宣諭，仰惟列聖成憲昭垂，法良意美，設官分職，莫不因時制宜。今昔情形既有不同，自應變通盡利，其要旨惟在專責成，清積弊，求實事，去浮文，期於釐百工而熙庶績。軍機處為行政總匯，雍正年間本由內閣分設，取其近接內廷，每日入值，承旨辦事，較為密速，相承至今，尚無流弊，自毋庸編改。內閣軍機處一切現制，著照舊行，其各部尚書，均著充參預政務大臣，輪班值日，聽候召對。外務部、吏部均著照舊。巡警為民政之一端，著改為民政部。户部著改為度支部，以財政處并入。禮部著以太常、光禄、鴻臚三寺并入。學部仍舊。兵部著改為陸軍部，以練兵處、太僕寺并入，應行設立之海軍部及軍諮府未設以前，均暫歸陸軍部辦理。輪船、鐵路、電綫、郵政應設專司，著名為郵傳部。理藩院著改為理藩部。除外務部堂官員缺照舊外，各部堂官均設尚書一員，侍郎二員，不分滿漢。都察院在指陳缺失，伸理冤滯，著改為都御史一員，副都御史二員。六科給事中著改為給事中，與御史各員缺均暫如舊。其應行增設者，資政院為博採羣言，審計院為核查經費，均著以次設立。其餘宗人府、內閣、翰林院、欽天監、鑾儀衛、內務府、太醫院、各旗營、侍衛處、步軍統領衙門、順天府、倉場衙門，均毋庸更改。原擬各部院等衙門職掌事宜及員司各缺，仍著各該堂官自行核議，悉心妥籌，會同軍機大臣奏明辦理。此次斟酌損益，原為立憲始基，實行預備，如有未盡合宜之處，仍著體察情形，隨時修改，循序漸進，以臻至善。總之，時局艱危，事機迫切，非定上下共守之法，不足以起衰頹；非通君民一體之情，不足以申疾苦。所有新簡及原派大臣責無旁貸，惟當顧名思義協力同心，盡去偏私，直任勞怨，務使志無不通，政無不舉，庶幾他日頒行憲法，成效可期。倘仍視為具文，因循不振，則是上負朝廷、下負國民，不能為爾等寬也。將此通諭知之。欽此。

《軍機處上諭檔・設立責任內閣朝廷自有權衡非資政院所得擅預諭宣統二年十一月十七日》 內閣奉上諭：資政院奏，大臣責任不明難資輔弼摺。朕已覽悉。朕維設官制禄，及黜陟百司之權，為朝廷大權，載在先朝欽定憲法大綱，是軍機大臣負責任與不負責任暨設立責任内閣事宜，朝廷自有權衡，非該院總裁等所得擅預，所請著毋庸議。欽此。

《張蔭棠〈奏陳設責任内閣裁巡撫等六項文職官制摺〉宣統三年二月二十日》 出使美、墨、秘、古國大臣臣張蔭棠跪奏，為敬陳管見，酌改内外交職官制，以立憲政施行之本，請旨交議，恭摺仰祈聖鑒事。

竊以國家設官所以敷政執法，保邦安民，權責輕重之調劑，制度質文之遞變，各當其時，原無累世不改之法，當積弊既久，以後尤責有換發更新之謀。我先朝明定立憲綱領，我皇上又減縮預備期限，著於議院開設以前先釐定新官制，提前頒布試辦，聖諭煌煌，臣雖奉使萬里之外，而日夜眷念闕廷，翹首望治，未嘗或已。又以各國政府向來由專制政體而變為立憲政體，俱不免有官民上下權限之相爭，或政府之内因意見不同之相爭，致成水火，窮於調停。我國家今當勘行新政之時，豈能僥倖無此見端，全賴朝廷預制機先，明決斷行，融洽黨見，消弭隱患而已。熟察今日言改良國政者，不外持分權、集權兩主義。夫自來政事因專擅之弊而叢脞不舉者，則其權當分，因放任之弊而散亂無紀者，則其權當集。故集權與分權云者，乃各當其可之措施，而非兩不相容之政策。考諸各國，若英，若美，前時地方分權太過，而今則日趨於集。若德，若佛，前日中央集權太過，而今又暫趨於分。我國向來用中央集權之治，而因權責之不明，事務之過頤，勢不得不因循粉飾，欺謾取容。馴致官不治事，民不信官，上下隔膜，以成今日衰弱阽危之現象。既無治法，遂無治人，臣實痛之。不揣冒昧，參考各國之制度，按切吾國之情勢，擬酌改内外交職新官制，舉其六大要端，為我皇上陳之。

一、宜設責任内閣，以總司全國政綱，勵精國治也。吾國自秦、漢以來，代有丞相之職，自明初析中書省為六尚書，歸權於六部，而罷丞相不設。然自後中樞之權乃不得不移於内閣大學士，雖無丞相之名，而有丞相之實。今日各國之有總理大臣，即吾國昔代立相之制也，但其規制之優美遠過於昔時，即在於統各部而負責任之一事。組織責任内閣事宜，臣已另摺具陳，謂當特旨派一内閣總理大臣計畫組織，以現有之度支、外務、司法、海軍、陸軍、民政、學務、郵傳、農工商九部，並改設理藩院為理藩部共十部，均隸於内閣，各以部之長官一人入閣辦事。而於内閣設編制、行政、考功三局，行政裁制、文官登用試驗二部，分職任事，庶可以統籌國務，畫一政策，上下相維，内外聯貫，勵行新政，收日起有功之效矣。

【略】

綜此六大端，内外通籌，總期設一官得一官之益，行一政有一政之效。開誠布公，實心任事，則無有不治，吏隱民欺，上下相矇，則無有不亂。治亂之本雖在人事，亦由法制，得其道者則端拱無為，而庶績咸熙，失其道者雖宵旰焦勞，而萬事叢脞。臣睠懷京邑，愴念時艱，一得之見，不敢不言。

所有微臣敬陳管見，酌改内外交職官制，請旨交議緣由，理合將恭擬酌改内外交職官制簡表略釋繕單，附摺具陳，伏乞皇上聖鑒，一併發下會議政務處、憲政編查館及資政院核議覆奏，候旨訓示施行。謹奏。

宣統三年二月二十日奉硃批：憲政編查館、會議政務處知道。表併發。欽此。

《軍機處原摺·歐家廉〈奏内閣官制宜詳慎定擬以防攬權竊政摺〉宣統三年三月十二日》 協理遼瀋道監察御史臣歐家廉跪奏，為内閣官制將屆頒布，請飭下館臣詳慎定擬預防流弊，並將草案發交臣工會議，以免專擅而危大局，恭摺仰祈聖鑒事。

竊自上年疊奉明諭縮短預備立憲年限，並飭憲政編查館、會議政務處將内閣各項官制提前纂擬，仰見聖朝勵行憲政至意，欽誠莫名。伏查責任内閣之制，内總全國政令，外司百寮進止，即吾古者宰相之職，然至唐已分為三省，至宋已并為二府，明更輪召諸臣入閣辦事，大權不及内閣之半而已，防其偏重矣。至外國閣制亦漸不同，英法用民政，故進退於議院，德主聯邦，美主分權，故雖進退於議院，而實由大統領操之。日本則但聽命於君主，任免由於上，可否由於上，而又有樞密院以分其謀議，有會計檢查院以覈其出入，有行政裁判所以糾其非違，已隱鑒歐人之失權而漸趨中國之專制。我朝内閣初沿前明舊例，令大學士票擬，後遂移併軍機處，親賢並用，權力至平，而復内有部院百司，外有督撫大吏，其相維相繫之制，較諸前代疏密固殊，較諸東西各國得失亦復百倍。今欲舉而改為之，百度各更其故，則恐治絲而棼，諸弊頓弛其防，則恐決隄而潰，其損益取舍有不容不慎之又慎者。

臣愚所慮即有數端：一、大臣不可無正副。無正副則庸者寡助，才者擅權，則言日本無副大臣者不可從也。一、內閣以外不可無他獨立衙門。無他獨立衙門則朝論委靡，有利不能興，有弊不能革，則言盡裁非行政衙門者不可從也。一、自各部大臣以下不可經由總理大臣始得入奏，會同總理大臣始得進見。諸臣不得入奏不得進見，則耳目壅蔽，一人孤立於上，羣臣橫行於下，則言規定奏事各權者不可從也。一、總理及各部大臣不可由議院舉措。由議院舉措則予奪在人，君不得有其臣，臣不得有其政，則以攻擊政府為事者不可從也。一、總理及各部大臣不可負連帶責任。負連帶責任則俱進俱退，小則開富貴攀附之風，大則議朋黨爭奪之禍，則明目張膽以組織政黨為事者不可從也。

此數者他國或可用而吾國決其不宜，淺者以為言，而識者知其不可，現在國中程度不一，民智未開，儻餂於君主不負責任之言，以政權付內閣，以內閣付議院，設有一黠桀者乘之而起，上不聽命於朝廷，下不受制於議會，尾大不掉，將如之何，即或議院可用矣，而又有黠桀者驅以勢利，結為腹心，與相首尾，又如之何。與其悔之於終，無寧慎之於始。現聞內閣官制將屆頒布，可否飭下館臣詳慎定擬，未求有功，先求無過，以防流弊。並請按照向來六部九卿翰詹科道會議之例，將此項官制草案發交各衙門臣工會議，用收明目達聰之效，而免攬權竊政之虞，大局幸甚。

臣愚昧之見，是否有當，伏乞皇上聖鑒。訓示。謹奏。

《政治官報・憲政編查館〈會議政務處擬定內閣官制并辦事暫行章程摺宣統三年四月初十日》　奏為遵擬內閣官制，恭候欽定頒布，繕摺會陳，仰祈聖鑒事。

竊上年十月初三日奉上諭：著縮改於宣統五年實行開設議院，預即組織內閣等因。欽此。十一月二十四日復奉上諭：前經降旨，飭令憲政編查館修正籌備清單，著即迅速擬訂，並將內閣官制一律詳慎纂擬具奏，候朕披覽詳酌等因。欽此。十二月十七日欽奉諭旨：憲政編查館奏遵擬修正逐年籌備事宜開單呈覽一摺，著依議。欽此。查欽定修正逐年籌備事宜清單，宣統二年釐定內閣官制，宣統三年頒布內閣官制，由憲政編查館會議政務處同辦。臣等督飭在事各員懍遵迭次諭旨詳慎纂擬。竊維責任內閣，在各國視為成規，在中國實為創舉。溯自籌備憲政以來，凡請開議院者，皆以設責任內閣為急務。現參攷各國之制，折衷我國政治之宜，驟求完備，則恐滋扞格，過分同異，又恐礙進行，酌度再三，未敢輕擬，當經督飭在事各員，反覆研究，妥為纂訂。謹將遵擬內閣官制，敬舉要義，為我皇上詳細陳之。

查各立憲國內閣之設，在負國務之責任，而對於何者應負責任，各國立法又復不同。恭釋欽定憲法大綱，統治之權屬諸君上，則內閣官制自以參仿日、德兩國為合宜。日本憲法，各大臣輔弼天皇任其責，以國務大臣責任關於輔弼之任務而生，故對於君主負責任，而國務大臣任免黜陟，君主皆得自由，與英、法之注重議院者不同，與德意志宰相對於其君負責任，非對於議會負責任者則相類。我國已確定為君主立憲政體，則國務大臣責任所負，自當用對於君上主義，任免進退皆在朝廷，方符君主立憲宗旨，議院有彈劾之權，而不得干黜陟之柄，庶皇極大權益臻鞏固，輔弼之地愈著恪恭。此應陳明者一也。

又考各國內閣之制，總理大臣責任重在確定方針，統一政權，凡所規定，皆以防權任之游移，杜政令之歧出，誠以一國政柄所寄之地，即安危治亂所從生，治內有遞進之規模，對外有惟一之政策，必能堅持不敝，而後基業可固，富强可臻，否則前作後輟，此却彼前，百舉百廢，一無成立。宋以宰執不協致紹聖靖國之紛更，明以樞輔不和致疆事兵禍之日棘。今內閣之制，萃一國行政大臣於一署，分之則各專所職，合之則共秉國鈞，可否於以協商，功罪於以共負，無隔閡，無諉卸，無牽掣，而皆以利國利民為歸。是以各國責任內閣成立以後，預算行政皆有匯歸，緩急後先，謀定而動，洵足以挽前代政地散漫隔膜之失。現在憲政萌芽方始，外交內治艱棘尤多，苟非統一政權，何由望有成效。此應陳明者又一也。

或者謂內閣權重，近於非宜。然冢宰本總百官，丞相實長卿尹，歷代置相用意實與各國責任內閣無殊，而彼則無議院之對待，無弼德院之贊襄，故有時或失之專恣，今則互相維繫，法理精嚴，加以兵柄別有專司，法權又歸獨立，更無從威福自擅，凡歷代强臣之弊皆預遏於事先。且唐、宋三省之長，尚書以下幾若屬僚，行文論事多用申狀，今則各部之長皆為同體，皆如宰相，地位比肩，孰甘附和，此皆其無可顧慮者也。惟現在各種政治機關皆未完備，而設立內閣又屬萬不可緩，亟應先立基礎，講通新舊，以利推行，而免窒礙。謹擬內閣官制十九條，以立經邦大本，憲政始基，并擬內閣辦事暫行章程十四條，以為過渡辦法。至內閣屬官官制，已由臣館草擬就緒，俟妥酌後即行照章會同奏明請旨辦理。謹將內閣官制及辦事暫行章程，分繕清單恭候欽定頒布。

抑臣等更有進者，旁求之典，在昔所重，爰立之舉，擇賢為先，周以旦、奭領六官，漢以蕭、曹長百辟，故能蔚成盛治，康濟斯民。近各國宰相之授，尤稱鄭重，往往名相受任則其國勃興。此又人存政舉之經，為古今中外不易者也。伏乞聖明慎選賢能，特為簡畀，庶幾與民更始，以弼丕基，則大局幸甚，憲政幸甚。

所有遵擬內閣官制並辦事暫行章程各緣由，謹合詞具陳，伏乞皇上聖鑒訓示。謹奏。

附清單一

謹擬內閣官制，繕具清單，恭候欽定。

第一條　內閣以國務大臣組織之。

第二條　國務大臣以內閣總理及左列各部之大臣為之：外務大臣、民政大臣、度支大臣、學務大臣、陸軍大臣、海軍大臣、司法大臣、農工商大臣、郵傳大臣、理藩大臣。

第三條　國務大臣輔弼皇帝，擔負責任。

第四條　內閣總理大臣一人，為國務大臣之領袖，秉承宸謨，定政治之方針，保持行政之統一。

第五條　內閣總理大臣，於各部大臣之命令或其處分，視為實有妨礙者，得暫令停止，奏請聖裁。

第六條　內閣總理大臣就所管事務，對於各省長官及各藩屬長官，得發訓示。

第七條　內閣總理大臣就所管事務，監督指揮各省長官及各藩屬長官，於其命令或處分，如有認為違背法令或逾越權限者，得暫令停止，奏請聖裁。

第八條　內閣總理大臣依其職掌或特別之委任，得奏請頒發閣令。

第九條　內閣總理大臣得隨時入對。各部大臣就所管事件得隨時會同內閣總理大臣入對，或請旨自行入對。除國務大臣外，凡例應召見人員，於國務有所陳述者，由國務大臣帶領入對。其蒙特旨召見，及法令有特別規定者，不在此限。

第十條　關於國務之具奏事件，其涉各部全體者，由國務大臣會同具奏。專涉一部或數部者，由內閣總理大臣會同該部大臣具奏。除國務大臣外，凡例應奏事人員，於國務所陳奏者，由國務大臣代遞。其法令有特別規定者，不在此限。

第十一條　法律勅令及其他關於國務之諭旨，其涉各部全體者，由國務大臣會同署名。專涉一部或數部者，由內部總理大臣會同該部大臣署名。

第十二條　左列事件，應經內閣會議：一、法律案及勅令案並官制，二、豫算案及決算案，三、豫算外之支出，四、條約及重要交涉，五、奏任以上各官之進退，六、各部權限之爭議，七、特旨發交及議院移送之人民陳請事件，八、各部重要行政事件，九、按照法令應經閣議事件，十、內閣總理大臣或各部大臣認為應經閣議事件。

第十三條　內閣會議，以國務大臣之同意議定之，會議以內閣總理大臣為議長。

第十四條　關係軍機軍令事件，除特旨交閣議外，由陸軍大臣、海軍大臣自行具奏，承旨辦理後，報告於內閣總理大臣。

第十五條　內閣總理大臣臨時遇有事故，得奏請於國務大臣內特派一人代理。

第十六條　各部大臣臨時遇有事故，得奏明以他部大臣代理。

第十七條　本官制第二條所列國務大臣外，有因臨時重要事件，奉特旨列入內閣者，為特任國務大臣，但不在常設之列。

第十八條　特任國務大臣所有入對具奏署名，均以臨時事件為限。仍依本官制第九條、第十條、第十一條之例，會同內閣總理大臣辦理。

附則

第十九條　本官制奉旨頒布之後，如有應行變通之處，隨時恭候特旨裁奪，或經內閣奏明，仍恭候特旨裁奪。

附清單二

謹擬內閣辦事暫行章程，繕具清單，恭候欽定。

第一條　內閣總理大臣一員，協理大臣一員或二員，均候特旨簡任。各部大臣均候特旨簡任為國務大臣。內閣總理大臣如因事未能到閣，協理大臣得代為辦理。

第二條　內閣設政事堂，為國務大臣會議之所。按照內閣官制，應經閣議事件，由內閣總理大臣、協理大臣招集各部大臣會議。

第三條　內閣官制第三條、第九條、第十一條之規定，內閣協理大臣均適用之。

第四條　內閣總理大臣、協理大臣每日入對，各部大臣分班值日，如有召見及因事請對者，得會同內閣總理大臣或協理大臣入對。其關於各部主管事件，應由該部大臣加班入對者，得隨時會同入對。除前項會同入對事件外，各部大臣仍得請旨自行入對。

第五條　內外新官制未經一律施行以前，按照向例，得蒙召見人員於國務有所陳述者，由內閣總理大臣或協理大臣帶領入對。其御前大臣、領侍衛內大臣、軍諮處、海軍司令部、宗人府、內務府各大臣、弼德院院長、資政院總裁及其他蒙特旨召見，或法令有特別特定者，如八旗都統，前鋒、護軍、步軍各統領，或辦理旗營，或宿衛宮禁，不負國務上之責任等官皆是，不在此限。各省將軍督撫，除請安請訓，及奉特旨召見外，其於國務有所陳述者，應先商明內閣總理大臣、協理大臣或主管各該部大臣，會同入對。

第六條　關於國務陳奏事件，在內外新官制未經施行以前，凡例應奏事人員，及言官奏劾國務大臣，仍得自行專摺入奏，候旨裁奪。凡關於一部之具奏事件，其重要者，應會同內閣總理大臣、協理大臣具奏。其尋常例奏，可逕由該部大臣具奏，仍俟上奏後，鈔稿咨送內閣查核。前項重要事件及尋常例奏事件，應由內閣總理大臣、協理大臣會同各部大臣分別規定，奏請聖裁。

第七條　按照內閣官制第十四條，由陸軍大臣、海軍大臣自行具奏事件，應由該衙門自行具摺呈遞，毋庸送交內閣。

第八條　內外行政各衙門，應奏不應奏事件，除陸軍部、海軍部外，由內閣總理大臣、協理大臣會同各部大臣另擬章程，奏請聖裁。前項章程未經奏定以前，所有內外循例具奏事件，照常具奏，候旨裁奪。其關繫重要應行籌議事件，仍應具奏，候旨交付閣議，決定後，由內閣總理大臣、協理大臣請旨裁奪。遇有緊急事件，不及付閣議者，由內閣總理大臣、協理大臣隨時請旨辦理。

第九條　除內閣總理大臣、協理大臣每日入對外，其值日之各部大臣，每遇星期及按舊例推班之期，應行推班，但有最關緊要事件，不在此限。

第十條　除各部分班值日外，其餘各衙門應否照舊值日，由內閣總理大臣、協理大臣妥酌後請旨辦理。

第十一條　各衙門帶領引見，暫仍照舊辦理。如有應行酌改者，隨時候旨施行，或（有）［由］內閣奏請候旨施行。至驗放事宜，應由內閣總理大臣、協理大臣分別酌擬辦法，奏請聖裁。

第十二條　此項章程施行之日，所有舊設內閣及辦理軍機處、內閣會議政務處，一律候旨裁撤。

附則

第十三條　官制及官規未經改訂施行以前，所有文武官員，關於特旨簡放，暨記名請簡，奏補咨補及文武爵職襲封各項事宜，均仍照現制，由內閣會同主管衙門分別辦理。關於職官參劾及議處事宜，亦照前項分別辦理。

第十四條　此項暫行章程與內閣官制同時頒布。將來應否撤銷之時，仍奏明恭候聖裁。此項暫行章程施行之後，如有應行變通之處，隨時恭候特旨裁奪，或經內閣奏明，仍恭候特旨裁奪。

《軍機處上諭檔·頒布內閣官制暨內閣辦事暫行章程諭》宣統三年四月初十日

宣統三年四月初十日內閣奉上諭：上年降旨，飭將官制釐訂，提前頒布試辦，並即組織內閣，旋經憲政編查館奏擬修正籌備事宜清單，經朕定為宣統三年頒布內閣官制，設立內閣，所以統一政治，確定方針，用符立憲政體。茲據憲政編查館、會議政務處會奏，遵擬內閣官制十九條，採取各國君主立憲之制，參酌現在時勢之宜，審慎規定，尚屬周妥。又因閣制甫經創辦，必須以漸而進，作為籌畫試行，並擬內閣辦事暫行章程十四條，權宜損益，均屬可行，曾經召見會議政務處王大臣等面加垂詢，意見僉同。著將內閣官制頒布，遵照此項欽定閣制設立內閣，並即照辦事暫行章程先行試辦。除弼德院官制同時頒布外，所有內閣屬官制、京外官制、各項官規，仍著遵照修正籌備清單妥速擬訂，陸續奏聞，候朕頒布施行，用副朝廷進行憲政力圖自强之至意。欽此。

又《授奕劻為內閣總理大臣，那桐、徐世昌為協理大臣諭宣統三年四月初十日》　宣統三年四月初十日內閣奉硃諭：慶親王奕劻著授為內閣總理大臣，大學士那桐、徐世昌均著授為內閣協理大臣。欽此。

又《任命各部大臣諭宣統三年四月初十日》　宣統三年四月初十日內閣奉上諭：內閣總協理大臣業經簡授，其各部行政長官有應同負國務責任者，應即同時簡授。梁敦彥著授為外務大臣，善耆著授為民政大臣，載澤著授為度支大臣，唐景崇著授為學務大臣，廕昌著仍授為陸軍大臣，載洵著仍授為海軍大臣，紹昌著授為司法大臣，溥倫著授為農工商大臣，盛宣懷著授為郵傳大臣，壽耆著授為理藩大臣。所有內閣總協理大臣及各該大臣均為國務大臣。欽此。

《軍機處原摺・內閣總理大臣奕劻等〈奏擬呈內閣屬官官制及內閣法制院官制摺宣統三年五月二十七日〉》　內閣總理大臣和碩慶親王臣奕劻等跪奏，為酌擬內閣屬官官制暨內閣法制院官制，繕單具奏，仰祈聖鑒事。

竊臣等前於遵擬內閣官制摺內聲明，內閣屬官官制已由臣館草擬就緒，俟妥酌後即行照章會同奏明請旨辦理在案。現在內閣業經設立，亟應將屬官官制詳為擬訂，以資贊佐而便遵守。查東西各國內閣制度不同，有專設官署者，有不設官署者，且有僅設秘書官一二人者，惟日本自書記官長而外，設有法制、統計、賞勳、印刷各局，規制特詳。中國漢、晉宰相及三公等府，官屬多至百數十人，分曹且逾十數，唐、宋三省，如吏、兵等房舍人及左右司郎中之類，屬官亦多，元代又有參議、中書、省事等官，蓋由機務殷繁，必得官盛任使，始足以裨庶政。

現以舊設內閣及軍機處、會議政務處併於新設內閣，而憲政編查館與吏部，亦當為內閣職掌所賅，舉凡應辦諸務，事體重大，頭緒繁多，斷非設立專署不可。擬即參酌日本內閣屬官辦法，折衷現在情形，分別釐定，計設承宣廳一，制誥局、敍官局、統計局、印鑄局各一，設閣丞以總各廳局之事，設廳長、局長以下各官，分治各廳局之事，別設法制院，釐定法制，設院使以下各官專治院事，各司其職，以重責成。所有參議、僉事以下各官領缺，擬由內閣總理大臣妥慎擬定，另案奏明辦理。現議釐定官制，凡官品、官等各項，尚擬參酌古今，另訂合宜辦法。此次擬設各官均暫令以原品治事，俟官品、官等辦法奏請欽定後，再行遵照施行。謹將酌擬內閣屬官官制暨內閣法制院官制，繕具清單，恭呈御覽。

至內閣各廳局及法制院設立後，憲政編查館及吏部自應一律候旨裁撤，惟吏部原管事件甚為繁冗，擬請旨派員督率清理歸併，以期簡捷。至中書科衙門職掌無多，已規定於制誥、印鑄兩局之內，應與事項最簡之稽察欽奉上諭事件處、批本處一併請裁，並將禮部印鑄局及各衙門應行劃歸事項併入辦理。其舊設內閣之撰擬，繕寫關於祀典及無關於行政各事宜，應劃歸翰林院及典禮衙門分別管理。舊隸於軍機大臣之繙書房，所管事項以譯繕翰林院撰擬事件為最多，擬請改隸於翰林院，庶足昭整齊劃一之規，而免權限參差之弊。

再，內閣辦事暫行章程既設有協理大臣，則此項官制內凡稱總理大臣各條，協理大臣皆得適用，以免窒礙。其官俸章程未訂以前，各項屬官均須暫定公費，應由內閣總協理大臣另行奏定，藉資辦公。

所有酌擬內閣屬官官制暨內閣法制院官制繕單具奏各緣由，謹恭摺會陳，伏乞皇上聖鑒訓示。謹奏。

附清單一

謹將所擬內閣屬官官制繕具清單，恭呈御覽。

第一條　內閣屬官如左：

一、閣丞，二、廳長，三、局長，四、副廳長，五、副局長，六、僉事，七、印鑄局藝師，八、印鑄局藝士，九、録事。

第二條　閣丞承內閣總理大臣之命管理閣務，監督指揮各廳局並進退本閣委任各官，閣丞有事故時由承宣廳廳長代理。

第三條　廳長承內閣總理大臣之命掌機要文件，管理承宣廳事務並監督指揮本廳各官。

第四條　副廳長佐廳長之職務，廳長有事故時由副廳長代理。

第五條　局長承內閣總理大臣之命管理局務並監督指揮本局各官。

第六條　副局長佐局長之職務，局長有事故時由副局長代理。

第七條　承宣廳掌事務如左：

一、頒發諭旨及法律命令，二、典守諭旨及法律命令，三、收發呈遞摺奏事件，四、閣議事件，五、請用御寶，六、收掌閣印，七、本閣公牘文件，八、本閣會計庶務，九、編纂本閣檔案，十、管理本閣圖籍。

第八條　制誥局掌事務如左：

一、進擬徽號及尊謚廟號，二、恭進尊藏實録，三、進擬制詔、誥敕，四、進呈賀表、賀本，五、勛封、藩封、世爵、世職之封賞承襲事件，六、恩賞、封贈、卹廕、謚號、勇號事件，七、頒賞勛章、寶星事件，八、外國勛章、寶星受領佩帶事件，九、庸勛會議事件。

第九條　敘官局掌事務如左：

一、内外簡任、奏任各宜履歷稽核存儲事件，二、内外簡任各官開單請簡事件，三、内外奏任各官資格審查事件，其條目如左：【略】四、内外委任各官冊報及履歷存儲事件，五、關於文官考試事件，六、關於文官處分事件。

第十條　統計局掌事務如左：

一、統一各部統計事件，二、辦理不屬各部統計事件，三、刊行統計年鑑及報告事件，四、交換各國統計表事件，五、統計會議事件。

第十一條　印鑄局掌事務如左：

一、官報及法令全書、職官録之編輯發行事件，二、官報等及其他官文書印刷事件，三、冊寶、印信、關防、關記等鑄造頒發事件。

第十二條　僉事承閣丞及廳長、局長之命分任各廳局事務。

第十三條　藝師承局長之命辦理印鑄事務。

第十四條　藝士承上官之命辦理印鑄事務。

第十五條　録事承上官之命繕寫文件，辦理庶務。

《各省諮議局議長議員袁金鎧等為皇族内閣不合立憲公例請另組責任内閣呈宣統三年六月初九日》　具呈直省諮議局議員：奉天諮議局副議長袁金鎧、議員曾有嚴，吉林諮議局議長慶康、議員何印川，黑龍江諮議局議長李伯荊、議員韋景文，直隸諮議局議長閻鳳閣、副議長王振垚、議員梁庭華、王邦屏、張汝桐、丁宗嶧、孫洪伊，江蘇諮議局議員汪秉忠、金詠榴、張家鎮，安徽諮議局副議長竇以珏、議員陶冠禹、武炎康，山東諮議局副議長王景禧、于普源，山西諮議局議長梁善濟，河南諮議局副議長方貞，陝西諮議局副議長李良材，福建諮議局議長高登鯉、議員張道南，浙江諮議局議長陳黻宸、議員余敏時，江西諮議局議長謝遠涵、議員郭志仁，湖北諮議局議長湯化龍、副議長張國溶、議員陳登山、鄭萬瞻、胡瑞霖，湖南諮議局議長譚延闓、議員周煦延，四川諮議局副議長蕭湘，廣西諮議局議長甘德藩、議員蒙經，貴州諮議局議員楊壽籛，雲南諮議局副議長段宇清等呈，為皇族組織内閣不合君主立憲公例，失臣民立憲之希望，仍請明降諭旨另行組織，以重憲政而固國本，恭請據情代奏事。

竊議員等前以組織内閣之主體不宜以皇族充任，呈請代奏，請取消内閣暫行章程，另簡大臣組織，未奉明旨，芻蕘之言，不足以動天聽，惴惴待罪，罔知所措。伏念議員等伏闕請願，以達國民之公意，既不得邀俯察，何敢再行瀆請。惟議員等愛我國家，愛我皇上，懼愚誠之未至，使人民對於政府生希望斷絶之感，實非國家前途之福，不避斧鑕，謹再為我皇上縷陳之。

君主不擔負責任，皇族不組織内閣，為君主立憲國唯一之原則，世界各國苟號稱立憲，即無一不求此與原則相脗合。今中國之改設内閣，變舊内閣之官制而另定官制，改軍機處之舊名而更定新名，其為實行憲政特設之機關，固天下臣民所共見，而第一次組織内閣之總理，適與立憲國之原則相違反。國外報紙屢肆譏評，以全國政治之中樞而受外論之抨擊，已有妨於國體，猶曰外人不知内情，可以置之不論也。自先朝頒布立憲之詔，天下喁喁望憲政久矣，請國會之早開，以求實行憲政也，責軍機之不負責，亦以求實行憲政也。天下臣民求實行憲政之心日積日高，希望政府之心即日益日熾，挾最高最熾之希望，一覩新發布之内閣組織之總理，乃於東西各立憲國外開一未有之創例，方疑朝廷於立憲之旨有根本取消之意，希望之隱變為疑阻，政府之信用一失，憲政之進行益難，未識朝廷何以處之。

内閣之責任顯於彈劾，終於懲戒。各國内閣大臣懲戒之例，若英内閣之曾受彈劾而宣死刑，意内閣之曾受彈劾而致流放，惟其絶非皇族，故於國家大本無所動也。今以皇族當其衝，懲之則於親親之仁不能無所顧惜，不懲則全國民之攻點交集於君主之身，國本動摇，實大變之所伏。此雖杞人之過慮，然既為歷史之所有，不能保事實之必無，萬一此種事實發生，未識朝廷何以處之。

內閣總理大臣任命於君主，以組織內閣，故責任聯帶，實以總理為中心。其能聯帶負職之原因，必在總理大臣與組織之國務大臣為同一政治方針之黨派。君主無偏無黨，操黜陟之權以臨之，故元首超然而大權益固。若以皇族總理組織內閣，大權之行使欲為懿親留餘地，必生進退為難之現象。即乾綱長振，不至生此現象，而皇族懸內閣之希冀，國中黨派將有附和皇族以為政黨之中權者。皇族既涉政治，不能禁政黨之附和，政黨各為附和，不能不生黨派之競爭，及至釀成競爭，為患何堪設想。幾雖不必驟動，弊實中於隱微，萬一此種事實發生，未識朝廷何以處之。

四月十二日慶親王奕劻奏內閣總理大臣斷難勝任，仍懇收回成命一摺。奉上諭：倘至數月以後，精力實有難勝，彼時再候諭旨等因。欽此。恭繹聖訓，亦知慶親王內閣原出於暫時之權宜。然既開皇族內閣之端，即易啓臣民之誤會，第二次總理仍將為皇族之風說，漸傳播於人口，雖屬盲瞽之擬議，決非朝廷之意，而以前次議員等呈請代奏未奉明諭，實為誤會之大因，且既設內閣，而奏尚留中，即為內閣輔弼之無狀。蓋內閣責任緣署名而生，署名則責在大臣，留中則內閣大臣均處於消極之地位，而以責任純歸於皇上。既設內閣，重之以同負責任之明旨，署名與留中斷無並存之理。內閣成立以後，奏摺留中者凡數見，此天下臣民所以益不信內閣而妄測朝廷之意旨也。

議員等入都以來，聞諸中朝士夫多調皇族組織內閣，原非朝廷本意，實有不得已之苦衷。果如所言，朝廷真有不得已之苦衷，正當明布絲綸，期與臣民共見，不宜以焦勞獨貽君父。議員等抱忠君愛國之隱，為披肝瀝膽之詞，仍請皇上明降諭旨，於皇族外另簡大臣組織責任內閣，以符君主立憲之公例，以饗臣民立憲之希望，不勝悚惶待命之至。伏乞代奏。謹呈。

《軍機處上諭檔・各省諮議局議員請另組內閣議近囂張當遵憲法大綱不得干請諭宣統三年六月初十日**》**　都察院代奏，直省諮議局議員呈請另行組織內閣一摺。黜陟百司，係君上大權，載在先朝欽定憲法大綱，並註明議員不得干預。慎茲預備立憲之時，凡我君民上下，何得稍出乎大綱範圍之外，乃議員等一再陳請，議論漸近囂張，若不亟為申明，日久恐滋流弊。朝廷用人，審時度勢，一秉大公，爾臣民等均當懷遵欽定憲法大綱，不得率行干請，以符君主立憲之本旨。欽此。

《資政院總裁世續等奏請罷親貴另組責任內閣摺宣統三年九月初八日**》**

資政院總裁大學士臣世續等跪奏，為時局危迫，內閣應實負責任，不任懿親，懇請明降諭旨，另簡賢能組織聯責內閣，以順民心而固國本，恭摺仰祈聖鑒事。

竊維君主不擔負責任，皇族不組織內閣，為君主立憲國唯一之原則。世界各國苟號稱立憲，即無不求與此原則相脗合。今吾國之改設內閣，變舊內閣之官制而另定官制，改軍機處之舊名而另立新名，其為實行憲政特設之機關，固天下臣民所共見。而第一次組織內閣之總理，適與立憲國之原則相違反。凡論君主立憲政體者，類無不知君主神聖不可侵犯之語。君主既立於神聖不可侵犯之地位，密邇君主之皇族亦即立於特別不可動搖之地位。而內閣之地位則可動搖而更新者也。立於君主之下，以受議會之監督，有政策之衝突，即發生推倒之事實。內閣為皇族所組織，皇族緣內閣而推倒，使臣民之心理忘皇族之尊嚴，君主之神聖恐不免因之小損。臣等並非謂皇族必無組織內閣之能力，亦非謂皇族必有行政叢脞之堪虞，第以皇族內閣與立憲政體有不能相容之性質。又各國之內閣總理，當更換之時，各國務大臣皆聯翩而退，新任總理重行組織，故皆負聯帶之責任，即欽定內閣官制，亦有內閣對於皇帝擔負責任之文。今以皇族為總理，使其不可以推倒，如設內閣制之真意何？使其可以推倒，如皇上神聖之體統何？故現總理大臣慶親王，當受命之始，兩次懇辭，請收回成命，特簡賢能。一則曰：居恆已形竭蹶，大受豈復堪勝。再則曰：惟至聖能無我，咸知朝廷用舍之公，誠不欲開皇族內閣之端，以負皇上者負天下臣民之望。所以為皇上計為皇族計者至深遠，非僅自為退讓計也。且本朝定制，親王不假事權。伏讀《仁宗睿皇帝聖訓》有曰：本朝設立軍機處以來，向無諸王在軍機行走。正月初間，因軍機處事務較繁，是以暫令成親王永瑆入直辦事。但究與國家定制未符。成親王永瑆著毋庸在軍機處行走等因。欽此。當時之軍機原無負一切政治責任之明規，猶嚴親王之限制。今日之國務大臣責任重於軍機，則組織內閣之國務大臣更不可不循限制之舊法。伏願皇上守祖宗之經制，採立憲之通例，明降諭旨，取消內閣暫行章程，實行完全內閣制度，不以親貴充當國務大臣，博採輿論，特簡賢能為內閣總理大臣，並使組織各部國務大臣，負完全聯帶之責任，以維持現今之危局，團結將散之人心。則責任明而政本以立，皇室固而國祚必昌，天下幸甚。

臣院會議多數議具意見相同，當場議決，謹遵議事細則第一百六條，恭摺具奏請旨裁奪。伏乞皇上聖鑒，訓示。謹奏。

《軍機處上諭檔・敘簡賢得人即組織完全內閣不再以親貴充國務大臣諭宣統三年九月初九日》 內閣奉上諭：資政院奏，內閣應實負責任，國務大臣不任懿親一摺。懿親執政與立憲各國通例不符，我朝定制不令親貴干預朝政，祖訓著有明文，實深合立憲國家精義。同治以來，國難未紓，始設議政王以資夾輔，相沿至今。本年設立內閣，仍令王公等充國務大臣，原屬一時權宜之計，朝廷本無所容心。茲據該院奏稱：皇族內閣與立憲政體不能相容，請取銷內閣暫行章程，實行內閣完全制度，不以親貴充當國務大臣等語。所陳係為尊皇室而固國基起見，朕心實深嘉納，一俟事機稍定，簡賢得人，即令組織完全內閣，不再以親貴充國務大臣，並將內閣辦事暫行章程撤銷，以符憲政而立國本。欽此。

又《准奕劻等辭職派袁世凱為內閣總理大臣組織完全內閣諭宣統三年九月十一日》 宣統三年九月十一日內閣奉上諭：慶親王奕劻等奏，奉職無狀，請立予罷斥，載澤等奏，國務重要，請另簡賢能，以符憲政而資治理，鄒嘉來等奏，時局艱危，政務重要，請准辭職，以定國是而正人心各一摺。所奏甚是，均著照所請。慶親王奕劻開去內閣總理大臣，大學士那桐、徐世昌開去協理大臣，鎮國公載澤等、鄒嘉來等，均各開去國務大臣。袁世凱著授為內閣總理大臣，該大臣現已前赴湖北督師，著將應辦各事略為布置，即行來京組織完全內閣，迅即籌畫改良政治一切事宜。袁世凱未到京以前，此數日間，仍著慶親王奕劻等照舊任事，內閣組織未成以前，並仍著載澤等、鄒嘉來等照常辦事，均不得少有諉卸。欽此。

又《命袁世凱為內閣總理大臣諭宣統三年九月十九日》 宣統三年九月十九日內閣奉上諭：資政院奏，遵照憲法信條公舉內閣總理大臣一摺。朕依憲法信條第八條，命袁世凱為內閣總理大臣。欽此。

《大清新法令・內閣奏釐定裁缺人員改用章程摺並單》 宣統三年四月初十日奉上諭，本日業經降旨設立內閣所有舊設之內閣軍機處、會議政務處著即一并裁撤，欽此。又本年五月二十七日奉上諭，內閣奏內閣屬官官制及內閣法制院官制繕單呈覽一摺，朕詳加披覽尚屬周妥，著先將此兩項官制頒布，除應簡之閣丞各員另行簡補外，著即遵照設立內閣承宣廳及制誥、敍官、統計、印鑄各局，應設之內閣法制院亦即同時并設，所有憲政編查館、吏部中書科、稽查欽奉上諭事件處、批本處等衙門著一并裁撤，欽此。同日奉上諭，裁缺各員并著妥籌分別改用辦法奏請施行，欽此。欽遵。仰見朝廷體恤臣工無微不至之至意，欽感莫名。臣等查此次裁撤之會議政務處、憲政編查館，稽查欽奉上諭事件處、批本處等衙門均係各衙門兼差人員，毋庸釐定改用辦法，至舊設之內閣軍機處、吏部中書科裁缺人員，除臣閣留用外，其餘裁撤實缺候補等項官員為數尚多，或行走有年，或公事練習，不乏可用之才，應即遵旨分別釐定改用辦法。謹奏。

宣統三年閏六月初七日奉旨，依議。欽此。

謹將酌擬裁缺人員分別改用辦法敬繕清單，恭呈御覽。

一、裁缺吏部實缺郎中、員外郎、主事及內閣實缺侍讀等項人員，請改內外用辦法。

查吏部酌定陸軍部裁缺司員章程內開，實缺內用人員無論簽分何部均暫作為實缺，俟出缺後底缺即行裁缺。又酌定工部裁缺司員章程內開，實缺郎中准截取知府員外郎，准保送知府主事，准截取直隸州知州分發省分各按班補用各等語。此次裁缺之吏部實缺郎中、員外郎、主事人員，內用者均即作為實缺，外用者無論已未俸滿均准其照章截取保送，如願降改直隸州知州及知州知縣仍照定章辦理，至裁缺之內閣實缺侍讀，核其品秩，係與員外郎相同，內用者改為實缺員外郎，外用者即按保送定章辦理，如願照員外郎降改者亦聽其便。至內用之郎中、員外郎、侍讀等員如係京察一等，業經記名人員遇有請簡道府缺出，仍開單請旨簡放。外用人員如係京察一等，業經記名或未經記名人員皆屬當差最久尤為出力之員，俟到省後無論何項缺分均先盡請補。

一、裁缺候補郎中、員外郎、主事及內閣候補侍讀等項人員，請改內外用辦法。

查此次奏定暫行章程內開，京官係不分滿漢一律酌補，此次吏部裁缺之候補郎中、員外郎、主事及內閣候補侍讀應改員外郎，各員如願內用者應即以在京各衙門分別改掣統歸酌補，未經期滿之員仍應扣滿學習年分奏留後方准補用，其呈請改外各員候補郎中、員外郎、侍讀准以知府主事，准以直隸州知州分省歸候補班補用，未經奏留各員、郎中准以直隸州知州，員外郎准以知州，主事准以知縣，分省歸候補班補用，其法政學堂畢業候補主事呈請改外，仍請援照定章辦理。

一、裁缺內閣典籍中書及中書科中書實缺候補等項人員，請改內外用辦法。

查裁缺郎中、員外郎、主事等官均有改用章程堪資比例，此次內閣之典籍中書等官既經裁缺，亦應分別釐定以便改就。惟查此項人員，階級原與小京官相同，各部額缺有限，若均改以小京官分部或作實缺或歸候補，將來升補時必有擁擠情勢，今擬請將實缺典籍中書改以主事分部候補、貼寫中書勞績等項候補中書，漢考班候補中書改以小京官分部，行走三年後改為候補主事，滿學習中書，漢捐納候補中書，亦改為小京官分部，行走三年後改為主事學習。其呈請外用人員滿實缺，典籍中書原准保送同知，漢實缺，典籍中書原准以同知截取。今擬請將此項人員不分滿漢均以同知分省歸截取班補用以歸一律，貼寫中書、勞績候補等項中書、漢考班候補中書，擬請以知縣分省候補，其廷試授職人員仍照定章以知縣，即用滿學習中書、漢捐納候補中書正途出身者，亦請以知縣分省候補各項出身者，准以知縣改用。惟應令捐足班次及分發銀兩方准分省試用，如願改佐貳者應以州判分省候補，其吏部裁撤時有業經擬補擬選尚未引見各員應一律作為實缺以示體恤，至冊載考取中書尚未咨送學習人員，僅有數員應請分部以録事候補。

一、裁缺考班小京官一項，內用者仍分部接算原資，外用者均以知縣分省歸即用班酌補。

一、裁缺司務實缺候補等項人員，請改內外用辦法。

查司務一項缺額本屬無多，現已裁改殆盡，此次吏部裁缺人員幾於無處可分，惟查此項人員雖係八品而其內升主事外用同知均與中書相同，其實缺候補各員改內改外自可仿照中書辦理，以免紛歧。

一、裁缺筆貼式實缺候補等項人員，請改內外用辦法。

查裁缺筆帖式一項，前經吏部釐定內用人員實缺者，無論掣分何部均作為實缺筆帖式候補者分部仍歸原班擬補，學習者接算前資扣滿學習年分再行按班補用。外用人員正途出身及考列一等之實缺候補筆帖式均以知縣分省候補，至考列二三等人員即以七八品雜職分別實缺候補分班補用等因，此次吏部裁缺人員事同一律，擬請毋庸考試，內用人員即按照舊章及奏定酌補新章分別辦理。外用人員實缺及候補學習正途出身人員均請以知縣分省歸候補班補用，候補學習异途出身人員亦准以知縣改用，惟應令捐足班次及分發銀兩，方准分省試用，如願改佐貳者，以州判分省補用。

一、師範畢業生録用中書、司務人員裁缺辦法。

查學部奏定章程，師範畢業生録用人員五年義務期內不准充當別項差使免扣資俸，俟期滿後以應升之缺升用等因，奏准有案。此次裁缺各員內如有義務未經期滿即與在署當差者不同，應請將此項人員暫不釐定，改用專章開具銜名咨送學部，俟期滿後由學部分別辦理。

論　説

《軍機處原摺·御史趙炳麟〈奏新編官制權歸內閣流弊太多摺光緒三十二年八月二十五日〉》　福建道監察御史臣趙炳麟跪奏，為新編官制流弊太多，恭摺仰祈聖鑒事。

竊臣伏讀本年七月十三日上諭，預備立憲先將官制分別議定。恭繹是日詔旨，大權統於朝廷，庶政公諸輿論二語，最合君主立憲國政體，大義微言，昭示天下，使編制諸臣仰承詔旨之義，體會周詳，何有流弊。不謂其所編官制，乃大權操於大臣一二人，而庶政則私諸十員參事官也。臣於本月二十一日具摺預防流弊，係言其理由，未嘗逐條辨晰。今謹將新編官制流弊，再縷陳之。

臣聞該大臣等所擬內閣官制，開宗明義即謂內閣政務大臣輔弼君上代負責任。此語非常狂悖。蓋責任二字，有對待之義，人所責我者而我自任，故東西各國責任二字專屬政府，當不敢指斥君主，矧我朝立國體制，君父至尊與天無極，夫誰敢責之，又對誰任之。其措語已屬不道，然猶得曰祇文字之紕謬也，至其實權所在，則尤有駭人聽聞者。夫我朝定制，凡可言事之官，皆許單銜奏事，無庸關白閣臣及軍機處大臣。凡召對臣工，雖在疏遠小臣，亦與獨對，內而閹寺，外而大臣，皆不許參侍其間。原使入對者無所顧忌，可以得盡所言，所以防壅蔽通耳目也，立法之善，遠軼上古。是以惟在國初議政大臣如鼇拜、明珠諸人，聲勢炫赫，然言路之糾彈，廷臣之抗論，尚有以折其氣而銷亂萌。誠以其時朝廷股肱尚多，雖一二人盜竊威柄，其力固不足箝天下之口，以張其欲也。

頃臣聞擬訂內閣官制條目有曰，內閣大臣具奏事件，其關涉行政全體者，由內閣總理大臣、左右副大臣會同各部尚書連銜具奏，其關涉數部變更者，由總理大臣、左右副大臣會同各該部尚書連銜具奏，其關涉一部變更者，由總理大臣、左右副大臣會同該部尚書連銜具奏，其專屬一部行政事務者，由該部尚書單銜具奏等語。夫曰一部行政事件，蓋即一部之例行事件而已。茲惟例行事件，方許該部尚書單銜具奏，其稍有關涉稍覺特別之事，苟非經閣議，則每部尚書必不能具奏，即先開閣議，成議以後，苟非與內閣總理左右等大臣連銜，仍不得具奏，是每部大臣雖具單銜奏事之名，其權限固已微矣。夫我朝六部、九卿、科道各衙門，皆能奏事之官也，然言路尚慮不寬。茲經新擬官制，京秩衙門已多裁併，則得以專銜言事之官已汰大半，而收其權於內閣及各部大臣共十四人，是言路隘之又隘，流弊已不可勝言。況於此十四人中，其尚書十一人復受監督於閣臣，以限制其言事之權，而惟二三閣臣為朝廷專寄耳目，非特前古所無，恐五洲萬國亦無此政體也。

再，臣又聞內閣官制條目有曰，總理大臣、左右副大臣仍逐日入對，各部尚書五日入閣會議一次，遇有本部重要事件，即日呈遞膳牌，隨同總理大臣、左右副大臣入對。各部尚書如有緊急事件，亦可隨時自請入對等語。然此則是收中外各衙門事權於十一部，而十一部所有事務，非先開閣議，經內閣大臣允諾，苟非隨同內閣大臣，仍不能入對。雖有自請入對之文，然苟不經閣議，不隨同內閣大臣而自請獨對，則在內閣大臣必以是為反對內閣之舉，此必不避見怒閣臣之人，而後敢毅然以請，恐由此而大臣敢自請入對者，蓋亦寡矣。是請對一條，殆亦徒設虛文，以塗飾耳目，照此則內閣之勢力，非特可監督諸臣之奏事，並得監督諸臣之奏對。設閣議之制，以限制各部院具奏之權，立隨同入對之條，以破壞祖制召見獨對之法，臣不知此次該大臣等所擬官制，將置朝廷於何地也。然此猶從其對於同官言之也。若照所擬官制，其對於君上，亦不外一專字。是以一則曰，凡用人行政一切重要事宜，均由內閣大臣承旨施行。再則曰，內閣各大臣恭奉諭旨，皆有署名之責。夫定制，凡奉上諭事件，有發內閣轉行者，有交軍機處字寄者。其發軍機處者，實即直下各部院、各疆臣之諭旨，軍機處特職在字寄而已，有承發之責，無施行之權。蓋自前明洪武時，胡惟庸以誅敗，遂廢丞相府，置內閣以掌機務，承旨而已，應行之權則分寄於六部，所以杜專政之漸也，我朝因之。及雍正時設立軍機處，特改題本為摺奏，期於文字簡易，於軍事為便，其範圍與內閣固無大異同。頃擬合承旨施行而一之，則朝命不得直宣，凡京外一切衙門皆屬於內閣，以承其令，內外一應庶政，皆仰於內閣，以受其成，是直恢復前明初年丞相府之權限。歷稽掌故，國初時議政大臣之勢力，尚不至此也。至各國詔敕署名之舉，則各國國體不同，政俗亦異，故其君主且自署御名，而政務大臣亦隨以署名。我朝名分最嚴，天澤之分，冠履之辨，斷無臣下署名諭旨之理，應仍舊稱某衙門奉上諭為正，此則名義所在，亦即預防專政之萌者也。

若夫用人之柄，尤為君上之特權，非臣下所敢闇干，現在擬改官制，則議設之各部三四品請簡官，實即曩者三四品京堂之職，自應照應升此項官階，或稱此等職事者，普通開單，由上特簡。乃臣聞所擬各部官制通則第二十四條稱，有各部請簡官，由本部尚書商同左右侍郎，選擬相當三人，開單經閣議後，請旨簡授等語。是直限制君上簡授之人，不得出此三人之外，而此三人者，苟非習於部臣，必不與於開單，苟非習於閣臣，必見屏於閣議，公權日輕，私權日重，殆莫此為甚。夫《易》警履霜，《詩》戒鳴鳩，臣念編制諸臣，何以甘潰國家之大防而不卹，敢背七月十三日之諭旨而不顧，豈不謂此各國通例則然，各國行之而富强，我國背之而貧弱，作此危言以聳羣聽。臣意提倡此議者，不過新進無職，不知大體之數留學生，適有主持是事之人，樂聞是説，以逞其私，而編制諸臣，亦相顧結舌而莫之敢抗也。

竊查此次所擬內閣官制，大率取裁日本職員録之內閣編制，而其權力又加甚焉。夫各國政府權力之重，原過於君主，故名之曰責任政府，其各部院大臣及地方長官，非與政府黨派相同，不能居其位。故各國皆有政黨之目，每易政府，則各部院大臣及地方長官必相率俱退，即易一新政黨以乘其後，此各國通例也。日本雖君主立憲，然政府進退亦同此例，此在我國萬不能行。然各國政黨雖紛，而其君臣上下固相安於無事，君主雖不負責任，而常定於一尊，未聞其有跋扈之臣致起蕭牆之禍者，則以其下有議院為之監督也。政府箝制議院，議院亦監督政府，政府有解散議院之權，議院亦有糾彈政府之權，且有拒絕政府提議並否決歲費之權，上下相維，而其皇室尊嚴轉居定位，固非一任政府操無上之權而莫之或問也。且各國政黨，蓋公黨非私黨，以政見相同，遂結為黨援，以求得伸其說。設其黨中首領自犯不韙之事，抑或心迹不明，為其黨人所覺，則其黨立即解散，且討詰其罪，故其黨有政見固結之權，而無同惡相濟之患。我國教育未興，率有私黨無公黨，原無政界思想，祇以富貴相求，富貴所在，即聲氣所適，故在朝祇有私黨之營，在野絕無政黨之固，上下議院不克成立者以此，責任政府不能仿行者亦以此。若貿然為之，不揣其本，而齊其末，遽立此無監督之責任政府，恐患氣之乘不在敵國外憂，而在邦域之內也。

臣又查泰西各國無論君主、民主、君民共主，其為治皆分立法、司法、行政三大權，三權鼎立，而國以安，未有合三權而畀之一人者也。即此次編制諸臣，亦明謂除立法、司法各官外，僅分別擬立行政官制，似亦不失三權鼎立之意。然臣聞擬訂內閣階級，除總理大臣仿日本太政官，左右副大臣仿其左右大臣，係其明治初年官制以外，其餘皆仿日本現行辦法。故日本內閣設五局，現擬官制亦設五局，其主要所在，則在第三之編制局，即日本內閣五局中之法制局也。日本法制局設參事十人，現擬設之內閣編制局亦擬設參事十人，相其形貌，亦大率從同，然性質則迥相逕庭。蓋日本法制局參事所起草之法律命令案，為已經議會所議定之法律，或擬交議會提議應行修改之法律，自與立法不相干涉。而我編制局所擬訂之各行政法規草案，為未經集議會議決之法規草案，且亦不交集議會協議之法規草案，是立法、行政直出一人。且即使交集議會公議矣，然臣聞內閣官制條目稱，有凡政府交集議院公議之法律草案，開閣議決之，以總理大臣為議長等語。夫提出法律草案交集議院公議者內閣也，經集議院公議後而操決議之權者仍內閣也，其居議長之席者則內閣總理大臣也。自行交議，又自行議決，而自作議長，是總理大臣非特上對君上代負行政之全權，並下代議院兼操立法之實際，而集議院徒作贅疣，甚或資為政府之傀儡，操立法、行政兩大權，則司法之權可不言自在其中。此等威勢權力，非特我朝三百年來所未有，亦自周、秦以來三千年所未有，非特日本維新以後之所無，亦亞、澳、歐、美列邦殊風異俗之所無也。明居行政之名，而陰攘立法、司法之柄，分寓於條目章制之中，而一網羅致，一手握定。若據此推行，恐大權久假不歸，君上將擁虛位，議院無期成立，下民莫敢誰何，顛覆之憂，將在眉睫，此固非朝廷之福，恐亦非該責任大臣之福也。

臣竊謂茲事體大，政本所關，斷非憑一二人之臆見，數十日之程限所能釐定。亦斷不能不論國體若何，人情若何，國民程度若何，遂抄胥各國官制成文，遽將三百年來奉行之成法，一旦盡翻全局，臣愚以為天運以不息而成，時序以積漸而轉，審詳持重，所全實多。以現在官制而論，則如輪船、鐵道、電線、郵政皆屬新政，無所隸屬，積弊所叢，莫與稽核。此交通部所應設立者也。立國之本，農、工、商並重，中土原稱農國，工業尤為富源。此農工商部所應設立者也。巡警一項，僅內政之一端，而戶籍之稽，建築之掌，皆屬內治。此內政部亟宜設立以容納警部者也。預算、決算整齊天下之財政，而治國第一要着。此戶部、財政處之宜聯合整頓者也。綠營未盡裁，新軍日加多，教練之法日新，管理之法亦異。此兵部練兵處之宜歸併擴充者也。青、藏、蒙古為我邊疆，視作領土，乃為我有，名以藩屬，便啓戎心。此理藩院應大加整頓而並去藩稱，竟編入各部，而一律視同內地者也。其餘各部，皆有專掌，宜整飭調理，綱舉目張，自徵成效。以上皆行政衙門。

臣愚以為遠鑑前明內閣改設之意，近維我朝議政大臣顛蹶之由，旁考各國議院政府維繫之故，似行政機關仍應暫歸各部，而裁併、增置，大加釐訂，亦即氣象一新，已足塞各國之觀瞻，慰臣民之跂望。立法一權無所歸屬，宜遵祖制，以專銜言事屬之御史、講官及四品以上京堂，分任立法之職務，藉通國民之聲氣。其內閣、軍機處，無論歸併與否，並易何種名稱，應暫仍舊制，以為承旨傳宣之地位，不作總挈行政之樞機。一俟上下議院成立之日，乃為責任政府設置之時，現在惟以全力獎勵自治，提倡教育，以儲紳民政治之知識，以為立憲政法之基礎。明示天下，無論如何，必使上下議院與責任政府同時設立，以免偏重，此則於本年七月十三日上諭最相脗合，而政柄之倒持，權臣之專國，可自此而息，此臣區區之愚，所以上陳君父者也。

抑臣更有請者，臣聞此次編定官制，雖經簡親王、大學士、軍機大臣、政務大臣、各部尚書及直隸總督等公同編訂，然主其事者不過一二人，而主筆起草亦衹憑新進日本留學生十數人。此等留學生原無學問根底，亦未受普通教育，且率為其父兄不能拘管之人，乃縱之東渡。及至東京，相習東文、東語，遽受選科學業，不三數年，遂哀乞各該校校長，優予畢業文憑，或僞受休業文憑，以為内渡投入權勢門戸，獵取官資之地，敢為大言，以肆欺罔。此次編制率出其手，於本國國體人情及數千年官因革之故，並我朝開國以來成法精意之存，茫然莫解。即於東西各國官制，亦墨守一孔之言，罔知體要所在，是以此次編制隨員中之文學生蓋以日本職員録二本為秘鑰，武學生則以日本陸軍成規類聚一冊為金科。夫職員録者，即日本每歲刊行之搢紳也，成規類聚者，即日陸軍省歲集之例案也。臣嘗以此兩種與所聞擬訂官制逐節比對，其符合者凡十之九，即間有出入之處，蓋亦承受一二當道意旨，為推廣其權力起見，即臣所謂權力又加甚焉者也。竊惟我國有大變革，有大制作，豈藉一二部日本搢紳成案與十數名留學生所能訂定？我皇太后、皇上仁孝為懷，不忍以聖祖高宗經營完善之天下，一旦亂於十數乳臭小兒之手，應請於該大臣等編定奏呈以後，其宏綱所在，朝廷自有權衡。若其各部節目條分縷晰之處，具體雖微，關係極重，應請飭令京外各大臣各舉所知，須博通中外之故諳習古今之變名儒宿學，送入政治館，令以現所擬定官制各條，詳為磨核推究，申明理由，悉心釐訂，庶幾切實可行，不得即以一二留學生塞責，則於訂定官制必有裨益。

臣為嚴杜流弊起見，不覺言之痛切，理合其摺密陳，是否有當，伏乞皇太后、皇上聖鑒訓示。謹奏。

又《趙炳麟奏組織内閣宜明定責任制度確立監督機關以杜專權流弊光緒三十三年七月初三日》 署京畿道掌遼瀋道監察御史臣趙炳麟跪奏，為組織内閣宜確定責任調度，以為立憲之精神，而免專權之流弊，恭摺仰祈聖鑒事。

竊聞朝廷納直隸督臣袁世凱之請，建立政府，組織内閣。臣奏持議院與内閣同時成立之説，蓋以議院司監督，内閣負責任，二者並立，方免偏重。今既決意先立内閣矣，惟監督機關必須設立。請詳陳之。

夫立憲國之貴有政府者，其有責任制也。欲責任制度之確立，心有司督責之柄者，故東西各國政治家皆以英内閣代表全球，曰責任内閣，亦曰正統内閣。其制度之發明，當初有通常會議及永久會議，議員皆帶監督行政之職守，終遂輔弼君主而司政治。後乃自其中特選數人開樞密會議，通常、永久兩會皆失勢力，會權歸於樞密。久之君主以樞密不便，更選人入内閣，始有喀賓内閣之名。初無所謂黨派，及威廉三世時政黨角立，互相爭執，君主揀會中多數黨派使為内閣，而行其政見，政黨内閣濫觴於此。其内閣大臣對任命之君主有責任外，下為議會多數反對，即不能居其位，別易一新政黨以隨其後。故日本憲法第五十五條大書特書曰：國務大臣，輔弼天皇，如失其道，任其重責。伊藤博文解其義曰：大臣掌行政强權，不獨在於將順參贊之職，又居於匡救矯正之地，宜以躬任其責。若大臣而無責任之義，是行政權力得踰法律之外，而法律徒為空文，故大臣責任實為立憲及法律之根據也。臣不揣檮昧，謹就確立責任之義，條陳管見於左：

一、政權、兵權不可混合。内閣總理大臣權勢極重，君民得恃以施其責任之實力者，惟總理大臣不掌海陸軍而已。萬國憲法，皆以統帥海陸軍之權專屬君主，無論皇族分掌，將領分掌，但為内閣總理者即不得兼掌海陸軍，此不易之理也。漢時丞相掌政權，太尉掌兵權，御史臺掌言論權，此中國政治上之三權，未可稍混。王莽以大司馬而秉政，則漢移於新，曹操以丞相而專兵，則漢絶於魏。乃知政權、兵權混合，皇室失其尊榮而陷於至危，小民受其壓制而無所控訴，患孰甚焉。宜明定限制，凡為内閣總理大臣及副大臣者，不得兼海陸軍與參謀本部之任，永著為例，俾大臣得專心於輔弼，而君民得實施監督，誠第一要著也。

一、資政院宜實有議院之性質。議院者，立於人民之地位而監督政府者也。中國國會未能成立，資政院宜豫備為國會一部分之上議院，須別以議院法令定之，與官制之性質迥相逕庭，宜與政府分離，不為政府兼併。宜就欽選、會推、保薦三法，選通達治體、極言敢諫之人組織是院。凡院中所陳，得過半人數同意之決定者，政府不得拒絕，政府如違法失政，得院中人數過半同意之彈劾者，必付行政裁判官評議，其重大者，政府不得居其位，彼此相維，躋於完善，非此不可，故資政院必須先內閣而建也。

一、審計院及行政裁判院宜同時設立。君民所以實握督責之機關者，曰檢查歲用，曰行政訴訟。審計院不立，則行政官之歲入、歲出，借貸國債，皆無人過問，而財政上之責任弛矣。行政裁判院不立，則行政官之畸重畸輕，違背憲法，皆無人評定，而法律上之責任弛矣。欲行責任制度，必立監督機關，宜照光緒三十二年編定官制原案，將審計院及行政裁判院同時設立，而實行其職務，一以堅國民之信服，一以制行政之專橫，庶責任機關較為完備。

一、都察院必須整頓。我國國會未立，資政院勢力尚在幼弱，恃以操責任之實權者，在乎都察院給事中、御史等官，不可撤其奏事之權，以備君上之耳目。宜照光緒三十二年編制局所定都察院原案切實施行，並宜仿會推、保薦之法，選明達正直人員以充是職。現在院中有不合言職者，酌量改外，特寬其格，在京歷俸六年，准其保送以道員分省候補，在京歷俸不滿六年，准其保送以知府分省候補，滿漢一律，嚴加甄選，使與資政院同立於監督行政之地位。他日國會成立，此院方行裁撤，未為晚也。

一、內閣大臣必定任限。內閣大臣權勢既重，責任又嚴，任限過久，恐其有專橫之憂，且精神亦或不濟，任限過暫，不能［見］措施之效，且政本亦多動搖，應酌定任限。凡內閣大臣無論總副，皆以三年為一任，良者再任，不得連三任，間一任或二任之後仍可復任。其退任者，或留京以備顧問之資，或退息以遂山林之樂，聽其自便。若有大不當之事被資政、都察兩院過半同意之糾彈者，付行政裁判評定，而行罷黜之典。如有小過，應以正當之處分，不宜輕忽易相，以致政事之無效也。

以上五條，明定責任之制度，確立監督之機關，如組織內閣，似皆不可偏廢，方能維持秩序而無患氣之乘。倘各種監督機關全不豫先設立，驟建此無限制之政府，臣恐大權久假不歸，君上將擁虛位，議院無期成立，小民莫可誰何，顛覆之憂，將在眉睫，此固非朝廷之福，又豈政府諸大臣之福哉。是故非先設各種監督機關，責任制度，斷不完全，甚非所以豫備立憲之義。臣以茲事關係國本，謹竭愚忠，冀邀採擇，應請飭交王大臣一併會議具奏，不勝悚惶待命之至。伏乞皇太后、皇上聖鑒訓示。謹奏。

《軍機處録副奏摺・出使美墨秘古國大臣張蔭棠奏內閣總理應由朝廷任命並請早定憲法速開國會摺宣統三年二月二十日》 出使美、墨、秘、古國大臣臣張蔭棠跪奏，為請旨任命大臣授權組織內閣，明定責任，表示政策，開法治以圖自強，恭摺仰祈聖鑒事。

竊臣伏讀十月初三日上諭：著編於宣統五年實行開設議院，先將官制釐訂提前頒布試辦，預即組織內閣等因。欽此。具見我皇上勵精圖治之至意。雖請開國會者人心競於急焦，或未盡饜願望之勤，然准酌時宜，緩急適中，宸衷具有權衡，尚亦為薄海臣民所共仰。

又聞朝廷意旨期於明年設立憲政內閣，而內閣總理有將廷進會選之說，雖得自報紙傳聞，未足深信，然事關大計，臣子管窺所及，亦不敢不言。我朝樞機之職，本由內閣而移於軍機處，即一內閣也。而近年所設之會議政務處，亦一內閣也。然不能舉集權施政之大效者，則以組織之法有未當，而於責任亦未明故也。夫會選之說，或有取於明代廷推首輔之法，而未審於各國憲政制度與現時吾國之情狀者也。考任命內閣總理大臣之職，非獨立憲之國此權悉屬君主，即共和之國此權亦屬於總統。法制又鑒無取立異，若必以廷推會選為公，不獨使朝廷拋棄大權，無此治體。又因此而縱朋比營私之弊，開夤緣奔競之門，巽懦者隨順若脂韋，強忮者始爭成水火，一時姑息，隱禍無窮，築室道謀，成效蓋寡，今欲立新內閣，其總理大臣之任所以必要簡在帝心出自朝命者此也。

至於組織之法又取一貫，庶可收指臂聯使之效，君主以己所信任而授職權於總理大臣之一人，總理大臣又以己之所信任而推薦各部大臣請於君主登任之。若在專制之國，則此制不得謂之無弊，震主之威，跋扈之行，利少害多，勢有必至。惟在今日憲政制度發明之國，既有議會以操議政之權，監督之責，民具爾瞻，輿論難欺，而海陸軍大元帥之職君主自領之，所發軍令無須大臣副署，則前代權臣挾兵力以抗朝廷者可無慮。司法獨立，則前代權臣以嚴刑劫持人心者可無慮。豫算有案，則前代權臣以暴斂痛毒天下者可無慮。故為立憲國總理大臣者，雖不必人人有諸葛亮之忠，司馬光之純，然以無才而溺職者有之，不道而獲罪者，殆可決其為必無之事，臣所以翹望於宸衷獨斷力排浮議而定組織之法者此也。

內閣大臣之有責任云者，乃對於議院而負責任之謂也。立憲之國君主不可侵犯，君主無責任，故君主對於國務之行為，必使大臣副署而負其責任，所以無損君主神聖之威嚴，而能收令順民心之實效，法至善也。對於全般政務，則內閣大臣連帶而負責任，於一部之政務，則該部大臣對行為自負責任。然則誰有能使大臣負責任之權力者乎？無他，即受憲法上之裁制是矣。若大臣有違背憲法，或有害於國利民福之行為，議院可以彈劾罷職而止其害，可以否決政府法律案、預算案，而表示其不信用。今日我國議院未開，憲法未頒，似可以資政院暫行議院之權監督大臣，以致獨是今日之資政院，其性質果當為上院乎？抑當為下院乎？抑當上下兩院之合體乎？固無明文。臣觀美國報紙則俱目之為元老院。夫美國之有元老院者，所以代表各州，有代議院者，所以代表國民，而各國之有貴族院者，所以代表特別階級，有代議院者，所以代表多數人民。未有無下院而可有上院之立憲國，然則美人加吾國資政院以元老院之稱，非適當之名號也。要之，憲法一日未定，國會一日未成，即無從舉責任內閣之實，此臣所以於叩請組織內閣之中而仍殷殷企望於國會之速明憲法之早定，伏願聖明督勵臣子以勉力可赴之程，而不必區區以年度為限者此也。

抑臣更有請者，規畫法制不難悉臻美備，而措施政務尤貴動愜機宜。考日本設立內閣之始，亦在未召集國會以前，其國王特命伊藤博文組織成立之。內閣未立以前有太政官，略如吾國軍機處、會議政務處等職。當時三條實美為太政大臣，先上表自請辭職，而盡裁太政官省缺，專以內閣為宰臣會議奏事御前之所，施政統一，因成維新之功。我國既從新組織責任內閣，則軍機處、會議政務處自在裁撤之列，似應另設內廷大臣、內廷顧問官，以處親貴耆碩。樞部舊臣，諳練國聞宣力有素者，及博識明通之士，無定員，不隸於內閣。其餘各部以尚書為長官，或仍原稱，或改稱大臣，而裁管部之職，侍郎為次官，或仍原稱，或改稱副大臣，惟每部以長官一人入閣辦事。內閣總理大臣似可兼一部長官，如英國內閣會議通例，總理常兼度支，如佛國大臣會議通例，議長多兼外務，但非定例，吾國可準酌行之。組織一成，樞機運用煥然更新，然後以準備改良條約責諸於外務，以完成自治制度責諸於民政，以清理財政責諸於度支，以編纂法典責諸於法部，以完備教育制度責諸於學部。至整頓海陸軍務，振興農工商業，擴充郵政，敷設鐵道，諸部各專任責成。而於內閣中置法制局，分行政、法制、司法各部，掌法律、命令之起草，司行政裁判之事，設文官登用試驗規則，釐定新官制，次第實行，大綱畢舉，國計通籌，一切政策乃可以握定方針，而施有程效赴功之日。

臣愚一得之見，是否有當，謹具摺恭陳，伏乞皇上聖鑒，訓示施行。謹奏。

宣統三年二月二十日奉硃批：憲政編查館知道。欽此。

弼德院分部

綜　述

《軍機處原摺・御史慶福〈奏請提前趕辦弼德院以備君主顧問摺〉宣統二年十月十四日》　掌山東道監察御史臣慶福跪奏，為弼德院關係重要，請旨提前趕辦，以備顧問，恭摺仰祈聖鑒事。

臣伏讀宣統二年十月初三日上諭：先將官制釐訂提前頒布試辦，預即組織內閣，迅速遵照欽定憲法大綱編訂憲法條款，並將議院法、上下議院議員選舉法，及有關於憲法範圍以內必須提前趕辦事項，均著同時並舉，於召集議院之前，一律完備，奏請欽定頒行，不得稍有延誤等因。欽此。仰見我聖主併力直趨，勵精圖治之至意，欽感莫名。

竊維君主立憲要義，以內閣負行政之責任，以國會任立法之協贊，以審判衙門行司法之事務，而統治權則立於三者之上。若衣服之有冠冕，木水之有本源。今世立憲各國，其君主之行此統治權者，莫不設有諮詢機關，專以裨益聰明，輔弼君德。蓋一日萬幾，旰食宵衣，猶或不遑，故以皇族會議，擁護皇族之權利，更有弼德院之制，以供君主之輔導也。其在日、英譯稱樞密院者，類選近臣贊襄密勿，其直接對於君主而負責任，較諸內閣大臣執行國政，對議會而負責任者，關係尤為重要。方今我聖主仰承先朝之遺謀，遠稽東西之良法，實行立憲，與民更始，於國會、內閣、審判諸機關既已迭奉明詔，次第籌辦，獨於弼德院，按照清單須在第九年始行成立。臣竊以為茲事於鞏固皇權關係至重，國家有鼎立之機關，君上豈可無顧問之近臣。是以不揣愚昧，請旨飭下憲政編查館，於釐訂官制組織內閣之先，將弼德院提前趕辦，迅速規定職制，以期組織完備。是否有當，謹恭摺具陳，伏乞皇上聖鑒訓示。謹奏。

《政治官報·憲政編查館會議政務處會奏擬定弼德院官制摺宣統三年四月初十日**》** 奏為遵擬弼德院官制，恭候欽定頒布，繕摺會陳，仰祈聖鑒事。

宣統二年十二月十七日欽奉諭旨：憲政編查館奏，遵擬修正逐年籌備事宜，開單呈覽一摺，著依議。欽此。欽遵在案。查欽定修正逐年籌備事宜清單，宣統二年釐定弼德院官制，宣統三年頒布弼德院官制，由憲政編查館、會議政務處同辦。

竊維弼德院制度，昉於東西各國之樞密院、參事院，與國初議政處及漢之中朝官、唐之翰林、明初內閣略同，所以上備顧問，參議國務，密翊君上帷幄之謀，隱匡政府措置之用，為國家重要機關，亟宜成立者也。臣等當飭在事人員，詳慎擬訂。敬將弼德院官制要義為我皇上詳編陳之。

我國預備憲政，以欽定憲法為依歸。查日本憲法中規定緊急命令、獨立命令，皆為各國所無，而皇室事項、外交事項，歐洲必經由議院者，日本皆列之於君主大權，與欽定憲法大綱正相符合。故日本樞密院權限皆有審議及解釋上列各端重要事件之規定，實為弼德院所宜仿。現擬該院權限所及，凡關於皇室及憲法附屬法令，並外交條約、內治重要者，皆由該院擬議，則任寄優崇，範圍寬廣，朝廷獲咨詢之益，政府收補助之功。此應陳明者一也。

國務大臣皆任行政，而謀議或慮其偶疏，宗人府、內務府皆分任皇室職權，亦未便使其不預計畫。其尤要者，自院長以至顧問大臣，皆為專任，自可從容討論，抉擇大政之宜，而各國務大臣與宗人府、內務府長官，皆得兼顧問大臣，亦可收聯絡之效，無隔閡之虞。此應陳明者又一也。

日本樞密院大臣，多用曾任政府及立功受爵諸人，蓋取其勛望懋著，經驗素優。是以漢之功臣每與朝議，宋之舊相多列經筵。其職任或有不同，而用意則如一致。現擬顧問大臣，皆特重其資格，參日本之新制，即合歷代之成規，而於應議諸端，皆可酌損益之中，祛新舊之失，尤於憲政裨益實多。此應陳明者又一也。

總之，立憲官制其相與維繫補助者，皆有精意存乎其間，而缺一有所不可。弼德院可以近依帝座，朝夕論思。凡上下應達之機緘，與操縱內治外交之扃鑰，股肱元首，左右閣臣，皆於該院寄之，是又立憲初基所必宜注重者也。謹將遵擬弼德院官制二十四條，繕具清單，恭候欽定頒布。所有遵擬弼德院官制緣由，謹合詞具陳，伏乞皇上聖鑒訓示。謹奏。

附清單

謹擬弼德院官制，繕具清單，恭候欽定。

第一章 編制

第一條 弼德院為皇帝親臨顧問國務之所。

第二條 弼德院設顧問大臣如左：一、院長一人，二、副院長一人，三、顧問大臣三十二人。

第三條 前條顧問大臣均以著有勳勞及富有政治上學識經驗者任之。

第四條 現任國務大臣及宗人府、內務府大臣均候旨兼任弼德院顧問大臣。內閣總理大臣、協理大臣不得兼弼德院院長及副院長。

第五條 弼德院設參議官十人，以富有政治上學識經驗者任之。

第二章 職掌

第六條 左列事件應由弼德院議決具奏：一、按照皇室大典屬於弼德院權限以內事件，二、憲法及其附屬法令之審議及解釋，三、憲法未頒以前按照憲法大綱關於君上大權第八項、第十一項、第十二項所列事件，四、條約及重要交涉事件，五、弼德院官制改正事件。

第七條 前條所列各款外，如有臨時顧問事件，得由弼德院議決具奏。

第八條 第六條議奏事件公布時，應敍明該事件業經弼德院議覆。

第九條 弼德院於議奏事件，不得干預主管衙門之施行。

第三章 會議

第十條 弼德院會議，非本官制第二條所列顧問大臣半數以上到會，不得開議。

第十一條　會議時以院長為議長，院長有事故時，以副院長為議長，副院長並有事故時，以本官制第二條所列顧問大臣位次居前者為議長。

第十二條　議長有整理議場秩序之權。

第十三條　會議時，本官制第四條所列顧問大臣均得列席共同議決。

第十四條　會議取決多數。若可否同數，則取決於議長。

第十五條　會議時，參議官得列席發議，但不列議決之數。

第十六條　會議時，關於本官制第四條所列顧問大臣主管事件，得由各大臣派員到會說明事由，但不列議決之數。

第四章　院務

第十七條　院長總理全院事務，所有奏咨文件由院長行之。

第十八條　副院長佐院長之職務，院長有事故時，由副院長代理。

第十九條　弼德院所有審查纂擬事件，由參議官辦理。

第二十條　弼德院設秘書廳，掌本院文牘、會計、議事紀録及一切庶務。

第二十一條　秘書廳設秘書長一人，承院長、副院長之命總理本廳事務。

第二十二條　秘書廳設秘書官若干人，承院長、副院長及秘書長之命辦理本廳事務。

附則

第二十三條　弼德院議事及辦事細則由院長定之。

第二十四條　憲法頒布以後，本官制有不適用之處，應候特旨交議改正。

《軍機處上諭檔·頒布弼德院官制諭宣統三年四月初十日》　宣統三年四月初十日內閣奉上諭：上年修正籌備清單，經朕定為宣統三年頒布弼德院官制，設立弼德院，茲據憲政編查館、會議政務處會奏，遵擬弼德院官制繕單呈覽一摺，朕詳加披覽，除酌改外，餘尚妥協。現在已經降旨設立內閣，該院權限與內閣相為維繫，所關重要，必須同時並設，用備顧問。著將此項官制一併頒布，即行設立弼德院，以重憲政始基。欽此。

又　《任命陸潤庠榮慶為弼德院正副院長諭宣統三年四月初十日》　宣統三年四月初十日內閣奉上諭：陸潤庠著授為弼德院長，榮慶著授為弼德院副院長。欽此。

《大清新法令·內閣會奏擬訂弼德院參議官作用章程摺並單》　四月初十日內閣奉上諭，上年修正籌備清單經朕定為宣統三年頒布弼德院官制，設立弼德院。茲據憲政編查館、會議政務處會奏遵擬弼德院官制繕單呈覽一摺，朕詳加披覽，除酌改外，餘尚妥協，現在已經降旨設立內閣，該院權限與內閣相為維繫，所關重要，必須同時并設，用備顧問，著將此項官制一并頒布，即行設立弼德院，以重憲政始基，欽此。仰見我皇上注意憲政策勵進行之至意，欽佩莫名。查弼德院之編制有顧問大臣及參議官兩項，均為該院組織之要素。顧問大臣與國務大臣地位相同，應由宸衷特簡，至參議官所以資助顧問大臣與聞謨議，應作為簡任官，與閣部參議相等。查各國通例，簡任以下各官任用之法，另有高等文官任用章程為各項官規之一，現各項官規尚待釐訂，而弼德院係奉旨即行設立，則弼德院參議官任用章程自應先行釐訂，以資遵守。查弼德院官制第五條，弼德院參議官以富有政治上學識經驗者任之，是參議官之資格已定，其任用詳章應按該院職掌所列各款分別細目酌為規定，庶於應議事件可期悉合機宜。又查參議官為顧問大臣之輔佐，顧問大臣既有專任及兼任之分，則參議官亦應酌設兼任人員俾與相符，惟閣部行政各官係執行事務之員未便兼任，其參議一職與弼德院參議官均係專掌撰擬審查事件性質相類，茲擬弼德院參議官亦得以閣部參議兼任，但不得逾四人之數，至參議官之請簡應如何規定，恭繹四月初十日諭旨，該院權限與內閣互相維繫等因，是弼德院之地位務當保其獨立不受內閣之支配，則弼德院參議官自不得逕由內閣選任，致受內閣之指揮而侵弼德院之獨立，查弼德院官制，院長總理全院事務，副院長佐院長職務，故定由院長、副院長按照資格細目酌擬相當人員以昭慎重，惟簡任人員皆由內閣開單請簡，所有弼德院參議官擬由院長、副院長酌擬相當人員加倍開單咨送內閣請旨簡任。蓋以遴保之權委諸院長、副院長，既不失弼德院獨立之本旨，以請簡之事歸諸內閣，又不悖行政統一之良規，庶與官制通例大致相符。現在官品、官等、官俸各章程尚待釐訂，此項參議官擬請照內閣屬官及法制院各官辦法，暫以原品治事并由院長、副院長酌定公費奏明辦理，以資辦公。謹將擬訂弼德院參議官任用章程凡五條，繕具清單恭候欽定頒行。謹奏。宣統三年閏六月二十日。奉旨，依議。欽此。

謹將擬訂弼德院參議官任用章程繕具清單，恭呈御覽。

第一條　京外簡任或奏任文官合弼德院官制第五條之資格者，得任為弼德院參議官，其目如下：

一　深於憲法學者

二　熟於行政法者

三　嫻習財政者

四　通曉外交及國際法者

五　熟習各項法典者

第二條　弼德院參議官得以閣部參議兼任，但不得逾四人。

第三條　參議官之簡任，弼德院院長、副院長按照第一條所定資格酌擬相當人員加倍開列咨送内閣請旨簡任。

第四條　參議官辭職、轉任或出缺時，仍照前條規定辦理。

第五條　參議官官等、官品、官俸各項，按照官等、官品、官俸章程辦理。

又《内閣奏擬弼德院秘書長秘書官作用辦法片》　再查，弼德院官制第二十條、第二十一條及第二十二條弼德院秘書廳設秘書長一人，秘書官若干人等語。現擬設秘書長一人為簡任官，一二等秘書官各三人、三等秘書官六人為奏任官，另設一二三等録事十六人為委任官，均為實缺，以資任使而裨院務。其官品、官等各項并俟於釐訂各項官規時分別釐訂以期劃一，此項章程未經奏定以前仍令暫以原品治事，并由院長、副院長酌定公費奏明辦理以資辦公。又查，内閣官制奏任以上各官之進退應經閣議弼德院秘書長以下各官自應一律由院長、副院長咨會内閣辦理以符閣制，惟奏任之權雖分屬於内閣，而監督之權仍寄諸院長、副院長與弼德院官制兩不相妨。謹奏。宣統三年閏六月二十日。奉旨，依議。欽此。

《弼德院奏弼德院辦事及議事細則摺宣統三年六月二十二日》　竊查奏定弼德院官制内載弼德院議事及辦事細則由院長定之等語，臣等受任以來事當謀始，則規畫不厭求精，義取因時，則討論必期盡善。竊維弼德院之設用以擁護憲法，翊贊宸謨，實為内閣對峙之機關，兼採各國適宜之制度，其間咨諏善道，敷納嘉言，則又一時勳舊之人并及百僚俊杰之選，將來開議之日職掌綦重，節目宜明，自應酌定規程，俾資遵守。謹擬弼德院辦事及議事細則，都凡七章計共三十七條，繕具清單恭呈御覽，如蒙俞允，即由臣院遵奉施行。謹奏。宣統三年六月二十二日。奉旨，著依議，欽此。

《弼德院辦事及議事細則》

第一章　總綱

第一條　凡欽奉諭旨，屬於弼德院官制第六條所列事件及第七條臨時顧問事件，弼德院遵即議決具奏。

第二條　弼德院除與内閣及兼任顧問大臣主管各衙門因公交涉外，不得與其他各衙門及議院別有交涉，并不得受人民之陳請。

第三條　遇有交議事件，由本院知會各顧問大臣到院公同披閲，并將該項事件刷印分送各顧問大臣。其事關秘密者，不在此限。

第四條　所有應議事件，由院長、副院長編定議事日表，但兼任各顧問大臣得説明理由，商由院長、副院長變更之。

第五條　遇有緊急事件，内閣得定期知照弼德院速議。

第二章　審查

第六條　凡應議事件，院長、副院長命秘書廳送付參議官審查，或由院長特別指定。其審查期限，院長、副院長得限定之。事較繁重者，得由參議官陳明院長、副院長展長期限，或添指參議官。

第七條　審查之時，兼任顧問大臣遇有該衙門關涉事件，得派員向參議官説明理由。

第八條　審查之時，有與該項事件關涉之主管衙門，應行咨答文牘，由參議官纂議。

第九條　參議官審查既畢，應撰報告書送交秘書廳呈候院長查核。

第十條　審查報告書經院長、副院長覆核後，定期會議，應於期前三日連同附屬文書、議事日表刷印分送各顧問大臣及參議官。但緊急事件不在此限。事關秘密者，其審查報告書得通告各顧問大臣到院閲覽。

第十一條　遇有臨時緊急事件，參議官得於議場以口説報告，仍應將審查要領載於議事録。

第三章　會議

第十二條　會議之日，通常以下午一點鐘開議，遇有緊急事件，由院長、副院長擬定時刻通知者不在此限。

第十三條　會議之日，專任顧問大臣到會至半數以上，院長、副院長即入議場就坐。專任顧問大臣因事不能到會者，應先期通知。

第十四條　專任顧問大臣除奉旨准假外，其無故不到逾三次以上者，由院長、副院長奏明請旨辦理。

第十五條　議場坐位以奏定次序為準。

第十六條　專任顧問大臣到會不能滿半數以上，院長、副院長即宣告展會。其到會已入議場者應俟議長離坐後一同離坐。

第十七條　會議日期及事件皆按照議事日表辦理。

第十八條　會議時刻，每次以一點鐘至四點鐘為限，如限内未能議決，應於次日接續開議。但緊急事件不在此限。

第十九條　届開議時，議長就坐報告文件之後，宣告開議；其未宣告以前，無論何人不得發議。宣告散會或展會之後，亦不得發議。

第二十條　會議之時，發議者應起立聲明，經議長許可方得發議。

第二十一條　會議之時，議長得酌量時刻中止議事。

第二十二條　宣告開議之後，參議官將審查該項事件之報告書再以口語詳細説明。

第二十三條　兼任顧問大臣於主管事件派員到會説明，無論何時，經議長許可，皆得發言。惟不得中止顧問大臣及參議官之演説。

第二十四條　凡聲請發議如有二人同時起立者，由議長指定一人先行發議。

第二十五條　凡討論軼出議題以外或不合秩序者，議長得中止其發議。

第二十六條　討論終局由議長宣告之。

第二十七條　院長、副院長、各顧問大臣均有表決權，其不在議場者不得加入表決。

第二十八條　届表決時，議長宣告應行表決之議題，宣告表決以後，無論何人不得就所議事件發議，亦不得聲請更正表決。

第二十九條　表決用記名法，以為可者用白色票，以為否者用藍色票，各記本人姓名投入票匭。

第四章　纂擬

第三十條　凡議決事件，由參議官纂擬要旨，并附理由作為本院議決意見，呈由院長、副院長核閲，分送各顧問大臣。如係重要事件，并將討論原委摘要敍明。各顧問大臣對於討論原委如有更正錯誤之處，應即函知參議官。

第三十一條　院長、副院長核閲前項纂擬之件後，命秘書廳按照纂擬要旨敍稿分別奏咨。其由院長、副院長指定參議官辦稿者不在此例。

第五章　具奏

第三十二條　弼德院議決事件由院長、副院長具奏，奉旨後分別咨報内閣及主管衙門。

第六章　記録

第三十三條　本院應設議事録，其記載事項如下：

一、欽奉諭旨交到事件及年月日；

二、會議之日時；

三、到會之員名；

四、審查報告書；

五、討論之原委；

六、議決之意見及表決可否之數目；

七、具奏之月日。

第三十四條　議事録由議長、副議長、秘書長及登録之秘書官署名簽押存案。

第三十五條　議事録中載有各顧問大臣及參議官之言論者，并由各大臣及參議官署名簽押。

第七章　附則

第三十六條　本細則自奏明奉旨之日起為實行之期。

第三十七條　本細則實行以後，如有須修改增損之處，由院長、副院長隨時奏明辦理。

論　説

《軍機處原摺・御史范之杰奏閣臣兼弼德院顧問窒礙甚多請明定限制

以清職守摺宣統三年七月初三日》 掌安徽道監察御史臣范之杰跪奏，為閣臣兼任弼德顧問，窒礙多端，請飭議明定限制，以清職守而鞏皇基，恭摺仰祈聖鑒事。

竊維謀議以統一而始專，職任以分理而始舉。三代之疑丞師保尚已，漢時曹椽同主奏議，隋代三公參與國事。迄夫唐、宋並置三省，中書擬議，門下審覆，尚書承行，故均能收職權分治不事詭隨之效。英吉利為各國官制所自始，其內閣歷史古代為賢士會，繼為謀臣會、賢臣會，最後為樞密會，實出唐中書制，由中書議員過多，乃組織今之內閣，而樞密會亦不廢。近日如俄羅斯之參議院，葡萄牙、日本之樞密院，皆從而仿傚者也。規定雖各有不同，而立法、司法、行政之三大機關不許互相兼攝則一。

今我國創設弼德院，既云採取日本新制，而閣臣復得兼任弼德顧問，似又參用英制。然日本樞密院議長得與國務大臣同列內閣，而國務大臣初不必與樞密院議長同列樞密院也。至英之現任國務大臣亦得同列樞密會者，以其閣臣本由會中選出，且顧問機關專為榮譽之責，亦必經君主指定，方能列席內閣，而該會之設不過虛名，絕無顧問之實，其性質與各國樞密院、元老院迥異。是以閣臣兼任弼德顧問，衡諸我國古制，既弗能及，證以外國今制，亦不可行。窒礙一。

弼德院顧問者，憲法上之機關也，憲法不廢則弼德顧問亦不得廢，而國務大臣者為對於皇上完全擔負責任者也。將來憲法頒布，議院宏開，雖保無如各國推倒內閣之舉，若仍備員顧問，斷難行其政見，而影響且及於弼德院，是我皇上處於孤立之地位，所謂密翊帷幄之謀者能有幾何。窒礙二。

院制第二條，顧問大臣三十二人。第十三條，顧問大臣均得列席。計現任國務大臣及宗人府、內務府大臣之得以兼任顧問者十六人也，已居半數。若會議時有一顧問大臣之贊同，即得多數取決，是閣臣之兼任者，終居載勝顧問大臣之專任者，勢必莫由匡正。窒礙三。

閣制有總理大臣，得隨時入對，各部大臣就所管事得隨時會同內閣大臣入對，或請旨自行入對之條，是皇上已得向各該大臣從容顧問之矣。即使再令閣臣到院以備顧問，先後主張萬無歧異，既足鈐轄議政之範圍，更適蹈唐末左右僕射兼兩省侍郎之覆轍，所謂顧問者殆成虛文，無濟實事，且佔定額，以蔽賢路。窒礙四。

內閣、弼德院各為獨立機關，不相統轄，不相侵害，即如內閣總協理大臣，不得兼任弼德院院長及副院長，立法精意備極謹嚴。今以閣臣兼任弼德顧問，姑無論以負擔重要國務之資格，參加審議重要國務之地位，自議之而自行之，既失隱匡政府措置之義，久之必成不能堅持官守互相阿縱之風，所謂股肱元首，左右閣臣者安在。窒礙五。

有此五大窒礙，則閣臣之不可兼任也明甚。顧或謂方今人才缺乏，財政困難，閣臣兼任弼德顧問，俾可備員翊贊，且可節省俸薪。抑知人才之難，古今同慨，聖佐賢相雖不世出，然招聚四方賢士，或退任大臣，求合院制第三條資格者似不甚難。至閣臣之兼任弼德顧問，較諸近今行政兼司法，司法兼立法，軍事兼行政各差者，其弊更大，蓋彼則不過虛廢帑項，此則機關混合也。為今之計，能將院制第四條第一項及第十三條取消者上也。次則兼任大臣定為額外，將第二條第三項追加專任二字，文曰：專任顧問大臣三十二人。夫以俄之十二部，參議院尚有六十人，日之九部，樞密顧問官尚有二十五人，葡之七部，樞密院尚有常設顧問官十二人，預備顧問官三十人。我國近立十部，各府院即設專任顧問官三十二人亦不為多。並將第十三條與第十六條併為一條，文曰：會議時關於本官制第四條所列顧問大臣主管事件，得由各大臣列席，或派員到會說明事由，但均不得列議決之數。如此則與閏六月二十日簡充兼任各顧問大臣之諭旨既符，且無變更院制全部之煩，而內閣與樞密院地位亦從此穩固矣。應請飭下內閣法制院、弼德院詳議釐定，恭候聖裁。

臣愚昧之見，是否有當，恭摺瀝陳，伏乞皇上聖鑒。謹奏。

又《御史陳善同奏請核改弼德院官制及官員作用章程以使喚該院不受內閣支配摺宣統三年七月初五日》 掌新疆道監察御史臣陳善同跪奏，為弼德院官制及其參議等官任用章程，闕失殊多，慮滋流弊，擇要指陳，請飭核改，恭摺仰祈聖鑒事。

竊臣維弼德院與內閣處於對峙之地，國務大臣布化於廟堂之上，顧問大臣運籌於帷幄之中，一則為朝廷任事之臣，一則為朝廷畫策之臣，各任其職，兩不相涉，而天子垂裳端拱，入與院臣謀之，出督閣臣行之，張弛隨時，指揮如意，此中固有絕妙之作用焉。憲政編查館奏擬弼德院官制一摺所稱股肱元首，左右閣臣，皆於該院寄之者，此物此志也。查弼德院即東西各君主立憲國之樞密院，其規制各有不同，英吉利國會權重，德意志內閣權重，其樞密院大率係屬兼職，視若閒曹。日本君權特重，故嘗引樞密顧問以自輔，規定之於憲法中，今與國會、內閣隱相犄角。我國國情政體均與日本為近，採彼樞密院制以為我組織弼德院之標本，自屬相宜。顧臣觀於弼德院官制之編制及其參議等官任用章程，要有不能已於言者。凡一法之立，必各有精神之所在，舍精神而求之於形迹，是所謂買櫝還珠之智，不足語於因革損益之事也。弼德院制之精神為何，曰須令不失其完全獨立之性質而已。臣請條舉該院現制之闕失，為我皇上陳之。

一、現任國務大臣均兼任顧問大臣也。夫弼德院既為皇帝親臨顧問國務之所，則顧問大臣一面對於聖躬得效贊畫之益，一面對於政府隱具匡正之能。閣議以為可者，皇上疑焉，抉之院議而見為否，則亦從而否之，閣議以為否者，皇上疑焉，決之院議而見為可，則亦從而可之。故其迹相制，而其用實相繼。今令國務大臣盡兼顧問大臣，其數已足抵專任顧問大臣之半，而總理大臣地位居國務大臣首領，勢足以操縱同僚，雖保專任顧問大臣不仰承意旨隨聲附和，則凡已經閣議臨時諮詢之事件，兼任顧問大臣固仍佔優勝，易得多數之贊成。臣恐閣臣之意見即院臣之意見，將來院議對於閣議必有是而無非，有順而無違，欲以收聯絡之功，反以長扶同之弊耳。查日本樞密院制並無國務大臣兼任顧問大臣之明文，惟其第十一條有云：各大臣自職權上於樞密院有顧問官之位置，有列議及表決之權等語。此自指一時一事而言，謂關於各大臣職務權限以內之事，交由樞密院會議者，該主管大臣可以充顧問官，出席與議云爾。非謂無論何事，凡國務大臣皆可備員顧問也。若如弼德院兼任顧問大臣之制，是各國務大臣於職權以外，均可以無所不預，無所不攬，而宮廷密勿之地不免隱受遙制，更未有羣策羣力足寄以心腹耳目為之效嘉謨嘉猷之入告者，豈憲法擁護君上統治大權之本義乎。此其不可者一也。

二、參議、祕書等官之請簡奏任分屬內閣，且參議半以閣部參議兼充也。查日本樞密院本無參議官，所有纂擬、審查等事，均屬之書記官。我國弼德院事屬創始，溝通新舊，自不能不多引富有政治上學識經驗者以相輔助，參議之設宜也。惟所不可解者，該院本直隸於皇上，並非行政衙門，即不能受內閣之支配，該院用人，自當自行具奏，豈容內閣越俎代庖。今參議、祕書等官遴保監督之權屬之院長，而請簡奏任之事歸之閣臣，是不啻為內閣添一附屬之廳局。所謂院長者，全襄其自主之權，不過如廳丞局長已耳，又焉用是張皇另設一署為也。而內閣會奏該院參議任用章程一摺，乃曲為之辭曰，不失獨立之本指，不悖行政統一之良規，真不解其是何說矣。至於閣部參議性質，雖與該院參議相近，然究不得謂之非行政官，彼此既可以兼任，則列席發議及辦理纂擬、審查事件，於各衙門權限不免互相侵越，於該院職務又無以專其責成。其流弊有較之兼任顧問大臣附著更深者，不過徒開此一途，為宦場奔競之所輻輳而已。此其不可者又一也。

總之，我國今日立憲官制，參酌中外之情，力祛新舊之失，必須有一定之宗旨，而不可稍涉於苟且。內閣既立，國會將開，皇上神聖首出，亦決不可無一二獨立機關為之效忠納誨，朝夕論思，以疏通上下心志之隔閡，以運轉外交內治之樞機。如必欲盡所有而納之一範圍中，則皇上勢成孤立，彼既有所偏重，此自必在所偏輕，恐終非國家福也。法必屢經斟酌而幾盡善。事必慮之久遠而後可行，應請飭下內閣、弼德院，將弼德院官制及其參議、祕書等官任用章程，詳慎核改，所有兼任顧問大臣之各國務大臣，必須該院會議事件任其職務權限以內，方許到會與議。其兼任參議四員，一律改為專任。嗣後院內用人，無論請簡奏任，應由院長自行具奏，以清權限，以保該院之獨立。

臣為預防流弊起見，恭摺具陳，伏祈皇上聖鑒。謹奏。

又《御史陳善同奏弼德院官制宜詳細斟酌片宣統三年七月初五日》

再，臣考東西各國樞密院官制，其權之大小，率視君權之輕重為縮漲，君權輕者院權隨之而縮，君權重者院權隨之而漲。日本憲法，由天皇欽定，與歐洲各國憲法之出於協定者不同，故特置重於樞密院，藉以保障憲法，維持外交，擁護皇室尊嚴，保全人民權利，原其用意所在，無非上下內外相維相制而已。蓋內閣總理易置不常，不必盡人可恃，若別無獨立機關護持君主大權，萬一枚卜非人，則專橫之禍立見，國家之事殆矣。日本所以君權鞏固實在神聖不可侵犯者，賴有此也。今我國弼德院兼任顧問參議之制，係仿日本樞密院制第十一條，語意之間，不免誤會，全併其立法之精神而失之，將來利害分途，相去不啻霄壤。現當改革之初，如此榮榮大端，正宜詳細斟酌，力防弊竇，各大臣等忠於謀國，要當為宗社萬世計，不可徒為一時計也。事為國家安危存亡所繫，臣忝在言路，不敢緘默，縷縷愚忱，伏祈聖鑑。謹奏。

督辦政務處與會議政務處分部

綜述

沈桐生《光緒政要》卷二七《特設督辦政務處》 欽奉上諭：上年十一月初十日，因變通政治，力圖自强，通飭京外大臣各抒所見，剴切敷陳，以待甄擇。近來陸續條奏已復不少，惟各疆臣、使臣多未奏到。此舉事體重大，條件繁多，奏牘紛煩。務在體察時勢，抉擇精當，分別可行不可行，並考察既行之力不力。非有統率之區，不足以專責成而挈綱領。著設立督辦政務處，派慶親王奕劻、大學士李鴻章、榮祿、崑崗、王文韶、戶部尚書鹿傳霖為督辦政務大臣，劉坤一、張之洞亦著遙為參預。各該王大臣等，於一切因革事宜，務當和衷商確，悉心詳議，次第奏聞，俟朕上稟慈謨，隨時酌定。俟回鑾後切實頒行，示天下以必信必果，無黨無偏之意。其政務處提調各官，該王大臣等，務必心術純正、通達時務之員，奏請簡派，勿稍率忽。此事予限兩個月，現已過期，其未經陳奏者，著迅速彙議具奏，勿稍遲延觀望。將此通諭知之。欽此。旋經該衙門議，定開辦規條云：一、本處王大臣以下，應設提調二員、章京八員或十員。欽遵聖諭，以心術純正，通達時務者充之。朝官自京堂以下，外官自監司以下，迄於布衣，均可選充。首論心術，兼取才望，以示朝廷簡任賢能，不拘成格，盡除徇情面採虛聲之積習。其堂司相見之禮，亦較各部院衙門，優加禮紀，蓋政務重大，非其人不得預，既用之須重之也。一、政務千端萬緒，約而言之，興利除弊而已。大利當興而不興者，非常之原，黎民所懼，可與樂成，難與圖始也。積弊當除而不除者，舞弊之人，窟穴於斯，衣食於斯，一人革之，而衆人撓之也。今既奉旨舉辦，當首破因循瞻顧之習，事無輕發，發則惟行不惟反，其阻撓者以溺職論。先事示立木之信，乃可決第收破竹之功。《書》曰：允執厥中。又曰：帷斷乃成。兩言盡之矣。一、政務處之設，畧仿宋三司置條例司遺意，而變通之。王安石之變法，舉青苗、保馬、方田、水利諸政，與其賓僚謀之一室，分別條流，通行天下，失詢謀僉同之意，故天下以為不便。今則欽奉明詔，俾中外大臣各抒所見，各竭所知以俟聖明裁擇。大哉王言，遠邁千古。各官章奏，均交政務處審別可行與不可行。開辦之初，首在細心閱看。其不可行者，暫從擱置，仍條列其難行之故，呈堂候核；至其可行者，分別緩急，量為刪增。其或一人言一事而可取者，其言其意善矣。其辦法未必精到也，當由政務處損益，期於盡善，請旨施行。其或數十人同言一事而可取者，則當彙萃羣言，去其重複，補其未備，請旨施行。政務二字，包舉萬端。今之上言者，不及百人，有利當興，有弊當革，而中外臣工，未經言及者，則當由政務處自擬辦法，斟酌妥善，請旨施行。將來奉旨舉辦之事，勒為成書，即是一部政典。故此事斷非一手一足之烈，亦非一朝一夕之故。務當旁求後人，緦贊嘉猷。若仍照各衙門事例，凡當行之政，於各奏疏中抽取一條，由政務辦一通行，由各省辦一復奏，有名無實，有始無終，則與變法自强之本意大相背謬矣。一、政務殷繁，各官章疏別擇以後，當區分門類，各認各股，專心辦理。類如官制、學校、科舉、吏治、財政、軍政、邦交、商務、工藝、刑律，舉辦雖有緩急，考訂不容疏漏，而每門之中，又分子目，如官制，則有文員、武職、裁併、添置諸事。學校，則有國子監、府州縣學，以及各省書院學堂，而報館、譯局、方言、測繪、天算均隸之。科舉，則有小試、鄉會試、特科諸目。吏治，則有清訟、催科、荒政、保甲、巡捕諸目。財政，則所包甚廣，如農田、水利、屯墾、畜牧、樹藝、關榷、賦役、礦務、鐵路、錢幣、銀行、鹽法、漕運、倉儲、捐餉、棉桑、紡織諸局皆隸之。軍政，則有水師、陸師、戰術、餉章、營制、軍械、砲臺、營壘，以及調防裁汰諸事。邦交，則外務、出使、洋稅、教堂、游歷，以及條約、公法皆屬之。商務，乃財政之大端，別為一門，用昭鄭重。工藝，則有關製造者皆屬之。刑律一門，似應於公法參訂互證，以辦民教交涉之案，而商律附焉。每舉一事，各歸各股，由該管章京妥議辦法，再由提調覆核商訂參議，公同斟酌，呈堂審定，然後奏請聖裁。一、變法大綱有二：一則舊章本善，奉行已久，弊實叢生，法當規復先制，認真整理。一則中法所無，宜參用西法，以期漸致富强，法當屏除成見，擇善而從。每舉一事，宜悉心考求。凡中國政書，及上海所譯各種西書，皆當購存公所。東洋與我同洲，變法未久，遞臻强盛，此尤切近可師者，當咨由出使日本大臣，將彼國變易各大政行之已有實效者，概行鈔録齎送，並徧咨出使各國大臣，將各國財政軍政商務工藝諸大端，擇其尤要者，分別録送，以備稽核。一、政務處之設，為自强計。中國之弱由於貧，列國之强由於富，是救貧又為自强之始基。然變置之初，斷不宜從理財入手，方今中國一絲命脈，惟在人心，而匪黨蔓延，時相誘煽，若此時先事搜括，天下將謂千利百病，一無興除，所變者特厲民之法耳。從此人心一失，雖有良法，亦難措置。當先取天下所甚疾者，剔除一二事，所甚願者，施行一二事，使天下之人，曉然於朝廷變法，為吾民興利除害，人人有悦服之誠，而事事有求賢之意，則此後下令如流水矣。前之洋債未清，今之償款又迫，每年二十餘萬，於何取償。夫理財祇有兩途，曰開源，曰節流。開源之事，或緩不濟急，或放利多怨，不如自節流始。節流之法不外汰冗兵以節餉，汰閒官以節禄，汰無益之局廠以節經費。餉也，禄也，經費也，皆天下之民之膏血也，既去其膏血而虚縻之。今為時勢所迫，凡虚縻者一切如故，而別事敲骨吸髓，以應外人之求，不惟民心不甘，朝廷亦决不忍出此。法當盡裁冗費，以付償款。再有不足，然後取之於民，庶可以篤祜而對天下矣。一、上年諭旨嚴禁新舊之名，融通中外之迹，而申之以去私心，破積習。此即政務處簡明切要之宗旨也。同為大清臣子，而自分新舊，苟為異同，隱患中於國家，黨禍及於士類。維新之極而有康逆之亂，守舊之極而有拳匪之亂。朝廷旰食，薄海攖心，列國所議，亦中華之恥也。今當盡化偏私，恪遵聖訓，迂謬之論，一切屏除，惟是崇尚西法者，往往不揣本末，鋭意更張，則亦賢智之過。今言變法，動引日本為例，殊不知日本幅員非廣，風氣齊一，號令易行，且以外國學外國，譬猶楚學齊語，不甚懸殊，故事易舉而效甚速。中國地方四萬里，歷代相承二千餘年，從不知西學為何事。東南諸行省，風氣已開者，語以西法，尚不驚疑；若西北之民，習性忠樸，耳目未廣，驟令變革，何異聾俗鳴球，修陵蒂藕乎！故欲變法，斷難以通行之文告，處四海之齊民。法當因地制宜，因勢利導。且即以西法論，有西政、西藝之不同。今學西法，欲學其事，先學其心。西人之心公，而中人多私，西人之文簡，而中文太繁；西人之事實，而中事多虚，西人之言信，而中人多偽，本原大異，徒取則於事為文貌之間，雖累萬人不為功，累百年難求效也。自同治初年以來，非不講求洋務，局廠如櫛，船礮如雲，積三十年，有何成效？所以然者，西人作事，千人一心，共利其國；中人作事，百人百心，各利其身，身有利有不利，而國則決無一利，此所以股票不售，公司涣羣，凡西人有利之事，中國效之，皆賠錢之事。必先正中國之人心，乃可行西人之善法。正本清源，匪異人任矣。一、破除陋習，先自政務處始。近年方畧會典諸館三年一保，躐等遷除，名器不尊，適長奔競，今奉上諭，以純正通達見待，則在事者已結主知，自毋庸三年列保，以免希冀速化者視為捷徑。競事夤緣，其供事諸人，則照軍機處例優予出身，以示鼓勵。一、舉行要政，其事體重大，須考訂精覈商榷者，應俟回鑾以後，悉心詳議。其有芟除積弊，有益民生，可以立見施行者，應由行在政務處奏請特旨，即日分別興除，以大慰天下之望。一、為政在人，千古不易，政務處無論立法如何詳密，要須中外大臣實心實力，破除因循敷衍之習，始能望成功而收明效。此處乃天下政治之管轄，當廣集英賢，資其策力，非其才不當循情面，得其人不當限資格。朝廷用人一秉大公，當以政務處始，以上各條，粗具要畧，不外上諭公爾忘私，實事求是之意。至設立公所，籌集經費，別有開辦事例，應俟回鑾後妥議。

劉錦藻《清朝續文獻通考》卷一一七《職官三·政務處》　臣謹案：歐西官制均設立責任內閣，日本亦如之。雖天皇不負責任也，內閣大臣或與議院牴牾，則率各部長而退，似合漢時天下多故策免丞相之遺意。議者嘵嘵，競思步武，而不可無監督之人，於是始立政務處，繼改資政院為上下議院之基礎，開各省諮議局之先聲，又有考察政治館、憲政編查館錯綜其閒，紛議新法，詳載憲政，考茲輯初定章程列內閣後。光緒二十七年諭：上年因變通政治，力圖自強，通飭京外各大臣各抒所見，剴切敷陳，以待甄擇，近來陸續條奏已復不少，惟各疆臣多未奏到，此舉重大，條件繁多，奏牘紛煩，務在體察時勢，抉擇精當，分別可行不可行，並考察其行之力不力，非有統匯之區，不足以專責成而挈綱領。著設立督辦政務處，派慶親王奕劻，大學士李鴻章、榮祿、崑岡、王文韶，戶部尚書鹿傳霖為督辦政務大臣，劉坤一、張之洞亦著遙為參預，各該王大臣等於一切因革事宜，務當和衷商榷，悉心評議，次第奏聞。俟朕上稟慈躬，隨時更定。回鑾後切實頒行，示天下以必信必果無黨無偏之意。其政務提調各官，該王大臣等務擇心術純正通達時務之員，奏請簡派，勿稍疏忽。此事予限兩個月，見已過期，其未經陳奏者，著迅速彙議具奏。【略】

三十一年，政務處覆奏御史黃昌年《奏各衙門具奏奉旨准駁之件須令各衙門皆知》一摺，略稱查創行新政，增益舊章，條目綦繁，自以刊録摺件為要務。嗣後具奏摺件，除事關慎密及照例核覆之件毋庸鈔送外，所有創改章程及議定事件，皆於奉旨後咨送政務處，陸續發刊以廣傳布。

又諭：前經特簡載澤等出洋考察各國政治，著即派政務處王大臣設立考察政治館，延攬通才，悉心研究，擇各國政治之與中國治體相宜者斟酌損益，纂訂成書，隨時進呈，候旨裁定。所有開館事宜，著王大臣妥議具奏。

三十二年，改政務處為會議政務處。

《軍機處上諭檔・裁撤舊設內閣軍機處會議政務處諭宣統三年四月初十日**》** 宣統三年四月初十日內閣奉上諭：本日業經降旨設立內閣，所有舊設之內閣、軍機處、會議政務處，著即一併裁撤。在內閣屬官制未經奏定以前，以上各衙門舊設之章京、侍讀、中書等項人員，著暫由總協理大臣督率辦理日行事件。其內閣官制內未載之應行改併各衙門，有應照內閣暫行章程辦理事宜，均著暫行遵辦。其未經規定事項，暫仍其舊。其餘無關行政各衙門，均照常辦理。欽此。

考察政治館與憲政編查館分部

綜述

《光緒朝上諭檔・光緒三十一年十月二十九日》 內閣奉上諭：前經特簡載澤等出洋考察各國政治，著即派政務處王大臣設立考察政治館，延攬通才，悉心研究。擇各國此政法之與中國治體相宜者，斟酌損益，纂訂成書，隨時進呈，候旨裁定。所有開館一切事宜，著該王大臣妥議具奏。欽此。

《軍機處上原摺・奕劻等〈奏請改考察政治館為憲政編查館摺光緒三十三年七月初五日**〉》** 臣奕劻等跪奏，為請旨改設憲編政查館，恭摺仰祈聖鑒事。

竊自上年恭奉懿旨，預備立憲以來，天下臣民，喁喁望治。現在入手辦法，總以研究為主，研究之要，不外編譯東西洋各國憲法，以為借鏡之資，調查中國各行省政俗，以為更張之漸，凡此兩端，皆為至當不易，刻不容緩之事。擬請旨將考察政治館改為憲政編查館，以便切實開辦，所有軍機大臣、大學士、參預政務大臣會議事宜，應請改由內閣辦理，其會議一切章程，即由內閣酌定。如蒙俞允，憲政編查館應請旨由軍機處王大臣總理其事，仍設提調二員，即以原派之提調改充，專辦編制法規、統計政要各事項。嗣後遇有關係憲政及各種法規條陳，並請飭交該館議覆，以歸一律。至館中應辦之事，俟命下之日，再由臣等督飭館員，詳定妥章，認真經理，以副朝廷實行憲政之至意。是否有當，伏乞皇太后、皇上聖鑒訓示。謹奏。

又**《憲政編查館大臣奕劻等擬呈憲政編查館辦事章程摺**光緒三十三年七月十六日**》** 臣奕劻等跪奏，為謹擬憲政編查館辦事章程，繕具清單，恭摺仰祈聖鑒事。

光緒三十三年七月初五日欽奉懿旨：考察政治館即改為憲編政查館，暫由軍機處王大臣督飭原派該館提調詳細調查編定，以期次第施行等因。欽此。仰見朝廷注重憲政，切實豫備之至意。臣等竊維上年考察政治館之設，原以編查憲政為宗旨，惟事當初始，名義尚未指明，其範圍亦難確定。今奉明詔宣布，薄海臣民，咸知臣館為憲政之樞紐，責望之殷，當更過於前日，而責任愈重，一切組織自不能不力求完備。

伏查立憲各國，無不以法治為主義，而欲達法治之域，非先統一法制不可。各項法制規模大具，然後憲法始有成立之期，故各國政府大都附設法制局，以備考覈各處法案，而統一法案覈定以後，始付議院議決。臣館職司編制，應一面調查各國憲法成例，擬定草案，一面於各部院、各省所訂各項法制，悉心參考，漸謀統一方法。俟資政院設立後，隨時將臣館覆定之稿送由院中陸續議決，蓋一司編纂，一主贊定，庶政府盡提議法案之責，而國民有參豫立法之機，立憲之基將由此以鞏固。

至統計一項，所以驗國計盈絀，國勢强弱，參互比較，以定施政之方。故宜內考全國之情勢，外覘世界之競爭，此後各部院、各省應就其所管之事，詳細列表按期咨送臣館，臣館總彙各表，即以推知國家現勢之若何。考各國每年有統計年鑑之刊，彙集各項統計，俾人民可以一覽而知，庶政釐然，法良意美。臣館擬俟各種事項搜輯完備，即行仿照辦理。

凡此兩大端，頭緒紛繁，關繫重大，於憲政為經始之圖，於臣館為應盡之務。查日本明治初年曾設立憲法取調局，其現在內閣則附設法制、統計等局。臣館既兼有日本新舊辦法，自不得不明定職掌，以專責成，臣等公同商酌，擬參用設局分科之法，謹遵諭旨所指編制法規、統計政要事項，於臣館分設編制、統計兩局，各派局長及科員等員分理其事，而以提調總司其成。謹擬具辦事章程十六條，繕呈御覽。如蒙俞允，再由臣等就原調館員，並廣選通材充當其事，仍隨時奏明辦理。其館中歲需經費，擬請飭下度支部由專使考察政治項下隨時撥給，仍飭該提調等撙節動用，勿得虛糜。至臣館前奏辦政治官報，現在機器業將陸續運齊，亦即剋期開辦，合併陳明。

所有謹擬臣館辦事章程緣由，是否有當，伏乞皇太后、皇上聖鑒訓示。謹奏。

附清單

謹擬憲政編查館辦事章程，繕具清單，恭呈御覽。

計開：

第一條　本館由軍機王大臣管理，設提調二員，綜理館中一切事宜。

第二條　本館職掌分列如左：

一、議覆奉旨交議有關憲政摺件，及承擬軍機大臣交付調查各件。

二、調查各國憲法，編訂憲法草案。

三、考核法律館所訂法典草案各部院、各省所訂各項單行法及行政法規。

四、調查各國統計，頒成格式，彙成全國統計表及各國比較統計表。

第三條　本館設編制局、統計局兩所分司職掌各事。

第四條　編制局分為三科如左：

第一科　掌屬於憲法之事。

第二科　掌屬於法典之事。

第三科　掌屬於各項單行法及行政法規之事。

第五條　統計局分為三科如左：

第一科　掌屬於外交、民政、財政之事。

第二科　掌屬於教育、軍政、司法之事。

第三科　掌屬於實業、交通、藩務之事。

第六條　編制局、統計局各設局長一人，承提調之命管理局務，副局長一人，協同局長管理局務，各科視事務繁簡，酌設科員三人或四人分司科務。所有奏咨文牘，即由局長、副局長挈同科員詳慎擬草，送由提調核奪辦稿。

第七條　編制局、統計局辦事細則，由局長商承提調妥擬，呈王大臣核定施行。

第八條　本館設總核二員，稽核各項奏咨文牘及官報事件。

第九條　本館設庶務處一所，專司收發文書、款項出入及各項雜務。庶務處設總辦一員，商承提調督率本處委員，辦理一切庶務。

第十條　本館設譯書處一所，凡各國書籍為調查所必需者，應精選譯才陸續編譯。其員數多寡，取足備用，不必豫定。另設圖書處一所，收儲中外圖籍，設收掌二員專司其事。

第十一條　本館有統一全國法制之責，除法典草案應由法律館奏交本館考核外，如各部院、各省法制有應修改及增訂者，得隨時咨明該管衙門辦理，或會同起草，或由該管衙門起草，咨送本館考核，臨時酌定。所有統計事項，應由各部院、各省就其主管事務，派定專員按照本館頒定格式，詳細列表，隨時咨報本館，由本館彙齊詳核，編列總表，以昭劃一。

第十二條　本館調查及編訂之件，應隨時發刊報告書，或月刊，或季刊，臨時酌定。

第十三條　本館調查各件，關繫重要，得隨時派員分赴各國各省實地考察，並得隨時咨商各國出使大臣及各省督撫代為調查一切。

第十四條　本館擬訂及考核之件，除法典及重大事項應由資政院議決外，其餘各件呈由軍機王大臣閱定，即奏准施行。

第十五條　本館奏明附設之官報局，應設局長一人，綜理原奏所定之編輯、校對、印刷、發行四項事宜，並酌定辦事人員分任責成，由局長商承提調督飭辦理。

第十六條　以上各條監舉綱要，其尚有未盡事宜，應隨時酌定，奏明辦理。

雜録

《大清新法令・憲政編查館諮催籌備本年各事宜通行知照文》　案查本館奏定設立考核專科章程內開：一、九年籌備事宜，欽遵諭旨責成內外臣工，每届六個月將籌辦成績臚列奏聞，并咨報憲政編查館查核，應自光緒三十四年八月起至十二月底止為第一届，以後每年六月底暨十二月底各為一届，限每年二月内及八月内各具奏咨報一次，俟報到本館後查核所辦是否核實，於每年四月内及十月内各分別殿最匯奏一次。一、本年應辦事宜，查有尚未籌辦奏報者，由館行文該管衙門咨催一次，以後每年二月八月查明是年應辦事宜，行文京外各衙門，預行咨催一次，如届限尚有未經奏到者，另行專案酌量分別奏咨催辦各等語。查光緒三十四年及宣統元年上届京外各衙門籌備憲政情形，業經本館遵限考核具奏，奉旨咨行各在案，除宣統元年下届籌辦情形應俟各衙門一律報齊再行核奏外，查本年為籌備之第三年，計應籌備各事宜共十四條，其分隸本館及咨政院、民政部、度支部、會議政務處、修訂法律大臣、法部、學部、各省督撫等衙門，各籌辦事宜在在均關緊要，茲届二月預催之期，除督飭館員將本館應辦之事依限認真辦理外，應即照章開單預行咨催，為此合咨貴撫，請煩查照單開各節，督飭所屬依限舉辦，仍遵前奉諭旨，每届六個月將籌辦成績臚列奏聞，并咨報本館查核，毋稍延誤可也。

計開

宣統二年應行籌備事宜：

召集資政院議員舉行開院。

續辦城鎮鄉地方自治。

籌辦廳州縣地方自治。

匯報各省人户總數。

編訂户籍法。

覆查各省歲出入總數。

釐訂地方稅章程。

試辦各省預算決算。

釐訂直省官制。

頒布文官考試章程、任用章程、官俸章程。

頒布新刑律。

各省省城及商埠等處各級審判廳，限年內一律成立。

推廣廳州縣簡易識字學塾。

廳州縣巡警年內一律完備。

又《憲政編查館奏司法行政分權遇有疑義諮詢館部核定辦法片》　再，遵照《修正逐年籌備事宜清單》，直省府廳州縣城治各級審判廳應於宣統四年一律成立，則籌辦事務頭緒既繁，期限尤促。嗣後各省凡屬司法行政分權諸大端遇有疑義之處咨詢館部，擬即由臣館會同臣部隨時核定，咨行辦理其咨行事項，但係合於現行司法制度及與新頒法令并歷次奏案不相抵觸者，應以館部咨行辦法為準，以為提綱挈領之計而收整齊畫一之功。臣等為整理司法要政起見，理合附片會陳。謹奏。宣統三年三月二十九日。奉旨，知道了，欽此。

中央行政機構部

總理各國事務衙門與外務部分部

綜述

清・賈楨《籌辦夷務始末（咸豐朝）》卷七一　欽差大臣恭親王、大學士桂良、户部左侍郎文祥奏：竊為夷情之强悍，萌於嘉慶年間。迨江寧換約，鴟張彌甚。至本年直入京城，要挾狂悖，夷禍之烈極矣。論者引歷代夷患為前車之鑒，專意用剿。自古禦夷之策，固未有外於此者。然臣等揆時度勢，各夷以暎國為强悍，俄國為叵測，而咈咪從而陰附之。竊謂大沽未敗以前，其時可剿而亦可撫。大沽既敗而後，其時能撫而不能剿，至夷兵入城，戰守一無足恃，則剿亦害，撫亦害。就兩者輕重論之，不得不權宜辦理，以救目前之急。自換約以後，該夷退回天津，紛紛南駛，而所請尚執條約為據，是該夷並不利我土地人民，猶可以信義籠絡，馴服其性。自圖振興，似與前代之事稍異。臣等綜計天下大局，是今日之禦夷，譬如蜀之待吳。蜀與吳，仇敵也。而諸葛亮秉政，仍遺使通好，約共討魏，彼其心豈一日而忘吞吳哉？誠以勢有順逆，事有緩急，不忍其忿忿之心，而輕於一試，必其禍尚甚於此。今該夷雖非吳蜀與國之比，而為仇敵，則事勢相同。此次夷情猖獗，凡有血氣者，無不同聲忿恨。臣等粗知義理，豈忘國家之大計！惟捻熾於北，髮熾於南，餉竭兵疲，夷人乘我虛弱，而為其所制。如不勝其忿而與之為仇，則有旦夕之變；若忘其為害而全不設備，則貽子孫之憂。古人有言，以和好為權宜，戰守為實事，洵不易之論也。臣等就今日之勢論之，髮捻交來，心腹之害也。俄國壤地相接，有蠶食上國之志，肘腋之憂也。暎國志在通商，暴虐無人理，不為限制，則無以自立，肢體之患也。故滅髮捻為先，治俄次之，治暎又次之。惟有隱消其驚疾之氣，而未遽張以撻伐之威。儻天心悔禍，賊匪漸平，則以皇上聖明，臣等竭其顓蒙之力，必能有所補救。若就目前之計，按照條約，不使稍有侵越，外敦信睦，而隱示羈縻，數年間即係偶有要求，尚不遽為大害。謹悉以參度，統計全局。酌擬章程六條，恭呈御覽。懇請飭下行營王大臣公同商議。如蒙俞允，臣等即遵照辦理。其餘瑣屑事務，並間有損益之處，隨時再行奏聞。

硃批：惠親王、總理行營王大臣、御前大臣、軍機大臣妥速議奏。單併發。

一、京師請設立總理各國事務衙門，以尊責成也。查各國事件，向由外省督撫奏報，彙總於軍機處。近年各路軍報絡繹，外國事務，頭緒紛繁。駐京之後，若不悉心經理，專一其事，必致辦理延緩，未能悉協機宜。請設總理各國事務衙門，以王大臣領之，軍機大臣承書諭旨，非兼領其事，恐有歧誤，請一併兼管，並請另給公所，以便辦公，兼備與各國接見。其應設司員，擬於内閣部院、軍機處各司員章京内，滿漢各挑取八員，輪班入直，一切均倣照軍機處辦理，以專責成。俟軍務肅清，外國事務較簡，即行裁撤，仍歸軍機處辦理，以符舊制。

又　卷七二　欽差大臣恭親王、大學士桂良、户部左侍郎文祥奏：竊臣等前籌大局，請設立總理衙門各情，均蒙諭旨允行，並承准軍機大臣字寄密諭一道，飭令將未盡事宜，隨時詳議具奏。伏思臣等請設立總理各國事務衙門者，原以各國使臣住京後，往來接晤，及一切奏咨事件，無公所以為彙總之地，不足以示羈縻。該夷從前每籍口於中國遇有外夷事件，推諉不辦，任情狂悖。今設立衙門，該夷以為欣喜非常，自應迅速建立，以馴其情。臣等初擬於禮部設立公所，辦理一切。惟禮部為考論典禮之地，體制較崇，該夷往來其間，殊於體制未協，且大堂為該部堂官辦公之所，若臣等借用，則於大堂接見該夷，尤多窒礙。如僅用司堂，該夷必不心服，因別設衙門。在該夷視之，以為總理之所，名目甚大，而在臣等，則視同四譯館等衙門之例。是以議定司員官役，及考察經費等事。一切規模，因陋就簡。較之各衙門舊制，格外裁減，暗寓不得比於舊有各衙門，以存軒輊中外之意。所有衙門未盡事宜，悉心籌酌，僅擬章程十條，恭呈御覽。如蒙俞允，臣等即遵照辦理。

一、擬建立衙署，以資辦公也。查各衙門分司辦事，往往多者數百間，少者亦百餘間，方可敷用。房間既多，官役亦因之而增，此次總理衙門，義取簡易。查東堂子胡同，舊有鐵錢局公所，分設大堂、滿漢司堂、科房等外，儘足敷用，無容另備。惟大門尚係住宅舊式，外國人往來接見，若不改成衙門體制，恐不足壯觀，且啓輕視。擬僅將大門酌加改修，其餘則稍加整理，不必全行改修，並擬由臣等自行估修，以期迅速而資節省。

一、司員分辦公事，以專責成也。查此次臣等請挑取內閣部院司員，原以事有交涉，易於稽查。各衙門向有掌印主稿幫稿等名目，總理衙門，規制較異，毋庸多立名目。擬於司員內，擇其老成練達者，挑滿漢各二員，作為總辦，再擇二員，作為幫辦，辦理摺奏照會文移等事。其機密要件，則由內閣各員繕寫。關稅事件，則由戶部司員經理。臺站驛遞事件，則由兵部司員經理。其與各衙門交涉事件，各衙門堂官，亦應預聞。除由公文知照之外，遇有事宜迅速，及機密要件，不能公文咨照者，即由各司員當面回明各該部堂官知悉。若與各部無涉者，仍不必令該堂官預聞，以免紛歧傳播。至關稅總數，雖咨報總理衙門，而稽覈考察，仍由戶部經管，總理衙門不得越俎。吏、刑、工等部司員，並無交涉之事，毋庸咨取，以期各有專責，不至叢脞。

一、保送司員，應嚴行揀擇也。查各衙門司員，額缺既多，候補尤衆。偶有才具中平，公事不能諳練者，亦可隨同畫諾。總理衙門，司員甚少，未可濫竽充數。各衙門保送滿員，則於郎中、員外郎、主事、內閣侍讀、中書，漢員則擇拔貢、舉人、進士出身之郎中、員外郎、主事、內閣侍讀、中書充補。無論候補實缺人員，均准保送。惟須擇老成謹飭，公事明白，品行醇正者，出具考語咨送，由臣等考試文理字迹，是否優長，公事是否明白，分別去取，不得以捐納及未經奏留資格較淺之員充數。

一、司員輪班辦事，期無曠誤也。查各衙門司員人多，往往無經手事件，即經旬不到，總理衙門，必得人人辦事，方無遲誤，擬以五日為一班，滿漢各四員到署。如有曠班不到者，查明參處。每日派一員住宿，除總辦二員不住宿外，其餘司員，均應輪流宿署，以便稽察。

一、官役人等，擬變通辦理也。查各衙門書吏，習慣作弊，稽察難周，茶房早役，傳遞消息，百弊叢生。惟各館供事，均係由京官出結考取有來歷之人。平日職在繕寫，亦無胥吏習氣。內務府蘇拉，有錢糧可挑，尚知自勉。擬於國史館、方略館，挑取供事十六名，辦理文案。內務府挑取堂司蘇拉十二名，以供灑埽啓閉之役。其聽差及遞送文書等事，於八旗領催馬甲內，咨取八名，庶免宿弊。

一、經費宜節，以杜浮濫也。查各衙門司員、書役，均有桌飯公費等項，以資辦公。每月所費，悉於衙門解到飯銀內開支，並有支領庫項者。此次總理衙門，未便援照辦理，以致經費浮濫。擬將司員、供事，僅予值班桌飯，均毋庸另給公費飯銀。應用心紅紙張，亦毋庸於各庫咨取。所有一切心紅紙張、桌飯，以及蘇拉等工食，每月不得逾三百兩之數。辦具存稿，由臣等撙節覈實支放。如有餘賸，留作添置器具、糊飾房屋等項之用，俟一年後，覈有定數，再定額支銀兩，以昭覈實。

一、酌籌經費，以資支用也。查各衙門均有各省解到飯銀，分支辦公。總理衙門係屬新設，並無應解飯銀。經費有常，未便動用正項。所有定擬心紅紙張等項銀兩，查臣等前奏章程內，有令天津通商大臣、上海欽差大臣酌提關稅，以為起解部餉等項之用。擬於此款內，飭令各該大臣，按各口提用數目，均勻酌提銀兩，由各該省將軍、督撫、府尹、監督解總理衙門，以資辦公。其各該省未解到以前，所定應用各項，於户部借銀三千兩先行辦理，俟解到後即行歸款。至修理衙門應用銀兩，應另向户部支領，造册報銷，以清款項。

一、辦理稿案，事宜慎密也。查各衙門辦理文稿，均由堂吏送稿，司員酌定，呈堂標畫，既易延誤，又虞傳播。此次總理衙門，所有應辦尋常奏稿文移照會等件，均飭令司員自行辦稿，供事祇供繕寫，不准假手辦理。所有稿案，每日散署後，封鎖櫃內，由住宿之司員照管。機密緊要事件，或由臣等密奏，或由兼領之軍機大臣面奏，不必另行具摺，以昭慎密。俟軍機大臣承書諭旨後，其機密要件，仍交軍機處收存。奉到硃批摺奏，照各衙門之例，即［於］次日恭繳，以昭慎重。

一、司員甄劾，應歸覈實也。查各衙門向例均有京察大典，其應劾者，僅予休致，應保者，一等記名以道府用，自為激勵人材起見。此次總理衙門，似未便援照。擬［所］有各司員曠誤庸劣，及才具平常者，隨時參劾，或咨回本衙門當差，不必限定年分。若有當差勤慎，才具優長者，於二年後，量予應升之階，毋論題選咨留升補，次者交部優敘。其郎中保道員，員外郎保知府，祇准保至雙單月分發補用，不得照京察大典，保請記名，以示限制。其供事獎勵，擬照方略館之例辦理。以上各員，無論在總理衙門及各本衙門，遇有應行甄劾，視在何處貽誤公事，即由何處參劾，不得以兩處行走，稍涉寬假。至保薦一節，如同係一事，已在總理衙門保奏者，本衙門即不必再保。若本衙門已保者，總理衙門亦不必再保。總期保舉祇准一處，參劾則兩不相妨，庶不致此勤彼惰，以昭覈實。

一、認識外國文字通曉語言之人並學生等，應酌定薪水獎勵也。查臣等前定章程內，有請飭廣東、上海挑選專習暎、咈、咪三國文字語言之人，來京差委，並挑選八旗子弟學習，厚其薪水，給以獎敘。除俄羅斯館章程，應由該館遵旨酌議外，其暎、咈、咪教習學（習）［生］薪水獎勵，應仿照俄羅斯館議定之例辦理。惟該學生原應歸入俄羅斯館，而該館地方窄狹，難以兼容。若另設館舍，恐其別滋事端。現查鐵錢局除改作衙署外，尚有爐房，稍加修葺，堪作館舍，免致在外滋事，臣等亦可就近稽查考覈。【略】

恭親王等又奏：竊臣等前於十三日，將軍機處章京請兼司行走各情，由五百里馳奏。奉硃批：現在總理衙門，既有軍機大臣兼領，似亦可飭章京等往返等因。欽此。仰見聖慮周詳，循名責實，莫名欽佩。查臣等前擬章（京）［程］，有挑取滿漢司員章京共十六員，分班辦事，一切仿照軍機處辦理。非謂其體制悉宜照辦，因辦公誠以軍機處最為妥善。如現設衙門若照各衙門之例，必應額設司員等缺，又有實缺、候補、額外行走之員，分立數司，並應多設書吏、皂役，經費既多虛糜，空缺不無濫設。而人雜事龐，往往一事未行，而議論已徧，奏牘未上，而擬稿先傳。且衙門例由書吏送稿，司員酌定，然後堂標施行。即迅速辦理，輾轉涉手，亦必數日始能行文。夷性褊急，似未便仍循舊章。惟軍機處則隨到隨辦，分任其事，一員可得一員之用，而一切稿件，均由章京屬草，隨即回堂辦理，不准延誤。是以事繁於各衙門，而其缺甚少，轉能各有專責，辦理迅速。此次總理衙門，臣等所定司員尤屬簡少，以省冗員。若再以衙門之例繩之，必致貽誤。此所以有仿軍機處辦理之議，以冀省官而集事也。

惟總理衙門，夷人隨時往來接晤，機密緊要之件，斷不可留存在署，必須收集軍機處，以昭嚴密。其外省情形，前擬章程內，有照各部奏咨之議，而事宜慎密者，向例奏而不咨。此次亦應援照辦理，未可悉行咨報。若軍機處章京不在樞垣行走，該章京既不能進直房，亦無從稽查經理。如總理衙門無軍機章京，雖有兼領之軍機大臣，遇有飭查要件，恐該章京事無責成，亦不免有推諉之弊。且如總理衙門之員，未便令赴衙門回事，此臣等所以有兼司行走之請也。如恐章京時赴衙門，與部院司員狎習，或至漏洩軍機處之事，即請將定額十六員，悉於內閣部院司員內挑取，另於軍機章京挑取滿漢各四員，作為總理衙門額外行走，專管交涉及檢查機密文移，即在軍機處兼管其事，不必常川到衙門，亦可無誤。如不令軍機章京兼總理衙門差使，雖不免有窒礙之處，臣等亦當設法另行辦理。惟既蒙批示，未敢擅便，伏候聖裁，俟奉旨後，臣等欽遵知照各衙門辦理。其收發文移等件，即責成各衙門兼行之司員專司其事。遇有事宜迅速不得遲誤，所有宜慎密不必登之公牘者，該司員即可徑行回明該部堂官。若機密要事與各部無涉者，仍不必令該部堂官豫知，以免傳播。

至軍機章京甄劾之典，如在總理衙門兼行，亦當覈其勤惰，與閣部兼行司員比較甄劾，未便以其兼兩處行走，稍涉寬假。又該章京遇事懶惰，臣等即行參劾，若在軍機處曠誤，軍機大臣亦隨時嚴參。儻行走始終奮勉，辦理妥協，業由軍機處請獎者，總理衙門不得再保。如由總理衙門已保者，軍機處不得再獎，即如臣等前保之章京朱學勤、張德容二員。臣文祥查軍機處遇有例保之單，均是合例。惟既在總理衙門請獎，亦不得再邀軍機處例保。總期保舉祇准一處，而參劾則兩不相妨，庶不至此勤彼惰。其閣部院甄劾，亦即照此辦理，以昭覈實。

《清文宗實録》卷三三五 （咸豐十年十二月十日）諭内閣：惠親王等奏，會議恭親王等奏辦理通商善後章程一摺，據稱恭親王奕訢等奏議各條，均係實在情形，請照原議辦理等語。京師設立總理各國通商事務衙門，著即派恭親王奕訢、大學士桂良、户部左侍郎文祥管理，并著禮部頒給欽命總理各國通商事務關防。應設司員，即於内閣、部、院、軍機處各司員章京内，滿、漢各挑職八員，即作為定額，毋庸再兼軍機處行走，輪班辦事。侍郎銜候補京堂崇厚，著作為辦理三口通商大臣，駐扎天津，管理牛莊、天津、登州三口通商事務，會同各該將軍、督撫、府尹辦理，并頒給辦理三口通商大臣關防，毋庸加欽差字樣。其廣州、福州、厦門、寧波、上海及内江三口、潮州、瓊州、臺灣、淡水各口通商事務，著署理欽差大臣江蘇巡撫薛焕辦理。新立口岸，除牛莊一口仍歸山海關監督經管外，其餘登州各口，著各該督撫會同崇厚、薛焕派員管理。所有各國照會及一切通商事宜，隨時奏報，并將原照會一并呈覽。一面咨行禮部，轉咨總理各國通商事務衙門，并著各該將軍、督撫互相知照，遇有交卸，專案移交後任，其吉林、黑龍江中外邊界事件，并署該將軍等據實奏報。一面知照禮部，轉咨總理衙門，不准稍有隱飾。欽此。

許同莘等《光緒條約》卷六六《附件十八》 （光緒二十七年六月初九日）上諭：從來設官分職，惟在因時制宜，現當重定和約之時，首以邦交為重，一切講信修睦，尤賴得人而理。從前設立總理各國事務衙門，辦理交涉，雖歷有年，惟所派王大臣等，多係兼差，恐未能殫心職守，自應特設員缺，以專責成。總理各國事務衙門著改為外務部，班列六部之前，簡派和碩慶親王奕劻總理外務部事務；體仁閣大學士王文韶著授為會辦外務大臣；工部尚書瞿鴻機著調補外務部尚書，授為會辦大臣；太僕寺卿徐壽朋、候補三四品京堂聯芳著補授外務部左、右侍郎。所有該部應設司員額缺、選補章程并堂司各官應如何優給俸糈之處，著政務處大臣會同吏部妥速核議具奏。欽此。

沈桐生《光緒政要》卷二七《改總理衙門為外務部》 欽奉上諭：從來設官分職，惟在因時制宜，現當重定和約之時，首以邦交為重，一切講信修睦，尤賴得人而理。從前設立總理各國事務衙門，辦理交涉，雖歷有年，所惟所派王大臣等，多係兼差，恐未能殫心職守，自應特設員缺，以專責成。總理各國事務衙門著改為外務部，班列六部之前，簡派和碩慶親王奕劻總理外務部事務；體仁閣大學士王文韶著授為會辦外務大臣；工部尚書瞿鴻機著調補外務部尚書，授為會辦大臣；太僕寺卿徐壽朋、候補三四品京堂聯芳著補授外務部左、右侍郎。所有該部應設司員額缺、選補章程並堂司各官應如何優給俸糈之處，著政務處大臣會同吏部妥速核議具奏。旋據政務處會同吏部奏覆云，伏維總理各國事務衙門改為外務部，實為因時制宜，慎重邦交之要義。除總理會辦王大臣、左右侍郎，由特旨簡放，其餘一切章程，臣等往返函商，皆以交涉事宜，關繫緊要，必令該司員等專精練習。切實講求，俾不至縈情他途，分其心力，庶幾洞達時務，學有專門，非獨協一時因應之宜，並欲收異日富强之效。擬請優予升階，厚給養廉，仍隨時嚴行甄别，勸懲互用，以資策勵而育通才。擬就章程十二條，彼此參酌，意見相同，謹將酌議《章程》，恭呈御覽。

一、擬分設四司。一曰和會司，專司各國使臣覲見會晤，請賞寶星，奏派使臣，更換領事，文武學堂，本部員司升調，各項保獎。一曰考工司，專司鐵路、礦務、電線、機器製造、軍火船政。聘用洋將、洋員，招工出洋學生。一曰榷算司，專司關稅、商務、行船、華洋借款、財幣、郵政、本部經費、使臣支銷經費。一曰庶務司，專司界務、防務、傳教、遊歷、保護、償卹、禁令、巡警、詞訟。此外未盡事宜，各以類從。

一、擬每司設郎中、主事各二員，均作為題缺，毋庸咨選。每司各定額外行走六員，以上所設各缺，既歸酌補，自應不分滿漢，除此次甄别去留外，嗣後傳到之員，無論郎中、員外郎，均先借補主事。中書小京官，亦准借補主事，應扣試俸二年。

一、擬設左、右丞各一員，正三品。左、右參議各一員，正四品。即充總辦職掌左、右丞缺，以左、右參議開列，奏請簡放，左右參議缺，先儘郎中，次用員外郎，由該部堂官保送引見，請旨録用，均備出使大臣之選，遇有該部侍郎缺出，先儘左右丞開列，該部既設有丞、參四缺，所有郎中例應保送四五品京堂員缺，即無庸開列。

一、擬左右丞、參議既備出使之選，郎中、員外、主事，即可備參贊、領事、隨員之選，丞參奉使，毋庸開缺，請旨派員署理，郎中以下，奏調出洋，即應開缺回署，作為應補，三年期滿，准由出使大臣保奬，准保該部升階。惟不得保至參議，亦不得保遇有應升之缺開列在前等花樣。郎中准保道員，員外郎准保知府，主事准保直隸州，均分發沿海、沿江各省補用，作為專章。

一、外務部既設專官，自應優給養廉，以資辦公。擬請總理王公每年給養廉銀一萬二千兩；會辦大臣每年各給養廉銀一萬兩；侍郎各給養廉銀八千兩；左右丞二員，每年各給養廉銀五千兩；左右參議一員，每年各給養廉銀四千兩；郎中八員，每年各給養廉銀三千六百兩；員外郎八員，每年各給養廉銀三千二百兩；主事八員，每年各給養廉銀二千四百兩；額外二十四員，每年各給養廉銀六百兩；其繙譯等官薪水，由該王大臣從優酌給。以上各經費，即在本衙門應收三成船鈔及罰款項下開支。如有不敷，再由出使經費項下撥補。

一、改設該衙門，原期覈實振興。既將原有之章京，分別去留。所有新設各缺，先儘得力實缺人員改補。如有不敷改補，即作為候補。其原衙門底缺，即行開去，若不願候缺，呈請回原衙門者，聽其自便。此後新缺人員，仍隨時察看，如不得力，仍行咨回原衙門。惟此項人員，僅因不諳交涉，與別項咨回原衙門者不同。咨回後，所有該原衙門一切升轉、保送各途，應准一律辦理，以免向隅。

一、司員保送考試，仍照總署舊章辦理。惟必須慎選人品端正，學識通達，並年力富强者，方得保送。每次考取記名，請以二十員為度，如遇有額外缺出，按次傳補。

一、新設左右丞、參議，既充總辦職掌各司，掌印擬兼充幫辦。每司設掌印一員，幫掌印二員，均照六部之例，因材酌派，不拘坐缺。同文館設提調一員，以各司幫掌印揀員兼充。幫提調二員，以七品繙譯官選充。

一、擬設司務廳司務二員，以繙譯官揀補。司務係正八品。其以七品揀補者，仍帶原銜，三年期滿，准其作為額外主事，一體序補。

一、擬分俄、德、英、法、日本五處，每處設七品、八品、九品繙譯官各一缺，由同文館學生及各省學堂高等生揀補，遇有該主事缺出，歷五缺後准升補。七品繙譯官一人，派充同文館幫提調當差，扣滿三年，即准升補主事。

一、該部司員，既備出使參隨之選，復優予升途，厚給養廉，自應專意講求，以資任用。較之各部司員體例不同，除京察仍照例辦理外，所有保獎關道、截取保送及部員應得例差，概應停止。

一、供事仍總署舊章，兩年保獎一次。武弁、聽差、蘇拉各項，亦擬照章分別獎咨，給予獎敍。

再總理各國事務衙門舊有章京滿漢共四十八員，其認真得力者，固不乏人，而濫竽充數者，實亦不少。當此改設專缺之時，亟宜嚴定去留，任缺毋濫，庶以挽回積習，策勵人才，擬請旨飭下該王大臣從嚴甄別，其不得力者，即咨回原衙門當差，嗣後留署及續傳人員，仍當認真察看，如果於交涉事件，未能諳習，亦即隨時咨回，毋稍遷就。是否有當，伏乞聖鑒。

再從前總理各國事務衙門，由軍機處揀派滿漢章京各四員，兼該衙門行走，以備傳鈔機密事件。現在改設外務部，所有原派軍機章京各員，擬請照舊兼行，毋庸開支養廉銀兩。是否有當，謹附片具陳。謹奏。疏入。從之。

《大清新法令・外務部奏酌擬外務部改設事宜摺》 竊臣部設立專缺，經政務處王大臣會同吏部遵議章程具奏。光緒二十七年六月二十七日。奉硃批：依議。欽此。欽遵在案。臣等於原有章京內公同遴選，請旨簡放左右丞二員，左右參議二員，請補各司郎中、員外郎、主事二十四員，業經專摺具奏，聲明一切，改設事宜隨即奏明辦理。查臣部為交涉總匯之區，事務繁難，改設之初，一切規制尤須因事制宜，務臻周妥，謹就原定章程參以現在情形，酌擬改設事宜四條，為我皇太后、皇上陳之。

一、原擬各司員養廉，以郎中、員外郎、主事分別多寡。查現定各司額缺係酌照各員原有官階請補，與按次遞升者不同，各項差使自須因才酌派，養廉亦應視差使繁簡，量分等差，方足以昭激勵。擬每司設掌印、主稿各一員，照支郎中養廉，幫掌印、幫主稿各一員，照支員外郎養廉，幫掌印上行走、幫主稿上行走各一員，照支主事養廉，均就實缺人員分派，於原定養廉數目并無出入，而可收得人之效。

一、原擬郎中以下奏調出洋即應開缺，查各衙門奏調出洋人員向不開缺斷俸，歷經奏准有案，臣部司員未便辦理兩歧，擬嗣後隨使出洋各員均毋庸開缺，所遺差使派候補人員接署，該員在洋既支薪水，本部養廉應即停止，其暫時出差者不在此例。候補司員派署差使，應照實缺養廉減半發給。

一、原議設司務廳司務二員，以翻譯官揀補。查司務廳收文監印，職掌亦關緊要，翻譯官以洋文為主，用非其長，擬將司務二缺在候補主事內揀員借補，仍留主事原階，遇有主事缺出，仍與候補主事一律酌補，司務養廉原議未及，應由臣部酌定，每員每年給銀八百兩。

一、原議分俄、德、法、英、日本五處，每處設七品、八品、九品翻譯官各一員，由同文館學生及各省學堂高等生揀補，查現在得力翻譯各員均已洊保副都統、道府郎中等項，官階較大，礙難借補，擬仍不拘額缺，由臣等酌量選派，優給薪水，留部差遣三年期滿，仍照向章給獎，其同文館翻譯諸生，學業尚淺，各省學堂甫議設立，一時無可揀補，應俟數年之後酌量情形，再照原議辦理。

以上四條係按照原定章程，或略為變通，或引伸其義，仍與原章用意相符，如蒙俞允，臣等即遵照辦理，以副聖主實事求是之意。謹奏。光緒二十七年十一月十九日。奉硃批：依議。

又《外務部奏陳調用人員辦法並設立儲才館摺並章程光緒三十二年閏四月二十二日》 竊光緒三十二年二月二十一日，臣部奏請司員需人隨時調用京外各官及卒業學生到部行走等因。奉硃批：依議。欽此。欽遵在案。數月以來，臣等遵將前奏事宜，悉心考求詳籌辦法。前奏內稱無論京外現任候補候選各官及各學堂卒業出洋留學卒業各學生，擇其品端學優，事理通達，或嫻習各國語言文字，或研究中外政法條約者，隨時咨調到部等語。查交涉文件應從主國之制，惟英法兩國語言文字實為環球諸國所習用，尤應兼通博習以窺竅要而運機宜。臣部現有司員選取皆憑考試，於漢文案牘似能勝任，即研究中外政法條約者亦尚不乏其人。惟於外國語言文字講求甚鮮，嗣後需用人員應先就兼習各國語言文字曾經出洋或曾在各省辦理洋務者擇尤調取，至卒業學生亦宜先盡曾經留學歐美各國及日本者，而專在本國學堂肄業者次之，庶可以力爭上游而實收得人之效。前奏又稱咨調到部，分派各司額外行走，試看一年，如果才堪造就，再行奏留酌定歸何項班次候補，如有實不副名未能得力之員，仍即咨回以昭慎重等語。查臣部四司各有專職，從前司員到署分司治事，借資習練，現在變通辦法，除為臣等稔知隨時奏調擢用外，其餘咨調之員概不分司，先就所能將臣部預為籌備事宜責令調查，以覘其學，再將臣部交涉重要案件責令試辦，以練其才，數月之後優絀自呈，果能名實相符，自當即時拔擢，若其未甚妥協，亦宜照案咨回。原奏試看一年，本為慎重取舍起見，然為期過久，而長才不免屈抑，庸流轉樂浮沉，故奏留咨回之期不必定以一年為限。以上兩事皆仍本原奏之意，而或則補其闕漏，或則加以發明，誠以立法不厭求詳，而取材必期適用也。且前奏有所未及而於茲事頗有關係者，臣等請更連類言之。其一曰專任用。功名之士，亟思自奮，使不預懸一鵠，使其知所趨赴，則人皆將觀望而不前。臣部司員既經停止保送考試，嗣後司員缺出，新調人員與舊有人員一體酌量序補，至各國使署參贊、領事、隨員、翻譯，向章可由臣部司員充當，惟每館或僅派一人，或未派往，嗣後各國使署所有參贊、領事、隨員、翻譯應專用臣部所調人員充補。至如何遴選派委之處，容俟臣等歸入整頓出使章程中一并核議，另行專摺奏定。又各省交涉日繁，大都設局辦理，俟臣部所調人員造就足用之後，如各省將軍、督撫需材贊助，應准其隨時奏調，以期得力。其二曰嚴考察。録用之途既廣，甄別之法宜嚴。調員到部學習辦事，自宜分定責任，訂立規條，無論官階大小，一經到署均宜恪遵。若不服從，便當撤退。其有沾染污俗不自檢束者，尤應嚴予擯除，以為害羣之儆。其三曰優廩餼。臣部各員所得廉俸不可謂薄，惟新調人員不能遽得實缺，區區津貼安足羈縻？且各省出色人員大都身兼要差，所入較為豐贍，至留學外國畢業諸生，各省設立學堂，相需甚殷，多出重金，爭先延聘，若使相形見絀，安能招之使來？欲廣搜羅，宜優俸糈。新調人員到署，均擬優給薪水分別等第，一以造詣之深淺、資格之先後為衡，但能得一二真才，而國家已隱受無窮之利益，重禄勸士，有固然已。特是欲行一政，不可不整其機關，欲舉一事，不可不完其組織。機關不整，則對於內必有局勢渙散之虞，組織不完，則對於外難收呼應靈通之效。以上所陳各節，事情極為繁重，若非特設處所派員承辦，不足以資擘畫而專責成。臣等公同商酌，擬於本署設立儲才館一所，凡有調用人員及凡與有關涉之事，均由該館經辦，謹擬具章程二十五條，另繕清單，恭呈御覽。現在創建伊始，規模簡略，應用經費約計每歲需銀四萬兩，當可支辦，即由臣部就出使經費項下籌撥，嗣後如須推廣，再行奏請，量予增加。至調用人員駐館辦事所需堂舍，必須另行興築方為合用。惟因亟於開辦，祇可就臣部衙門現有房屋，酌加修葺，俾資應用。謹奏。光緒三十二年閏四月二十二日。奉硃批：依議。欽此。

謹將擬訂儲才館暫行章程繕具清單，恭呈御覽。

要　目

第一節　總章

第二節　資格

第三節　考察

第四節　任用

第五節　廩餼

第一節　總章

第一條　本館為儲備外交人材而設，由本部堂官直轄。

第二條　本館設提調一員，就本部司員中選派，總理館事。

第三條　本館設幫提調一員，佐提調辦理館事，提調如不在館，即攝行提調之事，由提調就本部司員中稟請堂官派充。

第四條　本館應設文案、支應、庶務各員，由提調就本部司員中稟請堂官派充。

第五條　本館書記生無定額，視館事之繁簡以為增減。

第六條　本館經費由提調按月開單呈由堂官核准，向庫支領，實用實銷，於次月初十日造册呈報。館員辦事另訂專章。

第二節　資格

第七條　就各國使館、各省洋務局人員調取曾經留學歐美畢業或精通外國文字、熟諳交涉、年力富强者到部行走，其聲名平常、并無政績表見者不得與選。

第八條　就現在歐美日本留學畢業學生調取肄習政治、法律、商務、理財者到部行走，其願留續學者，改給官費，其未經畢業者不得與選。

第九條　就現在歐美留學外省官費生或私費生之肄習政治、法律、商務、理財者酌量挑選，改由本部給發學費，作為本部官費外國留學生。

第十條　就各省著名學堂之普通畢業者調部考驗，擇其優异者由本部給發學費派往外國留學，作為本部官費外國留學生。

第十一條　提調應留意采訪，如見有可備外交之選者，可隨時呈報堂官存記，以備調取。

第十二條　選派外國留學生應由提調主政，呈由堂官核准。

第三節　考察

第十三條　所調人員到部，由堂官特別擢用者即毋庸到館學習，惟仍兼本館行走，以收仕學之益。

第十四條　所調人員到部分館學習，由提調分別門類按照各員所長，分請研究試驗。

第十五條　堂官有交辦事件，亦由提調按照各員所長分請辦理。

第十六條　所調人員到館學習既滿三月，由提調出具考語，并將在館功課匯呈堂官察核，其可留部者，奏調留部，派充要差。其不宜留部者，官員咨送回省當差，學生咨送學部派充教習。但提調如以三月期限未足，得請堂官酌量展緩。

第十七條　所調人員在館學習，如不守館章或實有見為不宜者，由提調稟請堂官撤退。調員到館學習另訂專章。

第四節　任用

第十八條　本部司員缺出，新調人員與舊有人員一體酌量序補。

第十九條　各國使館參贊、領事、隨員、翻譯均應專就本部人員選用。

第二十條　各省洋務局需員，可俟本部所調人員造就足用後，隨時奏調委用。

第五節　廩餼

第二十一條　第七條所調人員到館學習，薪水分為二等：第一等每月三百六十兩，第二等每月二百四十兩。

第二十二條　第八條所調人員到館學習，薪水亦分為二等：第一等每月二百兩，第二等每月一百六十兩。

第二十三條　所調人員均令寄宿館中，房膳由館供給。

第二十四條　所調人員應得薪水如何分別等第，由提調酌定，呈由堂官核准。

第二十五條　以上所擬章程，如施行之時有所窒礙，可由提調稟請堂官酌量更改。

劉錦藻《清朝續文獻通考》卷一一八《職官四・總理衙門》　臣謹案：咸豐十年，特設總理各國事務衙門，初止恭親王、桂良、文祥三人，嗣乃增至八九人不等。其屬章京豫期考取以次傳補，分五股以理各國交涉事務。考試時並不指定一經，傳補則視其所素識之人以入股，與東西國終始外交以資熟手者有別。始設，人尚鄙夷之，後率據為升除之捷徑。迨光緒二十七年改為外務部，又重訂新章矣。

總理各國事務親郡王貝勒、大臣、大臣上行走均無定額。

總辦章京滿漢各二人，掌承發庶務之總，綜理文書與度支出入之數。王大臣有教令，則下總辦而逮於所司，稽舊章以權準，則凡舊章之志於冊者，曰清檔。

幫辦章京滿漢各一人，掌贊佐總辦之職，兼領所司以時承其乏而替直。

章京滿漢各十人，額外章京滿漢各八人，掌各股之事以分日更代直宿。

英國股，掌英吉利、奥斯馬加二國交涉往來之事，凡各國通商各關榷稅均隸焉。

法國股，掌法蘭西、荷蘭、日斯巴尼亞、巴西各國交涉往來事，凡保護民教及各島招工諸務皆隸焉。

俄國股，掌俄羅斯、日本兩國交涉往來事，凡陸路通商邊防疆界諸務皆隸焉，掌國家之慶賞賓客之典禮及官若吏之遷轉考試甄録者。

美國股，掌米利堅合衆、德意志、秘魯、意大利、瑞典、那威、比利時、丹麻爾、葡萄牙各國交涉往來事，凡設埔保工諸務悉隸焉。

海防股，掌南北洋海防之事，凡長江水師沿海炮臺船廠購置輪船鎗炮藥彈創造機器電線鐵路及各省礦務皆隸焉。

司務廳，領辦二人，掌稽察一切事務。收掌四人，掌收發往來文牘之事。請送印鑰四人，掌呈遞摺件監視關防及請送印鑰事。

清檔房，提調二人，掌稽察章京修檔校檔及供事繕寫清檔之事。督修五人，掌督催承修校對清檔之事。承修五人，掌編輯檔案。校對五人，掌校勘檔案。軍機處兼行八人，掌交涉事務檢查機密文移及校理清檔之事。

同文館管理大臣，掌通五大洲之學以佐朝廷一聲教，考選八旗子弟與民籍之俊秀者記名入冊，以次傳館。設英法俄德四國語言文字之館，提調二人，幫提調二人，掌經理訓課及督察生徒勤惰之事。

南洋大臣一人，掌中外交涉之總務，專轄上海入長江以上各口，其閩粤浙三省則兼理焉。

北洋大臣一人，掌北洋洋務海防之政令，凡津海、東海、山海各關政悉統治焉。

出使大臣，掌往來聘問採訪風俗之事以聯邦交，頒給國書，奉以將命。遇重事，則授以全權，有舉劾參貳之責，董察游歷之事，黜陟領事之權，保護工商之務。

咸豐十年，諭惠親王等奏，會議恭親王奕訢等奏辦理通商善後章程籌議各條，均係實在情形，請照原議辦理等語。京師設立總理各國通商事務衙門，著即派恭親王奕訢、大學士桂良、戶部右侍郎文祥管理，並著禮部頒給欽命總理各國通商事務關防。應設司員即於內閣部院、軍機各司員章京內滿漢各挑取八員作為定額，毋庸再兼軍機處行走，輪班辦事。侍郎銜候補京堂崇厚，著作為辦理三口通商大臣，駐劄天津，管理牛莊、天津、登州三口通商事務，會同各該將軍、督撫、府尹辦理，並頒給辦理三口通商大臣關防，毋庸加欽差字樣。其廣州、福州、廈門、寧波、上海及內江三口、潮州、瓊州、臺灣、淡水各口通商事務，著署理欽差大臣江蘇巡撫薛煥辦理。新立口岸除牛莊一口仍歸山海關監督經管外，其餘登州各口著各該督撫會同崇厚、薛煥派員管理，所有各國照會及一切通商事宜隨時奏報，並將原照會一併呈覽，一面咨行禮部，轉咨總理各國通商事務衙門，並著各該將軍、督撫互相知照，遇有交卸轉案，移交後任。其吉林、黑龍江中外邊界事件，並著該將軍等據實奏報，一面知照禮部轉咨總理衙門，不准稍有隱飾。【略】

十一年，諭總理衙門挑取滿漢章京前經降旨毋庸再兼軍機處行走，嗣據恭親王奕訢等奏請，在額外行走專管交涉事件，復諭令再行妥議。茲據酌定章程具奏，著照所請，所有滿漢軍機章京每班挑取各四員在總理衙門額外行走，仍照常在軍機處值班，毋庸常川到署。【略】

光緒元年，奏准滿漢章京外任丁憂回旗百日孝滿仍在本衙門當差。又奏准南北洋大臣及各省督撫等各舉所知堪備使才者恭候簡用。又奏准在京王大臣等如真知有熟悉洋務洞澈邊防兼勝出使之任者，具疏保薦。【略】

二年，奏定出使各國大臣分為頭二三等名目，以三年為期。此次辦理伊始，所有見在業經派出各國大臣，擬請均作為二等，所帶參贊、領事、繙譯等員，應由該大臣酌定人數開列姓名等項，知照臣衙門查核，各該員亦隨同出使大員以三年為期。從之。

又奏准出使大臣頭等一二品充，二等二三品充，三等三四品充。

三年，裁駐英副使。

又奏准出使外洋隨帶各員每屆三年，查其勤能，奏請獎敍，照異常勞績辦理，准保免補免選以應升之階選用補用，不得越級，不准保京堂京職及無論題選咨留班次並海關道花翎。

四年，奏准章京有傳補御史者註銷御史，仍留本衙門當差。

又奏准非實任一二品大員及應辦緊要事件，毋庸加『全權』字樣。

是年，出使駐英法二國一員，無副使。又出使俄國一員。又設日本國神戶大坂正理事一員，長崎正理事一員，橫濱築地正理事一員。

五年，設金山總領事一員，古巴總領事一員、領事一員，嘉理約領事一員，馬丹薩領事一員，檀香山領事一員。

六年，奏准漢軍章京丁憂所補該部漢缺由部照例覈辦，本衙門查照滿員之例穿孝百日，毋庸開章京之缺。

七年，奏准見任科道子弟暫停補本衙門章京。

是年，出使駐英、俄、法三國一員，又停派駐美、日、秘三國副使。

是年，停派駐日本國副使。

十年，咨准章京到署。資淺在部，資深即開去本署差使，專辦部務。

又議准章京出差銷差俱應知照本部。

是年，出使駐英、俄二國一員。

十二年，咨准本衙門此次考試，滿章京專考漢文不考繙譯。又咨准步軍統領衙門筆帖式毋庸與考。

是年，出使駐俄、德、奧、和四國一員，參贊二員。

十三年，設大坂副理事一員，築地副理事一員，箱館理事一員。

十五年，簡派同文館大臣二員。

二十四年，諭：向來沿海沿江通商省分交涉事務本煩，及內地各省亦時有教案應行核辦，各直省將軍督撫往往因事隸總理衙門，不免意存諉卸，總理衙門亦以事難懸斷，未便徑行，以致往還轉折，不無延誤。嗣後各省將軍、督撫均著兼總理各國事務大臣，仍隨時與總理衙門王大臣和衷商辦，以期中外一氣相生，遇事悉臻妥洽。

論說

張謇《張季子九録・政聞録二・變法平議光緒二十七年辛丑》 一、改外部。總理衙門，沿理藩院之名，而稍變其面目，蓋兼取撫馭藩部之名，而專辦交接友邦之事。今各國既已請改，抑不惟舉正其名而已。宜仿日本外務省，以通知時事之大臣領之，佐以才儁，一面設學堂講求外交家學，用《左傳》、《國策》為本，而以各國外交史譯本資其博究。每日早朝召見，在軍機後添外部大臣一班，庶不致洋情隔塞之虞，亦即為聖學高深之助。

出使大臣分部

綜述

《光緒朝上諭檔・光緒三十一年六月十四日》 內閣奉上諭：方今時局艱難，百端待理。朝廷屢下明詔，力圖變法，鋭意振興。數年以來，規模雖具，而實效未彰。總由承辦人員向無講求，未能洞達原委。似此因循敷衍，何由起衰弱而救顛危？茲特簡載澤、戴鴻慈、徐世昌、端方等隨帶人員，分赴東西洋各國，考求一切政治，以期擇善而從。嗣後再行選派，分班前往。其各隨事，諏詢悉心體察，用備甄採，毋負委任。所有各員經費如何撥給，著外務部、戶部議奏。欽此。

《軍機處録副摺・出使各國考察政治大臣戴鴻慈等奏出使各國考察政治放洋日期摺光緒三十一年十一月二十一日》　出使各國考察政治大臣・戶部右侍郎臣戴鴻慈、湖南巡撫臣端方跪奏，為恭報放洋，恭摺仰祈聖鑒事。

竊臣等恭膺簡命出使各國考察政治，屢蒙訓誨周詳，仰見皇太后、皇上鋭意圖强，遠稽博采，聖猷廣大，欽服莫名。旋經臣等慎選參隨，部署行李，又因八月間未能成行，並奉旨續派大臣前往，一切又須商酌更調，行期展緩。茲經料理就緒，復於十月二十七日請訓陛辭，又蒙指示剴切，逾增感悚。臣等先與臣載澤等商定分途出洋，即於十一月十一日啓程出京，取道天津，沿途經督臣袁世凱密為布置，極其周妥。於十一月二十日行抵上海，購定美國公司西伯里亞輪船船票，於十一月二十三日放洋，先赴美洲考察一切，再分赴德、俄、意、奥等國。俟考察事稍有頭緒，即當隨時奏陳，以紓宸聞。

所有臣等放洋日期，理合恭摺具報，伏乞皇太后、皇上聖鑒。謹奏。

光緒三十一年十二月初五日奉硃批：知道了。欽此。

《大清新法令・外務部奏議覆出法國大臣劉奏請變通陳周全章程摺並清單》　竊臣部前准軍機處鈔交出使法國大臣劉式訓奏請變通出使事宜一摺，奉硃批：外務部議奏。欽此。欽遵鈔交到部。臣等竊維外交為重要之圖，使才尤當務之急，非出入中外無以資閱歷，非設立員缺無以勵人才。誠有如該大臣原奏所云，不得不酌量變通者。臣等參考内外，妥籌辦法，敬為皇太后皇上陳之。原奏内稱：外交以使臣為耳目，泰西駐使悉係參隨出身，擬請嗣後出使大臣專以外務部侍郎、丞參及各館資深參贊開單請簡。且使臣不必以三年為期，俾得久任，三年之後給假六月回京述職各節。臣等查遣派使臣必欲其得主國之尊崇，受同僚之敬慕而後可以增光壇坫，折衝樽俎。各國頭等公使代表本國君主，秩同外部尚書，二等公使代表政府，秩同外部侍郎，擬請嗣後簡派各國二等公使定為二品實官，屆時由臣部將歷充外國參贊隨員多年及通曉外國語言文字之合格人員開單請簡。三年一任，任滿回國後，候旨簡用。如辦理交涉得力，不妨接充聯任，懇恩晋秩增俸，俾終身於外交一途，以盡其才。至給假休息，參隨以下本有定章，嗣後出使大臣辦理交涉得力者，三年任滿亦准給假回國，假滿回任，俾得久於其職，駕輕就熟，此出使大臣章程之宜酌量變通者也。原奏内稱參贊為使臣指臂，非歷練久任，用專使外部與出使人員互相遷轉，難遽得力各節。臣等查參領各員，欲除任意調用之弊，非由部内外調用不可。然部中缺少，各館人多，勢難調劑適合。現擬於各使館設立參贊、領事、書記、通譯等各員缺，皆由臣部奏補派往各館。惟現在部中人員不敷奏派，且臣部與各館均需熟手經理，亦難盡行更換。臣等商擬變通辦法，咨行各出使大臣將各館通曉外國語言文字及政治法律商務理財等科研究有得人員，詳開員名履歷，出具切實考語，送部由臣等覆查無异，再行奏補各缺，其不合格而實在得力者，雖准保送，只能試署，其餘暫准酌保。外官給資回國以後，使館參領等各缺應由臣部及儲才館中合格人員調充，其所遺部中各缺即由各館中調部人員補授，各館人員均不得由出使大臣任意調用，三年保奬舊例亦一律停止，此參領以下員缺之宜酌量設立者也。原奏内稱：欲廣儲使才，擬請由臣部招考世家子弟録充外交生，列名專册，以備使臣調用各節。臣等查臣部前已奏設儲才館，本有選派外國留學生及考驗譯學館并程度相當之學堂畢業學生其如何任用之法，館中儲備人才原兼備調充參隨領事翻譯之用，擬請仍照奏定章程辦理，此考驗人才章程之宜酌量變通者也。至其餘為該大臣原奏所未及者，臣等亦擬詳細奏陳，設立定章。一曰俸薪，查各館發給俸薪參差不齊，理宜整齊劃一，嗣後出使大臣至書記官等俸薪，臣等商酌參改，定為表額，分别給發。參領以下各員如任職三年，著有勞績而未及升轉者，准照表額加給，庶俸額高下亦可以鼓勵人才。一曰員缺，查現在設館派使者東西共計十國，設立分館兼使辦理者共計五國，内英、法、德、俄、美、日本六國通商既久，交涉日繁，擬請設立參贊、通譯官、書記官、商務委員共七員，至所屬應設之總領事、交涉商務委員、領事、副領事等仍照舊例設立，奥、義、比、和四國交涉稍簡，擬請設立參贊、通譯官、書記官、商務委員共四員。至日、葡、古、墨、秘五國，現設分館，擬請設立參贊、通譯官、書記官各一員，如設有領事、副領事者，由臣部酌派該分館人員兼理，不足再由臣部酌添。以後如遇出使大臣更換時，所有各員必須熟習公事及諳曉所駐國之通用語言文字，如一時未能足額，准以臣部諳練公事人員前往試署，俟遴有合格之員再行逐漸抽换。至所派武員，業由陸軍部奏定酌派，將來自可無庸由臣部派往。所有俸薪、員缺額數另繕清單，恭呈御覽。伏候欽定，再行分別辦理。至經費一項，擬由臣部詳細酌定，另行具奏，此外如有未盡事宜，臣等當隨時商酌，請旨遵行。謹奏。光緒三十二年十二月十二日。奉旨：依議。欽此。

謹將擬定出使人員員缺俸薪章程清單，恭呈御覽。

員缺

頭等出使大臣秩一品　二等出使大臣秩二品　三等出使大臣秩三品　頭等參贊秩三品　總領事秩四品　二等參贊秩四品　頭等通譯官秩五品　領事秩五品　各館商務委員秩五品　三等參贊秩五品　二等通譯官秩五品　副領事秩五品　一等書記官秩五品　二等書記官秩六品　三等書記官秩七品　英、法、德、俄、美、日本，以上六國通商日久，且多交涉，擬每館設二等、三等參贊各一員；二等、三等通譯官，一等、二等書記官各一員；商務委員一員；共計七員。至所屬應設總領事、副領事，仍照舊例。以後如須添設，再行酌辦。英南斐洲總領事、新加坡總領事、檳榔嶼副領事、俄海參崴交涉商務委員、美金山總領事、吕宋領事、紐約領事、檀香山領事、嘉里約領事、日本韓國總領事、元山領事，以上總領事仍照舊例。領事館擬設二等通譯官一員，二等書記官一員，每館計二人，事繁者准酌添三等書記官一人；副領事館擬設二等通譯官一員，二等書記官一員，每館計二人。奥意比和，以上四國交涉稍簡，擬每館設二等參贊一員；二等通譯官一員；一等、二等書記官二員；共計四員。西班牙、葡萄牙、古巴、墨西哥、秘魯，以上五國皆由兼使辦理，設立分館，每分館擬設二等參贊一員，代辦使事二等通譯官一員，二等書記官一員，如設有領事、副領事者即由部酌派通譯官、書記官兼理，不足則由部臨時酌添。商務委員各使館專派一員，稽查外國商務及金銀市價，隨時禀報本部農工商部。醫官由本部咨取各醫學堂卒業生，酌量派往，或由出使大臣自行選調帶往。供事由出使大臣向本部咨取派往。以上二項三年期滿後，准由出使大臣酌保外官，但不得保本部及使館官職。

月薪

頭等出使大臣一千四百兩　二等出使大臣一千兩　三等出使大臣八百兩　頭等參贊五百兩　總領事五百兩　海參崴商務交涉委員當時即按照總領事章程辦理，現正議改為總領事名目，品秩應與總領事同。　二等參贊四百兩　頭等通譯官四百兩　領事四百兩　三等參贊三百兩　二等通譯官三百兩　副領事三百兩　一等書記官三百兩　三等通譯官二百四十兩　二等書記官二百四十兩　三等書記二百兩。

又《外務部奏定出使章程十四條宣統元年五月》　第一條　各館二等參贊、總領事定為從四品，三等參贊、領事、頭等通譯官定為正五品，副領事、二等通譯官、一等書記官定為從五品，三等通譯官、二等書記官定為從六品，三等書記官定為從七品。

第二條　各館試署二等參贊、總領事二項人員，其曾充三等參贊或領事三年以上，或有相當之官階，曾到部或到省供差三年以上，或有進士出身，曾經授職或補缺者，試署一年期滿後，由出使大臣出具考語咨部核准，奏請補授。嗣後不合以上資格者不得派署。二等參贊或總領事，其現署人員未合以上資格者，三年期滿，如果稱職，由出使大臣特具切實考語送部，考驗相符再行奏補，仍由部酌令補資，若干年再行升轉。

第三條　各館試署三等參贊、領事、頭等通譯官三項人員，其曾充商務委員、副領事、二等通譯官、一等書記官，或使館隨員翻譯官三年以上，或有相等之官階，曾到部或到省供差三年以上，或有進士出身者，試署一年期滿，由出使大臣出具考語咨部核准奏補。嗣後不合以上資格者不得派署三等參贊、領事或頭等通譯官。其現署人員未合以上資格者，三年期滿，如果稱職，由出使大臣特具切實考語送部考驗，相符再行奏補，仍由部酌令補資，若干年再行升轉。

第四條　各館試署副領事，二、三等通譯官，一、二、三等書記官六項人員，其原官品級較大者，一年期滿，准其實授，仍留原階；其原官品級相等已到部或到省者一年期滿，准其實授其原官品級；差一級者，三年期滿，准其實授。嗣後不合以上資格者不得派署。以上各項員缺其現署人員未合以上資格者，三年期滿，如果稱職，由出使大臣特具切實考語送部考驗，相符始准補實。副領事、二等通譯官、一等書記官仍由部酌令補資，若干年再行升轉。

第五條　各館員缺由本部司員派署者，一年期滿，酌量奏補。

第六條　新章未行以前，所派各館人員自二等參贊至三等書記官止，三年期滿未經補實者，就其原有官職分部分省盡先補用。其原無實官者由部酌量請獎。

第七條　新章奏定以後，所派各館人員業經本部奏補者，自奏補之日起三等期滿未經升調或未經留任者，二等參贊、總領事以道員用，三等參贊、領事、頭等通譯官以知府用，副領事、二等通譯官、一等書記官以同知直隸州知州用，三等通譯官、二等書記官以通判用，三等書記官以直隸州州判用，均請旨發往各省，即補其原官較大者以原官發往，并酌加升銜。

第八條　新章奏定，以後各館人員自奏補之日起，三年俸滿後留任者，二等參贊、總領事以道員記名，請旨簡放；三等參贊、領事、頭等通譯官以本部郎中、二等參贊或總領事；在任候補副領事、二等通譯官、一等書記官以本部員外郎、三等參贊、領事或頭等通譯官；在任候補三等通譯官、二等書記官以本部主事、副領事、二等通譯官或一等書記官；在任候補三等書記官以二等書記官在任候補。其六年俸滿後留任者，俟升補後以應升之缺在任候補應行補資者，以補足日期作奏補日期。凡三年俸滿後留任者加給薪水二成，六年俸滿後留任者加給四成。

第九條　各館現署及嗣後派充之商務委員均應作為差使，三年期滿，按照成績由部酌量請獎。

第十條　各館通譯生應由出使大臣嚴定課程，令以一半功夫入學堂肄業，習法政、文學，一半學習辦公。三年期滿，送部考驗合格，奏請以三等通譯官候補，嗣後選派此項學生，非漢洋文均通順者不得派充。

第十一條　各館書記生三年期滿以原官分發。已有分發者酌加升銜。無官者以府經縣丞用。

第十二條　各館二、三等參贊，三年期滿，應酌量調駐他國，以資歷練，仍接算資俸。

第十三條　各館五品以上員缺，如遇有才能出衆、勞績殊异之員，可不拘資格，由部酌量派署奏補。

第十四條　曾經隨使出洋人員，資格尤深、勞績素著者由外務部查明，調部考驗酌量録用。

又《外務部奏定出使報告章程宣統元年五月》　要目

第一章　使臣之報告

第二章　領事及商務委員之報告

第三章　海陸軍隨員之報告

第四章　留學監督之報告

第五章　附則

第一章　使臣之報告

第一條　出使大臣應隨時將以下所列之事報告外務部：

一　關乎所駐國與本國之事。

二　關乎所駐國與他國之事。

三　關乎所駐國國内之事。

第二條　上條之報告應分別門類如下：

一　外交門分二類：

甲　所駐國與本國相關之事，

乙　所駐國與他國相關之事。

二　政治門分八類：

甲　所駐國政體及關乎憲政隨時更改情形，

乙　現時政黨及政策，

丙　現時財政情形，

丁　政府用人，

戊　議院舉動及報館議論，

己　關乎司法部之事，

庚　新定法律，

辛　新頒命令。

三　軍務門分二類：

甲　陸軍，

乙　海軍。

四　商務門分三類：

甲　所駐國與本國之商務，

乙　所駐國與他國之商務，

丙　所駐國國内之商業及農工等業情形。

五　學務門。

第三條　以上五門報告應分别最重要事件、次重要事件，最重要者先行電達，次重要及先已電達之最重要事件一并詳細郵達。

第二章　領事及商務委員之報告

第四條　第二條所列各門報告内，應由領事及商務委員報告者，另行詳列。第六條内責成各該員等詳細調查，由各該員等一面報告農工商部，一面呈由該管出使大臣核閲，報告外務部。

第五條　第六條所列各項，屬於各領事所管區域内者，由各該領事報告；其不屬於各領事所管區域内及事關全國者，由商務委員報告；其未設商務委員之使館或代辦使館，由出使大臣或代辦自行報告。凡代辦或領事駐於獨立國或屬地與所駐國相離較遠者（如澳洲等類），第二條所列各門，統由代辦或領事報告，均仍呈由該管出使大臣核閲轉達。

第六條　領事及商務委員應將以下所列各項按照第二條第二、第四兩項内所分之類詳細報告。

甲　調查以下所列各項統計（或按月或按季或按年就其有法可查得者列之）：

一　進出口貨物價值之統計（以運往或運自本國者，屬於第二條第四項之甲類；以運往或運自他國者，屬於乙類；合并之統計，屬於丙類；餘類推）；

二　進出口金銀之統計；

三　進出口船舶之統計；

四　進口税之統計（進口税分貨税、船鈔、他項，雜税三項有出口税者亦應列入）；

五　所駐國進款、出款及公債之統計（公債分國内債、國外債）；

六　本國人往來所駐國男女老幼人數之統計。

乙　調查以下所列各項情形：

一　關税及内地各税之税率（如值百抽幾之類，應逐貨列明，遇有變更隨時查明報告）暨抽税之辦法；

二　所駐國現行錢幣及市面金銀流轉盈朒之情形；

三　所駐國之主幣與外國之主幣匯兑之價值（分所駐國與本國匯兑及與他國匯兑兩項，按日或按星期列表）；

四　所駐國各種銀行情形（資本預備金、出貸款各項之多寡比較）；

五　所駐國各種工藝情形；

六　所駐國各種農産情形；

七　所駐國與本國及他國交通情形并國内交通情形（指輪路郵電言）；

八　本國人在所駐國經商情形；

九　本國人在所駐國傭工情形；

十　所駐國人民之風俗習尚有關於本國貨物在所駐國之消路者。

第三章　海陸軍隨員之報告

第七條　第二條所列各門報告内凡關乎海陸軍者，應由海陸軍隨員詳細調查，由該員一面報告陸軍部，一面呈由出使大臣核題報告外務部。其未設海陸軍隨員者由出使大臣報告。

第八條　海陸軍務之報告應注意於以下所列各項：

甲　所駐國陸軍之制度及人數；

乙　所駐國陸軍之調動；

丙　所駐國陸軍現用之軍火及兵營所需各種工程物件之名目、式樣、用法；

丁　所駐國海軍之制度及人數；

戊　所駐國海軍各種軍艦之數及現駐何處、有無調動；

己　所駐國海軍現用之軍火及軍艦所需各種物件之名目、式樣、用法。

第四章　留學監督之報告

第九條　第二條所列各門報告内凡關於學務者，應由留學監督詳細調查，由該員一面報告學部，一面呈由該管出使大臣核閲報告外務部。其未設留學監督者由出使大臣報告。

第十條　學務之報告應注意於以下所列各項：

甲　所駐國學校制度及各種學堂，何學堂於何項學文最擅優勝；

乙　各種學堂之入學資格、在學功課、修金費用及畢業年限，詳細列表；

丙　本國學生在各學堂之人數、姓名、籍貫、科目、在學年期、自費、官費、何處派遣，詳細列表；

丁　本國學生有無組織各種學會或他種會社，或入所駐國各種學會或他種會社之情形。

第五章　附則

第十一條　報告分臨時、按期兩種，臨時報告由出使大臣隨時郵電遞達，按期報告由出使大臣督同領事、商務會員等員每年每季務必造送報告一次，以每季末一日後三十日為期限。如春季報告，四月內必寄出。

第十二條　凡造送報告，務必遵用外務部頒定之紙張大小格式，圖表紙張大小聽便。照第二條分別門類，凡屬於一類者務必分別謄寫，不直接連謄在一紙。

第十三條　凡調查報告，務以確實可靠者為主，其詳文原件、調查時依以為據者，務必與報告一并郵送外務部，凡翻譯洋文名目，宜注明洋文。

第十四條　凡造送報告，除應行報告陸軍部、學部、農工商務者外，無論官商不得以此項報告私相授受，以免泄漏。其應行刊登各項官報者，由該部會同外務部核閱後再行發刊。

又《外務部奏撙節使費摺並章程》　竊臣部籌備出使經費係由各關所收六成洋税暨招商局留關六成税項下各提一成半存儲候撥，每年約共收銀一百餘萬兩。從前支款歲有常經，出入尚足相抵，近年以來各處分館日益繁多，外洋使用金鎊展轉匯兑每多折耗，以致漸形支絀。加以屢次特簡專使出洋，交際所關需款尤巨。上年小部改章奏明堂司各官養廉，如三成船鈔不敷支給，亦從使費內撥用。而近日義奧兩國使臣，又迭向臣部商請奏派使臣專駐彼國，亦艱於堅拒。此外不時之需更難預計，臣等通盤籌畫，轉瞬已有竭蹶之虞。惟際茲時艱孔亟，亦未敢另行請款上煩。宸廑計惟有就原定歲收經費之數，明定限制，力求撙節，庶可稍資補苴。現經督飭司員就近數年各國使臣報銷册詳加酌核，凡有可以節省之款，均一律切實裁減，以慎度支。謹擬章程四條，繕單恭呈御覽，如蒙俞允，應由臣部分別行知各出使大臣，自接到部文之日起，一律遵照章程辦理。如此後報銷有與本届所定章程未符者，即由臣部隨時奏駁。光緒二十八年二月初八日。奉旨：依議。欽此。

謹將出使章程四條繕具清單，恭呈御覽。

計　開

一　出使隨員人數。光緒十四年經臣衙門酌定，使臣館中准設參贊二員，翻譯二三員，隨員二三員，供事二員，武弁醫生各一員。其設有分館者，准添參贊或領事一員，翻譯隨員供事各一員，作為定額奏准通行在案。惟近年使臣隨帶人數仍間有逾於定額者，擬請飭下出使各大臣，嗣後統計奏調咨調隨員務必遵照定章，如有逾額，即由臣部奏咨駁減。其使署中有延用洋員者，應令并入隨帶人數内核計。至出使西洋各大臣俸薪，係按九成支給。近因磅價日昂，頗受折耗，應自本年起無庸減成，以示體恤。出使東洋各大臣俸薪均照章八成支給，參隨等員俸薪查近數年各使臣咨報銷册内所開銀兩成數不一，此後各館隨使人數既少，參贊以下俸薪亦宜量從優厚，借資鼓勵，統由各該臣隨時酌定，咨報臣部查核。

一　使費内俸薪等項約略可以預計，嗣後自應明定歲支總數以示限制。臣等公同商酌，所有駐扎美日秘使館及紐約等處領事署經費每年准支銀二十萬兩，駐扎英義比使館及新嘉坡等處領事署經費每年准支銀十二萬兩，駐扎日本使館及横濱等處領事署經費每年准支銀七萬兩，駐扎俄法德三處使館每處每年准支銀六萬兩，駐扎韓國使館及漢城等處領事署經費每年准支銀五萬兩，駐扎海參崴商務委員每年准支銀二萬兩。以上歲支共需六十四萬兩，有閏之年照章加支，如有由臣部派往肄業學生薪水等項，准其另款開支，自行咨調，學生不在此例。

一　使臣及隨帶人員間有留支安家銀兩者，嗣後除報銷册内仍照向章逐員聲敘外，應另造留支銀數一册，按年隨同銷册咨部，并將此項留支銀兩各在使費歲支數内聲明扣抵，以便稽核。

一　出使各館經費既經明定歲支數目，嗣後如有不時之需事關重要，雖為章程所未及而實不得不作正開銷者，應由各該使臣先行咨商臣部，俟酌定咨復後再行撥用。或有用數難以預計暨不及咨商之事，亦准由各該使臣一面支用，一面咨報臣部查核，統俟事竣，另案核實造報。

《駐美使餘稿案・外務部發馬主美大臣伍廷芳浴光緒二十八年二月二十八日》 查近年出使用項日增經費支絀，業經本部嚴定章程奏准通行遵照在案。茲本部將各館歷年銷册詳加查核，復經酌定造報畫一章程四條列後。

計 開

一 出使應支整裝歸裝等項銀兩原在歲支經費之外。嗣後出使大臣自到任之日起限三個月內，將整裝及赴任盤費專案報部核銷。其卸任之員自交卸之日起，亦限三個月內將歸裝及回華盤費專案報部核銷。至或有續調之員與未經期滿回華者，所支銀數無多，如不及匯入專案，即歸支案內報部，以期簡便。

一 出使英美日本各大臣或兼轄分館暨領事各署，或只兼轄領事各署，歲支一切經費較多。嗣後按年造報應分別使署為一册，分館與領事署每處各為一册。其有出洋肄業學生經本部派往者，所支經費亦應另立一册，庶界限清晰一目了然。

一 使費銷册内開列款目。嗣後以俸薪為一項，所有出使大臣暨隨帶各員應需伙食、包車雇車價值、跟役工價飯食仍照向章，一切在應得俸薪内自行開支。房租為一項，其業經備有使館者，應即開列，使署歲修字樣。公宴為一項，凡因公宴會應於册内逐次聲明。文報為一項，尋常發電寄信及辦公筆墨紙張等費均歸此項内開報。川資為一項，出使大臣暨隨員等在外洋因公往來，照章應給川資。如并無開支，即於報部册内注明。洋僕為一項，仍照向章使館内每年不得過一千兩，領事署内每年不得過五百兩。其有不必雇用洋僕者既無開支，應於册内注明。醫藥為一項，凡有隨帶醫生者，應支薪水即歸此項内。開報雜用為一項，使館中必須開支而無類可歸者，即列入雜用。惟出使大臣等俸薪較優，每年零星用款以及捐助善舉等費，均應自行酌給，不得再由正款内開支統計。分列八項，各館造報銷册務照此次定章，以歸一律。

一 出使英法美韓四館銷册均係正月起十二月底止，按年造報。惟出使俄德日本三館銷册，歷年起止月日參差不齊。嗣後亦應仿照出使英美等館辦法，銷册以年為斷。自接到此次部文後，先將光緒二十七年分開支使費截至年底止，另案報部核銷。庶此後歲支經費接續造報，便於鈎稽。

以上四條應自造報光緒二十八年銷册為始，一律照此辦理，相應咨行貴大臣，查照可也。

論 説

清・王韜《弢園文録外編》卷二《設官泰西》 我國自與泰西通商以來，中外交涉之事亦正多故矣。於是議者遂謂中外之相隔閡，固由於語言文字之不同，而亦由於聲氣之不通也，莫如遣使駐扎各國都城，而於華人匯聚之地，簡派干員，設立領事，借以為之保衛。此議一興，論者以為然，於是朝廷簡賢任能，各授以職，固有意乎經營遠略，而駸駸乎馳域外之觀矣。

顧或者以為，吾觀泰西列邦之通商人國也，商之所至，兵亦至焉。無不駐戰艦，設水師，置火器，往來絡繹，隱然若備敵國，一有齟齬，兵鋒立啓。彼以為非如是，則不足以張國體，樹國威。往者彼國之行賈於印度、東南洋也，率皆拱手以聽命，於是蠶食鯨吞，據為己有，隸入版圖。故歐洲各國所臨其地之人，無不畏威奉令，退讓慴服之弗遑。泰西之以兵力佐其商力也如此。若我國則不然，僅恃一介之使、天朝之命而已。其持節而至泰西也，即附乘其郵舶而行，一切咸賴西人為之調度。昔蔡侯、許男二國君也，以其同乘楚車，謂之失位，故不書於《春秋》。今欽使領事附乘西航，何以异是。則其銜命之初，已無威儀之足懾，又何論其他。至於領事所治者，商務也。若華民之至外土者，類皆潦倒困窮，流離顛沛，計無復之，遠泛重瀛，以期緩死須臾而已。掘金而外，工匠農役為多，安得有巨力者出其間。且其人，類皆頑愚凶悍，習與性成，在内地猶難加以約束，况其出乎數萬里之外哉！既無名分之相係，又無勢力之相維，一旦交涉事起，殊難措辦。至於新加坡、檳榔嶼、噶羅巴、東南洋諸島，雖多閩、粵之人寄居，顧其人，類皆購田園，長子孫，數世相承，有在其地二百餘年而不歸者，率入英籍，為其管轄，所异者不過衣服飲食、文字語言尚如其舊耳。今我國設有領事以臨之，恐未必為我所用也。

或謂華民之流寓於各處者，不下數百餘萬，其中豈無魁碩賢豪，杰然特出，為衆望之所孚，輿情之克協者乎？倘國家賜以尺一之書，立為領事，使之總理各務，必能施措裕如，折衝禦侮，為邦家光。近如新加坡之黄君、越南之張君、舊金山之劉君，皆其卓卓者也。我國家如欲設立領事，何不使之前驅先導，闢莽披榛，以致其成效乎？吾以為此説亦未必然也。蓋彼之所以取信於西人者，不過在貿易場中焉耳，於國家政事體裁未必能知之也。且彼聲譽之來，乃由倚賴西人而致，趙孟之所貴，趙孟能賤之，即使一旦畀以重任，亦復奚裨。試觀出入西人之門者，其料事非不明，論事非不精，人人無不以為熟悉洋務，及既筮仕服官，而其設施展布，絶無所异於人。何則？其於一切消息，不能隨事而通也，不能隨人而訪也。如是，局中之所事，實异局外之所聞可知矣。又何怪其昔昭昭而今昏昏也。吾見如是者蓋不一其人矣。然則洋務豈易言哉，況乎出使遠國，保持商旅哉！

嗚呼！立國以自强為先，在乎己者能有恃以無恐，而其餘自無不舉矣。

中國地大人衆，實為全地球之冠。以人數而論，幾足以抵歐羅巴一洲，泰西諸大國，無一能與之頡頏者。即以粤東一省言之，前時户口之數書於版籍者，不過三百萬，今則幾不下三千萬。無論通都大邑人居稠密，即巨鄉重鎮亦皆有十數萬衆，其散而之四方者，莫能稽也。至其謀生海外，寄處於遐陬絶嶠者，更不知凡幾。大抵近自東南洋各海島如越南、暹羅、新加坡、檳榔嶼、噶羅巴、非里比納、婆羅洲、蘇門答臘等處，遠如澳大利亞島、嘉厘符尼亞、秘魯、古巴等處，統計之不下數百餘萬。而每歲附艕舶以往者，猶絡繹不絶於道。香港一孤島耳，時為盜賊之巢穴，獸所嗥，兔所窟，乃自英人開闢以來，誅草萊，平犖确，建室廬，樓臺四重，金碧巍焕，而華人趨之如鶩集。至今生齒漸衆，已約十三四萬，然猶曰此與内地毗連尚近也。

東南洋中，凡西人所闢之埠，非華人旅處，不能成聚落，蓋西人不過十之二三，華人則十之六七焉。華人至其地，即為其民，一切皆歸其鈐束。華人皆以為彼西官自能保衛維持，久已相安若無事。惟美國之嘉厘符尼亞一部，華人旅居者，近為埃利士土人所苛待，窘逐困迫，屢瀕於危，由是喁喁向望，冀中朝遣使遥臨，借以鎮撫而安集之，此人窮則呼天，疾病則呼父母也。古巴、秘魯之為傭者，日遭虐待，困苦顛連，暗無天日，亦無日不冀天使之來，以拔之水火而登之衽席。

今我國家眷顧蒼黎，不忍以數百萬赤子遠棄之海外，特議簡星使，設領事，以為保持計，其恩德汪洋膏澤，滂沛斯民，雖捐糜踵頂，亦不足以報萬一。然而當斯任者，則甚難也。其在東南洋各島者，既不能盡歸我國領事所約束；而其傭於异域者，身在檻阱，欲贖而脱其縶，又非中朝力之所能及也。是則領事之設，亦惟虚位備員而已；於海外之民曾亦何補？一有齟齬，反足以損國體而失國威。

或曰：泰西諸邦通商於吾中土者，未必盡强國也。如葡、比、嗹、瑞，蕞爾彈丸，亦不過比之滕、薛、邾、莒而已；而每遇事故，輒作飛揚跋扈狀，吾中國亦無如何也。英、德、俄、美、普、澳，領事之權幾與公使等，凡有所請，無不曲從。西商之來者，亦未必盡遵矩矱而守條教，其所謂入國問禁者無有也，惟徑行其西律而已，中朝之律法禁令何嘗能加於其身，是固何所恃而不恐哉？則曰彼蓋以兵力佐其商力也。調水師，駐戰艦，隱然若備敵國。而官吏廉俸，兵士餉糈，一皆取之於商人，而無煩其朝廷之擘畫也。而謂海外華民能之乎？華民之至海外者，大抵皆赤貧無賴，計無復之，然後去親愛，狎波濤，以一死作孤注；其中間有獲巨資者，則即以此為樂土，托西籍以自庇。其在彼處所以繩之者，西法也。訟獄之事，西官聽之。雖設領事，豈能為之袒護？徒觀其荷桁楊，入縲紲而已矣。其在窮迫之民，宛轉呼號以訴於領事之前，領事其能代為設法乎？博施濟衆，堯、舜猶病，惟有以此自解耳。領事既無利權，又無兵威，形格勢禁，孤立無援，言語之不通，文字之不知，亦猶等諸木偶而已。

或曰：嘉厘符尼亞一部，華人之殷富者未嘗無人，況集腋成裘，積小成大，未嘗不可為領事助。不知享其利而不能禦其害，安其樂而不能免其災，愈以解華人之體而貽外邦嗤笑耳。埃利士人之凶横，美官尚不能制，美廷明知其故，而反欲改易和約，以為彌縫，則亦大略可知矣。總之，其弊所由，則在西人至中國，則稱之為彼國之商，貴逾上賓；華人至西國，則比之於己國之民，賤等僕隸。積重難返，無可挽回。有心人每論及此，無不吁嗟太息而并不欲見聞也。

今請一言以蔽之曰：欲保民於海外，法立而威行，則莫如由自强始，而自強則在得人而已。

又《**遣使**》　泰西諸國以通商為國本，商之所至，兵亦至焉。設官置守，隱若敵國，而官之俸糈，兵之糧餉，皆出自商，國家無所糜其帑項也。商力富則兵力裕，故商人於國中可以操議事之權，而於外也亦得以割據土地，經營城邑。如英之於阿美利亞洲，於五印度，何嘗不如是哉。近來情形雖已稍變，而商人固猶主持其間也。惟我中國則不然，重本而抑末，且商人亦絶少遠賈於外者。

今者海市宏開，泰西各國皆聚於一中國之中，通商口岸無不各設領事，著名大國無不互簡公使，駐扎京師，往來兵舶，絡繹不絶。而我國商人從未聞有行販於重瀛者。東南洋各島及古巴、秘魯、美之嘉厘符尼亞、紐約等處，所有華人，皆亡命流離，計無復之，而飄零於海外者也，絶無所謂有身家名望者在其中也。故中國設立領事，簡遣公使，或有以為是者，或有以為非者。蓋無兵舶以為之翊衛，則不足以張國威；無商務以為之經營，則不足以裕經費；其勢幾同於孤立，一有齟齬，且褻國體。

不知領事之設，所以司理商情，所係尚輕；公使之遣，則恭承簡命，職重分尊，專以固好修睦，籌畫軍國重務。苟我國中有中外交涉之事，其中曲折是非所在，可以與彼國大臣面為敷陳，否則亦可陛見國王布宣壹是。而所刊日報之中，如其議論未遵乎持平，是非有同乎倒置者，可以立為駁斥，俾通國之人見之而曉然，此所以達外情於中朝，而即所以布中情於遠地也。如是則既不至於隔閡，又何事於紛爭。故遣公使駐扎各都，於國事要非無裨者也。今通商諸國，其事變衆多交際殷繁者，莫如英、法、俄、普、美，簡遣公使亦惟此五國為先，其他尚可從緩，此原權宜通變之道也。若以為非成例所宜，則今日通商一切諸事，請增埠，請駐京，其餘紛紛上瀆者，豈皆列祖列宗時固有例可援耶？何為乎即請而輒許也？總之，事貴因時以變通，道在與時而消息；先時而能通者，聖人也，後時而不違者，賢人也，時之為義大矣哉。嗚呼！察幾審勢，此中自有權衡，安可與泥古非今者同日語哉。

又《**使才**》　泰西諸國往來，首重通商，於是簡公使設領事以聯絡之。公使總其大，領事治其繁，而交際之道寓焉。蓋亦以禮維持之而已。使臣以忠誠外結异國之知，内為朝廷耳目之寄，諸國有意外大事，立即奏聞，其職綦重焉。領事則在保衛商賈，護持貿易，有事則據公法和約為辦理，或有不行，則稟陳己國使臣，或轉請之外部大臣，以俟裁決，此其大略也。惟是保商賈興貿易者，固使臣領事也。而遠衛使臣領事使其威令得行者，則水師兵力也。水師陸營以兵戰，以力戰，以出奇行詭戰；使臣領事以筆戰，以舌戰，以心戰，此所謂駕馭於無形，戰勝於不兵。

况西國使臣領事設立已久，應辦各事均有成章，且國步富强，在外商民均知法守，其辦理交涉各事，易若轉圜。今日者，我國公使遠行，領事出駐，為從來未有之創舉，兼以中外异形，强弱异勢，既無成法之可循，抑且遠情之未浹。所駐之處，商舶未聞其時至，水師徒屬之空談。又在外商民率皆亡命無賴，結黨肆行，淫博酗悍，靡所不為，而在中國之紳民又復罔知顧慮，動與西人為難，一遇交涉事起，輒行掣肘，中西所立使臣領事，其難易判然若此。吾竊以為無難也，在乎任用得人而已。其大要不外乎守約持禮，結信樹威，達内事於外，通外情於内而已。今西國使臣之在中國也，動恃一己之見，輒肆欺凌，彼國朝廷多未之知也。夫中西之所以隔閡者，原以語言文字之不同耳。每歲西人在中國所行之事，其有關於中外交涉而或未循乎約章，顯悖乎和誼者，不妨備刊日報，俾其國人見之，庶知選事生釁者，咎不在華人而實在西人也，此所謂達内事於外也。使臣行轅宜設譯官數員，滙觀各處日報而擷取要略譯以華文，寄呈總理衙門，則泰西邇日之情形，正如犀燃燭照，無所遁形。即遇交涉之事，胸中自具成竹，此所謂通外情於内也。

商力兵力使臣才力，雖互相表裏，然有時亦不盡以勢力行事，如美索逸犯芝士露，而英必謂依其國例，所交之犯毋許治以別罪，惟美人不可，謂例一國所頒私也，約兩國所立公也，且立約在前而頒例在後，何得以例廢約，英卒不從，兩國遂將和約删除，此不以兵力之一證也。

要之，使臣固當熟諳和約，詳稔公法，審時度勢，察機觀變，以忠信篤敬，上結主知。泰西歷來使才，均極一時之選，今我朝事當創始，尤宜鄭重。遴正人，清流品，採聲望，慎名器，毋使夤緣竿牘者，逞游説而恣簧鼓。蓋簡拔不精，登用太雜，收羅過廣。升擢近濫，恐有以褻國體之尊嚴而貽遠方之口實。今我國人才彪蔚，炳炳麟麟，文章經濟足以華國而耀遠者，詎乏其人，將見後來宣上德而樹遠威，必有班定遠、傅介子其人者出焉。引上國以自重，輯强鄰以來歸，必有隨何、陸賈其人者出焉。

惟是維持使臣雖不盡在兵力，而指授機宜則實係於總理衙門，故諸國部臣中以外部為最重，普相俾思麥之總理外部也，知俄人久存窺伺印度之心，於是貌與俄親，以堅其兼幷之志，俄人遂唆土耳機兩教相争；而其亂以作，知英未嘗須臾忘保印度也，陰慫英廷購受蘇彝士河，以壯其拒俄之懷；於是英、俄遂有不幷立之勢，而又授意國中日報，屢言俄人在新疆闢路往印度，以激英之怒，及英相識其行間，而嫌釁已構，難以驟為挽回矣。

若夫本國之事，西國之情，彼此皆宜速付郵筒以通消息，故於親疏强弱之際，所以待之者高下適宜，輕重各當。夫有使才而無兵力固不可，有兵力而無使才亦不可。法使邊尼德體輕寫約稿，徒為人紿，見哂鄰邦，貽誤本國。至如英使意理葛，一聞土王許俄兵來駐土京，即行飛報國中，請撥戰艦守俾嘉錫海；謀於土臣，廢去土王，而俄雖失望。此使才兵力俱極其能者也。凡此西國使臣之近事，我國使臣當耳聞而心識之，以擴其膽智，練其干材，而後睦鄰修好盡其職，保商禦侮著其長。上有以副朝廷委任之隆，下有以慰草野愛戴之切。樹厥風聲，恢乎罔外，非宣尼所謂使於四方不辱君命者歟？嗚呼！孰謂使才之難得哉。

清·何良棟《皇朝經世文四編》卷二八《論出使大臣》 中朝至今日簡放使臣。不必曰，我國家已貧弱至此，外人將輕視之，而於是存自卑之心，遂以為知機也。亦不必曰，我國家雖貧弱至此，尚不至終於貧弱，而於是存自高之心，遂以為得體也。縱與國或存强弱我之心，而我不可先自存强弱之心。有公法存，有條約在，不卑不亢，不自侮，斯人亦無從因而侮之矣。以故朝廷之簡使也，知其關繫國家匪淺，特于使才中多方抉擇。必其向在總署多年，時與洋人往還，一切外交情形瞭如指掌，如何可以不失外交之歡心，如何可以保全國家之體統，何者為應享之權利，何者為當爭之界限，不至鹵莽決裂，不至隕越貽羞，而後始蒙簡放。朝廷之於使臣，蓋可謂慎重已極矣。昔之曾惠敏、郭侍郎，向為使臣中出色人員，外人或稱道之。而近數年來，使才猶較前輩出。其在與國轉圜一切，弭患無形，使邦交能敦輯睦，而不至數見以兵戎者，使臣之力猶多。顧皇皇使節為國爭先，朝廷簡放得人，草野小臣復何擬議！所抑鬱而不能不言者，其唯使臣之隨員乎？官無論大小，既隨臣使秉節出洋，則同是為國家辦事。使臣在與國，或不至有辱君命；隨員在與國，則或至無所不為，致令使臣無顔而國家受辱，縱與國或尚以禮相待，而亦屬難堪矣。此則使臣不可不預為防範者也。顧與其已經隨同出洋，而或致多所為難，曷若於未放洋之先，首以斟酌其去留，而一為出使者想其所帶隨員甚雜者，亦似有迫不獲已之苦衷。或係上峰所薦，迫於勢；或係兒女媚親，迫於情；或有年誼，或有世誼，迫於義；不容辭。因之，遂不免人員擁擠，而於是良致不齊矣。然究之，此乃國事也。若人而有才也，是雖非世誼、非兒女媚親、非上峰所薦而量材器使，亦可以使之充當隨員也。若人而無才也，是即為世誼，為年誼，為兒女姻親，為上峰所薦，而才力不及亦不可以使之充當隨員也。是又豈能以國事而作人情耶！而日後來由，出使大臣援例奏請保獎，以無才無識之人而濫於薦章之列，既褻瀆朝廷名器，且由此倘即斧柯得假而誤國病民，其害亦有不可勝言者，此則出使者之所當先事審慎也。顧即先事未加審慎而已帶之隨同出洋矣，則不可不約束也。約束何在？習氣是也。每見中國通商各埠習學洋務者，於西學或尚未窺其奥竅，便以脱帽為禮，把手為歡，甚至本國人與本國人遇，所談亦皆西語，有絕口不及土音者，自以為不羈之士，而一切堪與外人為伍。此在中國通商各埠已如此，而由是以推彼，從出使大臣遊歷外國者，其一切耳聞目見，不較區區各商埠為愈廣哉！顧聞見愈廣，斯根本愈易忘，甚有因而改易服色，剃去髮辮，有之彼豈不謂如是乃可與外人聯絡，夫焉知外人已因而設一無形之防矣。自來中國服色與髮辮本無所取義，不過示與外國者別耳。故雖中國人猶是中國之裝，或其心未必果有利於中國之心，然仍有中國之裝式在也。若並其外觀而悉去之而謂無其外者，尚有其内思欲圖利於中國，則又誰之信者！是則有志於西學者，又何必於此服色、髮辮之徽而斤斤計較，必欲改去之哉！且由此恐將授頑固者，以指摘而致兩宮維新之主，遂因之多所猜疑，此在使臣所不可不約束者也。嗟乎！時艱日亟，外交愈難，使臣毋謂一己無負於國，並隨員亦無負於國，斯使臣乃真為無負于國耳。尚未隨同出洋者，則宜加以斟酌。業已隨同出洋者，則宜加以約束。此所為抑鬱不能不言者也。竊願奉命出使者尚其采及芻蕘乎。

又《論使材遴選宜精》 漢武帝元封五年，上以名臣文武欲盡，詔曰：『蓋有非常之功，必有非常之人，故馬或奔踶而致千里，士或有負俗之累而立功名。夫泛駕之馬，跅弛之士，亦在御之而已。其令州郡察吏民有茂材異等可為將相及使絕國者。』顏師古《前漢書注》曰：『絕遠之國謂聲教之外也。』按當時絕遠不通聲教之國，不過匈奴、車師、大宛、朝鮮、東甌、南越、西域、西南夷耳。然皆震威靈，仰漢如天，非若今之五大洲雄國，開闢以來所未通者也。有衛青、霍去病宣威漠以為之將，張騫、蘇武堅忍苦節以為之使，而傅介子、陳湯，則又于奉使之際，手斬名王，不以身入虎穴而自怯，不以矯制發兵而避嫌，壯矣哉！雄才大畧為漢世宗文武得人于斯為盛，尚何文景之恭儉足法哉！遴選使才，至與將相並重，則強鄰逼處之餘，失地喪師之後，宜何如鄭重簡派，庶幾使于四方不辱君命乎！今雖大一統之朝，寔則不殊戰國。有若英吉利、法蘭西、比利時、德意志、義大利、奧斯馬加，則歐洲之名邦焉。花旂雖分北南，而美利堅自華盛頓崛起，則合衆而成為美洲之强國焉。亞細亞洲以中國為大，而東則有日本，西北則有俄羅斯。俄地跨歐亞兩洲，疆域之廣遍地球當首屈一指。前年，糾約德、法兩國索還遼東，仗義執言，無愧二百五十餘年聘盟之誼。凡此諸大國均經立有和約，通商傳教，遣使互駐京師亦有年矣。咸豐八年，始設總理各國事務衙門，恭親王領之。所以便于應接各國駐京公使，而示與理藩院會同四譯館有別也。各國使臣入覲大皇帝，肇于毅廟親裁大政之年。西人詫為盛事，好事者使至繪為圖詠。迨今上親政，遂定每歲春旺正月入覲之制。其新簡使臣及因事專使賫呈國書者，則隨時咨行總署，訂期覲見以昭優異。乃覲見之地，或以紫光閣召見外藩為疑，或以文華殿不若內廷為歉，方垂簾聽政之時既以不覲天顏為薄待，而入見龍墀之後更多繁文縟節之爭，特踵事增華有加無已。蓋尊攘之舊說、夷夏之成見、叔孫之朝儀、漢家之制度，固可以束之高閣矣。光緒二年，總理衙門奏定《出使外洋事宜》。郭侍郎首蒙出使英、法之命，同時美、日、秘、德、俄、日本皆妙選英俊，載詠皇華，三年瓜代，永為定制。其間折衝樽俎表表可傳者，自郭侍郎、曾襲侯以外，未敢輕相許與。姑就總署奏定《出使章程》並使臣等第言之，雖有頭等、二等、三等及副使之分。副使之設，自劉錫鴻迂拘乖謬，屢與正使郭侍郎齟齬，幾致誤乃公事。旋經裁缺，不復選派正，不僅為惜費起見也。尋常出使大臣大半列在二等，經費寔亦較省。惟崇厚以少宰使俄，特拜全權大臣便宜行事之令，作為頭等。曾襲侯以副御史兼使英、法、俄三國，僅俸薪按頭等辦理。然于西例，頭等公使代君行權之處未盡符合。乙未春間，邵小村中丞、張樵野少司農出使日本議和，遂以勅書所給權柄不足見拒，空勞往返。及李傅相兩次奉命出使日本、俄國，始合頭等公使全權之利。兩國款迎極為盡禮，雖軍務倥偬之際，全權大臣密電往來無敢稍有攔阻。究其歸宿，馬關議和如償金割池諸鉅款，仍係請旨而行。西例公法與中國權操，自上之義原難强而同之也，豈獨為使臣卸過分謗云爾哉！西人嘗以中國所派使臣官爵不高為嫌，及待使臣臣恩禮不優為恨。王之春、方伯、李傅相先後使俄，及傅相歷聘英、法、德諸邦，其禮敬優厚尊崇，西報備載之矣。相形之下，能勿歉仄至派出駐紮使臣，則使道居多，間有賞加三、四品卿銜及擢授京卿者，尚書、疆臣以上，寂爾無聞，遑問近支親王、貝勒乎！且出使大臣率簡曾經海關道缺及譯署行走人員，惟近日所派伍袟庸、羅豐祿兩星使，以勞績才望得之，而伍公允愜人望，中外均無間言。夫使材以通曉西國語言文字為先，而後晉接周旋無稍扞隔，即或遇有駁辨之處，覿面談心當機可以立斷，何至停留長智，枝節叢生，較之張目拱手熟視呆坐，一聽譯官之傳宣，形同傀儡者，萬萬不侔矣。諺云：『修書不如面覿。』夫修書尚不如面覿，而況于專憑舌人傳令乎！語氣之輕重、措詞之宜忌，輾轉傳述，容有謬誤，差以毫釐，失之千里。乃今之議者好為大言以欺人，但使熟諳于條約公法，或曾作歐美之游，偶覽其山川，一觀其風俗，軺車之任，便已游刃有餘。初不必乞靈于鈎輈傑格之聲、橫行斜上之文，而不知交涉一形棘手，輒為外人所困，甚至貽國家之羞，為民生之累，而茫然不知其所以然。若是者，亦徃而有噫德使之見拒也。莫不曰德廷之已甚也，南皮尚書嘗力薦之矣。乃蘇州議立租界一味曲徇，曾不稍存補救，而遽以割台之役相較，不復作左企弓『一寸山河一寸金』之想，其操持之具大可睹矣。尚書絕不護前，固不失為正人君子也。吳中鉅細盈廷濟濟而德公使忽首發驚人之論，何其巧相值也，是豈太阿全倒持以授外人哉？然則使才之難不於此又見一端乎。

又《論出使》 通商以來，外國與中國輯睦其間，偶有咀唔，致起兵戰之禍。雖由於各國之嗜欲無厭，要求不已，而其實皆我與之釁而已。夫數萬里外，不憚重洋危險，載貨至於中邦，推其本心果何所在？夫亦為利耳。西洋人之多欲出於性生，故肯為此。若華民，則數十里百里而遙尚有離鄉背井拋妻棄子之憂，臨期牽袂，涕泣漣如，故中人罕至其地，即不知其風俗，罕與相接，即不識其性情。於其來也，目之為夷，自上及下皆存輕視之心。在朝廷自治其國，設官分職，皆理境內之事，治境內之人，無專官治。以其與華民交接，與華商貿易之務，不過海關、巡道有洋務之責而已，然終非專理通商事也。其本職則備兵，其兼任則收稅。中外之人有貿易交接並歸理處，非以通商而後有巡道也。直、江兩總督有南洋、北洋大臣新銜，亦此意也。即專司洋務如總理衙門，且不過部院屬員之差使已耳，無專官也；上海租界之會審公署亦差也。尋常西人之議，謂中國誰為專理中外交涉事件之官，則中人實無可對，又不宜曰『中國於洋務輕之，故不設官也。』故西人往往論中國之品大者必曰『道臺』，蓋其所見可以理其與華民交涉事者不過海關道也，宜其為是言也。然則中國於洋務若是其輕之，雖三十年來未之有改焉，宜西人之猶有疑也。西人之傳教事屬不經，海濱人見之習不為怪，中地二百里有教會、神戶分書講理，十人九厭之。夫教，亦西人之一端，通商並不由此，惟上官未將其故宣示民間，則民愚而不改。所謂弱怒於言，强怒於色，因而多事矣。夫上下皆輕視之，成見未融，固執不化，以為我中國為四洲萬國所宗，自行其道，以盡我愛國與民之心，獨不思時既必至，通商勢不能舍洋務，苟自謂暫羈縻之姑作權宜之計，以為後圖，亦徒為外人所竊笑耳。吾不知洋務不設專官，將待數十年來後閉關絕使，不與西洋通，不與其人至，故兼攝其事而已足歟。彼以商民聚中國必設領事等官於各口岸我之地，使彼處之我之民與彼日接，而反不設官以治其事，我之愛國與民之心，獨不如其自愛其國與民乎？且夫由內以及外事相通也，始而我民憚遠涉，彼民好慢遊，今我民往矣，且衆往矣。彼以富民來，我則以窮民往矣。往來則一貧富各殊，大抵謀生計蹙甘涉重洋，拚定死亡以圖發迹，苟皆瘠而去，肥而歸，豈非通商之有利於吾民乎？然而招工開館矣，猪仔在船矣，皮魯之鳥糞拾矣，古巴之糖寮多矣，金山之金掘盡矣，或折磨之無人理，或厭惡之起殺機，彼之民在中國重樓疊閣，美衣錦食，富也，而我何敢侮之！我之民在外洋，狗牽豕綑，枵腹鳩形，貧也，而彼皆可虐之。彼民既富而護之且不一官，我民至貧而保之反無一官。何也？豈以彼來者富，我往者貧，有官以統率之，如作乞丐之頭，慮為外方人笑乎？然又胡不思我之貧民深入其地不能自立，至於受傭被虐，驅之如豚，豢之如犬，弄之如籠鳥，殺之如微蟲，獨不為外人所笑乎？夫此被虐之民，雖由於自蹈陷阱，死無所怨。然誰實有此民者，而使之不能自保其生，自安其業，以至如此哉？吾故謂出使之舉刻不容緩，而美國、日本之出使尤不可緩也。使臣既派，身稟朝命，為在外國之華民保護維持，則如美國金山土民欲逐華民之事，尤不可不加意焉。然金山之華民不過與土人爭利起，其娼疾之心猶不如古巴糖寮傭工受虐之慘。上年，陳荔秋京堂回國，於古巴各傭工情形親知灼見，入諸奏牘。三年以來，死者又不知其幾許矣。此次奉派美國欽差，惜古巴非美國屬地，不能乘便辦理。垂斃之民空懸嚮望，正不知有生還之日否也！仰將於出行之日道經該處，拯救傭工耶。若置此事於不論不議之列，則日本、美國之使亦止尋常通好之事，而於出洋之華民無補焉。豈其日本之華民土客不容均宜遣使臣以安撫之，而獨於古巴之傭工可置度外，甚非計之得也。吾故謂出使必能保華民，而保華民必先理古巴。案若次第簡派各國欽差，遲之又久，而及於古巴，華傭將無孑遺矣。

又《論所以盡使臣之職》 孔子曰：『使於四方，不辱君命』，此『不辱君命』一句，為千古使臣之職分。由是論定，如山莫可移矣。然皇華之使尤重選才，使臣之職盡不盡，良由於選才之當不當。漢武詔求茂才異等，為出使絕域，與將相並重。古之為使臣出疆專對樽俎折衝，兢兢焉，常恐有所不及，以貽君憂。君之遣使臣，亦宜勉勵勸戒，激以公義。蓋臣之事君固宜盡忠，而君之使臣亦宜以禮也。昔蘇武為漢中郎將，奉使入匈奴，衛律勸武降，武謂『屈節辱命，雖生，有何面目以歸漢！』遂引佩刀自刺，衛律大驚，急抱持武，武氣絕半日復甦。乃徙武北海上無人處。壯年出關，皓首而歸，留駐匈奴凡十九年。及歸，老母終堂，生妻去帷，此亦天下所希聞，古今所未有，實足為後世使臣所矜式也。國家聲教覃敷，東際海，西界回，北綏滿蒙，南至臺瓊，舉凡朝鮮、琉球、安南、暹邏、緬甸之屬，悉隸藩服。歐美諸邦，慕中華地大物博，不憚遠涉重洋，數萬里航海東來，款關叩塞，求市通商，貨舶雲集，日增月盛。道咸以來，海禁大開，英、法諸國屢遣使臣來議約。其間各小邦亦復慕義，尋盟各國。因輪舶轉輪便捷，懋遷日衆，遂遣使臣入都展覲，持節護商旅。朝廷以來而不往非禮也，於是亦簡重臣出洋，蒞止各國京都以報之。同治來次第舉行，瓜期調任，三年為率，此萬國公法所謂特使也。京師各國使署大臣皆常川駐劄，並設參贊、領事、繙譯、隨員等官輔翼之，此又公法之所謂常任使臣也。此外更有以常任兼特使者，要之皆代國行權，代君行事者也。中朝於各國事務既設總理衙門統理於內、復有出使大臣分任於外。遇有事關重大，非尋常所能行者，即特簡全權欽差便宜行事。或和，或戰，均得以先事綢繆，豈非洋務之急務哉！曩者未能深悉情形，茫無頭緒，動為所欺，其因畏葸而貽誤國事者已非一次。間有一二老成，非不力爭，大體獨具苦衷，或以操之太急而啓釁，或以過於持重而取譏。論者至今有餘憾焉。同治乙丑，朝廷始有出洋之命。是時，僅携同文館學生遊歷耳。自是以後，持節奉使者相繼遄征，風氣漸開。迨光緒初，案議結，朝廷選使益慎。其人擢熟諳洋務者，充出使英國大臣，是為我朝遣使常駐外洋之始。是時，郭、陳、何、鄭諸憲，疊經簡派，星軺四出，遂遍歐美等洲。光緒戊寅，曾剛襲侯，奉命出使歐西，所至欽服。是時，朝廷方殷强俄之憂，遂詔侯重往議約。侯奉帝命，侃侃誾誾，剛柔互用，據公法，持大體，反覆辯難，卒使俄人降心俯從，許改前約，反我侵地。使非侯之克盡使臣之職有以折服之，烏能不辱君命哉！厥後中法失和，曾侯力持戰議，電致總署往復計議。嗣法人以事多掣肘，驟與總署議和，總署許之。然仍反覆不定，使非侯之洞燭法人情偽，烏能抒此偉議哉！留駐歐洲凡九年，而星軺遄返，其所以克盡使臣之職者，皆其洞悉洋務，力持國體所致也。本朝自舉行遣使以來，實所罕見。凡應皇華之選者，皆當奉為坊表。若徒馳域外之觀，惟聲華之是尚，置不辱君命之義於度外，是真視王事於弁髦矣。夫出使大臣有統轄領事官之責，而派充領事仍由朝廷作主。光緒三年，首於英國、新嘉坡設立領事。嗣於日本橫濱等口設理事官。至其總領事，則設於美國舊金山。而和約則設立領事之外，並有繙譯及隨員等官。西班牙自與訂立條約十六款後，即設立領事，復因開辦伊始，事務紛紜，扎派委員，同經理之員；又有先設商董，後改領事，如檀香山者。此皆由公使出洋察看各國情形與總署咨商奏明辦理者也。原各國遣使之意，蓋恐恃强凌弱者也，遵公法而有害於均勢也，故遣使聘問，兩國益見和睦。我國為君主大邦，所有權利本無限制。公使受命出疆以覘各國强弱，敦篤邦交，審其形勢，察其仁暴，卒至保護我商旅，則使臣之職不於此盡哉。

雜録

清・馬建忠《適可齋記言》卷二《上李伯相言出洋工課書》（光緒三年）四月以來，政治學院工課甚緊，考期伊邇，無暇將日記繕録呈上。郭星使於四月下旬至法，五月初呈國書札，忠兼辦翻譯事務，并承多加薪水。長者之賜，忠何敢辭。且翻譯事少，不致荒功，無負來歐初意。

《大清新法令・外務部奏定各使館員數品秩等級月薪簡明單光緒三十二年》

英法俄德美國使館

二等駐使　二等參贊官一

三等參贊官一　二等通譯官一

三等通譯官一　商務委員一

一等書記官一　二等書記官一

書記生二

以上五館歲支俸薪各四萬一千零四十兩。

日本國使館

二等駐使　一等參贊官一

三等參贊官一　二等通譯官一

三等通譯官一　商務委員一

一等書記官一　二等書記官一

書記生二

以上一館歲支俸薪三萬二千八百三十二兩。

奧義比和國使館

二等駐使　二等參贊官一

二等通譯官一　一等書記官一

二等書記官一　書記生一

以上四館歲支俸薪各三萬零四百八十兩。

日葡秘古墨國分館

代辦使事　二等參贊　二等通譯官一

二等書記官一

以上五分館歲支俸薪各一萬一千二百八十兩。

新加坡、金山、小吕宋總領事館

總領事　二等通譯官一

二等書記官一　三等書記官一

韓總領事館、海參崴商廨

總領事商務委員　二等通譯官一

二等書記官一　三等書記官一

以上一總領事館、一商廨歲支俸薪各一萬三千一百零四兩。

横濱總領事館

總領事　二等通譯官一

二等書記官一　三等書記官一

以上一官歲支俸薪一萬一千九百零四兩。

紐約、檀香山領事館

領事　二等通譯官一

二等書記官一

以上兩館歲支俸薪各一萬一千二百八十兩。

神户、長崎領事館

領事　二等通譯官一

二等書記官一

以上兩館歲支俸薪各九千零二十四兩。

仁川、元山、釜山、甑南浦領事館

領事　二等書記官一

以上四館歲支俸薪各六千一百四十四兩。

又《外務部奏定各使館歲支去費銀數清單光緒十年》　英館　三萬八千兩　法館　三萬兩

德館　二萬六千兩　俄館　三萬兩

美館　二萬八千兩　奧館　二萬兩

義館　一萬八千兩　比館　一萬六千兩

和館　一萬六千兩　日本館　二萬五千兩

日分館　五千兩　葡分館　五千兩

秘分館　五千兩　古分館　五千兩

墨分館　五千兩　新加坡總領事館　五千兩

金山總領事館　五千兩　小吕宋總領事館　五千兩

横濱總領事館　二千四百兩　韓總領事館　四千兩

海參崴商廨　八千兩　紐約領事館　五千兩

檀香山領事館　五千兩　神户領事館　二千兩

長崎領事館　二千兩　仁川領事館　一千六百兩

元山領事館　一千六百兩　釜山領事館　一千六百兩

甑南浦領事館　一千六百兩

又《外務部酌定出使大臣等應支經費更訂章程摺並章程光緒三十二年》　竊臣部於議覆出使法國大臣劉式訓奏請變通出使事宜摺内聲明經費一項，由臣部詳細酌定，另行具奏奉旨允准在案。竊維使臣奉命出洋，與國體最有關係。其駐扎之國一切用款，必當略為寬裕，俾免支絀而存體面。查各出使大臣暨參隨等員常年經費從前本無定額，自光緒二十八年間先後奏准，各使館歲支數目始有限制。惟當時所定支數，如俄德法等館各六萬兩，奧義比等館各四萬兩，多歸一例。而其間所駐之國用度有繁簡之殊，開支有多寡之別。未經分晰，即房租為用款之一大宗，其有無自置使館，尤宜分別辦理。所以經費一項，除俸薪業經奏定歲有常支外，其餘如房租、歲修、公宴、文報、川資、洋僕、醫藥、雜用各項，應准歲支額數，自宜詳加酌核另定章程。期於慎重公款之中，仍不使或虞竭蹶。臣等公同商酌，就各使館歷年具報銷册，參稽支數，酌量加贈作為定額，并舊定章程有應變通之處，謹繕清單，恭呈御覽。如蒙俞允，即由臣部咨行出使各國大臣并札各總領事一體欽遵。謹奏。光緒三十三年　月　日。奉硃批：依議。欽此。

謹將酌定出使各國大臣等應支經費更訂章程繕具清單

恭呈御覽　計開

一　經費名目。統俸薪及房租、歲修、公宴、文報、川資、洋僕、醫藥、雜用八項而言，俸薪一項既奏定歲有常支，其餘各項支款應名為公費，以賅七項而示區別。

一　舊章二等出使大臣如係二品官員，准月支俸薪銀一千二百兩。此次各出使大臣已奏定為二品實官，所有月支俸薪應照原定二品官員銀數給發。

一　商務委員前奏已定秩五品，其俸薪尚未核定，所有此項委員每月應給俸薪銀二百四十兩。

一　前奏聲敍有醫官一項，其月支俸薪應由出使大臣在於醫藥項下公費內自行給發，願帶醫官與否，可聽其便。

一　前奏聲敍有供事一項，借供書寫之用。惟查各使館應帶有學生，以資造就。此項學生即作為書記生，在館中學習公事，并供書寫。三年期滿察其學業，差使酌升書記官，無須給予保案。如英法德美俄日本六館額設二人，奥義比和四館額設一人，每人月給俸薪銀一百兩，所有供事名目，聲明裁撤。

一　南非洲總領事經費向由華工費內開支，檳榔嶼副領事向由商董兼充，不設通譯書記。該副領事支俸薪每月一百兩，不支公費，應仍照舊章辦理。

一　俸薪支額視各使館及領事館之員數為定。現既分別定為員缺，各館應歲支俸薪數目，英法德俄美五館各四萬一千零四十兩，奥義比和四館各三萬零四百八十兩，日本館照章八折給發三萬二千八百三十二兩，秘古墨日葡五分館各一萬一千二百八十兩，新嘉坡、金山、小吕宋三總領事館各一萬四千八百八十兩，日本横濱總領事館照章八折發給一萬一千九百零四兩。韓國總領事館、海參崴商廨其總領事商務委員各六千兩。通譯官以下照章八折發給各七千一百零四兩，美國之紐約、檀香山兩領事館各一萬一千二百八十兩，日本國之神户、長崎兩領事館照章八折發給各九千零二十四兩，韓國之仁川、元山、釜山、甑南浦四領事館照章八折發給各六千一百四十四兩，檳榔嶼副領事館一千二百兩。

一　各國惟美德及日本置有館舍，其餘各國均須租居。所有公費一項，現酌定歲支銀數，英館三萬八千兩，法館三萬兩，美館二萬八千兩，德館二萬六千兩，俄館三萬兩，奥館二萬兩，義館一萬八千兩，比和兩館各一萬六千兩，日本館二萬二千兩，秘古墨日葡五分館各五千兩，新嘉坡、金山、小吕宋三總領事館各五千兩，日本横濱總領事館二千四百兩，韓總領事館四千兩，海參崴商廨八千兩，美國之紐約、檀香山兩領事館各五千兩，日本國之神户、長崎兩領事館各二千兩，韓國之仁川、元山、釜山、甑南浦四領事館各一千六百兩。

一　俸薪公費仍照舊章以接任之日起支，以卸任之日停支。如前後任交替，應按日核計移交，具結存案，仍各報部備查。

一　俸薪公費銀兩，由部分四季撥給，逢正四七十月為撥款之期，所定銀數作十二個月計算，如遇閏月仍照應支之數另撥一次。

一　各參贊通譯書記領事等員俸薪照此次奏定新章實數給發，撥由出使大臣及總領事轉給，即取該員等具領切結。由出使大臣及總領事分四季將領結送部查核。其各領事署應給公費亦照此辦理。

一　出使大臣及參贊以下各員有請在華留支銀兩以贍家者，應於每撥俸薪內預行扣除，以便照給。

一　各館每年支用經費向須造册報部核銷，現既設定員缺作為實任，已與從前屬為差使不同。即應支俸薪公費亦定有常數，所有開支一切可免其造册，以歸簡易。

一　另支款項如赴所兼之國親遞國書、應用川資及電報費與學生學費之類，仍照舊章辦理，於年終造具細册報銷，以昭核實。此外或遇有特别用款，非先行咨部核准不得作為另款開支。

一　電報費准支另款原為緊要事件，不致僅為節省經費起見，凡電京城各衙門及各將軍督撫并與各國駐使者，方准作為另款。惟須將電局原單隨册送部以備查核，此外無論電發何處，照章自行在公費内開支，概不准列入另款報册。

一　參贊通譯書記等員生，現既改章不得再有保案。如届三年尚未升轉而仍留任者，如實係得力之員，應各照原支俸薪銀數，由部核准加給二成以示獎勵。此後六年九年亦照此遞加，以加至六成為止。惟各領事不在此列。

一　各總領事及領事商務委員既照章給發公費，則所有各項照費統應一律歸公。即先由各總領事領事商務委員將三年内所收照費數目分晰據實報部，并詳擬章程申送，由部核定頒發三聯單，以便填發。所有經收照費分四季報部，聽候動撥。

一　各使館及總領事與領事館應支俸薪公費，由部分四季將所撥銀數分晰，開單奏銷。

一　整裝歸裝銀兩各照俸薪三個月，分别成數開支，應仍照舊章辦理造册，報部核銷。惟整裝一項，如由此國調彼國，由參贊升使臣，未便仍照初出洋時重支三個月全數。經此次定章，凡遇此項升調，所有整裝銀兩准照一個半月開支。

一　出使大臣及參贊以下各員出洋與回國應用川資銀兩，原未限定支數。惟各宜撙節動用，實用實報，以重公項。其造册報銷時所有往來船票火車票旅店用費各總單，一并隨册送部查核。

總稅務司分部

綜　述

《清文宗實録》卷二五六　（咸豐八年六月己酉）又諭：現在各夷通商條約已定，夷船均已起碇出天津海口。據桂良等奏，𠸄夷條約内開『立約之後，請欽派户部大員赴上海，會同𠸄員商定稅則後，該夷復遣李泰國來求商定稅則。可否即派江蘇巡撫趙德轍督同臬司現署上海道薛煥查辦』等語。因思此次夷務章程，係桂良等與該夷面定，自應一手經理。本日已明降諭旨，令桂良、花沙納、基溥、明善，馳驛前往江蘇，會同何桂清，妥議通商稅則事宜矣。該督接奉此旨，即揀派熟悉夷務之員，屆時前赴上海，聽候桂良等差遣。該夷如先到江蘇，該督即先行照會，俟桂良等到後，會議可也。會議明發旨一道，鈔録附寄，以便宣示該夷，俾静候欽差，勿致另生枝節。再此次商定稅則，係夷務一大轉關，何桂清務須倍加慎密，不但嚴緝暗遞消息之漢奸為要，即京員或有信函，尤不可稍為摇惑，議論多而實際少，惟静候内定辦法，方能於大局有益也。將此由六百里密諭知之。

《中英天津條約・附約〈通商章程善後條約：海關稅則〉咸豐八年十月初三日》　第十款　一、通商各口收稅如何嚴防偷漏，自應由中國設法辦理，條約業已載明；然現已議明，各口畫一辦理，是由總理外國通商事宜大臣或隨時親詣巡歷，或委員代辦。任憑總理大臣邀請英人帮辦稅務並嚴查漏稅，判定口界，派人指泊船隻及分設浮樁、號船、塔表、望樓等事，毋庸英官指薦干預。其浮樁、號船、塔表、望樓等經費，在於船鈔項下撥用。至長江如何嚴防偷漏之處，俟通商後，察看情形，任憑中國設法籌辦。

《清文宗實録》卷二八四　（咸豐九年五月）甲午，諭軍機大臣等：前因夷船有北駛消息，諭令桂良等，如果夷船悉數起碇，即率同段承實及委員薛煥等，星夜馳回京師。本日據桂良等《奏啓程後續探夷情》各摺片，覽奏已悉。桂良等於五月十三日，由滬啓程。十六日，尚在蘇州途次，而該夷兵船陸續到津者，已屬不少。節據僧格林沁等奏稱，夷船有偪近攔江沙停泊者，情多詭詐，照會亦多桀驁。現派恒福、文煜辦理此事，示以誠信，令其繞泊北塘，静候桂良等到京換約，以為暫時羈縻之計。但恐夷人不能久待，此間無熟悉情形之人可以另派，辦理殊形棘手。該大臣等接奉此旨，務即星速兼程前進，不可再有羈遲，致令夷人有所藉口。設桂良等不能全行速到，亦必先到一二人，即赴天津，向其開導，方為妥協。至所稱入京朝見一節，該夷在津，及所來照會内並無此言，自無庸先與置辦。其咈咪二國，欲自舉稅務司一節，亦尚未經説及，皆須俟桂良等抵京後辦理較有把握也。將此由六百里諭知桂良、花沙納，並傳諭段承實知之。

又　卷三三七　（咸豐十年十二月乙丑）諭軍機大臣等：薛煥《奏請飭奕訢等發給𠸄人李泰國札》，諭令其幫辦各口通商事務等語。新定《通商稅則》既有外國人幫辦稅務一條，該𠸄人李泰國係總司稅務，所有新設通商各口自可令其一體經理。著奕訢等即行發給執照，交李泰國收執，責令幫同各口管理通商官員籌辦，並著恭親王等咨行通商各省將軍、督撫、府尹等，一體查照。其置買巡船等件，及辛工經費，亦著一併咨飭各口與李泰國會議妥辦，毋任冒濫。原片著鈔給閲看，將此由五百里諭令知之。

又 卷三五〇（咸豐十一年四月癸未）諭軍機大臣等：據王有齡《奏寧波設立新關徵收外國稅鈔》一摺，據稱寧波稅鈔向由上海代為收納，給發免單，但無關考成，易滋流弊。現在已設有新關，令外國人幫司稅務，應請嗣後凡外國貿易進口稅鈔，各歸各口，各自徵收。所有免單、認單，概行停止等語。江蘇上海關代徵各口稅鈔，原因有外國人幫同照料，從權辦理。現在寧波既設新關，且有外國人日意格為副稅務司，自應以各收各口稅鈔為正辦，已諭知薛煥照、王有齡所議辦理矣。

又 卷三五二（咸豐十一年五月己亥）又諭恭親王奕訢等奏，各口關稅現當開辦之初，總理稅務司赫德來京所議章程，頭緒紛繁，實難洞悉流弊，請飭户部會商辦理等語。現在辦理各口關稅事屬創始，奕訢等未能洞悉流弊，自係實在情形。惟此次各口設立新關，與外國交涉，設一切章程未能妥協，徒滋爭論，且各口情形不同，恐户部不能懸定所有各口關稅章程，仍著奕訢等悉心酌擬具奏，並咨令辦理各口通商大臣各就地方情形妥為籌議，務各破除情面，力洗積習，以免外國商人有所籍口。將此諭令知之。

又 卷三五三（咸豐十一年五月丁巳）諭軍機大臣等：前因恭親王奕訢等奏，咈夷槍炮現肯售賣，並肯派匠役教習製造，當諭令曾國藩、薛煥酌量辦理。本日復據奕訢等奏請購買外洋船炮一摺，據稱大江上下游設有水師，中間並無堵截之船，非獨無以斷賊接濟，且恐由蘇常進勦，北路必受其衝。據赫德稱，若用小火輪船十餘號，益以精利槍炮，其費不過數十萬兩；至駕駛之法，廣東、上海等處可雇內地人隨時學習，亦可雇用外國人，令司柁、司炮，其價值先領一半，俟購齊驗收後再行全給。並稱洋藥一項，如照所遞之單，徵收華洋各稅四十五兩之外，於進口後，無論販至何處銷售，再由各該地方官給與印票，仿照牙行納帖之例，每帖輸銀若干。如辦理得宜，除華洋各稅外，歲可增銀數十萬兩。此項留為購買船炮，亦足裨益。現在赫德已回天津，令其將船炮洋槍價值分晰開單呈遞等語。東南賊勢蔓延，果能購買外洋船炮，勦賊必能得力。惟各路軍餉不足，必須豫籌銀款，以資購辦。奕訢等現擬於上海、廣東各關稅內，先行籌款購買，俟將來洋藥印票稅收有成數，再行歸款。並給赫德札文，令其購買。運到時，即交廣東、江蘇各督撫，雇內地人學習駕駛。著勞崇光、耆齡、薛煥並傳諭毓清即按照所奏，豫為籌計。其應酌配兵丁，並統帶大員，及陸路進攻各事宜，並著官文、曾國藩、胡林翼先行妥為籌議。一俟船炮運到，即奏明辦理。內患既除，則外國不敢輕視中國，實於大局有益。該督撫等務當悉心妥議，期於必行，不得畏難苟安。奕訢等摺，著鈔給閲看。

又諭：恭親王奕訢等奏覆陳稅務事宜，併赫德呈遞清單，及稟呈內所陳各事宜，分別辦法各摺片。所有長江一帶通商，在上海總納稅餉，徵收子口稅，設立關卡，及請領印票執照。通商各口每年應收洋稅銀兩，各口徵稅費用各款，本日已諭令薛煥、崇厚查辦。其會緝私鹽，及洋藥、茶葉抽釐，有礙關稅各款，亦諭勞崇光等查覈覆奏矣。洋藥抽稅章程，前經王大臣會議稅則通行，但今昔情形不同，未便拘泥。赫德既稱收稅愈重，則走漏愈甚。其論尚可採擇，即著恭親王奕訢等斟酌情形，妥議章程，總期稅務日有起色。將來如有窒礙之處，仍可由該王大臣等隨時變通，不必令原議諸臣另議，反不能洞悉流弊，至內地貨物，出口而復進口。條約稅則，未經分晰，牽混之語甚多，既經奕訢等照會暎、咈兩國，擬令內地貨復進口時，完一正稅，准扣二成；若完一半正稅，不扣二成；完清之後，仍逢關納稅。應俟該二國照覆到時，再行妥商籌辦。此項貨稅，為內地關課大宗，易起影射偷漏之弊，果能就我範圍，既可杜內地商民句串情弊，亦可杜外國人入內地通商藉端起釁。總在奕訢等悉心籌議，期於有利無弊，方為妥善。將此由五百里諭令知之。

又諭：恭親王奕訢等奏，商辦稅務事宜，先將該總稅務司所遞清單稟呈，分別辦法，開單呈覽一摺。現當開辦關稅之初，必須嚴定章程，方期稅課日增，且以杜影射偷漏之弊。今據該總稅務司赫德呈遞清單七件、稟呈二件，經恭親王奕訢等逐層辯論，分別辦法，其中不無可採之處，如長江一帶通商一款，據稱起貨下貨，均在上海徵納稅餉，其鎮江以上，漢口以下，准商人任便起貨下貨；鎮江以上，即作為上海內口，無庸設虛立之關等語。長江賊匪出沒無常，商販走私，難於查拏，固宜於總處納交，以免偷漏。然任便起卸貨物，又恐漫無限制，又所稱徵收子口稅，須擇緊要處所，設立關卡，係專指洋貨進口。土貨出口而言，非土貨出口復進口可比，自應設卡徵收。土貨出口，以過卡准照為憑；洋貨進口，以入卡准照為斷。總期該商進口出口貨物完一正稅，即有一子稅，庶稅課可期充裕。此項子稅既為條約中應行之事，且係內地稅，可以不扣二成。又洋藥各口徵稅情形一款內，據稱通商本口，作洋藥生理者，或令請領字號招牌，或令呈明請領印票執照。以上各款，著薛煥、崇厚妥籌辦理。又通商各口徵稅費用每年通共銀五十七萬兩零一款，單內所開各項人數及應給銀數，是否均屬允協，並著薛煥、崇厚妥議章程，會商覈辦。至廣東私鹽與私貨同路進入，應設巡船禁止繞越，令粵海關監督並廣東鹽運司會同合辦。每缺各出十餘萬兩經費，而國課可增五十餘萬一節，廣東鹽運司及粵海關均有例設巡船，但會同出款巡緝。有無窒礙，著勞崇光、耆齡會同毓清妥速覈議。又稱廣東設有洋藥抽釐總局，如有人先輸五十兩，即無庸在關上完納正稅。又澳門漏稅之茶葉，日見其多，每百斤稅銀二兩五錢，抽釐局祇徵五錢，即可任商繞越走私，無一肯到關納稅。設局抽釐，原以補正稅之不足。若如赫德所稱洋藥、茶葉，一經抽釐，轉於關稅有礙，是否實有其事，並著勞崇光等據實查明。赫德所遞各件，及奕訢等給暎、咈照會，已咨行各口通商大臣。即著薛煥等按照各款詳細覆奏。將此由六百里諭知薛煥、崇厚、勞崇光、耆齡，並傳諭毓清知之。

清・賈楨《籌辦夷務始末（咸豐朝）》卷七三　（咸豐十一年正月）

薛煥又奏：臣於十一月初六日，在兼署兩江總督任內，承准欽差大臣恭親王、大學士桂良、户部左侍郎文祥，會銜咨開。現據暎國公使噌嚕嘶照會內稱，續約第三款所定賠補一項，第一結應於本年十一月二十日，在廣州、潮州、厦門、福州、寧波、上海各口完交。請劄知各監督，將三箇月以內外國納稅清單，於結期後五日之內，親交該領事官查驗。監督與領事別具憑單，同列銜名，畫押蓋印。憑單繕妥後，其應交總數內二成，亦必親交領事官手收。應歸併辦理，將小口應交之項，歸入大口總納，寧波送單上海等語。除允准照覆暎國公使外，令臣轉劄各關監督，並管關道員，妥速會同暎領事按照辦理。因咨行到臣，當即轉行遵辦去後。茲據署江海關道吳煦稟稱，十一月二十日，即據暎國事領密迪樂、咈國領事伊擔來文，均已現屆第一結交還賠款之期，請將八月十七日起，至十一月二十日止，已徵各國稅銀數目開單，於五日內親交查覈等情。即經查明江海關三箇月內，進出口各國商船完納稅銀三十六萬四千六百七十四兩零。按照條約，暎、咈二國各應交還二成銀七萬二千九百三十四兩零，二共應交還銀一十四萬五千八百六十九兩零，開列清單，於十一月二十五日，親交暎、咈二國領事，並面訂是月二十九日，會同赴關，調查總散各簿。惟暎領事密迪樂面稱，伊所奉暎國公使噌嚕嘶來文，係於海關總收數內，各扣二成。除洋商按課完稅外，尚有外國商船所完船鈔，及海關所收罰充入官等款，亦應一併覈扣。吳煦當以新定稅則第十款載明，各口所設浮樁號船、塔表、望樓等經費，在於船鈔項下撥用，且新章所定商船應納鈔課一百五十噸以上，每噸納鈔銀四錢；一百五十噸以下，每噸納鈔銀一錢。四箇月期內，如赴他口，毋庸另納船鈔等語。是鈔課已較舊章減少，完數無幾，隨時撥抵。經費所收，尚不敷用。罰充入官之款，有無多寡，本無一定。海關向章，均係隨案充賞，由司稅之暎國人哷嗪嘓掌其出納，亦惟哷嗪嘓能據理以議罰，使洋商不致偷漏，故稅課得以稍旺。所罰銀兩，均由該司稅分給在關辦事中外人役、查拏偷漏出力之人，並不收庫，均已無可追回，何能再扣二成？奈該領事爭之甚力，堅稱噌嚕嘶來文，係指總收之數。吳煦復以恭親王等原咨，即係接據噌酋來文，但指納稅清單，並無船鈔罰款字樣，給與閱看。該領事轉以新章須以暎文為正義，嘵嘵辯論，再四開導，始允稟知噌酋定奪。如必須照總數覈扣，仍應補交。所有現收海關稅二成銀數，亦不能先付收據各等語，稟請覈奏等情前來。伏思暎、咈二國，所索賠款，仰蒙聖主逾格懷柔，准於各關扣還。臣惟期儘數覈扣，多交一兩，即早了一兩之事，斷不任該關道稍事隱匿。今船鈔罰款兩項，實皆隨時分別撥用充賞。該關道均係照章辦理，委無短扣情事。暎領事既經稟知噌酋，勢必據以饒舌。合無仰懇天恩，俯賜密勅恭親王，照章諭知暎國使臣噌嚕嘶，毋庸分外爭執，並令其通飭各口領事官，一體遵照，以杜狡執而免藉口。

劉錦藻《清朝續文獻通考》卷一一八《職官四・總稅務司》　總稅務司一人，掌各海關徵收稅課之事。其各口稅務司，均以洋員代充，有幫辦，有稅務司，無定額。【略】咸豐十年，設總稅務司一員，雇英人為之。

臣謹案：道光季年五口通商，始有管理稅務官員。維時主權在我，廣東歸粵海關監督，福州、廈門歸福州將軍，上海歸蘇松太道，寧波歸寧紹台道。迨咸豐三年，粵賊劉麗川陷上海，官吏星散，課稅停頓，於是英、法、美三國領事勸在租界徵稅，設管理關稅委員會，三國各派一人，遂啓外人干預之端。八年，天津《約》成，改組會章。九年，江督何桂清任李國泰為總稅務司，滬關成立，繼及粵關由總理衙門劄委。同治二年，上海總稅務司署移至北京，英據津《約》第十款『邀請英人幫辦稅務』一語，歷任總稅務司遂被占據，全國關稅為所把持。夫延外人為顧問，尚恐餂糠及米，今令主政，內攬黜陟大權，外與監督兩大，未有能掉尾者。光緒二十年，日本開釁，俄、法責言還遼，覬覦此席，英使向政府要求保障，以對華貿易超過他國為條件，如他國勝英，總稅務司不限用英人。當時尚無日員，自馬關《約》定，乘勢伸張其權力，日貨益盛，日員益增，利益均沾，積重難返，可勝痛哉！【略】

總稅務司署，設總稅務司一人，綜理全國關稅行政與關員任免事務，管轄五科三處。總務科，職至重要。宣統二年，裁副總稅務司後，所有常關均歸此科管轄，設正副主任各一人，更調悉由總稅務裁決，呈報稅務處備案。華幫辦若干人，無定額。機要科，專司機要文件。設正主任一人，向有副主任，今裁，添設洋幫辦一人。此科事務華員從未參與。統計科，總轄海關會計，兼管債賠款並審查各海關會計事。設正主任一人，副主任五人，分掌下列各事：一、襄辦會計，二、管理稅項帳目，三、管理不動產業，四、管理養老金帳目，五、管理經常費帳目。各副主任下設華幫辦若干人，無定額。漢文科，管理各關漢文報告及總稅務司與政府往來公文。設正副主任各一人，由洋員中通漢文者充任。華幫辦供事文案各若干人，無定額。銓敍科，管關員任免進退。設正副主任各一人，華幫辦供事無定額。造册處，設於上海，管理編製及印刷統計，供給紙張文具。設正主任一人，副主任二人，一華一洋。華員為署缺幫辦供事，無定額。駐外辦事處，設於倫敦，掌採辦海關用品，招用投效人員，接洽償付借款，支付關員來華旅費。設正主任一人，幫辦若干人。內債基金處，設於北京，與總署分立，專司政府委辦之內債基金。設正主任一人，漢文文案一人，華幫辦供事若干人，均由稅課司調用。各海關設稅務司一人，管理全關行政。雖事務繁簡不同，而辦事約分六課。一、總務，二、秘書，三、會計，四、統計，五、監查，六、驗查。一、二、三、四課以內班洋幫辦為課長，五、六課以外班洋幫辦為課長。有於總務課設分課者，有事繁收旺之區，設副稅務司。天津、廣東設二名以上，上海尤多。各關人員分內外兩班，內班稅務司、副稅務司，洋幫辦、華幫辦供事，華員文案司書録事。外班總巡兼理船廳驗估、驗貨、華洋鈐子手。依《辛丑和約》協定各通商口岸之常關，移歸海關管理，稅旺事繁之地，得設獨立常關，以副稅務司為主任，通例於海關內設常關課，以洋幫辦為課長。

臣謹案：海關行政長官為稅務處督辦會辦，總稅務司應歸節制，乃大權旁落，各關人員悉由其任免，政府無從干涉，高級職務半屬英籍，其餘列强均占位置，甚至無約之國亦有延用者，獨華員僅任中下級，俯聽指揮，人數雖多，而俸薪反絀，喧賓奪主，未有若斯之甚者也！

《海關募用外國人幫辦稅務章程》　總理衙門咨。同治三年七月十二日，據總稅務司赫德呈報：查通商各口，除瓊州外，現有口岸十四處，均設有稅務司，會同各關監督辦理稅務。惟稅司之下，有幫辦人等在公事房辦理事件，又扦子手在船驗貨及稽查偷漏等事。目下統計各關幫辦者有八十餘人，扦子手亦有三百名之多。若不定立章程，俾知遵守，無以昭畫一而示勸懲。茲擬章程二十六條，呈請酌核等因，前來。本衙門查各關事務紛繁，幫辦及扦手人等，為數亦復不少，必須另立章程，庶各關稅務司辦理不致參差，而該幫辦、扦手人等，亦得有所遵循。該稅務司所請不為無見。其所定章程二十六條，經本衙門詳加酌核，删改增添，共成二十七條，札知該總稅務司遵辦。內第十九條內載：若無總稅務司及本關監督文書，不准雇用洋商船隻作為巡船一節，查此係為預防各關所用外國人任便為中國雇覓洋船起見，總稅務司及各關監督行文稅務司雇備巡船，其雇價由稅務司於該關議定經費項下支發；如未經總稅務司及監督行文，稅務司擅行雇備，應不准其開銷。至該關監督如有自用巡船之處，船由該監督自行雇備，即由監督調遣，所需經費，亦由該關自行籌辦，不得動用各關稅務司經費之款。除札知赫總稅務司照辦外，相應將本衙門改定章程二十七條，抄録一紙，咨行查照；并將此項章程照録通行各關監督，一體遵照辦理。同治三年七月，咨各省。

一、總稅務司凡有應申陳本衙門事件及更换各口稅務司，務即隨時申報本衙門查核，仍一面分別申陳南北洋通商大臣，并知會各關監督。

一、總税務司係總理衙門所派。至各口税務司及各項辦公外國人等，中國不能知其好歹，如有不妥，惟該總税務司是問。

一、各關所有外國人幫辦税務事宜，均由總税務司募請調派，其薪水如何增減，其調往各口以及應行撤退，均由總税務司作主。若各關税務司及各項幫辦人內，如有辦理不妥之人，即應由該關監督一面詳報通商大臣及總理衙門，一面行文總税務司查辦。

一、各關雖係徵收洋商之税，然其事實中國之公事，所用之人，雖非中國人，其所辦係中國之事，其薪水亦中國所發，應較中國人格外盡心辦公；其遇中國官民有交涉事件，尤須格外以禮相待，彼此不可猜疑傲慢。

一、各關所用之人，以各人份内應辦之事為第一緊要，務當盡心盡力；至泰西所有各項新法，大有便益於日用常行為中國所未有者，若與地方官民相處浹洽，議論試行，雖屬同仁之義，然究為餘事，總以份内應辦之事為主，不可因此而誤公，彼此均不可勉强以必行。

一、各口税務司係總税務司所派委之員，倘手下之人有懈怠誤公者，惟該税務司是問。各該税務司於各口收税章程、各國通商條約并外國商情，本應熟悉；且於中國情形較各項洋人尤為透徹，辦理税務一切事宜，務求妥協。若有任性偏執，或與監督會商并不悉心陳説，以致誤會，辦事乖謬，進退兩難，是該税務司才不勝任之據，定即撤退。

一、各口税務司如才不勝任及辦事錯誤者，亦（為）［惟］總税務司是問。至通商各口辦理收税事宜，如有不妥，均係各關監督之責任。是以凡有公事，自應歸監督作主，如此則税務司所辦之事，即監督手下之事。惟税務司係總税務司所派之人，非監督屬員可比；然不得因非其所屬，遇事招摇攬權，有礙公事，以致監督難專其責。

一、各口税務司於各國所派領事官，常有交涉事件；若領事官非作買賣，税務司與之交好，自於公事有益，惟當論事辦事之間，愈當以凡事均係監督責成，不可稍存侵權見好之心，致罹咎譴。

一、各口税務司人等，逐月在關與商民交涉，均應設法重税課，順商情。查各口章程分兩項，一係禁止作弊以重税課，一係將税務司各事曉諭各商，以順商情。是以各税司除嚴行防堵走私偷漏外，應每日在關察看所用之人，是否盡心辦公，隨時體恤各商，有無刁難之處；且買賣税課之本，若令人為難，不順其情，不免與税［課］有礙，應由各該税務司，細心斟酌地方情形，多便貿易，以期多收税餉，但不可與章程、條約相背。

一、各口税務司手下之人有日後可勝司税之任，應由現任税務司為之表率，令其妥悉税務，并留心學習漢文、漢語，以期日後可用。

一、各口派税務司係專為幫辦税務起見，其税務外地方各事，與之無涉，本不應干預；惟税務司與地方官民相處熟悉，遇有外國人與地方交涉之事，從中調處，兩受其益，原不在禁止之（例）［列］；然須將所處理之事及往來信件，均宜報知總税務司；若處置乖方，以致別生事端，總税務司不能代任其咎，亦必將其懲儆。

一、各口税務司本口界外，概不准管理別口税務，及干預別口地方公事。兹將各口税務司應管界址，注明於後，以便遵守。

自香港至海南，其中沿海歸粤海關税務司稽查。自香至潮州北之海島名拉馬磕斯，歸潮州關税務司稽查。自拉馬磕斯至泉州府之海灣，歸厦門關税務司稽查。自泉州府海灣至北關海灣，歸閩海關税務司稽查。自北關海灣至乍浦，歸浙海關税務司稽查。自乍浦沿海至黄河老口以及沿江至狼山，歸江海關税務司稽查。自黄河老口至大清河，歸東海關税務司稽查。自大清河至山海關，歸天津關税務司稽查。自山海關至大連灣，歸牛莊關税務司稽查。長江自狼山至江寧，歸鎮江關税務司稽查。自江寧至武穴，歸九江關税務司稽查。自武穴至岳州，歸江漢關税務司稽查。臺灣西北沿海各處，歸淡水關税務司稽查。臺灣西南各處，歸臺灣關税務司稽查。

一、各口税務司內有代理人員，與署理無異；代理、署理人員，均與實任無异，其往來文書，均用平移，不得自為高下。

一、各口税務司若無總税務司明文准行，不得出駐札之府界，擅離職守。如有緊要事件，必須親往，應一面具文申報總税務司，并先行知會該關監督。其關上公事，應交妥人接手照料，不得有誤。其所管沿海各處，有隨時稽查之事，准其派本關人往查。

一、各關所有總辦、幫辦、通事、扦子手、頭目四項人等應領薪水，不得由該關税務司增減，亦不得任意撤退；若內有不妥之人，即准暫停薪水，不令赴關辦事，一面申報總税務司示遵。如此四項人內有自行辭退者，亦隨時具報總税務司，以便另行選派。

一、通事之外，各關所用之中國人以及外國扦子手人等，如有不妥，即由該口税務司立刻撤退；如係書辦，應知照監督；如係扦子手，應報明總税務司。

一、各關所用，如中國人每月領銀在十兩以上，外國人每月領銀在六十兩以上者，不得由該關税務司自行增添薪水。

一、各關之外國人，除扦子手外，若非税務司派來之人，概不准在關上干預公事。

一、若無總税務司及本關監督文書，不准雇用洋商船隻作為巡船。

一、若有在關上阻撓公事、生端擾害之人，如係中國人即請由監督懲辦；如係外國人，應請監督行文該國領事官查辦；若領事不肯秉公辦理，即將情由申報總税務司，并請監督及總税務司申報總理衙門，各口税務司均不得擅自究斷。

一、每口税務司，每逢結底，將結內收、支、罰三項各款，照前式摺報及遇事隨時具報外，每於月底須將該口買賣收税各情形簡明報知，均須端楷，盡寫漢文，報摺不得挖補。

一、遇有別口發來單照內有錯誤，或探聞別處界內有偷漏情弊，應行文該口税務司查照，該口税務司即行查辦，并一面知照該關監督。

一、各口收税，除載在條約者無可更改外，其日行詳細章程，亦應永遠遵辦；如其中實有因時制宜必須隨時更改者，務當先期申請酌核，不得擅自更改。

一、税務司、總辦、幫辦、扦子手頭目，俟過五年後，准告一年之假，領一半薪俸。回國休息，須先三個月請假，以便擇人更換；通事每三年准告假三個月，領全薪俸，均由議定各關税務司經費項下交給。

一、各口税務司、總辦、幫辦、扦子手頭目四項，若有不妥，由總税務司一人作主撤退，或前期三個月諭知起身，回國時，即不另發銀兩。若立時撤退者，發給三個月俸銀，飭令起身。若經歷五年，自行因病回國并非因事撤退者，給予半年薪俸，歷經十年者，賞給一年；二十年者，賞給二年，亦均由議定各關税務司經費項下支給，其各關税務司如有更動，總税務司隨時知照該關監督。

一、凡税務司與該口監督來往日行事件，除尋常事件毋庸抄録外，如有緊要之事，抄報總税務司查核；若與地方官有不得已行文者，無論是否有關税務，均須抄録具報；倘有應行申呈總理衙門事件，必須開具節略，蓋印畫押，呈送總税務司轉呈。

一、總税務司所請在各關公事房內辦事之外國人，分為六等：一，税務司，一，總辦，一，頭等幫辦，一，二等幫辦，一，三等幫辦，一，四等幫辦。內如有告假回國，派以次之人代辦，准支本身薪俸一半，署缺薪俸一半，亦均由議定各關税務司經費項下支給。

以上共章程二十七款，各口税司務須一一遵守；如有違背者，立即撤退。

《總理衙門為英人擔任海關總税務司致英國公使照會》光緒二十四年正月二十日、二十三日

為照會事：正月十三日接准貴大臣照會內稱：『查本大臣在貴衙門會晤時告知貴王大臣，接奉本國政府電示，內開：「英國在華貿易既已超過他國，本國政府認為，海關總税務司將來仍照以前辦法，應由英人擔任，對於英國商務利益關係極大也。」貴大臣當即面允。茲為免除誤解起見，特備文照會貴王大臣，以便存查。』等因前來。查口岸通商以來，商務、税收漸有增加。英商納税幾達外國所納全數十分之八，是以聘用英員赫德為總税務司。該税務司熟悉商務，辦事公平，精幹正直，誠實可靠，中國國家倚畀正殷，如請離職，中國必設法挽留，但如定要回國，中國國家察看各口貿易情形，查明英商為數屬多，當令該税務司推薦能力相稱之人，查核委派接辦海關事務，蓋為保護各口商務起見，總不能輕易選派，致礙公益也。用特備文照復貴大臣並請查照。須至照會者。

光緒二十四年正月二十日

為照會事：照得嗣後續聘英人接替總税務司一事，前日本王大臣已照復貴大臣矣。查本王大臣見及英國貿易較他國為多，已迭次允准，嗣後仍照以前辦法，聘用英人為總税務司。將來他國各口貿易較多於英國，則屆

時自不必聘用英人矣。用特再備文照會貴大臣以為查據。須至照會者。

光緒二十四年正月二十三日

論　說

鄭觀應《盛世危言・稅則》　當日海禁初開，華人不諳商務，一切船隻之進出，貨物之稽徵，皆委洋人經理，京都特設總稅務司，各口海關則設正、副稅務司，幫同監督經理榷政。稅務司下又有幫辦，自頭等以至四等，每等皆分正、副。此外更有扦手，皆以西人承充，惟通事及辦理漢文之書啓，徵收稅項之書吏始用華人。夫中外通商數十餘載，華人亦多精通稅則，熟悉約章，與其假手他人，袒護彼族，何若易用華人之為愈乎？或謂：『華人誠實者少，狡猾者多，用之恐滋弊竇。』不知稅則既定，中外通行，耳目衆多，觀瞻所係，非若各省厘卡貨稅之數彼此不符。雖有奸胥，安能舞弊？

應請明定章程，擇三品以上官員曾任關道熟悉情形者為總稅務司。其各口稅司、幫辦等皆漸易華人，照章辦理，庶千萬巨款權自我操，不致陰袒西人阻撓稅則，不特榷政大有裨益，而於中朝國體所保全者為尤大也。

清・陳熾《庸書・外篇卷上・稅司》　天下事，利之所在，即權之所在，不可輕以假人者也。乃有非我族類，久假不歸，盤據要津，根深蒂固，海關厘稅，歲入三千萬，仰其鼻息以為盈虛，引黨類數百人，糜工資二百萬，漸而陰持朝議，顯綰邦交，偶或侵之，顛蹶立至。噸鈔數及百萬，本國家自有之利源，乃一意把持，據為己有。浮標燈塔，行海之耳目，亦習焉不察，舉而授之。家資之富，可以敵國，以泰西廿四字母許數，每字百萬，以及兩周，皆詭寄他人，運歸本國，阻撓稅則，左袒西商。鄧承修議增一人，則借他事以軋之，曾紀澤欲代其位，則造蜚語以傾之。貌類忠誠，心懷鬼蜮。英擬授以出使之任，而乞假回國，密請改授他人，詭計陰謀，莫窺其際。英君主授以男爵，功在彼國，其事可知。近於越南、西藏立約通商，扶植乃弟，冀稍效勞勳，身故之後，世襲其官。西人之入中國者，尊敬畏服，望若天人，視官吏蔑如也。

英人之據印度也，始亦於沿海通商，設一公班衙，代理稅務，旋因細故，遽啓兵端，即據其海關，以給軍餉，相持十載，印人兵敗乞和，而沿海膏腴盡為所有。今之總督署，即昔之公班衙也。蓋印度壤土之廣，略與中國相侔，英雖一戰勝之，而兵力不敷分守，因擇國人之桀黠者，陽為效用，陰綰利權，一旦失和，則昔日同舟，頓成敵國。英之轉運不竭，而印之聲氣不通，束手歸降，莫能枝拄。故公班衙者，滅印之樞也。今印度舊主，困守窮山，貧窶艱難，轉為所役。英人歲給八千圓之俸，以養其家，身辱國亡，可為悲慄者矣。波斯、埃及、土耳其諸國，柄用西人，無不太阿倒持，日侵日削者。國家舊制，於臣工制馭綦嚴，乃獨於一西人倚任多年，毫無疑慮，中外大臣皆尊而信之，無一深窺其隱者，仰獨何也？

宜令使臣商其政府，總稅務司之任，添派一清正之大臣，顯予褒封，陰收其柄。各關稅司扦手，選派華員之穩練而西文精熟者，共事其間，恩賞工俸三年，俾資教習，一年而後，概易華人。惟彼則頒給俸糈，寵以名爵，衡情據理，期在必成。此時英國畏忌强俄，尚不敢顯然與我為難也。論者輒謂西人弊少，華人弊多，而華員之薪俸無一可比西人者。薪俸優，身家重，嚴查慎選，而謂華人必不若西人，無是理矣。論者又慮西商狡悍，不服盤查。不知稅則提單均有定式，持平核實，彼自無辭轉免。華商報關，橫遭摧辱，日本之事，其明徵也。

伊古以來，未有堂堂大國，利權所在，永畀諸异國之人者。不及此改弦而更張之，他日偶有責言，顯蹈印度覆亡之轍。海疆萬里，拱手讓人，濟濟羣公，何以自解於天下後世哉！

清・薛福成《庸盦海外文編・海關徵稅敘略》　總稅務司赫德屬駐英稅務司金登干送來光緒十八年海關貿易總册。余受而閱之，條分件繫，經緯分明，是年徵稅之數，凡進口正稅銀四百五十九萬餘兩，出口正稅銀八百二十五萬餘兩，復進口半稅銀八十二萬餘兩，洋藥稅銀二百二十八萬餘兩，船鈔銀三十八萬餘兩，內地半稅十四萬餘兩，江漢關徵銀一百八十九餘萬兩，閩海關徵銀一百六十八萬兩餘，潮海關徵銀一百四十八萬餘兩，浙海關徵銀一百二十五萬餘兩，九江關徵銀一百零四萬餘兩，厦門關徵銀九十七萬餘兩，蕪湖關徵銀七十餘萬兩，津海關徵銀六十九萬餘兩，淡水關徵銀六十三萬五千餘兩，鎮江關徵銀六十三萬一千餘兩，山海關徵銀五十四萬餘兩，九龍關徵銀四十七萬餘兩，臺南關徵銀四十四萬餘兩，拱北關徵銀三十八萬餘兩，東海關徵銀三十三萬餘兩，北海關徵銀二十五萬餘兩，重慶關徵銀二十萬餘兩，宜昌關徵銀十一萬餘兩，瓊海關徵銀九萬八千餘兩，蒙古關徵銀七萬三千餘兩，龍海關徵銀三萬六千餘兩，龍州關徵銀一千七百餘兩。以上二十四關，徵收之總數，即前七項徵收之總數。

近年滬粵等關，收稅所以益旺者，以洋藥厘金歸并之故，閩漢等關，收數所以漸衰者，以茶葉銷路日衰之故。綜計是年進口洋貨，價銀一萬三千五百十萬餘兩，進口正稅，并洋藥稅，得銀六百八十八萬餘兩。覆諸值百抽五之數，無大懸殊。然洋藥厘金，固尚不在内也。出口土貨，價銀一萬零二百五十八萬餘兩，出口正稅得銀八百二十五萬餘兩，已逾值百抽八之數，所謂值百抽五者不符，則以土貨之價，已大減於初定稅則之時之價。蓋絲茶二者為之也。

嘗考夫財用盈虛之故矣。大凡土脉膏腴，物産充羡，壤博民殷，商貨所趨，如水歸壑，則稅可贏。又或衆力勤劬，工藝精良，流貤日廣為遐方日用所必需，則稅可贏。又或地雖磽瘠，專産一物，如絲如茶，居民持恒業，遠人聞而欣羡，則稅可贏。又或綰谷通衢，因利而乘便，官山府海，發天地自然之藏，都泉布輸寫之會，則稅贏。此數者，貴審其地形，開其風氣，尤視大水之經緯脉絡，以定羣商之輻輳與否。夫上海扼長江之要，故稅最多，廣州扼粵江之要，故次之，漢口扼漢江之要，福州扼閩江之要，故又次之。北方之水溜急沙淤，不便行舟，故雖以黄河之大且長，獨無榷稅極盛之關。夫殖財之源，因地勢亦隨人事天時而變者也。至若核其所徵之稅，而地之衝僻，民之貧富，物之衰旺，歲之豐歉，俱可借以考鏡焉。余故摘記其大略如此。

《外交報》第二六五、二六六期《汪廷襄〈新關稅與外交上之關係一九一〇年一月〉》 交通發達，經濟膨脹，國際懋遷，於焉稱盛。而輸出入之進退，稅關實握其樞紐。其獎勵外國貿易也，則免輸出之稅；其保護内國産業也，則重輸入之稅。故其影響，往往生於内政而及於外交。陳事昭然，圖驥可索。乃吾國自設新關以來，垂今凡六十年，朝野士夫咸視為國帑之源泉，未審有國際之關係，是直窺一斑以概全豹，伸一指以蔽太行也。惟此觀念之差，遂産不良之果。彼既以獎勵外國貿易為宗旨，除一二特産品外，輸出稅之徵納莫不蠲免；而我乃與輸入稅同其程。彼既以保護内國産業為目的，除一二自由貿易國外，輸入稅之賦課莫不增加；而我猶與輸出稅同其率。嗚呼，失之毫厘，差以千里，此之謂乎！

嘗考歐洲關稅之起源，實肇於中古。其初原不過為貨物交通保護之報酬，於道路、橋梁、港津修繕費各名稱下，徵其定率之用費而已。行之既久，諸侯之權威復日熾，始一變而為國用收入之機關。無何，重商主義昌，以為一國之富盛在乎金錢之充積，而金錢之充積，則捨獎勵輸出、禁遏輸入也，其道末由。斯説既張，遂喚起保護内國産業之精神，開示獎勵外國貿易之政策。凡外國品之足與内國品相競争者，則厚斂以絶其覬覦。於是保護稅之名詞，乃喧騰為經濟學者之口實，而為政治大家之方針。苛賦重徵，造其極也，輸入者有損無益，有虧無贏，子母之權，非可屬望，乃相戒裹足而不前，其結果遂同於禁止。於是保護稅也，進而為禁止稅矣。禁止稅既行，相對之國輸出無望，經濟社會乃大恐慌，挾其憤激不平之氣，非有以逞其復仇報怨之志而無以自甘，爰亦高其稅率，困彼商人，既以自豪，亦以相懲。於是禁止稅也，更反應而為報復稅矣。此報復稅之為内政問題耶？抑為外交問題耶？事理分明，片言可折，要不待智者而後決耳。

夫關稅之影響，既及於國際之關係，斯關稅史上遂生亘古未有之二大紀念：曰關稅戰争，曰關稅同盟是也。

關稅戰争者，非真血肉相搏、干戈相接之謂也。蓋以二國或二國以上之國家，互高其輸入之稅率，相閲相厄而不相讓，其狀態殆無异於戰斗，故錫以嘉名，而謂為關稅戰争耳。溯此戰争之由來，其始不過或國采保護主義，高其輸入之稅率，而苛斂招怨，他國亦以高率反抗之。此酷彼殘，相持不下，卒至輸出入之互減，共悲産業之沈衰。損害既蒙，翻然改悔，迨和協之議成，而兵盡糧罄，已不勝其疲矣。彼一千八百七十九年，德相畢士麥手訂之關稅法，所以斂列强之怨，而開法、俄、奥三國之戰争者，是先例也。

關稅同盟者，凡政治上之利害、經濟上之關係彼此相同之邦國，集為一團，互輕其稅率，自由其交通之謂。誠以各懷嫉視，咸蒙厥害，不若相約和衷，同保其利也。彼一千八百三十三年德意志聯邦之關稅同盟，前數年英國殖民地之關稅同盟，其範圍僅限於内國，猶無當於外交。然自一千八百六十年英、法兩國締穀孛敦條約，互減税率而敦睦誼以來，德、奧、義、瑞效之，亦有關税相讓之約，而法、俄、班諸國亦於一千八百九十二年組成關税之一團，以與德、奧、義、瑞同盟相對峙。此數者蓋於外交上至可注目者也。

由是觀之，則關税戰争固為禁止、報復之結果，而關税同盟實開協定税率之先驅。協定税率者，或國與他國協議，依條約而所定之税率也。夫設關課税，國家原自有其權，孰重孰輕，固不妨一秉國定税率以為斷。第恐失諸苛酷，勢必因報復而陷於戰争，彼此同被其損害，斯出其相推相讓之手段，於國定税率之外，更以協定為之輔耳。故協定税率之性質，實已脱内政之範圍，而入於外交之區域。惟其主義，要以利益交换為宗。其有對於不敢復讎之弱國，彼所輸入於我者，我重課之；我所輸入於彼者，務使輕課以為我利。此所謂有利條件之約章，曾無當於利益交换之主義。蓋利益交换云者，彼此以同等之利益交易也。其條約之利益，須屬於雙方，不得僅屬於單方。屬於單方者，法理所弗許也。雖然，國勢懸殊，非無悍然不顧而以强脅弱者。則外交上之影響，其與關税之關係又何如耶？

况如我國者，自設新關以迄今日，其間之變遷沿革，幾可作一篇外交史乘觀乎。溯自江寧締約，五口通商，列國相繼設領事，當時輸出入之貨物，都經外國商人之手，故其課税悉由領事徵收，納諸政府，而領事各私其私，政府乃開協議而直接課之。是為我設立新關之始。嗣以官吏昧於事情，頗滋弊害，列國乃要求采用外人。於是税務司之職，遂充以英、法、美各一人。是為我税關録用外人之始。繼又以外國通商，英國實居過半，税關之事務大都關於英人，而英人之為税務司者又聲望隆然，邁於儕輩，由是總税務司之席遂為英人所占。不特此也，彼一千八百九十七年不更有中、英之條約乎，曰總税務司之職，苟英國貿易額超出於他國上者，總當以英人充之。嗚呼！經濟之盛衰，消息於貿易，而貿易之消息，操縱於税關，乃操縱之機關，竟坦然委諸外人之掌握。姑無論關税戰争失其權，關税同盟無其利，即此協定之税率，亦幾何有利益交换主義存乎其間耶？有往無來，有施無報，而我猶不自審其侮予也，斯可悲已！吾國士大夫其三復而三思之，庶可以籌外交之方策，而為税關整頓之預備乎？拭目俟之，馨香祝之。

雜録

清・寶鋆等《籌辦夷務始末（同治朝）》卷一二《官文奏江漢關開關徵税情形摺同治元年十二月二十日》 大學士湖廣總督官文奏：

准總理各國事務衙門咨開：《長江收税章程》，已於總税務司赫德到京後，由總理衙門督飭司員與之詳加辯論，分别議定，照會英、法等國轉飭各商遵辦，並將議定緣由覆奏。同治元年九月二十九日，奉旨：依議。欽此。咨行查照辦理等因。奴才當即轉行監督江漢關漢黄德道鄭蘭，並劄付英國領事官金執爾等一體諭飭洋商，遵照納税；一面定期開徵。適十月十八日赫德至楚，來轅謁見，奴才優禮相待。赫德詞意極為和順，並據呈出漢口收税更定簡明章程，因前定章程語言繁冗，商人不便閲悉之故。奴才覆加察覈，尚屬簡便可行，遂定期十一月十二日開關徵税，以歸第十結之首，蓋是日即洋人之正月初一日也。赫德隨於十一月初八日，前往九江辦理開關事務。奴才將《江漢關章程》逐款開列，咨行江西撫臣沈葆楨、九江關監督道員廷曙循照辦理，以免歧异。

伏查設關徵税，為裕國便商之善政，江漢關開徵伊始，必須立法嚴明，方免漸滋流弊。而關務之弊竇，多由丁役之賄縱，奴才前在粤東及經過江蘇、浙江，訪悉粤海、杭州、蘇州、江寧織造各關，皆信任家丁，串同巡役，得賄（縱私）[私縱]，百弊叢生，以多報少，有虧官不虧私之俗論。奴才深悉其弊，前於整頓荆關税務，移設新關，特派道員督率委員親身經理，革除信用家丁陋習。是以一關之設，每年徵税銀二萬數千，溢於荆關正額，此其明證。現在江漢關徵收洋税，事經初創，尤當弊絶風清，責成大小委員認真經理。凡查貨、徵税事宜，概不准丁役從中經手染指，以杜流弊。該監督道鄭蘭心地樸誠，廉隅自勵，年餘以來，於洋人往來諸務，尚能實力籌辦。奴才仍當督同該道遵照條約，遇事講求，隨時整飭，以期洋商悦服，税項充裕，仰副聖朝懷柔遠人之至意。

御批：覽奏均悉。該衙門知道。

又 卷一〇〇《奕訢等奏請賞税務司好博遜四品銜以昭激勵摺》 總理各國事務恭親王（奕訢）等奏：

同治十三年八月初二日，奉上諭：沈葆楨等奏，臺灣近日情形各摺片。請將税務司好博遜酌給奬勵之處，著該衙門議奏等因。欽此。臣等伏查各口税務司，如有職任多年、實心辦事、襄助得力者，由各口通商大臣奏保，聲明勞績，交臣衙門覆給奬勵，歷經奏准遵照在案。茲准沈葆楨等請將好博遜酌議勵奬等因。查沈葆楨等查辦日本人在歧萊地方船破失銀一案，經税務司好博遜，偕葛瑪蘭，通判洪熙恬，委員張斯桂、李彤恩等，往來各處，勘驗查訊，俾得迅速完案，不無微勞足録。查税務司好博遜，前於克復各城案内，請給頭等寶星；復於經理洋務，采辦洋米等事出力案内，請給五品銜。此次襄辦日本人在歧萊船破失銀案件出力，合無仰懇天恩，將税務司好博遜，賞給四品銜，以昭激勵。

硃批：依議。【略】

一曰侵權。楚材晋用，從古有之，洋關開設之初，中國未悉外國商情，不能不暫用洋人，然洋員但司查艙驗貨，其法令、文告仍由南、北洋大臣監督關道主之，税司間有曉諭，不過諭知洋商、洋船而已，其徵銀仍存關庫，故有利而無弊。今馬根法來格來粵，并未持有總署公文，總税司申文竟由赫德單銜出示，諭飭華商、華民、華船，并不知會海關，是粵海兼轄之説不過徒存其名。遇有民船、華商罰禁懲辦，概由税司徑行主持發落，地方大吏并不與聞，州縣更無論矣。西例最重者權利，今以洋員全奪地方官之權，撓我内政，以後粵省虎門以外縱横數百里，耳目所習將不復知有華官法度，非特利權有損，并於事權有妨。《易》曰：『履霜堅冰至。』言漸之不可不慎也。【略】

洋藥并徵與常税厘金本是截然兩事，英國既允開辦，即由海關原設之税務司并徵，似亦未嘗不可，該兩國果肯助緝，則隨時函知、電知省城原設之新關税務司，盡可稽察不漏。或以九龍、拱北專設税司，便於聯絡，則洋藥自歸税司，税厘自歸委員，并無干涉，并無妨礙，何以税司必欲代我抽收民船貨船貨厘，其中自別有用心所在，已屬顯而易知。【略】伏思廣東為中華海疆第一道門户，粵防弛，則沿海皆為兵衝；粵力盡，則南洋更無可恃，此事關涉重要，【略】伏懇聖明俯加權度，敕下總理衙門户部詳核妥議，請旨遵行，大局幸甚，粵省幸甚。

同文館分部

綜述

清・賈楨等《籌辦夷務始末（咸豐朝）》卷七一《奕訢等通籌善後章程摺咸豐十年十二月初三日》 竊為夷情之强悍，萌於嘉慶年間，迨江寧換約，鴟張彌甚，至本年直入京城，要挾狂悖，夷禍之烈極矣。論者引歷代夷患為前車之鑒，專意用剿。自古御夷之策，固未有外於此者。然臣等揆時度勢，各夷以英國為强悍，俄國為叵測，而法美從而陰附之。竊謂大沽未敗以前，其時可剿而亦可撫；大沽既敗而後，其時能撫而不能剿，至夷兵入城，戰守一無足恃，則剿亦害，撫亦害。就兩者輕重論之，不得不權宜辦理，以救目前之急。【略】謹悉心參度，統計全局，酌擬章程六條，恭呈御覽。【略】

一、認識外國文字，通解外國言語之人，請飭廣東、上海各派二人來京差委，以備詢問也。查與外國交涉事件，必先識其性情。今語言不通，文字難辨，一切隔膜，安望其能妥協！從前俄羅斯館文字，曾例定設立文館學習，具有深意；今日久視為具文，未能通曉，似宜量為鼓舞，以資觀感。聞廣東、上海商人，有專習英、法、美三國文字語言之人，請飭各省督撫挑選誠實可靠者，每省各派二人，共派四人，携帶各國書籍來京，并於八旗中挑選天資聰慧，年在十三四以下者各四五人，俾資學習。其派來之人，仿照俄羅斯館教習之例，厚其薪水，兩年後分別勤惰，其有成效者，給以奬敍。俟八旗學習之人，於文字言語悉能通曉，即行停止。俄羅斯館語言文字，仍請飭令該館，妥議章程，認真督課。所有學習各國文字之人，如能純熟，即奏請給以優奬，庶不致日久廢弛。

清・寶鋆等《籌辦夷務始末（同治朝）》卷八《奕訢等又奏設同文館學習洋文擬章呈覽摺》 恭親王（奕訢）等又奏：

查咸豐十年冬間，臣等於通籌善後章程内，以外國交涉事件，必先識其性情，請飭廣東、上海各督撫等，分派通解外國語言文字之人，攜帶各國書籍來京，選八旗中資質聰慧，年在十三四以下者，俾資學習。嗣遵籌未盡事宜，復經聲明：鐵錢局除改作衙署外，尚有鑪房，修葺堪作館舍等因，均經先後奉旨允准在案。臣等行文兩廣總督、江蘇巡撫派委教習，並行文八旗挑選學生去後。嗣據各該旗陸續將學生送齊，而所請派委教習，廣東則稱無人可派；上海雖有其人，而藝不甚精，價則過鉅，未便飭令前來。是以日久未能舉辦。臣等伏思欲悉各國情形，必先諳其語言文字，方不受人欺蒙。各國均以重貲聘請中國人講解文義，而中國迄無熟悉外國語言文字之人，恐無以悉其底蘊。廣東、江蘇既無咨送來京之人，不得不於外國中延訪。旋據英國威妥瑪言及該國包爾騰，兼通漢文，暫可令充此席。臣等令來署察看，尚屬誠實，雖未深知其人，惟以之教習學生，似可無事苛求。因於上月十五日，先令挑定之學生十人來館，試行教習。並與威妥瑪豫為言明：止學語言文字，不准傳教。仍另請漢人徐樹琳教習漢文，並令暗為稽察，即以此學為同文館。

至應給修金一節，各國公使以為必需重貲方肯來教。而現在英國包爾騰，據威妥瑪聲稱：本係在外教徒，尚有餘貲，若充中國教習，係屬試辦，本年（元年）止給銀三百兩，即可敷用。至明年如教有成效，須歲給銀千兩內外，方可令其專心課徒，俾無內顧之憂。臣等查外國人惟利是圖，既令教習諸生，不得不厚其薪水，以生其歆羨之心。至漢教習薪水，按照中國辦法，現擬每月酌給銀八兩，將來應否加增，應由臣等隨時酌辦。通計此項教習薪水及學生茶水、飯食、服役人等工食並一切零費，每年約需銀數千兩。近年部庫支絀，無款動支，再四斟酌，惟於南北各海口外國所納船鈔項下酌提三成，由海關按照三箇月一結奏報之期，委員批解臣衙門交納，以資應用。此項向不解部，專備各關修造塔表、望樓及一切辦公之用，今止酌提三成，於各關辦公不至有誤。如蒙俞允，應請即以奉旨之日為始，行文各海關遵照辦理。至教習薪水，較之外國教習薪水厚薄懸殊，如教有成效，擬由臣等酌量獎勵。其學生分別勤惰，以示懲勸。臣等謹酌擬《同文館章程》六條，恭呈御覽。

御批：依議。

又《同文館章程六條》 一、請酌傳學生以資練習也。查舊例，俄羅斯文館額設學生二十四名，今改設同文館，事屬創始，學生不便過多。擬先傳十名，俟有成效再行添傳，仍不得逾二十四名之數。此項學生，臣等前在八旗中僅挑取二十名，除已傳十名外，記名人數無多。將來傳補將次完竣，應由八旗滿、蒙、漢閒散內，擇其資質聰慧、現習清文、年在十五歲上下者，每旗各保送二三名，由臣等酌量録取，挨次傳補。

二、請分設教習以專訓課也。查舊例，俄羅斯文館准挑取俄羅斯佐領下另檔之人，令在教習巴克什上行走，巴克什亦准奏請作為主事。今所延英文教習包爾騰，止圖薪水，不求官職。將來如廣東、上海兩處得人，應照咸豐十年奏定章程，由該省督撫保送來京充補。此缺係中國人充當，如果教授有成，自應酌量奏請獎勵，每年薪水即不得援照外國人辦理。至漢教習現係順天人候補八旗官學教習徐樹琳充當，嗣後漢教習乏人，擬即由考取八旗官學候補漢教習內，仿照鴻臚寺序班定制，咨傳直隸、河南、山東、山西四省之人，取其土音易懂，便於教引。仍取具同鄉京官印結，在臣衙門投卷，試以詩文，酌量録取。挨次傳補，月給薪水銀八兩，二年期滿，如有成效，無論舉、貢班次，均奏請以知縣用，再留學二年，准以知縣分發省分歸候補班補用。至將來學生增多，及覓有教授俄、法等國語言文字之人，此項中外教習，再行隨時酌增，分堂教授。

三、請設立提調以專責成也。查舊俄羅斯文館提調，由內閣侍讀學士、理藩院郎中、員外郎內揀選，專管學館一切事務。今改設同文館，無庸由內閣理藩院咨取，以歸簡易。應即由臣衙門辦事司員中，揀選滿、漢各一員，兼充該館提調。所有館務，責成該員等專心經理，如督課得力，遇有獎敘教習之年，一併獎勵。專設蘇拉三名以備驅策，每名月給工食銀二兩五錢。

四、請分期考試以稽勤惰也。查舊例，俄羅斯文館有月課、季考、歲試三項：月課則每月初一日，由該教習擬定文條，散給諸生繙譯謄卷，該教習分別等第註冊備查；季考則於二月、五月、八月、十一月之初一日舉行，出題等第，均如月課，惟試卷則呈堂裁定，始行註冊，是月停止月課；至歲試則於每年十月初十日前，堂定日期面試，考列一等者，賞給筆墨紙張以示獎勵。是月月課、季考均行停止。今改設同文館，除遇有考試無庸停止月課、季考外，其餘一切均請仿照辦理。惟所試之藝，現在甫經開學，於外國文字未必遽能熟悉，一年之內，應先用滿、漢文字考試，俟一年後學有成效，再試以各國照會，令其繙譯漢文。

五、請限年嚴試以定優劣也。查舊例，俄羅斯文館，乾隆二十二年奏定，五年由本館考試一次，考取一等者授八品官，二等者授九品官，三等者留學讀書。由已中等第內擇其優者堂委副教習，額設助教二員，由副教習內揀選，奏請補放。助教教導有方，奏請授為主事，分部遇缺即補，仍在館行走。嗣於嘉慶八年，經軍機處內閣具奏，改為由吏部照各項考試之例，奏請欽派閱卷大臣，在上諭館考試，分別等第升授如前。惟八品官考取一等者升授七品官，七品官復考一等者授為主事；又於道光十九年，經吏部奏准，學生由七品官授為主事，遇缺班次過優，改為到部學習三年期滿，與各項候補主事統較行走日期，以次挨補等因各在案。今改設同文館，臣等擬請每屆三年，由臣衙門堂官自行考試一次，覈實甄別，按照舊例，優者授為七、八、九品等官，劣者分別降、革、留學，俟考定等第，將升降各生咨行吏部註冊。其由七品官考取一等應授主事者，舊例因鼓勵學生起見，准其遇缺即補，嗣經改為三年期滿，與各項候補主事統較行走日期，以次挨補。自此升途稍隘，而學習者漸不如前。今欲令該學生等認真學習，擬仍照舊例辦理。嗣後由同文館考取七品官復考一等授為主事者，請仍准掣分各衙門行走，遇缺即補。至考試學生時，該助教等如果訓導有方，亦應由臣衙門奏請以主事分部遇缺即補，仍兼館行走。

六、請酌定俸餉以資調劑也。查舊例，俄羅斯文館助教，每年俸銀八十兩，七品官每年俸銀四十兩，八品官每年俸銀四十兩，九品官每年俸銀三十二兩三錢，學生傳補，咨旗坐補馬甲錢糧。今改設同文館，擬請仿照俄羅斯［文］館舊章辦理，助教等俸銀數目，均請悉仍其舊。現在部庫各項支絀，未便由庫支領，臣等酌擬此項放款，悉由奏撥各海關船鈔項下支給；至學生錢糧，即照俄羅斯［文］館學生舊章，遇有本旗馬甲缺出，照例坐補以資調劑。

御批：覽。

又 《賈楨等奏俄文館請歸并同文館摺》 大學士賈楨等奏：查總理各國事務衙門於咸豐十年冬間奏准《善後章程》內，請旨飭令俄羅斯文館妥議章程，認真督課等因，奉旨允准。嗣經內閣議奏：總理各國事務衙門專司各國事務，所有俄羅斯學章程，請歸并該衙門一體妥議辦理，以昭畫一。奉旨：依議。欽此。頃於本年［元年］五月，該衙門傳集該館助教、副教習、學生等到署，內額設學生二十四名，除懸缺未補八名及臨時不到三名外，實到學生十三名。面加考試，該學生等並不熟習俄文，其助教二員、副教習三員內，亦止國世春一人尚稱稍通文義。臣等公同商酌，擬將該員咨送總理衙門，仍留原俸，在新設之學堂行走。其餘助教一員、副教習三員，及已未到學生共十六人，既學無成效，自未便虛糜廩餼，相應請旨撤其學生所領馬甲錢糧，及該館一切領項自應一併裁去，以節糜費。嗣後俄國文字，即歸并英、法、美三學，由總理各國事務衙門隨時酌覈辦理。

御批：依議。

又 卷一四《著廣州將軍仿照辦理同文館諭同治二年二月初十日》 又諭：

前據總理各國事務衙門奏：遵議設立學習外國語言文字學館為同文館。當經照所議行，該衙門已行知該將軍等遵照矣。因思總理衙門固為通商綱領，而中外交涉事件，則廣東、上海為總匯之所。現據李鴻章奏稱：上海已議設立外國語言文字學館。而廣東事同一例，亦應仿照辦理。著庫克吉泰、晏端書於廣州駐防內公同選閱，擇其資質聰慧，年在十四歲內外，或年二十左右，而清、漢文字業能通曉，質地尚可造就者，一併揀選，延聘西人教習。兼聘內地品學兼優之舉貢生員，課以經史大義，俾得通知古今，並令仍習清語。厚其廩餼，時加查考，儻一二年後學有成效，即調京考試，授以官職，俾有上進之階。此事為當今要務，該將軍等務當實心辦理，不得視為具文，儻將來日久無效，惟該將軍等是問。所有一切章程及薪貲工食各項經費，著即咨商李鴻章，並參以總理衙門原議，或酌提船鈔妥為辦理，議定後即行具奏，候旨裁定遵行。

又 卷一五《奕訢等奏同文館添開法俄文館摺同治二年三月十九》 總理各國事務恭親王（奕訢）等奏：查各國語言文字，均當諳熟有人，今英國雖得人教習，而法、俄缺如，究有未備。因於接見該二國公使時，留心延訪，茲據法國哥士耆、俄國巴留捷克陸續函薦司默靈、柏林二人前來。查司默靈本係法國傳教士，當即力卻。哥士耆稱：司默靈雖屬教士，現在並不傳教，且其人尚誠樸，可充斯席。臣等令其來署面見，尚無傳教士習氣，因與切實言定，若到同文館，斷不准其傳教，一涉此弊，立即辭回。該使應允而去。至俄國柏林，向充該館繙譯官，嗣因接手有人，在館閒住。此人上年（元年）因公來臣衙門多次，臣等均曾接見，人尚不十分狡詐，以之教習學生，似尚無大流弊，因與巴留捷克訂定。至各國教習每歲應給薪水，上年英國包爾騰到館時，因威妥瑪言：包爾騰初入中華，充當教習，係屬試辦，止須給以三百金，來年（二年）再為給予一千數百金。是以上年止給包爾騰薪水三百兩。今法國公使並無試辦少給薪水之説，臣等未便與之斤斤較量；且外國教習，非厚給薪水亦無人願來充當。因與言定，每教習薪水，一年給予庫平銀一千兩，並包爾騰亦一律加給，以示大方。

其漢教習一項，上年試辦英文館時，尚未奏定章程，係由臣等采訪得八旗候補漢教習徐樹琳，人品較優，咨傳充補。迨七月間始奏定章程，漢教習均由八旗咨傳，考試録用。此次添開法、俄文館，自應遵照奏案辦理。惟思此項文館，現在試辦之初，漢教習日與外國人相處，且有暗為查察之責，必須人品端正，方為可用，考試僅憑文藝，底蘊或未深知。且徐樹琳自上年采訪傳充以來，課讀一年，館務諸稱安靜。因商定此次仍暫照上年咨傳徐樹琳辦法，采訪傳充，俟將來館務章程大定，再行遵照奏案考試辦理。臣等現訪得鑲藍旗漢教習張旭升，直隸人；候補八旗漢教習楊亦銘，河南人，品學均尚端粹，堪膺斯選。業經行文國子監、禮部咨取前來。於本月（三月）初六日，將張旭升分入法文館，楊亦銘分入俄文館，各派挑定八旗學生十名，令其教習。其法、俄兩國教習，亦於是日到館，公同教導。並經臣等諭知該館提調成林、夏家鎬等，隨時督同該教習等稽查防範，如涉有傳教等弊形迹，即行據實稟明，以便辦理。至各國教習薪水，言明分春秋二季支給；漢教習每月薪水銀八兩，按月支給，均於解到船鈔項下，按時照數給領。

御批：依議。

又 卷一六《晏端書、黄贊湯奏籌商八旗子弟學習外語情形片》 署兩廣總督都察院左副都御史晏端書、廣東巡撫黄贊湯奏：

承准議政王軍機大臣字寄，同治二年二月初十日奉上諭：設立學習外國語言文字為同文館等因。欽此。伏查京師設立同文館，學習外國語言文字，上海援案辦理，洵屬及時要務，粵東自應仿照一律舉行。當經咨商署理通商大臣江蘇撫臣李鴻章，詢查上海章程去後。茲准先將大略情形函覆，並聲明一切規條，統俟議定咨會等因前來。

查上海設立學館，尚須度地庀材，考選幼童，入館肄業。粵省則應取諸廣州駐防，署將軍臣庫克吉泰本已挑有八旗子弟百餘人，令其勤習繙譯，行之數年，訓課策勵，頗著成效，今即於其中選擇年幼性慧者二三十人，較易集事。臣與庫克吉泰會商，擬即修築館舍，訂延英、法國人，教習外國語言文字，並聘內地品學兼優之士，課以經史文藝，仍兼習清、漢繙譯，以期融會貫通。所需各項經費，已與粵海關監督毓清籌商，酌提船鈔備用，撙節核實支銷。所有一切詳細章程暨經費定數，容臣等會同悉心覈議，奏請聖裁，欽遵辦理。

御批：知道了。

又 卷二七《瑞麟等奏廣東同文館開辦情形擬議章程呈覽摺》 廣州將軍瑞麟等奏：

同治二年二月初十日，奉上諭：前據總理各國事務衙門奏：設學習外國語言文字學館為同文館。當經照所議行。現據李鴻章奏稱：上海已設立學館，廣東亦應仿照辦理等因。欽此。經前署督臣晏端書咨商李鴻章，鈔録上海設館開辦章程，並將粵省擬辦大概情形，於上年四月十三日附片具奏。現於省城大北門內朝天街，租賃房屋二所，稍加修葺，作為學館，可省擇地建築之煩，並免再稽時日；一面遴派鑲黄旗漢軍協領王鎮雄為該館提調，並委正白旗漢軍防禦談廣枏、候補縣丞湯森為館長。查有江西南豐縣翰林院編修吳嘉善，品行端潔，文理優長，堪為漢文教習；又美國人譚順，精熟西文，人亦體面，堪為西文教習，均已延聘在館，分司訓課。

即在廣州駐防滿、漢八旗向習清書繙譯子弟內，揀選資質聰慧年歲二十左右者十六人，又訪擇漢人世家子弟才堪造就者四人，共肄業生二十名，選入館中，於同治三年五月二十日開館，認真學習，遞年考試甄別一次。若該生於中外語言文字無所通曉，即應分別黜退更換；如在館三年，學習有成，即派充各衙門繙譯官，准其一體鄉試。其由繙譯官出身之員，著有勞績，均以府經歷縣丞升用；旗員願就武職者，以防禦升用，俾資鼓勵。如有清白安分之人，自願入館附學，亦准公正官紳保送入館，一律訓習考試，仍定額十名，示以限制。

所需館租，廩餼、薪工等項經費，每年約共支銀四千八百餘兩，由臣毓清在於粵海關徵收船鈔項下，酌量提撥，移送支用，按年彙冊報銷，以歸覈實。其一切條款章程，均循照總理衙門原議及上海定章，並就地方情形酌中擬議妥辦。臣等仍隨時督飭嚴密稽察，斷不准有影射傳習天主教等弊。並按期考試，分別激勸，務令精心研究，奮力學習，將中外語言文字融會貫通，期著成效，以仰副聖主勤求實學化育人才［之］至意。所有擬議章程十五條，謹繕清單，恭呈御覽。

御批：該衙門議奏。

又《廣東同文館章程十五條》 一、學館已租賃省城北門內朝天街房屋二所，作為廣東同文館，議定每月租銀一十七兩二錢六分，將來如有遷移加增，總在二十兩以內為度。

二、同文館設立提調一員，由廣州將軍在協領各員內遴派充當，以資統率；另設館長二員，旗員用防禦，漢人用佐雜，經理館務。

三、同文館延請漢文教習一人，西洋教習一人，取能通算學有裨西學之實用者。每日巳午未三時，由西教習訓課；早晚各時，由漢文教習訓課。仍隨時兼習清字清語，以重本務。另添設背書分教習二人，由廣州將軍於駐防文生員內選派赴館，俾資誦習。

四、同文館肄業生額設二十名，內旗人十六名，漢人四名，年各二十歲以下，十四歲以上，揀選世家子弟之聰慧者送館肄業。

五、同文館肄業生由旗、漢各紳保舉，提調總覈保舉人數，酌定等第。先挑選二十名入館肄業，仍挑選存記二十名，以備肄業生或有事故，挨次挑補。

六、同文館肄業生二十名，每年甄別一次，其於西洋語言文字無所通曉者，即行撤退，挑選更換。

七、同文館肄業生以三年為期，能將西洋語言文字繙譯成書者，分別派充將軍督撫監督各衙門繙譯官，准其一體鄉試。其由繙譯官出身者，以府經［歷］縣丞為升階；旗員願就武職者，以防禦為升階。

八、同文館肄業生每日卯刻入館，酉時出館，其願往宿館中者聽。或因事乞假，先向館長報明，違者撤退。其因事出館者，館長即回明提調，另行挑補。

九、旗、漢年逾二十之舉、監生員及候補流寓人員有願學西洋語言文字者，准其呈明提調，或由地方官紳保送，入館學習。火食由其自備，仍以十名為限。

十、同文館一切事宜及肄業生出入更換，由館長呈明提調，隨時申報將軍督撫衙門稽核。

十一、同文館經費，由粵海關監督衙門籌撥支放，所有一切事務及延請西洋教習，關訂漢文教習，應即歸監督總理。

十二、漢教習束脩，每年四百八十兩，紙張、筆墨、書籍等項銀每月四兩；西洋教習束脩，每年一千二百兩，外國紙張、筆墨銀每月十六兩。背書分教習二人，每年各給膏火銀三十六兩，通事勞金，每年四百八十兩，提調薪水，每年二百四十兩，館長薪水，每年一百二十兩，書寫廚役，月各給工錢三千文，門役打雜，月各給工錢二千文，閏月俱照數加給，均由館長領放。

十三、漢文教習館長，每日飯食錢一百二十文；肄業生每日膏火銀一錢；書寫二名、廚役二名、門役二名、雜役二名及僕從人等三名，每名每日飯食錢八十文，均由館長領放。

十四、同文館每月考查一次，一等二名，每名賞銀二兩；二等四名，每名賞銀一兩。一年約需獎賞銀八十八兩。

十五、同文館歲修房屋，添補什物，油燭紙張，每年約需銀二百兩。

御批：覽。

清・吳汝綸《李文忠公全集・奏稿三・請設外國語言文字學館摺同治二年二月》 竊臣前准總理衙門來咨，遵議設立學習外國語言文字學館為同文館等因。

伏惟中國與洋人交接，必先通其志，達其欲，周知其虛實誠僞，而後有稱物平施之效。互市二十年來，彼酋之習我語言文字者不少，其尤者能讀我經史，於朝章、憲典、吏治、民情，言之歷歷。而我官員紳士中絕少通習外國語言文學之人，各國在滬均設立翻譯官二員。遇中外大臣會商之事，皆憑外國翻譯官傳述，亦難保無偏袒捏架情弊。中國能通洋語者，僅侍通事。凡關局軍營交涉事務，無非雇覓通事往來傳話，而其人遂為洋務之大害。

查上海通事一途，獲利最厚，於士農工商之外別成一業。其人不外兩種：一廣東、寧波商夥子弟，佻達游閑，別無轉移執事之路者，輒以學習通事為逋逃藪；一英法等國設立義學，招本地貧苦童穉，與以衣食而教肄之；市兒村豎，來歷難知，無不染洋涇習氣，亦無不傳習彼教。此兩種人者，類皆資性蠢愚，心術卑鄙，貨利聲色之外不知其他，且其僅通洋語者十之八九，兼識洋字者十之一二。所識洋字亦不過貨名價目與俚淺文理，不特於彼中兵刑食貨張馳治忽之大，瞢焉無知，即遇有交涉事宜，詞氣輕重緩急，往往失其本旨，惟知借洋人勢力播弄挑唆以遂其利欲，蔑視官長，欺壓貧民，無所忌憚。即如會辦防堵一節，間與通習漢語之大酋晤談，尚不遠乎情理；而瑣屑事件，勢不能一一面商，因而通事假手其間，勾結洋兵為分肥之計。誅求之無厭，挑斥之無理，支銷之無藝，欺我聾暗，逞其簧鼓，或遂以小嫌釀大釁。洋務為國家懷遠招携之要政，乃以樞紐付若輩之手，遂至彼己之不知，情僞之莫辨，操縱進退，迄不得其要領，此非細故也。京師同文館之設，實為良法，行之既久，必有正人君子奇尤异敏之士出乎其中，然後盡得西人之要領，而思所以駕馭之，綏靖邊陲之原本，實在於此。

惟是洋人總匯之地，以上海、廣東兩口為最，種類較多，書籍較富，見聞較廣。語言文字之粗者，一教習已足；其精者，務在博采周咨，集思廣益，非求之上海、廣東不可。故行之他處，猶一齊人傅之之說也；行之上海、廣東，更置之莊岳之間之說也。臣愚擬請仿照同文館之例，於上海添設外國語言文字學館，選近郡年十四歲以下、資稟穎悟、根器端静之文童，聘西人教習，兼聘內地品學兼優之舉貢生員課以經史文藝。學成之後，送本省督撫考驗，作為該縣附學生，准其應試。其候補佐貳佐雜等官，年少聰慧，願入館學習者，呈明由同鄉官出具品行端方切結，送局一體教習，借資照料，學成後亦酌給升途以示鼓勵，均由海關監督督籌試辦，隨時察核具詳。三五年後，有此讀書明理之人，精通番語。凡通商督撫衙門及海關監督應添設翻譯官承辦洋務，即於學館中遴選承充，庶關稅軍需可期核實，而無賴通事亦斂迹矣。

夫通商綱領，固在總理衙門；而中外交涉事件，則兩口轉多，勢不能以八旗學生兼顧，惟多途以取之，隨地以求之，則習其語言文字者必多；人數既多，人才斯出。彼西人所擅長者測算之學、格物之理、制器尚象之法，無不專精務實，泐有成書。經譯者十纔一二，必能盡閱其未譯之書，方可探賾索隱，由粗顯而入精微。我中華智巧聰明，豈出西人之下，果有精熟西文，轉相傳習，一切輪船火器等巧技，當可由漸通曉。於中國自强之道，似有裨助。如蒙俞允，一切章程及薪資工食各項零費，容臣督同關道設法籌畫，或仍於船鈔項下酌量提用。其廣東海口可否試行，有無窒礙之處，應請飭下該省督撫體察辦理。臣愚昧之見，是否有當，伏乞訓示遵行。

同日奉上諭：李鴻章奏請飭廣東仿照同文館設立學館學習外國語言文字等語，已諭令廣州將軍等查照辦理。惟該館學生專習外國語言文字，不准西人借端影射，將天主教暗中傳習，該撫仍當隨時稽察，毋令滋弊。欽此。

又　卷三七《奕訢等奏同文館三年考試情形摺》　總理各國事務恭親王（奕訢）等奏：

竊臣衙門於同治元年奏定《同文館章程》內開：同文館學生，每屆三年，由臣衙門堂官自行考試一次，覈實甄別。按照舊例，優者授為七、八品等官，劣者分别降革留學，咨行吏部註冊。其學生得官後，每年俸銀，由奏撥各海關船鈔項下支給等因。查英文館於元年五月間開館，截至本年五月期滿，本應即行考試，因該館外國教習屢次更換，學生功課難免作輟。於本年四月間附片陳明，展緩數月，俟法、俄文館限期將滿時，一律考試在案。茲查法、俄兩文館學生學習三年，限期將滿，而英文館已逾半年，自應將法、俄兩文館試期提前，與英文館一併考試。

經臣等定期於十月十一日至二十日，按館分日，由臣等在大堂公同面試，並飭提調等在旁稽（察）［查］，防其槍替等弊。初次考試，各國配送洋字照會，令其譯成漢文；覆試將各國條約摘出一段，令其繙成洋文。因洋文非臣等所習，特飭總稅務司赫德與各館外國教習會同閱看，分别名次高下。復恐各學生於外國文字雖能通曉，而語言未必嫻熟，因再行覆試，由臣等密出漢話條子，按名交該學生等令其繙成外國言語，隔座向外國教習侍講，再令外國教習，將學生言語譯漢，寫明兩相覈對，計共九日試畢。臣等將三次試卷條子合併比較，其繙譯各文，雖未能通體貫串，亦尚有相符之處，外國言語，亦多脗合，自應分別優劣，照章辦理。

惟查章程內，優者授為七、八、九品等官，劣者分別降革留學。臣等公同商酌，現考前列學生，雖繙譯尚無錯誤，然究屬一知半解，於西洋文字未必全局貫通。若遽授為七品官，轉恐該學生等視之太易，不復用心。茲酌擬優者分別為八、九品官，咨部註冊，仍留館學習；其餘尚堪造就者，分別記優記過，留館學習；至劣者係初次考試，無可降罰，應行咨回本旗。所食甲缺錢糧，應由各該旗察其能否當差，自行酌覈辦理。

御批：依議。

又《奕訢等又奏重擬同文館章程呈覽片》 恭親王（奕訢）等又奏：

再，查同治元年奏定同文館學習外國語言文字章程六條，業已遵辦三年。惟其中尚有未盡之處，臣等公同商酌，必須量為變通，方足以資經久。因再酌擬章程六條，飭令該館提調等，自同治五年為始，遵照開辦，以期周備。謹將所擬章程，開列清單，恭呈御覽。

御批：依議。

又《重擬同文館章程六條》 一、請添設膏火以省甲缺也。查同文館學生，坐補各旗甲缺，係沿俄羅斯文館舊章。當時原因三成船鈔收數，恐不敷用，故不得不藉此調劑。現計每年三成船鈔足可敷用，且現在操練緊要，未便以學生虛占各旗甲缺，致礙操練。擬請量為變通，自明年（五年）正月初一日為始，將該學生所補甲缺裁還各旗。每館學生各以十名為定額，三館共三十名，由本衙門三成船鈔項下，不論等第，每名每月撥給膏火銀三兩，即不必咨補甲缺。其考取得官有俸可支者，扣除不給。扣存之銀，即以備月課前列學生獎賞，臨時酌定給領。

二、請酌定獎賞以資鼓勵也。查章程內開：除月課外，每年於四仲之月考試一次，謂之季考；每年十月考試一次，謂之歲考。上兩年歲考，由臣等分別等第，皆給獎賞，季考並無獎賞。今擬歲、季考均酌定獎賞數目，以資鼓勵。歲考一等每館二名，每名四兩；二等三名，每名二兩。季考一等二名，每名三兩；二等三名，每名一兩五錢。歲、季考等第由臣等閱定，月課等第由提調官酌定，分別註冊存查。每遇季考月分，即停其月課，以免重複。

三、請飭助教常川住館以資照料也。查俄羅斯文館助教國世春，係元年奏明留充同文館助教。該助教自留館以後，每遇月課、季考、歲考，皆在館照料收卷等事，並未議令值班住宿。茲查該館中外教習、學生、蘇拉人數較多，勤惰互異，該提調等雖有稽查之責，但皆有本衙門經手公事，難以逐日到館稽查。嗣後應飭令國世春常川在館住宿，專司稽查三館教習學生出入，並隨時約束蘇拉，以防流弊，兼收掌該館各項冊籍。其每年俸銀八十兩，該助教歷年並未照前奏定章，赴臣衙門支領。嗣後應咨行該旗，自同治五年正月為始，由臣衙門按季發給，無庸行文户部支領。

四、請嚴定學生告假日期以免作輟也。查同文館學生，向無告假日期定限，難免任意曠廢。嗣後學生除季考月課不准告假，違者扣除一月膏火外，其平日告假，每月以二日為限，踰二日按日扣除膏火；遇有事故，以百日為限，踰百日者撤退。再，學生功課，寸陰當惜，惟離館遠近不同，早晚奔馳，亦恐耽誤。嗣後應准各學生任便在館留宿，不願者聽。

五、請定去留限制以免濫厠也。查初傳到館學生，天資敏鈍，不能豫知，學習三月，自可略見端倪，是否尚堪造就，應令各教習於學生到館三月後，出具切實考語，由臣等分別去留。其留學者，應俟一年期滿，甄別一次，如於西洋語言文字無所通曉，或略知大概而繙譯模糊者，即行撤退，另傳更換。其每月膏火，應俟一年甄別留學後，方准開支，庶免濫竽。

六、酌給各官米折銀兩以昭平允也。查前奏定同文館章程，助教每年俸銀八十兩；七品官每年俸銀四十五兩；八品官每年俸銀四十兩；九品官每年俸銀三十二兩五錢，皆係沿俄羅斯文館舊章，均未議及每年俸米若干。今該學生等既經考列前名，獎敘得官，自應按照品級，一體給予俸米，以資養贍。惟查該學生等得有七、八、九品等官，仍令留館學習，尚無職事，自與各衙門實在官階有閒。茲酌擬七品官每年米折銀十二兩，八品官每年米折銀十兩，九品官每年米折銀八兩，按春秋二季，由臣衙門船鈔項下發給，無庸行文户部支領。至助教俸銀，既由船鈔項下發給，其應領俸米，亦未便再由户部支領。應咨行户部，查明該助教每年應領俸米若干，按照現在減成發放實數，應折銀若干兩，即照數由船鈔項下發給。如將來各官俸米加增成數，再隨時由戶部咨照臣衙門，一體加增該助教米折銀兩，以免向隅。再，各學教習，向有應領米石，所有同文館漢教習亦應議給，統由臣衙門移查戶部覈明辦理。

御批：覽。

又　卷四六《**奕訢等奏酌擬學習天文算學章程呈覽摺**》　總理各國事務恭親王（奕訢）等奏：

臣等前因製造機器，必須講求天文算學，議於同文館內添設一館等因，於十一月初五日具奏，奉旨：依議。欽此。欽遵在案。臣等伏查此次招考天文算學之議，並非矜奇好異，震於西人術數之學也。蓋以西人製器之法，無不由度數而生，今中國議欲講求製造輪船機器諸法，苟不藉西士為先（道）［導］，俾講明機巧之原，製作之本，竊恐師心自用，（枉）［徒］費錢糧，仍無裨於實際。是以臣等衡量再三而有此奏。論者不察，必有以臣等此舉為不急之務者，必有以舍中法而從西人為非者，甚且有以中國之人師法西人為深可恥者，此皆不識時務也。夫中國之宜謀自强，至今日而已亟矣。識時務者莫不以采西學、製洋器為自强之道。疆臣如左宗棠、李鴻章等，皆能深明其理，堅持其說，時於奏牘中詳陳之。上年（四年）李鴻章在上海設立機器局，由京營揀派兵弁前往學習。近日左宗棠亦請在閩設立藝局，選少年穎悟子弟，延聘洋人，教以語言、文字、算法、畫法，以為將來製造輪船機器之本。由此以觀，是西學之不可不急為肄習也，固非臣等數人之私見矣。

或謂：雇賃輪船，購買洋槍，各口均曾辦過，既便且省，何必為此勞曠？不知中國所當學者，固不止輪船槍炮一事，即以輪船槍炮而論，雇買以應其用，計雖便而法終在人；講求以徹其原，法既明而用將在我，蓋一則權宜之策，一則久遠之謀，孰得孰失，不待辯而明矣。至以舍中法而從西人為非，亦臆說也，查西術之借根，實本於中術之天元，彼西土目為東來法，特其人性情縝密，善於運思，遂能推陳出新，擅名海外耳，其實法固中國之法也。天文算學如此，其餘亦無不如此，中國創其法，西人襲之。中國儻能駕而上之，則在我既已洞悉根源，遇事不必外求，其利益正非淺鮮。且西人之術，我聖祖仁皇帝深韙之矣，當時列在臺官，垂為時憲，兼容並包，智周無外，本朝掌故，亦不宜數典而忘。況六藝之中，數居其一，古者農夫戍卒，皆識天文，後世設為厲禁，知者始鮮。我朝康熙年間，除私習天文之禁，由是人文蔚起，天學盛行，治經之儒，皆兼治數，各家著述，考證俱精。語曰：『一物不知，儒者之恥。』士子出戶，舉目見天，顧不解列宿為何物，亦足羞也。即今日不設此館，猶當肄業及之，況乎懸的以招哉。

若夫以師法西人為恥，此其說尤謬。夫天下之恥，莫恥於不若人。查西洋各國數十年來，講求輪船之制，互相師法，製作日新。東洋日本，近亦遣人赴英國學其文字，究其象數，為仿造輪船張本，不數年亦必有成。西洋各國，雄長海邦，各不相下者無論矣，若夫日本蕞爾國耳，尚知發憤為雄，獨中國狃於因循積習，不思振作，恥孰甚焉？今不以不如人為恥，而獨以學其人為恥，將安於不如而終不學，遂可雪其恥乎？或謂：製造乃工匠之事，儒者不屑為之。臣等尤有說焉，查《周禮・考工》一記，所載皆梓匠輪輿之事，數千百年，黌序奉為經術，其故何也？蓋匠人習其事，儒者明其理，理明而用弘焉。今日之學，學其理也，乃儒者格物致知之事，並非强學士大夫以親執藝事也，又何疑乎？總之，學期適用，事貴因時，外人之疑議雖多，當局之權衡宜定，臣等於此籌之熟矣。惟是事屬創始，立法宜詳。大抵欲嚴課程，必須優給廩餼；欲期鼓舞，必當量予升途。謹公同酌擬章程六條，繕呈御覽，恭候欽定。再，查翰林院編修、檢討、庶吉士等官，學問素優，差使較簡，若令學習此項天文算學，程功必易；又進士出身之五品以下京外各官，與舉人五項貢生事同一律，應請一併推廣招考，以資博采。

御批：依議。單併發。

又　《**同文館學習天文算學章程六條**》　一、請專取正途人員以資肄習也。查天文算術，義蘊精深，非夙知勤學用心之人，難以漸窺底蘊，與專習外洋語言文字之學生不同。前議專取舉人、恩、拔、副、歲、優貢及由此項出身人員，今擬推廣，凡翰林院庶吉士、編修、檢討，並五品以下由進士出身之京外各官，俾充其選。緣該員等研經有素，善用心思，致力果專，程功自易。服官者由京外各衙門保送；未仕者取具同鄉京官印結及本旗圖片，徑赴臣衙門具呈，由臣衙門定期試以策論等項，考取送館學習。其各省保送人員，程途遠近不齊，難以久候，應俟咨送到時，陸續考試，以免耽延。至京外各衙門咨送此項人員，務須擇其年在三十以内者方可咨送。如有平日講求天文算學，自願來館學習，藉資印證以精其業者，其年歲亦可不拘。

二、請飭各員常川住館以資講習也。查成事必由居肆，力學務在親師，居本館留學各員，必須朝夕在館，（習講）［講習］問難，方可積漸見功。若朝出暮歸，往來踸踔，則晨夕之荒功不少，而心思亦因以不專。今議在館學習人員，無論京外，均一概留館住宿，飯食由臣衙門備給。其出入由該館提調設立號簿，隨時登記，以便稽查。至各本衙門如有應送差使以及考試等事，仍准照舊辦理，以期兩不相妨。

三、請按月考試以稽勤惰也。查在館學習人員，果能專心致志，自可日起有功，惟其中勤惰之分，亦必隨時考察，用資策勵。今議俟該員等學習半年之後，按月出題考試一次，由臣等親加校閱，分别甲乙，優者記功，劣者記過，功過分而勤惰見，相形之下，奮勉益生。

四、請限年考試以觀成效也。查三載攷績，朝廷課吏之方，誠以功力積至三年，優絀無不立見。今議每屆三年，舉行大考一次，分别等第，高等者立予奏獎，並酌量差遣試用；下等者照常學習，俟下屆考試再行察看。

五、請厚給薪水以期專致也。查此次留學各員，難保無寒畯之士，必須優加體恤，乃可冀其用志不紛。今議在館各員，除飯食由臣衙門備給外，每月仍各給薪水銀十兩，俾資津貼，庶内顧無憂，而心益專壹矣。

六、請優加奬敘以資鼓勵也。查該員等學習三年，試居高等，足見其平日用心勤苦，始終不懈，自應格外優獎，以為後之留學者勸。今議此項人員，均准各按升階格外優保班次，以示鼓舞而廣招徠。

御批：覽。

《總理各國事務奕劻等奏光緒十一年九月初三日》 竊查臣衙門奏定章程，同文館學生向由八旗咨取年在十三四歲以下幼丁，由臣等面試，擇其天資聰明者，記名挨次傳補，分館肄業。其用功奮勉、學有成效者，撥入前館，保獎職銜，以備隨帶出洋，派充繙譯之選。如有性情懶惰，不堪造就者，隨時咨回本旗，不得濫竽充數。節經照章分别辦理各在案。

茲據總教習丁韙良呈稱：『前次考取學生，現已傳補完竣，應請出示招考，並擬推廣辦法，藉可收效加倍』，開具節略，呈請覈辦前來。臣等逐條參酌，如所稱招考八旗幼丁，請咨取漢文粗通者送館肄業，及招考滿漢有功名者，其中必有奇才各節。臣等查同文館自同治元年設立以來，迄今二十餘年，向由八旗咨取十三四歲以下幼丁，分館學習，於洋文洋語尚能識認通解。惟年幼學淺，於漢文義理本未貫串，若令其以洋文繙譯漢文，功夫分用，速效難期，若再令講求天文、算學，更恐博而不專，迄無成就。臣等公同商酌，現擬推廣招取滿漢年在十五歲以上、二十五歲以下、文理業已通順者，取具本旗圖片及同鄉官印結，遞呈投考，仍由臣等試以策論，擇其文理可觀者録取，挨次傳補，應可事半功倍，有裨實用也。至招考滿漢之有功名者一節，臣等查同治五年臣衙門奏設天文算學，招取滿漢舉人及恩、拔、副、歲優貢，嗣因正途投考者寥寥，經臣衙門於同治六年五月間就現在投考之正雜人員録取試卷，恭呈御覽後，即將取中各名送館肄業，並調派浙江貢生李善蘭在館教習。十餘年來，索隱探微，窮格奥窔，於梅文鼎、江永等之絶學，漸能通曉。惟近年以來，各該學生，或隨帶出洋，或升遷外省，及調赴沿海各處差委，現在留館派充副教習者僅有翰林院庶吉士汪鳳藻、兵部郎中席淦、内務府郎中貴榮數人。臣等現擬招考滿漢之舉貢生監，如有平日講求天文、算學、西國語言文字，不拘年歲，准其取具印結、圖片，一律收考。誠以取進之途一經推廣，必有奇技異能之士出乎其中。華人之智巧聰明豈必遜於西人，倘能專精務實，洞悉根原，遇事不必外求，其利益實非淺鮮。如蒙俞允，再由臣等咨行各衙門欽遵辦理。

《總理各國事務奕劻等奏光緒十一年十一月初十日》 竊臣衙門設立同文館以來，迄今二十餘年，所有延請外國教習，指授學生各國語言文字以及天文、算學、化學、醫學等項，冀於洋務有裨。歷年以來，洋教習等均能始終不懈，各學生等因而日起有功，或隨帶出洋充作繙譯，或陞遷外省及調赴沿海各處差委者已不乏人，實屬著有成效。其各教習訓課之餘，兼能繙譯各項書籍，勤奮尤為可嘉。查同治十三年四月間，據同文館總教習丁韙良呈請譯書，開具章程六條，内有各館洋教習教授功課是其專責，若令兼理譯書，未免事屬分外，似應量予獎勵各等語，經臣衙門批准在案。查同文館所有繙譯書籍十數種，如萬國公法、格物、測算、法國律例、化學指南諸書，均係總教習丁韙良暨化學教習畢利幹所譯。法文教習華必樂雖未譯書，而功課極為認真。

臣等查同文館總教習丁韙良，於同治四年到館充英文繙譯教習，同治七年陞授總教習之任，化學教習畢利幹、法文教習華必樂，均於同治十年到館，資格最深，館課亦能勤慎，擬請賞給虚銜，以昭激勸。謹開具清單，恭呈御覽。如蒙俞允，俟命下之日，即由臣衙門欽遵辦理。其餘尚有英文、俄文、天文、算學、醫學各館洋教習，俟有成效，再由臣等酌量保奏，以免冒濫。【略】

附清單

謹將同文館酌保洋教習三名，開具清單，恭呈御覽。

計開

同文館總教習丁韙良，擬請賞給三品銜。

同文館法文教習華必樂，擬請賞給四品銜。

同文館化學教習畢利幹，擬請賞給四品銜。

《總理各國事務奕劻等奏光緒十一年十二月二十五日》 竊臣等於本年八月初二日，奏請推廣招考滿漢學生摺內，聲稱同文館學生向由八旗咨取十三四歲以下幼丁，分館學習，於洋文洋語尚能識認通解，惟年幼學淺，於漢文本未貫串，若令以洋文繙譯漢文，功夫分用，速效難期。現擬推廣招考年在十五歲以上、二十五歲以下、文理業已通順者，庶可事半功倍；並於摺內聲稱，前於同治五年奏設天文、算學，招取滿漢正雜人員，送館肄業，迄今十餘年以來，各該學生或隨帶出洋，或升遷外省，及調赴沿海各處差委，在館人數無多，擬將滿漢舉貢生監及平日講求天文、算學、化學、洋文者，不拘年歲，一律收考，以期有裨實用各等語，均蒙諭旨允准。欽遵在案。

查自出示招考後，投考者頗不乏人。臣等於十一月二十六、七、八、九等日，分期考試。計應試者三百九十四名。試以策論、四書文，認真考校，將各生試卷公同閲看，取其文理通順及粗通天文、算學、化學、洋文者，選擇一百五十名，於十二月初八日覆試，詳加甄録，共取漢文八十名，幼童雖未全篇而文理明順者十名，天文二名，算學十二名，化學三名，繙譯洋文一名，共一百八名，以備送館肄業。

《總理各國事務奕劻等片光緒十二年五月二十日》 再，臣衙門同文館，係為邊務儲才之地。去年奏准推廣考取學生，加增額數，督飭各項教習稽查功課，考藝諏經，冀人人通知四國之務，高者可備行人擯介之班，下者亦充象胥舌人之選，不特西學條理亟待研求，抑且記載紛繁，尤資編撰。臣等擬酌照方略館之例，添設同文館纂修官二員，於學生中得有部院官職、擇其資格較深、文理優長者，派充是選，遇有應輯書籍，俾得專司其事，於館務實有稗益。

《總理各國事務衙門奕劻等片光緒十四年六月二十二日》 再，臣衙門同文館奏定章程，遴選學生內通曉洋文者作為七八九品繙譯官，原以資諳習各國語言文字儲為舌人之選。比年該繙譯等學有成效者頗不乏人，或調往邊界，或奏帶出洋，均能奉差無誤，俾疆吏、使臣各收指臂之益。至臣衙門辦理交涉事務甚繁，繙譯尤為緊要，必須於外洋情形閲歷較深者方資得力。臣等公同商酌，擬添設英、法、俄、布文繙譯官正副各一員，於曾經出洋充當參贊繙譯差滿回京者揀選派充，如人數不敷揀選，任缺無濫。此項繙譯官遇有各國使臣到署會晤時，即令隨同傳宣問答之詞，兼充繙訂華洋文字之職。如無貽誤，仍照章每届三年給予奬勵一次。至該繙譯等逐日趨公，亦應量給俸薪，再由臣衙門隨時酌覈定數發給。

《總理各國事務衙門奕劻等片光緒十五年二月二十九日》 再，臣衙門同文館向設正提調二員、幫提調二員，由各股章京中派委兼行。館中一切事宜，統由臣等總其大綱，常恐館中諸生日久漸生懈弛。近來招考學生額數加添，上年又新設格物館，建造觀星台，該學生分隸天文、算學、化學、格物、言語文字各館，漢洋並習，功課較繁。臣等雖隨時稽察督責，然非有大臣總理其事，不足以專責成。溯查同治五年間，曾經特派臣衙門行走之前太僕寺卿徐繼畬管理同文館事務。現在交涉事宜較前倍多，繙譯言語文字最關緊要，可否援照成案，請旨仍于總理各國事務衙門行走之大臣內簡派一二員，專管同文館事務之處，謹繕清單恭候聖裁。

《管理同文館事務曾紀澤等摺光緒十五年十一月初二日》 十月二十六日，由軍機處交出軍機大臣面奉諭旨：「前經總理各國事務衙門奏，現在交涉事務較前倍多，繙譯語言文字最關緊要，請派員專管同文館以資訓練，當派曾紀澤、徐用儀總理其事。現已數月，整頓情形若何？著該大臣等即以覆奏。欽此！』跪讀之餘，曷勝惶悚。

竊惟同文館一切事宜，疊經臣衙門酌定章程，具有條理。所慮教習、學生日久懈弛，漸蹈因循積習。整頓之法，不外遵守舊章，認真督責，不使稍有曠廢，業精於勤，實為造就人才之要。又臣等自奉命管理以來，當即督飭提調等，逐日稽查課程，不稍寬假。月課，季考，嚴加甄別；以膏火之厚薄，為考課之勸懲。臣等並隨時與總教習丁韙良，將在館學生詳細評□，其中稟賦不一，或有語言與文字兼長者，是為上等，或有文字通曉而語言稍鈍者次之，又有語言明爽而文字不甚通順者又次之。大都聰穎者，到館數年已有可觀，拙鈍者雖在館年久亦難期長進，而性情之勤惰又不能一致，是以同一功課，而收效遲速往往懸殊。臣等察其資質平常、不堪造就、先後咨回者，已有十數人。現在學生中，除隨同出洋及調往黑龍江、新疆、天津學堂等處差遣外，實計在館者一百十餘名，内英文最優者十餘人，法文最優者五六人，俄文最優者三四人，布文最優者一二人。緣西洋各國通行英法文字，故以此二國文字為最有用，學生中習此者名數較多。其中兼習天文、算學較優者數人。此外質地較優、學未精熟者有二十餘人。其餘皆到館未久，年紀較輕，尚須誦讀經書，學習洋語，循序漸進者，但期歷久不懈，日計不足，月計有餘，亦必有可造之材。

察看現在情形，漢洋教習尚屬專心教導，在館學生亦能遵守學規，不至曠誤。臣等惟有盡心督率，加意講求，隨時獎勸懲惰，以期日進有功，副聖主循名責實之至意。

《詹事府詹事志鋭片光緒十六年二月二十六日》　再，儲材為致用而設，而投閒置散者無功；人才以歷練而精，而緣木守株者無效。總理衙門同文館之設，歷有年矣，各省拔尤送到之人為數多矣，而出洋大臣奏帶同文館學生充當繙譯者，卒不多見，僉謂學生文字雖精，語言不熟，每有臨時傳述而洋人茫然不解者。奴才曾經試驗，令其與洋人對面交談，誠有不解之時。推原其故，蓋學生專習文字，一旦托之言語，祇能按書繙譯，多有與土音方言不合之處，較之專習語言者，應答駁詰，殊欠爽利。不知同文館學生，朝廷不惜經費，二十年來，養之、教之，原冀成材，以供驅策。皆先由讀書明理考校進身，其心地必皆可信。況文字既已精通，語言尤易領悟，應請飭下每於輪換出使大臣之時，令其帶出四人，仍照學生支給薪水，專習語言，三年之間，斷無不能通曉之理。或繙譯缺出，即令坐充；或參贊乏人，亦許擬補。量其能而加以鼓勵，必有可用之材，較之在外物色繙譯，為益不淺。至於支給薪水，則令出使大臣酌量匀撥，少帶一二隨員，即可匀出此四人薪水，應請不必格外議增經費。如此一變通間，學生皆歸有用，繙譯不假外求，似於設立同文館本意尚為符合。不然，豢養多人，坐糜廪餼，又何貴此教養為耶？

《同文館章程》　一、同文館向派正提調二員，幫提調二員，所派正提調均係總辦兼充，本署事務較繁，未能逐日到館，應由幫提調二員輪班在館管理一切，遇有要事，仍應商同正提調核辦。至每日各學生晝到，均責成幫提調核實查察，倘有互相代畫及學生已到而幫提調轉未到館各項情節，應由正提調隨時稽察，回堂辦理。

一、幫提調兩員管理館内一切事務，應毋庸兼在各股該班，以專責成。如有緊要事件，仍令會同辦理，並令輪班在館住宿，以便早晚稽察。其館内一切應辦文移稿件，均由幫提調辦理，會同正提調回堂閲畫，稿面只列各提調、總辦、章京銜名，每月另立收發、書啓等簿，毋庸由管股章京辦理。所有每月應辦應存稿件，均照舊章按月登入清檔，其承修校對亦由幫提調等分理，毋庸移付清檔房兼辦。

一、幫提調兩員輪流住館，必須當面接替，遇有核辦事件，庶可公同商酌，不得隨便散值，以致事無交代。再該兩員中如有請假之日，應由正提調等回堂派員署理，以昭慎重。

一、館内總教習、教習等有條陳館務事件，呈堂閲後，仍交幫提調體察情形可行與否，會同正提調回堂核辦。各學生遇有呈稟事件，應由幫提調呈堂，不得自行逕遞。

一、同文館漢教習各員，功課勤惰，應由幫提調等隨時稽查，倘有曠誤館課者，即會同正提調等回堂辦理，不得稍涉徇隱。

一、同文館學生有不在館住宿者，每日到館自春分起限十點鐘，自秋分起限九點鐘。到館時幫提調即令當面畫到，如過時不到者，有膏火學生均按日扣除膏火，無膏火學生遲到一日，停其補膏火一次，亦按日計算。

一、在館學生均應一律畫到，内有派充副教習者，仍在學生之例，亦應逐日晝到。幫提調於每日酉刻傳令各學生齊集晝到，如有無故不到者，即於考勤簿內註明罰扣膏火，學生照遲到館辦法。

一、在各衙門當差之學生，每月准給官假六日，先期在考勤簿內自行註明差字。如不先註明者，按日扣除膏火，倘有當日始接知會，不及先期註明者，即於早晨具呈，遣人送呈幫提調察閱，不准隨後補註，並他人代註。

一、大考、歲考、季考、月課，各學生除穿孝、完姻、告假外，俱不准託故不到，如不到者，月課罰扣膏火三日，季考五日，歲考半月，大考一月。無膏火學生每一次不到，停其補膏火一次，惟各學生如未與過歲考一次者，不准即與大考。

一、原定章程各館學生必須在館扣滿三年，經過大考一次，方准請假回籍，由本衙門給予盤費。現議三年內如該學生有丁艱大故，雖未滿三年之限，未經大考，仍准給假百日，並給予盤費，以重孝行。其或未滿三年，未經大考，該學生遇有完姻之事必須回籍，亦准給假兩個月，惟不能給予川資，以示區別。此外概不准藉詞請假。

一、罰扣各學生膏火，必須一律辦理。除穿孝、完姻准給官假，不扣膏火外，其餘概不給假。無故不到者，均逐日罰扣膏火，惟患病一節不能不少事通融，以示體卹。嗣後各學生如有患病者，應以假期兩箇月為限，但不得藉詞就醫，託故外出。倘逾兩個月限後，仍未銷假，即照例罰扣膏火，無膏火學生照遲到館辦法，其有願請假回籍調理者，幫提調應會同正提調回堂核奪。

一、遇鄉、會試年分，學生有願應試者，准給一箇月假期。每月外國禮拜日期，學生如有事故，准其給假兩日，均不扣除膏火。過期均按日扣除，無膏火學生照遲到館辦法。

一、在館住宿之學生，如有無故夜出及夜不回館者，初犯罰扣一月膏火，再犯革退。無膏火學生初犯即行革退。平日在館酗酒、賭博、不安分者，應由幫提調會同正提調查明某人屬實，立即回堂，按照在公署有干酗酒、賭博定例，嚴懲不貸。

一、後館學生每日仍照舊章，俟洋文功課完時，即習漢文。每月月底將各學生漢文功課，由漢教習呈由幫提調察核，倘有學生不往學漢文者，即由幫提調將該學生懲辦。

一、各學生除午節、秋節、年節放學時免其書到外，其每年夏月洋教習息伏期內，及每月外國禮拜洋教習不到館之日，除准兩日假期外，各學生均令在館學習漢文，照常晝到，違者按日罰扣膏火，無膏火學生照遲到館辦法。

一、嗣後前後館漢教習各員應得獎勵，以及各館學生大考時等第，並應如何保獎之處，屆時仍照舊章，由提調等回堂核定。

一、前後館漢教習薪水暨各館學生膏火，均於每月月底由幫提調等查明有無罰扣、應發若干，開具清單，知照管理收支總辦憑單照發。至各學生請假回籍川資銀兩，亦應一律由幫提調等回明各堂後，知照該總辦照數發給，以昭核實。

一、印書處設在同文館內，所有該處一切事務亦歸幫提調經理。以上統計十八條，均宜遵守無違。

如在此外別滋事端，有議所不到出乎情理之外者，幫正提調立即據實回堂，從嚴懲辦，決不姑寬。

《續增同文館條規八條》 一、各館繙譯以漢文為本，漢文未能明順，故繙譯洋文多有不通之處。嗣後查看前館學生有漢文未能明晰者，著仍令歸後館學習漢文，午後再學洋文。

一、禮拜之日，各洋教習向不到館，是日正宜温習漢文，雖後館學生間有作詩文者，亦有名無實。嗣後前後館學生每遇禮拜日加添漢文功課，試以論策，或繙譯照會，以備他日辦公之用。其有願作詩文者，亦聽其便。

一、館中功課以洋文、洋語為要，洋文、洋語已通，方許兼習別藝。近來有一人兼習數藝者，難免務廣而荒，且有不學洋文、洋語，僅習別藝，殊失當日立館之本意。嗣後諸生務令先學洋文、洋語，洋文、洋語通後，亦只准兼習一藝，其有不能洋文、洋語者，即由提調會同總教習分別差等，以示區別。

一、每月向有課表，各生勤惰即責成各館教習分別標注。每月課後，參酌平日之功課，定列等次。其新到館及後館各學生，學習洋文、洋語，限以一年為期，可否造就，即惟副教習是問。各副教習務當破除情面，據實呈報，以免濫竽充數。

一、月課、季課及年終歲考，前後館學生須分別考試。第一日考前後館能繙譯漢、洋文各學生，其繙譯條子者即歸次日考試。該提調務當實力稽查，嚴防槍替，其有不遵約束者，立即回堂，照章辦理。

一，後館學生向例早晨學習漢文，午後學習洋文。近來竟有午刻始行到館，並不學習漢文，殊屬有違館規。嗣後前後館學生仍照舊章自春分起限十點鐘，自秋分起限九點到館，當面畫到，如逾時不到，即照章辦理。午後仍著提調不時抽查，儻有畫到後出館者，即著從嚴懲辦。其後館學生有告假及不到者，即責成漢教習開列姓名，送提調處，與畫到簿核對查核，以憑辦理。

一、後館學生功課近來未免疏懈，且聞有聚談遊戲諸事，殊堪痛恨。嗣後即責成提調實力稽查，每月認真校對日課、月課等簿是否符合，仍抽查各學生寫字、背書、作文諸功課，倘不見長進，及任意作輟者，即交漢教習從嚴戒飭，以示懲儆。

一、漢、洋各教習及副教習，有成就人才之責，其或督課不力，任聽學生因循怠玩者，即著提調隨時稽查，會同總教習商酌核辦，其漢教習即著回堂查辦。如學生中有不遵教習及副教習指教者，立即斥退，以肅館規。

于寶軒《皇朝蓄艾文編》卷一四《陳其璋〈請整頓同文館疏光緒二十一年十二月初九日〉》　竊自海禁大開，風氣日變，論者謂國勢之强弱，視乎人才之盛衰，而造就人才，必自廣設學校始。臣嘗考泰西學校，略分三等：初學以七歲至十五歲為度，上學以二十一歲至二十六歲上下為度。計每一百萬人，設初學一千二百九十五所。舉凡算學、化學以及格致、製造等法，分門別類，精益求精，必造乎其極而後已。用是材能輩出，國勢日强，是學校者，固人才所從出也。中國幅員既廣，人民衆多，若欲仿西制，計應設初學四十萬所。微特工程浩大，經費難籌，而創辦之初，亦恐易滋疑駭。伏思都中同文館，為講求西學而設，學生不下百餘人，歲費亦需巨萬兩，而所學者只算術、天文及各國語言文字。在外洋只稱為小中學塾，不得稱為大學堂。且自始至終，雖亦逐漸加巧，仍屬有名無實。門類不分，精粗不辨，欲不為外洋所竊笑也難矣！計自開館以來，已歷三十餘年，問有造詣精純，洞悉時務，卓為有用之才乎？所請之洋教師，果確知其教法精通，名望出衆，為西國上等人乎？授受之法，固不甚精，而近年來情弊之多，尤非初設館時可比。向章有月考，有季考，立法尚嚴，今則洋教師視為具文，并不悉心考校，甚至瞻徇情面，考列等第，不盡足憑，但論情誼之淺深，不論課藝之優劣。學生等平時在館，亦多任意酣嬉，年少氣浮，從不潛心學習。間有聰穎异人者，亦只剽竊皮毛，資為談劇。及至三年大考，則又於洋教師處先行饋贈，故作殷勤，交通名條，希圖優等。總其事者不精於此，其能不受人欺朦乎？方今時局多艱，作育人才，尤為急務，可否請旨飭下總理各國事務衙門，將同文館認真整頓，仿照外洋初等、中學、上學辦法，限以年歲為度，由粗及精，以次遞進，倘年歲逾限，而技藝未精，語言文字尚未熟悉者，立即撤回，不准徇情留館，虛糜膏火經費。近聞新換之洋教師，甚屬認真，有令學生加進功夫，另添門類之意。應即令教師另訂章程，於天文、算學、語言文字之外，擇西學中之最要者，添設門類，俾學生等日求精進，逐漸加功，庶經費不致虛糜，而人才可冀蔚起矣。是否有當，伏乞皇上聖鑒施行。謹奏。

清・昆岡等《清會典》卷一〇〇《同文館》　凡教習有延訂者、選舉者、考充者。總教習及洋教習，就各國儒士中延訪。其通洋學之漢教習，由各直省選舉。其漢文教習，就京師咸安宮宗室景山八旗已取未傳館之教習招考充當，額三人，總教習一人，洋教習視各館學生多寡為定。學生有由滬、粵同文館及直省咨送者，月督其課，季試其能，歲考其程，届三年，則大考，分別等第，奏請獎敘。不列等者，降黜有差。總教習、洋教習則優其薪俸，漢教習則視其成效，二年一保，又二年奏請優敘焉。教習學生，有俸銀館餐。【略】

凡文字，先考其母以別异同。次審其音，以分輕清重濁之殊。次審其比合為體以成文。次審其兼通互貫，以識其名物象數之繁。設漢洋教習以分導之。立總教習以合語而董成之。

凡天文，必測七政以立法。象以儀器，窺以遠鏡。由新法推步，得地自轉行之證二。廣其法以推行星，得例三。謂之公比例，測距度以得行星不盡之數。

凡輿圖，必以經緯之度定方位，縱横各三百六十度。分天下為五洲。量以測器，申以算法，精以繪事，以識山水之高深，以悉形勢之險夷。塹地而深之，辨色若質，審土若石，則斷續之文，摺疊之理，動植飛潛變化之迹可稽焉。

凡算學，以加減乘除為入門。次九章。次八綫。次則測量。次則中法之四元術，西法之代數術。

凡化學，以原行之質為本。共六十七質，分大類二：一曰非金類，一曰金類。每質各秉一性，性相近為一家，二類各五家。原質入養氣有生酸者，有生反酸者。反酸與酸相合為鹽類。凡礦產備諸質，驗質必以化分，有消而化者，有熔而化者，消化視强水，熔化視火力。有分金銀鉛三質之法。有煉鐵之法。有煉銅之法。有煉銀之法。有煉金之法。有煉鉛之法。

凡格致之學有七：一曰力學，審吸壓之理以利於用。一曰水學，審動靜之性以利於用。一曰聲學，審響應之微以利於用。一曰氣學，審蒸化之方以利於用。一曰火學，審騰熱之力以利於用。一曰光學，審迴返之理以利於用。一曰電學，審觸引之捷以利於用。至於考動植之學以教樹畜長地力，蕃物類，節人工，則皆格致之屬焉。學成，則習公法或富國策，以畢其業。

朱壽朋《光緒朝東華録》卷一七一《著將同文館歸入京師大學堂諭光緒二十七年十二月初二日》 昨已有旨飭辦京師大學堂，并派張百熙為管學大臣。所有從前設立之同文館，毋庸隸外務部，著即歸入大學堂，一并責成張百熙管理，務即認真整飭，以副委任。

論說

清・馮桂芬《校邠廬抗議》卷下《上海設立同文館議》 今通商為時政之一，既不能不與洋人交，則必通其志，達其欲，周知其虛實情僞，而後能收稱物平施之效。互市二十年來，彼酋類多能習我語言文字之人，其尤者能讀我經史，於朝章國政、吏治民情，言之歷歷；而我官員紳士中絶無其人，宋聾、鄭昭固已相形見絀。且一有交涉，不得不寄耳目於所謂通事者，而其人遂為洋務之大害。

上海通事，人數甚多，獲利甚厚，遂於士農工商之外，別成一業，廣州、寧波人居多。其人不外兩種：一為無業商賈。凡市井中游閑跅馳，不

齒鄉里，無復轉移執事之路者，以學習通事為逋逃藪；一為義學生徒。英、法兩國設立義學，廣招貧苦童稚，與以衣食而教督之，市兒村豎，流品甚雜，不特易於湔染洋涇習氣，且多傳習天主教，更出無業商賈之下。此兩種人者，聲色貨利之外，不知其他，惟藉洋人勢力，狐假虎威，欺壓平民，蔑視官長，以求其所欲。

即如會辦防堵一舉，間與能作漢語之大酋議論，未嘗遠於事理，而局中米鹽瑣屑，勢不能與大酋言，往往需索之無厭，挑斥之無理，開銷之無藝，無非通事勾結洋兵為分肥之計，欺我聾暗，逞其簧鼓，顛倒簸弄，惟所欲為，實法所必誅，而不勝誅，且不能誅。又其人質性中下，識見淺陋，叩其所能，僅通洋語者十之八九，兼識洋字者十之一二，所識洋字，亦不過貨名銀數，與俚淺文理，不特於彼中致治張弛之故懵焉無知，即間有小事交涉，一言一字，輕緩綏亟，輾轉傳述，往往影響附會，失其本指，幾何不以小嫌釀大釁。洋務為國家招携懷遠一大政，乃以樞紐付之若輩，遂致彼已之不知，真僞之莫辨，宜與宜拒，迄不得其要領，其關係非淺鮮也。

夫通習西語西文，例所不能禁，亦勢所不可少，與其使市井無賴獨能之，不若使讀書明理之人共能之，前見總理衙門文，新設同文館，招八旗學生，聘西人教習諸國語言文字，與漢教習相輔而行。此舉最為善法，行之既久，能之者必多，必有端人正士、奇尤异敏之資出於其中，然後得西人之要領而馭之，綏靖邊陲之原本，實在於是。惟是洋人總彙之地，以上海、廣州二口為最，種類較多，書籍較富，見面較廣，凡語言文字之淺者，一教習已足，其深者務在博采周咨，集思廣益，則非上海、廣州二口不可，行之他處，猶是一齊人傅之之説也，行之上海、廣東，則置諸莊岳之間之説也。況通商綱領，雖在總理衙門，而中外交涉事件則二海口尤多，勢不能以八旗學習之人兼顧海口，惟有多途以招之，因地以求之，取資既廣，人才斯出。

愚以為莫如推廣同文館之法，令上海、廣州仿照辦理，各為一館，募近郡年十五歲以下之穎悟誠實文童，聘西人如法教習，仍兼聘品學兼優之舉貢生監，兼課經史文藝，不礙其上進之路，三年為期，學習有成，調京考試，量予録用。遇中外交涉事件，有此一種讀書明理之人，可以咨訪，

可以介紹，即從前通事無所施其伎倆，而洋務之大害去矣。至西人之擅長者，曆算之學，格物之理，製器尚象之法，皆有成書，經譯者十之一二耳，必能盡見其未譯之書，方能探頤索隱，由粗迹而入精微。我中華智巧聰明，必不出西人之下，安知不冰寒於水，青出於藍？輪船火器等制，盡羿之道，似亦無難，於洋務豈曰小補之哉。

鄭觀應《盛世危言》卷四《技藝》（光緒十八）查京都無各藝書院，同文館只教外國語言、文字、算學，各製造局洋匠縱有精通，然貪戀厚資，未免居奇而靳巧。至者未必巧，巧者不能致，能致之巧匠，又或不肯傳，洋師之難得如此。且華人心力未必遠遜西人也，多有華人習學日久，技藝日精，而當道以其華人也而薄之，薪水不優，反為洋人招去。教習無法，考察無具，獎勸無方，一旦有事，製造無人，則歸咎於華人之不可用。噫！豈華人果不可用哉？是主者之過也。是非專設藝院，則人材無由出，格致無由精，而技藝優劣之間，亦無由真知而確見。

清·陳忠倚《皇朝經世文三編》卷二《鄭觀應〈西學〉》（光緒十八年）廣方言館、同文館雖羅致英才，聘請教習，要亦不過只學語言文字，若夫天文、輿地、算術、化學直不過初習皮毛而已。他如水師武備學堂，僅設於通商口岸，為數無多；且皆未能悉照西洋認真學習，良以上不重之故。下亦不好，世家子弟皆不屑就，恒招募窶人子弟及輿臺賤役之子弟入充學生。況督理非人，教習充數，專精研習曾無一人，何得有杰出之士，成非常之才耶？

梁啓超《飲冰室合集》卷一《學校餘論光緒二十二年》 軍興以前，中國之學堂，惟有同文館、廣方言館等，所在屈指可數。生徒不滿千計，是以梁啓超憂之。軍興以後，廟謨諄諄，野議繽繽，則咸以振興學校為第一義。上自京師，下及省會，訖於岩邑，兩歲之間，踵武數十，其以故有書院改課增課者稱是。其倡議而未成，成而未及知者，亦稱是。雖比之泰西各國萬不逮一，然風氣之開，不可謂無其幾也。然而梁啓超愈益憂之。憂之奈何？曰，今之以學校為第一義者，豈不以育人才乎哉？雖然，彼向之同文館、水師學堂等，其設心也，曷嘗不惟育才之為務。然至今數十年，未嘗有非常之才，出乎其間，以效用於天下，天下所共聞也。今之興學堂者，其意寧不曰，吾今之為此，必有以异於彼所云也。然而吾竊量其他日之所成就，必無以遠過於彼，且猶或弗逮，何也？表正者影直，表趨者影邪，此公理之易明者也。彼同文館等之設，其原奏檔案，所稱不過以交涉日夥，鞮寄需人，思通其語言，毋受蒙蔽，故其所成就，上焉者足備總署使館之翻譯，下焉者可充海關洋行之通事。彼其所求之者，固如是而已。故雖以丁韙良、傅蘭雅等為之教習，不可謂非彼中文學之士，然而所成卒不過是，何也？所以為教者未得其道也。今教之之道，舉無以過於彼，而教習之才，又遠出丁、傅下。其聘用西人者，半屬無賴之工匠、不學之教士，其用華人者，則皆向諸館之學生，學焉而未成，成焉而不適於用者也。其尤下者，香港、寧波之衣食於西人者也。教之之道既如彼，教之之人復如此，以故吾敢量其他日之所成，且或弗逮也。夫所謂教之未得其道者何也？自古未有不通他國之學，而能通本國之學者，亦未有不通本國之學，而能通他國之學者。西人之教也，先學本國文法，乃進求萬國文法，先受本國輿地、史志、教宗、性理，乃進求萬國輿地、史志、教宗、性理，此各國學校之所同也。今中國之為洋學者，其能識華字，聯綴書成俗語者，十而四五焉。其能通華文文法者，百而四五焉。其能言中國輿地、史志、教宗、性理者，殆幾絶也。此其故何也？彼設學之始，其意以為吾之教此輩也，不過責之以譯文傳語，為交涉之間所有事，若夫經世之義，修齊治平之道，别有所謂揣摩講章，唾掇甲第之人，以講求之，而不必以望於此輩。故其學中所設，雖有華文功課一門，不過循例奉行，苟以塞責，實則視為無足重輕之事。其西文總教習等，既於中學毫髮未有所聞，而其所謂華文分教習者，又大半鄉曲學究，抱兔園册子，謂為絶學。以此而欲造人才，烏可得也？然使於中學雖不甚厝意，而於西學實有所大成，猶可言也。凡學西文者，大率五六年後，乃始能盡通其文規，可以讀其書，知其義，無所於閡。而今之治此學者，往往學四五年，輒以譯人之才，囂然自大，出而謀衣食，自此以往，即與學絶。而究其前數年所學者，不過語句拼字文法之類，去西學尚遠甚。今夫能作華語，粗解華文之人，不能命為中學之人才，此五尺之童之所共明也。然則能作西語，粗解西文之人，不能命為西學之人才，昭昭然矣。故恒有彝其語，彝其服，日以西學自鳴於口岸，而叩以彼中政治學術形勢情實，其所見聞，視我輩之待命舌人者，尚或有間。何則？學與不學之异也。夫此四五年之問，於中國之學，既已循例若贅，閣束一切，則其所誦經書，只能謂之認字，其所課策論，只能謂之習文法，而絶不能謂之中學，其西學亦然，極其能事，乃亦不過在認字與習文法之二事，是直謂之未學焉可已。今以國家之所旁求，天下之所側望，翹首企踵，以謂他日撥亂反正之才，將取於是，而其究竟，乃卒歸於未學，此余所以悁悁而悲也！然則奈何？曰：無徒重西文教習而必聘通儒為華文教習，以立其本；無僅學西文而必各持一專門之西學，以致其用；斯二義者立，夫乃謂之學。今日之學，當以政學為主義，以藝學為附庸。政學之成較易，藝學之成較難，政學之用較廣，藝學之用較狹，使其國有政才而無藝才也，則行政之人，振興藝事，直易易耳。即不爾而借才异地，用客卿而操縱之，無所不可也。使其國有藝才而無政才也，則絶技雖多，執政者不知所以用之，其終也，必為他人所用。今之中國，其習專門之業，稍有成就，散而處於歐墨各國者，固不乏人，獨其講求古今中外治天下之道，深知其意者，殆不多見。此所以雖有一二藝才而卒無用也。抑欲為藝學者，奉一專門名家之西人以為師，雖於中國之學不識一字可也。欲為政學者，必於中國前古之積弊，知其所以然，近今之情勢，知其所終極。故非深於中學者不能治此業。彼夫西人之著書為我借箸者，與今世所謂洋務中人，介於達官市儈之間，而日日攘臂言新法者，其於西政非不少有所知也，而於吾中國之情勢政俗，未嘗通習，則其言也，必窒礙不可行，非不可行也，行之而不知其本，不以其道也。於是有志經世者，或取其言而試行之，一行而不效，則反以為新法之罪。近今之大局，未始不壞於此也。故今日欲儲人才，必以通習六經經世之義，歷代掌故之迹，知其所以然之故，而參合之於西政，以求致用者為第一等。【略】《易》曰：『正其本，萬事理，失之毫厘，謬以千里。』不此之務，則雖糜巨萬之資，竭數十年之力，僅為洋人廣蓄買辦之才，靡救於國，靡造於民，吾恐它日必有達識之士，以學堂為詬病者。彼海軍一政，日本講之而得强，中國講之而得削，其名不殊，其實大异。嗚乎！其無使今日之學堂等於昔日之海軍也。問者曰：『子偏重政學，子薄藝學乎？藝學者，西人所以致富强之原也。』釋之曰：『予烏敢薄藝學。顧欲治藝學者，必廣備諸器以借試驗，歷履諸地以資測勘，教習必分請顓門，學生必儲之綺歲。吾度今者諸學生經費之所入，尚未足以語於此也。若治政學者，則坐一室可以知四海，陳羣籍可以得折衷，雖十室之邑，中人之産，猶能舉之。故吾謂政學之成較易，藝學之成較難也。若夫有大力者，能創博物之院，開比較之廠，聚其才俊以前民用，此又國之命脉也。夫烏得而薄之！吾直异夫今之言學堂者，上焉於政無所達，下焉於藝無所成，而徒考績於口舌之間，自畫於同文方言之一義，而欲以天下才望之於其徒也。』

雜録

清・陳弢《同治中興京外奏議約編》卷五《張盛藻奏同文館學天文算術不必用科甲正途官員摺》 山東道監察御史張盛藻奏：竊臣考《堯典》授時，分命羲、和，《周禮》軼《司空》一篇，漢儒補以《考工記》，未聞水火工虞之職，俱習鳥火虚昴之文，亦未聞天官六屬，俱習考工之事。我朝頒行憲書，一遵《御製數理精藴》，不爽毫釐，可謂超軼前古矣，即或參用洋人算術，不過借西法以印證中法耳。近見《邸鈔》，總理各國事務衙門請設同文館，專用正途科甲人員，學習天文算術，以為製造輪船洋槍之用。臚列六條，意在專講習，勤考課，又恐人之不樂從也，乃厚給廩餼，優與獎敘，以鼓舞之，其誘掖獎勸，用心苦矣。臣愚以為朝廷命官必用科甲正途者，為其讀孔、孟之書，學堯、舜之道，明體達用，規模弘遠也，何必令其習為機巧專用製造輪船洋槍之理乎？

若以自强而論，則朝廷之强，莫如整紀綱、明政刑、嚴賞罰、求賢養民、練兵籌餉諸大端。臣民之强，則惟氣節一端耳，朝廷能養臣民之氣節，是以遇有災患之來，天下臣民，莫不同仇敵愾，赴湯蹈火而不辭，以之禦災而災可平，以之禦寇而寇可滅，皆數百年深仁厚澤，以堯、舜、孔、孟之道為教，有以培養之也。若令正途科甲人員習為機巧之事，又藉升途銀兩以誘之，是重名利而輕氣節，無氣節安望其有事功哉？臣以為設立專館，止宜責成欽天監衙門，考取年少穎悟之天文生、算學生送館學習，俾西法與中法互相考驗；至輪船洋槍，則宜工部遴選精巧工匠，或軍營武弁之有心計者，令其專心演習，傳授其法，不必用科甲正途官員肄習其事，以養士氣而專責成，可否飭令在廷諸臣悉心妥議？

上諭

諭内閣：

前據總理各國事務衙門奏：請設同文館，專用正途科甲人員，學習天文算術，並擬定章程六條呈覽。當經降旨依議。兹據張盛藻奏：科甲正途，讀書學道，何必令其習為機巧，於士習人心大有關繫等語。朝廷設立同文館，取用正途學習，原以天文算學為儒者所當知，不得目為機巧。正途人員用心較精，則學習自易，亦於讀書學道無所偏廢。是以派令徐繼畬總管其事，以專責成，不過借西法以印證中法，並非舍聖道而入歧途，何至有礙於人心士習耶？該御史請飭廷臣妥議之處，著毋庸議。

清・寶鋆等《籌辦夷務始末（同治朝）》卷四七《倭仁奏正途學習天文算學為益甚微所損甚大請立罷前議摺》　大學士倭仁奏：

昨見御史張盛藻奏，天文算學無庸招集正途一摺。奉上諭：朝廷設同文館，取用正途學習，原以天文算學為儒者所當知，不得目為機巧，於讀書學道無所偏廢等因。欽此。數為六藝之一，誠如聖諭為儒者所當知，非歧途可比。惟以奴才所見，天文算學為益甚微，西人教習正途所損甚大，有不可不深思而慮及之者，請為我皇上陳之。竊聞立國之道，尚禮義不尚權謀；根本之圖，在人心不在技藝。今求之一藝之末，而又奉夷人為師，無論夷人詭譎，未必傳其精巧；即使教者誠教，學者誠學，所成就者不過術數之士，古今來未聞有恃術數而能起衰振弱者也。

天下之大，不患無才，如以天文算學必須講習，博采旁求，必有精其術者，何必夷人，何必師事夷人？且夷人吾仇也，咸豐十年稱兵犯順，憑陵我畿甸，震驚我宗社，焚毁我園囿，戕害我臣民，此我朝二百年未有之辱，學士大夫無不痛心疾首，飲恨至今，朝廷亦不得已而與之和耳，能一日忘此仇恥哉！議和以來，耶穌之教盛行，無識愚民，半為煽惑，所恃讀書之士，講明義理，或可維持人心。今復舉聰明雋秀國家所培養而儲以有用者，變而從夷，正氣為之不伸，邪氛因而彌熾，數年以後，不盡驅中國之衆咸歸於夷不止。伏讀《聖祖仁皇帝御製文集》，諭大學士九卿科道云：西洋各國，千百年後，中國必受其累。仰見聖慮深遠，雖用其法，實惡其人。今天下已受其害矣，復揚其波而張其燄耶？聞夷人傳教，常以讀書人不肯習教為恨，今令正途從學，恐所習未必能精，而讀書人已為所惑，適墮其術中耳。伏望宸衷獨斷，立罷前議，以維大局而彌隱患，天下幸甚！

御批：該衙門知道。

又　卷四八《奕訢等奏議覆倭仁請罷正途學天文算學摺》　總理各國事務恭親王（奕訢）等奏：

軍機處交出大學士倭仁條奏一摺。奉旨：該衙門知道。欽此。臣等查閲倭仁所奏，陳義甚高，持論甚正，臣等未曾經理洋務之前，所見亦復如此。而今日不敢專持此説者，實有不得已之苦衷，請為我皇太后、皇上詳陳之。竊惟城下之盟，《春秋》所恥，宋臣韓琦有言：『和好為權宜，戰守為實務。』自古禦夷無上策，大要修明禮義，以作忠義之氣為根本，一面即當實力講求戰守，期得制伏之法，不能以一和而遂謂可長治久安也。溯自洋務之興，迄今二三十年矣，始由中外臣僚，未得窾要，議和議戰，大率空言無補，以致釀成庚申之變。彼時兵臨城下，烽燄燭天，京師危在旦夕，學士大夫，非袖手旁觀，即紛紛逃避。先皇帝不以臣奕訢等為不肖，留京辦理撫務，臣等不敢徒效賈誼之痛哭流涕，胡銓欲蹈東海而死，空言塞責，取譽天下。而京城内外，尚以不早定約見責，甚至滿漢臣工，聯銜封奏，文函載道，星夜疊催，令早换約。臣等俯察情形，不得不俯徇輿論，保全大局。自定約以來，八載於兹，中外交涉事務，萬分棘手。臣等公同竭力維持，近日大致雖稱馴順，第苟且敷衍目前則可，以為即此可以防範數年數十年之後則不可。

是以臣等籌思長久之策，與各疆臣通盤熟算，如學習外國語言文字，製造機器各法，教練洋槍隊伍，派員周遊各國，訪其風土人情，並於京畿一帶設立六軍，藉資拱衛。凡此苦心孤詣，無非欲圖自强。又因洋人制勝之道，專以輪船火器為先，從前御史魏睦庭曾以西洋製造火器，不計工本，又本之天文度數，參以句股算法，故能巧發奇中，請在上海等處設局訓練；陳廷經亦請於廣東海口設局製造火器。臣等復與曾國藩、李鴻章、左宗棠、英桂、郭嵩燾、蔣益澧等往返函商，僉謂：製造巧法，必由算學入手。其議論皆精鑿有據。左宗棠先行倡首在閩省設立藝局船廠，奏交前江西撫臣沈葆楨督辦。臣等詳加體察，此舉實屬有益，因而奏請開設天文算學館，以為製造輪船各機器張本，並非空講孤虛，侈談術數，為此不急之務。又恐學習之人不加揀擇，或為洋人引誘，誤入歧途，有如倭仁所慮者，故議定考試必須正途人員，誠以讀書明理之士，存心正大，而今日之局，又學士大夫所痛心疾首者，必能臥薪嘗膽，共深刻勵，以求自强實際，與泛泛悠悠漠不相關者不同。倭仁謂夷為吾仇，自必亦有臥薪嘗膽之志，然試問所為臥薪嘗膽者，姑為其名乎？抑將求其實乎？如謂當求其實，試問當求之愚賤之人乎？抑當求之士大夫乎？此臣衙門所以有招考正途之請也。

今閲倭仁所奏，似以此舉斷不可行，該大學士久著理學盛名，此論出而學士大夫從而和之者必衆。臣等向來籌辦洋務，總期集思廣益，於時事有裨，從不敢稍存迴護。惟是倭仁此奏，不特學者從此裹足不前，尤恐中外實心任事不尚空言者，亦將為之心灰而氣沮，則臣等與各疆臣謀之數載者，勢且隳之崇朝，所繫實非淺鮮。臣等反覆思維，洋人敢入中國肆行無忌者，緣其處心積慮在數十年以前，凡中國語言文字，形勢虛實，一言一動，無不周知。而彼族之舉動，我則一無所知，徒以道義空談，紛爭不已。現在瞬屆十年換約之期，即日夜圖維，業已不及，若安於不知，深慮江河日下；及設法求知，又復衆論交攻，一誤何堪再誤。左宗棠創造輪船各廠，以為創議者一人，任事者一人，旁觀者一人，事敗垂成，公私均害；李鴻章置辦機器各局，以為無事則嗤外國之利器為奇技淫巧，以為不必學；有事則驚外國之利器爲變怪神奇，以為不能學。並引宋臣蘇軾之言，以為『言之於無事之時，足以有為，而恆苦於不信；言之於有事之時，可以見信，而已苦於不及。』該督撫等所論，語多激切，豈故好為辯爭，良由躬親閲歷，艱苦備嘗，是以切實不浮，言皆有物。

在臣等竭慮殫思，但期可以收效，雖冒天下之不韙，亦所不辭。該大學士既以此舉為窒礙，自必別有良圖，如果實有妙策，可以制外國而不為外國所制，臣等自當追隨該大學士之後，竭其檮昧，悉心商辦，用示和衷共濟，上慰宸廑；如別無良策，僅以忠信為甲冑，禮義為干櫓等詞，謂可折衝樽俎，足以制敵之命，臣等實未敢信。所有現議開辦同文館事宜，是否可行，伏祈聖明獨斷，訓示遵行。謹摘録曾國藩、李鴻章、左宗棠、英桂、郭嵩燾、蔣益灃等歷次奏稿信函，恭呈御覽。可否諭令倭仁詳細閲看，備曉底蘊，以局外之議論，決局中之事機，臣等幸甚！天下幸甚！至於用人行政之常經，其有關聖賢體要者，自當切實講求，於現辦之件實不相妨。合併陳明。

清·陳錦《請飭整頓同文館並將提調苑棻池嚴懲摺光緒九年六月二十一日》 竊惟算學莫精於國朝，我聖祖仁皇帝天縱聖明，留心勾股，著有成書，刊布海內，一時通其業者頗不乏人，特未以之立教而課士耳。邇來講求洋務，製造機器，凡海關、糧務、水師、陸隊，在在需才，故特開同文館以肄習之，典至重也。乃行之數年，迄鮮成效。推原其故，約有數弊：臣請為皇太后、皇上陳之。

一曰考課不真。考課之去取，算學之優劣所由分也。去取失當，人才何由鼓勵？乃近聞無恥之徒，專與副教習聯絡聲氣，試則前茅也，食則全俸也，叩以算學則茫然不知也。其不講聯絡者，雖文理優長，名次概行列後。現在擺印算學課藝一部，其中臚列人名，半皆不通算法，則此書豈非虛文乎？嗣後應令各報所長，出題次第面試，以分真贋，以勵人材。

一曰銓補不公。學生額缺，例按資格、功課以憑敘補。乃近來補缺之人，非得自賄求，即或由情面，有最後到館而補者，有不曉算數而補者，並有丁憂回籍而仍補且得優保者，否則雖資格在前，功課勤奮，而無人關照，敘補無期。至保舉一節，尤多蒙保、混保之弊。聞光緒二年九月間，該館學生羅秀紳呈懇該堂官破除情面，革弊察奸，呈中所言，俱是痛哭流涕之語，該提調等深恐敗露，巧為彌縫，竟回堂將羅秀紳勒令出館了事。上下蒙蔽，公道復安在耶？嗣後應令確議定章，按例敘補，以息浮論，以昭公允。

一曰獎賞不實。館中諸生，本多寒畯，全賴獎賞銀兩接續火食。乃該提調於月考獎賞內或扣四五兩不等，於季考獎賞內扣七八兩不等，名存廚房，實飽私橐。自元年起至九年止，所扣之銀，為數甚鉅，不知作何開銷？至刻扣之外，又將此項銀兩折換錢票分給，百計漁利，無微不入，吮衆人之膏血，肥自己之身家，此市儈之所為，而該提調為之，亦無恥甚矣。嗣後應令該堂官於揭曉時，當堂實領實放，毋許刻扣分文，以恤寒士，以溥實惠。

一曰館規不嚴。館中督課程功，權在提調，向例輪流住班，以資表率。乃近聞提調中竟有不住宿者，晚餐醉飽，食足洋煙，令門丁擕取茶葉點心，潛行回寓，而館內一切大小事宜，概不管束。以致該學生酗酒、賭博、蕩檢踰閑。蘇拉從而效尤，作樂唱戲，喧嘩達旦。夫業不勤不精，心不靜不入。功課之荒，成材之少，職是故耳。嗣後應令慎選提調，嚴立規程，以課實功，以除錮習。

以上各節，臣既有所聞，不敢緘默，雖其弊未必止是。總之，提調非人則諸弊相因而至，欲得真才而收實效，勢必不能。當此時事多艱，需才孔亟，該衙門大臣等受恩深重，自當公忠體國，仰慰宸廑。其應如何設法整頓，以期材歸實用，費不虛糜，臣區區愚忱，不勝激切翹企待命之至。謹奏。

附片一

再，聞同文館提調苑棻池貪鄙嗜利，擅作威福，每逢節期、生期，令門丁劉二名漢臣向各學生索取規費，或三千四千不等，而劉二亦巧於迎合，授意各生，厚送禮物，或洋煙、洋表、洋槍以及皮褂、紬緞、衣料等件，該提調無不一概全收。有饋送者待以禮貌，許以保舉；無饋送者，加以勢迫，扣其薪水。各生敢怒而不敢言，只得紛紛告退。館內廚役頭目亦畏其權勢煊赫，進奉車一輛，騾一頭，現該提調所乘之車即此車也。又聞該提調前歲向洋教習柯里士借銀六百兩，拖延不還。嗣柯里士回國索欠爭吵，欲行具控，經教習丁韙良從中調處，該提調即商允總辦，在該衙門庫內挪出銀兩給還了事。夫洋教習非放債之人，而公庫亦非借貸之所，無論該提調填還與否，即此擅動官項，已屬大干法紀。應請飭查嚴懲，以為貪劣不職有玷官箴者戒。為此據實瀝陳。

謹奏。

附片二

再，同文館後館，專調八旗少年子弟在彼學習，乃開館多年，而通曉洋文、漢文者寥寥無幾，殊屬有名鮮實。且例無薪水，既乏糊口之資，安能盡心於學？今若議加津貼，而庫儲支絀，經費指撥維艱。審處熟思，與其留館肄業，誤子弟有用之聰明，何如歸旗讀書，儲國家無方之賢俊！況值整頓旗學風矩，嚴明造就，尤自易易。可否撤銷後館，飭該子弟各歸各旗，實圖進取之處，伏候聖裁。

謹奏。

《同文館題名録・關于同治十年開設德文館的記載光緒十四年》　幾乎同時（一八七一年）開設了德文館，由俄文教習負責管理。從一八七〇年到一八七二年，偉貝（C. Waeber）充任了俄文和德文教習。一八七三年，由第圖晋（N. Titoushkin）任德文教習，從一八七三年到一八八一年，德文教習全由哈根（W. N. Hagen）擔任。【略】

察格致一門，為新學之至要，富國强兵，無不資之以著成效。總教習於稽察各館功課之暇，向以此學教館生。旋於光緒十四年，因館課日繁，申請堂憲專設格物一席，以英文教習歐禮斐充補，俾廣其傳，以啓後進。【略】

察近年館生多有奉派隨使出洋，襄辦翻譯。爰於光緒十四年六月二十二日本署奏請添設翻譯處。凡奉差旋華，擇其優者，俾充其選。乃以張德彝、沈鐸、馬廷亮、斌衡、文祐充補英文翻譯官；恩光充補德文翻譯官；旋以塔克什訥、巴克他訥、瑞安、慶全充補俄文翻譯官；聯涌、世增充補法文翻譯官；唐家楨充補東文翻譯官。

又　**《京師同文館校歷光緒二十四年》**　考試日期

考試分有月課、季考、歲試。

月課季考，於月終舉行。

歲試於封印前舉行。

月課季考用二日，提調總教習等監場。

歲試用三日，堂憲監場。

月課例給花紅銀三十二兩。

季考例給花紅銀四十八兩。

歲試例給花紅銀七十二兩。

夏季增漢文課，每月例給花紅銀八兩。歲試季考則酌量課業之進退而增減薪水。

大考每届三年舉行，優者保升官階，次則記優留館，劣者除名。

放學日期

正月（自開印日起開館）

十二月（自封印日起放館）

清明節（放學一日）

端陽節（放學三日）

中元節（放學一日）

中秋節（放學三日）

夏季自初伏起，除漢文功課外，其餘功課，皆停止一月。

每值房虚昴日暨考試次日，洋教習息力一日。

學生有在各衙門當差者，每月例准給假日，無定期。

清·劉坤一《劉忠誠公遺集·書牘卷六·致黎召民光緒二年十月二十八日》 西學館之設，誠為當今急務。弟實有志於此，昨以銀八萬元購買黄埔船澳為將來擴充機器局及開設西學館地步。顧念閩省何嘗無西學館，同治五年冬間，左季帥紓道章門，言之津津，乃迄今十年之久，未聞有所造就。即廣東亦早設同文館，名異實同。初議兼用滿漢生徒，此次荔秋星使奏調之蔡伴錫勇，係由此館出身。嗣以專用旗人子弟，一味訓課時文，雖仍聘一英員教習，略存其名而已。似此毫無實際，縱添設一二館，徒糜經費，為外人所笑，故弟遲回慎重，匪獨以目前難籌鉅款，亦欲妥定章程，不敢仍蹈前轍耳。

又《書牘卷十上·復黎召民光緒七年正月二十一日》 承教以開西學館及合股出洋貿易兩事為言。尚有不能不仰求指導者。如語言、文字已有都中之同文館及各省之同文館並上海之廣方言館，固不必另開局面矣。尊意所謂開西學館，自不在外洋語言文字之末，以力求實濟為是。竊查外洋所學，以律例為重，次則天文、兵法以及製造、駕駛並礦學、化學、汽學、重學之類。中國學西洋之學，似不以律例為先，究竟應由何項入手？一也。福建藝學館中是何章程，有無應行變通之處；以及該藝學開辦多年，有無學成人員堪爲教習。又次閩廠出洋學生，接准丹崖星使咨稱，某精於開采烹煉，某精於駕駛戰攻，某精於製造，某精於算計。究竟果否可靠，填充各西學館教習，不至取材外洋，二也。張振帥奏開西學館，而指明先學製造。然温颸園所辦之局，非製造而何？何以不就現在振頓，而必另開一館？是否別有深意？三也。此三者，務望詳晰指教。夫事必慎始，乃克善終。弟欲深得其中委曲而後舉行；至所需之經費，尚不難於籌措。

南北洋通商大臣分部

綜述

清·賈楨《籌辦夷務始末（咸豐朝）》卷七一《奕訢奏請設總理各國事務衙門摺》 南北口岸，請分設大臣，以期易顧也。查道光年間通商之初，祇有廣州、福州、廈門、寧波、上海五口，設立欽差大臣一員。現在新定條約，北則奉天之牛莊、直隸之天津、山東之登州，南則廣東之粵海、潮州、瓊州，福建之福州、廈門、臺灣、淡水，並長江之鎮江、九江、漢口，地方遼闊，南北相去七八千里。仍令其歸五口欽差大臣辦理，不獨呼應不靈，各國亦不願從。且天津一口，距京甚近，各國在津通商，若無大員駐津商辦，尤恐諸多窒礙，擬請於牛莊、天津、登州三口，設立辦理通商大臣，駐紮天津，專管三口事務。直隸為畿輔重鎮，督臣控制地方，不能專駐天津。而藩臬兩司，各有專職，亦未便兼理其事。擬倣照兩淮等處之例，將長蘆鹽政裁撤，歸直隸總督管理。其鹽政衙署養廉，即撥給通商大臣，不必另議添設，以節經費。舊管關稅，一併歸通商大臣兼管，分晰造報，並請頒給辦理三口通商大臣關防一顆，無庸加欽差字樣，仍准酌帶司員數員，以資襄辦。遇有要事，准其會同三省督撫、府尹，商同辦理，庶於呼應較靈。其舊有五口欽差大臣一員，以兩廣總督領之。咸豐九年，改隸兩江總督。查現在新增内江三口，並廣東之潮州、瓊州，福建之臺灣、淡水，口岸較多，事務更繁，誠恐該督曾國藩兼司其事。非特鞭長莫及，並慮未能諳悉夷情，應仍責令署理欽差大臣巡撫薛煥，妥為辦理。至天津、上海兩處，所辦一切事件，應仿照各省分別奏咨之例，由該大臣隨時知照總理處，以免歧異。至吉林、黑龍江，俄人從前越界侵占，歷任將軍隱匿不報，以致日久無從禁阻，應請飭令該將軍等，於中外邊界，據實奏報，不准稍有粉飾。其中外交涉事件，一併按月咨照總理處察覈。再現在天津一口，將來辦理通商，祇有進口貨物，並無出口大宗。如果日久貿易不旺，彼必廢然思返。擬仍臨時酌量情形，或將通商大臣裁撤，以省冗員。

《清文宗實録》卷三三七　（咸豐十年十二月）己巳，諭内閣：惠親王等《奏會議恭親王奕訢等奏辦理通商善後章程》一摺。據稱，恭親王奕訢等籌議各條，均係實在情形，請照原議辦理等語。京師設立總理各國通商事務衙門，著即派恭親王奕訢、大學士桂良、户部左侍郎文祥管理，並著禮部頒給欽命總理各國通商事務關防。應設司員，即於内閣部院軍機處，各司員章京内，滿漢各挑取八員即作為定額，毋庸再兼軍機處行走，輪班辦事。侍郎銜候補京堂崇厚，著作為辦理三口通商大臣，駐劄天津，管理牛莊、天津、登州三口通商事務，會同各該將軍、督撫、府尹辦理並頒給辦理三口通商大臣關防，毋庸加『欽差』字様。其廣州、福州、廈門、寧波、上海及内江三口、潮州、瓊州、臺灣、淡水各口通商事務，著署理欽差大臣江蘇巡撫薛焕辦理。新立口岸，除牛莊一口，仍歸山海關監督經管外，其餘登州各口，著各該督撫會同崇厚、薛焕派員管理。所有各國照會，及一切通商事宜，隨時奏報，並將原照會一併呈覽，一面咨行禮部轉咨總理各國通商事務衙門，並著各該將軍、督撫互相知照。遇有交卸專案，移交後任。其吉林、黑龍江，中外邊界事件，並著該將軍等據實奏報，一面知照禮部，轉咨總理衙門，不准稍有隱飾。

又　卷三四六　咸豐十一年辛酉三月，己亥。諭軍機大臣等：奕訢等奏布魯西亞國通商事宜，奏派崇綸赴津辦理，請由軍機處恭擬上諭一道交崇綸齎往，給與該酋閲看，以免歧誤等語。各國公使於欽派大臣接見時，往往求看諭旨以為憑。據奕訢等所請，擬給上諭，以免該公使生疑，或藉端希圖入京，亦為先事防維起見。惟此次布魯西亞國赴津通商一切事宜，仍應歸該大臣等籌辦。若另給崇綸諭旨，則必須有『欽差』字様，於總理各國事務衙門轉覺事權不一，且一國到津即須派一欽差大臣，亦屬不成事體。崇綸赴津，似無庸給與上諭，或由奕訢等妥擬照會，告以各國通商事宜均由總理各國事務王大臣辦理。現經奏，派崇綸赴津，會同三口通商大臣崇厚辦理。如慮該酋以崇綸等非全權大臣，不肯商辦，或桂良、文祥兩人中酌量一人，帶同崇綸前赴天津，諒該酋亦無可藉口。將來換約，蓋用印信，即用總理衙門關防較為妥協。著奕訢等將此兩節斟酌妥善，奏明辦理。迂受倫布既不日抵津，崇綸即著無庸前來行在請訓。將此由五百里諭令知之。

清・寶鋆等《籌辦夷務始末（同治朝）》卷六《薛焕奏南洋通商專設大臣鞭長莫及請即裁撤摺同治元年五月十七日》　辦理通商事務大臣薛焕奏：

竊念通商事宜，兼籌中外，特置大臣經理，以資統率而專責成，仰見聖主懷柔殊方慎重榷政之至意。惟臣酌度情形，熟思審度，似有不必專員辦理者，謹就管窺之見，為我皇上敬陳之。伏查南洋及内江通商各口，惟閩、粤兩關隸於將軍及專差監督，其餘未報開埠諸口外，所有業經通市之處，多由各省督撫委令道員管關，凡有交涉外國事務，責成關員經理，而督撫總其大綱；或由將軍監督主持，而督撫會同籌辦。各關税鈔徵收解交，均由督撫稽覈，即將軍監督管理者，督撫亦必與聞，應行奏咨事件，即可隨時辦理。遇有領事等官與關員辯論不決，則督撫據理以剖斷之，因勢而調和之，儻爭執不休，則徑行咨呈總理衙門，或請察覈示覆遵行，或請照會外國公使。蓋各疆臣身膺重寄，事權專一，呼應自靈，而就近指揮，亦易臻周密也。若專設大臣辦理，統轄江、楚、蘇、浙、閩、粤六省口岸，分為十餘處地方，遠隔數千里，殊有鞭長莫及之虞，而事勢亦多格礙。

英、法換約之後，臣曾因公事照會住京使臣，未據答覆。美國雖通公牘，而使臣蒲麟痕自來中國，臣疊予照會，亦無照覆之文。英使額爾金前年（咸豐十年）出京，聲言不能與外省大臣商辦公事，故該使與法國副使哥士耆先後經過上海，均未與臣相見。臣兩年權篆，駐紮滬城，所行者仍無異於江蘇巡撫應辦之事。其餘各省相隔迢遥，通商庶務更新，既鮮成規可守，各口情形不一，又難懸揣而知。且驛程梗阻，繞道稽遲，有時經數月之久遞到一文，而臣仍無從覈辦。臣與各國公使既已無可會商，領事等官更難遥為駕馭，是以各省與外國交涉，必由督撫諸臣遇事斟酌籌辦。至於關税盈虚，本由疆臣考覈，臣僅準據開報數目，而各省奏咨早已到京，故稽查税務亦屬具文。臣現已交卸撫篆，可以隨時巡歷各口，誠不必專駐上海。然移紮一處，而其餘各處之事仍屬隔閡，則顧此不免失彼。即所移紮之處，亦未能驟悉情形。是臣雖職司通商，而於撫馭遠人，稽查榷課，均係有名無實。

自上年（十一年）以來，本擬陳請毋庸署理欽差大臣篆務，會軍務孔殷，未遑具摺。茲蒙特畀委任，臣正宜及時自效，以冀稍答鴻慈。惟臣詳加揆度，覺通商事務似毋庸專設大臣，臣如緘默不言，則竊位貽譏，負疚滋甚，不敢不披瀝忱悃，上陳於君父之前。溯查道光年間，諭令兩廣總督佩欽差大臣關防，辦理五口通商事宜。維時外國有所干求，其使臣均願在廣東商辦，今則情形異昔，似應因時制宜。從前兩廣、兩江各總督兼充欽差大臣，暨臣以巡撫署理，皆有本任廉俸足資辦公，本署胥役足供驅使。今若特置一官，則憑藉毫無，事事創設，所有一切辦公經費均須另籌，並應派委隨員，另設書吏差役，及租住館舍，所需薪水、紙張、辛工、飯食、房金等項，均屬必不可少，統計為數不貲。國家經費有常，鉅款籌撥不易，即或不惜帑項，創立規模，而公事仍窒礙難行，則糈祿亦虛糜無益。臣愚以為宜將通商大臣一員裁撤，一切事務，各歸本省督撫及將軍經理。庶耳目較近，利弊周知，措施自必盡善。且由總理衙門察覈指示，各口事有統宗，辦理最為簡捷，亦足使洋人信服，免啓釁端。至管關官員，本由疆臣遴派，考課所在，稽查易周，又有統屬之權，克收指臂之助。督撫將軍各膺專責，總理衙門與戶部考其成功，將見撫馭遠人，稽察榷課，事事皆有實際，允於全局有裨。

又《薛煥又奏長江通商請於曾國藩官文中特簡一員片同治元年五月十七日》 薛煥又奏：臣因通商事務，責成各省督撫將軍較有實際，擬請裁撤通商大臣，以免虛糜經費。如因北洋三口現有大臣，南省亦應一律設立，似宜仍以督撫兼領，其駐紮之地須離洋人稍遠，辦理方可順手。又必平時動望隆重，乃能讋服遠人，如兩江督臣曾國藩、湖廣督臣官文之在皖、楚兩省，最為相宜。緣粵、閩雖有新立口岸，然皆有本省成案可循，惟長江通商事屬創始，如於曾國藩、官文二員中特簡一員，飭令兼領通商事務，即可就近會同沿江各督撫隨時商辦，亦可毋庸另籌經費。其各口尋常事件及稽徵稅鈔，仍責成各省督撫將軍經理，隨時咨會該大臣查照備案。所以存此通商大臣一職者，亦但資碩望隆名，儻遇各處事有為難，冀可借其一言為重，或於事機有裨。

《清穆宗實録》卷二八 （同治元年五月戊戌）又諭：前因薛煥熟悉

外國情形，諭令以頭品頂帶，充辦理通商事務大臣，並疊諭將洋人協剿諸事，會同新署巡撫李鴻章妥為經理。茲據薛煥奏，南洋通商各口，事隸將軍、督撫監督辦理。若專設大臣統轄，地方較多，鞭長莫及，事勢亦多格礙，請即裁撤，各歸本省督撫、將軍經理。並片陳長江通商，事屬創始，必須平時動望隆重，乃能讋服遠人。請於官文、曾國藩特簡一員，兼領其事各等語。南洋通商大臣，本係道光年間，經耆英等議定設立，以為交涉事件在外商辦之計。迨英法各國公使駐京後，一切緊要事件，均由總理衙門辦理。其餘關稅事務，則由管關之監督道員，會同各國領事官經理，仍由該省將軍、督撫稽察，已足以資控馭。上海雖為各國匯集之所，而所設止有領事官。若該道員辦理得宜，巡撫妥為稽察，則諸務已有責成。所請裁撤之處，洵為因時制宜。欽差大臣，本係改為兩江總督兼攝。曾國藩威望遠著，為外國人所讋服。長江通商事務由該大臣經畫，自能措置合宜。惟前因曾國藩辦理軍務，在江面布置，昕夕不遑，若再任以通商事務，非所以示體諒。現在江面肅清，應如何妥為兼籌之處，即著酌量情形，迅速具奏。薛煥所稱南省宜以督撫兼領，其駐紮之地，須離洋人稍遠，辦理方可順手。李鴻章駐鎮以後，能否兼顧無誤，曾國藩從前曾經議及，並著一併詳籌奏聞。薛煥尚有交辦比利時國換約事宜，著俟議定後一切就緒，再行候旨遵行。薛煥摺片各一件，均著鈔給曾國藩閱看。將此由五百里各諭令知之。

又 卷三五 （同治元年七月丙午）諭議政王軍機大臣等：恭親王等奏遵議改設長江通商大臣一摺，各國於沿海五口通商，歷年已久，均有舊章可循。而長江上下，計有二千餘里，地處腹心，事關創始，自應將通商大臣改駐長江。著曾國藩於鎮江、金陵或漢口、九江察度形勢，擇一扼要之處，咨商薛煥酌量具奏。至通商大臣廉俸，以及委員、差役，並沿江口岸應否設立行館之處，即著曾國藩、薛煥悉心覈定。廉俸於何處支給，委員、差役應設若干，務當覈實議定，未可稍涉浮冒。其上海及長江一帶，中外交涉事件，固應歸通商大臣專管，而粵、閩、浙三省事務，通商大臣亦應兼理，以免歧異。薛煥現在辦理比利時國換約事宜，著於事竣後，或親赴長江，沿途察看，或江面尚難行走，即由曾國藩酌定，會同具奏，候旨遵行。原摺著鈔給閱看。將此由五百里各諭令知之。【略】

（同治元年七月庚戌）又諭：薛煥奏比利時國通商條約議定畫押，並縷陳杜絕駐京各摺片，辦理甚為妥協。現在條約即經公同畫押，自應於屆期互換，諒該公使包禮士業已回國矣。前諭薛煥於辦理該國換約事竣後，候旨回京。惟通商大臣，現尚未可裁撤，擬改移長江，以期居中扼要。昨諭該大臣會同曾國藩妥為籌議。著俟擬定後，候旨遵行。其上海應辦事件，薛煥仍當隨時籌辦，毋稍推諉。將此由五百里諭令知之。

又 卷七二 （同治二年七月甲寅）兩江總督曾國藩奏，遵查南洋通商大臣一缺，籌度現在情形，仍請無庸改設。下所司議，尋議奏。通商大臣一缺實係有名無實，應請旨暫行責成李鴻章經理，仍加『欽差大臣』字樣。其經費請照江蘇巡撫養廉數目發給一半，以資辦公。從之。

又 卷一八《奕訢等奏議覆曾國藩南洋通商大臣應否裁撤摺同治二年七月初十日**》** 總理各國事務恭親王（奕訢）等奏：

同治二年六月十九日，軍機處交出兩江總督曾國藩奏，南洋通商大臣一缺，籌度現在情形，仍請毋庸改設一摺。奏旨：該衙門議奏。欽此。據原奏內稱：竊臣於上年（元年）六月初六日，奏改長江通商大臣一案，經總理衙門議將駐紮處所廉俸各缺［項］，請旨仍飭臣會同薛煥酌定具奏。臣遵即與薛煥往還函商，悉心籌畫，統計通商大臣廉俸一項，添設官屬書役等項，每歲約需銀四萬餘兩。目前即毋庸另建衙署，而於長江各口岸租備行館，雇用輪船，所費亦屬不貲，數年後漸推漸廣，勢必有增無減。濱江四省中外交涉事件，果能一一取決於專設之大臣，誠不敢為國家惜此帑項。惟事有麤論之而僅得其端倪，細審之而始盡其曲折者。薛煥奉到會議廉俸之旨，又經專函與臣縷商，具道長江通商大臣所以可裁之故，蓋有數端。其大意以為自各國公使住京，一切裁決於總理衙門，凡各口洋人偶違條約，有時可與力爭，則可就關員辦結，即臨以督撫而有餘；有時爭之不服，則動向公使陳訴，雖臨以大臣而無濟。大臣巡歷各口，督撫近駐本省，洋人性急，弗耐守候，不能不由本省就近辦理。有時督撫奏咨未及到京，而公使早已周知，郵驛之稽遲，尚不及輪船之迅速。況由大臣展轉覈咨，更恐貽誤事機。至華洋商民爭鬬構釁，關涉刑名案件，事隸地方有司，尤不能不資督撫之力，庶飭辦易而呼應更靈。通商縱有專責，在內仍不能免總理衙門之繁瀆，在外仍不能減各省督撫之責任，虛繫一官，有名無實各等語，剴切見商。臣比致覆書，猶以蘇、皖羣盜如毛，疆臣專謀軍事，恐難兼顧洋務。厥後李鴻章奉命兼顧通商大臣，數月以來，秩然就理。益信華洋交涉之事，均係疆吏必不可省之事，是五口大臣因屬可裁，即長江大臣亦同虛設。相應請旨仍照薛煥原奏，裁撤通商大臣一缺，歸并本省督撫及將軍經理，以節糜費各等語。

臣等伏查上年五月間，薛煥有議裁通商大臣一疏，欽奉諭旨：交曾國藩酌量情形具奏。旋於六月間，據曾國藩奏稱：此缺似不可裁，宜改為長江通商大臣，專辦濱江四省中外交涉事件，或駐鎮江、金陵，或駐漢口、九江，添設官屬書役若干，廉俸經費若干，飭下總理衙門會同該部覈議等語。當經總理衙門會同戶部覈議，以通商大臣應行移紮內江，查照各省總督廉俸，應設委員差役，及沿江口岸應否設立行館，由該大臣體察情形，奏明辦理等因。奏奉諭旨：著曾國藩咨商薛煥，酌量具奏等因。欽此。其時薛煥在滬，於欽奉諭旨後，即函商曾國藩，以南洋通商大臣專設一缺，糜費既多，呼應難靈，實係有名無實。茲據曾國藩奏稱：請仍照薛煥原奏，裁撤通商大臣以節糜費各等因。

臣等公同商酌，南洋通商大臣一缺固屬可裁，但自咸豐十年換約以來，各省各口以及各內地，均有洋人出入。設遇有不協之事，自應由各督撫隨時酌量辦理，惟此時各該省督撫初與洋人交涉，未必盡嫻洋務。南洋各省距京窵遠，若事事咨商總理衙門，誠恐緩不濟急。不若暫留通商大臣一缺，俾南洋各省如遇有洋務，可以就近商辦，不致無所依據。但通商大臣若專設一缺，誠如該督所奏，經費不免虛糜。江蘇撫臣李鴻章既據該督臣奏稱：兼辦以來，秩然就理，應請旨將南洋通商大臣暫行責成李鴻章經理，仍加欽差大臣字樣，以崇禮制而重事權。以巡撫兼辦通商，既不必另建衙署，其一切員役，均不必專設，於經費亦可節省。惟前年奏定章程，天津、上海通商大臣文卷事宜慎密，須派親信可靠之人鈔録，以期格外防範，遇有交卸，專案移交後任。是通商大臣雖係巡撫兼辦，然文卷應另立檔案，並應專延幕友，專設書手，方有責成。如接待洋人，亦事所恆有，均不能無費。上年總理衙門議准，於該缺尚未議定經費之先，准照江蘇巡撫養廉數目發給一半，以資辦公。此案仍請照案發給，庶使該大臣辦理一切不致掣肘，於公事亦尚有益。至此缺俟金陵克復後，或仍歸江蘇巡撫兼理，或改歸兩江總督兼理，或竟可裁撤，屆時察看情形，因時制宜，再行酌辦，請旨定奪。

御批：依議。

又 卷二四一 （同治七年八月己酉）又諭：據總理各國事務衙門奏請簡放上海通商大臣，已明降諭旨，令馬新貽充補矣。馬新貽新任兩江總督，丁日昌久在上海，於外國情形更為熟悉，遇有緊要事件，著即幫同辦理。將此各諭令知之。令兩江總督馬新貽充辦理通商事務大臣。

又 卷二九三 （同治九年十月壬子）又諭：總理各國事務衙門奏，遵議毛昶熙請撤三口通商大臣條陳一摺。洋務海防，本直隸總督應辦之事。前因東豫各省匪蹤未靖，總督遠駐保定，兼顧為難，特設三口通商大臣，駐津籌辦，係屬因時制宜。而現在情形，則天津洋務海防，較之保定省防，關繫尤重，必須專歸總督一手經理，以免推諉而專責成。著照所議，三口通商大臣一缺，即行裁撤。所有洋務海防各事宜，著歸直隸總督經管。照南洋通商大臣之例，頒給欽差大臣關防，以昭信守。其山東登萊青道所管之東海關，奉天奉錦道所管之牛莊關，均歸該大臣統轄。通商大臣業已裁撤，總督自當長駐津郡，就近彈壓，呼應較靈。並著照所議，將通商大臣衙署改為直隸總督行館，每年於海口春融開凍後，移紮天津，至冬令封河，再回省城。如天津遇有要件，亦不必拘定封河回省之制。李鴻章現任直隸總督，當懔遵此次改定章程，將洋務事宜，悉心籌畫。海防緊要，尤須統籌全局。選將練兵，大加整頓。銘軍酌留若干營，曾否定議，楊村河西務王慶坨等處，應否修築炮臺，撥營分駐，均著該督酌度情形，妥為籌辦。畿輔水利，本宜講求。而畿東尤亟，應如何設法宣洩，以利農田而固封守，著該督慎選賢能之吏，次第興辦。至天津新鈔兩關稅務，應否添設海關道一員，專司其事，著李鴻章一併酌議具奏。原摺著鈔給閱看。將此諭令知之。【略】

（同治九年十月庚申）諭內閣：前據總理各國事務衙門奏，遵議尚書毛昶熙請撤三口通商大臣條陳，當諭令李鴻章妥籌應辦各事宜。茲據該督酌議章程具奏，天津地方緊要，自宜因時變通。三口通商大臣一缺，著即行裁撤。所有應辦各事宜，均著歸直隸總督督飭該管道員經理。即由禮部頒給欽差大臣關防，用昭信守。並著該督於每年海口春融開凍後，移紮天津。冬令封河，再回省城。儻遇有緊要事件，必須回省料理，亦准其酌度情形，暫行回省。事竣仍赴津郡，以資兼顧。其山東登萊青道所管東海關，奉天奉錦道所管牛莊關，均歸該督統轄。惟中外交涉事務較繁，自應添設道員管理。著照所請，准其另設津海關道一缺，專管中外交涉各事件，及新鈔兩關稅務，並責成該道督飭府縣悉心妥辦，仍隨時稟請該督酌覈辦理。嗣後津海關道缺出，著由直隸總督揀員請補。其餘未盡事宜，著李鴻章迅速妥議具奏。尋奏，新設天津海關道，定為衝繁疲難四字最要之缺，由外揀員請補，沿海地方均歸專轄。直隸通省中外交涉事件，統歸管理，兼令充直隸總督海防行營翼長，並擬於運河北岸，圈築新城另建官署，為經久防患之計。下部議，從之。【略】

諭軍機大臣等：李鴻章奏遵旨酌議應辦事宜一摺，本日已明降諭旨，分別照准。其津海關道一缺，已令陳欽署理矣。三口通商大臣，既已裁撤，所有天津洋務一切事宜，該督責無旁貸。著隨時相度機宜，悉心籌畫。至選將練兵，籌備海防，尤為目今要務。直隸練兵日久，迄無成效。李鴻章惟當嚴飭各將弁認真訓練，隨事整飭變通，以期兵歸實用。大沽海口南北炮臺，最為扼要。楊村河西務王慶坨等處，均屬要隘。應否撥營分駐，修築炮臺，並著妥籌辦理。周盛傳一軍，即著暫駐景州、滄州一帶，以資拱衛。畿東水利，亦宜切實講求。崇厚開墾渠田，既無實效，並著該督察看情形，妥籌試辦。另片奏請派道員總理機器局事務等語。道員沈保靖即著總理天津機器局事務，李鴻章仍當飭令該員督率中外員弁、匠役悉心研究，以期有裨實用。惟該局牽涉洋人，殊多窒礙，勢不能遽議更張，總在經理之員，督飭內地員匠銳意推求，必須自能運用，轉相傳習，方為經久之道。所有一切整頓開拓章程，應否與密妥士籌商，並著酌度妥為籌辦。將此諭令知之。

劉錦藻《清朝續文獻通考》卷二八《職官四》 南洋大臣一人，掌中外交涉之總務，專轄上海入長江以上各口，其閩、粵、浙三省則兼理焉。

北洋大臣一人，掌北洋洋務海防之政，令凡津海、東海、山海各關政悉統治焉。

巡警部與民政部分部

綜　述

《清德宗實録》卷四九四　（光緒二十八年正月辛卯）又諭：胡燏棻奏，籌議京師善後，擬請創設工巡局，以期整頓地面一摺。著派慶親王奕劻，會同協巡總局、步軍統領衙門、順天府、五城覈議具奏。尋議行。

又　卷五〇四　（光緒二十八年八月丙申）兩江總督劉坤一等奏，三省制兵，分别裁減改併，更定畫一餉章。下政務處議。尋奏，裁汰制兵，改設巡警，原為整頓地方，循名覈實起見。兵既裁減，武員冗濫，亦應酌裁。該督等會奏，擬將江蘇、安徽、江西三省各標營，酌裁員弁兵丁，均應准其如數裁汰，以節餉需。現既改為巡警軍，自應照巡警章程辦理，餉項亦應准酌加，不必再有馬、戰、守各兵名目。至裁存員弁各缺，應就常備、續備各軍統籌分設，不得專就巡警空設多缺。前因改設武職，曾請旨飭下袁世凱等，會同覈議。應俟議覆到後，另行奏明辦理。依議行。

又　卷五二六　（光緒三十年正月壬午）管理工巡局事務外務部尚書那桐奏，日俄用兵，京師重地，巡查彈壓，均關緊要。擬於各局學堂卒業之巡捕，抽調三百人。合之消防隊百人，練為巡捕隊，專任彈壓保護之責。以輔巡段之不足。並請籌撥置辦軍裝銀六千兩，及月支餉項經費銀二千五百兩，以濟要需。從之。

又　卷五四七　（光緒三十一年七月丙子）諭內閣：巡警為方今要政，內城現辦工巡局，尚有條理，亟應實力推行。所有五城練勇，著即改為巡捕，均按內城辦理。著派左都御史壽耆、副都御史張仁黼，會同尚書那桐，通盤籌畫，認真舉辦，以專責成。原派之巡視五城及街道廳御史，著一併裁撤，陳璧亦著毋庸管理。一切未盡事宜，及裁撤五城御史後，詞訟案件，應如何督飭審理之處，著那桐等妥議章程，迅速具奏。【略】

（光緒三十一年七月戊寅）又奏，擬定《天津四鄉巡警章程》十二條。一劃區域，二挑巡警，三教功課，四查戶口，五重巡邏，六慎訪查，七防災害，八維風化，九聯紳董，十備器械，十一定權限，十二明賞罰。通飭各屬認真籌辦，下所司知之。

又　卷五五三　（光緒三十一年十二月癸丑）巡警部奏酌擬《巡警部官制》，擬設左右丞各一員，左右參議各一員，分設五司十六科，並變通工巡局舊章，改設內外城總廳，各設廳丞一員，下設參事、知事各官。依議行。

沈桐生《光緒政要》卷三一《特設巡警部》　（光緒三十一年九月）欽奉上諭，巡警關繫緊要，迭經諭令，京師及各省一體舉辦，自應專設衙門，俾資統率。著即設立巡警部。署兵部侍郎徐世昌，著補授該部尚書；內閣學士毓朗，著補授該部左侍郎；直隸候補道趙秉鈞，著賞給三品京堂，署理該部右侍郎。所有京城內外工巡事務，均著管理，以專責成。其各省巡警，著該部督飭辦理。該尚書等務即悉心通籌，力任勞怨，嚴定章程，隨時切實稽核，期於內外清謐，黎民乂安，用副委任。一切未盡事宜，即由該部妥議具奏。欽此。

徐世昌《退耕堂政書》卷三《遵設巡警部接收京城內外工巡局暨京師習藝所大概情形摺》　奏為遵旨設立巡警部，接收京城內外工巡事務，暨京城習藝所大概情形，恭摺仰祈聖鑒事。竊臣等於光緒三十一年九月初十日奉上諭，巡警關繫緊要，迭經諭令，京師及各省一體舉辦，自應專設衙門，俾資統率。著即設立巡警部。署兵部左侍郎徐世昌，著補授該部尚書；內閣學士毓朗，著補授該部左侍郎；直隸候補道趙秉鈞，著賞給三品京堂，署理該部右侍郎。所有京城內外工巡事務，均歸管理，以專責成。其各省巡警，並著該部督飭辦理。該尚書等務即悉心通籌，力任勞怨，嚴定章程，隨時切實稽核，期於內外清謐，黎民乂安，用副委任。一切未盡事宜，即由該部妥議具奏。欽此。茲於九月二十日，准管理工巡局事務臣那桐，將文案卷宗，已未審結各案，收發款項帳摺，及修路經費機器，籌辦京師習藝所銀款，並該所木質關防一顆，巡捕及巡隊等各名冊、軍裝、槍械、馬匹數目，造冊移交。復准管理外城工巡局事務臣那桐會辦，臣壽耆、臣張仁黼，將外城工巡局案件卷宗、收支銀錢、款項帳目、巡捕花名、軍衣槍械等，彙造清冊，一併移送到部。當即派員分別檢查接收。臣等伏維巡警路工最為立國要政，而習藝所亦與巡警有密切關繫。現在專設巡警部為各省統率，自宜參仿各國辦法，分別立法、行政、司法三項，竭力通籌，期於國政、民風有裨實際。惟現值接收伊始，地方公事未可刻延。除暫行改刊內外城工巡局關防各一顆，並督飭局員照舊辦理，毋任疏懈。部章官制暨警巡長捕等應守之各項詳細規則，並由臣等悉心酌定，隨時具奏，請旨遵行外，所有臣等接收內外城工巡事務緣由，謹恭摺具陳，伏乞皇太后、皇上聖鑒訓示。

又《擬訂京城冬防添設協巡探訪各隊暫行章程摺》 奏為京城冬防緊要，巡捕單薄，酌設協巡隊、探訪隊，分區巡防，以期周密，並擬訂《暫行章程》，分繕清單，恭摺仰祈聖鑒事。竊查京城內外城地面寬廣，衢巷繁多。內城巡捕原有二千七百名，除消防隊專習救火法，及各隊分任巡邏要差外，站街者僅止千名，實嫌單薄。外城自五城裁撤，所餘練勇改為巡捕者一千五百名，均未教練。以之改為巡警，不但不敷分布，抑且難期得力，計非大加增添，斷不足以彈壓地面。若候籌款募兵，再行舉辦，誠恐延曠日久，致誤冬防。臣等公同商明，北洋大臣袁世凱將各鎮期滿退伍之續備兵，酌調千名，已於十月十八日到京，改編為協巡隊，分左右兩路，遴派候選道王治馨為該隊統帶，駐紮前三門外，與原有巡捕劃區分防，各專責成；併增設探訪隊五隊，專司探訪偵緝等事，與巡兵相輔為用；均於十月一律編齊，即兼派該道王治馨為監督，以期聯絡一氣，互相策應。臣等一面擬訂《暫行章程》，督飭該道認真經理；一面再行設法籌款，招募巡兵，分起入學，俾得粗通警法，以備將來更番接替。所有京城冬防緊要，巡捕單薄，酌設協巡隊、探訪隊緣由，並分繕《暫行章程》清單，恭摺具陳。伏乞皇太后、皇上聖鑒。

又《擬訂巡警部暨內外城警察廳官制摺》 奏為擬訂巡警部官制，並變通工巡局舊章，改設實缺，恭摺仰祈聖鑒事。竊維各國警政精密整齊，所以保全國之治安，定人民之秩序。臣部奉旨設立，統率各省警務，自應通籌全局，先求合於現在中國政俗之宜，以漸規夫東西各邦公安之治。今當創建伊始，設官分職最為重要，必使大小相維，事權相屬，乃能各專責成，徐圖美備。臣等參酌外、商兩部官制章程，並考求各國警察規則，挈綱要以綜其成，析科目以副其實，擬設左右丞各一員，左右參議各一員，分設五司十六科隸之，以期統屬定而各有等差，任使專而無由諉卸。且京師地方遼闊，從前工巡局辦事人員皆係兼差，心力既分，職非專畀，故數年以來，一切規模尚未完密。茲既設立專部，且將整頓各省之警制，京師為首善之區，自應先定額缺，俾昭久遠。擬請變通舊章，改設額缺。內外城各設廳丞一員，參事、知事各官分隸焉。廳丞為地方表率，與各省警務同轄於臣部，以一事權。所有臣部司員及廳員額缺，臣等公同商酌，擬就官制章程，謹分繕清單，恭呈御覽。伏候欽定。再，臣部新立，事同草創，如嗣有應行增減變通之處，及部廳各員升轉廉俸，一切詳細章程，隨時由臣等酌量情形奏請辦理。至警務事繁責重，各國郡縣村町均設有警務專官，自應酌擬各省巡警官制，以期與部廳內外相通，考驗實績。容由臣等續擬詳細規則，另行奏陳。所有臣部酌擬部廳官制緣由，謹恭摺具陳。伏乞皇太后、皇上聖鑒訓示。

附《巡警部官制》

一、臣部擬設左右丞各一員，位正三品，統率各司，佐臣等整理全國警政，籌議警察制度。設左右參議各一員，位正四品，分判各司事務，稽核司員以下功過。所有京外警章，均歸丞、參詳審覆核，呈由臣等奏咨辦理。

一、歷考中外官制，皆謂宜多設專理之官，不宜多設總轄之官。臣等詳加酌度，丞、參職掌頗皆近於總轄，宜令各分責任，而郎中、員外郎品秩略等同，辦一事亦恐互相牽掣，難於整理。查日本各省所轄分局、分署之長，品秩皆略如京堂，是以職業易舉。臣部甫經設立，自未便於一司設一京堂，除左右丞已酌定職掌外，左右參議擬仿唐以侍郎判分曹辦法，擬設五司一所，職掌以類相從，分令左右參議管理，以專責成。凡所管之司，一切稿件暨司員書記功過，均由該參議核定考察，呈由臣等辦理，以重事權而杜牽礙。嗣後警章陸續擬定，部務日繁，仍當添設參議以資分理。統俟屆時，由臣等察酌情形，奏明辦理。

一、臣部擬設五司。曰警政司，曰警法司，曰警保司，曰警學司，曰警務司。司中應設各科分列於下：

警政司

行政科

掌凡關於警衛、保安、風俗、交通及一切行政警察事項。須飭傳内外各廳及各省遵辦者，均歸該科辦理，并會同編輯科商訂一切行政警察章程。

考績科

掌考核各省警官之能否及舉劾之事，並各省警官選用記名及奏補事項，又管理部廳各員一切升轉事宜。

統計科

掌各省警務款項之考核，部廳各處支發俸餉，購辦物件及豫算決算列表之事。其各司、各科所辦警政，分類統計，每年編成總冊刊布。

戶籍科

掌審定稽查戶口章程，管理各省地方戶籍，報告戶口統計。凡各省寺院僧道人數、教民人數、外國人入國籍者，皆隸之。

警法司

司法科

掌審定司法警察辦事章程。凡司法警察官之配置，及考核成績與調查罪犯種類等事，均歸核辦。

國際科

掌審定國際警察事務、規則，調查各省租界警政情形，與一切交涉及繙譯事件。

檢閲科

掌查閲報章、書籍。如有違《報律》、《出版律》者，隨時檢舉，並管理京外各報館、書坊一切事宜，會同商部、學部，分別辦理。

調查科

掌調查各省政法民情及地方習慣風尚，會同各司、各科，審定一切警章。

警保司

保安科

掌凡豫防危害，保持公安，宣布應行告戒，禁止之一切命令，併查禁姦民、棍徒結會拜盟，扶乩等事。

衛生科

掌考核醫學堂之設置，醫生之考驗，給憑，並清道檢疫計畫及審定一切衛生保健章程。

工築科

掌京城内外道路工程，調查各省都會及商埠修路工程，並審訂京外各警廳房屋式樣與工廠戲館建築之檢查，凡公私營造皆隸之。

營業科

掌市中一切營業開張，申報存案，並審定鋪捐、車捐各項捐章，及市場紳董公所辦事章程。將來京城内外所設電燈、自來水、市街、鐵路，均歸核准保護。

警學司

課程科

掌審定各省巡警學堂章程，考核警官學業之成績，及給憑註冊等事。

編輯科

掌編譯各國警察法規及各種警學專書。

警務司

文牘科

掌辦緊要奏稿及關涉全部事體之文件，並電報、電話及報告機要事項。其各司事件仍歸各該司辦理。

庶務科

掌理部中一切雜項事務，稽核部員廳員功過簿冊，並考察司書生勤惰，及約束夫役人等，以時報告藉憑考核。

以上各科，皆就目前擇要設立。嗣後如有增減改置之處，當奏明辦理。

一、擬每司設郎中一員，總理司事。每科設員外郎一員，主事一員，辦理科務。主事以下，比照筆帖式，設一、二、三等書記官，位七、八、九品，按司之繁簡酌設，不定額缺。臣部不用書吏，更擬設司書生若干員，分別等次，隨時酌派，不定額數。其額外候補主事，繁司不得過四員，簡司不得過二員。

一、擬設機務所。凡開用印信，收發文件，接洽電話，值日值宿，遞摺等事皆隸之。擬設七品小京官四員，輪流管理。

一、擬比照商部顧問官之例，設一、二、三、四等採訪官。如各省各埠有深通警務之員，灼知其品行端謹，辦事認真及著有成績者，無論官紳，由臣部分別派為一、二、三、四等採訪官，以便偵訪要務，俾消息靈通，且可隨時考校各省警務，以時報告。

一、擬內外城各設一豫審廳，歸臣部直轄。除犯尋常違警罪，可由各廳訊結外，其刑事訴訟之案，皆歸訊斷。如遇徒流以上重大之件，須先由豫審廳訊明情由，再分別奏咨，送交刑部。擬每廳各設正審官一員，位正五品，視郎中，總理廳務。陪審官一員，陪聽訟獄。檢查官一員，檢察證據，協同審訊。更附設民事審判官，每廳各一員，專理錢債案件，位皆從五品，視員外郎。記事官，每廳各三員，臨時聽審繕稿，位正六品，視主事。再每廳置譯員三人，須通法、英、日三國文字。醫官二員，其司法警察巡長、巡捕等員弁，隨時酌定人數。至地方裁判，本應歸刑部辦理。惟現在新律未頒，裁判章程未定，內城工巡局向設有發審處，辦理詞訟，外城係沿五城理訟之例，亦辦審判，且詞訟係關繫民事最重之件，勢須隨到隨結，不容稽緩。擬暫由臣部設立豫審廳，俾案犯便於讞訊，將來新律頒行，應如何變通之處，屆時再行奏明請旨。

一、路工局仍擬照舊辦理，逕歸臣部管轄，不設專官。俟將來路工告成，應即酌量歸併。

一、巡警學堂、習藝所、教養局、消防隊等，應統令逕歸臣部管轄，惟如何派員經理及詳細章程，再由臣部妥議具奏請旨。

一、無論部員、廳員，補缺後皆不得兼充各衙門差使，以專責成。

一、現擬設各司郎中及內外城巡警廳丞，均止一員，責任較重。設遇該郎中等請假及出事故，恐致候員接署貽誤要公，擬責成每司首科員外郎，每廳首處參事官，平時隨事參理一切，遇該郎中及廳丞有請假等事，即暫行代辦，再候派員接署，以重職務。

附《京都內外城警察廳官制》

一、原設內外城之兩總局，擬俱改為巡警廳，曰內城巡警總廳、外城巡警總廳，總理內外城一切警務。

一、原設之內外城各分局，擬俱改為分廳。內城擬設五廳，曰內城中分廳、內城東分廳、內城南分廳、內城西分廳、內城北分廳。外城擬設四廳，曰外城東分廳、外城南分廳、外城西分廳、外城北分廳，各歸內外城巡警廳直轄。

一、原設之內外城監督，擬俱改設廳丞，位正四品，視府丞。

一、廳丞以下，擬每廳設參事官三員，承廳丞指揮，分理一切事務。曰總務處參事官，位正五品，視郎中；曰警務處參事官，曰衛生處參事官，位從五品，視員外郎；以下擬設六、七品警官若干員，分理庶務臨時酌定。

一、每分廳擬設廳知事一員，位正五品，視郎中，總理分廳地面事務。知事以下，擬設六、七品警官若干員，臨時酌定。

一、分廳以下，應按照地圖劃分區域，每區擬設區長，皆以八、九品警官充之，員數臨時酌定。

一、內外城巡警廳丞以下衙署公所，擬酌定名稱內外城廳丞，曰巡警總廳知事，曰分廳各項警官，曰巡警所各巡長，曰巡警分所，以示區別。

一、參事官應管各股分列於下：

總務處

警事股

掌酌定所屬分廳及區所應設各項警官之額缺，暨辦事細則，並巡長、巡捕之賞罰、進退、考核、訓練、稽查之事。

機要股

掌管理印信、電報、電話，各廳機要事件之報告，及廳員升退、派差、請假事項。

文牘股

掌各項公牘審議、繕寫、收發、編存事項。

支應股

掌收發一切款項及薪餉、物件，修築房屋，置辦器具，管束夫役等事。

統計股

掌分類統計巡警廳所各項事項，年終報部，刊布全國，以考成績。

警務處

護衛股

掌理警衛、鑾輿出入及恭備道差，並中外大員來往之須保護者，所有臨時一切添設巡捕等事，均歸辦理。

治安股

掌督察街市及車站、客店、大衆集會，並新聞紙出版，暨商民刊布傳單、告白等事，所有一切保持治安，預防危險，潛察姦宄諸務皆隸之。

交涉股

掌調查公使館員役，及寓居内外城之各國官商、教士等戶口，並一切交涉繙譯。

刑事股

掌督捕追贓搜查，護送罪人，司法警察服役事務，及遺失物件之檢查。

戶籍股

掌編纂稽核戶口，總分冊籍，及臨時逕行調查。

營業股

掌考察保護一切市政及稽核路燈、電綫、電話等事。

正俗股

掌稽查廟宇、市場、客店、戲、茶、煙、酒等館，並娼優聚住處所一切賣技彈唱妨害風俗等事。

交通股

掌車馬通行之督查，道路橋梁危險之預防，鐵路車站之檢查。

建築股

掌調查衙署公所及民間建造之應准、應駁，並測繪警察分區地圖。

衛生處

清道股

掌督察掃除道路。通洩溝渠，整理厠所，應會同路工局辦理。

防疫股

掌檢查種痘，預防獸疫，並考查市舖飲食用具及瘞埋等事。

醫學股

掌查核病院，並檢查各種病情及死生人數之統計。

醫務股

掌考查巡長、巡捕及消防隊之體格，檢查路途病倒及鬬殺傷者之急治，藥物並消毒法，稽查工廠衛生兼辦化分事務。

以上每股設長一員，為正六品警官，視主事；副二人，為正七八品警官，視小京官。及各部司務，其工醫等股自須擇有專門之學者調充，俾收實效。

一、分廳職掌可因各地面事務繁簡，按照總廳職掌分類酌量增減。

一、不論警官、巡長、巡捕等，凡在外場執事者，均須一律服警制衣服，在廳内則從其便。

一、分廳署屋宜在通衢，必須軒敞，並應定辦公一準時刻，以振精神而昭勤恪。

又《擬定巡警部及警察廳權限章程摺》 奏為酌擬臣部及擬設警察廳權限章程，繕具清單，恭摺仰祈聖鑒事。竊維行政之要職，任貴有專司，權限尤宜明晰。從前大學士臣那桐管理工巡局事務本係兼差，故遇各部院衙門來往公牘，皆由局逕行咨覆。現經改設廳丞，轄於臣部。若仍照舊章，直接辦理，不但文牘滋繁，且事權分屬，窒礙必多。擬請自臣部改設廳丞後，所有兩廳與各衙門來往公事，統由臣部核轉，分別咨行，另鑄廳印，以昭信守。局中舊有關防，應候廳印鑄成開用後，即行繳銷。其部廳各員，概不准兼各衙門差使，俾專責任。惟警察廳與地面事事接近，職務既繁，責成尤重。所有各員，容臣等慎加遴選，隨時察看，陸續分別請旨派署。如能勝任，再行請旨補授，以昭慎重，而免貽誤。至各缺未經補署以前，擬先按應設官員職務，酌派差委。各員試辦仍當隨時考覈，分別去留。無論已未補署廳缺，各員均須遵守部廳權限，俾免分歧之弊。所有臣等酌擬權限章程，繕具清單，恭呈御覽。是否有當，謹恭摺具陳。伏乞皇太后、皇上聖鑒。

附《巡警部及警察廳權限章程》

一、巡警部係統管全國警政，自應照部制辦理。京城内外警察廳，係專辦京城地面事務，自應歸巡警部統轄，以清界限。

一、巡警部有督查之責，内外城警察廳有地方之任，自應各設專官。所有部員、廳員，不准兼攝，以分權限而重責成。

一、内外城各設廳丞一員，位正四品，由部奏請補授。

一、內外城廳丞，均歸部統轄辦理。地面警務，所有地面應行奏請事件，均由部具奏。惟條奏事件不關部務者，仍准專摺具陳，以符向來京堂體制。其部丞、參議亦仿此例。

一、凡總廳、分廳七、八品警官，及巡長、巡捕等之進退、賞罰，均由廳丞專辦後，隨時報部。其上五、六品實官之須奏補者，仍由部奏請補授。

一、凡地面尋常告示，其事專關城內或城外者，可專用廳示，仍將告示底稿於發貼前兩日送部考覈。其關京城地面全局及會銜各衙門告示，須由部領銜閱定刊發。

一、以後廳丞所出公文，可即用廳丞官銜另鑄廳印，以昭信守，舊有關防應俟廳印鑄成後即行撤銷。與各衙門來往公牘，均須由部核轉咨行，不得由廳丞逕復，以期劃一。如有緊要公文，各衙門逕行咨廳者，准其迅速辦理，一面申部辦結後，仍由部咨復。

一、凡與各國使館交涉之事，廳丞申部酌辦。事關急速者，由廳丞一面應付，一面達部，或請咨外務部，以免遲誤。事小者，仍由廳辦理後，報部備查。

一、凡分廳送總廳之公文，俱用禀、申。廳丞送部之公文，則用申。隨時專行各司者，可用咨片。部交廳者，則用劄。

一、俟內外城豫審廳設立之後，其舊設之發審處應即裁撤。除詞訟成案之件歸豫審廳訊辦外，其尋常違警罪可由分廳知事斷結。

一、凡事關蹕路警衛及地面整理與稽查一切事項，均逕歸總廳或分廳管理，仍由部隨時督察指導。

一、巡警學堂、習藝所、教養局、消防隊等，統行歸部管轄。如有改置添設，應行商酌之處，均准廳丞與議，以收集益之效。

徐世昌《巡警部探訪隊規制薪餉暫行章程》 計開：

規制

探訪隊分設中路、左路、右路三局，設監督一員，管理全隊事務。中路為各局領袖，總匯之所，帶探訪隊一隊。設局長一員、書記官一員、高等訪事官六員、差弁四名、局役四名。左路、右路兩局，每局各帶探訪隊兩隊，各設局長一員、書記官一員、差弁二名、局役四名。計中、左、右三路，共設探訪五隊，每隊各設隊官一員、副隊官一員、書記官一員，共設使役二十名，設一等、二等、三等、四等、五等暗查各二十名，共一百名。

薪餉

監督每月夫馬費六十元。中路局長每月薪水銀八十元，公費銀五十元。左路、右路局長，每員每月薪水銀七十元，公費銀四十元。中路、左路、右路三局書記官，每員每月薪水銀三十元。中路高等訪事官，每員每月薪水銀四十元。中路、左路、右路三局差弁，每名每月薪水銀十五元；局役每名工食五元。探訪隊各隊隊官，每員每月薪水銀四十元；副隊官，每員每月薪水銀三十元；各隊書記官，每員每月薪水銀十六元；使役，每名工食五元；一等暗查，每名月餉銀二十元；二等暗查，每名月餉銀十六元；三等暗查，每名月餉銀十二元；四等暗查，每名月餉銀十元；五等暗查，每名月餉銀八元。油燭、紙張、房租，每隊月需銀三十元。

以上統計官長、差弁、局役，共六十八員名，暗查共一百名，每月共需薪餉銀二千九百二十元。

徐世昌《巡警部協巡隊規制薪餉暫行章程》 計開：

規制

一、官弁員數。協巡隊，設協巡總局，管差遣隊，協巡左路第一、第二、第三、第四、第五、第六，右路第一、第二、第三、第四、第五、第六等隊，共十三隊。設統帶官一員，統轄各隊兼管局務。幫統帶一員，贊助統帶，兼充督操。教習官一員，專管警察教課，兼司考察功過。副教習官一員，幫教習官二員，贊助教課，幫司考察。庶務長、副庶務長各一員，庶務委員二員，掌理庶務。正書記官、副書記官各一員，掌理文檔。正會計官、副會計官各一員，掌理收支。書記生二員，掌繕寫公牘。馬弁八名，專司稽查。差遣隊隊官一員，聽候差遣。左右路第一隊兼管第二、第三各隊，左右路第四隊兼管第五、第六各隊，均設隊官一員、副官一員、書記生一員。左右路第二、第三、第五、第六隊，各設隊長一員、副長一員、書記生一員，共設隊官八員、副隊官八員、隊長八員、副隊長八員、書記生十二員。

二、兵夫名數。協巡差遣隊設巡長二名、正目四名、副目三十四名、正兵二名。左右路十二隊，共設正目五十名、副目五十名、正兵二百六十名、副兵六百名、伙夫一百名、長夫六十九名。

薪餉

三、官員薪費。統帶官每月薪水銀一百五十兩，公費銀一百五十兩。幫統帶官每月薪水銀六十兩，公費銀二十兩。教習官每月薪水銀四十兩，副教習官每月薪水銀二十兩，幫教習官每員每月薪水銀二十五兩，庶務長每月薪水銀三十兩，副庶務長每月薪水銀二十五兩，庶務委員每員每月薪水銀二十兩，正書記官每月薪水銀四十兩，副書記官每月薪水銀三十兩，會計官每月薪水銀三十兩，副會計官每月薪水銀二十兩，書記生每員每月薪水銀十二兩，差遣隊官每月薪水銀三十兩，馬弁每名每月餉銀十五兩，左右路第一、第四等隊各隊官每員每月薪水、公費共銀六十兩，副隊官每員每月薪水、公費共銀三十兩，左右路第二、第三、第五、第六等隊各隊長、副隊長每員每月薪水、公費共銀三十兩，各書記生每員每月薪水銀十二兩，巡長每名每月餉銀十兩五錢。

四、兵夫餉項。正目每名月餉銀五兩一錢，副目每名月餉銀四兩八錢，正兵每名月餉銀四兩五錢，副兵每名月餉銀四兩二錢，伙夫每名月餉銀三兩三錢，長夫每名月餉銀三兩。

以上統計官長、書記六十一員，目兵、夫役共一千一百七十九名，每月共需薪餉銀七千一百五十八兩六錢。

《大清新法令·民政部奏部廳官制章程摺》（光緒三十二年）九月二十日恭奉懿旨：巡警為民政之一端，著即改為民政部，原擬各部院等衙門職掌事宜及員司各缺仍著該堂官自行核議，悉心妥籌，會同軍機大臣奏明辦理等因。欽此。臣等當即督飭各員悉心籌議，竊維民治為保邦之本，設官乃熙績之原，虞周司徒實掌邦籍，魏晉民部皆列尚書，責任之專、關係之重實中夏由來定制，亦環球立國所同。臣等前奏擬巡警部官制即屢經聲明為內治根基，民事總匯所擬辦法已隱寓民政於中。茲復欽奉懿旨特改民政部，仰見朝廷講求內治綏靖民生之意。臣等詳繹總司核定官制王大臣奏定民政部官制，參之各部官制通則，綱目已具，憑藉有資，因就原設巡警部分司職掌，原有者量為合并，原無者分別增入，如民政之地方行政、地方自治、移民僑民暨户部分入之保息、賑救、疆理，工部之營繕，此皆為巡警部原設司科所無者也。各項警察行政、司法教練暨整飭風俗禮教、户籍、保安、營繕、工築、衛生、編譯等項此皆為原設司科所有者也。此外一部總匯之事，如原設考績、統計、文牘、庶務等科機務一所事項，此應遵通則設承政廳以左右丞督理之者也。一部謀議之事及咨議審議章程等事，原由各司擬稿、承參覆核者，此應照通則設參議廳以左右參議總核，而酌設參事以佐理之者也。計應設各司按照原奏仍設五司，一曰民治，二曰警政，三曰疆理，四曰營繕，五曰衛生，均已另定職掌。而將原設各司所分別歸并辦理。現在創辦民政，較之巡警部事務倍增，擬按各司繁簡酌設額缺，巡警部原設郎中五缺，員外郎、主事各十六缺，小京官四缺，照七八九品筆帖式設一二三等書記官，每司限以十缺。今職掌既繁，員缺自應改置，擬參照原奏設郎中八缺、參事二缺、員外郎十八缺、主事二十缺、七品小京官九缺，仍遵設八九品録事，將原設一二三等書記官裁撤，其各司增設之七品小京官一缺兼可為八九品録事升轉之階。臣等伏維更定官制全在綜核名實，不在廣增員缺，是以事務雖較從前為多，而員缺合計仍未敢多所增加。將來民政推擴日廣，綜領日繁，員缺如有不敷，仍當再行續請添設。至民政原係包括巡警，應有專司稽核之員。查《周禮》本有司稽一官，漢魏司徒各曹亦有督查專職。京城警衛責任重要，臣部現直轄各廳局堂所人員，事務亦極紛繁。前於巡警部創設之始，曾設有稽查處，為稽察警衛蹕路及各廳局之用。擬扔照前設立以重考核。又查内外兩城巡警、兩廳官制本與原設巡警部息息相通，現臣部既經議定職掌，嗣後京城巡警為該兩廳專責，亦應酌議變通。擬將兩廳丞員缺升為從三品，俾重事權。部中既設參事，該兩廳參事應改為僉事，并添設司法處以辦理司法警察，現均酌按事宜改定。各處官員名稱、職掌、品級以符名實而便升轉，并推辦外坊巡警移設分廳，以期布置周密。臣等公同商酌，意見相同，分繕清單，進呈御覽。俟奉旨允准後，臣部即遵照辦理并通行知照。謹奏。光緒三十二年十二月十七日具奏。同日。奉旨：依議。欽此。

又《民政部官制章程》　一、原設巡警部職掌係專管全國巡警事務，今奉旨改為民政部，職權範圍自應推廣。擬參照總司核定官制王大臣原奏民政部官制，管理地方行政、地方自治、户口、風教、保息荒政、巡警、疆理、營繕、衛生等事，除京師内外城巡警總廳仍由本部直轄外，其直省民政等官，本部皆有統屬考核之權。

一、擬參照總司核定官制王大臣原奏各部官制通則設承政廳，以左右丞各一員，任一部總匯之事。凡承辦機密、考核員司、編存文卷、籌核經費各事項皆屬焉。擬設員外郎、主事、七品小京官各四缺，以資佐理，所有原設之警務司及警政司之考績科、統計科及機務所，均歸并辦理。

一、擬參照原奏各部官制通則設立參議廳，以左右參議各一員任一部謀議之事。凡議訂本部法令章程等事胥屬焉。仍參照原奏設參事二員，位正五品，以為之佐，并就各司司員內每司遴派一人在參議廳行走，協同審議。另設編譯員，掌編譯各國關於民政事宜之各種書籍，不作額缺。

一、擬參照原奏民政部官制及巡警部舊有職掌，增新并舊仍設五司：一民治司，二警政司，三疆理司，四營繕司，五衛生司。

一、民治司掌稽核地方行政、地方自治、編審户口、整飭風俗禮教、核辦保息、荒政、移民僑民各事項。擬設郎中二缺，員外郎四缺，主事五缺，七品小京官一缺，分任之。所有原設之警政司户籍科事務即歸并該司辦理。

一、警政司掌核辦行政警察、司法警察、高等警察及教練巡警各事項。擬設郎中二缺、員外郎四缺、主事五缺、七品小京官一缺，分任之，所有原設之警政司行政科、警法司司法科、國際科、警保司保安科、營業科及警學司課程科所掌事務，均分別歸并該司辦理。

一、疆理司掌核議地方區劃、統計土地面積、稽核官民土地收放買賣、核辦測繪、審訂圖志各事項。擬設郎中、員外郎、主事各二缺，七品小京官一缺，分任之。

一、營繕司掌督理本部直轄土木工程，稽核京外官辦土木工程及經費報銷并保存古迹、調查祠廟各事項。擬設郎中一缺，員外郎、主事各二缺，七品小京官一缺，六七品藝師各一缺，分任之，所有原設之警保司工築科所掌事務即歸并該司辦理。

一、衛生司掌核辦防疫衛生、檢查醫藥、設置病院各事項。擬設郎中一缺，員外郎主事各二缺，七品小京官一缺，并設六七品醫官各一缺，分任之。所有原設之警保司衛生科所掌事務即歸并該司辦理。

一、民政事務範圍甚廣，現定各司職掌容有未盡，應隨時分別事類，

就現設各司內酌量增入。

一、承政廳及各司分科事宜應按照原奏通則，由本部另定詳細專章辦理，仍隨時酌量事務繁簡，增減分合，以期合宜。

一、習藝所原設有員外郎一缺，主事二缺，隸警法司。今擬就警政司內仍設員外郎一缺，主事二缺，專辦習藝所事宜，即以原補各員改補。

一、巡警部原設一二三等書記官及司書生均不定額缺，今按照原奏各部官制通則擬改設八九品録事，由尚書侍郎酌量委用，并咨行吏部存案。

一、巡警部原設之預審廳訊斷刑民案件，俟法部、大理院奏定裁判階級定期實行後，應如何移交歸并之處，届時應會同法部、大理院妥議辦理。至尋常違警罪犯應仍由分廳訊結。

一、巡警部原擬比照商部顧問官之例設一二三等采訪官，偵訪要務。今擬仍用舊名，遴員酌派，采訪關係民政警務一切事宜。

一、巡警部原轄之路工局應仍歸本部直轄，俟路工告成後酌量歸并。

一、巡警部原轄之教養局、習藝所、巡警學堂、消防隊、協巡營均仍歸本部直轄，如有應行改隸之處，由尚書侍郎酌核辦理。

一、以上各條皆就本部應辦事件酌擬，嗣後如有增減改并之處，應隨時由本部會同軍機大臣奏明，請旨辦理。

又《內外城巡警廳官制章程》 一、內外城擬仍設巡警總廳各一，曰內城巡警總廳，曰外城巡警總廳。總理京師內外城一切警務。

一、內外城總廳原分總務、警務、衛生三處，現民刑事訴訟既歸大理院辦理，原設之內外城預審廳俟地方裁判所成立後，理應裁并，所有搜查、逮捕、護送罪人及處治違警罪等事，擬添設司法處以分理之。又警務處名稱太渾，擬改為行政處，以專辦行政警察事務。

一、內城原設五分廳，外城原設四分廳，今分廳之下既分設各區，則分廳不必多設。擬內城并為三分廳，曰內城中分廳、內城左分廳、內城右分廳。外城并為二分廳，曰外城左分廳、外城右分廳，各歸內外城巡警總廳直轄，其內外城原設各區即由兩總廳酌量撥隸各分廳。

一、京師四郊警察亦應推廣興辦，應分設廳區若干，由兩總廳酌量辦理。再行具奏。

一、內外城總廳原設廳丞各一員，位正四品，現經奏准廳丞，專任恭

備通差，整飭地方一切事務之責，自應酌升階品，以專責成而資董率。擬仍名廳丞，位從三品，承民政部尚書侍郎之指揮監督管理地面一切事務。

一、內外城總廳原設之參事官與各部參事名稱相混，擬改稱僉事，惟警務貴用專門人才，必須依次升轉，方資歷練而免凌躐。現擬升廳丞為從三品，而原設知事、參事皆係五品，於升轉不便，擬改設總務處僉事一員，位從四品，為廳丞屬官領袖，不得比照京堂，仍改設行政處、司法處、衛生處僉事各一員，位正五品，承廳丞指揮命令，分理一切事務。

一、內外城總廳各設五六七八九品警官若干員，分隸各處，執行各項事務，由兩總廳酌定額缺，申請奏明立案。

一、內外城分廳仍各設知事一員，位正五品，承廳丞指揮命令辦理本管廳區事務。知事以下仍各設六七八九品警官若干員，由兩總廳酌定額缺，申請奏明立案。

一、每區設區官一員，以六七品警官充之。承該管分廳知事之指揮，呼令管理本區地面事宜，區副一員，以八九品警官充之，協理本區事務。

一、各廳應設八九品録事，由廳丞酌量委用，申報本部。

一、民政部與巡警廳權限關係，擬另由本部詳訂章程，奏明辦理。

又《民政部奏釐定本部及內外城巡警總分廳權限章程摺並清單》

竊臣等前於上年十二月奏，擬原設巡警部及內外城巡警總分廳權限章程，欽奉諭旨允准在案。現臣部既經改設并經迭次奏准，令該廳丞等專任京城警務，臣部惟司督察所有應分權限，一切自應詳細籌度，重為釐定，方足以資遵守而免貽誤。竊維漢之警署隸於諸卿，唐之巡使直達端省，凡夫權寄之重，統率之加皆所以密考查而責實效。現部廳改章伊始，端緒紛繁，該總廳有應酌為變通者如專辦蹕路警衛整理，方於所轄境內有完全警察之權，與各衙門文牘直接等是也，有仍照奏定章程者，如丞參准令照京堂奏事及分廳不得申部皆須禀總廳，并巡警學堂、習藝所、教養局、消防隊等皆歸部轄之類是也。至考查民政宜派專官，慎簡賢能，預儲器使，皆期事體之胥，協以冀警務之有裨。謹繕具清單，恭呈御覽。嗣後如有應行變通之處，仍當隨時奏明辦理。謹奏。光緒三十三年正月二十二日。奉旨：依議。欽此。

謹擬民政部及巡警廳權限章程清單，恭呈御覽。

一、巡警為民政之一端，巡警部現既改為民政部，範圍較廣，所有全國警政自應仍歸民政部統管。其京師警察事宜應責成內外城巡警總廳辦理，受民政部考核。

一、部丞參議及內外廳丞准照京堂例專摺奏事，惟關部廳應行奏請事件仍由臣部具奏，以重職守。

一、臣部左右丞及參議均可隨時奏派考查各省民政事宜。

一、各分廳以下應申應由部事件須由總廳轉申，不得直接臣部，以清權限。

一、部丞、參議及內外城廳丞均由臣部開單奏保，請旨特簡，僉事、知事由臣部奏補，其五六七品警官由廳申部奏補，八九品警官由廳丞申由臣部委用，咨明吏部立案。

一、廳丞於所轄境內有完全執行警察事務之權，按照奏定章程及各項法律規則得發布巡警廳命令於管轄區域之內，其事關各署須會銜出示者，仍由臣部領銜核議刊發。

一、總廳事須速辦者與各衙門直接來往文牘其關重大者，仍須報部酌核。

一、巡警總廳達各部公文用咨呈，各部達廳公文仿照行文順天府格式辦理。

一、凡分廳達總廳之公文俱用禀申，廳丞達臣部之公文亦用申文，其承政廳、參議廳各司與內外總廳互相知會公事俱用移文，由臣部交廳者則用札文。

一、凡事關蹕路警衛及地面整理與稽察一切事項，由總廳管理仍歸臣部督察指揮。

一、廳丞遇所屬各知事、各區官之措置有違法令、侵權限者，得撤銷或停止之。其廳丞有辦理未盡善者，臣部亦有撤銷停止之權。

一、廳丞得設定本廳及各局所辦事細則。

一、巡警學堂、習藝所、教養局、消防隊、協巡營、探訪局、官醫院、路工局等既仍歸臣部管轄，如有改置添設應行商酌之處，均由臣部督飭內外廳丞酌核辦理。

又《民政部奏釐定內外城各廳界域職掌員缺章程摺並清單》 竊臣

等前於遵議臣部員司職掌奏内聲明，内外城應幷設分廳，推廣外坊警務暨變通總廳原設各官品位職掌各事宜，欽奉諭旨，允准在案。伏維京師為根本重地，巡警尤治忽所關。現在改章伊始，事務日繁，尤宜詳細推求，逐一釐定，方足以昭周密而資整飭。茲據内外城巡警總廳申送釐定界域職掌員缺章程前來，臣等詳加察核大端有三：一曰劃分界域，凡改隸原分内外城各區及新推廣外坊，擬設各廳界址屬之。一曰申明職掌，凡各總廳改設總務、行政、司法、衛生各處承辦事項，歸幷原設各股及内外城坊分廳，擬設總務等課分辦事項屬之。一曰設立員缺，凡總廳、各分廳、各區應設正副管股、幫管股、正副課長、課員、正副區官各差缺及遴用警官，擬設録事等屬之。溯考魏之衛曹備分倉法，唐之街使亦別里坊，各國京城巡警設官尤多，蓋非劃清地面不足以專責成，非設立官缺不足以資維係，職掌重在分明，員數貴敷任使，京師警政係中外之視聽，當綿蕞之初基，雖具規模，宜求進步，臣等當飭該廳丞等於已辦者務規精詳，於當辦者力為推廣，庶有以副朝廷講求民政，乂安元元之至意。至新設應補各缺，臣等仍飭慎加遴選於試驗堪勝者，查照臣部奏案分別請補，任缺毋濫以重名器而飭警務。嗣後章程如有應行變通之處，亦宜隨時奏明辦理。謹奏。光緒三十三年正月二十二日。奉旨：依議。欽此。

謹擬内外城郊巡警分廳區職掌員缺章程，繕具清單，恭呈御覽。

劃分區城

一　原奏内城幷為三分廳，外城幷為二分廳，應將内城地原設之二十六區、外城原設之二十區，均按地綫改隸各廳管轄。

一　外郊擬設四分廳，東以朝陽門、東便門，西以阜城門、西便門，兩門距離適中之地作為南北界限，以安定門、德勝門適中之地作為左右分界，曰北坊巡警左分廳、北坊巡警右分廳，屬内城總廳管轄，南以永定門為中綫，分為左右，曰南坊巡警左分廳、南坊巡警右分廳，屬外城總廳管轄。

一　南北坊分區應就五城原管地面分別區畫，惟創辦伊始，籌款維艱，舊址遼闊，一時舉辦難周。擬先經附城近廂地面酌設分區，次第推廣，隨時奏明立案。其尚未設局之處仍暫由各該管衙門管理。

申明職掌

一　原奏内外城巡警總廳，各分設總務處、行政處、司法處、衛生處，前由巡警部奏定該總廳所分之各股，自應增析改幷，以專職守。

一　總務處掌一廳總匯之事。凡承辦機要、考核廳員、支配長警、編存文牘、收發經費統計報告各事項皆屬焉。原設之警事股、機要股、文牘股、支應股、統計股，仍歸幷該處辦理。

一　行政處掌辦理行政警察、高等警察、國際警察。凡整飭風俗、保護治安、編查户口、稽核工程各事項皆屬焉。原設之護衛股、治安股、交涉股、户籍股、營業股、正俗股、交通股、建築股，仍歸幷該處辦理。

一　司法處掌辦理司法警察。凡預審人犯、科罰違警、捕送罪人、偵探秘密各事項皆屬焉。原設之刑事股即歸幷該處辦理。

一　衛生處掌辦理衛生警察。凡清道、防疫、檢查食物、屠宰、考驗醫務藥料各事項皆屬焉。原設之清道股、防疫股、醫學股、醫務股，仍歸幷該處辦理。

一　該總廳四處以下分股事宜另由廳丞擬定詳細專章，報部核辦，仍隨時酌量事務繁簡，增減分合以期合宜。

一　内外城郊各分廳，每廳擬設四課。曰總務課、行政課、司法課、衛生課，以總廳四處所管事項各依其類分配執行。

設立員缺

一　内外城巡警總廳廳丞、僉事以下擬設正管股各二十員、副管股各二十員、幫管股各二十員，分隸各處執行各項事務。

一　内外城各分廳知事以下，擬設正課長各四員、副課長各四員、課員各八員，執行各項事務。

一　内城二十六區擬各股正區官一員、副區官一員，外城二十區擬各設正區官一員、副區官一員，管理所轄地面事宜。

一　南北坊各分廳及所轄各區應設各員，俟分廳設立界限劃定後，再行奏明辦理。

一　内外城總廳各處正副管股、股員，外分廳各課正副課長、課員，各區正副區官，均分別職任事體，以五品至九品警官充之。

一　五品至九品警官不定額缺，七品以上者奏補，八品以下者委用咨部，其應如何酌定大概數目以示限制之處，擬俟外坊分廳奏定界域、職掌、員缺後，再行奏明辦理。

一　各項警官應盡警務專門人才遴選任用，如有不敷，再以合宜人員分別借補。

一　內外城總廳行政、司法、衛生各僉事及分廳知事均視郎中，五品警官視員外郎、六品警官視主事、七品警官視小京官，仍參照原設巡警部歷次奏案辦理，以定階級而便升轉。

一　內外城總廳擬各設八九品録事各四員，每分廳各八九品録事各二員，由廳丞申部委用存案。

一　內外總分廳區應設司書生，各按事之繁簡由廳丞酌量委派。

一　以上各條皆就現時應辦事件，嗣後如有增減改并之處，應由內外城總廳廳丞會同申部，奏明辦理。

又《民政部巡警廳區長區員職務權限簡章》　一　每區設區長一員，區員一員。

一　區長承分廳之命令，率同區員執行本區全體一切警務。

一　區員承區長指揮監督，辦理本區一切事務。

一　凡關於出入款項、地方行政、處罰違警及一應特別事項，均由區長主持。

一　凡關於分布、分駐、派出、守望諸所及規定巡邏路綫各事項，均由區長主持。

一　凡關於巡官、長警督飭考核、訓練、軍裝收發、檢查及稽查、巡邏、守望各事項，由區員管理之，仍隨時關白於區長。

一　如有特別緊急事項，區長不在區時，區員得權宜處理之。仍須以時白於區長。

一　各區巡官長警之告假事項，由區員隨時登記於册，送請區長核閱，按月報告分廳。

一　各區所屬之巡官長警等區長、區員，均有直接管轄之權，宜隨時嚴加考查，分別功過勤惰，列表報告於本管分廳，而為之賞罰進退。

一　本章程自頒發後一體實行，如有應行變通之處，隨時酌量增删。

又《民政部奏酌擬司員補缺輪次章程摺並清單》　竊查光緒三十二年十二月吏部奏定各部司員補缺輪次摺，內開改設、添設各衙門，一律改為題缺，由各堂官在各本衙門分別奏補，以一缺按照官階班次酌量才具擬定正陪，以一缺揀資俸較深暨勞績保舉之員分班輪補，均先咨部查核各等因。維時臣部及內外城巡警各廳創設伊始，需才孔亟，所有新設各缺，均係遴擇奏補，不限酌序班次。擬請俟部廳各缺補齊時，再酌照吏部新章辦理，於光緒三十二年十二月二十三日附片具奏，奉旨：依議。欽此。欽遵在案。

伏念臣部職司民政，事務紛繁。光緒三十二年十二月改訂官制，遵設兩廳五司，所設額缺，均經遴選試驗得力人員，先後奏請補用。現查廳司各缺，除營繕司所設之六七品藝師各一缺、衛生司所設之六七品醫官各一缺，尚示擇有專門人員奏補外，其餘額設之參事、郎中、員外郎、主事、七品小京官各缺，均已補齊。自應遵照吏部酌補序補新章辦理，以昭畫一。

兹經臣等悉心參酌，按照酌序班次，擬定郎中、員外郎、主事、七品小京官補缺輪次表，附列章程七條，并經咨行吏部查核相符，謹繕具清單，恭呈御覽。如蒙俞允，即由臣部移咨吏部遵奉施行。如有應須變通之處，再當隨時奏請更正。至內外兩廳額缺，現已奏定并聲明專用法政畢業人員，應如何補用，由臣等隨時奏明辦理。謹奏。宣統元年二月十三日奉旨：依議。欽此。

郎中員外郎補缺輪次表（計一輪一周）

酌題，序補（資深，以實缺各員奏補之日較資升補一人）；

酌題，序補（資深，以候補各員奏留之日較資補用一人）；

酌題，序補（勞績）。

酌題之缺，除滿員外任丁憂回旗內用，及漢員實缺丁憂服滿，舊例係題選統補者先盡擬補無庸擬定正陪，不積酌題之缺外，無論實缺候補資深勞績人員，統行酌量才具，擬定正陪。序補之缺，除特旨指定部分，特旨分部即用即補，及實缺之服滿、回避、病痊、假滿開復奏留原衙門并奉旨降補原部等項，照例先盡補用不積序補之缺外，輪用資深時，先用資深，先一人不積缺，接用資深正班一人，如資深先無人，即以資深正班序補。輪用勞績時，先用遇缺，先前一人無人，將遇缺即補遇缺題升題補人員統較奉旨日期序補一人，再無人，將盡先題升題補及升用補用人員統較奉旨日期序補一人。如竟無此項人員，應過班，仍於第一序補班内較資升補一人。

至特旨分部行走，特旨以何官用呈請分部行走人員，俟期滿奏留後，遇序補之缺，無論資深、勞績補過二缺後，再遇序補之缺，統較奉旨日期，先後插補一人，不積資深、勞績、班次之缺。其中有早經奏留者，自應歸候補資深班内。如資深到班在先，即按資深序補。如得有勞績保獎者，遇勞績到班在先，即按勞績序補，不必拘定二缺後插用一人章程，轉令向隅。裁缺人員遇序補之缺與本部人員相間輪用，無論資深、勞績到班，先用本部一人，再以實缺裁缺人員，按奏補日期先後，補用一人。無人將裁改候補人員按資深、勞績、班次，與本部人員各較各資各計奉旨先後，相間輪用。遇酌題之缺，如有熟悉部務，才具出衆，亦准酌量擬補。

主事補缺輪次表（計一輪一周）

酌題，序補（資深，以實缺七品小京官奏補之日較資升補一人）；

酌題，序補（資深，以候補人員奏留之日較資補用一人）；

酌題，序補（勞績）。

酌題之缺，除漢員實缺丁憂服滿，舊例係題選統補者先盡擬補無庸擬定正陪，不積酌題之缺外，無論實缺候補資深勞績人員，統行酌量才具，擬定正陪序補之缺。除特旨指定部分特旨分部即用即補，及京察調部實缺之服滿回避病痊假滿，開復奏留原衙門，并奉旨降補原部等項，照例先盡補用不積序補之缺外，輪用資深時，先用資深，先一人不積缺，接用資深正班一人，如資深先無人，即以資深正班序補。輪用勞績時，先用遇缺，先前一人無人，將遇缺既補遇缺題升題補人員統較奉旨日期序補一人。再無人，將盡先題升題補及升用補用人員統較奉旨日期序補一人。如竟無此項人員，應過班，仍於第一序補班内較資升補一人。

至特旨分部分走，特旨以何官用呈請分部行走人員，俟期滿奏留後，遇序補之缺，無論資深、勞績，補過二缺後再遇序補之缺，統較奉旨日期先後插補一人，不積資深、勞績、班次之缺。其中有早經奏留者，自應歸候補資深班内。如資深到班在先，即按資深序補。如得有勞績保獎者，遇勞績到班在先，即按勞績序補，不必拘定二缺後插補一人章程，轉令向隅。裁缺人員遇序補之缺與本部人員相間輪用，無論資深、勞績到班，先用本部一人，再以實缺裁缺人員，按原奏補日期先後補用一人。無人，將裁改候補人員按資深、勞績、班次與本部人員各較各資各計奉旨先後相間輪用。遇酌題之缺，如有熟悉部務，才具出衆，亦准酌量擬補。

七品小京官補缺輪次表（計一輪一周）

酌題，序補（資深，以考取分部補用學習小京官奏留後較資補用一人）；

酌題，序補（資深，以實缺八品録調部奏留以小京官事奏明以小京官用及用者較資補用一人）；

酌題，序補（勞績）。

酌題之缺，除實缺丁憂服滿舊例係題選統補者先盡擬補，無庸擬定正陪，不積酌題之缺外，無論何項候補人員，統行酌量才具，定擬正陪，序補之缺，除特旨指定部分特旨分部即用即補，及京察調部實缺之服滿回避病痊假滿開復奏留原衙門，并奉旨降補原部等項，照例先盡補用不積序補之缺外，輪用資深時，即以資深班序補。輪用勞績時，先用遇缺，先前一人無人，將遇缺即補遇缺題升題補人員統較奉旨日期序補一人，再無人，將盡先題升題補及升用補用人員統較奉旨日期序補一人。如竟無此項人員，應過班，仍於第一序補班内較資補用一人。

至特旨分部分走，特旨以何官用呈請分部行走人員，俟期滿奏留後，遇序補之缺，無論資深、勞績，補過二缺後再遇序補之缺，統較奉旨日期先後插補一人，不積資深、勞績、班次之缺。其中有早經奏留者，自應歸候補資深班内。如資深到班在先，即按資深序補。如得有勞績保獎者，遇勞績到班在先，即按勞績序補，不必拘定二缺後插用一人章程，轉令向隅。

附列章程七條

一　本部擬定補缺輪次，均援照吏部前奏定各部郎中、員外郎、主事補缺輪次表，變通辦理。

一　本部所設額缺，仍照現行章程，不分滿漢，以歸一律。

一　簽分調用各員，奏留後以何官用，統歸本班候補，無庸分為正途、捐納，以歸簡易。

一　參議廳參事係新設之缺，前奏定官制章程，位正五品如遇有缺出，應比照郎中補缺，輪次辦理，仍歸一酌一序，不積郎中缺內。

一　七品小京官一項，從前各部向未設有專缺，亦無補缺章程，現比照主事補缺輪次，酌量辦理。

一　本部奏調京外實缺候補人員，均按原官品級，改以對品相當官缺，歸入候補班內，按奏留日期較資補用。其餘各員，均照憲政編查館奏定新章辦理。

一　各項補缺輪次，章程奏定後，一律遵行。嗣後如有更改變通之處，應隨時奏明辦理。

又《內城巡警總廳擬定各項規則宣統元年七月》　呈報營業規則

第一條　凡開始營業者，均應按照本規則至總廳呈報。

第二條　呈報時應聲明下列各款：

一　鋪東之姓名、住址。如係合夥，應注明其餘姓名、住址。

一　營業之種類。如係數種營業，應分別呈報。

一　店鋪之座落。

一　資本金。如係合夥，應注明各股東認款數目。

一　開市之日期。

第三條　凡呈報者，應按照前條所列各款，具呈報書并取具鋪保水印，每逢一日，到廳呈遞。

第四條　呈報後，由廳飭區查驗，於逢十日，發批給照。如係小建，則於二十九日發給。

第五條　照費以資本金為準，每百兩收費三錢，如有呈報不實者，一經查出，應按納照費加五倍罰辦。

第六條　凡未經呈報營業或呈報未經批准私行營業者，應按納照費加五倍科罰。如情節較重者，按十倍科罰。

第七條　資本金有在十萬兩以上者，所收照費仍以三百金為限。

第八條　店鋪遷移時應按照開市時一律呈報，若無更換鋪東、增加資本等事，准其就原有資本收照費三分之一。

第九條　營業轉租、轉倒，除由新舊鋪東會同呈報外，其新鋪東應按本規則所定，另行呈報。

第十條　呈報營業後，即應前赴捐局報捐，以捐局所給收條來廳換領執照。

第十一條　凡停止營業者，應將執照繳銷。

呈報建築規則

第一條　凡新修、改建房屋，均應按照本規則至總廳呈報。

第二條　呈報時應聲明下列各款：

一　住户之姓名、籍貫。

二　房東之姓名、籍貫。

三　房屋座落及門牌。

四　建築之情形。

五　呈驗契紙。

如係官房，應將該管衙門印文呈驗。如係廟宇寺觀，應將廟單呈驗。

第三條　凡呈報者，按照前條所列各款具呈報書，每逢一日，到廳呈遞。

第四條　呈報時如無違背第二條所列各款者，即給予修單，粘貼門首，以便易於勘驗。

第五條　飭區勘驗後，果無侵占官街及妨礙交通等情，於逢十日發給批准執照。如係小建，則於二十九日發批。

第六條　建築時所有磚瓦、木料須堆積於交通無礙處所，其處所先期呈由該管區署指定。違犯本條者，按違警律第二十八條第四款罰辦。

第七條　工竣後，仍應至廳呈報，以便飭區覆勘。

第八條　覆勘時，查與原批不符或有侵占官街妨礙交通等情，除照違警律第二十四條第二款科罰外，并酌定期限，令其按照原批退讓，其逾限者，由該管區代其執行。所有執行費用仍由本人負擔。

第九條　契紙若有遺失或所載四至不明者，倘有舊基可按，但取具切實保結，亦准興修。

第十條　凡建築如與左右鄰之交通有礙，雖係本人地址，亦不准興修。

第十一條　廟宇寺觀如係官產，但准照舊修理，不得改建民房。

第十二條　批准後經一個月尚未動工者，前批作為無效。

第十三條　批准後如續查有侵占等情，前批應即注銷。

消防彈壓指揮規則

第一條　遇火灾時，巡邏或守望一得警報，應即馳告該管區所派警直赴火場救護，一面由該管區將失火處所情形電告總廳及消防隊。

第二條　距火場二三里上下各區，不論是否轄地，均須派警馳往救護。

第三條　火場附近宜劃定綫界，遮斷行人車馬往來，但係被灾者親屬，確為救護而來者，可斟酌情形准其入内。

第四條　火灾迫近時，尚搜集財物者，應令遠避，其老病婦稚均宜加意保護。

第五條　因防避火灾搬運財物者，宜妥為照料，如有貴重物件應幫同搬運，另置安穩處所派警看守，事後由本人取保呈領。

第六條　凡遇官所府第或官所府第之左近失火者，應首先救護，并將各項文件妥為搬運。

第七條　遇有放火、搶火及其他重大案件，宜電告各區，協同兜拿。

第八條　凡失火處，應查明火主，解送該管區訊究。

第九條　火勢全熄後，未經上官允許退散，不得擅離火場。

第十條　失火詳細情形，事後應由該管區另文申報。

外國人租賃房屋規則

第一條　外國人在北京租賃房屋須具下列資格之一：

一　中國官署所雇聘之人員。

二　中國學堂、工廠聘請之教習藝師。

三　各國教會教士及醫院醫士。

四　各國使館之隨從員役。

第二條　外國人至中國游歷或充報館訪員者，如有該國使館保證書，亦得在北京租賃房屋居住，若為無條約國之外國人，須將護照呈驗。

第三條　外國人雖具第二條所列各項資格，而有下列情事之一者，仍禁阻其租賃房屋：

一　曾犯該國刑律逃亡者。

二　素行不公正者。

三　無正當職業者。

四　有違反公安之行為者。

五　國籍不分明者。

六　有精神病或傳染者。

第四條　凡將房屋租與外國人時，應先詢明其國籍、姓名、年齡、職業、人口及作何使用，兩面訂立合同，由房主呈報總廳或該管區署轉申總廳批准。

第五條　合同内容應敍明下列各款：

一　承租人之國籍、姓名、職業、房主及中保人之姓名、職業、住所。

一　房屋之坐落、間數、門牌號數及一切附屬物。若係空地，須敍明四至丈尺。

一　租金若干、有無押租及租金過付之方法。

一　租賃年限。其年限不得逾三年之久。

一　只供居住不作開設行棧及其他營業之用。

一　自己居住不得轉租及分租他人。

一　定期内房主不得無故退租及任意加租，承租人不得欠租。

一　其餘兩面特别議訂各款。

第六條　以上所列，均須逐款詳載，由房主、承租人、中保人簽押，不得遺漏。

第七條　合同除呈報總廳存案外，兩面應各執一份，以資信守。

第八條　經總廳批准後，私將合同挖補添補者，原約作為無效。如情節較重者，按一月租金科罰。

第九條　期限内如承租人違背合同各款或有第三條所列情事者，房主得隨時退租。如房主違背合同各款，亦准承租人赴總廳或該管區署控告。

第十條　期限内如房主將房屋典賣或别有正用者，須於三月前通知承租人預備遷移。如承租人於期限内回國或遷移者，須於一月前通知房主。

第十一條　期滿後如仍欲續租者，須於一月前按照第五條所列各款重訂合同，呈報總廳或該管區署轉申總廳查核。

第十二條　期滿後不欲續租或承租人遷移，與房主退租時，應將合同作廢并呈報總廳或該管區署存案。

第十三條　合同内如房主不欲預定期限，屆時退租，承租人不得借詞抵抗。

第十四條　凡未經呈報或呈報未經批准，私將房屋租與外人者，斟酌情形輕重，按一月租金加一倍或二倍科罰。

第十五條　本國人民代外國人出名租賃房屋，希圖朦混者，斟酌情形輕重，按一月租金加二倍或三倍科罰。

第十四、十五兩條除罰辦外，仍勒令退租。

第十六條　房屋如有修改等事，應由承租人商明房主，由房主出名赴總廳呈報建築，承租人不得擅自動工。

又《民政部奏參照陸軍成案酌擬巡警服章摺》　竊維巡警有保安之責，服章為容止所關，非有整齊嚴肅之風不能啓人民信服之意。東西各國内治日修，警政大備，國家之視巡警實與陸軍并重，蓋一則為捍禦外侮之資，一則為綏衛地方之具，相為表裏責任維均。故陸軍有一定服章品式等差，秩然不紊，巡警亦然。伏查光緒三十一年正月二十四日練兵處王大臣奏擬陸軍官弁服帽章記一摺，奏旨允准欽遵在案，誠以陸軍秩序精嚴，必章服詳明而後號令以齊，等威以判，仰見朝廷經武振軍因時通變之至意。現在各省辦理巡警逐漸推行，而服章雜糅，各為風氣，階秩互异，形式參差，殊不足以壯觀瞻而資表率，亟宜分按等級擬定巡警服章，以收畫一整肅之效。臣等參酌陸軍服章成案，并旁采東西警制，甄辨异同，量為損益，擬訂巡警服章。除朝覲公謁禮服仍遵舊制外，餘分禮服、常服各項，區以三等，析為九級，謹分别繪具圖表清單進呈御覽。如蒙俞允，即由臣部頒行，各直省一體遵照辦理。嗣後非辦理巡警人員不准仿用，以杜冒濫而隆體制，謹奏。光緒三十四年六月二十四日奉旨，依議。欽此。

又《司法警察職務章程光緒三十三年十二月二十四日》　第一節　總綱

第一條　凡司法警察人員，以下列各項人員充之：

一、巡官；二、巡長；三、巡警。

第二條　凡司法警察人員，有協助檢察廳執行檢察事務之責。

第三條　凡巡警廳長官，於執行檢察事務，與檢察廳長官有同一之執權。但其事如係檢察廳所及辦者，務必聽任檢察官辦理。

第四條　凡司法警察人員，當執行檢察事務時，對於檢察廳長官應受其調度、指揮，與對於巡警廳長官同。

第五條　凡檢察廳需用司法警察人員時，應先知照巡警廳轉飭辦理。

第二節　逮捕人犯

第六條　凡逮捕人犯，應以審判衙門所發印票為憑，由檢察廳備文送交該管巡警衙門，轉飭司法警察人員執行。檢察廳於有犯罪之嫌疑，及人犯所在地有不甚明確者，隨時摘録事由，移知巡警廳，轉飭偵探。

第七條　凡現行犯，得由巡警徑行逮捕，帶至廳區先行訊問。除違警及犯部廳所定各項罰則，屬於行政處分者，應即判決外，其餘解由總分廳，備文派警送交檢察廳辦理。但下列各項人員有犯罪者，應即電告檢察廳以待處分，一面報告本管長官：

一、宗室覺羅；二、職官；三、外國人；四、軍人。

第八條　凡有現行犯在警廳區詢問時，供出之案内要犯，及巡警偵探確實之要犯，有逃走之虞者，經該管長官之許可後，先行逮捕。俟交送檢察廳取有收據時，并補發拘票。

第三節　搜查證據

第九條　凡審判廳應行查取證據時，由檢察廳知照該管警廳，轉飭司法警察人員，會同檢察官前往。

第十條　凡下列各項司法警察各員，經本管長官之許可，得徑行搜查：

一、現行犯在警廳區詢問時發覺之證據；

二、在警廳區告訴、告發或自首，應行查取之證據；

三、巡警偵探所得之證據。

第四節　護送人犯

第十一條　凡由警廳區送交檢察廳之人犯，如經庭訊須聽候再訊者，應由檢察廳派人解回原送之警廳，飭區取保聽傳。

第十二條　凡護送人犯，應有一定之時刻，但關於重要人犯不在此例。

第十三條　凡護送人犯至檢察廳，在訂定時内應隨到隨收，發給收據。

第十四條　凡護送人犯於檢察廳，未經收受以前，如有逃脱情事，應由原解巡警擔其責任。

第五節　取保傳人

第十五條　凡審判廳應行傳集人證質訊者，應由檢察廳知照原送警廳，飭區辦理。

第十六條　凡人證應行候訊者，由警廳區取具鋪户水印保結，或印結，及殷實妥靠之人保結。如無保可取者，應仍送交原審判衙門管收。應隨到隨收。

第六節　檢驗尸傷

第十七條　凡檢察尸傷，司法警察各員應候檢官到場，會同辦理。如有傷幾於死，迫不及待者，得先行録取生供。

第十八條　凡斃於道路者，應由該管廳區電告檢察廳，從速派員前往檢驗。

第十九條　凡非命死於家宅者，其檢驗等事照上條辦理。

第二十條　凡檢驗後，其確係自盡，并無別情者，即由檢察廳發給抬埋票，以便抬埋而重衛生。至情節重大之案，應先飭棺殮，俟審判廳訊結後，再由檢察廳給票飭令抬埋。所有抬埋票，概發交尸親。無親族者，概由警區代為處理。

第七節　接收呈詞

第二十一條　凡關於命盜殺傷案件，警區得接受呈詞，移送檢察廳辦理。其民事訴訟，概不收理。

第八節　附　則

第二十二條　凡案件如係由他項衙門送交者，其搜查、逮捕、護送、取保等事，應由各該原送衙門自行辦理。

第二十三條　凡處決罪囚，警廳區除派巡警彈壓照料外，其護決差使，仍照舊章歸營縣辦理。

第二十四條　以上各條，均係暫行試辦。將來如有應行修改之處，可由法部、大理院、各級檢察廳隨時會同民政部巡警廳商榷，分別修改。

又《巡警總廳甄別巡官長警規則光緒三十四年》　升級

一　拔升

一　試署已逾一年，平日當差勤奮，著有特別勞績者。

一　甄別期内拿獲上官指名之巨匪及要犯，或破獲要案在四次以上者。

二　試署

一　記名或加餉已逾半年，平日當差勤奮，著有特別勞績者。

一　甄別期内破獲要案三次者。

三　記名

一　甄別期内破獲要案逾二次者。

一　甄別期内記有大功三次而當差益加勤奮者。

獎勵

一　加餉

一　甄別期内記有大功四次，平日當差勤奮，著有勞績者。

一　甄別期内曾破獲要案三次者。

一　甄別期内有功無過而記功在十次以上者。

二　記大功

一　甄別期内功過相衡，功多於過在十次以上者。

一　甄別期内有功無過而記功逾五次者。

三　記功

一　甄別期内無功無過，平日當差勤奮，確有成績可驗者。

一　甄別期内功過相抵，平日當差勤奮，著有勞績者。

四　獎銀

一　甄別期内無功有過而能深知改悔奮勉當差，經本管長官出具切實考語者。

降級

一　降等

一　平日當差疏懈，確有劣迹可指者。

一　甄別期内記有大過三次無功可抵者。

一　甄別期内記過至十次無功可抵者。

二　撤試署

一　甄別期内記過五次者。

一　甄別期內記有大過二次者。
一　才具平庸不勝督率之任者。
三　銷記名
一　甄別期內記過三次者。
一　甄別期內記有大過一次者。

懲罰

一　減餉
一　甄別期內記大過三次有功不足相抵者。
一　甄別期內記有小過十次，有功不足相抵者。
一　甄別期內曾記大過三次，雖有功可抵而仍不知改悔者。
一　甄別期內記大過二次以下、小過九次以下，無功可抵者。
二　記大過
一　無功無過屢曠職務者。
一　甄別期內記大過一次，有功不足相抵而所犯情節可原者。
一　甄別期內功過相衡記過逾五次者。
三　記過
一　甄別期內功過相衡，記小過逾五次以下而所犯情節尚屬可原者。
一　甄別期內功過相衡，記過逾三次者。
四　停升
一　甄別期內記小過在十次以下，有功不足相抵者。
一　甄別期內記大過二次以下，有功不足相抵者。

開革

一　記革
一　甄別期內非有婚喪要故，統計請假逾三十日者。
一　休息逾期歷二次者。
二　開差
一　身有疾病不能當差者。
一　平日當差不甚得力者。
三　斥革
一　甄別期內記大過四次以上者。
一　甄別期內記小過十次以上者。
一　甄別期內并無婚喪要故，統計請假四十日者。
一　身有嗜好當差不勤者。
一　性情粗暴屢犯規則者。
一　休息愈限不歸歷三次者。

留差

一　甄別期內無大過失而當差尚屬勤奮者。

總則

一　加餉、減餉數目，巡官以三元為限，巡長以二元為限，巡警以一元為限。
一　巡警三等、署二等、備補署三等，如犯撤試署規則者，援停升例辦理。
一　備補巡警如犯降等規則者，分別所犯情節輕重及平日差務，酌量照減餉斥革例辦理。
一　功過相抵辦法仍照舊章，以三小功抵一大過，三小過抵一大功。三小功并一大功，三小過并一大過。
一　本規則自頒發後一體實行。嗣後如有應行變通之處，隨時酌量增易。

又《民政部奏擬訂考核巡警官吏章程摺并清單》　本年四月二十六日憲政編查館具奏核訂直省巡警道官制并分課辦事細則一摺，奉旨允准，欽遵通行在案。查原奏清單內開各項，舉凡官員之任用警務之得失，臣部皆有督率考核之權。而實行考核自應嚴定勸懲，但非限以時日，課以事功，無以定責成而覘實效。臣部總攬全國內政警察，及內政之一端，責任至重，關係至巨，考查應益加嚴。京師警務係各省之觀瞻，內外警廳為臣部所直轄，自應通行考核，一律辦理。臣等悉心商訂，擬具考核巡警官吏章程九條，京師自巡警總廳廳丞以下，各省自巡警道以下，所有辦事成績均由臣部定期核辦，分別殿最請旨，勸懲其實。係成績昭著或辦事不力者，亦即隨時奏明辦理。似此黜陟兼施羣下，咸知激勵。庶警務日有起色，新政借以推行。期仰副朝廷實行整頓，保護黎民至意，所有擬訂考核巡警官吏章程，分別勸懲緣由，謹繕具清單恭呈御覽，如蒙俞允，即由臣部欽遵辦理。謹奏。光緒三十四年八月初八日。奉旨：依議。欽此。

謹將擬訂考核巡警官吏章程繕具清單，恭呈御覽。

計開

第一條　本章程據憲政編查館奏准考核巡警官吏辦法擬訂通行，京師自巡警總廳廳丞以下，各省自巡警道以下均適用之。

第二條　巡警總廳廳丞由部隨時考核出具切實考語，各省巡警道由部隨時考核，咨行各該省督撫出具切實考語，均自到任日起，每屆三年期滿，臚列奏聞。

第三條　總廳及各道所屬各員除本部隨時考查外，應由該管廳丞及該管道分造清册出具切實考語，每屆六個月申報一次。

第四條　總廳及巡警道辦事成績應分類造册列表申部，每屆六個月申報一次。

第五條　造册立表除本部特別命令及本管地方重要事宜應令隨時申報外，所有届時申報事項，其大端如下：

一　擬訂章程事項
二　任用屬員事項
三　布置巡警事項
四　收發經費事項
五　課程教練事項
六　清查户口事項
七　行政警察事項
八　保安警察事項
九　衛生警察事項
十　消防警察事項
十一　司法警察事項
十二　外事警察事項

各項細目應由各該管衙門自行編定匯報。

第六條　廳丞及巡警道由部考核成績分別等差届期奏聞，請旨懲勸。

第七條　前條考核如實係成績昭著者得隨時請旨獎敍，其辦事不力者亦即隨時據實奏參。

第八條　廳丞及巡警道所屬各員由各該管長官考核匯報。其實係才力出衆者，准予分別奏保或記名升補。其辦事平常者，亦即分別奏參或立予撤任。

第九條　本章程自奏定日始施行。

又《民政部奏請通飭各省酌裁民壯募練巡警摺》　竊維内治之整飭，首以安民去蠹為先。警政之推行貴有因時制宜之計，臣等前於光緒三十二年正月二十五日片奏請飭各省將辦理巡警情形部匯核等因，前經欽奉諭旨允准咨行各省。在案一年以來，迭據各省先後奏報咨覆到部，臣等參閲章程旁徵輿論，如直隸之天津、保定、奉天、四川、廣東省城警察辦法尚稱完備，漸有可觀，其餘各省或形式已成而精神未具，或初基甫立而規制尚疏。若邊瘠地方風氣未開，因陋就簡者有之，暫議緩辦者有之。大抵地方情形不同，故辦法暫難畫一。方今民政百端待舉，通籌緩急，警察為保民要圖，自應推廣實行，力求普及。現在各省府廳州縣及鄉鎮地方舉辦警察，有循保甲之規制而變其名者；有以團營、巡勇、鄉勇改者；有以緑兵改者；有以鄉鎮原有之巡夫人等改者；有專用巡警者。力求實際固不乏人，而粉飾因循亦在所不免。蓋事屬創辦得人非易，而就地籌款愈覺為難。查州縣原有民壯、捕役等項，每縣額設不過百名，工食至微而白役之數多且逾千，平日於緝捕盗賊，遞送公文，全無實際，惟日以生事擾民為業。小民一訟之擾累，一票之誅求，雖有循良，亦為蒙蔽荼毒靡窮，實民生之蟊賊。又查衝繁州縣間有招募團練勇丁者，其餉項或借資公款，或出於捐廉，或攤之商捐、地捐，雖捕盗較為得力而控馭亦多有失宜，自非一以警察齊之，深足滋流弊而糜餉款。總之，各省民壯、捕役、鄉勇等，果能顧名思義克盡厥職，則詰奸禁暴何一非巡警應服之職務。只以習慣沉痼時至今日，勢不得不議更張。前山西撫臣趙爾巽籌辦晋省巡警，奏准裁汰捕設等項，改募樸實壯丁作為巡警在案。臣等維警察為治安根本，必須先去民蠹乃能保安民生。該撫臣因時制宜，不但為目前講求民治之要端，抑且於警察藉資挹注，各省仿照推行自無窒礙。請飭下各省督撫將軍通飭所屬府廳州縣，查明民壯、捕役等項額設若干，工食若干，舊有練勇數若干，籌給餉項若干，詳報臣部。一面嚴飭酌量裁汰改設巡警，增給餉薪，各設警務傳習所一所，更番訓練以應急需。自此次裁汰改練之後，各該地方官不得徒飾虛文，藉詞搪塞。至地方之繁簡，形勢之險易，民俗之馴捍，經費之贏絀，各處情形不同，應如何增減變通之處，由地方官酌量辦法，稟明督撫將軍核酌，分別奏咨以期逐漸擴充，庶可衛閭閻而課成績。臣等明知民壯各役工食無多，原不敷改設巡警之用，惟此項人等惡習過深，久為民患，與其仍留各役為害地方，何如改用巡警可裨治本，又各省巡勇、鄉勇等向有捐費頗巨，如以移辦巡警，自可化無用為有用，是全在地方官之辦理得法而已。謹奏。光緒三十三年 月 日 奉旨：依議。欽此。

劉錦藻《清朝續文獻通考》卷一一九《職官五·巡警部》 臣謹案：巡警以詰姦宄衛地方即古保甲遺意，州縣皂役多或逾千，團營巡勇所在皆是，汰弊改良未嘗不可，不必設專官也，及徒襲歐美皮毛鋪張門面，利無一二，弊且什伯，不旋踵而改隸民政，此可見當時秉國鈞者宗旨無定，無怪乎其棼如亂絲也。

光緒三十一年，諭巡警關繫緊要，迭經諭令京師及各省一體舉辦，自應專設衙門俾資統率，著即設巡警部，署兵部左侍郎徐世昌著補授該部尚書，內閣學士毓朗補授左侍郎，直隸候補道趙秉鈞著賞給三品京堂署理右侍郎，所有京城內外工巡事務均歸管理以專責成，其各省巡警並著該部督飭辦理。該尚書等務即悉心統籌，力任勞怨，嚴定章程，隨時切實稽核，期於內外靖謐，黎民乂安，用副委任。一切未盡事宜即由該部妥議具奏。

又，巡警部奏請設左右丞各一員，左右參議各一員，分設五司十六科隸焉。又將京師工巡局人員改定額缺，設內外城廳丞各一員並參事知事各官。

臣謹案：是年七月，以內城工巡局辦有條理實力推廣，即將五城練勇改為巡捕，均照內城辦法並巡視五城及街道御史一併裁撤。至是，設巡警部。

民政部。

臣謹案：民為邦本，政貴有恆。虞周司徒實掌邦籍，魏晉民部皆列尚書，固屬中華自古之成規，亦為環球列國所兼重，謹詳員司職掌而以警察附焉。

三十二年，改巡警部為民政部。

又，民政部奏詳繹總司核定王大臣奏定民政部官制，參之各部通則，就原設巡警部分司職掌。原有者量為合併，原無者分別增入，如民政之地方行政地方自治移民僑民，暨戶部分入之保息賑救疆理，工部之營繕，此皆為巡警部原設司科所無者也；各項警察行政司法教練暨整飭風俗禮教戶籍保安營繕工築衛生編譯等項，此皆為原設司科所有者也。此外，設承政廳以左右丞督理，設參議廳以左右參議總核，仍設五司另定職掌，而將原設各司所分別歸併，擬按各司繁簡酌設額缺。巡警部原設郎中五缺，員外郎、主事各十六缺，小京官四缺，一二三等書記官每司限以十缺。今職掌既繁，員缺自應改置，擬參照原設郎中八缺，參事二缺，員外郎十八缺，主事二十缺，七品小京官九缺，仍遵設八九品録事，將原設一二三等書記官裁撤，其各司增設之七品小京官一缺兼可為八九品録事升轉之階。民政原包巡警應有專司稽核之員，查《周禮》本有司稽一官，漢魏司徒各曹亦有督查專職，京城警衛責任重要，臣部見轄各廳局堂所人員事務極繁，前巡警部曾設有稽查處，為稽查警衛蹕路及各廳局之用，擬仍照前設立。又查內外兩城巡警兩廳官制亦應酌議變通，擬將兩廳丞員缺升為從三品，參事改為僉事，並添設司法處辦理司法警察，見均酌按事宜改定各處官員名稱職掌品級，以符名實而便升轉，並推辦外城巡警移設分廳以期布置周密。

論說

鄭觀應《盛世危言·巡捕》 上古之世民風敦樸，渾渾噩噩，夜不閉戶，路不拾遺。後世則生齒日繁，品類不一，非有詰奸之善法，緝暴之良規，不能安善良而除莠惡。此泰西各國所以有巡捕之設也。考西法通都大邑，俱設巡捕房，分別日班、夜班，派巡捕站立街道，按段稽查。遇有形迹可疑及鬭毆、拐騙、盜劫等情，立即拘往捕房，送官究辦。故流氓不敢滋事，宵小無隙生心。即有睚眦小忿，口舌紛争，一見巡捕當前，亦各釋忿罷争，不致釀成命案。而其禁止犯法，保護居民，實於地方民生大有裨益，誠泰西善政之一端也。

我中國自通商以來，漸知西法之善，獨巡捕之設從無人創議施行。豈以祖宗成法具在，不可一旦而更歟？抑以聲明文物之邦，不屑行西國政治歟？雖天津設有看街巡丁，然似是而非，名實不符，有其外觀無其實效也。今中國各省奸民布滿市廛，或名青皮，或名光棍，或名混混，或名流氓，總而言之皆莠民也。此輩不耕而食，不織而衣，游手好閑，毫無恒業，挾其欺詐伎倆，横行市肆之間，遇事生風，無惡不作，不啻以拆梢為秘訣，以敲詐為薪傳，皆因内地城鄉無巡捕往來彈壓，故敢肆無忌憚，愍不畏法。又甚者為哥老會匪，其黨羽衆多，布滿長江一帶，肆其胠篋之能，而犯案者絶少。蓋不肖紳士往往為之庇護，差役更勾通一氣，坐地分贓，或以局賭為生，或以扒拐為事。語云：『星星之火，可以燎原。』粤匪之肇亂可為殷鑒，當軸者猶蹈習故常，不思除其根本，後患尚可言哉！除根之道莫要於仿照西法，設立巡捕。何則？從來國家所以禦外侮者，在乎水師之精，陸軍之勇；而所以遏内亂者，在乎巡差之密，捕役之勤。及中國南、北水師，内、外陸軍，訓練不精，老弱不汰。敵至則望風先潰，固已有名無實。而於巡差、捕役竟至絶無其人。迨有盜劫等案，先事不能預防，事後但懸賞格出花紅。耗費既多，仍難破案。蓋所恃以緝犯者，專在差役，而差役之弊積重難返，民受其害，官被所蒙，舉世如一丘之貉。平日欺壓良懦，倚勢作威，一切竊盜莠民反與之同聲相應。所以地方不靖，敗類日多。若一旦釁起蕭墻，揭竿為亂，必須徵兵剿捕，縱能殄滅，傷害已多。則何如廣設巡捕於平時，藉以防患於未然，杜亂於無形也。

今宜照何君沃生所言，變通辦理，每縣設一總巡捕官，每一墟場、市鎮、村鄉、河泊俱設巡查幫辦，少者一人，多者二、三人。每一幫辦所統巡捕，皆以地方大小為定，小則十人，大則三、四十人，縣城内、外則須五、六十人，方敷按段梭巡。其巡捕聽命於幫辦，幫辦聽命於總巡，總巡之署宜設於縣署之側。各幫辦駐扎之處，必設電綫或德律風以達總巡官署，俾消息之傳遞靈通，不難隨機應變也。地方無事則幫辦督令巡捕巡查街道，遇有違法犯禁擾及地方者，則諄諄勸諭，使民有所趨避；如固執不聽，乃拘獲究辦。遇有整頓地方之事，可會同縣官照理預先告誡詳明，使民知所趨向，如古之司市、司虣等職是也。若地方有變，如劫掠、鬭毆之事，巡捕須嚴密查拿，設法彈壓，以免釀成事端。如不能止，則幫辦以電報達諸總巡，總巡則一面申報縣官，一面發電附近各處幫辦，督同協助，必使安靖而後已。若不幸有匪徒倡亂，非一、二幫辦巡捕所能彈壓，則總巡可盡調合邑巡捕，仍申請縣官聯銜飛請近處軍營調兵協助。如此，則揭竿之變，烏合之徒，未有不立地肅清者也。

獨是平日約束巡捕，宜嚴而不宜寬。蓋舞弊營私乃胥役之長技，非大懲小戒、雷厲風行，不能絶欺蔽之端，而收振作之效。是當嚴定條規，每日應行事件必有一定時刻，違者必罰。巡捕未到差之前，須由總巡或幫辦逐一點名，然後分派各處地方，認真辦事，專為保護良民，查拿痞、棍。其有性情凶暴，辦事怠惰，以及私受賄賂，勒詐平民，窩盜庇賭等弊，許民間據實指控，查明有據，立予重懲。庶幾戢其狐威，究其鼯技，防閑既密，弊竇可除也。然既有嚴罰以儆其心，尤當設重賞以勵其志。巡捕如能奉公守法，不憚勤勞，由總巡隨時記功。凡記功三次者削除差籍，賞給功牌。如果益加奮勉，不至始勤終怠，記功至於六次，作為异常勞績，立即升遷幫辦。其或終身當差，無功而亦無過，歿後察核事績亦准削去差籍，其子孫應試、捐官與平民一體，藉資激勸。若幫辦有功，則升總巡；總巡有功，則升州、縣。如此賞罰嚴明，不難收得人之效矣。

難者曰：『中國幅員孔長，如是舉辦，需費浩繁，款將何出？』則應之曰：是無難也。籌款之法有二：一曰用罰款。凡州、縣衙門遇有案件，無關風化者，如田産、鬭毆等案，一概准其贖罪。視犯罪之重、輕，定罰鍰之多寡，均充開銷巡捕等費。每至月杪，將收贖之數，支銷之數，按款列明，登諸報章，以昭信實。倘有不敷之處，則就錢糧稅鈔項内稍資津貼，自能綽綽有餘。或以罰鍰之法西國盛行，我中國步武後塵，不免有傷國體。不知『金作贖刑』，《虞書》早垂明訓。我乃以今復古，并非用夷變夏也。何容鰓鰓焉而過慮哉？

球游地球客述：美國紐約巡捕房共三十五處，二千三百人。每處九十二人，分二班，内副總巡四人。時交子正換班之際，總巡點名，排班而出，各人須將夜間見聞，次早報名登簿。見數人正獲犯至，或飲酒滋事，或小竊。總巡詢姓名、住址，另登一册，收入班房，分别男、女。四壁皆石，門為鐵栅。本日獲到六十人，内有幼年婦女七、八人，貌美衣華，共處一室對泣。詢為赤身演戲，壞人心術，故在拿辦之例。次早解赴公堂，罰鍰具結而釋。公堂審案處，亦有監房，分男、女、幼童三等，以處巡捕獲解者。

公堂有臺高三尺，有暖閣設公案，坐問官三人，各具紙筆，隨問隨録。旁一桌坐三、四人，為報館記事者。案前立一人為傳審吏。左設一椅坐原告或證人。犯人立栅外，案上左角置教書一本。犯人先取書置口邊吻稍動，仍置原處。此即設誓無虚言之意。臺下長桌椅五、六張，坐二、三十人，皆訟師、證人。堂下紳民數百人，任其觀聽。問官由紳民公舉。每日必有數十案，或釋放，或罰鍰取保，或定罪後轉送各衙門核定，或未了結，分别暫押監房，次日再訊。紐約城共有六處，規制井然。按泰西刑律應訊之案，多由刑官會同陪審十二人公同定讞，蓋集思廣益，不令刑曹獨擅其權也。惜陪審者向於百姓中除職官教習及卑賤罪廢外，自二十一歲至七十歲皆得書名拈鬮，案牘向未練習，識見未盡通明，遇事秉命於刑曹，不能有所匡救耳。

各處所設巡捕，實於地方大有裨益。如中國仿而行之，何致有教堂滋事、兩鄉械鬬、小竊劫案如此之多乎？［八卷本增：考古之虞人、周官之條狼氏，秦、漢之游徼，即今巡捕之謂也。晉、宋而後改為弓兵、差役，於是親民治事之官皆倚若輩為耳目、爪牙之用。有蠹役則無好官，有干役則無良民。差役之害，指不勝屈。此西人所以改用巡捕也。

中國通商各埠巡捕，寧波、福建全用華人，上海、漢口什九華人，轄以數西人、數十印度人。上海一埠每一街口立一巡捕，車馬繁盛之處酌量加增。一日夜分六班，每班管二時許。人携一角、一燈、一木棍，遇有盜賊，力所不能制者，角聲一響，相率應援，巨盜凶匪立時擒獲。凡巡捕應辦之事一百三十餘條。必覓保方能充捕，充捕後必熟讀禁令章程。充捕三年無過，則充暗捕，工資極優，故人樂為用也。

乃今之華捕則大不然。向之以木棍衛身者，今則有不肖巡捕輒用打人；向之必讀熟禁令章程者，今則多不識字之人；向之下班無事必歸捕房者，今則游手好閑，多不歸捕房；向之循謹當差者，今則輒在公堂挾制官長；向之不准入弄内者，今則間或串入弄内，與流妓調笑。聞此等人多係不肖。包探又多係巡捕房門差之私人。人言不一，總之規矩懈弛不合章程，則人多同詞矣。若夫包探之弊則更多，一包探多用數夥計，其人不過流氓之餘黨，無賴之萌芽，用以偵訪酒樓、茶肆之間，敲詐拆梢，不一而足，得錢則不解報，不得錢則誣累之。及釀出事端，則夥計逃遁，而包探則推為此人吾早不用，與吾無涉也。種種弊端，聞者太息。

欲去其弊，宜重申禁令：一、凡包探宜令自行偵訪。即用伙計亦宜將名姓宣出。庶不致人冒為。一、凡巡捕充後，宜令無事之時熟讀一百數十餘條章程。日本參酌西法，刊有《警察新法》一書。所用巡捕宜加慎選，戒其行為不肖，又戒其無故打人。工部局之在租界善政極多，而巡捕一端實遠勝中國胥役。惟法久則漸壞，事久則弊生。附録於此，為總巡者告，有以警其後也。

今中國通商之區類為西人侵削，有明失其地；有暗失其地；有地未失，而已為西人管轄，與失地無异；有地未失，亦不為西人管轄，而巡防歸於西人，亦與失地無异。

或謂：『華官籌辦巡防，捐款難集。』嗟乎！西人之辦巡防，亦豈有异術哉？何以抽捐過於華官而人不怨？章程嚴於華官而人不怒？一言蔽之曰：辦事核實而已。西人收一方之捐，即利一方之民；華官收一方之捐，一方之民不沾其利。此所以西人之捐項易籌，而華人之捐項難集也！］

上海租界巡捕亦有為鄰縣拿獲大盜，贓物完全者。可見捕房公事認真，章程亦善。若在中國地方，各紳商、差役，雖知有鄰縣，鄰鄉大盜逃匿到此，亦不敢露風首告，以防拖累無窮，又防該賊黨報復，其贓物豈能不私不没乎？

清·陳熾《庸言·外篇卷上·巡捕》 讀《周官》一書，而知古聖人之為天下計者，至纖至悉也。泰西巡捕之設，雖略如古之虞衡、今之快役，而禦灾捍患，意美法良，清潔街衢，逐捕盜賊，永朝永夕，植立途間。號令嚴明，規模整肅，風清弊絶，井然秩然。為之董率者，數西人、十數印度人耳。而華捕千人，皆循循然謹守範圍，罔敢逾越，徒以事無瞻庇，俸有盈餘，賞罰之法，行身家之念，重貪饕之性，悉化廉能。然則謂華人之果不如西人者，妄也。況租界雖曰夷場，本屬天朝之土地，乃包探任穿西服，領事復理民情，國體寖以凌夷，華人屢遭屈辱。彼東洋小國，尚能自治其人，南台一隅，亦得獨行其意，而滬漢通商諸大埠，顧因循苟且，久讓外人竊踞其事權，魁柄倒持，觀瞻所係，殆不得謂之細故矣。

至京都輦轂重地，萬方起化之原，近乃刼掠横行，道途污穢，西人至登諸日報，謂天下之至不潔者，莫甚於中國之京城。即此一端，可為萬邦之首，遠人騰笑，辱國已深。然承平之時，步營街道，歲糜國帑數十萬金。領以提督、總兵，筦以御史、部屬，重以府尹、京縣、正副指揮諸官，棋布星羅，十羊九牧，其責不可謂不重，其慮不可謂不周。而百弊叢生，徒糜帑項，無一能舉其職者，則事無專屬，廢弛已久，經理之不得其人也。同治初元，五城增募練勇，餉精較厚，訓練較嚴，捕盜精能，頗得其力，救火之事，尤奮往直前。政在得人，成效已彰彰若是，惜人數尚少，敷布難周耳。

改弦而更張之，請先自京師始，酌增練勇名數，參仿巡捕章程。番役之疲羸，急宜裁革，街道之費用，力杜侵漁，内城責之金吾，不可以他官兼攝，外城責之御史，不宜以一歲遽更。編立門牌，疏通渠道，街衢必潔，稽察必嚴。慎選賢能，務除冗濫，互相糾正，毋許瞻徇，偶有弊端，罪其主者。官款不足，量取民捐，涓滴歸公，敷用而止。行之一歲，政令大行，然後詳定規條，頒行天下。通商各埠，巡捕亦皆易用華人。迹其偵察非常，亦古者虞人之職，一在郊野之外，一居都邑之中也。

邇來游勇、會匪遍於各省，往往聚衆滋事，騷擾民間，偶或疏虞，動煩兵力。以保甲稽之，以虞衡備之，以巡捕守之，廣工商之利以生之，興教養之道以變化之，稔惡者無所容，民日遷善，而不知為之者，滌除舊染，丕焕新猷。彼海外諸邦，意存窺伺，有甫入國門而潛消默息者。《詩》曰：『周雖舊邦，其命維新。』此之謂也。

張謇《張季子九録·政聞録二·變法平議光緒二十七年辛丑》 一、抽制兵衙役，練警察部隊。變法奚行乎？猶造器也。國為之材，學堂為之工，而工不能徒手而成器也。刀鋸築削，摶磨櫛雕，則必在警察。西法警察有二：有行政警察，有司法警察。日本維新，以行政兼司法，隸内務省，而別立總監之廳，府縣有警部，凡十等，其職保護人民，其事四：曰去害，曰衛生，曰檢非為，曰索罪犯。凡地方有犯殺人放火、鬬毆竊盜、反獄越檻、偽造貨幣、誆騙博奕、奸淫者，見則捕之。民人告發，則白於官，持票捕之。道路醉病，老稚婦女，及外國人，維護之。異言異服，游戲傷敗風俗，聚徒黨横議非為者，詰禁之。識道路街市村落廬舍之所，居民之身家品行，清理道路溝渠，檢留遺物，救災暴，警察之略如此。故警察者，上通政府而下達窮壤，弭教案，詰戎莽，稽印稅，緝私鑄，佐學校，清田賦，莫不賴之。無學堂則無體，無警察則無用，然行之亦有序。今州縣衙門有卯名及白役，多者踰千，少亦數百，為民蠹久矣。制兵虚額者，十有五六。其存者鎮將以下層層剝蝕之，所得月餉，不足半月飽，大半以小販為生計。而戶部歲計馬步戰額兵之餉，尚數百萬，是二者一病國，一病民。驟而去之，則失業者多而難於安置，惟移為警察卒，則一舉而兩得。法宜先於各府州縣城，設警察官立警察學堂，采日本警察章程為課本，調各汛營制兵，及各衙門差役，選其壯者入學堂學習。三四月後先行於城廂内外及大市鎮，徐更及於四鄉，而酌其所轄戶口之多寡為疏密。制兵老弱不入選者，給一年口糧；有卯之役不入選者，給一年役食；俾令謀生。其警察之費，歸入各府州縣豫計，用本地稅支辦，是法也。蓋合司市、司虣、司稽、匡人、撢人、野廬、修閭諸職而一之，西法之合於古，而為變法政要，此其一。

清·宋恕《六字課齋卑議·變通篇·司捕章第十七》 將欲除暴安良，必以師西法、設巡捕為要務。

今宜創設司捕局，無論城市、村落，一體密布明、暗巡捕；京局之長曰司捕上大夫，屬於刑部；部局之長曰中大夫，州局之長曰下大夫，縣、鄉、聚局之長曰上、中、下士；明捕賢者升暗捕，暗捕賢者升下士、列職官，如是遞升至上大夫。

《軍機處原摺·候選道吳劍豐〈條陳改良財政言路吏治學務陸海軍警察等六事呈光緒三十三年三月十三日〉》 六曰調查警察，並設水上警察及地方官監督演説也。各省警察開辦已久，其辦理粗有成效者固有，而敷衍因循者尤所難免，或表面完善，而内容不足，或名色雖具，而辦事皆非，應請飭民政部分派妥員，往各省各州縣調查，以資催辦，而判優劣。又宜添設水上警察，如東南數省，枝河港汊，在在皆有，若僅辦岸上，則水上遂為逋逃藪矣。雖各省皆有水師，然水師所以防禦匪盜，用於臨時，警察則隨時檢查，預防危害，全賴平日檢查船貨行李，嚴防槍炮、火藥、凶器違禁之物。即各處巡防隊，亦宜改成巡警隊，參以警察性質，有（遂）［隨］時檢查預防危害之法，務先令官長、兵丁加以警察教育，此所以補助警察所不足也。各省督撫有慮地方自治無人可用者，然專論日本留學法政、警察先後畢業者，各省皆有，不下數千人，每苦無處投効，雖其中不盡美才，而其尚堪造者，當不乏人。上官既無求才之心，士類自無見用之地，但見其東犇西走，絶無生路，留日總監督既不咨回原籍，原籍長官亦不過問學生，中國上下不相問，不僅施於警察，尤不僅對於學生也。警察為内治之本，若能認真辦理，則盜賊匪類無處藏身。尤宜嚴查遊蕩，編集成伍，勒令作工，或修築道路，或開墾荒地，或挑挖河堤，或收入監獄勒令作木竹磚瓦各項小工，一體施以教育，嚴禁煙賭花會，務使莠民變為良民，自無盜匪之患。或經費難籌，則廣勸富室捐助，仍以取於民者保民，而殘疾無告之民，又宜設法收養醫治，使愚夫愚婦各得其所，即治天下不難矣。地方風俗之變，固宜人人能識文字，方使人人能受教育，然驟而求之，不免甚難，如平日告示、報章，愚民皆所勿識，遽欲輸入文明普及教育，其道安由？惟有飭地方官聘請學識通達品行端正之人，按期輪流於各鄉演説，由上開支。因現在憲政將行，鄉間愚民安識此義，而革命黨匪類又復煽惑其間，愚民不知向背，貿貿然從之，誤蹈殺戮之罪而不自知，咎在官吏。無政無教，實非保民如赤之治，蓋煽惑者不一其説，而教導者則無一言，欲其不亂也得乎？故不教而殺謂之虐，此皆行政之咎，惟演説則老幼男女皆能動聽，務需先定規則，編成淺説語曲為解説。如邪正忠奸之辨，利害從違之故，地球大勢，各國大勢，中國大勢，憲法意義與新定法律及地方自治之法。人無法律外之自由，故君子乾惕無咎。人惟法律無不平等，故君子所以懷刑。嚴申洋煙、牌賭之禁，獎勵忠信篤敬之人，務令各明公理，各存公德，各謀公益，講求農工商業，勸勉節儉興學，如有地方學者提倡正學，及紳士維持風氣能演説者，由地方官以禮貌敦請演説，凡地方官如非公事忙逼，即當按期入場監視，或自演説。若有紳董請特別開會演説者，務將演説宗旨，報明地方官及該處警察，屆日由地方官、警察監督。如其宗旨不正，地方官於散會後，宜指拏發起之人，此則移風易俗，捷如影響，為消患無形之計，普及教育之法也。

雜録

徐世昌《退耕堂政書》卷三《請飭各省將緑營兵弁挑改巡警摺》 奏為緑營疲弱，擬請旨飭下各省，一律挑改巡警，以收實用而節虚糜，恭摺會陳，仰祈聖鑒事。竊臣等伏查，光緒二十七年欽奉諭旨，飭練巡警軍。各省多就緑營設法改編，良以緑營舊制積久弊深，類成虚冗，且又餉多減折官擁虚名，因時變通，誠非得已。比年以來，有議改緑營為巡警者，如江蘇、安徽、江西、福建、雲南等省是也。有全裁緑營另辦巡警者，如山西、山東、廣西等省是也。有以緑營裁汰之餉練巡警者，如湖北、四川、貴州、江北等處是也。他如直隸、河南等省，所裁之餉多改供新軍等項之用；廣東所裁之餉則湊供賠款；甘肅等省之巡警軍亦有由防營改名不盡緑營者；辦法既多參差，名稱復未劃一，且有雖經具奏，並未實行者；於警察之規制餉章，均有窒礙。臣等公同商酌，擬請旨飭下各省督撫，將現存緑營馬步戰守各兵，挑選年力富强，體量合格，粗識文字，别無嗜好者，改編巡警，餘悉裁汰，不得以原有制兵改易巡警名目，空文塞責，仍蹈竊敝宂濫之習。其每年騰出餉項，儘數撥作巡警要需，以昭核實。至管帶此項巡警，應暫由各省督撫慎選廉明武職暨粗通警察人員督率教練。至綠營舊設官缺，容俟臣等擬定各省巡警官制及一切行政詳細章程，再行具奏，請旨分別辦理。惟巡警為專門之學，須由學堂出身。綠營素無教育，習成偷惰，一旦改編巡警，恐仍有名無實。第以各行省地方遼闊，所需巡捕甚多，必欲得學堂人才，則推廣須數年以後，矧財力竭蹶，籌款尤覺為難，如能以騰出綠營餉需移緩就急，且可於各省會及商埠先設巡警學堂，徵募士民肄業，一面將由綠營挑選改編之警兵更番派入學堂，教以淺近警法，再逐漸分別汰留。數年之間，可徐臻美備。現在各省所支綠營餉項，每年尚不下數百萬計。裁汰改編之後，挹彼注茲，化無用為有用，實於警政大有裨益。如蒙俞允，即由臣部咨行各省遵照辦理。再，此摺係巡警部主稿，會同兵部恭摺具陳。伏乞皇太后、皇上聖鑒訓示。

又　卷四《請將內城工巡局巡捕操場修建巡警部衙署片》　再，現在推行部廳章程，整飭京外警政。臣部急須修建衙署以便辦公。茲查從前內城工巡局有勾欄胡同巡捕操場一所，勘度地段，以之修建衙署，尚堪適用，工程亦較減省。已飭承修各員督臣動工，並咨商倉場侍郎酌將通州廢倉原有房料運京搭用，以期稍資節省。其原請建署之宏仁等寺相連，地方基址寬廣，規模閎闊，約計修造工費較為繁鉅，擬留備撥作別項公所之用。謹附片具陳，伏乞聖鑒。

又　《更定警巡長捕等名稱片》　再，現在推行部廳章程，整飭各省警政。所有警巡長捕等名稱，亦應詳為核定，以符名實而歸畫一。查原設警巡，係由各巡長挑充，資勞較深，多有成績，擬請改名為巡官，以備挑充警官之用。巡捕之名，與各督撫衙署文武巡捕差使及京城巡捕五營相混，擬請改名曰巡警，俾令顧名思義，務盡所職，即為挑選巡長之地。至巡長名目，應仍其舊。各省巡警兵，亦應統改名巡警。酌設巡長、巡官，以為造就警官基礎，併宜慎其遴選，重其品格，不准地方文武與隸役一律看視，庶隆作養而收實效。惟此項巡警等係就肄習警學及辦理警務著有成績者而言，此外概不得濫用新改各名，以昭鄭重。謹附片具陳。伏乞聖鑒。

又　《請將鑾儀衛衙門空閒房屋撥作巡警部公用摺》　奏為鑾儀衛衙門空閒房屋，擬撥作巡警部公用，恭摺會陳，仰祈聖鑒事。竊查西長安街路北，向有儀慎親王舊第一所。前於光緒三十年正月二十日，蒙恩賞作鑾儀衛衙門在案。其西偏舊有空閒房院一所，當時一併劃歸鑾儀衛署內。因正院房屋寬大，已可敷辦公之用，原撥署旁西偏房院幾同閒置。伏念巡警部應用局所及醫院、學堂等處需房甚多，且推廣警政尤以開通民智為急務，現准軍機處鈔交考查政治大臣戴鴻慈、端方等奏請籌辦博物院、萬牲園、公園等項，容由臣部另行妥籌，次第興辦。現擬先行擇覓房舍，陳設書籍及各項器物、圖册，准令官商士民人等時入游覽，藉以啓瀹新知，擴充聞見。惟必須地址稍為寬展，方足以新耳目而壯觀瞻。臣部與鑾儀衛公同商酌，該署既有空閒房院，若稍加修葺，移作開辦此項陳設之所，尚堪敷用。事關公益，洵為一舉兩便，合無仰懇天恩，俯准將鑾儀衛署旁空閒房院撥作巡警部公用，於警政實有裨益。是否有當，謹恭摺會陳。伏乞皇太后、皇上聖鑒訓示。再，此摺係巡警部主稿，會同鑾儀衛辦理，合併聲明。

毓盈《述德筆記》卷四《記兄任工巡局監督事》　方兄之東行也，肅邸委之充工巡局總監，而以副監張柳代理之。張君久充幕僚，於公事熟悉，非鹵莽滅裂之比。惟涉世久，習於揣摸，以官為家，未能免俗為憾耳。

上之東還也，諸豪貴亦歸，守舊之儔勢復盛，而日人操京師警務之權，訖不少讓。張君介乎兩大之間，巧為趨避以應之。川島之練巡警也，分三科：曰高等、中等、初等。初等卒業，即補巡警。高等、中等卒業者，即任為警巡巡長。執行職務時，有功過輒干涉之。張君苦之，乃以總監未歸，凡警務學堂卒業送局請用者，以候總監歸核辦遣之，而別募廝隸走卒充巡警。囑托逢迎，勢所難免，警務為之一衰。兄歸，乃說肅邸，力行新法。凡非警務卒業者，均不得服制服，餉亦不得與卒業比，飭各局委員，待卒業長警以禮，不得視同廝養。禁刑責，時各分局總辦多陳人，協巡局之舊也。西北分局總辦某，責巡警，且不以道，兄怒飭之。調巡警於總局，立獎之，某怒辭職，旋裁西北分局，歸併西局焉。警巡之初設也，分八等。以慎重名器之故，無至六等者。有一掌全局警務者，當局以其兄為顯宦也。擢充四等警巡，而彼時尚未受高等教育，至是兄不以為可，即日飭調往西南分局，且囑遇選高等生時，送入警務學堂教之。惟學堂卒業候差之人，聞余兄之歸也，羣以任差之期相詰。兄乃往見川島，與之約曰：『君，君子也。以後學堂之權，君操之，以育警德，培警學，高其人格。地方行政之權，予操之，以一事權，而便措施。消防隊人，皆選自衆中，人品學問較優，予與君共監督之。何如？』川島曰：『將軍言誠是。然中國官場多腐敗，不重公務奈何？』兄笑曰：『今日以前工巡局，他人事也。今日以後，余任之。功罪皆所不辭。同行久，閣下豈尚視予等於餘子耶？』川島笑允之。警權遂分。乃諭局員曰：學堂初等科卒業者，均准照學堂所定等級著制服。未有相當缺可補時，皆以三等巡警授之。中等科之巡長、高等科之警巡，皆如之。學堂與工巡局，遂無牴牾處。久之，不得意之徒，遂媒蘖其間。一日川島有事相商。忽曰：『與將軍處久，頗相信。惟警權之交還，人謂僕為將軍所給，何也？』兄笑曰：『人言無足恤。君靜思，予給君否？』川島思之良久，對曰：『將軍實未嘗見給也。』一笑而罷。川島名浪速，東鄰君子也。初隨聯軍到京，寓東城大市街三條胡同恩宅，秋毫無犯。一日兵誤毀一木橙，川島乃召房主人，與之道歉，問索賠若干，罰其兵給之。時八國之兵分踞四城，擾攘無已，時聞侵占人所有物，無敢過而問者。今川島待人如此，愈感之。恩姓與余家為姻婭，故知之諗。喬口勇馬之在順天府署理警政也，不通中國語。假手繙譯紳士，多為所蔽。人怨之，喬口去，乃易川島，司北京警政。聯軍退，設協巡局，工巡分局之所由來也。紳士之中有瑞某者，平日交驩川島，頗竊權威。及兩宮欲回鑾，大懼。乃約某某往見肅邸，告密，力誣川島有野心。肅邸大笑，謂兄曰：『瑞某思以一身脫禍，負川島矣。』後此公任總督，終以滑脫誤天下。悲夫！余兄之任警務也，於一切措施，多不循蹊徑。一時豪强斂迹，有行行且止之畏，一切陋規皆罷之。又最惡要舉盜名事，當行者即行之，讒謗皆所弗恤。久之，人皆畏而懼之。此非阿其所好之言。當時局中人既多親炙，除交惡之一二人外，在今日必有知之者，可以質之也。時當承平久，捕務懈弛，强有力者，以設賭庇匪為榮。雖有三令五申，信賞必罰，無效也。兄乃自訪聚賭處，飭分局總辦自往剿之。王公府第之設局者，一時斂迹，有溥十者，某貝子之子也。有設賭庇匪之事，彈劾之，因於宗人府一年。有一宗室崇子後，廣交遊，獨不畏法，設賭局與西北分局對門相望，局中司法處委員、刑曹司員文某，怙惡不悛，婪贓無度，總辦畏之，轉恃以魚肉鄉里，所以前日有因抄賭得罪之巡警也。兄怒，飭捕崇某，終無敢捕之者。索之急，崇某乃夤緣肅府，趁演劇時以走票見肅邸。肅邸慷慨無畦町，遂得幸。一日忽跪地不起，王驚問之。傍人曰：『無他，將軍捕之急耳。』王大笑。謂之曰：『將軍捕汝，我亦無能為力，但不致由我府中捕去。若爾行街道中，須自小心也。』崇氣沮，始閉賭局。文某終以墨敗，遂撤局差。

初國家設八旗分二十四固山，即兵籍之制，滿蒙漢人皆入之。自庚申後，旗餉日減，生齒日繁，率皆貧窶。庚子之變，餉斷者數月。幸川島招練巡警，多應之，故內城巡警皆旗人。生計賴以少蘇。外城仍五城御史之舊，相形日絀，後亦照內城設總局以理之。兄建議推廣招募密雲小五處駐防，救濟無算。有勸肅邸添招客民，以消畛域者。又有勸肅邸改用上海租界管理法者。兄笑曰：『旗人，滿蒙漢皆具。且有回子、緬甸、高勾麗、俄羅斯人，何謂畛域也？今旗人失餉，無以為生，徒要不分畛域之虛名另募，何如因利乘便之為得計也。警務之學甚深，外人管理章程，與其本國不同，簡陋不足法也。』皆拒之。庚子之役，德國公使克林德死之。既和，要為克林德立石坊於就日坊北，外部任建築役。承修之商人古玩鋪掌櫃人高尚仁，善奔兢。一日石工聚賭於通衢，禁之不止，乃大鬨，巡警捕之，被毆傷，因並逮高。時已上燈，兄正由局將歸，乃飭暫禁押所。忽有奉宸苑文書至，視之，乃索放高尚仁者。首書承修慈禧端佑康頤昭豫莊誠壽恭欽獻皇太后儀鑾殿欽命要工商人高尚仁云云，後列慶親王、大學士某某等十餘銜。兄閱之大怒，曰：『此宵小藉勢庇匪之慣技，不懲無以安閭閻矣。』乃提高至，擲文書與看，曰：『毆警之事，是非曲直，明日訊爾。今杖汝為此文書也。』乃重杖之，置文書不覆。

川島之操警政也，一掃舊日步營詐索閭閻惡習，對待人民以平和手段為歸。兄接管後，力守斯旨。時有故習復萌者，輒罪之。雖分局長官多舊日官僚，陋風終難盡革，然與昔日管地面者，已有上下床之別矣。忽有建議歸併外城者，兄拒之。曰：『外城襲五城御史之舊，多南省京官，奴隸坊官，穢污街道，動以流言挾之，未可輕於合併也。內城極力整理，外城可暫聽之，徐圖著手，否則使我內城維新之萌芽夭折矣。」乃止。又有以上海租界章程獻者，肅邸交局議。兄仍否認之。曰：『洋商之於租界，非其治國法也。因陋就簡，居留地之公約耳，何足效之！』後復有以招民人充巡警請者，余兄曰：『庚子而後，八旗生計奇窘。巡警之額有限，除老病殘疾外，盡以充之。猶虞不給。旗人習於弓馬，奔走是其專長，又有底餉，雖少足以資其養生，化無用為有用。因勢利導，未可更張也。或日後擴充外城，再議未晚。』事遂寢。無何，肅邸太福晉薨。局事本可派署，肅邸以見嫉，羣小毀之者衆，當道遂易人，以那相管理工巡局事務。肅邸之管理工巡局也，擬設醫院講衛生事，款到事未舉，暫存正金銀行。前崇文門奏委陸某，以公事欲挪用之。告肅邸，肅邸可之，使兄付之。兄取款同陸君點交匯豐吳某，又復與之約曰：『一朝醫院立，必速歸趙。』陸君與吳某皆諾之。未幾，局易人，兄見肅邸請索之。陸已出京，吳則百端支吾，不肯繳。肅邸固問之，吳僞曰：『若王用，款雖百萬何靳？況為公事耶！但關毓某，雖一錢不可得也。』肅邸問所以，吳又囁嚅不能對，乃大惑。召局中支應處人一一根究，無所得。不得已，問余兄。曰：『吳某何恨君之深也？且謗君為不足齒，又不能言其故，何也？今款久不繳局，奈何？』兄曰：『款事。有余在，雖緩無害也。吳某遁詞耳，余何從索解。』肅邸曰：『君能見彼乎？彼言君不敢見也。』兄曰：『可。』一日吳某正在邸座，報毓將軍至，吳倉黃遁去，肅邸大笑。見兄曰：『君事白矣。』相與軒渠，後肅邸貸款償之。當此未交之際，張副監柳一面阻吳不令繳款，更譖余兄於那相，又不明言其事。那相屢問余兄，兄神色泰然，但言款無轇轕，有事，余任之。那相派故交錫君廉司支應，始明真相。甚哉，世路之險巇也！

又 卷五《記兄升巡警部侍郎事及入陸軍學堂聽講》 余兄之升任巡警部侍郎也，以吳越炸五大臣於火車站，朝廷建設專部，使徐君世昌整理警政始也。工巡局自肅邸丁內艱卸事，那尚書桐繼之。未幾，炸彈案出，改設巡警部。收外城歸巡警部直轄，徐君世昌補尚書，余兄與趙君秉鈞補左右侍郎。初那相之接充工巡局監督也，多主調和新舊，少所建立。而所任之人，率多不稱職，遂為人所乘。徐君雄才大度，剛毅有為。內城事，仍托之余兄。外城事，則托之於趙君秉鈞。以張元奇、錢能訓、延鴻、吳廷燮等充丞參，規畫天下警務，議設警官。余兄力持必作文官階級，以議者欲以參游都守位置之，蹈步軍統領衙門覆轍。兄曰：『武弁久為社會所輕侮，參游都守，習於卑鄙齷齪，一旦以此名之，則數年之功墮矣。』執不可。乃設文官。議者又欲以六品為極，兄言於徐尚書，乃以四品為之長。退而語人曰：『我非爭巡警之官階，為保持其人格也。我之任工巡局總監也，厚巡警之俸給，尊其身分。巡警有所關白，我未嘗不正容接之，立而與語。委員有慢之者，斥之。巡警有自薄者，懲之。言出法隨，從無反汗，一洗舊日殉情枉法之習，以故有所懲，無敢為之詞者。惟遇事一再審慎，未敢掉以輕心。今設部，用人至夥。舊習相沿，尤易墮落。可不為之維持地步乎？』衆以為有見地。會有熟於世故者，以巡警部之名，動關地面，時有革命之徒，日謀發難，脫有事，考成甚大，不如以地面責兩廳，改巡警部為內務部，增司，收入內務事項，如前工部所管各項，以為言者。徐尚書商之於余兄，余兄不以為可。錢右丞爭之曰：『堂堂一部，以巡警名之，殊不稱。』余兄曰：『吏部即司官吏事，何如？』錢曰：『吏，非巡警比也。』余兄笑曰：『理兵事曰兵部，何如？』錢丞語塞，全堂一笑而罷。後卒改內務部焉。余兄之任事也，專意刷新政治，甚惡利祿之徒，毀事以求私利，尤惡要譽沽名，媚世狥俗。常曰：『十年培之而不足者，崇朝毀之有餘。十人成之而不足者，一人可敗之有餘。昔有巧對云「雨裏築墻，搗一堵倒一堵」者，似之耳。士大夫不於一舉一措之微注意，集義而生，苟一舉措不當，宗旨亂矣。何效之可言也。』以故，與人動多乖忤。幸同僚雖多齟齬，徐尚書獨偉之，時得有所匡正。久之，同僚亦憚之矣。後徐君入樞府，夏令上駐頤和園，暫改在海淀公所辦事，間日一會，時余兄正以世爵同醇邸等入陸軍學堂聽講，率午刻至煤渣胡同學堂，功課垂畢，急赴海淀堂期，散值，即寓伺將軍園。次早興，至徐尚書寓所，候其歸，詳陳內城警務情形，應興應革，從長計議。以堂期公所人雜言厖，部務正繁，無暇討論，故不得已，而出此也。在徐寓飯畢，急歸。入城不歸家，直往東城學堂聽講，晚始歸缸瓦市本府，計二日一周焉。人問其何自苦？兄曰：『余之嗜學，慣性也。樂此，故不疲也。』或又問其學之何用？曰：『學即是用，更何求其用也！』教習王子山講西洋歷史最佳，曹燦三講算學英文皆精。兄嫌講演時不能親切，輒於不往海甸日，散學後就教習室受課焉。學中聽講原分兩班。早班皆大員子弟，多不能守規則；午班雖亦有不能常到者，如堃公等，而醇邸等則無日不至。兄聽講期滿，受聽講班文憑焉。後徐尚書有同貝子銜鎮國將軍載振出差東三省役，余兄以左侍郎兼署尚書。適有蒙古某貝勒，家寒性庸劣，好與下流社會者為伍，時禁私運軍械入口，海關稽查甚嚴，奸商挽某貝勒出名，以蒙地辦警察需槍械為言，包庇之。陸軍部來問，司員某不待請示向方，即擬覆稿呈畫，以函胡覆之。余兄怒。不畫，使痛駁之。司員某以為大辱，幾僨事概積習久，司員之權在書吏，堂官之權在司員，頤指氣使者，書吏也。尚侍之才者、賢者，保其名；不賢者，受其賂；無才者，仰其鼻息而已。能杜隱微之漸，操全部政柄之尚侍，不數覯焉。

《大清新法令・政務處議覆鴻臚寺少卿毓朗奏辦理警察先用旗丁試辦片》　再本月二十日准軍機處鈔交鴻臚事少卿毓朗奏青城駐防兵丁辦理警察摺，又密雲縣警察先用旗丁試辦片奉旨政務處議奏欽此。竊維警察乃內治要政，且是專門之學，自欽奉諭旨飭令舉辦，疊據各省先後奏到，創辦章程備極詳密，并請先設學堂，挑選年輕質敏者認真教練，其經費多由裁減制兵撙節，籌備締造頗為艱難。原以保衛地方必須具有學識方能得力，未便拘於一格。至該少卿所陳，係為駐防生計起見，查調署兩廣總督岑春煊在四川署督任內，會同署成都將軍蘇嚕岱奏辦，滿城警察亦係就旗人挑選，專管滿城地方。此外，各省駐防處所自可仿照辦理。其有外府州縣駐防旗丁較少之處，亦可挑選合格者，令入警察學堂教習，學成後即歸入各處備用，於旗丁多一出路不為無益。謹奏。光緒三十年八月二十八日奉旨依議。欽此。

《軍機處録副摺・廣州漢軍副都統李國杰奏請訂立警章報律學堂管理法摺光緒三十三年七月十一日》　為今之計，惟有將警察章程，從速嚴密釐訂，務求完備，不厭瑣煩。查東西洋各國，無不憑假警章，為束縛民人之具，凡民間一言一動，莫不在警察法力之中，而巡警之權，遂亦達於極點。彼國之黠者，亦知其政府以立憲為表面政策，而仍以警章警權行其間接壓制手段，惟行而有效，民故服從耳。巡警章為官民相處不可須臾離棄之物，規則雖嚴，而理法平易，官吏依法施行，不患失出失入，而愚夫愚婦，亦可以日習而通曉，則警章故可於法律未經修訂完美之前，代為民間普通法律，國家即藉此為造就法律國民張本。

又《民政部咨各省巡警成績造冊報部辦法文宣統二年九月》　警政司案呈，本部於光緒三十四年八月初四日奏准《考核巡警官吏章程》，前經通行各省，并於宣統元年五月十一日迭經咨催，各在案。又，本部議奏御史麥秩嚴奏《各省警察腐敗有礙憲政》摺內聲敍，所有各省巡警道辦事成績及所屬各員，每屆六個月，應由該道分別造冊列表，并出具考語，申報一次，應再申明奏章。自此次奏明奉旨之日起，予限六個月，所有各省民政司或巡警道，應一律按照本部上年奏定考核章程分類申報，如有逾期不復者，即由本部指名糾參，以儆玩愒等語。於宣統元年十二月二十二日奏旨依議，欽此欽遵，復經通行各省在案。

查，由上年十二月二十二日起，予限六個月，扣至本年六月二十二日，六個月期滿，雖各省有因道路遥遠，文到較遲者，似於本年八月均可如期咨報到部。現經查核，各省本年咨報，多係宣統元年成績，所有應報宣統二年上半年成績，實屬寥寥，至或僅造報一次，或尚未據咨到部，殊屬有違奏案，亟應再行飭催，迅即造報。所有宣統二年上半年成績，限於本年十月咨報到部。至巡警道未報詳細履歷省分，應即一并報部，以憑核辦，宣統二年下半年成績，限於宣統三年正月底以前咨報到部，嗣後各省每屆應報上半年成績，統限於是年七月底以前咨送到部，下半年成績統限於第二年之正月底以前咨送到部，以備本部照章查核。

按照六個月應行具奏籌備憲政成績，欽限於二月、八月間具奏，自此次通催後，各該省應即遵照奏案及本部所定限期依限造冊報部，倘有玩愒情形，本部惟有遵照宣統元年十二月二十二日奏案，據實糾參，以重憲政，相應咨行查照，轉飭遵照可也。

三　依奏定章程，承管協軍法會審及審問事件。

四　保存本協懲罰過失及目兵逃亡懲勸官長各檔案，并分別造表報告事件。

五　保存本協各項軍事罪犯檔案，并將科刑種類及已結、未結情形，分別造表報告事件。

六　承辦恩赦及移送軍事罪犯事件。

七　承辦本協戰時俘虜及占領地方司法事宜。

八　稽察軍事充公銀錢、物産、罰薪、罰餉，及各該銀錢、物産移交事件。

九　稽察軍事公約，及各項合同事件。

十　計畫本協軍事司法上執行事宜，及備本協軍人法律上顧問事件。

禁煙總局分部

綜　述

《大清新法令・内外城巡警廳戒煙局章程宣統元年七月》　第一章　總則

第一條　本局專為貧民戒烟而設，所有費用概歸官備，不取給於戒烟之人。

第二條　戒烟之人暫以一百名為定額，俟將來酌量情形再行推廣增加。

第三條　凡來局戒烟者須填寫證書，覓取鋪保或妥實保人。其無鋪保或保人者，由本人出具切結，亦可酌量情形准其入局。

第四條　凡來局戒烟者，如領有購烟執照，到局戒烟時應即繳銷。

第五條　凡已經本局戒斷烟癮之人，出局時由本局發給執照一紙，由廳將戒斷烟癮人姓名、住址傳知該管區，每月分傳到區察看一次。

第六條　凡身家殷實之人欲到局戒烟者，本局另備優待室，除不收藥資外，其飯食應由本人自費。

第七條　凡身家殷實之人有志戒烟而不便住局者，准其覓取保人來局報名，發給執照，每日來局領藥，惟藥資應酌量收取。

第二章　職員

第八條　本局設管理員一員、稽查員二員、醫官一員、司藥二員、司事二員。

第九條　本局管理員、稽查員均以廳員兼充，其醫官、司藥、司事，得酌量延訪委用。

第十條　管理員總理本局一切事宜，稽查員管理文牘、會計、監察等事，醫官掌診治戒烟人及藥品之事，司藥掌配製藥品及看護戒烟人之事，司事協助稽查員分掌庶務及監察、看護之事。

第三章　管理

第十一條　凡來局戒烟者，須由醫官先驗其有無病症。若患病較重者，應俟病愈再行入局。

第十二條　凡來局戒烟者經醫官診視後，飭令沐浴薙髮，再分室居住。

第十三條　凡來局戒烟者，均一律著用本局所備衣服被褥。

第十四條　戒烟人既入局内，不得任意出入。至烟癮戒净時，應得醫官驗明許可，方准出局。

第十五條　戒烟人有親友探望者，須稟明管理員或稽查員導入晤談。

第十六條　管理員、稽查員須隨時親問戒烟人有無疾苦。

第十七條　由廳派拔巡官一員、巡長二名、巡警十名，常川駐局守衛。

第四章　會計

第十八條　用書記一名專司繕寫各項文牘、册籍。

第十九條　本局經費由膏土牌照捐項下支用。

第二十條　本局管理員、稽查員酌給車馬費，醫官、司藥、司事每月酌給薪金，僱傭則臨時酌定。

第二十一條　所有本局經費每届年終決算一次，列表刊布。

又《内外城巡警廳戒煙局管理規則宣統元年》　第一章　戒烟人入局

出局

第一條　本局設挂號處一所，專理戒烟人入局時填注簿册之事。

第二條　戒烟人入局，俱先至挂號處領取證書，依類填寫，經醫官診視後飭令沐浴薙髮，發給衣服一套，按名編號，導入所居之室。

第三條　戒烟人入局診視、沐浴、薙髮等項，俱按到局次第分別先後，不得攙越。

第四條　戒烟人有不能自書姓名者，可由挂號處司事書記詳詢其姓名、籍貫、年歲等項，代為填注證書。

第五條　戒烟人入局時，准其携帶隨身衣物及糕點食物，惟重大物件及藥品烟泡不得携帶。

第六條　戒烟出局須得醫官之驗明許可，由本局授與執照，方准出局。

第七條　挂號處辦事時刻，由午前九時起至午後四時止。

第二章　管理

第八條　戒烟人每日經醫官診視一次，按病給藥。

第九條　戒烟人每日服藥三次，其有急切病症者得臨時呈明，經醫官診視，另給方藥。

第十條　戒烟人居室酌派夫役照料一切，其室内人數多寡臨時酌定。

第十一條　戒烟人飯食每日二次或三次，并置備茶具，任令隨意飲用。

第十二條　置公用面盆數具，戒烟人晨起或飯後分班盥洗。

第十三條　每室置燈一具，所有燃燈、息燈均由夫役按時辦理。并設置痰盂，每日由夫役傾洗潔净。

第十四條　戒烟人裏衣夏秋二季每三日更换一次，春冬時每十日更换一次，俱令本人自行洗濯。

第十五條　戒烟人每三日梳櫛一次，每十日薙髮一次。

第十六條　夏秋二季戒烟人每三日沐浴一次，春冬時每十日沐浴一次。

第十七條　各室每日由夫役勤加掃除，并潑灑石炭酸水一次。

第十八條　戒烟人床次按名懸挂醫藥單一紙，注明姓名、號數，并詳記每日服藥情形。

第十九條　本局購置各種白話報，以便戒烟人閲看或為之宣講，并於院内多種花木，置備几椅，以為運動游憩之所。

第二十條　戒烟人有親友來瞻視者，禀明管理員或稽查員准其晤談，饋送糕點食物准其接受，惟不得給與藥餌。

第二十一條　戒烟人在局如因病身死，本局禀廳飭仵驗明後，傳該親屬具領葬埋。無親屬者由廳發給棺木，送往城外葬埋標志。

第三章　時刻規定

第二十二條　本局起卧飲食等之時刻，由管理員分別冬夏，臨時規定。

第二十三條　起卧飲食等時刻，均以摇鈴為號。

第二十四條　凡游憩、沐浴、梳櫛、薙髮等事，均於空閑時刻行之。

第四章　員司職務

第二十五條　稽查員每日至少應稽查三次。第一次於清晨行之，第二次隨時行之，第三次於息燈時行之。

第二十六條　醫官每日證視戒烟人一次，其有急切病症者須即時診視。

第二十七條　稽查員、醫官、司藥、司事均常川駐宿局内，照料一切。

第二十八條　有來局參觀者，由稽查員導引觀看，并陳述本局宗旨、辦法及章程大概。

第二十九條　本局司員等如有親友來訪，准其於接待室晤談，時間不得逾一小時。其夫役人等有人尋訪者，見畢即出，不得在局内逗留。

第三十條　關於其他職務及守衛巡官長警之職務，依總章及本則各條之規定行之。

第五章　戒烟人應守規則

第三十一條　戒烟人應守之規則如下：

一、不得自行挪移床次。

二、不得戲謔喧嘩。

三、不得在厠所以外隨意便溺。

四、出入、飲食、櫛沐等事，不得互相争先。
五、不得唾痰於痰盂以外。
六、不得在墻壁上隨意涂抹。
七、不得毁損室中器具。
八、不得折取院中花木。
九、不得彼此争鬭。
十、不得抗違命令。

第三十二條　若有犯前條各款及其他過失者，分别加以相當懲罰，其情節較重者隨時稟廳核辦。

第三十三條　稽查員、司事可隨時以應守之規則告誡戒烟人。

第六章　附則

第三十四條　凡本則所未載之事項，其辦法概照總章處理。

城巡警廳戒烟局證書

本人姓名、現在住址、吃烟幾年	本人今立願戒烟，決不畏難改悔，呈具證書為憑。若戒後再吸，願甘罰處。此呈城巡警廳戒烟局宣統　年　月　日　第　號證書
籍貫、職業、每日吃烟若干	
年歲、有無病	

領藥執照存根

姓名、住址、吃烟幾年	
籍貫、職業、每日吃烟若干	
年　歲、有無病、保人	

發藥記數表

初一	初二	初三	初四	初五
初六	初七	初八	初九	初十
十一	十二	十三	十四	十五
十六	十七	十八	十九	二十
二十一	二十二	二十三	二十四	二十五
二十六	二十七	二十八	二十九	三十

宣統　年　月　日

戒净烟癮執照存根

第　號　戒　字

為根事。茲有，係人，年歲，現住，現營職業，於宣統　年　月　日到局戒烟，於　月　日戒净，發給執照存根備查。宣統年月日

第　號　戒　字

領藥執照

姓名、住址、吃烟幾年	本人今立願戒烟，不能入局住宿。遵照戒烟局章程第十條之規定，來局按日領藥，交呈藥資。茲特發給領藥執照一紙，按照表内發給丸藥粒數，逐日服用，至烟癮戒净時，由本局會驗屬實，給予戒净執照。此據。發藥記數表
籍貫、職業、每日吃烟若干	
年歲、有無病保人	

初一	初二	初三	初四	初五
初六	初七	初八	初九	初十
十一	十二	十三	十四	十五
十六	十七	十八	十九	二十
二十一	二十二	二十三	二十四	二十五
二十六	二十七	二十八	二十九	三十

宣統　年　月　日　城巡警廳戒烟局

《光緒朝上諭檔·光緒三十四年三月初七日》　鴉片流毒，為害甚深。前已迭降諭旨，剴切申禁内外大小臣工，宜如何淬勵奮發，仰體力行。乃近聞臣工内平日沾染嗜好者，仍不乏人。或陳明斷戒，其實未盡袪除；或癮已沉痼，表面巧為掩飾；甚或明目張膽，吸食如故。若不專派重臣認真查禁，恐禁烟之令難望依限實行。著派恭親王溥偉、協辦大學士鹿傳霖、協辦資政院事務景星、丁振鐸，充辦理禁烟大臣。由該大臣精選中外良醫，立即設立戒烟所，專司查驗。除在京各衙門屬員有確知其素染嗜好者，由該管堂官照章參辦外，其情形可疑之員，均咨送該所，切實查驗。限於三個月内，妥定章程，建修局所，奏明開辦。如禁烟大臣訪聞各衙門員司，有斷烟未净者，即向該管衙門調往查驗。若係堂官大員，準由該大臣奏請發交查驗，外而監司以上大員，如經訪聞明確，亦準指名奏請調驗，凡經驗人員，其確無嗜好，或實已斷净，該所出具憑結，准其照舊供

職，倘驗明仍有嗜好，即據實照章奏參。京外各衙門屬僚，仍責成該管長官嚴密設法切實查禁，如係經禁烟大臣發覺查驗，實有烟疾，并將該管長官按其瞻徇失察情節，分別交部議處。該禁烟大臣等，均係選擇任使，務須破除情面，不避嫌怨，實力奉行，勿得顧忌因循，致負重任。倘嗣後辦理禁烟仍無起色，該大臣等亦不能辭其責也。該所應需款項，著柯逢時在土藥統税項下先撥開辦經費三萬兩，并撥常年經費銀六萬兩，以濟要需。欽此。

《大清新法令・上諭宣統元年二月二十四日》 禁烟一事，乃今日自强實政教養大端，於衛生足民、興地利、塞漏卮各節，皆有極大關係。萬國屬目，贊助同殷，特是禁吸禁種及籌款抵補洋土藥税釐三事相為表裏。倘一端辦理不力，則其二端不免牽制觀望，恐限滿仍難收效。比年以來，雖迭經禁烟大臣暨各省督撫將沾染嗜好各官查驗參處，然玩違欺飾者仍復實繁有徒。至各省種烟地畝初定章程，本限十年遞減，嗣據雲南、四川、山西、直隸、黑龍江等省奏請該省於一年内全行禁種，任事頗屬奮往。惟究竟各省禁種是否一律認真，地方官能否於禁種鴉片之外勸種有益衣食各項植物，俾令小民樂從。

至此項税釐關係軍餉大宗，近據度支部奏請酌加各省鹽價以為抵補，此項税釐之策當經允行。惟鹽斤加價，合計逾四五百萬，不敷尚多，朝廷求治維殷，既憤國民積弱之難振，復慮友邦期望之難副。言念及此，宵旰憂焦，特此再行申諭：

禁吸一事，文武職官責之禁烟大臣及京外各衙門長官務須認真糾察，不得徇情避怨，各營兵夫各學堂師生，責之該管長官，尤須立即嚴行禁絶。至於商民人等，責之民政部暨各省督撫、順天府尹及管理地方之將軍都統等，亦須多訪良方，設局施藥，勵其廉耻，酌采東西各國辦法，設法減癮，由少而無，期於比户可封而後已。

其禁種一事，亦責之各省督撫、順天府尹及管理地方之將軍都統等，酌量本省情形，督飭所屬認真禁拔，相其土宜，改莠為良，定當考其成績，優予獎擢，并由民政部查核。

其抵補税釐一事，責之度支部悉心擘畫，此時籌款誠艱，要當權其利害輕重，多方籌集，迅速舉行。各省督撫如有抵補良策，亦著奏陳備采，俾查禁者不至瞻顧進款，因循寡效。

國家財用雖絀，豈恃此酖酒漏脯以救饑渴，而不為吾民除此巨害耶？似此各分權限，各專責成，不得互相推諉，務須各盡乃職，相助為理，以弼成朝廷利用厚生之盛治。京外各衙門接奉此旨後，各將該衙門如何辦法自行切實覆奏。欽此。

《宣統朝上諭檔・宣統元年四月三十日》 本年二月二十四日，曾經明降諭旨，將禁烟要政分别禁吸禁種等項，各分權限，剴切宣諭。乃朕聞京城各衙門送驗人員多係散官末秩，其充當要差者多未送驗，且有戒而復食者，顯係有瞻徇敷衍之弊。查禁烟之舉，必以禁吸為第一要義。而禁吸尤以查禁官員為要義。現在各省奏報禁種情形，或已全數禁絶，或請縮短年限辦理，尚屬認真。然使土藥絶迹，而吸食者不減，則專嗜洋藥，癮毒愈深，耗財愈多，為害愈巨，於衛生足民之道仍有未合。著責成禁烟大臣咨行京外各衙門，切實考查調驗，不得稍有瞻顧。其外省文武職官學堂，并責成督撫暨該管將軍都統及各項該管官員師長一體確查嚴禁。總之，禁吸禁種，相輔而行，京外該管各衙門均須懔遵。疊次諭旨，各顧責成實力奉行，如辦理不力者，朝廷必予以懲處。欽此。

《大清新法令・民政部會奏酌擬禁煙稽核章程嚴定考成辦法摺并清單光緒三十四年四月二十日》 二月二十日内閣鈔奉上諭據外務部奏籌議禁烟與各國商定辦法暨另籌抵補藥税各摺片。鴉片烟盛行以來，流毒异常慘烈，染斯疾者，破其財産，夭其壽命，習為偷惰，職業全廢。即各直省吞烟自盡之案，歲計不知凡幾，盗賊訟獄因此滋繁，傷天地好生之心，殊堪悲憫。且令神州古國種類日弱，志氣日頽，自强更復何望。近來官紳士庶多知悔悟，争相結社勸戒，即素嗜鴉片者亦未嘗不痛心疾首，自怨自艾。各國善士尚多倡設公會勸禁栽買，廣施藥方，每以中國鴉片不除引為深憾，則身受其害者應如何淬勵奮發，力拔根株。前經降旨頒布《禁烟章程》，期以十年，使洋藥與土藥同時禁絶，現在英國政府允許分年減運，各友國亦多樂為協助，文明之舉嘉慰良深。英國現已實行遞減，相約試行三年，視中國栽種、吸食實行減少限滿再為推減。我若不如期禁查，轉瞬三年，何以答友邦政府之美意，何以慰各國善士之苦心。此機一失，時不再來，若永遠困於沉痼，勢必無以為國。我君臣上下一念及此，能無愧悚難安引為疚責。著民政部、度支部迅即會訂稽核章程，嚴定考成，請旨頒行，一面責成各督撫按照政務處奏定成案督飭所屬切實舉行，并體察該省情形，將減種、減食實在辦法先行奏聞，所有按年減少數目，每届年終匯奏一次，其藥稅指抵各款由度支部另行籌補以備應付。事關國勢强弱民命壽夭，著内外臣工協力通籌，認真辦理，無論如何為難，必期依限斷絶，毋得稍涉因循，致干重咎。餘依議。欽此。竊維禁烟之舉所以掃除沈痼，振起疲羸，為自强第一要政，迭經嚴旨申明克期减盡，頒行禁令至再至三，實已洪纖備舉。茲復欽奉諭旨飭令臣部會訂稽核章程，嚴定考成，仰見軫念民生實事求是之至意。臣等遵即往復會商悉心酌奪，竊以為禁烟之有無成效，視稽查之疏密為衡，奉行之是否實力，視功令之寬嚴為斷。欲使杜絶弊端，力戒粉飾，自非詳訂禁烟稽核章程、嚴定考成辦法不可。惟是禁烟頭緒至為繁瑣，舉凡稽核栽種、吸食、販賣等事，在在均關緊要，而入手辦法尤以清查種烟畝數、分期減種為正本清源之策，其它如調查吸食人數、封禁烟館、限制販賣辦法亦當亟為籌措，次第施行。以上諸端，或關於地畝課稅事項，或屬於警察衛生範圍，臣等職司所在，自應切實籌畫，擬訂禁烟稽核章程，請旨飭下各省督撫，按照臣部奏定章程詳細分別咨報臣部，以資查核。其能否縮短期限，力圖進步或酌量變通之處，應由各該督撫查看情形辦理。至嚴定考成一節，即以稽核之是否嚴密、奉行之是否切實定其考成之高下，惟所請議敍議處各條事關吏部，本章所定不過大綱，其詳細專條自應由吏部查例酌擬奏定遵行，以昭畫一。其有身為表率沾染嗜好者，應由禁烟大臣核議查辦施行。除抵補藥稅應由度支部另籌奏明辦理外，謹將會訂稽核章程二十三條繕具清單恭呈御覽。如蒙俞允，即由臣部咨送禁烟王大臣查照，并咨行吏部及各省欽遵辦理。謹奏。光緒三十四年四月二十四日奉旨依議。欽此。

謹將會訂稽核禁烟章程清單恭呈御覽。

要目

第一章　減種

第二章　公行

第三章　烟店

第四章　烟館

第五章　烟具

第六章　吸食

第七章　戒烟

第八章　考成

第九章　附則

第一章　減種

第一條　各省應飭地方官將境内現種罌粟地畝確切調查畝數，地主姓名及收獲多寡於六個月内分造清册，申由各該督撫匯報度支部并分報民政部各一分存查。

第二條　禁烟定限十年，係自光緒三十二年起，此次各省減種辦法應遵照政務處奏定章程。除向非種罌粟之田永遠不准再種外，其向種罌粟地畝按照三十四年册報數目每年減少八分之一以上。統限於光緒四十一年盡絶根株，并隨時將某處某姓田畝改種何項植物詳細報部。

第三條　各省應印制鴉片栽種憑照，由各地方官發給各種户收執，每年更換一次。其未領憑照私行栽種者，一律查禁，種烟各户於呈領栽種憑照時，應按每畝納費制錢十五文，此外不得分毫需索。

第二章　公行

第四條　自開辦土藥統稅後，安徽、河南、山西等省皆設有土市公行，由統稅分局會同地方官填給執照，承充不收照費。公行有擔任查土報稅之責，種户須憑行賣土，店商須憑行買土，凡土不經公行買賣。均以私論。至囤户收土，亦須一律憑行，不准私自下鄉收買。由該公行將某囤户收買土數登注循環簿内，隨時送局卡備查。俟有客買運，再行照章報稅，稽核至為精密。嗣後各省應次第設立公行，由局卡發給循環印簿，逐日登載買賣土藥斤兩及客人姓名，呈送該局卡核明造册，於年終申報督辦土藥統稅大臣。按年比較該行經理土藥減少數目，開列簡明總表，分咨送部備查。其四川、雲南、貴州、新疆及東三省等處土藥，不在統稅之列，即由各該督撫一律仿照辦理。囤土各户，應由統稅分局會同地方官一并填給執照，以為到行收土憑據，不收照費。其未領執照者不得向公行買土，亦不得私自下鄉自向種户收買，違者查出議罰。

第三章　烟店

第五條　各省應通飭地方官將境内現開膏土各店調查確數，詳記字號、地址、成本及店主姓名，於六個月内造具清册，申由各該督撫分咨報部備查。除現開各店外，如有續行增設者，一律禁止。

第六條　各省應印制鴉片營業憑照，由各地方官發給膏土各店，收執每年更换一次。其未領憑照私行開設者，一律查禁。膏土各店於呈領營業憑照時，應按照成本分上、中、下三則，成本一萬元以上者為上則，每年繳照費六元；成本不及萬元及五千元以上者為中則，每年繳照費四元；成本不及五千元者為下則，每年繳照費二元。此外不得分毫需索。

第七條　膏土各店應將每月銷售實數按月向該管衙門呈報一次，不得隱漏或售與未領牌照之人。該管衙門於年終匯計造册，申由各該都督分咨報部備查。

第八條　膏土各店應設立期限於膏土營業以外兼為他項營業，逐漸替换，務於定限以内將膏土貿易一律停止。

第四章　烟館

第九條　各省烟館業於光緒三十二年經政務處奏定，將開燈之烟館由地方官禁止，勒限六個月内一律停歇改業，逾限概行封禁等。因通行在案，現在各省境内如有已禁未盡各烟館及茶肆、酒館、娼寮等處附設烟鋪者，迅即嚴飭一律查禁，違者重罰。

第五章　烟具

第十條　售賣烟具各店於光緒三十二年經政務處奏定，統限六個月停止，現在早已限滿，應由各該省督撫通飭地方官嚴查境内製造或販賣烟具各店是否一律停止，如尚有營業者，即行封禁議罰。

第六章　吸食

第十一條　各省應設立期限通飭各地方官，將境内吸烟人數確切調查，詳記姓名、籍貫、年歲，造具清單，於年終申由各該省督撫分咨報部備查。

第十二條　各省應印制購烟牌照，由各地方官發給吸烟者，收執每年更换一次。其未領牌照私行購買吸食者，一律查禁。吸烟者於呈領牌照時，應將一日間吸用分量確實報明，填注牌内，按照定量購買吸食，只准減少不准加多，務須按期減盡。

第七章　戒烟

第十三條　各省應通飭各地方官設立戒烟官局，按照民政部頒發戒烟中西藥方製備藥品，發交各處藥鋪善堂，按照原價發售。無力貧民准其免繳藥費，如有精通醫學之人於部頒戒烟藥方外，發明戒烟良藥者，應將其方藥申由該省督撫咨送民政部查驗。

第十四條　各地方官應通飭境内公正紳商設立戒烟會，社刊布戒烟白話書報廣為勸導。但不得議論時政及干涉禁烟以外之事。

第十五條　各地方官應檢查境内藥鋪及寄售戒烟藥品處所，如藥品内含有嗎啡性質或私售嗎啡等藥，一律查禁。

第八章　考成

第十六條　各省地方官於本章程内應行册報各條，依限造報無誤者，每届三年准由各該省督撫奏請交部議叙。

第十七條　各省地方官於本章程内應行查禁各條，依限禁絶者，查明屬實，准由各該督撫隨時奏請交部議叙。

第十八條　各省地方官能將境内栽種罌粟地畝、膏土各店及吸烟人數於一年以内減至十分之三以上，且并無騷擾情事者，查明屬實，准由各該督撫奏請交部從優議叙。

第十九條　各省地方官於應行册報各條限滿不報者，交部議處。册報不實者，交部嚴加議處。

第二十條　各省地方官於應行查禁各條限滿未經禁絶者，交部議處，若未經查禁捏稱禁絶者，交部嚴加議處。該管上司知情不行，參揭者同。

第二十一條　各省地方官於境内栽種罌粟地畝、膏土各店及吸烟人數統計一年内遞減數目不及八分之一者，交部嚴加議處。

第九章　附則

第二十二條　本章程應參照政務處奏定章程辦理，其施行細則准由各該省督撫酌量地方情形擬定奏明辦理。

第二十三條　本章程所定栽種營業各項照費，應將收數若干隨時報部以便撥為禁烟費等項之用。至各項照費既經分别奏定數目以外，不得另有需索。儻將來察看情形，可將照費酌量加收，應由度支部會同民政部奏明辦理。

又《禁煙大臣奏禁煙查驗章程摺并章程光緒三十四年五月初十日》

光緒三十四年三月初七日奉上諭，鴉片流毒為害甚深，若不認真查禁，恐禁烟之令難望依限實行。該大臣即設立戒烟所專司查驗，限於三個月内妥定章程，奏明開辦等因。欽此。前者臣等曾將租借房屋為公所以便迅速開辦等情陳明在案，茲臣傳霖差竣回京，臣等復將禁烟查驗章程會同妥定，期於切實施行。竊維罌粟貽害中國既深且久，流毒至於今日，此誠剥極必復之秋也。現奏明諭特派臣等設立公所，切實查禁。京師為天下之表率，則斷絶來源固應以禁種為當務之急，而查驗戒吸必先以官場示齊民之準。臣等受恩深重，惟有不避嫌怨認真查驗，務期流毒逐漸廓清，痼疾早日净盡，藉以仰慰宸廑。茲酌擬禁烟查驗各章程十條，另繕清單并擬具表式一并恭呈御覽。謹奏。光緒三十四年五月初十日奉旨依議。欽此。

謹將擬定禁烟查驗章程十條恭呈御覽。

擬請分別查驗也。在京師各堂官大臣、在外監司以上大員受恩深重，表率下僚，如有嗜好，早應遵諭戒斷。此次復奉嚴旨，其是否戒除净盡，更宜據實自陳，何致自欺以欺朝廷。儻仍有諱飾不實陳者，臣所當切實訪查，指名奏恭請旨懲處。此外，應行查驗各員，在京各衙門限文到一月内，在外各省限文到兩月内，由各該堂官督撫確切查明沾染嗜好者若干人，分别已否戒斷，即責成各堂官督撫認真查驗，出具切考册開咨復。其迹涉疑似者，即由臣所指名調驗。

查驗宜切實辦理也。凡有嗜好之果否戒斷，非醫士診視所能得實，惟有將調驗之員令其到所住宿，供其飲食，由臣所揀派妥員監其食宿，少則三五日，多則六七日，其曾否戒净或仍服藥及服藥之多少均能確得實情，無可遁飾。其實已戒净者，發給執照，仍舊供職，查其服藥情形。未能戒斷者，則照章休致，如所派查驗之員敢於扶同徇隱，查出一并嚴參究治該員等。果能切實查驗，毫不瞻徇，由臣等查核奏請奬勵，庶幾懲勸兼施，不致畏事顧忌，以收實效。

一 各直省應一律設所查驗也。查禁烟事宜必須京外通力合作，辦理劃一，以期切實推行而收實效。擬即咨行各省督撫，均按照臣所詳定章程頒發，一體建立禁烟公所，遴派公正監司大員總司其事，擇委妥員切實經理，專辦一切禁烟各事宜，并一面奏咨立案，其民間自辦者，亦照此次定章查禁。至各省文武官員無論現任、候補，由該長官隨時察看，有可疑者，發所認真查驗，如有逾限不能戒斷及隱飾者，照章分別撤參，不得瞻徇，仍咨臣核。儻各省有逾限不開辦查禁調驗者，經臣所訪聞，即行糾參。

一 查驗宜定限也。在京各衙門、在外各直省，凡經長官咨送到所之情形可疑，應行查驗人員在京限於十日内來所查驗，在外分別省分、程途遠近酌定到所期限。若遲延不到，應由各衙門、各省先行開去差缺，聽候催調，分別參辦。

一 頒發表式，分別填注，以昭核實也。現由公所擬定表式分咨各衙門、各省一體照實填注，毋稍隱飾。先由臣等率同公所各員據實填注，以為準則，咨呈軍機處轉行，内而各衙門堂司各官外而司道以上大員查照一體填注，統限文到一月内咨復到所存查。儻逾限延不填送照章指參。如有隱飾諱匿者，查明照例按官階大小，分別奏參咨革。

一 擬請并申儆嚴禁種烟也。即奉明旨特派重臣設立公所，則禁種尤為禁吸之先，務必一律查禁，方為完備。除由臣等認真查驗内外各員務飭戒斷外，并擬請旨再行申儆各直省督撫，按照政務處奏定章程十條分別次第舉行。嚴禁種烟以絶來源，并體察所屬種植之多寡，或分年減種，或全行禁種，均責成地方官遴選公正紳士分投勸禁，不准假手胥吏，以期害除而民不擾。除改種禾稼外，并飭熟察土性所宜推廣種植如茶、桑、桐、漆等之類，以抵種烟之利，責成各省督撫隨時督催地方官切實籌辦，勿稍粉飾因循，以收實效。

一 戒烟醫藥擬商同民政部籌辦也。此次奉旨設立公所注重查驗各官是否戒斷，非專恃醫生所能得實。至選配戒烟藥料發給有嗜好者，服食戒斷。民政部内外城均設有醫局，招致良醫精制藥料，廣為施發戒斷。臣所即可隨時商同添製藥料以備發給，毋庸另行延醫以省瑣屑而節靡費。

一 分別官民以清界限也。凡京外官員禁戒吸食，自當由臣所查驗，認真辦理其京城地面及各省禁烟事務，前已由民政部奏請飭行在案。凡紳商士民之戒斷，應仍由民政部及各省督撫隨時隨地考察辦理，以清界限。

一 差委宜取結也。在京額外行走在外候補人員此後遇有差委，應責成各堂官督撫飭令各該員出具并不吸食鴉片，親供取具，同寅切結存案，方准派委。惟出結之員不得隨意彼此互結，以杜通同徇隱之弊。

一　各處戒烟局擬請獎勸也。凡京外各直省公立、民立戒烟局所創辦員紳及各處醫士，列表填注備案，其診施有效斷烟人數最多者，年終由各督撫查明，分别奏奬，以虚銜封典奬札匾額功牌一面，奏咨立案，惟不得有逾吏部定章，以期畫一。

又《吏部奏嚴定禁煙考成議敘議處各案摺并清單》竊准民政部等衙門奏酌擬禁烟稽核章程嚴定考成辦法一摺，内稱至嚴定考成一節，即以稽核是否嚴密，奉行之是否切實，定其考成之高下。惟所請議敘議處各案事關吏部，自應由吏部查例，酌擬奏定遵行，以昭劃一等因。於本年四月二十四日。奉旨：依議。欽此。欽遵咨行到部。查現在實行禁烟，關係甚重。非嚴定功過，不足以示勸懲。臣部禁烟各舊例與現在情形多有不同，自應按照其原單所開議敘議處，并從優議敘，嚴加議處各條，查照例章，酌核擬定，另繕清單請旨遵行。如蒙俞允，應由臣部通行各省督撫查明，實係一官經理，前後任勿得牽混，按年造册分咨民政部各衙門暨禁烟大臣查核知照，臣部即按照此次奏定章程辦理。謹奏。光緒三十四年七月二十四日。奉旨：依議。欽此。

謹將嚴定各省地方官禁烟考成議敘議處各條繕具清單，恭呈御覽。

各省地方官於本章程内應行册報各條依限追報無誤者，每届三年准由各該督撫奏請交部議敘，應照例給予尋常加一級。

一　各省地方官於本章程内應行查禁各條依限禁絶者，查明屬實，准由各該督撫隨時奏請交部議敘，應令該督撫查明實係一官任内扣足一年者，每年准其加一級。

一　各省地方官能將境内栽種罌粟畝數膏土各店及吃烟人數於一年以内減至十分之三以上且并無騷擾情事者，查明屬實，准由各該督撫奏請交部，從優議敘。應令該督撫查明實係一官經理，前後任勿得牽混，於卸任時造册分咨，各衙門照异常勞績未補缺者給予班次。已補缺者以應升官階在任，盡先補用。如已有班次升階無可再加者，仍給予尋常加一級，從優再紀録二次。

一　各省地方官於應行册報各條限滿不報者，交部議處。擬照造報各項錢糧文册遲延例，違限不及一月及一月以上者俱罰俸三個月，二月以上罰俸六個月，三月以上罰俸九個月，四五月以上罰俸一年，半年以上降一級留任，一年以上降二級留任，二年以上降三級調用，俱公罪。册報不實者，交部嚴加議處，擬照錢糧文册不分晰明白者降一級留任公罪例，從嚴降二級留任公罪。

一　各省地方官於應行查禁各條限滿未經禁絶者，交部議處。擬照奉行不力例，降二級調用公罪。若未經查禁捏稱禁絶者，交部嚴加議處，擬照朦混私罪例革職。臣部例止革職，無可再加。該管上司知情不行參揭者，交部嚴加議處，擬照徇隱例降一級調用私罪例，從嚴降二級調用私罪。

一　各省地方官於境内栽種罌粟地畝膏土各店及吃烟人數，統計一年内遞減數目不及八分之一者，交部嚴加議處，擬照奉行不力降二級調用公罪例，從嚴降三級調用公罪。

又《禁煙大臣奏續擬禁烟辦法摺並清單》宣統元年二月二十四日，内閣奉上諭：禁烟一事，乃今日自强實政教養大端。朝廷求治維殷，既憤國民積弱之難振，復慮友邦期望之難副。言念及此，宵旰憂焦。特此再行申諭：禁吸一事，文武職官責之。禁烟大臣及京外各衙門長官務須認真糾察，不得徇情避怨。京外各衙門接奉此旨後，各將該衙門如何辦法自行切實覆奏等因。欽此。

臣等自上年三月初七日奉派辦理禁烟事務，比即遵擬章程奏請通行京外各衙門，由各該長官查明所屬人員曾否吸烟、已否戒斷、有無諱飾，分别取結送驗，填表列册咨送核辦，迄今將届一年。在外各省咨到表册大率只填送在省差缺人員，其餘候補及省外實任各官多未之及。在京各衙門雖經填具表册咨請送驗到所，由所陸續調驗，先後共計五百數十員。臣等督飭提調委員於調驗各員，晝夜分班，時刻留心，查察其有飾匿等弊及戒除未净者，迭經奏參及咨回各該衙門核懲在案，非不極意認真。然采諸衆論，各衙門送驗多係衰冗閑員，其工於奔競現領優差者或不無容隱，即調驗以後仍復吸食亦時有所聞，似此情形，安望依限禁絶？臣等迭奉嚴諭，焦悚曷勝，惟是耳目難周，訪查何能遍及？兹特續商辦法，詳擬章程，但有職銜推類，以歸畫一，即稱戒斷，舊染毋許復萌，當事果糾察認真，痼習自當漸減。應請飭下京外交武各衙門，切實施行，相助為理，庶廓清有日，藉慰宸廑。謹奏。宣統元年閏二月二十四日奉旨：著依議。欽此。

謹將續擬禁烟辦法十條繕具清單，恭呈御覽。

一　禁烟一事，自光緒三十二年八月奉諭飭禁，迄今已閱數年。文武各員如果稍知自愛，應即懔遵功令，早已戒除。直至今日，查驗尚復故態依然，則其怙終不悛，概可想見。凡經此次查驗，參革休致人員擬請作為永不敍用，不准投效各處希圖開復，如京外各衙門徇情調用，即請照欺矇議處。

一　內外官員既經戒斷，發給執照後又復私行吸食，訪查得實，擬奏請革職治罪，該管長官亦予以失察之咎。夫欺飾各員已立予褫革，既戒復吸是直藐玩功令，不以國事為心，倘羣相觀望，復何能依限實行？自應加欺飾一等。

一　每月分發揀選驗看、驗放及投供候選人員，應由吏部、陸軍部飭取幷不吸食鴉片親供，取具在京同鄉或同官切結，方准開列，否則扣除。以後文武各員自當不染嗜好。

一　各衙門均有熟悉案牘素著能名之員，該管長官難保不因其才堪任使，雖情形可疑不予深究。應請由臣所再為咨行各衙門，將資格已深現充要差各員曾填注確無嗜好、實已斷净取有保結者，仍由各該長官切實覆查。如有不實立即補送臣所查驗，以昭核實。倘始終容隱，一經臣所訪聞或別經發覺，不特將該員指名嚴參，即各該長官亦照徇隱例請旨議處。庶長官不至意存避怨，而羣僚亦無從再為掩飾矣。

一　各衙門切結，雖經分別送所，而續到續調人員是否取結無從考核。擬請嗣後各衙門每三個月結報一次，無論素不吸食、實已戒斷，及續請分發、續行調用仍照章出具切結。即曾經調驗發給執照各員，亦一幷取結送所。倘無人出結，難保非復行吸食，應再調驗。至各省督撫查驗所屬人員，自應照此辦理，以歸一律。

一　憲政編查館、諮議局章程議員條內，吸食鴉片者不得有選舉權及被選舉權。近聞各省諮議局調查選舉資格，其中沾染嗜好者仍復不少。調查之始已多含混，將來諮議局成立，議員之中亦可概見。嗣後各府廳州縣諮議局如以吸食鴉片之人濫行與選，或被指告或經訪查調驗得實，即將本人與原選舉人及局長等分別罰懲。

一　電報、招商、礦務各局所皆係官辦，委員等俱有職人員，薪資極優，與有差缺官員無异，應一體咨查結報。如有徇隱，委保之員，亦予以應得之咎。

一　京外各學堂職員，皆奉札委任，教員亦多有職人員，且各有奬敍，應由學部通飭各學堂，凡有烟癖不准充當監督管理各職事，其現在充當者一幷取結申報。

一　各省商辦鐵路公司、商辦總分會、總協理及員紳人等皆係有職人員，亦應咨行該管長官嚴察，具結詳報。

一　各省、府、廳、州、縣勸學所、諮議局、自治會以及各學堂董事，雖屬本地方人，或已仕告歸，或尚未分發，餘亦多有職銜，且與地方官時有交涉，即禁烟戒烟亦俱負責任。官員為齊民之難，董事尤為一鄉之望，苟有嗜好不能為鄉民勸。諮議局既定有奪權之條，應由各省通飭所屬地方官，不得以吸食鴉片之人充各項董事，無論何項公事不准與聞。使知無一事不嚴，即知無一人不當禁矣。

又《禁煙大臣唐奏續擬嚴定禁煙查驗章程摺並單》　竊臣等於宣統二年十二月初一日面奉諭旨：『一品大員以上，其吸烟與否難逃朝廷洞鑒；至二品以下各員，如有册結不符及曾報實已斷净者，著禁烟王大臣一律切實調驗。該王大臣務須破除情面，任勞任怨，據實參奏。』臣景崇、臣潤庠復先後面奉諭旨『實力整頓、速即開辦』各等因，欽此，仰見朝廷鋭志圖强、為民除害之至意，欽悚莫名。臣等奉命禁烟，責無旁貸，惟開所已屆三年，烟毒未能悉絶，以致上勞聖慮，此固臣等所寤寐彷徨、難安寢饋者。現既恭承嚴諭，敢不欽遵力求整頓？查臣所前定章程，調驗各員皆責成各該長官核實咨送，今由臣所特調，是先後情形迥别舊章，自應加詳情僞以經驗而益明，尤貴求杜漸防微之道。法令以森嚴而難犯或轉收潛移默化之功，此臣等重訂新章，加嚴厲禁，實為早收成效起見。擬俟奏奉俞允，即遵將二品以下各員查有册結不符及曾報實已斷净者，一律切實調驗。其確無嗜好之中難保無巧為掩飾之弊，臣等如有所聞，亦一幷從嚴指調。既怨嫌之不避，無所用其瞻徇，庶烟癖之迅湔，借以仰慰宸廑。謹奏。宣統三年三月二十二日奉旨：著依議，欽此。

謹將續擬嚴定禁烟查驗章程十條繕具清單，恭呈御覽。

一　此次遵旨調驗在京各部、院、衙門二品以下各官，凡册結不符及曾報實已斷净者，一律切實查驗。擬請自二品至四品、官秩較崇各員，無論實缺、候補，查照該衙門來册由臣所核實。定期指調先三日行文，該署長官接到臣所咨文，即將指調之大員自行具奏候驗，臣所於查驗後隨時奏明，如無別項情形，即請飭下照舊供職，倘有嗜好未除，即專摺奏參，請旨懲處。

一　二品至四品應調各大員，如有事故未經先期奏明請假，一經臣所指調，無論有何要差，均不得臨時奏請假期。倘咨調不到，即由臣所按照規避例請旨從嚴懲處。

一　五品以下各員，凡由臣所指調者，如查有嗜好未除，由臣所專摺奏參該管長官按照臣所奏定《續擬禁烟章程》第二條，請旨交部議處。其由各部、院送驗人員，查有嗜好未除者，仍咨回原衙門照章辦理。

一　五品以下各員，凡請假出差、丁憂病故，均在本衙門呈報，由該管長官核實，隨時咨明臣所立案。惟請假須有限期，出差確係因公，不得稍涉含混。倘事前未經咨明有案，一經臣所指調即依限投驗，不得臨期借故不到，即或患病屬實先未呈報，亦應赴所驗明方允給假。該管長官不得於行文指調後意存偏袒，咨稱漏報出差、請假在先，如違此章，由臣所嚴行參辦，以杜規避取巧之弊。

一　出結官處分從前定例太輕，往往有見好同寅視出結無關輕重。現既加嚴禁令，出結官未便從寬，擬請嗣後凡查出有嗜好未除者，除將本員奏參革職、永不敍用外，其出結官亦一并議以降一級調用，不准抵銷。俟奉旨後，由臣所咨行各衙門，自二品以下各員無論有無嗜好，一律遵照此次奏定章程重具。同鄉同寅切結一次咨送臣所核辦，如出結之員確知所保不實，准隨時呈明撤結，臣所立即調驗，無論查出有無情形，出結官概免議處。

一　調驗人員到所往往於衣被内潛帶藥丸等類，歷經臣所搜出奏參在案，然作僞恐難盡悉，斯立法不厭求詳。此次擬由臣所設立浴室、製備新衣，凡應調各員到所，無論堂司，各官均令沐浴、更換其隨身衣履，一概不准服用。倘不遵章更沐或故為挑剔、任意刁難，即照違旨例奏參，其所帶衣物如查有暗藏違禁藥品，無論多寡，均作戒斷未净論。

一　調驗人員到所後，不准親屬來所省視，亦不得携帶僕役及平日所服補益藥餌等物，以防弊竇。

一　調驗人員到所，無論情形有無可疑，均須住所七日方准出所。如有可疑形迹，即滿七日，仍應展期，以免疏漏而昭詳慎。

一　凡已調各員出所後每届三月，仍須取具印保切結咨送臣所備查。如無保結，難免無任意復吸情事，應由臣所指名復調。庶人皆知儆，不至視厲禁為具文。

一　調驗人員到所，一切食宿起居俱應遵守臣所原定規則，不得任情自便。倘有不守定章、矜驕使氣及故違以上各條，即由臣所據實糾參，以肅禁令。

以上十條系為禁烟加嚴起見，如有未盡事宜，仍當隨時續擬奏請辦理，合并陳明。

雜録

《申報・民政部奏覆統籌禁煙事宜一九〇七年二月二十二日》　去冬御史趙啓霖奏禁烟期於實行，請在京師設立禁烟總局，茲經民政部奏覆，以京内外各省情形雖有不同，總不外調查種烟地畝、吸烟人數及烟店烟税為入手辦法，擬請飭下各督撫，省城地面責成巡警總局，外府州縣及鄉村市鎮，責成該地方官，均照原奏切實調查，開具清册，隨時咨部立案。但事極繁重，擬將禁烟總局附隸臣部，奏派妥員辦理。至所稱欽派大臣一節，似屬重複，應無庸議。原奏又稱上海設立禁烟總會，各省設立分會，聯為一氣，擬請飭下兩江總督遴派正紳數員經理其事，但不得干預範圍以外之事，以示限制。各省吸烟之人數十居三四，推致此之故，皆由開燈之烟館，如不封禁烟館，則習俗仍難轉移，今擬通行各直省督撫嚴飭巡警總局及各府州縣按照政務處新章，限六月内將開燈烟館一律封禁，如逾期不禁，即將該管官分别懲辦，以期實行云。

又《鴉片專賣章程一九〇七年八月一日》　民政部籌撥巨款議設鴉片專賣局暨議定專賣章程各節迭志前報，茲探得其章程之内容有最關緊要者七條（一）設總局於京師。（二）禁止私運土藥。（三）商明提署，凡外城門均由提督稽查。（四）火車到時由崇文門監督稽查。（五）城內外由巡警總廳稽查。（六）凡洋藥局之洋藥由總局買收。（七）吸烟者均給牌照注册。

又《禁煙大臣關於禁煙之布置一九〇八年四月二十四日》 辦理禁烟大臣景星、丁振鐸面謁恭慶王假內廷九卿房會議禁烟局事。（一）請頒發關防。（一）籌設辦事公所。（一）釐訂章程，翼日議訂章程草案，俟擬定後再電鹿中堂會同具奏。

景丁兩大臣曾奉恭邸文諭令兩大臣各按所知於各部院及外省人員，如有才勝職任者，酌調數員，以便襄助事宜。聞兩大臣現已擬定奏調實缺四員，咨調名共十八員，至詳細銜名俟訪補誌。

度支部分部

綜述

《大清新法令·度支部奏為釐定度支部職掌事宜及員司各缺並擬添設丞參摺》 光緒三十二年九月二十日，欽奉懿旨：設官分職莫不因時制宜，今昔情形既有不同，自應變通盡利。其要旨惟在專責成、清積弊、求實事、去浮文，期於釐百工而熙庶績。户部着改為度支部，以財政處幷入。又原議各部院衙門職掌事宜及員司各缺仍着各該堂官自行核議，悉心妥籌，會同軍機大臣奏明辦理。此次酌定損益，原為立憲始基，實行預備，如有未盡合宜之處，仍着體察情形，隨時修改，循序漸進，以臻妥善等因。欽此。跪聆之下，仰見聖謨宏遠，規劃周詳，莫名欽服。臣等受命以來，夙夜籌思，竊維度支之稱始於魏晉，歷代沿革，間與户部迭為主名。然其職掌初未或改也。本朝沿明代之制，以省分司於廣東等十三司外，增江南一司為十四司，銅關鹽漕以及後來添設行省別以司之，事簡者兼領之。此外，如南北檔房、俸餉處、現審處、井田科、飯銀處、減平處、捐納房、司務廳、督催所、寶泉局、錢法堂、則例館、計學館等因時

設立，各有攸司，多由各司派員兼理，平時循章辦事已屬艱於肆應，庚子以後國債頓增，整理之方實稱繁要，嗣又將三庫事宜統歸臣部管理，近更設立銀行、創置造幣總廠以及辦理土藥統税、籌議畫一幣制，經緯萬端，其繁難十倍於曩昔。頃奉明詔，將財政處幷入臣部。又工部既經歸幷，其所管之工關各項事務概由農工商部奏明移交臣部專管，職掌既繁，舊時之以一清吏司領一布政司者，揆之事勢，殊難允愜，自不能不因時變通，求為執簡御繁之法。除應行劃歸他處各事及銀行造幣廠應設專官另片奏明請旨外，謹擬添設承政廳左右丞各一員，參議廳左右參議各一員，綜核部務，每廳均酌設郎員以下各缺，以資襄理。所有各司擬從新釐定，以事名司，分別部局，各歸職掌，用參互之法以考其成，辨財用之物而執其總。昔孔子繫《易》以理財為義，蓋治之使各得其條理之謂也。今統十四司職掌及新增各項要政以類相從，列為十司，曰田賦，曰漕倉，曰税課，曰管榷，曰通阜，曰庫藏，曰廉俸，曰軍餉，曰制用，曰會計，分配繁簡，各以類附。惟司減事增，每司仍令設科分股，各專責成。舊有司務廳向為收發文書及經理部中雜務而設，現擬幷督催所改為收發稽察處，酌設員缺附於承政廳。寶泉局為兑收銅銀鼓鑄制錢之地，向係兼差，應請暫行照舊辦理。三庫向設官缺六十員，自改歸臣部專管，將額缺全裁。由臣部派員兼理數年以來，體察情形，顔緞兩庫事務略簡，仍可歸司辦理，銀庫關係既重，而逐日收放、平兑職務極繁，自應量設專員以重職守，原設捐納房，現在實官捐輸雖奏明停止，惟尚有未盡事宜及各項常捐尚須核辦，擬改為暫設，核捐處仍派員兼理。其南北檔房、俸餉處、井田科、督催所、飯銀處、減平處、錢法堂等所有應辦各事，既分別幷入廳司，應與舊有十四司名目一幷裁撤。至應議員缺，臣部自三庫歸幷奏裁額缺數十員，部務已虞竭蹶。近因農工商部劃分臣部人員照例輪班間補，員缺更形擁擠，以現在職掌之繁，用人之衆，臣等一再籌維不能不略廣其途，冀收羣策羣力之用，斷非敢意存見好，稍鄰冒濫。查臣部向設滿郎中十九員，員外郎三十九員，主事二十二員，筆帖式一百二十員，漢郎中十四員，員外郎十四員，主事十四員，滿漢司務二員，小京官無定額。今擬承政、參議兩廳各設郎中三員，員外郎四員，主事三員，十司每司郎中三員，田賦、軍餉兩司員外郎各六員，其餘八司每司各四員，主事十司每司各三員，金銀庫設

郎中一員，員外郎四員，主事二員，收發稽察處設員外郎一員，主事二員，小京官原無額缺，應與筆帖式均請仍舊，以便分派各司處行走。將司務二員裁撤，作為候補主事，其候補司務，請作為七品小京官學習司務俟學習期滿，作為七品小京官由他衙門司務裁缺簽分到部者，亦請一律辦理，計兩廳、十司、金銀庫、收發稽察處共郎中三十七員，員外郎五十七員，主事四十員。比之舊有額缺，計裁司務二缺，增設郎中四缺、員外郎四缺、主事四缺。至每届京察保列一等人員暨俸滿截取并保送各項差缺，均請按照各部通例辦理。其應行籌設之造紙廠、印刷局、編譯所、財政學堂、財政研究處、財政調查處等，統由臣等體察情形隨時奏明辦理。此外，尚應酌調專科畢業學生以藝師、藝士分别等級奏補，以期實效。以上各項，臣等悉心核擬，意見相同。謹繕清單，恭呈御覽。嗣後倘有未盡合宜之處，仍當隨時奏明修改，俾臻至善。再現定以事分司，所有一切案卷分類檢查，亟難就緒，其日行公事暫擬仍舊辦理，一俟檢查劃分清楚，即照新定職掌分别接管。以專責成。謹奏。光緒三十三年三月十四日。奉旨：依議。欽此。

謹按臣部以財政處、户部改設，除應行劃歸他處各事外，今遵照臣部舊有職掌及財政處辦理各事宜，從新釐定暨分司隸事辦法條列於後。

第一條　臣部綜理全國財政，管理直省田賦、關税、榷課、漕倉、公債、貨幣、銀行及會計度支一切事宜，監督本部特設總分各局廠學堂，并可隨時派員調查各省財政。

第二條　臣部設左右丞各一員，佐理財政上一切重要及機密特别之件，審定全國通年出入款目質劑事項，兼核奏咨稿件，經理本部職員進退升轉、注册存案，稽核各司人員辦事功過，督理本部出入經費，核定預算、決算、統計報告等項，知照各司派員輪流監視堂印、當月值宿、赴内閣抄件，兼管收發稽察處，譯電所各事宜。

第三條　臣部設左右參議各一員，佐擬本部則例及一切章程草稿，會同各司籌擬各項奏咨變通章程，擬覆交議特别事件奏章，審議各司重要事務。

第四條　臣部擬設十司，其目如下：

一田賦司；二漕倉司；三税課司；四管榷司；五通阜司；六庫藏司；七廉俸司；八軍餉司；九制用司；十會計司。

第五條　田賦司掌事務如下：

掌各直省地丁正耗、完欠奏銷、新增地丁、隨糧各捐、規復徵額差徭、籌議墾務及清丈田畝、改正地租、升科定則，并稽核内務府八旗莊田地畝，稽核賜復免科除役、蠲賦緩徵，并稽核州縣交代各事宜。

第六條　漕倉司掌事務如下：

掌各直省漕糧、漕折、漕項等奏銷考成、春秋撥册及臨時蠲緩等款，稽核京外各倉積儲支放及各省兵米穀數，籌備賑撫各事宜。

第七條　税課司掌事務如下：

掌稽核常洋各關收支，各省直商貨統税及當雜各税，籌計各省新增税項、煙酒雜捐、機器製造各貨税，發給各省田房税契、貨商牙帖及一切印花，考核進出口税則，發給關單、執照，考核官物暨新法製造應否免税等項，查核各關出入口貨税、收數、比較各事宜。

第八條　管榷司掌事務如下：

掌各省鹽法，稽核引票課、釐租税，規羨雜款、加價、折價、場課、竈課、井課、畦税各項，考成奏銷、春秋撥册、貢鹽、京餉、帑利、飯銀紙朱各款，盤查運庫、道庫、鹽屬各官，交代更换綱總，認辦引岸，兼管茶引、茶課、羨截土藥統税及籌議專賣各事宜。

第九條　通阜司掌事務如下：

掌稽核各省所有金銀銅鉛礦務，雲貴等省銅鉛運務，籌鑄金銀銅各種貨幣，核議製造紙布，代造商家銀行行使憑票，訂正總分銀行、總分造幣廠各章程，籌劃全國流通貨幣辦法，調查全國需用貨幣數目稽核銀行、造幣廠、印刷造紙等廠局報告，核計各省購買銅鉛各事宜。

第十條　庫藏司掌事務如下：

掌稽核國庫出入款項，各直省報解京餉，各項經費收放，顏緞兩庫物料核定折價，核議蘇杭兩省織造奏銷，盤查銀緞顏三庫，稽核各省司道庫儲新舊案，減平銀册兼管本部飯銀出入各事宜。

第十一條　廉俸司掌事務如下：

掌稽核京外王公百官廉俸，各處駐防官兵半俸、半餉、養贍、紅白事賞及各衙門經費事宜。

第十二條　軍餉司掌事務如下：

掌稽核全國海陸各軍、長江水師、在京各旗及各處駐防、各省緑營官設警兵餉項并各省報解協餉各事宜。

第十三條　制用司掌事務如下：

掌籌撥京協各餉、稽核各項工程領款及一切例支、雜支札庫事宜，并各處河工、海塘歲修款項，暨路礦、郵電、本利、福建船廠經費報銷及一切官有財産出入各事宜。

第十四條　會計司掌事務如下：

掌綜核全國歲入歲出款目，編列預算決算表式，匯纂各部各省財政統計，頒布各項薄計法式，核定各項特別經費、特别報銷、籌計頒布國家公債，核算賠還洋款，核辦各省春秋冬撥冊各事宜。

第十五條　收發稽核處掌事務如下：

掌收發京外各項公文函件，經理本部公置什物及一切雜項事務，并督催各司已未辦結文件查核銷號各事宜。

第十六條　金銀庫掌事務如下：

收掌全國金銀銅錠條及各種錢幣并出納事項，收藏紙幣及銷毁事宜，籌備國家銀行本金，存置紙幣，兑换本金，收掌直省商家銀行，請發紙幣之押金各事宜。

第十七條　寶泉局掌事務如下：

掌鼓鑄制錢、收發銅鉛各事宜。

第十八條　暫設核捐處掌事務如下：

掌核辦各項捐輸、請奬各事宜。

第十九條　臣部新辦各項如下：

京師總銀行，天津、上海、漢口、山東、奉天、營口、庫倫、張家口各分行，其餘各處應設分行現擬次第籌辦，天津造幣總廠，各省造幣各分廠，土藥統税總局，各省土藥統税各分局，計學館。

第二十條　臣部現擬籌辦各事如下：

印刷局，造紙廠，財政研究所，財政調查所，編譯所，財政學堂，以上各項由臣等隨時奏明辦理。

論　説

鄭觀應《盛世危言·度支》　度支者國家預算籌出入之數也。泰西各國每歲出入度支皆有定額，不能逾限。如明歲出款若干，進款若干，兩抵之外尚欠若干，户部即於今歲預為之備。若有軍務急需，則關院集議另籌。所有進出各款，歲終刊列清帳，布告天下，以示大公。故外國税重，百姓不怨。且朝廷所徵大都煙酒及貴重之物，得自富家，無損小民。

惟中國尚無度支清帳頒示國中。聞本年五月户部奏稱：常年進項七千餘萬。一歲所入不足一歲之出。今籌辦海防，購船置炮須款甚巨，非借洋款不足以應急需。

當仿泰西國例，議定一國歲用度支之數。先舉其大綱，次列其條目：疇為必需，疇為可省，疇屬無益，疇尚缺乏，濫者節之，乏者增之，必需者補之，無益者削之，合京省内外而通計之，則常經之出數可得也。次則核查行省二十一部：每歲田賦所入者幾何，地丁所入者幾何，洋關税所入者幾何，常關税所入者幾何，釐捐所入者幾何，鹽政所入者幾何，沙田捐、房屋捐、海防捐、籌防臺炮捐所入者幾何，油捐、茶税、絲税及一切行帖、典帖、契尾雜款所入者幾何。每省分立一清册，核定入款，詳列其條目，刊布天下。鏡存子云：『向例由各省官辦飛金、銅、鉛、木植、絲、布、紙、蠟、顔料等類，先飭查有無相沿商民津貼，分别改飭商辦。比較歷届開支之多寡，兼知各省物力之艱難，又派交各監督、鹽政、織造辦運常例備貢之件，宜加查核：有無節年庫儲，量為減數。此為節省各項雜支。至整頓各關常税、木税，惟有悉照洋關辦法：須將各路貨物名目亦均分别登載價值，每届歲首由各省達部，於税課盈絀、貿易通滯，系以總分敍論，列以任卸銜名，匯刊總册，發坊廣售，掩飾無計，積弊或除。』使官紳百姓家喻而户曉，了然於國家之所取於民者固有一定之數。

舉所謂加攤、火耗、部費、平餘一切浮費而悉空之。明定為制錢之數，或定為自鑄銀錢之數。而後商民不用加納，胥吏不得上下其手，官司不得中飽其囊橐，部書無由駁沮其報銷矣！則常經之入數亦可得也。

凡一出一入編立清册，綜核比較為賦財出入表。出有逾則節之，不可任其漸虧也。入有餘則儲之，不可供其虚耗也。此合國内各省為通盤理財之法也。

更令各官歲呈簡明清册一本，實記一關之出入盈虛，關册匯齊乃會合而詳核之。要知中國之財流出外洋者若干，外洋之財入我中國者若干，兩兩核較，而其出入之大數可得知也。出入惟均則姑任之。出浮於入者則必詳究其所以失之故，當興何項商務以補救之。入加於出者亦必詳究其所以得之故，當若何懸賞以鼓勵之。此合中外各國為通盤理財之法也。

觀泰西各國之籌國用，蓋無論土地之大小，人民之衆寡，未有不如此者。此特言其大略耳。此而不知，何足以言理財？亦何可冀阜財乎哉？然而財活物也，未定所生之數，必先定所用之數。定之奈何？欲明養廉之原，請先自定官禄始。官禄豐足以養其妻孥，而後貪酷之風可革也。欲官不朘削民財，必先自定君用始。君用儉，内府無所中飽，而後深宫不萌侈泰之私，上下一德，内外同風，而小民之急公奉上，彌心悦而誠服矣。安見中國有財匱之足患哉！

雜録

《大清新法令·度支部奏裁缺分部人員與本部資深人員一體較資補用法》 再，吏部新章裁缺分部人員，遇序補之缺，與本部人員相間輪用，實缺無人，即將裁改候補之資深勞績人員，各較各資相間輪用等語。在吏部改章伊始，原恐裁改各員其中有歷資較深者，一經簽分到部，本部資深人員為其壓班，是以定為各較各資相間輪用，以期平允。無如各部情形不同，統計臣部滿漢候補學習司員不下四百餘人，查此次裁改人員簽分臣部者，計共四十餘員。除實缺外，其候補學習各員，歷資較淺者居多，若與本部人員各較各資相間序補到部，不數年間，裁缺資淺者可以全行得缺。而臣部資深者，轉致向隅，上年八月，法部以吏部定章窒礙甚多，奏請將裁缺分部人員，與本部人員一體較資分班補用等因。奉旨允准欽遵在案。臣部事同一律，擬請援照辦理。嗣後裁缺候補各員學習期滿六個月奏留，如遇序補資深到班，無論正途、捐納，均以從前奏留之日，與臣部人員統較各資補用，勞績到班，亦與臣部人員勞績保案奉旨日期比較先後補用。庶可兩得其平，裁缺實缺人員到部六個月後，其補用班次仍照吏部章程辦理。如蒙俞允，臣部即咨行吏部遵照。謹奏。光緒三十四年二月二十三日。奉旨：依議。欽此。

又 **《度支部奏幣制調查局改為幣制局並擬分股辦事摺》** 竊臣部於本年四月十六日，具奏《釐定幣制酌擬則例》一摺，奉上諭：『所擬各節尚屬切實可行，著各部院、順天府及將軍都統大臣、各省督撫督飭所屬，各就所管事項遵照則例，切實奉行等因，欽此。』臣部正在擬議詳細辦法，復於七月十三日奉上諭：『盛宣懷著赴郵傳部右侍郎任，并幫辦度支部幣制事宜，欽此。』臣宣懷遵即赴度支部，與臣載澤等迭次會議，以為幣制之事千端萬緒，現在雖已將大致辦法次第奏陳，而究其要歸，總須一國銀圜皆用新幣，不再有他種之錯雜各種輔幣，皆以十進，不再有價格之參差，各處紙幣皆有儲金，不再至發行之空濫，方為一道，同風萬全無弊。以中國幅員之遼闊、習俗之分歧，欲臻此境良非易事，即目前辦理此事之頭緒、節目，亦復委曲繁重，有待推求。臣等公同商酌，若非特設一局居中以馭使邊疆、内地，皆若一堂，幣廠、銀行均歸一氣，斷不能課其殿最，責實程功。查臣部原附設有幣制調查局，現已由調查而進於實行，自毋庸專注調查名目，擬請即將此局改為幣制局，以資統一。除由臣等隨時到局督率籌辦外，其幣制局中擬設提調一員、幫提調二員，以提挈全局事務。其辦事各員擬分為四股：一調查股。以調查局未竟之事，如東西各國現在辦法，各省、各埠官民交接商業習慣。凡關於幣制事宜，應如何參酌改良等事屬之；一籌辦股。以籌備改籌新幣資本，規劃全國應用新幣約數，現設總分各廠，每月能出各種新幣若干，廣設分所收兑舊幣，更換新幣，以及籌辦關於幣制一切之事，并文牘等類屬之；一稽核股。以稽核造幣總分各廠，收賣生銀舊幣、改鑄新幣，撥給各處數目，并研究其成色、分量歸於一律，以及總分各銀行收受各種新幣，發行各處之情形，所出紙幣準備金及各證券之成數，所得利益之實數，并考較部廠製造紙幣之辦法及分別稽核各項表册等事屬之；一編譯股。以上三股所辦之事有應編、應譯發行各處，并匯為成書者屬之。每股各設總會辦一員，幫辦及委員各數員，再設庶務處，以司全局雜務。其與各部、各省咨行事件，仍由臣部通皐司行文，均用度支部印信，以昭鄭重。所用各員皆由臣等遴選究心財政，具有學識經驗者分別派充，以期得力。此後若須添派咨議各員，再由臣等隨時酌定。謹奏。宣統二年八月十七日奉旨：『依議，欽此。』

清理財政處分部

綜　述

《大清新法令・憲政編查館奏核議清理財政章程酌加增訂摺并單》

（光緒三十四年）十二月初一日，軍機處抄交度支部奏遵擬清理財政章程摺單各一件，奉旨：著憲政編查館迅速核覆具奏。欽此。竊維憲法之精意，在使國家與人民權利義務上下分明，而國民維繫之端，惟財政為密切。故憲政籌備之事，亦惟財政為權輿。財政不清，則計臣徒負總領財賦之名，國民終少信服政府之望，於立憲前途大有阻礙。中國財政舊制，起運、存留、報銷、核覆，立法未嘗不詳。而時异勢殊，寖成隔閡，事例不能相應，出納不能相權，職任多歧，簿書失實，以至挪移隱飾各種外銷之款，不可究知。沿習至今，各省財政困難極矣。然猶甘任出入之不敷，而未敢和盤托出者，恐并奪自專之費也；坐聽守令之相蒙，而不肯徑情直達者，恐轉失自有之權也。自非掃除成格，特設專司，更定新章，共昭大信，不能包舉全體，貫澈初終，財政轉機實係於此。

臣等謹就該部擬定章程詳加覆核，所請由部設清理財政處、各省設清理財政局，并由部派監理二員充任其事，皆為實行清理起見，其辦事方法以列款調查為入手，以分年綜核為程功，以截清舊案為刪除轇轕之端，以酌定公費為杜絶瞻顧之路，以劃分國家地方經費為清理之要領，以編定預算決算清册為清理之歸宿。提綱挈要，條理井然，切實周詳，均可照辦。惟查所派各省清理財政局監理二員，與該局總會辦司道辦事權限尚未明定。當此財政久困之後，人心積玩之餘，臣等竊以為課功不憚其嚴，而要勿掣辦事之肘；防弊不嫌其密，而要勿失任事之心。所有各省清理財政局事宜，自應責成司道切實籌辦，部中所派監理人員祇在稽察督催，而非主持綜攬。所有職任，均照該部原章所定辦理，庶使職掌分明，以免諉卸抵牾之弊。

況部臣原奏本已申明此舉不為搜括之謀，更無吹求之念，既往之弊不加追究，查出之款仍可存留。旦旦之言，原堪共信。部臣既示以誠真，疆臣更何所疑慮？從此公忠共矢，內外一心，勿貳勿猜，協同辦理，財政清明，庶幾可望。其章程各條間有界限未明、詞義未晰之處，均經酌加參訂。至於造報逾限，必須特立專條，明定勸懲，方免貽誤，附增此項，共為章程三十五條，謹繕清單，恭呈御覽。如蒙俞允，臣等即當通行京外交武各衙門，一體遵照，認真辦理。再，此案財政頭緒紛繁，章程關係緊要，臣等悉心覆核，不敢不慎重將事，是以覆奏稍遲，合并聲明。謹奏。

光緒三十四年十二月十五日奉旨，已恭録卷首。

謹將覆核清理財政章程繕具清單，恭呈御覽。

要　目

第一章　總綱

第二章　清理財政之職任

第三章　劃分新舊案之界限

第四章　調查財政之方法

第五章　預備全國預算之事

第六章　預備全國決算之事

第七章　酌定外官公費

第八章　附則

第一章　總綱

第一條　清理財政，以截清舊案、編訂新章、調查出入確數，為全國預算決算之預備。

第二章　清理財政之職任

第二條　度支部設立清理財政處，各省設立清理財政局，專辦清理財政事宜。

第三條　度支部清理財政處由度支部選派司員分科辦理，其職任如下：

開列各省出入各項條款，發交各省清理財政局分別調查。

綜核京外光緒三十四年分出入款項詳細報告册，并宣統元年以後各季報告册。

摘録各項説明書，分門别類編成總册。

會同各司，稽核京外各處預算報告册、決算報告册。

匯録京外各處預算報告册、決算報告册，編成總册。

核定各項財政章程。

第四條　各省清理財政局設總辦一員，以藩司或度支司充之。會辦無定員，以運司關鹽糧等道及現辦財政局所之候補道員充之。設監理官二員，由度支部派員充之。其職任如下：

一　造送該省光緒三十四年分出入款項詳細報告册及宣統元年以後各季報告册。

一　造送該省各年預算報告册、決算報告册。

一　調查該省財政沿革、利弊，分别門類，編成詳細説明書，送部查核。

一　擬訂該省各項收支章程及各項票式、簿式，送部核定。

第三章　劃分新舊案之界限

第五條　各省出入款項，截至光緒三十三年年底止，概作為舊案。各省舊案歷年未經報部者，分年開列清單，并案銷結。

第六條　各省出入款項，自宣統三年起作為新案。

前項新案，遵照本章程第十四條、第二十三條辦理。

第七條　各省出入款項，自光緒三十四年至宣統二年年底止，作為現行案。

前項現行案，除由清理財政局將光緒三十四年分調查報告，宣統元年、二年分按季報告外，仍由該管司道詳請督撫將全年出入款項分别造册報銷。

第四章　調查財政之方法

第八條　各省入款，如田賦、漕糧、鹽課、茶課、關税、雜税、釐捐、雜捐、受協等項，出款如廉俸、軍餉、製造、工程、教育、巡警、京餉各款，洋款雜支等項，統由度支部撮舉綱要，開列條款，發交各省清理財政局，將光緒三十四年各項收支存儲銀糧確數，按款調查，編造詳細報告册并盈虧比較表。限至宣統元年底，呈由督撫陸續咨送到部。

第九條　各省清理財政局如有應行調查事件，得派局員至各衙門局所，調查出入各款及一切規費。遇有抗延欺飾者，經該員呈報到局，由局查實，稟請督撫參處，并報度支部查核。如所派之員有需索或扶同、弊混情事，由該局稟請督撫參處。

第十條　清理財政局應將該省財政利如何興，弊如何除，何項向為正款，何項向為雜款，何項向係報部，何項向未報部，將來劃分税項時何項應屬國家税，何項應屬地方税，分别性質，酌擬辦法，編訂詳細説明書，送部候核。

前項説明書，限至宣統二年六月底，陸續送到度支部。

第十一條　自宣統元年起，各省文武大小衙門局所應將出入各款按月編訂報告册，送清理財政局，由局匯編全省報告總册，按季呈由督撫咨部，上季報告册限於下季到部。其清理財政局未成立以前，出入各款一律造册補報。

第十二條　在京各衙門所管出入各款，屬於光緒三十四年者，應編造詳細報告册并附説明書，限至宣統元年年底，陸續咨送到部。

第十三條　在京各衙門所管出入各款，屬於宣統元年二月者，應按季編訂報告册，咨送到部。

第五章　預備全國預算之事

第十四條　各省文武大小衙門局所，自宣統二年起，預算次年出入款項，編造清册，於二月内送清理財政局，由局匯編全省預算報告册，呈由督撫於五月内咨送到部。

各省預算報告册内，應將出款何項應屬國家行政經費、何項應屬地方行政經費劃分為二，候部核定。

前項之國家行政經費，係指廉俸、軍餉、解京各款，以及洋款協餉等項。地方行政經費，係指教育、警察、實業等項。

第十五條　各省歲入，當國家税、地方税未分以前，諮議局不得議減現行税率。其於地方行政經費範圍内視為應增新税時，得呈請督撫核定，奏咨辦理。

第十六條　各省款項出入比較若有盈餘，概列入次年入款之預算報告册。

第十七條　各省款項若有不足，於每年編訂預算報告册時，由各該督撫商同度支部設法籌措。

第十八條　在京各衙門，自宣統二年起，應將該衙門次年出入各款編訂預算報告册，於五月内送部。

第十九條　度支部直接所管之出入款項，應自宣統二年起，編訂次年預算册，奏明辦理。

第二十條　度支部自宣統二年起，逐年將京外各處送到預算報告册詳細核定，奏請施行。

前項預算報告册，限於文册到部兩個月内核定。

各省預算報告册内款項屬於地方行政經費者，由度支部奏交督撫送諮議局議決，并將預算全册送供參考。

第二十一條　京外各署出入各款，自宣統三年正月初一日起，一律遵照預算册辦理。凡屬出款項下不得於定額外開支，別項經費亦不得彼此挪用。

第二十二條　遇有臨時特別重要支款未經列入預算册，或已列預算册而收不足數，不敷所出者，由該省督撫會商度支部隨時奏明，酌量籌撥。

第六章　預備全國決算之事

第二十三條　各省文武大小衙門局所，自宣統四年起，查明上年出入款項，編造清册，於三月内送清理財政局，由局匯編全省決算報告册，呈由督撫於六月内咨送到部。

各省決算報告册内，應將出款項下國家行政經費、地方行政經費分別編列。

第二十四條　在京各衙門，自宣統四年起，應將該衙門上年出入各款編定決算報告册，於六月内送部。

第二十五條　度支部直接所管之出入款項，應自宣統四年起，編定上年決算册，奏明銷結。

第二十六條　度支部自宣統四年起，逐年將京外各處送到決算報告册核定奏銷。

前項決算報告册，於文册到部兩個月内核定。

凡向由京師主管各衙門核銷之款，由各省另造專册，送各該衙門查核，該衙門於文册到部一個月内核定，知照度支部匯總奏銷。各省決算報告册屬於地方行政經費者，由度支部奏交督撫送諮議局議決，并將決算全册送供參考。

第七章　酌定外官公費

第二十七條　在官俸章程末經奏定之先，除督撫公費業由會議政務處議籌外，其餘文武大小各署及局所籌處，應由清理財政局調查各處情形，一面禀承督撫及度支部酌定公費，一面提出各款項規費，除津貼各署公費外，概歸入該省正項收款。

第八章　附則

第二十八條　全國財政，自宣統元年起至宣統五年全國預算案成立日止，一律照本章程辦理。

第二十九條　本章程各項報告册應分別門類，每類細別為款，每款細別為項，每項細別為目，不得籠統含混。

第三十條　本章程所定造報到部期限，如有任意逾限，以致預算決算無從預備，貽誤憲政者，該管藩司或度支使由度支部據實奏參，請旨辦理。

本章程所定造報到局期限，如有任意逾限者，由清理財政局禀請督撫，將該管官員分別撤去差任。

第三十一條　雲南、貴州、廣西、四川、甘肅、新疆六省，每年預算報告册，得展限至六月十五日以前到部，決算報告册得展限至七月十五日以前到部。

第三十二條　熱河、察哈爾、綏遠城、歸化城各處都統、將軍、副都統所管收支各款，應編光緒三十四年分詳細報告册并盈虧比較表，及自宣統元年起各季報告册。又，自宣統二年起，應編次年之預算報告册，自四年起，應編上年之決算報告册。均由該處自行辦理，按照各省定限，咨送到部。

第三十三條　烏里雅蘇臺、科布多、阿爾泰、伊犁、塔爾巴哈臺、西寧、西藏、庫倫各處將軍、大臣所管收支各款，應編光緒三十四年分詳細報告册并盈虧比較表，限於宣統元年年底咨送到部。又，自宣統二年起，應編次年之預算報告册，自四年起，應編上年之決算報告册。均由該處自行辦理，按照甘肅、新疆等省展緩限期，一律咨送到部。其自宣統元年起，每季應編報告册，仍行按季照限報部。

第三十四條　度支部清理財政處、各省清理財政局所有辦事章程，另行詳訂。

第三十五條　本章程如有應行變通之處，由度支部臨時奏明辦理。

又《度支部奏酌擬清理財政處各項章程摺並清單》　要　目

第一章　總則

第二章　設員分職

第三章　職務及權限

第四章　附則

上年十二月，臣部奏定清理財政章程，第二條内開，臣部設立清理財政處，各省設立清理財政局，專辦清理財政事宜；又，第三十四條内開，臣部清理財政處、各省清理財政局辦事章程另行詳訂等因各在案。現當籌備憲政之際，財政所關，百端待理，自應將臣部清理財政處、各省清理財政局即行遵章設立，以便從事清理。而該處該局所辦事項，尤應明定章程，俾資遵守。

臣等公同商酌，悉心釐訂，謹酌擬臣部清理財政處辦事章程十三條、各省清理財政局辦事章程二十七條，繕具清單，恭呈御覽。如蒙俞允，臣部即遵照章程，切實辦理，并請明降諭旨，飭下各省督撫一體遵照此次奏定章程，趕緊派員設局，刊給關防，以重職守，迅將開局日期項目專案奏明，開具局員職名，酌擬辦事細則，咨報臣部立案。至該局開辦以後，應責成總辦、會辦等遵照章程將全省財政情形出入確數切實查核，逐項梳櫛，澈底澄清。其各衙門、局所向來開支各款，查有可裁可減之處，務須核實撙節，以資挹注，庶幾試辦預算得所措手，而清理財政亦可冀收實效，除各省監理官另行遴選請派外，謹奏。宣統元年二月三十日奉旨，已恭録卷首。

謹將酌擬臣部清理財政處辦事章程繕具清單，恭呈御覽。

第一章　總則

第一條　清理財政處遵照奏定清理財政章程第三條所定職任，專辦清理財政事宜。

第二章　設員分職

第二條　清理財政處設提調、幫提調，總司清理財政事宜。設總辦、幫辦分管清理財政事宜，一切呈由堂官核奪。

第三條　清理財政處分科如下：

一、總務科。掌稽核各項清理財政章程，頒發調查條款，匯録各項説明書及各處預算決算報告册，編成總册；

二、京畿科。掌核辦在京各衙門、各旗營、順天府屬及直隸、熱河、察哈爾等處出入款項之按年按季報告、及預算決算報告；

三、遼沈科。掌核辦奉天、吉林、黑龍江三省之報告；

四、江贛科。掌核辦江蘇、安徽、江西三省之報告；

五、青豫科。掌核辦山東、河南兩省之報告；

六、湘鄂科。掌核辦湖南、湖北兩省之報告；

七、閩浙科。掌核辦福建、浙江兩省之報告；

八、粵桂科。掌核辦廣東、廣西兩省之報告；

九、秦晋科。掌核辦陝西、山西及庫倫、綏遠、歸化、烏里雅蘇臺、科布多、阿爾泰等處之報告；

十、甘新科。掌核辦甘肅、新疆及伊犁、塔爾巴哈臺、西寧等處之報告；

十一、梁益科。掌核辦四川、雲南、貴州及西藏等處之報告；

十二、收掌科。掌收發公文、呈遞摺件、管理案卷、編輯目録，并經理雜務。

以上十二科各設總核一員，坐辦、行走無定員，分理本科事務。除收掌科外，各科總核、坐辦、行走以通曉算法及熟悉所管省分財政情形者為合格。其在總務科者，以明曉財政學理者為合格。

第四條　清理財政處設書記員，無定員，掌各種繕寫事件，以善書為合格。

第五條　清理財政處設諮議官，無定員，以明達財政學理及熟悉各省財政情形者遴選派充，以便咨詢籌議。

第六條　清理財政處遇有重要事件，由提調會同幫提調、總辦等，邀集諮議官協同妥商辦理。

第七條　清理財政處提調、總辦、幫辦各科總核，應以每星期六為會議常期，有要事則開臨時會議。會議時以領銜提調為議長，由議長約訂二員為記録，提議事件以多數贊成為議決。議決後，記録員退擬節略，以備核奪。如遇領銜提調因事不能與議，即以其次提調、幫提調為議長。

第八條　清理財政處應分別各員差事，酌給公費，以資辦公。提調、幫提調、總辦、幫辦、諮議官原係有公費者，概不再支。具各科總核、坐辦、行走及書記員，如係原有公費人員兼充者，照章減半支給。

第三章　職務及權限

第九條　清理財政處應辦事項，以奏定清理財政章程第三條所定職任為範圍。凡不在所定職任範圍内者，仍由各司辦理。大要如下：

一　凡關係清理財政一切新章，均由清理財政處核訂；

二　在京各衙門及各省清理財政局造送光緒三十四年出入款項報告册，暨宣統元年以後出入款項按季報告册及説明書，均由清理財政處核辦；

三　自宣統二年起京外各處造送次年預算報告册，又自宣統四年起京外各處造送上年决算報告册，均由清理財政處會同各司核辦。

至奏定章程第七條所稱自光緒三十四年至宣統二年年底止各省出入款項現行案報銷册，應由各司辦理，册到時即行移知，清理財政處按照清理財政處所管各季報告册，彼此核對，以免歧异。各省清理財政局未成立各局報告册未送到以前，所有光緒三十四年現行案報銷册業已到部者，由各司先行核辦，仍於核覆後，知照清理財政處備案。

第十條　清理財政處附查各司事件，各該司應於五日内聲覆，如有款項較多應詳細核算者，於十日内聲覆。其必須酌展期限者，商明清理財政處酌量辦理，仍不得逾二十日。清理財政處應行查核各司事件，亦同。

第四章　附則

第十一條　清理財政處開辦之初，事務尚簡，應暫行先設總務、收掌二科，總核各一員，總務科坐辦四員，收掌科坐辦二員，行走無定員，書記員六員，其京畿等科，均俟事務加增時酌量派員至該科。未經派員以前，所有各處造送之報告册，均暫由總務科核辦。

第十二條　清理財政處於宣統五年試辦全國預算案，成立日再行酌量情形，奏明裁改。

第十三條　清理財政處辦事章程未盡事宜，應隨時酌量條改。

謹將酌擬各省清理財政局辦事章程繕具清單，恭呈御覽。

要　目

第一章　總則
第二章　設員分職
第三章　職務
第四章　權限
第五章　獎敍及懲罰
第六章　經費
第七章　附則

第一章　總則

第一條　各省清理財政局遵照奏定清理財政章程，專管清理。各該省財政事宜，由度支部會同各省督撫督飭辦理。

第二條　清理財政局有稽核全省出入確數、改良收支方法及調查該省財政一切沿革利弊之權。

第二章　設員分職

第三條　清理財政局設總辦一員，主持該局一切事宜，以藩司或度支使充之。會辦無定員，協同總辦管理該局一切事宜，以運司、關、鹽糧等道及現辦財政各局之候補道員充之。

第四條　清理財政設正監理官一員、副監理官一員，稽察督催該局一切應辦事宜，由度支部遴員奏派，以二年為任期。任滿後亦可酌量留任。

監理官在任期内，該省不得派充他項差事。期滿後，該省督撫亦不奏留。

各衙門局所出入款項，有造報不實而該局總辦等扶同欺飾者，并該局有應行遵限造報事件而該總辦等任意延遲者，准監理官徑稟度支部核辦。

度支部於各省財政遇有特别事件，經飭監理官切實調查，如各衙門、局所有抗延欺飾者，照清理財政章程第九條辦理。

第五條　清理財政局分科如下：

一　編輯科。掌編訂各項收支章程及各項説明書，并各項簿式、票式、册式；

二　審核科。掌稽核各衙門、局所送各項出入款項清册，及各項報告册，并匯編全省按年按季報告總册、全省預算決算各報告册；

三　庶務科。掌該局一切出入款項及公牘案卷各事宜。

以上三科各設科長一員，科員無定員，禀承總辦會辦監理官辦理，該科一切事宜由該局遴派該省曾習法政人員充之。

第六條　清理財政局應設書記，專司繕寫，由該局按事繁簡酌定名數，以舉貢生員充之，不得參用胥史。

第七條　清理財政局設議紳，無定員，以備諮詢，由該局遴聘通曉該省財政情形之公正紳士充之。

第八條　清理財政局會辦須有一員常川駐局，監理官及科長、科員、書記均須常川駐局，監理官如由部派各省分銀行總辦，造幣分廠會辦等人員兼充，不能駐局者，須常川到局。

其不駐局之總辦、會辦，應隨時到局，會同駐局會辦及監理官考察辦事人員賢否勤惰，暨商榷該省財政一切興革辦理。

議紳不必常川到局，但須隨時聲覆清理財政局諮詢事件，并陳述該省財政一切事宜。其於各衙門局所出入各款確知其中情弊者，得隨時指實具報，候局查核。

第九條　清理財政局總辦、會辦、監理官應每月會議數次，每年開特別會議數次，以總辦為議長。

會議時，總辦、會辦、監理官均須與議，但會辦各道之駐扎省外者，可於特別會議時到局。

第十條　清理財政局於下列事項，須經總辦、會辦、監理官議決後，由總辦執行。

一、議決該省財政一切應興應革事宜；

二、復核各衙門局所各項按月報告册，及按年出入款項清册；

三、審訂一切財政新章；

四、審訂全省預算決算報告總册；

五、核辦各議紳陳述具報各項事宜。

第三章　職務

第十一條　清理財政局應遵照清理財政章程第八條，將該省光緒三十四年各項收支存儲銀糧確數，按款調查編造詳細報告册并盈虧比較表，送部查核。

前項調查條款，由度支部開列綱要。其詳細條目，應由該局酌量辦理，總以確實詳明為主。

第十二條　清理財政局應遵照清理財政章程第十一條，自宣統元年起造送該省各季出入款項報告册。其清理財政未成立以前各衙門、局所出入款項，一律查明，遵章造册補報。

清理財政局開辦時，應由督撫督同該局總辦、會辦及監理官親莅司道局庫盤查一次，將存儲實數查核明確，造册報部。

第十三條　清理財政局應遵照清理財政章程第十條，將該省財政沿革利弊編訂詳細説明書，送部查核。

第十四條　清理財政局應遵照清理財政章程第十四條、第二十三條，造送全省預算決算報告總册，依限到部。

前項預算報告册，應遵用度支部頒發册式，并須於每類附上年出入數目，以為比較。

第十五條　清理財政局應遵照清理財政章程第四條第四項，擬訂該省藩運道局各庫及旗庫收支章程，并各項收入流水簿式、支出流水簿式、收入總簿式、支出總簿式、收支對照表式及各庫收支票式、丁漕鹽課關税釐金各種雜税徵收票式。

前項收支章程及各項簿式、票式，由局擬訂後送部復核，咨由督撫頒布施行。

各項徵收票，除存該署或該局及給納鋭人收執外，應以一聯繳存清理財政局備查。

第十六條　清理財政局應調查該省各項徵收慣例，擬訂丁漕鹽課關税釐金及其它雜税等項，改良徵收章程。

清理財政局擬訂前項徵收章程，應斟酌該省情形，逐條詳加按語，送部核定，奏請頒布施行。

前項徵收章程，得由清理財政局酌量該省情形，分年辦理。

第十七條　清理財政局應照部頒預算決算報告册式，分别編訂各項出入款項册式，呈由督撫發交各衙門、局所按式填送。

各衙門、局所按年填送各項出入款項清册，須於每類附上年出入數目，以為比較。

第十八條　清理財政局應遵照清理財政章程第二十七條，調查各衙門、局所公費等級表，并附各項規費多寡表，送部查核。

第四章　權限

第十九條　清理財政局遇有重大事件，除隨時詳報該管督撫外，得由總會辦會同監理官徑稟本部。

第二十條　各衙門、局所對於清理財政局調查事件有抗延欺飾者，按清理財政章程第九條辦理。如遇應行報局事件任意逾限者，按清理財政章程第三十條第二項辦理。

第二十一條　各衙門局所造報出入款項到清理財政局，如查有虚捏情弊確據，由局將該管官員詳情督撫從嚴參處。

第五章　獎敘及懲罰

第二十二條　清理財政局如辦理確有成效，該局總辦、會辦由度支部會同督撫奏請從優獎敘，局中辦事各員亦得分別异常勞績酌量保獎。其部派監理官，由度支部按照异常勞績奏請獎敘，各局辦理成效以出入款項調查明確、造報事項無誤限期者為斷，應遵籌備憲政年限，於宣統三年度支部匯查全國歲出入確數後，將各該局辦事人員保獎一次，再於宣統五年試辦全國預算案成立後，保獎一次。

第二十三條　清理財政局於應行造報事件任意逾期者，除遵照清理財政章程第三十條將總辦之藩司或度支使由部據實奏參外，其會辦、司道一并參處。若監理官督催不力，輕則撤换，重則奏參。

第二十四條　清理財政局造送各項報告册如有不實者，查有確據，由部將該局總辦、會辦據實分别參處。若監理官扶同弊混，查實嚴參。

第六章　經費

第二十五條　清理財政局辦公經費由該省司庫籌撥，准其作正開銷。

第二十六條　清理財政局總辦、會辦及議紳均不支薪水，監理官薪水、川資及出省調查費用由本部給發，科長、科員及書記生應給薪水由該局於辦事細則內自行酌定。

第七章　附則

第二十七條　各省清理財政局辦事細則由該局擬訂，呈請督撫核准施行，報部備案。

《宣統朝上諭檔·宣統元年二月三十日》　度支部奏酌擬清理財政處各項章程一摺。清理財政為預備立憲第一要政，各省監理官又為清理財政第一關鍵。所有正監理官，著該部自丞參以下開單請簡，俾昭慎重；其副監理官，著即由該部奏派。餘依議，單并發。欽此。

雜録

《大清新法令·度支部會奏清理各省財政酌擬册報逾限處分摺》　竊上年十二月間，度支部遵旨妥議清理財政辦法摺内稱，各省造送豫算決算報告各册與報銷舊案不同，至逾限處分如何加重之處，會同吏部斟酌，擬訂另行具奏等因，奏明在案。現在各省設局籌辦漸次就緒，自應明定册報，逾限處分，以專責成而免貽誤。查清理財政以調查出入款目為始基，以確定預算決算為綱要，所有各項册報及一切限期，於奏定清理財政章程内均已分析聲明，業經通行各省，自宜遵照辦理。凡各省應行造送光緒三十四年分收支款目報告册。統限於宣統元年十二月底到部，其每年按季造送之報告册，春季限於六月底到部，夏季限於九月底到部，秋季限於十二月底到部，冬季限於次年三月底到部，除本年春季報告册，業經奏明展限三個月，此後各省廳一律依限造送，不得稍有遲逾，以上按年按季兩項報告册，皆調查款目之事也。至預算報告册，係自宣統二年起，每年均限於五月底到部，決算報告册係自宣統四年起，每年均限於六月底到部，所有各項報告册，以月底為限者，其逾限日期應自次月初一日起算，惟雲南、貴州、廣西、四川、甘肅、新疆六省，及烏里雅蘇臺、科布多、阿爾泰、伊犁、塔爾巴哈臺、西寧、西藏、庫倫各處將軍大臣預算決算兩項報告册，准展限半個月，豫算册逾限之期，自各該年六月十六日起算，決算册逾限之期，自各該年七月十六日起算。至逾限處分，吏部查處分則例，各省春季撥册定限二月二十日以前造送到部，秋季撥册定限八月二十日以前造送到部，如有遲延，不及一月及一月以上者，將造册之鹽道糧道藩司運司罰俸六個月，督撫罰俸三個月，二月以上，司道罰俸九個月，督撫罰俸六個月，三月以上，司道罰俸一年，督撫罰俸九個月，四五月以上，司道降一級留任，督撫罰俸一年，半年以上，司道降一級調用，督撫降一級留任，俱公罪。如造册之員，依限造送，係由督撫遲延者，造册之員免議，將該督撫照造册人員延遲之例議處等語。查各省清理財政局造送按年按季出入款項册逾限處分，係屬季報，與春撥册、秋撥册按季造册報部者相同，其總辦、會辦、督撫等官自應比照，分别定議，毋庸再定專章。其各省清理財政局及各省文武大小衙門局所每年造送豫算決算報告册逾限處分，據稱關係尤巨，應即加重定議，如有遲延，不及一月及一月以上者，將專管造册之總辦、會辦罰俸九個月，督撫為督催之官罰俸六個月，二月以上，專管官罰俸一年，督撫罰俸九個月，三月以上，專管官降一級留任，督撫罰俸一年，四五月以上，專管官降一級調用，督撫降一級留任，半年以上，專管官降三級調用，督撫降一級調用，俱公罪。此外凡各衙門局所，如有逾限，均照專管造册之員議處，如造册之員依限造送係由督撫遲延者，造册之員免議，將該督撫按照造册人員遲延之例議處。度支部查各省逾限處分，業經吏部議定，此外倘有任意遲逾及造報不實，貽誤憲政者，應由臣等據實奏參，請旨辦理，其文武大小衙門局所造册，送該省清理財政局豫算册，應遵章限於各該年二月内到局，決算册應遵章限於各該年三月内到局，若每季報告册應按月送局，光緒三十四年報告册應先期送局，即由各清理財政局酌核道里之遠近及款目之多寡明定限期，通飭各衙門局所遵照，如有任意逾限及抗延欺飾等弊，應由各省督撫分别參撤懲處。至各省正副監理官，均有稽查督催之責，臣部奏定章程内開，若監理官督催不力，輕則撤换，重則奏參，及造報不實，扶同弊混，查實嚴參等語，自應遵章分别辦理，以重憲政。再此摺係度支部主稿會同吏部辦理，合并聲明，謹奏。宣統元年八月二十八日奉旨，依議。欽此。

又《度支部奏試辦預算謹陳大概情形摺》 查憲政編查館、資政院會奏籌備事宜清單内開，第三年試辦各省預算、決算，復准憲政編查館咨稱，預算決算雖在一年，然必先有預算方有決算，不能同年舉辦等語，是以臣部奏定清理財政章程，於宣統二年先擬試辦預算，并請在京各衙門與各省同時試辦，藉以通權出入，知全國財政之盈虚，當經憲政編查館核准覆奏在案。現届第三年試辦預算之期，應由臣部與在京各衙門暨各省督撫會同辦理，竊維東西各國重視預算，立法最精，出納有定程，收支有確數，顯以示理財之綱要，隱以定行政之方針，用能取信國民，垂為法典，立憲國之財政，所以整理得宜者，實預算確定之效也。今朝廷籌備立憲，首以清理財政為籌備之權輿，即以預算案成立為清理之歸宿，事體繁賾，程限緊嚴，就目前情形而論，一切財政機關尚未完備，編制既無成式，會計又少專家，款項轇轕，而正事清釐，條目繁碎而亟須删并。入手之始，凡百為難，自非先期練習，次第改良，恐至預算實行之年仍屬茫無把握。查日本立憲之初，即由大藏省制定歲入歲出預算表，宏綱細目，歲有增修，至明治十四年制定會計法，始以勅令公布，蓋進行有序，圖始維艱，取彼前規，可資借鏡。臣等督率員司悉心參考，擬先酌訂試辦預算册式及例言二十二條，附以比較表，都為一册，通行在京各衙門及各省清理財政局，依式填注，義歸翔實而體主簡明，但期取法乎椎輪，非敢遽懸為定式，如有未盡事宜，仍當體察情形隨時修改，庶事例奉行而漸熟，法理研究而益精，以為他日實行之基礎，擬請飭下京外各衙門自本年起，一律試辦預算，預估次年出入款項，編訂預算報告册，遵照清理財政章程，造報期限，咨送到部，由臣部匯齊，核定奏請施行，如有逾限不到，致不及匯核者，届時由臣部據實奏明，請旨辦理，以重要政而專責成。謹奏。宣統二年正月二十六日奉旨，各該衙門知道。欽此。

税務處分部

綜　述

《光緒朝上諭檔・光緒三十二年四月十六日》 内閣奉上諭：户部尚書鐵良著派充督辦税務大臣，外務部右侍郎唐紹儀著派充會辦税務大臣，所有各海關所用華洋人員統歸節制。欽此。

《大清新法令・外務部咨各省税務處設立嗣後關税務事宜應直接辦理

文光緒三十二年六月》　光緒三十二年六月初二日，接准稅務大臣咨稱本大臣等恭奉諭旨辦理稅務。查各關稅務，向來分隸貴部，現本大臣等已遵旨設立稅務處，即以六月初二日開辦之日為始，嗣後各關事務，除牽及交涉仍由貴部核辦外，其餘關係稅務以及總稅務司申呈冊報各事宜，應徑達本處核辦，相應咨呈查照，轉飭遵照等因前來。本部查現在稅務既有專轄，嗣後所有關係稅務及各關申呈冊報各事宜，自應徑達稅務處核辦，相應咨行，貴督撫查照飭遵可也。

劉錦藻《清朝續文獻通考》卷一一八《職官四・稅務處》　（光緒三十二年，派鐵良充督辦稅務大臣，唐紹儀為會辦大臣，所有各海關華洋人員統歸節制。

臣謹案：各關監督與稅務司權限向未規定，至遇放行官物及豁免捐稅等事，咨行照辦，而海關未奉總稅務司令文，不即實行，蓋大權久已旁落，例行公事，惟憑報告造册及印發護照而已。此次政府欲挽回海關主權，外人大肆非難，謂關稅擔保外債，不能任意變更制度。英國提出抗議，政府不得已聲明『內部並不更動』，此改革之計畫遂於無形中消滅矣。

雜　録

《大清新法令・稅務處咨整頓各省常關辦法文》　本處前以各省常關積弊太深，亟應改章整頓，當經派員前往沿江一帶切實調查，據報告各關辦理情形，其種種弊竇殊難覼縷，大率巧立名目索取規費，如淮安、鳳陽、蕪湖等關有徵稅一兩，規費多至三四兩者，淮安木稅其規費比正稅竟浮十倍，規費既重，商民未必樂輸，於是折減正稅互為隱匿，是規費雖出之商家而實則暗虧國課，故往往民之所出者十，國之所入者僅一，病商蠹國，殊屬不成事體，及今整頓之法自以釐訂稅則、革除規費、裁汰書役、禁止折扣、明定辦事人等薪工為扼要辦法。此外如裁并移設關卡、改良單册以及考核功過各事宜均應一并籌議，應由各該關監督按照以上各節，就各該關情形分別擬具切實辦法，限文到三個月內詳由各該省督撫奏咨辦理。現在正值清理財政釐訂稅法之時，各該關監督務當振刷精神，認真整頓，從前積弊掃除净盡，方為不負委任，如再仍前敷衍，一經本處查有前項情弊，定將該關監督從嚴參處，決不姑寬，除分行外相應咨行轉飭各關，監督遵照辦理可也。

鹽政處與鹽政院分部

綜　述

《大清新法令・督辦鹽政處會奏督辦鹽政酌擬章程摺並單》　宣統元年十一月十九日內閣奉上諭：度支部奏陳明淮浙鹽務大概情形一摺，朕詳加披覽，深悉各省鹽務糾轕紛紜，疲敝日甚，非統一事權，修明法令，無以提挈大綱維持全局，着派貝子銜鎮國公載澤為督辦鹽政大臣，凡鹽務一切事宜統歸該大臣管理，以專責成，其產鹽省分各督撫本有兼管鹽政之責，均着授為會辦鹽政大臣。行鹽省分各督撫，於地方疏銷緝私等事考核較近，呼應亦靈，均着兼會辦鹽政大臣銜，該大臣等務當和衷共濟，通盤籌畫，尤須體恤民艱，一切事宜隨時奏明辦理，以示朝廷整飭鹺綱、興利除弊之至意。欽此欽遵，由臣載澤奏設督辦鹽務處，遴員辦理在案。竊維鹽務為賦入大宗，近年成法廢弛，積弊滋深，關係國計民生誠非淺鮮，臣載澤奉命督辦鹽政，自應恪遵聖訓，以體恤民艱為宗旨，以統一事權修明法令為辦法，通盤籌畫，實力推行以冀興利除弊，漸收實效。現在改章伊始，端緒繁賾，必內外有一定之權限，而任職者乃各專責成，必官司有一定之法規，而在事者乃有所遵守。臣載澤與臣紹英、臣邦瑞一再籌商，公同核議，謹酌擬督辦鹽政暫行章程三十五條，繕具清單，恭呈御覽，如蒙俞允，即由臣處臣部遵奉施行，并行知各省督撫一體遵照。經此次奏定章程之後，凡各省鹽務一切用人行政事宜，均歸臣處專責，其關係款項者責在臣部，關係地方者責在督撫。權限既經明定，責成各有專歸，臣等自當遵守定章，勉盡職守，以仰副朝廷整飭鹺綱之至意。惟各省產鹽行鹽區域遼闊，疏銷緝私在在均關緊要，臣處居中遥制，時有鞭長莫及之虞，全賴各疆臣協力維持，得以相助為理，應請旨飭下各省督撫，於該省鹽務疏銷緝私各事宜，務遵前奉諭旨，與臣處和衷共濟，庶内外相維而鹽務或可漸臻起色矣。至運司、鹽道等官專管鹽務，責任本無旁貸，自應恪遵此次定章，遇事禀承臣處切實經理，其才具是否稱職，辦事是否得力，應由臣處隨時考核以重鹺綱。再此摺係督辦鹽政處主稿，會同度支部辦理，合并陳明。謹奏。宣統二年正月十六日奉旨：依議。欽此。

計　開

要　目

第一章　總則

第二章　劃分權限

第三章　鹽官職務

第四章　任用官吏

第五章　各官考成

第六章　各官交代

第七章　各項奏銷

第八章　撥解款項

第九章　附則

第一章　總則

第一條　督辦鹽政大臣管轄全國鹽務官吏，總理全國鹽務事宜。

第二條　凡管轄産鹽省分之東三省、直隸、兩江、兩廣、閩浙、四川、雲貴、陝甘各總督，奉天、山東、山西、浙江各巡撫，均遵旨兼會辦鹽政大臣，協助督辦鹽政大臣分管該省所屬鹽務事宜。

第三條　凡管轄行鹽省分之湖廣總督，吉林、黑龍江、江蘇、安徽、江西、河南、湖南、廣西、貴州、陝西、新疆各巡撫，均遵旨兼會辦鹽政大臣銜，協助督辦鹽政大臣分管該省所屬鹽務事宜。

第二章　劃分權限

第四條　凡收發引張、動撥款項、核覆、奏銷、考成、交代等事，均由度支部辦理。

第五條　凡鹽務一切因革損益事宜，由督辦鹽政大臣主持，會商度支部辦理。

第六條　凡鹽務内用人行政一切事宜，均由督辦鹽政大臣主持，其向由各省督撫具奏之件，即改由督辦鹽政大臣主稿，會同該省督撫辦理。如遇有重要事件，得由督辦鹽政大臣單銜具奏，請旨遵行。

前項會奏事件應如何會銜之處，由督辦鹽政大臣臨時酌量辦理。

第七條　凡鹽務與地方關係事件，由督辦鹽政大臣會商督撫辦理；其緊急不及會商者，即由該省督撫就近相機辦理，仍一面電咨督辦鹽政大臣查核。

第八條　各省督撫於該省鹽務産運銷一切改良方法，得隨時咨商督辦鹽政大臣核辦。

第九條　凡各省水陸緝私各營，統歸該省督撫管轄，仍由督辦鹽政大臣節制。

第三章　鹽官職務

第十條　運司鹽道專管所轄區域内産鹽運鹽銷鹽，以及督徵課項、經管庫款各項事宜，并節制所屬鹽務官吏。

第十一條　運司鹽道及經管鹽務之各總局所管各項事宜，凡向應詳報鹽政衙門者，均應詳請督辦鹽政大臣核辦，仍一面詳明該省督撫查核。

第十二條　運司鹽道及經管鹽務之各總局，應將該管範圍内一切利弊應行改革事宜，隨時考查，擬具辦法，詳候督辦鹽政大臣核辦。其該處鹽務産銷情形及所辦各事成績，應按年編訂報告書，詳送督辦鹽政大臣查核。

第十三條　運司鹽道及經管鹽務之各總局，應將該處産鹽銷鹽數目及課釐加價等項數目，分别編造表册，按月詳送督辦鹽政大臣查核。

第十四條　各場官應隨時巡視場竈池井，考查産鹽情形，按旬申報該管官查核。

第十五條　各場官及各關卡局所，應將産鹽銷鹽各數目及課釐加價數目，按旬申報該管官查核。

第十六條　未設鹽務專官省分，應由該地方官將兼管鹽務事宜，遵照本章程第十二條、第十三條、第十四條、第十五條辦理。

第十七條　運司鹽道及經管鹽務之各總局，應擬訂辦事章程，詳候督辦鹽政大臣批示遵辦。

第四章　任用官吏

第十八條　運司鹽道由督辦鹽政大臣遴選京外合格人員，出具切實考語，豫行保薦，請交軍機處存記，遇有缺出，開單請旨簡放。各省督撫得遴選此項合格人員，咨商督辦鹽政大臣核准，匯案豫保。其新簡運司鹽道未經到任，或本任運司鹽道調署他缺應行派員署理者，由督辦鹽政大臣會同該省督撫奏明派署。

第十九條　運司鹽道須有左列資格之一方為合格：

一　諳悉鹽務通曉治體者。

一　辦理鹽務著有成績者。

第二十條　各關棧局所總辦，由督辦鹽政大臣遴選京外合格人員分別奏咨派充，其任用資格照第十九條辦理。

各省督撫得遴選此項合格人員，咨商督辦鹽政大臣酌量委派。

第二十一條　運司鹽道以下分發到省各項班次人員，由該管運司鹽道將銜名履歷詳送督辦鹽政大臣暨該省督撫查核，并加具切實考語擇優預保，遇有缺出，由督辦鹽政大臣分別奏咨，酌量補用，其委署委差各員，得由該管官遴派，詳候督辦鹽政大臣核准，仍報明該省督撫查核。

第二十二條　運司鹽道以下各官其任用資格如左：

一　辦理鹽務才優守潔者。

一　精力强壯辦事勤敏者。

第五章　各官考成

第二十三條　凡例定鹽務各官產鹽銷引徵課等項考成均照舊辦理，由該管運司鹽道詳報督辦鹽政大臣核明咨部。

第二十四條　凡運司鹽道年終密考，應由該省督撫先期密咨督辦鹽政大臣核實，由督辦鹽政大臣會該督撫銜具奏。

運司鹽道大計及鹽務各官大計，甄別應舉應劾，由該省督撫咨明督辦鹽政大臣核定，由督辦鹽政大臣會該督撫銜具奏。

第二十五條　凡行鹽省分各州縣遇有關係鹽務事項，應稟承運司鹽道切實辦理，每年年終由運司鹽道分別功過出具考語，詳報督辦鹽政大臣該管督撫查核辦理。

如該州縣有勒索欺飾玩誤等弊，即由運司鹽道隨時據實稟揭，詳請督辦鹽政大臣及該管督撫嚴行參處。

第六章　各官交代

第二十六條　運司鹽道并以下鹽務各衙門局所及以地方官兼管鹽務者，遇有更替，均應造具詳細交代册結，詳報督辦鹽政大臣核明咨部，并照造兩分，一由督辦鹽政大臣存案，一由該省督撫查核。

其地方官兼管鹽務交代，向係歸入地丁案内并報者，應將此項鹽務另册詳報督辦鹽政大臣，查核咨部，并照造兩分，一由督辦鹽政大臣存案，一由該省督撫查核。

第七章　各項奏銷

第二十七條　凡例定各項奏銷及其造報期限均照舊辦理，應由運司鹽道等造具清册詳由，督辦鹽政大臣核明，加具印文送度支部查核，并照造兩分，一由督辦鹽政大臣存案，一由該省督撫查核。

其奏銷摺件按本章程第六條辦理。

第八章　撥解款項

第二十八條　各省鹽務無論新舊正雜一切款項，應由運司鹽道及經管鹽務之各總局詳情督辦鹽政大臣核明，咨報度支部候撥，外省不得擅動。

其各省動支鹽務款項先經奏咨核准有案者，得由運司鹽道及經管鹽務之各總局詳情督辦鹽政大臣核明，照舊撥解，仍咨報度支部查核。各省鹽務向係捐助地方義舉等款，應由運司鹽道及經管鹽務之各總局報明督辦鹽政大臣查核。

第二十九條　在外官公費未經核定以前，所有各衙門鹽務規費仍由運司鹽道及經管鹽務之總局，詳明督辦鹽政大臣酌量辦理。

第九章　附則

第三十條　督辦鹽政大臣應於京師設立督辦鹽政處，遴派人員分廳治事，其詳細章程另行擬訂奏明辦理。

第三十一條　運司鹽道及經管鹽務之各總局遇有公事應行報明督辦鹽政大臣及請示核辦者，均得逕行詳稟。

其各局公事向由運司鹽道核轉者，仍照舊辦理。

第三十二條　運司鹽道及經管鹽務之各總局遇有應行報部事件，均詳由督辦鹽政大臣核明轉咨。

第三十三條　各省鹽務官制如有應行更改之處，由督辦鹽政大臣酌量情形，奏明請旨辦理。

第三十四條　本章程如有應行更改之處，由督辦鹽政大臣隨時奏明，請旨辦理。

第三十五條　凡關於鹽務事宜有為本章程所未載者，均仍照舊辦理。

又《督辦鹽政處奏酌擬辦事章程摺並單》　竊奴才恭奉恩命，督辦鹽政，當經奏明酌調人員佐理一切，并設立督辦鹽政處以資辦公各等因，先後奉旨允准在案。開辦伊始，凡鹽務應辦事宜，必須明定職掌專以責成。現經奴才悉心規畫，酌擬辦事章程十三條，謹繕清單，恭呈御覽，伏候命下，即由奴才督飭承辦各員切實遵行，以期仰副朝廷整飭鹺綱之至意。謹奏。宣統二年正月十六日奉旨：依議。欽此。

計　開

第一條　督辦鹽政處按照督辦鹽政章程，管理全國鹽務事宜。

第二條　督辦鹽政處設提調一員、幫提調二員、秘書官一員、參事官九員，禀承督辦鹽政大臣辦理本處一切事宜。

第三條　前條所設各員如將來事務殷繁不敷任用時，應酌量增派以資襄理。

第四條　督辦鹽政處分設八廳其職掌如下：

一　督務總廳，掌籌議改良鹽法，審定各項章程，撰擬機要文牘，考核鹽務官吏，并總核本處一切事宜。

一　奉直鹽務廳，掌奉天、長蘆暨吉林、黑龍江、河南、察哈爾、熱河、綏遠城等地方鹽務一切事宜。

一　潞東鹽務廳，掌山東、河東暨陝、甘、豫、蘇、皖等地方鹽務一切事宜。

一　兩淮鹽務廳，掌淮南北暨鄂、湘西、皖、豫等地方鹽務一切事宜。

一　兩浙鹽務廳，掌浙東西暨蘇、皖、贛等地方鹽務一切事宜。

一　閩粵鹽務廳，掌福建，廣東暨贛、桂、湘、黔等地方鹽務一切事宜。

一　川滇鹽務廳，掌四川、雲南暨鄂、湘、黔、滇等地方鹽務一切事宜。

一　庶務廳，掌鈐用關防收發文件及本處會計事宜并其它一切雜務。

第五條　鹽務總廳以提調、幫提調兼領，綜理廳務秘書官一員，管理機要文牘，參事官二員，專理一切廳務，坐辦二員，一、二、三等委員無定額，分司一切廳務。

第六條　奉直以下各鹽務分廳以參事官一員兼領，總理廳務坐辦員，一、二、三等委員無定額，分司廳務。

第七條　督辦鹽政處附設譯電所一處，專司譯電事宜。繕寫房一處，專司繕寫及圖表事宜，均隸屬於庶務廳。譯電所、繕寫房各設書記官、書記生，無定額。

第八條　凡兼領各分廳之參事官，均隸屬於鹽務總廳，幫同辦理總廳事宜。

第九條　奉直以下各鹽務分廳，遇有重要事件商同總廳辦理。

第十條　督辦鹽政處設諮議官，無定額，以熟悉財政通曉治體者遴選派充，籌議各項鹽政事宜。

第十一條　督辦鹽政處得隨時派員巡視各省鹽務，調查利弊。

第十二條　督辦鹽政處設會議所一處，遇有應行會議事件，隨時由提調約集各員到所會議。會議時以提調為議長，幫提調、秘書官、參事官、諮議官為會議員。

第十三條　本章程如有應行增訂之處，隨時酌量修改，奏明辦理。

雜　録

《大清新法令・督辦鹽政大臣奏遵旨詳議摺》　宣統二年二月二十四

日軍機處交出東三省總督錫良等電奏一件，奉旨：錫良等電奏督辦鹽政大臣原奏章程於用人行政諸端不無窒礙請酌量變通等語，鹽政關係重要，必須内外相維，著督辦鹽政大臣會商務該督撫詳議具奏。欽此欽遵鈔交前來。伏查上年十一月十九日欽奉上諭：各省鹽務糾葛紛紜，疲敝日甚，非統一事權修明法令，無以提挈大綱維持全局，着派貝子銜鎮國公載澤為督辦鹽政大臣，凡鹽務一切事宜統歸該大臣管理以專責成，其産鹽省分各督撫均着授為會辦鹽政大臣，行鹽省分各督撫均着兼會辦鹽政大臣銜。該大臣等務當和衷共濟，通盤籌畫，尤須體恤民艱，一切事宜隨時奏明辦理，以示朝廷整飭鹺綱、興利除弊之至意等因。欽此。欽遵。經酌擬督辦鹽政章程奏准通行，并於原奏章程第三十四條聲明本章程如有應行更改之處，由臣隨時奏明請旨辦理等語，原以各省鹽務糾葛紛紜，為日已久，今朝廷以整飾鹺綱統一事權之故，特命臣督辦鹽政，事屬創舉，惟恐所訂章程或於各省情形不無扞格，自當隨時修改以利推行，乃自頒布章程以來，各省督撫於遴員預保之條已多遵照辦理，其餘應辦事宜，亦均電咨商酌照章施行，内外和衷初無成見。茲據該督等聯名電奏，無非以用人撥款權限所關不得不加意斟酌，臣恭總鹺綱，但期無礙推行，何敢稍存固執，謹就該督等電奏各節分別核議，為我皇上縷晰陳之。

一　電奏内稱運司鹽道暨鹽局總辦既有事故需員署理接充，勢必不容延緩，如由督辦鹽政大臣奏咨派署委充，鄰近各省已難朝發夕至，遠省分履任尤必需時，竊恐曠日持久，貽誤滋多等語。臣查原奏章程第十八條，運司鹽道應行派署者由督辦鹽政大臣會同該省督撫奏明派署等語，係承上文遴員預保而言，運司鹽道遇有事故應行派署，該省自有預保之員，即預保無人亦可由該督撫臨時遴員電商，經臣核定，一面電知該省督撫飭令赴任，一面會銜具奏，當不致貽誤日期。至各鹽局總辦如因前辦之員辦理期滿，派員接充即非刻不容緩之事，其遇有事故急須派員接充者，亦可照派署運司鹽道之法辦理。近日浙江出有温處鹽局總辦一差，由浙江巡撫臣增韞電保三員，經臣核定電覆派委，該省候補道黄祖經辦理，不聞因此貽誤温處鹽務，是其明徵。此無庸過慮者也。

一　電奏内稱鹽務各員向係接班序補，最為公允。今以預保之員酌量補用，其未經列保者終身無補缺之望，未免向隅。至如雲南於提舉一官向由知州、通判升補，尋常委署尤不拘鹽職，每經司道就通省各員反復精選，尚難稱職。茲僅責鹽道就到省鹽職加考補用，更難收因地擇人之效等語。臣查原奏章程第二十一條，運司鹽道以下分發到省，各項班次人員由該管運司鹽道將銜名履歷詳送督辦鹽政大臣暨該省督撫查核并加具切實考語，擇尤預保。遇有缺出，由督辦鹽政大臣分别奏咨酌量補用等語。既須查開班次履歷，即無盡廢序補之意，所以必令加考預保者，正以整頓鹽務冀收因地擇人之效。雲南提舉一官既係向由知州、通判升補，原奏章程於任用官吏一章并無限用鹽職明文，即可就知州、通判中遴員預保。如因知州、通判非鹽道所管，亦可移商藩司遴選人員轉詳核辦。至委署人員照章由該管官遴派，更可由鹽道移商藩司辦理，再行詳報核准。至鹽官補缺應如何分别缺分酌定輪次之處，自應另訂詳章會商吏部辦理，此正在籌議者也。

一　電奏内稱各省司道府等官年終密考，係由督撫親筆繕呈，何等慎重，若專將運司鹽道咨由督辦鹽政大臣核定會奏，既不足以昭畫一，且所謂密考等事務恭呈御覽，如彼此事先商酌再行核定，尚復何密之有。運司鹽道大計及鹽務各官大計甄别，亦與年終密考情事相類，似應仍由督撫一并就近考察舉劾較為核實等語。臣查《欽定會典事例》，吏部大計統例内載，乾隆九年議准鹽務各官，該鹽政會同督撫考核等語。臣奉命督辦鹽政本有考核鹽官之責，况從前長蘆、兩淮等處鹽政與督撫并不同城，既可會同考核，則京外密咨相商，亦何不可。所有鹽官大計甄别自應仍照原章辦理，惟運司鹽道年終密考既據電奏聲明未便事先商酌，應即量為變通以重考核。查大計統例内載乾隆五十三年上諭，嗣後各省督撫於府道大計卓异自應公同具奏，其密奏考語務宜各抒所見，分别填注自行陳奏等因。擬援照此例，嗣後運司鹽道年終密考，由臣與該省督撫各抒所見，分别填注，自行陳奏，無庸會銜，此可以酌量變通者也。

一　奏内稱鹽務正雜新舊款項，當此清理財政之時，外省自不得擅動，然遇有緊急之需，亦不得不先行酌撥俾免貽誤，其在受協省分接濟未到，往往挪東補西，邊餉要需無論何款先行湊撥，止能於年終奏銷劃清，若非特别動支亦難隨時咨報等語。臣查原奏章程第二十八條，各省鹽務無論新舊正雜一切款項，應由運司鹽道及經管鹽務各總局，詳情督辦鹽政大臣核明咨部候撥，外省不得擅動等語，係指該省未經奏咨核准有案者而言。前年十二月度支部奏妥議清理財政辦法摺内聲明，各省關涉財政事宜自非軍務災賑迫不及待者未經部議概不准行，是各省所管各項財政非經度支部核准均不應動用。况鹽政既奉旨歸臣管理一切款項，若未經部核覆准，其撥用任令隨便挪移，是顯背清理財政辦法，臣亦不能辭其責焉。將來各省如果有緊急之需，必須動用鹽務款項，飛電相商自可酌量撥給，若平時并不咨報，即行挪用，實於清理財政辦法不符，此礙難通融辦理者也。以上四端業經通電各省督撫詳晰申明在案，該督撫等公忠體國，成見毫無，但使有益鹺綱，斷不致稍持异議。惟事關十一行省，往返電咨，誠恐有稽時日，鹽政關係重要，章程一日不定即辦事者一日無所遵循。設使各省辦理鹽務人員在此新章未經定議之時，推諉觀望，別滋弊端，以致鹺務廢馳，課釐短絀，責成所在，咎實難辭，一再籌度，惟有將遵旨詳議各節縷晰奏陳懇請，俯賜宸斷，明降諭旨，飭下各省督撫遵照辦理。鹽務幸甚，財政幸甚。再該督等電奏内稱鹽務糾紛情形不一，茲僅略舉大綱，其餘詳情仍由各省隨時分晰具奏等語。自係為慎重鹺政起見，惟恭繹上年十一月十九日諭旨，原以各省鹽務糾葛紛紜，特命臣督辦鹽政以一事權，今該督等乃以鹽務糾紛情形不一，不俟咨商即擬分晰具奏，萬一此疆彼界，各自為政，深恐畛域顯分，轉非聖諭和衷共濟通盤籌畫之本意，應請飭下各該督撫於該省鹽務事宜務須遵照奏章，隨時與臣和衷商辦會同具奏，俾免紛歧。愚昧之見是否有當，伏候聖裁。謹奏。宣統二年三月初四日奉上諭。已録册首。

又《督辦鹽政處會奏酌訂鹽官補用班次摺並單》 宣統二年正月十六日，臣處會同度支部具奏《督辦鹽政暫行章程》第二十一條内載：運司鹽道以下，分發到省，各項班次人員，由該管運司、鹽道，將銜名、履歷詳送督辦鹽政大臣暨該省督撫查核，并加具切實考語，擇尤預保，遇有缺出，由督辦鹽政大臣分別奏咨，酌量補用。旋據東三省總督錫良等覆奏，鹽屬各員，向係按班序補，今以預保之員酌量補用，其未經列保者，未免向隅。至如雲南提舉一官，向由知州、通判升補，尋常委署，尤不拘鹽職，茲僅責鹽道就到省鹽職，加考補用，更難收因地擇人之效。

又，經臣處於遵旨詳議，摺内陳明：原奏章程既須查開班次，既無盡廢序補之意。雲南提舉一官，既係向由知州、通判升補，原奏章程并無限用鹽職明文，即可就知州、通判遴保，如因知州、通判非鹽道所，亦可移商藩司遴選人員，轉詳核辦。至鹽官補缺，應如何分別缺分、酌定輪次之處，自應另訂詳章，會商吏部辦理。嗣以雲南鹽務需才，又經臣處會同雲貴督臣李經羲奏請，將該省鹽提舉三缺、鹽大使七缺變通補署，不拘文法，咨選之缺，扣留外補，并聲明俟臣處訂定各省鹽官補署新章，再將滇省補署各缺如何斟酌變通，奏明請旨辦理各等因。先後奉旨允准在案。

伏查整頓鹽務，首以慎選官吏為要，從前《鹽官補缺章程》班次繁雜，文法過密，現經臣等公同商酌，悉心籌畫，擬請將各項内無論科分名次、到省先後、到班時，一體統酌，大小花樣内，亦無論新例、舊例及卯次先後并何項出身、到班時，亦一體統酌，其有應行甄別考驗，未經期滿留省人員，仍照例章扣除，以昭核實。如此删繁就簡，多用正班，少用插班，比較現行輪次，已省十之六七、而本項到班，一體統酌，尤於分別班次之中，不失酌量人才之意，謹分別新舊輪補格式，列表繫説，繕具清單，恭呈御覽。如蒙俞允，即由臣處通行各省，自宣統三年正月分起，所有鹽官補缺班次，無論用至何處，均從新起輪，以歸劃一。遇有缺出，責成該管運司、鹽道，會同藩司，遴選人員，出具切實考語，詳報臣處，并報明該省督撫查核，即由臣處會同該省督撫奏咨，請補仍由臣部核覆施行。

雲南一省，地處極邊，人才缺乏，前經奏准變通補署，不拘文法，應仍暫照前奏辦理。至滇省鹽官選缺章程，扣留外補，現在各省外補輪次既經釐訂，内選班次自當一律停止，應如何改給分發、酌定章程之處，容由臣等詳細妥擬，再行奏明，請旨處理。再，此摺係督辦鹽政處主稿，會同吏部辦理，合并陳明。謹奏。宣統二年十二月十八日奉旨依議。欽此。

計　開

鹽運司運同補用班次

定例：各省鹽運司運同缺出如扣留請補時，無論何項出缺，均先盡候補班人員酌補；候補班無人，以委用人員酌署；委用無人，方准以試用人員按班序補。如有候補、委用、試用各本班先人員到班時，仍先用本班先一人，再用本班正班一人。用本班先時，候補、委用，均歸酌量試用，仍歸序補應用。候補、委用、試用正班時，準插用分缺先、分缺間人員，均按先後序補等語。

查鹽運司運同，職秩較尊，缺分最要，委用班次，大半無人。今擬將委用與候補合為一班，遇有缺出，於該班内無論本班先、本班，統行酌量揀選一人；如該班無人將試用，先試用分缺先、分缺間各班揀選一人，酌量補用。

兩淮監掣同知補用班次

定例：兩淮淮北、淮南監掣同知二缺，定為在外調缺，如遇缺出，由該督等於行鹽地方所屬同知內揀選調補，如不得其人，即於通判、知州、運判、知縣内揀選提升，其補用班次，先盡著有勞績先用、即用人員補用，如先用、即用無人，將部發人員按一應補、一委用、一捐納，按班挨次序補。河東監掣同知，係要缺，應令揀選調補提升其補用班次，亦照此辦理等語。

查，監掣同知，均係要缺，今擬遇有缺出，或調、或升、或補，統行酌量，於以上各班内揀選一人。鹽提舉缺出，亦即照此辦理。

鹽運司、運副、運判補缺舊輪次表

第一缺	第二缺	第三缺	第四缺	第五缺
遇缺先	遇缺先	海防先	海防先	候補先
遇缺先	遇缺先	海防先	海防即	候補
遇缺先	遇缺先	海防先	海防先	委用先
遇缺先	遇缺先	海防先	海防即	委用
遇缺先	遇缺先	海防先	海防先	捐納先
遇缺先	遇缺先	海防先	海防即	分缺先
遇缺先	遇缺先	海防先	海防先	捐納
遇缺先係新海防	遇缺先係新海防	海防先係舊海防，無人，以鄭工遇缺先抵補。	海防即無人，用舊例，再無人，過班。	分缺間

查，運副衹有一缺，運判五缺，内亦多要缺。除要缺仍酌量揀選外，其各項班次，舊海防即舊例并委用，大半無人，今擬略加刪并，列為新定輪次表如下：

第一缺

遇缺先（如有舊海防先、海防即并入此班）　候補先（委用先并入此班）

遇缺先（如有舊海防先、海防即并入此班）　候補（委用并入此班）

遇缺先（如有舊海防先、海防即并入此班）　捐納先捐納（新、舊例合為一班，分班輪用）

遇缺先（如有舊海防先、海防即并入此班）　分缺先間（分班輪用）

右表所列上層為插班，下層為正班，插班無人，即用正班，正班内某項無人，則用其次之班。其分班輪用法，第一次用捐納先，第二次用捐納。第一次用分缺先，第二次用分缺間。捐納先無人，即用捐納，捐納無人，即用捐納先。分缺先無人，即用分缺間，分缺間無人，即用分缺先。均無人，過班。凡插班、正班，不論到省名次先後，統行酌量一人。

鹽庫各大使補缺舊輪次表

第一缺	第二缺	第三缺	第四缺	第五缺
遇缺先	遇缺先	海防先	海防先	候補先
遇缺先	遇缺先	海防先	海防即	候補
遇缺先	遇缺先	海防先	海防先	委用先
遇缺先	遇缺先	海防先	海防即	委用
遇缺先	遇缺先	海防先	海防先	截取先
遇缺先	遇缺先	海防先	海防即	截取
遇缺先	遇缺先	海防先	海防先	捐納先
遇缺先	遇缺先	海防先	海防即	分缺先
遇缺先	遇缺先	海防先	海防先	捐納

第一缺	第二缺	第三缺	第四缺	第五缺
遇缺先	遇缺先	海防先	海防即	分缺間
遇缺先	遇缺先	海防先	海防先	候補先
遇缺先	遇缺先	海防先	海防即	候補
遇缺先	遇缺先	海防先	海防先	委用先
遇缺先	遇缺先	海防先	海防即	委用
遇缺先	遇缺先	海防先	海防先	截取先
遇缺先	遇缺先	海防先	海防即	截取
遇缺先	遇缺先	海防先	海防先	捐納先
遇缺先	遇缺先	海防先	海防即	分缺先
遇缺先	遇缺先	海防先	海防先	捐納
遇缺先	遇缺先	海防先	海防即	分缺間
遇缺先	遇缺先	海防先	海防先	捐輸先
遇缺先	遇缺先	海防先	海防即	分缺先
遇缺先	遇缺先	海防先	海防先	捐輸
遇缺先	遇缺先	海防先	海防即	分缺間
遇缺先	遇缺先	海防先	海防先	候補先
遇缺先	遇缺先	海防先	海防即	候補
遇缺先	遇缺先	海防先	海防先	委用先
遇缺先	遇缺先	海防先	海防即	委用
遇缺先	遇缺先	海防先	海防先	揀選先
遇缺先	遇缺先	海防先	海防即	揀選
遇缺先	遇缺先	海防先	海防先	議敘先
遇缺先	遇缺先	海防先	海防即	分缺先

第一缺	第二缺	第三缺	第四缺	第五缺
遇缺先	遇缺先	海防先	海防先	議敘
遇缺先	遇缺先	海防先	海防即	分缺間
遇缺先	遇缺先	海防先	海防先	孝廉方正先
遇缺先	遇缺先	海防先	海防即	分缺先
遇缺先	遇缺先	海防先	海防先	孝廉方正
遇缺先係新海防	遇缺先係新海防	海防先係舊海防，無人，以鄭工遇缺先，抵補。	海防即無人，用舊例，再無人，過班。	分缺間

查各項班次內，舊海防及舊例并委用捐輸，大半無人。舉人、截取、揀選，又分班輪用，且先用指項一人，次用製項一人，照舊積輪，殊覺繁冗。今擬大加删并，列為新定輪次，表如下：

第一缺	第二缺
遇缺先如有舊海防先、海防即并入此班。	候補先、候補委用先、委用，并入此班，分班輪用。
遇缺先如有舊海防先、海防即并入此班。	截取、揀選先、截取、揀選不論科分捐保先后及指項、製項，分班輪用。
遇缺先如有舊海防先、海防即并入此班。	捐納先、捐納新、舊例合為一班，分班輪用。
遇缺先如有舊海防先、海防即并入此班。	分缺先、間分班輪用。

第一缺	第二缺
遇缺先如有舊海防先、海防即并入此班。	候補先、候補委用先、委用并入此班，分班輪用。
遇缺先如有舊海防先、海防即并入此班。	截取、揀選先、截取、揀選不論科分捐保先後及指項、掣項，分班輪用。
遇缺先如有舊海防先、海防即并入此班。	捐納先、捐納新、舊例合為一班，分班輪用。
遇缺先如有舊海防先、海防即并入此班。	分缺先、間分班輪用。
遇缺先如有舊海防先、海防即并入此班。	候補先、候補委用先、委用并入此班，分班輪用。
遇缺先如有舊海防先、海防即并入此班。	截取、揀選先、截取、揀選不論科分捐保先後及指項、掣項，分班輪用。
遇缺先如有舊海防先、海防即并入此班。	議敘先、議敘不論捐保及到省先后，分班輪用。
遇缺先如有舊海防先、海防即并入此班。	孝廉方正先、孝廉方正分班輪用。

右表二十四缺為一周，插班、正班與運副、運判同。其分班輪用法，第一次均先用各本班先及分缺先一人，第二次用各本班及分缺間一人。如本班先無人，則用本班；本班無人，則用本班先；均無人，過班。分缺先、分缺間人員，亦照此辦理。

鹽經歷、鹽知事、鹽巡檢補缺舊輪次表

第一缺	第二缺	第三缺	第四缺	第五缺
遇缺先	遇缺先	海防先	海防先	候補先
遇缺先	遇缺先	海防先	海防即	候補
遇缺先	遇缺先	海防先	海防先	委用先
遇缺先	遇缺先	海防先	海防即	委用
遇缺先	遇缺先	海防先	海防先	五貢就職先
遇缺先	遇缺先	海防先	海防即	五貢就職
遇缺先	遇缺先	海防先	海防先	捐納先
遇缺先	遇缺先	海防先	海防即	分缺先
遇缺先	遇缺先	海防先	海防先	捐納
遇缺先	遇缺先	海防先	海防即	分缺間
遇缺先	遇缺先	海防先	海防先	候補先
遇缺先	遇缺先	海防先	海防即	候補
遇缺先	遇缺先	海防先	海防先	委用先
遇缺先	遇缺先	海防先	海防即	委用
遇缺先	遇缺先	海防先	海防先	五貢就職先
遇缺先	遇缺先	海防先	海防即	五貢就職
遇缺先	遇缺先	海防先	海防先	捐納先
遇缺先	遇缺先	海防先	海防即	分缺先
遇缺先	遇缺先	海防先	海防先	捐納
遇缺先	遇缺先	海防先	海防即	分缺間
遇缺先	遇缺先	海防先	海防先	捐輸先

第一缺	第二缺	第三缺	第四缺	第五缺
遇缺先	遇缺先	海防先	海防即	分缺先
遇缺先	遇缺先	海防先	海防先	捐輸
遇缺先	遇缺先	海防先	海防即	分缺間
遇缺先	遇缺先	海防先	海防先	候補先
遇缺先	遇缺先	海防先	海防即	候補
遇缺先	遇缺先	海防先	海防先	委用先
遇缺先	遇缺先	海防先	海防即	委用
遇缺先	遇缺先	海防先	海防先	五貢就職先
遇缺先	遇缺先	海防先	海防即	五貢就職
遇缺先	遇缺先	海防先	海防先	議敘先
遇缺先	遇缺先	海防先	海防即	分缺先
遇缺先	遇缺先	海防先	海防先	議敘
遇缺先	遇缺先	海防先	海防即	分缺間
遇缺先	遇缺先	海防先	海防先	孝廉方正先
遇缺先	遇缺先	海防先	海防即	分缺先
遇缺先	遇缺先	海防先	海防先	孝廉方正
遇缺先係新海防	遇缺先係新海防	海防先係舊海防，無人，以鄭工遇缺先，抵補。	海防即無人，用舊例，再無人，過班。	分缺間

查各項班次内，舊海防及舊例并委用捐輸，亦大半無人。舉人、截取、揀選，取列三等，以鹽經歷用者，於各正班用過二人後，插用一人，積缺易涉牽混。今擬大加删并，列為新定輪次，表如下：

第一缺	第二缺
遇缺先如有舊海防先、海防即并入此班。	候補先、候補委用先、委用并入此班，分班輪用。
遇缺先如有舊海防先、海防即并入此班	就職先、就職舉人、截取、揀選，并入此班，分班輪用。
遇缺先如有舊海防先、海防即并入此班。	捐納先、捐納新舊例合為一班，分班輪用。
遇缺先如有舊海防先、海防即并入此班。	分缺先、間分班輪用。
遇缺先如有舊海防先、海防即并入此班。	候補先、候補委用先、委用并入此班，分班輪用。
遇缺先如有舊海防先、海防即并入此班。	就職先、就職舉人、截取、揀選，并入此班，分班輪用。
遇缺先如有舊海防先、海防即并入此班。	捐納先、捐納新、舊例合為一班，分班輪用。
遇缺先如有舊海防先、海防即并入此班。	分缺先、間分班輪用。
遇缺先如有舊海防先、海防即并入此班。	候補先、候補委用先、委用并入此班，分班輪用。
遇缺先如有舊海防先、海防即并入此班。	就職先、就職舉人、截取、揀選，并入此班，分班輪用。

第一缺	第二缺
遇缺先如有舊海防先、海防即并入此班。	議敘先、議敘分班輪用。
遇缺先如有舊海防先、海防即并入此班。	孝廉方正先、孝廉方正分班輪用。

右表亦二十四缺為一周，用法與鹽庫各大使同。其鹽知事、鹽巡檢兩項，并無就職，及孝廉方正人員，應即過班用，其次到班之人。

又，定章坐補原缺、裁缺，即用回避，即用新選、新補之留省、另補及應補等項人員，道、府以至未入流，遇有缺出，無論何項到班，均盡數先盡請補，不積各項班次之缺等語。以上所列各缺，如有前項各員，仍應照舊章辦理，合并聲明。

學部分部

綜述

朱壽朋《光緒朝東華録》卷二一〇《山西學政寶熙奏請設立學部》

奏為科舉停後專辦學堂，擬請設立學部，并申明定章，擇舉切要辦法三條，以一學制，而期成效，恭摺具陳仰祈聖鑒事。恭讀八月初四日上諭，袁世凱等奏請立停科舉以廣學校并妥籌辦法一摺，著即自丙午科為始，所有鄉會試一律停止，各省歲科考試亦即停止，及其餘各條均著照所請辦理。【略】仰見聖謨深遠，因時制宜，教育人才，實事求是之盛舉，薄海士流，莫不聞風鼓舞，注重學科，化愚為明，自柔而强之基，實植於此。竊謂此後普及之教育，日推日廣，則學堂統系，愈重愈繁。欲令全國學制劃一整齊，斷非補苴罅漏之計所能為，一手一足之烈所能濟，且當變更伊始，造端宏大，各處學務之待考核統治者，條緒極紛，必須有一總匯之

區，始足以期日臻進步，擬請飭下政務處會議，速行設立學部。上師三代建學之深意，近仿日本文部之成規，遴選通才，分研教育行政之法，總持一切，綱舉目張，實於全國學務大有裨益。查科舉既停，禮部、國子監兩衙門公事愈形清簡，似宜統行裁撤，歸并學部，以節經費，兼免紛歧。其禮部應辦典禮，即責成太常寺、鴻臚寺慎重將事，必不致稍貽隕越。所有部監之司官助教等員，半係文學出身，亦可擇其學識通明者，十留一二，隸於學部，其餘亟當統籌出路，設法疏通，以彰國家體恤羣臣之美。至設立學部，用款不資，各員俸廉，雖不必如外商兩部之過優，亦未便照舊日定制之太薄，且學務千端萬緒，需才孔多，當此部款支絀之時，勢不能不兼資外省財力，略為補助。伏思各省歲科兩試，三年中所耗考棚費用，多則四五萬，少亦二三萬，今擬請按照省分大小，將三年所籌之棚費，每年分提數成，作為學部常年經費，外省籌款，備極艱難，亦宜酌留一半，以備擴充各屬中小學堂之用。雖所提無幾，第以十九行省計之，亦頗覺積少成多，若再兼以禮部、國子監兩署經費，與部中添籌之款，當足資展布矣。然學部立矣，尚有今日關係學堂最要者三條，雖屢申明定章，實覺不宜緩辦，敬為我皇太后、皇上僂晰陳之。

一、學堂教員宜列作職官也。外國教員皆係職官，且有任事期限，所以責成專而收效速。今各省學堂所聘之教習，與學生稍有齟齬，便爾思去，功課中輟，窒礙實多，亟宜申明定章，作為官職，別以品秩，判以正副，重以禮貌，優以俸薪。凡高等學堂以上之教員，應由督撫奏補，中學堂以下，則隨時札委，均咨明學部立案，列入官籍之中，畢業時，仍須擇尤保獎。如此則現在教員既覺榮寵有加，可免來去自如，即將來師範生卒業，亦有所安置矣。

一、編定課本宜變通辦法也。查奏定章程内稱：『官編教科書未出版以前，應准各學堂自編講義，果能合法，即准作為暫時通行之本。其私家編纂之課本，呈由學務大臣鑒定，如確合教科程度者，亦可采用』等語。誠以課本需用甚亟，一時官力恐未有逮也。竊謂課本不定，學生將無業可執，以致畢業之説，迄無期限，此今日最當研究者也。查直隸學校司近編之各種科學書，及湖北官立學堂所出各門講義，頗足以資采用。下至上海文明、商務等書局發行新輯中小學各教科書，亦多有宗旨不詭，繁簡合宜

之本，各先薈萃此等講義課本，由編譯處統加審定，擇其善者，分別部居，暫作為各學堂應用之書，俟學部立後，人才敷用，再行詳悉編纂，隨時改良。若此時專待官編課本一律完備，恐非三五年後所能竣事，此不得不略為變通，以免曠日持久之虞。

一、學生冠服宜定制度以歸劃一也。學生冠服龐雜，殊失整肅氣象，形式未立，何論精神。今由官定為劃一之制，有禮服，有操服，并宜有大中小學之分，官立私立之別。在堂則整齊可觀，出門則殊异於衆，自可束身禮法，屏絶奇邪。應由學務大臣考核典章，參以新制，將所定各種冠服式樣，通行各省學務處轉飭一體遵照辦理，庶幾動中規矩，藉壯觀瞻。以上所舉三條，係屬查照定章，申明辦法，合無吁懇天恩，一并飭下學務處從速議定，通行各省，切實施行，學務幸甚。

《大清教育新法令·諭旨一九〇五年十二月六日》 本日政務處、學務大臣會奏，議復寶熙等條陳一摺。前經降旨停止科舉，亟應振興學務，廣育人才。現在各省學堂已次第興辦，必須有總匯之區，以資董率而專責成。著即設立學部，榮慶著調補學部尚書，學部左侍郎著熙瑛補授，翰林院編修嚴修，著以三品京堂候補，署理學部右侍郎。國子監即古之成均，本係大學，所有該監事務，著即歸并學部。其餘未盡事宜，著該尚書等即行妥議具奏。該部創設伊始，興學育才，責任綦重，務當悉心考核，加意培養，期於敦崇正學，造就通才，用副朝廷建學明倫，化民成俗之至意。餘著照所議辦理，欽此。

《東方雜誌》第三年臨時增刊《學部官制草案》 學部仍舊制。原定學部官制與此次各部官制通則草案最為相近，各司分科事宜亦經奏定辦理。惟案照此次通則，總務司應改為承政廳，除機要科、案牘科各目職掌無庸更改外，其會計司、司務廳應即裁撤，而以會計司之度支科改稱會計科，以司務廳改為庶務科，并歸承政廳，將原設總務司、會計司郎中各一缺及司務二缺裁去，而於庶務科設員外郎、主事各一缺掌其事。其總務司原設之審定科，事理繁重，擬特設圖書司領之，而以編譯圖書局所掌事務，改為編譯科，即與審定科同隸該司。增設圖書司郎中一缺，編譯科員外郎一缺、主事二缺，審定科主事原定一缺，亦擬改為二缺。除額定司員外，另設纂修員，分任本司編輯纂訂事宜，原設編譯圖書局應即裁撤。至會計司之建築科事務，另有藝師藝士辦理。此外，專門、普通、實業三司分科事宜及員缺職掌均可一仍舊制。其京師督學局事體繁重，原係兼差，擬改為京師督學廳，另設廳丞一員領之，以專責成。今另擬改正草案如下。

第一條　學部管理全國教育學藝事務。

第二條　學部尚書侍郎及丞參以下各職員之職掌權限，均照官制通則所定者行之。

第三條　學部承政廳除通則所定職掌外，兼掌事務如下：一高等教育會議事項；二學堂衛生事項。

第四條　學部設四司，其目如下：一專門司，二普通司，三實業司，四圖書司。

第五條　專門司所掌事務如下：一、核辦大學堂、高等學堂事項；二、核辦凡屬文學、政法、美術、技藝、音樂各種專門學堂事項；三、稽核私立專門學堂教課設備是否合度及應否允准與官立學堂享有一律權利或須公款補助等事項；四、保護、奬勵各種學術技藝事項；五、考察各種專門學會事項；六、核議名儒名臣應否從祀文廟事項；七、考察耆德宿學研精專門者應否賜與學位事項；八、考核各專門學堂與地方行政財政有關係之一切事項；九、辦理圖書館、博物館、天文臺、氣象臺等事項；十、考核海外游學生功課程度及派遣奬勵等事項。

第六條　普通司所掌事務如下：一、核辦優級師範初級師範學堂、盲啞學堂、女子師範學堂教課規程、設備規則及關於管理員、教員、學生并學堂與地方行政財政有關係之一切事項；二、凡通俗教育、家庭教育及教育博物館等事項；三、核辦中學堂、女子高等學堂教課規程、設備規則及關於管理員、教員、學生并學堂與地方行政財政有關係之一切事項；四、核辦凡與中學堂相類之學堂一切事項；五、核辦小學堂之設立、維持、教課規程、設備規則及關於管理員、教員、學生并地方勸學所教育會與地方行政財政有關係之一切事項；六、核辦蒙養院及與小學堂相類之學堂一切事項。

第七條　實業司所掌事務如下：一、核辦農業學堂、工業學堂、商業學堂、實業教員講習所、實業補習普通學堂、藝徒學堂及各種實業學堂之設立維持、教課規程、設備規則及關於管理員、教員、學生等一切事項；二、調查各省實業情形及實業教育與地方行財政之關係，并籌劃實業教育補助費等事項。

第八條　圖書司所掌事務如下：一、審查教科圖書事項；二、編譯各種課本及一切有關學藝書類、報章事項；三、收管本部應用參考圖書事項。

第九條　學部設視學官（暫無定員，約十二員以内），秩正五品。視郎中由學部尚書侍郎奏補，專任巡視京外學務，其巡視地方及詳細規則，另定專章。

第十條　學部設纂修官，無定額，掌纂輯撰訂各種課本及有關學藝書類，不拘資格，由尚書侍郎酌量延聘奏派并與以相當之待遇。

第十一條　學部設藝師為奏補官，承尚書侍郎之命，掌籌劃學部直轄各學堂圖書館、博物館等之建造、營繕并考核全國學堂圖書館等之營造是否合度，其定額由學部尚書、侍郎酌定，咨交閣議決定之。

第十二條　學部設藝士為委用官，承上官之命，從事各項工程。其定額由學部尚書、侍郎自定之。

第十三條　學部設咨議官，無定員，不作為實缺，不限定常川在部。仿商部顧問官之例分為四等：一等視丞，二等視參議，均由學部委派；三等視郎中員外郎，四等視主事，均由學部委派。凡學部有重要籌議之件，隨時咨詢，該員於教育有所建議，均得隨時分别函呈，以備采擇。

第十四條　學部設學制調查局，專研究各國學制，以資考鏡，預備隨時改良章程。其局長由學部奏派，其局員由視學官各司員内派充。别設譯官數人，以任翻譯，其局長由原官兼充，體制視左右丞、左右參議。

第十五條　學部設高等教育會議所，屬本部尚書侍郎監督。其議員選派本部所屬職官、直轄各學堂監督、各省中等以上學堂監督及京外官紳之學識宏通於教育事業素有閲歷者充任。定期每年會議一次，又遇有重要事件時，亦可臨時召集會議。諸議員均奏請派充，其議長則就議員中公選，其應議事項、議員資格及會議規則當另定章程。又所中設庶務員二人，掌理所務，即由本部酌派司員兼理。

第十六條　學部設教育研究所，延聘精通教育之員定期講演，以教育原理及教育行政為主。本部人員均應按時聽講。應設庶務員一人，編輯員一人，即由本部酌派司員兼理。

第十七條　學部設京師督學廳，置廳丞一員，秩正四品，視參議由學部尚書、侍郎奏請簡派。

第十八條　京師督學廳，如外省提學使司，例設總務、師範、中學、小學四課，每課特設課長、副長、課員等員辦理事務，無庸由本部司員兼理，其任用待遇及辦事詳細規則，另定專章。

第十九條　學部所轄國子監職員及一切事務，仍照奏定歸并國子監章程辦理。

以上各條如有應行增删修改之處，隨時由學部尚書咨送閣議，請旨裁定。

《大清新法令・學部奏酌擬學部官制並歸并國子監事宜改定額缺摺》

竊臣部奉旨設立，為全國學務總匯之區，國民程度之淺深，教育推行之遲速，董率督催，責任綦重，顧設官分職必預籌夫久遠可行之規，以徐收夫名實相副之效。臣等公同商酌，仰體朝廷設官敷教之精心，參仿外商警部分曹隸事之辦法，擬設左右丞各一員、左右參議各一員、參事官四員，分設五司十二科，郎中、員外郎、主事各缺視事之煩簡為缺之多寡，期於各專責成，無有曠誤。此外，視學官暫無定員，咨議官不設額缺，其一切翻譯圖書、調查學制以及督理京師學務與夫本部會議研究教育之事，皆分設局所，派員兼理，徐規美備。至國子監業經遵旨歸并，查該衙門舊日職掌，係專司國學及典守奉祀之事，現學務事宜已經歸并辦理，其文廟、辟雍殿兩處，典禮崇隆，觀聽所傾，自應特設專官，以昭慎重。擬設國子丞一人，總司一切禮儀事務，分守、典守、奉祀等官各司其事，仍隸臣部辦理，俾垂久遠。所有臣等酌擬本部官制及歸并國子監事宜，改設額缺章程，謹分繕清單，恭呈御覽，伏候欽定。再臣部設立伊始，酌定職司以資分守。至各員升補章程及嗣後如有應行增減變通之處，容隨時酌量情形奏明辦理。謹奏。光緒三十二年閏四月二十日。奉旨：依議。欽此。

謹擬學部官制職守清單，恭呈御覽。

一、擬設左右丞各一員，秩正三品，佐尚書、侍郎整理全部事宜，并分别各司事務，稽核五品以下各職員功過。

一、擬設左右參議各一員，秩正四品，佐尚書、侍郎核訂法令章程，審議各司重要事宜，設參事官四員，秩正五品，視郎中，佐左右參議核審事務。

一、擬設五司，曰總務司，曰專門司，曰普通司，曰實業司，曰會計司。每司分設數科，其各司科職掌員數分列於下。

總務司　郎中一員，總理司務。

機要科　員外郎一員，主事二員，辦理科務。掌理機密文書，撰擬緊要章奏及關涉全部事體之文件、函電，各司專件仍歸各該司辦理，稽核京外辦理學務職官功過及其任用、升黜、更調，并檢定教員，掌理傭聘外國人及高等教育、會議、學堂、衛生等事務，可暫聘精通學校衛生之醫士為顧問。

案牘科　員外郎一員，主事一員，辦理科務。掌收儲各種公文、函電、案卷、册籍編類編號，又編纂統計報告，兼掌管各省學務報告等事。

審定科　員外郎一員，主事一員，辦事科務。掌審查教科圖書，凡編譯局之已經編輯者詳加審核頒行，并收管本部應用參考圖書，編録各種學藝報章等事，除常置員司外，可酌派本部他司人員或各學堂教員之熟悉科學者助理之。

專門司　郎中一員，總理司務。

專門教務科　員外郎一員，主事一員，辦理科務。掌核辦大學堂、高等學堂及凡屬文學、政法、學術、技藝、音樂各種專門學堂一切事務，并稽核私立專門學堂教課設備是否合度，及應否允准與官立學堂享有一律權利，或須公款補助等事。

專門庶務科　員外郎一員，主事一員，辦理科務。掌保護獎勵各種學術技藝，考察各種專門學會，考察耆德宿學研精專門者，應否賜予學位及學堂與地方行政、財政之關係，又凡關於圖書館、博物館、天文臺、氣象臺等事均歸辦理，并掌海外游學生功課程度及派遣獎勵事等。

普通司　郎中一員，總理司務。

師範教育科　員外郎一員，主事二員，辦理科務。掌優級師範、初級師範學堂、盲啞學堂、女子師範學堂教科規程、設備、規則及關於管理員、教員、學生并學堂與地方行政、財政有關係之一切事務，又凡通俗教育、家庭教育及教育博物館等事務均隸之。

中等教育科　員外郎一員，主事一員，辦理科務。掌中學堂、女子中學堂教課規程，設備規則及關於管理員、教員、學生并學堂與地方行政、財政有關係之一切事務，又凡與中學堂相類之學堂一切事務均隸之。

小學教育科　員外郎一員，主事二員，辦理科務。掌小學堂之設立，維持教課規程、設備、規則及關於管理員、教員、學生并地方勸學所、教育會、學堂與地方行政、財政有關係之一切事務，又凡蒙養院及與小學堂相類之學堂一切事務均隸之。

實業司　郎中一員，總理司務。

實業教務科　員外郎一員，主事一員，辦理科務。掌農業學堂、工業學堂、商業學堂、實業教員講習所、實業補習普通學堂、藝徒學堂及各種實業學堂之設立維持，教課規程、設備、規則及關於管理員、教員、學生等一切事務。

實業庶務科　員外郎一員，主事一員，辦理科務。掌調查各省實業情形及實業教育與地方行政、財政之關係，并籌劃實業教育補助費等事。

會計司　郎中一員，總理司務。

度支司　員外郎一員，主事一員，辦理科務。掌本部經費之收支報銷及本部歲出歲入之預算決算及教育恩給事，管理本部所有財産器物，核算各省教育費用。

建築科　員外郎一員，主事一員，辦理科務。掌本部直轄各學堂、圖書館、博物館之建造、營繕并考核全國學堂、圖書館等之經營建造是否合度，可暫聘精通建築之技師為顧問。

司務廳　司務二員，掌開用印信、收發文件、值日值宿、遞摺傳抄摺件并管轄本部各項人役及不屬於各科雜項事件皆隸之，兼派本司員督理其事。

以上各司科事務均就目前情形擇要分配，以便各專責成，事分易理，嗣後如有增減改置之處，當隨時奏明辦理。

一、擬每司及司務廳設一、二、三等書記官，秩七、八、九品，按司之繁簡酌設，不定缺額，學部不用書吏，酌設書記生若干員，考選士人充補。

一、現在奏調各員除隨時酌量請補員缺外，其餘均作為候補額外司員，在相當品級上行走。

一、擬設視學官，暫無定員，約十二人以內，秩正五品，視郎中，專任巡視京外學務。其巡視地方及詳細規則，當另定專章奏明辦理。

一、擬設咨議官，無定員，不作為實缺、不限定常川在部，仿商部顧問官之例分為四等，一等視丞，二等視參議，均由學部奏派，三等視郎中、員外，四等視主事，均由學部委派，凡學部有重要籌議之件，隨時咨詢。該員於教育有所建議，均得隨時分別函呈，以備采擇。

一、擬設編譯圖書局，即以學務處原設之編書局改辦，其局長由學部奏派，其局員均由局長酌量聘用，無庸別設實官，并於局中附設研究所，專研究編纂各種課本。

一、擬設京師督學局，置師範教育、中等教育、小學教育三科，每科設長一人。其局長由學部奏派，其科長可酌派部中司員兼任，其科員則以聘用員充之。

一、擬設學制調查局，專研究各國學制以資考鏡預備，隨時改良章程。其局長由學部奏派，其局員由視學官內派充，別設譯官數人以任翻譯。以上各局長由原官兼充，體制視左右丞、左右參議。

一、擬設高等教育會議所，屬本部尚書、侍郎監督，其議員選派本部所屬職官。直轄各學堂監督、各省中等以上學堂監督，及京外官紳之學識宏通於教育事業，素有閱歷者充任，定期每年會議一次，又遇有重要事件時，亦可臨時招集會議，諸議員均奏請派充，其議長則就議員中公選。其應議事項、議員資格及會議規則當另定章程。又所中設庶務員二人，常理所務，即由本部酌派司員兼理。

一、擬設教育研究所，延聘精通教育之員定期講演，以教育原理及教育行政為主。本部人員均應按時聽講，庶設庶務員一人，編輯員一人，即由本部酌派司員兼理。

又《學部奏報分年籌備事宜摺》 臣部職司教育，大綱分為二端：一曰普通教育，一曰專門教育，為國家根本之計、憲政切要之圖。蓋立憲政體，期於上下一心，必普通教育實能普及，然後國民之知識道德日進，國民程度因之日高，庶幾地方自治、選舉議員各事乃能推行盡利，而庶政公諸輿論始無虛別滋弊端，此普通教育所以亟宜籌備者也。立憲之效，必以富强為歸，富强之政，斷非人才不舉。中國大利未興，百端待理，患在專門之學未精，專門之才太少，若不研究高等之學術，即不能得應用之人才，而富强之圖終鮮實濟，此專門教育所以亟宜籌備者也。

謹就臣部應行籌辦之事以及事關大局各省應同時并舉，著按年分條，先行繕具清單恭呈御覽。至各直省情形不一，籌備之事有緩急、難易之不同，應由臣部電咨各直省飭司妥速籌議，限期報部核定，再行開單奏明辦理。此外，容有應行辦理事宜為臣等一時為尚未籌及者，仍應隨時具奏請旨遵行。自此次分年籌備事宜奏定之後，臣部謹當按照年限切實奉行。惟是逐年辦理之事日增月益，而臣部款項祇有此數，事多財絀，恐有窮於因應之時。擬由臣部隨時奏懇天恩飭下部臣疆臣協力籌措，以濟要需。是否有當，應請旨飭下憲政編查館核議施行。謹奏。宣統元年閏月二十八日奉旨：著憲政編查館知道。欽此。

宣統元年預備立憲第二年

頒布簡易識字學塾章程。

頒布簡易識字課本。

頒布國民必讀課本。

頒布視學官章程。

頒布檢定兩等小學教員及優待教員等項章程。

頒布初等小學各科教科書。

頒布中學堂初級師範學堂教科書審定書目。

頒布女學服色章程。

頒布圖書館章程。

增補學堂管理章程。

編訂兩等小學堂中學堂教授細目，并行督學局及各省學司派兩等小學堂中學堂教員。同時編訂某項學堂教員即令編輯某項學堂細目，由該局及各該學司選擇善本，限年內送部考核，以備采擇。編定各種學科中外名詞對照表。擇要先編，以後按年接續。

京師籌辦分科大學。

京師開辦圖書館（附古物保存會）。

京師及各省設簡易識字學塾。

各省優級京師範學堂、中等實業學堂、初級師範學堂、各府中學堂未設立者，限本年一律設齊。（優級師範可先設一兩科，初級師範學堂可聯合兩府或三府共設一處，實業學堂或工業或農業或商業可隨宜先設其一，其邊僻省分不能依限設齊者，該省學司應將不能設齊之緣由申達學部）。

各廳州縣及城鎮鄉推廣兩等小學堂。

行各省學司整頓已設之各項學堂，均附整頓辦法。

行各省督撫飭學司體察該省情形，照後開四項預定分年籌備事宜按年列表（自宣統元年至宣統八年）。附加解説（已設者如何整理擴充、未設者如何次第籌辦），限年内送部核定四項列後：

一　師範教育。優級四類先設幾類，至第幾年設齊初級師範，全省擬設幾處，至第幾年設齊，以及女子師範保姆講習所。凡關係師範教育之類，均將辦法次第及成立期限并按年推廣之法列入表内。以下三項同此。

一　普通教育。小學、中學、女學、蒙養院、半日學堂、簡易識字學塾、官話講習所以及私塾改良風俗改良宣講所，凡關係普通教育之類。

一　實業教育。各等各項實業學堂，實業教員講習所，以及藝徒學堂、補習普通之類。

一　專門教育。各項高等學堂、專門學堂、博物館測候所以及遣派出洋留學生之類。派視學官分查各省學務。二十二省三年遍查一次，某年查某省臨時酌定具奏。各省提學使在任滿三年者，由學部照章實行考核，或留升或調或實授或撤回，請旨遵行。

編訂全國學堂統計表。（自本年起每年編一册通行各省，以資比較）。

編纂學部則例。

宣統二年預備立憲第三年

頒布高等小學教科書。

頒布小學中學教授細目。

審定各高等專門學堂所選講義。

編輯中學堂教科書。

編輯初級師範教科書。

編訂官話課本。

編訂初級師範學堂教授細目，并行督學局及各省學司派初級師範學堂教員，同時編訂由該局及各該學司選擇善本，限年内送部考核，以備采擇。

編輯女子小學教科書。

編輯女子師範教科書。

改正已發行之各種教科書（以後年年照行）。編輯各種辭典（以後逐年續編）。

頒布檢定中學教員及優待教員等項章程。

頒布檢定初級師範教員及優待教員等項章程。

實行檢定兩等小學教員及優待教員等項章程（以後每年續行）。

行各省因城、鎮、鄉已定之界域，分畫學區。

行各省督撫飭學司照學部核准該省所擬分年籌備事目。估計逐年所需經費，應出自國税者若干，應出自地方税者若干。

行各省一律設立存古學堂。

行各省一律開辦圖書館。

行各省學司、所有省城初級師範學堂及中小學堂兼學官話。此項課本未經頒布以前，均遵舊章講讀《聖諭廣訓直解》。

派視學官分查各省學務。

派員查看華僑學堂（間年查看一次），訂擬蒙、藏各地方興學章程。

宣統三年預備立憲第四年

京師籌設專門醫學堂。

京師籌設專門農業學堂。

頒布中學教科書。

頒布初級師範教科書。

頒布初級師範教授細目。

頒布女子師範教科書。

頒布女子小學教科書。

頒布檢查學生體格章程。

頒布官話課本。

京師設立官話傳習所。

行各省設立官話傳習所。
編譯高等專門以上學堂各種科學用書（以後年年接續）。
修定各學堂畢業奬勵章程。
實行檢定中學教員及優待教員等項章程。
實行檢定初級師範教員及優待教員等項章程。
擬訂學堂教員列為職官章程。
派視學官分查各省學務（是年查遍第一周）。
京師籌設專門工業學堂。
京師籌設專門商業學堂。
行各省督撫飭學司，清查全省十五歲以下之幼童人數及已未就學各若干人。（以後年年清查一次，年終報部）
行各省督撫就地方自治經費內劃分學務經費。
行各省推廣官話傳習所。
試行學堂教員列為職官章程。
定選派大學分科畢業生出洋留學章程。
派視學官分查各省學務。
行各省督撫飭學司確查全省人民識字義者若干人（以後年年清查一次）。
行各省學司、所有府直隸州廳初級師範學堂及中小學堂兼學官話。
派視學官分查各省學務。
編訂中學堂法制課本。
豫算明年學部及京外學務經費（以後年年照行）。
派視學官分查各省學務（是年查遍第二周）。
奏報全國人民能識字義人數。
續行編纂學部則例。
頒布强迫教育章程。
京師籌設音樂學堂。
派視學官分查各省學費。
奏報全國人民能識字義人數。
試行强迫教育章程。

行各省學司所有廳州縣中小學兼學官話。是年檢定教員章程內加入考問官話一條，初級師範學堂、中學堂、高等小學堂各項考試均加入官話一科。
派視學官分查各省學務（宣統九年查遍第三周，以後每三年遍查一次）。
奏報全國人民能識字義人數。
派員分查蒙、藏、回各地方學務。
謹將臣部改定各缺繕單恭呈御覽。
計　開
一　總務司添設郎中一缺，機要科、審定科各添設員外郎一缺，案牘科、審定科各添設主事一缺。
一　專門司添設郎中一缺，專門教務科添設員外郎一缺。
一　普通司添設郎中一缺，小學教育科添設員外郎一缺，中學教育科添設主事一缺。
一　實業司添設郎中一缺。
一　會計司添設郎中一缺。

劉錦藻《清朝續文獻通考》卷一二一《職官七・鹽政院》 宣統元年，諭：度支部《奏陳明淮浙鹽務大概情形》一摺，朕詳加披覽，深悉各省鹽務糾葛紛紜，疲敝日甚，非統一事權，修明法令，無以提挈大綱，維持全局。著派貝子銜鎮國公載澤為督辦鹽政大臣，凡鹽務一切事宜，統歸該督辦大臣管理，以專責成。其產鹽省分各督撫，本有兼管鹽政之責，均著授為會辦鹽政大臣，行鹽省分各督撫，於地方疏銷緝私等事，考核較近，呼應亦靈，均著兼會辦鹽政大臣銜；該大臣務當和衷共濟，通盤籌畫，尤須體恤民艱，一切事宜，隨時奏明辦理。
二年，督辦鹽政處會同度支部奏定《暫行章程》。【略】
三年，【略】命度支大臣載澤兼任鹽政院鹽政大臣。

雜録

《大清教育新法令・學部禮部會奏學禮兩部辦事界限》 恭照光緒三

十一年八月十三日奉上諭，前已有旨停止科舉及歲科考試飭令各省學政專司考校學堂事務，嗣後各該學政事宜著即歸學務大臣考核，毋庸再隸禮部，以昭劃一，欽此。臣等伏查從前之恩拔歲優貢及廩增附生均由學政考取册報禮部，其貢士舉人副貢親供卷册亦隸禮部，所有各省貢生監改籍更名出繼歸宗以及承蔭就職斥革開復各項事宜，向歸禮部承辦，以此欽奉上諭，學政專司考校學堂事務，毋庸再隸禮部，恭繹諭旨之意，似專指學堂而言，其從前之考試等事，應隸何部，未奉明文。現在停止科舉，推廣學堂，學部新設，籌劃一切章程，頭緒紛繁，又經政務處及袁世凱等奏准寬籌舉貢生員出路，將來保送舉貢及各省優拔貢等項考試，事體亦極繁重，各省因章程未定，文電交弛，紛紛請示。率皆分咨學禮兩部，若不劃定界限，竊慮承辦各員無所適從，公事轉多貽誤，且册檔文卷，均在禮部，往返咨查既延時日，若全移交學部，新舊分歧尤多不便。臣等公同會商，擬請將從前之貢士舉人恩拔副歲優貢并廩增附生例貢監生考試引見解卷行文以及改籍改名就職報捐一應事宜，統由禮部仍照例章分別校辦。至由學堂出身之進士舉人優拔副貢廩增附生暨出洋游學畢業生，并國子監歸并學部後，在學部領照之監生考試引見解卷行文以及改籍更名就職報捐一應事宜，統由學部查照新章分別校辦。如所劃定界限，庶承辦者有所遵循而事情亦不致歧誤矣。恭候命下即由臣等行知京外各衙門一體遵照。謹奏。

《大清新法令·學部奏變通官制擬將視學官改缺為差增設郎中等缺摺并單》　竊查臣部前於奏定官制摺内聲明，如有應行增減變通之處，酌量情形奏明辦理等因，奉旨允准在案。現經臣等體察情形，原定官制各條行之四年，尚能大小相維，内外相貫。惟從前創辦伊始，所設額缺較少，現在學堂日益推廣，部務日益繁重，原設額缺不敷分布，分曹治事，頗形竭蹶。查原定官制本設有視學官一項，額缺在十二人以内，此項人員不在各司治事，於本部現行事例，未必周知，而各司辦事之員長年安處京曹，但據文移為准駁，仰空籌畫，不知外省實情，是雖有視察之名，仍多隔膜之慮。臣等有見及此，故上届兩次奏派視學，仍就司員中慎擇派往，未經奏補實缺，現在再四籌商，惟有酌量變通，將原定視學一官改為差使，即以原設之十二缺分設郎中員外郎主事各缺，將來視察學務即在各司實缺候補人員及各局行走人員酌量奏派，更番迭代，則勞逸維均，彼出此歸，則情形皆悉。各司之缺，雖增官員之數仍舊，庶政畢修，名器不濫，實於學務前途良有裨益。謹將改設各缺另繕清單，恭呈御覽，如蒙俞允，即由臣部咨行吏部遵照，并一面慎選司員照例奏補。謹奏。宣統元年九月十九日。奉旨，依議。欽此。

大學堂分部

綜　述

麥仲華《皇朝經世文新編·學校上·孫家鼐〈議復開辦京師大學堂摺光緒二十二年七月〉》　奏為遵籌京師建立學堂大概情形，懇恩撥款開辦，恭摺復陳，仰祈聖鑒事：本年七月十三日，准總理各國事務衙門咨開，議復刑部左侍郎李端棻奏，請推廣學校以勵人才摺内，京師建立大學堂一節，係為擴充官書局起見，請飭下管理書局大臣，察度情形，妥籌辦理等因，奉旨依議。欽此，欽遵咨行到局。臣查本年正月總署原奏，請立官書局，本有建設學舍之説，臣奉命管理書局，所奏開辦章程，亦擬設立學堂，延請教習，是學堂一議，本總署原奏所已言，亦即官書局分内應辦之事。刻開辦書局，時近半年，各處咨取書籍，譯印報章，草創規模，粗有眉目。惟苦於經費不足，祇能略添儀器，訂購鉛機，搜求有用之圖書，采摭各邦之郵電，俾都人士，耳目見聞，稍加開拓而已。

若云作育人才，儲异日國家之大用，則非添籌經費，分科立學不為功。獨是中國京師建立學堂，為各國通商以來僅有之創舉，苟僅援前此官學義學之例，師徒授受以經義帖括，獵取科名，亦復何裨大局？即如總署同文館各省廣方言館之式，斤斤於文字語言，充其量不過得數十翻譯人才而止。福建之船政學堂、江南製造局學堂及南北洋水師武備各學堂，皆囿於一才一藝，即稍有成就，多不明大體，先厭華風，故辦理垂數十年，欲求一緩急可恃之才而竟不可得者，所以教之之道，固有未盡也。此中國舊設之學堂，不能仿照辦理也。

泰西各國，近今數十載，人才輩出，國勢驟興，學校遍於國中，威力行於海外，其都城之所設大學堂，規模閎整，經費充盈，教習以數百計，生徒以數萬計。其學有分四科者、五科者、六科者，仍廣立中學小學，以次遞升，暗與中國論秀書升之古制相合，遂以争雄競長，凌抗中朝，犖犖羣才，取之宫中而皆備，非僅恃船堅炮利為也。

當兹事變日多，需才孔亟，以蓄艾卧薪之意，為懲前毖後之方，亟應參仿各國大學堂章程，變通辦理，以切時用。第各國分科立學，規制井然，而細繹其用心致力之端，終覺道器分形，略於體而詳於用，故雖勵精圖治，日進富强，而雜霸規為，未能進於三代聖王之盛治者，亦其學限之耳，况外國學校經費充溢，千狐集腋，非一日所成，驟欲一蹴而幾，安得有此財力，此外國大學堂之法，亦有不能全行仿辦者也。臣與在局諸臣，悉心籌議，深知此事定制之難，創始之不易。且中國堂堂大國，立學京師，尤四海觀瞻之所係，一或不慎，則徒招譏議，無補時艱，反不如不辦之為愈矣，刻仍内外函商，周咨博訪，務求悉臻美善，以期仰副聖明。謹先將現在籌辦大概情形，臚為六事，縷析為我皇上陳之：

一曰宗旨宜先定也。中國五千年來，聖神相繼，政教昌明，決不能如日本之舍己蕓人，盡棄其學而學西法。今中國京師創立大學堂，自應以中學為主，西學為輔；中學為體，西學為用；中學有未備者，以西學補之，中學有失傳者，以西學還之。以中學包羅西學，不能以西學凌駕中學，此是立學宗旨。日後分科設教，及推廣各省，一切均應抱定此意，千變萬化，語不離宗，至辦理章程，有必應變通盡利者，亦不得拘泥迹象，局守成規，致失因時制宜之妙。

二曰學堂宜造也。書局初開，為節省經費起見，暫賃民房，一切已多不便。今學堂將建，則講堂齋舍，必須爽塏宜人，儀器圖書，亦必庋藏合度。泰西各國，使署密邇，聞中國創立學校，亦將相率來游，若湫溢不堪，適貽外人笑柄。擬於京師適中之地，擇覓曠地，或購民房，創建學堂，以崇體制。先建大學堂一區，容大學生百人，四圍分建小學堂四所，每學容小學生三十人，堂之四周，仍多留隙地，種樹蒔花，以備日後擴充，建設藏書樓、博物院之用。

三曰學問宜分科也。京外同文方言各館，西學所教亦有算學格致諸

端，徒以志趣太卑，淺嘗輒止，歷年既久，成就甚稀，不立專門，終無心得也。今擬分立十科：一曰天學科，算學附焉；二曰地學科，礦學附焉；三曰道學科，各教源流附焉；四曰政學科，西國政治及律例附焉；五曰文學科，各國語言文字附焉；六曰武學科，水師附焉；七曰農學科，種植水利附焉；八曰工學科，製造格致各學附焉；九曰商學科，輪舟鐵路電報附焉；十曰醫學科，地産植物各化學附焉。總古今，包中外，該體用，貫精粗，理索於虚，事徵諸實，立格以待奇杰，分院以庋圖書。風會既開，英才自出，所謂含宏光大，振天綱以賅之也。雖草創規模，未能開拓。而目張綱舉，已為萬國所無，他日并包六合之機，權輿於是矣。

四曰教習宜訪求也。大學堂内應延聘中西總教習各一人，中國教習，應取品行純正，學問淵深，通達中外大勢者，雖不通西文可也。外國教習，須深通西學，兼識華文，方無扞格，如實難其選，則擬先聘一人，修脯必豐，禮敬必備，中西教習，一律從同，此燕昭築黄金臺，以待天下賢士之意也。四小學堂，每堂延中西教習各一人，亦須學正品端，足為師表者，乃膺其選。西師所教，先以英法為言，如能兼習德俄，尤便翻譯書籍，應俟届時察酌辦理。

五曰生徒宜慎選也。大學堂學生，年以二十五歲為度，以中學西學一律賅通者為上等，中學通而略通西學者次之。西文通而粗通中學者又次之，仍分三班，給發薪水，頭班月八金，二班六金，三班四金，由同文方言各館調取，内外各衙門咨送及舉貢生監曾學西文者，自行取給投考。惟中西各學，均須切實考驗，第其優劣，分别大留，仍須性行温純，身家清白，方能入選，四小學之學生。年以十五歲為度，便於學習語言。創辦時額數無多，暫由滿漢各官員子弟中報名投考，亦須中文粗通識字稍多者，方能入選，不足再出示招考，由鄉鄰具結，確係讀書世家，乃准與考，考取入學，自備薪水，不出束脩，數年後中西各學俱通，升入大學堂，始給薪水，以示鼓勵。

六曰出身宜推廣也。學而不用，養士何為，用違其才，不如不用。中國素重科目，不寬予以出身之路，終不能鼓舞人才，擬參酌中西，特闢三途，以資激勵：一曰立科。光緒甲申，禮部議覆潘衍桐摺，請立算學一科，以二十名取中一名，然屢届人數，均不滿額，擬援此例，立時務一

科，包算學在內，鄉會試由大學堂咨送與考，中式名數，定額宜寬，應俟學堂規模大定之時，請旨辦理。一曰派差。學生應試不中者，由學堂考驗，仿西例獎給金牌文憑，量其所長，咨總署派往中國使館，充當翻譯隨員，或分布南北洋海軍、陸軍、船政、製造各局，幫辦一切，以資閱歷。三曰分教。泰西各國，有所謂師範學堂者，專學為師，大學堂學生，如不能應舉為官者，考驗後，仿泰西例獎給牌憑，任為教習。各省立學之始，皆先向京師大學堂咨取充當，則師資自有，俯仰無憂，京外各學堂，亦可聯為一氣矣。

此六事者，準今酌古，原始要終，實已兼包中外，以後詳細辦法，或應行推廣，一切未盡事宜，容當博采羣言，隨時奏明請旨，惟是開辦之始，籌款為先，泰西各國學校，歲需幾與官俸兵餉相等，有多至華銀八千餘萬兩者。英京大學堂歲支九百萬鎊，故爾規模閎整，俊彦雲興，中國總署同文館歲費二十餘萬兩，天津醫學堂歲費十萬兩，各省同文方言各館，水師武備各堂，歲費十餘萬、數萬兩不等，大抵草率狹隘，日久因循，卒未聞成就一人，足以上濟國家之急，固緣辦理之未善，亦苦於經費之不敷耳。

今京師創立大學堂，款太多則籌措維艱，款太少則開銷不足，思維再四，昕夕旁皇，伏念學堂一事，屢經臣工條奏明旨飭行，良以時局多艱，亡羊補牢，非有人才，不能自立。今設學堂於輦轂之地，耳目近接，稽察易周，臣等仍當慎選真才，力求核實，以上副聖主寤寐求賢之至意。

內外諸臣，受恩深重，以人事君之素志，具有同心，豈宜惜此區區，致撓盛舉！應請旨飭下户部飛飭南北洋大臣，無論何款，按月各撥銀五千兩，解交户部，作為京師學堂專款。自奉旨之日為始，由臣飭派局員，按月領取，俾得從容布置，刻期一載，當可告成。此款比之泰西，固屬泰山之毫末，即較之各省學堂同文各館，亦尚係酌中之數，得半之間，而不敢斤斤於體制所存，率請多撥者，實以無徵不信，創始維艱，俟他日成效已彰，人才漸出，續行奏請，添撥款項，廣置生徒，以漸推行於各省。庶循名責實，慎始圖終，海宇傾風，賢才輩出，師師濟濟，為國干城，內治外交，永不必借材异地，此則皇上之洪福，臣等之素心，抑亦宗廟社稷之神靈所默為呵護者已。所有籌議學堂大概情形，及請撥款開辦緣由，謹繕摺上陳，乞皇上聖鑒訓示。謹奏。

《清德宗實録》卷四一九 （光緒二十四年五月十五日）軍機大臣會同總理各國事務衙門王大臣奏，遵旨籌辦京師大學堂，并擬詳細章程繕單呈覽一摺，京師大學堂為各行省之倡，必須規模宏遠，始足以隆觀聽而育英才。現據該王大臣詳擬章程，參用泰西學規，綱舉目張，尚屬周備。即着照所擬辦理，派孫家鼐管理大學堂事務，辦事各員，由該大臣慎選奏派，至總教習總司功課，尤須選擇學賅中外之士，奏請簡派。其分教習各員，亦一體精選，中西并用。所需興辦經費，及常年用款，着户部分別籌撥，所有原設官書局及新設之譯書局，均着并入大學堂，由管學大臣督率辦理。此次設立大學堂，為廣育人才，講求時務起見，該大臣務當督飭教習等，按照奏定課程，認真訓迪，日起有功，用副朝廷振興實學至意。

又 卷四二二 （光緒二十四年六月二十二日）孫家鼐奏，籌辦大學堂大概情形一摺，所擬章程八條，大都參酌東西洋各國學校制度暨內外臣工籌議，與面奏擬定辦法間有變通之處，縷晰條分，尚屬妥協。造端伊始，不妨博取衆長，仍須折衷一是。即着孫家鼐按照所擬各節認真辦理，以專責成。其學堂房舍，業經准令暫撥公所應用，交內務府量為修葺，着內務府克日管理，交管理大學堂大臣，以便及時開辦，毋稍延緩。另片奏議覆給事中鄭思贊奏推廣學堂月課章程，請將額滿之員按月甄別等語。着依議行，惟茲事體大，必須精益求精，務臻美善。所有一切未盡事宜，及時體察情形，妥籌具奏。至派充西學總教習丁韙良，據孫家鼐面奏，請加鼓勵，着賞給二品頂戴，以示殊榮。

《萬國公報·京師大學堂條規一八九九年一月》 一、崇敬先師，於學堂正廳安奉至聖先師孔子牌位。春秋丁祭，管學大臣、漢總教習、總辦、提調、分教習、仕學院諸員率各堂學生致祭，行三跪九叩禮。每月朔望，提調、分教習率各堂學生行三跪九叩禮。開學之始，管學大臣至學生，皆於先師神位前行三跪九叩禮。

一、學堂大門啓閉，夏季卯初開鎖，戌正落鎖；冬季日出開鎖，戌初落鎖。其鑰匙交住堂之提調收存。開閉時親往驗視鎖鑰有何弊端，須留意防範。已閉之後，未開之前，一切人等不得出入，有公文要事須回明提調酌行，違者重懲。

一、中文分教習功課，定夏季辰初上堂，午初散堂；冬季辰正上堂，午正散堂，不得遲誤分毫。

一、每日用膳時刻，夏季午正早飯，酉正晚飯。冬季午初早飯，酉初晚飯。

一、上堂既定有時刻，屆時擊梆一次齊集，功課已畢擊梆散堂，不得故意遲延。

一、凡提調、分教習各員分内之事，不得推諉；分外之事不得侵越。當由管學大臣總教習定其權限，以期責有攸歸，如有貽誤，一人承擔。

一、開辦之始大局所關，在事各員，宜體驗時事艱難，以副皇上教育人才之至意，務宜力除積習，不可以此為應酬情面之舉，此舉而善，將來成效可觀，辦法益可推廣，所舉而不善，則衆論不孚，將來窒礙者又不止學務而已，此全在任事諸君子，大公無我，不得絲毫徇情。

一、每日到堂無論提調教習仕學院官輪一人，宣講四書經書一段或《資政要》、《覽勸善要言》、《五種遺規》均可，宣講者上座，同學者祇肅靜聽，然後讀書，學生中有能宣講者，亦可由教習選派。

一、學生齋舍約分十人為一齋，每齋由本齋學生公舉齋長一人，如學生有犯學規各事，由齋長據實舉發，其有包庇與誣告者一經查出，反罪齋長。

一、小學堂學生專歸分教習約束，每位約束十人，教習學生住宜相近。

一、記誦詞章不足為學，躬行實踐乃謂之學，五經四子書如日月經天江河行地，歷萬古而常新，又如布帛菽粟不可一日離。學者果能切實敦行，國家何患無人才，何患不治平，雖勝殘去殺皆可做得到，豈僅富强云爾哉！學人能貫通羣經固好，否則專治一經，餘經但隨時涉獵，通其大意亦可。

一、原議學生分為兩項：均准入學肄業。查内閣人員庶吉士以及小京官筆帖式，雖為諭旨所未及，固當與編檢司員一體入學，至於舉人已經揀選知縣者與候選知縣同，亦宜概准入學，以副聖朝樂育人才之意。

一、學額舊定五百名，現在陸續報名已大過原額，擬先行考試。凡非正途出身，應考驗其文理，以定去留。至於舉班及優拔貢朝考録用者，即可經准入學，不必再加考試。

一、初次甄別點名扃門蓋戳不繼燭，均照考試章程辦理，考生接卷入座後，由管學大臣總教習當堂出題，分制藝策論，聽作一藝即為完卷，如未經開筆，令默寫經書一段，約以百餘字為率，不錯不落即為完卷。

一、先經報名而現不在京者甚多，以後均准其隨時報到，續行收考。

一、住京八旗人員寬加收録，如學業尚淺而心地忠實者，可留入學堂，以開風氣而造人才。

一、學生到學堂後先習中學十許日，由教習提調悉心察看，如其人志在兵學或可習製造槍炮等事者，令習俄德文；其性於公法條約為近者，令習法文；欲習農工商等務者，令習英文及日本文，如此則以後再延專門之教習，亦易為力。

一、到學三月以後，由提調教習各具册一本，考察其勤惰優劣，有不率教者開除，務須詳為登記，互相考核，不得瞻徇情面，意為進退。

一、凡在學肄業者統以三年為期滿，其完娶丁艱患病，去則出額，還則補額，仍扣足三年為期，期滿之後，由管學大臣總教習切實考驗，果能品學兼優，照同文館南北洋章程酌請獎敘，如有苦心孤詣，志在究極精博，期滿願留者，亦由管學大臣總教習考驗屬實，方准留學，此等學成具奏保獎。

一、仕學院以百員為額，四十人住堂為正班，六十人不住堂為外班。

一、年在二十以外之大員子弟八旗直省各項門生兼襲雲騎尉、恩騎尉之文生，五、六、七品之京外官，舉拔優廩增附貢監以二百人為額，百人住堂為正課，百人在外應課為附課。

一、年在二十以内之大員子弟，候選之京外官，官學生廩增附監生例貢生京官子弟以六十人為額。以上兩項正課出額，附課接補，其正途不加甄別者，以報名册先後為序。其非正途者，則以此次甄別等第為先後。

一、每月考課擬就西學放假之日，分制藝試帖為一課，策論為一課，一月兩課，由管學大臣總教習出題，提調分教習輪班監視，交卷後評定甲乙，仍由管學大臣總教習復看。

一、初入學堂之始，考試一次按其造詣之淺深，分為頭班、二班、三班，嗣後月課各為一榜，一榜之上，前列正課等第，後列附課等第，取優等者酌給獎賞，其屢列優等者按班遞升，屢列下等者遞降。

一、中西學分途考試等第，各分高下，兩不相礙。

一、入仕學院者不責以月課，如有願應月課者聽其自便。

一、仕學院願習洋學者，從洋教習指授考試。願習中學者，自行溫理舊業，惟經史政治掌故各項，務宜專認一門。每日肄習何書，涉獵何書，均應有日記，有札記，以資考驗。

一、學生觀書如有疑義，隨時向分教習質問，不得有意為難。若須他書參證，准閱條向藏書樓調取，閱訖繳還。

一、每日肄業暇時，必有體操功夫以養身，仿古人藏休息游之意。

一、功課無所考核無以分勤惰。宜分經義、史事、政治、時務四條按日札記，但取自抒己見，不論文幅短長，翌日上堂呈分教習評閱。分教習另立一簿，記其優者雙圈，次者單圈，再次尖圈，又次一叉，按月交提調呈總教習察核。

一、學校分班最為要義，不持以區别為鼓勵，且使同班功課一律，不至參差。似宜就原議詳加分析，凡中學已通，而西學又知門徑者作為頭班；中學已通而西學尚不知門徑者作為二班；其僅通中文而未通中學者作為三班，其中文尚未通者，則與原議十六歲以下、十二歲以上諸生同歸入小學堂內。其分班之處，入學時由教習等切實考驗分派，庶循序而進，不至凌節而施。

于寶軒《皇朝蓄艾文編》卷一五《京師大學堂統轄各省學堂光緒二十四年》 京師大學堂為各省之表率，萬國所瞻仰，規模當極宏遠，條理當極詳密，不可因陋就簡，有失首善體制。

各省近多設立學堂，然其章程功課皆未盡善，且體例不能劃一，聲氣不能相通。今京師既設大學堂，則各省學堂皆當歸大學堂統轄，一氣呵成，一切章程功課，皆當遵依此次所定，務使脉絡貫注，綱舉目張。

《光緒朝上諭檔·光緒二十七年十二月》 初一日奉上諭：興學育才，實為當今急務。京師首善之區，尤宜加意作育，以樹風聲，從前所建大學堂，應即切實舉辦。着派張百熙為管學大臣，將學堂一切事宜，責成經理，務期端正趨向，造就通才，明體達用，庶收得人之效。應如何裁定章程，并着悉心妥議，隨時具奏。欽此。

又《光緒二十七年十二月初五日》 奉上諭：昨已有旨飭辦京師大學堂，并派張百熙為管學大臣。所有從前設立之同文館，毋庸隸外務部，着即歸入大學堂，一并責成張百熙管理，務即認真整飭，以副委任。欽此。

王延熙、王樹敏《道咸同光奏議》卷六《御史張百熙敬陳大計疏光緒二十七年》 竊臣前在廣東學政任內，恭讀去年十二月初十日上諭，普諭京外大臣，各就現在情形，參酌中西政治與凡朝章、國故、吏治、民生、學校、科舉、軍制、財政，各抒所見，條議以聞，仰見朝廷蒙難艱貞，慨然變法自强之至意。臣愚以為目前諸事待舉，而其最關緊要刻不容緩者約有數端，謹據管見所及，臚陳五事，敢為我皇太后、皇上條晰言之。【略】

一、廣建學堂。科舉與學堂相表裏，科舉能求才，學堂能育才；科舉收急效，所以待成材，學堂以幼成，所以求實學。惟學堂者所以變舉國之風氣，廣天下之教育。茲事體大用宏，斷非支節為之、方隅限之所能得益。即以創始為難，亦應於各省遍設一中學堂，而議整頓京師大學堂，另立專官以董理之，大要約有六事：（一）廣籌經費。每一省學堂至少有十萬元方能敷用。（二）妥議章程。應參考西制，詳定辦法。（三）編定功課。應斟酌古今中外，詳議以聞。（四）妥議教習。大抵政治、法律等學有華人，格致、工藝等學宜用西人。（五）資遣游歷。學成之後，每學酌派數人游歷歐美，助其資斧。（六）優予出路。應以小學堂卒業者比生員，中學、大學卒業者比舉人、進士。仿日本法别設大學院，令進士入學其中，不加限制，俾其優游饜飫，以求深理，三年考成選翰林。如論人材不興，治道不立者，未之有也。

朱壽朋《光緒朝東華録》卷一七一《管學大臣張百熙奏籌辦大學堂大概情形摺光緒二十八年正月初六日》 臣張百熙跪奏：為籌辦大學堂大概情形，恭摺仰祈聖鑒事。竊臣於上年十二月初一日奉上諭：『興學育才，實為當今急務，京師首善之區，尤宜加意作養，前所建大學堂應即切實舉辦。着派張百熙為管學大臣，將學堂一切事宜，責成經理，務期端正趨向，造就通才。應如何裁定章程，并着悉心妥議，隨時具奏。』等因。欽此。臣自奉命以來，悉心考察，夙夜構思，一面查勘現在情形，一面預籌將來辦法計，惟有欽遵諭旨，端正趣向，造就通才，以仰副朝廷興學育才之至意。惟是從前所辦大學堂，原係草創，本未詳備；且其時各省學堂未立，大學堂雖設，不過略存體制，仍多未盡事宜。今值朝廷鋭意變法，百度更新，大學堂理應法制詳盡，規模宏遠，不特為學術人心極大關係，亦即為五洲萬國所共觀瞻，天下於是審治亂，驗興衰，辨强弱，人才之出出於此，聲名之係於此，是今日而再議舉辦大學堂，非徒整頓所能見功，實賴開拓以為要務，斷非因仍舊制、敷衍外觀所能收效者也。惟念臣本無學問，粗識事情，當國家圖治之時，正臣子致身之日，固不敢安於簡陋，亦何至稍涉鋪張，誠深悉唐虞三代古世所以致太平極治之規，又親見歐美日本諸邦所以變通興盛之故，確有憑據，諒不虛誣。今日中國若議救敗圖存，舍此竟無辦法。如使成規坐隘，收效無從，臣一身不足惜，所恐上無以對聖朝，下無以塞羣望，見輕外人，更傷國體，成敗之故，罔不隨之。臣既見及此，敢不直陳，用特粗擬推廣辦法五條，敬為我皇太后、皇上縷析言之：

一、辦法宜預定也。查各國學堂之制，大抵取幼童於蒙學卒業之後，先入小學堂。三年卒業，乃升入中學堂。如是又三年，乃升入高等學堂。如是又三年，乃升入大學堂。以中國準之，小學堂即縣學堂也，中學堂即府學堂也，高等學堂即省學堂也。今雖奉明諭，令各省、府、州、縣遍設學堂，至今奏報開辦者尚無幾處，是目前并無應入大學肄業之學生，而各省開辦需時，又不知何年而學堂方可一律辦齊，又何年而學生方能次第卒業。通融辦法，惟有暫且不設專門，先立一高等學堂，功課略仿日本之意，以此項學堂造就學生為大學之預備科；一面由臣請旨催辦各省學堂，三年之後，預備科所造人才與各省學堂卒業學生，一并由大學堂考取，升入專門肄業。所有預備科功課，謹遵繹本年變通科舉普設學堂歷次上諭，分為二科：一曰政科，一曰藝科。以經史、政治、法律、通商、理財等事隸政科；以聲光、電化、農工、醫算等事隸藝科。惟取入預備科肄業學生，亦須平日在中學堂卒業者，方能從事。查京外所設學堂已歷年，辦有成效者以湖北自强學堂、上海南洋公學為最。此外則京師同文館、上海廣方言館、廣東時敏學堂、浙江求是學堂開辦皆在數年以上。餘若天津高等學堂之已散學生，出洋游歷學生，外洋華商子弟，亦多合格之才。再由各省督撫、學政就地考取各府、州、縣高才生，咨送來京，由管學大臣復試如格，方准送大學堂肄業。其外省考試之法，由大學堂擬定格式，頒發各省，照格考取以免歧异。學生入學之後，俟三年卒業，由管學大臣擇及格者升入大學正科，有不及格者分別留學撤退。恭查本年上諭，已有各省選派出洋學生學成回華，由督撫外務部考驗之後，候旨分別賞給舉人、進士。明文大學堂預備科卒業生與各省學堂卒業生功課相同，應請由管學大臣考驗如格，擇尤帶領引見，候旨賞給舉人升入正科；又三年卒業，再由管學大臣考驗如格，帶領引見，候旨賞給進士。如此辦法，十年之後所造就者定多可用之材，以之綜理庶務，當無不足，富强之基，必立於此。惟是國家需才孔亟，士大夫求學甚殷，若欲收急效而少棄材，則又有速成教育一法。應請於預備科之外，再設速成一科。速成科亦分二門：一曰仕學館，一曰師範館。凡京員五品以下、八品以上，以及外官候選暨因事留京者，道員以下，教職以上，皆准應考入仕學館，舉貢生監等皆准應考入師範館。仕學館三年卒業，學有成效者，請准由管學大臣擇尤保奬。師範館三年卒業，學有成效者，由管學大臣考驗後，擇其優异定為額數，帶領引見。如原係生員者，准作貢生；原係貢生者，准作舉人；原係舉人者，准作進士。均候旨定奪。准作進士者，給予准為中學堂教習文憑；准作舉貢者，給予准為小學堂教習文憑。蓋預備科之學生，必取其年歲最富、學術稍精者，再加練習，儲為真正合格之才。速成科之學生，則取更事較多立志猛進者，取其聽從速化之效。此目前姑請緩立大學專門，先辦預備、速成二科之實在情形也。至將來奏定京師大學堂章程，擬即全照大學規模，恭擬上聞，以備异日學成升入正科之用，仍將現在所辦之預備科，并附設之速成科章程，暨頒發各直省高等學、中學、小學各章程，一并奏進，候旨遵行。再專門正科，開辦雖尚可少稽歲時，而考求不能不預為地步。擬俟照現擬章程先行開辦後，再由臣慎選通達純正之員，派赴歐、美、日本，考察其現行章程，應用書籍，又講求化學、電學，其房屋皆有一定造法，以及光學家之暗室、醫學家之暖房，凡欲深究專門，皆須先造特室，其圖式皆宜預向各國考求。再中國學堂所請西人教習，向皆就近延其本居中國者，或為傳教來華之神甫，或為海關退出之廢員。在教者本非專門，而學者亦難資深造。且西國學問數年一變，則其人才亦月異而歲不同。將來延請教習專門，亦非在彼國文部及高等學堂考問，不能分別優劣，似派員考察一層為必不可少之舉。現在湖北聞已派人先赴日本，即用此意。屆時擬由臣選得其人，再行奏請辦理。

一、講舍宜添建也。查現在大學堂，從前原係暫撥應用，原議本須另撥地面，俾可建合格之屋。又須令四面皆有空地，以便陸續增造工、醫等項專門學堂。今請仍照此議，將來另須撥地新造，方足便推廣而壯規模。惟目前一切尚待推求，一面趕為開辦，衹好仍就舊基修葺，并將附近地方增拓辦理。臣親往勘視，丈量學堂四面圍墻，計南北不過六十丈，東西不過四十丈，中間所有房屋僅敷講堂及教習官役人等之用。其西北兩邊講舍，共計不足百間，非大加開拓，萬萬不敷居住。現勘得學堂東、西、南三面，皆可拓開數十丈。其地面所有房屋多係破舊民房，若公平估價，購買入官，所費當不甚巨。此項新拓地面，即作為增建學舍之需。查大學堂開辦約二年，學生從未足額，一切因陋就簡，外人往觀者至輕之，等於蒙養學堂，此於上國聲名極有關係。朝廷興學育才，方以振起全局為要歸。況臣誠不敢希圖省事，至使中國未收變通之效，而先貽外人以口實之譏。一經開辦，學生足額之後，若再加以同文館學生，以及官員司役人等，總在千人以上，斷非此方數十丈之地所能容納。查外省如廣東之廣雅書院，湖北之自强學堂、兩湖書院，上海之南洋公學，視大學堂現在基址皆大至數倍，或一倍不止，斷無京師制度反減於外省之理。若過於狹隘，不特無以示天下，亦且無以示國中。是增建講舍實為學堂首先應辦之事，不能不據實上陳者也。

一、譯局宜附設也。查現隸大學堂官書局，開辦最早，當時即選譯各局書籍及外洋各種報章。上海設立南洋公學，江寧新設學堂，亦先後奏設譯書局。是譯書一事，實與學堂相輔而行。擬即就官書局之地開辦譯局一所，蓋欲求中國經史、政治諸學，非藏書樓不足以供探討之資；欲知西國政治、工商等情，非譯書局不足以廣見聞之用也。惟欲隨時采買西書，刷印譯本，更宜設分局於上海，則風氣既易流通，辦理亦較妥便。又翻譯東文費省而效速，上海就近招集譯才，所費不多而成功甚易。南中紙張工匠比京師尤賤，擬即將東文一項在上海隨譯隨印，可省經費之半。惟是中國譯書近三十年，如外洋地理名物之類，往往不能審為一定之音，書作一定之字。擬由京師譯局定一凡例，列為定表，頒行各省，以後無論何處譯出之書，即用表中所定名稱，以歸劃一，免淆耳目。然譯局非徒翻譯一切書籍，又須翻譯一切課本。泰西各國學校，無論蒙學、普通學、專門學，皆有國家編定之本，按照卒業，皆有定程。今學堂既須考究西政西藝，自應翻譯此類課本，以為肄習西學之需。惟其中有與中國風氣不同及牽涉教宗之處亦應增刪潤色，損益得中，方為盡善。至中國《四書》、《五經》為人人必讀之書，自應分年計月，垂為定課。此外百家之書，浩如烟海，亦宜編為簡要課本，按時計日，分授諸生。蓋編年紀傳、諸子百家之籍，固當以兼收并蓄，使學子隨意研求；然欲令教者少有依據，學者稍傍津涯，則必須有此循序漸進、由淺入深之等級。故學堂又以編輯課本為第一要事。現各處學堂，皆急待國家編定，方有教法。上海南洋公學、江鄂新設學堂，即自編課本以教生徒，亦不得已之舉也。臣惟國家所以變法求才，端在一道德而同風俗，誠恐人自為學，家自為教，不特無以收風氣開通之效，且轉以生學術凌雜之虞，應請由臣慎選學問淹通、心術純正之才，從事編輯，假以歲月，俾得成書。書成之後，請頒發各省、府、州、縣學堂應用，使學者歷途徑而可登堂奥，於詳備而先得條流，事半功倍，莫切於此。

一、書籍儀器宜廣購也。查大學堂去歲先被土匪，後住洋兵，房屋既殘毀不堪，堂中所儲書籍、儀器，亦同歸無有。臣愚以為大學堂功課，不外政、藝兩途，政學以博考而乃精，藝學以實驗而獲益。書籍、儀器兩項，在學堂正如農夫之粟、商賈之錢，多多益善，不特前所有者固當買補，即前所無者亦宜添購，方足以考實學而得真才。查近來東南各省，如江南、蘇州、杭州、湖北、揚州、廣東、江西、湖南等處官書局，陸續刊刻應用書籍甚多，請准由臣咨行各省，將各種調取十餘部不等。此外民間舊本、時務新書，并已譯、未譯西書，均由臣擇定名目，隨時購取，歸入藏書樓，分別查考翻譯。至儀器一項，除算學家所用以測量，圖學家所用以繪畫外，如水、火、氣、力、聲、光、電、化以及醫學、農學專門，應用甚多，不特每門皆有器具全副，即隨時試驗材料藥水等項，學生愈多，則購用愈繁，學問愈精，則考驗愈數，此類尤不可省。譬之武備，靳予槍炮子藥，而責以準頭命中，必不能矣。現擬先向上海、日本等處，購辦萬餘金，以為開辦普通要需。再籌定經費，向歐美各國廣購，歸入各專門應用。惟采買必須得人，價目務從核實，俟臨時由臣采訪通達誠樸之員，遣往辦理，以期器歸實用，款不虛糜。

一、經費宜寬籌也。學堂之設，其造就人材為最，至其需用款項亦最繁。從前大學堂教習功課，僅分語言、文字數科，略教公法、格致數事，教習既無多人，學生亦未足額，計每歲所費已在十萬金上下。今議規模既須宏備，則款項何止倍增？加以現在情形，一切講舍、書籍、儀器等項，或半舊殘破，或掃地無遺，計修理舊屋，增造新齋，暨購買各項政學應用書籍，輿圖，藝學備驗器具、材料等件，又增添翻譯西書，編輯課本等局費亦不資；將來推廣博物院，驗工場，以及派員考察之資，學生游歷之費，亦動需巨款。查户部向有存放華俄銀行庫平銀五百萬兩，每年四厘生息，應得庫平銀二十萬兩，申合京平二十一萬二千兩。光緒二十四年經户部奏准，以此項息銀由該行按年提出京平銀二十萬零六百三十兩，撥作大學堂常年用款，僅餘一萬一千三百七十兩未撥。今請將此項存款銀兩，全數撥歸大學堂，仍存放華俄銀行生息，則款項既有專注，名目亦免涉紛歧，將來或支或存，由學堂自與銀行結算，每歲年終開單呈覽，免其造册報銷，似此較為直截。至去歲學堂停辦，當有未經付出存款，當時一律交回華俄銀行暨中國銀行暫行收管，并經知照户部在案。現在學堂事同創始，需用一切開辦經費甚多，應請將前項存款仍發回學堂應用。惟似此辦法，常年款項所增尾數，究屬無幾，仍須添撥巨款，方足以資挹注。查近年各直省如江南、四川、湖北、湖南等處，督撫皆資遣學生出洋，每次亦費至數萬金。今大學堂既定高等功課，專門教習，則前項學生赴外肄業，可送外國者亦可送大學堂。且大學堂專門正科，本為各省高等學堂卒業學生資送肄業地步，則各省理宜合籌經費，撥濟京師。應請飭下各直省督撫，大省每年籌款二萬金，中省一萬金，小省五千金，常年撥解京師大學堂。有此增添常款，庶幾得以展布一切，而諸事自日起而有功，人才亦積久而漸出矣。

以上五條以預定辦法，一條為總立大綱，以購買書籍、儀器，附設譯局。一條為講術實用，以增建學舍。一條為漸拓規模，而尤以寬籌經費。一條為諸事根原。均乞恩准施行，俾臣得以從容布置。至各直省合籌經費一節，仍懇明降諭旨，飭令各直省督撫務籌的款，按季撥解大學堂應用，出自逾格鴻慈。所有遵旨籌辦大學堂大概情形，理合繕摺具奏，伏乞皇太后、皇上聖鑒。謹奏。

光緒二十八年正月初六日奉上諭：張百熙籌辦學堂大概情形一摺，披閲所擬章程，大致尚屬周妥，着即認真舉辦，切實奉行。朝廷於此事垂意至殷，原冀興學儲才，以備國家任使，務各殫精竭慮，爭自琢磨。總之，學術純疵為人才消長之機，亦即風俗汙隆所繫，一切條規，將來即以通行各省，必當斟酌盡善，損益得中，期於一道同風，有實效而無流弊。張百熙責無旁貸，仍着細心籌畫，逐漸擴充，次第興辦，以副委任。所需經費，着各省督撫量力認解。其有未盡事宜，應即隨時具奏。欽此。

清・張百熙《進呈學堂章程摺光緒二十八年七月十二日》 臣張百熙跪奏：為遵擬學堂章程，恭摺仰祈聖鑒事。竊臣於本年正月具奏籌辦大學堂大概情形摺内陳明，將來奏定京師大學堂章程，擬即全照大學規模恭擬上聞，仍將現在所辦預備科并附設之速成科暨頒發各直省高等學、中學、小學各章程，一并奏進，候旨遵行。奉上諭：『一切條規，將來即以頒行各省，必當斟酌盡善，損益得中，期於有實效而無流弊。』等因。欽此。欽遵在案。臣謹按：古今中外，學術不同，其所以致用之途則一。值智力并爭之世，為富强致治之規，朝廷以更新之故而求之人才，以求才之故而本之學校，則不能不節取歐、美、日本諸邦之成法，以佐我中國二千餘年舊制，固時勢使然；第考其現行制度，亦頗與我中國古昔盛時良法，大概相同。《禮記》載：『家有塾，黨有庠，術有序，國有學。』試比之各國，則國學即所謂大學也，家塾、黨庠、術序即所謂蒙學、小學、中學也，其等級蓋頗分明。《記》又曰：『比年入學，中年考校，一年視離經辨志，三年視敬業樂羣，五年視博習親師，七年視論學取友，謂之小成；九年知類通達，强立而不反，謂之大成。』其一年、三年、五年、七年、九年之節，即所謂大學、中學、小學、蒙學之卒業期限也。其科目則唐有律學、算學、書學諸門，宋因唐制，而益以畫學、醫學，雖未及詳備，亦與所謂法律、算學、習字、圖畫、醫術各學科不甚相殊。自司馬光有分科取士之説，朱子《學校貢舉私議》，於諸經、子、史及時務皆分科限年，以齊其業；外國學堂有所謂分科、選科者，視之最重，意亦正同。大抵中國自周以前選舉學校合為一，自漢以後，專重選舉，及隋設進士科以來，士皆殫精神於詩賦策論，所謂學校者，名存而已。故今日而議振興教育，必以真能復學校之舊為第一要圖。雖中外政教風氣原本不同，然其秩序條目之至賾而不可亂者，固不必盡泥其迹，亦不能不兼取其長，以期變通而盡利。臣此次所擬章程，謹上溯古制，參考列邦，擬定《京師大學堂章程》，并《考選入學章程》，暨頒發各省之高等學堂、中學堂、小學堂章程各一份。又蒙養學堂為小學始基，前奉諭旨令各省舉辦，謹再擬《蒙學堂章程》一份，共六件，一并開呈御覽，恭候欽定頒行。

抑臣更有請者：天下之事，人與法相維，用法者人，而範人者法。今學堂圖始之時，關係於學術人才者甚大，法之既立，非循名責實，則積習所狃，既不能返之一朝，而粉飾相因，且滋無窮之弊。臣擬請《欽定章程》頒行之後，即乞飭下各省督撫，責成地方官核實興辦。凡名是實非之學堂，及庸濫充數之教習，一律整頓從嚴，以無負朝廷興學育才之盛心；而學校選舉，亦漸能合轍同途，以仰幾三代盛時之良軌。至朝廷立法，不厭求詳，各本章程試辦數年之後，倘不無窒礙，或須更造精深之處，應請隨時增改，奏明辦理。所有遵擬學堂章程緣由，理合繕摺具陳，伏乞皇太后、皇上聖鑒訓示。謹奏。

光緒二十八年七月十二日奉上諭：張百熙奏遵擬學堂章程開單呈覽一摺，披閱各項章程，尚屬詳備，即着照所擬辦理；并頒行各省，着各該督撫按照規條，寬籌經費，實力奉行，總期造就真才，以備國家任使。其京師大學堂，着責成張百熙悉心經理，加意陶熔，樹之風聲，以收成效，期副朝廷興學育才之至意。開辦之後，如有未盡事宜，應行增改，仍着隨時審酌，奏明辦理。欽此。

《欽定京師大學堂章程光緒二十八年七月十二日》

第一章　全學綱領

第一節　京師大學堂之設，所以激發忠愛，開通智慧，振興實業；謹遵此次諭旨，端正趨向，造就通才，為全學之綱領。

第二節　中國聖經垂訓，以倫常道德為先；外國學堂於知育體育之外，尤重德育，中外立教本有相同之理。今無論京外大小學堂，於修身倫理一門視他學科更宜注意，為培植人材之始基。

第三節　歐、美、日本所以立國，國各不同，中國政教風俗亦自有所以立國之本；所有學堂人等，自教習、總辦、提調、學生諸人，有明倡异説、干犯國憲及與名教綱常顯相違背者，查有實據，輕則斥退，重則究辦。

第四節　京師大學堂主持教育，宜合通國之精神脉絡而統籌之。現奉諭旨，一切條規，即以頒行各省；將來全國學校事宜，請由京師大學堂將應調查各項擬定格式簿，分門羅列，頒發各處學堂，於每歲散學後，將該學堂各項情形，照格填注，通報京師大學堂，俟彙齊後，每年編訂成書，恭呈御覽。

第五節　京師大學堂本為各省學堂卒業生升入專門正科之地，無省學則大學堂之學生無所取材。今議先立豫備一科，本一時權宜之計；故一年之內，各省必將高等學堂暨府、廳、州、縣中、小學堂一律辦齊。如有敷衍遲延，大學堂届期請旨嚴催辦理。

第六節　同文館歸并之後，經費無着，變通辦法，擬於豫備、速成兩科中設英、法、俄、德、日本五國語言文字之專科，延聘外國教習講授。

第七節　學堂開設之初，欲求教員，最重師範。現於速成科特立專門之外，仍擬酌派數十人赴歐、美、日本諸邦學習教育之法，俟二三年後卒業回華，為各處學堂教習。

第八節　現在諸事創舉，尚待考求，一切章程勢不能悉臻完善，所有增添更改之處，應准隨時陳奏辦理。

第九節　此次所奏定之章程，擬譯成西文、東文各一分，俾外國教習一律照辦，不得歧誤。

第十節　環球各國，合上下之精神財力，尤注重練兵；兵之所以精，則以通國皆兵，又無一不出於學。中國陸軍、海軍，應請廣立專門學堂，不在各學分科之內。

第十一節　約束學生規則及辦事章程，此次奏定各條皆係約舉大要。其涉於煩碎者，須俟開辦後體察情形，詳立各門，以資遵守。

第二章　功　課

第一節　欲定功課，先詳門目，今定大學堂全學名稱：一曰大學院，二曰大學專門分科，三曰大學豫備科。其附設名目：曰仕學館，曰師範館。除大學院為學問極則，主研究不主講授，不立課程外，茲首列大學分科課程，次列豫備科課程。其仕學、師範二館課程，亦以次附焉。

前次學堂有醫學一門，兼施學堂中之診治，今請仍舊辦理，照各國實業學堂之例附設一所，名曰醫學實業館。所有醫學館章程，另編具奏。

第二節　大學分科門目表：

大學分科，俟豫備科學生卒業之後再議課程，今略仿日本例，定為大綱，分列如下：

政治科第一，文學科第二，格致科第三，農業科第四，工藝科第五，商務科第六，醫術科第七。

政治科之目二：一曰政治學，二曰法律學。文學科之目七：一曰經學，二曰史學，三曰理學，四曰諸子學，五曰掌故學，六曰詞章學，七曰外國語言文字學。格致科之目六：一曰天文學，二曰地質學，三曰高等算學，四曰化學，五曰物理學，六曰動植物學。農業科之目四：一曰農藝學，二曰農業化學，三曰林學，四曰獸醫學。工藝科之目八：一曰土木工學，二曰機器工學，三曰造船學，四曰造兵器學，五曰電氣工學，六曰建築學，七曰應用化學，八曰采礦冶金學。商務科之目六：一曰簿計學，二曰產業製造學，三曰商業語言學，四曰商法學，五曰商業史學，六曰商業地理學。醫術科之目二：一曰醫學，二曰藥學。以上科目粗具，至詳細課程，俟豫備科學生卒業之後，酌量情形現行妥定。

第三節　豫備科課程門目表：

豫備科課程，依原奏分政、藝兩科，習政科者卒業後升入政治、文學、商務分科；習藝科者，卒業後升入農業、格致、工藝、醫術分科。各省高等學堂課程，照此辦理。今列如下：

政科

科目	教習
倫理第一	中教習授
經學第二	中教習授
諸子第三	中教習授
詞章第四	中教習授
算學第五	中、外教習兼授
中、外史學第六	中、外教習兼授
中、外輿地第七	中、外教習兼授
外國文第八	外國教習授
物理第九	外國教習授
名學第十	外國教習授
法學第十一	外國教習授
理財學第十二	外國教習授
體操第十三	中、外教習兼授

藝科

科目	教習
倫理第一	中教習授
中、外史學第二	中、外教習兼授
外國文第三	外國教習授
算學第四	中、外教習兼授
物理第五	外國教習授
化學第六	外國教習授
動、植物學第七	外國教習授
地質及礦產學第八	外國教習授
圖畫第九	外國教習授
體操第十	中、外教習兼授

第四節　豫備科課程分年表

政科第一年　學科階級：

倫理考求三代漢唐以來諸賢名理，宋、元、明、國朝學案，及外國名人言行，務以周知實踐為歸；經學《書》、《詩》、《論語》、《孝經》、《孟子》，自漢以來註家大義；諸子儒家、法家、兵家；詞章中國詞章流別；算學代數、級數、對數、三角；中、外史學中外史制度异同；中、外輿地外國歐、美、非洲各境，羣島各境；外國文講讀文法、翻譯、作文；物理聲、光、熱、力學；名學大意；體操兵式。

政科第二年　學科階級：

倫理同上學年；經學《三禮》、《爾雅》，自漢以來註家大義；諸子雜家、術數家、道家；詞章同上學年；算學解析幾何、三角；中外史學中、外史治亂得失；中、外輿地地質學大概；外國文同上學年；物理同上學年；名學同上學年；法學通論；理財學通論；體操兵式。

政科第三年　學科階級：

倫理同上學年；經學《春秋三傳》、《周易》，自漢以來註家大義；諸子考諸子名理派別；詞章同上學年；算學曲綫；中、外史學中、外史治亂得失，商業史；中、外輿地地文學大概；外國文同上學年；物理實驗；名學演繹；法學同上學年；理財學同上學年；體操兵式。

藝科第一年　學科階級：

倫理同政科；中、外史學同政科；外國文同政科；算學代數、級數、對數、三角；物理物性論、力學、聲學；地質及礦産學地質之材料、礦物之種類；圖畫用器畫、射影圖法、圖法幾何；體操兵式。

藝科第二年　學科階級：

倫理同政科；中、外史學同政科；外國文同政科；算學解析幾何、測量、曲綫；物理熱學、光學、磁氣；化學無機化學；動、植物學種類與構造；地質及礦産學地質之構造與發達、礦物之形狀；圖畫用器畫、射影圖法、陰影法、遠近法；體操兵式。

藝科第三年　學科階級：

倫理同政科；中、外史學同上學年，入工農科者授工農業史；外國文同政科；算學微分、積分；物理靜電氣、動電氣；化學有機化學；動、植物學同上學年；地質及礦産學礦物化驗；圖畫用器畫、陰影法、遠近法、器械圖；體操兵式。

第五節　豫備科課程一星期時刻表：

政科第一年		第二年		第三年	
倫理	1	倫理	1	倫理	1
經學	2	經學	2	經學	2
諸子	1	諸子	1	諸子	1
詞章	2	詞章	2	詞章	2
中、外史學	3	中、外史學	3	中、外史學	3
中、外輿地	3	中、外輿地	3	中、外輿地	3
算學	3	算學	3	算學	3
英文	5	英文	5	英文	5
德文	7	德文	7	德文	7
法文	7	法文	7	法文	7
俄文	7	俄文	7	俄文	7
日本文	5	日本文	5	日本文	5
物理	4	物理	4	物理	4
名學	2	名學	2	名學	2
法學		法學	2	法學	2
理財學		理財學	2	理財學	2
體操		體操		體操	
合計	36		36		36

將來入政治科者，第二、第三兩年除去物理，增課法學一小時；入文學科者，第二、第三兩年除去算學；入商務科者，第二、第三兩年除去史學名學，增習商業史二小時。凡政科學生，除英文外，他國文任擇一門兼習，惟兼習日本文者加習英文二小時。

藝科第一年		第二年		第三年	
倫理	1	倫理	1	倫理	1
中、外史學	2	中、外史學	2	中、外史學	2
英文	7	英文	6	英文	6
德文	7	德文	7	德文	7
法文	7	法文	7	法文	7

藝科第一年		第二年		第三年	
算學	6	算學	5	算學	5
物理	4	物理	2	物理	2
化學		化學	3	化學	3
動、植物學		動、植物學	2	動、植物學	2
地質及礦產學	4	地質及礦產學	3	地質及礦產學	3
圖畫	3	圖畫	3	圖畫	3
體操	2	體操	2	體操	2
合計	36	36		36	

將來入醫科者增習拉丁文；凡藝科學生，除英文外，德法文任擇一門習之。

第六節　仕學館課程門目表：

仕學館課程，照原奏招考已入仕途之人入館肄業，自當舍工藝而趨重政法，惟普通各學亦宜略習大概。今表列門目如下：

算學第一，博物第二，物理第三，外國文第四，輿地第五，史學第六，掌故第七，理財學第八，交涉學第九，法律學第十，政治學第十一。

以上各科，均用譯出課本書，由中教習及日本教習講授，惟外國文用各國教習講授。

第七節　仕學館課程分年表：

第一年　學科階級

算學加減乘除、比例、開方；博物動、植物形狀及構造；物理力學、聲學淺說；外國文音義；輿地全球大勢、本國地理；史學中國史典章制度；掌故國朝典章制度沿革大略；理財學通論；交涉學公法；法律學刑法總論分論；政治學行政法。

第二年　學科階級

算學平面幾何；博物生理學；物理熱學、光學淺說；外國文翻譯；輿地外國地理；史學外國史典章制度；掌故現行會典則例；理財學國稅、公產、理財學史；交涉學約章使命交涉史；法律學刑事訴訟法、民事訴訟法、法制史；政治學同上學年。

第三年　學科階級

算學立體幾何、代數；博物礦物學；物理電氣、磁氣淺說；外國文文法；輿地地文、地質學；史學考中、外治亂興衰之故；掌故考現行政事之利弊得失；理財學銀行、保險、統計學；交涉學通商傳教；法律學羅馬法、日本法、英吉利法、法蘭西法、德意志法；政治學國法、民法、商法。

凡入仕學館者，英、德、法、俄、日本文字任擇一門習之，不能習者聽。

第八節　仕學館課程一星期時刻表：

第一年		第二年		第三年	
算學	3	算學	3	算學	3
博物	3	博物	2	博物	2
物理	3	物理	3	物理	3
外國文	4	外國文	4	外國文	4
輿地	3	輿地	3	輿地	3
史學	2	史學	3	史學	3
掌故	2	掌故	2	掌故	2
理財學	4	理財學	4	理財學	4
交涉學	4	交涉學	4	交涉學	4
法律學	4	法律學	4	法律學	4
政治學	4	政治學	4	政治學	4
合計	36	36	37		

不習外國文者，於理財、交涉、法律、政治四門各加課一小時。

第九節　師範館課程門目表：

師範館照原奏招考舉貢生監入學肄業，其功課如普通學，而加入教育一門。今表列門目如下：

倫理第一，經學第二，教育學第三，習字第四，作文第五，算學第六，中、外史學第七，中、外輿地第八，博物第九，物理第十，化學第十一，外國文第十二，圖畫第十三，體操第十四。

以上各科，均用譯出課本書，由中教習及日本教習講授；惟外國文用各國教習講授。

第十節　師範館課程分年表：

第一年　學科階級

倫理考中國名人言行；經學考經學家家法；教育學教育宗旨；習字楷書；作文作記事文；算學加減乘除，分數，比例，開方；中、外史學本國史典章制度；中、外輿地全球大勢，本國各境，兼仿繪地圖；博物動、植物之形狀及構造；物理力學，聲學，熱學；化學考質，求數；外國文音義；圖畫就實物模型授毛筆畫；　體操器具操。

第二年　學科階級

倫理考外國名人言行；經學同上學年；教育學授教育之原理；習字楷書、行書；作文作論理文；算學帳簿用法、算表成式、幾何面積、比例；中、外史學外國上世史、中世史；中、外輿地外國各境兼仿繪地圖；博物同上學年；物理熱學、光學；化學無機化學；外國文句法；圖畫就實物模型，帖譜手本授毛筆畫；　體操器具操。

第三年　學科階級

倫理考歷代學案、本朝聖訓，以周知實踐為主；經學同上學年；教育學教育之原理及學校管理法；習字楷書、行書、篆書；作文學章奏、傳記、詞賦、詩歌諸體文；算學代數、加減乘除、分數、方程、立體幾何；中、外史學外國近世史；中、外輿地地文地質學；博物生理學；物理電氣、磁氣；化學同上學年；外國文文法；圖畫用器畫大要；體操兵式。

第四年　學科階級

倫理授以教修身之次序方法；經學同上學年；教育學實習；習字行書、篆書、草書，并授以教習字之次序方法；作文考文體流別；算學代數、級數、對數，并授以教算學及幾何之次序方法；　中、外史學外國近世史并授以教史學之次序方法；中、外輿地授以教地理之次序方法；博物礦物學；物理授以教理科之次序方法；化學有機化學；外國文文法；圖畫授以教圖畫之次序方法；體操兵式，并授以教體操之次序方法。

第十一節　師範館課程一星期時刻表：

第一年		第二年		第三年		第四年	
倫理	1	倫理	1	倫理	1	倫理	1
經學	1	經學	1	經學	1	經學	1
教育學	3	教育學	4	教育學	4	教育學	3
習字	3	習字	3	習字	3	習字	3
作文	2	作文	2	作文	2	作文	2
算學	3	算學	4	算學	4	算學	4
中、外史學	2	中、外史學	1	中、外史學	2	中、外史學	2
中、外輿地	2	中、外輿地	2	中、外輿地	2	中、外輿地	2
博物	2	博物	2	博物	2	博物	2
物理	3	物理	3	物理	3	物理	3
化學	2	化學	2	化學	2	化學	3
外國文	6	外國文	6	外國文	4	外國文	4
圖畫	3	圖畫	2	圖畫	3	圖畫	3
體操	3	體操	3	體操	3	體操	3
合計	36	36		36		36	

第十二節　學生班數，按其功候之淺深定之，每班至多不得過四十人，每學過一學期則遞升一班。其升班有考試，不及格者不升，隨後再試。

第十三節　學生如甲科功候頗深，乙科功候較淺，應移甲科之日力補習乙科，如史學功候深，算學功候淺，則移史學之功候補習算學，餘以類推。

第十四節　凡考學生之成績，由教習將學生平日功課分數，數日一呈總教習，總教習通一月之分數而榜於堂。

第十五節　凡外國教習上堂教授時刻，其至少之數不得減於四小時。

第十六節　凡中國教習上堂教授時刻，其至少之數不得減於五小時。

第十七節　評定分數以百分為滿格，通各科平均計算，每科得六十分者為及格，不及六十分者為不及格。

第十八節　考試分數應與平日分數平均計算，如平日各科合計得八十分，而考試得及九十分者，則此學生之功課應算為八十五分，餘以類推。

第十九節　倫理一門以躬行實踐為主，其核計分數法，教習將學生平日一切性情行事隨時登記，至一學期末與各學科平均計算。

第二十節　凡入豫備科者，以外國文肄習外國學；入速成科者以譯文肄習外國學。

第二十一節　刻下各項課本尚待編輯，姑就舊本擇要節取教課，俟編譯兩局課本編成，即改用局本教授。其外省學堂，一律照京師大學堂奏定課本辦理，不得自為風氣。如將來外省所編課本，實有精審適用過於京師編譯局頒發原書者，經大學堂審定後，由管學大臣隨時奏定改用。

第二十二節　此次所定各項學堂學級、時刻兩項，將來或須改良，或須通變，隨時更定；惟不得任意減少，致成敷衍。

第三章　學生入學

第一節　京師大學堂專門學生，現尚無人，將來由本學堂豫備科卒業生升補外，其各省高等學堂卒業生咨送到京者，經考驗及格，一并升入正科肄業。

第二節　現辦豫備科之學生，京師由本學堂招考，各省照原奏由大學堂擬定格式，頒發各省照格考取後，咨送到京復試，方准入學肄業。

第三節　現辦速成科之學生，仕學館人員擬專由京師考取，其師範館生徒，與豫備科學生入學例同。

第四節　學生現定額五百名，約以二百名為豫備科學生之數，以三百名為速成科學生之數，隨後再議擴充。

第五節　凡應考學生，須身家清白、體制强實、并無疾病嗜好者。京師於出示定期招考後，嚴定格式，取具各本旗佐領圖片，同鄉京官印結，報名投考；外省按照頒發格式辦理。

第四章　學生出身

第一節　恭繹歷次諭旨，均有學生學成後賞給生員、舉人、進士明文。此次由臣奏准，大學堂豫備、速成兩科學生卒業後，分別賞給舉人、進士。今議請由小學堂卒業者，先由本學堂總理教習考過後，送本府官立中學堂復加考驗如格，由中學堂給予附生文憑，留堂肄業，并准其一體鄉試。若有不及格者，或留中學堂補習數月，或仍送回小學堂補習，均待補習完竣復考後再予出身。其中學堂卒業生，送本省官立高等學堂考驗如格，由高等學堂給予貢生文憑；其不及格者令補習如例。高等學堂卒業生，由本學堂總理教習考過後，送京師大學堂復考如格，由管學大臣帶領引見，候旨賞給舉人，并准其一體會試；其不及格者，令補習如例。大學堂分科卒業生，由本學堂教習考過後，再由管學大臣復考如格，帶領引見，候旨賞給進士。其舉人、進士均應給予文憑。至京師大學堂現辦之豫備、速成兩科卒業生，應照臣籌辦大概情形原奏辦理。

第二節　現辦速成科仕學館人員，應俟三年卒業，由教習考驗後，管學大臣復考如格，擇尤保奬，予以應升之階，或給虛銜加級，或咨送京外各局所當差，統俟臨時量才酌議。

第三節　現辦速成科師範館學生，今定俟四年卒業，由教習考驗後，管學大臣復考如格，擇優帶領引見。如原係生員者，准作貢生，原係貢生者，准作舉人，原係舉人者，准作進士，均候旨定奪，分別給予准為各處學堂教習文憑。

第四節　師範出身一項，係破格從優以資鼓勵。各省師範卒業生，亦得與京師大學堂師範生一律從優。惟由貢生卒業，應予作為舉人，由舉人卒業，應予作為進士者，均須由各該本省督撫咨送京師大學堂復加考驗，其及格者，由管學大臣奏請帶領引見，候旨賞給出身；不及格者，如例留堂補習；其過劣者，咨回原省，以杜冒濫。

第五節　凡原係進士者，不必再入高第學堂肄業，概歸仕學館學習，卒業後照章辦理。原係舉人者，不必再入中學堂肄業，如願入高等學堂者，卒業後送京師大學堂復考及格，加給學堂舉人文憑，并奏明給予內閣中書銜，毋庸帶領引見。原係貢生者，不必再入小學堂肄業，如願入中學堂者，卒業後由本省官立高等學堂復考及格，加給學堂貢生文憑，并奏明給予國子監學正學録銜。原係附生者，如入小學堂肄業，卒業後由本府官立中學堂復考如格，加給學堂附生文憑，并奏明給予訓導銜。所有貢生、附生奏給虛銜，統由各學堂呈報本省督撫年終彙奏。此條為專從科舉出身之生員、舉人、進士而設，其入學堂後，應試取進中式者，不用此例。

第六節　凡在堂肄業學生，均准其照例應鄉、會試；於給假之日，由學堂按照路途遠近予以期限，中式者若干日，不中式者若干日，均不得逾期輟業。違者開除學籍。

第七節　凡在學堂肄業之廩，增、附生，均咨明本省學政免其歲試，其應行科考之各項生監，統於鄉試之年，由本學堂分別咨送應試，概免録科，以免耽誤學業。至中、小學堂肄業之文童，遇歲科試，應准其徑送院試，其府、縣試一律免考。取進之後，仍到堂肄業。其由學堂請假赴考之期限，照第六節辦理。

第八節　所有各項附生、貢生、舉人、進士文憑，統由京師大學堂刊板印造，蓋用關防，略如部照之式。其貢生以下文憑，頒發各省應用，每歲於年終，將給過文憑之貢生、附生姓名、籍貫、年貌、三代，册報京師大學堂查核，并報禮部存案。

第九節　凡得過各項文憑者，如有違犯國家一切科條，應得追繳處分者，貢生以下，由各省追繳文憑後，咨報京師大學堂存案；舉人以上奏明辦理。

第十節　學生每一等級，或三年卒業，或四年卒業，届時須切實考驗，合格者方可給予文憑。其有已至年限尚須補習者，有屢考下第必須斥退者，均由總理、教習考驗，分別去留，任嚴毋濫。

第十一節　各項學生，由本學堂總理、教習考驗合格之後，該總理及教習須出具切結。將來本府官立中學堂，本省高等學堂及京師大學堂復考之日，如察有冒濫，即將原考驗之總理及教習分別議處，輕者罰減薪資，重者分別黜革。如此，則總理及教習考驗之時不敢含混，即教習授課之日亦不敢疏虞，實於防弊之中兼寓督課之意，庶為取士最公最嚴之法。

第五章　設　官

第一節　設管學大臣一員以主持全學，統屬各員，由特旨派大臣為之。

第二節　設總辦一員，副總辦二員，以總理全學一切事宜，隨事禀承管學大臣辦理。

第三節　設堂提調四員，以稽查學生勤惰出入，并照料學生疾病等事。遇學生因事争訟，堂提調應隨時排解，有大事會同總理申理。司事雜役人等，有不按定章辦事應差，并在堂內滋事者，堂提調查明，分別輕重辦理。

第四節　設文案提調一員，襄辦二員，以總理往來文件。

第五節　設支應提調一員，襄辦一員，以總稽銀錢出入。

第六節　設雜務提調二員，襄辦一員，以照料學生飲食，并隨時置辦堂中應用一切物件。

第七節　設藏書樓、博物院提調各一員，以經理書籍、儀器、標本、模型等件。

第八節　設醫學提調一員，稽查醫學館學生功課，兼司學堂診治及照料一切衛生事宜。

第九節　設收掌供事書手若干員名，俟開辦時視學務繁簡再行酌定。

第十節　以上各員，自總辦以下，皆受考成於管學大臣；除管學大臣外，皆須常川駐堂。

第十一節　自副總辦以下，供職勤惰，應由正總辦按照章程嚴密稽查，年終出具考語，報明管學大臣查核。

第六章　聘用教習

第一節　設總教習一員，主持一切教育事宜；副總教習二員，佐總教習以行教法，并分別稽查中外各教習及各學生功課。

第二節　現在學生額數未定，西學教習擬暫聘歐、美人六員或四員，教授豫備科學生；日本人四、五員，教授速成科學生，按照所定功課章程辦理。

第三節　同文館歸并辦理，仍照向例用英、法、俄、德、日本五國文教授，聘用外國教習五員；又醫學實業館聘用外國教習一員。

第四節　設西學功課監督一員，如外國教習有不按照此次所定功課教授者，監督得隨時查察，責成外國教習照章辦理。

第五節　各外國教習之外，仍須用中人通西學并各國語言文字者為副教習，其員數俟開辦時酌定。

第六節　應用漢文教習若干員，按照所定漢文功課教授，其員數亦俟開辦時定之。

第七節　各教習如有教課不勤，及任意紊亂課程上之規約等事，無論中外教習，年滿與否，管學大臣均有辭退之權。延聘外國教習時，應將此條注明合同之上。

第八節　學問之與宗教本不相蒙，西教習不得在學堂中傳習教規。

第九節　自副總教習以下，教課勤惰，均由正總教習按照章程嚴密稽察，年終出具考語，報明管學大臣查核；自總教習以下，皆受考成於管學大臣。

第七章　堂規

第一節　教習學生，一律遵奉《聖諭廣訓》，照學政歲科試下學講書宣讀《御製訓飭士子文》例，每月朔，由總教習、副總教習傳集學生，在禮堂敬謹宣讀《聖諭廣訓》一條。

第二節　凡開學散學及每月朔，由總教習、副總教習、總辦各員，率學生詣至聖先師位前行禮。禮畢，學生向總教習、副總教習、總辦各員各三揖退班。

第三節　每歲恭逢皇太后、皇上萬壽聖節，皇后千秋節，至聖先師誕日，仲春、仲秋上丁釋奠日，皆由總教習、副總教習、總辦各員率學生至禮堂行禮如儀。

第四節　學生平日見管學大臣、總教習、副總教習、分教習，皆執弟子禮；遇其他官員及上等執事人，一揖致敬。

第五節　每年以正月二十日開學，到小暑節散學為第一學期；立秋後六日開學，至十二月十五日散學為第二學期。

第六節　依前條，除年假、暑假合計在七十日之外，每歲恭逢皇太后、皇上萬壽聖節，至聖先師誕日，仲春、仲秋上丁釋奠日，端午、中秋節，房虛星昴日，各停課一日。其餘學生臨時請假無定期者，至多不得過二十日，惟考試、婚、喪不在此例。

第七節　教習職員受事之後，應設履歷名簿。教習學年督課職員，分門任事，其勤惰皆備書於册，歸總教習、總辦分別主之。

第八節　學生功課勤惰，應由分教習隨時登記；此外一切性情行事，有無過失，亦由分教習按日計之，備書於册，一并呈總教習查核。

第九節　學生在堂，寢興食息皆有定時；出入大門，皆由總辦、堂提調等員查察，立簿記之。

第十節　學生無故不得請假。如遇家人、賓客通問，於外室會談，不得入內，亦不得過久。

第十一節　學生舉止行為有無過失，除由教習按日登記外，倘有干犯一切定章，其所應管束之員，皆得隨時禁止。

以上諸條，粗具大要，其詳密章程，俟開辦時隨時妥議辦理。

第八章　建置

第一節　京師大學堂建設地面，現遵旨於空曠處所擇地建造。所應備者，曰禮堂，曰學生驟集所，曰藏書樓，曰博物院，曰講堂。講堂分二式：一式為通常講堂，一式為特別講堂。曰寄宿舍，曰寢室，曰自修室，曰公畢休息房，曰食堂，曰盥所，曰養病所，曰浴室，曰厠所，曰體操場。體操場分二處：一處為屋外體操場，一處為屋内體操場。此外，曰職員所居室，曰教習所居室，曰執事人所居一切諸室。

第二節　堂内所應備者，曰圖書，曰黑板，曰几案，曰椅凳，曰時辰表，曰風雨表，曰寒暑表，以及圖畫、算學、物理、化學、地質、礦學、輿地、體操之各種器具、標本、模型，皆隨時購置，以應各學科之用。

第三節　堂内所用一切食具寢具，及盥浴所必需之件，皆不可缺。此外養病所之藥品，亦全備之。

第四節　體操時所用之衣服、冠、靴，分冬、夏兩季發公款制給。又設浣衣所一處。凡養病所、浣衣所，皆建於別院。

朱壽朋《光緒朝東華録》卷一八〇《張百熙等奏請派重臣會商學務摺》 光緒二十九年閏五月初三日　張百熙等奏京師大學堂爲學術人才根本，關繫至重，考究宜詳。自上年奉旨開辦以來，疊經酌擬章程，仰邀欽定。惟各省蒙小學堂甫籌創設，咨送至學，既無真正合格學生，兼以近來人心浮動，好爲空論，往往有跅弛之士，從前未經科學艱苦，粗習譯書，妄騰異説，弊由於未入學堂之故，而惡習所染，深慮及於在堂肄業之生。今日因乏才而謀興學，因興學而防流弊，操縱之間，倍難措手，必須有精審畫一之課本，完全無缺之章程，方能合中人以上之才而陶鑄之。上年因編輯課本事恐歧誤，曾經臣百熙於開辦譯書局摺内聲明，與湖廣督臣張之洞商定會辦之法。嗣該督疏陳湖北學堂章程，其中足補臣百熙奏進章程所不及者，當即一律照改，奏明在案。學堂為當今第一要務，張之洞為當今第一通曉學務之人，湖北所辦學堂，頗有成效，此中利弊，閲歷最深。臣等顧念時艱，究心學務，竊願今日多一分考求，即將來學術人才多一分裨益。雖在前函電往還，商榷多次。近日該督展覲入都，臣等復請其來堂考察各項科學，該督指示竅要，竟日不倦，教習、生徒，同深悦服。臣等猶恐該督或以事非專責，容有稍存謙抑，言之不盡之處。聞商約諸政，均有旨飭該督商辦。學堂尤政務中之大端，所關更重，伏懇天恩，特派該督會同商辦京師大學堂事宜，將一切章程，詳加釐定，嗣後有應行修改之處，由臣等隨時咨行該督會商具奏，實於整飭條規，維持教育，大有補助。

上諭：張百熙等奏請添派重臣會商學務一摺，京師大學堂為學術人才根本，關係重要。着即派張之洞會同張百熙、榮慶，將現辦大學堂章程一切事宜，再行切實商訂，并將各省學堂章程，一律釐定，詳悉具奏。務期推行無弊，造就通才，俾朝廷收得人之效，是為至要。

清・張百熙等《奏定學堂章程摺光緒二十九年十一月二十六日**》**　臣張百熙、臣榮慶、臣張之洞跪奏：為遵旨重訂學堂章程，妥籌辦法，恭摺仰祈聖鑒事。竊臣百熙、臣榮慶前因學務重要，奏請特旨，添派臣之洞會同商辦。光緒二十九年閏五月初三日，奉上諭：『京師大學堂為學術人才根本，關係重要，着即派張之洞會同張百熙、榮慶，將現辦大學堂章程一切事宜，再行切實商訂，并將各省學堂章程，一律釐定，詳悉具奏。務期推行無弊，造就通才，俾朝廷收得人之效，是為至要。』欽此。仰見聖朝興學育才，務求實際，防微杜漸，不厭推詳之至意，臣等曷勝欽服。臣之洞伏查上年大學堂奏定章程、宗旨、辦法，實已深得要領；惟草創之際，規程課目，不得不稍從簡略，以徐待考求增補。至各省初辦學堂，管理學務者，既難得深通教育理法之人；而學生率皆取諸原業科舉之士，未嘗經小學堂陶熔而來，不自知學生之本分，故其言論行為，不免有軼於範圍之外者。此次欽奉諭旨，命臣等將一切章程會商釐訂，期於推行無弊，自應詳細推求，倍加審慎。數月以來，臣等互相討論，虚衷商榷；并博考外國各項學堂課程，門目，參酌變通：擇其宜者用之，其於中國不相宜者缺之，科目、名稱之不可解者改之，其有過涉繁重者減之。每日講堂功課，少或四五點鐘，多亦不過六點鐘。所授之學，排日輪講，少或四五門，多亦不過六門，皆計日量時以定之，絶不苦人以所難。中人之資，但能循序以求，斷無兼顧不及之慮。至於立學宗旨，無論何等學堂，均以忠孝為本，以中國經史之學為基，俾學生心術壹歸於純正，而後以西學瀹其智識，練其藝能，務期他日成材，各適實用，以仰副國家造就通才、慎防流弊之意。計擬成《初等小學堂章程》一册、《高等小學堂章程》一册、《中學堂章程》一册、《高等學堂章程》一册、《大學堂章程》附通儒院章程一册。原章有蒙學堂名目，但章程内所列，實即外國初等小學之事。查外國蒙養院一名幼稚園，兹參酌其意，訂為《蒙養院章程及家庭教育法》一册。此就原訂章程所有而增補其缺略者也。辦理學堂，首重師範，原訂《師範館章程》，係僅就京城情形試辦，尚屬簡略。兹另擬《初級師範學堂章程》一册，《優級師範學堂章程》一册，并擬《任用教員章程》一册，將來京城師範館，應即改照《優級師範學堂章程》辦理。此外如京師仕學館，係屬暫設，皆係有職人員，不在各學堂統系之内。原訂章程，應暫仍其舊，將來體察情形，再為酌定經久章程。至譯學館即方言學堂，前經奏明開辦，兹將章程、課目一并擬呈。其進士館係奉特旨，令新進士概入學堂肄業，此與仕學館用意相近，課程與各學堂不同；而仕學館地狹，無可展拓，不得不別設一館以教之，兹亦酌訂章程課目，别為一册。將來仕學館或歸并進士館，或照進士館現訂課程，改同一律，容隨時察酌情形辦理。又國民生計，莫要於農、工、商實業；興辦實業學堂，有百益而無一弊，最宜注重。兹另擬《初等農、工、商實業學堂章程》一册，附《實業補習普通學堂及藝徒學堂各章程》，《中等農、工、商實業學堂章程》一册，《高等農、工、商實業學堂章程》一册，《實業教員講習所章程》一册，《實業學堂通則》一册，此皆原訂章程所未及而别加編訂者也。又以中國禮教政俗，本與各國不同，而少年初學之士，胸無定識，龐雜浮器，在所不免。此時學堂辦法，規範不容不肅，稽察不容不嚴。茲特訂立規條，申明禁令，編為《各學堂管理通則》一册。并將此時開辦各項學堂設教之宗旨，立法之要義，總括發明，訂為《學務綱要》一册。各省果能慎選教員學職，按照現訂章程，認真舉辦，則民智可開，國力可富，人才可成，決不致別生流弊。至學生畢業考試，升級入學考試，亦經詳訂專章。中學堂以下及收入高等學堂者，由督撫、學政會同考核；高等學堂應升級者，奏請簡放主考，會同督撫、學政考驗。京城高等學堂，比照辦理。京師大學堂，奏請簡放總裁，會同管學大臣考驗，以昭慎重，而免冒濫。其獎勵録用之法，比照奏准鼓勵出洋游學生，於獎給出身之外，復請分別録用章程，亦經詳加斟酌，擬有專章，伏候聖明裁定，將來應即分別照章奏明辦理。所有一切章程，將來如有應行變通增損之處，其大者仍當奏明辦理，小者由管學大臣審定後通行各省照改。謹將《學務綱要》、《各學堂管理通則》、《畢業學生考試專章》、《獎勵專章》暨《各項學堂章程》，分別繕寫成册，并開列章程名目，次序清單，恭呈御覽。如蒙俞允，應由管學大臣通行各省，一體遵照開辦。所有臣等遵旨會商釐訂學堂章程各緣由，遵旨與政務處王大臣會商，意見均屬相同。謹合詞恭摺具陳，伏祈皇太后、皇上聖覽訓示。謹奏。

光緒二十九年十一月二十六日，內閣奉上諭：方今時事多艱，興學育才實為當務之急。前經諭令張之洞會同管學大臣，將學堂章程悉心釐訂，妥議具奏。茲據會奏臚陳各摺片，條分縷晰，立法尚屬周備，著即次第推行。其有應行斟酌損益之處，仍著該管學大臣，會同張之洞隨時詳核議奏。至所稱遞減科舉，及將來畢業生由督撫、學政并簡放考官考試一節，使學堂科舉合為一途，係為士皆實學，學皆實用起見。著自丙午科為始，將鄉、會試中額及各省學額，按照所陳，逐科遞減。俟各省學堂一律辦齊，確著成效，再將科舉學額分別停止，以後均歸學堂考取，届時候旨遵行。即著各該督撫，趕緊督飭各府、廳、州、縣建設學堂，并善為勸導地方，逐漸推廣。無論官立民立，皆當恪遵列聖訓士之規，謹守範圍，端正趨向，不准沾染習氣，誤入奇邪。一切課程，尤在認真講求，毋得徒事皮毛，有名無實。務期教學相長，成德達材，體用兼賅，以備國家任使，有厚望焉。將此通諭知之。欽此。

《奏定大學堂章程光緒二十九年十一月二十六日》

第一節　設大學堂，令高等學堂畢業者入焉；并於此學堂內設通儒院（外國名大學院，即設在大學堂內），令大學堂畢業者入焉，以謹遵諭旨，端正趨向，造就通才為宗旨。大學堂以各項學術藝能之人才足供任用為成效；通儒院以中國學術日有進步、能發明新理以著成書、能製造新器以利民用為成效。大學堂進堂功課，每日時刻無一定，至少兩點鐘，至多四點鐘；通儒院生不上堂，不計時刻。大學堂視所習之科，分别或三年畢業或四年畢業，通儒院五年畢業。

第二節　大學堂內設分科大學堂，為教授各科學理法，俾將來可施諸實用之所；通儒院為研究各科學精深義蘊，以備著書、製器之所。通儒院生但在齋舍研究，隨時請業請益，無講堂功課。

第三節　各分科大學之學習年數，均以三年為限；惟政法科及醫科中之醫學門以四年為限，通儒院以五年為限。

第四節　大學堂分為八科：

一、經學科大學分十一門，各專一門，理學列為經學之一門。二、政法科大學分二門，各專一門。三、文學科大學分九門，各專一門。四、醫科大學分二門，各專一門。五、格致科大學分六門，各專一門。六、農科大學分四門，各專一門。七、工科大學分九門，各專一門。八、商科大學分三門，各專一門。

日本國大學止文、法、醫、格致、農、工六門，其商學即以政法學科內之商法統之，不立專門。又文科大學內有漢學科，分經學專修、史學專修、文學專修三類。又有宗教學，附入文科大學之哲學科、國文學科、漢學科、史學科內。今中國特立經學一門，又特立商科一門，故為八門，其學術系統圖附後。（日本高等師範學堂講授參考者，亦參用《學海堂經解》，陸軍中央幼年學校以《資治通鑑》為參考之書；近日妄人乃謂中國經學、史學為陳腐不必講習者，謬也。）

以上八科大學，在京師大學務須全設。若將來外省有設立大學者，可不必限定全設；惟至少須置三科，以符學制。

第五節　各分科大學，應令貼補學費，由本學堂核計常年經費，臨時酌定。

第六節　各分科大學，每學年可特選學生中之學術優深、品行端正者，稱之為優待學生，免其學費，以示鼓勵。其選取優待學生，係憑每學年終考試之成績，由大學總監督及分科大學監督定之。

優待學生，若於其受優待之學年内，有品行不良、學業懈怠，或身罹疾病無成業之望者，即除其名。

第七節　泰西各國國内大學甚多。日本亦有東京、西京二大學，現尚欲增設東北、西南二大學，籌議未定；此外尚有以一人之力設立大學者，以故人才衆多，國勢强盛。中國地大民殷，照東西各國例，非各省設立大學不可。今先就京師設立大學一所，以為之倡，俟將來各學大興，即擇繁盛重要省分增設，并以漸推及於各省。

各分科大學科目章第二

第一節　經學科大學（理學附）

經學分十一門：一、周易學門，二、尚書學門，三、毛詩學門，四、春秋左傳學門，五、春秋三傳學門，六、周禮學門，七、儀禮學門，八、禮記學門，九、論語學門，十、孟子學門。願兼習兩經者，聽。十一、理學門。今依次列各門科目如下：

周易學門科目

主課	第一年每星期鐘點	第二年每星期鐘點	第三年每星期鐘點
周易學研究法	6	6	6
補助課			
爾雅學	2	1	0
説文學	2	1	0
欽定四庫全書提要經部易類	1	0	0
御批歷代通鑑輯覽	4	4	4
中國古今歷代法制考	1	2	3
中外教育史	0	1	1

主課	第一年每星期鐘點	第二年每星期鐘點	第三年每星期鐘點
外國科學史	1	1	2
中外地理學	0	1	1
世界史	1	1	1
外國語文（英、法、俄、德、日，選習其一）	6	6	6
合計	24	24	24

第三年末畢業時，呈出畢業課藝及自著論説。

凡表中作圈者，皆本年無教授鐘點者也。

經學研究法略解如下：

通經所以致用，故經學貴乎有用；求經學之有用，貴乎通，不可墨守一家之説，尤不可專務考古。研究經學者，務宜將經義推之於實用，此乃羣經總義。

周易學

研究周易學之要義：一、傳經淵源，一、文字异同，一、音訓，一、全經綱領，一、每卦每爻精義，一、十翼每篇精義，一、全經通義（通義如取象、得數、時義當位不當位、陰陽、剛柔、内外、往來、上下、消息、錯綜、變化、動静、行止、進退、敵應、乘承、遠近、始終、順逆、吉凶、悔吝、利害、得失、旁通、反復、典禮、性命、言辭、制器、重卦互卦之卦、方位、卦氣、大衍、圖書卜筮之類），一、羣經證《易》，一、諸子引《易》者證《易》，一、諸史解《易》引《易》者證《易》，一、秦漢至今易學家流派，一、《易緯》，一、《易經》支流（若火珠林、易林、太元潛虚之類），一、外國科學證《易》，一、歷代政治人事用易道見諸施行之實事，一、經義與後世事迹不相同而理相同之處。

此不過舉其大略，餘可類推，務當於今日實在事理有關係處加意考究。

諸經皆同。（每一經皆有通義數十百條，《春秋左傳》、《周禮》、《禮記》尤多，各就本經摘出考之。）

經學以國朝為最精，講專門經學者，宜以注疏及國朝諸家之書為要，而歷朝諸儒之說解亦當參考。其應用各書，學堂中皆當貯備。

諸經皆同。

所注研究各法，為教員者不過舉示數條，以為義例，聽學生酌量日力，自行研究。

尚書學門科目

尚書學研究法	主課	第一年每星期鐘點	第二年每星期鐘點	第三年每星期鐘點
		6	6	6

補助課與周易學門同

毛詩學門科目

毛詩學研究法	主課	第一年每星期鐘點	第二年每星期鐘點	第三年每星期鐘點
		6	6	6

補助課與上同

春秋左傳學門科目

春秋左傳學研究法	主課	第一年每星期鐘點	第二年每星期鐘點	第三年每星期鐘點
		6	6	6

補助課與上同

春秋三傳學門科目

春秋左氏、公羊、穀梁學研究法	主課	第一年每星期鐘點	第二年每星期鐘點	第三年每星期鐘點
		6	6	6

補助課與上同

公羊家後世經師之說，多有非常可怪不合聖經本義之論；如新周王魯以春秋當新王之類，流弊無窮，適為亂臣賊子所借口，關係世教甚巨。近來康梁逆黨，即是依托後世公羊家謬說，以逞其亂逆之謀；故講《公羊春秋》者，必須三傳兼講，始免借經術以禍天下之害。

周禮學門科目

周禮學研究法	主課	第一年每星期鐘點	第二年每星期鐘點	第三年每星期鐘點
		6	6	6

補助課與上同

儀禮學門科目

儀禮學研究法	主課	第一年每星期鐘點	第二年每星期鐘點	第三年每星期鐘點
		6	6	6

補助課與上同

禮記學門科目

禮記學研究法	主課	第一年每星期鐘點	第二年每星期鐘點	第三年每星期鐘點
		6	6	6

補助課與上同

論語學門科目

論語學研究法	主課	第一年每星期鐘點	第二年每星期鐘點	第三年每星期鐘點
		6	6	6

補助課與上同

孟子學門科目

主課	第一年每星期鐘點	第二年每星期鐘點	第三年每星期鐘點
孟子學研究法	6	6	6

補助課與上同

《孝經》卷帙甚簡，前已講通，其義已散見於各經內，不必另立專門。

理學門科目

主課	第一年每星期鐘點	第二年每星期鐘點	第三年每星期鐘點
理學研究法	1	1	3
程、朱學派	2	2	0
陸、王學派	2	2	0
漢唐至北宋周子以前理學諸儒學派	0	0	2
周秦諸子學派	1	1	1

補助課與經學同

理學研究法（理學源流，以羣經證理學，以諸子證理學，理學盛衰，周、程、張、朱五子各不相同之處，朱、陸不同之處，陸、王不同之處，理學與二氏异同之處，《朱子語類》，朱子晚年定論之確否，朱學、王學傳派之人才，理學與經學之關係，理學與政事之關係，理學與世道之關係，理學諸儒言行政事之實驗，以外國學術證理學）。

凡治經及理學者，無論何門，每日講堂鐘點甚少，應於以上各科目外，兼習隨意科目如下：

第一年應以中國文學、西國史、西國法制史、心理學、辨學（日本名論理學，中國古名辨學）、公益學（日本名社會學，近人譯作羣學，專講公共利益之理法，戒人不可自私自利）等為隨意科目。

第二年應以中國文學、比較法制史、辨學、公益學等為隨意科目。

第三年應以中國文學、西國文學史、心理學、公益學等為隨意科目。以上各隨意科目，此時初辦，礙難全設；應俟第一期畢業後，體察情形，酌量漸次添設。各分科大學之隨意科皆同。

各補助科學書講習法，略解如下：

爾雅學　《爾雅》專為解古經而設，《釋詁》一篇，於轉注之義尤多發明，以郝懿行《爾雅義疏》為主，以王念孫《廣雅疏證》、《經傳釋詞》為輔，即已足用；若《小爾雅》、《方言》、《釋名》、《廣雅》，皆《爾雅》之支流。《小爾雅》、《廣雅》兩書用處較多，必宜參考。

説文學　傳説文統系，六書之名義區別、六書之次第、古籀篆之變、引經异同之故、説文例、汗簡證説文、鐘鼎款識證説文、外國古碑證説文、字林證説文、玉篇證説文、廣韵證説文、集韵證説文、唐以後各家音義書證説文、説文有逸漏字，大小徐説文之學，唐以前説文之學，宋元明説文之學，近人嚴可均、孫星衍、段玉裁、王筠、朱駿聲諸家説文之學。

四庫經部提要（看《四庫提要·經部·本經》一類，能參考他經尤善）。

御批歷代通鑒輯覽（願兼參考各種正史通鑒者，聽）。

中國古今歷代法制考（此時暫行摘講近人所編《三通考輯要》。日本有《中國法制史》，可仿其義例自行編纂教授，較為簡易）。

中外教育史（上海近有《中國教育史》刻本，宜斟酌采用；外國教育史日本有書可譯用）。

中外地理學（譯本甚多，宜斟酌采用，仍應自行編纂）。

世界史（近人有譯本，宜斟酌采用，仍應自行編纂）。

現定科目之中學各書，應自行編纂；西學各書外國皆有教人課本，卷帙甚為簡略，每種僅止一二本，宜擇譯善本講授。三年之久，其日力實不僅能習此十餘種科目，講師所教不過略示途徑；若欲求精求博，聽該學生自為之可也。他門皆仿此。

第二節　政法科大學

政法科大學分二門：一、政治門，二、法律門。今依次列各門科目如下：

政治學門科目

主課	第一年每星期鐘點	第二年每星期鐘點	第三年每星期鐘點	第四年每星期鐘點
政治總義	2	1	1	0
大清會典要義	2	2	2	2
中國古今歷代法制考	4	4	4	4
東西各國法制比較	1	1	1	1
全國人民財用學	1	1	0	0
國家財政學	1	1	0	0
各國理財史	1	1	1	0
各國理財學術史	0	0	0	1
全國土地民物統計學	0	0	1	1
各國行政機關學	0	0	1	1
警察監獄學	2	2	2	2
教育學	1	1	1	1
交涉法	2	2	3	3
各國近世外交史	0	1	1	1
各國海陸軍政學	3	3	3	3
補助課				
各國政治史	1	1	1	1
法律原理學	1	1	0	0
各國憲法、民法、商法、刑法	2	2	2	2
各國刑法總論	0	0	0	1
合計	24	24	24	24

第四年末畢業時，呈出畢業課藝又自著論說。

以上各科目外，如有欲聽他學科或聽他分科大學之講義者，均作為隨意科目。

各科學名目講習法略解如下：

政治總義（日本名為政治學，可暫行斟酌采用，仍應自行編纂）。

大清會典要義（全書浩博，宜用現在坊間通行之《大清會典》節本及《吾學録》，摘其精義編為成書講授。兩書如有缺漏之要義，教員可由會典原書考取補入，令學生先知綱要）。

各國政治史（日本名為政治史，可斟酌采用，仍應自行編纂）。

中國古今歷代法制考（注見前）。

全國人民財用學（日本名理財學及經濟學，可暫行采用，仍應自行編纂）。

國家財政學（日本名為財政學，可暫行采用，仍應自行編纂）。

各國理財史（日本名為經濟史，可暫行采用，仍應自行編纂）。

各國理財學術史（日本名為經濟學史，可暫行采用，仍應自行編纂）。

全國土地民物統計學（日本名為統計學，可暫行采用，仍應自行編纂）。

各國行政機關學（日本名為行政法學，可暫行采用，仍應自行編纂）。

警察監獄學（暫用日本原書，仍應斟酌中國情形自行編纂）。

交涉法（分國事交涉、民事交涉兩種：國事交涉，日本名國際公法，民事交涉，日本名國際私法，可暫行采用，仍應自行編纂）。

各國近世外交史（日本有原書，可斟酌采用，仍應自行編纂）。

各國海陸軍政學（日本有譯本，可暫行采用）。

法律原理學（日本名法理學，可暫行斟酌采用，仍應自行編纂）。

各國憲法、民法、民事訴訟法、商法、刑法、刑事訴訟法（宜擇譯外國善本講習）。

其餘西學各名目，外國均有成書，宜擇譯外國善本講授。

法律學門科目

主課	第一年每星期鐘點	第二年每星期鐘點	第三年每星期鐘點	第四年每星期鐘點
法律原理學	2	1	1	0
大清律例要義	4	4	3	2
中國歷代刑律考	1	1	0	0
中國古今歷代法制考	3	3	3	2
東西各國法制比較	2	2	2	2
各國憲法	1	1	1	2
各國民法及民事訴訟法	2	2	2	2
各國刑法及刑事訴訟法	2	2	2	2
各國商法	3	3	3	3
交涉法	2	2	3	3
泰西各國法	1	1	2	2
補助課				
各國行政機關學	1	0	0	0
全國人民財用學	0	1	1	2
國家財政學	0	1	1	2
合計	24	24	24	24

第四年末畢業時，呈出畢業課藝及自著論說。

以上各科目外，如有欲聽他學科或他分科大學之講義者，均作為隨意科目。

各科學名目講習法，略解如下：

大清律例要義（原書浩繁，講授者以律為主，但須兼講律注）。

中國歷代刑律考（取漢律輯本、唐律疏義、明律及各史刑法志撮要，自行編纂）。

泰西各國法（羅馬法、英吉利法、法蘭西法、德意志法）。

其餘西學各名目注均見前，外國皆有其書，宜擇譯善本講授。

第三節　文學科大學

文學科大學分九門：一、中國史學門，二、萬國史學門，三、中外地理學門，四、中國文學門，五、英國文學門，六、法國文學門，七、俄國文學門，八、德國文學門，九、日本國文學門。今依次列各門科目如下：

中國史學門科目

主課	第一年每星期鐘點	第二年每星期鐘點	第三年每星期鐘點
史學研究法	3	3	3
御批歷代通鑑輯覽	2	2	2
各種紀事本末	5	5	5
中國歷代地理沿革略	1	0	0
國朝事實	2	2	1
中國古今外交史	0	1	2
中國古今歷代法制考	1	2	3
補助課			
四庫史部提要	1	0	0
世界史	1	1	0
中、外今地理	1	1	1
西國科學史	1	1	1
外國語文（英、法、俄、德、日選習其一）	6	6	6
合計	24	24	24

第三年末畢業時，呈出畢業課藝及自著論說。

中國史學研究法，略解如下：

研究史學之要義：一、歷代統系疆域（止舉大略，其詳歸地理學科考之），一、政化創始因革之大端，一、歷代國政善否、國力强弱之比較，一、古今地方盛衰、地勢輕重之變遷，一、歷代人民多少與國家之關係，一、人民性質、智愚、强弱之變遷，一、物産盛衰之原因，一、歷代建置都會、重鎮之用意，一、官制之得失，一、内外輕重之變遷，一、歷代人民貧富不同之故，一、國用足、不足之故，一、學校之盛衰，一、文人學術於國勢、民風强弱有關係之處，一、民間習俗嗜好於國家有關係之處，一、歷代選舉之得失，一、歷代人才多少之比較，一、兵制之變遷，一、兵力强弱之故，一、農業盛衰之故，一、工作日趨精巧之漸，一、工藝有益、無益之區别（切於民用者為有益，不切於民用而可以銷售外國者亦為有益，不切民用而又不能銷流外國者為無益），一、商業開通之漸，一、水陸道路於民生、國勢之關係，一、物價貴賤之變遷，一、歷代錢幣之得失，一、度量衡之變遷，一、賦税利弊之比較，一、歷代朝廷用財之法式，一、歷代理財家之宗派，一、刑法之得失，一、歷代吏權輕重之故，一、歷代工役用民力、不用民力之别，一、沿海利害之變遷，一、歷代治河之得失，一、游民游士之所由來，一、各種教派之消長，一、外國漸通中國之原委，一、歷代交鄰馭外之得失，一、詳考《左傳》、《國語》、《戰國策》、《三國志》之政術，一、各種利源之創始，一、各種政事積弊之所以然，一、禮樂儀文喪服之改變，一、古今曆法之變遷，一、歷代典祀私祀盛衰與政俗之關係，一、歷代政事之門户派别，一、歷代學術之門户派别，一、每一朝政事風俗偏重之處，一、奏議公牘體式之變遷，一、外國史可證中國史之處，一、歷代變法得失不同之故，一、歷代史法之長短、史學家之盛衰。

以上專為鑒古知今有裨實用而言，與通鑒學為近，講正史學者與此縱横各异。正史學精熟一朝之事，而於古今不能貫串；通鑒學貫通古今之大勢，而於一朝之事實典章不能精詳。若不立正史學一門，則正史無人考究，於講通史者亦有妨礙，故正史學與通鑒學亦有相資補助之處。

正史學（治正史者，可擇治數朝之史，不必兼治二十四史，亦不得專治一史，亦須參考各種通鑒及别史、雜史，并須參考外國史）。

通鑒學（治通鑒者，必須自上古至明首尾貫徹，方合體裁；亦須參考正史及通考會要，并須參考外國史）。

考史事者，分考治亂、考法制兩門。考治亂若通鑒及各種紀事本末之類，考法制，若《通典》、《通考》及歷代《會要》之類；兩義必宜兼綜，方有實用。研究史學者，務當於今日中國實事有關係之處加意考求。

講史學者有史法一門，若史通之類，知其梗概可也。

以上各科目外，尚有隨意科目如下：

第一年　應以辨學、各國法制史、中國文學為隨意科目。

第二年　應以人類學、公益學、教育學、中國文學為隨意科目。

第三年　應以金石文字學（日本名古文書學）、古生物學（即考究發掘地中所得之物品，如人骨獸骨刀劍磚瓷以及化石之類，可以為史家考證之資者）、全國人民財用學、國家財政學、法律原理學、交涉學為隨意科目。

各科學書講習法，略解如：

各種紀事本末（宜自《通鑒》講起，《左傳》、《紀事本末》不必講，全鑒及正史聽其自行研究）。

國朝事實（摘講正續《東華録》及《聖武記》諸書，兼酌采近人所刻《皇朝政典》講習）。

歷史、地理沿革略（宜擇善本講習）。

中國古今歷代法制考（摘講《三通考輯要》）。

中國古今外交史（日本有支那外交史，可采取自行編纂改寫）。

中外今地理（曰今地理者，所以别於沿革地理及歷史地理也。現在中國今地理、外國今地理。外國人皆著有成書，名目不一，中國人亦有新譯本，宜擇譯合於教法者講授）。

其餘各西學，外國均有其書，宜擇譯善本講授。

史學學生參考書如下（自習時隨己意觀之。大學堂講堂功課至多不過四點鐘，餘暇尚多，故將後開各書歸自習時參考之用，與他學堂不同），

年代學（歷代帝王年表、紀元編、通鑒目録、四裔編年表之類，宜常置案上）。

欽定二十四史（取認習之數種於自習時考覽）。

《史記》、《前後漢書》、《三國志》為一類，晉至隋為一類，唐、五代至宋為一類，遼、金、元為一類。明為一類。治正史者每人須習一類，不得僅治一朝之史。若治明史者，須兼詳考國朝事實合為一類，不得僅治

明史。

各種通鑑（各種須全備，於自習時考覽）。

中國地圖（小本宜常置案上，大幅宜挂堂壁上）。

各種別史、雜史。

各種西史。

萬國史學門科目

主課	第一年每星期鐘點	第二年每星期鐘點	第三年每星期鐘點
史學研究法	2	3	4
泰西各國史	6	6	6
亞洲各國史	3	2	2
西國外交史	2	2	0
年代學	1	0	0
補助課			
御批歷代通鑑輯覽	2	2	2
中國古今歷代法制史	0	1	2
萬國地理	2	2	2
外國語文（英、法、俄、德、日選習其一）	6	6	6
合計	24	24	24

第三年末畢業時，呈出畢業課藝及自著論説。

以上各科目外，應以中國文學、辨學、教育學、公益學、人類學、金石文字學、國家財政學、人民財用學、交涉學、法律原理學、外國法制史、外國科學史等為隨意科目。

各科學名目講習法，略解如下：

史學研究法（注見前）。

泰西各國史及亞洲各國史（譯本甚多，宜擇其精者）。

西國外交史（擇譯善本講授）。

年代學（外國有世界大年契，與中國四裔編年表相仿）。

其餘各西學名目，外國均有專書，宜擇譯善本講授。

中外地理學門科目

主課	第一年每星期鐘點	第二年每星期鐘點	第三年每星期鐘點
地理學研究法	2	2	4
中國今地理	5	4	3
外國今地理	5	4	3
政治地理	0	0	1
商業地理	0	0	1
交涉地理	0	1	1
歷史地理	2	1	0
海陸交通學	1	1	0
殖民學及殖民史	0	1	0
人種及人類學	1	0	0
補助課			
地質學	0	1	0
地文學	0	1	0
地圖學	0	1	1
氣象學	0	0	1
博物學	0	0	1
海洋學	0	0	1
外國語（英、法、俄、德、日選習其一）	6	6	6
中國方言（滿、蒙、藏、回選習其一）	2	1	1
合計	24	24	24

第三年末畢業時，呈出畢業課藝及自著論說。

以上各科目外，應以政治總義、全國土地民物統計學、各國國力比較、各國產業史、外交史、交涉學等為隨意科目。

各科學名目講習法，略解如下：

地理學研究法（中國與外國之關係，氣候與地理之關係，財政與地理之關係，海、陸交通與地理之關係，歷史與地理之關係，動、植物與地理之關係，文化與地理之關係，軍政與地理之關係，風俗與地理之關係，工業與地理之關係）。交涉地理（日本名國際地理，可斟酌采用，仍應自行編纂）。

其餘西學各科目，外國均有其書，應擇譯善本講授。

中國文學門科目

主課	第一年每星期鐘點	第二年每星期鐘點	第三年每星期鐘點
文學研究法	2	3	3
說文學	2	1	0
音韻學	2	1	0
歷代文章流別	1	1	0
古人論文要言	1	1	0
周秦至今文章名家	2	3	3
周秦傳記雜史周秦諸子	0	1	1
補助課			
四庫集部提要	1	0	0
漢書藝文志補注、隋書經籍志考證	1	0	0
御批歷代通鑑輯覽	2	2	2
各種紀事本末	1	2	3
世界史	1	0	0
西國文學史	0	1	2
中國古今歷代法制考	1	1	2
外國科學史	1	1	2
外國語文（英、法、俄、德、日選習其一）	6	6	6
合計	24	24	24

第三年末畢業時，呈出畢業課藝及自著論說。

中國文學研究法略解如下：

研究文學之要義：一、古文籀文、小篆、八分、草書、隸書、北朝書、唐以後正書之變遷，一、古今音韻之變遷，一、古今名義訓詁之變遷，一、古以治化為文、今以詞章為文關於世運之升降，一、修辭立誠、辭達而已二語為文章之本，一、古今言有物、言有序、言有章三語為作文之法，一、羣經文體，一、周秦傳記、雜史文體，一、周秦諸子文體，一、史漢三國四史文體，一、諸史文體，一、漢、魏文體，一、南北朝至隋文體，一、唐、宋至今文體，一、駢、散古合今分之漸，一、駢文又分漢、魏、六朝、唐、宋四體之別，一、秦以前文皆有用，漢以後文半有用半無用之變遷，一、文章出於經傳古子四史者能名家、文章出於文集者不能名家之區別，一、駢、散各體文之名義施用，一、古今名家論文之異同，一、讀專集讀總集不可偏廢之故，一、辭賦文體、制舉文體、公牘文體、語録文體、釋道藏文體、小說文體，皆與古文不同之處，一、記事、記行、記地、記山水、記草木、記器物、記禮儀文體、表譜文體、目録文體、圖說文體、專門藝術文體，皆文章家所需用，一、東文文法，一、泰西各國文法，一、西人專門之學皆有專門之文字，與漢藝文志學出於官同意，一、文學與人事世道之關係，一、文學與國家之關係，一、文學與地理之關係，一、文學與世界考古之關係，一、文學與外交之關係，一、文學與學習新理新法、製造新器之關係（通漢學者筆述較易），一、文章名家必先通曉世事之關係，一、開國與末造之文有別（如隋勝陳、唐勝隋、北宋勝晚唐、元初勝宋末之類，宜多讀盛世之文以正體格），一、有德與無德之文有別（忠厚正直者為有德，宜多讀有德之文以養德性），一、有實與無實之別（經濟有效者為有實，宜多讀有實之文以增才識），一、有學之文與無學之文有別（根柢經史、博識多聞者為有學，宜多讀有學之文以厚氣力），一、文章險怪者、纖佻者、虛誕者、狂放者、駁雜者，皆有妨世運人心之故，一、文章習為空疏，必致人才不振之害，一、六朝、南宋溺於好文之害，一、翻譯外國書籍函牘文字中文不探之害。

集部日多，必歸湮滅，研究文學者，務當於有關今日實用之文學加意考求。

以上各科目外，尚有隨意科目如下：

第一年應以心理學、辨學、交涉學為隨意科目。

第二年應以西國法制史、公益學、教育學等為隨意科目。

第三年應以拉丁語、希臘語為隨意科目。

各科學書講習法略解如下：

説文學（與經學門同）。

音韻學：羣經音韻，周秦諸子音韻，漢魏音韻，六朝音韻，經典釋文音韻，唐韻，廣韻，集韻，宋禮部韻，平水韻，翻切，字母，雙聲，六朝反語，三合音，東西各國字母，宋、元、明諸家音韻之學，國朝顧炎武、江永、戴震、段玉裁、王引之諸家音韻之學。

歷代文章流別（日本有《中國文學史》，可仿其意自行編纂講授）。

歷代名家論文要言（如《文心雕龍》之類，凡散見子史集部者，由教員搜集編為講義）。

周秦至今文章名家之文集浩如烟海，古來最著名者大約一百餘家，有專集者覽其專集，無專集者取諸總集。為教員者，就此名家百餘人，每家標舉其文之專長及其人有關文章之事實，編成講義，為學生説之，則文章之流別利病已足了然；其如何致力之處，聽之學者可也。近年來歷朝總集之詳博而大雅者（如《文紀》、《漢魏百三名家集》、《唐文粹》、《宋文鑒》、《南宋文範》、《金文雅》、《元文類》、《明文衡》、《皇清文穎》、姚椿所編《國朝文録》之類）；精粹者（如《昭明文選》、御選《唐宋文醇》、《詩醇》、《古文苑》、《續古文苑》、《古文辭類纂》、《駢體文鈔》、《湖海文傳》之類），皆有刻本。名家專集有單行本者居多，欲以文章名家者，除多看總集外，其專集尤須多讀。

凡習文學專科者，除研究講讀外，須時常練習自作，教員斟酌行之，猶工、醫之實習也；但不宜太數。願習散體、駢體，可聽其便。

博學而知文章源流者，必能工詩賦，聽學者自為之，學堂勿庸課習。

周秦傳記雜史（若《逸周書》、《左傳》、《國語》、《戰國策》之類；漢以後史部除四史必應研究外，漢以後有名雜史若《吳越春秋》、《東觀漢記》、《水經注》、《洛陽伽藍記》之類亦當博綜），周秦諸子（文學家於周秦諸子當論其文，非宗其學術也，漢魏諸子亦可流覽）。其餘各注均見前。

英國文學門科目

主課	第一年每星期鐘點	第二年每星期鐘點	第三年每星期鐘點
英語英文	9	9	9
補助課			
英國近世文學史	3	2	2
英國史	2	2	1
拉丁語	3	3	2
聲音學	2	3	2
教育學	2	2	3
中國文學	3	3	5
合計	24	24	24

第三年末畢業時，呈出畢業課藝及自著論説。

以上各科目外，應以中國史、外國古代文學史、辨學、心理學、公益學、人種及人類學、希臘語、意大利語、荷蘭語、法語、德語、俄語、日本語等為隨意科目。

法國文學門科目

主課	第一年每星期鐘點	第二年每星期鐘點	第三年每星期鐘點
法語法文	9	9	9

補助課與上同（隨意科除所習語文外，并與上同）

俄國文學門科目

主課	第一年每星期鐘點	第二年每星期鐘點	第三年每星期鐘點
俄語俄文	9	9	9

補助課與上同（隨意科除所習語文外，并與上同）

德國文學門科目

主課	第一年每星期鐘點	第二年每星期鐘點	第三年每星期鐘點
德語德文	9	9	9

補助課與上同（隨意科除所習語文外，并與上同）

日本國文學門科目

主課	第一年每星期鐘點	第二年每星期鐘點	第三年每星期鐘點
日語日文	9	9	9

補助課與上同（隨意科除所習語文外，并與上同）

以上各科目所用外國書籍，宜擇譯善本講授。

第四節　醫科大學

醫科大學分二門：一、醫學門，二、藥學門。今依次列各門科目如下：

醫學門科目

主課	第一年每星期鐘點	第二年每星期鐘點	第三年每星期鐘點	第四年每星期鐘點
中國醫學	6	2	0	0
生理學	6	0	0	0
病理總論	6	1	0	0
胎生學	0	1	0	0
外科總論	2	2	0	0
外科各論	0	0	2	0
内科總論	2	2	0	0
内科各論	0	0	2	0
婦科學	0	5	0	0
產科學	0	0	3	2
產科模型演習	0	0	4	0
眼科學	0	1	2	1
捆扎學實習	0	0	1	0
衛生學	0	0	1	0
檢驗醫學（日本名法醫學）	0	0	1	1
外科手術實習	0	0	0	1
檢眼鏡實習	0	0	0	2
皮膚病及霉素學	0	0	0	2
精神病學	0	0	0	2
霉菌學	0	0	0	1

主課	第一年每星期鐘點	第二年每星期鐘點	第三年每星期鐘點	第四年每星期鐘點
補助課				
藥物學	0	3	0	0
藥物學實習	0	2	0	0
醫化學實習	0	2	0	0
處方學	0	2	0	0
診斷學	0	2	0	0
外科臨床講義	0	0	4	4
內科臨床講義	0	0	4	4
婦科臨床講義	0	0	0	2
兒科臨床講義	0	0	0	2
合計	22	25	24	24

第四年末畢業時，呈出畢業課藝及自著論説。

以上各科目外，在外國尚有解剖學、組織學；中國風俗禮教不同，不能相强，但以模型解剖之可也。

中國人飲食起居衣服，皆與外國不同，若内科、外科、婦科、兒科，皆宜參考中國至精之本；其餘各科，當擇譯外國善本講授。

藥物學門科目

主課	第一年每星期鐘點	第二年每星期鐘點	第三年每星期鐘點
中國藥材	3	0	0
製藥化學	3	0	0
藥用植物學	1	0	0
分析術實習	10	0	0
製藥化學實習	6	2	0
植物學實習及顯微鏡用法	1	0	0
生藥學	0	4	0
檢驗化學（日本名裁判化學）	0	2	0
衛生化學	0	2	0
植物分析法實習	0	4	0
生藥學實習	0	10	0
有機體考究法	0	0	2
調劑學	0	0	1
檢驗化學實習	0	0	6
衛生化學實習	0	0	6
調劑學實習	0	0	5
藥方使用法實習	0	0	4
合計	24	24	24

第三年末畢業時，呈出畢業課藝及自著論説。

以上各科書籍，應擇譯外國善本講授。

第五節　格致科大學

格致科大學分六門：一、算學門，二、星學門，三、物理學門，四、化學門，五、動、植物學門，六、地質學門。今依次列各門科目如下：

算學門科目

主課	第一年每星期鐘點	第二年每星期鐘點	第三年每星期鐘點
微分積分	6	0	0
幾何學	4	2	2
代數學	2	0	0
算學演習	不定	不定	不定
力學	0	3	3
函數論	0	3	3
部分微分方程式論	0	4	0
代數學及整數論	2	4	4
補助課			
理論物理學初步	3	0	0
理論物理學演習	不定	0	0
物理學實驗	0	不定	0
合計	17	16	12

第三年末畢業時，呈出畢業課藝及自著論説。

以上各科目，講堂鐘點最少，惟實驗及演習鐘點不能預定，以實有所得而止。以外應以球函數、高等數學雜論、數學研究為隨意科目。

以上各科書籍，外國皆月异而歲不同；大概算學之書愈新出者愈簡，宜擇譯善本講授。

星學門科目

主課	第一年每星期鐘點	第二年每星期鐘點	第三年每星期鐘點
微分積分	6	0	0
幾何學	4	0	0
算學演習	不定	0	0
星學及最小二乘法	3	0	0
球面星學	0	1	0
實地星學	0	2	0
星學實驗	0	不定	不定
力學	0	3	3
部分微分方程式論	0	2	0
函數論	0	3	3
光學	0	3	0
天體力學	0	0	3
補助課			
理論物理學初步	4	0	0
理論物理學演習	不定	0	0
天體物理學	0	0	1
物理學實驗	不定	不定	0
合計	17	14	10

第三年末畢業時，呈出畢業課藝及自著論説。

以上各科目，講堂鐘點最少，惟實驗及演習鐘點不定，以實有所得而止。以外應以球函數論、應用力學為隨意科目。

以上各科所用書籍與算學門同。

物理學門科目

主課	第一年每星期鐘點	第二年每星期鐘點	第三年每星期鐘點
物理學	0	5	5
力學	4	3	3
天文學	3	0	0
物理學實驗	不定	不定	不定
數理結晶學	0	1	0
物理化學	0	3	0
應用力學	0	3	0
物理實驗法最小二乘法	0	2	0
化學實驗	0	0	不定
氣體論	0	0	2
毛管作用論	0	0	1
音論	0	0	1
電磁光學論	0	0	1
理論物理學演習	0	0	不定
應用電氣學	0	0	3
星學實驗	0	0	不定
物理星學	0	0	1
補助課			
微分積分	5	0	0
幾何學	4	0	0
微分方程式論及楕圓函數論	0	3	0
球函數	0	1	0
函數論	0	0	3
合計	16	21	20

第三年末畢業時，呈出畢業課藝及自著論説。

以上各科目，講堂鐘點最少，惟實驗及演習不能限定時刻，以實有所得而止。以外應以地震學及測地學為隨意科目。

以上各科所用書籍與前同。

化學門科目

主課	第一年每星期鐘點	第二年每星期鐘點	第三年每星期鐘點
無機化學	3	3	0
有機化學	0	5	0
分析化學	2	0	0
化學實驗	不定	不定	不定
應用化學	0	2	2
理論及物理化學	0	0	3
化學平衡論	0	0	2
補助課			
微分積分	6	0	0
算學演習	不定	0	0
物理學	0	3	0
物理學實驗	0	不定	0
合計	11	13	7

第三年末畢業時，呈出畢業課藝及自著論説。

以上各科目，講堂鐘點最少，惟實驗及演習鐘點則不能預定，以實有所得而止。

以上各科所用書籍與前同。

動、植物學門科目

主課	第一年每星期鐘點	第二年每星期鐘點	第三年每星期鐘點
普通動物學	3	0	0
骨骼學	1	0	0
動物學實驗	10	0	0
普通植物學	3	0	0
植物識別及解剖實驗	10	0	0
植物分類學	0	4	0
植物學實驗	0	0	20
有脊動物比較解剖	0	3	0
植物解剖及生理實驗	0	10	2
組織學及發生學實驗	0	12	0
人類學	0	0	2
寄生動物學	0	0	2
霉菌學實驗	0	0	不定
補助課			
地質學	3	0	0
生理化學及實驗	1	0	0
礦物及岩石實驗	1	0	0
生理學	0	3	0
古生物學（注見前）	0	2	0
實地研究	0	0	不定
合計	32	34	26

第三年末畢業時，呈出畢業課藝及自著論說。

以上各科目鐘點較多者，因實驗時刻均預定在內也。

以上各科目所用書籍與前同。

以外尚有臨海實驗，不限鐘點；外國另有臨海實驗所，以便春夏之交就實地講授。

地質學門科目

主課	第一年每星期鐘點	第二年每星期鐘點	第三年每星期鐘點
地質學	3	0	0
礦物學	2	0	0
岩石學	2	0	0
岩石學實驗	不定	0	0
化學實驗	不定	不定	不定
礦物學實驗	不定	0	0
古生物學	0	1	0
古生物學實驗	0	3	0
晶象學	0	2	0
晶象學實驗	0	2	0
地質學實驗	0	不定	0
礦床學	0	0	3
地質學及礦物學研究	0	0	不定
補助課			
普通動物學	3	0	0
骨骼學	1	0	0
動物學實驗	4	0	0
植物學	0	4	0
植物學實驗	0	3	0
合計	15	16	3

第三年末畢業時，呈出畢業課藝及自著論說。

以上各科目鐘點最少，惟實驗及研究鐘點不能預定，以實有所得而止。

以上各科目外，尚有地質巡驗，外國往往於行路修學時課之（行路修學者，為考究學問而游歷者也，日本謂為修學旅行）。

以上各科目外，第二年應以物理學為隨意科目，第三年應以地震學及人類學為隨意科目。

以上各科目所用書籍與前同。

第六節　農科大學

農科大學分四門：一、農學門，二、農藝化學門，三、林學門，四、獸醫學門。今依次分列各門科目如下：

農學門科目

主課	第一年每星期鐘點	第二年每星期鐘點	第三年每星期鐘點
地質學	2	0	0
土壤學	1	0	0
氣象學	1	0	0
植物生理學	4	0	0
植物病理學	2	0	0
動物生理學	3	0	0
昆蟲學	3	0	0
肥料學	2	0	0
農藝物理學	2	0	0
植物學實驗	不定	不定	0
動物學實驗	不定	不定	0
農藝化學實驗	不定	0	0
農學實驗及農場實習	不定	不定	不定
作物	0	5	3
土地改良論	0	1	0

主課	第一年每星期鐘點	第二年每星期鐘點	第三年每星期鐘點
園藝學	0	3	0
畜産學	0	3	0
家畜飼養論	0	2	0
酪農論	0	1	0
養蠶論	0	2	0
農産製造學	0	0	3
補助課			
理財學（日本名經濟學）	2	0	0
法學通論	0	2	0
農業理財學（日本名農業經濟學）	0	3	2
獸醫學大意	0	0	2
農政學	0	0	3
國家財政學	0	0	2
合計	22	22	15

第三年末畢業時，呈出畢業課藝及自著論説。

以上各科目外，應以林學大意及養魚論為隨意科目。

以上各科目所用書籍與前同。

凡農學皆以實驗為主，故講堂鐘點不能加多。

農藝化學門科目

主課	第一年每星期鐘點	第二年每星期鐘點	第三年每星期鐘點
有機化學	2	0	0
分析化學	1	0	0
地質學	2	0	0
土壤學	1	0	0
肥料學	2	0	0
農藝化學實驗	不定	不定	不定
作物	0	5	1
土地改良論	0	1	0
生理化學	0	2	0
酸酵化學	0	1	0
化學原論	0	2	2
補助課			
氣象學	1	0	0
植物生理學	4	0	0
動物生理學	3	0	0
農藝物理學	2	0	0
家畜飼養論	0	1	0
酪農論	0	1	0
農業理財學	0	1	2
農產製造學	0	0	3
食物及嗜好品	0	0	1
合計	18	14	9

第三年末畢業時，呈出畢業課藝及自著論説。

以上各科目外，應以理財學、養蠶論、農政學為隨意科目。

凡農學皆以實驗為主，故講堂鐘點不能加多。

以上各科目所用書籍與前同。

林學門科目

主課	第一年每星期鐘點	第二年每星期鐘點	第三年每星期鐘點
森林算學	2	1	0
地質學及土壤學	3	0	0
氣象學	1	0	0
森林物理學	2	0	0
最小二乘法及力學	1	0	0
森林植物學	2	0	0
植物生理學	2	0	0
森林動物學	2	0	0
林學通論	2	1	0
森林測量	2	0	0
造林學	1	2	2
植物學實驗	不定	0	0
動物學實驗	不定	0	0
造林學實習	不定	不定	0
森林測量實習	不定	不定	0
實事演習	不定	不定	不定
樹病學	0	1	0

主課	第一年每星期鐘點	第二年每星期鐘點	第三年每星期鐘點
森林化學	0	2	0
森林利用學	0	2	2
森林道路	0	1	0
森林保護學	0	1	0
森林經理學	0	1	1
森林管理學	0	1	0
森林理水及砂防工	0	3	0
森林化學實驗	0	不定	0
森林道路實習	0	不定	0
補助課			
理財學	2	0	0
法學通論	0	2	0
森林法律學	0	1	2
林政學	0	1	2
國家財政學	0	2	0
合計	22	22	9

第三年畢業時，呈出畢業課藝及自著論説。

以上各科目外，應以農學大意、畋獵術、養魚論等為隨意科目。

林學亦以實驗及演習為主，故鐘點不能加多。

以上各科目所用書籍與前同。

獸醫學門科目

主課	第一年每星期鐘點	第二年每星期鐘點	第三年每星期鐘點
獸體解剖學	6	3	0
獸體組織學	3	0	0
病理通論	2	1	0
外科手術實習	不定	不定	0
蹄鐵法	2	0	0
獸體解剖學實習	不定	不定	0
獸體組織學實習	不定	不定	0
蹄鐵法實習	1	2	0
家畜飼養論	0	2	0
酪農論	0	1	0
外科學	0	4	0
內科學	0	4	0
病獸解剖學及實習	0	不定	不定
病獸組織學及實習	0	不定	不定
蹄病論	0	1	0
家畜病院實習及內外科診斷法	不定	不定	不定
畜產學	0	0	3
皮膚病學	0	0	1
寄生動物學	0	1	1
馬學	0	0	3

主課	第一年每星期鐘點	第二年每星期鐘點	第三年每星期鐘點
動物疫論	0	0	2
產科學	0	0	2
眼科學	0	0	1
胎生學	0	0	2
補助課			
生理學	6	1	0
衛生學	0	0	4
霉菌學	0	0	2
檢驗醫學	0	0	1
獸醫警察法	0	0	1
乳肉檢查法	0	1	1
藥物學	0	3	0
調劑法實習	0	8	0
合計	20	32	24

第三年末畢業時，呈出畢業課藝及自著論說。

獸醫學實驗及演習鐘點不能預定。

以上各科目所用書籍與前同。

第七節　工科大學

工科大學分九門：一、土木工學門，二、機器工學門，三、造船學門，四、造兵器學門，五、電氣工學門，六、建築學門，七、應用化學門，八、火藥學門，九、采礦及冶金學門。今依次列各門科目如下：

土木工學門科目

主課	第一年每星期鐘點	第二年每星期鐘點	第三年每星期鐘點
算學	2	0	0
應用力學	3	0	0
熱機關	1	0	0
機器製造法	1	0	0
建築材料	1	0	0
冶金製器學（日本名製造冶金學）	2	0	0
地質學	1	0	0
石工學	2	0	0
橋梁	2	0	0
道路	1	0	0
測量	2	0	0
計畫制圖及實習	18	22	22
河海工學	0	4	1
鐵路	0	3	0
衛生工學	0	3	0
水力學	0	1	0
水力機	0	0	1
實事演習	0	不定	不定
市街鐵路	0	0	1
地震學	0	0	1

主課	第一年每星期鐘點	第二年每星期鐘點	第三年每星期鐘點
房屋構造	0	0	1
測地學	0	0	1
補助課			
工藝理財學（日本名工藝經濟學）	0	1	0
土木行政法	0	0	1
電氣工學大意	0	0	1
合計	36	34	30

第三年末畢業時，呈出畢業課藝及自著論説、圖稿。

土木工學，以計畫、制圖實習為最要，故計畫、制圖實習鐘點較為最多。

以上各科目所用書籍與前同。

機器工學門科目

主課	第一年每星期鐘點	第二年每星期鐘點	第三年每星期鐘點
算學	3	0	0
力學	1	0	0
應用力學	2	0	0
熱機關	2	0	0
機器學	1	0	0
水力學	1	0	0
水力機	0	1	0
機器製造學	1	0	0
應用力學、制圖及演習	2	0	0
計畫、制圖及實驗	23	20	0
蒸氣及熱力學	0	2	0
機器幾何學及機器力學	0	1	0
船用機關	0	1	0
紡織	0	1	0
機關車	0	1	0
實事演習	0	不定	不定
特別講義	0	0	1
補助課			
電氣工學大意	0	1	0
電氣工學實驗	0	1	0
冶金製器學	0	2	0
火器及火藥	0	1	0
房屋構造	0	1	0
工藝理財學	0	1	0
合計	36	34	1

第三年末畢業時，呈出畢業課藝及自著論説、圖稿。

機器工學、計畫、制圖、實習為最要，故鐘點較為最多。第三年專重實習，故講堂每星期僅一點鐘。

以上各科目所用書籍與前同。

造船學門科目

主課	第一年每星期鐘點	第二年每星期鐘點	第三年每星期鐘點
算學	2	0	0
力學	1	0	0
應用力學	2	0	0
熱機關	2	0	0
機器學	1	0	0
機器製造學	1	0	0
冶金製器學	2	0	0
水力學	1	0	0
水力機	0	1	0
造船學	5	10	5
應用力學、制圖及演習	2	0	0
計畫及制圖	10	16	30
船用機關計畫及制圖	6	0	0
蒸氣	0	1	0
實事演習	0	不定	不定
船用機關	0	2	0
補助課			
電氣工學大意	0	1	0
火器及火藥	0	1	0
工藝理財學	0	1	0
合計	35	33	35

第三年末畢業時，呈出畢業課藝及自著論説、計畫圖稿。

造船學以計畫、制圖、實習為最要，故鐘點較多。

以上各科目所用書籍與前同。

造兵器學門科目

主課	第一年每星期鐘點	第二年每星期鐘點	第三年每星期鐘點
算學	2	0	0
力學	1	0	0
應用力學	2	0	0
熱機關	2	0	0
機器學	1	0	0
水力學	1	0	0
水力機	0	1	0
冶金學	2	0	0
機器製造法	1	0	0
應用力學、制圖及演習	2	0	0
機器制圖	10	0	0
炮外彈路學	0	1	0
小槍及大炮	2	0	0
彈丸	0	1	0
炮架及車輛	0	2	0
水雷	0	1	2
蒸氣	0	1	0

主課	第一年每星期鐘點	第二年每星期鐘點	第三年每星期鐘點
鑄鐵學（日本名鐵冶金學）	0	3	0
化學實驗	6	8	0
計畫及製圖	0	12	27
實事演習	0	不定	不定
冶金製器學	0	0	1
特別講義	0	0	2
補助課			
火藥學	0	2	0
電氣工學大意	0	1	0
造船學大意	0	1	0
射擊表編設	0	0	2
合計	32	34	34

第三年末畢業時，呈出畢業課藝及自著論説、圖稿。

造兵器科亦以計畫、製圖及實習為最要，故鐘點加多。

以上各科目所用書籍與前同。

電氣工學門科目

主課	第一年每星期鐘點	第二年每星期鐘點	第三年每星期鐘點
算學	2	0	0
力學	1	0	0
應用力學	2	0	0
熱機關	2	0	0
水力學	1	0	0
水力機	0	1	0
機器學	1	0	0
電氣及磁氣	3	0	0
電氣及磁氣測定法	1	1	0
機器製圖	4	0	0
化學實驗	4	0	0
電氣及磁氣實驗	15	0	0
電信及電話	0	2	0
電燈及電力	0	2	0
發電機及電動機	0	2	0
電氣化學	0	1	0
蒸氣	0	1	0
冶金製器學	0	3	0
電氣工學實驗	0	15	0
計畫及製圖	0	8	0
實事演習	0	不定	不定
特別講義	0	0	1
補助課			
工藝理財學	0	1	0
合計	36	37	1

第三年末畢業時，呈出畢業課藝及自著論説、圖稿。

電氣工學以實習為要，故第三年講堂每星期僅一點鐘。

以上各科目所用書籍與前同。

建築學門科目

主課	第一年每星期鐘點	第二年每星期鐘點	第三年每星期鐘點
算學	2	0	0
熱機關	1	0	0
應用力學	2	0	0
測量	1	0	0
地質學	1	0	0
應用規矩	1	0	0
建築材料	1	0	0
房屋構造	1	0	0
建築意匠	1	2	0
應用力學、制圖及演習	2	0	0
測量實習	1	0	0
制圖及配景法	3	0	0
計畫及制圖	15	15	24
衛生工學	0	2	0
水力學	0	1	0
施工法	0	1	0
實地演習	0	不定	不定
冶金製器學	0	1	0
補助課			
建築歷史	1	0	0
配景法及裝飾法	1	1	0
自在畫	2	3	3
美學	0	1	0
裝飾畫	0	4	3
地震學	0	0	2
合計	36	31	32

第三年末畢業時，呈出畢業課藝及自著論説、圖稿。

建築學亦以計畫、制圖為最要，故鐘點較多。

以上各科目所用書籍與前同。

應用化學門科目

主課	第一年每星期鐘點	第二年每星期鐘點	第三年每星期鐘點
無機化學	2	0	0
有機化學	2	0	0
化學史	1	0	0
製造化學	2	9	9
冶金學	2	2	0
冶金製器學	0	0	2
礦物學及礦物識別	1	0	0

主課	第一年每星期鐘點	第二年每星期鐘點	第三年每星期鐘點
化學分析實驗	18	7	0
計畫及制圖	8	6	6
電氣化學	0	1	0
工業分析實驗	0	6	0
製造化學實驗	0	3	13
試金術及試金實習	0	0	2
實事演習	0	不定	不定
補助課			
熱機關	1	0	0
機器學	1	0	0
水力學	1	0	0
應用力學	1	0	0
房屋構造	1	0	0
電氣工學大意	0	1	0
火藥學大意	0	1	0
合計	41	36	32

第三年末畢業時，呈出畢業課藝及自著論説、圖稿。

應用化學亦以計畫、制圖、實驗為要，故鐘點較多。

以上各科目所用書籍與前同。

火藥學門科目

主課	第一年每星期鐘點	第二年每星期鐘點	第三年每星期鐘點
算學	2	0	0
力學	1	0	0
應用力學	1	0	0
火藥學	2	2	0
小槍及大炮	2	0	0
無機化學	2	0	0
有機化學	2	0	0
製造化學	2	3	0
化學分析實驗	16	5	0
炮外彈路學	0	1	0
彈丸	0	1	0
炮架及車輛	0	2	0
水雷	0	1	1
工業分析實驗	0	5	0
製造化學實驗	0	5	6
計畫及制圖	0	6	3
實事演習	0	不定	不定
特別講義	0	0	1
補助課			
機器學	1	0	0

主課	第一年每星期鐘點	第二年每星期鐘點	第三年每星期鐘點
熱機關	1	0	0
水力學	1	0	0
電氣工學大意	0	1	0
冶金製器學	0	2	0
房屋構造	0	1	0
機器制圖	2	0	0
合計	35	35	11

第三年末畢業時，呈出畢業課藝及自著論説、圖稿。

火藥學以演習為最要，故第三年每星期講堂鐘點僅十一點鐘。

以上各科目所用書籍與前同。

采礦冶金學門科目

主課	第一年每星期鐘點	第二年每星期鐘點	第三年每星期鐘點
礦物學	1	0	0
地質學	1	0	0
采礦學	4	2	0
冶金學	2	4	0
測量及礦山測量	2	0	0
礦物及岩石識別	1	2	0
化學分析實驗	9	14	0
礦山測量實習	4	0	0
計畫及制圖	7	0	0

主課	第一年每星期鐘點	第二年每星期鐘點	第三年每星期鐘點
鑄鐵學	0	2	0
選礦學	0	2	0
試金術	0	1	0
試金實習	0	4	0
吹管分析	0	2	0
實事演習	0	不定	不定
礦床學	0	0	2
冶金實驗	0	0	2
工學實驗	0	0	1
采礦計劃	0	0	5
冶金計劃	0	0	5
鑄鐵計劃	0	0	5
補助課			
房屋構造	2	0	0
熱機關	1	0	0
機器學	1	0	0
應用力學	1	0	0
水力學	0	1	0
機器製造法	0	1	0
電氣工學大意	0	1	0
冶金製器學	0	0	1
外國礦山法律	0	0	1
合計	36	36	22

第三年末畢業時，呈出畢業課藝及自著論説、圖稿。

采礦冶金以實習、實驗、計劃為主，故第三年鐘點獨重於此。

以上各科目所用書籍與前同。

第八節　商科大學

商科大學分三門：一、銀行及保險學門，二、貿易及販運學門，三、關税學門。今依次列各門科目如下：

銀行及保險學門科目

主課	第一年每星期鐘點	第二年每星期鐘點	第三年每星期鐘點
商業地理	2	2	3
商業歷史	0	1	3
各國商法及比較	0	2	2
各國度量衡制度考	1	0	0
商業學	2	0	0
商業理財學	2	0	0
商業政策	0	0	1
銀行業要義	3	4	2
保險業要義	3	4	2
銀行論	2	0	0
貨幣論	1	0	0
歐洲貨幣考	0	0	2
外國語（英語必習，兼習俄、法、德、日之一）	6	6	6
商業實事演習	不定	不定	不定
補助課			
國家財政學	1	1	0
全國土地民物統計學	1	1	0
各國産業史	0	3	3
合計	24	24	24

第三年末畢業時，呈出畢業課業及自著論説。

以上各科目外，應以各國憲法、各國民法、各國刑法大意、行政機關、交涉學等為隨意科目。

以上各科目所用書籍，外國均有專書，宜擇譯善本講授。

貿易及販運學門科目

主課	第一年每星期鐘點	第二年每星期鐘點	第三年每星期鐘點
商業地理	2	2	3
商業歷史	0	1	3
各國商法及比較	0	2	2
各國度量衡制度考	1	0	0
商品學	2	0	0
商業學	2	0	0
商業理財學	2	0	0
商業政策	0	0	1
關税論	1	0	0
貿易業要義	2	3	1

主課	第一年每星期鐘點	第二年每星期鐘點	第三年每星期鐘點
鐵路販運業要義	2	3	1
船舶販運業要義	2	3	1
鐵路章程	0	0	1
船舶章程	0	0	1
郵政電信章程	0	0	1
外國語（英語必習，兼習俄、德、法、日之一）	6	6	6
商業實事演習	不定	不定	不定
補助課			
國家財政學	1	1	0
全國土地民物統計學	1	1	0
各國產業史	0	2	3
合計	24	24	24

第三年末畢業時，呈出畢業課藝及自著論說。

以上各科目外，應以各國憲法、各國民法、各國刑法大意、行政機關、交涉學為隨意科目。

以上各科目所用書籍與前同。

關稅學門科目

主課	第一年每星期鐘點	第二年每星期鐘點	第三年每星期鐘點
大清律例要義（注見前）	5	4	3
各國商法	3	1	0
全國人民財用學	1	0	0
中外各國通商條約	3	2	1
各國度量衡制度考	1	0	0
各國金銀價比較	1	0	0
中國各項稅章	1	1	1
各國稅章	1	2	0
關稅論	2	0	0
外國語（英語必習，兼習俄、法、德、日之一）	6	6	6
補助課			
商業地理	0	2	3
商業歷史	0	2	3
商業政策	0	0	1
商業學	0	2	2
商品學	0	1	2
商業理財學	0	1	2
合計	24	24	24

第三年末畢業時，呈出畢業課藝及自著論說。

以上各科目外，應以鐵路章程、船舶章程、郵政電信章程、各國憲法、各國民法、各國刑法大意、交涉學等為隨意科目。

以上各科目所用書籍與前同。

第九節　以上各專門科學，均參酌外國大學堂分科大學之科目，酌量删減而後編定；子目雖繁，然外國俱有簡要課本，卷帙并不為多。況在大學又皆以教師之講義為主，并非尋章摘句者比。且功課名目雖多，而每日講堂鐘點，除實習實驗外，至多不過四點鐘，仍以自行研究為主。三年之久，實不得誘為繁難。此時中國初辦，暫為變通；俟第一期學生畢業後，所減科目有應增補之處，應由總監督會商各分科監督、教員臨時酌定。

第十節　各種中分年程度，并其細目及教授時刻，俟開辦之時斟酌補訂。

第十一節　高等學堂畢業生，升入分科大學時，有呈明願就各分科大學課程中選習一門科目，能成家數者，如政法科政治門內，或選習理財，或選習行政；法律門内或選習商法，或選習民法；文學科中國史學門內，或選習某幾代史；醫學門内或選習内科、或選習外科之類，均謂之選科。其補習課目，仍須全習。至所選科目不能成家數者，不得以選科論，概不核准。

英、法、俄、德、日語，應於高等學堂中習其一二種，不能待至大學堂始習。故選科生不准專習英、法、俄、德、日語科，以致成就太小，不合大學堂程度。如該生所選專修之科目與語學有切要關係，必不可不學習，而又未經學過者，應仍令其兼修。選科生必經專管選科之教員面為試問，審定其程度確實能習所選之科目者，始准入學。

第十二節　農、工、商、醫四大學，尚可酌置實科，以練習實業為主，以中學畢業生入學，三年畢業，其學科程度宜仿高等學堂。

第十三節　農科大學可别置蹄鐵術傳習生、農業傳習生、蠶業傳習生、林業傳習生各若干名。凡鄉村人民如有年十七歲以上、品行謹慎、略知書算，且身體强健、實堪勞役，而欲入農科大學實地學習蹄鐵術或農業、蠶業、林業者，可許於蹄鐵工場或農場或養蠶室及桑園或演習林實習之。其實習年數，蹄鐵傳習生以一年為限，農業傳習生以三年為限，蠶業傳習生、林業傳習生以二年為限，不給獎勵。

考録入學章第三

第一節　各分科大學，應以高等學堂大學豫科畢業生升入肄業，但其應升入學人數若逾於各分科大學豫定之額數時，則須統加考試，擇尤取入大學。已經考取而限於額數不得入學者，至下次入學期，可不須再考，按其名次先後依次令入大學。

第二節　各分科大學入學人數，若不滿豫定之額數時，各項高等學堂與大學豫科程度相等之畢業生，經學務大臣察實，亦准其入大學肄業。

第三節　分科大學畢業生，因欲學習他學科更請入學者，可不須考驗，即准其入學。

第四節　曾因有不得已事故，暫行請假出學，兹復欲再修學科，呈請入學者，亦可不用考驗，准其入學；但其學級須編列於前次在學原級之下。

第五節　凡已准入學之學生，須覓同鄉京官為保人，出具確實具保印結；京堂翰林御史部屬皆可，不必拘定部屬。但京城學堂須常有保人在京，外省學堂須常有保人在省；緣學生行止一切，常有責成保人之事。如其保人或病故、或他適、或現不居官不能出結者，當另請他人具保。外省出結仿此。

屋場、圖書、器具章第四

第一節　建設大學堂，當擇地氣清曠、面積宏敞適合學堂規模之地。各分科大學宜設置於一處，惟農科大學可别擇原野、林麓、河渠附近之地設之。

第二節　各分科大學當擇學科種類，設置通用講堂及專用講堂，以便教授。

各種實驗室、列品室及其他必須諸室，各分科大學均宜全備。

第三節　學堂應用各種器具機器、標本模型，各分科大學均宜全備。

第四節　大學堂當置附屬圖書館一所，廣羅中外、古今各種圖書，以資考證。

第五節　格致科大學，當置附屬天文臺以備觀測，并置附屬植物園、附屬動物園，一以資學生實地研究，一以聽外人觀覽，使宏多識。

第六節　農科大學當置農場、苗圃、果園及附屬演習林，使得練習實業；并置家畜病院，使實究獸醫學術。

第七節　商科大學當置商業實踐所，使得實習商業。

第八節　醫科大學當置附屬醫院，診治外來病人，即以供學生之實事研究。

第九節　當置學生齋舍，以為學生自習、寢息之地。惟入大學之學生皆係成材，久諳禮法，且須携帶參考書籍較為繁重，每學生一人應占寬大齋舍一間，令其寬舒；自習室及寢室可合為一處。

教員、管理員章第五

第一節　大學堂應設各項人員如下：

大學總監督，分科大學監督，教務提調，正教員，副教員，庶務提調，文案官，會計官，雜務官，齋務提調，監學官，檢察官，衛生官，天文臺經理官，植物園經理官，動物園經理官，演習林經理官，醫院經理官，圖書館經理官。

第二節　大學總監督受總理學務大臣之節制，總管全堂各分科大學事務，統率全學人員。

第三節　分科大學監督，每科一人，共八人，受總監督之節制，掌本科之教務、庶務、齋務一切事宜。凡本科中應興應革之事，得以博采本科人員意見，陳明總監督辦理。每科設教務提調一人、庶務提調一人、齋務提調一人以佐之。提調分任一門，監督統管三門。

第四節　教務提調每科一人，共八人，以曾充正教員之最有學望者充之，受總監督節制，為分科大學監督之副，諸事與本科監督商辦，總管該門功課及師生一切事務，正教員副教員屬之。

第五節　正教員分主各分科大學所設之專門講席，教授學藝，指導研究，聽分科監督及教務提調考察。

第六節　副教員助正教員教授學生，并指導實驗，聽本科監督及教務提調考察。

第七節　庶務提調每科一人，共八人，以明學堂規矩之職官充之，受總監督節制，為分科大學監督之副，諸事與本科監督商辦，管理該科文案、收支、厨務及一切庶務，文案官、會計官、雜務官屬之。

第八節　文案官主本科中文牘，除奏稿應由總監督酌派人員擬辦外，凡堂中本科咨移批札函件皆司之，稟承於庶務提調。

第九節　會計官專司銀錢出入事務，稟承於庶務提調。

第十節　雜務官專司本科中厨務、人役、房屋、器具一切雜事，稟承於庶務提調。

第十一節　齋務提調每科一人，共八人，以曾充教員又有學望者充之，受總監督節制，為分科大學監督之副，諸事與本科監督商辦，管理該科整飭齋舍、監察起居一切事務，監學官、檢察官、衛生官屬之。

第十二節　監學官掌考驗本科學生行檢及學生齋舍，功課勤惰，出入起居一切事務，以教員兼充，稟承於齋務提調。

監學官必須以教員兼充，與學生情意方能相洽，易受勸戒。

第十三節　檢察官掌本科齋舍規矩，并照料食宿，檢視被服一切事務，凡教員學生有出乎定章之外者，皆得而糾之，稟承於齋務提調。

第十四節　衛生官以格致、農、工、醫各科正教員各一人及監學兼任，掌學堂衛生事務；并由各員中舉一人為首領總司其事，名曰總衛生官，稟承於齋務提調。

第十五節　天文臺經理官以格致科大學正教員兼任，賞格致科大學附屬天文臺事務，稟承於總監督。

第十六節　植物園經理官以格致科大學正教員或副教員兼任，掌格致科大學附屬植物園事務，稟承於總監督。

第十七節　動物園經理官以格致科大學正教員或副教員兼任，掌格致科大學附屬動物園事務，稟承於總監督。

第十八節　演習林經理官以農科大學正教員或副教員兼任，掌農科大學附屬演習林事務，稟承於總監督。

第十九節　醫院經理官以醫科大學正教員兼任，掌醫科大學附屬醫院事務，稟承於總監督。

第二十節　圖書館經理官以各分科大學中正教員或副教員兼任，掌大學堂附屬圖書館事務，稟承於總監督。

第二十一節　堂內設會議所，凡大學各學科有增減、更改之事，各教員次序及增減之事，通儒院畢業奬勵等差之事，或學務大臣及總監督有咨詢之事，由總監督邀集分科監督、教務提調、正副教員、監學共同核議，由總監督定議。

第二十二節　各分科大學亦設教員、監學會議所，凡分科課程之事，考試學生之事，審察通儒院學生畢業應否照章給奬之事，由分科大學監督邀集教務提調、正副教員、各監學公同核議，由分科監督定議。

第二十三節　事關更改定章、必應具奏之事，有牽涉進士館、譯學館、師範館及他學堂之事，及學務大臣、總監督咨詢之事，應由總監督邀集各監督、各教務提調、正教員、監學會議，并請學務大臣臨堂監議，仍以總監督主持定議。

第二十四節　凡涉高等教育之事，與議各員，如分科監督、各教務提調、各科正教員、總監學官、總衛生官意見如有與總監督不同者，可抒其所見，徑達於學務大臣。

通儒院章第六（外國名為大學院，茲改定名目，免致與大學堂相混）

第一節　凡某分科大學之畢業生欲入通儒院研究學術者，當具呈所欲考究之學藝，經該分科大學教員會議，呈由總監督核定。

第二節　非分科大學畢業生而欲入通儒院研究某科之學術者，當經該分科大學教員會議所選定，復由總監督考驗，視其實能合格者，方准令升入通儒院。

第三節　凡通儒院學員，視其研究之學術係屬某分科大學之某學科，即歸某分科大學監督管理，并由某學科教員指導之。

所研究之學術，有與他分科大學之某學科實有關係、必應兼修者，可由本分科大學監督申請大學總監督，命分科大學之某學科教員指導之。

第四節　通儒院學員之研究學期，以五年為限，以能發明新理、著有成書、能製造新器、足資利用為畢業。

第五節　通儒院學員無須請人保結，并不徵收學費。

第六節　通儒院學員，有為研究學術必欲親至某地方實地考察者，經大學會議所議准，可酌量支給旅費。

第七節　通儒院學員每一年終，當將其研究情形及成績，具呈本分科大學監督，復由本科大學監督交教員會議所審察。

第八節　通儒院學員，如有研究成績不能顯著、或品行不端者，經各教員會議，可稟請總監督飭其退學。

第九節　通儒院學員在院研究二年後，如有欲兼理他事務，或還居學堂所在都會以外之地者，經本分科大學監督察其於研究學術無所妨礙，亦可准行。

第十節　通儒院學員至第五年之末，可呈出論著，由本分科大學監督交教員會議所審察；其審察合格者即作為畢業，報明總監督咨呈學務大臣會同奏明，將其論著之書籍圖器進呈御覽，請旨給以應得之獎勵。

京師大學堂現在辦法章第七

第一節　京師大學堂為各省學堂弁冕，現暫借地試辦，當一面新營學舍，於規模建置力求完善，以樹首善風聲，早收實效。

第二節　分科大學應選各省高等學堂畢業生入堂肄業，此時各省高等學堂方議創辦，未出有合入大學之學生，應變通先立大學豫備科，與外省高等學堂同時興辦，其科目程度一如高等學堂，俟豫備科畢業，再按照分科大學辦法。

第三節　現在京師大學堂既係先教豫備科，其學堂執事人員，自當按照高等學堂章程設置，俟將來升教分科大學，即按照分科大學規制辦理。

第四節　原定大學堂章程有附設之仕學館、師範館，現在大學豫備科及分科大學尚未興辦，暫可由大學堂兼轄。將來大學堂開辦豫備科及分科大學，事務至為繁重，仕學、師範兩館，均應另派監督自為一學堂，徑隸於學務大臣。其仕學館課程，應照進士館章程辦理，師範館可作為優級師範學堂，照優級師範學堂章程辦理。

附條：凡一切施行法、管理法，均另詳專章，開辦之時，應即查照辦理。其有未備事宜，應隨時體察考驗，奏請通行。

大學堂學科統系總圖

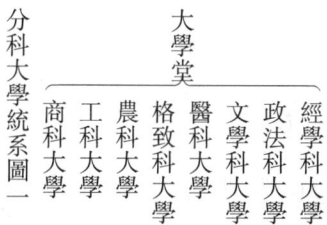

大學堂
- 經學科大學
- 政法科大學
- 文學科大學
- 醫科大學
- 格致科大學
- 農科大學
- 工科大學
- 商科大學

分科大學統系圖一

一、經學科大學
- 周易學門
- 尚書學門
- 毛詩學門
- 春秋左傳學門
- 春秋三傳學門
- 周禮學門
- 儀禮學門
- 禮記學門
- 論語學門
- 孟子學門
- 理學門

分科大學統系圖二

二、政法科大學
- 政治學門
- 法律學門

分科大學統系圖三

三、文學科大學
- 中國史學門
- 萬國史學門
- 中外地理學門
- 中國文學門
- 英國文學門
- 法國文學門
- 德國文學門
- 俄國文學門
- 日本國文學門

分科大學統系圖四

四、醫科大學
- 醫學門
- 藥學門

分科大學統系圖五

五、格致學門
- 算學門
- 星學門
- 物理學門
- 化學門
- 動、植物學門
- 地質學門

分科大學統系圖六

六、農科大學
- 農學門
- 農藝化學門
- 林學門
- 獸醫學門

分科大學統系圖七

七、工科大學
- 土木工學門
- 機器工學門
- 造船學門
- 造兵器學門
- 電氣學門
- 建築學門
- 應用化學門
- 火藥學門
- 采礦及冶金學門

分科大學統系圖八

八、商科大學
- 銀行及保險學門
- 貿易及販運學門
- 關稅學門

論說

《東方雜志》第三卷第六號《王國維〈奏定經學科大學文學科大學章程書後光緒三十二年〉》 今日之奏定學校章程，草創之者沔陽陳君毅，而南皮張尚書實成之；其小學中學諸章程中，亦有不合於教育之理法者，以世多能知之能言之，余故勿論。今分科大學之立有日矣，且論大學，大學中若醫、法、理、工、農、商諸科，但襲日本大學之舊，不知於中國現在之情形有當否，以非予之專門，亦不具論，但論經學科、文學科大學。

分科大學章程中之最宜改善者，經學、文學二科是已。余謂此張尚書最得意之作也，尚書素以碩學名海內，又於政事之暇，不廢稽古，觀此二科之章程內，詳定教授之細目及其研究法，肫肫焉不惜數千言，為國家名譽最高學問最深之大學教授言之，而於中學小學，國家所宜詳定教授之範圍及其細目者，反無聞焉；吾人不能不服尚書之重視此二科，又於其學術上所素嫻者不憚忠實陳其意見也。且尚書不獨以經術文章名海內，又公忠體國以扶翼世道為己任者也，故懼邪說之横流國粹之喪失之意，在在溢於言表，於此二章程中尤情見乎辭矣。吾人固推尚書之學問，而於其扶翼世道人心之處，尤不能不再三傾倒也。雖然，尚書之志則善矣，然所以圖國家學術之發達者，則固有所未盡焉。今不暇細論其誤，特就其根本之處言之如左（下），以俟當局者采擇焉。

其根本之誤何在？曰在缺哲學一科而已。夫歐洲各國大學，無不以神、哲、醫、法四學為分科之基本。日本大學，雖易哲學科以文科之名，然其文科之九科中，則哲學科裒然居首，而餘八科無不以《哲學概論》、《哲學史》為其基本學科者。今經學科大學中雖附設理學一門，然其範圍限於宋以後之哲學，又其宗旨在貴實踐而忌空談（《學務綱要》第三十條），則夫《太極圖說》、《正蒙》等必在擯斥之列，則就宋人哲學中言之，又不過其一部分而已。吾人且不論哲學之不可不特置一科，又不論經學、文學二科中之必不可不講哲學，且質南皮尚書之所以必廢此科之理由如何。

（一）必以哲學為有害之學也。夫言哲學之害，必自其及於政治上者始矣。數年前海內自由革命之說，雖與歐洲十八世紀哲學上之自然主義稍有關係，然此等說寧屬於政治法律之方面，而不屬於哲學之方面，今不以此說之故而廢直接之政治法律，何獨於間接之哲學科而廢之？且吾信昔之倡此說以號召天下者，不獨於哲學上之自然主義瞢無所知，且亦不知政治法律為何物者也。不逞之徒，何地蔑有；昔之洪、楊，今之孫、陳，寧皆哲學家哉？且自然主義不過哲學中之一家言，與之反對者何可勝道？余謂不研究哲學則已，苟有研究之者，則必博稽衆說而唯真理之從，其有奉此說者，雖學問之自由獨立，上所不禁，然理論之與實行，其間必有辨矣。今者政體將改，上下一心，反側既安，莠言自泯，則疑此學為醖亂之麴蘗者，可謂全無根據之說也。

（二）必以哲學為無用之學也。雖余輩之研究哲學者，亦必昌言此學為無用之學也。何則？以功用論哲學，則哲學之價值失，哲學之所以有價值者，正以其超出乎利用之範圍故也。且夫人類豈徒為利用而生活者哉？人於生活之欲外，有知識焉，有感情焉。感情之最高之滿足，必求之文學美術；知識之最高之滿足，必求諸哲學。叔本華所以稱人為形而上學的動物，而有形而上學的需要者，為此故也。故無論古今東西，其國民之文化苟達一定之程度者，無不有一種之哲學；而所謂哲學家者，亦無不受國民之尊敬，而國民亦以是為輕重。光英吉利之歷史者非威靈吞、納爾孫，而倍根、洛克也。大德意志之名譽者，非俾思麥、毛奇，而汗德、叔本華也。即在世界所號為最實際之國民之中國，於《易》之太極，《洪範》之五行，周子之無極，伊川、晦庵之理氣等，每為歷代學者研究之題目，足以見形而上學之需要之存在，而人類一日存，此學即不能一日亡也。而中國之有此數人，其為歷史上之光，寧他事所可比哉？今若以功用為學問之標準，則經學、文學等之無用，亦與哲學等，必當在廢斥之列，而大學之所授者，非限於物質的應用的科學不可；坐令國家最高之學府與工場闤闠等，此必非國家振興學術之意也。夫就哲學家言之，固無待於國家之保護，哲學家而仰國家之保護，哲學家之大辱也。又國家即不保護此學，亦無礙於此學之發達。然就國家言之，則提倡最高之學術，國家最大之名譽也。有腓立大王為之君，有崔特里茲為之相，而後汗德之『純理批評』得出版而無所憚，故學者之名譽，君與相實共之。今以國家最高之學府，而置此學而不講，斷非所以示世界也。況哲學自直接言之，固不能辭其為無用之學；而自間接言之，則世所號為最有用之學如教育學等，非有哲學之預備，殆不能解其真意。即令一無所用，亦斷無廢之之理，况乎其有無用之用哉？

（三）必以外國之哲學與中國古來之學術不相容也。吾謂張尚書之意，豈獨對外國哲學為然哉？其對我國之哲學，亦未嘗不有戒心焉。故周秦諸子之學，皆在所擯棄，而宋儒之理學，獨限於其道德哲學之範圍内研究之，然此又大謬不然者也。《易》不言太極，則無以明其生生之旨；周子不言無極，則無以固其主静之説；伊川、晦庵若不言理與氣，則其存養省察之説為無根柢；故欲離其形而上學而研究其道德哲學，全不可能之事也。至周秦諸子之説，雖若時與儒家相反對，然欲知儒家之價值，亦非盡知其反對諸家之説不可，况乎其各言之有故持之成理者哉？今日之時代，已入研究自由之時代，而非教權專制之時代。苟儒家之説而有價值也，則因研究諸子之學而益明；其無價值也，雖罷斥百家，適足滋世人之疑惑耳。吾竊嘆尚書之知之與杞人等也，昔日杞人有憂天墮而壓己者，尚書之憂道無乃類是！若夫西洋哲學之於中國哲學，其關係亦與諸子哲學之於儒教哲學等；今即不論西洋哲學自己之價值，而欲完全知此士之哲學，勢不可不研究彼土之哲學，异日發明光大我國之學術者，必在兼通世界學術之人，而不在一孔之陋儒，固可决也。然則尚書之遠慮及此，亦不免三思而惑者矣。

尚書所以廢哲學科之理由，當不外此三者，此恐不獨尚書一人之意見為然，吾國士大夫之大半當無不懷此疑慮者也；而其不足疑慮也，既如上所述，則尚書之廢此科，雖欲不謂之無理由不可得也。若不改此根本之謬誤，則他日此二科中所養成之人才，其優於呫嗶帖括之學者幾何？而我國之經學、文學，不至墜於地不已，此余所為不能默爾而息者也。

由上文所述觀之，不但尚書之廢哲學一科為無理由，而哲學之不可不特立一科，又經學科中之不可不授哲學，其故可睹矣。至文學與哲學之關係，其密切亦不下於經學。今夫吾國文學上之最可寶貴者，孰過於周秦以前之古典乎？《繫辭上下傳》實與《孟子》、《戴記》等為儒家最粹之文學。若自其思想言之，則又純粹之哲學也。今不解其思想而但玩其文辭，則其文學上之價值已失其大半。此外周秦諸子，亦何莫不然。自宋以後，哲學漸與文學離，然如《太極圖説》、《通書》、《正蒙》、《皇極經世》等，自文辭上觀之，雖欲不謂之工，豈可得哉？此外如朱子之於南宋，陽明之於明，非獨以哲學鳴；言其文學，亦斷非同時龍川、冰心及前後七子等之所能及也。凡此諸子之書，亦哲學，亦文學，今舍其哲學而徒研究其文學，欲其完全解釋，安可得也？西洋之文學亦然，柏拉圖之《問答篇》，魯克來詵斯之《物性賦》，皆具哲學、文學二者之資格；特如文學中之詩歌一門，尤與哲學有同一之性質，其所欲解釋者，皆宇宙人生上根本之問題，不過其解釋之方法，一直觀的，一思考的，一頓悟的，一合理的耳。讀者觀格代希爾列爾之戲曲，所負於汗德者如何，則思過半矣。今文學科大學中，既授外國文學矣，不解外國哲學之大意，而欲全解其文學，是猶却行而求前，南轅而北其轍，必不可得之數也。且定美學之標準與文學上之原理者，亦唯可於哲學之一分科之美學中求之，雖有文學上之天才者，無俟此學之教訓，而無才者亦不能以此等抽象之學問養成之。然以有此等學故，得使曠世之才稍省其勞力，而中智之人不惑於歧途，其功固不可没也。故哲學之重要，自經學上言之則如彼，自文學上言之則如此，是故不冀經學、文學之發達則已，苟謀其發達講步，則此二科之章程，不可不自根本上改善之也。

雜録

《奏定任用教員章程光緒二十九年十一月二十六日》 大學堂分科正教員，以將來通儒院研究畢業，及游學外洋大學院畢業得有畢業文憑者充選。暫時除延訪有各科學程度相當之華員充選外，餘均擇聘外國教師充選。

副教員，以將來大學堂分科畢業考列優等，及游學外洋得有大學堂畢業優等中等文憑者充選。暫時除延訪有各科學程度相當之華員充選外，餘均擇聘外國教師充選。

《奏定各學堂獎勵章程光緒二十九年十一月二十六日》 自高等小學堂以上，或由升學考試給奬，或由畢業考試給奬，各有限制，各有取義。兹比照奏定獎勵出洋游學日本學生章程，給予出身，分別録用。已經奉旨允准之案，酌拟分別列表如左：【略】

大學堂分科大學畢業獎勵（或四年或三年畢業，計自入小學堂至此學堂畢業，實在學堂二十年，程度甚高。）

考試分最優等、優等、中等、下等、最下等五級。（外國學堂考試分最優等、優等、中等、劣等、最劣等五級，今以劣字不佳，改用下字。）各堂考試皆同。

考列最優等者，作為進士出身，用翰林院編修、檢討升入通儒院。如不願入通儒院者，應由學務大臣查核該員才具，酌量分别委以京外要差，奏明請旨辦理，以期及時自效。該員辦事如有成效，再行從優奏獎。（最優等之第一名，應否授為修撰之處，應俟大學堂畢業時察看其程度如何，臨時請旨辦理。）

考列優等者，作為進士出身，用翰林院庶吉士升入通儒院。如不願入通儒院者，與第一條同。

考列中等者，作為進士出身，以各部主事分部盡先補用，升入通儒院。如不願入通儒院者，與第一條同。

考列下等者，作為同進士出身，留堂補習一年，再行考試分等録用。如第二次仍考下等者。及不願留堂補習者，以知縣分省補用。

考列最下等者，但給考試分數單，不留學。

分科大學之選科畢業獎勵（亦由豫備科及高等學堂畢業生升入，係呈明就分科中之子目各門内，又祇選習一科，故名選科。如政治門，或選習理財，或選習警察、監獄、法律，或選習刑法，或選習商法；醫學門，或選習内科，或選習外科；土木工學門，或選習河海工，或選習鐵路工，他均仿此。程度在大學分科之次，在高等學堂之上。考試亦分五級。）

考列最優等者，作為同進士出身，以員外郎分部補用，由學務大臣查該員才具，酌量分别委以京外要差，奏明請旨辦理，以期及時自效。該員辦事如有成效，再行從優奏獎。

考列優等者，作為同進士出身，以主事分部盡先補用，餘與第一條同。

考列中等者，作為同進士出身，以知縣分省盡先補用，餘與第一條同。

考列下等者，留堂補習一年，再行考試，分等録用。如第二次仍考下等及不願留堂補習者，以知縣歸班銓選。

考列最下等者，但給考試分數單，不留學。

大學堂分科内之實科畢業獎勵（由中學堂畢業生升入，專選農、工、商、醫四科中之一門，為畢業後自營實業計者，三年畢業。其學問等差與高等學堂同，故獎勵舉人亦與高等學堂同。但此係學成即須辦事之員，故加以録用官階，考試亦分五級。）

考列最優等者作為舉人，以直州同盡先前選用，准充高等農、工、商實業學堂正教員，願自營實業者，聽。

考列優等者，作為舉人，以州同盡先選用，准充高等農、工、商實業學堂教員，願自營實業者，聽。

考列下等者，留堂補習一年，再行考試，分等録用。如第二次仍考下等及不願留堂補習者，給以實科修業期滿憑照，准充商等農、工、商實業學堂管理員，願自營實業者，聽。

考列最下等者，但給考試分數單，聽自營業。

大學堂預備科、各省高等學堂畢業獎勵（三年畢業，程度與大學實科同。計自入小學堂至此學堂畢業，實在學堂十七年。）

考列最優等者，作為舉人，咨送學務大臣復試合格，内以内閣中書盡先補用，外以知州分省盡先補用，升入大學堂分科肄業。不願升入大學堂者，聽。

考列優等者，作為舉人，咨送學務大臣復試合格，内以中書科中書盡先補用，外以知縣分省盡先補用，升入大學堂分科肄業。不願升入大學堂者，聽。

考列中等者，作為舉人，内以部寺司務補用，外以通判分省補用，升入大學堂分科肄業。不願升入大學堂者，聽。

考列下等者，留堂補習一年，再行考試分等録用。如第二次仍考下等及不願留堂補習者，給以修業期滿憑照，聽其自營生業。

考列最下等者，給以考試分數單，聽其自營生業。

典禮院分部

綜　述

《大清新法令・内閣會酌擬典禮院官制摺並單》 竊查憲政編查館奏

行政綱目按語內聲明，吏禮兩部不負憲法之責任，即不屬國務之統系，故未列表等因。嗣經會議政務處會同覆核具奏，奉旨，依議欽此。現吏部業經奉旨裁撤，各部官制將次釐定。查禮部原管事宜如關於教育者應歸學部，關於時憲及臣民禮俗并地方祀典神祠方術者應歸民政部，關於外藩王公喇嘛分給食物等事項者應歸理藩部，而鑄印一項現已歸并內閣，自應酌議更改以歸一律。惟典禮事宜至為隆重，自唐至元皆曾設立專院特命大臣以司厥事。唐曰禮宜使，宋曰知院，元為太常，禮院使品秩亦崇均稱清要，所以隆朝會郊廟之典，協沿襲損益之宜，任至巨也。臣等督飭法制院參考古今，詳慎核酌，擬就禮部現管事宜，設立專署，尊其名為典禮院，溯查會典、大典禮，大學士、學士均與贊襄揆厥，名稱用之該院，尤為合宜。擬設掌院大學士一員，副掌院學士一員，總理院務學士、直學士各員討論參訂，設總務一廳，禮制、祠祭、奉常、精膳四署，并廳長、署長、僉事以下等員分釐其事，原設序班、鳴贊、讀祝、贊禮各官及祠祭等署原有各官為典禮所不可闕者，均仍其舊，隸於該院。謹將酌擬典禮院官制二十四條繕具清單，恭呈御覽，伏候欽定頒行。伏維晋之常寺特先諸卿，唐之禮使必選儒宿，蓋以典領朝會虔肅明禋垂為巨典。今則合歷代禮院禮曹為一官，并太常、光禄、鴻臚於一署，較之前代禮院尤為崇閎，是以設官特為詳備，此又尊重昭代創制顯庸之微意也。至該院應劃歸各衙門事宜及各衙門應劃歸該院事宜，統俟奉旨設立典禮院後，由內閣會同各部及典禮院詳細釐定奏明辦理。謹奏。宣統三年（一九一一年）六月二十五日奉上諭，已録册首。

謹將酌擬典禮院官制繕具清單，恭呈御覽。

典禮院以禮部改設，凡內閣、民政部職掌之分涉典禮職掌者及樂部之神樂、和聲兩署皆并入之，禮部原管之鑄印事宜劃歸內閣，頒時憲書稽核人民遵行禮制風教并地方祀典神祠方術事宜劃歸民政部，貢舉學校及文廟祠祀事宜劃歸學部，分給外藩王公喇嘛食物事項劃歸理藩部，另由各衙門詳訂職掌章程辦理。

第一條　典禮院掌朝廷壇、廟、陵寢之禮樂及製造典守事宜，并修明禮樂更訂章制。

第二條　典禮院設官如下：

掌院大學士	特簡
副掌院學士	特簡
學士	簡任
直學士	簡任
廳長	簡任
署長	奏任
僉事	奏任
簿正	奏任
典簿	奏任
司庫	奏任
贊禮郎	奏任
讀祝官	奏任
鳴贊	奏任
序班	委任
庫使	委任
録事	委任

第三條　典禮院掌院大學士一人，總理本院事務監督廳署。

第四條　典禮院副掌院學士一人，佐掌院之職務。

第五條　典禮院學士八人，承掌院大學士之命討論典禮參訂章制。

第六條　典禮院直學士八人，承掌院大學士之命襄同學士討論典禮參訂章制。

第七條　凡關於典禮差使，均由掌院大學士、副掌院學士、直學士以下承充，不行取行政各衙門人員銜名，其扈從巡察等差及特別大典不在此限。

其典禮院人員不敷承充時，得行取翰林院人員襄同辦理。

第八條　典禮院具奏不經內閣，遇本院所管事務有應行曉諭軍民人等者，可分別咨札該管衙門辦理。

第九條　典禮院設總務廳，其職掌如下：

一　恭閱祭告祝文及繕寫祝版事項

二　恭繕壇、廟、陵寢、園寢、神牌事項

三　本院補官考績事項
四　文牘事項
五　典守院印事項
六　本院經費事項
七　本院庶務事項
八　奏派咨取各衙門關於典禮執事人員事項
九　不屬各署事項

第十條　典禮院設四署：禮制署、祠祭署、奉常署、精膳署。

第十一條　禮制署職掌如下：
一　朝會事項
二　尊崇事項
三　慶賀事項
四　大婚事項
五　經筵事項
六　巡幸事項
七　耕耤事項
八　親蠶事項
九　乘輿服物之因時進御具奏事項
十　皇子成婚公主釐降事項
十一　册立册封事項
十二　進書頒賞事項
十三　更改釐定本院禮制事項

第十二條　祠祭署職掌如下：
一　壇、廟典禮事項
二　陵寢典禮事項
三　大事典禮事項
四　恭擬山陵園寢名號及神祇封號事項
五　備辦一應典祀之鹵簿、禮仗、采棚、器具事項
六　關於典禮行取各項工料事項
七　吉安所禮節，及備辦應需器物并王公大臣、外藩王公祭葬立碑事項
八　恭辦製造神牌及入祀牌位事項

第十三條　奉常署職掌如下：
一　親行禮節事項
二　齋戒事項
三　閲祝版事項
四　贊引讀祝事項
五　典守壇廟各事項
六　兼理神樂署和聲署各樂舞事項

第十四條　精膳署職掌如下：
一　筵宴事項
二　備辦一應祭品事項
三　稽核各項典禮應用之酒醴牲牢庶羞等名數事項

第十五條　總務廳廳長一人，承掌院、副掌院之命管理廳務。

第十六條　署長每署一人，承掌院、副掌院之命總核本署事務。

第十七條　僉事分一二三等，承掌院、副掌院之命分任總務廳及各署事務。

第十八條　録事承廳長、署長之命繕寫文牘。

第十九條　簿正、典簿、司庫、庫使隸屬總務廳，經理所管事務。

第二十條　鳴贊、序班隸禮制署，讀祝官、贊禮郎隸奉常署，分任所辦事務。

第二十一條　壇、廟、陵寢各官，承掌院、副掌院之命掌典守之事務。

第二十二條　典禮院僉事以下各缺由掌院、副掌院酌量事務繁簡擬定奏明辦理。但不得逾禮部原設司員之數。

第二十三條　神樂署、和聲署各員及壇廟官、陵寢讀祝官、贊禮郎各有專司，所有職掌員缺均仍其舊，不另列表。

第二十四條　此項官制如有應行變通修改之處，由内閣會同該院奏明候旨裁奪辦理。

禮學館分部

綜述

《大清新法令・禮部奏籌辦禮學館大概情形並擬定章程摺並清單》竊臣等議覆兩廣總督岑春煊奏請修明禮教一摺，并請於臣部設館編纂等因。具奏。奉旨：依議。欽此。欽遵在案。臣等伏思編纂之要，必先定其宗旨而後能觀其會通。自古禮三千祇存十七，兩漢六朝抱殘守闕，僅為議禮家援引之資，厥後如唐開元禮、宋太常因革禮、金元通禮、明集禮，未嘗不斟酌損益，冀合司徒所修之本旨，而去聖愈遠，何能悉當，欽惟我高宗純皇帝詔輯《通禮》一書，集羣經之大成，為百王所不易，守先待後，莫過於斯。今臣等奉命設館，派員編纂，謹以《通禮》為宗。其門目仍以吉凶賓軍嘉五者為綱。至外務部、陸軍部、學部之所掌，無論已未奏行，均應由臣部咨行，各該衙門抄案送館擇其可為典常者，依類編入。現在開館伊始，擬請明降諭旨，以肅海内之觀聽，并請俯准撥給款項，以便在事之設施。臣等前奏請於臣部附設禮學館，茲擬擇本署偏北隙地，建築所有起造房屋，購置器用，一切開辦經費經臣部核實，估計約需銀二萬兩，以後常年經費，統計纂修各員津貼及供事書手、雜役工食，并添置器具、圖書紙張雜項等款，撙節計算，大約歲需銀三萬兩，相應請旨，飭下度支部分別撥給，以便開辦。此後分期請撥。其修書年限約計以三年為率，總期事歸實際，款不虛糜，借以仰副朝廷實事求是之至意。茲臣等謹擬開館章程八條，繕寫清單，附呈御覽。謹奏。光緒三十三年四月　日。奉旨：依議。欽此。

謹擬禮學館章程恭呈御覽。

本館欽奉諭旨設立，必須慎選僚屬，得人而理。擬遴派禮部官充當提調，司提點館中一切事宜，并採訪京外各官，不拘資格。惟以精於禮學，夙著聞望者奏調到館，充當總纂、分纂，其員數期於足敷編輯，不預定額。此外又設總分校各員，仍以禮部官任之。

本館專為修明禮教而設，造端宏大，應將全書凡例先行編出。擬即奏調京外各官深通禮學者數員到署，分門別類，妥訂凡例，以後仍應隨時修改，以求斟酌盡善。

本館編輯宗旨。一以列聖欽定各書為主，其歷代禮志以及唐宋元明國朝諸儒所輯禮書，旁及各衙門則例成案、各省志乘風俗，均應博考遐搜，折衷一是，庶幾近遵王制，遠亦不悖古義。

本館編輯之始，必網羅古今薈萃衆説，排比鉤稽，以求至當。至成書體裁則貴簡要，期於易知易行。

本館擬采訪京外各直省官紳有識解宏通、熟精禮學者，仿照學部、商部之例，奏派為修明禮制顧問官，遇事咨詢，期於至當。

本館在事人員除提調、校對係禮部官屬，本有廉俸外，其餘各官亦不能多給薪水。俟全書告成，擇尤奏保，酌予奬敘。此時擬仿京師各學堂教習之例，酌給薪水，統計、編纂、校對官十餘員，人數既少，責成乃能專一，年限有定，款項不致虛糜。

本館總校、分校均於開館後一年到差，敬謹校對，進呈御覽，毋得舛僞。其繕寫全書人員擬届時考取舉貢，擇其文理優長、字體端潔者在館當差，將來照各館謄録例給予議敘。

禮學館即在禮部附設，原冀稽察易周，兼可撙節經費，以期核實。

又**《禮部奏禮學館辦理情形並詳擬分年辦法摺宣統元年》**竊臣等前奏，遵旨籌備憲政，擬將修輯禮書迅速蕆事，以便頒行，各緣由聲明在案。查禮學館於本年閏二月開館，總理内閣學士臣陳寶琛即於三月二十一日到館，與臣等規畫修書次第，擬先以一年期内詳校《通禮》原書，集在館纂修人員分任篇卷，凡新禮、廢禮應增、應損諸條目逐一考訂，各抒見解。又復互相參校，以衷一是，除事體重大應行奏明請旨外，其有衆説從同，疑義已晰，則擇善改正，繕寫時黏簽標明於下，以備恭呈御覽。次擬以一年期内纂修民禮，凡自士大夫以下，民間之昏、喪、祭禮及輿服、器用、宮室之類，必應明秩序而辨等威者；又自禮訓而外，本朝之法律、會典、則例暨現修政書之屬，所以正風俗而彰軌物者，昔為通禮原書所未備，今當博采慎取而補編，則亦廣集詢謀，搜羅羣典，以求詳贍。其昏、喪各禮，惟當仰體朝廷整齊民物，期於滿、漢皆可通行之諭，以定宗旨，限以一年草創，一年潤色，統計不出三年期內，增訂《通禮》原書與續輯民禮各編一律告成。現自開館以來，館員按照規程，已將《通禮》原書次第互校，參以論説，所有更正之處，經總理臣陳寶琛分別匯核，簽識頗明。陳寶琛前因事請假回南，據奏稱館中續繳功課，均經携帶行篋，隨時核辦，不致有所曠誤，此本年開辦以來之實在情形也。臣等竊惟修明禮教，事極繁重，固不宜草率從事。惟是憲政籌備期限甚嚴，禮制與政治息息相關，編訂刻不容緩。前奏似以三年成書，亦因亟待頒行，不能不明立定限，現計在館各員，除孫鼎烈一員因老病自行辭退外，尚逾奏定原額，足敷分任，各纂修等皆係績學通儒，於禮學講求有素。第民間禮俗，五方各為風氣，其應行提議者，不下數百十條，調查討論頭緒極繁，非如朝廟典章粲然具備，間有闕漏補訂無難，若稍觀望遷延，深恐成書無日，臣等有督率之責，不得不先事圖維。現陳寶琛假期已將届滿，該總理老成宿望，學識宏通，必能始終其事，擬俟其到京後，再與切實會商，將已校編目催督分纂，繕成稿本，期不越一年之限。以後即可以全力專纂民禮，仍由該總理妥定條例，嚴立課程，俾可迅速蕆事。除各省禮俗表尚未一律送部，由臣等分別咨催，并新定之賓禮、學禮、軍禮咨行外務部、學部、陸軍部速行編送外，謹奏。宣統元年十二月初六日奉旨：知道了。欽此。

又《禮部奏遵擬禮學館與法律館會同集議章程摺並單宣統二年》

宣統元年二月十二日，欽奉諭旨，内閣侍讀學士甘大璋奏《憲政、禮學、法律三館亟宜貫通》一摺，着禮部、法部會同集議後，咨商憲政編查館再行覆核。欽此。查原奏内稱：近來疊奉諭旨，宣布立憲豫備，以修明禮教、移風易俗為禮部責任。又，以刑律之源，根乎禮教，修訂宗旨，必本此意各等因。欽遵在案。

良以禮教為中國數千年立國之本，惟據禮經以範圍憲法，乃所以定國是而正人心。伏讀德宗景皇帝詔曰：『兼采列邦之良規，無違中國之禮教。』即是此意，所當欽守。現聞禮學館但主纂書，不明修禮；憲政館偏重出洋學生，但知趨步日本，不識中國數千年相承倫教之重，哲學之微與國故民風之關係。法律館一聽客之所為，專賴所聘洋員録其國已成之法律，與我國倫教、官制、禮俗、民情，動多鑿枘。該三館為議法之權衡，宜如何慎重周詳，豈可聽其草率從事。

又，聽其各不相謀，致修禮成無用之册，訂律有非禮之條，即編成憲法，勢必視為不能實行之具文。擬請飭令憲政、禮學、法律三館會同集議，提出禮教與憲政法律互有關係、互相出入及有所妨礙、所當損益各條，別為議案。各據所學，引抉經心，參酌憲章，勘合律意，統歸畫一，始行決定，以禮為規定憲法之根據，即以律為維持禮教之大防，庶三館貫通，而立法乃并行不悖等語。

伏查原奏所稱三館貫通，係為畫一法制起見，欽奉諭旨，着禮部、法部會同集議後，咨商憲政編查館再行覆核，自應欽遵辦理。惟查禮制、法律固統屬於臣部與法部，而纂修編訂則專隸於臣館與法律館，應請先由臣館與法律館會同集議，然後咨商憲政編查館覆核，再由臣部、臣館、法部、法律館會同具奏。

惟是上年二月奉旨之後，當時未經擬定集議章程，以致法律館修正新刑律未與臣館集議，即於十二月間會同法部具奏，其中有關禮教諸條，臣館未能稍參末議，不無遺憾。伏思刑律施於犯罪之後，與禮教之關係已多，況民律則日用民生，在在與禮教相為表裏，臣館若不預聞，非特法律館所編民律恐有與禮教出入之處，即臣館所編民禮亦恐與民律有違异之端，將來實行之時，必多窒礙。宣統三年即届核訂民律之期，亟應擬定章程，兩館互相聯絡，公同商辦，以免合則雙美，離則兩傷之慮。謹酌擬臣館與法律館會同集議《章程》四條，開具清單，恭呈御覽，如蒙俞允，恭候命下，即由臣部、臣館咨行憲政編查館、法部、法律館遵照辦理，臣等公同商酌，意見相同。謹奏。宣統二年十二月二十五日。奉旨依議。欽此。

謹將酌擬禮學館、法律館會同集議《章程》，開具清單，恭呈御覽。

計開

兩館館員應互相聯絡也。查禮學館以總理主之，下有纂修、校勘等員。法律館以修訂法律大臣主之，下有纂修、協修各員。應令兩館館員互相聯絡，凡有應議之件，彼此往來，和衷商辦，禀承總理修訂法律大臣核定。

遇有重要之端，由總理與修訂法律大臣面商辦理。

法律館編出草案底稿，應一律分送禮學館也。法律館編纂各項草案，向係擬出初稿，先用蠟印，分送館員公同討論。應令法律館於民律草案初稿擬出蠟印，分送時照送禮學館數分，以備研究集議。

兩館書籍、案卷，應准彼此檢查也。禮學館所存書籍、案卷，皆關禮教，而每多與法律相表裏；法律館所存書籍、案卷，皆關法律，而亦時與禮教相貫通。兩館館員如有應行考核之處，應令隨時彼此檢查，以資印證。

議定之後，應由禮部、禮學館、法部、法律館會同具奏也。既係兩部兩館遵旨集議之案，自應兩部、兩館會銜具奏，所有民律草案内有關禮教諸條，應由禮學館、法律館會同集議後，咨商憲政編查館覆核，再由禮部、禮學館、法部、法律館會同具奏請旨，以昭慎重。

劉錦藻《清朝續文獻通考》卷一二二《職官八・禮學館》 光緒三十三年，禮部、學部覆奏據岑春煊奏請開館分門編訂變政後士庶通行之禮以養成民德等語。查邇來風會日新，自由平等之説昌言無忌，誠如該督所云，方如横流不可遏抑。本擬遴選通才，遵照《會典》、《通禮》，暨《書儀》、《家禮》、《五禮通考》等書，斟酌損益，釐訂朝野士庶通行之禮，與該督所奏大致相同，所請徵儒開館之處，擬由禮部附設禮學館詳慎編纂，至開館事宜，容悉心籌議，隨時具奏，以昭慎重。

雜録

《大清新法令・禮部奏禮學開館酌擬凡例進呈等摺並清單宣統元年》

竊臣等於光緒三十三年六月遵議奏設禮學館，擬定章程八條，復請延聘纂修顧問各官，徵各省禮書，并將籌辦大概情形先後奏明，各在案。現奉光緒三十四年九月二十九日諭旨，責成臣部修明禮教移易風俗。又奉十二月二十七日諭旨：憲政館奏定，分年應行籌備各事，并著内外各衙門按限妥籌，次第舉辦等因。欽此。

臣等公同研究，竊以為今日修明禮教移風易俗，應分修書、行政為兩事，修訂之初必斟酌古今，體裁完善，釐然當於人心，而後可期通行。至於行政，必與地方官暨諮議局員及凡有教育之責者相為表裏，切實董勸。然後可蒸為風俗，固非空言修明，遂可收移易之大效也。伏稽我朝，化民成俗，因時制宜，其宏綱巨目布在方策者，如《欽定大清通禮》而外，又有《欽定皇朝三通》、《會典》、《則例》、《刑部律例》，皆經緯通貫，燦然大備。今欲修明禮教，非薈萃各書并與新設之憲政法律各館互相訂證不足以畢修書之事也。

自議行憲政，改定官制，設立民政部、學部衙門以整齊民物、振興教育。又飭臣部開設禮學館，以成政教維一之治，規模宏遠。今欲移風易俗，非與内外各衙門聯絡一氣，交相考察，不足以畢行政之事也。臣等職掌所關，於禮教責無旁貸，其宗旨應以正人心為入手辦法。曾子言：『慎終追遠，民德歸厚。』孟子言：『人人親其親、長其長而天下平。』實修明禮教之第一要義。無論修書、行政，皆應以此為的，樹之風聲。臣數月以來與在館纂修諸員共相商榷，計應行參訂者不下數十百條，謹撮舉大略，酌擬凡例十九條，恭呈御覽。其辯論疑難文義繁縟有宜隨時奏明不便臚列者，應俟全書告成後再行增補訂正，以昭詳慎。

目前設施次第，惟有先將修書一項迅速蒇事，庶使九年期内得以從容行政。現擇於本年閏二月十七日開館，所有前奏章程内應派提調提點館事。查道光朝續修《通禮》并未設館，所有提調各職事均由禮部官員兼充。今禮學館附設臣部署側，擬請旨即派左丞宗室英綿、右丞劉果、左參議良揆、右參議曹廣權兼充提調，以專責成。又前次奏准館中常年經費每年三萬兩，現值開館伊始，并請飭下度支部照數給發，以應要需。除將所擬凡例另單繕呈外，謹恭摺具陳。又，本年二月十二日奉諭旨：内閣侍讀學士甘大璋奏憲政、禮學、法律三館亟宜貫通一摺，著禮部、法部會同集議後咨商憲政編查館，再行復核等因。欽此。臣等應即欽遵辦理，合并陳明。謹奏。宣統元年閏二月初四日奉旨：著依議。欽此。

重修《通禮》凡例

修明禮教前經臣部奏定，以《欽定大清通禮》為主，其有因革損益，謹仿欽定皇朝《通典》、《通志》、《通考》之例，於篇末概加後案，冀合《漢書》疏通證明之義。

《通禮》詳載朝廟之禮，而略於士庶，又著著例不載圖説。原以《會典》及欽定皇朝三通等書相輔而行，故體裁簡要。今奉上年九月二十九日明諭，責成臣部修明禮教移易風俗，則修書宗旨自應恪遵欽定各書，特於民禮加詳，謹仿照江永《禮書綱目》體例，於吉、凶、軍、賓、嘉五禮，外增入曲禮一門。遵照《會典》、《則例》，并新修法律、憲法，將屬於民事之軌物法度詳細會編，斟酌釐訂。其敝俗相沿有亟宜裁革者，并纂輯各家正俗之説附後，并載明禮器圖喪服圖等，期便民間誦習踐行，以移風俗而明禮教。

《通典》載石渠禮議於聞人通，漢戴聖諸臣禮論每有宣帝「制曰」，以示折衷，史所謂宣帝稱制臨決也。今遇疑義，有非臣下所能擅擬者，皆具奏請旨，恭候宸斷，以昭天子議禮之盛。

宋嘉佑中，歐陽修纂集《太常因革禮》，以《開寶通禮》為主，凡《通禮》所有而不復舉者，謂之廢禮；《通禮》所無，謂之新禮。今科舉既經停止，如吉禮之賓興、釋褐，嘉禮之鄉會試、燕諸禮已不復舉。而外務部奏定之賓禮，陸軍部奏定之軍禮，學部奏定之學禮，又皆因時制宜，為《通禮》所無。擬仿《太常因革禮》體例，增設廢禮、新禮篇目，各自為卷，附在《通禮》之後。

道光禮有一時疏誤，亟當改正者。即以吉禮言之：旱潦祈、報、徹饌之時，乾隆禮皆有樂章，道光禮改之，報有樂而祈無樂，然刪徹饌之樂章，并刪徹饌之禮節，則刪除之未當也。又如《祀先醫篇》，乾隆禮在《祀真武篇》後，故於設樂條下注云：器數見《祀真武篇》。道光禮既升先醫於真武前，此注尚仍不改，則注釋之未當也。似此之類，悉詳加較正。

道光禮有依據古制而與今不合者，如今人居室之制，堂不必有東西階，士大夫不盡有廟，雖有廟，多與宗族共之，行禮皆於寢不於廟。他如廟見之名，加景之用，凡引據未確者，皆為更正。

原書内執事官屬，自光緒三十二年奉旨釐定官制，所有業經裁撤歸并各衙門，自當改書見在官名，而於其下附注原作某官，以備稽考。其吉禮皇帝臨雍釋奠之陪祭官，嘉禮臨雍講書之進講官，舊為祭酒司業，今當臨時請旨改派，暫以陪祭官、進講官稱之，仍附注原作祭酒司業於其下，猶鄭注《周禮》必引故書某為某之例。

《乾隆通禮》未載堂子祭禮，至道光重修，始據《欽定皇朝文獻通考》，為元日謁拜立杆致祭二篇，而於大内祭種之禮尚未及詳。伏查《欽定皇朝通典》載：坤寧宫朝夕祭外，每月朔祭神，翼日祭天，其制亦立杆於庭，而每歲十二月二十六日恭請神位供於堂子，正月初二日復自堂子恭請神位入宫，與元日謁拜立杆致祭禮節相因，未可闕略。謹依《欽定大清會典》補載大内祭神於後。猶《明史・禮志》記：嘉靖初，沿先朝舊制，每日宫中行拜天禮也。

乾隆、道光禮均載皇帝東巡闕里親釋奠於先師孔子之禮，而無春秋闕里釋奠之禮，似尚疏略。應由臣部咨行衍聖公開列禮節，編入闕里祇告之後，其顔、曾、孔、孟四氏學從同。

自道光四年修定《通禮》以後，屢更兵事。凡各直省名臣忠節，諸臣奉旨建立專祠春秋致祭者，并應載在祀典，編入古禮。

直省專祠之祭，乾隆禮祇有九神，道光禮又增四十四神，其中或竟無姓名，或僅有姓而無名，殊不足以重祀典。擬行文各省詳查始末，凡係不經之祀，悉行釐正。

光緒年間皇帝萬壽、皇太后萬壽大慶，遇駐蹕頤和園，舉行朝賀筵宴典禮，應遵照《欽定大清通禮》所載圓明園、綺春園朝賀禮，敬謹增入。

《乾隆通禮》於親王昏禮云：將及冠。《道光通禮》於民公以下昏禮亦云：將及冠。而喪禮又有已冠未冠之差，恭讀乾隆四十七年上諭：嗣後著將王、貝勒、貝子、公子嗣及閑散宗室年已及歲者，俱照蒙古王公、臺吉、他布囊之例，分別給予品級冠頂，其宗室見在當差職分較小者，准其與閑散宗室一體照例换給冠頂等因。是我朝冠禮載在典章，而《欽定皇朝通典》不著録者，當時纂修諸臣或以祖宗家法不立皇太子，不能如《開元禮》之冠禮託始於皇太子加元服耳，不思冠義，言天子之元子猶士也。唐制別立皇太子加元服禮，本非經義。茲就經義言之，則皇太子用士冠禮，親王以下可知。今擬請旨稽度古禮，尋繹祖宗給予及歲王公宗室冠頂之意，補冠禮。

品官相見，乾隆、道光兩通禮略同。然現行官制多與《會典》不符，今修明禮教，應補《會典》所未備，分王、貝勒、貝子與品官相見，鎮國公以下與民公侯伯品官相見。其品官分平行官、非屬官、屬官、内官與外官、文官與武官、致仕官與現任官、現任官、致仕官與士各相見禮。稱謂、拜揖、迎送、坐立皆為之定式。致仕官、未仕士與庶民分別，服親、非服親亦為之秩序，以維禮教。其現行相見禮有卑亢失體者，悉奏請更正。

《欽定八旗通志》載康熙九年報十一月順天府府丞高爾位奏鄉飲酒禮滿漢均沾，以廣聖恩，以敦教化，奉旨：依議。并載康熙二十四年十月至雍正十三年正月舉行鄉飲賓介姓名。雖乾隆、道光《通禮》於順天鄉飲未載八旗，直省鄉飲未載駐防，而以前事證之，則鄉飲為滿漢通行禮節，固不待言。今滿漢更無分畛域，而典禮所在不宜偏廢，謹於本條後案詳之。

《通禮》恭載列聖列后忌辰於吉禮陵寢篇内，伏查雍正四年十一月聖祖仁皇帝三年大禮已滿，世宗憲皇帝諭禮部曰：朕追念罔極親恩，欲於皇考忌辰每歲遵照三年内祭禮舉行，朕終身永慕，豈三年所能限制。欽此。祭義所謂君子有終身之喪，忌日之謂也。顧與陵寢同列吉禮，似非祖宗追孝之意，且陵寢篇内所載皇帝親謁列聖列后陵寢以至皇子謁陵諸大禮并無素服舉哀者，列諸吉禮似亦未安。考《宋史・禮志》於上陵祭日均列凶禮，謹仿其例，恭録列聖列后忌辰及皇帝皇后以次謁奠，陵寢諸篇均移居列聖列后大喪之後。

三年喪服。國初因旗兵額少，且日從金革，故滿洲、蒙古、漢軍守制舊例不便離任遽同漢人。伏讀《世祖章皇帝實録》載順治十年四月禮部覆廣東道監察御史陳啓泰奏請，令滿洲部院各官俱照漢人例一律離任丁憂，詔從所議。嗣後雖經吏部另議具奏，然《欽定八旗通志・喪禮門》統載前後詔旨，可以考見當日聖人議禮不分滿漢之至意。現在迭奉明諭化除滿漢畛域，飭修畫一禮制，近又變通旗制，尤與國初旗兵可援金革無辟之禮訓者情形不同，自應無論滿漢官員士庶均為父母持服三年，服官無論京外均離任終制，以厚風俗。

乾隆、道光禮皆有冠服通制、儀衛通制，宜依例修補，并於喪禮内增入五服喪服圖，以便省覽。

坊民之禮，條理極繁，將來書成應將關涉士庶禮制條目另刊頒布，以便單行。

陸軍部分部

綜　述

《大清新法令・陸軍部奏覈議陸軍部官制並酌擬辦法摺光緒三十三年四月二十七日》 光緒三十二年九月二十日，内閣奉上諭，欽奉懿旨：兵部著改為陸軍部，以練兵處、太僕寺并入，應行設立之海軍部、軍咨府，未設以前均暫歸陸軍部辦理，原議各部院等衙門職掌事宜及員司各缺，仍著各堂官自行核議，悉心妥籌，會同軍機大臣奏明辦理等因。欽此。仰見朝廷執兩用中，權衡至當，欽服莫名。伏維國朝兵制震古爍今，茂巨崇規，載在方册。謹案，《欽定中樞政考》各書，凡兵制、營制、議制、銓政、軍政、馬政、關禁、海禁、郵禁、驛遞等要政，皆兵部所職掌。原設四司條理秩然，即太僕寺本《周官》校人之職，所司牧廣孳生均齊等事，於馬政要務亦屬提綱挈領，巨細靡遺，苟守法者能實力奉行，原自範圍不過，此皆舊制之不容輕廢者也。至世事推移，器械日新，則編制訓練亦因以遞變。自光緒二十九年十月遵旨設立練兵處以來，參考東西各國兵制，酌用新法編練陸軍，凡學堂之教育、兵隊之訓練、步馬炮工程輜重之分門編配、衣糧器械之籌備運輸、關塞臺壘之測繪圖維、軍隊之衛生療治及一切應辦事項，歷經各設專員悉心經畫，以求精進，此皆新法之日見擴張者也。現經遵旨，將練兵處、太僕寺歸并臣部，自應酬定次第，分司治事，以重職守而備規模。臣等再四籌商，擬首設軍衡、軍乘、軍計、軍實四司，分掌兵部原設武選、車駕、職方、武庫四司舊管例行等事。而將練兵處原設考功、器械兩科并由工部劃撥臣部之應辦事宜分別并入，以歸劃一。此外則以練兵處所掌新軍應辦各項分晰門類，設立軍制、軍需、軍學、軍醫、軍法五司，其太僕寺應管事務及新軍馬政擬并設軍牧一司，共設十司，或率由舊章，或參訂新制，所期立法周詳，無稍偏重。而用人之道則務廣其途，所有兵部、練兵處、太僕寺舊有諸員，均由臣等審其材能，分別任用。總之，諳悉例案人員則於軍衡等四司為宜，能曉軍事及練習專門人員則於軍制等五司為宜，習知馬政人員則於軍牧一司為宜。而以上各項人員又於各司中參錯互用，俾舊者得擴新知，新者與聞舊案，習同而化，浹洽日臻，此臣等所擬分司用人之大概也。惟臣部設官有不能與各部盡同者，臣部遵旨統轄新軍各鎮，自應與軍隊一氣貫通，以免隔閡。查光緒三十一年八月，由練兵處奏定陸軍補官任職章程，係以三等九級之官，任鎮協標營各等之職，臣部現訂官制擬即略仿其意，所有兵部向設郎中、員外郎、主事等官，并練兵處奏設之三等九級等官，是皆為應設之官。此次臣部擬設各司均各設司長一員，其各司之中分設各科，均各設科長一員，又於司科中分設科員、譯員、司法官、繪圖員、藝師、承發官、藝士、録事等員，是皆為應分之職，以官任職，第其等差，則取材之途無虞或隘，竊惟古者官有公卿、大夫、上中下士之殊，職有三百六十屬之別，臣等遠稽古制，近察時宜，所為現擬官制、官與職分者，此也。又兵部原設之郎中、員外郎、主事等官，向係分屬各司，現在每司既各設司長，官與職殊，則所有郎中以下等官自難再繫以司，祇可統屬以部，即稱為陸軍部郎中、員外郎、主事。其原有各缺則悉仍舊額，以存階級。此於舊制之中所應量為變通者也。至三等九級等官，自應與文員一體訂設額缺，俾歸一律。特現自正軍校以上尚未經授補有人，而自司長以下諸職一經奏定，即須陸續派充。除文員内應以郎中等員遴委外，其需用武秩各員，勢難懸缺以待。擬暫就前充練兵處差缺得力之員，視其才具資格，酌量録用，其中應補三等九級官階者，先予任職，然後次第補官。此又於新章之中不得不權宜辦理者也。各司既定責成，自有所歸，惟職掌各分仍不能無總匯之區，以統諸務，擬參仿釐定官制大臣所定各部官制通則，設承政、參議兩廳，承政廳設左右丞各一員，總司闔署事宜，原設之司務廳等處即歸并其中，參議廳設左右參議各一員，總司本署及各軍隊學堂、局、所等處應行核議并稽察各事宜，以為指臂之司，耳目之寄，則所有十司乃無散而無紀之慮，而臣等亦得所贊助。此臣等公同擬訂衙門職掌員司各缺之大綱辦法也。至應行設立之軍咨府、海軍部，遵旨暫歸臣部辦理，擬將軍咨府暫名曰軍咨處，設五司，以掌要務。海軍部暫名曰海軍處，設六司，以理庶政。而此兩處之中均設正副使各一員，以比陸軍部丞參管理全處事務。又於軍咨處五司内暫先設三司，兼攝其餘二司事宜，海軍處六司内暫先設三司，俟各該處事務日增，再照原擬司科分別次第添設。此則臣等為軍咨、海軍姑立始基而徐圖將來府部之推行盡利者也。至陸軍部及軍咨、海軍兩處員司，自丞參、正副使以次，下至録事所有人員數逾各部，蓋以兵部、練兵處、太僕寺三衙門合并而成，實綜軍政、馬政、軍謀、軍學四大端，事類殷繁，百端待理，勢不得過從簡略。至臣部原有一應實缺候補人員，并由臣等慎選詳察，如有庸惰不職者，亦即隨時奏明撤退，以資整飭。其餘未盡事宜，容臣等陸續議擬具奏。謹將陸軍部章制辦法及軍咨海軍兩處章制分繕清單，恭呈御覽。如蒙俞允，俟奉旨後，即由臣部欽遵辦理。抑臣等更有進者，臣部以新舊三署合而為一，論舊制則統須整頓，論新法則亟待擴充，而綜厥指歸，胥以有裨軍事為準。惟其間辦法迥异，歸并伊始，融洽實難，且各署人員或籌計新軍，或職司部務，平日辦事既兩不相謀，遽令合參亦多鑿枘。臣等所為遲回審顧，議久未定者，職是之由。此次所擬廳司章制新舊統籌，寓合於分，以期融會。然究係權宜之計，未敢謂久遠之圖，嗣後軍備恢張，編練日盛，學堂遍設，成材日多，則事務無分新舊，條目無論洪纖，均得相時制宜，酌籌更變。正可以章制修改之次第，為軍隊進境之明徵。臣等斷不敢以經始之人，膠執成見，應俟試行以後切實體驗。如有應行損益之處，或二三年而一變，或五六年而再改。謹當隨時奏請遵行，總期戎政修明，釐若劃一。以仰副朝廷經武圖强變通久大之至意。謹奏。光緒三十三年四月二十七日。奉旨：依議。欽此。

謹將擬訂陸軍部章制清單，恭呈御覽。

部務總綱

欽遵諭旨兵部改為陸軍部，以練兵處、太僕寺并入，總理全國陸軍事務。

陸軍部統轄京外陸軍及旗緑各營軍人、軍事并關涉軍事之各項學堂，及軍械製造局廠。

陸軍部有釐定糾正各省陸軍事宜之責，至關係軍制、餉章及一切重大事件，應由陸軍部酌擬，會商軍機大臣，奏請欽定。

京外陸軍任職補官及旗營官員并未裁緑營官員升調選補各事，皆由陸軍部考驗核定，分別奏咨辦理。

凡京外陸軍及旗緑等營所需經費，應由陸軍部會同度支部核辦。

陸軍部設承政、參議二廳及軍衡、軍乘、軍計、軍實、軍制、軍需、軍學、軍醫、軍法、軍牧等十司，分理部務。

陸軍部所用各項人員於每季季首開具職名清單，奏報一次。

官員職掌

承政廳掌本部文牘收發、經費出入、各官差缺、各員功過，全部庶務不歸各司事項皆屬焉。以兵部之滿檔房、司務廳、派辦處、收支所、武庫司之俸餉股，及練兵處之文案、收支兩處改并，區為秘書、典章、庶務、收支四科，分理廳務，左丞專司秘書、典章兩科事項，右丞專司庶務、收支兩科事項。又别設從事官，為陸軍部堂官傳宣辭令、接待賓客，附於該廳之内。

參議廳掌規劃軍事、考訂章制、研究訪查、詳議決議等項事宜。凡一應飭議、提議、調查、密查之件皆屬焉。左參議專司核議本部及軍隊學堂、局廠章制，并應辦各事項，右參議專司稽察本部及軍隊學堂、局廠章制并應辦各事項。該廳擬不設科，分設咨議、檢察等官，分理廳務。

軍衡司掌武職月選、旗緑營官弁輪升拔補暨蔭襲封典各項事宜。凡舊隸兵部武選司事件皆屬焉。區為遴材、任官、襲蔭、旗務四科分理司務。

軍乘司掌軍臺、驛站、牌票、貢馬、軍馬各項事宜。凡舊隸兵部車駕司所掌，除各牧場事宜劃歸軍牧司外，其餘各項及由武庫司内劃出遣配等事件皆屬焉。區為驛傳、銷算、配成三科，分理司務。其捷報處、馬館仍舊設立，一切事宜隸屬該司。

軍計司掌陸軍官佐之補官、任職并旗緑防營員弁之敍功、議過各項事宜。凡舊隸兵部職方司、練兵處考功科事件皆屬焉。區為考績、策勳、恤賞、議罰四科，分理司務。

軍實司掌器械彈藥、一應軍裝製造存儲銷用各項事宜。凡兵部武庫司所掌，除將俸餉遣配等事劃出外，其餘各項及工部劃歸各項，并練兵處器械科事務皆屬焉。區為製造、保儲二科，分理司務。

軍制司掌陸軍一切制度、編制、徵調、補充各項事宜。以練兵處搜討科改設，益以要塞工程等事。區為搜簡、步兵、馬兵、炮兵、工兵、輜重兵、臺壘七科，分理司務。

軍需司掌陸軍軍隊及各學堂局廠薪資餉項、軍裝建造并經理人員教育各項事宜。以練兵處糧餉科改設，區為統計、糧服、建造三科。

軍學司掌陸軍各學堂教育及各項隊伍操法、官兵學術、教練程度各項事宜。以練兵處原設之軍學司所屬訓練、教育兩科歸并設立。區為教育、步隊、馬隊、炮隊、工程隊、輜重隊、要塞炮隊七科，分理司務。其原屬之編譯一科改設為編譯局，事隸該司，職仍專掌。

軍醫司掌陸軍衛生、療傷、醫藥及軍醫、馬醫、教育各項事宜。以練兵處醫務科改設。區為醫務、馬醫二科，分理司務。

軍法司掌陸軍一切法律及陸軍監獄各項事宜。以練兵處法律科改設，不分科。

軍牧司掌各項馬匹孳生、牧養及整頓改革、頒行馬政各項事宜。以并入之太僕寺改設，并舊隸兵部車駕司之牧場事件皆屬焉。區為均調、蕃殖二科，分理司務。

廳司員缺

承政廳設左右丞各一員，承發官二員，秘書、典章、庶務、收支四科各設科長一員，共設一二三等科員二十員，一二三等譯員五員，録事十四員。又别設正副從事官各一員。

參議廳設左右參議各一員，承發官一員，分設一二三等咨議官、一二三等檢察官，均無定額，録事十二員。

軍衡司設司長一員，承發官一員，遴材、任官、襲蔭、旗務四科各設科長一員，共設一二三等科員三十二員，録事十二員。

軍乘司設司長一員，承發官一員，驛傳、銷算、配成三科各設科長一員，共設一二三等科員十八員，録事十二員，另設捷報處總辦一員，辦事官六員，録事二員，又馬館監督一員，録事二員。

軍計司設司長一員，承發官一員，考績、策勳、恤賞、議罰四科各設科長一員，共設一二三等科員三十員，録事十二員。

軍實司設司長一員，承發官一員，製造、保儲二科各設科長一員，共設一二三等科員十六員，繪圖員、藝師、藝士各一員，録事八員。

軍制司設司長一員，承發官一員，搜簡、步兵、馬兵、炮兵、工兵、輜重兵、臺壘七科各設科長一員，共設一二三等科員二十六員，繪圖員、藝師、藝士各一員，録事十二員。

軍需司設司長一員，承發官一員，統計、糧服、建造三科各設科長一員，共設一二三等科員十五員，録事十二員。

軍學司設司長一員，承發官一員，教育、步隊、馬隊、炮隊、工程隊、輜重隊、要塞炮隊七科各設科長一員，共設一二三等科員三十四員，録事十二員，另設編譯局，應設總辦、提調、收掌、編纂、譯述及應用各員，隨時酌設，不定員額。

軍醫司設司長一員，承發官一員，醫務、馬醫二科分設科長一員，共設一二三等科員八員，録事六員。

軍法司設司長一員，一二三等司法官六員，録事六員。

軍牧司設司長一員，承發官一員，均調、蕃殖二科保設科長一員，共設一二三等科員六員，録事八員。

以上二十廳司於定額外如應添用科員、辦事官、譯員、繪圖員、藝師、藝士、録事等，隨時酌派，均不作為定額。

充補章程

承政廳左右丞二員，參議廳左右參議二員，應欽遵諭旨，由陸軍部堂官於試驗得力文武人員，出具切實考語，預行保薦，聽候記名，由軍機處開單請簡。

承政廳四科科長，以實缺候補郎中、員外郎、陸軍副協參領及同副協參領派充，一二三等科員以實缺候補員外郎、主事、陸軍正副協軍校及同正副協軍校派充，又別設之正副從事官以陸軍副協參領派充。

參議廳一二三等咨議官、檢察官由京外文武實缺候補人員內不拘官階，遴選才具相宜之員，分別奏咨調充。

軍衡、軍乘、軍計、軍實四司司長以實缺候補郎中、員外郎派充。

軍制軍學二司司長以陸軍正副參領派充。

軍需、軍醫、軍法三司司長以陸軍同正副參領派充。

軍牧司司長以陸軍正副參領或同正副參領及實缺候補郎中、員外郎派充。

軍衡、軍乘、軍計三司科長以實缺候補郎中、員外郎、主事派充，一二三等科員以實缺候補員外郎、主事、七品筆帖式及陸軍正副協軍校分別派充。

軍實司科長以實缺候補郎中、員外郎、主事及陸軍正副參領分別派充，一二三等科員以實缺候補員外郎、主事、七品筆帖式及陸軍正副協軍校分別派充。

軍制軍學二司科長以陸軍正副參領派充，一二三等科員以陸軍同正副協軍校及實缺候補員外郎、主事、七品筆帖式分別派充。

軍需軍醫二司科長以陸軍同正副參領派充，一二三等科員以陸軍同正副軍校及實缺候補員外郎、主事、七品筆帖式分別派充。

軍法司一二三等司法官以陸軍同協參領及同正副協軍校并實缺候補員外郎、主事、七品筆帖式分別派充。

軍牧司科長以陸軍副協參領及同副協參領并實缺候補郎中、員外郎、主事派充，一二三等科員以陸軍正副協軍校或同正副協軍校及實缺候補員外郎、主事、七品筆帖式分別派充。

承政、參議兩廳承發官以實缺候補員外郎、主事及陸軍協參領正軍校并同協參領同正軍校派充，各司承發官以七八品筆帖式及陸軍正副協軍校或同正副協軍校分別派充，軍司録事以筆帖式、員外郎并未經授官之陸軍畢業生派充。

譯員、繪圖員、藝師以文武出身人員分別派充，藝士酌量録用。

捷報處總辦、馬館監督以實缺候補郎中或員外郎派充，捷報處辦事官以實缺候補員外郎、主事、七八品筆帖式派充，編譯局總辦以下等員不論候補候選京外交武官及文武出身人員酌量派充。

謹將陸軍部現行辦法分條開列，敬繕清單，恭呈御覽。

查前練兵處奏定陸軍官制，係以三等九級軍官充補，鎮協標各項軍職官與職分，現在陸軍部既遵旨統轄各省陸軍，自應按照前練兵處奏定陸軍官制一律辦理。所有新設各員，除左右丞、左右參議係請簡員缺外，自司長以下均定為陸軍部職任，以各項文武官員充任，俾與各軍隊官職區分之制不相歧异。

陸軍部擬用之陸軍人員，應補軍官軍佐，遵照前練兵處奏定章制，即中以次等員應補官階仍循照舊例辦理。至現定之司長以下各職，係屬差缺，即仿照各部舊章點派，各司掌印主稿等差之例，由陸軍部堂官按照此次奏定充補章程遴員派充。

陸軍部以軍事為重，應全用陸軍出身及各專門學堂出身人員。惟現在人才缺乏，自應就練兵處、兵部、太僕寺各項人員内量才器使。俟將來各項學堂造就人才敷用，即應統用陸軍各學堂出身人員，以昭劃一。

擬設之兩廳十司，係就部中例行事項及陸軍應辦事項酌量區分歸并，以杜淆混及漏略之弊。至各廳司承辦事件，即責成各該丞參司長等稟承堂官，克期辦理，俾免隔閡而歸迅捷。

兵部向設滿漢郎中十八缺，員外郎十六缺，主事十四缺，太僕寺向設滿蒙員外郎四缺，主事四缺，共郎中、員外郎、主事三項五十六缺。現在除部司務、主簿業由吏部奏請裁撤外，擬將兵部、太僕寺原設額缺變通并改，擬定郎中為十六缺，員外郎為十八缺，主事為二十二缺，仍符五十六缺之數。又兵部向設筆帖式九十四缺，太僕寺向設筆帖式十六缺，兹并為筆帖式一百十缺。其各項額缺擬統為陸軍部全部文武員缺，即名曰陸軍部郎中、員外郎、主事等官，不繫以司，并不分滿漢額缺，其各項應補應升并記名截取保送等項及遇京察年分，均循照定章辦理。

所有郎中、員外郎、主事、筆帖式，均以原有官階分別補充各廳司職任。如有所充職任，係辦理軍事各項，願改就軍官軍佐者，應由陸軍部堂官考核，果能勝任，再行奏明辦理。

軍官、軍佐現在既與郎中、員外郎、主事、筆帖式同任陸軍部職務，即屬陸軍部員，與在行營充任軍職者不同，應一律訂定額缺，以歸劃一。擬比照郎中、員外郎、主事額數，定為正參領八缺，同正參領四缺，副參領十二缺，同副參領六缺，協參領十八缺，同協參領八缺，共五十六缺。又擬比照七八九品筆帖式額數定為正軍校十八缺，同正軍校八缺，副軍校十四缺，同副軍校十二缺，協軍校三十二缺，同協軍校十六缺，共一百十缺。統為陸軍部官佐員缺，其補缺升轉及與各軍鎮陸軍各學堂遷轉調用，另訂章程。奏明辦理。

陸軍部事務日繁，如額設官佐不敷任用，應以各軍鎮官佐及文武知兵人員分別調用。

現在由各省及各衙門調用各員，暫以原有官階分別補充各廳司職任，查明果能勝任，將來或補陸軍部對品文職，或補軍官軍佐，由陸軍部堂官分別請補。

此次擬訂充補章程，廳司各項職任内有應以官佐派充者，惟名器宜慎，此項官佐一時未能全行奏補，擬請暫以曾任練兵處職務之得力人員按其原充差缺之資格，酌量派充。俟陸續奏補官佐人員足敷任用，再當悉照充補章程辦理。

各廳司應用之譯員、繪圖員、藝師、藝士等員，現在應不拘資格，暫以原有官階及原有出身分別派充，或察其資格所及，酌補陸軍軍佐等官，一俟各項學堂人才輩出，再行擬訂充補章程，奏明辦理，以示限制。

各廳司應用録事，暫由兵部、太僕寺現有之筆帖式、外郎及練兵處現用之清書内分別選充，如有不敷，擬酌調候選八九品官及各項學堂畢業生并八旗外郎考充。

此次奏擬各廳司章制僅舉大綱，至各科詳細條目及辦事規則，應由陸軍部堂官督飭各員條列事宜，次第酌定。

此次擬設十司，每司所設各科均係就現行事項從簡設置。惟推行以後，自應隨事擴充，恐現設之司科將來不足包舉全局，尚應增司置科，以求完備。應由陸軍部堂官體察情形，隨時奏明辦理。

此次擬設科員額數，亦係經再三核減，如將來事務日繁，須添員額，届時亦妥核奏明辦理。至現設員額，如人才實在不敷，未能全數充補，則亦任缺毋濫。

陸軍部直轄之軍鎮學堂局廠歲需經費，應隨時會同度支部奏明辦理。至部內應支經費，當另行核明具奏。

又《憲政編查館、軍咨處、陸軍部會奏釐訂陸軍部暫行官制大綱列表呈進摺附表》 竊臣處核覆《陸軍籌備事宜》內開陸軍部新官制，應并於宣統二年釐訂。又，臣部片奏《劃分接管事宜辦法》聲明，將部中用人、行政各事，酌量變通，均經奏蒙俞允在案。伏查陸軍部為軍事行政總匯之區，必事權有所專屬，員司各協其宜，乃能挈領提綱，收畫一整齊之效。方今實行憲政，已奉詔旨縮短時期，臣等忝參軍畫，屢經集議籌商。竊謂凡陸軍籌備事宜，均應提前辦理，而尤以組織中央軍政機關為入手惟一辦法。

現經參照各立憲國中央行政機關編制，釐訂《陸軍部暫行官制大綱》，期與將來各部新官制體例不相背馳，而於軍事性質似亦吻合。其名稱、地位等如有與各部官制通則歧异之處，統俟釐訂新官制時，再行酌歸一律。謹繕列簡明清表進呈，伏候欽定。此次臣等所擬，係採取各國軍署編制，務使階級較少、事類相從，一洗從前牽掣推委之習。陸軍部長官總持軍政，責任宜專，擬即設陸軍大臣一員，陸軍副大臣一員，統轄全國陸軍行政事務。所有原設之尚書、左右侍郎、左右丞參，均擬一并裁撤，并將舊設之兩廳、十司各處職掌事宜，酌核歸并。另設承政等八司、審計一處，其軍學院未經專設以前，并擬暫設軍學處掌管陸軍教育事宜，遴派司長等員，分任經理。

如此變通、釐訂，實於軍事行政大有裨益，如蒙俞允，擬請將陸軍大臣及陸軍副大臣員缺迅賜簡授，并懇明降諭旨，責令該大臣等共矢公忠、力膺艱巨，以規進步而暢國威。至裁缺人員應如何另行簡用之處，伏候聖裁。其各司處科員以次員額暨一切詳細章程，應由新授之大臣等，會同軍咨處妥慎籌商，另行奏明請旨辦理。謹奏。宣統二年十一月初三日奉上諭，已録册首。

酌擬陸軍部暫行官制提綱表

陸軍大臣一員 陸軍副大臣一員	參事官若干員 檢察官若干員 駐扎各省調查官若干員		
承政司	司長一員　司事官一員	秘書科 典章科 庶務科 收支科	設科長四員 一、二、三等科員若干員 譯員若干員 録事若干員
軍制司	司長一員　司事官一員	搜簡科 步兵科 馬兵科 炮兵科 工兵科 輜重兵科 臺壘科	設科長七員 一、二、三等科員若干員 繪圖員、藝師、藝士各若干員 録事若干員
軍衡司	司長一員　司事官一員	考績科 任官科 賞賚科 旗務科	設科長四員 一、二、三等科員若干員 録事若干員
軍實司	司長一員　司事官一員	製造科 保儲科	設科長二員 一、二、三等科員若干員 繪圖員、藝師、藝士各若干員 録事若干員
軍需司	司長一員　司事官一員	統計科 糧服科 建築科	設科長三員 一、二、三等科員若干員 録事若干員
軍牧司	司長一員　司事官一員	均調科 蕃殖科	設科長二員 一、二、三等科員若干員 録事若干員

軍醫司	司長一員 司事官一員	衛生科 醫務科	設科長二員 一、二、三等科員若干員 録事若干員
軍法司	司長一員 司事官一員		設一二三等司法官若干員 録事若干員
審計處	計長一員 司事官一員	綜察科 核銷科	設科長二員 一、二、三等科員若干員 録事若干員

備考

一 軍學處官制另案擬訂。

一 舊設之財政、統計兩處，裁撤各該處一切事宜，歸入新設之審計處辦理。

一 舊設軍乘司，裁撤該司一切事宜，歸入新設之軍制司辦理。

一 舊設之軍乘、軍實、軍需三司核銷事宜，歸入新設之審計處辦理。

一 舊設之軍衡司所屬之襲蔭科事宜，應劃歸内閣，其尚未劃歸之前，仍暫歸新設之軍衡司辦理。

一 舊設軍醫司所屬之馬醫科，應劃歸軍牧司辦理，是以此次所擬軍醫司内未經列入。

一 舊設之憲政籌備處，應仍暫設。

一 表内人員除大臣、司長、計長、科長、司事官外，其餘員額另案奏明辦理。

又《陸軍部會奏釐定陸軍補官任職考績章程摺並單表》 竊《陸軍人員補官暫行章程》，業於宣統元年九月二十九日經軍咨處遵擬具奏。本日奉硃批，着照所請各該衙門知道，單表併發，欽此欽遵，咨由陸軍部通行在案。原奏内稱：《補充軍職章程》陸續詳慎分列，酌擬改訂。又原章内稱：如有應行損益變通之處，隨時考核具奏各等因，自應遵照辦理。臣等審度情形，酌參中外，悉心商訂，總期切近易行。

一為《陸軍補官章程》。上年軍咨處奏定《補官暫行章程》計十一條，挈領提綱，大要已釐然具舉。惟現在陸軍官佐，其所加字樣，既經各异其名稱，則實授官階，勢難强同其辦法。況除、升、轉、改各項，頭緒甚繁，條目各別，必須審慎分明，詳加釐訂，始克推行盡利，借以規陸軍進步之初桄。此次擬訂《補官章程》，區分六門：曰總綱，曰除補，曰升補，曰轉改，曰獎敍，曰分位。凡有關於軍官事項者，皆隸焉。

一為《陸軍任職章程》。官之與職，一經而一緯，名雖异致而殊趨實，則同條而共貫，以相當之官任相當之職，各國軍政，大率皆同。《補官章程》既經續訂，而補充軍職，實與補官事件在在相銜，則任職一切規制，亟應及時籌改，庶幾表裏同符，并行不悖。此次擬訂《任職章程》區分五門：曰總綱，曰補職，曰升職，曰轉調，曰職分，凡有關於軍職事項者，皆隸焉。

一為《考績表章程》。陸軍官職，成績所判，非考課無以周知，而成績之優劣，官職之升轉，因之則《考績表章程》一項，固查察屬員之準的，亦補官任職之規繩。是以於《補官任職章程》之外，擬具十條，附列二表，以臻完密而專責成。伏查本年正月二十八日，臣部具奏遵設憲政籌備處摺内聲明，陸軍軍官各項章程，應即分別奏辦及定期實行等語。官佐之任用，為陸軍行政之大經，憲政攸關，萬不敢稍滋貽誤。臣等謹將陸軍補官、任職、考績三項章程，分別釐訂，繕單列表，恭呈御覽，敬候欽定，俟命下之日，即由臣部欽遵通行各省、旗，一體切實遵照辦理。

抑臣等更有請者：陸軍補任之初，關係至為重要，或軍人進步月异而歲不同，即軍事條規步移而形亦换，此項章程係就現在情形變通擬定，應請作為暫行辦法，嗣後如有更改損益之處，應由臣處、臣部體察斟酌，隨時奏明辦理，以昭詳慎。再，此摺係陸軍部主稿，會同軍咨處辦理，合并陳明。謹奏請旨。宣統二年十一月三十日，奉旨依議。欽此。

謹將擬訂《陸軍補官試行章程》繕具清單，恭呈御覽。

要目

總綱

除補

升補

轉改

獎敍

分位

計　開

總　綱

第一條　《陸軍人員補官暫行章程》，業經軍咨處於上年九月間奏准通行在案，此次所訂，爰就其大綱，分詳其條目，所有原章曾經聲敍者，茲不復開，以歸簡括。

第二條　凡陸軍補官其類有四：一曰除補（各項學堂學生畢業後補授官階皆為除補，如進士、舉貢除官就職之例）。二曰升補（各官佐，升補應升之官，皆為升補）。三曰轉補（轉補者，係就同秩中而遷轉之也）。四曰改補（改補者，係就對品中彼此互改也，如各隊互相改補，及軍官、軍佐改就文職等類，皆為改補）。

第三條　陸軍各項官佐之除升、轉改等項，均應查照後開之《考績表試行章程》，審慎辦理。

第四條　凡陸軍人員所有除升、轉改等項，均須按照額缺切實核辦，如不足額，任缺毋濫。至額缺專章，另案奏明辦理。

第五條　陸軍各衙署軍隊及公所、學堂、局廠等處官佐，其屬於軍令範圍內者，由軍咨處管轄；屬於軍政範圍內者，由陸軍部管轄；屬於軍學範圍內者，軍學院未立以前，仍由陸軍部管轄。至所有補官一切事宜，均由陸軍部按照各該管長官所列考績表，匯齊奏明辦理。

第六條　凡陸軍官佐遇有除升、轉改等項，均由陸軍部先行查明有無事故，然後分別辦理。

第七條　凡陸軍官佐除特簡外，均由陸軍部填發官佐文憑，遇有升補、轉改，由部分別換給，免官則繳部注銷。

第八條　陸軍官佐凡應陛見及引見者，如在戰時或巡防吃緊之時，或責任重要，其所充軍職急切，并無相當之員可以派署者，均可由該管大臣或長官切實聲明，咨由陸軍部奏請暫緩辦理。

第九條　陸軍官佐原有他項職銜及得有虛銜頂戴人員，凡於軍禮服、軍常服時，所有戴用服帽章記，仍應遵照陸軍部本年奏定陸軍人員准獎虛銜等項原奏，一律辦理。

第十條　本《章程》所載各項，係專就陸軍三等九級內軍官、軍佐分別擬訂，至額外官佐、軍士及軍用文官補官章程，另案奏明辦理。

除補

第一條　陸軍各項學堂畢業學生考取後，應分別賞給出身及除授相當之官者，按照畢業考試章程及各學堂奏定章程分別辦理。

第二條　凡充署軍職人員，如係陸軍各項學堂及東西洋陸軍學堂畢業尚未與考者，應一律酌量除補陸軍軍官、軍佐。至擬補官階大小，各就其出身學堂之程度，以及成績之高下、資格之淺深，分別核辦，以期允當。

第三條　業經除補陸軍官佐人員，如有奉派再入陸軍大學堂及各項專門學堂，或就學外國陸軍大學堂，及外國各項專門學堂者，就學期內照常升補官階，呈准修學者，畢業後得按資格程度列入拔升，原係拔升人員，准其特別提前升補。

第四條　凡陸軍實缺丁憂官員，百日後一律改為署任，俟服闋起復，報部後再行補實。

升補

第一條　凡陸軍官佐，除特旨録用、欽遵辦理外，均須循級而升，不得超越升補。

第二條　陸軍官佐之升補，均須按照後開期滿年限辦理，未經期滿者，不得率請升補。

第三條　由上等第二級升上等第一級恭候特簡，不定期滿年限；由上等第三級升上等第二級，由中等第一級升上等第三級，由中等第二級升中等第一級，由中等第三級升中等第二級，由次等第一級升中等第三級，由次等第二級升次等第一級，由次等第三級升次等第二級，均以二年為期滿。

第四條　升補之辦法有二：一係就已經期滿者挨次升補，名曰序升。一係就已經期滿者之中擇尤升補，名曰拔升。

第五條　凡次等第一級以上各官佐之升補，概係拔升。由次等第二級升次等第一級，序升者半，拔升者半。凡缺出，一序而一拔。由次等第三升次次等第二級，序升者三分之第一，第二缺歸序升，第三缺歸拔升，均輪流分別仿照辦理。

第六條　期滿年限，須按實任軍職之年月計算，凡在休職、停職間之時日，不得算入期滿年限之内（參看後開分位門第三條及第四條）。

第七條　戰時各級官佐之期滿年限，均得酌量減半計算。

第八條　凡當國際戰争得有特别奬敘人員，准其破格升遷，亦不拘期滿年限之例（參看後開奬敘門第三條及第六條）。

轉改

第一條　凡陸軍步、馬、炮、工、輜各隊軍校，具有陸軍警察之學識者，可酌量轉補對品陸軍警察隊各軍校。

第二條　陸軍司藥官，具有軍醫之學識者，可轉補對品之陸軍軍醫各官。

第三條　凡陸軍官佐改就文職，仍應按照軍咨處奏定《陸軍補官暫行章程》第十條酌量查核辦理。

奬敘

第一條　嗣後陸軍人員如有應行奬敘者，除給與勳章或增加薪金等項，另訂專章外，餘均按照本章程辦理。

第二條　奬敘約分三項：一曰特别奬敘，二曰一等奬敘，三曰二等奬敘。

第三條　當國際戰争建立殊勳者，應給以特别奬敘，其類如下：

一　奪獲敵之標旗者。

二　拯救長官之危難而成大功者。

三　能斃敵將或生擒之者。

四　能勇敢前進而傳達命令者。

五　勇敢忠烈全軍賴以制勝者。

六　當衝要之敵先登立功者。

第四條　凡平、戰兩時著有偉大勞績者，應給以一等奬敘，其類如下：

一　有勇烈忠貞之事實，及負軍人模範之稱譽確鑿可證者。

二　無論内外事變，凡在戰地身受傷痍，有奬敘之理由者。

三　殪敵多人，其功昭著者。

四　無論内外事變，辦事得力、成效卓著或從事戰役確係二年以上，而有奬敘之理由者。

第五條　平時供職著有勞績者，應給以二等奬敘，其類如下：

一　平時在職四年以上，勤勞奮勉、成績實屬優异者。

二　派辦重要事件，成績極優者。

第六條　凡得有特别奬敘者，如蒙恩賞給世爵、世職、崇銜、封典及一切各特賞、恩賞，係出特恩，應由陸軍部酌量聲明，請旨不得指請。

第七條　凡得有一等奬敘者，均應確實核較，按照下列各項分别而奬敘之。

一　隨帶加級。

二　封典。

三　從優議敘。

四　記大功。

第八條　凡得有二等奬敘者，亦應確實核較，按照下列各項分别而奬敘之。

一　封典。

二　議敘。

三　記一等功。

四　記二等功。

五　記三等功。

第九條　凡敘功每得奬敘一次，准其奬記一次。

第十條　記大功一次，准抵銷記大過或一切過失之懲罰一次。

第十一條　記一等功一次，准抵銷記過或重看管以下之懲罰一次。

第十二條　記二等功一次，准抵銷記過或輕看管以下之懲罰一次。

第十三條　記三等功一次，准抵銷記過或罰薪之懲罰一次。

第十四條　記大功者，准其照隨帶加級之例，帶至升任至一、二、三等功不得隨帶。

第十五條　凡應給特別獎敍及一二等獎敍，各員均由各該管官據實，分別開具事實并該員履歷，平時則申由各該管大臣或長官轉報陸軍部，戰時則申由該統兵大員直接咨送陸軍部，切實查核辦理。

第十六條　凡各項獎敍均須擇其功勞顯著實在優异者，確切聲明咨報，如有稍涉冒濫以及虚誣等項情事，一經發覺查實，由陸軍部即將獎敍奏請撤銷，并將原保大臣查照濫保例奏請議處。

分位

第一條　凡陸軍軍官，應終身保有官階，享受分内之待遇，是為軍官之分位。

第二條　凡陸軍軍官，如有下列各項之一者即失其分位：

一　失為本國人之身分者。

二　被處重刑者。

三　被處禁錮而失其官者。

四　悖軍人之本分奉旨革去官職者。

第三條　軍官於分位中有應行經歷之次序，分別如下：

一　常備。

二　續備。

三　後備。

四　退休。

第四條　凡陸軍軍官現充陸軍軍職或奉派修學者，概謂之常備。常備之中又有修職、停職兩種，其在休職、停職期内者，仍不失常備之分位。凡因下列事項之一而無職任者，即謂為常備中之休職：

一　丁憂在百日期限以内者。

二　因解散軍隊開去軍職者。

三　因裁撤職缺開去軍職者。

四　因更改員額開去軍職者。

五　特別職任已畢或修學期限已滿尚未派充軍職者。

六　傷病至六個月而無痊愈之望者（但由本人自行呈請辭職，或其職任重要亟須派員接充者，可毋庸待至六個月）。

七　呈准修學者。

凡陸軍人員，得有各項處分應行懲處而情節稍輕祇予暫行罷職者，即謂為常備中之停職。停職人員，非經一年之後，不准充職。

第五條　凡有下列各項之一者，概謂之續備：

一　奉旨退歸續備者。

二　休職至四年尚未充職者（如係第四條休職中所列第六、第七兩項者，不在此限。）

三　停職至二年尚未充職者。

四　選充資政院、咨議局議員者。

五　充當陸軍職任以外之文官者。

第六條　凡有下列各項之一者，概謂之後備：

一　續備已滿期限者。

二　已滿常備定限年歲者（參看《任職章程·職分門》各條）。

第七條　凡在後備已滿期限，皆因傷痍、疾病不堪久任軍事而退出常備、續備、後備者，謂之退休。

第八條　凡在續備、後備期限内者，均須應召集之命。

第九條　以上所開各條，凡各項陸軍軍佐，均應一體照辦。

謹將擬訂《陸軍任職試行章程》繕具清單，恭呈御覽。

計開

要目

總綱

補職

升職

轉調

職分

總綱

第一條　陸軍人員，官與職分而為二，《補官章程》既經擬定，其任職各項自應同時參酌，釐訂章程，以便遵行。

第二條　陸軍人員大率以相當之官任相當之職，自應按照陸軍官佐、官階，各依等級配以相當職務，以符名實。但遇軍職需材一時無適當人員克副厥職，則或大於軍職一級，或小於軍職一級之官佐，亦可酌量派充。惟無論大小，其相差之率，概以一級為限，不得更有逾越。

第三條　陸軍各項軍職之補升、轉調等項，均應查照後開之《考績表試行章程》妥慎辦理。

第四條　陸軍各衙署軍隊及公所、學堂、局廠等處軍職，其屬於軍令範圍內者，由軍咨處管轄辦理；屬於軍政範圍內者，由陸軍部管轄辦理；屬於軍學範圍內者，軍學院未立以前，仍由陸軍部管轄辦理。惟遇互相調任時，由各該堂官互商辦理。

第五條　凡陸軍官佐所任各項軍職，遇有補升轉調等項，均由陸軍部先行查明有無事故，然後分別辦理。

第六條　凡陸軍各項軍職所有補升、轉調等項，除上等各級係特簡外，中等以下各級均由陸軍部發給軍職札付，解職繳部注銷。

第七條　各項軍職無論簡任、奏任，如急切并無相當人員，或補升、轉調之員一時尚未能即到任所者，得由陸軍部遴選人員暫行署理代理。

第八條　各級軍職所有補升、轉調等項，平時應由該管大臣或該管長官辦理者，如遇戰時，可權由該統兵大員主持，以一事權而歸直捷。

第九條　本《章程》所載各項，係專就陸軍三等九級之官佐充任軍職分別擬訂，至額外官佐、軍士及軍用文官任職章程，均應分別專訂，另案奏明辦理。

補職

第一條　現在，陸軍任職人員，無論實授及署理、代理各職，一切暫仍其舊。

第二條　陸軍任職之法，應比照奏定《陸軍補官章程》，所有各項軍職，須由陸軍學堂出身人員方准補充（如遇此項人員缺乏，或一時并無適當之選，即非陸軍學堂出身之他項人員，苟於軍事深有經驗，亦得由陸軍部酌量奏請，借署軍職）。

第三條　上等各級軍職，除正都統軍職應請特簡外，其副、協都統軍職由陸軍部查取人員擇尤保薦記名，遇有缺出，由部開單奏候簡派；中等各級，由部擬補具奏，請旨補充；次等各級，由部彙案奏補。

第四條　凡充補軍職，丁憂人員百日後，除上等各級應否改為署任，由陸軍部奏明請旨外，中、次各級，一律改為署任，俟服闋起復，報部後再行補實。

升職

第一條　凡陸軍各項軍職，除特旨録用、欽遵辦理外，均須循級而升，不得超越升充。

第二條　各項任職軍官、軍佐，概補實以軍職之日起，均須任職滿二年以上，方准升充應升之軍職。

第三條　陸軍人員升充軍職，除特簡外，其餘均應查照考績次序名簿，分別辦理。

第四條　各項軍官、軍佐任職未滿二年，及滿二年而尚未升補實官人員，如遇有相宜職務必須升充者，雖成績優异名次在前，亦祇准作為署理，俟年滿或升補後再行補實；若戰時人員缺乏，或功勳卓著者，不在此限。

轉調

第一條　凡軍職之轉調，除上等各級暨各參謀官可通用各科人員不計外，中等第一級以下，原有某隊、某科字樣，各官佐應查照此次擬定《補官章程》，凡官階准其轉改者，其軍職亦一律准其轉調。

第二條　各級軍職遇有轉調，除特簡人員外，均就各該軍隊學堂、局、廠，由相當人員比較年資，擇尤轉調，不得任意率行更動。

職分

第一條　常備軍官，須按照定限年歲，服陸軍之職分，其定限年歲開列如下：

上等第一級軍官：六十五歲。

上等第二級軍官：六十二歲。

上等第三級軍官：五十八歲。

中等第一級軍官：五十五歲。

中等第二級軍官：五十二歲。

中等第三級軍官：五十歲。

次等第一級軍官：四十八歲。

次等第二級軍官：四十五歲。

次等第三級軍官：四十五歲。

上等第一級軍官，凡得有大將軍、將軍之名稱，及奉特旨留用者，不計常備定限年歲。

第二條　軍官如滿常備之年限，一律退歸後備。

第三條　軍官未滿常備之年限，而因事去常備者，先行退歸續備，即以滿常備之年限為滿續備之年限。

第四條　軍官後備之年限，一律以六年為滿。

第五條　續備、後備之軍官，仍編入本籍鎮内之兵籍，歸該鎮統制管轄。

第六條　凡軍官雖已滿常備之年限，如一時無接任人員不能即行交卸者，可暫令其留任。

第七條　凡軍官雖已滿常備之年限，如當戰時或防務吃緊之時，均酌量寬展期限。

第八條　常備之軍官，如因傷痍、疾病不堪任職，應由該長官咨報陸軍部查核辦理。

第九條　休職、停職之軍官，如因事他去，須隨時、隨地稟報該所屬長官，倘在甚遠之處，可就近稟報該地方陸軍官衙，轉知該所屬長官，其稟報不得出一月以外。

第十條　續備、後備之軍官，如遇戰時或防務吃緊應行召集之時，負有編入軍隊之責任；在平時應行召集之時，負有勤務演習之責任。

第十一條　續備、後備之軍官，當召集勤務演習之時，如有特別事故萬難應召者，可由該所屬長官據實呈請核辦。

第十二條　續備、後備之軍官，當戰時在召集期内，准比照常備人員升補官職，并准按照獎敘章程分別給獎，但其升補官階皆係拔升。

第十三條　以上所開各條，凡各項陸軍軍佐，均比照辦理。

第十四條　以上所開各條，與補官章程内『分位』一門，多有關係，執行時參看，自易明晰。

謹將擬具《陸軍考績表試行章程》繕具列表，恭呈御覽。

計開

第一條　《陸軍考績表》詳載關於陸軍各兵科軍官、軍佐一身之行為事實，以資補官任職之用。

第二條　《考績表》由各考績官照考績表内所列各項式樣分別填造，不得稍有遺漏，并准隨時補修改訂。至填寫字樣，應查照《考績表》辦理（其填寫之字樣及紙格之大小，由部另行詳細規定，一律施行）。

第三條　《考績表》内照所列各項式樣分別切實填寫後，即將此表申由上官，就己之所見，記入附記欄内交考績官，按照此表等次彙編為考績次序名簿，由各該考績官逐級申報。

第四條　凡在陸軍軍隊學堂、公所、局廠供職各員之《考績表》，其直轄於軍咨處者，由該長官彙齊呈報軍咨處，由軍咨處堂官彙齊編為次序名簿，送陸軍部辦理；其直轄於陸軍部者，則由該管長官各將考績表及次序名簿，呈報陸軍部，再由陸軍部將各次序名簿彙總，編為全國陸軍官佐次序總名簿。

第五條　凡在陸軍軍隊學堂、公所、局廠任職各員之《考績表》，除第四條所列人員，由各該長官彙編次序名簿，呈報陸軍部外，其各長官之考績表，由各省、旗該管大臣分別填造，咨送陸軍部由陸軍部堂官，彙核辦理（如遇戰爭防戍及有特別情形，未便由該省、旗大臣考績之時，該長官之考績應如何填造之處，由陸軍部隨時奏明辦理）。

第六條　各兵科參謀官之《考績表》，由該長官分別申報軍咨處，由軍咨處堂官并案辦理。

第七條　凡考績官填造《考績表》冊時，務須自負責任，秉公辦理，斷不能挾藏私心，任意矯飾虛誣，亦不得委托他人記載，及命司書繕寫。倘有以上各情弊，一經查實，即分別由軍咨處、陸軍部奏參懲辦，以肅軍政而彰軍法。

第八條　凡《考績表》，應按六個月造報處部一交，不得任意遲誤。

第九條　受考官如遇轉調他處任職之時，其原考績官應即將該員《考績表》送交該轉調處之考績官。

第十條　凡《考績表》及次序名簿，均應照造二份。一申由直屬長官轉送處部，一存案，應作為緊要文册秘密保存。

陸軍考績表

所屬職官姓名		某職某官姓名	
原籍 寄籍	某旗省某佐領下府某縣人 某省某府某縣	陸軍出身	某年某月某日入某隊或某學堂
年歲	現年若干歲	任官日期	某年某月某日授某官
進級	某年某月某日任某職 某年某月某日升轉某官	戰役	簡單記載
		賞	關於出身以後之賞典
		罰	關於出身以後之懲罰
上官附記	考績官記載已畢，呈於上官之後，上官則就已之所見記入此格，并分別填明一、二、三等字樣。	考績官附記	考績官填寫附記之時，不可稍存私見，須由平日注意該員舉動，確認為關係切要事件，隨時記載，不准矯飾其所長，或曲護其所短，務使他人一閱附記，恰如親見其人，而得識其性質、能力，知其品行、學問，悉其言論風采。其《考績表章程》第一條所開，不過舉其大凡，考績官務就其人之所行、所為映於心目中者，詳為記載，是為至要。 一　性質。 二　志操。 三　氣概。 四　體格。 五　陸軍出身前之經歷。 六　陸軍出身時之景況。 七　勤務。 八　學術。 九　特長。 十　義務心及品行。 十一　家政及家計。 十二　交際。 十三　歷敘今昔之變遷及逆料將來之結果。 十四　考績官之判決。 此外，如係曾從事戰役者，則將戰功畢簡記載。 備考　考績官及上官記載附記及修補附記，每届均須記明年、月、日，并於其下署名畫押。 宣統　年　月　日考績官

陸軍軍官佐考績官受考官區分表

衙署等項名目區分	受考官	考績官	受考官	考績官
軍咨處	軍咨使廳長	軍咨處堂官	科員　科長　副官	軍咨使廳長
陸軍部	各司處長官等	陸軍部堂官	各司處科長科員等	各司處長官
各項兵器工廠	總辦	陸軍部堂官	總辦以次各職	總辦
陸軍警察隊	管帶官	軍制司司長	管帶所屬各軍職	管帶官
軍官學堂	總辦	軍咨處堂官	總辦以次各職	總辦
測繪學堂	總辦	軍咨處堂官	總辦以次各職	總辦
兵官學堂	總辦	陸軍部堂官	總辦以次各職	總辦

衙署等項名目區分	受考官	考績官	受考官	考績官
陸軍中學堂	總辦	陸軍部堂官	總辦以次各職	總辦
陸軍小學堂	總辦	陸軍部堂官	總辦以次各職	總辦
陸軍速成學堂	總辦	陸軍部堂官	總辦以次各職	總辦
督練公所	參議官及總辦	軍咨處堂官 陸軍部堂官 參議官總辦	以次各職	參議官
鎮司令處	統制官	陸軍部堂官		
鎮參謀官	統制官			
參領軍校所任各軍職	鎮參謀官			
混成協司令處	統領官	陸軍部堂官		
協參謀官	統領官			
參領軍校所任各軍職	協參謀官			
步隊協司令處	統領官	統制官	參領軍校所任各軍職	統領官
步協	統帶官	統領官	統帶所屬各軍職	統帶官
馬標	統帶官	統制官	統帶所屬各軍職	統帶官
炮標	統帶官	統制官	統帶所屬各軍職	統帶官
工程營	管帶官	統制官	管帶所屬各軍職	管帶官
輜重營	管帶官	統制官	管帶所屬各軍職	管帶官
外國駐扎武官	武官	軍咨處堂官	隨員	武官
附記	一　屬於混成協之標營隊各長官，其考績均歸混成協統領官辦理。 二　表内所謂軍職，均指官佐所充任者而言，至額外官佐以迄軍士之《考績表》，應與《補官任職章程》一同另訂奏明辦理，以清界限。 三　表内各職，均照現有名目開列，嗣後如有增改裁減之處，自應隨時奏明辦理。			

又《陸軍部遵擬陸軍部暫行官制摺並單表宣統三年二月》 竊臣等會奏《釐訂陸軍部暫行官制大綱》一摺内稱，各司處科員以次員額暨一切詳細章程，應由新授陸軍大臣等會同妥慎籌商，另行奏明辦理等語。宣統二年十一月初三日，奉上諭，陸軍部總持軍政，責任宜專，所擬各節尚屬周妥。當此整軍經武之際，該大臣等務當認真整頓，切實進行，毋負委任，餘着照所議辦理等因，欽此。仰見朝廷注重戎行、綜核名實至意。欽服莫名。

臣等竊以更訂部章，原冀推行盡利，非因時通變無以為整頓之資，非居簡馭繁無以立進行之準。溯自光緒三十二年改設陸軍專部，舉兵部、練兵處、太僕寺三署事務合并組織，以為全國軍政總彙機關，所設兩廳、十司分掌兵馬暨關於軍備諸大端，新舊兼賅，義主融貫，過渡辦法不得不并顧通籌，現在陸軍部一切職掌，凡與軍事行政無涉者，已逐漸劃撥管理。

全署機關自當務極簡括，方合立憲國軍署編制。臣等疊經集議熟商，擬分設承政、軍制、軍衡、軍需、軍醫、軍法等六司并陸軍審計一處，暫設軍牧司、軍學處為將來改建軍馬總監及軍學院基礎，此外，設參事檢察專官，參訂一切法律章制，檢察軍隊局廠、學堂并設部副官以備使令，分派調查員駐扎各省，隨時監察報告，補中央耳目之未周，均直接大臣各專責任。至舊設之軍實司，前經奏明，應并入軍制司辦理。舊設之捷報處、馬館，事涉驛站，亟應一并劃分，擬俟新舊事項辦有端倪，即奏明實行裁并。

至從前廳、司事務繁賾，員額較多，今職掌既多歸并，自宜實力核減，當由臣蔭昌等督飭各司處長，酌擬員額，一再減削，計全部應設員司實較舊設減少三分之一，將來各司應行剔出事項逐漸劃清，尚可再行刪減。各司處長以次職員應以何項官階補充，亦經按照陸軍官佐等級，分別擬訂。現在陸軍人員尚形缺乏，自應暫以階級相當、著有成績之各項文官酌量參用，以期分布得宜。茲謹繕具職掌清單，并列清表，進呈御覽。如蒙俞允，即由臣蔭昌等欽遵辦理。

再，此次所擬，係屬暫行官制，嗣後如尚有應行斟酌損益及按照各部官制通則應歸一律之處，由憲政編查館會同陸軍部奏明，更訂請旨遵行。謹奏。宣統三年二月初九日。奉上諭已録册首。

謹將遵擬陸軍大臣、副大臣暨各員司職掌事宜，繕具清單，恭呈御覽。

陸軍大臣、陸軍副大臣：管理全國陸軍行政事宜，統轄陸軍軍人、軍屬。

參事官：掌參訂一切法律章制，并本部咨詢事件及特交參議各事宜。

檢察官：掌陸軍軍隊、學堂、局廠等處檢察及大臣、副大臣特命檢察一切事宜。

駐扎各省調查員：掌調查各該省軍人、軍事，報告本部事宜。

部副官：供大臣、副大臣隨時差遣及傳達命令。

承政司：掌本部文牘收發、經費出入、各官差缺、各員功過并全部庶務，凡不隸他司及應會同各司辦理事項皆歸管理，分設四科。

秘書科

掌關於機密事宜。

掌收發奏咨函電及編纂翻譯事宜。

掌監守部印事宜。

掌保存圖書事宜。

典章科

掌本部職員之任免及文官黜陟事宜。

掌部員差務事宜。

庶務科

掌衙署器具之修理、保存事宜。

掌關於守衛預備、供給、接待等事宜。

掌管理差役及全署風紀事宜。

收支科

掌本部辦公經費核收事宜。

掌本部用款及員役薪工支放事宜。

軍制司：掌全國陸軍一切制度編制、徵調、補充及軍械製造、交通、建築等項事宜，分設七科。

搜簡科

掌陸軍建設之章制及平時、戰時編制事宜。

掌戰時諸規則及戒嚴事宜。

掌籌畫徵兵并軍隊配備及演習、點驗事宜。

掌典禮、章服、軍旗製造及奏請頒發事宜。

掌整旅計劃及軍隊徵發、調集隊伍等事宜。

掌軍咨處派駐外國武官與本部關涉事件，及留學外國官佐并在本國之外國武官等事宜。

掌軍紀、風紀事宜。

掌軍咨處、軍學處所轄各學堂與本部關涉事宜。

步兵科

掌步隊及陸軍警察隊、軍樂隊一切事宜。

掌各兵科官佐以下職司員額之規定及步隊、陸軍警察隊、軍樂隊軍士以下補充事宜。

掌步隊、陸軍警察隊、軍樂隊常備、續備、後備官兵册籍事宜。
掌京外駐防、編練新軍并各省巡防雜項、隊伍駐扎、裁并、訓練及各官兵册籍事宜。
掌軍隊中之事務并防衛、戍守、勤務及軍事警察事宜。
掌各標區司令處及步隊專科學堂事宜。
掌各鎮操場、打靶場調查計劃事宜。

馬兵科

掌馬隊專科事宜。
掌馬兵科軍士以下及各兵科蹄鐵軍士補充事宜。
掌馬隊常備、續備、後備官兵册籍事宜。
掌蹄鐵術之教育及蹄鐵事宜。
掌馬兵專科學堂各項事宜。

炮兵科

掌炮兵專科事宜。
掌炮兵科軍士以下補充事宜。
掌炮兵常備、續備、後備官兵册籍事宜。
掌炮兵演習場調查計劃事宜。
掌核辦各處軍械、軍火機器局廠、兵工各廠之建設、製造、保儲各項事宜。
掌槍炮、子彈各項軍用物、器械材料購製、存發、研究、改良事宜。
掌炮兵射擊學堂及炮兵科專門學堂事宜。

工兵科

掌工兵專科事宜。
掌工兵科軍士以下補充事宜。
掌工程隊常備、續備、後備官兵册籍事宜。
掌運輸、通信、電氣術、電信術、電燈、輕氣球、飛行機艇、軍鴿等事宜。
掌軍用水陸道路交通事宜。
掌陸軍工程、陸軍測量及炮工專門學堂事宜。

輜重兵科

掌輜重兵專科事宜。
掌輜重後科軍士以下補充事宜。
掌輜重隊常備、續備、後備官兵册籍事宜。
掌輜重隊應用車輛材料研究改良事宜。

臺壘科

掌臺壘專科事宜。
掌要塞炮兵、工兵軍士以下補充事宜。
掌要塞炮兵工兵常備、續備、後備官兵册籍事宜。
掌勘查建築臺壘事宜。
掌臺壘應用材料之製造及研究改良保存修理事宜。
掌劃分臺壘區域及戒嚴事宜。
掌海軍部要塞專科學堂關涉事宜。

軍衡司：掌陸軍官佐補官、任職、旗、綠防營員弁升調及敍功、議過、恤賞并陸軍官佐各項武職難廕、應行帶引、驗放等項事宜，分設四科。

考績科

掌陸軍官佐職任之補升、轉調、給札、軍用文官之任用并查核考績表，及退休、給假、離任、丁憂、起復、參革、懲罰各事宜。
掌上等各級軍職預保，存記并開單、奏請、簡派，中等各級奏補，次等各級彙案、奏補各事宜。
掌平時、戰時分派陸軍官佐并軍用文官職任事宜。
掌陸軍現任軍職造表注册各事宜。
掌部轄陸軍各項學堂職員表册，并核議各學堂職員之補升、轉調及撤退，會同軍學處辦理各事宜。
掌綠營、防營官弁參革、降罰、丁憂、起復及軍政、休致各事宜。
掌稽查武職交代，甄別年老官弁，查辦廢員，通緝逃人事宜。
掌查核陸軍實任大員及提鎮陛見事宜。

任官科

掌陸軍官佐升補官階各事宜。
掌陸軍官佐注册、給憑及陸軍各項畢業學生除、授官階各事宜。

掌匯訂全國軍官、軍佐次序總名簿事宜。

掌綠營官弁升遷、調補、發給札付、限票并提鎮坐名、敕書各事宜。

掌綠營改駐營汛及當差、告假、更名、署缺事宜。

掌綠營武職保列一等、留營、歸班、改標、裁缺、終養各事宜。

賞賚科

掌陸軍人員及軍用文官平時、戰時敍勳、奏保、咨保并陸軍各項學堂職員學生奬勵各事宜。

掌陸軍人員加級紀録及製造核議發給勳章、記章、奬牌各事宜（製造發給勳章事項，應俟新内閣賞勳局成立後再劃歸管理）。

掌陸軍官佐、軍士、軍用文官、旗綠防營各員弁議給恤賞并陸軍官佐各項武職官員恤典、廕襲及難廕，赴引部轄陸軍各項學堂職員、學生應行撫恤事宜。掌綠營、防營官弁奏保、咨保、加級、紀録、開復事宜。

掌陸軍人員并旗綠各營請封、請廕、承襲世爵世職暨上司承襲各事宜（此條應俟新内閣成立後，再劃歸管理）。

旗務科

掌京外各旗營官弁升遷、調補、委署、更名及各旗員承襲世爵世職并襲職後添寫印軸事宜。

掌京外各旗營軍政、敍功、議處及曾經出征官弁休致、請俸并兵丁告退、議給養贍各事宜。

掌奏派值年大臣及萬壽期内，武職大臣喫肉、拴賞福壽字名牌，每年四季武職摺紳暨每月遞換月摺各事宜。

掌八旗武職官兵、巡捕五營、十六門、千總應領俸餉、米石造册，咨部查核暨一切添裁、借支俸禄各事宜。

掌各城守尉及陵寢總管遇缺行查，并駐防總管協領參領年滿，吉林、黑龍江管獄官年滿引見各事宜。

掌各省將軍、都統、副都統坐名敕書及更换卡倫侍衛，西北兩路軍營主事職銜筆帖，東三省教習站官、倉官年滿改武各事宜。

掌旗員告假，子弟隨任密雲等處駐防撥回京旗暨一切由部轉行文件各事宜。

掌裁撤、降襲王公門上護衛等官，及王公門上挑補親軍，報部查核各事宜。

掌開印、封印日期，咨行察哈爾都統及西北兩路軍營頒發《時憲書》，察哈爾兩翼牧羣領取蒙古《時憲書》各事宜。

軍需司：掌經理全國陸軍營隊、學堂、局廠之出納、會計及軍需人員教育等項事宜。分設三科，并附設銀庫。

統計科

掌彙核京内外陸軍預算、決算、各類報告册表及行軍遣戍、籌劃、預算各事宜。

掌釐訂、審查各項薪餉、津貼、川資、旅費等給與事宜。

掌釐訂審查軍需法規事宜。

掌軍需人員職司員額之規定及教育勤務并補官任職，由軍衡司會同辦理各事宜。

掌款項經理及擬訂收支官吏或委員規則事宜。

掌本部直轄各鎮、各學堂、局廠經費及派遣各國學生用款，收發事宜。

掌本部籌備軍事教育各項經費事宜。

掌審計處及軍需學堂一切關涉事宜。

掌本部軍事教育各項經費存儲事宜。

掌收發現存各項登記并編訂報告事宜。

糧服科

掌經理被服等項及檢查事宜。

掌規定被服、糧秣、馬匹等發給事宜。

掌平時、戰時發給軍糧、芻秣及戰用糧秣、炊具、馬裝、器具之準備事宜。

掌擬訂野戰時供給軍需規則事宜。

掌被服廠、呢革廠、糧秣廠及軍用品各廠事宜。

掌經理購備本部直轄各鎮軍米事宜。

掌經理、購備本部直轄各鎮、各學堂之用品及一切服裝事宜。

建築科

掌本部直轄各鎮、各學堂工程，經理建築及凡軍用地址營房各項建築事宜（軍制司、炮工、臺壘三科所掌各建築應仍歸該司各科辦理）。

掌陸軍官銜、局所、軍隊、學堂建築工程之規定及測繪事宜。

掌陸軍所屬官有財産事宜。

掌籌備、製造軍用器具及保存、銷耗各項規則事宜。

掌規定軍用銀錢、箱櫃及行李事宜。

掌關於軍需物品之收發，官吏或委員并會計軍需物品各事宜。

掌軍人埋葬應用官地事宜。

軍醫司：掌全國陸軍衛生治療、醫藥器具及軍醫教育、升調等項事宜，分設二科。

衛生科

掌陸軍衛生人員職司員額之規定及教育勤務并補官任職，由軍衡司會同辦理事宜。

掌審查防疫治療方法及各軍隊學堂衣食起居、飲水除穢等項衛生事宜。

掌編訂衛生報告統計、考核衛生人員學術之經驗成績事宜。

掌衛生材料之製造、籌備、供給、運輸及配置醫員應用車船等事宜。

掌軍醫學堂一切章制及辦法事宜。

醫務科

掌軍醫人員治療成績及其職司員額之規定并補官、任職，由軍衡司會同辦理事宜。

掌各軍醫院、養病室及遷地療養所辦法事宜。

掌衛生藥料、醫具收存銷耗等事宜。

掌審查官兵、學生身體事宜。

掌檢查官兵因公致疾，例應撫恤及因病傷免役各事宜。

掌紅十字會戰時俘虜醫院及人民捐助醫院各事宜。

掌選派人員、學生出洋習醫及赴各國軍醫會研究醫術改良事宜。

軍法司：掌全國陸軍司法、刑罰暨陸軍監獄等項事宜，不分科。

掌陸軍法律因革及修訂、解釋事宜。

掌陸軍監獄建設、籌備及其管理章制事宜。

掌高等軍法會審、各軍法會審，審擬軍事罪案，或判決後之再審，或管轄違异之争議各事宜。

掌陸軍人員之刑罰及其他司法之處分事宜。

掌審判陸軍軍人、軍屬於違警罪判決不服事宜。

掌《陸軍審判試辦章程》所規定及由陸軍警察隊執行事宜。

掌陸軍司法、監獄人員職司員額之規定，及教育、勤務并補官、任職，由軍衡司會同辦理事宜。

掌軍法、軍獄事件之預算、統計事宜。

掌軍事案内罰款及查抄之錢財、物品收管事宜。

掌軍事法律之研求進步及預備顧問事宜。

掌戰時、中立時之國際交涉及解釋各項軍事條約合同事宜。

掌戰時戰領地之司法及俘虜事宜。

陸軍審計處：掌監督陸軍部署、軍隊、學堂、局廠等處所用軍費確數，實行會計檢察并覆核各項預算、決算，在陸軍會計法未經普行以前，本部舊管之銷算事宜并歸稽核，分設二科。

綜察科

掌除本部以外所有各軍隊、學堂、局廠等正、雜用費，并建築購辦各款均須察核，其察核分平時、臨時兩項。

掌察核事件，以軍需司經理各項為範圍，其範圍内所用款項，得調查其合同、表册、書票等項證據。

掌規定《檢查章程》并參考軍需司所定規則，以行實地檢察各事宜。

核銷科

掌按照陸軍會計法并規定之決算表式，覆核陸軍各項決算表册，比較預算有無盈絀，分別准駁事宜。

掌決算未開辦時，各省依舊例造報本部請銷之册及舊屬乘司、實司等銷算各案，均暫歸本科承辦核定准駁事宜。

軍牧司（暫設）：掌軍馬之購運、補充、孳生、牧養暨馬醫等項事宜，分設二科。

均調科

掌籌設軍馬分監，管理舊有牧場事宜。

掌分監牧場官弁任用、降革一切賞罰，會同軍衡司辦理事宜。

掌分監牧場各項經費事宜。
掌分監牧場均齊及騸馬統計事宜。
掌分監牧場馬匹調撥、補充事宜。
掌陸軍各鎮、各學堂馬騾補充事宜。
掌馬醫、員生試驗、任用、考核成績及其教育事宜。

蕃殖科

掌計畫改良馬種事宜。
掌分監牧場地籍事宜。
掌分監牧場兒騾、馬匹蕃殖成績事宜。
掌分監牧場兒駒、騍、馬匹及牛、羊、駝隻統計事宜。
掌分監牧場陸軍各鎮馬騾衛生事宜。
掌馬醫内外各科醫療事宜。

軍學處（暫設）：掌全國各項軍隊訓練，各項陸軍學堂教育、學術并研求成績等項事宜，分設六科。

教育科

掌釐訂、考察陸軍各項學堂教育章制事宜。
掌審訂、校勘各項學堂教科書事宜。
掌各學堂職員、學生履歷、成績、獎罰、革補、撫恤及學生考試給憑事宜。
掌各學堂學生招收額數、畢業、升學，入伍、充學習官等項籌備事宜。
掌各學堂經費、衛生、房舍、圖書、器械、服裝各事宜。
掌應辦各省學堂各科教育、奏咨、札文與各本科會同核擬事宜。
掌考選派遣游學各國陸軍學生及釐訂章制事宜。
掌調查各國陸軍學堂教育事宜。

步隊科

掌計畫全國步隊教育，訓練并考察實行事宜。
掌審訂步隊操法、勤務、教範各項書籍事宜。
掌步隊校閱及特別會操事宜。
掌考查本科所屬學堂成績事宜。
掌核議步隊應用軍械、器具事宜。
掌調查各國步隊學術事宜。

馬隊科

掌計畫全國馬隊教育、訓練并考察實行事宜。
掌審訂馬隊操法、勤務、教範各項書籍事宜。
掌馬隊校閱及特別會操事宜。
掌考察本科所屬學堂成績事宜。
掌核議馬隊應用馬匹、軍械、器具事宜。
掌調查各國馬隊學術事宜。

炮隊科

掌計畫全國炮隊教育、訓練并考察實行事宜。
掌審訂炮隊操法、勤務、教範各項書籍事宜。
掌炮隊校閱及特別會操事宜。
掌考察本科所屬學堂成績事宜。
掌核議炮隊應用軍械、器具、馬匹事宜。
掌調查各國炮隊學術事宜。

工程隊科

掌計畫全國工程隊教育、訓練并考察實行事宜。
掌審訂工程隊操法、勤務、教範各項書籍事宜。
掌工程隊校閱及特別會操事宜。
掌考查本科所屬學堂成績事宜。
掌核議工程隊應用軍械、器具、材料事宜。
掌調查各國工程隊學術事宜。

輜重隊科

掌計畫全國輜重教育、訓練并考察實行事宜。
掌審訂輜重隊操法、勤務、教範各項書籍事宜。
掌輜重隊校閱及特別會操事宜。
掌考查本科所屬學堂成績事宜。
掌核議輜重隊應用車輛、馬匹、器械事宜。
掌調查各國輜重隊學術事宜。

陸軍部職員表

陸軍大臣（正都統）

參事官 四 檢察官駐紮各省調查員 八 部副官 四	承政司	軍制司	軍衡司
	長 協部統 正參領 一	長 副都統 協都統 正參領（下同） 一	長 一
	秘書科 典章科 庶務科 收支科	搜簡科 步兵科 馬兵科 炮兵科 工兵科 輜重兵科 臺壘科	考績科 任官科 賞賚科 旗務科
	科長 正參領 副參領（下同） 四	科長 七	科長 四
錄事	科員 一等 副參領 協參領 二等 協參領 正軍校 三等 正軍校 副軍校（下同） 二十八	科員 三十六 附五	科員 四十 附七
	司副官一 譯員五 司電員三 遞事官十七	司副官一 繪圖員一 藝師一 藝士一	司副官一
	錄事 額外軍官 上士 中士（下同） 均二十	錄事 二十 附四	錄事 十六 附四

陸軍部職員表

陸軍副大臣（副都統）

軍需司	軍醫司	軍法司	陸軍審計處	暫設軍牧司
長 一	長 一	長 一	長 一	長 一
統計科 糧服科 建築科	衛生科 醫務科		綜察科 核銷科	均調科 蕃殖科
科長 三	科長 二	一等司法官 二	科長 二	科長 二
科員 三十	科員 十四	二等司法官 三 初級司法官 十二	科員 二十八	科員 十二
司副官一 法規總編纂員二 法規編纂員三	司副官 一	司副官一 看守三	處副官 一	司副官 一
錄事 三十	錄事 十	錄事 十	錄事 十六	錄事 十

陸軍副大臣（正都統、副都統）	
暫設軍學處	
長 一	
教育科 步隊科 馬隊科 炮隊科 工程隊科 輜重隊科	
長 六	
科員 三十四	
處副官 一 普通編輯員 三 兵事編輯員 六 繪圖員 一	
録事 十四	
附記	表列各職司，均應以陸軍官佐充任，現因陸軍人員尚形缺乏，擬暫以階級相當、著有成績之各項文官酌量參用。 表列參事官、檢察官分為一、二、三等，以正參領以次之軍官及相當之文官遴充，調查員、部副官以正參領以次之軍官派充。 表列司處副官以正、副軍校及相當之文官遴充。 暫設之軍牧司、軍學處，為將來改建軍馬總監及軍學院基礎，是以表内附於陸軍審計處之後。 舊設之軍實司，擬俟籌議就緒，即奏明實行裁并，是以表内未經列入。

論　說

《軍機處原摺·出使各國考察政治大臣戴鴻慈等奏請以取法德國為主改革軍政摺光緒三十二年八月二十六日》 出使各國考察政治大臣，禮部尚書臣戴鴻慈、兩江總督臣端方跪奏，為時局艱危，軍政重要，擬請擇要取法各國制度，以圖進步，恭摺臚陳，仰祈聖鑒事。

竊惟德國陸軍發端最早，自彼之先皇菲哩特威廉以來，代有英主，經營軍事，迄今八世，歷三百年之久，逐漸改良，屢有進步。官署則兵部、參謀部，一切經畫機關與夫各隊總監章程，教育則自武中學堂、士官學堂以至專科大學，皆累經釐改，以底完全，故挫奥報法，世稱雄國，而其陸軍之制，亦幾為天下之所師法。即為仇讐之法蘭西，新自建立之義大利，素號强大之俄羅斯，整軍經武，皆不能出其範圍。而效之最著者，尤莫如崛然興起之日本。日本軍事無論事之鉅細，無不奉德國為師，甲午之役，既經戰勝，去歲復挫强俄。其效法之誠，進步之猛，固由日本國民素有愛國思想，加以教育普及，人人知當兵為應盡之義務，故其氣象奮發，踔厲無前，亦由取法甚高，追步不懈，經十數年之教練考求，始得坐收實效。中國知德軍制之善久矣，而軍事程度去日本尚遠，當此屢經挫失，互啓猜疑，餉械空虚，將才缺乏，深知朝廷力圖整頓，煞費經營。然使數年後無特立之精神，無實行之進步，則人皆能量吾之所至，而終不能收取威定霸之功，國之存亡正未可料。此次臣等在德最久，於德之軍政考察尤詳。又見各國之所以謀國，無不以軍事為第一要圖，因詳考各國制度，以德國為主，以各國為輔，妥籌辦法，為我皇太后、皇上縷晰陳之。

一、軍事大政，謹擬恭請皇上親御戎服以振士氣也。臣等所至各國考核軍政，凡技術之美，器械之精，雖由於工藝科學之發達，未易遽行企及。而軍容之何由嚴整，士氣之何由奮發，則固不容緩圖。蓋軍事至危，士氣不揚，軍心必先自挫。是故東西洋各國治軍之法，於技藝學術之外，提倡士氣，尤屬不遺餘力。其提倡之道，各國雖不一致，而無論君主、民主，則無不戎裝軍服，身為海陸軍之總統，以督率行間者，誠以軍政本君主之大權，非臣下所能干涉。以臣等所見，如德皇親率一協之軍，指揮演習，俄皇亦躬冒風雨校閲新軍，其軍士無不激勵歡呼，聲聞四野。他如各國覲見宴會之日，君主亦莫不戎服從事。一國之君如此，臣民靡焉向風，惟先有榮於入伍之心，故必無怯於臨事之患，國勢强盛，誠由此也。中國三代以來，蒐苗獮狩，猶有尚武遺意。我朝列祖列宗，親習騎射，秋獮盛典，昭示來茲，為曠古所未有。近年外患迭起，國人思與世界競爭，破除右文積習，學堂頒布宗旨，亦有尚武一條，精神為之一振。上年北洋秋操，不過初具規模，然臣等於覲見各國君主之時，無不殷殷下詢，見臣等所帶武員冠服新制，又皆嘖嘖稱美，是知我國稍事變易，彼等無不觸目警心，固唯恐練兵或有成績，莫敢余侮也。現在立憲預備伊始，皇上實統有海陸軍之大權，若蒙敕下練兵處參考古今中外戎服制度，敬備御用軍服一襲，恭呈欽定，為天下臣民所瞻仰。遇有覲見外國使臣大典，時一進御，並為親臨校閱軍政之需，則不獨軍界中人咸仰聖武，而思振奮，皆以得入行伍為榮，即環海各邦，均知我皇上提倡士氣，跨越列强，慮無不敬畏震服者，自强之基，固莫捷於此矣。

一、軍事行政宜重加釐定機關也。夫治軍之術，其道有二，制度與學問而已。制度者，編定規畫之法，學問者，運用教練之方也。臣等查各國[軍]政必分經理、參謀、教育為三端，各有專司，各奉其職，不相雜廁，而缺一不可，誠以經理為國務行政之一端，而參謀與教育則又軍事行政之要點也。故各國海陸軍部大臣，分內閣之一職，而參謀總長與教育總監，則每以事體重大，直隸國皇，或自為特別機關，如德，如日，如義，如奧，比比然也。俄以參謀、教育隸諸兵部，然事多廢馳，政不克舉。日俄之役，其經大挫，而受痛創，説者歸咎於軍事機關之不宜為原因之大者，近亦紛然議改矣。日本前主合辦，而研究其理，則以分治為宜，故亦劃然不紊。中國兵學幼穉特甚，考究固不厭精詳，而改良亦不應猶豫。臣等請改官制摺中，曾舉兵部與練兵處合併為陸軍部，此即各國國務行政之一部，自應妥為併設。而練兵之軍令司，則應抽出為參謀本部，別置總長以監督之。內分四小部：第一部專司本國戰時各事，第二部專考外國軍政，第三部則司內國設施及參謀人員之修學養成事宜，第四部則司操練及要塞事務。各置一長，分科設官，以治其事。至於教育一項，中國人材尚少，似不能盡仿德、日辦法，擬請暫設陸軍教育處一所，置總監督一員，分馬、步、炮、工程、輜重、交通六課，課設監督一員，各司本課教育，且管本隊專科學堂事務。又別設陸軍教育高等委員，以訂定全軍教育之方針，並隨時與各課監督會議，整理一切教育事宜。陸軍學生考試委員，以試驗入士官學堂之學生，及考試此項學生畢業時之成績。武中學堂、陸軍小學堂委員，以專管全國此項學堂教育事務，並有整齊畫一之責。以上諸務皆東西各國辦有成效，羣相仿行，中國整頓之際，不容自為風氣者也。

【略】

一、軍人位置宜優定章程也。處今日尚武時代，為軍官者大抵皆有科學完全之知識，乃能訓練士卒，戰勝强鄰。其對於國家，則擔荷保國衛民之責任，忠君親上之義務，故不得不出於優待者，勢使然也。查德國優待軍人，無微不至，國家除賞卹特典外，其佩勳章而服軍服者，在朝則榮寵有加，在野則禮敬不懈。推之營中之酒食、器具，則有半價之特章，輪船、汽車、戲場、照像館，則有減價之利益，年老則有養老之典，身後則有撫卹之恩。各國大概相同，無稍軒輊。而軍人之貴為執政者，則昔之德相畢斯馬，今之日相桂太郎，尤為人所稱羨。中國習尚不同，閭里瑣屑之事，或者俟民智稍開，再加誘勸，免使眼前無學軍隊滋生事端。至於賞卹恩給，大典攸關，似應早為頒示。擬請敕下練兵處，查照各國章程，分別釐定，凡平時、戰時著有功績，以及能發明新械、新學有裨軍政者，不論將士弁兵，或授以勳章，或加以恩給，皆稍寓特別從優之意，俾興其互相觀感之誠。其有學問深純、才猷卓越者，並由朝廷廣加擢用，使贊戎機。庶天下之士，皆曉然於文武兩途，絕無畸重畸輕之見，而往日不屑當兵之謬説，概可劃除。舉國上下之姿，必無不以身許國而研求軍政者，如此則兵力可恃，而國基亦於以永奠矣。

以上各條，皆就中國現行軍政應加輔助者擇要言之。臣等伏念今日舉國關係，莫重於軍，數十年來外患迭興，國勢日蹙，蓋已岌岌不可終日，幸值國家閒暇，得以整飭軍政，若訓練不能有功，將一蹶必難復振，故無論朝野上下，皆當注力於此。而其切要方法，仍在不徒求形式而激勵精神，不自恃完全而力求進步。有精神，有進步，則雖兵少餉單亦可謂之有效，無精神，無進步，則雖兵多餉足亦可決其無功。且中國今日不重在有兵，而重在能戰，此後事變之起，雖不必輕言用兵，而至外侮相逼之時，亦難置兵而不用，是預備雖在於平日，而收效實在於將來，斷不容塗飾外觀，不加儆懼，區區之忱，惟在於此。是否有當，伏祈皇太后、皇上聖鑒施行。謹奏。

雜 録

《大清新法令・陸軍部奏陸軍任職人員暫給官銜辦法摺並單》 上年十一月三十日，臣部會同軍咨處奏請《陸軍補官於定章外暫擬權宜辦法》一片内開，凡現在軍隊等處人員，或官與職太相懸殊，或以他項官階任陸軍之要職，或陸軍學堂畢業尚未考試授官，已充上中級之軍職。以上數項，如果程度相符、成績卓著、實在稱職者，應准分別酌量補授。陸軍實官仍令其試署現充軍職。一切服帽、章記，凡在任職期内者，均照現充軍職品級服用。其詳細權宜辦法另案奏明辦理等因。仰蒙允准，欽遵在案。

竊維服帽、章記為軍隊觀瞻之表識，軍容體制關係非輕，稍涉紊雜則命令指揮效力全失。是以臣部於上年二月間，奏請陸軍人員原有職銜、虚銜等項，凡服軍禮服、軍常服時一律不得戴用。又於補官章程總則内，重復申明，嚴加限制。惟是軍隊品級，固應劃一整齊然。當此補任之初，官與職尚未能適相符合，臣等悉心核議，除官職相當者服帽章記，自應按照官制服用外，其餘陸軍任職人員，無論前經派定或嗣後升充，均於任職期内，一律給與陸軍相當官銜。凡在軍職之外，不准戴用，免淆耳目，此雖權宜之計，實於現在軍容不無裨益。謹擬《加銜辦法》，敬繕清單，恭呈御覽。俟命下之日，即由臣部欽遵通行京外，轉飭陸軍各員，一體遵照。謹奏。宣統三年正月二十五日。奉旨依議。欽此。

謹將《陸軍任職期内暫行加銜辦法》繕具清單，恭呈御覽

計開

第一條　凡在陸軍軍隊等處，前經派定職任人員，除官職相當者不計外，或官小而職大，或係他項官階，或并未補陸軍實官任職期内，均一律給與陸軍相當之銜。嗣後如有應行加銜人員，均照本章程辦理。

第二條　上等各級軍職照章由部開單，請簡者職任較崇，如係應行加銜人員，即於開單具奏時聲明請旨辦理。

第三條　中、次兩等各級軍職照章由部具奏請補，或彙奏請補者，如係應行加銜人員，任職期内，即請各按等級給予相當之銜准其戴用。惟中、次兩等軍職繁多，所有加銜，均擬毋庸聲請，以免煩瀆。

第四條　凡充任軍職應行加銜各按等級分列如下：

上等一級：應加正都統銜。

上等二級：應加副都統銜。

上等三級：應加協都統銜。

中等一級：應加正參領銜。

中等二級：應加副參領銜。

中等三級：應加協參領銜。

次等一級：應加正軍校銜。

次等二級：應加副軍校銜。

次等三級：應加協軍校銜。

第五條　此項加銜專為尊崇體制，整飭軍容起見。所有加銜人員凡在軍隊等處任職期内，於軍禮服、軍常服時，方准戴用，餘均不得任意戴用。

第六條　凡在任職期内得有加銜人員，將來軍職升轉，自應換給相當之銜。

第七條　以上各條均係現在權宜辦法，俟軍隊等處人員官職相當之後，即應停止作廢。

海軍處與海軍部分部

綜 述

清・吴汝綸《李文忠公全集・譯署函稿一五・請設海部兼籌海軍光緒十年二月十三日》 公函以沿海七省宜專設一海防衙門，舉各省水師船政、營制、炮臺、海徑、機器、餉需諸大端，均歸一重臣經畫等因。仰見碩畫

遠謨，彌綸八表，欽佩莫名。

中國海疆遼闊，局勢太涣，畛域太分，自非事權歸一，無以聯氣脉而資整頓。但設海防衙門於近畿，七省防務僅以一重臣主之，無論東自奉錦，南暨臺瓊，首尾延袤萬餘里，非一人之才力精神所能貫注。而形隔勢禁，既無長駕遠馭之方，亦開外重内輕之漸，其事可暫而不可久也。

查泰西各國外部、海部并設衙門於都城，海部體制與他部相埒，一切兵權、餉權與用人之權，悉以畀之，不使他部得掣其肘。其海部大臣無不兼贊樞密者，令由中出，事不旁撓，未可以學在四夷而厚非之。中國議論，多不屑步人後塵，然近日講求船械，雇覓工匠，延訂西弁，楚材晋用，取法新式，亦略收其效矣。踵其實而避其名，似可不必；且海防二字，顧名思義，不過斤斤自守，亦不足以張國威而讋敵情。

鄙見外患如此其亟，時勢必須變通。應請徑設海部，即由鈞署兼轄，暫不必另建衙門。凡有興革、損益、籌餉、用人諸事，宜悉聽尊處主持。居中馭外，似屬百年不易之常經，永遠自强之要策。如以鴻章老馬識途，使之勉效馳驅，則外省督撫本有兼京銜故事，請援同治十三年沈文肅督辦臺防，光緒五年丁雨生會辦南洋海防，均兼各國事務大臣之例，予以海部兼銜，俾得隨時隨事互相商榷。天津距京不遠，控制外洋亦尚得地。凡力所能為，見所可及者，敢不竭慮殫精。就近襄助，以期仰副委任。至南北各水師提督，自應於海口形勝之地，擇要設立專閫。惟目下船少兵單，『定遠』、『鎮遠』、『濟遠』等鐵艦，尚未來華；即南洋在閩廠所造快船，僅成一艘，即無大枝得力師船，可以自成一隊。若遽鋪張門面，則各國兵船環伺，不能耀武，適足損威。應俟鐵艦回華，快船齊備之後，訓練成軍。先於北洋之烟臺、旅順、威海三處，酌擇一口，建置水師提督衙署，以便往來洋面梭巡會哨。

至兵船將材，甫經創辦，尤最難得。陸軍宿將，强令巡海，固遷地弗能為良。即向帶内江長龍、舢板之楚將，不習海上風濤；向帶紅單艇船之粤將，又不習機器、測量理法，均未便輕以相委。故延西員教習學生，為培材根基，實目前萬不得已之計。聞俄、美各國，初立水師，皆借用英、法兵官為先路之導，迨訓練精熟，乃專用本國人。日本初亦請法員創制，英員教練，現始遣回。蓋水師為西國專門名家之學，即以其人之道還治其人。未便師心自用，迄無成就。閩廠駕駛、管輪學堂之設，用意極為深遠，嗣又派出洋肄習，今南北各船之管駕如劉步蟾、林泰曾、蔣超英等造詣皆有可觀。但資淺年輕，未經戰事，尚未敢信其能當一面。然而將來水師人才，必當於此輩求之。天津仿設水師學堂，招集幼童，朝夕講肄。今秋可選其尤者，上練船操習一二年，仍須遣令出洋，赴大學堂、大兵船隨隊觀摩，以求精進。凡學生自入堂、上船、出洋，培養磨練必須十餘年，拔十或可得五，再充兵船頭目，薦升管駕，統領，庶與西人技能相頡頏，其成材固若斯之難也。

西洋英、法水師，雄視歐洲。蓋萃數十萬人之心力，費數億萬之金錢，窮年累世而後得之，非一蹴可幾也。惟德國海岸僅四千餘里，同治九年勝法後，始創設海部，擴充海軍，今已揚威域外。日本講求水師二十餘年，雖船隻無多，西人咸稱其規模確具，操練有法。該兩國皆以分年籌款，逐漸添船為經始根本，此西國一定辦法。中國甫經開辦，極應仿照為可大可久之謀。謹將所譯《德國海部述略》、《日本海軍説略》，各録一分，呈備採擇。此舉誠如尊論為經國不朽之基。我若加一分整頓，敵即減一分輕藐；我若早一日備豫水軍，敵即早一日消弭釁端。及今而見諸實事，尚有可强之日；及今而仍托空言，恐無再强之時。鴻章雖垂老無能，甚願引端竟緒，襄兹盛舉；徒以憂患餘年，精力衰朽，即料簡尋常案牘，處分淮部及緊要洋務，已有叢脞之虞。而沿海七省師船之堅窳，將士之勤惰，炮臺之能否完固，機局船廠之能否核實，必得清正大員破除情面者，以時巡察而簡閲之，方可整齊淬厲，日起有功。鴻章羈於職守，萬難親歷。竊思幼樵副憲廉介耐勞，年力正可有為，海部設後，若令周履海疆，蒐討軍實，商略機宜，似於訓練製造諸事，必有裨益。如以鈞署兼領海部，事務過繁，尚須羣策羣力相助為理，是又在殿下中堂之擇賢任使矣。

《大清新法令・陸軍部奏核議陸軍部官制並酌擬辦法摺光緒三十三年四月二十七日》 謹將擬訂海軍處章制并官員額缺及現行辦法繕具清單恭呈御覽

一　海軍部遵旨暫歸陸軍部辦理，謹擬暫名為海軍處。

一　海軍處管理全國海軍政務，將練兵處軍學司原設水師科及工部劃出船政等事宜統行并入。

一　海軍處凡關海軍釐訂章制、考究教育、節制海軍人員、監督造械及造船廠塢，并擴充辦法等項事宜皆屬焉。

一　凡海軍應辦事件及人員補官黜陟，皆由海軍處詳慎酌擬，呈請陸軍部堂官核定，分別奏咨辦理。

一　海軍處暫設正使一員，管理全處事務，副使一員，幫同管理，承發官二員，録事四員，分別經理文牘及一切庶務，凡不關涉各司科之件均歸職掌。

一　海軍處擬設六司，分任職掌。

一　機要司掌海軍規制、炮械、駕駛、輪機等項事宜。區為制度、籌械、駕駛、輪機四科，擬設司長一員，承發官一員，每科科長一員，一二三等科員十二員，録事六員。

一　船政司掌修造建築等項事宜。擬不分科，設司長一員，承發官一員，一二三等考工官共五員，藝師一員，藝士二員，録事六員。

一　運籌司掌籌劃海戰事，考核教育及應行測繪等項事宜。區為謀略、教務、測海三科，擬設司長一員，承發官一員，每科科長一員，一二三等科員共六員。藝師二員，藝士三員，録事六員。

一　儲備司掌海軍收支經費，製購裝服，存儲軍糧及一切品物等項事宜。區為會計、服用、屯積三科，擬設司長一員，承發官一員，每科科長一員，一二三等科員九員，録事六員。

一　醫務司掌海軍衛生、治療傷病、製配醫藥等項事宜。擬不分科，設司長一員，承發官一員，一二三等醫官五員，録事六員。

一　法務司掌海軍一切法律等項事宜。擬不分科，設司長一員，承發官一員，一二三等司法官四員，録事六員。

一　以上六司於定額之外，如應添用科員、考工官、醫官、司法官、藝師、藝士、録事等，隨時酌派，均不作為定額。

一　海軍處開辦伊始，職務尚簡，所有此次擬設六司現尚無庸統設，擬先設前三司，後三司暫從緩設。俟該處成立以後，職務日增，由陸軍部堂官察核情形，將應設司科隨時奏明推廣設立。

一　海軍處正使秩視陸軍協都統，擬暫由陸軍部堂官遴選相當人員，比照陸軍部丞參員缺例，具奏請簡，副使秩視陸軍正參領，擬由陸軍部堂官遴擇相當人員二三員，開單奏請派充。

一　各司科人員應全用海軍出身之人，惟目前擇材為難，暫擬參用京外交武人員酌量充補，俟數年後人才敷用，仍專用海軍出身人員，以歸劃一。

一　從前海軍人員係按奏定海軍章程，照緑營官制充補，現擬仍暫循舊章辦理，嗣後當比照奏定陸軍三等九級官階，并設置官佐額缺，另訂章制，續行奏明，請旨遵行。

一　海軍處為設立海軍部始基，應實力經理，以期日起有功。一俟規模大備，應否改為海軍部之處，由陸軍部奏明，請旨辦理。

一　海軍處每年額支、活支各款，另行核明具奏。

又《陸軍部新定海軍處試辦條規光緒三十三年》　海軍處之組織與權限

一　海軍部奉旨暫歸陸軍部辦理，擬暫名海軍處。

一　本處為興立海軍基礎，有監察現在海軍官員及兵輪、廠塢、海軍學堂之權。

一　本處有籌擬擴充海軍辦法、培養海軍人才、釐訂海軍章制之責。

一　海軍制度及一切應行增改變通事宜統由本處籌擬，稟承陸軍部堂官，會商軍機大臣，奏明辦理。

海軍處之職官及任用

一　設正副使各一員，總理本處事務。凡關於京内外各衙門事件隨時酌擬，稟請陸軍部堂官核定辦理，關涉監察教育事件可直接該管兵輪、學堂、廠塢辦理。由陸軍部堂官遴選海軍出身、才資相當人員，商同軍機大臣開單請簡。

一　設各司副官一員，經理本司庶務。

一　各科設科長一員，管理科務，并按事之繁簡酌設一二三等科員若干員，襄同辦理。

一　各股設股長一員，管理股務，各科按事之繁簡分設若干股，每股事繁者再酌設一二三等股員若干員，以資分理。

一　設藝師若干員，凡有關係工程製造等科者，俱酌設藝師及藝士若干員，辦理海軍工程。

一　以上均由海軍處正副使選擇才資相當人員，稟呈陸軍部堂官，帶領引見，請旨補充。其股長、藝師係署理者，均由陸軍部堂官委充，海軍官制從前未經奏定有案，故海軍處職官表暫從闕如，俟奏定另行核辦。

又《海軍處各司科之分設》　一　海政司　分設制度、器械、駕駛、管輪等四科，所掌事務如下：

制度科

掌管海軍及各省水師官員補官、任職、敍功、記過、定俸、恤賞、黜陟、引見、札付、册籍、履歷，并擬訂章制、禮儀，登記外海内河兵輪、炮械等册暨海軍軍樂隊等事項。

器械科

掌管海軍炮械之製造、試驗、配置、修改、收存、銷廢及研究炮術事項。

駕駛科

掌管海軍駕駛人員之補官、任職、成績、教育、考驗，并研究航海術、戰術、海軍陸戰隊等事項，其關於魚雷、水雷事件，商同管輪科辦理。

管輪科

掌管海軍管輪人員之補官、任職、成績、教育、考驗，并研究各項汽機學術、繪擬圖樣等事項。

二　船政司　掌管監察船塢及修造兵輪、魚雷等艦艇暨一切關於建築工程等事項。

三　籌備司　分設參謀、教育、測量三科，所掌事務如下：

參謀科

掌管海軍參謀人員之補官、任職、成績、服務、配置、考驗，并研究外國海軍編制、籌備戰爭演習、製造船艦、建築軍港及各省現辦海務等事項。

教育科

掌管海軍各學堂章制、辦法、成績、教育，并翻譯關於海軍學術服務書籍等事項。

測量科

掌管測繪沿海、沿江航駛要圖，并辦理關於燈塔、警碇等事項。

四　儲蓄司　分設會計、服用、屯積三科，所掌事務如下：

會計科　掌管核計海軍官兵俸餉及額支、措支各款項事務。

服用科　掌管核計海軍被服、衣履、糧食、旗篷、蓬索等事項。

屯積科　掌管核計海軍船艦、廠塢各項煤炭等事務。

五　醫務司　掌管海軍衛生防疫、療病治傷、籌備藥料暨海軍醫人員開補升調、成績教育等事項，其關於籌辦紅十字會船隻，并由本司籌辦。

六　法務司　掌管擬訂海軍軍律、軍獄各專章，研究海軍各公約之性質及陸軍裁判、管獄人員開補、升調、成績、教育，并核擬各項合同等事項。

又《籌辦海軍處會奏擬訂海軍部暫行官制大綱列表呈覽摺附表》

竊海軍部官制，業經籌辦海軍事務處擬請早日釐訂，奏蒙俞允在案。伏查海軍部為全國海軍軍政總匯之區，其長官之責任既重，事權即宜專一，擬請設大臣一員，以總其成，并設副大臣一員以助之。所有籌辦海軍事務處原設海軍大臣二員、參贊一員，即應一并裁撤，其餘各司科亦應酌量變通，重加釐訂，茲謹列表，恭呈御覽。如蒙俞允，擬請將海軍部大臣及副大臣員缺迅賜簡授，并懇明降諭旨，責令該大臣等，籌畫一切海軍事宜，以規進步而保海權。至各司科應設科員、以次各員額暨一切詳細章程，應由新授大臣等，會商憲政編查館隨時另案奏明，請旨辦理。

又查日本官制於陸軍省之外，另設陸軍參謀本部，於海軍省之外，另設海軍軍令部。此兩部皆掌管關於國防用兵事務，同隸於其天皇之下，不相統屬。惟海軍軍令部之設，歐美各國除德國略與相同外，其餘各國皆無此制。現在我國海軍方始萌芽，應行籌辦之事雖多，而規模尚待推廣，所有海軍軍令部事宜應否從緩，另設專署管理，抑由海軍部暫行兼辦，以節糜費而昭簡捷之處，伏候聖裁。再，此摺係籌辦海軍事務處主稿，會同憲政編查館辦理，合并陳明。謹奏。宣統二年十一月初三日。奉上諭已録册首。

謹擬海軍部暫行官制大綱表

大臣一員 副大臣一員			參謀官若干員 參事官若干員 秘書官若干員
軍制司	司長一員 司事官一員	制度科 考核科 器械科 駕駛科 輪機科	設科長五員 科員若干員 録事若干員
軍政司	司長一員 司副一員	製造科 建築科	設科長二員 科員若干員 藝師、藝士若干員 録事若干員
軍學司	司長一員 司副一員	教育科 訓練科 謀略科 調查科 編譯科	設科長五員 科員若干員 録事若干員
軍樞司	司長一員 司副一員	奏咨科 典章科 承發科	設科長三員 科員若干員 録事若干員
軍儲司	司長一員 司副一員	收支科 儲備科 庶務科	設科長三員 科員若干員 録事若干員
軍防司	司長一員 司副一員	偵測科 銓衡科	設科長二員 科員若干員 録事若干員

謹擬海軍部暫行官制大綱表

軍法司	司長一員 司副一員		設司法官若干員 録事若干員
軍醫司	司長一員 司副一員	醫務科 衛生科	設科長二員 科員若干員 録事若干員
主計處	計長一員 副計長一員	會計科 統計科	設科長二員 科員若干員 録事若干員
附記	一 軍制司所辦艤艦事宜，應劃歸内閣。其未劃歸以前，仍暫由該司辦理。 一 舊設之憲政籌備處，仍應暫設。 一 舊設之統計局改為統計科，歸入新設之主計處辦理。 一 軍法司仍不分科。		

又《海軍部會奏遵擬海軍部暫行官制摺並表單》 竊前籌辦海軍事務處會奏《釐訂海軍部暫行官制大綱》一摺内稱，各司科處科員以次各員額暨一切詳細章程，應由新授海軍大臣等會商憲政編查館另案奏明，請旨辦理等語。宣統二年十一月初三日，奉上諭：立國之要，海陸兩軍并重，前因釐訂官制，欽奉先朝諭旨，海軍部未設以前，暫歸陸軍部辦理。嗣有旨派載洵、薩鎮冰充籌辦海軍事務大臣，復派載洵等前赴各國考察，一切籌辦，漸有端緒。茲據載洵等會同憲政編查館王大臣奏《擬訂海軍部暫行官制大綱列表呈覽》一摺，詳加披閱，尚屬周妥，自應設立專部，以重責成，所有籌辦海軍事務處着改為海軍部，設立海軍大臣一員、副大臣一員，該大臣等務當悉心規畫、實力經營，以副朝廷整軍經武之至意。至應

設之海軍司令部事宜，着暫歸海軍部兼辦，餘着照所議辦理等因，欽此。

臣等跪聆之下，欽服莫名。自奉命以來，即就前籌辦海軍事務處原摺表，按照目前海軍部辦事情形，并參考外國海軍軍令部規制，詳加擘畫，總期因時變通，以盡推行之利；統籌兼顧，以規進步之程。查原表所列軍防司分設偵測、銓衡兩科。其銓衡一科，掌管各省水師人員補缺事項，與原表軍制司考核科所掌水師人員考績事項實屬相承。今擬將銓衡科改隸軍制司，以歸簡括。所餘偵測一科，查其掌管事項與外國之水路部大致相同，外國水路部係獨立機關，惟現時中國海軍規模尚待推廣，自不必仿其獨立之制，致涉鋪張。然測海、制圖，實為海軍重要事件，亦不可不預立基礎，以圖擴充。今擬將該科改隸軍學司，所有一切偵測事宜，照舊責令經管，并隨時察看情形，添置測量海道器具、印刷圖籍機件，以期逐漸推廣，俟規模粗有端倪，再行另案奏明。請旨設立局所，專司偵測事宜。銓衡、偵測兩科既分隸軍制、軍學兩司，則原設之軍防司，自應裁撤。又原表軍學司、調查科其所管事項多與謀略科相承，今擬將調查科裁撤，所有原管事項歸并謀略科辦理。又原表軍制司、器械科其所管事件多與製造有關係，今擬將該科改隸軍政司。

此外，各司處既分科任事，復設司長、計長等員，以總其成，則原表所列司副、副計長等員，亦擬一并裁撤，以一事權。至海軍司令部，查係掌管國防用兵等事務，責任綦重，臣載洵等自當懔遵諭旨，督飭所屬人員認真籌劃，切實經營，以仰副朝廷整軍經武、鞏固海疆之至意。茲謹將各司長以次職員，應以何項官階補充及其職掌事項，分別擬表繕單，進呈御覽。如蒙俞允，即由臣載洵等欽遵辦理。再，此次所擬員額、職掌係按目前情形暫行擬訂，如將來尚有應行斟酌損益及按照各部官制通則應歸一律之處，由憲政編查館會同海軍部請旨遵行。謹奏。宣統三年二月初九日。

奉上諭已録册首。

海軍部職員表

海軍大臣（正都統） 海軍副大臣（正都統 副都統）		參謀官六員 參事官二員 秘書官六員		司電員二員 藝師二員 藝士二員 録事二員	
軍制司	司長 協都統 正參領 一員（下同）	制度科 考核科 銓衡科 駕駛科 輪機科	正參領科長 副參領五員（下同）	科員 一等 副參領 協參領 二等 協參領 正軍校 三等 正軍校 副軍校（下同） 十四員	録事 十員
軍政司	司長 一員	製造科 建築科 器械科	科長 三員	科員 八員	録事 四員
軍學司	司長 一員	教育科 訓練科 謀略科 偵測科 編譯科	科長 五員	科員 十四員	録事 八員
軍樞司	司長 一員	奏咨科 典章科 承發科	科長 三員	科員 十員	録事 八員
軍儲司	司長 一員	收支科 儲備科 庶務科	科長 三員	科員 十員	録事 六員

海軍部職員表

	海軍大臣（正都統） 海軍副大臣（正都統 副都統）	參謀官六員 參事官二員 秘書官六員		司電員二員 藝師二員 藝士二員 録事二員	
軍法司	司長　一員		一等司法官 二員	二等司法官 三等司法官 八員 學習司法官	録事　三員
軍醫司	司長　一員	醫務科 衛生科	科長　二員	科員　四員	録事　三員
主計處	計長　正參領一員	會計科 統計科	科長　二員	科員　八員	録事　六員

附記

一　表列各職司均應以海軍官充任，現因海軍人員尚形缺乏，擬暫以階級相當、著有成績之各項文官酌量參用。

一　表列參謀官分為一、二、三等，均以海軍學生出身人員充任。

一　表列參事官、秘書官均以資格相當之軍官、文官遴充。

一　表列司電員、藝師、藝士均以階級相當之海軍官佐及文官學生等酌量録用。

一　表列録事，以文官學生及額外軍官以下各級人員録用。

一　表列員司各職，雖有一定官階，如無相當人員，得以次級官試署。

一　表內各司長、計長如將來循資累績，致所補官階高於原定品級者，司長仍得以副都統充任，計長仍得協都統充任。

一　表列各司處科員以下員額，均就現在情形暫行設定，如將來部務較繁，隨時奏明添設。

謹將遵擬海軍大臣、副大臣暨各員司職掌事宜，繕具清單，恭呈
御覽。

海軍大臣、海軍副大臣：管理全國海軍行政事宜，統轄海軍軍人、軍屬及各省水師并暫行兼辦海軍司令部事宜。

參謀官：掌承辦本部咨詢事件，參訂艦隊、學堂、廠所章制，并調查海軍水師應行改革事宜。

參事官：掌參訂法律章制并承辦堂交參議各項事宜。

秘書官：掌監守部印承辦機密文牘、函電及部屬各司處文件。

軍制司：掌海軍規制考績，駕駛輪機及水師人員升遷、調補、敍功、議過、封典、襲廕、恤賞等項事宜。

制度科

承辦擬訂海軍禮節、旗制、服章一切章制事宜。

承辦勳章、記章、奬牌等事宜（俟新内閣賞勳局成立後畫歸辦理）。

承辦擬訂海軍各項船制、營制、餉章等事宜。

承辦擬訂海軍人員補官、任職、敍功、記過、遷調、定俸、恤賞以及頒發寶星、功牌各項章程事宜。

經管海軍人員履歷册籍事宜。

承辦擬訂海軍退入、後備官員之升遷，進退各項章程事宜。

承辦擬訂海軍人員退休、丁憂、告假、賞假各項章程事宜。

承辦修訂海軍人員常備、後備之官弁、兵士銜名册籍事宜。

承辦擬訂海軍官員轉任文官章程事宜。

承辦核定各省水師營制、餉章事宜。

承辦編訂海軍警衛隊、軍樂隊一切章制事宜。

經管海軍警衛隊及軍樂隊人員履歷册籍并遷調黜陟事宜，會同軍法司辦理。

承辦擬訂關於軍紀各項規則事宜，分別會同軍學、軍法等司辦理。

承辦擬訂海軍徵兵各項章程事宜。

考核科

承辦恭逢恩詔加級、開復事宜。

承辦核議海軍水師人員各項勞績、請奬事宜。

承辦核議本部所轄學堂、廠所請奬事宜。
承辦海軍水師人員尋常勞績、加級紀録事宜。
承辦檢查海軍水師人員保奬各案事宜。
查核海軍水師人員事宜。
承辦海軍水師人員開復、官階、翎銜事宜。
承辦發給保奬人員執照事宜。
承辦海軍水師人員記功、保奬、注册事宜。
承管收存記功、保奬册檔事宜。
承辦海軍水師人員陣亡、傷亡、病故、傷殘、議給、恤賞事宜。
承辦核議海軍各項學堂職員、學生應行撫恤事宜，會同軍學司辦理。
承辦查核發給寶星、勳章、功牌事宜。
承辦核銷海軍水師弁兵燒埋銀兩事宜。
承辦核議海軍水師人員參革、降罰、公私處分事宜。
承辦各省水師官員五年軍政事宜，會同陸軍部等衙門辦理。
承辦海軍水師人員抵銷處分事宜。
承辦海軍水師人員獲咎休致、勒休事宜。
承辦查辦廢員事宜。
承辦查核水師人員交代遲延處分事宜。
承辦海軍水師人員參罰、記過、注册事宜。
承辦海軍水師人員請給封典事宜。
承辦海軍水師人員恩廕、改廕、退廕、還廕事宜。
承辦襲爵、襲職人員請發水師學習事宜。
承辦恩廕、難廕、襲爵、襲職，學習期滿帶引驗放事宜。
承辦海軍水師人員學習期滿事宜（以上五條應俟新内閣成立後，畫歸辦理）。

銓衡科

承辦内洋、外海、内河、裏河、長江水師水員注册分發事宜。
承辦内洋、外海、内河、裏河、長江水師拔補千總、把總外委等項事宜。
承辦内洋、外海、内河、裏河、長江水師武職各員弁補缺、發給、札付、限票、驗票等項事宜。
承辦内洋、外海、内河、裏河、長江水師提鎮坐名敕書事宜。
承辦稽查内洋、外海、内河、裏河、長江水師提鎮陛見事宜。
承辦奏留陸路人員改歸水師補用事宜。
承辦每届五年通行各省督撫密保水師副參等第事宜。
承辦水師省分保列一等暨副、參、游、都、守預保事宜。
承辦水師升署人員俸滿换札事宜。
承辦各省水師裁改營汛事宜。
承辦遞换外海長江水師提鎮、副參月摺事宜。
承辦水師各省官弁季報、大報清册事宜。
承辦請旨揀發水師人員事宜。
承辦内洋、外海、内河、裏河、長江水師人員留營、留標、歸班、改標、裁缺事宜。
承辦每年四季咨送吏部水師武職縉紳事宜。

駕駛科

承辦駕駛學生之堂課、船課、畢業考驗事宜，會同軍學司辦理。
承辦駕駛人員之補官、任職、遷調、黜陟等事宜。
研究航海術、戰術、運用術等事宜。
承辦稽核艦隊演習行駛報告事宜，會同軍學司辦理。
承辦稽核江海航圖、要塞、軍港圖籍，會同軍學司隨時更正事宜。
承辦改正江海燈塔、警椗及氣象等書籍、圖畫事宜，會同軍學司辦理。
研究各種航海器具事宜。
承辦收存軍艦、每年航迹圖，會同軍學司稽核事宜。
承辦稽核練船見習生每年所測天象册籍事宜。
承辦稽核軍艦每年羅經差及船表差報告事宜。
承辦評閲關於駕駛員各種意見書及審定關於航海之著作事宜，會同軍學司辦理。
承辦稽核軍艦航海日記及駐泊日記事宜。
承辦修訂行船免碰章程事宜。

承辦稽核軍艦擱淺遇險之報告事宜，會同軍法司辦理。

承辦核訂海軍平時應用各項通語法事宜。

輪機科

承辦輪機人員之補官、任職、遷調、黜陟等事宜。

承辦輪機學生之堂課、船課、畢業考驗事宜，由軍學司會同辦理。

承辦選派輪機人員入輪機專修科并出洋留學事宜，由軍學司會同辦理。

承辦擬訂廠局製造各船機器之計畫并其位置之方法事宜，會同軍政司辦理。

經管船成後之初次試驗與改修後之試驗事宜。

經管各船機器之大修、改良事宜。

研究各項機器學術發明、改良，隨時頒布等事宜。

承辦稽核各艦隊輪機報告事宜。

承辦保存各艦隊之一切機器圖樣事宜。

承辦稽核各艦隊機艙所有應用器具之棄舊換新、增補購備事宜。

承辦擬訂購辦各種機器契約事宜，會同軍法司辦理。

承辦查核修造、購置各種機器之價值事宜，會同軍儲司辦理。

承辦檢查各艦隊機廠一切機器事宜。

承辦稽核各艦隊廠局一切機器之保存廢棄事宜。

承辦評閱關於輪機各種意見書事宜，會同軍學司辦理。

承辦稽核各艦隊局廠招募練兵、工匠、學徒等事宜。

承辦檢查各艦隊機廠所用煤質事宜。

承辦稽核沿海附屬海軍之一切電燈機事宜。

軍政司：掌修造船艦、建築工程等項事宜。

製造科

承辦核計海軍各式艦艇并各省內河長龍舢板之製造及修理等事宜。

承辦各省製造及修理各式艦艇、內河長龍舢板并製造各船廠咨請立案報銷、奏銷等事宜。

承辦製造人員之補官、任職、遷調、黜陟等事宜。

承辦核訂各船及各機鍋所用物料事宜。

經管各艦艇試洋，并試驗機鍋及所用物料事宜，知照軍制司辦理。

承辦審訂購製船隻及機鍋，并塢廠各項機器、家具、物料等項契約合同事宜，會同軍制司辦理。

承辦核訂艦艇及機鍋等變價出售事宜，會同軍儲司辦理。

承辦核訂各船添配各項機鍋及家具事宜。

承辦檢查廢壞艦艇，并塢廠各種廢壞機鍋、家具、物料等事宜。

承辦核訂塢廠各種機器、家具、物料等項變價出售事宜，會同軍儲司辦理。

承辦核訂凡關於各項製造材料事宜。

承辦審訂凡關於各項製造圖樣事宜。

承辦檢查塢廠機器、家具、產業等事宜，知照軍儲司辦理。

承辦稽核各船進塢修理及改良并大修事宜。

承辦審訂聘請製造工程司合同事宜，會同軍法司辦理。

承辦考驗海軍製造人員及各畢業生事宜，由軍學司會同辦理。

擬訂製造人員及工徒等因公受傷議給恤賞章程，會同軍法司辦理。

經管核訂并驗收各項製造工程事宜。

承管派員監造及監修船隻、機器、鍋爐并試驗料質事宜。

核訂購制無綫電報、器具、物料合同價值事宜。

稽核無綫電報、家具、物料及修理等項報銷事宜。

經管本國商家船廠及關於海軍所需各項機器、物料之製造商廠，呈請注册事宜。

建築科

承辦核訂海軍衙署、公所、炮臺、學堂、廠塢、兵房、碼頭、橋梁、燈塔及海軍所轄界內火車軌路等項建築并修理等工程事宜。

承辦各省凡關於海軍衙署、公所、炮臺、學堂、廠塢、兵房、碼頭、橋梁及各項建築并修理等工程咨請立案、報銷、奏銷事宜。

承辦審訂及測量建築工程應用地基事宜。

承辦檢查廢壞建築材料及機器、家具等項事宜。

經管驗收海軍衙署、公所、炮臺、學堂、廠塢、碼頭、兵房、橋梁、燈塔及各項建築并修理工程事宜。

承辦審訂凡關於各項建築工程并所用機器、家具等項圖樣事宜。

承辦審訂購製建築所用機器、家具、物料等項之契約合同事宜。

承辦審訂承攬建築工程合同事宜，分別知照，會同軍儲、軍法等司辦理。

承辦派員監造、監修及試驗建築料質事宜。

承辦審訂聘請建築工程司合同事宜，會同軍法司辦理。

承辦核訂建築物料及機器、家具等項變價出售事宜，會同軍儲司辦理。

承辦考驗建築人員及各畢業生事宜，由軍學司會同辦理。

擬訂建築人員及工徒等因公受傷議給恤賞章程，會同軍法司辦理。

承管在軍港選擇地基、建築臺壘及水雷、無綫電、軍械等營各工程事宜，會同軍學司辦理。

承管本國凡關於海軍建築工程所需各項機器、家具、物料之製造商廠，呈請注册事宜。

經管軍人及廠塢工徒埋葬應用官地事宜。

器械科

承辦稽核各艦隊炮械、水雷、魚雷之配置、試驗、修改、收存、銷發等事宜。

承辦稽核海軍軍械局彈藥庫等事宜。

承辦稽核彈藥之製造、保存法等事宜。

承辦稽核艦隊炮臺及學堂之軍械事宜，會同軍學司辦理。

承辦擬訂各種炮械之保存規則等事宜。

承辦考核軍艦炮機事宜。

承辦考核軍艦彈藥運用機等事宜。

承辦考核軍艦彈藥艙等事宜。

承辦核訂購置外洋槍炮、魚雷、水雷種類事宜，會同軍儲司辦理。

承辦調查各國最新軍械，會同軍學司研究改良事宜。

承管考核各軍艦槍炮、魚雷打靶後之軍械報告事宜。

承辦核訂購買軍械合同事宜，會同軍法司辦理。

承辦檢查槍炮、魚雷、水雷各製造廠隨時改良事宜。

承辦槍炮、魚雷員弁之補官、任職等事宜。

軍學司：掌海軍各學堂教育并練船、練營，各艦隊操法，官兵學術教練程度及謀略、偵測、編譯各項事宜。

教育科

承辦釐訂海軍各項學堂教育宗旨事宜。

承辦釐訂海軍各項學堂章程并籌劃辦法事宜。

承辦籌畫、考選、派遣游學各國海軍學生，並釐訂章程規則、訓諭各項事宜。

承辦籌擬海軍各項學堂招考、選補學生章程事宜。

承辦稽核海軍各項學堂章制、教育課程管理規則并一切實行辦法及衛生經費事宜，分別會同軍醫、軍儲等司辦理。

承辦審定海軍學堂所用各項華文、洋文教科書及圖表事宜。

承辦海軍各項學堂考試事宜。

承辦發給海軍各項學堂學生畢業文憑事宜。

承辦核議海軍各項學堂職員獎勵及應給撫恤事宜，會同軍制司辦理。

籌辦海軍各項學堂學生畢業、升學，并派登練船見習及派入水魚雷、槍炮各營練習事宜。

承辦核議海軍各項學生獎罰、革補及應給撫恤事宜，分別會同軍制、軍法等司辦理。

承辦核議海軍各項學生調用、差委事宜，會同軍制司辦理。

承辦綜核海軍學生履歷及成績各項册籍事宜。

承辦擬訂海軍學生學費、治裝、旅費、津貼并出洋回國川資事宜，會同軍儲司辦理。

承辦籌議海軍各項學堂、房舍、軍械、圖書、器具、服裝事宜，分別會同軍制、軍儲等司辦理。

承辦呈派海軍各項學堂監督事宜。

承辦呈請雇用各項專門洋教習事宜。

承辦呈派海軍各項學堂監考官及擬訂考章事宜。

承辦呈派海軍各項學堂視學官及擬訂考查規則事宜。

籌辦凡關於海軍教育各項一應事宜。

訓練科

承辦釐訂海軍校閲章程事宜。

承辦核訂各艦隊操演海戰陣法章程事宜。

承辦綜核海軍各艦艇大炮、快炮并魚雷打靶報告事宜。

承辦核訂海軍各船大操、夜操、操演救火、操演禦敵及舢舨出攻各章程事宜。

承辦核訂海軍各船洋槍及陸路炮登岸操演，并打靶章程事宜。

承辦核訂海軍各船并練營警衛隊每日、每星期、每季操作章程事宜。

承辦籌畫各項艦隊及各練船分赴中外各口岸操巡事宜。

承辦核訂練習艦隊、各船訓練見習生及練勇各項章程事宜。

承辦綜核練船見習生練習期限，并畢業程度及在船成績各事宜。

承辦核訂各艦隊練營、水魚雷營、警衛隊所有操演口令事宜。

承辦稽核軍艦練營、水魚雷營、警衛隊關於訓練報告及訓練成績事宜。

承辦核訂海軍練船、練營及警衛隊訓練章程課程規則并籌畫辦法事宜。

承辦籌擬雇用練船、練營及警衛隊各項教員、洋員事宜。

承辦發給練船見習生畢業文憑事宜。

承辦練船見習生畢業、升學、派入水魚雷并槍炮各門見習事宜。

承辦核議見習生并練勇賞罰及應給撫恤事宜，分別會同軍制司、軍法司辦理。

承辦釐訂海軍見習生并練勇薪餉、津貼、服裝事宜，會同軍儲司辦理。

承辦籌擬招募海軍練勇章程事宜。

籌辦凡關於海軍訓練，并隨時改良各項事宜。

謀略科

籌議編制艦隊及添置船艦各事宜。

籌議海軍擴充、改良等事宜。

籌議學堂練船、練營、警衛隊等擴充改良各事宜。

籌議軍港建築、設防等事宜，會同軍政司辦理。

籌議聘用中外顧問官事宜。

籌畫艦隊巡閲事宜。

籌畫傳遞消息、輸送戰品，分別會同軍樞、軍儲等司辦理。

承辦核訂戰時規則事宜。

承辦核訂戰時秘密電碼、口令、燈號并通語、旗幟等事宜。

承辦收存艦隊水師各項稟報事宜。

承辦稽核海疆防守情形事宜。

經管練勇、水手、警衛兵等入伍、退伍及徵調各事宜。

承辦布告海疆戒嚴、解嚴等事宜。

承辦呈請委派并更調海軍參謀官及使署海軍隨員等事宜。

承辦研究海軍參謀官及海軍隨員之報告調查等事宜。

偵測科

經管沿海、沿江航駛要圖之測繪事宜。

承辦考查全國江海、內洋、港灣形勢事宜。

經管沿海、沿江燈船、燈塔、警碇事宜。

承辦制訂全國江海、內河各水道圖志事宜。

承辦考查全國江海、內河各種民船裝載情形事宜。

承辦考查全國水師交通事宜。

管理測海練船事宜。

布置測海庫之建築事宜。

承辦考核沿海、沿江臺壘、軍械事宜。

經理沿海、沿江修造臺壘事宜。

承辦計劃沿海、沿江臺壘、交通事宜。

承辦考查沿海、沿江臺壘、炮械、子彈保存事宜。

承辦籌畫防守炮臺、重炮隊布置事宜。

承辦考查沿海、沿江臺壘防守事宜。

經理臺壘、官兵册籍事宜。

承辦考查臺壘、官兵名額事宜。

經理臺壘、官兵補充事宜。

承辦計劃沿海、沿江險要所在應設臺壘事宜。

經理臺壘應用材料之製造及研究改良、保存、修理事宜。
經理劃分臺壘區域及戒嚴事宜。
經理要塞專科學堂教育事宜。

編譯科

承譯堂交各項文件、册籍、圖表事宜。
承辦選譯各國海軍衙署學堂暨練船、艦隊、練營各項規章事宜。
承辦選譯各國海軍教育册籍、圖表事宜。
承辦摘譯各國報章所載關於海軍教練、謀略等項事宜。
承辦編纂海軍各項學堂所用華文、洋文各種書籍事宜。
承辦編纂中國歷代海軍戰役事宜。
承辦編譯各國近世海軍戰史事宜。
承辦編譯各國歷代海軍戰役兵略事宜。
承辦編譯各國海軍軍制、軍械沿革事宜。
承辦編譯各國沿海、沿江臺壘沿革事宜。
承辦編譯各國著名軍港船廠經營始末事宜。
承辦翻譯各國海戰時各種訓令、職務等項事宜。
承辦翻譯各國各種海軍參考書籍事宜。
承辦印刷文件、册籍、圖表事宜。

軍樞司：掌收發文牘、函件并本部人員升遷、調補、功過、册籍及一切典禮奏咨事宜。

奏咨科

承辦本部堂官謝恩、請假、請安等項摺件。
承管録存全部所有奏件檔案。
承辦年終恭繳硃批事宜。
承辦各司應奏事件，開單請點事宜。
承辦各衙門會奏，咨取堂銜請定辦復事宜。
承辦每逢奏事呈堂閱摺，呈遞膳牌及進内畫稿事宜。
承領軍機處交旨、交片，内閣交抄及進内送各衙門公文事宜。
承辦不歸各司處奏咨事件。

典章科

承辦本部官員升調黜陟、考試保送、存記功過等事宜。
承辦本部官員帶領引見事宜。
承辦本部官員奏留、奏調摺件。
承辦本部官員履歷、縉紳并收存職掌、册籍等事宜。
承辦本部堂司各官京察事宜。
承辦本部官員告假、銷假、丁憂、起復事宜。
承辦請點各司科人員差缺，并派差堂諭事宜。
稽察本部人員事故。
承辦每逢陪禮、迎送、開送堂銜及請派司員事宜。
承辦本部人員襲廕、請封事宜，會同軍制司辦理。
承辦恭領謄黄及咨領《時憲書》事宜。
承辦各項赴引人員堂驗事宜。
承辦本部人員各項結報事宜。
承辦頒發各項關防及繕模事宜。
承辦不歸各司一切典禮事宜。

承發科

承辦堂交發行各司應辦、應存事件及接收京外各衙門各項文件。
承辦接收各省公文批回事件及各旗圖片、一切呈詞函件。
承辦各省赴引人員到京日期及批回文件。
承辦本部行京外各衙門文件及公事函件。
稽核各司處辦事期限事宜。
承辦逐日收到文件摘由挂號繕簿，呈堂畫到分司事宜。
承辦逐日收發文件摘由繕簿，呈堂畫閱事宜。
稽查抄録閣抄有無遺漏事件。

軍儲司：掌本部及屬於海軍出入經費并稽核煤、糧、服裝、物品以及本部一切庶務事宜。

收支科

承辦核收各項海軍經費及所有入款事宜。
承辦核收各省撥解海軍留學生經費事宜。
承辦支發購買船械、軍裝、煤炭，添配料件各項用款事宜。

承辦支發船艦官薪、兵餉及津貼銀兩事宜。
承辦支發修建軍港、船塢、學校經費及各項人員薪津一切用款事宜。
承辦支發各國留學生經費及活支各款事宜。
承辦支發駐扎各國人員薪津及因公費用等款事宜。
承辦支發全署人員廉薪、公費、津貼及弁役工食并一切因公費用所有出款事宜。
承辦支發統制各員薪公、津貼及警衛隊官薪、兵餉各項事宜。

儲備科

承辦經費各艦隊學堂、廠所及警衛隊各項服裝器具用品事宜。
承辦擬訂各艦隊學堂、糧食、被服及軍用品之發給規則事宜。
承辦稽查各廠港、艦隊、學堂之倉庫事宜。
承辦考核各艦隊學堂交換軍用物品之按季報告事宜。
承辦警衛隊服裝、糧秣及頒發等事宜。
經管海軍各倉庫之籌備事宜。
經管廠港、艦隊煤水之儲備事宜。
經理招商承辦海軍應用物料，訂立合同事宜。
經理采辦軍用、學用物品，奏咨免税，頒給護照等項事宜。
承辦考查各項物品競售法事宜。
承辦籌議兵弁服裝事宜，會同軍制司辦理。
承辦稽查各軍港、軍艦服裝一切保存法事宜。
承辦調查應用外國物品價值事宜。
承辦考查各艦隊、學堂、廠所及警衛隊之消耗物料、器具、煤炭報告事宜。
經管戰時徵發民間關於海軍用品訂立契約事宜。
承辦考查各艦隊、學堂、廠所及警衛隊運輸事宜。
承辦擬訂各項經理章程規則事宜。
承辦收儲調查所得關於經理各項文册、表籍事宜。

庶務科

承辦堂用紙張、文具并一切物件。
承辦經理全署風紀事宜。

承辦全署一切修建及所有雜費、核發價值事宜。
承辦全署購置一切器具物件事宜。
承辦率令差弁稽查全署茶役勤惰、每日啓閉事宜。
承辦稽核值日各員應用火食及全署每月煤、水發價事宜。
保儲不歸各司經管之物件。
經管全署一應雜務以及接待事宜。

軍法司：掌軍事司法、懲罰、監獄及任用執法人員事宜，不分科。

承辦擬訂捕獲審檢令、海軍刑法、海軍審判法、海軍刑法施行法、海軍審判法施行法、海軍懲罰令、海軍監獄則例、軍械保護法及其他各項法律規則頒行事宜。
管理警衛隊關於一切紀律事宜。
經管軍法會審及捕獲物、審檢院事宜。
承辦海軍司法人員之補官任職、遷調、黜陟、教育、考驗事宜。
承辦檢查違犯海軍法令事宜。
承辦稽核各軍港及各艦隊之軍法會審，管轄錯誤案件事宜。
承辦恩赦及移送軍事罪犯事宜。
承辦稽查海軍軍實充分之銀錢、物産及移交事宜。
承辦會同參謀官核擬各項軍事公約及執行事宜。
承辦會同參謀官及各該司考核各項軍事契約事宜。
經管海軍軍官、軍法教育事宜。
承管戰時俘虜及其他海軍捕獲物事宜。
承辦會同參謀官辦理戰時中立及國際交涉有海軍關係事宜。

軍醫司：掌海軍療務、醫藥衛生及軍醫教育各項事宜。

醫務科

承辦海軍人員内外各科醫務事宜。
承辦海軍軍醫學堂以及平時、戰時軍醫人員補充暨補官、任職、遷調、黜陟等事宜。
承辦稽核軍醫學堂軍醫人員成績事宜。
承辦擬訂軍醫學堂任用洋教習合同事宜，會同軍法司辦理。

承辦紅十字會條約、實行戰場療治事宜。
承辦呈派出洋參預軍醫會人員考究醫務事宜。
承辦軍醫會議應行研究事宜。
承辦海軍軍醫人員發札事宜，會同軍制司辦理。
承核海軍軍醫學堂學生功課、試卷事宜。
承辦海軍軍醫學堂畢業生發給執照、注册事宜，會同軍學司辦理。
承辦試驗選派出洋學生體格事宜。
承辦海軍各項學堂招選學生及畢業生到部考試、檢查身體事宜。
承辦考核海軍人員病傷、告退、乞休、應行查驗事宜。
承辦海軍官兵因公病傷，應生養恤事宜。
承辦療治海軍各處官兵病、傷事宜。
承辦海軍病院事宜。
籌辦看護及醫兵等訓練事宜。
承辦籌設醫藥船事宜。
承辦海軍官兵檢查身體事宜。
承辦彙核各艦隊、學堂、醫院、廠所每月疾病比較表册事宜。
承辦擬訂軍醫局、軍醫院、養病室、遷地療養所及醫藥船辦事章程事宜。

衛生科

承辦考查軍醫人員療治成績及平時、戰時衛生等事宜。
承辦考查海軍各學堂衛生事宜，分別會同軍學、軍儲等司辦理。
經管沿海、沿江各海口防疫衛生事宜。
承辦考查衛生報告及軍醫人員學術上之成績事宜。
承辦彙核海軍軍醫人員衛生報告統計事宜。
承辦海軍平時、戰時防疫、療疫辦法事宜。
承辦考核海軍病院圖册事宜。
承辦擬訂平時、戰時衛生材料事宜。
承辦查核戰時病院幷療醫船醫治及遷移事宜。
承辦考查軍醫所用器具、藥品事宜。
承辦考查軍用藥品配製及器具購備等事宜。
籌辦製藥及衛生材料廠事宜。
承辦稽核衛生材料廠事宜。
承辦稽核衛生藥料、醫具收存消耗事宜。
承辦考查各國軍用最新藥品事宜。
承辦彙核各艦隊處所用藥料數目事宜。
承辦呈派司藥人員事宜。
承辦考查司藥人員成績事宜。
承辦司藥生教育事宜。
承辦考查各艦隊、學堂、醫院、廠所衣食、起居、飲水、除穢等衛生事宜。

主計處　掌核計本部各項出入款目及各省支出關於海軍款目，幷輸海軍統計報告事宜。

會計科

承辦核計本部收入海軍開辦常年各經費事宜。
承辦核計本部收入報效海軍經費事宜。
承辦核計本部收入海軍留學經費事宜。
承辦核計本部支出各艦隊、練營經常臨時各經費事宜。
承辦核計本部支出各堂廠、港塢、局處經常、臨時各經費事宜。
承辦核計本部支出海軍留學經常、臨時各經費事宜。
承辦核計本部支出購製船械及一切器用價款事宜。
承辦核計本部支出各項工程用款事宜。
承辦核計本部支出駐扎各國辦事人員薪津、公費等項事宜。
承辦彙計本部出入各項款目事宜。
承辦稽核各省支出關於海軍一切款目事宜。
承辦海軍預算事宜。
承辦海軍決算事宜。
承辦擬定海軍會計法事宜。

統計科

承辦本署内部統計事宜。
承辦本部所轄各衙署統計事宜。

承辦全國海軍軍人統計事宜。
承辦各艦隊統計事宜。
承辦各種艦艇統計事宜。
承辦船塢統計事宜。
承辦各局、廠統計事宜。
承辦炮臺、要塞統計事宜。
承辦槍炮、魚雷及一切艦用軍用器物統計事宜。
承辦軍港統計事宜。
承辦各省水師、防練各營統計事宜。
承辦沿海、沿江各師船統計事宜。
承辦海軍教育統計事宜。
承辦遣派各國海軍留學生統計事宜。
承辦以上各項歷年比較統計事宜。
承辦每年彙造統計總表，分別進呈、咨送事宜。

《訓練近畿陸軍各衙門檔、籌辦海軍大臣奏重訂各司職掌摺》宣統二年二月二十九日 竊臣等於上年六月初七日，具奏於臣處設參贊廳，專設參贊一員，贊助臣等規畫一切，并督飭全處人員認真承辦。廳内分設秘書、庶務兩司，掌握文牘、庶務；并於廳内設一、二、三等參謀官，以海軍學生出身人員充當。此外，暫設第一、第二、第三、第四四司；嗣於七月初六日奏添醫務司各等因，均經仰蒙俞允，欽遵在案。現在辦理諸務漸有端緒，各司名目、職掌自應詳加釐訂，以符名實。所有原設第一司擬名曰軍制司，掌海軍規制、考績、駕駛、器械、輪機等項事宜；第二司擬名曰軍政司，掌修造船掌、建築工程等項事宜；第三司擬名曰軍學司，掌海軍教育、訓練、謀略等項事宜；第四司擬名曰軍防司，掌銓衡各省水師將弁并偵測等項事宜；醫務司擬名曰軍醫司，掌海軍衛生、療傷、醫藥及軍醫教育等項事宜。參贊廳内原設兩司：一為秘書司，今擬名為軍樞司，掌全處人員升遷、調補、差缺、機密公牘、函電及承發文件等項事宜；一為庶務司，今擬名曰軍儲司，掌海軍經費暨服裝、軍糧等項事宜。此兩司原擬專辦臣處署内一切文牘、庶務，故以之掌屬參贊廳。茲因機要事件日益繁多，各艦隊煤、糧、服用亦須籌畫，亟宜分別撥歸該兩司經理，與從前專辦署内事件者不同，擬請毋庸設於廳内，俾得與各司一律分任職掌。惟一、二、三三等參謀官，擬請仍照留廳以資佐理。此外，尚有海軍軍事裁判、風紀、法律等項事宜，亦關重要，擬請為設專司名曰軍法司，以掌其事。統計以上軍制、軍政、軍學、軍樞、軍儲、軍防、軍法、軍醫等八司，各分職掌，遇有應辦事件，仍照原奏均由參贊稟承臣等妥定後，督飭各該司承辦。至於各司分科辦事細則，容由臣等飭令參贊督同各司詳議，俾資遵守。如蒙俞允，即由臣等欽遵辦理。

所有重訂臣處各司職掌緣由，謹恭摺具陳，伏乞皇上聖鑒訓示。

奉硃批：『依議。欽此。』

劉錦藻《清朝續文獻通考》卷一二四《職官十·海軍部》 宣統元年，諭：海陸兩軍，立國之要。前因釐訂官制，奉先朝諭旨，海軍部未設以前，暫歸陸軍部辦理。嗣有旨，派載洵、薩鎮冰充籌辦海軍事務大臣，復派載洵等前赴各國考察一切，籌辦漸有端緒。茲據載洵等會同憲政編查館王大臣《奏擬訂海軍部暫行官制大綱列表呈覽》一摺，詳加披閲，尚屬周妥，自應設立專部，以重責成。所有籌辦海軍處，著改為海軍部，設立海軍大臣一員，副大臣一員，該大臣等務悉心規畫，實力經營，以副朝廷整軍經武之至意。至應設之海軍司令部事宜，著歸海軍部兼辦。【略】

二年，籌辦海軍處奏重訂各司職掌。【略】

三年，諭：海軍大臣、貝勒載洵，著補授海軍正都統。海軍副大臣譚學衡，著補授海軍副都統。

論說

《軍機處原摺·留學生陳發檀請速立憲法海陸軍呈》光緒三十三年八月初八日 留學日本東京帝國大學法科大學生陳發檀謹呈，為時局危急，請速立憲法，振興海陸軍，以圖自强，呈請代奏事。

生聞國家之富强在修明憲法、整頓武備，未有憲法未定、武備不修，而能自强者也。今日本虎視於東方，英、法、德、俄鷹瞵於西土，眈眈逐逐，皆欲食我神州大陸之肉而吮其血。天降之災，國步艱難，使皇太后、皇上卧薪嘗膽，宵衣旰食，生每念及此，未嘗不痛哭流涕而不能自已者也。今者日法、日俄條約已成，可為寒心。孟子曰：夫人必自侮，而後人侮之。賈誼曰：滅六國者非秦也，六國自滅也。夫國於天下必有與立，我朝開國修明法制，而崇尚武備，故能綏靖內外，讋服天驕。顧一治一亂，世運之循環；盛衰興亡，古今之常態；惟大聖人乃能不為世運所阨，而常戰勝乎世運，撥亂反治，致盛起衰。生惟皇太后、皇上聖德昭明，行之有餘而無不足。恭讀去年七月十三日預備立憲上諭，皇太后、皇上之誠意變法，已曉然大白於天下，而生猶諰諰然以為慮者，則以各國進步一日千里，我即數百里猶不能與之并駕齊驅，況數十里哉。

世界大勢不强則亡，不為對等國則為被保護國，未有弱國而能獨立存在者也。且夫德、日非新强之國哉。德國自梯爾切條約，被法之辱可謂甚矣。自改革社會制度及行自治機關，嘉慶十八年遂定全國皆兵之制，及威廉一世再改革兵制，一舉而勝法，為一等强國。今德皇猶以為未足，嘗宣言曰：朕之生涯在海。故其海軍長足進步，何其偉也。日本自覆幕勤王實行憲法，而海陸軍亦大加擴張，一舉勝我，再興勝俄。生願皇太后、皇上以此二國為法，以四萬萬人民之衆，五百萬方里土地之廣，伯業可期，而牛耳可執，列强不足道也。生故曰今日變法宜急而不宜緩，規模宜大而不宜小。洪波巨浪之間而浮扁舟，非決計斷帆，不得登彼岸之樂；驟雨狂風之下而蓋大廈，非鞏固基礎，不足奠磐石之安。以皇太后、皇上之聖明，斷行立憲，維持國本，此固歐西千萬輩百數十年要求而不得者。皇太后、皇上一旦毅然為之，雖寬以期限，與以預備，莫非慮終於始，慎重周詳之至計。而生猶以為未盡者，曠觀各國，其憲法當將定未定之際，其國勢亦异常動搖，及憲法大定，國基亦固。俄但小行改革，而憲法未定，外則被折於日，內則變亂迭起，殆無停歲，成敗之數莫不皆然。中國外憂內患危機一發，改革不急，內無以靖人心，外無以禦外侮；規模不大，則枝枝節節而為之，微特不足以補救大局，反足以招致大亂。然則為皇太后、皇上計，惟有亟行立憲，則大政一定，內憂外患自消於無形。

夫知立憲之足以醫國，而待之他年，猶知大黄、芒硝之足以醫急病，而遲之异日，及病者既危，乃欲以此進，雖悔曷及哉。生所以懇請速立憲者此也。或曰人民知識程度不足以議國家大政，此言似是而非。夫强將之下無弱兵，聖羣之下無愚民，在為上者提倡之教導之耳。觀於各國由君主設立憲法，則事易舉而禍患少，由人民要求憲法，則功難成而變亂多。生以為國民程度不足，惟立憲乃足以教育之，使知國為己之國，君為己之君，愛國忠君之念油然而自生矣。且國會制度，下院有過則內閣可解散之，上院可干涉之，即上諭所謂大權統於朝廷，而庶政公諸輿論者也。雖國家大政非朝夕所能美善，然處薪火之上，急何能待，大綱既立，細目自舉，期之數年，必臻完備。又宜多派留學生專調查各國憲法及地方自法規則，以圖改良，此皆今日之要務也。

至於陸海軍則又國家之血脉，列强之所以侮辱我、鏟削我者，無他，數百隻之軍艦，數百萬之精兵而已。故自帝國主義發生，列國政策皆以侵略并吞為主，彼此競造艟艨，訓練士卒，皇皇焉惟恐不及。覽各國海陸軍表，而回觀中國，誠足令人不堪安居於一日者。夫俄之海軍雖敗於日，而今已將恢復，我自甲午以後，鮮有倡言振興海軍者。然世界大勢榮枯興亡，皆決於海軍之有無。英為最强之國，其海軍費每年至於數千萬磅，其戰鬭艦、海防艦、巡洋艦、砲艦、驅逐艇、水雷艇、潛航艇等有五百餘隻之多。德、法、美、日、俄亦競驅争先。日本效法歐美不過數十年，而今能造二萬噸之巨艦，其軍艦、水雷艇等共百餘隻，日人常謂我國無軍艦，而毫無恐懼，誠彼等像想所不及。然則揆之大勢，非振興海軍不足以圖强，彰彰明矣。興海軍之要有四端：

一曰海軍部之宜速設。自北洋艦隊被滅於日，現存者不過數隻巡洋艦而已。今海軍不設專部，僅為陸軍之附屬物，責任不專，指揮不便，雖欲擴充，其道無由，豈尚以海權為不足争，而籌海軍為第二政策哉。請宜速設海軍部，責成海軍部大臣一面向各國購造軍艦，一面在國內設海軍造兵廠、造船廠，限若干年成若干萬噸軍艦，無論如何困難而志在必成，不出十年，我海軍之恢復可望矣。

二曰海軍港之宜速定。軍港者，海軍之根據地也。聞現已定象山、榮成、舟山、北海灣等處為軍港，而尚有可為軍港者瓊崖島之榆林港是也。此地雖僻處極南，而各國必由之要津，南洋之門户，法人覬覦之者已有年矣。據去年巴里殖民新聞之報告，法之上下議院協議，苟法國際於世界大戰欲充其實力，不可不占領瓊崖島。彼昔之欲取而不敢者，恐英、日干涉之耳。今則與英、日交際异常和睦，我若無所防備，無所經營，彼一旦出兵占領瓊崖，易如反掌。此島被占，各國不能袖手旁觀，膠州失而威海衛、廣州灣隨之，是其前例也。生非但為瓊崖一島起見，誠以此地重要，牽一髮而全身動為可畏耳。兩廣總督岑春煊奏稱，有崖州處瓊郡極南，榆林港尤為扼要，洋人時往游歷，輪艘間或經行，邊備海防責任綦重等語。且此島天然物産極富，若及時定為軍港，勸商民造鐵路以輔之，闢商埠，開五礦，墾荒地，興漁鹽之業、山林之利，一則杜法人之經營以救危局，一則擴充海軍以圖自强，一舉二得，此之謂也。且日本雖小，而有横須賀、吳港、佐世保、舞鶴、室蘭之五海軍港，各置鎮守府以為出師之準備。中國如此之大，非多設軍港，似非衛國之道。擬請明下諭旨派人查勘此地，是否允合與象山、榮成等處同時速設軍港，以固疆圉，而保門户。

三曰宜速設海軍學校及多派海軍留學生。夫興海軍之難，不在軍艦而在海軍將官，譬有機器焉而無管理機器之人，等於無耳。或管理人不得其當，反壞其機關，而折其輪條，其為害也尤大，甲午之敗，正坐此弊。然則欲興海軍，非造就海軍人材不可，造就之道在乎學校。故各國有海軍大學校、海軍兵學校、海軍機關學校、海軍醫學校、海軍炮術水雷學校，以造就海軍人材。請亟預備開此等學校，又多派貴胄子弟及全國英俊留學各國海軍，虚心積慮以圖之，堅忍勉强以成之，優禮厚禄以養之，不出數年，我海軍人材不可勝用矣。

雜録

《宣統政紀》卷一七 （宣統元年七月九日） 籌辦海軍大臣載洵等奏：『查各國辦理海軍，自海軍大臣以下各長官均有特別旗式懸挂桅端，以辨等威。又，各級軍官亦有章服標識，以示區別。現在籌辦海軍，自應參仿各國成規，擬訂海軍長官旗式暨各項章服，以期品綏分明，略備規制。謹將所擬式樣，繪圖附説，恭候欽定。』從之。

海軍部《奏擬定海軍大臣副大臣品秩摺》 竊臣部設立伊始，所有全署堂、司各員品秩暨一切詳細章程，應由臣等會商憲政編查館，隨時請旨辦理。業經奏蒙俞允在案。又，臣部由内閣抄出軍機處交片内開，現在海軍業已設部，海軍部值日與陸軍部同日，列在陸軍部之次等因，當經查照辦理亦在案。伏查新官制一時尚未能奏定，而臣部又現須與各衙門輪流值日，則海軍大臣、副大臣品秩，亟須暫行先訂，以崇部制而昭劃一。海軍大臣品秩，擬視尚書；副大臣品秩，擬視侍郎。俟將來新官制及海軍三等九級各官制釐訂後，再會商憲政編查館，將臣部全署人員品秩一體擬訂。請旨遵行，如蒙俞允，即由臣等欽遵辦理。謹奏。宣統二年十一月十八日奉硃批依議。欽此。

軍諮處與軍諮府分部

綜述

《大清新法令・陸軍部奏核議陸軍部官制並酌擬辦法摺光緒三十三年四月二十七日》 謹將軍諮處章制并官員額缺及現行辦法繕具清單，恭呈御覽。

一　軍諮府遵旨暫歸陸軍部辦理，謹擬暫名為軍諮處。

一　軍諮處禀承陸軍部堂官，掌理全國籌防用兵事務，將練兵處原設軍令司應辦之件統行并入。

一　凡關於規劃籌防用兵及重要事件，由軍諮處慎密酌擬，呈請陸軍部堂官覆核，會同軍機大臣具奏，請旨遵行。

一　軍諮處禀承陸軍部堂官，管理陸軍各參謀官、檢察參謀官之報告，與參謀官之教育及該處所屬人員補官黜陟，并陸軍大學堂、測繪學堂及駐扎各國武官等項事宜。

一　軍諮處暫設正使一員，管理全處事務，副使一員，幫同管理。承發官二員，録事四員，分別經理文牘及一切庶務，凡不關涉各司科之件，皆歸職掌。

一　軍諮處擬設五司，分任職掌（除測地司外，其第一至第四等司科職掌事宜，另行開單陳明）。

一　第一司掌第一、第二、第三、第四等科事宜。擬設司長一員，承發官一員，每科科長一員，一二三等科員十二員，一二三等譯員五員，録事八員。

一 第二司掌第五、第六兩科事宜。擬設司長一員，承發官一員，每一科科長一員，一二三等科員四員，録事六員。

一 第三司掌第七、第八、第九、第十、第十一等科事宜。擬設司長一員，承發官一員，每科科長一員，一二三等科員十員，録事八員。

一 第四司掌第十二、第十三、第十四、第十五等科事宜。擬設司長一員，承發官一員，每科科長一員，一二三等科員九員，録事六員。

一 測地司掌陸路測量繪圖及測量人員教育并各測繪學堂等項事宜。區為三角、地形、製圖三科，擬設司長一員，承發官一員，每科科長一員，一二三等科員六員，藝師四員，藝士八員，録事八員。

一 以上五司於定額之外，如應添用科員、譯員、藝師、藝士、録事等，隨時酌派，均不作為定額。

一 軍諮處正使秩視陸軍協都統，擬暫由陸軍部堂官遴選相當人員，比照陸軍部丞參員缺例具奏請簡。副使秩視陸軍正參領，擬由陸軍部堂官遴擇相當人員二三員開單，奏請派充。

一 由第一至第四司司長以陸軍協副參領派充。

一 測地司司長以陸軍同正副參領派充。

一 由第一至第四各司科長以陸軍副參領派充，一二三等科員以陸軍正副協軍校派充。

一 測地司科長以陸軍同副協參領派充，一二三等科員以陸軍同正副協軍校派充。

一 正副使所屬及五司承發官、一二三等譯員、藝師、藝士、録事等員，均照陸軍部充補章程辦理。

一 軍諮處應用官佐亦應比照陸軍部訂定額缺。擬訂正參領四缺，同正參領一缺，副參領六缺，同副參領一缺，協參領十缺，同協參領二缺，共中等三級官二十四缺。正軍校十缺，同正軍校二缺，副軍校十二缺，同副軍校三缺，協軍校十六缺，同協軍校五缺，共下等三級官四十八缺。其補缺升調一應章程酌照陸軍部辦理。

一 軍諮處應用官佐既訂額缺，則自司長以下各員自應悉照定章補以官佐。惟名器宜慎，一時未能全行奏補。擬由曾任練兵處職務人員內擇其學術優長、尤為得力者酌量派充，俟陸續奏補官佐人員足敷任用，再當悉照定章辦理。

一 軍諮處開辦之初事務尚簡，所有五司暫尚無庸統設。除測地一司應行照設外，其餘四司擬姑設第一、第二兩司，兼攝第三第四兩司事宜，其軍官軍佐應設額缺，亦準此酌減，先照六成設置。俟該處成立以後職務日增，由陸軍部堂官察核情形，將應設司科及應置額缺隨時奏明，推廣設立。

一 各司科人員應全用軍事出身之人。惟創設伊始，擇材為難，暫擬參用京外交武人員。俟數年後人材敷用，仍須專用軍事出身人員，以昭劃一。

一 軍諮處為設立軍諮府始基，應實力經理，以期日起有功。一俟規模大備，應否改為軍諮府之處，由陸軍部奏明請旨辦理。

一 軍諮處每年額支活支各款另行核明具奏。

又 **《軍諮處奏酌擬軍諮處暫行章程及各項事宜摺並清單二件**宣統元年**》** 竊奴才等接收前軍諮處文卷事宜日期，業於宣統元年六月二十九日具奏，當奉硃批：『知道了。』欽此。欽遵在案。伏維開辦之始，事務紛紜，百端待理，經奴才等督飭，前次奏留各員將一切應辦事宜，悉心核議。查原設之軍諮處奏定章程，其時因創辦之初，暫從簡略。數年以來，經該處逐漸推廣，事務日增，今昔情形繁簡迥异，奴才等詳加體察，有宜酌量變通者，有宜稍加推廣者，有宜賡續辦理者，敬為皇上陳之。原奏章程，暫於擬設五司內先設三司，兼攝其餘兩司事宜。今職務倍增，原設司缺已難包舉，况陸、海各軍均宜通籌，此職守之宜酌量變通者也。又，原訂各司科等項額缺先照六成設置，今擬切實整理一切事宜，有為目前所應次第辦理者，事務較繁即額缺不能不量為增置，此員缺之宜稍加推廣者也。至於軍官、測繪等學堂及其餘事項，經陸軍部奏定擬定有案尚未實行者，應即體察情形，隨時舉辦，此應賡續辦理者也。茲經奴才等再四籌商，應先分設各廳，以重職守。擬首設總務廳，一置軍諮使二員，凡不隸各廳事務歸其辦理。此外分設第一、第二、第三、第四、第五及海軍等六廳，各設廳長一員，統理全廳事務。又於各廳分設各科，每科設科長一員，管理全科事務。再分設一、二、三等科員，以資助理，并分設録事，以供繕寫。總計全處共設七廳，於現時應辦事宜，似已足資分理。其總務廳軍諮使及各廳長員缺，擬奏明請旨。派充科長以下各員缺，擬就前軍諮處任職得力人員及諳悉兵事者，由奴才等酌量咨調，分別派充。至於各廳分任職掌及應設之軍官、軍佐并軍用文官等項額缺，亦經詳細擬訂，另案奏明辦理。除各項軍用文官一應補缺、升轉事宜，應如何比照各部則例辦理之處再行詳擬具奏外，茲謹將擬訂暫行章程繕具清單，恭請聖鑒。如蒙俞允，即由奴才等欽遵辦理。竊維事務之進行，在隨時體察陸、海兩軍之情形，以為規定。現方創始經營，所擬一切章程事宜，不敢謂為久遠之規，暫求切事實而適時宜，以為漸進改良之計。如將來事務加增，有應量為損益之處以及一切未盡事宜，容奴才等切實體驗，隨時妥籌，奏明辦理。再，查本處有通籌陸、海軍事宜之責，奴才等當不時親往調查，或派員稽核於籌畫，一切庶有把握而免舛誤。奴才等為慎重軍事起見，可否之處，謹候旨遵行。謹奏。宣統元年七月初九日，奉硃批：『依議。』欽此。

謹將酌擬軍諮處暫行章程繕具清單，恭呈御覽。

第一條　軍諮處為贊助皇上通籌全國陸海各軍事宜之所，凡關涉國防用兵一切命令計畫，胥由本處擬案奏請親裁之後，飭下陸、海軍部（海軍部未設以前海軍處）欽遵辦理。

第二條　軍諮處統轄陸軍大學堂（大學堂未設以前軍官學堂）、陸地測繪學堂、駐扎各國使館武官、陸軍文庫并海、陸軍參謀等官及考核該參謀等成績事宜。

第三條　軍諮處所有一切籌畫事宜，謹遵朱諭，由管理事務大臣隨時妥酌具奏，恭請皇上宸斷，頒發遵行。其有應商之軍機處及行政各衙門者，可隨時會同籌議，奏請欽定施行。

第四條　軍諮處此次擬訂之暫行章程，係遵朱諭，為先行籌辦軍諮處之暫行章程。俟隨時修改，逐漸擴充，再行請旨設立軍諮府，以垂久遠之制。

第五條　軍諮處分設總務、第一、第二、第三、第四、第五及海軍等廳。

第六條　總務廳以次所管職掌，另案奏明辦理。

第七條　總務廳設軍諮使二員，稟承管理軍諮處事務大臣，統轄各科辦理所管事務，凡不隸各廳之事，皆彙焉。

第八條　其餘各廳均各設廳長一員，稟承管理軍諮處事務大臣，統轄各科辦理所管事務，并酌設副官，經理各廳庶務。

第九條　各廳應設科數及軍官軍職額缺，另案奏明辦理。

第十條　各科設科長一員，辦理該科事宜，并酌設一、二、三等科員，經理科務，一、二、三等録事，以供繕寫。

第十一條　軍諮使及各廳廳長，均由管理軍諮處事務大臣擬定人員，請旨派充。科長以下各員，由管理大臣遴員委派，按期彙奏。

第十二條　軍諮處應補軍官、軍佐人員，均由管理大臣分別照章具奏，請旨補授。

第十三條　軍諮處人員，應全用陸、海軍軍官承充，惟總務廳、第四廳、第五廳科長、科員及各廳之録事間可參用文官。其軍用文官，設缺補充章程，另案奏明辦理。

第十四條　各廳額設人員，如現在人才實在不敷，未能全數設置，則亦任缺毋濫。

第十五條　此次所擬各廳員缺，均屬從簡編制，推行以後如有應行增設之處，管理大臣體察情形，隨時奏明辦理。

第十六條　軍諮處經費，勿論額支、活支，均由軍諮處按年分別預算，請旨飭部照撥。

第十七條　軍諮處附設顧問官員額無定，由管理大臣遴選品端學粹者，請旨派充，以備集思廣益之效。

謹將擬訂軍諮處職官繕具清單，恭呈御覽。

軍諮使（以副協都統正參領充）

各廳廳長（以協都統正參領充）

各科科長（以正副參領充）

各科一等科員（以副協參領及同副協參領充）

各科二、三等科員（以協參領正副軍校及同協參領同正副軍校充）

副官（以協參領正副軍校充）

又《軍諮府官制草案》　按《周官》大司馬掌九伐，即當今各國參謀部之職。唐之諸道元帥府，五季、宋之樞密院，金之都元帥府，皆與兵部分置，專掌兵事。今各國如日、德，皆以國君總元帥之任，誠以兵馬大權宜總之於上。今擬設軍諮大臣，即仿唐諸道元帥、宋都元帥，用舒王、梁王之意，宜請簡宗親重臣為之。我朝咸豐、同治年間，畿甸征剿粤捻各匪，皆以惠親王、恭親王統督諸軍，此近事之可證者。又軍諮副大臣主贊助大臣，指揮軍事職，任亦重擬，不限正、副都統，皆得簡用，即如唐之諸道副元帥，則為郭子儀、李光弼、李晟、渾瑊諸人，金之左、右副元帥，則為完顔昌、完顔希尹諸人，皆以勳望居之。此副大臣選擇宜慎，階級宜崇之證也。

軍諮府（練兵處、軍令司并入本府）

第一條　軍諮府為上承詔命，襄贊軍謨之地，凡經武要略之政皆匯焉。

第二條　軍諮府設軍諮大臣一人，恭候特簡，掌贊畫全國軍務，為全府之長官。

第三條　軍諮大臣凡軍事之計劃、命令，均由其奏擬，隨時入對，請旨飭下陸、海軍大臣或督兵大臣辦理，其有應商之内閣及陸海軍部者，亦准請開閣議，與總理大臣、左、右副大臣及陸、海軍部大臣會同入對。

第四條　軍諮大臣統轄陸、海軍，各參謀官監察軍事教育，凡陸軍大學堂、測繪學堂及使館武隨員等皆隸之。

第五條　軍諮大臣掌考核各軍隊成績，并承旨調遣全國陸、海軍隊及訂立行軍條規各事，於在京各衙門及各將軍、督撫關涉事件，可隨時咨行辦理。

第六條　軍諮府設軍諮副大臣一人，恭候特簡，贊助軍諮大臣整理全府事務，考核政屬各員功過。

第七條　軍諮府分設五司，其目如下：

第一司、第二司、第三司、第四司、第五司

第八條　第一司（以軍令司運籌科所管各事摘并改設）掌擬發文電，擬辦奏咨，批檄章程各項稿件，管理庶務及本府出入款項。

第二司（以軍令司運籌科改設）掌籌度戎機，考核軍隊實在成績事項。

第三司（以軍令司測繪科、向導科改設）掌測繪地圖，考核方輿險要形勢及兵路運道事項。

第四司（以軍令司儲材料改設）掌遴儲上等軍官及參謀官任用事項。

第五司　掌採訪、購置軍用圖册、書器及經理文庫事項。

第九條　每司設司丞二員，掌理司務。

第十條　每司分設各科，每科設科長一員，辦理科務，并於第一司設秘書官、副官、會計官、書記官，第三司設藝師、藝士，第五司設司庫官，每科酌設一、二、三等科員，襄理科務，每科分設各股，酌用一、二等股員以資分理。各司科均設録事，以供繕寫。

第十一條　各司丞由軍諮大臣、軍諮副大臣酌擇相當人員三人，開單請簡。

第十二條　各科科長第一司之秘書官、副官、書記官、會計官，第三司之藝師，由軍諮大臣、軍諮副大臣奏擬相當人員帶領引見，請旨補授。

第十三條　各股一、二等股員與第三司所設藝士，各司科録事，均由本府札補。

第十四條　軍諮府請簡奏補、札補各員，有應行懲處或罷斥者，由本府大臣商同副大臣定議後，分别奏咨參撤。

第十五條　軍諮府司科各員，應全用陸、海軍出身之人。惟創設伊始，擇材為難，暫准以京外交武人員擇其於本府事體相宜者酌量借補，俟數年後人材敷用，仍專用陸、海軍出身人員。

第十六條　軍諮府司科各員廉俸，由本府酌擬奏定。

第十七條　軍諮府應需經費，由本府於每年九月預估，奏請飭下財政部照撥。

第十八條　軍諮府詳細條例，應俟奉特旨，簡定軍諮大臣後由該大臣另行酌議，奏明辦理。

軍諮府職官表

軍諮府大臣，以親郡王、貝勒、貝子、公、陸軍正都統充。

副大臣，以陸軍正、副都統充。

第一、五司司丞，以正參領及軍用文官充。

第二、三、四司丞，以正協都統、正參領充。

各科科長，以正副參領充。

第一司秘書官，以軍用文官充。
副官，以副協參領充。
書記官，以軍用文官充。
會計官，以軍用文官充。
各科一等科員，以副協參領充，第一司、第五司亦准以軍用文官充。
二等科員，以協參領正軍校充，第一司、第五司准以軍用文官充。
三等科員，以正軍校充，第一司、第五司亦准以軍用文官充。
藝師
各股一等股員，以副軍校充。
各股二等股員，以協軍校充。
藝士
録事

《軍機處上諭檔·設立軍諮府諭宣統三年四月初十日**》**　宣統三年四月初十日內閣奉上諭：自宣統元年五月設立軍諮處以為軍諮府之基礎，現已時閱兩年，籌辦已有端緒。參謀軍事最關重要，著即設立軍諮府，秉承詔命，襄贊軍謨。所有軍諮府官制一切事宜，即著該衙門妥速詳擬奏聞，候朕裁定施行。欽此。

劉錦藻《清朝續文獻通考》卷一二四《職官十·軍諮府》　光緒三十二年，編纂官制大臣奏釐定軍諮府官制摺略稱，按《周官》大司馬掌九伐，即當今各國參謀部之職。唐之諸道元帥府，五季、宋之樞密院，金之都元帥府，皆與兵部分置，專掌兵事。今各國如日、德，皆以國君總元帥之任，誠以兵馬大權宜總之於上。今擬設軍諮大臣，即仿唐諸道元帥、宋都元帥，用舒王、梁王之意，宜請簡宗親重臣為之。我朝咸豐、同治年間，畿甸征剿粵捻各匪，皆以惠親王、恭親王統督諸軍，此近事之可證者。又軍諮副大臣主贊助大臣，指揮軍事，職任亦重，擬不限正副都統，皆得簡用，即如唐之諸道副元帥則為郭子儀、李光弼、李晟、渾瑊諸人，金之左右副元帥則為完顏昌、完顏希尹諸人，皆以勳望居之，此副大臣選擇宜慎，階級宜崇之證也。【略】

三十三年，軍諮處奏設官制。

宣統元年，諭設軍諮處，著貝勒毓朗管理軍諮處事務，應如何定擬籌辦事宜，即著妥酌，奏請施行。【略】

三年，改軍諮處為軍諮府。所有軍諮府官制一切事宜，由該衙門妥擬奏聞，裁定施行。

又，諭：郡王銜貝勒載濤、貝勒毓朗，均著授為軍諮大臣。

雜録

毓盈《述德筆記》卷七《記設軍諮府事》　就陸軍部軍諮處，改設軍諮府，從良君弼等之建議也。濤邸與余兄充管理大臣，以馮君國璋充軍諮使。原軍諮處各官，分別授軍諮使廳長，章制多采兩洋成案。中國未有軍用地圖，設第四廳遍測近畿高下尺寸，尤為創舉焉。軍諮府但司謀畫籌備，至協贊一切用人行政，皆仍歸陸軍部。久之，余兄以拘執，漸不容於勇猛任事諸生，遂有以軍諮大臣不能用二人之説進者。一日余兄正在署中，久候濤邸不至。比至，笑謂余兄曰：『今日幾屏君於府外矣。概有人以軍諮大臣不容有二人為言者，余往見攝邸，請去，攝邸力持不可，此後仍與君共事矣。』相與大笑，共事如初。初軍諮府本購法文學堂為公署，價至十三萬，支應寶某實司之，至是擬收買東鄰地，自建新樓，需款百餘萬，濤邸及余兄均不肯任其事，寶某乃聲言，載搜將軍薦雷虎（公）[工]程司包辦一切，乃興工焉。

練兵處分部

綜述

朱壽朋《光緒朝東華録》卷一八三　（光緒二十九年十月）諭：前因各直省軍制操法器械，未能一律，迭經降旨飭下各督撫，認真講求訓練，以期劃一。乃歷時既久，尚少成效，必須於京師特設總彙之處，隨時考查督練，以期整齊而重戎政。著派慶親王奕劻總理練兵事務，袁世凱近在北洋，著派充會辦練兵大臣，並著鐵良襄同辦理。該王大臣等受恩深重，務當任勞任怨，認真籌辦，以副朝廷力圖自强之至意。其應辦事宜，著該王大臣等隨時妥議具奏。

又 卷一八四 （光緒二十九年十一月）諭：奕劻等奏請簡派練兵處差使各摺片。商部左丞徐世昌，著開缺以內閣學士候補，充練兵處提調。直隸即補道劉永慶，著充軍政司正使。直隸補用道段祺瑞，著充軍令司正使。候選道王士珍，著充軍學司正使。均著賞給副都統銜，餘依議。

《東方雜誌》第一卷第一號《練兵處分設司科章程》 總理、會辦、襄辦、提調各一員。

軍政司，正使一，副使一。

考功科，監督一。

蒐討科，監督一。制度股，管理一。步隊股，管理一。砲隊股，管理一。馬隊股，管理一。工隊股，管理一。

糧餉科，監督一。支發股，管理一。軍需股，管理一。建造股，管理一。

醫務科，監督一。

法律科，監督一。

器械科，監督一。

軍令司，正使一，副使一。

運籌科，監督一。

嚮導科，監督一。

測繪科，監督一。

儲材科，監督一。

軍學司，正使一，副使一。

編譯科，監督一。

訓練科，步隊監督一，砲隊監督一，馬隊監督一，工程監督一，輜重隊監督一。

教育科，監督一。

水師科，監督一。

又 第四號《練兵處王大臣奏擬簡要章程摺》 竊臣等仰承簡命，委以練兵事務，並勉之以任勞任怨，期之以認真籌辦。聞命之下，惶恐感奮，伏念從來創舉一事，必須由刷除積習入手，方可釐剔宿弊，日起有功，而當積重難返之秋，欲為切實整頓之計，恆不便於自私自利之徒，且言事者甚易，任事者甚難，知時艱者常多，憂時艱者常少，矜己忌人者逞私心之好惡，不顧公家之是非，遇事見好者博一身之名譽，罔恤大局之利害，相師成風，牢不可破，坐使賢者但求免過，不肖者詭遇逢時，以此望治，戛乎其難。我皇太后、皇上諄諄責成，殷殷誥誡，物情世態已早在聖明洞燭之中。臣等受恩深重，莫能報稱，雖使捐糜頂踵，亦復何惜。但求有利於國，稍補於時，何敢拘牽顧忌，畏避嫌怨，自當破除情面，勉竭公忠，實事求是，仰酬高厚。至於成敗利鈍，非所逆覩。茲謹將擬定《練兵處辦事簡要章程》另繕清單，祗呈御覽。謹奏。奉硃批：依議。欽此。

又 《練兵處簡要章程》 一、令出惟行為兵家第一要義，稍有藐玩必至僨事，故法令之嚴無過於軍政。近來武備廢弛已久，將驕兵惰，相習成風，弊竇叢生，幾至不可究詰。現奉旨認真整頓，自必須切實糾察。嗣後提鎮以下各武職遇有玩抗號令訓練不力或狃於積習紀律不嚴者，由臣處查明先行撤差，一面奏參懲辦。其有缺額蝕餉者，尤當從重治罪。至關於練兵各項處分，均請由臣處核議。

一、各省練兵其自籌餉造械，以及招募卒伍，購運糧食，安紮營壘，操演行軍等事，均與各地方官時有關涉，設遇戰時徵調，尤賴地方協力襄助，倘地方官督撫以下各文員遇事掣肘，遷延貽誤，或別存意見有意阻撓，均足敗壞戎政，即由臣處據實奏參，其有不分畛域，顧全大局，實心任事，竭力維持者，亦當隨時奏請獎勵。

一、創練新軍，將才既少，事又繁難，遇有才具出衆，堪資任使各人員，由臣處不拘階途，奏請破格擢用，所有隸屬臣處各武職，均由臣處分別註冊，咨行兵部另立檔案。

一、新練各軍，辦理兵事人員，差操之勤，倍蓰綠營，宜有以資鼓勵，擬仿照從前長江水師、北洋海軍成案，一律改為實缺，武職除提鎮例將大員考擬正陪，請旨簡放外，其守備以上各缺，由臣處考查才具資格，分別別奏請升調補署，千總以下，由臣處酌量敍補，隨時註冊，各行兵部，另立檔案。其舊有綠營各項官缺，容察度情形，設法陸續裁罷，至如何改設各缺一切詳細章程，另行專案奏明辦理。

一、原撥新練各軍餉項暨續籌專餉，均解由臣處餉局收放，所有各項支發按年由臣處核議奏銷，無庸由各部核銷，以免紛歧。其續籌各專款，統由臣處督催經理。

一、各省原設製造軍械各局廠，本係專供軍實，惟各軍命脈所關，應統由臣處督飭妥辦，隨時委員考查整頓，並明定賞罰，分別奏請懲勸。

一、各省新練各軍，必須時常派員前往考查督練，以資覈實而期畫一。每屆秋季，由臣處遴選明練大員，開單奏請欽派，並請量予崇銜，以昭鄭重，差竣覆命，即將加銜撤銷。一、將弁為兵勇之表率，故選將尤重於練兵。凡新練各軍，除現充將弁各員照舊供職，仍由臣處隨時考查外，嗣後遇有添派將弁之處，必須在曾經學習操練通曉兵法人員內選充，其未經學習毫無歷練者，一概不准充補，以杜倖進而免濫竽。

一、臣處所設各司科，均在曾歷營務人員中選補，各軍營遇有將領缺出，亦可在司科中酌選接替，以期內外接洽，不至扞格。

又《練兵處王大臣等奏擬定分設司科管理章程摺》 竊臣等欽奉光緒二十九年十月十六日上諭，前因各直省軍制操法器械未能一律，迭經降旨飭下各督撫，認真講求訓練，以期畫一，乃歷時既久，尚少成效，必須於京師特設總匯之處，隨時考查督練，以期整齊而重戎政，著派慶親王奕劻總理練兵事務，袁世凱近在北洋，著派充會辦練兵大臣，並著鐵良襄同辦理。該王大臣等受恩深重，務當任勞任怨，認真籌辦，以副朝廷力圖自强之至意。其應辦事宜，著該王大臣等隨時妥議具奏。欽此。仰見皇太后、皇上宵旰焦勞，宸謨宏遠，裕强國之至計，握經武之要圖，大局幸甚！天下幸甚！伏維中國幅員廣大，各省兵制龐雜紛歧，其勢散漫，不能精整，以致流為積弱。今朝廷鑒於此弊，特為居中策馭之法，以力求畫一整齊之規。惟是事體重大，頭緒繁多，必須分設司科，各專責成，方能按部就班，有條不紊，各國治兵大率如此。臣等現擬於練兵處專設提調一員，掌管庶務，綜理文牘。分設三司：一曰軍政司，一曰軍令司，一曰軍學司，各設正使一員、副使一員。又於軍政司分設六科：一、考功科，掌管升降調補核獎行賞等事。一、蒐討科，掌管官兵數目典制徵募等事。一、糧餉科，掌管籌備餉需會計出入等事。一、醫務科，掌管立法衛生選察醫員等事。一、法律科，掌管擬訂軍律定讞察獄等事。一、器械科，掌管糾查製造儲備軍械等事。軍令司分設四科：一、運籌科，學掌籌防參謀探敵戒嚴等事。一、嚮導科，掌管相度道路籌計徵運等事。一、測繪科，掌管測繪地勢修校輿圖等事。一、儲材科，掌管作養高才纂譯秘略等事。軍學司分設四科：一、編譯科，掌管編輯操典、繙譯圖書等事。一、訓練科，掌管校政操法評定殿最等事。一、教育科，掌管籌辦學堂核訂教法等事。附設水師科，掌管水師名冊籌畫整頓等事。通計以上，共設一提調三司十四科。該提調暨三司正副各使請旨簡派，其各科分設監督由臣等慎選奏委，以下各股管理委員暨各司科應需員弁由臣等查看事務之繁簡隨時酌量選派，並督飭三司將各項詳細章程分別擬訂，以期各有專責講求易精。除此外一切應辦事宜陸續籌議具奏外，謹先將《擬訂分設司科管理章程》另繕清單，祗呈御覽。奉硃批：依議。欽此。

又《練兵處分設司科管理詳章》 練兵處總理、會辦、襄辦，統轄三司督練各軍。提調一員，掌管庶務經理文牘。

軍政司，正使一員、副使一員，統轄所屬各科，考查官兵籌備軍需。凡各司例行公事逕咨各軍重要事件，稟請本處核飭。考功科，監督一員，掌管新練軍營文武員弁升降調補，差委定俸，核獎紀勳，擬賞銀兩、寶星、功牌，暨各項册籍等事。凡各科監督不得行文各軍，遇事查案擬稿，呈請本司兩使核定施行。蒐討科，監督一員，統轄所屬各股，掌管各省官兵總數暨軍制、典禮、徵募等事。制度股，管理一員，分管編擬軍制，考訂軍規、軍儀、軍禮、軍服，遇有軍務籌計應增官弁、所需戰備各件，核定名色數目，移知軍需股撥發，並行軍應行雇賃民間車馬房屋等事。凡學堂與本司關涉事件，亦歸本股經理。步隊股，管理一員，分管各省步隊數目暨關涉步隊一切事務並會議事件，遇有戰備，籌計徵募步隊數目，事後分別遣散歸入續備，兼管軍樂隊事務。炮隊股，管理一員，分管各省炮隊數目暨關涉會議徵募分遣等事。馬隊股，管理一員，分管各省馬隊數目暨關涉會議徵募分遣等事，平時考查馬匹，臨事籌計挑選或租賃民馬，核訂餵養衛生各法，兼管輜重隊事務。工隊股，管理一員，分管各省工隊數目暨關涉會議徵募分遣等事。糧餉科，監督一員，統轄所屬各股，掌管會計出入，籌備軍餉、軍需、建造等事。支發股，管理一員，分管核放各軍薪餉，擬訂發餉章程，預計來年應支餉項總數，預儲戰備用款，覆核各餉局報銷，兼管會計學堂等事。軍需股，管理一員，分管籌備糧草暨核發官兵應用衣履各項雜件。建造股，管理一員，分管各軍駐紮應用地址，考查建造營壘房舍，核發營隊應用帳棚暨雜項器具等事。醫務科，監督一員，掌管擬訂各軍醫學堂衛生、防疫、療病、治傷各辦法，暨升降醫官、選調獸醫、籌備藥料，凡關涉醫務各事，均由本科隨時考查。法律科，監督一員，掌管擬訂軍律，考查各軍執法處審辦案件並軍獄辦法，記過註册等事。器械科，監督一員，掌管考查各處製造局籌備軍械等事。

軍令司，正使一員，副使一員，統轄所屬各科，運籌機宜，策畫防守，贊佐本處出納號令暨用兵機密事務。運籌科，監督一員，掌管籌備設防參贊方略，遇有戰備，籌計分配軍隊，增調官弁兵丁，暨各處各國緊要探報，並擬辦戒嚴各文牘等事。嚮導科，監督一員，掌管陸路、水路、輪船、鐵道、電線，平時詳細考查，行軍相度指畫。凡關涉兵路運道事宜，均歸本科籌計。測繪科，監督一員，掌管測繪地勢，勘查各處要害，沿海沿江各炮臺暨修改中外輿圖並刊印等事。儲材科，監督一員，掌管高等學堂作養將領暨謀略人才，並纂譯機密兵法戰略等事。

軍學司，正使一員，副使一員，統轄所屬各科訓練、各軍操法，整飭武備學校，訂期選員呈請分派各處，校閱隊伍，考試學堂等事。編譯科，監督一員，掌管編纂操典、兵法、戰史暨繙譯各國兵書、地志等事。訓練科，步隊監督一員、炮隊監督一員、馬隊監督一員、工程隊監督一員、輜重隊監督一員，掌管擬訂各該隊畫一操法，查考各軍兵馬是否合格，機器槍械是否適用，教練各法是否一律，並有無進益，暨步炮馬隊各項戰法、工輜隊各項用法若干程度，隨時核定分數呈請分別懲勸。教育科，監督一員，掌管擬訂各項武備學堂章程辦法暨考查教育各法是否一律，有無進益，並選派學生出洋遊學各事。水師科，監督一員，掌管各省兵輪炮船數目、官兵名數並考查兵輪情形，依次籌畫，設法整頓，隨時呈請，酌量施行。

雜録

《大清新法令·練兵處奏定陸軍軍官軍佐任職等級光緒三十一年八月十八日》 上等第一級陸軍正都統職任總統官，上等第二級陸軍副都統職任統制官，上等第三級陸軍協都統職任統領官、總參謀官、炮隊協領官。中等第一級陸軍正參領職任統帶官、正參謀官、工隊參領官、總軍械官、護軍官，陸軍同正參領職任總軍需官、總理醫官、總執法官，中等第二級陸軍副參領職任教練官、一等參謀官、正軍械官、中軍官，陸軍同副參領職任正軍需官、正軍醫官、正執法官、總馬醫官、一等書記官，中等第三級陸軍協參領職任管帶官、二等參謀官、副軍械官、參軍官，陸軍同協參領職任副軍需官、副軍醫官、正馬醫官、二等書記官。

下等第一級陸軍正軍校職任督隊官、隊官、三等參謀官、查馬長、軍械長、執事官，陸軍同正軍校職任軍需長、軍醫長、稽察官、軍樂隊官、副馬醫官、三等書記官，下等第二級陸軍副軍校職任排長、掌旗官，陸軍同副軍校職任司事生、醫生、司號官、軍樂排長、馬醫長、書記長，下等第三級陸軍協軍校職任司務長，陸軍同協軍校職任司號長、醫生、司書生。

以上所列係專按軍隊現設軍職擬定，軍官軍佐職任係以相當之官任相當之職，如實無相當之官亦可按授職章程變通辦理。至練兵處各司科及各省廳設之督練處暨陸軍各等學堂、軍械製造、糧餉、軍醫、馬醫等局所用人員，皆屬軍職。至弁目一項，上承軍官指揮，下為兵丁領袖，亦應分別階次，附於軍官之後，應俟此單奉旨後，再行續擬具奏，請旨辦理。

法部分部

綜述

《軍機處原摺·軍機大臣奕劻等覆奏釐議法部官制並陳明辦法大要摺光緒三十二年十二月十八日》 軍機大臣和碩慶親王臣奕劻等跪奏，為釐議法部官制，並陳明辦法大要，定權限而分職掌，以裕憲法之始基，恭摺仰祈聖鑒事。

光緒三十二年九月二十日欽奉懿旨：刑部改為法部，專任司法。又原議各部院等衙門職掌事宜及員司名缺，仍著各該堂官自行釐議，悉心妥籌，會同軍機大臣奏明辦理等因。欽此。臣等跪聆之下，感悚莫名。竊維理刑一官關係重大，現今易名法部，其範圍更廣，其組織更難，由舊以入新，似因而實創，受任以後，博訪深思，累月圖維，始有端緒。伏讀《欽定大清律例》一書，原有吏律、户律、兵律、工律名目，精深閎遠，無乎不該，第時代既早，故商律、路律諸端尚未議及。若近今東西各國則有公法、私法、行政法、國際法，以及民法、民事訴訟法、刑法、刑事訴訟法，類皆萃全國議會之精神，復參以百年民情之習慣，斟酌妥善，顜若畫一。司法衙門乃總匯而實行之，使舉國之人胥受治於法律之内，故内而各部省之法制歸其綜理，外而大審院、控訴院、地方裁判所、區裁判所一切受其監督，固非徒管理刑名稽覈案件已也。今夫作室者必先立其基礎，而後牆宇可循序而施，行遠者必先定其指歸，而後跬步可計程以赴。臣等深維今昔之時勢，熟審中外之機宜，上稟宸謨，悉心籌畫，固不敢矜言遠馭，遽涉於張皇，亦不敢狹小規模，自隳其職守，謹就愚慮所及，為皇太后、皇上縷析陳之。

一、在申明權限也。從來事機敗壞由於權限不分，茲當改制之初，自應慎之於始。比者法部專任司法，大理院專掌審判，明諭煌煌，固已釐然悉當，則凡司法官吏之進退，刑殺判決之執行，廳局轄地之區分，司直警察之調度，皆係法部專政之事，應由臣衙門隨時奏明辦理。至於直省刑事稿件，原議官制法部及大理院，均有覆覈明文，蓋以生命所關，倍當矜慎，改章伊始，不厭求詳。擬由各直省分達部院，經大理院覆判後咨部覈定，即由法部具摺請旨施行。如有情罪未符，仍咨回大理院自行駁正，如此則司法審判各有主持，而事權不至淆亂矣。

一、在分定職掌也。刑部向設十七司，分掌各省刑事，案牘綦繁，原議改為六司，恐滋竭蹶。且部中所屬皆刑罰事項，牽連轇轕，難以類分，既當循守舊章，尤待擴充新政。茲擬遵設承政、參議兩廳綜轄部務，設參事四員襄理，更由各司派員會辦，不設專缺，此其綱領也。外設八司，曰審録，曰制勘，曰編置，曰宥恤，曰舉敘，曰典獄，曰會計，曰都事。事則裒益其簡繁，官則平均其職掌，仍飭各司按省按事酌量分股，各專責成。其事涉繁雜難以類從者，設收發一所以包括之。至應設之七、八、九品京官録事，除由臣部筆帖式考選改充外，量才委用，務令舉能其官，無替厥職，而庶事不虞叢脞矣。

一、在廣行調查也。變制之初，百端草創，非體察我國人民之程度，採訪列邦制作之精詳，必不能任用適宜，推行無阻。日本明治初政，鋭意更新，急注意於法律之改良，分選賢能徧游歐美，歸而釐定法制，驟進富强，亦前事之師也。中國此時舉辦新政，若禁刑訊，若重證人，各直省讞局之積習若何，各地方監獄之内容若何，擬選明達司員委令回籍分行查察，尤明達者酌派遊歷西各國，絜短較長，務取彼國之所優，以補我國之不足。惟遠游必需重費，考察貴有專門，多數派充實非易易，俟陸續規畫，擇員分遣，以宏探討而備觀摩。此臣等所妥籌而思為憲法儲其用者也。

一、在彙訂法律也。現在各部院改定官制，舊時法律當有變更，此衙門之法律與他衙門之法律互相抵觸者，在所不免，且航路、電礦、工商諸律日有發明，若不求劃一之規則，受治者必將無所適從，而舞文者轉得任意出入。查美國官制，各部皆有法官協同經理，立法誠善。但中國法學尚鮮專長，不必慕其名而在師其意，且與律例一書有吏、户、兵、工諸律之旨相合。擬請飭下各部院衙門，將現行則例全咨法部，由臣等派員詳細稽覈，如應行例案有互相牴牾之處，會同該部院堂官酌量修改，以歸統一而免參差。此又臣等所妥籌而思為憲法集其成者也。

至於欲才能之樂為用，則禄糈不得不籌，欲任使之得其人，則遴選不能不預。以及廳所之如何增析，監獄之應否改良，所有一切應辦事宜，容臣等次第籌商，續行具奏，謹先將法部官制繕具清單恭呈御覽。如蒙俞允，由臣等分別保薦、請簡、請補。

所有覈議官制及陳明辦法大要，謹會同軍機大臣恭摺具陳，伏乞皇太后、皇上聖鑒訓示。謹奏。

《大清新法令・法部奏核議法部官制幷陳明辦法摺幷清單》 謹將法部官制清單恭呈御覽。

第一條　法部管理全國民事、刑事監獄及一切司法行政事務，監督大理院、直省執法司高等審判廳、地方審判廳、城鄉讞局及各廳局附設之司直局，調查檢察事務。

第二條　法部設承政廳、參議廳凡二廳，設審録司、制勘司、編置司、宥恤司、舉敍司、典獄司、會計司、都事司凡八司，設收發一所。

第三條　承政廳設左右丞各一員，稽察各司重要事務，總辦秋朝審實緩，進呈册本，兼核恩赦減等事宜，掌本部所轄之京外各職員進退，并區劃各審判廳局轄地，調度，司直及司法警察事項，設參事二員襄理廳務，選派各司熟悉例案司員會同辦理，不作額缺。

第四條　參議廳設左右參議各一員，審定各司重要事務，纂修律例，條定新章，詳核各司駁議稿件，調查中外法制、内地風俗，編纂通行條例，統計書表，撰擬章奏文移及秘密函電暨律師注册事項，設參事二員，襄理廳務，選派各司熟悉例案司員會同辦理，不作額缺。

第五條　審録司設郎中三員，員外、主事各四員，分掌朝審、録囚、覆核大理院各裁判廳局暨直隸、察哈爾左翼、兩廣、雲貴刑事民事各項案件。

第六條　制勘司設郎中三員，員外、主事各四員，分掌勘定秋審實緩、宣告死刑暨四川、河南、陝西、新疆、烏里雅蘇臺、科布多刑事民事各項案件。

第七條　編置司設郎中三員，員外、主事各四員，分掌京外奏咨減等、盗犯定地編發給官兵為奴事項暨奉天、吉林、黑龍江、山東、山西、察哈爾右翼、綏遠城、歸化城刑事民事各項案件。

第八條　宥恤司設郎中三員，員外、主事各四員，分掌恭辦恩旨、恩詔、赦典、頒降條款、清理庶獄暨江蘇、安徽、江西、福建、浙江、湖南、湖北刑事民事各項案件。

第九條　舉敍司設郎中三員，員外、主事各四員，分掌請補各司員外缺功過事故、京察奏留暨法部應行監督各衙門廳局請簡、請補、升降各官缺及考驗法官、書記、律師、法律畢業各員事項。

第十條　典獄司設郎中三員，員外、主事各四員，分掌直省監獄、警察習藝所、罪犯名册、衣糧費用、編纂牢獄之規則、統計書表事項。

第十一條　會計司設郎中三員，員外、主事各四員，分掌本部出入經費，一切預算決算款項及納贖、收贖、罰金、充公贓物、財産、罪犯習藝成績、販賣、訟費及各項之統計書表、報告事件。

第十二條　都事司設郎中三員，員外、主事各四員，分掌翻清譯漢、謄繕專摺、值日遞摺、遞牌、典守堂印，謄繕、匯奏、速議、核議各省摺件。

第十三條　收發所設員外、主事各二員，分掌收發定罪人犯、京外來往文件、摺奏、逾限之統計書表、賞罰書手、皂差、禁卒、宣告各項示諭、發收修造刑具暨闔署工程各事項。

又《法部奏改補員缺分别補署并詳陳辦法摺》　竊臣部員司各缺前經會同軍機大臣奏明仰邀俞允，嗣因大理院布置未定，現審案件尚未接收，於本年正月二十六日奏請暫緩改補，奉旨：依議。欽遵在案。兹本月十五日大理院業將現審未結各案陸續接收清楚，除臣部另摺會同該院具奏外，伏維臣部為法權總匯，事體殷繁，決難釋疑，全在得人而理。臣等任事以來，分日接見，悉心考查，務期舉能，其官無替厥職。兹當改補之初，尤宜慎之又慎。查臣部向來差與缺分，實缺之員不盡辦事，并有常不到署者，虚名徒寄，遷就滋多。今既分職掌而專責成，欲嚴杜乎濫竽，即難拘乎成轍。其中組織之難變通之用，有不能不吁請於皇太后、皇上之前者，謹將各項辦法覼縷陳之。

吏部新定各衙門司員補缺章程業經奏准，通行在案。惟臣部此次改司并缺，必須為事擇人，如必拘守部章，事理實多窒礙。兹擬不分題酌通補一次，其空缺未補者，亦為懸缺擇人起見，仍歸酌補。俟補齊額定各缺之後，再有缺出，遵照吏部新章辦理。

由本部實缺郎中、員外郎、主事擬請改補新設各司缺者，銜缺相當，應請邀免帶領引見，惟起復人員改補新缺亦與改補無异，仍照例補行帶領引見。

由本部實缺候補司員筆帖式，擬請升補新設各司缺及由候補改為實缺，或由候補郎中、員外借補員外、主事人員均先作為試署，俟三月之後考驗，果能勝任，敬謹帶領引見，奏請實授。

一、由京外人員奏調臣部行走者，到署之後將履歷咨送吏部，先行奏留，俟有相當之缺酌量試署，三月之後考驗果能勝任，再行帶領引見，奏請實授。

一、臣部實缺人員經各衙門奏調者不少，而以大理院奏調為尤多，大理院職司審判，創立伊始，不能不取材於法部，但今仍占原缺，則以本部之員辦他署之事，勢必多數派署與明定職掌之義不符。擬請凡經各衙門奏調臣部實缺人員，一律開去原缺，仍留資俸咨送奏調衙門差遣，將來補缺之日一體接算，以昭平允。

一、各衙門奏調人員與臣部職掌相宜，願留部辦事者乞免另摺奏留，即歸入此次奏補奏署，由臣部咨明奏調各衙門，勿庸兼差，俾得專心職守。

一、此次開缺人員曾經上年臣部具奏安置司員辦法摺内聲明，奉旨依議等因。此項人員如情願外任者，由臣部咨送吏部照例辦理外，其願留本部者，作為候補，仍留原俸。其有别項記名者，照舊辦理，以示體恤，如果歷練有成，堪以録用，亦准隨時酌補。

臣部實缺人員充當倉場熱河及奏調出洋等項差使者，其例案熟悉，與臣部職掌相宜之員，仍改補司缺，未回任之前，暫行派員署理，餘均開缺，作為候補，仍留資俸，俟差滿之日，由臣部察看才能，分别酌量補用。

一、臣部原設宗室郎中一缺，員外郎二缺，主事一缺，現准宗人府奏准仍留專缺等因。自應遵照辦理。於臣部額設八司員缺之外，作為宗室專缺，附於八司一所協同辦事，并擬添設宗室七品小京官、八九品録事各二缺，以為宗室人員升轉階級。其臣部原設宗室七品筆帖式一缺，擬即改為此次添設之宗室七品小京官專缺，奉旨後由臣部咨行宗人府，查照辦理。

一、小京官録事等缺前奏業經聲明，茲擬設七品小京官二十六缺，八品録事五十三缺，九品録事三十缺，分隸兩廳、八司、一所，以備繕寫奏摺、供給各項差使之用，即以考試較優之七八九品實缺候補筆帖式，分别改補。如尚不敷，另行調用。其小京官一途係奏補之官，仍先一律作為試署，三月之後試驗得力，再行帶領引見，奏請實授。

一、臣部原有司庫一缺，司務二缺，司獄一缺，今遵照奏定官制一并裁撤。司庫一項，以會計司録事兼充，司獄一項，以典獄司七品小京官兼充，曰正管守長，以八九品録事兼充，曰副管守長，舊有提牢廳一差，共兩員，改以典獄司員外郎、主事兼充，曰總管守長，不另設缺，司務一項，即係都事司應辦之事，無庸添設。

一、本部員缺除開單請補試署外，計懸參事四缺，員外郎六缺，主事五缺，小京官八缺。俟遴選得人，再行奏請補署。

一、參事、郎中、員外郎、主事、七品小京官遵照王大臣奏定官制，開單奏補，八九品録事由臣等委用。

一、臣部原有候補額外學習之郎中、員外郎、主事、筆帖式各人員，除願改外任者咨送吏部照例辦理外，餘俱按照班次照舊供職，分隸八司行走，由舉敍司分别注册，并咨送吏部存案。

伏念臣等受恩深重，忝長秋官，又時蒙召對，訓諭肫詳，勖以盡心職守，此次改補員缺固不敢故存苛刻，失朝廷待士之心，亦不敢稍涉瞻徇，負宵旰維新之望，公同商榷，悉泯偏私，吁懇聖恩，俯允所請，臣等惟有整躬率屬，勤慎奉公，以期司法、行政漸臻明備，如有始勤終怠，仍當隨時甄别，以仰副聖朝任官惟賢之至意。謹奏。光緒三十三年　月　日。奉旨：依議。欽此。

雜録

《大清新法令・法部奏酌擬司法權限摺並清單光緒三十三年四月初四日》

竊維臣部職掌司法，為國家法治所係。内謀全國之治安，外增法權之鞏固，使版圖之内無論何國人民，胥受治於法律之下。其關係甚重，其條理至頤，非細為分析立之準則，不足以昭一代之法治。臣等前者核議官制并陳明辦法摺，即遵照王大臣奏定法部節略及清單所開各條申明臣部權限，大端已具，原可逐漸推行。惟司法權意義極精，包含甚廣，而於各級審判猶其有相維相繫之道。當茲改章伊始，臣部不能不謹守職權，盡其管理監督之責。然每致牽連轇葛，阻力旋生，此司法權限所亟宜規定者也。夫所謂司法者，與審判分立，而大理院特為審判中最高之一級，蓋審判權必級級獨立，而後能保執法之不阿，而司法權則必層層監督，而後能無專斷之流弊。考之東西各國，莫不皆然，此之謂司法行政權。由此析之，即分二義，一為司法，即王大臣原奏法部節略所稱，大辟之案由大理院或執法司詳之法部，以及秋朝審大典均聽法部復核。此外恩赦特典，則由法部具奏等語。此臣部所有司法權之明證也。一為行政，即王大臣原奏法部官制清單第一條所開，法部管理民事、刑事牢獄，并一切司法上之行政事務，監督大理院、直省執法司、高等審判廳、地方審判廳、鄉讞局及各廳局附設之司直局調查、檢察事務等語。此臣部所有行政權之明證也。由行政權，復析之曰區劃權，曰調查權，曰執行權，曰任免權，即臣等核議官制奏稱，司法官吏之進退，刑殺判決之執行，廳局轄地之區分，司官警察之調度，皆係法部專政之事等語是也。夫司法一語之中，端緒之繁如此，而每一權之中又各有其事項。現今臣部現審既交大理院接收，則臣部復核之事即相因而至。民刑案件各有輕重，大理院占最高裁判之一部分，則各級審判即待漸改設立，而接收民政部之豫審，以及向來問刑衙門之現審，皆臣部所應豫籌。司直一官，現擬改為檢察，大理院中附設之檢察總廳，本隸於臣部而對於大理院為監督之機關，故王大臣原奏大理院官制清單第十二條，有總司直承法部尚書之命之明文。此外審判官自推丞以至推官，俱有會商請簡、會同奏補之語，固在在皆有彼此相涉之關係。此中認真經理，輒相齟齬，遇事牽就，又虞放棄。臣等恭膺重寄，不敢自負委任，謹就司法權限悉本王大臣原奏，兼東西各國之長，擇其切要者，逐條繕具清單，恭呈御覽，請旨遵行。庶臣部有所率循，而法權可收统一之效。臣部幸甚，大局幸甚。謹奏。

光緒三十三年四月初三日奉旨：依議。欽此。

謹擬司法權限清單，恭呈御覽。

一、大理院自定死刑之案，皆送法部核定，將人犯送法部收監。仍由大理院主稿，會同具奏。秋後人犯，於完案後移送法部監禁，朝審册本由法部核議實緩，再由法部及欽派大臣復核，黄册專由法部進呈。

一、外省秋審事宜，仍照向章辦理。

一、大理院自定遣軍流徒之件，由大理院定稿後，咨送法部查照例章辦理。

一、大理院自定專案，軍流以下之件，由大理院自行具奏，咨報法部備案。

一、高等審判廳、地方審判廳成立後，其死罪案件，分詳部院，由大理院復核後，咨法部核定，由法部主稿，會同大理院具奏。其遣軍流徒以下案件，均詳法部辦理。

一、速議之件，外省奏請奉旨後，專由法部核議。如情罪不符者，咨交大理院，俟供勘到後援律駁正，仍由法部具奏。

一、彙案死罪之件，外省具奏奉旨交法部議奏者，應令各省將供勘分達部院，由大理院復核，限十日咨法部核定，即由法部具摺復奏。如有情罪未協者，仍咨大理院駁正。

一、外省尋常軍流以下咨案，應由法部復核。笞杖等案，造册報部。

一、大理院官制，因檢查總廳隸於法部，及請簡請補員缺皆須會商，即應會同法部具奏。其推丞及總檢察，由法部會商大理院請簡。推事及檢察，由法部會同大理院奏補。

一、各級審判廳官制員缺，及分轄區域、設立處所，由法部主稿，會同大理院具奏。

一、法部監督各級審判廳、檢查廳，由法部議定處分。

一、死刑由法部宣告，行令該管檢察官監視行刑。其檢察廳未成立以前，暫由法部派員，會同原審官監視行刑。

又《吏部奏酌擬法部司員補缺輪次摺並表式》 查臣部奏定，各部滿漢司員補缺輪次，內開額設各項缺分，删除選咨留名目，一律改為題缺。由各該堂官在各衙門分别奏補，以一缺按照官階班次酌量才具，擬定正陪。以一缺揀資俸較深，暨勞績保舉之員，分班輪補，并詳訂各項輪補班次奏明奉旨，允准通行，各部遵照在案。兹准法部咨稱，本部於本年三月十七日，奏請改補試署各缺，係因才録用不拘成例，無論滿漢專為擇才起見，是以所用各員，滿漢未能適平，若以後即視此次為滿漢底缺，其勢轉多遷就。兹酌擬滿漢補缺輪次辦法，除遇酌題班次滿漢并用，以期得人。如酌補滿員正陪，均用滿員，如酌補漢員正陪，均用漢員，俾歸一律外，其輪應序補時，無論所出之缺為滿、為漢，滿員到班則用滿員，漢員到班則用漢員，周而復始，并繕為班次表式，咨行到部。查該部新設缺分，既無滿漢定額，其補缺班次自應明定章程，以資遵守。今該部所擬補缺輪次表式酌題之缺，不分滿漢係為得人起見，序補之缺，係屬平均計算，與奏定新章尚無窒礙。惟裁缺各員，及各項不積缺人員，該部未經議，及應仍遵照臣部奏定章程分别辦理，以免向隅，而歸畫一。謹奏。光緒三十三年八月初一日，奉旨：依議。欽此。

郎中員外郎補缺輪次表

第一缺酌題
第二缺序補　滿勞深，以實缺員外郎、主事奏補之日，較資補用一人。
第三缺酌題
第四缺序補　裁缺滿資深
第五缺酌題
第六缺序補　漢勞績
第七缺酌題
第八缺序補　裁缺漢勞績
第九缺酌題
第十缺序補　漢資深，以實缺員外郎、主事奏補之日，較資補用一人。
第十一缺酌題
第十二缺序補　裁缺漢資深
第十三缺酌題
第十四缺序補　滿勞績
第十五缺酌題
第十六缺序補　裁缺滿勞績
第十七缺酌題
第十八缺　滿資深，以候補郎中、員外郎奏留後，按照學習期滿之日，較資補用一人。
第十九缺酌題
第二十缺序補　裁缺滿資深
第二十一缺酌題
第二十二缺序補　漢勞績
第二十三缺酌題
第二十四缺序補　裁缺漢勞績
第二十五缺酌題
第二十六缺序補　漢資深，以候補郎中、員外郎奏留後，按照學習期滿之日，較資補用一人。
第二十七缺酌題
第二十八缺序補　裁缺漢勞深
第二十九缺酌題
第三十缺序補　滿勞績
第三十一缺酌題
第三十二缺序補　裁缺滿勞績

滿漢主事補缺輪次表

第一缺酌題
第二缺序補　滿資深，用一等小京官，比較奏補日期先後，補用一人。
第三缺酌題
第四缺序補　裁缺滿資深
第五缺酌題
第六缺序補　漢資深，用進士及保送録用分部人員，拔貢保送録用小京官，歸主事班後，較資深補用一人。
第七缺酌題
第八缺序補　裁缺漢資深
第九缺酌題
第十缺序補　滿勞績
第十一缺酌題
第十二缺序補　裁缺滿勞績
第十三缺酌題
第十四缺序補　漢資深，用進士舉貢廕生，捐納補用一人。
第十五缺酌題
第十六缺序補　裁缺漢資深
第十七缺酌題
第十八缺序補　滿資深，用候補人員奏留後，比較學習期滿日期先後，補用一人。
第十九缺酌題
第二十缺序補　裁缺滿資深

第二十一缺酌題
第二十二缺序補　漢勞績
第二十三缺酌題
第二十四缺序補　裁缺漢勞績
第二十五缺酌題
第二十六缺序補　滿資績
第二十七缺酌題
第二十八缺序補　裁缺滿勞績
第二十九缺酌題
第三十缺序補　漢資深，用進士廕生，及小京官，較資補用一人。
第三十一缺酌題
第三十二缺序補　裁缺漢資深
第三十三缺酌題
第三十四缺序補　滿資深，用一等小京官，比較奏補日期先後，補用一人。
第三十五缺酌題
第三十六缺序補　裁缺滿資深
第三十七缺酌題
第三十八缺序補　漢資深，用各項出身之捐納較資，補用一人。
第三十九缺酌題
第四十缺序補　裁缺漢資深
第四十一缺酌題
第四十二缺序補　滿勞績
第四十三缺酌題
第四十四缺序補　裁缺滿資深
第四十五缺酌題
第四十六缺序補　漢勞績
第四十七缺酌題
第四十八缺序補　裁缺漢勞績

修訂法律館分部

綜述

《大清新法令·修訂法律大臣奏開館日期並擬辦事章程摺並章程》光緒三十三年　伏查憲政編查館請派修訂法律大員，原奏內稱分派提調、纂修等員及延聘東西法律名家，應俟開館後由該大臣等擬具章程奏明辦理等語。提調二員業由臣等開單請簡，仰蒙准派在案，奏調任用各員自奉旨後亦均陸續到館。臣等謹於十月二十七日開館辦事，竊維法律之學繁賾精深，改弦更張，功匪旦夕，民商各法意在區別凡人之權利義務，而盡納於軌物之中，本末洪纖，條理至密，非如昔之言立法者僅設禁以防民，其事尚簡也。臣等學識粗疏，實未能勝此重任，惟有廣羅英彥，明定職司，以專責成而免曠誤。開館之初，公同商酌，擬設二科，分任民律、商律、刑事訴訟律、民事訴訟律之調查起草，設譯書處，任編譯各國法律書籍，設編案處，任刪訂舊有律例及編纂各項章程，設庶務處，任文牘、會計及一切雜務。就奏調各員中量才分理，而以提調總司其成。謹擬辦事章程十四條，繕單恭呈御覽。如蒙俞允，即由臣等督同提調各員實力施行，其尚有未盡事宜及應行損益之處，當隨時酌定，奏明辦理。至延聘外國法律專家，尤宜慎重。臣等現正詳細斟酌，俟聘定後，另行具奏，合并聲明。謹奏。光緒三十三年十一月十四日。奉旨：知道了，欽此。

謹擬修訂法律館辦事章程，恭呈御覽。

第一條　館中職掌分別三項如下：

一　擬訂奉旨交議各項法律。

二　擬訂民商訴訟各項法典草案及其附屬法，并奏定刑律草案之附屬法。

三　刪訂舊有律例及編纂各項章程。

第二條　館中分設二科如下：

第一科　掌關於民律、商律之調查起草。

第二科　掌關於刑事訴訟律、民事訴訟律之調查起草。

所有奉旨交議各件及各項附屬法，隨時由二科分任。

第三條　館中設譯書處，掌編譯各國法律書籍。

第四條　館中設編案處，掌刪訂舊有律例及編纂各項章程。

第五條　館中設庶務處，掌文牘、會計及一切雜條。

第六條　設提調二人，稟承大臣總司館中一切事宜。

第七條　每科設總纂一人，管理科務，纂修、協修各四人，調查員一人或二人，分司科務。

第八條　譯書處設總纂一人，譯員不設定額。

第九條　編案處設總纂一人，設纂修、協修各二人，分司其事。

第十條　庶務處設庶務總辦一人，管理文牘、會計等事，視事之煩簡，得設委員數人。其餘各科各處應設書記等員，由提調商同各科、各處，稟承大臣酌定。

第十一條　仿照各部設咨議官之例，甄訪通曉法政、品端學粹之員，分省延請，不必到館辦事，專備隨時咨商，俟選定後開單具奏，請旨施行。

第十二條　館中修訂各律，凡各省習慣有應實地調查者，得隨時派員前往詳查，其關於各國之成例，得隨時咨商出使大臣代為調查，并得派員前往詳查。

第十三條　館員編訂及調查各件應隨時刊印成書、存館備查，并得擇要進呈。

第十四條　以上各條臚舉綱要，其餘辦事細則由提調商同各科、各處妥擬，呈大臣核定施行。

又《修訂法律大臣奏謹擬諮議調查章程摺並清單光緒三十四年》

竊臣等於上年十一月二十四日奏進辦事章程，奉旨：知道了。欽此。欽遵在案。查奏定章程第十一條內開仿照各部設諮議官之例，甄訪通曉法政、品端學粹之員，分省延請不必到館辦事，專備隨時諮商。又第十二條內開，館中修訂各律，凡各省習慣有應實地調查者，得隨時派員前往詳查，其關於各國之成例，得隨時咨商出使大臣代為調查，并得派員前往詳查各

等語。臣等自開館以來，督同提調各員，昕夕考求，悉心體察，凡關於東西各國法制，先以翻譯最新書籍為取證之資，事雖繁重，尚有端緒可尋。惟各省地大物博，習尚不同，使非人情風俗纖悉周知，恐創定民商各法見諸實行，必有窒礙，與其成書之後多所推求，曷若削簡之初加意慎重。臣等公同商酌，謹擬諮議調查章程分繕清單，恭呈御覽。如蒙俞允，擬以各省現任提法使、按察使兼充臣館諮議官，此外再當慎訪合格之員奏明派充，其調查員即由臣等隨時遴派，期收廣集衆思之益。謹奏。光緒三十四年五月二十五日。奉旨：依議。欽此。

謹將酌擬臣館諮議官章程清單，恭呈御覽。

第一條　諮議官遵照奏定法律館章程第十一條，由修律大臣奏派。

第二條　各省提法使或按察使應均兼充法律館諮議官。此外，深通中外法律之員，由法律館隨時延訪奏明派充。

第三條　諮議官於法律館諮詢事件，應考察明確隨時詳覆。

第四條　各省提法使、按察使兼充法律館諮議官，於各項法律事件應札飭各州縣詳查報告。

第五條　諮議官於各項法律事件，得隨時條議陳述意見。

第六條　諮議官於法律館所派調查員有當協助調查之件，應隨時接洽辦理。

第七條　諮議官均為名譽職，不支公費，其辦事得力者，俟修律告成後，擬由法律館擇尤奏保，請旨獎勵。

第八條　各省提法使、按察使兼充法律館諮議官，如升調時，應將承辦法律館事件移交後任接辦。

謹將酌擬臣館調查員章程繕具清單，恭呈御覽。

第一條　調查員遵照奏定法律館章程第十二條，由修律大臣派充。

第二條　調查員分為二項：

一　由法律館館員內派充者；

一　就各處通曉法律之員由法律館派充者。

第三條　各處通曉法律之員得派充調查員者應具下列資格之一：

一　曾在本國或外國法政學堂畢業者；

二　現充法政教習者；

三　熟習刑律者。

第四條　調查員於應行調查之件，應按照法律館詢問事由及頒發表式辦理。

第五條　調查員於應行調查之件，應按照法律館所定限期迅速報告。

第六條　調查員於應行調查之件，如為力所不及者，得隨時商請諮議官協助辦理。

第七條　調查員於法律事件，得隨時條議陳述意見。

第八條　調查員應給公費，由法律館視其承辦事件之繁簡酌量發給。如派充後并未辦事者，不給公費。

第九條　調查員前往各處實地調查所須旅費，應隨時預算定數，由法律館酌量辦理。

第十條　調查員如有辦事得力者，俟修律告成後，擬由法律館擇尤奏保，請旨奬勵，其有不遵定章報告并調查不實者，由修律大臣隨時撤换。

又**《修訂法律館奏籌辦事宜摺並單宣統元年》**　光緒三十四年八月初一日，内閣奉上諭，欽奉懿旨：憲政編查館、咨政院會奏，進呈憲法議院選舉各綱要暨議院未開以前逐年應行籌備事宜一摺，單開逐年應行籌備事宜，均屬立憲國應有之要政，必須秉公認真，次第推行，即責成内外臣工遵照單開各節，依限舉辦，每届六個月，將籌辦成績臚列奏聞，并咨報憲政編查館查核等因。欽此。十二月二十七日，内閣奉上諭：明年以後所有應行籌備各事，著内外各衙門按限妥籌，次第舉辦，毋得始勤終懈等因。欽此。欽遵各在案。本年正月二十六日，臣館曾將已辦事宜繕單具奏，并咨報憲政編查館查核，所有修訂現行刑律已於八月二十九日繕册進呈，奉旨：著憲政編查館核議具奏，欽此。擬訂國籍條例係會同外務部辦理，業經憲政編查館核奏，奉旨頒行。擬訂禁烟條例係會同民政部辦理，奉旨：著憲政編查館核覆具奏，欽此。前擬新刑律草案，現經逐條斟酌，悉心修正，一經改定，即行咨商法部會奏。民律、商律、刑事、民事訴訟律條件浩繁，關係至巨，臣等督同館員博考詳證，務歸允當，應俟成書後，次第奏進。謹將已辦事宜繕具清單，恭呈御覽，并咨報憲政編查館查核。嗣後仍當接續趕辦，免誤限期，借以仰副朝廷慎重憲政之至意。謹奏。宣統元年十一月二十五日奉旨：著憲政編查館知道。欽此。

謹將臣館已辦事宜繕具清單，恭呈御覽。

計開

擬訂《現行刑律》，擬訂《國籍條例》，擬訂《禁烟條例》，擬訂《民事訴訟律》自第一百四十條至第三百零二條及其理由注解，擬訂《親屬法草案》第三章至第七章，擬訂《承繼法草案》第二章至第六章，擬訂《商法總則草案》，擬調查民事習慣問題，擬調查商事習慣問題，條答各部院刑律草案簽注，條答各省刑律草案簽注，修改《刑律草案總則》，修改《刑律草案分則》（未完），擬纂《刑律草案總則》案語，擬纂《刑律草案分則》案語（未完），釋法律名詞，譯《德國民法總則》條文，譯《德國親屬法》條文，譯《德國商法總則》條文，譯《奧國民法總則》條文，譯《奧國親屬法條文》，譯《瑞士民法總則》條文，譯《瑞士親屬法》條文，譯《法國民法總則》條文，譯《法國民法・身分證書》條文，譯《法國民法・失踪》條文，譯《法國民法・親屬》條文，譯日本岡松參太郎所著《民法理由總則・物權債權》（未完），譯日本奥田義人所著《承繼法》，譯《奧國民事訴訟律》，譯《德國改正民事訴訟法》（未完），譯《德國破産法條文》（未完），譯《德國强制執行法及强制競賣法》，譯《日本法律辭典》（未完）。

法制院分部

綜　述

《軍機處原摺・内閣總理大臣奕劻等奏擬呈内閣屬官官制及内閣法制院官制摺宣統三年五月二十七日》　内閣總理大臣和碩慶親王臣奕劻等跪奏，為酌擬内閣屬官官制暨内閣法制院官制，繕單具奏，仰祈聖鑒事。

竊臣等前於遵擬内閣官制摺内聲明，内閣屬官官制已由臣館草擬就緒，俟妥酌後即行照章會同奏明請旨辦理在案。現在内閣業經設立，亟應將屬官官制詳為擬訂，以資質佐而便遵守。查東西各國内閣制度不同，有專設官署者，有不設官署者，且有僅設秘書官一二人者，惟日本自書記官長而外，設有法制、統計、賞勳、印刷各局，規制特詳。中國漢、晉宰相及三公等府，官屬多至百數十人，分曹且逾十數，唐、宋三省，如吏、兵等房舍人及左右司郎中之類，屬官亦多，元代又有參議、中書、省事等官，蓋由機務殷繁，必得官盛任使，始足以裨庶政。

現以舊設內閣及軍機處、會議政務處併於新設內閣，而憲政編查館與吏部，亦當為內閣職掌所賅，舉凡廳辦諸務，事體重大，頭緒繁多，斷非設立專署不可。擬即參酌日本內閣屬官辦法，折衷現在情形，分別釐定，計設承宣廳一，制誥局、敍官局、統計局、印鑄局各一，設閣丞以總各廳局之事，設廳長、局長以下各官，分治各廳局之事，別設法制院，釐定法制，設院使以下各官專治院事，各司其職，以重責成。所有參議、僉事以下各官額缺，擬由內閣總理大臣妥慎擬定，另案奏明辦理。現議釐定官制，凡官品、官等各項，尚擬參酌古今，另訂合宜辦法。此次擬設各官均暫令以原品治事，俟官品、官等辦法奏請欽定後，再行遵照施行。謹將酌擬內閣屬官官制暨內閣法制院官制，繕具清單，恭呈御覽。

至內閣各廳局及法制院設立後，憲政編查館及吏部自應一律候旨裁撤，惟吏部原管事件甚為繁冗，擬請旨派員督率清理歸併，以期簡捷。至中書科衙門職掌無多，已規定於制誥、印鑄兩局之內，應與事項最簡之稽察欽奉上諭事件處、批本處一併請裁，並將禮部印鑄局及各衙門應行劃歸事項併入辦理。其舊設內閣之撰擬，繕寫關於祀典及無關於行政各事宜，應劃歸翰林院及典禮衙門分別管理。舊隸於軍機大臣之繙書房，所管事項以譯繕翰林院撰擬事件為最多，擬請改隸於翰林院，庶足昭整齊劃一之規，而免權限參差之弊。

再，內閣辦事暫行章程既設有協理大臣，則此項官制內凡稱總理大臣各條，協理大臣皆得適用，俾免窒礙。其官俸章程未訂以前，各項屬官均須暫定公費，應由內閣總協理大臣另行奏定，藉資辦公。所有酌擬內閣屬官官制暨內閣法制院官制繕單具奏各緣由，謹恭摺會陳，伏乞皇上聖鑒訓示。謹奏。【略】

附清單二

謹將所擬內閣法制院官制繕具清單，恭呈御覽。

第一條　法制院直隸內閣總理大臣，掌事務如左：

一、法律、命令案撰擬事件，二、法律、命令增删改廢事件，三、各部所擬法律、命令案審查覆覈事件，四、現行法律、命令解釋事件，五、各項法規編纂整理事件，六、其餘關於法制統一事件。

第二條　法制院設官如左：

一、院使，二、副使，三、參議，四、參事，五、僉事，六、録事。

第三條　院使承內閣總理大臣之命管理院務並監督指揮本院各官。

第四條　本院奏任官以上之進退，由院使具狀陳由內閣總理大臣辦理，委任官之進退，院使專行之。

第五條　副使佐院使之職務，院使有事故時由副使代理。

第六條　參議及參事承院使及副使之命掌第一條所列事項。

第七條　僉事承院使及副使之命掌文牘、會計及一應庶務。

第八條　録事承上官之命繕寫文件，辦理庶務。

附則

第九條　憲法未頒以前，按照籌備清單關於憲政編查館承辦事件，一律歸併內閣法制院辦理。

《軍機處上諭檔・內閣屬官官制及內閣法制院官制著先頒布各項官規及京外官制妥速擬訂諭宣統三年五月二十七日》

宣統三年五月二十七日內閣奉上諭：內閣會奏，酌擬內閣屬官官制暨內閣法制院官制，繕單呈覽一摺。朕詳加披覽，尚屬妥協，著先將此兩項官制頒布。除應簡之閣丞各員，另行簡補外，著即遵照設立內閣承宣廳及制誥、敍官、統計、印籌各局，應設之內閣法制院，亦即同時並設。所有憲政編查館、吏部、中書科、稽察欽奉上諭事件處、批本處等衙門，著一併裁撤。其所管事項，與已經裁撤之舊設內閣、軍機處、會議政務處所管事項，凡應併入內閣辦理者，統即分別接管。舊隸軍機大臣之繙書房，著改隸於翰林院。至各衙門應行劃入事項及應劃歸各衙門事項，均著妥慎交接，以清權限而專責成。餘俱照所擬辦理。此外各項官規及京外官制，仍著遵照修正籌備清單，妥速擬訂，陸續奏聞，候旨頒布施行，俾臻完備。欽此。

雜録

《軍機處原摺・御史范之杰奏請飭議分析法制院與法律館之性質劃清權限限制用人片宣統三年七月初三日》 再，我國當預備立憲之際，一切法律尚待更張，國會未開以前，立法機關雖云完備，現所恃以立法者何在，曰法制院及法律館是已。法律館修訂刑律、訴訟律、民律、商律等項，法制院則和各種法律命令而統一之，其範圍更廣。而法律館修訂之法律，亦必奏交法制院覆核，各為獨立機關，即各有獨立權限。誠以法律為全國命脈所繫，必徵集多數人之意見，不容以少數人壟斷其間也。

乃按之實際，殊有未符，查法律館修訂法律大臣之劉若曾，兼署法制院院使，以一人而攝兩種機關，是覆核法律之院使，即修訂法律之大臣，自訂之而自核之，瞻徇迴護、勢所不免。在朝廷用人，自有權衡，然臣於此竊期期以為不可。夫修訂法律與覆核法律判然為二，而乃以一大臣兼之，兩種機關混淆無別。一不可也。與其以一人而兼兩種機關，既謂駢枝，復糜薪俸，則何如裁法律館併其事於法制院之為愈。二不可也。法制院院使本李家駒也，李家駒現充資政院副總裁，故不使兼法制院，劉若曾現允法律館大臣而獨使兼法制院。三不可也。劉若曾本大理院少卿也，以法律館大臣之故，致大理院少卿不得兼任，而法制院院使獨得兼署，四不可也。李家駒雖未履法制院院使之任，聞該院中用人立法大半由李家駒陰為主持，劉若曾雖署理法制院院使，而遇事必密商之李家駒，是明一院使，暗中又一院使，事權紛歧，徒滋煩擾。五不可也。積此五不可，則法制院院使與法律館大臣之位置，似不無可商之餘地矣。

至法制院調用人員尤宜慎重，從前憲政編查館科員多以法律館人員兼充，彼等一面在法制院起草，一面又在憲政編查館審查，往往堅執成見，排除異己。去歲刑律草案競爭劇烈，未能秉公討論，妥慎釐訂，致大不利於人口，可為前鑒。今若復以法律館人員兼辦法制院事件，把持之書將不可勝言。竊謂法制院創設伊始，氣象更新，萬不宜調用法律館人員，以免再蹈故轍。擬請飭下內閣詳議，剖析法制院與法律館性質如何區別，權限如何劃清，用人如何限制，抑或歸併一處，妥為籌措，剔除弊端，則天下幸甚。謹附片其陳，伏乞聖鑒。謹奏。

大理院分部

綜述

《大清新法令・法部大理院奏為覈議大理院官制摺並清單》 光緒三十二年九月二十日，內閣奉上諭：欽奉懿旨，大理寺著改為大理院，專掌審判。原擬職掌事宜及員司名缺仍著該堂官自行核議，悉心妥籌，會同軍機大臣奏明辦理，如有未盡合宜之外，仍著體察情形隨時修改以臻至善等因。欽此。旋准。考察政治館將奏呈官制清單咨送到院，臣等伏思司法職權與行政分立，歐美各國其始第證諸學說，其後即見諸實行，咸以此為憲法之要義。故西人所謂裁判權者，雖屬司法之一端而獨立不羈，即外國僑寓之臣民莫不俯首就治，法權所在主權繫焉，其關係極為重要。今者皇太后、皇上採擇憲政，以臣院專司審判，凡一切組織機宜必符各國立憲之精神，乃成一代完全之制度，臣等查閱官制清單，於院卿以下設推丞、推官，分辦民刑審判事項，設書記、録事分辦文牘及庶務事項，附司直一廳，設總司直及司直，辦檢察案證及調度司法警察事項，原擬職掌事宜及員司名缺大抵遠師德法，近仿東瀛，其官稱則參以中國之舊制，亦既斟酌中外得所折衷矣。惟就其中細加考核，似尚有一二應行增改者，謹詳晰陳之。查推官之名肇自有唐，相傳甚古，然歷代皆屬外僚，不係京職。考宋時大理有左右推事之稱，擬改推官為推事，即以此通行內外審判衙門，以符裁判獨立之義。司直官稱亦緣古制，惟名義近於臺諫，尚與事實不符，擬改總司直為總檢察廳丞，改司直為檢察官，庶核實循名，人人易知其職守。書記即古之紀室，日本取之為各衙署之通制。今中國各部院并無此官，近日民政等部奏設三等書記，其品秩亦不相同，似應酌行變通，以免淆混。考明初大理寺有都典簿一官，簿罪簿囚皆簿記事也，近今翰林院有典簿，從前太僕、鴻臚皆有主簿，其制俱古。擬改一等書記官為都典簿，二等書記官為典簿，三等書記官為主簿，既得還中國之舊觀，亦免襲外國之職制，此名稱之應行酌改者。夫民生有飲食，即有訟獄，為之裁判者操三尺法以從事，上繫國家之威權，下關民庶之生命，其職任綦重，其辦理亦綦難。臣院既掌最高審判，則民刑訟案自應酌量分庭，亦足以專責成而杜諉卸。查原單，刑科推官擬設十四人，民科推官擬設十人，自係取外國合儀制度，竟以民刑各分二庭，刑事以七人為一庭，民事以五人為一庭也。然同辦一院之事而各庭人數不一，未免參差，且刑事本視民事為繁，以管理全國上控之區兼有自理詞訟，僅擬分立二庭，亦虞人不敷用，臣等公同商酌，擬分刑事為四庭，民事則仍用二庭，各設推事五人。秩視各部之郎中，其第一庭則各以推丞為之長，統計刑科設推事十九人，合推丞為二十人，民科設推事九人，合推丞十人。分配既無虞其不均，即體制仍無傷於合儀，此員缺之應行酌增者，若夫現審案犯，其人既未定罪名，其事又未便取保，勢必有羈禁之所，以便法庭之提訊，外國所謂未決監是也。臣院理宜附設一區，擬質名之曰看守所，設所長一員，所官四員，此又原單所未提議，臣等因關係審判不得不籌及之者也。至典簿、主簿及録事各員，則酌量臣院情形，一律擬定缺額，餘悉如原單所定，倘仍有未盡事宜，敬當恪遵懿旨，隨時修改以臻至善，謹將臣院官制清單一件、看守所官制清單一件，各加具案語，繕呈御覽，如蒙俞允，臣等即遵照辦理。謹奏。光緒三十三年四月三十日。奉旨：依議。欽此。

謹將核議大理院官制清單繕呈御覽。

謹按：大理院全國最高之審判衙門，凡宗人府會審案件、各高等審判廳判結不服之上控案件、關於國事重罪案件、平反及詳議各直省審擬之大辟案件、特旨交審案件，皆應由院辦理，此職掌之大凡也。員司各缺、正卿少卿之下應分設刑科、民科，科各設推丞一人，以總其事，推丞之下仿照宋代名稱設推事一官，分庭任事，刑科擬設四庭，民科擬設二庭，專掌各項審判案件，各庭俱以五人組織，而第一庭則推丞為之長，此關於審判之員司也。大理院職掌所關事極繁重，舉凡法庭之録供、例案之編輯及一切文牘會計，不可無專官以分理之，擬立典簿一廳，設都典簿一人，督理庶務，設典簿四人，主簿六人，分任其事，設録事三十人，專司繕寫及承辦一切庶務，此典簿廳之員司也。各國通例，凡審判衙門必有檢事局，以檢察案證、調度司法警察，其對於審判事項有補助而無干預。大理院内應附設總檢察廳，設廳丞一人，專司檢察事宜，監督各級檢察廳，設檢察官六人，以佐之。設主簿一人，任該廳庶務，設録事四人，專司繕寫，承辦庶務，此又總檢察廳之員司也。他如中國幅員廣大，與東西各國情形不同，距京窵遠地方，遇有上控案件，勢不能紛紛提質，應如何酌量情形，變通辦理之處，俟臣部詳細審定後，另行奏明辦理，以資遵守焉。

計開

正卿一人，掌總理全院事務，監督刑事民事審判官及都典簿以下各官，并所屬各級審判廳應行事宜。

少卿一人，掌佐正卿總理全院事務及監督一切事宜。

刑科推丞一人，掌第一庭刑事審判事務并調度刑科一切事宜。

民科推丞一人，掌第一庭民事審判事務并調度民科一切事宜。

刑科推事十九人，分庭任事，以五人為一庭，民科亦如之。

第一庭掌審判特交及國事犯案件，并詳核京内外大辟重案，以推丞為之長。

第二庭掌審判宗室及官犯案件。

第三庭掌不服京師高等審判廳判結之院控案件。

第四庭掌不服直省高等審判廳判結之院控案件。

民科推事九人

第一庭掌宗室民事詞訟及不服京師高等審判廳判結之院控案件，以推丞為之長。

第二庭掌不服各直省高等審判廳判結之院控案件。

都典簿一人，掌總理文牘會計及一切庶務，監督典簿以下各員。

典簿四人，掌佐都典簿分任文牘會計及一切庶務，并監印。

主簿六人，掌録供編案譯電，及督同録事繕寫文件。

録事三十人，掌繕寫文牘，承辦一切庶務。

附設總檢察廳官制

總檢察廳廳丞一人，掌總司大理院民刑案内之檢察事務，并調度司法警察官吏，監督以下各級檢察廳。

檢察官六人，掌分任檢察事務，聽總檢察廳丞之命令。

主簿一人，掌經理一切庶務。

録事四人，掌繕寫文件承辦庶務。

大理院職官表

正卿　正二品　特簡　少卿　正三品　特簡　刑科推丞　正四品　請簡　民科推丞　正四品　特簡　刑科推事　正五品　奏補　民科推事　正五品　奏補　都典簿　從五品　奏補　典簿　從六品　奏補　主簿　正七品　奏補　録事　八九品　委用

附設總檢察廳職官表

廳丞　從三品　請簡　檢察官　正五品　奏補　主簿　正七品　奏補　録事　正九品　委用

謹將酌擬看守所官制清單繕呈御覽。

謹按：東西各國監獄法制俱有已決未決之分，已決監所以處定罪之人，使之羣聚作工，便於防範，未決監所以羈現審之犯，使之拘留候訊，便於親提，故已決監多設之僻静之區，稍遠廛市，未決監則必與裁判所相附麗，始於質訊之事為宜，現在大理院衙署擬於其中附立一看守所，設所長一員，所官四員，録事二員。至外省高等裁判廳以上，亦得依制設立，應設員缺若干，則俟各督撫詳議焉。

計開

看守所官制

看守所長一人，掌羈管現審人犯，總理所中一切事宜，看守所官四人，掌任所中一切事宜，録事二人，掌繕寫文件。

看守所職官表

看守所長　從五品　奏補　看守所官　正八品　奏補　録事　正九品　委用

又《大理院奏審判權限釐定辦法摺》　光緒三十二年九月二十日，内閣奉上諭：『刑部著改為法部，專任司法。大理寺著改為大理院，專掌審判。等因。欽此。』臣等當於本月初四日，會同法部尚書戴鴻慈等奏明，大理院尚未成立，所有現審案件暫由法部照常辦理，請俟三月後查看情形，再行交代等因，仰蒙俞允在案。

惟是審判權限、等級政分，查閲總司核定官制王大臣奏定法部節略内開，各國審判之級，大部區之為三：第一審、第二審、第三審是也。第二審以待不服第一審之判斷者，第三審又以待不服第二審之判斷者。其裁判所之等級，大都分之為四。英、美、德、法諸國均取四級裁判所主義，日本裁判制度仿效德、法而亦分為四等，即區裁判所、地方裁判所、控訴院、大理院是也。區裁判所為最小之裁判所，衹可承審輕罪案件。地方裁判所為第二級裁判，凡區裁判所不能承審之案件，皆得承審之，即為區裁判所之第二審。控訴院承審不服地方裁判所判斷之案件，即為區裁判所之終審。大理院承審不服控訴院判斷之案件，即為地方裁判所之終審。故輕罪案件為區裁判所所管轄者，訴止於控訴院。重罪案件為地方裁判所所管轄者，始得上控於大審院等語。

臣等詳加尋繹，復證之各國法制。蓋德意志及日本刑法，均分違警罪、輕罪、重罪為三項。犯違警罪者，警察廳得而懲治之。犯輕罪者，得於區裁判所赴訴，而不能越控於地方裁判所。犯重罪者，得於地方裁判所赴訴，而區裁判所不得受理。控訴院則承受不服地方裁判所之審判者，而并無始審之案。大審院則承受不服控訴院之審判者，而自理詞訟以皇事官犯及國事犯為斷。是故大審院不必俯侵控訴院之權，地方裁判所不能兼理區裁判之事。分之則各成獨立，合之則層遞相丞，所謂分權定限、責有攸歸者也。

中國行政、司法二權向合為一，今者仰承明詔，以臣院專司審判，與法部截然分離，自應將裁判之權限、等級區劃分明，次第建設，方合各國憲政之制度。官制節略既變通日本成法，改區裁判所為鄉讞局，改地方裁判所為地方審判廳，改控訴院為高等審判廳，而以大理院總其成。此固依仿四級裁判所主義毋庸擬議者也，惟每級各有界限，必須取中國舊制詳加分析，庶日後辦理事宜各有依據。

臣等公同商酌，大理院既為全國最高之裁判所，凡宗室官犯及抗拒官府并特交案件，應歸其專管，高等審判廳以下不得審理。其地方審判廳初審之案，又不服高等審判廳判斷者，亦准上控至院為終審，即由院審結。至京外一切大辟重案，均分報法部及大理院，由大理院先行判定，再送法部覆核，此大理院之權限也。高等審判廳則不收初審詞訟，凡輕罪案犯，不服鄉讞局并不服地方審判廳判斷者，得控至該廳為終審。凡重罪案犯，不服地方審判廳之判斷者，得控至該廳為第二審。其由該廳判審之案，內則分報法部及大理院，外則咨執法司以達法部，其死罪案件并分報大理院，此高等審判廳之權限也。地方審判廳則自徒流以至死罪及民事訟案銀價值二百兩以上者，皆得收審，訊實後擬定罪名，徒流案件在內則徑達法部，并分報大理院，在外則詳由執法司以達法部，死罪案件在內在外俱分報法部及大理院，此地方審判廳之權限也。鄉讞局則笞杖罪名及無關人命之徒罪并民事訟案銀價值二百兩以下者，皆得收審，訊實以後逕自擬結，按月造册報告，在內則分報法部及大理院，在外則詳執法司，以備考核，此鄉讞局之權限也。

權限既定，則高等審判廳以下必須次第建設，方有專司。除各直省審判衙門應俟官制釐定，由法部咨商各督撫次第籌設外，其京師詞訟，自以地方審判廳為重要，鄉讞局次之。擬於內外城設立地方審判廳，凡刑事徒流以上、民事二百兩以上者，俱以該廳為始審，則重罪案件有所歸宿矣。京師鄉讞局擬正名為城讞局，循巡警分廳之舊，於內外城分設九所，凡刑事無關人命之徒罪以下、民事二百兩以下者，俱以該局為始審，則輕罪案件有所歸宿矣。至高等審判廳，外國俱與大審院相附麗，應俟臣院擇定衙署後，再行斟酌定議，此設裁判所之次第也。

夫建置宜定規模，而施行必循次序。臣等承乏大理，極知為中外之觀瞻所係，事關重大，夙夜綢繆，竊以為入手之初，非確定各審判官之事權，則責無所屬，非預籌各審判所之區域，則事無所歸。故於百端待理之中，謹擇目前所急需籌辦者，先行奏聞，恭俟命下，臣等即會同法部，將京師地方審判廳及城讞各局逐漸設法成立，庶三月以後，法部現審各案得所交代。至宗室案件應否會同宗人府審訊，法部覆核死罪應否由臣院會銜，以及提督衙門應否祇管緝捕、不理訟獄，民政之巡警廳與城讞局若何分別權限，并應設司法警察若干，高等審判廳以下應設員缺若干，統俟臣等熟商妥協後，再行會同各衙門，陸續請旨施行。謹奏。光緒三十二年十月二十七日，奉旨：依議。欽此。

《大理院審判編制法光緒三十二年十月二十七日》 第一節 總綱

第一條 本院權限，除大理院官制所定之外，大理院謹擬審判編制法，請旨施行。

第二條 大理院在京直轄審判廳、局有三：

一、京師高等審判廳；

二、京師城內外地方審判廳；

三、京師分區城讞局。

第三條 自大理院以下各審判廳、局，均分民事、刑事二類為審判事。

第四條 大理院自實行審判新章之日起，凡於本院審判廳局，一概遵新章辦理。

第五條 凡自本院以下，及直轄之審判廳、局，其有民事、刑事訴訟在京師城內外者，統有審判權限。其附京郭及在鄉間者，另有鄉讞局辦理，以清界限。

第六條 自大理院以下，及本院直轄各審判廳、局，關於司法裁判，全不受行政衙門干涉，以重國家司法獨立大權，而保人民身體財產。

第七條 大理院及直轄各審判廳、局，關於證據事件須調查者，可隨時徑由本院會商民政部所轄巡警廳，使巡警單獨或協同本院以下直轄檢察官，調查一切案件。平時亦可由本院會同該廳，委派警察官為司法警察官，以備偵探之用。

第八條 大理院及大理院直轄各審判廳、局，其署中辦理一切事務，由各科各課從其事務性質擬定，禀知本院長官酌核辦理。

第九條 大理院、京師高等審判廳、城內外地方審判廳均為合議審判，以數人審判官充之。至城讞局，不妨以單獨之一人審判官充之。

第十條 凡大理院以下之審判廳、局，其設立裁撤，及更移管轄地段，須會商法部隨時奏聞，請旨施行。

第十一條 凡大理院以下審判廳、局，均須設有一定員數，以重審判之事。

第十二條 凡大理院以下審判廳、局，均須設有檢察官，其檢察局附屬該衙署之內。檢察官於刑事有起公訴之責，檢察官可請求用正當之法律，檢察官監視判決後正當施行。

第十三條 各檢察局亦須置有一定之員數。

第十四條 大理院直轄審判廳、局，其行政各事須禀承本院辦理。各該廳、局長官，有指揮督理之責。

第十五條　自大理院以下各審判廳、局，須置有承差若干人。承差掌送達訴訟人票提，及送達兩造原被告控稟，并辦理審判衙署已審決之案件。

第十六條　（原稿缺）

第二節　大理院

第十七條　大理院長官指揮大理院一切事務，并監督院中行政事務。

第十八條　大理院分派事務，并科員有事故時關於代理事務，責任科員與科丞協議，由大理院長官酌核定之。

第十九條　大理院之審判，於律例緊要處表示意見，得拘束全國審判衙門。

第二十條　大理院於上控、京控案件，其各科判決意見有相反時，科丞稟知院中長官，由長官審察案件性質，使民事科或刑事科，或使民事、刑事兩科會同審判。

第二十一條　大理院因重大案件，得為秘密豫審。其因案件本院開内部會議時，記録一切事宜，不由録事，以防漏泄機要。倘公開法堂及當堂宣告判決時，其録供與繕文等事，則由書記官督同録事為之。

第二十二條　大理院於下列事項，有審判責任：

第一、終審案件；第二、官犯；第三、國事犯；第四、各直省之京控；第五、京師高等審判廳不服之上控；第六、會同宗人府審判重罪案件。

第二十三條　大理院於法堂審判事件時，以推官五人為問官。其五人中，以資高歷深者定為問官長一人，以審判案件。

第二十四條　前條中會同審判案件，其問官至少須以三分之二到堂，始可審判。其問官長由院中長官認許後，對於會審事宜，有總司其成之權。

第二十五條　大理院長官於大理院權限之内，第一審事件得命審判官先為豫審，或因便宜，亦可使下級審判廳局問官參預豫審。【略】

第五節　城讞局

第四十條　城讞局審判事務，以單獨一人審判官行之。城讞局亦可置二人以上之審判官，但須一人為監督審判，并局中行政事務亦委任之。

第四十一條　城讞局於民事訴訟下列事項，有審判責任：

第一、二百兩以下之訴訟，及二百兩以下之價額物産之訴訟；第二、不論價額於下開之事項：

甲、田土疆界案件；乙、占據案件；丙、有雇傭調係之案件；丁、旅人客店及飲食店主人，問所起之訴訟、旅人與運送人間所起之訴訟。

第四十二條　城讞局於刑事下列事項，有審判責任：

第一、違警罪有不服者；第二、罰金十五兩以下者、枷號者；第三、婦女折贖在四十兩以下者；第四、徒罪無關人命者。

第四十三條　城讞局審判官有事故或疾病時，須請示大理院長官，豫派代理審判之人。

第四十四條　城讞局須附設傳問所。凡有案件關係嫌疑者，可暫羈留之。并於事輕者，可隨時質問，取具保結釋去。倘有認為必要時，不妨續傳至傳問所。

第四十五條　各城讞局内附設檢察局。城讞局内之檢察局，其管轄地段内警察，須聽其指揮。

《大清新法令・大理院奏謹就司法權限酌加釐訂摺並清單光緒三十三年》

准法部咨稱，本部具奏司法權限一摺，清單一件，於光緒三十三年四月初三日，軍機處交片，奉旨：依議，欽此。遵即鈔録原奏清單，咨行前來。

臣等伏查上年改變官制，欽奉懿旨，命法部專任司法，臣院專掌審判。恭繹諭旨，原以法部與臣院同為司法之機關，法部所任係司法中之行政，臣院所掌係司法中之審判，界限分明，可無疑義。司法獨立為异日憲政之始基，非謂從前刑部現審辦理不善故事更張也。

臣等恭承簡命，夙夜祗懼，以衙門初設，既無經費之可籌，而臣院承受之大理寺夙稱閑曹，又乏人才之可用。且中國積習，大都不願為刑官。加之律例較繁，非平日極意講求，臨事亦不適於用。故自去年十月以來，僅就素所深知者，于法部及各衙門前後奏調七八十員，以為開辦之基礎，綢繆數月，粗有端倪。

臣等竊維審判分權係屬創舉，內則樹直省之準的，外則係各國之觀瞻。其事極為重要，而其中最難分析者，則莫如司法權限。法部固以司法行政為職權，而臣院亦為司法之審判，其事皆有互相維係之故，即其權遂有互相出入之虞。

憲法精理，以裁判獨立為要義，此東西各國之所同也。臣院為最高之裁判，環球具瞻，以徵其信用，今死罪必須法部覆核，秋、朝審必須法部核定，權限未清，揆諸專掌審判之本意，似未符合。然謂法部必一切罷去，亦非事理之平。蓋裁判人材未經預備，而外省刑政分析尚難預期，斯不得不斟酌情形，沿用舊制，此臣等所能見諒於法部者也。

司法之行政事務，為法部應有之權，此亦東西各國所同者也。用人為行政之一端，臣等固所深悉，但各國法理昌明，學校林立，法律思想普及全國，其高等法學畢業之人皆足備法官之登進，取才初不為難，故可由司法省大臣專任其事。試驗之法雖由司法省主持，而大審院及控訴院判事實兼充試驗委員，非謂裁判人員遂不預聞用人之事也。今中國法學甫有萌芽，收效至速亦在數年以後，勢難懸事待人。臣等調用各部院人員，亦屬不得已之舉。刑名判決關係至重，若不親加試驗，難期得力。設有貽誤，咎將誰歸？如云用人之權應由法部，此應俟各學堂法律人才造就著有成效，各省審判官俱由法部任用之後，臣院用人之事亦同歸之法部。今茲尚非其時，此則法部所宜見諒於臣等者也。

自古創辦之舉，皆不能無所扞格，然必酌理準情，蘄有濟於公事。且官制清單其職掌事宜，欽奉懿旨本有核議妥籌之語，誠以更張伊始，不厭求詳，總期脉絡貫通，方能推行無阻。是以各部奏定官制，均就本署實在情形斟酌變通。前者臣院與法部各堂官往返晤商，欲將彼此權限酌量定擬，合詞請旨遵行。乃商未就緒，而法部已有自行具奏。

查閱清單所開十二條，有與臣等已經商定者，有與臣等商而未定者。其中尚無窒礙各條，臣等自當欽遵辦理。惟第一條臣院自定死刑之案及朝審冊事宜，尚須稍加釐正。第五、第六兩條，尚須添入臣院會同具奏。第九條臣院官制，業經恭奉懿旨，仍著各該堂官自行核議，似未便再會法部。至臣院推丞、推事等官，必須得力人員經臣等試驗有素，而後量能任用，方足以鼓舞羣材。若以他衙門之堂官而定此衙門之員缺情形，既未必周知，而以本衙門之庶僚更聽他衙門之任用、鑒別，恐難於允當，似應仍由臣等請簡奏補，以專責成。凡此四條，或與法權相關，或與事實不便，臣等再四籌維，必重加釐訂，始無窒礙。謹就原開清單加具按語，恭候欽定，請旨遵行。謹奏。光緒三十三年四月十二日。軍機大臣面奉諭旨：『著與法部會同妥議，和衷商辦，不准各執意見，欽此。』

謹將法部原擬司法權限清單加具按語，恭呈御覽。

大理院自定死刑之案，咨送法部核定，將人犯送法部收監，仍由大理院主稿，會同具奏。其秋後人犯於完案後，移送法部監禁，朝審册本由法部核議，實緩再由法部及欽派大臣覆核，黃册專由法部進呈。

謹按各國裁判制度，皆以大審院為全國最高審判之地。定擬各案，惟死罪送交司法大臣執行。如情罪或有可原，則由司法大臣奏請減免，并無駁審之權，即釐訂官制王大臣奏呈法部節略所稱，法部祇能監督裁判，處理其司法上之行政事務，不能干涉其裁判權是也。若大理院自定死刑之案猶須咨送法部核定，似與原定官制節略及各國辦法均不相符，竊恐貽笑外人，而治外法權之收回迄無效果。臣等現擬通融辦法，凡臣院審定死罪之案，鈔録紅供奏底連摺稿送由法部覆核會畫，以後係立決人犯，即送交法部收監，以便執行處決。係秋後人犯，俟會奏後移送法部監禁。至朝審册，本係臣院自審及京師地方審判廳以上審理之案，查外省秋審人犯必須各省自擬實緩，先行奏聞，則京師各審判衙門定擬秋後人犯，亦應由臣院審擬實緩，咨由法部核辦，黃册則由法部進呈。

速議之件，外省奏請奉旨後，專由法部核覆。如情罪不符者，咨交大理院，俟供勘到後援律駁正，仍由法部具奏。

謹按：外省重大案件，如奉硃批『法部速議』，具奏者自應由法部核議。若情罪不符，既咨交臣院駁正，則具奏之日亦應會同臣院，以備聖明垂問。

彙案死罪之件，外省具奏奉旨交法部議奏者，應令各省將供勘分送部院，由大理院覆核，限十日咨法部核定，即由法部具折覆奏。如有情罪未協者，仍咨大理院駁正。

謹按：彙奏之件既由臣院覆判，則檢查例案及查核減等等項恐需時日，擬於供勘到後以二十日為限，咨送法部覆核。若由臣院駁正者，仍須會銜具奏。

大理院官制，因檢察廳隸於法部，及請簡、請補員缺，皆須會商，即應會同法部具奏。其推丞及總檢察由法部會商大理院請簡，推事及檢察由法部會同大理院奏補。

謹按：光緒三十二年九月二十日，欽奉懿旨：大理寺著改為大理院，專掌審判。原擬各部院等衙門職掌事宜及員司各缺，仍著各該堂官自行核議，會同軍機大臣奏明辦理等因。欽此。臣等數月以來，業經核議竣事，今謂應會同法部具奏，顯與慈諭不符，似應仍遵原旨，由臣院會同軍機大臣奏明辦理。至檢察總廳職掌，實與審判相關。蓋各國之有檢事官，藉以調查罪證、搜索案據，其宗旨在於護庇原告權利，與律師之為被告辯護者相對立，而監督裁判特其一端。該檢事官廳大都附設於裁判衙門，故大理院官制清單列入檢察各官職是故也。至推丞、推事等官，以今日開辦伊始，應由臣院請簡奏補，以一事權而免貽誤。异日法學材多，法部編制法纂定頒行，自可部院會商，公同奏請。若檢察廳丞及檢察官職任雖與審判相維係，而所司為行政事務，應俟官制奏定後，會同法部請簡奏補。

劉錦藻《清朝續文獻通考》卷一二七《職官十三・大理院》 謹案：大理寺卿及少卿始於北齊，而大理之官實始臯陶，尚矣平反重辟以貳邦刑，向與刑部、都察院為三法司，遇大政、大獄，與六部、都察院、通政司稱九卿會議焉。乾隆五十年以來，官制無變更。茲就改寺為院，後詳敍之。

光緒二十四年，覆准以大理寺歸併刑部，十月復舊。【略】

三十二年，諭大理寺：著改為大理院，專掌審判。【略】

宣統元年，又奏《定員司補缺章程》。略稱，嗣後臣院擬補推事及推事以下各缺，按照一酌一序輪次，移咨吏部及法部遵行。

二年，法部奏，大理院為最高審判衙門，其推事各官非精通法律經練有得者不能勝任。查吏部每次京官分發，時有簽分大理院之員。此項人員未經法官考試，於任用章程不合，請嗣後無論何項出身人員，均無庸簽分大理院，統俟臣部詳訂《考試任用細則》，奏明請旨施行。如該院有需用審判人材時，應隨時咨商臣部，照章辦理。此後凡全國任用法官等項，均歸臣部總理主持。

三年，又奏大理院刑科四庭、民科二庭，每庭以推事五人分理民刑。維時開辦伊始，京外高等以下各廳未立，大理院兼辦見審，故刑科員缺獨多見。京外各級審判廳均已舉辦，上訴案件日增，而宗室覺羅民事訴訟又復統歸民科審判，事繁缺少，大理院請將刑科第四庭改設民科第三庭，俾敷分布。

雜録

《大理院稽察票傳人証出入章程光緒三十四年》 一、各庭傳喚現審案內應訊人犯，由庭標畫文票後，飭令庭丁持至典簿廳挂號，再行發行。

一、典簿廳按照刑民各庭，分立簿册。遇有各庭傳喚案內人犯，查照票內案由，及傳喚人犯姓名暨限定何日到案時刻，并差何人承票，一一分晰注明。

一、各處奉傳解送人犯到院，先在大門報到，即徑至典簿廳，由典簿廳查照文票載明案犯及解差官役姓名，由廳派送各庭。其票內無名者，概不得擅入大門。

一、傳到人犯，由庭訊畢後，如仍交原差帶回者，即派送典簿廳報明放行。其有應行收禁者，除照例知照看守所外，仍一面知照典簿廳。

一、每日各庭傳訊案犯，何時到院，何時放出，有無收禁，典簿廳分別注明各庭簿册，逐日呈堂閱看。

一、傳到人犯，由典簿廳派員嚴密稽查，本堂亦不時派員調查。各庭庭丁不得向各人犯交談，以杜需索財物及漏泄消息各弊。如有需索等弊，一經典簿廳查出者，立即回堂嚴辦。本堂派員查出者，亦一律施行。

一、各庭庭丁，如有向在案人犯需要索財物者，許被案人犯赴典簿廳，或在本庭指名控訴，或本堂進署時攔輿指告。一經查有確據，定行嚴辦，決不寬貸。倘有誣陷，亦必照例辦理。

一、除控訴本院各庭庭丁舞弊，准其攔輿呈控外，其餘概不得率行攔輿。

一、凡有來院內總檢察廳上控，及各庭現審案內有至本庭續行具呈者，由典簿廳派人帶往。每日將告狀人何時來院，何時放出，所呈是否准理，詳晰注明，呈堂閱看。

一、以上各條，務各凜遵。如有未盡事宜，隨時增改。

《大理院奏遵章預陳次年籌備情摺宣統元年》 光緒三十四年九月二十九日，內閣奉上諭：欽奉懿旨，前據憲政編查館、資政院將議院未開以前逐年籌備事宜開單具奏，當經降旨，諄諭內外臣工依期舉辦，查單開各衙門籌備事宜，係就與開設議院最關切近者而言，非謂未列單內之各衙門便可不受責成，逍遥事外等因。欽此。宣統元年閏二月初四日，內閣奉上諭：國家設官分職各有應盡責任，現在朝廷豫備立憲，屢降諭旨，不啻三令五申，自此宣諭之後，責成各該部院衙門堂官，舉凡應辦要政及一切關於豫備立憲各事宜皆當次第籌畫，認真辦理等因。欽此。八月十四日，憲政編查館會奏覆核各部院九年籌備未盡事宜分別繕單一摺，清單內開大理院為全國最高法院，乃立憲國實行憲政重要之地，法庭規制為觀瞻所係，審判人才為民命所關，該院所奏建築法庭、練習人才兩端，均屬切要之圖，應令該院按照前後所陳，認真辦理等因。伏查建築法庭與收回領事裁判權至有關係，使經始稍涉草率則改作，所費更多，必須博考各國制度擇善而從，庶臻完備。臣等前經查有丁憂開缺臣院民科推丞周紹昌，熟悉工程，精明廉干，奏調回京，派令專辦法庭及臣院附設之看守所工程，現方詳考規制，估計作法，力求撙節，并經臣等分咨出使各國大臣，將現在大審院法庭及未決監圖式詳細貼說，迅速寄京，以資參考。一俟圖式彙齊，斟酌盡善，并度支部撥到款項，再行定期開工，專摺奏報，此豫籌建築法庭之實情也。臣院承審各員大半調自法部，不乏熟諳例案、精於鞫問之才，而先後奏調及簽分到院人員亦多有游學畢業、通曉法學者，惟新舊既貴貫通，深造乃能有得，臣等現於署中設立審判研究所，以熟精現刑律司員充當教習，自幫審查以次，悉令按日授課，先以講求律例為根本，以至問案辦稿敍供之法，一一講授開學，迄今已有數月。臣等曾加考試，頗有求學專一之員足以造就，擬自明年始，凡派充烏布即以各員所學等差為斷，借資策勵。蓋學識以講習而出，人材因誘掖而成，陶育之方不敢不盡。至實行新律必先豫儲用律之才，遣員出洋在裁判官署實地練習，自是當務之急。臣等擬俟與度支部籌得經費有著，隨時奏明辦理，總期舊者知新，不拘於故步，新者知舊，不涉於囂張，中外溝通，用乃宏大，此豫籌練習人才之實情也。以上兩端胥關財用，現當此庫儲奇絀，何敢稍涉鋪張，惟既為憲政要圖，亦難自安苟簡，惟有殫竭心力，持之經恒，要之以久，借以仰副聖明殷殷誥誡之至意。謹奏。宣統元年十二月二十三日奉旨：憲政編查館知道。欽此。

《軍機處原摺·大理院正卿定成等奏請提前籌議大理分院事宜摺宣統三年三月初七日》 花翎·大理院正卿臣定成等跪奏，為各省高等審判廳成立，亟應將大理分院事宜，提前籌議，酌擬辦法，恭摺仰祈聖鑒事。

查法院編制法第四十條內稱，各省因距京較遠，或交通不便，得於該省高等審判廳內設大理分院。又四十七條內稱，大理院及分院辦事章程，由大理院奏定各等語。誠以中國幅員寥廓，户口殷繁，如繩以各國成例，將終審之權概集於中央，必致鞭長莫及，故變通其制，酌量情形，增設分院，意至美法至善也。上年各省高等審判廳丞依次簡擢，本年各省高等審判廳一律成立，則司法之與行政彼此劃分，自不能仍襲舊貫。在從前訴訟案件，由府而道，而司，而院，歷終較多，且嚴懲越訴，是以京控案件，十無一二。今既廢覆核之制，寬控訴之階，則上告事件，必逐漸加增。第川、藏、秦、隴，地偪西陲，桂、粵、滇、黔，遠睽南服，如概責令奔赴京師，誠恐有閶闔九重，呼籲無聞之威，而湮滅證據，拖累無辜，皆勢所必至。是分院之經畫，實難稍緩須臾。臣等公同商酌，擬請於甘肅省設一分院，而以陝西、新疆屬之，四川省設一分院，而以駐藏大臣轄境屬之。此外雲、貴合設一分院，兩廣合設一分院，仍就總督轄境以為管轄，俟司法區域另行劃分之後，再行隨時酌量變更。

至分院官制，編制法除由本院選任外，係由高等審判廳兼任，二庭以上置監督推事一員，其品級之高下，法部原定司法官制並無明文。竊謂分院對於下級審判，雖無監督之權，而於解釋法律，聽斷訟獄，實握最高之樞紐，究與高等及地方之分廳體制不同。際此新陳選遞，階級觀念未盡劃除，且高等審判廳丞秩係四品，如以普通推事承乏其間，恐各級易生輕玩，即兩造之受質成者，亦無以堅其尊崇之志。似應量予變通，擬請各省大理分院設置推丞一員，並加少卿銜，以別等級而肅觀聽，其餘推事，仍照編制法辦理。在臣院推丞職守，本係兼一庭長，質言之，實即簡任之推事，揆諸編制法並無不符。

以上各節，事關官制，伏乞飭下憲政編查館照章核議，請旨施行。其分院應辦事宜，俟擬定後，會商法部辦理。至總檢察分廳，編制法內並未規定，應由法部詳議具奏。

所有酌擬設立大理分院辦法緣由，謹恭摺具陳，伏乞皇上聖鑒訓示。謹奏。

京師各級審檢廳分部

綜述

《大理院審判編制法光緒三十二年十月二十七日》 第三節　京師高等審判廳

第二十六條　京師高等審判廳為京師合議第二審判衙署。

第二十七條　高等審判廳置廳丞一員，指揮廳內一切事務，并監督行政事務。高等審判廳內可酌設一課或二課以上之民事、刑事課。

第二十八條　高等審判廳內，每課置課長一人，監督該課事務，并分派各事。

第二十九條　京師高等審判廳於下列事項，有審判責任：第一、地方審判廳第一審判決不服之控訴；第二、城讞局判決經過第二審判之上告。

第三十條　高等審判廳以五人審判官編成一課。其審問時，亦以五人編制之公推一人為問長，但須該廳長官認許。

第三十一條　高等審判廳內附設檢察局，置檢察長一員。

第四節　城內外地方審判廳

第三十二條　地方審判廳為合議第一審審判衙署。地方審判廳內，視案件繁簡，得置一課或二課以上之民事、刑事課。

第三十三條　地方審判廳置地方審判廳長一員。廳長指揮廳內一切事務，并監督行政事務。地方審判廳各課置課長一人，監督該課事務，及定其分派各事。

第三十四條　地方審判廳於民事訴訟下列事項，有審判責任：第一、第一審案件，除城讞局及上級審判權限以外之事項；第二、第二審案件，對於城讞局已判不服之控訴。

第三十五條　地方審判廳於刑事訴訟下列事項，有審判責任：第一、第一審案件，不屬城讞局權限及大理院特別權限之刑訴；第二、第二審案件，對於城讞局已判之控訴。

第三十六條　地方審判廳設有待質所一所。如有案情重大者，得拘留入所。其有案情較輕者，亦得拘留數日。但經判決後，須按刑律徑詳大理院，移交法部監獄。

第三十七條　地方審判廳於商民破產事件，有審判責任。

第三十八條　地方審判廳以三人編成一課。其審問時，亦以三人編制之公推問長一人，但須由長官認許。

第三十九條　各地方審判廳，各檢察局附設於該廳之內，檢察局須置檢長一人。

《大清新法令・法部奏酌擬京師審判檢察各廳員缺任用升補暫行章程摺并單》　竊臣部於光緒三十三年十一月奏陳開辦京師各級審判廳情形摺內聲明，各廳設官，用人由臣等分別奏咨調用，量能器使等因，奉旨允准在案。維時事當創始，諸從簡易，不過於司法獨立之旨粗具規模，迄今辦理將近兩年，各廳員缺逐漸補齊，而一切任用之方，升補之法尚無成格，可循查臣部奏陳籌備事宜摺內所開法官進級考試各章程，一時尚難實行，若不先定暫行簡章，恐人思幸進，安望舉能其官。臣等斟酌再三，酌擬京師審判檢察各廳員缺任用升補暫行章程，謹撮舉其中大要，為我皇上縷晰陳之。伏查司法一職，原需專門學問，惟各處法律學堂畢業者猶不多見，各廳開辦不能懸缺待人，且京師各廳得力之員又時為外省奏調，當此需才孔亟之際，舍量才調用其道，莫由是以。臣等現擬章程聲明，各廳人員如不敷用，擬請仍由臣部隨時奏調，以資任使，至調用人員辦法，自應遵照憲政編查館及吏部兩次奏定章程，按品改用。惟各廳正六品官祗有檢察五缺，七八品官祗有典簿、主簿兩項，若必按品嚴覈，則以主事調用者勢必至補缺無期，以中書知縣調用者祇能改典簿等職，廳員事繁祿薄，方虞樂就無人，若限制過嚴，人且視為畏途，又難收得人之效。是以臣等現擬章程，凡調用人員如係正途出身或法律專長者，擬請酌量變通，隨時奏明辦理，其他捐納佐雜各員，仍照館部定章，不得援以為例。又臣部各司職掌與各廳類多相輔而行之事，若令部廳各員互為升轉，則考核例案者可以收實地經練之功，歷任裁判者亦足補參訂刑章之益，核之民政部部廳遷調之法，其取則正復相同，故此次現擬章程，請將廳員與部員互相升轉，并准其一體京察，截取保送，顯以示登進之階，即隱以寓激揚之用。以上各節均經臣等再四籌商，務求切實可行，謹繕清單，恭呈御覽，如蒙俞允，即由臣部欽遵辦理，并咨行憲政編查館吏部存案，作為暫行章程，一俟法官進級法官考試各章程奏准實行後，即行分別停止。謹奏。宣統元年九月十八日奉旨，依議。欽此。

第一條　審判、檢察廳開辦之初，用人甚多，其各廳得力之員，又時為外省奏調，以後如不敷用，擬准隨時由臣部奏調京外諳習法律適用人員及法律畢業生，以資任使。

第二條　審判、檢察廳調用人員，仍遵照光緒三十三年十月二十日憲政編查館、學部奏定辦法，及宣統元年二月十三日吏部奏定調用人員新章辦理，以各級廳推事、檢察官、所長、所官、典簿、主薄等官，分別改用。惟各廳正六品官，衹有檢察五缺，如法部實缺主事，及由進士拔貢分部主事，或各部主事已有法政畢業文憑者，應請變通以五六品推事、檢察官補用。內閣中書、知縣兩項，較之各項七品佐雜不同，如係正途出身或法律專長者，并准另行奏明，以六品推事、檢察官補用。此外捐納佐雜各員，仍不得援以為例。凡一切調用人員，除原係實缺候補者照章隨時録用外，其原係學習試用，應行扣足年限。原係候選，應令當差一年始行奏留者，仍照館部奏定辦法辦理。如遇有增庭或增初級審判廳之時，不能懸缺久待者，擬准由臣部體察情形，聲明酌改。

第三條　審判、檢察廳奏調法律畢業學生，仍遵照憲政編查館、學部會奏辦法辦理。如在高等法律學堂以上畢業，奏調到差後，扣足年限，由臣部察看確係學識優長，准援照館部奏章准保主事七品小京官例，分別保以初級推事、檢察官及所長、所官、典簿、主簿學習行走。其學習期限如在增庭或增初級審判廳之時，亦得照前條例酌改。

第四條　審判檢察廳各項員缺在開辦之時，均係酌補。現在成立各廳，自此次奉旨以後，除先經奏署之員仍照前辦理外，凡有缺出，先於候補人員中酌補一次，再以下級實缺人員較資升補一次輪流間補，以昭平允。

第五條　審判、檢察，職司相近，所有各廳缺出，先准本廳及其下級人員升補。如係實在相當人才，擬准聲明互相升轉，歸入酌補班補用。其歸臣部直轄之總檢察廳員缺，應與各級檢察廳一律辦理。

第六條　審判、檢察各廳員缺，與臣部相需為用。嗣後臣部司員，如有長於審判或諳習檢察事務者，實缺員外郎，擬准以總檢察廳檢察官、地方檢察廳檢察長請升。實缺主事，擬准以高等審判廳推事、高等檢察廳檢察官、地方審判廳推事請升。實缺小京官，擬准以地方檢察廳檢察官、初級審判廳推事、初級檢察廳檢察官、地方審判廳所長請升。惟應出具切實考語，歸入酌補班奏明辦理。

第七條　審判、檢察廳實缺各員，如有歷俸三年諳悉部務者，高等審判廳推事、高等檢察廳檢察官、地方審判廳推事，擬准以各司郎中請升。地方檢察廳檢察官，擬准以各司員外郎請升。初級審判廳推事、初級檢察廳檢察官，擬准以各司主事請升。地方審判廳所長，擬准以典獄司主事請升。惟應出具切實考語，歸入酌補班奏明辦理。

第八條　總檢察廳檢察官、地方檢察廳檢察長，秩正五品。高等審判廳推事、高等檢察廳檢察官、地方審判廳推事，秩從五品。地方檢察廳檢察官，秩正六品。擬准各按俸次，照郎中主事例分別以知府、直隸州知州，截取保送。至初級推事、檢察官，秩從六品，實係應俸三年才堪外任者，亦准照主事例，以直隸州知州截取。至京察一項，届時由臣部會同吏部辦理。

第九條　地方看守所所長、所官，事繁責重，果係管理勞績卓著者，由廳丞出具切實考語申部，除照章升轉外，所長擬准照主事例，以直隸州知州截取，所官以所長升用，以示獎勵。

第十條　各廳典簿，在職三年，勤慎盡職者，由廳丞出具切實考語，准其以臣部各司七品小京官轉補，或以初級推事檢察官請升。至各廳主簿，三年俸滿後，准其以典簿請升。

第十一條　各廳録事，補缺滿三年後，當差得力者，由廳丞切實考驗，從九品録事准以正九品録事請升，正九品録事准以臣部八品録事請升。其才具可用者，准由廳丞出具切實考語申部，以各廳主簿請升。

第十二條　以上各條，均作為暫行章程。如有未盡事宜，由臣部隨時奏請規定，俟法官考試任用章程、進級章程實行後，即行分別停止。

《軍機處原摺・憲政編查館大臣奕劻等奏核議順天府奏陳各級審判制度及現行清訟辦法摺宣統三年三月二十九日》 臣奕劻等跪奏，為遵旨核議順天府奏陳各級審判制度暨現行清訟辦法，恭摺會陳，仰祈聖鑒事。

宣統二年二月三十日軍機大臣欽奉諭旨：順天府奏臚陳第三屆憲政事宜，並各級審判制度暨現行清訟辦法，請飭詳議一摺，著該衙門議奏等因。欽此。由軍機處遵旨將原摺鈔交到臣館臣部，所有該府尹臚陳第三屆籌備憲政事宜，業由臣館照章彙案辦理。其原奏所陳順天府屬各級審判制度，尚有不能不詳加研求者四端，並陳明順天清訟辦法，分別請飭詳議各節。臣等按照原奏，反覆審核，撮其要義，不過劃分司法區域及劃分司法權限兩大端。在該府尹衡量時宜，於籌備審判力事研求，尚係循名責實之意。惟司法制度既奉特旨頒行，雖京府、外府情形各有不同，然法院編制究應以整齊畫一為主。若於京畿首善之區，先紊審判獨立之制，似非所以重憲政而促進行。臣等謹就該府尹原奏，逐加核議，敬為我皇上一一陳之。

原奏內稱：京師高等審判廳既與各省同級，而監督之權，於各省則有提法司，於京師則直隸法部，在審判遞級上行，原無窒礙，而法部監督及於初級，不免繁瑣。且今日之籌辦，不能不責成地方行政長官，即各廳之行政，未嘗不關涉地方行政權限。若以下級歸府尹，則上級行政與下級行政不一貫，若並下級歸法部，則各廳行政與地方行政必兩妨。自非別有明文，凡法令之能通行各省者，轉不便於順天等語。查京師特設高等審判一廳，轄及順天全府，已與外府審判制度辦法不同。直省提法司之設，誠以我國疆域遼闊，事屬改制，端緒紛繁，無論邊腹省分，司法、行政之權，既非中央一部所能遙領，故目前辦法，不能不以其司法監督權委任於該司，而仍令受成於臣部。至順天府屬州縣僅二十有四，體制雖崇於外府，而轄境則小於省區，且近在京畿，一切司法行政事務，實臣部監督權所能及，是以未設提法專司，原以為省節財力，統一事權之計。至司法、行政監督權之施行，法院編制法業已詳悉規定。京師高等審判廳廳丞，對於順天府屬地方以下各級審判廳司法、行政事務，京師地方審判廳廳丞及其他順天府屬地方審判分廳監督推事，對於各該下級審判廳司法、行政事務，均各有監督之權，而皆依法應受臣部之監督。層遞而上，系統釐然，初級既非僅直接監督於部，自無繁瑣之虞，司法又復與地方行政分權，尤無不便之弊。至於今日之籌辦，本地方行政長官應有之責成，各廳司法、行政關係地方行政，此在法律上當然有共助之義，斷難以監督不屬之故，而有此疆爾界之嫌，況京師高等以下審判各廳，成立已歷數年，向由臣部直接監督，事理並無窒礙，此時若必議歸府尹，不惟有乖定制，恐亦妨礙法權。查臣館前次奏進法院編制法摺內聲明，各級審判廳，凡屬司法、行政監督權限，一以法院編制法為準繩。其餘行政各官與司法各官，事權既不相統屬，即不得互相侵越，倘有故違本法者，由法部查明據實糾參等語。業經奉特旨，照議辦理通行。欽遵在案。該府尹所稱，自非別有明文，轉不便於順天之處，法院編制法既有明文，應仍令欽遵辦理。其籌辦審判一節，查修正逐年籌備事宜清單內載，本年為續辦各級審判廳之年，明年為直省府、廳、州、縣城治各級審判廳一律成立之年。順天府屬除京師各級審判廳已由臣部於光緒三十三年一律籌設外，其餘各州縣應如何趕緊籌辦之處，應請旨飭下該府尹，迅速擬具本年應行籌備辦法，隨時咨報臣部核辦。

原奏又稱：京師地方審判廳，其管轄區域祇及京師內外城及京營地面，是大、宛兩縣所轄餘境應劃屬他分廳。在各國司法、行政，各分區域，不必相符，以案牘全在法庭，而裁判各有定籍也。詳覽《司法區域章程》各條，皆以不與行政區域相歧為主，原以司法獨立之初，尚多關涉地方行政之事，區域相歧，則條理易紊，執行多阻。今破兩縣轄境，使城外遠隸他分廳，既不便於赴訴之人，且於户婚田土案件，尤多轇轕，以兩縣合隸一廳，則首善之地慮其太繁，以一縣分屬兩廳，則牽連之事慮其多糾。或移兩縣於城外，而劃京師為特區，或分審判為兩廳，而依舊界為轄境等語。查《欽定司法區域分劃暫行章程》第五條內載，順天府各州縣應設地方審判分廳，其詞訟簡少者，得合鄰近州縣共設一分廳，其距府最近者，即由該府地方審判廳管轄之，不另設分廳等語。又臣館會奏遵議山東巡撫袁樹勛等奏，變通府、廳、州、縣地方審判廳辦法摺內聲明，嗣後各府直隸州之有同城州縣者，應照章共設一地方審判廳，或一分廳等語。又《欽定司法區域分劃暫行章程》第九條內載，所有本章程內各級審判廳未定區域者，順天府所屬，由該府核明分別咨送法部奏定等語。查大、宛兩縣行政區域，將來應否變更，應俟釐定外省官制時，再行核明彙案辦理。現在京師地方審判廳，既奏定以京師內外城及京營地面以外之屬於大、宛兩縣轄境者，應否別立一地方審判分廳，或援距府最近之條，即由京師地方審判廳管轄，而於內外城以外之屬於該兩縣轄境及京營地面，酌設初級審判廳若干所。除京營地面由臣部自行籌辦，另案請旨遵行外，其在內外城及京營地面以外之屬於該兩縣轄境者，應否別立分廳，或即由京師地方審判廳管轄。並其餘州縣，應如何分別專設分廳，或共設分廳及酌設初級審判廳之處，應由該府尹遵照定章，迅速核明咨部核辦。其順天府屬應需司法經費，應由該府尹遵照歷次奏案，籌擬辦法，咨由臣部遵旨會同度支部奏明辦理。該府尹所請或移兩縣於城外，或分審判為兩廳，均應毋庸置議。

原奏又稱：順天一府其屬二十有四，地大訟繁，自非直省一府之比，章程既以一高等審判廳專轄順天，又以一地方審判廳專轄內外城，本與外府審判編制有別，而獨於所屬州縣建設分廳，仍從外府與直隸州之例。夫外府之得設分廳者為便民也，得不設分廳者為省費也。順天轄境遼闊，且為首善觀瞻所繫，規模不宜儉於外府。外府以一地方審判廳轄全境，其所設分廳皆在轄境以內，今京師地方審判廳亦包括二十四屬，是於總廳轄境以外設分廳，而京城以外無地方審判廳矣等語。查京師地方審判廳管轄區域，照章本有一定，並無包括二十四屬明文。其餘順天府屬州縣所以定為僅設地方審判分廳者，原以國家財力有限，地方繁簡不同，若每一州縣必設地方審判一廳，規制必力求完備，經費恐多有不敷。故臣館核定法院編制法時，特立地方分廳之制，不外乎便民省費之謀。且管轄區域，順天府屬州縣與直省州縣所設分廳辦法一律，並無一在本廳轄境以內，一在本廳轄境以外之別，原奏似不免誤會。況地方審判分廳，所有管轄民刑案件之權，按照欽定初級暨地方審判廳管轄案件暫行章程，其權限與地方審判廳同，規模雖儉，審級不殊，似無庸斤斤以外府為比例。順屬州縣既多貧瘠之區，而國家財政又有困難之患，籌設分廳，尚不免左支右絀，而必謂京城以外多設地方審判廳，規模始為不儉，恐非折衷緩急輕重之道。至謂首善觀瞻所繫，然既特設高等、地方各廳於京師，所有建築法庭等事，臣部業經請撥專款，剋日經營，似不致猶嫌簡陋。惟順天府屬州縣情形究有不同，如果審量財力，能於繁盛地方再設地方審判廳一二處，未為不可，仍應由該府尹切實通籌，擬定辦法，照章咨報臣部核辦。

原奏又稱：順天州縣旗民雜處，凡詞訟所自起皆外府所不聞，雖受治於法權者同等，而法庭行政與地方行政之交涉，實與外府迥殊。遵內務府去年奏案，以詞訟分歸慎刑司、審判廳，而順天州縣又仍有訊辦案件，其範圍當若何，權限當若何，必法令有明文而後規畫可預定，蓋民刑分庭之締構有闊狹，即籌辦經費之多寡有增損等語。查旗民案件，既非大理院特別權限之比，自應按照律例，一律辦理。順天府屬州縣地方，各該審判廳成立後，凡向由該州縣訊辦之案及照欽定初級暨地方審判廳官管轄案件暫行章程，各該廳有管轄權者，皆歸各該廳審判，範圍本有一定，權限不患不明。至民刑酌分廳數，此為籌辦時亟須詳核之事，應由該府尹分別擬具辦法，咨報臣部核辦。

以上四端，臣等係謹遵頒行法令及歷次奏案以為之引伸證明，其於順天府現在情形，亦復詳加體察，應令一律遵辦，以期京畿審判早日觀成，用副朝廷注重憲政之至意。原奏所稱順天清理積訟，為目前要事，而辦法尤難，京畿數百里中，內府莊園，王公圈地，所在皆是，一紙文書，便成原告，屢經追究，完結無期。論司法獨立，既有成立之高等審判廳，應即以各屬上訴案件悉隸該廳，行政官吏亦樂委卸責成。惟是清界催租，每在地方行政範圍之內，即審判歸廳，而辦理仍不能不責諸州縣。況積年案牘，散在各州縣衙門，舊例新律，勢難盡出一貫，驟以委諸法庭，案情猝難了解，審查仍歸州縣，判斷即多周折，而法官復不得侵地方行政之權，則禁格既生，傳集更累。將來司法一律成立，新案必歸法庭，決無疑義，現當籌備限內，審判權與行政監督權應如何暫行變通，冀能刻期蒇事等語。查順天府屬未設審判廳地方各州縣，照例仍負問刑之責，積訟如何清理，應由該府尹行查各該州縣，自奉文之日起，究有積案若干，分別勒限完結，係刑事案件，凡例應解勘者，均於定擬後，遵照臣部上年十二月會奏該府尹奏拏獲盜犯請變通咨交審判摺內所定辦法，將供勘人犯報由該府尹咨送京師高等審判廳覆鞫。其各州縣判結之案，有不服上訴者，均令逕赴京師高等檢察廳呈控，由高等審判廳審理，以廣人民伸訴之途，而符司法獨立之制。至舊例新律，雖難盡出一貫，然既係現行，無論地方官司，或審判官吏，訊辦案件，均應以法令為範圍，何致委諸法庭，即有猝難了解之弊。此外清界催租事件，果屬行政範圍，自應概由地方官辦理，如其涉及訴訟，應歸民刑審判者，定章具在，勢不能聽令權限混淆。凡在已設審判廳地方，俱歸該廳辦理，其有執行判決，應須地方官為之協助者，彼此以法令為準繩，當無互相侵權之事。

該府尹所請審判權與行政監督權，應如何暫行變通之處，應請毋庸置議。

所有遵議緣由，是否有當，理合恭摺會陳。

再，此摺係憲政編查館主稿，會同法部辦理，因往返會商，是以覆奏稍遲，合併陳明。伏乞皇上聖鑒。謹奏。

雜　録

《大清新法令·法部等會奏京師各級審判由部試辦訴訟狀紙摺並單》

竊維依狀鞫獄，律有明條，誠以狀詞為兩造訴訟之原，官吏審判之據，雖與別項文牘不同，而情僞所生，關係究為重要。

《周禮·大司寇》一篇，首列兩劑鈞金之制。厥後漢有獄辭，六代有訴牒。即近世東西各國，亦於訴訟書類，均莫不有法定狀式以為之程，誠重之也。

中國各直省問刑衙門，雖有呈狀格式，然未經臣部規定，率皆自為，風氣參差不齊。其重視法律者，或故為繁苛之條件，使民隱不得上陳。其重視民隱者，或又棄置不用，聽民間隨意具呈。授訟師以舞文之漸，甚至一詞之人，需費煩多。而官考代書，又往往勾串吏差，肆其婪索。種種弊竇，以孳以繁，聽訟一端，日形叢脞，不僅騰誚列邦已也。

方今司法獨立，既以臣院專司審判，為推行憲政之初基，而京師創設高等以下審判廳，尤為直省各級審判之標準。若不將訴訟狀紙先行釐定，何以便民情而去宿弊、示顢若劃一之規？

茲經臣等會商，釐定格式分為五等：一曰民事訴狀，凡關於民事原告者用之。二曰刑事訴狀，凡關於刑事原告者用之。三曰辯訴狀，凡被告人，無論民事、刑事皆用之。四曰上訴狀，凡關於上控者用之。五曰委任狀，凡遣抱呈訴者用之。層級不覺其煩，名實亦屬相副。

復查升任直隸督臣袁世凱奏辦天津府屬審判章程內稱，一切狀紙由廳發賣并遵章貼用印紙，行之數月，民間翕然從風，良由費省而事便無從上下其手等語，可知法古宜今有利無害，夫民情不甚相遠，法制取乎大同。所有狀紙一項，天津既由一府漸及全省，臣部即可由京師推行各省。

現在各級審判廳開辦在即，臣等謹將各項狀紙擬就簡明章程，恭呈御覽。如蒙俞允，應由臣部督飭官設印刷局所，照式製造，分別發由臣院暨高等以下各級審判廳，聽民購用，并加蓋發行處戳記，庶便稽核。其有命盜重件急切不及具呈者，仍照常准民喊控，以免延遲。并令各級檢察等官實力查驗，隨時咨部，俾資考核。俟試辦數月，果能推行便利，再由臣部置備印刷機器，精製印紙，會同臣院酌定詳細章程，將所定格式奏請頒發各省遵行，以收司法統一之效。臣等為清訟便民、整齊法規起見，謹奏。

光緒三十三年十月二十六日，奉旨：依議。欽此。

謹將試辦訴訟狀紙簡明章程開列清單，恭呈御覽。

第一條　訴訟狀紙，係奏定先從京師辦起，無論旗漢官民，關於民事訴訟、刑事訴訟，在各審判廳具呈者，一律遵用。

第二條　訴訟狀紙自奏定之日起，所有京城舊式狀紙一律停止，其自行任用便用紙寫呈者概不受理。

第三條　訴訟狀紙分為五種如下：

一　刑事訴狀。凡刑事原告於第一審審判廳呈訴者用之。

二　民事訴狀。凡民事原告於第一審審判廳呈訴者用之。

三　辯訴狀。凡民事被告、刑事被告於各審判廳呈訴者用之。

四　上訴狀。不論民事、刑事，控訴上告或抗告者用之。

五　委任狀。不論民事、刑事，其委任抱告者於訴狀外附用之。

第四條　訴訟狀紙無論何種，每紙定價當十銅元十枚，作為紙張印刷發行等費。

第五條　凡刑事由檢察官或司法警察官、營汛兵弁及地方官發覺之案，概由檢察官起訴，不用狀紙。

第六條　訴訟狀紙由部指定官設印刷局所印刷，分交大理院及各審判廳發行之。

第七條　凡審判官署於發行訴訟狀紙時，皆須加蓋各該官署發行處所戳記，以備稽核。

第八條　訴訟狀紙如須推廣外省時，應由法部體察情形，酌定詳細章程，另行奏明辦理。

第九條　凡於狀紙定價外任意需索者，照受贓律計贓論罪。

第十條　凡未經法部允准而擅行仿造狀紙及私售者，計其紙數，得科以一兩以上、二十兩以下之罰金。

第十一條　每月發行各項狀紙若干，應由各審判官署分別咨報申報，以八成解部為紙張等項銷費。

第十二條　各項狀紙格式，嗣後如有應行變通及增加種類之處，由法部授案試辦，奏請遵行。

商部與農工商部分部

綜述

《大清新法令·商部奏定商部章程摺並清單》　光緒二十九年七月十六日奉上諭：現在振興商務，應行設立商部衙門應辦一切事宜，著該部尚書等妥議具奏等因。欽此。臣等伏維懋遷作，又商政權與周之泉府司市，漢之平準均輸，大抵以因時制宜為設官之本義。方今中外互市，商務實為利權所係，臣等仰承恩命，特受專官，亟思切實講求，勉圖報稱，竊以立法尤宜防弊，任事要在得人。現當創設之初，必須明定章程，妥籌良法，然後可期經久。臣等詳加核議，綜其要旨，約有數端。一曰通下情。中國風氣未開，官商每多隔膜，馴至牽掣抑勒，百弊叢生。今欲俾隔者而使之通，合渙者而使之聚，成效實非易睹，則各項公司及商律商報館不可不設也。一曰定官制。我朝設官分職具有成規，近來若外務部分司設缺，升轉不出一途，立法盡善，亟宜仿行。至於商情所在，若不予以爵秩之榮，誠恐商人中之志切忠誠欲圖效用者，仍復裹足不前，是宜於慎重之中稍寓變通之義，則各司官之與商董不得不分途并用也。一曰立課程。六部衙門積弊在一切檔案稿件皆歸吏胥經理，遂得上下其手，今臣部必使司官親手辦事，一人可抵數人之用，倘有商人赴署求見，不得有絲毫之阻隔推之，收發文件、批示稟牘亦不容有斯須之逗留，斯課程宜釐訂也。一曰嚴賞罰。商務為利源所在，弊竇易乘，欲使各司官等砥礪廉隅，非厚給廉俸不足以激勵清流，然奬勸之餘尤須用法，使知儆畏，庶人人争自濯磨，盡袪招搖牟利之弊，斯賞罰宜嚴明也。總之，當此振興庶務之時，務使中外商人咸曉然於國家設立商部之本意，要在保護開通，決不與商民争利，必痛除隔閡因循之習，始克盡整齊利導之方。臣等竊本斯意，擬就章程十二條，謹繕清單，恭呈御覽，如蒙俞允，應請作為臣部專章，即由臣等分別咨行遵照。此外如有未盡事宜，再由臣等隨時酌核，奏明辦理。謹奏。光緒二十九年八月初六日，具奏。奉旨：依議。欽此。

謹擬臣部各項章程繕具清單，恭呈御覽。

一、擬分設四司：

一曰保惠司，專司商務局所、學堂、招商，一切保護事宜。賞給專利文憑、譯書、譯報，聘請洋工程師及臣部司員升調補缺各項保奬。

一曰平均司，專司開墾農務、蠶桑、山利、水利、樹藝、畜牧，一切生殖之事。

一曰通藝司，專司工藝機器製造、鐵路、街道、行輪、設電、開採礦務，聘請礦師招工諸事。

一曰會計司，專司税務、銀行、貨幣、各業賽會禁令、會審詞訟、考取律師、校正權度量衡，以及臣部報銷經費。此外，設司務廳一所，專司收發文件、繕譯電報。其餘未盡事宜各以類從。

至以上四司所立各項名目必須詳備，惟創設之初，有應即時興辦者，有應從緩籌辦者，容由臣等督飭各司員酌量繁簡，分別核議，次第舉行。

一、擬設立律學館一所，商報館一所。律學館設總纂官二員，纂修官二員，均以臣部司員兼充。先行廣購外洋商律各書，兼及路礦律、招工律、保險律、報律，并各國通商條約，派定通曉中外交字者若干員，專司翻譯，陸續譯出，由總纂、纂修各官審慎採擇，參以中國律例編成條款，奏請欽定頒行。商報館設提調官一員，亦以臣部司員兼充，應將臣部所辦招商事宜、集股款目以及各省各埠土産贏絀、物價貴賤、工藝良楛，均隨時登報，發交各省并中外各商埠銷售，藉以鼓舞商情，開通風氣，須擇學問深邃通達商務之人，選定再行出報，該報祇准按照商律辦理，即有議論亦祇考究商務，不涉他事。此外擬設商務學堂局所，容俟酌量情形，隨時奏明辦理。

一、擬招商設立鐵路、礦務、工藝、農務各項公司，先行試辦，再令各省逐漸推廣，除工藝、農務公司由臣等先行籌議，俟議有就緒奏明辦理外，鐵路公司，應先辦支路礦務公司，先辦煤鐵各礦。以上各公司如一時官本籌集不易，全係商股承辦者，應由臣部隨時維持保護。所有商股獲利或虧耗等事，臣部除奬勵及飭追逋欠外，其餘概不與聞，并不用官督商辦名目，亦不派監督總辦等員，以防弊竇。如係官商合股及官助商辦，則須視股本之多寡、辦事之難易，隨時訂定章程。總之，臣部之責在提倡振興，專務為民生利，所有牽掣抑勒之弊應痛加掃除，以副國家保惠商人之至意。

一、臣部綜理商政，所有承上啓下一切事務職掌綦繁。擬請仿照外務部體制設左右丞各一員，正三品，左右參議各一員，正四品。每司設立郎中、員外郎、主事各二員，司務廳設立司務二員，額外司員亦酌定，每司以六員為率，所有京察保送各項章程亦均照外務部章程辦理。至臣部既管攝商務，利弊所關甚巨，丞參司員等尤以操守廉潔為第一要義，自應優給養廉，使無内顧之憂，庶可責以專心辦事，請俟籌定經費後再行奏明辦理。

一、臣部員缺既照外務部定章，不能不慎重其選，以期一人得數人之用。現當創辦之初，除已經奏調各員外，所有額設各缺若照六部簽分學習，誠恐不盡得人，擬酌照外務部章程咨行内閣六部等衙門，於滿漢郎中、員外郎、主事、小京官、侍讀中書中，擇其品正才優通曉商務者，出具切實考語，保送考試，帶領引見記名，先行傳到若干員酌派差使，試看三月後再按原階酌量奏補，以後挨次傳補，傳到後，無論郎中、員外郎、侍讀，均先以原階借補，主事仍隨時察看，如不得力即行咨回原衙門，以免濫竽充數。至各省候補道府同通州縣中，不乏熟諳商學商務之人，除此次奏調各員外，嗣後如有歷練精詳、辦事切實者，准由各督撫出具考語，咨行臣部，考試録取，引見記名，酌量差委補用。

一、取士之法，事舉言揚，原不必拘成格，商人素習懋遷，若考以掌故政治，課以文牘，其勢固有所不能，然商情所在，若不加以聯絡，商務焉能起色。嗣後如有在中外商埠充當商董之人因事到京，經臣部察看，委係行誼誠實熟習商務，擬即派充臣部委員，遇有考察華洋各項商務事宜，酌量委用，毋庸開支薪水，倘有异常勞績，准由臣部保奬，臣部郎中、員外郎、主事各職銜如商董中已經得有官職，品望較著者，應作為顧問官，自四等至頭等為止，由臣部奏明派充，不必在部當差，亦不支給廉俸。至外埠商董子弟捐納京外各官者，經臣部奏調差遣，毋庸考試亦不必拘以文牘之事，借以鼓舞，且收因材器使之效。至翻譯人員，除律學館翻譯商務書籍各有專責外，平日接見外國官商，擬用通曉英、俄、德、法、日本等國語言文字者若干員，以便差遣。

一、通商各埠出産銷場一切情形，臣部無從周悉，加以商情涣散已久，求其合力團聚斷非易事，此中樞紐要以招商為第一要務。臣等擬俟規模粗定後，派丞參一二員帶同得力司官前赴上海等處招集商董，并考察商務，沿途應編纂日記，勒為成書以資考核。至各省各屬土産及製造所出之貨若干類，又各關各埠出口土貨若干類、進口洋貨若干類，并各處有無設立工藝局院學堂，及沿江沿海省分所設機器仿造絲紗布、煤油、火柴各廠，除由該丞參等考察詳記外，應由各該省將軍督撫先將已往情形、現辦情形詳晰咨報臣部查核，嗣後并應將有無更改情形按年報部一次，作為課程。

一、臣部宗旨要在通上下之情，所有商人求見或投遞禀牘及面訴商情，自當輸誠款待，破除京外各衙門閽吏阻隔之弊。惟斯時風氣初開，品流尚雜，又不得不略加審慎，免致魚目混珠。現臣等擬於署中設接待所一處，如有中外各業商人赴署求見，即導至司務廳，由值班司員先行接見，詳詢踪迹，察其情僞，然後由司務廳司員延入接待所，由丞參各員等分别接談，隨時隨事斟酌辦理，蓋詢察之權不寄諸閽吏，既無内外阻絶之嫌，亦免良莠紛投之慮。至各國商人及華商從外洋來京有要事求見者，并由臣等隨時接晤，加以禮貌，俾知朝廷重視商務之至意。

一、臣部事務殷繁，各司員等自應按照外務部之例逐日到署，親手辦稿，呈堂閲定核發，并輪流住班，期無曠誤。臣等現擬設日計表、月計表各一册，即由臣等首先倡率，將每日所辦何事隨時登記，各司員名繕列於後，即督飭逐日標注，考其功課，即以察其才能。至於儀文一切宜概從簡便，以除壅蔽。查各部向章，司員上堂回事立而不坐，堂管亦起立答話，即有商酌，每苦不能盡言，臣部擬於堂上另備長桌，多設坐位，遇有重要事件即同丞參及各司員環坐一堂，從容討論，務使人人各抒所見，各盡所言，勿蹈脂韋趨蹌之習，庶收集思廣益之功。

一、臣部收發文件最關緊要，擬於候補司員中選派收掌官四員，在司務廳輪流住宿，每日將收到公文等件隨收隨閲，按照緊要尋常詳為區别。其緊要文件除有應行詳酌之事從緩辦理外，必須立時辦稿，由臣等參閲定奪，即時繕稿，行文不得有斯須延擱，其録常文件仍由各司員隨時擬稿，亦由臣等批閲，迅即發行。至稽核事宜，各司員等俱有責任，所有臣部奏咨案件及各項合同章程，如有須纂入商律者，應由律學館妥定條款。一俟裒集成書，即奏明請旨頒行，垂為今典。如有須刊登商報者，應由臣等督飭丞參各員詳細核定，由商報館登諸報章，俾資衆覽。

一、臣部既擬優給各司員等養廉，并聯絡商董予以職銜，奬勵之法已屬詳備，然必須勸懲互用，方能揚激人才。現擬定應行懲戒之款，約分三等，延擱公事為一等，宣泄密件為一等，招摇撞騙、舞弊營私為一等。各司員委員中如有延擱公事、宣泄密件者，輕則記過罰俸，重則咨回原衙門，原候補省分、商務委員則撤銷職銜，如有招摇舞弊等情事，應一律嚴參照律懲罰。

一、臣部事務重要，假手吏胥，易滋弊竇，擬請客設供事四十名，分班入值律學館，擬設供事八名，俾供抄寫之役，由各館咨取考試取定，以次傳補，惟既資其力，不能不予以奬勵，應照外務部成例，兩年擇尤保奬一次，所有薪工亦應酌量優給，以昭激勸。如有在外招摇者，立即斥革嚴辦。至武弁、廳差、蘇拉亦按照外務部例，兩年分别奏咨給奬。

又《農工商部奏釐定本部職掌員缺摺》 謹擬釐定臣部職掌暨分司隸事辦法清單恭呈御覽

謹按：臣部以商部改設，業將舊隸通藝司之鐵道、行輪、設電等事劃歸郵傳部，而以舊隸外務部之商務、機器製造，户部之農桑、屯墾、畜牧、樹藝，工部之河防、水利并核銷款項事宜，户工兩部之度量權衡專隸臣部辦理。今遵照商部釐定章程，并參仿各國農工商部官制，釐定職掌暨分司各事辦法條列於後。

第一條　臣部管理全國農工商政暨森林、水産、礦務、河防水利以及商標、專利、權衡、度量等各項事宜，并綜核各直省農工商政、河道各官及農工商各項公司、學堂、局廠。

第二條　臣部設左右丞各一員，左右參議各一員，以綜核各司事務。其職掌權限悉如舊制，并可隨時奏派，前赴各直省考察農工商務。

第三條　臣部擬設四司，其目如下：

一　農務司，二　工務司，三　商務司，四　庶務司。

第四條　農務司掌事務如下：

專司農田屯墾、樹藝、蠶桑、紡織、森林、水産、山利、海界、畜牧、狩獵暨一切整理農政、開拓農業、增殖農産、調查農品、組合農會、改良農具漁具、刊布農務報告、整頓土貨絲茶，并各省河湖江海堤防工程，培修堤岸，建設閘壩，疏浚河道海港各處溝洫，歲修款項核銷事宜，統轄京外各農務學堂、公司、局廠，各省船政及辦理農政、河工、水利人員，兼管臣部農事試驗場。

第五條　工務司掌事務如下：

專司工藝物科、機器製造、勸工招工、組合工場、辨别工作、品物改良、磁業保護、各項工匠暨調查全國礦産、管理辦礦准駁事宜，發給勘礦開礦執照，延聘礦師，整理一切工政礦政、機器人工造作事宜，統轄京外各工藝製造礦務學堂、公司、局廠及辦理工政、礦政人員，兼管臣部實業學堂、藝徒學堂、工藝局、勸工陳列所、綉工科、化分礦質所、權衡度量局。

第六條　商務司掌事務如下：

專司商會、商埠、商勳、賽會、專利、保險釐訂、商貨運輸及水面商貨保險規則，保護商船航業，招商，設立工業、商業儲蓄等銀行，農工商礦各公司暨一切提倡、保護、奬勵、調查報告、涉訟禁令事宜，統轄京外各商務學堂、公司、局廠及辦理商政人員，兼管臣部商律館、商報館、公司注册局、商標局。

第七條　庶務司掌事務如下：

專司臣部收支款項、報銷經費、各司員缺升遷、調補、承領俸銀俸米，管轄閣署蘇拉、聽差、皂役人等，承辦署中各項雜務以及各司未賅諸事宜，并統轄臣部承值所。

第八條　臣部原設之司務廳管理收發文件、繕譯電報、看管印信、稽核各項印文事宜，現擬裁撤，統歸另設之承值所辦理，由臣等酌派司員輪流值宿，襄辦一切，即隸屬庶務司。

第九條　臣部奏設之各項局所、學堂，其目如下：

一　商標局，二　商律館，三　商報館，四　公司注册局，五　京師實業學堂，六　京師藝徒學堂，七　工藝局，八　京師勸工陳列所，九　綉工科，十　農事試驗場（附高等農學堂農務局），十一　化分礦質所（現擬籌設），十二　權衡度量局（現擬籌設）。

第十條　上列各局所學堂有應行改并或此外有應行增設之處，由臣等隨時奏明辦理。

第十一條　臣部奏設之顧問官、議員、礦務議員、商務議員、商務隨員所掌事宜，悉仍舊制。

第十二條　各司設立職員如下：

郎中十二員，員外郎十六員，主事十八員。

第十三條　除以上所設職員外，特置專門之職員如下：

一等藝師，秩正六品，二等藝師，秩正七品，一等藝士，秩正八品，二等藝士，秩正九品。

第十四條　藝師、藝士均已得有專科畢業文憑，由臣部差委試用有效者，分別奏補。一等藝師，秩視主事，得以員外郎升用，其餘以次遞升，凡藝師、藝士無定額。除由臣部任用外，并可由各督撫咨調，佐理各項專科事務。

第十五條　臣部綜司農工商政，關係重要，各司員缺亟應慎重遴選，以期一人得數人之用。前經援照外務部章程咨取各部人員考試引見、記名傳補，并調用京外現任候選候補人員酌量補用，毋庸簽分先後，奏准在案，今擬仍照舊制辦理。

第十六條　臣部司員每屆京察保送一等暨俸滿截取，并保送各項缺差，均請按照各部通例辦理。

第十七條　臣部額設供事舊制，援照外務部章程，兩年擇尤保奬一次，至武弁、聽差、蘇拉亦按照外務部章程，兩年分別奏咨給奬，歷經遵辦在案，今擬仍照舊制辦理。

第十八條　以上各條，嗣後如有應行增修删改之處，隨時由臣等公同商酌，奏明請旨辦理。

又《農工商部奏歸并工部辦法摺並清單》　竊本年丙午九月二十日內閣奉上諭：欽奉懿旨，工部著并入商部，改為農工商部等因。欽此。臣等當即傳令工部各司員到部，飭將工部事宜暫行循舊辦理，業於十月初五日專摺奏明在案。伏查工部一職，兼古之水火工虞，如河工、海塘、水利、船政、度量權衡、礦冶之利、山澤之材，其事多與農工商相表裏，循名核實，皆應并入臣部，以一事權。京外土木工程舊隸工部，惟此次原定民政部官制清單內特設專司管理土木建築事宜，責有攸歸，臣部即毋庸兼管。此外，如木税、船政事屬財政，宜劃歸度支部，軍械、兵艦事屬武備，宜劃歸陸軍部。至典禮一門尤關重要，凡禮器、法物、乘輿、服御一切制辦供張之具，壇、廟、陵寢、宮殿等處整理陳設之事，皆屬帝室之上儀禮官之專職，若仍由臣部辦理，似於名實未符，擬請以內廷典禮事宜并入內務府恭辦，外廷典禮事宜并入禮部恭辦，庶足昭誠敬而示尊崇，所有庫存祭器陳設等件，應由內務府、禮部派員分別點交接收。至各衙門行取之物，大都照例折價，不若聽其自行採辦較為簡便，此歸并工部事宜之辦法也。工部款項每年由度支部支銀七萬兩，本税項下每年收銀一萬餘兩，又寶源局每年收錢十萬串，是為正款，係備各處行取採辦物件及一切正項開銷之用。此外，有水利、飯銀二款及各項銷費，每年約共銀四五萬兩，是為另款，於光緒三十一年七月間由工部奏明化私為公，作閣署津貼。今工程製造採辦各事宜均已他隸，所有前項正款銀兩自應剔除，其存庫正款擬即撥歸度支部接收，由各處酌定用款多寡，自行奏明立案，徑向度支部支領。其另款各項應請飭下各省督撫，分別照案解交臣部，撥充添設官缺之用，現在存庫另款應歸并臣部接收。至工部裁撤人員為數較多，除由臣部調用外，餘均開單咨送吏部，按照新章分他部及外省補用，俾免向隅。

此清釐款項安置人員之辦法也。以上各節由臣等公同商酌，務在廓清積弊，明定責成，謹繕清單，恭呈御覽。如蒙俞允，即由臣部行知各衙門欽遵辦理。謹奏。光緒三十三年十二月初九日。奉旨：依議。欽此。

謹將歸并工部辦法酌擬章程繕具清單，恭呈御覽。

一、部務裁并之始，首以劃清權限為要義。臣部既改為農工商部，則凡工部所掌事宜關於農工商政者，自應歸并辦理。擬以工部之河工、水利、海塘、江防、溝渠、船政、礦務、陶冶、度量權衡均隸入臣部，以專責成。

一、土木工程現由民政部設立專司管理，擬以工部所掌京外各項土木工程一切營繕報銷事宜，均專歸民政部辦理，其琉璃窑、木倉應即一并移交。惟建築之事事屬工科，如有研究工程學問、發明意匠者，所有提倡考核奬勵保護事宜，應仍由臣部核辦。

一、典禮一類事最繁重，職掌不專，慮多貽誤。凡關於外廷典禮者，尊封、册立、册封、朝會、慶賀、祭祀、宴饗、封贈、賞恤等事宜應行預備供張之物，擬并歸禮部恭辦。凡關於内廷典禮及輿衛器服、因時進御之物暨織造、採補、藏冰、薪炭等事宜，均并歸内務府恭辦，其製造庫及黄布城庫、椿鐝庫、彩綢庫、清匠司，均即移交内務府管理，遇有外廷典禮應需之物，即由禮部向内務府行取，敬謹預備。

一、軍需一類向隸工部，近歲講求武備，製器日精，非有專門，難資考核。擬以虞衡司之軍器及都水司船政内之戰船，均專隸陸軍部，其軍需庫、硝磺庫、鉛子庫一并移交。此後宫廷等處陳設兵仗、内務府等處需用火藥、硝磺，應改向陸軍部行取。惟機器製造事關工藝，所有各省製造局應仍由臣部稽核。

一、各省舊設工關專税竹木車船，隸於工部，查徵收關税本係度支部專職，擬以各省工關改歸度支部管理，以免紛歧。

一、各處行取物件大都由工部折給例價銀兩，而領款於度支部，徒費文書往復之煩，現在此項領款既擬停支，有行取物件擬由各處自行採辦，徑向度支部領價報銷，以歸簡易。

一、工部署内有節慎庫，儲藏帑項。現在正款均擬剔除，工部衙署業經大理院奏明撥用，擬將節慎庫即行裁撤，其工部之藝學館亦設在署内，該館經費無出，擬即一并裁撤。

一、工部人員由臣部調用者，凡分曹治事及升遷調補事宜均照臣部定章辦理。此外，裁缺及候補各員均開單咨送吏部，按照新章分别辦理。

一、工部匠役本有定額，遇有工作，由部委員督匠承造，核給工價。現在工程製造事宜即經他隸，其所有匠役應按其所司之事造册，分别移交各衙門，酌量留用。

一、工部現存款項除正款銀六萬一千餘兩、錢一萬餘串撥還度支部接收外，其另款各項銀一萬八千餘兩、錢四千餘串，應歸臣部接收，以備添設員缺之用，其工部舊有之産業亦均歸臣部管理。

一、工部應有案卷圖籍及各庫存儲物件，由臣部會同各衙門點明，分别接管外，其有未盡事宜，由臣等酌核，隨時奏明辦理。

劉錦藻《清朝續文獻通考》卷一二六《職官十二·商部》（光緒二十九年，諭：見在振興商務，應行設立商部衙門，應辦一切事宜，著該部尚書等妥議具奏。

臣謹案：商部之設，從貝子載振請也。【略】

三十二年，諭：工部著併入商部，改為農工商部。

《軍機處原摺·御史王步瀛奏工商改併為農工商部原工部事務請飭釐定片光緒三十二年十二月初八日》再，查各部院衙門，自來以積弊著名者，莫如工部，書吏把持盤踞，而司官不肖者利用之以致富，遂一切任其顛倒，以無作有，支一銷百，邪慝糾紛，不可究詰。自上年七月鹿傳霖任工部尚書，發憤振頓，奏定新章，裁去書吏，拔司官之賢者用之，事必躬親，工皆核實，而開支僅及往年十分之二三。即如節慎庫，向例歲領户部款七萬兩，仍不敷用，往往藉詞預支，今乙巳、丙午按年領銀六萬兩，而除兩年支用外，反積存七萬兩交還户部。又如料估所，專辦瑣碎工程，每案數百金或數十金，常年必合支數萬兩，現裁去此所，而兩年所支絕少。舉此兩端，則凡裁汰於臨事與禁絕於無形者，每歲為國家節省帑金甚鉅。試將工部新舊銷册與户部逐年支領之數，按籍而稽，必較然明白。以二百餘年積垢含污之所，一旦為之弊絕風清，行之期年，各事遂俱有成案可據，踵此辦理者縱思染指，而勢有難能，其用心良苦，而其為功亦不細矣。似此良法美意，宜如何共為護惜，垂諸久遠，豈宜棄若弁髦，使已革舊弊得以因緣復起。

恭讀九月二十日懿旨，以工部併入商部，改名農工商部，謹繹聖意，原不過以類相從，俾歸簡要，未嘗謂司空職掌舉可廢棄也。乃風聞農工商部改訂大旨，於工部舊署僅留都水一司，其虞衡、屯田、營繕各司之事，歸諸禮部者什一，歸諸內務府者什九。夫禮部所職與工程既絕不相類，而內務府辦事情形更難以各部相例，必在聖明洞鑒之中，倘竟照此辦法，將來之弊必無異於從前之工部，或又加甚焉，臣甚惑之。謹按《周禮》一書，冬官獨缺，自漢以來，僅存附屬之《考工記》。然記中如匠人替國於明堂、宮室、溝洫、道塗，凡後世所謂程者，無所不掌。今該部注重工藝誠當，然遂謂除水利外一切工程，無關官守，按之經義則不典，稽諸祖制則非法，義果何居。論者謂商部雖係新署，而其用事司員未能全無習氣，此次擯斥各司，正以承澄清之後而然。倘如昔時積弊相沿，司官可坐豐囊橐，則此三司者未必不獲與都水並存。是說也，未免以不肖待人，臣所不取。惟是昔日之工與今日之農工商，均為聖朝設官分職之一部，當今改併之初，凡該部堂司各官，受茲重任，固宜為朝廷愛惜紀綱，規畫久遠。倘竟不究其端，不訊其末，師心自用，於去留分際，不求至當之歸，致嗣後國家仍歲糜無數金錢，夫豈我聖主刻勵自強之意，與諸大臣感激圖報之心耶。

伏思研理以能公而益明，歷事以愈多而愈練。訪諸輿論，吏部尚書鹿傳霖辦事實心，忠於謀國，頗能不避勞怨，且係親革工部夙弊之人，倘能特飭農工商部各堂官會同該尚書，將原有工部事務悉心籌畫，釐訂職守，務期名實相符，歷久無弊，其足以裨補國計維持新政者，誠非淺鮮。

臣管見所及，僅附片具陳，是否有當，伏乞聖鑒訓示。謹奏。

又 《軍機大臣奕劻等奏定農工商部職掌及員司各缺摺光緒三十二年十二月初九日**》** 軍機大臣總理外務部事務和碩慶親王臣奕劻等跪奏，為釐定臣部職掌事宜及員司各缺，以專責成，而清權限，繕具清單，恭摺仰祈聖鑒事。

光緒三十二年九月二十日內閣奉上諭：仰見聖明在上，燭照萬幾，以改官制為立憲之先聲，尤以專責成為改官制之要鍵，聖謨宏遠，欽服莫名。

臣等奉命以來，夙夜籌維，通盤計畫，竊以為非明定職掌，無以清行政之權限，非劃清權限，無以專辦事之責成，惟有恪遵懿訓，實事求是，悉心妥籌。伏查臣部舊設四司一廳：曰保惠司，凡提倡商務保護商人各事項隸焉，曰通藝司，凡路礦、輪電、機器製造各事項隸焉，曰會計司，凡經費報銷、商業銀行賽會詞訟各事項隸焉，曰司務廳，凡收發文件、監用印信、繕譯電報各事項隸焉。歷年來循章辦事，尚屬次序秩然。

現在欽奉懿旨改為農工商部，又以工部併入，臣部責任愈重，事務愈繁，亟應更定職掌，俾清權限。除舊隸工部各事宜，與臣部名實不符者，另行奏明請旨分隸他部外，謹擬改平均司為農務司，專司農政。其舊隸户部之農桑、屯墾、畜牧、樹藝等項，自應改隸臣部。而舊隸工部之各省水利、河工、海塘、隄防、疏濬事宜，均屬有關農政，並應歸併該司辦理。改通藝司為工務司，專司工政。其鐵路、輪電事宜，業經移交郵傳部管理，而招商承辦及保護獎勵之方，仍當覈實循名，不敢自寬責任。改保惠司為商務司，專司商政，以舊隸會計司之賽會、詞訟各項屬之。改會計司為庶務司，專司臣部報銷經費暨一切庶務，並以舊隸保惠司之員缺升補等事屬之，而舊設之司務廳擬即裁併。另設承值所，由臣等酌派司員專管收發文件、監用印信等事，即隸屬該司辦理。

至各員司缺，每司舊設郎中、員外郎、主事各二員，司務廳設司務二員。現在工部既經歸併臣部，各司職掌重加釐定，所有員缺自宜分別增添裁撤，以資整理，而專責成。擬請農、工、商三司每司添設郎中一員，員外郎、主事各二員，庶務司職事較繁，擬請添設郎中一員，員外郎二員，主事四員，並先行奏補十數員，仍留出額缺，陸續量材補用，以符任缺毋濫之義。舊設司務廳司務二員，應即裁撤，其候補人員仍視各司事務之繁簡，由臣等隨時酌定。

至舊設之商標局、商律館，奏辦之農事試驗場及現擬籌設之權衡度量局、化分鑛質所，皆需專門人材切實辦理。臣等體察情形，惟有酌調專科畢業學生，擇其試用有效者奏留後酌量補用，並酌設一二等藝師、藝士各專官，以資實用，藉收羣策羣力之效。

以上各項事宜，均由臣等公同酌商，悉心覈議，要在劃清權限，明定責成，謹繕清單恭呈御覽。嗣後倘仍有未盡合宜之處，仍嘗恪遵懿旨隨時修改，以臻至善。如蒙俞允，臣等謹嘗欽遵次第辦理。所有釐定臣部職掌事宜及員司各缺，是否有當，謹恭摺具陳，伏乞皇太后、皇上聖鑒訓示。

再，此摺係農工商部主稿會同事機大臣辦理，合併聲明。謹奏。

論説

清·陳熾《庸書·外篇卷上·商部》 《語》曰：『識時務者為俊杰。』今日之時務，洋務而已矣。然其間自有緩急先後之序焉，不可不察也。今之言洋務者，動曰講求公法，整頓海防，製器練兵，購船造炮，自以為當務之急，而不知皆緩圖也，自以為得氣之先，而不知皆後著也。夫中外之局，和與戰而已矣，通商與用兵而已矣，勢如連鷄，莫敢先發。其戰也，亦所以成和也；其用兵也，亦以為通商地也。

太古之世，粟帛交易，民或老死不相往來。迄乎《貨殖》成書，日中為市，官山府海，齊擅富强，服賈牽車，衛隆孝養，以及《漢書》、《鹽鐵》，周府泉刀，大官或算及錙銖，八政莫先於食貨。唐開互市，邊關茶馬之徵；明遣寶船，番舶珠犀之利。今日者，五洲萬國，貿遷有無，風氣大通，舟車四達，可知道里廣遠，貨幣往還。此端既開，斷難再塞，前有千古，後有萬年，從兹四海通商遂將一成不變也，審矣。惟是中國人情，自利自私，不諳商務，上下隔絶，聲氣睽孤。比年出入之間，歲絀數千餘萬，他日川流海溢，財盡民窮，雖有良平，無所借手，如越南、印度諸國，利權盡失，受制於人。殷鑒非遥，可勝太息。不有以整齊之，調護之，何由轉移風會，宏濟艱難哉！

謂宜仿泰西各國，增設商部，筦以大臣，并立商律、商情、商平、商税四司，分任其事。商律者，保商之政也。以泰西商律，譯出華文，情形不同者，量為删改，通行遵守，以杜奸欺。商情者，恤商之政也。時其豐歉，除其疾苦，劑其盈虚，勿使下情壅於上達。商平者，限商之政也。總挈中外，益寡哀多，使商有所贏而民不為病，略如《漢書》平準之意，籠萬國物價而使之平，而國家之公司附焉。商税者，榷商之政也。海關常關，釐金雜税之類，咸隸是司，比較成虧，權衡贏絀，上期足國，下不病商。而内地税釐，亦須照海關新例，查開貨價，按結報明。漸撤西人税務司，增立内地商政局，主持稽核，如此貨昔多而今少，昔有而今無，必須斥駁行查，考求其故。貨之壅滯，商之折閲，維持補救，必審其方，參酌中西，務臻美善。

夫中國舊制，崇本抑末，重農而輕商。今日釐税兩宗，數與地丁相埒，京協各餉，挹注所資，假使無商，何能有税？民力竭矣，國計隨之必執。不言有無，不言多寡之詞，若相詰難，恐膏脂有限，悉入外洋，他日之患寡患貧，有出於尋常意計之外者。無財不可以為悦，徒法不能以自行，富國强兵，非商曷倚，不設專官以隸之，不足以挽回積習也。此救時之急務，制敵之先機。若之何其習焉？若忘忍而與此終古也。

《時報·論中國宜保護商務 一九〇四年六月十四日》 今日為生計競爭之世界，稍明時勢者，類能識之。故各國近日所持政策，莫不先爭商業界之戰勝，以為立國之第一要義，非無故也。我政府近亦察天下之趨勢，特設商部以謀振興吾國之商業。所謂識時務，因時善變者非耶？雖然，吾國民之天性，善於經商，天下既有定論矣。顧何以數千年以來，吾國商業之不發達竟如彼也？噫！吾知之矣。往者中國之宗教家、政治家，皆以言利為詬病，凡與於商界者，謂之末業，鮮不賤而抑之。嗚呼！此實吾國民生憔悴，國力萎敝之一大原因也。夫持賤商主義者，在昔閉關之世，各種族不相往來，自為强弱，自為消長，其病國之害，或猶未大著。然於生産消費之調劑，已不能得其平均之率，況於今日航路大通，鐵道四闢，其與我交通者，皆有挾而求，語有之巧者有餘，拙者不足。以今日商界幼稚，商力凋敝之中國，與彼工商業發達極盛之國並立於商戰劇烈之場，比權量力，猶以鼷鼠迕猛虎，至則靡耳，寧復有政策之可言耶？今請舉西方現行商務之政策，與東方世守商務之政策，兩兩比較，其孰得孰失，不待智者而後決矣。

一、西方謂商業為和平戰爭。商業不盛，即國無自致富强之理，東方則謂商業過盛，即習為奢侈，不復能保持久遠之和平。

一、西方以兵力增進商力。凡兵力所到之處，即為置設通商法律，東方之用兵，常與商務為反比例，非徒無益，而又害之。

一、西方以商能興利，有殖民之功。凡所以增長商業之進步者，無不獎勵之，助成之，東方則謂商人專思利己，無益於羣，乃抑勒之，不使過度。

由是觀之，東方之國，自古無鉅大商業，非其民之不善經商，乃由國家政法、社會、習慣均有所以貶抑之，束縛之，故致此耳。雖然，西方古時，其賤商之弊，豈不與中國同出一轍哉。惟其進化甚速，不與之長此終古，故能一躍而登於文明幸福之樂地，而遂使東方人不免有望塵不及之歎矣。今更取西方商業之變遷而言之。

當歐洲西羅馬全盛之時，其人民以强武好鬬為習俗，不知研究商業、社會制度，又分貴族、平民兩等，貴族食稅衣租，無所事事，平民供給如奴隸，而無完全治生之中級人民，雖有修官道，置郵局，立銀行之種種善政，大抵不為商業而設。洎乎封建時代，耶穌教徒勢力寖盛，又持財產共有主義，强平市價，禁止息利，理想雖善而於商業猶多滯礙，是猶之抑制時代也。嗣後義大利自由都府、漢沙同盟市府更崛起於南北歐，劃市區以通交易，不使政府干涉，蓋漸趨於放任時代矣。至十四、五紀以降，輿論皆以自由貿易為不刊之令典，而斯密亞丹《原富》之著，主張商業之進步，不應抑制而貴放任，其勢力遂磅礴於今之世界。未幾而窮荒島建為獨立邦，未幾而古帝國夷為殖民地，滄田貿變，殆莫不由此商業膨脹力為之媒介故。竊謂去抑制而為放任者，所以鑿通商業之障也。進放任為保護者，所以扶助商業之成也。今則國際交涉，因商人之利益而起者十居八九，會議所可與議院相通，領事官直為公使之副，一私人之訟端債務，動輒以國力爭之，夫豈非政策之又一變耶！然則東方之國，苟欲振興商務，舍保護政策，其道又奚由！

且夫東方之國，未有大於中國者也，而語其商業，則無可比數矣。歷代政策，除搜括貨稅外，絕不知獎勵為何事，豈有所謂放任者耶！放任且不得，況於保護哉！不放任，不保護，則惟有抑制之而已矣。假令其實行抑制之法，無分於內外國人，雖愚不可及，猶不過一社會之生活，無與於他社會之生活，他社會權力亦無釁可乘，乃又喜功好名，務博柔遠之虛榮。承平無事之日，偶見邊關海港間有一不相習之番賈來此，必竭力誘導，使之貢獻方物，或更為鋪張揚厲之辭，以欺後世，史編所載大抵如斯。迨其來集愈多，遂跋扈不可復制，因之邊釁開而國力耗矣。所以不能相為抵制者，實由待本國商人如制傭奴，而待外國商人如奉驕子也。前車已覆，後車弗鑒，何必遠言唐宋元明之故事哉？以近事考之，歷屆通商條約，皆言彼商人之來中國者，當如何待遇，如何安集，其於我商人往彼國之事，則畧不道及。故百餘年，彼有來航，我無往艦。偶有一二提倡遠商之人，彼必竭力抵拒，如曾惠慤運貨至英，羈留不得登岸，幸爭得之，亦大虧折，可為殷鑒。後之人猶不悟，馴至今日，以有美人禁止華工之惡果，而又不清其界限，至並華商而亦牽入華工之列，增多方之困難問題，而我外部及駐美欽使並不聞有實行保護之策，然則中國商業之前途其尚可望哉！

比者政府亦稍稍思為改良之計，立商部，建商會，研商律，其推行政策，殆必取於保護無疑。然西國之保護也，從放任，而生中國之保護也，由抑制而變取徑。雖捷而其間陵躐舛誤之處難以枚舉，即商人亦不能深信不疑。何也？彼固素未享受自由之幸福，則茲之所謂保護者，亦猶抑制之幻形耳矣。否則如前舉比較之三事，一為和平由商人有進取之能力，二為兵爭由國家有確實之後援，三為殖民由國家及商人有共同之資產，三者有其一，則足以自存；有其二，則足以排外界之競爭；有其三，則可以衡行於生計競爭之時代，而永保其人民自由生存之幸福，並世大國若英、法、德、美，若東方之日本，皆其行之已有明驗者也。我商部諸臣，其宜知所取法矣。

雜録

《大清新法令・農工商部奏釐訂籌備事宜分年列表呈覽摺附表》光緒三十四年九月二十九日奉上諭：朕欽奉懿旨，農工商部職在提倡實業，保守利權。著限六個月，就本管事宜以九年應有辦法分期臚列奏明，交憲政編查館會同覆核請旨遵行等因。欽此。

伏查臣部職司所在，允足為輔助憲政之機關。溯自設立商部以來，首訂《公司律》，於選舉會議明定專條，所以重商人之資格，示公司之法程。倡立商會，使知自治之初基。釐訂礦章，使知棄利之可惜。設工藝官局，以改良土貨製造。設實業學堂，以教育專門人才。設女子繡工科，為美術品之小試。設勸工陳列所，為博覽會之先聲。迨歸并工部改為農工商部，將舊管商辦鐵路章程案卷移交郵傳部管轄。又，復舉辦農事試驗場，以講求種植；舉辦藝徒學堂，以練習手工；舉辦農會，以求大利歸農之至計；舉辦度量權衡，以定畫一行政之權輿。凡此大端，皆臣部奏明，次第實行而不背於憲政者也。

夫實業之興即利權所繫，揆諸臣部責任，惟有提倡於先事，保守於無形，為權力所可及。此外，則全賴各省將軍督撫與臣部內外一心維護於上，勸業道切實推行籌計於下，而尤須輪船鐵路，漸使交通，官力、商資互相補助，商學則人多專習，民智則日見開通。於是限以年期，課以實業，收效乃可操券。查東西洋各國，凡屬興舉實業，公家每不惜累千百萬頻年，量為補助，良以强國者兵，富國者即實業農工商之重要，初不減於海陸軍也。富與强實相表裏，能富而後能强，故欲求致富之所由，必先計資本之所在，此則實業盛衰之要鍵，臣等所夙夜焦思而未能或釋者也。

現經欽奉明諭，限期將本管事宜籌議具奏，自應就應辦各要政詳加釐訂，略分四類：曰調查，曰籌議，曰興辦，曰編制。約舉一百二十八條。遵旨分年繕具簡明表格，恭呈御覽。惟所列農、林、漁、牧、絲、茶、木、棉，僅物産之大凡也；五金、礦質、百工、製造，僅工業之大凡也；商標、航業、保險、賽會，僅商綱之大凡也。其間端緒至繁，初非條舉件繫所能罄盡。臣等自當因時制宜，察酌情形，奏請施行，其應行擬訂各項規章，須俟法律大臣奏定商法後，再行分別核訂，庶無抵觸而便通行。至於倡實業保利權，乃臣部一定不移之辦法。未頒布立憲時即本此為宗旨，既頒布立憲後，仍視此為依歸。斷不敢徒事鋪張，亦不敢具文塞責，惟有勉竭血忱，與各疆臣次第認真辦理。盡一分心力，冀收一分實效。所以上副朝廷憲政者在此，下盡臣等責任者亦在此。一得之愚，是否有當。應請旨飭下憲政編查館統籌核議，俾有遵循。謹奏。宣統元年閏二月十八日奉旨：憲政編查館知道。欽此。

農工商部分年籌備事宜表

類別／年份	調查類	籌議類	興辦類	編制類
第一年	調查中外棉業	籌議各省設立農務總分會；籌辦京師自來水；籌辦京師工業試驗所。	開辦京師農事試驗場；重建京師勸工陳列所；推廣內地及海外各埠商會；推廣各處船會；招致華僑創辦大宗實業。	頒布農會章程；頒布畫一度量權衡制度；修訂商標章程。
第二年	通飭清釐全國礦山區域；通飭各省照章檢留最通用之度量權衡舊器各一種，查明核定報部；調查各國賽會章程辦法；通飭各省調查商品出入大概數目、商務衰旺大概情形，編成報告。	籌議開墾事宜；籌議林業事宜；通飭各省籌設漁業公司水産學校；籌設化分礦質局。	各省農務總會以次舉辦；設立蠶業講習所；設立茶務講習所；開辦京師工業試驗所附設理化研究會；開辦京師勸工陳列所附設勸業場；設立度量權衡官廠製造新器。	編輯棉業圖說；釐訂獎勵棉業章程；修訂礦務新章；編訂畫一度量權衡各種細章。

年份＼類別	調查類	籌議類	興辦類	編制類
第三年	調查內地絲業情形；調查內地茶業情形；調查各省出產商品；通飭各省調查商品出入詳細數目、商務衰旺實在原因，編成報告；通咨各出使大臣將各埠僑商人數、商業列册到部。	通飭各省籌設農林學堂、農事試驗場；推廣保險辦法。	各省農務分會以次舉辦；推廣蠶業講習所；推廣茶務講習所；開辦化分礦質局；施行畫一度量權衡各種細章；頒行度量權衡新器；劃一京外官衙局所度量權衡；劃一各省城、各商埠度量權衡；商務總會以次設齊。	頒布棉業圖說；頒布獎勵棉業章程；頒布礦物新章；編訂工會規則；頒布保險規則；頒布運輸規則。
第四年	調查外洋絲布情形；調查外洋茶市情形；調查全國礦物品類、產額、銷場，編制統計；調查全國工藝及製造原料，編制統計；調查全國著名工藝品；通飭各省設立專門學堂工廠研究改良。	各州縣籌設習藝所；通飭各省會、各商埠籌設工藝局勸工陳列所；通飭各省籌設礦務學堂；通飭各省組織各種工會研究工業改良法；籌設各省商品陳列館；籌議獎勵海外貿易；通飭商民出洋貿易。	海外大埠華商商會以次設齊；商船總會以次設齊。	編訂各處酌留度量權衡一種舊器與新器比例表；統計各省歷年商品出入、商務衰旺，分別列表；籌議改良辦法；頒布商業登記章程；頒布監督交易行規則；頒布整頓貨棧規則。
第五年	通飭農會編輯農務統計列表報部；調查森林區域。	籌議改良棉業事宜；籌議改良絲業事宜；籌議改良茶業事宜；通飭籌設農事半日學堂、農事演說會場；籌設各省勸業會為賽會之練習。	劃一各府城度量權衡；各省會及通商口岸商品陳列館以次成立。	匯齊各省商務報告逐年比較列表，統計核定改良辦法，頒示商民。
第六年	通飭各勸業道編輯畜牧統計列表報部；通飭各勸業道編輯漁業統計列表報部。	籌議整理漁界繪具圖說；籌設獸醫學堂；籌辦森林警察；籌辦礦物警察；籌辦商團；籌議國內賽會。	通飭農會改良農具、開拓農業、增殖農產；實行開墾辦法；商務分會以次設齊；商船分會以次設齊；各省勸業會以次成立。	釐訂振興絲業辦法；釐訂振興茶業辦法。

年份＼類別	調查類	籌議類	興辦類	編制類
第七年	通飭各勸業道查明水利事宜，繪具圖説報部。	通飭各省籌設美術學堂。	實行改良棉業辦法；實行振興絲業辦法；實行振興茶業辦法；外埠有華商地方商會以次設齊；各府及大商埠商品陳列館以次成立。	編制歷年航業推廣比較表。
第八年	考查農會辦理成績；考查商會辦理成績；考查船會辦理成績；	籌議萬國賽會。	設立商律講明所；開辦國内賽會。	編制實業公司局廠逐年增進比較表；編制歷年海外貿易比較表。
第九年	通飭報告歷年籌辦森林情形列表統計；調查改良棉業後逐年進步列表統計；調查改良絲業後逐年進步列表統計；調查改良茶業後逐年進步列表統計；調查改良商業後逐年進步列表統計。		劃一各廳、州、縣度量權衡；各州縣商品陳列館以次成立；開辦萬國賽會。	編訂全國農産品圖志；編訂全國水利圖志；編訂全國森林圖志；編訂全國畜牧圖志；編訂全國漁業圖志；編訂全國工藝志；編訂全國礦産圖志；編訂全國商業志。

郵傳部分部

綜述

《大清新法令·軍機處郵傳部奏遵旨擬議郵傳部官制事宜摺并清單光緒三十三年六月二十三日》 光緒三十二年九月二十日内閣奉上諭：欽奉懿旨，輪船、鐵路、電綫、郵政應設專司，著名為郵傳部。原擬各部院衙門職掌事宜及員司各缺，仍著各該堂官自行核議，悉心妥籌，會同軍機大臣奏明辦理。此次酌定損益，原為立憲始基實行預備，如有未盡合宜之處，仍著體察情形，隨時修改，循序漸進，以臻妥善。等因。欽此。臣等受任以後，昕夕籌維，博訪詳求，期於適用。查各國官制，其交通一部，或領八局，或領五局，或領四局，或領三局，英法則專轄郵電，德比則兼轄鐵路，惟日本之遞信省始統轄鐵道、商船、郵便、電信四政之全。臣等深維今昔之情勢，熟審中外之機宜，斷不敢稍涉鋪張，致形遼闊；亦不敢苟安簡陋，有礙推行。謹就愚慮所擬議臣部員缺，為我皇太后、皇上縷晰陳之。竊維全部之綱領必有總匯之機關，茲謹遵官制通則清單，設承政、參議兩廳，若機要、若考績、若會計均屬於承政廳，以左右丞領之。若法制、若核查均屬於參議廳，以左右參議領之。兩廳各置僉事兩員、七品小京官二員。分設五司，曰船政司，掌全國船政。凡輪船應行考核、調查及籌畫擴充，并審議船律各項事件。曰路政司，掌全國路政。凡鐵路應行考核、調查及籌畫擴充并審議路律各項事件。曰電政司，掌全國電政。凡電政應行考核、調查及籌畫擴充并審議電律各項事件。曰郵政司，掌全國郵政，凡郵政應行考核、調查及籌畫擴充并審議郵律各項事件。曰庶務司，掌部内各雜項事件，為四司所不能賅者。綜計臣部共置右左丞各一員，左右參議各一員、僉事四員、郎中十員、員外郎十二員、主事二十四員、七品小京官十四員，按照原奏各部官制通則，擬設八九品録事，不定額缺。伏思立部之初，首以綜核名實為亟，如果缺多事簡，自應懸缺待補，將來推擴日廣，綜領日繁，員缺如有不敷，仍應隨時續請增置，期於職修事舉，無濫無闕。船路電郵四政均係專門之學，應有專科之書，擬設圖書館一區，分咨各國出使大臣，購寄各種圖書庋焉。并設講習所，俾合部人員得於暇時研究，以資練習。其餘應行附設之攷工、通譯各局所，統由臣等體察情形，陸續籌辦。此外尚應仿照農工商部之例，酌設顧問官、議員，凡於四政素有經驗及著有名譽之京外官員紳商，由臣部慎選奏派，令隨時往來調查報告，籍廣詢謀而備採擇。郵傳所司職事無一不附麗於輿地，更無一不關係於工商，就今規畫，固以釐定部制為急圖，而造就人才，尤以增設學堂工廠為要務，庶幾機器料件不至仰給於鄰邦，而建築、駕駛、製造、管理之人員亦免借材於异域。凡此皆必宜擴張，事似緩而實急也。至臣部關涉各部之權限，容俟會商畫定，另行具奏。以上各項事宜，均由臣等公同商酌，悉心核議，意見相同。謹繕清單，恭呈御覽。嗣後倘有未盡合宜之處，自應恪遵諭旨隨時奏明修改，俾致妥善。謹奏。光緒三十三年六月二十三日奉旨：依議。欽此。

謹將擬酌郵傳部職掌員缺章程清單，恭呈御覽。

第一條　郵傳部管理全國輪船、鐵路、電綫、郵政事務，凡京外官商輪船、鐵路各公司、廠局及電局、郵局并關涉本部各學堂，有統轄考核之責。

第二條　郵傳部擬設承政廳、參議廳，凡二廳，擬設船政司、路政司、電政司、郵政司、庶務司，凡五司。

第三條　承政廳任一部總匯之事，擬設左右丞各一員以領之，凡承辦機密、考核司員、籌核經費、典守部庫各項事件皆屬焉。設僉事二員，秩正五品，七品小京官二員，將來各項擴充，事務漸繁，再於各司内選員分任。

第四條　參議廳任一部謀議之事，擬設左右參議各一員以領之，凡考訂章程、覆核文稿、檢查事例及提議、交議、決議各項事件皆屬焉。設僉事二員、七品小京官二員，將來各項擴充，事務漸繁，再於各司内選員分任。

第五條　船政司置郎中二員、員外郎二員、主事四員、七品小京官二員，掌全國船政。舉内港、外海、各江航業所有測量沙綫、推廣埠頭、建設各項公司、營闢廠塢，以及審議運貨保險、檢查鐙臺浮標各事，凡有關於船政者胥掌焉。

第六條　路政司置郎中二員、員外郎三員、主事六員、七品小京官二員，掌全國路政。所有規畫路綫、釐定軌制、籌還借款、提倡商辦并工程購料、通運行車以及推廣電車各事，凡有關於路政者胥掌焉。

第七條　電政司置郎中二員、員外郎三員、主事六員、七品小京官二員，掌全國電政。舉官局、商局之則例，海綫陸綫之規章，萬國電政聯盟之條款，下至城市所敷設之電話，電鐙各事，凡有關於電政者胥掌焉。

第八條　郵政司置郎中二員、員外郎二員、主事四員、七品小京官二員，掌全國郵政。舉一切郵遞方法、郵便匯兑、郵便包裹、郵票款式、郵盟條約各事，凡有關於郵政者胥掌焉。

第九條　庶務司置郎中二員、員外郎二員、主事四員、七品小京官二員，掌承辦各司員升遷、調補，監用典守堂印，收發文件電報，并署内會計、營造、購辦及不屬於各司之一切雜項事件胥掌焉。

第十條　以上五條所掌事件範圍甚廣，條目尤繁，所有各司辦事細章應由臣部核定，分科分析酌添員司經理，以專責成。

第十一條　擬照原奏各部通則，設八九品録事繕寫文件、料理雜務，由臣部酌量委用，不定額缺，咨行吏部存案，并設額外繕寫録事，不列品級，其辦事、獎勵各章程均仿照外務部、農工商部之例辦理。

第十二條　擬仿照農工商部之例，設一、二、三、四等顧問官，一等視丞，二等視參議，三等視郎員，四等視主事，不作為缺額。凡京外著有名譽官員紳商及於輪路電郵四項素有經驗者，均由臣部慎選奏派，以備咨詢。顧問官於此四項有所建議亦可隨時函呈臣部，用資採擇。

第十三條　擬仿照農工商部之例，設議員。從前鐵路事隸商部，曾經由部奏明，揀派熟悉路務之員，分在各路作為議員，令其逐事訪察研究，隨時報部。其後鐵路改隸臣部，商部改為農工商部，又分設農工商務議員，臣部自應仿照辦理。商部原派路務各員即由臣部加札委派，此外各員均由臣部博訪精選熟悉船路電郵之員作為臣部議員，分在各省，調查一切利弊，徑報臣部，以備採擇。

第十四條　擬設圖書館，掌收儲東西各國專門圖書，以備臣部各員隨時考察，分科研究，酌派司員經理。

第十五條　擬設講習所為部員講習專門學業之地，并附設閲報所，以資研究。

第十六條　擬設考工局，置測繪員一、二等，藝師一、二等，藝士各員，其藝師、藝士均以得有專科畢業文憑者，由臣部考驗選擇，分别奏補委用。一時難得此項人才，應俟查有合格之員，再行酌定。

第十七條　擬設通譯局，置翻譯編輯各員，掌翻譯臣部與各國交涉文牘、合同、章程、帳册，并編纂譯述各國有關係輪路電郵四項專科書籍。現在暫由參議廳經理，將來擴充以後，事務殷繁，再行設局。

第十八條　本部所轄除上海實業學堂外，擬擇地設立鐵路、商船、電報各學堂，而以車務工廠、船務工廠、電務工廠附焉，俾各堂學生皆得就地實驗，而各廠藝師、藝士亦得隨時證明學理，至郵政學堂亦擬另行建設，由臣部延訪人才，籌畫經費，隨時舉辦。

第十九條　郵傳部所轄四司俱係專門，與他部人員不同，所有應用各員及議置各缺，擬請援照外務部、農工商部、民政部奏准成案辦理，不歸簽選，以收因職任材之效。

第二十條　郵傳部實缺人員每届京察保列一等，暨俸滿截取并保送各項差缺，均請按照各部通例辦理。

第二十一條　部外各局與本部關係至重，應分設總理、協理、總辦、幫辦、總副監督，由臣部酌量事體，擬定階級，再行奏派。

以上各條為現擬事例辦法，嗣後如有應行增修删改之處，由臣等公同商酌妥協，隨時會同軍機大臣奏明，請旨辦理。

劉錦藻《清朝續文獻通考》卷一二六《職官十二·郵傳部》　臣謹案：部轄船路電郵，事例極繁，另詳《郵傳考》，兹僅就官制録之。

光緒三十二年，設立郵傳部，專掌輪船、鐵路、電報、郵信四政。

三十三年，軍機大臣等議准郵傳部統轄船、路、電、郵四政，遵《官制通則》，共置左右丞各一人，左右參議各一人，僉事四人，郎中十人，員外郎十二人，主事二十四人，七品小京官十四人，並設八九品録事，不定額缺。船路電郵四政，均係專門之學，應有專科之書，擬設圖書館一區，分咨各國出使大臣購寄各種圖書庋焉。並設講習所，俾各部人員得於暇時研究練習，其餘應行附設之考工、通譯各局所，再當陸續籌辦。此外應酌設顧問官、議員，選於四政素有經驗及著有名譽之京外官員、紳商充之。

理藩部分部

綜　述

《大清新法令·理藩部奏釐議理藩部大概情形摺光緒三十二年》　光緒三十二年九月二十日欽奉懿旨：理藩院著改為理藩部，原擬各部院等衙門職掌事宜及司員各缺，仍著各該堂官自行核議，悉心妥籌，會同軍機大臣奏明辦理等因。欽此。欽遵到部。臣壽耆等公同籌議，竊以剔除積弊為臣工應負之責成，而懷柔遠人實朝廷不易之宗旨。查理藩部與各部情形不同，謹以原單所擬撮其大要，欽遵諭旨，悉心妥籌，有尚難遽設者，有應行緩辦者，有量為歸并者，有量為擴充者，有仍因其舊者，現與臣奕劻等公同商酌，意見相同，謹臚列各條敬為我皇太后、皇上縷晰陳之。

一、丞參尚難遽設也。查理藩部事宜向由承辦司員直接堂官，每届蒙古王公朝覲之時，事務殷繁，隨報隨辦，且有不及具摺徑行片奏者。若設丞參各官，層折較多，轉恐貽誤，所有左右丞左右參議，擬俟設立殖産、邊衛兩司，再行請旨遵行。

一、殖産、邊衛兩司事宜，擬暫行緩辦也。查原擬單内，殖産司掌開墾蒙地、保護林業、整理牲畜、牲獵織造、皮綫骨角、籌修鐵路、開闢礦産、興舉漁業、整理鹽法。邊衛司掌訓練蒙藏軍隊、徵發籌辦學務、臺站供支、邊疆界務、商務互市等事實，為藩屬應辦要政。惟事體繁重，一時驟難舉動，擬由理藩部咨商各路將軍、大臣及各部落盟長體察所屬各旗情形，何地宜興辦何項新政，總期設施得宜，有利無弊，一俟詳細聲覆後，再行會同度支、陸軍、學部、農工商、郵傳部等衙門，分别核議，妥擬章程，奏明辦理。

一、處所量為歸并也。查理藩部滿檔房為合署公事總匯之區，擬將漢檔房、俸檔房、督催所等處并入，改為領辦處，遴派司員充為領辦、幫辦，承准其事，其各司掌印、幫印各員均不得兼充領辦、幫辦，以示限制而專責成。

一、蒙古學宜量為擴充也。查理藩部原有蒙古學向以本署實缺候補司員筆帖式入學肄業，因經費難籌，肄業者無多，惟蒙文為理藩部案牘所必需，亟應設法培植人才，方足以資治理。擬先就原設之蒙文教習籌加津貼，增益學員，認真教育，果使司員等多通滿蒙語言文字，實於部務大有裨益，原單所擬之藩言館，用意正同，擬即以蒙古學量為擴充。

一、原設六司擬仍因其舊也。查理藩部所屬旗籍、典屬、柔遠、王會四司，分掌内札薩克六盟四十九旗，歸化城、土默特，打牲、烏拉，呼倫貝爾、鄂倫春、外札薩克四部落，青海、西藏、土爾扈特、杜爾伯特、霍碩特、阿拉善、伊克明安、察哈爾等處一百五十餘旗，王公官員升降、襲替，比丁、田産、封贈、賜恤、賜祭、奬懲及達賴喇嘛、班禪額爾德呢、哲布尊丹巴呼圖克圖喇嘛等賞賚、封贈、年班、朝覲、進貢、宴賚、廪餼、俸銀、俸緞一切事項，理刑司總核内外蒙古各處民事刑事案件，徠遠司綜理回部王公、四川土司一切事項，臣等詳核六司執掌事宜，各有專責，未便移易，誠以六司名稱久播蒙藩，自不若仍存舊名，以免誤會，其司務廳收發文移，當月處監守印信，銀庫承辦支放蒙古盤費、喂養草豆銀兩，飯銀處專司本署經費，喇嘛印務處係掌印呼圖克圖，辦公之所均請一仍舊制。至額設司員各缺共百餘員，分隸各司等處執事，除所屬寧夏等處十一差及烏里雅蘇臺、西寧、熱河、庫倫各差所人員不計外，每届年班，蒙古王公到京時，差務殷繁，尚須多派司員分理其事，茲當整飭部務之際，固不容闒茸之員濫厠其間，擬就現屬各員缺由臣壽耆等分班考選，認真甄別，其才具優長者分派各司充當要差，其不能得力者，隨時核辦，究竟員缺之多寡，請俟考選後，分別各司繁簡，再行核定。

以上各條係就現在大概情形先行擬議，如蒙俞允，其餘一切未盡事宜容臣等詳細妥籌，再當會同奏明辦理。謹奏。光緒三十二年十一月十九日，具奏。奉旨：依議。欽此。

又《理藩部奏酌擬理藩部員司各缺分定責任並擬設立調查編纂兩局摺並清單》　竊查臣部會同軍機大臣具奏核議理藩部大概情形摺内聲明理藩部司員筆帖式各缺，擬俟考選後分别核定，并聲明緩設殖産、邊衛兩司，擬由理藩部先行調查等因，於光緒三十二年十一月十九日。奉旨：依議。欽此。臣等伏查内外札薩克、蒙古各藩屬，東起盛京、吉林、黑龍江，北界庫倫、恰克圖，西連青海、藏衛及回疆各城暨土司廓爾喀，幅員既廣，政務殷繁，况值百度惟新，尤在得人而理，臣壽耆等謹遵前奏，傳集闔署司員筆帖式分班當堂面考，試以論説，以覘其才，課以翻譯以觀其學，現在考試完竣，臣壽耆等公同校閲試卷，并於平日公事差使資格互考參觀，擇其常識優長，才具明敏各員分派各司處，用資表率，其餘各員亦不無可造，均可量為器使。謹將現擬司員筆帖式各項差缺分别等次，另繕清單，恭呈御覽。至殖産、邊衛兩司所掌蒙地之開墾、林業、牲畜、牲獵、織造、皮毛骨角、鐵路、礦産、漁業、鹽法、軍隊、學務、臺站、界務、商務、互市等事，本為蒙藩要政，因事體繁重，驟難舉行，是以前奏擬由理藩部咨商各路將軍大臣暨各部落盟長，詳細查明何處宜興辦何項要政，先行調查，以便會同度支等部妥擬章程，奏明辦理。惟調查伊始，頭緒紛繁，其編纂條規，酌擬辦法，亟宜設立處所，派委專員以資統攝。臣等公同商酌，擬設立調查、編纂兩局，附入理藩部領辦處，揀派司員分股任事，暫不預定缺額，以為將來添設兩司之基礎。至原設各司處之郎中、員外郎、主事、筆帖式及司務、司庫、庫使其一百六十二員，除寧夏等處十一差及烏里雅蘇臺、西寧、熱河、庫倫各差所人員不計外，現在考選等第，量才任使，僅敷分布，即將來設立殖産、邊衛兩司時，員缺應否添設尚須酌量情形，奏明辦理，所有理藩部原設各缺擬請免其裁撤，其現在歸并處所之原隸各缺，擬即歸入領辦處，以便分任其事。惟是在公人員事有專司，務當各盡乃職，部務自臻上理，倘有不職之員或始勤終惰，應由臣壽耆等隨時甄别，據實參劾，以仰副朝廷澄敍官方、實事求是之至意。謹奏。光緒三十三年六月二十一日。奉旨：依議。欽此。

謹將酌擬理藩部各司處司員筆帖式各缺分定責任清單恭呈御覽。

領辦處為闔署公務總匯之區，擬設領辦二員，以郎中、員外郎充之，幫辦二員，稽核文移二員，總看奏摺四員，以郎中、員外郎、主事充之，委署主事四員，正繕寫四員，副繕寫八員，以筆帖式充之。

調查局、編纂局分股任事，以郎中、員外郎充正管股，以郎中、員外郎、主事充副管股，以郎中、員外郎、主事、筆帖式擇其翻譯優長者充翻譯官，此兩局暫不預定額缺，俟添設殖産、邊衛兩司，再行分别酌定。

旗籍司擬設掌印一員，以郎中、員外郎充之，幫印二員，主稿二員，以郎中、員外郎、主事充之，委署主事四員，正繕寫四員，副繕寫四員，以筆帖式充之。

典屬司擬設掌印一員，以郎中、員外郎充之，幫印一員，主稿二員，以郎中、員外郎、主事充之，委署主事四員，正繕寫四員，副繕寫四員，以筆帖式充之。

王會司擬設掌印一員，以郎中、員外郎充之，幫印二員，主稿二員，以郎中、員外郎、主事充之，委署主事三員，正繕寫四員，副繕寫四員，以筆帖式充之。

柔遠司擬設掌印一員，以郎中、員外郎充之，幫印二員，主稿二員，以郎中、員外郎、主事充之，委署主事三員，正繕寫四員，副繕寫四員，以筆帖式充之。

徠遠司擬設堂印一員，以郎中、員外郎充之，幫印一員，主稿一員，以郎中、員外郎、主事充之，委署主事二員，正繕寫三員，副繕寫三員，以筆帖式充之。

理刑司擬設掌印一員，以郎中、員外郎充之，幫印一員，主稿一員，以郎中、員外郎、主事充之，委署主事二員，正繕寫三員，副繕寫三員，以筆帖式充之。

司務廳擬設掌印一員，以郎中、員外郎充之，幫印一員，以郎中、員外郎、主事充之，委署主事四員，正繕寫四員，副繕寫四員，以筆帖式充之。

劉錦藻《清朝續文獻通考》卷一二六《職官十二・理藩部》（光緒）三十二年，改理藩院為理藩部。

又理藩部奏核議大概情形，略稱理藩部與各部情形不同，謹撮其大要：一、丞參尚難遽設，一、殖產、邊衛兩司事宜擬暫行緩辦，一、處所量為歸併，一、蒙古學堂宜量為擴充，一、原設六司擬仍其舊。

三十三年，奏定理藩部官制。【略】

（宣統）二年，理藩部奏遵設憲政籌備處。

又奏，酌設諮議官。

雜録

《大清新法令・理藩部奏遵章預定來年辦法摺宣統元年》 竊准憲政編查館咨開續奏籌備摺內稱，各衙門籌備事宜實為行政之準的，擬請每年冬間，由各該管衙門按本年原奏清單，再將擬定次年實行辦法，切實奏明辦理，但使所籌事項克赴行政準的，縱與原單略有出入，不妨聲明緣由，請旨辦理等語。查臣部於本年二月奏明藩屬情形與內地不同，請分別緩急擇要推行，擬先從調查事項為入手，一俟調查齊備，即會同各部暨各路將軍大臣，沿邊督撫等酌定辦法，每届將應辦事宜奏報一次。本年九月曾將內六盟各旗調查事項列表進呈，飭交東三省督撫、熱河都統、綏遠城將軍、察哈爾都統等處，實地覆查，究竟所開各節是否屬實，有無漏略，并將來實行有無窒礙，限年內查覆到部。嗣因日期迫促，又電行各處先盡已經查明者年內咨覆，其一時未能詳查者，准其陸續咨送。現據熱河都統電稱，已飭各府、州、縣會同各盟長實地調查，俟查覆到日再行電覆。其綏遠城、察哈爾、吉林、黑龍江等處尚未接有覆電。惟奉天巡撫程德全送到哲里木盟科爾沁十旗調查事項，列表咨覆，凡原表漏列之事件均行補查，并將向未呈報之科爾沁右翼後旗、左翼後旗一律詳查咨覆到部。臣等詳查各表較原報已為加詳，就中如墾務、學務兩端該盟旗久經舉辦，現正竭力擴充，其原報向未開列而亟待舉辦者厥為礦產，該盟除科爾沁右翼中旗、右翼後旗、左翼後旗、郭爾羅斯後旗無礦産外，其餘六旗均據覆稱，查有煤、鐵、金礦至皮毛、骨角可備製造之用者，亦據覆稱，或向歸自用，或棄置不存，難以調查確數。此外，如林業、漁業、牧政等均沿習舊俗，未知講求新法，是該撫所查各節已十得八九，惟欲實行開辦有無窒礙，未據詳細查覆。臣等公同商酌，擬由臣部一面咨商該督撫再將舉辦詳情分別查覆，一面將應辦各件分行各衙門籌定辦法，會同各該部奏明辦理，以期無誤來年施行之要政，其未經查覆各等處，擬俟查覆到部時一并照此辦理。謹奏。宣統元年十二月二十五日奉旨：該衙門知道。欽此。

地方行政機構部

提學使司分部

綜述

《大清教育新法令・學部政務處奏請裁學政設提學使司摺一九〇六年》

竊准軍機處抄交直隸總督袁世凱奏陳學務未盡事宜一摺，奉硃批：政務處學部議奏。又雲南學政吳魯奏請裁撤學政一摺，奉硃批學部議奏。欽此。臣等伏查國初沿前明舊制，各省設提學道。雍正年間，改為提督學政，仰見列聖建置，具有深意，要在因時制宜，初不拘乎成例。現在停止科舉，專辦學堂，一切教育行政及擴張興學之經費，督飭辦學之考成，與地方行政，在在皆有關係。學政位分較尊，事權較為不屬，於督撫為敵體，諸事既不便於稟承，於地方為客官，一切更不靈於呼應；即有深明教育之員，補苴一二，為益已鮮。且各省地方遼闊，將來官立公立私立之學堂日新月盛，勢不能如歲科各試分棚調考之例，而循例按臨，更有日不暇給之慮，勞費供張，無裨實事。學政舊制，自宜設法變通。上年奉旨設立學部以來，臣榮慶等即已籌議及此，而督臣袁世凱及學臣吳魯先後陳奏，皆以裁撤學政為請；袁世凱所陳，已極詳切；吳魯現任學政，身居局中，所言尤為洞中利弊，是學政之應行裁撤，內外臣工，意見僉同。但袁世凱原奏，主規復提學道之制，近來地方有司辦理新政，恒視上司督催權力之所及以為進退，藩臬兩司統轄全省道員，則範圍已隘，權限稍輕，若學政改設提學道，恐體制大异於從前，督飭或難於見效。至吳魯原奏責成督撫辦理，封疆大吏，一切吏事兵事財政皆其統籌兼顧，勢不能專心教育，臣等公同商酌，擬請裁撤學政，各省改設提學使司，提學使一員，秩正三品，視按察使統轄全省地方學務，歸督撫節制，於省會地方置學務公所，分設總務、普通、專門、實業、會計、圖書六課，每課設課長副長課員，分曹隸事，仿漢代辟召之例，選官紳之有學行者，由提學使司詳請督撫札派；另設學務議紳四人，由提學使延訪本省學堂較崇之紳士充選；并設議長一人，由學部慎選奏派，其提學使司養廉，一仍學政之舊，仍量加公費以資津貼，僚佐薪費皆以公款支給，所有從前之棚規供應，一概禁絕。其舊有學政衙門之胥吏，尤當一律裁革。以上各節，名實既副，權限自明，於袁世凱摺內所謂定統系四端，吳魯摺內所謂廣籌經費四事，斟酌而損益之，實力而推行之，但使任用得人，職務咸理，庶幾地方學務日有起色，而教育之發達不難矣。一俟提學使司設立之後，其各省學務處即行裁撤，所有學務處紳士及辦事委員，其佐理學務實有成績者，應留充學務公所議紳及課長各員之選，均由提學司屆時斟酌分別辦理，如蒙俞允，即由學部籌擬詳細官制及辦事權限章程續行具奏請旨。其提學使司員缺，應由學部博求深明教育、素有閱歷者開單請簡。其各省學政既經裁撤，自應飭令回京供職，其提學使未經到任以前，各該省學校事宜，暫由督撫飭學務處人員認真經理。

《東方雜誌》第三卷第六號《學部奏請簡放直省提學使並陳未盡事宜摺一九〇六年四月》　竊本月初二日臣部會同政務處具奏遵議裁撤學政請設提學使司員缺摺內聲明，提學使司人員即由學部開單請簡，奉旨允准在案，自應欽遵辦理。伏查提學使司員缺統轄全省學務，關係重要，非資望素著深通學務之人，殆難勝任。臣等遵奉諭旨悉心延訪，謹就京外服官人員擇其心術純正，通達時務，并各省學務處總辦經理學務歷有年所，或為臣等所稔知，或為時論所推許，臚列上陳，謹備聖明採擇。誠知海內人才甚衆，深通學務者，尚復不止此數，而限於見聞所及，不敢僅採虛聲，濫竽充選，至單內各員其有官資尚淺者，儻蒙聖恩，量加録用，應否先行試署，以觀實效，敬候聖裁，非臣等所敢擅擬。嗣後提學使司人員三年任滿，由臣部考驗成績，分別奏聞。其辦理學務毫無成效者，亦由臣部隨時考查，奏請撤換，不敢以遴保仕先，稍涉回護。再查奏定學務綱要內載，各省學堂官紳，必先出洋考察等語。提學使司為學堂官紳表率，尤宜親自出洋詳加考校，藉可擴充識力，於地方學務實有裨益。擬俟令下之日，除前經出洋及辦理學務資勞久著者，可即行赴任外，其餘各員應先派赴日本考察學校制度及教育行政事宜，以三個月為期，歸國後再行赴任。至各直省現改設提學使司額缺，其順天附屬各州縣學務，除京城內外悉隸京師督學局辦理外，所有各屬學務，均歸直隸提學使司統轄，以歸劃一。其江寧江蘇地方為督撫駐札省會，向均設有學務處，應照布政司管轄地方例，各設提學使司一員。吉林、黑龍江、新疆三省所有考試事宜，向隸東三省學政及甘肅學政辦理，現在推廣興學，開通風氣，應各設提學使司一員，以重職守。其改設提學使司額缺及遴保堪勝提學使司人員，謹分繕清單，恭呈御覽，謹奏。

《光緒朝上諭檔·光緒三十二年四月初二日》　內閣奉上諭：政務處、學部會奏遵議裁撤學政請設直省提學使司一摺，現在停止科舉，專辦學堂，所有學政事宜，自應設法變通，著即照所請，各省改設提學使司。提學使一員，統轄全省學務，歸督撫節制，一切詳細官制及辦事權限章程，仍由學部籌議具奏。所有各省學政一律裁撤，均著回京供職。各該省學校事宜，暫由各該督撫督飭學員妥為經畫，餘著照所議辦理。欽此。

又《光緒三十二年四月二十日》　內閣奉上諭：學部奏請簡放提學使司提學使一摺。奉天提學使，著張鶴齡補授。吉林提學使，著吳魯署理。黑龍江提學使，著張建勳補授。直隸提學使，著盧靖署理。江寧提學使，著陳伯陶署理。江蘇提學使，著周樹權署理。安徽提學使，著沈曾植署理。山東提學使，著連甲補授。山西提學使，著宗室錫暇補授。河南提學使，著孔祥霖署理。陝西提學使，著劉廷琛署理。甘肅提學使，著陳曾佑署理。新疆提學使，著杜彤署理。福建提學使，著姚文倬補授。浙江提學使，著支恒榮補授。江西提學使，著汪詒書署理。湖北提學使，著黄紹箕補授。湖南提學使，著吴慶坻署理。四川提學使，著方旭署理。廣東提學使，著于式枚補授。廣西提學使，著李翰芬署理。雲南提學使，著葉爾愷署理。貴州提學使，著陳榮昌署理。所有編檢御史署理者，均著開缺以道員用。餘著照所議辦理。欽此。

又《學部奏陳各省學務官制摺一九〇六年四月》　竊維興學之道期于普及，而各省幅員遼闊，風氣不齊，全賴辦事官紳通力合作，廣施誘掖勸導之方，徐收畫一整齊之效。惟是地方官應辦之學務，統系不定，則推諉恒多；權限不明，則侵軼可慮。臣等謹就各省現在辦學情形，參以東西各國地方興學制度，凡提學使司以下人員，釐定職司，提挈綱領，分晰科目，以專責成，合官紳而籌任使；尤重在教育行政與地方行政之機關各有考成，不相扞格，期於實力奉行，徐圖推廣。至現在風氣初開，辦理學務之員，於教育學、教授管理諸法及教育行政、視學制度，皆須隨時研究以謀補充識力。其各廳州縣凡有勸學之所，皆當遵照章程妥籌辦理，城鄉市鎮一律推行；尤宜定期宣講教育宗旨，俾資遵守，庶幾經正民興，邪慝不作，此則臣部任督催統率之責，而日焉兢兢者也。其各省學務詳細官制，辦事權限，并勸學所章程，謹分繕清單，恭呈御覽。謹奏。

光緒三十二年四月二十日奉旨：『依議。』欽此。

謹擬各省學務詳細官制及辦事權限章程清單，恭呈御覽。

一、每省設提學使司提學使一員，秩正三品，在布政使之次，按察使之前，總理全省學務，考核所屬職員功課。其舊有之學務處，俟提學使到任後即行裁撤，以專責成。

一、各省提學使司提學使員缺，擬由學部以京外所屬學務職員開單奏請簡放。

一、此次提學使初設，需員甚多，擬由翰林院人員品端學粹，通達事理及曾經出洋確有心得，并京外究心學務素有閲歷之員，不拘資格，一體擢用。其現任各省學政暨學務處總務，果係素諳學務，辦事認真者，并由學部奏請改任提學使，或補或署，以資熟手而廣任用。

一、提學使自到任之日起，每三年作為俸滿；俸滿之前，各督撫將其平日所辦事項詳細咨部，本部證以三年内派出視學官所切實考察者，該司辦理學務有無振興實效，詳晰臚列奏聞。或留任，或升擢，或調他省，或調回本部，請旨遵行。

一、提學使由四五品京堂及實缺道員簡任者，升轉與臬司同；其由他項人員補授者，應俟三年俸滿列入升轉。由他項人員署理者，俟實授後扣足俸滿年限，列入升轉。

一、提學使照各直省藩臬兩司例，為督撫之屬官，歸其節制考核；一面由學部隨時考查，不得力者即行奏請撤換。

一、地方學務，凡係按照定章復經督撫籌定舉辦者，提學使當督飭地方官切實舉辦，力除向來因循敷衍之積習。其有延宕玩視，并辦不以實者，提學使可具其事狀詳請督撫分別記過撤參，毋稍徇隱。其有辦事實心、卓著成效者，亦可具其事狀詳請督撫從優奏奬；每届年終，分別所屬府廳州縣興學考成，出具考語，申詳督撫辦理。

一、提學使於通省學務應用之款，應會同藩司籌畫，詳請督撫辦理。

一、提學使所辦事務，除隨時禀報督撫，由督撫咨報學部外，每學期及年終，將本省學堂辦理一切情形詳報於學部以備考核。如有重要事件，仍可隨時徑達學部。

一、提學使如遇有緊要事件，應行出省考察，須先期電達學部，經學部允准後，方可出省考察；但仍當輕騎簡從，勿受地方供應。

一、提學使衙門，可仍用舊有之學政衙門；所有舊日吏役人等，概行屏除。其有學政向不與督撫同城者，均應改歸一律。至各省業經裁撤之學務處，即改為學務公所；提學使督率所屬職員，按照定章，限定鐘點，每日入所辦公，不得曠誤。所有學政衙門案卷，學務處公牘，均移送提學使衙門，毋得遺漏，以便稽考。

一、學務公所設議長一人，議紳四人，佐提學使參畫學務，并備督撫咨詢。議紳由提學使延聘，議長由督撫咨明學部奏派（須擇端正紳士通學務者）。

一、學務公所分為六課：曰總務課、曰專門課、曰普通課、曰實業課、曰圖書課、曰會計課。其各課所掌事務，分列於下。

總務課　掌辦理機密文書事件，收發一切公文函電案卷册籍，編纂統計報告及各種學務報告，并編印教育官報，檢定教育，考核所屬職官教員功過，及其任用、升黜、更調，核定關於本省學務全體之規則章程，并掌理傭聘外國人，考查公所人役一切雜項事務；又各學堂衛生事務亦歸管理。

專門課　掌理本省高等學堂及各種專門學堂教課規程、設備規則及關於管理員、教員、學生等一切事務，并保護獎勵各種學術技藝，及海外游學生事務。

普通課　掌理本省優級初級師範學堂、中等學堂、女子師範學堂、女子中學堂小學堂教課規程、設備規則及關於管理員、教員、學生等一切事務。又凡通俗教育、家庭教育、教育博物館及與中小學堂相類之學堂一切事務，均歸辦理。

實業課　掌理本省農業學堂、工業學堂、商業學堂、實業教員講習所、實業補習普通學堂、藝徒學堂及各種實業學堂之設立維持、教課規程、設備規則及關於管理員、教員、學生等一切事務，并考察本省實業情形，籌畫擴張實業教育費用。

圖書課　掌理編譯教科書，參考書，審查本省各學堂教科圖籍，翻譯本署往來公文書牘，集録講義，經理印刷，并管圖書館、博物館等事務。

會計課　掌本所經費之收支報銷，核算省會及各府廳州縣教育費用是否合度，并稽核各學堂。凡各學堂建造營繕之事，亦歸考核經理。

一、各課設課長一人，副長一人；其課員視事之繁簡，由提學使酌量詳派。限定人數少則一人，多不得過三員。

一、各課長、副長、課員，以曾在中學堂以上畢業，或曾習師範，并曾充學堂管理員、教員，積有勞績者充任。此時創辦應予變通，暫就本省官紳辦理學務積有閱歷、學望素孚者，由提學使詳請督撫札派。

一、提學使以下設省視學六人，承提學使之命令，巡視各府廳州縣學務。各省省視學由提學使詳請督撫札派曾習師範或出洋游學，并曾充當學堂管理員、教員，積有勞績者充任。其巡視區域及規則，另詳專章，由學部奏明辦理。

一、課長、副長、省視學，如無官者均給予職銜；課長五品，副長及省視學均六品。其有資深勞著者，准以京外相當之學務員調用。

一、課長、副長、省視學及各課員，每年由督撫彙奏匯咨一次。以上各員應領薪水，均比照舊有學務處人員薪水開支。

一、各省提學使養廉，均比照學政原有之養廉支給，其署任人員，若署無人之缺，養廉全支，均加給公費，其數目由督撫奏定，所有學政舊有之規費供給等項各目，一概禁絶。

一、課員以下，可設司事書記，其人數視事之繁簡為定，皆開支工薪，不作缺底公役，尤宜限定人數。

一、各廳州縣均設勸學所，遵照此次奏定章程，按定區域，勸辦小學，以期逐漸推廣普及教育。此為當今切要之圖，提學使務嚴督地方官限期速辦，實力推行，并於勸學所内定期約集學會紳衿，宣講教育宗旨，以資遵守。

一、各廳州縣勸學所，設縣視學一人，兼充學務總董，選本籍紳衿年三十以外，品行端方，曾經出洋游歷，或曾習師範者，由提學使札派充任；即常駐各廳州縣城，由地方官監督辦理學務，并以時巡察各鄉村市鎮學堂，指導勸誘，力求進步。給以正七品虛銜；其辦理實有成效者，准其擢充課長，以示鼓勵。

一、各省設教育官練習所，由督撫監督；由提學使選聘本國或外國精通教育之員講演教育學、教授管理諸法及教育行政視學制度等，以謀補充識力。每日限定鐘點，自提學使以上，所有學務職員，至少每星期須上堂聽講三次。

又《學部奏准續擬各省提學使辦事權限章程一九〇六年》　竊查各省學務官制辦事權限并勸學所章程，前經臣部於本年四月十二日奏准通行在案。現在提學使將次到任，所有選用僚佐旌別屬官以及管理駐防學務聘用外國教員各事宜，為前次章程所未備者，現經臣等公同商酌定為十一條，繕具清單，恭呈御覽，俟奉旨後即由臣部通行各省一律遵照辦理，謹奏。奏旨：依議。欽此。

謹將續擬提學使辦事權限章程恭呈御覽。

一、課長以下各員由提學使給札委派，一面申詳督撫。惟此項人員，非通悉學務之員，不克勝任，除就本省官紳選用外，准由提學使詳請督撫分別調用京外人員相助為理。查奏定章程辦理學堂，必須充當總理或監督，總分教習者免扣資俸，此項課長、副長人員，職司全省學務，尤為重要，應請一并不扣資俸，不停升轉銓選，以廣任用。

一、闔省學務人員每越一學期，由提學使詳報學部一次，以憑察核。

一、提學使於通省學務用款，除會同藩司籌劃外，其鹽運司鹽糧關道以免稅釐銀元銅元，各項局所但有經理財政之責者，均應合力通籌，詳請督撫核定。

一、課長、副長、省視學、勸學所總董等，如無官者，照章給與五品六品七品職銜。惟經提學使派充之後，須視任事久暫，略加區別。必勤慎無誤滿三年者，由提學使詳請督撫咨明學部給予執照，并咨吏部注册。如有异常得力之員，因事故未滿三年而於學務實有裨益者，准由提學使聲敘事實，詳請督撫咨明，一律給予注册。

一、自課長以及勸學所總董，一年一次札委，均於年前下札，平日如有敷衍因循者，應由提學使隨時撤换，不得容隱，并詳請督撫轉咨學部立案。

一、各課人員如一時不能盡得其人，准以他課人員兼充，任缺勿濫，以昭慎重。

一、議長議紳應給予薪資，常川駐省，贊畫學務，其才品學識，亦由提學使密陳督撫，轉咨學部察核。

一、自高等學堂以至小學堂監督、堂長、教員等，皆由提學使分别聘用委派，并受提學使節制。其平日辦事功過，由提學使隨時詳請督撫，以憑舉劾。

一、各省駐防學堂概歸提學使管轄，以期推而昭一律。惟旗營有設陸軍學堂者，不在此例。

一、勸學所總董事務繁重，由地方官酌量情形給予薪水，禀報提學使核辦。

一、傭聘外國教員，其合同格式由學部酌定，交由提學使頒發，各學堂照辦。外國教員歸提學使及本學堂監督節制，所有延聘辭退等事，每越一學期，詳報督撫，轉咨學部立案。

再，興學為地方要政，久已列入考成，實與錢穀刑名并重，查各省地方官補署舉劾等事，向由藩司會同臬司具詳，現既添設學司，擬改為藩學臬三司會同具詳，庶地方人員各顧考成，於興學育才不無裨益。謹奏。

又《學部通諮各省各項學堂皆歸提學使管轄考核文一九〇六年》

查照前後奏定學堂各項章程，凡各項學堂皆應歸提學使管轄考核，歷奉旨允准，欽遵在案。前此本部因分科大學將次設立，亟應調取各高等學堂、法政學堂、高等實業學堂，以及各項高等專門學堂各本科歷期歷年各學科講義，由各提學司彙齊送部察核，以立分科大學之基等因，通行各省在案。茲據奉天提學司呈稱，案奉學部札開，前因遵查奉省現時尚未設有高等學堂，其方言學堂開辦僅一學期，課程係遵照奏定章程，於外國文外兼習普通，須俟二年以後始兼習專門各科，屆時再按高等辦理。至法政學堂，係由督撫憲派參贊為監督，并另派專員為副監督，不歸本司管轄，講義尚未録送。此外森林農事各校，均經延有東西洋專員教員教授各課，雖名目較高，均隸於勸業道管轄。其中一切課程講義，本司亦無從深悉。茲奉前因，除咨左參贊勸業道請遵飭辦理外，理合呈復查核等因到部。查法政學堂亦屬專門學堂之一種，光緒三十二年四月二十日本部奏准學務官制，并辦事權限章程内開：專門課掌理本省高等學堂及各種專門學堂教課規程、設備規則，及關於管理員、教員、學生等一切事務等語。是法政學堂之教課設備及用人管理諸事，皆在提學司權限之内，不應另派參贊或藩臬司專管，至違定章。至森林農業各校，亦統括於實業學堂之内。上年十二月十八日，本部會同農工商部，議奏貴州開辦農工商總局以興實業一摺内開：該省擬設之農林學堂、試驗場、藝徒學堂，應由農工商局隨時督飭考求，表列成績，遵章呈報農工商部以符職掌。至所有教課規程、設備規則，關乎管理員、教員、學生等一切事務，及將來畢業考試事宜，自應由承辦各員禀承提學使司酌核辦理，并由該提學使司隨時認真督察，詳報學部，以符定章等因，奉旨依議在案。是森林農業各校管理員、教員、學生等一切規則，本為提學使司職守所關，斷難置之不問，茲據奉天提學使司來呈所稱，實與迭此奏章不符，除咨行東三省總督并札行該提學使司遵照奏定章程辦理外，亟應重申定章通咨各省，并札飭各提學使司，凡關於專門教育、實業教育之學堂事務，皆當責成提學使司管理，不得因設立學堂之經費籌自他處，或學生畢業後應歸他處任用，遂將該堂管理之權劃歸他處。庶與定章相符，以收教育統一之效。相應通行各省查照辦理可也。

雜録

《大清教育新法令・學部札各省提學使分定學區文一九〇六年十一月》

學部為札行事。照得教育之興，貴於普及；而興辦之責，繫於地方。東西各國興學成規，莫不分析學區，俾各地方自籌經費，自行舉辦。事以分而易舉，故能逐漸普及教育盛興。本部奏定勸學所章程，分定學區辦法，即係仿照辦理。各省州縣轄境遼闊，而其境内之區劃，如都團營圖等名目，各有不同，自應暫就原有區劃，定為學區，以期按照户口疏密，酌量建學。惟各處風土民情與夫財力之贏絀至不一律，地方一切事宜與教育有關係者亦自不少。急應切實調查，以資籌劃。除按照本部奏定勸學所章程分定學區辦法，及時舉辦外，應即按照後開各條，督飭各府廳州縣，限期陳報，各就陳報情形，陸續咨部，以便稽核。為此札行該提學使司遵照，迅辦可也。此札。

調查事項：

一、地方區域，大别凡六：曰府自治之地，所轄州縣與焉；曰直隸州自治之地，所轄州縣不與焉；曰直隸廳自治之地，所轄州縣與焉；曰廳，曰州，曰縣。所治之境，計方里若干，與何州縣接界。

一、境内有無阻礙交通之山、能通舟航之水。

一、境内户口最近調查之總數若干，旗户若干，民户若干。

一、境内有回番苗瑶等民族雜居者，其人數若干，生計情形如何，有無特别關係。

一、各處人民有聚村而居者，有聚族而居者，有錯落散居者。境内居民情形如何。

一、境内人民風俗如何。

一、每年徵收錢糧數目若干，雜税數目若干。

一、境内有無驛道、鐵路（已修及已經勘定路綫者）、電綫經過，及有無礦山（指已發見者言之）、森林、鹽場、海口、商埠。

一、境内所有植物、動物天然産，以何項為多；人工製造品以何項為多；有無出口貨物。

一、境内人民所操執業以何者為多。

一、境内人民如喇嘛、黄教、紅教、回教、天主教、耶穌教等，約有人數若干。

一、境内有無備荒、恤貧、育嬰、保節等善舉公費，分别官辦民辦。

一、境内人民有無相沿迎神賽會諸事。

一、境内原有區劃如分都、分團、分圖、分鎮、分堡、分鄉、分鋪、分莊、分屯、分路、分村、分甲、分里等，名目不一。已否就原有區劃照章分定學區，及其辦法如何。

一、境内原有都、團、營、圖等區劃，有無都、總、團、正營長、圖長等鄉職，選派資格如何，所任事務如何。

一、境内已否設立小學堂，其已經設立者官立幾所，民立幾所，設於城市抑設於鄉村，係何年開辦，共有學生若干，教育經費如何，籌措計有的款若干。

一、境内已否設立勸學所、教育會并其辦理情形如何。

一、地方官於振興普通教育如有所見，應并條列。

一、上列各條，應分條據實陳報，繕册二分，稟報提學使司一分，存提學使司衙門一分，由提學使司報部。

提法使司分部

綜述

《大清新法令・憲政編查館奏考核提法使官制摺并清單宣統元年十月十四日》　光緒三十三年十二月二十四日，法部等衙門會奏酌擬提法司官制開單請飭下憲政編查館考核一摺，奉旨：依議欽此。嗣經該部鈔録原奏并清單知照前來。竊維憲政之初基莫要於司法，而司法之統一尤莫重於設官。自釐定官制，改按察使為提法使，并另設高等審判以下各廳專理詞訟，是提法使一官，名為提刑所改建，實乃法曹之分司。其制雖為各國所無，而其集權中央之旨則一也。臣等檢閱原奏幷清單十八條，蓋本東三省總督所定官制，酌加損益，至為周密，惟其中應行斟酌者，尚有四端。原奏擬設總務、民事、刑事、典獄四科以定該司之職掌，查總務，綜理全省法官之補署、升降及收發文牘，稽核度支典獄職司、全省監獄之改良及工作之成績，均責任繁重，自應各設專科。至刑事、民事等項，大致以備編輯訴訟統計為主，與舊日臬司之必應逐案勘轉者不同，且中國民事案件，甫經分析，事本簡略，茲擬合幷一科，與總務、典獄共為三科，以節虛糜，而昭核實。又原奏所稱應行變通一節，擬釐正各科僉事品軼，幷刪除科員，司書等官，以杜濫冒。查從前臬司所掌事宜，僅止刑名一端，既改今制分設各科，職守較繁，自不待言。各科僅置僉事一人，深慮不敷任使，如以書記承乏其間，鈔胥末秩，不足以勝重寄。至僉事之名，本明以前舊制，用以定提法使之屬官，本屬名實克副。第創建伊始，一則恐無合格之人，一則現行事例有須由經歷而知者，如預為限定其名稱，恐將來變更非易，應否定為實官之處，俟明年釐訂直省官制時，再行核辦。茲擬暫仿新設官署科長、科員之制，將僉事改為科長，幷於科長之次，酌設一二等科員數員，分理其事。惟此項人員究與普通行政官吏不同，既須明其責任，更宜課以專長，幷參用陸軍部官與職分之意，暫不作為實官而定為實職。凡一切補署，概須奏報立案，以示優崇，及將任用資格嚴行釐定，免各省蹈常習故，率以尋常需次人員濫行充補。考各國任用官吏，均先之以試驗。今另定考用提法司屬官章程，所有新設各科員額，悉令遵照考驗，分別補用，以副朝廷鄭重司法審辯官材之至意。又原奏所稱亟應兼籌等一節，擬以按察使舊有經歷照磨知事、司獄等官改補典簿、主簿及初級推事、檢察所官録事查經歷等官，舊本閑曹，知以主簿、典簿所官録事對調，自無不可至推事、檢察。責司審録乃人民身命財産之所寄，必須明尤之員方克勝任。雖屬初級，不過為訴訟階級之分，初非有爵秩尊卑之別，即朝廷設官本意。所以滌新吏治，亦非為位置冗員地也，擬請將經歷等官由各督撫詳加甄別，或以所官録事，或另以相當之職調用。至改補推事、檢察，應請毋庸置議，又清單第十三、第十四兩條關係司法官之登用，一為法律畢業員充補書記，一為書記徑升審判檢察廳。相當之官，幷未指明何項，則推事、檢察自在晋擢之列。查各國通例，司法官之資格最為尊崇，非修法律專科在大學畢業受判檢事登用試驗者不能得司法官之資格。夫曰法律畢業員，其為指考試及格者而言，可知以享有司法官資格之人，斷無仍委以書記之理。日本試驗之法第一次合格者，名曰判檢事試補，即中國之學習，第二次合格者名曰豫備判檢事，即中國之候補。其於試補期內多有執書記之任以資習練者，若預備中，則無之至書記之擢為判事，檢事更無其例也。即在中國從前刑部之時，凡簽分到部，必須讀律有年，曾任秋審提調坐辦者方能保薦京察一等，其得視資格略與各國相同。今以書記為儲養法律人材之地，更以推事、檢察為書記晋級之階，揆之中外，均屬未符。伏查欽定分年籌備事宜，限七年內各級審判一律成立。欲謀審判之進步，亟宜陶育人材。否則，濫竽充數者有之，夤緣幸進者有之，沿習既久，窳敗不可聞問。應由臣館另定司法官登用章程，請旨遵行。至原奏應行增置一節，詳定獄官品秩，查監獄官吏職掌繁重，際此改良監獄之時，斷非例文數條所能賅載，擬請析出，由該部會同修訂法律大臣詳考各國成規，另輯監獄法，奏文臣館考核。請旨頒行，以資遵守。其餘章程內詞議未協及字句歧异之處，臣等公同商酌，逐條修改，仍釐定為十八條，幷附訂考用提法司屬官章程十條，敬繕清單，恭呈御覽。再，驛傳事務舊屬按察使管理，上年七月初五日，臣館奏定勸業道官制，業經改歸該道管理在案，如將來提法使改定後該道尚未設立，仍應暫由提法使兼理其事，以免曠誤，合幷聲明。謹奏。宣統元年十月十四日奉旨，着依議。欽此。

謹將核訂各省提法使官制繕具清單，恭呈御覽。

計開

第一條　各省照奏定直省官制通則，以原設提刑按察使司改為提法使司，設提法使一員，承法部及本省督撫之命，管理全省司法之行政事務，監督各級審判廳、檢察廳及監獄。

第二條　提法司分設三科如下：

一、總務科

二、刑民科

三、典獄科

第三條　總務科職掌如下：

一、掌本司及各級審判廳、檢察廳、監獄各員之補署、升降、保奬、處分等項事宜。

二、掌收發文件、編纂檔册及刑民、典獄兩科以外各項統計事宜。

三、掌經費出入，辦理本司及各級審判廳、檢察廳豫算決算并一切雜項事宜。

第四條　刑民科職掌如下：

一、掌草擬現行各項法律疑義之解釋、請求事宜。

二、掌各級審判廳之設立、廢止及管轄區域更改事宜。

三、掌編纂刑事、民事及注册等項統計事宜。

四、掌稽核檢察事務及司法警察各項事宜。

五、掌辦理秋審、恩赦、減等及留養事宜。

六、掌死罪案件、備繕供勘及軍流以下人犯彙案申報事宜。

以上兩款，如在各級審判廳未立以前所有招解勘轉事宜，仍查照向章辦理。

第五條　典獄科職掌如下：

一、掌改良監獄，推廣習藝所等項事宜。

二、掌稽核罪犯工作成績及編纂監獄統計等項事宜。

第六條　每科設科長一員，承提法使之命，綜理本科事務。

第七條　每科由提法使酌量事務繁簡設一等科員一員，二等科員一員至四員，承提法使之命，協同科長分理本科事務。

第八條　每科視事務繁簡，酌設書記，以五員為額，受各該科長、科員之指揮，繕寫文件辦理庶務。

第九條　科長秩視五品，一等科員秩視六品，二等科員秩視七品，均以諳習法政人員，照章考試合格者由提法使詳由督撫咨達法部奏補。書記官秩視八九品，由提法使以照章考試合格者，詳請督撫酌量署補并咨明法部存案。

科長、科員、書記考試任用之法，照另定考用提法司屬官章程辦理。

第十條　提法使於現行各項法律，遇各級審判廳、檢察廳有疑義不能決定者，得詳擬解釋，申請大理院核示。

第十一條　提法使於死罪案件，應備繕供勘，詳由督撫奏交大理院覆判法部核定彙案具奏。其軍流以下人犯應匯案，詳由督撫咨報法部存案。

第十二條　提法使於全省各級審判廳、檢察廳均得隨時親往視察，或派員前往。其赴外屬各處時，可詳明督撫即行前往，巡視事竣，除申報本省督撫外，仍將詳細情形申報法部。

第十三條　提法使於各級審判官檢察官補缺後，如須更調，應詳由督撫咨報法部照章核辦，不得任意更調。

第十四條　提法使於籌辦司法一切事宜，除隨時申報督撫由督撫咨報法部外，仍於年終彙齊造册列表，申報法部查核。其有重要事件，得一面申報督撫，一面逕達法部核辦。

第十五條　提法司經費數目由督撫酌定。其舉辦各級審判廳、檢察廳需用款項，應由督撫籌給。每年編入豫算，照度支部奏定清理財政章程辦理。

第十六條　各省監獄事宜，應由提法使按照監獄法督飭辦理。

第十七條　各省俟提法司改設後，所有原設按察司屬官應一律作為裁缺，仍應照章考試，始准任用。

第十八條　提法司辦事細則由該司酌定。其各級審判廳、檢察廳及監獄辦事細則由各該廳及該管官酌定，經該司覆核後，仍分報督撫及法部，由部匯集各省司廳規則，酌中損益，編定通行畫一章程，以昭法守。

謹擬考用提法司屬官章程繕具清單，恭呈御覽。

計開

第一條　提法司屬官，應按照奏定官制，以考試合格者分別奏咨補用。

第二條　科長、科員由下列人員內考試合格者奏補：

一、在法政法律學堂三年以上畢業，得有文憑者；

二、舉人以上出身者；

三、文職七品以上者；

四、舊充刑幕確係品端學裕者。

其在京師法科大學、法政學堂正科畢業及在外國法政大學或法政專門學堂畢業，經學部考試給予出身者，得免其考試，即予酌量分別署補。

第三條　考試科長、科員應具備下列各款科目：

一、奏定憲法綱要；

二、大清律例；

三、現行各項法律；

四、各國民法、商法、刑法及訴訟法；（外國法學派別不同，准由各人自行呈明就其所學者考試）

五、國際法。

上列各款以第二、第四為主要科。主要科考試分數如不及格，餘科分數雖多，不得録用。

第四條　考試科長、科員由提法使主試，并詳請督撫派員監試暨遴派深通中外法學者數員為襄校。

第五條　科長、科員考試合格者，由提法使詳請督撫按照考試成績及原有官階出身分别派署。一年期滿，再由提法使出具切實考語，詳請督撫咨達法部奏補，并將履歷咨部存案。

若合格人員逾定額時，由提法使詳請督撫記名，俟有缺出，仍照前項辦理。

第六條　科長、科員奏補後仍留原官、原銜，每届三年，由提法使查驗各該員辦事成績，出具切實考語，詳請督撫咨達法部奏請，分别升黜，以示勸懲。其有辦事實在不能得力者，由提法使隨時詳請督撫撤换，咨部另行奏補。

第七條　書記官由提法使就下列人員内以考試合格者酌量補用：

一、在中學堂以上畢業得有文憑者；

二、生員以上出身者；

三、文職八品以下者。

第八條　書記官以文理清順、繕寫整齊者為合格，由提法使率同各科各長考試。其科目由提法使臨時酌定。

第九條　書記官考試合格者由提法使按照考試成績及原有官階出身分别派署。滿一年後果係稱職，再行補實，均由提法使詳請督撫辦理，并將履歷咨送法部存案。

若合格人員逾定額時，應作為記名，俟缺出候傳。

書記官補缺後，仍留原官、原銜，每届三年，甄别一次。其辦事實在不能得力者，由提法使隨時詳請督撫撤换。

第十條　本章程與提法使官制同時施行，所有施行細則由提法使酌訂，詳請督撫核奪辦理，并咨明法部存案。

又《法部奏編訂提法司辦事畫一章程摺并單》　上年憲政編查館核訂各省提法使官制清單第十八條内稱『提法司辦事細則由該司酌定，仍分報督撫及法部，由法部彙集各省規則酌中損益，編定通行畫一章程以昭法守。』等語。又，本年二月十六日，臣部奏定《各省審判廳提前辦法并單》并籌備各項事宜，聲明『提法司辦事章程應於本年擬定』，先後各經奏蒙俞允，欽遵在案。竊維提法使為臣部之分司各廳之主管，就一省司法行政事務，綱維張弛，靡不由之。顧其官既為列國立法所無，其制迥非舊日提刑可比，不為之精密條理、明定規程，恐關係司廳之事，界限轉有不清，即行使監督之權，範圍未必不過，此通行畫一章程所由，不容或缺也。上年各省自改設提法使後，節據擬定該司辦事細則，咨部核查大要，因地制宜，各行其是，就中意見雜出，繁簡互殊，自未能顯若劃一。臣部綜籌全局，亟應比類而整齊之。現在各省審、檢各廳以次成立，率循所資於茲，尤亟當飭司員遵照館奏，即就各該司所定酌中損益，編定《提法司辦事畫一章程》八十五條，謹繕清單，恭呈御覽。伏候命下，即由臣部通咨各省一體遵行，以資法守。謹奏。宣統三年三月初七日奉旨，依議，欽此。

謹將編訂提法司辦事畫一章程繕具清單，恭呈御覽。

要目

第一章　總則

第二章　總務科

第三章　刑民科

第四章　典獄科

第五章　附則

第一章　總則

第一條　提法司主管事務，按照奏定《提法使官制》暨《法院編制法》規定司法行政事宜辦理。

第二條　提法司署應設辦公處，每日由提法使督同屬官齊集辦事。

第三條　提法司署遵章分設總務、刑民、典獄三科，俟各該省審判廳遍設後，得由提法使酌將刑民科析為刑事、民事兩科。

審判廳未遍設以前，提法使得將各科職掌量爲變通，以甲科某項事件移歸乙科承辦。

第四條　各科除設科長一員外，科員、書記由提法使於法定員額内酌量事務繁簡設置。

第五條　科長承提法使之命令綜理該科事務，并稽核該科各員之勤惰。

第六條　科員佐科長承提法使之命令分理本科事務，事務之分配由提法使核定指派。

第七條　科員於所承辦事務各負責任，但事件繁劇時得互相協助。

第八條　書記受各該科長、科員之指揮繕校文件并辦理該科庶務。

第九條　各科科員、書記遇有某科事件繁劇，由提法使命令隨時派委兼辦。

第十條　各科如需書記生時，得由該科科長稟准提法使臨時雇用。

第十一條　各科到處辦公時間由提法使定之。

第十二條　各科皆備考勤簿，科長以下各員，每日須於各該科簿内填注出入時刻，月朔由科長呈提法使核閲一次。

第十三條　辦公處應派科員、書記各一員輪班值宿，其輪次由提法使於每月朔定之。

第十四條　萬壽聖節、先師聖誕及星期，各放假一日，年末歲始假期由提法使酌定之。

第十五條　休假日由提法使就各科輪派一員值班。遇有重要文件，即知照各該科主管員到署趕辦。

第十六條　除例假外，因事請假者，臨時由提法使批定。

第十七條　科長遇有事故，由一等科員代理，科員則由同科一人代理。

第十八條　各項文件到司，由收發處彙齊呈提法使閲後交總務科科長蓋戳分科。各科接收後應備簿册記其案由，分别緩急先後各辦稿件。其緊要文件，收發處隨到隨呈，不候彙齊。

第十九條　凡事隸於各科者歸各科主辦，其關係數科者，以關係最重之科會同各科商酌辦理。

第二十條　各科擬訂文件經科長覆核後，呈由提法使核行。

第二十一條　各員遇繁難事件，應先擬議辦法説帖呈提法使核定。如有疑義，并得請提法使集各科科長、科員議決。

第二十二條　各科設立手續簿，事無巨細均摘由録入，每日呈提法使閲視。如已辦，即刊『辦』字戳，在各事由上印記，并注明某員擬稿；其已辦結行文者，另刊『結』字戳印記。

第二十三條　各科收文送稿暨簽文檢卷應備各種簿册，由書記逐日分别摘由整理，交各該科科長、科員核閲。

第二十四條　各科辦理事件有應知照别科者，可用文片摘敍事由、辦法，送付該科備查。

前項文片所用紙張格式，各科商同一律以便編訂。

第二十五條　凡各處來文及提法使隨時命令應知照各科者，由總務科用傳知簿附同原件送各科查閲。

前項傳知簿各科閲遍，當日繳還總務科。

第二十六條　各員在辦公時間雖無事亦不得擅離。如有來賓須在接應室款待者，亦不得久談致誤要公。

第二章　總務科

第二十七條　總務科職掌除照《提法使官制》第三條所列外，提法司印信、秘密函電及不屬於刑民、典獄兩科所掌一切雜項事宜，均歸管理。

第二十八條　提法司署及各級審判廳、檢察廳、監獄各員之補署、升降、保奬、處分等項事宜，應按照各項法令辦理并隨時分别注册。

第二十九條　司法官吏考試事宜，由該科會同刑民、典獄兩科辦理。

第三十條　司法官吏之姓名、履歷由該科分類列簿。有變更時，隨時編改以備查考。

第三十一條　該科設收發處，派員專司。凡外來文件摘由登載收文簿，按照第十八條之規定交由科長分科。

第三十二條　各項文件由書記將事由、件數、送科日、時，分别登載分科文簿、分送各科，即由各該科書記印記『收』字戳，即將事由、件數、到科日時登載到科文簿。

第三十三條　各科文件經書記繕校後記於簽文簿，送由該科蓋印粘封，交收發處登載發文簿即行發送。

第三十四條　各科文件册籍均由總務科編纂檔册，并分立編卷簿，注明『某科』字樣彙總存儲。

第三十五條　各科文牘凡應歸卷者，由該科書記每日檢查一次，彙送總務科依類編存。

第三十六條　編纂簿應照各卷種類編列號數并於號數之下摘敘事由，各科隨時抄存以便調閱。

第三十七條　各科調取文件均用文片為據，由總務科記入調卷簿，繳還時，應於調卷簿及各該科還卷簿内印記『收』字戳。

第三十八條　刑民、典獄兩科以外之統計事宜，應按定限填寫於頒行表式内，呈由提法使核定，分報督撫及法部。

第三十九條　各廳署及府廳州縣所掌事件足備統計材料者，呈由提法使行文知照，按月報告。

第四十條　編纂統計應行調查事件，其關涉各科者，隨時片查；其與各廳署及府廳州縣關涉者，呈請提法使行文調查。

第四十一條　提法司及各廳署常年經費應先制備豫算，報告督撫及法部。該豫算年度内所有用款均以豫算為準，即由提法司請領支發。

第四十二條　提法司及各廳署出入經費，由總務科按月列表，呈由提法使核閱，每一年度彙造決算呈報督撫及法部核銷。

第四十三條　各廳訟費、狀紙費、罰金等款報告到司時，應與刑民科會核辦理。

第四十四條　出入款目應需各種簿册，暫由總務科擬制格式，呈由提法使核定通行，俟法部奏定各項會計章程再行分别遵用。

第四十五條　各廳署工程報銷應詳細核定，呈請提法使造册詳報。

第四十六條　提法司官有物由總務科録入專册，每年定期點檢一次。

第三章　刑民科

第四十七條　刑民科職掌事宜，按照《提法使官制》第四條辦理。

第四十八條　於刑律、民律、商律、訴訟律等及其他關於司法之各項法律，遇各廳有疑義不能決定者，由該科詳擬解釋，呈由提法使詳請大理院核示。

第四十九條　登記及其他非訟事件等一切關於司法行政之法令，遇有疑義須待解釋者，呈由提法使詳請法部核示。

第五十條　各廳之設置除遵照籌備年限酌量設立外，如因情勢改易或其他未便事宜應須廢止或添設，及其管轄區域之宜變更者，即詳細體察，妥為改定。

第五十一條　各廳工程營繕應先繪具圖式，呈提法使審定并送付總務科備查。

第五十二條　各廳開廳時刻及開庭日期，由該科擬呈提法使酌定一律遵行。

第五十三條　各部、院之通行、通飭關於刑民事項應轉行各屬者，由該科辦理；應印刷頒發者，定稿判行後送總務科印刷頒行。

第五十四條　編纂刑事、民事及注册等項事宜，得參照第三十八條至四十條辦理。

第五十五條　各級檢察廳檢察事務由該科隨時稽核并得呈由提法使發布命令，統一全省檢察事宜。

第五十六條　凡部頒檢察廳調度司法警察，執照由該科填核轉發，仍知照總務科備查。

第五十七條　凡司法警察事務有應由提法使與巡警道會同協商之件，先由本科酌擬辦法，呈由提法使酌核商辦。

第五十八條　凡秋審、恩赦、減等及留養事宜，均遵現行法令辦理，分别報部核辦。

第五十九條　高等地方檢察各廳呈報審判廳判決死罪案件到司，應即備繕命案供勘，申報法部分别核辦。

第六十條　高等地方檢察各廳呈報審判廳判決遣流案件到司，應備繕全案供勘，分别按月彙報法部存案。

第六十一條　高等地方檢察各廳呈報審判廳判決徒罪案件到司，應摘敘簡明案由，分别按季彙報法部存案。

第六十二條　各初級檢察廳呈報審判廳判決刑事案件到司，分别於年終彙報法部存案。

第六十三條　各級審判廳所定刑事案件判決確定後，如查有引律錯誤或事實上極端錯誤者，得呈由提法使核定，行令該管檢察廳分別提起非常上告或再審。

第六十四條　未設審判廳地方一應專奏、彙奏死罪案件，應備繕全案供勘，詳由各督撫奏交大理院覆判，俟奉部覆分別辦理。

第六十五條　未設審判廳地方所有遣流以下案件例應咨部候覆者，應詳由各督撫照例咨報大理院核定，俟奉部覆遵照旅行。其例歸外結之案，無論罪名輕重，一并分別彙報。

第六十六條　未設審判廳地方問擬徒、流以上刑事案件，經覆審無异，詳請核辦到司。倘有鳴冤翻异及案情實有可疑者，得呈由提法使核定，行令高等檢察廳分別提省移送高等審判廳辦理。

第六十七條　無論已、未設立審判廳地方，每月現審案件均應詳核，分別已、未判決編造司法彙報以驗成績，并為年終辦理統計之用。

第四章　典獄科

第六十八條　典獄科職掌事宜，按照《提法使官制》第五條辦理。

第六十九條　改良舊有及新設之監獄，當《監獄法》未頒布以前，由該科擬訂暫行規則呈由提法使核行。

第七十條　關於監獄工程，應先繪具圖式呈提法使核定，并送付總務科備查。

第七十一條　習藝所附設於監獄或另設之，應分別擬訂規則并籌推廣之法。

第七十二條　推廣習藝所有應與行政衙門協商者，由該科酌擬辦法呈由提法使酌核商辦。

第七十三條　調查監獄、習藝所之管理方法、賞罰制度有不合法者，呈請提法使飭令改良。

第七十四條　關於監獄、習藝所考績事宜，由該科隨時送付總務科查核辦理。

第七十五條　監獄、習藝所罪犯姓名、年歲、犯罪案由、作工期限，按月調查、編制表册。如有釋放或病故等事，應付送刑民科備查。

第七十六條　監獄、習藝所之工作成績報告有不確實或不合法者，得核明呈請提法使查辦。

第七十七條　監獄、習藝所經費及工業成本，應會商總務科詳確核定，呈提法使編入豫算，并酌量籌給。

第七十八條　罪犯工作品販賣所得之款項報告應詳為稽核。

第七十九條　各審判廳附設之看守所及未設審判廳各屬之候審待質等所，均由該科稽查。如押犯月報有不確實及其他情弊者，得呈提法使派員巡視。

第八十條　調查各屬看押人犯有延不迅結者，得知照刑民科呈請提法使札催。

第八十一條　看守人等選用及服務章程未頒布前，由該科擬訂暫行規則呈由提法使核行。

第八十二條　編纂監獄統計，得參照第三十八條至四十條辦理。

第八十三條　各部、院之通行、通飭關於獄務事宜者，得參照第五十三條分別辦理。

第五章　附則

第八十四條　未設審判廳地方事宜，除本章程規定外，得參照按察使舊制分隸各科，但奉文劃歸別衙門管理者不在此限。

第八十五條　本章程奏准頒布，自文到之日實行。各省提法使得於本章程範圍内酌定辦事細則，仍須報部查核。

雜　録

《大清新法令·鄂督瑞奏改設提法使并分設屬官摺》　竊維按察使一官，即古之外臺御史，故其職掌提點與案劾并重，實司法而兼行政之官也。乃者豫備憲政已歷三載，省城商埠審判廳限於本年成立，用以符三權并重之制，兼以固九年籌備之基。不特司法與行政不能混淆，即司法與司法之行政亦應區別，自非先設提法使總理司法行政樞紐，則法曹分治之機關不備，即審判獨立之權限不明。查法部原奏『司法行政事宜分期辦法清單以奏請簡放各省提法使』一事，列於宣統二年之首，綜核名實，具見深衷。臣到任後考察鄂省籌辦省城商埠審判各廳已將就緒，惟提法使尚未改設，事權既未統一，編制復未完全，當經督飭臬司將應改、應設事宜，逐一規畫，分別布置。查憲政編查館奏定提法使官制，提法使承法部及本省督撫之命，管理全省司法之行政事務，其屬官曰『總務科』、曰『刑民科』、曰『典獄科』，設科長及一、二等科員、書記員，以資佐助。鄂省既擬改設提法使，自應遵照分設總務、刑民、典獄三科，各設科長一員，一等科員一員，總務科事務較繁，應設二等科員四員；刑民、典獄二科，各設二等科員二員，書記員每科各設五員，即由臣按照《考用提法使屬官章程》派員監同臬司，認真考取，合格人員按其考試成績及原有官階，出身，分別派署，責令各就本科職掌勤慎從事，以本年四月十五日分科成立之日起，俟試署一年期滿，察其能否稱職，由司照章詳咨補實。惟此項法司屬官具有獨立性質，不得兼充他差，自應優給薪水，以期專其心志。現定科長月薪銀元二百元，一等科員一百二十元，二等科員八十元，書記五十元，將來補實之後，應否改給廉俸，聽候部章辦理。此設置法司屬官之情形也。至應設各事有關於提法使本職者，如按察使兼管之驛傳事務，照奏定《勸業道官制》應歸勸業道管理，即於六月初一日由臬司移交接管。其應辦工作驛站奏銷，仍由臬司造報，以清界限。有關於屬吏者，按察司經歷司獄二員，應照《提法使官制》作為裁缺，詳加甄別，以所官録事及相當之職調用。有關於書役者，司署既設書記是供繕寫，原設書吏應盡裁革。其雜役酌留數名借備使令，餘亦裁汰。有關於附設之局所者，司署設有積案、統計、籌辦審判廳三種局所，核其所辦事宜，皆屬於總務、刑民兩科之職掌，應一并裁撤，各歸各科辦理。惟發審局為各屬解勘翻供及提省審辦重要案件而設，現在各屬審判廳尚未遍設，未便遽裁，應暫改為督審處，仍由提法司督率審理。尚未設立審判廳各州、廳、縣，應行發審之案，俟宣統五年各府、廳、州、縣審判廳一律成立，再行裁撤，庶於新舊遞嬗兩無妨礙。此裁改臬司官吏局所之情形也。統計改設分科以後，歲需經費銀二萬九千七百九十二兩，遇閏照加。除以裁撤臬署原有官幕、書役、俸薪、工食抵支外，尚不敷銀一萬九千一百六十三兩零及改設之初，應需開辦經費銀一千兩，均飭藩司鹽道分認籌撥濟用。茲據署按察使施紀云詳請縣奏前來，相應請旨，將湖北提刑按察使改為湖北提法使，并請飭下禮部鑄造湖北提法使印信一顆，頒發換用，以昭信守。除將辦事規則及改設備官銜名、豫算經費各表，分咨憲政編查館法部查照外，理合恭摺具陳。再，提法使係按察使改設，職秩相同，所有廉俸仍循舊制支領。全鄂省司道公費，業經酌定奏明有案，提法使應支公費即照原定按察使公費給支，合并陳明。謹奏。宣統二年六月二十三日奉硃批：『著照所請，該部知道，欽此。』

又 **《蘇撫程奏江蘇改設提法使設立屬官司分科辦事摺》** 竊准吏部咨開，宣統二年七月二十一日内閣奉上諭：『法部奏請改補現任按察使為提法使一摺，所有江蘇提法使著左孝同補授等因，欽此。』咨行到蘇，即轉飭遵照。茲據江蘇提法使左孝同詳稱：查提法司職掌司法上之行政事務，為司法獨立之機關，責任綦重。際此項備立憲，審判廳限年成立，各處監獄以次改良，事尤繁賾。前蒙憲政編查館奏頒《提法使官制》，應設屬官曰『總務科』、曰『刑民科』、曰『典獄科』，各設科長、科員、書記，以資助理，用意至為周密。現當改設提法使之始，除舊布新，一切均待整飭，擬請遵照定章分設總務、刑民、典獄三科，每科各設科長一員，一等科員一員，總務科事較繁雜，擬設二等科員四員，刑民科設二等科員三員，典獄科設二等科員二員。至書記員，刑民科應備繕供勘，擬設六員，總務、典獄兩科，各設五員，擬請先就歷在司署辦公之幕友，委員切實甄別，并考取合格人員分別試署，以分科成立之日起，試署一年期滿，察其能否稱職，再行詳請奏補。惟各科職掌，當此新舊過渡時代，審判廳尚未遍設，各屬稟詳解勘之案應居多數，司署向有刑、幕兩席，分辦寧、蘇兩屬刑、民案件，今若并歸刑民一科，既有應辦之新政，又須批核舊案，勢難兼及。擬照定章略事變通，將刑、民科内二、四兩條，有關籌辦審判廳事件，暫歸總務科辦理。其未設審判廳之處，照舊勘轉之案，則分歸刑民、典獄兩科兼辦，俟各屬審判廳一律成立，即改照定章各歸各辦。此項司法屬官不准兼充他差及為別項營業，薪水本宜稍優，第本省財政困難，祇能力從儉約，現定科長每月薪水銀一百二十兩，一等科員八十兩，二等科員四十兩，書記員每月每員三十兩。惟江蘇提法使兼管寧、蘇兩屬，案牘甚繁，原有寫生四十餘名適敷繕寫，按照定章各科書記不得過五員，實不敷用，擬將原有寫生，擇其文理清通、品行循謹者，酌留十六名作為書記生，優給飯銀，餘均一律裁汰。所有雜項夫役，擇其必不可少者，酌留四十名以供使令，各給工食。皂班、承差一體裁革，至按察使兼管之驛傳事務，照章應歸勸業道兼管，現僅江寧設有勸業道，蘇州尚未設立，究應如何歸管，候奉議定飭知遵辦。省垣各城門向由按察使委員盤查以後，應歸巡警道管理，其餘不關司法之行政差事，如自治調查農工商務、洋務、禁烟、公所巡防、營務處、醫院籌辦處，向由臬司會同辦理，此後均由各主管局所主政，不必再由提法司會核合。州、廳、縣遇有財政民政軍政等事，向係幷詳臬司者，但與法政無關，此後毋庸幷詳，以省繁牘。司署府設之各局所，如清訟統計、審判廳籌辦處，一律裁撤，幷歸三科，就主管職掌分別核辦。司法研究所俟一班學員畢業後，遵照部電，歸提學司幷入法政學堂，辦理檢驗吏學習所，遵照部文附設高等審判廳內，仍由司經理。督審、發審兩局已奉部飭，凡歸該兩局審辦之案，一俟省城審判廳成立，即行裁撤。又，按察使屬吏經歷司獄照章作為裁缺，現任經歷劉敬煥已升補江陰縣知縣，遺缺應請咨部扣補。惟現時尚有各屬解司人犯，由經歷點驗，仍委員暫為辦理，司獄一員可即裁撤改補。原有司監向來羈犯無多，應撥入模範監獄，該監曾經改良，尚屬牢固，軒廠可改為省城地方審判廳之看守所，另行詳辦。此改設提法使屬官分科治事及一切布置之情形也。伏查司署向由各司局每年撥解幕友脩膳、胥吏薪工、紙張一萬八千八百五十餘兩，計分科以後，約需額支銀二萬一千數百兩，活支銀二千數百兩，統計需銀二萬四千兩左右，按照奏定提法司行政經費足以敷用，應請批示照解，以便成立，嗣後照章按年報銷。茲將改設屬官分科辦事及一切布置情形，幷擬訂辦事規則，造具員額經費表，詳請奏咨立案等情前來，除將册表分咨各部查照外，謹會同兩江總督臣張人駿恭摺具奏，伏乞敕部立案施行。謹奏。宣統一年十月二十三日奉硃批：『該部知道，欽此。』

又《法部奏各省提法司屬官獎勵辦法摺》 宣統元年十月憲政編查館奏考核提法使官制摺內稱，提法司屬官暫不作為實官而定為實職，又考用提法司屬官章程內開，科長、科員奏補後仍留原官原銜，每届三年，由提法使查驗各該員辦事成績，出具切實考語，詳請督撫咨達法部奏請分別升黜各等語，欽奉諭旨，依議，欽遵在案。竊維提法司衙門屬官分掌各科，責任繁重，事原創始端資經營締造之才，期以方來亦負蕭規曹隨之責。又況必經考試，登進之資格綦嚴，果其著有微勞報最之升途宜定，現在各省提法司衙門屬官分科辦事，迭據奏報有案，將來期限届滿，其辦事勤勞確有成績者自應分別酌予獎敍，惟如何獎敍之處向無明文規定，若不據定畫一辦法，不足以資鼓勵而便遵守。查上年七月學部奏酌擬學務公所人員獎勵辦法一摺內稱，其有實心任事届滿三年，有職人員准其按照尋常保舉加銜，無職人員參酌定章咨明吏部給予六七品職銜。如供職又至五年之久，不論有無官職一律均照异常勞績請獎，至三年届滿未經按照尋常請獎者至五年届滿時，亦准一律按照异常辦理各等語，奉旨，依議。欽此。歷經遵照辦理，臣等公同商酌所有提法司屬官獎勵辦法，擬即援照學部奏定學務公所人員獎勵成案，一律照辦，如蒙俞允，即當遵奉施行。除奉天一省開辦在先應咨令另案辦理外，嗣後各省提法司衙門屬官統俟奏補後届滿三年，由提法使查驗辦事成績，出具切實考語，詳請督撫咨達臣部，果係始終勤奮、成績卓著，即由臣部查照此次奏案，分別給予獎勵，以昭激勸而示限制。謹奏。宣統三年四月初七日奉旨，依議。欽此。

外省各級審檢廳分部

綜　述

《各級審判廳試辦章程光緒三十三年十月廿九日》 第一章　總綱

第一條　凡審判案件，分刑事、民事二項。其區別如下：

一、刑事案件：凡因訴訟而審定罪之有無者，屬刑事案件；

二、民事案件：凡因訴訟而審定理之曲直者，屬民事案件。

第二條　凡登記事件，由該管初級審判廳照登記章程行之。

第三條　凡本章程未規定者，依舊章行之。無舊章者，由法部酌核辦理。

第二章　審判通則

第一節　審級

第四條　凡民事、刑事案件，由初級審判廳起訴者，經該廳判決後，如有不服，准赴地方審判廳控訴。判決後如再不服，准赴高等審判廳上告。

第五條　凡民事、刑事案件，除屬大理院及初級審判廳管轄者外，皆由地方審判廳起訴。經該廳判決後，如有不服，准赴高等審判廳控訴。判決後如再不服，准赴大理院上告。

第二節　管轄

第六條　各級審判廳管轄之民刑案件，依法院編制法草案第二、第三、第四三章辦理。但初級審判廳管轄之刑事，以杖罪為限。刑事案件如係數人共犯，從罪重者之管轄。

第七條　各級審判廳管轄之區域，暫依内外城各巡警分廳轄地區劃之。

第八條　管轄不明確者，由受理之審判廳申請上級審判廳指定之。

第九條　管轄有錯誤時，於未判決前發現者，應移交該管轄之審判廳，另行審理。管轄錯誤發現在判決後者，應將本案供招判詞，抄送該管審判廳詳核存案。其原判有出入時，另行提案覆審。

第三節　回避

第十條　審判官承審案件，應行回避之原因如下：

一、審判官自為原告或被告者；

二、審判官與訴訟人為家族或姻親者，參照刑律訴訟門聽訟回避條文；

三、審判官對於承審案件現在或將來有利害關係者；

四、審判官於該案曾為證人、鑒定人者；

五、審判官於該案曾為前審官而被訴訟人呈明不服者。

第十一條　有前條之原因時，經該審判官或檢察官或訴訟人聲明後，由該管長官核奪。

第十二條　除十一條回避原因外，審判官與訴訟人有舊交或嫌怨，恐於審判時有偏頗者，檢察官及訴訟人，得請求該審判官回避，但豫審係緊要案件時毋庸回避。

第十三條　審判官應回避時，由該管長官委員代理。

第四節　廳票

第十四條　刑事廳票如下：

一、傳票：傳訊原被告及其他訴訟關係人等用之；二、拘票：拘致犯徒罪以上之被告及抗傳不到或逃匿者用之；三、搜查票：搜查罪人及證據用之。

第十五條　民事廳票如下：

一、傳票：同前條第一項；二、搜查票：因查封時遇有隱匿財産者用之。

第十六條　凡審判官皆有發廳票之權。

第十七條　刑事廳票，由檢查官或豫審推事，指揮司法警察官執行之。民事廳票，由承發吏執行之。

第十八條　傳票之限期，至遲不得逾五日。但被傳人實有不得已之事由，限於未滿期前呈明，審判廳經審判官查無虚僞時，酌量展限。

第十九條　拘票之限期，至遲不得逾三日。

第二十條　凡因案傳到者，應即日訊問之。其拘到者，限於兩日内審訊。如拘到而未能即時審訊，或審訊而不能保釋者，用收簽付看守所管收之。

第二十一條　凡有逮捕現行犯之責者，可不待廳票而逮捕之。其提出時，則用提簽。

第五節　豫審

第二十二條　凡地方審判廳第一審刑事案件之疑難者，應行豫審。

第二十三條　凡現行犯事關緊急者，豫審推事可不待檢查官之請求，徑行豫審，但須知照存案。

第二十四條　凡公判案件，因證人、鑒定人供述不實，或本係重罪，受理時認誤為輕罪者，或由輕罪發覺其他重罪者，均由審判官移送豫審。

第二十五條　凡豫審案件，除豫審推事、檢察官及録供者莅庭外，不准他人旁聽。

第六節　公判

第二十六條　凡訴訟案件，經檢察官或豫審官，送由本廳長官分配後，審判官得公判之。

第二十七條　審判官於公判時，發現附帶犯罪不須豫審者，得并公判之。

第二十八條　凡公判，單獨制以審判官一人開庭，合議制以審判官三人開庭，并得由本廳長官派候補人員二人以上隨同聽審。但非承派代理者，不得參豫審判。

第二十九條　法庭秩序，依法院編制法草案第十一章各條辦理。

第三十條　凡莅庭各官，均著常服。

第三十一條　審判用語，以官話為準。

第三十二條　對於外國人訴訟，得用本廳翻譯官。如審判官有能通其國語者，經本廳長官認可，亦得參豫審問。但録供敍案，仍用漢文。

第三十三條　凡審判方法，由審判官相機為之，不加限制，但不得非法凌辱。

第三十四條　審訊時，每次録供後，對訴訟人等照朗誦詳問。如有差异，立予更正。

第三十五條　合議審判之評議，依法院編制法草案第十二章之規定行之。但評議員之意見各持一説時，可合本廳各庭長，共同議决。

第三十六條　判詞之宣示，於决議後三日内行之。民事則使承發吏謄寫副本，遞送於訴訟人。刑事則提傳被告，於法庭宣示。

第三十七條　判詞宣示後，不得更改。

第三十八條　判詞之定式，除記載審判廳之名稱，并標明年月日，由公判各官署押蓋印外，其餘條款如下：

刑事：一、犯罪者之姓名、籍貫、年齡、住居、職業；二、犯罪之事實；三、證明犯罪之緣由；四、援據法律某條；五、援據法律之理由。以上係有罪判决之款式。其無罪之判决，但須聲明放免之理由，不列定款。

民事：一、訴訟人之姓名、籍貫、年齡、住所、職業；二、呈訴事實；三、證明理曲之緣由；四、判斷之理由。

第三十九條　公判時，遇有下列原因，可即時判决：一、因原告人無故不到案，被告人申請結案，經審判官依法律定限催傳，而原告人仍不到案者；二、因被告人無故不到案，原告人申請結案，經審判官查明原告之證據確鑿可信者。

第七節　判决之執行

第四十條　刑事之判决，徒罪於上訴期滿後執行。其流罪以上，遵照奏定章程，於核准後執行。

第四十一條　民事之判决，毋庸復核。於上訴期滿後，除被告遵斷完案外，得依下列方法行之：

一、查封欠債者之物産，勒限完案；二、管理查封之物産，以其利息抵償欠款；三、拍賣查封之物産，抵償欠款。

第四十二條　因理曲人家産淨絶，不能依前條方法執行者，得將理曲人收教養局作工一月以上、三年以下。如工作中查出有隱匿家産據實者，仍照前條辦理，得將理曲人釋放。

第四十三條　對於軍人應照第四十一條辦理時，審判廳得知照其所屬長官執行之。

第八節　協助

第四十四條　審判廳或檢察廳，遇有須他審判廳或檢察廳代為辦理之事件時，請求協助其事項列下：

一、罪人之捕拿及審判；二、證人之訊問及證據之搜查；三、罪人之拘留及護送。

第四十五條　遇有交涉案件，及於外國管轄區域内逮捕致搜查，或照第四十一條辦理者，由本廳申部行文外交官，知照外國公署辦理。

第三章　訴訟

第一節　起訴

第四十六條　凡刑事案件，因被害者之告訴，他人之告發，司法警察官之移送，或自行發覺者，皆由檢察官提起公訴。但必須親告之事件，如脅迫、誹毁、通奸等罪不在此限。

第四十七條　於公訴時，并請求追還贜物、賠償損害及恢復名譽者，曰附帶私訴。

第四十八條　凡民事案件，非本人或其代理人，不得訴訟。

第四十九條　凡訴訟，概用訴狀。但有特別規定者，不在此限。

第五十條　刑事訴狀應填寫下列各項：

一、原告之姓名、籍貫、年齡、住居、職業；二、被告之姓名、籍貫、年齡、住居、職業。若為原告所不知者，即不填寫亦可；三、被害之事實；四、關於本案之證人及證物；五、赴訴之審判廳及呈訴之年月日。

第五十一條　民事訴狀應填寫下列各項：

一、原告之姓名、籍貫、年齡、住所、職業；二、被告之姓名、籍貫、年齡、住所、職業；三、訴訟之事物及證人；四、請求如何斷結之意識；五、赴訴之審判廳及呈訴之年月日；六、黏鈔可為證據之契券或文書。

第五十二條　職官、婦女、老幼廢疾為原告時，得委任他人代訴。但審判時有必須本人到庭者，仍可傳令到庭。

第五十三條　下列人等，不得充當代訴人：

一、婦女；二、未成丁者；三、有心疾及瘋癲者；四、積慣訟棍。

第五十四條　凡遣代訴，須附呈委任狀。但祖孫、父子、夫婦及胞兄弟代訴者，不在此限。

第五十五條　凡代訴人於訴訟上之行為及供述，均作為本人之代表。但下列各項，須經本人之許可始得為之：

一、上訴；二、和解；三、拋棄訴訟物；四、承認被告之請求。

第五十六條　委任狀應填寫下列各項：

一、委任人及代訴人之姓名、籍貫、年齡、住所、職業；二、代訴人與委任人之關係；三、委任之原因；四、委任之權限；五、代訴之年月日。

第五十七條　凡訴訟，除刑事外，准原告呈請注銷訴狀。

第二節　上訴

第五十八條　上訴之方法如下：

一、控訴：凡不服第一審之判決，於第二審審判廳上訴者曰控訴；

二、上告：凡不服第二審之判決，於終審審判廳上訴者曰上告；

三、抗告：凡不服審判廳之決定或命令，依法律於該管上級審判廳上訴者曰抗告。

第五十九條　非下列人等不得上訴：

一、刑事上訴：檢察官、原告人或被告人、代訴人；二、民事上訴：原告人或被告人、代訴人。

第六十條　凡刑事上訴，自宣示判詞之日始，限於五日內呈請原檢察廳移送上級檢察廳。

第六十一條　凡民事上訴，准用前條之規定，但其期間以十日為限。

第六十二條　凡上訴，不得越級為之，并不准翻供及改變事實。

第六十三條　凡在未決監獄內欲上訴者，呈請監獄官轉呈原檢察廳移送上級檢察廳。

第六十四條　上訴狀須填寫下列各項：

一、上訴人之姓名、籍貫、住所、年齡、職業；二、原審判廳；三、原審判廳之判詞；四、不服之理由；五、赴訴之審判廳。

第六十五條　凡逾上訴期限而不上訴者，其原判詞即為確定。但因天灾或意外事變之障礙，准其聲明，於原檢察廳查無虛僞，仍許上訴。

第六十六條　上訴人除檢察官外，准其呈請注銷上訴狀。

第六十七條　上訴人經兩次傳案不到者，其上訴狀即行撤銷。

第三節　證人鑒定人

第六十八條　不論何人，凡於審判廳受理之民刑案件有關係，或知其情形者，除後條規定之制限外，皆有為證人之義務。

第六十九條　凡證人，除原被兩造所舉外，審判官亦得指定之。

第七十條　審判官須訊問證人時，得發傳票傳訊。但證人有特別身份者，應就其所在地訊問之。

第七十一條　證人不遵傳票限期到庭，有因疾病自行聲明者，審判官得就其住所訊問。若無疾病又不聲明者，處以三十圓以下之罰金。仍發傳票，勒令到庭作證。

第七十二條　凡證人為僞證者，於新刑律未頒行以前，照證佐不實例辦理。

第七十三條　證人之日用旅費，舉證者供給之，但得歸入訴訟費用結算。

第七十四條　凡訴訟上有必須鑒定始能得其事實之真相者，得用鑒定人。

第七十五條　鑒定人由審判官選用。不論本國人或外國人，凡有一定之學識經驗及技能者，均得為之。但民事得由兩造指名呈請選用。

第七十六條　鑒定人於鑒定後，須作確實鑒定書，并負其責任。

第七十七條　凡有下列之原因者，不得為證人或鑒定人：

一、與原告或被告為親屬者；二、未成丁者；三、有心疾或瘋癲者；

四、曾受刑者。

第四節　管收

第七十八條　凡刑事犯徒以上之罪，未經判決，及被告逃匿被獲者，皆於審判廳之看守所管收之。

第七十九條　凡民事被告不能保釋者，亦得管收。

第八十條　受罰金之判決，未能遵限呈繳者，可暫行管收。

第五節　保釋

第八十一條　凡民事被告及刑事輕微案件之被告，均准取保候審。

第八十二條　凡取保，或責付其家屬，或取具切實鋪保，或由官吏及殷實土著之人保其聽候傳審，皆可毋庸管收。

第八十三條　凡不能依前條規定取保，而呈繳相當之保證金者，亦得釋放。其保證金於本案完結後發還之。

第六節　訟費

第八十四條　凡因訴訟所生之費用，責令輸服者繳納。其因訴訟人一面所生之費用，或訴訟人一面聲明障礙，致他人生留滯之費用者，均各責令本人補償。

第八十五條　凡訴訟費用，除本章程有別條之規定外，皆照前條辦理。

第八十六條　凡訴訟費用，隨時徵收者外，其餘於本案完結宣示判詞後，綜核其數，限期徵收之。但實係無力呈繳者，准其呈請審判廳酌量減免。

第八十七條　凡民事因財産而訴訟者，從起訴時訴訟物之價值，按下列之等差徵收訴訟費用：

一、十兩以下，三錢；二、二十兩以下，六錢；三、五十兩以下，一兩五錢；四、七十五兩以下，二兩二錢；五、百兩以下，三兩；六、二百五十兩以下，六兩五錢；七、五百兩以下，十兩；八、七百五十兩以下，十三兩；九、千兩以下，十五兩；十、二千五百兩以下，二十兩；十一、五千兩以下，二十五兩；十二、五千兩以上，每千兩加二兩。其價值係以銀圓計者，準上率，依比例法推算。

第八十八條　凡民事，非因財産而起訴者，照百兩以下之數目徵收訴訟費用。

第八十九條　拍賣時，按下列之差等，於拍賣所得金額内徵收訴訟費用：

一、二十兩以下，三錢；二、五十兩以下，五錢；三、百兩以下，八錢；四、二百五十兩以下，一兩五錢；五、五百兩以下，二兩；六、千兩以下，三兩；七、千兩以上，每千兩加一兩。其價值係以銀圓計者，準上率，依比例法推算。

第九十條　録事鈔録案卷，每百字連紙徵收銀五分，作為録事辦公費。

第九十一條　承發吏遞送文書及傳票，每件徵收銀一錢，作為承發吏辦公費。

第九十二條　承發吏遞送文書及傳票，於十里以外者，每五里加徵銀五分。路遠不能一日往返者，每日加徵食宿費銀三錢。火車輪船已通或未通之處，其川資由審判廳酌核實數，標明該文書之表面，向收受文書及奉傳票者徵收之。如有多索，准人告發。

第九十三條　證人到庭費，每次銀五錢。鑒定人到庭費，每次銀五錢以上，五兩以下，由審判官酌定。

第九十四條　前條人等住所在十里以外者，每五里加川資銀一錢。火車輪船已通或未通之處，其川資照實數核算。

第九十五條　前條人等，每日旅費銀五錢，但可視其身份酌量加增。

第九十六條　以上各項訴訟費用，須列表顯示，俾衆周知。

第四章　各級檢察廳通則

第九十七條　檢察官統屬於法部大臣，受節制於其長，對於審判廳獨立行其職務。其職權如下：

一、刑事提起公訴；二、收受訴狀，請求豫審及公判；三、指揮司法警察官逮捕犯罪者；四、調查事實，收集證據；五、民事保護公益，陳述意見；六、監督審判，并糾正其違誤；七、監視判決之執行；八、查核審判統計表。

第九十八條　凡屬檢察官職權内之司法行政事務，上級檢察廳有直接或間接監督之權：

一、總檢察廳丞監督總檢察廳及其下各級檢察廳；

二、高等檢察長監督高等檢察廳及高等審判廳管轄區域内之各檢察廳；

三、地方檢察長監督地方檢察廳及所附置地方審判廳管轄區域内之各檢察廳。

第九十九條　各級檢察廳職官缺額如官制。但初級檢察廳，得由法部酌委行走員，由檢察長官分配班次，輪流值宿，收受訴訟狀於本廳。檢察官因病或其他事故，不能辦公時，亦可委任代理。

第一百條　檢察廳之補助機關如下：司治警察官、營翼兵弁、地方印佐各員。

第一百零一條　檢察廳就審判廳管轄區域内，負檢察之責任，但不得干涉審判事務。

第一百零二條　各級檢察廳聯為一體，不論等級之高下，管轄之界限，凡檢察官應行職務，均可由檢察長官之命委任代理。

第一百零三條　凡刑事，雖有原告，概由檢察官用起訴正文，提起公訴。其未經起訴者，審判廳概不受理。現行犯附帶犯罪、僞證罪，可不經檢察官起訴而為豫審或公判，但必須通知檢察廳存案。

第一百零四條　凡起訴時，須指明一定之被告人。其有不知姓名，而或知其形狀，及犯罪形迹或遺物足資憑證者，均可請求搜查或豫審。若全無犯罪形迹時，須俟警察訪查確實後起訴。

第一百零五條　凡起訴時，或應付豫審，或應付公判，由檢察官臨時酌定。

第一百零六條　凡經檢察官起訴案件，審判廳不得無故拒却，被害者亦不得自為和解。

第一百零七條　凡應公訴案件，不問被害者之願否訴訟，該管檢察廳當即時起訴。但通奸、誹謗等罪須親告者，不在此限。如檢察官非因過失，妄為起訴，致他人無辜受害者，依懲戒處分規則行之。

第一百零八條　檢察官應由法部發給執照，遇有現行犯事關緊急時，得指揮巡警、兵弁搜索逮捕。

第一百零九條　檢察官收受訴狀，須於二十四小時内移送審判廳。

第一百十條　豫審或公判時，均須檢察官莅庭監督，并得糾正公判之違誤。

第一百十一條　檢察官對於民事訴訟之審判，必須莅庭監督者如下：婚姻事件、親族事件、嗣續事件。以上事件如審判官不待檢察官莅庭而為判決者，其判決為無效。

第一百十二條　凡不服審判廳之判決，於上訴期限内聲明不服之理由，呈請上訴者，檢察官應即申送上級檢察廳。

第一百十三條　檢察官得隨時調閲審判廳一切審判案卷，但須於二十四小時内繳還。

第一百十四條　凡判決之執行，由檢察官監督指揮之。

第一百十五條　凡死刑，經法部宣告後，由起訴檢察官監視行刑。

第一百十六條　檢察廳每日辦公時間，以十小時為率，入夜概不收受訴狀，但重要案件不在此限。

第一百十七條　各檢察官辦公時間、值宿班次，由該廳長官因時宜而分配之。

第一百十八條　各級審判廳審判統計表，非經各該檢察廳查核，不得申報。

第五章　附則

第一百十九條　本章程施行期間，自各級審判廳開辦之日為始。俟法院編制法及民事刑事訴訟法頒行後，本章程即停止施行。

第一百二十條　本章程之規定，如有未盡事宜，及不適於用之處，得由法部奏請增改。

《大清新法令·法部奏籌辦外省省城商埠各級審判廳補訂章程辦法摺宣統元年》　竊臣部奏定統籌司法行政事宜分期臚列開單覆陳一摺，宣統元年閏二月二十七日，奉旨：『交憲政編查館核議。欽此。』欽遵在案。查臣等原奏係預籌九年，應有辦法事項繁多，尚未據該館核定。惟前奉憲政編查館、資政院會奏各部分年籌備事宜清單，内開本年籌辦外省省城、商埠各級審判廳，法部、各省督撫同辦，限明年一律成立，為時既已過迫，自不能不預為規定，以免臨期始誤。現在省城，如奉天業經成立，吉、黑兩省亦俱籌設商埠。如天津、營口均先後奏報開辦外，其餘或甫在規畫，或尚少端倪。即就奏咨有案省分而言，其悉心研究、竭力從事者，尚多疑難待剖之端，而意圖速成以趨簡便者，且不知有行政、司法之別。似此分途异轍，莫定指歸，即使程限無愆，而良楛雜陳，恐亦事勢所不免。臣部職司所在，責有專歸，若不先示準繩，何以固法權而昭統一。如定各廳之組織，明審判之等差，別事物之管轄，釐官吏之職權，此法院編制法所有事也。推事、檢察等員，應如何資格，黜陟進退各官，應如何依據，此法官登進懲戒章程所有事也。訴訟、和解宜遵如何程式，判決、執行宜循如何節次，此訴訟法所有事也。此等法律章程，類非一時所能頒布，而以上指陳各事，又悉為各級審判廳所不能無，則欲示籌辦者，以津逮之途，自宜先定簡要之歸，俾為權宜之用，斷斷然矣。竊查臣部前年奏定京師高等以下各級審判廳試辦章程，就中綱舉條分，略具法院編制及訴訟法大要，現據編查館咨覆，准其通行試辦。今就關於各直省者，量加補訂八條，俾率循不至無方，而推行可期盡利。至應設廳所員額，擬照臣部原定京外各級審判廳官制，兼採法院編制法草案，復酌量省埠情形，擬定為編制大綱十二條。此外，籌款用人及一切關係各廳事項，擬別定為籌辦事宜四款，雖體制未盡完全，第當此甫經創立之時，形式既已粗陳，斯精神自當流貫。一俟將來各種法律次第頒行，此項章程條款即當改歸一律，俾免歧趨，是有裨於初基，并無梗於進步。除原定試辦章程無庸再行繕呈外，謹將補訂章程及編制籌辦各條目，分繕清單，恭呈御覽。如蒙俞允，即由臣部通行各該省，一體遵照籌辦，并咨交憲政編查館存案，暫為依限考核之據。其餘應行損益及未盡事宜，擬由各督撫臣隨時會商臣部，分別奏咨辦理。抑臣等更有請者，國家帑項豈容稍涉虛糜，况在司農仰屋之時，更宜力求撙節。然司法獨立，特為憲政之綱，維審判廳即其精神之所寄也，乃或過持減嗇之義，意存敷衍其甚者。至欲以地方官署為審判廳，即以地方官兼充推事，於司法、行政分立之意實大相逕庭，况省城為郡邑楷模，商埠係中外觀聽。前所以定分年籌備之制者，正欲令財力紓緩，得以布置從容。今臣等所擬辦法，係專為籌辦省城、商埠各級審判廳而言，編制已極簡約，所冀各疆臣凛遵立憲諭旨，勉為其難。將來推廣府廳、州縣、鄉鎮各級審判廳，或有應行變通之處，應俟隨時考查，臨期再議。若夫省城、商埠，則當以此次所擬為範圍，不得再行減縮。此臣等與各督撫所宜共勉者也。謹奏。宣統元年七月初十日，奉旨：『依議。欽此。』

擬補訂高等以下各級審判廳試辦章程（凡八條）

一、原章第七條，各級審判管轄區域，係專指京師内外城而言；外省各級審判廳之管轄區域，應查照此次擬定籌辦事宜第四款辦理。

二、原章第三十二條，對於外國人訴訟，得用本廳翻譯官。外省各級審判廳，或臨時雇用翻譯，或設置專員，應視訟事繁簡，經費盈絀，酌量辦理。惟以能傳達訴訟審判之意為斷，其雇用翻譯之費，應歸本人自理。至録供敘案，仍當主用漢文。遇有必須嚴密慎重之案，其供辭證據可於漢文之外，附存外國文。

三、原章第四十五條，遇有交涉案件，由廳申部行文，外交官知照外國公署。外省各審判廳遇有此等案件，其祇須知照駐在該省之外國領事者，可由該廳申請督撫或移知關道，就近直接知照。其應與外國公使館交涉之件，仍申部辦理。

四、原章第五十條、五十一條、五十六條、六十四條之訴訟狀及委任狀、上訴狀，凡外省有審判廳之處，應俟本部奏定訴訟狀紙章程頒行後，一律遵照辦理，不得歧异。

五、原章第六十條、第十一條上訴期限，各省刑事展為十日，民事展為二十日。若因天灾及意外事變至逾定限者，仍准上訴，但須於呈内詳細聲明。其未設初級審判廳及未設地方審判廳之處，上訴期限應除去在途之日計算。

六、原章第八十七條之訴訟費，各省得斟酌情形量為增減，但其增減之數，不得過原額十分之五，且須先將酌定數目咨部考核，并列表懸示，俾衆周知。其第八十九條至九十五條各項，亦可照此辦理。

七、原章第九十九條職官額缺，外省各級審判廳，應查照此次擬定編制大綱及籌辦事宜辦理。

八、原章及此次補訂各條，應於各審判廳開辦之時，廣行刊布，俾境内人民一體知悉。

擬定各省城、商埠各級審判檢察廳編制大綱（凡十二條）

一、凡省城、商埠同在一處者，設高等審判廳一所，凡首縣各設地方審判廳一所，初級審判廳一所或二所。其省城、商埠各在一處者，省城設高等以下各廳，商埠不設高等審判廳，餘俱如省城之例。其商埠大而事繁或距省城過遠者，得酌設高等審判分廳，由廳丞於推事中保任一人為推事長，代行廳丞職務，仍由廳丞隨時指揮、監督。

二、凡高等審判廳各設廳丞一人，民科一庭，刑科一庭，每庭設合議推事三人，每廳設典簿一人、主簿二人、録事四人或六人。高等審判分廳除不設廳丞外，餘俱如高等審判廳之例。

三、凡省城、商埠之地方審判廳，設推事長一人，暫設民科一庭、刑科一庭，每庭各設合議推事三人，每廳設典簿一人、主簿一人或二人（事務較簡之地可不設主簿，以録事兼行其職務），設所官一人，録事四人，多至八人。

四、凡省城、商埠之初級審判廳，每庭各設單獨推事一人或二人，書記生如推事之數。

五、凡省城、商埠各級審判廳，俱各設同等之檢察廳，其廳所即附於各審判廳之内。

六、凡省城之高等檢察廳，設檢察官一人、録事二人。商埠之高等檢察分廳，設檢察官一人、録事一人或二人；地方檢察廳，設檢察長一人，檢察官一人（其商埠事務較簡者，或即以檢察官兼檢察長）、録事一人或二人；初級檢察廳設檢察官一人、書記生一人或二人。

七、凡以上應設各官，其品級、職務、權限，應查照本部奏定京外各級審判廳并附設檢察廳官制及高等以下各級審判廳試辦章程辦理，再有未詳者，法院編置法草案亦可參照。

八、凡以上應設廳數、庭數、員數，俱係最簡之辦法，各省城、商埠不得再行減縮。其繁劇之處，量宜增置，不必拘守此限，惟須奏咨立案。

九、凡以上各廳，應各設候補之員，俾為補助且資練習，但其數不得逾於定員之數。其以推事候補者，得辦理豫審及代理回避各推事之任，惟辦理豫審時不得有判決之權。

十、凡以上各廳應有之承發吏、庭丁，應酌量地方情形設定額數，其職務、權限，參照法院編制法草案辦理。

十一、凡檢察廳俱有指揮司法警察之權，一切暫照本部奏定司法警察職務章程辦理。至應用人數，由各該省酌定。此外，地方官吏、營汛、地保均有協助之責，應由各督撫率屬詳訂章程，通飭遵照，仍一面將章程咨部立案。

十二、此項編制大綱，係為權宜代用而設，將來法院編制法頒布，如有規定异同之處，應即改歸一律。

擬定各省城、商埠各級審判廳籌辦事宜

一、經費。按照擬定編制大綱稱量籌足。度支部統一財政未實行以前，籌措之權應歸督撫督同藩司或度支司任之，所有開辦費須特別籌撥應用。其常年各費，如省城、商埠舊有之發審清訟等局，其事既移歸審判廳管理，則年支各款以及該問刑衙門，如刑幕束脩、招解公費及其他因審理詞訟所有之款（現有已籌辦公經費，四川等省應就其公費内酌量劃提），均可劃提。其照章所收之訴訟費及各項罰金（除向章應解部之外），亦均應充各廳常年之用，再有不足，飭司籌繼，仍將籌措情形并豫算表目咨部考核。

二、建設。法庭及辦公處所自以從新建築為合宜，如財力實有不給，盡可就各項閑廢公局處所酌量修改，但不得與現在之各行政官署混合，以清界限。

三、用人。内外審判、檢察各廳屬於本部直轄，所有一切官員請簡奏補、委用之權，均應歸宿本部，以與各行政官區別。京師既已實行，各省自應一律照辦。惟創辦之始，法官考試任用章程未實行前，宜略予變通，今擬辦法如下：

高等審判廳廳丞、高等檢察廳檢察長，由本部擇員豫保，臨時請簡，各督撫亦得就近遴選或指調部員先行咨部派署，不得徑行請簡。

推事、檢察官各員，由督撫督同按察使或提法使認真遴選品秩相當之員，或專門法政畢業者，或舊係法曹出身者，或曾任正印各官者，或曾歷充刑幕者，抑或指調部員，俱咨部先行派署。典簿、主簿、所官、録事各員，由督撫督飭按察使或提法使，認真考試現任候補各員及刑幕人等，拔取資格程度相當者，分別咨部派署委用。

以上各員，除請簡者應由本部奏請簡用外，凡明年成立之省城、商埠審判、檢察各廳，一切應行奏補員缺。在法官考試任用章程未實行以前，均應作為署任，俟該章程奏明實行後，考核成績，再行分別奏補。

又《法部奏酌擬各級審判檢查廳人員升補輪次法宣統元年十二月初二日》再，臣部本年九月十八日奏定京師審判檢察各廳員缺任用升轉暫行章程單內，聲明如有未盡事宜，隨時奏請規定等語。現經臣等酌擬補缺輪次，并將第四條內凡有缺出先用候補人員酌補，第十條、第十一條內典簿、主簿及九品録事擬以三年俸滿始准請升各條，再為詳加規定，仿照部員升補章程，所有推事、檢察及所長、典簿、主簿所官員缺，各擬分為一酌一序，不計俸，止論資勞。遇酌補之缺，以候補暨實缺人員，擇優擬定正陪請補；遇序補之缺，以下級實缺人員較資請升。至各廳九品録事官，原係委用，應歸酌補，擬俟補缺後當差兩年，無分正從，均以應升之階，歸入酌序輪次請升，庶末秩微員無躁進之患，亦免沉滯之虞。謹將臣等所擬補缺輪次表式，繕呈御覽。如蒙俞允，恭俟命下臣部移咨吏部遵奉施行。謹附片具陳，伏乞聖鑒訓示，謹奏。

奉旨：依議。欽此。

謹將各級審判檢察廳職官補缺輪次表式繕呈御覽。

計開

總檢察廳檢察官六缺（秩正五品），第一缺酌補。（以候補人員暨實缺從五品推事、檢察官，擇優請補。）第二缺序補。（以實缺從五品推事、檢察官偏缺先後，較資請升。）地方檢察廳檢察長一缺（秩序正五品），第一缺酌補，（以候補人員暨實缺從五品推事、檢察官，擇優請補。）第二缺序補。（以實缺從五品推事、檢察官補缺先後，較資請升。）高等審判廳推事十二缺（秩從五品），第一缺酌補，（以候補人員暨初級推事、所長，擇優請補。）第二缺序補。（以初級推事及所長補缺先後，較資請升。）地方審判廳推事三十缺（秩從五品），第一缺酌補，（以候補人員暨初級推事及所長，擇優請補。）第二缺序補。（以初級推事及所長補缺先後，較資請升。）高等檢察廳檢察官四缺（秩從五品），第一缺酌補，（以候補人員及地方廳檢察官，擇優請補。）第二缺序補。（以地方檢察官補缺先後，較資請升。）地方檢察廳檢察官五缺（秩正六品），第一缺酌補，（以候補人員及初級檢察官，擇優請補。）第二缺序補。（以初級檢察官補缺先後，較資請升。）初級審判廳推事十缺（秩從六品），第一缺酌補，（以候補人員擇優請補。）第二缺序補。（以高等、地方兩廳典簿與總檢察廳主簿內補缺先後，較資請升。）初級檢察廳檢察官五缺（秩從六品），第一缺酌補，（以候補人員擇優請補。）第二缺序補。（以高等、地方兩廳典簿與總檢察廳主簿補缺先後，較資請升。）地方審判廳所長一缺（秩從六品），第一缺酌補，（以候補人員擇優請補。）第二缺序補。（以高等、地方兩廳典簿及總檢察廳主簿補缺先後，較資請升。）高等審判廳典簿二缺（秩正七品），第一缺酌補，（以候補人員擇優請補。如無相當人員，以高等暨地方兩廳主簿，擇優請升。）第二缺序補。（以高等廳主簿補缺先後，較資請升。）總檢察廳主簿一缺，（秩正七品），第一缺酌補，（以候補人員擇優請補。如無相當人員，以高等、地方兩廳主簿，擇優請升。）第二缺序補。（以高等廳主簿，較資請升。）高等審判廳主簿四缺（秩從七品），第一缺酌補，（以候補人員擇優請補。如無相當人員，以地方審判廳主簿，擇優請升。）第二缺序補。（以地方廳主簿及所官補缺先後，較資請升。）地方審判廳主簿四缺（秩正八品），第一缺酌補，（以候補人員擇優請補。）第二缺序補。（以各廳九品録事［無分正從］補缺先後，較資請升。）地方審判廳所官二缺（秩從八品），第一缺酌補，（以候補人員擇優請補。）第二缺序補。（以各廳九品録事［無分正從］補缺先後，較資請升。）總檢察廳録事四缺（秩正九品），高等檢察廳録事六缺（秩正九品），地方審判廳録事十四缺（秩從九品），地方檢察廳録事二缺（秩從九品），初級審判廳録事十缺（秩從九品），初級檢察廳録事五缺（秩從九品），以上録事共四十三缺，均照章程酌補。

又《司法區域分劃暫行章程宣統元年十二月二十八日》第一條　大理院設於京師，以全國為其管轄區域。其大理分院管轄區域，由大理院核明，咨送法部奏定之。

第二條　高等審判廳，京師及各省省城各設一所。其管轄區域如下：

一、京師高等審判廳以順天府轄境為其管轄區域；

二、各省高等審判廳以各該省轄境為其管轄區域。其有總督巡撫并及邊疆大員駐所，并距省會遼遠之繁盛商埠，得設高等審判分廳。

第三條　地方審判廳，京師及直省府、直隸州各設一所。但府、直隸州詞訟簡少者，得不設地方審判廳。於該府直轄地面，或首縣，及該州初級審判廳內，由鄰近府直隸州地方審判廳分設地方審判分廳。直隸廳有屬縣者，與直隸州同。

第四條　地方審判廳管轄區域如下：

一、京師地方審判廳，以京師内外城及京營地面為其管轄區域；

二、直省府、直隸州地方審判廳，以各該府直隸州轄境為其管轄區域。

第五條　順天府各州縣及直省各廳州縣，應設地方審判分廳。其詞訟簡少者，得合鄰近州縣，共設一分廳。其距府直隸州最近者，即由該府直隸州地方審判廳或分廳管轄之，不另設地方審判分廳。

第六條　各廳州縣地方審判分廳，以各該廳州縣轄境為其管轄區域。

第七條　初級審判廳，順天府各州縣、直省廳州縣，各設一所以上。其僅設一所者，管轄區域與該地方審判分廳管轄區域同。府有直轄地面者，與廳州縣同。

第八條　順天府及直省，得酌擇著名繁盛鄉鎮，設初級審判廳若干所。

第九條　所有本章程内各級審判廳未定區域者，順天府所屬由該府核明，外省由該省提法司酌擬，呈請督撫核明，分别咨送法部奏定之。

第十條　本章程與法院編制法同時施行。其施行細則，另由法部定之。

《初級暨地方審判廳管轄案件暫行章程宣統元年十二月二十八日》　第一條　民事案件之管轄，依下列各款規定辦理。

第一、初級審判廳之管轄：

一、關於錢債涉訟案件；

二、關於田宅涉訟案件；

三、關於器物涉訟案件；

四、關於買賣涉訟案件。上四款之訴訟物，以價額不滿二百兩者為限。

五、旅居宿膳費用案件；

六、寄存或運送物品案件；

七、雇傭契約案件，其日期以在三年以下者為限；

八、其他民事案件，訴訟物價額不滿二百兩者。

第二、地方審判廳第一審之管轄

一、前項一、二、三、四款案件，其訴訟物價額在二百兩以上者；

二、親族承繼及分産案件；

三、婚姻案件；

四、其他不屬初級審判廳管轄之民事案件。

第二條　訴訟物之價額，準起訴時之價值定之。

第三條　凡以一案請求數件者，將其訴訟物之價額合并計算。其以利息賠償及訟費等隨案請求者，不算入訴訟物價額之内。

第四條　因擔保債權涉訟者，其訴訟物之價額，準擔保物之價額定之。若擔保物之價額多於債權之額者，以債權額為準。

第五條　刑事案件之管轄，依下列各款規定辦理。

第一、初級審判廳之管轄：

一、依現行刑律，罪該罰金刑以下者；

二、依其他法令，罪該罰金二百圓以下，或監禁一年以下或拘留者。

第二、地方審判廳第一審之管轄：

一、依現行刑律，罪該徒流刑以上者；

二、依其他法令，罪該罰金二百圓以上，或監禁一年以上者。

第六條　刑事案件係數人共犯者，從其罪重者之管轄。

第七條　地方審判分廳之民刑案件管轄權，與地方審判廳同。

第八條　民刑案件管轄有不明確者，由受理之審判廳報由上級審判廳指定之。

第九條　民刑案件管轄錯誤，於未判決前覺察者，應移交該管轄之審判廳辦理。

第十條　因刑事案件而附帶民事者，不論價值多寡，應并入該刑事案件辦理。

第十一條　初級暨地方審判各廳，除本章程規定外，有以其他法令定其管轄權者，應依各該法令辦理。

第十二條　本章程與法院編制法同時施行。

又《法部奏考驗京外已設各審判檢察衙門人員酌擬辦法摺》　上年憲政編查館奏進《法院編制法》摺，内開已設各級審判衙門，應於明年舉行第一次考試後，定期將各該衙門所有實缺、候補、調用各員，認真甄別，按照此次章程所定各科目，補行考驗，分別汰留。又，本年臣部奏《法官考試任用章程施行細則》摺内聲明，京師及東三省各審判衙門應歸甄別各員，係補行考驗事項，容另定辦法，擇期舉行各等語。現在京、外法官第一次考試業經完竣，此次分別考驗事宜，部正籌議間。復於十月二十日由軍機大臣欽奉諭旨，御史温肅奏：各項法官請仍遵欽定章程，將各級實缺、候補、調用人員補行考驗等語，着法部一體補行考驗，欽此欽遵，抄交到部。

查補行考驗之舉，原為審判得人起見，惟已設各審判檢察衙門，與甫議籌設者不同，現有之推檢各官，練習已非一日，職務亦各有專司，則考驗辦法似未可與初試為吏者相提并論。且該衙門中不乏熟習律例、長於聽斷之員，若就《法院編制法》免試各條比例參觀，有不能不分別辦理者。臣等公同酌度，復與憲政編查館會商妥協，所有在京各審判檢察衙門，即擬查取實缺、候補推檢各官，凡由部院調用，通計歷資十年以上，或法政科舉人以上出身，或合於《法官考試任用章程》第二條所定襄校官之資格者，以及進士出身或以舉人而曾習法政畢業者，均准免其考試外，其餘各員照第二次考試之法辦理，其調用而尚未奏留人員，照章應補行考驗者，應作為第一次考試，仍由臣部開單，請派通曉法律大員一員，會同臣等秉公考驗，以昭慎重。

其外省已設各廳，如東三省成立在先，天津試辦最早，雖屬交通省分，若概調該員來京考驗，於廳務不無窒礙，即由臣部查照廣西舉行法官考試奏案辦理，期便施行。至各該督撫因審判需才，就京師各衙門先後調用者不乏其人，照章均在補行考驗之列，統由臣部行令各該督撫轉飭提法使，一律分別補行考驗，以杜取巧而免濫竽。

又，查各該審判檢察衙門，開辦歷有年所，各員昕夕從公，不無成績可録。擬仿學堂考試，加入勤學計分成案，將各該員平日辦事成績與考試各門總分數平均計算，以二除之，而定為考驗總分數，庶考官詢事，不僅争一日之短長，而責實循名，要重在平時之經驗。

如蒙俞允，即由臣部欽奉舉辦，并咨行東三省等處，一體遵照。再，考驗經費，自應力從減省，除在外由各該督撫核實籌辦外，京師考驗，現擬於本月初十日起，在臣署律學館分場舉行，并派該館監督臣部郎中陳康瑞提調一切事宜。至考驗辦法，悉參照光緒三十三年《學部考試進士館游學畢業奏案》辦理，以期撙節而促進行。其需用款目，俟考驗事竣，核實奏銷，謹奏。宣統二年十二月初一日，奉旨依議。欽此。

又《法部奏編定京外各級審判檢查廳辦事章程摺并單》宣統三年四月二十三日　查法院編制法第四十七條、第九十六條分載高等以下各審判廳、總檢察廳以下各檢察廳辦事章程，由法部奏定通行等語，臣部本年二月奏定籌備事宜清單聲明，應於本年頒布各級審判檢察廳辦事章程，先後各蒙俞允，欽遵在案。竊維立法事項屬於法院者，大別凡三：一規定審檢各廳之組織及其權限，由法院編制法主之；一規定審檢各廳訴訟之手續，由民刑訴訟法主之；至於司法行政期歸統一，則又必有一種規則可循，其規則專以明定事務標準為宗旨，即辦事章程是也。地方司法改制之初，編制法遲而始成，訴訟法久猶未定，僅有臣部奏定各級審判廳試辦章程，通行各省，而又略舉大綱，不賅細目。是以各省所擬辦事規則，節據咨部核查，祇能據編制法及試辦章程為定，而以訴訟律未頒之故，往往取材外邦法制，其所為規則乃不啻以彼之構成、訴訟兩法合構而成，入彼出此，混無界限，故文成已傷繁賾，而義例終嫌盭戾，為取便一時計，又不得不過而存之，固其勢然也。現在各省法庭次第開辦，法律館所編民、刑訴訟兩律業於上年奏交憲政編查館核議，此後司法者不患無所遵循，即應將辦事章程及時編定頒行，以昭法守。兹謹擬為十三節都五十八條，凡已為編制法所定及應為訴訟律并其他章程所有者，概不攔入，而為本章程不甚詳備者，另以專章補助之，尚容陸續編定。謹繕具清單恭呈御覽，伏候命下，即由臣部通咨各省遵行，以歸畫一。謹奏。宣統三年四月二十三日奉旨：依議。欽此。

審判廳及檢察廳辦事章程

要目

第一節　總則

第二節　職權

第三節　事務之分配及代理

第四節　服務之時限

第五節　關於廳員進退之申報

第六節　會議

第七節　召集

第八節　巡視

第九節　出境勘驗

第十節　出差

第十一節　表簿之設備

第十二節　文書之申送

第十三節　附則

第一節　總則

第一條　本章程以規定審判廳及檢察廳事務標準為宗旨。

第二條　審判廳自高等以下，檢察廳自總檢察廳以下，其辦事方法除依編制法、訴訟律及與本章程相關聯之他項章程所定外，悉照本章程辦理。

第三條　本章程所稱各廳長官為下之各項：

甲　審判廳　一高等審判廳廳丞　二地方審判廳廳丞或廳長　三初級審判廳監督推事或獨任推事

乙　檢察廳　一總檢察廳廳丞　二高等檢察廳檢察長　三地方檢察廳檢察長　四初級檢察廳監督檢察官或檢察官

丙　各分廳之監督推事監督檢察官

第二節　職權

第四條　各廳員應於法定範圍内各行其職權。

第五條　關於司法上行政事務應各受本廳長官及上級廳長官之監督者，悉照編制法第一百五十八條之規定。

第三節　事務之分配及代理

第六條　高等及地方審判廳訴訟事務，應按各廳分期承審，由該廳長官預定該年度分期開庭表，於該廳署内公衆易見之地揭示之。

第七條　置兩員以上推事之初級審判廳於承審訴訟事務有應行分期辦理者，適用前條之規定。

第八條　審判廳分配事務應按事務之種類，或土地之區域定之。

分配事務得酌量繁簡，令甲庭之推事兼辦乙庭事務，或令獨任推事兼庭長庭員。

第九條　前條第一項之規定，初級審判廳如置有二員以上之推事時，亦適用之。

第十條　由各廳長官交審事務，其次序當從各廳或各推事承辦事務之號數定之，但有緊要時得變更其原定之次序。

第十一條　檢察廳有檢察官數員時，其事務之分配由該廳長官定之，但初級檢察廳及分廳應照編制法第九十七條第二項、第三項之規定。

如遇重要事件應由該廳長官自行處理。

第十二條　各廳書記官應辦之事，由書記官長從該廳長官之命令分配之。

第十三條　各廳長官遇有事故時，以庭長或廳員之資深者代理之。

各廳員之代理，量事情形分別照編制法關於代理各條之規定。

第四節　服務之時限

第十四條　各廳長官及廳員，除有第十八條、第十九條情事外不得曠其職守，其書記官以下員役亦如之。

第十五條　各廳設考勤簿，廳員自行畫到，由該廳長官查核，每半年彙報法部或提法使。

第十六條　各廳辦公時間，除京師外各省由提法使定之。

第十七條　萬壽聖節、先師聖誕及星期各放假一日，年末歲始假期，除京師外各省由提法使酌定。

第十八條　各廳廳員於前揭假期外，因事請假必須書明理由，經該廳長官之認可。

第十九條　各廳員請假每月不得逾五日，但有特別事故，不在此限。

有前項特別事故請假者，仍應開具事實，經該廳長官之認可。

第二十條　各廳應派書記官輪班值宿，其輪次由各該廳長官於每月朔（農曆每月初一日）定之。

第二十一條　各廳雜役均應常川駐廳，有請假者適用第十八條、第十九條之規定。

第五節　關於廳員進退之申報

第二十二條　各廳長官於所屬各廳員到廳、接事、卸任、交替等事，均應具文申報法部或提法使。

各廳員有前項事宜，亦應具文申報本廳長官。

第二十三條　各廳員有補職、派署、加俸、退職等事，應由該廳長官出具切實考語，開單具文，經由該監督上官層遞出考申請，法部或提法使核辦。

第二十四條　總檢察廳、高等審判檢察各廳長官於該廳書記官之進級，得按各該廳預算定額，照書記官俸給進級章程，以法部或提法使之名義代行之。但事後仍應分報法部或提法使。

第二十五條　地方審判檢察各廳長官於該廳及該管下級審判檢察各廳書記官之進級，得適用前條之規定。

第二十六條　高等審判檢察各廳長官於該廳及該管下級審判檢察各廳之書記官，得按該廳預算定額，以法部或提法使之名義於該管内調用差遣之。但事後仍應申報法部或提法使。

第二十七條　地方審判檢察各廳於該廳及該管内書記官之調用差遣，適用前條之規定。

第二十八條　各廳長官得按各該廳預算定額雇用員役，但在初級廳應詳由該管地方廳長官核奪。

第六節　會議

第二十九條　高等及地方審判廳除編制法第四十八條所列會議外，遇有下列事宜，應開推事之總會議。

一、關於編制法第一百六十二條事宜。

二、關於法律章程之執行，由高等檢察廳檢察長、地方檢察廳檢察長有所請求事宜。

三、關於事務細則之設定變更事宜。

四、審判廳丞或廳長認為必要事宜。

第三十條　總會議以審判廳廳丞或廳長為會長。

第三十一條　非有該廳三分之二以上之推事列席不得開總會議。

第三十二條　高等檢察廳檢察長或地方檢察廳檢察長，得列席會議陳述意見。

第三十三條　高等審判廳每年三月開定期總會議，關於該管内下級審判廳上年辦事成績，據高等檢察廳檢察長之報告，如有應行矯正之處，互相討論加以評決。

第三十四條　高等審判廳為前條之評決，應先申報法部或提法使，俟奉批後，由該廳長官行文通諭下級各審判廳。

第三十五條　地方檢察廳檢察長應將該級審判廳及該管内之初級審判廳所有上年辦事成績及隨時矯正之法，於每年正月開具詳明事實，呈報高等檢察廳檢察長。

第三十六條　高等檢察廳檢察長應將該管内下級審判廳上年辦事成績及隨時矯正之法，於每年三月高等審判廳開總會議時演述之。

演述之筆記，應申報法部或提法使。

第七節　召集

第三十七條　高等及地方各廳長官，得於該廳内召集直接下級廳長。

前項之規定總檢察廳不適用之。

第三十八條　為前條之召集時，應申報法部或提法使。

第三十九條　地方各廳長官得於該廳内召集該管内初級廳書記官。

第四十條　為前條之召集時，應報告直近上級廳長官。

第八節　巡視

第四十一條　高等審判廳廳丞得承法部或提法使之命，巡視該管下級審判各廳及監獄。但於應分地巡視時，得分派地方審判廳長官相互代行之，地方審判廳長官得承提法使或高等審判廳廳丞之命，巡視該管初級審判廳及監獄於應分地巡視時，得分派初級廳廳員相互代行之。

第四十二條　高等及地方檢察廳長官得適用前條之規定，各巡視該管下級檢察各廳及所在之監獄。

第四十三條　前二條巡視事畢，限一個月内將考察情形申報法部或提法使，於巡視之先并應將定期呈報。

第九節　出境勘驗

第四十四條　推事及檢察官如應於該廳所在地外親臨勘驗，應先請示於該廳長官。但遇緊急事宜，可於勘驗後再行報告。

第十節　出差

第四十五條　地方審判廳長官得在高等審判廳或該管内初級審判廳出

差。初級審判廳之推事或監督推事，得在直近上級審判廳出差。前二項之出差應經直近上級廳長官之認可。

第四十六條　地方審判廳長官，得派該廳及初級審判廳之書記官，在該管各初級審判廳出差。初級審判廳之推事或監督推事，得派該廳書記官在直近上級審判廳出差，但必經直近上級廳長官之認可。

第四十七條　前二條之規定，地方或初級檢察廳長官適用之。

第四十八條　為本節之認可或派書記官出差，應分別照第三十八條、第四十條辦理。

第十一節　表簿之設備

第四十九條　各廳每年應制司法諸表簿，由各該廳長官管理之。

第十二節　文書之申送

第五十條　各審判廳因行其職務申報法部，在京應詳經各該監督上官層遞轉呈，在外應詳經各該監督上官由提法使轉呈。

第五十一條　各檢察廳因行其職務應申報法部或提法使時，適用前條之規定，但依別項規定必經由總檢察廳者，仍報由總檢察廳轉呈法部。

第五十二條　遇有緊急事宜，各廳在京得逕申法部，在外得逕申提法使，但仍應分報各該監督上官存案。

第五十三條　各廳內與京師各部院衙門外與直省將軍督撫因公往來文件，均應由法部或提法使轉咨，但與司道府廳州縣及其他武職衙門行文時，又因特別事故應行逕自行文京師或直省各行政衙門時，不在此限。

第五十四條　各廳與駐扎外國公使、領事因公往來文件，在京由法部咨行外務部轉遞，在外由提法使申請督撫轉行，仍咨明法部備案。

第五十五條　各廳在京在外或京外各廳相互間因公來往文件時，不適用前兩條之規定。

第十三節　附則

第五十六條　前三條如有別項規定時，不適用之。

第五十七條　文書程式照別定章程辦理。

第五十八條　關於執行審判司法警察及保管金錢物品、徵收費用、管理文牘、會計事務，照別定章程辦理。

雜録

《軍機處録副摺・山東巡撫袁樹勛籌辦審判廳並請變通府縣審判廳辦法及初級審判廳權限摺宣統元年五月二十七日》　頭品頂戴署理兩廣總督山東巡撫臣袁樹勛跪奏，為遵照預備憲政清單籌辦審判，並懇變通府縣審判廳辦法及初級審判廳權限，以利推行而維治體，恭摺仰祈聖鑒事。

竊維司法獨立，名詞則新，而意義則古。虞廷明刑，臯陶惟知執法，秋官設屬，鄉遂俱有專司，誠以教養事繁，不能兼治獄訟。漢、唐而降，職守漸淆，聽斷奉若神明，居官視為殿最。在閼閉之世，或南面行簡而有餘，洎門户大通，恐惟日兼營而不足，在內多冤滯之獄，在外攘裁判之權。臣於本年二月間，曾將籌辦審判先行預備情形，附片奏明在案。

查九年期限清單，自本年起至宣統七年，逐年均有應行籌辦之事，依期成立，不容延緩。若非有總彙之區，為之提綱挈領，則督催無自，深恐貽誤將來。爰與司道等籌商，援照本年廣西撫臣奏設審判籌辦處成案，即在省城擇地設立，於本月二十四日開辦，名曰山東全省審判廳籌辦處，委藩、學、臬三司為總辦，加派學習法政人員，分充會辦各職務，以助進行。俟全省審判成立，或新官制實行，提法司已有專職，無容另設機關，即將該處裁撤，以一事權而免糜費，此為目今籌辦審判入手要義。其事實所應籌辦者：

一曰審判人才之養成。除上次奏明將法政學堂速成班改為司法講習科，次第增加，以養成審判官外，預計各處審判成立後，此項推事、檢察及典簿、主簿、録事、書記、承發吏、庭丁、檢驗各員，東省一百零七州縣，需人至少在二千以上。僅恃司法講習科之附設，斷斷不敷。茲擬飭按察使及濟南府署發審局委員、候補人員曾任差缺者，於法政學堂附設夜課，專授民、刑、商法及訴訟法，並外國之審判例，俾有經驗之官吏，得以擴張其知識。而令曾在京外各法政學堂畢業之優秀者，擇尤派充發審局幫審委員，俾有學問之學生，得增長其閱歷。另飭巡警學堂添設司法警察班，並飭法政學堂籌辦檢驗吏養成所，儲之於未設審判以前，用之於既設審判以後。此已籌辦者一。

一曰審判地所之分配。例如山東之濟南為省城，可為商埠，煙台、周村、濰縣雖同為商埠，而商務之繁簡、人口之多寡懸殊。初級審判應設幾所，每所職員應置若干，民、刑應分幾庭，推、檢應設幾缺，平昔訴訟習慣，出入用度，衙署應否建設，管轄如何分區。現在已派員分投調查，為設置之預備。此已籌而待辦者二。

一曰審判經費之預計。支出之大宗，為官吏之俸薪，為辦公之費用，為衙署之建設或租借。入款之大宗，為固有之官款，為民事訴訟之例銀，為照章之罰款，出入必不能相抵且或懸殊，本在意計之中。惟現在財政困難，各省一律，東省不敷尤鉅，既挹注之無方，亦羅掘之殆盡。此已籌而不能即辦者三。

此臣籌辦山東全省審判廳之大概情形也。然萬事以財為母，有財而後有用。臣統觀九年籌備，惟審判為至繁重，用財亦為最多。而知原定府縣審判廳辦法，初級審判廳權限，有不能不斟酌變通，以求適於吾國之事實者。謹竭一得之愚，以備聖明採擇。

查九年期限清單，第四年籌備府廳州縣城治各級審判廳，第五年籌備鄉鎮初級審判廳，是每府廳州縣城治，至少必設地方審判廳一所，初級審判廳一所，鄉鎮平均計算，每處必在四所以上。以此類推，則每一廳州縣，必有地方審判廳一所、初級審判廳五所。又據法院編制法，初級審判廳須置一員或二員以上之推事，初級檢察所須置一員或二員以上之檢察官，是每一處州縣之初級審判廳，須設官二十員左右矣。地方審判廳既分民、刑兩庭，又兼用合議制，合計推事長、庭長、推事、檢察長、檢察官，總在十員以上，俸給太少則不足以養人之廉，即不能責人以事。茲平均計算，每員歲以六百兩計，則俸薪一項，每一廳州縣，歲費已在二萬兩左右矣。加之典簿、録事、書記、承發吏、庭丁、檢驗吏各項俸薪，與其他辦公費用，至少亦須萬金。是一廳州縣當歲費銀三萬兩左右，合吾國二十二行省各府廳州縣計之，歲費約以五千萬兩計，而建築等費尚不在内。既慮國家無此人才，抑亦斷無此財力。變通之法為何，則試先求之事實。查吾國州縣之面積，與日本之縣大異，平均計算，每縣約當日本之二郡，人口多寡迥异，訴訟繁簡亦殊。若照上項編制權限辦理，轉虞事務過簡，而新設各官，不無冗濫閒散之嫌。今議者以日本司法制度為標準，而不知其名稱與實際大相懸殊，於是有為權宜之計者，謂宜以州縣權兼推事長，其意亦在祛冗濫而節糜費。然司法與行政混合，其弊已人人能言之，即謂過渡之際，不妨暫予通融。然當憲政頒布之時，又值期限促成之會，與其補苴而違背立憲之原則，不如變通以蘄合現在之情形。臣愚以為宜於府直隸州設立地方審判廳一所，而於有轄地之府及廳州縣設立初級審判廳一所或二所，似此轉移，於事實既無窒礙，而全國此項經費，可鋭減十分之九有奇。

若然則編制舊案，亦須有量為變通之處。查法院編制法，初級審判廳止能審判二百兩以下之民事，監禁一年罰金百元以下之刑事。今既於有轄地之府及廳州縣，但設初級審判廳，則案情稍大者，勢必遠涉該管之府直隸州，拖累遲延，民情必不甚便，而府直隸州之地方審判，轉有日不暇給之虞。臣竊以為宜將初級審判廳權限，略予擴張，民事以五千兩以下為限，刑事以十年以下監禁為限。如此斟酌變通，則司法獨立之實，既可舉行，一面培養人才，任使或不虞其少，一面預籌經費，節省已實覺其多。事關全國籌辦審判，微臣利害相權，琴瑟不調，改弦更張，出於必不獲已。

所有東省遵照預備憲政清單，籌辦審判並懇變通府縣審判辦法，及初級審判權限各緣由，除分咨政務處、憲政編查館、大理院、法部查照外，芻蕘之見，是否有當，理合恭摺具陳，伏乞皇上聖鑒訓示，並敕下各該部院衙門核議施行。謹奏。

宣統元年六月初七日奉硃批：該衙門議奏。欽此。

《大清新法令·憲政編查館會奏遵議變通府廳州縣地方審判廳辦法摺》

上年六月初十日山東巡撫袁樹勳奏籌辦審判廳幷變通府縣審判廳辦法一摺，奉硃批：該衙門議奏。欽此。十月初一日四川總督趙爾巽奏請改地方審判廳管轄區域一摺，奉硃批：該衙門妥議具奏。欽此。查袁樹勳原奏内稱九年期限清單第四年籌辦府廳州縣城治各級審判廳，第五年籌辦鄉鎮初級審判廳，是每府廳州縣至少必設地方審判廳一所、初級審判廳一所，鄉鎮平均計算，每處必在四所以上，以此例推，則每一州縣必有地方審判廳一所、初級審判廳五所。又初級審判廳須置一員或二員以上之推事，初級檢察廳須置一員或二員以上之檢察官，是每一廳州縣之初級審判廳須設官二十員左右。地方審判廳既分民、刑兩庭，又兼用合議制，合計推事長、庭長、推事、檢察長、檢察官總在十員以上，俸給太少則不足以養人之廉，即不能責人以事。若平均計算每員歲以六百兩計，則俸薪一項，每一廳州縣歲費已在二萬兩左右，加之典簿、録事、書記、承發吏、庭丁、檢驗吏各項俸薪，與其它辦公費用至少亦須萬金，是一廳州縣當歲費三萬兩左右，合吾國二十二行省各府廳州縣計之歲費，約以五千萬兩計，而建築等費尚不在内，既慮國家無此人才，抑亦斷無此財力，變通之法宜於府直隸州設立地方審判廳一所，而於有轄地之府及廳州縣設立初級審判廳一所或二所，似此轉移，於事實既無窒礙，而全國經費可鋭減十分之九。又稱初級審判廳衹能審判二百兩以下之民事、監禁一年罰金百元以下之刑事，今既於有轄地之府及廳州縣但設初級審判廳，則案情稍大者勢必遠涉該管府、直隸州，拖累遲延，民情必不甚便，而府、直隸州之地方審判轉有日不暇給之虞，宜將初級審判廳權限略與擴張，民事以五千兩以下為限，刑事以十年以下監禁為限。趙爾巽原奏内稱，准法部咨行外省省城商埠各級審判廳籌辦事宜第四款内開，省城商埠初級審判廳之轄境應酌量形勢劃定該廳管轄之界。凡界内訴訟事件地方官不得管理，其界外詞訟案件仍暫歸府廳州縣官照常收受審理。地方審判廳轄境内之鄉鎮，其詞訟雖歸府廳州縣官管理，有不服時仍可依照試辦章程就該地方審判廳上訴。其應以本廳為第二審者即照章歸本廳審判，應以高等審判廳為第二審者，民事令自赴該廳起訴，刑事移交高等檢察廳辦理。又查編制大綱第三條内開，凡省城商埠之地方審判廳設推事長一人，暫設民科一庭，刑科一庭，每庭各設合議推事三人；第六條内開地方檢察廳設檢察長一人，檢察官一人各等語。是地方審判、檢察兩廳，各設五六品官九人，而於一縣轄境之内，又僅能審判已設初級審判所區域民刑重大事件之第一審及鄉鎮民刑輕微事件之第二審，其鄉鎮第一審大小詞訟事件仍歸地方官管理，不獨一縣内有治理兩歧之嫌，且事少員多，朝廷亦何必虚糜此廪禄。至於初級審判廳現雖不能設及鄉鎮，然其管轄區域不妨及於鄉鎮，擬以城治初級審判廳酌增推事員額，轄及縣治全境，於人民向來訴訟必至城治習慣亦不相妨。又稱事經升任山東巡撫袁樹勳所奏陳，該督亦夙與同意各等語。臣等查該督撫等所奏皆因審判廳設官既多所費至巨，請變通辦理，袁樹勳則請於府直隸州設立地方審判廳一所，而於有轄地之府及廳州縣設立初級審判廳一所或二所，將初級審判廳權限略與擴張，民事以五千兩上下為限，刑事以十年以下監禁為限，趙爾巽則請以城治初級審判廳酌增推事員額轄及縣治全境。當此財力艱難之際，誠不能不撙節辦理，但向來各州縣命盗重情皆歸州縣官審辦。民間遇有命盗案件皆赴本州縣城治控告聽審，從未有遠赴郡治者。若州縣城治僅設初級審判廳即將其權限擴至以十年以下監禁為限，命盗案件亦不能管理。命盗案件為民間所常有，若皆令赴郡城控審，貧窶小民斷無此力量，案證人等亦皆拖累無窮，殊非恤民之道，是以臣館上年奏進司法區域分劃暫行章程，特將各府廳州縣附設及共設地方審判分廳辦法分别詳悉規定，早於因地制宜之中寓有省節財力之意。嗣後省城暨各府直隸州之有同城州縣者，應照章共設一地方審判廳或一分廳，其各廳州縣之詞訟簡少者照章又得合鄰近州縣共設一分廳，是已與袁樹勳所謂每一州縣必有地方審判廳一所者不同。至鄉鎮應設初級審判廳一節，定章僅酌擇各該省繁盛鄉鎮依限成立，各該廳州縣如無繁盛鄉鎮盡可照章設初級一廳，是每處幷不必在四所以上，則歲費自不致如袁樹勳約計之多。所有地方審判廳及分廳幷初級審判廳各該管區域章程内業經一一訂明，則袁樹勳所謂遠涉遲延之弊、趙爾巽所謂治理兩歧之嫌已屬現制所無，不必斤斤過慮。至於地方初級審級既已各殊，即權限當有一定，若令獨任審判之權太廣，實於慎重獄訟之旨有乖，况兩級附設一處，已無道途奔走之勞，宜取輕重適均之制，是以臣館上年奏進初級暨地方管轄案件暫行章程，特將民刑案件各該管轄權嚴重規定，俾得量案件之大小分審級之高低，原為預防流失起見。查以上兩種章程業奉欽定頒行，京外即應一體遵辦，該督撫所請變通設廳暨擴張初級權限及轄境各節，自應毋庸置議。總之，細核該督撫原奏持論雖各有异同，而其鰓鰓然以官多費巨為慮則一，現在籌備憲政，凡百需財，若不斟酌時宜，自難免日形竭蹶。惟司法制度為人民休戚利害所關，直省籌辦審判各廳固不應多置冗員致糜薪俸，亦未便過從省略有礙推行。查法院編制法所定法官員數應視事務繁簡為衡，幷載明推事、檢察官員額由法部奏定等語，應請旨飭下法部迅將直省應設高等以下各審判檢察廳及分廳，各應酌設推事、檢察官、書記官等各若干員，通盤籌畫，奏定遵行，務以量事設官為主，不得於法定若干員以上過於冗濫，庶人才不虞消乏而要政可冀進行。其司法經費一項關係尤重，既據袁樹勳約計歲費，反復奏陳，自應統籌兼顧，恭讀上年欽奉諭旨，籌辦各級審判廳責成法部會同各督撫督率提法司切實籌設，應需司法經費着該部會同度支部隨時妥籌規畫，以期早日觀成等因，仰見聖明注重審判獨立之至意。查司法經費現應分開辦及常年二種，開辦之費以建築為大宗，常年之費以薪俸為大宗，然建築究不過籌撥於一時，而俸給則實應規畫於久遠，亟宜審量財力，以為逐漸擴充之地，應請旨飭下法部迅將全國應需司法經費咨查直省籌擬辦法，統俟據報到部後即行按照度支部試辦預算冊式分類臚列，遵旨會同該部妥籌規畫，奏明辦理。至法官俸本包於文官官俸之內，臣館於上午核覆各衙門未盡事宜清單業已聲明，該部所訂各章程應令作為暫行辦法等語，惟現在審判各廳亟須依限籌設，則法官俸自不能不提前酌定。查法官獨立執法責成甚重，限制復多，其考用之法既如是其嚴，則待遇之方即不宜過薄，應設員額固須多寡適中，而應需官俸亦應豐嗇各當，應由法部遵照臣館奏進法院編制法原奏所陳俸給等項詳細辦法，商明度支部從速酌中釐訂，作為法官官俸暫行章程奏交臣館復核請旨遵行。此外，法官章服體制及司法衙門文書程序，均應及時釐定以便遵循，容由臣館另行核議奏明辦理。如蒙俞允即由臣館通行各省一體遵行。此摺係憲政編查館主稿，會同內閣會議政務處法部辦理合并聲明。謹奏。宣統二年五月初十日奉旨：着依議。欽此。

又《法部遵議陳善同奏請嚴切考核各省審檢等廳摺宣統三年》

內閣片交五月初十日欽奉諭旨，御史陳善同奏各省省城商埠新設之審判、檢察等廳遇事冲突受訴互相推諉，請飭各省督撫嚴督提法使嚴切考核妥擬章程等語。所奏不為無見，著法部按照所陳各節認真整頓妥慎籌議具奏，欽此。欽遵并抄出原奏到部，竊維司法獨立頭緒萬端，上年各省省城商埠各廳開庭照章考取法官分發任用，節經法部奏頒各廳試辦章程、辦事章程等項，并於本年五月通行告誡法官各在案。茲復以言官陳奏，上緊宸廑，諄諄以認真整頓、妥慎籌議嚴切督責，仰見朝廷慎重司法之至意，欽悚莫名。謹按，該御史所陳各節確切查核通盤籌畫，為我皇上縷晰陳之，如原奏所稱，審檢遇事冲突上級下級受訴推諉一節，溯自各省開庭以來，查有四川重慶審檢廳員互相稟揭，經提法使查確報部，分別撤省另行派充。此外，各省尚無稟揭報部情事。然互相齟齬則時有所聞，推原其故，皆由開庭伊始，權限之分，規定尚未周備，新舊之見，彼此未甚融洽，抗爭詰問，勢所必然。現在各項權限與夫辦事規則疊經法部與前憲政編查館隨時補訂分晰，以冀冲突之隙漸次消除。至受訴辦法，從前憲政編查館奏定管轄案件暫行章程，規定審級釐然不紊，該法官等各有專責，似不容有所推諉，但事屬創舉，審級管轄，民間或未周知，往往有應歸初級者投訴地方，應歸地方者投訴高等各該廳，以其舛誤駁不收受。又或州縣不任承緝之責，警察每多觀望之嫌，機關尚未完全，辦理動形困難，民間疑慮或致僞傳，凡此種種皆冲突推諉之說所由來也。原奏又稱，人員耽於飲博聲伎，訊詞似嘲謔癡騃，其陋劣者不知民刑何名、律例何物一節。查各省法官均係上年第一次考試所録取，既合於法定與考資格，復經欽派大臣秉公拔選，已屬慎重將事，即照章免考者亦均資格較優之員，其中通曉律例深知自愛者自不乏人，然名實不符者恐亦在所不免。前此四川提法使以重慶廳員間有冶游情事申報法部，當電川督確查分別撤省由法部另摺參辦，該御史所稱廳員耽於聲伎等語，不為無因。竊維登進之道不能不寬其格，以廣搜儲，而糾察之權則仍歸責於長官，以明黜陟，地方審檢廳均設有廳長，高等均設有廳長、廳丞，而全省司法行政復設有提法使，舉凡廳員之賢否自應責成各廳長、廳丞遇事稽查，隨時陳報提法使分別懲勸，如有庸惡陋劣之員濫廁各廳而廳長、廳丞互相徇隱，一經提法使訪查得實，或別經發覺，即將各該廳長官一面申報該省督撫，一面報部開參，庶各員同顧考成，不至優容敗類矣。原奏又稱，敲贓枉法、任性濫刑，小民含冤負屈、呼籲無門一節，查司法制度或為折衷或為合議，層層有銜接監督之責，即初級獨任亦有檢察以對待之，若果敢於違法受賄，則訴訟人可以上控諮議局，可以糾舉，立法已較從前更加嚴密，小民如實有冤屈，似不致呼籲無門。至已設廳地方除豫審庭准於死罪人犯酌用竹板外，餘俱停止刑訊，惟立法雖極整嚴，而奉行尤宜實力，法部業於本年正月奏明請旨重申誥誡，欽遵在案，容由法部隨時查察。已設各廳倘有濫刑情事，自應從嚴參辦。原奏又稱，各廳審結咨送法部、大理院之覆判案件，大率顛倒事實、引據失當，往復駁斥困難萬狀一節，查新章，惟外省未設廳地方所有案件暫准由大理院覆判，其已設廳地方并無咨送部院覆判之制，惟各廳於判決後申報到部之件，無論案情巨細均經法部督飭司員詳加查閱，除事實及法律上極端錯誤，照章飭令提起非常上告或再審外，其有關於秋審實緩而節目尚應待查者，則為之照例核辦，或聲敍不無遺漏，或造報間有參差則為之詳訂程式，藉免紛岐，務使行政司法兩不相妨，并以此補法學之新知，策法官之進步，此固新舊接引一大關鍵，亦即部臣所日夜孜孜不敢稍辭其責備者也。該御史所稱往復駁斥困難萬狀者，蓋即以此。原奏又稱，通飭各督撫嚴督提法使將新設廳員嚴切考核，不稱職者不待第二次考試即予淘汰，并速將《法官懲戒法》編定頒行一節，查《法院編制法》第一百九條，學習推檢品行性格由該監督官出具切實考語送司報部，核定劣者得隨時罷免。又一百二十二條，推檢如因精神衰弱不能任事，各省由司報部奏請退職各等語，是考核辦法，編制法原有專條，其曰劣者得隨時罷免，即原奏不待第二次考試即予淘汰之意。現在四川等省撤辦法官各案，即係照此辦理，至《法官懲戒法》，法部早已編訂咨送前憲政編查館核議，應由內閣法制院從速核覆具奏，其懲戒法未頒行以前業由館奏明暫照現行處分則例辦理，遇有法官違法情事，暫時足資引用。原奏又稱法部所限考試法官資格再三變通務從寬大，又奏設年半畢業之法官養成所，將來能否見諸實用恐無把握，卒業後考試任用方法請飭妥擬章程一節，查上年七月法部具奏法官考試推廣與考資格，係因貴州、江蘇等省合格應考人少，據該撫等電請變通，咨商前憲政編查館核准，始予奏明推廣，然於在外國法政速成畢業者復限以充當法政教員三年，於法政二年畢業者復限以領有優等文憑，變通之中仍多限制，可見求才苦心并非務從寬大。乃資格雖已推廣，中程者仍復無多，因復奏設法官養成所以為先事儲才之預備，此項學員畢業期限雖似縮短，而年半之專習主要視彼三年之兼習普通者，功課更為適用。至將來考試任用方法，館部章奏原已規定，似不在臨時之限制而在平日之考核。本年三月法部奏准該所章程，上月奏准考核私立養成所等項章程，規畫已自嚴密，自不必另擬章程，致滋疣贅。

以上各節均經法部確切查核，尚係實在情形，顧臣等平心而論，法官人才儲備本屬無多，法庭均係新開，經驗自需時日，加以司法獨立，地方官驟失承審之法權，行政官怵於干涉之限制，愚民少見而多怪，舊役失業而造謠，謗讟之興，固由一二不肖貽人口實，實則過渡時代事所難免，設非行之日久，官民漸知其利，各項規章亦漸完備，則一切困難情形末由消減，即如京師及奉天、天津等處設廳，至今漸次就緒，其明證也。惟是目前辦法不能不續謀補救之方。現在山東、山西、陝西、新疆、湖北、江西、浙江等省多有遴選各項行政人員，暫行委用迭經奏咨在案。查前憲政編查館奏訂法院編制法摺內稱，凡非推事及檢察官者未經照章考試，無論何項人員不得補署法官各缺等語，細繹語意，其曰不得補署，則暫行委用自不在限制之列。臣等竊本斯意，擬請嗣後各省推檢人員除照章任用外，如實在不敷分布及人地不甚相宜，准其參照法部前年奏准各省審判廳籌辦事宜單內用人一條，由督撫督同提法使認真遴選，確係通曉法律、長於聽斷之員，咨部暫行委用，俟該法官等學習漸有經驗，即由各該省體察情形照章辦理，似此一轉移間，雖揆之現行法制略有未符，然當司法困難之際實不能不謀此權宜辦法，以冀溝通新舊逐漸進行，是又臣等再四詳審，用特直陳於聖主之前者也。此外如有應行更革損益之處，容隨時查核辦理。謹奏。宣統三年六月二十二日奉旨，依議。欽此。

《軍機處原摺・憲政編查館大臣奕劻等奏地方審判廳管轄區域範圍間有疑義分別規定片宣統三年三月二十九日**》** 再，查司法區域分劃暫行章程第四條載，直省府、直隸州地方審判廳，以各該府、直隸州轄境為其管轄區域等語。本條所稱該府、直隸州轄境字樣，係指府之有直接轄境暨直隸州之直接轄境而言。其直接轄境以外之所屬州縣，應照本章程第五條酌設分廳，并非以一地方審判廳而轄及該府州所屬州縣全境也。查臣館於上年五月會奏議覆山東巡撫袁樹勳等奏變通府、廳、州、縣地方審判廳辦法摺內聲明，若州縣城治僅設初級審判廳，即將其權限擴至以十年以下監禁為限，命盜案件不能管理。命盜案件為民間所常有，若皆令赴郡城控審，貧窶小民斷無此力量，案證人等亦皆拖累無窮，殊非恤民之道。是以臣館上年奏進司法區域分劃暫行章程，特將各府、廳、州、縣附設及共設地方審判廳辦法，分別詳悉規定，早於因地制宜之中，寓有省節財力之意。嗣後省城暨各府直隸州之有同城州縣者，應照章共設一地方審判廳，或一分廳。其各州縣之詞訟簡少者，照章又得合鄰近州縣共設一分廳各等語。業經奉旨俞允通行，欽遵在案。

現在直省籌辦各廳，於該地方審判廳管轄區域範圍，多因解釋章程，間有疑義，咨詢到館，自應詳悉聲明。擬請凡府、直隸州有直接轄境者，即以其直接轄境為該地方審判廳管轄區域。凡無直接轄境之府有屬縣二縣同城者，即查照奏章共設一地方審判廳，而以各該縣轄境為該廳管轄區域。其縣治不在府城而有二縣同城者，即共設一地方審判分廳，而以各該縣轄境為該廳管轄區域。此外廳、州、縣或專設一地方審判分廳，或合鄰近州縣共設一分廳，或距府、直隸州最近者，即由該府、直隸州城治所設地方審判廳管轄，均遵照定章辦理。

至共設一地方審判廳或分廳之各府、直隸州、廳、州、縣地方，應如何分別酌設初級審判廳一所以上，由該省提法司遵照本章程第九條酌擬呈請督撫核明，分別咨送臣部核辦。如二縣同城已共設有地方審判廳者，其分設初級審判廳之處，應即同時籌辦，以利推行而免歧异。至府、直隸州審判廳已經成立地方，其屬縣之未設初級審判廳及地方審判分廳者，一應初審案件仍暫歸地方官照例辦理。其上訴案件，暫應查照臣部前次奏定省城商埠各審判廳籌辦事宜管轄專條所載，遇有經州縣判決不服案件，即就該地方廳直接上訴。當收狀時，由檢查廳查明該案係應以本廳為第二審者，即歸本廳審判，應以高等審判廳為第二審者，應即分別民事、刑事，令自赴該廳起訴，刑事即由該廳移交高等檢察廳辦理。一俟各該州縣地方審判分廳陸續成立，該管上訴事宜，即行劃歸管轄。

如此分別規定，揆諸法理，既屬相符，案之事實，亦無窒礙。理合附片會陳，伏乞聖鑒訓示。謹奏。

又《憲政編查館大臣奕劻等奏官吏犯法應視情事不同分由審判廳或行政衙門受理以清行政司法權限片宣統三年三月二十九日》 再，查刑律為國之常憲，無論官民有犯，均有同等制裁，此東西立憲各國之所同，即吾國亦早有此不刊之例。惟現行刑律所載官吏犯法各條，有純粹屬於刑事審判範圍者，亦有應屬於行政審判，或懲戒審判範圍者。故同一觸犯現行刑律，而斷罪則事隸法曹，處分則向歸吏議，訊辦之情形既異，即制裁之方法各殊，是以臣館奏進修正逐年籌備事宜清單規定行政審判院法，應於本年頒布。至文官、法官懲戒各章程，均為官規內重要之件，亦限於本年頒布施行，正所以示行政審判、懲戒審判應與刑事審判劃清界限之意。

現在以上各項法令，尚未釐定頒行，而京師暨直省城商埠各級審判廳，業已先後依限成立，現行刑律，自應由審判各官於施行刑事審判時分別適用。惟官吏犯罪情事不同，若並應屬行政審判、懲戒審判者，而亦歸通常審判衙門管轄，未免有權限不清之弊。查官吏違法，例准人民向該管上司衙門呈控，現制司法既應獨立，內而部院各行政衙門，外而院、司、道、府各行政衙門，按照法院編制法，不准受理民刑訴訟案件，如並官吏違法應予處分者，而亦不准受理，殊無以廣人民救濟權利之途。擬請嗣後除職官有犯應按現行刑律分別科罪者，如犯事在已設審判廳地方，由該管檢察廳隨時提起公訴，逕由該管審判廳審理，及犯事在未設審判廳地方，暫歸各該省高等審判廳審理外，其餘官吏違法事屬因公，按照律例，應予以革職、降調、罰俸及一應參罰各處分者，係行政官吏由該管上司隨時查覺之案，即由該管上司各按律例辦理，如有人民呈控之案，並應由該管上司衙門查明照例辦理。此外一應民刑訴訟案件，不論是否上訴，暨官吏犯罪應按刑律定擬者，概不准各該行政衙門違法受理。其官吏違法之案，如係經該管上司查覺，或由人民控告，而查核案情，仍應按刑律斷罪，不在尋常參罰處分之列者，自應送交該管檢察廳起訴，以清權限。如係法官，即由該省提法司查明報由法部覆核，暫照現行處分則例，分別奏明請旨辦理，一俟行政審判院法、文官法官懲戒各章程頒行後，屆時一律欽遵辦理。

臣等為劃分行政、司法權限起見，理合附片具陳，伏乞聖鑒訓示。謹奏。

交涉使司分部

綜述

《清德宗實録》卷五九四 （光緒三十四年七月二十六日）庚戌，諭內閣：雲南邊務重要，交涉繁難，應比照東三省官制，設立交涉使司，以專責成。雲南交涉使司交涉使即著高而謙補授。

《浙江巡撫增韞奏浙省交涉日繁請設專司員缺摺》 竊維環球互市，首重邦交，必使壇坫雍容，對列强而無隕越，端在交涉之得人也。浙江本為沿海省分，風氣早開，迄今商埠交通，輪軌四達，與外人交涉較前日多一日，事極繁重，大有今昔難易之殊，自非設立交涉專司不足以修敦睦而保主權。查奉天、吉林、雲南三省均已設有專官，漸著成效，浙省地居衝要，最便交通，似應因時制宜仿照辦理。其舊有之洋務局既設專司，應行裁撤。凡關洋務，均由交涉司辦理，俾專責成。如蒙諭旨允准，再由臣於通省道員内擇其平日研求洋務熟悉情形者奏請試署，以冀收人地相宜之效。謹奏。宣統二年二月二十九日奉硃批：著照所請。該部知道。欽此。

劉錦藻《清朝續文獻通考》卷一三三《職官十九·交涉使》 交涉使。宣統二年，浙江巡撫增韞奏浙省交涉日繁請設專司員缺略稱，浙江本為沿海省分，風氣早開。迄今商埠交通，輪軌四達，與外人交涉日多，事極繁重，自非設立交涉專司不足以修敦睦而保主權。查奉天、吉林、雲南三省均已設有專官，浙省地居衝要，似應仿照辦理。其舊有之洋務局既設專司，應行裁撤。凡關洋務，均由交涉司辦理，俾專責成。

又，東三省總督錫良奏請裁撤奉省交涉司僉事，從之。

又，浙江巡撫增韞奏略稱浙省交涉司衙門設立三科，分為通商、教務、庶務，與舊日洋務局無少差異。

又，會議政務處奏覆覈外務部奏請設各省交涉使員缺略稱近年各省口岸迭開，商埠林立，中外交涉日繁，因應少失其宜，輒誤事機而生枝節。從前各口岸關道及省會所設洋務局，或官由兼任，或事隸局差，責成不專，辦理每多歧異，自非遴派專員無以一事權而資考覈。原奏謂奉天等省創設交涉一司頗稱利便，除奉天、吉林、浙江、雲南業已設立外，直隸、江蘇、湖北、廣東、福建交涉繁要，應先一律設立，安徽、江西、湖南、廣西四省均歸兼轄總督省分之交涉使兼辦。此外如黑龍江、山東、山西、河南、陝西、甘肅、新疆、四川、貴州等省交涉較簡，擬暫緩設。其各省舊時所設洋務局所即行裁撤，其經費統歸併交涉司。至交涉使任用之法，仿照學部奏保提學使之例，在於該部所屬及曾任交涉人員開單預保聽候簡放等語。審度緩急，次第推行，實於外交有裨，應如所奏辦理。原奏章程十八條，酌訂職權量籌經費以及任用考成各辦法，無非參照成案，斟酌時宜，均可照章試辦。此後如有增删修改之處，應由該部隨時體察情形奏明辦理。

《各省交涉使章程》 第一條、凡有交涉省分，每省設交涉使司交涉使一員，辦理全省交涉事務。第二條、見在安徽、江西、湖南、廣西等省暫不專設交涉使，所有各該省交涉事件，除由本省巡撫督飭關道辦理外，應與兼轄總督會商者，即由該督所駐省分之交涉使稟承辦理。第三條、交涉使擬定為正三品，位在布政使之次、提學使之前。第四條、交涉使任用之途，擬以外務部所屬人員及各省曾任交涉之實缺道員，由外務部揀選預保存記候簡，各督撫亦可將辦理得力人員出具考語，咨送外務部，一體預保。第五條、外務部丞參及出使各國大臣遇有交涉使缺出亦可因材簡任。惟丞參使臣原係特簡大員，擬無庸由部預保。第六條、交涉使由外部丞參出使大臣實缺道員簡放者，作為實授由出使大臣改任，請仍留原銜，其原官為郎中候補道員者，擬照從前編檢充提學使之例，一律作為以道員署任。第七條、交涉使照各省藩學臬三司例為督撫之屬官，歸其節制考核，一面由外務部隨時考查，不得力者奏請撤換。第八條、交涉使所辦事件除隨時詳請督撫咨報外務部外，仍於年終造册報部以備考核。如遇重要事件，一面稟報督撫，一面報部。第九條、交涉使自到任之日起，每三年作為俸滿。届時督撫將其平日所辦事項詳細咨部，由部查核，分別殿最臚列奏聞。第十條、就所駐地方設立交涉公所，督率委員每日訂時入所辦事。公所分設兩科，曰秘書，曰繙譯，由交涉使酌擬細則，詳准督撫施行，並報外務部立案。第十一條、交涉司酌設委員，分隸兩科。其員數，事繁省分不得逾七八員，事簡省分不得逾四五員。第十二條、交涉司委員應用歷辦交涉及通曉各國語文人員，以業經到省及由外務部發往差遣者為合格，由交涉使遴選詳請督撫札派，亦可不拘原官品級酌量差委，仍將各該員履歷詳報督撫咨部備案，其應領薪水酌照該省舊時洋務人員薪水詳請督撫核定。第十三條、交涉使除支俸銀外，每年額支養廉公費及外交經費應由督撫酌擬奏定。此外建修衙署、公所及所屬員役薪工、公所費用等項，均由督撫酌籌的款以規久遠。第十四條、交涉司委員之下應設書記生，其人數視事之繁簡為定，皆開支工薪不作缺底，公役亦宜限定人數。第十五條、各口岸交涉向歸關道辦理者，本為交涉分司職任，一切仍舊。惟所有上詳督撫之件，均應分咨交涉使查核。第十六條、所有舊時由藩學臬三司會詳督撫之件，交涉司應一體會詳，並一切關於各司通例者，均與各司一律。第十七條、各省俟交涉使簡放到任後，所有原設之洋務局即行裁撤，將一切案卷移送交涉司，以其經費併入。第十八條、以上各條將來如有增删之處，隨時察度情形，請旨辦理。

又詔：設直隸、江蘇、湖北、廣東、福建交涉使。

論說

《南方報・論外交之機關急宜整理一九〇五年八月二十七日》 中國今日處世界之衝，厠列强之側，國家之運命幾全繫於外交，前此之失著無論矣，來軫方遒。時艱愈亟，中國誠欲自立，急宜講求外交，顧天下之事有誤於無治人者，亦有誤於無治法者。中國誠乏外交之才，然前此所以待遇辦外交之人及組織辦外交之法實亦多所失當。今日欲圖整頓，自以培養外交人才為第一義。然使立法不善，則雖有明智，無以發舒，故整理外交機關，尤為要著。我國直接綜理外交者，內惟外務部，外惟使館。外務部則有尚書、侍郎、丞、參、郎中、員外郎、主事各員，使館則有公使、參贊、領事、隨員、學生各員，而惟尚書、侍郎、公使、領事當折衝之任，其餘不過襄理各事，然其為辦理外交則一也。此官制之完備與否，誠不能無疑，但外交之任既寄之此數人，則成敗利鈍皆將惟彼是問。今若以外交機關未善之故，使僨事之人有辭可諉，則重視外交之謂何，非以國家前途之運命為兒戲乎？茲謹就外交機關之宜整理者，列之如左，以冀當軸者採擇焉。

一、官制宜改定也。按外務部，一管部、兩尚書、兩侍郎、兩左右丞、兩左右參議，以上為堂官，其下分和會、考工、榷算、庶務四司，每司郎中、員外郎、主事各二人，額外司員無定額。考其立官之意，豈不曰堂官數人，共任交涉之事，而司員則分理各務，固亦井井有條，不知外交之事貴專斷而又貴詳審。今堂官至九人之多，遇有大計，其和同商議耶？抑聽一人之意旨耶？若和同商議，則必至築室道謀，若聽一人之意旨，則又安用此八人為者？是堂官多而無當也。列國外部大臣之下必有次官，總理各例行之事，而其下復有各股，分理各務，以一人為之長。其間分科至為繁賾，一股之下，員司每數十人，蓋應付之事固多，而平日考察調查亦復無微不至，所以需人極衆。今外務部祇設四司，每司所轄之事皆幾及十種。而皆為極重大者，乃員司祇有六人，夫以上各事任舉一端，皆非多人窮年之力不能得其端倪，豈此六人之才力遂足勝任？竊意宜將尚書、侍郎減為一人。而今軍機可參預外交大事，即除去管部之職，所設各司宜將所掌之事凡不關外交者，一概剔去而別設多司。一司所管之事，至多不過兩門，庶精神可以不分。平時能考校精詳，臨事能泛應曲當。至於登用遷擢之法，此時學堂未備，登用固難苛求，然既用以後，則宜久於其任。無論外務部及出使之屬，其遷擢皆不離本職，資深績著者，可遞升至堂官公使，或用酌加年俸之例，以酬其勞。職以習而愈嫻，任以專而不苟，庶中材可以勉冀，而賢哲羣相效能矣。【略】

一、職任宜擴充也。中國以積弱之故，受侮外人，門户大開，任人鼾睡，宗教傳播，遍我要區，於是無地無時不可以生交涉。地方官昧於情勢，不知所裁，其間因小齟齬而釀大禍者有之矣，本無事而啓釁端者有之矣，纏繞牽連，歸墟必損於中國。大則義和團之事，膠州灣之事，小則衢州、衡州之事。其喪權辱國，何可勝道！然欲弭其患，實不易言。蓋凡為地方官者，身兼數役，即才智之士，亦不能以有限之精神，應此無限之公務。況交涉之道非必盡人能諳，責人以必諳交涉方許為官，則天下無此多才且其勢亦必不可得。竊意宜於各省設立交涉總局，直隸外務部，而仍受節制。於該管督撫畧如各商局、商會直隸商部之例，置一道員或司員相當之官總轄其事。其一省之府廳州縣凡屬通商及有教堂者，皆由局遣員與地方官襄理交涉，略如近擬遣員辦理刑獄之例。其事簡者，或一人兼管數縣，如有要事，得隨時由總局直稟外務部，以便預籌應付之法。小事由委員自結，不可結者，歸之總局，再大則歸之外務部。如此聯絡一氣，脈絡靈通，內外無扞格之虞，上下收指臂之益，且於地方官之權，毫無所損，斯固自官以至百姓皆所切望施行者也。惟得人甚難，宜遠籌培植之法。或謂如此則經費極鉅，將安從出？不知各省多有洋務局，將其改設，事極不難。至各屬委員，自應寬籌俸給。近者袁慰帥將州縣入款分為三項之議，如果施行，則此款亦自有著。抑尤有說者，則以明達之士紳，充當是任，作為名譽之職，而不受俸給。於衆情既易洽愜，而又足以宣上下之情。惟不得其人，則流弊滋多，斯則尚應慎重耳。將來立憲之後，如欲弭教案，勢非如此不能，是在當軸者逐漸圖之，目前則可以此為之基礎也。

以上三者，不過就外交機關之應整頓者而言。記者學識猥庸，未敢謂其悉當。惟今日外交危急已極，列國逞其長技，幾有殺人而不血刃之概。我中國當此要衝，非有敏捷圓活之能，萬不足以逃人刀俎。立國固在實力，然有實力而不能外交，則事事必讓人先著，況中國毫無實力，尤恃外交得當，可以補救幾微。記者之為此議，誠知不得其人，則機關雖極完全，亦如器械雖精無人運用。然機關失當，則束手掣足，智者亦無能為是。整理外交尤先改其機關，方能適用也。抑記者更有言者，中國之外交，有敷衍而無預備。凡事皆為受動，故非鹵莽滅裂，即貽誤因循，不知凡事非豫不立而外交尤不可無為而治。往者已矣，無可言也。今後如整理機關，則其宗旨應以凡事立於主動之地位為主，應視外交為國家應有之事，而非國家不得已之事。凡驕慢畏懼之念一切屏除，而研求正當之方法，則失著漸少，主權、人民財產庶可設法保全，此則記者區區之微意也，當軸者其有意乎？

巡警道分部

綜　述

《大清新法令·民政部奏擬訂直省巡警道官制並分科辦事細則摺並細則》　竊前准考察政治館咨開內閣奉上諭：據慶親王奕劻等奏稱各省按察使擬改為提法使，并增設巡警、勸業道缺，應即次第施行，著由東三省先行試辦，此外，直隸、江蘇兩省風氣漸開，亦應擇地先為試辦等因。欽此。刷印原奏清單咨行欽遵辦理前來，臣部查原奏各省官制清單內第十四、十五等條，各省巡警道專管全省巡警、消防、户籍、營繕、衛生事務，每省各設一員，應酌設屬員，分科治事，其細則由民政部訂之各等語。竊維巡警為民政之大綱，中央為各省之總匯，臣部忝司內治，有管理地方行政之職權，而警察一端尤為防患保安之要務，非有指臂相使之用，不能收整齊畫一之功。比年以來屢奉明詔，興辦警務，疊經臣部通咨各省，實力奉行，以副朝廷保衛閭閻之至意。現在逐加稽核，各省警政雖已先後創行，而編制各殊，章程互异，不獨精神未能統一，即形式亦復參差。揆厥由來，實緣警察機關未臻完備，內外隔閡，呼應不靈，不得不各囿方隅，姑仍舊貫。臣部屢經籌議，擬於各省增設巡警專司，以為挈領提綱之計，徒以事關官制，非通盤籌畫，未敢率請施行。現值朝廷鋭意更新，勤求治理，特旨令各省增設巡警道并准令臣部相詳訂細則通行，各省仰見聖明燭照，振興警務，規畫周詳，莫名欽感。臣等遵即督飭員司，按照釐訂官制王大臣奏定外省官制內關涉警政事項，并參酌學部奏定各省學務詳細官制章程，妥慎釐訂，擬成巡警道官制及分科辦事細則十五條，謹繕具清單，恭呈御覽，事關職制，應請飭下憲政編查館按章考核，奏請欽定頒行，以資遵守，謹奏。光緒三十四年三月初三日。奉旨：依議。欽此。

謹擬巡警道官制并分科辦事細則，恭呈御覽。

第一條　各省按照奏定官制通則，設巡警道一員，受本省督撫節制，管理全省巡警事宜。

第二條　各省巡警道員缺由民政部遴選相當人員開單，分別奏請簡放或試署。各省如有歷辦警務熟悉情形人員，准由各該省督撫開單，出具切實考語，咨送民政部，由民政部按照本條第一項辦理。

第三條　巡警道自到任之日起，每届三年作為俸滿，届時各該省督撫應將該員平日所辦事宜有無成效詳細咨明民政部，由部查核與平日考驗成績是否相符，臚列奏聞，或留任，或升擢，或調他省，或調本部，請旨遵行。

第四條　巡警道除受各該省督撫節制考核外，仍由民政部隨時考查，不得力者即行奏請撤換。

第五條　巡警道舉辦一切事宜隨時申報該省督撫外，仍於年終匯齊造册列表申報民政部查核。如遇重要事件，准一面申報該省督撫，一面報部。

第六條　巡警道應督飭各廳州縣按照奏定各省官制通則舉辦巡警，并得稟明督撫，隨時親履查看，或派員視察，完竣時除稟覆本省督撫外，仍將詳細情形申報民政部。

第七條　各省舉辦巡警需用款項，均由巡警道隨時稟請督撫籌撥應用，所用各款除稟由督撫照例奏銷外，仍由該道按年匯造清册，申報民政部查核備案。

第八條　巡警道應就所治地方設立警務公所，并分四科如下：

一　總務科　掌公所總匯之事，凡考訂章程、承辦機要、考核屬員、分配官警、編存文牘、收發經費、統計報告及警學各事項皆屬之。

二　行政科　掌行政警察、高等警察、國際警察之事，凡整頓風俗、保護治安、調查户口、稽核工程及消防警察各事項皆屬之。

三　司法科　掌司法警察之事，凡豫審、探訪、督捕、拘押及違警罪各事項皆屬之。

四　衛生科　掌衛生警察之事，凡清道防疫、檢查食物、屠宰、考驗醫務、醫科及官立醫院各事項皆屬之。

巡警道應督率所屬各員每日訂時入所辦事。

第九條　每科設科長一員、副科長一員，其科員額缺由巡警道酌量事務繁簡定之，但每科至多不得過三員。

第十條　科長秩視五品，副科長秩視六品，科員秩視七品，均以畢業之巡警學生曾經辦理警務得力人員，由巡警道稟准本省督撫按章任用，仍將各該員履歷申報民政部存案。

第十一條　科長、副科長、科員任用章程得由巡警道自行酌定，但須申由本省督撫咨明民政部隨時核辦。

第十二條　各廳州縣應按照各省官制通則，設立警務長一員，并於各分區各置區官一員，均受各該地方官之指揮監督，辦理本管事務。警務長得就本地各設警務公所，由該地方官詳准本省巡警道開辦。區官以下所有巡官、巡長、巡警等階級名目，均應按照民政部定章辦理。

第十三條　各廳州縣於年終應將該處警務分門別類制成統計表册，申報本省巡警道。

第十四條　巡警道得量地方情形督同所屬酌擬辦事細則，仍隨時分報民政部及本省督撫。

第十五條　各省俟巡警道簡放到任後，所有原設之總理巡警事務等局與巡警道職掌重複者應即一律裁撤。

又　《憲政編查館奏考核直省巡警道官制細則摺並清單光緒三十四年四月二十六日》　本年三月初三日，民政部具奏擬訂直省巡警道官制并分課辦事細則一摺，奉旨：依議。欽此。由該部鈔録原奏清單咨送前來。原奏内稱巡警一端為防患保安之要務，非有指臂相使之用，不能收整齊畫一之功。各省警政雖已先後創行，而編制各殊，章程互异，不獨精神未能統一，即形式亦復參差。朝廷鋭意更新，特旨令各省增設巡警道，并令臣部詳訂細則，通行各省。遵即按照釐定官制王大臣奏定外省官制内關涉警政事項，并參酌學部奏定各省學務詳細官制章程，擬成巡警道官制及分課細則十五條，應請飭下憲政編查館按章考核，奏請頒行等語。查民政之有巡警，所以整齊地方、納民軌物。近來東西各國講求規制，日益精嚴，其能約束人民，號為法治國者，實賴巡警職司完備，呼應靈通。中國幅員遼闊，新政初興，將各齊其民俗之宜以為推行之準，自非增設直省實缺大員，不足以專責成而速治化。該部所擬巡警道官制及分課辦事細則十五條，臣等詳加考核，係為統一規制、整理警務起見，應如所奏，通行各省，增設巡警道一缺，將所有原設巡警等局歸併辦理。惟員缺首貴得人，而官屬必期當秩。現在屢奉明旨，各部丞參不准指名保授。巡警道為行政重要之官，各省新設此項員缺，或遇有缺出，應由督撫遴保堪勝此任人員，奏請簡放，或先行試署，民政部亦可預保人員請旨存記，由軍機處開單，一并進呈，恭候簡用。原奏第二條所稱由部奏請及督撫咨送一節，自應酌改，以符體制。又第八至第十條警務公所分設四課，課長秩視五品、副課長秩視六品等語，查各部分司俱以郎中領職，各省提學司、提法司所屬各課課長亦均以五品為限。警務公所既為道屬，品秩自應略降，擬請改為課長秩視六品，副課長、課員以次遞推，俾示區别。抑臣等尤有進者，警政之善否與民生之休戚關繫最密。方今預備立憲之初，舊章新律交互施行，凡從事警務人員必皆融會貫通，方能措之無弊。是其品格行能之優劣，即地方之利病因之。各省巡警學堂今猶未能遍設，此項人才尤稱缺乏。自巡警道以下應設巡官長警，若就舊有之弁勇丁役敷衍改編，程度不齊，而操之已蹙，恐保安不足而釀厲轉多。原奏祇稱用畢業之巡警學生，而未注重學堂辦法，自應由民政部奏定章程，通飭各省先從辦理巡警學堂入手，務以造就此項人才足用而止。故臣等考核原奏清單各條，酌為改併，益以第十一條之巡警學堂一項，以期養成警務人員。又上年釐訂外省官制原奏聲明各省增設巡警、勸業兩道，應將守巡各道一律裁撤等語。今若應裁者尚未盡裁，而應設者先行遍設，各省財力拮據，亦恐有所不支。應請飭下各省督撫迅將應裁守巡各道妥議裁撤，一面增設巡警道缺，認真整頓，庶節虛糜而重要政。謹奏。光緒三十四年四月二十六日奉旨：依議。欽此。

謹將考核各省巡警道官制并分課辦事細則繕具清單，恭呈御覽。

第一條　各省按照奏定官制通則，設巡警道一員，歸本省督撫統屬，管理全省巡警事宜。

第二條　各省巡警道員必須諳習警務，并熟習地方情形。遇有新設此項道員或原有巡警道出缺，應由該省督撫在實缺道府暨本省候補道員內遴選二三員，出具切實考語，奏請簡放，或先行試署。民政部亦可就所知堪勝此項人員臚列事實，預保存記，遇有缺出，由軍機處開單，一併進呈，恭候簡用。

第三條　巡警道自到任之日起，每届三年作為俸滿。届時各該省督撫將該員平日所辦事宜有無成效，詳細咨明民政部，由部查核與平日考驗成迹是否相符，分別最殿，臚列奏聞。

第四條　巡警道除受各該省督撫節制考核外，仍由民政部隨時考查，如有任事日久，實在不能得力者，即行據實奏參。

第五條　巡警道舉辦一切事宜，除隨時申報該省督撫外，仍於年終匯齊，造册、列表，申報民政部查核。如遇重要事件，准一面申請該省督撫核辦，一面報部備案。

第六條　巡警道應督飭各廳州縣，按照奏定官制通則，各就所管地方分畫區域，舉辦巡警，并得稟明督撫，隨時親履巡查或派員視察，完竣時即將詳細巡警情形稟報本省督撫，并申民政部備案。

第七條　各省舉辦巡警需用款項，由巡警道隨時稟請督撫籌撥應用，按年所用各款除稟由督撫照例奏銷外，仍由該道匯造清册申報民政部查核。

第八條　巡警道應就所治地方設立警務公所，督率所屬各員每日訂時入所辦事。公所分設四課如下：

一、總務課。掌公所總匯之事。凡承辦機要、議訂章程、考核屬員、分配官警、編存文牘、收發經費、統計報告及巡警學堂各事項皆屬之。

二、行政課。掌行政警察、高等警察、國際警察之事。凡整飭風俗、保護治安、調查户口籍貫、稽核道路工程及消防警察各事項皆屬之。

三、司法課。掌司法警察之事。凡預審、探訪、督捕、拘押及處理違警罪各事項皆屬之。

四、衛生課。掌衛生警察之事。凡清道防疫、檢查食物、屠宰考驗、醫務醫科及官立醫院各事項皆屬之。

第九條　每課設課長一員、副課長一員，其課員額缺由巡警道酌量事務繁簡定之，但每課至多不得過三四員。

第十條　課長秩視六品，副課長秩視七品，課員秩視八品，均以中外警務學堂畢業之學生及留辦警務得力人員，由巡警道稟准督撫，分別任用。但開辦之初，得以不拘原官品級，酌量差委，仍將各該員履歷申報督撫咨明民政部備案。

第十一條　巡警有保衛地方、監察人民之責，非品格高尚而於警政警學研求有素不能勝任。各省推行巡警，用人較多，應各先從辦理巡警學堂入手，分派各廳州縣，務使畢業學生人才足用為度，不得概以舊有弁勇胥役人等改編充數，致滋流弊。

第十二條　各廳州縣應按照奏定官制通則，設警務長一員并各分區區官若干員，均受巡警道及該地方官之指揮監督，辦理本管巡警事務。區官以下所有巡官、巡長、巡警等階級、名目，均應按照民政部定章辦理。

第十三條　各廳州縣每届年終，應將該處警務分門別類，制成統計册表申報巡警道查考。

第十四條　巡警道得量地方情形，督同所屬酌擬辦事細則，稟准督撫施行，并申報民政部立案。

第十五條　各省俟巡警道簡放到任後，所有原設之總理巡警事務等局與巡警道職掌重復者，應即一律裁撤，歸并辦理。

又《民政部奏釐訂巡警道職權法宣統元年十二月》 再查各省所設巡警道缺，其品秩雖視守巡道員，而按其職掌有監察全省警務之責，與藩、學、臬三司權限無殊。所有該省各府廳州縣，自應就主管事項歸其考核。查學部奏定提學使權限章程内開：查各省地方官員補署舉劾等事，向由藩司會同臬司具詳。現既添設學司，擬改為藩、學、臬三司會同具詳等語。奉旨允准在案。擬請仿照辦理，凡已設民政司使各省，自應查照部綱，遇有關於地方官員補署舉劾等事，會同具詳。其僅設巡警道各省，亦令一律會詳，以符監察之實。至各省巡警道應否分別改為民政司之處，應俟釐定官制時，統籌全局，另行奏明請旨。謹奏。宣統元年十二月二十二日奉旨：依議。欽此。

又《民政部奏酌擬巡警道屬官任用章程摺并單》 宣統元年十二月二十二日臣部議覆御史麥秩嚴奏各省警察腐敗，應速定民政司巡警道選任章程摺内，曾聲明巡警道屬官任用辦法，應仿照奏定各省提法司屬官考用章程，嚴定資格一體考試，非經考試及格不得率請補用，容由臣部另定詳細章程奏明遵辦等因，奏奉允准，欽遵在案。竊維推行警政先在培養人材，臣部上年奏擬各省巡警學堂章程即訂明此項畢業生准充各省巡警道屬官、各地方警務長及各區區官，按照另定任用章程辦理等語。比年以來，各省警政據報粗有規模，各省巡警學堂學生計亦次第畢業。所有任用辦法自非特定章程無以杜濫竽而昭詳慎，臣等謹就學科程度暨官階級別為兩種考驗，分期舉行。其在他項學堂畢業或曾辦警務著有成績，或有教練所畢業成績最優經派充巡長，確有經驗者亦准分別與考，庶幾取材之途既廣而抉擇之法惟嚴，計釐定為十三條，敬繕清單，恭呈御覽，并請飭下憲政編查館照章覆核，奏請頒行。謹奏。宣統二年四月十四日奉旨：依議。欽此。

謹將酌擬巡警道屬官任用章程繕具清單，恭呈御覽。

第一條 本章程所稱巡警道屬官指左列各員而言：

一、本道警務公所科長、副科長及科員。

二、各廳州縣警務長及各分區區官。

第二條 巡警道屬官以考試合格者分別奏咨補用。

第三條 巡警道屬官考試分為二種如下：

一、高等考試

二、區官考試

第四條 有下列資格之一者得應高等考試：

一、在高等巡警或法政法律學堂三年以上畢業得有文憑者。

二、曾辦警務著有成績三年以上者。

其在京師法科大學、法政學堂正科或高等巡警學堂正科畢業，或在外國法政大學或法政專門學堂畢業經學部考試給予出身者，得免其考試，視與高等考試合格者同。

第五條 高等考試應行試驗科目如下：

一、憲法綱要

二、大清違警律

三、法學通論

四、警察學

五、奏定各種警察章程

六、地方自治章程及選舉章程

七、各國户籍法大意

八、統計學

前項第一至第四款為主要科目應全行試驗，第五至第八款為揀擇科目得由應試者任擇其一二先期報明。

主要科目分數有不及格者，餘科分數雖多，不得録取。

第六條 高等考試由巡警道主試，詳請督撫派員監試，并遴派深通中外法學者教員為襄校。

第七條 應高等考試合格者，由巡警道按照成績及原有官階出身詳請督撫分別派署科長、副科長或廳州縣警務長。俟一年期滿，再由巡警道出具切實考語詳請督撫奏補，并將履歷咨行民政部存案。若合格人員逾定額時由巡警道按照前項規定詳請督撫分別以科員或警務長記名，俟有缺出再行派署。

第八條 科長、副科長、科員及警務長奏補後仍留原官原銜。每届三年由巡警道查驗該員辦事成績，出具切實考語，詳請督撫奏請分別升黜，并咨行民政部存案。其有辦事實在不能得力者，由巡警道隨時詳請督撫撤換另補，分別奏咨辦理。

第九條　有左列資格之一者得應區官考試：

一、在高等巡警學堂附設簡易科或中學堂以上畢業得有文憑者。

二、照各省巡警學堂章程第二十條規定，經派充巡長在任一年以上者。

第十條　區官考試應行試驗科目如下：

一、本國法制大意

二、大清違警律

三、警察要旨

第十一條　區官考試由巡警道率同各科長或派員會同警務長舉行之。

第十二條　區官考試合格者，得由巡警道按照考試成績及原有官階出身分別派署區官，滿一年後，果係稱職再行補實，均由巡警道詳請督撫辦理，并將履歷咨送民政部存案。

若合格人員逾定額時，應以區官記名，俟缺出候傳。區官補缺後仍留原官原銜，每届三年甄別一次。其辦事實在不能得力者，由巡警道隨時詳請督撫撤換。

第十三條　本章程以奏定頒行文到之日為施行之期，嗣後如有應行變通之處隨時酌量增改具奏，其施行細則由巡警道酌訂，詳請督撫核定，咨部辦理。

又《憲政編查館奏考核巡警道屬官員任用章程摺并單》　宣統二年四月十四日，民政部奏酌擬巡警道屬官任用章程請飭下憲政編查館覆核一摺，奉旨：依議。欽此。由該部抄録原奏并清單前來。伏查警察為治安之本，使辦理不得其人，則保民者適以擾民，是以任用之初宜求審慎。臣等檢閲原奏清單十三條與《直省官制通則》及《巡警道官制》所載各節均相吻合，惟第九條第二款『派充巡長在任一年以上者得應區官考試』一節，查區官管轄全區，責任頗重，即由巡長考取，其資望恐尚不足，擬請改為現任巡官，似於限制較嚴。其餘各條均尚周妥，便於施行，惟字句之間稍加修正，謹另繕清單，恭呈御覽。如蒙俞允，即由臣館咨行欽遵辦理。謹奏。宣統二年十一月十三日，奉旨：着依議。欽此。

謹將酌擬巡警道屬官任用章程繕具清單，恭呈御覽。

第一條　本章程所稱巡警道屬官，指下列各員而言：

一、本道警務公所科長、副科長及科員。

二、各廳、州、縣警務長及各分區區官。

第二條　巡警道屬官，以考試合格者，分別奏咨補用。

第三條　巡警道屬官考試，分為二種，如下：

一、高等考試。

二、區官考試。

三、警察要旨。

第四條　有下列資格之一者得應高等考試：

一、在高等巡警或法政、法律學堂三年以上畢業得有文憑者。

二、曾辦警務三年以上著有成績者。

其在京師法科大學、法政學堂正科或在外國法政大學或法政專門學堂畢業得有文憑、經學部考試給予出身者，得免其考試，視與高等考試合格者同。

第五條　高等考試應行試驗科目如下：

一、憲法綱要。

二、大清違警律。

三、法學通論。

四、警察學。

五、奏定各種警察章程。

六、地方自治章程及選舉章程。

七、各國户籍法大意。

八、統計學。

前項第一至第四款為主要科目，應全行試驗；第五至第八款為揀擇科目，得由應試者任選其一二先期報明。

主要科目分數有不及格者，餘科分數雖多，不得録取。

第六條　高等考試由巡警道為主試，詳請督撫派員監試，并遴派深通中外法學者數員為襄校。

第七條　應高等考試合格者，由巡警道按照成績及原有官階出身，詳請督撫分別派署科長、副科長、科員或廳、州、縣警務長，俟一年期滿，再由巡警道出具切實考語，詳請督撫奏補并將履歷咨行民政部存案。若合格人員逾定額時，由巡警道按照前項規定詳請督撫，俟有缺出，再行派署。

第八條 科長、副科長、科員及警務長，奏補後仍留原官原銜。每届三年，由巡警道查驗該員辦事成績，出具切實考語，詳請督撫奏請，分别升、黜，并咨行民政部存案。其有辦事實在不能得力者，由巡警道隨時詳請督撫撤换另補，分别奏咨辦理。

第九條 有下列資格之一者得應區官考試：

一、在高等巡警學堂附設簡易科或中學堂以上畢業得有文憑者。

二、現任巡官者。

第十條 區官考試應行試驗科目如下：

一、本國法制大意。

二、大清違警律。

第十一條 區官考試，由巡警道率同各科長或派員會同警務長舉行之。

第十二條 區官考試合格者，得由巡警道按照考試成績及原有官階出身，分别派署區官。滿一年後，果係稱職，再行補實。均由巡警道詳請督撫辦理，并將履歷咨送民政部存案。

若合格人員逾定額時，應以區官記名，俟缺出候傳。

區官補缺後，仍留原官原銜，每届三年甄别一次，其辦事實在不能得力者，由巡警道隨時詳請督撫撤换。

第十三條 本章程以奏定頒行文到之日為施行之期。嗣後如有應行變通之處，隨時酌量增改具奏。其施行細則，由巡警道酌訂，詳請督撫核定，咨部辦理。

又《民政部奏請催各省迅設巡警道并裁併原設巡警等局片》 再，上年憲政編查館具奏，核定直省巡警道官制細則一摺内稱：各省督撫迅將應裁守巡各道妥議裁撤，一面增設巡警道缺等因。欽奉諭旨俞允遵行。各省自應一律照辦，以重警政。現在各省遵章設立者，計山西、山東、河南、湖北、廣東、廣西、浙江、安徽、雲南、四川、貴州、江西、陝西共十四省，所有此項員缺，先後奉旨簡放，或由各該省督撫臣奏請試署在案。其餘各省，除奉天、吉林、黑龍江三省警務由民政司辦理外；如直隸、江蘇、福建、新疆、甘肅等五省尚未設立，自應催令增設，毋再延緩，致違定章。其已設巡警道省分，所有各該省省城巡警即歸巡警道直轄，其原設巡警等局應遵章一律裁撤歸併，庶節虚糜而重要政。如蒙俞允，即由臣部咨行未設巡警道省分，並通行各省一體欽遵辦理。謹奏。宣統元年十二月二十二日奉旨：依議。欽此。

雜録

《大清新法令・湖南巡撫岑春蓂奏遵旨增設巡警道缺請遴員試署摺》

竊臣承准總司核定官制考察政治王大臣咨光緒三十三年五月二十七日具奏續定直省官制一摺，本日内閣奉上諭：朕欽奉慈禧端佑康頤昭豫莊誠壽恭欽獻崇熙皇太后懿旨，各省官制前經諭令總核王大臣接續編訂，妥核具奏。兹據慶親王奕劻等奏稱各省按察使擬改為提法使，并增設巡警、勸業道缺，裁撤分守分巡各道，酌留兵備道，及分設審判廳增易佐治員各節，應即次第施行。如實有與各省情形不同者，准由該督撫酌量變通奏明請旨等因。欽此。仰見朝廷因時制宜振興庶政之至意。

臣伏查湖南民俗强悍，伏莽素多，巡警道一缺專管各省巡警、消防、户籍、營繕、衛生事務，關繫民生利害，在湘省尤不可緩。今既經王大臣奏明由督撫察度情形請旨辦理，亟應遵辦籌設，以專責成。惟新設之缺，經營伊始，事事均關緊要，必須體用兼備熟悉情形之員方能勝任。

臣於候補道員中詳加遴選，查有湖南補用道賴承裕，現年六十四歲，福建侯官縣人，由監生遵籌餉例報捐通判指發湖南試用，於克復貴州施洞口等處案内保歸候補班遇缺前先補用，同治十一年八月到省，光緒元年六月准補辰州府通判，二年二月到任，七年二月丁父憂卸事，九年五月服滿起復，十一年六月到省，十三年八月署理岳州府通判，十四年四月准補是缺，十六年六月委辦海運京米卸事，十七年六月回任，十八年於海運出力案内奏保以直隸州知州在任候補，是年舉行大計保薦卓异，十九年於江蘇賑捐案内奨敍花翎，二十一年二月裁缺卸事，二十二年補新設南洲直隸廳通判，歷經調署瀏陽、長沙、邵陽等縣知縣，二十五年於勸辦賑捐案内出力，保侯補直隸州後以知府用，二十六年四月到南洲廳任，二十七年九月丁母憂卸事，二十九年十二月服滿起復回省，三十一年六月代理長沙府知府，八月卸事於籌辦，二十六、七兩年本省灾賑案内保以知府仍留原省補用，三十二年於援剿廣西並邊防在事出力案内，保侯得缺後以道員儘先補用，嗣於辦理洋務出力案内保以道員留省補用，經吏部核議，改為侯離知府任歸道員班後加二品銜，三十三年於剿辦瀏醴會匪、籌備餉械、贊畫戎機在事出力，奏保免補知府以道員仍留原省歸侯補班補用，奉旨『照准在案』。

該員才長心細，明練勤能，仕湘三十餘年，於地方情形極為熟悉，從前歷任廳縣，勤恤民隱，卓著政聲，緝捕、保衛等事，尤能切實辦理，措置裕如。近年舉行新政，悉心籌措，深資臂助，洵湘省最為出色之員，現增設巡警道缺，非得此通達治體人員難期就理，合無仰懇天恩，俯准將湖南補用道賴承裕試署巡警道缺，侯一年以後察看成績可觀，再行奏請實授。該員係侯補道員，現請試署新設巡警道缺，係屬為地擇人，應請侯奏請實授時再行送部引見，以符定例。如蒙俞允，實於湘省巡警大有裨益。至應設屬員分科治事，應侯民政部訂定細則，再行查照辦理。除分咨吏部民政部查照外，理合會同湖廣總督臣趙爾巽恭摺具陳。謹奏。光緒三十四年二月二十一日奉硃批：著照所請，該部知道。欽此。

又《陝西巡撫恩壽奏請改鹽巡道為巡警道摺》 竊查前准考察政治館咨光緒三十三年五月二十七日具奏續訂官摺一摺，欽奉諭旨允准，録印原奏清單，咨行到陝。當經轉行藩學臬三司核議去後，兹據布政使顔鍾驥等詳稱，遵查原奏續訂官制以增改司道為要，各直省除按察司改為提法司外，應就省會增設巡警道、勸業道各一員，以管全省警政、實業諸務等因。當此預備立憲之初，行政機關理宜及早設施，力求整頓。惟恭繹諭旨暨原奏意義，增改各有所宜，若職司緊要既無可裁之員，而察度情形一時有不能並設之勢，自不得不妥議酌量變通辦理。

查陝省自裁糧道後，現存道員四缺：一陝安道，界連川楚，民教事煩；一延榆綏道，地處邊要，撫馭尤殷；一潼商道，晉豫交衝，東南門户，且均分任兵備，鎮攝攸資；一鳳邠西乾鄜道，駐扎省垣兼理鹽法水利。以上四缺，按諸地方情形，皆在不可裁撤之列。此外，如議新增，則又困於財力，一時不及兼營。

竊以巡警為地方自治之基，現在陝省警政規模略具，未盡推行。若不議設專官，不能提綱挈領，無以振各屬之精神。查鹽巡道一缺，公務雖繁，類多照例詳轉，且近在省垣，事易就理，擬請將鹽巡道缺改為巡警道，仍兼理鹽法水利。凡全省巡警、消防、户籍、營繕、衛生各事，均歸專管。其設屬分科治事，應侯奉到部頒細則，再行核辦。

至於勸業道，查泰西各項實業，必先有普通之知識，然後進業於專門。陝省風氣遲開，近年研求實業於省會，籌設農工商礦總局，即以勸興工藝、推廣種植、取煉石油等事屬之。此外，凡有關實業者，節經由局通飭各屬切實調查，正在次第勸辦，竟業未能刻期。擬將此項道缺暫請緩設，仍由該局督飭各屬認真催辦，侯實業見有成效，再請增設專官等情。詳請奏咨前來，奴才覆加察核。竊維設官分職，原貴因時制宜，而核實循名尤必先其所急。巡警為民政之權輿，現值舉辦地方自治，稽查勸導尤不可疏，於預備憲政前途亟有關繫。惟陝省財政支絀百倍他省，奴才與該司等一再籌商，增益雖有未能，而治理誠不可緩。該司等擬將鹽巡道改為巡警道，誠為今日切要之圖。查警務向歸臬司，督辦該司為刑名總匯之區，事煩不及兼顧。今議改歸道員專理，一轉移間，費不增而事畢舉，於地方既大有裨益，且與諭旨體察情形、酌量變通之意亦復相符。

合無仰懇天恩，俯念陝省地方重要，准將鹽巡道改為巡警道，仍兼理鹽法水利各事，庶幾推崇官制而專一責成矣。如蒙俞允，應詳飭部另鑄陝西巡警道兼管鹽法水利之關防一顆。侯發到日，再將舊用關防繳銷。至勸業道一缺，應請暫行緩設。查陝省現設有農工商礦總局，凡一切興業勸工之事正在調查，皆由該局經理。事簡易行，暫可節省經費。一侯各項實業辦有端倪，再行請設專官，以符原議。所有擬請改鹽巡道為巡警道暨緩設勸業道各緣由，除分咨查照外，理合會同陝甘總督臣升允恭摺具陳。謹奏。光緒三十四年四月二十四日奉硃批：著照所請，該部知道。欽此。

又《浙江巡撫增韞奏增設巡警道摺》 竊於光緒三十三年五月二十七日奉上諭：各省增設巡警、勸業道缺，准由該督撫酌量變通奏明請旨等因。欽此。并由憲政編查館奏定《巡警道官制細則》，咨行到浙。仰見朝廷力圖自强、更新内政之至意，欽佩莫名。浙省處陸海之衝，土客雜居，民情浮動，邇來梟氛始戢，伏莽粗平，尤以保衛治安為要義。省城向有警察局，奴才到任後，力加擴充，改為全省警察處，規模業已粗具。

奴才查警務範圍甚廣，巡警道所管，如巡警、消防、户籍、營繕、衛生諸務，動關民生休戚，非有沈毅懇摯體用兼備之員督率其間，無以專責成而收效果。

奴才於候補及實缺道府中逐加遴選。查有軍機處存記道現任嘉興府知府楊士燮，年五十二歲，安徽泗洲人。由增貢生報捐主事，光緒四年籤分工部，中式壬午科副貢、戊子科舉人，是年保送會典館協修。十五年恭辦大婚典禮，保以本部員外郎遇缺即補，中式甲午恩科進士，殿試二甲，以本部員外郎即補。二十二年補授員外郎。二十三年考取御史，恭辦萬壽慶典，保俟得御史後遇有應升之缺開列在前，并加三品銜。二十四年會典成書過半，保俟得四品後賞換二品頂戴，是年派赴日本考查學務，充橫濱總領事官。二十六年題升郎中，是年傳補江西道監察御史。二十七年八月坐掌本道，十月捐免歷俸截取引見，奉旨：著照例用。欽此。二十八年管理街道事務，六月奉旨：山西副考官著楊士燮去，欽此。二十九年京察一等，補授兵科給事中。三十年十二月奉上諭：山西平陽府知府員缺，著楊士燮補授。欽此。三十一年四月到任。是年因直隸賑捐案内出力，保以道員在任候補。三十二年三月奉上諭：浙江嘉興府知府，著楊士燮調補。欽此。閏五月領憑到浙，委署杭州府知府，十月飭赴嘉興府本任。

奴才查該員學識閎通，踐履篤實，前充大學堂提調并赴日本考求新政，具有心得，歷守劇郡，勤政愛民，萑苻屏息。上年浙江剿辦梟匪，派充營務處及清鄉提調事宜，指畫戎機，調和將士，訓練警卒，保衛地方，屬邑賴以安堵。經前撫臣馮汝騤臚陳事實，稱其識量宏毅，遇事不阿，足為遠大之器，請予破格擢用。三十四年四月二十四日奉硃批：著交軍機處存記。欽此。現在警務重要，亟待得人而理，合無仰懇天恩，俯准將該員楊士燮試署浙江新設巡警道缺，實於綏靖地方、保安閭閻深有裨益。如蒙俞允，即以現設之全省警務處歸併巡警道辦理，應設道屬各科，查照憲政館考核巡警道官制暨辦事細則，酌量籌辦。該員係實缺知府在任，候補道軍機處存記之員，銜缺相當，無庸送部引見。一年後察看成績，可觀再行請旨實授。謹奏。宣統元年三月初二日奉硃批：著照所請，該部知道。欽此。

勸業道分部

綜述

《大清新法令・農工商部奏擬訂勸業道職掌任用章程摺並章程光緒三十四年五月初九日》 光緒三十三年五月二十七日内閣奉上諭：朕欽奉慈禧端佑康頤昭豫莊誠壽恭欽獻崇熙皇太后懿旨，各直省官制前經諭令總核王大臣接續編訂，茲據慶親王奕劻等奏稱各節應即次第施行，至一切辦事權限各項詳細章程有應由各部及各衙門核議者，著即分別妥擬畫一辦法，奏定陸續頒行等因。欽此。欽遵到部。續准憲政編查館咨開，此次擬定各項章程應由各部奏明，交本館詳細覆核，然後請旨頒行等因。臣等伏查勸業道有振興實業、規畫交通之責，非明定畫一之職掌，無以為督率考察之資，特是各直省情形繁簡不同，分科辦事詳章臣等殊難預訂，疊經往返商酌，惟有提綱挈領擬訂簡章十四條，俾創辦之初有所遵守，一面由臣等咨行各省督撫，飭令該道各就該省情形酌擬辦事細則送部核訂，以期周妥而便施行。其餘未盡事宜，應隨時損益者仍由臣等會商修改，奏明辦理。又，查直省官制原奏清單第十四條内開勸業道專管全省農工商業及各項交通事務，并將按察司舊管驛傳事務改歸該道兼管等語。三十三年五月准陸軍部咨四月二十七日會同軍機大臣具奏，各省驛站、邊防、臺站向由兵部掌管，現在輪路未盡交通，擬請仍照舊例由陸軍部經理，以一事權。奉旨：依議。欽此。自應查照原奏，俟將來航路鐵路一律通達，再由陸軍部會同郵傳部詳察情形，奏明辦理，以符奏案。謹奏。光緒三十四年五月初九日。奉旨：依議。欽此。

謹將擬定勸業道職掌任用章程恭呈御覽。

一、勸業道秩正四品，為督撫之屬官，歸其節制考核，應禀承農工商部、郵傳部及本省督撫，辦理全省農工商業及各項交通事務，并應由農工商部、郵傳部隨時考核。

一、各省應行興辦農工商各實業以及推廣船路、郵電等事，勸業道應先詳細調查，呈明農工商部、郵傳部及本省督撫設法籌辦，并有督飭地方官切實奉行及考察勤惰之權。

一、地方辦理農工商業各員紳除奏派大員外，均歸勸業道管轄。其關於農工商業之學堂、公司、局廠應隨時稽考，將辦理情形匯報農工商部及本省督撫。

一、各省原設農工商礦各局所應辦事宜均歸勸業道管理，其原派員紳應由該道體察情形，詳明各省督撫分別裁併，以一事權。至農會、商會等項，該道有勸導稽查之責，并應遵照農工商部奏定章程辦理。

一、各省原設之招商、鐵路、電報、郵政等局以及商辦之鐵路公司一切事宜，勸業道應會同籌商，督飭、保護，并將辦理情形，隨時調查匯報郵傳部。

一、農工商部、郵傳部將來在各省特設專局章程載明由勸業道兼轄者，該道應按照定章切實籌辦。

一、關於農工商業及交通事務應設地方各項局所，由勸業道稟明籌設，札派員紳經理。

一、勸業道應視各該省事務繁簡稟明督撫，酌派相宜人員分任各事，以資佐理，并得派員周歷調查，其各廳州縣之勸業員即由該道詳請任用。

一、農工商部、郵傳部現在通行各項章程條例，勸業道均應遵守奉行，并得酌量地方情形督同所屬擬訂辦事細則，仍隨時分別申報農工商部、郵傳部及本省督撫核定。

一、勸業道辦公經費應先就本省籌撥款項，并由農工商部、郵傳部分別省分大小、事情繁簡，兩部籌給津貼每年不逾二千兩，分兩季發給，由該道按季詳請農工商部、郵傳部請撥辦公。

一、勸業道所辦各事除隨時詳明督撫或申報農工商部、郵傳部外，應按年將本省興辦實業交通事項及用人款項等事詳列表册説帖報部，以備統計。

一、遇有新設此項道員或原有勸業道出缺，應由該省督撫在實缺道府暨本省候補道員内遴保二三員，出具切實考語奏請簡放，或先行試署農工商部、郵傳部，亦可會同就所知堪勝此項人員臚列事實，預保存記，遇有缺出，由軍機處開單一并進呈，恭候簡用。

一、此項人員應就銜缺相當以及京外應升人員遴選，或曾充農工商礦各差及辦理交涉各事務經理得宜，或提倡公司局廠確著成效，或曾在農工商部、郵傳部供差，公事嫻習以及講求實業交通諸政素有心得者，方為合格。

一、以上各條將來如有增添删改之處，應隨時請旨辦理。

又《憲政編查館奏考核直省勸業道官制細則酌加增改摺並單》光緒三十四年七月初五日

本年五月初九日，農工商部、郵傳部會奏擬訂直省勸業道職掌任用章程一摺，奉旨：依議。欽此。由農工商部鈔録原奏清單咨送前來，原奏内稱勸業道有振興實業規畫交通之責，各省情形繁簡不同，分科辦事，詳章殊難預定，惟有提綱挈領擬訂簡章十四條，俾創辦之初有所遵守，其驛傳事務應查照本年四月二十七日陸軍部原奏，俟將來航路、鐵路一律通達，再由陸軍部會同郵傳部詳查情形奏明辦理，應請飭下憲政編查館詳細覆核請旨施行等語。臣等查原奏所擬各條臚舉大綱均屬切實可行，惟於該道辦事分科細則未經敍明，若由各省自行擬設，恐不足以昭劃一。現在朝廷注重實業交通事務，特設專員以資董率，自應仿照各省新設司道規制，設立辦事公所，分設各科，置科長、副科長、科員等員，以專責成而資佐理。謹於原擬章程内增設三條，按照該道應管事務，分為六科，設科長、副科長各一員，科員視事務繁簡，各科分別設二三員或四五員，均由該道遴選合格人員稟准督撫分別任用，其餘各條并參照臣館前次奏定巡警道官制體例增改删并，其由部考核一層，原奏未列詳細辦法，亦經查照巡警道官制一律酌訂，都為十八條，以期法制漸歸統一。至驛傳一節，現在各省提法使尚未遍設，應如原奏仍歸按察使兼管。嗣後按察使改為提法使時，應將驛傳事務移歸該道管理。惟於航路、鐵路未經一律通達之前，應仍由該道將辦理情形兼報陸軍部，以符奏案。所有考核勸業道官制細則緣由謹另繕清單，恭呈御覽，伏候欽定頒行，各直省一體遵照辦理，是否有當，理合恭摺具陳。再，學部前奏定提學使官制，及臣館核定巡警道官制所有分科字樣均作分課，惟課字不若科字通行明晰，故此次改作分科，其提學、巡警兩官制及此外章程有用分課字樣者，應即一律照改，以歸劃一。謹奏。光緒三十四年七月初五日。奉旨：依議。欽此。

謹將考核各省勸業道官制并分科辦事細則恭呈御覽。

第一條　各省按照奏定官制通則設勸業道一員，秩正四品，歸本省督撫統屬，稟承農工商部、郵傳部及本省督撫，管理全省農工商礦及各項交通事務。

第二條　勸業道應就銜缺相當及京外應升人員內遴選，曾充農工商礦及交通事務各差辦理得宜或提倡公司局廠確著成效，或曾在農工商部、郵傳部供差公事嫻習以及講求實業交通諸政素有心得者，方為合格。

第三條　勸業道之任用由各該省督撫在實缺道府暨本省候補道員內遴保二三員，出具切實考語，奏請簡放，或先行試署，農工商部、郵傳部亦可會同就所知堪勝此項人員臚列事實，預保存記，遇有缺出，由軍機處開單一并進呈，恭候簡用。

第四條　勸業道自到任之日起，每届三年作為俸滿，届時各該省督撫將該道平日所辦事宜有無成效詳細咨明農工商部、郵傳部，由兩部會同查核與平日考驗成績是否相符，分別最殿，臚列奏聞。

第五條　勸業道除受各該省督撫節制考核外，仍由農工商部、郵傳部隨時分別考查，如有任事日久，實在不能得力者，即行據實奏參。

第六條　各省應行興辦農工商礦各行業及推廣船路郵電等事，勸業道應隨時詳細調查，呈明農工商部、郵傳部及本省督撫，設法籌辦，并有督飭地方官切實奉行及考察勤惰之權。

第七條　各省關於實業及交通之學堂、公司、局廠除由農工商部、郵傳部及督撫奏派大員特辦者外，勸業道均應隨時考察。

第八條　各省所設農會、商會等項，勸業道有勸導稽查之責，其各省原設之招商、鐵路、電報、郵政等局及商辦之鐵路公司一切事宜，該道應會同籌商，督飭保護。

第九條　農工商部、郵傳部將來在各省特設專局，其章程載明由勸業道兼轄者，該道應按照定章切實籌辦，其現在兩部頒定通行各項章程、條例，該道均應遵守。

第十條　勸業道所辦各事除隨時詳明督撫或申報農工商部、郵傳部外，應按年將本省興辦實業交通事項及用人款項等事詳列表册、說帖報部，以備統計。

第十一條　勸業道辦公經費由本省督撫籌撥，并由農工商部、郵傳部分別省分大小、事情繁簡，每年酌給調查費二千兩以內，以資津貼，調查費分兩季發給，由該道按季詳請農工商部、郵傳部按照定數撥給。

第十二條　勸業道應就所治地方設立公所，督率所屬各員每日訂時入所辦事，公所分設六科如下：

一、總務科　掌承辦機要、議訂章程、考核屬員、編存文牘、收發經費、統計報告及實業交通學堂各事項。

二、農務科　掌農田、屯墾、森林、漁業、樹藝、蠶桑及農會、農事試驗場各事項。

三、工藝科　掌工藝製造、機器專利、改良土貨、仿造洋貨工廠各事項。

四、商務科　掌商業、商勳、賽會、保險及商會各事項。

五、礦務科　掌調查礦產、查核探礦、開礦、聘請礦師及礦務公司各事項。

六、郵傳科　掌航業、鐵路、輪車、電綫及測量沙綫、營治埠頭廠塢，考查路綫、稽核通運行車并電話、電車、郵政各事項。

第十三條　每科設科長一員，副科長一員，其科員額缺由勸業道酌量事務繁簡定之，惟總務科、郵傳科每科不得過四五員，其餘每科不得過二三員。

第十四條　科長秩視六品，副科長秩視七品，科員秩視八品，均以中外高等中等實業或路電等項學堂畢業之學生及曾辦實業或交通事務確有經驗人員，由勸業道稟准督撫分別任用，但開辦之初，得以不拘原官品級，酌量差委，仍將各該員履歷申報督撫，分別咨明農工商部、郵傳部備案。

第十五條　各廳州縣應按照奏定直省官制通則，設勸業員一員，受勸業道及該地方官之指揮監督，掌理該廳州縣實業及交通事宜，勸業員得參用本地士紳，由各該地方官採取輿論素孚、廉能公正者，詳請督撫照章考取委用。

第十六條　各廳州縣每届年終應將所辦實業及本境交通情形分門別類制成統計表册，申報勸業道查考。

第二七條　勸業道得酌量地方情形，督同所屬酌擬辦事細則，稟准督撫施行，并申報農工商部、郵傳部立案。

第十八條　各省原設農工商礦各局所，俟勸業道簡放到任後應均歸該道管理。惟該道設立之初，於各項實業一時未能周悉，不便概行裁并，應擇該道擅長者歸并專任。

又**《農工商部會奏續訂直省勸業道職掌事宜摺宣統二年九月》**　竊維為政之道，有治法尤貴得治人；任職之方，操實權而後收實效。光緒三十四年，憲政編查館核定《直省勸業道官制細則》，奏由臣部咨行各省，照章遴保奏請簡放試署。本年復遵旨，由臣部等預保存記，計已設立者直隸等十八省，其未設之山西等五省，亦催令趕行籌設，期以上副朝廷振興實業、規劃交通之至意。惟查憲政編查館《奏定勸業道官制細則》內，僅有督飭地方官切實奉行考察勤惰之權，而無實行考核糾舉之責，若不稍為變通，重其職掌，恐不足以資督率而利推行。案查民政部奏請釐訂巡警道職權一片内稱：各省所設巡警道缺，其品秩雖視守巡各道，而按其職掌監察全省警務，與藩、學、臬三司權限無殊，擬請凡已設民政司使各省，自應查照部綱，遇有關於地方官員補署、舉劾等事，會同具詳，其僅設巡警道各省，亦應一律會詳，以符監察之實等語，奉旨允准在案。勸業道一職，管理全省農工商礦及各項交通事務，凡應行興辦皆今日利用厚生要政，較巡警道職掌尤為繁重，擬請仿照民政部釐訂巡警道職權辦法。凡已設勸業道各省，遇有關於地方官員補署、舉劾等事，一律會詳，以符督飭考察之實。再，此摺係農工商部主稿，會同郵傳部辦理，合并聲明。謹奏，宣統二年九月二十二日奉旨：『著依議，欽此。』

雜　録

《大清新法令・湖南巡撫岑春蓂奏遵旨增設勸業道缺請遴員試署摺光緒三十四年》　竊承總司核定官制考察政治王大臣咨光緒三十三年五月二十七日具奏續定直省官制一摺，本日内閣奉上諭：朕欽奉慈禧端佑康頤昭豫莊誠壽恭欽獻崇熙皇太后懿旨，各直省官制前經諭令總核王大臣接續編訂妥核具奏，茲據慶親王奕劻等奏稱，各省按察使擬改為提法使，并增設巡警、勸業道缺，裁撤分守、分巡各道，酌留兵備道，及分設審判廳增易佐治員各節，應即次第施行。如實有與各省情形不同者，准由該督撫酌量變通奏明請旨等因。欽此。仰見朝廷振興百度、期臻富强之至意。

竊思湖南上通黔粵，下達漢江，山嶺叢雜，礦産富饒，常德、湘潭各埠，尤為商務薈萃之區。近年紳商講求實業，民智日開，自應設立勸業專官，以資督率而收實效。查勸業道一缺，專管全省農工商業及各項交通事務，所關非細，且當創設之始，非有穩練勤懇、通達治體之員難期勝任。

臣於湖南道員中逐加遴選，查有軍機處存記道沈祖燕，現年四十七歲，浙江蕭山縣人，由光緒乙酉科優貢中式，是科本省鄉試舉人，己丑科會試貢士引見，奉旨『以内閣中書用』，五月十六日到閣行走，旋丁父憂回籍。十八年十月服滿起復，呈請改以知縣選用，指省江蘇，歸進士截取班補用。十九年三月領照到省，十二月丁母憂回籍。二十二年三月服滿在京起復，領照回省，七月經前任河東河道總督任道鎔保薦人才案内以該員學問淵博，器識深穩，洵為循良之選，奏奉硃批『著交吏部帶領引見。欽此』。二十三年六月請咨赴部引見，奉旨『著交軍機處存記』。二十六年以前辦海運出力，保俟補缺後以直隸州知州用，歷經委署常熟、崇明等縣篆務。二十七年捐升道員，指分湖南試用。二十八年請咨赴京，因湖南停止分發，在部呈請改發福建，并在山東賑捐局報捐花翎，由吏部帶領引見，奉旨『著照例發往。欽此』，呈請軍機處將前次保案改歸道員班内注册存記領照到省。二十九年在江蘇勸捐助餉出力，保加二品銜，六月在山東工賑局捐離原省，仍改指湖南補用，十月到省歷經委辦礦務公司總監督并官礦處及官錢局等差。

該員學裕才優，廉明篤實，任事勤奮，勞瘁不辭，於民生利弊商務工業均能因地因時留心研究，以之請署勸業道缺，洵堪勝任，合無仰懇天恩，俯准將該員沈祖燕試署湖南新設勸業道缺，實於地方大有裨益。如蒙俞允，該員係軍機處存記候補道員，請署道篆銜缺相當，毋庸送部引見。俟一年後察看成效可觀，再行奏請實授。其應設屬員分科治事，俟農工商部、郵傳部詳訂細則，再行查照辦理。所有遴員請署新設勸業道缺緣由，除分咨吏部、農工商部、郵傳部查照外，理合會同湖廣總督臣趙爾巽恭摺具奏。謹奏。光緒三十四年二月二十一日奉硃批：著照所請，該部知道。欽此。

又《浙江巡撫增韞奏增設勸業道摺宣統元年**》** 竊於光緒三十三年五月二十七日奉諭旨：各省增設勸業道缺，准由該督撫酌量變通，奏明請題等因。欽此。并准憲政編查館奏定《直省勸業道官制細則》，咨行到浙。仰見朝廷振興庶政，力圖富强之至意，欽服莫名。伏查勸業道之設，所以提倡全省農工商業及各項交通事務。浙省為東南繁劇之區，襟山帶江，物産殷沃，近自汽車發軔，輪舶往來，實業交通均漸發達，亟應特設專官以資董率。奴才於本省候補道員内詳加遴選，自非熟悉商情，勤求民事，實心實力，勞勩素著之員，未敢輕登薦剡。

茲查有花翎二品銜奏留浙江試用道董元亮，年四十九歲，福建閩縣人。由舉人揀選知縣，國史館議敍分發省分補用。光緒二十八年前任盛京將軍臣增祺奏保，俟得缺後以同知直隸州在任候補。二十九年六月奏留奉天補用。十一月初十日吏部帶領引見，奉旨：著照例發往。欽此。三十三年十二月報捐離任，以同知仍留原省試用。三十一年三月奏保免補本班，以知府仍留原省，遇缺儘先補用。是年五月，署理復州知州，八月經前任盛京將軍臣趙爾巽奏獎三品頂戴。是年十月，在奉天實官捐案内捐奬，以道員指分江蘇試用。三十三年正月奏保二品銜。三十四年二月署理奉天民政司僉事。是年八月，經奴才以新政需才，奏調來浙差委，奉硃批：著照所請，該部知道。欽此。又，於十一月二十一日奏請留於浙江試用，欽奉俞允在案。

奴才查該道器識閎深，才猷儁達，在奉天歷有年所，迭經歷任盛京將軍臣增祺、臣趙爾巽、奉天府府尹臣廷杰奏保，資勞最深。奉省當日俄戰後商業彫敝，督臣趙爾巽以該員講求實業有素，檄委總辦商埠局，經營擘畫，動協機宜。其在民政司僉事任内，贊畫新政，綱舉目張。籌設奉省貧民習藝所，尤為井井有條。到浙江後，經奴才派委總文案，遇事諮商，深達大體。浙省預備立憲事宜，該道悉心贊助，次第具舉，兼辦官銀錢局暨諮議局籌辦處，與紳界、商界均甚浹洽。當此要政待興，人材難得。如該道董元亮，洵為監司中拔萃之選，合無仰懇天恩，俯准以該員試署本省勸業道缺，實於治理有裨。如蒙俞允，該員係奉准留浙試用道員，請署道缺，銜缺相當，毋庸送部引見，一年後由奴才察看，成績可觀，再行奏請補授。其道署各科，查照現定官制，酌量籌設，原有之農工商礦局應即裁併，以節冗費。謹奏。宣統元年三月初二日奉硃批：著照所請，該部知道，欽此。

東三省各司分部

綜 述

沈桐生《光緒政要》卷三三《論設東三省總督巡撫》 欽奉上諭：東三省吏治因循，民生困苦，亟應認真整頓，以除積弊而專責成。盛京將軍著改為東三省總督，兼管三省將軍事務，隨時分駐三省行臺。奉天、吉林、黑龍江各設巡撫一缺，以資治理。徐世昌着補授東三省總督，兼管三省將軍事務，並授為欽差大臣。奉天巡撫，着唐紹儀補授。朱家寶着署理吉林巡撫。段芝貴著賞給布政使銜，署理黑龍江巡撫。該督等受茲重寄，務當悉心精畫，破除情面，任怨任勞，於一切應辦事宜，切實通籌，次第舉辦，用副委任。其應如何分設職司之處，即著該督等妥議具奏。欽此。

《東方雜誌》第三卷第一號《政務處奏遵議盛京將軍趙奏裁改官缺更定職掌各事宜摺片》 九月乙巳年二十日，准軍機處鈔交盛京將軍趙爾巽奏裁改官缺更定職掌各摺片，奉硃批：政務處議奏片三件併發。欽此。原奏内稱盛京將軍舊兼三陵總理事務大臣，而典禮工程款項驛遞則分隸於户、禮、兵、工四部，現各部既裁，應請以盛京守護大臣定為承辦事務首領衙門，原設關防以下官兵等悉歸兼管。又禮部之讀祝官八員，贊禮郎十六員，户部六品官二員，禮部六七品官各一員，工部四五六品官各一員，應改隸三陵總理事務衙門，並歸首領衙門兼管。所有應供各項品物悉歸督催應送，永陵祭品一切典禮及每年供獻東陵、西陵祭品暨東省山川祠廟各祀，均由首領大臣督率承辦，各員役妥慎籌備一切公牘儀節，由首領大臣主稿，仍送將軍稽核等語。俱係為慎重陵差統一事權起見，自應准如所請。惟盛京守護大臣既兼管三陵承辦事務，應即定為三陵承辦事務衙門大臣，所請改稱首領衙門大臣之處應毋庸議。户、禮、工部既裁，原設之讀祝、贊禮四五六七品等官均歸三陵總理事務衙門管轄，應即改為三陵總理事務衙門讀祝、贊禮四五六七品官，不必更冠以各部舊稱，以符名實。原奏又稱各官丁應付別項差徭，仍由將軍督催官員馳驛賫送祭品，亦由將軍飭屬應付，並商由鐵道運送。至恭送永陵祝版祭品，均請由永陵守護大臣自行備辦，其必須由奉省備送者仍照向章辦理。又，興京守護大臣應辦他事仍徑咨將軍等語。應如所請，責令敬謹妥辦。另片稱户、禮、工外郎二十缺，請裁十一而留九缺，以現任外郎九人改隸，三陵總理事務衙門之五六七品官幫辦差徭管丁一切事務，作為領催升階，此項額缺由將軍會同守護大臣選襲升補。又户部六品官二缺，請免其滿漢兼揀，作為本屬外郎升補專缺。又裁撤户部管理喇嘛丁銀委六品官一員及户、禮、工三部郎中以下各員缺，咨部改用。又户、禮、工四五六七品官屬有領催三十五員，均有催差管丁之責，此項額缺應改隸三陵衙門並守護大臣兼管，三年無過，咨部照裁缺部員例改用。又片稱兵部所設驛丞二十九員改歸州縣管轄，驛丁事務暫由驛巡道經理，原設之正副監督及兵部郎中以下各缺一律裁撤，驛巡道請兼按察使銜，承轉通省刑名案件，刑部司員概行裁撤，分別咨部改用各節，均應照准。其奉錦山海道所兼按察使銜，在當時專為辦理外交，准其專摺奏事而設，與辦理刑名本不相干，該將軍所奏請將該道所兼按察使銜裁去之處應毋庸議。謹奏。奉旨：依議。欽此。

再，正在議覆間，十月初四日又准軍機處鈔交趙爾巽奏請裁軍糧同知改設省會知府一摺，奉硃批：政務處議奏。欽此。查奉天省城事務殷繁，應如所請，設奉天府知府一缺，歸驛巡道，兼轄金州一廳，遼陽、復州二州，承德、興仁、海城、蓋平、開原、鐵嶺六縣，悉歸該府專轄，定為衝繁疲難，請旨揀調要缺，每年支給俸銀一百五兩，養廉照開封等府例支給，並另給津貼辦公銀五千兩，以上各款均准照奉天新設各缺之例支給實銀，以示體恤。軍糧同知一缺應行裁撤，即以該署為奉天首府衙門，現在同知應照裁缺例另行請補，俟奉旨後即由臣等知照禮部，鑄發印信。其餘一切未盡事宜悉由該將軍奏咨辦理。謹奏。奉旨：依議。欽此。

《軍機處上諭檔・各直省官制先由東三省開辦俟有成效逐漸推廣諭》

光緒三十三年五月二十七日，内閣奉上諭：朕欽奉慈禧端佑康頤昭豫莊誠壽恭欽獻崇熙皇太后懿旨，各直省官制，前經諭令稽核王大臣接續編訂妥核具奏。茲據慶親王奕劻等奏稱，各省按察使擬改為提法使，並增設巡警、勸業道缺，裁撤分守、分巡各道，酌留兵備道及分設審判職，增易佐治員各節，應即次第施行。著由東三省先行開辦，如實有與各省情形不同者，准由該督撫酌量變通，奏明請旨。此外直隸、江蘇兩省，風氣漸開，亦應擇地先為試辦，俟著有成效，逐漸推廣，其餘各省，均由該督撫體察情形，分年分地請旨辦理，統限十五年一律通行。至一切辦事權限，各項詳細章程，有應由各部及各衙門核議者，著即分別妥擬畫一辦法，奏定陸續頒行。其有未盡合宜之處，仍著隨時修改，以臻美善。當此改章伊始，舉凡用人行政，在在均關緊要，一有不慎，百弊叢生，該督撫等務當督飭所屬振刷精神，力求實際，毋尚虛文，總期上合政體，俯顧輿情，朝野聯為一氣，君民得以相安，以為實行憲政之預備。欽此。

《大清新法令・東三省總督徐等奏定東三省職司官制章程光緒三十三年》

一設立行省公署。東三省向於將軍衙署分設，各司將軍、副都統每日率領司員於衙署辦事，與京部辦法相合。現在東省外交内治日以繁難，自未便照各省分設督撫藩臬各署，致令公牘轉多周折，屬僚疲於稟謁，甚或動相齟齬，貽誤要公，所關非淺。擬以軍署各司合之現有各局幷提學司總立一署，仿前代行省行臺辦法，名之曰奉天行省公署，吉林、黑龍江如之，以總督為長官，巡撫為次官，於公署内分設承宣、諮議二廳，交涉、旗務、民政、提學、度支、勸業、蒙務七司，隸之各員，逐日入署，事則公商，稿則會畫，以期赴機迅速，簡省繁文，借收整理地方之效。

一、酌定官品。金元行省本有承參等官，明布政司即元行中書省，亦設有左右布政使、左右參政等官，國初將軍經略皆設參贊，現在出使大臣亦設有參贊員缺。擬於行省公署内設左參贊、右參贊各一員，秩從二品，以左參贊領承宣廳事，右參贊領諮議廳事，交涉、旗務、民政、提學、度支、勸業、蒙務七司擬均設司使一員，總理一司事務，參照各省提學、鹽運等司及軍署原設各司協領品位，酌按管理事務之繁次，量分等差。擬交涉、旗務、民政、提學四司司使，秩正三品，度支、勸業、蒙務三司司使，秩從三品，承宣廳及各司均就所管事務以類相從，分設各科，每科設僉事一員，辦理科務，首科僉事從四品，各科僉事皆正五品，其下設一等科員，從五品，二等科員，正六品，三等科員，正七品，分佐之交涉、提學、蒙務各司別設一二等譯官，民政司別設一二等醫官，提學司別設一二等編校官，度支司別設一二等庫官，勸業司別設一二等藝士，凡列一等者品視二等科員，二等者品視三等科員，自僉事以下，無論調用京外人員皆選有專門學業及材地相宜者遴充，庶幾事有專責，人用所長，以精職業。諮議廳擬設議員、副議員、顧問員、額外議員以集討論政治之益，均不定品位，凡本省實缺、候補及京外人員并紳士皆選明達政治熟於本省情形者充之。督撫仍各設一二三等秘書官，無定員，以辦秘密緊要事件。

一、釐定職掌。行省公署承宣廳禀承督撫，辦理一省機要總匯事件，考核用人及省內外四品以下官員升調補署；咨議廳掌議一省法令章制，研究本省利病應行損益各事；交涉司掌辦理外交各事，以原有交涉等局改并；旗務司掌辦理旗署各事，以軍署原有户禮兵各司改并；民政司掌辦理民治、巡警、緝捕等事；提學司掌辦理教育等事；度支司掌辦理財賦等事，以原有財政釐稅等局改并；勸業司掌辦理農工商、郵電、航路、墾礦等事，以農工商各局改并；蒙務司掌辦理蒙部各事。奉天則轄科爾沁六旗，吉林則轄郭爾羅斯前旗，黑龍江則轄郭爾羅斯後旗、札賚特、杜爾伯特三旗，承宣廳及各司分科名目職掌由臣等到任後，體察情形，酌擬奏咨辦理。此外應設局所、廠場、學堂、公司等，皆以類相從，附屬各司酌令司使等人員，或有專長得力者辦理，合坐言起行為一職，以資實驗。

一、劃分權限。舊時內地各省督撫同城，往往意見參差，僚屬遂多分黨，互相傾軋，最滋流弊，而同城之駐防將軍、副都統則鮮聞牽制等弊，蓋一則督撫各有關防，各有公署，則易於生隙，一則將軍有印，副都統無印，辦事同在一署，故無由啓争也。現擬以總督為行省公署長官，巡撫為次官，凡奏咨批札稿件，廳司皆以次呈督撫核定，總督在他省時，日行公事皆呈撫核，重要事件先呈撫核，電商總督定奪，督撫如京部尚書侍郎。三省公事皆由督撫聯銜具奏，至例行之事與迫不及待者，如總督出省，仿內地兼轄省分之例，列總督前銜，由該省巡撫一面辦奏，一面電商總督，以期迅速而免貽誤。賀謝各摺照例專奏，三省皆仿京部規制，鑄行省公署堂印，文曰：奉天省印、吉林省印、黑龍江省印。凡道府以下印委公事皆祇申行省公署一分，由承宣廳分交各司核辦，廳司稿件經督撫核定後即用省印行下，如此省批詳之重疊，咨移之往復，權限分明，文牘簡捷，似較內地辦法為合宜。其廳司印信曰：某省某廳印、某省某司印，皆如各部司印冠省名於上，由臣等到任後，再行奏請頒鑄。

一、專設督練。東三省練兵關係重要，現在肅清土匪、巡緝地方又倚防軍之力，擬另設督練處，辦理開練新軍，振興兵學，整頓防軍各事。俟臣等到任後再行詳議，奏明辦理。

一、專立司法。東省治理更張伊始，行政司法分權宜豫，擬仿明巡按御史及國朝鹽政之制，於三省各設提法使一員，秩正三品，專管司法行政，兼理裁判事務，別為一署，暫受督撫考核節制。應設高等裁判以下各官，由臣等到任後督同新簡提法使妥為籌議，奏明辦理。

一、設改各屬官制。東三省民官情形，新設知府皆無首縣，其府廳各官自新設東邊道哈爾濱道外，大率逕歸將軍及駐省道員管轄，承轉本較內地為少，各屬幅員寬廣，於治理不便，多須析置，江省邊城率無民官，增置更不容緩，且動係通商地方，民官體制自須略為加崇，擬多置府廳，合州為三級，增設道監督之知府。擬仿國初雲南各省軍民府之制，不設屬縣，兼轄旗民，與廳州皆隸於道，以期與東省時勢相宜。各外城副都統官階過大，動多牽礙，擬照江省裁撤呼蘭等處副都統之例酌擬裁撤，改設兵備道員暨以下各官，以重民治。三省原設知縣本兼有理事通判銜，擬均升為廳治，原有廳州或酌改為府，其直隸廳有屬縣者亦解之而升廳治為府，逕隸於道，以省周折，統俟臣等到任後，詳細體察，通盤籌度，再行奏明辦理。

一、酌擬補署辦法。左右參贊及提法使、各司司使品秩較崇，責任綦重，擬照各省布按兩司辦法作為特簡之缺。惟現在東事萬棘，經營草創，非慎選得力人員，不足以資贊助。擬均由臣等奏保堪勝人員請旨簡放，或先奏請試署，以昭慎重。僉事以下擬遴選勝任人員皆先以本官試充，原官大者作為借署，原官小者作為試署。俟一年後再行請補，不勝任者另行撤換，匯案奏咨。

一、設缺分別次第。奉天規模頗具，事務至繁，擬請左右參贊及各司司使即准設立，吉江兩省事務較簡，擬先不備設，俟查看情形隨時奏明辦理。又奉吉兩省訟牘亦多，裁判尤重，擬於該兩省先設提法使員缺，所有奉天驛巡道、吉林分巡道原兼按察使銜，擬均請裁去，以一事權。江省民户較少，控案無多，俟臣等到任後再行酌核辦理。

一、建造衙署。三省原有將軍衙署均極褊隘，現議合立一署，分別廳司，必須相度形勢另行修建，方足以昭嚴整而重要公。督撫、參贊、司使均應酌建住署，僉事以下照京部司員規制，無須另建住署。

一、籌支廉費。重祿勸士，圖治之本。現既議改立新制，分設廳司，自應寬給廉費。東三省近年兵荒迭乘，物價昂貴數倍内地，尤非從優酌給，無以祛蠹弊之原，責整飭之效。擬俟臣等到任後酌核該三省入款，從優支給。僉事以下亦按三省道府當差人員現支薪水之數量為加給，以勵廉隅。

一、吉江兩省擬移建省治。查吉林將軍國初本駐寧古塔，黑龍江將軍本駐愛琿，後移墨爾根皆以控扼邊要，實較今省治偏在西南者為合宜。擬俟應修東省鐵路開有規模後，仍擬以吉林省移治寧古塔、黑龍江移治墨爾根，亦俟臣等到任後再行體察，奏明辦理。

又《東三省總督徐等奏定東三省督撫辦事要綱光緒三十三年》 一、東三省為全球注目之地，措置得失，動關大局，外交内治全賴仰禀宸謨。現京奉鐵路兩日可達，三省皆有巡撫表率控馭。查漢晋刺史有乘輕車奏事京師之制，擬嗣後三省如有應辦重要事件疑難待決者，准令總督隨時赴闕面奏機宜，恭請訓誨及與樞部各臣悉心商辦，以圖周妥而免貽誤。

一、奉天距京較近，為吉江兩省根本，現各幹路枝路皆以該省城為樞紐，總督應建駐署於奉天，以便控制，吉江兩省應各建行署以符三省各建行臺之旨。俾得隨時周歷，商同三省巡撫，辦理外交内治一切重要事務。三省巡撫亦可隨時前赴鄰省會商整頓及互有關涉各事，并周巡屬境，以密考查。

一、東三省現設巡撫辦法應與内地殊別。凡三省公署堂印應由總督佩帶，總督在他省時，則本省印信由巡撫佩帶，回省則仍交總督督撫。每日率屬皆在公署辦事，以便會商而去延滯，如此則收相維相助之效而無内地督撫同城之弊、院司不和之弊，於整頓東事裨益匪淺。

一、東三省總督現奉旨兼管三省將軍事務，臣世昌并蒙特恩授為欽差大臣，現已請頒發關防，改鑄印信。凡三省旗務及關涉特別重要事件均應專用三省將軍印信暨欽差大臣關防奏咨，以專責成。

一、東三省現在整頓一切，事關創始，得人為先。前大學士曾國藩、左宗棠於所轄用兵之省，提鎮藩臬皆准保用。臣世昌現蒙特授欽差大臣，仰見朝廷鄭重東事之意。擬請東三省三品以上大員無論舊有新設皆准擇堪勝人員指名密保，或會同該省撫臣奏保，請旨簡放，或派員試署，以收得人之效。此外各項員缺擬皆准變通補署，布衣獲咎及丁憂人員才具出衆職事必需者亦可擢用，凡實缺當差人員有績效者，或按邊俸升擢及按异常勞績保奬，均由東省督撫奏明辦理，能明習外交者尤宜不次任用，以重交涉。三省實缺候補各員擬皆得通用，如江省新設各缺用吉奉人員之例，遇有差缺，均可互委不分畛域，以廣量材任職之路。

一、東三省地處邊要，諸事草創，若仍拘泥例章，恐致諸多貽誤，擬請嗣後東三省所有吏治損益、財款出入及一切事項暫准酌量變通，隨時隨事，因地制宜，分別奏咨核辦，俟數年後籌辦漸有端倪，再查看情形，奏明辦理。

又《東三省總督徐等奏請設司缺派員試署並陳變通辦法摺》 竊查江省輻員遼廓，物産豐饒，百廢待興，得人而理，臣世昌於本年十月二十日行抵齊哈爾省城，與臣德全晤商辦法，仍以設官分職明定責成為目前之要務。惟是江省土廣人稀，天寒地僻，自哈爾濱以北荒凉滿目，有亘數十百里不見居民者，至一省所入，歲不及五十萬，近年舉辦各政皆恃荒價以為挹注，一切經營悉同草昧，而員司俸糈微薄又不足以贍給賢材，故論現在情形不患有冗曠之官，而苦無民可治，其難處又不獨無行政之費，且恐無以養官，此種艱難無論内地行省迥然不同，即揆諸奉吉兩省亦覺較難措手。臣等再四籌酌，惟有查照前奏官制量為變通，蓋既不敢踵事增華，致來虚位之誚，尤不敢因陋就簡，致無舉職之人。查奉省司道各缺，除交涉司，江省事務本簡，旗務、蒙務二司尚須體察情形另籌辦法，均請暫從緩設外，民政為地方自治之權，與提法有司法獨立之關係，度支為通省財政之樞紐，自應一律增設，與原有之提學共為四司，巡警則江省城鄉居民并少，擬不設道缺，歸民政司兼辦，并以從前之工司併入，勸業在江省最為切要，而諸務并無萌芽，擬亦不設道缺，暫由提學司經理，江省學務經該司强建勤苦心勸導，粗具規模，學業本屬相通，使之盡心擘畫不難兼顧有餘。提法司即以現有之分巡道秉按察使銜裁改，度支司則以善後局及從前之户司併入，似此變通辦理，庶幾損益得宜。以上各缺即應派員試署。

茲查有軍機處存記二品銜直隸候補道倪嗣沖器局閎通，才猷練達，堪以試署民政司使。現任黑龍江分巡道兼按察使銜秋桐豫謹慎老成，熟諳律意，堪以試署提法司使。二品銜候選道談國楫學識開敏，勤幹有為，堪以試署度支司使，仍由臣等認真察看，如其果能勝任，再行請旨簡授。至參贊所領之承宣諮議兩廳事務，江省原由文案處辦理三年，尚臻妥洽，現在僉事、科員、議員等暫難添設，擬酌設秘書官與原有之委負分任其事，並將從前之印務處併入。其各司以下各官亦均暫用委員，以歸簡易。謹奏。光緒三十三年十一月十一日。奉硃批：著照所請該衙門知道。欽此。

又《東三省總督徐世昌奏酌覈奉天官制詳陳辦理情形摺宣統元年》

准軍機大臣字寄光緒三十四年十一月十六日奉上諭：有人奏奉天官制宜斟酌損益以節糜費一摺，著徐世昌按照所陳各節，體察情形，酌核辦理。原摺著鈔給閱看。欽此。欽遵，寄信前來。仰見朝廷澄敍官方、綜核名實之至意，欽佩莫名。

竊維設官之道，要必有一定職守權限，乃無尸位之譏；用人之方，必先歷試其學識才能，自免濫竽之誚。詳閱原奏所述四端，斟酌損益，俱有深意。惟臣於改設行省奏定官制之時，悉心研究，詳加探討，與原奏所陳，有已慮及而無庸議裁者，有官制本有而為緩設之缺須求統一之方未便三省分設者，有官制本無而為後設之缺按諸事實應從原奏議裁者，有為奉天官場習慣已經臣嚴予限制者。

如原奏謂巡撫應裁一節，查內有督撫不宜同城，因無職務之可分耳，各有官署，故遇事或有齟齬。今總督統轄三邊，巡撫主任全境，又皆同署辦公，權限既明，猜嫌悉泯。夫總督之駐奉天，實因目前交通之便僅及沈陽，非經常制也。若俟鐵路貫通，政權敏捷，則總督應駐三省之中，權以扼軍政外交之樞紐，而專為籌邊治蒙之計劃，其省內一切政令皆任之以巡撫，是巡撫之不應裁，非僅為總督之入覲闕廷出巡邊塞也，可以巡撫為總督次官，略如京部之尚侍，與往日之督撫同城者不同。臣原定官制曾奏明規仿京部，是巡撫仍受總督之節制，而各有所事，既不能以駢枝為嫌，復何至以虛設見誚？議裁奉天巡撫，則總督囿於一隅，於吉、江兩省重要事件，必至隔膜貽誤，所辦者仍奉天巡撫之事，機局既滯而不通，綱領亦偏而不備，三省開創重要之政必延擱不辦，又顯然以東清南滿鐵路界限劃境而治，此中機括關係甚大，萬難裁撤，此為臣慮及而無庸議裁者也。

原奏謂蒙務司應設一節，查原定官制本有奏設蒙務司之請，臣到任後體察情形，蒙旗分隸三省，欲進而干涉之，則必有劃一之方、實行之策，若僅於奉省設蒙務司，則與吉、江勢難兼顧。若分設三省，則事權不專，政令歧出，且馭蒙之術在周知其情勢，以德威變化其氣質，以政教干預其生產，是必周歷蒙疆迎機而導，非如他司之設常駐於省城，僅以文牘往還也。臣因奏設三省蒙務局，以朱啓鈐為督辦。去歲出法庫邊門，循遼源達洮南，由齊齊哈爾折回奉省，又分派人東至吉林之新城，泝松嫩兩江，西由朝陽、赤峰，沿新舊遼河等處，循行一周，考察形勢風俗。又於吉林分設蒙務處，以資聯絡，將來款充事舉，尚應移總局於蒙旗中央，而分設於吉、江扼要之地。至原奏謂多立蒙文學堂，兼用漢文教習，廣開蒙民風氣，誠為扼要之圖。臣已分飭學堂兼習蒙文，并招致蒙王子弟入學，以期教育普及，此蒙務必應統一，而不宜分設司缺者也。

原奏謂民政司與巡警道應歸併一節，奉省奏定官制本無巡警道之名，良以警務即在民政範圍不當另有主任，嗣因奉天巡警普及城鄉，而警捐之複雜，警兵之凌亂，將欲改良整頓，似須另設專員。又因外省官制皆添設巡警道，奉省警務最繁，故奏請添設道缺。但於吉、江兩省，警務初興，則皆統轄於民政，現在整理已將兩年，且迭奉部章，俾資遵守，則設民政司省分自不應再有道缺，以清權限，而免紛歧。奉天巡警道一缺，應照原奏裁撤歸併民政司辦理，至巡警總局，亦猶民政部之有兩廳為執行警務機關，勢難裁併。或遵照部章改為警務公所，容臣體察情形，改訂規則，再行分別籌辦。至奉省要塞之區為治蒙防邊之最重者，尚須添設員缺，以資籌備。應如何酌量增減之處，統俟併案奏明，請旨辦理。此巡警道一缺，應從原奏議裁者也。

原奏謂雜項職銜應限制一節，查奉省初無掣簽人員，故投效習為慣例，臣到任後嚴加考核，凡投效人員，先須考試，並遵照吏部、憲政編查館所定章程，分別入法政學堂肄業，非正途及學堂卒業者，不得録用。且須取有不吸鴉片烟甘結，是限制不為不嚴，間有派科員委員者，亦必試之以事，果係才堪造就，或奏請留奉，以資任使。蓋奉省投效之原因有二：一則未改行省以前，諸事漫無稽考，投效人員或辦墾務，或充稅差，偷漏舞弊，飽則遠颺；一則因新政繁興，一技片長，皆思有所表見。臣於用人一事，固不敢存求備之心，以限制之法待中材，以鼓舞之機振士氣。然至一事之來，尚有乏材之歎，實未敢聽若輩之百計鑽營，先委後捐，以行其彌縫之術。原奏謂奉省已不下數百員，官册具在，可覆按也，嗣後仍應嚴加考核，期無冒濫，此皆往年之習慣，而歷經嚴予限制者也。

以上四端，官制為經久不渝之典。用人係辦事最要之原，自應審慎圖謀，以期盡善。臣現已蒙恩量移京部，卸任以前，仍應擔負責任，悉意經營，愚慮所及，不敢不據實陳覆。謹奏。宣統元年二月三十日。奉硃批：知道了。欽此。

徐世昌《東三省政要·官制·紀交涉使司（吉林）》 紀交涉司。吉省原設有交涉局以辦理外交各事，而長春為日俄分線之區，交涉尤為重要，設西路兵備道員缺以筦理之，省城僅設一局，非所以重職守，聯與國也。既改行省，乃設交涉司，即以舊日之交涉局歸併，仿奉省規制分科四，而僉事一、二、三等科員及正副司書等官依次派充以資助理。顧吉林交涉之大勢，首在長春。兩强競爭於斯為烈，固為南北滿分形之地點，尤屬軍商界進步之重衝；其次則為哈爾濱商埠東清路軌，此為中樞行政範圍，時相問難；餘則界務國防籌謀，宜預一有不慎侵越，遂生自設交涉司，而遇事有所責成，剛柔張弛，定於中權，不至互有意見，或相推諉，且各國均以總領事駐省，自應特設專官於權限名義上均有種種之關繫，尚不僅周旋壇坫俾資接洽已也。又況交涉之局變換無常，昔之以長春哈埠為重要者，今則吉長路軌已議興修，斯路築成，交通利便，則吉省之發達可以預期而交涉事之發現必有較重於今日者，是交涉司之設所以振綱挈領為目前最要之職司，稍有出入，三省繫之，其責任詎不重歟！

又《紀交涉使司（奉天）》 紀交涉司。

奉省於光緒二十四年曾有交涉總局之設。拳匪亂後，案卷燬失。二十六年，復設交涉總局。三十三年《奏定東三省官制》內請設交涉司，撤去交涉總局名目，凡交涉之事皆司主之，分設四科一二三等科員，別設一二三等譯員。往者日本以奉天各處開放通商，凡遼陽州、鐵嶺縣、新民府均派有副領事，辦理居留民事務，於是遼陽、鐵嶺、新民、鳳凰廳四處咸設交涉分局，派委熟於外交者主之，續於懷德縣、公主嶺亦派交涉委員各一人，此皆交涉司之派出所也。當三十三年春，奉省開埠時曾設立清查房地局，派員牧買田地房屋預備租賃以為開埠之需，原隸屬於財政局。三十三年秋，撤局併司。三十四年七月，各國領事照催開辦，因議設租地會丈局以交涉司互市科科員為坐辦，俾專責成。

雜録

《大清新法令·東三省總督徐奏擬設參事兩員片》 再，查奏定東三省職司官制內諮議廳議員、副議員、顧問官員、額外議員均不定品位等，現在開辦已逾一年，體察情形，該廳掌議一省法令章制，研究本省利病，應行損益各事，實為全省立法機關，職務極為重要，應酌添設實缺人員以資治理。今擬照承宣廳僉事品位設參事二員，位從四品，佐左右參贊籌議一切事宜，參事以下仍照章設議員等，不定品位。又該廳原未分科，今籌辦統計及庶務事宜，亦擬分設兩科以資任使。謹奏。光緒三十四年十月初五日。奉硃批：該部知道。欽此。

又《東三省總督徐奏遴員酌補廳司僉事員缺摺》 竊查奏定東三省職司官制章程內開承宣廳及各司分設各科，每科設僉事一員，首科僉事從四品，各科僉事皆正五品，又僉事以下遴選勝任人員皆先以本官試充，原官大者作為借署，原官小者作為試署，俟一年後再行請補，不勝任者另行撤換，匯案奏咨各等語。欽奉諭旨，允准在案。自臣到任後，督飭各廳司道將辦事權限、分科職掌詳加釐定試行，其僉事科員亦皆慎選堪勝人員，先令試署，一年以來尚能各盡職務，一洗從前因循推諉之弊，自應照章奏請補授，以課實績。惟原定每科設僉事一員，現在體察情形，先擬於承宣廳交涉、民政、度支三司擇尤酌補僉事一員，俾得總挈各科事務，其各科僉事如何酌量減少，俟將來奏定分科辦事規則，再行分別辦理，總期官無冗濫，責有專歸，俾庶政日有起色。茲查有借署承宣廳僉事分省補用道饒鳳璜，才具優長，辦事穩練，堪以補授承宣廳僉事，試署交涉司僉事分省補用同知直隸州知州袁良，辦事勤能，熟諳交涉，堪以補授交涉司僉事，試署民政司僉事奏調民政部員外郎蔣棻，器局開通，專長法政，堪以補授民政司僉事，借署度支司僉事留奉補用道趙臣翼，長於稽核，練達有為，堪以補授度支司僉事。以上四員皆按照奏定章程首科僉事之例作為從四品，其旗務提學兩司、巡警勸業兩道試署之僉事及廳司道各科試署之一二三等科員，仍由臣隨時察看，如果始終奮勉，再行陸續奏請補授，合無仰懇天恩，俯念東省初改官制，百端待理，准照奏定章程將該員等補授各廳司僉事員缺，以勵成績。如蒙俞允，即由臣檄飭遵照并俟該員等將經手事件料理就緒，再行給咨送部引見，以符向章。再，借補人員將來應請仍照原官品級升轉，以免向隅。合并陳明。謹奏。光緒三十四年十一月初五日。奉硃批：著照所請該部知道。欽此。

督練分所分部

綜述

《大清新法令·陸軍部會奏酌擬各省督練公所暫行官制綱要摺附單表》

竊查臣處核覆籌備陸軍事宜摺內聲明，各省督練公所官制准於宣統二年釐訂具奏，并經臣部於陳明籌備情形摺內酌擬限期，奉旨欽遵各在案。臣等伏維各省編練陸軍，必須有軍政總匯之區挈領提綱，方足收劃一整齊之效。前練兵處會奏陸軍營制，內載『凡各省新軍業經練及一協以上者，應於省會設立督練公所，由各將軍、督撫督率籌辦』等語。嗣准各將軍、督撫先後奏咨，所有酌擬辦法往往互相歧异，亟應釐訂章制，俾有遵循。茲經臣等迭次會商，按照奏准籌備事宜，謹將督練公所官制綱要先行釐訂，酌分科局，核定人員，辦理該省一切軍政。各該省原設新舊營之各項局所，概行裁改歸并，以一事權而節糜費。除邊遠省分暨交通不便之處，遇有地方緩急，准由該督辦酌量辦理外，至運用國軍計畫以及訓練教育等事，由該軍隊學堂隨時稟呈軍咨處、陸軍部辦理。其督練公所應行籌辦事宜，由各將軍、都統、督撫督率公所人員按照此次所定綱要，切實整理，以重軍政。謹酌擬綱要分繕單表進呈，恭候欽定。如蒙俞允，即由臣等通行各省一體欽遵，不得再有歧异。謹奏。宣統三年三月二十六日奉旨：依

議，欽此。

謹將酌擬各省督練公所暫行官制綱要繕具單表，恭呈御覽。

一 督練公所督辦以各該省原管之將軍、都統、督撫兼充，管理該省新舊各軍及籌備糧餉、編練隊伍一切事宜。

一 督練公所設軍事參議官一員，禀承督辦督率各科局辦理該省新舊各軍編練裁改、籌備糧服軍械、測繪一切事宜。

一 督練公所內分設科局如下：

一 籌備科；

二 糧餉科；

三 軍械局；

四 測地分局。

一 督練公所所有各科局之事務統歸軍事參議官核辦，設一、二等副官若干員、書記官若干員，均禀承軍事參議官分掌一切事宜。

一 一、二等副官掌管事務如下：

甲 管理督練公所內之會計經理。

乙 傳達命令及報告。

丙 收發文件、掌管圖書及區別一切例行公事。

丁 凡不隸各科局事件均歸掌理。

一 書記官受副官及所屬長官之指揮，辦理一切文牘事宜。

一 籌備科以原有之兵備處、營務處、各項舊營公所、督撫衙門內軍事幕僚及兵房等裁改歸并，具掌管之職務如下：

甲 籌辦新軍編成并事宜。

乙 徵募召集退伍補充事宜。

丙 徵發運輸交通及關於戰備各事宜。

丁 馬匹購買及補充事宜。

戊 掌管裁撤綠營及善後事宜。

己 掌管防營裁改歸并訓練及善後事宜。

庚 掌管裁撤一切雜項隊伍事宜。

一 糧餉科以原有之糧餉服裝、財政調查各局裁改歸并，其掌管之職務如下：

甲　掌管新舊軍隊及該管陸軍學堂糧餉收發、存儲、會計事宜。

乙　掌管新舊軍隊及該管陸軍學堂被服裝具及軍用物品購買、收發、補充、保存、修理、交換事宜。

丙　掌管新舊軍隊及該管陸軍學堂一切建築事宜。

丁　關於新舊軍隊及該管陸軍學堂預算、決算事宜。

戊　關於新舊軍隊財政調查事宜。

一　軍械局以原有之軍械各局裁改歸并，其掌管之職務如下：

甲　掌管新舊軍隊及該管陸軍學堂槍炮彈藥等項收發、保存、修理、交換及購買等項事宜。

乙　掌管新舊軍隊及該管陸軍學堂器具材料之收發、保存、修理、交換及購買等項事宜。

一　測地分局掌管該省地圖測繪事宜，以原有之測地局并入，其詳章由軍咨處另行擬訂。

一　督練公所除文官外，軍事參議官以下各員悉按照《陸軍補官任職章程》辦理。

一　各省督練公所人員額缺編制，悉按照後列之編制表辦理。若軍隊未及一鎮，則因事務之繁簡量為核減，惟須咨商陸軍部核准施行。

一　以上係暫行官制大綱，如有應行增損及未盡事宜并詳細規則，均隨時由陸軍部審定，咨行各省辦理。

一　督練公所公費薪水暫按此次所定章程施行。俟《陸軍官俸職薪章程》頒發後，再行遵照辦理。

督練公所公費薪水數目：

督練公所公費每月四百兩；督辦不支薪；軍事參議官以協都統充，以正參領充每員月支薪水五百兩四百兩；科長以副參領充，以協參領充每員月支薪水一百六十兩一百二十兩；局長以副參領充，以協參領充每員月支薪水一百六十兩一百二十兩；一等科員每員月支薪水一百兩，二等科員每員月支薪水七十兩，三等科員每員月支薪水五十兩；一等副官每員月支薪水一百兩，二等副官每員月支薪水七十兩；一等書記官每員月支薪水六十兩，二等書記官每員月支薪水四十兩，三等書記官每員月支薪水三十兩；司書生每員月支薪水十二兩。

督練公所編制表

將軍 都統 督撫	督辦一員			
協都統或正參領	軍事參議官一員			
科局名稱	籌備科	糧餉科	軍械局	測地分局
副協參領	科長一	科長一	局長一	
協參領	一等副官一 一等科員二	一等科員二	一等科員一	
正軍校	二等副官二 二等科員四	二等科員五	二等科員二	
副協軍校	三等科員五	三等科員六	三等科員三	
五六七品文官	一二三等書記官五			
八九品文官	司書生十六			

附記

一　凡一二鎮之省分督練公所人員均依此表辦理，如有三鎮以上或不及一鎮應分別酌量增減報部核准施行。

雜録

《大清新法令·陸軍部奏鄂督電奏擬派督練公所人員覈與定章不符摺》

内閣抄交五月十二日奉旨瑞澂電奏督練公所參議官應由督辦奏派以資浹洽并請賞給新軍官銜各節，著該衙門知道，欽此。欽遵并原電奏抄交到部，原奏内稱，督撫仍兼督辦，自應遵照綱要第一條實行管理軍事，以負責任，參議官應遵第二條實行稟承督辦督率辦理，參議官衹盡籌畫參贊之責，無專斷畫諾之權，尤必督辦相知素深，於本省軍事情形最熟之員方能勝任，應由督辦奏派以資浹洽并請援照陸軍補官任職變通新章，懇恩賞給新軍官銜以崇體制，其餘副官科局長以次容就現在公所各員中分別派委咨部等語。查奏定督練公所暫行官制綱要清單內開，督練公所除文官外，軍事參議官以下各員悉按照《陸軍補官任職章程》辦理，該章程補職第三條內開，副協都統軍職由陸軍部開單奏候簡派，中等各級由部擬補具奏請旨補充，次等各級由部匯案奏補。又總綱第四條內開，屬於軍令範圍内者由軍咨處管轄辦理，屬於軍政範圍内者由陸軍部管轄辦理各等語。歷經遵辦在案，督練公所軍事參議官一職稟承督分董率科局為佐理新舊軍事承上起下之樞機，關係至為重要，必得軍學精通、富有經驗之員方克勝任，業經臣部通電各督撫和衷商榷，擬俟覆電到齊即由臣部并案奏請充任，以資得力而符定章。茲湖廣督臣瑞澄奏陳督辦權限及軍事參議官應辦事宜多係原章精意，軍事參議官以次各員分別加級新軍官銜亦係部定辦法，惟軍事參議官請由督辦奏派，副官科局長等分別派委咨部各節核與定章不合，臣等詳審籌商實未便稍事遷就致涉紛更，所有各省督練公所人員，擬請除文官外凡表列軍事參議官以下各軍職仍按《陸軍補官任職章程》由府部各照管轄範圍分別奏請充任，庶於整齊畫一之中仍寓權限分明之意。再此摺業與軍咨府會商意見相同，全并陳明。謹奏。宣統三年五月十七日奉旨，已録册首。

又《陸軍部奏豫撫電奏擬派督練公所人員覈與定章不符摺》 内閣抄交五月十四日奉旨，寶棻電奏派陸光熙充督練公所參議官并請賞給新軍職銜等語。著該衙門知道，欽此。欽遵并原電奏抄交到部，原奏内稱各省督練公所官制綱要已經陸軍部奏定，自應趕速查酌辦理。查新章軍事參議官有稟承督辦督率科局經理軍事之責，自非研精軍學，且為督辦素所深信之人不足以膺重寄而資贊助。現查有日本士官學校畢業生升用侍講陸光熙，志慮忠純，兼資文武，以之派充豫省督練公所軍事參議官必能勝任，惟該員係屬京秩，尚未得有新軍職銜，應請援照陸軍補官任職變通新章加協都統銜或正參領銜，俾符奏案。至其餘科局事宜應如何妥為支配并揀員充任之處，當再悉心規畫另行奏咨辦理等語。臣等查奏定督練公所暫行官制綱要清單内開，督練公所除文官外，軍事參議官以下各員悉按照《陸軍補官任職章程》辦理，該章程補職第三條内開，副協都統軍職由陸軍部開單奏候簡派，中等各級由部擬補具奏請旨補充，次等各級由部匯案奏補。又總綱第四條内開，屬於軍令範圍内者由軍咨處管轄辦理，屬於軍政範圍内者由陸軍部管轄辦理各等語，歷經遵辦在案。竊維督練公所軍事參議官一職上承督辦指揮，下作科局領袖，佐理新舊各軍一切事宜，關係最為緊要，必得軍學精通、富有經驗之員方克勝任，業經臣部於本月十三日電致河南撫臣寶棻并各省督撫臣和衷商榷，擬俟各省覆電到齊即由臣部慎核并案照章奏請充任，原為鄭重軍職期資得力。茲據該撫臣奏保畢業生陸光熙請充豫省督練公所軍事參議官，臣等詳慎核議，該員雖係陸軍出身，惟資格尚淺，經驗無多，若遽予以重要軍職，或虞隕越，擬由臣部慎選得力合格之員照章奏任，該撫臣請派陸光熙充任軍事參議官之處應請毋庸置議，且各項軍職均須由部分別具奏，係屬奏定章程，該撫臣於軍事參議官一職奏請派充并聲明科局支配揀員充任另行奏咨辦理各節，均核與定章不合，臣等再四籌商，所有河南督練公所事宜自應遵守定章，未便稍涉歧异，該公所内人員擬請除文官外，凡表列軍事參議官以下各職，仍按《陸軍補官任職章程》由府部各照管轄範圍分別奏請充任，至各項職員如有應行斟酌遴選之處，自不妨内外協商以期浹洽，如蒙俞允，相應請旨飭下各省督撫臣一體遵照。再此摺業與軍咨府會商，意見相同，合并陳明。謹奏。宣統三年五月十七日奉旨，已録册首。

代議機構部

資政院分部

綜述

《軍機處原摺・兩廣總督岑春煊奏請速設資政院代上院以都察院代下院並設省諮議局暨府州縣議事會摺光緒三十三年四月三十日》 太子少保頭

品頂戴兩廣總督臣岑春煊跪奏，為大局阽危，謹擬預備立憲階級，請旨飭議施行，以期維繫人心鞏固邦本，恭摺仰祈聖鑒事。

竊臣此次入都陛見，迭蒙皇太后、皇上訓誨周詳，並諭以行政之要在於上下一心，內外一氣，事事認真，仰見聖謨宏遠，力戒因循隔閡之至意，此誠致治之本原，而即立憲之精義也。臣伏讀上年七月十三日上諭：廓清積弊，明定責成，必從官制入手。又伏讀上年九月二十日上諭：此次釐定官制，據該王大臣等將部院各衙門詳核定章，業經分別降旨施行，其各直省官制著即陸續編訂，仍妥核具奏等因。欽此。臣在兩廣總督任內，接釐定官制大臣電，以外省官制分第一層、第二層兩種辦法，究竟程度何者為宜。業經臣電覆以第二法於現行之制無所出入，第一法博採衆議，大率為實心改革者人人意中所有，既與各國立憲官制不甚相遠，請即毅然行之等語。誠以預備立憲固在事事認真，而政治機關非斟酌變通，無以收推行盡利之效。臣通籌中國情形，旁採列邦憲制，以為今日亟宜詔示天下臣民，以預備立憲之階級，敢為皇太后、皇上縷晰陳之。

竊觀今日世界殆無無憲之國，無論何種政體，變遷沿革，百折千回，必歸於立憲而後底定。中國三代後之天下歷祚最久者，無如漢、唐、宋，而唐、宋不過三百年，東西漢不過四百年，即上溯姬周亦不過八百年。立憲則萬衆共戴一尊，即萬年不易二姓。是定一統之天下者，太祖、世祖，定萬年有道之天下者，我皇太后、皇上也。然欲行立憲，其豫備之方法不應託諸空言，而當見諸實事，不必設為理想，而可得之模範。何謂實事？如改更外省官制及設立資政院是已。何謂模範？如開都察院會議以代下議院及各省設諮議局會議，各屬設議事會是已。欽惟上年諭旨，原以變通官制為立憲之預備，又以釐定外省官制為飭治恤民之要務，煌煌聖謨，中外同仰。乃釐定外省官制之舉，始而電詢，則各疆吏意見不一，繼而擬出草案，言者又謂為可緩，計自飭議至今，已逾半歲，而改定之制頒行之期，尚無端緒，來揣摩之疑，召譏刺之口，非所以昭信於天下也。在論者不過謂無經費，殊不知現在各省局所林立，大省經費不下數十萬，小省亦不下數萬。臣核草案所擬，如督撫幕僚及布政五使，下而至佐治各員，添官均非甚多，若以各省局所經費及州縣延賓幕者移為此用，似未見其不敷也。議者又謂各省水旱頻仍，民情惶懼，不如俟年豐人樂，然後議行。竊謂改官制者乃以求治，如官制果行，任用得人，則民政、財政、學務、實業無一不舉，水旱盜賊自可設法補救，不至如今日之甚。即如外官之制多因前明，然流寇、會匪之亂，無時或息，是地方不靖，未始非官制未善有以致之，此斷不可緩者也。議者又謂無人才，不知人才之興端由作育，如昔之捐保叢雜，考核無法，則有用可化無用，中材可成下愚，以言求才亦自不易。若官制改後，人有專責，職有專營，修舉者進，廢弛者退，何患無才。今學堂廣立，專（問）［門］日多，皆以待國家之用，豈慮少任使之人。唐臣陸贄曰：棄短録長，則時無可棄之士。此皆所不必慮者。總之，現議官制已係酌就時宜，將來尚須釐改，方合憲法，併此不能，何望進步。伏懇嚴飭總司核定官制王大臣迅速議上，以慰中外望治之忱。

伏讀釐定官制上諭：應行增設者，資政院為博採羣言，著以次設立等因。查資政院議案以恭繹諭旨：大權統於朝廷，庶政公諸輿論。若仍用保舉徵辟之法，與原設政務處無異，即與諭旨公諸輿論之意不符。惟專設一輿論總匯之地，並以百數十人為四萬萬人之代表，通國之欲言於政府者移而歸諸資政院，仍限制該院祇有建言之權，而無强政府施行之力。使資政院當輿論之衝，政府得安行其政策，用意至為深遠，與日本初設元老院之意隱相吻合。而資政院官制，參議員有欽選、會推、保薦三種辦法，其督撫保薦，由各省學務公所及教育會、商會、地方自治各局所先行公舉，惟合二十二行省共舉六十六人似嫌其少。然甄擇地方之代表，豫樹國會之先聲，盤庚誕告有衆，咸造王庭，《周禮·司寇》致萬民於外朝，而詢國危國遷。不必侈談歐制而固已訢合古初，此為立憲國骨髓之所在。應請重申前旨，即按照前議官制，增設資政院衙門，宣示該院辦法，庶天下臣民曉然於十年準備有息息相通之隱，而民氣疏達，不致橫決難收矣。

督撫者外省最高之行政官，即政府之代表也。乃者西人既笑我十八省為十八國矣，以臣觀之，微特十八省而已，此省與彼省固疆線之甚分明，前任與後任又意見之難融洽，推而至於司道府州縣皆然。若明定憲法，則無論此省與彼省，前任與後任，咸奉憲法為依歸，如神聖之不可侵犯。查日本自明治四年至二十三年，屢次派員赴各國考察，始草定議院章程，綜二十年間，派員考察者凡三次，比其回國，則予以起草或總纂之責任，其擇才也嚴，故其收效也宏。顧日本幅員狹，又先罷諸藩之制，故朝廷之命令，推行舉國而無阻。中國各省輒藉口於因地制宜之習慣，於是彼一是非，此亦一是非，論者不揣其本，更託為中央集權之説，欲收一切財政、兵權，以為暗師日本削藩之議。不知中國幅員固非日本所可比例，且軍興以來，督撫之權似已稍重，然進止機宜，悉秉廟謨，大難敉平，幸賴有此。中國政體早含有中央集權之習慣，天下更安有無四方而成中央者哉。恭繹列朝聖訓，於治臣禦侮皆注重疆臣，以矯宋明重內輕外之弊，近如英之屬地，美之各省，亦不能不委重權於駐守之臣及一省之長，更可證四方之與中央有相為維持之道也。故今日扼要之圖，不患不能齊壹天下之命令，而患不能齊壹天下之心志。欲先齊壹督撫之心志，則宜寓下議院之制於都察院，以考核督撫，而令各督撫於年終派員來京會議於資政院、都察院，以講求實政，而漸謀畫一之法。蓋各省風氣不同，財力不同，或東南已有燦具之規模，西北尚少開通之氣象。或一以經費較充而新政漸興，或一以籌措維艱而舉行尚緩，或名為已辦而實託空談，或勉為創行而轉滋流弊，皆非詳為考核，將再數十年，恐亦無成效可言。近各省所造州縣事實，雖皆按門臚列，殊不盡確，此宜以歲終督撫所報，下之都察院，令某道應管某省事務御史，考核所報之虛實。凡京官籍隸某省及雖非本籍而曾官某省，併各省紳商確知本省情形者，皆准具議單。與某道考核之議詢謀既同，與督撫所報不符，凡虛而不實，辦而未善，暨各省已行而一省未行者，皆下該省詳核具覆，既覆而仍欺罔推諉者劾之。有應行而難行或應另籌辦法者，或應改良者，均令督撫於年終派員來京赴資政院、都察院會議，漸規畫一辦法。既決議則稟政府請旨行之，督撫堅持異議而實翫愒者，紛更前政而無補實際者，亦由御史劾之。辦理有效者獎之。此所謂壹督撫之心志也。

一省者府州縣之所積也，其風氣之不同，財力之不同，此州縣之視彼州縣，亦猶此省之視彼省也。則宜於各省城設諮議局，選各府州縣紳商明達治理者入之，候補各官及雖非本省官紳，而實優於政治熟於本省情形者亦入之，皆由督撫會集官紳選定，以總督充議長，次官以下充副議長，凡省會實缺各官皆入諮議局。督撫監督之辦法有三：一以州縣所報政事詢之紳商，而核其虛實。一令在局各官員、紳商條舉利病，而下之州縣詢其能行與否，並酌籌畫一辦法。一令州縣於上司政令有所難行，轄境利病有所興革，皆准本人來局會議，其歲終會議則由州縣官派得力紳士來省赴院稟議，一如各督撫派員赴京會議辦法。議既決則請督撫批准行之，欺罔推諉者劾之，有效者獎之。凡諮議局議行者，後任督撫不得修改，下至州縣亦如之。此又以齊州縣之心志也。

其尤要者，都察院會議、各省諮議局會議，未開議之前，朝廷指明應行研究之條文，先期延請通人編為講義，頒示京外各官，使人人備有普通之常識，庶蒞會時咸知以法律為歸宿，而不至以意見為是非，能由京師各部院為之倡率，則造車合轍，內外翕然，更為握本探原之辦法。如蒙俞允，應請飭下總司核定官制王大臣，詳訂會議規則咨行各省，俾資遵守。此以都察院代下議院即國會也，省城諮議局即各省之總議院也。

如是猶恐鄉里民情不通民識不開也，則宜設府州縣議事會。查憲政原理，苟非人民得有參政權者，決不足語於憲政。歐美憲法往往由其國君主褫奪人民之權利，徵收不法之租稅，橫暴過甚，於是人民各思自為保障，激於反動而成為民約憲法。難者必曰我國家深仁厚澤，所以保障吾民者，既周且至，何為必導以憲法而自擾乎？是説也，臣嘗疑之。雖然以一人而保障千萬人，與千萬人之自為保障，且使一人之地位愈益鞏固，其為得失相去何如。且閉關時代所謂保障吾民者，施之也或易，今且情見而勢日益絀，自五洲交通，國與國之人民日相見於盤錯之地，設彼國之人民人人能自為保障，而我國之人民必依賴少數人之保障，而此少數人者又浸淫失其保障之具，其為得失相去又何如。且所謂人人自為保障者，非謂軼出乎一人範圍以外也，本人人心意之所同，而制為一定之憲法，一人遵守之，千萬人亦遵守之，此即所謂法人也。惟其制定之在上，故謂之欽定憲法，惟仍須得人人心意之所同，故上下議院之制不可不豫備。臣已請速設資政院以立上議院之基礎，併以都察院代國會，以各省諮議局代議院。擬請於各府州縣繁盛地方及通商口岸皆設議事會，令官紳商耆集議，附設自治研究會，以講論國民一體，各項選舉，各項徵稅之格令，庶上可賡資政院之保薦，下可成府州縣議會之組織，而範圍保障吾民之效，自可徐收。此皆豫備立憲之階級也。

以上各節，非先頒行釐定外省官制及設資政院，則不足昭示天下人之信義，非在京設都察院會議，在省設諮議局會議，則不足提振行政官之精神。而亟亟焉為培養全國命脈計，即為憲政本原計者，則地方議事會與夫地方自治，二者相為表裏，其尤要也。夫國家之有人才，猶地中之有水也，大者為江河，小者為溝洫，順水之性而已。湮之決之，奔潰千里，嚮恃水以為利者而今適蒙其害，豈水之過哉，水失其性使然也。國家之於人才也亦然。若者為選舉時代，若者為科第時代，以為人才所歸宿，而可以入吾彀中也。科第既廢，選舉又不復行，則彼所謂人才者，挾其聰明才力，安肯寂寂焉以待死牖下，遇有驚異可喜之境，即不啻負之以趨，待其趨焉，而始為摧挫薙獮之計，摧挫薙獮之不盡，向恃人才以為用者，今惟人才之為患，是豈亦人才之過哉。顧又戚戚曰：無人才，無人才。將彼所謂人才者，別有所謂聰明才力，抑僅此二三猥薄與夫尸居餘氣自命老成者流，以浮沈沒齒，此臣所竊竊然引為疚心，而欲以地方議事會與地方自治為歸納人才之地，使此輩聰明才力務合於正當之作用，而不至恣肆潰決，使嘯聚海外者為同聲之應，夫亦聖明所垂許，而四萬萬人所馨香禱祀者與？至於立憲之利與不立憲之害，上年考察政治諸臣回國言之已詳，無庸臣之多贅。

所有微臣怵於大局阽危，謹擬預備立憲階級，請旨飭議施行各緣由，恭摺具陳，伏乞皇太后、皇上聖鑒訓示。謹奏。

《資政院官制草案》　謹按：資政院設立之意，即為將來立憲預備。恭繹諭旨，大權統於朝廷，庶政公諸輿論，仁至義盡，中外同欽。惟輿論賢否不齊，究以何者為標準，采取輿論之法，究以何者為樞機，此各國所以有議院選舉之法，為國民代表也。吾國三代時，國民議政之事最多。如：盤庚之誕告，有衆咸造王庭。《周禮・小司寇》『致萬民於外朝，而詢國危國遷』之類。至兩漢以後，大意寖亡，雖廷臣會議，有議郎、博士等微員參與其間，而庶民不與焉。西國當吾東周初年，已開民會，事必經民會議定始行。近世文明日進，議院林立，與周書謀人之意符合，日本仿之。明治二年設集議院，凡上有所創，必付議院行，下有所陳，亦由議院達。以故君民一體，上下同心，有戰事則人盡當兵，有鉅費則人願加稅，富强之故有由來也。中國此時程度，誠不能早設議院，但諭旨明示預備立憲，則必採擇多數國民之輿論，以宣上德而通下情。若仍用保舉徵辟之法，與原設政務處無異。即與諭旨公諸輿論之意不符。且國民義務，以納稅為一大宗。現在財政艱難，舉行新政何一不資民力。若無疏通輿論之地，則抗糧鬧捐之風，何自而絕。營業稅、所得稅等法，必不能行。日本明治元年歲入銀三千三百八萬餘元，至明治三十年歲入已二萬三千八百七十餘萬元，三十年中增加七八倍，而民不怨。中國歲入銀八千餘萬兩，一言加稅，阻力橫生。對鏡參觀，其故安在，此不能不采輿論者一也。現擬官制，內閣設總理大臣一人，左、右副大臣一人，言官交章彈奏，多以政府權重為詞，不知東西各國，內閣衹總理大臣一人，從無專權之事，因有議院持其後。輿論所是者，政府不得非之，輿論所非者，政府不得盡是之。不得已而解散議院，惟君主大權可行，雖政府無權焉。所以尊君權而抑相權，有互相維持之妙用，安有前明閣臣自作威福之事乎，此不能不采輿論者一也。近日民智漸開，收回路礦之公電，告訐督撫之公呈紛紛不絕。若聽其漫無歸宿，致人人有建言之權，時閱數年，政府將應接不暇。惟專設一輿論總匯之地，非經由資政院者不得上聞，則資政院以百數十人為四萬萬人之代表，通國之欲言於政府者移而歸諸資政院，化散為整，化囂為靜，又限制該院衹有建言之權，而無强政府施行之力，使資政院當輿論之衝，政府得安行其政策，而民氣疏達亦不致橫決難收，保全甚大，此輿論之不能不歸於資政院者又一也。仰承諭旨，俯察人情，謹擬資政院官制并陳管見，伏乞鈞定。

資政院以政務處改設。

第一條　資政院遴選京外才智之士，采取輿論以通達下情，條陳治理為預備立憲。

第二條　資政院總裁一人即為本院議長，以王公大臣著有勳勞通達政體者由特旨簡放。

第三條　資政院副總裁二人即為本院副議長，以曾任尚書、侍郎、督撫及出使大臣著有才望有識者由特旨簡放。

第四條　資政院參議員以欽選、會推、保薦之法定之，共合一百三十人，其分類如下：

一　王公、世爵、勳裔之已滿三十五歲者，欽選十人。

二　京員已滿三十歲者，會推五十四人。

三　各省官紳、士商已滿三十歲者，由督撫保薦六十六人。

第五條　除上條所定員數外，其有勳德聞望之紳耆或富商，報效巨款至五萬金以上者，均得奉特旨欽派為額外參議員。

第六條　王公世爵待選之法，由宗人府、内閣查明合格之人，繕具全單奏請欽選。

第七條　京員會推之法，由各該衙門查明合格人員造册咨送本院，由總裁、副總裁刊印名册并選舉票，先期知會本人，令各書所推一人，鈐印封送本院投匭，定期公開并咨請集賢院大臣監視。

第八條　督撫保薦之法，由下開各項處所先行公舉，以被推人數最多者定之，并將得舉票數榜示：

一　學務公所及教育會。

二　商會。

三　地方自治各局所。

第九條　下開各項俱不得為本院參議員：

一　陸海軍人員及軍人。

二　司法各官。

三　巡警各官。

四　收税各官。

五　審計官。

六　行政裁判官。

七　學堂肄業之學生。

八　小學堂教員。

九　管理選舉事務各員。

第十條　督撫保薦之參議員，奉天、吉林、直隸、山東、山西、河南、陝西、甘肅、新疆、四川、湖北、湖南、安徽、江蘇、江西、浙江、福建、廣東、廣西、雲南、貴州等二十二省合成六十六人，應視各省人數多少，程度之高下，由總裁、副總裁會同民政部指定每省應保幾人，先期電知辦理。

第十一條　每年正月二十日至四月二十日為開院之期，由總裁、副總裁請旨特派親貴大臣到院行開院式，宣布應議事宜。

第十二條　資政院應議事件開列於下：

一　奉旨飭議事項。

二　新定法律事項。

三　歲出入之預算事項。

四　税法及公債事項。

五　人民陳請事項。

第十三條　前條人民陳請事項，苟有學務公所及教育會、商會、地方自治各局所介紹所代陳者，本院不得拒絶。若未經此等處所介紹者，本院亦得酌量批駁。

第十四條　資政院所陳事件，由總裁、副總裁咨送内閣請旨施行。若内閣總理大臣以為不可行，須臨本院或派員陳明己見，本院不得强政府施行。

第十五條　資政院於政治得失關係重要事件，經本院議定後總裁、副總裁得聯銜封奏，并得請旨入對。

第十六條　資政院會議事件如由内閣交議者，應會同内閣總理大臣、左右副大臣聯銜具奏。

第十七條　資政院會議分通常、臨時二種，通常會議之期日於一個月前文電通知并刊布官報，臨時會議之期日臨時文電通知并刊布官報。

第十八條　資政院非全院人員三分之二以上列席，不得開議。

第十九條　資政院開議時由總裁、副總裁咨請民政部選派巡長、巡警，聽候議長指揮。

第二十條　總裁有事故時副總裁代理之。

第二十一條　資政院開議時參議員中有違背規則，擾亂秩序時，議長有戒飭禁止之權，違者扶出院外。

第二十二條　資政院開議時如全院有擾亂秩序情形，議長得飭令暫行停議。

第二十三條　資政院各員於議事範圍外不得語涉侵侮及攻發陰私，如有以上等情，被辱之員得呈請議長懲處，不得私相報復。

第二十四條　遇有上項懲處時，本院得於參議員中選派一臨時審查員定懲處之法，由議長決之。其懲處事項如下：

一　語言譴責。

二　飭該員當場謝過。

三　停止列席若干日。

四　黜退。

資政院黜退者，須以全院三分之二以上人數決之。

第二十五條　遇上黜退時如為王公、世爵、勳裔等人，應請旨辦理。

第二十六條　資政院參議員如原有專摺奏事之權，於本院現行開議之事不得陳奏。

第二十七條　資政院有特行提議事件，非有參議員三十人以上同意者，不得開議。

第二十八條　資政院會議之事，以參議員過半人數同意定之，若可否同數，則由議長定之。

第二十九條　資政院用抽簽法分參議員為數科，每科置科長一人，由科員中公推。其科目由總裁、副總裁定之。

第三十條　資政院有調查事件時，可特設調查科員調查其事，事訖呈報總裁、副總裁。

第三十一條　內閣交議事件，不經調查科之調查，不得議決。但事務緊急時，不在此例。

第三十二條　由內閣交議預算事件，本院應選派調查科員於一個月內調查明確，方得開議。

第三十三條　資政院遇特派調查科員時，應咨明內閣政務大臣查照。

第三十四條　資政院議定事件由總裁、副總裁咨明內閣，若經內閣駁令再議時，得重行開議。但以三次往復為止。

第三十五條　資政院參議員得三十人以上同意，呈遞説帖，經總裁、副總裁咨商內閣候覆。

第三十六條　資政院於第十三條陳請事件公議許可時，應呈遞説帖，咨送內閣候覆。

第三十七條　凡關涉司法及行政審判之陳請事件，資政院不得收受。

第三十八條　資政院議事日記由總裁、副總裁咨送內閣政務大臣查照。

第三十九條　資政院於開院期內，除內閣政務大臣外，不得與他種衙門文書往復。

第四十條　資政院不得向人民發貼、告示及傳喚人民。

第四十一條　資政院參議員除現犯罪案外，當開院時期苟未經總裁、副總裁許可者，不得逮捕。

第四十二條　資政院參議員公務上之言論、行為，他人不得加以誹毀、侮辱或囑託、迫脅。如有以上等情，該員得據實呈控。其規條另於釐訂各項法律時定之。

第四十三條　資政院應設院正、院副各一人，常川住院，監督秘書廳事務，由參議員公推正、副各三人，呈由總裁、副總裁開單請旨簡派。

第四十四條　資政院置秘書廳，應設書記官長一人，書記官數人，承總裁、副總裁之命，編纂議事日記及各種文件，兼理會計庶務。

第四十五條　資政院書記官長為請簡官，書記官為奏補官。

第四十六條　資政院人員以二年為一任，任滿時奏請欽選，并舉行公推、保薦。其任滿仍被推薦者，仍得連任。惟連任以二次為限。

第四十七條　資政院人員遇有被檢舉不合資格時，由總裁、副總裁選派調查科員查明議決。

第四十八條　資政院參議員請假時不得逾十日，如逾十日者，必經總裁、副總裁許可，惟不得請長假。

第四十九條　資政院參議員非確有正事先期呈明總裁、副總裁核定者，不得臨時託故不到。

第五十條　資政院參議員以外不經總裁、副總裁特許者，不得入座旁聽。

第五十一條　資政院秘書廳辦事章程由總裁、副總裁自定之。

第五十二條　資政院制視人民進步之遲速，每年開院前變通增減，奏請施行。

《大清新法令・資政院奏陳開辦資政院情形摺光緒三十四年二月十三日**》**

竊上年八月十三日欽奉懿旨：立憲政體取決公論，上下議院實為行政之本。中國上下議院未能成立，亟宜設資政院以立議院基礎。著派溥倫、孫家鼐充該院總裁，所有詳細院章由該總裁會同軍機大臣妥慎擬訂，請旨施行。欽此。當經暫借內閣衙門作為籌辦之所，并請頒給關防以資鈐用，業經奏明在案。臣等竊維立憲之國必有議會，而議會之成有憲法以定大綱，更有議院法以詳細目。現設資政院為上下議院之始基，則今日擬定之院章即為他日議院法之根本。臣等奉命之初，遵即會商辦法，當以院章關係重要，非慎選妥員隨同釐訂不足以臻周密。旋經會同軍機大臣遴選得署學部右侍郎内閣學士寶熙、署農工商部右侍郎右丞沈雲沛、前通政使顧璜、民政部右參議汪榮寶、御史俾壽、趙炳麟、署民政部參事農工商部主事章宗祥、外務部主事曹汝霖、法政科進士程明超等九員酌定綱目，分任擬稿，數月以來，臣等會議十餘次，并將前年釐定官制王大臣原奏資政院官制草案折衷聖訓，量為增刪，并會同軍機大臣詳加討論。復蒙特派景星、俞廉三、丁振鐸、曹鴻勳、陸元鼎等協理開辦資政院事務，籌議一切，深資贊助，刻下閎綱略定，俟詳加覆核，即當先行奏聞。其餘條目仍須次第釐定，以期迅速告成，上副朝廷實行立憲之至意。惟事體重大，條理紛繁，自宜廣益集思，冀可推行無弊。前派各員共事多日，頗著勤勞，擬訂章程亦均妥洽，自應奏明派定，以昭鄭重而專責成。擬請將顧璜、汪榮寶、俾壽、趙炳麟、章宗祥、曹汝霖、程明超等七員奏調臣院幫同釐訂開辦院章各事宜，其寶熙、沈雲沛二員品秩較崇，未便奏調，合無仰懇天恩，仍令兼在臣院幫辦一切。如蒙俞允，即由臣等分别行知各該員欽遵辦理。謹奏。光緒三十四年二月十三日。奉旨：依議。欽此。

《東方雜誌》第五卷第七號《資政院等奏擬訂資政院院章摺光緒三十四年六月初十日》

奏為逐次擬訂資政院院章，恭摺仰祈聖鑒事。

光緒三十三年八月十三日欽奉懿旨：立憲政體取決公論，上下議院實為行政之本。中國上下議院未能成立，亟宜設資政院以立議院基礎，著派溥倫、孫家鼐充該院總裁。所有詳細院章，由該總裁會同軍機大臣妥慎擬訂，請旨施行。欽此。竊維立憲國之有議院，所以代表民情，其議員多由人民公舉，凡立法及預算、決算，必經議院協贊，方足啓國人信服之心。《大學》云：民之所好好之，民之所惡惡之。《孟子》云：所欲與聚，所惡勿施。又云：樂以天下，憂以天下。皆此理也。昔先哲王致萬民於外朝，而詢國危國遷，實開各國議會之先聲。日本在預備立憲之時，於明治四年設左右院，七年開地方會議，八年立元老院，至二十三年遂頒憲法而開國會，其所以籌立議院之基者至詳且備也。欽惟我皇太后、皇上本先聖之緒言，採列邦之法制，特設資政院，立上下議院之基礎，仁心仁政，薄海同欽。

臣等敬體斯義，旁考各國成規，揆以中國情勢，謹擬資政院章目次：首總綱，次選舉，次職掌，次資政院與行政衙門之關繫，次資政院與各省諮議局之關繫，次資政院與人民之關繫，次會議，次紀律，次秘書廳官制，次經費，凡十章，事求其可行，理求其至當，以為他日議院法之初基。現在第一章總綱、第二章選舉，業經臣等詳慎擬訂，其餘八章，俟臣等會同妥議，逐次釐訂後，陸續奏聞。惟該院事皆創始，頭緒紛繁，一切章程，如有應行損益之處，容由臣等體察情形，再行隨時更定，奏明辦理。

除將總綱、選舉兩章繕單恭呈御覽外，所有逐次擬訂院章緣由，恭摺具陳，伏乞皇太后、皇上聖鑒訓示。再，此摺係資政院主稿，會同軍機大臣辦理，合併陳明，謹奏。

光緒三十四年六月初十日奉旨：依議。其餘八章，著即迅速妥訂，具奏請旨。欽此。

附清單。

謹將擬訂資政院總綱、選舉兩章繕具清單，恭呈御覽。

第一章　總綱

第一條　資政院欽遵諭旨，以取決公論，豫立上下議院基礎為宗旨。

第二條　資政院總裁二人，總理全院事務，以王公大臣著有勳勞通達治體者，由特旨簡充。

第三條　資政院副總裁二人或四人，佐理全院事務，以三品以上大員著有才望學識者，由特旨簡充。

第四條　資政院議員以欽選及互選之法定之。

第五條　資政院議員於院中應有之權，一律同等，無所軒輊。

第六條　資政院會議期分為二種：一常年會，一臨時會。常年會每年一次，會期以三個月為率。臨時會無定次，會期以一箇月為率。

第七條　資政院開會閉會，均明降諭旨，刊布官報。

第八條　資政院開會之日，恭請聖駕臨幸，或由特旨派遣親貴大臣恭代行開會禮，宣布本期應議事件。

第二章　選舉

第九條　資政院議員由左列各項人員年滿三十歲以上者選充：一、王公世爵，一、宗室覺羅，一、各部院衙門官四品以下者，但審判官、檢察官及巡警官不在此限，一、業主有資產滿一百萬圓以上，而有被選為諮議局議員之資格者，一、各省諮議局議員。

第十條　王公世爵，由軍機處會同宗人府、理藩部查明合格人員，繕具名單，奏請欽選，以不逾十人為限。

第十一條　宗室覺羅、各部院衙門官及業主，由宗人府、吏部、民政部分別查明合格人員，造具名冊，咨送本院，經各該員互選後，由本院將得票多數者，按照左列定額，多開數員，奏請欽選。宗室、覺羅五人，各部院衙門官一百人，業主十人。

第十二條　宗室覺羅、各部院衙門官及業主互選之法，由資政院刊印合格人員名冊，並選舉票，先期知會本人，令各書所選一人，封送本院投匭，定期公開。

第十三條　各省諮議局議員，俟互選後由本省督撫擇其鄉望素優而得票較多者，按照定額，咨送本院，奏明立案。

第十四條　各省諮議局議員，以各省定額總數十分之一為選出資政院議員之定額。

第十五條　資政院議員選舉詳細辦法，照另定選舉章程行之。

《大清新法令·資政院會奏續擬院章並將前奏各章改訂摺宣統元年七月初八日》　竊臣等前於光緒三十四年六月初十日具奏逐次擬訂資政院院章一摺，內開院章目次：首總綱，次選舉，次職掌，次資政院與行政衙門之關係，次資政院與各省諮議局之關係，次資政院與人民之關係，次會議，次紀律，次秘書廳官制，次經費，凡十章。現在第一章總綱、第二章選舉業經臣等詳慎擬訂，其餘八章，俟臣等會同妥議，逐次釐訂，陸續奏聞等語。奉旨俞允在案。竊維資政院為上下議院之基礎，而各省諮議局又為資政院儲材之階，規制相因，事理相近，若諮議局辦法茫無端緒，則資政院亦終無成立之期。當經臣等會同憲政編查館大臣，將各省諮議局章程並該局選舉章程詳擬具奏，欽奉諭旨頒行各省一體遵辦。臣等旋即商同協理、幫辦各員，將原奏目次職掌以下八章，悉心擬議，分別擬草。務與現定諮議局章程無相牴牾，即為將來上下議院法之根本。數月以來，討論多次，所有八章草案，一律粗定。其總綱、選舉兩章，原奏曾經聲明，如有應行損益之處，容由臣等體察情形，再行隨時更定奏明辦理。迭經臣等詳加覆核，將原奏選舉一章酌量修正，仿照諮議局章程體例，改第二章目次為議員，專詳資格、額數、分類、任期等項，而以選舉詳細辦法一律歸入另定選舉章程內，以免淆雜而便遵循。

伏查欽定逐年籌備事宜清單，內開頒布資政院院章、舉行該院選舉，為本年應辦之事。現在院章既經臣等詳慎擬訂，一律告成，自應及時具奏，請旨欽定頒布。除選舉章程及各種細則由臣等另行籌擬隨時奏陳外，茲謹將改訂原奏兩章及續訂八章，一併繕具清單，恭呈御覽。伏候聖明裁定，宣示施行，用昭鄭重。再，此摺係資政院主稿，會同軍機大臣辦理，合併聲明。謹奏。

附清單

謹將改訂資政院院章兩章暨續訂八章繕具清單，恭呈御覽。

第一章　總綱

第一條　資政院欽遵諭旨，以取決公論，豫立上下議院基礎為宗旨。

第二條　資政院總裁二人，總理全院事務，以王公大臣著有勳勞通達治體者，由特旨簡充。

第三條　資政院副總裁二人，佐理全院事務，以三品以上大員著有才望學識者，由特旨簡充。

第四條　資政院議員以欽選及互選之法定之。

第五條　資政院議員於院中應有之權，一律同等，無所軒輊。

第六條　資政院會議期分為二種：一常年會，一臨時會。常年會每年一次，會期以三箇月為率。臨時會無定次，會期以一箇月為率。

第七條　資政院開會閉會，均明降諭旨，刊布官報。

第八條　資政院開會之日，恭請聖駕臨幸，或由特旨派遣親貴大臣恭代行開會禮，宣布本期應議事件。

第二章　議員

第九條　資政院議員由左列各項人員年滿三十歲以上者選充：一、宗室王公世爵，一、滿漢世爵，一、外藩王公世爵，一、宗室覺羅，一、各部院衙門以四品以下七品以上者，但審判官、檢察官及巡警官不在其例，一、碩學通儒，一、納税多額者，一、各省諮議局議員。

第十條　資政院議員定額如左：一、由宗室王公世爵充者，以十六人為定額，一、由滿漢世爵充者，以十二人為定額，一、由外藩王公世爵充者，以十四人為定額，一、由宗室覺羅充者，以六人為定額，一、由各部院衙門官充者，以三十二人為定額，一、由碩學通儒充者，以十人為定額，一、由納税多額充者，以十人為定額，一、由各省諮議局議員充者，以一百人為定額。

第十一條　資政院議員欽選、互選之別如左：一、宗室王公世爵、滿漢世爵、外藩王公世爵、宗室覺羅、各部院衙門官、碩學通儒及納税多額者欽選，一、各省諮議局議員互選，互選後，由該省督撫覆加選定，咨送資政院。

第十二條　資政院議員欽選及互選詳細辦法，照另定選舉章程辦理。

第十三條　資政院議員以三年為任期，任滿一律改選。

第三章　職掌

第十四條　資政院應行議決事件如左：一、國家歲出入豫算事件，二、國家歲出入決算事件，三、稅法及公債事件，四、新定法典及嗣後修改事件，但憲法不在此限，五、其餘奉特旨交議事件。

第十五條　前條所列第一至第四各款議案，應由軍機大臣或各部行政大臣先期擬定具奏，請旨於開會時交議。但第三款所列稅法及公債事件，第四款所列修改法典事件，資政院亦得自行草具議案。

第十六條　資政院於第十四條所列事件議決後，由總裁、副總裁分別會同軍機大臣或各部行政大臣具奏，請旨裁奪。

第四章　資政院與行政衙門之關係

第十七條　資政院議決事件，若軍機大臣或各部行政大臣不以為然，得聲敍原委事由，咨送資政院覆議。

第十八條　資政院於軍機大臣或各部行政大臣咨送覆議事件，若仍執前議，應由資政院總裁、副總裁及軍機大臣或各部行政大臣分別具奏，各陳所見，恭候聖裁。

第十九條　資政院會議時，軍機大臣及各部行政大臣得親臨會所，或派員到會，陳述所見，但不列議決之數。

第二十條　資政院於各衙門行政事件，及內閣會議政務處議決事件，如有疑問，得由總裁、副總裁咨請答覆。若軍機大臣或各部行政大臣認為必當秘密者，應將大致緣由聲明。

第二十一條　軍機大臣或各部行政大臣如有侵奪資政院權限，或違背法律等事，得由總裁、副總裁據實奏陳，請旨裁奪。前項奏陳事件，非有三分之二以上之同意，不得議決。

第五章　資政院與各省諮議局之關係

第二十二條　資政院於各省政治得失、人民利病有所諮詢，得由總裁、副總裁劄行該省諮議局申覆。

第二十三條　各省諮議局與督撫異議事件，或此省與彼省之諮議局互相爭議事件，均由資政院覈議，議決後，由總裁、副總裁具奏，請旨裁奪。前項覈議事件關涉某省者，該省諮議局所選出之議員不得與議。

第二十四條　各省諮議局如因本省督撫有侵奪權限或違背法律等事，得呈由資政院覈辦。前項覈辦事件若審查屬實，照第二十一條辦理。

第六章　資政院與人民之關係

第二十五條　各省人民於關係全國利害事件有所陳請，得擬具説帖，並取具同鄉議員保結，送呈資政院覈辦。

第二十六條　前條陳請事件，應先由議長交該管各股議員審查，如無違例不敬之語，方准收受。其經審查後批駁者，在本會期內不得再行投遞，或另向他處投遞。

第二十七條　資政院於人民陳請事件，若該管各股議員多數認為合例可采者，得將該事件提議，作為議案。其關於行政事宜者，應咨送各該衙門辦理。

第二十八條　資政院不得向人民發貼告示或傳喚人民。

第二十九條　資政院於民刑訴訟事件概不受理。

第七章　會議

第三十條　資政院會議時，由總裁為議長，副總裁為副議長。議長有事故時由副議長代理。

第三十一條　資政院常年會，自九月初一日起，至十二月初一日止，其有必須接續會議之事，得延長會議一箇月以內。

第三十二條　資政院臨時會，於常年會期以外，遇有緊要事件，由行政各衙門或總裁、副總裁之協議，或議員過半數之陳請，均得奏明，恭候特旨召集遵行。

第三十三條　資政院議員於召集後，應以抽籤法分為若干股，每股由議員互推一人為股長。

第三十四條　資政院會議非有議員三分之二以上到會，不得開議。

第三十五條　資政院會議以到會議員過半數之所決為準，若可否同數，則取決於議長。

第三十六條　資政院自行提議事件，非有議員三十人以上之同意，不得作為議案。

第三十七條　資政院於豫算法典及其餘重要議案，應先由議長交該管各股議員調查明確，方得開議。

第三十八條　資政院會議應由總裁、副總裁先期將議事日表通知各議員，並咨送行政衙門查照。

第三十九條　資政院議員於議案有關係本身或其親屬及一切職官例應迴避者，該員不得與議。

第四十條　資政院議員如原有專摺奏事之權者，於本院現行開議之事，不得陳奏。

第四十一條　資政院議員除現行犯罪外，於會期內非得本院承諾，不得逮捕。

第四十二條　資政院議員於本院議事範圍內所發言論，不受院外之詰責。其以所發言論在外自行刊布者，如有違犯，仍照各本律辦理。

第四十三條　資政院會議不禁旁聽，其有左列事由，經議院公認者，不在此限：一、行政衙門咨請禁止者，二、總裁、副總裁同意禁止者，三、議員三十人以上提議禁止者。

第四十四條　資政院議事細則、分股辦事細則及旁聽規則，另行釐定。

第八章　紀律

第四十五條　資政院議場內應分設守衛警官及巡官、巡警，聽候議長指揮，其員額及守衛章程另行釐定。

第四十六條　資政院議員於會議時有違背院章及議事規則者，議長得止其發議，違者得令退出。旁聽人有不守規則者，議長得令退出。其因而紊亂議場秩序致不能會議者，議長得令暫時停議。

第四十七條　資政院議員有屢違院章或語言行止謬妄者，停止到會，其情節嚴重者除名。

第四十八條　資政院議員無故不赴召集，或赴召集後無故不到會延至十日以上者，均除名。

第四十九條　資政院議員有以本院之名義干預他事者，停止到會，其情節重者除名。

第五十條　資政院議員停止到會，以十日為限，由總裁、副總裁同意行之。除名以到會議員三分之二以上決議行之。

第五十一條　資政院議員有應行除名者，如係欽選人員，應由總裁、副總裁奏明，請旨辦理。

第五十二條　資政院有左列情事，得由特旨諭令停會：一、議事踰越權限者，二、所決事件違背法律者，三、所議事件與行政衙門意見不合尚待協商者，四、議員在議場有狂暴舉亂，議長不能處理者。停會之期以十五日為限。

第五十三條　資政院有左列情事，得由特旨諭令解散，重行選舉，於五箇月以內召集開會：一、所決事件有輕蔑朝廷進行情形者，二、所決事件妨害國家治安者，三、不遵停會之命令，或屢經停會仍不悛改者，四、議員多數不應召集，屢經督促仍不到會者。

第九章　秘書廳官制

第五十四條　資政院設秘書廳，掌本院文牘、會計、記載議事録及一切庶務。

第五十五條　資政院秘書廳設秘書長一人，秩正四品，由總裁、副總裁遴保相當人員，請旨簡放。

第五十六條　資政院秘書廳設一、二、三等秘書官各四人，一等秩正五品，二等秩正六品，三等秩正七品，由總裁、副總裁遴員奏補。

第五十七條　資政院秘書廳附設圖書室一所，掌收藏一切書籍之事。

圖書室設管理員一人，即以秘書官兼充。

第五十八條　秘書廳秘書長承總裁、副總裁之命，監督本廳一切事宜。

第五十九條　秘書官承秘書長之命，分掌各科事務。

第六十條　秘書廳分為四科如左：一、機要科，一、議事科，一、速計科，一、庶務科。

第六十一條　秘書廳應設書記及速記生等員額，由秘書長酌量事務繁簡，稟承總裁、副總裁酌定。

第六十二條　秘書廳辦事細則由秘書長擬訂，呈候總裁、副總裁核定施行。

第十章　經費

第六十三條　資政院經費款目如左：一、總裁、副總裁公費，二、議員公費及旅費，三、秘書廳經費及守衛經費，四、雜費及預備費。

第六十四條　前條所列各款經費數目，另行奏定。

第六十五條　資政院經費由度支部每年歸入豫算，按數支撥。

附條

第一條　本章程奏准奉旨後，以宣統元年九月初一日為施行之期。

第二條　本章程未盡事宜，由總裁、副總裁會同軍機大臣奏明辦理。

又《資政院會奏酌擬議事細則及分股辦事細則宣統二年八月十九日**》**

竊臣等前於宣統元年九月十三日會奏，擬訂《資政院議員選舉章程》，并聲明議事細則等項，由臣等陸續籌擬，隨時奏陳等語，奉旨：『依議，欽此。』欽遵在案。查資政院院章為將來下下議院法之始基，提綱挈領、義主賅括，而議事細則等項所以規定院内會議治事之方法，曲防事制，義取謹嚴，外國議院制度於議院法之外，一切會議、治事方法均各另定規則，與議院法相輔而行，故各議員有所遵循咸盡厥職。本年九月為資政院開會之期，所有議事細則等項亟應詳細釐訂，以便施行。臣等迭與臣院協理、幫辦各員悉心籌商，克期屬草，謹擬就《資政院議事細則》、《分股辦事細則》各一種：其《議事細則》一種，為整理議事之規律，自召集開會以迄停會、閉會，暨附則計十二章凡一百五十條；其《分股辦事細則》一種，凡議員分股及股員辦事程序，無不明晰規，定以為議事之準備。自分股股員以迄會議録、參考文書暨附則，計十章凡六十四條。《議事細則》所定以第四章會議為主，而第一章至第三章則會議之先，預為籌備之事也；第五章至第十章則會議時，應行遵守之事也；第十一章、第十二章則會議後應辦各事及本細則施行改正之事也。《分股辦事細則》所定以第七章『會議』為主，其餘各章曰『分股』、曰『股員』、曰『股員長』及『副股員長』，則股員會之組織也；曰『分科』、曰『審查長』、曰『額外股員』，則分科會及額外股員會之組織也；曰『審查』及『報告』、曰『會議録』及『參考文書』，則股員辦事之通則也。議場内全院會議則適用《議事細則》，議場外股員會議則適用《分股辦事細則》，二者性質雖异，效用兼資。臣等斟酌釐訂討論再三，要必以院章為本，而又不背各國議院之通義，節經公同商榷意見相符，謹分繕清單，恭呈御覽，伏候聖裁。俟命下之日，即由臣等遵倖施行。再，此摺係資政院主稿，會同軍機大臣辦理，合并聲明。謹奏。宣統二年八月十九日奉旨：『着依議，欽此。』

謹將擬訂資政院議事細則繕具清單，恭呈御覽。

計開

要目

第一章　召集及開會
第二章　開議中止散會及展會
第三章　議事日表
第四章　會議
第一節　提議及倡議
第二節　三讀
第三節　討論
第四節　修正
第五節　表決
第六節　豫算會議
第七節　決算會議
第八節　秘密會議
第五章　議事録議決録及速記録
第一節　議事録及議決録

第二節　速記録
第六章　具奏
第七章　質問及建議
第一節　質問
第二節　建議
第八章　受理陳請
第九章　告假及辭職
第一節　告假
第二節　辭職
第十章　議場秩序及懲戒
第一節　議場秩序
第二節　懲戒
第十一章　停會及閉會
第一節　停會
第二節　閉會
第十二章　附則

第一章　召集及開會

第一條　議員欽遵上諭指定之召集日期，於上午九點鐘齊集資政院。

第二條　議員到院之始，須在議員簿注到。其由各省咨議局互選之議員，應并將執照交驗。

第三條　議員到院滿半年以上時，議長、副議長即行就坐。

第四條　議員坐位以宗室王公世爵、外藩王公世爵、滿漢世爵、宗室覺羅、各部院衙門、官碩學通儒、納税多額者、各省諮議局互選議員為序。

第五條　議長命秘書官，以抽籤法匀分總議員為六股，其有零數則由第一股依次遞加一員，議長、副議長不在各股議員之列。

第六條　各股議員分定後，由議長、副議長奏請開會，遵照院章第八條辦理。

開會時，由軍機大臣或特派之親貴大臣恭讀諭旨，宣布本期應議事件。

第二章　開議中止散會及展會

第七條　開議時刻通常以下午一點鐘為始，至遲不得逾半點鐘，其逾時到院者，應俟議事中止後，議員再入議場，是一同入場。

第八條　届開議時，議長就坐報告文件之後，宣告開議。其未宣告以前，無論何人不得就議事發議。

第九條　會議之時，議長遇有必要情形，得酌定時刻中止議事。

第十條　議事日表所載議事已畢，由議長宣告散會，若議事未畢已届下午五點鐘，議長得宣告展會。

第十一條　議員到會不滿總數三分之二以上者，議長得酌定時刻命秘書官計算員數，若計算二次數仍不滿者，即宣告展會。

第十二條　會議之時議員離坐，至不滿總數三分之二以上者，照前條辦理。

第十三條　議長宣告散會及展會之後，無論何人不得就議事發議。

第三章　議事日表

第十四條　資政院應議事件及開議日時，須記載於議事日表。

第十五條　議事日表由秘書廳編制，呈議長、副議長核定。

第十六條　議事日表記載之次序如下：

一　欽奉特旨，交議事件。
二　軍機大臣、各部行政大臣且奉請旨，交議事件。
三　核議各省督撫與咨議局异議，或咨議局互相争議事件。
四　資政院自行提議事件。
五　各省人民陳請合例，可采事件。

第十七條　遇有緊急事件，經議長認為必應從速開議，或議員提起倡議聲請從速開議者，議長得聲明理由，改定議事日表。

第十八條　議事日表所載某時應議事件，若其時刻已届，議長得停止他項議事，改議此項事件。

第十九條　議事日表所載事件届時不能開議，或開議不能完結者，議長得改定議事日表，前項開議不能完結事件，應記載於下次議事日表之首。

第二十條　議事日表所載事件業經議畢，議長得酌加議事日表。

第二十一條　議事日表先期登載官報，并由秘書廳將表内所載各種議案刷印分送。

第四章　會議

第一節　提議及倡議

第二十二條　議員欲就各項事件提議，應具案附加案語，得三十人以上之贊成會同署名，提出於議長交秘書廳刷印分送。

第二十三條　會議之時議員對於議案提起修正之倡議，非有三十人以上之贊成，不得作為議題。

除本細則别有規定外，議員提起倡議得三人以上之贊成，即可作為議題。

第二節　三讀

第二十四條　法律案之議決，須經三次宣讀，其軍機大臣、各部行政大臣商請，或議員十人以上聲請，經到會議員三分之二以上可決者，得省略之。

每届宣讀，議長得命秘書官郎讀議案，或省略之。

第二十五條　初讀應於分送議案二日以後行之，其緊急事件不在此限。

第二十六條　初讀之際軍機大臣、各部行政大臣、政府特派員或提議議員，應説明該議案之主旨，其核議各省事件，應由議長或命秘書長代為説明。

各議員對於議案若有疑義，得聲請軍機大臣、各部行政大臣、政府特派員或提議議員説明之。

第二十七條　初讀已畢，議長應將各該議案付該管股員審查。

第二十八條　股員審查之報告，經議員討論大體以後，即議決應否再讀。

第二十九條　凡議決不須再讀之議案，即行作廢。

第三十條　再讀應於初讀二日以後行之，但議長得咨詢本院縮短時日，或與初讀同日行之。

第三十一條　再讀之際，議員得提起修正議案之倡議。

議員得於再讀以前，豫將修正案提出。

第三十二條　股員報告之修正案，不俟議員贊成，即可作為議題。

第三十三條　議長得更改逐條審議次序，將數條歸并或將一條分晰付之討論，其有議員提起异議者，俟有贊成員得不用討論，即咨詢本院決定之。

第三十四條　再讀應將議案逐條議決之。

第三十五條　再讀已畢，議長得將議案付該管股員令整理議決、修正之條項及字句。

第三十六條　三讀以再讀之議決案為議案。

第三十七條　三讀應於再讀二日以後行之，但議長得咨詢本院縮短時日，或與再讀同日行之。

第三十八條　三讀之際，應議決全體議案之可否。

第三十九條　三讀除改定文字外，不得提起修正之倡議。其議案中有互相矛盾事項，或與現行法律有互相抵觸事項，經議員提起倡議必須修正者，不在此限。

第三節　討論

第四十條　凡就議事日表所載議題欲發議者，應於開議以前，像將本人姓名及贊成反對之意，知會秘書廳。

第四十一條　秘書廳據前條知會之次序，記載於發議表，呈報議長。議長當討論之始，據發議表指令反對者及贊成者，依次交互發議，其不應指令者，知會作為無效。

第四十二條　豫行知會之議員，全數發議完畢以後，未經知會之議員，亦得聲請發議。

第四十三條　一方議員發議未畢，而他方議員發議已畢者，未經知會之他方議員，亦得聲請發議。

第四十四條　議員未經知會請發議者，應起立自報姓名或號數，經議長允許，方可發議。

第四十五條　議員聲請發議有二人以上起立者，議長應指令先起立者發議，若同時起立，則由議長指定。

第四十六條　議員因展會及中止，議事發議未畢者，得於下次討論之始，續行發議。

第四十七條　凡發議者應登議臺，其言極簡捷，或特經議長允許者，不在此限。

第四十八條　軍機大臣、各部行政大臣及政府特派員之發議，無論何時議長允許之，但不得中止議員之演説。

第四十九條　軍機大臣、各部行政大臣及政府特派員，除演説答辯應登議臺外，得就本坐起立發議。

第五十條　討論不得出議題之外。

第五十一條　議員不得就一議題發議二次，其質疑應答及聲請議長整理秩序者，不在此限。

第五十二條　股員長及報告員得數次發議，説明審查報告之主旨。

第五十三條　軍機大臣、各部行政大臣、政府特派員或提議及倡議之議員，得數次發議説明議案及提議倡議之主旨。

第五十四條　凡被議不合資格及應行懲戒之議員，得數次發議自為聲辯，但不得預於表決之數。

第五十五條　會議之時不得朗誦説帖，其因引證將文件朗誦者，不在此限。

軍機大臣、各部行政大臣、政府特派員及股員長報告員，得朗誦案語及報告書。

第五十六條　議長、副議長欲自預討論者，應改就特設議坐。

議長因討論離坐者，由副議長代理職務。

議題業經表決之後，議長應復還原坐。

第五十七條　討論終局由議長宣告之。

第五十八條　發議者雖未全數完畢，若議員提起討論終局之倡議，得二十人以上之贊成者，由議長咨詢本院決定之。

第五十九條　討論之際，非贊成、反對各自二人以上，發議之後不得提起討論終局之倡議。其一方有二人以上發議，而他方無聲請發議者，不在此限。

第六十條　討論終局以後，有未成議題之修正案，由議長報告之。其贊成員未滿定額者，得詢問議員有無贊成，并將應否再行討論付之表決，若決定不須討論者，即就原案取決。

第六十一條　請付審查之倡議，雖在討論終局以後，亦得提起。但不涉及本議題之可否。

第六十二條　討論終局以後，軍機大臣、各部行政大臣及政府特派員，有就本議題發議者，作為再行討論。

第六十三條　議題未經討論以前，質疑紛出，不易完結者，議員得提起即行討論之，倡議經二十人以上之贊成，由議長咨詢本院決定之。

第六十四條　凡在議場發議者，彼此稱謂均用敬辭。

第六十五條　議事規則若有疑義，由議長決定之。

第四節　修正

第六十六條　軍機大臣、各部行政大臣，得就交議事件隨時提出修正案，或奏明撤銷。

第六十七條　議員提起修正議案之倡議，應具案提出於議長。

第六十八條　議員所提出之修正案，應在股員會提出修正，以前取決。

第六十九條　就一議題提出數種修正案，其表決次序以與原案相差最遠者為首，其有議員提起异議者，俟有贊成員由議長咨詢本院決定之。

第七十條　議員提起修正議案之倡議，業已成立者，非經本院允許不得撤銷。

一議員所撤銷之倡議，他議員得照第二十三條第一項之規定，續行提出。

第七十一條　修正案全體否決者，應就原案取決。

第七十二條　修正案及原案，雖皆不得議員過半數之贊成，而本院決定不可作廢者，議長得特令股員參酌具案，交付會議。

第五節　表決

第七十三條　議長、副議長及議員均有表決權，其不在議場者，不得加入表決。

第七十四條　届表決時，議長宣告應行表決之問題。

議長宣告應行表決問題以後，無論何人不得就議事發議。

第七十五條　届表決時，議長應令以為可者起立表決，其表決若有疑義，或議員提起异議者，應令以為否者起立。反證之，若仍有异議，或議員提起异議，得十人以上之贊成者，議長應命秘書官點唱議員姓名或號數，令再起起立表決。

議員對於點唱之結果提起异議，得二十人以上之贊成者，議長得以記名或無記名法令為表決。

第七十六條　議長認為重要，或經議員二十人以上之聲請者，得不用起立法，以記名或無記名法令為表決。

第七十七條　記名表決者，以為可之議員，用白色票；以為否之議員，用藍色票，各記本人姓名，投入票匭。

第七十八條　無記名表決者，以為可之議員用白球；以為否之議員，用黑球，投入球匣，并將本人名刺投入名刺匣，其球數與名刺之數不符者，應再行表決。

第七十九條　點唱姓名、號數或用記名、無記名法表決者，應封閉議場，禁止出入。

第八十條　表決已畢，議長宣告議題表決之可否。

第八十一條　議員不得聲請更正表決。

第六節　豫算會議

第八十二條　豫算案由議長付豫算股員審查，限三十日以内告竣。

第八十三條　豫算股員審查既畢，由股員長將報告書提出，議長交秘書廳刷印分送即行會議。

第八十四條　豫算會議，不必經三次宣讀。

第八十五條　豫算案關涉法律案者，應俟法律案議決後，交付會議。

第八十六條　豫算案内遇有緊要事件，經軍機大臣、各部行政大臣商請不付審查者，由議長咨詢本院決定後，即行會議。

第八十七條　豫算會議應先議大綱，後及各項。

第八十八條　豫算會議遇有更須審查事件，議長應再付豫算股員審查。

第八十九條　議員提起修正豫算案之倡議，非有三十人以上之贊成，不得作為議題。

第九十條　豫算額數非經軍機大臣、各部行政大臣提出修正案後，不得決議增加。

第七節　決算會議

第九十一條　決算會議准用第八十三條、第八十四條之規定。

第九十二條　決算會議經決算股員審查後行之。

第九十三條　前會期提出之決算案，得於次會期續行審查。

第九十四條　決算案内遇有違法及不當之支出，經本院議決後咨行該管衙門區處。

第八處　秘密會議

第九十五條　資政院遇有下列事項，得開秘密會議：

一　議長、副議長或議員十人以上之提議，經本院議決停止公開者。

二　軍機大臣、各部行政大臣商請停止公開者。

三　本細則別有則定者。

第九十六條　前條規定之提議，由議長令旁聽人退出議場後，取決可否。

第九十七條　秘密會議之速記録，不准印行，其經本院允許者，不在此限。

第五章　議事録議決録及速記録

第一節　議事録及議決録

第九十八條　議事録記載之事項如下：

一　資政院開會、停會、閉會之事項及年、月、日時。

二　開議中止、展會、散會之月、日、時。

三　軍機大臣、各部行政大臣、政府特派員、到會者之姓名。

四　資政院欽奉諭旨事件。

五　議長及股員長報告事件。

六　會議之議題。

七　作為議題之倡議及倡議者之姓名。

八　議決之事件。

九　表決可否之數目。

十　資政院認為重要之事件。

第九十九條　議決録記載議場之議決。

第一百條　議員對於議事録及議決録所載事實，提起异議者，議長應令秘書長答辯。

議員於秘書長之答辯仍有异議者，議長得咨詢本院決定之。

第一百一條　議事録及議決録應由議長、副議長、秘書長，或其代理之秘書官，署名畫押。

第二節　速記録

第一百二條　速記録以速記法，記載議事。

第一百三條　議員之發議，業經議長令其撤銷者，不得記載於速記録。

第一百四條　議員之演説，得於編制速記録以前訂正文字，但不得更改其主旨。若因訂正而他議員提起异議者，議長俟有贊成員咨詢本院決定之。

第六章　具奏

第一百五條　院章第十六條、第十八條、第二十一條、第二十三條、第二十四條、第五十一條規定之具奏事件，經本院議決後，由議長、副議長照各本條分别具奏。

第一百六條　前條規定之外應行具奏事件，議長、副議長得隨時具奏。

第七章　質問及建議

第一節　質問

第一百七條　議員依院章第二十條欲行質問者，應具説帖，得三十人以上之贊成，由議長咨詢本院決定之。

第一百八條　質問事件，由議長、副議長咨請答覆之後，軍機大臣、各部行政大臣應酌定日期，以文書或口説答覆。

第一百九條　議員對於答覆之理由提起倡議者，非有三十人以上之贊成，不得作為議題。

第二節　建議

第一百十條　資政院於議決案以外，若有建議事件，得具案咨送内閣會議政務處核辦。

第一百十一條　資政院建議事件，未經内閣會議政務處核辦者，不得於本會期内再行建議。

第八章　受理陳請

第一百十二條　各省人民陳請事件，應由本人繕具説帖，詳記年歲、籍貫、職業、住址，署名蓋章，并取具同鄉議員保結，呈遞於秘書廳。

第一百十三條　法人陳請事件，由代表人署名蓋用法人印章，照前條辦理。

第一百十四條　凡有陳請事件，若遇資政院業經閉會，而院内現無同鄉議員者，得取具同鄉京官保結，照第一百十二條、第一百十三條辦理。

第一百十五條　陳請事件之説帖，遇有下列各項情節，不得收受：

一　陳請更改欽定憲法者。

二　對於乘輿用不敬文辭，對於政府及資政院用侮慢文辭者。

三　干預司法及行政審判者。

四　專用總代表之名義，而法律上不認為有法人資格者。

五　不合陳請之名義及體裁者。

第一百十六條　秘書廳收受説帖之後，即摘録陳請事由及呈遞日期，并本人姓名、籍貫、職業及出具保結員之姓名，列為陳請事件表，連同説帖呈由議長付陳請股員，依次審查。

陳請事件表，每一星期由秘書廳刷印，分送各議員一次。

第一百十七條　議員提起倡議，請將某項説帖從速審查者，議長得咨詢本院決定之，并限定日期，付陳請股員審查。

第一百十八條　陳請股員應將審查之結果，報告於議場，其分類如下：

一　應交會議事件。

二　毋庸會議事件。

第一百十九條　應交會議事件陳請，股員應將詳細理由，將别報告。

第一百二十條　毋庸會議事件，若一星期内議員不提起倡議請交會議者，即以陳請股員會議決定之。

第一百二十一條　陳請事件之説帖交會議者，毋庸朗誦，其議員提起倡議聲請朗誦者，議長得咨詢本院決定之。

第九章　告假及辭職

第一節　告假

第一百二十二條　議員因事不能到會至三日以外者，應將事由及日數知會秘書廳轉陳議長。

假期屆滿，仍不能到會者，應照前條續假。

第一百二十三條　議員告假每次不得過七日，會期中統計假限不得過五十日。如逾此限，經本院議決除名者，由議長、副議長奏明辦理。

第二節　辭職

第一百二十四條　議員辭職應具辭職書，提出於議長。

第一百二十五條　閉會之後，議員有提出辭職書者，由議長、副議長決定於下次開會之始，報告之。

第一百二十六條　欽選各項議員有辭職者，由議長、副議長具奏請旨補選。

第一百二十七條　各省咨議局互選議員有辭職者，由議長、副議長咨行各該省督撫，以候補議員選充。

第十章　議場秩序及懲戒

第一節　議場秩序

第一百二十八條　議場秩序由議長整理之。

第一百二十九條　議場内不得挾帶危險器械及零雜物件。

第一百三十條　議場内不得吸烟，或任意咳唾。

第一百三十一條　會議之時除參考外，不得閱讀書籍及報紙。

第一百三十二條　會議之時，無論何人不得喧嘩，妨礙演説及朗誦。

第一百三十三條　散會之際，非議長離坐之後，不得離坐。

第一百三十四條　議長鳴號鈴時，無論何人均須肅静。

第二節　懲戒

第一百三十五條　議員中遇有應行懲戒事件，除院章及本細則別有規定外，議長得付懲戒，股員審查經本院議決後，即行宣告。

第一百三十六條　應行懲戒之議事，須開秘密會議。

第一百三十七條　前條之會議應行懲戒之議員，不得與議。其經議長允許到會聲辯者，不在此限。

第一百三十八條　議員提起之倡議，非有二十人以上之贊成，不得作為議題。

第一百三十九條　前條之倡議，應於懲戒事件發覺後三日以内，提起之。

第一百四十條　議員為不敬或無禮之演説者，除照院章第四十六條區處外，議長得於議場譴責，或令自陳謝辭。

第一百四十一條　不服議長之區處或命令者，議長得認為應行懲戒事件，付懲戒股員審查。

第一百四十二條　關於懲戒事件之言論，議長得酌量禁止公布。

第十一章　停會及閉會

第一節　停會

第一百四十三條　資政院欽奉特旨，停會在會議時刻者，由議長恭讀，即行停止議事宣告散會。其不在會議時刻者，議長應令秘書官恭録刷印，傳知各議員。

第一百四十四條　停會日期算入會期之内。

第一百四十五條　停會之後再行開議者，仍接續前次會議之議事。

第二節　閉會

第一百四十六條　届閉會時由軍機大臣恭讀上諭宣布於議場。

第一百四十七條　届閉會時，所有議案及建議陳請事件尚未議決者，均即止議，但得於次會期，再行提出。

第一百四十八條　届閉會時遇有重要事件，經軍機大臣、各部行政大臣咨請，或得其同意者，議長得令該管股員接續審查，於次會期報告之。

第十二章　附則

第一百四十九條　本細則自宣統二年八月二十日起，為實行之期。

第一百五十條　本細則有提議修正者，以不背院章為限，得經總議員三分之二以上之可決，由議長、副議長奏明辦理。

謹將擬訂資政院分股辦事細則繕具清單，恭呈御覽。

計開

要目

第一章　分股

第二章　股員

第三章　股員長及副股員長

第四章　分科
第五章　審查長
第六章　額外股員
第七章　會議
第一節　股員會
第二節　分科會及額外股員會
第八章　審查及報告
第九章　會議録及參與文書
第十章　附則

第一章　分股

第一條　資政院照院章第三十三條之規定，分總議員為六股，其數如下：
第一股　議員三十四人
第二股　議員三十四人
第三股　議員三十三人
第四股　議員三十三人
第五股　議員三十三人
第六股　議員三十三人

第二條　分股於召集日行之，其臨時會仍接續前會期所分之股。

第三條　各股設股長一人，整理本股事務，由各該股議員互推。

第四條　各股設理事一人，襄理本股事務，由各該股議員用無記名法互選，以得票最多數者為當選人；票同，則取年長者；年同，則以抽籤定之。

前項之互選，以股長為管理員。

管理員於互選之日，將當選人姓名報告議長。

第五條　股長有事故時，由理事代理職務。

第二章　股員

第六條　資政院股員分為二種：專任股員、特任股員。

第七條　資政院於開會之始，選舉專任股員定額如下：
豫算股員　二十四人
決算股員　二十四人
税法公債股員　十二人
法典股員　十八人
陳請股員　十二人
懲戒股員　六人

第八條　專任股員之選舉，由議長指定日期及各股平均額數，令各股議員同時用無記名法，就總議員中選舉之，以得票多數者，為當選人。票同，則以抽籤定之。

前項之選舉，以股長為管理員。

管理員於選舉之日，將當選人姓名報告議長。

第九條　當選數股者，為本股之當選人。

第十條　本股外當選數股者，依其股之次序為當選人。

第十一條　專任股員有缺額時，由該股議員照第八條之規定，行補缺選舉。

第十二條　專任股員非有正當理由，不得辭職。

第十三條　資政院為審查特別事件，得議決選定特任股員。

第十四條　特任股員通常以六人為額，但視所付事件，得由本院議決增至十二人或十八人。

第十五條　特任股員由議長就議員中指定之。

第三章　股員長及副股員長

第十六條　專任及特任股員設股員長、副股員長各一人，由各該股員用無記名法互選，以得票最多數者，為當選人。票同，則以抽籤定之。

前項之互選，以首坐股員為管理員。

管理員於互選之日，將當選人姓名報告議長。

第十七條　股員長整理股員會之事務，維持秩序，副股員長輔之。

第十八條　股員長有事故時，由副股員長代理職務。

股員長不在分科股員之列。

第四章　分科

第十九條　專任股員除懲戒股員外，均得分為數科，如下：

豫算股員之分科

第一科　股員八人掌審查度支部，所管豫算事件，凡京內外衙門豫算事件不在各部所管之列者，皆屬之。

第二科　股員五人掌審查外務部、海軍處、陸軍部、理藩部所管豫算事件。

第三科　股員五人掌審查吏部、民政部、法部所管豫算事件。

第四科　股員五人掌審查禮部、學部、農工商部、郵傳部所管豫算事件。

決算股員之分科

第一科　股員八人掌審查度支部所管決算事件，凡京內外衙門決算事件，不在各部所管之列者，皆屬之。

第二科　股員五人掌審查外務部、海軍處、陸軍部、理藩部所管決算事件。

第三科　股員五人掌審查吏部、民政部、法部所管決算事件。

第四科　股員五人掌審查禮部、學部、農工商部、郵傳部所管決算事件。

税法公債股員之分科

第一科　股員六人掌審查税法事件。

第二科　股員五人掌審查公債事件。

法典股員之分科

第一科　股員九人掌審查關於公法事件。

第二科　股員八人掌審查關於私法事件。

陳請股員之分科

第一科　股員六人掌審查東三省、順直、山東、山西、河南、陝西、甘肅、新疆、蒙古回部人民陳請事件。

第二科　股員五人掌審查江南、安徽、江西、浙江、福建、湖北、湖南、四川、廣東、廣西、雲南、貴州、西藏人民陳請事件。

第二十條　各科股員因審查事件有不足者，得以他科股員兼任。

第二十一條　各分科中不得有半數以上之兼任股員。

第二十二條　各科股員及兼任股員，由股員長指定報告議長。

第五章　審查長

第二十三條　各分科中設審查長一人，整理分科會之事務，由各該科股員用無記名法互選，以得票最多數者為當選人。票同，則以抽籤定之。

前項之互選，以各科首坐股員為管理員。

第二十四條　管理員於互選之日將當選人姓名報告股員長，轉報議長。

第二十五條　審查長有事故時，得委托該科股員代理職務。

第六章　額外股員

第二十六條　專任及特任股員，得於該股員中選定額外股員，其職務如下：

一　草具審查報告書案語或説帖。

二　草具修正案。

三　關於軍機大臣、各部行政大臣協議事件。

四　調查特別事件。

第二十七條　額外股員長以專任或特任之股員長充之，整理額外股員會之事務。

第二十八條　額外股員由股員長指定之。

第七章　會議

第一節　股員會

第二十九條　股員會開議之日時，由股員長指定之。

股員會不得與資政院同時開議，其經本院允許者，不在此限。

第三十條　股員會非有股員半數以上到會，不得開議。

第三十一條　股員長應將開議日時報告議長，咨請軍機大臣、各部行政大臣及政府特派員到會發議。

第三十二條　各種股員得在股員會，就同一事件數次發議。

第三十三條　股員長自預討論之時，由副股員長代理職務。

第三十四條　議長得於股員會開議之時，到會發議。

第三十五條　凡股員外之資政院議員、政府特派員外之各部院衙門官，對於股員會審查事件有意見者，經股員長之允許，得到會發議。

第三十六條　股員會之議事，以到會股員之過半數議決之可否。數同，則由股員長決定。

第三十七條　股員會之開議、中止、展會、散會，均由股員長宣告之。

第三十八條　股員會禁止議員以外之人旁聽，如有秘密事件，亦得禁止議員旁聽。

第二節　分科會及額外股員會

第三十九條　分科會開議之日時，由審查長指定之。

分科會不得與股員會同時開議，其經股員會允許者，不在此限。

第四十條　分科會非有股員三分之二以上到會，不得開議。

分科會之議事，以到會股員之過半數議決之可否。數同，則由審查長決定。

第四十一條　審查長應將開議日時報告股員長，轉報議長，准用第三十一條之規定。

第四十二條　各科股員得在分科會，數次發議。

第四十三條　股員長得於分科會開議之時，到會發議。

第四十四條　分科會禁止本科股員以外之人旁聽，其經審查長允許者，不在此限。

第四十五條　分科會之開議、中止、展會、散會，由審查長宣告之。

第四十六條　額外股員會准用第二十九條、第三十條、第三十一條、第三十二條、第三十三條、第三十四條、第三十六條、第三十七條、第三十八條之規定。

第八章　審查及報告

第四十七條　凡股員之審查，以本院所付事件為限。

第四十八條　各科股員應遵本院議決之審查期限，分任審查。

第四十九條　各科股員審查既畢，由審查長報告其主旨，於股員長即行開設員會。

第五十條　各科審查長應於股員會報告本科之審查事件，并説明之。

第五十一條　股員會審查畢時，由股員長作報告書，提出於議長。

第五十二條　股員長應於議場報告股員會之審查事件，并説明之。

第五十三條　股員長經股員會之議決，得委托股員報告其審查事件。

第五十四條　除議長認為秘密事件之外，股員會應將報告書刷印，分送於各議員。

第五十五條　股員會無故遲延報告之時，得由本院議決改任股員。

第五十六條　在股員會以少數被黜之意見，如得到會股員三分之一以上之同意，得附股員會報告，提出説帖於議長。

第九章　會議録及參與文書

第五十七條　股員會之議事，以速記法記載之。

第五十八條　股員會議録記載之事項，如下：

一　到會者之姓名

二　表決之數目

三　議決之主旨

四　其他重要事件

第五十九條　會議録中，經股員長認為必須删除之言論，得删除之。

第六十條　會議録有錯誤時，各股員得自請更正。

第六十一條　會議録由股員長、副股員長署名畫押，移交秘書廳存案。

第六十二條　股員長依股員會之議決，得聲請議長咨行軍機大臣、各部行政大臣，將參考文書檢送到院。

各股員審查既畢，應將前項文書，分別送還各衙門。

第六十三條　議員求閲會議録及參考文書者，以不礙審查事件為限，股員長應允許之，但不得攜出院外。

第十章　附則

第六十四條　本細則與《資政院議事細則》同日實行。

本細則之修正准用《資政院議事細則》第一百五十條之規定。

《軍機處原摺·資政院總裁溥倫等奏資政院成立暨開會日期摺宣統二年八月二十五日》　資政院總裁貝勒銜固山貝子臣溥倫等跪奏，爲恭報資政院召集情形，遵章奏請開會，恭摺仰祈聖鑒事。

竊臣院於宣統二年四月初一日，欽奉上諭：著以本年八月二十日，爲召集之期。所有該院議員，均即遵照定期，一律齊集等因。欽此。欽遵。業經分別咨行在案。

臣等先期設備，次第就緒。遵於本月二十日，舉行召集之典。所有臣院議員，以次齊集。按照議事細則第五條，以抽籤法勻分總議員爲六股，每股推選股長、理事各一人。臣院即於是日成立。本年九月初一日，爲開會之期。應遵章恭請聖駕臨幸。伏查奏定監國攝政王禮節，資政院開院時，由監國攝政王代行莅院等因。謹將擬訂代臨資政院開會禮節，繕具清單，恭呈御覽，伏候聖裁。俟命下之日，臣等敬謹遵奉施行。

所有恭報召集情形，並奏請開會各緣由，謹恭摺具陳，伏乞皇上聖鑒。謹奏。單從略

又《資政院總裁世續等奏改訂資政院院章繕單呈覽摺宣統三年六月初八日》 資政院總裁大學士臣世續等跪奏，爲遵旨改訂資政院院章，繕具清單，恭摺會陳，仰祈聖鑒事。

宣統三年六月初一日欽奉諭旨：資政院院章前於光緒三十四年由資政院總裁會同軍機大臣具奏，復於宣統元年經資政院會奏續擬院章，並將前奏各章改訂頒布施行。現在已閱兩年，時勢又有不同，核與新頒法令未盡脗合，亟應將資政院院章修改，以免窒礙而利推行。著資政院總裁、副總裁會同內閣總協理大臣悉心斟酌，妥速改訂具奏，候朕欽定頒行。欽行。由內閣鈔交到院。臣等欽遵諭旨，悉心商酌。竊查資政院院章疊經奏擬改訂，所有組織之法，議決之權，皆最關重要之端，規定均尚妥洽，自可無庸輕議更張，其餘應行改訂者約分四類，敬爲我皇上縷晰陳之。

第一類，因新定官制改從一律者。如院章原文所稱軍機大臣等官，現已裁撤，軍機處改設內閣，不便仍沿舊名。又現在資政院總裁、副總裁各簡一人，與弼德院官制院長、副院長各一人相同，而原文所定各設二人，應即改正。又秘書廳請簡請補各員，按照現制應分別會同內閣辦理，其各員品級，亦應於另訂之官品章程統行規定，不必著於院章。此其應行改訂者一也。

第二類，因法令歧異改從一律者。如原文第二十四條核辦事件，上年欽定修正籌備清單按語，業經申明改歸行政審判院辦理。查行政審判院定於本年設立，院章此條應即删除，以清權限。又召集臨時會與召集常年會均屬君上大權，而原文第三十二條臨時會分別由臣下陳請，與召集常年會辦法歧異，宜加修正。此其應行改訂者二也。

第三類，因立法偶疏改歸完密者。查外國議院規制，不得向地方議會照會往復，我國各省諮議局性質屬於地方議會，則資政院除有所諮詢外，不應行文該局。茲於原文第二十二條之次酌加一項。又諮議局與督撫異議事件，有關於立法者，亦有關於行政者，若行政事件概由資政院核議，恐於事情有所隔膜，核議之後仍難施行，反不足以收實效。茲將原文第二十三條所規定略加區別，俾與原文第二十七條辦法一律。又按外國議院開議，大率以議員過半數或三分之一以上到會爲限，而原文第三十四條非有議員三分之二以上到會不得開議，限制太嚴，往往因人數不足不能開議。茲將原文改爲議員過半數到會，以免延擱。又按外國議院法，臨時改定議事日表，須得政府之同意。茲於原文第三十八條之次酌加一項。此其應行改訂者三也。

第四類，因易滋誤解詳爲申明者。如原文第二十三條第二項及第三十九條所謂不得與議者，均與所謂不列議決之數，文議迥殊。茲於原文各加於會議時退出議場一語，似更明晰。又原文第二十九條資政院於民刑訴訟事件概不受理，則陳請事件自不得涉及訴訟。茲酌加一項，以示尊重司法之意。此其應行改訂者四也。

此外原文第六十四條經費數目由資政院另行奏定，現在豫算統由度支部辦理，此條應即删除。又附條本章程施行日期亦應改訂。

以上各節，臣等詳細商榷，意見相同，除資政院議事細則暨各省諮議局章程有應按照此次改訂院章改從一律者，另行分別辦理外，謹將改訂資政院院章繕具清單，恭呈御覽，伏候聖裁。

所有遵旨改訂院章緣由，是否有當，伏乞皇上聖鑒訓示。

再，此摺係資政院主稿，會同內閣總協理大臣辦理，合併聲明。

謹奏。

附清單

謹將改訂資政院院章繕具清單，恭呈御覽。

第一章　總綱

第一條　資政院欽遵諭旨，以取決公論，預立上下議院基礎爲宗旨。

第二條　資政院總裁一人，總理全院事務，以王公大臣著有勳勞通達治體者，由特旨簡充。

第三條　資政院副總裁一人，佐理全院事務，以三品以上大員著有才

望學識者，由特旨簡充。

第四條　資政院議員以欽選及互選之法定之。

第五條　資政院議員於院中應有之權，一律同等，無所軒輊。

第六條　資政院會議期分爲二種，一常年會，一臨時會。常年會每年一次，會期以三箇月爲率。臨時會無定次，會期以一箇月爲率。

第七條　資政院開會、閉會，均明降諭旨，刊布官報。

第八條　資政院開會之日，恭請聖駕臨幸，或由特旨派遣親貴大臣恭代行開會禮，宣讀開會諭旨。

第二章　議員

第九條　資政院議員由左列各項人員年滿三十歲以上者選充：

一、宗室王公世爵，一、滿漢世爵，一、外藩蒙、藏、回王公世爵，一、宗室覺羅，一、各部院衙門官四品以下七品以上者，但審判官、檢察官及巡警官不在其列，一、碩學通儒，一、納稅多額者，一、各省諮議局議員。

第十條　資政院議員定額如左：

一、由宗室王公世爵充者，以十六人爲定額，一、由滿漢世爵充者，以十二人爲定額，一、由外藩王公世爵充者，以十四人爲定額，一、由宗室覺羅充者，以六人爲定額，一、由各部院衙門官充者，以三十二人爲定額，一、由碩學通儒充者，以十人爲定額，一、由納稅多額充者，以十人爲定額，一、由各省諮議局議員充者，以一百人爲定額。

第十一條　資政院議員欽選、互選之別如左：

一、宗室王公世爵、滿漢世爵、外藩王公世爵、宗室覺羅、各部院衙門官、碩學通儒及納稅多額者欽選，一、各省諮議局議員互選，互選後由該省督撫覆加選定，咨送資政院。

第十二條　資政院議員欽選及互選詳細辦法，照另定選舉章程辦理。

第十三條　資政院議員以三年爲任期，任滿一律改選。

第三章　職掌

第十四條　資政院應行議決事件如左：

一、國家歲出入豫算事件，二、國家歲出入決算事件，三、稅法及公債事件，四、法律及修改法律事件，但憲法不在此限，五、其餘奉特旨交議事件。

第十五條　前條所列第一至第四各款議案，應由國務大臣擬定具奏，請旨於開會時交議，但第三款及第四款所列事件，資政院亦得自行草具議案。

第十六條　資政院於第十四條所列事件議決後，由總裁、副總裁咨會國務大臣具奏，請旨裁奪。

第四章　資政院與行政衙門之關係

第十七條　資政院議決事件，若國務大臣不以爲然，得聲敍原委事由咨送資政院覆議。

第十八條　資政院於國務大臣咨送覆議事件若仍執前議，應由資政院總裁、副總裁及國務大臣分別具奏，各陳所見，恭候聖裁。

第十九條　資政院會議時，國務大臣得親臨會所，或派員到會陳述所見，但不列議決之數。

第二十條　資政院於各行政衙門行政事件如有疑問，得由總裁、副總裁咨請答覆。若國務大臣認爲必當秘密者，應將大致緣由聲明。

第二十一條　國務大臣如有侵奪資政院權限或違背法律等事，得由總裁、副總裁據實奏陳，請旨裁奪。前項奏陳事件，非有到會議員三分之二以上之同意，不得議決。

第五章　資政院與各省諮議局之關係

第二十二條　資政院於各省政治得失人民利病有所諮詢，得由總裁、副總裁劄行該省諮議局申覆。除前項諮詢事件外，不得向各省諮議局行文。

第二十三條　各省諮議局與督撫異議事件，或此省與彼省之諮議局互相爭議事件，除關於行政事宜咨送內閣核辦外，其餘均由資政院核議，議決後由總裁、副總裁咨會國務大臣具奏請旨裁奪。前項核議事件關涉某省者，該省諮議局所選出之議員不得與議，應於會議之時退出議場。

第六章　資政院與人民之關係

第二十四條　各省人民於關繫全國利害事件有所陳請，得擬具説帖，並取具同鄉議員保結，呈送資政院核辦。

第二十五條　前條陳請事件，應先由議長交該管各股議員審查，如無違例不敬之語，方准收受。其經審查後批駁者，在本會期內不得再行投遞或另向他處投遞。

第二十六條　資政院於人民陳請事件，若該管各股議員多數認爲合例可采者，得將該件提議作爲議案，其關於行政事宜者應咨送內閣核辦。

第二十七條　資政院不得向人民發貼告示或傳呼人民。

第二十八條　資政院於民刑訴訟事件概不受理。陳請事件，如有涉及訴訟者，不准收受。

第七章　會議

第二十九條　資政院會議時以總裁爲議長，副總裁爲副議長。議長有事故時由副議長代理。

第三十條　資政院常年會，自九月初一日起至十二月初一日止，其有必須接續會議之事，得延長會期一箇月以內。

第三十一條　資政院於常年會期以外遇害有緊要事件，由特旨召集臨時會。

第三十二條　資政院議員於召集後，應以抽籤法分爲若干股，每股由議員互推一人爲股長。

第三十三條　資政院會議非有議員過半數到會，不得開議。

第三十四條　資政院會議以到會議員過半數之所決爲準，若可否同數，則取決於議長。

第三十五條　資政院自行提議事件，非有議員三十人以上之同意，不得作爲議案。

第三十六條　資政院於豫算法律及其餘重要議案，應先由議長交該管各股議員調查明確，方得開議。

第三十七條　資政院會議應由總裁、副總裁先期將議事日表通知各議員，並咨送行政衙門查照。議事日表以特旨及奏請交議事件列前，其因緊急事件改定議事日表者，由行政衙門同意行之。

第三十八條　資政院議員於議案有關繫本身，或其親屬及一切職官例應迴避者，該員不得與議，應於會議之時退出議場。

第三十九條　資政院議員如原有專摺奏事之權者，於本院現［在］開議之事，不得陳奏。

第四十條　資政院議員除現行犯罪外，於會期內非得本院承諾，不得逮捕。

第四十一條　資政院議員於本院議事範圍內所發言論，不受院外之詰責。其以所發言論在外自行刊布者，如有違犯，仍照各本律辦理。

第四十二條　資政院會議不禁旁聽，其有左列事由，經議員公認者，不在此限：

一、行政衙門咨請禁止者，二、總裁、副總裁同意禁止者，三、議員三十人以上提議禁止者。

第四十三條　資政院議事細則、分股辦事細則及旁聽規則，另行釐定。

第八章　紀律

第四十四條　資政院議場內應分設守衛警官及巡官、巡警，聽候議長指揮，其員額及守衛章程另行釐定。

第四十五條　資政院議員於會議時有違背院章及議事規則者，議長得止其發議，違者得令退出。旁聽人有不守規則者，議長得令退出。其因而紊亂議場秩序致不能會議者，議長得令暫時停議。

第四十六條　資政院議員有屢違院章，或語言行止謬妄者，停止到會，其情節重者除名。

第四十七條　資政院議員無故不應召集，或赴召集後無故不到會延至十日以上者，均除名。

第四十八條　資政院議員有以本院之名義干預他事者，停止到會，其情節重者除名。

第四十九條　資政院議員停止到會以十日爲限，由總裁、副總裁同意行之。除名以到會議員三分之二以上決議行之。

第五十條　資政院議員有應行除名者，如係欽選人員，應由總裁、副總裁奏明請旨辦理。

第五十一條　資政院有左列情事，得由特旨諭令停會：

一、議事踰越權限者，二、所決事件違背法律者，三、所議事件與行政衙門意見不合尚待協商者，四、議員在議場有狂暴舉動，議長不能處理者。停會之期以十五日爲限。

第五十二條　資政院有左列情事，得由特旨諭令解散，重行選舉，於五箇月以内召集開會：

一、所決事件有輕蔑朝廷情形者，二、所決事件有妨害國家治安者，三、不遵停會之命令，或屢經停會仍不悛改者，四、議員多數不應召集，屢經督促仍不到會者。

第九章　秘書廳官制

第五十三條　資政院設秘書廳，掌本院文牘、會計、記載議事録及一切庶務。

第五十四條　資政院秘書廳設秘書長一人，由總裁、副總裁遴保相當人員，咨會内閣請旨簡放。

第五十五條　資政院秘書廳設一、二、三等秘書官各四人，由總裁、副總裁遴員咨會内閣奏補。

第五十六條　資政院秘書廳附設圖書室一所，掌收藏一切書藉之事。圖書室設管理員一人，即以秘書官兼充。

第五十七條　秘書廳秘書長承總裁、副總裁之命，監督本廳一切事宜。

第五十八條　秘書官承秘書長之命，分掌各科事務。

第五十九條　秘書廳分爲四科如左：

一、機要科，一、議事科，一、速記科，一、庶務科。

第六十條　秘書廳應設書記及速記生等員額，由秘書長酌量事務繁簡，禀承總裁、副總裁酌定。

第六十一條　秘書廳辦事細則由秘書長擬訂，呈候總裁、副總裁核定施行。

第十章　經費

第六十二條　資政院經費其款目如左：

一、總裁、副總裁公費，二、議員公費及旅費，三、秘書廳經費及守衛經費，四、雜費及預備費。

第六十三條　資政院經費由度支部每年歸入預算，按數支撥。

附條

第一條　本章程以奏准奉旨之日起爲施行之期。

第二條　本章程未盡事宜，由總裁、副總裁會同内閣總理大臣奏明辦理。

劉錦藻《清朝續文獻通考》卷一一七《職官三·資政院》　臣謹案：甲午日高之役，創鉅痛深，始議變法。庚子以後，朝野一鬨，咸借立憲以欺耳目，是丹非素如墮五里霧中。當時，惟出使義國大臣許珏、考察憲政大臣于式枚齗齗致辨罪以阻撓，謗書盈篋，不揣其本，而齊其末，陽以立憲爲名，陰收攘權之實，削趾就屨，舉國若狂，憸人乘之，遂至大亂。資政院其初，桄也。因係政務處改設，特連類及之。

雜　録

《大清新法令·資政院奏召集情形並開院禮節摺並單宣統二年八月》

竊臣院於宣統二年四月初一日，欽奉上諭：『著以本年八月二十日為召集之期，所有該院議員均即遵照定期一律齊集等因，欽此。』欽遵，業經分别咨行在案。臣等先期設備，次第就緒。遵於本月二十日舉行召集之典，所有臣院議員以次齊集，按照《議事細則》第五條，以抽籤法匀分總議員為六股，每股推選股長、理事各一人，臣院即於是日成立。本年九月初一日為開會之期，應遵章恭請聖駕臨幸。伏查奏定監國攝政王禮節，資政院開院時由監國攝政王代行莅院等因，謹將擬訂代臨資政院開會禮節，繕具清單，恭呈御覽，伏候聖裁。俟命下之日，臣等敬謹遵奉施行。謹奏。宣統二年八月二十五日奉旨：『知道了，欽此。』

謹將擬訂監國攝政王代臨資政院開會禮節，繕具清單，恭呈御覽。

恭照宣統二年九月初一日為資政院第一次開會之期。先期由資政院具奏請旨，行開會禮。是日辰刻議長、副議長、議員、秘書長、秘書官齊集資政院，軍機大臣、大學士、各部尚書均於巳刻到院（均常服不挂珠），午刻監國攝政王駕臨，秘書長率秘書官排班恭迎於院門，議長、副議長肅立祇候於二門。俟監國攝政王降輿，恭導至休憩室少坐，軍機大臣、大學士、各部尚書、議長、副議長、議員、秘書長、秘書官均在議場序立，向御座行三跪九叩禮。禮畢，軍機大臣、大學士、各部尚書，各就議臺東西序立，副議長、議員、秘書長、秘書官仍序立如初。議長恭導監國攝政王至御座東旁座次，全場肅立致敬，由軍機大臣宣讀諭旨畢，議長向前跪受，敬謹安設黄案之上，監國攝政王訓辭畢，禮成。監國攝政王升輿，議長、副議長恭送於二門，秘書長率秘書官排班恭送於院門，候監國攝政王輿過，咸退。

《軍機處原摺·後補參議陳毅奏資政院開會不足法定人數重要事件俟國會召集時再議摺宣統三年十月初一日》 前署郵傳部右參議記名丞參候補參議臣陳毅跪奏，爲資政院人數不足，有違院章，不能成議，應請將重要事件俟國會召集再行開議，以昭信法，恭摺仰祈聖鑒事。

竊查資政院章程第十條議員定額應共得二百人，又第三十四條内開，資政院會議非有議員三分之二以上到會不得開議等語。誠以中國地廣民衆，非此不足徵各省同意也。乃自武昌告變，畿輔戒嚴以後，議員紛避出京，民選一空，其不去者大率別有職司之員。每遇開會日期，其人數多則百有七人，少則八九十人或五十餘人，甚至有數省竟無一人到會者。按諸院章，即不符三分二以上之數，推諸事實，更無由徵各省民意之同。不符院章，是謂違法，不能徵各省之同意，是謂失信。以致京外報紙於該院多所議評，去歲既詆爲狗爭，今歲復訾爲鼠竄。以該院爲代表全國輿論之地，處立法最高之機關，應如何兢兢以法律自持，應如何皦皦以信用自矢，而乃自違法律如此，自失信用如此，是率天下以不法也，是導天下以不信也，是直無代表全國輿論之價值也。名曰代表輿論，而已爲報館所輕，臣竊醜之。當此國勢阽危而又設立内閣之始，全恃守法明信以維繫乎人心。誠欲維繫人心，斷非違法失信之資政院所能勝任。應請明降諭旨，將一切重要事件，俟國會召集再行開議，庶足以見朝廷之大而與天下相見以誠。

所有資政院人數不足，有違院章，不能成議，應請將重要事件，俟國會召集再行開議，以昭集法緣由，謹恭摺具陳，伏乞皇上聖鑒訓示。謹奏。

《資政院秘書廳辦事細則》 要目

第一章 分科職掌
第二章 辦事通則
第三章 文書之收發及保存
第四章 附則

第一章 分科職掌

第一條 秘書廳按照院章，分為四科如下：

機要科
議事科
速記科
庶務科

第二條 機要科掌管下列事項：

一 關於議員告假、辭職及補缺之事
二 關於撰擬重要文牘之事
三 關於編制議事日表之事
四 關於議長指定特任股員之事
五 關於各項報告之事
六 關於發議知會之事
七 關於收受議案及質問陳請各説帖之事
八 關於分送議決案之事
九 關於編制議員簿及資政院要覽之事
十 關於議長委辦之事

第三條 議事科掌管下列事項：

一 關於全院會議之事
二 關於調查議案之事
三 關於編制議事録、議決録之事
四 關於編制記事摘要及先例匯纂之事
五 關於編制分股會及股員會會議録、議事綜覽及先例匯纂之事
六 關於分股會及股員會調查文書之事

第四條 速記科掌管下列事項：

一 關於編制速記録之事
二 關於分送速記録之事

第五條 庶務科掌管下列事項：

一 關於職員進退履歷及招考雇用之事

二　關於分送議案，陳請事件表之事
三　關於起草及調查例行文件之事
四　關於收發文件之事
五　關於保管院印之事
六　關於收支會計及保管財産物件之事
七　關於官報報告及統計之事
八　關於守衛及衛生之事
九　關於編制資政院日志之事
十　不屬他科所管之事

第六條　秘書廳附設圖書室一所，掌管下列事項：

一　關於出納、保管公文書類之事
二　關於購置圖書報章及其出納保管之事
三　關於調查、編制參考文書之事
四　關於編譯文書之事

第二章　辦事通則

第七條　秘書廳辦事時刻，通常於上午十點鐘到院下午六點鐘退院，星期日如無緊要事務，得照廳示休息一日。

第八條　秘書廳人員到院，須於考勤簿上畫到注明時刻。

第九條　凡因特别事故不能到院者，廳呈遞告假書於秘書長。

第十條　總裁、副總裁、秘書長在院時，雖届退院時刻，亦不得徑行退院。

第十一條　退院時刻以號鈴報告之，其有緊急事件尚未辦竣者，雖聞號鈴亦不得徑行退院。

第十二條　秘書廳每日輪派秘書官一員、書記二員值日住廳及辦退院後之事務，於次日分别移交。

第十三條　退院後或星期日遇有應行辦理事務，得隨時通知值日員照辦。其有緊急文件需用院印及廳印者，仍應到院會同值日員用印。

第十四條　各科所有文書櫃鑰，必存置一定之匣，於退院時交值日員收管。

第三章　文書之收發及保存

第十五條　凡到文由庶務科收拆，摘由，呈秘書長核閲後，分送各科擬辦。

第十六條　凡本院發行京外交書，應由主任科員具稿，經科長修正後呈秘書長核閲，轉呈總裁、副總裁判行。其以秘書廳之名發行者，由秘書長判行。

第十七條　前條之文書經總裁、副總裁判行或秘書長判行後，應由該科科長發交書記繕寫。

第十八條　繕寫已畢，由該科校正連同原稿，送庶務科校對發行。

第十九條　庶務科校對應發文件，若有錯誤遺漏者，得通知該科會同訂正。

第二十條　庶務科發行文書之時，應記載文書件。由於發文簿即行用印發送，并將原稿送還。

第二十一條　凡牽涉數科之事件，應由關係最重之科具稿，會同他科辦理。

第二十二條　凡本院收發各項文書稿件，業經辦畢者，應交圖書室分類編檔妥為保存，其特别重要文件，則留存機要科掌管。

第二十三條　凡應行刊登官報或他種報紙事項，由各該科起草，呈經總裁、副總裁或秘書長核閲後，由庶務科録底，分别發送刊登。

第四章　附則

第二十四條　各科辦事分則由科長擬訂，呈秘書長核定辦理。

第二十五條　本細則未盡事宜，由禮書長隨時擬訂，呈候總裁、副總裁核定施行。

《資政院議員選舉章程宣統元年九月十三日》　宗室王公世爵選舉資政院議員章程

第一條　本章程所稱宗室王公世爵賅下列各爵而言：

一、和碩親王；
二、多羅郡王；
三、多羅貝勒；
四、固山貝子；
五、奉恩鎮國公；

六、奉恩輔國公；
七、不入八分鎮國公；
八、不入八分輔國公；
九、鎮國將軍；
十、輔國將軍；
十一、奉國將軍；
十二、奉恩將軍。

第二條　前條所列各爵，合資政院院章第九條之規定，無下列各款情事者得選充資政院議員。

一、奉特旨停止差俸者；
二、因疾病或其他事故自請開支一切差使者。

第三條　宗室王公世爵議員額數，按照資政院院章第十條第一款所定，依爵級分配之如下：

一、自和碩親王至奉恩輔國公十人；
二、自不入八分鎮國公至奉恩將軍六人。

第四條　每届選舉由資政院於前一年九月内行知宗人府，就宗室王公世爵内查明合格者造具清册，於選舉年分二月以前咨送資政院。由資政院照第三條所定，分別開單，於是年三月以前奏請按額欽選。

第五條　前條宗室王公世爵清册應載明下列各款：

一、爵級；
二、名；
三、年歲；
四、現居職任。

第六條　宗室王公世爵現任軍機大臣、參預政務大臣及現充資政院總裁、副總裁者，均於單内注明，無庸選充。

第七條　宗室王公世爵議員有缺額時，由資政院隨時行知宗人府，將本届清册覆加修正，仍咨由資政院按出缺人爵級，將應行選充者開單奏請欽選補足之。

修正時應將原册内現失選充議員之資格者按名注明，并將現在合格者一律補入。

第八條　補缺議員之任期，以補足前任未滿之期為限。

第九條　本章程與資政院院章同時施行。

滿漢世爵選舉資政院議員章程

第一條　本章程所稱滿漢世爵，以滿洲、蒙古漢軍旗員及漢員之有三等男以上之爵級者為限。

第二條　前條各爵合資政院院章第九條之規定，無下列各款情事者得選充資政院議員。

一、奉特旨停止差俸者；
二、因疾病或其他事故自請開支一切差使者。

第三條　滿漢世爵議員額數按照資政院院章第十條第二款所定，依爵級分配之如下：

三等侯以上八人；
一等伯至三等男四人。

第四條　每届選舉，由資政院於前一年九月内行知各該管衙門，就滿漢世爵内查明合格者造具清册，於選舉年分二月以前咨送資政院。由資政院照第三條所定，分別開單於是年三月以前奏請按額欽選。

第五條　前條滿漢世爵清册應載明下列各款：

一、爵級；
二、姓名；
三、年歲；
四、籍貫；
五、官職。

第六條　滿漢世爵現任軍機大臣、參預政務大臣及現充資政院總裁、副總裁者，均於單内注明無庸選充。

第七條　滿漢世爵議員有缺額時，由資政院隨時行知各該管衙門，將本届清册覆加修正，仍咨由資政院按出缺人爵級將應行選充者開單奏請欽選補足之。

修正時應將原册内現失選充議員之資格者，按名注明，并將現在合格者一律補入。

第八條　補缺議員之任期以補足前任未滿之期為限。

第九條　本章程與資政院院章同時施行。

外藩王公世爵選舉資政院議員章程

第一條　本章程所稱外藩王公世爵，指蒙古、回部、西藏有下列各爵者而言：

一、汗；

二、親王；

三、郡王；

四、貝勒；

五、貝子；

六、鎮國公；

七、輔國公。

第二條　前條所列各爵，合資政院章第九條之規定，無下列各款情事者得選充資政院議員。

一、奉特旨停止差俸者；

二、因病疾或其他事故自請開支一切差使者。

第三條　外藩王公世爵議員額數，按照資政院院章第十條第三款所定，依部落分配之如下：

內蒙古六盟每盟一人；

外蒙古四盟每盟一人；

科布多及新疆所屬蒙古各旗一人；

青海所屬及此外蒙古各旗一人；

西藏一人。

第四條　每届選舉由資政院於前一年九月内行知理藩部，就外藩王公世爵内查明合格者造具清册，於選舉年分二月以前咨送資政院。由資政院照第三條所定分别開單於是年三月以前奏請按額欽選。

第五條　前條外藩王公世爵清册應載明下列各款：

一、部落及爵級；

二、姓名；

三、年歲；

四、現居職任。

第六條　外藩王公世爵議員有缺額時，由資政院隨時行知理藩部，將本届清册覆加修正。仍咨由資政院按出缺人部落，將應行選充者開單奏請欽選補足之。

修正時應將原册内現失選充議員之資格者，按名注明，并將現在合格者一律補入。

第七條　補缺議員之任期以補足前任未滿之期為限。

第八條　本章程與資政院院章同時施行。

宗室覺羅選舉資政院議員章程

第一條　凡宗室覺羅男子，合資政院院章第九條之規定，無下列各款情事者，得選充資政院議員：

一、曾處圈禁或發遣者，但業經開復者不在此限；

二、失財産上之信用被人控實尚未清結者；

三、吸食鴉片者；

四、有心疾者；

五、不識文義者。

第二條　宗室覺羅現任三品以上職官、審判官、檢察官、巡警官及現充陸海軍軍人者，無庸選充資政院議員。

第三條　宗室覺羅議員額數按照資政院院章第十條第四款所定分配如下：

宗室四人；

覺羅二人。

第四條　宗室覺羅選充資政院議員應分别由各該合格人選行互選。

互選於每届選舉年分二月初一日在京師及奉天府行之。

其臨時互選日期届時由諭旨定之。

第五條　宗室覺羅互選資政院議員，在京師以宗人府堂官為監督，在奉天以東三省總督為監督。每届互選由資政院於前一年九月内行知各該互選監督，查照本章程舉選互選事宜。

第六條　每届互選應設互選管理員，掌調查互選人并管理投票、開票、檢票等事宜，由互選監督遴選相當人員奏明派充。

前項互選管理員不得預於互選人之列。

第七條　宗室覺羅另有資政院院章第九條第五款之資格者，不得預於前條互選人之列。

第八條　每届互選由互選管理員查明合格人員，造具互選人名册，於互選日期一個月以前呈由互選監督宣示公衆。

第九條　前條互選人名册，室宗及覺羅各為一册，均應載明下列各款：

一、姓名；

二、年歲；

三、旗分佐領；

四、職業；

五、住址。

第十條　宣示人名册以二十日為期，如本人以為錯誤、遺漏，得於宣示期内取具憑證，呈請互選監督更正補人。

其經互選監督批駁者不得再行呈請。

第十一條　互選選舉人及被選舉人，均以列名互選人名册内者為限。

第十二條　互選投票所，在京師設於宗人府，在奉天設於總督衙門。

互選投票所宗室及覺羅應各為一所，分别投票。

互選監督届互選日期應親赴投票所或派員監察之。

第十三條　互選人届互選日期應親赴投票所自行投票。

投票用記名單記法，每票准書被選舉人一名并於票末自行署名，其被選人名及本人署名下均各注明年歲、旗分、佐領。

第十四條　互選人有現在京師及奉天府以外各地方居住，或因疾病事故不能親赴投票所投票者，得就互選人内委托一人代行投票。

前項委托投票應由本人親書密封於封面署名畫押，連同委托憑證送致受托人。該受托人應將密封及委托憑證，臨時向互選管理員呈驗訖方准代投。

第十五條　互選各以得票較多數者為當選。當選人名次以得票多寡為先後。得票同數者以年長者列前，年同則以抽籤定之。

第十六條　投票之有效與否，如有疑義，由互選監督決定之。

第十七條　互選當選人額數，宗室及覺羅各以第三條所定議員額數之十倍為率。

其京師及奉天互選當選人額數分配之法，以每届兩處互選人數之多寡為準。

第十八條　關於互選詳細規則，由互選監督定之。

第十九條　互選完竣後，由互選監督即日將當選人名榜示投票所。如有不願應選者，得於榜示後三日以内，呈明互選監督撤銷，即將得票次多數者補入之。

第二十條　當選人確定後，由互選管理員造具當選人名册，連同票紙於二十日以内呈送互選監督。

前項當選人名册除照第九條辦理外，并應載明得票數目。

第二十一條　互選監督接到前條當選人名册後，應先將册内當選人名及得票數目即日通知資政院，仍將原册及票紙咨送存案。

第二十二條　資政院於前條通知到齊後，即將當選人名及得票數目匯開清單，於選舉年分三月以前奏請按額欽選為資政院議員。

第二十三條　宗室覺羅員有缺額時，由資政院隨時將本届當選人名及得票數目開單奏請欽選補足之。

第二十四條　本届當選人數不足議員缺額之三倍時，應即舉行臨時互選。

臨時互選一切照尋常互選辦理。

第二十五條　補缺議員之任期以補足前任未滿之期為限。

第二十六條　本章程與資政院院章同時施行。

各部院衙門官選舉資政院議員章程

第一條　本章程所稱各部院衙門官，以下列各官為限：

一、内閣侍讀學士以下中書以上；

二、翰林院侍讀學士以下庶吉士以上；

三、各部左右參議以下七品小京官以上；

四、掌印給事中、給事中及監察御史。

第二條　凡於前條各官有下列資格之一、合資政院院章第九條規定者，得選充資政院議員：

一、現任實缺者；

二、曾任實缺者，但業經休致革職者不在此限；

三、奉特旨署理或奏署者；

四、奉特旨候補補用、選用或學習行走者；

五、其餘候補滿三年以上者。

第三條　各部院衙門官選充資政院議員，應由合格人先行互選。

互選於每届選舉年分二月初一日在京師行之，其臨時互選日期届期由諭旨定之。

第四條　各部院衙門官另有資政院院章第九條第一第二及第八款所列資格之一者，不得預於前條互選人之列。

第五條　各部院衙門官互選資政院議員，以都察院堂官為監督。

每届互選由資政院於前一年九月内行知該互選監督，查照本章程舉行互選事宜。

第六條　每届互選應設互選管理員，掌調查互選人并管理投票、開票、檢票等事宜，由互選監督遴選相當人員奏明派充。

前項互選管理員不得預於互選人之列。

第七條　每届互選，由互選管理員呈由互選監督通咨各衙門，查明合格人員造具名册於互選日期二個月以前咨送。由互選管理員匯造互選人名册，於互選日期一個月以前呈由互選監督宣示公衆。

第八條　前條互選人名册應載明下列各款：

一、姓名；

二、年歲；

三、籍貫；

四、官職、歷俸年數及出身；

五、住址。

第九條　宣示人名册以二十日為期，如本人以為錯誤、遺漏，得於宣示期内取具憑證呈請互選監督更正補入。

其經互選監督批駁者不得再行呈請。

第十條　互選選舉人及被選舉人，均以列名互選人員册内者為限。

第十一條　互選投票所設於都察院。

互選監督届互選日期應親蒞投票所監察之。

第十二條　互選人届互選日期，應親赴投票所自行投票。

投票用記名單記法，每票准書被選舉人一名，并於票末自行署名，其被選人名及本人署名下均各注明官職。

第十三條　互選人有因職務或疾病或其他事故不能親赴投票所投票者，得就互選人内委托一人代行投票。

前項委托投票，應由本人親書密封於封面署名畫押，連同委托憑證送致受托人。該受托人應將密封及委托憑證臨時向互選監督呈驗訖方准代投。

第十四條　互選以得票較多數者為當選。

當選人名次以得票多寡為先後，票數同者以年長者列前，年同則以抽籤定之。

第十五條　投票之有效與否，如有疑議，由互選監督決定之。

第十六條　互選當選人額數以資政院院章第十條第五款所定議員額數之五倍為率。

第十七條　關於互選詳細規則，由互選監督定之。

第十八條　互選完竣後，由互選監督即日將當選人名榜示投票所，如有不願應選者，得於榜示後三日以内呈明互選監督撤銷，即以得票次多數者補入之。

第十九條　當選人確定後，由互選管理員造具當選人名册，連同票紙於二十日以内呈由互選監督咨送資政院。

前項當選人名册除照第八條辦理外，并應載明得票數目。

第二十條　資政院接到前條當選人名册後，將册内當選人姓名及得票數目，開單於選舉年分三月以前奏請按額欽選為資政院議員。

第二十一條　各部院衙門官選充資政院議員者，於院内應有之職權，本衙門長官不得干涉之。

第二十二條　各部院衙門官選充資政院議員後，如因升轉降調致失本章程第一第二條所定資格者，即同時失資政院議員之資格。

第二十三條　各部院衙門官選充資政院議員者，有缺額時由資政院隨時將本届當選人姓名及得票數目開單奏請欽選補足之。

第二十四條　本届當選人數不足議員缺額之三倍時，應即舉行臨時互選。

臨時互選一切照尋常互選辦理。

第二十五條　補缺議員之任期以補足前任未滿之期為限。

第二十六五　本章程與資政院院章同時施行。

碩學通儒選舉資政院議員章程

第一條　本章程所稱碩學通儒，以有下列資格之一者為限：

一、不由考試奉特旨賞授清秩者；

二、著書有裨政治或學術者；

三、有入通儒院之資格者；

四、充高等及專門學堂以上主要科目教習接續至五年以上著有成績者。

第二條　凡有前條所列資格之一，合資政院院章第九條之規定者，每届選舉由資政院於前一年九月内行知學部，由該部通行京堂以上官、翰林、給事中、御史、各省督撫、提學司及出使各國大臣，各蒐訪一人或二人開具簡明事實保送該部，由該部審查，將合格人員得保較多者擇定三十人，作為碩學通儒議員之被選人，造具清册於選舉年分二月以前咨送資政院。

第三條　前條被選人清册應載明下列各款：

一、姓名；

二、年歲；

三、籍貫；

四、簡明事實；

五、保送人姓名官職。

第四條　資政院接到被選人清册後，即將被選人姓名及原保人姓名、官職開列清單，於選舉年分三月以前奏請按額欽選為資政院議員。

第五條　碩學通儒議員有缺額時，由資政院隨時將本届被選人照前條開單奏請欽選補足之。

第六條　本届被選人數不足議員缺額之三倍時，應另行保送。

第七條　補缺議員之任期以補足前任未滿之期為限。

第八條　本章程與資政院院章同時施行。

納稅多額者選舉資政院議員章程

第一條　本章程所稱納稅多額者，以具備下列資格者為限：

一、男子照地方自治章程有選民權者；

二、年納正稅或地方公益捐在所居省分内占額較多者。

第二條　凡具備前條資格、合資政院院章第九條之規定者，得選充資政院議員。

第三條　納稅多額人選充資政院議員，應由合格人先行互選。

互選於每届選舉年分二月初一日在各省城行之。

其臨時互選日期届時由諭旨定之。

第四條　納稅多額人另有資政院院章第九條第二第五及第八款所列資格之一者，不得預於前條互選人之列。

第五條　互選人額數每省以二十人為限。

納稅同額者以年長者列入互選人内，年同則以抽籤定之。

第六條　納稅多額人互選資政院議員，以該省布政使或民政使為監督。

每届互選由資政院於前一年九月内通知各省督撫，查照本章程舉行互選事宜。

第七條　每届互選應設互選管理員，掌調查互選人幷管理投票、開票、檢票等事宜，由互選監督會同該省商務總會總理、協理，遴選相當人員，詳請本省督撫派充。

前項互選管理員不得預於互選人之列。

第八條　每届互選由互選管理員查明合格人員，造具互選人名册於互選日期五十日以前呈由互選監督宣示公衆。

第九條　前條互選人名册應載明下列各款：

一、姓名；

二、年歲；

三、籍貫；

四、納稅類別及年額；

五、住址。

第十條　宣示人名册以二十日為期，如本人以為錯誤，得於宣示期内取具憑證，呈請互選監督更正。

其經互選監督批駁者不得再行呈請。

第十一條　互選選舉人及被選舉人均以列名互選人名册内者為限。

第十二條　互選投票所設於該省商務總會或布政司、民政司衙門。

互選監督届互選日期應親莅投票所監督之。

第十三條　互選人届互選日期應親赴投票所自行投票。

投票用記名連記法，照第十七條所定當選人額數，將被選舉人名列記一票，并於票末自行署名。

第十四條　互選人有現在省城以外各地方居住，或因疾病、事故不能親赴投票所投票者，得就互選人内委托一人代行投票。

前項委托投票，應由本人親書密封於封面署名畫押，連同委托憑證送致受托人。該受托人應將密封及委托憑證臨時向互選監督呈驗訖方准代投。

第十五條　互選以得票過互選人數三分之一者為當選。

前項互選人數，以實在行使互選權者之數為准。當選人名次，以得票多寡為先後。得票同數者以納税較多者列前，納税同者以年長者列前，年同則以抽籤定之。

第十六條　投票之有效與否，如有疑義，由互選監督決定之。

第十七條　互選當選人額數以第五條第一項所定互選人額數十分之一為率。

如當選人不足定額，由互選監督將得票較多數者按照缺額多寡，加倍開列姓名榜示投票所，令互選人再行投票，以足額為止。

其得票及格以額滿見遺者，一律作為候補當選人。

候補當選人名次照第十五條第三項辦理。

第十八條　關於互選詳細規則，由互選監督定之。

第十九條　互選完竣後，由互選監督即日將當選人名及候補當選人名榜示投票所，如當選人有不願應選者，得於榜示後三日以内呈明互選監督撤銷，即以候補當選人依次補入之。

第二十條　當選人確定後，由互選管理員造具當選人及候補當選人名册，連同票紙，於十日以内呈由互選監督申送本省督撫。

前項當選人及候補當選人名册，除照第九條辦理外，并應載明得票數目。

第二十一條　各省督撫接到前條名册後，應先將册内當選人姓名及得票數目即日通知資政院，仍將原册及票紙咨送存案。

第二十二條　資政院於前條各省通知到齊後，將當選人姓名及得票數目匯開清單，於選舉年份三月以前奏請按額欽選為資政院議員。

第二十三條　納税多額議員有缺額時，由資政院隨時將本届當選人姓名及得票數目開單奏請欽選補足之。

第二十四條　本届當選人數不足議員缺額之三倍時，以候補當選人補入之。候補當選人數不敷時，應即舉行臨時互選。

臨時互選一切照尋常互選辦理。

第二十五條　補缺議員之任期以補足前任未滿之期為限。

第二十六條　本章程與資政院院章同時施行。

各省諮議局互選資政院議員章程

第一條　各省諮議局互選資政院議員額數，按照院章第十條第八款所定，准各省諮議局議員定額多寡分配之如下：

奉天三人　吉林二人　黑龍江二人　順直九人　江蘇七人　安徽五人　江西六人　浙江七人　福建四人　湖北五人　湖南五人　山東六人　河南五人　山西五人　陝西四人　甘肅三人　新疆二人　四川六人　廣東五人　廣西三人　雲南四人　貴州二人

第二條　各省諮議局互選資政院議員，於每届選舉年份前一年十月十一日，在各省諮議局内行之。

其臨時互選日期届時由該省督撫定之。

第三條　各省諮議局互選資政院議員，以各該省督撫為監督。

每届互選，由資政院於前一年九月内行知各該互選監督，查照本章程舉行互選事宜。

互選監督届互選日期應親莅該局監察之。

第四條　互選投票、開票、檢票等事宜，由該省諮議局辦事處管理之。

第五條　互選選舉人及被選舉人，均以該省諮議局議員為限。

第六條　互選人届互選日期，應親赴投票所自行投票。

投票用記名連記法，按照第十條第一項所定該省當選人額數，將被選舉人姓名列記一票，并於票末自行署名。

第七條　互選人有因疾病或其他事故不能親赴投票所投票者，得就互選人内委托一人代行投票。

前項委托投票應由本人親書密封於封面署名畫押，連同委托憑證送致受托人。該受托人應將密封及委托憑證臨時向互選監督呈驗訖方准代投。

第八條　互選以得票過互選人半數者為當選。前項互選人數以實在行使互選權者之數為准。當選人名次，以得票多寡為先後，得票同數者以年長者列前，年同則以抽籤定之。

第九條　投票之有效與否，如有疑義，由互選監督決定之。

第十條　互選當選人額數，以第一條所定各該省議員額數之二倍為率。

如當選人不足定額，由互選監督將得票較多數者，按照缺額多寡加倍開列姓名榜示投票所，令互選人再行投票，以足額為止。

其得票及格以額滿見遺者，一律作為候補當選人。

候補當選人名次照第八條第三項辦理。

第十一條　關於互選詳細規則，由諮議局擬訂，呈由互選監督核定施行。

第十二條　互選完竣後，由諮議局辦事處造具當選人名册及候補當選人名册，連同票紙於十日以内呈送互選監督。

互選監督按照第一條所定該省議員額數，將前列當選人覆加選定為資政院議員，榜示投票所。

第十三條　選充資政院議員者，如不願應選，得於榜示後三日以内呈明互選監督辭退。

互選監督遇有前項情事，應依次將本届當選人及候補當選人覆加選定補充，如候補當選人不敷選充者，應即舉行臨時互選。

臨時互選一切照尋常互選辦理。

第十四條　議員選定後，由互選監督給與執照，另造議員名册，連同當選人及候補當選人原册咨送資政院。

第十五條　選充資政院議員者，不得兼充該省諮議局議員。

第十六條　各省諮議局互選資政院議員，有以他項資格經欽選為資政院議員者，不得兼充互選議員。

第十七條　各省諮議局互選資政院議員，有缺額時由資政院行知該省照第十三條第二項辦理。

第十八條　補缺議員之任期以補足前任未滿之期為限。

第十九條　本章程與資政院院章同時施行。

諮議局分部

綜　述

《軍機處上諭檔・著各省速設諮議局諭光緒三十三年九月十三日》　光緒三十三年九月十三日内閣奉上諭：朕欽奉慈禧端佑康頤昭豫莊誠壽恭欽獻崇熙皇太后懿旨，前經降旨於京師設立資政院以樹議院基礎，但各省亦應有采取輿論之所，俾其指陳通省利弊，籌計地方治安，並爲資政院儲材之階。著各省督撫均在省會速設諮議局，慎選公正明達官紳創辦其事，即由各屬合格紳民公舉賢能作爲該局議員，斷不可使品行悖謬營私武斷之人濫厠其間。凡地方應興應革事宜，議員公同集議，候本省大吏裁奪施行。遇有重大事件，由該省督撫奏明辦理。將來資政院選舉議員，可由該局公推遞升。如資政院應需考查詢問等事，一面行交該省督撫轉飭，一面逕行該局具覆。該局有條議事件，准其一面稟知該省督撫，一面逕强資政院查覈。其各府州縣議事會一併預爲籌畫，務期取材日宏，進步較速，庶與庶政公諸輿論之實相符，以副朝廷勤求治理之意。欽此。

又　**《諮議局及議員選舉章程均照所請辦理著各督撫限一年内辦齊諭光緒三十四年六月二十四日》**　光緒三十四年六月二十四日内閣奉上諭：朕欽奉慈禧端佑康頤昭豫莊誠壽恭欽獻崇熙皇太后懿旨，憲政編查館、資政院王大臣奕［劻］、溥倫等會奏，擬呈各省諮議局及議員選舉各章程一摺。

諮議局爲采取輿論之所，並爲資政院預儲議員之階，議院基礎即肇於此，事體重大，亟宜詳慎釐定。茲據該王大臣擬呈各項章程，詳加披閲，尚屬周妥，均照所議辦理。即著各督撫迅速舉辦實力奉行，自奉到章程之日起，限一年内一律辦齊。朝廷軫念民依，將來使國民與聞政事，以示大公，因先於各省設諮議局，以資歷練。凡我士庶，均當共體時艱，同攄忠愛，於本省地方應興應革之利弊切實指陳，於國民應盡之義務，應循之秩序，竭誠踐守，勿挾私心以防公益，勿逞意氣以紊成規，勿見事太易而議論稍涉囂張，勿權限不明而定法致滋侵越，總期民情不虞壅蔽，國憲咸知遵循。各該督撫等亦當本集思廣益之懷，行好惡同民之政，虛公審察，惟善是從，庶幾上下一心，漸臻上理。至於選舉議員，尤宜督率各該地方有司，認真監督，精擇慎取，斷不准使心術不正行止有虧之人託足其内，致妨治安。

該王大臣所陳要義三端，甚爲中肯。如宣布開設議院年限一節，自是立憲國必有之義，但各國憲政本難强同，要不外乎行政之權在官吏，建言之權在議員，而大經大法，上以之執行罔越，下以之遵奉弗違。中國立憲政體前已降旨宣示，必須切實預備，慎始圖終，方不至託空言而鮮實效。著憲政編查館、資政院王大臣，督同館院諳習法政人員甄采列邦之良規，折衷本國之成憲，迅將君王憲法大綱暨議院選舉各法擇要編輯，並將議院未開以前，逐年應行籌備各事，分期擬議臚列具奏呈覽。俟朝廷觀裁後，當即將開設議院年限欽定宣布，以立臣工進行之準則，而副吾民望治之股懷，並使天下臣民曉然於朝廷因時制宜變法圖强之至意。欽此。

《東方雜誌》第五卷第七號《憲政編查館等奏擬訂各省諮議局章程並議員選舉章程摺光緒三十四年六月二十四日》 奏爲擬訂各省諮議局章程及案語，並議員選舉章程，分別繕具清單，請旨欽定頒行，以資遵守，恭摺仰祈聖鑒事。

光緒三十三年九月十三日内閣奉上諭：仰見皇太后、皇上孜孜求治重視輿論之至意，欽服莫名。臣等竊維立憲政體之要義，在予民人以與聞政事之權，而使爲行政官吏之監察，故不可無議院以爲人民聞政之地。東西立憲各國，雖國體不同，法制各異，而要之無不設立議院，使人民選舉議員，代表輿論，是以上下之情通，而睽隔之弊少。中國向無議院之説，今議倡設，人多視爲創舉，且視爲外國之法，不知虞廷之明目達聰，大禹之建鞀設鐸，洪範之謀及庶人，周官之詢於外朝，皆古義也。古昔盛時，無不廣采輿論以爲行政之準則者，特未有議院之制度耳。記曰：上酌民言，則下天上施，上不酌民言，則犯也，下不天上施，則亂也。傳曰：防民之口，甚於防川，川壅而潰，傷人必多，是故爲川者決之使導，爲民者宣之使言，是民言之不可壅障，斷斷然也。然爲川之道，固不可使之壅塞而不流，亦不可任其泛濫而無紀。必也寬予之地，俾其暢行無阻，而仍遙築堤防，不容溢出於界域之外。議院者，予水暢行之地也。規則者，不容外溢之堤防也。既將創設議院，若不嚴定規則，預爲之制，曲爲之防，流弊有不可勝言者。今者欽奉明綸，於京師設立資政院外，復令各省均在省會設立諮議局，以爲各省采取輿論之所，並爲資政院儲才之階，法良意美，薄海同欽。臣等查諮議局即議院之先聲，自當上承德意，下體輿情，將其規則妥爲釐定，以期行之有利而無弊。

伏查各國立憲制度，皆設上下議院於國都，其下多直接地方自治之議會。惟聯邦之制，各邦自有國會，帝國但總其大綱。中國地大民衆，分省而治，各省之政，主於督撫，與各國地方自治直接國都者不同，而郡縣之制，異於封建，督撫仍事事受命於朝廷，亦聯聊邦之各爲法制者不同。諮議局之設，爲地方自治與中央集權之樞紐，必使下足以裒集一省之輿論，而上仍無妨於國家統一之大權。此其要義一也。夫議院乃民權所在，然其所謂民權者，不過言之權而非行之權也。議政之權雖在議院，而行政之權仍在政府。即如外國監督政府之説，民權似極强矣，而議院攻擊政府，但有言辭，並無實力，但有政府自行求退，議院並不能驅之使行。普魯士、日本憲法，且明載進退宰相，任免文武官之權，在於其君，此足見民權之是言非行矣。況諮議局僅爲一省言論之準歸，尚非中央議院之比，則其言與行之界限，尤須確切訂明，不容稍有踰越。此其要義二也。立憲之國，必有議院，此一定之理。敕定憲法之國，必先期宣布開設議院年限，此亦自然之序。今資政院、諮議局已次第建立，爲議院之基礎矣。基礎既立，則朝廷自將宣布開設議院年限，以定人心而促進步，此可預計者也。是則此日各省諮議局辦法，必須與異日京師議院辦法，有相成而無相悖。宣布年限之後，局中議員，即當隨時爲選入議院之預備，故議員資格，議事權限，皆當於此時早爲釐定。此其要義三也。

茲經臣等督飭館員，仰體聖訓，博考列國立法之意，兼采外省所擬章程，參伍折衷，悉心編纂，謹擬成各省諮議局章程十二章六十二條。第一章總述綱要，明諮議局之緣起及其設立之宗旨。第二章至第五章，定諮議局議員之額數、資格、分類任期，兼及補缺、改選、辭職之事。第六章至第八章，定諮議局之職任權限，及其會議監督之法。第九章以下，定經理本局庶務、籌支經費、保持紀律之事。而以章程之施行修改，列爲附條殿焉。所有條項文句，均經斟酌再三，屢成屢易。椎輪之作，不敢即謂精密無遺，而因時制宜，斟酌亦不敢不力求詳慎。謹疏通證明，加具案語，附於各條之後，以便解釋，而免疑誤。

其議員選舉事宜，端緒繁雜，非局章所能備載，若不詳細籌擬，另定專條，誠恐辦理紛歧，漫無把握，故別爲選舉章程一百十五條，以與局章相輔而行，庶幾範圍不過，率由有章。謹分別繕具清單，恭呈御覽。如蒙俞允，擬請明降諭旨，頒行各省，即由臣館分咨各督撫欽遵辦理。其安徽撫臣馮煦所奏諮議局章程，奉旨交臣館議奏之案，此項章程現既具奏，即無庸再行議覆。

是否有當，謹合詞恭摺具陳，伏乞皇太后、皇上聖鑒訓示。

再，此摺係憲政編查館主稿，會同資政院辦理，合併聲明。謹奏。

光緒三十四年六月二十四日奉上諭，已録。

附清單

各省諮議局章程（附加案語）

第一章　總綱

第一條　諮議局欽遵諭旨爲各省采取輿論之地，以指陳通省利病，籌計地方治安爲宗旨。各省諮議局設於督撫所駐之地。謹案：諮議局係欽奉諭旨設立，凡諸大綱，俱見於光緒三十三年九月十三日上諭。本條特稱欽遵諭旨者，所以示諮議局之緣起，且以見本章程所訂各條皆根本聖謨，敷鬯厥佰，非出於擬議者之臆見也。

第二章　議員

第二條　各省諮議局議員以左列數目爲定額，用複選舉法選任之：奉天五十名，吉林三十名，黑龍江三十名，順直一百四十名，江寧五十五名，江蘇六十六名，安徽八十三名，江西九十七名，浙江一百十四名，福建七十二名，湖北八十名，湖南八十二名，山東一百名，河南九十六名，山西八十六名，陝西六十三名，甘肅四十三名，新疆三十名，四川一百零五名，廣東九十一名，廣西五十七名，雲南六十八名，貴州三十九名。京旗及各省駐防，均以所住地方爲本籍。但旗制未改以前，京旗得於順直議員定額外，暫設專額十名。各省駐防得於該省議員定額外，每省暫設專額一名至三名，其名數由各督撫會同將軍、都統定之。謹案：議員定額之準則，固以此照戶口之數爲最當，惟中國戶口尚無確實統計，詳細調查，恐需歲月，不得已參酌各省取進學額及漕糧之數，以定多寡。本條所定，以各該省學額總數百分之五爲準。惟寧、蘇兩處漕糧最重，而學額較少，故就漕糧每三萬石加增一名，於江寧增九名，江蘇增二十三名。其漕糧雖重，而學額已敷，如浙江等省，不再加額。東三省及新疆地方，建設行省未久，學額漕糧俱難取準，故酌定一相當之名額，其府廳州縣劃分名額之法，則以選舉人多寡爲標準，由本省督撫按照另定選舉章程辦理。又案：各國選舉議員之法，有單選、複選之別。單選者，逕由選舉人投票選出議員是也。複選者，先由選舉人選出若干選舉議員人，更令選舉議員人投票選出議員是也。現當初行選舉之際，一切辦法，自以詳密爲宜，若遽用單選制度，恐揀擇未精，不無濫竽倖進之弊，故本條采用複選舉法，以示矜慎。又案：近年迭奉諭旨，消融滿漢畛域，將來旗制裁改，則旗人自應以所居地方爲本籍。但旗制未改以前，旗人尚未編入民籍，京旗及駐防若不另爲設額，旗人將全無與聞政事之權，似不足以昭平允，故暫爲旗人設議員專額，京旗則附順直，駐防則附各省，庶免偏枯之慮。至東三省地方，即係旗人本籍，非京旗及駐防可比，所有旗漢人等，自應一律辦理，無庸另設專額，以爲至東三省地方，即係旗人本籍，非京旗及駐防可比，所有旗漢人等，自應一律辦理，無庸另設專額，以爲實行化除畛域之倡。

第三條　凡屬本省籍貫之男子，年滿二十五歲以上，具左列資格之一者，有選舉諮議局議員之權：一、曾在本省地方辦理學務及其他公益事務滿三年以上著有成績者，二、曾在本國或外國中學堂及與中學同等或中學以上之學堂畢業得有文憑者，三、有舉貢生員以上之出身者，四、曾任實缺職官文七品武五品以上未被參革者，五、在本省地方有五千元以上之營業資本或不動產者。謹案：各國選舉資格有普通選舉、限制選舉之別。普通選舉者，於財產上之資格不加限制，使全國成年以上之男子皆有選舉權者是也。限制選舉者，據財產上之資格以定選舉權之有無，如取一定之納稅額爲標準而付與以選舉權者是也。現當初行選舉之際，勢不能驟用普通選舉之制。然使專以財產爲標準，又易啓民間嗜利尚富之風，故本條參用限制選舉法而推廣之，於財產限制之外，另設資望學識名位等格，以與財產並重，有一於此，即爲合格，既免冒濫之嫌，亦無偏重之弊，似爲今日適宜之制。至第四款所指曾任實缺職官，必以未被參革爲限者，因既經褫奪，即與齊民無異，不能復謂之職官矣。

第四條　凡非本省籍貫之男子，年滿二十五歲，寄居本省滿十年以上，在寄居地方有一萬元以上之營業資本或不動產者，亦得有選舉諮議局議員之權。謹案：寄居人於寄居地方所受之利害關係，較本籍人爲輕，則其權利自亦不能無所區別，故本條定寄居人之選舉資格，較本籍人爲特嚴。

第五條　凡屬本省籍貫，或寄居本省滿十年以上之男子，年滿三十歲以上者，得被選舉爲諮議局議員。謹案：本章程第六、第七、第八等條，於被選舉權之限制，已極嚴密，故本條所定被選舉資格，除年齡以外，更無何等要項。蓋選舉議員與任命官吏不同，國家但當指定何種人爲在不應選舉之列，不當更立程式，强令選舉人必於何種人内行其選舉權也。故各國通例，被選舉資格除年齡以外，大抵無所限制。年齡資格各國亦互有不同：法蘭西、德意志、比利時等國以二十五歲爲及格，英、美則以二十一歲爲及格，惟日本議院法，必年滿三十歲以上者方有被選舉權。本條采之者，以議員與聞政事，責任綦重，未達壯年之人，識力未富，經驗未深，不宜輕授以代表國民之重任也。

第六條　凡有左列情事之一者，不得有選舉權及被選舉權：一、品行悖謬，營私武斷者，二、曾處監禁以上之刑者，三、營業不正者，四、失財産上之信用，被人控實，尚未清結者，五、吸食鴉片者，六、有心疾者，七、身家不清白者，八、不識文義者。謹案：選舉議員及被選舉爲議員者，必身無過犯，並具有相當之智識及信用，而後資格乃爲完全，故犯本條諸款中之一者，不得有選舉權及被選舉權。其第一款所謂品行悖謬，營私武斷者，指宗旨歧邪，干犯名教，及訟棍土豪劣迹昭著者而言，第六款所謂有心疾者，指有瘋狂癡騃等疾，精神已異常人者而言，第七款所謂身家不清白者，指爲娼優隸卒等賤業之人而言。

第七條　左列人等停止其選舉權及被選舉權：一、本省官吏或幕友，二、常備軍人，及徵調期間之續備後備軍人，三、巡警官吏，四、僧道及其他宗教師，五、各學堂肄業生。謹案：本條所定選舉及被選舉之限制，非以其資格缺欠之故，乃以其所處之地位，不適於選舉議員及被選爲議員故也。蓋本省官吏幕友，當行政之任，與諮議局本屬對立，若與以選舉議決之權，恐生曠職及干涉勾通等弊，軍人以不預政事爲通例，巡警亦然，僧道教師均從事宗教，不預世務，學堂肄業學生正當精勤學業，自不宜與聞政事，故一律停止其選舉權及被選舉權。

第八條　現充小學堂教員者，停止其被選舉權。謹案：小學堂教員職司國民教育，責任綦重，若以被選議員之故，致曠厥職，殊於學務有礙，故僅留其選舉權，而停止其被選舉權。

第九條　諮議局選舉事宜，照另定選舉章程行之。謹案：選舉事宜甚爲煩瑣，非本章程所能備載，故另立專章，相輔而行，以期周密。

第三章　議長副議長及常駐議員

第十條　諮議局設議長一人，副議長二人，常駐議員若干人，均由議員中互選。常駐議員以該省議員額數十分之二爲額。議長、副議長用單記投票法分次互選，常駐議員用連記投票法一次互選，均以得票過半數者爲當選，其細則由諮議局自定。謹案：本條係定正副議長及常駐議員之額數及其選舉之法。緣諮議局不能常年開會，而一省之中，臨時事務甚多，久稽不議，亦非所宜，故設常駐議員以補救之，所以期議事之敏捷，而省開會之煩數也。又案：投票之法，有單記、連記之別。單記者，由選舉人記其所舉之人一名於票是也。議長與副議長職任權限不同，故用單記法，令分次互選，每次選出一人。連記者，按照應舉人數，由選舉人列記所舉之人若干名於票是也。常駐議員彼此職任權限相同，故用連記法一次互選。

第十一條　議長總理全局事務，副議長協理全局事務。議長有事故時，由副議長中一人代理。議長及副議長俱有事故時，由議員中公舉臨時議長代理。謹案：本條係定議長、副議長之權限，及其代理之法，一以防將來之牴牾，一以免臨時之紊亂。

第十二條　常駐議員於第二十一條第九至第十二各款所列事件，若不在開會期中，待由議長委任，協議辦理，惟須於次期開會時報告全體議員。常駐議員如督撫有時招集，亦可至會議廳以備詢考。謹案：本條係定常駐議員之權限及職務。常駐議員之協議，以不在開會期内爲限，若值會期，即與尋常議員無別。協議之先，必由議長之委任，事畢之後，必須於次期會議報告議員，則專擅之漸，亦無自而開矣。又案：第二項所定，因續訂直省官制第六條，有各省設會議廳，可酌擇公正鄉紳與議之條。當續訂官制時，尚未奉有設立諮議局之旨，是以擬有會議廳一條。現在既專設諮議局，則督撫與司局各官會議時，或招集常駐議員以資考詢，或議論有不便同坐時，即不招集常駐議員，均聽其便。若不在會議廳，督撫願隨時與常駐議員等晤談詢訪，亦無不可。

第十三條　議長、副議長、常駐議員均常川到局辦事。謹案：正副議長及常駐議員，既於會期以外有一定之職守，自不得不常川到局，以免曠廢之弊。

第十四條　議長、副議長、常駐議員除特定職權外，其餘權利義務均與議員同。謹案：議長、副議長、常駐議員本皆由議員中互選而來，就特定職任權限言之，則謂之議長、副議長、常駐議員，就普通權利義務言之，則議長等亦一議員也。本章程内凡以議員與議長、副議長、常駐議員對舉者，專指尋常議員而言，其泛稱議員者，即兼賅議長等在内。本條特聲明議長、副議長、常駐議員權利義務與議員同者，恐解釋者於本章程内所有泛稱議員之處，亦誤以議長等爲不在其列也。

第四章　任期及補缺

第十五條　凡議員之任期，以三年爲限，議長、副議長之任期亦同。但常駐議員之任期，以一年爲限。任期以每屆選舉後第一次開會之日起算。謹案：本條係定議長、議員等之任期。議員三年一改選者，因歲序屢易，各省情形亦有變遷，前舉之人適宜與否，不可不再卜之輿論也。議長亦由議員中選出，其被選也同，故其改選也亦同。常駐議員以一年爲限者，一以均勞逸，一以杜少數專擅之弊。

第十六條　議長因事出缺時，以副議長遞補之。副議長因事出缺時，由議員中互選補之，若不在開會期中，得由常駐議員中互選補之。常駐議員因事出缺時，以候補常駐議員名次表之列前者遞補之。議員因事出缺時，以複選候補當選人名次表之列前者遞補之。謹案：本條係定議長、議員等補缺之法，以免臨時之紊亂，兼省再選之煩瑣。

第十七條　凡補缺之議長、副議長、議員、常駐議員，其任期以補足前任未滿之期爲限。謹案：議長、議員等改選，必歸一律，不使有參差不齊之病，故本條定各項補缺者之任期，悉以補足前任未滿之期爲限，則數若畫一矣。

第五章　改選及辭職

第十八條　凡議員任滿後，均分别改選，再被選者得行連任，但連任以一次爲限。若議員任期未滿而選舉區有更改者，照舊任職。謹案：改選議員，本以新舊相乘除，然再被選而亦許連任者，資熟手而順輿情也。但連任或至數次，爲時太久，恐有挾持資望，蔑視同列之弊，且後起者亦將爲所抑壓而不得進，甚屬非計，故連任止以一次爲限。

第十九條　凡議員非因左列事由不得辭職：一、確有疾病不能擔任職務者，二、確有職業不能常住本省境内者，三、其餘事由特經諮議局允許者。謹案：議員有應盡之義務，一經被選，不得推諉，然或真有疾病，或以事不能常住本省，則難令强留，亦難盡職，故經審查確實，亦可聽其辭退。

第二十條　凡議員於任滿後再被選而欲辭職者聽之。謹案：議員雖可連任一次，然使久從公務，或於本人私計大有妨害，是亦不近人情，故既經任滿而再被選者，難辭退亦無不可。

第六章　職任權限

第二十一條　諮議局應辦事件如左：一、議決本省應興應革事件，二、議決本省歲出入豫算事件，三、議決本省歲出入決算事件，四、議決本省税法及公債事件，五、議決本省擔任義務之增加事件，六、議決本省單行章程規則之增删修改事件，七、議決本省權利之存廢事件，八、選舉資政院議員事件，九、申覆資政院諮詢事件，十、申覆督撫諮詢事件，十一、公斷和解本省自治會之爭議事件，十二、收受本省自治會或人民陳請建議事件。謹案：本條係定諮議局應辦事件，凡所列舉，均以本省之事爲止，示與資政院所定權限有國家、地方之分。第一款總括地方庶政而言，二、三、四、五等款爲監察財政事宜，六、七兩款爲參與立法事宜，第八款係欽遵諭旨，預立議院之根基，九、十兩款以備京外之顧問，十一、十二兩款以平自治會之紛爭，以通人民之情悃。

第二十二條　諮議局議定可行事件，呈候督撫公布施行，前項呈候施行事件，若督撫不以爲然，應説明原委事由，令諮議局覆議。

第二十三條　諮議局議定不可行事件，得呈請督撫更正施行，若督撫不以爲然，照前條第二項辦理。

第二十四條　諮議局於督撫交令覆議事件，若仍執前議，督撫得將全案咨送資政院核議。謹案：以上三條，係就諮議局所議與本省大吏或合或不合之事件，而定其往復之辦法，以防諮議局與督撫生意外之齟齬也。其要旨有五：一、諮議局議定可行事件，督撫若無異議，有公布施行之責，二、督撫提議事件，諮議局如以爲不可行者，有議請更正之權，三、諮議局議定可行或不可行事件，督撫如不以爲然者，有交局覆議之權，四、交局覆議事件，督撫必須説明原委事由，否則不能令其覆議，五、督撫及諮議局各執一見不能解決之事件，督撫應咨送資政院，以待決定。

第二十五條　第二十一條所開第一至第七各款議案，應由督撫先期起草，於開會時提議，但除第二、三款外，諮議局亦得自行草具議案。謹案：第二十一條所開第一至第七各款議案，皆與行政相關，督撫爲行政長官，應預爲籌畫一切，故先由督撫起草。然或諮議局自有所見，足以補督撫之所不及，若不許其提議，則與采取輿論之旨不符，本條特許諮議局以自草議案者，所以通下情也。

第二十六條　諮議局於本省行政事件及會議廳議決事件，如有疑問，得呈請督撫批答。若督撫認爲必當秘密者，應將大致緣由聲明。謹案：本條係申明諮議局於本省政務有與議之權。蓋有問必答，雖秘密者亦當説明其大致緣由，至詳細内容，無庸宣示。

第二十七條　本省督撫如有侵奪諮議局權限，或違背法律等事，諮議局得呈請資政院核辦。謹案：本條所定，係爲保護諮議局之權限，並預防督撫濫用其權力而設。蓋督撫如有侵奪諮議局權限，或違背法律等事，諮議局得呈請資政院核辦，則督撫限於衆議，而不致有病國害民之舉。顧又不令諮議局逕行抗議，而必以核辦之權付諸資政院，則諮議局亦不能肆行挑剔，以掣督撫之肘，凡以避上下之爭突，保行政之平衡而已。

第二十八條　本省官紳如有納賄及違法等事，諮議局得指明確據，呈候督撫查辦。謹案：諮議局爲一省輿論所集之地，官紳有納賄違法情事，人民必遭其冤抑，自應立予糾舉，俾順羣情。其必指明確據者，以防挾嫌誣陷之弊，其必呈候督撫查辦者，以保行政長官監督之權。

第二十九條　凡他省與本省爭論事件，諮議局得呈請督撫，咨送資政院核決。謹案：各省壤地交錯，難保無爭議事件，事關兩省，相持不已，督撫及諮議局俱未便定議，故非經資政院核決不足以昭平允。

第三十條　凡第二十四、二十七、二十九條所列各事項，經資政院議定後，均宜分別照行。謹案：資政院居全國輿論最高之地位，故諮議局與督撫，或諮議局與諮議局有相持之時，則資政院應實行其解決之權。既經解決後，諮議局與督撫等即不得另有異議，所以保政治輿論之統一也。

第七章　會議

第三十一條　諮議局會議期分常年會及臨時會二種，均由督撫召集。開會之第一日，督撫應親自蒞局行開會儀式。謹案：諮議局爲一省之議會，與國會不同，其所議係本省之事，故由本省督撫召集之，常年會照下條定期，臨時會期則督撫酌定之。

第三十二條　常年會每年一次，會期以四十日爲率，自九月初一日起，至十月十一日止，其有必須接續會議之事，得延長會期十日以内。謹案：常年會以每年九、十月間爲宜，蓋時值秋冬，民間事務較簡，且於次年豫算等事，尤便調查。會期以四十日爲率，可以從容集議，倘仍不足，亦可展期，其不得過十日者，所以防議事迂緩不決之弊。

第三十三條　臨時會於常年會期以外，遇有緊要事件，經督撫之命令，或議員三分之一以上之陳請，或議長、副議長及常駐議員之聯名陳請，均得召集。其會期以二十日爲率。謹案：臨時會非有緊要重大事件不宜輕易召集，故開會之事亦較鄭重。會期二十日，較常年會爲短者，以臨時會所議事項亦簡也。

第三十四條　凡召集開會，應於三十日以前，由議長將本屆開會應議事件，預行通知各議員。謹案：議事不可無準備，故必由議長早日通知，俾各議員事前有所研求，則臨時自不至漫無定見矣。

第三十五條　凡會議非有議員半數以上到會不得開議。

第三十六條　凡議案之可行與否，以到會議員過半數之所決爲準。若可否同數，則取決於議長。謹案：以上二條，定開議、決議之人數，蓋取決多數乃議會之通例也。

第三十七條　凡會議時，督撫得親臨會所，或派員到會陳述意見，但不列議決之數。謹案：諮議局議案即多由督撫提出，則開會之時，自當到局陳述其意見。惟是督撫政務甚繁，勢難常自到會，故派員代理，亦無不可，其不列議決之數者，以督撫及其委員本在議事者之外故也。

第三十八條　凡議案有關係議員本身親屬，及職官例應迴避者，該議員不得與議。謹案：本條係爲議員遠嫌疑起見，故定議事時迴避之例。

第三十九條　凡議員於諮議局議事範圍内所發言論，不受局外之詰責。其以所發言論在外自行刋布者，如有違犯，仍照各本律辦理。謹案：議員在議會内所發言論，於議會以外不任其責，爲立憲各國之通例。蓋議員有代表國民之重任，自應於國計民生籌之至熟，直抒已見，不屈不撓，方爲盡職，若加以束縛，致令瞻前顧後，緘默自安，殊非設立議會之本意，故本條所定不受詰責者，謂於法律上不負責任，任導之盡言，使無顧慮。惟以所發言論在外自行刋布者，則自係一人之責，如有違犯，仍應照各本律辦理。

第四十條　凡議員除現行犯罪外，於會期内非得諮議局承諾，不得逮捕。謹案：本條尊重議員之身體，所以防官吏妄行逮捕之弊，若現行犯罪，則情形顯著，自不致涉於疑似，故不在此限。

第四十一條　凡會議不禁旁聽，其有左列事由經議員公認者，不在此限：一、督撫特令禁止者，二、議長、副議長同意禁止者，三、議員十人以上提議禁止者。謹案：本條定議會公開之制。其應禁止旁聽者，必經議員公認，所以示慎重也。

第四十二條　凡議決事件，除議長、副議長同意認爲應行秘密者外，均公布之，並應隨時報告督撫及資政院。謹案：本條定議決公布之制。督撫爲一省之行政長官，資政院爲全國之議事總匯，故非隨時報告不可。

第四十三條　議員會議時有違背局章及議事規則者，議長得止其發議，違者得令退出，其因而紊亂議場秩序致不能會議者，議長得令暫時停議。

第四十四條　旁聽人有不守規則或紊亂議場秩序者，議長得令其退出。謹案：以上二條，定會議之紀律，以防議員及旁聽人違背章程及紊亂秩序之弊。

第四十五條　凡議事細則及旁聽規則，由諮議局議定，呈請督撫批准後公布之。謹案：議事細則及旁聽規則，係諮議局内部之事，均應歸諮議局自行酌定。

第八章　監督

第四十六條　各省督撫有監督諮議局選舉及會議之權，並於諮議局之議案有裁奪施行之權。謹案：本條定督撫於諮議局有監督裁奪之權。如各處選出議員，督撫查明有舞弊及不合格情事，自可即行撤銷。會議如有不遵定章者，亦可隨時糾正。至裁奪施行，即指第二十二、二十三兩條所載事項而言，皆所以重行政長官之責任也。

第四十七條　諮議局有左列情情，督撫得令其停會：一、議事有踰越權限，不受督撫勸告者，二、所決事件違背法律者，三、議員在議場有狂暴舉動，議長不能處理者。停會之期以七日爲限。謹案：本條特將應行停會情事列舉者，以防督撫之專擅。停會之期不得過七日者，以防事務之廢弛。

第四十八條　諮議局有左列情事，督撫得奏請解散，並將事由咨明資政院：一、所決事件有輕蔑朝廷情形者，二、所決事件有妨害國家治安者，三、不遵停會之命令，或屢經停會仍不悛改者，四、議員多數不赴召集，屢經督促仍不到會者。謹案：本條定解散諮議局之權。一、二兩款有關國家之安危，三、四兩款有失議會之體制，自非立予解散不可。然必將事由咨明資政院，庶督撫不致濫用其權。

第四十九條　諮議局議員解散後，督撫應同時通飭，重行選舉，於兩箇月以内召集開會。謹案：諮議局一經解散，亟當重行選舉，以示議會雖可暫行解散，不可久於停止也。

第九章　辦事處

第五十條　諮議局設辦事處，經理局中文牘、會計及一切庶務，由議長、副議長監理。

第五十一條　辦理處置書記長一人，書記四人，由議長選請督撫委派。

第五十二條　辦事處辦事細則，由諮議局自定。謹案：以上三條，係明定局中庶務章程。委員與議員地位不同，故不用選舉而用委派。

第十章　經費

第五十三條　諮議局經費由督撫籌指專款撥用，其款目分列如左：一、議員旅費，二、議長、副議長及常駐議員公費，三、書記長以下薪金，四、雜費，五、預備費。

第五十四條　前條公費及薪金數目由督撫定之。其旅費、雜費及預備費，由諮議局會議豫算數目，呈請督撫核定。

第五十五條　諮議局經費由議長、副議長按月清查一次，於常年會開會時造冊清報，由議員審查之。謹案：以上三條，係明定局中經費章程。議員祇給旅費者，以其爲名譽職也。議長及常駐議員另給公費者，以其常年到局任事，必有津貼，庶可專心從事也。其費用數目由督撫審定者，以關係議員本身之事，不便自定也。

第十一章　罰則

第五十六條　諮議局罰則分爲二種如左：一、停止到會，但以十日爲限，二、除名。

第五十七條　停止到會，以議長、副議長同意行之。除名則以到會議員全體決議行之。

第五十八條　凡議員屢違局章，或語言行止謬妄者，停止到會，其情節重者除名。

第五十九條　凡議員無故不赴常年會之召集，或赴召集後無故不到會，延至十日以上者，均除名。

第六十條　凡議員以本局之名義干預局外之事者，停止到會，其情節重者除名。謹案：以上五條，係明定議員處罰章程。議員均由合格紳民投票公選，自應能舉其職，惟流弊所至，不可不預爲之防，自五十八條至六十條所指情節，均屬蔑棄職守，有玷名譽，自當酌加懲罰，以肅紀綱。惟除名必以到會議員全體決議行之者，以議員既由公選而來，亦不容以一二人之私見而去之也。

第十二章　附條

第六十一條　本章程自奏准奉旨文到之日起爲施行之期。謹案：本章程一經奏准，即應先事豫備，故以奉旨文到之日爲施行之期。

第六十二條　本章程未盡事宜，得由各省諮議局擬具草案，議定後，呈由督撫咨送憲政編查館會同資政院核議辦理。謹案：本章程甫經草創，難保無未盡事宜，各省諮議局既有所見，自可隨時擬議，增添刪改，其議決核定之權，仍歸之憲政編查館及資政院者，所以防各省自行改制，致有參差不一之弊。

《諮議局議員選舉章程光緒三十四年六月廿四日》　第一章　總綱

第一節　選舉資格

第一條　凡選舉及被選舉資格按照諮議局章程第三條至第八條辦理。

第二節　選舉區域

第二條　初選舉以廳、州、縣為選舉區，復選舉以府、直隸廳、州為選舉區，各以所轄地方為境界。

直隸廳州之本管地方及府之有本管地方者均作為初選區，直隸廳無屬縣者以附近之府為復選區。

第三條　府、廳、州、縣境界有更改時選舉區一并更改。

第三節　辦理選舉人員

第四條　初選區廳以該同知、通判，州縣以該知州、知縣為初選監督，復選區府以該知府、直隸廳州以該同知、通判、知州為復選監督。

府、直縣廳、州之本管地方作為初選區者，由該知府、同知、通判、知州遴派教佐員為初選監督。

選舉監督各以本衙門為辦理選舉事務之所。

第五條　初選、復選均應設投票管理員、監察員、開票管理員、監察員若干名。

管理員不拘官紳，均可派充。監察員應以本地紳士為限。

第六條　初選監督職掌如下：

一、監督初選投票、開票及選舉一切事宜；

二、保薦初選投票、開票管理員及監察員；

三、籌定初選投票區、投票所及開票所地址；
四、造具初選區選舉人名冊申報復選監督；
五、徵集初選管理員及監察員報告；
六、決定初選當選人；
七、給與初選當選人執照；
八、申報初選當選人姓名、職銜及票數及初選情形於復選監督；
九、宣示初選當選人姓名、職銜及票數；
十、執行初選變更事務。

第七條　復選監督職掌如下：
一、監督復選投票、開票及全區選舉事宜；
二、派定初選復選投票、開票管理員及監察員；
三、分配初選當選人名數於各廳州縣；
四、匯申初選各區選舉人名册於督撫；
五、核定初選投票區、投票所、開票所及擇定復選投票所、開票所地址；
六、徵集初選監督及復選管理員、監察員報告；
七、決定復選當選人；
八、給與復選當選人執照；
九、申報復選當選人姓名、職銜、票數及全區選舉情形於督撫；
十、宣示復選當選人姓名、職銜及票數；
十一、核定初選變更及執行復選變更事務。

第八條　投票管理員職掌如下：
一、掌投票所啓閉；
二、決定投票之應否收受；
三、記録投票情形申報選舉監督；
四、掌投票匭投票簿投票紙及選舉人名册；
五、稽查投票所紀律。

第九條　開票管理員職掌如下：
一、掌開票所啓閉；
二、清算投票數目；
三、檢查投票紙真僞；
四、決定投票之是否合例；
五、記録開票情形申報選舉監督；
六、保存票紙；
七、稽查開票所紀律。

第十條　投票監察員、開票監察員，各會同管理員辦理投票、開票事宜，其職掌與前二條同。

監察員如與管理員有意見不同時，得建議於選舉監督。

第十一條　凡辦理選舉人員均為名譽職，不支薪水。

第十二條　凡辦理選舉人員除監察員外，不得與於選舉人及被選舉人之數。

第四節　選舉年限

第十三條　選舉年限以三年為一次。

第十四條　每届選舉年限以是年正月十五日為初選日期，三月十五日為復選日期，届期由督撫奏明并咨報民政部立案。

其臨時選舉日期由復選監督申請督撫酌定，匯案奏報。

第二章　初選舉

第一條　投票區

第十五條　初選監督應按照地方廣狹、人口多寡分劃本管區域為若干投票區，至多以十區為限，每區投票所一處。

第十六條　投票區應於選舉期三個月以前，由初選監督一律籌定，詳細繪圖申報復選監督核定。

第二節　人名册

第十七條　初選監督應按照選舉資格，詳細調查，將合格者造具選舉人名册。

第十八條　調查時初選監督應就本管各地方分設選舉調查員。

選舉調查員辦事細則由初選監督擬訂呈請復選監督核定施行。

第十九條　選舉人名册應載事項如下：

一、姓名、年歲、籍貫、住所或寄居年限；

二、辦過某項學務及其他公益事務并其年限；

三、出身；

四、官隊；

五、營業資本或不動産之某項所確數。

第二十條　選舉人名册應於選舉期六個月以前一律告成。

第二十一條　選舉人名册告成後，初選監督應即呈由復選監督撫，并於選舉期三個月以前頒發各投票所宣示公舉。

第二十二條　宣示人名册以二十日為期，如本人以為錯誤、遺漏，准於宣示期内取具憑證呈請初選監督更正。

前項呈請更正，初選監督應於收呈之日起二十日以内判定准否。

第二十三條　初選監督判定無庸更正時，有不服者得呈訴於復選監督。

復選監督判定期限，照前條第二項辦理。

第二十四條　凡過宣示期限即為確定，不得再請更正。其經由初選或復選監督判定更正者，應一律補入選舉人名册。

第二十五條　選舉人名册確定後，應分存各投票所及開票所，并由督撫咨報民政部。

第三節　當選人額數

第二十六條　初選當選人額數按照議員定額加多十倍，每届由復選監督遵照督撫所定該復選區議員額數十乘之。為該復選區當選人額數，分配於各廳州縣。

第二十七條　初選當選人分配之法，由復選監督以該復選區應出當選人額數除全區選舉人總數，視得數多寡，定選舉人。每若干名得選出當選人一名，再以此數分除各初選區選舉人數，視得數多寡定各該初選區應出當選人若干名。

其各初選區有選舉人數不敷選出當選人一名或敷選若干名之外仍有零數，致當選人不足定額者，比較各初選區零數多寡，將餘額依次歸零數較多之區選出之。若兩區以上零數相等，其餘額應歸何區，以抽籤定之。

前兩項分配定後，由復選監督於初選舉期兩個月以前榜示各初選區。

第四節　選舉告示

第二十八條　初選監督應於該選舉期三個月以前頒布選舉告示，其應載事項如下：

一、初選日期；

二、初選投票區、投票所及開票所地址；

三、投票方法。

第五節　投票所

第二十九條　投票所由投票管理員及監察員掌投票一切事宜。

第三十條　投票之日管理員及監察員均應按時齊集，如有臨時不到應由初選監督派員代理。

第三十一條　投票所周圍得臨時增派巡警嚴查一切。

第三十二條　投票所除所職員及投票人與巡警外，他人不得闌入。

第三十三條　投票所之啓閉，以午前八時至午後六時為率，逾限不准入内。

第三十四條　管理員及監察員應將投票始末情形會同造具報告，連同投票匭於投票完畢之翌日移交開票所并申報初選監督。

第三十五條　投票所自投票完畢之日起十五日以内一律裁撤。

第三十六條　投票所辦事細則，由初選監督擬訂，呈請復選監督核定施行。

第六節　投票紙投票簿及投票匭

第三十七條　投票紙應由復選監督按照定式制成，於選舉期二十日以前分交初選監督。

初選監督應於選舉期十日以前分交各投票所。

第三十八條　初選監督應按照各投票所所屬投票人分別造具投票簿，并按照定式制成投票匭，於選舉期十日以前分交各投票所。

第三十九條　投票簿應載明投票人姓名、年歲、籍貫及住所。

第四十條　投票匭除投票時外應嚴加封鎖。

第七節　投票方法

第四十一條　投票人以列名本屬投票所之投票簿者為限。

第四十二條　投票人届選舉期應親赴投票所自行投票，不得請人代理。

第四十三條　投票人應在投票簿所載本人姓名項下簽字畢方准領投票紙。

第四十四條　投票人每名祇准領投票紙一頁。

第四十五條　投票用無名單記法每票祇准書被選舉人一名，不得自書本人姓名。

第四十六條　投票人於投票所内，除關於投票事宜得與職員問答外，不得涉及私言，并不得與他人交談。

第四十七條　投票完畢後，投票人應即退出，不得逗留窺視。

第四十八條　投票人倘有頂替及違背定章等事，管理員及監察員得令退出。

第八節　開票所

第四十九條　開票所設於初選監督所在地方，由開票管理員及監察員掌開票一切事宜。

第五十條　開票所自各投票匭送齊之翌日，由初選監督酌定時刻先行榜示，届時親自到場督同開票，即日宣示。

第五十一條　開票時准選舉人前往參觀，若人衆不能容時，管理員得以限制人數。

第五十二條　管理員及監察員應將開票始末情形會同造具報告，於檢點票數完畢之翌日，申送初選監督。

所有票紙，應分别有效、無效，一并附送於本届選舉年限内，由初選監督保存之。

第五十三條　第三十條至第三十三條及第三十五、三十六條所定各事項開票所一律辦理。

第九節　檢票方法

第五十四條　檢票時應先將選舉票與投票薄對照，如有姓名不符及放棄選舉權等事，均應另册記明。

第五十五條　凡選舉票應作廢者如下：

一、寫不依式者；

二、夾寫他事者。其記載被選舉人官銜、職業或住址等項者不在此限；

三、字迹模糊不可認者；

四、不用投票所所發票紙者；

五、選出之人不合被選舉資格者。

第十節　當選票額

第五十六條　初選以本區應出當選人額數除選舉人總數，將得數之半為當選票額，非得票滿該額以上者，不得為初選當選人。

第五十七條　凡因不滿當選票額，致無人當選或當選人不足定額，由初選監督就得票較多者按照應出當選人額數，加倍開列姓名，即行榜示。於開票後第三日原投票地方令原有投票人即就所列姓名内再行投票一次，以期足額。

第五十八條　當選人名次以得票多寡為序，票數同者以抽籤定之。

第五十九條　凡得票滿初選當選票額，而當選人額數已滿者，作為初選候補當選人，其名次照前條辦理。

第十一節　當選知會及執照

第六十條　當選人確定後，應即榜示，并由初選監督具名分别知會各當選人。

第六十一條　當選人接到知會後，應自知會之日起二十日以内呈明情願應選，其逾期不覆者，作為不願應選。

第六十二條　凡呈明情願應選者，由初選監督酌定日期，給與當選執照為憑。

第六十三條　當選執照由復選監督按照定式制成，於選舉期二十日以前分交初選監督。

第六十四條　當選執照給與後，應將當選人姓名、職銜榜示，并申報復選監督。

第三章　復選舉

第六十五條　復選由初選當選人齊集復選監督所在地方行之。

第六十六條　復選人名册以初選當選人為限，按照各初選區先後，依次編列。其册内應載事項除照第十九條外，并應載明初選當選票數。

第六十七條　復選當選人為諮議局議員。其各復選區應得議員若干名，每届由督撫按照各該復選區選舉人名册總數，以全省議員定額分配之。

第六十八條　復選當選人分配之法，由督撫於各復選區選舉人名册報齊後，按照名册以該省議員定額除全省選舉人總數，視得數多寡定若干選舉人，得選出議員一名，再以此數分除各復選區選舉人數，視得數多寡定各該復選區應出議員若干名。

其各復選區有選舉人數不敷選出議員一名或敷選若干名之外仍有零數致議員不足定額者，比較各復選區零數多寡，將餘額依次歸零數較多之區選出之。若兩區以上零數相等，其餘額應歸何區，以抽籤定之。

前兩項分配定後，由督撫於初選舉期三個月以前，榜示各復選區，并咨報民政部。

第六十九條　復選監督應於該選舉期一個月以前，頒發選舉告示，其應載事項如下：

一、復選日期；

二、復選投票所及開票所地址；

三、投票方法。

第七十條　復選投票所及開票所地址由復選監督酌定，其管理員、監察員及一切章程均照第二十九條至第三十五條，及第四十九條至第五十二條辦理。所有辦事細則，由復選監督酌定施行。

第七十一條　復選投票紙、投票簿及投票匭定式與初選同。

第七十二條　復選投票方法照第四十一條至第四十八條辦理。

第七十三條　復選檢查方法照第五十四、五十五條辦理。

第七十四條　復選以本區應出議員額數除初選當選人總數，將得數之半為當選票額。非得票滿該額以上者，不得為復選當選人。

第七十五條　復選當選人名次，照第五十八條辦理。

第七十六條　凡得票滿復選當選票額而當選人額數已滿者，作為復選候補當選人，其名次照第五十九條辦理。

第七十七條　復選當選人確定後，應即榜示，并由復選監督具名分别知會各當選人。各當選人呈明情願應選後，由復選監督定期給與議員執照為憑，其呈明期限照第六十一條辦理。

第七十八條　議員執照給與後，復選監督應將議員姓名、職銜申報督撫，由督撫分别咨報資政院、民政部立案。

第四章　選舉變更

第一節　選舉無效

第七十九條　凡遇下列各項為選舉無效：

一、選舉人名册有舞弊作僞情事，牽涉全數人員，被人控告判定確定者；

二、辦理選舉不遵定章，被人控告判定確實者；

三、照諮議局章程第四十八條已經奏請解散者。

第八十條　初選有前條第一二款情節者，其初選為無效。復選有前條第一二款情節者，其復選為無效。但初選無效者，復選雖經確定，一并作為無效。

第二節　當選無效

第八十一條　凡遇下列各項為當選無效：

一、辭任；

二、疾病不能應選或身故；

三、被選舉資格不符被人控告判定確實者；

四、當選票數不實被人控告判定確實者；

五、照諮議局章程第五十八條至第六十條除名者。

第八十二條　當選無效如已給與執照，應令繳還，并將姓名、職銜及其緣由榜示。

第八十三條　當選無效各以候補當選人遞補，仍按照第六十條至六十二條辦理。

第三節　改選及補選

第八十四條　改選於每届選舉年限舉行。

選舉無效均應一律改選。

第八十五條　補選以有下列各項情事時舉行：

一、議員缺額無候補當選人；

二、增廣議員定額無候補當選人。

第八十六條　改選及補選一切應有事宜均照本章程辦理。

第五章　選舉訴論

第八十七條　凡選舉人倘確認辦理選舉人員有不遵定章之行為，或於選舉人名册有舞弊作僞之證據者，得向該管衙門呈控。

第八十八條　凡選舉人倘確認當選人内有下列情節者，得向該管衙門呈控：

一、被選舉資格不符；

二、當選票數不實。

第八十九條　凡落選人員，倘確信有下列情節者，得向該管衙門呈控：

一、得票額數可以當選而不能與選；

二、候補當選人名次錯誤遺漏。

第九十條　凡呈控應自選舉之日起三十日以内為限。

第九十一條　凡選舉訴訟事件，初選應向府、直隸廳、州衙門呈控，復選應向按察使衙門呈控。

其各省已設審判廳者，應分別向地方及高等審判廳呈控。

第九十二條　凡選舉訴訟事件，應於各種訴訟事件内提前審判，不得稽延。

第九十三條　凡不服該管衙門之判定者，初選得向按察使衙門上控，復選得向大理院上控，但自判定之日起三個月以内為限。

其各省已設審判廳者，照審判廳上控章程辦理。

第九十四條　凡選舉訴訟事件，所有訟費等項悉照通行章程辦理。

第六章　罰則

第九十五條　以詐術獲登選舉人名册，或變更選舉人名册者，處十元以上一百元以下之罰金。

辦理選舉人員知情者，處一月以上六月以下之監禁或三十元以上二百元以下之罰金。

第九十六條　冒用姓名投票者，處二月以上二年以下之監禁，附加十元以上百元以下之罰金。

第九十七條　以財物利誘選舉人或選舉人受財物之利誘及居中周旋説合者，處六月以下之監禁或二百元以下之罰金，財物入官，已用去者按價追繳。

第九十八條　以暴行脅迫、妨害選舉人及選舉關係人者，處三十元以上三百元以下之罰金。

第九十九條　選舉人及選舉關係人携帶凶器者，處一月以上六月以下之監禁，凶器入官。

第一百條　加暴行於辦理選舉人員，或騷擾投票所、開票所，或阻留、毁奪選舉票、投票匭及其他有關選舉文件者，處二月以上二年以下之監禁，附加十元以上百元以下之罰金。

第一百一條　辦理選舉人員漏泄選舉票上之姓名者，處二月以上二年以下之監禁，附加十元以上百元以下之罰金。

其所漏泄非事實者罰同上。

第一百二條　辦理選舉人員違法干涉選舉人之投票或暗記被選舉人之姓名者，處一月以上一年以下之監禁，或三十元以上三百元以下之罰金。

違法擅開投票匭，或取出投票匭中之選舉票者，罰同上。

第一百三條　凡犯本則所定各條者，於處罰後二年以上十年以下不得為選舉人及被選舉人。

第一百四條　本則所定各條，俟新定刑律頒行後應照新刑律辦理。

第七章　專額議員選舉辦法

第一百五條　專額議員指諮議局章程第二條第二項所載京旗及駐防人員而言。

第一百六條　專額議員選舉人及被選舉人以京旗駐防人員為限。

第一百七條　專額議員選舉及被選舉資格，按照議局章程第三條至第八條辦理。

第一百八條　各省駐防專額議員之數，視該省駐防舊日取進學額。全數在十名以內者，設議員一名，二十名以内設二名，二十名以外設三名，由各該省督撫會同將軍、都統定之。

第一百九條　專額議員初選當選人額數以議員定額十倍之數為準，其復選當選人額數以議員定額為準。

第一百十條　專額議員調查選舉人名册，由督撫會同將軍、都統於京旗及駐防人員內，應各酌派選舉調查員。

第一百十一條　專額議員初選投票、開票事宜，附於京旗及駐防相近之初選投票所、開票所同日舉行。

第一百十二條　（原稿缺）

第一百十三條　專額議員當選、改選、補選及訴訟、罰則各項事宜，均照本章程辦理。

第八章　附　條

第一百十四條　本章程與諮議局章程同時施行。

第一百十五條　本章程如有未盡事宜應行增改者，照諮議局章程第六十二條辦理。

雜　録

《宫中硃批奏摺·閩浙總督松壽奏福建設立諮議局籌辦情形片光緒三十四年八月二十九日》　頭品頂戴尚書銜閩浙總督兼管閩海關奴才松壽跪奏，爲閩省遵設諮議局籌辦處，謹將開辦日期恭摺具奏，仰祈聖鑒事。

竊查前奉上諭：欽奉懿旨，著各省督撫在省城速設諮議局，慎選公正明達官紳創辦其事等因。欽此。旋准資政院咨開：令先設局所，其詳細章程俟由院擬定頒布等因。嗣復准憲政編查館會奏諮議［局］章程十二章六十二條咨行各在案。奴才奉文之日，業已先期札委藩、學、臬三司充當該局總辦，會同道府各官暨在省士紳，就文昌宫之簪堂，擇於八月二十一日開局。查閩省遵照奏案，應選議員七十二人，已督飭在局司道咨行各道札飭九府、兩直隸州、五十八廳縣，令該地方士紳遵照奏定選舉章程，慎選公正明達士紳充當該局議員。所有詳細章程，已飭司道會同在局士紳，查照奏定程式，參酌本省情形，公議妥協，隨時詳請核定。

奴才謹遵君主立憲之義，崇國體而順輿情，自八月二十一日開局之後，凡一年期内應辦之事，飭即排定期日，次第舉行。其關於本省應興、應革、歲出、歲入、預算、決算之財政，擔任義務之加增，權利之存廢，預備資政院之諮詢各事體，均當督率司道會同公正明達士紳，秉公研究提議。其有重大應行決定改革與辦事宜，當由奴才擇其推行無礙有利無弊者，隨時請旨施行。必使下有以裒集全省之輿論，上仍無妨於國家統一之大權，庶不負朝廷變法强國之至意。至自治研究所與該局相資爲用，併令暫附於該局之內，分別討論，俟民政部頒發章程到日，再行設局遵章辦理。其開辦經費及常年用款，均暫由財政局籌撥，應請作正開銷。

除分别咨呈憲政編查館、資政院、民政部察照外，所有遵設諮議局籌辦處緣由，理合恭摺具奏，伏乞皇太后、皇上聖鑒訓示。謹奏。

又**《雲貴總督錫良奏雲南設立諮議局籌辦情形摺光緒三十四年九月二十八日》**　再，光緒三十四年六月二十四日内閣奉上諭：欽奉慈禧端佑康頤昭預莊誠壽恭欽獻崇熙皇太后懿旨，憲政編查館、資政院王大臣會奏，擬呈各省諮議局及議員選舉各章程一摺，著各省督撫迅速舉辦，自奉到章程之日起，限一年内一律辦齊等因。欽此。欽遵。正督飭籌辦間，復准憲政編查館咨：現在諮議局尚未成立，各省應先行設立諮議局籌辦處，由督撫選派官紳創辦其事等因。自應遵照辦理。

伏查諮議局爲采取輿論之機關，即地方議會之基礎，滇省雖開通較晚，自非及時建設無由促進步而立良規，遵即在於省城設立諮議局籌辦處一所。遴委雲南藩司沈秉堃爲總理，署提學使葉爾愷、候補道趙上達，暨在籍丁憂前署貴州提學使陳榮昌爲協理，又在籍丁憂翰林院編修顧視高、陸軍部主事金在鎔、法部主事李增淅、候補道丁彥、山東候補知府張樹勳、候選知縣劉顯治等爲參議，並飭舉書記、庶務等員以資襄助，由奴才督同各該官紳，將應辦事宜精心研究，次第設施，以期仰副朝廷軫念民依，孜孜求治之至意。

除將詳細章程咨送憲政編查館查覈外，理合附片具陳，伏乞聖鑒。謹奏。

又《浙江巡撫增韞奏浙江設諮議局籌辦處並附立選舉議員研究所情形摺光緒三十四年十月初五日**》** 浙江巡撫奴才增韞跪奏，爲遵旨創辦諮議局，先設諮議局籌辦處並附立選舉議員研究所，恭摺仰祈聖鑒事。

光緒三十四年六月二十四日内閣奉上諭：又准憲政編查館咨開：現在諮議局尚未成立，各省應就省會地方先行設立籌辦處，選派公正明達官紳創辦其事，詳細章程由各省自行酌定，咨送備查等因。仰見朝廷重視憲政切實預備之至意，欽服莫名。

奴才竊維東西各國頒布憲法，予人民以聞政之權，無不開設議院爲人民參議政事之地。中國議設諮議局，實爲議院先聲，其經始之籌畫，如考究選舉方法，培養議院人材，務當審慎周詳，以期勿滋流弊。比者欽奉明詔，開設議院期以九年，自應遵於創辦諮議局一年限期以内先設籌辦處，遴選公正明達官紳詳慎集議，舉凡宣布設立宗旨，籌備建築經費，規定職員權限，斟酌選舉時期，均當力求完善，以昭鄭重。奴才當於省中司道大員及在籍紳士悉心考查，遴得現任藩司顔鍾驥，公忠體國，學識優長，當委爲該處督辦，奏調浙江委用道董元亮，洞明時局，器度閎深，在省創辦新政，紳商學界均尚悦服，當委爲該處總辦，在籍翰林院編修陳敬第，品學純正，鄉望素孚，前年遊學日本，於各國政法並能留心體察，當延爲該處會辦。由藩司顔鍾驥督飭開辦，會同該處總辦、會辦訂立章程，分科設所，選任員紳籌備設立諮議局事宜，規模則務期其宏大，體例則務求其精詳。奴才一再覆核，尚臻周妥，業於十月初一日開辦，俟一年後議員舉定，諮議局成立，即將籌辦處裁撤，以符定章。

至選舉議員，關係尤爲重要，該處設有研究所，慎選通習法政合格士紳作爲司選員，飭令入所研究選舉各法，以兩箇月爲期，派往各府廳州縣幫同地方官辦理初選、複選事宜，以資接洽而免紛歧。現在各員紳經奴才妥慎選派分任職事，咸曉然於諮議局爲議院之基礎，籌辦處又爲諮議局之階梯，不敢因陋而就簡，庶克循序而有成，以仰副國家籌治儲才之盛意。

所有遴員開設諮議局籌辦處及附立選舉議員研究所緣由，除將擬定章程咨送憲政編查館暨資政院查照外，理合恭摺具陳，伏乞皇太后、皇上聖鑒。

再，籌辦處開辦一切經費，已飭司局籌備，應請准其作正開銷，合併附陳。謹奏。

又《山西巡撫寶棻奏山西設諮議局情形摺光緒三十四年十二月十五日**》** 山西巡撫奴才寶棻跪奏，爲臚陳籌辦諮議局成績，恭摺仰祈聖鑒事。

竊晉省諮議局先行設立創辦所，經奴才遴委布政使丁寶銓爲總辦，延聘在籍翰林院檢討梁善濟爲局長，於本年七月間恭摺奏報在案。旋准憲政編查館頒發章程，令將現設之創辦所改爲籌辦處，當即轉飭遵改。一面督率員紳參仿天津成案，熟察本省民俗，逐一布置。計自開創至今，已屆六箇月，據該總辦布政使丁寶銓詳報成績前來。

奴才查目前籌辦首在選舉議員，有議員而後諮議局乃可成立，有選舉而後議員方可表見。但事當草創，官民均未諳習，現在入手必以講解研究爲始基，按照詳報各節，如飭令各屬設立自治講習所，招集有選舉資格之人入所講習，並將自治淺義編成白話，由地方官派員設所宣講，俾人人皆知自治模範，頒發調查選舉人名表式暨投票規則等項。又將開辦以至成立應行事件於何日齊備排定期限清單，使各屬有所依據，在籌辦處設立研究會，邀集同志分期研究，俾可綜貫羣情。另設自治研究所，由各府廳州縣保送品學兼優之紳，授以較深之學科，以培養議員之知識。又恐各屬臨期延誤，遴派在籍各紳分任催辦，通飭教育各會襄助調查事宜，俾可依限舉辦。

至辦理過有窒礙之處，不得不隨時變通，如直隸廳無屬縣者，照章以附近之府爲複選區，口外各廳均無屬縣，距大同、朔平兩府又甚窵遠，且向由歸綏道管轄，察度情形，祇能以該管道爲複選區。凡此各節，皆目前應行預備之事，疊據該處詳辦，均經奴才先後批飭施行。

惟小民可與樂成，難與圖始，現地方風氣未開，驟令興辦，不獨民間驚爲創見，難免推諉疑慮，即地方官諸未熟諳，亦將無所憑藉。此時辦法，惟有開民人之知識，使其互相講習，而發起其自治行政之心思，示官吏以準繩，俾其有可率循，而仍加以不敢不遵之督責，庶幾推行無阻，進步計日可期。各屬選舉，均由該處遴派在籍各紳分任催辦，獨口外各廳僻處邊荒，土客雜居，見聞固陋，尤少通達時事之士紳，選舉更難措手。嗣後應辦之事甚多，奴才自當隨時督率員紳振作精神，力求實效，以仰副朝廷期望立憲諄諄誥誡之至意。

除將詳細辦法咨送憲政編查館查照外，所有籌辦諮議局成績緣由，理合恭摺具陳，伏乞皇上聖鑒訓示。謹奏。

硃批：憲政編查館知道。

又《護理雲貴總督沈秉堃奏籌辦滇省諮議局情形摺宣統元年二月二十八日**》** 頭品頂戴護理雲貴總督兼管雲南巡撫事布政使臣沈秉堃跪奏，爲臚陳籌辦滇省諮議局情形，恭摺仰祈聖鑒事。

竊查光緒三十四年八月初一日內閣奉上諭：欽奉慈禧端佑康頤昭豫莊誠壽恭欽獻崇熙皇太后懿旨，憲政編查館、資政院王大臣奕劻、溥倫等會奏，進呈憲法、議院選舉各綱要暨議院未開以前逐年應行籌備事宜一摺，即責成內外臣工遵照單開各節，依限舉辦，每屆六箇月將籌辦成績臚列奏聞，並咨報憲政編查館查核等因。欽此。欽遵在案。謹案逐年籌備事宜清單內開：第一年由督撫籌辦者即諮議局一事，滇省諮議局籌辦處於光緒三十四年九月內開辦，經前督臣錫良詳細陳奏。臣於本年正月二十六日接護督篆，遵即督飭員紳認真籌辦，並將諮議局籌辦處詳報籌辦各情，咨呈憲政編查館在案。茲計開辦及今已屆六箇月，謹將籌辦情形爲我皇上縷晰陳之。

竊維諮議局之設，仿列國地方會議之良規，爲全省人民參政之樞紐，欲以少數之議員，代表全省之輿論，自非實行選舉不爲功。惟選舉之義，古昔已明，而投票之制，於今爲創，端緒既覺紛繁，籌備尤宜詳審。查定章內載：每屆選舉年限，以正月十五爲初選期，三月十五爲複選期。又選舉人名冊應於選期六箇月以前告成。滇省交通不便，奉文較遲，當籌辦處開辦之日，距初選之期已僅三月有奇，萬難如期辦理，不能不援照臨時選舉辦法酌量變通。當由前督臣電咨憲政編查館，以宣統元年四月初二日爲初選日期，五月二十二日爲複選日期，仍遵章於九月初一日開諮議局會議，曾准電覆在案。此變通選舉日期之實在情形也。

選則既定，遂將關於選舉事宜逐月逐日依限豫算，列爲辦理選舉日期清單，使奉行者有序可循，剋期衆事，庶無凌亂延緩之虞。又慮選舉章程條文繁密，法理精邃，地方官紳或難索解，乃由籌辦處逐條討論，詳爲註釋，排印成帙，取便研究。復以入手辦法在調查選舉人之資格，開列或有錯漏，訟端必原茲以起，更釐定調查員辦事細則及調查須知二種，合註釋之選章，分發各屬，俾有遵循，期無貽誤，旋由法政學堂及省會自治研究所遴選畢業士紳，派充選舉顧問員，令其分赴各郡備複選監督之諮詢，並由複選監督派往各屬視察辦理之善否。此籌備選舉事宜之實在情形也。

滇處邊畸，風氣晚開，郡縣搢紳類乏政治上之智識，一般人民尤不知選舉權之可貴，驟令其遵章投票，誠恐放棄權利者既所在皆是，而濫用權利者更舉非其人。乃略仿與民讀法之意，爲普及教育之方，由籌辦處、自治局會飭各屬，各就城鄉要地設立自治宣講所，每屬至少須設六處，於宣講自治而外，並將諮議局章及註釋之選章逐條講解，令合格之紳民輪班聽受，使曉然於諮議局之設，乃朝廷勤求民隱之苦心，而議員必由公選，實負代表輿情之重任，庶屆期投票，鮮有放棄及濫用之弊。此牖啓選舉人民之實在情形也。

至議員之得人與否，一省之利害繫之。非富於社會上之經驗，洞明法政之原理，必不能統籌全省之興革事宜，而規畫精祥思慮宏遠也。因推廣省會自治研究所繼續開班，輪調各郡士紳來省研究，復於各府直隸州設立自治傳習所，輪調廳州縣之紳董各赴府州講習。現計省會研究所二班學紳已屆畢業，各郡傳習所亦陸續開辦，並由前署學司葉爾愷，將法政學堂遵照部章，另開講習科別科，合官紳而並教。使全省素有資望或學有根柢之士紳，率皆入所入堂，薰陶講貫，一旦選爲議員與政治，或不至茫無把握。此豫儲議員之辦法也。

選舉而外應行籌辦之事，厥爲建設局所。查諮議一局爲省會議事之地，議員之名額，將來必日見增多，而議會以公開爲原則，旁聽人員當亦不少，規模過狹則人衆不能容，結構過宏則籌款尤匪易。臣前在藩司任內，曾與前署學司葉爾愷詳細商酌，查有舊日師範學堂，地既適中，規模亦尚宏整，堪以改爲諮議局。惟堂室體制稍有未合，詳經前督臣督率員紳親詣勘度，擬以講堂改作議事堂，略仿日本衆議院及府縣會議事堂形式，中設演說台，台之後爲議長席，右爲書記席，後爲行政官席，議員坐次環列台之三面，議員席後列旁聽者席，凡席皆層累而上作階級式，後高於前，使無壅蔽。此堂爲一局主要之地，屋宇宜稍崇閎，而滇處邊遠，苦無深通工程之人，以致繪圖估工，稍延時日，現已飭從速估定，剋期建築。至議員之宿舍及常駐各員辦公之所，均就原有齋舍堂室略加修理，即可敷用。如斯改建，體制既不甚差，經費或可稍省。此籌備局所之實在情形也。

局所而外最要之端，則爲經費。謹按諮議局章第五十三條載：經費項目凡五：一、議員旅費，二、議長、副議長及常駐議員公費，三、書記長以下薪金，四、雜費，五、豫備費。第五十四條載：公費及薪金由督撫酌定，其旅費、雜費、豫備費，由局會議豫算數目，呈請督撫核定等語。現在諮議局尚未成立，而舉行複選舉後，議員進省即需旅費，故旅費一項亦應豫籌。擬除雜費及豫備費俟開局後由局豫算再爲核定外，其旅費、公費、薪金三項，已飭籌辦處公同酌定，由善後報銷總局指撥專款，作正開支。此籌備經費之實在情形也。

伏念各省之設諮議局，爲實行憲政之先機，開設議院之基礎，辦理苟無實際，其他新政或因之而頓生阻力。滇省自設籌辦處以來，既得前督臣熱心毅力主持於上，而在事各員紳復能遇事和衷商榷，措置協宜，一掃因循敷衍之習。以後應辦各事，臣自當率同在事員紳淬勵精神，敬慎將事，以仰副朝廷殷殷求治之至意。

除以前籌設之自治研究所、傳習所、宣講所，業經前督臣將各項章程咨部查核，並本年應行籌備事宜，再隨時咨呈憲政編查館核辦外，所有籌辦雲南諮議局情形，理合恭摺具陳，伏乞皇上聖鑒訓示。謹奏。

硃批：該衙門知道。

又《浙江巡撫增韞奏浙江諮議局開會始末並議案大略摺宣統元年十一月二十八日**》** 浙江巡撫奴才增韞跪奏，爲具報浙江諮議局開會始末情形及議案大略，恭摺仰祈聖鑒事。

竊惟立憲制度之可貴者，凡百行政有敏活之精神，而精神敏活之原因，實由人民有參政機關，上下相維，以幾於完全政治。是故民選議院與責任內閣隱相對峙，內閣利用議員之協贊，而詢謀僉同，議員實行內閣之監督，而根本益固，遂成一治不可復亂之政體。地方議會之於地方行政官署，其範圍雖小，而促政治上之進步則同，此皆立憲各國之成績，而三權分立之學説所以歷百世不敝者也。我國創設諮議局，爲地方自治與中央集權之樞紐，即爲國家與人民參政之權輿，然在遠慮士夫，恐創辦伊始，程度未至，權限未明，不免爲行政之阻礙。乃以奴才所見，就浙省諮議局而論，自開會以及閉會，其間秩序井然，實能共攄忠愛，以圖富强之基。其所議議案又多切實可行，深有以上紓宸廑，而爲立憲前途慶幸者，謹爲我皇上縷晰陳之。

浙江諮議局成立之前，於七月間提前召集議員互選，假定正副議長，並由奴才分飭主管事務官署，調查全省應興應革事務，設立審查議案委員會，業經先後陳明在案。至九月初一開會之時，舉定正議長度支部主事陳黻宸、副議長附生陳時夏、法部主事沈鈞儒，先期派員恭齎欽奉諭旨，懸諸議場。奴才親涖諮議局，宣布朝廷德意及區區求治之心，並選派明悉法政富於經驗之委員隨同到會，時與議員往復論究，質疑問難，然皆爲事理之辯明，無意氣之爭執，官紳一致，惟全省利益是謀。計開正式會議二十八次，合官署與諮議局提出之議案共五十六件，經議決呈報者二十七件，其中經奴才批准公布施行者十有七件，須待奏咨而後定奪者一件，屬於爭執之案，照章咨送資政院核議者九件。其應准公布施行之十七件中，屬於興利者，曰農田水利會規則案，曰籌辦全省簡易識字學塾案，曰訟費規則案，曰礦務警察規則案，曰修濬浙西水利案，曰推廣全省蠶桑案，曰統籌全省師範教育案，曰清查地方公款公産案，曰公用土地收用規則案，曰實行刊布廳州縣錢糧徵信冊案，曰通用龍圓案。屬於除弊者，曰實行禁革地方差徭規則案，曰禁革廳州縣衙門供應案，曰停止無關本省行政之經費支出案，曰釐捐革弊案，曰收回寶石山、莫干山地畝以保內地主權案，曰裁撤民壯、護勇、衛隊、國防、弓兵，提撥工食餉項並移緝捕經費充辦巡警案。

以上十七件，要皆按諸地方情形，切中當時利弊，雖不敢謂措施之無遺，大抵權衡重輕，以爲通變宜民之先導。其屬於爭議之九件，或因全部主張各異，或僅條止疑議未妥，意見不同，難遽加以專斷。業經憲政編查館電准，在資政院未成立以前，暫行録案咨館核復，一俟復到分別查照施行。

統觀各全案，在官署欲切實舉行於公布之後，故必詳慎討究於批准之先，而在議員有各舉所知，共抒讜論之誠心，故無負指陳利弊籌計治安之責任。至於會場爭議，惟公是謀，其爭愈力者，適以見其程度之高，而事實難行，間或非議員所共喻。然因有此爭，而使將來行政規畫益進於完密，此皆由歷次諭旨諄諄誥誡，無偏無頗，而又嚴定範圍，納諸軌物之中，使有可循之塗轍。嗣後逐年開會，智識磨鍊而益精，權限分明而不越，似可於今日之諮議局操其左券，此奴才所默察情形，深爲立憲前途慶幸者也。

除將議案全部情形編訂分咨以資參考，並督飭各主管官署，將公布各案切實施行外，所有浙江諮議局會議始末情形及議案大略，理合恭摺具陳，伏乞皇上聖鑒訓示。謹奏。

硃批：該衙門知道。

《浙江巡撫增韞奏諮議局宜研究全國共同之利弊並調查各國地方事業之成績摺宣統二年十月二十四日》 浙江巡撫臣增韞跪奏，爲條陳諮議局事宜，恭摺仰祈聖鑒事。

竊維諮議局之設，固隱然仿各國地方議會之制，爲全省政務之合議機關，立法善矣。然開辦已一年，而成績卒鮮，一由於上下互相敷衍，在官府爲采取輿論，而能剖別輿論之是非實行采取者鮮焉，在議員爲指陳利弊，而能知利弊之所在確切言之者亦鮮焉。意見紛歧，空言相爭，否則唯諾無所短長耳，以互相敷衍之謀，積而成互相厭惡之意，此大可慮也。一由於我國向無此制，議員胸中茫然，尚不知何者爲應議之事，間有涉獵外人法律政治者，又苦於一知半解，擇焉不精，語焉不詳，且一智衆愚，溝通不易，故議事雖取決多數，然所贊成所反對者未能適當。甚有開會三四十日，議員不發一言者居半數焉。夫立法之始，本欲藉此通官民之情，第恐長此不變，官民之間將益隔閡，甚將背道而舛馳焉，此尤可慮也。謹就臣管見所及，略籌救弊二法，爲我皇上陳之。

一、宜研究全國共同之利弊，以期政治之統一也。中國土地之大，雖劃分二十餘行省，然數千年來在統一政體之下，其所受利弊必有全國共同者矣。然調查各省所議事件，有同一弊也，在此省則主張嚴禁，在彼省則任其通行，同一利也，在此省則力求振興，在彼省則安之若故，同一國家之民，乃因省分不同而所受利害大相懸殊。竊恐政治與風俗積久遂成習慣，數年之後，二十餘行省將成爲政俗不同之二十餘國矣。臣愚以爲宜自宣統三年始，於開會前，由各省選舉通曉政治人員，擇適中之地，開討論地方政務委員會，將地方範圍以内之事務，各省共同之弊，應革者有幾，議具大綱，編成籌辦要略，呈由各省督撫臣聯銜奏報，一面攜回本省作爲本年共同提議之議案。其詳細辦法則由局會議議決施行以後，至次年開會之先，各自會議如初，並報告施行之成績，以定次年進行之方針。其有特別利弊不相同者，仍由各省自行提議，其各省諮議局亦可組織全國連合會議共同之利弊，以補助其間，行之三四年，全國共同之利弊一律興革，是不啻合二十餘行省之諮議局爲一大國會也。然止限於地方事務，其地方以上之事務屬於國家，非諮議局可得議者，仍須有國會以聯絡之，全國上下，合爲一氣，而政無不舉。在議員有重大之事可議，足以激奮其精神，在官府有共同之事務可行，足以競爭其政績，計無過於此也。

一、調查各國地方事業之成績，以助政務之進行也。吾國諮議局之性質，實介乎各國國會與地方議會之間，故所包事務較各國爲大，辦理得宜，其利益所及當亦甚宏。然以今日實際考之，其地方利弊應興應革者，未必皆知提議，提議者未必皆通過，通過者未必皆施行。施行者未必能收效果。間有一二收實效者，其能與各國地方事務相抗衡乎，必不能也。何也？以其才力智識所規畫者不逮人耳。國家者由地方團體集合而成，地方團體之事務既不足以敵人，而求國家勢力足與列强相抗，雖愚者亦知其不可。臣愚以爲宜於每年由各省督撫選派精明乾練之員四五人，諮議局推舉常駐議員四五人，共同討論地方政務，凡擬舉辦者爲何事，已舉辦而待推廣者爲何事，因有阻力而求通行者爲何事，因發見弊端必須改良者又爲何事。分別開列調查表格，分赴各國地方議會，將歷年辦理成績及現在一切情形實行調查，詳細編訂，以他人已有之成規，爲吾國進行之模範。其有各國應興應革爲吾國所未籌及者，亦分別調查，其期以三月爲限，回國後刊印分布。委員則就督撫會議廳逐項報告，逐項演説，議員則就諮議局議場逐項報告，逐項演説。如此有新人之知識，有實地之考驗，有可取之材料，有推行之方法，則官紳上下對於地方事務自覺親切有味，而不以舉辦爲難。三五年後，行政人才日以增多，地方事務日益發達，每歲所費計不過數千金，而獲利至爲宏遠，此一舉數利之策也。

臣於諮議局所見如此，是否有當，恭候聖裁。所有條陳諮議局緣由，謹恭摺具陳，伏乞皇上聖鑒，飭下資政院核議施行。謹奏。

又《御史范之杰奏諮議局議員改選請飭遵章認真辦理以剔宿弊摺宣統三年七月二十三日》 掌安徽道監察御史臣范之杰跪奏，爲諮議局議員改選期迫，請飭遵章認真辦理，以剔宿弊，而促進行，恭摺仰祈聖鑒事。

竊查各省諮議局爲采取輿論之所，並爲資政院儲才之階，選舉議員允宜加慎。上屆舉行初複選舉，多未能遵章辦理，然事屬創始，究難責以完善。今案定章，明春即應改選，雖初選期明定正月十五日，複選期明定三月十五日，然期前籌辦、調查、宣示種種手續，各省酌定期限，固屬無須劃一，要必統於今年五月間進行。計至今選舉名冊早應轉達司院，乃聞各省多有尚未從事調查，或始經調查而欲根據舊冊照填塞責者。不知辦理調查爲改選著手要務，既須嚴防遺漏，尤必寬定日期，且時閲三年，人事變遷無定，若年齡、資格、移徙、存亡，萬不能以舊冊爲準，待呈請更正增刪，必至紛擾延誤，或更疑選舉名冊可以遲至七月十五日以後告成。雖於定章所謂選舉期六箇月以前告成之説，無大差謬，殊不知名冊由縣而府而省，投遞需時，冊内不合者，指飭覆查判定呈訴，公交往返又需時日。遵限申送司院已屬迫促，設有愆期，勢必牽動大局，此改選之先概應認真整飭者也。

更有箝制選舉訴訟權以求敷衍了事者，定章呈控自選舉日起三十日内爲限，今各省改選期限，初複選多有定距投票之日遲至旬餘始行榜示，當選姓名、票數，斯則確認尚難，何由呈訴？判定猶迫，何得上控？無惑一般人民自甘蔑棄職權，不能牖之使進爲行政官吏監督。此改選之後概應認真整飭者也。

至改選之時，概應認真整飭者，尤在遵照局章厲行罰則，其檢察、管理各員，向爲選舉叢弊之歸，並宜秉公保薦，妥慎派定，應請飭下各省督撫、將軍、都統嚴定考成，督率進行，期前不准玩延，臨事毋任疏忽，庶幾人心以催促而始奮，事理以經驗而益精，取鑒於前，慎選於始，則所舉議員或可多得公正明達之才，堪爲地方自治與中央集權之樞紐。否則積弊相沿，毫無振作，去各國選舉之利而益遠，蹈各國選舉之弊而加厲。轉瞬開設議院，即用此項議員組織，何以設立合議制度，完成參政機關，竊爲憲政前途危之。

謹就管見所及，恭摺具陳，是否有當，伏乞皇上聖鑒訓示。謹奏。

地方自治制度部

通紀概説分部

綜述

《清德宗實録》卷五六〇 （光緒三十二年五月癸丑）翰林院奏：檢討黄壽袞條陳學務。一、宜養成學生一種性質。一、宜停止捐納實官。一、宜特設專門外交學堂。又陳立憲須由地方自治，急須切實調查，以爲自治根本。下所司知之。

又 卷五六四 （光緒三十二年九月辛亥）出使胡惟德頒行地方自治制度。下考察政治館知之。【略】

（光緒三十二年九月甲寅）又諭：朕欽奉皇太后懿旨，此次裁缺之堂官，均著以原品食俸，聽候簡用。其裁缺衙門之實缺候補司員、筆帖式，或由他衙門調用，或分別班次，分發外省補用。著吏部即行妥議具奏。又諭：朕欽奉皇太后懿旨，此次釐定官制，據該王大臣等將部院各衙門詳覈定擬，業經分別降旨施行。其各直省官制，著仍陸續編訂，仍妥覈具奏。方今民生重困，皆因庶政未修。州縣本親民之官，乃往往情形隔閡，諸事廢弛。閭閻利病，漠不關心。甚至官親幕友，肆爲侵欺。門丁書差，敢於魚肉。吏治焉得不壞，民氣何由而伸。言念及此，深堪痛恨。茲當改定官制，州縣各官關繫尤要。現在國民資格尚有未及，地方自治一時難以遽行。究應如何酌覈辦理，先爲豫備或增改佐治員缺，並審定辦事權限，嚴防流弊，務通下情。著會商各督撫一併妥爲籌議，必求斟酌盡善，候旨遵行。朝廷設官分職，皆以爲民。總期興養立教，樂業安居。庶幾播民和而維邦本，用副懷保羣黎孜孜圖治之至意。

又 卷五七一 （光緒三十三年三月己酉）將軍趙爾巽奏：東省試辦地方自治，擬先編訂制度，培養人才。得旨：著徐世昌查覈辦理。

又 卷五七二 （光緒三十三年夏四月壬午，出使奧國大臣李經邁）又奏：中國與各國情形不同，宜逐漸改革。請將地方自治與官吏行政權限，豫行分晰。下考察政治館知之。

又 卷五七五 （光緒三十三年六月戊寅）直隸總督袁世凱奏請趕緊實行豫備立憲，謹陳管見十事。一、昭大信。請親詣太廟，昭告立憲。一、舉人才。請飭京外保薦，不拘官階破格録用。一、振國勢。請重交涉，修武備，任胡惟德、陸徵祥等，而勿用鳳山。一、融滿漢。臣工有意見較深者，請量予裁抑。一、行賞罰。新政迄無進步，其久無成績及徒託空言者，請分別懲處。一、明黨派。黨有公黨，如曾國藩之用同鄉同里是也；有私黨，如瞿鴻禨之汲引私人是也。請勿概加疑忌，使人心瓦解。一、建政府。立憲國制，皆使國務大臣代任君主之責。請采內閣合議制度或併軍機政務處爲一，以固基礎。一、設資政院。比年爭路、爭礦上書抗辯，時有所聞。請因勢利導，設州縣議事會、省諮議局，遞升於資政院以借羣力。一、辦地方自治。自治不侵官權，且選舉多數者，必非鄉里見擯之輩。請認真舉辦，行之十年，必有奇效。一、行普及教育。豫備立憲之期，全國臣民當以振興學務爲第一事，公私財產當以籌助學費爲第一宗。請詳查學齡兒童與人民財產之數，通盤合計，强迫立學。下會議政務處王大臣會議。

又 卷五七六 （光緒三十三年秋七月辛亥）直隸總督袁世凱奏：天津試辦地方自治，擬定章程。下部知之。

又 卷五七七 （光緒三十三年八月丁卯）民政部奏：開收鋪捐，並創辦京城地方自治情形。報聞。

又 卷五七八 （光緒三十三年八月壬午）又諭：朕欽奉皇太后懿旨，上年降旨宣布憲政。業經明白申諭，視進步之遲速，定期限之遠近。朝廷廑懷憲政，盼望至殷。近已降旨先設資政院，以立議院基礎。顧議院言論之得失，全視議員程度之高下。非教育普及，則民智何由啓發；非地方自治，則人才無從歷練。至教育宗旨，必以忠君、愛國、屏除邪説爲歸，自治法規，必以選舉賢能、力謀公益爲主。著學部通籌普及善法，編輯精要課本，以便通行。並著民政部妥擬自治章程，請旨飭下各省督撫，擇地依次試辦。並由該部隨時切實稽查，立爲考成，勿任空文塞責。務使議員資格日進高明，庶議院早日成立，憲政可期實行，有厚望焉。

又 卷五八一 （光緒三十三年冬十月乙丑）又代奏湖南舉人蕭鶴祥下政務處議，尋奏：資政院既經議設，實爲議院基礎，並令各省酌開董事會、議事會，以辦理地方自治。應俟議事會、董事會辦有成效，再行議開國會，庶免欲速不達之弊，如所請行。

又 卷五八六 （光緒三十四年春正月乙未，兩江總督端方）又奏：地方自治先就江寧省城設局籌辦，並於局內附設自治研究所、實地調查所。先從上元江寧試辦，以次及於他屬。又奏：地方自治局內附設諮議局，詳加研究，以爲議會之豫備。均下部知之。

又 卷五八七 （光緒三十四年二月戊寅）巽奏，湖北遵章設立諮議局，先行籌畫選舉區域，以爲豫備。又奏，遵設法政學堂，籌定開辦大綱，以資治理，均下所司知之。又奏，湖北省城設立全省地方自治局，分設編制、調查、文牘、總務四科，並附設調查員養成會。復於法政學堂附設自治研究所。又奏，另設調查局一所，以期一氣貫注，均下所司知之。

《宣統政紀》卷五 （光緒三十四年十二月）戊寅，諭內閣：憲政編查館奏覈議民政部奏城鄉地方自治並另擬選舉章程一摺，地方自治。爲立憲之根本，城鎮鄉又爲自治之初基，誠非首先開辦不可。著民政部及各省督撫督飭所屬地方官，選擇正紳按照此次所定章程，將城鎮鄉自治各事宜迅即籌辦，實力奉行，不准稍有延誤。尤須將朝廷惠愛閭閻官民共濟之意，剴切曉諭，使知地方自治乃輔官治之所不及，仍統於官治之內，並非離官治而獨立之詞。周之比閭族黨、漢之三老嗇夫，其來自古，惟選舉自治之職員責在州縣而選擇州縣，責在督撫官紳皆得其人，方能有實效而無流弊。此外，憲政館奏定，各衙門應歸第一年籌辦之事，現已據陸續具奏。至明年以後，所有分年應行籌備各事，並著內外各衙門按限妥籌，次第舉辦，毋得始勤終懈、疲緩延閣，以致貽誤實行立憲之期，用昭大信而慰民望。

又 卷七 （宣統元年正月戊申）諭內閣：前經憲政編查館奏定頒行

分年籌備事宜。本年各省均應舉行諮議局選舉，及籌辦各州縣地方自治，設立自治研究所，並頒布資政院章程等事，積小高大，乃能綱舉目張。若階級不具，則統匯之區無從措手。著各省督撫及管理地方之將軍、都統等督率所屬，選用公正明慎之員紳，一律依限成立。其範圍限制，及擇人之權，應盡之職，均應遵守頒行章程辦理，不得延閣遲誤。各省如有不能如期舉辦或雖已設局，而員紳違背定章，及辦法參差不齊者，統由憲政編查館查催暨考覈駁正。務須妥速完備，俾可依限開辦資政院，以副朝廷勤求民隱，期臻上理之至意。

又　卷八　（宣統元年二月癸酉）山東巡撫袁樹勛奏，籌辦地方自治，設立研究所。東省一百零七州、縣，現經每處選派二人到省，入所研究。仍派該處司道率同在事員紳，認真辦理，一俟養成此項自治人才，略有基礎，再推行各州、縣，遵章依限擴充。又奏東省高等巡警學堂照現行章程，分爲正科簡、易兩班，並在省城先設巡警教練所一處，學額寬定在二百名以上，均經招生開課。又奏壽辦各級審判，當先養成審判人才，現將東省法政學堂。原有速成班改爲司法講習科，專爲養成審判員之地。其新招講習班亦准此辦理，均下所司知之。

又　卷一〇　（宣統元年閏二月癸卯）民政部奏妥籌逐年籌備事宜，繕單呈覽。宣統元年、第二年，擬訂自治研究所章程，請旨欽定，通行各省，照章設立，擬訂京師地方自治章程，請旨欽定；籌設京師議事會、董事會，覈定各省城鎮鄉自治區域；指定各省繁盛城鎮地方，督催照章籌設該城鎮議事會、董事會，督催各省將該省省會及外府所屬各首縣並商埠地方人口總數，照章調查，一律報齊。彙造各省第一次查報戶數清冊，整理京師內外城巡警廳區，編制擴充京師高等巡警學堂，並推廣內外城巡警教練所。督催各省照章設立省城高等巡警學堂及各廳州縣巡警教練所，督催各省將該省省會及外府所屬各首縣並商埠地方巡警一律辦齊。第三年，京師地方議事會、董事會限年內成立，考覈上年指定各城鎮議事會、董事會辦理成績，指定各省中等城鎮地方，督催照章籌設該城鎮議事會、董事會；督催各省將該省省會地方首縣照章籌設該縣議事會、董事會；督催各省將該省上年未經清查各地方之人户總數，照章調查，一律報齊；彙造各省第二次查報户數清冊，確定京師內外城巡警編制，推廣京師外效巡警。督催各省將上年未經籌辦之各廳、州、縣巡警，一律辦齊。第四年，考覈上年續行指定各城鎮議事會、董事會辦理成績；督催各省將上年未經指定籌辦理自治之其餘各城鎮，一律照章籌辦，並就近城各鄉地方，照章籌設鄉議事會、鄉董。考覈各省省會首縣議事會、董事會辦理成績，督催各省就該省外府所屬各首縣，照章籌設該縣議事會、董事會；督催各省將該省省會及外府所屬各首縣並商埠地方人口總數，照章調查，一律報齊；彙造各省第一次查報口數清冊，考覈各廳州縣巡警辦理成績，指定各省繁盛市鎮地方；督催籌辦該鎮巡警事宜。第五年，考覈上年續行籌辦自治之各城鎮議事會、董事會，及近城各鄉議事會、鄉董辦理成績，督催各省就所屬偏僻各鄉地方，指定若干處，照章籌設鄉議事會、鄉董；考覈各省外府各首縣議事會、董事會辦理成績，指定各省衝繁廳、州、縣，督催照章籌設該廳、州、縣議事會、董事會；督催各省將該省上年未經清查各地方之人口總數，照章調查，一律報齊；彙造各省第二次查報口數清冊，考覈上年指定各市鎮巡警辦理成績，指定各省中等市鎮地方；督催籌辦該鎮巡警事宜。第六年，擬定户籍法施行細則；考覈上年續績辦自治之各鄉議事會、鄉董辦理成績；考覈上年指定籌辦自治之各廳、州、縣議事會、董事會辦理成績；就各省偏僻各廳、州、縣指定若干處，照章籌設該廳、州、縣議事會、董事會；考覈上年指定各市、鎮巡警辦理成績，督催各省將所屬近城各鄉地方巡警，一律籌辦。第七年，考覈上年指定籌辦自治之各廳、州、縣議事會、董事會辦理成績；督催各省將上年未經指定籌辦自治之其餘偏僻各廳、州、縣，一律照章籌設該廳、州、縣議事會、董事會；考覈各省近城各鄉地方巡警辦理成績，督催各省就所屬偏僻各鄉地方指定若干處，籌辦該鄉巡警。第八年，考覈上年續行籌辦自治之各廳、州、縣議事會、董事會辦理成績，考覈上年指定各鄉巡警辦理成績，督催各省上年未經籌辦之各鄉巡警一律辦齊。第九年，考覈上年續行籌辦之各鄉巡警辦理成績；擬訂關於議員選舉事宜之各項程式、規則；覈定下議院議員選舉區；督催各省調查選舉人數，編造名冊，下憲政編查館知之。

又　卷一一　（宣統元年三月乙丑）憲政編查館奏，查地方自治之制，雖東西各國一律通行，而溯厥由來，實分二派：有由市府而自然發達者；有由國家立憲而漸次推行者。今當中國創行自治之始，皆本豫備立憲而生。臣等前奏覆覈城鎮鄉地方自治章程，首以淵源國權，對待官治鄭重剖析。茲據民政部擬定自治研究所各條，均屬簡要可行。謹就原章推闡，共訂爲十四條，伏候頒行各省，一體遵照辦理，如所請行。

又 卷一三 （宣統元年五月壬子）考察憲政大臣于式枚奏，查普魯士分國家行政自治行政區域自治行政三級：爲市、爲鄉、爲私領地爲第一級自治基礎也；爲縣、爲市縣爲第二級；省爲第三級，皆自治聯合體也。行政府純乎國家行政，不在三級自治之列。然實自治監督之司，普於歐美中自治最完備。而中央權力亦至堅强，省縣本國家行政區域，自治益增進，乃兼爲自治聯合體。然聯合區域愈廣，自治權限愈嚴，蓋納自治於國政範圍之中。長官秉中央法令，行上級監督權，以謀行政統一，不得徇一方人之意見。故初級自治，國家不爲置吏，任人自爲。然國家法令，無論何時、何事、何地、何人，皆有强制之力。國家行政、自治行政，其必受範圍於法令，受全權監督於地方政府，鄉、市之長皆由民選。市長由行政府認可，取決於府參事會，意見不合，則請命於內務大臣。鄉長由縣長認可，取決於縣參事會，縣長請命於國王。縣會亦可建議、推薦，國王不得以遠籍者任之。省府之長，皆國王親任，省長與國務大臣同等。府初隸於省，後乃直接中央，舉國所同。普國百年前，所謂自治體團結，皆出中級人把持，上抗國家政權，下朘民人生計。疊加改革解散，而民人與國家始得直接，雖加重擔荷而較中級武斷之日懸殊，如國道、水道、河隄、耕地强制改良，以及博物、美術之館，聾、啞、瘋、癡養育之院，國家救濟貧病之所舊皆國政。今悉委之地方而辦事需財，則政府常爲地方留籌款之餘地。故二十年來，舉地稅、房租、營業稅、財產稅悉歸地方收用。而地方自治完備，則財政亦愈精密。以豫算由地方起，而收國稅亦由地方代辦，纖悉不隱也。寬其資力既如此，嚴其法律又如彼，普人民比英法爲服從，以法制獨善也。中國民情服從，根於質性以樂事、勸功、尊君、親上爲本分，以犯上作亂爲惡名，不盡由法令束縛，實本於名教自然。臣竊見憲政館所定城鎮鄉地方自治章程，條理詳明，於範圍權限分析尤嚴，與普國法令同意。惟近日西學大盛，應采德國主義立法以制之時，誠不可不豫防其漸。普國自治以千八百八十三年七月地方行政法及八月地方官職權法，爲今全國通行畫一之法。茲於行政大綱及職任權限，依據兩法爲主約具條説附列各表，期於詳明繕單呈覽。下憲政編查館知之。

又奏現所定各省諮議局章程權限，與普國地方議會制度不符。查憲政編查館原奏，所稱各國皆設上下議院於國都，即指資政院也，又稱其下直接地方議會，即指諮議局也。夫國會爲參與立法之地，而地方議會僅其一部，無立法之權，於國家行政，得述意見，不得決可否；於自治行政，得決可否，不得與執行。即國會亦無裁判官吏之權，今細覈諮議局章程條文，直以資政院爲一國行政最高裁判之司，而諮議局立於一省行政唯一監督之地，又內外聯絡，國政民事皆入範圍，徵之各君主立憲國無類此者。原奏謂議院代表輿論，又謂民權所在等語，考各國學説，代表國民全體者，一則見非一部分人私意；一則見議員不可徇一部分人私意。論國權者，有君主、國民、國家各主體，未聞有議院主體也。今以民權解輿論，又以議院爲民權所在之地，將來對國家則以民權抗政府，對國民又以議院概輿論，所必至矣。原奏謂民權者，言之權非行之權，而按語乃曰資政院實行解決之權，諮議局與督撫不得異議，何相剌謬也。原奏又謂議院攻擊政府，但有言詞。普魯士、日本憲法載任免之權在君等語。查日本不認議院有彈劾之權；普國彈劾一條，未嘗實行。今議院既得攻擊，又得裁判地方行政，是原告與法官同一人矣。原奏又謂諮議局爲地方自治與中央集權之樞紐等語。夫中央政府總監督全國行政，無論上級、下級國政自治，莫不奉行，此總監督權，即地方分治與中央集權之樞紐也。今以諮議局當之耶，將合地方之權歸之資政院，則資政院既爲中央國會，又爲中央政府矣。將移督撫之權歸之中央政府耶，則諮議局既爲中央政府之分體，而又自合於中央國會，不受政府干涉以賣中央監督權，直民主聯合國中一國家之資格矣。章程第三章常駐議員，若云比、普國參事會各種委員會，均有不合。第六章職任權限第二十一條中論議決權尤無限制第四十六條諮議局議決之案，督撫不得駁。一駁則受資政院裁判，而資政院皆議局所舉之人，是不啻自為裁判矣。總其權限之大者言之，一於財政有監察權，有承諾租稅權；一於督撫有彈劾權，有任免權；一於立法有參與權，有審查權；若督撫不爲之屈，則必至鬨爭，若聽其自爲，則或多要挾，未有能善其後者也。然而頒行已半年，而中外無異議者，何也？近日西風益競，而西術猶疏，以爲必西國所通行耳。臣見普國諸博士閱此章程，莫不駭笑。臣今所陳非一人之言，皆西國法學家之説，乃辯護西法，非詆訾西法也。得旨：憲政編查館妥議具奏。

又 卷一八 （宣統元年七月癸酉）又諭：民政部會奏擬訂《京師地方自治暨選舉章程》，繕單呈覽一摺，著憲政編查館覈議具奏。

又 卷一九 （宣統元年八月丁亥，江蘇巡撫瑞澂）又奏：籌辦地方自治，遵將自治事宜由諮議局籌辦處兼理，並附設自治研究所。查民政部清單於地方自治一端，係將鎮、鄉分爲繁盛、中等、偏僻三期籌辦。現擬本年五月至二年五月，爲籌辦城廂自治之期；二年六月至三年五月，爲籌辦各鎮自治之期；三年六月至四年八月，爲補行籌辦各鄉自治之期。下所司知之。

又 卷二四 （宣統元年十月乙巳）憲政編查館奏，籌備憲政已屆第二屆考覈之期。所有京外各衙門籌辦成績，除甘肅、雲南兩省尚未奏到外，餘俱陸續臚陳具奏。計本年應行籌備事宜，共十四條。其籌辦城、鄉鎮地方自治，則以直隸、廣西兩省成績最著。其籌辦省城商埠審判廳及廳州縣巡警，則以直隸、奉天兩省開辦最早。其餘各項，均能認真辦理，不涉因循，依議行。

又 卷二五 （宣統元年十一月癸丑）民政部奏擬訂府、廳、州、縣地方自治章程九十條及選舉章程七十八條，請飭憲政編查館覆覈頒行，以資法守。得旨：著憲政編查館覆覈具奏。

又 卷二八 （宣統元年十二月己亥）憲政編查館奏，覈訂京師地方自治章程暨選舉章程。又奏，議覆修訂法律大臣編定現行刑律，有應行斟酌者數端，原本體例，分修改、修併、移併、續改、刪除各類。今查有原本刪除，仍應列入者，因增修復一類，共爲六類，加具案語，俟欽定後，發交修訂法律大臣另繕，請旨頒行。又奏，請飭修訂法律大臣考覈中外制度，另訂現行律一編進呈。又奏，議覆吳士鑑奏請申明議案權限，各省行政、司法官吏，宜慎擇，旨依議行。【略】

（宣統元年十二月壬寅）諭內閣：本日憲政編查館奏，覆覈府、廳、州、縣地方自治章程，並府、廳、州、縣議事會議員選舉章程，繕單呈覽一摺，朕詳加披覽，尚屬周妥。府、廳、州、縣各官，爲國家親民之吏，兼爲執行上級自治之職。此次所定章程與城鎮鄉地方自治章程，相輔而行，即著民政部會同各督撫，按照定章，督飭各該地方官切實施行。各該地方紳民，於自治事宜休戚相關，尤當恪守範圍，公同協議，務期官民交勉，治理日隆，用副朝廷實行憲政，樂利同民之至意。

《軍機處原摺・南書房翰林吳士鑑請試行地方分治摺光緒三十二年六月十五日》 臣吳士鑑跪奏，爲請試行地方分治，以具改良政體之基，敬陳管見，恭摺仰祈聖鑒事。

竊天下無久而不敝之法，法敝必變，變必采人之長，以補我之短，其大較也，然欲規其全體，必先攬厥大綱。方今環球棣通，列强林立，言政治者必競推歐美。朝廷甄陶三古，孕育八荒，不憚采異域之良謨，佐中原之郅治。既特簡五大臣分赴東西各國攷察一切，復設考查政治館於京師，司編纂譯述之役，海內喁喁想望新政。臣竊謂改政之舉，用宏體鉅，經緯萬端，而會歸有大原，推行有大本。閒嘗取各國政法參互比勘，更證以彼邦通人學士之議論，而知司法行政之道，不外兩端：曰中央集權，曰地方分治。中央集權者所以尊主柄也，其法權操諸君主，事雖經上下議院允行，非得君主俞允，則不成爲法律。若既經君主許可，以敕令布之全國，則中央政府得時時監督之，闢闔張弛，惟其所令，而全國不敢自爲風氣。然又恐權集中央，彼國臣民或但知有服從之義務，而不知有協贊之義務也，則又有地方分治之制以維之。其法凡郡縣町村悉舉明練公正之士民以充議長，綜賦稅、學校、訟獄、巡警諸大政，各視其所擅長者任之，分曹治事，而受監督於長官。其人之不稱職，事之不合法者，地方長官得隨時黜禁之，遇有重大事件，則報告於中央政府，以行其賞罰。蓋東西各國所以能上下相維，內外相制，主權伸而民氣和，舉國一心，以日進於富强者此也。中國比年舉行新政，於中央集權之制，已逐漸整飭，故立商部以總商務，立學部以總學務，立警部以總警務，立財政處、練兵處以總全國之賦稅、軍旅，凡有興舉。顜若畫一，進步已大著矣。而地方分治之制，惟直隸初試其端，故近年郡邑吏治以畿疆爲稱最，他省猶因仍舊制，未加改良。夫官吏士民，同屬朝廷臣子，官即已仕之民，民即未仕之官，使地方司法行政官果獨任有餘，曾何需民之參預。無如考察事理，盱衡時勢，有必待官民之合力分治者。臣請撮新政重要諸端，爲我皇太后、皇上陳之。

一、財政。國非財不立，財非民不生，司農、大藏，皆用財之區，非生財之區也。生財者其地方乎，而中國地方財政，夙由守令兼管，催科之外別無作用，夫催科固不足以盡財政矣。東西各國司理財者，於民生之舒蹙，地利之肥瘠，物產之豐絀，貿易製造之進退衰旺，無不通籌併計，全局羅胸。平日合公私上下之財以聯爲一體，一旦有事，民財無非君財，操縱斂散，捷於呼吸。中國大患在貧，茲事首宜仿效，然非一牧令所能勝任。此財政之宜分治者一也。

一、學務。旋乾轉坤，惟學是賴。然普通、專門異其用，高等、蒙養異其程，其中管理、教授諸法，非學務解人不能心知其意，知其意而不能身親其事，猶無益也。今各地方學務，皆循例以守令兼司，天下守令深明學務者會有幾人，況簿書鞅掌何暇究心。將來學堂大興，一郡一邑之間，多或百餘，少亦數十，而無專司董理之人，坐令家自爲師，人自爲學，成績漫無考見，而風潮時有所聞，自非一府一州一縣各設專員，勢難統一。此學務之宜分治者二也。

一、裁判。聽訟折獄，守令專職，而今日之裁判不可以與昔比，昔恃果決，而今重精詳。民刑兩訴訟法，已由法律大臣纂布，禁刑訊，准辯護，重證據，慎差傳，獄無大小，必紓餘委備，以研其理，反覆曲折，以盡其情，武健之爲，一無所用。夫以中國前此讞獄之法，其率易苟簡若此，而各州縣猶積案纍纍，以今日裁判律繩之，事繁晷促，百案將無一舉矣。東西各國主裁判者，皆出身學堂，任以專官，終身令治法律。中國詞訟之煩，遠過歐西，而獨令地方長官兼攝，吏治之敝，患在民生。此裁判之宜分治者三也。

一、巡警。日本維新變法，惟得力警察，而遂收富國强兵之效。其事綜行政、司法，無所不包，實爲新政之總樞。特條理至繁，而義類至細，非辦事者之精神念慮在在與爲周浹，則奉行必無實際。外省州縣曹於警察之原理，或以保甲改充，或以營勇募補，以未受教育之人材，濫竽警政，其故由於地方官先不知警學也。比由設立警部以來，京城內外分置廳區，未聞令大、宛兩縣之兼攝，首善既已創行，各省自宜仿舉。此巡警之宜分治者四也。

以上四端，臣但舉其犖犖大者言之。新政事宜，猶不盡此，然皆分治則利，合治則害，分治則益，合治則損，分治則成，合治則敗。臣非謂今日地方官中必無泛應曲當之才能兼任有餘者在也。顧即兼任有餘，而當此世界文明人羣進化之際，國於地球上者無不挾國民之力以競爭，其身爲國民者亦無不有政治法律之思想。中國舉行新政，苟惟與地方官吏謀之，而蚩蚩之氓，長聽其茫昧終古，則對於內政、外交，人挾多數之國民以競爭，而我僅挾少數之官吏以抵制，衆寡之勢既殊，勝負之形立判，此尤外瞻鄰敵，內念邦基，而不得不亟圖變計者也。如謂士民預政，積久或滋流弊，則就近有地方長官之監督，其上有行省大吏之監督，又其上有中央政府之監督。況政體既定，立法仍歸之於上，通國臣民無非奉行成法，分治之舉，職分而權不分，意美法良，無踰於此。

臣備員禁近，目擊時艱，恭值宸謨廣運之秋，適際變法圖强之會，竊謂地方分治實爲改良政體之基，壤流一得，輒效其悃款之愚。倘蒙俯采芻蕘，可否懇請飭下政務處籌議采擇施行。臣愚昧之見，是否有當，謹恭摺具陳，伏乞皇太后、皇上聖鑒訓示。謹奏。

又**《出使俄國大臣胡惟德奏請頒行地方自治制度摺光緒三十二年七月十八日》** 二品銜三品卿銜出使大臣分省補用道臣胡惟德跪奏，爲擬請頒行地方自治制度，以資羣而力興庶務，恭摺仰祈聖鑒事。

竊維比歲以來，朝廷銳意自强，舉凡練兵、理財、學校、巡警諸要政，莫不次第振興。而於各國現行法律，如刑法、商法、民刑訴訟法、商法破產律等，亦已旁搜博取，先後倣行。近復特簡重臣，分赴東西各國考察政治，輶車所采，舉要迭施，郅治之隆，計日可俟。微臣待罪海外，忝奉會同考證之命，猥以譾陋，莫益高深，謹就管見所及，敬爲我皇太后、皇上陳之。

今中外言治者，皆曰欲期上下交泰，君民一體，明主權之作用，握萬法之根源，莫急於頒行憲政，是誠探本之論，切要之圖矣。惟是立憲樞鍵，其要有三：曰行政，曰司法，曰代議。代議者，所以代表國民決議法律，故亦謂之立法。三者一有未備，奏效無從。縱使急切圖謀，亦必寬期歲月。時勢所迫，通變合宜，臣愚以爲莫如先行地方自治制度。查東西諸國無不分中央統治與地方自治爲二事，而地方自治之中，亦有行政、代議之別。府縣官吏爲地方行政機關，府縣議會爲地方代議機關，職務權限界畫分明，而同受治於法律範圍之下，有左右維持之勢，無上下隔閡之虞，用能百事具興，衆心一致。英吉利爲憲政所濫觴，自一千八百三十二年發布大憲章以前，民間久行自治，合羣進化，歷世相沿，法令所頒，不期而舉，此英國法所以稱習慣法也。日本自明治四年廢藩置縣，即有地方團體治理公開事務，或由敕令，或由省令，逐次改良，隨時進步。至明治二十三年發布府縣制、郡制，其時一切規模，早臻完備，不過徵累年之治效，按通國之情形，以著爲成文法而已。其他諸國類似者尚多，善政流風有自來矣。

中國幅員遼闊，戶口殷繁，一省之中，州縣數十，大或千里，小亦數百里，統治之權，僅委諸一二守令，爲守令者又僅以錢穀、獄訟爲職務，民間利病漠不相關，重以更調頻仍，事權牽掣，雖有循史，治績難期。至於編戶齊民，散而不羣，各務私圖，遑知公益，爲之代表者，不過數紳士，又復賢愚參半。其出入官署因緣爲奸者無論矣，即有一二搢紳，表率鄉里，或由族望科名之殊衆，非必本能學織之過人，以故府縣之中，遇有應興應革事宜，守令以一紙公文移知紳士，紳士以數人武斷對付守令，轉輾相蒙，而事終不舉。夫治天下自郡縣始，今郡縣之治，疲散頹茶如此，而望國民有公德之感情，具參政之能力，以日進於盛治之無疆，是何異南轅而北其轍也。

今欲上下一心，更張百度，所有地方種種事宜，咸待措理。舉要言之，如小學教育所以造就國民，民間子女皆須就學，以戶口計之，一縣之中當有小學校數十處，造就教員，又當有師範學校。而建築校舍，則當相度地形，稽查學齡，則常編訂戶籍。又如水陸道路所以便利交通，近歲內地雜民、外人日衆，每議我國道路穢塞，行旅艱難。此後工商繁興，學校林立，市廛羅布，車馬駢闐，在在與道路有密切之關係。他如衛生事宜，所以圖國民身體之健全，則當清潔市衢，建修病院。積儲事宜，所以備社會不時之災歉，則當收斂米穀，存蓄金錢。自餘庶務，至纖至悉，更僕難終，斷非守令一二人所可獨擔，亦非紳士數人所能分任。使無地方團體實行自治制度，圖功程效，其道無出。是宜取鑒列邦，舉行新制。提綱振領，其要有二：

一曰明定府縣官吏職務權限。府縣守令爲行政官，對於中央政府受監督之責，對於地方團體任管轄之權，以故法律命令之所規定，府縣議會之所議決，皆爲守令所執行。而於守令之下，增置府縣吏員，分擔衆務，任免委諸守令，而登用必經考驗，俸給出自府縣，而籍貫必屬本鄉，是爲地方行政機關。

一曰設立府縣議會、參事會。每縣設一會，以本縣人民選舉議員組織之，每府設一參事會，以府縣守令及由縣會議員中選舉參事會員組織之。縣會議員額數，視一縣人口多寡而定。選舉人及被選舉人資格，視財產職業而定。其議事權能，則預算一縣歲出入，稽核決算報告，及關於地方公益一切應辦之事。其擔任義務，則徵納地方稅，以充本地辦事之費。至府參事會，所以聯絡各縣會，凡關係重大事件，受縣會之委託而臨時集議之，是爲地方代議機關。

以上二者，實地方自治之精髓，即國民進步之階梯。爲今之計，似未有急於此者，用敢竭其愚慮，披瀝上陳。如蒙聖明采擇，應請飭下考察政治大臣會同政務處大臣，調查東西各國地方自治制度，參酌損益，詳訂章程，頒示天下，限期興辦，庶幾資羣力而衆擎易舉，興庶務而百弛俱張，人奮忠愛之精神，日收富强之功效，權輿憲政，焜耀環球，我國家億萬年有道之長基此矣。微臣不勝惶悚之至。

所有擬請頒行地方自治制度緣由，恭摺具陳，伏乞皇太后、皇上聖鑒訓示。謹奏。

又 《浙江巡撫增韞條陳地方自治事宜三條摺》 宣統二年十月十二日

浙江巡撫臣增韞跪奏，爲條陳自治事宜，恭摺仰祈聖鑒事。

竊維地方自治之設，東西立憲國所以練習人民政治上之知識，而以本地之人辦本地之事，則利害切而謀慮周，於各地選民之中舉國會代議之士，則閱歷多而政見確。立憲前途，最關緊要，各省自籌辦以來，成效罕著，謹舉其急務分別陳之。

一曰扶持自治之能力。謹案奏定逐年籌備事宜：宣統元年籌辦城鎮鄉地方自治，宣統五年一律成立。宣統二年籌辦廳州縣地方自治，宣統六年一律成立。而現行章程自治體應辦之事，凡學務、衛生、善舉、道路、工程、農工商務及公共營業，籌集款項，範圍至廣，頭緒至繁，若聽其自然發生，則能力未充，事事皆辦，實則一事莫辦。即令實力奉行，而各省自爲風氣，趨向不同，亦不能收全國統一之效。臣愚以爲此五年中，宜有緩急先後之序，由憲政編查館會同民政部編具大綱，於各級自治體應辦之事，每年分爲實行及籌備兩項，詳列清單，頒布各省，由督撫編訂進行細目，交諮議局議決施行。例如宣統三年爲續辦城鎮鄉地方自治之第二年，以學務、衛生爲自治體實行之事，而其他各項爲籌備之事。舉一事即責一事之效，不至名實兩歧，籌一款即辦一款之事，不至支絀坐廢，主義雖似於漸進，而實效必多於並進矣。

一曰助長自治之事業。夫自治之規章，既非吾國所固有，而自治之事業，亦非吾民所習知。以吾國素不與聞公事之人民，而責以學務、衛生等事，渺不知其爲何物。黠者因假公以營私，愿者乃敷衍以塞責，此必然之勢也。臣愚以爲取法於人者，非徒形式具而已，當注重其精神。東西各國自治之發達，皆在吾國數十年以前，其籌辦之規模，每年皆有成績表存儲待考。應請敕下民政部及各省督撫，選派專員，逐項調查，分類刊布，附以淺説，令其擇要仿行。夫派員調查之舉，前者屢行之，似同具文矣。然前者多抄襲其章程，今則研究其實驗，前者多探取其現在，今則考求其已往，取逕既殊，收效自異，此尤地方自治進行之初所刻不容緩者也。

一曰比較自治之成績。查九年籌備，自宣統六年以後，自治體一律成立，似國家別無籌辦自治之責任，臣獨以爲未盡也。自治章程之通行於各省者，規則同，範圍同，組織同，其事業亦同。然執行有勤惰，籌畫有疏密，收效有後先，無全國之比較，俾收交換智識之益，以起其奮發事業之心，則亦未可盡恃。臣愚以爲自治體成立以後，當由民政部會同督撫實力調查，刊列成績比較表，第其優劣，頒布各省，使相倣效，而又完全者褒美之，怠惰者策勵之。如此則自治之團體雖多，自治之事業雖廣，而消長升降之機，無一不貫屬於政府。夫國家者一鄉一邑之積，一鄉一邑皆治，而國家不富强者未之有也。

抑臣尤有進者，近年諮議局既開，各處復籌辦地方自治，因之出而任事者多少年新進之士，往往踰越權限之外。臣愚以爲自治研究所，宜逐年續辦，將來通曉法制大意之人，日見其多，踰越權限之事，自日見其少。自治體成立以後，利用其囂張好事之氣，致之於實事求是之途，而官吏實行監督其間，斯民智漸開，而民氣亦靜，臣於地方自治管見所及，大略如此，是否有當，恭候聖裁。

所有條陳自治事宜，謹恭摺具陳，伏乞皇上聖鑒，敕部核議施行。謹奏。

又《軍諮處第一廳廳長盧静遠奏中央集權地方分權應因地制宜摺宣統三年四月初三日》 副都統銜陸軍正參領軍諮處第一廳廳長臣盧静遠跪奏，爲敬陳軍國大計，請旨裁奪，恭摺仰祈聖鑒事。

竊維立法之要，貴乎因時，而救時之方，莫如善變。況值積弊已深之際，處危機日迫之交，外患既相逼而來，内政復廢而不舉，非力破舊有之障礙，不足以振作新機，非速建不拔之根基，不足以保持獨立，故居今日而爲固本自强之計，必先通全局，而爲補偏救敝之謀。臣竊見近年以來，朝野上下皆以勵行新政爲汲汲，然一令之頒，出國門而輒阻，一事之舉，因費鉅而不行，以致部臣、疆臣顯分畛域，疆臣之所管轄，部臣不得而干涉之，部臣之所籌劃，疆臣或從而抵抗之。政出多門，權無專屬，故論者有鑒於此，有主張中央集權之説者。又有謂各省督撫實操辦事之實權，中央集權之説，爲今日所萬不能行者。不知中國地廣人衆，甲於全球，鐵軌航線之聯貫横亙於境内者，尚不及十之三四，而又甲省與乙省風氣互殊，腹地與邊地情形各别。必舉内外數十行省，皆使與部臣直接，事事聽命於中央，則聲息既不靈通，事機必多牽制，邊遠各省將有鞭長莫及之虞。若仍守從前分設督撫之法，使之劃疆分治，各自爲政，則一出都門，便成無數小國，意見各執，政令難行，亦不足以絕分歧而謀統一。是故主絕對集權之説者，第知尊中央而無以固邊圉，主絕對分權之説者，第知重疆寄而無以一主權。臣嘗斟酌於二者之間，而熟籌乎天下之勢，竊以爲欲收内外相維之效，必先爲枝幹並固之謀，欲利推行盡利之規，必參以因地制宜之意。故就今日情形而論，有宜全用集權之制者，有宜參用集權、分權之制者，有宜全用分權之制者，謹推本斯義爲我皇上縷晰陳之。

夫邦畿千里，爲羣治從出之原，即爲四方取則之地，故古者近畿之政，皆直隸於中央。今則中央政府所直接管轄者，不過京師百里之地而已，其他則部臣委之疆臣，疆臣寄之百司，政令之是否實行，僚屬之是否盡職，不得而知也。雖有督催，亦第空文一紙，雖有黜陟，全憑長吏一言，故京師行政各衙門，名爲總匯之區，實則閒散無事，蓋轄境大小則權限甚微，亦勢之所必然者。臣愚以爲中央行政之範圍，亟宜有以推廣之，惟此時交通不便，財力不充，不能擴張太遠，祗得劃定最近之區域以小試其端。如長城以南，黄河以北，渤海以西，太行山脈以東，皆所謂近畿之地也。以此劃歸中央，定爲行政區域，則面積已足與法國相埒，凡屬區域以内之政治，概歸中央籌辦，則大權操之在上，各省可由此觀型。故中央政府對於近畿各地有完全董理之責，對於腹地各省有隨時督率之權，以視近日條教所施，不能出國門一步者，其得失固較然矣。此臣所謂宜全用集權之制者也。

近畿各地既隸於中央，其稍遠者如山西、陝西、湖北、湖南、江蘇、安徽、江西各省，以及黄河以南之山東、河南諸地，雖不屬中央，亦所謂腹地也。腹地之一切政令，本應歸中央直轄，惟當試辦之始，兼顧良難，擬以屬於民政之事，暫歸各地方自行舉辦，仍各留一巡撫，以爲民政長官。巡撫以下分設各司，以資參贊，而以府廳州縣爲下級理民之官。蓋治民之權不妨分，能分權而後治法可以密也。至關於國防及軍事上之動作，則概歸中央主持，其舊設總督之兼領軍事者，悉裁撤之，使各省軍政統於一尊，而不得自爲風氣。庶平時可以統籌全局，擇要駐兵，蒐討訓練，號令齊一，有事則居中調度，首尾策應，有朝發夕至之便，無此疆爾界之殊。蓋治兵之權不宜分，能集權而後軍政可以肅也。此臣所謂宜參用集權、分權之制者也。

至於沿邊各省如滿洲、蒙古、甘、新、川、藏、雲、貴、閩、浙、兩粤，皆地居偏遠，逼近强鄰，軍事之整理，國防之籌劃，其情形迥與内地不同。且財政艱難，時資接濟，道途險阻，不便運輸，非特簡重臣坐鎮其間，不足濟艱危而絕窺伺，非特假以便宜行事之權，使之斟酌盈虚，從容布置，亦無以操勝算而遏亂萌。臣愚以爲宜裁去舊有之將軍、都統、總督、巡撫及辦事大臣，而仿各國邊境設都督府之制，分設各路陸軍都督：東北陸軍都督府兼轄奉、吉、黑三省，北路陸軍都督府兼轄内外蒙古，西北陸軍都督府兼轄伊犁、新疆、甘肅、青海，西路陸軍都督府兼轄川、藏，東南陸軍都督府兼轄閩、浙、廣東，西南陸軍都督府兼轄雲南、貴州、廣西，均擇各路適中之區以爲駐紮之地。都督之任，仿照各國成例，必以陸軍出身或於軍事深有經驗者充之。其職權可以統理區域内一切政務，而尤以軍事爲主要，凡關於軍隊駐所之配備，餉械之輸送，補充，以及防禦、作戰各種計劃，概由其酌量規定，而隨時報告於軍諮處及陸軍部。遇有緊急事變，亦得權宜處置之。惟都督轄地太遠，地方民事有難於兼籌並顧者，應就從前將軍、都統、總督、巡撫及辦事大臣屯駐之處，體察情形，分設民政長官，長官以下所屬府廳州縣，悉仍其舊。若蒙、藏之向無府廳州縣者，亦宜酌參原有之機關略事變通，以便治理，而重大之事，仍受成於都督。蓋邊境幅員遼廓，列强環伺，練兵籌餉責之一人，則權限攸歸，無從諉卸。利一。周曆四境，情勢瞭然，布設方略，必中窾要。利二。任用既專，威令易行，遇有危疑，迎機立斷，無牽制束縛之弊。利三。邊防既固，則覬覦不生，可以壯國威，即可以弭外患。利四。或謂晉設州軍，唐置藩鎮，重外輕内，釀禍無窮，今設都督府而特重其權，將毋爲後車之覆。不知都督係特簡重臣，實爲朝廷所親任，即有時權宜處置，仍必禀承廟算，敬謹遵行，設有違法之行爲，侵權之舉動，立時罷黜，固自無難。況憲法施行則邦基鞏固，國是既歸於大定，即反側無自而生心，是魁柄下移之患與尾大不掉之虞，皆可消弭於無形，不必鰓鰓過慮矣。此臣所謂宜全用分權之制者也。

以上所陳各節，雖非立憲國完全之制度，然按切現今時勢，必有此過渡辦法，然後可以振紀綱之廢墜，而促憲政之進行。況禍變之紛乘日甚一日，邊備之廢弛年復一年，時已往而不可追，機一失而不可返，及今猶不亟圖機變計，將見因循敷衍，茶然不振，内無可操之威柄，外無可固之藩籬，異日分崩離析，大局難支，恐有欲謀改革而不可得者。臣蒿目時難，杞憂日迫，用是不揣檮昧，敬獻芻蕘。可否飭下軍諮處會同會議政務處、憲政編查館，核議具奏請旨施行之處，伏候聖裁。

所有敬陳軍國大計請旨裁奪緣由，理合恭摺具陳，伏乞皇上聖鑒訓示。謹奏。

又《御史臣蕭丙炎奏各省辦理地方自治流弊滋大擬請嚴加整頓摺宣統三年閏六月初七日》 掌廣西道監察御史蕭丙炎跪奏，爲各省地方自治，辦理失宜，流弊滋大，擬請旨飭嚴加整頓，以裨憲政而固民心，恭摺仰祈聖鑒事。

竊維治民之道，端在便民，立法之良，視乎行法。方今朝廷預備立憲，勵精圖治，一切法制改良，原爲便民起見，地方官吏職務奉行，宜如何矢慎矢勤，以求盡善盡美。乃臣聞各省辦理地方自治，督撫委其責於州縣，州縣復委其責於鄉紳，鄉紳中公正廉明之士，往往視爲畏途，而劣監刁生，運動投票得爲職員及議員與董事者，轉居多數。以此多數刁生劣監，平日不諳自治章程，不識自治原理，一旦逞其魚肉鄉民之故技，以之辦理自治，或急於進行而失之操切，或拘於表面而失之鋪張，或假借公威爲欺辱私人之計，或巧立名目爲侵蝕肥己之謀，甚者勾通衙役胥差，交結地方官長，藉端牟利，朋比爲奸。其苛捐擾民也，不思負擔若何，惟恐搜括不盡，農出斗粟有捐，女成尺而有捐，家蓄一雞一犬有捐，市屠一豕一羊有捐，他如背負肩挑瓜果、菜蔬、魚蝦之類，莫不有捐，而牙行之於中取利，小民之生計維艱，概置弗問。其開銷經費也，一分區之內在局坐食者多至一二十人，一年度之間由局支出者耗至二三千圓，以一城數區合計之，每年經費不下萬金。而問其地方之善堂如何，學校如何，勸業如何，衛生如何，不曰無款興辦，即曰不暇顧及。所謂辦有成效者，不過燃路燈，灑街道，或設一二閱報社、宣講所而已。而舊日育嬰堂、養老院、義塾、社倉、賓興、鄉約、施藥、施茶、積存諸公費，非皆揮霍盡淨不休。似此辦理地方自治，其人既多敗類，其費又多虛糜，苛取民財，無裨民事，怨聲載道，流弊靡窮。若不量爲變通，嚴加整頓，臣恐民怨日積，民心漸離，大亂將興，何堪設想。

查現行自治章程，原以地方官爲監督，其對於自治職員及議事會董事等，固有撤銷與詳請解散之權，對於預算決算表册，又有隨時檢查之權。擬請明降諭旨，通飭各省督撫，嚴督所屬各地方官，認真監督，嚴加整頓。辦法量爲變通舊章，慎選職員，撙節經費，如有職員等假公濟私，抑勒苛索，挾嫌尋仇，侵吞浮冒諸情事，准該縣民赴鄰封據實指控，一經發覺，立將該管地方官嚴行奏參，以爲監督不力者戒。務使閭閻毋擾，則民心可安，官吏秉公，則憲政無弊矣。

臣愚昧之見，謹繕摺具陳，是否有當，伏乞皇上聖鑒，訓示施行。謹奏。

《出使奧國大臣李經邁奏地方自治權限不可不明求治不宜過急片光緒三十三年四月二十二日》 再，地方自治，歐洲各國辦法大略相同，原以本地之紳民，集本地之款項，圖本地之公益，情勢既洽，措施較易。中國沿海各省，近亦有議仿行者，第官吏行政之權，與地方辦事之權，必須預爲分晰，斷不至因侵越而生衝突，如慮官吏阻閡，儘可准赴司法官控訴秉公判決，而地方官進退之權，不可操之於自治會。臣到奧後，屢向維也納都城巡撫及其城長詳晰諮詢，皆云權限不可不明，蓋非如此，則政界必因而擾亂。臣又聞之此間政治家言，中國舉行新政，誠爲自强之需要，然求治不宜過急。日本變法之初，各國皆慮其因速而致亂，幸其壤地本小，轉移尚易爲力。中國幅員太廣，人數太多，風俗各殊，教化尚未普及，與環球各國情形皆有不同，目前改革之道，祇宜對症發藥，逐漸改良，免蹈危機等語。查其所言各節似尚明中國情形。地方自治一事，爲將來憲政基礎，此實內政改革最大之關鍵，立法之始，固有不能不慎之又慎者。謹附片具陳，伏乞聖鑒。謹奏。

光緒三十三年四月二十二日奉硃批：考察政治館知道。欽此。

論說

康有為《大同書》第八章《地方自治》 當是時，人之所居，都會之大聚，以山頂海邊及島嶼為至多，而河流川源之間次之。然人口雖多，皆歸之農、工、運、闢四部，否則老幼、疾病、學校十院之養於公者，然則屋室、園囿、店、廠、場、局皆出於公，幾無私宅者矣。既出於公，則必崇宏浩大，一院而萬千人，多或億兆人，故太平之世，無散人之村鄉。而但有公家之廨署。其時道路平廣，電車四達，瞬息百里，自行車更巧，人人皆具，亦頃刻十數里，故農場耕牧之地可散，而食宿之院可聚。雖十數里一農場亦可也。有農場之地，則商店從之，郵局、電局從之，飛船、鐵路之站從之，為一聚落焉，故太平世之農場，即今之村落焉。其地方政治，即農場主主之，而商店長、郵、電、飛船局長、鐵路站長佐之，不必設鄉官焉。其有事則開議，人人皆有發言之權，從其多數而行之。其應上告而整頓者，則大衆列名而農長代表焉。每月必聚議其場政而上之於農局。其為工廠地者，則為今之市鎮，則工廠主主之，其地之商店、郵電局、鐵路、飛船并設，則各局長佐之。其有事開議，人人皆有發言權，自其長親入議堂外，其餘皆自各處電話發來而史以書記之，月必聚議其廠政，從其多數行之。其應上告而整頓者，與農場同，告則直上於各度小政府之工曹焉。其農局居農場之中或山水原陸之要，則或有人本院、育嬰院、慈幼院、小學院、中學院、大學院、養老院、醫疾院、養貧院、考終院十院在其間，則必有金行、公園、博物院、植物院、動物院、音樂院、美術院、講道院、大商店、郵電局、飛船鐵道局。其有川原者，則有船局或有工廠、作廠。如是，則設一地方自治局焉，有主、伯、亞、旅、府、史、胥、徒，以任其地政。其曹有道路、警察、衛生、講道、評事、測候等司。若有水道則有都水一司，若有山谷，則有闢山一司，其橋、堰、陂、塘，皆歸於道路司，其稽察飲食之宜、室屋之式、疫祲之事，則歸之衛生司，其餘場、廠講道之人，則歸講道司，其有諍論，則歸之評事司。是時刑措，蓋無獄矣。其有罰者，削其名譽，再有甚者，付之恤貧院作苦工而已。其人皆由議院舉之，議院歲以數月開之，公議本局之立法諸事。院局之長咸入一堂，聽人人提議，而以電話詢於各場廠局，院司之衆，人人皆有發言之權，而從其多數。其公舉主、伯、府、史，皆取其地有智人、仁人之徽章多者舉之，無仁智之徽章不得被舉焉；又有公報館以總公政布告之事。其職圖如左：

地方自治局之屬

議院		
農局	農場（凡鹽場各産物場皆同）	人本院
礦局		育嬰院
牧局	牧場	慈幼院
漁局	漁場	小學院
工廠		中學院
商局	商店	大學院
金行	金店	醫疾院
都水局		養老院
闢山局		恤貧院
道路局		考終院
游徼局	徼員	
衛生局		博物館
講道局	講道	圖書館
評事局		音樂館
		美術館
		公游園
		植物園
		動物園
		講道館
		測候臺
		公報館

《新民叢報》第五至七期《康有爲〈公民自治篇〉》　此明夷先生之來稿也。其推重民義，以地方自治為立國之本，可謂深通政術之大原，而最切中國當今之急務也。又其引例詳而博，論理透而達，尤足以發皇耳目，開拓心胸。因亟録之，以廣其傳。但其以立公民之事，望諸政府，又以立公民為籌款一法門，則與記者所見，不無異同。記者以為公民者，自立者也，非立於人者也，苟立於人，必非真公民，徵諸各國歷史，有明驗矣。至公民之負擔國税，則權利義務之關係，固當如是，非捐得此名以為榮也。若以是為勸民之一術，則自由權之必不能固明矣。於此諸義，未敢苟同。雖然，論學理與論事勢其道固不得不異。茲篇所言，救時之良言也，為今日之中國説法也。讀者深知其意焉，則著者之所望也，亦記者之所望也。

舉中國萬里之土地，四萬萬之人民，内治外交之繁伙劇迹，而人人不分任，惟政府一二人任之，雖聖人亦有不周者矣。士民睹國政之不善，則嘆惜痛恨曰，此地方官之不善也。外而守令，内而諸曹，睹國政之不善，國體之削弱，則又嘆惜痛恨曰，此大官之不善也，吾輩小臣不得與焉。若京卿司道，近於大官矣，則又嘆惜痛恨國政之不善，國體之削弱，曰公卿督撫之責任也，吾輩閑曹何與焉。其大學士、尚書、侍郎、督撫，睹國政之不善，國體之削弱，則嘆惜痛恨曰，此樞臣之責也，吾輩何與焉。其樞臣睹國政之不善，國體之削弱，亦痛心蹙額嘆惜痛恨曰，此首輔之責也，吾輩隨班何與焉。吾自與公卿士大夫游而習聞之。乃以四萬萬人之大國，無一人有國家之責任者。所謂國無人焉，烏得不弱危削亡哉！嗚呼，豈不异哉！雖然，此非其不忠之諉托也。本朝之法，鉗制其下，上下隔絕，官民隔絕，其權限實有然也。而所謂首輔者，則類皆以親王、國戚、旗人為之，身未嘗學問，足未出國門，其才僅足以奉君上之意旨，而以尊寵彈壓百僚而已。故中國雖有四萬萬人，而實得一二人，且得一二瞽聾瘖跛心疾之人。以此政體，投之季世亂時，已不能立矣。夫今歐美各國，法至美密，而勢至富强者何哉？皆以民為國故也。人人有議政之權，人人有憂國之責，故命之曰公民。人人皆視其國為己之家，其得失肥瘠皆有關焉。夫家人雖有長幼貴賤，而有事則必聚而謀之，以同利而共其患。今以此一二瞽聾瘖跛心疾之人，而負荷萬里之廣土衆民，以與彼數千萬人分任極輕者鬭，其成敗不待計算矣。孔子之經義曰：『天視自我民視，天聽自我民聽』；又曰：『靈承干旅』；又曰：『謀及庶人』；又曰：『媚於庶人』。孟子曰：『國人皆曰賢然後用，國人皆曰可殺然後殺』。此不易之經也。然此猶言義理，吾姑為言事勢可乎？夫以一人任重任易乎？抑衆人分其重任易乎？必曰衆易矣。同舟遇風，則胡越同心。一人專利，則至親袖手。與衆人同憂樂易成乎？抑一人獨憂樂易成乎？必曰與衆同憂樂易成矣。為人謀與己自謀孰周乎？則必曰為人謀不如為己謀之周矣。夫歐美、日本各國之立公民也，使人人視國為己，而人人公講其利害而公議之，故上之有國會之議院，下之有州、縣、市、鄉之議會，故其愛國之心獨切，親上之必甚至。昔法之償德兵費也，十五萬萬，限期三年，法人年半而償之，此非公民而能得是哉。蓋其公責一大任於數千萬人也，乃所以陶融鑄冶數千萬人而為一體也。夫以數千萬人而共擔一任，其政安得不美密易舉哉；以數千萬人共治一體，則其力安得不堅固洪大哉；以人人自謀，安得不親切哉。故弊無不克去，而利無不能興，事無不能舉，而力無不能入。此今大地各國致富强之成效大驗，而非儒生空言引經之遷説也。故有公民者强，無公民者弱，有公民雖敗而能存，無公民者經敗而即亡。各國皆有公民，而吾國無公民，則吾國孤孑寡獨而弱敗。若吾國有公民，則以吾四萬萬人選公民至多，以多公民與少公民者較，吾國必較列國而尤强。故今之變法，第一當立公民矣。今中國民智未開，雖未能遽立國會，而各省、府、州、縣、鄉、村之議會，則不可不立矣。且今各省、府、州、縣，常有公局，有紳士聚而議之，又有大事則開明倫堂而公議，有司亦常委人焉，是議會中國固行之矣。吾粵尤久行之。特制未明宣，法未詳密，任數紳士之盤踞爭傾，而未嘗有國法以為之監定，故未見其大益，而所以助有司之治而通小民之情，為功已大矣。但在立定律，舉公民以為之，則長官劣紳不能武斷，而公民為公益，得以自為謀焉。故人人與之俱死，而後可與俱生，人人與之俱亡，而後可與俱存，公民哉！人人與之同憂，而君可免憂，人人與之同患，而國可免患，公民哉！人人與之同權，而君權益尊，人人與之同利，而君利益大，公民哉！夫英之維多利亞，德之威廉第一，其威名尊榮，與亡國奔走或被殺逐者亦遠矣。故明夷子曰：今中國變法，宜先立公民！

凡公民之制，美國則男子年二十無過犯，人人得為之，德則有租三千，納税十二馬克，英則納四十喜林，奥則百金，其法、意、瑞、荷璉、挪各國，皆數十金不等，日本則納六元者得為之，皆取有名譽無過犯，許為公民。公民者，擔荷一國之責任，共其利害，謀其公益，任其國税之事，以共維持其國者也。既有公民之資格，則可被選舉為鄉、縣、郡國之議員鄉官，可自舉鄉、縣、郡國之議員鄉官。若無公民之資格，則不得舉充鄉、縣、郡國之議員鄉官，亦不得自舉鄉、縣、郡國之議員鄉官。夫凡人皆有耻心，皆有好事心，況合舉國大衆而驅之，如風潮之怒涌也，其聲必大，有報館而鼓之，如鐘鐸之擊撞也，其響必應，人之有耻心，好事心，進上心必日增而大長。既耻不列於公民，尤樂預於選舉人，尤望己之可為議員鄉官，而發論議而舒其意志也。蓋舉國之人，敬非貧極無聊者，無不發揚蹈厲而爭為公民矣。

凡既為公民有四益：一、愛國之心日熱，一、恤貧之舉交勉，一、行己之事知耻，一、國家之學開智。加以報館之終日激揚，大衆之互相鼓勵，日進而愈上。行己知耻，則風俗日美，而犯罪少；恤貧交勉，則仁心日長，而貧民有托；愛國熱心，則公益日進，而國事有賴；學識開進，則才能日練，而人地升進。是以舉國之民而進化之，而後能以舉國之政事風俗而進化之。昔者普為法弱，幾不成國，自立公民，而國驟强，此其明效也。是故今歐美、日本各國，乃至專制之俄，無不立公民者，雖少分等級，而其不能不立公民則一也。故昔者之國，争在一君一相一將之才；今者之國，爭在舉國之民之才氣心識，與其舉國之政之學及其技藝器械。即以中國之大，而昔者敗於蕞爾之日本者，非吾將相之才之必遠遜於日本也，乃吾無公民之不如日本也。以無公民，則散四萬萬而為數人，有公民則合數千萬而為一人，此其勝敗之數也。夫萬國皆有公民，而吾國獨無公民，不獨抑民之資格，塞民之智慧，遏民之才能，絕民之愛國，導民之無耻已也。且人有寥寥之寡民，而善待而用之，其民日進，其國日强，其主日榮；吾有地球第一之衆民，乃不善待而善用之，其民日退，其國日削，其主日辱。孰得孰失，不待再計而決矣。抑且舉萬國皆有公民之資格以貴其民，而吾乃遏民使賤。昔者一國閉關而立，鉗制之餘，民智未開，猶之可也。今萬國比較，日視各國之民如此其通貫，其國因以致富强也，吾國之民如此其辱賤，而國日以削弱也，梟桀之民，將自求之。夫使民自求之，則有土崩瓦解之憂，有主弑國亂之禍。英、法、意、奧，百年内亂，可為鑒也。孰若君自與之，則有尊君親上之美，有愛國奉公之益。普之威廉、法之拿破倫之盛强，可為法也。戊戌之秋，我聖主嘗欲開議院以同民矣，此所謂自君與之者也。然且吾民未嘗有求之，而聖主慨然行謀及庶人之典，此大地所未有，而絕出於萬國者也。雖今民智未開，未能遽行；若夫州、郡、鄉、邑之議院，則雖俄之鉗壓專制，猶行之矣。今變法第一當令省、府、州、縣、鄉、市遍舉公民，選舉議員而公議之。

今中國舉公民之制，凡住居經年，年二十以上，家世清白，身無犯罪，能施貧民，能納十元之公民税者，可許為公民矣。凡為公民者，一切得署銜曰公民，一切得與齊民异，如秦漢之爵級然矣。既為公民，得舉其鄉、縣之議員，得充其鄉、縣、府、省之議員，得舉為其鄉、市、縣、府之官。不為公民者，不得舉其鄉之議員，不得舉充鄉、縣、府、省之議員，不得舉充鄉、市、縣、府之官，一切權利，不得與公民等。如此則榮辱殊絕矣。民將皆發憤為公民，民將皆自愛而重犯法而期為公民，民將皆務施舍而為公民，民將皆以清白貽子孫而為公民，民將皆勉輸十元而為公民，民將皆好學而期為議員為鄉官之公民。其未能為公民者，皆將有進憤愧耻之心；其已為公民者，皆將有愛國施舍自重好學之志。夫民抑之則無耻，冷之則自守，塞之則蠢愚，揚之則進上，熱之則磨厲以須，導之則開明通達，況以中國之夙昔教化，而生質敏慧者乎！一舉公民，則舉國四萬萬之民，進於愛國，進於公益，進於自重，進於好施，進於學識，踴躍磨濯，如大海之鼓潮，如巨風之振山也，其孰能御之！

且今内外汲汲憂貧，司農之終日仰屋也，疆臣之終日持籌也，羣吏之分途搜括也，摸金都尉，搜粟中郎，無不逼及矣，閑架推酤，賣賭鬻爵，無不入微矣，裁職事之官，停羣臣之俸，絕勛烈世爵之禄，無所不至矣。而無如百執胸中，祇知中國之舊法，而不知東西之新法；甚至政務處，只知節流之死法，不知開源之生法，宜其極力搜括聚斂而無所補也。夫以舊制之壞若彼，執政之謬若此，吾不敢以新法理財告之以累吾民矣。惟今姑以立公民之一法告之，或不以為愛民同民之義行之，姑以為籌款之法行之可乎！自道光二十九年，普計民數四萬二千六百七十三萬。以東西各國例之，五十年人數當倍，自道光二十九年至今，五十餘年矣，人數當倍至八萬萬五千萬。吾中國養育之法未至，或不能倍，且咸豐時大亂，或喪其十之二三，或數未能確，然以各國公理推之，必五、六萬萬矣。但未嘗核算，人引舊交而忘之耳。即以少數五萬萬推之，男子當二萬五千萬。吾粤人也，且以粤論。順德、新會、番禺、南海、香山、東莞之大鄉，如九江、沙頭、兩龍、容奇、桂州、外海、沙灣、潮連等鄉，男子數皆十數萬，過於東西一大郡矣。英、德、法之盛，以二三萬人以上為大都會，比於吾粤之大鄉，會不足齒數。故吾粤人數數千萬，可比英、法、德、奧、意、日本者也。而户口亦多給足，人民有氣好進上，虚街翎頂之無用，而爭論重金以捐之也，以炫榮於鄉衆。若有公民之實權利，若税僅十金，其將耻於不齒而爭為之也。壯男必十逾大半矣。故即以廣州一府論，人口千餘萬，男子不止六、七百萬，老壯男子三、四百餘萬，公民必可得百萬。人納公民税十元，是即一府歲入千萬矣。其餘九府四下直州，當近得百數十萬公民，亦可得千數百萬。其他江、浙、四川之富庶，亦略與粤近，當得千餘萬。如此已得五、六千萬。此外十八行省，應合得四、五千萬。故但以公民一專論之，已可歲籌萬萬。因人心之樂歙，而未嘗有分毫强之，既可同民又可集大款。然則為今日計，一舉而數善備者，雖孔、孟、管、葛、拿破侖、畢士麻克復生，亦何能舍公民！何能舍公民！

為人代謀者之不如自為謀也，人治之者之不如自為治也，此天下之公理矣。以一人為十百人謀，智猶不暇給；若以一人為百數十萬人謀，無有能給者矣。既不能給，而欲因時制宜，周密纖悉，無不至也，無不舉也，未之有矣。未能因時制宜周密纖悉，而欲其無利不興，無弊不去，所欲必成，有事皆舉，無一夫不得其所，未之有矣。假而能四目四聰，因時制宜，周密纖悉，興利除弊，牽作興事，人民皆被澤矣；然賢吏千百而一見，且未必能久任，則循吏煦哺於前，而酷吏壞之於後。假而久任終身，舉國二千餘縣令皆吕父杜母，永永代任皆賢聖，如陽城元紫芝，民不識不知，含哺而游，以樂閉關之國可矣，以當競爭之國，猶之愚弱而亡也。何也？蓋以民之徒受治於官也，無議政之權則無政事之思慮也，無政事之學識也，無大衆之講議也，無得失之激射也，無美惡之法戒也，無進退之比較也。是故其民俗樸而愚，喬而塞，蠢而野，耕田鑿井，長子抱孫，没齒老身，自幸承平而已。以此之故，民有六害：學問不進，智識不開，技藝不新，器械不巧，心思不發越，志意不踔勝。夫進化開發者，提携互進，日升而無已；守舊閉塞者，扶同沈溺，日下而無已。以日下之民與日升之民較，日退之國與日進之國較，其勝負不待決。故挾此舊制以較今日，而遍國郡縣，永永得人，如陽城元紫芝、吕父杜母者，國必亡。此非矯激之言也，比較之數也。若夫今者，令長之官百數十萬，人民之所寄，而選之極輕，養之極薄，責之極重，課之極繁，待之極賤，佐之極少。此雖周公之才之美，所不能以空餓而獨任數百里百千萬人弄獄、催科、撫守、教養之資者。況於法網之密束縛手足，風俗之壞敗損人才，籍地之遠如客入主家，遷移之多視官如傳舍；而又屠伯市儈，紈袴孩嬰，朝輸金貨，夕綰銅墨，或文字不識，國土不知，若陽城元紫芝者，乃古今天下不一二數者也。而其下僅佐雜數人以供奔走，且無鄉官以分治之。以此之制，而與萬國自治日進之民角，其勝負不待決矣。且即內不為兆民計，外不與各國角，而今之言變法者，亦未始不知措意於學校農商之業，製造選兵之事，及其日夜憂貧，思所以為聚斂民財之法。然以今地方治法之疏，以一切非常變法之大政，賚之於未嘗學問，耄老窮困，捐納鑽營之令長，於其簿書刑名錢穀之餘行之，是何异使蚊負山也。夫以萬里大國之大，而江鄂大都會，乃始有一二學堂，則其餘為自割地鬻民已甚矣。若欲望之令長，遍舉新政，以是法制人才，學校如何而能興？農商如何而能勸？製造選兵如何而能精？且即設印花房屋之税，如何而能遍逮於民，俾差役不害，而隱匿不行？假即令長能舉之，而何能令普國鄉市遍舉之？夫國何以成，非成於民耶？治何以起，非起於鄉耶？故古者之治，起化於鄉，自州黨族里，其法至纖悉而皆舉。今者各國鄉邑之治，自户籍、死生、婚姻、産業、警察、保衛、治安、審判、議税、印花、勸辦中小學校、專設石路及縣路鄉路、市場廣場、橋梁、築室、防火、消水、衛生、救貧、醫生病院、狂院、選兵、公債、山林、橋梁、鐵路、銀行以及激其愛國之心、選其學業之識、勸其技藝、長其精神，凡此皆一鄉所有之政。其繁密纖悉，精詳瑣細，幾同小國之體。各國何以能然？蓋皆聽民自舉人而治之。故其自為謀也至當且周，其趨公也至勇且然，故其民志意騰踔，心思發越，神氣王長，學識開明，技械精巧，政體皆隨時議決，故其氣象新而體理生，租債皆量力公定，故其輸將樂而作事舉，民安而樂之，動而翔之，進而揚之。以視閉關守分受治之民，循死法而窒心思，抑志意而閉學識，風俗阻閉蒙塞，神氣萎靡頹散，政事蕪荒疏絕，財用困匱乏短，技械苦窳鈍樸。是故其民新舊日相反相遠，愚智日相反相遠，開塞日相反相遠，板活日相反相遠，鮮腐日相反相遠，神識志意日相反相遠。以此而與萬國自治日進之民角，其勝負不待決矣。夫民者國之本，鄉者治之本。本立則基固，基固則雖拱把之小樹，亦能干枝堅勁，而花實繁榮。若本根萎弱，則雖參天大樹枝葉，亦應時悴落，況求其着花結實，何可得哉！是故小國民本能立，其國亦强，大國民本不立，其國弱亡。觀於英三島之臣印度，日本三島之敗我國，其已然之迹矣。嗚呼，以今日地方之制而按之孟子同民之理，既相悖馳，而敢不愚不竦，投之於列强競爭優勝劣敗之時，則是恐四萬萬民之太安，而自塗炭之，慮萬里地之不速割，而急自鬻之也。慘愚若此，而舉國謀臣智士不知所以救之，豈不大可哀哉！

救地方之術若何？曰知病即藥，今吾中國地方之大，病在於官代民治，而不聽民自治也，救之之道，聽地方自治而已。今歐美之日强，人民之日智，地利之日出，學校之日盛，技械之日精，宫室橋梁道路之日修，警察保衛之日安，賦税之日多，醫病恤貧之日仁，鐵路銀行之日廣，山林漁澤之日闢，因以整其兵備，精其航船，以橫於大地，剪滅東方，此其本非在國政也，非在政府及疆吏令長之一二人也，乃由於舉國之公民，各竭其力，盡其智，自治其鄉邑，深固其國本故也。非惟歐美而然也，日本明治維新以來，行地方自治而驟强矣。又非惟日本為然也，專制威權無上之君權若俄者，亦已行地方自治矣，故其民才足用，而鄉政克修，地利盡舉。夫俄與我國之專制同，而强弱异者，由地方代治與自治异也。此又非今各國之新制也，我三代、漢、晋、六朝實行之。周官鄉遂之制，一萬二千五百家為鄉而有大夫，二千五百家為州而有長，五百家為黨而有正，百家為族而有族師，二十五家為閭而有閭師，五家為比而有比長。設官若此之多，而職事若此之少，此非朝廷所命也，蓋亦民自舉而官許之耳。以其自治，故能登其夫家衆寡，辨其貴賤老少廢疾，辨其弛舍及其六畜車輦，以令貢賦聽訟移民，治其祭祀喪紀、冠昏飲酒、師田行役、相保相受、刑罰慶賞之事，歲時讀法，興賢舉能，書其孝友、睦婣、有學、敬敏、任恤，其間簡兵器、殺稼穡、正地域、列溝樹，行其下劑，樂昏、土宜以利民，且能大説衆志以開議會。其悉若此，故其自治至密，過於東西矣。漢人十里為亭則有長，十亭為鄉，有三老、嗇夫、游徼，以掌教化、訟獄、盗賊之事，則今歐美之學校、警察、審判官也，亦皆民自舉而官命之，故政雖疏而未失。至隋盡收小吏之權，簿尉皆命於天子，而吏部數人，安能察萬里之地。官守令以上，已行崔亮停年之格，孫丕揚抽籤之制，安能及鄉。故鄉政由是盡隳，鄉官由是不舉，自治之法廢。而地方不修，民治不舉，國本不立，職是之由。自上言之，則督撫司道守令，層級累重；自下言之，則鄉州黨族里閭，無一官焉。有大官而無小官，有國官而無鄉官，有國政而無民政，有代治而無自治。故政事粗疏蕪荒，人才不進，地利不辟，而財用匱乏。蓋立法之意，但以為國，非以為民，但求不亂，非以求治。故即有循吏，至於桴鼓不鳴，龐吠無警，餘糧栖畝，訟獄少囚，則以為治效之至矣。故自來地方政論，皆以清静無為，寬簡不擾為主。曹參曰：『勿擾獄市，乃千古治法之極則。』此皆老子愚民之法，所謂常使民無知無欲，安其居，樂其業，美其服，老死不相往來。夫所求不過如是，乃與今競争之理相反。故謂舉國守令皆吕父杜母陽元而國必亡也。蓋將南其轅而北其轍，則愈疾行而去愈遠；起點既异，則測綫之相反，差以毫厘而謬不止百千萬里者。故天下之患，莫苦於舉國習為固然，以古自証而不知察，則其病不可救也。雖然，地方自治法，吾中國固已行之，而吾粤尤蹙矣。蓋一縣之地為里數百，為口百數十萬，多者乃數百萬，此蓋東西一小國之地。加拿大萬里之國，人數不過四百萬耳，順德幾幾比之矣。僅以一令及八九品數佐雜治之，此必不給之勢也。故地方之訟獄，以遼遠不及赴訴於令；地方之保衛，不能不民自為謀；學校、道路、橋梁、博施院、醫院，不能不民自為理。於是有紳士、鄉老、族正以斷其獄，選人為更練壯勇以衛其鄉，以及堤堰、廟堂、學校、道路、橋梁、公所、祭祀一切，不能不自為私斂以威之，或特别捐抽，或常行徵税於嘗業田畝室屋人口，事畢布告其數於公所。其重且大思垂久遠者，則請之官得許而為例。鄉縣處處不同，各因其俗而人安之，雖私税之無間言。至咸豐之亂起，紳士各團練自衛其鄉，以一鄉力薄，則聯數十鄉或數鄉因其地勢以成之，或以大鄉自為一團，號之曰局，則常有徵税，而有鄉官治事其間。即以南海同人局言之，其治下凡三十六鄉，男女約五萬，局有長二人，以進士舉人諸生充之，鄉人有訟斷於是，局勇二十人，有武官統之，猶警察官也，有書記一人，司會一人。其一切諸局，或大如九江，則男女三十餘萬人，小則數千人，體裁詳略不同，而大體不外是，粤中幾遍省有之。局紳皆由紳舉而官允許者，亦有不請於官者。有大事則凡列紳士者得預議焉，甚類於各國議員。其大局則規模章程具備，純乎地方自治之制矣。但國家未為定制，而議員局長不由民舉，故時有世家巨紳盤踞武斷之弊，而小民尚蒙壓制愚抑之害而不得伸。此蓋貴紳遺制之害，蓋舊俗之源出於國治，而非出於民治，故雖美而未盡善。若國家有公民、議員之制，則民氣之激揚，可一朝而援發也。蓋鄉官、公民、議員之義，出於天然之公理，國不為立，而民自立之。各直省雖不能然，然鄉落皆有紳士主持之，有事則有司咨之小民請命焉，猶然地方自治之意，此則舉國皆然矣。今若就廣東先行之，為定鄉官、議員之制，粗定大律，而聽令各鄉斟酌其枝條細目，則可立為施行矣。因其地之本有而潤色之至易為功；紓其民之積氣而利導之至易為德。夫萬國自治之效若彼，中國故事自治之善制如此，察之現時之民俗自治之制已具，故以勢言之，中國不能不改地方自治，以俗言之，中國已行地方自治，在轉移間耳。

且夫自治之制，天理也，自然之勢也，無論如何專制之國，不能鉗絕廢止之也。凡民一家之中，聽其父兄自治之，故古經名曰家君，而今律名曰家長。國法雖極密，亦萬無代治及其家者，君權雖極專，亦未嘗慮家權之分之者。蓋國者大團體也，家者小團體也。

凡一大團體，必積無數小團體而後能成，此物之公理也。故人積無數血點然後成身，天積無數星球而後成天，國積無數之家、鄉、土司、縣邑、州、廳、府、省之小團前後成國之大團。故大團之國權患其不集，而小團之民權患其不分。故兵事與外交集權之益最大，民治與競爭集權之害最大。今夫人之為身也，固息腦魂不强大，心血不豐足，而若無萬千微細腦氣筋，九十餘里之微絲小血管，以遍周而營衛之，則手、足、指、爪、眼、舌，亦何能開合屈伸，便捷機警，以為言語、食飲、動作、行持之用乎！舌之腦氣筋不能自主開合，則一日而飲食絕，人死矣。其他目筋不能自主則盲，耳筋不能自主則聾，手、足、指、爪筋不能自主則不能持行而百事廢。有此者號之曰廢疾，命之曰廢人。故國之無地方自治者，其國臃腫頹敗不生活，雖龐然大物，亦號之曰廢國。有廢疾者小兒得而欺弄之，為廢國者小國得而割滅之。蓋體不備者謂之不成人，機不備者謂之不成器，法不備者謂之不成國。不成國者，大何恃乎？

且今大地民立鐵道，民立汽船，民立礦山，民立學校，民立保險，民立會社，民立工商農業各種公司，皆聽其自為立法，自為行政。其大公司用人十數萬，上下百司，同於小國，等於古之封建矣。英以一商業公司而闢萬里之印度及南洋各島；若德之克魯伯炮廠之宏大，工人數萬，綿地數十里。是皆中國人所耳熱而艷稱之者，而皆由民權自治法得之。即中國工商百業善堂皆有行，有公所，有總理、值理之人。如今上海之廣幫、浙幫、蘇幫、徽幫、閩幫，則以地聚衆而自治；錢業、絲業，及廣東之七十二行，則以業聚衆而自治之。督在國家法律之下，而國家聽其自立，未嘗分毫撓之。此工商業所以盛也。故凡集國之大權者惟恐其不一，而民之分小權者惟恐其不多，分之愈多愈細則愈靈活，否則臃腫蹣跚而不能行，故集權與分權相反而相成者也。古者以封建，而治民可以纖悉；後世不能行封建，故遂疏闊不修。唐行口分、世業之田，其制至善，由無封建之故，故旋踵不能行。然儒生開口言三代即及封建、井田、學校，夫地方自治，即古者之封建也。但古者亂世，封建其一人，則有世及自私爭戰之患，此所以不可行也，今者升平，封建其衆人，聽民自治，聽衆公議，人人自謀其公益，則地利大闢，人工大進，風俗美而才智出。若美國之州郡井聽自治，此則古公侯大國之封建，與德國聯邦同矣；法、英、德、日本之例，但聽鄉邑自治，此則子男小國附庸之制矣。德之箍斯烏衣孖路人二十九萬，稅乃八千萬。呼路咩悟自立市方里九十九，不過中國三十里，當附庸之地耳，人口十四萬，而男子八萬，然立外務、文部、司法、大藏、警察、醫務、衛生、陸軍、商、船港、津、鐵道、土木、殖産、救恤十六部，凡十六長官，其議員用大學卒業者十四人，商四十二人，工二十二人，上判院一，下判院二，歲入至二千三十三萬二千二百八十馬克。呂伯雷地積，政體略同，人僅六萬，乃有高等學生五百人，工學一、商學一、女高等學一、中學一、高等小學一、小學十八，學生六千七百人，報館三，警察費至十六萬，其繁盛如此，此深得古封建之意故也。今吾粵九江、沙頭、龍山、外海，容奇、桂州各鄉，皆二、三十萬口，比之古者大國二十四萬口已過之，則即今之俗，其地方自治，已合古者封建大國附庸之制而盡兼有之。但國家不為定律，而鄉官不入典章，無以增其榮而予其權，故治效不著。且無公民以擔國事，則民自安於愚賤，而不與君國分其憂，共其任，此所以頹敗而失其本也。德國自治之法行之，則一鄉而可稅數千萬，立多官羣學矣。今若此小團者數十百萬，鼓其志而發其識，大地何有焉！故通地方自治之制，知古人之所以勝於今者，在有合乎封建之意；歐美之所以勝於中國者，在以民自治而不代治之也。

美國州縣之自治，今不能行於中國，可無論矣。法、德、英、日地方自治之法，有都市鎮之治，有鄉村之治，其制略同，但繁簡少異耳。日本純采法國之制者也，由公民中舉議員，議員中舉鄉市長，有正有副，有參事會員，有議會名譽員，有收稅役，有醫長，有常委員，有特委員。數千之口，官多若此。德國自治制尤密矣，凡人口五百至三百，力能任公事具費用者可為一區，其力弱者合五村為一區，五鄉長有參事會，會計院，議員治焉。凡人口一萬以上之都邑堡皆設都府，凡二千五百為市。凡千六百口以上之區設警察，由大地主舉之。立判審官、警察官，設戶籍局。判審官、警察官，小者英德美皆由民舉，大鄉鎮由官命。法則悉由官命，今亦多民舉矣，然警官純乎官體。法鄉會員十人至三十人，可議鄉稅，籌財産，可建議於政府。法除鄉外皆官掌之，德則官民劃然，即大區亦民贊之。法則鄉之團體可直通於州郡；德則鄉上於縣邑，由縣邑乃上於州郡，村長之上有邑長。而德制以大團包小團，而小團之中皆有獨立之權，生活之體，尤得古者封建之意，而助民人發揚之力也，於中國俗為近。法則國稅、鄉稅同收，令鄉必需之款，先輸其地之物，名曰間稅，不足則國補助之，分兩度徵稅，得手工數兩次為益。德、英則國與鄉分收，鄉稅有普通，有特別，聽其自定，然亦兩法并行。英限鄉稅不得過國稅十之五，日本限鄉稅亦不得過五之二。德則有人稅、獨立稅、犬稅、貸屋稅、收入稅、舞蹈稅，其手工數則自賣買免許，死生婚烟、產業憑照、墓地照、學校照、道路照、度量權衡撫賞照，皆惟鄉治舉，乃能纖悉若是。德制凡由公民舉議員及鄉長官，二十歲以上，居一年，貧民受恤，來嘗一年不納稅，未嘗犯罪者，有產業若干，土地若干者，得被舉焉。美國收租五百以上，乃得為判官，其破產受人救助、傷損公權者，皆不得舉。舉人有明有暗，而論者以暗為是。凡四百口者可舉一人，以次類推。其被舉之人：第一須有學識，曾經閱歷實事者，分擔事務；第二須有德行高志，以求公益，第三凡生計饒裕者，即盡力助公。此鄉官之選格也。其都會之制，自府長以下，皆同鄉制，惟分百數十區。巴黎、日本分二十區，倫敦、伯林皆分二、三百區。各設區長焉，區長位議員下，從其命令。凡都市鄉官皆以榮譽勸職，都人士以有職為榮，除長及建築技師、法律士有俸外，餘皆無之。德之伯林從事者二萬人，皆以榮名效職而無俸者也。其年限六年，留三之二，或九年、十二年不等。都市舉議員，凡二千五百人舉十二人，萬至二萬舉三十人，十萬下則舉六十人，各國雖有不同，略皆相近也。

今中國舉行地方自治，因鄉邑之舊俗，而采英、德、法、日之制，可立推行矣。請略以萬人以上、地方十里者為一局，或名曰邑，不得過多闊矣。每局立局長一人，總任局事，兼理學校；設判官一人審訟獄，用古名曰士，曰嗇夫皆可，或名曰鄉平；警察官一人，巡捕奸宄盜賊非常，稅官一人，收賦稅莞戶籍；郵官一人，主通信兼印花，郵官或專或兼攝，皆由議員中公舉，設議事會，五官共之，而長官為議長決焉。其長官之下，設文案、雜役數人，酌其地之大小立焉。下為議例會，衆議員聚議決一鄉之政制、賦稅大事，上以應國事，下以增公益為義務。其議員視其地之大小，民之衆寡，以三、四百人舉一人，由公民公舉之。凡公民中有學識及能捐助貧民、有行未嘗犯罪為鄉里不齒者，曾辦過鄉國之事、實有閱歷及身家富厚者，皆得充焉。其有犯不孝、不弟、不睦恤及有不齒之事者，擯不得舉。如此則清議所在，汝南月旦之評，九品中正之制，而風俗知耻矣。其有職官紳士舉貢諸生向有位於鄉者，除其行不齒於衆外，皆許預議，名之曰紳議員，如各國上議院之制，日本所謂名譽員也，則紳士不失其榮矣。而議之決否，以議員人數多少為定，如是則劣紳不能武斷矣。其職事惟五官支薪水，餘皆不支，大都市宜皆以榮譽體面為勸，如善堂然，則諸官不支俸可也。每都市邑局之中，分各村各約，以千數百人為度，立正副二人，董任其事。其大鄉則增設警官、判官分治焉，地方大者其判官或多設數人同審判焉。乃言鄉官之職：

第一職立警察。簡禁盜賊奸宄，有風火大灾皆當救之，以保衛閭里。

第二職修戶籍。凡生死，婚姻、葬埋及禮樂、吉凶、歌舞之事。

第三職修道路。分國道、縣道、鄉道，分別敷設石路，俾遠近易通；其有水利，開浚設橋梁、築堤堰坡塘；其有民所走集，設市場、築廣場以合民衆；其有可為鐵道、馬車道者，皆議開通焉；以及種殖樹木之事。

第四職凡人民通信及電報電話之事。

第五職收賦稅。凡土地、舟車、烟酒、出產、製造、營業、賣買，因其舊俗地宜，隨時公議。

第六職學校。凡男女中小學塾及工藝院之募開，增長鼓勵。今凡民七歲皆入學，否則罪其父母。

第七職勸農業。凡耕地、種植、山林、原野，酌土宜，覓新種，開農會以勸墾闢。

第八職助工商。開勸工場、技藝院，以鼓勵百工，振興商務，而設法資金以補助之。其有民間乞丐，驅入技藝院教之，俾其糊口，不聽者判官禁之圜土。其窮老者付之恤貧院。

第九職講衛生。潔淨室屋道路，俾免癘疫，疾病則設公醫院醫之。

第十職開善堂。舉恤貧、養病、瘋狂之會，開院養之。拓增經費，收禁乞流，無使有乞丐顛連者。并開講堂以誘導愚蒙。今江粵已大行，每鄉局推廣之。

法以三萬以上者為都會，然舉國亦不過四十七耳。德以五萬人者為都會。法有邑二萬六千百四十，然過萬人者不過二百三十二。故法之邑真吾粵鄉局之比也。若數萬人之都會，則吾國不可以數算。其都會若順天、廣東，則百餘萬人。此外各省會及上海、天津、漢口、寧波、厦門、重慶、潮州、九江，凡諸通商之口，及諸府城大縣城及大市如佛山、景德，及大多數十萬者尚不勝數。皆宜以地方自治行之，采用倫敦、伯林、巴黎、横濱之法，酌其地之大小，分為各段，每段皆用鄉官之制，而立總局以總之。省府縣城名某城總局，市鎮曰某市鎮總局。每局設總辦、會辦、幫辦。凡賦税、工程、郵政、印花、監獄、學校、慈善，皆當每事設司令，纖悉皆至。德伯林執事者至二萬人，其繁密可知也。立議事局，以會辦、幫辦及諸長官為之，而總辦為之長而決焉。由各段舉公民為議員，三萬人以下，凡五百人舉一人；十萬人以上，千人舉一人；三十萬人以上者，二千人舉一人；五十萬人以上者，三千人舉一人。其貴官、紳士皆為上議員，別自公舉。皆以人數多寡決從違。其職事皆如鄉制，而增加繁密，以適事宜。皆如善堂之制，不設薪水，其長及五官有俸。其長皆由議員公舉，告諸官，其諸官皆由其長與衆議各舉半數。其長及諸職無官銜者皆給職銜。萬人以下者，長給正九品鄉正下士銜諸職，給從九品從下士銜；萬人以上者，給正從八品鄉中士職銜；三萬人以上者，給鄉上士職銜；五萬以上者，給六品鄉大夫職銜，十萬人以上者，給五品公大夫職銜。日本東京之制，可采用之也。其市長之下，有助役四人，收入役一人，長技師長一人，即副長也。有名譽參事會十二人。內局有事務員十人，分四部：曰總務部，曰土木部，曰水道部，曰會計部。各有部長一人，事務員百數十人。土木、水道部則有技手數十人；總務部則有掃除巡督長一人，監督十人，巡視數千人。分十五區，每區有長一人，書記數十人，有養育院、病院、醫院、醫員數人，其警察、裁判皆隸於官焉。可全用日制而行之。其長有遺愛者以半俸終其身。

其縣皆開議會，令一縣之公民舉議員。凡公民住居一年，年二十五以上，大農、大工、大商家産萬金，或曾游歷外國，或在大學卒業諸生士人有學者，能創學校、工藝院、醫院、善堂者，一市一鄉選一人，大者或二三人。每七十萬人議員三十人，過百萬者每五萬人加一人。其紳士自知縣舉人以上，許大縣別為選舉。皆以人數之多寡決從違。其縣官之議事局，得用議員二人，餘悉同鄉制。其道或府皆開議會。以大農、大工、大商業家産十萬，或曾游歷外國及大學卒業若士人之著書有學名者，暨能創學堂、工院、醫院、善堂者，一縣一人，大縣或二三人。每百萬人議員二十人，過百萬者每十萬人加一人，紳士自道府郎曹進士以上，許為紳議員，其道府官之議事局得用二人。其各直省皆開議會。以大農、大工、大商家産百萬，或曾游歷游學外國若大學卒業及名士學問有名著書傳世者，及獨力捐資成一學堂、醫院、工院、善堂者，一縣一人，大縣或二三人，每十萬人選一人。其省官之議事局，用議員二人，餘皆用鄉制。議員皆以三年為限，一年去二留四，以資諳練。凡一縣、一道府、一省之政，例在國律範圍之中。凡賦税公積、警察、戶籍、學校、農、工、商、道路、橋梁、市港、山林、川河、醫病衛生、慈善教化，皆由議會議定，地方長官許可，則施行之。其大事則許省、道、府、縣之議會公詳政府。

夫舉民有鄉舉里選之遺，集議得公是公非之見。地不闊則直接而易得其情，生其地則熟習而周知其故。國當其沖，而鄉行其密。人人有言事執政之權，人人有愛國愛家之意。誘其同心，長其神氣，開其知識，發其志意，聯官民之交，而審其結合，無有阻礙。謀公益之事，則自為受用，爭自激勵，官僅為之監督，律粗為之範圍，而一切聽之。輸賦、籌餉、起債，為百事之原，則出自公議，必度民力所能，民心所樂者乃為之。皆有決算出入表，以告於衆，各議員自議之，而告於所舉之人。人人知自為自益也，知身家營業之增長也，知官未曾取之也，知强紳不得獨占强奪之也，人自鼓舞，雖有大舉，而事無不成。觀於各善堂之大舉而可見矣。故欲養警察之卒而卒可養，欲修道路、橋梁、場所則工可立修，欲經營學校、醫院，貧院、狂院則事可立集，欲勸工闢地、植農惠商則策可立舉。人慕作鄉官議員，皆知自愛，重犯法，爭於恤民，奮於愛國，務於公益，則仁惠之風行，廉耻之俗成，風俗美而大進矣。學校多而才智出，農工商盛而財用足，國乃於是取其材，用其氣，收其財用，所謂百姓足君孰與不足也。以四五萬萬人之衆，成城斷金，誰能御之？必若此而後富强之基可立。故行地方自治之制，而民不富樂，士不智勇，而中國尚弱者，未之有也！

《浙江潮》第二期《攻法子〈敬告我鄉人〉》 某僅白：某以浙江同鄉會之一員，藉雜志《浙江潮》之餘白，竊欲有貢獻於我鄉人，思之有日矣。顧某以久游外邦之人，挾最新之思想，憑最新之學理，欲與鄉人諸君策内地之治安，諸君不以為陳義過高，即以為外國事例不適中國也無疑。雖然，某未言之先，願豫一言以解諸君之惑。某所言者，乃至普通之理，且為至易行之事，世界各國，均以為立國之基礎，即中國自古至今事實上亦早有其端倪。惟其組織不完備，故各國由之而百事舉，中國則反是。自今以往，若猶不思整頓擴充，則雖日日言中國改革，改革之實終不可舉，而諸君之放棄國民責任咎無可辭。諸君為之，若反掌然，其事為諸君分内之事，而又為諸君力所能及之事。然則諸君姑一實行，即可知某言之為不謬也。抑某所言者，非僅為浙江一省而已，全中國之地方某願以同一之言告之，并願諸省以同一之方法行之。第以浙人對浙人，則舍遠就近，義所當然，某是以先為吾鄉人告，而并望吾鄉人之為天下倡。

某今所欲言者，無他，即諸君所熟聞之地方自治問題是也。地方自治之事實，吾中國亦間有之，姑置後論，至確定地方自治之名詞，昌言地方自治之必要者，則近日之風潮也。第某所惜者，地方自治之議論日觸於耳，地方自治之實益不見於世。猶之日言民權自由，而吾國民去民權自由之境界乃愈遠，一般之人至引為詬病而不敢道。此其故何在？不知民權自由之真義，與其實行之方法順序，夫是以妄言之、妄聽之，政府疑其不利，社會病其急激，卒之受其害者乃仍為吾國民。雖公理終不可滅，吾國民終有進於光明世界之一日，而為民權自由之鄉願，遲我數十年進化之期，則某所深恫也。地方自治之問題，在今日如新出世之産兒，其即能圓滿直進乎，抑亦將一旦陷於悲境輾轉而始達其目的乎，某以為其責在諸君而已。諸君諸君，地方自治者，諸君之天職也。某以為諸君之達於公理，寓於政治思想者，其必有熟考此問題，而深計前途之處置若何，以為地方謀其福利，而為國家盡其公職，則某之言當為諸君所樂聞也，某敢據其愚者一得之見，自附於蒭蕘之列。即不然，諸君之中或有不認地方自治為急務者，某猶敢强聒之，而必冀諸君之一悟。某不敏，請先為諸君述地方自治之意義。

自治云者，對乎官治而言。近世之國家，其行政之機關，大别之為二：一曰官府，一曰自治體。官府為國家直接之行政機關，以直接維持國權為目的，如外交、軍事、財政之類，皆官府所司之政務也。自治體為國家間接之行政機關，以地方之人治地方之事，而間接以達國家行政之目的，如教育、警察及凡關乎地方人民之安寧幸福之事皆是也。直接之行政名曰官治，間接之行政名曰自治。此行政法上常用語，而近世文明諸國皆行之有其實例者也。自治之制，蓋所以補官治之不足，而與官治相輔而行。是故其國官治不振者，則事無統一；其國自治不備者，則事必廢隳。自治之精神，在以國家之公務為地方生存之目的，而以地方之力行之。故自治體者，由地方而言則為地方之行政機關，由國家而言則仍為國家行政機關之一部分也。彼私人處理一己之事務，而與公共無涉，則無自治體之要素；官吏執行公共之事務，而為國家之直接機關，則無自治體之位置。自治體云者，以國家公共之事務，視為地方固有之事務，而實行公共團體是也。故自治體又謂之公共團體。欲舉自治之實，必自組織自治體始，後當詳述之。知自治體之為何物，則於地方自治之意義，其庶幾乎。

其次，請言中國今日地方自治之必要。事實上之必要，中國今日與各國不無特异之點，至其原理則各國無以易也。論自治必要之原理，其最著名者，為德國葛奈斯特（Rudolf von Gneist）氏。氏之言曰：『社會與國家之間，常有不能調和之冲突起，使任其自然之勢，則弱者必為强者所抑，而自由將絶於世。調和此冲突者，國家之力也。國家之組織，足以抵制社會之勢力，猶之人類之有德義，足以抑其利欲之念也。而取調和之手段，行之最有實效者，厥惟英國之自治制度。蓋自治者，使社會有勢力之各階級，各擔任國家之行政，由是義務之思想，政治之知識，浸潤於社會各原素之中，而代議政治之基礎乃固。故自治者國家與社會之連鎖也。』又曰：『欲養人民奉公之念，莫如使之從事於公共事務。使人民無參與公共事務之機會，則不至人人依賴國家，謀一己之利，而不顧國家之公益不止。故民可使知之，不可使由之，實自治之格言也。』又曰：『欲布全國劃一之政，則事事出於中央機關，於施行之敏活則有之，而期其適於實際之事情不可得也。知地方之實情者，惟地方之住民。且地方之利益，於地方之人有密接之關係，故謀之最親切者亦惟地方之人。故地方行政，使地方之住民負擔之，最適於行政之實際也。』其言大旨如是，於自治之必要，可謂深切透明。而中國今日，以某之見，則必要之原因，尚有二事如下：

其一，分政府之勢，以速改革之事業；

其二，養人民之政治思想，煉人民之政治能力，以為立憲之準備。

中國今日，非改革一切，不足以言自存，此人人知之。然改革之事，必事事望之政府，無論政府不能驟行，即欲驟行，而事情繁雜綜錯，有萬非專恃中央集權所能勝任之勢。且改革之進行，以人材與經費為要素。以中國疆域之寥遠，風俗之异宜，政府不能為地方得相宜之人，此無論矣。以言經費，今使舉一事，其關乎全國者，則由政府籌之固也，其關乎一地方者，亦必由政府籌之，則政府之求於民間者數，民間未睹其效，而徒見政府之日夕搜括也，乃有不信任之意。夫至民間不信任政府，則改革之不能進步有斷然矣。欲救此弊，莫如地方自治。以地方之人任地方之事，則人易得；以地方之事需地方之費，則費易籌。歐美之興商、工業，以分業為最要着；國家之行政亦然，中央與地方分業，然後責有歸而事無滯。此某之第一義也。凡國非立憲政體，不足以列於第一等國；人民非立於立憲政體之下，不足以稱完全之國民。此世界之通義矣。雖然，立憲云者，非空談事也。立憲政體之要素，在人民之有參政權。參政權者，所以表國民為國家之分子。故有參預國家政治之職，謂曰權利，實則義務是也。吾中國國民，果何日始得此權利，何日始盡此義務，在今日不能預言，然其準備則今日其時矣。準備之事不一端，而以達參政之資格為要義。凡關乎國家之政治，苟為人民分内所應為者，則即宜盡其當今之責，而為練習之地步。地方自治其首端也。英國以憲政之始祖名於世，而其基礎亦本於地方自治。今日各國地方自治之發達，無有逾於英國者，其明証也。且今日立憲各國，欲求憲政之完美，乃益不得不致力於地方自治，無他，人民之參預政治，大之則在組織國家機關，小之則在組織地方機關，其事互相聯絡，未有不能自治而能治國家大事者也。各國且如此，矧吾中國尚未達憲政之地位者乎？此某之第二義也。某以為中國今日地方自治之必要，無以逾此二義。因此二義，故自治不可以一日緩。至自治必要之原理，葛氏之言蓋盡之，某無贅焉。

其次，請言中國地方自治之易。凡改革之事業，全無根基而特創辦者，其事難；有其端倪而但改良者，其事易。中國自古至今，地方自治之事實，固有其端倪者也。某於世俗之言新學者，往往以歐美之新法新理引古人之一二言以相附會，以為吾國固亦有此，一若歐美今日之文明，均為吾國昔日之歷史者然，以是為足以投合吾國好古之心，而冀其說之行，某最不喜此。某以為歐美之新法新理，大都為近世紀之産物，以進化之理推之，吾國古代不宜有此無疑。即文字上有相類似者，其意義與其實質必大相懸殊也。必欲牽强附會，某懼其說之未行，而聽者之將誤會其意也。雖然，苟其事為歷史上有名証，而現今事實尚繼續者，某又安敢誣其必無也。地方自治之在中國，蓋可謂中國固有之事實矣。西人某有言曰：『世界各國，地方自治最而最發達者，惟英國與中國。』其言蓋實有所見。惜吾國民日循其當然而不自知，故無進步之望也。中國地方自治之存在，實有不可掩者，某試舉一二以為証。中國地方各有紳士，孟子所謂巨室是也。凡地方之公事，大都由紳士處理，地方官有所興舉，必與紳士協議，紳士之可否，即為地方事業之興廢。故紳士者，實地方自治之代表也。欲問中國地方自治體何在，則紳士是矣。紳士所得干預之地方公事，其範圍與各國地方自治體略同，而時或過之。如各國地方自治體無兵權，而中國則有事時，紳士得以辦理團練是也。其他若教育、若慈善事業、若土木工程、若公共財産等類，屬於紳士之手者不可勝數。故中國之地方自治，真有相沿於自然之勢，有自治之實而無自治之名。今欲昌明其制，則所謂因業而非創業，其事之易舉，有昭然也。德國義耳克氏一派之學說，以為『自治體之存在，較國家為古，合種種之自治體，然後成一國家』。論者謂其偏重歷史，悖於近世國家組織之理。蓋近世之國家，先有國家，然後有種種機關，謂自治體先國家而存在，非的論也。然以言中國之地方自治，則謂為與國家同時並生蓋無可議。特中國任其自生自滅，故極不完備，而極不鞏固耳。某請舉中國現行地方自治之缺點，略一述之。

由前之説，中國地方自治之易行，有固然矣。雖然，就中國百事中而言，則地方自治一事，似有端倪而易於着手耳；若取自治之意義而嚴正解之，則中國現行之事實，果足稱為自治而無愧與否，某未敢斷也。中國現行之地方自治，其缺點不一而足，而其最有害於自治之發達與自治之圓滿進行者，則莫如機關之不備是也。中國之可稱為自治機關者，前所謂紳士是已。然紳士云者，有自然人之資格，而無法人之資格。故集多數之紳士，有時亦為地方自治之代表，而不能一完全之自治體。紳士之於地方公事，蓋為隨意的而非必然的，其預聞與否，由紳士之意思定之，地方不能强紳士而為之也。故紳士之於地方，若某事，若某事，自古相沿至今者，則亦習為之而不覺；至欲興一新事，行一新法，則非大有熱心具大勢力者，往往互相推諉，相率而不敢為創。又甚者，借地方之公事，以便一己之私圖，此尤數見不鮮者也。夫以公共之事業，而無公共之機關以維持之，其弊不至廢而不行行而不善不止，此不待識者而亦知之。中國地方自治之基礎極厚，而成效乃極少者，無機關故也。地方之無自治機關，其猶國家之無政府，烏乎其可行也。故必知中國今日之缺點，然後乃有救之之道。救之之道奈何？曰組織地方自治機關而已。

義耳克氏有言曰：『地方者，小國家也。』國家之行政，有種種之機關，是故有議院、有内閣、有裁判所，地方之行政亦類是。其在日本，府縣有府縣會，有府縣參事會；市有市會，有市參事會；町村有町村會，有町村長。一言以蔽之，各自治體莫不有議決機關與執行機關二種。組成此機關者，由地方人民之有公權者選舉之。此二種機關，其權限各不相侵，一司議決，一司執行。地方之公事，悉歸納於二種機關之中，故事無不舉。吾國今日，欲組織地方自治機關，驟取各國細密之條例、之規則，一一移諸吾國，此固勢所不能，然於各國公認之大原則，則不可不遵之而行。不然，機關之形勢不具，未有能舉其實質者也。某以為中國今日組織自治機關，有最要者數事，茲列如下：

（一）就各地方固有之紳士，聯合成一自治體；

（二）自治體宜分議決與執行二機關；

（三）分任機關之事者，由紳士中互相投票公舉；

（四）機關議事必以多數為可決；

（五）機關之職員悉為名譽職。

凡此諸項，皆簡而易行，而實地方行政之大原則。不如此，則自治體不能成立，自治事務無由實行。中國今日之弊，其前車矣。所以必就各地方固有之紳士者，以一般人民尚無公民之資格，故普通選舉之法不能不俟諸他日。所以悉為名譽職者，使人知盡力於地方公事為地方住民之義務，非可籍此得利與為營私之地也。至於機關之必分議決執行，職員之必由投票公舉，議事之必待多數可決，蓋為處理公共事務不易之定則，不待解釋而其理固有昭然者矣。

如上所述，中國地方自治之根基，其發達存在既如彼；而今日實行自治之方法，其簡單易行又如此；然則中國之改革事業，其前途之最有望者，莫地方自治者也。某是以不待煩言為諸告。某有言之責，諸君有行之責。某以一片熱心言之，願諸君以一片熱心行之。諸君諸君，地方自治者，諸君之天職也。某敢重言之，願諸君之無忘其天職，而求完其國民之責任也。某謹白。

《東方雜誌》第一卷第九號《地方自治政論》　今世之稍具國家觀念者，蓋莫不知國家者，非君主一家之私物而凡具箇人之資格者，皆含有國家之一分子者也。故知欲强其國家者，必非藉少數豪傑英武强毅之威力，而必恃有多數團體整齊嚴肅之精神。由前之說，舉一國之義務，悉待理於一、二人，此一二人賢且聖，則其國治，而其人亡則政息焉。若是者，謂之人治國。中國四千年之歷史，多用之。由後之說，舉一國之義務分任之於一國之人，而君若相第操司法之權於億兆之上，期與此多數之團體同受保護於法律之下，則雖其人亡而政亦不變。若是者，謂之法治國，近世紀泰、西各大國通行之。人治國，其流弊爲專制，法治國，其結果爲立憲。

數月以前，吾政府亦曾有擬行立憲政體之集議矣。而憂時之士，羣以吾國之羣治不進，去立憲時代猶遠。昧昧行之，或至於凌躐淆亂，不可收拾，即本報亦嘗言之。於是地方自治之説，遂爲吾人視線之所集。而羣謀之所同，蓋救今日之中國。如變法，如維新，如復海軍，如興學校，蓋已成爲泡影之空相。無論不能實行，即行之亦常有不及之勢矣。然則舍地方自治之外，誠何以哉？誠何以哉？今請言其求爲地方自治不可少之要素如左。

地方自治之解釋，蓋欲一國之人，各各能自立，各各盡其國家之一分子之義務也。然而吾國人數號四萬萬，而纖弱纏足之女子去其半，其餘二萬萬羸瘠吸煙之病夫，又去其半。自餘乞丐、盜賊、僧道、紈袴子弟、土豪鄉紳、廢疾罪人、優伎之類，逋羣之負者，又去其十之二、三焉。而其餘利羣而不害羣，於四萬萬之中，殆不及十分之一耳。今欲反弱爲强，宜用何法？曰一，宜研究衛生學也。吾國貧弱之故，坐受纏足、吸煙之兩大惡因。而所以致此惡因者，則由於不知衛生之學也。其餘如所云乞丐等逋羣之負者，大抵皆受其第二之毒者也。今與之研究衛生之功用，使知其癥結之所在，而痛懲之。否則用强逼之法以威刼之，若纏足之毒，則近日稍爲女流社會所痛恨而謝絕之矣。此兩害除，而地方自治之基礎以立。

由是進而與之言體育之事。凡所謂生理、全體之書，解剖、化分之學，無不研究焉。飲食之多寡、衣服之尺度、居宅之面積、工作之久暫，無不釐定規則焉。而又防疫也有法，育嬰也有法，保産也有法，務使吾國民有康彊堅固之體質，而後有活潑進取之精神。否則，形神頽喪，塊然軀殼，女性淫淫，鬼氣陰陰。一歲之中，饑寒、水、火、疾疫、盜賊之不保其生命者，又不知凡幾。即與以埃田之樂園、摩西之天國，且不能一朝居，奚暇淬厲神智，組織政體，而爲一羣謀幸福哉？故竊謂求地方自治，必以研究衛生之學爲第一義者此也。

又　第一二號《論個人生計與地方自治之關係》　個人之對於社會，必有應盡義務，吾國古書有言之者矣。太史公言小雅，議小己之得失，其流及上，所謂小己即個人也。故今之持社會主義者，亦從個人之對面而爲之定名者也。故社會有社會之現象，而個人有個人之天職。侯官嚴氏曰：社會之變象無窮，而一基於小己之品質。其言韙矣，今吾言救中國，莫先於地方自治，而欲地方自治，莫先於個人自治者，亦此物此志焉爾。

個人自治，莫先於人人皆有一業以自營。今吾國以生計學不精，常舉有限之母財，斥之於無所復之地。而贏率之消滅於無形者，不知其幾千萬，此亦足塞通國生計之命脈矣。乃還顧之，吾國勞働家之地位，則率苦窳鈍樸，萎靡頽散，終歲所入常自贍不給。而庸率之日趨於下者，歲又不知其幾千萬。庸贏並微此其於一國之生計問題，蓋有直接之關係，而非間接之關係者也，救之之道，亦使庸贏之率二者並進而已。

此其事之主動力，在資本家。而勞働家恆立於被動之地位者也。道在素封之家各出其財力，以經營實業，大而鐵道、汽船、鑛山之事業，其次工商農業各種公司。總以各斥其母財於可復之地，而後能聚一方之貧民，使各有所營以自養。譬如，投大資本於各種公共營業項下，第一年合一百萬兩之股分，終歲核其所入，乃至一百二十萬，則來歲可由百二十萬之母財，而增至百五十萬。而贏率乃大進，又其營運之業場既廣，則所需勞力者日益多，而庸率亦因之日進，然後以平均之法計之，則其一方生計之進步，積之乃成大多數。一方如此，推而至於各府、州、縣，莫不如此。而吾國生計界，其庶有復甦之一日乎？

然而欲個人之自營，道在有宜用强迫之法者一事焉。今試綜一方之無業者，爲之研究其失敗之狀況，則中鴉片之流毒者，殆什八九焉。宜用强迫之法，使之戒食。即不然，亦宜以嚴行調察之法，查知一方共有煙間若干、食煙者若干。自茲以往，煙間不得添設，食煙之人，不得再多。食煙之分數，自後但有減無增，犯者由鄉董重懲之。不幸第一法不行，如此亦釜底抽薪之一法也。但能使地方少一食煙之人，則地方即多一自營之人，日計不足，歲務有餘。自個人之消費而論，每歲少者數十金，多者至數百金。合多數而計之，其所節之費，固亦有不資者矣。浸假而其所節之費，又皆各斥之於有所復之地。母以生子，子復爲母，如是遞積遞演而循環不窮，則經濟問題既有所歸宿，而後地方一切待舉之事，乃可漸次施行，而無向者經費無出之患。吾聞佛氏之言曰：衆生普度。新教育家曰：教育普及。記者以爲欲求地方自治，要先使個人無不自治，其亦猶是普度普及之意也歟。

又　第二卷第一二號《論立憲當以地方自治爲基礎》　昔者『維新』二字，爲中國士夫之口頭禪，今者『立憲』二字，又爲中國士夫之口頭禪。試問今日中國之憲，何以立乎？其高視吾國民者曰，可取法於鄰邦，其低視吾國民者曰，尚有欠於程度。之二説也，竊以爲皆是也，皆非也。奚以明其然也？明治之崛興，其要素實原於立憲，立憲之措置，其胎息實自於英。吾國民而欲求立憲，其取法鄰邦之言是也。至於吾國孱弱，吾民僿盲忽改弦而更張，慮積重而難返，其程度之欠説亦近是。雖然明治今日憲法之善，夫固彰明較著矣。而當其立憲之初，不知幾費周章、幾經險阻而始收此一日之效果。取法之説，殊未易言若夫國俗民情。日本往日之糾紛亦不下於中國。此日之擾攘所異者，中國地大人衆，洗心革面同力壹志，責無旁貸其事較難，故其資格亦較下。然遂謂吾國民之資格遠不及明治以前之日本，殊未必也。閒嘗遠盱歷史，近衡時局以爲立憲與專制，二者皆隨其國之大勢所趨，迭爲倚伏互相乘除，儼有莫或使之若或使之者而適於天然淘汰之例，非人力所可强，非輿論所能爭。故野蠻之時代，宜專制；文明之時代，宜立憲；閉關自守之時代，宜專制；環海交通之時代，宜立憲；冠帶仰流之時代，宜專制；列强環伺之時代，宜立憲。中國今日之立憲，蓋實有可乘之機，可階之勢。而日本明治初年，羣情洶洶、矯私爲公之景象，必再見於今日之中國。無所謂取法而自然取法，無所謂及格而自然及格，吾敢斷言也。然而吾所謂自然取法者，非謂吾國遽能取日本今日之憲法也。吾所謂自然及格者，非謂吾民遽能及日本今日之民格也。憲法一也而有國俗之不同、民情之不同，若必强不同者而同之，則是檢譜對弈拘方治病其不敗且殆也。幾希中國今日之立憲，當以地方自治爲基礎，奚以明其然也。夫中國民事，舉歸官辦。官有權而民無權，官取利而民攘利。官與民遂顯然劃爲公私兩界。民除其家之私事而外，一切有公益於一鄉一邑者，皆相率退而諉之於官。官以一人而兼理庶事，勢必不及而又不能公。然責之於民，而民之悍而黠者知官之無能爲也。苟有私利於一家者遂不憚。朝廷法律充其私心之所至而倒行逆施，如盜賣礦產、私售路權、魚肉鄉里、壟斷生計，種種駭人聽聞之事相環而起，不勝枚舉。當是時也，朝廷誠能公布明詔，責成各直省大小府、廳、州、縣官，行投票法，公舉該地方紳士一、二人，賞以職銜。凡有公益於該地方之事，集民公議，由該地方官予以辦事之權。責成興辦其辦事之款，則由民間公出，獲利則公享。如此，則民間自然舍私利而圖公益，自然視一鄉一邑之事如一家之事，微特可救當時之種種弊端而且可爲。下議院之影響，他日憲法宣布，由邇及遠，由卑達高，其勢亦易行，而其效亦易著矣。吾故曰：立憲當以地方自治爲基礎。

又 第五卷第三號《蛤笑〈論地方自治之亟〉》 於億兆京垓僕緣大地之黔首，獨取其秀而靈者，寵之曰國民，何謂也哉？謂其以私人小己之力，而能以成立國家，使其羣日競爭於優勝劣敗之場，而不為天行所淘汰耳。能如是者，是之謂民，是之謂國。不能如是者，不足謂之民，即不得復名為國。

吾讀甄克思氏《社會通詮》，而知合羣自治之性質，自初民而已然，蓋非是則無以生存蕃息。以至今日，不啻為吾人第二之天性矣。今之醉心歐化，主張粤國者流，輒謂吾國民族無政治思想，無自治能力，不知其身為國家之分子，而以其國之治亂存亡，悉委之於朝廷，而於己無與焉，蠢蠢冥冥，直無數之倮蟲，婉蜒於大地而已。守舊專己之徒，得其說而喜之。喜其足引以為己助也，則益主持專制，謂民間資格，尚未足跂及於立憲，而愈施其朝四暮三之術，以延緩實行憲政之時期。烏乎，為是說者，是真與於不仁之甚者矣！

吾國素為宗法之社會，而非市制之社會，故族制自治極發達，而市邑自治甚微弱。論者遂謂宗法為初民集合之原體，而大有障礙於人羣之進化。此其說，證以歐西之歷史，則固然矣。然亦盍思夫吾族自治之能力，綿綿延延，經二千餘年專制政體之摧殘剥蝕，而憖遺一綫者，固重賴此宗法之制也乎？鄉約之制，一市府議會之規模也；郡縣之公局，一都邑議會之形勢也；善堂公所，一醫院衛生局之篳路藍縷也；市鎮之團練，一民兵義勇之縮本影相也；墟廟之賽會，一祆祠教堂之儀制也。禮失而求諸野。里乘流傳，固無一不具地方自治之性質者。不過其組織未進於精嚴，進化乃形其儒滯耳。以是之故，而遽謂吾民無與外族競存之資，不亦誣乎？

居今日而謀自治，其必以教育為第一義乎？今之有司，亦知普及教育為考績殿最之要舉，而盡力提倡之矣。特其所蘄向者，在形式而不在精神。民間沿科舉之餘風，祇知以識字讀書為仕進之階梯，而不知以轉弱為强為競存之要術。此其所以失也。欲矯其弊，則在輕占畢而重講肄，先治事而後通經，使夫三尺之童稚，負販之小夫，皆曉然於守朝廷之法制以御外侮而圖自强，蘄進於有選舉之通識，克膺代議士之責任而已。吾民族能力之所最闕者，一則治生之術未周，故農工商業之初級，所當急為講授，以期於野無閑民也。一則尚武之風未振，故技擊戰陣之淺術，所當亟使練習，以期於能御寇賊也。能是二者，則自治之要素已完。然後制丁税以充經費，開議會以明權限，舉公民以黜游惰，定法制以適土宜，而自治之基礎大定矣。至於易田疇，平道路，修火政，講衛生，興實業，詰奸暴，禁烟賭，定昏喪，皆必俟地方自治確已成立，然後挈領提綱，有條而不紊。苟其靳民間之與聞政事，而欲新政之克行，是猶適燕而南其轅，雖跋涉窮年，有愈趨愈遠已耳。

今之議者，徒見於一鄉一邑之間，不肖紳衿武斷閭里，吐剛茹柔，遂謂地方自治之必不可行。是則懲羹吹虀之甚者矣。今豪强之所以能為暴於鄉里，正以法律之疏闊與民權之微弱已耳。苟其内參朱子、吕氏鄉約之遺規，外取列國市府議會之新制，合之以吾國之内情，酌之以今日之現勢，定為成憲，俾天下相與遵守，有背此法令者，與衆棄之，剥其權利，俾不得與於公民，人人皆有自立之資，斯不至以孤弱見淩强御矣。鳩地方之民財，以辦地方之民事。竭吾民所有之能力，以為自衛身家之計。以興學校，則人才不可勝用也；以嚴警備，則盜賊可以潛踪也；以恢實業，則貧寡不足為患也；以講衛生，則疾疫弗能為厲也。吏治以之而清，訟獄以之而省。至是而其朝廷不尊，其國家不富且强者，未之有也。使必緦緦畏葸，持資格未及之説，以自誤而誤人，則亦末如之何也矣！

《中國新報》第五期《熊範輿〈國會與地方自治〉》 今日中國救亡之道，首在改革政體。斯説也，固已成為今日輿論之勢力，而為吾一般國民所引為己責者矣。顧欲謀政體之改革也，不可不從根本上着手。根本解決，則枝節問題，即迎刃而解。不然，國家行政，百度萬機，徒惟是補苴罅漏，不將治絲而棼之也乎？夫所謂根本上之着手者，何也？亦曰使政府之負責任焉耳。而責任政府之所以能産生者，實由有民選議院之故。故吾人所宜奔走號呼，與吾國民相將致力者，惟在開設國會而已。是固本報近來所為反復詳盡，以敬告吾國民而不憚其煩者也。乃者，吾國民輿論之傾向，蓋駸駸乎以謀開國會為亟矣。乘此動機，進而為國民之活動，憤吾民氣，積極與政府相接觸，前僕後繼，賭生命以易之，民選議院之發生，為期其或將不遠乎？雖然，吾近日聞有一種似是而非之論，最足以阻撓吾國民謀開國會之氣，而使吾國民之活動，不免有先其所緩而後其所急者，則所謂欲開國會，不可不先謀地方自治之説是也。夫吾亦非謂謀地方自治者之非也，以吾中國之大，一旦政體改革後，苟非亟圖地方自治，則中央行政必無由統一全國而控馭之。雖然，今之時何時耶？人人謀地方自治，而所謂責任政府者，其能因此發生否乎？夫政府之所以負責任者，非必其自欲負之也，不有以使之不能不負責任者在，而彼乃不得已而負之耳！欲使政府之不能不負責任，非有以國民組織之監督機關不為效。地方自治者，受政府所監督之機關，而非得監督政府者也。即不得監督政府，吾國民乃亟亟圖之，微論政府之不吾許也，即其許之矣，而政府之不負責任如故，政體之不能改革如故，徒足代此專制之政府，分擔一部行政之義務，以受其指揮命令而從事焉已矣。至於國家全局之行政，凡所為賴以鞏固吾國權，發達吾民生者，則地方自治團體，莫由得而參預之，仍不得不一任政府之所為。彼其於國權也，不惟不能使之鞏固，而又喪失之焉。彼其於民生也，不惟不能使之發達，而又摧殘之焉。當此之時，地方自治，雖已遍行，固終無如政府何。所以然者，則皆由於無國會之所致也。難者曰：所謂欲開國會，不可不先謀地方自治者，非欲專借地方自治，以為起政府責任之具也。所賴以起政府之責任者，仍為國會，不過借地方自治，以為謀開國會之基礎耳。雖然，地方自治，其所以足為謀開國會之基礎者，果何在耶？難者又曰：中國自有史以來，從無以國民代議國政之事也，惟其無是事，故國民之參政思想至為薄弱，因而國民之參政能力，尤極幼稚，今一旦遽開國會，以參政能力幼稚之國民，代議今日存亡所關之國事，吾恐為國民者，不能健全進行，盡議員之能事，以運用其參政權於國會之中也。故不若先謀地方自治，借地方議會，以為我國民養成參政能力之地，全國之中，自治普及，斯全國國民，能力胥備，由此而開設國會，自無虞議員之不充厥用矣。雖然，是説也，若自理論上以言之，吾亦未嘗不以為是也。顧吾人今日所為亟亟欲開國會者，蓋有一重要之前提焉。則以吾今日之中國，非有責任政府即無以圖生存，國會開而責任政府斯起矣。准難者所持之理論，必俟全國遍行地方自治後，始開國會，自必俟全國遍行地方自治後，始有責任政府之可言。然則地方自治，須待至何日而始能遍行於全國也耶？以吾中國今日國勢之不振，列强交逼，咸合謀而經營之，苟數年以後，政體之專制，仍如今日，責任政府，無得而發生焉，則吾中國，必不足以圖存於此競爭劇烈之世界，可決然者。然則此數年以内，全國之中，其果能遍行地方自治焉否乎？吾有以決其不能也。不能則數年之後，仍無國會，無國會，則仍無責任政府，無責任政府，則仍為專制政體，至於彼時而專制猶保留焉，國家不堪設想矣。且征之東亞各國之歷史，凡為既有國會之國家，即莫不行地方自治，固也，然其國會之開設也，不必皆以地方自治為基礎。而地方自治發達於國會未開以前者，則惟有一英吉利。英國當紀元四百年後，北方蠻族侵入英倫三島，本其固有之自治制度，移入其地而用之，相推相衍，其自由權之區域，延及重大之國事，而國會遂從此萌芽。是英國之地方自治，固發達於國會未開以前者，勿容疑也。然除英國以外，其他各國，皆不能與英國同。所以然者，前此者，國家間之競爭尚未劇烈，英國人因得以天然之演進，由地方自治發達而演成國會。且當其時，世界尚不知有所謂國會者，而自治制度，又為北方蠻族所固有，然則英國之所以致此者，實為自然之勢耳。十八世紀之末，美利堅獨立，法蘭西革命，首先模仿英國之代議制度，開設國會，彼其不循英國國會進化之軌道，俟地方自治發達後而始為之者，何故也耶？十八、九世紀之交，國家間之競爭，已非復前日可比，故當時趨勢之所迫，有不暇待地方自治之發達，而聽其自然演進者。且英國前此惟不知有所謂代議政治，故其國會由自然演進而來。自英國演出此種政治而為世所必需矣，則後此者，以人為之力，仿而效之，其自然演進之軌道，亦自有不必要者也。而吾中國今日國勢之可危，不能待地方自治之自然發達也如此，各國之開國會，除英吉利以外，其未嘗以地方自治為之基礎也又如彼，然則謂謀開國會，不能不以地方自治為基礎者，直為僅適於理論之説，而不適於實際之事情者矣。極其弊，地方自治之發達，渺不可期，而國家將隨此專制之末運以俱盡。至於彼時，又安所得而圖地方自治也乎？此以知難吾者之説之不足以為訓矣。今更由其説以推之。彼之意，固甚望地方自治遽能遍行全國者也，且又甚憂今日國民之能力不足以盡國會議員之能事者也。然吾為難吾者再進一解焉，中國之地方自治，非先開國會無由普及，國民之議員能力，非既開國會莫由充分。難吾者其將有疑吾言也乎？吾請為分別説明之：

一　中國之地方自治，非先開國會無由普及。地方自治者，必經國家之認許而後得以行之者也。今吾國民欲遍行地方自治，政府其認許之否乎？無政府之認許，則吾國民謀地方自治之目的，即無由達。雖有熱心之士，結合團體，以着手於調查研究之事，終莫得而見諸事實也。微特由人民所自結合之團體為然也，即以現在天津、奉天之自治局而論，彼固為疆吏之所提倡而組織者，然該局現今之所有事，仍不過調查研究而已，一旦欲實行，則政府之認許與否，固猶在未可必得之數耳。或曰：中國政府固無一定之方針者也，其認許地方自治之實行與否，亦視其事實如何而已，故如天津也，奉天也，今日雖不過為調查為研究，一旦調查研究既有結果，以該省官紳之合力，奏請實施，吾決政府之有不能不認許者矣。雖然，現政府之對於地方自治也，方借口於人民程度之不足，今即如論者之所説，假設為津、奉二省之自治，可得政府之認許，然其所許，亦必限於該兩處而止，非悉全國而遍許之，可決然也。此外各省，雖間有地方人民，自為提倡於其下，而地方大吏，方且百端抑制之，欲求如今日津、奉自治局之能為調查研究二事而猶不可得，更何有於實行也乎？前者，新官制編制局，當其協議地方官制時，聞有除云、貴、陝、甘、山西五省外，許行地方自治之説。夫是五省之何以不能行地方自治，已屬至為可怪矣，乃不料是五省以外之疆吏，且有公然反對而深以為地方程度之不足以語此者。今者，地方官制之改革，事實上殆已為自然之消滅，其所以致此之原因，雖有種種，然由此亦可以知地方自治之行政，為現政府所不以為然者也。或又曰：政府雖不許，地方人民果能結合團體，提出抗議，必欲强而行之，政府其如我何？所患者，人民之畏縮耳。雖然，是説也，直為脅迫政府而已，使其脅迫而成功也，仍不過能行自治於該地方而止耳。以外者未必皆能如此也。不能，則地方自治之普及，仍不可期。故無論如何，皆無從而得使地方自治普及之方法也。然則如之何而後可耶？吾敬為吾國民正告曰：欲普及地方自治，須速謀開設國會。與其用脅迫政府之手段，僅贏得一地方之自治，而自治行政終不能普及，不若用脅迫政府之手段，謀設國會，國會開而地方自治普及之目的，自然可以達矣。奚以言其然耶？國會者，所以監督政府者也。國會既開，則政府一切之所為，吾國民皆得借國會之地位而過問之。彼其時吾國民而欲地方自治之行政普及於全國也，則提議於國會之中，國會議決，政府即有不能不施行之義務。使政府而無視國會之議決焉，則第二期之國會，即將生責任問題，糾彈紛來，政府莫得辭其咎，必有不能安於其位者矣。政府迭更，國會之議決，效力如故，新政府仍不能不有施行之責，苟其不施行之，或且施行不力焉，其必受糾彈，仍與前政府無以異。然則謀開國會，實普及地方自治之惟一方法。國會既開之後，吾知地方自治之行政，其風行於全國也，殆不過一二年間事而已。吾國民而果熱心於地方自治也乎？其何勿求其所可至，相與從事於根本上之解決也。

二　國民之議員能力，非既開國會莫由充分。夫謂吾國民不能盡議員之能事，蓋以為吾國民今日以前，未曾參預政事，故莫由有行使參政權之經驗故耳。雖然，若准此以言之，則今日吾國民之程度，豈惟不能盡國會議員之能事而已，即地方議會之議員，吾國民又安能有勝任愉快之經驗也乎？嗚呼！是乃近來樞臣疆吏之所借以為口實而抑制吾民權者，何吾國民亦入其彀中而莫之自覺也。且吾國民惟因吾國無國會，故莫由有行使參政權之經驗耳。然雖無此經驗，豈必其即無此能力。今幷未開設國會，使吾國民一入其中，以試其參政能力之如何，竟悍然稱之曰不足以盡議員之能事，亦未免過於武斷矣。況東西各立憲國，當其最初開國會時，彼其人民之參政能力，豈遂如今日之游刃有餘也乎？以吾觀之，吾國民今日之能力，比於各國初開國會時，除英吉利以外，殆皆有過之無不及者。何也？東西各國，當其初開國會，蓋去封建制度時代甚近也。凡行封建制度者，其國中必有種種之階級，平民無被任官吏之資格，政治生活為大多數人所絕望者。吾中國自秦以來，封建制度之被破壞者，已二千餘年，今日白屋，明日公卿，全國人民，皆有可以活動於政界之希望。故自髫齡受書，即服習古聖先王之道，所謂齊家治國平天下者，已塞溢其腦筋之中，雖不免有食古不化之譏，然較之封建時代之平民，自有尺尋之別，是實為東西各國之所不及者。特因政體不良，除官吏以外，即無所為政治生活之地，因以演成今日之腐敗專制耳。一旦決定開設國會，以吾國民政治之天性，必將亟亟研究演習為一切行使參政權之準備，吾知初期之議會，定有為當日東西各國所不及者。遠者且不論，即以日本言之，日本當明治二十三年，初開國會，彼其所謂國會議員者，以區區選舉議長之事，紛擾終日，議場喧囂，莫可形狀，種種笑柄，類此者多。若吾中國今日開設國會，吾知其不至於此，可斷然決也。然而日本國民，因既開國會之故，至第二期議會以後，遂乃步伍秩然，以舉其監督政府之實，愈演愈進，僅閱五年，而遂有甲午之戰勝矣。日人且若此，而況於吾國民之以政治為天性者乎？而論者之主張先謀地方自治，一若吾國民之程度，衹宜於地方議會，而不宜於國會者然。抑知吾國民今日之所謂不足者，乃經驗問題，而非能力問題。以言經驗，則無論國會與地方議會，皆為前此所未有，又奚為有餘於此而不足於彼者？若就能力而言，則地方議會，反不足以增進吾國民之能力，其能使吾國民能力之增進者，尤在國會。奚以言其然耶？夫國家既決定開設國會矣，則全國之中，政黨政社相踵而起，國會所舉之議員，不屬於此，必屬於彼，其無所屬者，蓋寥寥也。而政黨政社皆必有一定政綱，以為其黨員進行之標準，為議員者，准本黨之政綱，以列席於國會之內，見解既有一定，斯其參政之能力，自愈演而愈增。若夫地方會議則不然。彼其區域甚小，不能促政黨政社之發生，為之議員者，惟憑一己之所見，而又無他黨以砥礪之，欲其能力有若何之進步，蓋甚不易易也。吾故曰：欲吾國民有充分之議員能力，非亟開國會不可；而吾國民今日之能力，則又足以勝任國會議員而有餘也。吾國民其躍然而起乎！

抑吾尤有慮者，今日亟亟謀地方自治，不惟足以阻謀開國會者之氣，而又將有危乎吾國家者在也。夫以中國之大，非遍行地方自治，則中央行政莫由統一，吾前者已言之矣。然今日國會未開，人民莫由參預國中全局之行政，惟是就各地方之利益，各各自謀而自治之，吾恐地方之見愈深，而全國內部，且將有分裂之隱患也。何也？地方自治在圖謀本地方之利益耳。惟其然也，故其所計劃，恐不免有與他地方之利益互相冲突，且不免有與國家行政之方針互相冲突者。必有國會以統一於其上，然後人民之所以籌劃全局者，庶足與地方觀念同時幷進而有以調和之也。邇者，吾國省界之競爭，蓋已時有所聞矣。川漢鐵路，鄂蜀兩省，利害相同者也，而四川路股，不能在鄂界招募。粵漢鐵路，湘鄂粵三省，首尾聯絡者也，而粵商路旗，鄂省且禁其通行。今日地方自治尚未施行，省界紛爭，已復如此，一旦自治團體成立矣，則全國十八省，省自為謀，一省十數府，府自為謀，一府十數縣，縣自為謀，彼其於國家全局利害之關係，微特非其力之所能兼，且亦非其慮之所能及者也。不能，則國家全部之行政，無由統一而調和之，地方行政，雖極發達，其能以各各獨立之自治團體與今世列强爭競否乎？嗚呼！吾言至此，而愈覺論者之説之不敢贊同矣。吾國民其以為何如也歟？

《江西》第二、三期合刊《茗蓀〈地方自治博議〉》　今士夫朝夕所究，搜集政説，發攄臆斷，籌量時地，斟酌損益，為朝廷分憂，為桑梓造福，所謂地方自治，囂然國中矣。雖然，膠澤皮傅，中實槁剥，曼引而弗返，亦殆矣哉。余懼其誤，將於蒸民滋之厲也，是用悁然，為揭營私之弊，而言損下之由。與當道謀，則吾豈敢，要使吾民返本，知所擇焉而已。抑地方自治者，地方之團體，其於中央政府稍懸遠焉，吾民得以其羣交資利澤，傾破不均之象似可蠲免，余議之何為？顧惟與政府雖無直接關係，而不有憲政，固不發生此制。中國之憲政始於今日，去封建時代已數千年，尚武之風衰，輸税之情惰，户口難於稽查，議員難於普選，民隱難於周知，徒令豪民得志，苞苴横流，朝有黨援，吏依門户，士夫習於囂競，閭閻苦於騷煩，此有識者所能言。地方自治制度，緣附而至。吾見紳衿武斷，攀援長官，長官益恣，庇護紳衿，兩者相狼狽，利為歸墟，事則文具，陰承上意，而宣示曰自由行動，民為所惑，轉溝壑若安枕矣。其所恃為標志，諮議局也，警察局也，名目新异，張皇耳目，實不相符，則侵漁有所借口，苛索為之引例。哀哉吾民，不為昭張，羣蠹之來，猶相屬目，若大旱之望云霓，余安能忍哉！竊乃考鏡内容，誅索真相，疏舉其病，大要有二：

一曰階級　階級之分，莫專制若也。今者，與民更始，上下一心，天子無獨斷之力，民間有參政之權，衮冕黼黻，悉不足以炫耀，出入儀衛，無所用其夸張，其為號召，則固然矣。况經官制改革，軍中之渠帥，貂尾戎衣，雜處於行陣，而拜跽之文，迄於佐雜，且俱免省。頒之已久，四境之内，傳達周悉，無為體制之崇焉者。體制既絶，階級所以泯然，何况於地方自治？鄰朋戚族，情意交孚，有無相通，休戚與共，其主持設施者，以其材不以其爵，咨之衆不徇之私，是安有富貧之區别、貴賤之懸隔？崇尚虚榮，腐敗如舊，而導民情於委瑣，條教所布，吾固知其不然，其如流弊之不能免也！昔者，民自為制，團防有局，保甲有局，鄉長理之。選舉以廉明，雖無投票之法，物望所歸，往往多為耆老。閲世已深，人情練達，知稼穡之艱難，而為紛難之排解，非是則不足以愜衆心，是故欺凌之事寡矣！間有官飭，亦采其鄉之月旦，學問道德，賢聲卓著，向嘗倡導義舉，賑濟貧民，或澹欲寡營，清介自矢，不稍苟於取舍。總之，躬行必優，始充斯任，此固以為例者。然且尊寵大過，弊竇叢生。有狡黠之輩，遂馳辯舌，以邀人心之趨向，不則依附門第人宦於外者，百端媚之，必與為葭莩乃已，於是得肆一方之毒。大自昂藏，表异於清門，若叩其中，其有一事之備悉乎？顧役彼鄉人，則猶僕隸，自視以為榮也。衣服有异，宅宇有异，子弟交游有异，而人且亦附和之矣。壬辰之歲，吾鄉不靖，饑饉洊臻，揭竿之事起。邑有豪横，素逞刀筆，乘禍殃民，則假祠廟之地，設置公案，生殺有權，捕緝有差，引團練為口實，圖剿辦之殊勳，威刃棱棱，加諸閭里。民以其悍也，懾之如虎，則居然衙門之象矣。夫非一介之書生哉，矧以文明澤其外，自命維新之偉器也，凶殘暴戾，固不至是，要其矜逞，則與為同揆，彼則虎也，而此殆狐。吸海外之空氣，謂足釐舊革新，歸而舉此，聲望不足，於以援引老成，借資先帥。其始也籌款，和緩之氣耳，言必曰團體，事必曰公益，娓娓動人，羣情為之忻舞，家人父子亦蔑以過，庸詎知其心之狡歟？逮夫創始，闢局宏闊，額例既繁，用人斯廣，奔走先後，伺應左右，細微之極。至於司門擊柝，名詞或新，服役則無以异。新黨之勢焰，頤指氣使，炙手可熱，居然權貴，其必大聲呼叱，無有詞色之假借，則謂之奉公行法不得不爾矣。夙昔自由平等，談論風生，至是惟有緘口。為冀事成，自應聳衆，為冀聳衆，自應示威，細民無知，非故飾其觀聽，習與為狎，必不足以懾其氣而關之口。舉辦之初，强迫以速效，科條之布，莊重以遺詞，是又熟籌必出於此者，與昔日上司之差遣，地方官之告示，變名而加之厲，况其意發之於政府耶？近見樞臣有議，地方自治，先於直隸、江蘇等處施行。直隸為畿輔，江蘇較開明，以為前導，固自磋商有素。余則謂仕宦惡習，兩屬尤深。候補之員，鱗雜麇集，亦有東渡三數月，速成政治，速成警監，最次則憲兵，左據修業之證，右操運動之貲，缺罕人稠，則借自治之局，以為位置。犖犖新政，莬裘視之。政府欲嘗試於兩屬，兩屬司員得廣營其調派，於是宦場既無閑人，下士亦沾餘瀝，地方則痛遭巨創。而司道，而縣府，而佐班，以次指揮。總理乃命分局，分局乃命分科，依然敍爵，不可稍亂其品秩也。余前所云，新黨提倡自辦，不受成於政府，階級已如彼。顧政府亦且不容，而是新黨，熱心功名，亦必甘自貶抑。或以前局作罷，再謀官辦分局之委員；不然，禀於當道，改自辦為官辦，庶或姑念微勞，猶與薪俸，甚且得援保奏，傳旨嘉獎；不然，與官辦合并，亦猶前例，必博分榮。此則新黨所必至者，而政府亦必以是箝之者。非庸瑣猥賤，必不向今日朝廷苟圖生活。新黨乎？官場乎？新黨最黠者，留學他邦；官場最黠者，亦游歷他邦。内地政法學校，又全係官場捷徑。新黨勢力，於官場為遜，則被官場所化。政府信新黨，又不如其信官場，况官場而亦新乎？彼此僞維新。昔日階級，無過儀式，周旋升降之節，補服朝珠之辨，正從紀録之名，使人雍容揖讓，循序按序，尊上敬長，而凛隕越之戒，不為傲之甚也。即傲在儀式，平民不履官衙，亦不至為其所陵轢。自治之權，發之於官操之於紳，官紳無所差別，學生與官紳亦無所差別，新舊融合，外固去其儀式，中則擅其威福。局猶衙也，勸猶勒也，用人猶役差也。乘車不備，躬與民親，資格乃去民愈高遠，民亦從而貴之，感其勵公，弗悟其為植望。以是日進，地方之事多，大抵托名於公共。非巨紳不能動款，非學生不能聯巨紳。巨紳與學生既居首辦，利益所在，巨紳之子弟，學生之親戚。窮檐陋巷，不獲享其毫毛。即如組織學校，經濟所出，固屬取之公衆，然制以定額，征其學費，飲食服御之類，必與從豐，貧民焉得辦此？是其為地方計，謂之自為計，可也。而諸他務，可以類推。尋使堂皇公局，吸民之膏血，致民於昏惑。民非殷實，不得沾教育，世世為驅策隸圉，去所謂官紳級、學生級，日有卑下，幾若黃泉之與碧落。天下有此不平之事，固趨之若鶩哉！寧使水深山阻，耕鑿自適，不願此徒逞詐，圖開通之虛名，而乏普及之實益也。此吾所腐心切齒於有階級者也。

二曰畛域　國之治也，風俗固有异同，民志則必齊一。處茲時代，外患頻仍，內部而有畛域，此不可藥者也。往者，學校爭額，湖南開其始，江蘇繼其後，從而各省亦多效尤。天牖其衷，吾漢土之秀民，知是疾之不可以滋蔓，輯和民族，以御外侮，爭端自是寢息，然固已留痕印矣。力彌前憾，籌與聯絡。學校規制，相參觀而印證；水旱歉年，相撥糴而周恤；築路掘礦，集資無界；有外人之攘奪，憤起為抗，一省首呼，應之者羣禹域皆爾。孰謂吾民之憒憒者！夫此亦日討申警，荼唇焦舌以致此。繼此以往，惴惴懼其或潰，則惟其勉焉。在法制不能不分理，在感情毋令有隔閡。而地方自治，能或免於此乎？吾非敢深文周內，幸其有畛域以破羣也。本地士紳，習慣周知，利弊洞悉，歌哭聚族之鄉，祖宗丘墓之地，論其情勢，亦自應盡瘁竭忠，比校尋常為痛切。然惟其近也，恩怨亦分明矣，愛憎亦夙舊矣。客籍、土籍，巨族、小族，大抵無論何區，是兩事者，天然剖判，牢印鄉人之腦。其在衝要，不過稍為表异。論婚結約，或必有所簡擇。僻鄙偏隅，則往往競於細務，至以墳山冢園，釀成械斗。最烈之時，居然槍擊炮鳴，暴骨荒野，死者百數十人，不稍顧恤。非得明達之士，開導誘勸，此風伊於胡底！邑令而賢，猶或矜之，出示為安撫，詞語悱惻，間得息其一二。夫邑令固貪横者多，然非習知其風土，恩怨愛憎，亦未伏根，除賄賂外，決不用其偏袒。本地之士紳，觀念本於孩提，感情具於平素，其恩怨分明，愛憎夙舊，吾既言之矣，充是以思，弊固可勝言哉！借端報復，以至於陷害挾制，是皆世所不免。邑令斷案，如不稱其實，民猶得以上控，此則無理之可明，無冤之可白。蓋集衆以為名，凡事謂之公決，其實一二人主之，餘皆樂為其附屬。人競於新，惟以是為鄉里之榮，家人父子之希望，朋從交游之快感，予則予之，奪則奪之，遑復論其是非曲直。昔日之客籍，昔日之小族，不過名義上較為輕藐；至於自治，主唱者必貌為認真，無稍寬假，納稅不可不先，繳款不可不速。國家與人民以權利，人民而漫於服務，則是自放棄其資格，安可與為治者？莊重之言，出之激厲，而客籍乃不得不懼，而小族乃不得不懼。其對於有權勢有智識者，固不能為是優孟衣冠，自取譴責，亦寸衷自有判決。土籍半世姻，巨族與吾對待，不可自傷其爪牙羽翼之助也。不但此也，孰先舉行此事務，即孰先占得此權利。中國疆域之分，考之在昔：自秦以降，變封建為郡縣，大概地方之制，至縣為極。秦制四十九郡，郡設守、尉。漢制十三州，州有刺史。三國鼎峙，南北朝分爭，其制糜亂不可考。自晋迄隋，天下大定，於是分全國為十道。遞宋為十五路，且析為十八及二十三路。至胡元受命，幅員益廣，乃立中書省一，行中書省十有一。至明又改制十三布政使司。逮本朝，則內部之地為十八省。然皆以縣為最終之區畫，其界限厘然，固自易於稽核。民亦計户而不計丁，徵收錢糧，法至簡省，不至有畸輕重。縣制於府，府達於省，每每相維系，其治績則全視縣令為要點。蓋自縣以下，則非中央政府之力所能及。夫以數千年之制如此，一旦欲於縣制之下，再劃為市町村制，此固非經數年之調查，不能集效。試問人民智慧，安能於此數年盡臻高度？即還觀之歐美立憲國以至於日本，謂其國度已至文明則可，謂其國民莫不知治理，豈非必無之事哉？而諸國所以施之無礙者，地廣多不逮中國，又皆距封建未遠，俗尚相近，民情至為環聚。中國漢時，以吏治稱者，大半係嚴酷寡恩。變封建才百餘歲，姻睦任恤之風，蓋已日漸凌夷。滄桑轉徙，中更幾許之擾擾，而至於今日。地大物博，中央政府既不克集權；百里之宰官，治化之效，即在於痛懲土惡。誠以非此則阻塞巨也，此豈生殺之權濫哉？蓋自漢而後，政系統一，社會之情狀棼如亂絲，不軌之徒每易作奸，以武斷鄉曲為事。歷觀政界，貪官污吏之徒，莫不聯結胥屬，相為狼狽。胥屬皆土著，洞悉其鄉内容，故克為其向導。而官吏暗恣之威，則又土惡輩通款胥屬，廣樹應援，魚肉佃民村户，如獵者之遇處張羅。夫以本地之民，而引巨憝，其害已彰彰如是；矧以本地之紳，操本地之權。向日侜張為幻，猶有正言者摘之，或不容於大雅，今得憑借美名，又投身而為創始。即以一縣而論，西路之自治先於南路，則報奏之時，西路之紳必排南路為後起而自居其功首。以故西路若有急困，南路必不之顧也，從而東、北各路亦然。設有蒙小學，以畢業升於府縣，西路則索優先之額，其他各路，議争其乎，於是學程無一定期限。設有水旱，各路減價而糶，一路缺乏，他路不允為通融。皆目前現象，吾所得而懸揣者。即不在自治之時，圖甲里境之争訟亦不時而有。加之市町村制，以紳朋為之長，民懵無知，其不為選舉競争之劇烈而劃鴻溝之界也，安可得哉？蓋郡縣為治已久，遽與人民以參政權限，而以漢土之言語隔絶，風紀懸殊，勢豪黠桀，乘之以肆毒焰，其禍不至四分五裂不止。夫固非惟長駕遠馭所不及，亦使民自相為殘賊哉！歐洲諸邦政事上之布置，先成中央政府，漸次以及地方政府之法。北美獨反是，都府者由郡而成，郡者由州而成，州者由聯合各國而成。坐是之故，北美之政權分配法者，非由一國利益而生，實因一地方之利益，仍委托政權與國家，其聯合之完備，固其宜也。中國政府，既庸昏不克有為，邦域人口又非北美可比，不為聯州，固無良法以選議員，即為聯州，君主立憲決不能不重中央集權，而以地方分權為輔。否則如英吉利，雖屬君主，而地方之權仍大。要之，皆不能也。英以三島為國，重外輕内，亦不虞其紛擾。美則共和之政，原自以各州獨立團體，互為戰守。中國既非共和，復大於三島數十倍，聯州如美，而君主立憲如英，地方自治不適成為分崩離析哉？此吾所斤斤私慮其有畛域者也。

夫是二者之病，猶未足盡其形容。有緣是二者而生，則蒙蔽、奢侈諸端，蓋不勝其縷舉。今之稱地方自治者，不曰自治，曰官治也。吾則曰非惟官治，亦紳治也。紳治、官治，一而二，二而一者也。欣艷自治之徒，謂人民可由以安秩序，政府可由以分責任，政治之監督機關，議員之豫備練習。然以今日之中國情狀推之，實大不然。吾不曰自治，曰奸府而已。或謂改良之責，是在吾輩，不可因噎而廢食。試問地方行政，能完全脱中央行政，而為自由活動以否？能由平民倡導團結，不設義長以否？能擴充其勢力，有時得否認政府以否？有此數者，則吾亦姑與委蛇，而聽是為地方增公益，為人民造幸福，夫何間焉？而無如其皆不能也！所以不能之故，則政府萬無肯棄集權之制，而法北美聯州之法。法北美聯州之法，則皇室未見其能萬年有道，地方議會之騷擾將復出現南北之戰争，故政府智不出於此。如是乃以地方行政，受監督於中央機關，廢員皆得起用，劣紳為之把持。有真愛國者，則惟有束身自好，坐視其腐敗，而末從施其補救。狐裘蒙茸，坐耗公款，僕從之類，依然盈道。平民既不獲與抗，且征納倍重，生活尤難，教養尤缺。邇者，國會預備，鹽斤為之加價，地丁為之加税，已可見其影響。四境之内，地方自治遍行，則政府朘削不足，繼以土豪；土豪欺壓不足，繼以新黨。東三省自治局，此徒虎踞，平日之所忌，則誣為馬賊，其效至可睹矣。梨洲之《方鎮篇》，船山之《噩夢》，亭林之《郡縣論》，近代馮桂芬之《校邠廬抗議》，悉津津道自治。大旨所在，因天下之私，成天下之公。不知私則有之，公則未也。蓋自郡縣之制以來，户丁混淆，縣治為極，積重難返矣。夫以中國四百兆子姓之繁，二萬里山河之廣，處今日之潮流，俄鷙英獅，法虎德鯨，列强視綫之所集。專制政體，長此不改，政府固無此龐大之能力；即實行立憲，采用地方自治制度，而一切取法，固不出於日本。中央之權，萬鈞不能拔；軍政財政諸端，一北京為之樞軸。地方自治，便奸人之詐索而已，則亦焉用此改革為哉？有志之士，欲以此分權，能為政府抗。果爾，則政府者如列國時之周天子則可，自治者如英之印度總督則可，自治制者如澳洲之建聯省則可。不然，則如胡元猾夏，置行中書省，或直隸中書省，以各省政府為中央政府之推衍體，而非有總政府、分政府之别，則亦可。頃者，請開國會，各省獸奔鳥合，恐後争先，尚且諭旨嚴查，懼有禍變，禁民不得妄議，而以朝廷自有權衡為詞。飭拿政聞社伙，封閉江漢日報，結社言論出版亦不容任其自由，何况地方自治，能如以上之所言乎？其猶畫地作餅之虚願也！

吾固非持無政府之目的，以排地方自治也。誠以為地方自治，謂之相互維持，無一分子之受屈抑，斯乃美滿無缺。日本不足法，英、德、法不足效，惟美則庶幾近之。茲吾國言地方自治者，則吾聞命矣，動引管子之義，曰鄉與朝分治，又曰：有鄉不治，奚待於國？又自秦以前，即有大社、王社、國社、侯社名目。又《周禮》地官：自州長以下（二千五百家為州，有長），有黨正、族師、閭胥、比長；自縣正以下，有鄙師、酇長、里宰、鄰長。又漢制：十里一亭，亭有長；十亭一鄉，鄉有三老，有嗇夫、游徼。三老掌教化，嗇夫職聽訟、收賦税，游徼循禁盜賊。此古制之可考也。保甲有法，團練有制，則出入相友、守望相助之遺澤未盡泯也。鄉閭有約，宗族有規，則平章百姓、百姓親睦之流風未盡艾也。此近制之適用也。不知自漢以後，魏晉之間，已成虛設。至隋文帝開皇十五年，盡罷州郡鄉官，而古制蕩然無存。迄今代遠年湮，疆土較昔為廣大，風俗較昔為澆薄。海禁大開，歐化盛行，震懾白種，崇拜强權，僑於海外者，或入他人之籍。廣東一隅，潮州、廣州且互以南蠻相詬厲。民志之携貳，大可憂懼。吾儕習知種患，方翕張之不暇，寧復忍以腐朽千年、衆建屏藩之制，以圖皇室之鞏固，而解民族之繫維。古者，各君其國，各子其民，地方數千里，諸侯得行此以削弱王權。今之督撫，自官制改革，財賦兵戎，悉受節制於內部。而地方自治，則令得自為設置。是以衆建屏藩之制，行之中央集權之國，其究極則使民不相安，征調無度。政府之力既不足以統一，徒硜硜於萬姓一尊，馴至土崩瓦解，民不敢背上，而又不能自成團體，外釁乘入，君民同歸於盡。或者政府別有深謀，預留一豐草長林、莽莽長白之山，以為退步，而此千四百縣，固非所愛惜。不然，雖在童稚，如是之君主立憲，如是之地方自治，不得謂之可也！至於保甲有法，團練有制，鄉閭有約，宗族有規，遂附會曰地方自治，此其基礎，不知何所見而云然？竊謂觀其粗矣，未思其精也。保甲以防奸宄，團練以防寇亂，地方自治如是遂已乎？鄉閭之約，大半酬酢往來，婚喪吊慶，以及田山契約爭訟證據，宗族之規，則長幼之序，親疏之别，烝嘗有祀，醵資建廟，事至細微，能與地方自治有關係乎？縱云擴而充之，民習於舊，更始固屬為難，所出之資亦決不足以敷用。且試問保甲之法、團練之制，非為富民之護符，紳士之所憑藉乎？有侵蝕款項之弊否乎？有誣害良善之弊否乎？有緣是以交歡官長、張大門面者誰乎？有緣是以勒索佃民、冒邀爵賞者誰乎？幸地方之有事，肥一己之身家，此非富民紳士萬不克以達其欲望。相持以爭利，相奪以為功，相排擠以逞勢力，則富民紳士，足以蹂躪一鄉一邑，而其他莫可如何。此則保甲、團練之舊弊也。又試問鄉閭之約、宗族之規，非以箝束細民、壓制弱小乎？有奉憲沐批之條告否乎？有欺孤凌寡之事件否乎？有上地樹木之争端否乎？有房分宗支之意見否乎？有受田主之敲樸、差役之追比，而俯首無辭者誰乎？有以分産不均致禍，父子相争致禍，同室操戈，種種為人牽制者誰乎？受屈不能叩帝閽，受命與分，不能見天日。哀哉！田舍生涯，單寒家户，吾見為强有力者威武相逼，機智相傾，蠱衆挾勢相環擊，奴顔婢膝以承事之，猶莫得稍緩其虐待，苟矜志節，有不獲容身地者矣。孰謂鷄犬桑麻，寧謐無事，得一視以同仁乎？此則鄉閭、宗族雖有約規，而不平之事相接踵者也。在昔有然，言之痛恨。變而為地方自治，愈加之厲耳。假文明以濟奸，實野蠻之不若。不治猶無害也，治而出於紳，出於富民，又益以昔日之憤鬱新黨，沿保甲、團練、鄉閭、宗族實際之習慣，而澤以警察、衛生、實業諸所、諸團之名色。紳與富民雖難抗，訴於官或得直也。官縱有偏袒，公論猶在人也。此則地方之羣治，地方之公業，又最時尚、最美好之新政，號之曰『致富强，救貧弱』。紳與富民與新黨，專其實而不獨享其名。保甲、團練、鄉閭、宗族之故法有病，人多知之，則已『改良』而『遷善』，誰得觸犯衆怒，加以非刺？雖有智者，亦含忍而已。然則地方自治，擬於古制，則情勢非，因於近制，則弊竇甚。其諸以中國之大，非經淘汰官紳與夫唱君主立憲之新黨，殆不足以奏效乎？

於是進而言地方議會，用普通之選舉歟？用限制之選舉歟？普通之選舉，議員喧呶，築室道旁，三年而不成。人數既多，議員少，則不能代表衆意，必如額以選，即仿日本之制推之。喧呶既甚，淆亂不清，非惟事不克濟，且必如俄國，有農民而為議員者，跣足蓬頭，向議長而致拜，不亦徒有其名歟？限制之選舉，則以門第資格勝，未選舉之先，可以擬議其人，官紳學界，手腕巧敏，口説疏暢，又資本充足者，慮無不占其優勢。地方行政，本以歷練其政事材能，俾他日得上議選。限制之選舉行，上承政府之意旨，下飾人民之觀聽。中國雖有世襲，然惟坐收薪俸，未得攬其實權，從茲而貴族之焰愈熾，政治上之智識日增。平民於本地不得選，分權機關之事且渺不知其頭緒，上議員之列其能與乎？則從君主政體而發生貴族政體，皆於地方議會立之基也。

今有以國會請願政府者，謂國會開則宣示大公，君民上下，貫徹聲氣，然後能轉危為安，轉亡為存。於是有人民程度不足之問題生。其對於地方自治，一自政府方面計議，為形式上之設備；一自國民方面計議，養實質上之精神。而現時則歸宿於政府能力，謂據高屋建瓴之勢，萬派發源之始，乃足以聳動羣聽，陽示鼓勵而陰行强迫。此視政府大重者也。又有一般之輿論，謂先有地方自治，以為國會之後盾，則國會庶不孤立；且有自治之國民，斯有獨立之國家，有獨立之國家，何患無自由之憲政？斯其為説，固不倚賴政府矣。然余有一疑問，若認現政府之立憲耶，不得學日本，不得學英吉利，亦不得學法蘭西。蓋諸國皆先有地方自治，而後數百年數十年，少亦十數年，國會乃開。中國自唐後，向無地方自治制，其制亦無從發生，則何以故？以自來重農，而工商猶次。農民所獲，仰事俯蓄有余，其他日用所需得以粟易之，而貧富不相迴絶，豪民不獲逞志。兼之井田之制廢，郡縣之制興，吏治良否猶可察，民丁多寡不能計，田畝豐歉不及知，種種窒礙難行之故，非僅專制為毒也。故今日而欲立憲，亦惟可召集各省大吏，議賦議兵，會於京師，仍惟政府統馭之力是視。一寄權於地方，則必至豪民張勢，藉端聚斂，權利沖突，而激成國民之反動力。政府鞭長莫及，又不能洞悉其隱，一發不可收拾，則且不得俟國會開，而萬世一系之局破矣。日、英、法諸國，固沿封建舊習，亦壤地較小，鷄犬相聞，朝發令而夕周知，豪民不能壅蔽上聞，逋賦亦克鈎稽，故不得與中國比。政府而計此，又於地方自治與以完全之自由，彼不若是愚也。既知無完全之自由，謂藉是改造政府、監督政府，吾猶以為富貴熏心，欺人之語，況於其他者耶？是故今日之地方自治，即官治也，紳治也。政府猶暗掣官紳之肘，空名敷衍，而注重在中央集權，其勢不得不然也。以中國面積，而君主立憲，宜集權而不宜分權也。若效北美之聯州，中國非新世界，不得不經法蘭西一七八九年七月之變。經有此變，國會與地方自治可以并行。蓋各州各自為治，縮小範圍，而成為一合衆國家，其統權者之視各州，如殖民地，如同盟國，庶乎猶可有為。德國學者有極切當之兩名詞：於聯而可指為一邦者曰聯邦，於各自為邦而祇相聯合者曰聯邦。余之策中國，能為聯邦之治，則尤得也。若直認現今政府立憲為克有裨，彼以國會為先務，主張政革，自上而下，若而人者，反不為無見矣；惜恬棄宗邦，靦顔無耻，而又不知現政府之不足與有為耳！

或謂收復主權，在地方自治，某報嘗主張之矣。不知地方自治者，由主權所承認者也。某報主張，不得已之方法，非唯一之定義。世固未有從盗賊之手乞其餘瀝，謂可以從容布置，盡返所奪者。主權之所在，聽他人為承認，與以自力圖收復，此固不可以同日語。而況教育之權可任之地方，警察之權可任之地方，裁判之權可任之地方，凡無危險關係者俱可任之地方，惟兵事其必不與。寓兵於農之制，可以見之三代，必不可見之今日也。今日之政府，則猶忌焉。減削君權而付之人民，其可得乎？義務則有，權利則未必有也。即有權利，君主之鷹犬之議員。人民所得，出租税而已。今歲日本府、市選舉，賄賂丑聲，騰之報章。某某名下士，至以室人運動，又耗資甚巨，兩奴僕奔走為不遑。有滑稽畫者，描寫盡態，閲之噴飯。代議士之價值，其在於有靦之面目乎？地方自治，代議制之先聲，猶曰以團體執行其事務，以國家分任於個人，誰之欺也？而況處於利害相反之政府之下乎？自治意義甚繁，人不能離羣，個人自治與公共自治，息息與之相通。個人之自治，重道德；公共之自治，重法律。道德之僞，法律所由出也。為法律所縛，而勢力以祟。代議士之出産，在地方自治，資本家與强權者亦即於地方自治顯其能也。不得已而有之，其亦相察其時地，論主體之當變易與否。若吾國今時，所謂地方自治者，非猶赭衣之徒，修潔牢獄，而圖一席地之安哉？吾民盍亦返其本矣！

雜録

清·馮桂芬《校邠盧抗議·復鄉職議》 治天下者，宜合治亦宜分治，不合治則不能齊億萬以統於一，而天下争；不分治則不能推一以及乎億萬，而天下亂。柳宗元《封建論》云：有里胥而後有縣大夫，有縣大夫而後有諸侯，有諸侯而後有方伯連帥，有方伯連帥而後有天子，此合之説也。封建之合，不如郡縣之合尤固，故封建不可久，而郡縣可久。反而言之，天子不能獨治天下，任之大吏；大吏不能獨治一省，任之郡守；郡守不能獨治一郡，任之縣令；縣令不能獨治一縣，任之令以下各官，此分之説也。

顧氏炎武曰：大官多者其世衰，小官多者其世盛。蓋大官所以治治民之官，小官所以治民，分而又分，其數不能不多，其位不能不小。今世治民之官頗少矣，縣令藐然七尺耳，控一二百里之廣，馭千百萬户之衆，其能家至户到，而周知其循莠勤惰，飽饑甘苦哉？至令以下各官，非貲選即吏員，流品既雜，志趣多庸，加以間關跋涉，千里萬里而來，身家妻子惟一官是食，犬馬於富民，魚肉乎貧民，視令以上尤甚，蠹民而已，何有乎治民？然則今之小官，如顧氏之説更多其數，患不滋甚耶？不知顧氏之意，固欲復古鄉亭之職也。

考周制，鄉大夫之下有州長黨正族師閭胥比長，遂大夫之下有縣正鄙師酇長里宰鄰長，以鄉人為之，皆官也。以今十萬户之州縣計之，當有鄉遂大夫十，州長縣正五十，閭胥里宰五千，比長鄰長二萬五千，此今日斷不可行之事。漢制十里一亭，亭有長，十亭一鄉，鄉有三老、嗇夫、游徼。三老長教化，嗇夫職聽訟收賦税，游徼循禁盜賊，亦以鄉人為之，亦皆官也。以今方二百里之州縣計之，當有三老嗇夫游徼各四十，亭長四百，視周已大減，然猶之多也。隋文始一切罷之，蓋亦一時矯枉過正之舉，乃遂為萬世定制。唐六典：漢氏縣尉多以本郡人丞之，三輔縣則兼用他郡；及隋氏革選盡用他郡之人。

今州縣設佐四五人，撥二三人分治各鄉，至都圖則有地保地總司民事，其流品在平民之下，論者亦知其不足為治也。於是有保甲之法，十家一甲長，百家一保正，一鄉一保長，然率視為具文，詔書憲檄，絡繹旁午，而卒不行，間行之，而亦無效。軍興以來，各省團練民勇，有圖董，有總董，大同小异，顧行之轉視保甲為有效。然則其故可思也。地保等賤役也，甲長等猶之賤役也，皆非官也。團董紳士也，非官而近於官者也。惟官能治民，不官何以能治民？保甲之法，去其官而存其五四遞進之法，不亦買櫝而還珠乎？吾甚不解。論保甲者謂得周官遺意，則何不徑師周公，乃必以隋文為主，而周公為輔也。

茲為之酌古斟今，折衷周漢之法，縣留一丞或簿為副，駐城各圖，滿百家公舉一副董，滿千家公舉一正董，里中人各以片楮書姓名保舉一人，交公所匯核，擇其得舉最多者用之，皆以諸生以下為限，不為官，不立署，不設儀杖，以本地土神祠為公所。民有争訟，副董會里中耆老，於神前環而聽其辭，副董折中公論而斷焉。理曲者責之罰之，不服則送正董，會同兩造族正公聽如前，又不服送巡檢，罪至五刑送縣，其不由董而達巡檢或縣者，皆謂之越訴。今州縣門或署越訴笞五十，蓋指越里老而訴州縣，非謂越州縣而訴府，詳見《日知録》。然則里老聽斷小事，固舊制矣。不與理。緝捕關正副董指引，而不與責成。徵收由正副董勸導，而不與涉手。滿五千家地廣人稀之縣量減設一巡檢，全乎為官如今制。惟以鄰郡二三百里内無山川間阻之地，諸生幕職薦舉者為之。丞簿由巡檢升除，丞簿月給養廉三五十金，巡檢半之，正董薪水月十金，副董半之。正副董皆三年一易，其有异績殊譽功德在閭里者，許入薦舉，有過者隨時黜之，見令丞簿尉用紳士禮，文用照會，有罪即與凡民同。如是則真能親民，真能治民，大小相維，遠近相聯，無事而行保甲，必有循名責實之功，有事而行團練，更得偕作同仇之力，風俗有不日新，教化有不日上哉！

李平書《且頑老人七十歲敍自敍》 先生在籍，設於地方諸事，凡遇交涉而以公理力争，彼外人且就範焉。先生里居，默念南市毗運租界，非仿行文明各國地方自治之制，必不足以圖强。正事研究，而鄂督張香濤先生延先生入幕府，掌理文牘兼提調武備學堂。庚子之亂，和議告成，國勢益弱，愍焉憂之。遂回籍，任上海製造局提調。乃一意經營地方，就原有之馬路工程局改建總工程局，以立地方自治之基礎。紳民仿文明各國選舉制，公舉先生爲總董。於是開築馬路、修建橋梁、添設巡警、剏辦電鐙，百廢具舉，規模一新。濬浦界綫之議，先生與工程司力争，保全實地極多，商民交口頌之。洎城鎮鄉地方自治章程頒定，即改總工程局爲城自治公所，復舉先生爲城董事會總董，進行之事日異月新。先生又以醫學爲衛生要圖，爰剏設上海醫院並設女子醫學校，靡己資甚鉅，上海一隅遂爲各處自治之圭臬焉。辛亥秋，武昌起義，豪傑之士雲集響應。上海製造局爲軍火根本之地，前滬軍都督陳君英士造先生謀取之。陳君往攻製造局，被縶。先生兩次馳拯，曉局中以大義，遂釋陳君，相與服從。先生總理局務，督飭工匠，趲造軍火，籌借經費至百餘萬。復商之滬寧車站總管，得運軍械以濟蘇軍攻寧之用。由是光復金陵，聯洛長江，武昌義士大振，南北息兵，共和之局以成。當滬地光復時，先生以軍政府之敦促，暫膺民政總長之職。復奉蘇都督檄，委江蘇民政司長。其時，城自治公所已易名爲市政廳，另行舉董接辦。先生仍昕夕駐廳，紳民之白事者日輒數十人，先生一一爲之擘畫，靡不就緒。又以南匯、奉賢、崑山、崇明諸縣，時有不靖，屢來告警。先生或調派軍隊，或商譴商團，分往鎮撫。而鄰邑人民或有見凌於豪强、受屈於官府者，咸求伸理於先生，訴牘紛至，日不暇給。先生牒行各縣行政官，據理剖晰，輒獲解釋。蓋先生任民政僅九閱月，而維持地方秩序、保護社會安寧，凡利國福民諸大端，慮之於心而施之於政者，咸釐然有當於人心智略淵邃，而精神復足以濟之，宜其恢恢乎游刃有餘也。

城鎮鄉地方自治分部

綜述

《軍機處原摺・憲政編查館大臣奕劻等議覆閩浙總督松壽所奏鄉官考試任用章程摺光緒三十四年四月二十六日》 臣奕劻等跪奏，爲遵旨議奏，恭摺具陳，仰祈聖鑒事。

光緒三十四年三月初八日閩浙總督松壽奏請定鄉官考試任用章程一摺。奉硃批：憲政編查館議奏。欽此。准軍機處鈔交到館。查原奏内稱：前由考察政治館王大臣奏，各省畢業學生，請先以鄉官考試任用一摺，其中如職務、經費、期限，均應明定詳細章程，以歸畫一而資遵守等語。用意頗爲周密。惟是臣等查光緒三十三年五月二十七日，臣奕劻與臣孫家鼐因遵旨續訂直省官制，另行具奏，請將各省畢業學生，先以鄉官考試任用，俾資歷練而收治效一摺，係爲學堂畢業學生，注重國文，嫻習吏事起見。其時尚未恭奉明詔試辦地方自治，故擬先請仿古鄉遂設官之法，考選中學堂以上之畢業學生任爲鄉官，以本地方之人辦本地方之事，俾佐州縣以下各官之不逮。至光緒三十三年八月二十三日，内閣奉上諭：欽奉懿旨，著民政部妥擬地方自治章程，請旨飭下各省督撫，擇地依次試辦等因。欽此。現民政部正在擬訂自治通則，各州縣之城鎮鄉，皆得設立自治會，辦理自治事宜。所有會員，均由本地選舉，其爲法雖與任用鄉官稍異，其收效實與設立鄉官相同，俟該部奏准通行後，自當仰遵明諭，選舉賢能力謀公益。其學堂畢業學生果能合格，則被選爲自治會員者必多，似無須再設鄉官及先定考試任用章程，致涉兩歧。該督所稱職務、經費、期限各節，應請無庸置議。

所有遵旨議奏緣由，謹恭摺具陳，是否有當，伏乞皇太后、皇上聖鑒訓示。謹奏。

《東方雜誌》第六卷第一號《憲政編查館奏核議城鎮鄉地方自治章程並另擬選舉章程摺光緒三十四年十二月二十七日》 奏爲核議城鎮鄉地方自治章程，並另擬選舉章程，謹繕清單，恭摺仰祈聖鑒事。

光緒三十四年七月二十八日民政部奏遵擬地方自治章程一摺。奉旨：依議。欽此。由民政部抄録原奏清單，咨送前來。原奏内稱：地方自治爲臣部之事責，城鎮鄉爲自治之初級，擬訂章程七章，請飭下憲政編查館核議施行。其廳州縣自治章程，應俟續訂告成之日再行具奏等語。

臣等查地方自治之名，雖近沿於泰西，而其實則早已根荄於中古，周禮比閭、族黨、州鄉之制，即名爲有地治者，實爲地方自治之權輿。下逮兩漢三老、嗇夫，歷代保甲鄉約，相沿未絕。即今京外各處水會、善堂、積穀、保甲諸事，以及新設之教育會、商會等，皆無非使人民各就地方聚謀公益，遇事受成於官，以上輔政治而下圖輯和，故言其實，則自治者，所以助官治之不足也。民生所需，經緯萬端，國家設官董治，僅挈大綱，非獨政體宜然，實亦勢有不逮。若必下涉纖忽，悉爲小民代謀，設官少則慮其叢脞，設官多則必至於煩擾。況山國澤國，利害不必悉同，好雨好風，嗜欲尤多殊異，强以官府之力，行一切之法，意本出於愛民，而受之者或反以爲不便，北宋用青苗法亂天下，而朱子社倉用意與之相仿，乃爲法於後世者，則一主以官，一主以民之故也。言其名，則自治者，與官治相對待而言也，無官治，則無所謂自治，猶無二物，則無所謂彼此。自治之事淵源於國權，國權所許，而自治之基乃立。由是而自治規約，不得牴牾國家之法律，由是而自治事宜，不得抗違官府之監督，故自治者，乃與官治並行不悖之事，絕非離官治而孤行不顧之詞。惟立憲國之所異者，彼於官治、自治之限閾，鄭重剖晰，勒爲法典，上下相信，守之不渝，民固不得奮私智以上瀆，而官亦不得擅威福以下侵，用能互相係屬，而齟齬不生，各守分限，而責任亦無所貸，於是乎特立地方自治之名，使與官治相倚相成，而自治與官治，乃有合則雙美離則兩傷之勢矣。查民政部所擬章程，深明此意，列具各條，均能綱舉目張，惟茲事關係憲政根本，循名責實，不厭精詳，臣等復悉心考求，再三討論，增改釐訂，務求完備周密，擬訂城鎮鄉地方自治章程，凡九章，都百十二條。其原奏自治選舉悉照諮議局選舉章程辦理一節。查諮議局議員選舉係用複選制度，現在自治職員選舉宜用單選制度，繁簡各殊，一切規制勢難通用。且選舉人不分等級，尤易使刁生劣監挾平民冒濫充選，殊非爲地方興利防弊之道，是宜別設自治選舉章程，以求適合。茲併一律釐訂，謹臚舉大要，及預行嚴防流弊之處，爲我皇上縷析陳之。

一、明示自治名義也。新政權輿，事端既多創舉，即名義不免創設，若或望文生訓，籠統誤解，以自治爲不受管轄之意，不獨失國家馭民之柄，而無識官吏，或談虎變色，陰爲摧阻，以隳憲政之基。名之不正，則生心害政，在在堪虞，故於章首特爲標明，使人皆瞭然知地方自治之真意，庶上下相疑之患，可以無慮。

二、劃清自治範圍也。地方自治既所以輔官治之不及，則凡屬官治之事，自不在自治範圍之中。查各直省地方局所，向歸紳士經理者，其與官府權限，初無一定，於是視官紳勢力之强弱，以爲其範圍之消長。爭而不勝，則互相疾視，勢同水火，近年以來，因官紳積不相能，動至生事害公者，弊皆官民分際不明，範圍不定之所致。今既令人民自治，若再有此種情形，憲政前途何由日進，是以特將自治事項，指實條例，別爲款目，俾一覽而知其範圍之所在，此外非國家之所許，即不容人民之濫涉，經理在民，董率在官，庶得相倚相成之意，而膠擾可以不生。

三、慎重自治經費也。萬事非財不舉。地方自治既不能動用國家正款，則於舊有公款公產而外，不能不別開籌措之途。然若漫無限制，則浮徵濫費，勢所難免，而甚者會斂逾等，或至與國稅相妨，則尤與自治宗旨相反，故特於經費章程內明定收捐之制，而仍規以定率，以至管理徵收預算決算檢查，俱各詳示準繩，仍隨時報由地方官查核，所以防踰濫虧蝕之弊，而期有餼廩稱事之實。

四、責重自治監督也。自治之事既淵源於國權，即應受監督於官府，法理當然，無待煩稱。所慮官不知所以監督之道，寬猛一失其宜，不獨戕折良民自治之機，亦且爲長姦啓侮之漸。茲故以監督重權，上寄於民政部及各省督撫，下畀於地方官吏，並確示監督條款，特訂自治職員罰則，俾得按章督責，無敢非懟，庶自治區域雖多，而一一就我準繩，不至自爲風氣，自治職員雖衆，而一一納之軌物，不至紊亂紀綱。

以上臣等區區之愚，反覆核議，尚少流弊，謹將核定地方自治章程，並另擬自治選舉章程，分繕清單，恭呈御覽。如蒙俞允，擬請明降諭旨，欽定頒行，俾昭法守。

抑臣等更有請者，地方自治，以本鄉之人辦本鄉之事，情親地近，功效易見，而流弊亦易生。選舉苟不得人，則假公濟私，把持壟斷，將利未形而害先見，全在地方州縣於監督選舉時，慎之又慎，必使當選者皆得正人，乃能收相助爲理之益。然州縣若不得其人，仍難經理得宜而收實效，故其根本，尤在督撫之善擇州縣。應請旨飭下各督撫，慎選牧令，嚴切誥誡，務令所選之人皆合資格，不得使品行悖謬營私武斷之徒濫厠其列，以期扶持善類。屏黜奸豪，仰副朝廷揚清激濁好惡同民之至意。

再，地方自治事宜既爲創辦，端緒紛繁，若各省無提綱挈領之處爲之主持，則各該地方官遇事無所禀承，辦理恐滋貽誤。擬由臣館通行直省，各就諮議局籌辦處，責令兼理地方自治一應籌辦事宜，以資擘畫而利推行。俟合直省地方自治辦理粗具規模，再行一律裁撤，用節糜費。

所有核議地方自治章程，並另擬自治選舉章程各緣由，理合繕單恭摺具陳，伏乞皇上聖鑒訓示。謹奏。

光緒三十四年十二月二十七日奉上諭，已録。

《城鎮城鄉地方自治章程光緒三十四年十二月二十七日》 第一章總綱

第一節 自治名義

第一條 地方自治以專辦地方公益事宜、輔佐官治為主，按照定章由地方公選合格紳民，受地方官監督辦理。

第二節 城鎮鄉區域

第二條 凡府廳州縣治城廂地方為城，其餘市鎮村莊屯集等各地方人口滿五萬以上者為鎮，人口不滿五萬者為鄉。

第三條 城鎮鄉之區域各以本地方固有之境界為準。

若境界不明或必須另行析并者，由該管地方官詳確分劃，申請本省督撫核定。嗣後城鎮鄉區域如有應行變更或彼此爭議之處，由各城鎮鄉議事會擬具草案移交府廳州縣議事會議決之。

第四條　鎮鄉地方，嗣後若因人口之增減，鎮有人口不足四萬五千，鄉有多至五萬五千者，由該鎮董事會或鄉董呈由地方官申請督撫分別改為鄉鎮。

第三節　自治範圍

第五條　城鎮鄉自治事宜以下列各款為限：

一、本城鎮鄉之學務。中小學堂、蒙養院、教育會、勸學所、宣講所、圖書館、閱報社其他關於本城鎮鄉學務之事。

二、本城鎮鄉之衛生。清潔道路、蠲除污穢、施醫藥局、醫院醫學堂、公園、戒烟會，其他關於本城鎮鄉衛生之事。

三、本城鎮鄉之道路工程。改正道路、修繕道路、建築橋梁、疏通溝渠、建築公用房屋、路燈，其他關於本城鎮鄉道路工程之事。

四、本城鎮鄉之農工商務。改良種植牧畜及漁業、工藝場、工業學堂、勸工場、防護青苗、籌辦水利、整理田地，其他關於本城鎮鄉農工商務之事。

五、本城鎮鄉之善舉。救貧事業、恤嫠、保節、育嬰、施衣、放粥、義倉積穀、貧民工藝、救生會、救火會、救荒、義棺、義冢、保存古迹，其他關於本城鎮鄉善舉之事。

六、本城鎮鄉之公共營業。電車、電燈、自來水，其他關於本城鎮鄉公共營業之事。

七、因辦理本條各款籌集款項等事。

八、其他因本地方習慣向歸紳董辦理、素無弊端之各事。

第六條　前條第一至第六款所列事項有專屬於國家行政者，不在自治範圍之内。

第七條　城鎮鄉地方就自治事宜，得公定自治規約，惟不得與本章程及他項律例章程相抵牾。

自治規約内得設罰則，以罰金及停止選民權為限，罰金最多之額不得過十元，停止選民權最長之期不得過五年。

第四節　自治職

第八條　凡城鎮各設自治職如下：

一、議事會；

一、董事會。

第九條　凡鄉設自治職如下：

一、議事會；

一、鄉董。

第十條　城鎮鄉地方有分屬二縣以上或直隸州與縣管轄者，其自治職仍得合并設置，毋庸分立。

第十一條　城鎮有區域過廣，其人口滿十萬以上者，得就境内劃分為若干區，各設區董辦理區内自治事宜，其細則以規約定之。

第十二條　鄉有户口過少，其選民全數不足議員最少定額十倍之數者，得不獨立設置自治職，與同一管轄内臨近之城鎮鄉合并辦理。

若因地方情形不便合并者，除按章設置鄉董外，得不設鄉議事會以鄉選民會代之。

第十三條　凡二鄉以上有彼此相關之事，必須連合辦理者，得以各該鄉之協議設連合會辦理之。

第十四條　城鎮鄉地方各設自治公所為城鎮鄉議事會會議及城鎮董事會、鄉董辦事之地。

自治公所可酌就本地公産房屋或廟宇為之。

第五節　居民及選民

第十五條　凡於城鎮鄉内現有住所或寓所者，不論本籍、京旗、駐防或流寓均為城鎮鄉居民。

居民按照本章程所定，有享本地方公益之權利，并有分任本地方負擔之義務。

第十六條　城鎮鄉居民具備下列資格者，為城鎮鄉選民：

一、有本國國籍者；

二、男子年滿二十五歲者；

三、居本城鎮鄉接續至三年以上者；

四、年納正税，指解部庫司庫支銷之各項租税而言，或本地方公益捐二元以上者。

居民內有素行公正、衆望允孚者，雖不備第三第四款之資格，亦得以城鎮鄉議事會之議決作為選民。

若有納正稅或公益捐較本地選民內納捐最多之人所納尤多者，雖不備第二第三款之資格，亦得作為選民。

第十七條　有下列情事之一者，雖具備前條第一項各款及合前條第三項所定資格，不得為選民：

一、品行悖謬，營私武斷，確有實據者；

二、曾處監禁以上之刑者；

三、營業不正者，其範圍以規約定之；

四、失財産上之信用被人控實尚未清結者；

五、吸食鴉片者；

六、有心疾者；

七、不識文義者；

第十八條　城鎮鄉選民按照本章程所定，有選舉自治職員及被選舉為自治職員之權。

以第十六條第三項資格作為選民者，有選舉自治職員之權，若不能自行選舉權者，得遣代理人行之。

代理人以具備第十六條第一項第一二款之資格且不犯第十七條所列各款者為限。

第十九條　下列人等不得選舉自治職員及被選舉為自治職員：

一、現任本地方官吏者；

二、現充軍人者；

三、現充本地方巡警者；

四、現為僧道及其他宗教師者。

第二十條　現在學堂肄業者不得被選舉為自治職員。

第二十一條　凡被選舉為自治職員者，非有下列事由之一，不得謝絕當選，亦不得於任期內告退：

一、確有疾病不能常任職務者；

二、確有他業不能常居境內者；

三、年滿六十歲以上者；

四、連任至三次以上者；

五、其他事由特經城鎮鄉議事會允准者。

第二十二條　無前條所列事由之一而謝絕或告退者，得以城鎮鄉議事會之議決於一年以上五年以下停止其選民權。

第二章　城鎮鄉議事會

第一節　員額及任期

第二十三條　城鎮議事會議員以二十名為定額。城鎮人口滿五萬五千者得於前項定額外增設議員一名，自此以上每加人口五千得增議員一名，至多以六十名為限。

第二十四條　鄉議事會議員按照人口之數定之，其比例如下：

一、人口不滿二千五百者，議員六名；

一、人口二千五百以上不滿五千者，議員八名；

一、人口五千以上不滿一萬者，議員十名；

一、人口一萬以上不滿二萬者，議員十二名；

一、人口二萬以上不滿三萬者，議員十四名；

一、人口三萬以上不滿四萬者，議員十六名；

一、人口四萬以上者，議員十八名。

第二十五條　城鎮鄉議事會議員由本城鎮鄉選民互選任之。

城鎮鄉議事會議員選舉事宜，照另定選舉章程辦理。

父子兄弟不得同時任為議員，若同時當選者，以子避父，以弟避兄。

若有父子兄弟現為城鎮董事會總董董事或鄉董鄉佐者，不得為該議事會議員。

第二十六條　城鎮鄉議事會各設議長一名，副議長一名，均由議員用無名單記法互選，其細則以規約定之。

第二十七條　議員以二年為任期，每年改選半數，若議員全數同時選任者，其半數即以一年為任滿。

前項一年任滿之半數，以抽籤定之，若全數不能平分者，以多數為半數。

第二十八條　議長、副議長以二年為任期，任滿改選。

第二十九條　議員及議長、副議長任滿再被選者，均得連任。

第三十條　議員因事出缺至逾定額三分之一者，應即補選。

第三十一條　議長因事出缺，以副議長補之；副議長因事出缺，應即補選。

第三十二條　補缺各員，其任期以補足前任未滿之期為限。

第三十三條　議員及議長、副議長均為名譽職，不支薪水。議長、副議長有辦公必需之費用，得給相當之公費，其數目由本城鎮董事會或鄉董定之。

第三十四條　城鎮鄉議事會各設文牘、庶務等員，其員額、薪水以規約定之。文牘、庶務員不限以選民，由議長、副議長遴選派充。

第三十五條　鄉選民會議員無定額，以本鄉選民全數充之。鄉選民會設議長、副議長，均由會員互選，其任期及再選照第二十八、二十九條辦理。若因事出缺，照第三十一條辦理，薪水、公費照第三十三條第一第二項辦理。

第二節　職任權限

第三十六條　城鎮鄉議事會應行議決事件如下：

一、本城鎮鄉自治範圍内應行興革整理事宜；

二、本城鎮鄉自治規約；

三、本城鎮鄉自治經費歲出入預算及預算正額外預備費之支出；

四、本城鎮鄉自治經費歲出入決算報告；

五、本城鎮鄉自治經費籌集方法；

六、本城鎮鄉自治經費處理方法；

七、本城鎮鄉選舉上之争議；

八、本城鎮鄉自治職員辦事過失之懲戒，細則以規約定之；

九、關涉城鎮鄉全體赴官訴訟及其和解之事。

第三十七條　議事會議決事件，由議長、副議長呈報該管地方官，查核後移交城鎮董事會或鄉董按章執行。

第三十八條　議事會有選舉城鎮董事會職員或鄉董、鄉佐及監察其執行事務之權，并得檢閲其各項文牘及收支帳目。

第三十九條　議事會遇地方官有諮詢事件，應臚陳所見，隨時申覆。

第四十條　議事會於地方行政與自治事宜有關係各件，得條陳所見，呈候地方官核辦。

第四十一條　議事會於城鎮董事會或鄉董所定執行方法，視為踰越權限，或違背律例章程，或妨礙公益者，得聲明緣由，止其執行。若城鎮董事會或鄉董堅持不改，得移交府、廳、州縣議事會公斷。若於府、廳、州、縣議事會之公斷有不服時，得呈由地方官核斷，如再不服，由地方官申請督撫交諮議局公斷。

第四十二條　鄉選民會職任權限，照鄉議事會辦理。

第三節　會議

第四十三條　城鎮鄉議事會會議每季一次，以二月、五月、八月、十一月為會期每會期以十五日為限，限滿議未竣者，得由議長宣示展限十日以内。

其有臨時應議事宜，經地方官之通知及城鎮董事會或鄉董之請求，或議員全數三分之一以上之請求者，均得隨時開會。

每届會議，應由城鎮董事會或鄉董將本届應議事件距開會十日以前，通知議事會議員，其臨時會議、事出倉猝者不在此限。

第四十四條　會議時議長如有事故以副議長代理，若副議長并有事故，由議員公推臨時議長代理。

第四十五條　會議非有議員半數以上到會，不得議決。

第四十六條　凡議事可否，以到會議員過半數之所決為準，若可否同數，則取決於議長。

第四十七條　會議時城鎮董事會職員或鄉董、鄉佐均得到會陳述所見，但不列議決之數。

第四十八條　凡會議不禁旁聽，其議長、副議長視為應行秘密者不在此限。

第四十九條　會議事件有關係議長、副議長及議員本身或其父母兄弟妻子者，該員不得與議。

議長、副議長如有前項事由，照第四十四條辦理。議員半數以上有前項事由，因而不能議決者，由議長將該件移交府、廳、州、縣議事會或臨近之城鎮鄉議事會代為議決。

第五十條　會議時議員有不守議事規則者，議長得止其發議，違者得令退出，因而紊亂議場秩序致不能會議者，得令暫時停議。

第五十一條　旁聽人有不守規則者，議長得令其退出。

第五十二條　議事規則及旁聽規則由議事會自定之。

第五十三條　鄉選民會會議照鄉議事會辦理。

第三章　城鎮董事會

第一節　員額及任期

第五十四條　城鎮董事會各設職員如下：

總董一名；

董事二名；

名譽董事四名至十二名；

董事以該城鎮議事會議員二十分之一為額，名譽董事以其十分之二為額。

第五十五條　總董以本城鎮選民由該城鎮議事會選舉，正陪各一名，呈由該管地方官申請督撫遴選任用之。

第五十六條　董事以本城鎮選民由該城鎮議事會選舉，呈請該管地方官核準任用之。

第五十七條　名譽董事以本城鎮選民由該城鎮議事會選任之。

第五十五、五十六條及本條選舉事宜，照另定選舉章程辦理。

第五十八條　總董、董事以二年為任期，任滿改選。

第五十九條　名譽董事以二年為任期，每年改選半數，若同時就任者，其半數即以一年為任滿。

前項一年任滿之半數，照第二十七條第二項辦理。

第六十條　總董、董事均支領薪水，其數目以規約定之，名譽董事不支領薪水。

第六十一條　董事會職員任滿再被選者，均得連任。

第六十二條　董事會職員不得同時兼任該議事會議員，若有由議員當選者，應辭議員之職。

父子兄弟不得同時任董事會職員，若同時當選者，照第二十五條第三項辦理。

第六十三條　總董如有事故，以董事內年長者代理，年同則以居本城鎮較久者代理，若再相同以抽籤定之。

第六十四條　總董、董事因事出缺及名譽董事因事出缺，至逾定額之半者，均即補選。

第六十五條　補缺各員之任期照第三十二條辦理。

第六十六條　城鎮董事會因執行各事有應設各項辦事員時，由總董遴選派充，不限以選民，但須經董事會之公認，其細則以規約定之。

第六十七條　城鎮董事會得設文牘、庶務等員，其員額、薪水以規約定之。

文牘、庶務員不限以選民，由總董遴選派充，或按地方情形，即以該議事會文牘、庶務員兼充之。

第二節　職任權限

第六十八條　城鎮董事會應辦事件如下：

一、議事會議員選舉及其議事之準備；

二、議事會議決各事之執行；

三、以律例章程或地方官示諭委任辦理各事之執行；

四、執行方法之議決。

第六十九條　董事會於議事會議決事件，視為踰越權限或違背律例章程或妨礙公益者，得聲明緣由交議事會覆議。若議事會堅持不改，得移交府、廳、州、縣議事會公斷，不服者照四十一條第二項辦理。

第七十條　總董總理董事會一切事件，凡董事會公文函件均以總董之名行之。

第七十一條　董事及辦事員輔佐總董分任董事會事件。

第七十二條　名譽董事參議董事會應行議決事件。

第三節　會議

第七十三條　城鎮董事會每舉行職員會議一次，每届會議董事會文牘員應將本届應議事件距開會五日以前通知各職員。

第七十四條　會議時以總董為議長，總董如有事故按照第六十三條以其代理者為議長。

第七十五條　會議時非董事會職員全數三分之二以上到會不得議決。議決方法照第四十六條辦理。

會議時辦事員就該管事務亦得到會與議。

第七十六條　會議時議事會議長、副議長、議員得到會陳述所見，但不列議決之數。

第七十七條　會議事件有關係董事會職員本身或其父母兄弟、妻子者，該員不得與議。

董事、名譽董事全數三分之二以上有前項事由因而不能議決者，將該件移交本城鎮議事會代為議決。

第七十八條　凡議決事件應隨時報告議事會并呈報地方官存案。

第四章　鄉董

第一書　員額及任期

第七十九條　各鄉設鄉董一名，鄉佐一名，以本鄉選民由該鄉議事會選舉，呈請該管地方官核准任用之。

第八十條　鄉董、鄉佐不得同時兼任該鄉議事會議員，若有由議員當選者，照第六十二條第一項辦理。

父子兄弟不得同時為鄉董、鄉佐，若同時當選者照第二十五條第三項辦理。

第八十一條　鄉董、鄉佐以二年為任期，任滿改選，再被選者均得連任。

第八十二條　鄉董、鄉佐均支領薪水，其數目以規約定之。

第八十三條　鄉董如有事故以鄉佐代理。

第八十四條　鄉董、鄉佐因事出缺均即補選。

第八十五條　各鄉因執行各事有應設各項辦事員時，由鄉董遴選派充，不限以選民但須經鄉議事會之公認，其細則以規約定之。

第八十六條　鄉董得設文牘、庶務等員，其員額、薪水以規約定之。文牘、庶務員不限以選民，由鄉董遴選派充或按地方情形即以該議事會文牘、庶務員兼充之。

第二節　職任權限

第八十七條　鄉董職任權限照第六十八條第一至第三款及第六十九條辦理。

第八十八條　鄉董就應辦各事定執行方法。

第八十九條　鄉佐及辦事員輔佐鄉董辦理各事。

第五章　自治經費

第一節　類別

第九十條　城鎮鄉自治經費以下列各款充之：

一、本地方公款、公產；

二、本地方公益捐；

三、按照自治規約所科之罰金。

第九十一條　前條公款、公產，以向歸本地方紳董管理者為限，其城鎮鄉地方向無前項所指公款、公產或其數寡少不敷用者，得由議事會指定本地方關係自治事宜之款項、產業，呈請地方官核準撥充。

第九十二條　公益捐分為二種如下：

一、附捐；

二、特捐。

就官府徵收之捐稅附加若干作為公益捐者，為附捐；於官府所徵捐稅之外另定種類、名目徵收者，為特捐。

前項附捐數目不得過原征捐稅定數十分之一，凡以勞力或物品供給辦理自治事宜之需用者，得計其相當價值以特捐論。

第九十三條　公益捐之創辦，由議事會擬具章程，呈請地方官核準遵行。嗣後如有應行變更、廢止之處，亦由議事會條議呈請地方官核準。

第二節　管理及徵收

第九十四條　自治經費由議事會議決管理方法，由城鎮董事會或鄉董管理之。

第九十五條　公款、公產之內有系私家捐助當時指定作為辦理某事之用者，不得移作他用，其指定辦理之事業，以律例章程變更、廢止者，不在此限。

第九十六條　附捐由該管官吏按章征收，匯交城鎮董事會或鄉董收管。特捐由城鎮董事會或鄉董呈請該管地方官出示曉諭，交該董事會或鄉董自行按章徵收。

第九十七條　凡於本城鎮鄉内有不動産或營業者，即本人不在本地方居住，亦一律徵收公益捐。

第三節　預算決算及檢查

第九十八條　城鎮董事會或鄉董每年應預計明年經費出入，制成預算表，於每年十一月議事會會議期内移交該會議決。

議決後除照第三十七條辦理外，應由地方官申報督撫存案，并於本地方榜示公衆。

第九十九條　預算内除正額外，得設預備費以備預算不敷及預算各款外臨時之支出，若預備不敷支出者，非經議事會之議決不得提用他款。

第一百條　城鎮董事會或鄉董每年應將上年經費出入制成決算表，連同收支細帳於每年二月議事會會議期内移送該會議，議決後照第九十八條第二項辦理。

第一百零一條　凡自治經費出入之檢查分為二種如下：

一、定期檢查；

二、臨時檢查。

定期檢查每月一次，由城鎮董事會總董或鄉董行之。

臨時檢查每年至少一次，由城鎮董事會總董或鄉董會同該議事會議長、副議長及議員一名以上行之。

第六章　自治監督

第一百零二條　城鎮鄉自治職各以該管地方官監督之，該管地方應按照本章程，查其有無違背之處而糾正之，并令其報告辦事成績，徵其預算決算表册，隨時親往檢查，將辦理情形按期申報督撫，由督撫匯咨民政部，其分屬二縣以上或直隸州與縣管轄者，由各該州縣會同監督之。

第一百零三條　地方官有申請督撫解散城鎮鄉議事會、城鎮董事會及撤銷自治職員之權。

解散或撤銷後，應分別按章改選。城鎮鄉議事會應於解散後兩個月以内，城鎮董事會應於解散後十五日以内，重行成立。鄉董應於撤銷後十五日以内，重行選定。若城鎮議事會、董事會同時解散或鄉議事會、鄉董同時解散、撤銷者，應於兩個月以内先行招集議事會。所有選舉及開會事宜，由府、廳、州、縣董事會代辦，其城鎮董事會及鄉董應於議事會成立後，十五日以内重行成立。

第七章　罰則

第一百零四條　自治職員有犯贜私及侵吞挪借款項者，除責令全數繳出外，仍按照律例治罪。

第一百零五條　自治職員有不受該管地方官監督者，應由地方官詳請該管上司核準辦理。

第一百零六條　自治職員有以自治為名，干預自治範圍以外之事者，城鎮鄉議事會各員及城鎮董事會名譽董事於會議時，停止其到會三日以上、十日以下。城鎮董事會總董、董事及鄉董、鄉佐停止其薪水半月以上、二月以下，其情節重者均除名。

第八章　文書程序

第一百零七條　城鎮鄉議事會、城鎮董事會及鄉董行文該官地方官，用呈；彼此互相行文及與府、廳、州、縣議事會、董事會互相行文，均用知會；地方官行文城鎮鄉議事會、城鎮董事會及鄉董，用諭；城鎮鄉議事會、城鎮董事會及鄉董行文本省諮議局，用呈；本省諮議局行文，用知會。

第一百零八條　城鎮鄉議事會、城鎮董事會及鄉董各備木質圖記，由督撫核定式樣，通行各該管地方官刊發，仍由地方官申報上司立案。

第九章　附條

第一百零九條　本章程施行之期遵照欽定逐年籌備事宜清單辦理。

第一百十條　本章程内所定應由府、廳、州、縣議事會、董事會辦理之件，在府、廳、州、縣議事會、董事會未經成立以前由各該地方官代辦。

第一百十一條　本章程如有增删修改之處，得由議事會擬具條議，呈送本省諮議局，由諮議局審查後呈請督撫咨送民政部核議，奏明修改。

第一百十二條　本章程施行細則由督撫酌定，仍咨報民政部存案。

《城鎮鄉地方自治選舉章程光緒三十四年十二月二十七日》　第一章　總綱

第一條　凡選舉及被選舉資格，按照城鎮鄉自治章程所定辦理。

第二條　城鎮鄉議事會選舉事宜，由城鎮鄉董事會及鄉董、鄉佐辦理，城鎮董事會及鄉董、鄉佐選舉事宜，由城鎮鄉議事會辦理。

第三條 辦理選舉應設調查及管理各員，由城鎮董事會總董、鄉董或城鎮鄉議事會議長各就自治職員内酌派充之。

第二章 城鎮鄉議事會選舉

第一節 選舉年限

第四條 凡選舉議員每年一次，於議員應屆任滿三個月前，由城鎮董事會總董或鄉董預定日期舉行。

第二節 選舉等級

第五條 選舉人分為兩級，就選舉人内擇其年納正税或公益捐較多者若干名，計其所納之額足當選舉人全數所納總額之半者，為甲級，其餘選舉人為乙級。

第六條 選舉人有所納税捐之額介於兩級之間者，歸入甲級。若兩級之間有二名以上，所納之額相同者，以年長之人入甲級，年同者由城鎮董事會總董或鄉董抽籤定之。

第七條 兩級選舉人分别各選舉議員半數，其被選舉人不必限定與選舉人同級，若議員全數不能平分者，先按兩級各分半數，其所餘單數由甲級選舉之。

若甲級選舉人數少於該級應出議員額數者，除各舉一名外，其餘額歸入乙級選舉之。

第三節 人名册

第八條 每届選舉應由城鎮董事會總董或鄉董派定調查員按章查取合格人員造具選舉人名册，所有選舉人及被選舉人，均以列名册内者為限。其照城鎮鄉自治章程僅有選舉資格而無被選舉資格者，應於本人姓名項下注明。

調查細則由城鎮董事會或鄉董擬訂施行。

第九條 選舉人名册應按名記載姓名、年歲、籍貫、住居年限及完納税捐年額。

第十條 選舉人名册應於選舉期兩個月以前一律告成，存放自治公所宣示公衆。

第十一條 宣示選舉人名册以二十日為期，如本人以為錯誤、遺漏，准於宣示期内取具憑證，聲請城鎮董事會總董或鄉董更正，逾限不得再請。

城鎮董事會總董或鄉董據前項聲請應即日移知議事會公斷。

第十二條 議事會自接到前條移知之日起，應於是十日以内斷定准否，若斷定准其更正者，應由城鎮董事會總董或鄉董一律更正，即作為確定。

第十三條 選舉人名册確定後，應由城鎮董事會總董或鄉董保存，如本届選舉年限内有當選無效及照章應行補選者，所有選舉人及被選舉人仍以列名册内者為限。

第十四條 選舉人名册確定後，應分繕副本申報地方官存案，并交各投票所及開票所各一份備查。

第十五條 宣示選舉人名册時應刊印選舉傳單一同公布，其應載事項如下：

一、選舉日期；

二、投票所及開票所地址；

三、投票方法；

第四節 投票所

選舉日期兩級應分兩日，先乙級，次甲級。

第十六條 投票所設於自治公所，其自治區域較廣、人口較多者，得由城鎮董事會總董或鄉董區劃地段，分設投票所若干處。

第十七條 投票所由城鎮董事會總董或鄉董派定管理員掌投票一切事宜。

第十八條 投票所除本所職員及投票人外，他人不得闌入。

第十九條 投票所之啓閉，以午前八時至午後六時為率，逾限不准入内。

第二十條 管理員於投票畢後，應將投票始末情形造具報告，連同投票匭於翌日移交開票所，并報告城鎮董事會總董或鄉董。

第二十一條 投票所自投票完畢之日起十五日以内一律裁撤。

第二十二條 投票所辦事細則由城鎮董事會或鄉董擬訂施行。

第五節 投票簿投票紙及投票匭

第二十三條　城鎮董事會總董或鄉董應按照各投票所投票人數，分別造具投票簿，并按照定式制成投票紙及投票匭，於選舉期十日以前分交各投票所。

第二十四條　投票簿應記載投票人姓名、年歲、籍貫及住所。

第二十五條　投票簿應將兩級分別兩册記載。

第六節　投票方法

第二十六條　投票人以列名各該投票所之投票簿者為限。

第二十七條　投票人届選舉期應親赴投票所自行投票，不得倩人代理。

其照城鎮鄉自治章程第十八條第二項特許者不在此限，但投票時應將代理憑證向管理員呈驗。

第二十八條　投票人應在投票簿所載本人姓名項下簽字畢方准領投票紙。

第二十九條　投票人每名只准領投票紙一頁。

第三十條　投票用無名單記法，每票祇准書被選舉人一名，不得自書本人姓名。

第三十一條　投票人應准於選舉票附記格内，將所選舉人素行如何公正附記一二事為衆論所稱道者，并得將所選舉人於此格内注明其官銜、職業、住所等項，此外不准夾寫他語。

第三十二條　投票人於投票所内除關於投票事宜得與職員問答外，不得涉及私言，并不得與他人接談。

第三十三條　投票人投票畢應即退出，不得逗留窺視。

第三十四條　投票人倘有頂替及違背定章等事，管理員得令退出。

第七節　開票所

第三十五條　開票所設於自治公所。

第三十六條　開票所由城鎮董事會總董或鄉董派定管理員掌開票一切事宜。

第三十七條　開票所自各投票匭送齊之翌日，由城鎮董事會總董或鄉董酌定時刻先行榜示，届時親自到場督同管理員當衆開票，即日宣示。

第三十八條　開票時准選舉人前往參觀，若人衆不能容時，管理員得以限制人數。

第三十九條　管理員應將開票始末情形造具報告，於檢點票數完畢之翌日報告城鎮董事會總董或鄉董。

所有票紙應分別有效、無效，一并附送。於本届選舉年限内，由城鎮董事會總董或鄉董保存之。

第四十條　第二十一條二十二條所定事項開票所一律照辦。

第八節　檢票方法

第四十一條　檢票時應先將選舉票與投票簿對照，如有票數與名數不符及放棄選舉權等事均應另册記明。

第四十二條　凡選舉票無效者如下：

一、寫不依式者；

二、字迹不可認者；

三、不用投票所所發票紙者；

四、選出之人不在選舉人名册内者；

五、選出之人不合被選舉資格者。

第九節　當選決定

第四十三條　凡選舉以得票較多數者為當選，按得票多寡以次遞推，票數同者以年長之人列前，年同者由城鎮董事會總董或鄉董抽籤定之。

第四十四條　當選人確定後，應即榜示，并由城鎮董事會總董或鄉董具名分別知會各當選人。

第四十五條　當選人接到知會後，應自知會之日起五日以内答覆應選。其逾期不覆者，以謝絶論。

第四十六條　一人兩級均當選者，應自知會之日起五日以内答覆願應何級之選，其逾期不覆者亦以謝絶論。

第四十七條　前二條以謝絶論者，照城鎮鄉自治章程第二十一、二十二條辦理。

第四十八條　凡應選者由城鎮董事會總董或鄉董呈請地方官給予執照，并由地方官呈報督撫匯咨民政部存案。

第十節　選舉變更

第四十九條　凡下列各款為選舉無效：

一、選舉人名冊有舞弊作僞情事牽涉全數人員公斷確實者；

二、辦理選舉不遵定章公斷確實者；

三、照章解散者。

第五十條　凡下列各款為當選無效：

一、謝絶；

二、告退；

三、身故；

四、被選票數不實斷定確實者；

五、當選票數不實斷定確實者；

六、當選後失其資格斷定確實者；

七、受除名之處分者。

第五十一條　當選無效如已給予執照，應令繳還，并將姓名及其緣由榜示。

第五十二條　每届選舉年限應行改選議員出缺至定額三分之一者，應行補選。

選舉無效一律改選，當選無效一律補選。

第五十三條　補選以得票最多者補所出缺中任期未滿最長者之缺，其餘以次遞推，票數同者以年長之人列前，年同者由城鎮董事會總董或鄉董抽籤定之。

第五十四條　改選及補選一切應有事宜，均照本章程辦理。

第十一節　選舉争議

第五十五條　凡選舉人確認有下列各款情事者，得提起選舉争議：

一、選舉人名冊有舞弊作僞情事，牽涉全數人員；

二、辦理選舉不遵定章；

三、被選舉資格不符；

四、當選票數不實；

五、當選後失其資格。

第五十六條　選舉争議由選舉人申訴城鎮鄉議事會公斷。不服者申訴府、廳、州、縣議事會公斷，仍不服者呈由地方官核斷，如再不服由地方官申請督撫交諮議局公斷。

第五十七條　申訴除第五十五條第五款外，應自選舉之日起三十日以内為限。

第五十八條　落選人員確信得票額數可以當選而未經與選者，得照前二條辦理。

第三章　城鎮董事會選舉

第五十九條　凡選舉總董，二年一次，選舉董事及名譽董事，每年一次。於各該員應届任滿三個月前，由城鎮議事會議長預定選舉日期，招集議員舉行，并呈請地方官親臨或派員監督之。

第六十條　總董用無名單記法選舉，以得票滿議員總數三分之一者為當選。董事及名譽董事用無名連記法分次選舉，以得票滿議員總數三分之一者為當選。

票數同者以年長之人列前，年同者由議長抽籤定之。

若得票無滿議員總數三分之一者，應即如法再選以選出為止。

第六十一條　總董選舉完畢後，由議長將得票當選者擬定正陪各一名，開列姓名、履歷及得票數目，造具清册呈由地方官申請督撫遴選一名，加劄任用咨報民政部存案。

第六十二條　董事及名譽董事選舉完畢後，由議長開列姓名、履歷及得票數目，造具清册呈請地方官核准任用，并由地方官申請督撫咨報民政部存案。

第六十三條　總董、董事及名譽董事均由地方官給予執照。

第六十四條　城鎮董事會選舉一切細則由城鎮議事會以規約定之。

其選舉争議應申訴府、廳、州、縣議事會公斷不服者，呈由地方官核斷，如再不服，由地方官申請督撫交諮議局公斷。

第四章　鄉董及鄉佐選舉

第六十五條　凡選舉鄉董及鄉佐，二年一次，於每届任滿三個月前，由鄉議事會議長預定選舉日期，招集議員舉行，并呈請地方官親臨或派員監督之。

第六十六條　鄉董及鄉佐用無名單記法分次選舉，各以得票滿議員總數三分之一者為當選。

第六十條第三第四兩項所載各節本條一律照辦。

第六十七條　鄉帝、鄉佐選舉完畢後，由議長開列姓名、履歷及得票數目，造具清册呈請地方官任用，給予執照，并由地方官申請督撫咨報民政部存案。

第六十八條　鄉董及鄉佐選舉一切細則由鄉議事會以規約定之。

第六十四條第二項所載各節本條一律照辦。

第五章　罰則

第六十九條　以詐術獲登選舉人名册或變更選舉人名册者，處三元以上三十元以下之罰金。辦理選舉人員知情者，處一月以上二月以下之監禁或三十元以上六十元以下之罰金。

第七十條　冒用姓名投票者，處一月以上六月以下之監禁，附加五元以上三十元以下之罰金。

第七十一條　以財物利誘選舉人或選舉人受財物之利誘及居中周旋説合者，處一月以上二月以下之監禁或三十元以上六十元以下之罰金，財物入官，已用支者按例追繳。

第七十二條　以暴行脅迫妨害選舉人及選舉關係人者，處一月以上三月以下之監禁或三十元以上百元以下之罰金。

第七十三條　選舉人及選舉關係人携帶凶器者，處一月以上二月以下之監禁，凶器入官。

第七十四條　加暴行於辦理選舉人員或騷擾投票所、開票所或阻留毁奪選舉票、投票匭及其他有關選舉文件者，處一月以上六月以下之監禁，附加五元以上三十元以下之罰金。

第七十五條　辦理選舉人員漏泄選舉票上之姓名者，處一月以上六月以下之監禁，附加五元以上三十元以下之罰金。

其所漏泄非事實者罰同。

第七十六條　辦理選舉人員違法干涉選舉人之投票，或暗記被選舉人之姓名者，處一月以上三月以下之監禁或三十元以上百元以下之罰金，違法擅開投票匭或取出投票匭中之選舉票者，罰同。

第七十七條　凡犯本則所定各條者，於處罰後一年以上五年以下停止其選舉權及被選舉權。

第七十八條　凡犯本則所定各條者，由審判廳審理執行。其未設審判廳地方，由地方官審理執行。

第六章　附條

第七十九條　本章程與城鎮鄉自治章程同時施行。

第八十條　本章程如有未盡事宜，應行增改者照城鎮鄉自治章程第一百十一條辦理。

第八十一條　城鎮鄉自治開辦時第一次議事會選舉所有辦理選舉人員，應由地方官遴派官紳充之。

論説

《東方雜誌》第六卷第一三號《心史〈憲政篇一九一〇年二月〉》　二一、官民共辦者二事。

甲、籌備城鎮鄉地方自治，設立自治研究所。此事其始不能不責之官長，自各省籌辦處既設，研究所自照章可辦，一千數百屬之散處，其成效殊難枚舉。總之數千年來，有家族之組織，而缺公共之團體。城鎮鄉爲各人耳目相接之地，於理論爲最易浹洽，於事實乃最滋紛競。此後進行與否，既不當專恃官爲督促，即烏能不以此驗吾民之程度。就目前近事而觀，大約辦事之幹，力猶易得所最難平者。城鄉之爭，苟其地有和衷之效，即成績必爲各屬之先。蓋不當以材力爭長，但以德望取重世。有此模範之城鎮鄉，他日爲逞强好勝者之借鑒，愧而知返，捐棄前釁，以赴籌備之期，此則地方之福矣。

據憲政編查館考核各省自治籌辦成績，僅有直隸、廣西辦理在部章之先，尚堪報最。其餘各省，乃以按照章程循次進步，屆限當可期成立等語了之，敷衍可想。就中亦間有一隅先進者，如江蘇之通州、上海等處，皆基礎立於部章之先。即以直隸論，亦止天津爲獨擅優勝。他事皆可剋期取辦，獨自治最難勉强，使政府謂官力之干涉愈少，籌辦之功效亦愈微吁可傷也。

其有足資辦自治之參考者，則有江蘇蘇屬籌辦處所定自治章程疑義簡釋，録之以供研究。

一、正税以地丁錢糧爲主。關税、釐金等。皆爲間接税，不以正税論，惟有營業稅性質者，如醬缸捐、糟坊捐、典捐、鹽執照捐、房捐及各項牙帖稅，俱以正稅論。

一、公益捐以强制徵收者爲限。如積穀帶、徵串、捐清、道、路、燈、救火等捐，皆在其內。他如教育會商會等捐，及各項慈善事業捐之隨意樂輸者，不以公益捐論。

一、所納正稅，各以本廳州縣爲限。惟同城州、縣得併計，公益捐各以本城鎮鄉爲限。

一、凡視學員等例，准本省紳士充當之文職。概不受章程第十九條第一項之限制。

一、如有二處以上之住所，並各納相當稅捐，均入册者聽。但住所在同廳、州、縣者，應由本人指定一處入册。

一、凡數人合資之商店，及公共建設之義莊、祠堂、公所等，年納稅捐總數，較尋常選民所納公益捐最多之人尤多者，亦得作爲選民。此項選民權，或由股東中公推一人承受。或即以領袖之人承受，惟須合於章程第十六條第一項等一二款之資格。且不犯第十七十九條所列各款者爲限，否則另推。

一、學堂經費，不得以稅捐論。但既能熱心學務，手捐鉅款者，自能副本地方之衆望，得照章程第十六條第二項辦理。

一、銀錢均可折合通用銀元計算。

一、花戶堂名，暫與本人一律看待。如有分析而家主無異議者，應准其分得選民權。

一、諸事會董事會未成立以前，凡關涉選舉各事，應由籌辦自治公所之職員多數決議，呈由地方官核准。章程第十六條第二項，亦應照此辦理。

一、章程第十七條各項，俱照諮議局調查成例辦理。

又　第七卷第四號《心史〈憲政篇一九一〇年六月〉》　續辦城鎮鄉地方自治，各省向有一兩處先有自治規模者，自部章既頒，遵章成立之自治團體，計惟江蘇蘇藩屬之城自治耳。正月間一律成立，獨常州府屬之武陽兩邑，爭執區域，久礙進行。近始確照部章，以城廂爲城，各無異議，聞五月內可行選舉。武陽城自治雖遲，而鄉自治乃已有成立者，城鄉競爭作氣較盛，無衝突必無進步，信然。【略】

各省續辦之成績，以二月二十八九等日，民政部通電各省查詢。三月初間，各省電覆等文，足證籌辦之遲速。其中以蘇撫覆電爲最劃一，惜武陽獨後期成立，未能將城自治作結束語。

又　第五號《心史〈憲政篇一九一〇年七月〉》　續辦城鎮鄉地方自治，城自治一律剋期成立。惟有江蘇之蘇藩所屬廳、州、縣城，既如前述，夫籌備憲政之成績，貴普及不貴特殊翹指一二處之美備不若歷指各處之粗完憲政館考核時，於自治一端，不懸蘇藩屬以勵全國，其設科考核之本意安在。本月之館摺，誠以上年之終爲限，蘇藩屬之自治，不張皇於事先，原無可鋪敍之處。然據摺載，各省自治成績，絕無冀其一律成立之意。其所稱成績可觀之六省，如直隸則籌辦最早，此天下所公認。然非自治章程之力，又稱其設所研究，增至九十九處。另訂有各項表式，分地方自治區域、公務、公款、公產爲四種，飭屬塡報。凡此皆官力所鋪張，非人民自行參政之能力，即於自治之本意相去甚遠。自治以有議事會、董事會發生政治實效爲主，而館摺所言直隸之成立自治團體者，僅云先在清苑縣組織城議事會、董事會，以爲模範。據此則清苑之城自治，方在組織，即有資爲模範之意，其尚無意於組織外，廳、州、縣可知。摺又稱廣西於上屆即將全省劃分三區，分配人數，入所研究。現將臨桂地方自治提前試辦，期與修仁縣城鎮鄉議事會，同時成立。廣西自治辦理本在部章之先，上年十月考核摺，所謂廣西於光緒三十三年即奏設全省自治局者也。三年以來，並無自治團體告成立者。摺又稱自治畢業學員，最多者爲直隸，四川次之，河南、陝西又次之。其各廳、州、縣自治研究所，已報設齊全者，則惟河南、福建兩省。其城區戶口一律調查完竣者，則惟陝西。以上六省，籌辦自治成績，均尚可觀云云。夫研究學員非即自治職員，城區戶口又非即城區選民，考核之語介乎疑似之間。而蘇藩屬之剋期成立者，初不列入，今成立已如期矣。各屬城議事會議案燦然具備，地方利弊居然有負責任之主體，視彼侈陳學員之數。研究所之數者，功用何如蘇人長此推暨於鎮鄉。舉隅於廳、州、縣數年之後，必且特拔於全國各地方之上。館臣考核之標準，顧以成立與否爲軒輊，則競進猶爲有望。若舍事實而別謀粉飾之，具籌辦之效蓋難言矣。尤可異者，本年二月之杪，民政部以自治奏報屆期，電詢各省成績。各省覆電，就中如直督覆以組織清苑城自治爲模範，則考核摺中已提作優異之點。蘇撫覆以選舉竣事，城自治成立，則摺反略之。獎敷衍而黜實行，民政部原奏之傎倒耶抑憲政編查館考核之咎耶。觀三月初三日，民政部奏遵章陳明第二年第二次籌辦成績一摺，又與館摺所指無一符合。則考核科似不據該部奏報，而别有原本。總之，爲不稱考核之名實而已。

雜　録

張謇《張季子九録·自治録·豫計地方自治經費釐訂地方税界限應請開國會議》（清光緒三十三年丁未）自朝廷宣布立憲詔旨，明定九年豫備期限。於是十一部之新政，次第頒布。責成地方官，督促各地方紳士進行。光緒三十四年十二月二十七日，上諭頒布城鎮鄉地方自治章程。以地方自治爲立憲之根本，城鎮鄉又爲自治之初基。著民政部及各省督撫督飭所屬地方官選擇正紳，按照此次所定章程，將城鎮鄉自治各事宜，迅即籌辦，實力奉行，不准稍有延誤。諄諄訓示，又申儆之曰：選舉自治之職員，責在州縣；選舉州縣，責在督撫。終儆以毋得始勤終懈，致誤實行立憲之期。仰見孝欽顯皇后、德宗景皇帝期望立憲之殷，皇上繼志述事之盛，薄海人民，孰不感奮？矧在稍有知覺之倫，惟按章程自治範圍第五條下所列之第六款，各地方有原已舉辦者，有甫經創辦者，有尚待籌辦者，有不能强辦者，原辦之事，或須改良，或須推廣，甫辦之事，或須繼續，或須維持，無一不資財政。至於籌辦之事，則尤在原有及甫有各事所需財政之外，年年須辦，即年年須籌。而地方原有之公款、公産，多繫屬於地方原有之事。所有甫辦之事，大概出於另籌者十之七，出於移用者十之三。公款有限，挹注已窮。義士輸捐，將伯殆徧。而自治待舉之要事，相逼而來，自治經費之問題，茫無所向。各國地方自治經費，其所取給在地方税。税則既未規定，地方不容有違法之取。取給既無處所，地方何從得自治之資？謇通州人也，請舉通州爲例，除特設之測繪局，特籌之江岸工程外，如自治範圍第五條之第一款爲學務。通州於光緒二十七年即設初級師範學校，二十九年始設初等小學校，三十一年始設高等小學校，宣統元年始設中學校女師範學校。以本年爲斷，凡已成之初等男女小學校七十處，男女高等小學校四處，師範三處，中學一處。如期教育普及，須更分區建設，按戶籍人數，學部章程明定五年後，每二百戶一初等小學，應增七百二十五處。即按輿圖方里，每十六里一初等小學，應增四百十處。按畢業後十不及一之升級，須高等小學十二處，初中等農工、商業學校各一處。規畫次第建設及常年經費，列表另詳，綜約建設費三十一萬一千三百元，常年費四十一萬七千五百元。其餘已成者，教育會、勸學所、宣講所、博物苑、閲報社，現在籌辦者，蒙養院而圖書館未暇焉。第二款爲衛生。通州之已成者，公園、戒煙會、施藥局。現在籌辦者，城廂之改良厠所、清潔道路、蠲除汙穢，而醫院、醫學堂未暇焉。第三款爲道路工程。通州已成者，城鎮路燈。隨時因地籌辦者，建築橋梁、修繕道路、疏通溝渠，而全境改正道路，建築公用房屋，如議事會場、警察局未暇焉。第四款爲農工商務。通州已成者，三五工藝廠，州城整理商業。現在籌辦者，開設市場、籌辦水利，改良種植，而牲畜、漁業、工業、學堂勸工場，改良工藝、防護青苗，整理田地未暇焉。第五款爲善舉。通州已成者，恤嫠、保節、育嬰、義倉、積穀、救火會、義棺、義冢。現在籌辦者，保存古蹟，而救貧事業、貧民工藝、救生會未暇焉。第六款公共營業之電車、電燈、自來水，需款尤巨，不能强圖，更不暇及。此就自治範圍之内言之，凡原有之改良推廣，甫辦之繼續維持，以及籌辦而未成之事，未辦而須籌之事，約綜其數，已踰百萬。若施於地方之國家行政費最巨者，莫如警察，次則審判，事雖屬國家之政令，款亦出地方之人民。通州則巡警傳習所、巡警教練所、罪犯習藝所，先後已設。改良監獄，正在興工。將來屬地方之鎮鄉議事會，屬國家之審判、警察、拘留所，其建設所需約二三萬，常年經費所需約十七八萬，合籌統計則一百二十萬元。言乎規制，則極簡而尚多難備。言乎費用，則極省而無可再加。擇要言之，數已如此，查憲政館奏規定捐率章程第五章自治經費第九十條，除第三款自治規約，所科罰金，懸計必不能多，其勢不敷正用，不便擬定。其第一款之公款公産，第二款之公益捐原有者，列表另詳，略當籌辦所需之數十之一、二。而九十二條所定附捐、特捐，附捐有不得過原徵捐税定數十分之一之明文。即以通州論，地丁錢糧每年銀五萬餘兩，每兩徵錢二千六百文，合錢十三萬餘千。花布、百貨、鹽捐三十萬圓上下，統以銀圓計，約四十萬圓。以十分之一計，約四萬圓，僅當籌辦自治及行政所需約三十分之一耳，其胡能濟顧猶有此十分之一之規定也，特捐須另定種類名目，將照附捐之則乎，數僅四萬，將勸募乎？勢不可强，數不可定，用即不可恃。由是推之，九年之內，不自治不可欲自治不能。豫備期限已迫第三年，更五六年，條忽易過。我全國一千四百餘州、縣，設更有如通州之竭蹶不遑杌隉不安者，達於半數。屆時政府調查，必謂我人民自治程度之果不足。果不足，則貽誤實行立憲，我人民將尸其咎矣，如何如何？夫地方自治經費，應取給於地方稅，準之公例，既無疑義。今豫備之第三年，則釐訂地方稅之年期也。舊時之説主量入爲出，今日之計宜量出爲入。而非豫計出之數，何以定入之數？且地方稅必視國家稅爲比例，國家稅亦出於地方，如僅計地方自治費，而不計國家行政費，事須同時而進行，費豈可更端而請益。綢繆未雨，於事爲宜，苟有所資，不患無事。東西各國，具有成例。今略考列國之境，方里與我州縣大小相等，與其歲入之數，別列一表，爲所擬地方自治及國家行政費之數。參觀互較，以便折衷。至於原有之捐稅，必歸於國家行政費，自無待言。而仍不足，況有賠款，綴若不瘤。今既訂地方稅，亦宜並此分別清釐，俾條理明白，人民易曉。雖然，此事何事也，一國之中，此省與彼省不同。一省之中，此縣與彼縣不同。如海州境大於通州約三十倍，而每年丁漕僅一萬餘兩。崐山新陽縣境小於通州約四之一，而每年丁漕近百萬。一則以太少而難加，一則以太多而難加，一州縣能訂乎，一省能訂乎，稅則者，自治之根原，而人民之大命也。各國更定稅法，有不經國會協議者乎，待有國會而後議，待九年而後有國會，而豫備地方自治期則已過矣，政府有説矣。凡我人民，其熟計之，顧我江蘇各州、縣，按照九年籌備事項，及地方原有可計之財政，與夫需用而不足之數，分別列表，彙報諮議局。一面分寄各省，呈請各督撫代奏，請開國會，合政府及各政務大臣詳細規定地方稅界限內之名目數目。庶衆思易集，比例亦多。自治之事緩急先後，有所措手，不至人民坐待貽誤立憲之咎。要之籌治須財，籌財須稅，籌稅須定系統比率，定系統比率須國會，有國會而後籌備有事，無國會直無籌備可言。此固不僅爲地方自治言之也。

又 **《南通地方自治籌撥經費呈督部文》**（清光緒三十三年丁未）

案照轉奉督部檄行通飭各廳、州、縣，試辦地方自治等因，通州遵擬試辦緣由，業於本年七月十六日，呈由提學使暨通州轉詳在案。所有豫備一切應用，逐漸試行。竊維事莫難於圖始，用莫切於儲材。今豫備立憲之旨屢下，論者或以國民程度未到爲疑。夫程度之到，誠難驟言，然坐聽其未到而不爲之計，又非所以言豫備也。故爲政治上之豫備，必先爲人材上之豫備，尤必先爲經濟上之豫備。豫備人材，自廣設學校始，若法政、若測繪、若警察，則與地方自治之關係，尤爲直接。前呈通州試辦情形，從研究法政入手，一面實行測繪輿圖，籌辦警察學校，暨修改原有之試院爲議事會所，先就城廂設立市會，以次推及鄉鎮各節，辦理雖略分先後，而經費則斷宜統籌。其設局、調查、選舉及常年辦事所需，亦應通籌豫計。謇等公同酌擬各項建設基本金，約共需開辦洋銀二萬二千五百餘元，補助法政、警察常年費洋二千四百餘元，又設立模範市會，常年需費約計五千二百餘元。此項用費，自應就地籌措。惟通州地方所籌學校經費，除已支之建築及尚待添設之各項校費均行另計外，即就本年列表報告提學使之公立民立五十五校，計常年支款多至八萬三千餘元。或紳民解囊，或移撥公產，或捐自地方物產之貨釐，總計已成鉅數。現在五屬合建中學，通州靜海，合認建築費八萬餘元，正在設法勸籌。若再添籌此自治基本之三萬元，一時實難爲繼。謇等下恤地方之財力，上懍朝旨之殷厪，無米誠難以爲炊，因噎又不敢廢食，計惟求無關擾累之款，爲變通挹注之資。查糟漕串票及房田稅契兩項，加收學費錢文，各屬已有成案。通屬之泰興縣，亦已舉行。此項加費，分屬各票各契，爲數甚少，民間似尚易從。移撥典鋪繳署例規，銅山縣亦已有案奉飭通行。又通州戶書漕書徵收糧漕之辛工，名爲津帖辦公，實則爲數既鉅，所支不過十之二、三，餘悉歸入總書私囊，不無撙節可移之處。以上均係常年款項，另摺開呈數目，擬懇批飭地方官立案。自本年爲始，認真按年撥付，以濟要需，實與地方自治前途，至有關係。如蒙核准飭行，擬即查照前呈，慎重將事。至自治應行舉辦事宜，例密費繁，隨時另由議事會議決收支。此時未及懸揣，所有請撥自治建築基本緣由，除呈撫部外，相應呈明伏乞電鑒訓示施行。

附清摺

一、糧漕串票。每年兩忙，共四十二萬張。擬每張加錢十文，共計錢四千二百千文。

右請籌錢四千二百千文

一、四房稅契。每年約稅銀八萬兩，擬每兩加錢二十文，共計錢一千六百千文。江藩司飭州改用管撥各單案內新章，契價二十千文以下，每戶准收紙工津貼錢四百文。二十千文以上，每千文加收十文。通州尚未向收，或即照收移撥以歸簡便，合附陳明，候示飭遵。

右請籌錢一千六百千文。

一、典規。每年五千四百千文，擬請照撥。

右請撥錢五千四百千文。

一、地丁。每年徵銀五萬兩，每兩向給戶書辛工錢一百四十四文，共給錢七千二百千文。擬撥一半錢三千六百千文。

一、漕米。每年徵米六千石，每石向給漕書辛工錢三百六十文。擬撥一半錢一千零八十千文。

右請撥錢一千零八十千文。

以上五項，共請籌撥錢一萬五千八百八十千文。擬請按年籌撥，所有不敷支用之處，俟議事會成立後，隨時籌措，合併聲明。

附録籌辦地方自治豫算各項開支數目清摺

測繪輿圖項下

養成測繪員費用

上年豫科約三百圓，本年柬教員修膳川資一千三百餘圓，補助學生約三百圓。

實行測繪費用

約分四路，每路主任員一人、助手二人、夫役二人、稽查戶口一人。主任員每人月俸四十圓至五十圓，四人平均計，一年共洋二千一百六十圓。助手每人月俸十五圓至二十圓，八人平均計，一年共洋一千六百八十圓。稽查戶口，每人月俸十五圓，四人共洋七百二十圓。

各員役飯食，年支洋二千五百九十二圓。

四路員役川資一千四百四十圓。

地保飯食，每日一角，四處約四人，年支一百四十四圓。

儀器約二千圓。

紙約五百圓。

意外費約一千圓。

右約計洋一萬四千六百三十六圓。

《大清新法令・民政部咨催本年中等城鎮地方設議事董事會文》 民政司案呈，本部於宣統元年閏二月二十三日具奏，逐年籌備未盡事宜一摺，奏旨允准，欽遵鈔録原摺清單咨行在案。查清單內開，上年指定各城鎮議事董事等會辦理成績，又中等城鎮地方及各省首縣應照章籌設議事、董事等會，皆為本部本年應行考核督催事項，相應咨行貴撫查照前咨，將所指事宜隨時咨報過部，以憑核辦而免貽誤可也。

又**《民政部咨催核定城鎮鄉自治區域具報文》** 民治司案呈，前本部具奏逐年籌備憲政未盡事宜清單內開，宣統元年應核定城鎮鄉自治區域，及各繁盛城鎮地方籌設議事會、董事會等項，當經通行在案。查現在各省於所指事項咨報尚屬寥寥，事關憲政成績，安可稍事稽延，倘有貽誤則憲政前途奚堪設想，相應咨行貴撫查照，迅將前開各項分別何處已經籌設、何處尚未舉行，具册報部以憑考核可也。

府廳州縣地方自治分部

綜述

《大清新法令・憲政編查館奏核訂京師地方自治章程暨選舉章程摺》

本年七月二十六日，准軍機處抄交欽奉諭旨：民政部會奏擬訂京師地方自治暨選舉章程繕單呈覽一摺，著憲政編查館核議具奏。欽此。旋准民政部將章程咨抄前來，查原奏內稱京師為首善之區，四方輻輳，戶口殷繁，所有地方區域、官署階級既與各省不同，則關於自治選舉等事自難一律辦理，亟應分別變通，另訂專章。謹擬就京師地方自治章程凡八章一百三十六條，選舉章程凡七章八十七條，總期制度完密，推行無阻，請飭交照章核議辦理等語。查振興民政為預備立憲之基，而自治一端尤為民政根本，現在城、鎮、鄉自治章程業經臣館奏定通行，府、廳、州、縣自治章程亦正逐細考核，京師為萬方表率，向來管理地面，各官權限及民情、風俗、習慣均與各省迥异，自非如原奏另訂專章不足以資法守而利推行。臣等督飭館員將原訂章程詳加考核，於區域之劃分、範圍之限制、區總各議事會、董事會之辦法，經費之指項，監督之規制，均稱賅備。惟原章第九條系規定巡警各區設區議事會、董事會之制，查各區有人口較少、財力較絀，專設則力有不及、不設則事有所闕，擬准與鄰近各區得相聯合設立一所，以從人情之便。第十六條所載順天府及大興宛平官吏有直接監督自治之責者，不得選舉及被選舉自治職員一節，查順天府及大興宛平原單章程并無規定監督明文，應刪改為現任京師地方官吏有直接管理地方行政之職者，以符事實而免遺漏。第三十七條區議事會會議每月二次，恐妨職務，擬改為每月一次，每次三日，使期限有定，既可詳議利病且免於他務有礙。第九十三條總董事會以本地方選民由總議事會選舉，正陪各一名，未免人數過少，擬改為正、陪三名。第一百二十七條系規定巡警總廳廳丞、各區長為監督及外郊地方自治地方各區監督，惟京城向辦自治事宜，有分隸於各衙門而不盡屬於巡警總廳、步軍統領衙門者，擬加基第五條所列自治事宜，有應隸各衙門管理并由各該主管衙門監督之一項，以清權限而昭慎重。第一百三十二條各自治監督行文，董事會、議事會用札，擬改為用照會，冀可與紳民接洽。其余各條均甚妥協，擬概照原單辦理。至京師自治選舉章程亦經酌為刪改，謹并另繕清單，恭呈御覽，如蒙俞允，擬即咨行遵照辦理。至從前京師官商、紳民已辦之各種事業，凡在自治章程範圍以內著有成效者，擬請仍令照舊辦理，將來續有增加并准官商紳民一體籌辦，俾收衆擎易舉之效。總之，舉辦地方自治重在綜核名實，通力合作，乃能規久遠而免作輟，誠以自治事宜如學務、衛生等項，既不容自為風氣，有一處廢置而不行，而公益等捐為集事根基，尤不容有一廛一家之不納，民治為憲政所經始，京師尤為四方所取則，必宅居者皆能守法而後可望治理之整齊，必有力者皆肯籌財而後可期公益之修舉。章程所以著自治之格式，而實行尤在精神，否則奉行參差，諸務延擱，何以重憲政而示天下？應并請飭下該管各衙門責成認真辦理，以副朝廷預備憲政子愛元元之至意。再，官治與自治事理相因，關係最密，故地方自治章程與地方官制相為表里，現在擬訂自治章程，自應就現行官制酌量比附，將來官制一律釐訂，此項章程及城、鎮、鄉地方自治章程均應酌加修正，届時再由臣等奏明辦理，合并聲明。謹奏。宣統元年十二月二十四日奉旨：已録卷首。

謹將核訂《京師地方自治章程》繕具清單，恭呈御覽。

要目

第一章　總綱

第二章　區議事會及區董事會

第三章　總議事會及總董事會

第四章　自治經費

第五章　自治監督

第六章　罰則

第七章　文書程式

第八章　附條

《京師地方自治章程宣統元年十二月二十四日》　第一章　總綱

第一節　通則

第一條　京師地方自治事宜按照本章程所定，內外城地方由巡警總廳所轄各區公選合格紳民歸民政部督率辦理，其外郊地方按照本章程歸步軍統領衙門督率辦理，仍隨時咨報民政部查核。

第二節　區域

第二條　京師地方自治區域，內外城地方以巡警總廳所轄區域為境界，其外郊地方以京營所轄地面為境界。

第三條　京師地方自治分區之法，內外城地方以巡警區之境界為準，其外郊地方應就京營地面分區辦理。

第四條　巡警區域有更改時，自治區域一并更改，其京營地面亦同。

第三節　自治範圍

第五條　京師地方自治事宜以下列各款為限：

一、本地方之學務。中小學堂、蒙養院、教育會、勸學所、宣講所、圖書館、閱報社、其他關於本地方學務之事。

二、本地方之衛生。清潔道路、蠲除污穢、施醫藥局、醫院醫學堂、公園、戒烟會，其他關於本地方衛生之事。

三、本地方之道路工程。改正道路、修繕道路、建築橋梁、疏通溝渠、建築公用房屋路燈，其他關於本地方道路工程之事。

四、本地方之農工商務。改良種植畜牧及漁業、工藝廠、工業學堂、勸工廠、改良工藝、整理商業、開設市場、防護青苗、籌辦水利、整理田地，其他關於本地方農工商務之事。

五、本地方之善舉。救貧事業、恤嫠、保節育嬰、施衣放粥、義倉積穀、貧民工業、救生會、救火會、救荒、義棺義冢、保存古迹，其他關於本地方善舉之事。

六、本地方之公共營業。電車、電燈、自來水，其他關於本地方公共營業之事。

七、因辦理本條各款籌集款項之事。

八、其他因本地方習慣向歸紳董辦理、素無弊端之各事。

第六條　前條第一至第六款所列事項，有專屬於國家行政者，不在自治範圍之內。

第七條　京師地方就自治事宜得公定自治規約，惟不得與本章程及他項律例章程相抵牾，自治規約内得設罰則，以罰金及停止選民權為限。罰金最多之額不得過十元，停止選民權最長之期不得過五年。

第四節　自治職

第八條　京師地方設自治職如下：

一、區議事會、區董事會；

二、總議事會、總董事會。

第九條　内外城巡警各區設區議事會、區董事會各一所，但各區有人口較少者得與鄰近之區合為一所，其總議事會及總董事會内外城應合設一所。京營各區設區議事會、區董事會各一所，其照本章程所定應屬總議事會、總董事會權限者，即由各區隨時連合協議辦理，至應屬自治總監督核辦事件，由各自治監督會同辦理。

第十條　辦理自治事宜，應各設自治公所為議事會會議及董事會辦事之地，自治公所可酌就本地方公産房屋或廟宇為之。

第十一條　内外城各區與京營各區有彼此相關之事，必須連合辦理者，得以協議設連合會辦理之，京師地方自治各區與附近地方自治區有前項情事時亦同。

第五節　居民及選民

第十二條　凡於京師地方現有住所及寓所者，不論本籍旗籍或流寓均為居民，居民按照本章程所定有享受本地方公益之權利，并有分任本地方負擔之義務。

第十三條　居民具備下列資格者為選民：

一、有本國國籍者；

二、男子年滿二十五歲者；

三、居本地方接續至三年以上者；

四、年納正税或本地方公益捐二元以上者。

居民内有素行公正衆望允孚者，雖不備第三第四款之資格，亦得以議事會之議決作為選民，若有納正税或公益捐較本地選民内納捐最多之人所納尤多者，雖不備第二第三款之資格亦得作為選民。

第十四條　有下列情事之一者，雖具備前條第一項各款及合前條第三項所定資格，不得為選民：

一、品行悖謬、營私武斷確有實據者；

二、曾處監禁以上之刑者；

三、營業不正者，其範圍以約定之；

四、失財産上之信用被人控實尚未清結者；

五、吸食鴉片者；

六、有心疾者；

七、不識文義者。

第十五條　選民按照本章程所定，有選舉自治職員及被選舉為自治職員之權。以上十三條第三項資格作為選民者有選舉自治職員之權，若不能自行選舉權者，得遣代理人行之，代理人以具備第十三條第一項第一二款之資格且不犯第十四條所列各款者為限。

第十六條　下列人等不得選舉自治職員及被選舉為自治職員：

一、京師地方官吏有直接管理地方之職者；

二、現充軍人者；

三、現充本地方巡警及兵丁者；

四、現為僧道及其他宗教師者。

第十七條　現在學堂肄業者不得被選舉為自治職員。

第十八條　凡被選舉為自治職員，非有下列事由之一，不得謝絶當選，亦不得於任期内告退：

一、確有疾病不能常任職務者；

二、確有他業不能常居境内者；

三、年滿六十歲以上者；

四、連任至三次以上者；

五、其他事由特經議事會允准者。

第十九條　無前條所列事由之一而謝絶或告退者，得以議事會之議決，於一年以上五年以下停止其選民權。

第二章　區議事會及區董事會

第一節　區議事會

一　員額及任期

第二十條　區議事會議員以十五名為定額，各區人口有滿五萬五千者，得於前項定額外增設議員一名，自此以上每加人口五千得增設議員一名，至多以三十名為限。

第二十一條　區議事會議員由選民互選任之。

區議事會議員選舉事宜，照另定選舉章程辦理。

父子兄弟不得同時任為本區議事會議員，若同時當選者，以子避父，以弟避兄。若有父子兄弟現為總議事會議員或董事會總董、董事及本區董事會總董、董事者，不得為區議事會議員，但名譽董事不在此限。

第二十二條　區議事會設議長一名，副議長一名，均由議員用無名單記法互選，其細則以規約定之。

第二十三條　議員以二年為任期，每年改選半數。若議員全數同時選任者，其半數即以一年為任滿，前項一年任滿之半數以抽籤定之，若全數不能平分者，以多數為半數。

第二十四條　議長、副議長以二年為任期，任滿改選。

第二十五條　議員及議長、副議長任滿再被選者，均得連任。

第二十六條　議員因事出缺至逾定額三分之一者，應即補選。

第二十七條　議長因事出缺，以副議長補之，副議長因事出缺，應即補選。

第二十八條　補缺各員之任期，以補足前任未滿之期為限。

第二十九條　議員及議長、副議長均為名譽職，不支薪水。議長、副議長有辦公必需之費用，得給相當之公費，其數目由區董事會定之。

第三十條　區議事會得設文牘、庶務等員，其員額、薪水以規約定之，文牘、庶務員不限以選民，由議長、副議長遴選派充。

二　職任權限

第三十一條　區議事會應行議決事件如下：

一、本區自治範圍内應行興革整理事宜；

二、本區自治規約，但事關全體通行者不在此限；

三、本區自治經費歲出入預算及預算正額外預備費之支出；

四、本區自治經費歲出入決算報告；

五、本區自治經費籌集方法，但公益捐之性質，應由京師地方全體擔任者，不在此限；

六、本區自治經費處理方法；

七、本區選舉上之争議；

八、本區自治職員辦理過失之懲戒；

九、關涉本區全體赴官訴訟及其和解之事。

第三十二條　區議事會議決事件由議長、副議長呈報自治監督，查核後移交區董事會按章執行。

第三十三條　區議事會有監察區董事會執行事務之權，并得檢閲其各項文牘及收支帳目。

第三十四條　區議事會遇自治監督有諮詢事件，應臚陳所見隨時呈覆。

第三十五條　區議事會於地方行政自治事宜有關係各件，得條陳所見呈候自治監督核辦。

第三十六條　區議事會於區董事會所定執行方法視為逾越權限或違背

律例章程或妨礙公益者，得聲明緣由，止其執行。若區董事會堅持不改，得移交總議事會公斷。若於總議事會之公斷有不服時，得呈由自治總監督核斷，但京營各區有前項情事時，得逕呈自治監督辦理。

三　會議

第三十七條　區議事會會議每月一次，每次三日，其有臨時應議事宜經自治監督之通知及區董事會之請求或議員全數三分之一以上之請求者，均得隨時開會。每屆會議應由董事會將應議事件距開會三日以前通知議事會議員，其臨時會議事出倉猝者不在此限。

第三十八條　會議時議長如有事故，以副議長代理；若副議長并有事故，由議員中公推臨時議長代理。

第三十九條　會議非有議員半數以上到會，不得議決。

第四十條　凡議事可否，以到會議員過半數之所決為准，若可否同數，則取決於議長。

第四十一條　會議時區董事會職員均到會陳述所見，但不列議決之數。

第四十二條　凡會議不禁旁聽，其議長、副議長視為應行秘密者不在此限。

第四十三條　會議事件有關係議長、副議長及議員本身或其父母兄弟妻子者，該員不得與議。

議長、副議長如有前項事由照第三十八條辦理。議員半數以上有前項事由因而不能議決者，由議長將該件移交總議事會或鄰近之區議事會代為議決，仍照第三十二條辦理。

第四十四條　會議時議員有不守議事規則者，議長得止其發議，違者得令退出，因而紊亂議場秩序致不能會議者，得令暫時停議。

第四十五條　旁聽人有不守規則者，議長得令退出。

第四十六條　議事規則及旁聽規則，由區議事會自定之。

第二節　區董事會

一　員額及任期

第四十七條　區董事會設職員如下：

總董一名、董事一名至三名、名譽董事三名至六名。董事以區議事會議員十分之一為額，名譽董事以其五分之一為額。

第四十八條　總董以本區選民由議事會選舉正陪各一名，呈由自治監督申報自治總監督遴選任用之。

第四十九條　董事以本區選民由議事會選舉，呈請自治監督核准任用之。

第五十條　名譽董事以本區選民由區議事會選任之。第四十八四十九條及本條選舉事宜照另定選舉章程辦理。

第五十一條　總董、董事以二年為任期，任滿改選。

第五十二條　名譽董事以二年為任期，每年改選半數，若同時就任者，其半數即以一年為任滿。

前項一年任滿之半數，照第二十三條第二項辦理。

第五十三條　總董、董事均支領薪水，其數目由總議事會以規約定之。名譽董事不支領薪水。

第五十四條　區董事會職員任滿，被再選者均得連任。

第五十五條　區董事會職員不得同時兼任本區議事會議員，若有由議員當選者應辭議員之職。

父子兄弟不得同時任為本區董事會職員，若同時當選者，照第二十一條第三項辦理。若有父子兄弟現為總議事會議員或總董事會總董、董事及本區議事會議員者，不得為區董事會職員，但名譽董事不在此限。

第五十六條　總董如有事故以董事內年長者代理，年同則以居本區較久者代理，若再相同以抽籤定之。

第五十七條　總董、董事因事出缺及名譽董事因事出缺，至逾定額外之半者均即補選。

第五十八條　補缺各員之任期，照第二十八條辦理。

第五十九條　區董事會因執行各事有應設各項辦事員時，由總董遴選派充，不限以選民但須經董事會之公認，其細則以規約定之。

第六十條　區董事會得設文牘、庶務等員，其員額、薪水以規約定之。文牘、庶務員不限以選民，由總董遴選派充，或按地方情形即以本區議事會文牘、庶務員兼充之。

二　職任權限

第六十一條　區董事會應辦事件如下：

一、區議事會議員選舉及其議事之預備；

二、區議事會及總議事會議決各事之執行；

三、以律例章程或自治監督委任辦理各事之執行；

四、執行方法之議決。

第六十二條　區董事會於區議事會議決事件視為逾越權限或違背律例章程或妨礙公益者，得聲明緣由，交區議事會覆議。若議事會堅持不改，得移交總議事會公斷，不服者照第三十六條第二項辦理。

第六十三條　總董總理本會一切事件，凡區董事會公文函件均以總董之名行之。

第六十四條　董事及辦事員輔佐總董分任本會一切事件。

第六十五條　名譽董事參議本會應行議決事件。

三　會議

第六十六條　區董事會每月舉行職員會議二次，每届會議，由區董事會文牘員將本届應議事件距開會三日以前通知各職員。

第六十七條　會議時以總董為議長，總董如有事故按照第五十六條以其代理者為議長。

第六十八條　會議時非董事會職員全數三分之二以上到會不得議決，議決方法照第四十條辦理。會議時辦事員就該管事務亦得到會與議。

第六十九條　會議時區議事會議長、副議長、議員均得到會陳述所見，但不列議決之數。

第七十條　會議事件有關係區董事會職員本身或其父母兄弟妻子者，該員不得與議，總董如有前項事由，照第六十七條第二項辦理。董事、名譽董事全數三分之二以上有前項事由，因而不能議決者，將該件移交區議事會代為議決。

第七十一條　凡議決事件，應隨時報告區議事會，并呈報自治監督存案。

第三章　總議事會及總董事會

第一節　總議事會

一　員額及任期

第七十二條　總議事會議員以各區議事會議員十分之一為定額。

第七十三條　總議事會議員由各區議事會於議員内互選兼充，其選舉事宜，照另定章程辦理。

第七十四條　總議事會設議長一名，副議長一名，均由議員用無名單記法互選，其細則以規約定之。

第七十五條　總議事會議員及議長、副議長之任期、改選、補選等項，照第二十三、二十四、二十六、二十七、二十八條辦理。

第七十六條　議員及議長、副議長均為名譽職，不支薪水。議長、副議長有辦公必需之費用，得給相當之公費，其數目由總董事會定之。

第七十七條　總議事會得設文牘、庶務等員，其員額、薪水以規約定之，文牘、庶務員不限以選民，由議長、副議長遴選派充。

二　職任權限

第七十八條　總議事會應行議決事件如下：

一、關涉京師地方全體自治範圍内應行興革整理事宜；

二、各區通行之自治規約；

三、本會應需自治經費歲出入預算及預算正額外預備費之支出；

四、本會自治經費歲出入決算報告；

五、本會自治經費籌集方法及地方全體擔任之公益捐；

六、本會自治經費處理方法；

七、本會選舉上之争議；

八、自治職員辦事過失之懲戒，其懲戒細則以規約定之；

九、關涉本會全體赴官訴訟及其和解之事。

第七十九條　總議事會議決事件，由議長、副議長呈報自治總監督查核後移交總董事會。

第八十條　總議事會有監察總董事會執行事務之權，并得檢閲其各項文牘及收支帳目。

第八十一條　總議事會遇自治總監督有咨詢事件，應臚陳所見隨時呈報。

第八十二條　總議事會於地方行政與自治事宜有關係各件，得條陳所見，呈候自治總監督核辦。

第八十三條　總議事會於總董事會所定執行方法，視為逾越權限或違背律例章程或妨礙公益者，得聲明緣由，止其執行。若總董事會堅持不改，得呈候自治總監督核斷。

三　會議

第八十四條　總議事會會議每季一次，以二月五月八月十一月為會期，每會期以十五日為限，限滿議未竣者，得由議長宣示展限十日以内。其有臨時應議事宜，經自治總監督之通知，及總董事會之請求或議員全數三分之一以上之請求者，均得隨時開會。每届會議應由總董事會將本届應議事件距開會十日以前通知總議事會議員，其臨時會議事出倉猝者不在此限。

第八十五條　會議時議長如有事故，照第三十八條辦理。

第八十六條　會議議決之方法，照第三十九、四十條辦理。

第八十七條　會議時總董事會職員均得到會陳述所見，但不列議決之數。

第八十八條　會議時不禁旁聽，其有應禁旁聽者照第四十二條辦理。

第八十九條　會議事件有關係議長、副議長及議員本身或其父母兄弟妻子者，該員不得與議。議長、副議長如有前項事由，照第三十八條辦理。

議員半數以上有前項事由因而不能議決者，由議長將該件移交總董事會代為議決，仍照第七十九條辦理。

第九十條　會議時議員及旁聽人有不守規則者，照第四十四、四十五條辦理。

第九十一條　議事規則及旁聽規則由總議事會自定之。

第二節　總董事會

一　員額及任期

第九十二條　總董事會設職員如下：

總董一名、董事五名、名譽董事十二名。

第九十三條　總董以本地方選民由總議事會選舉正陪共三名，呈由自治總監督申報民政部開單奏請圈出一人。

第九十四條　董事以本地方選民由總議事會選舉，呈由自治總監督核准，申報民政部任用之。

第九十五條　名譽董事以本地方選民由總議事會選任之。第九十三、九十四及本條選舉事宜，照另定選舉章程辦理。

第九十六條　總董、董事及名譽董事之任期、薪水，照第五十一至五十三條辦理。

第九十七條　總董事會職員任滿，再被選者，均得連任。若總董再被選者，應仍照九十三條辦理。

第九十八條　總董事會職員不得同時兼任總議事會議員及各區自治職員，但名譽董事不在此限。父子兄弟不得同時任為總董事會職員，若同時當選者照第二十一條第三項辦理。若有父子兄弟現為總議事會議員或各區自治職員者，不得為總董事會職員。

第九十九條　總董如有事故，以董事内年長者代理，年同則以居本地方較久者代理，若再相同以抽籤定之。

第一百條　總董、董事及名譽董事因事出缺及補缺各員之任期，照第五十七條、第五十八條辦理。

第一百零一條　總董事會因執行各事有應設各項辦事員時，由總董遴選派充，不限以選民，但須經總董事會之公認，其細則以規約定之。

第一百零二條　總董事會得設文牘、庶務等員，其員額、薪水以規約定之。文牘、庶務員不限以選民，由總董遴選派充。

二　職任權限

第一百零三條　總董事會應辦事件如下：

一、總議事會議決各事之執行；

二、以律例章程或自治總監督委任辦理各事之執行；

三、執行方法之議決。

第一百零四條　總董事會於總議事會議決事件，有視為應歸各區分辦者，得以總董事之議決委任各區董事會辦理。

第一百零五條　總董事會於總議事會議決事件，視為逾越權限或違背律例章程或妨礙公益者，得聲明緣由，交總議事會覆議。若總議事會堅持不改，得呈請自治總監督核斷。

第一百零六條　總董總理本會一切事件，凡總董事會公文函件，均以總董之名行之。

第一百零七條　董事及辦事員輔佐總董分任本會一切事件。

第一百零八條　名譽董事參議本會應行議決事件。

三　會議

第一百零九條　總董事會每月舉行職員會議一次，每届會議總董事會文牘員應將本届應議事件距開會五日以前通知各職員。

第一百一十條　會議時以總董為議長，總董如有事故，照第五十六條以其代理者為議長。

第一百十一條　會議時非董事會職員全數三分之二以上到會，不得議決，議決方法照第四十條辦理。會議時辦事員就該管事務，亦得到會與議。

第一百十二條　會議時總議事會議長、副議長及各區董事會總董均得到會陳述所見，但不列議決之數。

第一百十三條　會議事件有關係總董事會職員本身或其父母兄弟妻子者，該員不得與議。總董如有前項事由，照第六十七條第二項辦理，董事、名譽董事全數三分之二以上有前項事由，因而不能議決者，將該件移交總議事會代為議決。

第一百十四條　凡議決事件應隨時報告總議事會，并呈報自治總監督存案。

第四章　自治經費

第一節　類　别

第一百十五條　京師地方自治經費以下列各款充之：

一、本地方公款、公産；

二、本地方公益捐；

三、按照自治規約所科之罰金。

第一百十六條　前條公款、公産以向歸本地方紳董管理者為限，如向無前項所指公款、公産或其數寡少不敷用者，得由議事會指定本地方關係自治事宜之款項、産業，呈請各該自治監督核准撥充。

第一百十七條　公益捐分為二種如下：

一、附捐；

二、特捐。

就官府徵收之捐税附加若干作為公益捐者為附捐；於官府所徵捐税之外另定種類名目征收者為特捐。前項附捐數目不得過原徵捐税定數十分之一，凡以勞力或物品供給辦理自治事宜之需用者，得計其相當價值以特捐論。

第一百十八條　公益捐之創辦，由議事會擬具章程，呈請各該自治監督核准遵行。嗣後如有應行變更、廢止之處，亦由議事會條議呈請各該自治監督核准。

第二節　管理及徵收

第一百十九條　自治經費由議事會議決管理辦法，由董事會管理之。

第一百二十條　公款、公産之内有係私家捐助當時指定作為辦理某事之用者，不得移作他用。其指定辦理之事業以律例章程變更、廢止者，不在此限。

第一百二十一條　附捐由該管官吏按章徵收，匯交董事會收管，特捐由董事會呈請各該自治監督出示曉諭，交董事會自行按章徵收。

第一百二十二條　凡於本地方内有不動産或營業者，即本人不在本地方居住，亦一律徵收公益捐。

第三節　預算決算及檢查

第一百二十三條　董事會每年應預計明年經費出入制成預算表，於十一月議事會會議期内移交該會議決。議決後除照第三十二條辦理外，應呈報各該自治監督存案，并於地方榜示公衆。

第一百二十四條　預算内除正額外，得設預備費以備預算不敷及預算各款外臨時之支出。若預備費不敷支出者，非經議事會之議決，不得提用他款。

第一百二十五條　董事會每年應將上年經費出入制成決算表，連同收支細賬於每年二月議事會會議期内移送該會議決後，照第一百二十三條第二項辦理。

第一百二十六條　凡自治經費出入之檢查分為二種如下：

一、定期檢查；

二、臨時檢查。定期檢查每月一次由董事會總董行之；臨時檢察每年至少一次由董事會總董會同議事會議長、副議長及議員一名以上行之。

第五章　自治監督

第一百二十七條　京師地方自治，內外城以巡警各區區長為監督，巡警總廳廳丞為總監督，均受成於民政部。各該監督應按本章程，查其有無背違之處而糾正之，并令其報告辦事成績，征其預算決算表册，隨時親往檢查，將辦理情形按期由內外城總廳匯齊會報民政部查核。其外郊地方自治各區監督由步軍統領衙門派員充之，按照前項所列各節申報步軍統領衙門查核。仍由步軍統領衙門匯咨民政部存案。其第五條所列自治事宜有應隸各衙門管理者，并由各該主管衙門監督之。

第一百二十八條　各區區長有申請廳丞、廳丞有申請民政部解散議事會、董事會及撤銷自治職員之權，解散或撤銷後，應分別按章改選。議事會應於解散後兩個月以內，董事會應於解散後十五日以內重行成立。若議事會、董事會同時解散，應於兩個月以內先行招集議事會，所有選舉及開會事宜由各該自治監督遣派官紳代辦，應於議事會成立後十五日以內重行成立。其外郊地方各議事會，步軍統領衙門派出之員有申請步軍統領衙門解散或撤銷之權，其重行成立期限及辦法照前兩項辦理，并隨時咨報民政部存案。

第六章　罰則

第一百二十九條　自治職員有犯贓私及侵吞挪借款項者，除責令全數繳出外，仍由審判廳按照律例辦理。

第一百三十條　自治職員有不受監督者，應酌量情形照第一百二十八條第一項辦理。

第一百三十一條　自治職員有以自治為名干預自治範圍以外之事，議事會各員及董事會名譽董事於會議時停止其到會一次以上三次以下，或三日以上十日以下，董事會總董、董事停止其薪水半月以上二月以下，其情節較重者，均除名。

第七章　文書程式

第一百三十二條　議事會、董事會行文各該自治監督用呈，彼此互相行文用知會，各自治監督行文議事會、董事會用照會。

第一百三十三條　議事會、董事會各備木質圖記，由民政部核定式樣，歸自治總監督頒發鈐用。

其外郊地方由步軍統領衙門頒發鈐用。

第八章　附　條

第一百三十四條　本章程自奏明奉旨後施行。

第一百三十五條　本章程如有增删修改之處，得由總議事會似具條議，呈送自治總監督審查申報民政部核議，會同步軍統領衙門奏明修改。

第一百三十六條　本章程施行細則由內外城巡警總廳酌定，仍申報民政部存案，其外郊地方由步軍統領衙門派出之員擬訂施行細則，申報步軍統領衙門核准，仍隨時咨報民政部存案。

《京師地方自治選舉章程宣統元年十二月二十四日》　第一章　總　綱

第一條　凡選舉及被選舉資格，按照京師地方自治章程所定辦理。

第二條　選舉事宜，區議事會由區董事會辦理，區董事會由區議事會辦理，總董事會由總議事會辦理。

第三條　辦理選舉應設調查及管理各員，由區董事會總董或區議事會、總議事會議長各就自治職員內酌派充之。

第二章　區議事會選舉

第一節　選舉年限

第四條　凡選舉議員每年一次，於議員應届任滿三個月前，由區董事會總董預訂日期舉行。

第二節　選舉等級

第五條　選舉人分為兩級，就選舉人內擇其年納正税或公益捐較多者若干名，計其所納之額足當選舉人全數所納總額之半者為甲級，其餘選舉人為乙級。

第六條　選舉人有所納税捐之額介於兩級之間者，歸入甲級；若兩級之間有二名以上所納之額相同者，以年長之人入之甲級，年同者由區董事會總董抽籤定之。

第七條　兩級選舉人分別各選舉議員半數，其被選舉人不必限定與選舉人同級。若議員全數不能平分者，先按兩級各分半數，其所餘單數由甲級選舉之。若甲級選舉人數少於該級應出議員額數者，除各舉一名外，其餘額歸入乙級選出之。

第三節　人名册

第八條　每届選舉應由區董事會總董派定調查員，按章查取合格人員造具選舉人名册，所有選舉人及被選舉人均以列名册内者為限，其照京師地方自治章程僅有選舉資格而無被選舉資格者，應於本人姓名項下注明，調查細則由區董事會擬訂施行。

第九條　選舉人名册應按名記載姓名、年歲、籍貫、住居年限及完納税捐年額。

第十條　選舉人名册應於選舉期兩個月以前，依限告成存放自治公所宣示公衆。

第十一條　宣示選舉人名册以二十日為期，如本人以為錯誤、遺漏，准於宣示期内取具憑證聲請區董事會總董更正，逾限不得再請。區董事會總董據前項聲請，應即日移知區議事會公斷。

第十二條　區議事會自接到前條移知之日起，應於十日以内斷定准否，若斷定准其更正者，應由區董事會總董一律更正，即作為確定。

第十三條　選舉人名册確定後，應由區董事會總董保存，如本届選舉年限内有當選無效及照章應行補選者，所有選舉人及被選舉人仍以列名册内者為限。

第十四條　選舉人名册確定後，應分繕副本申報各該自治監督存案，并發交投票所及開票所各一分備查。

第十五條　宣示選舉人名册時，應刊印選舉傳單一同公布其應載事項如下：

一、選舉日期；

二、投票所及開票所地址；

三、投票方法、選舉日期。兩級應分兩日，先乙級次甲級。

第四節　投票所

第十六條　投票所設於自治公所。

第十七條　投票所由區董事會總董派定管理員掌投票一切事宜。

第十八條　投票所除本所職員及投票人外，他人不得闌入。

第十九條　投票所之啓閉，以午前八時至午後六時為率，逾限不准入内。

第二十條　管理員於投票畢後，應將投票始末情形造具報告，連同投票匭於翌日移交開票所，并報告區董事會總董。

第二十一條　投票所自投票完畢之日起，十五日以内依限裁撤。

第二十二條　投票所辦事細則由區董事會擬訂施行。

第五節　投票簿投票紙及投票匭

第二十三條　區董事會總董應按照投票所投票人數造具投票簿，并按照定式制成投票紙及投票匭，於選舉期十日以前發交投票所。

第二十四條　投票簿應記載投票人姓名、年歲、籍貫及住所。

第二十五條　投票簿應將兩級分别兩册記載。

第六節　投票方法

第二十六條　投票人以列名投票所之投票簿者為限。

第二十七條　投票人届選舉期應親赴投票所自行投票，不得倩人代理。其照京師地方自治章程第十五條第二項特許者，不在此限，但投票時應將代理憑證向管理員呈驗。

第二十八條　投票人應在投票簿所載本人姓名項下簽字畢方准領投票紙。

第二十九條　投票人每名只准領投票紙一頁。

第三十條　投票用無名單記法，每票祇准書被選舉人一名，不得自書本人姓名。

第三十一條　投票人應准於選舉票附記格内將所選舉人素行如何公正附記一二事為衆論所稱道者，并得於附記格内注明所選舉人官銜、職業、住所等項，此外不准夾寫他語。

第三十二條　投票人與投票所内除關於投票事宜得與職員問答外，不得涉及私言，并不得與他人接談。

第三十三條　投票人投票畢應即退出，不得逗留窺視。

第三十四條　投票人倘有頂替及違背定章等事，管理員得令退出。

第七節　開票所

第三十五條　開票所設於自治公所。

第三十六條　開票所由區董事會總董派定管理員掌開票一切事宜。

第三十七條　開票所自投票匭送到之翌日，由區董事會總董酌定時刻先行榜示，届時親自到場，督同管理員當衆開票，即日宣示。

第三十八條　開票時准選舉人前往參觀，若人衆不能容時，管理員得以限制人數。

第三十九條　管理員應將開票始末情形造具報告，於檢點票數完畢之翌日報告區董事會總董，所有票紙應分别有效、無效，一并附送報告。届選舉年限内，由區董事會之總董保存之。

第四十條　第二十一條二十二條所定事項，開票所一律照辦。

第八節　檢票方法

第四十一條　檢票時應先將選舉票與投票簿對照，如有票數與名數不符及放棄選舉權等事，均應另册記明。

第四十二條　凡選舉票無效者如下：

一、寫不依式者；

二、字迹不可認者；

三、不用投票所所發票紙者；

四、選出之人不在選舉人名册内者；

五、選出之人不合被選舉資格者；

第九節　當選決定

第四十三條　凡選舉以得票較多數者當選，按得票多寡以次遞推，票數同者以年長之人列前，年同者由區董事會抽籤定之。

第四十四條　當選人確定後，應即榜示，并由區董事會總董具名分别知會各當選人。

第四十五條　當選人接到知會後，應自知會之日起五日以内答覆應選，其逾期不覆者，以謝絶論。

第四十六條　一人兩級均當選者，應自知會之日起五日以内答覆願應何級之選，其逾期不覆者，亦以謝絶論。

第四十七條　前二條以謝絶論者，照京師地方自治章程第十八、十九條辦理。

第四十八條　凡應選者由區董事會總董呈由各該自治監督申報自治總監督給予執照，并由自治總監督匯申民政部存案。外郊地方凡應選者，由區董事會總董呈請各該自治監督申報步軍統領衙門給予執照，匯咨民政部存案。前二項執照均由民政部先期依式制定，京師内外城交由巡警總廳，外郊地方交由步軍統領衙門，分别填用。

第十節　選舉變更

第四十九條　凡下列各款為選舉無效：

一、選舉人名册有舞弊作僞情事，牽涉全數人員公斷確實者；

二、辦理選舉不遵定章公斷確實者；

三、照章解散者。

第五十條　凡下列各款為當選無效：

一、謝絶；

二、告退；

三、身故；

四、被選舉資格不符斷定確實者；

五、當選票數不實斷定確實者；

六、當選後失其資格斷定確實者；

七、受除名之處分者。

第五十一條　當選無效如已給予執照，應令繳還，并將姓名及其緣由榜示。

第五十二條　每届選舉年限，應行改選議員出缺定額三分之一者，應行補選，選舉無效一律改選，當選無效一律補選。

第五十三條　補選以得票最多者補所出缺中任期未滿最長者之缺，其餘以次遞推，票數同者以年長之人列前，年同者由區董事會總董抽籤定之。

第五十四條　改選及補選一切應有事宜均照本章程辦理。

第十一節　選舉争議

第五十五條　凡選舉人確認有下列各款情事者得提起選舉争議：

一、選舉人名册有舞弊作僞情事，牽涉全數人員；

二、辦理選舉不遵定章；

三、被選舉資格不符；

四、當選票數不實；

五、當選後失其資格；

第五十六條　選舉争議由選舉人申訴，區議事會公斷，不服者申訴總議事會公斷，仍不服者呈由自治總監督核斷。外郊地方應由總議事會公斷者，即由各區議事會連合協議辦理，應由自治總監督核斷者，由各自治監督會同辦理。

第五十七條　申訴除第五十五條第五款外，應自選舉之日起三十日以内為限。

第五十八條　落選人員確信得票額數可以當選而未經與選者，得照前二條辦理。

第三章　區董事會選舉

第五十九條　凡選舉總董及董事二年一次，選舉名譽董事每年一次，於各該員應届任滿三個月前，由區議事會議長預定選舉日期，招集議員舉行，并呈請各該自治監督親臨或派員監督之。

第六十條　總董用無名單記法選舉，以得票滿議員總數三分之一者為當選；董事及名譽董事用無名連記法分次選舉，以得票滿議員總數三分之一者當選。票數同者以年長之人列前，年同者由議長抽籤定之，若得票無滿議員總數三分之一者，應即如法再選以選出為止。

第六十一條　總董選舉完畢後，由議長將得票當選者擬定正陪各一名，開列姓名、履歷及得票數目，造具清册呈由各該自治監督申報自治總監督遴選一名照會任職，并由自治總監督匯申民政部存案。外郊地方應呈請各該自治監督遴選一名照會任職，并由各該自治監督申報步軍統領衙門匯咨民政部存案。

第六十二條　董事及名譽董事選舉完畢後，由議長開列姓名、履歷及得票數目，造具清册呈由各該自治監督，申報自治總監督核准任用，并由自治總監督匯申民政部存案。外郊地方應呈請各該自治監督核准作用并由各該自治監督申報步軍統領衙門匯咨民政部存案。

第六十三條　總董、董事及名譽董事均由自治總監督給予執照，外郊地方由各該自治監督申報步軍統領衙門給予執照，前項執照均由民政部先項依式制定，京師内外城交由巡警總廳，外郊地方交由步軍統領衙門分别填用。

第六十四條　區董事會選舉一切細則以規約定之。其選舉争議，應申訴總議事會公斷，不服者呈由自治總監督核斷，外郊地方照第五十六條第二項辦理。

第四章　總議事會選舉

第六十五條　凡選舉總議事會議員，每年一次，於議員應届任滿三個月前，由各該區議事會議長預定選舉日期招集議員舉行，并呈請各該自治監督親臨或派員監督之。

第六十六條　總議事會議員用無名單記法選舉，以得票較多數者為當選，按得票多寡以次遞推，票數同者以年長之人列前，年同者由各該區議事會議長抽籤定之。

第六十七條　總議事會議員選舉完畢後，由各該區議事會議長將得票當選者開列姓名、履歷及得票數目造具清册，呈由各該自治監督申報自治總監督匯申民政部給予執照，并由民政部存案。

第六十八條　總議事會選舉一切細則以規約定之，其選舉争議，應申訴自治總監督核斷。

第五章　總董事會選舉

第六十九條　凡選舉總董事會總董及董事二年一次，選舉名譽董事每年一次，於各該員應届任滿三個月前，由總議事會議長預定選舉日期，招集議員舉行，并呈請自治總監督親臨或派員監督之。

第七十條　選舉總董、董事及名譽董事之投票方法及當選決定，照第六十條辦理。

第七十一條　總董選舉完畢後，由議長將得票當選者擬定正陪共三名，開列姓名、履歷及得票數目造具清册，呈由自治總監督申報民政部開單奏請圈出一人。

第七十二條　董事及名譽董事選舉完畢後，由議長開列姓名、履歷及得票數目、造具清册呈由自治總監督核准申報民政部任用。

第七十三條　總董、董事及名譽董事均由民政部給予執照。

第七十四條　總董事會選舉一切細則以規約定之，其選舉争議應申訴自治總監督核斷。

第六章　罰　則

第七十五條　以詐術獲登選舉人名册或變更選舉人名册者，處三元以上三十元以下之罰金。

辦理選舉人員知情者，處一月以上二月以下之監禁，或三十元以上六十元以下之罰金。

第七十六條　冒用姓名投票者，處一月以上六月以下之監禁，附加五元以上三十元以下之罰金。

第七十七條　以財物利誘選舉人或選舉人受財物之利誘及居中周旋説合者，處一月以上二月以下之監禁，或三十元以上六十元以下之罰金，財物入官，已用去者按價追繳。

第七十八條　以暴行脅迫妨害選舉人及選舉關係人者，處一月以上三月以下之監禁或三十元以上百元以下之罰金。

第七十九條　選舉人及選舉關係人携帶凶器者，處一月以上二月以下之監禁，凶器入官。

第八十條　加暴行於辦理選舉人員或騷擾投票所、開票所，或阻留、毁奪選舉票、投票匭及其他有關選舉文件者，處一月以上六月以下之監禁，附加五元以上三十元以下之罰金。

第八十一條　辦理選舉人員漏泄選舉票上之姓名者，處一月以上六月以下之監禁，附加五元以上三十元以下之罰金，其所漏泄非事實者罰同。

第八十二條　辦理選舉人員違法干涉選舉人之投票或暗記被選舉人之姓名者，處一月以上三月以下之監禁，或三十元以上百元以下之罰金。違法擅開投票匭或取出投票匭中之選舉票者罰同。

第八十三條　凡犯本則所定各條者，於處罰後一年以上五年以下停止其選舉權及被選舉權。

第八十四條　凡犯本則所定各條者，由審判廳審理執行。

第七章　附　條

第八十五條　本章程與京師地方自治章程同時施行。

第八十六條　本章程如有未盡事宜，應行增改者照京師地方自治章程第一百三十五條辦理。

第八十七條　京師地方自治開辦時，第一次區議事會選舉所有辦理選舉人員由各該自治總監督會同遴派官紳充之，其外郊地方由步軍統領衙門派令官紳辦理，均於派定後匯報民政部查核。

《大清新法令・憲政編查館奏覆核府廳州縣地方自治暨選舉各章程摺》

宣統元年十一月初七日，准軍機處抄交欽奉諭旨：民政部奏擬訂府廳州縣自治章程繕單呈覽一摺，著憲政編查館覆核具奏，欽此。并據民政部咨送擬訂府廳州縣地方自治章程暨選舉章程前來，查原奏内稱：現擬地方自治制度分為上下兩級，以城鎮鄉為下級自治機關，而以府廳州縣為上級自治機關。現在，城鎮鄉地方自治章程業經欽定頒布，依限實施，自應將上級自治制度及時釐定，以期相輔而行。上級自治區畫，原奏清單僅有廳州縣而不及府，自因府有監督各廳州縣之權，無直接管理地方之責。惟查邊省地方及東三省新設各府，往往即以知府直轄地面，名雖為府，實與廳州縣無异。若不分别辦理，似多挂漏之虞。查諮議局選舉章程第二條，府之有本管地方者均作為初選區，此次擬訂上級自治章程，自應依照增入，以臻完密等語。臣等竊維官治與自治同為國家之行政機關。凡國家事務之委諸官府者，固悉遵國家之法律命令以行，而不容有所非違。其委諸自治職者，亦悉遵國家之法律命令以行，而不得有所侵越，此自治與官治并行不悖者也。此次民政部原擬章程，一秉光緒三十四年十二月二十七日諭旨，惟於編制及職權等事，大致比照城鎮鄉地方自治章程，無甚區别。考各國自治制度，以分設上下級者居多。其上下級編制之法，論者或謂彼此宜用同一之制度。或謂上級自治之編制不能與下級自治相同，其故有三：蓋地方公益事務規模較大者，既非下級自治之力所能舉辦，且事有關係多數利害而不便於分辦者，皆非由上級自治辦理不可，其故一也。國家委任事務往往有需費較巨為下級自治所不能擔負者，非由上級自治任之不可，其故二也。下級自治事務，一面當由官府監督，又一面當由上級自治監督，其故三也。然則上級自治，其地位介於官府與下級自治之間，兼有官治與自治之性質，故其編制必為官治與自治合并之制度，此上級自治與下級自治迥异之端也。現在，城鎮鄉自治章程頒行未久，地方自治程度尚低，倘采用兩級自治同一之制，竊恐人民對於地方事務於利害切己者，則互相侵攘；於利害無關者，則互相推諉。或至地方事業發達無期，仍仰賴國家一一設官為理，非磨練國民預備立憲之本意也。臣等悉心體察，酌加修改，其要義約有數端：一原章府廳州縣設董事會為執行機關，茲改稱參事會，以府廳州縣長官為會長，而為常設之議決機關。其執行機關則寄諸府廳州縣長官，而不屬於參事會。一原章自治監督事宜尚未詳盡，茲逐一增列：凡府廳州縣長官，對於議事會及參事會之議決事件，有交令覆議及撤銷之權。凡監督官府，對於自治預算有減削之權，對於應行核准事件，除批駁外，更有改正之權。一原章議事會得議決自治規約，茲從刪除。凡規則均須經符廳州縣長官申請督撫核准，或咨民政部等衙門核准，然後施行。一原章屢用『律例章程』字樣，範圍既未確定，即解釋不免紛歧。茲改為『法律命令』，於各章條文一律修正。一原章議員、董事各由選民互選，均以二年為任滿，每年改選半數。茲改為三年任滿，其參事會員即於議員內互選。此項選舉章程，亦即改稱府廳州縣議員選舉章程。以上各事特其重大者，至於章節條目隨而增删，選舉章程亦從更正，不至有所抵牾。計自治章程都為八章一百零五條，附府廳州縣幷設自治職，分股細則凡十一條，選舉章程幷為一章，不分節目，凡四十七條。謹分别繕具清單，恭呈御覽。如蒙俞允，擬請明降諭旨，欽定頒行，俾昭法守。至城鎮鄉地方自治章程頒布在前，其條文有涉及府廳州縣自治章程，歧异之處應請飭下民政部另案更正，奏明辦理。再地方自治區劃與地方行政區劃本屬一體，現在兩級自治章程俱已先後釐訂，籌辦之初，應先從分劃區域入手。查邊遠地方，如貴州等省，往往有府廳州縣轄境壤地插花不便行政者，若非及時整理，嗣後舉辦一切殊多窒礙。應請旨飭下民政部，通行各省督撫，將區劃不便之處酌量改正，奏交該部議覆施行。謹奏。宣統元年十二月二十七日奉上諭，已録册首。

《宣統朝上諭・宣統元年十二月二十七日》 上諭 本日憲政編查館奏，覆核府廳州縣地方自治章程幷府廳州縣議事會議員選舉章程繕單呈覽一摺，朕詳加披覽，尚屬周妥。府廳州縣各官為國家親民之吏，兼為執行上級自治之職。此次所定章程與城鎮鄉地方自治章程相輔而行，即著民政部會同各督撫，按照定章督飭各該地方官切實施行。各該地方紳民於自治事宜休戚相關，尤當恪守範圍，公同協議，務期官民交勉，治理日隆，用副朝廷實行憲政樂利同民之至意。餘著照所議辦理。欽此。

《府廳州縣地方自治章程宣統元年十二月二十七日》 第一章 總綱

第一條 本章程所稱府廳州縣者，指下列各地方而言：

一、府之直轄地方；

二、直隸廳；

三、廳；

四、直隸州；

五、州；

六、縣。

第二條 府、廳、州、縣自治區域，各以該府、廳、州、縣行政區域為准，府、廳、州、縣行政區域有更改時，自治區域一并更改。

第三條 府廳州縣自治事宜如下：

一、地方公益事務關於府、廳、州、縣全體，或為城鎮鄉所不能擔任者；

二、國家行政或地方行政事務以法律或命令委任自治職辦理者。

第四條 府、廳、州、縣自治職如下：

一、府、廳、州、縣議事會及參事會掌議決自治事宜；

一、府廳縣長官掌執行自治事宜。

第五條 府、廳、州、縣所屬城鎮鄉自治職有照城鎮鄉地方自治章程第十條合并設置者，該府、廳、州、縣議事會及參事會亦得合并設置，前項合并設置以該府、廳、州、縣所屬城鎮鄉之協議由該管地方官會同申請督撫酌奪，咨送民政部核定，府、廳、州、縣議事會及參事會合并設置者，除本章程規定外，其分段細則另行規定。

第二章 府廳州縣議事會

第一節 編制及選任

第六條 府、廳、州、縣議事會議員員額以所屬地方人口總數為准，總數二十萬以下者以二十名為議額，自此以上每加人口二萬得增設議員一名，至多以六十名為限。其照本章程第五條合并設置為府、廳、州、縣議事會議員員額，以合并地方人口之總數為准，總數三十萬以下者以三十名為定額，其遞增之率，照前條規定辦理，但至多以一百名為限。

第七條 府、廳、州、縣議員額數分配所屬各選舉區之法，以各選舉區人口之多寡為准。

第八條 府廳州縣所屬城鎮鄉選民，有選舉城鎮鄉自治職員之權者，除下列人等外，有選舉府廳州縣議員之權：

一、現任本府廳州縣官吏者；
二、現充本府廳州縣巡警者。
第九條　府、廳、州、縣所屬城鎮鄉選民有選舉府、廳、州、縣議員之權者，除小學堂教員外，得被選舉為府、廳、州、縣議員。
第十條　城鎮鄉居民以不具城鎮鄉地方自治章程第十六條第一項第三款資格不得為選民者，若居本府、廳、州、縣所屬城鎮鄉接續至三年以上，亦得選舉府、廳、州、縣議員及被選舉為府、廳、州、縣議員。
第十一條　此項議員以合被選舉資格者，由有選舉權者選任之。選舉事宜照另定選舉章程辦理，議事會議員不得同時兼任諮議局議員或該參事會參事員及城鎮鄉議事會議員。城鎮董事會職員或鄉董、鄉佐、父子兄弟不得同時任為議員，若同時當選者，以子避父，以弟避兄。
第十二條　凡被選舉為府、廳、州、縣議員者，非有下列事由之一，不得謝絶當選，亦不得於任期内告退：
一、確有疾病不能常任職務者；
二、確有他業不能常居境内者；
三、年滿六十歲以上者；
四、連任至三次以上者；
五、其他事由特經府廳州縣議事會允准者。
第十三條　無前條所列事由之一而謝絶或告退者，得以府、廳、州、縣議事會之議決，於一年以上五年以下停止其選民權。
第十四條　府廳州縣議事會各設議長一名，副議長一名，均由議員用無名單記法互選，其細則由議事會擬訂，呈由該府、廳、州、縣長官申請督撫核定。
第十五條　議員及議長、副議長均以三年為任期，任滿改選。
第十六條　議員及議長、副議長任滿再被選者，均得連任。
第十七條　議員因事出缺至逾定額三分之一者，應即補選。
第十八條　議長因事出缺，以副議長補之；副議長因事出缺，應即補選。
第十九條　補缺各員其任期以補足前任未滿之期為限。
第二十條　府、廳、州、縣議事會得設文牘、庶務等員，由議長、副議長遴員派充。

第二節　職任權限

第二十一條　府、廳、州、縣議事會應行議決事件如下：
一、本府、廳、州、縣自治經費歲出入預算事件；
二、本府、廳、州、縣自治經費歲出入決算事件；
三、本府、廳、州、縣自治經費籌集方法；
四、本府、廳、州、縣自治經費處理方法；
五、城鎮鄉議事會應議決而不能議決之事件；
六、其餘依據法令屬於議事會權限内之事件。
第二十二條　議事會應行議決事件，得由該議事會委托參事會代為議決。
第二十三條　議事會遇有官府諮詢事件，應臚陳所見隨時申覆。
第二十四條　議事會於地方公益事宜，得條陳所見，呈候官府核辦。

第三節　會　議

第二十五條　府、廳、州、縣議事會會議每年一次，以九月為會期，每會期以一個月為限，限滿議未竣者，得展會十日以内。如有臨時應議事件，得開臨時會議，其會期以十日為限。
第二十六條　議事會之召集及開會、閉會、展會事宜，府、廳、州、縣長官掌之。凡召集之期，距開會之期須在十五日以外，但臨時會不在此限。
第二十七條　每届會議應由府、廳、州、縣長官將本届應議事件距開會十日以前通知議事會議員，但臨時會議不在此限。
第二十八條　會議時議長如有事故，以副議長代理；若副議長并有事故，由議員中公推臨時議長代理。
第二十九條　會議未有議員半數以上到會，不得議決。
第三十條　凡議事可否以到會議員過半數之所決為准，若可否同數則取決於議長。
第三十一條　會議時府、廳、州、縣長官或所派委員及參事會參事員，均得到會陳述所見，但不列議決之數。
第三十二條　凡會議不禁旁聽，其有下列事由，經本會議決者不在此限：

一、府廳州縣長官特令禁止者；

二、議長、副議長或議員五名以上提議禁止者。

第三十三條　會議事件有關係議長、副議長及議員本身或其父母兄弟妻子者，該員不得與議。

議長、副議長如有前項事由，照第二十八條辦理。議員半數以上有前項事由，因而不能議決者，得將該件移交參事會代為議決。

第三十四條　會議時議員有不守本章程及議事規則者，議長得止其發議，違者得令退出，因而紊亂議場秩序，致不能會議者，議長得令暫時停議。

第三十五條　旁聽人有不守規則者，議長得令其退出。

第三十六條　每届會議完畢，應由議長、副議長將本届議事録會同議員二名以上署名報告府廳州縣長官。

第三十七條　議事規則及旁觀規則由議事會擬訂，呈由府廳州縣長官申請督撫核定。

第三章　府廳州縣參事會

第一節　編制及選任

第三十八條　府、廳、州、縣參事會各以該府、廳、州、縣長官為會長，其照本章程第五條合并設置之府、廳、州、縣參事會，以該長官内官尊者為會長，餘為副會長，官同則先資深者，資同則先年長者，年同則以抽籤定之。

第三十九條　參事會參事員由議事會於議員中互選任之，參事員以該議事會議員十分之二為額，議事會選舉前項參事員時應於參事員外另行互選候補參事員如參事員之數，本條互選細則照第十四條規定。

第四十條　議事會議員改選時，參事員及候補參事員亦一律改選，參事員任滿再被選者得行連任。

第四十一條　參事會參事員不得同時兼任諮議局議員或該議事會及城鎮鄉議事會議員、城鎮董事會職員或鄉董、鄉佐、父子兄弟不得同時任為參事員，若同時當選者，照第十一條第四項辦理。

第四十二條　參事員因事出缺時，以候補參事員補充。其補充之次序，以選舉先後為先後，同時選舉則以得票多寡為先後，票同則先年長者，年同則以抽籤定之。若候補參事員無人或不敷補充時應即補選。

第四十三條　補缺參事員之任期照第十九條辦理。

第四十四條　府、廳、州、縣參事會得設文牘、庶務等員，由府、廳、州、縣長官遴員派充。

第二節　職任權限

第四十五條　府、廳、州、縣參事會應辦事件如下：

一、議決議事會議決事件之執行方法及其次第；

二、議決議事會委托本會代議事件；

三、議決府廳州縣長官交本會代議事會議決之事件；

四、審查府廳州縣長官提交議事會之議案；

五、議決本府廳州縣全體訴訟及其和解事件；

六、公斷和解城鎮鄉自治之權限争議事件；

七、其余依據法令屬於參事會權限内之事件。

第四十六條　參事會得於參事員中選舉委員若干人檢查府、廳、州、縣自治經費收支帳目，為前項檢查時，應由府廳州縣長官或所派委員會同辦理。

第四十七條　本章程第二十三、二十四條之規定，參事會准用之。

第三節　會　議

第四十八條　府、廳、州、縣參事會每月會議一次，其有特别事由，經府、廳、州、縣長官召集或參事員半數以上之請求者，得隨時開會。參事會開會期限由長官定之。

第四十九條　參事會會議禁止旁聽。

第五十條　會議時非會長及參事員半數以上到會不得議決，議決方法照第二十九條辦理。議決第四十五條第三款事件時，會長不列議決之數。

第五十一條　會議時府、廳、州、縣長官所派委員及議事會議員得到會陳述所見，但不列議決之數。

第五十二條　每届會議議事録由會長及參事員二名以上署名存案。

第五十三條　本章程第三十三條第一項之規定，府、廳、州、縣參事會准用之。若會員因而不及半數時，府、廳、州、縣長官得以候補參事員與本事件無關係者照第四十二條規定之次序臨時補充，仍不及半數時，得就府廳州縣議員中與本事件無關係者指定若干人臨時補充。

第四章　府廳州縣自治行政

第一節　府、廳、州、縣長官

第五十四條　府、廳、州、縣長官代表府、廳、州、縣。

第五十五條　府、廳、州、縣長官應辦事件如下：

一、執行府、廳、州、縣議事會或參事會議決之事件；

二、提交議案於府、廳、州、縣議事會或參事會；

三、掌管一切公牘文件；

四、其餘依據法令屬於府、廳、州、縣長官職權内之事件。

第五十六條　府、廳、州、縣議事會或參事會之議決及選舉，如有逾越權限或違背法令者，該管長官得説明原委事由，即行撤銷或將其議決事件交令覆議，若仍執前議得撤銷之。若議事會或參事會不服前項之撤銷者，得呈請行政審判衙門處理。行政審判衙門未經設立以前，暫由各省會議廳處理之。

第五十七條　府、廳、州、縣議事會或參事會於府、廳、州、縣之收支為不適當之議決或議決事件有礙公益者，長官得説明原委事由，交議事會或參事會覆議，前項覆議事件若議事會或參事會仍執前議，長官得呈請督撫核辦。

第五十八條　府、廳、州、縣長官得令府、廳、州、縣議事會停止會議，其停會日期以十日為限。

第五十九條　府、廳、州、縣長官遇議事會不赴召集或不能成立或遇緊急事件不及召集議事會時，得將該事件交參事會代議，議事會於應行議決之事件不能議決或開會期届尚未議決者亦同。

第六十條　府、廳、州、縣長官遇參事會不赴召集或不能成立時，得將該事件申請督撫核准施行。參事會於應行議決之事件不能議決者亦同。

第六十一條　前兩條事件，府、廳、州、縣長官應於下次議事會或參事會開會時分別聲明，議事會或參事會若以長官辦法為不當者，得呈請督撫核辦或行政審判衙門處理。

第六十二條　府、廳、州、縣長官提交議案於議事會時，應先將該議案交參事會審查，若參事會與長官意見不同，應將其意見附列議案之後提交議事會。

第六十三條　府、廳、州、縣長官得將其職權内事務之一部委任城鎮董事會鄉董、鄉佐代行。

第二節　自治委員

第六十四條　府、廳、州、縣得置自治委員若干人，輔佐長官執行自治事宜。

第六十五條　自治委員員額、任期規則由府廳州縣長官擬訂，經議事會之議決，申請督撫核定并咨報民政部存案。

第六十六條　自治委員之進退，該長官掌之。自治委員之掌收支及經理公款、公産者，必須身家殷實、操守廉潔，非經議事會或參事會之保證，不得任用。

第六十七條　府、廳、州、縣自治委員承府、廳、州、縣長官之命辦理各該管事宜。

第六十八條　府、廳、州、縣長官監督自治委員，如有過失，得依情節輕重分別處分如下：

一、申飭；

二、罰薪十日以上兩月以下；

三、撤差。

第六十九條　凡受前條三款處分者，二年以内不得充府、廳、州、縣自治委員，亦不得充府、廳、州、縣議事會議員及參事會參事員。

第七十條　府、廳、州、縣長官得以議事會之議決申請督撫核准，於自治委員外增設臨時委員，其員額、任期及選任規則照第六十五條辦理。

第七十一條　府、廳、州、縣辦事細則由該長官定之。

第三節　薪水及公費

第七十二條　府、廳、州、縣自治委員及議事會、參事會文牘、庶務等員之薪水、公費，經議事會議決，由該長官定之。

第七十三條　府、廳、州、縣議事會議員，參事會參事員及臨時委員均不支薪水，但給相當之公費。前項公費數目及支給規則，經議事會議決由該長官申請督撫核定。

第五章　府廳州縣財政

第一節　自治經費

第七十四條　府、廳、州、縣自治經費以下列各款之收入充之：

一、府廳州縣公款、公産；

二、府廳州縣地方税；

三、公費及使用費；

四、因重要事故臨時募集之公債。

第七十五條　府、廳、州、縣公款、公産以向歸府廳州縣全體公有不分屬於城鎮鄉者為限。

第七十六條　公款、公産之内有系私家捐助當經指定作為辦理某事之用者，不得移作他用，其指定辦理之事業以法令變更或廢止者不在此限。

第七十七條　府、廳、州、縣地方税徵收、賦課事項，按照地方税章程辦理，地方税章程由度支部另行釐訂奏定施行。

第七十八條　地方税章程未經旅行以前，凡按照現制為府、廳、州、縣所應行負擔者照舊辦理。

第七十九條　府、廳、州、縣於依據法令應行辦理之事有關係個人利益者，得向該關係人徵收公費。

第八十條　凡使用府、廳、州、縣公共營造物或其他公産者，府廳州縣得向該使用人徵收使用費。

第八十一條　公費及使用費徵收事項除法令另有規定者外，得設徵收細則，經議事會之議決，由府、廳、州、縣長官申請督撫核定，并咨報民政部、度支部存案。

第八十二條　府、廳、州、縣遇有下列各款事由得募集公債：

一、為府廳州縣永遠利益；

一、為救濟灾變；

一、為償還負債，前項募集經議事會之議決，由府廳州縣長官申請督撫核准，并咨報民政部、度支部存案關於募集方法、利息定率及償還期限各事項，照前面辦理。

第八十三條　府、廳、州、縣為籌備預算内之支出，得募集短期公債，前項募集并關於募集方法、利息定率及償還期限各事項，經議事會之議決，由府廳州縣長官申報督撫存案。

第二節　預算及決算

第八十四條　府、廳、州、縣長官每年應預計明年出入，編成預算於議事會開會之始，提交該會議決。

第八十五條　府、廳、州、縣會計年度以國家會計年度為准，其國家會計年度未定以前，按照舊例辦理。

第八十六條　府、廳、州、縣長官提交預算時，應附加按語，連同上年度預算匯交議事會。

第八十七條　以府、廳、州、縣經費辦理之事件，其事案非一年所能完竣或其費用非一年所能籌撥者，得以議事會之議決預定年限設繼續費。

第八十八條　預算除正額外，得設預備費以備預算不敷及預算外之支出，但不得以充議事會所否決事件之用。

第八十九條　預算議決之後，由府、州、縣長官申請督撫核准，咨報民政部、度支部存案，并於本地方榜示公衆。

第九十條　府、廳、州、縣經議事會之議決，得設特別會計。

第九十一條　府、廳、州、縣長官每年應將上年出入編成決算，連同收支細帳於議事會開會期間，提交議會議決。

第九十二條　決算議決後，由該府、廳、州、縣長官申請督撫咨報民政部、度支部存案，并於本地方榜示公衆。

第九十三條　預算、決算程式及其餘關於收支之重要規則，由民政部會同度支部釐訂通行。

第六章　府、廳、州、縣自治監督

第九十四條　府、廳、州、縣自治由本省督撫監督之，仍受成於民政部。其關係各部所管事務并受成於各部。

第九十五條　前條監督之官府，得令該府、廳、州、縣呈報辦事情形，并得隨時調閲公牘文件，檢查收支帳目。

第九十六條　監督事項照本章程所定各條辦理。

第九十七條　監督官府如以府、廳、州、縣之預算為不適當者，得減削之。

第九十八條　督撫遇有不得已情節，咨情民政部解散府、廳、州、縣議事會，議事會解散後，應於三個月以內改選，重行召集。前項重行召集時其會期之長短，由府、廳、州、縣長官申請督撫酌定之。

第九十九條　凡應經監督官府核准之事件，各該官府得於申請之範圍內，酌加改正，但不得與申請本意相反。

第一百條　凡呈請行政審判衙門處理之事件，關於呈請事項另以法律定之。

第七章　文書程式

第一百零一條　府、廳、州、縣議事會或參事會行文府廳州縣長官及監督官府用呈，府廳州縣長官行文議事會或參事會用照會，監督官府用劄，議事會及參事會互相行文及與諮議局互相行文用知會。

第一百零二條　府、廳、州、縣議事會、參事會各備木質鈐記，由民政部核定式樣，通行刊發。

第八章　附　條

第一百零三條　本章程施行之期遵照欽定逐年籌備事宜清單辦理。

第一百零四條　本章程如有增删修改之處，得由議事會擬具條議，知會本省諮議局，由諮議局審查後呈請督撫酌奪咨送民政部核議，奏明修改。

第一百零五條　本章程施行細則由督撫酌定，仍咨報民政部存案。

《府廳州縣並設自治職分股細則宣統元年十二月二十七日**》**　第一條　凡府、廳、州縣合并設置之自治職，若該府、廳、州、縣財政因必須分劃之故而分股辦理者，由該長官呈請督撫咨部核准施行。

第二條　依前項事由，該府、廳、州、縣得於議事會及參事會內各分設二股。

第三條　府、廳、州、縣議事會分設二股時，以各該府、廳、州、縣所選之議事會議員充各股職員。

第四條　凡屬於府、廳、州、縣議事會權限之事件，某項應經合并議事會議決，某項應經各該分股議決，先由合并議事會呈由該管長官申請督撫核准并咨部存案。

第五條　參事會之各股，以各該府、廳、州、縣長官為該股會長，各該參事員為該股參事員。

第六條　凡屬於府、廳、州、縣參事會權限之事件，某項應經合并參事會議決，某項應經各該分股議決，先由合并參事會呈由該管長官申請督撫核准并咨部存案。

第七條　府、廳、州、縣收支經費分配於各該股時，由合并議事會議，決呈由該管長官申請督撫核准并咨部存案。

第八條　會議第四、第六、第七各條事件時，非合并議事會議員五分之四以上到會，不得開議。

第九條　各該股議事會解散之時，各該股議事員同時解合并議事會議員之職。

第十條　其向歸該府、廳、州、縣分辦或合辦之事件，與章程不相觸背者得照舊辦理。

第十一條　除本細則所規定外，其餘均照府、廳、州、縣地方自治章程辦理。

《府廳州縣議事會議員選舉章程宣統元年十二月二十七日**》**　第一條　府、廳、州、縣議事會之議員，應於各選舉區選舉之。

第二條　選舉區以本府、廳、州、縣所屬城鎮鄉之區域為準，府、廳、州、縣長官得以議事會之議決申請督撫核准，合并二鄉以上之區域作為一選舉區。

第三條　各選舉區應舉議員額數，由府、廳、州、縣長官按照府、廳、州、縣地方自治章程第七條酌定，申請督撫核准。

第四條　選舉日期府、廳、州、縣長官定之。

第五條　每届選舉，府、廳、州、縣長官應先期出選舉告示，載明下列各款頒發各選舉區：

一、選舉區分劃；

二、各選舉區應舉議員額數；

三、選舉日期。須發前項選舉告示，在應另造選舉人名册時，至少須於選舉日期八十日以前行之，若毋庸另造時，至少須於二十日以前行之。

第六條　選舉事宜城鎮由總董，鄉由鄉董管理之，若二鄉以上合為一選舉區者，由府、廳、州、縣長官於各該鄉董内派定一人管理之。

第七條　城鎮總董、鄉董編造現在選舉人名册，按名記載姓名、年歲、籍貫、居住年限及完納税捐年額，於選舉期日五十日以前一律告成，存放自治公所宣示公衆。若二鄉以上合為一選舉區者，由各該鄉董移送管理選舉之鄉董宣示之。

第八條　宣示選舉人名册以二十日為期。若本人以為錯誤、遺漏，准於宣示期内取具憑證聲請城鎮總董、鄉董更正，逾限不得再請。城鎮總董、鄉董梠前項聲請，即日知會府、廳、州、縣、參事會公斷。

第九條　參事會自接到前條知會之日起，應於十日以内斷定准否。若斷定准其更正者，由城鎮總董、管理選舉之鄉董一律更正，即為確定。

第十條　選舉人名册確定後，由城鎮總董、管理選舉之鄉董保存之，自確定之日起一年以内若有改選、補選，所有選舉人及被選舉人仍以該册為准。

第十一條　選舉人名册確定後，應分備副本，由府、廳、州、縣長官申報督撫存案，并交各投票所及開票所一分備查。

第十二條　投票所分設於各選舉區。其選舉區較大者，得由城鎮總董、管理選舉之鄉董劃定地段分設投票所若干處。

第十三條　投票所所在地由城鎮總董、管理選舉之鄉董定之。

第十四條　城鎮總董、管理選舉之鄉董，應按照各投票所投票人數，分别造具投票簿并按照定式制成選舉票及投票匭，於選舉日期十日以前分交各投票所，投票簿應記載投票人姓名、年歲、籍貫及住所。

第十五條　城鎮總董、管理選舉之鄉董届選舉日期應親莅投票所監察之，其投票所有二處以上者，呈請府、廳、州、縣長官派員分莅監察之。

第十六條　投票所之啓閉，城鎮總董、管理選舉之鄉董掌之，其啓閉時刻以午前八時至午後六時為率。

第十七條　投票人以列名各該投票所之投票簿者為限。

第十八條　投票人届選舉日期，應親赴投票所自行投票，不得請人代理，其照章特許者，不在此限。

但投票時應將代理憑證向城鎮總董、管理選舉監察之鄉董或另派之監察員呈驗。

第十九條　投票人應在投票簿所載本人姓名項下簽字完畢方准領選舉票。

第二十條　投票人每名衹准領選舉票一頁。

第二十一條　投票用無名單記法行之，投票人得於選舉票附記格内注明所選舉人官銜、職業、住所等項，此外不得夾寫他語。

第二十二條　投票人於投票所内除關於投票事宜得與有關選舉之職員問答外，不得涉及他事并不得與他人接談，投票人投票畢應即退出，不得逗留窺視。

第二十三條　投票人倘有頂替及違背定章等事，城鎮總董、管理選舉之鄉董或另派之監察員得令退出。

第二十四條　投票所除有關選舉之職員及投票人外，他人不得闌入。

第二十五條　投票完畢後由城鎮總董、管理選舉之鄉董將始末情形造具報告書，連同投票匭於翌日移送開票所，并呈報府、廳、州、縣長官。

第二十六條　投票所自投票完畢之日起十五日以内一律裁散。

第二十七條　投票所設於各選舉區之城鎮鄉自治公所。

第二十八條　城鎮總董、管理選舉之鄉董於各投票匭送齊之翌日，酌定開票日期時刻先行榜示，届時親莅開票所，當衆檢點票數，即行開票。

第二十九條　開票時准選舉人前往參觀，若人衆不能容時，城鎮總董、管理選舉之鄉董得限制人數。

第三十條　檢票時應先將選舉票與投票簿對照，如有票數與名數不符及放棄選舉權等事應另册記明。

第三十一條　凡選舉票無效者如下：

一、寫不依式者；

二、字迹不可認者；

三、不用投票所所發選舉票者；

四、選出之人不合被選資格者。

第三十二條　選舉以得票較多數者為當選，當選人名次以得票多寡為先後，票數同者以年長者列前，年同則由城鎮總董、管理選舉之鄉董抽籤定之。

第三十三條　當選人確定後，城鎮總董、管理選舉之鄉董應即將當選人姓名及得票數目榜示，并造具清册及始末情形報告書，連同選舉票紙呈送府、廳、州、縣長官，由長官通知各當選人。前項清册及選舉票紙於下届選舉以前由府、廳、州、縣長官保存之。

第三十四條　當選人接到前條通知後，應自通知之日起五日以内答覆應選，其逾限不覆者作為謝絶。

第三十五條　凡應選者由府、廳、州、縣長官給予執照并呈報督撫匯咨民政部存案。

第三十六條　凡下列各款為選舉無效：

一、選舉人名册有舞弊作僞情事，牽涉全數人員公斷確實者；

二、辦理選舉不遵定章公斷確實者；

三、照章解散者。

第三十七條　凡下列各款為當選無效：

一、謝絶；

二、告退；

三、身故；

四、被選舉資格不符斷定確實者；

五、當選票數不實斷定確實者；

六、當選後失其資格斷定確實者；

七、受除名之處分者。

第三十八條　當選無效如已給予執照，應令繳還并將姓名及其緣由榜示。

第三十九條　每届議員任滿或選舉無效時，應行改選，議員以當選無效出缺至定額三分之一時，應行補選。

第四十條　補選以當選最前列者補任期未滿最長之缺，其餘以次遞推。

第四十一條　凡選舉人確認有下列各款情事者，得提起選舉争議。

一、選舉人名册有舞弊作僞情事，牽涉全數人員；

二、辦理選舉不遵定章；

三、被選舉資格不符；

四、當選票數不實；

五、當選後失其資格。

第四十二條　選舉争議由選舉人申訴，府廳州縣參事會公斷，不服前項之公斷者，得呈請諮議局公斷。

第四十三條　申訴除第四十一條第五款外，應自選舉之日起三十日以内為限。

第四十四條　落選人員確信得票額數可以當選者而未經與選者，得照前二條辦理。

第四十五條　城鎮鄉自治選舉章程罰則，府、廳、州、縣議事會議員選舉准用之。

附　條

第四十六條　本章程與府、廳、州、縣地方自治章程同時施行。

第四十七條　本章程如有未盡事宜，應行增改者，照府廳州縣地方自治章程第一百零四條辦理。

《憲政編查館會奏議覆魯撫奏地方自治擬請變通章程摺》　本年五月初六日，准軍機處片交山東巡撫孫寶琦奏『地方自治擬請變通章程』一摺，奉硃批：『該衙門會議具奏，欽此。』欽遵抄交前來。查原奏内稱：地方自治城鎮鄉限於第六年成立，廳、州、縣限於第七年成立，按之内地情形、人民程度尚有不免窒礙之處，縷陳可慮四端，謂宜就目前各廳、州、縣籌備公所，改設廳、州、縣自治會，萃一邑之人，謀一邑之事。其市鎮人口滿五萬以上者，亦可先行舉辦，此外各鄉均宜從緩，應俟教育普及、實業發達，然後體察形勢，酌量財力逐漸分設鄉會。其會場之分合、員額之多寡，亦毋庸過於拘泥等語。臣等查：現在地方自治制度分為上、下兩級，廳、州、縣為上級，城鎮鄉為下級。上級自治必以下級自治為基礎，而其緩急先後亦即由此而分。兩次奉頒《欽定自治章程》，本有相維相系之功，而無畸重畸輕之見。臣部遵擬籌備未盡事宜，即准此指以定先後於各廳、州、縣之間，各城鎮鄉之間，先繁盛而後偏僻，先城鎮而後鄉，則又於欽定次第之中，酌其難易，區其緩急。原以茲事體大，既未便遲緩以誤事機，則不得不於創辦之初，審量地方之情形，人民之程度，以為循序漸近之計。是此項籌備之法，業經體察再三，預防窒礙，現在城鎮鄉地方自治，按照臣部所定次第，繁盛城鎮及中等城鎮議事會、董事會已届籌辦之期，該撫所請市鎮人口滿五萬以上者，先行舉辦，自無不合。惟原奏稱宜就各廳州縣籌備公所，改設廳州縣自治會，又稱此外各鄉均宜從緩，應俟教育普及、實業發達，然後體察情形，酌量財力，逐漸分設鄉會等語。查照欽定籌備事宜清單，本年籌辦廳州縣自治亦已屆期，即應相機設立，若改設自治會緩設鄉會，則與清單及章程均不相符，實有窒礙難行之處。按府、廳、州縣地方，與城鎮鄉地方兩級自治，原屬并行不悖，不外乎以本地之人籌本地之款，辦本地之事，其人才、物力程度高下原無一定界限，自隨時地為轉移。臣館原訂《城鎮鄉自治章程》深恐各省地方財力有所不及，於第十二條聲明：鄉有户口過少，其選民全數不足議員最少定額十倍之數者，得不獨立設置自治職，與同一管理鄰近之城鎮鄉合并辦理。若因地方情形不便合并，除按章設置鄉董外，得不設議事會，以鄉選民會代之。該撫原奏所慮第一端，人口散處能成鎮者甚少，本應按照鄉制辦理，即鄉有不便合并地方，尚有以鄉選民會代議事會之法。所慮第二端，議員過多，正紳過少，但計户口而不計選民，是否足額。亦於原章尚少體會，均可無庸置議。惟所慮第三端經費之難，誠為近今通病，然自治職為名譽員，凡屬士紳自應為地方恪盡義務，除舉充文牘、庶務各員，應薄給薪水外，其議事、董事會員衹准給予辦公必需之費，而為數均不可多。況如鄉董選民會員額既少，經費自省，應由地方官實力監督嚴為限制，不准但以職員坐耗款項，轉於地方公益不能舉辦。又所慮第四端，團體之難亦在地方官於分劃區域，清理公款、公産之時妥為經劃公平處理，不能聽其自相爭鬩轉借公益，而開私釁之端。查京師《地方自治章程》，凡官紳從前已辦之公益着有成績者，均應照舊辦理，并應仿照一體遵行，以杜爭端。而維善舉要之法，必待人而後理事，貴因地以制宜。直省地方情形原有不同，山東各屬自所難免，伏讀宣統元年十月十三日欽奉上諭：『立憲要政，無取虚文粉飾，徒事鋪張，若揆諸現情形辦理或有窒礙，亦准剴切臚陳妥籌善法，仍一面持以毅力，務底於成等因，欽此。』地方自治為憲政之一端，自當因地而施，以期實事求是，各省地方果有實在窒礙情形，應准該省督撫將一省中之何府、何廳、何州、何縣，一府、廳、州、縣中之何城、何鎮、何鄉臚陳實在情事，并緩辦自治緣由，奏明請旨辦理，庶於循名責實之中，兼寓通變達權用，而於憲政進行仍無阻滯，庶為妥善。再，此摺係憲政編查館主稿，會同民政部辦理，合并聲明。謹奏。宣統二年七月二十日奉旨：『着依議，欽此。』

《民政部咨覆魯撫地方自治章程疑義逐條解釋文附件》 民治司案呈，唯山東巡撫咨據地方自治籌辦處稟稱，查府廳州縣地方自治章程及城鎮鄉地方自治章程中有疑義數條，開單呈請咨部查照核奪等因。茲將單開四條逐一核覆如下：一烟臺等鎮商店店東如非本地人并不住居本鎮，其營業系委任執事人管理者，應由該店東推其商店中執事人之住居本鎮三年以上者為選民；二府廳州縣地方自治章程第五條之規定，本謂亦得合并設置，稱亦得者其義即謂并非必須合并設置，如有不便合并者自得分立；三區董唯以本城鎮選民由該城鎮議事會選舉以歸一律，其分區及辦理區內自治事宜仍按照規約所定細則行之，此條已另於三月二十六日電覆；四選舉人名册照城鎮鄉地方自治選舉章程第十三條之規定，應於本届選舉年限内保存，參觀第四條選舉年限自應每年具造選舉人名册一次，以上各節相應咨覆貴撫查照轉飭遵辦可也。

附山東巡撫咨詢地方自治章程疑議四條。

一　民政部咨電内開，山東烟臺等鎮商店店東苟系住滿三年即非本地人，照章應有選舉權及被選舉權。查烟臺一鎮商店店東非本地人者居十分之九，凡非本地人之店東多系委任執事人管理營業，其自身并不住居本鎮。若不得有選舉權及被選舉權，於該鎮辦理自治終有窒礙，可否准不住居本鎮之店東推其商店中之住居本鎮三年以上之執事人為選民。

二　府廳州縣地方自治章程第五條，府廳州縣所屬城鎮鄉自治職有照城鎮鄉地方自治章程第十條合并設置者，該府廳州縣議事會及參事會亦得合并設置。查分屬二縣之城本為二縣同城，該府廳州縣之議事會及參事會合并設置，其勢甚便。惟分屬二縣以上或直隸州與縣管轄之鎮鄉，該府廳州縣合并設置之議事會及參事會應設置於何一州縣。且查分屬二縣以上或直隸州與縣管轄之鎮鄉所在多有，如乙丙兩縣有一分屬之鎮鄉，而乙縣與甲縣、丙縣與丁縣又各有分屬之鎮鄉連類而及，甚有牽連到四五縣不止者，如必合并設置頗有為難。又同條二項前項合并設置以該府廳州縣所屬城鎮鄉之協議，協議二字是否指該府廳州縣所屬全體之城鎮鄉言。如協議不願合并設置可否准其分立。

三　城鎮鄉地方自治章程第十一條城鎮分區細則以規約定之。又民政部復署粤督電所有選舉區董等事，應俟此次規約議決後按照規約所定辦理。據此選舉區董自應待議事會成立後以規約定之。惟查各國市町村分設區董，其區董皆由區會選舉。無區會者由議事會選舉。我國城鎮鄉自治章程并無區會之規定，則此項區董是否應歸城鎮議事會選舉，或由董事會總董遴選似應預行釐定劃一辦法，否則聽之各城鎮議事會之自定規約，保無不彼此參差，有妨統一。

四　城鎮鄉地方自治選舉章程第四條，凡選舉議員每年一次，而議員以二年為任期，每年改選半數。以任期論選舉人名册似當二年造具一次，以改選期論，似當每年造具一次，究應如何辦法。

論說

《梁啓超全集》卷一《論湖南應辦之事》（一八九八年）今之策中國者，必曰興民權，興民權斯固然矣。然民權非可以旦夕而成也。權者生於智者也。有一分之智，即有一分之權。有六七分之智，即有六七分之權。有十分之智，即有十分之權。是故國即亡矣，苟國人之智，與滅我之國之人相等，則彼雖滅吾國，而不能滅吾權。阿爾蘭之見并於英人是也，今英倫人應享利益，阿爾蘭人無不均沾也。即吾民之智，不能與滅我之國之人相等，但使其智日進者，則其權亦日進，印度是也。印度初屬於英，印人衹能為第六七等事業，其第五等以上事業，皆英人為之。近則第二等以下事業，皆印人所為矣。其智全塞者，則其權全亡。非洲之黑人，美洲之紅人，南洋之棕人是也。此數種者，衹見其為奴為隸，為牛為馬，日漸月削。數十年後，種類滅絶於天壤耳，更無可以自立之時矣。夫使印度當未亡之時，而其民智慧，即能如今日，則其早為第二等人也久矣。使其有加於今日，則其為第一等人也亦已久矣。是故權之與智相倚者也，昔之欲抑民權，必以塞民智為第一義。今日欲伸民權，必以廣民智為第一義。湖南官紳，有見於民智之為重也，於是有時務學堂之設。意至美矣。然於廣之之道，則猶未盡也。學堂學生，衹有百二十人，即使一人有一人之用，其為成也亦僅矣。而況此輩中西兼習，其教之也當厚植其根柢，養蓄其大器，非五年之後，不欲其出而與聞天下事也。然則此五年中，雖竭盡心力以教之，而其風氣仍不能出乎一學堂之外。昭昭然矣。故學生當分為二等，其一以成就遠大，各有專長，各有根柢為主，此百二十人是也。其一則成就不必其遠大，但使於政學之本原，略有所聞。中外之情形，無所暗蔽，可以廣風氣，消阻力，如斯而已。由前之説，則欲其精，由後之説，則欲其廣，大局之患，已如燎眉，不欲湖南之自保則已耳。苟其欲之，則必使六十余州縣之風氣，同時并開，民智同時并啓，人才同時并成，如萬毫齊力，萬馬齊鳴，三年之間，議論悉變。庶幾有濟，而必非一省會之間。數十百人之局可以支持，有斷然矣。則必如何然後能如此，就其上者言之，一曰朝廷大變科舉，一曰州縣遍設學堂，斯二者行，頃刻全變。然而非今日之所能言矣，有官紳之力所可及，而其成效之速，可與此二事相去不遠者。一曰全省書院官課、師課，改課時務也，以岳麓、求賢之改章，及孝廉堂之為學會。士林舉無間然，然則改課亦當無遠言必矣。官課師課全改，耳目一新，加以學政所至，提倡新學，兩管齊下，則其力量亞於變科舉者無幾矣。或疑各府州縣悉變，則恐閲卷者無人，是不難，但專聘一二人駐省會，而各處課卷皆歸其評閲，不過郵寄稍需時日耳。於事無傷也。若太僻遠之州縣，則或兩三月之題目，同時并發，課卷同時并收，則郵寄之繁難，亦可稍省也。尤有進於此者，則莫如童試之縣考府考，飭下州縣，除第一場外，悉試時務，府縣考凡六七場，功令所載，并無必試八股之例。支床架屋，實屬可憎，掃除更張，真乃快事。然此事尚有未盡可行者，則慮各府縣無閲卷之人也，今宜飭下，令其自行物色聘請，或由省中薦人前往，此則衹需長官一紙書耳，不費不銖，而舉省之士，靡然向風矣。二曰學堂廣設外課，各州縣咸調人也學也，州縣遍設學院，無論款項難籌，即教習亦無從覓聘，教習不得人，諸授不如法，勞而少功，雖有若無耳。以余所見，此間各處書院諸生，講習經年，而成就通達者，寥寥無幾。大約為開風氣起見，先須廣其識見，破其愚謬，但與之反復講明政法所以然之理。國以何而强，以何而弱，民以何而智，以何而愚，令其恍然於中國種種舊習之必不可以立國。然後授以東西史志各書，使知維新之有功，授以内外公法各書，使明公理之足貴。更折衷於古經古子精華，略覽夫格致各學之流別，大約讀書不過十種，為時不過數月，而其見地固已其董矣，乃從而摩激其熱力，鼓歷其忠憤，使以保國保種保教為己任。以大局之糜爛，為一身之耻疚，持此法以數之。間日必有講論，用禪門一棒一喝之意，讀書必有札記，仿安定經義治事之規，半年以後，所教人才，可以拔十得五。此間如學堂學生，鼓篋不過月餘耳。又加以每日之功，學西文居十之六，然其見識議論，則已殊有足觀者。然則外課成就之速，更可冀矣。大抵欲厚其根柢學顓門之業，則以年稚為宜，欲廣風氣觀大略。速其成就，則以年稍長為善。蓋藥在二十以上，於中國諸學會略有所規者，則其腦筋已漸開，與言政治之理，皆能聽受。然後易於有得，故外課生，總以不限年為當。前者出示在此間招考，僅考兩次，已迫歲暮。來者百餘人，可取者亦三十人。然設此課之意，全在廣風氣，其所重者在外府州縣，故必由學政按臨所至，擇其高才年在三十以下者，每縣自三人至五人，咨送來學，其風始廣。然各府遼遠，寒士負笈之資，固自不易，愚意以為莫如令各州縣為具川資咨送到省，每歲三五人之費，為數無幾，雖瘠苦之縣，亦不至較此區區，到省以後，首須謀一大廈，使羣萃而講習。若學堂有餘力，則普給膏火，否則但給獎賞而已此項學生，速則半年，遲則一年，即可遣散，另招新班。擇其學成者，授以憑記，可以為各縣小學堂教習。一年之後，風氣稍成，即可以飭下各州縣。每縣務改一書院為學堂，三年之間，而謂湘人猶有嫉新學如仇，與新學為難者，其亦希矣。欲興民權，宜先興紳權，欲興紳權，宜以學會為之起點，此誠中國未常有之事。而實千古不可易之理也。夫以數千里外渺不相屬之人，而代人理其飲食訟獄之事，雖不世出之才，其所能及者幾何矣。故三代以上，悉用鄉官，兩漢郡守，得以本郡人為之，而功曹掾史，皆不得用它郡人，此古法之最善者。今之西人，莫不如是，唐宋以來，防弊日密，於是悉操權於有司，而民之視地方公事，如秦越人之肥瘠矣。今欲更新百度，必自通上下之情始，欲通上下之情，則必當復古意。采西法，重鄉權矣。然亦有二慮焉，一曰慮其不能任事，二曰慮其藉此舞文也。欲救前弊，則宜開紳智，欲救後弊，則宜定權限。定權限者何？西人議事與行事分而為二，議事之人，有定章之權，而無辦理之權；行事之人，有辦理之權，而無定章之權，將辦一事，則議員集而議其可否，既可，乃議其章程，章程草定，付有司行之，有司不能擅易也。若行之而有窒礙者，則以告於議員，議而改之，西人之法度，所以無時不改，每改一次，則其法益密，而其於民益便，蓋以議事者為民間所舉之人也。是故有一弊之當革，無不知也。有一利之當興，無不聞也。其或有一縣一鄉之公益，而財力不能舉者，則議員可以籌款而辦之。估計其需費之多少，而醵之於民焉，及其辦成也，則將其支用款項，列出清單，與衆人共見，未有不願者也。譬之一街之中，不能無擊柝之人，於是一街之户宅集議，各出資若干而雇一人為之。一鄉之中，欲築一橋，修一路，於是一鄉之户宅集議，或按田畝，或按人丁，各出資若干而動工為之。未有不願者也，推動大之，而一縣，而一省，而一國，莫不如是。西人即以此道治一國者也。故每有應籌款項，皆待命於下議院，下議院則籌之於民，雖取之極重，而民無以為厲己者，蓋合民財以辦民事，而為民所信也。民亦知此事之有益於己，而又非己之獨力所能辦。故無不樂輸以待上之為我成之也。故有鄉紳為議事，則無事不可辦，無款不可籌，而其權則不過議此事之當辦與否及其辦法而已。及其辦之也，仍責成於有司，如是則安所容其舞文也。至於訟獄等事，則更一委之於官。鄉紳衹能為和解。或為陪審人員，而不能斷其獄。然則又何舞文之有乎，西人舉國而行之，不聞有弊，則亦由權限之劃定而已。開紳智者何？民間素不知地方公事為何物，一切條理，皆未明悉，而驟然授之，使其自辦，是猶乳哺之兒，而授之以杯箸，使自飲食，其殆必矣。故必先使其民之秀者，日習於公事，然後舉而措之裕如也。今中國之紳士，使以辦公事，有時不如官之為愈也。何也？凡用紳士者，以其於民情形熟悉，可以通上下之氣而已。今其無學無智，既與官等，而情僞尚不如官之周知，然則用之何為也？故欲用紳士，必先教紳士，教之惟何？惟一歸之於學會而已，先由學會紳董，各舉所知品行端方才識開敏之紳士，每州縣各數人，咸集省中入南學會。會中廣集書籍圖器，定有講期，定有功課，長官時時臨莅以鼓厲之，多延通人，為之會長。發明中國危亡之故，西方强盛之由，考政治之本原，講辦事之條理。或得有電報，奉有部文，非極秘密者，則交與會中，俾學習議事，一切新政，將舉辦者，悉交會中議其可辦與否，次議其辦法，次議其籌款之法，次議其用人之法，日日讀書，日日治事。一年之後，會中人可任為議員者過半矣。此等會友，亦一年後，除酌留為總會議員外，即可分別遣散，歸為各州縣分會之議員。復另選新班在總會學習，紳智既開，權限亦定。人人既知危亡之故，即人人各思自保之道。合全省人之聰明才力，而處心積慮，千方百計，以求辦一省之事，除一省之害，捍一省之難，未有不能濟者也。紳權固當務之急矣，然他日辦一切事，舍官莫屬也。即今日欲開民智開紳智，而假手於官力者，尚不知凡幾也。故開官智，又為萬事之起點，官貧則不能望之以愛民，官愚則不能望之以治事。聞黄按察思所以養候補官，優其薪水之法，此必當速辦者也。既養之，則教之，彼官之不能治事，無怪其然也。彼胸中曾未有地球之形狀，曾未有歐洲列國之國名，不知學堂工藝、商政為何事？不知修道，養兵為何政？而國家又不以此考成，大吏又不以此課最，然則彼亦何必知之，何必學之，舉一省之事，而委之此輩未嘗學問無所知識之人之手，而欲其事之有成，是猶然薪以止沸，却行而求前也，而無知不辦事則已，苟辦事，則其勢不能不委之此輩之手，又不可以其不能辦而不辦也。然則將如之何？曰教之而已矣。教官視教士難，彼其年齒已老，視茫發蒼，習氣極深，宦情熏灼，使之執卷伏案，視學究之訓頑童，難殆甚焉，然教官又視教士易，彼其望長官如天帝，覬缺差若九鼎，官中細腰，四方餓死。但使接見之時，稍為抑揚，差委之間，微示宗旨。雖强之以不情之舉，猶將赴湯蹈火以就之。而況於導之以學乎，故課吏堂不可不速立，而必須撫部為之校長。司道為之副校長。其堂即設在密邇撫署之地，每日或間一二日，必便衣到堂，稽察功課，隨時教誨，最善者莫如删堂屬之禮，以師弟相待，堂中陳設書籍，張挂地圖，各官所讀之書，皆有一定。大約各國約章，各國史志，以政學公法，農工商兵，礦政之書。在所必讀，多備報章，以資講求，各設札記。一如學堂之例，延聘通人為教習，評閱功課，校長及副校長，隨意談論，隨意閲札記，或閲地圖，而與論其地之事。或任讀一書，而與論其書之美惡，聽其議論，而可以得其為人矣。而彼各官者，恐功課不及格而獲譴，恐見問不能答而失意。莫不争自濯磨，勉强學問矣。教之既熟，必有議論明達，神氣堅定者出矣。或因好學而特予優差，或因能辦事而委之繁缺。數月之後，家弦誦而人披吟矣，聞曾文正每日必有一小時與幕府縱譚，若有事應商，則集幕府僚屬，使之各出意見，互相辯論，文正則不發一言，歸而采之。既可於此事集思廣益，復可見其人之議論見地。駱文忠則每集司道於一圓桌，令以筆墨各陳所見，岑襄勤、丁雨生之辦事，如訓蒙館然，聚十數幕友於一堂，陳十數幾桌，定時刻辦事，隨辦隨到，案無留牘，此誠治事之良法也。今日之中國，亦頗苦於禮矣。終日之晷刻，消磨於衣冠應酬迎送之間者，不知凡幾，交受其勞，而於事一無所補，日日議變法，此之不變，安得有余日以辦應辦之事乎？是宜每日定有時刻，在課吏堂辦事，一切皆用便衣，凡來回事者，立談片刻，不迎不送，除新到省衣冠一見外，其餘衙門例期，悉予停免，有事咸按時刻，在堂中相見。則形骸加適，而治事加多，斯實兩得之道也。至實缺各官，關係尤重。既未能盡取而課之，亦必限以功課，指明某書，令其取讀，必設札記，讀書治事、二者并見。須將其讀書所有心得，及本縣人情物産風俗，成著之札記中，必須親筆，查有代筆者嚴責。頻頒手諭，諄諄教誨，如張江陵與疆臣各書，胡文忠示屬員各論，或以嚴厲行之，或以肫誠出之，未有不能教誨者也。吏治之怠散久矣。參劾則無人可用，亦不可勝劾。其無咎無譽，卧而治之，無大惡可指者，亦常十居六七焉。夫立木偶於庭，井水不飲，其廉可謂至矣。然而不能為吏者，吏者治事者也。吏不治事，即當屏黜，豈待擾民哉？雖然，治事者，必識與才兼，然後可云也。若并不知有此事，不知此事之當辦，則曷從治之？未嘗講求此事之辦法，則曷從治之？西國治一事，則有一事之學堂，既學成而後授以事矣。然其每日辦事之暇，未嘗有一日廢書者。今我國人士，自其鼓篋之始，即已學非所用，用非所學，及一人宦途，則無不與書卷長别。《傳》曰：『子有美錦，不使人學制焉。』一官一邑，身之所庇也。而使學制焉，又況於終其身而不學者乎。中國一切糜爛，皆起於此，而在位者沓焉不自覺。今日興一新法，明日興一新法，而於行法之有人與否，漠然而不之計，此真可為痛哭流涕者也。以上三端，一曰開民智，二曰開紳智，三曰開官智，竊以為三者，乃一切之根本。三者畢舉，則於全省之事，若握裘挈領焉矣。至於新政之條理，則多有湖南所已辦者，如礦務、輪船學堂練兵之類，或克日開辦者，如學會巡捕報館之類。或將辦而尚有阻力者，如鐵路之類。或已辦而尚須變通擴充者，如鈔票製造公司之類。今不必述，而竊以為尚有極要者二事；一曰開馬路，通全省之血脉，則全省之風氣可以通，全省之商貨可以出，二曰設勸工博覽場，取各府州縣天産人工之貨，聚而比較之，工藝精者優加獎勵，長沙古稱貧國，而五代馬氏，即恃工商以立邦，今欲易貧而富，則非廣勵工商末由也。今全省無論已辦將辦未辦各事，除紳士協辦外，苟經官手，則幾無事不責成於一二人。其事至繁，其勢至散，一人之精神，有萬不能給之勢，然舍此則又無可倚畀，鄙意以為宜設一新政局。一切新政，皆總於其中，而使一司道大員為總辦，令其自舉幫辦以下之人，事歸一綫，有條不紊，或稍易為力也。

雜録

《軍機處録副摺・盛京將軍趙爾巽奏奉天試辦地方自治局情形摺光緒三十三年三月十八日**》** 奴才趙爾巽跪奏，爲試辦地方自治，擬先編訂制度，培養人才，謹將設局開辦情形，恭摺具陳，仰祈聖鑒事。

竊奴才前准政務處咨到會同吏部議覆御史顧瑗片奏，請設立鄉官以補州縣之不逮一摺。因奴才前在護理山西巡撫任內，奏請整飭鄉社，前年會同直隸督臣袁世凱奏改奏省官制，亦有籌議鄉官另訂專章之語，議由奉、直兩省先行試辦，並將詳細章程及辦理情形，隨時奏報。奉旨：依議。欽此。欽遵鈔奏咨行前來。

奴才伏維近世交通日繁，地方政務日賾，就一州縣而論，學務、警察、農工商務，百端待理，爲牧令者，詎一身而萬能也。東西列國，皆使地方之人任地方之事，事無不舉，而地方以治，政府所設之官吏，僅監督焉而已。奴才先後奏請籌設鄉官，皆以謀地方自治之要計也。查直隸督臣袁世凱業於天津開局試辦，奴才亦即督飭司道府縣詳細籌商，於上年冬間開辦全省地方自治局，檄委提學使張鶴齡爲局長，遴選明達誠謹之員，分科辦理。立政之基，首在取資於成法，而行政之要，尤必探本於培才。謹將籌辦大略情形，爲我皇太后、皇上陳之。

查各國地方自治之制，凡一切議決執行，皆責之市町村會暨公選之長，經營維持，責任綦重，我國創始之際，編制制度實爲首要之圖。惟市町村制，在法典中最關重要，日本維新之初，聘用德人起草，采用普魯士之成規。今之設局規畫，爲全省自治初基，自應譯輯東西各國已成之法，參稽慎擇，損益用中，期無流弊。此法制考訂之宜設專科也。自治制度，雖采擇各國之成規，尤宜調查本地之舊慣。日本明治初年，市町村長即用幕府時莊屋名主舊名，改稱戶長、副戶長，其後復定郡區町村編成法，並設區會、町村會，復經十餘年，始定現行之市町村制，而自治之制度乃定。自非就本地舊慣詳晰調查，因勢利導，則施行之時，必至格不相入而徒託空言。此慣例調查之宜設專科也。惟是奉省地方樸僿未開，自治之義，士紳未能盡解，何論編氓，非與培養人才，以爲實行之儲備，則雖編制盡善，而徒法亦終以不行。誠如政務處議奏所稱，不得其法，則魚肉平民，武斷鄉曲，亦復易滋流弊，又爲深慮者也。

奴才當經就地方情形，詳悉籌畫，因奉省人民程度不一，更非內地直省可比，自宜仿照各國創辦各種要政必先設養成會及研究會之意，特延聘中外政法學專家，任爲教習，先設調查員養成會，飭各府州縣選送旗、漢紳士員生到局分門講演，以預儲實地調查人員。俟局舍建築完竣，即行開辦自治制研究所，增廣額數，酌定學期，將根本之學理及組織之方法，詳細講求，俟其畢業之後，選派學識優長品性純粹者，再於各屬原籍推廣傳習，俾之涵濡浸灌，輸入文明，庶幾風氣漸開，人人知有負荷地方之責任，而法典之編纂亦得從容審定。使人才與法制互相維繫而成功，取徑似迂而收效實廣，此則通盤籌畫，既不敢操切以期其速效，尤不欲簡陋以隘其初基者也。其開辦及常年經費，由徵存稅捐項下開支，經局長提學使張鶴齡籌議具詳請奏前來。

所有試辦全省地方自治局緣由，理合專摺具陳，是否有當，伏乞皇太后、皇上聖鑒，訓示施行。謹奏。

光緒三十三年三月十八日奉硃批：著徐世昌查覈辦理。欽此。

又《北洋大臣袁世凱奏天津試辦地方自治情形摺光緒三十三年七月二十二日**》** 太子少保北洋大臣直隸總督臣袁世凱跪奏，為天津試辦地方自治粗有規模，恭摺繕具清單仰祈聖鑒事。

竊臣於光緒三十一年七月准政務處咨開，奏覆侍郎沈家本條陳時事一摺內開，聘用公舉之士紳參預謀議，不必拘定鄉官之名，但求能辦地方之事等語。又上年六月准政務處咨開，奏覆御史顧瑗請設鄉官一摺，并擬由奉直兩省先行試辦。先後奉旨：依議。欽此。咨行前來。

臣惟周制，六官之數約五萬餘人，而鄉遂之官多到三萬七千八百有奇，分職愈繁，故與民相親而事無不舉。漢之三老、嗇夫，猶存古意。自隋以後，盡廢鄉官，以數百里之地寄諸牧令一人之身，遂使猾吏奸胥因緣舞弊，治道之隳胥由於此。比者東西立憲諸國雄長大陸，稽其歷史，則地方制度必先乎立憲政治而興。德之建國發軔於州會，日本之維新造端於府縣會，選舉有定法，議決有定程，人以被選為榮，斯民德日崇，類能輔官治之所不及，比隆三代有自來矣。臣夙昔討論及此，竊謂非行地方自治無以補守令之闕失，通上下之悃忱。爰飭於天津設立自治局，委升任天津府知府淩頑彭、翰林院檢討金邦平會同籌辦，招集法政各員暨明達官紳擬議章程，往復辯論，至本年七月初十日天津縣議事會始克成立。計一年以來，慘淡經營，規模略具，謹為我皇太后、皇上縷晰陳之。

地方自治為我國創辦之事，非先以預備則不能實行。目前教育未周，識字之民尚少，設有誤會，流弊滋多。乃遴派曾習法政熟諳土風之紳士為宣講員，周歷城鄉宣講自治利益，復編印法政官話報，分發津屬州縣以資傳習，并將自治利益編成白話，張貼廣告，以期家喻户曉，振聵發聾。此派宣講員與編官話報及白話廣告之情形也。

各國自治章程俱有法理，研究比較，責在士紳，乃設自治研究所，飭津郡七屬選送士紳之閲歷較多素孚鄉望者，大治八人，小治六人，并招旁聽生入所研究。四個月畢業後，各回原籍籌設自治學社，為定學社通則，以研究所得者傳習之。該紳等於自治理法約略能詳，俱有期望實行之心，可收因勢利導之效。此設自治研究所與自治學社之大略情形也。

實行自治，立法為先，公聽并觀，理無專斷，乃仿日本期成會，合該局全員并由局公舉紳士十二人，學會公舉二十人，商會公舉十人組織全會，又委派服官本省饒有經驗者四人為諮議。先由該局草擬自治章程，於開會時擬稿員宣述理由，諸會員逐條駁詰，多數贊成方為決議，計開會議十有九次，議成章程百十一條。此設期成會與諮議員會訂章程之大略情形也。

自章程批准之後，由實行入手之初，先舉者與被選舉者既須有一定之資格，不可無調查之機關，乃設選舉總分課。總課以本局人員兼任，分課以研究所之畢業士紳分任。散給選舉人、被選舉人格式紙，令其逐項自行填注，送還選舉課，换給執照。計給照者一萬二千四百六十一紙，其中有被選舉資格者二千五百七十二人。此設選舉總分課調查選舉權與被選舉權之大略情形也。

調查既畢，乃照章先行初選舉。其法憑執照掉换初選舉票，各寫所舉一人，投入票箱，當衆公開。先按被選舉人所住區域劃成八區，分揀各本區得票最多者四人，共三十二。復將所餘各票合揀得票最多者一百三人，以上一百三十五人為初選舉當選人。初選舉既畢，乃照章行復選舉。其法亦憑執照换給復選舉票，凡初選舉當選人各互舉三十人，記於一票，投入票箱，當衆公開，分揀每區減為一人，共八人，合揀減為二十二人，以上三十人為當選，即議事會之議員。此分别初選舉、復選舉與分揀、合揀之大略情形也。

所有當選議員經該員備函通告，并賃定議事會地址，於七月初十日行開會式，互選議長、副議長。其議長為在籍度支部郎中李士銘，副議長為分省補用知縣王劭廉，此後即由該議事會自行籌設董事會，各按章程辦理。計設自治局以訖議事會成立之日，適已經年，蓋事關興革，發端務極周詳，理可貫通，循序自能普遍，既有天津為之模範，其余推行各屬，當有事半功倍之望，臣已督飭自治局計畫全省地方自治辦理，期以三年一律告成，仰副朝廷預備立憲之至意。

所有天津試辦自治章程，理合繕具清單，恭呈御覽，仰懇天恩敕下民政部立案施行。謹恭摺具陳，伏乞皇太后、皇上聖鑒訓示。謹奏。

光緒三十三年七月二十二日奉硃批：民政部知道，單并發。欽此。

又《兩江總督端方等奏江寧籌辦地方自治局情形摺光緒三十四年正月初九日》

頭品頂戴兩江總督臣端方、江蘇巡撫臣陳啓泰跪奏，爲地方自治事宜，先就省城遴委官紳商設局籌辦，恭摺仰祈聖鑒事。

光緒三十三年八月二十三日奉上諭：欽奉皇太后懿旨，上年降旨宣布憲政，業經明白申諭，視進步之遲速，定期限之遠近，朝廷廑懷憲政，盼望至殷，近已降旨先設資政院以立議院基礎，顧議院言論之得失，全視議員程度之高下，非教育普及，則民智何由啓發，非地方自治，則人才無從歷練等因。欽此。仰見朝廷講求憲政，鋭意圖强，凡在臣民，同深感奮。

臣等伏念地方自治之制，其名詞譯自日本，其經畫始於歐美。自列强均勢，凡政治學家之言，皆曰非立憲無以自存，非地方自治無以植立憲之基本。而疑中國數千年來，有官制無自治。臣等以爲周之閭胥、比長、與漢之三老、嗇夫，雖命自國家，事殊團體，然其受任自選舉而來，其用人必不出本郡。揆諸自治之義，不啻導以椎輪。必謂中外治術不同，猶非新舊溝通之論。江南地方交通最早，士紳智識開明，自奉明詔豫備立憲，羣情鼓舞，望治尤殷，誠如慈諭，亟宜擇地試辦地主自治，以爲人才歷練之地，以速實行立憲之期。惟是規畫自治，按之法理宜從下級入手，中國鄉遂之制，恐已名存實亡，人民程度又復秀野不齊，城鄉互異，仍應仿照天津辦法，於省會設局，以官力提倡，先謹豫備之方，徐爲實施之地。即於江寧諸城設立籌辦地方自治總局，檄委調補奉錦山海道朱恩紱、鹽巡道榮恆，浙江補用道宗舜年，署江寧府知府許星璧爲局長，前浙江候補知府伍元蘭，七品小京官善溥，署上元縣知縣田寶榮，署江寧縣知縣龍曜樞，候補知縣羅良鑑爲參事。擬定開辦簡章，分設法制，調查、文牘、庶務四課，並於總局內附設自治研究所及實地調查所。研究所爲豫備之始，先徵江寧一府之士紳入所授課，而遞及於他府縣。調查所爲實行之始，先從上元、江寧兩邑試辦，而次及於他屬。一面開辦宣講，以曉顓愚，畫定區域，以行選舉，選舉既定，議事會與董事會乃得次第組織，町村置長，近係鄰邦經野之規，王道觀鄉，遠稽三代大同之治。臣等忝爲行政長官，幸際昌顯，不敢不勉力倡導，仍俟民政部頒發自治章程，再行斟酌地方情形，依次籌辦。其辦事經費，本應由地方公衆擔任，惟目前局由官立，性質既微有不同，且就地籌款，亦非俟自治規模大備，未能遽責以義務。現在該局逐月支銷之款，暫飭財政局墊撥，俟地方籌款有著，再議歸償。

除開辦簡章分別派送憲政編查館、民政部外，所有江南籌辦地方自治緣由，謹會同署江北提督臣王士珍合詞恭摺具陳，伏乞皇太后、皇上聖鑒訓示。謹奏。

光緒三十四年正月初九奉硃批：該部知道。欽此。

又**《吉林巡撫陳昭常奏吉林籌辦府廳州縣地方自治情形摺宣統二年十一月十一日》** 頭品頂戴副都統銜吉林巡撫臣陳昭常跪奏，爲遵章籌辦吉林全省府廳訓縣地方自治情形，恭摺具陳，仰祈聖鑒事。

竊臣於宣統二年二月准憲政編查館咨，將欽定府廳州縣地方自治章程暨選舉章程，頒行到吉，當經飭由吉林地方自治籌辦處，遵照章程，分別籌辦在案。惟查民政部奏定逐年籌辦事宜清單，所列籌辦府廳州縣地方自治順序，以等級言，則先之以省會首縣，次外府首縣，次衝繁廳州縣，次指定偏僻廳州縣，次其餘偏僻廳州縣。以年限言，則自宣統二年至宣統六年，凡各省廳州縣之議事會、董事會，均依所定等級，分年照章成立。在部臣統籌全局，證之關內各省情形，自爲不易之辦法，而吉林地處遙陲，事皆草創，審時度勢，似有不能不因地制宜者，謹約舉大概，爲我皇上分別陳之。

一、地方等級之宜略事變通也。查吉省原設府廳州縣，均有直轄地方，比年因幅員廣廓，治理難周，復經增改府廳州縣，各治概依新章，不相統轄。論職官品級雖有尊卑，而行政區劃實無差別。故籌辦上級地方自治，在關內各省，次別府於廣州縣，而於吉林則須合府廳州縣同時並舉。現擬仍仿前定城鎮鄉自治辦法，就各府廳州縣，分爲繁盛、中等、偏僻三項名目。以部定省會首縣、外府首縣及衝繁廳州縣，須分三年舉辦者，均納之於繁盛一級之中，統歸一年籌辦。其中等一級，則凡次於繁盛，而不得稱爲偏僻者屬之。至偏僻一級，吉省於東南、東北各屬，均係區域初分，人民未集，部章於各省偏僻之府廳訓縣，復區爲指定偏僻與其餘偏僻兩級，所議本極詳備。而揆之吉省情形，屬於部定之其餘偏僻者較多，故與部分等級，實難一致。

一、籌辦次第之宜預定限制也。查各府廳州縣，既依繁盛、中等、偏僻劃分等級，自應按照等級之次第，以定籌辦時期之先後。擬以宣統二年十月至宣統三年九月，籌辦繁盛各府廳州縣爲第一期，以宣統三年十月至宣統四年九月，籌辦中等各府廳州縣爲第二期，以宣統四年十月至宣統五年九月，籌辦指定偏僻各府廳州縣爲第三期，以宣統五年十月至宣統六年九月，籌辦其餘偏僻各府廳州縣爲第四期。如此則分期籌辦，雖與部定略異，而依限成立，仍與部章適符。

一、選舉機關之宜另行組織也。查府廳州縣，在國法上爲上級自治團體，其區域視城鎮鄉爲大，其選舉務自較城鎮為繁，現設地方自治籌辦處，係全省自治之總機關，自能專臺籌畫，若名屬則地方官事務殷繁，百端待理，以之兼任，難保無貽悞事機，似須另立機關，以專責任。擬飭各屬遴選公正明達士紳，組立自治籌辦公所，專理全屬自治事務。至府廳州縣選舉事宜，按照定章，城鎮由總董、鄉由鄉董管理。當此籌辦伊始，除城自治職已先期成立外，其鎮鄉自治，或正在籌措，或尚未舉行，是鎮總董及鄉董並未發生，而鎮鄉區域勢不能不另有管理選舉之人，擬於城區仍照章以總董爲選舉管理員，其餘未經成立之鎮鄉各區，則另設鎮鄉選舉事務，專管該區選舉事宜，以期上下機關承接靈敏，藉收臂指之效。

以上三端，皆於遵照定章之中，參酌吉省情形，分別籌擬。其詳細辦法，仍飭由地方自治籌辦處妥列表式，咨部查核辦理。

再，吉省府廳州縣自治，雖擬分四期籌辦，惟現定繁盛各屬，實不及內省之中等。其中等以下地方，或設治未久，或甫經設治，地遠人稀，民貧財困，僅此三五年間，欲責其一例成功，雖有賢智，恐難爲力。伏查憲政編查館奏覆山東巡撫奏陳地方自治請變通章程一摺內稱：各省地方果有實在窒礙情形，應經該省督撫將一省中之何府廳州縣，一府廳州縣中之何城鎮鄉，臚陳實在情事，並緩辦自治緣由，請旨辦理等因。將來吉省籌辦自治，此等情形在所不免，屆時再當臚陳實在情形，援案奏請辦理。臣責任所在，自不能不審察時勢，先事綢繆，而憲政攸關，亦斷不敢稍涉因循，預存觀望。茲經擬定分頭辦法，仍當責成各屬計日程功，切實籌辦，以冀仰副朝廷實行憲政之至意。

所有籌辦吉省府廳州縣地方自治情形緣由，除將順序期限表分咨查照外，謹會同東三省督臣錫良，恭摺具陳，伏乞皇上聖鑒。謹奏。

宣統二年十一月十一日奉硃批：該衙門知道。欽此。

《宮中硃批奏摺・山東巡撫袁樹勛奏山東籌辦地方自治設立自治研究所情形摺宣統元年二月十六日》 頭品頂戴山東巡撫臣袁樹勛跪奏，爲遵章籌辦地方自治，設立自治研究所開辦情形，恭摺仰祈聖鑒事。

竊臣恭讀本年正月二十七日電傳上諭：前經憲政編查館奏定，頒行分年籌備事宜，本年各省均應舉行諮議局選舉及籌辦各州縣地方自治，設立自治研究所，選用公正明慎之員紳，一律依限成立各等因。欽此。仰見慎重初基，鞏固邦本之至意，欽佩莫名。

臣維地方自治，誠如原奏，名雖近沿泰西，實則根荄中古，比閭、族黨之制，燦備於周時，三老、嗇夫之名，僅存於漢世。至歷代之保甲、鄉約及今各處水會、善堂、積穀、保甲諸事，則雖以本鄉之人辦本鄉之事，然選舉之法無存，把持之患合愈亟，賢者有塗炭衣冠之懼，而自好不爲，不肖者煽狐鼠城社之風，而路人以目。官長誤以摧殘民氣爲賢能，人民誤以習慣服從爲安分，禮失求野，文郁從周，斟古酌今，事窮思變。臣於去年冬間，即與司道籌商，以爲地方自治施諸今日，必先知其所難，而後知其所便。夫愚民烈燄，熸於暴秦，科舉拘攣，牿自唐、宋，政治委靡，知識消亡，譬如久病痿躄而與之馳驟，則厥足用傷，甫及含哺而遽飼膏粱，則雖茹必吐。即如近數年間，教育會、商會等，其辦有秩序者，固日進於文明，其貌是神非者，或益叢爲詬病，此其所以爲難也。

然天下無無弊之法，中人皆可造之才，國所與立者惟民，民所附麗者惟國。三代以上，君與民相親，故則君自治之文，見諸禮運，五洲而遙，國由民所積，故地方自治之制，行且同倫。今者蒐采列邦，商榷舊制，將名義、範圍、經費各節，咸納於自治監督之所司，即爲城爲鎮爲鄉各區，悉蘊爲自治精神之所寄。以少數官治之能力鞏衛國家，與以多數人民自治之能力保守疆土，譬如有中央而護以四方，有頭目而捍以手足，其爲得失無待著龜，此又所以爲便也。

臣等再三討論，遂於上年冬間即擬定自治研究所章程，計東省一百零七州縣，每處選派二人到省入該所研究，延派嫻習法政學識開通者，分別充任所長及教務各事宜，業於本年二月初一日開課。並遵原奏責成諮議局籌辦處兼理地方自治一應籌辦事宜，仍派該處司道，率同在事員紳，認真辦理，概不另支薪水，以節糜費。一俟養成此項自治人才，略有基礎，再推行各州縣，遵章依限擴充。

除將自治研究所章程及職員清單分咨查照外，芻蕘之見，是否有當，恭摺具陳，伏乞皇上聖鑒訓示。謹奏。

硃批：該衙門知道。

又 **《廣西巡撫張鳴岐奏廣西籌辦地方自治情形摺宣統元年三月初二日》** 頭品頂戴廣西巡撫臣張鳴岐跪奏，爲遵旨籌辦地方自治並臚陳歷年辦理情形，恭摺仰祈聖鑒事。

竊臣於宣統元年二月二十五日，承准憲政編查館王大臣咨開：本館核議民政部奏，城鎮鄉地方自治並另擬選舉章程一摺，業於光緒三十四年二月二十七日具奏。奉上諭：地方自治爲立憲之根本，城鎮鄉又爲自治之初基，誠非首先開辦不可。著民政部及各省督撫，督飭所屬地方官，選擇正紳，按照此次所定章程，將城鎮鄉地方自治各事宜，迅即籌辦，實力奉行，不准稍有延誤等因。欽此。仰見朝廷天下爲公，好惡同民之至意，欽服莫名。

伏維自治成立之遲速，固視官吏提倡之是否認真，尤視人民責任心之有無多寡。人民果能明於時局之大勢，知一己與國家之關係，事事引爲己責，自不難計日程功。若人民本無希望自治之熱心，則議事、董事不免仍舊害公，附捐、特捐或且疑爲厲己，民智之不開，利弊之所以相乘也。

廣西僻處邊陲，風氣素稱錮蔽，人民責任心之薄弱，地方生產力之凋敝，均遠在内地各省之下。臣深知廣西辦理自治之難，而又知自治爲憲政始基，辦理不容稍緩。是以於光緒三十三年九月奏明設立全省自治局，以爲籌辦總匯之區，並於局内附設自治研究所，先考選桂林府所屬士紳入所研究，以爲著手進行之本。旋因臣出省督師，稍有停滯。該局於光緒三十四年三月開辦，研究所於四月開辦，截至上年年底，綜計入所研究畢業者，共一百九十人，一切章程名冊，均於上年十月咨送民政部有案。此未奉分年籌備清單以前，廣西即已籌辦自治之情形也。

迨奉清單，本年應籌辦城鎮鄉地方自治，設立自治研究所。桂省幅員寥闊，交通不便，僅省城設立一所，即苦於山川阻隔之爲難，令各屬自行設所，又苦於經費人才之無著。經臣督同局員，詳加體察，議將全省劃作三區：以桂、柳、慶、思爲第一區，設所於桂林，以平、梧、潯、鬱爲第二區，設所於梧州，以南、太、泗、鎮、歸、百、上爲第三區，設所於南寧。按屬分配名額，飭令闔省各廳州縣，考選品學素優之士紳入所研究，於閏二月一律開學，教以自治制度及與自治有關繫之法政學科，以十箇月畢業，畢業後即派回本籍傳習研究，以期普及。此廣西遵照清單，切實籌辦自治之情形也。

城鎮鄉地方自治，粗具規模，清單本定在宣統四年，城鎮鄉地方自治一律成立，清單本定在宣統五年。推原立法之意，或因事屬創舉，端緒紛繁，若淩節而施，欲速轉虞不達，故特寬其期限，俾得從容籌備而不遽責以完成。臣愚謂凡事百聞不如一見，以今日人民之不識負擔義務，官吏之未能悉解提倡，若不先行試辦一二處，示以模型，轉瞬即屆一律成立之期，倉卒恐多敷衍。是以臣復飭局選派上年優等畢業學員，分任臨桂縣屬調查、宣講之事，期將臨桂縣城鎮鄉地方自治，於年内粗具規模，一以樹外屬之風聲，一以驗推行之利弊。此又廣西遵照清單提前籌辦自治之情形也。

以上辦法，於養成人才，標示模範，固可稍提綱領，然不爲各屬定一推行之準，仍難植積小高大之基。現飭各廳州縣，於城治各設一地方自治籌辦公所，遴派正紳主辦，爲一邑籌辦總匯之區，經費就該屬原有之地方公款撥用。該公所辦事約分兩期：第一期召集闔屬士紳，調查戶口總數，爲劃分城鎮鄉區域之預備。第二期稟派幹事，設立城鎮鄉籌辦事務所，爲地方自治之實行。廳州縣自治事宜，俟奉到奏定章程，亦即責成該公所，繼續籌辦，以資熟手。事務所俟城鎮鄉議事會成立後裁撤，籌辦公所俟廳州縣議事會成立後裁撤。除臨桂縣籌辦公所，定於四月初一日開辦外，其桂林府所屬各廳州縣及梧州、潯州、南寧、龍州各屬，均限以本年九月初一日爲籌辦公所成立之期。此外各屬均分別後先，以次飭令設立。此又廣西遵照清單及奏定章程引申籌辦自治之情形也。

總之，地方自治，實憲政之根基，自治苟不完成，憲政仍難確立。抱人一己百、人十己千之志，雖民愚俗陋而無傷，爲月計不足、歲計有餘之謀，庶刻日程功之可待。臣惟有認直督飭，次第推行，以期仰副聖主惠愛閭閻之意。

至憲政編查館原奏，有令各省諮兼議局籌辦處總兼理地方自治事宜之語。查廣西奏設全省自治局，在開辦諮議籌辦處以前，與原奏令籌辦處兼理俾資提挈用意正同。該局籌辦各事，已有端倪，循序圖功，當可漸期就理，可否免其改併，俟諮議局成立時，即將諮議局籌辦處裁撤，擬請飭下憲政編查館核覆施行。

除將局用經費分咨度支部、民政部立案外，所有廣西遵旨籌辦自治並臚陳曆年辦理情形緣由，理合恭摺具陳，伏乞皇上聖鑒訓示。謹奏。

硃批：該衙門知道。

又《湖南巡撫岑春蓂奏湖南籌辦地方自治設立自治研究所情形摺宣統元年六月二十七日》 湖南巡撫岑春蓂跪奏，爲籌辦地方自治，設立自治研究所辦理情形，恭摺仰祈聖鑒事。

竊臣恭讀宣統元年正月二十七日電傳上諭：前經憲政編查館奏定，頒行分年籌備事宜，本年各省均應舉行諮議局選舉，及籌辦各州縣地方自治，設立自治研究所，選用公正明慎之員紳，一律依限成立等因。欽此。

伏維自治一端，法始於商周，名成於歐美，舉社會公利公益事宜，責之地方紳董，而官府以監督之，法律以範圍之，上下相維，古今合轍，法良意美，莫盛於斯。當創辦之初，地方風氣甫開，人民程度不一，必先養成講演組織之才，推行方期盡利，亦必預設總匯綱領之所，因應庶免失宜。溯查湖南省前准民政部咨，先就省城設自治研究所一區，即經臣督同司道酌議辦法，遵照設立，以各國自治制度及法理，分擬門目，列爲學科，定明研習八箇月爲畢業之期。檄飭各廳州縣，遴選品學較優、富於經驗、素有鄉望之士紳，申送考選。其名額視各該屬區城之廣狹，人口之多寡，別爲上、中、下三類，分定數目條列資格，令其依限選送。但各屬距省道里遠近迴殊，險夷各異，選送士紳，自難同時齊集，不得不隨時試驗，分班課授。本年春間，各屬陸續選送到省，先後兩次考録合格士紳二百十七名。第一次於三月十五日上課，第二次於五月初八日上課，各爲一班教授，而科目程級期限，仍一律規定，間有未經送到者，則留額待補，以期普及。其有送逾定額，未經考取各士紳，概列備取，由該所刊刻講義，給令於校外自行研究，即名爲自修科。惟是湘省創設自治研究所，係在奏定章程頒發未到以前，比經考察諮訪，咸以地方自治爲法政之一部分，因就原設法政學堂、紳校，擴賃房屋開辦，講員、管理員即在法政、官紳兩校教職人員内慎選派充，藉資節省。旋准憲政編查館咨送定章到湘，復按原章第五條所列講授科目，改定授課，暨將該所劃歸自治籌辦處管轄，飭令選派所長，期符定制。計各士紳在所，已歷數月，俱能悉心研習，恪守章規。現一面督飭講員認真講授，並縮短暑假時期，俾得早日畢業。一面飭由該所將講議札發各廳州縣，加印多張，分給本籍士紳就近研習。俟研究所各生畢業後，再各赴本籍設所傳習講演，庶官紳咸知自治之有裨地方，將來實行興辦，不致別生障礙。

至城鎮鄉地方自治辦法，前准憲政編查館咨送原奏章程，聲明通行直省，各就諮議局籌辦處責令兼理地方自治，一應籌辦事宜等語。遵即行飭該處添設自治籌辦處，仍派原委總辦、會辦、司道及會辦紳士，督率在事員紳辦理。業經將原奏章程並增訂施行細則，印行各屬一體遵照。另擬該處開辦簡章及辦事期限表，以便分年籌備。際此籌辦伊始，選舉紳董、撥用經費兩端，關繫最重，措辦維艱。偏遠地方智識多未開通，勸導不易著手，而誤會宗旨、濫動分產之弊，亦不可不防。即遵章出示申明宗旨，通行張貼曉諭，暨飭各屬於諮議選舉完竣後，將原設選舉事務研究所改爲籌辦地方自治公所，爲本籍辦事員紳研習職務之地。

至自治經費，照章應以地方公款、公產等項充用。惟各屬情形不同，全在經辦員紳和平勸導，從長計議，方期有利無弊，亦即飭屬照章議辦。其省城籌辦處暨自治研究所用費，自應官爲籌備，由處撙節支用，覈實報銷。事關自治初基，各廳州縣身任地方，職司綦重，臣有監督之權，於牧令之選擇誥誡，議會之成立效果，尤屬責無旁貸。謹當督飭籌辦處，將選舉事宜次第舉行，並隨時按章督責，總期與定制適相符合，於期限不致遲誤，以冀仰副朝廷注重憲政鞏固邦本之至意。

除將自治施行細則並研究所章程及職員清單分咨查照外，所有籌辦地方自治，設立自治研究所緣由，謹恭摺具奏，伏乞皇上聖鑒。謹奏。

硃批：該衙門知道。

政治嬗變總部

鴉片戰爭部

綜　述

煙毒氾濫與禁煙運動

《道光朝外洋通商案・章沅摺》　福建道監察御史臣章沅跪奏：

【略】向來粵洋與內地通市，祇准以貨易貨，例禁綦嚴。其土產載在則例者，如鐘表藉驗時刻，呢羽可備衣裘，雖非必需，尚堪濟用。詎近日所通貨物，違例特多，作爲奇淫，導民奢麗，日甚一日，罔所底止。臣聞夷商每歲必務爲新奇可喜之物，藉相炫惑。如多寶箱、自鳴雀、風槍、樂琴，不可枚舉。在彼專恃人工，不甚費值，一入內地，紈袴子弟爭相購致，其利何啻數十百倍。或一二年後，數見不鮮，則價亦賤至什之三四，其爲漁利取值，已可概見。又其人賦性狡黠，純用機心，賣物則必索官銀制錢，買物則概用番銀夷錢，銀低錢薄，僅當內地銀錢之什七。或仍以番銀給還，則斷不收納，是以番銀之行日廣，官銀之耗日多。至鴉片煙一物，流毒滋甚，該處僞標他物名色，夾帶入粵，每歲易銀至數百萬兩之多，此豈尋常偷漏可比？且一經嗜煙，刻不可離，中人之家，往往破產。而此煙能提攝百脈，愈人小疾，久之精氣大耗，無可救治，爲害尤烈。其始食此，僅係幕友、長隨，今則官民、士紳，皆所不免。其始僅在海濱近地，今則漸染十數省之廣。以上違例等件，就使僅止牟利，已屬難寬，況以貨則蠹國若彼，以食則害民如此，若不設法禁制，弊將何所終極？嗣後通市，務當恪遵憲令，祇准易貨，毋許易銀。其番銀之在內地者，行用已久，恐驟加遏絕，必致於民不便，應仍聽其流轉，俾其數既有限制，將來有減無增，不禁而可期自絕。至內地官銀，則分毫不得私出外洋，以杜偷漏。應請敕交該督撫詳查妥議，更立專條，一粟一絲，官爲出納，顯示懷柔於海外，隱嚴保衛於境中。務期外洋土物，無敢私入，內地貨財，無敢私出，商民犯禁者置之重典，官吏容隱者加以嚴懲。庶法律昭，而防微之道備矣。臣管見所及，是否有當？伏乞皇上聖明訓示，飭下，謹奏。

道光九年正月二十四日。

又《李鴻賓等摺》　兩廣總督臣李鴻賓、廣東巡撫臣盧坤跪奏，爲遵旨查禁紋銀出洋鴉片分銷各弊，會議章程，恭摺覆奏，仰祈聖鑒事：竊前准軍機大臣字寄，奉上諭：『朕聞外夷洋錢在內地行使，自閩、廣、江西、浙江、江蘇漸至黃河以南各省，洋錢盛行。凡完納錢糧及商賈交易，無一不用洋錢，番船以販貨爲名，專載洋錢至各省海口收買紋銀，致內地銀兩日少。近年銀價日昂，未必不由於此。又鴉片流行內地，耗財傷人，皆由番舶裝載鴉片，駛至澳門、廈門等處附近關津停泊，或勾通書差，包庇進關，或巡哨兵役，私爲奸役夾帶，代爲發販，或得規容隱，任聽分銷各省，商船載往各處售賣，較洋錢之害爲尤甚。必須將如何截其來路，如何禁其分銷，不致徒爲文告故事，方爲妥善等因。欽此！』臣等當將接奉諭旨，悉心訪察，再行籌議章程緣由，先行附片具奏在案。查上年因御史章沅條陳，欽奉上諭：『飭將夷船偷漏官銀，夾帶鴉片，嚴行查禁，妥議章程具奏。』當經臣等會議各條陳奏。欽奉硃批：『覽奏均屬周妥，實力奉行，日久無懈爲要。欽此！』茲復奉聖諭以鴉片之害，較洋錢更甚，必須截其來路，禁其分銷。仰見皇上除害釐奸，務期詳盡至意，臣等曷勝欽服。伏查夷商來粵，經關口查報貨稅，方准入口。其攜帶洋錢，每以爲備買日食之用。亦間有多載洋錢，置買內地貨物之時，其偷換紋銀，不過紙包布裹，夾入他貨之內，零星收取，以冀積而成多。若專載洋錢，收買紋銀，則爲數甚鉅，勢難掩人耳目，豈非自尋敗露？至內地商賈交易洋錢，與紋銀價各不同，皆按色扣算。如完納錢糧，皆補足成色，將洋錢鎔銷，傾作紋銀，始准上庫，亦非以洋錢抵算紋銀。且洋錢行用已久，誠如前奉上諭，自難驟加遏絕。惟紋銀出口，必不可不實力嚴禁，應於前次擬議各條，再加申明，以嚴偷漏。至鴉片流毒無窮，歷奉諭旨飭禁，凡各處拏獲，皆按律懲辦，防範不爲不嚴。無如法立弊生，內地奸民，每於夷船初泊外洋，即乘深宵雨夜，私赴洋面，潛向夷船接買，由偏僻港汊偷運各處售賣。又或商漁船隻，攏近偷銷，吏役兵丁等，得規庇縱，皆所不免。應於前議各條外，再行嚴定科條，從重懲辦。責成該管文武及巡洋舟師關口員弁等，認真稽查寬其失察之愆，嚴其玩縱之咎，俾內外益加嚴密，夷人及內地奸徒，無從逞其伎倆，庶於嚴究弊源之法，更昭慎密。謹將會議章程六條，另繕清單，恭呈御覽。爲此，合詞恭摺覆奏，伏乞皇上聖鑒訓示，謹奏。

道光十年六月十七日，奉硃批：『欽此！』

《粵海關監督達三奏爲遵旨實力查禁鴉片煙片道光三年二月二十五日》

伏思鴉片一項，流毒內地，久爲人心風俗之害。前因御史尹佩棻陳奏，欽奉上諭：令於通海各口岸地方，並關津渡口，無論官船民載，逐一認真查拿，等因。當經通飭廣州府屬稅口丁役，凡遇官民船隻務須實力嚴查，如敢包庇賣放，一經訪聞，立卽拿交地方官盡法嚴懲。已據督臣阮元將辦理情形，並奴才拏獲鴉片數起，會同恭摺覆奏在案。茲復仰奉硃批，訓勉周摯。奴才再四思維，澳門爲西洋夷人匯集之區，尤應防其偷漏。茲復移行香山縣協一體嚴密查拿。其惠、潮、雷、廉、高、瓊等處六口，距省窵遠，乾隆五十一年，經前督臣孫士毅、前監督臣穆勝額，會同奏交地方同知通判就近監管，奴才現飭該員等欽遵查辦，仍移行該管道府轉飭所屬員弁上緊查拏，毋任夾帶販運。至通海口岸地方，本設有弁兵巡緝，協同查拿，奴才復咨明水師提督臣李增階轉，飭沿海兵弁，認真巡緝盤查去後。奴才惟有時刻留心，實力禁絕。嚴防丁役包庇，以除私販之根株。盤詰商船偷漏，以杜奸徒之夾帶。務期弊源漸絕，仰副我皇上恩任鴻慈之至意。所有奴才感悚下忱，理合附片據實覆奏，伏乞皇上慈鑑。謹奏。道光三年二月二十五日。

《兩廣總督李鴻賓覆奏查辦夷錢情形摺道光九年正月十六日》 竊臣接准軍機大臣字寄，道光八年十一月初六日奉上諭：『御史張會奏：「風聞廣東省行使錢文內有光中通寶、景盛通寶兩種最多。同有景興通寶、景興巨寶、景興大寶，嘉隆通寶，謂之夷錢，攙雜行使，十居六七，潮州尤甚。並有數處專使夷錢。內地奸民利其錢質淺薄，依樣仿鑄，日積日多，且恐有另立名號託爲夷錢，不可不防其漸，謹封呈錢樣請旨飭禁。」等語。廣東、福建濱海地方俱與外夷接壤，各該夷人通市貿易自應以銀易換制錢，豈可令外夷錢文公然於內地攙雜行使？且有奸民利其錢質淺薄，依樣仿鑄。著該督撫嚴飭所屬確切查明，如有前項弊端，立卽嚴拏究辦。將此各諭令知之。欽此！』仰見皇上清釐錢法，杜弊防奸至意。臣查粵東各屬，多係濱海，向與外夷各國通市貿易。該夷商等每遇零星買賣，貪圖便利，輒以帶來之光中、景盛、景興、嘉隆等項夷錢，攙雜行使，以致日積日多。從前督撫臣久經示禁，臣任內亦經嚴諭各州縣查拏。茲欽奉聖諭，復加訪察，各店鋪攙用夷錢，實所不免，當卽通飭各屬實力嚴禁。月餘以來，商販鋪戶人等頗知儆惕，不敢仍前使用。惟剔弊必清其源，庶立法可要諸久。此等夷錢，在貿易之鋪民人等，前此不無存積，一旦嚴禁不用，雖暫時勉强從令，而資本攸關，何肯遽爾棄置，勢必致私行藏匿，冀圖日久仍然行使；必須設法收繳淨盡，方足以塞源截流，永杜弊端。查乾隆年間，粵東省因外省砂殼鵝眼小錢流入行用，奏准給價收繳，煎煉紋銅，搭鑄制錢，報部核銷。續又准戶部通行，每小錢一斤給大錢六十文，予限設局，收繳在案。臣與司道悉心酌議，應查照從前收繳小錢事例，通飭各屬，曉諭鋪戶居民人等，如有積存前項夷錢，立卽檢出，交與地方保甲，於每月朔望各赴該管州縣彙繳，每斤照部議給制錢六十文，在於通省文職各員自捐公費內按數支給，統限半年期內呈繳淨盡，並責成各州縣認真查繳，按月將收繳過夷錢若干文，計重若干觔，列摺稟報一次。至此等夷錢銅色鉛砂夾雜，不堪煎煉，且恐收繳零星，徒費工火，轉於鼓鑄阻滯，應毋庸運局搭鑄，卽令各州縣將收繳夷錢，俟限滿解省銷燬。其各關津要隘處所，並令留心查驗，一律收繳淨盡。如逾限不繳，後敢留存攙使，一經查出，立卽嚴拏，照例治罪。仍將收繳不力之地方官嚴行參懲。一面會同粵海關監督嚴諭洋行各商嗣後各國夷人買賣，俱令以銀易換制錢，並於洋船進口時詳加查察，如有夾載夷錢來粵，曉以天朝禁令，不准開艙，飭令帶回本國行使。如違，惟洋商是問。似此設法收繳，互相稽察，應可期夷錢杜絕，錢法漸次肅清。至依樣仿鑄及另立名號，託爲夷錢等弊，臣密加考察，尚無其事；如有此弊，更當實力查拏，從重究辦，並將該管地方官嚴參，以儆疏玩。所有查辦夷錢緣由謹恭摺覆奏，伏乞皇上聖鑑訓示。再廣東巡撫係臣兼署，毋庸會銜，合併陳明。謹奏。道光九年正月十六日。

清・文慶等《籌辦夷務始末（道光朝）》 乾隆以前，鴉片入關納稅後，交付洋行兌換茶葉等貨，今以功令森嚴，不敢公然易貨，皆用銀私售。嘉慶年間，每歲約來數百箱，近竟多至二萬餘箱。每箱百斤，烏土爲上，每箱約價洋銀八百圓。白皮次之，約價銀六百圓，紅皮又次之，約價銀四百圓。歲售銀一千數百萬圓，每圓以庫平七錢計算，歲耗銀數總在一千萬兩以上。夷商向攜洋銀至中國購貨，沿海各省民用，頗資其利。近則夷商有私售鴉片價值，無庸挾貨，由是洋銀有出而無入矣。國家承平垂二百年，休養生息，財帛充牣，我皇上躬行節儉，爲天下先，宜乎黄金與土同價矣。然向來紋銀每兩易制錢千文上下，比歲每兩易錢至千二三百文，銀價有增無減，非銀有偷漏而何，以中原易盡之藏，填海外無窮之壑，日增月益，貽害將不忍言。

清·魏源《夷艘入寇記》 初，鴉片在康熙初以藥材上稅，乾隆三十年以前，每年多不過二百箱。及嘉慶元年，因嗜者日衆，始禁其入口。嘉慶末，每年私鬻者至三四千箱，始則囤積澳門，繼則移於黄浦。道光初，嚴旨查禁，復移於零丁洋之躉船。零丁洋者，在老萬山内，水路四達，凡中外商船之出入外洋者，皆必由焉。夷艘至，皆先以鴉片寄躉船，而後以貨入口。凡閩、浙、江蘇商船，即從外洋販運。其粤商則皆在口内議價，而從口外運入，始躉船尚不過五艘，其烟至多不過四五千箱，可籌火攻，而總督阮元密奏請暫事羈縻，徐圖驅逐，於是因循日甚。其突增至二十五艘，烟二萬箱者，則在道光六年，兩廣總督李鴻賓設巡船之後，巡船每月受規銀三萬六千兩，放私入口。前此洋商稟明，每年互易外，夷人總因補内地貨價銀四五百萬圓，逮後則絶無補價，而粤海關監督阿反奏請許夷船餘剩洋銀帶回三成，於援爲定例，影射公行，藩籬潰決。及道光十二年，總督盧坤始裁巡船，而水師積習已不可挽。道光十七年，總督鄧廷楨復設巡船，而水副將韓肇慶專以護私漁利，與夷船約每烟萬箱許送數百箱與水師報功，甚或以師船代運進口，於是韓肇慶反以獲烟功保擢總兵，賞戴孔雀翎。水師兵人人充橐，而鴉片遂歲至四五萬箱矣。大理寺卿許乃濟，曾任廣東雷瓊兵備道，遂奏請將鴉片照藥材收税，不報。

清·魏源《海國圖志》卷二《籌海篇四·議款》 今以道光十七年廣東與英夷貿易出入之數計之，湖絲價銀六百五十九萬員，茶葉價銀千有四百萬員，白礬、串珠、樟腦、桂皮、磁器、大黄、麝香、赤布、白糖、冰糖、雨繖，百二十二萬六千員；共計英吉利船所購出廣東之貨，二千一百八十一萬六千員；其入口者，棉花八百二十二萬員，六十七萬七千石。洋米二十三萬八千員，二十一萬石。大呢百五十五萬員，羽紗四十萬員，嗶嘰八十萬員，羽緞五萬員，洋布七十萬員，棉紗七十三萬員，千有八百石。水銀二十三萬員，二千石，錫二十九萬五千員，萬五千石，鉛八萬九千員，萬四千石，鐵四萬八千員，萬六千石，硝七萬五千員，共萬石，檀香、烏木、象牙、珍珠、胡椒、沙藤、檳榔、魚翅、魚肚、花巾、洋巾，計七十一萬員，共英夷進口貨千四百四十七萬八千員，少於出口貨價銀七百餘萬員，使無鴉片而以貨易貨，則英夷應歲補中國銀七百餘萬員。乃是歲鴉片價銀反出口二千二百萬員，計銷鴉片四萬箱，此數之確然可考者。彌利堅國，是歲出口之貨，綢緞價七百五十萬員，茶葉五百十九萬八千員，十二萬餘石，絲棉、葛布、磁器、蓆、糖五十七萬九千員，共計千有三百二十七萬七千員，入口洋貨三百六十七萬員，内有洋米八十六萬員，洋布四十五萬員，白銀四十二萬員，價最鉅。計少銀九百六十萬員，何以不聞補銀，蓋亦鴉片價内開除之數，英夷所運者，印度鴉片，彌夷所運者，都魯機鴉片。他西洋諸國出口入口者，約計二百萬員，共計外夷歲入中國之貨，僅值銀二千十四萬八千員，而歲運出口之貨，共值銀三千五百有九萬五千員，以貨易貨，歲應補中國價銀千四百九十四萬五千員，使無鴉片之毒，則外洋之銀，有入無出，中國銀且日賤，利可勝述哉？綜計英夷所購出之貨，莫大於茶，而湖絲次之，所售入中國之貨，莫大於鴉片，而棉花次之，至大黄則蒙古所需，非西洋所急，故每歲出洋大黄，不過值五萬餘員，即俄羅斯市大黄歸，亦僅用以染色，非用以治病，見松筠《綏服紀略》。茶葉雖西洋所盛行，而佛蘭西國不甚需之，以其本國皆飲白酒，不甚飲茶，故佛蘭西到粤之船較少，然前代市舶，從不聞茶葉出洋，茶葉出洋，自明季荷蘭通中國始。及康熙二年，英吉利商，又自荷蘭購歸百斤，飲而甘之，國人飲者歲增一歲。康熙四十九年，至十四萬斤；雍正二年，至二十八萬斤；乾隆二十四年，二百二十九萬斤；三十七年，五百四十七萬斤；五十年，遂至千三百萬斤；嘉慶十八年，二千一百二十八萬斤；道光二年，二千三百七十六萬斤；十年後，三千餘萬斤。及英夷公司散後，各商自運，銷茶愈廣。十七年，廣東出口茶葉三十餘萬石，共價銀千有四百餘萬員。又彌利堅國，道光十七年，購茶價銀三百六十九萬兩。共茶十二萬餘石。荷蘭歲需茶二百八十萬斤不等，佛蘭西二十三萬斤不等，佛蘭西茶，沿途售與各國，其到本國者無幾。此外西洋各國，大約二百萬斤，惟俄羅斯由蒙古運往茶葉歲六百四十餘萬斤。是西洋之飲茶，亦猶中國人之吸鴉片，雖損益懸殊，皆始自近日，非古昔所有，故知洋錢流入內地，皆鴉片未行以前，夷船所補之價；至鴉片盛行以後，則絕無貨價可補，而但補煙價，洋錢與紋銀，皆日貴一日矣。漕務、鹽務、邊務皆日困一日矣。

清·梁廷枏《夷氛聞記》卷一 道光中，署督朱桂楨毀其夷館前碼頭，遽率其來船碇泊外洋，舉八事要挾，以米利堅不從而止，猶以載運鴉片爲利不貲，而稅羨實足資其國計，常慮市易中斷，則利失無以立國。且歷受中國懷柔，亦無隙可乘，無口可藉也。故隱忍久之，不敢驟發。蓋西南洋五印度之南、中、西，屬諸英者十三部，而孟阿臘居首，與孟買部皆鴉片所自出。乾隆初年以來，內地嗜食漸衆，販運者積歲而多，一時來至二萬餘箱，價值逾六千萬。由南洋新埠陸續運至粤海，伶仃洋船，隨賣隨又運至不絕，謂之躉船，全恃沿海內地游手、走私奸民。爲之載棹入口，灌輸內地。每千六百八十觔爲一躉，約三百躉爲一船，故名躉船。沿海邊郡，遞於天津，皆躉船之所流注。販戶先收貲，會城入夷館，易鴉片單出，付買者，持示躉船，則按數而給。《海國圖志》：鴉片製造一在八達拏，一在默拏。加爾吉達稅簿上可查每年到中國多少。近來五六年間，孟阿臘出產七萬九千四百四十六箱，內有六萬七千零三十三箱到中國。道光十三年，七千五百九十八箱，十四年，一萬二百零六箱，十五年，九千四百八十五箱，十六年，一萬三千零九十四箱，十七年，一萬零三百九十三箱，十八年，一萬六千二百九十七箱，此孟阿臘一處數目，孟買等處所發賣在外。每年印度所收鴉片稅餉自五百萬至一千萬圓不等。故巴鼇滿遂以印度爲屬國中第一。因孟阿臘官貪心，故港口貿易，較之孟買尤大，每年解至英國之銀，約三百一十五萬圓，連存留在印度以及各官所用，大約有一千萬圓，故英國受鴉片之利益不少。又在印度鴉片之稅，英國多年得孟阿臘地稅銀四百二十二萬九千七百十二圓，地稅外又徵收餉銀。現在常例外再加四款稅餉。第一款，種波畢之時，即須上稅。第二款，波畢成熟之時，以估價之多少上稅。第三款，於取波畢汁之時上稅。第四款，於出口之時上稅。合計收餉銀，連地稅，共收銀九百六十八萬四千餘圓。除公司貿易外，餘地皆禁止，不准栽種，以免走私漏稅之弊。除英國所轄地方外，他國亦有出產者，如麻爾洼地方，亦種波畢，且製作好，價值昂。先年有公司包攬時，三分中一分，由孟買出口，二分由布路亞國所轄之拏孟出口，今卻有十分之九，由孟買出口，只一分由拏孟出口。因此英國逐年得孟買鴉片稅餉銀百萬圓。又一千八百年間，中國准鴉片進口，以藥材上稅。及後奉旨禁止，而廣東官府仍准鴉片躉船。長灣在黃埔，尚未灣伶仃洋，二年令躉船不准灣泊黃埔，由是灣伶丁洋及澳門急水門等處。又議定規銀每箱若干，自總督衙門以及水路文武官員皆有之，惟關口所得最多。或在船上來取，或在省城交收，皆逐月交清，亦有將鴉片準折，每次自一箱以至百五十箱爲止，卻無定數，此走私之光景，著實可痛。若想印度人不栽波畢，除非中國人不食鴉片，若想中國人不買鴉片，除非印度不栽波畢，二者皆所不能。又伶仃洋係中國荒地，並無兵房營汛保護，可以任外國人停泊。然水手爲人所殺，中國亦將凶手捉獲施刑，是中國人在相近自己海岸上，施行其治。以保護他國之旗號，故亦可在彼處地方，行其所立之章程，不得謂在伶仃洋面販賣鴉片，係合法之事。又英吉利之外，米利堅人銷用綠茶最多。道光十三、四年，米利堅船由中國裝出茶葉，不下一千八百六十八萬八千五百三十三棒，從前並無此數也。歐羅巴內地銷用茶葉，以荷蘭、俄羅斯兩國爲最。荷蘭每年要銷二百八十萬棒，耶麻尼每年銷用一百八十萬棒，或二百萬棒，佛蘭西在廣東出口時，茶葉雖多，然沿途分售，及到本國進口時，數已減少，只銷二十五萬棒，然只用之以作醫膽經之藥材，因佛蘭西酒多便宜，故不甚銷中國之茶也。俄羅斯茶在北邊蒙古地方買去，在十年買去五十六萬三千四百四十棒，在十二年買去六百四十六萬一千棒，皆係黑茶。由恰克圖旱路運至擔色，再由水旱二路分運娜阿額羅，其黃旗船、綏領船、普魯社船所運茶葉，皆不甚多。其印度各埠銷用之茶，每年有英國六七船前去售賣，其阿支比拉俄各島中茶葉，係中國福建人裝出販賣，中國人海船，放到蘇祿、文萊、路哥尼阿、新奇坡附近各處。係順西北風駛去。英吉利人亦有在新奇坡買中國茶回國者，其茶均是上等，現在各島每年銷茶之數，年增一年。總而計之，中國每年出口之茶葉，有七千餘萬棒，與鴉片貿易可以抵對。

清·李圭《鴉片事略》 其來中國者，名有四：產邁爾窪部而由孟買出海口者，曰白皮，乃印度官中自種，箱百六七十枚至二百枚，重百斤，今所謂小土，即小洋藥也。產孟加剌部之派託拏者曰公班，賓乃斯者曰剌班，一曰姑，乃英吉利官中所種，箱四十枚，重百二十斤，則皆由加爾格達城出海口，今所謂大土，即大洋藥也。其他波斯所產曰新山，又曰紅肉；土耳其所產曰金花，亦俱爲小土也。英人初有印地，歲徵其稅，後見流入中國，吸食漸衆，銷路日暢，於是印度人之操其業者，莫不爭種，印酋英官見獲利之鉅也，咸命官經理其事，不許民間私種。英於孟買、加爾格達兩海口設關榷稅，箱納英金六十磅。其時鎊核銀約二兩五錢。

前明萬曆十七年，定阿片每十斤稅銀二錢，是爲中國徵稅之始。康熙二十三年，海禁弛，南洋鴉片列入藥材，每斤徵稅銀三分，其時沿海居民得南洋吸食法，而益精思之，煮土成膏，鑲竹爲管，就燈吸食其煙，不數年流行各省，甚至開館賣煙。雍正中，定法興販鴉片煙者，照收買違禁貨物例枷號一月，發近邊充軍，私開鴉片煙館引誘良家子弟者，照邪教惑衆律擬絞監候，爲從杖一百，流三千里，船戶、地保、鄰佑人等，俱杖一百，徒三年，兵役人等藉端需索計贓，照枉法律治罪，失察之汛口地方文武各官，並不行監察之海關監督，均交部嚴加議處，尚未及吸食者罪名。乾隆二十年稅則，仍載鴉片一斤，估價五錢，似徵稅如故也。嘉慶十五年三月，京師廣寧門，盤獲楊姓，身藏鴉片六盒，請交刑部審辦，得旨：『鴉片煙性最酷烈，食此者能驟長精神，恣其所欲，久之遂致戕賊身命，大爲風俗人心之害，本干例禁，該犯楊姓膽敢攜帶進城，實屬藐法，著卽交刑部嚴審辦理。惟此項鴉片，近聞購食者頗多，奸商牟利販賣，接踵而來。崇文門專管稅務，僅於所屬口岸地方稽察，恐尚未能周到，仍著步軍統領、五城御史於各門禁嚴密訪查，一有緝獲，卽當按律懲治，並將其煙物毁棄。至閩、粵出產之地，並著該督撫、關差查禁，斷其來源，毋得視爲具文，任其偷漏。』二十年二月諭：『粵督蔣攸銛等，奏酌定查禁鴉片煙章程，請於西洋貨船到澳門時，先行查驗，並明立賞罰，使地方知所懲勸等語。鴉片煙一項，流毒甚熾，多由夷船夾帶而來，嗣後西洋貨船到澳門時，自應按船查驗，杜絕來源。至粵省行銷鴉片煙，積弊已久，地方官皆有失察處分，恐伊等瞻顧因循，查拏不力，嗣後有拏獲鴉片煙之案，除查明地方委員等，有得規故縱情事，應嚴參辦理外，其僅止失察者，概行寬免處分，至所請獲興販煙斤自二百斤至五千斤以上，分別紀録加級，及送部引見，並軍民人等拏獲獎賞，以及誣良治罪之處，俱著照該督等所請行。』自是入口者率暗中偷運，價值益增。洋船初尚泊於澳門，繼且移之黄埔，皆於貨物交易時，夾帶私售。

道光元年，查出葉恆澍夾帶鴉片之案，奉旨重申前禁，凡洋船至粵，先令行商，出具所進黄埔貨船並無鴉片甘結，方准開艙驗貨，其行商容隱，事後查出，加等治罪，開館者議絞，販賣者充軍，吸食者杖徒，自此鴉片躉船，盡徙于零丁洋。其地水路四達，凡閩、浙、天津之泛海者就地交易，銷數之暢如故。何則？科條加重，販者吸者罪皆不及於死，而有癮者，頃刻無煙，卽有性命之憂，是以甘心觸犯，購求愈切，奸販乘其所急，得以居奇。胥役包庇，關津賣放，皆由此起。逮躉船移零丁洋後，而鴉片愈矜貴，價值愈擡高矣。二年二月，御史黄中模，奏請嚴禁海洋偷漏銀兩一摺，諭廣東督撫：『洋商與外夷勾通販賣鴉片煙，重爲風俗之害，皆由海關利其重稅，隱忍不發，以至流傳甚廣，著該督撫密訪，海關監督，有無收受黑煙重稅，據實奏聞，並通飭各省關隘，一體嚴密查拏。』兩廣總督阮元奉廷旨密查，奏請暫事羈縻，徐圖禁絕。三年八月，定失察鴉片煙條例：『鴉片煙一項，流毒甚熾，總由地方官查拏不力所致，向來地方官，止有嚴參賄縱之例，並無議處失察之條，且止查禁海口洋船，而於民間私熬鴉片，未經議及，條例尚未周備，嗣後如有洋船夾帶鴉片煙進口，並奸民私種罌粟煎熬煙膏，開設煙館，文職地方官及巡查委員，如能自行拏獲究辦，免其議處，其有得規故縱者，仍照舊例革職，若止係失於覺察，按其鴉片多寡，一百斤以上者，該管大員罰俸一年，一千斤以上者，降一級留任，五千斤以上者，降一級調用。武職失察處分，亦照文職畫一辦理。其文武官拏獲煙斤議敘，均著照舊例行。』惜其時躉船已改泊急水門、金星門等處，勾結內地奸民，往來傳送。於是鴉片之來，每年驟增至數萬箱，洋商易貨無多，輒載銀出洋回國，內地銀荒日甚，朝廷憂之。

清・許乃濟《許太常奏議・鴉片例禁愈嚴流弊愈大亟請變通辦理摺》 或欲絕夷人之互市，爲拔本塞源之說。在天朝原不惜捐此百餘萬兩之稅餉，然西洋諸國通市舶者千有餘年。販鴉片者，止英吉利耳。不能因絕英吉利，並諸國而概絕之。瀕海數十萬衆，恃通商爲生計者，又將何以置之？且夷船在大洋外，隨地可以擇島爲廛，內洋商船，皆得而至，又烏從而絕之？比歲夷船周歷閩、浙、江南、山東、天津、奉天各海口，其意卽在銷售鴉片，雖經各地方官當時驅逐，然聞私售之數，亦已不少，是雖絕粵海之互市，而不能止私貨之不來。

或謂有司官查禁不力，致令鴉片來者日多。然法令者，胥役棍徒之所藉以爲利，法愈峻則胥役之賄賂愈豐，棍徒之計謀愈巧。道光元年，兩廣督臣阮元，嚴辦澳門屯戶葉恆樹，夷商無可託足，因自販於零丁洋。其地在蛟門以外，水路四通，有大船七八隻，終歲停泊，收貯鴉片，謂之躉船。有省城包買戶，謂之窑口，兑價銀於夷館，由夷館給票單，至躉船取貨。有來往護艇，名曰快蟹，亦曰扒龍，炮械畢具。亡命數十輩，運槳如飛，所過關卡，均有重賄，遇兵役巡船向捕，輒敢抗拒，互致殺傷。前督臣盧坤調派水師副將秦裕昌、香山知縣田溥等，拏獲梁顯業販賣鴉片船隻，起出煙泥一萬四千餘斤，格殺生擒者共數十人，並按治窑口匪犯姚九、歐寬等，籍產入官，查辦非不認真，而此風終未能戢。蓋凡民之畏法，不如其騖利。鬼蜮伎倆，法令實有時而窮。更有內河匪徒，冒充官差，以搜查鴉片爲名，乘機搶劫。臣前在廣東署臬司任內，報案紛紛，至栽贓訛詐之案，尤所在多有。良民受累者，不可勝計，此等流弊，皆起自嚴禁以後。

究之食鴉片者，率皆游惰無志，不足重輕之輩，亦有年逾耆艾，而食此者，不盡促人壽命。海內生齒日衆，斷無減耗戶口之虞。而歲竭中國之脂膏，則不可不大爲之防，早爲之計。今閉關不可，徒法不行，計惟仍用舊例，准令夷商將鴉片照藥材納稅，入關交行後，只准以貨易貨，不得用銀購買。夷人納稅之費，輕於行賄，在彼亦必樂從。洋銀應照紋銀，一體禁其出洋。有犯被獲者，鴉片銷燬，銀兩充賞。至文武員弁士子兵丁等，或效職從公，或儲材備用，不得任令沾染惡習，致蹈廢時失業之愆。惟用法過嚴，轉致互相容隱。如官員士子兵丁私食者，應請立予斥革，免其罪名。寬之正所以嚴之也。該管上司及保結統轄官，有知而故縱者，仍分別查議。其民間販買吸食者，一概勿論。或疑弛禁於政體有關，不知觴酒衽席，皆可戕生，附子烏頭，非無毒性，從古未有一一禁之者。且弛禁僅屬愚賤無職事之流，若官員士子兵丁，仍不在此數，似無傷於政體，而以貨易貨，每年可省中原千餘萬金之偷漏，孰得孰失，其事瞭然。倘復瞻顧遲回，徒徇虛體，竊恐鴉片終難禁絶，必待日久，民窮財匱而始轉計，則已悔不可追。伏乞皇上敕下粤省督撫及海關監督，密查以上各情節，如果屬實，速議變通辦理章程，奏請宸斷施行。庶足以杜漏卮而裕國計，臣不勝惶悚待命之至。謹奏。

再臣更有請者。鴉片煙土，係用罌粟花結苞時刺取津液，熬煉而成，閩、廣、浙東、雲南，向有栽種罌粟製造鴉片者，疊經科道各官奏請嚴禁，內地遂無人敢種，夷人益得居奇，而利藪全歸外洋矣。其實中原土性和平，所制價廉力薄，食之不甚傷人。上癮者易於斷絶。前明淡巴菰，來自呂宋，即今之旱煙，性本酷烈，食者欲眩，先亦有禁，後乃聽民間吸食，內地得隨處種植，呂宋之煙，遂不復至，食之亦竟無損於人。今若寬內地民人栽種罌粟之禁，則煙性平淡，既無大害，且內地之種日多，夷人之利日減，迨至無利可牟，外洋之來者自不禁而絶，特慮奪南畝之地方，荒農夫之耕作，則關係匪輕。但以臣所聞，廣東省情形言之，九月晚稻，刈獲既畢，始種罌粟，南方氣暖，一二三月便已開花結實，收漿後乃種早稻，初無礙於地方，而大有益於農夫，應請敕查各省舊種罌粟處，如果於早晚雨季，均無妨礙，亦准聽民之便，庶外洋無奇可居，而夷舶之私售鴉片者，久之可以漸絶，此亦轉移之微權，是否可行，合併陳明請旨。謹奏。

清·黄爵滋《黄少司寇奏疏》卷三《紋銀洋銀應並禁出洋疏》 奏爲紋銀洋銀，應並禁出洋，務絶仿鑄之弊，並嚴科罪之條，以崇國法，而裕民生事：竊臣見鈔發浙江巡撫富呢揚阿《遵旨體察錢賤銀貴情形籌議覆奏》一摺內推銀貴之弊，由紋銀出洋，律無治罪專條，請旨飭部定例，通行曉諭，俾知遵循旋據刑部奉旨酌定具奏，黄金白銀出洋，均照私運米穀出洋例治罪。臣詳查該無原奏稱：嗣後內地人民與外夷市易，准以貨易貨，或以洋銀易貨，不准以紋銀易貨。又刑部所定條例，只概言白銀，並未指稱洋銀，亦在禁例。是紋銀出洋有禁，而洋銀無禁，意以洋銀本來自外洋，不妨轉用出去，而不知內地實積有仿鑄洋銀之弊。蓋自洋銀流入中國，市民喜其計枚核值，便於運用，又價與紋銀爭昂，而成色可以稍低，遂有奸民射利，摹造洋板，銷化紋銀，仿鑄洋銀，其鑄於廣東者曰廣板，鑄于福建者曰福板，鑄於杭州者曰杭板，鑄於江蘇者曰蘇板，曰吳莊，曰錫板，鑄於江西者曰土板。行莊種種名目，均係內地仿鑄，作弊已非一日，流行更非一省。則今內地之洋銀，即今內地之紋銀也。既禁紋銀出洋，又准以洋銀易貨，則商民知紋銀有禁，而洋銀無禁，將盡以紋銀鑄爲洋銀，不過一爐火轉旋之間，遂可置身法外，是一面禁之，一面縱之，臣恐內地紋銀，且相率化爲洋銀，而紋銀自是益日少而日貴也。

查紋銀出洋，弊非一端，全在大吏仰體聖心，防微杜漸，籌畫周詳，使奸商黠吏，無從使其蒙蔽，方爲盡善。臣愚以爲紋銀洋銀，理合並禁出洋，洋銀百枚，即照紋銀百兩科罪，並請飭各省督撫，實力稽查，凡有仿鑄洋銀之犯，即照私鑄銅錢科罪，庶紋銀可日積而漸多，洋銀無積鑄而自少。至刑部新定黄金白銀出洋治罪專條，僅仿照偷運米穀出洋例，擬未允協。查偷運米穀數至一百石以上，斂迹非易，若偷運金銀數至百千萬，斂迹不難。且鴉片煙等犯禁之物，其藐法潛買者，皆以銀則便，不以銀則不便，在奸商黠吏，祇圖貪利營私，覬法律之稍輕，即詭謀之百出。夫豈知匱內地有用之財，資外夷無窮之利？實有關國家萬年之計，較之銅斤鐵貨，可造軍器者，所係均干至重。應請飭下刑部，再行酌擬，比照從重科罪，使奸徒不敢輕蹈法網，斯國法崇而民生裕矣。臣管蠡所及，是否有當，伏乞聖鑒訓示。謹奏。道光十三年七月二十一日。

又 卷八《嚴塞漏卮以培國本疏道光十八年四月》 奏爲請嚴塞漏卮以培國本事：臣惟皇上宵衣旰食，所以爲天下萬世計者，至勤至切。而國用未充，民生罕裕，情勢積漸，一歲非一歲之比，其故何在？考諸純廟之世，籌邊之需幾何？巡幸之費幾何？修造之用又幾何？而上下充盈，號稱極富。至嘉慶以來，猶徵豐裕，士大夫家以及巨商大賈，奢靡成習，較之目前不啻霄壤，豈愈奢則愈豐，愈儉則愈嗇耶？臣竊見近來銀價遞增，每銀一兩，易制錢一千六百有零，非耗銀於內地，實漏銀於外夷也。蓋自鴉片流入中國，我仁宗睿皇帝知其必有害也，特設明禁，然當時臣工亦不料其流毒至於此極。使早知其若此，必有嚴刑重法，遏於將萌。查例載，凡夷船到廣，必先取具洋商保結。保其必無夾帶鴉片，然後准其入口。爾時雖有保結，視爲具文，夾帶斷不能免。故道光三年以前，每歲漏銀數百萬兩。其初不過紈絝子弟，習爲浮靡，尚知斂戢。嗣後上自官府縉紳，下至工商優隸，以及婦女僧尼道士，隨在吸食。置買煙具，爲市日中。盛京等處爲我朝根本重地，近亦漸染成風。外洋來煙漸多，另有躉船載煙不進虎門海口，停泊零丁洋中之老萬山、大嶼山等處。粵省奸商，勾通巡海兵弁，用扒龍、快蟹等船運銀出洋，運煙入口。

故自道光三年至十一年，歲漏銀一千七八百萬兩。自十一年至十四年，歲漏銀二千餘萬兩。自十四年至今，漸漏至三千萬兩之多。此外福建、江浙、山東、天津各海口，合之亦數千萬兩。以中國有用之財，填海外無窮之壑。易此害人之物，漸成病國之憂。日復一日，年復一年，臣不知伊於胡底。

各省州縣地丁漕糧，徵錢爲多。及辦奏銷，皆以錢易銀，折耗太苦。故前此多有盈餘，今則無不賠墊。各省鹽商賣鹽俱係錢文，交課盡歸銀兩。昔則爭爲利藪，今則視爲畏途。若再三數年間，銀價愈貴，奏銷如何能辦？稅課如何能清？設有不測之用，又如何能支，臣每念及此，輾轉不寐。

今天下皆知漏卮在鴉片，所以塞之之法，亦紛紛講求。或謂嚴查海口，杜其出入之路，固也。無如稽查員弁，未必悉皆公正。每歲既有數千餘萬之交易，分潤毫釐，亦不下數百萬兩。利之所在，誰肯認真辦理，偶有所獲，已屬寥寥。況沿海萬餘里，隨在皆可出入，此不能塞漏卮者一也。或曰禁止通商，拔其貽害之本，似也。不知洋夷載入呢羽鐘表，與所載出茶葉、大黄、湖絲，通計交易不足千萬兩。其中沾潤利息，不過數百萬兩。尚係以貨易貨，較之鴉片之利，不敵數十分之一。故夷人之著意，不在彼而在此。今雖割棄粵海關稅，不准通商。而煙船本不進口，停泊大洋，居爲奇貨。內地食煙之人，刻不可緩，自有奸人搬運，故難防者不在夷商而在奸民，此不能塞漏卮者二也。或曰查拏興販，嚴治煙館，雖不能清其源，亦庶可遏其流。不知自定例以來，興販鴉片者發邊遠充軍。開設煙館者照左道惑人引誘良家子弟例，罪至絞候。今天下興販者不知幾何，開設煙館者不知幾何，而各省辦此案者絶少。蓋緣粵省總辦鴉片之人，廣設窑口。自廣東以至各省，沿途關口，聲勢聯絡。各省販煙之人，其資本重者，窑口沿途包送，關津胥吏容隱放行。轉於往來客商藉查煙爲名，恣意留難勒索。其各府州縣開設煙館者，類皆奸猾吏役兵丁，勾結故家大族不肖子弟，素有聲勢。於重門深巷之中，聚衆吸食。地方官之幕友家丁，半溺於此。未有不庇其同好，此不能塞漏卮者三也。或又曰開種罌粟之禁，聽內地熬煙，庶可抵當外夷所入，積之漸久，不致紋銀出洋。殊不知內地所熬之煙，食之不能過癮。不過興販之人，用以攙和洋煙，希圖重利。此雖開種罌粟之禁，亦不能塞漏卮者四也。

然則鴉片之害，其終不能禁乎？臣謂非不能禁，實未知其所以禁也。夫耗銀之多，由於販煙之盛，販煙之盛，由於食煙之衆。無吸食自無興販，則外夷之煙自不來矣。今欲加重罪名，必先重治吸食。臣請皇上嚴降諭旨，自今年某月日起，至明年某月日止，准給一年期限戒煙，雖至大之癮，未有不能斷絕。若一年之後，仍然吸食，是不奉法之亂民，置之重刑，無不平允。查舊例，吸食鴉片者，罪僅枷杖。其不指出興販者，罪杖一百徒三年。然皆係活罪。斷癮之苦，甚於枷杖與徒。故甘犯明刑，不肯斷絕。若罪以死論，是臨刑之慘急，更苦於斷癮之苟延。臣知其情願絕癮而死於家，必不願受刑而死於市。

推皇上明慎用刑之意，誠恐立法稍嚴，互相告訐，必至波及無辜。然吸食鴉片者，有癮無癮，到官熬審，立刻可辨。如非吸食之人，雖大怨深仇，不能誣枉良善。果係吸食，究亦無從掩飾。故雖用重刑，並無流弊。臣查余文儀《臺灣志》云：咬𠺕吧本輕捷善鬬，紅毛製造鴉片，誘使食之，遂疲羸受制，其國竟爲所據。紅毛人有自食鴉片者，其法集衆紅毛人環視，繫其人竿上，以礮擊之入海，故紅毛無敢食者。今入中國之鴉片，來自英吉利等國。其國法有食鴉片者以死論，故各國只有造煙之人，無一食煙之人。臣又聞夷船到廣，由孟邁經安南邊境。初誘安南人食之，安南人覺其陰謀，立卽嚴刑示禁，凡有食鴉片者死不赦。夫以外夷之力，尚能令行禁止，況我皇上雷電之威，赫然震怒，雖愚頑之人沉溺既久，自足以發聵振聾。但天下大計，非常情所及，惟聖明乾綱獨斷，不必衆言皆合。誠恐畏事之人，未肯爲國任怨。明知非嚴刑不治，託言吸食人多，治之過驟，則有決裂之患。今寬限一年，是緩圖也。在諭旨初降之時，總以嚴切爲要。皇上之旨嚴，則奉法之吏肅。奉法之吏肅，則犯法之人畏。一年之內，尚未用刑，十已戒其八九。已食者竟藉國法以保餘生，未食者亦因炯戒以全身命，此皇上止辟之大權，卽好生之盛德也。

伏請敕諭各省督撫嚴切曉諭，廣傳戒煙藥方，毋得逾限吸食。並一面嚴飭各府州縣清查保甲，預先曉諭居民，定於一年後，取具五家鄰右互結。仍有犯者，准令舉發，給與優獎。倘有容隱，一經查出，本犯照新例處死外，互結之人，照例治罪。至如通都大邑，五方雜處，往來客商，去留無定，鄰右難於查察，責成鋪店，如有容留食煙之人，照窩藏匪類治罪。現任文武大小各官，如有逾限吸食者，是以奉法之人，甘爲犯法之事，應照常人加等。除本犯官治罪外，其子孫不准考試。地方官於定例一年後，如有實心任事，拏獲多起者，照獲盜例請恩議敍以示鼓勵。其地方官署內官親、幕友、家丁，仍有吸食被獲者，除本犯治罪外，該本管官嚴加議處。各省滿漢營兵，每伍取結，照地方官保甲辦理。其管轄失察之人，照地方官衙門辦理。庶幾軍民一體，上下肅清。無論窮鄉僻壤，務必布告詳明，使天下曉然於皇上愛惜民財保全民命之至意。向之吸食鴉片者，自當畏刑感德，革面洗心。如是財漏卮可塞，銀價不致再昂。然後講求理財之方，誠天下萬世臣民之福也。臣愚昧之見，是否有當，伏乞聖鑑。謹奏。

道光十八年閏四月初十日。

諭內閣：黄爵滋奏《請嚴塞漏卮以培國本》一摺，著盛京、吉林、黑龍江將軍直省各督撫，各抒所見，妥議章程，迅速具奏。

清·朱錦琮《治經堂集》卷二〇《禁鴉片議》 海禁行而倭寇作，海禁弛而鴉片興，鴉片流毒中國，明運暗銷，一歲千萬，銀價日昂。職是之故，言者謂其以土易銀，竭我財源，爲國隱憂，似矣。又豈知彼之注意，實欲竭中國人之精神命脈，俾人無不嗜，然後鴉片截然不至，俾其引發無解，重者斃，輕者病。有明嚴海禁而倭入寇，數十人橫行江、浙，已如入無人之境。今但以數人到處屠戮，易如割鷄耳！是豈徒爲百千萬之銀而已哉？實欲空中國之人，而有我土地也。顧人心如此，天理未然。鴉片成於罌粟，中國之人，既得其法，能爲此土，故不慮其截而不至也。鴉片有引，引爲蠹蟲，生聚於肺，及時不食，蟲發肺脹，嗜者固倚此爲命，不嗜者實視以爲讎，數十年來，嗜之總數，不敵不嗜者之數，彼欲圖我土地，固萬萬不能也，然財源亦豈可竭哉？或曰：『人不食，販自絕，當禁食。』或曰：『人不販，烏乎食？當禁販。』於是令販者曰：『有犯，殺無赦。』然販者蹤迹詭秘，凡諸稽察捕捉之人，皆其納賄包庇之人，其鬼蜮伎倆，十倍於內地之鹽梟，此令難行。又令於食者曰：『有犯，殺無赦。』夫殺人之案，州縣官解犯上省，費輒什百金，人固不勝其誅，官亦不勝其累，此令又難行。夫立法不難，難於奉行，奉行不力，則人皆視爲恫疑虛喝，而有法等於無法。若必欲行之，則在重牧令之事權，若販若食，羅於網者，由牧令審問得實，即絕其食飲，聽其自斃，以免其拖解之費，以銷其畏阻之心，以策其奉行之力，則法非徒法矣。此所謂齊之以刑，亦急者治標之一道也。夫言治道者，莫備於《周官》，《周官》司市掌市之禁，令曰：『害者使亡，靡者使微。』註謂使亡使微，抑其價以卻之也。今鴉片貽害中國，來自外夷，夷人用以求財，不顧人命，中國人嗜以爲命，不惜其財，遂相與固結而不可解。以《周官》之法，爲今之計，不能立使之亡，則當先使之微，微之奈何？亦唯曰，抑其價而已。抑其價奈何？請於各海口設官以司其市，不徵其稅，而杜其用銀，令買以錢。凡外來鴉片皆土也，定以土之斤兩，等於銅之斤兩而止。或疑昔準以銀，今準以銅，抑價太過，豈知昔乃私行，價不足憑，今者公行，價由官定，況其物非珠之爲貝，玉之爲寶也，土而已矣。土賤於銅，自古而然。茲令與銅同價，理不能以抑價爲詞，其有居奇不遵者，則曲在彼，而直在我，許買者指控於官，以違制罪之。官或私縱用銀，亦准買者控告，此令一行，彼既無所圖利，將不禁而自止，是寓使亡於使微之中也，是絕其源源而來之路也，是拔販者食者之本也，舍是更無善策矣。若中國有種罌粟爲鴉片者，則在地方官著意嚴禁，必絕其根乃止，又無庸議。

李邁堂云：前論夷人狡謀，面面都破，後進兩策，一在齊之以刑，爲黃説重下註脚，一説消之以漸，本經術以經世務，非儒者不聞此言。

清・夏燮《中西紀事》卷四《許球〈請禁鴉片疏〉》 弛鴉片之禁，既不禁其售賣，又豈能禁人之吸食？若祗禁官與兵，而官與兵皆從士民中出，又何以預爲之地？況明知爲毒人之物，而聽其流行，復徵其稅課，堂堂天朝，無此政體。臣愚以爲與其紛更法制，盡撤藩籬，曷若謹守舊章，嚴行整頓？自古制夷之法，詳內而略外，先治己而後治人，必先嚴定治罪條例，將販賣之奸民，説合之行商，包賣之窑口，護送之蟹艇，賄縱之兵役，嚴密查拏，盡法懲治，而後內地庶可肅清。若其坐地夷人，先擇其分住各洋行，著名奸猾者，【略】查拏拘守，告以定例，勒令具限，使寄泊零丁洋、金星門之躉船，盡行回國。並令寄信該國王，鴉片流毒內地，戕害民生，天朝已將內地販賣奸民，從重究治，所有坐地各夷人，念係外洋，不忍加誅，如鴉片躉船不至再入中國，即行寬釋，仍准照常互市，倘如前私販，潛來勾誘，定將坐地夷人正法，一面停止互市，似此理直氣壯，該夷不敢存輕視之心，庶無所施其伎倆

清・文慶等《籌辦夷務始末（道光朝）》（道光十八年）諭內閣：各省鴉片煙漸染日深，流毒甚鉅，儻該地方官早能認真查緝，淨絕根株，何至錮習相沿，澆風日熾？現據直隸、山東、江蘇、湖北、湖南陸續奏獲各案，朕已立沛恩施，從優獎勵。著各直省將軍督撫趁此整頓之時，同心合意，不分畛域，上緊查拏，毋得稍形鬆勁。其販運開館等犯，固應從重懲辦，即文武官員、軍民人等吸食，不知悛改者，亦著一體查拏，分別辦理。【略】

己酉諭內閣：鴉片煙流毒內地，官民煽惑，傳染日深。前年太常寺少卿許乃濟奏請弛禁，朕即以爲不得政體。本年鴻臚寺卿黄爵滋奏請嚴禁，當降旨飭令直省將軍督撫各議章程，昨復令大學士等會議。朕於此事，深加痛恨，必欲淨絕根株，毋貽遠患。並於召見內外臣工時，詳加察訪，從無一人議及弛禁者。許乃濟冒昧瀆陳，殊屬紕繆，著降爲六品頂帶，即行休致，以示懲儆。

十月甲申。署理四川總督蘇廷玉奏：【略】故立重典以威民，而又寬以一年之限許其改過自新，此於懲創之中仍不失以生道殺民之義，實爲權衡切當。第救時固在立法，而奉行尤貴得人。若或辦理不善，轉啓兵役人等詐擾之端，是又全在責令地方官隨時隨地實力遵行，庶無流弊。抑臣更有請者，除惡務求其本，清流必濬其源。吸食者雖律以嚴刑，而鴉片煙之來路不絕，則根株未盡，勢必不能一律湔除。臣查煙泥行入內地，無論夷商之夾帶，奸民之販運，總須由海口而來。若不勾通兵役，及沿海地方匪徒，節節包護遞送，斷不敢攏岸入口。即其銷售內地，經過鄉村市鎮，民皆知其物係違禁，必各起而挾制，羣相攫取。以故興販之徒，必賄通兵役人等爲之接護。乃能到處流通，無虞沮礙。是煙販實兵役之利藪，而兵役即煙販之護符。臣籍隸閩省，世居海濱，此種情弊知之最深。福建一省如此，其廣東、浙江、山東、直隸、江蘇等省之各海口自亦事同一轍。故嚴禁兵役等包庇，尤爲遏絕興販鴉片煙之第一要務。應請旨飭下沿海各督撫，嚴飭地方文武力挽積弊，認真密訪，該兵役等一有得規護送情事，立予究辦，與煙販同罪。其餘關津隘口，亦責成該地方官及管理關務之員，嚴督盤察，務使兵役人等知所儆畏，不致包庇以行其奸，則煙販失所護

持，勢必不肯以盈千累萬之資本，輕試於人人皆可挾制攫取之地，而販運自絕。來源既淨，則吸食之害將不禁而自除矣。至於吸煙之犯，擬罪既請加重，興販者實爲始禍之人，自應比買食者尤嚴，而定例罪止軍戍，似覺輕重失宜，並請諭飭部臣酌議，從嚴定擬，庶足以昭炯戒而示持平。

清·黄恩彤《撫遠紀略·禁鴉片煙第一道光三十年》 我宣宗成皇帝天授神武，勤政愛民，正位之初，平定回疆，生致首逆張格爾，威加萬里之外。嗣是年豐人和，河海清晏，閭閻不聞枹鼓之鳴，士大夫但習俎豆之事。時恩彤始釋褐爲比部郎，竊幸躬逢承平之盛焉。自十五年後，言事者每稱宜嚴鴉片之禁，蓋鴉片產自外洋英吉利，商舶違禁，運載進口，愚民吸食者日衆，往往成癮致疾，而白金之漏卮出洋者，歲難數計，西臺諸臣，因其蠹我民命，耗我國帑也，故屢以爲言，聖意亦爲之動，然亦第申明舊例，嚴敕中外而已，未嘗有所更張也。

十八年戊戌，太常寺少卿黄公爵滋上《漏卮難填》一疏，歷敍紋銀出洋實數，歲以千餘萬計，又援《酒誥》羣飲拘殺之文，以爲煙之害，更甚於酒，吸食者罪死方足示戒。其言最爲悚切，於是奉旨下中外大臣博議，時余於役江南數月之久，未與聞也。

是時，中外之議不一，大抵以吸食爲罪不至死者居大半，山西巡撫申公啓賢言之尤切。略云：『竊觀自古國家，往往因財用匱乏而以重法繩下，迨重法既行，而人情恇擾，亦未見其財用之充足也。申韓之法，非所行於堯舜之朝』云云。惟漕運總督周公天爵，以爲吸食必應論死，又云必須用兵捕拿煙販，又請於京城各門分派御史搜檢出入。而湖廣總督林公則徐尤痛切言之，並有另摺密陳，外廷不得見也。未幾樞臣定議會奏，吸食者絞監候，開館與販以次加重有差。十九年己亥，新例既頒，但懲内民，未及外人也，而議者之意未已，以爲外洋之來源不塞，則内地之横流莫禦，然於杜絶之方，亦未有定論也。是時督粵者，鄧公廷楨，雖設法嚴辦，積重難返，一時未收成效，而林公復建繳槍自首之議，以爲遵諭呈繳者不下萬人，民氣蒸蒸丕變，朝命罷鄧公以林公代之。

林公蒞粵，卽禁茶出口，以爲可以制彼死命，並頒手諭諭之曰：『茶葉一物，爾等得之則生，不得則死。大皇帝於爾等有關性命之物，曾不稍爲靳惜，爾等昧於情理，乃以鴉片煙害我中國民命』云云。其實彼國飲茶，但嗜其味，並非資以爲生，故不懼也。繼又令英商繳煙領茶，不聽，於是出其不意，遣兵圍彼公司館，驅逐沙文内民爲之傭工者、買辦内民爲之買食物者，禁斷食物，英員義律震恐，乃令各商繳煙二萬餘箱，焚之。

初，林公之令該商繳煙也，與之約曰：『煙一箱償茶葉若干斤。』至是僅以一斤予之，義律不受。林公復遣廣州太守余君保純諭之曰：『爾等販煙多至二萬餘箱，厥罪大矣。今但焚煙而不治罪，恩莫厚焉。既往姑置弗究，嗣後再有夾帶鴉片進口者，船貨入官，人卽正法，而可先具切結，以憑照辦。』義律謂余君曰：『我等來中國貿易，船有船主，貨有貨主，一船之貨，並非專屬一商。今因一商夾帶鴉片，卽累及各商，並及船主，于法不平，且外國人犯法，應由本國治以應得之罪，若徑由中國正法，從前不聞有此。』余君以所言白林公，公曰：『若不肯具結，則不准貿易。』義律復請於余君曰：『嗣後英國貨船不准駛入虎門，俱在澳門停泊，由中國官員監視盤查貨物，全部起卸上岸，再用小船剝載至黄埔出售，亦可杜夾帶鴉片之弊。』余君復以白林公，公弗許。以官員難得其人，盤查徒以滋弊。於是英商之在澳者，一併驅逐出洋，而兵端自此起矣。以上各情，余君言之最悉。

清·梁廷枏《夷氛聞記》卷一 道光十三年，公司以連歲失利，期已久逾，聽臣民請散局而還其原貲於國，散商來舶益多，常貨無以遂其壟斷，故卽以所分貲載運鴉片。光祿寺卿許乃濟之觀察東粵也，稔知非恃文告可禁，害將無所底止也，時懷隱憂，而未得所以清源之法。其同年生順德何太青令仁和，擢丞乍浦，罷歸，誼最投契。從容爲言：『紋銀易煙出者，不可數計，必先罷例禁，聽民間得自種罌粟，内產既盛，食者轉利值廉，銷流自廣，夷至者無所得利，招亦不來，來則竟弛關禁，而厚徵其稅，責商必與易貨，嚴銀買罪名，不出二十年，將不禁自絶，實中國利病樞機，如無敢舉以入告何。』乃濟大爲所動，以質教官之監課書院吳蘭修者。蘭修故嘉應知名士，號多聞留心世務者也，亦是太青言，退爲論曰『弭害』而暢明之。論云：天下之害，常與利相因。上焉者，利害均，其次利一而害十，甚則利一而害百。如是止矣。其弭害之策有三：上焉者，拔本塞源，次則嚴法厲禁，下則避重就輕，亦如是止矣。若鴉片者，其於人也，利一而害百。其於國也，無纖末之利，有莫大之害。其耳之也，幾於無棄，而下急爲之權，可異厝火積薪之下而燕息其上也？請得而條議之。查鴉片之類有三：一曰公班皮，色黑，亦謂之烏土，出明雅喇。一曰白皮，出孟買。一曰紅皮，出曼達喇薩。其氣薰，其性斂，能提神止泄辟瘴。其於人也，柔而善，入狎而易溺，久則廢時失事，相依爲命，甚者氣弱中乾，面灰齒黑，明知其害而不能絕也。嘉慶初，食者甚少，不二十年，蔓衍天下，自士大夫以至販豎走卒，羣而趨之，靡然而不返，所謂利一而害百者，此也。鴉片之入販於澳門，後徙伶仃洋。初至，約數百箱烏土，每箱價約一千二百圓。白皮，每箱約千圓。紅皮，約八百圓。總計歲耗洋銀約數十萬圓。近年多至二萬餘箱，烏土約八千箱，每箱約八百圓，白皮約一萬三千箱，每箱約六百圓，紅皮約二千箱，每箱約四百圓。總計歲耗洋銀一千五百萬圓，其始猶以洋銀買貨，今則盡以歸國矣。始則專收光面，今則兼用碎花紋銀矣。始則英吉利之銀不來，今則花旗港港脚之銀亦少來矣。我國家休養生息，幾二百年，四海殷富，金貝充塞，然而天地之數，散之甚易，聚之甚難，以中原易盡之藏，填海外無窮之壑，日增月益，不知其極，所謂無纖末之利有莫大之害者，此也。論者謂下閉關之令，絕其互市，捐一百餘萬之稅，留一千餘萬之銀，則失小而得大，此拔本塞源之説也。夫西洋諸國，通市舶者，千有餘年，住澳門者二百餘年，其販鴉片者，止英吉利耳。今將絕英吉利乎？抑盡諸國而絕之乎？盡絕則無以服其心。專絕則無以善其後。即使諸番盡去，而瀕海數十萬衆，一旦失業，無以爲生，小則聚而爲奸，大則引以啓釁，東南之患，自此始矣。就令無患，而蛟門以外，擇島爲廛，天津、江、浙、閩、廣之船，皆得而至之，又烏得而絕之哉？論者又謂民情之玩法也，非重典不能止，此嚴法厲禁之説也。嘉慶初，食鴉片者罪止枷杖，後則屯販有禁，熬煮有禁，海口出入有禁。密以巡哨，重以流徙，加以連坐，法非不嚴也。禁非不厲也，而弊仍不止。何也？蓋法令者，胥役之所藉以爲利也。立法愈峻，則索賄愈多，其包庇如故，護送如故，販與食者卒如故也。否則獲十百而報一二，奪人之禁物而鬻之，猶自販耳。而況僞官假役，百弊叢生。前車之轍，亦可鑑矣！奈何惡濁而揚波，止沸而益薪哉？然則爲今之計，亦惟權害之輕重而已。自一人言之，則鴉片重而銀輕，合天下言之，則鴉片輕而銀重。查海關舊例，藥材款下，鴉片每百斤税銀三兩，又分頭銀二兩四錢五分。嗣後請飭外夷照舊納税，交付洋行，兑換茶葉。內地種者勿論，至夷船出口，止准帶光面洋銀，其內地戳印等銀，照紋銀例，一體嚴禁，由洋商報查具結。關口盤獲者給之，密報者給半，具結不實者罪。如是則通天下之貨，留海內之銀，十年以後生計復矣，此避重就輕之説也。故論者必謂寬一時之法，戕萬衆之生，則開禁難。竊以君上之養民，猶父母之愛子，飲食男女之欲，皆足以傷生，嚴以禁之，不可得也。使饜其心，而生其悔，則溺者寡矣。論者又謂耗中原之地力，奪天下之農功，則內種又難。謹按南方罌粟，三月成苞，收漿之後，乃種早稻，所妨者麥耳。夫三熟之田，二稻一麥，稻之利八，麥之利二，鴉片之利，數倍于麥，其益于農者大矣。楚人失之，楚人得之，不猶愈於夷人乎哉？總督盧坤、巡撫祁墳見而心折。蘭修更約其長學海堂同事南海熊景星、番禺儀克中，各著論以與爲輔，坤隨述『粵士私議』，附片陳焉。以例方嚴，僅約略其詞，終不敢明請弛禁，成廟亦置之，但令沿舊禁加嚴而已。十五年，坤卒官。鄧廷楨自皖撫擢繼其節。乃濟先改官都門，取蘭修舊説，稍稍潤飾條上，舉朝無繼言者。御史許球疏爭，以爲不可。乃下粵督撫察其當否，會議未決。克中故墳同鄉，寄粵籍，得舉，方就墳記室，勸行頗力。海事會奏，總督例主稿，墳親袖克中所擬覆草詣商，廷楨留之，發掾録正，會印拜發有日矣。值廷楨誕朝，嘉善陳鴻墀主講越華，南海李可瓊以都轉假歸，皆門下士，相將入祝，共約以弛禁不便，阻其成議。酒間，果及奏覆事。可瓊耄且聾矣，鰓鰓謂他日子孫恐沾染耗財爲累。鴻墀大言曰：『事繫天下風化，累在吾師聲聞，百世後青史特書某實首請弛禁，若之何？胡以一家之私爲也？』廷楨悟，即以禁約正嚴，黽勉綢繆，安知無濟，請從此力持三年，如至期果不效，始計更張未晚，具稿。墳勉列奏，究非意所安也。

清·林則徐《林文忠公政書》乙集《湖廣奏稿》卷五《錢票無甚關礙宜重禁吃煙以杜弊源片道光十八年八月》

臣接准部咨：『欽奉上諭：「據寶興奏：近年銀價日昂，紋銀一兩易制錢一串六七百文之多，由於奸商所出錢票，註寫外兑字樣，輾轉磨兑，並無現錢，請嚴禁各錢鋪不准支吾磨兑，總以現錢交易以防流弊等語，著步軍統領衙門、順天府五城會議具奏，並著直省各督撫妥議章程，奏明辦理。欽此。」』

臣查錢票之流弊，在於行空票而無現錢。蓋兑銀之人本恐錢重難攜，每以用票爲便，而奸商即因以爲利，遇有不取錢而開票者彼即啗以高價，希圖以紙易銀，愚民小利是貪，遂甘受其欺而不悟，迨其所開之票積至盈千累百，並無實錢可支，則於暮夜關歇潛逃，兑銀者持票控追，終成無著，此奸商以票騙銀之積弊也。臣愚以爲，弊固有之，治亦不難，但須飭具五家錢鋪，連環保結，如有一家逋負，責令五家分賠，其小鋪五家互結，復由年久之大鋪，及殷實之銀號加結送官，無結者不准開鋪，如違嚴究，並拘拏脱逃之鋪戶，照誆騙財物例計贓，從重科罪，自可以遏其流。但此弊祇係欺詐病民，而於國家度支大計殊無關礙。蓋錢票之通行，業已多年，並非始於今日，即從前紋銀每兩兑銀一串之時，各鋪亦未嘗無票，何以銀不如是之貴？即謂近日奸商更爲詭猾，專以高價騙人，亦只能每兩多許制錢數文及十數文爲止，豈能因用票之故而將銀之僅可兑錢一串者，忽擡至一串六七百文之多，恐必無是理也。且市儈之牟利，無論銀貴錢貴，出入皆可取贏，並非必待銀價甚昂，然後獲利。設使此時定以限制，每兩只許易錢一串，彼市儈何嘗不更樂從！不過兑銀之人，吃虧更甚耳。若抑銀價而使之賤，遂謂已無漏卮，其可信乎？查近來紋銀之絀，凡錢糧鹽課關税，一切支解，皆已極費經營，猶藉民間錢票通行，稍可濟民用之不足，若不許其用票，恐捉襟見肘之狀，更有立至者矣。

夫銀之流通於天下，猶水之流行於地中，操舟者必較水之淺深，而陸行者未必過問。貿易者必探銀之消息，而當官者未必盡知。譬如閘河之水，一遇天旱，重重套板，以防滲漏，猶恐不足濟舟，若閉閘不嚴，任其外洩，而但責各船水手以挖淺，即使此段磨淺而過，尚能保前段之無阻乎？銀之短絀，何以異是？

臣歷任所經，如蘇州之南濠、湖北之漢口，皆闤闠聚集之地，疊向行商鋪戶暗訪密查，僉謂近來各種貨物，銷路皆疲，凡二三十年以前，某貨約有萬金交易者，今只剩得半之數。問其一半售於何貨，則一言以蔽之曰鴉片煙而已矣。此亦如行舟者驗閘河之水誌，而知閘外洩水之多，不得以現在行船尚未擱淺而姑苟安於旦夕也。

臣竊思人生日用飲食所需，在富侈者固不能定其準數，若以食貧之人，當中熟之歲，大約一人有銀四五分，即可過一日，若一日有銀一錢，則諸凡寬裕矣。吸鴉片者，每日除衣食外，至少亦須另費銀一錢，是每人每年即另費銀三十六兩。以戶部歷年所奏各直省民數計之，總不止於四萬萬人，若一百分之中僅有一分之人吸食鴉片，則一年之漏卮即不止於萬萬兩，此可覈數而見者。況目下吸食之人，又何止百分中之一分乎！鴻臚寺卿黄爵滋原奏所云，歲漏銀數千萬兩，尚係舉其極少之數而言耳。內地膏脂，年年如此剝喪，豈堪設想？而吸食者，方且呼朋引類，以誘人上癮爲能，陷溺愈深，愈無忌憚，儆玩心而迴頹俗，是不得不嚴其法於吸食之人也。或謂重辦開館興販之徒，鴉片自絶，不妨於吸食者稍從末減，似亦持平之論。而臣前議條款，請將開館興販一體加重，仍不敢寬吸食之條者，蓋以衙門中吸食最多，如幕友、官親、長隨、書辦、差役，嗜鴉片者十之八九，皆力能包庇販賣之人，若不從此嚴起，彼正欲賣煙者，爲之源源接濟，安肯破獲以斷來路？是以開館應擬絞罪，律例早有明條，而歷年未聞絞過一人，辦過一案，幾使例同虚設，其爲包庇可知。即此時衆議之難齊，亦恐未必不由乎此也。吸食者果論死，則開館與興販即加至斬決梟示，亦不爲過。若徒重於彼而輕於此，仍無益耳。譬之人家子弟，在外游蕩，靡惡不爲，徒治引誘之人而不錮其子弟，彼有恃無恐，何在不敢復犯？故欲令行禁止，必以重治吸食爲先，且吸食罪名，如未奉旨飭議，雖現在止科徒杖，尚恐將來忽罹重刑，若既議而終不行，或略有加增無關生死，彼吸食者皆知從此永無重法，孰有戒心？恐嗣後吃食愈多，則賣販之利愈厚，即冒死犯法亦必有人爲之。是專嚴開館興販之議，意在持平，而藥不中病，依然未效之舊方已耳。諺云：『刖足之市無業屨，僧寮之旁不鬻櫛。』果無吸食，更何開館興販之有哉？或謂罪名重，則訛詐多，此論亦似。殊不思輕罪亦可訛詐，惟無罪乃無可訛詐。與其用常法而有名無實，訛詐正無了期，何如執重法而雷厲風行。吸食可以立斷，吸食既斷，訛詐者又安所施乎？若恐斷不易斷，則目前之繳具已是明徵，若恐誅不勝誅，豈一年之限期猶難盡改？特視奉行者之果肯認真否耳。誠使中外一心，誓除此害，不惑於姑息，不視爲具文，將見人人滌慮洗心，懷刑畏罪，先時雖有論死之法，屆期並無處死之人，即使屆期竟不能無處死之人，而此後所保全之人且不可勝計，以視養癰貽害，又孰得而孰失焉？夫《舜典》有怙終賊刑之令，《周書》有羣飲拘殺之條，古聖王正惟不樂於用法，乃不能不嚴於立法。法之輕重，以弊之輕重爲衡。故曰：『刑罰世輕世重。』蓋因時制宜，非得已也。當鴉片未盛行之時，吸食者不過害及其身，故杖徒已足蔽辜。迨流毒於天下，則爲害甚鉅，法當從嚴。若猶泄泄視之，是使數十年後，中原幾無可以禦敵之兵，且無可以充餉之銀，興思及此，能無股慄？夫財者，億兆養命之原，自當爲億兆惜之，果皆散在內地，何妨損上益下，藏富於民？無如漏向外洋，豈宜藉寇資盜，不亟爲計？

臣才識淺陋，惟自念受恩深重，備職封圻，睹此利害切要關頭，竊恐築室道謀，一縱即不可復挽，不揣冒昧，謹再瀝忱，附片密陳，伏乞聖鑑。謹奏。

又《使粤奏稿》卷一《恭報抵粤日期摺道光十九年正月二十七日奏》

奏爲恭報微臣行抵廣東日期，並遵旨體察洋面堵截情形，恭摺奏祈聖鑑事：竊臣上年冬間進京陛見，於十一月十五日欽奉諭旨：『著頒給欽差大臣關防，馳驛前往廣東查辦海口事件，所有該省水師兼歸節制等因。欽此！』臣當即在京請訓，疊聆恩諭，備極周詳。蒙委任之逾恒，彌深感奮；念責成之重大，倍切悚惶。陛辭後，於二十三日出京，經由直隸、山東、安徽，皆無停滯，惟江西途次，連遇大雪，間有未能趲行之處，旋即加緊前進，以速補遲。茲於正月二十五日行抵廣東省城，與督臣鄧（廷楨）、撫臣怡（良）等會晤，當據告知，節次拿獲鴉片煙犯，水陸交嚴，羣情頗爲警動。迨聞特派查辦之旨，聲威所被，震懾民夷，是以駐省年久之夷商喳噸，於十二月十二日請牌下澳，附搭港脚映船回國。其伶仃躉船，內有港脚嘡船及彎吐船二隻，亦於十二月二十八日回去。今年正月二十日，又有港脚喊咟及吔噸等船，咪唎嘡國喋喱喑及吐咖等船，嗹國嘟吐船、小呂宋船，共十四隻，起椗開行。二十一日又有港脚噴咟等船，咪唎嘡國嘛叻等船，共四隻，與前船一同駛去。旋據探報，拋泊丫洲洋面，該處爲夷船回國必經之路，現仍嚴行探逐，業經先後具奏等語。臣復細加查訪，均屬相符。惟思夷情詭譎異常，現有鴉片在船，未必遽甘回國。果否計窮思遁，抑係擇地圖遷，均未可定。第既經開動，其爲畏憚可知，亟應宣示天威，乘勢盡行驅逐，以爲清源之計。除飭外海水師確查飛稟，相機會辦外，至臣先於途次，承准軍機大臣字寄，上年十二月十六日奉上諭：『本日據鄧（廷楨）奏，籌調師船將備，聯幫駐泊洋面，堵截民夷售私，並水陸交嚴以除錮弊一摺，著林（則徐）馳抵廣東後，即將各該處情形，悉心體察，所有摺內所議駐洋守堵各事宜，會同鄧（廷楨）通計熟籌，務臻妥善，覈實辦理。原摺著鈔給閱看，將此諭令知之。欽此！』臣查閱摺內所議分派兵哨各船在伶仃洋一帶，按月輪流堵截，無論內地何項船隻，駛近夷船，概行追擊，倘敢逞兇拒捕，格殺勿論。其東路之惠潮等屬洋面口岸，一體巡防，似此棋布星羅，已足以昭嚴密。惟現在夷躉既經移動，自須到處跟蹤，即使該躉船駛出老萬山，猶恐內海匪船，潛赴外洋勾結，是杜絕售私之勁，實屬刻不容鬆。臣甫經到省，於各處島澳口門，尚未親歷，現在檢閱圖志，先與督撫臣在省互相講求。擬於旬日之間，出赴中路之虎門、澳門等處，與水師提臣關（天培）乘船周覽，以便相機度勢，通計熟籌，俟躉船驅除應手之後，再往東路察看機宜，隨時會同鄧（廷楨）等覈實辦理。總期拔本塞源，力遏錮習，以仰副聖主澄清海澨綏戢民生之至意。所有微臣到粤日期，並體察大概情形，謹先繕摺具奏，伏乞皇上聖鑑。再廣東暘雨應時，米糧平減，民情均極安貼，足以上慰聖懷，合併陳明。謹奏。

又《會奏夷人躉船鴉片盡數呈繳摺道光十九年二月二十九日》 奏爲暎咭唎等國夷人，震懾天威，將躉船鴉片盡數呈繳，現於虎門海口會同驗收，恭摺奏聞，仰祈聖鑑事。

竊照鴉片來自外洋，毒流中國，蔓延既久，幾於莫可挽回，幸蒙我皇上渙號大宣，乾綱獨斷，力除錮弊，法在必行。且荷特頒欽差大臣關防，派臣林（則徐）來粤查辦，顧茲重大之任，慮非闇陋所勝，仰賴諭旨嚴明，德威振疊，不獨禁令行於內地，且使風聲播及重洋。復蒙諭令臣鄧（廷楨）等益矢奮勤，盡泯畛域，下懷欽感，倍思併力驅除。在臣林（則徐）未到之先，已將窑口、煙館、興販吸食各犯，拿獲數百起，分別懲辦。又派令各師船輪流守堵，水陸交嚴，並將東路夷船，及住省奸夷，先後驅逐，節經奏蒙聖鑑。臣林（則徐）於正月二十五日到省，亦將會商籌辦大概情形，先行具奏在案。

維時在洋躉船二十二隻，已陸續起椗開行，作爲欲歸之勢，若但以逐回夷界，即爲了事，原屬不難。惟臣等密計熟商，竊以此次特遣查辦，務在永杜來源，不敢僅顧目前，因循塞責。查夷情本皆詭譎，而販賣鴉片者，更爲奸猾之尤。此次聞有欽差到省，料知必將該夷躉船發令驅逐，故特先行開動，離卻向來所泊之伶仃等洋，以明其不敢違抗。其實每船內貯存鴉片，聞俱不下千箱，因上年以來，各海口處處嚴防，難於發賣，而其奸謀詭計，仍思乘間覓售，非特不肯拋棄大洋，亦必不肯帶回本國，即使逐出老萬山以外，不過暫避一時，而不久復來，終非了局。且內海匪船，亦難保不潛赴外洋，勾結售賣。必須將其躉船鴉片銷除盡淨，乃爲杜絶病源。但洪濤巨浪之中，未能確有把握。因思躉船之存貯，雖在外洋，而販賣之奸夷，多住省館，雖不必遽繩以法，要不可不喻以理而怵以威。臣林（則徐）當撰諭帖，責令衆夷人將躉船所有煙土，盡行繳官，許以奏懇大皇帝天恩，免治既往之罪，並酌請賞犒，以獎其悔懼之心，嗣後不准再將鴉片帶來內地，犯者照天朝新例治罪，貨物没官等語。與臣鄧（廷楨）、怡（良）酌商定稿，即於二月初四日公同坐堂，傳訊洋商，將諭帖發給，令其齎赴夷館，帶同通事，以夷語解釋曉諭，立限稟復，一面密派兵役，暗設防維。

查各國買賣，以𠸄咭唎爲較大，該國自公司散局以後，於道光十六年派有四等職夷人義律，到澳門經管商梢，謂之領事。臣等發諭之後，各國則皆觀望於𠸄夷，而𠸄夷又皆推諉於義律，其中有通曉漢語之夷人噡等四名，經司道暨廣州府第傳至公所，面加曉諭，因該夷噡等回稟之言尚爲恭順，當即賞給紅綢二匹，黄酒二罎，著令開導衆夷，速繳鴉片，未據即行稟覆。至二月初十日，義律由澳門進省，其時奸夷顛咃等，希圖乘夜脱逃，經臣等查知截回，諭責義律，以不能約束之非，並照歷届夷人違抗，即行封艙之案，移諮粤海關監督臣豫（堃），將各夷住泊黄埔之貨船，暫行封艙，停其貿易。又夷館之買辦工人，每爲夷人潛通信息，亦令暫行撤退。並將前派暗防之兵役，酌量加添，凡遠近要隘之區，俱令明爲防守，不許夷人出入往來，仍密諭弁兵不得輕舉肇釁，在臣等以静制動，意在不惡而嚴；而諸夷懷德畏威，均已不寒而慄。

自嚴密防守之後，省城夷館與黄埔澳門及洋面躉船，信息絶不相通，該夷等疑慮驚惶，自言愧悔，臣林（則徐）又復叠加示諭，勸戒兼施，即於二月十三日據該領事義律稟復，情願呈繳鴉片。維時距撤退買辦之期，業已五日，夷館食物漸形窘乏，臣等當即賞給牲畜等物二百數十件，復向查取鴉片確數，經義律向各夷人名下，反覆追究，旋據呈明共二萬二百八十三箱。查向來拿獲鴉片，如係外夷原來之箱，每一箱計裝整土四十個，每個約重三斤，每箱應重一百二十斤，即至日久收乾，每箱亦約在百斤以外。以現在報繳箱數核之，不下二百數十萬斤。若經奸販轉售，則流毒何所不至，今設法令其全繳，不動兵刑，無非仰仗天威，自然畏服。臣等欽感之餘，仍當倍加慎重，誠恐所報尚有不實不盡，訪之在洋水師及商賈人等，僉稱外夷高大躉船，每隻所貯亦不越千箱之數，是躉船二十二隻，核與所報箱數，不甚相懸，當即諭令駛赴虎門，以憑收繳。

除商明留臣怡（良）在省彈壓防範外，臣林（則徐）、臣鄧（廷楨）均於二月二十七日自省乘舟，二十八日同抵虎門，水師提督臣關（天培）本在虎門駐劄，凡防範夷船，查拿售私之事，皆先與臣等隨時商榷，務合機宜。自收繳之諭既頒，尤資嚴密防堵。兹躉船二十二隻陸續駛至虎門口外，經臣關（天培）調到碣石鎮總兵黄貴、署陽江鎮總兵楊登俊，各帶該標兵船，分排口門内外，聲威極壯。粤海關監督臣豫（堃）亦駐虎門税口，照料稽查，臣等親率候補知府南雄直隸州知州余保純，署廣州府同知佛岡同知劉開域，候補通判李敦業，樂昌縣知縣吴思樹，暨副將李賢，守備盧大鉞，分派文武大小各委員，隨收隨驗，隨運隨貯。惟爲數甚多，一躉船所載之箱，即須數十隻駁船，始敷盤運，而自口外運至口内堆貯之處，又隔數十里，若日期過促，草率收繳，恐又別滋弊端。臣鄧（廷楨）擬收至兩三日後，先回省署辦公，臣林（則徐）自當常駐海口，會同提臣關（天培）詳細驗收，經理一切，容俟收繳完竣，查明實在箱數，與該夷領事所稟，有無參差，再行恭摺奏報，並取具各夷人，永不夾帶切結存案，以斷根株。

伏思夷人販賣鴉片多年，本干天朝法紀，若照名例所載，化外有犯並依律科斷之語，即予以正法，亦屬罪所應得。惟念從前該夷，遠隔重洋，未及遽知嚴禁，今既遵諭全繳躉船鴉片，即與自首無異，合無仰求皇上，覆載寬宏，恩施法外，免追既往，嚴儆將來，並求俯念各夷人鴉片起空，無貲置貨，酌量加恩，賞給茶葉，凡夷人名下繳出鴉片一箱者，酌賞茶葉五斤，以獎其恭順畏法之心，而堅其改悔自新之念。如蒙恩准，所需茶葉十餘萬斤，應由臣等捐辦，不敢開銷。至夷人呈繳鴉片如此之多，事屬創見，自應派委文武大員，將原箱解京驗明，再行燒燬，以徵實在，是否有當？臣等謹會同水師提督臣關（天培）、粤海關監督臣豫（堃），合詞恭摺具奏，並録諭夷原稿並夷稟二件，恭呈御覽，伏乞皇上聖鑒。再此次距臣林（則徐）到省拜摺之後，已閲一月，先因籌辦未即就緒，不敢遽行奏聞，惟事經多日，恐廑聖懷，兹謹由四百里馳奏，合併聲明，謹奏。

又　卷二《會奏收繳鴉片已逾十分之八卽乘勢清理東路摺》　竊臣林（則徐）抵粵以後，與臣鄧（廷楨）暨撫臣怡（良），公同商酌，責令夷人將躉船煙土悉數呈繳，由臣林（則徐）疊加示諭，勸戒兼施。旋據嘆咭唎國領事義律稟明，情願將各船存貯鴉片二萬二百八十三箱，陸續駛至虎門呈繳，臣林（則徐）、臣鄧（廷楨）卽於二月二十七日自省起程，於二十八日駛抵虎門，會同臣關（天培），督率文武委員，分船收繳，業於二月二十九日由四百里恭摺馳奏在案。

惟收繳煙土，須將剝船攏近躉船方能盤運，而剝船與躉船高下懸殊，或以梯升，或用繩縋，登降已形費力。迨起至一半之後，躉船水迹浮高，須防風浪，又必下石壓艙，且潮汐時有往來，風信兼多順逆，一遇風潮相薄，剝船不能駛傍夷船，卽勉强攏近，而兩相撞擊，損壞堪虞，不得不暫爲停止。時當三月，風暴正多，竟不免有終日坐守之事，臣等同駐海口，時刻督催，得起卽起，不任延緩。查各躉船所貯煙土，在正艙者，皆係番木板箱，並用生牛皮封裹，極爲堅固，其在邊艙者，間用口袋裝盛，包紮亦甚緊，查因板箱多佔地位，勻攏不開，故有改裝口袋者，衡以斤兩，亦無二致。臣等始悟直隸拿獲金廣興商船鴉片案內，所起口袋卽係外夷原物也。

兹自二月二十九日收起，截至三月二十日，計已收繳鴉片一萬五千八百八十九箱，又一千五百四十七口袋，核之義律原報數目，已逾十分之八。惟近數日來，察看後船煙土，較諸在先收繳之船，所載漸少，雖一時未卽收完，而核計大數，恐其或有短少。當又派員持諭，前赴省城夷樓向領事義律嚴加詰責。卽據稟復，伊所報數目，係在夷樓核算帳據，而各船裝載鴉片，間有駛往沿海地方，如潮州南澳等處者。遠職再行催回，不論現泊何方，半月內始可催到，定必如數盡繳，斷不敢短少等語。察其情詞，似非虚誑，當卽准限半月，責令迅速發諭往催。

臣等伏思東路南澳地方，屢有夷船駛至，自上年驅逐淨盡之後，今春仍間有數船至長山尾等洋遊奕，雖經該鎮隨時驅逐，而夷船旋去旋來，是否中路分銷，抑係外洋另股？悉心訪察，冀得端倪。惟夷人既不肯輸情，衆口亦茫無確據，正思俟中路呈繳事竣，再行查辦南澳一隅，以冀斷絕根株，不使稍留餘孽。今據義律於無心中自行吐露，是中東兩路，實屬一氣相生，其躉船雖在伶仃等洋，而三板等船分載煙土，由外洋駛往南澳覓售，誠爲事所必有，既經逐層澈究，斧鑿相尋，正當乘此機會，責成該領事，將分往南澳各船，一概招回，悉數呈繳，不但原報二萬餘箱之內，不准短少一箱，如此外尚有多餘，亦必盡數收繳，總期一律淨盡，不任稍有留遺，轉不責其原報失實之咎。除俟收繳全完另行奏結外，所有現繳鴉片已逾十分之八，並乘勢清理東路緣由，謹會同廣東巡撫臣怡（良）、粵海關監督臣豫（堃），恭摺由驛馳奏，伏祈皇上聖鑑訓示。

再臣鄧（廷楨）原擬收至兩三日後，先回省署辦公，嗣因督率委員起剝堆貯，稽查偷漏弊端，未克分身回省。兹收繳已有成數，卽於拜摺後，馳回省垣，清釐應辦事宜，並督飭嚴拿陸路囤販吸食煙犯，合併聲明，謹奏。

又　《夷船呈繳鴉片一律收清摺》　奏爲夷船呈繳鴉片，現已一律收清，核較原稟之數，有贏無絀，恭摺奏報，仰祈聖鑑事：

竊照嘆咭唎等國夷人遵諭呈繳躉船鴉片，經臣等由四百里會摺馳奏，迨收逾十分之八，卽乘勢清理東路，亦經續行奏明在案。臣等查粵省東路南澳一帶，係與福建漳州府屬洋面毗連，該處夷船自上年驅逐開行之後，今春又據稟報，有數隻駛至長山尾等洋遊奕，而福建之布袋等洋，近在其北，聞亦有夷船，旋去旋來。緣兩省交界之間，逐於粵則竄於閩，逐於閩又竄於粵，無非因船內載有鴉片，隨處覓售。兹粵省中路躉船收繳煙土，辦理既能應手，且究明中東兩路，實屬一氣相生，亟應由中路而及東路，並由粵洋而及閩洋，務使兩省海面，一體肅清，不敢稍分畛域。當經臣等諄諭嘆咭唎國領事義律，繕寫夷信，多撥三板小船，分赴東路各洋，無論粵界閩界，但有夷船寄泊，卽催令駛回中路虎門，與各躉船同繳煙土，仍嚴檄南澳鎮率領師船，在洋堵逐，並帶有通事，傳諭夷人繳煙。其內港各口，責令潮州鎮道府縣，嚴禁躉艇出洋，以斷夷船接濟，一面飛信知會閩省督撫臣，飭屬照辦，使兩省聲勢互相聯絡。

適據潮州府知府易中孚稟知，已奉閩浙督臣鍾祥、福建撫臣魏元烺，派委漳州府知府胡興仁，至閩、粵交界之分水關，與易中孚面商會辦。該府等均卽遵照檄飭，實力防堵，水陸交嚴，夷船既不能將鴉片發售，又不能有水米接濟，勢難久泊。復經該領事義律催令一體呈繳，卽據稟報，陸續來至虎門，查有咈囒吐船、啤叻㖣船、囄船，皆係從南澳駛來，共繳鴉片一千六十七箱又五百十一袋。復有咧船、㖣嚱嗧船、囉嘛吖吐船，皆稱從福建駛來，共繳鴉片二千二百零四箱又五十七口袋。此數船原不在中路伶仃等洋躉船之內，每由外洋潛行竄越，蹤迹靡常，今亦招至虎門，與躉船一體呈繳。截至四月初六日收清，合計前後所收夷人鴉片，共一萬九千一百八十七箱又二千一百一十九袋，核之義律原稟，應繳二萬二百八十三箱之數，更溢收一千袋有零。據該領事等僉稱，委係盡數繳官，不敢絲毫餘剩。臣等於親督收繳之際，節經飭令委員每起盡一船，即將各層艙底逐一查驗，不任稍有留遺。此次收繳全清，夷人成本千餘萬金，已成虛擲，諒不敢更尋覆轍。惟現值南風司令，各國本年貿易夷船，正應陸續到粵，計自彼國開船當在數月以前，未必遽知天朝如此嚴禁，其歷年挾帶鴉片，本已習爲故常，此次來船，恐亦難免，惟一時未便卽寘於法，仍須責令一併繳官。臣等現又嚴諭該領事義律，將新來載貨夷船，隨到隨查，如無鴉片，卽具保結請驗。倘有夾帶自行首繳免罪，如敢朦混隱瞞，查出不許開艙，驅逐回國，俟奉到部行新例之後，卽當擬具檄諭底稿，恭呈御覽，照會該國，明示限期，如屆期再有帶來，應遵照《大清律例》所載，化外人有犯，並依律科斷之語，與華民同照新例，一體治罪，貨物沒官，始可杜其嘗試之念。

臣等又思華夷雖有分界，而海道處處可通，卽如閩省各洋，南與粵界相連，北則距粵甚遠，是否尚有夷船在彼遊弈？粵省無從知悉，除再飛移閩省督撫臣一併乘機查辦外，尚恐夾帶鴉片之奸夷，慮及到粵勒繳，或從外洋徑竄迤北各省，寄椗售私。前數年本已有此情形，此後尤不能不慮，應請敕下沿海各省，一體嚴查，時加防範，若收繳之令，隨在得行，卽竄越之蹤，亦永遠可杜矣。至內地興販已久，流毒甚深，囤積之家，定必不少，一聞夷船鴉片盡繳，正喜奇貨可居，雖已力塞其源，而其流尚未有艾，總須趁此機會，嚴緝痛懲，首繳者許以自新，怙惡者置之重典，務在同心協力，自可禁止令行，以仰副聖主造福寰區爲民除害之至意。所有夷船鴉片收繳全清緣由，謹會同廣東巡撫臣怡良、粵海關監督臣豫堃，恭摺由驛馳奏，伏乞皇上聖鑒訓示，謹奏。

又　卷三《會奏銷化煙土一律完竣摺》（道光十九年六月十九日到京）奏爲虎門銷化煙土，公同覈實稽查，現已一律完竣，恭摺奏祈聖鑑事：竊臣等欽遵諭旨，將夷船繳到煙土二萬餘箱，在粵銷燬，所有覈實杜弊，並會督文武大員公同目擊情形，已於五月初三日銷化及半之時，先行恭摺會奏存案。嗣是仍照前法，劈箱過秤，將煙土切碎拋入石池，泡以鹽鹵，爛以石灰，統俟戳化成渣，於退潮時送出大海。臣等會督文武員弁，逐日到廠看視稽查，其間非無人夫乘機圖竊，而執事員弁多人，留神偵察，是以當場拿獲之犯，前後共有十餘名，均卽立予嚴行懲治，並有賊匪於貯煙處所，乘夜爬牆，鑿箱偷土，亦經內外看守各員弁巡獲破案。現在發司嚴審，尤當按律重辦。其遠近民人來廠觀看者，端節前後，愈見其多，無不肅然懍畏。並有咪唎㗼國之夷商，經與咧㖣呅喻噝等，攜帶眷口，由澳門乘坐三板，向沙角守口之水師提標游擊羊英科遞稟，求許入棚瞻視。臣等先因欽奉諭旨，准令在粵夷人共見共聞，咸知震讋曾經出示曉諭，是以該夷等遵諭前來。且查夷商𠿐等平素係作正經買賣，不販鴉片，人所共知。因准派員帶赴池旁，使其看明，切土搗爛，及撒鹽燃灰諸法，該夷人等咸知一一點頭，且皆時時掩鼻，旋至臣等廠前，摘帽斂手，似以表其畏服之誠。當令通事傳諭該夷等，以現在天朝禁絕鴉片，新例極嚴，不但爾等素不販賣之人，永遠不可夾帶，更須傳諭各國夷人，從此專作正經貿易，獲利無窮，萬不可冒禁營私，自投法網。該夷人等傾耳敬聽，俯首輸誠，察其情形，頗知傾心向化。隨卽公同賞給食物，歡欣祗領而去。

至臣等前奏煙土名色，本有三種，曰公斑、曰白土、曰金花，迨後復經劈出原箱，另有一種小公斑，每箱貯八十箇，其式樣比行常之公斑較小，而箇數倍之，故每箱斤兩不相上下，每箇用洋布包裹，製造亦較精緻，訪聞此種在外國係最上之煙，價值極貴，是現在所化煙土，竟有四種。臣等近日于邸鈔中，伏讀上諭：『煙膏煙具，多有假造，其弊不可勝言等因，欽此！』仰見聖明務求真實，力戒欺朦之至意。臣等愚昧之見，欲辨其偽，必須先識其真，未知近時各處所拿獲者，皆係何種煙土，若以外夷原箱之物，互相比較，則真偽似可立辨，不至混淆。謹將現在四種煙土，每種各留兩箱，可否卽將此八箱作爲樣土，如蒙准令解京，卽委便員搭解，並不費事。倘亦無須解送，則此時粵東每月俱有各屬拿獲解省驗燬之煙，亦可隨同銷化，現除暫存此八箱外，計已化煙土湊合前奏之數，共有一萬九千一百七十九箱二千一百一十九袋，其斤兩除去箱袋，實共二百三十七萬六千二百五十四斤，截至五月十五日，業已銷化全完。斯時蕩穢滌瑕，俾免毒流於四海，此後除奸拯溺，尤期約立于三章。庶幾仰副我聖主除害保民之至意。所有銷化煙土完竣緣由，臣等謹會同水師提督臣關天培、粵海關監督臣豫堃，合詞恭摺具奏，伏乞皇上聖鑒訓示。

再虎門現在無事，臣林則徐亦暫回省城，商辦一切，合併聲明，謹奏。

清·林則徐《信及録·諭洋商責令夷人呈繳煙土稿己亥二月初四日行》

諭洋商知悉：照得廣東華夷互市，已歷三百餘年。彼豈不能自相交易，所以必設洋商者，原爲杜私通而防禁物起見也。恭查嘉慶二十一年欽奉上諭，責令洋商查明，如各夷船帶有鴉片，即將貨物全行駁回，不許貿易，原船逐回本國等因。欽此。欽遵在案。查節次夷船進口，皆經該商等結稱，並無攜帶鴉片，是以准令開艙進口，並未駁回一船。今鴉片如此充斥，毒流天下，而該商等猶混行出結，皆謂來船並無夾帶，豈非夢囈！若謂所帶鴉片，早卸在伶仃洋之躉船，而該商所保其無夾帶者，係指進口之船而言，是則掩耳盜鈴，預存推卸地步，其居心更不可問。譬如人家防夜，設立更夫，乃財物已被席捲而逃，而看更者猶曰無賊，此非通盜而何？況夷館係該商所蓋，租與夷人居住，館內行丁及各項工役，皆該商所雇，馬占等皆該商所用，附近銀鋪皆該商所與交易者。乃十餘年來無不寫會單之銀鋪，無不通窑口之馬占，無不串合快艇之行丁工役，並有寫書之字館，持單之攬頭，朝夕上下夷樓，無人過問。銀洋大擡小負，晝則公然入館，夜則護送下船。該商豈能諉於不聞不見？乃相約匿不舉發，謂非暗立股分，其誰信之？且聞從前夷人來館，先穿大服佩刀劍拜候各商，多有辭而不見，候其再來，而後答之。近年乃有託言照應過關，下澳遠迎者矣。甚至東裕行竟送肩輿與大班邊乘坐，而該班轉不許該商乘轎入館，種種悖謬，廉恥何存？此雖皆由試辦之商，靦顔作倆，素有身家之原商，尚不至此，而薰蕕同臭，實爲爾等羞之。在爾等只知致富由於通商，遂爾巴結夷人爲利藪，豈知夷人之利皆天朝所予，倘一旦上干聖怒，絕市閉關，彼各國皆無錙銖之利可圖，而何有於爾等乎？乃不知朝廷豢養深恩，而引漢奸爲心腹。內地衙門，一動一靜，夷人無不先知。若向該商問及夷情，轉爲多方掩飾，不肯吐實。即如紋銀出洋，最干例禁，夷人果皆以貨易貨，安有銀兩帶回？況經該商等稟明，每年交易之外，夷人總應找入內地洋錢四五百萬元不等，如果屬實，何以近來夷船，並無攜帶新洋錢到港，而內地洋錢日少一日，該商中之敗類者，又何至拖欠夷債百餘萬之多？可見『以貨易貨』四字，竟是全謊。更有奇者，該商藉有前任粵海關阿所奏餘剩洋銀，帶回三成，暫時試行之案，遂援爲定例。年年影射，稟請下船，多製木箱，如同解餉，甚且代稱某年夷人寄存某處銀若干，今託某夷人帶回，因與海關書吏，串通做案，商則一面出結，銀則一面出洋，言與行違，恬不爲怪。曾經奉旨飭查，僅以一稟支飾了事。況如夷人查嚏等，皆慣賣鴉片最爲奸滑之人，前年奉旨查逐，而該商尤爲力保，有察出串賣鴉片，取銀給單，情甘坐罪之語，結猶在卷。試問此結，應坐罪乎否乎？又咽義吐船上之鴉片，係在內河搜出，是並進口之船，出結亦不足據矣。舊冬三板船七隻，因該商等屢稟，甫經准行，乃漏貨物者有之，帶火藥者有之。如曰不知，要爾何用？如曰知之，罪不容誅。今計歷年中國之銀耗於外洋者，不下幾萬萬矣。叠奉諭旨，以鴉片入口，紋銀出洋之事，責備大小官員，十分嚴切，而該商等毫無干係，依然藏垢納汙，實堪令人切齒！本大臣奉命來粵，首辦漢奸，該商等未必非其人也。合亟諭查，諭到該商等，立即逐一據實供明，以憑按律核辦。至現在先以斷絕鴉片爲首務，已另諭夷人，將躉船所貯數萬箱鴉片悉數繳官，並責令簽名出具漢字夷字合同甘結，聲明嗣後永不敢帶鴉片，如再夾帶，查出人即正法，貨盡入官。此諭即交該商等賫赴夷館，明白諭知。必須嚴氣正性，曉以利害，不許仍作韋脂之態，再説央懇之詞，務令慷慨激昂，公同傳諭，限三日內，取結稟覆。如此事先不能辦，則其平日串通奸夷，私心外向，不問可知。本大臣立即恭請王命，將該商擇尤正法一二，抄產入官，以昭炯戒，毋謂言之不早也。特諭。

又《諭各國夷人呈繳煙土稿己亥二月初四日行》

諭各國夷人知悉：照得夷船到廣通商，獲利甚厚，是以從前來船，每歲不及數十隻，近年來至一百數十隻之多。不論所帶何貨，無不全銷，願置何貨，無不立辦。我大皇帝一視同仁，准爾貿易，爾纔沾得此利，倘一封港，爾各國何利可圖？況茶葉大黄，外夷若不得此，即無以爲命。乃聽爾年年販運出洋，絕不靳惜，恩莫大焉。爾等感恩，即須畏法，利己不可害人，何得將爾國不食之鴉片煙，帶來內地，騙人財而害人命乎？查爾等以此物蠱惑華民，已歷數十年，所得不義之財，不可勝計。此人心所共憤，亦天理所難容。從前天朝例禁尚寬，各口猶可偷漏。今大皇帝聞而震怒，必盡除之而後已，所有內地民人販鴉片開煙館者，立即正法，吸食者亦議死罪。爾等來至天朝地方，即應與內地民人同遵法度，本大臣家居閩海，於外夷一切伎倆，早皆深悉其詳。是以特蒙大皇帝頒給平定外域屢次立功之欽差大臣關防，前來查辦，若追究該夷人積年販賣之罪，即已不可姑容。惟念究係遠人，從前尚未知有此嚴禁，今與明申約法，不忍不教而誅。查爾等現泊伶仃等洋之躉船，存有鴉片數萬箱，意欲私行售賣。獨不思海口如此嚴拿，豈復有人敢爲護送，而各省亦皆嚴拏，更有何處敢與銷售？此時鴉片禁止不行，人人知爲鴆毒，何苦貯在夷躉，久椗大洋，不獨徒費工資，恐風火更不可測也。合行諭飭，諭到該夷商等，速即遵照，將躉船鴉片，盡數繳官。由洋商查明何人名下，繳出若干箱，統共若干斤兩，造具清册，呈官點收，驗明燬化，以絕其害，不得絲毫藏匿。一面出具夷字漢字合同甘結，聲明嗣後來船，永不敢夾帶鴉片，如有帶來，一經查出，貨盡没官，人即正法。聞該夷平日重一信字，果如本大臣所諭，已來者盡數呈繳，未來者斷絕不來，是能悔罪畏刑，尚可不咎既往。本大臣即當會同督部堂、撫部院稟請大皇帝格外施恩，不特寬免前愆，並請酌予賞犒，以奬其悔懼之心。此後照常貿易，既不失爲良夷，且正經買賣，儘可獲利致富，豈不體面？倘執迷不悟，猶思捏稟售私，或託名水手帶來，與爾無涉，或詭稱帶回該國，投入海中，或乘間而赴他省覓售，或搪塞而繳十之一二，是皆有心違抗，怙惡不悛，雖以天朝柔遠綏懷，亦不能任其藐玩，應即遵照新例，一體從重懲創。此次本大臣自京面承聖諭，法在必行。且既帶此關防，得以便宜行事，非尋常查辦他務可比。若鴉片一日未絕，本大臣一日不回，誓與此事相始終，斷無中止之理。況察看內地民情，皆動公憤，倘該夷不知改悔，惟利是圖，非但水陸官兵，軍威壯盛，即號召民間丁壯，已足制其命而有餘，而且暫則封艙，久則封港，更何難絕其交通。我中原數萬里版輿，百產豐盈，並不借資夷貨。恐爾各國生計從此休矣。爾等遠出經商，豈尚不知勞逸之殊形，與衆寡之異勢哉？至夷館中慣販鴉片之奸夷，本大臣早已備記其名，而不賣鴉片之良夷，亦不可不爲剖白。有能指出奸夷，責令呈繳鴉片，並首先具結者，即是良夷。本大臣必先優加奬賞，禍福榮辱，惟其自取。今令洋商伍紹榮等到館開導，限三日內回稟，一面取具切實甘結，聽候會同督部堂撫部院，示期收繳，毋得觀望諉延，後悔無及。特諭。

又《飭拏販煙夷犯顛地稿己亥二月初八日行》 札廣州府暨南番二縣知悉：照得本大臣此次來粵，仰蒙欽交煙犯姓名事由，内開一夷民顛第，遞年逗留省城，凡紋銀出洋，煙土入口，多半經其過付。該夷民常與漢人往來，傳習夷字，學習訟詞，購閱邸抄，探聽官事。又請漢人教習中國文字，種種詭秘，不可枚舉等因。查顛弟即顛地，本係著名販賣鴉片之奸夷，本大臣到省後，即欲委員前赴夷館查拏究辦。因該府縣等面稟夷館中，各國夷人，畏法者尚多，非盡如顛地之奸猾。請先分別良莠，再行查拏。是以先令洋商賫諭，前往開導，令將煙土呈繳，並具永不夾帶甘結，尚可寬其既往。其不繳者，立即懲辦去後。茲復據該府縣等面稱，聞得咪唎堅國夷人，多願繳煙，被港脚夷人顛地阻撓，因顛地所帶煙土最多，意圖免繳等語。是該夷顛地誠爲首惡，斷難姑容。合亟札飭拏究，札到該府等，即赴十三行傳諭洋商暨夷人等，以本大臣奉命來此查辦鴉片，法在必行，速將顛地一犯交出，聽候審辦。此外，夷人仍當分別良莠，如咪唎堅夷人果知畏威懷德，將煙土首先呈繳，不聽顛地阻撓，定即先加奬賞。即英咭唎及港脚諸夷，有先行呈繳者，亦必一體加奬，斷不因顛地之愍不畏法，而連及能知改悔之人。至於安分良夷，本無夾帶鴉片，本大臣尤必力爲保護，不必心存疑慮。但當曉諭諸夷，將已來之鴉片速繳到官，未來之煙土，具結永斷，共作正經賣買，懍天朝之法度，即享樂利於無窮，不得自外生成，致干憲紀。一面將夷犯顛地譯訊確供，稟請核辦毋延。特札。

《魏源集》上册《道光洋艘征撫記》 （道光）十九年正月二十五日，林則徐馳驛抵粵，傳洋商伍怡和，索歷年販煙之洋商查頓、顛地，時查頓已聞風先竄，惟顛地隨英吉利公司領事義律由澳門至省城洋館。林則徐派兵役監守之，並于省河之獵德礮臺，筏斷來往，諭令將零丁洋二十五艘之煙土，勒限呈繳，免其治罪，否即斷薪水，停貿易。又以禁煙事宜策問書院士子，皆以水師包庇販私對。于是奏革水師總兵韓肇慶之職，終以鄧廷楨所保，不能盡正其罪。

公司領事者，英吉利國王所派洋官，司貿易者也。他國皆洋商各自貿易，惟英吉利別有公司，皆通國富商，合貲銀三千萬圓，而國王派領事一員總管之，凡與中國官吏抗衡桀驁，皆領事所爲，故他國如中國鹺務之散商散輪，而公司則猶鹺務之總商整輪也。初議三十年爲一局，繼展限六十年。道光十三年，公司局散，粵中已無領事，此洋務第一轉機。

而總督盧坤初至廣東，未悉利害，聽洋商言，反行文英吉利國，令仍派領事來粵。初至者日律勞卑，即以兵船闖入虎門構釁，勒令歸國。再至者即義律，在粵三載。至是既被圍省館，不能回澳，始于二月十二日具印稟遵繳，並將駛往東洋之烟船盡駛回粵，共繳鴉片煙二萬二百八十三箱，計每船大者千箱，次者數百箱，每箱百有二十斤，共二百三十七萬六千餘斤。林則徐會兩廣總督鄧廷楨，親駐虎門驗收，以四月六日收畢，每箱約賞茶葉三斤，其煙土請解京師，詔即在海口銷燬，毋庸解京，俾沿海民人共見共聞，咸知震讋。林則徐會同督撫，於虎門監視銷燬，就海灘高處，周圍樹柵，開池浸鹵，投以石灰，頃刻湯沸，不爨自然，夕啓涵洞，隨潮出海。

清·李圭《鴉片事略》（道光十九年）詔林則徐來京，面授方略，命以兵部尚書頒給欽差大臣關防，令馳赴粵東，會同兩廣總督鄧廷楨，查辦海口，節制水陸各師。十一月陛辭出都。十九年正月，兩廣總督鄧廷楨等奏，遵旨力除鴉片，共矢血誠，俾祛大患。得旨：『卿等同欽差大臣林則徐，若能合力同心，除中國大患之源，不但卿等能應懋賞，即垂諸史册，朕之光輝，豈淺鮮哉？而民生之福，政治之善，又非淺鮮。諒卿等亦不煩諄諄告誡也。勉之！勉之！試目待之！此摺給林則徐閱看。』

是月二十五日，林大臣到粵。維時粵中嚴拿興販吸食之犯，坐地洋人，不敢包匿，其躉船寄椗零丁洋面者，共二十二艘，聞有欽差到粵，將欲開行。林大臣欲窮治其事，因咨會虎門水師提督、碣石鎮總兵，統帶各營，分路把守，傳令在洋躉船，先將鴉片悉數繳銷，方准開艙。二月初四日，傳集洋商伍怡和等十三洋行，發交諭帖，令傳諭各洋商公司人等，並歷年販運鴉片之奸商查頓、顛地二人，查其煙土存儲之實數，即時稟覆，抄諭陳奏。諭內有『本大臣既帶關防，得便宜行事。若鴉片一日不絕，本大臣一日不回。誓與此事相終始』之語。奉批：『覽及此，朕心深爲感動，卿之忠君愛國，皎然於域中化外矣。』傳諭後，查頓聞風先遁。時英公司領事義律，已知其事，託辭回澳。澳門屬香山縣，明季爲葡萄牙國人租佔。不至。各洋行觀望推諉，遷延不覆。林大臣趣之急，顛地始隨義律乘舟來省，義律仍偃臥夷館，如弗聞者。因派兵役監守，遂援違抗封艙之案，移粵海關監督，將各洋商住泊黃埔之貨物，一律封閉，停其貿易，又撤其沙文音近色憤而羈禁之。沙文者，華人之受雇於洋館，充買辦者也。供應既窘，消息不通，躉船之在外者，經兵役防守，斷其岸上接濟，餉道垂絕。義律至是始謀於各商，查明洋面躉船所存之鴉片，據實稟繳，計二萬二百八十三箱，值英金三百萬磅，核銀約八百萬兩。

林大臣得稟，飭令各船駛赴虎門聽候收繳。二月二十五日，派員收起，至二十七日，林大臣復會鄧總督，親詣虎門，一面咨會提鎮各營統帶各標兵船，分排口門內外，海關監督駐稅口，專司稽查。於是躉船二十二艘先後駛抵虎門，詳細驗收，每艘大者千箱，次者數百箱，至四月初六日收畢，核數得實，每箱酌賞茶葉五斤，集外洋各商，出具永不售賣煙土，在事後犯者，人即正法，貨船人官切結，據以奏聞。其煙土請解京師。

於是林大臣會同督撫，於虎門監視銷燬，就海灘高處，周圍樹柵，開池二，縱橫各十五丈有餘，灌以海水，投以石灰，頃刻湯沸，不爨自然，潮退，啓涵洞隨潮出海，每日盡三四百箱，至千箱不等。自四月二十二日化起，五月十五日畢事，除去箱隻，實共燒燬煙土二百三十七萬六千二百五十四斤。先期出示，令外洋人來虎門集視。其時觀者如堵，悉慴伏無異詞。且有敍入外洋新聞紙中，以紀其事者。遂下令盡逐外洋之躉船，與澳門之奸夷，不許逗留內地。其續到之船，有鴉片者倘自揣不敢報驗，即日回國，亦免窮究，若仍沿舊以煙土卸寄躉船，則入口時丈量船旁水迹尺寸，情僞立見，必按夾帶鴉片新例，人即正法，船貨入官，所有進口之船，均應照此具結。並行文英國王，一體嚴禁。

清·梁廷枏《夷氛聞記》卷一（道光）十九年正月，則徐既抵粵，詳考禁令，訪悉近年情事，與夷商輕藐所由來。林公前官蘇撫，得士心。江蘇郭桂船庶常，書院中所最賞識者，豫厚菴堃來榷粵市，聘就幕中。會予應聘總修《粵海關志》，署牘録發出其手，林公未度嶺關，以役迎諸贛州，郭亦附書以逕，知予先在海防書局，所有諸國稟件禁令，及沿海要隘，諸營縣界域道里，墩營砲械，皆有録存圖繪。於是諄囑予摘其切要有關海事，暢爲圖説，爲羔雁獻。先是林公官杭嘉觀察，見予所著書，謬承獎借。至是，就局中録爲巨帙，授郭獻之。予方由越華院遷鄰舍，以備行轅。公過而先下顧，談極暢。嚴責首商，商衆咸畏服。隨札諭夷商，速繳禁物，委曲開導。時夷商聞中國法在必行，往日售私最多者，曰喳噸，已先遁出伶仃。次則嗹吔，尚徘徊未去，則徐以義律領袖諸夷，預示以將來繳盡，宜出具夾帶者人正法，貨入官甘結，乃可不斷市易，爲諭四條。又籌辦內地興販吸食者，先以所訪積年販戶，下司行拘，頒結式，令四民互保，海口船戶亦編澳甲，書名帆上，以便稽察。當時章程十條：一、吸食者，立限斷癮，省城以二月爲始，截至三月底止，外府州縣，以奉文之日爲始，勒限兩月，一體戒斷，其有舊存烟土、烟膏、烟槍、烟斗，及一切零星器具，一概准其繳官，不問姓名，但不得稍有隱匿，所繳烟槍，必須辨明真偽，外已純熟，中漬烟油者爲真。以新竹灌烟油者爲偽。至於窑口興販，烟館等項人犯，若不將烟土烟膏，首繳到官，及至被人告發，或線人引拿，搜獲真贓實據，定當盡法懲治。並以本犯財產，籍没變價，賞給首告及引拿之人。誣者反坐。一、有人告發，或現犯供指，或線人密首，應行進屋搜查贓據者，其夾帶栽贓之弊，固不可不防，而謠言鼓惑之風，亦不可不戢。嗣後遇有應行入室搜查者，文武各官須親帶兵差，甫經進門，先將帶去兵差，逐一搜檢明白，仍於出門時，當衆照前搜檢，栽贓攫竊二弊，均無所藉口矣。一、大小文武官員，許其所屬稟首，廣開指揭之門，非縱其凌長犯上也，直指告罪人耳。沿海營弁，更難保無得規、徇隱、售私、吸食諸弊。嗣後無論地方鹽務，文武官員，其屬下有吸食或包私者，該管上司代爲徇庇，一併嚴參，其上官有吸食或包私者，屬下果能切實稟揭，熬審不虛，分別記功，獎勵拔補。一、各州縣奉文之後，勒限兩月，收繳烟槍、烟土、器具，應責成該州縣，分都分圖，由城及鄉，挨次編查保甲，以塞其流。敦請紳士爲之綜理，再由紳士選舉各鄉公正衿者，分段編查，赴縣具領門牌底册，詳細填註。其有不能相信者，許以該戶名下，註明不敢保字樣。地方官卽將各鄉不敢保結之人，另立一册，限日搜查，無實據者，而責成該管族黨正副立限確查，切實保結。倘仍前不敢担保，立卽嚴拘訊究。一、士爲四民之首，文武生員，有吸食鴉片者，予限兩月，若再觀望遷延，則其情罪實較齊民爲重，卽責成教官，逐一挨查，轉報地方官，審明實據，立卽詳革治罪。教官查核學册，隨意撥派五人互相聯保，各於册內詳註互保姓名，事竣，申繳備案，至捐職及貢監生，令各州，縣細查檔册，開明人數，造册移送教官，諭令生員各保所知。倘生員未能盡悉，不肯據保，卽責成已經保過之捐職貢監保其同類，其無保之人，查訊熬驗。一、兵丁吸食，精神筋力，疲憊不堪，亟應明定章程，嚴加考驗，以除積弊，而肅戎行。每五人爲一伍，令其互相連環保結呈送，所不敢保者，另立一册，聽候委員熬試。一、幕友官親長隨，統於兩月限內，將署中有無吸食之人，出具切結，屬員申送上司，同官互相咨送，以憑查考，經承小書，各班差役，亦應責成本官，設法查禁，亦隨便指撥五人，互相派保。一、粵東中東西三路，口岸出洋之艚船、拖風渡船、泥船，以及蝦笱等項，或攬載私貨，興販吸食，或貪圖微利，接濟奸夷，責令該口岸澳甲編號造册，呈送該管衙門，飭令五船互保，將無人保結之船，另造一册，隨時挨次搜查究辦，卽或查無實據，亦應編入岸地，交保約束，不准再令駕駛出洋。其內河大小船隻，以及蛋家漁船，均責成地方官，一體查辦，倘有客商違例夾帶吸食，許該船戶前赴沿途地方官密行首稟。一船有幟三扇或一二扇，書寫大字三行，中一行寫某州縣某人姓名，左一行寫某字第幾號，右一行寫第幾甲第幾牌。一、客寓寺觀伙店，所有暫時寄寓之人，應由地方官責成廟祝店主，設立循環號簿，詰詢里居姓名，詳細註册，每五日送該管衙門考核，許該廟祝店主，隨時密首。一、各客商過關投稅，勢難一一打開盤驗，責成行戶經紀人等，逐一檢查，到關，卽將貨單保結呈繳關口委員，核對圖記相符，然後抽查貨物。二月初十日，義律自澳入省，欲挾嗹吔私逃，以爲匿處澳門，或下船次，皆無如我何也。則徐偵知，撤其買辦，調集巡船，圍泊夷館後，查截嚴緊，使無從下河，而筏斷獵德，防其遠遁。十四日，義律計無復之，乃請就夷樓黃埔及椗洋躉船所有，合二萬二百八十有三箱，盡數呈繳。聞繳數雖多，然其中有內地人向夷樓交銀取單，未及載運者，又有上年由粵赴天津，以港口查辦嚴，不敢入，因而原船帶還，仍借放躉船者，似非盡英夷之物。然據《澳門月報》，一云繳與中國，值魯碑二千五百萬兩，一云繳銷破費一千二百五十萬圓，皆以所繳數核算，魯碑值半圓，兩數相符，是幷借放者，亦作該船物矣。則徐親赴虎門驗收，凡二百三十七萬六千二百五十四斤，以箱凡百二十斤計，轉浮出所呈數外。奏請派員解京，得旨令在海口銷毁，俾軍民知所震畏，乃開池引鹵水入，隨投隨夾以石灰，俟其揚沸，旋自糜爛。事後因免解京，有疑及所繳中多空箱者。不知義律當時實盡繳無存，林公帶同官役，萬眼同觀，且委員下船收繳，亦開箱點足，無空箱事。躉船既空所載，恐其聚泊生事，遂使還國。海船必重載而後可行，躉船止椗泊載私，半屬敝壞之船，非修不可駕駛，時市尚未禁斷，而散商買貨，有時必以原船運出，躉船實無貨可載，一時難以開行，逐之禁之，皆難驅使去。其時舟師奉公，又不敢稍作

疏懈，夷人所以謂林公不知外國事情者，此一端也。續至者，亦令續繳，甫至聞即開行者，免其窮追，此繳煙始末也。【略】

則徐因其鄉人之久於粤者，習聞水師得規故縱之説，乃選集會城粤秀、越華、羊城三書院肄業生數百人，爲現風試，假學政考棚，扃而考之，卷夾條紙，開四事爲問。四事：一、大窑口所在，及開設者姓名。一、零星販戶。一、令各就耳目所及指出。而不書己名於紙片。一、斷絶禁物法。卷册先由監院教官備送。前一夕預傳刻匠，以三鼓刻印，留於行署，詰朝乃出，點名後，諸生見條紙始知。於是諸生各以所聞，詳書於紙，則盡悉屯戶姓名及水師賄縱報獲獻功欺矇大吏狀。商之廷楨，奏褫肇慶職，盡發遺其屬弁。當時林公有嚴議至死罪之意，予從容謂欺罔者當不止此數人。後終以鄧公故輕之。然當訊諸人，鄧公適至，婉卻之，直告以方訊罪弁，有所商請，先詣巡撫署相待，林公亦隨至，始終無私言也。惟恩升僞爲目疾，禁未起解。

奏定賞繳煙夷船茶葉，計箱給五十斤。每石茶稅銀二兩五錢。【略】則徐探知夷埠煙稅最重，歲留稅充孟阿臘經費，有餘盡收歸國庫，王享其厚利久矣。今中國雖禁絶吸食，而來源未斷，是當責諸其王，王果恭順天朝，則宜在彼先禁栽種，此後私產不前，庶可永享樂利。於是會督撫銜照會英國。【略】並慮義律懼王以己不善辦理受責，辭不肯收，收亦浮沉，文既未達，終無實耗。乃繕封數十，按其在粤國船及他國船之必抵其蘭崙城者，船與一通，使歸投焉，以期必至。照會云：照得天道無私，不得害人以利己。人情不遠，孰非惡殺而好生。貴國雖在重洋二萬里外，而同此天道，同此人情，未有不明於生死利害者也。我天朝四海爲家，大皇帝如天之仁，無所不覆，而遐荒絶域，亦在並生並育之中。廣東自開禁以來，流通貿易，凡內地民人，與貴國番船相安于樂利者，數十年於兹矣。且於大黄、茶葉、湖絲等類，皆中國寶貴之產，外國若不得此，則無以爲命，而天朝一視同仁，許其販賣出洋，絶不靳惜，無非推恩外服，以天地之心爲心也。乃有一種奸夷，製爲鴉片，夾帶販賣，誘惑愚民，以害其身，以謀其利，從前吸食者尚少，近則互相傳染，流毒日深。在中原富庶蕃昌，雖在此等愚民，貪口腹而戕生，亦屬孽由自取，何必爲之愛惜，然以大清一統之天下，務在端風俗以正人心，豈肯使海內生民，盡甘鴆毒。是以現將內地販賣鴉片，並吸食之人，一律嚴行治罪，永絶流傳。惟思此等毒物，係貴國所屬各部落內，鬼蜮奸人，私行造作此物，自非貴國王令其製賣。但即各國之中，亦只數國製造，並非諸國皆然。稔聞貴國不准民人吸食，犯者必懲，自係明知其害人，故特爲之嚴禁。然禁其吸食，何如禁其販賣，並禁其製造，乃爲清源之道。若自不食，而仍敢製造販賣，引誘內地人民，則是欲己之生，而陷人之死，欲己之利，而貽人以害，此皆人情之所痛恨，天道之所不容。以天朝力震華夷，何難立制其命，而仰體聖明寬大，自宜告誡於先。且從前未有公文移會貴國王，一律嚴禁，則猶得諉爲不知。今與貴國王約，將此害人之鴉片，永遠斷絶。我內地禁人吸食，爾屬國禁人製造，其從前已經造作者，貴國立即頒行搜盡，投之海底，斷不許天地間更有毒物，非獨內地民人不受其害，即貴國民人，既有造作，安知其不吸食，果並造作而禁之，則該國亦不受害，豈不各享太平之福，益昭貴國恭順之忱？如此則明於天理，而上天不至降災，協乎人情，即物亦能感化。況內地既經嚴禁，無使吸食，即使該國製造，終亦無處可賣，無利可圖。與其虧本徒勞，何不改圖別業？況內地搜出鴉片，盡付油火燒燬，再有夷船夾帶鴉片前來，不能不一體燒毀，恐船內所載他貨，難免玉石俱焚，是利不得而害已形，欲害人而先害己也。天朝之所以能臣服萬國者，正有不測之神威，毋謂言之不早也。貴國王接到此文，即將各海口緣由，速行移覆。幸勿謊飾支延。道光十九年二月日。遴隨員知府余保純、劉開域出虎、澳門，頒式各國，使合漢夷字繕結，諸國皆如式繳送。義律請令隨員入澳會議禁煙章程，因請此後聽其國船至，即收泊於澳門，由澳卸載，不經虎門。則徐以澳門西洋船舊有定額，非英船可得援照。如不入泊黄埔海關，從何徵稅？私貨從何稽核？嚴詞批駁。義律言既不准收泊澳地，便無章程可議，遽負氣繳還所賞茶斤，堅不具結，盡止其國來船，候王文至方放入口。蓋其時義律先附阿釐爾船以繳煙中國，列所繳數，並開應償商本，一切馳稟其王，別繕會單十有七紙，付其庫官，令照在粤原約，按十二個月限期出庫款給還，商繳原價，俟商歸領船未至，而所都蘭崙城，已六月二十日風聞其事矣。彼國七月十三日。《海國圖志》：義律繳與中國鴉片，共計二萬零二百八十三箱，值魯碑二千五百萬個，麻爾洼存舊鴉片一萬二千箱，值魯碑七百二十萬個，存新鴉片二萬三千箱，值魯碑一千一百五十萬個。孟阿拉存舊鴉片八千箱，值魯碑三百二十萬個，孟阿拉新鴉片二萬二千箱，值魯碑八百八十萬個，總共值魯碑五千五百七十萬個，核五百五十萬鎊有奇，十二月到蘭頓之茶七萬包，當賣去五萬八千包，存下一萬二千包未賣，所存下之茶內有一半係帶茶葉進口之人收起，奈價甚高，賣出之茶葉，比十月間價更貴，後因買者日少，價錢漸已減落，前月十六日，接得印度信來，説自七月間，廣東已將英國貿易停止，遂至茶葉價值，又復長價，至前月下旬，傳説國家要與中國打仗，茶葉價更增長，自後市上賣茶之人，皆囤積不賣，買茶之人，到外購買，毫不能得，以致下等之黑茶綠茶，亦如常時好茶，並工夫茶一樣價值。又繳煙時，鴉片價值，每箱不過洋銀二百五十圓，何各英國人將煙賣與義律，呈繳之時，又索價每箱五百圓之多，欲望英國庫中償補之。故義律以待命爲請，其不敢具結也，實稔知南洋息辣、新嘉坡諸市埠，積頓鴉片尚多，運至伶仃者，方源源不絕，自惴人疏職小，無奧援於國，倘一遵中國結狀，則來者貨沒人殺，皆出其手，爲指顧間事，而彼國尚未之知，肩任重大，用是籌之愈決，持之愈堅。予上鄧制府書云：日昨樞謁鈐轅，飽德醉醇，三爵而退，入城已及更深矣。逾分之愛，敢尋常稱謝而已耶？欽使籌辦海禁，極爲嚴密周詳，通國所樂爲祝頌。刻下出駐虎頭門，今劉、余兩隨員勒取義律結狀，堅不我從，固屬頑梗。然在鄙見論之，就使彼能具結，亦不過一時虛應故事耳。揆之欽使平生實事求是之意，似有尚宜細思者。事繫中外大防，生民至計，芻蕘一得，弗敢避嫌緘默，蓋將求內地無鴉片之傳染，必外邦無鴉片之栽種而後可。鴉片之來，自開關已入稅則，今榷册未去其條，但從前止供藥材，後嗜食衆，銷流廣，則製造多，其勢然也。英夷自乾隆初年，攻據孟阿臘，卽古印度海口，駐守至今，凡租地開花取液出口，四徵其稅，所以資於鴉片者甚厚，彼壤地爲里有限，而鴉片乃日出無窮，非土番捨耕耨而專種罌粟，不能多至於是。其來也，先屯之於新埠，而運至伶仃洋外之躉船，隨卸隨載，隨賣隨補，源源不絕，情形如是。今具結之後，能日陳兵於口岸爲之迎而搜之乎？縱設法不令入虎門，而自老萬山外，蔓延諸省，灌輸內地者，安所底止？目前雖繳燒淨盡，恐不轉瞬而航帆至者，卽以結具禁懈，而窺伺具接踵矣。故善後之策，實難計其萬全，不如明白宣諭，使義律速返報國主，俾切諭其酋，謂中國既嚴禁令，誓斷絕而後止，將來到必失利，而他貨亦隨以入官，夷商卽從之受法，種種窒礙，利害懸殊。今中國一視同仁，特予以三年期限，令外邦種植鴉片舊壤，得以立行改種禾稻架非之屬，凡地性所宜，可資生夷衆者，聽照未有鴉片之前，就地栽植，以所出代鴉片，而贍生計。語既迫切而時尚從容，貪利之邦，宜知去害，一俟三年期滿，孟阿臘生計有資，鴉片既不製造，則來商自無從獲罪，至此方爲盡絕根株。尚恐義律未明大體，不敢遽達其王，似宜加以照會，彼方圖天朝之市易，懼行法之嚴峻，安在其不能如響斯應乎？在欽使集思廣益，飲食教誨，數月於茲，相待洵爲至厚。每思抒忱獻悃，覓便進言，惟是遠駐海壖，面陳無自，且海禁一役，大人與中丞公同辦理，未便越瀆，用謹披陳於左右。曩者繕稟，請永禁煙，以五家互結之法，當奉行司，倏遍兩省。當時所識潮陽幕客胡君晝堂者，來函以地多土城，奉行頗窒見商，始知通行文件，均聲及稟陳之由，自問職僅課文，爲公越分，每一念及，時抱悚惶，茲可否仍作密商，勿令宣露，權衡有在，伏乞鑑原。延至五月，會有英船水手毆斃村民于尖沙嘴者，正嚴勒取結，怒其藐抗，報至，更令交凶犯訊抵。義律購緝正凶，自拘集其起事黑夷五人，聽官查勘，尚未敢遽形悖逆也。則徐恐義律久居澳門，得與西洋人交結爲奸，諭以英商在澳，原爲摒擋貿易，今貨船既不入口，無艙可開，無貨可售，逗留無謂，令其概行遷出，下令禁絕入澳蔬食。西洋人懼爲所累，莫肯爲英人居停，義律不得已，攜其妻若子，率住澳英夷五十七家，倉卒下海，暫出尖沙寄泊，由是諸夷怨甚。其國舊設護貨船，兵隨貨至，大者護以二船，小者一船，貨入，留兵外洋，英夷既出，澳夷代請將躉船盡遣去，夾帶者貨充公而人不殺，謂西洋向不知有斬殺例也。則徐以所請不與內地辦法及各國結語畫一，斥之。保純屢促義律具結，義律轉以結則已受累，故開誠以告，保純亦無以難也。遂勸其自請船至口岸，泊候盤驗，意以爲夷商畏盤失貨，臨時將卽甘自投結，可省口舌也。義律未明其用意所在，謂私但入官，仍未至正法可行也，欣然從之，旋具牘代請，爲則徐駁飭，事已不行，而義律誤以爲委員許之矣，既知仍需結，怨大吏反覆，鞏夷因慫義律督護貨兵，與我舟師抗，數自易其官名，自是始決意內犯。洋面皆出舟師，帶小舟載引火物，燒其躉船之不肯回國者。

八月初五日，英夷所雇呂宋墨爾咩那二桅躉船，泊潭仔洋售私，舟師二，率二火船至，首尾夾燬，頃刻燒盡，夷衆下水逃者悉撈獲。九月晦，義律率其得唲喇士等貨船三，與夷埠應招新至兵船二，赴九龍山礮臺索食，突攻我師船，參將賴恩爵礮擊之，翻其三桅船一，夷駕三板駛近助戰，皆中於礮，餘退泊尖沙嘴，昧爽，復配械於三板，再至，亦被擊，旋自駛退。諸夷嘩以爲怯。是日，適有英船繕結紙求人者二，義律揮其兵阻之。先二日，英兵船二自澳來，至穿鼻洋，兵目士密，投詞虎門，請停攻燬尖沙嘴船，俟其國信至，事卽定，約其船退三里候批，提督關天培仍責令交凶，原封擲還，隨領五船巡洋，士密誤疑專以戰出也，遽燃礮迎擊，師船拒之。閱一時久，天培身先士卒，挺出桅前，揮四船同時礮擊，值風潮皆順，壞其奉崙船頭鼻，夷兵多落水死。時提督本以巡洋出船，樹紅旗，官舟儀幟也，夷商居粵久者，習見之不爲訝異，蓋西洋無事，船旗皆白，進戰則改用紅者，迨易黑旗，則死鬬矣。士密初至具稟，自謂意本無他，忽見師船出，且用紅旗，以爲來挑戰也，故先開礮。既敗，卽與義律、秧馬禮信同駛避於尖沙。十月初，又來攻長尖沙嘴，比官涌山礮臺，接仗凡六次，卒爲舟師擊斃無算。凡淡水泉脈，皆守以兵，或下毒物，英船不敢聚泊，遂相將出椗外洋。事聞，賞天培福員阿巴圖魯名號。十一月初八日詔：英夷反覆，先放大礮，未卽絕其貿易，不足示威，卽使此時出結，亦難保無反覆情事，茲屢次抗拒，仍准通商，殊屬不成事體，區區貨稅，何足計論，彼自外生成，尚何足惜？著林則徐等酌量情形，卽將英吉利國貨貿易停止，船隻盡行驅逐，不必取結，凶犯亦不值令交出，著出示列其罪狀，宣布各夷，倘敢包庇，潛帶入口，從重治罪。則徐時方駐海澨，接奉字寄，卽爲曉示軍民，通諭諸國而還。前九龍之奏，奉有批諭：『不患卿等孟浪，但患過於畏葸』。摺內『苟知悔悟，儘許回頭』語。奉朱批云：『未免自相矛盾，恭順抗拒，情雖不同，究係一國之人，不應若是辦理。』十二月賞賜林公福字，有楷書玉音云：『願卿福壽日增，永爲國家宣力。』

適大理寺卿香山曾望顏條奏夷情反覆，請封關禁海，設法剿辦，澳夷貨物，亦請定限制，下廣東大吏議奏。則徐等以別國貨船皆遵例呈結，查無夾帶，乃准開艙，惟英船屢諭不遵，是以驅逐。今若將未犯法者，一同拒絕，事出無名。且米利堅、佛蘭西外，餘皆仰英夷鼻息，彼榮此辱，此中控馭，可以夷治夷。廣東人以海爲生，不准出洋，勢卽不可終日，奏覆而止。

從英國發動侵華戰爭到《穿鼻草約》公布

《魏源集》上冊《道光洋艘征撫記》 林則徐下令盡逐外洋之躉船與澳門之奸商，不許逗留內地。其續至商船，有鴉片者，儻自揣不敢報驗，卽日回國，亦免窮追。其進口之船，均應具結：有夾帶鴉片者，船貨沒官，人卽正法。其令過嚴，已非律載蒙古化外人犯殺罪准其罰牛抵償之例。時西洋彌利堅諸國，皆遵具結，于是義律由省下澳，稟言躉船販煙之弊，極須設法早除，如委員來澳會議章程，可冀常遠除絕，並稟請准本國貨船泊卸澳門。此洋事第二轉機。

林則徐以澳門向例，惟准設西洋額船二十有五艘，若英人援此例，不入黃埔，則海關虛設，而私烟夾帶，何從稽察，嚴駁不許。義律言不准泊澳，便無章程可議，因不受所賞茶葉，不肯具結，言必俟奉國王命定章程，方許貨船入口。時義律已寄信附貨船回國，往返不過半年，原可少需毋迫也。而五月內，復有尖沙嘴洋船水手毆斃村民林維喜之事。諭義律交出人犯抵罪。義律拘訊黑夷五人，未獲正犯，懸賞購告犯之人，亦非故意抗違也。

（道光十九年）七月，林則徐與鄧廷楨遵例禁絕薪蔬食物入澳，並以澳門寓居洋人，原爲經理貿易，今既不進口貿易，卽不應逗留澳門。義律率其眷屬及在澳英人五十七家，同遷出澳，寄居尖沙嘴貨船，于是義律始怨，暗招洋埠兵船二艘來粵，又擇三大貨船，配以礮械，赴九龍山，假索食爲名，突開礮攻我水師船，我參將賴恩爵揮兵發礮，擊翻雙桅洋船一，杉板船二，及英人所雇呂宋躉船一。八月，義律遂託澳門西人，代爲轉圜，願將躉船奸商，盡遣回國，其貨船亦願具結，如有夾私者，船貨充公，惟不肯具『人卽正法』四字，此粵事第三轉機。

而林則徐以與各國結不畫一，必令書『人卽正法』之語，且責繳凶犯，旋有英國二貨船，遵式具結，于九月晦入口，而義律遣二兵船阻之，且稟請毋攻燬尖沙嘴之船，以俟國王之信。水師提督關天培以凶犯未繳，擲還其稟。時我師船五艘在洋彈壓，彼見前稟不收，且我師船紅旗，卽發礮來攻，蓋西人號令，紅旗進戰，白旗止戰也。關天培開礮應之，擊斷洋船頭鼻，西兵多落海死。十月初，又同攻我尖沙嘴迤北之官涌山礮臺不克，洋船恐我乘夜火攻，又水泉皆下毒，無可汲飲，遂宵遁外洋。

而英吉利國中聞廣東罷市之信，各埠茶葉，皆囤積不肯出售，市價踴貴，我閩、粵販茶之商船，赴南洋者，皆倍利而返。其倫敦國都銀肆，無銀轉輸，至借鄰埠之銀鉅萬，以供支發。義律已回國請兵，時女王令國人會議，其文武官皆主戰，其貿易商民皆不欲戰，連日議不決。最後拈鬮于羅占士神廟，三得戰鬮，始決計。國王命其外戚伯麥爲統帥，率兵船十餘，加以印度駐防兵艦二三十艘。二十年四月，林則徐奏聞，尚有『以逸待勞，以主待客，彼何能爲』之諭。五月初九夜，林則徐又遣兵船于磨刀外洋，以火船燒燬杉板洋船二，斃白洋人四。又有大洋船桅帆着火，棄椗駕逃，先後延燒大小匪艇十有一，擒獲漢奸十有三。五月，英國大小兵船十二，並車輪火船三，先後至粵，泊金星門，其餘盡泊老萬山外。林則徐又以火船十艘，每二艘絙以鐵索，乘風潮攻之，洋船皆急駛避，僅焚其杉板小船二，而英人自是不敢駛近海口。

其近珠江之內河，在澳門西、虎門東者，盡以重兵嚴守，其餘海口多礁淺，非洋船所能入。洋船至粵旬月，無隙可乘，遂乘風竄赴各省。是月洋船三十一艘赴浙江，先以五艘攻福建廈門，時水師提督陳階平，先期告病，總督鄧廷楨督金、廈兵備道劉耀春礮中其大兵船火藥艙，沉之。又募水勇數百，偽裝商舟，出洋攻之于南澳港。是夜無風，洋艘不便駛避，且柁尾無礮，我舟低，又外蔽皮幕，銃彈不能中，遂壞其柁尾，擲火罐噴筒，殲其夷兵數十，會風起，夷艇始竄遁。六月，全艘赴浙江，攻定海，陷之，總兵張朝發中礮折股，旋死。其分出之船，遊奕閩、粵，時時窺伺。七月，洋船突攻澳門後之關閘，我守兵礮沉其數小舟，傷其洋目、洋兵數十。八月，林則徐偵洋帥士密之兵船五艘在磨刀洋，遂遣副將陳連升、游擊馬辰等，率五兵艘出洋剿之。每艘兵六百，馬辰先遇洋帥之船，即乘上風攻之，礮破其頭鼻，船欹兵溺，圍攻良久，洋船彈已盡，僅放空礮。于是他船以小舟十餘來圍馬辰之船，而洋帥之船，乘我兵與他舟相持，既乘間竄遁，撈獲死屍十餘，及軍器帥旗入奏，遂奉貪功啓釁殺人滅口之嚴旨。

七月，命兩江總督伊里布爲欽差大臣，赴浙江、寧波視師，且敕沿海督撫，遇洋船投書，即收受馳奏。又命侍郎黄爵滋、祁寯藻赴福建查勘。適七月洋酋伯麥及義律以五艘駛赴天津投書，書乃其國巴釐滿衙門寄大清國宰相之詞，多所要索。一索貨價。其初次來書，尚不敢顯言煙價，但以貨價爲名，及見內地復書，不及禁煙之事，後遂顯索煙價矣。二索廣州、廈門、福州、定海、上海爲市埠。三欲共敵體平行。四索犒軍費。五不得以外洋販煙之船，貽累岸商。六欲盡裁洋商浮費。直隸總督琦善收書奏聞。是時洋兵艘並未北上，志在求款通商，尚未決裂，使控馭得宜，盟約立就。

八月，洋船自天津起椗，以中國無決允之語，不肯歸我定海。惟撤兵船之半赴廣東。

清·李圭《鴉片事略》 時米利堅今稱美國諸國，皆遵具切結。義律自省去澳復遞稟，言違禁販煙之弊，亟應設法早除，如准委員來澳會議章程，可冀常遠除絶。林大臣批示獎勵。義律又稟請本國商船，泊近澳門，林大臣以澳門向例惟准設西洋額船二十五艘，若英夷援此例不入黄埔，則海關虚設，而私煙夾帶更無從稽查，駁不許。義律乃倡言，不准泊澳，便無章程可議。因不受所賞茶葉，不肯具結，必俟奉國王命定章程，方許貨船入口。時義律已寄信附貨船回國，往返不過半年，而五月內有尖沙嘴夷船水手毆斃邨民林維喜之事，諭義律交夷犯抵罪，義律遲未交出，林大臣、鄧總督遵例禁絶薪蔬食物入澳，並以澳門寓夷，既不進口貿易，即不應逗留澳門。義律乃率眷屬及在澳英夷五十七家，同遷居尖沙嘴貨船，時躉船一朝失利，不無怨望。義律以公司領事鼓動羣夷，暗招夷埠吐嚓、嗶喻兵船二艘來粵，又擇高大貨船三艘，配以礮械，赴九龍地方，假索食爲名，突開礮攻我水師。我參將賴恩爵揮兵發礮，擊翻雙桅夷船一，舢板船一，而奸夷所雇呂宋日斯巴尼亞國屬地，在台灣東南大海中躉船，逗留潭子售煙者，亦於八月初間爲我水師攻毁，人船並獲。義律託澳門西夷爲轉圜，願盡遣躉船回國，其貨船亦願具結，如有夾帶者，船貨充公。林大臣令結內應加人即正法之語，且責交出凶犯，旋有其國兩船，遵式具結，驗無夾帶鴉片，於九月底入口，而義律遣二兵船阻之。又投稟請勿攻毁尖沙嘴之船，以俟國王之信。水師提督關天培，以凶犯未交擲還，時我師船五隻，在洋彈壓，夷見前稟不收，又見我師船紅旗，即發礮來攻。我師連挫之。夷先發礮者，外洋示戰以紅旗，止戰以白旗，誤會我懸紅旗，以示戰事耳。奏聞，十一月初八日，奉詔停止英夷貿易。義律復遣人乞恩，謂在粵辦事多年，嗣後請遵大清律辦理，而仍無違於國王之法，許英船回居澳門，俟王諭至，再開貿易。林大臣以新奉諭旨，不便驟更，復嚴與之絶。英船始均駛出老萬山，而粵洋漁船蛋艇亡命之徒，貪薪蔬之厚值，與鴉片煙交易，趨之若鶩。時林大臣已奉總督兩廣之命，義律忽行文照會，索償煙價，蓋已得彼國王回諭也。

清·林則徐《林文忠公政書》乙集《使粵奏稿》卷五《會奏九龍洋面轟擊夷船情形摺道光十九年八月十一日具奏》 竊照暎咭唎國領事義律，前因求在澳門裝貨不准，輒將該國新來貨船，阻留尖沙嘴洋面，圖賣鴉片，並主令奸夷空躉，任意逗留。又命案抗不交凶，給諭亦不接受。是以臣等斷其接濟，並勒兵分路嚴防，義律與住澳各嘆夷，悉行遷避出澳，經臣等於七月二十四日會摺具奏在案。嗣知被逐奸夷，多住尖沙嘴船上，臣林則徐、臣鄧廷楨，當卽移駐虎門，就近調度。臣關天培自七月以來，常在沙角洋次，督領本標師船，與調到之陽江、碣石兩鎮舟師，排日分合操練，以振軍威。並加派弁兵協防排鍊，添雇水勇裝配火船，以備隨時調遣。旋據探報，義律將該國貨船中，挑出船身較大之嘚忌喇吐等船兩隻，及屢逐未去之空躉數隻，一併湊集礮械，假扮兵船。又有自夷埠新來之兵船一隻，番梢礮械較多，拋泊各夷船之前，特爲保護。臣等於各路水陸要口，雖已嚴密布置，不使一處空虛，仍諄諭領兵各員，不得輕舉肇釁，原冀義律早知悔悟，果能交凶繳土，將貨船陸續進關，卽可撤去兵防，照常貿易。

詎七月二十九日，接據大鵬營參將賴恩爵稟稱，該將帶領師船三隻，在九龍山口岸查禁接濟，防護礮臺，該處距尖沙嘴約二十餘里。七月二十七日午刻，義律忽帶大小夷船五隻赴彼，先遣一隻攏上師船，遞稟求爲買食，該將正遣弁兵傳諭開導間，夷人出其不意，將五船礮火，一齊點放，有記名外委之兵丁歐仕乾彎身料理軍械，猝不及防，被礮子打穿脇下殞命。該將賴恩爵見其來勢凶猛，亟揮令各船及礮臺弁兵，施放大礮對敵，擊翻雙桅飛船一隻，在旋渦中滾轉，夷人紛紛落水，各船始退。少頃該夷來船更倍於前，復有大船攔截鯉魚門，礮彈紛集，我兵用網紗等物，設法閃避。一面奮力對擊，瞭見該夷兵船駛來幫助，該將弁等忿激之下，奮不顧身，連放大礮，轟擊夷人多名，一時看不清楚，但見夷人急放三板下海撈救。時有兵丁陳瑞龍一名，手舉鳥槍，斃一夷人，被回礮打傷陣亡。殆至戌刻，夷船始遁回尖沙嘴。計是日接仗五時之久，我兵傷斃者二名，其受傷重者二名，輕者四名，皆可醫治。師船間有滲漏，桅篷亦有損傷，均卽趕修完整。嗣據新安縣知縣梁星源等稟報，查夷人撈起屍首，就近掩埋者，已有十七具。又漁舟疊見夷屍隨潮漂淌，撈獲夷帽數頂，並查知假扮兵船之船主嘚忌喇吐手腕被礮打斷。此外夷人受傷者，尤不勝計。自此次對仗以後，巡洋舟師，均恨奸夷先來尋釁，巡緝愈嚴。八月初五日寅刻，守備黃琮等率領兵勇，在潭仔洋面，偵見蝦笱小艇靠攏夷船一隻，帶同引水認明，係屢逐未去之呣時哪躉船，知又潛賣鴉片，當卽上前查拿。該躉船水手數人，卽先跳入小艇，飛槳逃竄，其在船之人，正欲開礮，經黃琮等先擲火斗火礶，船中火發，衆夷始行走出。除凫水登岸外，獲解伙長工人二名，現飭審究，該呣時哪躉船亦卽被火燒燬，並無傷人，各據稟報前來。

臣等查嘆夷欺弱畏强，是其本性。向來師船未與接仗，祇係不欲釁自我開，而彼轉輕視舟師，以爲力不能敵。此次乘人不覺，膽敢先行開礮，傷害官兵，一經奮力交攻，我兵以少勝多，足使奸夷膽落。卽空躉屢驅不去，故智復萌，一炬成灰，亦可懲一儆百。正在察看該夷動靜，以籌操縱機宜。茲八月初九日，接據署澳門同知蔣立昂等稟稱，初七日義律潛至澳門，該同知等聞信，正欲驅逐。旋據西洋夷目代遞義律説帖一紙，內寫：『嘆咭唎國領事義律，敬字上澳門軍民府大老爺淸鑒：義律在粵有年，每奉大憲札行辦事，無不認真辦理。而此次豈有別心乎？蓋義律所求者，惟欲承平各相溫和而已。謹此奉知，等語。』並據西洋夷目，以義律懇求伊等代爲轉圜，欲請該同知訂期與該夷目面商會議，明定章程。義律仍已回船，不敢留澳等情。臣等覈其帖內，雖無狂悖語句，第自謂認真辦事，而竟潛賣鴉片，庇匿凶夷，自謂豈有別心，而以索食爲名，先行開礮，是其言又安可遽信？然既經此番摧挫，其懔畏之狀，亦已情見乎詞。在臣等所責其遵令而行者，亦不過繳土交凶，貨船進口等事，並非苛以所難，究竟西洋夷目，所請代爲稟商之處，是否卽能將此數事遵照辦理？抑或另有干求？臣等已批飭署澳門同知蔣立昂，於會議後，縷晣稟陳，以憑覈辦。

此後義律果能恪循法度，不越範圍，自當宣布皇仁，寬其既往。若萬不得已，仍須制以兵威，臣等亦已密定機宜，蓄養精鋭，於山海形勝，逐一詳細講求。且察看水陸官兵，似亦皆能用命，總期上足以崇國體，下足以懾夷情，不敢稍畏一日之難，致貽百年之患，以仰副聖主恩威並濟，中外兼綏之至意。除俟籌議覆到覈明准駁，再行具奏外，所有現辦情形，謹合詞恭摺具奏，伏祈皇上聖鑒。

再廣東沿海閭閻，仍俱十分靜謐，各國貨船照常進口，計自本年五月至今，已進二十五隻，合併聲明，謹奏。

又　卷七《會奏穿鼻尖沙嘴疊次轟擊夷船情形摺》　竊照嘆夷領事

義律，前因抗違法度，當經示以兵威，旋據悔罪求誠，已將躉船奸夷，盡驅回國，其甘結亦經議具，惟命案尚未交凶。臣等以夷情反覆靡常，雖已具稟乞恩，仍將夷埠兵船，暗招來粵，名爲護貨，恐有奸謀，業於前摺奏明，靜則嚴防，動則進剿，不敢稍示柔弱。旋於九月二十八日，由驛遞到回摺，伏讀硃批：『朕不慮卿等孟浪，但誡卿等不可畏葸，先威後德，控制之良法也。相機悉心籌度，勉之慎之，等因。欽此！』又欽奉上諭：『當此得勢之後，斷不可稍形畏葸，示以柔弱。雖據該夷領事義律，浼西洋夷目，懇求轉圜。但該夷等詭詐性成，外示恐懼，内存叵測，不可不防。著林則徐等相度機宜，悉心籌畫，如果該夷等畏罪輸誠，不妨先威後德。倘仍形桀驁，或佯爲畏懼，而暗布戈矛，是該夷自外生成，有心尋釁。既已大張撻伐，何難再示兵威，林則徐等經朕諄諭，諒必計出萬全，一勞永逸，斷不敢輕率僨事，亦不致畏葸無能也。等因。欽此！』臣等跪誦之下，仰見我皇上先幾洞燭，訓示嚴明，數萬里外，夷情毫髮，難逃聖鑑。臣等服膺銘佩，遵守彌虔，其特蒙恩賞呼爾察圖巴圖魯名號，並照例賞戴花翎，以副將卽陞先換頂帶之參將賴恩爵等，感激天恩，益圖報效。凡在將弁士卒，亦皆感奮倍常。

提臣關天培督率舟師，數月以來，常駐虎門二十里外之沙角礮臺，巡防彈壓，間赴三十里外之穿鼻洋面，來往稽查。近日各國貨船，絡繹具結，俱經驗明，帶進黃埔，暎國貨船中，首先遵結者，曰噒喇，亦已進埔貿易，其次遵結者，曰噹啷，於九月二十八日，正報入口，詎有該國兵船二隻，於午刻駛至穿鼻，其一卽七月内向九龍滋擾之吐嘧，其一則近來新到之嗶唵，硬將已具結之噹啷貨船，追令折回，不得進口。提臣關天培聞而詫異，正在查究間，吐嘧一船，輒先開放大礮，前來攻擊，關天培亟令本船弁兵，開礮回擊，並揮令後船，協力進攻，該提督親身挺立桅前，自拔腰刀，執持督陣，厲聲喝稱敢退後者立斬。適有夷船礮子，飛過桅邊，剝落桅木一片，由該提督手面擦過，皮破見紅，關天培奮不顧身，仍復持刀屹立。又取銀錠先置案上，有擊中夷船一礮者，立刻賞銀兩錠，其本船所載三千斤銅礮，最稱得力，首先打中吐嘧船頭。查夷船制度，與内地不同，其爲全船主宰者，轉不在船尾而在船頭。粵人呼爲頭鼻，船身轉動，得此乃靈。其風帆節節加高，帆索紛如蛛網，皆繫結於頭鼻之上。是日吐嘧船頭，撥鼻拉索者，約有數十夷人，關天培督令弁兵，對準連轟數礮，將其頭鼻打斷，船頭之人，紛紛滚跌入海。又奏陞水師提標左營遊擊麥廷章，督率弁兵，連轟兩礮，擊破該船後樓，夷人亦隨礮落海，左右艙口，間有打穿，嗶唵船不甚向前，未致受創，接仗約有一時之久，吐嘧船上，帆斜旗落，且禦且逃，嗶唵亦隨同遁去。我軍本欲追躡，無如師船下旁灰路，多被夷礮擊開，内有三船，漸見進水，勢難遠駛，而夷船受傷只在艙面，其船旁船底，皆整株番木所爲，且全用銅包，雖礮擊亦不能遽透，是以不值追剿，收軍之後，經附近漁艇，撈獲夷帽二十一頂，内兩頂，據通事認係夷官所戴，並獲夷履等件，其隨潮漂淌者，尚不可以數計。我師員弁，雖有受傷，並無陣亡，惟各船兵丁，除中礮致斃九名外，有提標左營二號米艇，適被礮火落在火藥艙中，登時燃起，燒斃兵丁六名，繼亦撲滅。又有受傷之額外黃鳳騰，與受傷各弁兵，俱飭妥爲醫治。此次吐嘧等前來尋釁，固因前在九龍被擊，意圖報復，而實則由於義律，與圖賣鴉片之奸夷，暗中指使。臣等訪知義律於該國煙土，賣出一箱，有抽分洋銀數十圓，私邀夷埠兵船前來，以張聲勢。每次送給勞金，數至巨萬，到粵後，全船伙食，皆從各貨船湊銀供給，無非恃其船堅礮利，以悍濟貪。臣等併力堅持，總不受其恫喝，所定具結之令，雖據義律勉强遵依，但不肯繕寫『人卽正法』字樣。而九月間，復有該國夷商數人，至澳門集議。所又謂義律但慮人之正法，而各商尤慮貨之沒官，反覆刁難，迄無定議。所喜該國猶有良夷，如噒喇、噹啷二船，屢諭之餘，頗知感悟，甫與他國夷商，一體遵式具結。臣等加意優獎，冀爲衆夷之倡，而義律與該國奸夷，恐此結具後，鴉片絕不能來。遂痛恨該二船之首先遵具，慫恿吐嘧等兵船，與之尋釁生事。因噒喇已進口内，無可如何，探知噹啷入口之時，趕來追捉，適我師在口外彈壓，輒敢開礮來攻，是滋擾雖係夷兵，而播弄實由義律，誠如聖諭佯爲畏懼，暗布戈矛，自外生成，不得不大張撻伐，經提臣關天培統師攻擊，雖已逃竄不遑，究以師船木料不堅，未便窮追遠躡，則仍須扼其要害，務使可守可攻。

查該夷船所泊之尖沙嘴洋面，羣山環抱，浪靜風恬，奸夷久聚其間，不惟藏垢納汙，且等負嵎縱壑，若任其踞爲巢穴，貽患曷可勝言？臣等自嚴斷接濟以來，已於尖沙嘴一帶，擇要紮營，時加防範，本意祇欲其畏威奉法，仍聽貿易如常，原不忍遽行轟擊，而乃抗不具結，匿不交凶。迨兵船由穿鼻被創逃回，仍在該處停橈修理，實難容其負固，又奚恤其覆巢？節據派防各文武稟稱，尖沙嘴迤北，有山梁一座，名曰官涌，恰當夷船脊背之上，俯攻最爲得力，當卽飭令固壘深溝，相機剿辦，夷船見山上動作，不能安居，乃糾衆屢放三板，持械上坡窺探，卽經駐劄該處之增城營參將陳連陞、護理水師提標後營遊擊之守備伍通標等，派兵截拿，打傷夷人二名，奪槍一桿，餘衆滾崖逃走，遺落夷帽數頂。九月二十九日，夷船排列海面，齊向官涌營盤開礮，仰攻數次，我軍紮營得勢，礮子不能橫穿，僅從高處墜下，計拾獲大礮子十餘箇，重七八斤至十二斤不等，官兵放礮回擊，卽聞夷船齊聲喊叫，究竟轟斃幾人，因黑夜未能查數。十月初三日，該夷大船，在正面開礮，而小船抄赴旁面，乘潮撲岸，有百餘人搶上山岡，齊放鳥槍，僅傷兩兵手足，被增城右營把總劉明輝等，率兵迎截，砍傷打傷數十名，刀棍上均沾血迹，夷人披靡而散，帽履刀鞘，遺落無數。次日望見沙灘地上，掩埋夷屍多具。初四日，夷船又至官涌稍東之胡椒角，開礮探試，經駐守之陸路提標後營遊擊德連，將大礮擡礮，一齊回擊，受傷而走。臣等節據稟報，知該處疊被滋擾，勢難歇手，當又添調官兵二百名，派原任遊擊馬辰，暨署守備周國英、把總黄者華帶往會剿，復思該處既占地利，必須添安大礮數位，方可致遠攻堅，復與提臣挑撥得力大礮六門，委弁解往，以資轟擊，並派熟悉情形之候補知府南雄直隸州知州余保純，帶同候補縣丞張起鵾馳往，會同新安縣知縣梁星源，相度山梁形勢，妥爲布置。復扎駐守九龍之參將賴恩爵、都司洪名香，駐守宋王臺之參將張斌，亦皆就近督帶兵械，移至官涌，併力夾擊。兹據會稟，十月初六日，該文武等均在官涌營盤，會同商定，諸將領各認山梁，安設礮位，分爲五路進攻，陳連陞、伍通標、張斌各爲一路，賴恩爵及馬辰、周國英、黄者華爲一路，德連、洪名香爲一路，該縣梁星源管帶鄉勇，前後策應。晡時，夷人在該船桅上，窺見營盤安礮，卽各趕裝礮彈，至起更時，連放數砲打來，我軍五路大礮重疊發擊，遥聞撞破船艙之聲不絶於耳，該夷初猶開礮抵拒，迨一兩時後，只聽咿啞叫喊，竟無回擊之暇，各船燈火，一齊滅息，棄椗潛逃。初七日，天明瞭望，約已逃去其半，有雙桅三板一隻，在洋面半沉半浮，餘船十餘隻，退遠停泊，所有篷扇桅僑繩索杠具，大都狼藉不堪。

該文武等，因夷船尚未全去，正在查探間，卽據引水等報稱，查有原扮兵船，在九龍被礮打斷手腕之嘚嗯喇吐，及訪明林維喜命案，係伊水手逞凶之哆喇兩船，尚欲潛圖報復，該將領等，因相密約，故作虛寂之狀，待其前來窺伺，正可痛剿。果於初八日晡時，哆唎併嘚嗯喇吐兩船，潛移向內，漸近官涌，後船十餘隻，相隨行駛，我軍一經瞭見，仍分起趕赴五路山梁，約計礮力可到，卽齊放大礮，注定頭船攻擊，恰有兩礮連打哆唎船艙，擊倒數人，且多落海漂去者，其在旁探水之夷划一隻，亦被擊翻，後船驚見，卽先折退，而哆唎一船，尤極倉皇遁去，無暇回礮。計官涌一處，旬日之內，大小接仗六次，俱係全勝。惟初八日晚間，有大鵬營一千斤大礮，放至第四出，鐵熱火猛，偶一炸裂，致斃順德協兵丁二名，除與穿鼻洋面陣亡兵丁，及受傷兵內如有續故者，一體咨部請卹外，現據新安縣營稟據引水探報，吐嘧、嗶侖兵船，義律三板，暨英夷未進口大小各船，自尖沙嘴逃出後，各於龍鼓筲洲、赤瀝角、長沙灣等處外洋四散寄泊。

查粤省中路各洋，爲漢夷通商總道，雖皆可許泊舟，亦須察看形勢，隨時制馭。卽如道光十四五年間，夷船藉稱避風，輒泊金星門，該處地屬內洋，不得任其逼處。經臣鄧廷楨嚴行驅逐，至今不敢進窺。年來改泊尖沙嘴，祇於入口之先，出口之後，暫作停留，尚無妨礙。今歲佔泊日久，儼有負固之形，始則抗違，繼且猖獗，是驅逐由其自取，並非釁自我開。此次剿辦之餘，於澳門既不能陸居，於尖沙又不能水處，苟知悔悟，儘許回頭。硃批：不應如是，恐失體制。若義律與吐嘧等，尚以報復爲心，則堅壘固軍，靜以待之，亦自確有把握，硃批：雖有把握，終非治人之謀。不敢輕率畏葸，致失機宜。至貿易一事，該國之國計民生，皆繫於此，斷不肯決然捨去，若果暎夷憚於具結，竟皆歇業不來，正咪唎嚁等國之人，所禱祠而求，冀得多收此利者。與其開門揖盜，何如去莠安良，而良莠之所以分，卽以生死甘結爲斷。硃批：所見甚是，而所辦未免自相矛盾矣。臣等現又傳諭諸夷，以天朝法紀森嚴，奉法者來之，抗法者去之，實至公無私之義。凡外夷來粤者，無不以此爲衡，並非獨爲暎咭唎而設。此時他國貨船，遵式具結者，固許進埔，卽暎國貨船，亦不因其違抗於前，而並阻其自新於後。又如嘆國彎喇之船，已在口內，聞有穿鼻官涌之役，難免自疑。臣等諭令地方印委各員，諄切開導，以伊獨知遵式具結，查明並無鴉片，洵屬良夷，不惟保護安全，且必倍加優待。復經海關監督臣豫堃，親至黄埔驗貨，特傳彎喇，面加慰諭，該夷感激涕零。惟噹唧一船，被吐嚓嚇唬之後，尚未知避往何處？臣等飭屬查明下落，護帶進埔，倘吐嚓兵船，復敢阻擋，仍須示以兵威，總期悉就範圍，硃批：恭順抗拒，情雖不同，究係一國之人，不應若是辦理。仰副聖主綏靖華夷之至意。現在沿海閭閻照常安貼，堪以上慰宸懷，所有現辦情形，謹會同廣東巡撫臣怡良、水師提督臣關天培、粤海關監督臣豫堃，恭摺具奏，伏乞皇上聖鑑。謹奏。道光十九年十月十六日卽西曆一八三九年十一月廿一日具奏，十一月初八日卽西曆十二月十三日到京。

清·梁廷枏《夷氛聞記》卷二 國王是之。因懸重賞，募能者籌設章程，代擬斷絕鴉片文告，曉示出產屬地，終以衆喙洶洶，人持一見，隨以求和爭戰兩事，詣其所事羅占土神祠鬮卜，將決焉，得戰鬮三，於是專意稱兵，命其國戚伯麥率守國水兵船十餘艘，合以印度駐防兵船數十，聯艅來粤。啓行未旬日，而印度兵目馬哈他尋病死，還軍待易將，旋代以布爾利。順德有周彦才者，少商於越南，因其地無賴淘金沙者，人多失食，掠及行賈。彦才使商客抽貲募勇衛之，往還關外者安焉。會阮王爭國，招以爲助。既得國，官彦才總兵，理鑄錢事。嘉慶中英夷以收夙債爲名，欲窺越南馬頭，泊兵船港口，王令彦才出與語，折還負資，夷目知彦才籍粤東，相約旋籍，至省，夷館與結納，其夷目卽數年前駛舟山東盛京刻印《通商字説》，爲沿海截擊者也。未幾，彦才老倦旋粤，詣之，夷以彦才熟越南風土，欲予以資，使返越南，約舊王宗戚爲亂，而通夷船以應，彦才拒其資，權詞答而緩之。及粤東夷事起，彦才仍詣其舟。是春，卽知印度夷兵必以七月至。偶爲予言，予已密言于林公，請早爲備。至是，秋仲無耗，林公使予招致，詢以夷不果至之由，彦才掄指計其期日，仍決其早晚必至。去越二日來，則以兵目死于印度海，今已易人，往返遷延，來不出十一月爲言，蓋再探于夷而知之也。予疑信間，以復林公。其冬，夷船果大至，信其不妄。夷每至一船，必具文赴官報，時林公欲造海舟與夷戰，有繪子母舟獻者，貼説謂一大舟中，藏十小舟，但伏兵礮於小者，使敵但見大舟，臨時則小舟四出，圍燬敵舟，此越南於富良江敗走英夷七舶成法也。林公又屬問之彦才，答以是役身在行間，越南製獨木舟，銳其首尾，鑲以利鐵，令善水者壓舟水底，而以大舟搖旗水面，英夷見旁無策應，亟進，甫及舟，而十小舟遽浮水出，環攻之立敗，非藏於舟，腹機動可横出也，林公是其言。又英夷至天津陳訴，義律不列名，文但稱統領本國水師主帥子爵巴兒兎，協同本國陸路統領總兵官布爾利，蓋巴兒兎卽伯麥，先與馬哈他同發，馬哈他死，伯麥亦還候代者，故與布爾利同至粤，同至天津，其在定海與王知縣書，則云水師將軍子爵伯麥，陸路統領兵官布爾，官同名異，意其一人兩名也。其國甘文好司，綜理國事者，于兵行日，預下令諸將，至粤用兵，無驟勝理，亦不必遽求得志，宜挨延日月，使中國苦于費繁擾久，在在厭兵，庶可望如所願。誠以航海遠出不易，慮諸將苟且蔵事，墮中國計中也。

則徐自奉旨斷英市，首防偷漏，更定澳夷茶葉歲市之數，責諸夷毋聽英夷假借船號，毋代運出入貨物，計米利堅、佛蘭西之在粤者，既以阻貿易故，氣各不平，相與切齒，方欲歸國，招兵來與爭論，斷不直英夷所爲，而俄羅斯、廓爾喀舊奉本朝冠帶，並與英印度屬地爲鄰，挾有夙怨，上年英取阿付顔尼，俄夷出兵助其恢復，攻巴社卽用英旗來粤之港脚。以撼印度，襲取其機洼、木哈臘二城，與英南北止隔一山，山名興哥都士。血戰未息，英夷常慮其乘間襲己，又慮其效勞中國，凡俄夷有出邊界者，卽羣相驚訝，以爲入中國請兵，彼此切切探報，廓夷雖力不如俄，而倚中國與英爲難之意，無時或已，語詳下。則徐悉偵知之。英屬孟阿臘，爲東印度，孟買爲南印度，痕都斯坦爲中印度，巴社白頭國爲西印度，阿付尼顔在痕都南。道光十九年，與沙蘇野相攻，沙王求援於英。七月，起孟阿臘阿邁痕都三部兵，將以副目沙機尼，以大礮破阿夷加模爾牙尼士二城，留兵爲沙夷守，阿王退保麻緬，亦求援於俄，攻巴社，英帥律屋蘭救之，俄爲所拒，以收逃僕爲名，襲取巴屬機洼、木哈臘二部，乘勝取沙屬衮都斯麻爾格模時散三部，駐兵荷薩士阿，接英界，習印度言語，購嚮導以圖印度，英亦駐阿界備之，議還阿王於故城自蔽，而息俄夷之忌，故二十年。英夷書寄國商之在澳門者云：俄羅斯約木哈臘同取阿付顔尼，以攻印度，我兵頭沙阿力山及馬約里治禦之，前俄與巴社立約，欲收阿付，亦爲我兵頭律屋蘭所拒，俄不知要到何地，方肯住手，現聞其使者已自比特革起程，由韃韃里到中國，必慫恿中國與英爭鬥，並欲求諭緬甸，來夾攻，今必要隄防，倘我撤兵，俄必攻阿付矣。我兵若收沙屬三部，俄兵與木哈臘兵來攻我，兵恐擾亂而回，宜先預備。料英內顧，輒生疑慮，且聞其遠來，兵費綦重，鴉片減值而售，成本不敷，盡供軍用。禮拜日，集夷商勸捐，有僅出數圓者。決其勢近窮蹙，與天培定議嚴防要隘，全力剿辦，俟其悔禍誠求，得操縱自我，庶幾一勞永逸。令洋商出賣茶抽分積項，並鹽局商人潮州客民，分捐銀項，募水勇五千，横鐵鍊木排于虎門、横檔，鄧公已委保純辦成排鍊，爲風飄散，至是復之。購西洋礮二百具，雇同安米艇紅單拖風船六十，製火舟小舟倍之，買甘米力治夷船，便兵士演習攻剿，躬出獅子洋校閲，懸賞格令：殺白夷一，賞銀二百，黑夷半之，義律二萬，領兵夷目數遞降有差，獲夷艘者，錢物盡以充賞，凡夷舶可入之海口，皆增駐重兵，夷見賞重，漢奸之受雇在船者，慮就購爲内應，時滋疑忌，旋遣散去，夷船盤旋洋外，知要口無隙可乘，坐待非計，遽駛三十一艘赴浙江矣。則徐初但知其兵資貨爲餉，先停市易，次嚴接濟，以爲不久將失食自歸，固不料義律竟能請動國款，蓄意大舉入寇。然事前亦移會閩海江浙，使各刻意防其舍粵他犯，江浙大吏以事出過慮，未盡信也。

赴浙之船經福建，便道駛五舶，突攻廈門，提督陳階平在病，廷楨亟出駐泉州，檄金廈道劉耀椿，就舊礮臺，壘沙爲垣，率兵駐守，礮臺擊其火藥艙，沉兵船一，分裝水勇數百人，如商人舟者八，護以師船三，遇其希爾拉士船於南澳港之西北打魚洞中，駛近其右後梢，火槍齊發。值海天波平無風，夷舟重不能轉，船主穰西不知兵至，疑海賊誘劫，亦急呼發槍回拒，彈子及師舟，盡爲皮席遮隔，我兵匿迹席内，外視甚明，所擊悉中，繼擲火礶，燃噴筒，倒斃夷兵數十，風起，始拽帆颺去。六月，夷全艘齊至定海，致書總兵張朝發、知縣姚懷祥，欲假縣地劄兵岸上，語極狂悖。初七，朝發與接仗，兵多受傷，兵船亦被擊而沉，潰不能守，越日城破，懷祥投水死，典史全福繼之，鎮標將備，相將趨入鎮海，巡撫烏爾恭額，聞夷將至，先調湖州、紹興兵赴援，預檄寧波知府鄧廷彩，相鎮海通内要口，備鐵鍊木排保護，防其突入，一時均未得就，相顧束手。奏入，嚴議提督祝廷彪、恭額罪，詔提督余步雲馳赴堵禦。七月，以兩江總督伊里布爲欽差大臣赴浙，敕沿海督撫遇夷投書，許收受馳奏。初當事者，以夷商意在急圖售私，稍加懲創，卽無能爲，當可畏而就範。迨定海失事，慮隔海壖，非舟師不能收復，承平久，武備廢弛可知，恐其更肆猖獗，勢滋延蔓。會外間有粵中繳煙時，先許以值，後負而激成之語，都中略聞之。林公至粵，居越華書院，洋行總散各商，僑寓其側，備日夜傳訊。義律呈繳稟至，夜傳總商入見，責以汝爲官商，倘有私許夷人以價而後設法賠補事，慎汝腦袋。總商叩首，力言不敢而出。蓋是時粵人紛紛疑夷人居奇之物，不數日，而呈繳淨盡，意行商必許以事後給價，及聞公言，畏得罪，不能不負約以自保，不暇復計夷怨，而夷已稟繳無及。然語皆出揣測，事秘，固無顯據也。適澳夷代求釋前獲夷俘，不許。先是獲一夷目，有以爲卽伯麥者，時欲奏設一道于澳門，先令易守中孚出駐。西洋夷官待以酒食，請代求釋所俘，至省，爲林公正詞詰責，廢然而返。留澳夷船，忽焚澳門後通香山之關閘，前山營都司實守此，挈兵出，且拒且撲滅餘火，礮傷其夷目及夷兵數十，沉其小舟。十八日，則徐偵知士密兵船五，泊磨刀洋，令副將陳連升率馬辰挈五兵舶，各配六百人往逐之，辰先與遇，乘風破其頭鼻，夷多溺，鉛彈亦盡，小夷舟十，亟駛來救，圍辰船，仰攻礮及木排，辰開子母礮，斷其繩纜，不能進。士密船乘戰酣遁，以捷聞。奉有貪功啓釁嚴旨。則徐惶懼，遂力陳六月後粵海防範情形，請戴罪赴浙，竭力圖克復，不報。已命侍郎黄爵滋、祁寯藻赴福建查勘廷楨軍實，並籌畫防守事。

是月，伯麥偕義律駛五商舟未敢以兵往。赴天津陳訴。又出其國巴麥滿衙門寄我宰相書，要求六事：一索貨價，二求廣州、廈門、福州、定海、上海爲市埠，三欲敵體平行，四索犒軍費，五不得以外洋販煙船貽累岸商，六請盡裁洋商浮費。後就款時，則并商裁之，蓋英酋不知粵商情形，故逕請裁汰。義律則久于粵，目覩諸商富豪，不敢爲是言，但思減費而已。直隸總督琦善以聞。天津巡道陸建瀛議，以夷所請前三事，頗有關度支國體，今當以免税代煙價畢，仍照徵輸，以澳門爲市埠。西洋澳夷，必以其逼處不服。然澳前原有望廈等地，可於此建樓椗泊，西洋額船，入泊娘媽角，兩不相混。且義律亦嘗以是請，當可塞其口，但地遠難以彈壓，在澳曾不如在省也。以監督與平行。後三事，所關尚小，應令其還粵，就則徐定議。總以煙之絕不絕，爲所請之許不許，示中國禁令始終如一也。琦善不能用，故不復與夷辯論。但以現在夷情奏。又令奸民鮑鵬，無名氏《寇海記》：作白如鵬，意其畏罪而改名也，今據案牘。復書夷目，稱以公使上年繳煙，必有曲折，將來欽派大臣往粵查辦，不難水落石出，婉詞慰之，犒以牛酒。時競傳如鵬至夷船授意，使請己赴粵者，見無名氏《寇海記》，不知其據，或出自鵬私意而已。詔革則徐、廷楨職，令俱在粵候勘，而命琦善馳驛至粵代其任，敕沿洋各省，遇回粵夷船，且勿開礮，夷目呞據縣印在定海，欲徵糧署吏，縣人苦之，諸夷見雖邀准查辦，而六事尚未切實許允。八月，自天津辭琦善，先馳還粵，止半撤其泊定兵船，留者擾地方如故。

先是餘姚令汪仲洋，設伏漁舟，陷夷淺沙，所誘執夷目安突德等數十人。九月，義律道經浙鎮海城，見伊里布請釋之，伊里布謂定海見未繳復，不許。仍如天津故事，饋遺伯麥羊酒，伯麥報以呢疋，暫收以安其心。奏奉諭旨發還，夷不復肯收。下年二月，收定海，欲并夷俘及原物還之，夷已開行矣。無名氏《夷艘寇海記》云：伊里布遣其奴張喜赴夷船，餽牛酒，首賀以林、鄧革職之事。夷酋伯麥搖首曰：林公自是中國好總督，有血性，有才氣，但不悉外國情形耳。鴉片可斷，一切貿易不可斷，斷則我國無以爲生，不得不全力以爭通商，豈仇林總督而來耶？此與《澳門月報》所云：中國官府不知外國政事，又不詢問考求，惟林總督行事，全與相反，署中養有善譯之人，指點洋商通事引水二三十位，官府四處探聽，按日呈遞，有他國討好，將英吉利書賣與中國。林係聰明好人，不辭辛苦等語相符。至云鴉片可斷，不能斷通商貿易，皆彼國所常言。又稱喜與陳志剛同賞夷物，夷回洋呢，奉旨發還，姑無論記中語有據否，要在理中也。至語及林、鄧革職，不過廝役不諳大體之言，無與伊相矣。山東巡撫托渾布亦有犒遺，並以夷情恭順奏，緣是浙亦效焉，皆羈縻意也。奏有各夷向岸羅拜語。英夷惟事天行跪禮，餘見其王不跪。《寇海記》據參摺以駁之。然羅拜非必跪，當時或免冠揖謝耳。夷在粵，亦往往有學內地作揖者。

十月，琦善至粵城。因伯麥之在天津，語近乞憐膚訴，誤以夷性尚易馴伏，未度嶺，蓄先趨虎門定約，而後入城懲辦積弊意，以爲不過稍給煙值，仍許貿易，夷必俯首聽指揮，所事易了。或語以監督署規歲餘之數，極爲充裕，可勸監督籌出六百萬圓，舉其二三年所入償夷應公，徐代請獎敍，留榷資其彌補者。及抵粵途次始病夷恃有查辦恩命。求索無厭，轉多窒礙，不可行事。方思有以折其貪而慰其望，兼釋其怨也。偶以所聞粵關盈餘，質之怡良。至是乃知津貼酬應外，餘存無幾，然後嘆事有棘手。既又自以專辦海口，無與他人，一切不復商諸巡撫，既司道以下，非召不得入謁。時夷船候於粵，諸省海防兵皆撤歸伍。粵兵船還至半途，出不意，爲夷擄。怡良以聞，琦善慮妨和議，不欲深究。首詰開礮肇釁者，將罪副將以謝夷，兵心由是解體。又中於夷言，謂英王嘗投書求通商，爲則徐所拒，匿不以奏，欲證成於怡良。怡良以事屬子虛，爲正言而止。蓋兩年來，怡良深服則徐正大，料事如見，故言無不聽。又嘗爲姚文僖公舊堂屬，其子衡方在幕，爲則徐所禮，亦力爭之，琦善終無以奪。義律初請繳煙，再開實數。夷稟具在，節次批發，並揭示於外，紳民皆知。至役守夷館，又懲義律攜商逃出之故，層遞辦理皆正，無所指摘。但散遣其舊雇丁勇數千，橫檔前後，備拒夷船之水底暗樁，悉如夷意裁之，將欲促其早就範圍，釁卒消弭也。

鮑鵬者，香山人。幼習夷言，投身爲顛地幸童。義律已見而輕之，待如奴僕，而寄以耳目。煙禁既嚴，畏廷楨拘懲，則逃之京，依其同鄉。因轉依南海作令山東之招子庸，適琦善覓通夷語者，鵬由是被薦。琦善喜其與夷狎，較衙官倍得力也。一切往來文牘口傳，皆倚任焉。因而內地情形意見，悉爲所洩，所裁去之船樁丁勇，亦鵬歸述夷意，謂非是必乖和議，不得已强從之。則徐之募勇也，擇海濱漁、蛋，鬬狠亡命之徒，熟悉沙礁險隘，向爲夷所憚者，一旦裁使失業，相與徬徨口岸。夷專倚奸目二人，轉相煽引，盡出而應夷招。內外海口，水道淺深避就，夷非引水無從諳悉者。至是亦爲所洩。義律知內防既懈，復投書，有多增兵勇來敵，即和不成語以挾之，與鵬所口述符。計無所出，且已裁之勇，不復可招而集，諸營兵亦緣是不復再調。

先是廷楨自閩解任至，值夷堅索埠地。琦善以閩之廈門，粵之香港，就廷楨商二地所與。廷楨曰：廈門全閩門戶，夷居廈門，可以窺內地。且澎湖、臺灣之在廈東者，聲勢所爲，隔絕不得聯絡，其害至深，固萬無許理。即香港亦在粵洋中路之中，外環尖沙嘴、裙帶二嶼。夷舶常藉以避風浪，垂涎久矣。今一朝給與，彼必築建礮臺，始猶自衛，繼且入而窺伺廣東。貨船鱗泊黄埔，輜重在焉。其白黑夷之居夷館者，以千百計，皆香港應也。與之，良非所便。琦善亦無以奪，已奏聞矣。至是進退無策，思借商議和款，往還論説，暫緩時日。義律已窺見其情，所請更日有加增，而求香港意愈堅。天培密請添兵守虎門，琦善慮夷知而有詞也，峻拒不許。而允償煙價至七百萬圓，終無成議。

義律不俟回文，突攻沙角、大角礮臺，二臺在虎門、鎮遠、威遠、靖遠、橫檔八臺外，所恃爲第一重保障也。三江協副將陳連升，以六百兵拒大角前。夷船駛至二十餘，驅漢奸二千餘人，扒越後山夾攻，從牆缺入臺背，中於地雷斃賊百餘。後至者蜂擁而登，我兵猶奮力拒戰，以扛礮殲賊二三百，而火藥垂盡矣。橫檔以下，諸臺僅足自保，地與兩臺隔，增兵運藥必以舟渡，而前後已扼於夷，既無生力可繼，藥盡，礮亦空設，已束手待斃。故當時夷尚能以餘力駛輪船三板，遶出三門口，焚我戰艦，潰我營兵。諸臺兵瞪目望見，勢不能救，頓足相呼，而無可如何。大角兵房，延燬殆盡，守砲臺千總蔡志安，負傷督兵。盡取臺上堪用礮，推而墮諸海，防夷奪運，反身跳圍而出。沙角臺隔水相對，爲穿鼻灣，夷衆闌入。先焚草棚，亦越後山至，四面受敵。連升急發大礮，夷稍卻。我兵無藥，礮不復發。發者又以省局攙雜炭屑，力弱無濟。賊彈箭迸落如雨，身無完膚。其子方在側，見父死狀，提戟大呼，左右躍殺數夷，袍皆血染，與千總張清齡等同時死。先是議款，戒毋擊海口登岸夷，前二夕村民報賽，夷衆登而聚觀。連升歎曰：臺不可守矣！夷能登岸，即能越山，咫尺已及我後。謂清齡曰：觀汝才氣可大用，盍留汝身圖他日報效乎。語至再，清齡誓同死不移。連升乃顧其子曰：予久不食肉矣，汝盍往太平墟爲市之，子知其父意。欲出而生之也，亦不行。至是皆及於難。陳公有馬甚神駿，絕愛之。既殉節，夷牽馬不行。强騙至香港，飼之不食，鞭而復飼，則哀鳴淒慘，卒以餓死。有圖而題之者，一時題詠甚多。夷入據兩臺，自此遂與我逼，十二月十五日事也。

義律日夜趕製三板，增集販煙快船數百，多備火箭、噴筒、竹梯爲攻臺計。時潮州鎮襲伯忠毅公子。李廷鈺，先調駐虎門，與天培、張辰分守諸臺，兵僅數百。天培點兵入守鎮遠，兵譁，謂夷船多，非常駐守兵可敵，觀望不行。天培切諭之，則索資寄家，示必死。天培不得已，出其衣裝付質庫，得銀，按名遍賞之，然後勉從。入則令滿汲淡水，而扃鎖其臺門，不放出一兵，夜有扒越臺牆遁者。廷鈺知勢難敵，夤夜至會城哭琦善前，求亟增兵藥，并言後山空虛，夷人必來暗襲，非力護之不可，同城文武亦旁爲代請。琦善不可卻，凡兩次，但許增兵七百。親供云：天培陣亡時，兵勇增至八千九百餘，而十二月十六日奏乃云：撥提標督標兵五百名。使以小舟乘夜渡出，分派各臺，惟懼遲明爲夷所知，故倉皇至此。琦善見夷人日肆狓猖，非羈縻之計所得緩，恐其再奪諸臺，則粵防全撤，得罪益重，思救目前之急，遽奏請開禁通商，給廈門爲市地，以明年正月初旬爲期，還以煙價，又復許以香港全島，與義律再伸和約，稱之公使大臣，以浙江所獲夷俘易定海。義律得文約大喜，請繳還沙角、大角兩臺，及所掠師船鹽船，由海道赴浙撤兵，求備文代遞伊里布，俾知繳還定海之由，送給留定船目。文至，琦善亦代封付伊里布，囑其據以收地。伊里布緣是觀望，不敢出兵。不知兩臺失陷奏到，上已決意痛剿。革琦善、天培頂戴，帶罪立功，速調湖南、四川、貴州官兵，及南贛兵二千，馳赴剿辦矣。

二十一年正月初三日，琦善自出閱視虎門，舟次獅子洋，於中道之蓮花山，與義律見，商議條款，豐待以酒食，使保純時已官廣州府。偕廣州副將趙承德主席勸醻。義律欲示其軍伍之整肅，飲已，領兵隊攜槍礮，列陣山坡操演，請琦善出閱，欣然臨觀畢，給賞而去。保純等亦先旋省。十九日，義律復請見於鎮遠山後之蛇頭灣，出上年所給香港券約，請蓋關防，琦善不允。親供：正月十九日，義律又來求見，欲求給香港爲寄居之地，求爲蓋用關防，未經允許。又云：當日逆夷求討地方，兼貿易碼頭，恐後有建臺設礮等事，是以據實奏明。迨後逆夷圍困礮臺，事在緊要，不得不佯允所請，以救眉急。是香港之許給，已在上年圍困礮臺之時。其正月在虎門再見，所求蓋用關防，則上年許給時，未經蓋有關防，今和後，乃請補蓋爲據也。互勘極明。漢奸雜夷兵，從義律入虎門，乘兩次接見，隨員無暇稽察，暗放小舟，四測水勢，因而內河沙澳，盡爲夷稍所悉。琦善既目覩夷陣，怯其兵礮，愈執初見，以爲非和，則事未可知，特自惴無以回天也，遽以粵中地勢，無要可握，軍械無利可恃，兵力不固，民情不堅陳奏。謂夷用飛礮，爲從來所未見，不知西洋蝴蝶礮，阮相國《揅經室集》有之，廣東海防書已有引及，不足異。語似過張夷勢，而代其邀恩，奏到在調兵後，遂奉嚴旨，且奉有煙價一毫不許，土地一寸不給之諭矣。

又以伊里布誤聽琦善據夷文繳還定海之言，屢詔不肯用兵，初七日，宣示逆夷前後罪狀，命宗室奕山爲靖逆將軍，湖南提督楊芳方入覲，道安徽，命折往粵，與戶部尚書隆文，同爲參贊大臣，以刑部尚書祁墳，向曾巡撫廣東，熟悉夷情，命駐江西，總理軍餉，皆馳驛兼程而進。二月，命伊里布回本任，代以裕謙，趨浙接理。奕山方度嶺，有勸以全師駐三水，使夷不能探我虛實者。保純自省迎謁，令以此意還語在粵官吏，且令傳諭諸夷，代奏仍准其通市。隨行司員李湘棻座間忽爲大言，謂奉命剿夷，當馳抵粵城，相機調度，未宜遠駐示弱。奕山乃促棹倍道而前，旋以外來兵礮，攻具未集，暫止韶州。義律既探知和議中變，一琦善不足恃，計非焦頭爛額不能討便宜也，倍形憂懼。則徐自受代，別居館舍，病痁，不接一客。琦善亦未嘗過問。及冬仲，與廷楨奉命協理夷務，始復出，詢知前所備舟勇，已盡撤，欷歔無如何。三水劉文瀾策購義律垂得，而虎門事已急矣。

初五日，夷船乘風潮大至，聚攻横檔，臺前攢排突進，礮密如櫛，臺藥皆自省發，不可源源繼，雖極力拒擊，究不能如夷舟之不時運送，彼此抽換也。横檔後有小河，舊無行楫，則徐雇船以備，咸議其迂，撤後，守者不復顧及此。適潮水盛漲，夷分船闖越後河，前後夾攻，天培力竭，守禦不支，手燃巨礮，忽自炸裂，兵無人色，皆走。一弁大呼曰：事急矣，盍去乎？言次，伏使受背，將負以出，天培揮刃揕之，弁亟閃避。一彈當胸至，洞焉不倒，夷衆擁入，天培與都司署提標遊擊麥廷章俱陣亡，參將劉大忠先遁。當時以大忠同時殉難，因已奏補香山協副將，照副將例賜恤。事竣後，與天培、廷章、湖南總兵祥福、遊擊沈占鰲、守備洪達科，同立專祠祀虎門。大忠旋自回營，以遇救得生自解。夷見天培屹立如生，反駭而仆，續至者前迫視之，知氣已絕，相與驚嘆，取所遺蟒袍褂爲服之，鼓樂安置臺中，奏入，上賜恤如例。增派齊慎參贊軍事，急調廣西兵二千，湖廣兵之赴浙者二千八百，改道入粵。琦善先奏及內河由獅子洋入至烏涌、獵德、二沙尾、大黄滘，及烏涌，迤西長洲岡、深井、黄埔、白泥涌，均握要宜守。有旨令芳先至，速相機布置，毋令其駛近城下。夷越虎門，直入內河，虎門大礮之運自省會者三百餘，則徐所購洋礮二百餘，已盡爲夷有，防內河者，皆搜括選餘舊礮，草率周章，雖層遞分段設防，究乏把握。會湖南提督祥福，統常德兵千餘新至。琦善倉卒令與粵兵同駐烏涌。烏涌者，會城東出數十里，先築土臺於南岸，備虎門有失，爲第二重守禦計者也。夷船縛礮於桅，空彈子心實以藥，雜鐵屑小鏈於中，合而圓之，擊則墮地，觸機自啓，屑鍊乘內藥四飛，著人恆斃。烏涌沿河唇延壘土牆，穴牆置礮，牆盡處不復更爲横築。牆缺大開，夷循北岸來，礮向南斜發，輒及缺，彈從空墮，又無鐵網承阻。鐵網以鐵線織五分目而大線爲網，予嘗條陳及之，而倉猝不能用。粵兵先潰，楚兵亦相率敗走，爭先逃竄村落，道半阻於河橋，候補知縣瑞寶，方主管烏涌小糧臺，兵奔亦奔，懼落後爲所隔，

甫過遽呼從役，撤其橋板，兵勇前走至河岸，爲後隊逼墮河，自相踐踏，塞填河面，後至者，踏人首肩而過，無一生者。祥福及其屬將遊擊沈占鰲、提標守備洪達科皆遇害。《南越遊記》云：或以祥公墮水，求其屍不得，然當時賜恤立廟，殉節無疑，或自死於水耳。二沙尾亦預沉石隘口，購敝夷船，沉而堵之，顧未守以兵，夷至，以輪舟乘火勢拔起，通流無礙，越獵德即省河矣。怡良方懸賞招回漢奸，及運私快船，當時利賞畏罪，將藉以衛省河，投回者十九艘。艘二三十人，率代以老弱，至是出梁恩升於獄，令率投誠船，出烏涌堵賊，與夷戰。有薦之者，語見下文。省河自虎門戒嚴，弁兵官勇，舟航梭織，夷烟不時得售，迨越虎門，方實鴉片於輪舟，尾其兵船以入。約窑戶快艇泊其旁，乘戰酣載運，烏涌潰兵不復集，畦岸空其無人，恩升亦放虛礮，煙焰蔽天，售私者從礮聲中，絡繹移諸快艇，陸續發棹而去。迨礮收煙散，則貨已售盡矣。芳之始至，道佛山口入，民讐其宿將，望之如歲，所到歡呼不絕，官亦羣倚爲長城。入城即發議謂夷礮恆中我，而我不能中夷，我居在實地，而夷在風波搖盪中，主客異形，安能操券若此，必有邪教善術者伏其內。傳令甲保遍收所近婦女溺器爲壓勝具，載以木筏，出禦烏涌，使一副將領之，自部卒隔岸設伏，約聞已礮響，即舉筏齊列水涘，眠器口向賊來路，而後自抄出筏首夾攻之，夷將至，舉筒鏡測筏縱横排岸側，駛近而副將已望見旗幟先遁，筏上無一人，遂長驅直進。芳偵知夷順流勢猛，亟勒兵入城，縛副將欲斬之，諸帥爲祈而免。乃令總兵永福率兵千，駐東南十餘里之東勝寺，以防陸路。寺距河干尚五六里，夷舟過，礮遠不能及。又使總兵長春率兵千，駐西南十五里之大黄滘後鳳凰岡，對滘舊築石臺大而固，夷不敢越以入省，徑趨省東，中流水深，雖不能沉石堵淺，但横排木筏，下水樁，亦未敢闖而拔也。芳久歷戎行，夷亦震其威望，且未深悉省河虛實，使其徒持書至鳳凰岡營，假求款爲名，密挈漢奸隨路探水，長春新來，不知其詐，收書使送芳於城，令候報，即掩帳堅臥。漢奸已乘便引夷遍閱營盤，知無備可襲，甫出而兩路分入，勢如破竹，從東入者，逐我獵德礮臺兵而守之，從西南入者，登大黄滘臺，壞臺一角，亦留守焉。

先是，正月義律、伯麥合出新僞示，張於新安赤柱，曉其居民，稱爾總督琦善，將香港地方讓給英國，存有文據，是居香港者，爲英國子民，

事須稟英官治理。復以此語照會大鵬營副將賴恩爵，恩爵以呈怡良。則徐聞而髮指，勸怡良實奏，謂人民土地皆君職，今未奉旨而私以予叛逆之夷，豈宜緘默受過。怡良尚徘徊，東莞鄧淳集郡紳於學，具詞以請，謂僞示橫悖已甚，宜加痛剿，並詣制府陳焉。入見者數十輩，琦善謂款夷出自上意，而諸君未識情形，爭執如是，早晚禍及，可自爲計，仍舉所陳四事爲言。駐防進士朱朝玠者，旗士篤實君子也，與辯至日昃而出。

清·魏源《道光洋艘征撫記》　蓋自定海失守後，浙江巡撫烏爾恭額、提督祝廷彪束手無策，朝廷以定海孤懸海中，非海道舟師不能恢復，而水戰又洋艘所長，且承平日久，沿海恐其衝突，已有蜚語上聞。言上年廣東繳烟，先許價賈，而後負約，以至激變者。又有言鄧廷楨廈門軍報不實者。【略】

而任事者，以爲在津速結則功小，不如張之使大，遂一切不決許，且于復書中，卽言上年廣東繳烟，其中必有多少曲折，將來欽派大臣，前往查實，不難重治林則徐之罪。詔以琦善爲欽差大臣，赴粤查辦，革林則徐、鄧廷楨之職，留粤聽勘，並敕沿海各省，不得開砲。

（道光二十年）九月義律回浙，入見伊里布于鎮海城，索俘酋安突德。及七月間，餘姚知縣汪仲洋陷軟沙之洋舟及黑白夷數十人，至是索之，不果而去。伊里布遣其奴張喜赴洋船餽牛酒，首賀以林、鄧革職之事，洋酋伯麥搖首曰：『林公自是中國好總督，有血性，有才氣，但不悉外國情形耳！斷鴉片可，斷一切貿易不可，貿易斷則我國無以爲生，不得不全力以爭通商，豈仇林總督而來耶？』

是時直隸、山東爭以敵情恭順入告，山東巡撫託渾布遣人餽洋船歸，至有各人向岸羅拜之奏，而廣東裁撤水師之船，已半途被擄矣。署總督怡良奏聞，而十月琦善至廣東，查上年義律先後繳烟印文，欲吹求林則徐罪不可得，則首詰劫船之役，何人先開砲，欲斬副將以謝之，而兵心解體矣。撤散壯丁數千，于是水勇失業，變爲漢奸，英人撫而用之，翻爲戎首矣。撤橫檔水中暗樁，屢會義律于虎門左右，洋船得以探水誌，察徑路，而情形虛實盡洩矣。聽鹽運使王篤之言，盡屏廣東文武，專用漢奸鮑鵬，往來傳言，其人故奸人顛地之嬖僮，義律所奴視，益輕中國無人矣。義律與琦善信云：『若多增兵勇來敵，卽不准和。』于是已撤之兵，不敢再調。凡有報緝漢奸者，則訶曰：『汝卽漢奸。』有探報洋情者則拒曰：『我不似林總督，以天朝大吏，終日刺探外洋情事。』一切力反前任所爲，謂可得外洋歡心，而敵人則日夜增造杉板小船，招集販烟之蜈蚣艇、蟹艇數百，此外火箭、噴筒、竹梯攻具，增造不可數計。水師提督關天培密請增兵，琦善惟恐其妨和議，固拒不許，賞洋商煙價銀七百萬圓，而其心必欲索埠地。琦善前以廈門及香港二地商之鄧廷楨，廷楨言廈門全閩門戶，不可許。香港鼎峙爲粤海適中之地，環以尖沙嘴、裙帶路二嶼，藏風少浪，若令英人築台設砲，久必窺伺廣東。琦善既據以奏聞。至是不能自背前奏，又無以拒義律之求，筆舌往反，終無成議。義律遂乘其無備，于十二月五日突攻沙角、大角砲台，乃虎門外之第一重門戶也。副將陳連升守之，連升久歷川楚戎行之老將，兵止六百，洋船砲攻其前，而漢奸二千餘，梯山後攻其背，陳連升于後山埋地雷，機發轟死百餘賊，而不能再發，賊後隊復擁上，衆五倍于我，我兵以扛砲前後殲二三百，而火藥已竭。賊火輪杉板船，又繞赴三門口，焚我戰艘，水師兵或潰或死，其橫檔、靖遠、威遠各砲台，僅能自保，且俱隔于洋船，不能相救。陳連升父子戰死，賊遂據沙角、大角兩砲台。時提督關天培、總兵李廷鈺、游擊馬辰等，尚分守鎮遠、威遠、靖遠各砲台，兵各僅數百，相向而泣。天培遣廷鈺回至省城，哭求增兵，闔省文武亦皆力求，琦善置不問，惟連夜作書令鮑鵬持送義律，再申和議，于烟價外復以香港許之，並歸浙江俘人，以易定海城。琦善與立契約，遂于正月赴虎門宴義律于獅子洋，既而正月杪，批摺回不允，于是事復中變。

清·關康己《平夷録》卷三《廣東軍務記》　二十年十一月，復有欽差大學士琦善來粤，兼署總制，一到則盡撤海防。甫及兼旬，於十二月十五日，大角、沙角兩砲台，卽爲暎夷攻破，三江鎮陳連陞父子陣亡。

二十一年正月初旬，大學士琦善親往虎門，與暎夷由後海登蓮花山宴會修好，遂有割香港議一作講和之約，逆夷守待一月，未獲報音。

從清廷對英宣戰到《廣州和約》締結

清·魏源《道光洋艘征撫記》　（道光）二十一年正月七日，下詔暴逆人罪惡，特命宗室奕山爲靖逆將軍、湖南提督楊芳、戶部尚書隆文爲參贊大臣，聲罪致討。命刑部尚書祁𡎴赴江西總理兵餉，楊芳方入覲，行至安徽，奉命先往。二月十三日，馳至廣東，而英人已于二月五日，乘風潮連破橫檔礮臺、虎門礮臺，提督關天培死之矣。虎門各隘所列大礮三百餘門，並林則徐上年所購西洋礮二百餘門，皆爲敵有。湖南兵千餘新到，琦善倉卒卽遣禦之烏涌，甫交綏，粵兵先走，湖南兵且戰且走，後阻四河，溺死者半，提督祥福又死之矣。

廣東省河廣闊，惟東路二十里之獵得、二沙尾，西南十五里之大黃滘河面稍狹，可以扼守。楊芳相度形勢，使總兵段永福率千兵扼東南十餘里之東勝寺，爲陸路三面咽喉，然其地距河五六里，不能扼賊水路，又使總兵長春以千兵扼大黃滘後五里之鳳凰岡，惟築濠壘，橫木筏，未沉石下木樁，洋船可闖而過也。其獵得及二沙尾，雖沉船塞石，而無兵礮守禦，敵船至可拔而除之也。英初讋楊芳宿將威名，又未悉內河虛實，使白洋人持書至鳳凰岡議款，從以漢奸，沿途探水，總兵長春收書送城中待報，任漢奸導白洋人偏歷營壘，盡得虛實，歸報無備。于是分路深入，破鳳凰岡營，進攻東西礮臺、海珠礮臺，盡扼獵得、大黃滘兩咽喉矣。

時琦善已革去大學士，拔去孔雀翎，而怡良復以英人香港僞示奏呈，有：『爾等既爲大英國子民，自應順之。』于是上益震怒，籍琦善家產，鎖逮來京。英人見朝廷赫怒，局勢大變，恐和議永絕，且洋船兵費浩大，急欲通商以濟餉，各國商船罷市久，亦皆咎之，乃於二十六日，託彌利堅國頭目與洋商伍怡和調停，遞書言如欲承平，不討別情，但求照舊通商，如有私夾鴉片者，船貨入官。蓋幷琦善所許之烟價、香港，皆不敢求矣。楊芳諭令退出虎門，義律言俟奉通商之旨，兵船卽退。是月楊芳、怡良奏聞，是時門戶已失，賊入堂奧，兵潰民散，礮械俱乏，舍暫款無一退敵緩兵之策，而烟價埠地，皆不索，亦足申朝廷折衝樽俎之威，與琦善未逮以前，情形迥異。是粵事第六轉機。

而楊芳正月初行至江西時，聞粵中和議將定，先爲給𢇁堆貨之奏，以遙附琦善，固已不取信于上，及是再奏，又不陳明粵中開門揖盜，自潰藩籬，非權宜不能退賊收險，以屈爲伸之故，與目前洋人震攝天威，國體已振，勢機大轉，不可再失之故，及與將來守備已固，如再鴟張，立可剿辦之故，但影響吞吐其詞，上以其毫無方略，未戰先撫，非命將出師本意，不許。是時定海之洋船亦至廣東，共五十大艘，半泊香港，半入虎門，舳艫相接，偏樹出賣鴉片之幟。將軍奕山行至江西，以各省兵礮攻具未集，暫駐韶州以俟。三月二十三日，奕山、隆文，及新任總督祁𡎴，並抵廣州。奕山問計于楊芳、林則徐二人，皆言寇勢已深，而新城卑薄，無險可守，宜遣人計誘洋船，退出獵得、大黃滘之外，連夜下樁沉船，岸上迅壘沙城，守以重兵大礮，爲省城外障。俾西人不能制我之命，而後調集船礮、兵勇，以守爲戰。俟風潮皆順，葦筏齊備，再議乘勢火攻，庶出萬全。

是月，林則徐復奉馳赴浙江軍營之命，蓋去冬浙閩總督顏伯燾、浙江巡撫劉韻珂、署兩江總督裕謙，先後密疏，陳林則徐、琦善守粵功罪，至是裕謙奉命赴浙代伊里布爲欽差大臣。故上命林則徐以四品京堂馳往會辦，以防英人敗竄赴浙，而是時英人力據省河咽喉，我兵實無勝算，且攻具未齊，所募福建水勇千人未至，近募香山、東莞水勇三千，亦未集。楊芳不欲浪戰，奕山初至，亦然之。既而惑于翼長、隨員等之言，以不戰則軍餉無可開銷，功賞無由保奏，急欲僥倖一試，遂不謀于楊芳，卽以四月朔夜半，三路突攻洋船。一屯西礮臺外出中路，一由泥城出右路，一屯東礮臺出左路，日暮兵已出城，奕山始詣楊芳卜休咎，楊芳大怒，拔劍忿詬，而兵已不可挽。時水勇木筏未集，先用四川餘丁充水勇者四百，廣州水勇三百，乘小舟攜火箭、火彈、噴筒，分路埋伏，聞礮齊起，以長鉤鉤其船底。是夜又值逆風，礮破其二桅大船二，杉板小船五，其被小舟圍焚遁免之大船一，火輪船一，溺洋人數百，義律自洋館登舟竄免。其洋館中貨，爲四川、湖南兵擄掠一空，並誤傷彌利堅數人，甫黎明而洋人大集，反乘順風，我兵退走，廣州城三面臨河，街市鱗櫛，繁麗甲南海，至是火光燭天，以及泥城港內，所備攻敵之木筏材料數百，油薪船三十餘艘，皆爲敵人火輪船及漢奸所燼。其筏材皆運自廣西，費以數十萬計。越三日，義律投書約詰朝大戰，至期敵船環攻城東、西、南三面，佛山運至新鑄八千斤大礮，本洋人所畏懼，而位置不得地勢，依山者高出水面，依水者四面受敵，礮架不能運轉取準。奕山用文吏李湘芬、西拉本爲翼長，將各省之兵，互調分配，各離營伍，兵將皆不相習，潰走則互相推諉，所發鹽菜口糧，厚薄不均。祁𡎴戴又吝費，令十五兵共一帳房，擁擠無紀律，各擇便利，擄取貨物。奕山又盡派重兵于東南二路，而西北泥城後路無守備。于是天字礮臺及泥城及四方礮臺，一日皆失。

守天字礮臺者段永福，守泥城者副將岱昌與參將劉大忠，守四方礮臺者總兵長春。天字礮臺上八千斤大礮，未及一放，卽爲洋人錮以鐵釘。四方礮臺者，在城北後山之頂，俯視全城，國初王師攻圍廣州，半載不能破，及奪後山，置礮俯擊，始陷之。乃攻城之利，守城之害也。早當拆毁，而阻上山之徑，乃官兵反設礮其上，已爲失策。且其地距水次十餘里，層崖峭徑，一夫扼險可拒。敵自破泥城後，繞東而北，沿途官兵，無一阻截。至山下僅百餘人，而守臺兵望風爭竄，隕崖墜死無數。洋兵唾手而得險要，連夜於臺下築土城，運火藥，于是闔城軍民，如坐穽中，而聽穽上之下石矣。

將軍、參贊不斷一逃將逃兵，反開城納之，連日城外之火箭礮彈，與四方臺上之礮聲，如雹如雷，晝夜不息。幸大雨盆注，其箭彈非墜池塘，卽墜空地，無一延燎。內城貯火藥二萬斤，漢奸以火箭火彈射之，亦爲雨所滅，惟內城尚高厚，而外城低薄女牆卑于甍脊，人無固志。第七日洋兵遂併力專攻城東南隅，若知將軍、參贊皆居東南者，箭彈入貢院，櫺甍皆破，諸帥避入巡撫署，面無人色。議使廣州知府余保純，出城講款。義律立索軍餉銀六百萬圓，烟價在外，香港再議，限五日內交銀，且約將軍及外省兵先出省城，洋船始退出虎門。將軍等一切允之，城上改樹白旗，先令洋商出二百萬圓，餘于藩庫、運庫、海關庫發給，會奏請罪，而烟價及香港亦未入奏云。

十三日，四方礮臺洋兵下山回船，義律既促將軍、參贊離城。十六日。奕山、隆文退兵屯金山，離省河數十里，先撤回湖南兵，惟楊芳仍留廣州彈壓。隆文于講和時，卽憤恚成疾，及抵金山不數日卽卒。

初將軍、參贊之至粵也，屢奏粵民皆漢奸，粵兵皆賊黨，故遠募水勇于福建，而不用粵勇。官兵擒捕漢奸，有不問是非而殺之者。粵民久不平，而英人初不殺粵民，所獲鄉勇皆釋還，或間攻土匪，禁劫掠，以要結民心。故雖有擒斬敵人之賞格，無一應命。當洋兵攻城，居民多從壁上觀，會南海義勇爲湖南兵誣殺，義勇大譁，數百人擁入貢院，搜兵報復，兵皆鼠竄。將軍、參贊摘段永福翎頂慰解之，始散，而洋兵亦日肆淫掠，與粵民結怨，及講和次日，洋兵千餘自四方礮臺回至泥城淫掠。于是三元里民憤起，倡議報復，四面設伏，截其歸路，洋兵終日突圍不出，死者二百，殪其渠帥曰伯麥、霞畢，首大如斗，奪獲其調兵令符，黄金寶敕，及雙頭手礮。而三山村亦擊殺百餘人，奪其二礮及槍械千。義律馳赴三元里救應，復被重圍，鄉民愈聚愈衆，至數萬。義律告急于知府余保純，是時講和銀尚止送去四分之一，又福建水勇是日亦至，倘令圍殲洋兵，生獲洋人，挾以爲質，令其退出虎門，而後徐與講款，可一切惟我所欲，此粵事第七轉機。

而諸帥不計及此也，反遣余保純馳往，解勸竟日，始翼義律出圍回船。十七日，洋船漸次退出，其大船有滯淺沙者，各鄉民復思截而火之，祁墳諭始解散，而新安縣武舉人庾體羣，亦于初四夜半以火舟三隊，自穿鼻洋乘潮攻洋船于虎門，轟其後艙，雙桅飛起空中，全船俱燬，餘船皆棄椗竄遁。又佛山義勇，亦截擊于龜岡礮臺，據上風縱毒烟以眯敵目，殲殺數十，又破其應援之杉板洋舟，大帥先後奏聞，詔責諸將調集各省官兵，反不如區區義勇，其一切交部議處。義律亦漸憤，强出僞示，言百姓此次刁抗，蒙大英官憲寛容，後毋再犯。粵民憤甚，復回檄詬之曰：『爾自謂船礮無敵，何不于林制府任内攻犯廣東？爾前日被圍時，何不能力戰自拔，而求救于首府？此次由奸相受爾籠絡，主款撤防，故爾得乘虛深入。倘再犯内河，我百姓若不雲集十萬衆，各出草筏，沉沙石，整槍礮，截爾首尾，火爾艘艦，殲爾醜類者，我等卽非大清國之子民。』是時南海、番禺二縣團勇三萬六千，晝夜演練。義律偵知内河已有備，竟不敢報復。然自是知粵市之不可復開，翻然思變計，不逾月遂復有廈門之事。

清·佚名《英夷入粵紀略》 鴉片之流毒我中華也久矣。皇上憫斯民之陷溺而不知覺，以給事中黄公爵滋奏，卽嚴禁烟土。道光十九年，命兩湖總督林公則徐爲欽差，來粵專辦烟土。林公至粵，卽以兵困嘆夷烟商義律、顛地於公司行，義律畏威，卽遵繳烟土二萬餘箱，飭令義律此後不得載烟土來粵，如違貨則入官，人則正法，義律允遵，然後釋義律回國。詎料義律心藏叵測，竟肆言誣林公允准每箱烟土發回價銀貳百員，假以討烟價爲名，累思跋扈。水師提督關公天培，與林公同心協力，四處海口，嚴爲之備，義律不得逞志。至二十年庚子十二月十五日，英逆攻沙角、大角砲臺，三江協陳連陞與子鵬舉俱陣亡，此我粵英逆猖亂之始也。初沙角、大角砲臺，督憲林公原撥兵八百名屯駐砲臺後山，又暗藏釘桶於砲臺後路，約十數丈，以防逆兵後襲。八月林公革職，十一月欽差琦侯善到粵，旋授兩廣總督，於是將砲臺後駐兵與釘桶盡行撤去，故逆兵得取道從砲臺後夾擊，以致失守。聞琦善語逆義律云：『打得快，和得快。』今粵人無不知其語，無不切齒。砲臺失守，皇上震怒，將琦善革職留任，省中軍務仍交琦善辦理，後以閩浙欽差裕公謙疏奏琦善通夷賣國等語。四月皇上始查抄琦善家產，拿京治罪，而廣東險隘盡失，都爲英逆所據，逆船直造羊城，皆琦善撤去各處兵備，掣肘將官，有以致也。所謂小人之使爲國家，災害並至，雖有善者，亦無如之何矣。【略】

（道光二十一年）正月無事，二月初四、五日，逆攻横檔、亞娘鞋、威遠、靖遠、虎門諸砲臺，廣東水師提督關公天培、碣石鎮標都司署水師提標遊擊麥公廷章皆死之，砲臺盡爲逆所據。初七日，逆船至烏涌，攻烏涌土臺卡座，署湖南提督祥公福、遊擊沈公占鰲，守備洪公達科死之。初十日，又失琵琶洲土臺卡座。十三日又失獵德砲臺。十四日，又失二沙尾砲臺，諸守砲臺官兵皆聞風先遁。二十日，大戰鳳凰岡，江西南贛鎮長公春，砲擊中逆火輪船，逆船少退。廿十一日，復攻鳳凰岡，逆砲利害，我軍不能支。初楊侯芳預伏地雷於營壁，度逆得勝必登岸毁拆營帳，至是我軍徐退，逆兵躍武登岸入營，地雷一發，轟斃逆兵二百餘人。越一日，逆又攻大王滘砲臺，守臺將官水師千總湯其釗、督標外委倫傑，慮無師船接應救護，孤臺難守，先暗藏地砲六位，然後與逆對攻，至力竭勢迫，度不能守，乃燃地砲，擊死夷兵數十百人，砲臺又失守。廿二日又失新造砲臺。廿六日，逆以大兵船數隻與水師營對砲，小兵船與三板數十隻，冒險而進，於是水師營、西寧、永靖、海珠各砲臺盡皆失守，省城震恐，城內外男女四散逃生，漫山遍野。是夜霖雨，道路無所棲止，死亡散失，不可勝數。數百年來，生民塗炭，莫此爲勝。

廿七日，逆夷遽稟請大憲，不討別情，只求通商。廿八日，憲准其請，即日出示通商，夷虜始靖，此罷兵之應也。三月無事。又三月，果勇侯楊傳令趕緊各處添鑄大砲，煉火藥，又造木排、木城、火船、藤牌、槍刀等，日不暇給，所謂不寧也。四月初一日夜，大將軍奕忽發令攻夷，我火船失利。初二日，逆攻省城。是日東南風，我火船不得占上風泊岸，轉延燒城外近海鋪舍數處。城外沿海預設大砲轟夷，皆不得一中，逆兵登岸，我粵水勇並福建水勇，奮勇拒逆，殺死逆兵十數人，詎料湖南兵心懷忮嫉，從後殺我水勇，先斷其辮，僞作漢奸以邀賞，於是水勇解體，省城被困。初六日，逆夷由城西南岸登陸，暗度城北，攻東西得勝，並四方砲臺，時湖南兵守臺，聞鬼子來，便羣呼相率奔竄，三砲臺遂爲逆夷所據。四方砲臺，即永寧臺也。逆夷擬欲從砲臺架砲攻城。初七日，逆船又攻東砲臺，東砲臺又失守。時大將軍與參贊暨各鎮副將官，俱團駐貢院，逆遂懸砲於檣盤，下擊貢院，大將軍大恐，督糧道朱崇慶慫恿大將軍令搖白旗，夷人以白旗爲和旗，逆即止砲，大將軍即令廣州府余保純縋城説和。義律索銀六百萬員，重四百二十萬兩，余並不敢與爭，如數許賂，和議即成。聞洋行人有與義律識者云：『義律云：始願不及此，悔不奢索八百萬也。』是役也，羊城西砲臺，俗名火枝砲臺，爲入珠江隘口。時四川川北鎮張青雲大人鎮守，逆船合攻西砲臺不震不動，砲臺轟壞，督率軍士隨即修補，審視逆船度中，然後發砲，三砲轟没逆夷二檣大三板三隻，逆夷氣奪，臺兵只傷一人。自後逆船不敢近，俱從河南渡入珠江，河南去西砲臺頗遠，砲不能擊，河南原有永靖砲臺，與西砲臺對峙，時永靖已失，故逆得沿河南而入也。是役也，將官堵禦悍夷，惟張公一人而已。逆夷雖得勝仗，而我兵民死傷不過二三十人，將官千守以上，無一遇難者，所謂虛驚也。十二日，三元里鄉兵復東西得勝各砲臺。十三至十八日，逆船盡離省城，或退出虎門，或退至長洲蠔墩。至五月初二三日，義律、百麥與各兵船盡退出虎門，所謂鬼子去也。【略】

四月初三日逆夷三板共有三十餘隻，初招徠撥歸總局之快蟹二十餘隻，與順德水勇拖船三十餘隻，暗約快蟹誘三板入罾步滘，至滘半快蟹即反攻。拖船先埋伏罾步左近，聞砲聲即入砲夾攻，三板必無一存。是日快蟹誘三板至滘口，滘口有湖南兵二百餘名，見快蟹誘三板入滘甚恐，即發砲先擊快蟹，快蟹不敢入，轉奔石門，三板追至石門，不敢窮追而返。拖船聞砲響，以爲三板中計，即出接應，遇三板自石門回，共攻拖船，拖船不能支，各赴水逃竄，於是三板盡燒拖船，拖船水勇有逃奔至佛山者，遇湖南兵又殺水勇數人，計四月數次打仗，我粵義勇水勇與民人死於逆夷者十之一二，而死於湖南兵者十之八九。嗚呼，我粵其劫數當如此耶！何湖南兵之淫暴而不一置之法也！我粵大角、沙角、横檔、虎門，此四處砲臺真天險，所以制外夷，詎料琦侯撤去砲臺後援，逆攻沙角、大角，逆兵從左近登岸，繞出砲臺之後，前後夾攻，攻横檔亦從西河繞攻臺後，致皆失守，逆夷竟長驅而入，直至珠江。逆夷原短於陸戰，詎料由南岸暗度城北，據三砲臺，分兵虜掠，竟至蕭岡馬領，有三十餘里，豈止九曲而已哉？又逆船重大，水淺輒膠淤泥，不能進，逆輒五六人駕小三板，所至遍詢漁人河面地名，以長繩繫鐵錘，沿河探水淺深，與河底泥色，一一筆記，以爲兵船進退道地。東北探至香山城，西探至石門，西北至罾步滘，西南至佛山，南至市橋、沙灣等處，幾百餘里，是水路亦不止九曲，純陽先師兩言亦驗。【略】

廿一年辛丑二月，嘆夷作亂，水師提督關大人天培，署湖南提督祥大人福等陣亡。於是嘆逆直造珠江，省城被困，百官震恐，庶民流散，不得已以賂求和。嘆逆勒大將軍奕、參贊隆、楊，並各省來粵之兵，俱要退出城四十里，然後准和，逆船乃退出虎。於是大將軍奕、參贊隆，出住金山寺，惟參贊楊仍在省城，湖南、四川各兵或出屯燕塘，或屯清遠，有屯百雲山頂者。

夷逆之入虎也，從横檔西河而繞攻臺後，以致失守。於是威遠、鎮遠各砲臺，亦皆失守。聞横檔、鎮遠敗仗兵丁云：『上年十二月時提督關大人已發文到各省，請塞斷横檔西河，並請備辦茅草火船二三十隻，以防逆船從臺後轟擊，皆憲琦固執不允。關公又叠次申請，琦不得已，乃與廣州府余保純酌量，余云横檔西河水淺逆船不能進，草船二三十隻，猶以一頁紙錢而燒合圍之柱，必不能濟也。琦難重違關公所請，時余辦軍局，只得行文仰東莞縣知縣備辦以塞責，知縣又忖上官意，遲疑觀望，自十二月至正月，關公行文累催，竟付之不聞。至二月初二日，始有砂石二船到横檔，横檔西河非石二三百船不能濟事，時逆帆蔽海，躍欲鬭仗，關公仰天長嘆，對屬官泣説曰：「余受皇上恩厚，度今事勢，斷不能支，惟辦一死，以報君恩耳。」屬官皆飲泣，乃先封印，委官送交督憲，以示必死。初四日，逆夷攻臺，横檔不支，關公在鎮遠，親督將弁發轟八千斤大砲，一炸一豎，逆船環攻，關公力竭自刎，陣亡。逆夷登臺，見關公尸，關公威名素著，夷目義律憐其精忠，取紅氈二，移關公尸於氈上，復以紅氈覆之，十二日始委官殯驗，關公面色如生。關公靈柩發引開船，義律令所有兵船，各放砲以送。義律與各夷目夷兵，俱著黑一日，夷禮以黑爲孝服故也。』嗚呼，我朝精忠之臣，逆夷猶畏敬之而不敢辱，而臨事掣肘關公之員，可勝誅哉！便當日琦侯如關公所請，塞斷横檔，西河草船多備，逆船不能繞攻臺後，必不致失守，逆夷無能爲矣，此可爲長太息也。

辛丑二月初五日，嘆逆擊横檔砲臺，砲臺失守，逆人登臺，有一步兵額外姓張名遇祐。逆欲割其辮，張堅執不肯，且曰：『辮爲我天朝所最重，頭可斷，辮不可割也。』遂引頸呼逆，即速殺我，逆義之，爲報兵頭義律，義律亦義之，與銀一百員以旌其義，張力卻不受。固與之，張怒曰：『我雖貧，不受逆金，急持去，毋汙我目！』義律釋之。廿六日逆船直至珠江，止求通商。廿七日，廣州府余保純奉參贊果勇侯楊公命，面諭義律，准其通商。和議既成，義律因詳道額外張遇佑志節，儘堪録用，余稟達果勇侯楊，即賞外委頂戴。時前閩浙總督鄧公廷楨留粵，協辦夷務，有詩贈之云：『截髮何如竟斷頭，盤空硬語壓夷酋，男兒要膂堅如鐵，愧殺夸毗慣體柔。煢煢孤寡影形隨，張母年十八生遇祐，是年夫亡。遇祐遇逆時，年亦十八。去日含悽歸益悲，母節寒松兒勁柏，雙清好報九泉知。』逆夷凡得勝仗，遇我官兵必剪其辮，彼低首甘受逆夷剪辮之將官，聞張遇祐之風，真堪羞煞矣！

二十年庚子，十二月十五日，嘆逆大小兵船二十餘隻，分攻沙角、大角砲臺，其攻大角砲臺也，自辰至申，大角砲臺前面灰沙牆被逆打倒數段，火藥局亦被逆打穿，火藥轟發，並延燒兵房十餘間。逆又撥夷兵漢奸數百名，由大角山後緣山而上，從牆缺處打進砲臺，守臺千總黎志安身受重傷，恐砲位被搶，即督兵將好砲十四位，推落海内，然後負傷打出，遂攻陷砲臺，逆夷一無所得。其攻沙角砲臺也，逆先撥黑夷千餘名，漢奸百餘名，由穿鼻灣登岸，逆兵船則攻砲臺前面，黑夷從山後攻砲臺後面，我兵兩面受敵，又無外援，遂致不支。三江協陳連升與子鵬舉皆死之，守臺千總張清齡亦陣亡，兵丁死傷過半，沙角遂爲義律所奪。初，沙角砲臺後路，林公則徐蒞粵時，原設兵八百名以防後襲，琦侯善到粵，盡行撤去，故逆兵得從附近登岸繞出砲臺之後，前後夾攻，砲臺失守，職是故也。

嘆逆作亂，皇上特簡大臣奕公山爲靖逆大將軍，果勇侯楊公芳爲參贊。果勇侯楊到粵，初甚精鋭，巡營鼓勵，朝夕不輟，約束軍士，營伍整肅，粵人仰賴，咸以爲修備戰具，一戰必奏膚功。乃四月初一日，發令攻夷，不得勝仗。初二日，逆夷攻我省城，我兵退走。初五日，逆夷登陸，繞出城後，攻東西得勝，幷四方砲臺，皆爲逆夷所據。初七日，大將軍奕、果勇侯楊大恐，計無所出，卽令廣州府余保純縋城講和，許賂義律銀二百八十萬兩，另有一百四十萬兩，係洋行所出，共四百二十萬兩。至十一日，番禺三元里諸鄉民，忿嘆逆横肆，糾合各鄉義衆，一呼而集，萬有餘人，遂殺逆夷百餘級，中有一大兵頭名某，亦被殺戮。十二日共圍攻逆，逆不能支，義律大懼，求廣州府余出城彈壓，余恐和議反覆，卽出勸諭諸紳勇，稱言奉大將軍命。紳勇不得已解圍，逆乃得脱。時鄉勇多有詬余爲漢奸者。逆兵本無多，盡皆登陸，據我砲臺，此時鄉勇雲集圍攻，義律膽裂，又無救兵，不難盡殲醜類，醜類盡殲，逆之兵船無兵，只有駕船水手，不能打仗，此時若發水勇攻襲兵船，兵船數十艘，唾手可得，逆無能爲矣。乃大將軍參贊，計不出此，惟恐和議中變，大將軍乃與參贊隆公文出住金山寺，各省之兵或出屯燕塘，或白雲山頂，或清遠、花縣不等，失此機會，嘆逆幸免。逆船十三日卽退，十八日盡皆退出，至七月初旬又往福建攻廈門，廈門失守，皆此次縱逆之所致也。【略】

沙角砲臺之失守也，逆兵蟻赴砲臺，陳公連陞與子鵬舉手强弓，射殺逆夷二三十人，矢盡短兵接，又殺數逆，乃遇害。横檔砲臺之失守也，守臺將官爲督標中軍副將達邦阿、肇慶協慶宇。砲臺失守，逆登砲臺，慶宇改裝如兵卒，逆見其狀不類，疑是將官，究問之，他云：『是官親，來觀打仗者。』逆釋之，而剪其辮，慶宇俯首受剪，其有愧於張遇祐多矣。鎮遠砲臺之失守也，大砲炸後，關公天培知天意不就，人無能爲，呼諸將官兵弁泣而告曰：『大砲已炸，砲臺斷不能守，爾等各自逃生，無遭逆夷之毒。我受皇上恩重，義不辱於逆，惟一死以報國耳！』諸將官兵弁皆涕泣不能仰視，關公揮之使去，遂自刎而亡。烏涌土臺卡座之失守也，初六日祥公福至烏涌，遍觀土臺砲位，知不足恃，卽日雇泥工乘夜加築土臺，以易置砲位。至初七巳刻，逆船已至，泥工盡散，旋卽打仗，不能設施。時東南風急，逆占上風，砲烟衝覆我營，水又暴長，砲位多没水中，只有東南角一砲，可以攻逆，而砲架累笨，地又鬆軟，不能寸轉，砲發不應，逆知卡座不濟，遂發三板數十隻，蝟集土臺。祥公福與沈公占鰲、洪公達科等，仗刀督率兵弁，奮勇堵禦，逆登土臺，被我兵鳥槍擊斃二百餘人，我兵火藥且盡，欲且擊且退，詎料逆兵蜂湧而至，逆槍齊發，彈子如雨下，我兵不能當。祥公、沈公、洪公陣亡，土臺後路原隔一涌，闊二三丈，祥公本欲爲背水之戰，不搭浮橋，故我兵退走不得渡，多爲淹斃。是役湖南兵弁，最爲奮勇，陣亡者五百餘人，死於逆槍者四之一，死於水淹者四之二也。自後湖南兵弁，一蹶不振。聞鬼子來，便心驚膽裂，望風逃竄，無復烏涌之勇敢矣。琵州土臺卡座之失守也，守臺千總某、把總外委某某，逆船未至，先已逃去，所留兵弁百數十人，見逆船影卽便發砲，苟且塞責，各鳥獸散，惟一把總劉公，不知其名，以其短小膽勇，軍中咸稱矮仔劉，與管下兵丁十餘人，挨逆船至近而後發砲，砲中逆船。惜船大砲小，不能轟没耳。遙見三板赴岸，兵丁咸速之退走。劉曰：『不必忙，俟逆近岸再發鳥槍一排，不能擊退，我奔未晚也。』後槍發不能退逆，乃被逆槍中其臂，四五兵丁掖之而去，此亦一勇士也。東西得勝，與四方炮臺之失守也，守臺將官某官□常春，初夷兵止七十餘人，取道潛至砲臺，時守東西得勝幷四方砲臺湖南、四川暨各省兵弁共有六千餘人，聞鬼子來，便爭先逃竄。常春不知逃亡何處，兵弁有逃至白雲山滴水岩上者，岩上有一客家茶寮，茶寮餧鷄食餘糠飯，逃兵爭啖，喘息未定，羣問茶保，此處鬼子來得否。又有兵弁數百人，逃至白雲寺求寺僧價米以食，每升銅錢一百文，僧價之，各皆就炊。僧念逃兵太多，而寺米無幾，恐後不給，必受茲擾。乃生一計，使十餘工人，從山後忽恐奔回寺中，大呼：『鬼子來了！鬼子來了！』逃兵無措，舍炊而奔，頃刻散盡，所遺炊飯，寺僧十餘人接淅暴乾，可作一月食云。

辛丑五月逆船退出虎後，督憲祁公墳欲修建省河各砲臺，慮夷情反覆，恐工興而逆船擾阻。六月間遂敦請廣州知名教官曾釗、王培芳、陸殿邦、何春培等，督辦石船運石，填塞逆船來省所必經，如大石之三杈海，暨瀝滘、獵德各海口，工將就半。傳聞先是六月初八日颶風，義律亦遭風險，廣州府余，遣人往澳候問，有云：『他日會面，備談一切之意。』此是我中土候問常語。義律認以爲真，七月中旬，義律委人到省報謝，見南北兩路水口，紛紛填塞，卽馳報義律，義律委兵頭瑕畢駕一兵船，欲到省面會廣州府余，船到大石三杈海，不能進，於是出一僞示，張貼大石，幷曉諭鄉人云：『兩國既和好，何爲塞河？俟後不得再加填塞，如再加填塞，我斷不依云云。』其僞示云：『大𠸄國都督瑕畢爲曉諭事：照得甫到粵港，得接照會，兩國和好。茲看各處河面，俱用木石填塞，顯有交兵之勢，是以先拆毀橫檔砲臺，以逞兵威，自後有似此失信者，必先預爲攻擊也。大𠸄國一千八百三十九年月日，道光廿一年七月廿八日示。』又沿海遇有往省渡船，亦以此示示之，欲其上達官聽也。督撫憲一聞此信，愈益惶恐，於是傳諭近省沿海鄉紳，廣招義勇，南路則汀橋以至大岡脚暨大石、大山、三山、石頭村、西塱等處。北路則獵德員村、四大股圍等處，俱堅築土臺，多設大砲。鄉紳督率義勇，不時操練，以嚴堵禦。獵德之築土城也，在獵德涌口之東，其地遍植洋桃，土地所宜，洋桃以獵德爲最，鄉人衣食於此，凡十餘家，聞官取此臺地，地價照契發回，又洋桃每株給回洋銀一兩，而鄉人猶有怨咨者。愚曉之曰：『君不見《明史·湯和傳》乎？洪武間倭寇上海，帝顧謂和曰：卿雖老，强爲朕一行，和請與方鳴謙俱，鳴謙習海事，帝訪以禦倭策。鳴謙曰：倭海上來，則海上禦之耳。能量地遠近，置衛所，陸聚兵，水具戰艦，錯置其間，倭無所得入，入亦無所得，若縱之登岸，則難制矣。帝曰善。帝命和董其事，和乃度地於浙西東，並海設衛所城五十有九，選壯丁三萬五千人築之，而民家牆除碓之石，率發以佐築，浙人頗苦之。或謂和曰：「民讟矣奈何？」曰：「成遠算者不近量，任大事者不細謹，國無備，及於戈鋋，井里將墟，安所得碓磑乎？復有讟者齒吾劍。」踰年城成，稽軍次，定考格，立賞令，浙東民四丁以上者戶取一丁戍之，凡得五萬八千七百餘人。明年閩中並海城工亦竣，所築沿海城戍皆堅緻，久而不圮。正德、嘉靖間，倭屢入寇，浙人賴以自保，多歌思之。』今𠸄逆入寇，官度地於獵德而築土城，亦猶是也。而地價樹值，官皆發還，較之湯襄武之築浙海衛所城，民間牆除碓磑之石，率發以佐築，其恩怨爲何如也？鄉人乃悅。惟我粵素受西水之患，今阻塞大石，瀝滘、獵德等處河流，吾恐將來西水之災，更甚於𠸄逆之亂也。

裙帶路人回說：『十一月初二日，有逆夷火船載二兵頭尸回香港埋葬，蓋任浙江被箭射死者。』又云：『𠸄逆甚貧，前月擄得回省天津船一隻，貨物卽日喊去，夷人投賣貨物謂之喊。又劫掠新安渡船數隻，敝壞衣物，雖值錢數十文，亦皆喊去云。』夫𠸄逆以假仁假義，籠絡中土，其素志也，至擄中土之船，喊渡船之貨，其貧困可知也。今裙帶路火船兵船，止各二三隻，逆之潰敗，又可知也。吾聞勞師襲遠，兵家所忌，𠸄逆萬里重洋，寇我中土，其兵多黑鬼，皆出於招雇，其舉事皆𠸄逆各富商釀銀爲之，勝而得地，則此地賦稅，富商先收十年或二十年，然後歸於逆王，所有軍餉兵船，皆出自富商。如兵船不足，則勒取貨船，兵丁不足則抽選貨船水手，夷商不敢抗。敗則各商自抵，或船破兵殺，皆富商賠墊補恤，𠸄王亦不之罪也。夫以無多之兵船，有限之軍餉，而欲與天朝抗，猶以卵擊石，其斃可立而待也。今𠸄逆貧，兵餉將不繼，利於速戰，然天嚴冰結，朔風淒烈，黑鬼畏寒，不時死喪，又不能戰。余謂堅守內地以老其師，嚴封內港以乏其食，加其貨稅以匱其財，則𠸄逆進退支絀，不攻而自遁矣。又澳門人云：『十二月逆夷劫長洲渡，掠去銀一千二百兩，另客貨及衣物。渡主爲唐亞澤，澤託夷目買辦盧亞景關說兵頭，納銀贖渡，兵頭不允。至壬寅正月初四日，馬里信回澳問景，唐官近有何議，景云：不聞其他，但聞官云𠸄國甚窮困，日間專掠船隻銀貨，以充軍需，必不能久，聽其自敗可也。馬里信聞此，卽着兵頭盡將所掠船隻釋放，銀兩如數交還，貨物不計，於是長洲渡得脫，盧亞景亦蛋中之黠狡者哉。

十一月新安縣有稟到省云：『本月初二日，𠸄逆火船駛入城河索詐，聲言要辦二萬兩銀伙食，其銀文武各半，如不應辦，立卽攻城等由。英夷放肆已極，令人髮指，然未始非四月時賂義律四百萬階之厲也。』越五日又稟云：『逆夷於初六日將縣屬之南山砲臺拆毀，並將各砲毀去砲耳，遂欲攻城，因縣屬各村莊百姓齊出保護，逆夷立卽退去。先是新安、長洲渡船，被洋賊劫掠，時賊船四五隻，賊以一小船泊渡逐客搜剝衣物，盡闌入小船，任其飄盪，賊卽扯渡帆駛去，天寒風利，客船適飄近，逆夷兵船有通夷語客，卽以被賊告，賊去猶未遠，且指告逆夷，逆夷卽傳命火船追賊，逆砲利害，賊勢迫，賊亦發砲轟逆，將近南山，砲臺守臺兵弁，以爲逆夷劫民渡船，又發砲擊逆，逆自負我爲中土擊賊，本以保護百姓，官不以爲德，反以怨報，遂怒而攻砲臺，砲臺三失守，逆是以有拆毀砲臺之舉。」

清·徐繼畬《松龕先生全集·文集》卷三《致趙盤文明經謝石珊孝廉書》嘆夷之亂，北方想亦有聞，然未能得其詳也。紅毛諸部，在極西北，嘆咭唎乃紅毛之最强者。其國至中土七萬餘里，自大西洋、小西洋、南洋、東南洋，沿海侵占之地，約數十處，其船最堅大，其礮最猛烈。自國初以來，在粵東通商，漸以鴉片煙愚弄中國，朘其財貨，萌心窺伺，已非一日。上年粵東查辦煙土，焚其鴉片兩萬箱，遂啓兵端。上年夏間，突陷浙之定海，旋赴天津遞呈訴冤，聖主意在懷柔，褫兩督之職。（林少穆、鄧嶰筠。）命琦相赴粵查辦，琦相爲逆夷所愚弄，弛備求和，定海雖退還，而旋攻陷粵東之沙角、大角，又攻陷虎門，兵臨省會，琦相逮問下獄。奕（山）、隆（文）、楊（芳）三師徂征。今年四月間進兵，初得小勝，旋即大敗，省城幾陷，不得已，以白金四百萬兩賄之，逆船乃退，人共知爲以薪救火，禍不旋踵，而不料禍變之驟移于閩浙。廈門者，閩中咽喉之島，水師提督興泉永道駐之。上年夏間，曾有兩船來廈滋擾，以礮擊之乃退。今年顔制軍駐廈督辦，經營半載，安礮四百餘門，（大者萬斤。）屯兵六、七千，不可謂之無備矣。突於七月初十日逆船三十餘隻，駛入廈門開礮，我兵亦開礮對擊，我之鐵礮，不如彼銅礮之輕靈，我岸上之礮，又不如彼船中之礮之稠密，相持半日，大礮臺被其攻破，遂致全軍潰敗，死難者一總兵（江繼芸），兩遊擊（淩志、張龍），一守備（王世俊），千把數人，顔制軍退守同安，廈門遂爲逆夷所據。

弟所轄之海澄縣，距廈門三十餘里，所駐之漳州，距海澄四十里，皆一水相通，直抵城下，乘風順潮，片帆可達。向恃廈門爲門戶，兵皆屯於沿海各口，而兩城未設重兵，一旦廈門失守，强寇直逼寢門之外，民心惶駭，一日數驚，文武官中有將家眷偷送出城者，百姓紛紛有逃亡之意。弟極力撫以鎮靜，誓以死守，調兵募勇，運米攔港，勸練諸事，晝夜拮据，略有頭緒，人心乃漸安貼。逆夷火輪船（以火燒水，以水激輪，船自能行，不用桅篷。）直駛至海澄城下，因水淺退去。其杉板（小船也。）屢次窺探，我兵靜伏於岸上，不肯輕動，幸未失事。

逆夷住廈門十日，其大隊駛往浙洋，八月中旬，重陷定海。（定海百姓，兩年中兩遭之劫，可爲慘痛。）十月陷鎮海，又陷寧波，慈谿、餘姚，逃竄一空，殉難者欽差大臣裕謙，（此公豪傑之士，以滅賊自任，力竭而死，天下悲之。）總兵王錫朋、鄭國鴻、葛雲飛，同知舒恭受，知府鄧廷彩，全浙大震。現命奕相（經）爲揚威將軍，特將軍（依順）、文侍郎（蔚）爲參贊，率北路之兵，赴浙援剿，此浙江現在之情形也。

清·關康己《平夷録》卷三《廣東軍務記》二月初七日，由後海而入，攻破横檔砲台，竟入虎門，提督關天培自刎身死。初九日，由獅子洋闖進内河，攻擊烏涌，拔去木樁，砍散木排，官兵失守，逃散死傷者數百人。遂一路抵黄埔，至獵德，打破砲台，絞起諸塞河口石舡，而省城由是騷動矣。

初九、初十兩日，鋪盡罷市，家盡扃戶，城厢内外，遷徙搬運，道路填塞，擔夫索重貲，船戶獲厚利。街衢里巷，各設壯勇防守，晝角之聲，連宵達旦，自此彌旬，編民之籌居，靡有定止，西關一帶，前爲繁縟鄉，今忽易爲闃寂境耳。數日以來，所有附海鄉村，多被滋擾，土匪亦有乘機竊發，而隨處防守綦嚴，不爲大害。

十三日，欽差參贊大臣楊到省，百姓聞風企羨。嗣廣收馬桶，排岸沿河，計辦棉胎，蘸油放海，扎作桿人紙人，採訪策士謀士，貧鄙者因沾澤潤，汙賤者忽沐恩榮。且也，城隍廟内，臺築禳星，東郊方隅，甕埋符水，種種設拖，不一而足，其捍患禦侮之法，可謂良且盡矣。

二十一日，奉到上諭，天威震怒，將琦善鎖拿解京，民心慰悦。

二十三日，逆夷探知水道，分兵西向，直來攻擊大王滘砲台。

二十六日，由鳳凰岡進攻水師營及西砲台、海珠砲台，官兵奔散，遂致失守。申刻由十三行登岸，據云公司行内值有粵省壯勇一名，姓曾名阿妹者，其時奮不顧身，殺死逆夷二名，惜獨力難支，竟爲逆夷放槍轟死，後參贊楊賞卹頂戴，委南海縣丞爲文致祭，從厚殯殮，以慰忠魂。由是無人敢拒逆夷。是日火砲喧天，四城閉塞，西關之未有遷徙者，扶老攜幼，倉皇失措，深可憫也。是晚花旂夷人與洋商伍議請求和通商，廣州府余面會嘆逆義律，往來定議。翌日出示通商安民，民因以稍定，而各砲台遂爲逆據守矣。

夫逆自虎門突犯以來，砲台傷破，大砲毀壞，軍器不備，空城難守，所謂英雄無用武之地也。但暫爲約和通商，乃合兵家權變善道，洵爲忍辱負重者矣。於是卽開靖海門，不數日兩湖、江西、廣西、四川、雲貴大兵數萬雲集，欽差靖逆將軍奕，參贊隆、總督祁暨侍衛等皆抵省，由是士民相慶安枕，以爲有恃而無恐也。既而將軍、總制，果出示招募流亡，而民亦陸續遷轉故居，各國夷船，亦開艙貿易。而各大憲則鑄大砲製軍械，備餱糧，堆沙土，辦草船，扎木排，招壯丁，練水勇，封拖船，操快蟹，兩月以來，軍機縝密，督辦森嚴，萬姓咸舉手加額，歡心引領，以爲此一舉也，鼓蓄鋭之精兵，決運籌之勝算，有不醜類悉殲，囂塵盡掃者哉？

四月初一日，大將軍號令亥刻與夷接仗，始則火光衝天，繼則砲聲震地，直至寅刻，我兵報捷，湖南官兵，因而拆毀公司行一連三一作五間，疋頭洋貨各什物，搶奪殆盡，門扇窗檻，破滅罕存。於是逆怒益憤，逆船益增，遂轟擊西砲台，傷壞官兵，直抵泥城，打破欄柵，官兵數千，水勇數百，皆四散奔逃，嘆夷發火燒去拖船數十隻，木排草船，盡行燒燬，大砲悉被投水，西門閉塞，午刻兩邊大砲罷攻。

初三日，泥城添換官兵，復欲設立欄柵未成，而嘆夷三板船數隻，火輪船一隻闖進，轟砲數口，逆夷登岸者數十人，官兵看見，相喊：『鬼子來了！』二千餘人，竟亡命奔逃，逆夷追至罾步西場乃止。火燒去西場茅寮數間，督憲遷至撫署居住。

初四日午後，嘆夷由西砲台直至東砲台，沿河攻擊，城廂內外，火箭砲子，紛紛射打，河岸一帶官兵，不能抵禦，盡皆逃散。申刻四城緊閉，砲聲喧慘，至戌初方止。所有河旁大砲，盡被毀塞，初更發火燒西河、新墩一帶，至四更後始熄。

初五辰刻，夷船由泥城直進罾步登岸，一路逐隊而行，由西村後首一作黄勝塘一作橋至北門外流花橋，連放火箭，直射北門外方、圓兩砲台，而守台軍士發砲數口，各自棄甲投戈，望風而走，而砲台悉爲逆據。於沿路遍捉鄉民役使扛砲，午後攻城，城內發砲，互相攻擊，火箭頻發。城內督標撫標旗滿官兵，均欲奮勇出城決戰，大將軍仁慈不肯發令，以爲無濟於事也。城內居民，聯名稟赴各大憲，懇恩拯救。是日也，內外居民，目愴有天，穴鑽無地，衢路徬徨，庭堂瞻企，竹杖老羸，弓鞋幼女，莫不慘目傷心，摧肝切齒，較前此之仳離，豈倍蓰之可比，真爲目不忍見，耳不忍聞，大可哀也。加以薄暮，逆夷又發火燒潮音街、金利埠，及湖南洲嘴、永清門外，由接官亭至城門口，共約燒房鋪數百間，直至初六日午後方熄。其時日夜兵火交迫，民生塗炭，百姓究何辜，何不幸而遭此荼毒也？論者謂逆夷今之如此凶暴，皆由拆毀公司行而起。吾謂嘆夷素性貪殘，罔恤民命，觀於定海，可爲鑑矣。

初六日逆夷在鷄翼城河面，向貢院攻擊，砲火火箭紛紛打射貢院，門扇傷毀，將軍參贊遷避。又攻破東砲台，竹橫沙一作河、東關稅廠一帶，均被火燒，又復沿河施放雙响，城內城外，徧地居民，幾無立身之地。幸藉天降大雨，房屋未被火燒。晚間小東門自不戒慎，引着火藥，延燒城外橋邊一帶，城樓不能完保，幸城門未有燒脱也。是日，城內徧插白旗，廣州府余縋城而下，卽偕洋商伍同至逆船，與新夷目嘉符相見，義律款接議和，要給回兵費，並公司行內所失貨物，共銀四百二十萬兩，限六日交清。先請大將軍撤兵移營後，方陸續退出虎門外，將各砲台交還等語。兩邊議妥，翌日先交銀一百萬兩，是日大雨後，申末酉初，虹亙中天，日氣蒸雲，竟天作黄金色，約半時許，不敢久視，變硃紅色，亦半時許方晡也。

初七日，在藩庫畀銀百萬兩，委廣州府余送交義律，款留宴會，備極歡洽。

初八日，始開靖海門及大南、大東二城門，人民出城者數萬計，午後又開西門、歸德門，自此民心稍安。惟是門外方、圓兩砲台被逆佔據後，肆行無忌，於附近各鄉，晝夜巡擾，打破門扇，搶奪耕牛，搜索衣物，淫辱婦女，發掘墳墓，禍及枯骨，種種貽害，不可勝言。

初九、初十日，逆夷又往三元里及蕭崗各鄉，復行擾一作攘害，由是鄉民共憤，鳴鑼聚衆，殺死逆夷六七人，餘逆脱回。因率衆而下，約數百人。鄉民復鳴鑼會集各鄉，約數千人，與夷決戰，幸彼蒼默佑，未刻迅雷甚雨，鄉民佯敗，引入黄婆洞一作浦、磨刀坑，殺死逆夷百餘名，內一人說是西洋兵頭，義律借來相助者，全身盔甲，刀砍不入，手持寶刀，裝嵌寶石，映日不可逼視，亦被殺死。餘夷脱逃者，或被坑水衝淹，或爲失路飢斃，悉無漏網，其餘一作夜各處鄉民來攻逆夷者，尚源源不絕，而嘆夷亦從此膽寒潛踪一作氣餒矣。

且夫一作當逆之自入內河也，戰無不利，攻無不取，鋒莫能犯，勢莫能當，養其桀驁不馴之心，縱其貪狼自肆之欲，進而日上，得遂無厭，既據砲台，頻施荼毒。初七日至初十日，北門外一帶鄉村，驚男竄女，鷄犬難安，籲天呼地，狼狽莫倚。夫罹殃而妻受辱，兩命皆亡，子被縛而母困居，身家俱殞。而且田園被傷，室廬被毀，邱壟被掘，老少被淫，貧者室如懸磬，富者家徒壁立，洵屬鬼神積憤，草木含愁，故鄉民一旦志切同仇，摧凶折馘，實足以敵王愾而挫逆鋒。然後知民心之堅固不搖，而聖化之漸摩，良有以也。

十一日，鄉民仍鳴鑼傳遞，富者捐資，貧者出力，備乃器械，持乃糗糧，響應風從，不謀而合者，遙遙百有餘里，聚至百有餘鄉。將方、圓兩砲台四面圍住，各處設伏，奮呼攻打，晝夜不息。逆夷各狐憑鼠伏，潛避兩砲台中，不敢出入。

十二日，逆夷義律，極目遠望，見遍地旌旂炫耀，刀戟縱橫，鄉民蟻擁蜂攢，布滿山麓，約有十餘萬衆，逆夷更覺膽落心寒，亟請廣州府余暨南、番兩縣代求解免，情願刻即撤兵下船，不敢復行滋擾。兩縣乃飭諭鄉民，勸令退息，而鄉民之激於公義者，出語唐突，致冒官長，此固無知細民，奮義忘身，亦理直氣壯使然也。嗣廣州府余婉言排解，鄉民始行退散，嘆夷即俯首下船。

十六日，將軍奕、參贊隆，撤營金山居住，由泥城下船，即有逆目數名，駕三板過船，與之送別，所謂息兵而講禮，棄武而修文。不意干戈擾攘之中，復見揖讓雍容之事！其日仍委廣州府余將銀四百二十萬兩，找足送納。

十四、五日，夷船退出泥城。

十八、九日，退出大王滘。

二十五、六日，逐漸退出虎門，而省會人民始漸安息矣。

清·梁廷枏《夷氛聞記》卷三 方議款時，夷兵以船泊泥城，登岸肆擾，沿西及北。其據守耆定臺者兵千餘，款成，尚遷延不遽退。伯麥身肥體健，首大如斗，自恃膂力，率領餘衆，自臺下闖至泥城、西村、蕭岡諸村落，大肆淫掠，姦及老婦，村民大譁。舉人何玉成，即柬傳東北南海、番禺、增城連路諸村，各備丁壯出護。附郭西北之三元里九十餘鄉，率先齊出拒堵，對岸之三山等村，亦聞聲而起，老弱饋食，丁壯赴戰，一時義憤同赴，不呼而集者數萬人。夷目畢霞領其兵與村民戰，村民稍卻，被追深入牛欄崗。所近居民大至，轉瞬民多夷少，急匿叢薄間，放鎗自衛，村民但遙圍之。入夜，則脫衣懸樹杪，迎風搖颺，作疑兵，民不敢前。及天明，入林內搜殺幾盡，逃者不識途徑，亦多被截擊，有叩首流血得免者。伯麥、畢霞同時殞命，收其調兵符券、防身鐵劍、小鎗之屬。夷兵方舍命突圍出，無奈人如山積，圍開復合，各棄其鳥鎗徒手延頸待戮，乞命之聲震山谷，村民以其困不復逞，亦即不殺。其留耆定臺餘夷尚衆，一人不敢下，村民但環立山麓，相約聽其餓斃。圍既久，越日義律馳至，亦被圍，密遣人間道求救於保純，保純聞報請於墳，或勸出福建新至生力軍，助村民活縛義律，監而勿殺，挾使悉其船出外洋，還我漢奸，以是痛懲之，機不可失，當事相顧，無敢任者。咸以爲事在和後，不欲更爲戎首，且款銀已先給，設敗盟，於我有害無利，堅卻不用其策。然款貲來從三庫，商行分起運下夷舟，其日計已給者僅及四之一，而久困之夷得全款，一時驟裕有所恃，以外擾江浙，粵爲彼中市舟最旺碼頭，向所稱呢邊火石棄物，皆可易錢者，萬不肯取快片時，招怨賈恨而輕棄之。當時能略延期日，陳兵城上，不下與戰，縱不給以資，彼無所焚掠將自止，亦無攻及城池之事。不過以朔日之戰，遽收兵入城，爲彼所窺，因以焚掠爲報復，我愈退而彼愈進，蓋情事之常，亦兵家之所宜然耳。事經兩日之久，倘官民同志，稍善機宜，村民萬口同聲，索其繳還原資而後散，官爲調停其間，續給者當可免。彼目覩民情，計無復之，未有不可行者，惜乎策不及此也。墳令南海令梁星源、番禺令張熙宇，隨保純出，步向三元里紳民揖勸，代夷乞免，越數時許，紳士潛避，民以官故，不復誰何，遂親翼義律下，羣夷繼之，衆口喧譁，笑聲聞十里。其後逆匪犯湖北，梁殉節，張防九江，敗於小孤山，皆擢至兩司矣。余守因試爲士辱，引病去，皆保全粵人而不知感者。夷自是始知粵人之不可犯。剋日全幫退虎門外。

其時近海紳民，有欲邀於海口，奪還所得資，適其大船擱於淺沙，將截焚之，亦爲墳所聞，切諭而止。其他船在虎門外者，初四日新安武舉庾體羣夜半出火舟三隊，自穿鼻灣乘潮攻而燬之。佛山義勇，亦於龜岡礮臺乘上風颺毒烟，斃夷數十，破其援舟，款夷事聞，舉以切責，諸帥皆詈吏議。義律入內河，恆陸居，坐肩輿，遨遊市上，例所不許也。百姓已見而切齒，遁後，自慚無以對漢奸，乃出僞示，有不難報復，姑示寬容語，以掩其辱。三元里等村民，亦大張文檄，痛斥而醜詆之，戒其毋復相犯，盡出所馘級及奪獲礮械繳之官，當事優予獎勵，爲祠祀死者。玉成等請自海珠至石門水陸衛隘，如仁威、沙南、荔園、泮塘、澳口，及對岸之白沙、增步，各按險要，設防置礮。河南數十村，及城東燕塘，亦均起而團練。進士何有書等，接踵倡行，各就所近設爲社學，輔以公所而二之。西北曰昇平，東門曰東平，練勇至數萬，無事相安農業，有警農卽爲兵，一時聲勢聯絡，咸隸廣州協副將。二社學外，繼起者河南橋内曰隆平，設於道光二十九年，夷請入城時。南門外曰南平，則奏而未成。村間曰坤維，未果。民與官應。頃復防其内擾，策之大帥，取則徐前堵塞兩臺口之議，稍推而遠之，於東西兩口，先大石，次瀝滘，又次獵德，沿及石壁、黄埔、三山，凡夷船可以直達省河之道，度其船之修廣，勸紳民買石沉而狹之，淺其河底，僅留中小口，通民楫，而阻夷船之闖入者。先又於所堵四旁，密豎樁柵，復縱横曲折，投石其内。慮其輪舟挾火力，或可用鉤扒拔石，徒勞無濟也。於是勘擇要道，東路，如東礮臺、赤岡、二沙尾、洋桃地、姚家圍。南路，如大黄滘、南石頭、東塱，鳳凰岡。西路，如西礮臺、永靖、海珠、新墩、竹排頭、泥城。北路，如永康、拱極、保極、耆定、紅棉寺、餑餑山，或舊有礮而壞於夷，或舊未設臺，而新相形勢補築者，並鑄安巨礮，分防丁勇，别於海口要隘，設土墩三十餘。防維周密，以補東南兩口臺所不逮。令訓導黄培芳、拔貢生余廷槐，齎檄周遍村落，開陳大義，民氣感動。而後檄知府楊霈、署糧道西拉本、南韶總兵馬殿甲、高州總兵趙承德、督標參將曾逢年、遊擊李志和、趙如勝、督學正曾釗，守蚺蛇洞大岡邊，爲南路正防；而以從九品林俊英守穗石，文生彭鶴年守壩頭廟，武生范廷安守南亭，職員何大山應之。教諭陳文輝守官州，外委曾文基守官州門，爲東路正防；而以從九品衛綬光守瀝滘應之。從九品楊汝正守三山大通河，爲西南河路正防；而以副貢生高廷佐、武舉關鵬飛守南頭，教諭虞世珍守東望應之。拉本殿甲又自守龍船墟得勝坪，及獵德諸臺，舉人李國賢守員村，文生葉炤守下渡頭，拔貢陳大勳守東礮臺，文生林福祥以水勇爲應。計南海、番禺團勇至三萬六千名，而營兵不與焉。取濱海數縣漲生田坦凡十七萬餘畝，收諸公，招佃納租，曰屯田，爲守臺墩，與捐造巡船兵食。

從英軍再犯廈門到《南京條約》訂立

清·佚名《英夷入粤紀略》 九月下旬，省憲探聞閩浙總督顔接據寧波府鄧廷彩來稟云：『定海縣地方八月十二日，有夷船侵犯，經官兵擊退，經稟在案。自十二以後至今，久無聞報，正在懸望間，忽於十八日申時據署定海縣事舒恭壽之堂弟舒恭烈賫印到營，哭訴定海縣自十三日至十七日官兵連打勝仗數次，用砲擊壞夷船夷匪無數，該夷因新築土城，堅固不能取勝。隨於曉峯嶺地方，别用杉板小船，載夷兵由陸攻取，先經三鎮會議，曉峯嶺道路險要，必應重兵防守，遂經壽春鎮王錫朋帶領壽春兵八百名到彼堵禦。乃自十五日至十七日午時，壽春鎮兵極力殺賊，前有陣亡者，後隊繼進，業將逆賊殺退數次，無奈愈殺愈多，我兵擡砲至於紅透，不能裝打，壽春兵仍復捨命死戰，王鎮身受重傷，不知下落。夷賊隨由曉峯嶺回攻竹山，處州鎮鄭國鴻被砲轟擊，糜爛無存。逆由竹山門至東岳宫攻打，署定海鎮葛雲飛勢孤，亦卽陣亡，舒恭壽身受重傷。城陷之後，旋卽身死。該署令於危急之時，將糧臺用剩銀九千兩，面委典史鄧均、同候補同知黄維誥等，途送内渡，又將印信交其堂弟舒恭烈攜送到營等由。後見浙江裕謙大人定海失守奏疏云：『壽春鎮王錫朋被砲打斷一腿陣亡。』

【略】

九月十三日，浙江來文云：『鎮海縣於八月廿六日被逆夷攻破，該處文武不知下落，提督余步雲大人，現收聚殘兵。欽差裕謙大人，因旬日間連失二縣，跳水自盡，經百姓救回。』十六日來文又云：『裕謙大人因跳落水自盡救回後，於廿八日身故。』又來文云：『寧波府城亦已於廿九日失守，余步雲大人不知下落，寧紹道臺鹿澤長、寧波府鄧廷彩，均已受傷跳水，經救回，現在生死未卜。』然九月初間，有人見澳門夷人買辦來書云：『八月廿六日，嘆逆攻福建，被官兵燒燬心地科大兵船一隻，三檣兵船六隻，虜獲大兵頭七名，一船主被砲打去一腿。廿九日火船載回澳門醫治。』然浙江失鎮海，卽八月廿六日。大抵逆攻福建而分兵略鎮海者也。十月初間有香港蛋人回云：『聞夷兵説九月廿六日逆在杭州府河被兵民用石塞斷河流，逆船三十餘隻俱不能出擊，殺逆兵四千餘名，逆夷氣喪，

又有一大兵頭亦被磔殺梟示云。』【略】

（道光）二十一年八月二十五日，有逆夷雙桅兵船進臺灣口門，參將邱鎮功等，在二沙灣開放大砲，擊中逆船，桅折索斷，卽隨水退出口外，海湧驟起，衝斫擊碎，夷人紛紛落水，死者不計其數，或鳧水上岸，或上三板駛竄，邱鎮功督同署守備許長明等，駕舡趕往，一白夷自行投水，前後各官兵擊逆，共計斬首白夷五人，紅夷五人，黑夷二十二人，生擒黑夷一百三十三人，撈獲夷炮十門。又十九、二十三等日，許長明在海濱撈獲白夷屍身二具，查驗一穿紅呢戰甲，胸前刺八卦形，一係尋常夷服，胸前刺有蓮花形，左右腿或刺人形，或蓮花形、鳥形、獅子形。又云同知曹謹、通判范學恆，遣義勇丁役等，十七日駕舡搜捕至外洋車嶼，有白夷二人，紅夷五人，攜帶圖册，在彼存匿，經役等上前圍拿，該夷俱被格殺，割取首級帶回，搜獲夷圖一幅，中繪山海形勢，册頁五十一頁，夷書二本，又夷字十紙，其夷書內亦繪有城池、人物、車馬形狀云，詳見臺灣道鎮會奏疏藁。十月上諭到省，加提督銜臺灣鎮總兵達洪阿着賞戴雙眼花翎，臺灣道姚瑩賞戴花翎，臺灣知府熊一本交部從優議敘，此天亡逆之兆也。十二月又聞回粵洋客云：『十一月日在某處洋面，目覩一暎逆兵船被火災燬，船破人溺，無一留存本船。船主云：此船乃暎逆王家所發，內有兵頭數十名，暎兵七百名，當兵船焚燬時，船中夷皆號呼咨嗟云。』此亦天亡逆之兆也。

清·梁廷枏《夷氛聞記》卷三　噗嘀喳至粵，知義律議款，止了粵事，且所得故商欠，而閩、浙、江南之市地將開，英國他日無窮利源，又恰符其借失市搆兵之本意，且犯他省，仍不與在粵和議背，況義律適去，粵官難以責備，設遠來無奇功，是明居義律下矣。計既定，遂嘗試以覘中國意，乘諭旨令酌將所調防兵裁撤，謂有機會未宜坐失。於是舍粵洋而北，以潮州南澳爲粵閩適中地，帆檣之所必由也，爰於南澳長山尾，預泊數船，載馬，備登陸，計船狹不便芻秣，則沿岸蓋造房屋，上爲層樓，澳官無止之者。土木日漸增益，駐人爲兩省往來航舶嚮應。頃令海陽令倪澧諭毀之，先是澄海學諸生，就課海防論，卷有及長山尾蓋夷屋養馬事，言之切實，時方奉旨不准香港搭蓋，故南澳文武，無敢言及者。予已奉調旋省袖卷呈制府祁公，行海陽倪令，帶邵巡檢往查，夷初尚支吾不肯拆，再往，以正言曉之，時駐泊止一二船，懼內地兵威，卽遵拆，而放馬於長山，凡十二匹，過者皆見，凡夷馬皆剪尾，可認也。此辛丑九月事。以七月初十日，與吧噶、思啞勒力吧敦時等，駛火輪兵船數十，銜尾闖廈門，椗青嶼。越日，投書提督，噗自稱公使，吧稱水師，敦稱陸路，並云提督，詞極悖誕。謂不照上年天津所議事款，卽應交兵，暫空廈門城邑，讓其軍士棲止，俟定議後繳還。提督陳化成老而能軍，遇閩海遊奕者，輒擊之，礮傷足，猶鼓勇進，尋改官江南去。時總督顏伯燾先已出駐泉州，提督竇振彪適洋巡，留兵無幾，方以粵夷就款，有旨撤兵，水勇已散，伯燾率興泉永道劉耀椿，自白頭汛倉卒出迎，擊以萬斤巨礮，傳令對岸之嶼仔、中路之鼓浪嶼，三面合攻，沉其大船一、兵船五，復損折其船桅，夷冒礮蜂擁而進，集七八輪併攻一臺，別駛三板船，分路登岸。用先後夾持之法，攻一臺破，復攻一臺，勢甚凶猛。副將淩志以下，多被傷且死，兵勇血肉狼藉，猶奮前拒敵，自辰至酉，斬殺亦略相等。夷船絡驛，愈至愈多，人登岸者，亦愈殺愈厚。迨併力環攻大礮臺，我兵遂不支矣。沉兵船五，官房鋪舍，悉爲飛礮延燒，又轉我臺上巨礮，內向反擊，城破據之。伯燾退保同安縣城，專派同知顧教忠移駐潯尾汛，以防越廈入縣咽喉，調金門鎮江繼芸，陸路提督普陀保分防要隘，繼芸戰敗落水死，忠負傷，殺退前夷，爲後隊所逼，剖腹死，都司王世俊殉之。遊擊那舟珠、楊青江罹重傷，備弁死者數人。

前一年，夷船初次入擾，廷楨方督師，但令耀椿固守舊礮臺，兵力聚於一處，得自保。伯燾世任封圻，又籍東粵連平州，與廈門距近，地方夷情，皆所素習，深恨琦善一意主和，開門揖盜，而意見與則徐頗合。甫抵任，卽追劾提督陳偕平告病規避罪，以爲廷楨但知自守，勢不能剿盡橫逆，且謂守而不攻，則我勞而彼逸，彼省而我費，夷礮不及岸礮之大，載火小舟，雖恃以焚夷，然僅可用於內港，而不能挈出外洋，鑿鑿見諸奏牘，慨然有澄清海宇之志。請帑三百萬，造戰船，買商船五十餘，募伍數千爲新兵，招海濱勇士八千，鑄大礮千。先期令候補知縣孔昭慈赴潮州購買船鐵，及一切軍資，不惜資費，孔故庶常，令廣東饒平，丁艱服闋，改發閩，至是效力軍營者，寓潮城穀倉，會予送試至潮，以舊識，旦夕過從，談顏公布置事甚詳，從沙油頭，購大商船，欲歸領項再至。予謂軍務孔亟，當隨購隨令先由海往，而後以人解價償之爲便，時首邑爲倪念漁太守澧，舊令順德，可與暫假，否則汕頭售船主人，其父兄子弟，多在學，一言爲保卽可了，無事往來稽延也。孔大喜，議甫定而廈門已破，孔遽踉蹌還矣。增建口外之嶼嶼、青嶼、大小檔三礮臺，守禦既分，船又購自沿海鄰郡，不時至，計師船需砲千，一臺需一二百，急卒匠鑄未成，攻守雖有人有地，而軍械不備，仍復掣肘，臺牆開門置礮，牆厚門深，又不能左右活轉，但可直擊，夷船一知避我礮路，過此，即衝突無礙，往往先試以㪐舟，而後銜艅排進，致有此失。既退至同安海上，先期散遣之丁壯，因廈地人皆遷徙，無所覓食，夷遂招而養之，盡爲所用。廈雖爲全閩門戶，然實無險可據，故夷得之，亦不能守。遽以二十一日，駛其三十餘船，並掛帆而北。留椗內港者，僅數船，勢孤，不復登岸。椗鼓浪澳者瀕出，猶大言今雖暫去，行當復至，至則於此蓋造樓房，必俟官給銀乃已。蓋猶是廣東故智，已爲聖明所洞悉，有可堵則堵，可剿則剿，此外更無酌量辦理之嚴諭也。

伯燾令激勵中後兩路百三十餘鄉及馬港一帶，團練至萬餘人，同安募兵三千餘，晝夜輪防，亂石拋擲，使留船聚泊無所。其速去也，意固在江、浙、臺灣，亦緣閩續防嚴密，有以使之。是時分擾定海、臺灣者，半爲廈門退出之船，同時分撲兩地，而意則專在定海，故所用船，臺灣少而定海多。當時漢奸爲夷畫策，或以定海界接內地，兵力易集，非如臺灣爲海外孤郡，止恃澎湖爲聲援，而風信不常，勢難聯絡，但能入其口岸，即可得力。或以臺灣昔爲荷蘭所有，而奪於鄭氏，港門險阻，較諸荷蘭之沉舟拒鹿耳門時，難越百倍，海舟素所習聞，止可以一二船嘗試，知難而退，不值枉耗無益之兵力。是二說者，皆夷所知，而不能捨。至福州通市，則彼意中事，而離廈時，反未之擾及者，蓋五虎門在省河外，河沙甚淺，潮盛乃可通舟，潮漸縮，則漸爲沙擱，非輪舟牽拽不可，恐舟未浮，早爲我兵擊碎，且受火焉，所畏在此也。鄭氏之入臺灣，在順治十六年，兵敗江南，被剿金廈後，逾年遂據臺，屢擾閩、粵，爲沿海患。康熙中，興師征討，克塽降，至是已百四十年矣。南自瑯璠，北至蘇灣，以臺、澎爲中路，南鳳山、北嘉義、彰化、淡水及新闢之噶瑪蘭，綿亘延於山後，凡千八百餘里，設總兵，綜攝師干，分水陸十六營，額兵萬四千六百有奇，無土著，但從閩中督撫水陸提四標，漳、汀、建、福、海、金六鎮標，福州、興化、延平、閩安、邵武五協，計五十八營，抽撥更戍。渡臺後，自七八百至百數十人，布散臺內外十六營，以三年爲瓜期。期滿，臺灣、鹿港、蚶江、廈防四同知，各配船，渡新還舊，是爲班兵。蓋臺地番民雜處，漳、泉、粵人，各分氣類，動輒肇釁械鬭，民氣浮動，易生反側。生番深居山社，自耕而食，不與民接，更性野難馴，故不欲召募於本土，班兵則家在內地，同營來者，多不過百，其至也，又爲之錯雜散布。立法之意，誠以海外孤懸，風潮洶湧，往返非可以常期測，有事，勢難恃內地策應，班兵既有兵餉，仍給以贍家米石，歲由臺運入穀八萬五千二百餘石。可以安受訓練，爲東南沿海數十郡藩籬，外夷不敢窺伺，成效昭然也。

夷事初起，臺灣時廑聖慮，屢諭總兵達洪阿、兵備道姚瑩，以夷船沿海騷擾，亟宜嚴爲預備。督撫亦以內地防範嚴緊，且定海既失，大兵雲集，一經擊敗，勢必竄逃，臺爲歸途所經，備哨巡拒擊，勿任停留，潛銷鴉片。瑩使知縣魏瀛，會廳縣營勘修礮臺，復加以礮墩、礮牆，麻袋貯沙以衛，又於郡城自小北門至小西門，加築外城。祁相國寯藻、黃鴻臚爵滋，奉使所會奏者。在籍提督王得祿，洊瀝海洋，嘗以水師六百，破海賊蔡牽黨數萬於洲仔尾，既又敗朱濆於蘇灣者，以功世襲子爵，最精習海戰，至是老而家居，瑩請於延楨，奏請使出襄軍事。得旨令與鎮道協力商辦。夷船自上年夏，已不時經臺、澎洋面，西駛及鹿耳門外，馬鬃隙深水外洋，但徘徊不敢進口。副將江奕喜，恐其竄入北路內洋，則難以制伏。即乘東南風越其前，槍礮兼施，夷亦還礮回拒，遽轉帆向西南急遁，追至茭丁仔洋，黃昏霧大，越晨始收，望之不見，由是始議造巨艦，仿得祿舊制建威、奠海船式以備戰。得祿建議，但嚴守口岸，不輕與海上決戰。洪阿先緣他事，與得祿有隙，瑩勸兩人棄嫌敦好，兩人亦各矢公誠，頓忘前怨，得祿自募精兵三百，出駐澎湖，以澎湖西距廈門水程七更，東距臺六更，一協守之，慮其單薄也，督勵將弁，爲臺聲援。臺地募勇安兵，洪阿出郡城南路，瑩赴北路，至雞籠兩路口岸，親爲整理。郡城要口三：曰安平大港，曰四草，曰國賽港。嘉義縣一曰樹苓湖，彰化一曰番仔塩，即鹿耳港外口。淡水廳二：曰滬尾，即八星岔，曰大雞籠。噶瑪蘭界外一，曰蘇灣。皆水寬深，餘南北路小口九，較淺狹，鹿耳原稱天險，道光二年淤廢，船不能入，各口共用水師兵二千四百八十一，屯丁二百，勇二千一百六十，水勇五百二十。得祿及廳縣團練不在此數內。各莊壯丁自一二百至七八百，計團練凡萬三千餘人。相其險次，測水深淺，堵以船筏，裝石木桶而沉之，嚴杜奸民接濟，收其悍徒爲勇，俾絕內顧。時班兵額缺未補者千餘，就現在水師派員弁於十七日，授以機宜，令於臺墩多插旗幟，守口者日必三次登陴。姚石甫觀察《駁臺灣令壯勇不能登陴議》曰：夷匪往來臺、澎，無非窺探虛實，見口內無人，則乘虛入，必多插旗幟，使不測我兵多寡，臺地游手，每秋冬蠢動，今借防夷得資生，免爲敵用，攘外即以靖內，惟夷大幫若至，尚須調陸兵，豈數百水師壯勇即能濟事。守口之人逸樂，恐其滋事，故每日三次登陴，使其練習。今每日一次點卯，餘俱聽其自便，失召募守口本意矣。又《駁鳳山港毋庸設礮勇議》曰：據稱內修戰備，毋庸外示兵威，所恃者口小，夷不能入耳，彼非愚人，豈不知更換小舟耶。現奉憲檄，夷匪劫商艘，取漢人衣服，則有坐小船冒漢人入港矣。夷腿直，利水不利陸，登岸原足勝之，又縱之使入，欲誘登岸乎？萬一所謀不遂，徒自撤其藩籬，不蹈定海覆轍乎？夷大幫果至，則各保團勇，足以破之，使登陴者得休息，非徒任在戍久勞之士，責以破敵也。無事以守口者爲正兵，有事則出新兵以應之，視敵多寡，定派防人，來船少則出擊，多則守內港以俟，大船既不可入，小船則非所畏，誘近礮臺殲之，可以得志。布置定。姚觀察覆顔督書：謂王提軍以鄉勇烏合，恐無紀律，欲分交各營操演，但令雇募在口長駐防者，二千六百餘人，各莊團練萬三千，爲數實衆，若配營操，恐十餘萬民兵，素不相洽，動即械鬥，臺人好亂，所以易撲者，烏合也，若入營教以紀律，則營中所長，彼且有之，異日不可復制云云，此通論也。粵中已款夷，且堵河矣，又募勇至衆，日教以抬鎗弓箭，及裁撤失食，則羣起爲盜，每言營兵不可靠，而後招我，輕視營兵如無物，貽害至不可勝言，不獨臺灣民悍難制也。至是八月十五日，夷船一挾三板自鷄籠杙，移泊近口之萬人堆，越日黎明，駛進口門，對二沙灣礮臺連發二礮，壞兵房，參將邱鎮功、守備許長明、歐陽寶，發礮回擊，三沙灣墩亦接放爲應，鎮功突燃八千斤巨礮，中其船桅立折，索紛紛斷，即隨水退出。適口外驟起潮頭，撞礁船碎，夷多落水，鳧岸，下其三板駛竄。文武官分帶兵勇駕船出，生擒黑夷百有十四人，格殺者五，一夷目投水死。其一駕三板偕諸夷逃，別營聞信截擊，千總陳大坤，在野量頭遇逃駛者，沉其三板，殺白夷一，擒黑夷二十，同知曹謹在大武崙港外殺白夷二，黑夷十七，擒者九。十七日，在草嶼殺白夷五，獲其圖册。

時廈門外援已失，臺中形勢益孤危，民間驚惶，謠言一日數起，遂撤還巡洋兵船，塞鹿耳、國賽、三鯤身，專防要險，請帑三十萬資軍需，人心始定。洪阿、瑩均賞花翎。九月初五日，三桅紅旗夷船泊鷄籠口外，忽換白旗，駛近萬人堆，放三板二進口，願以銀每名百圓，贖還俘夷，無答者，流連數日。十三日辰刻，大船突入，直撲二沙灣臺，礮發猛烈，破我臺石兵房，其地三面環山，形勢頗峽，有險可憑，守備許長明，率外委伍雲升先裝礮伏三沙灣之鼻頭山伺擊之，斃夷二，退守衝隘，義首壯勇齊至助戰。夷船之在龜頭洋者，亦遙放巨礮，爲彼聲援，而不敢入。越日，夷見兵勇驟增，人叢山險，仰攻不利，日半，遽出口去。會南北兩路土匪乘機竊發，郡兵存者無多，內地方處處設防，未便請渡添兵壯來助。鎮道就以民勇選補班兵之缺，鼓率兵將，剋期撲滅內逆，一時剿辦淨盡，先後奏聞，以功並給世職，洪阿騎都尉，瑩與知府熊一本，並雲騎尉，在事出力文武員弁，同得優獎。有旨集訊夷俘，因知噗咈喳攻廈門後，分其船二十餘，北抵浙江，別派啊吠萬率顛林等，駛其三桅船三同赴臺洋，伺便窺臺郡，開行後，二船皆不知何地阻風停泊，未得聯綜，而一船先至，闖入被擊也。其再擾定海之船，亦同以是月出。

當英夷之候處分於粵也，定海尚留船盤踞，不肯還歸我地。伊里布示諭居民，謂夷人無向定民擾累，即不得復行查拿，並據夷書，以現在夷已起椗，十四船赴粵，移慰巡撫，蓋未深知夷之詭詐，以爲從此馴服，直信不疑。然當時巡撫劉韻珂，則偵探留定諸夷，方築礮臺開河道，穿達城中，踞住岑港、沈家門兩處民房，搶奪淫辱如故。又僞示招居民接濟，種種情尚可疑。奏謂定海爲通洋適中，南閩、廣，北江、魯、直隸，並可揚帆分駛，忽南忽北，難保其不勾引漁盜爲羽翼，浙爲財賦淵藪，寧波、定海又浙中精華，在定海者，必覬覦寧波，請乘市地未定，早爲杜絕。因綜舉八端之不便者：曰地利、曰物產、曰勾結、曰烟禁、曰關稅、曰防費、曰國體、曰民心，反覆縷陳，固逆知夷情之必不能決舍定海以去，不可謂非先幾之燭也。

江西巡撫錢寶琛，亦於病中致伊里布書，謂夷築定海礮臺，志在安居，今攻剿之策，徒若捕風，兵苦久役，潰散可慮。商漁失食，盜賊將作，浙之溫、台，江之徐、壽，民皆獷悍，前調兵海濱，城守空虛，尤易竊發。若仍一味遷延，要害爲夷所守，奸民爲夷所用，欲水陸夾攻，其道無由，必自作主裁而後可。伊里布不省，事機已失。

裕謙素重則徐爲人，既代來浙，意中將倚爲左右手，定海初收復，安內防外，改修建置，事出草創。壽春鎮總兵王錫朋、處州鎮鄭國鴻、定海鎮葛雲飛，以兵五千駐焉。雲飛嘗練親兵六百，最强勇，明紀律，可驅以用。寧波城則別以兵四千鎮之。城與定海、鎮海，並隔一洋，修築城臺，招集流亡，亦日不暇給。未幾而則徐遣戍，旋改赴河工，謙失謀主，已懷惆悵。提督余步雲，又謙所素輕鄙者，但令其駐防招寶山，一時孤掌自鳴，無臂指腹心之助，不得不專任候補知府黃冕、知縣舒恭壽，時議增築外城，定海形勢，三面皆山，而一面臨海，雲飛欲盡圍濱海市埠，收歸城中，左右袤延至山麓，其三面則但依山爲城。謙方駐寧城，據圖説從其請矣。諍之者曰：賊踰山入，跬步卽在城內，且城分則備多而力懈，我兵登陟山嶺，未戰先勞，不如捨近水市埠，但加築內城爲新郭，庶受攻可守，實爲當前至計。既而撓於衆議，竟不果築。謙曾大父誠勇公，乾隆中開西域，有大勳，故自受任軍旅，每念係出將門，毅然以剿平醜逆爲己責。至則購重賞，號召沿海漁、蛋，峽嶼窮民，同心殺賊，禁斷接濟，招復漢奸之爲夷用者，許以自新，而責其後效。諄諭閭閻，毋遽遷徙。聞夷將出粵犯浙，馳文詰粵督，謂通商既由粵代請，盍向其詢駁，折其桀驁，何至恣彼飄忽，貽禍鄰疆，義正詞嚴，粵中大吏，終無以答。又訪求上年擒解夷官晏士打喇打哩之義民包坦等，親爲鼓勵，優加獎賚。蓋自伊里布停兵不戰，夷得以羣遊無忌，民間雖抱公憤，已畏不敢前，至是驟形踴躍，有糾集多人，故假就買烟土，逕泊夷舟，或作捕魚，潛伏山陬島澳，百端設法，誘擒夷黨，詣官報受賞者。由是兵勇亦思愧奮，咸知用命。夷船先犯石浦，礁險失利，遽遊奕外洋。八月十一日，忽內駛撲岸，爲我兵擊退。夷合二十九船，橫截定、鎮洋面，風潮陡漲，鎮城外水深四五尺，裝帆起椗，將乘巨浸來攻，官兵礮火，並移高阜不動，風轉西北，潮亦退落，夷轉帆遂向定海。十三日午刻，駛至十三船，停泊竹山門外，先以三桅船一，火輪二進，雲飛擊斷其大桅，卽退。十四日，連帆逼攻曉峯嶺，我兵伏山後，夷下三板，渡而登，國鴻擊殺夷兵無算。傍晚，繞至縣南孤懸之五奎山。越日就山上支搭房帳，我兵排立土城遙擊，斃夷十數。又越日，改從吉祥門駛入，攻東港浦，畏我礮火密，前且卻，旋再攻曉峯嶺，及竹山沿，又斃其登岸夷衆。十七日甫四鼓，卽駛火輪船衝入力攻，雲飛手燃巨礮，中其船上藥櫃，頓刻烘烈，船自焚盡。已刻，一由五奎山，一由東港浦，一由曉峯嶺，三路分至。錫朋首當其鋒，夷冒死直前，我兵前隊傷亡，後隊繼進，夷屢卻復集，攻曉峯者甫上嶺，卽自撤其舟，絕反顧，會我兵鎗礮紅透，不復可裝藥。延至未刻，夷三四千，分路驅漢奸駕筏續進，亦舍筏登山，凶猛有加，勢難抵禦，縣城尋失，三鎮同時陣亡。錫朋礮斷一腿死，國鴻在竹山，雲飛在東岳宮死。恭壽嬰城守，傷於火箭，飲毒自殞。將備弁兵，苦戰迄六晝夜，筋疲力盡，多死者。自接仗，連日風逆浪險，夷船梗阻，難以東渡策應。謙在鎮海，督步雲守禦，自矢城存俱存，招集內渡散軍，亟調江寧駐防兵八百，壽春鎮千，徐州鎮三百，又改調原發福建之江西兵二千，剋期圖克復，然焦勞盼望，皆未至。時鎮海防兵僅四千，謙自統千餘，駐守城內外，步雲所率亦千餘，仍守招寶山，及沿江礮臺。總兵謝朝恩，則率千餘出守隔江之金鷄嶺，數皆不及千五百人。謙知兵力難敵，賊急又不獲從容布置，則誓死報國，倉皇拜摺，言黑夷漢奸，不下萬人，合䑸來犯，而我兵必處處分守，夷可數日不攻，而我兵刻難弛懈，夷乘風潮至，前船退，勢自與後船相撞擊，故以有進無退爲利。當茲艱鉅，計惟有竭盡血誠，獎勵士卒，不敢以兵單而退離鎮海一步，不敢借保民而受逆夷片紙，蓋事勢已洞悉胸中久矣。奏發，卽召步雲盟神誓師，步雲見謙死守志確，難以婉勸，已心惡之，及行禮，託足疾不跪。

二十六日，夷船分犯金鷄、招寶二山，隊各數千人，謙上城督戰，自辰及午，金鷄山兵奮力下，擊斃夷數百。步雲不令兵開礮，夷甫至山麓，攀援欲登，步雲遽棄礮臺走，謙揮城上兵，燃礮截而止之，下者稍卻，卒繞轉山後，紛紛隨步雲潰散。夷登據招寶山，俯攻鎮海城，守金鷄山者朝恩，協守者冕，而分守浹港，則朝恩子榮光也。謙以浹港去海近，守兵尚薄，且沿海路歧，處處可登，與其分路迎敵，不如握要合擊。使冕持令傳知朝恩，撤浹港鄉勇，移沙蟹嶺，與官兵合，無論夷由何路上，皆可從半山下壓擊之。移定，夷果分道進攻，由浹港登岸者，繞出山後，環擊沙蟹嶺，朝恩力竭陣亡。謙是日將臨陣，先出所佩關防，付副將伸豐太，令齎赴浙江。浙撫劉奏云：都司珠隆阿齎繳到省，而軍機訊步雲供奏，則云豐太保護各印至浙，當同時受命也。及是，見大勢已去，詣學望北闕叩首，跳沉泮池殉節，爲從兵撈起，已昏不知人，亟擡之出城，輿至寧波府署，而後徐爲易濕衣，灌救，僅存微息。寧波亦危在旦夕，不敢稍停，復輿至餘姚縣，去城五里氣絕，殮於杭州。

二十九日，夷船八，火輪船二，挾三板三四十，直駛薄寧波城東北。量水進泊靈橋門。城礮先已分運定、鎮，兩城連陷，守禦空虛，人心惶懼。寧郡六門，臨江者三，夷礮夾火箭飛鑽凶烈，隨發隨擁而登，步雲開門拒殺數夷，被拒者繞至西門，其攻東門者，爲將士周士德、李宗白，併力拒退，民舍爲飛礮延燒，男婦擠擁出南門，步雲適至，獲漢奸二，而夷已攻破靈橋門，且至提督署。步雲喊殺，夷放鎗不及，奔入巷，步雲騎爲彈擊倒，壓傷右足，不復搏戰，遽易馬出城，直奔上虞。寧紹台道鹿澤長、知府鄧廷彩亦從以去。

寧郡既陷，浙江又失一重屏翰，所屬奉化、象山，皆被隔絕，雖府境迤西，河道悉淺窄，夷舶不能深入，而漢奸誘其探水遞進，則小舟可隨地繞達，慈谿逼近夷氛，居人一時遷避，百室皆空，慈谿以內之餘姚、上虞、會稽、山陰、蕭山諸縣，亦紛紛逃徙，土盜因以四起，夷方以所得定海令、鎮海丞二印，多製漢衣，令漢奸所至煽誘，於是浙江以西大震動。以曹娥一江，下可以顧餘姚、上虞、慈谿，上可以保紹郡，而所調壽春、江西、湖北兵仍未至，遂截留先調之江寧旗兵駐焉。仁和鄭祖琛，方以福建藩司在籍。謙知其小心慎重，奏以原官赴官營，迨抵鎮海，而城已陷，折還杭州，韻珂乃令堵扼曹娥江，祖琛亦以桑梓難亟，不辭，與澤長及衢州總兵李廷揚，各以所招散兵往，臬司蔣文蘿亦出駐紹郡，爲之聲援，而省城則實力清查，募勇團練至二萬，以固根本，仁和令張印塘之力爲多。當謙死時，步雲自知畏死罪重，欲以先走歸之謙，謂猶足掩飾也。爰以謙率江南將備兵丁星夜走退，衢處二鎮兵亦借護送爲名，不復嬰城固守，謊詞入告。適韻珂亦舉謙屬官受遺齎印，及餘姚死狀，殮送江寧事，一切詳縷以聞。上惻悼，褒忠賜恤，典禮隆厚，臣節昭彰，海內咸聞而隕涕。步雲身爲本省提督，徒擁重兵，不能赴定海之難，又不能固守郡城，鎮海失，則退入寧波，寧波失，則退入上虞，率先奔潰，將弁效尤，其他節次，遇賊聞風卽潰者，推原未嘗不由於此。乃厚誣忠義，以自掩其迹。又親駐曹娥江，遇渡江難民，瑣尾流離，萬喙怨咨時，輒招與語，以謙夏間不合梟斬白夷嘔哩，致夷船此來，特尋其報復，欲使百姓怨有所歸。殊不知夷欲未厭，故爲易帥敗盟，而粵不可再擾，所最易犯者定海，安得不仍其故智。不然乍浦之犯，江司之擾，所梟何俘，所報又何仇哉？武夫狡詐，一至於此，適以增其罪狀而已。夷寇一役，提鎮大員皆死疆埸，朝廷無不賜祠賜襲，偷生者獨一步雲，平日本有夙將名，而必正典刑者，亦惟此。

九月初旬，夷果以輪船挈小艇入犯，餘姚城兵少民逃，無拒守者，所至焚掠而去。其後再入肆掠，凡五六日，退入慈谿飽掠，旋還寧郡，別夷駛入上虞之斗門窺探，退泊城外。十一月十一日至十七、八日事。入餘姚在十五日，入虞在十七日。又越五六日至奉化，以雲梯登城，開門而逸。十一月二十六日事。凡三縣倉庫皆拆毀。餘姚亂民於賊退後，拒地方官，不使進剿，致縣內奸民藉以肆掠，官以夷在近，不復能兼顧，又慮激變，因遂忍之。夷之在浙，不畏寒雪，反取以爲食，每晨必以冷水澆其身。林公前以爲避冷不敢過冬，原屬揣測之詞耳。夷所在蹂躪，地方官令民間集資權設蓆棚，挨戶支更，城辰起酉閉，民日延領以待大將軍至。

又卷四 九月，命宗室大學士奕經爲揚威將軍，侍郎文蔚、副都統特依順爲參贊，收城剿賊。廣東巡撫怡良以欽差大臣馳赴福建，河南巡撫牛鑑擢督兩江。琦善已議罪下詔獄，出之，使效力軍前。舉人臧紆青者，宿遷人，有智略，爲奕經所知，至是招商軍事。首勸先奏召則徐於工次，令其來浙勷辦，而止琦善，斬余步雲，福建官軍，並如江浙例，歸將軍節制，皆目前切要事也。奕經故謙謹，終以爲迹涉自專，不敢用其說，但奏止琦善，隨命荷戈出塞。夷事竣，歲終卽以四品侍衛代爲葉爾羌幫辦大臣，後仍領封疆節鉞。紆青又建議，浙兵屢受挫敗，士氣不揚，宜別調川、陝、豫三省兵六千爲新軍，遣員募選魯、汴、江、淮勇士萬人，加以沿海漁蛋，與近場鹽梟，並及江湖士盜二萬，分其名爲南北勇，以南勇備耳目，而北勇壯其膽氣，使分伏定、鎮、寧波三城，不區水陸，不合大隊，不剋期日，水乘風潮，陸匿叢莽。或伺伏道路，見夷卽殺，遇船卽燒，重懸賞格，隨報隨給。人自爲戰，戰不擇地，務令住舟登岸，諸夷出入，步步疑忌驚惶，所在皆風聲鶴唳，俟其魂飛氣餒，然後鏖以大軍，伏舟港口，內外交偪而盡殲之。又以三城多通賊奸細，請令浙之官京師者，各保舉其鄉紳士耆民，按人密授方略，使各率士勇分伏，預爲內應。奕經皆如議奏陳。得旨諭奕經先前駐蘇州城，兵勇如未大集，毋遽赴浙杭，致使夷知有備。十月抵蘇，隨員楊熙、聯芳、阿彥達、侍衛容照，並少年得志。蘇城故金粉繁華地，歌亭舞榭，最足動人豪興，所攜僕隸，雖諳師中紀律，受供張率如平時，不及加意裁抑，一時人多費重，訛言驟起，奕經頗有所聞，慮遂影響傳播，遽促移營嘉興。

以二十二年正月初吉赴杭州，留特依順駐守，文蔚出渡曹江。十六日，奕經前駐紹興。兩人者先於臘之望夜同夢夷黨悉棄陸登舟，聯帆出海，寧波三城已絕夷迹。迨偵探，果有運械歸船之事，以爲佳兆昭著，連城恢復，在指顧間。於是定議剋期進剿，預計兵至，民舍必遭焚劫，戒諸軍入城毋載火器，但聽城內首奸爲應，縛其酋，挾以就款，自意策及萬全矣。浙地冬雪，較往歲深且數尺，入春又連旬霪雨，小舟引火物，既濕蒸不可用，官軍以三城隔洋地廣，布置未周，請緩至二月中旬而後進。奕經意銳甚，僅許展至二十八日，下令統兵者，遇夷則排陣對壘。紓青初議所謂遇便散攻，人自爲戰之法，已變而不用。

二十二日，黑夷持書至三江口約戰，大意謂如不敢戰，則還我烟債，因內地百姓，尚知就我交易，故未卽長驅至耳。今必以定、鎮、廈門爲市地，如香港，方肯罷兵，語狂悖如前。將軍還其書，調提督陳階平，挈壽春兵六百守三江，總兵李錡挈六百守鎮海。越二日，進駐會稽東關鎮，又進駐餘姚。原千總張天台，購首盜能飛簷走壁者，六七十人，偕藏藥衣枕之，丁壯先期陸續混入寧城。出入者被獲二十餘人，雖釘之，然仍不甚搜查。購夷奸郭大耳、安得撥、羅濮丹等，重賞有差。夷聞官軍勢盛，寧波一路悉令夷目捨城還舟，留大礮城上，守以夷兵數百，候拒我兵之至西門者。鎮海一路，則驅夷兵盡劄招寶山，便俯擊我兵之入城者。師期既預洩，故夷得及早爲備。奕經營於紹興之東關者三千人，文蔚屯慈谿二十里之長溪嶺者四千五百人，分其半以屬副將朱桂。參將劉天保，屯西門外之大寶山，使遙圖鎮海。提督段永福既爲粵翼長，潰失天字碼頭，至是在浙，率四千五百人，半伏寧波城外，半屯大隱山，備攻寧城，爲第一隊。壯勇則泗州知州張應雲領第二隊，城紳杜實辰領三隊，其鎮海、寧波屆中地曰駱駝橋者，亦令副將謝天貴率兵千餘駐焉。步雲亦率三千人駐奉化，時鄉勇析分水陸，在陸者，令其沉船梅墟，隔絕寧、鎮兩地夷船來往，俾不獲自爲連絡，應雲實統之，別令楊熙率勇伏於上虞爲之應。在水者，則專駐乍浦，雇漁舟潛渡岱山，圖定海，且俟夷船敗出，窮諸海而攻焉，海州知州王用賓實統之。處州總兵鄭國鴻，既殉定海之難矣，其子鼎臣志切復仇，投軍自效，帶定海水勇多挈火具，伺攻夷船。布置粗定，陸路兵皆按期乘夜冒雨而進，抵寧城，已晴霽。永福出所屯五百攻西門，千總陳兆平、勇目薛舉，各率兵勇以從。城內伏者起，斃守門夷賊，釘塞城上礮孔，奪門啓而俟之。

二十九日午，西城內夷使漢奸冠五品頂加翎，迎我兵大呼，謂夷先走東門出，宜亟追勿失，我兵莫能別，又察在城夷少，相率以入，應雲、實辰所伏勇，偵知夷奸目郭大耳匿府署樓，轉夷礮向樓擊，放火燒署，夷驚呼，巷戰多死，繞北門出我兵後夾戰。山西勇六七百，擊碎南門外輪船，卽入南門。適遇地雷轟發，遽退出。永福亦中火箭，我兵死傷過半，他夷踞街樓，登屋，夾街擲火如雨，牆高巷狹，我兵仰攻，復不利，無所施力，且戰且卻，舉力護永福退至城外。後隊適至，知我兵敗，不敢扼城以拒夷，追至大西壩，永福竟趨東關，不復退保原駐之大隱。步雲中道聞敗信，終夜吁喘疾奔，而寧波城遂不可復矣。鎮海城雖有內伏，苦人數無多，至期，亦已開門待，自顧勢弱，不能縛賊，天保與桂初約先後發，天保自大寶山率河南勁勇五百先至，依軍令，未攜火器，乏攻具，亟令出城運取鎗礮，往返需時，取至，則天正黎明，招寶山夷礮已齊發，俯擊我兵，倉猝竄出城外。桂統兵後起，半道風雨迷失，不得如約至，而鎮海城遂不可復矣。兩城雖敗，軍士尚傷亡無幾，桂仍率陝、甘兵千二百，還屯大寶山右，天寶收竄出之河南勇五百，還屯大寶左，應雲亦率原領兵勇還守慈谿，既而文蔚調應雲詣奕經營商軍事，慈谿守勇無主，一時潰散。夷以三十日闖進去寧三十里之梅墟，我兵擊破其三板船三，獲白夷三。

二月初二日，夷輪船三至慈谿之城山渡，燬我火舟十餘，械舟三。初四日，輪船至姚江，焚我火舟數十，慈谿城外獲白夷七，梟蜂擁來奪三江，守兵見者皆逃，夷兵數千，復自慈谿登陸越十餘里，攻大寶山，仍自撤其來船，止中途返者，噪令奮力前，意在必勝。桂督扛礮兵四百與戰，自辰迄未，我兵匿崖石樹林自蔽，斃夷兵四百餘，夷目巴麥尊亦被殺，我兵無傷者。夷既深入，船先撤，欲返不可，懈而怯且甚矣。此時倘得一生力軍夾擊，可覆滅其全隊，而謝天貴兵不至，應雲慈谿之勇又潰不復集，天保兵火器失於鎮海之戰者多，徒守大寶山左，不敢張空拳下山尾賊後。文蔚所駐之長谿嶺，故與大寶山距近十餘里，桂請增兵數百爲援，不許，及暮僅發兵二百，而夷已分四百越旁港出我兵後，桂至是前後受敵，父子同死難，天保兵亦同時驚散。其乍浦所募漁舟，已渡岱山者萬餘人，分伏港汊，亦用容照議，悉散之，驟爲夷用。文蔚孤軍屯嶺上，隨員僉謂險無足恃，防夷夜攻，力勸棄軍而去。《寇海記》：容照、聯芳等，請文蔚棄軍宵遁，沿途賞輿夫，賞舟子，惟恐夷追及，棄輜重器械山積，反奏營被漢奸宵燬，其實次日薄暮夷尚未至嶺也。又天保軍僅傷七人，而奏言全軍覆没，脱回七人，大寶山之死，以百爲千，語不知何據。於是長溪嶺之兵亦潰，軍資盡矣。三城地殘破已久，夷意無所留戀，而上虞、慈谿以上又勢難突入，江口咫尺，一帆可達。議者每虞其北擾，其時軍聲不振，夷志益驕，有請移營上虞，選新到未受驚挫之兵，出與決戰，誘之深入重地，一戰不勝，則增兵再戰，務綴其後，爲之牽制，使無暇改圖而北，庶幾可奪其驕矜之氣，杜其貪索之謀，因遂乘便，乃可徐與議款。若但畏避不出，適以堅其出海入江之本意而已。當時大帥不用其謀策，而誤聽軍報，以慈谿夷兵登岸，竟至萬有七千奏，不知夷自倡亂以來，從未聞有此兵數，其國先後來船七十餘，噗嗹喳實分廈門之二十餘船，再擾舟山，合兵舶商艘計之，所雇漢奸，並雜其内矣。當時訛言失實，徒張敵勢，喪師辱國之舉，良由前途探者，虚詞塞責，有以致之也。

先是噗嗹喳分其廈門三桅船三，同至臺灣窺伺，其二阻風停泊未至，惟啊吠萬等一船，先抵臺洋入鶏籠口，爲我兵擊破。二十一年八月十六日事。其一船繼至，怒求贖夷俘不遂，突撲二沙臺。二十一年九月十三日事。臺郡守禦，愈益嚴密，達洪阿、姚瑩以籌議方略要端有五會奏：一塞港、二釁礮、三破其鳥鎗、四守城、五稽察奸民。以防大幫夷船猝至，請別籌經費五十萬，得旨褒俞。二十二年正月二十六日，三桅夷船三，在五汊港外洋向北而駛，時方以御史福珠隆請查訊臺獲罪夷，録咱莉啌等供詞奏覆，盡得其窺伺臺灣情事，請決禁者於臺。

二月三十日，三桅夷船一，帶三板船四，在淡漳交界之大安港洋面，

挾粤奸黄舟等七人，持奸目劉相、蘇旺書至，將招臺内逃匪張從等勾結爲夷内應，覓機便入口，同知曹謹、魏瀛、通判范學恆、知縣黄開基、副將關桂、游擊安定邦，率兵堵禦，別在港口迤北土地公港設伏。夷船畏軍容整盛遽退。巡檢高春如、謝得琛，預雇漁船，駛近夷船，使粤人周梓等以土音與舟問答，舟許以重利，令其指引海口。梓卽誘從土地公港進，旋爲暗礁所擱，船傾側入水。夷衆正擾攘間，伏勇齊起，搖盪水勢，夷船不能開駛，官兵發礮奮攻，又急切不能裝礮回拒，船立破，夷衆墮水，淹死無數，有跳三板竄者。復有數十夷，持短械，跳上漁舟，欲奪以逃者，兵勇合力圍擊，殺紅白夷數十，生擒十九，黑夷三十，粤奸五，所獲鳥槍腰刀，皆鎮海、寧波營械。上得去冬奕山在粤奏，逆夷曾聲言駛回國，添派兵舶於明春大至臺灣。諭詢洪阿瑩，計大隊夷船，萬一果復至，如何定謀決策，操必勝算，並令查訊夷俘，五汊港北去二船，究駛何地，此次擾臺，船從何來，取供後，與上年獲禁百三十餘夷，提同從逆奸民，均卽正法。其夷目仍暫留禁錮勿殺。

三月，滬尾中港、五汊港、番仔挖、諸洋，有夷船一，自北而南，復自南轉駛，草烏船十數，或尾其後，或爲引導，滬尾漁舟，有被牽去放還者，夷詢以滬尾水門深淺甚詳。琅璚生番山後大秀房洋面，亦泊夷船六，其一游奕打鼓港洋面，草烏數船亦隨之，見兵卽向西南而駛，黑水外洋，亦望見夷船十，別有草烏匪船，駛至四草湖口，官兵擊沉其二，餘卽駛遁，其夷船亦先後由南向北去。三月十八至二十五、六日事。二十二日夷船一，帶草烏數船，在樹苓湖口外窺伺，兵勇又擊破其近岸者二，夷船在洋面開礮應之，礮子皆落水，旋去。越日，草烏船八，復至，擊沉其三，溺斃多賊，獲夷皮盔一，内營鳥槍一，鐫年字二十七號，爲廈門水師所失。土賊林山等，各備草烏船，俟夷幫齊至，糾結其黨以應，別有賊黄勸等，亦出草烏十餘，已與夷約爲嚮導，先留夷盔於其船，爲事成相謝之驗，皆爲縣營獲。而夏秋間，乘郡戒嚴，肆掠洋面之盜賊，亦分起弋獲。計夷船先後凡犯臺者五，而擊走者二，潛遁者一，破舟斬馘者二，卒不復誰何。蓋知其守備之嚴，無懈可窺，馴至受撫，不敢再圖入擾臺地矣。

奕經、文蔚既以二月還駐杭州，戰火諸船盡撤，獨鼎臣以父仇未報，不肯聽令，仍聯火舟，圍燒夷船，語詳後。隨員皆請治以軍法，奕經念鼎

臣意出忠孝，不爲已甚，諾而不行。臧紓青憤己計不用，而諸將又非可恃也，暴怒傷肝，眇其左目，將歸醫，入辭奕經甚力，奕經終以左右無運籌決勝之人，一時智士無出紓青右者，堅不使去。紓青既留，請復行伏勇散戰法，議數日乃定。是月十六日，再渡江，分檄諸路之帶兵勇者，副將託金大、遊擊高峻、勇目王建功等，各以計密授其衆，俾得隨宜自效，於是兵勇仍伺夷出入，驟起刺之，隨處驚擾，凡殺黑夷三百餘，擒夷目四，白夷五十餘，縛而獻於寧波。自是夷每見兵勇坌至，莫敢迎拒，紛逃歸舟。又獲漢奸之爲夷主謀者二，餘奸聞之，盡解散。鼎臣以三月朔，聯火舟數十，圍夷巨船於岑港，攻而焚之。又分所部攻其三巨船於別港，亦焚之盡。小夷船來助救者十餘，或焚或沉，無片板存者。先後焚溺夷兵五六百，副將鄭宗凱、守備徐櫝寶等，亦乘風雨大作，密出火舟七十餘，駛近夷船，擲藥罈燬其船首，我船連排繼進，火焰飛騰，四面攻搶喊殺，夷船多被焚燒，溺死者又三百餘。同時建功等在定海口頭門搶擊擲罐，焚奪其船，殺夷目丁時儀之弟。初八日事。鎮海令葉堃，亦率勇火攻夷船於縣屬海口。時巡撫劉韻珂意在羈縻，奏請仍命伊里布至浙主款，勿殺零夷，違者罪之。會奕經以海港焚攻夷船奏，賞復雙眼翎，文蔚亦復一品頂戴。有以鼎臣等虛報邀功，言於韻珂，方奏請驗實，鼎臣具四大艦，盡載所獲夷級衣械，及擊碎船板送核，且有不實，甘當軍法語。事乃白，終受獎。

上命宗室尚書耆英署杭州將軍，爲欽差大臣，與參贊齊慎赴浙。兵勇自奉不許殺夷之令，所裁水勇，復受夷雇轉爲嚮導。夷日造小舟，如內地蛋船式，求渡淺水，遂以船出海而入江，擾及松江。天一閣者，范氏藏書樓，世守至今，宋以來圖籍咸具。夷至，取所藏《一統志》，而別購內地之黃河、長江兩圖，略識地理與江河梗概。

先是，上年寧波失守，夷卽歸報，其國女王令再往天津，求得埠地通商卽止。至是月之初旬，夷之留寧波者得國信，有行意，紳官皆未之知也。隨索其地犒軍銀百二十萬圓，退出寧城，會各路兵勇大加焚剿，夷亦倉皇失措，果於二十六日登舟。越日，奕經乘諸路勝夷氣壯，以大兵來收復，而夷適走。其在鎮海者亦以四月初一日下舟北去，留夷兵千餘，分四舟，仍據守定海及錢塘江口龕、赭二山，而不敢窺杭者，知近年灘潮淤淺，防擱阻如福州也。

初九日突犯乍浦。副都統駐防其地，夷先整陣船上，排列而進，隨進隨開砲，都統長喜率旗兵出拒，夷遽以小舟分路登岸，直攻東門。陝甘客兵以扛礮擊之，傷夷兵甚多，遂轉至南門，力攻。逾城入，盡焚滿州旗營，長喜見營中火起，知事勢已失，不復能抵禦，投水盡節，被救出，旋復投入死焉。乍浦兵力未嘗單弱，又先集有福建水勇爲備，旗兵率橫暴，平素蔑視土人，臨時每指摘以爲漢奸，卽水勇新至亦不堪其辱，已人人切齒，積憤甚深，戰正酣，驟舉火爲內應，拒賊僅數時，遽報失陷，兩年中所備軍資，一時喪盡，標兵有未及交綏，見而奔潰者。副將哈拉吉那被戳傷重，同知韋逢甲亦帶兵西行防堵，受傷被擄，不屈死。惟兵備道宋國經退走嘉興。會城聞而戒嚴。

夷駛輪船游奕尖山口外，嘉興府平湖、海鹽二縣，水道相通，小舟可入，民心驚惶失措，勢驟危急。撥陝、甘兵一千，分往防守，並俟河南、廣西兵到境，截留同出守衛。上聞，諭酌留將軍、參贊中一人，駐曹娥江，餘統將備弁兵速爲應援。十八日，乍浦夷臨岸列隊，城中夷亦絡繹出，相與鼓吹登舟。越日，二十餘船悉泊小軍山，旋開行而東，小軍山界交江、浙，去乍浦近，蓋擾入長江之志，已定於此矣。上以乍浦兵潰被破，不過頃刻，追究潰散之由，實余步雲有以倡之，屢走屢失城池，未議重譴，遂使人人各懷儌倖，相率效尤，嚴旨拿解治罪。伊里布詣乍浦夷舟，晤商受款退兵事，無如夷當迭勝而驕，又窺見我軍怯狀，所要求多不可行，議不成而返。韻珂意夷重得前俘，還之，仇當立解，從此可與銷兵矣，隨奏出所獲白黑夷於獄，載乍浦以歸之夷，至而夷船先期啓盡，又改道而遠送諸鎮海，俘還船不謝，受者亦嘿無一言以復。

五月初三日，夷船闖入吳淞口。奕經聞北擾之報，馳檄令暫事羈縻，夷已突攻寶山，寶山舊設礮臺，正當大流入港之口，高下適中，無突出水上，四面受攻患，縣城亦去淞江口不遠，知縣周恭壽號知兵，建議，以臺城兩逼汪洋，惟口內東溝江灣，並號險隘，可扼以固守，欲棄海口，但設伏口內，誘夷至擊之，總督牛鑑不能用其策。而步雲前在招寶山，所領見賊卽潰之徐州殘旅，至是又使總兵王志元領五百以守小沙背，素藐紀律，日以詐索恐嚇爲事，民被騷擾，夷未至，已鬨然無固志。恭壽請撤而易他兵，實防民心激變，亦不從。初八日，提督陳化成率游擊張蕙在南門外海塘，與夷戰，化成久歷海洋，先二年擊閩海夷受傷，隨調江，稔知水師恇怯不可用，選閩中親軍教練之，兵志頓奮勵，防亦嚴密。夷在吳淞，畏化成不敢驟入，潛購漢奸，間道伏，覓便焚其藥局，爲所獲，甫縛斬，而夷船適進，炮懸桅上，彈子從空飛下，對擊良久，我兵運巨礮轟沉其大船二，二桅船檣亦被擊折，溺死夷兵二百餘，夷更厚集火箭，隨急攻，烟燄騰溢，校場附近民舍，轉盼延燬，彈箭所著，屋瓦亂飛，同時灰燼，將臺亦壞。化成易勵將士，悉力拒守，鑑初聞捷，自出督戰，與化成分守海口，夷再入，飛礮及山，鑑失色，知勢不利，匆遽旋城，方移動，而所督諸軍皆尾而潰走，夷遂乘勢大進，更以小舟繞至小沙背，徐州兵望風先逃，化成親軍不及百，手燃巨礮擊賊，臨危猶破一舟，志元亦遁，化成中礮死。謚忠愍。恭壽領勇二千，力既孤，懼賊圍，亦與塘兵及東炮礮臺兵，一時並潰，寶山陷，鑑北走嘉定，上海震驚。參將繼倫急猝走松江，上海兵備道巫宜禊、知縣劉光斗相率以從，獨典史楊慶恩投水死，水勇無軍令約束，則相聚爲盜，焚掠難民。及夷七八船駛入上海，城市已空，無炊烟。又二日，輪舟二，挈三板四五，至松江，壽春總兵尤渤，先相度違城八里之港口，沉塞壞舶，領陝、甘兵二千以守，教兵伏避夷礮，俟礮轟盡，然後發以擊之，夷連爇礮數千，無中者，對擊至半日，夷力懈自退。越日又至，相持如昨，復力盡退出。松江之得免夷難賴此。輪舟沿道量水，至泖湖雇漁舟，避沙線引入，將窺蘇州，輪爲草膠，遽舍去。至二十日，遂退離吳淞，而駛入大江矣。耆英與乍浦都統伊里布求款夷居間者，頗難其人，知洋商伍敦元夙爲英夷深信，思差出與周旋，慮其懼事後指摘，必將以老難跋涉辭，咨粵派員送其子弟赴江，未至，急不能待，常州鎮道請守鵝鼻嘴，鑑又以長江沙路屈曲，夷船萬不能深入卻之。江蘇巡撫梁章鉅方引病卸任。二月，居邗上，與運使但明倫言，夷猖獗，必犯長江，則瓜州一帶口門當預爲計，揚州富盛，都轉筦度支，儘可挹注，今大江兩岸口裏滿號漕艘，不下千百，宜預調至，橫塞江口，鑄鐵索聯爲巨柵，艚內伏兵設礮，火器從頭艙中穴孔以待，再集捆鹽夫丁一二千，予以械船，使並力堵禦，以廢船爲前茅，捆徒爲後勁，四十里外得此兩層扼隘，夷未必能飛渡。明倫深然其説，方調畫間，而夷已挾沙船引其輪舟漸次駛進，見諸險全未設備，而近水可以設伏之叢溝荻港，皆虛無兵礮，遂以六月八日直薄瓜洲，以城空，過不入，越江路六百餘里，逕抵鎮江。鎮居江寧下游，枕北固山，運河繞其右，守以重兵，實有險可扼。時鑑已至江寧，副都統海齡率其駐防兵千餘，合綠營兵六百，守鎮江，下令禁富戶出徙，犯者殺，兵緣是奪行人財物，虛傳城中藏有奸細，沿戶搜索，稍可疑者，即受誅戮，城內人人惕息，又不知預備守具，與團練民間丁壯協守。參贊齊慎、提督劉允孝，以兵至，海齡拒不延入，但使禦賊城外。賊由西北登岸，爲我兵所擊，夷多兵少，相持者二三日，夷方攻北門，我兵奮力與戰，夷已分隊潛繞西南，梯陴上，守者亟手刃之，僅傷數夷，餘已相繼而登，肩挨趾錯，不復可止，城上兵立潰，夷先就旗營縱火，城陷，海齡自縊殉節，其妻與孫並同時死難，驍騎校祥雲擲都統印入井，隨自投下，與其父及妻及二女亦同時死。夷入焚掠，慘逾他縣。

鎮江既陷，噗鼎喳將如國王後命，仍遵海赴天津，再求通商地，中於馬理遜言而止。馬理遜者，夷官也，世及，稱秧馬理遜，幼禾曰秧，童時隨其父來粵，故國商以是名而別之。當嘉慶中入貢使臣，即以當年駐粵之大班哃嗹者爲之副，出粵洋，迎貢舟抵津，挈其父，使司筆札，入都，粗知中朝地理政事。至是言燕京漕運，以江寧爲咽喉，今但盤踞江面，阻絕南北，即可要挾，所求當無不如志。否但揚言將密招漢奸，挖衛高家堰堤，彼慮工險費巨，合龍無期，阻於外舟，工亦難舉，計更無不得請者。事出權宜，將在外，君命有所不受，但期有利於英，不必踞守國王來文也。噗鼎喳深然其言，隨下令諸船齊進，一路礮聲不絕，瓜洲、儀徵所有鹽舶商舟，焚燒殆盡。

二十八日，集船八十五，直逼江寧城，勢益凶暴，先既奉有設法招撫許便宜行事之諭。伊里布已遣武舉張振龍、家僕張禧等，冒險赴夷船以候款開導，夷果停不復攻，而責覆款議殊亟。初六日耆英至自丹徒，復遣佐領塔芬布、陳志剛等，與禧再詣夷船，切實論議，時民情驚駭失措，若岌岌不可終日。噗鼎喳終恃馬理遜熟悉情勢，條件皆屬其登覆，馬理遜先索三千萬圓，稍減爲二千一百萬，中以六百萬爲補償烟價，三百萬爲續還舊商欠，千二百萬爲軍費，預擬過付期日，本年先交六百萬，餘分三年帶交。侍衛咸齡亦偕往，語以烟價曾由粵償還，今同一名目，可以重索，難達天聽，商欠自當清結，但貿易利歸洋商，宜商欠商還，何以官爲賠墊？

未免公私混淆。至此次因爾國稱兵，爰有軍費，若反取諸中國，是中國以錢買亂，何以服民？因反覆與之辯論，夷衆同稱烟非產於英地，實爲鄰埠客商貨物，繳燒者久已折賠，在粵所收六百萬，尚未及原價之半，必得此乃足所賠，又國商市粵年深，積欠數鉅，商疲且衆，懸宕稽延，今所索尚不及原欠十之一，請行粵關清查，可以勒限歸款，是數仍有著，官但先爲保交而已。其軍費一項，因現已議和，來船均宜賞犒遣散，不給所欲，則船之退否，非吾輩所能强抑。倘有帆航仍留內海，遇兵民，勢必與戰，爭端再開，恐中國將來費更不但此。況艟艨所集，已阻遏京口要衝，一得當，則令及早退出，所以裨補於中國者甚大也。齡不便再言。夷復求賞給香港爲彼來商僑居地，聽在廣州、福州、廈門、寧波、上海四省五地通商貿易，五口外，仍不准商船駛往他港，違卽受治。齡等答以香港之建造夷屋，在未款前已上事，尚可代請。至市地舊止廣州，今增其四，數實過多，不無窒礙。其開市貿易，如何輸稅，亦應預爲詳議，庶免臨時爭執。夷言既有香港寄泊，此後船貨來者，較前宜倍，必得五地分售，方可通流不滯，稅屬公帑，自宜公立章程，謹遵中國成例按則徵輸，廈門、寧波、鎮海、定海、乍浦、寶山、鎮江各城岸。一俟五口通商，便卽退還，不敢再事滋擾。將來貿易各關，並設領事官經理，用資約束，而慎輸將。從前官設行商，侵剋受害，此後請聽來商自投行交易，貨至責成領事赴關納稅，庶不受洋商挾制，期保久遠相安。齡等仍令將市地刪減，夷堅執不從。嗣後又請彼國官至，與中國官用平行禮，及事後，將被擄夷人，與被誘漢民，一體釋放，俾反側胥安，無復顧慮。語畢，促諸人亟歸商定，諸人終以索費過重，瀕別有遲疑意，頗形躑躅。馬理遜因爲言所有軍費馬頭，皆我國現請之數，非卽中國已許之數，歸自酌裁之可也。

塔芬布等還報，當事僉以所請悉如夷初意，而索項視前轉奢，遷延莫決，難以遽覆，又使再往傳語，當往返議擬時，夷船已易白旗以俟矣。而漢奸有慮和議成不利己私者，七月初八日夜二鼓，夷聞漢奸鬨播謠言，有當事實無和意，不過借議款事，暫杜急攻，已一面飛調壽春兵，晝夜馳來，決死戰語。夷酋信之，恐遂中我計，忽下令諸船皆易旗，約以次早復開仗，猖獗更不可名狀。當時相顧無策，慮及江寧城周五十餘里，防守兵力不敷，所調江寧、浙北、徐州兵，率挫敗之餘，斷難恃以克敵。又望見夷登據城外鍾山，俯瞰全城，虛實如指掌，飛礮轟墮，勢必難支，事勢至斯，不得已咸願爲國受過。隨使咸齡偕署布政使黃恩彤面見夷酋，開誠告以無他，勸勿爲流言所中，致中道乖違，因盡勉徇所請，一切不復再加挑駁。夷衆乍聞，歡呼喜出望外，於是鑑、伊里布、耆英會奏言：夷逼金陵，情形危迫，呼吸卽成事端，根本一有挫動，鄰近如安徽、江西、湖北，皆可揚帆直達，所請雖貪利無厭，而意但在求市地通商，尚非潛蓄異謀可比。與其兵連禍結，流毒滋深，曷若不惜巨費，以全大局？所索紋平七折銀一千四百十萬兩，商欠折二百十萬兩，行令粵商按數歸還。本年先交四百二十萬，就將揚州商人現給之五十萬圓扣抵外，令江蘇捐備百萬，再擬於浙江、江蘇、安徽三省庫存，及關徵粵庫，通融借撥，其餘三年帶交，歲不及三百萬，彼國貨稅既新加饒裕，可以作抵，較用兵費實不及三之一。癸卯六月，給三百萬，於洋商欠項迫交，十二月三百萬，於各海關撥給，不敷，仍於粵、閩庫借交，甲辰、己巳、丙午，屆期通濟各口新稅籌辦。至廈門夷雖退，尚未收復。香港、鼓浪澳、定海、招寶山，則仍據守未退，與其久被佔踞，不若歸我土地，既願遵輸稅課，卽屬悔過向風。此後彼因自護碼頭，我卽借以捍蔽海疆，似爲國家之利，所請與官講平禮，虛文本可通融。事定後，亦應釋俘囚，以堅和好，寬脅從，以安反側，附單詳載條款以聞。上念東南數百萬民命慘遭塗炭，强爲遏抑，加恩勉如所請，而諭令反復詳議，永銷後患。耆英等同詣夷舟，與立和約十有三條，善後事宜八款，鈐以關防，海關丁書巡役陋規，亦悉予禁革。

八月初十日，恭值萬壽，夷官仰祝純嘏，虔請代奏。夷船以八月二十五日出江入海，諸帥設餞於正覺寺而去。夷人歸後，繪舟上議和圖，牛鑑、伊里布、耆英、咸齡、江蘇按察使黃恩彤、寧紹台道鹿澤長、同知舒恭壽、夷官噗嘣喳、馬哩遜、囉咘咀、啷咄喇。

清·張喜《撫夷日記》（道光二十一年六月二十九日）至三更之後，忽接牛制台德將軍飛札云：逆夷大幫船隻，俱至江寧，定於七月初二日開砲攻城，勢甚危急。請將軍、中堂速來金陵，以解倒懸等因。伊中堂與耆將軍會商，欲差喜星馳先赴南京，往見夷酋，使强夷萬勿開砲，候我們到彼，從權辦理，以成撫局。問喜可能止得住否？喜曰：『喜憑此愚誠，試往說之。該夷如果受撫，乃蒼生之福，天下從此卽安。但恐凶燄過熾，此時不肯受撫，喜請以言語試之，如果言語能動，便可議撫。否則喜當一死以報國恩主知，其餘則非喜所知也。』伊中堂曰：『只好如此，事之成敗，只可聽天，我們但盡此心可也。』遂先差陳志剛前往南京，徑見該夷，説明喜現今已至江南，即日前來貴統帥船説話，一面趕辦照會。

（七月二日）午刻至兩江督署，叩見牛制臺。牛制臺曰：『你來得甚好，而該夷原説今日攻城，現時倘無消息，究竟今日開砲與否，亦不得知。』喜即取憲書觀看，是日適係虛星值日。喜即回明，今日不能開砲。牛大人問何以知其不能開砲，喜回明初二日是該夷禮拜之期，故不能開砲。牛大人問此説靠得住否？喜曰：『斷不敢妄言。』牛大人問伊中堂何時可到？喜曰：『路上夫馬若齊，今晚可到。』牛大人曰：『既然如此，莫若等候中堂到了，再去投文。我的意思如此，不知你以爲何如？』喜曰：『中堂原説令喜先來見大人，自當遵大人吩咐。』

初三日。伊中堂因在中途受暑，於是日辰刻始到南京，寓居督署西花廳内，與牛大人商議移時。仍令喜去投文，以便阻遏凶燄。牛大人曰：『别的事我們且不講，但先救百姓要緊。』喜曰：『民爲邦本，救民即是保國。』牛大人曰：『汝言極是。』此時陳志剛已由夷船回來，言該夷聞喜來此，專候見喜説話。

喜遂同陳志剛、劉建勳等出旱西門，坐船出大江，至夷酋噗鼎喳火輪船上。船名石號宫。此船較比前在定海所見之船，船砲俱大，而該夷現在圍困南京，大幫兵船，共有八十餘隻，此外尚有船隻屯劄寶山、上海、鎮海、定海、乍浦、廈門、古狼峪等處，總共約計夷船有一百二十餘隻，約共夷人有十萬之衆。

該夷等見喜上船，即扯號旗，各船頭目及郭士立、羅伯聃並曾在定海見面，不記姓名數夷，俱來相會。喜將伊中堂照會公文交馬禮訓，馬禮訓向噗鼎喳説知，遂即拆閲閲畢，向噗夷詳述文中之意，噗鼎喳等數夷，俱各張手搖頭，互商良久，均有可笑之容，又有爲難之狀。

馬夷問喜何時到此，並問伊中堂已到南京否？喜俱以實對。馬禮訓曰：『伊中堂此文俱係空話，於事何益？』又曰：『今日之事，非昔日可比，必須打破了南京，一路上去打了安徽、江西、湖廣，取了四川。一面分船由天津，攻到北京，纔講話。』該夷即取地圖一張，路程一册，指與喜看，由某處某處進取，程途歷歷。

喜向該夷正色而言曰：『爾等動言攻打北京，談何容易。京城滿、蒙、漢與綠營，核計額設馬步兵二十餘萬。居庸關外有察哈爾蒙古兵，並有蒙古王四十八家，每家俱各養兵數十萬衆，而東北尚有各盟及東三省馬隊，爲我國之勁旅，護城大小砲位，不下數萬。汝等雖有百萬之衆，亦不能敵我國之鋒鏑。倘或不能守禦，皇上尚可遷都，亦未見得我國人民，就肯遵爾英夷爲中華之主。何況京城尚不易攻，其餘城池，任爾占據，有何關係？爾等雖善用兵，斷不能操必勝之權。再者亦不可不知伊中堂爲國爲民一片苦心。』

馬夷曰：『伊中堂雖係一片苦心，爭奈無權，既不是欽差，又無全權字樣，並且又無欽差大臣關防，只一乍浦副都統，何能了此大事？即耆將軍亦未必能了此事。』

喜向其辯明：『伊中堂現已奉旨會同耆將軍辦事，即是欽差便宜行事，即與貴國全權字樣相同，欽差關防只有一顆，現在耆將軍處，耆將軍之關防，即伊中堂之關防也。皇上既然准爾通市，就該聽候欽差辦理。』

馬禮訓曰：『若能依我們告示所説，並屢次照會所言，便可了事。』喜曰：『不知屢次照會何言，告示通知何事？』彼曰：『即伸冤等事。』喜問曰：『此冤作何伸法。』彼曰：『皇上若服了錯，便是伸冤。』喜曰：『皇上并無錯處，皇帝乃天下之共主，如何向爾外夷服錯呢？』彼曰：『若不服錯，終不是伸冤。』

喜問除伸冤之外，還有何事？彼曰：『給了贖城銀子，賠了煙價，給了戰費，還了行欠，准了馬頭，便可了事。』喜問贖城要銀若干？彼曰：『贖南京要銀三百萬。』喜問煙價若干，戰費若干，行欠若干。彼曰：『前者已經照會明白，共三千萬。果然如此，即可罷兵息戰，其餘小事，均好商議，否則即便攻城。』

喜曰：『到處攻城，殘害生靈，豈不上干天怒？』彼曰：『此是大清殺害生靈，非我英國殺害生靈。皆緣你們這裏辦事反覆，使我英國不服，致有今日。』喜聞其言語不順，而於此際，迴腸百轉，便有無限苦楚。遂含怒曰：『我之此來，並非專爲投送公文而來，我之來意，爾等知之乎？』馬禮訓曰：『不知。』喜曰：『我之此來，先爲貴國賀，後爲貴國弔。』彼曰：『爲何要賀？』喜曰：『賀者賀爾所向無敵，其鋒不可當，致使爾等深入大江，揚揚得意，以致我國兵民受害，財物被擄。在爾以爲得志，則我正所以爲貴國賀。』彼曰：『爲何又要弔？』喜曰：『弔者是弔喪之弔，卽痛哭流涕之義，我之此來是痛哭爾等。』彼曰：『爲何要痛哭？』喜曰：『我與爾因有一面之交，不忍坐觀其敗，故來痛哭，並以實言相告。』彼問所告何言。喜曰：『爾等知進不知退，我恐爾等片板不歸，一人不返耳。』彼愕然曰：『何能致此？』喜曰：『由爾長驅直入者，是我國不值與爾爭鋒，故未防範，以致任爾闌入。亦是皇上仁慈之處，不忍荼毒生靈，並非不能捍衛疆土。我國定例，民間不蓄兵器。爾若肆無忌憚，倘或聖上一時震怒，發號施令，遍告沿海，使民間各自製造兵器，所到之處，不但强壯男子，能以衝鋒，婦女幼童，亦皆可禦敵，到處草木皆兵。爾等雖有數百萬衆，亦不足慮。況爾深入長江，此時天氣亢旱，江水日見消退，若將下游塞斷，從上游用起火攻，船重水淺，天乾火烈，插翅亦不能飛去，則恐爾等一人不歸，片板不返，所弔者此也。』彼問火攻怎樣用法。喜曰：『如果攻戰，必須火攻云云。火攻説載於後』馬禮訓等沉思良久曰：『我們噗大人説此計雖好，皇帝不能信用，又奈我何。卽如琦中堂、林大人，俱是才具有餘之人，皇帝不用，亦不能濟事。』喜聞言發怒，拍案大叫曰：『爾若過於驕縱，惟恐上天不容，必致有滅亡之禍。』羅伯聃曰：『你們中國大憲，都是欺矇皇帝，不將實話奏與皇帝知道，以致沿海人民均不平安，你還來責備我們。』喜向羅伯聃、馬禮訓曰：『此事皆係爾這些幸災樂禍之輩所唆，致有今日。』羅夷曰：『就是我們搬唆，你又將我們怎樣？』喜曰：『我若掛了大將軍印，首先擒拿爾等，碎屍萬斷，磨骨颺灰，與被害兵民報讎，以消天下之憤。』羅夷點頭曰：『果爾，你還饒了我們。』又曰：『你若掛了大將軍印，我們亦不能到得此處。』馬夷曰：『林大人亦最恨我們，林人人説羅伯聃還好，是馬禮訓最壞，林大人雖恨，今日何在？』喜曰：『林大人雖則獲咎，焉知將來不復起用呢？』彼等均各默默。郭士立曰：『伊中堂是誠實人，琦中堂是能幹人，舒大老爺是好人。』謂喜曰：『老先生是聰明人，中國人才不少，可惜皇帝不會用，而皇帝信用者，又非其人。』

羅伯聃將一字帖，上寫逆夷、夷匪、跳梁小醜等字，問喜曰：『這些字樣都是你們這邊説的，我們何匪何逆何醜？』喜將其字帖扯得粉碎，劈面擲去，連唾數口，彼面額發赤。喜曰：『爾等生得不類人形，行得不類人事，何謂不醜？到處殺人擄物，行同無賴，深爲可恥，何謂不匪？以外夷犯我中華，以小邦侵我天朝，何謂不逆？』喜在其艙內，拍案唾駡，該夷面帶怒色。艙外黑夷，聞聲拔刀，卽將艙門攔住，並將船邊懸梯撤去。劉建勳等神色驚慌，不知所之。

夷酋噗鼎喳曰：『有話慢慢商議，不必動氣。』喜冷笑曰：『爾等計算英吉利立國以來有多少年數？』彼曰：『今已一千八百餘年。』喜曰：『爾知大清國現有多少年數？』彼曰：『纔得二百年。』喜曰：『一千八百餘年之國，年數已爲不少，若不知止，倘或被我二百年之大清國攻敗，豈不可惜？爾現在得勝者，亦不過是乘其不備，偶勝一兩處，斷不能處處皆勝，若能處處皆勝，亦遭海外各國所嫉。若恃船堅砲猛，亦恐造物不容，倘若不支，一敗塗地，後事則不可設想矣。而況欺敵者，斷無不敗之理。』該夷等俱各點頭，容色稍悦。

喜又曰：『似此沿海擾攘，兵戈不息，爾等亦不厭煩？』馬禮訓曰：『我們若不動干戈，任憑他人欺壓，並不敢理論。既經動兵，須見高低，如果得勝則已，倘若敗負，整頓兵將再來，若是如此，不明不白，退去了，招惹各國恥笑，還是小事；則英吉利國尚恐不能存立。所以不能去者爲此，此係我真心之話，老先生既以誠實待我，我故據實相告。』喜曰：『既然如此，何不就此了結，豈不省卻無限干戈？』彼曰：『看此局面，惟恐不能。』喜曰：『銀數若能大加核減，我當稟明欽差，與爾了結此事。』該夷曰：『伊中堂果能了得此事，銀數稍減，亦無不可。』

喜在其船上，反覆辯論，由辰至酉，天色既晚。向索回文，彼曰：『回文今日辦不及，須留一人在此等候。』劉建勳等不出一言。喜曰：『就留我在此何如？』彼曰：『何必老先生在？』謝繼超曰：『不然留我在此。』彼曰：『亦不必。』喜曰：『我明日來取如何？』彼曰：『何必老先生自來，無論何人來取俱可。』喜曰：『不識面目者，你亦不肯交給。』喜指陳志剛曰：『明日這位老爺來取可好？』彼曰：『甚好。』

臨行，馬禮訓曰：『如今就依了張大老爺，暫停開砲，能以了結大事更好，若不能了結大事，先給贖城銀三百萬，就不攻打南京。』喜曰：

『統容回去稟商。』言畢辭歸。及至自己船上，劉建勳尚汗水淋漓，神色不定。並曰：『今日幾乎不能生還。』謝繼超曰：『看今日之局面，我只恐不能開口，即或開口，亦無話可説，而吾兄又半晌默無一語，孰知一經接談，便口若懸河，隨問隨答，滔滔不絕，竟有許多辯論怒罵，閣下機變何如此之急？真令人心中一爽，實千古之快事也。就今日之情形，便知定海之光景，令人佩服之至。若依吾兄所説，果然用起火攻，比較赤壁更加熱鬧，事成則厥功甚偉，惟恐三大憲不能俯從吾兄之計。』

船至旱西門，則城門緊閉，轎馬已回，靜悄悄並無一人，叫之良久，城門始開。喜等進城，徒步行走，回至督署消差，回明一切。此即喜等奉差前赴夷酋噗嚊喳火輪船上投送公文，折服强敵，阻遏凶燄，該夷聽從議撫之大略也。

喜屢言該【略】乘此機會，一面羈縻，一面急可以火攻之，彼利於水，必不利於火，一經動作，必然得手。中堂曰：『皇上教設法羈縻，意在主和，則難以言戰。』喜曰：『此機錯過，誠爲可惜。』喜遂敍火攻大略曰：如果交戰，必用火攻。當急（密）派委員速赴海中，收買沙船多隻，就於海中裝載石塊，俱於鵝鼻嘴搗沉，斷爾（其）歸路，並派多員，分赴上游沿江及支河汊港，多買大小船隻木牌，俱各裝載引火之物，約日一齊順流而下，爾（夷）船進則不能，退則無路，如若登岸，則飭令兵民於岸上截拿，預懸賞格，註明無論兵民差役，漁戶人等，拿獲黑夷一名，賞錢若干，拿獲白夷一名，賞錢若干，拿獲夷兵一名，賞錢若干，拿獲夷官一名，除賞銀若干外，加以官職。拿獲夷官頭目一名，賞何官職，拿獲爾等（夷人）舢板船一隻，則賞銀若干，拿獲爾等（夷人）大船一隻，作何賞賚。拿獲爾等（夷人）輪船，其功最著，作何賞賚。爾等（夷人）如有從州縣地方，及營汛塘卡逃竄者，予以應得處分。若有賣放者，重治其罪。軍民人等，見此賞格，人人奮勇，即使匪徒，見此賞格，亦必俱願歸正效力，而斷然不肯甘心爲匪，如此一舉，則大功必成。大功既成，乃我國萬世之利，沿海帖然，商民樂業，如此辦理，需費亦不過數百萬金，較之與爾（其）數千萬之多尚節省數倍也。此舉果行，爾（彼）雖凶猛，亦斷難避我國之鋒鏑。以上亦係對噗夷所言。噗酋聽了此話亦覺驚疑，隨即差派小號砲船二隻，將鵝鼻嘴守住不許我國船隻往來，並差火輪船晝夜往來巡查上游各支河岔溝港以防火攻。彼既受創，必然求和，則卷甲回戈，更尋舊好，和之之權在我，此亦痛剿急撫之意，鴉片煙亦可從此禁絕。若不乘此禁絕，任其流毒中國，禍將無所底止也。否則亦當另立章程，沿海更可重收其稅，彼若無利，日久自絕，倘若使其得志而歸，該夷亦必愈形桀驁，即使英夷不再來擾亂，則他國亦必效尤。

言及於此，不禁聲淚俱下。中堂聞言，歎息久之曰：『你雖則一片忠心，奈我無此權柄。耆將軍處我曾略示其意，彼亦不敢違背聖意。』喜曰：『該夷深入大江，乃天使其敗，誠千古不遇之機會也。況彼蓄意不在今日，觀其乾隆、嘉慶年間，兩次朝貢，便可知其蓄意已久，此計不行，是我君臣之肺腑盡被夷人道破也。』中堂閉目不語者久之。喜不便曉曉多贅，然喜亦自歎人微言輕也。

道光壬寅年七月初三日亥刻津門張喜小滄氏記於兩江督署之育青軒。

初四日。昨日喜等回來消差之後，伊中堂、牛大人，皆無定議。牛大人具文差標弁張攀龍前去投送，伊中堂差陳志剛往取回文，該弁等當日俱未回來。

初五日。營汛探報：該夷各處擄掠食物，並將糧廳署中什物搬去。又報夷人欲在燕子磯劄營，在糧廳署中作公館等語。至三更時，張攀龍、陳志剛一同回來。稟云：『該夷聞得各處謠言甚多，議和之事，該夷不能深信，以致言語決裂，不給回文。定欲天明開砲攻城。』伊中堂、牛大人、將軍、都統以及兵民大爲驚慌。立時命喜往見夷酋，喜惟恐往返空談，不能濟事，未敢急往。喜堅請另派幹員前去，或可有濟。

伊中堂與牛大人籌商無人可派，至四更之後，始派太倉直隸州知州徐家槐持牛制臺公文前去，許給贖城銀三百萬，只令徐牧口説，未將銀數載於公文之內，仍令喜持伊中堂照會前往，應許與其和好通商，並著帶陳志剛、張攀龍與徐牧同往。

初六日。喜等於丑刻領文，一同出城。寅刻至江口，望見該夷船上俱扯紅旗，滿江俱是舢板，舢板之上，俱有銅砲，各船夷兵紛紛登岸。喜至噗嚊喳火輪船邊，先遞名片，後投公文。我船水手探聽得是日有六千夷兵上岸，候令施行等語。

遲之良久，馬禮訓始過喜等船上。喜即向其言明來意，徐牧亦將許給贖城銀三百萬之話言明，馬夷曰：『三百萬是小事，如能了結大事，則三百萬就不要了。』徐牧屢挽馬禮訓從中委婉。馬禮訓曰：『噗大人與爾提督原要贖城銀五百萬，是我委婉已經減去二百萬。』又曰：『如能和好，我們仍在中國貿易，我焉敢得罪中國之人，此事豈有不盡心之理。』徐牧語言重復不休，並曰：『我係牛大人委來，與你說話的。』馬夷曰：『你說你係牛大人委來，與我說話，據你口說，何所爲憑，而噗大人並無委我與你說話。』面色微沉。

喜曰：『徐大老爺乃是慎重公事，並無別意。』喜又曰：『貴國如果誠心戢兵，而欽差大人，必能了得此事。』馬夷曰：『我們提督大人，原要今日開砲攻城，諸位屢次辛苦前來，只可稍遲，俟耆大人到來，再爲商議。』又曰：『如耆大人到時，請耆大人亦派一委員，與張大老爺同來我們這裏，我們噗大人亦派一員，三面會議如何？』喜曰：『甚好。』徐牧又拉馬禮訓與言三百萬之事。馬夷曰：『三百萬很不要緊，銀子我們船上甚多。』張攀龍見馬夷似有怒容，再三攔阻，徐牧方纔放手。

喜卽與馬禮訓約定如耆將軍明日到，我們就明日出城；若後日到，我們後日出城。馬禮訓曰：『就是如此，不可失信。』又曰：『回文今日寫不及了，只好明日一總回覆罷。』言畢卽過船去，喜等亦回棹，遙見夷船，另換號旗，夷兵陸續回船，喜等遂卽進城消差。

是日耆將軍先已進城，望見喜等回來，卽起立曰：『你們爲國勤勞，我當起敬。』伊中堂、牛大人均各站立。喜同徐牧將見夷一切情形，回明而退。

初七日。耆將軍派盛京佐領塔芬布，伊中堂派喜與陳志剛，同持雙銜照會，前赴夷船。至其船邊，投文之後，稍遲片刻，馬禮訓、羅伯聃、巴夏禮過喜等船上相會。馬禮訓問曰：『耆將軍到了？』喜等答曰：『到了。』彼問耆將軍好，並問耆將軍何時進城。塔佐領曰：『今早纔進城。』馬夷曰：『天氣炎熱，我們船上坐處甚窄，諸多不便，此去不遠，有一淨海寺，我們俱到淨海寺中議事何如？』喜曰：『淨海寺內恐不潔淨。』羅伯聃曰：『廟中所不潔淨者，無非是灰塵。吩咐和尚打掃打掃就是了。』又遲片刻，馬禮訓來曰：『請諸位先行，我們換了衣履，至十一點鐘時必到。』喜等遂赴淨海寺等候。

其廟照壁三門及天王殿，均尚齊整，惟大殿已被燒毀多年。殿基之前有古銅爐瓶五件，每件約重七、八百斤，殿基之旁，有東配殿三楹，尚屬潔淨，其廟概係前明太監鄭和所建，距下關不遠。喜煩和尚預備茶水，以俟其來。遂又着陳志剛前往江口迎接。卽傳地保吩咐居民，不要驚疑，夷人之來，係與我們會話，並無別故。又寫稟單一紙，差人送回督署，稟知各憲。

至時馬禮訓、羅伯聃，與該國醫士吳士南、伊士煇又名東燈心隨同該國國差總管領事麻恭到廟。該夷先着人來投遞拜帖，喜等迎出，各夷舉手相見。坐定之後，逐條議論，講說完畢，惟恐喜等記憶不清，遂將該領事攜來寫字樓，卽文具匣打開取出紙筆，逐條開載，共有三千萬之數。

喜見其所開銀數過多，恐難照准，向其逐細講論，並言商欠若干，尚須咨查。馬禮訓向麻恭互商良久，遂曰：『既能誠心和好，稍減其數，亦尚可行。』馬禮訓、羅伯聃向麻恭等公同商議曰：『伊中堂與張大老爺，俱是誠信無欺之人，我們斷不可教伊中堂與張大老爺爲難。』遂卽減去九百萬元，作爲二千一百萬元。按款另開清單三紙，書寫明白，交喜帶回。並曰：『煙價商欠，俱不能減，只能減去戰費。』喜曰：『貴國來意，我卻明白，不過是來爭競通商之氣，非爭貨財而來。況且貴國素稱富饒，豈爲些許薄資，動此干戈？倘若彼此和好，准爾通商，卽煙價等項，全數不給，亦無損於貴國。』該夷等鼓掌而笑，俱言極是。時已酉末，馬夷曰：『我們所要大端，已經說明，尚有小事數條，今日天色晚了，只好明日再議。老先生回去，將此條款照録一分，如有不合之處，請在於你們所謄單上批駁，如在我們原單上批駁，惟恐我們看不清楚。並祈明日將此原單帶來，亦好議事。』又約定明日十一點鐘，仍在此處會議。並曰：『耆將軍、伊中堂，既有便宜行事字樣，須將皇上原來諭旨，給我們一見就放了心了，亦免衆人猜疑。我們明日亦將英吉利國王所頒敕命帶來給兩位大老爺觀看。』又曰：『今日之會，係訂千百年之好，非訂三五年之好也。』喜曰：『但願如斯。』言畢該夷遂去，喜等亦卽進城消差。

耆將軍曰：『話且慢說，必得屏退閑人，纔好說話。』遂至後庭設座，耆將軍曰：『你們功在社稷，必得坐下說話。』遂蒙賞座。命喜坐於塔佐領之右，喜不敢就座。伊中堂曰：『既蒙將軍賞座，不必固辭，謝謝就是了。』喜遂謝座坐下。嗣後每議公事，而必坐談。即將該夷所言一切，詳細回明。并將該夷所開大端三紙，呈與三憲，並請三憲早定大局爲要。三憲並不觀看，就命送與幕賓一本作蕭師爺幕賓略觀數行即曰窒礙難行，便置之高閣。

今將大英國向大清國所要各條款開明於後：

關交還銀兩若干一端：

六百萬元爲鴉片價值，乃係向英國領事及居住粤省英商者，所索以爲贖命也。

三百萬元爲行欠，乃洋行商原係國家所保者，而我人只得與其貿易也。【略】

百萬元爲陸水軍費以得伸。【略】

初八日，耆將軍差塔佐領、牛大人差文巡捕、葉啓潤，伊中堂差喜及王萬選、謝繼超、陳志剛，乃赴淨海寺與該夷會話。喜於昨晚回過耆將軍，此事要完，必須早定大局，愈遲愈無益處，並且還要擔不是方可，若是兩不沾泥，惟恐辦不下去。耆將軍不答一言。

伊中堂覺得昨日一説，甚屬容易，今日大爲鬆勁。遂蒙吩咐：『但説與其清理以後税務，不准再有商欠，斷不可許給銀兩，至於要看上諭要鈐御寶，俱勿庸議，汝可變着方法去説。』喜回明：『據喜看其大局，該夷要求一切，或可稍減，如若一概不准，恐不能行，如不然，或暫許一條亦可羈縻。』伊中堂閉目不語。

牛大人曰：『戰費一層，名目不佳，當先駁去，要緊要緊。』

喜向牛大人請昨日將來條款三紙，以便退還。牛大人着人向幕賓要，幕賓出門拜客，尚未回來。欲等幕賓回來，又恐時候過遲。喜甚爲難，至於所要之端，並無准其一條，此去恐難搪塞。喜與塔佐領等言及今日之話，恐不好説。塔佐領及葉、王諸人言，無甚難説之處。葉王諸人之意，怪喜不肯盡心，喜甚爲焦灼，遂向諸人曰：『刻下此城有累卵之危，我若稍不盡心，天必殛之。』諸人曰：『慢慢去説，不必焦急。』喜曰：『急事豈容緩辦。』喜自思諸友既如此説，概係未曾心會其事之難也。

喜等先至淨海寺等候，至十二點鐘時，該夷始到。該夷於未到時先著人來言，有小事耽擱，是以來遲。先在兩位大老爺上賠罪。該夷至，則仍是昨日原來之人，該夷見面，就問可將上諭帶來，衆人不語。喜告以所奉諭旨，寄給揚威將軍閱看，尚未寄回。彼問：『何日纔得寄回？』喜曰：『今日明日寄回不定。』該夷又問：『昨日開載各條，欽差准了幾條，可將原開之件帶來？』喜答：『今日未曾帶來。』該夷曰：『要緊之物俱不帶來，憑何議事？』喜答曰：『昨日所開之件，欽差留下，逐條斟酌，商議明白，自然照復。』該夷等俱各不悦，該夷又將昨日所説之話，重説一遍。並曰：『昨日所開各條，既無回話，上諭又不給看，便是無心講和。』

羅伯聃寫一字帖。大概云：『是處處相欺，並不是誠心了事。』馬禮訓曰：『大事未定，小事亦不用説。』喜曰：『我們往來傳話，有話只管説明，我們亦好回稟欽差大人，欽差大人亦好斟酌商辦，有話不妨盡説出，稍有隱諱，一時恐難定議。』馬禮訓曰：『你們議和，盡是緩軍之計，何必再説？』喜問：『何以見得是緩軍之計？』彼曰：『你們又調壽春兵，不是要打仗嗎？』喜曰：『並無此事，即或調兵，你們何以得知？』彼曰：『現在有人至我們船上説是壽春兵到了，問我們打仗不打仗，兵丁過江，攔阻不攔阻？』喜曰：『若是兵丁，斷無至你們船上打聽消息之理。此必是匪徒蠱惑衆心，希圖於中取利。』馬禮訓曰：『此事真假，我們亦不用辯論。但是早定大局爲要，不然惟恐終不平安。』並曰：『我們提督大人，已在鍾山架砲，如不和好，即便開砲攻城。』金陵所畏者鍾山之礮與後湖之水也喜曰：『和好通商，彼此有益，開砲打仗，則勝負均難預定，何必過急？』彼曰：『打仗之事，在兩位提督大人，今日明日打仗，俱不能定。』喜曰：『既經議和，則打仗之話不必再説，總以聽我回覆爲是。』彼曰：『恐等不及。』喜約以明日午刻爲度，彼不肯依。

麻恭屢作恨殺人之狀，喜見其形狀，五内如焚。遂曰：『豈有若大事體，不容商議者。聖人云：「不教而殺，謂之虐。」而貴國豈可行此虐政？天降雨露，尚施雷電，何況兩國議和，體統相關，豈有稍不遂意，便講打仗，是何禮體？』彼曰：『貴國處處相欺，使我們不能深信。』喜向馬禮訓曰：『你既是聰明人，不可不體量我們之苦心，我隨伊中堂辦事，從未相欺。此事若有相欺之處，便是欺了天，我之此身，即便天誅地滅。你若是定準攻城，我必隨從伊中堂守護城池，鑲黄旗下是伊中堂，白旗之下便是我與陳志剛。你砲若烈，必轟了我們，然後再講攻城。』馬夷連曰：『不敢。』並曰：『伊中堂乃係好人，我們斷乎不敢枉殺，如若枉殺好人，天亦不容。』

馬禮訓向麻恭等熟商之後，曰：『先生既如此説，我們候至天明爲度，天明若無回信，卽便開砲，那時勿怪。』喜曰：『我們不過往來傳話，嗣後尚須另派大員，前來會議。』彼曰：『官職不在大小，只要能辦事就好。再者居官總在才高德重，卻不在官職之大小。若無才德，雖官高極品，亦不過素餐尸位，何貴之有？更有一班狡詐之徒，上矇君主，下欺黎庶，我們見了，更覺得可惡之至。似這等人，使我們遇見，而必誅之。』言畢衆夷回船而去。喜等遂亦進城，將其決裂情形，回明三憲。

三憲茫然無主見，城中旗民，洶洶然大有不安之狀。耆將軍、塔佐領俱怪喜不該説將上諭寄給揚威將軍閲看。喜曰：『前者命喜告知有便宜行事之旨，今又不準予其閲看，請問當如何答對？至於如何説法，未蒙將軍吩咐，當夷人問話之際，諸位又不發一言。』耆將軍、塔佐領俱不能答。喜曰：『將軍與揚威將軍所辦，乃是一事，豈有此和彼攻之理？既奉諭旨，豈有不知會揆帥之理？知會揆帥，亦是和衷之道，我們並無不合之處，該夷亦無不信之理。』耆將軍、塔佐領俱各無言。喜將對夷所説守城一層，回明伊中堂。伊中堂曰：『我本有此意，我雖無守土之責，倘或決裂，斷無逃避之理。如果殉難，則我有專祠，你們亦必血食千秋。』伊中堂又曰：『聞得有人持刊板假上諭，與夷人閲看。內云着將我拿問治罪，林大人着授爲蕩寇將軍，剿滅英夷等語，該夷是故疑惑。又兼要求一切，未准一條，以致中變，該夷言及此事否？』喜曰：『該夷雖未言及此事，而神色究竟急迫。』三憲至此，始找該夷昨日開來條款分單三紙，求之幕賓，幕賓尚屬茫然。喜告知卽昨晚所説窒礙難行之件是也。塔佐領謂喜曰：『你昨日向將軍説早定大局之話，將軍並未入耳，所以未答。今日言及，很覺後悔。』塔佐領在耆將軍面前極言該夷凶狠之狀，如不準其所求，惟恐禍患立至。

耆將軍因而卽與伊中堂、牛大人商議，將其所要大端，一概允准，先寫雙銜照會，命喜連夜前去通知，並將便宜行事諭旨，送給閲看，着喜與塔佐領、顔崇禮，字柳橋鎮江人，係淮南商人，議敍運同。陳志剛、謝繼超同去投送，牛大人亦備照會，並將諭旨差張攀龍前去投送。

三憲商議，此事稍有眉目，頭班派某某去，二班派某某去，挨次派完，將來保舉亦好開單敍功。喜曰：『我們步置雖然定妥，惟恐該夷無此耐煩，等不得這些日期。』三憲不悦。喜曰：『辦事的只管辦事，保舉時卽請全行開列何妨。』三憲不語。

遂委署江寧藩司江蘇臬司黄恩彤、四等侍衛前吉林副都統咸齡同往淨海寺，與該夷議談。命喜等往邀該夷至淨海寺相會，一面先着顔崇禮寫信知會該夷。

喜曰：『平日辦公，則動言國家經費有常，而此時何以竟將數千萬帑金，輕與英夷。』耆將軍曰：『此乃權宜之計，不得不然。』喜曰：『如若盡力攻剿，未必用許多戰費。』耆將軍不語。

初九日，喜等於子刻出城，丑刻至江口，寅刻至其船邊，將公文投交。稍遲請喜等上船，又稍遲將上諭繳還，行止傲慢。喜便向説明欽差大人另委大員，在淨海寺等候議事。彼曰：『既是如此，諸位似可先回，我們洗了臉，換了衣服就赴淨海寺。』喜同塔佐領等遍觀該夷槍砲及火輪機關，塔佐領心內慘傷。喜等遂卽過船，回至淨海寺內。

黄大人問該夷今日之大概情形，喜五內如焚，悲憤不能成語。塔佐領卽將該夷大概情形告知。黄、咸兩大人並勸喜曰：『事已至此，不必傷感。』黄大人曰：『漢朝曾輸五千斤金與匈奴，所失者小，保全者大，如能善了，總比打破城池好，而此處一了，各處均安，你亦不要心裏難受。』塔佐領曰：『無怪張三爺生氣，我們赴宮門上遞摺子，亦莫有這麼小心。』喜曰：『漢朝草創江山，大局未定，似乎與我朝二百年之成業局面不同。』黄大人曰：『凡此大劫，是有定數，並言所求之籤：「一家和樂喜相逢」之句，籤語已經暗藏你之名字在內，所以必須你來，方能了局，此非細故，亦非偶然，你將來到是一個傳人，並且陰德不小。【略】未説完，有人來報，夷人已到。黄、咸兩大人出迎，夷人至，則舉手相見，各問姓名。顔崇禮從旁一一通報，所來夷人，是該國總管麻恭、水師副將洛、譯官馬禮訓、羅伯聃。坐定略説閑話，然後將該國國王所頒全權敕命展開，給黄、咸兩大人閲看。馬夷卽譯漢文一通，交喜帶回轉呈欽差大人閲看。喜當交黄大人收執。黄、咸兩大人遂將分單所開，逐條駁飭，而該夷既見黄、咸兩大人，則另是一種氣概。要求各款，不但不能駁減，而反加添數條，如能照准，方可戢兵不戰。議事之際，是黄、咸兩大人與其交談，黄、咸兩大人未曾命喜入座，喜未敢多贊一辭。直至巳刻，該夷始去。黄、咸兩大人亦旋，喜等亦進城，回至督署，因受暑熱，吐瀉不止，三憲傳見，則喜不能起立，未曾往見。

初十日。牛大人差張攀龍赴夷船投送公文，並邀該夷仍至淨海寺與黄、咸兩大人議話。牛大人命喜亦去，喜同陳志剛於天明出城伺候，黄、咸兩大人與夷人議話，行至中途，遇見張攀龍回來，言文書已經送到。據馬禮訓説，文書上面議覆條款，俱是漢字，尚須翻譯洋字，呈與噗大人看過方能定議，今日是來不及，諸位大人，今日不用出城，請於明日清晨，至救生局相會，或在我們船上相會亦可。喜等聞此，卽同張攀龍折回，及至旱西門迎見黄、咸兩大人，將該夷今日不來之話回明，一齊旋轅，回至督署。將夷人今日不來之由，稟明三憲。

耆將軍問喜已愈否，喜回明，今日雖未大愈，尚可支持。耆將軍曰：『看其面上，稍有病容，而厲色已退矣。』是日大雨。至晚伊中堂怪喜今日不該出城。喜曰：『昨日告知蘇元請示，未蒙吩咐。今早中堂尚未晨興，是牛大人吩咐教去。』中堂曰：『就是牛大人教去，亦不該去。』辭色帶怒，喜亦不知何故。

是夜報有黑夷扒城，城内官民無不驚慌，德將軍屢欲開砲，耆將軍不准動作。

十一日。黄、咸兩大人仍往夷船議事，伊中堂吩咐，不准喜再見英夷。至黄、咸兩大人所議章程，亦不許喜知道，不知是何意見，殊不可解。喜自此以後，不敢多贊一辭，一切俱係黄、咸兩位大人往返商議。黄、咸兩大人回來言：該夷不但一款不許駁減，而定則先要六百萬元，收足六百萬元，始能解圍。又言若要退船，尚須探量水勢，方能起椗，問其探水須多少時日，彼言海口往返須得十二、三天等語。

十二日。清晨大雨。張攀龍取來該夷議覆和約草稿，前半本係漢文，後半本係夷文，於前議三大端之外，又增十數條，共載十三條。

伊中堂命喜閲看，問喜可行與否？喜當卽回明，可行與否，均請與耆將軍、牛大人公同商議，喜不敢妄言。伊中堂問喜因何不贊一辭。喜曰：『中堂有言，夷事不許喜知，以故不敢多言。』喜又曰：『喜非樂於辦理夷務者，前在浙江辦理夷務，係出萬不得已。此番之事喜本不來，係中堂遣急足特諭召來，前此屢遏凶燄，並無錯誤公事。夷務既然不許喜知，又何必遠道相召？』中堂長嘆不語者久之。

十三日。顔崇禮來，説夷貨上税之後，行遍天下，不再上税等語。

十四日。微雨。黄、咸兩大人出城，與夷人會議，不許夷人攜帶家眷。嗣後黄、咸兩大人往會英夷，多不來見中堂，只同牛大人知道，牛大人轉向伊中堂商議，喜未能週知其詳，不敢妄載。

顔崇禮稟知，説該夷請欽差大人與制臺大人於十五日至其船上會面，並言十六日是禮拜之期，夷酋不來答拜，於十七日始來答拜，各憲俱各應諾。

十五日。耆將軍、伊中堂、牛大人往會英夷，黄、咸兩大人及浙江寧紹臺道鹿澤長隨往，各憲俱乘肩輿至旱西門外，坐船至淨海寺等候。先差陳志剛、張攀龍前往噗夷火輪船上投帖，派喜同塔佐領先往照料。馬禮訓曰：『請各位大人暫候一刻，俟我們下游那隻火輪船上來，卽便來請。』遂留陳志剛、張攀龍在彼等候火輪船來時，以便報信。喜同塔佐領赴淨海寺回明，帖已投到，並回明俟其火輪船到卽便來請。喜等仍至江口伺候，及至江口，則火輪船已到。馬禮訓坐舢板前來迎請，並言：『今日本該麻恭大人前來迎請，因其身上不大爽快，故着馬禮訓來迎請。』又曰：『噗大人過我們提督大人船上，放十九砲。三位大人到我們船上，遵依貴國之制，只放三砲。』又曰：『我國論官職之大小，放砲之多寡，官大者放二十三砲。』又向東指有一舢板船，係該國參將，前來迎接。另有搭綠舢板一隻，上坐一夷官，裝束整齊，腰間帶刀，約年四十餘歲，言係該國水師提督之中軍官利，亦來迎接各位大人。旋聞砲聲連震，彼曰：『噗大人已至提督大人船上矣。』三憲船至江口，喜同塔佐領先至火輪船上，伺候三憲船至火輪船邊靠穩，喜與塔佐領挽扶三憲過火輪船，卽在涼棚之下設座。該夷官等亦上火輪船，三憲命該夷官等陪坐。又有該夷水師提督船上半説漢話之夷人李春，亦來陪坐，馬禮訓、羅伯聃俱侍立。喜等亦俱侍立。馬禮訓引巴夏禮見三憲，耆將軍問其多少歲數，彼曰：『一十四年。』又問現讀何書？彼曰：『讀三字經。』該夷等請三憲觀看火輪機關，牛大人疑其輪轉係用牛拉，每每詢之於喜，喜以實對，疑信未決，至是則始嘆而信之。牛大人問此船一日能行多少里數？彼答曰：『此船一點鐘能行四、五十里。』三憲俱以爲奇。馬禮訓指旁邊一火輪船曰：『此係噗大人乘坐之船。』又指一船曰：『此船載煤以供輪船之用。』又指一最大火輪船曰：『此船三、五日内卽赴嗎嘎啦。』三憲不答亦不問。喜等因在三憲之前，亦不敢多言。馬禮訓拉喜指船後來一舢板曰：『此位可還認識否？』喜細視，則舢板之上，坐一夷官，身穿紅衣，肩綴金花，頭戴高冠，上插白絨球，腰間帶刀，乃係咆咀船上之陸路千總波京汗也。又指前面大船卽是也。

須臾之間，嘩啦一聲，船已下椗。此時西北風甚大，江中波浪滔天。馬禮訓曰：『風大了，兩船不能靠攏，須坐舢板過去。』又曰：『請三位大人，不要多帶人，人多了嘈雜不好說話。』此時該夷大船之上，連放三砲，迎接三憲。該夷備大舢板一隻，上用綠紬結一涼棚，江中之浪，波及船艙，三憲衣服皆濕，舢板一攏大船，船名國勒外士船上卽作樂，樂人約有五、六十名。

喜等扶三憲上其大船，夷酋噗嚕喳、薩勒敦、巴駕郭富俱各除冠與三憲相見。咆咀、利咯等大小文武夷官一百餘名，俱各裝束整齊，衣帽鮮明，帶刀侍立，並有鳥槍兵八、九十名站立右邊，另有夷官一名，執刀指揮，夷兵作式，口吐哼咳二音。噗夷等請三憲至後艙内坐，咆咀波京汗執喜之兩手，甚覺親切，遂拉喜至第二層艙內，另設酒桌相待。該夷等俱言舟山別後，可想之至。又以兩手作束縛之狀，言伊中堂與喜俱受委屈，彼等心中不安。衆夷官俱來與喜拉手相見，笑容可掬，俱出大指點頭言好，又曰：『英嘣嘣好，英嘣嘣平安。』

正在談話之間，夷酋引三憲亦下第二層艙內，喜等俱隨三憲觀看船砲。又至第三層艙內看畢，乃上船面，船頭有被擄京口兵，哀求救命。馬夷傳話曰：『噗大人說略遲卽當釋放。』三憲命喜傳話吩咐，現已和好，卽日便當釋放，衆兵一齊叩頭。夷酋又引三憲至後樓之上，見有車輪銅砲十餘架，看畢乃原處坐。馬禮訓命擺酒果，喜向馬禮訓曰：『各位大人喜喫茶，俱不善於飲酒。』馬禮訓立卽呼茶奉敬。又拉喜至外面坐，各夷俱將酒果爲敬，衆夷斟酒不迭，人人歡樂，俱言平安！平安！好好！

三憲辭歸，噗酋等送至船邊，仍用舢板送三憲及隨從人等至江口，始過自己坐船。馬禮訓等送至淨海寺始返。各憲乘肩輿，由旱西門進城，喜等俱坐船至旱西門進城。遂有前在鎮海釋放之夷官安突德等，只因兩國既已和好，呈遞名片拜謝伊中堂，並求面見，約於十六日午時在朝陽門等候等語，伊中堂不肯單見，遂差陳志剛前往回覆，不便單見，統俟淨海寺内相會。三憲在夷船之上，會見噗酋，所言何事，喜未盡知，不敢妄述，此係三憲往會英夷之大略也。

十六日。該夷將京口兵丁九名釋回。

十七日。自丑至寅，大雨滂沱，卽刻稍住。該夷說明是日前來答拜。喜隨各憲出城，及至城外，雨復大澍，由水路赴淨海寺，及至寺前，遇見顏崇禮同來，言及該夷說今日雨大，夷酋不便前來答拜，只可改期，顏崇禮向其訂期，彼言明日晴霽，明日來拜，後日晴霽，後日來拜，喜同顏崇禮至三憲船上回明，立卽回櫂。耆將軍命顏崇禮去訂，准二十日在淨海寺內相會，喜等跟隨回轅，至午後天亦晴霽。

十八日。接到於初八日拜發奏摺，奉上諭：所奏伊里布請戴頭品頂翎及張禧請戴軍功頂帶之處，均如所請行云云等因，欽此！又於奏請張禧請戴五品軍功頂帶句旁：『奉硃批尚可，欽此！』英夷改於十九日來拜。

十九日。接到於九日拜發奏摺，奉上諭：不准在於福州通市，卽萬不得已，或於泉州附近，酌與通商云云，等因，欽此！耆將軍遂差塔佐領前來與喜私商，欲喜去向英夷商議，不准在福州通市之事。喜因伊中堂前者既已有話，不准喜知夷事，則喜自不便多事，喜是以未肯應允。塔佐領又曰：『將軍教問，你若不去，還有何人能辦此事。』喜曰：『黃、咸兩大人俱可。』塔佐領曰：『因黃、咸兩人不能，始來向你商議。』喜曰：『鹿道台與顏老爺亦可。』鹿道台與該商皆係耆將軍調來。塔佐領搖頭曰：『鹿道台、顏崇禮亦不能。』喜告知塔佐領曰：『英夷屢言舒大老爺好，若派其前往，或者可行。』塔佐領亦以爲是，塔佐領遂去。

喜隨侍伊中堂前往淨海寺，耆將軍、牛大人遂亦俱到淨海寺，上江兩縣亦來伺候，略遲卽放三砲。郭實烈卽郭士力先到，坐談片刻，噗酋聞得砲聲，遂卽率領各夷官、夷兵、樂工人等亦到。我們放三砲迎接，見面時，衆夷俱各脫帽舉手，恭謹之至。我們設酒果相款，彼俱各歡喜，該夷暗帶畫工，將三憲面容畫去，三憲陪夷酋飲酒，夷官安突德等俱來相見，並叩謝伊中堂活命之恩。

耆將軍派鹿道台及舒丞在殿基之旁，柳蔭之下，與馬禮訓立談福州之事。馬夷曰：『黃、咸兩大人已將各事說定，此時不可更改，況今日不是講公事之期，此處又非談公事之地，請二位不用再談。』馬禮訓遂卽走開。至午後衆夷辭去，各憲遂亦進城。至於夷酋與三憲所談何事，祇因人數衆多，言語叢雜，聽不清楚，不敢妄載。夷衆回船，卽將擄去河標中營兵丁釋回。

夷人名單

英吉利欽奉全權公使大臣世襲男爵三等將軍噗鼎喳

英吉利國提督水師軍務二等將軍二等尊烈巴圖魯巴駕

英吉利國提督陸路軍務二等將軍頭等尊烈巴圖魯郭富

英吉利國陸路三等將軍三等巴圖魯世襲子爵薩勒敦

英吉利國欽命差總管領事馬兵三營都司麻恭

英吉利國水師提督中軍副將李查

英吉利國陸路提督中營總理營參將巴圖魯滿敦

英吉利國水師副將前護理總兵官巴圖魯咆咀

英吉利國水師副將琦理

英吉利國護理總兵火器營參將三等巴圖魯文珂美

英吉利國水師副將祁卑

噗鼎喳親帶人員

領事署經歷漢文知事譯官馬禮訓

領事漢文協事譯官郭實烈

領事漢文協事譯官羅伯聃

公使大臣隨帶譯官李春

副醫師吳思南

水師提督隨帶人員

都司守備各數員

陸路提督隨帶人員

管銀局事參將戚里訓

管糧局事參將哈金士

管引導事都司郭福

管罪名事都司摩

管藥材局事醫士祁里咸

總醫師羅品訓

馬兵中軍都司琦蘭

火器營都司安突德

中軍守備巴富爾

鍵銳營守備二三名

守備戈什哈數名

十八營右隊守備帶領該營樂士該隊兵弁爲兵衛

二十六營四十九營五十五營九十八營各有數名

孟雅喇新營

瑪打拉沙二營六營十四營二十一營各有數名

二十日。是日前上元縣知縣吳廷獻請馬禮訓等遊報恩寺，並求該夷將所劫德將軍之奏摺繳還，便可免罪等語。緣該令因發遞江寧將軍由驛奏摺，簽差不慎，奏參革職，擬發新疆，尚未起程。

報恩寺在江寧聚寶門之外，寺內有千佛綠琉璃塔一座，該夷言天下中外共有八大景，此塔爲八大景之一，登其塔則南京全景俱在目前。英夷屢登其塔，將南京全景繪去，併將塔上琉璃甎搬去數塊，殊屬可恨之至。

二十一日。喜隨侍三憲赴上江考棚，與噗酋會議和約。該夷噗鼎喳、麻恭、馬禮訓、羅伯聃、郭實烈俱係便衣騎馬而來，戎裝夷官一名，率領馬兵十二名，戎裝黑夷官一名，率領黑夷十數名，亦俱騎馬而來。其馬高大異常，而俱翦鬣，鞍前斜插小火槍二桿，鞍後俱跨火藥囊一個，該夷來去，亦俱放三砲接送。我們乃設果酒款待。該夷呈出所擬條款和約，與各憲閱看。耆將軍曰：『戰費贖城等字俱屬不雅，須另換字樣。』該夷不允。該夷言：『夷字不美，嗣後望勿再用。』咸大人言：『孟子曰：「舜東夷之人也。文王，西夷之人也。」夷字載之於聖經，有何不美？』彼此爭論字義，良久未定。彼將所劫奏摺繳還耆將軍，着人收去。三憲欲將和約留下一本，俟加籤駁正明白，再行送給，該夷言可，遂將和約留下一本，該夷即歸。

該夷知伊中堂身體欠安，欲派醫士前來診視，伊中堂謝止之。該夷言有丸藥，一服即愈。耆將軍曰：『我身上有癬，有治癬之藥否？』該夷曰：『有。』遂着喜同該夷上船取藥而回。喜屢勸中堂勿服英夷之藥，中堂不聽。

二十二日。接奉批摺，准給御寶，仍不准給福州馬頭。派黃、咸兩大人及鹿道台、舒同知同往淨海寺與該夷會商。據馬禮訓曰：『此事我不能主張，須向噗大人商議明白。再來回話。』等語。

伊中堂因服英夷之藥，病勢輕減。

二十三日。耆將軍來拜會牛大人，並問伊中堂病勢，又言明日赴夷船鈐印和約，問中堂能以去否？伊中堂言明日能去。

伊中堂曰：『耆將軍惟恐英夷將其扣留，若果有其事，我當與逆夷拚此老命。』

二十四日。各憲親至夷船批立和約，鈐用關防。

伊中堂仍未痊癒，命喜先往致意醫士吳思南，意欲趁便煩其診視。吳思南應諾，即向噗嗰喳説明，噗酋命馬禮訓同吳思南至伊中堂船上診視。伊中堂既見夷醫，即言日前之藥甚好，便向稱謝。又曰：『昔日陸抗曾服羊祜成藥，成千古之佳話，今日之事亦然。』馬夷不解。喜曰：『豈有酖人羊叔子哉？乃彼此誠信無欺之意也。成藥者，即如貴國修和之丸藥也。』馬夷點頭曰：『我明白了。』遂曰：『請中堂臥平，便好診視。』吳思南診脈之後曰：『中堂身體結壯，並無大病，數日即可痊癒。』遂著蔣勝華同吳思南等赴其船上取來黃色水藥半茶盞之多，中堂服後，方至夷船。

該夷接待之儀，與前次大概相同，略坐即將和約取出，請用關防。和約係用洋紙書寫，前用漢文，後用夷文，合訂作一本，一樣四本，彼此各執二本，各執一本惟恐海上有失，故須有副本，凡用印之處，則正中用我國欽差大臣關防，上首用兩江總督關防，下首用該國欽奉全權公使大臣關防。三憲與噗夷俱列銜名於尾葉，並親書花押，我國御寶及該國國寶，俟彼此請到之時，統至廣東交換，以爲永久信守之據。鈐用關防完訖，衆情欣喜。該夷扯起黃旗一面於中桅，即於本船連放二十一砲，言係該國國王之壽辰。耆將軍、牛制臺聞砲，則面容失色。喜問其止於放砲，抑另禮節。彼曰：『別無禮節。』該夷擺設酒果款待各憲，各憲食畢辭歸。

伊中堂因病不能行走，上下夷船，係坐椅子，着夷船水手擡舉而行。伊中堂既同坐船，則耆將軍等不及自己坐船，先至伊中堂船上，並著賞給水手洋錢五百元。喜請示：『還是賞夷船，還是我們船上呢？』耆將軍曰：『賞給夷船水手三百元，賞給中堂船上水手二百元。』喜當即傳話，吩咐明白，各憲俱回。伊中堂留喜至吳思南船上取藥，喜取到白色丸藥十二粒，其丸大如桐子，分作四日服，每日辰午酉時各服一丸。據云：『服此即愈，三年之內，可保無病。』

清·黃恩彤《撫遠紀略·金陵議撫第三》 先是牛公退保崑山，即援乾隆中緬甸成案，奏請撫議，奉旨未允。六月英船駛入圖山關，直犯鎮江，提督齊公慎禦之城外，失利退走。敵攻城陷之，副都統海公（齡）自焚死，事聞，朝命兩淮鹽運使但公（明倫）加按察使銜防揚州，四品卿李公（湘棻）防清江，敵又犯揚州，商人（顔崇禮）餉以銀五十萬，乃舍揚州而趨金陵，仍於儀徵大張告詞。略云：『中國官憲，待我不平，道光十九年，大臣林則徐查辦鴉片，既未能捉拿諸國走私之人，止其進口，又不酌議章程妥辦，乃將任粵英國官商，强行拘留，嚇以死罪，勒令將鴉片全行繳出，此不端者一。義律赴北海口投文，爵閣督部堂琦善旋據照會，仍赴廣東酌議，義律回粵與琦善疊次面議未明，而在京宰相，奏請撤回琦善另派大將軍奕山，前來爭戰，致英國人强取虎門砲台，並攻省城，勒取銀兩以贖，此不端者二。大臣裕謙及各省將軍等，往往遇英人遭風破船，或被誘上岸，擅行俘掠殘殺，並敢欺詐妄奏，此不端者三。貿易一端，英商與各省民人，有益無害，惟粵東官員，欲專其利，奏設十三行洋商，止准在粵貿易，俾各官得以高下其手，任憑勒索，此不端者四。今來中國，務求伸冤者，大端有三：賠還所奪貨物及年來戰費，一也。兩國官員，以友誼平行，二也。割讓海島，給英人居住，三也。得此三者，其餘不難善定』云云。經儀徵令録白牛公，公以彼示語雖狂謬，而意主伸冤，似尚可羈縻，當即照會璞使，略云：『中外通商，已二百年，何至今日，忽改舊章？實由鴉片流毒而起，禁鴉片而並禁通商非我皇上懷柔遠人之本意，禁通商而大啓兵端，尤非我皇上綏遠萬邦之本意也。至廣東查辦之原委，本部堂未能深悉，近閱儀徵縣鈔呈公使所貼告示，以結好伸冤爲詞，乃知兩國本意，原無不合，祇以形迹之間，愈離愈遠，致成決裂，如果中國相待，於情理未愜，不防據實指陳，由本部堂代奏，若徒恃船堅砲利，日事戰爭，兵連禍結，何日可了？幸熟思而審處之』云云。仍具疏以聞，時六月二十日也，蓋撫議始此。

是時余擢授江蘇按察使，仍攝布政使，辦理城守事宜。牛公尚在東路未回，而江寧將軍德公（珠布）年踰八旬，室有六妾，其人風燭餘光耳。余往與商禦敵之策，默無一語，但云：『人死祇汙一片土，何懼哉？』余知其難與言，即函請牛公，率兵速回，以固根本，仍會商在籍太僕寺少卿蔡公（世松），糾集闔城大小紳士，分段防守，以清內奸，親率江寧太守樊君（師仲），及上元、江寧二令，逐戶清查，力行保甲。其老幼婦女，願出城避兵勿禁。三日內，部署粗定。牛公回省。方知朝命將軍耆公英爲欽差大臣，又起用前協辦大學士伊公里布爲乍浦副都統，會同前來，辦理撫議事務，而彼兵船四十餘隻，連日駛至儀鳳門外草鞋夾江面停泊，其兵弁一名郭富，一名巴駕。

七月初一日，璞使有回文一件，略云：『欣聞皇帝明降諭旨，交與耆、伊兩大臣專辦和好之事，心極快悅。上午六月，初到中國，即以善定和好等情，照會兩廣總督祁，後至浙省，又以前情兩次照會浙江撫院劉，揚威將軍奕，均在案。今接來文，方知年來隔絕之情，得以通達，併新將情由轉咨大臣耆、伊知之』云云。自是彼情略有轉機，惟郭、巴二人欲索犒師洋銀三百萬圓，牛公正言拒之。

初三日，伊公至。初六日，耆公至。時續到兵船共八十餘隻，駐泊江面，我弁兵亦在城上對江扼要之處列砲以拒，相持不決。初七日，耆公遣佐領塔芬布等前往該船，告知欽差已到，彼即將請求各款列單交塔芬布代爲呈遞，單內所開：一、係索還洋銀二千一百萬圓，本年先交六百萬圓，餘分年帶交。一、係求賞香港作爲馬頭，並求准往廣州、福州、廈門、寧波、上海等處貿易。一、係與中國官員用平行禮。大抵仍不出彼示所云之三大端也。正在酌擬，分別准駁。初八日，彼使忽聞有調壽春鎮兵來省之

信，以爲議和乃緩兵譎計，將俟援兵齊集，內外夾攻，即換紅旗，並列大砲，約俟次早攻城，勢甚猖獗。諸大臣同赴督署會商，以江寧省城周五十餘里，分段防守，兵力本單，所調江西、徐州、湖北各官兵，均新經挫衄，士氣不揚，未敢恃以爲用，兼之江南民氣柔弱，一聞此信，即有男婦數萬人，赴各衙門籲請救命，萬一危城莫保，不惟三省根本動搖，且恐長江頓失鎖鑰，所關尤鉅。於是連夜備文，允其所請，令塔芬布等持往該船，彼使見回文後，立即換旗撤兵，但以塔芬布等係微末員弁，不足取信，更請大員出城面訂，時江寧太守樊君（心明）口訥，諸大臣恐其未足了此，商令侍衛咸公齡，偕余同往，咸公余舊友，曾任吉林副都統，隨耆公襄理軍務者也。余謂之曰：『事急矣，敢辭難乎？』遂於初九日黎明，聯騎出城，至儀鳳門外之靜海寺。

是日巳刻，其副使麻恭，帶同隨員馬禮遜上岸，至靜海寺請見，執禮甚恭。麻恭言語不通，而馬禮遜生長澳門，頗曉漢文，兼能華語，實其謀主也。余曉以通商之利，用兵之害，二公使唯唯，其請求各款，逐加詰辯，固執如初。蓋西人性膠結難解，各款均覬覦已久乾隆中進京朝貢，其使臣即以五口通商、香港寄居爲請志在必得，斷難折以空言。況先奉回文，均蒙允許，更非事後所能爭矣。欽差奏疏略云：『該使求給洋銀二千一百萬圓一款，查初擬款單本索洋銀三千萬圓，經張喜再三駁減，始定爲二千一百萬圓之數張喜，京城人也。據稱以六百萬作煙價，三百萬作商欠，一千二百萬作兵費，侍衛咸齡等詰以煙價已由廣東還銀六百萬，豈得重索，商欠宜由洋行清理，何能官爲償還，至爾國所用兵費，更不能取償於中國，向其反覆駁辯。據該使聲稱鴉片並非英國所產，均係購自鄰國，攸關成本，自被燒二萬箱，賠折不少，前給之六百萬，不及原價一半，是以仍須補還，至商欠本應向洋行清理，因洋行延宕不還，積欠甚鉅，祇求行文廣東查明，勒限追繳，儻不能追出，仍須官爲保交。其兵費一節，此時業經議和，兵船均應犒賞遣散，所費不貲，若不蒙議給，則兵船之願退與否，渠等不得過問，儻爭戰不息，恐中國將來費用不止此數，若和好通商，所入稅銀，三年之內，數足相抵，不致有虧公帑等語。該使求賞香港寄居，並請在廣州、福州、廈門、寧波、上海等處貿易一款，侍衛咸齡等，以香港業經爾等建造房屋，尚可乞恩准予借居，其廣州等五處貿易，未免爲地

過多，至貿易輸稅各條例，亦應及早詳議，向其明晰詰問。據該使聲稱，以香港爲寄居之地，必須廣州等五處，爲銷貨之所，如果不准給與，渠等現在佔踞之廈門、寧波、鎮海、定海、乍浦、寶山、上海、鎮江各處，亦不退還，至渠等赴各處貿易，應納稅銀，照中國則例，按數輸將，並不延欠，惟渠等在粤久被洋行朘削，嗣後應請自行投商，公平交易，其稅銀卽由領事赴海關完納，不經洋行之手，以免侵扣等語。當時問答之語甚多，此其百之一耳，以曾登奏牘，故録存之。

七月二十四日，諸大臣與英公使會晤，酌定條款，大約不出前三大端，謂之萬年和約，用漢文及西洋拉體那字，寫立書册，鈐用印信，彼公使亦加用圖記，自是撫議乃定。諸大臣具疏上聞，得旨允其所請。

八月二十八日，兵船全數出江，諸大臣派員護送至圌山關外，入海揚颿南去。鎮江、寶山、上海、廈門、乍浦、寧波、鎮海次第收復，惟定海、鼓浪嶼，彼尚留兵踞守，約俟三年後，撫賞事竣，再行交還。

九月十四日，有旨，牛公逮問，耆公授兩江總督，留辦善後，伊公授廣州將軍，欽差大臣，馳往粤東查辦通商納稅一切事件，余與咸公隨同前往，時伊公與咸公先行，余交卸藩篆，有經手軍需報銷未完，留蘇清理一月，始束裝取道浙江按程南下。

十一月行抵江西省城，晤巡撫吴公（文鎔），始知台灣誅殺洋人，幾致生變。先是台灣鎮道達公（洪阿）、姚公（瑩），於上年兩次奏報擊壞洋船多隻，擒獲其人百餘名，均膺懋賞。金陵議撫時，彼屢以爲言，並具文申訴，以爲實係西國商人遭風破船，鳧水上岸被獲，並非陣擒，求爲釋放。諸大臣行文福建，因隔海未及轉行，而鎮道已將其全加誅戮。璞使聞之，以鎮道捏奏冒功，故違和約，欲帶兵船前往報復，耆公力爲之阻止，具疏奏聞，朝命浙閩總督怡公良，渡海確查，捏奏冒功屬實，鎮道治罪有差。

論説

清·包世臣《安吴四種》卷二六《齊民四術》卷二《庚辰雜著二》

請言近日本末並耗，所以致民窮而不能禦災之故。一曰煙，耗穀於暗，二曰酒，耗穀於明。三曰鴉片，耗銀於外夷。先分晰詳指其弊，而後陳救弊之法。

鴉片產於外夷，其害人不異酖毒。故販賣者死，買食者刑，例禁最嚴，然近年轉禁轉盛。其始惟盛於閩粤，近則無處不有。卽以蘇州一城計之，吃鴉片者不下十數萬人，鴉片之價較銀四倍，牽算每人每日至少需銀一錢，則蘇城每日卽費銀萬餘兩，每歲卽費銀三四百萬兩，統各省名城大鎮，每年所費不下萬萬。近來習尚奢靡，然奢靡所費，尚散於貧苦工作之家，所謂楚人亡弓，楚人得之。惟買食鴉片，則其銀皆歸外夷，每年國家正供，并鹽關各課，不過四千餘萬，而鴉片一項，散銀於外夷者，且倍差於正賦。夫銀幣周流，鑛產不息，何以近來銀價日高，市銀日少？究厥漏卮，實由於此。況外夷以泥來，內地以銀往，虚中實外，所關匪細。所謂鴉片耗銀於外夷者，其弊如此。煙酒耗本富，鴉片耗末富。

清·龔自珍《龔定盦全集》卷八《送欽差大臣侯官林公序戊戌十一月》

漢世五行家，以食妖、服妖占天下之變，鴉片煙則食妖也。其人病魂魄，逆晝夜。其食者宜繯首誅。販者、造者，宜刎脰誅。兵丁食宜刎脰誅。此決定義，更無疑義。誅之不可勝誅，不可絶其源，絶其源，則夷不逞，奸民不逞。有二不逞，無武力何以勝也。公駐澳門，距廣州城遠，夷藪也，公以文臣孤入夷藪，其可乎？此行宜以重兵自隨，此正皇上頒關防史一本作使節制水師意也。此決定義，更無疑義。

食妖宜絶矣，宜并杜絶呢、羽毛之至，杜之則蠶桑之利重，木棉之利重，蠶桑、木棉之利重，則中國實。又凡鐘表、玻瓈、燕窩之屬，悦上都之少年，而奪其所重者，皆至不急之物也，宜皆杜之，此一旁義。宜勒限使夷人徙澳門，不許留一夷，留夷館一所，爲互市之棲止，此又一旁義。火器宜講求，京師火器營，乾隆中攻金川用之，不知施於海便否？廣州有巧工能造火器否？胡宗憲《圖編》，有可約略仿用者否？宜下羣吏議。如帶廣州兵赴澳門，多帶巧匠，以便脩整軍器，此又一旁義。於是有儒生逆難者曰：『中國食急于貨。』襲漢臣劉陶舊議論以相觝，固也，似也。抑我豈護惜貨，而置食于不理也哉？此議施之於開礦之朝，謂之切病，施之於禁銀出海之朝，謂之不切病。食固第一，貨卽第二，禹、箕子言如此矣。此一答難。於是有關吏送一本作逆難者曰：『不用呢羽、鐘表、燕窩、玻瓈，稅將絀。』夫中國與夷人互市，大利在利其米，此外皆末也。宜正告之曰：『行將關稅定額陸續請減，未必才蒙恩允。國家斷斷不恃榷關所入，矧所損細，所益大。』此又一答難。乃有迂誕書生送一本作逆難者，則不過曰：『爲寬大而已。』曰：『必毋用兵而已。』告之曰：『刑亂邦用重典。』周公公訓也。至於用兵，不比陸路之用兵，此驅之，非剿之也，此守海口，防我竟，不許其入，非與彼戰于海，戰于艅艎也。伏波將軍則近水，非樓船將軍，非横海將軍也。況路路可追，此無可追，取不逞夷人及奸民就地正典刑，非有大兵陬之原埜之事，豈古人於陸路開邊釁之比也哉？此又一答難。以上三難，送一本作逆難者。皆天下黠猾游説，而貌爲老成迂拙者也。粤省僚吏中有之，幕客中有之，游客中有之，商估中有之，恐紳士中未必無之。宜殺一儆百。公此行，此心爲若輩所動，游移萬一，此千載之一時，事機一跌，不敢言之矣，不敢言之矣。古奉史一本作使之詩曰：『憂心悄悄，僕夫況瘁。』悄悄者何也，慮嘗試也，慮窺伺也，慮泄言也。僕夫左右親近之人，皆大敵也。僕夫且憂形于色，而有況瘁之容，無飛揚之意，則善于奉史一本作使之至也。

清·林則徐《林文忠公政書·湖廣奏稿》卷四《籌議嚴禁鴉片章程摺》　臣伏思鴉片流毒於中國，紋銀潛耗於外洋，凡在臣工，誰不切齒，是以歷年條奏，不啻發言盈廷，而獨於吸食之人，未有請用大辟者。一則《大清律例》早有明條，近復將不供興販姓名者由杖加徒，已屬從重，若遽坐死罪，是與十惡無所區別，即於五刑恐未協中；一則是以犯者太多，有不可勝誅之勢，若議刑過重，則弄法滋奸，恐訐告誣攀，賄縱索詐之風，因而愈熾。所以論死之説，私相擬議者未嘗乏人，而毅然上陳者獨有此奏。然流毒至於已甚，斷非常法之所能防，力挽頹波，非嚴蔑濟。茲蒙諭旨飭議，雖以臣之愚昧，敢不竭慮籌維。

竊謂治獄者固宜準情罪以持其平，而體國者尤宜審時勢而權所重。今鴉片之貽害於内地，如病人經絡之間久爲外邪纏擾，常藥既不足以勝病，則攻破之峻劑，亦有時不能不用也。夫鴉片非難於革癮，而難於革心，欲革玩法之心，安得不立怵心之法。況行法在一年以後，而議法在一年以前，轉移之機正繫諸此。《書》所謂『舊染汙俗，咸與維新』，《傳》所謂『火烈民畏，故鮮死焉』者，似皆有合於大聖人辟以止辟之義，斷不至與苛法同日而語也。惟是吸煙之輩陷溺已深，志氣無不惰昏，今日安知來日。當夫嚴刑初設，雖亦魄悚魂驚，而轉思期限尚寬，姑俟臨時再斷，至期迫而又不能驟斷，則罹法者仍多，故臣謂轉移之機，即在此一年中。必直省大小官員共矢一心，極力挽回，間不容髪，期於必收成效，永絕澆風，而此法乃不爲贅設。

清·徐繼畬《松龕先生文集》卷一《禁鴉片論》　鴉片之害，食貨之妖也。禁之之術，一曰杜來源，夷舶是也；一曰絕興販，奸民是也，一曰嚴吸食，官吏、軍民比比是也。物非中土所產，夷舶不載之以來，安知有所謂鴉片者。至於舟車挾藏布之中夏，則興販之奸民也。吸食由於漸染，敗類固多，謹厚者亦復爲之，是故夷舶之罪浮於奸民，奸民之罪浮於吸食，法宜先杜來源，次絕興販，吸食者無所從得，將不禁而自止。而愚竊以爲不然，天下事有勢焉，勢者時之所積，驟而遏之，無當也。

善爲治者，審其勢之所趨，而徐爲之圖，則無決裂潰敗之憂，而事以大定。鴉片之入中國，康熙末年已有之，漳浦藍鼎元嘗論其事。其時吸食者不過粤之廣州、閩之臺廈，即此數處，亦不過十一之於千百。夷舶挾此以來，蓋亦嘗試其端，未獲大利，而奸民亦未有挾重貲以奔走其間者。爾時司榷之官、封疆之吏，果有見微知著，爲國家杜禍萌者，以一紙諭其舶主，不聽則將絕其互市，彼且悚然而止，不復來矣。事之玩忽殆且百年，其間雖稍設禁防，而有司以爲具文，漸染浸淫，愈傳愈廣，由粤、閩而江、浙，蔓延於西北諸省，其求之也，切於禦寒之裘褐，而迫於饑渴之於食飲，一日不得則喘息且死。夷人每歲以舟之勝萬斛者，數十滿載而來，售之立盡，則載金錢數千百萬去，而閩越之民，自富商大賈以至網魚拾蚌椎埋剽劫之徒，逐其利者，不下數十萬人，此如萬仞懸流下注無涯之巨壑，而欲驟從其中而遏絕之，豈可得哉？

英夷之通市也，其貨羽毛、洋布、自鳴鐘、洋表諸淫巧器物，近則滿船載煙土，而以餘貨掩飾之。上年浙江獲夷俘，據稱英吉利不產鴉片，所謂大土者，產於孟加剌，小土產於孟邁，兩地久爲英夷所并兼。孟加剌歲得稅銀五百萬，孟邁歲得二百餘萬，皆鴉片之利。其鴉片售之中國者，常十之七八，是英夷之剝我元氣，而富强其國者，專在是矣。犬羊之族，不知信義，惟利是圖，處心積慮，於百餘年之前，寖以得志，而歲獲金錢數千百萬，彼肯一旦舍置，而專售其羽毛諸貨哉？就使申以信約，亦不過藉以紿我，急之則狼奔豕突，如今日之事，緩之則沿海售賣者如故也。粵之惠、潮，閩之漳、泉，其民好利輕生，與他處異。自鴉片之利興，趨之者十人而九，其事逸於農賈。一出而償其息者數十倍，從吾法則飢而死，必且僥幸於法之所不及，而爲之而不顧。操之過急，不掉艇於海洋，而爲蔡牽，爲張保，卽嘯聚於海島，揭竿於藪澤，而成爲礦徒驛卒之亂。目前之畔，附夷舶而甘爲之死者，卽其人也。是故治夷舶者，亂之已成者也。奸民者，治之幸不甚力，亂之將成而未成者也。今若因夷舶之不可治，轉而從事於奸民，不旋踵而弄兵潢池，害且有甚於夷舶者。然則將遂已乎？曰：何可已也。夷以酖毒啗我，載我金銀貨貝以去，而我因之以貧，使我耕田、服賈之民，挽弓持戟之士，遍餌妖淫之藥而破家廢業，宛轉尫羸以死。彼自泰西達於東南洋，以此戕人之國者數十，向不敢窺伺中國，今則駸駸乎有割據之謀矣。有病者，於此投一劑而誤因，遂謝醫卻藥，聽其自斃，可乎？然則如之何而可？曰：嚴吸食而已矣！今夫吸食之人，其初無所利也，羣焉爲之，則亦爲之而已矣。彼未嘗殺人於市，剽人於途，執而誅之，誠若過忍。然而法者，因時而變者也，原情定罪，法之常也。立制以防亂，法之非常者也。鴉片之害，切於國計民生，近且釀爲邊患，寬之以自首，予之以期限，亦既諄諄然示之矣，此而不改，則梗化之頑民也，誅之又何惜焉！然則吸食之人半天下，將盡執而誅之乎？曰：法不及衆，亦示儆而已矣！新例未頒，鴉片同於菽粟。兩年以來，郡縣迫於功令，亦頗有案治之者。然民間之所見者，文告縲絏而已。遣戍良苦，非所畏也。若果有繯首於市者，則驚相告矣。凡人無不畏死，彼非有所驅迫，何爲冒死習之。然則治之之法，當奈何？曰：先貴而後賤，先富而後貧，先內而後外，先豪猾而後良弱。訪其素行可誅，而兼有此病者藉以鋤莠，卽藉以警衆。每歲大縣以十餘人爲率，次者遞減，秋讞則概擬情實，概予勾決，操之無過蹙，而持之不少懈，如是者十年，其間能改者改，不改者或罹法，或物故，鴉片亦既絕矣。

然則首禍之夷舶，興販之奸民，將遂釋而不問乎？曰：興販以求利也，吸食者少則無利可獲，彼亦將圖改業而稍稍解散矣。欲治之，則急於西北，而緩於東南，密於內地，而寬於海口，得而誅之無後時，可以無激變之患。英夷强甚，然鴉片之來，彼亦諱之，吸食少，興販絕，彼數萬里載之而來，將安用之？雖含怒蓄怨，終不能藉爲兵端，此愚所謂審其勢之所趨，而徐爲之圖者也。外以伐强寇之陰謀，內以清奸民之反側，所誅者少，所全者衆。愚以爲弭大患於無形，而復凋敝之元氣，計無有良於此者。近者英夷爲寇，擾亂海疆，論者歸咎於鴉片之禁，又或疑吸食擬絞爲過重，欲從輕典，是因噎而廢食也。倘將來吸食之犯概擬緩決，則隄防潰決，不可禦止，英夷知我法令之不行而愈有以輕我，誠不知其患之所終也已。

清·徐繼畬《松龕先生文奏疏》卷下《揣度夷情密陳管見疏》　竊維中國形勢，西北爲背，東南爲腹，自古邊患，皆在西北。東南濱海一帶，土地膏腴，財賦所出，名都大邑及商賈萃集之馬頭，大半進逼海濱，從前僅有海賊，別無外患。至前明乃有倭寇，然皆內地奸民勾結，事平之後，其患亦息。自我朝定鼎，戡定臺灣之後，海疆宴然者垂二百年。英吉利以西海島夷，爲强售鴉片之故，突爾稱兵，在粵則擾我虎門，在閩則擾我廈門，在浙則擾我定海、鎮海、寧波、乍浦，在江蘇則擾我上海、鎮江，且闌入長江，直逼江寧，截我運道，逆惡滔天。凡在血氣之倫，疇不懷食肉寢皮之恨。我先皇帝憫念元元，深維至計，特開天地之恩，寬其奔突之罪，俯准各港貿易，俾得息事安人，冒怙之仁，超越千古。逆夷得志而驕，貪求無厭，近因廣東百姓不許入城，復在上海投文，天津走訴，現雖默焉止息，亦未必遂無後言。臣等無料事之明，審敵之智，敢以一得之愚。敬爲皇上陳之。

英夷遠在西溟，水程隔六七萬里，彼能來，我不能往，奮中國之全力，亦斷不能掃穴犁庭，除其種類。卽將其海上之船焚毀數隻，亦未必揚颿遠遁，永不復來，此其難於制伏者一也。中國自遼東至廣東海岸，約七千餘里，除荒僻海口不計外，府州縣城池及著名之市鎮、馬頭近逼海口，爲彼砲力之所及者，凡數十百處，彼處處可到，我不能連營樹幟，彼時時可到，我不能晝諜夜探，先時知覺。卽使擇要防守，厚集師旅，而彼舟我岸，以兵勇血肉之軀與浮沉之巨艇相爭拒，鮮不爲其炮火所攻潰。論者謂彼長於水，我長於陸，誘致內地可操必勝之權。姑無論水陸短長之説，未必可靠，卽使可靠，而我之城邑市鎮在海濱者，動輒數萬戶，或數十萬戶，苟欲撤入內地將並其城邑市鎮而撤之乎？且安插無所，抑委而去之，而聽其逃亡蹂躪乎？將保衛之謂何？此其難於防範者二也。

然彼以貿易爲生，其國勢之强弱，民生之舒蹙，其貨船雖無所不到，而總以中國馬頭爲養命之源。攻略割據之謀，敢施於散弱之五印度孤僻之各海島，而不敢施於暹羅、越南，況中國乎？即使空我海濱數城，割而與之，彼亦不敢居，不敢守也。而一絕其貿易，即如嬰兒之斷乳，有不可以終日之勢。前年粵東阻其進城，彼亦遂暫時止息，固由粵民之齊心，實則受制於各行之停市。特以入城不能，無顔以對各國，故復爲上海、天津之行，欲別尋轉圜之計。今我以正詞答覆，彼亦既默焉回粵矣。論者謂彼已技窮，從此再無嘵瀆，可以保後日之無憂。又或謂彼實慚恚，旋且大肆披猖，復如往年之犯順。以臣等之愚昧料之，知其未必然也。該夷在西洋各國中，與佛朗西迭爲强弱。頃年逞鯨鯢之技，犯我邊疆，亦幾於孤注一擲。未受誅耡，反獲五口，彼自有國以來從無此榮幸之事。方且誇示諸夷，自鳴得意。廣東進城一節，不過倖全頑面，若竟毀裂和議，大發難端，調集兵船，費既不貲，糾約諸夷，勢亦難合，欲如前此之僥倖，有何把握？該夷心計最狡，度必不出於此。惟該夷作事，最爲堅忍，已發之端，從不肯輕易歇手。既已未獲所求，必且致商其夷主，再作求伸之計。天津之再來走訴，固在意中，而入長江而阻運道，更係犬羊之慣技。設以兵船五六隻，驀入長江，以投文控訴爲名，扼我之吭，妄肆要求，其炮火在可開可息之間，於和議在可完可毀之際，以此爲牽制之謀，要劫之計，是則不得不慮者耳。

長江海口，臣等未經閱歷，善後炮臺工程既已大修，自必較前完善。惟江面寬闊，控扼良難，以横擋三遠港道之狹，金鷄招寶口門之隘，炮火不可謂不多，兵力不可謂不厚，然一日半日之間尚且失事，必謂長江有炮臺可恃，夷船不能闌入，臣等竊不以爲然。且不特長江已也，各省善後案內炮臺布置，不爲不密，工程亦未必不堅，用以壯形勢，固邊隅不爲無補。且除修繕炮臺之外，亦別無善後之法。然審思粵東浙省之往事，而仍欲恃炮臺以無恐，臣等知聖慮深遠，亦必不至於此。

臣等伏讀前奉諭旨，以制夷之方，粵東較有把握。仰見聖謨淵澈，洞燭幾先。竊謂該夷果有蠢動之意，即使虛張聲勢，亦必須調集兵船。香港距廣州密邇，且有素不同心之花旗各國，信息易通。一得消息，應如何密諭洋商停止貿易，以伐敵謀，或此外另有別法可以箝制，機關爭遲速之間，操縱在緩急之際。兩廣督臣徐廣縉沈毅詳審，通權達變，自必能仰遵聖訓，布置周詳。至英夷舉动與倭寇本不相同，此番之恫喝，与前事又不相同，不特偏僻之海口城邑，無混行殺掠之事，即濱海著名城邑，不足以牽制全局者，亦未必無端攻擾。今若以防堵二字處處張惶，甚或調兵募勇，洗炮購船，無論一經試辦，即須糜帑，而我樹召敵之形，即難保不生其嘗敵之計。宋臣蘇洵所云，寂然若不聞其聲，漠然若不見其形者，正今日之所宜用。臣等迭奉諭旨，以鎮靜爲主，以張惶爲戒。竊以爲廟謨淵邃，已操必勝之權，區區醜夷，又何能越此範圍，再肆猖獗？惟該夷既有控訴之事，言路又當宏開之時，論功罪者，或各矜事後之明，講韜略者，或不少剿襲之論。喜事者或思各逞其才能；僨事者或欲再賈其忠勇。血性之談，臚之篇章而甚易，耳食之説，施之實事而多誣。羣言淆惑，衷諸聖人。伏願我皇上神謨內斷，堅定不移。以羣言備芻蕘之採，勿以羣言亂安危之計，天下幸甚。

清·關康已《平夷録》卷七《軍務記》 夫魚在釜中則飲泣，獸罹網內則哀鳴。我東方不幸，禍起蠻夷，南國多殃，端由首惡，謂是役也。有琦善者，蒞任未及半載，流毒已極千條。有意賣津，虎門之弓衣盡撤，無心爲國，羊城之戈甲不修。香港因而遇災，烏涌從而致害。近洋一帶，望海吁嗟，聽赤子之呼嘑，淚隨聲下，聞蒼生之啼叫，目觸心傷。凡百淒涼，萬言難盡，欲食其肉而寢其皮者屢矣。幸而皇上明並日月，觸發奸謀，愛切寰區，誓除民害，選才命將，發詔興師，廣東之民，莫不舉手加額，以爲重見天日矣。不料將也昏迷闖幄，師行無紀，肆掠城廂，欲謀財則捏良爲漢奸，欲邀功則指民爲逆黨，無端被戮，有口难言。

更可痛者，湖南士卒，全無節制，宣淫疾婦，競染麻瘋。欲起沉疴，廣求靈藥，謬云：食人可愈，而刳孕爲羹，俎鼎民身，脂膏骨血，見者魄散，聞者心酸，滄海沉冤，蒼天變色。嗟嗟！上天以生生爲心，皇上以好生爲德，今官兵若此，是官兵之至，轉酷於鬼子之至也；是死於夷人之手，轉勝死於官兵之手。誰無父母，誰無兄弟，而忍見此慘毒哉？語云：『獸相食，人且惡之。』身爲大將，不能殺賊以安民，猶復縱兵以食人，紀律如斯，從古未見，欲求克敵，夫豈能哉？

果也，四月朔日，夷兵數千攻城，官兵望風逃走，一兵不發，百姓逢凶，鬼子縱火燒街，我民焦頭爛額，哭聲震地，怨聲彌天。而彼從不關心，褎如充耳，試問王師至此，究竟何爲？豈教其日夜閉城而已乎？而猶曰誘敵用民，未遑姑息。何乃任意劫命，總不誅鋤？許六百萬賄以求和，先交千金以作定，一時白鑼青銅，未充其數。復勒洋商當户，立刻捐資。斂民財以助軍資，則有之矣，破民産而資敵國，曾有是乎？在洋商獲夷國分毫，解囊猶可，而當戶乃朝廷餉典。去橐何名？且彼何不捐妻子捨身家以與之乎？煌煌天朝，體統何存？無怪夷人和議之後，猶復縱兵四掠也。

四月十日，夷兵踏糜南岸，騷擾西村，焚燒屋宇，荼毒生民，挖掘山墳，禍延白骨，姦人之妻，淫人之女，貞魂烈魄，夜夜聞聲，赴井墜樓，紛紛無數，義士撫膺而泣血，壯士蒿目以愴懷。難忍此心，盡圖報復，爰集各堡，戮力鋤奸，三鼓斬其千人，一併圍其大衆，夷兵喪膽，不敢交鋒，壯士雄心，爭先踏刃，務要生擒孟獲，盡殺夷人，下與閭閻雪冤，上與朝廷出力，得行斯志，然後甘心。何圖獻俘在即，可標銅柱之威，滅虜將成，竟有金牌之下。先使縣令往諮詢，復著府官爲彈壓，示以已成和議，無得妄殺夷人。百姓聞之，一齊泣下，意欲抗違斯命，奈伊勢位巍峨，意欲從順抛戈，怎忍從前欺侮？爲威所逼，飲恨無窮。當斯時也，江水爲之不流，神鬼聞而歎息。百姓年時納稅以養官，而官不爲之保護，百姓仗義捐生以殺賊，而官又不許其自防。民究何辜，罹此凶禍。嗚呼，公子卬之無能，人知之矣，秦伯國之所作，我亦云然。然而鶴唳風聲，敵人怖懼，詎意導行宿衛，太守殷勤，以蹂躪土地之奸夷，荼毒生民之惡黨，竟然事之若父，敬之如賓，彼實何心，昏庸若是，誰非天子之元元也，而反出於逆夷下哉？今而後廣東無遺民矣。被夷人殺者十之三，被官兵殺者十之二，將來各國，勢必效尤，皆視嘆夷爲例。興言及此，能不悲哉？悠悠蒼天，曷其有極！況目前之禍，猶未靖耶？

伏念我國家開創百九十餘年，列聖相承，殷情黎庶，今上御宇，愛洽海邦，斷不忍羣墜深淵，衆遭酷烈。惟恨訴天無路，難伸精衛之冤，溺水難援，共效鮫人之泣。所願普天下仁人君子，廣布斯文，俾直閣、賢臣、諫臺、御史有能忠心爲國，矜憫無辜，得知此段蕪文，肯作虞廷之耳目，則廣東之人，萬世沾恩矣。嗚呼，筆未落而淚已傾，口欲言而心已竭，撫膺一慟，良用愴然，草罷數行，如何是可？

清・黄恩彤《安撫遠紀略・撫夷論》 英夷不靖已三年矣，無論昔之言戰言防，均成畫餅，即今之言造船、言鑄砲、言練水勇、言築台堡者，亦復毫無把握。

大約言戰守者均未與該夷接仗，不能悉其伎倆，而但參考成書，如《練兵實紀》、《紀效新書》、《金湯十二籌》、《洴澼百金方》所云云者，以爲可以施之今日，甚或誤信稗史，以周郎江上之火、鄂王湖中之草，乃水戰之秘訣。而不知該夷之船堅砲烈，斷難力敵，亦無術破。以肉身禦大銃，雖銅筋鐵肋，立刻成虀粉，往往備之累歲，敗之崇朝。夷船在海中，浪湧如山，束薪灌脂之小舟，豈能攏近？即近矣，而彼隨帶三板多隻，不難即時撲滅，至以草網輪之法，或可施之小小輪船，若近日内地所造之水輪船耳。夷人以十餘丈之火輪船，大船水激輪飛，奮迅飄忽，木篷大鍊，且不能遏，而欲以盈尺徑寸莖柔幹弱之腐草，投諸茫茫巨浸之中，將以縛其輪而膠之，此真夢囈之語，不足值一噱者也。言善後者，明知無制彼之術，而不能不敷衍完局，除造船鑄砲數著之外，更有何法？其實以船而論，同安梭船，僅足入海捕盜，不足禦夷。即潘觀察所造之船，堅厚長大，裝砲亦多，窮中國工力物力，不能復加於此，而以當夷船，亦難言制勝。至大砲來自西洋，名曰紅衣，實紅夷也，彼乃造炮之祖也。我未能得其製鑄之秘，而火藥不及，彈子不及，砲手更萬萬不及，遽欲與之爭能，勿亦不揣本而齊末乎？竊謂夷之不能制者大約有五：『舟如堅城，銅牆鐵壁，舵手純熟，駕駛如飛，一也；一切砲火猛烈，機法靈巧，連環轟擊，竟日不休，二也；彼伏舟中，我立岸上，以逸乘勞，反主爲客，三也；孤軍深入，有進無退，我軍失利，頓成瓦解，四也；朝東暮西，瞬息千里，我備其七，彼攻其一，五也。夷之不足慮者亦有五：七萬里重洋，徵調不及，一也；水土不服，易生疾病，二也；負船爲穴，不敢深入，三也；得城旋棄，不能固守，四也；性貪安逸，夫制於婦，五也。而中國之所以控制而羈縻之者，惟在通商，夷居西北極邊，地冷人稀，向無田賦，其國中一切經費全資商稅，雖添設碼頭，如檳榔嶼、噶喇吧、新嘉坡等，多至二十餘處，而尤以廣州爲第一。其所以呈繳鴉片者非畏法也，慮絶其商也。其所以兵犯順者，非謀逆也，圖復其通商也。其所以滋擾他省而不肯蹂躪廣州者，非畏靖逆也，自護其馬頭也。上年粤東百姓燒燬洋樓，搶奪夷貨，而樸酋置不報復者，非畏粤民也，恐結怨愈深，則通商撤兵之後，將有猝不及防者也。其廈門、上海等處均過而不留，寧波雖久據而以假仁假義要結民心，亦係爲將來設立馬頭，不肯殘敗其地而戕賊其民也。不求讓稅而甘心納稅者，無稅則我得禁止華商不與交易，故遵例輸將，以饜我之心而平我之氣也。然則馭夷之法，概可知已。捐釋前嫌，示之寛大，裁減陋規，明定稅則，無事則撫以恩，有事則折以信，彼既灼然知用兵之害，通商之利，自當伏首帖耳，歌詠皇仁，不復有盜弄潢池之事矣。

清・王清瑞《潰癰流毒》第一卷《琦善・遵旨覆奏禁煙摺》 直隸總督琦善，奏爲遵旨覆奏事，竊惟國家之所深恨而痛嫉者，外夷之肆毒，而萬姓之受愚也。外夷之肆毒，由於通商之流弊，通商之流弊，由於奸宄之玩法。今鴻臚寺卿臣黄爵滋奏請皇上乾剛獨斷，乃聖不自聖，好問而好察邇言，飭下各直省督撫，各抒己見具奏，蓋早知其言窒礙難行，而欲求善治之法也。夫善治之法無他，在正本清源而已。正本清源之道奈何？曰：禦外夷以智，不啻拊其背而即振其頂也。撫億兆以仁，不特革其面而即洗其心也。繩奸宄以法，足以喪其膽而即奪其魄也。臣請得而詳言之。

即如內地之紋銀，漏入外夷者一節而論，紋銀爲內地之至寶，今外夷煙土，不以貨易，獨用紋銀，計三四十年之間，爲數已數十萬萬，此數十萬萬，仍散歸內地者，正復不少，而漏入外夷者，固已十居七八。考宋、元、明以來，內地諸山，有銀鑛者，已取盡。惟滇南近州，有緬屬之大山廠，粤西邊外有安南之來星廠，銀鑛極旺，而不屬內地。因彼不習烹煉，僅設商收稅，聽內地人採取，兩處每歲役四五萬人，所得不過二百萬兩，賫之內地，是極難得之物也。今外夷以數十年之間收取內地十餘年之積，以極害人之土，賺取內地極難得之銀，以致京師紋銀百兩易錢一百六十串，江、浙等處，紋銀百兩易錢一百四五十串，奉天地方止有銀票，不取紋銀，鹽課關稅短少，州縣報銷遲延，無一不受其累，狡獪伎倆，至此極矣。至於外夷番銀，皆用水銀熬點而成，包裹數年不動，輒生飛蛾蛀蝕，銀壞羽化，正是此類。若待至四五百年後，竟不知變爲何物。

今番銀計重七錢三分半，下爐傾足，不過六錢二分，計算不及九折，其折耗一錢半分，不知何物，乃江淮以南，貿易兑換，處處盛行，其申水反倍於紋銀，此真不可解也。然內地實有可制外夷之權，乃反受其欺而不善用其權，爲大可惜者，則大黄、茶葉是也。凡西口外極大者爲俄羅斯，以及諸番，皆需此物。蓋地土堅剛，風日燥烈，又日以羊牛肉磨粉爲糧，食之不易消化，大便不通立死，每日食後，此爲通腸之聖藥。大西洋距中國十萬里，亦惟茶葉是急，英吉利較近，皆不能離此。而今內地奸商，惟利是圖，其羽呢、鐘表奇巧小物，可以射利，與之交易，方且自爲得計，不知彼已深謀遠慮，預儲一二十年之蓄，不患不能通商，束手待斃，其計可謂得矣。顧夷人心思才力雖優，獨於此二物，即欲購種移植，而物土異宜，竟不能如其願，此實造物予中土以制外夷之大權也。臣愚以爲鴉片流毒，暫且大張曉諭，海口關隘嚴戒，不准通商，一俟鴉片斷絶，數年之久，彼所儲蓄漸將告匱，不能不哀懇，待其至再至三，乃開一面之網，施格外之恩，仍准通商，但此二物出口，必須紋銀交易，不得濫用番銀，及以貨換貨，若番船之貨銷售，則皆以番銀，亦不得以貨換貨，違者減斬罪一等。如是數十年，則以前數十年鴉片易去之銀，不難日復一日，漸歸內地，而詐僞之番洋，亦不難日復一日，漸還故土，此實以智禦外夷，以法繩奸宄之良策也。

至於鴉片流毒，凡吸食者，治以斬決，既無吸煙之人，自無進口之煙，截其流即可塞其源，此特鑑咬嵧吧之前轍，師安南人之故智，而不知其大謬不然也。彼安南於孟邁經過之時，誘食未行，而即發其覆，故一禁即止。今則數十年之久，十八省之大，豈能令出惟行乎？即如江、浙兩省，其人畏法懷刑，偶有一州一縣，不敢不遵，而不可以例其餘。如楚、黔、蜀三省州縣，苗民雜處屯塞，犬牙相錯，其人素不奉法。粤西桂、柳、平、梧、潯五府，獞人多於民人，甚或獞七民三，修仁、上龍、天河尤爲桀悍，若吸食鴉片，不肯俯首受縛，勢必聚衆抗拒，此大可慮也。至於閩省海疆，其人習於械鬭，善於打仗，吸食鴉片者尤多，倘或遁逃海島，外夷資其衣食，藉以探聽虚實，荒陬僻壤，弁兵巡役不到，要結無賴，一登陸地，砲台反爲虛設，此則更大可慮也。且夫吸食之人，貴賤貧富，賢愚善惡不齊，其游惰無能，爲匪作惡者，無論矣。若夫忠良後裔，簪纓世胄，其人溫恭爾雅，或富而好禮，捐輸樂善，其人品行端方，或生監孝廉，具有鴻才大略；或幕友書役，深知潔己奉公，或賢媛而未知禁令，或孀居而節凛冰霜，以及農工商賈，安分守己之人，一吸鴉片卽罹法網，將見縲絏之人載道，囹圄無隙地可容，貫索略重，不待部文覆轉，而瘐斃者已盈千累萬矣。夫夷匪叛逆，提兵剿滅，搜其黨羽，戮其妻子，不過十千八千人而止矣。若吸食者盡誅，卽閩、廣而論，吸煙者十居七八，十萬人恐不能盡也。若徇情酌縱，則就死者含冤，若更變章程，則先死者負屈。況我國家仁厚開基，明愼用刑，雖一命之微，亦情實而後勾。故刑法之善，爲亙古所未有。是以二百年來，重熙累洽，國祚綿長。今一言之下，欲興率土普天之大獄，此真斷斷乎其不可行者也。且兆姓者，子民也。子民受外夷之荼毒，爲吸此煙，身家罄盡，性命不保，豈無悔過自怨自艾，而沾染既深，未能卽脫。聖天子爲萬民之父母，洞悉隱情，定將矜其愚頑，憫其沉溺，瘠痍之民，起而登之袵席之上，躋之仁壽之域，安肯執斧鉞之威，傷殘自己之子民，而快遂外夷之毒計耶？

總而論之，民命不可視爲草菅，民心不可使之渙散，國寶不可常此偷漏，外夷不可久與通商，海疆不可疏於防禦，自奉天、直隸、山東、江、浙、福建、兩廣沿海地方，必先重兵固守，常行巡警，對渡關洋屬內地者亦然，以爲犄角之勢，俾外夷不敢窺探，大張曉諭，不准通商，則鴉片無自而來，洋商無所用其出結，窑口無所用其搬運護送，內地已入之煙土，幷不必緝捕銷燬，吸食者一面戒煙，一年半載，知煙不續來，販賣者另尋別業，吸食者盡保殘軀，如是則從容不迫，而天下皆安居樂業，此則撫億兆以仁，而正本清源之道，皆在其內。於以頌億萬年昇平之慶，豈不美哉？臣愚昧之見，是否有當，伏乞皇上訓定施行。謹奏。

藝文

清・林則徐《雲左山房詩鈔・和鄧嶰筠前輩虎廷楨門卽事原韻》 五

嶺峯回東復東，煙深海國四字，公舟中額也。百蠻通。靈旗一洗招搖燄，晝艦雙恬舶艣風。弭節總憑心似水，聯檣都負氣如虹。牙璋不動琛航肅，始信神謨協化工。拜衮人來斗指東，女牛招共客槎通。銷殘海氣空塵瘴，聽徹潮聲自雨風。下瀨樓船遲貫月，中流木柹亙長虹。時有排鍊之製。看公銘勒燕然後，磨盾還推覓句工。

又《次韻和嶰筠前輩》 蠻煙一掃衆魔降，説法憑公樹法幢。域外貪狼猶帖耳，肯教狂噬縱郙龙。

近聞籌海盛封章，突兀班心字有芒。誰識然犀經慧照，那容李樹代桃僵。

又《中秋嶰筠尚書招余及關滋圃軍門天培飲沙角礮臺眺月有作》

坡公渡海詩羅浮，涼天佳月皆中秋。東坡詩序語。鐵橋石柱我未到，黃灣胥口先句留。今夕何夕正三五。晴光如此胡不游？南陽尚書清興發，約我載酒同扁舟。日午潮回棹東指，是日退潮在午。順流一葦如輕鷗。鼓楫健兒好身手，二十四槳可少休。快艇槳廿四不用。轉眸已失大小虎，兩山名。須臾沙角風颿收。是時戰艦多貔貅，相隨大樹驅蚍蜉。礮聲裂山雜鼓角，檣影蘸水揚旌斿。樓船將軍肅鈐律，雲臺主帥精運籌。大宣皇威震四裔，彼伏其罪吾乃柔。軍中歡讌豈兒戲，此際正復參機謀。行酒東臺對落日，猶如火繖張鬱攸。莫疑秋暑酷于夏，晚涼會有風飅飅。少焉雲斂金波流，夜潮洶湧拋珠毬。涵空一白十萬頃，淨洗素練懸滄洲。三山倒影入海底，玉宇隱現開瓊樓。乘風我欲淩女牛，舉杯邀月與月酬。霓裳曲記大羅詠，廣寒斧是前身修。試陟峯巔看霄漢，銀河瀉露洗我頭。森森寒芒動星斗，光射龍穴龍爲愁。蠻煙一掃海如鏡，清氣長此留炎州。三人不假影爲伴，袁宏庾亮皆吾儔。余與嶰筠、滋圃俱登峯巔。醉歸踏月涼似水，仍屏慊從袪鳴騶。褰簾拂枕月隨人，殘宵旅夢皆清幽。今年此夕銷百憂，明年此夕相對不？留詩準備別後憶，事定吾欲歸田疇。

又《題關滋圃瑞菊延齡圖》 一品斑衣捧壽巵，九旬慈母六旬兒。功高靖海長城倚，心切循陔老圃知。裛露英含堂北樹，傲霜花豔嶺南枝。起居八座君恩問，旌節江東指日移。

又《贈汪少海》 廿年陳迹感摶沙，飛鳥重來鬢未華。莫歎鮎魚遲上竹，已添鳳羽待生花。旋渦妙策沉番舶，庚子夏逆夷擾浙，君用奇計，誘夷舶陷輭沙，俘獲甚衆。烈燄神機轉礮車。鎮海鑄大礮百餘、分運各臺，君領其事。《漢書》註霹靂車，即今礮車。東望蛟門抒高詠，詩題崖岫合籠紗。

又《哭張亨甫》 尺素頻從萬里貽，吟成感事不勝悲。誰知絕塞開緘日，正是京門易簀時。狂態次公偏縱酒，鬼才長吉悔攻詩。修文定寫平生志，猶訴蒼蒼塞漏卮。

又《哭故相王文恪公》 纔錫元圭告禹功，公歸遵渚詠飛鴻。休休豈屑爭他技，蹇蹇俄驚失匪躬。下馬有墳悲董相，隻鷄無路奠橋公。傷心知己千行淚，灑向平沙大幕風。

廿載樞機贊畫深，獨悲時事涕難禁。艱屯誰是舟同濟，獻替其如突不黔。衛史遺言成永憾，晉卿祈死豈初心？黃扉聞道猶虛席，一鑑云亡未易任。

又《黃壺舟濬以前後放言詩寄示奉次二首》 漫將羞澀笑羈臣，此日中原正患貧。鴻集未聞安草澤，鵑聲疑復到天津。紛看絹樹登華轂，恐少緇流度羽巾。時有以僧道度牒爲籌邊經費計者。海外蚨飛長不返，問誰夜氣識金銀？

狂魔枉向病身加，肯與穿墉競鼠牙。古井無波恬一勺，歧途有客誤三叉。帶圍屢減腰仍瘦，筍束成堆眼已花。索書者多，苦無以應。何日穹廬能解脫？寶刀盼上短轅車。

清·鄧廷楨《雙硯齋詩鈔·爲豫厚庵榷使題滄浪亭送別圖》 昔君去胥江，賦別我未與，今君來珠海，蘚若始相遇，有如風中萍，彼散此忽聚，握手知君賢，汪洋見叔度，君亦頗阿好，肝膽盡披露，想君在吳門，瀸澤久汜濩，餘閒及歗詠，滄浪適天趣，祖席詩琳琅，亮非過情譽。茲來筦市舶，鼇剔起沈痼，諸番固狡貪，內奸亦雜厝，凡物必先腐，漸漬乃生蠹，當使鬼蜮驚，自見鶼鰈赴。視事曾幾時，威信已宣布，懸知及瓜代，攀臥一如故。我若及送君，定續南浦句，顧官如傳舍，賤子或先去，君當遠將予，揮毫濕絹素。去住姑勿論，離合自有數，椒蘭過留芬，松柏寒益固，題詩當尋盟，久要幸無斁。

又《庚子之春祁春圃大司馬、黃樹齋少司寇奉命來閩勾當公事楨亦自粵督移任茲邦會辦四閱月，樹齋集蔡忠惠萬安橋碑字爲記，奉題四首庚子》 痛哭長沙策，新題白傳吟，好生明主意，固本藎臣心，岳牧都俞切，滄瀛疢疾深，應憑障川手，一爲救冥沈。蔓草圖難盡，萑苻遂遂乘，機緘原倚伏，籌策必淩兢，薤本期先拔，苞萌亦小懲，長奸戒姑息，勉作郅都鷹。帝念東南亟，教馳一丈車，虎符三易地，龍節兩乘槎，拯溺同心苦，籌邊各鬢華，酬恩倚長劍，中夜聽清笳。牛斗星方聚，鴻泥雪易消失，豐碑蒐往迹，綦履紀今朝，擘錦書仍貫，穿珠語最調，留名景忠惠，不但詡題橋。

又《與張預佑幷序 辛丑》 兩廣督標左營守兵張預佑，高要人，父廣志，官把總，母梁氏，側室也。佑生一歲而孤，梁與其嫡撫之。道光庚子年十七入伍，充弓箭手。明年春暎夷犯虎門，奉調戍橫檔礮臺，臺陷彼擄，見夷酋屹立不跪，酋欲割其髮辮，叱曰：『頭可割，辮不可割也。』怵以死，則曰：『兵固爲死來耳。』酋曰：『不思父母乎。』則又曰：『可以對皇上，即可以對父母，不思也。』酋遽起揮令去。余聞以白大府，驗其髮，良信。乃亟拔之，亦足以媿厲有位矣。爲作詩二首，並書於扇頭，與之。

截髮何如竟斷頭，盤空硬語壓夷酋。男兒腰膂堅於鐵，媿殺夸毗體慣柔。煢煢孤寡影形隨，去日含淒歸益悲。母節寒松兒勁柏，雙清好報九原知。

又《伊江中秋》 今年絕域看冰輪，往事追思一愴神！天半悲風波萬里，杯中明月影三人。道光乙亥，余與少穆以籌海駐虎門，中秋之夕，偕軍門關滋圃登沙角礮臺望月，遂陟山之極巔。英雄竟汙遊魂血，滋圃以辛丑二月八日戰歿于靖遠礮臺。枯朽空餘後死身。獨念高陽舊徒侶，單車正逐玉關塵。

又《贈林心北少穆尚書少子也》 冰天隨侍𨊠驕驄。帕首韝刀尚卯童，犀角定應它日貴，豹斑誰復此郎同？政如渡海攜蘇過，時以通家候孔融。不礙士龍多笑疾，老夫甘作晉司空。

又《和豫厚菴偶感原韻》 晻冉惜年華，棲遲萬里賒，明夷占用晦，大壯計原差，厭病翻辭藥，觀空不憶家，澄心盟白雪，入夢成驚沙，蠖儘蘉幽蟄，蜂從鬧午衙，與君共磨涅，願保玉無瑕。

又《癸卯閏秋被命東歸少穆尚書以詩贈行次韻卻寄二首》 秋淨天山正合圍，忽傳寬大許東歸。餘生幸保精魂在，往日沈思事業非。遇雨羣疑知並釋，搏風獨翼讓先飛。河梁自古傷心地，無郍公舊戾㒼衣。

事如春夢本無痕，絳寨生還猶冀恩。未必宣蘭香共擊，要留臺柏性常
存。百年多難思招隱，半壁殷憂敢放言。此去刀鐶聽續唱，遲公歸騎向青門。

又《壽星明》 珠海餘生，西指天山。相從荷戈。看伶仃雪窖，鴻泥同印，縱橫沙磧，雁帛誰過。盾鼻書成，刀頭唱徹，收拾蒼涼入劍歌。蛩與蟨，有霜欺鬢短，酒助顏酡。玉關先走明駝，似蘇李，河梁別淚多。便欣逢馬角，我聞如是，偶遲羝乳，於意云何？壯志依然，華年未老，聽説秋來听肺病瘥，爲公壽，祝黃羊手炙，且宴頭鵝。

萬里邊地，城幹遙通，萊蕪未開。恰我聞有命，勸農隴右，公行復起，闢地輪臺。雁戶操豚，鱗塍買犢，搜粟摸金，莫浪猜，真成笑，笑屯田籌海，一例相陪。曼胡纓短風吹，定策馬龍沙日幾回？念花門種別，休教咨怨，蒟陂利溥，盡盼招徠，將受厥明，曰嘉乃績，異域銘功，羨此才。承丹詔，向酒泉西望，定遠歸來。

清·王清瑞《潰癰流毒·粵東感事十八首》 驚聞烽火起邊陲，城市荒涼亦可悲。萬里黃沙金鼓振，九重丹詔羽書馳。楚氛甚惡民皆畏，戎事無功敵已知。記取當年妖讖兆，不堪重讀蜀江碑。

雄師久駐虎頭山，定索江頭往復還。銅柱昔曾分漢界，泥丸今已塞函關。雉垣尚缺金城鞏，獅海空沉鐵鎖環。如此重洋天險地，可無奇策計平蠻。

羸得包苴饋內臣，片帆從此達天津。曹騰受賄威全失，頡利投誠意豈真？佞骨已輸長脚相，忠肝誰是割心人？南溟不靖緣何事，欲斬支祈祭海神。

囈語温言竟諭夷，此心難與判公私。望洋先怯狂濤勢，航海難通外國詞。割地交情千古厚，滔天奇罪萬人知。百枝紅燭重圍裏，憶向蓮花夜宴時。

粵江潮接浙江潮，瘴海風塵匝地飄。鷹隼寔雄知勢猛，蛾眉受辱總魂銷。元戎按部軍心怠，大帥連兵壯志搖。手握虎符甘縱賊，幾曾恩寵答中朝。

百隊欃槍出浪中，峨峨番舶走艨艟。庸臣空語羈縻法，節使難成克捷功。幾見陳湯能死難，可憐魏絳議和戎。傷心同哭關西將，一死猶留報

國忠

回首重營鼓角哀，征南將士倍低徊。林宗久繫人倫望，鄧艾今無決勝才。已有妖氛從地起，原知殺運自天來。蠻烟消盡烽煙警，空使炎荒歎劫灰。

陸城危峙又陀城，星火飛來膽亦驚。潦草干戈先潰散，流離家室費經營。鴉軍漫擬魚龍陣，羸卒難勝虎豹兵。一樣沙場爭戰地，纍纍白骨未分明。

誰令邊寇肆披猖？自大居然比夜郎。重譯竟能通國語，夷書翻敢附王章。笙歌城郭餘焦土，錦繡山河作戰場。一片揚帆齊到處，更無人憶鳳凰岡。

制敵人應據上游，虎門失守已堪憂。十行勁旅歸楊僕，一局殘棋付弈秋。疑有禍胎生肘腋，豈無關隘控咽喉？請纓原是書生事，匹馬蕭蕭欲遠遊。

莽莽風塵一望平，烟雲飄瞥動天旌。船飛海角帆無影，火烈原頭箭有聲。幾日征書馳遠道，連宵鼉鼓走疑兵。將軍更有從容態，翻許兼程作緩程。

棨戟森嚴聚百官，不談失守日盤桓。亂離共説城中苦，爭戰翻從壁上觀。百尺將壇春日麗，千重步障陣雲寒。公侯若個威名重，好爲邊原保乂安。

楚廷高聳粵江邊，睥睨雲山鬼惘然。荒服共持蘇武節，大江常放呂嘉船。鋼刀殺賊今何用？輜重從軍亦可憐。太息下民多疾苦，哀鴻中澤已三年。

官軍畏敵竟神昏，虜至爭同萬里奔。大將虛收謀士策，重臣多負至尊恩。請和漫説人心樂，招接何知國體尊？武備戎裝殘缺甚，藩籬固守不須論。

結草爲人計已窮，望塵退敵術難工。千層蜃市連雲黑，十丈鯨波洗血紅。狐鬼縱橫隨處顯，魚龍爭戰此番同。閭閻無限仳離苦，都在驚濤駭浪中。

鬼黠居然坐筍輿，六街人語共傳呼。威儀妄欲矜蠻寇，劍佩何堪屬賈胡。名擬鬼椎應酷肖，事同兒戲竟非誣。短衣烏帽真無賴，便許招搖過

上都。

戰士無心欲寢戈，黄支烏什詎能和？軒轅作砲攻難濟，仁厚搴旗事若何？禦侮不嫌邊將少，賊民常恨楚兵多。壯懷共有英雄略，好爲承平奏凱歌。

觸撥雄心獨壯談，紛紛輿論亦堪參。募民尚覺紅軍勇，克敵真宜血戰酣。投筆便應張勁弩，同袍誰與贈征驂。哀時重讀蘭成賦，不哭江南哭嶺南。

又《常熟吴嵥兼山詩·海氛記事》 桴鼓初從海上聞，蟲沙猿鶴已紛紛。城孤坐失舟山險，戍遠空屯石浦軍。將晤人非湯信國，罪言誰是杜司勳。桑麻四野承平地，萬竈炊烟入陣雲。暎咭唎船六月初三游奕韮山，初五日舟山失守。

同時生死事難量，獨有文臣竟國殤。半夜龍蛇爭起陸，諸軍鵝鸛不成行。攻城頓使千夫潰，罵賊先聞一尉亡。何處更尋新令尹，淒涼燐火照沙場。六月初八日夜半，定海縣城陷，縣尉全福罵賊被戕，署縣令姚懷祥到官纔匝月，不屈死之。水陸諸營汛武臣，無一死者，惟總兵張朝發受傷蹈水遇救。

苞茅初貢卻王廷，欲借珠山本不經。重譯古來無此國，遺編明代替圖形。人多華夏官關白，文豈蠻夷解殺青。猶是前朝舊倭患，備倭城堡太零丁。古無暎咭唎國，惟佛郎機以巨砲利兵，横行海上。其人長身高鼻，貓睛鷹嘴，卷髮赤鬚，諸番如滿剌加、巴西、呂宋，紅毛皆爲所幷，築室建城於粤東香山澳門通市。乾隆五十八年，舟至定海，聲言入貢，請借珠山爲貿易地，詔卻其貢，驅之使去，其夷官尊者呼關白，多中土人，亦刊有中原文字書籍，前明時御史何鰲疏請盡驅佛朗機，以巡撫林福條議留之，有四利，遂相沿至今。

林福通商肇亂階，何鰲抗疏少人偕。當年功罪今朝定，百感興衰烈士懷。兵潰廈門聞警驟，師援浙海計程乖。諸君儘有澄清願，戰守憑誰議獨排。

頻來間諜託傳書，敵國公然敢自居。絳灌無文原未解，范韓當局定何如。民因防口言猶誕，將不攻心計總疏。我欲登高非作賦，萬重洋裏看擒渠。夷匪屢致書巡撫，約戰期，我軍已五千餘衆，夷來祇四人，自稱書使者，不持寸鐵。

又《乍浦吟》 天險常憑説坦途，乍川形勢控當湖。城堅壁壘尊都護，地滿樓臺勝畫圖。砲火深宵開劫運，繡衣中道誤兵符。請看一艇乘潮入，鐵板成沙事有無。

長將鐵板比流沙，傍岸曾無海上槎。幾片紅旗諸島嶼，滿城白骨萬人家。夷來始覺民多附，戍罷翻聞卒共譁。韋叡子孫原不忝，獨拌青鬢了年華。乍浦之陷，署同知韋逢甲，以新進士試官，年甚少，獨死於難。

又《長谿嶺》 生能殺賊死殊倫，父子同捐八尺身。二百年來教忠孝，可憐近日祇朱陳。長谿嶺之戰，金華協副將朱桂（貴）殺賊屢勝，身被數創，猶手刃數十人，其子朱昭南，單騎奪父屍，同死於難，與粤東副將陳升父子殉節事同。

中年得第博親歡，纔向沙場現宰官。血汙遊魂望歸旐，簞瓢陋巷路漫漫。新進士顔履敬，試令浙中，檄隨長谿嶺軍營，即罹於難，貧無歸櫬之資，其僕葉升從死。

又《吴淞口》 畫角聲先一雁秋，吴淞戰船幾沉浮。綠章爭上和戎策，赤幟曾無反客謀。潰卒倉皇工劫掠，殘民潦倒避誅求。傷心惟有陳驚坐，不負功名斷白頭。夷陷寶山縣城，提督陳化成戰殁於吴淞口。兩江總督牛鑑先遁，退保江寧。夷索五十萬金贖城，比戶逃亡殆盡，潰卒沿村劫掠，尤甚於夷。

談虎何人讀豹韜，斬蛟今日力能操。一軍盂瀆增溝壘，百里劉河駐節旄。我馬疲瘏生可託，爾牛觳觫死曾逃。世間惟有沙場血，成就功臣上戰袍。

又《金陵感事》 又報沿江急鼓鼙，瓜洲直下秣陵西。弟兄國有烏孫例，父子軍無虎將提。遠戍望天生馬角，哀歌借劍血牛蹄。近來海市依城郭，温嶠何勞照水犀。夷據瓜洲，遂進逼江寧，泊舟儀鳳門外。牛鏡塘制府疏請速決大計，以暎咭唎與天朝爲敵體上聞。江、浙諸大吏且有望琦靜庵舊相賜環，共成議和者。亦有訛傳林少穆制府復起督師者。

萬木呼風天地秋，石頭江畔致書郵。枕戈免胄思羊侃，對酒披襟歎馬周。客子故應分半鹿，庖丁恨不解全牛。東南浩劫山川裏，封事頻增聖主憂。

龍蟠虎踞陣雲堆，萬室流離道路哀。舊相頭銜都護重，將軍心事便宜裁。金湯豈有千年固，馬市何妨一笑開。自道甲兵渾不及，敵中親見不凡才。耆介春將軍，極稱夷酋璞鼎查有非常之才，非我軍所能敵。和議既成，耆介春將相、伊莘農舊將、牛鏡塘制府，率司道各官，兩謁夷酋璞鼎查、郭士立等，獨嗎喇嗦不至，璞鼎查擕夷樂當筵三奏，於是益嘉其恭順，我讌設江寧貢院，夷兵游秦淮兩岸。

頻年疆場苦相侵，百計休兵力不禁。三殿詔書天子璽，萬方財賦地丁金。渾忘虎兕圖吞肉，深爲豺狼信革心。今日始知平海易，祇憑把臂當成擒。耆介春將軍、伊莘農舊相、牛鏡塘制府，以逆夷要約十四款，請用御璽，其鴉片烟價、贖城免戰諸費，議給二千一百萬元，先予六百萬退出長江，約期讌飲。

聞道金陵樂事真，投戈把酒笑談頻。魚龍曲奏夷中樂，猿鶴魂消座上賓。四瀆漏巵添此日，九州聚鐵鑄何人？夜深嗚咽秦淮水，玉女窗前淚滿巾。

鎖院開樽戶不扃，當筵山送六朝青。漢官濟濟威儀在，壙騎欣欣戰伐停。紓難未妨家共毁，養癰終恐藥無靈。坐間頻問種師道，猶是中原一將星。席間夷酋璞鼎查詢及林少穆制府現在何處，答以遠戍伊犁，璞稱歎久之。

又《論史》 國本誰能固？遐荒富島夷。水窮巵更漏，地大軸難移。烽火連江海，星芒動斗箕。當時心可諒，意不在羈縻。黄

本備專征去，常爲易俗謀。寇偏工反間，釁轉啓旁求。聲望平生重，功名一炬休，終然看魏絳，同在玉關頭。林

惆悵津門道，頻年罷水軍。地圖三輔近，風信九天聞。獻策輕餘子，和戎始自君。一爲滄海使，寇盜日紛紛。琦

豈不伊人想，其如物望虛。兵多離亂後，地是戰爭餘。脈脈思前事，迢迢待遠書，至今共耆舊，厝火説安居。伊

往日執金吾，還看剖竹符。如何排大難，從此度前模。冒頓猶甥舅，王人豈隸奴？江妃有餘恨，合浦少還珠。耆

一讀江南賦，無如庾信哀。金陵根本地，玉節棟梁才。餧虎探飢飽，呼牛任去來。獼猴遠相勝，猶得畫麟臺。牛

亦有蒼生望，棠花似舊新。艱危逢戰地，衰病惜勞臣。頓易中途轍，空談曲突薪。此邦多月旦，何處覓完人？劉

又《靜菴曲》 何人結構號靜菴？珊瑚火齊黄金函，坐中非仙亦非佛，天魔墮地成奇男。想當奪胎住村舍，縱有襁褓惟褸襤。一朝物色稗販去，卅年赫赫資雄談。通候家世致身早，舊時鄉里誰能考？白頭老嫗心獨知，飢寒面目方枯槁。匍匐來前苦致詞，但求一飽官廚稻，呼兒豈異斷腸猿，視母真如寄生草。雹光石火頻相催，百蠻海上軍門開。忍使瘡痍偏原野，議割疆土輕塵埃。都護死忠子死孝，大角沙角摧砲臺。俄聞列鎮虎門陷，援師不出緹騎來。江淮父老流涕久，旌旗眼見防秋後。子孫血肉飼黿鼉，至今鬼哭黄河口。菴空夜靜星滿天，貫索閃閃朱絲鮮。胡椒尚儲八百斛，那得溟渤銷烽烟。悠悠富貴終安在？不及窮檐無一錢。檻車睡醒平生夢，道旁觀者言尤痛。君親恩重兩俱忘，頭顱甘爲蠻夷送。諸君從此問狐狸，天下甲兵長不用。廣東提督關天培、副將陳連升父子，皆以援師不發，先後殉節。

又《秋感》 遙聞昌國信酸辛，三鎮同亡百戰身。父老那堪城再陷？韜鈐空詡世無倫。反戈躍馬非關寇，複壁藏官轉借民。多少樓船橫海泊，蛟門坐視彼何人。嘆夷再陷定海，壽春、處州、定海三鎮，血戰六晝夜，力竭死之，署知縣舒恭受，自服生鴉片，已死半日，爲村民灌救復甦。

虎符手握本專征，家世曾傳上將名。慷慨誓師持讜論，倉皇棄甲潰雄兵。一旬竟使三城失，半日偏能百里行。聞道模糊身死處，輕舟猶自問歸程。

四明壁壘片時抛，完卵番番是覆巢。風雨滿城迷去路，牛羊無主散荒郊。紛紛退守人三舍，誰道輕生水一坳。何日將軍自天降，千秋信史在衡茅。寧波郡城既陷，提督余步雲以退守慈谿爲詞，知府鄧廷彩、鄞縣令王鼎勳、鎮海縣令葉堃，皆以投水遇救關白，諸大吏據以上聞，獨鎮海縣丞李向陽夫婦自經，殉節於城將陷時。

深淺沙塗傍海量，姚江又報避奔狼。官先民去多無恙，地少兵屯本未防。天許顔回心可鑄，人依劉表願難償。蒼生痛哭羣夷笑，到處何曾有戰場。夷以火輪船沿海量水，入餘姚縣境，官民爭避，夷遂入城。

清·關康己《平夷録·廣東感時詩》 奕世難逃此武功，求和納賄暗關通。軍需辦盡全無用，都付夷人一火中。山河不顧顧夷蠻，百萬金資作等閒。辱國喪師千古恨，待人猶説爲民間。奕山

隆隆勢位説參謀，無勇無才死便休。城下兵臨猶醉臥，全憑奸府作和頭。文愛錢財武惜身，蠻夷擾害不爲嗔。弁兵數萬徒糜餉，退縮金山避敵人。隆文

楊枝無力愛南風，參贊如何用此功，糞桶尚言施妙計，穢聲傳遍粤城中。芳名果勇愧封侯，捏奏欺君竟不羞。試看鳳凰岡上戰，一聲砲響走回

頭。楊芳

清・張維屏《張南山全集・松心雜詩・三元里》 三元里前聲若雷，千衆萬衆同時來。因義生憤憤生勇，鄉民合力强徒摧。家室田廬須保衛，不待鼓聲羣作氣。婦女齊心亦健兒，犁鋤在手皆兵器。鄉分遠近旗斑斕，什隊百隊沿溪山。衆夷相視忽變色，黑旗死仗難生還。夷兵所恃惟槍炮，人心合處天心到。晴空驟雨忽傾盆，凶夷無所施其暴。豈特火器無所施，夷足不慣行滑泥。下者田塍苦躑躅，高者岡阜愁顛擠。中有夷酋貌尤醜，象皮作甲裹身厚。一戈已揕長狄喉，十日猶懸郅支首。紛然欲遁無雙翅，殲厥渠魁真易事。不解何由巨網開，枯魚竟得攸然逝。魏絳和戎且解憂，風人慷慨賦同仇。如何全盛金甌日，卻類金繒歲幣謀。

雜録

清・林則徐《林文忠公政書・湖廣奏稿》卷四《籌議嚴禁鴉片章程摺》 煙具先宜收繳淨盡，以絶饞根也。查吸煙之竹桿謂之槍，其槍頭裝煙點火之具，又須細泥燒成，名曰煙斗。凡新槍新斗皆不適口，且癮難過。必其素所習用之具，有煙油漬乎其中者，愈久而愈寶之，雖骨肉不輕以相讓。此外零星器具，不一而足，然尚可以他具代之，惟槍斗均難替代，而斗比槍尤不可離。遇無槍時，以習用之斗配別樣煙桿，猶或遷就一吸。若無斗，即煙無裝處，而自不得不斷矣。今須責成州縣，盡力收繳槍斗，視其距海疆之遠近，與夫地方之衝僻，戶口之繁約，民俗之華樸，由各大吏酌期定數，責以起獲，示以勸懲。除新槍新斗聽該州縣自行毀碎不必覈計外，凡漬油之槍斗，皆須包封，粘貼印花，彙册送省，該省大吏當堂公同啓封毀碎。無論此具或由搜獲，或由首繳，或由收覓，皆許覈作州縣功過之數。若地方繁庶而收繳寥寥者，立予撤參。如能格外多收，亦當分別獎勵。

一、此議定後，各省應即出示勸令自新，仍將一年之期劃分四限，遞加罪名，以免因循觀望也。查重典之設，原爲斷吸起見，果能人人斷吸，亦又何求？所謂以人治人，改而止也。各省奉文之後，應由大吏發給告示，遍行剴切曉諭，自奉文之日起，扣至三個月爲初限，如吸煙之人，於限内改悔斷絶，赴官投首者，請照『習教人首明出教』之例，准予免罪。然投首非空言也，必將家藏煙具幾副，餘煙若干，全行呈繳到官，出具改悔自新毫無藏匿甘結，加具族鄰保結，立案報查。如日後再犯，或被告發，或經訪聞，拘訊得實，加倍重辦。其二三四限之内投首者，雖不能概予免罪，似亦可酌量減輕。惟不投首者，一經發覺，即須加重。蓋四時成歲，三月成時，氣候不爲不久，果知畏法，儘可改圖。若仍悠忽遷延，再三自悞，揆以誅心之律，已非徒杖所可蔽辜。除初限以内拏獲者，仍照原例辦理外，其初限以外，四限以内未首之犯，拏獲審實，似應按月遞加一等，至軍爲止。其中詳細條款，並先後投首如何減等，首後再犯如何懲辦之處，均請敕部覈議施行。似此由寬而嚴，由輕而重，不肖之徒如再不知悔懼，置諸死地，誠不足惜矣。

一、開館興販以及製造煙具各罪名，均應一體加重，並分別勒限繳具自首，以截其流也。查開館本係死罪，興販亦應遠戍，近因吸食者多相互包庇，以致被獲者轉少。今吸煙既擬重刑，若輩豈宜末減。應請一體加重，方昭平允。但澆俗已深，亦宜予以自新之路。請自奉文之日起，開館者勒限一月，將煙具煙土全繳到官，准將原罪量減。如係拏獲，照原例辦理。地方官於一月内辦出者，無論或繳或拏，均免從前失察處分。倘逾限拏獲犯，照新例加重，自獲之員減等議處。其興販之徒，路有遠近，或於新例尚未聞知，不能概限一月投首，應請酌限三個月内，不拘行至何處，准赴所在有司衙門繳煙免罪。若逾限發覺，亦應論死。其繳到之煙土煙膏，眼同在城文武，加用桐油立時燒化，投灰江河。匿者與犯同罪。至製造煙具之人，近日愈夥，如煙槍固多用竹，亦間有削木爲之，大抵皆煙袋鋪所製。其槍頭則裹以金、銀、銅、錫，槍口亦飾以金、玉、角、牙；閩、粤間又有一種甘蔗槍，漆而飾之，尤爲若輩所重。其煙斗自廣東來者，以洋磁爲上，在内地製者，以宜興爲高。恐其屢燒易裂也，則亦包以銀、錫，而發藍點翠各極其工。恐其屢吸易塞也，則又通以鐵條，而矛戟錐刀不一其狀。手藝之人喜其易售，奇技淫巧競相傳習，雖照例懲辦，而製造如故。應請概限奉文一月内，將所製大小煙具全行繳官毀化免罪。並諭煙袋作坊、瓦器窑戶，以及金、銀、銅、錫、竹、木、牙、漆各匠，互相稽查。如逾期不首，及首後再製，俱照新例重辦。其裝成槍斗可用吸食者，即須論死。保甲知情不首，與犯同罪。

一、失察處分，宜先嚴於所近也。文武屬員有犯，該管上司于奉文三個月內查明舉發者，均予免議。逾期失察者，分別議處。其本署戚友家丁，近在耳目之前，斷無不知，應勒限一個月查明。若不能早令革除，又不肯據實舉發，即是有心庇匿，除犯者加重治罪外，應將庇匿之員即行革職。本署書差發犯，限三個月內查明懲辦，逾期失察者，分別降調。

一、地保牌頭甲長，本有稽查奸宄之責，凡有煙土煙膏煙具，均應著令查起也。挾仇訐告之風，固難保其必無，但能起獲贓證，即有證據。且起一件即少一害，雖初行之時亦恐難免滋擾，然凡事不能全無一弊，若果吸煙者懼其滋擾而皆決意斷絕，正不爲無裨也。至開館之房主及該地方保甲，斷無不知之理，若不舉發，顯係包庇，應與正犯同罪，並將房屋入官。

一、審斷之法，宜預講也。此議定後，除簡僻州縣犯者本少，即有一二無難隨時審辦外，若海疆商賈馬頭及通衢繁會之區，吸食者不可勝數。告發既多，地方有司日不暇給，即終日承審，而片刻放鬆，則癮已過矣，委人代看則弊已作矣，是非問罪之難，而定讞之難也。要知吸煙之虛實，原不在審而在熬，熬一人與熬數人數十人，其工夫一耳。且專熬一人，容或有弊，多人同熬，轉無可欺。譬如省會地方，擇一公所，彙提被控被拏之人，委正印以上候補者一員往審足矣，不必多員也。臨審時恐其帶藥過癮，則必先將身上按名嚴搜，即糕點亦須敲碎，然後點入封門，如考棚之坐號，各離尺許，不准往來。問官亦只准帶一丁兩役，隨身伺候，不許擅離。自辰巳以至子丑，祇須靜封，不必問供，而有癮之人情態已皆百出矣。其審係虛誣者，何員所審，即令何員出具切結，倘日後別經發覺，惟原審官是問。

又《戒鴉片煙經驗數種良方》 一曰忌酸丸，一曰補正丸。忌酸丸，即以煙灰和藥爲之。緣初戒時不能遽絕，故以灰代煙也。重用附子者，取其走而不守能通行一十二經也。佐之以柴胡，之左旋升麻，之右旋沉香，之直達下焦，四者相合，則徹乎上下表裏，頃刻而能遍於一身矣。顧吸煙之人，中氣無不傷者，中氣傷則氣不能化精而血衰。故用參、芪以補肺氣，白术以補脾氣，陳皮、木香以利諸氣，皆所以安其中也。中氣既固，再有當歸、連柏以涼血而生血，且連柏能殺附子之毒，以生一源之水，且制二相之火也。氣血兩虛之人，保無昏暈，非天麻不能止，故加以天麻。其用甘草者，不但可以補中，兼可益血，並和諸藥也。此方氣血兩補，而藥味不雜，寒熱並用，而於理不悖。煉以爲丸，吞入於胃，行氣於五臟，輸精於經絡，不俄頃亦即徹頂踵，遍內外無處不到，是以煙癮不起，諸病不作。且有沈木二香，氣息芬芳，藉附子以行之，薰蒸於五臟之中，吞至數日後，若再取過火之煙吸之，不獨臟氣與之扞格，即鼻孔聞之已嫌其臭矣。補正丸即以忌酸丸之方減去黄芪、木香二味，不用附子，且不用煙灰，其餘藥味分兩，均與忌酸丸方同。凡戒煙者，先吞忌酸丸，至三五日後，每日減忌酸一丸，則補正兩丸替之，減兩丸則以四丸替之，照此遞推，互相加減，至忌酸丸減盡，再專服補正丸十日，或半月後，即連補正丸亦不用服，而癮自斷矣。此方歷試歷驗，具有神效。緣有補中益氣之藥，日減有煙之一丸以去邪癮，日增補正之二丸以助正氣，正氣日足，邪無所容。即使至重之癮，果能痛自改悔，照法行之，不過略多數日，未有不能斷絕者。全身命以保餘生，懍國法而免刑戮。凡有血氣心知之人，有不覺悟自新，迷塗早返者哉？所有方藥製法，詳開於左：

忌酸丸方不曰戒煙丸而曰忌酸丸者，蓋以既用煙灰吞服之後，若與味酸之物同食，則令人腸斷而死，故以忌酸名方，欲服之者，顧名知忌耳。

生洋參五錢、白术三錢、當歸二錢、黄柏四錢、川連四錢、炙黄芪三錢、半、炙甘草三錢半、陳皮二錢半、柴胡二錢半、沉香二錢忌火、木香二錢忌火、天麻三錢、升麻一錢半。共爲細末入生附子七錢，米泔浸透石臼中，搗如泥，再入煙灰一兩，攪勻，入麵糊，同藥爲丸，如小桐子大。丸成後，共稱重若干，約計平時有癮一分者，每日所服之丸須有煙灰一釐二毫爲度，必於飯前吞下，否則不驗。起初一二日，或多吞些，令其微有醉意，則有煙亦不思食矣。吞定三五日後，每日減忌酸丸一丸，用補正丸二丸頂換吞下。

補正丸方各藥分兩俱照前方。

生洋參、白术、當歸、黄柏、川連、炙甘草、陳皮、柴胡、沉香、天麻、升麻共爲細末，用蜜和丸，如桐子大，以之頂換忌酸丸，如初一減忌酸丸一丸，則用補正丸二丸吞下，至初二則減忌酸丸二丸，又用補正丸四丸吞下，餘可類推，至忌酸丸減盡，再服補正丸十日或半月後，連補正丸亦不用服矣。如癮重者一劑不能盡除，即多服兩劑，癮亦必斷。

忌酸丸加減法

紅白痢加黄芩、白芍。夢遺，加龍骨、牡蠣。諸痛，加重木香、元胡索。咳嗽，加紫苑炙、冬花炙、枇杷葉去毛。咳甚者加杏仁、阿膠。熱痰，加川貝母、瓜蔞霜。寒痰，加半夏、南星。若覺下焦有火，加黄柏、知母。眼暈，加丹皮、白菊。小便短，加豬苓、澤瀉。水瀉，加白茯苓、車前。身體不虛者，去洋參換沙參，炙芪不必用，如無頭暈者不用天麻。氣短不足者加蛤蚧尾。氣喘者，加故紙，併加蛤蚧尾。

以上或入藥，或煎湯送下。

附録簡便二方

忌酸、補正前後丸方極靈驗矣，而配合兩劑需錢數千文，彼憚於斷煙者尚有所藉口，或謂一時乏此整項，或謂配合費事有需時日，即勸人斷煙者，亦未必均肯捐資，多製藥丸，隨人施給，雖刀圭可以救病，如畏難苟安，何故？又附録兩種良方，皆費錢極少而爲效甚捷者，庶窮鄉僻壤之地，輿臺奴隸之微，但使一念知悔，皆可立刻自醫，更何畏難之有。嗟夫，人孰不欲生，若不于此求生則死於煙，死於法，均之孽由自作耳，可不懼哉！所有簡便二方，附録於後：此二方各自爲用不相連屬。

四物飲

赤沙糖一斤、生甘草一斤、川貝母八錢去心研細、鴉片灰三錢，癮重者四錢。右四物以清水十餘大碗入銅鍋，煎兩三時，約存三四碗，愈濃愈妙。將渣漉出取汁，貯瓷甕内，置靜室無人行處，每日早起及夜臥之前各取汁一盃，以開水溫服，癮即可斷。如癮極重者，取已煎之汁而重煎之，十杯煎成一杯，照前再服，必效。

瓜汁飲

南瓜正在開花時連其葉與根藤一併取下，用水滌淨於石臼中，合而擣之，取汁常服，不數日夙癮盡去。甫經結瓜者，連瓜擣之亦可用。

《道光朝外洋通商案·李鴻賓等摺》 謹將會議查禁紋銀偷漏鴉片分銷各章程六條，敬繕清單，恭呈御覽。

一、洋商與夷人交易，除以貨抵貨外，如有尾數，找給夷人，只准給付番銀。並令各洋商赴粵海關衙門，聯名出具並無攙和紋銀甘結，如洋商敢將紋銀找補，並或另將紋銀賣給夷人，察出不論銀數多寡，照數倍罰充公，仍將找付紋銀之行商及聯結各行商，分别治罪。其洋行夥伴圖利，將紋銀私行換給夷人，洋商雖不知情，亦將雇覓夥伴不慎之洋商查明，照所換銀數罰出，並笞責示懲。鋪戶居民私將紋銀賣與夷人者，照例加等治罪。如兵役民人有能拿獲送究，即將所獲紋銀，照例加倍賞給。

一、巡洋舟師梭織外洋，查察最爲切近。應責成舟師，分段查察，洋船到粵時，嚴查有無匪艇運銷鴉片，回帆時嚴查有無匪艇運送紋銀。無論商漁船隻，一經攏近夷船，該舟師即行拏究，並將外海内河分段巡查之員弁姓名，及洋船寄碇起碇日期，有無匪艇偷運私貨，隨時呈報督撫衙門查核。臣等仍隨時選派誠幹妥員，密加查訪。如舟師員弁並不實力巡查，甚或包庇故縱，即將該員弁提省，照律嚴行究治，贓重者以枉法從重論。兵丁分别嚴懲，該管上司自行查出究辦，概予免議，别經發覺，仍行參處。

一、關口委員書役及守口弁兵，地處扼要，如果認真節節嚴查，一有鴉片入口，紋銀出洋，何難破獲。乃奸民敢於無所顧忌，偷運分銷，難保非委員書役弁兵等縱之使然。嗣後如有内河拿獲鴉片，必究明何處進口，外洋拿獲紋銀，必究明何處出口，立提該口委員書役弁兵，同匪犯嚴行質訊，是否賄縱，抑止失於查察，分别治罪議處。

一、夷商來粵貿易，凡起貨上行，置貨出口，有無違禁物件，洋商通事買辦，必所深悉。應責成洋商通事買辦，隨時查察。如夷商有夾帶鴉片入口，偷買紋銀，下載出洋，該洋商通事買辦，立即呈明查辦。倘知而不報，一經查出，斥革究治。

一、夷船裝載鴉片來粵，一經查出，即不許開艙，驅逐回國，此係舊定章程，已屬截其來路之一法。惟該夷等狡譎多端，愈熟愈巧，每於寄泊外洋之先，暗招奸徒偷運，只可嚴禁内地分銷，庶以漸塞來路。查奸民偷運鴉片入口，載赴各處分銷，輾轉窩藏售賣，斷難瞞省城内外文武各衙門書差兵役等耳目，必因得受陋規，知情縱放，方敢肆行運貨。嗣後遇有拿獲鴉片之案，無論遠近，均應提至省城跟究何衙門，書差兵役如何包庇得規縱放，有無代奸夷夾帶發販，務得各實情。即將該書差兵役與販賣之人，一體治罪。該管官自行查出究報，概予免議，别經發覺，照例參辦。

一、鴉片運赴各省，沿途皆有關卡，應責成關卡搜查。近年每有匪徒冒充巡丁，沿河搜查鴉片，藉以搶奪。其真有鴉片者，匪徒搜出，私自變賣分肥，而被搶之人，不敢指控。無鴉片者，亦受騷擾，且往往被搶銀物，致成巨案。疊次飭拿嚴禁，並緝獲重辦，此風仍未淨盡。應請嗣後託名巡丁搜查私貨而强搶入己者，准被搶之人，據實報官，照自首律辦理。其搶鴉片入己轉賣之人，係强盜，照强盜例辦理，係搶奪，照搶奪辦理。計贓及販賣鴉片例，從重治罪。其在官人役及各關家丁搜出鴉片，並不呈報、私行入己者，計贓以枉法論。其已過關卡，由別關盤獲者，將所過之關卡，一併究明丁役是否故縱，分別治罪。

《軍機處寄兩廣總督李鴻賓等御史章沅請禁夷商以違例貨物私易官銀出洋著即會同詳查妥議章程具奏上諭九年正月二十五日》 軍機大臣字寄兩廣總督李、廣東巡撫盧，傳諭粵海關監督延隆：道光九年正月二十五日奉上諭：『御史章沅奏：粵洋通市，不得違例私易銀錢，請旨飭議章程一摺。向來粵洋與內地通市，祇准以貨易貨，例禁綦嚴；近日夷商所通貨物務爲奇巧，藉相炫惑漁利，取值不啻數十百倍。據該御史奏稱，該夷人賦性狡黠，純用機心，賣物則必索官銀制錢，買物則概用番銀夷錢，銀低錢薄，僅當內地銀錢什之七，或仍以番銀給還，則斷不收納，是以番銀之行日廣，官銀之耗日多。至鴉片煙一物，流毒尤甚。該處僞標他物名色夾帶入粵，每歲易錢至數百萬兩之多，非尋常偷漏可比，若不極力嚴禁，弊將何所終極？嗣後該省通市，務當恪遵定例，祇准易貨，毋許易銀。其番銀之在內地者，行用已久，自難驟加遏絕，至內地官銀，則分毫不准私出，其違禁貨物，應隨時稽察，不准私入。著李鴻賓、盧坤、延隆會同詳查，妥議章程具奏。將此諭知李鴻賓、盧坤並傳諭延隆知之。欽此。』遵旨寄信前來。

《兩廣總督李鴻賓等奏遵旨查禁官銀出洋及私貨入口並會議章程七條摺九年六月初一日》 兩廣總督臣李鴻賓、廣東巡撫臣盧坤、粵海關監督臣延隆跪奏：爲遵旨查禁偷漏官銀出洋，及私貨入口，會議章程覆奏，仰祈聖鑒事：竊臣等接准軍機大臣字寄奉上諭。臣等查粵東省會，各夷商航海而來，絡繹不絕。如果夷商賣物索取官銀制錢，買物概用低銀夷錢，則是夷人獨逞其詐，內地甘受其欺。更將鴉片僞標他物名色夾帶入粵，尤爲流毒無窮，均不可不竭力嚴禁，以杜積弊，而懲奸商。臣等遵即會同傳集洋商伍受昌、盧文錦等，嚴切究問，是否夷商買物賣物銀錢互異，併將鴉片僞標他物夾帶入口，令其據實供指。當據稟稱：『商等與夷商交易，歷係以貨易貨。夷商販來呢羽、嗶嘰、棉花、鐘錶等件，換內地之湖絲、茶葉、綢緞、布疋等物。彼此議價，原期兩相抵對，惟各貨多寡不同，價難畫一，如夷商貨值萬兩，而所買內地之貨僅值八千，其所短二千，既不能將內地之貨强令買受作抵，又未便將該夷所剩之貨故爲不買，任其攜回，致啓刁難外夷之弊，是所短之數不能不以現銀找給。若夷商賣貨少而買貨多，亦以現銀找補。即如荷蘭國入口貨物，只羽緞是其大宗，餘皆零星物件，其所買出口之貨倍多，是以每帶番銀來粵，以備買貨，斷不肯將無利之銀帶回，而捨有利之貨不買，倘貨價不能相侔，皆係以銀找足，此兩相交易，不能不用銀找數之實在情形也。核計歷年出口貨價，總多於進口貨價，夷商等每應找給商等番銀，即商等偶然找給夷商，俱用番銀，從不以官銀交兌。況官銀久禁出洋，商等何敢故違，自取咎戾。其番銀折算官銀，總有九成四五，至低亦有九成。商等與夷商交易向不用錢，夷商歷無向商等索取制錢，亦無以夷錢强令商等收用。惟從前各國夷人，買取日用食物，間有攙和夷錢，自奉查禁收買，均不再用。至鴉片一項，例禁尤嚴。前奉明定章程，防範極爲周密。歷查各夷船並無將鴉片僞標他物名色夾帶入口，亦無另帶違禁貨物等事。並據該商等出具切結，如別經查出情甘坐罪。』等語。臣等復悉心密加訪察，情形尚屬相符，並飭取各種番銀煎試，比較足色官銀均在九成及九成以上，不至過於低潮。此項番銀，內地行使已久，誠如聖諭自難驟加遏絕，應請照常行使，以適民用。臣等復調查洋商貿易出入貨簿，道光六年，進口貨價銀六百八十八萬四千七百餘兩，出口貨價銀七百三十二萬一千九百餘兩。七年進口貨價銀五百八十一萬五百餘兩，出口貨價銀七百八十八萬五千八百餘兩；八年進口貨價銀八百八十二萬八千七百餘兩，出口貨價銀一千零四十九萬八千三百餘兩。是所稱出口貨價進口貨價按年合計，內地找去較少，夷商找來較多，確有可據。若謂夷人賣物務索官銀，專以低色番銀勒買，豈夷人肆其刁橫，商民安於拙懦？實非現在情形。至鴉片久經嚴禁，凡夷船入口，由臣等衙門飭取『夷商並無夾帶煙坭』字據，及保商加具保結，方准開艙。近年以來，各國夷船到粵，咸知禁令，並不敢有夾帶鴉片情事。惟是積弊所在，巧詐日多，除之不能必盡，防之愈不可不嚴。夷商賣物，不敢强索官銀，而内地奸民，難保無一二貪圖微利，密爲偷送；夷商來粵不敢私帶禁物，而夷船水手，難保無一二設法巧藏，暗爲販賣。此等偷漏夾帶之弊，必當再行嚴密查禁，以清其源。臣等復嚴飭地方文武，令督各口員弁丁役人等，節節稽查，實力訪緝。如洋商通事人等，敢將銀兩私運夷船，及任令夷人夾帶鴉片入口，定將洋商等，照例治罪；倘員弁丁役扶同隱漏，別經發覺，更必從重究治，免日久懈弛，弊無終極。謹將嚴禁官銀出洋私貨入口酌議章程七條，另繕清單，恭呈御覽。爲此合詞恭摺覆奏，伏乞皇上聖鑒訓示。謹奏。道光九年六月初一日。道光九年七月初七日，奉硃批：『覽奏俱悉。欽此。』

又《查禁官銀出洋及私貨入口章程》 一、夷商與内地行商交易，除以貨抵貨外，價有不敷，彼此均以番銀找給，但恐偶值内地番銀短絀，行商或以官銀攙用十之二三，雖非純用官銀，仍與偷漏無異。查例載如有洋商人等將銀兩私運夷船出口者，照例治罪等語。嗣後行商找與夷人貨價有攙用官銀者，查出無論銀數多寡，盡行充公。仍將行商照私運例治罪。

一、官銀偷漏責成各口文武員役稽查，如有疏縱，應加懲辦。查例載：内地銀兩偷運出洋，各口員弁丁役人等，扶同隱漏者，查出從嚴究辦。嗣後查獲船載赴洋官銀，先交地方官訊明在何處起獲，除重賞查拏之人外，所有該船經過之上游各口員弁丁役漫無查察，縱無扶同隱漏情弊，亦照扶同隱漏例嚴行究治。

一、行商各有身家，當不至私將官銀給付夷商，自蹈罪戾。第恐行中小夥及地方不法匪徒，妄思射利，將官銀偷載小艇，暗運出口，駛至洋面，交給夷商。惟責成大關總巡口並佛山、虎門等處關口員弁，及大關巡船，並巡洋舟師，及地方文武，派撥巡船，於各夷船將次回國之時，倍加嚴密巡查，遇有私載官銀前往洋面，立即拿解，並究明官銀來歷，如係由銀店、茶葉、雜貨等行發出，分別知情不知情，照例懲治；倘係由洋行中發出，將該商加等治罪。仍將經過各口未能查獲之員弁兵役從重究懲。

一、夷船到粵貿易情形不一，有以來貨專交一行銷售，去貨分托數行置買者；亦有以來貨分交數行銷售，去貨專托一行置買者；勢更不能以貨易貨，數適相準。其一夷商找給數行銀兩，固屬常事，亦或數行俱有應找給一夷商之時，其中銀貨參差，人情紛雜，恐易啓攙兑官銀之事。嗣後如有數行均應找給夷商銀兩，必同赴粵海關監督衙門，聯名出具『並無攙和官銀』甘結，夷人收銀後，倘經員役查出官銀，即將找付官銀之行商，嚴行治罪，聯結各行商，亦一體治罪。

一、澳門地方係香山縣所屬，乃各國夷商聚集之地，向許内地民人在彼與其交易，與省城買賣，皆歸行商情形不同，難以逐一稽查。查香山縣相距稍遠，現責成澳門同知，嚴切示諭民人，凡與夷人買物，不許使用官銀，亦不許將官銀換給夷人。該同知仍督率縣丞，隨時稽查，倘有民人以官銀向夷人買物，及將官銀換給夷人者，即行拘拿治罪。如該同知縣丞漫無查察，別經發覺，即將該同知縣丞嚴參。

一、番銀如有成色低潮不及九成者，不准行用，番銀試煎可折官銀九成四五，嗣後番銀低至七八成，或夷商以此勒買貨物，許内地買賣商人呈報到官，由官送交該國大班，從重究懲。内地商人隱忍收受，匿不呈報，一經查出，或被首告，即查起所收低色番銀，無論多寡，概行充公，仍將該商照例治罪。

一、販賣鴉片，罪有明條，久經設法查拿，並嚴定章程，凡夷船進泊黄埔，即令夷商寫立『並無夾帶鴉片』字據，交洋行保商加結，復由伍受昌、盧文錦、劉東、潘紹光四商輪查無異，方准稟請開艙。如有夾帶鴉片，即將該夷船稟請驅逐出口。開艙時並派役在於各夷船前後左右稽查起貨，又飭役押送到省，辦理已屬周密。第恐日久玩生，現飭各洋商於夷船回國時諄切傳諭，以後販貨來粵切勿攜帶鴉片及違禁貨物，倘敢不遵，即將該船驅逐出口，永遠不招來粵貿易，俾知畏懼。仍嚴飭巡洋舟師及地方文武派撥巡船於夷船來粵灣泊洋面之時，嚴密巡查，倘有民船攏近，立即拿解究辦，以防代運鴉片及違禁貨物。至夷船進口，仍飭沿途守口員弁，逐一嚴［加］查辦，倘帶有鴉片等物，即飛稟查辦。如稍隱匿，從重懲處。庶可層層稽察，以絕其源。

硃批：『覽奏均屬周妥，實力奉行，日久無懈爲要。』

《欽定嚴禁鴉片煙條例》 道光十九年五月十五日，准刑部咨開：奉天司案呈臣敬敏等謹奏，爲遵旨會議具奏，仰祈聖鑒事：道光十八年九月初六日，內閣奉上諭：『前據黄爵滋奏，請嚴塞漏卮，以培國本。當降旨交盛京、吉林、黑龍江將軍，直省各督撫，各抒所見，妥議章程具奏。茲據各該省陸續奏到，著大學士軍機大臣會同該部議奏，穆彰阿係大學士軍機大臣，現雖穿孝，著一併會議。欽此！』初九日奉旨，著宗人府一併會議。欽此！十月十六日奉旨，蘇廷玉議覆查禁鴉片章程，著大學士軍機大臣會同該部，一併議奏。欽此！十八日奉旨，拏獲煙土煙膏，嗣後如何匯總查驗銷燬淨盡，以杜弊竇之處，大學士軍機大臣會同各該衙門一併議奏。欽此！又先後據各科道及各將軍、督撫陸續奏入，並妥議海口章程具奏，節經奉旨一併歸入會議，各等因。欽此！臣等查鴉片之來，皆由海口內地奸民，與夷匪私相交易，加以弁兵縱容受財護送，以致毫無顧忌，肆意暢行，錮習益深，日甚一日，受其害者，類皆沉溺不返，幾同毒藥迷人，迨至骨立形銷，等於殘廢，而執迷不悟，莫可挽回。我皇上痌瘝在抱，欲爲天下除此大患，特命廷臣會同妥議，明定章程，以期易俗移風，還淳返樸。臣等謹就黄爵滋原奏，及各省將軍、督撫、科道條陳各摺，參互考訂，擇其實可見諸施行者，臚列以陳，用備恭候採。竊惟明刑所以弼教，立法尤貴因時，鴉片之禁，載在爰書，果能及早查拏，何至流毒如今日之甚？總緣各省大小臣工，視爲具文，不肯認真查辦，遂致澆風日甚，幾成習慣自然。當此披靡日甚之時，勢非雷厲風行，不足以振聾啓聵。查海販窑口，實爲禍首罪魁，必應一律從嚴，分別論死，方足以破奸徒之膽，而昭情法之平。至若巡海兵弁，假公濟私，內地奸商，輾轉銷售，以致開設煙館，引類呼朋，墮其術者，罔不形同鬼蜮，蕩產傾家，傳染既深，幾遍天下，核其情罪，實爲盛世所不容，必應明罰敕法，俾無倖逃，庶使狡獪之徒，共凜然於法律森嚴，不敢冒危險以圖重利，而後其源可塞，其流自清，數十年漸染之風，不待禁而止矣。至於吸食鴉片者，初則被人引誘，半屬愚民，近則視爲泛常，明日張膽，已屬罪不容誅，倘經此次廣爲勸諭，依然怙惡不悛，律以藐法，則爲亂民，律以梗化，則爲頑民。緣情定讞，愚民可寬，亂民頑民，必不可寬。況吸食之弊，一日不斷，則興販之來，一日不絕，是興販與吸食，厥罪維均，斷不容稍從寬典。惟有一律從嚴，俾吸食者共畏刑書，興販者無從牟利，庶可根株習絕，永杜弊源。此外，官員之失察，胥吏之得財，商船之窩藏，關津之偷漏，棍徒之冒充官人，奸民之栽贓誣陷，種種流弊，不可勝數。臣等謹按所犯情節，酌定罪名，列爲三十九條，伏乞欽定。

一、開設窑口等犯，向無治罪專條，今擬沿海姦徒，開設窑口，勾通外夷，潛買鴉片烟土，入口囤積，發賣圖利，一經審實，首犯擬斬立決，恭請王命，先行正法。仍傳首海口地方，懸竿示衆。爲從同謀及接引護送之犯，並知情受雇之船户，均擬絞監候，房屋船隻，一律入官。吏部查：向例洋船夾帶鴉片煙進口等項情弊，官員失察處分，係按斤數核議，至降一級調用止。且只有該管地方官處分，其各該管上司，並未議及。查則例內載：洋船夾帶鴉片煙進口□□□□□□及奸民私種罌粟，煎熬烟膏，開設煙館，文職地方，及巡查海口委員，能自行拏獲究辦，免其議處。其有得規故縱者，嚴參革職。私罪。若止失於覺察，一百斤以上者，罰俸一年，一千斤以上者，降一級留任，五千斤以上者，降一級調用，俱公罪。等語。竊思現在嚴定章程，沿海姦徒，開設窑口，勾通外夷，買煙囤積，罪名既擬以斬梟，失察之地方官，及該管各上司，自應分別從嚴，酌定處分，以昭慎密。應請嗣後如有沿海姦徒，開設窑口，勾通外夷，潛買鴉片烟土入口，囤積發賣，所犯罪名至斬梟者，該管各員亦應從重定議，如有知情故縱者，嚴參革職。私罪。如失於覺察，照奸民倡設邪教惑衆斂錢之例，議處。州縣官降二級調用，府州降一級留任，道員罰俸一年，兩司罰俸九箇月，督撫罰俸六箇月。俱公罪。如別處發覺，因案審出，或上司飭查，俱係全獲究辦，或鄰境關查，隨同全獲究辦，或自行查出獲犯及半，兼獲首犯，俱准功過相抵，免其議處。若獲犯及半，未獲首犯，或獲犯尚未及半，已獲首犯，俱照鄰境獲犯之例，減等議處。兵部查：失察之地方官，應照失察民人傳習西洋教例，將專汛官降二級調用，兼轄官降二級留任，統轄官降一級留任，提督、總兵罰俸九箇月。俱公罪。知情諱匿不報者，專汛官照諱盜例革職，私罪。該管上司照諱盜例分別議處。如別處發覺，因案審出，隨即獲犯究辦。或鄰境關查，隨同獲犯究辦。俱各照鄰境獲犯之例、減等議處，自行查出究辦者免議。

一、沿海員弁人等，收受窑口財物，縱放煙土，向無治罪專條。今擬海口員弁兵丁受賄故縱，無論贓之多寡，概擬絞立決。其未經得賄但知情徇庇，或漏信致令脫逃，俱發往新疆地方，給官弁充當苦差，兵丁爲奴。

如訊不知情，實係失於覺察者，兵丁杖一百，徒三年。文武員弁，及失察之海關監督。吏部查：沿海設立員弁兵丁，原以地近海洋，稽查更宜周密，若海口吏役人等，收受窑口財物，縱放煙土，罪名既從嚴辦理，失察處分，亦應從重定擬，應請嗣後如有海口吏役人等，受賄故縱，罪應絞決者，失察之該管官，即從重照失察沿海奸徒勾通外夷犯該斬梟之例，降二級調用，府州降一級留任，道員罰俸一年，兩司罰俸九箇月，督撫罰俸六箇月。俱公罪。知情徇縱，漏信脫逃，犯該軍流者，失察之該管官降二級留任，府州罰俸九箇月，道員罰俸六箇月，兩司罰俸三箇月，督撫罰俸兩箇月。俱公罪。自行查拏究辦者免議。如官員犯有前項情弊，照本管官失察吏役處分上加等辦理。犯該絞決者，失察之該管官降三級調用，兼轄官降二級留任，統轄官降一級留任，兩司罰俸一年，督撫罰俸九箇月。俱公罪。知情徇縱，漏信脫逃，罪應發往新疆，充當苦差者，失察之該管官降一級調用，兼轄官罰俸一年，統轄官罰俸九箇月，兩司罰俸六箇月，督撫罰俸三箇月。俱公罪。上司查出揭參者免議，至海關監督失察，所屬官員並失察吏役人等，犯有前項情弊者，均照前例分別議處。兵部查：嗣後沿海兵丁，如有受賄故縱，犯該絞決者，失察之該管官，即照失察沿海奸徒勾通外夷犯該斬梟之例，降二級調用，兼轄官降二級留任，統轄官降一級留任，提督、總兵罰俸九箇月。俱公罪。知情徇縱漏信致令脫逃，犯該軍流者，失察之該管官降二級留任，兼轄官罰俸一年，統轄官罰俸九箇月，提督、總兵罰俸六箇月，俱公罪。自行查出究辦者免議。如有官弁犯有前項情弊，照本管官失察兵丁處分加等辦理。犯該絞決者，失察之該管上司降三級調用，兼、統官降三級留任，提督、總兵降一級留任。俱公罪。知情徇縱，漏信致令脫逃，罪應發往新疆充當苦差者，失察之該管上司降一級調用，兼、統官罰俸一年，提督、總兵罰俸九箇月。俱公罪。上司查出揭參者免議。

一、鴉片煙案內，合夥開設窑口，並合夥興販人犯，應分別首從辦理，向無專條。今擬拏獲鴉片煙案內，如有合夥開設窑口，並合夥興販者，無論出錢多寡，以造意爲首，餘俱以爲從論。

一、寄囤夷船鴉片煙土之犯，向無治罪專條。今擬沿海奸徒，貪利寄囤夷船鴉片煙土流毒內地者，照開設窑口從犯治罪。其尋常興販煙土案內，究出知情受寄之犯，減首犯一等治罪。

一、得財賣放鴉片煙案犯之官役人等，向無治罪專條，今擬拏獲興販鴉片煙，及吸食之犯，如有不肖官吏，並兵役人等，得財賣放者，與本犯一體治罪，贓重者計贓，以枉法從重論。吏部查：拏獲興販鴉片煙，及吸食之犯，如有吏役人等，得財賣放，罪應斬梟者，失察之該管官降三級調用，府州降二級留任，道員降一級留任，兩司罰俸一年，督撫罰俸九箇月。俱公罪。罪應斬絞立決者，該管官降二級調用，府州降一級留任，道員罰俸一年，兩司罰俸九箇月，督、撫罰俸六箇月。俱公罪。罪應斬絞監候者，該管官降一級調用，府州罰俸一年，道員罰俸九箇月，兩司罰俸六箇月，督撫罰俸三箇月。俱公罪。罪應軍流者，該管官降二級留任，府州罰俸九箇月，道員罰俸六箇月，兩司罰俸三箇月，督撫罰俸兩箇月，俱公罪。自行查拏究辦者，免議。如官員犯有前項情弊，照失察吏役處分上加等辦理，罪應斬梟者，該管官降四級調用，兼轄官降三級留任，統轄官降二級留任，兩司降一級留任，督撫罰俸一年。俱公罪。罪應斬絞立決者，該管官降三級調用，兼轄官降二級留任，統轄官降一級留任，兩司罰俸一年，督撫罰俸九箇月。俱公罪。罪應斬絞監候者，該管官降二級調用，兼轄官降一級留任，統轄官罰俸一年，兩司罰俸九箇月，督撫罰俸六箇月。俱公罪。罪應軍流者，該管官降一級調用，兼轄官罰俸一年，統轄官罰俸九箇月，兩司罰俸六箇月，督撫罰俸三箇月。俱公罪。上司查出揭參者免議。兵部查：拏獲興販鴉片煙及吸食之犯，如有不肖官兵，得財賣放者，既與本犯一體治罪，失察之該管各官，自應仍按罪名議處，惟係官兵得財賣放，應以次加等定擬，應請嗣後各省兵丁拏獲興販鴉片煙及吸食之犯，如有得財賣放，犯該斬梟者，失察之該管官即照失察沿海奸徒勾通外夷罪應斬梟之例加等，降三級調用，兼轄官降三級留任，統轄官降二級留任，提督、總兵降一級留任，俱公罪。犯該斬絞立決者，失察之該管官，降二級調用，兼轄官降二級留任，統轄官降一級留任，提督、總兵罰俸一年。俱公罪。犯該斬絞監候者，該管官降一級調用，兼轄官降一級留任，統轄官罰俸一年，提督、總兵罰俸九箇月，俱公罪。犯該軍流者，失察之該管官降二級留任，兼轄官罰俸一年，統轄官罰俸九箇月，提督、總兵罰俸六箇月。俱公罪。自行查出究辦者免議。如員弁犯有前項情弊，犯該斬梟者，失察之該管上司降四級調用，兼統官降四級留任，提督、總兵降三級留任。俱公罪。犯該斬絞立決者，該管上司降三級調用，兼、統官降三級留任，提督、總兵降二級留任。俱公罪。犯該斬絞監候者，該管上司降二級調用，兼、統官降二級留任，提督、總兵降一級留任，俱公罪。犯該軍流者，該管上司降一級調用，兼統官降一級留任，提督、總兵罰俸一年。俱公罪。上司查出揭參者免議。

一、禁卒人等，遞給鴉片煙與犯人吸食，向無治罪專條。今擬內外問刑衙門，收禁人犯，如有禁卒人等，私行傳遞，或代買鴉片煙與犯人吸食者，發極邊煙瘴充軍，其奉官解遞看守之犯，解役看役人等，有犯前項情弊，發近邊充軍，贓重者計贓，以枉法從重論失察之該管各官。吏部查：禁卒人等，將鴉片煙與犯人吸食，該管官知情故縱者革職。私罪。失於覺察獄官，照約束不嚴例降一級調用，有獄官降一級留任。俱公罪。如遞解看守之犯，解役看役人等，將鴉片煙與犯人吸食者，該管官失於覺察，照有獄官例降一級留任。公罪。自行查拏究辦者免議。兵部查：禁卒人等，如有私行傳遞鴉片煙與犯人吸食者，失察之管獄官，照約束不嚴例降一級調用。公罪。其奉官解遞看守人犯之兵役人等，有犯前項情弊，將失察之該管官降一級留任。公罪。自行查出究辦者俱免議。

一、栽煙誣賴之犯，向無治罪專條。今擬拏獲鴉片煙，見發有據者方坐，不許妄扳拖累，如兵役人等，並地方匪徒，冒充兵役，假以查拏鴉片煙爲由，肆行搶奪，並懷挾仇恨，或希圖訛詐，栽煙誣賴審實，不分首從，俱照誣良爲盜例，發邊遠充軍，贓至一百二十兩以上者爲首，擬絞監候。吏部查：定例捕役誣拏良民爲盜，私用非刑拷逼，已致死者，將失察之州縣官革職，府州降二級調用，道員降一級調用，臬司降一級留任，督撫罰俸一年。俱公罪。未致死者，州縣官降二級調用，府州降一級留任，道員降一級留任，臬司罰俸一年，督撫罰俸六箇月。俱公罪。如係自行訪拏審出，未致死者免議。已致死者仍照例議處。上司查出揭參者，免議。又定例已革捕役誣良爲盜，已致死者，州、縣官降二級調用，未致死者，降一級調用。俱公罪。如係自行訪拏審出，未致死者，免議，已致死者，仍照例議處。又定例地方豪棍，遊行街市，藉端訛詐，勒騙銀物，酗酒行凶，州縣官失於覺察者，降一級留任。公罪。自行拏究者免議，各等語。查捕役假以查拏鴉片煙爲由，肆行搶奪，並懷挾仇恨，或希圖訛詐，栽煙誣賴，既照誣良爲盜例治罪，失察之該管官，亦應照失察捕役，誣良爲盜例議處。係已革捕役，亦照失察已革捕役誣良爲盜例議處。如係自行訪拏審出，未致死者免議，已致死者，仍照例議處。係匪徒冒充兵役，犯有前項情弊，照失察棍徒訛詐錢物例議處，自行拏究者免議。兵部查：兵役人等，栽煙誣賴，既照誣良爲咨例治罪。其失察之該管各官，亦府照誣良爲盜例核議。應請嗣後在京及各省兵丁，如有栽煙誣賴，拖累致死者，將失察之該管官革職，兼、統官降二級調用，總兵降一級調用，提督罰俸一年，如未經致死者，該管官降二級調用，兼、統官降一級調用，總兵罰俸一年，提督罰俸六箇月。俱公罪。上司各官查出揭參者，免議，該官自行訪拏究出，已致死者，降二級留任。公罪。未致死者免議。至地方匪棍，有冒充兵役，栽煙誣賴者，責令該管營員巡查緝拏，如明知不行查拏者，專汛兼轄各官俱革職，得財私縱，謊稱失脫者，革職提問。俱公罪。如不知情，失於查拏者，專汛官降一級留任，兼轄官罰俸一年，俱公罪。自行查拏究辦者免議。

一、鴉片煙案犯，告稱留養，向無專條。今擬鴉片煙案內問擬流罪以上人犯，有告稱留養者，概不查辦。

一、鴉片煙案內，自首及聞拏投首人犯，向無專條。今擬鴉片煙案內人犯，如有事未發而自首者，照犯罪自首律准其免罪，聞拏投首者，於本罪上減一等科斷，首後復犯，加一等治罪，不准再首。

一、吸食鴉片之案，止准地方官弁訪拏究辦，不許旁人訐告，如有訐告者，概不准審理，倘係干犯名義，仍照本律治罪。

一、開設鴉片煙館，原議爲首擬絞監候，爲從擬滿流。今擬私開鴉片煙館，引誘良家子弟者，首犯擬絞立決，房屋入官，從犯及知情租給房屋之犯，發新疆給官兵爲奴，房屋一律入官。兵役受賄包庇，與犯一體科罪，其知情之地保鄰佑人等，俱仍照舊例，杖一百，徒三年，有贓者計贓，准枉法從重論失察之該管各官。吏部查：奸徒開設鴉片煙館，引誘良家子弟，州縣官知情故縱者革職。私罪。係吏役受賄包庇，罪應絞決者，失察之該管官，降二級調用，府州降一級留任，道員罰俸一年，兩司罰俸九箇月，督撫罰俸六箇月，俱公罪。自行查拏究辦者免議。係失察民人。開設鴉片煙館，引誘良家子弟，並無吏役包庇情事，犯該絞決者，州縣官降一級調用，府州罰俸一年，道員罰俸九箇月，兩司罰俸六箇月，督撫罰俸三箇月。俱公罪。如別處發覺，因案審出，或上司飭查，俱係全獲究辦者，或鄰境關查，隨同全獲究辦，或自行查出獲犯及半，兼獲首犯，俱准功過相抵，免其議處；若獲犯及半，未獲首犯，或獲犯尚未及半，已獲首犯，俱照鄰境獲犯之例，減等議處。兵部查：奸徒開設鴉片煙館，引誘良家子弟，罪應絞決者，失察之專汛官降一級調用，兼轄官降一級留任，統轄官罰俸一年。俱公罪。如別處發覺，因案審出，隨卽獲犯究辦，或鄰境關查，隨同獲犯究辦，俱各照鄰境獲犯之例，減等議處，倘兵丁受賄包庇，罪應絞決者，失察之該管官降二級調用，兼轄官降二級留任。統轄官降一級留任，俱公罪。自行查拏究辦者免議。

一、栽種鴉片煙，及買土煎熬，售賣人犯，原例爲首發邊遠充軍，爲從流二千里。興販鴉片煙人犯，爲首發近邊充軍加枷，爲從滿徒。今擬內地奸民人等，有栽種罌粟花收漿製造鴉片煙土，或煎熬成膏售賣，及興販鴉片煙膏煙土，發賣圖利，數至五百兩，或雖不及五百兩，而興販多次者，首犯擬絞監候，爲從發極邊煙瘴充軍。若興販僅止一二次，並爲數不及五百兩，爲首發新疆給官兵爲奴，爲從發極邊足四千里充軍，兵役受賄包庇，與首犯一體科罪。贓重者計贓，以枉法從重論，其知情租給田地、房屋之業主，及知情受雇之船戶。但在一年以外者，發邊遠充軍；一年以內杖一百，流二千里，半年以內杖一百，徒三年，田地、船隻、房屋一律入官。有能自行首告，將犯指拏到官者免罪。田地、船隻、房屋，並免入官。首而無獲者，但准免罪，田地、船隻、房屋，仍行入官，鄰佑地保知而不首，各杖一百。有贓者計贓，准枉法從重論，仍令各督撫責成該管道府，實力查禁其有查禁不力，並失察興販之該管各官。吏部查：內地奸民人等，栽種罌粟花，收漿製造鴉片煙土煙膏，售賣興販，州縣官知情故縱者革職，永不敍用。私罪。係吏役受賄包庇，罪應絞候者，失察之該管官，降一級調用，府州罰俸一年，道員罰俸九箇月，兩司罰俸六箇月，督撫罰俸三箇月。俱公罪。罪應擬軍者，該管官降二級留任，府州罰俸九箇月，道員罰俸六箇月，兩司罰俸三箇月，督撫罰俸兩箇月。俱公罪。自行查拏究辦者免議。如係已入栽種罌粟製造鴉片煙，並興販煙土煙膏，已

該絞候者，失察之州縣官降二級留任，府州罰俸九箇月，道員罰俸六箇月，兩司罰俸三箇月，督撫罰俸兩箇月，俱公罪。犯該軍罪者，州縣官降一級留任，府州罰俸六箇月，道員罰俸三箇月，兩司罰俸兩箇月，督撫罰俸一箇月。俱公罪。如別經發覺，因案審出，或上司飭查，俱係全獲究辦，或鄰境關查，隨同全獲究辦，或自行查出獲犯及半，兼獲首犯，俱准功過相抵，免其議處。若獲犯及半，未獲首犯，或獲犯尚未及半，已獲首犯，俱照鄰境獲犯之例，減等議處。兵部查：內地奸民人等，如有栽種罌粟花收漿，製造鴉片煙土，或煎熬成膏售賣，及興販鴉片煙膏煙土，發賣圖利，犯該絞候者，失察之專汛官降二級留任，兼轄官罰俸一年，統轄官罰俸九箇月。犯該軍流者，專汛官降一級留任，兼轄官罰俸九箇月，統轄官罰俸六箇月。俱公罪。如別處發覺，因案審出，隨卽獲犯究辦，或鄰境關查，隨卽獲犯究辦，俱各照鄰境獲犯之例，減等議處。倘兵丁受賄包庇，犯該絞候者，失察之該管官降一級調用，兼轄官降一級留任，統轄官罰俸一年。犯該軍流者，失察之該管官降一級留任，兼轄官罰俸一年，統轄官罰俸九箇月。俱公罪。自行查出究辦者免議。此條文武各員降調、降留處分，均不准抵銷。

一、栽種罌粟花，連畦成畝，尚未製煙售賣，及收買鴉片煙，尚未售賣者，原例杖一百，徒三年。今擬栽種罌粟花尚未收漿製造煙土，煎熬煙膏售賣，及收買鴉片煙土煙膏，尚未售賣貽害者，爲首發極邊煙瘴充軍，爲從杖一百，流三千里。

一、吸食鴉片煙人犯，在京各衙門，以奉旨之日爲始，各直省以奉到部文之日爲始，均予限一年六箇月，限滿不知悛改，無論官員軍民人等，一概擬絞監候，其在一年六箇月限內犯者，仍分別辦理。

一、平民吸食鴉片煙，在一年六箇月限內，犯案者，照舊例加重杖一百，流二千里，不能供出販賣之人，加一等，杖一百，流二千五百里，係旗人銷除旗檔，一體實發。

一、在官人役，並官親幕友長隨人等，一年六箇月內，在署吸食者，照平民加一等治罪，該管官徇隱不究。吏部、兵部查：在官人役並官親、幕友、長隨人等，在署吸食鴉片煙，該管官知情故縱者革職。私罪。如係失於覺察，照約束不嚴例，降一級調用。公罪。自行查拏究辦者免議。

一、職官買食鴉片煙，原例加平民一等治罪，今擬職官買食鴉片煙，在一年六箇月内，仍加平民一等治罪，均從重發往新疆地方，充當苦差。

一、兵丁買食鴉片煙，原例加平民一等治罪，今擬在京各旗及各省駐防綠營兵丁，買食鴉片煙，在一年六箇月内者，發近邊充軍，該管及本管各員弁。兵部查：在京各旗營兵丁，買食鴉片煙，該管各官如係知情故縱者革職。私罪。止於失察者，該管官降一級調用，兼轄官降一級留任，統轄官罰俸一年。俱公罪。各省駐防兵丁有犯，亦照此例辦理。至綠營兵丁買食鴉片煙，該管各官，如係明知故縱者革職。私罪。止於失察者，該管官降一級調用，兼、統官降一級留任，提督、總兵罰俸一年。俱公罪。該管各官，自行查出究辦者免議。並於挑募時，訊取應募人各該族鄰，切實甘結。

一、開設煙館，及栽種罌粟等花製煙售賣，並興販鴉片煙首從各犯，除現擬死罪外，其餘亦俟一年六箇月後，均擬絞監候。

一、拏獲吸食鴉片煙人犯，訊明雖經改悔戒絕，但存有鴉片煙灰未經毁棄者，向無專條，酌照不應重律杖八十。今擬加二等，杖一百治罪。

一、製造及販賣鴉片煙器具者，照造賣賭具例分别治罪。吏部查：民人製造及販賣鴉片煙器具，係照造賣賭具例治罪，失察之該管官，應照失察造賣賭具例，革職留任，尚未販賣行用，即能訪獲，無論已成未成，亦照拏獲製造賭具例，給予加一級。兵部查：製造及販賣鴉片煙器具者，即照造賣賭具例，分别治罪，其拏獲及失察之地方，武職亦應照拏獲賭具，並失察賭具例，分别議敘議處，應請嗣後拏獲製造鴉片煙器具之地方，武職首先之員加一級，協拏之員紀録一次，倘拏獲製造之家，審明出於某汛，將該汛失察之專管官降二級留任，至境内有存留舊製器具，希圖售賣者，該汛專管官未經查出，罰俸一年。若境内有販賣鴉片煙器具者，專管官失於查拏，别經發覺，將失察之專管官，罰俸兩箇月。俱公罪。

一、同居子弟，有買食鴉片煙者，除本犯照例懲辦外，將家長照不能禁約子弟爲竊之例治罪。

一、職官因吸食鴉片煙、犯案在一年六箇月以内，發往新疆者，永不敘用，概不准各該城大臣因事保奏。

一、宗室、覺羅買食鴉片煙者，若照平民加一等治罪，發近邊充軍。僅按：宗人府則例：僅止折圈二年六箇月，加責四十板，不足以示懲儆，今擬宗室、覺羅買食鴉片煙者，從重發往盛京，交該將軍嚴加管束。至宗室、覺羅職官，以及王公内有買食鴉片煙者，均從重革職革爵，發往盛京，永不敘用，並遵照此次章程，予限一年六箇月，如限滿復不知悛改，仍有吸食者，即照新定章程加重，擬絞監候，應按照舊例，宗人府會同刑部恭進黄册請旨。

一、太監買食鴉片煙者，内務府查太監等，供役内廷，理宜敬慎，倘有故違禁令，怙惡不悛，尤當嚴定章程，分别懲辦。舊例枷號兩月，改發各省給官兵爲奴，未免輕縱，亦無區别。今當法律森嚴之際，若不先行曉諭，繼以搜查，恐難淨絶根株，仍係有名無實。擬自此次奉旨之日起，宫内圓明園各等處，由總管内務府大臣，遍行曉諭，所有首領太監内，如有從前吸食之人，限一箇月内將煙具等項，投内務府衙門自首，取具永遠改悔甘結，免治從前應得之罪，如一月限滿，並無自首之人，或僅有一二處一二人，再由内務府傳知宫内圓明園總管太監等，限三箇月各將本管兼管之處認真搜查，如有收藏煙具者，即將其人奏明交出，嚴行審訊，從重治罪，如三箇月限滿，並未查出，或查出若干人，交出治罪後，仍有吸食者，經内務府大臣訪聞具奏，或别經發覺，或該管首領等自行查出檢舉，或經同伴告發，如係在禁地坐更，宫殿直房，禁門以内各直房吸食者，訊係實有其事，究出販煙之人，不論有癮無癮，初犯再犯，擬將該太監定絞監候，奏明後交刑部監禁待質，家屬發往新疆地方，給官兵爲奴，其失察之總管，奏請革職。該處首領，不論知情與否，俱發往黑龍江給官員爲奴，同屋太監，均發往打牲烏拉，給官員爲奴。如係首領吸食，將失察之本管總管奏請革職，發遣該處，其餘首領，及太監等，俱發吳甸鍘草五年。究出販煙之人，若係太監，審訊得實，與吸煙之人同罪。若係民人，交刑部按現定條規，加等治罪。如有在外圍值房各他坦、公所吸食者，一經發覺審擬，將該太監枷號六箇月，滿日發極邊煙瘴，永遠枷號，交地方官轉飭看管，遇赦不赦，其失察之總管，奏請實降二級，首領革職，同屋太監發吳甸鍘草三年，如係首領吸食，均照禁門以内新擬罪名辦理。如有告假在外，或潛往私宅，或在他處吸食者，一經發覺審實，擬將該首領太監在慎刑司，永遠枷號不赦，若係該首領私宅，將其家屬杖一百，徒三年，房屋入官，若係他處，將容隱之人交刑部加等治罪，亦將房屋入官，究出販煙之人，交刑部加等治罪。其地方失察處分，由各該部從重議處，失察之總管免議。至陵寢當差首領太監等，應令該管大臣委員，隨時搜查，如有吸食，即行奏明，解交慎刑司嚴訊，一經審實，擬照外圍辦理。其王公門上之首領太監，及各大臣宅中之太監等，應責成該王公大臣等隨時稽查，如有吸食者，奏交內務府審實，在慎刑司永遠枷號不赦。究出販煙之人，均交刑部加等治罪。其地方失察處分，由各該部從重議處。若未曾查出，別經發覺，將失察之王公大臣，附摺參奏。以上各條，擬請統限半年以內，有犯者查出審實，如此辦理，如自奉旨之日，半年以後，宮門以內，有犯吸食，將該犯擬斬監候。外圍等處陵寢當差者，及王公門上，大臣宅中，並已爲民太監等，有犯吸食者，將該犯擬絞監候，奏明後送交刑部監禁，屆期由部聲明請旨。至各項失察處分，仍照前議辦理，並請嗣後宮內圓明園各等處，如有新放更調之總管首領等，自到該處之日，限兩箇月將應管之首領太監，訪查明確，有無吸食，應奏報者，即行陳奏，如實無其人，出具甘結，交內務府存案，倘於報後查出，或係新到該處者，審係屬實，將吸煙之人，照新定章程治罪外，其失察之處，酌量援減，若始終失察，即照新例定擬治罪。至犯案情形不一，稽查尤關緊要，如有隨時酌定之處，分別請旨遵辦。

一、粵東洋商，向因貿易准與夷人往來。然住澳住行，皆有一定期限，不准任意羈留。嗣後洋行與夷商交易，應遵照定限，於賣貨完竣後，即令起程，如有逾限久留，即照違制律杖一百。如查有寄囤鴉片煙情弊，照例治罪，房屋查鈔入官。

一、向例緝私兵弁，准帶官編字號鳥槍，遇有大夥鹽梟拒捕，准令開放，格殺勿論。嗣後查拏鴉片煙，遇有大夥，聚衆持械，拒敵官兵者，亦准施放鳥槍，格殺勿論。其拒捕之犯，聚至三人以上，執持器械殺人者，爲首並殺人之犯，俱擬斬立決，傷人之犯，斬監候。若傷人未死，首犯斬監候。爲從下手，如刃傷及折傷以上者，擬絞監候。傷非金刃，又非折傷，及在場助勢，未曾傷人各犯，俱發往新疆，給官兵爲奴。其聚衆持械，未經拒捕之首犯，無論興販次數，及煙數多寡，俱擬絞監候，爲從發極邊煙瘴充軍。

一、銷毀煙土，應防偷換。嗣後州縣等官，拏獲煙土，解省之日，該督撫親自查驗真僞，即行加貼印封，存貯司庫，酌定日期銷毀，屆期該督撫仍將各處解到煙土，逐細覆驗，沃以桐油，並攙和食鹽、白礬，眼同銷毀，務令悉成灰燼，投之河海，不准委任他員，致滋弊混。

一、沿海各省，洋船進口，或該督撫親往查驗，或派委公正大員，前往實力搜查，其並無夾帶煙土各船，概不准絲毫滋擾，庶商情踴躍，不致裹足不前。現在奉天、天津、江蘇、山東各省，業將稽查海口章程，開單具奏，應令各該將軍、督撫，率同該關監督，實力奉行，此外各省海口，應責成督撫及海關監督就該處情形，詳議章程，速行具奏。

一、各省海關監督，稽查稅務，是其專責。洋船進口，有無夾帶鴉片煙土，亦應一體稽查。嗣後責成該監督，嚴飭該關胥吏人等，於點驗商貨時，認真檢查，報明究治。如敢知情縱放，並得賄包庇，立即照例嚴懲，倘有徇隱偷漏等弊，將來別處發覺，即予懲處。吏部查：海關監督，稽查稅務，是其專責。洋船進口，有無夾帶鴉片煙土，責成該監督，嚴飭胥吏人等，認真檢查。如有知情縱放，得規包庇，徇隱偷漏者革職。私罪。失於覺察，犯該斬絞立決者，降二級調用，犯該斬絞監候者，降一級調用，犯該軍流者，降二級留任。俱公罪。自行查拏究辦者免議。此外不通海道各關津，均照此辦理。

一、鴉片總由海口上岸，嗣後各省拏獲煙販，應將由何處購買，何人經手，何人包庇護送，並由何處上岸，及經過何處地方，逐一根究，分別受賄知情，不知情，照例懲辦議處。吏部查：拏獲販煙人犯，審明係由何處購買，何人經手包庇、護送，何處上岸，經過何處，查有販賣包庇情事，州、縣官知情故縱者革職。私罪。受賄故縱者，革職治罪。私罪。如失於覺察，係吏役犯該斬絞立決者，該管官降二級調用，府州降一級留任，道員罰俸一年，兩司罰俸九箇月，督撫罰俸六箇月。俱公罪。犯該斬絞監候者，該管官降一級調用，府州罰俸一年，道員罰俸九箇月，兩司俸六箇月，督撫罰俸三箇月。俱公罪。犯該軍流者，該管官降二級留任，府州罰俸九箇月，道員罰俸六箇月，兩司罰俸三箇月，督撫罰俸兩箇月，俱公罪。自行查拏究辦者免議。係民人犯該斬絞立決者，州縣官降一級調用，府州罰俸一年，道員罰俸九箇月，兩司罰俸六箇月，督撫罰俸三箇月。俱公罪。犯該斬絞監候者，州縣官降二級留任，府州罰俸九箇月，道員罰俸六箇月，兩司罰俸三箇月，督撫罰俸兩箇月，俱公罪。犯該軍流者，州縣官降一級留任，府州罰俸六箇月，道員罰俸三箇月，兩司罰俸兩箇月，督撫罰俸一箇月，俱公罪。如別處發覺，因案審出，或上司飭查，俱係全獲究辦，或鄰境關查，隨同全獲究辦，或自行查出，獲犯及半，兼獲首犯，俱准功過相抵，免其議處。若獲犯及半，未獲首犯，或獲犯尚未及半，已獲首犯，俱照鄰境獲犯之例，減等議處。若沿途經過，並無包庇販賣情事，地方官失於查拏者，罰俸一年。公罪。兵部查：拏獲煙販人犯，審明由何處購買，何人經手包庇護送，何處上岸，經過何處，查有販賣包庇情事，專汛官知情故縱者革職。私罪。受賄故縱者，革職治罪。私罪。如失於覺察係兵丁，犯該斬絞立決者，該管官降二級調用，兼轄官降二級留任，統轄官降一級留任，提督、總兵罰俸一年，俱公罪。犯該斬絞監候者，該管官降一級調用，兼轄官降一級留任，統轄官罰俸一年，提督、總兵罰俸九箇月。俱公罪。犯該軍流者，該管官降二級留任，兼轄官罰俸一年，統轄官俸九箇月，提督、總兵罰俸六箇月，俱公罪。自行查出究辦者免議。係民人犯該斬絞立決者，專汛官降一級調用，兼轄官降一級留任，統轄官罰俸一年，提督、總兵罰俸九箇月。俱公罪。犯該斬絞監候者，專汛官降二級留任，兼轄官罰俸一年，統轄官罰俸九箇月，提督、總兵罰俸六箇月。俱公罪。犯該軍流者，專汛官降一級留任，兼轄官罰俸九箇月，統轄官罰俸六箇月，提督、總兵罰俸三箇月。俱公罪。如別處發覺，因案審出，隨即自行拏獲究辦，或鄰境關查，隨同獲犯究辦，俱各照鄰境獲犯之例，減等議處。若沿途經過，並無包庇販賣情事，專汛官失於查拏者，罰俸一年。公罪。

一、拏獲吸食鴉片煙人犯到案，承審之員，務須嚴行審訊，毋許漏網。如有徇情開脱，照故出入罪例治罪；倘訊係無辜，其煙土煙具，實係查拏人役栽誣陷害，即將栽陷之人役，照例懲辦。吏部查：拏獲鴉片煙案內人犯，訊係無辜之人，即行省釋，倘有待質之處，令其聽候傳質，如有濫行收禁，將該州縣照濫禁律罰俸一年，再降一級調用。私罪。挾私故禁者，照挾私故禁，平人杖八十私罪。律降三級調用，私罪。因而致死者，革職治罪。私罪。

一、吸食已戒，平民例得免罪，而官民應分別辦理。查吸食鴉片，期於能戒而止，平民已戒，即同無罪之人，若現任官員爲民表率，但經吸食之人，即難更司查辦之職，嗣後現任各員，如有曾經吸食者，該上司即行揭參，勒令休致。知而不揭。吏部查現任官員如有曾經吸食鴉片煙，該上司知而不揭，照徇庇例降三級調用。私罪。兵部查：官員吸食鴉片煙，該上司知而不揭，照徇庇例降三級調用。私罪。惟吸食全以現在有癮無癮爲斷，若無癮而以爲曾經吸食，則人人皆可誣指，必須查有確憑，方准揭參，如有挾私揭報及任意參奏者。吏部、兵部查：該上司應照督撫挾嫌，參劾屬員例革職。私罪。係誤行揭參，照誤揭屬員之例降二級調用。公罪。該員本未斷癮，而但以曾經吸食朦混揭報者，吏部、兵部查：該上司應照循隱例降二級調用。私罪。

一、查向例議敍，以獲盜爲最優。然亦須拏獲應斬決斬梟三名以上，或應凌遲者一二名，方准送部引見。其道府大員，止加一級。今拏獲鴉片各案，皆蒙特恩，破格升擢，未便拘以常例。嗣後各省文武，查拏鴉片，認真出力者，准督撫核實保奏，請旨定奪。惟拏獲鴉片，全以煙土爲憑，一經銷毁，真僞多寡，皆難查究。嗣後如有拏獲煙案，該印官將所獲煙土煙膏，俱用印封實貼，開明斤兩數目，如係大夥，例得專案奏請者，即行解省呈驗，倘有以僞作真，以少報多情弊，即行從嚴參處，督撫徇情濫保，交部嚴議。吏部查：則例内載地方各官，能將鄰境興販煎熬之犯，並鴉片煙一併拏獲者，每二百觔，給予紀録一次，每千觔給予加一級，以次遞加。獲至五千觔以上者，准該督撫奏請，送部引見，恭候欽定。如所獲人犯，僅止私種罌粟，並非煎熬煙斤，概毋庸議敍議處等語。是向例拏獲興販鴉片煙二百斤，始給予紀録一次。一千斤始給予加一級，五千斤以上始准送部引見。且專指拏獲鄰境人犯，始准議敍，並無拏獲本境人犯，亦准議敍之條。恭查道光十八年六月十四日，據中城御史奏請，將拏獲興販吸食鴉片煙人犯之正指揮李遇亨，不論雙單月，遇有同知缺出，即行補用揀調。副指揮許之瑞，遇有缺出，即補。副指揮郝昇榮，以應陞之缺陞用。奉旨允准。經臣部查明：與定例不符，聲明請旨。於七月十三日奉旨：『吏部奏緝獲興販鴉片煙土人犯之正指揮李遇亨等，分別陞補，與例未符，現在嚴拏鴉片之時，李遇亨等仍著該部，遵照前旨陞補，以示鼓勵。欽此。』欽遵在案。以後各城拏獲興販吸食鴉片煙人犯，有由本城拏獲別城人犯，奏請鼓勵者，亦有本城拏獲本城人犯，奏請鼓勵者，迭經奉旨允准。臣部欽遵辦理在案。竊思欲絕鴉片煙之流弊，失察處分，固宜從嚴，而搜查鴉片之根株，獲犯議敘，亦應量予從寬。臣等公同酌議：處分既按罪名輕重，分別辦理，議敘亦應按罪名輕重，分別等差，其有拏獲煙犯，自應無論鄰境本境，均准給予議敘，以示鼓勵。惟奸徒開設窑口，潛買煙土囤積，及開設煙館，興販囤積，並栽種罌粟收漿，製造煙土煙膏，煎熬售賣，本境地方官，本有失察之咎，未便與拏獲鄰境人犯，一律辦理，應請嗣後拏獲鄰境奸徒，開設窑口，勾通外夷，潛買煙土囤積，及開設煙館，興販囤積，並栽種罌粟，收漿製造煙土煙膏，煎熬售賣。犯該斬梟一名，及一案內拏獲斬絞立決首犯一名，從犯在三名以上，全獲者，均准該督撫保奏，送部引見。如祇拏獲斬絞立決人犯一名，准其加一級，斬絞監候人犯，每名紀録二次，軍流人犯，每名紀録一次，如一年之內，所獲人數較多，只按名給予加級紀録，亦不足以示鼓勵。查錢糧議敘例內，一官給征分數錢糧，能於每年奏銷前全完，應於照常議敘之外，量加優敘等語。以後拏獲興販鴉片煙人犯，如一年內拏獲斬絞立決人犯二名，或拏獲斬絞立決人犯一名，又兼獲斬絞監候人犯五名，或拏獲斬絞監候人犯十名以上者，應比照每年錢糧全完，於照常議敘之外，量加優敘之例，酌核辦理，除照例給予加級紀録外，亦准該督撫保奏，送部引見。至本境有奸徒開設窑口，勾通外夷，潛買煙土囤積，或開設煙館，興販囤積；或栽種罌粟，收漿製造煙土煙膏，煎熬售賣，地方官自行查出破案，全行拏獲者，始准照拏獲鄰境煙案人犯之例，按名給予議敘。如與引見之例相符者，亦准其送部引見。其拏獲煙案人犯，例應送部引見之員，該督撫但只聲請議敘者，臣部核與引見之例相符，即題請送部引見。如該員另有失察煙案處分，核其情罪相等，亦准其聲請抵銷，此內有拏獲煙案人犯，實在認真出力，經該督撫奏請鼓勵，欽奉特旨，指明以何官陞用，或以何官儘先補用，應欽遵諭旨辦理，即知照該省遵行。如專摺保奏，以何官陞用，或以何官補用，欽奉諭旨允准，核與引見之例相符。查應陞應補之階，即欽遵辦理，無庸送部引見。若核與現定章程不符，或非應陞應補之階，仍由臣部查取審擬供招，將不合例緣由，聲明請旨。至現在候補人員，拏獲煙犯引見，奉旨以何項官員陞用，及儘先補用者，若在未陞未補之前，又有續獲煙犯，雖核與引見之例相符，只照例按名給予議敘，毋庸再行調取。其業已調取，尚未引見，續有拏獲煙犯，核與引見之例相符者，亦只照例按名給予議敘，毋庸調取。至現任道府大員，拏獲鴉片煙案，若與同知直隸州以下等官，一律辦理，亦不足以示區別。查道府獲盜定例內載：各省道員，留心緝捕，首先拏獲盜犯，核與州縣官引見之例相符者，每案准其加一級，與例不符者，每名准其紀録一次，若係督同屬員拏獲，毋庸給予議敘。又定例各省試用知府，拏獲盜犯，核與州縣官引見之例相符者，准其遇缺儘先補用，與例不符者，照拏獲別境首夥盜犯之例，分別議敘。至現任知府，有能首先拏獲盜犯，核與引見之例相符者，每案准其加一級，與例不符者，每名准紀録一次。若係督同屬員拏獲，即毋庸給予議敘等語。原以道府體制較崇，是以獲盜議敘，與州縣以下等官，亦有區別。應請嗣後如係試用知府，拏獲鴉片煙案，核與州縣等官引見之例相符者，即查照拏獲盜案例，准其遇缺儘先補用，與例不符者，分別名數，給予議敘。其現任道府，拏獲鴉片煙案，核與州縣等官引見之例相符者，每案准其加一級，與例不符者，每案准其紀録一次。若係督同屬員拏獲，即毋庸給予議敘。如地方等官，拏獲煙案人犯，倘有以偽作真，以少報多情弊，即行從嚴參處。該督撫徇情濫保，將該督撫照徇情例降二級調用。私罪。兵部查：則例內載，地方官能將鄰境興販鴉片煙首犯，並煙斤拏獲，每二百斤，紀録一次，每千斤，加一級，以次抵加。如獲至五千斤者，該總督、巡撫，將該員出具考語，送部引見，恭候欽定等語。是向例俱按獲煙斤數，分別議敘。且專指拏獲鄰境人犯而言，並無拏獲本境人犯，亦准議敘之條。竊思此等奸徒，或開設窑口，勾通外夷，或開設煙館，興販囤積，或栽種罌粟，製造煎熬。其人犯罪名，俱按情節之輕重，則拏獲議敘，自不能僅論煙斤之多寡。且此等奸徒，非拏獲到官無由破案，非若地方失事，有勒限承緝之責，若拏獲鄰境案犯，准予議敘，而本境僅免失察處分，恐各員弁等恃其破案無由，反舍本境應拏之犯，而僥倖以邀功，其查拏仍不得力。惟本境員弁，本有失察之咎，亦未便與拏獲鄰境人犯，一律辦理。查例載：副將以下，拏獲鄰境盜犯，罪應斬梟、斬決，數在三名以上，該員本任並無承緝逃盜，准該督、撫奏請送部引見，恭候欽定，倘未及三名，按其罪名，分別議敘。至總兵果能留心緝捕，核與副將以下等官，引見之例相符者，給予加一級，其與引見之例不符者，仍照拏獲夥盜例，每名紀録一次。又定例：地方武職各官，一年内拏獲過境十人以上，帶有軍器大夥私梟，至五起者，不論俸滿，即行升用各等語。應請嗣後拏獲鄰境開設窑口等犯，如僅獲煙斤，人犯未獲，仍照舊例，按煙斤多寡，分別議敘外，如首先拏獲罪應斬梟，及斬絞立決人犯，數在三名以上者，即照拏獲鄰境盗犯之例，准該督撫奏請送部引見，恭候欽定。如未及三名，而一年内，能全獲五起，其首犯内有罪應斬梟、斬絞立決一二名，或俱應斬絞監候者，除按名給予加級紀録外，仍照拏獲大夥私梟之例，不論俸滿，即行陞用，協拏之員，亦按其罪名，分別減等議敘。如只拏獲斬梟人犯一名者，加二級，斬絞立決者加一級，監候者紀録二次，軍流者紀録一次。如係總兵拏獲，核與副將等官引見之例相符者，每案准其加一級，與例不符者，仍照拏獲夥盜例，每名紀録一次。如係督同屬員協拏者，仍毋庸給予議敘。至本境有開設窑口等犯，地方官能自行查出破案，全行拏獲，内有罪應斬梟及斬絞立決，數在三名以上者，亦准該督撫奏請，送部引見。如未及三名，而一年内，能全獲十起，其首犯内有罪應斬梟及斬絞立決三名，或俱應斬絞監候，亦准照拏獲大夥私梟之例，不論俸滿，即行陞用。八起以上加二級，四起以上，加一級，三起以下，每一起紀録一次，如地方武職各官，拏獲煙案人犯，倘有以僞作真，以少報多情弊，即行從嚴參處，該管各上司，徇情濫保，照循情例降二級調用。私罪。

一、查拏鴉片，興販與吸食並重，今拏獲興販者，得邀議敘，而拏獲吸食者，並無奬賞，非獨兵役不能得力，即員弁亦有懈心，恐吸食一日不盡，即興販一日不絶，現在京内五城，拏獲職官吸食者，已邀陞擢，嗣後各省如有能訪獲吸食，設法緝拏，驗明屬實，且人數較多，或不止一案，准各督撫查明實在出力之員，酌量奏請議敘。

吏部查：拏獲興販鴉片煙人犯，係鄰境則分別罪名，給予議敘。係本境則必全行拏獲，始准分別罪名，給予議敘。原以一有興販，則流毒亦不止一人，是以拏獲鄰境興販人犯，議敘概予從優，即拏獲本境興販人犯，如能功足掩過，亦不没其微勞。至吸食人犯，現擬一年六個月内擬流，一年六個月外擬絞，若與拏獲興販人犯，同按罪名議敘，礙難核辦，且此等人犯，有在別處未曾吸食，而來至某處吸食者，有在別處曾經吸食，而來至某處，復行吸食者，有土著紳民，愍不畏法，而肆行竊食者，若與拏獲興販人犯，無論鄰境本境，一律分別議敘，亦有未協。其拏獲吸食人犯，與拏獲興販人犯，情節既有輕重，甄敘亦須稍分等差。如有拏獲吸食人犯，自應照拏獲興販議敘，量爲從減，而失察處分，亦當稍有區別，應請嗣後拏獲吸食人犯，實係土著紳民，祇免其失察處分，毋用議敘。若有別處發覺，因案審出，或上司飭查，固係全獲究辦，或鄰境闘查，隨同獲犯究辦，均准免其議處。如犯被鄰境拏獲，該管地方官並未隨同獲犯，照防範不嚴例降一級留任。公罪。至往來官紳商民，遷徙靡常，與實在土著者，迥不相同，勢不能再行分別鄰境本境，以致事多轇轕。自應無論在何處吸食，既行被獲，每名准給予紀録一次，以示激勸，而昭平允。一年内能拏獲十五名以上。除照例給予議敘外，准該督撫保奏送部引見。兵部查：則例内載地方武職各官，一年内拏獲過境小夥私梟，每二起紀録一次，應請嗣後拏獲吸食鴉片煙人犯，無論鄰境本境，每二案紀録一次，八案加一級，十五案加二級，如員弁等，果能實力查禁，獲犯多起，准該督撫酌量保奏。

一、在京各衙門，及外省督撫有將吸食鴉片之員，列入京察卓異，別經發覺，即將原保舉官議處。吏部查：吸食鴉片之員，保舉京察卓異者，原保官照濫舉匪人例降二級調用。私罪。自行查出揭參者免議。惟屬員吸食與否，斷難先期逆料，如保舉前實未吸食，保舉後始經吸食，原保官應請免其議處。至有將緊要差使，派委吸食鴉片之員，因而誤公者，統視所悞公務之大小，將原派官分別嚴議，不得僅以失察論。

一、京城地面，五方雜處，稽察尤應嚴密。應責成步軍統領衙門，順天府五城，各按所轄地面，嚴飭所屬，隨時訪察，遇有興販吸食者，無論滿洲漢人，官民良賤，一體查拏分別奏咨，送交刑部審明治罪。其客店、廟宇、會館，如敢知情窩藏留住，或得賄縱容，查明一律按例懲治，並嚴禁番役兵捕人等，藉端訛索，以省拖累。

一、保甲之法，原以緝捕奸宄，今當嚴禁鴉片之時，荒村僻鎮，難保無匪徒潛匿，應令嚴飭所屬地方官，認真編查，以十家爲一牌，設一牌長，每牌上除將逐戶人數生業詳細開載，並將興販吸食鴉片罪名開列，俾衆共知，責成牌長，如牌內之人有犯，即行舉發。倘有受賄知情等弊，一經犯案，與地保鄰佑一體懲辦。

一、朔望宣講，宜廣爲勸諭。查興販之徒，愍不畏死，固非語言所能化導。至吸食之人，各有身家，果知一經吸食，即犯死罪，未必不痛自改悔。嗣後地方官應於朔望宣講後，即將吸食鴉片之害，傳集衆人，明白宣示，庶父誡兄勉，咸知自愛。

以上各條，臣等悉心商酌，積弊已久，非嚴刑峻法，不足挽回。有舊例所無，緣情定罪者，有因舊例稍寬，量爲加重者，總期施行無礙，有犯即懲，嚴興販以清吸食之源，治吸食以絶興販之望，此外應有各弊，逐細講求，准情示罰，應請旨飭下各將軍、督撫等，各宜激發天良，同心協力，鼓其勇敢之氣，袪其迴護之私，持之以恆，體之以實，勿因爲難而中輟，勿以條教爲具文，有治人而後有治法，積弊雖深，轉移有術，總使人人知所警惕，則畏法者日衆，自犯法者日少，而積重難返之端，無難立見肅清，化臻刑措，以仰副我皇上惠愛黎元、除惡務盡之至意，等因。道光十九年五月初二日奏。

初五日，内閣奉上諭：「上年黄爵滋條奏鴉片積弊，請旨設法嚴禁，當交各將軍、督撫等，各抒所見，妥議以聞。嗣經陸續奏到，並據科道等，官先後條陳，特降諭旨，交大學士軍機大臣，會同各該衙門議奏。茲據詳議章程，會同奏入，朕詳加披閲，尚屬周妥。俱著照所議辦理。並著纂入則例，永遠遵行。各該衙門，其即速行刊刻，頒發各直省將軍、督撫等，轉行所屬地方文武員弁，一體遵照，明白出示曉諭，咸使聞知。朕維姑息非所以愛民，明刑即所以弼教。鴉片來自外夷，日深一日，兼以内地栽種罌粟，影射漁利，軍民人等受其毒者，始則被人引誘，繼乃習爲泛常，甚至蕩產戕生，罔知悛改，關係於人心風俗者甚鉅。若不及早查禁，永杜弊源，則傳染日深，其害伊於胡底。朕痌瘝在抱，欲爲天下除此禍患，不憚再三訓誡，特議刑章，以期易俗移風，還淳返樸。因思海販、窑口，實爲禍首罪魁，倘非一律從嚴，概置重典，不足以防偷漏而塞來源。至吸食之弊，一日不斷，則興販之來，一日不絶，亦不得稍從寬宥。今定以死罪，立限嚴懲。此外種種流弊，尤應隨時隨地，實力稽察，歷久不

懈，庶幾根株淨盡，力挽澆風。惟是有治人而後有治法，該將軍、督撫等，果能早爲查辦，何至流毒如今日之甚？朕姑寬其既往，自此次明定章程以後，其各激發天良，滌除積習，同心協力，仰體朕懷，爲民除害。其有不肖屬員，諱飾不辦者，立即據實嚴參，重治其罪。倘仍意存玩泄，視條教爲具文，或畏難苟安，或始勤終怠，則是甘心骫法，自喪天良，朕言出法隨，決不寬貸，其各凜遵毋忽。欽此！」

續於道光十九年六月初三日，接准邸抄，五月十八日，内閣奉上諭：「朕因鴉片煙流毒，傳染日深，已成錮習，若不及早爲民除害，伊於胡底？現在廷臣遵旨會議嚴禁章程，已頒發各直省遵行矣。該官民人等，咸凜王章，遷善改過，自新不難，滌洗舊積，革除前非。共享生前之樂，藉免刑戮之加。即各地方官，亦必凜遵新例，認真查辦，悔過者予以自新，怙惡者不令倖免。但積習相沿已非一日，若數月之間，遽使各省一律肅清，恐不免有諱飾等弊。及予限一年六箇月，俾查拏不致漏網，而改悔亦不甚難。及至限滿仍然藐法，是該軍民等，自外生成，無可顧惜，置之重典，尚復何詞。此朕愛民之心，先德後威，中外所共覩也。惟官民人等皆朕赤子，既欲救其生而除害，不能不視其死而垂憐。況法立如山，再三申諭，將來限滿後，再犯者，必難幸免，朕甚憫焉。著各直省大吏，趁此警動之際，振刷精神，認真查辦，務將興販吸食各犯，悉數破案，照例懲創，此時限内，多獲一人，即將來限外，多貸一命。切勿因循懈怠，視爲具文。倘該地方官，姑息養奸，鋤莠不盡，日後該犯等身罹重典，寬貸無從，是該大吏以民命爲輕，朕亦斷不寬恕也。凜之。將此通諭知之。欽此！」等因。欽遵諭旨，相應一並續入部發匯議查禁鴉片煙條例内，先行刊刻刷印飭發各城旗，一體遵循辦理可也。

清·佚名《入寇志·嘉興府周平湖縣王安民示》 爲曉諭安民事：照得暎夷在定海猖獗，現蒙撫憲會同提憲駐劄鎮海，調集各鎮大兵督勦，指日即可蕩平。乍口雖毗連定海，然沿海塘脚，俱係鐵板沙塗，該夷船祗能停泊塗外深水，從前曾有夷船到乍，不能近塘，皆爾等所親見。夷人若欲上塘，祗能用杉板推上沙塗，既不裝載多人，又不能裝載大砲，我兵從塘上抵禦，居高臨下，槍砲齊開，勢必即成齏粉。是乍浦地利，據萬全之勢，所謂天設之險。又況夷船停泊沙外深水，若東南風大，即被鐵板沙塗

撞碎，是夷船居必敗之地，乃兵法所忌，可以決其不敢前來。第事貴預防，現經本分府、本縣會督水陸兩營，並有都統憲滿兵，兼有招募鄉勇一千餘名，防守海塘，棋布星羅，而指日道憲協鎮，親臨調兵，兼有鎮海將軍帶兵前來，而乍浦防守事宜，業已萬全無慮。乃聞爾等居民，竟有倉皇失措，忽作遷徙之計者。是蓋不知乍浦有險可守，夷人萬萬不能登岸。且不知本分府、本縣現已於數日之内，相度形勢，胸有定見，請兵募勇，布置周密，地方可保無虞，而乃輕去其鄉，妄生疑畏，殊不知一經移動，室廬必至殘毀，什物必多抛棄，即以廢其舊業，傍徨異鄉，温飽之室，竊恐變爲飢寒，本分府、本縣聞而心傷，因宜曉諭，爲此示仰軍民商賈人等知悉，宜安居故土，切不可妄動，倘懷慮謂予不信，曷不觀義勇局各紳士及捐資助餉各殷户，彼豈無身家，豈無性命，而何以不作搬移之舉？且籌堵禦之方，是益深知有險可守，事出萬全，此固明白顯然，可解爾等之惑也。其聽予言，毋自貽悔，特示。

道光二十年六月十四給。

又 《嘉興府知府于詳文》 敬稟者：竊照逆夷任定滋事，乍洋一水可通，當將雇備義勇及乍浦洋形勢，有險可守，並須發兵給餉，於十三日會稟在案。兹於二十四日未刻，瞭有夷船一隻，由東南對塘駛來，轉近塘脚下沙塗淺處，約有十餘里外，轉而向西，西而亦多淺沙，復向東駛去，將近西山嘴砲臺正面，都統憲在山頂砲臺開砲，夷船乃退至西北停船，亦即開砲，無如其砲子甚遠，未、申、酉三時，將塘面義勇擊斃四人，滿營兵丁被擊傷五人，又斃民人一人，水師兵斃一人，受傷十餘人。夷船既不用杉板上塘，義勇亦無所施其技。卑職與縣丞楊肇修、主簿王重遠，在西塘之西首，管領鄉勇，其打來砲子，有落塘下水中，有擊碎塘上屋瓦者，而乍防同知周召棠、乍浦巡檢王熙淳，在西塘之東首管領，俱被槍子擦傷頭面，幸不甚重，而水師滿兵亦各打着夷船數次，夷船不復開砲，即於戌初揚帆，向東南駛去。伏念此次僅止一船，而火砲甚遠，人心即覺搖動，設大幫前來，何以抵禦？乍浦爲浙江門户，與鎮海無異，鎮海則口門險要，難以攻擊，乍浦則塘勢寬長，處處受敵，若非速發重兵，斷不足以資保障而定人心，合將本日夷船駛來轟擊情形，飛稟憲鑒。

又 《江蘇巡撫裕告示》 江蘇巡撫部院裕爲曉諭事：照得暎咭唎夷匪在浙江定海等處滋事，本省調兵防堵，及辦理過境差使，一切經費，皆係酌動庫項，並不絲毫累派民間。止有上海縣職員顧錫麟，急公好義，捐錢一萬五千串，助充費用，係自出情願。其沿海地方，各自團練鄉勇，爲有備無患之計，亦聽其便，均非官爲勒派。况現江、揚、蘇、松、常、鎮等府，積水未消，低窪處所，民居田畝，半在水中，本部院方以撫卹不能遍爲歉，又安肯因鄰省小醜跳梁，累我赤子？乃風聞民間有勒捐助餉，及勒令雇募鄉勇之謠。以致人心惶惑，殊堪詫異。合亟明白出示曉諭，爲此示仰閭屬紳富軍民人等知悉，爾等果有餘資，慨捐助費，冀邀議敍，本部院亦不阻其急公好義之心，至勸捐勒派，則我國家庫藏充盈，斷無此政體，勿爲浮言所搖惑，如不法棍徒，藉端科斂，擾及良民者，一經訪聞，或被告發，定即立拿究辦，决不寬貸，毋違特示。

道光二十年七月初七日示。

又 《福建提督請調閩粤水師剿辦摺七月二十二日由福建縣途次奏》

太子太保福建提督余步雲，奏爲途次接准浙江文報，並沿途咨訪大略情形，似應調舊添新，請調閩、粤水師弁兵，以資剿辦，恭摺奏祈聖鑒事：

竊臣叨蒙天恩，派赴浙江剿辦夷匪，將遵旨酌帶弁兵起程日期，於道光二十年七月初十日，恭摺奏報在案。臣於十四日馳抵福建省，接准浙江撫臣烏等聯銜咨會，内開：查得暎逆蟻聚定海船有三十餘隻，有七八千人之多，如果臣由福建帶有水師，來浙剿辦，必經温州、黄岩，應即暫行在彼寄椗，先期咨會，以便就近札調會辦等因。查閩省水師之兵，僅敷自衛海口，不能調派赴浙緣由，先經督臣鄧具摺奏明，其時臣尚未知之。至督臣所募泉州水勇一千名，係由海道乘船赴浙，何日到彼，尚難懸揣。臣心急如焚，只得咨商督臣，將前調建寧兵丁五百名，飭令帶兵督弁，嚴加管束，順道先由衢州陸路赴浙，聽候調遣。臣自應由捷徑視寧、德州一路，馳赴鎮海軍營，會同撫提臣，查明情形，作何進剿，另行具奏。

臣自幼從軍，均驅馳陸路車馬之間，至風濤水務，素未經過，當此喫急之際，無分水陸，總當一律策勁，定有成效。查該夷等不過爲圖銷鴉片之計，膽敢竊據城池，此歷來未有之事。臣切齒之恨，誓不俱立，海上遊魂，僅恃舟楫之利，若捨舟登陸，鼯鼠之技易窮。臣前得定海失守之信，與督臣鄧在泉州反覆密商，總宜多調官兵，此時造舟不及，因時買商賈大船以代之，水陸並進，水兵攻其船，陸兵攻其城，城復之時，逆㖇失所依附，且沿邊砲火嚴備，使水米無資，自必困敗。我水陸官兵，乘勢進剿，不難滅此朝食，以張國威而奪夷魂。惟慮鄰省水師，不能添調，正深焦灼，又於浙、閩交界之桐山途次，接據寧波府鄧廷彩來稟，據稱㖇夷船隻，尚在招寶山内外一帶洋面，遊奕窺伺，非水師兵船，不能制勝。今浙省雖調有官兵七八千名，均係陸路，不諳水務，稟請臣多調水兵，前往剿辦等語。臣查該府曾在軍前，熟知行伍，所稟實在情形。臣反覆思維，謬擬管見，仰懇聖裁。

查閩、粵洋面，雖有夷船多寡，乍去乍來，防守本不容易。然以現在情形而論，浙江軍務，較爲爲緊急，可否敕下粵省，酌調水兵三千名，派令勇往大員，帶赴浙江會剿，該省即募兵三千供行，給予守粮，一例作爲額外新兵，如有隨赴浙江征剿者，仍照額兵之例，給予行粮，俟軍務告竣，其另募新兵，有情願歸入水師，或歸陸路者，聽其自便，該省水陸各營，一并裁汰老弱，即將此項新兵補入額兵之數，尚屬容易安置，較之雇募水勇，每名每日給錢一二百文，需費大爲省減。至閩省水師，現在極形短絀，然有頭起撥戍臺灣之兵，將此換回，可否酌調千名，赴浙聽用，亦另募新兵，以補其缺，其應給守粮，及事竣收補額缺等事，均與廣東一律辦理。此兩省共抽調四千名，似此通融，抽舊補新，則粵、閩兩省水師兵數，仍然足數無缺，而浙江之兵力益厚，即可藉以相機進剿，斯得及早蕆事，似不致虚糜國帑。臣實因叠接浙江文報，知其需用水師甚急，是以不揣冒昧，敢獻芻言，是否可行，伏候欽定。

再臣此摺，本應與閩、浙督撫、提臣會議奏請，因在交界處所，往返函商，更延時日，合將微臣管見所及，調舊換新，請撥粵、閩水師赴浙剿辦緣由，恭摺由驛具奏，伏乞皇上聖鑑訓示遵行，謹奏。

又《江西巡撫錢致伊中堂書》 聞㖇夷現在定海築砌炮臺，安設炮位，其意將久居於此。雖降諭旨，准於通商，令其歸我疆土，伊亦未必從也。此時該夷守備，未必甚固，定邑之民，亦未終從，尚有可乘之機。若一味遷延，設使要害皆爲所有，奸民皆爲所用，雖欲合兵夾擊，其道無由。歷次諭旨，雖有不可急圖恢復之言，一則曰好謀而成，再則曰謀定後動，又曰是何布置，即行奏聞，聖意惟戒冒昧以圖功，非令按兵而不動。倘悞會聖意，將來或至萬分難措，則廟堂之上，追論所由，難免歸咎今日。且㖇夷入寇以來，沿海之戒嚴，已逾三月，攻巢之策，落若捕風，人心不免怨懟，士卒被久役之苦，則潰敗可虞；商漁失衣食之源，則盜賊將作。兼之浙省之温、台，江南之徐、壽，民俗獷悍，匪類最多，今兵丁皆調至海濱，久而不返，本境戍守空虚，尤恐盜賊竊發，設外夷未平，内亂復起，國家之事，大足寒心。天下後世，其謂公何？探病中伏枕靜思之，不能成寐。敢陳愚見，以望採擇。至所見原不足與中堂謀，中堂須自作主裁，上以安國，以下安民，中以安身，是爲至要。謹啓。

又《王宫保得禄致伊節相里布書》 近聞㖇夷船隻北上，赴訴天津，廷議准其在粵通商，繳還定海，已派琦相馳赴廣東妥辦矣。恭惟中堂大人碩畫宏才，四方推重，現在駐扎四明，籌辦善後，自能不動聲色，收歸疆土，登士民以衽席，措天下如泰山，禄在遠聞之，無任企慕。然以禄愚昧之見，竊謂中國㖇咭唎夷非不可和，而目前則有不可和之勢，其所關甚鉅，謹以鄙見所及，爲中堂陳之。自古馭遠之道，莫善乎威足使之畏，而德足使之懷，然知懷必由於知畏，故用威更先於用恩。㖇咭唎貪犯性成，奸詐出衆。自雍正十三年，始在粵東貿易，其時尚遵法度。嘉慶年間，已漸形放縱。至近日鴟張爲患，不可勝言，刺探時事，交結漢奸，售賣禁烟，窺伺邊圉，其或耀甲兵於我地，視國法如弁髦，欺壓同儕，藐視官長。主羈縻者，或姑息以養奸，尚威嚴者，恐抑裁而致變，國威之損，已非一日。幸賴前歲聖明獨斷，特派大臣燒其煙土，禁令森嚴，各國皆已畏威，而㖇夷猶然藐視。於是特頒諭旨，斷絶通商，所以絶奸夷窺伺之心，示聖主威靈之赫，廟謨之善，天下頌之。如使㖇夷畏威服罪，叩關輸誠，則本朝一視同仁，或可許通貿易。不料恃其狠戾，大肆恣睢，奪我疆土，佔我城池，殺我官兵，踞我倉庫。甚至措辭悖謬，狂誕不經，迹其罪惡滔天，實已擢髮難數。又復游奕各口岸，妄遞呈詞，告訐大臣，訴稱寃抑。陽托恭順之迹，陰逞狡詐之謀。方其在天津投遞呈詞之時，即在閩省攻擊廈門之日，叛逆之情，已可概見。仰蒙聖主，俯察其衷，曲加寬宥，飭令赴粵叩關，而彼仍有定海兵暫撤一半等語。則是彼以盤踞定海爲挾制之地，夷情可惡，莫甚於斯。倘若竟許通商，則彼不以寬典爲倖邀，轉以中華爲畏怯，揆之國體，實屬有傷，其不可和者一也。國家撫有華夷，金甌無缺，今年𠸄夷佔據定海，不過小醜跳梁，誠使剋期出師，水陸夾擊，何難剿除醜虜，收復城池？若令其自捨舟山，前赴粵省，竊料𠸄夷未必從也。蓋彼舍去粵東，獨趨定海，已有利之之意，而近日風聞其建造炮臺，安設炮位，加築城堞，開掘城河，若非意欲久居，何肯若此？且彼既知許其通商，何以不立撤舟山之衆，即日赴粵，而猶復遲疑觀望，杳無南去之期，是其不肯赴粵，欲於舟山立市之意，已自昭然，若非命將出師，舟山斷無復還之日，臥榻之側，豈容鼾睡？其不可和者二也。鴉片烟流毒內地，傳染日深，前經廷臣奏請嚴禁，仰蒙聖明燭照，特飭大臣重定章程，嚴加查辦，一年於茲矣。雖一時未能盡絕，而外源既斷，則內地之烟自然日少一日，更得地方官實心辦理，何患痼疾之不除？倘使復與𠸄夷通商，則彼故智尚存，貪心愈熾，勢必滿載而來，公然售賣，海疆文武，欲加查禁，則彼桀驁不服之形，必更甚於往日，未必聽我之查禁。倘欲稍裁於法，又恐激成事端。封疆大吏，必無肯從嚴執法，以觸怒𠸄夷者，從此烟土之來源便不可問矣。而且此次通商之後，彼必不肯耑在廣東貿易，勢必乘南風之便，闖入福建、浙江、江南、山東、直隸等省，停泊海口，或海中山島，以圖售烟，即使地方官法禁森嚴，彼不能當官售賣，而沿海漢奸，安知不潛爲銷售？從此沿海六七省，各有銷烟之口岸，而進口之烟日甚，即出口之銀日多，再歷數十年，而內地既無禦敵之兵，更無充餉之銀，從此長驅直入，乘我之疲以制我，不知將何以備之？其不可和者三也。𠸄夷豺狼其性，鬼蜮其形，詐僞之端，不可窮竟。現在各處投遞呈詞，雖意主通商，冀陰遂銷烟之計，然更有不可不防者，自夏秋以來，沿海各處防守嚴密，彼無可乘之隙，安知非僞稱通商求和，一俟通商後，各處守兵撤去，要隘空虛，彼遂乘虛直擣，此時措手不及，雖悔難追，其不可和者四也。𠸄夷貪心無厭，得寸進尺，其平日之情形固然，而此番佔據定海之後，未嘗稍示懲創，即與通商，彼必誤謂我之兵力，不能克復舟山，而又不肯決捨舟山，則彼將挾舟山以爲奇貨，而多方以要我，竊恐赴粵叩關，必有無厭之求，非分之請，從之則於中華大有關礙，不從則彼必不聽命，直至和議不成之後，再擬進兵，則敵人之守禦已固，積貯已充，而我則師徒疲乏，費用浩繁，徒遷延時日，以失可乘之機，糜無算之帑，而於事迄無所成，則何如今日決計進兵之爲得哉？其不可和者五也。𠸄夷急攻定海，雖利其地，然亦不得已也。蓋彼素稱悍鷙，然涉重洋九萬里，以犯中國，帆桅能不損壞乎？兵卒能不疾病乎？糧食能不匱乏乎？到處開炮轟擊，火藥鉛彈能不缺少乎？即無慮此數者，而區區四十餘號兵船，其能橫行中國海洋，而不虞我之潛襲，風浪之飄散乎？礁砂之淺擱乎？故其必取定海以爲休息地，以待後援者勢也。我若乘其現在，喘息未定，援兵未到之時，而進兵攻剿，則彼必不能支，彼惟自知其不能支，而懼吾之攻剿也，故用請和之詞，爲緩兵之計，而後可用內地之工匠以修船，可用內地之醫藥以療疾，可藉內地漢奸之接運以濟其糧食，大約又候來春南風司令，彼國大號兵船陸續到齊，然後背棄前言，突然犯順，此時大舉而撲滅之，正非易易，是𠸄夷之求和，正所以爲猖獗之地，而吾奈何反墮其術中哉？其不可和者六也。𠸄夷包藏禍心，行爲不法，數十年前，粵中已視爲門庭之寇，何況近日。然猶有所顧忌也，今此次大肆不法之後，仍復有利無害，則彼狃於故智，益肆猖狂，將來粵東貿易，如何彈壓，竊恐自此之後，粵之市舶，皆爲所兼并，粵之人民皆爲所殘害，粵之官吏皆爲所欺淩，粵之奸徒皆爲所勾結，而粵事不可問矣。設更於他省設立口岸，其爲害尤烈，其不可和者七也。國家養兵數百萬，豈徒以誇武備之威，亦即以外懾夷情，內消反側，示天下以不可犯也。今𠸄夷稱兵犯順，踞地戕官，其罪不容復赦。我皇上鑑其苦志，曲賜包容，好生之德，誠足以昭示天下，然恐外夷無知，不謂我朝特賜矜全，反謂彼國不能壓制，則凡𠸄咭唎以外諸夷，難保其不紛紛效尤，若果如此，則時事之艱，更有甚於今日者。況中國奸民好亂樂禍者，實繁有徒，今見𠸄夷所爲，大逆不道，尚得轉邀原宥，則彼將以反叛爲可爲，而妄謂國家之兵威不足懼，覬覦之心，從此而起，設外患未平，內憂復作，則安危之勢，尚未可知，興言及此，不勝寒心。其不可和者八也。伏念中堂鑑此八害，密疏上陳，自可上回天聽，下順民心，率貔虎之師，滅鬼蜮之虜，以順克逆，以衆擊寡，以逸制勞，以長攻短，王師一到，逆夷有不稽首而請命者哉？迨至國威既堅，醜類傾心，然後上懇恩施，許其立市，則邊境綏安，萬年無事，而中堂公忠爲國之心，亦可以共白於天下矣。祿退老投閒，處不能言之地，而憂國之忱，不能自已，敢布區區，惟執事諒其愚，而察其言。幸甚幸甚。

王宫保，江西人，寄籍臺灣。由武生於乾隆五十一年，隨營剿林爽文，捐貲募勇，事平賞戴花翎，給五品頂戴，補千總，陞提臺，後隨李忠毅剿除蔡牽，賞戴雙眼花翎，加子爵。道光二年患病回籍。

清·夏燮《中西記事》卷九《白門原約》 壬寅白門之撫，是時所議各條，抄傳在外。予《答友人書》論其事，兹核以後來之事，多億中者。因撮其大略於左：

一，撫議内稱通商碼頭：一廣東、一福州、一廈門、一寧波、一上海，凡五口。查粤東之香港，已於上年奏給在先，此時正宜與之説明，作爲粤東碼頭，不許牽及廣州省會，乃該夷竟以香港爲已得之碼頭，輒欲得隴望蜀，且五口通商，彼寄居之，而我取其税，固猶然中國之版圖，主客之勢異焉。若香港一島，已與割地無異，將來一切地租雜税，皆輸之於英夷，求如澳門之歲租五百，無其實而猶存其名者，且不可得，予竊慮汶陽之田之不復返也。既給香港，又准在粤東通商，是二口也。閩省畀以廈門，又索福州省會，奉上諭飭以泉州換給，卒不行，是閩中亦二口也。浙之定海，孤懸海外，並無險要之可守。乾隆年間，夷人屢請在舟山建立碼頭，奉旨駁回，迨伯麥攻陷定海，遽欲在此通商，浙撫劉韻珂臚陳八弊，今因索寧波不復言定海，而浙撫向爭定海，今卻不爭寧波，予謂既得寧波，則定海是其出入之匯，何待於索？江蘇既得上海，則吴淞亦然，是浙江名爲一口，實亦二口也。通商碼頭，東南四省，一氣聯絡，向則開門揖盜，今且入室操戈矣。此壬寅和議之原稿，而後來應驗，遂不出意料中。如香港碼頭，近見西人月報，已隸英國埠下，與麻六甲、新嘉坡無異，又核其所收地租雜税各款，每歲可得十餘萬，居然中國大關一歲之額矣。福州通商，意在武夷山茶，見第三條中。後見梁中丞歸田瑣記，有致劉中丞鴻翺一書，中云：『執事亦知該夷所以必住福州之故乎？該夷所必需者，中國之茶葉，而崇安所產尤該夷所醉心，既得福州，則可以漸達崇安，此間早傳該夷欲買武夷山之説，誠非無因。若果福州已得馬頭，則延、建一帶，必至往來無忌。某記得道光乙未年春夏之交，該夷某國曾有兩大船停泊臺江，别駕一小船，由洪山橋直上水口，時鄭夢白方伯，以乞假回籍，在竹崎江中，與之相遇，令所過塘汛各兵，開砲擊回，則彼時已有到崇安相度茶山之意，其垂涎武夷可知。』又言：『以福建而論，必不能富强於江南、浙江、廣東也，乃江南、浙江、廣東每省止准設一馬頭，而福建一省獨必添一馬頭以媚之，此所不解。況中原濱海各省，不一而足，倘援福州之例，於山東索登州馬頭，於直隸索天津馬頭，於遼東索錦州馬頭，則概將唯命是聽乎？況外番如英夷者，亦不一而足。倘各援英夷之例，亦於濱海各省請分設馬頭，亦將唯命是聽乎？且福州省城外，距海尚有百十里之遥，蘇省城外距常熟海口不過百里，浙江城外距龕赭海門亦不過百里，廣州省城則外距澳門不過數十里。若皆以海道可通之故，各援福州之例，於各省會城並請分設馬頭，將何詞以拒之？』按以上云云，核以後來之事，無不億中，附識於此，以證予説之合。

一、約内但載通商之馬頭，而不及其不准通商者，是蹈粤東之故轍也。靖逆以六百萬圖了粤東之局，而不及江浙，今又了江、浙、閩、粤之局，而不及山東、天津。在當日誠慮其畫蛇添足，有意外波瀾。然當二十年義律天津遞書，回過山東求見撫軍，安知非藉以察看登州一帶地形，以爲異日要求張本？至其滋擾浙江，又播散流言，將由福建廈門再赴天津要求一切，具見靖逆將軍及浙撫章奏中，在該逆聲東擊西，原不足信，惟天津萬無通商之理，正宜與該夷申明厲禁，載入約中，以杜其覬覦之漸。乃恐别生枝節，一味含糊，萬一二千一百萬清款後，該夷以一火輪船，徑赴天津，要求通商，則當事者豈不又費一番脣舌邪？況遼東環海爲衛，居庸關外，實陪京神靈宫寢之區，而上海沙船之至關東者，以自南北行爲回空，自北南行爲正載，是則九州之上腴，天地之奥區，烏可不慎與？議撫之次年，彌利堅人果赴天津呈請通商，經部中駁回。三十年英夷入天津，亦即此意，近日天津議撫，遂求奉天、登州各海口，十年換約，遂增入天津通商一條，此皆二十年前億度之不幸而中者。

一、約内二千一百萬之款，内有煙價六百萬，商欠三百萬，皆爲重給。何者？粤東之六百萬，名爲追交商欠，實煙價也。二萬餘箱之值，義律曾索一千二百萬，經彌人核其成本，減半給之，推算箱數銀數，正與六百萬相符。若使靖逆當日據實陳奏，何至白門撫議，又生六百萬葛藤？即使濮、馬等任意浮開，亦可援揚商三十萬之例，照數劃抵。況靖逆以追商欠爲名，商欠之數，於官何預？且亦何從得其確數？是則六百萬之增款，仍是義律在粤所索之價，以不足又增商欠三百萬，豈多多而益善哉？

若夫軍費之一千二百萬，當日何以不向該夷詰問？中國興兵三載，所費餉需數千萬，亦應責令該夷繳出，以間執其口。傳聞當日議及此款，張喜拂衣而起，是在僕隸庸流，尚知心抱不平，怒形於色，乃以一四品大員當日議款鹿澤長、舒恭受居間緩頰，蓋一道一府也。隱忍而甘，一詞莫贊，所謂折衝於口舌之間者何在？尤可異者，受賂之款，迥非逋欠可比。按年分給，偶有短絀，何足計較，乃至並加息一層，無敢與辯，亦經載入約中。粵東爭平，粵東六百萬夷人爭用外洋法碼。白門爭息，該夷狂吠之聲，足令强者決眥，懦者掩耳已。商欠名目，始自粵東，其後因粵民燒其行棧，遂於八年寇天津時，索商虧二百萬，至軍費名目，起於白門，遂於八年寇天津索償二百萬，迨十年寇京師又增四百萬，並法夷亦效尤索之如數，作俑之禍，蓋不知伊於胡底矣。

一、約内絕不提煙土一字，若以爲既撫之後，聽其私售，則内禁之弛，姑勿具論，而該夷牟利於中國者，實即以此爲大宗，今貨物有稅，煙土無稅，是得小遺大，官課日形其絀，抵欠曾無了時也。若竟以此定其稅則，如許乃濟奏請開禁之原議，則彼逞其桀黠，勢必鬧關鬪稅，聽其夾帶偷漏而後已。是我徒博收稅之虛名，而受漏卮之實禍也。

昔明人因中官擾累，請罷市舶司，議者謂中官可罷，而市舶司必不可罷，以國家大利之權，未可操之於商販之手也。今日通商議行，鴉片禁弛，於是利權操之於外洋，而煙土遂爲各行之首業，此豈特漏卮之患而已哉？壬寅通商之後，鴉片之禁大開，直至咸豐八年，始定稅則，是法窮則變也。

一、約内准其通商，各夷除俄羅斯外，皆得援例入口，而當日彌利堅不預，法郎西亦後至，於是白門之約，專了英人一局。然所燒之煙，非英夷一家之煙，商欠之數，亦非英夷一國之數。若各國見英人一朝逞志，償其積年之逋欠，安知無接踵而效尤者？當英人驕蹇粵東，奉旨停其貿易，其時各國貨船皆被英人攔阻，遂思各帶兵船，與之理論。惜其時中國無居間諜間之人，使之以毒攻毒。白門之役，浙省探報，有近時粵東新到夷船十隻之信，而法人藉講款來上海，又至江寧，是皆覘成敗以定從違者。此時賂款未清，伏莽不動，竊恐數十年後，或分道而揚鑣，或合謀而定從，爲中土之患者，又豈止英夷一國而已哉？款議既成，各夷皆在粵東援例以請，而俄羅斯亦附英彌海船，駛赴各口，遂有二十年後，合從稱兵之事，比皆億度而知其必然者。

一、撫議既准通商，亦須申明舊章，以定限制。如乾隆間所定頭絲綢緞等貨，皆有成案，雖國家例禁，積久漸成具文，然外夷不能無顧忌也。前年夷人擾浙，曾望顔倡閉關之議，以爲大黄茶葉，關係外洋生命，即使將來誠心悔罪，奏懇通商，仍不許其逾額多運。又另片奏澳夷互市，亦請定以限制等因。查舊檔，乾隆中葉，因厄魯叛賊舍楞逃入俄羅斯，索之不與，遂絕其恰克圖之貿易。時大西洋各國市大黄於粵，每國限以五百斤，防其漏入俄境也。林文忠覆奏内稱，歷來大黄出口，多者不過一千石，緣每人所用無幾，隨身皆可收藏，且尚非必不可無之物，不值爲之厲禁。惟茶葉歷年所銷，自三十餘萬石至五十餘萬石不等，現擬酌中定制，設立公所稽查，不准逾額多運，即爲箝制之方等語。

予謂外洋欲以煙土漏内地之銀，先以煙土漏内地之貨。四洲之大，中國其一隅耳。昔人謂雕文刻鏤傷農事，錦繡纂組害女紅，謂其末業也。今以末業耗民力，衣食之源已虧，而又操有限之具，以給無窮之求，百貨騰踊，民力幾何而不竭也？竭中國之民力，以供億外夷，馴至殫終歲之操作，不足供其爝火之一吹，此豈特洪水猛獸之患已哉？

福州既得，茶禁大開，將來入武夷山中，不啻探囊拾芥。加以各省之紅茶綠茶，競趨其利，其出洋較十九年之前，何止倍蓰？此固非邛杖、蒟醬、葡萄，苜蓿之比也。他如銅、鉛、鐵、錫，皆有常禁，通商之後，一任其予取予求，不敢究詰。然則二千一百萬之款，特其太倉中一粟之利，而議撫者貿貿也。自天津新議行，所定通商稅則條約，入口出口皆有貨單，除煙土已定稅則，不與他貨之百中取五同科，其餘則銀錢、米穀，荳石，硝磺、白鉛等物，向例不准通商者，今悉弛禁，載入第五條約内。其實自壬寅通商以後，一律出口，夾帶偷漏之弊，與煙土同，今悉弛之，並餼羊之徒存者亦廢矣。

一、約内五口通商之地，悉由該夷人挈眷居住。查粵東開港，定例不准夷人攜帶眷屬。自道光七八年間，有英人大班來粵，託以患病需用人乳，挈夷婦一名，逗留在館，旋被大府逐之去。後數年義律來粵，續充大班，遂援前例。今通商約内，先將挈眷一層敘入，欲以弛粵東之前禁也。然五口之中，如廣東、福州則有省會，上海、寧波亦有府縣城，而約内未經分晰。將來領事寄居，毫無界限，又將挈眷入城矣。

當二十年，英夷破定海，其兵頭伯麥者，予見江蘇探報，言定海有土人，持其愛女以獻於伯麥，一時夷船來浙，多挈眷以從。有年家子定海人，聞變回籍，安置家屬，次年挈之至當塗。爲予言初到定海，鄰人屬通刺夷酋，可以紓禍。不得已，具衣冠拜謁，該酋亦報之如禮。又見城鄉眷屬，與女夷亦通往來，是則祭野起辛有之歎，徙戎貽江統之憂。夷人出幽谷而遷喬木，華民服左衽而言侏離，毋亦地氣之循環，感應於人事者歟？議撫之次年，夷人即請入粵城，卒釀粵中之禍，而閩中已於道光之季，擅在城內烏石山上起造房屋，皆見前卷。

一、約內該夷之有職者，與中國官員平行往來。謹按國朝故事，凡安南、琉球等國貢使之至中國者，督撫皆坐堂皇，通事導貢使入，免冠拜伏，屏息待命。英夷自嘉慶二年、十一年加拉威禮至粵，爭謁見儀注，制府從權許免叩見，然猶免冠致敬。當時制府離席立受，聞者非之。今約內改用平行禮，毋論其與國體大有關係，而該夷官職亦有尊卑大小之等級，約中但分出總管屬員二層，而該夷何者爲屬員，亦須令其來至海口時，以本國咨會爲憑。今一概抹煞，將來住海口之公司領事人等，夜郎自大，不受地方官約束，此賈生所謂倒懸之勢，足反居上，首顧居下者也。近聞該領事住上海，每出入前驅者，執棒導之行。滬中自上海道以下遇於塗，皆屏騶從，息鼓角，以俟其過。其後天津新議，定正領事與道臺同品，副領事與知府同品。其實領事所理，不過貿易瑣屑，及華夷爭訟，會同地方官平其曲直而已。自領事與監司敵體，凡有華夷交涉事件，徑行越訴，不復知有府縣，豈非首足倒懸之明證？

一、約內載傳習天主教者，中國官須一律保護，不得刻待禁阻等語。查天主教自明季入中國，國初楊光先著《不得已》書攻之，謂十三省皆有天主教堂，是其由來已非一日。後因新法參用西人，奉諭許自行其教，不准傳教於華民，續又嚴直省開堂之禁。而傳者日多，恆以夜集堂中，男女一處。今又載入約中，將來白晝公行，何所顧忌，用夷變夏之漸，不可不防。此約既定，遂有二十五年法郎西在粵請聽華民習天主教，兩廣總督據以奏聞，部議允行，見前第二卷中，皆自白門條約啓之也。

一、約內釋放漢奸一條，尤不可解。漢奸受雇於外洋，或充其間諜，或助之打仗，被官兵擒獲，械入獄中。該夷即欲袒庇，亦須假託彼國之人，求官釋放，帶回本國。如洪任輝之往事，中國雖掩耳盜鈴，尚爲名正言順。今約內明指漢奸，勒官放回，是此輩恃夷犯法，叛逆彰彰，漏網而出。昔日有罪，尚須遠投外洋，一自夷人寄居内地，則竄身尤爲自便矣。予謂該夷業經就撫，應責令將夷船上所帶之漢奸，悉數交出，以清中外之疆界。今不責漢奸於夷人，而夷人乃索漢奸於中國，是胥天下而爲漢奸也。英人曾在新嘉坡開設英華書院，招致中國之文士，束脩薪水皆數倍於中國。又聞粵中罷兵後，該夷行文，照會粵東各府縣教官，指出該處之某舉貢某生員，令其資送出洋，是相率而爲漢奸者，又不止刑餘商賈之輩而已。宋之秦檜，夫豈非漢奸之魁，而和議之戎首哉？天津之役，殷兆鏞奏，稱李國太即廣東嘉應州人，而魏默深曾識其父於金陵，蓋已世爲夷官，父子同名，循外洋例也。

第二次鴉片戰爭部

綜　述

修約交涉與侵華藉口

清·賈楨等《籌辦夷務始末（咸豐朝）》卷八　咸豐四年六月己巳，葉名琛又奏：咪酋馬沙利於上年十二月二十九日即已回國，接辦之麥蓮，於本年三月十七日抵粵，孰意嘆酋接辦之咆吟，亦於本年三月十六日來粵，哎嗡即於三月十八日回國。該兩國公使同時更易，其中必各有因。初來頗覺秘密，迨至再四查詢，始知皆由於道光二十二年前在江南定約時有十二年後再行重訂等語。本年閏七月初六日即已屆期，該國王等分遣各酋來粵，即專注意於此。伏查當年江南既定約以後，何又復以十二年爲期，明係預留地步，使之得以饒舌。臣惟有相機開導，設法羈縻。

（咸豐四年）七月壬子，兩江總督怡良奏：『竊奴才前赴崑山，飭傳咪酋麥蓮勒畢唵進見，及夷酋咆吟囑吳健彰代爲求見，因與條約不符，未經批准。嗣於六月二十一日，據吳健彰禀稱，嘆夷領事官阿利國送來咆吟公文一角，欲與奴才會晤，將公文呈送前來。奴才查閱來文內稱，本國給有敕書，若蒙欽差大臣面商要務方可互觀。前在粵東，與欽差大臣往來，施以親密，而反酬以無禮。現在必須相待稍優，如蒙欽差大員商議中外攸關之事，更堅和睦等情，並無求見之語。奴才以廣東欽差大臣管理夷務，即係欽派大員，未便另行瀆請，況中華與外國現無可商之事。至欽差大臣與該酋如何相待，不得而知。總之，中外相安已久，當以信義爲重，至於禮節之間，應密應疏，自有公論。該酋責人以禮，諒能以禮待人，不必另生枝節。辦文照覆去後，現在復據吳健彰送到咪酋麥蓮勒畢唵照會一件，據稱欲求欽派大臣商議中華與合衆國利益事宜，未蒙代奏，擬與暎酋同赴天津，將此意上達朝廷。所有上海稅務，已委領事官會同蘇松太道辦理妥善，嗣後必當嚴飭本國商民，恪遵條約等語。奴才以五口通商事務，向歸廣東欽差大臣總理，奴才既非欽差大臣，該酋又未將國書正本呈出，是以不便具奏，係照條約辦理，並無錯誤。此外一切情形，前已詳晰面諭，該酋曾言不敢前赴天津，何以甫閱兩旬，復有偕暎酋赴津之説，不特與前言不符，亦與條約相背。該酋既將稅務會同辦妥，並飭該國商民嗣後恪遵條約，尤當始終如一，永昭和好，與該國庶有稗益，不必前赴天津，倘有必應面商之處，即回粵東，聽候欽差大臣查辦。中華官員，辦理外國交涉事件，總以條約爲憑，儻在條約之外，則非所與知，亦毋庸任咎等語，備文諭止，並責成吳健彰曉以利害，妥爲開導。容俟該道稟覆到日，再行酌辦。【略】

論：前以暎、咪各夷酋於蘇省求見督撫，任意要挾，當經諭令葉名琛嚴諭該酋等遵守成約，以杜奸萌。茲據怡良奏稱：『接暎酋咆吟公文，稱前在粵東時，欽差大臣酬以無禮，並接咪酋麥蓮勒畢唵照會，有擬與暎酋同赴天津等語。』夷人詭譎性成，明知通商事宜胥歸粵東辦理，輒赴各海口妄肆要求，現已諭怡良令該夷酋等前赴粵東，聽候查辦。著葉名琛仍遵前旨，設法開導，諭以堅守成約，斷不容以十二年變通之説，妄有覬覦。並諭以天津海口，現因辦理防堵，兵勇雲集，儻該夷貿然而來，船隻或有損傷，轉致自詒伊戚。至該督接見夷酋等儀文，仍當恪守舊章，無得以該夷等有相待稍優之請，少涉遷就，以致弛其畏憚之心。前據葉名琛奏：『探聞俄夷與暎夷訂期交戰，並於香港地方將伊等貨船搶去，該夷等方有戒心，何以轉與中國爲難。傳聞之詞或多不實。』該督辦理此事，尤應格外慎重，萬不可以俄夷方與該夷等構釁，一切稍存大意，所有近日如何查辦情形，著由驛馳奏。

辛酉，兩江總督怡良奏：『據吉爾杭阿寄到麥酋照會，奴才公文一件，內稱：與暎酋同赴天津之議，暫行停止。定於七月初五日，前赴粵東，若難與葉督憲商辦，仍須前赴天津，與北京大憲會商，大約閏七月即回上海等情。』並接吉爾杭阿來函：『探查麥酋船隻，業已開行，聞咆吟不久亦當赴粵，先經吉爾杭阿再三開導，該酋等均稱葉總督肯見與否，尚在未定，如仍拒絕我等應辦之事，尚須奏請欽差來滬會商等語。』【略】

奴才（吉爾杭阿）任事後，該酋又投遞節略，內稱：『扣至本年閏七月初六日，已屆十二年之期，必應將舊定條約變通辦理，因廣東欽差大臣不肯查辦，欲奴才奏請欽派便宜行事之重權大臣，前來上海會議，准其於五口之外，任往他處貿易，當令各商，將上年八月初五日以後未納稅銀，全行補完，否則該酋即親自赴京等語。』奴才當以該國原定條約內，並無十二年後變通章程之文，祇有大皇帝如有恩施別國，暎人一體均沾之語。現在大皇帝並未准令別國商人前往他處貿易。【略】

吉爾杭阿又奏：『自上海通商以後，惟咪唎㗇貿易最大，情形亦尚恭順。上海失守後，各國應徵夷稅，屢次催繳，迄無成效。本年五月，咪唎㗇夷酋麥蓮勒畢唵前來上海，查看貿易情形，前任蘇松太道吳健彰囑其代爲催納，該酋口稱，本國王命來此，必須做一大有利益中華之事，以仰酬大皇帝五口通商厚恩。今見中華用兵日久，需餉甚殷，必將商人應完新舊稅銀，逐一追繳清楚，祇求督撫大吏代爲奏明。庶幾大皇帝知麥蓮勒畢唵辦事不錯，以後尚可爲中華出力等語。奴才與前撫臣許乃釗雖知其爲甘言以誘我，而當此多事之秋，不得不因勢利導，以免掣肘而濟軍餉。未幾，該酋即有鎮江、金陵之行，回滬後，復至昆山謁見督臣，呈遞照會等件，籲請變通貿易。因督臣怡良令其仍回廣東，聽候查辦，該酋復回上海，口稱前在廣東求見總督，總未見面，是廣東斷無可商，決計不復再往。今上海地方，連年不靖，貨物滯銷，欲將各貨運至鎮江、金陵、漢口等處銷售，如蒙大皇帝欽派便宜行事之重權大臣前來，議定規條，伊國情願隨同官兵，從上海起，一路剿辦逆匪，開通長江。如上海等處有一賊未平，即不敢越次而進。乃兩江總督不代爲奏請，伊國不能自誤買賣，惟有自入長江等語。奴才與前撫臣許乃釗因其言詞已不如初至時之遜順，當飭傳諭該酋，原定條約內，雖有十二年後准予酌量變通之文，而無增添口岸字件。鎮江等處，並非該夷應到之地，斷難准行。天朝軍務，亦非該夷所得干預，其五口之貿易章程，如須變通，兩廣總督即係專辦夷務之欽差大臣，應卽遵照兩江總督面諭，速回廣東，呈請查辦。該酋復稱，如其始終不允，卽當與咉酋咆吟，各駕本國兵船，同赴天津，將一切事宜，上告朝廷。正在反復曉諭間，許乃釗、吳健彰先後交卸。奴才任事後，麥酋又投遞節略，籲請具奏，所言亦大略相同。』

又　卷九　（咸豐四年）庚申，江蘇巡撫吉爾杭阿奏：竊照咉咭唎夷酋咆吟、咪唎堅夷酋麥蓮勒畢唵於五月間前來上海，在奴才處呈遞節略，懇求欽差重臣查辦變通貿易事宜等情。奴才當將節略擲還，遵旨飭令回粵，聽候兩廣督臣葉名琛查辦，並將該夷等種種狡詐情形，縷晰密陳，旋因該酋等逾期未至。又經附片陳明在案，乃前摺甫經拜發。咆、麥二酋與咈囒哂夷酋咘嚗咘嚨於八月初七八等日聯檣而至，奴才卽於初九日以禮接見，詢其來意。據稱咆、麥二酋遵諭前赴廣東，與咘酋一體照會兩廣總督，不特葉總督未與相見，且咘酋處亦未接有回文，僅派知州張崇恪、知縣陳宜之面見繙繹人，口稱葉總督並未奉有諭旨，辦理變通事宜。旋接葉總督與咆、麥二酋復文，僅云天朝臣下無權，但知謹守成約，其重大事件，必須奏明請旨，又無准與代奏之語。守候多日而回，不得不來一見，卽欲前赴天津，求見大皇帝及大學士申訴一切。其前呈節略內所言事理並未提及，但據咆酋云，十二年之期已過，前定章程，皆不足爲據。又據麥、咘二酋云，伊等在香港，奉該國王之命，凡事皆由咆酋商定辦理等語。奴才因該酋等業已合而爲一，與七月中情形又已不同，當答以咉夷原定章程，名爲《萬年和約》，本無十二年變通之文，卽當永遠遵行，咆酋不應有此不經之談。咪咈二夷雖有十二年變通之約，而無另定新章之語，爾等欲赴天津必須俟奏明大皇帝准爾前去，方可開行，否則不過與天津鎮道一見而已，仍屬徒勞往返，或將前遞節略所求代奏，恭候欽定，亦無不可。辯論竟日，迄無成議，十二日，該酋等三人同繙譯人麥華陀等五人復來謁見，據云天津之行，伊等已奏明各該國王，若由貴部院代奏，而大皇帝仍令回粵，爾時再赴天津，則抗違大皇帝諭旨。若折回廣東，又背國王之命，竟難中止。奴才又向再三開導，據云此番前去，如蒙恩准，欽派重權大臣兩三人前來查辦，中外利益實屬不小，儻仍照舊飭回廣東，伊等實屬無顏，亦不敢卽生異議，惟有將伊等無可如何情形，奏知該國王，待命而行，以後之事卽難預定，已擇於八月十八日啓碇前去。

又　卷一四　葉名琛奏：九月中，因水師兵勇在划艇內拿獲盜匪李明太等，咉夷領事官吧嗄禮藉端起釁，輒敢駛入省河，將獵德礮臺肆擾，又在大黃滘礮臺開放空礮。自九月二十九日，至十月初一日，攻擊城垣，縱火將靖海門、五仙門附近民房盡行焚燒。初一日，又糾約二三百人扒城，經參將淩芳與紳士歐陽泉等迎擊跌斃。初九日，該夷由十三行河面駛至，直撲東定臺，經兵勇轟壞兵船，並斃其水師大兵頭哂嗎嚓咯喱，夷匪傷亡四百餘名。現在該督等已守舊城，調集水陸兵勇二萬餘名，足敷堵剿。紳民等同矢義憤，卽咪咈兩夷，及西洋諸國俱知該夷無理，未必相助，其勢尚孤。【略】

京畿道御史韓錦雲奏：咸豐六年十一月十八日，臣現接廣東省城及香港來信云：『九月二十三日，咉夷貨船內有賊三名，官兵購線，俟至內河，連水手漢人共十二名，一併拏獲。咉夷因制軍不早爲通知，極爲不平，投文七次，向制軍索人，制軍不收其文書，旋將所拏十二名送回該夷處，該夷説此人內有假的，要制軍見面，分辨是非。制軍置之不理，亦未先爲防備。該夷水師提督於二十五日，乘戰船三隻突入內河，將獵德、龜江及鳳凰岡、東安、西固海珠等處礮臺盡行占踞，豎立紅毛旗號。二十七日，各街派丁巡緝，被咉夷槍斃二命，因此人心忿怒，欲放火盡燒十三行。制軍飭令禁止。二十九日，夷兵在城外放礮，轟入靖海門內，礮火延燒鋪戶數十間。三十日，夷兵扒入外城，搶至制軍衙門後街，被壯勇殺退。十月初二日，攻破外城，將制軍衙門燒燬，制軍走入內城，著紳士伍崇曜、蘇廷魁等出城向英夷領事講和。該夷仍連日放礮攻城，船隻均不能出入等語。』臣竊維此次制軍派兵到夷船拿賊，因未通知，致該夷有所藉口。

清·夏燮《中西紀事》卷一二《四國合從》　咸豐六年，秋九月，英夷稱兵犯粵，其釁起于來粵之划艇，艇之船主英人，所載舟子則華人也。中西前約載：『有不法華民逃至香港，或在英之官船、貨船潛匿者，經英官查出交付華官。若華官探聞在先，亦準照會英官移取。其英人犯法逃入中土者，亦如之。』是月初十日，有自外洋來粵之划艇，張英國旗幟，泊于粵河，粵之水師武弁見舟中所載皆華民，將治以通番之罪，遂執舟子十二人，械繫入省。船主以愬領事巴夏里，巴至舟查勘，武弁不爲禮。巴乃照會粵督，以武弁應移取，不應擅執，且明舟子無罪，請釋之。時葉相國名琛任兩廣總督，不許。又因在粵之包公使以請，許之。英有水師提督西某者，聞其事，欲起釁端，相國遣送舟子於領事廨中，而領事以事關水師弗受也。二十六日，西水師興兵攻我黄浦炮臺，相國遣雷州知府蔣某至領事廨中，詰其起釁之由。時西水師亦在焉，同聲答曰：『傳言誤聽，屢乖二國之好，歸語相國，當入城面議之。』蓋水師領事意不在舟子，欲藉面議爲入城地也。相國乃以己酉徐制府與彼國公使文翰所定禁止入城之約示之，不省。

清·華廷傑《觸藩始末》卷上　咸豐五年冬，奉旨授葉名琛協辦大學士。六年春，補授體仁閣大學士。九月，水師營千總梁國定在捍艇上獲逃匪十三名，並船上旗幟。捍艇者，本内地澳門一帶裝貨船，後因香港洋酋勒領洋票一紙，收銀若干，舟人貪走私之利，甘心領票，遂以洋船自命，而洋酋亦儼然視爲彼國之船矣。此案出，而英人滋不悦，照會總督稱：和約内有拿匪要知會彼國之説，何以武弁拿匪，既未知會，又毁其旗幟？必索還所獲。葉相卽令將審明未認案之五人先行送回，告以其餘七人，實是真匪。乃該酋不受，堅索並還。葉相亦如其請，命南海縣丞親帶照會，並犯人十三名，同往投交。該酋仍不受，並不啓閲照會，謂須梁國定親往伊船，由彼訊明定案。縣丞以告，葉相置之不理，犯仍收回。二十三日，通事來述該酋言，謂以明日午刻爲限，如逾期不允所請，卽進兵攻城。葉相亦置之。

清·七弦河上釣叟《英吉利廣東入城始末》　九月，有水師千總梁國定者，因搜划艇鴉片煙土，獲逸匪十三人，拔艇上旗幟，以獲匪報。划艇俗呼鬼划艇，本内地貨船，率領香港夷票，招一二夷人以爲護符，漏稅拒捕，自命外國船，外國亦陰庇之久矣。

英吉利夷酋知之，大恚，照會總督，引和約拿匪須知會彼國，今不與知會而毁旗幟、報獲匪爲不合，責歸所獲十三人。獲犯方就訊，具供者已七人，未具供者五人，名琛令先還五人，告以『七人實匪黨，已具伏，不當還。』夷酋持不可，名琛謂小事何足較，復令縣丞某攜照會並十三人還之，夷酋不受，言必以梁國定往，彼代爲定讞。縣丞以告，名琛曰：『姑聽之。』及二十三日，夷酋忽遣通事來告：『限明日日中，不如約，卽攻城。』亦置不問。

清·薛福成《庸盦全集·庸盦文續編》卷下《書漢陽葉相廣州之變丁亥》　（咸豐五年）英人以入城之約爲粵民所撓，居常悒悒，兼憾葉相之摧沮，而懾其積年虚望，未有以難也。東莞會匪倡亂，合他寇圍廣州，勢張甚，有議借洋人力禦寇者，葉相斥之退，諸寇旋敗散，按察使沈棣輝督軍剿賊，功尤多，列上官紳兵練之力戰者，請獎薦，葉相格不奏，兵練皆解體，棣輝憂憤而卒。葉相檄諸府州縣，凡昔通匪者，吏民格殺勿論；黠悍者皆假捕會匪名相仇殺，前後斬十餘萬人，從賊者不敢歸，或軼擾廣西、江西，或遁入海，棲諸島中，英人以火輪船圍而降之。英方與俄羅斯爭雄，欲驅降賊以敵俄，賊首關鉅、梁楫憚遠行，堅請英領事官巴夏禮先攻廣東，可以得志。巴夏禮謂師出無名，留香港數月，日夜訓練。六年九月，有水師千總巡粵河，遇一划艇，張英國旗，千總知奸民慣借英旗以自護也，登艇大索，執逸匪十三人，拔其旗，以獲匪報。西洋通例，以下旗爲大辱。巴夏禮馳與爭論，千總弗爲禮，巴夏禮大恚，照會葉相，謂按和約，拿匪當移取，不當擅執，毁旗尤非禮。且華民在英舟爲傭，實無罪，責歸所獲十三人。其駐粵公使包冷譙讓書亦至。葉相曰：『此小事，不足校，其畀之。』遣一微員，送十三人者於領事館。是時巴夏禮已與公使及水師提督密謀，欲乘此時求入城，翻前約，又見新遣僅微員，疑有意折辱之，遂不受。曰：『此水師事，當送水師提督舟中，若併送千總來，乃受。』微員復命，葉相曰：『縶之！』遂縶十三人於獄。丁丑，英酋忽遣通事來告，越日日中不如約，卽攻城，亦不省。

葉相廣州之變，亦中外交涉以來一大案，紀載者不下十餘種，或怨誹過當，或傳聞失實，惟粵人李鳳翎《洋務續記》一卷、七絃河上釣叟《英吉利廣東入城始末》一卷，所書較爲明覈，余病其選辭未盡雅馴，且月日尚有未審，事迹尚有未確者，乃集十數種書，大加考訂刪次，並參覈江上蹇叟所著《中西紀事》，復附益以余平日所素聞於粵人者，稍加論斷，以垂鑑戒焉。自識

《中西紀事》謂粵城之陷在十二月，《洋務續記》謂在十一月，《英吉利入城始末》謂在十月。觀洋人於是月十七日賀元旦，乃中國冬至後十日也。自以《洋務續記》爲確。又識。

方存之云：《中西紀事》於英人陷粵城事，過嫌疏略。此外專記此事者數家，則又冗穢蕪蔓，傳聞失實，有不能擇言之病。此篇選辭雅馴，採録精審，摹寫葉相與粵人及洋人心事，形容曲肖，卻無一語不確實，無一句不平允。至其隨事曲折敘去，意韻深遠，音調鏗鏘，篇中頓挫停蓄，或順遞，或逆接，或明揭，或隱藏，或豫攝下意，或總挈全旨，用筆自有法度，此種大文，殆得《左傳》、《漢書》之神髓者。

英法聯軍攻佔廣州與廣州義民反侵略鬥爭

清・夏燮《中西紀事》卷一二《四國合從》 咸豐六年九月二十九日，英人興師攻粵城，粵人率團練入保，不克。英人復請釋甲入見，相國不許。時相國已奉頒給欽差大臣關防，督辦夷務。十月，英之水師移兵攻我虎門、橫檔等處炮臺。越日，又毀我大角頭炮臺及亞西娘二炮臺。維時沿河炮臺皆有官兵義勇協力防守，凡英艇經其側即開炮擊之，英之師船亦開炮相持，遂無虛日。十七日，有花旗船隻自澳門來，經沿河炮臺，兵勇不辨，誤擊其貨船二。花之領事致書粵督，不省，遂與彌人有隙。十一月，英師進攻近城炮臺，克之。是月中旬，英行之在粵者凡六，同時毀於火，粵民火之也。英之在粵者不勝其憤，馳告本國主，集上下兩院之大臣紳士議之。英制，在上院者爲大臣，在下院者爲紳士。其上院之相臣曰巴米頓者，力主稱兵之議，而下院紳士不從，巴請解職。有進計者，謂：『宜先遣公使至中土，請重定盟約，不許，則先禮而後兵，我有詞矣。』於是簡其二等伯爵額羅金至粵，由粵入都，一面調派火輪兵船分泊澳門、香港以俟進止。又遣人告法蘭西，約以連兵合從。法人聽命。額羅金入粵，和議不成，而粵民反唇，大吏充耳，遂有次年十二月之役。

七年冬十二月，洋艘在粵，英人糾合法蘭西、彌利堅、俄羅斯三國之夷合從稱兵。適法國兵船已先赴約來粵，遂與英師合攻粵，省陷焉。當壬寅撫事之定也，英人以開通五港口市德于外洋各國，又以積年黷武，調兵調餉，罷于奔命，欲結鄰邦之援。是時，法彌二國皆有領事在粵，而俄人亦自海道繼至，相與探聽通商事宜，以待開艙卸運，久之寂然。額羅金之至也，初謀入城，不可。爰與水師提督、領事人等議，先將要求各款照會粵中官吏，俟其登覆，以取進止。葉相得其書，語多狂悖，置之不答，亦不備。英人遂糾法兵攻城，城既陷，執相國縶之舟中，于是廣州將軍穆克德訥、廣東巡撫柏貴等聯銜馳奏。

又 卷一三《粵民義師》（咸豐六年）是年九月，英夷攻城不克。十一月又移攻近城炮臺，粵民守城，見夷勢猖獗，烏合之衆思洩其憤，藉以牽制英師。于是積薪灌油，火烈具舉，毀英人在粵之洋行凡六，一時洋艘之至粵者，被義勇沿河截繫，或傷其船主，或繫其舟人，大府弗能禁也。方英行被火之後，有火輪船一，尾繫一划艇，載其灰燼之餘所拾珍玩重器，自省河駛至虎門。夜半突有華艇百艭集于前，開炮轟擊，火輪船見勢急，斷划艇繩索而走，遂爲粵民所奪。英人不勝其憤，馳告本國主，請再遣公使入粵，並帶兵船與大府理論。七年，英使額羅金至粵，兩致書相國不省。遂糾佛朗西、彌利堅、俄羅斯三國之兵合從攻粵。粵民以連年搆釁端，大府出示禁止，以爲官之陽剿而陰撫也。又見英夷屢致書于大府，大府秘不宣示，疑其別有請託，于是紛紛解體，各謀自衞之計。是年十二月，英夷糾佛兵再攻粵城，克之。粵之北門外有九十六鄉，即昔年創夷人于三元里者，聞粵省陷，鋭意恢復，募勇團練，而佛山鎮之義師起。八年春，粵紳大會南海、番禺之義民，設團練局于佛山鎮，主其事者，侍郎羅惇衍、翰林院編修龍元僖、給事中蘇廷魁也。英、佛踞城，附郭之民多不附者，而北門外之九十六鄉，素與夷人爲仇，各謀保衞之計。首嚴清野，禁絶漢姦。又聲言夷人入其界者，登時格殺勿論，佛聞而憚之。正二月間，侍郎等親赴各鄉團練，得數萬人，揚言戒期攻城，城中凶懼。是時，將軍都統皆在城中，英人防其內應，悉收駐防兵械，協旗民而降之。司道聞佛山起義，間行而逃，惟巡撫被夷兵防守，不得出。

清・李鳳翎《洋務續記》 值咸豐六年九月，葉督聽武弁嚇詐不遂之言，欲斬陳江、何瑞二人。夷謂：『此二人係伊貿易經紀，即使先年曾入匪會，亦不過偶被脅從，圖保身家。』具領保釋。葉名琛堅持不准，夷憤甚，聽降賊慫恿，遂於九月二十八日，開仗攻城。時巡撫柏貴入覲，總督兼署巡撫，補行乙卯科鄉試，方閲武闈馬箭，變生倉猝，奏停武闈鄉試，調兵防禦。夷船退，徵兵於孟加臘國，又徵馬隊于日本國。

七年五月，夷船往東莞攻劫，不利而退。七月，英吉利大兵船至香港，遭颶風，舟覆，火器一空。適佛蘭西、美利堅兩國兵船至香港，汲淡水，將赴東南洋，與歐羅巴、日本爭碼頭稅。英夷遂挽留二國同攻廣東，以圖大利，謂：『廣東既克，日本等夷自畏服，可不戰而勝。』於是三國同盟，中國從此多事矣。十月，夷船陸續調集，皆泊於黄埔。十一月初一、初三進泊花埭。初五、六日，進泊省河五仙門外。彼時佛蘭西、美利堅皆不願戰，英夷再三挽之，且立約，公同分利，英夷復供應佛、美二國兵餉一月，二國乃允。

初七日，英夷有照會到督署，『一、要見葉名琛之面，二、要省城對河地名河南建洋樓，三、要通商，四、要進城，五、要銀六百萬兩。』葉名琛一籌莫展，又不設備，又不准紳民開仗。十一月初十日，該夷居然張貼告示，『曉諭附郭商民，限二十四個時辰，必定攻進省城，著商民暫行遷避，免罹鋒鏑。』中丞司道，往督署商辦，葉名琛答以無礙，諸公可不用管。紳士有告奮勇，願自備糧餉軍械殺賊者，請謁十數次，不見，即見，亦不得談及夷務。十二日晚，闔城文武，尚往督署祝壽，葉名琛謂不必驚慌，仙乩云：『十五日後便無事。』葉相於城北建長春仙館，窮極侈麗，内供奉吕純陽、李太白二仙，一切軍務，皆取決於神仙，所謂將亡聽於神者也。

十三日，寅刻，夷據海珠炮臺，駕炮向城中轟擊。葉名琛尚説：『該夷不過虚張聲勢。』卯時，夷炮四面雷動，猛烈異常，突有炮彈落督署，火光四射，火箭入南門，延燒至雙門底，火光燭天，闔城鼎沸。辰初二刻，葉名琛微服小轎，奔入粤華書院。夷知消息，炮子相隨而至。城中民房，凡近大衙門，皆受傷着炮，斃者甚多，衆情驚恐遷避，苦難言狀。

十四日，辰初，官兵在城上抵敵不住，又因事前未及設備，守城器具多缺，兵力亦單，城外又無一兵應援夾擊，夷由東門外扒城，假夷兵在前，真夷兵在後，施放槍炮不休。巳時初，城上遍插紅旗，觀音山及四方炮臺，均竪紅旗。奸細及土匪，乘勢到番禺縣署，搶奪財物。李縣令妻妾皆自縊，城内婦女自盡者，不可數計。而在城官吏，或閉門不出，或挈眷逃避，殉難者無一人。

十五日，夷於觀音山火藥局，概行置水，兵頭沿城巡閲，所有城上大炮，俱釘塞炮門，凡東北一帶，夷人時常往來。大石街、狀元橋、天官里、豪賢坊等處，紛紛有夷人進屋姦淫擄掠，土匪亦乘時搶奪。是日午刻，夷入督署，搬取大小箱三百五十餘口。葉名琛先於十四夜五鼓一點，隻身隨將軍至都統衙門，住後園八角亭上。粤秀書院題壁詩云：『同仇豈乏三元里，臨難偷藏八角亭。』正謂此也。藩庫銀數十百萬，亦被抬下火輪船。是日申時，夷人出示，禁止劫殺，第一條銜，係大佛國統理某處軍門提督理，第二條銜，係大英國統理五港軍門提臺西，第三條銜，係大英國總督香港兵馬糧餉軍門提督斯，文語不甚明順。

十六日，巡撫、將軍出示安民，言夷務已有辦法，不動干戈，切勿蒼黄遷徙。大紳士伍、梁、許、俞四人，赴觀音山上，拜謁夷酋，拒不得見，再四乃得見，三兵頭詞色甚抗，謂葉名琛不來，即無章程可議。十七、八、九三日，該夷慶賀元旦，彼以冬至後十日爲一年也。城中街道，夷漸熟悉，常有百十成羣，走至撫院前，及各衙門窺探。所有東北城門，俱係夷人把守。惟大西門、歸德門，係官兵巡查。百姓出入，只此兩門，數日内，紛紛避亂，擠死者數十人。二十日，大雨不止，城上另置夷炮，東門城上炮口，皆向城中。二十一日，夷兵突守大西門，各倉米穀，撥夷兵據守。

二十二日，夷酋出隊，闖入中丞、將軍、藩司衙署，逼將各官抬至觀音山去，詭言會議公事。覓葉總督不得。嗣在總局，捉住前任南海縣典史張樹蕃，詢知在都統署内，突入八角亭，將葉督抬至觀音山。酉刻，扛下火輪船。長隨江升，勸葉督乘過船時，宜跳河一死，以報國家。葉不能死也，洟泗登舟，夷擄至香港，居爲奇貨，大會各國夷酋。葉猶每日親寫字畫，送各夷，以乞其憐。江升力勸不可題姓名，留辱外國。葉即自稱海上蘇武。

咸豐八年，正月十三日，夷人解葉名琛往伊屬國孟加臘，居之鎮海樓上，武巡捕藍守備薙頭匠丁阿三，從葉居鎮海樓。初到猶作七律詩以書懷，不旬日，得病痢，尋卒。夷人用鐵棺載其屍，伴以水銀，並繳其所作詩於粤。

清·華廷傑《觸藩始末》卷上 （咸豐六年九月）二十五日早，赴校場看鄉試馬箭。巳刻，忽聞東路隱隱炮聲。逾時，兵丁來報：敵船駛入，將獵德及中流沙各炮臺兵丁驅散，槍斃二名。因未奉令，不敢開炮還擊，遂各散避，炮亦被毁。時各官咸在校場，乘間以告。葉相笑曰：『必無事，日暮自走耳。但省河所有之紅單船及巡船，可傳諭收旗幟，敵船入內，不可放炮還擊。』言畢，仍出堂看箭，晚乃回署。是夜，敵船泊洋行下。

二十六日早，仍下校場看箭。午刻，炮聲大震，轟擊河南鳳凰岡炮臺，守兵遵令走避，炮旋被毀。葉相聞報，仍聲色不動。各官托言：風大難馬射，請早收圍。葉相允，即退堂，並命各官到署集議。入謁後，問如何情形，予謂北門外四方炮臺可慮，宜速調兵防守。葉相謂已知會將軍，派兵五百，明早上臺。當告以五百太少，明早尚遲，乃允派一千五百名，是夜即上臺駐守。又問四方炮臺上炮位，應留應撤，意恐洋人上臺用我炮也。予答以既派兵守臺，非炮無以守。番禺縣李星衢、司馬福泰言：『聞道光二十二年，敵人上臺，並不用我炮。』葉相云：『究竟彼運炮上臺難，不如用我炮易。此事再商。』旋來都統存謂炮斷不可撤。議乃定。

二十七日早，事益急，督署乃懸牌，謂今日拜發長至賀表。遂不下校場矣。予與星衢謁見，謂勢漸猖獗，請調南海大瀝九十六鄉壯勇三千名，駐城西一帶，調番禺、石牌、塘廈壯勇二千名，駐城東一帶，既壯聲威，兼防內匪。即允行。又謂海珠炮臺難守，請將炮數十口移下備他用，免被毀壞。葉相即命中軍傳令移炮，中軍將往，已報敵兵踞海珠炮臺，炮已毀。是時，城廂內外，各榜長紅，約剿殺外人，同仇敵愾，官亦諭令整齊團練二萬餘人，以壯聲勢，冀襲二十九年舊迹，乃外人窺破此情，毫無畏忌。是日午刻，西關團勇數千，揚旗列隊過十三行洋樓下，彼自樓上施洋槍擊斃練勇一人、百姓二人。各勇欲鼓噪，街坊恐事決裂，力阻止。於是敵人膽益壯，練勇氣益餒，而所謂團練，遂成虛名矣。

二十八日，彼國禮拜之期，一日無事，聲言明日飛炮入城。紳商伍崇曜謂此事須調停，必給以銀方可。而此語不敢達諸葉相，即達亦必不允。

二十九日，敵船桅上，及海珠炮臺上，均飛炮入城，督署尤多。葉相危坐二堂上，絕無懼色。予在大佛寺軍需總局內，司道命往白一事，入督署，則材官、門役逃匿一空，僅一文巡捕引入，謁於二堂東偏廳事，炮屢及席前，夷然不動。時封翁迎養在署，有勸以遷入內城者，不聽。

三十日早，布政使司江國霖、糧道張百揆，謁葉相，仍以遷撫署之説進，時巡撫柏貴方入覲，督兼撫篆，遷入尤宜。葉相云：『昨侍家君寢，家君無遷意。』未刻，飛炮如故，麕集督署。申刻，敵人放火焚靖海門外，延近城樓，火氣逼人，猝不能救，遂及督署前城外一帶民房，油蘭門亦被毀，傍晚乃止。火光燭天，朗如白晝，督署僅隔一垣，葉相始有遷意，封翁與女公子輩，二更俱進內城撫署。

十月初一日，葉相乘進內城文廟行香之便，乃入撫署。紳商伍崇曜進謁，謂洋人要一官往説事。特委雷州府蔣立昂偕伍崇曜同赴洋樓，見英國領事官巴下里。領事官者，猶地方官也。見時待以禮貌而語多不遜，言：『總督不許我入城，不與我相見，我定破此城。』二人乃回。是日，午初即開炮，較前二日多且密，專向督署前城根攻擊。城內兵伏於兩邊街巷，不能當城而立。申刻，予與星衢在大佛寺總局，忽一廣協兵來報，城恐不支。予與星衢亟出，道路紛傳，敵兵已入新城。馳至歸德門，門已閉，兵弁不敢啓。詢以新城事，亦不知其詳。副將懷塔布短衣手持鳥槍，從兵丁十餘人，敲門入，色皇遽甚，稱城裂一大缺口，撫標中軍淩操督兵力禦，手放槍斃敵數名，己亦創甚，輿回而歿，標兵遂潰。大埔鄉勇駐營東邊萬壽宮，聞警趨救，無如鄉人多長槍少火器，略交戰，斃敵數人，勇亦陣亡二名，遂退。逾時，廣協濟山亦入城，同往報葉相。葉相即傳令，殺敵一名，賞百金。時敵雖入城不滿百人，亦傷亡近三十名，見街道紛歧，未敢深入，僅一酋與數兵入督署一周，仍退回船。用火藥焚一德社鋪戶，又毀靖海、五仙二門，救火者被敵炮擊，斃二名，遂無往救者。予於初更偕廣州府吳昌壽、紳士林福盛出城，設法招水車救焚，五更乃息。繼回大佛寺，告明司道，即往修城缺。時人皆困倦，倉卒無工匠可雇，乃令挑夫將附近碎石瓦及被焚之房屋木石堆入缺口，工才過半，天已黎明。此處直對海珠炮臺，不過一里，敵人開炮數聲，依然裂開。

初二日午後，仍開炮攻城，本有缺口及城門三處洞開，敵兵並不由此直入，惟事大炮轟擊。蓋敵兵不滿一二千，不敢進城。且其意初不在城，第欲以炮懼我耳。否則其時我兵亦不過數千，萬一入新城，攻內城，必不能支，此其中亦有天焉。

是時，東路空虛，敵船隨意出入。有武弁梁定海、譚蛟等獻策，謂獵德炮臺炮眼雖被釘塞，尚可收拾，但有勇數千，便可保守，既阻敵船往來，亦免匪船窺伺。時虎門外本有匪艇滋事，於是大憲僉以爲然。連夜修整炮架及一切備禦事宜，令梁、譚二弁率兵千人守之，臺後陸路亦駐勇以防繞越。布置方定，初一日，敵船駛過，開炮擊之，破其輪及柁，遂退。十三日早，敵船四五艘齊至，迭互開炮，我炮力不能及遠，敵炮中臺上，欄石皆碎飛起，守兵受傷甚衆。敵人又用漢奸登岸，繞進臺後入村，時二弁方在村内爲樗蒲戲，聞報倉皇乘肩輿遁。臺兵見敵從後至，前後受攻，一哄而潰，炮臺遂全毁，二弁立摘頂發縣收管。又有已革廣西臬司張敬修，東莞人，獻策謂獵德已失，則内而東炮臺附近城外，不可不守，伊有健勇五百名，可以包守，並先立包守狀。大憲亦允行。

十一月初五日，敵船來攻東炮臺，時臺外河面有紅單船二十餘艘，彼此開炮，我軍敗績，船毁，臺亦碎，壯勇全逃。敵人登臺，頃刻亦退，有紳士林福盛所帶勇趕上，遂報克復。

自東炮臺破後一日，敵船駛赴東邊，當飛炮攻城時，復率兵數百由鷄翼城河幹上岸，意欲撲城闖入。千總鄧安邦帶東莞勇，極力堵禦，鏖戰二時之久，傷斃敵兵數十名，乃遁回船。是役也，壯勇先伏於兩旁空屋内，戰時自窗戶放槍，彼乃不支，我軍亦陣亡數名，即賞銀五百兩，賞鄧安邦五品頂戴。

逾數日，又上西炮臺及登岸窺伺，經西關千總黄賢彪與大瀝鄉擊退。是時懸賞格，斬英人頭一顆，生擒一名，俱賞銀一百兩。陸續有呈送首級請賞者，直不過數級而已。另有誘擒敵人先後共六名，後續報生擒五名，則令不必解省，直取首級呈驗。惟不分何國之人，大半皆貿易商人，偶上岸遊玩，即被擒，其中不但無洋酋，並無洋兵，徒費賞金，無益也。又懸賞奪獲火輪船一艘賞萬金，焚一艘者賞萬元。輪船水手舵工多中國人，於是先後共焚輪船二艘，奪獲一艘，皆誘通水手舵工，又詐爲赴香港搭船之客，至僻處，從船内拔刀殺去洋人數名，推置水中，既以領賞，並分船上貨物，若輩大獲厚利。實則此等船不過送文書、載貨物，並非戰船。戰船兵多炮多，斷難設計破獲，所焚毁數船，於彼無損，與我無益，嗣後彼亦加意防範矣。其船堅炮利固不待言。最難者，有一機藏舵邊，一撥動可挽水倒流艙面，汩汩而上。一日，密用小艇數十，猝然圍近，各抛數十火藥罐，俱打中船上，遠望煙焰衝起，以爲得手矣，乃頃刻盡熄，則用水倒灌故也。時在白鵝潭所行，自後彼乃將各小艇盡驅逐，不得近，防備益嚴。又有水雷法，道光二十三年運司潘仕成造成，送至天津海面演放，用木竹牌數十層疊起，水雷自牌下點放，牌齊轟斷飛起，高數十丈，勢似甚猛。於是張敬修及革弁王者華等，皆密密製造，費盡心力，乘黑夜偷入敵船底，及藥線發，聲聞十里，不知者疑爲霹靂，截然怒號，乃敵船僅略一搖動，縱横不過數丈，無損毫末，連放三次均無益。自十月初一日破城垣退出後，仍日日飛炮入城。初七則五處齊放，飛炮尤多。十一月間，又放夜炮。先是，每日至昏，炮輒止，至是，夜亦轟擊。其炮不一類，俗呼蝦蟆炮者，飛入半空，其聲嘓嘓，又如鳥聲，紅光赫然，兩旁若有翅落下，炸裂力尤暴。夜間最防火起，急諭示：『將一切篷廠凡可引火之物，概行拆去。』又諭：『令每家備水缸、水桶，或置門外，或置簷上，以備隨時救火。』不無小補。

十八夜，西關外火起，時戒嚴深夜不得啓門，令人往附城探報。初報街店起火，繼報火及洋樓。天明城開，始知洋樓雖焚，僅花旗、法蘭西等國之樓，而英人漏網。方共疑天道瞢瞢，及未刻，乃報火延英國洋樓，風大火烈，愈救愈焚，盡成灰燼。夜中遥望火光，都作五色煜燿，或謂珠寶毁裂所致。於是數十年所謂十三洋行者，皆成瓦礫場，非天道哉！毁後，彼失其巢，盡棲船上，彼疑我兵所爲，遂挾忿思報復，其實祝融一炬，竟莫究所從來也。

十二月十八日，敵兵攜火具，先焚所賃居之洋行，漸延漸廣，自西濠至西炮臺，一晝夜毁數千家，慘哉！

自是惟海珠炮臺爲彼所踞，兵勇膽壯者，每於深夜駕小艇撲近，欲奪而登之，彼防備甚密，難以得志。而百日以來，且戰且守，彼亦無所施其技。遂於十二月二十六日夜四更，遷徙一空，移至大黄滘車密炮臺，復修守備，内河各兵船亦漸漸退至大黄滘駐椗，而省河乃漸安，官民咸稱慶，獲安枕矣。

又　卷中　（咸豐七年）五月初十以後，敵船漸退出，泊大黄滘者只遺三四艘，守車密炮兵亦無幾，亦無照會前來，彼此不通聞問。時有自香港裙帶路來者，僉云：『英人窮極無聊，不但拖欠兵餉，日用亦頗貧窘，急盼通商。』或云：『聞伊屬國孟加拉作叛，彼軍戰敗。』逾一二月，又云：『彼軍在孟加拉大敗，中埋伏，覆其全軍，亡一大帥，或謂亡一駙馬，諸酋憂惶無措』云云。展轉傳言，衆口如一。質之葉相，亦云：『各處探報相符。』偶見客商自香港來信，大略亦同，於是人心俱大喜。忽於九月中旬，譁傳敵船於某日定入省河滋事，已親見下火食若干，必到無疑。江方伯於夜間接伍紳密報，語亦相同，閱之失色。司道皆疑慮，往白葉相。葉相云：『決無是事，我日日皆有探報，毋信謠言。』至是日果無事，於是咸服葉相之鎮靜，所用探報亦可信，稍恃以無恐。十月初旬，通事吳全來報，稱英人有信來云：於某日駕兩火輪船，兵頭數人，入省河河南鷄鴨滘河面，親送照會前來，船插白旗爲憑，不帶兵，示無戰意，須我國派員赴該處面取照會。至是日，葉相派南海縣丞許文深，坐一快艇至鷄鴨滘，果見火輪船二艘，均插白旗，一船是英吉利旗號，一船是法蘭西旗號，船上兵頭，一稱卑大人，一稱威妥馬，均穿彼國公服，與許文深相見以禮，將二國照會各一件交訖，即開船而去。葉相拆閲照會，内仍要求三事：一進城面見，一要河南地方，一索賠被焚洋樓貨物銀兩，另通商一節亦在内，措詞不遜。

清·七弦河上釣叟《英吉利廣東入城始末》（咸豐六年九月）是月，將試武闈，巡撫柏貴方入覲，總督兼署巡撫事。二十五日，赴校場試馬箭，聞炮聲從東來，忽報夷船入，奪獵德、中流沙炮臺。府縣將弁相顧駭愕，急以告，名琛笑曰：『烏有是。日昃彼自走耳。』令省河軍船，偃旗勿與戰。及暮，炮果止，夷船泊十三行。詰旦，炮復作，夷兵趨鳳凰山炮臺，守兵以有勿與戰之令也，皆走，不知所往。名琛尚欲畢試事，府縣力言不可，乃止。二十七日，海珠炮臺亦爲夷有。時城内外團練可集者尚二萬餘人，西關團練勇數千，整隊過十三行，夷兵據樓發火，槍斃三人，團勇鼓噪欲上，居民忽羣起勸阻，竟喪氣而返。初夷酋以炮擊城，官軍民勇憤欲迎戰，而勿與戰之令下，且云：『聽其所爲。』至事急，廣州知府吳昌壽入署請發兵，至再三，不許，昌壽奔取架上令箭，走呼矯令發兵。名琛疾追及踴道，奪令箭以歸，由是大衆解體。

二十九日，夷船桅上及海珠炮臺炮齊發，直擊總督署，屬吏某冒煙突火進見，且請避居。名琛手一卷書，危坐堂上，鐵丸洞几案不爲動，見是人至，笑而遣之。日暮炮息。三十日，布政司江國霖、道張百揆亦以避居請，復不許，且言：『昨侍家君寢，家君無遷意。』國霖等不敢復言。是日午後，炮始發，擊總督署西偏廳事及月臺，屋圮石裂，又放火燒靖海門外居民房屋，火及城樓，夜中照耀如白晝。司道再至總督署，請避居，固請始許之。人定後，舁行李出，用夫數百人，眷屬先行，炮止，地方官始救餘火，達曙方熄。

十月朔，總督葉名琛肩輿進老城，赴至聖廟行香，遂入居巡撫署。紳商伍崇曜來見，述夷官意，請委員同往議事。乃委雷州知府蔣立昂偕伍崇曜至夷樓，見領事官巴亞里，議仍不決。巴亞里幼入中土，通漢文，能華言。總督耆英定和約時，年甫十餘歲，耆英甚愛之，録爲義子，乃夷酋之最桀黠者。

日正中，炮大震，城崩二丈餘，夷酋麾兵入，中軍副將淩操禦之，中槍死，官軍潰。大埔團勇趨救，互有殺傷，團勇無火器，勢不敵，復退走，然亦殺夷兵數十人。夷酋入總督署，視一周而去，復焚靖海、五仙二門。居民有救火者，夷兵擊斃之。是夜，新城老幼男婦暗中遷徙。時夷兵實不足二千，入城者百餘人而已。

初二日至初六日，炮擊城如故。初七日，炮分五路入城，炸彈至地，重者至八十餘斤，然入夜則炮止。自初一日後，巴亞里屢約伍崇曜、梁綸樞、易景蘭、潘世榮、俞文照及在籍布政司黄樂之，辨論數四，未有成議。巴亞里乃請議相見禮節，又請斟酌城外設公所爲會議地，崇曜等以告布政司江國霖，國霖喜，以爲此事可行，遂述之總督，仍拒勿納。國霖謂夷酋但期相見，則無害於政體。名琛言：『夷情詭譎，至今日尚何可言？若許以相見，及相見而驟遭恥辱，後事益不可爲矣。』國霖默然，此議不行，於是有五路炮擊之舉。

十一月，炮晝夜發，所至輒焚，府縣但令居民去篷廠引火者，多蓄水以備。十八夜中，忽西關大火，焚亞美里駕、法蘭西居屋。次日午後，始及英吉利夷樓，風猛火烈，夷亦不能自救。昔之所稱十三行者，竟爲焦土，羣夷失居，退伏船上。火初發，夷酋疑附近居民所爲，令兵登岸，攜火具，焚西濠沿河民居鋪屋，亦數千家。然是日夷兵屯海珠炮臺，不復攻城矣。二十六日，夷兵忽退至大黄滘車密炮臺，兵船在内河者退大黄滘。

七年五月初十日，瓊州鎮黄開廣以師船、紅丹船百餘號，與夷船戰於三山。我軍潰，夷船追至佛山鎮而止，未登岸。未幾，大黄滘夷船又漸退，夷兵留炮臺者日少。九月中，忽傳夷船至，將有大舉。名琛聞之，笑曰：『訛言耳，必無是事。』已而果然。我軍既敗，夷兵忽復退走。於是有夷計已窮，又英吉利屬國孟喀喇叛，夷兵敗績，且喪其渠，憂惶無措，種種遊譚。

十月朔，忽有通事曰吳全者，告某日有夷酋數人，駕兩火輪船入省河鷄鴨滘送照會，船插白旗，示無戰意，請遣官取來。屆日，南海縣丞許文深往，白旗兩船如所説，一爲英吉利船，一爲法蘭西船。酋長兩人，曰某不知其名，咸稱爲皁大人。其一則威妥瑪也。以禮相見，交照會訖，各駛船以歸。照會要求凡三事：一、入城見面，一、索河南地，一、責償焚毀洋房貨財及通商事，語極悖。總督葉名琛答以通商而外，概不能從。前此攻城，獨英吉利，至此遂勾結法蘭西以來。

初三日後，兩國兵船陸續入省河，登河南岸，奪屋以駐兵。近河百姓，紛然驚竄。闔城官紳均有憂色，咸入見總督，則鎮靜如無事然。司道詢故，則曰：『彼無能爲也，第作戰勢來嚇我耳，張同雲在彼中，動作我先知之，彼窮蹙甚矣。』衆以爲明知無事，不可無備，請增兵不許，請招集團練，（必）［亦］不許。衆固請，名琛艴然曰：『誰增兵，誰給餉。姑待之，過十五日無事矣。』乃乩語也。時有巨公某者，負理學重望，常執粵民不可用之說。且謂當大事在鎮靜，安坐可定。遂深信其言。扶乩祈簽，亦主鎮靜，故益信之。或曰：『夷酋賂扶乩者爲之也。』張同雲者，本通事，以重資結之間諜，實爲夷用間者也。是時，新聞紙復列夷兵在他國戰敗窮蹙狀，以堅其信，名琛則據以入奏，絕不虞己之爲所紿也。

十一日四更，密報至：『夷酋布置炮位已定，即日攻城。』十二日，伍崇曜約許文深，謂：此時兩軍相持，宜遣紳商赴船審探。文深以告，名琛盛怒，急令督糧道王增謙傳諭官紳士庶，敢有赴夷船者，按軍法。已而英吉利、法蘭西兩國照會至，外列五銜，爲總督、巡撫、將軍及兩都統，言於十三日開炮攻城，軍民官紳人等，速避九十里外，將城打爲灰燼云云。城外貼僞示，言過十二時辰即開炮，百姓遷避。聞是時兩國跟各國約：『必以二十四時辰破城，若不能入，無顏再至中國。』各國難之，兩國與決賭四十萬金，各國密報令整備，且云：『城不能守，與中國無益，彼且負金。』名琛不理。

十三日卯，炮聲驟發，如百萬雷霆，並擊總督署，煙霧四塞。總督葉名琛走避粵華書院。署屋火發，夷兵已登岸撲城，焚雙門拱北樓。樓有元時銅漏，及官書板片，一時俱盡。

千總鄧安邦，以東勇千人冒死血戰，殺傷相當，孤軍無援，遂不支。日暮，東固炮臺亦爲所奪。夷兵登臺，移炮，自東擊西，闔城鼎沸。獨北門炮臺爲都統來存駐軍守，夷酋麾衆連陣直上，來存發八千斤巨炮急擊，斃數百人，其曰皁大人者，竟中炮死。夷兵驟退，炮聲頓止，方謀乘勝逐之，忽報夷兵越小北門城牆入矣。遙望觀音山頂，已插三紅旗。夷兵甫越城，山頂已插紅旗，蓋奸細先伏於城內者爲之。

名琛方坐粵華書院，至是，知城陷，始派一戈什哈持令箭出新城，調潮勇攻觀音山，懸賞一萬。潮勇入城，夷兵已下山趨蓮塘，潮勇近戰，夷兵退上山，就土炮臺移炮內向，復以炮阻山徑，仰攻多死，竟不能上，大勢瓦解。名琛聞之，亦無措也。當城陷時，番禺知縣李福泰，方至城下催集兵勇，有入縣署告變者，訛言福泰陣亡。繼室朱氏，即命子女及一妾出走，已當後至，遂入室，盛服自縊死。是時官紳殉難者，僅聞朱夫人，福泰後官至廣東巡撫。夷兵初踞觀音山，兵力厚集，尚可攻，然無能倉皇中定大事者。至次日，則已駕飛橋，往來城上，守禦備具，猝不可拔矣。

十四日，廣東巡撫柏貴檄紳商伍崇曜、梁綸樞議和。十五日，廣州將軍穆克登阿傳令西北城上插白旗，開西門，任居民遷徙。佐領巴泰蘭布，夷酋巴亞里與聯宗，最親密，城陷後，旗下街獨無擾，士人惡之，遂蜚語四布。將軍與巡撫會銜出告示，極言議和所以安民心。不列總督銜，以夷酋僞示專仇總督故也。伍崇曜將議和先告之總督，名琛仍以斷不許進城五字語之。崇耀籌上觀音山，夷兵言公使在船上。是時公使爲額爾金。急下山，趨船上見公使，公使不見，見威妥瑪、巴亞里及張同雲、李小春。往返數四，和議不成。夷酋索總督急。十八日，府縣入見，請移居，乃以夜中移左都統署。或曰：『不可，宜遷僻遠。』名琛力言過二十五日必無事，則仍乩語也。二十一日，夷兵入布政使庫，舁銀二十萬以去。至南海縣監獄出囚犯，令分隊引路，尋總督所居。初入將軍署，劫將軍穆克登阿同見巡撫，巡撫柏貴出見，並劫之同上觀音山，遇巡撫張樹蕃，亦令從往，樹蕃不可，强以行。乃至左都統署，左都統慶齡年七十餘，老且病矣，夷亦劫令去，既出門，忽復入尋總督，即得之，遂擁以走。葉名琛居左都統署，夷兵已挾都統出，家丁急趣匿他所，復不聽，遂被執於中庭芭蕉下，然猶冠帶，肩輿上觀音山。

午後，特送都統慶齡歸署。或曰：『夷以彼年老也。』

及暮，挾總督葉名琛肩輿度飛橋，越城牆，出東門，拘之船上。從行者三人，武巡捕把總藍瓚、家丁許慶、胡順也。二十二日，夷酋挾名琛去，駛泊白鵝潭。伍崇曜等上山，以巡撫回署爲說。是日，將軍、巡撫、都統會奏，劾總督罪。二十四日，巡捕張釗傳巡撫諭司道各官：定明日與夷官下山回署，宜盛服將事。且令多備轎馬儀從到山。二十五日酉，夷首全隊下山，鼓樂前導，酋長肩輿先行，巡撫在其後。至巡撫署，則夷酋先入，比巡撫至，夷酋降階迎進，延上坐，而自居主位。巡撫居於內，夷兵守其外，盤詰甚嚴，消息阻絕。布政使江國霖、按察使周起濱，以爲若此則當有以自異，因分居城外，密圖恢復，亦竟無成。巡撫檄候補道蔡振武合議和事務。振武以才辯自許，見夷酋上下論議，能隨機應對，夷酋深喜之。

十二月初七日，夷酋與專辦和議候補道蔡振武合議，巡視城廂，擇要隘駐兵。振武急飭南海知縣華廷傑、番禺知縣李福泰爲前導，廷傑等有難色。振武艴不已，福泰言：『身爲地方官，導夷兵駐營，何以見百姓？』振武曰：『此時尚頭巾氣，恐名入清史耶？』廷傑忿甚曰：『名入清史，公且不能。』振武恨刺骨，廷傑幾構大禍，跳而免。是時，城坊告示林立，奉令承教，皆夷酋爲之主，列銜式書大清國某官，大英國某官，大法國某官。或本刻告示，則由巡撫飭發，銜則府縣，巡撫諭令蓋印張掛而已。示中大旨，不外中外一家業經和好，百姓不得再滋事端。又嗣後不得再呼鬼子，如遇夷人下鄉，官民皆當以禮款待等語。

司道分居城外，將以計掖巡撫出城，圖恢復。一日，忽有巡撫單銜告示，禁居民截路毆打夷人，其末云：『有擅敢藉詞團練者，照叛逆治罪。』巡撫柏貴伏處城內，無能自主，曾語夷酋：『既云願和，可開列條款，即爲轉奏。』夷酋答以俟欽使至，不與議。

八年正月初四日，武巡捕把總藍瓆，持總督葉名琛手書，自白鵝潭來，言將行海外，令備衣服食物，並求《呂祖經》一册，募一廚役，一薙工，買米二十石，備洋銀千兩伍崇曜出之以往。初九日，發香港，十五日，至新岐（嘉）坡，十七日，至孟咯喇。二月初一日，登岸，住河邊炮臺，三月二十五日，移大裏恩寺地方花園，居樓上，蓋比拿破侖流荒島故事，名琛日惟早起誦《呂祖經》而已。七月十六日，地震，夷衆請下樓避之，震止復上樓。有豐順人金子達、嘉應人劉裕壽，久居外國，聞之，時來存問。九年正月二十二日，武巡捕把總藍瓆歿，遂葬唐人義塚地，臨穴，天忽大雷雨。二月二十日，名琛亦病，西醫以西法治之不效，三月初七日午，問：『見電光乎？』家丁對曰：『無之。』遂不復語。至酉，閃電射戶，乃絕。夷官來視殮，用藥入口，雜以水銀，洋鐵爲棺，鋭兩頭，裏鉛錫，傍置二環，欲葬之，金子達不可，强之，子達言：『必葬是，則請給義塚山價三千金。』乃止。初八日，以船載至距十餘里之它藍它拉墟上石頭店，制松木箱爲之槨。四月十四日，夷官歸柩，船至金花廟河岸，照會巡撫，繳箱盒衣服，及餘金二千。伍崇曜以書致此，留揸典行，未及用也。且曰：『不信，可啓視也。』四月二十五日，屬吏華廷傑爲啓棺改殮，屍覆于棺，扶出，皮肉未脫，面目猶可辨。夷棺封鉛錫鐵皆有機法，以鉅資延夷匠至，乃啓之。

時居民氣沮，率隱忍自安，獨石井團練未散，百數十鄉，聲勢聯絡，既不能攻夷，亦不容夷入境。在籍侍郎羅惇衍、太常卿龍元僖、給事中蘇廷魁，方奉旨團練，設局花縣，恃爲保障。八年五月二十五日，東莞勇忽投書挑戰，巴亞里大怒，急率兵出，團勇設伏以待，夷兵既深入，驟起截殺，斃數百人，餘陷水田中，猝不得起，巴亞里墜馬，兒被獲，有帶路奸民掖之奔回。及和議定，首下令撤防，夷酋乃移大炮往石井，焚屋，殺老弱男婦三十餘人，事在十一月。

清·史澄《廣州府志》卷八《前事略八》（咸豐六年）九月，英吉利領事巴下禮苦求進會城，總督葉名琛卻之，夷船闖進珠江。千總梁國定偵知英吉利划艇有內地水手十二人，常在洋面行劫，伺其艇進港，徑往執之，解赴讞局。艇主蕭成亦內地人，折落艇上夷旗，激怒英酋，慫恿其索回逸犯。總督葉名琛以未訊之賊九名與之，英酋又盡索十二名，復與之，英酋又索獲賊之官，葉名琛不許。初九日，英酋遂駛兵船入內河，攻毀獵德炮臺。翌日遞照會以折去艇旗爲詞，葉名琛復拒之。十一日，乃攻毀獵德對面炮臺。英人攻毀中流砥柱炮臺，又連毀龜岡、鳳凰岡、元壇廟、火枝各炮臺，並據海珠炮臺，冬十月初一日，英吉利焚擾靖海門，參將淩芳死之。時葉名琛兼署巡撫，移居巡撫署中，英人以炮攻新城，壞靖海城牆，從牆缺入，至總督署，求見總督不得，乃退出，參將淩芳禦之於一德社，中槍而亡。英人屢請入城，並請見總督不許。自是以後，英人連日發炮攻城，民居多損壞，炮子及巡撫者尤多。

十二月十七日，英人分撲太平門、油欄門，守城兵擊退之。二十五日，夷船退出大黃滘外。（七年）夏五月初十日，洋人火輪船十餘艘入內河。英人求助於法蘭西，得大小戰船五十餘艘，陸兵三四千人，副將黃開廣統舟師與夷船戰於三山滘，敗績，拖船數十，盡爲所焚。法蘭西卽佛郎機，偶抵粵互市，鑾貨無多，且或間歲一至。以戰鬥爲國，富强冠海外，與英吉利接壤，世爲仇敵，兩不相下。道光辛丑英吉利擾粵。彼戈船亦從壁上觀。逮癸卯議款後，其夷酋來請謁總督祁𡎴，初不許，固請，乃於荔支洲中傳見，謂中國須練兵鑄炮，大治戰艦，方可禦侮，且云願助戰。時好事者或謂以蠻夷攻蠻夷，亦中國之長策。祁𡎴以撫議大定，犒以緞匹牛酒茶葉，婉辭謝之去。至是忽連檣突至，蓋已與英吉利連和，而文移照會，法國銜名乃先書，其跋扈較英吉利尤甚云。

冬十月，英人戰船數十艘入省河，其陸兵分屯於河南。英人投遞照會，有求地、補餉、入城三事，總督亦以照會答之，反復辨論不能決。

二十九日，英人小船數艘，夷兵數十至茭塘司屬之市頭鄉登岸，爲練勇殺斃十餘人，英人旋糾大隊入鄉，焚毁民居，復爲練勇擊退。

十一月十三日，香山協左營把總陳逢元在大東門外東山廟迎擊英人，炮斃英人多名，逢元中敵炮陣亡。

十四日，英吉利、法蘭西陷廣州。夷船駛入內河，人心恇懼，總督葉名琛惑於乩仙之説，謂省城決無事，故沿海內外俱不設備。十三日，夷船以火炮火箭攻省城，大新街、雙門底、東豬欄、增沙等處相繼起火，其陸兵自東沙河登岸，城內兵不出，總督避入城內越華書院。日暮，洋人攻陷保厘炮臺，竟夜炮子雨下。翌日，洋人從東北隅攀援入城，番禺縣知縣李福泰妻自縊，總督旋遷左副都統署。會城既陷，衙署公廨爲夷兵所分據，英吉利領事巴下禮居將軍署，兵目柯路輝及法蘭西領事馬殿那居巡撫署，居民避難外徙，城市一空。

二十一日，洋人挾總督葉名琛上觀音山，遂出城登夷船去，巡捕官藍斌隨行。

八年正月，詔以侍郎羅惇衍、太常寺卿龍元僖、給事中蘇廷魁督辦夷務。

夏四月二十二日，夷酋率兵出城東北略地，是時兵勇規復省城，皆營於東北，決戰於蟹山麒麟岡，斬夷酋，夷兵奔入省城不復出。

秋七月初三日，英吉利闖進新安縣城，槍斃監生陳士楨暨兵勇陳福生等三十五名，知縣王壽仁禦之乃退。

九月十二日，英吉利、法蘭西夷船擾香山全祿石井村，西鄉義勇赴援，縣城兵繼之，夷船乃退。秋後，省垣事定，居民漸復。

（十一年）秋九月，英法夷兵退出省城。

清·史澄《番禺縣志》卷二二《前事略》　（咸豐）六年九月，千總梁定國偵知英吉利划艇有內地水手十三人，常在洋面行劫，伺其艇進港，徑往執之，解赴讞局。艇主蕭成亦內地人，折落艇上夷旗，激怒夷酋，令索水手，又索獲賊之官，總督葉名琛不許。

初九日，夷酋遂駛兵船入內河，攻毁獵德炮臺。

初十日，夷酋遞照會，以去艇旗爲詞，總督復拒之。

十一日，乃攻毁獵德對面炮臺。

十二日，夷酋索如前，總督仍不許。

十三日，乃攻毁中流砥柱炮臺。

十五日，攻龜岡炮臺，守兵潰。遂踞之。

十六日，索如前，總督置不答。

十七日，攻毁鳳凰岡炮臺。

十九日，毁西炮臺。

二十一日，毁玄壇廟炮臺。

二十六日，夷酋踞海珠炮臺，運炮其上。

十一月初一日，總督入內城居巡撫署。時總督兼理巡撫，英夷以炮攻新城，壞靖海城牆，參將淩芳禦之於一德社，中火槍死。夷酋從牆缺入，至總督署，不見總督，乃退出。

初六日，英夷復請入城，並請見總督，不許。自是以後，英夷每日發炮攻城，炮子及巡撫署者尤多。

十二月十七日，英夷分撲太平門、油欄門，守城兵擊退之。

二十五日，夷船退出大黄滘外。

七年五月初十日，夷人火輪船十餘艘入內河。

英夷求助於法蘭西，得大小戰船五十餘艘，陸兵三四千人。副將黄開廣統舟師與夷船戰於三山滘，敗績。拖船數十，盡爲所焚。

十月，英夷戰船數十入省河，其陸兵分屯於河南，夷酋投遞照會，有求地、補餉、入城三事。總督亦以照會答之，反復辨論，不能決。

二十九日，英夷小船數艘，夷兵數十，至茭塘司屬之市頭鄉登岸，爲練勇殺斃十餘人。夷人旋率大隊入鄉，焚民居，復爲練勇擊退。

十一月十三日，英法二國夷船以火箭火炮攻省城，大新街、雙門底、東豬欄、增沙等處相繼火起。其陸兵自東沙河登岸，城外兵勇與戰。總督入城內左翼副都統署。日暮夷人攻陷保厘炮臺。

十四日，夷人從城東北隅攀援登城。

二十一日，夷人與總督上觀音山，遂俱出城登夷船去。巡捕官藍斌隨行。

二十五日，英吉利領事吧夏禮居將軍署，兵目柯路輝及法蘭西領事馬殿那居巡撫署。

八年四月二十二日，夷酋率兵出城東北略地，是時兵勇規復省城，皆營於東北，與戰於蟹山麒麟岡，斬夷酋，夷兵奔入省城，不復出。

十一年九月十八日，英法二國夷兵退出省城。

清·薛福成《庸盦文集·庸盦文續編》卷下《書漢陽葉相廣之變丁亥》（咸豐六年九月）己卯，葉相方在校場，閱武闈馬箭，忽聞礮聲從東來，吏報英兵艦進奪獵得中流礮臺，文武相顧愕眙。葉相笑曰：『烏有是，日昃，彼自走耳。』令粵河水師偃旗勿與戰。英船進迫十三洋行。明日，英人趨鳳凰山礮臺，守兵以有勿與戰之令也，則皆走，不知所往。明日，英人奪踞海珠礮臺，遂駕礮注擊總督署，司道冒煙進見，請避居，葉相手一卷書危坐，笑而遣之。十月，乙酉朔，日當午，礮聲震，城驟崩，缺口餘二丈，英兵既入城，復退出。葉相遣知府蔣立昂往詰領事用師之故，英水師提督亦在坐，同辭答曰：『兩國官不晤，情不親，誤聽傳言，屢乖舊好，請得入城面議之。』葉相堅守前約，亦心憚洋人詭譎，慮既見而受辱也，遂不許。巴夏禮請先議定面見禮，然後入見，或於城外設公所爲會議地，亦不許。是時英兵不滿千，而兵勇及團練赴援者數萬人，皆畏敵火器，未能力戰，於是炸礮連日，分五路入城。十一月，礮晝夜發，辛未夜，西關外洋樓大火，粵民火之也。先焚美利堅、法蘭西居室，次日，始延及英館，凡昔十三行皆燼焉，喪失貨財無算。英兵亦攜火具，焚緣濠居民數千家以報之，遂悉衆登舟。己卯，退泊大黃滘礮臺，稍稍駛去。巴夏禮知法、美二國館被焚，喜曰：『二國必與我矣。』大抵羣酋隱謀，初守便宜，欲以兵劫盟，改前約，俟得所欲，乃報國主。故其開礮入城，務作聲勢，恐嚇葉相，葉相亦微覺之，謂彼實無能爲，固不敢困我也。葉相狃前功，蓄矜氣，好爲大言以禦衆，漸忘其無所挾持。每到危迫無措，亦常有天幸，獲轉圜。默念與洋人角力，必不敵，既恐挫衄以損威，或以首壞和局膺嚴譴，不如聽彼所爲，善藏吾短。又私揣洋人重通商，戀粵繁富，而未嘗不憚粵民之悍，彼欲與粵民相安，或不敢縱其力之所至以自絕也，其始終意計殆如此。英商以洋行被燬，所喪貨財多，憤甚，馳報國主。羣酋知不能隱，亦馳報國主，遂斂船退舍以待命。國主下議院議，上議院大臣力主稱兵，下議院紳民不允。有調停其説者，謂宜先遣特使至中土，請重定盟約，並索償款以卹羣商。不許則先禮後兵，理直辭順，乃可激衆怒用之。國主以爲然，簡一等伯爵額爾金赴粵，調派兵輪，分泊澳門、香港，俟進止，遣使告法、美兩國合從之利。額爾金貽書葉相，大略謂舊約凡領事官得與中國官相見，所以聯氣誼，釋嫌疑，故兩國無難辦之事。自廣東禁止入城以來，浮言互煽，壅閼不通，致有今日之釁。粵民毀我洋行，羣商何辜，喪其資斧？請約期會議償款，重立約章，則兩國和好如初，永無齟齬。否則以兵戎相見，毋貽後悔。葉相謂其語狂悖，置不答。額爾金再三趣之，皆不答。法、美兩國領事官亦以燬屋失財照會葉相，請酌給賠償，且言英已決計攻城，願居間排解。議者或勸撫定法、美，以伐敵交，葉相謂彼皆比周以脅我也，遂不聽，且不設備。粵民揚言英使果來，當羣起擊之。額爾金淹留香港，久不得中國要領，欲與他省大吏議之，則皆以葉相握通商大臣關防，不敢攙越爲辭。欲入都，則是時未設總理各國事務衙門，無主之者。適法、美兩國兵船至香港汲淡水，將赴日本，乃諷之同攻廣東，謂得志中國，則日本不戰自服，遂與聯盟。七年五月，英師攻東莞，不克。己丑，瓊州鎮總兵黃開廣以釣船紅單船百餘與英師戰於三山，我軍潰，英師追至佛山鎮而止。九月，諜報英船驟至，將大舉攻城。葉相笑曰：『訛言耳，必無是事。』十月，戊申朔，忽有英法兩國小火輪船入粵河，豎白旗，示無戰意，遞照會，仍言入城索償及通商事。葉相答以通商而外，概不能從。於是英、法、美三國兵船皆集黃埔。十一月，戊寅朔，進泊花地。癸未，進泊沙面，登河南岸，奪民屋以駐兵。法人美人皆不欲戰，謂我於中國素無怨，何必棄好尋仇？英人謂曰：『方今中國內寇益横，又瞢於外交之道，助之不知德，病之不知怨。貴國篤念交誼，中國且益自尊，謂小國不敢叛天朝也。貴國如不欲責償款，我將獨進，如有所得，我自擅之。』二國乃與約得利均沾，美船雖從而不助戰，英又兼供二國一月兵餉。當是時，文宗顯皇帝憂粵事，密戒葉相，海内多故，餉源在廣東，凡馭洋人務持平，勿偏執，釀釁端。葉相於英兵之退，既增飾擊剿獲勝狀以聞，累疏稱英國主厭兵，粵事皆額爾金、包冷、巴夏禮等所爲，臣始終堅持，不爲所脅，彼技已窮，行自服矣。粵民疾視英人，互播流言，或稱英屬國印度已叛，英兵敗績，連喪其渠；或稱英船遭颶風，火器已蕩盡，葉相摭以入奏。又稱英兵縱火焚民居，自致延燒洋樓，今反索償款，此端萬不可開。因自陳布置之方，駁辯辭甚具。天子又特戒之，謂浮言難盡信，當相機慎圖，勿存輕視意。顧南北相距七八千里，實狀無由上達，又以葉相駐粵，綜理洋務久，更事多，必有把握，故常優旨答之。葉相失事時，猶奉温諭褒勉，蓋冀其措注得宜也。將軍巡撫司道進見，商戰守策，而葉相澹若無事然。或密詢其故，則曰：『彼第作戰勢來嚇我耳。張同雲在敵中，動作我先知之，我不與和，彼窮蹙甚矣。』張同雲者，本通事，葉相購爲外間者也。有識時者退而歎曰：『强寇豈可以空言應哉，已則無備，輒謂人窮蹙。譬猶延頸受暴客白刃，尚告人曰：彼懼犯法，窮蹙甚矣。自欺如此，禍其可紓乎！』粵民自使相琦善莅粵後，嘗疑大府陽剿陰撫，葉相亦畏粵民之悍，遇事尤裁抑洋人，欲求衆諒。然粵民見葉相之夷然不驚，轉疑其與英人有私，及英人累致書不答，且不宣示，則愈疑之。僚屬見寇勢日迫，請調兵設防，不許；請招集團練，又不許。衆固請，葉相曰：『姑待之，過十五日，必無事矣。』乃乩語也。先是葉相之父志詵喜扶乩，葉相爲建長春仙館居之，祠呂洞賓、李太白二仙，一切軍機進止咸取決焉。乩語告以過十五日可無事，而廣州竟以十四日先陷。人咸訝之，或曰，洋人賂扶乩者爲之也。然其事秘，世莫得而詳云。戊子，得密報，敵已分布巨礮，將攻城，或稱宜遣紳商赴船觀動静，葉相盛怒，傳諭官紳士庶，敢有赴敵船者按軍法。英人復照會葉相，一欲相見，二欲在河南岸建洋樓，三欲通商，四欲進城，五欲索償款及兵餉銀六百萬兩，仍不見答。己丑，英香港總督會同法、美二國提督張榜郭外，限以二十四時破城，勸商民暫避其鋒。庚寅旦，敵據海珠礮臺，礮聲如百萬雷霆，併擊總督署，開花彈芒燄四射，火箭入南門，延燒市廛，火光燭天，闔城鼎沸，葉相微服奔粵華書院。千總鄧安邦率粵勇千人殊死戰，殺傷頗相當，以無後繼遂不支。辛卯，日未中，洋人登城，城内礮臺及觀音山頂遍竪紅旗。葉相知城陷，始派弁持令箭出新城，懸萬金賞，調潮勇攻觀音山，戰良久，不能克。巡撫柏貴檄紳商伍崇曜等議和，往見葉相，仍以『斷不許進城』五字語之。壬辰，將軍穆克德訥暨白旗西北城上，開西門，縱居民遷徙。洋人塞城上礮門，分兵巡城瞭望，張榜禁止殺掠，謂此行惟仇總督，不擾商民也。癸巳，將軍巡撫會同出榜安民，謂和議可定，城内士民毋驚恐。伍崇曜等趨英船謁公使額爾金，不得見，見其繙譯官威妥瑪、領事官巴夏禮，及通事張同雲、李小春。往返三四，和議不成，英人索葉相甚急，乃以乙未夜，移居左都統署圃之八角亭。戊戌，英人括總督署中財物，並取布政司庫銀二十萬兩以去，釋南海縣獄囚，分隊引路尋總督。己亥，突劫將軍巡撫都統至觀音山，詭云會議公事，旋搜至八角亭，擁葉相置大轎中，尚冠帶翎頂如平時，遂登觀音山，度飛橋，逾城出。薄暮，舁入舢板小舟，攜上火輪船，從者或以手指河，攝之以目，蓋勸之赴水也，葉相愷不悟。將軍巡撫等會疏劾葉相，旋得旨以乖謬剛愎之罪褫其職。壬寅，洋人送將軍巡撫等還署，挾葉相至香港，猶每日親作書畫以應洋人之請，從者力勸不可題姓名，乃自書海上蘇武。八年二月，英人挾至印度之孟加臘，居之鎮海樓上，惟武巡捕藍瓆，與一櫛工二僕實從。葉相猶賦詩見志，日誦《呂祖經》不輟。九年正月，藍瓆病卒，葉相寢疾，西醫治之，不效。三月，丁丑，卒。英人斂以鐵棺松槨，伴以水銀，並所作詩歸於廣東。時人讀其詩，未嘗不哀其志，而憾其玩敵誤國之咎也。因爲之語曰：『不戰、不和、不守，不死、不降、不走。相臣度量，疆臣抱負，古之所無，今亦罕有。』蓋反言以嘲之云。詩曰：鎮海樓頭月色寒，將星翻作客星單，縱云一范軍中有，怎奈諸軍壁上看？向戍何心求免死，蘇卿無恙勸加餐；任他日把丹青繪，恨態愁容下筆難。又曰：零丁洋泊歎無家，雁札猶傳節度衙，海外難尋高士粟，斗邊遠泛使臣槎。心驚躍虎笳聲急，望斷慈烏日影斜，惟有春光依舊返，隔牆紅遍木棉花。蓋葉相在鎮海樓，洋官五日繪相一次，分報英國主及香港、上海洋官，而葉相之父當城破時倉皇出走，未得音問，故其詩云然。

大沽三戰與《天津條約》

清·夏燮《中西紀事》卷一二《四國合從》 英法踞粤之後，自知背約，因思效義律赴天津之往事，將歸罪于粤中之官吏以自説也，乃與三國合謀，議各遣其屬官一員，前赴江蘇求見兩江制使，將所達天朝相臣之書轉寄入都，俟其照覆，以定行止。於是四國之屬官由海道赴滬，探聞制使駐節毗陵，遂至蘇州。時趙德轍任蘇撫，見之，詰其來意，以遞書故告。乃由蘇撫咨送入常，兩江總督何桂清據以奏聞，其達相臣之書，則滿首揆裕誠也。裕相以次年夷人至天津之月卒。先是，羊城之役，上授侍郎黄宗漢兩廣總督，赴粤查辦。踰年過蘇，蘇撫偵知四國之公使、水師、領事人等將由滬中海道徑赴天津，欲留欽使在蘇，通信到滬，阻其北行。黄以奉詔入粤，人臣無外交，遂解纜行。未幾，接據江督照會：『轉準都中相臣照覆之文，告以兩廣總督欽差大臣黄某，現奉命馳赴粤東辦理夷務，令該國人等迅赴粤中聽候查辦。』又另文照會俄羅斯，告以『該國向不準在粤通商，如有相商事件，應速赴黑龍江，聽候該處辦事大臣妥議等因。』時英酋額羅金已自粤至滬，遂由寧波、上海等處調派火輪、兵船二千餘號，前赴天津。法蘭西亦以兵來會，花、俄二國亦有領事、繙譯官同行，自云遞書，非求戰也。未幾，大沽告警之疾置聞。

八年春三月，英、法、彌、俄四國舟泊天津海口，議先遣各國領事駕杉板小船前赴大沽港口投文，直隸總督譚廷襄受其書上之。時英、法方謀稱兵犯順，而彌、俄二國志在請撫，制使亦遣人通款洽，牛酒餽問，相望于道。夏四月，二國講款之舟尚在港口，而英、法不俟命，遂以小火輪船闖入口内，毁我炮臺，語具後卷中。既罷兵，二國復以撫事請，上飭大學士桂良及前兩廣總督耆英先後抵津，迨耆相以擅回伏法，仍飭桂相議款，于是，由直隸總督行文照會，邀彌、俄二國領事同至天津郡中，遂定議。是役也，彌人志在通商，似係誠心乞撫。而俄羅斯者，傳聞是時新受黑龍江五千里之賂，謀背英、法，適聞彌人講款，遂贊成之。

又 卷一四《大沽前後之役》 天津直沽河去海口二百里，一曰大沽港，設有炮臺，爲天津門戶。港之外有沙洪一道，凡海舶進者必過沙始得入口，船至此輒淺擱不能行。當四國投遞照會時，制使先遣大沽武弁駕當地小舟導之行，遂無阻滯。自此，夷人數以杉板及小火輪船探水遊弈，制使以方議款，弗之禁，亦不設備。遷延二旬，洋艘漸熟，又以千里鏡遠窺炮臺，具悉虚實。夏四月，彌、俄講款，船舶口内。英、法不俟命，遂于初八日二國同駕小火輪船及杉板數十號，闖入大沽口内。官兵開炮相持，不克。前路炮臺陷，守臺之游擊以下死者八人。時副都統富勒登太扎營北岸，守後路之炮臺，猝聞前軍失利，兵勇驚潰，所有京營炮位全行遺失，亦相繼陷焉。上聞震怒，爰逮天津鎮總兵達年、大沽協副將德奎等入都，革職拏問，直隸提督張殿先亦論劾褫職。奉旨授託明阿爲直隸提督，尋頒給欽差大臣關防，著僧王格林沁馳驛督兵赴天津。京師戒嚴，五城皆設團防局，惠親王主之。英人挾兵要撫，既踞炮臺，旋欲修好，而花、俄二國居其間，仍以欵議請。當崇、烏二侍之至津也，英人謂其非相臣，不足以當全權之任。蓋英制，凡統兵將帥，率以五等爵充公使，畀以全權官銜，示將在外不受中制之義。又見白門議欵、五口通商，皆以相臣總其事。于是欽使、制使先後通欵，概辭不見，惟花、俄二國與爲往來而已。既罷兵，二國復以撫事請，奉上諭：『著派大學士桂良、吏部尚書花沙納等，馳驛赴天津查辦事件。欽此。』維時，惠親王綿愉、宗室尚書端華、大學士彭藴章等聯銜保奏：『已革大學士耆英熟悉夷情，請棄瑕録用，以觀後效。』上召之入見，即日賞給侍郎銜，飭即馳赴天津。時直隸總督已行文照會花、俄二國使臣同至天津，商辦一切。是月二十六日，夷使至津，與桂相、花尚書相見，定撫議也。耆相以二十九日抵津，往拜英使，不見，傳言英人與耆相有隙。桂相聞之，懼撫事之中阻也，乃奏請召回耆英以順夷情。上不悦。耆相自天津回，行抵通州，奉廷寄：『飭令仍留天津，自行酌辦。』耆相不即折回，徑由通州入都，旋寄信僧邸，告以初五日可抵軍營。時惠王方自僧營歸，途次接據僧邸專差送到耆英信函，大驚，乃攜至巡防處與宗室大臣間閲，僉謂：『夷情叵測，該員並未辦有頭緒，輒敢藉詞卸肩，且未奉特旨，竟擅先自回京。』奏請『飭下僧格林沁將耆英到營訊明後即在軍前正法，等因。』奉上諭：『耆英畏葸無能，大局未定，不候特旨，擅自回京，不惟辜負朕恩，亦何顔以對天下，是屬自速其死。著僧格林沁派員即將耆英鎖杻押解來京，交巡防王大臣、軍機大臣會同宗人府、刑部嚴訊具奏。欽此。』嗣據訊供奏聞，上謂其擅離差次之罪輕，而諉過卸肩之罪大，乃傳旨宗人府及刑部尚書宣示硃諭：『賜其自盡，以全法外之仁。』自是撫議遂定。方桂相之至津也，力持撫議，而天津之民自三年大挫粵匪之後，勇於赴鬥，見夷艘停泊海口，輒思糾鹽梟、海盜乘間搶擄。迨相國至津，軍民遮謁道左，請率團練助官兵與夷人開仗，相國撫而遣之。英之謀主曰哩咽吠者，實廣東嘉應州人，世效漢奸于外洋，遂隨其公使額羅金爲行營參贊。聞相國至津，不俟照會，輒持其所定天津新議凡五十六條，自海口至津，要相國畫押允行，相國辭之，數咆哮于欽使廨中，以趣撫事之速決。正值花、俄來津講款之時，有津民與夷人口角鬥毆，見哩咽吠在場幫助，遂糾衆生擒，謀殺之。又謀執而致之相國行營。於是欽使及天津總督聞之，恐誤撫局，亟遣員弁設法解散，釋送哩嘓吠回舟。一時廷臣封章連上，僉謂：『夷情叵測，喜怒不常，非大彰撻伐，不足以振國威。』于是通朝自閣臣外，六部、九卿、臺諫之列，聯名奏請罷撫，語多憤激，上弗之罪也。初，上之起耆相也，召對密幄，造膝請陳，自稱當此時勢，惟有獨任其難。上諈諉者再，當密諭其自展謨謀，不必附合桂良，稍涉拘泥，蓋欲以撫爲剿也。迨耆相抵津仍循故智，又見英人不禮，輒欲藉詞卸肩，上始憮然失望。是時拊髀擇將，意在僧王，而炮臺未經修好，海防猝難整頓，一切戰守機宜，諸形棘手。適桂相罷兵議撫之奏至，並呈送天津新議五十六款。上謂：『稅則事宜，必須親歷海口，相度地宜。』爰降旨飭令洋艘起椗回上海，一面派遣欽使馳馹至江蘇商定稅則事宜。六月初六日，奉上諭：『著派桂良、花沙納、基溥、明善攜帶欽差大臣關防馳馹前往江蘇，會同何桂清妥議通商稅則事宜。欽此。』時四國聞撫事已成，先于五月二十五日自天津海口起椗去矣。秋八月二十六日，欽差大學士桂良、吏部尚書花沙納等抵江蘇之上海，時何桂清任兩江總督，亦至焉。英舟自天津起椗，其公使額羅金者，泛海至東洋，護送日本船隻。法、彌、俄三國使臣及英之參贊、領事人等，皆先後來滬。【略】

九年夏，各國人等駛赴天津換約。尋桂相滬中原議，告以天津大沽港口現在設防，令四國換約之舟改由北塘海口行走。各夷唯唯。是時，四國分幫入都，英舟先抵天津，俄羅斯繼之，突背前約，闖入大沽口。直隸總督恆福聞之，遣員持約前往，趣令改道，不省。五月二十四日，英夷駕舟駛至灘心，將截港之鐵鎖用炮炸裂。時僧邸已飭官兵嚴防，俟其進口擊之。越日，有小火輪、杉板等共十三艘，皆豎紅旗挑戰，遂將港口鐵鎗拉倒十餘架，逼近炮臺，開炮轟擊。我軍亦放炮相持，沉毀其船隻數號，餘亦被炮擊損，不能行走，逃出攔江沙外者一艘而已。英人見舟師失利，復以步隊接戰，經官軍轟斃數百名，生擒二名。英之兵目李姓受傷，即上年隨至天津之哩嘓吠也。是役也，直隸提督及大沽協副將亦受傷陣亡。奉上諭：『此次夷人受大創，全軍覆没，我軍士奮勇異常，遂操至勝之算。著僧格林沁先在捐輸項下提銀五千兩，分別獎賞，所有在事文武員弁，另行查明保奏。陣亡之提督、副將等，均著交部從優議卹，欽此。』維時夷人震懾天威，稍稍斂戢。

適彌利堅之舟後至，恪遵滬約，改道行走，呈遞國書，由天津總督具奏，上亦優答之。

又　卷一五《庚申換約之役》　咸豐十年庚申，夏六月，英吉利、法蘭西連兵由海道入寇天津，修上年換約之怨也。方上年夷人之敗于天津也，泛洋回粵東，招募潮勇數千人，將以陸路馬隊與北方車騎競長。是月，英、法二國以火輪兵船再泊天津海口。時上方命僧王嚴防大沽口，凡南北岸炮臺，皆設重兵守之。其港口之北曰北塘者，大沽之後路也。上年以換約令其改道，不從，釁端遂起，海口報至。王度其仍由大沽取道，抑或徑由北塘襲我後路，攻其不備，乃以重兵守大沽之南岸，而預伏地雷火炮于北路塘岸間，將俟其入而殲焉。有漢奸偵得之，以告，遂爲夷人所發。十五日，英、法兩夷駕小火輪、杉板等船探水而入。二十日，舟過大沽口外之沙洪，膠淺不得進，懼我軍之乘其間也，乃張白旗請款，王亦令官兵勿挑戰，專爲致人之計以待之。二十六日，夷舟得水轉動，闖入大沽口內，旋分兵自北塘後路襲我。是時副都統德興阿督兵防守新河，夷兵自北塘進，官兵拒戰不利，全營陷焉。予是夷人進占新河。二十八日，進占唐兒沽。時王督師守大沽之南炮臺，直隸提督樂善督師守大沽之北炮臺。上聞津事日棘，爰命大學士瑞麟調帶京兵一萬，前赴通州相爲犄角。七月初五日，夷兵自後路襲我大沽之北岸炮臺，提督樂善拒戰不克，中炮死。時僧邸堅守南炮臺未動，尋奉旨飭令退守通州。于是，鄭親王端華、宗室尚書肅順等奏請罷兵議撫，並請召回僧邸，以戢夷兵。詔書一日數至，王不得已，退師次于距通州五里之張家灣。天津不守，夷兵長驅而入，初七日陷焉。

清·薛福成《庸盦文集·庸盦文續編》卷下《書漢陽葉相廣州之變丁亥》 英法兩國兵久踞粵城不去，而北門外九十六鄉之義師起，設團練局於佛山鎮，揚言戒期攻城，然心志不齊，號令不壹，訖於無成。英人初志在得入城見大吏，藉以通隔閡，馭商民，乃粵民一激再激，葉相復一誤再誤，使拱手而有粵城，非英所望也。然其意終在更定約章，索償款，增商埠；又因粵事，益知中國易與，遂糾法、俄、美三國兵船北上，駛入大沽，阻我海運，立約而還。既而約事中變，科爾沁忠親王以重兵扼大沽。九年，擊敗英法兵船。英人退至香港，益募閩粵亡命，操練不輟。十年，復悉鋭犯大沽北塘礮臺，連敗官軍，陷天津，逼京師。寇燄披猖，海內震動。英法兩國乃迫索巨餉，別訂約章，大得便利，視舊約加倍蓰焉。嗟乎！西洋諸國之勃興，亘古以來未有之奇局也。其得失利弊，與前史所著迥殊，非默究數十年，不能得其竅要。或視爲尋常，忽不加察，而大受虧損；或上下內外，堅持力爭，而無關至計。粵民激於前此大府議和之憤，萬衆一辭，牢不可破，必阻其入城一事以爲快，屢請屢拒，紛紜者二十年，而大沽之失、天津之約，皆成於此，由今觀之，甚無謂也。英法兩國於和議定後，至同治元年，始退出城。英人占將軍署爲領事廨，沙面造洋樓爲通商埠，法人占布政使署爲領事廨，並踞新城總督署，改建天主堂，而粵人固無如之何。夫民氣固結，國家之寶也，善用之則足以制敵，不善用之，則築室道謀，上下乖暌，互相牽累，未有不覆敗者。觀於粵人己酉之役，官民一心，措注協矣；厥後滿志氣囂，動掣大吏之肘，微特中材以下不能用粵民，即使同治以來中興諸將相當之，恐有大費躊躇者，葉相之瞻顧彷徨，進退失據，亦固其宜。尋至城陷師虜，而粵人坐視不能救，其憤盈激昂之氣，亦稍頹矣，是果可常恃乎？昔侯官林文忠公初禁洋煙之時，洋人未識中國虛實，有顧忌心，若使林公久於其任，未必無以善其後。乃使相琦善繼之，而大局一壞不可振；耆英、伊里布又繼之，和議遂定。彼時舍此固無以弭外患，而主和議者，例受人指摘，下流之居，未必如世俗所譏之甚也。粵民之與官相抗，亦琦、耆、伊三相有以激之。葉相見林文忠、裕忠節諸公，或以挑釁獲重咎，或以壯往致撓敗，而主和之人，又皆見擯清議，身敗名裂。於是於可否兩難之中，別創一格，以蘄所以自全者。高談尊攘，矯託鎮靜，自處於不剛不柔、不競不絿之間。乃舉事一不當，卒至辱身以大辱國，而洋人燎原之勢，遂不可復遏。然則洋人之禍，引其機者琦相，決其防者葉相也。要之，御非常之變，雖豪傑之士，鮮不智勇俱困焉，蓋因前事無可師，而俗論不可徇也。若以太平文吏翰苑侍從之才當之，豈不難哉！豈不殆哉！

清·佚名《庚申北略》 英夷自咸豐九年四月，兵至天津大沽，經科尔多王僧格林沁挫衄之後，志圖報復。

十年六月十五日，英法二夷舟抵大沽。時僧王早爲拒敵之計，南北塘俱設有炮臺，防守甚嚴，復於北（門）［塘］伏有地雷火炮。有土富沙姓，世居其地，於彼不利，陰泄其謀於夷人，夷人即將所伏處一一發掘，遂登北（門）［塘］，或云：『某爲所獲，以刃脅之，乃以實告。』僧王初意欲俟其登北（門）［塘］，以火雷盡殲之，自此策不行，而夷人得計從此始。

二十日，夷人二船進港擱淺，恐爲我軍所擊，高懸白旗，中書『免戰』二字，旁書『暫止干戈，兩國交話』八字，並以和約款我，我軍遂不擊。

二十六日，夷人得水浮動，遽大進兵，轟擊我師，勢甚張。巳初出隊，至酉正，新河德興阿營失陷，我兵受傷六七百人。

二十七日，夷人由北（門）［塘］進占新河，在寧河、寶坻之間，大沽之後，僧王腹背受敵矣。

二十八日，進占唐兒沽。

七月初一日，瑞相國麟奉命，帶兵一萬駐通州，以備不虞。

（初二）［初五］日，夷人攻破大沽，奪北炮臺。是日，夷人至北炮臺下，殺看守者一人，餘俱驚走，北炮臺遂失，提督樂善中炮死。樂爲良將，僧王素所倚任，猝以身殉，僧王如失左右手。時僧王南炮臺未動，僧王以失北炮臺欲自盡，上命退守通州，大沽之防盡撤。

初七日，夷人直抵天津占據。文俊、恒祺奉命與之講和，夷人曰：『汝官卑何足議大事。』尋復命桂相國良往議。英夷索銀八百萬，法夷索銀四百萬，約先給銀二百萬，始允所請。後以需索現銀遲回不決，而夷兵日逼通州矣。於是京師戒嚴，分派滿洲各員在十三門帶兵分守。

清·翁同龢《翁文恭日記》 咸豐十年，六月，【略】二十日。【略】僧邸五百里報，大沽發。海船已逼津門，或云接仗矣。

廿八日。【略】僧邸六百里，或云：『昨日之報，退守唐兒沽。』然耶？否耶？

七月，朔。【略】僧王五百里，恆福六百里，津事未見明發。人言：『英、佛、米俄四國兵船，於六月望到北塘，十七日開仗，殺傷相當。廿二日，我軍不利，廿六日，我師敗績，北塘之運糧城，爲敵所踞。廿七日，進逼新河，已出大沽之背，今復逼唐兒沽，距大沽口僅五里耳。敵人有馬隊三千，炮車千餘輛。炮車之制，獨轅雙輪，二人馭之，後綴一車，亦獨轅雙輪，上載一炮。發時，旋車內向，馭車者倒坐車上，便於開炮。馬疾如風，炮子炸裂，一發傷數人。』

初二日。【略】命瑞麟帶兵五千，馳赴河西務防堵。僧邸五百里，大沽發，寬惠五百里，天津發，西淩阿六百里，寧河發。

初三日。【略】傳聞津勇獲勝。

初四日。【略】僧邸六百里，恆福六百里加緊，又一六百里報。張良哉云：『據探報，夷酋尚未猖獗，欲候撫議。』

初五日。【略】僧邸五百里，命『鴻臚寺少卿焦祐瀛、翰林學士張之萬，馳驛回籍，辦理團練。』兩君皆天津府人。

初七日。【略】華孟萱云：『曾見寧河獲漢奸潘姓口供云：「五月上船，六月抵津。俄人令持白紙數疊，到都中俄館投遞，彼有藥水，能顯字迹，不得其詳。但知：令館中人豫備，不知所備何事？又囑俄館館人顧姓，暗遞信息。京城有張姓者，曾爲俄人買馬二千，此次囑其卽行逃避。聞張姓是天津人，久在俄館，五月中，鈔録各省團練章程，已由盛京上番舶矣。」』恆福、文俊，各六百里加緊。聞大沽接仗失利，炮臺已失，僧邸將退保潞河。

初八日。【略】僧邸五百里，蔡村發，昨夜到，今日馬遞，楊村發，退守潞河之説信矣。恆福六百里，青沽發，文俊六百里。我軍皆樹白旗，請派全權大臣與之議和。九門戰具毫無，僅見巡防旗幟。瞻仰昊天，惟有愾歎！

九日。【略】僧邸五百里，蔡村發，恆福、文俊，各六百里，大沽發。命桂良、恆福爲欽差大臣，赴天津辦理事件，桂良馳驛前往。以僧格林沁辦理不善，拔去三眼花翎，革去內大臣、都統。直隸提督樂善，於大沽陣亡，照例優恤，敕建專祠。

十日。【略】恆福六百里加緊，天津發，焦祐瀛六百里，言天津不能團練狀。天津府城失守，大沽北岸炮臺先陷，僧邸在南岸，不能軍，遂委之去，節節退守，直至通州，始收得馬兵七千、步兵萬人，爲守禦計。大沽之敗，槍炮甲仗，委棄無數，恆福備文書，悉以遺敵，回文嘲弄萬狀。夷人入天津，驅官民令出，惟留恆制軍以下數人。往來文報，先拆閱然後得通。僧王未入城，訛言繁興。

八里橋敗績與咸豐帝逃亡熱河

清·賈楨等《籌辦夷務始末（咸豐朝）》卷六三 咸豐十年，庚申，八月，己巳。大學士瑞麟、光祿寺卿勝保奏：竊奴才等於本日辰刻，在八里橋迆南策應前敵，適值逆夷由郭家墳一帶分三股撲向北，僧格林沁親督馬隊，與賊接仗。奴才瑞麟、奴才勝保恐馬隊爲時已久，或有疏虞，奴才瑞麟督隊迎其東股，奴才勝保督隊迎其南股，該夷蜂擁而來，勢甚凶猛，其西路一股，皆爲馬隊官兵壓擊，始而獲勝，繼而退撤。我步隊官兵與之鏖戰，相持兩時之久，不分勝負。奴才親督擡槍隊向前策應，各兵人人奮勇，連環轟擊，斃賊不少。正在喫緊之間，奴才勝保左頰右髀受礮子傷二處，登時落馬，不省人事，遂爲各弁兵扶至陣後。奴才瑞麟猶復督隊力戰，無如各弁兵見奴才勝保受傷，人無鬬志，紛紛退撤。其時鏖戰已久，鉛丸火藥俱已用完，又兼賊由河南逐向西趨，奴才瑞麟不得不撤隊回守八里橋，以覘賊之動靜。詎逆夷遂撲八里橋，奴才瑞麟卽將存營槍礮奮力轟擊，賊逆全股西趨。彼時各路官兵紛紛逃散。奴才瑞麟伏思賊既西趨，恐由于家衛直撲廣渠門大道，奴才勝保身受重傷，勢難在營調養，仰懇天恩賞假十五日，俾奴才勝保得以回京安心調養。【略】

（咸豐十年八月）至奴才僧格林沁所帶官兵由海口轉戰至通，屢次挫失，已難復振。初七日，八里橋一帶，鏖戰兩時之久，傷亡過半，兵心益怯，迎頭截擊，恐不足恃。初七日以後，該夷探馬各處哨探，大隊並未前進，仍在三間房、咸戶莊、于家衛等處盤踞。

清·佚名《庚申北略》 咸豐十年七月二十七日，上欲巡幸木蘭，硃諭曰：『朕揆時度勢，夷氛雖近，尤應鼓勵人心以拯時難，卽將巡幸之預備，作爲親征之舉，著惠親王傳諭京城巡守接應各營隊，若馬頭、通州一帶見仗，朕仍帶勁旅在京北坐鎮，共思奮興鼓舞。不滿萬之夷兵，何患不能殲除耶？將此交王大臣同看。』百官交章諫阻，乃止。

二十八日，復奉諭曰：『近因軍務緊要，需用車馬，紛紛徵調，不免嘖有煩言，朕聞外間浮議，竟有謂朕將巡幸木蘭舉行秋獮者，以故人心疑惑，互相播揚。朕爲天下之主，當此時勢艱難，豈暇乘時觀省。且果有此舉，亦必明降諭旨，頒行宣示，斷未有乘輿所莅不令天下聞之者，爾中外臣民當可共諒。所有軍營備用車馬，著欽派王大臣等傳諭各處，卽行分別發還，毋得盡行扣留守候，以息浮議而定人心。欽此。』

八月初一日，夷兵自張家灣、河西務移近通州。上復命怡王載（銓）[垣]、穆蔭往議和。

初三日，在通州之東嶽廟設盛筵，請夷酋巴雅里、艾嘉略會議，賓主四人，並列四席，巴雅里卽叱曰：『賓主豈容並列？』命撤主席旁坐。酒數巡，巴雅里曰：『今日之和，我須面見爾主，卻不能跪。』怡王曰：『我國之禮，見皇上自王大臣以下無不跪。』巴曰：『我非中國臣也，安得跪？』久之，穆蔭商之怡王曰：『事宜從權，遠立不爲皇上見，或亦可耳。』又久之，巴曰：『我國奉天主是天子，我是天子之使，與爾中國主應以敵體禮見，面交和約。』王怫然，爭之不決。又久之，穆蔭請之怡王，以王且退再議，王與穆蔭同出，留恆祺在彼候信。恆祺者，前任粵海關監督六載，與巴習識者也？巴忽曰：『我須眠，速備好臥具來。』恆如所請。宵分，巴仍熟睡，乃還報怡王。黎明，怡王使馳告恆曰：『事決裂矣，汝速往見額爾金。』額爾金者，夷國所謂全權大臣也，時駐通州城外。額爾金拒不見，而夷人已開仗矣。怡王乃密告僧王，擒巴雅里等九人，縶回京師，黄宗漢奏請殺之，翌日，縶械刑部獄。

初六日，勝保中火槍傷回京，僧王移齊化門。

初七日，齊化門閉。

初八日，巳刻，上啓鑾巡幸木蘭，扈從者：惠王、惇王、醇王、端華、肅（慎）[順]、軍機穆蔭、匡源、杜翰，及六宮而已。恭王仍留海淀，端華所遣步軍統領，命文祥署理。是日，都門俱閉，內外城隔絕。六部九卿無能入署辦事者，民心惶懼。

初九日，諸大臣商之步軍統領，暫開宣武門及西便門以通往來，是日，止開辰巳兩時。

初十日，正陽門半開，晌午卽閉如故。團防大臣大學士周祖培、尚書陳孚恩、侍郎潘曾瑩、宋晉集中州會館，議增練勇局，局設梁家園壽佛寺，司其事者前侍御尹耕雲諸人也。

十五日，奉諭：『留京王大臣派豫王義道、桂良、周祖培、全慶。』始知上暫駐密雲之羅山，傳小軍機六人曾協均等赴行在。

十九日，彰儀門亦半開。自初八日閉城後，城外米蔬不得入城，百物頓倍價，城中遷徙者十之七八，城門擁不得出，司城者又索錢始放行。車價頓長數十倍，遠行大車有需銀百兩者，近亦需數十兩，大小車城市一空。銀每兩或值二十餘千，若欲以錢易銀，則並無有也，票錢取錢六七折不等。

二十日，商人樂姓平泉開同仁堂者，邀集衆商，備牛羊千頭，往夷軍犒師請和。時夷人駐通州八里橋。巴雅里之在獄也，恆祺見之，遽釋其縛，至是議和，乃館之高廟，在德勝門內，以禮接之。

二十一日，夷人有照會來云：『此國大事，豈商人所得與聞，須恭親王來説話。』又批商人稟云：『大英國欽差大臣伯爵額批，據公稟備牛羊果品前來送禮，本國向不得受禮物，如爲貿易起見，著本國弁兵照時價公平買賣。至和局定議，該商等如有所見，可向貴國欽差大臣恭親王稟知商辦，因繫中外國大事也。此批。』其實牛羊等物皆夷人掠去，並未給價。

二十二日，僧王移軍迤北。夷人自朝陽門（卽齊化門）繞過德勝門，薄暮，經過海淀，恭親王避走。是日，德勝門外火光燭天，海淀被焚。

二十三日，僧王軍潰。

清·贅漫野叟《庚申夷氛紀略》 今歲庚申，夷酋額爾金、葛羅等，自粵航海而來，亦熟慮而審處矣。深畏中國兵威，帝都難犯，不敢輕舉妄動。既已連合諸夷，空國遠來，猶慮弗敵，在粵招募潮勇，傳言不下二萬人。潮勇者，潮州之無賴遊民也。又募發配在粵之遺犯，多係川楚登萊之人，得數千，皆亡命之徒。又有一種名青皮者，卽失業糧船水手，性素獷悍，亦招聚萬餘人。每戰則令遣犯、青皮當先，潮勇次之，而白黑夷殿後。雖遇勍敵，止傷遣犯、青皮、潮勇，白黑夷無傷，其計亦甚僞矣。且於寧波之舟山、登州之煙臺，各留舟師，以伺消息，以資應援，計畫周妥，然後敢遠駕長驅而來。自僧王敗走後，奪獲海口大沽諸地，復用重價，募天津土匪，爲之嚮導，傳聞每人日給銀四錢，每戰各給銀一兩，倘有此重賂，匪徒孰不樂爲之用。是以於七月初七日，（垂）〔唾〕手而入郡城，易於探囊取物。僧王卽於是日竄楊村，越一日，竄蔡村，又越數日，再竄至張家灣，離京都僅五十里，離通州僅十里矣。前擊粤匪，天津人多助官兵，今乃反附夷人，何哉？推原其故，前之將帥，如欽差大臣勝保，最善用兵，身先士卒，不畏强禦，文武百官，勇敢者多，畏葸者少。又有天津縣知縣謝子澄素得民心，亦諳韜略，衆願爲之效死，漢軍副都統佟鑑，素稱忠勇過人，志切同仇敵愾，與謝子澄奮力擊賊，陷陣誘敵。無如旗兵違約不援，致二公同没於陣，軍民人人痛惜，誓必滅賊朝食，勝公立斬畏縮旗兵二百餘名，以徇於衆，從此旗人怨恨之，前次所以能制勝者，無非人心人力爲之也。此次軍務，惟樂提督一人，可無愧色，此外將帥，大小文武，皆避賊惟恐不速，何怪津人首鼠兩端，吁可慨已。

夷衆自天津進發，竊伺帝鄉，迢迢三百里，毫無阻礙，故無恐怖。路過數百村鎮，無小無大，盡遭擄掠，楊村、蔡村、安平、河西務最爲富庶，皆蕩然矣。馬頭一莊，千數百家，毁爲平地。七月初九日奉諭，僧格林沁拔去三眼花翎，二十六日，奉旨賞還。當斯時也，如果將帥得人，成師而出，決一死戰，無難扼賊凶焰。時勝保降爲三四品京堂，來京候補，一意主戰。當道諸公，意皆主和。朝廷恩同覆載，四海一家，矜恤夷情，亦在許和，示懷柔而安畿甸，聖慮深遠，通都無不欣感。此時果與之和，猶是申明前約，尚不至大傷國體。乃僧王仍復違拗不悛，傳言又調到達兵不下萬人，自備幹餱，欲雪前恥，志非不壯，而不自量其才力何如耳。先是於六月之杪，已奉派大學士瑞麟帶兵駐紥八里橋在通州城西，並派貝子宗室綿勳諸人，各帶兵分駐附近東南皇木廠、交亭等處，以資防堵。七月杪，賊氛漸逼，都城之上，始安礮設防。特命怡親王宗室載垣、尚書穆蔭同赴通州，與夷人議和。夷酋由張家灣來州見怡王。正在會議間，忽聞槍礮聲震，探知僧王在張家灣，挑動夷兵接仗，知事不諧，夷酋卽欲遁去。怡王叱令擒住，並其從役二十餘人，縛送都中，交刑部監禁，此酋卽巴夏禮也。僧王卽日戰敗，退至八里橋，與瑞相合營，棄通州城於弗顧，夷人入而據之。聞此戰，綠營步卒，迎敵甚力，鏖戰兩時之久，僧王撤令歇息，而以馬隊達兵繼之。馬與步交仗不利，達兵縱馬而回，致將我綠營步卒衝散，被賊抄截奮擊，死傷幾盡。賊入張家灣，挾憤焚殺淫掠，倍極慘酷，僧王從此破膽矣，此八月初四日事也。

奉諭勝保授光禄寺卿，赴瑞麟營，會同辦理，卽於次日出都，僅集得旗兵四千名，圓明園八旗抬槍兵一千名，晡後倉卒啓行，鑼鍋帳房全無。馳至瑞營，會同僧王，卽於初七日，在八里橋南之元狐莊，與賊打仗。勝公一馬直前，與賊目對面接話，大喝曰：『我是勝保，爾等亦嘗聞我之名乎！』衆兵丁目睹此概，耳聞此言，不自知勇氣從何而來，亦各奮不顧身，齊聲大呼殺賊，進如山倒。戰一時許，傷斃敵兵千餘，白黑夷死者不少，賊勢不支，披靡卻退。無奈瑞相一軍，於未陣之前，先已潰散。僧王於酣戰之際，自乘騾車，撤隊而逃。以致我軍摇動，賊勢復張，一鼓而回。勝公中鳥槍傷頦，血滿胸前，猶帶傷揮軍血戰。旗員旗兵，傷亡者多，無一退縮者。復被炸礮擊碎勝公所乘馬首，礮子由鞍韂穿過，烘傷勝公兩胯，馬倒人翻，又壓傷左臂，昏迷不省。衆兵搶護，送回都中養傷。此一戰也，賊尸狼藉，夷人載尸九船，送回海口，或言是病死者，或言卽此一戰殺死者，未知孰是，殆兼而有之耳。其氣已奪，立見敗竄，倘瑞相、僧王，肯稍接應，定能破敵成功，所全實多，軍民人等談及之，無不嘖嘖嘆惜，可云雖敗猶榮矣。或云僧王忌勝公威名，不欲其功之成，且伊素所畏者，止勝公一人而已，固欲置之死地，假手於人以殺之也。又或云，僧王經營兩年，節節敗退，勝公乃欲一戰成功，是不爲僧王留餘地矣，無怪僧王□□。此之説也，其然乎？其不然乎？獨是達兵連次敗走，並不歸伍，散向各村莊，尋乞飲食，或奪財物，亦有帶傷渾身浴血者，竄入人家，婦女誤以爲賊，驚惶失措，有投水者，有投繯者，有先殺子女而後自殺者，未被夷人之害，先遭達子之殃，僧王不能辭其責矣。

自初七日元狐莊戰敗，卽日都門盡閉。初八日巳刻，聖駕啓蹕巡幸木蘭卽熱河，示意親征，鼓勵將士。爲臣子者，果能仰體聖意，激發天良，協力同心，未嘗不可以一戰。乃僧王收兵退紮朝陽門外，瑞相退紮德勝門外，東南領兵將帥，只知自守藩籬，按兵不動，竟使東郊數十里之內，無一官一兵防守，夷人進據八里橋，任其出入游徼，無有過而問之者。自古兩軍對敵，未聞有玩寇如此之甚者。人事顛頇，至於此極，尚得諉之天數乎哉？雖然，夷人初未嘗藐視中國也，懼有伏焉，觀望趑趄，不敢遽進。於是勾結漢回土匪，響應者衆，爲之偵探虚實，竊聽風聲，逐漸進移，遂漸進至定福莊離朝陽門十八里，再進至慈雲寺離朝陽門八里。僧王亦逐漸退移，一退至東直門外，再退至安定門外矣。跋扈盛氣，化爲烏有，衆共號爲鬆王云。

八月十二日，有男女夷六七十人，騎馬至朝陽門吊橋邊，沿城濠東岸南去，閲視城垣。時舊相賽尚阿蒙恩起用，在朝陽門協同克勤郡王宗室慶惠，城上督巡，親見男女諸夷經過，竟置不問。或云賽公欲擊之，而克王不從，反嚴諭官兵等，毋得驚動。夷衆因得從容閲視，按轡徐行，南至東便、廣渠兩門外，閲畢回巢。復縱黑夷及土匪等，四出剽掠，以觀我之舉動。凡朝陽、東直兩門外，百數十莊村，多被殘害，亦有被焚者。更伐木造雲梯，以備仰攻。凡此皆所以示意城中，而城中寂然無聲，束手以待。歷時半月之久，窺破真是不備不虞，乃敢放心大膽，於廿二日，繞郭至安定門外，土匪皆假扮夷人，爲之前驅，縱火焚燒，肆行劫掠，德勝門外，同日亦被焚掠。瑞相見之，卽傳令軍士列隊，前隊皆已成列，而瑞相由後騎馬潛逃，不知所之。軍士相謂曰：『主帥已遁，我輩何爲？』哄然而散。僧王所部達兵，悉聽出口自行歸牧。僧王逃往清河在德勝門北二十里躲避。賊偵知之，乃逃回匿於西八里莊在阜成門外。賊又知之，遂向西南而奔，至廣安門外蓮花池，匿於村氓之家，所帶僅僮僕三人，棲身茅屋三間。後數日，瑞相單騎尋往，依於僧王而共匿焉。予昔見浙東之兵，未嘗與夷人戰，風聞輒逃，心痛恨之。不料此種情形，復見於今日。若論誤國之罪，今更甚於昔也。可哀哉！可恨哉！賊匪卽於是日，直撲海淀，絕無一卒一騎出而禦之。遂於酉刻，焚御園大宮門，延及同樂園、慎德堂等十八處，市肆間如娘娘廟、老虎洞各大街，王公大臣之平泉、綠野各名園，盡付劫灰，火光燭天，數日不滅。總管大臣明善逃走，文豐姓董氏投福海溺死，蒙恩照尚書例賜卹。內務府員外郎清泰姓王行六，親丁十六口，闔門自焚，奉旨優卹，餘不及備述。凡御園內陳設珍寶書籍字畫，御用服物，盡被搜括全空，人扛車載，送往天津夷船。夷人先之，土匪繼之，遂使一絲半縷無遺，遺棄者遍於道路。此真天翻地覆，泣鬼驚神之大變，悠悠蒼天，曷其有極！瑞乎僧乎！撫心能無一動乎？耕當問奴，織當問婢，奈何軍國大事，顧令王元謨望風退走語本發明，李元平便液汙地，帷幄諸公，運籌何事？清夜捫心，亦爲之一動乎？

國家禍亂，至斯極矣。追思致亂之由，初作難者，以林則徐爲首，而成之者裕謙也，甚之者僧格林沁也，參之肉其足食乎？其善爲撫馭，消患於未萌者，以欽差大臣大學士兩江總督諱伊里布爲第一，大學士侯爵兩廣總督諱琦善次之，大學士兩廣總督宗室諱耆英又次之，贊襄樞密，始終其事，任勞任怨，安天下者，則軍機大臣大學士諱穆彰阿一人也。

通州所獲夷酋巴夏禮，幽囚刑部，僅數日而出之，館之於高廟清淨福地，接以賓禮，供給豐腆。有武備院卿恆祺者，昔曾任粵海關監督，巴酋來粵貿易，曾與之交好，因令恆祺紹介和議。詎和局尚無端倪，而御園已成灰燼。廿二日焚園，廿四日縱巴夏禮出城，及其徒從，脫然歸巢而去。拘諸原，免諸國，只爲議和，恆祺爲之請也。維時土匪既滿饜腹，無復他求，各自散去。夷衆於廿五日，由海淀退至安定門外，在地壇圍牆內屯聚。城上先設數千斤大礮五尊，小礮尚多，相離切近，無難一轟而盡殲之。總以狃於和議，不肯輕發，論者惜之。所有安定、德勝、西直、阜成四門外各村墅，盡遭蹂躪，安河之豐益倉，被搶粳米四萬一千六百餘石，倉場侍郎自請議處。八月二十九日，忽聞大開安定城門，放夷人入城，通國皆驚。守城大員，本不肯開城，恆祺危言以恐之曰：『如不開城門，待夷衆攻破入城，雖雞犬不留也。』於是始聽從開城，延寇而入。然夷人亦頗持重，逡巡良久，不敢徑入。恆祺乃帶同紅頂藍頂官十餘員，出城迎接，相伴而入，夷衆因一擁齊進。初議夷酋入城議和，止准隨帶不過百人，至是擁入數千人，立時恃悍登城，猱升望杆，懸起彼國五色旗幟，盡逐我城上防兵，將我大小礮位，掀落城下，納諸溝中。自於城樓裏面，安設夷礮大小四十六位，礮口皆南向。北面城垣，東西長十里，盡被占踞，支搭帳房數百座，城門聽其啓閉，反禁止中國人不得出入，唯巴酋號令是聽而已。城垣外皮，多被挖毀，唯恐我埋藏地雷轟之也。自夷人入城以後，白五爺奔走往來，以通和議。恆祺姓白行五，都人皆呼爲白五爺，主持和議，雖不知其如何議法，但見其去至安定門見夷酋，回至巡防處見王大臣，逐日從朝至暮，不計次數，騎馬往還，衣汗流赭，面塵涴墨，饑渴辛勞，殊形勤勞之甚也。九月初五日，御園萬壽三山，復遭夷火，煙焰連天，射入城中，五日乃熄。嗟乎！自釋巴酋回巢議和，於茲十餘日矣，何阿奴猶用火攻耶？白五爺辦理未免不善，不若伊中堂昔在浙東，歸其俘虜，載戢干戈之爲得也。夷性狡悍，挾制多端，一時和議不能速成，羣醜罔知顧忌，性且畏寒，城上不耐棲止，擅入人家住宿，城北居人，受侮不少，紛紛南遷，街市間累肩接踵，扶老攜幼，牽男抱女，背負襆被，手提筐籠，竭蹶喘汗，婦女纖弱，藍縷羞縮，踉蹌顛仆，蓬首垢面，號啼之聲，相續不絕於路，此皆無力窮家之苦況也。若夫王公、大臣、漢官、富戶之家屬，乍聞天津失守，犬羊內竄，早已遷徙出都，百無一存。其餘官民，力稍遜者，至寇氛近逼，危迫之時，勉强遷徙出都者，亦十之三四。因此車價爲之頓昂，每出都一站，單套騾車一輛，需京錢制錢一千當京錢二千百餘千，四五套大車一輛，需四五百千之多，車夫盡獲厚利。買賣各鋪，關閉者半，夥計散去者過半，都市人蹤稀少，殊蕭然也。遷出人家之財物，買賣之財貨，多遭土匪打劫，欲脫虎口，已入狼羣，則亦何益之有哉！更有門首摘去科第匾額、官銜門封者，蟬翳欺人，只自欺耳。嘉慶癸酉十八年，林清之亂，外城官宅，盡摘門封，內城以爲笑談，今內城尤而效之，且又摘匾，尤覺可笑之甚也。予家既不摘匾、門封，亦不遷徙，實因無地而不可遷，無貲而不能徙，惟誦守死善道一言以自矢耳。【略】

自八月二十九日，放賊入城，是日酉刻，有四五套大車，三十餘輛，自河南開封府來，由西便門放入，盡載抬槍軍火諸物，送至巡防處，予親目見之，詢係勝保調來。惜也，午刻賊人入，酉刻援兵到，已無及矣。天實爲之，謂之何哉！御園焚後，報至行在，奉旨僧格林沁革爵，瑞麟革職。諭勝保授欽差大臣，總統各省援兵，相機剿辦。時勝公創未全愈，肩輿從事。而河南、山東、山西、陝甘、湖廣、安徽諸路援兵，陸續到齊。勝公又自調曹州勇、安徽練勇，先已並到。連營三十餘里，兵威大振。其奈夷衆逾萬，盤踞都城中，不無鼠器之忌，兼奉御弟恭親王以和議已定，知照前來，則兵可不用，止戈爲武矣。

夷酋性皆畏冷，各擬移居，唯其所擇。隨擇定怡親王府，及冰盞胡同賢良寺，此寺即怡賢親王之祠堂也。或云巴夏禮銜怡邸通州縛送之恨，故有意擾之。該酋等分居此二處，一居怡親王府，一居賢良寺，飲食皆由我供給，日費非輕。九月初十日移來，隨從各千數百人，鄰近人家，先已遷避，庵觀先將山門甃砌，僧尼遠隱。時和議已成，約束羣醜較嚴，不似在安定門時，恣意擾害。予家與賢良寺僅隔一巷，日見其出入無時，或百十成羣，或三五結伴，各執槍刀，終日往來不絕，不知何爲。又或騎馬奔騰，避之不及，難免踐踶。一水車中道而行，夷馬馳至，撞倒車夫，車軋腦漿迸出，即刻殞命，夷人揚鞭徑去，莫可如何。有時見婦女徒行，輒上前嬉戲追逐，亦或越牆而入人家，調笑婦女，豺狼之性，終難馴也。予家相離不遠，心常恐恐，夜敲夷鼓，通宵達旦，枕上聞聲，魂夢爲之不安，心神胡能有定。夷所乘馬高大而駿，然性劣，超躍駛驟，不易羈勒。凡夷之用物，無不精妙，惟馬鞍甚不佳，以鞹爲之，軟而小，亦無韂，韜轡尤草草也。

十一日，英國酋長赴禮部見恭親王互換和約，自予門前經過，因得見之。陳兵結隊，魚貫而行，前隊建一大纛，後隊各執一小旗，步隊每行十人，以兩行二十人爲一隊，馬隊各行五人，以兩行十馬爲一隊，馬步隊相間，步隊多，馬隊少，各隊前後，相去不過一丈，步武整齊，不聞號令，但聞人馬行聲。每人各執一鳥槍，約長五尺餘，槍口邊各嵌一匕首，約長二尺餘，身邊各插一腰刀，亦或出鞘執之，約長三尺餘，槍刀磨鑢鮮明，輝光奪目，馬步所執皆同，亦有執長矛者，然無多也。有腰懸一物，式如腰鼓，或云即炸礮，有背負一囊，裹束甚緊，或云是帳房也。黑夷古謂之昆侖奴，面色如蟹殼，白夷徒有其名，其色或黃，或灰，或青，或赤，都無白者，其狀猙獰狠戾，千人如一，謂之爲鬼，名實相副。其身則頎而長，下身長而上身短，窅目大鼻，濃眉金睛，髮短而黃，須虬而赤。衣袴貼身極窄，衣短不及腹，袴長過於踝。紅黑二色者多，灰藍白色較少，有以彩絲金縷，結爲圓勝，短穗垂垂，綴於兩肩以爲飾者。衣皆無衿，中縫多鈕扣。亦有著長衣過膝者，謂是夷官。冠無定式，有如笠者，有如覆盆者，有如懸磬者，五色皆備，黑白爲多，有戴黑皮長簷帽者，有於帽頂聚白羽一攢者，謂是尊官。且有以大幅綢布纏首者，色色不一，此英夷種類也。若帽前横施一簷，以遮日光，喜帶眼鏡，且喜吸煙，而無煙筒，但將煙葉搓爲筒，燃其末，就其端而吸之，火將及唇，輒棄之，此則法俄諸夷之種類矣。足穿黑皮尖頭靴，靿極窄，底極薄，有以鐵爲距，鉗於靴跟者。若黑夷則多半赤足，蓋海人最畏首冷，聞之必嚴，而能赤足踏霜雪，無恙也。亦有夷婦隨行，騎馬者二，步行者十餘，長衣笠帽，與夷官無殊，亦著尖頭靴，惟耳邊簪一步摇，足微纖，爲小異耳。其貌皆美秀而文，與男夷人鬼迥別，獨髮鬢赤黃，與男夷相類，但不知軍中安用婦人，不慮兵氣不揚乎？酋長將至，則有鼓樂數行，鼉鼓以銅爲身，聲鼕鼕然，觱篥聲，嗚嗚然，嗩哪聲，啞啞然，無非悲栗殺伐之音耳。酋長既至，公然乘坐金頂黃絆綠帷八抬轎，簇擁人稠，不見其形，或云卽額爾金也。伊在英國，只一伯爵耳，乃敢僭越狂妄至此。又綠帷四人轎一乘，不知其人爲誰，年可五旬，面赤無須，觀其相貌，不過屠沽之流，無足異也。其冠乃一黑綢圓圈，高五寸許，中間金線襴束，約二寸許，頂聚白羽一叢，其衣右衽，栗色而有衿焉。二酋既過，後部隊伍如前，自午至申，兩時之久，所過馬步隊，約萬餘人之衆。及由禮部換約回，時已黃昏，隊伍不似去時之整肅。蓋其去也，懼有專諸之變。而勝公亦發步兵，暗藏軍器，假作觀望閒人，布列道旁，並於正陽門外，東西城根，伏馬隊兵數千，以防不測，以保衛恭親王，慮有曹沫之劫焉。是日所過馬步隊，盡是夷人，惟轎夫乃是潮勇，穿著國朝衣帽，卻爲夷酋扛轎，得意揚揚，殊堪髮指。予觀之，不覺怒發於聲，旁有一榮城市儈聞之，向予作色曰：『戴紅頂之人，且爲外國人騎頂馬，何必更論轎夫。』又一京都人，從旁解之曰：『此轎夫，乃潮州人，非登州人也。』彼此相説以解，此人大曉事，以片言而排難解紛。近聞登州之煙臺等地，已爲夷據，其人亦已輸心於夷也。十二日，法國酋長亦赴禮部換約，陳兵不過三千耳。一酋乘綠帷四人轎，其卽葛羅者乎？蓋諸海國惟英最强，此來尚有米利堅、俄羅斯、小英國諸夷，悉唯英法之命是聽，而法又聽命於英也。諸酋卽日購料鳩工，建天主堂，西城在宣武門内東城根，東城在乾魚胡同，皆當年故址。二十三日，滿街張帖印板告示，前列准照和約通行各省諭旨一道，後列英法二國新舊條約，各六十餘條。英本不遜，法尤狂謬，既已頒發通行，人人得而見之，無煩縷述。獨約内一條云，不許名之爲夷，不可不知。日前崇文門外三轉橋地方，有一傻子，立於門前，見夷人經過，拍手大笑曰：『鬼子來也。』夷衆立將此傻子毒毆，傷重垂斃，復入其家，舉室盡被毆傷，毁壞什物。强梁至此，可不避其忌諱耶？其所貼告示，會同恭親王，鈐用關防，示末標寫降生後一千八百六十年十月二十四日，蓋中國之九月二十三，是夷國之十月二十四，所謂降生者，殆指耶蘇而言。按天主碑，耶蘇生當漢哀帝元壽二年，見《西域考古録》。示内酋長官銜，有全權、秉權、寶星、大星各名目，似以全權爲上。乃將大英國大君主、大法國大皇帝，與大清國大皇帝，並列爲三，殊覺華夷不分，薰蕕同器，背理越分，莫甚於此，天高聽卑，必不祚此驕虜也。且恩給銀八百萬兩，是否給足後，方可罷兵，仍須報知彼國王，俟回信轉來，再行定局。此時額爾金等，暫退至天津等候，是操縱仍在於彼，況國用空乏之際，多金豈易籌辦，又聞有先給二百萬之説，未知果否也。其初索償煙價八百萬，今又索兵餉八百萬，多年水陸行軍，尚不知所費幾千萬，中國凋弊，萬民塗炭，皆由林則徐作俑階厲，雖億萬箴片，交口爲之揄揚，予未見何者是其功業，循名責實，任彼虚張虚附，終不爲其所惑也。僧王行小惠以沽名，故八旗之食餉者，皆感念而稱頌之，殊覺不思之甚也。試思僧王冒昧横行，違旨構釁，壞已成之撫局，糜百萬之軍需，圻疆數百里，慘遭兵燹，人民數十萬，横被夷鋒，忌勝保之功名，致乘輿於塵勞，山園既災，蓮池是匿，其罪可勝誅乎？況乎給夷人銀八百萬，實僧王乖違以致之，卽或分年發付，但恐將來京餉未免支絀，而旗兵必至饑寒，彼時方悟僧王之小惠未遍也。予預爲計之，聊存後驗。

諸夷性皆貪而極淫，所到之地，首擄銀錢衣物，次及牲畜，或宰食，或牽賣，雖鷄犬靡有孑遺。惟不多殺人，擄去者亦多釋回。獨見婦女，則未有不淫，無論青娥老嫗，西子無鹽，避之不早，死之不速，無不被汙被擄者。前在張家灣，婦女聞警自盡者二千數百人。有回回老阿渾，自言能誦咒語卻夷人，阿渾者，師父也。先有法俄二夷數人至，聞阿渾誦咒卽去，因而婦女之未卽死者，多潛入禮拜寺中，及英夷大至，誦咒無靈，入寺見之，盡行擄去，嗚呼痛哉！天朝禮義之風化，貞潔自守之閨人，乃辱於禽獸不如之强暴，能無把酒問天，拔劍斫地耶？廣渠門外雙樹村，有金莊頭者，家可中産，二女娉婷，長年二十，次年十七，夷人驟至，尋取財物淨盡，兼擄其處子去，金恐被汙，奮力追及，手刃二女而回，臥而思之，鞠育恩勤，一朝剸刃，痛不欲生，因自焚，全家俱燼，獨一幼子，遇救得生，亦天意也。似此節義凜然，旌揚未必能及也，予特表而出之。其他捨生取義者盡多，筆難盡述，至予耳目見聞所不及者，更不知其幾百千萬也。匹夫匹婦，能知禮義廉恥，足愧事君食祿而竊位幸生誤國者。

夷衆溷迹都城中，將及一月，甫於九月二十七日，洞開朝陽門，各酋率隊，豕突狼奔，出城而去。都中汔可小休，人人加額。所用大小車三百輛，皆大宛兩京縣，爲之備辦，滿載而歸，皆劫掠得來者也。裝載夷礮，則用夷車，四輪獨轅，兩服兩驂，如古兵車之制，輪軸皆銅鐵爲之。夷婦所乘，車制較小，獨轅兩騾，輪軸車箱，盡是銅鐵，而行走極爲便捷，但不合轍耳。或云制如鐘錶之法，鑿成榫竅，螺紐連綴，用則合而成之，不用則拆而藏之，最爲精緻無比。夷衆既去，其所居一邸一寺，作踐不堪，至以佛前香爐盛便溺，餘不待言。今雖暫去，明春仍擬復來。清貝子府第故純親王府，今爲梁公府。在御河橋側，與俄羅斯館相近，酋長取其便於往來，據之以爲行館，留三品夷官守之，以備明歲重來居之。此英夷一股也。法夷另據純公府居之，在御河橋東，亦去俄館不遠。奉上諭：僧格林沁賞還科爾沁郡王，並賞還三眼花翎，瑞麟賞給侍郎銜，並賞還花翎，欽此。嘗思天道惡盈，兵驕必敗，英法驕盈已極，天厭之，天厭之！彼國歷年三十一甲子，唐虞三代，聖帝明王，享國無此久長，其殆惡貫已盈之日乎？若夫僧王瑞相，於律應斬，斬之不足蔽其辜也。造物最忌者巧，巧於規避，縱幸逃乎國法，豈能免於冥誅乎？瑞、僧、英、法，吾將拭目俟之。

清·夏燮《中西紀事》卷一五《庚申換約之役》　初上命侍郎文俊、前粵海關監督恆祺入津議撫，夷人以其官卑不足當全權之任弗見也。尋奉旨改命大學士桂良往。是月十五日，桂相抵津，行文照會該夷商定和約。英之全權公使曰額羅金，其參贊之官曰巴夏里，以書照覆，請增軍費，准在天津通商，並請各國公使酌帶散夷數十人入京換約，皆巴夏里主之也。桂相據以奏聞，上大怒，嚴旨拒絕。一面仍飭僧邸、瑞相堅守通州，以防內犯，于是京師戒嚴。

二十一、二等日，英、法聞和議不就，遂自津門派兵北上，擾及河西務，畿輔大震。廷臣復有以撫事請者，而一、二左右近侍輒張大夷威以聳聖聽，遂有駕幸木蘭舉行秋獮之議。先是津門告陷，京師五城分派禁兵，更番守衛。時廷臣以上常年駐蹕海淀，非所以備不虞，因奏請即日移幸大內。不報。迨聞洋氛內犯，左右力贊遷避之計，請備乘輿法駕，明示百官。二十四日，奉硃筆諭：『內廷王大臣及奏事值日各堂官，入朝待命。』遂有坐鎮京北之旨。又云：『將以巡幸之備，作爲親征之舉。』於是都下凶懼，譌言四起，百官庶民各謀遷徙，而車馬悉以備巡行，一時之送其帑者，徒行奔命。於是六部、九卿、臺諫、侍從之列，聯銜奏遞封章，請上速定還宮大計。不報。先是，副都統勝保自河南召回，偵夷兵將薄通州，即日由中旨傳令該副都統會同貝子緜勳，共調帶八旗禁兵萬人，前赴通州助剿。未行，聞上將還蹕，亦上疏力諫，謂：『不可爲一二奸佞所誤，致失天下臣民之望。』上意稍解。二十八日，奉硃諭：『近因軍務緊要，需用車馬，紛紛征調，不免嘖有煩言。朕聞外間浮議，竟有謂朕將巡幸木蘭舉行秋獮者。以致人心皇惑，互相播揚。朕爲天下人主，當此時執艱難，豈暇乘時觀省？果有此舉，亦必明降諭旨，預行宣示，斷未有乘輿所莅，不令天下聞知者。爾中外臣民，當可共諒。所有軍裝備用車馬，著欽派王大臣等傳諭各處，即行分別發還，毋得盡行扣留守候，以息浮議而定人心。欽此。』尋又奉特頒硃諭：『速發內帑銀二十萬兩，賞給巡防弁兵。』都下人心爲之一定。

八月初一日，夷兵自河西務徑薄張家灣，遂逼通州。時上命怡親王載垣續赴通州議款，桂相及軍機大臣穆蔭皆在焉。英酋額羅金既得照會，乃遣其參贊巴夏里督帶散夷數十人入城議和。初二日，怡王等與巴夏里相見，曲意開導。巴請仍循天津原議，並須邀法國使臣同來會商。初三日，怡邸宴英、法使臣於通州之東嶽廟，穆蔭、恆祺傳賓主之命於樽俎間，法使唯唯無異詞，酒數巡，巴夏里攘袂而起，曰：『今日之約，須面見大皇帝，以昭誠信。然我國自見天主外無跪禮，王其許我乎？』王默然。巴又曰：『遠方慕義，欲觀光上國久矣，且賓主之禮，不可無以肅觀瞻，請以軍容入。』穆蔭問：『人數幾何？』答曰：『每國須二千人，其餘大隊悉留通州。』穆以告王，王見其語不遜，姑答以『此事須請旨定奪，未敢專許也。』巴艴然，久之，語恆祺曰：『我倦矣，速取臥具來。』恆不得已，爲之設榻。後有所語，巴輒佯睡不聞。穆蔭請王暫退，留恆祺伴焉。黎明，有馳告王者曰：『夷人有異志，難將作矣。』蓋是夕已有奸細闌入城中，到處窺伺。王亟遣恆祺偵視，額羅金則衷甲將襲我。王知事已決裂，密知會僧邸，設法擒巴夏里，解送京師，以法使尚爲恭順，仍理遣之，然兵端自此起矣。

初副都統勝保奉督師之旨，與貝子緜勳調集京兵以俟後命。前旨係內傳，故其奏內言：『未奉諭旨明文，無從布置。』時聖意猶欲觀望和議之成否以取進止。適通州奏至，始奉廷寄密諭勝保等，謂：『據怡親王載垣奏稱，逆夷猖獗，堅欲攜帶大隊赴通。朕意與之決戰，該副都統卽日簡練精兵，帶赴通州以西駐紮，等因。』都統得旨，乃以初三日出師，駐朝陽門外卽齊化門七里之燕雲寺。越日，次定福莊。值英、法兵已入通州，僧、瑞二軍拒戰失利，夷人長驅而北，我軍馬步隊沿途潰散，時勝保督師禦於八里橋之南首。初七日，夷兵自郭家畈一帶分其軍爲三，僧邸迎其西，瑞相遮其東，皆敗焉。都統自南路迎剿，亟麾臺鎗排擊，不克。有頃，見夷人鎗礮橫空飛墮，中勝保之左頰右脛而顛，衆軍曳而起，不能軍。左次定福莊。夷兵追及之，禁兵皆棄甲走，都統亦退入城中，夷兵遂踞定福莊。時僧、瑞二軍退守齊化門，上在圓明園，聞寇薄都城，各營皆潰，深知禁兵之不足恃，於是王大臣等請堅守京師，移幸大內，不許，遂定北狩之計。

初八日，寅卯間，乘輿啓蹕，六宮及諸王從焉。於是鄭親王端華，宗室尚書肅順，軍機大臣穆蔭、匡源、杜翰，皆奉傳旨扈蹕。時夷人偵知翠華在外，徑率番兵潮勇繞城三匝，禁城內外隔絕凡半日，不知上之所之，京師大震。有間，始奉到巡幸灤陽之旨，人心稍定。尋奉硃諭：『著恭親王奕訢留守，仍督僧、瑞二軍駐師海淀。』越日，又奉頒給全權大臣官銜，從夷志也。於是撫議復起。

初九日，奉行在旨：『步軍統領著文祥署理。』代鄭王也。是時，團防大臣大學士周祖培、尚書陳孚恩、侍郎潘曾瑩、宋晉等，僉集中州會館議團練城守事宜。自初八日，各門晝閉，米蔬概不許入城，百物翔踴。城中之遷徙者，皆以重賄賂司門，先後出。王大臣等懼激內變，議暫開西直門，通往來，過午卽扃之。初十日，正陽門半開，有頃亦扃之。是時，恭王、桂相皆駐城外，城中無主。英人聲言攻城，又索巴夏里甚急。恆祺請釋之，以平夷怒。值都統勝保請假在都，亟致書當事，以爲不可。侍郎黃宗漢奏請殺之，諸王大臣等皆不能決也。

十一日，副都統勝保自都中由八百里驛奏行在，請飛召南軍入援，於是勤王之詔始下。是日，由軍機寄奉上諭：『據勝保奏稱：「用兵之道，全貴以長擊短。逆夷專以火器見長，若我軍能奮身撲進，兵刃相接，賊之鎗礮，近無可施，必能大捷。蒙古、京旗兵丁不能奮身擊刺，惟川、楚健勇能俯身猱進，與賊相搏，逆夷定可大受懲創。請飭下袁甲三等於川、楚勇中挑選得力若干名，派員管帶，卽日起程赴京，以解危急」等語。逆夷犯順，奪我大沽礮臺，占踞天津，撫議未成，現已帶兵至通州以西，距京咫尺。僧格林沁等兵屢失利，都城情形萬分危急。現在外軍營川、楚各勇均甚得力，著曾國藩、袁甲三各挑川、楚精勇二、三千名，卽令鮑超、張得勝管帶，並著慶廉於新募彝勇及各起川、楚勇中，挑選得力數千名，派副將黃得魁、遊擊趙喜義管帶。安徽苗練向稱勇敢，著翁同書、傅振邦飭令苗沛霖，遴選練丁數千名，派委妥員管帶。均著兼程前進，尅日赴京，交勝保調遣，勿得藉詞延宕，坐視君國之急。惟有殷盼大兵雲集，迅掃逆氛，同膺懋賞，是爲至要。將此由六百里加緊各諭令知之。欽此。』是時，夷人以恭王新奉全權之命投給照會，限三日內交還巴夏里，否則十五日攻城。王初次照復，令其退至天津，再行議和，不許。又令退至通州，俟換約後，卽將巴夏里送還，又不答。然夷人終以巴夏里之故，攻城稍緩，遂移兵繞過德勝門，謀窺伺海淀矣。

十五日，奉行在上諭：『留京王大臣，著豫親王義道、大學士桂良、協辦大學士戶部尚書周祖培、吏部尚書全慶。義道、全慶著在紫禁城，周祖培著仍在外城，桂良著仍在城外。欽此。』是時，上駐蹕密雲之羅山，奉旨著軍機章京曾協均等六人同赴行在。

二十日，夷人聲言攻海淀，僧邸自朝陽門移師北守，恭王、桂相皆在園中。時有京師商人備牛羊千頭，赴夷軍犒師，且請和議。英酋答曰：『此國中大事，非爾商人所得聞也。必欲以和議請者，須恭王自來。』於是，恆祺再請釋巴夏里，王不決。越二日，夷兵自朝陽門移師過德勝門，北攻海淀，禁兵不戰而潰，僧、瑞二軍亦潰焉。

清·陳代卿《慎節齋文存》卷上《庚申畿輔紀變紀略》　咸豐己未，英吉利乘粤寇鴟張，中國多故，以輪船載兵闌入大沽。科爾沁王僧格林沁焚其二艘，盡擊走之。庚申之秋，英、法、米三國連檣而至，僧王禦之海口。米欲和，英、法欲戰，自北塘率馬步萬餘，登岸分撲，我未陣而敵長驅矣。王退保八里橋，朝命光祿卿勝保帶兵往禦，至廣渠門外，爲飛礮驚墮馬，遂相傳勝保陣亡，朝廷大震。二三當國王大臣，力排衆議，請上幸熱河，時八月初六日也。次早，六宫先發。初八巳刻，上自圓明園起鑾，王公大臣隨行數百人，帶禁軍二千扈從，兩日行八十里，至密雲縣之石槽，禁軍饑不得食，勢洶洶欲潰，王大臣不能禁，相聚泣。戸部堂官乃遣急足至京購肉脯果餌數千斤分餉之，始成行。所過地方官吏皆逃，全無供頓，内出黄金易制錢不可得。上駐蹕逆旅，調御膳未熟，兵丁就釜中攫食。恭王自赴廚監製鷄子數枚進，帝后乃得充饑。前進時園居各官皆散，都統文豐環視守衛禁軍，無一在者，索馬還内，與主事惠豐投福海死。奸人乘機焚掠，京城九門皆閉，西北煙焰漲天，無人過問也。洋人知園中内變，接踵至，各園皆火，三日夜不息，非特戰無官守，詰問洋人亦不知，十餘日兩遭焚掠，洋人飽所欲，乃退兵德勝門求和。恭王隨扈行，上命回京留守，百姓無主，聞王至大喜，皆有非常望。王大懼，赴長新店不敢入城。和議成，上命王主撫，乃還京師。方焚園時，京城謠言四起，有謂：『八月十五，金木同度。』蘇州以是日失守，人心惶懼，一日數驚。外城彰義門，日啓數時，以放行人，不數日城中車馬俱盡，負載者至雇一驢不可得。京官大小有力者，皆挈眷去，而爲盜所，劫奪資財，誘愛妾，以遷避被禍者，不可勝數。至有某巨公僞死，自書銜名殉節處者。又有總統天下援兵大臣，以搜查御園失物爲名，截留倡優，黷貨漁色。旬日之間，所見所聞，可愕可笑者，不知凡幾，真奇變也。又聞御園未焚前一歲，妖言傳上坐便殿，見白須翁，自稱園神，請辭而去，上夢中授以二品官，明日至祠諭祭之，不一稔而園焚，豈前定歟？

庚申之秋，余方硯食海淀，聞津沽警信，謀國者以逼近海氛，議請上北狩，諭府尹及大、宛兩縣大備車輛，部寺科道連章力諫乃止。八月初六，忽得勝保敗信，王大臣復申前議，請速北狩，倉猝卽發，人多不知，余先聞之，夜徬徨不能寐。天明問居停，已扈蹕行，余覓代步入城不可得，乃途行進西直門，出南城，僦居觀變。自發難至議和旬月而後定。同治中興，今二十有八年矣。偶與友人談及往事，滄桑之感，惄然於懷，因追述其崖略於此。

清·翁同龢《翁文恭公日記》（咸豐十年七月）十一日【略】焦佑瀛、張之萬各六百里，通州發。是日桂相國啓行。

十五日。【略】惠王、怡、鄭兩王，前赴通州，與僧王議事。

廿三日。【略】桂良六百里加緊。僧邸調蒙古兵，陸續抵通州，約四萬人。

廿四日。【略】日來京城九門，均設大礮，令滿洲九卿，分門帶兵駐紮，禁城内，令宗室大臣，帶兵五百駐紮，逐日該班。四國夷人索兵費，每國一百萬，並請帶數千人入城，上震怒，密敕僧格林沁籌剿。昨日桂良連到六百里加緊報三件，至是，遂有親統六師，出駐通州之説。是日，有朱諭，飭本日值日帶引見各堂官、團防大臣同閱。召見軍機惠王、惇王、恭王、怡王、肅順。

廿五日。謁壽陽相國，遇何白英於壽陽座上，相對欷歔。朱修伯來談：前日，桂良奏和議各條，朱批切責，大略謂：『城下之盟，古人所恥，無論兵費二百萬傾府藏不足供，卽使能供，該夷誅求無厭，又帶兵千人入城，其包藏禍心，婦孺皆知，此二事斷不准行。倘桂良喪心病狂，一概允許，定將桂良等立正典刑，以謝天下』等因。昨日，僧格林沁密請巡幸木蘭，朱批：將親統六軍，駐蹕通州等因。命内廷王，會同端華、軍機大臣、御前大臣、内務府大臣及本日值日帶引見奏事各部院大臣會議。卽日議上，略言：澶淵之功難恃，土木之變堪虞，吁請車駕還宮，以堅衆志。此摺諸王未列銜，領銜者，軍機以下各官也。朱諭問：『何人定稿？何人秉筆？明白登覆。』以寶鋆主稿覆奏。又奉朱諭：『巡幸之舉，朕志已決，此時尚可從緩。惠親王天潢近派，行輩又尊，自必以國事爲重，著與惇親王、恭親王、端華等，速行定議具奏。』是日，王大臣會議，毫無主見。問團防大臣：『有何准備？』則對曰：『無。』又問：『京城兵力，足以登陴守禦否？』衆皆莫對。於是端華等昌言於廷曰：『既已毫無可守，如何請車駕還宮？』陳孚恩亦云：『宜爲皇上籌一條路才是。』聞者徒有嗟歎而已。命怡王、穆蔭前往天津議和，有『和局決裂，即速回京』之論。桂良六百里加緊，天津發，僧王馬遞，草地發，草地在何處？疑誤也。太常寺卿湯修、御史尋鑾煒等，各遞封奏。是日，雲陰慘澹，仍熱。前門燒餅，盡被買去，爲乾糧之用。限大、宛兩縣，捉車五百輛，於今夜子刻齊備。

廿六日。【略】南、上兩書房連銜摺，力言古來遷都之禍，留中不發。湯、許、尋摺皆切直，湯摺以行書繕寫，摺尾自請議處，發下無説。英夷於廿四日酉刻，拔隊前進，次日，佛夷繼之，前軍薄楊村，僧邸連疏，請示應戰應守。桂良六百里。備敞車三百輛，帳房一千，馬一萬三千匹，送巡防處。

廿七日。【略】是日，六部九卿連銜封奏，都察院連銜封奏，五城御史封奏，彭中堂、潘祖蔭各遞封奏。朱諭：『朕審時度勢，夷氛雖近，尤應鼓勵人心，以拯時艱。即將巡幸之豫備，作爲親征之舉，鎮定人心，以期鞏固。著惠親王傳諭京城巡防接應各營隊，若馬頭、通州一帶見仗，朕仍親統勁旅，在京北坐鎮，共期奮興鼓舞，不滿萬之夷兵，何患不能殲除耶？此旨著王大臣同看。』召見惠王、恭王、惇王。僧王馬遞，賈格莊發。前門上有旗幟，東長安門外帳房二十四座，堂子外帳房十六座，今日所見者如是。

廿八日。【略】有祁寯藻封奏，六部九卿都察院各有連銜封奏，帶兵大臣勝保封奏，御史曹登庸封奏，俱留中。即日奉上諭：『近因軍務緊要，需用車馬，紛紛徵調，不免嘖有煩言。朕聞外間浮議，竟有謂朕將巡幸木蘭，舉行秋獮者，以致人心疑惑，互相播揚。朕爲天下臣民主，當此時勢艱難，豈暇乘時觀省，且果有此舉，亦必明降諭旨，豫行宣示，斷未有鑾輿所莅，不令天下聞知者。爾中外臣民，當可共諒。所有軍營豫備車馬，著派王大臣等，傳諭各處，即行分別發還，毋得盡行扣留守候，以息浮議而定人心。欽此。』

朱諭，賞八旗防兵銀二十萬兩。怡王六百里，尚未與夷酋見面也。初止其進兵，不許，既乃定於適中之地公議。召見醇王、鄭王，聞醇王流涕力爭，故有前旨。

廿九日。【略】僧王馬遞，賈格莊發。召見惠王、惇王、恭王。

八月初一日。【略】見東長安門等處帳房，撤去大半。人言：昨日有夷兵四十人，到通州面議，和局已成。前日之旨，係醇邸痛哭力爭，請身先士卒，親一決戰。惇邸亦以爲言，軍機文祥，爭之尤力，故有是德音。及鄭邸入見，不知所陳何事。至暮，旨始下。怡王等六百里加緊報二次。

初三日。【略】額勒錦者，英國水陸提督也，於初二日午刻到通州，隨帶千餘人，言明：『以四百人入城換約。兵費二百萬，由京陸續交付，其一千四百萬，由廣東關稅分年扣交。』和議將成矣。

初四日。【略】怡王、穆蔭、桂良、恆祺均回京。怡王等羈英夷通事巴夏里等二十餘人，下刑部獄。諭旨宣示逆夷反覆狀，聲罪致討，懸賞殺賊。怡王兩次召對，子刻方散。鄭王於未刻請面對，許之。

初五日。【略】日薄無光。詣老丈處，晤王世兄林藹人。訪修伯，修伯隨穆蔭，自通州甫歸家也。修伯云：『巴夏里於廿九日，初見星使，頗恭順，既而要挾不已。許其「以千人護公使入都，豫備公館等事。」而巴夏里詆誚百端，又「要見大皇帝，親遞國書，立而不跪」云云。初四日，巴夏里率四五人，闖入怡邸臥內，有「若不和好，即刻進兵」之語。怡邸飛諮僧王，於張家灣出隊，擊傷廿餘人，擒巴夏里等廿餘人。既而夷兵大至，僧王接戰不利，退守通州西之八里橋，瑞、勝兩軍，一同駐紮。巴夏里者，年三十四，能通滿、蒙、漢語，略有文義，爲通事十餘年，夷人中最黠者也。三國皆聽其指麾，廣東之事，實爲主謀，廣東曾懸賞三萬購之。昨日被獲後，見僧邸，即長跪痛哭，隨身鎖匣，開視無異物也。』召見惠王、惇王、恭王、醇王、怡王。是日傍晚，僧王又獲夷人二十餘，護赴海淀。

初六日。五更，聞礮聲。作字兩幅。訪白英，晤宋雪帆、嚴芝生，人言紛紛，不能遍詰。或云：『昨日僧邸出隊獲勝。』或云：『按兵不動。』何子白在瑞營，家書來則云：『通州遷徙一空，食物無從買，軍士多饑。』修伯言：『昨日勝保至八里橋，而通州南門已被焚，進戰獲勝，移營向東，聲勢一壯。所統止旗兵四千，來信請添兵。』時論欲立斬巴夏里以徇，汪慕杜約翰林十餘人上疏，邀余列名，辭之。

初七日。【略】聞連日未開仗，夷人執白旗到通州遞書，問巴夏消息，有求和之説。未、申間，忽傳官兵失利，退至定福莊，齊化門、海岱門均閉，人心洶洶。【略】夜，白英來，其僕自八里橋歸，言：『今日出隊，夷人礮車極靈，炸礮極猛，我軍馬隊先驚，步隊在後，遂不能支，聞勝帥受傷墜馬，大營必不守矣。伊至齊化門已閉，從東便門入。』【略】召見惠王、惇王、恭王。

初八日。聞聖駕出巡，廷臣［瑞常］有伏地力爭者，麾之出。六宮先行，肅順隨扈，惠親王等均扈蹕行。陳子鶴大司寇邀余兄弟至團防公局議事，余辭之。未刻，余奉母親至呂村小住以避之。

初九日。清晨，自呂村入城，途遇移家者，絡繹如織。是日，前三門均閉，信息不通。

十一日。【略】警報疊至。【略】夜到練勇局，始見昨日朱諭：派豫親王義導、全慶、桂良、周祖培留京辦事，文祥署步軍統領，麟魁、□□署左右翼總兵。命文祥、桂良駐海淀，周祖培駐外城，命恭親王專辦撫局。住海淀善緣庵，會同文祥、桂良辦事。京官連名啓請恭邸入城，不許。軍機章京照舊分班赴園。署步軍統領文祥，忠義奮發，周視九門，守城兵不滿萬人。駐守各門者，多滿洲一二品大員，不受節制也。文公力任開倉放米，戶部侍郎寶鋆，亦力任開庫撥銀，人心稍定。南營兵不及百人，當事者絕不議城守事。探報：『僧營兵散，瑞營人亦寥寥。夷兵四五千人，在定福莊南，距齊化門廿五里。過此以東，直天津城下，不見夷兵。有船數十隻，裝載箱籠。』鶴翁書來云：『有佛夷數十人，不持械，詣僧營，求見恭邸。』巴夏里用大字名片，請恆祺至獄議事。訛傳聖駕還京。

十二日。【略】昨賽尚阿等，行文團防處，有：『賊氛逼近沙河、齊化二門』之語。今日，滿街喧傳攻沙河門矣，城中甚忙亂，午後稍定。夷人索巴夏里，言：『若放此人，可省兵費一百萬。』覆文：『若退出大沽，即當放還。』夷人不覆。恆祺與巴夏里面議，令作書致額勒錦，巴酋作夷字書一紙付之，並云：『我既被擒，生死悉聽於天。』有瑞營逃兵言：『自初八日至今，未曾開仗，蒙古兵軟弱，見敵即奔。』

十三日。【略】順天府探報：『夷兵自十間房，距東直門十餘里，東抵通州，連營不斷，小船裝火藥礮位，由津運通。通州四門均閉，夷兵不攻城，但劄州牧，速辦牛羊犬馬等物犒師。』夷兵所到，市人從之者甚多，餺飥數枚，易銀一餅。而我軍饑不能堪，到處搶掠。游騎往來於沙河、齊化二門之間。打雜老鄭來，言：『伊家距沙河門十里，夷兵屯扎俞家圍，距其家二里許。夷馬每匹負礮兩個，帳房皆白布，時舉白煙如雲。蒙古兵自初八一敗後，搶殺甚恣，與十八里店民團接仗，殺人極多。僧營駐札東直門角樓，沙河門外，亦有一營駐紮，此外無人矣。』巴夏里言，若要和好，須放伊同恆祺上城說話。或出城與額勒錦面商。

十四日。【略】以初八日車輛不齊，摘順天府兼尹、府尹頂戴。天津人來云：『城內無夷兵，城外一營，留數百人，內港船五隻，留船者亦數百人耳。蔡村以西，直至京城，連綿不斷，約有四五千人。』勝帥傷癒，到善緣庵議事，惟無兵可帶，陝西新到兵，已調赴熱河矣。探報云：『十二日，僧王出隊，自午刻至子初始齊集，甫出隊，遇賊大敗，大營退扎安定門外八公主墳，瑞相國營退扎黃寺。』瑞營有文書知照順天府，備牛羊等物。周相國云：『宜釋巴酋，處之賓館，娛以女樂，慫其議和。』兩相國之謀猶如是。五兄於團防局具說帖，力言巴酋不宜遽縱。外間流言，該夷要挾各款，當軸者許之，和議可成矣。

中秋日。【略】聞恭邸奉馳赴行在之旨，王大臣等公摺請留。通州人來云：『惟北門外有夷人巡查。』聞天津有鄉勇四千，近又調赴靜海。巴夏里從獄釋出，館之高廟。

十七日。【略】夷人照會，索巴酋甚急。巴酋致書城外，言：『恭邸人甚明白，中國相待亦好，暫緩攻城。』旁寫夷字一行，不知何語也？陝西馬兵一千五百已到，步兵三千，日內可到，山東曹勇三千，其前隊亦到。器械完備，隊伍整齊。

十八日。【略】巴酋釋出後，大、宛辦供給肴饌，皆東麟堂承辦。恆祺伴伊閒話，成琦帶兵爲之巡護。巴酋本與恆祺善，許成琦爲可任都統。恭邸給巴酋禮五色，恆祺爲備鋪蓋，巴酋喜甚，致書『退兵到張家灣、河西務，再候議局。』

十九日。晴，熱。黎明起，出彰儀門，門開其一，人馬喧塞。未刻，食盆底坎，碑名雲崗村。遇余君壬子庶常，刑部主事。同坐，爲余言：『八里橋仍扎夷營，又設大礮，且欲挾恆祺俱去。』

廿一日。【略】五兄書，言：『夷人仍先索巴酋，後議退兵。商人樂平泉同仁堂掌櫃、王海木廠，捐備牛羊，餽送夷人。先啓僧邸，許之，行文五城，多集商人，以壯聲勢。傳聞聖駕於十六日，抵熱河行宮。』

廿二日。晴，熱。朱修伯來，言：『巴酋致書城外，「令刪去親遞國書一節。」城外覆書：「國家事重，不能顧爾性命。」又夷字覆書云：「爲伊不攻城，伊出城即了」云云。識夷字者，密雲縣丞黄衛□也。貴州人。』劉升來，得五兄書云：『無的信。樂、王兩商人，餽送牛羊，額酋不受，中途被搶去。批摺回，「恭親王不必赴行在，俟和議定，即回鑾。各省解到京餉，均解赴熱河。」』廿二日晤修伯云：『此次夷人照會八條，一天津立馬頭；一駐京大員；一兵費一千六百萬；一大皇帝惋惜，猶言賠禮也；一戊午年所定五十六條均不改；其兩條不記。親遞國書一節在外。』

清·鄧之誠《骨董續記》卷四《佚名·庚申都城戒嚴事記》（咸豐十年七月）二十三日，文俊到報。上有北幸熱河意，鄭親王端華、御前大臣肅順贊成。軍機大臣兵部尚書穆蔭請召見，不許，穆在奉三無私外，免冠解褂大哭，欲投河，太監攔阻云：『恐驚駕。』穆曰：『天下大勢皆去，尚畏驚駕耶？』遂得召見，頓首問：『地方官聞警先逃何罪？』旨：『斬』。穆碰頭曰：『皇上聖明。』因力陳可戰斷不可和勢。上問：『樂善已陣亡，是戰必無勝理。』穆對曰：『有旨不准僧王進攻，故有是敗。』先是有旨不准僧王戰，伊奏：『他若來攻，豈有束手待斃理？』朱筆扛之，因命穆往，親王載亦同行。以上步軍統領衙門筆帖式成林言。

二十四日，該夷率數千兵至通州，與怡王、穆尚書會。夷酋巴夏里，該國水師提督，廣東稱伊爲巴大人，一口京話，甚倨傲，又增四條，議未決。桂相國自天津到六百里加緊報。

二十五日，桂相國自天津又到六百里加緊報。有旨，令大、宛兩縣拿兩套車並大車六百餘乘。都察院遞封奏，御史等遞封奏。是日，九門及內外城均增城班，八旗六十歲以下十六歲以上，或城班，或巡街，漢軍拉礮車上城，市井哄然矣。是日，刑部炸監，幸機泄嚴防，未成亂。

廿六日，桂相又到六百里加緊報，上行志堅，合朝文武奏留聖駕，恭王、惇王哭留，園子亂一日，議未定。

廿七日，六部九卿合朝留聖駕，並陳唐（元）［玄］宗、明正統事，又言：『若留監國人，無能者，必誤事，其害尚淺，有才者，倘一擅專，則有不可設想之大禍。』仍不聽。

廿八日，惇王由西陵回，大哭，諫不可行，上曰：『汝何待？』王曰：『如有不測，奴才死於慕陵。』各大臣、都察院又遞封奏留聖駕。勝帥遞封奏，言：『皇上向來聖明，斷不出此策，必有蠱惑聖聰之小人，請指出誅之，以定人心。』恭王、惇王面奏留駕，至未刻無旨，文武皆欲委職去，有云：『先殺端華、肅順而後去』者。二宮門侍衛皆紛云：『進京伺候，赴熱河不去』等語。大宮門外調來各旗營馬匹皆欲散，端華傳旨，令黄布城先行，德全云：『不預備。』是日，召見端華，因衆議撤下，端華先散。肅順傳旨，提內庫銀，堂郎中云：『不敢開庫。』又提戶部銀，周中堂亦不准開庫。紛紛至申刻，惇王大哭，欲自戕，上大哭，始有朱諭：『所拿車均在馬廠遣散。』時肅順云：『不可全散。』惇王云：『我的話均散。』圓明始安定。

廿九日申刻，中外得朱諭，人心大定。以上聞之都察院副憲聯康、並侍衛等。

八月初一日，聞蒙古兵到無數，或云十萬，或云數十萬。早城班兵、巡街兵均分上下班，晚復嚴傳上城。

初二日，勝保、伊勒東阿請訓下，端華問：『你們明日起身？』伊答：『是。』勝云：『我還不走，次日請令箭始行。』勝降三品卿，仍戴頭品頂戴花翎黄馬褂，言：『係軍功特賞，並無降我頂戴褫馬褂旨。』又聞伊面奏：『調安徽苗練、季練、陝西固原竿子來勤王。』此舉大失算，無論道路遙遠，鞭長莫及，外兵一入，恐有驅狼得虎之害。

初三日，朝中市上無別事，諸王大臣及富家均搬徙，紛紛出城，多入西北山一帶。睿親王福晉不行，言：『守神堂、祠堂，不敢動。』

初四日，怡王由通州到六百里加緊報，聞係盟約不成，已會戰，僧王擒夷酋巴夏里等三十餘人。

初五日，怡王、桂相、穆尚書等均到京。申刻，解英夷九人交刑部。上諭與英夷決戰，懸賞格，人心頗壯。

初六日，解夷酋巴夏里等二十餘人交刑部。

初七日，僧王敗績，勝帥受創回。未刻，閉內外城，僅留西直門。先是，僧王恐八旗兵受傷，用蒙古兵馬隊當先，大兵復繼，蒙古［兵］從未經戰陣，見賊炸礮甚凶，賊礮子似葫蘆形，打出復炸開，碎子亂飛，沾身即起火，連打連燒，蒙古兵遂反奔，衝及我八旗隊，死者枕藉，遂大敗。勝急接應，而瑞營已遁，遂受傷。僧王退守朝陽門關鄉東大橋紮營，瑞營於安定門教場，勝縋城入養傷。城門閉，並以土屯門，賊營於三家店，又分屯小營數處。閉門者，恐敗兵一擁入城，又恐蒙古兵入。城內立刻紛紛，東城尤甚，南北小街一帶，買米、買麵、叫煤者，盤旋如蟻，人聲鼎沸。是日，出城聽戲、送殯者，均關於城外。米麵價頓長一倍，豬肉二吊錢一斤，取錢本一吊取八百六十，至是改七百。上燈時，滿街嚷跑紅旗，係爲安人心。起更後，朝陽門聲嚷：『僧王礮到，快開門』，城上答以明早驗明方開。是日，賽尚阿因捐拉米滑車，賞加侍郎銜。

初八日，滿街無賣菜者，或言賊敗，或言一半天攻城，有言：『穿破爛的可不受窮了。』家家自危。未刻，聖駕北行，端華、肅順擁駕出東宮門，侍衛等十之三四，后妃紛紛上車，毫無關防，上乘端華舊車，轎子空抬走。聞晚住石槽，膳房、行李俱未到，上進小米粥半盂，一夜無被褥，大哭。僧王摺子趕到，苦勸駕回，許之。次日仍北去，惇王趕上護行。酉刻，城中始知，人心大散，均紛紛懷去志矣。惠親王綿愉率眷屬先逃。時太皇太貴妃喪未殯，侍郎文豐啓問，王顧不來，似此不忠不孝，人人得而誅之。肅親王華豐亦率眷屬先逃。

初九日，啓順治門、西便門，有賣菜者。飯後至衙門，打聽有無差使，無差使。是日，無論窮富均跑反，一日人心不定。

初十日，又啓前門、彰義門。住戶、鋪戶出城者愈多，車載駝裝，各門紛紛不斷。門領、門千總攔門索銀錢，每車每駝三四兩不等，至月底，大獲利。東城亦有青菜豆腐，然奇貴。

十一日，至安定門城上看安侯，聞於初三日已籌有口分，每人每五日鈔票二吊。又見城外東南一帶，煙起衝天。

十二日、十三日、十四日，均無事，尚有點染過中秋節者。

焚掠圓明園與《北京條約》簽訂

清・賈楨等《籌辦夷務始末（咸豐朝）》卷六四　欽差大臣恭親王、大學士桂良、戶部左侍郎文祥奏：『竊臣等奉命辦理撫局，原擬委曲求全，以顧大局。是以旬餘以來，極力設法羈縻，並於二十二日早，因該夷已抄至德勝、安定二門，事機緊急，連夜約同奴才文祥出城，復給該夷照會，許以送還吧酋，並令吧酋寫信與額酋，令其止兵。乃照會發去之後，該夷並無回字，至午間，該夷已抄至德勝門土城外，暗襲僧格林沁、瑞麟之後，我軍不戰自潰，敗兵紛紛退至圓明園。夷匪亦銜尾而來，探聞各城均閉，臣等即趕緊暫赴萬壽寺，仍望再議和局，擬給照會，不料該夷已由東北兩面竄至，占踞（圓）［園］庭，焚燒附近街市，令人髮指。

《內務府大臣寶鋆奏英法聯軍焚掠圓明園情形摺咸豐十年八月二十八日》　八月初八日皇上鑾輿起行後，總管內務府大臣文、明，遵旨照料圓明園；奴才當即進城籌畫撥解行在餉需，辦理防守等事。詎意八月二十一日夷匪逼近京城，九門戒嚴，奴才隨同總統巡守大臣等晝夜在城防護。二十二日夜間，遙見西北火光燭天，奴才等不勝驚駭！惟時當深夜，恐其乘勢攻城，不敢開門往探。至二十三日，驚聞二十二日酉刻，夷匪闖入圓明園，奴才等聞信之下，曷勝憤恨！

旋於二十五日夷匪由園退回，當即委派司員前往探聽。隨據稟稱，園內殿座焚燒數處，常嬪業經因驚溘逝，總管內務府大臣文投入福海殉難等語。至總管內務府大臣明及管理園庭司員等，均尚不知下落。現仍派員查訪，並園內一切詳細情形，統俟查明後，再行具奏。

謹將查出大概情形，先行奏聞，伏乞皇上聖鑒。謹奏。

咸豐十年，九月初六日由內閣接到奉朱批：知道了。欽此。

清・佚名《庚申北略》　（咸豐十年八月）二十四日，夷人僭居圓明園。晌午，恆祺送巴雅里還夷軍，約翌日議和。

二十五日，夷人毀圓明園，盡掠御用器物，移軍安定門外，有照會來云：『定於二十九日午刻，帶兵入城，准開安定門進，代司筦鑰，不爾則用炮攻城。』

二十九日，大開安定門，備夷館於國子監等三處，具供帳，請夷人入。午刻，夷酋巴雅里帶百五十人入城，不進館，不赴宴，徑紮營門內，遂據安定門，策馬登城，（築）［架］礮於城（內）［上］，皆內向，門（內）［外］（居民）［民居］盡爲灰燼。嗣後夷兵陸續進城，不計數。夷人出示城闉，令居民遷避礮火，與居民並無擾害。溯自六月夷人至天津，夷兵及所帶廣匪不滿萬，而我軍幾及十萬，乃兩三月來，從未與之一戰，輒轉退避，以致夷人深入，開門入都，大抵皆主和議之説故也。

九月初二日，恭王移居彰儀門外之天寧寺。時夷人許和，仍照前議，又增設條款，其大要有四：一、須現銀二百萬，餘銀陸續扣税作抵。一、天津馬頭通商。一、京都造夷館，英臣駐紮。一、隨往各處行天主教。上已駐蹕熱河，有旨：僧王革爵，瑞麟革職。因夷人突至海淀毁園，不能攔截故也。步軍統領改派瑞常。六部九卿會銜奏請派恭王面定撫局。

初四日，奉諭：已諭恭親王擇地駐紮，斷難入城議撫。是日，英夷因聞前被俘二十餘人，分交各縣監禁，内死二十一人，忿甚，再毁圓明園。圓明園未燼殿宇，及萬壽山、玉泉山、昆明湖各處，自初四日晚至初六，火日夜不息，煙焰蔽天。又需索撫恤銀五十萬兩。尋奪怡王府居之。

初九日，給以恤銀如數。恭王移進城内法源寺。

初十日，准在禮部署恭王與夷人面交和約，夷人忽辭以翌日。是日未刻，巴雅里先來巡視一周，疑有伏也。

十一日，恭王率大學士賈楨、周祖培、尚書趙光、陳孚恩、侍郎畢道遠、宋晉各官赴禮部，留兵正陽門外，只帶護衛而已。英酋額爾金、巴雅里，盛設兵衛，鼓吹前導，皆夷樂，乘八人輿而至禮部，堂上鋪氍毹，張燈彩，上方左右設六席，旁各二十席，恭王並夷酋左右坐，各官旁坐。夷酋初見免冠，免冠叩首禮也。恭王拱手，巴雅里立而後言，尚不至悖慢。内有女夷三人，乘輿入座，或云卽巴雅里等妻也。巴雅里言語可通，餘皆不辨，交見後，略敍數言，一（恭）［拱］而罷。

十二日，法夷亦至禮部交和約，隊伍整齊，乘四人輿者四人，有女人騎從至，有女樂如打花鼓式，雜鼓吹中，交見一如英夷禮。夷館供帳由順天府承辦，甚爲豐腆。英人又需索牛羊約千頭，及羊皮衣三千件，克期而得，及備辦後，或收或不收，厥性無常也。按英夷和約給銀八百萬兩，現交銀一百萬，以兩個月爲期，除前廣東賠項銀二百萬外，仍給銀五百萬，每（一）［三］個月交銀一百萬。法夷和約亦給銀八百萬，現交銀一百萬，以兩個月爲期，其餘七百萬，每三個月交銀一百萬，俟現銀交出後，俱卽退兵至天津、大沽。從前特派駐華大臣等議作罷論。

十三日，巴雅里于國子監設席宴王大臣，作答禮。

十九日，法夷陸續退兵出京，有仍留四百人之説。

二十三日，恭王出示通衢，刊布英國和約五十六條，後附廣東專條一，又新增九條，前書大清大皇帝、大英國大君主，後書大清咸豐十年九月十一日，並行書大英一千八百六十年十月二十四日。各條刊本議發各省督撫，故未抄録。

二十五日，又刊布法國和議四十四條，新增十條，前書大清國大皇帝、大法國大皇帝，後書降生一千八百六十年十月二十五日，咸豐十年九月十二日。

清·翁同龢《翁文恭公日記》（咸豐十年八月）廿三日。【略】傳聞彰儀門閉，圓明園有警。【略】張松坪來，始知昨日申刻，夷人直撲淀園，恭邸以下，倉猝出行，淀園想已被蹂躪，不知攻城否耳？未刻，三嫂及源、松兩侄、侄婦等，均到房山。昨日，由密雲起身，過淀園，安堵如故。甫過數里，有躍馬而來者，云：『夷兵已到海淀矣。』二鼓，到呂村，回望火光燭天，漏刃得免，危矣哉！聞僧王退至北頂紮營，瑞相退至新河。

廿四日。【略】清晨起身，擬到盧溝橋探聽消息。路逢難民，老弱婦女，累累不絶。至呂村，聞朱氏昆仲已移家入山，在罏子蔣地方。張三亦去矣。廿二日晚間恭邸、桂相國、文金吾，皆移駐長新店，恆制軍亦到此。而長新店又有訛言，居民紛紛遷至呂村一帶。過蘆溝，遇逃兵甚多。申正，抵彰儀門，門閉不得入，住和合客店。【略】有山東勇陳勝，自言：『紮營土城内，廿二日，奉調出隊，甫出，而本營火起，遂逃於此。』遇成琦於彰儀門外。

廿五日。【略】潰兵數千，擁擠彰儀門外，門不敢啓。辰刻，進西便門，人馬車馱，共爭門入，聲如沸濤。【略】朱修伯、汪慕杜來。慕杜云：『前日，周相國、趙大（司）寇往見巴酋，未見。文小雲瑞、張曉滄伊里布之僕往見，坐良久，巴酋云：「中國若獻城，彼亦不拒」云。』今日，留京辦事王大臣，赴華嚴寺，與額勒錦、巴夏里講和。昨日申刻，已縱巴酋出城也。恆祺力保巴夷出城，並言：『欲捐銀四十萬。』陳子鶴力持不可和之説，帶勇數百，各處巡查，市人皆稱誦不置。

廿六日。【略】西直、平秩兩門均開。聞海淀、老虎洞、掛甲潭等處房屋被焚。夷兵向大宮門開兩礮。後湖中有浮屍四具。修伯云：『前日照會，有「議和後，不即出京」之語。』然則此鬼不易送也。

廿七日。【略】內城各處帳房，全行撤去，惟東江米巷，尚留一二處，炮車盡撤矣。前門一帶鋪戶，閉門者十之四五。朗齋師備言：『二十二日淀園之變，前一日照會，語甚委婉，夷酋托言：「廿一日照會，未接回文，故至淀園講理。」是日未刻，師方宴客，忽聞夷兵已到，方徬徨間，而前旗直抵成府矣。倉卒登車，宿城外萬壽寺，恭邸以下皆在焉。恆祺出巴夏里手書云：「但照戊午年條款，及新增二條，此外永不加增，畫押爲證。」蓋巴夏里與恆祺，實一鼻孔出氣也。』【略】沈僕云：『澄懷搶掠一空，大宮門但餘瓦礫，勤政殿角亦望不見，惟東偏尚完整。』瑞芝生師云：『昨候恆祺回，已丑正，云：「夷人擬于安定門外，築炮臺一座。又留安定一門，歸伊駐守。跟隨五百人，入城換約。」』朱修伯云：『夷酋定於廿九日午刻入城。留京王大臣，會六部九卿，會議和夷條款。』得籌侄書，知大覺寺尚安靖。

廿八日。【略】王大臣六部九卿，公議於內閣，事秘莫聞，陳大司馬未到。留京王大臣出示，曉諭居民，安堵無恐。夷酋明日入城，英、佛、米三國，各帶一百五十人。留京王大臣請恭邸議事，中止。夷人遍貼告示，言：『明日若不入城換約，定行開炮攻打。』

廿九日。晴。往房山。【略】聞俄夷五百人，在安定門外。

九月，朔。【略】勝保以餉銀三十萬寄房山庫。【略】得五兄書云：『廿九日，留京王大臣公信，請恭邸入城，不許。午刻，恆祺持令箭，開德勝門，騎馬前導，夷酋額勒金，按部入，約三四百人，露刃徐驅，觀者不禁，住國子監公館。又有夷兵馬隊千餘，駐安定門外。於城樓上遍插旗幟，呼嘯不已。巴夏里請戶、刑兩部堂官說話。』

初二日。【略】縣署探報：『城內無事。和約六條外，無加增。恭邸現駐二里溝，次日，住天（凝）［寧］寺。』

初三日。【略】人心皇皇，移徙甚多。勝帥駐兵於彰儀門外，恭邸仍未入城。開城等事，皆恆祺一人主見。探報云：『昨日，夷兵輪班守安定門，甚嚴肅。鼓吹出入，開馬道上城，設礮七座於雉堞上，內向。我兵舊設之礮，推棄城隍。巴酋至國子監、雍和宮等處，一覽而去。和約係十六條，現遞行在用寶。』

初四日。【略】僧邸以節節退守，革去親王爵，瑞麟一併革職。命文祥專辦撫局，毋庸兼署步軍統領。以瑞常署步軍統領。勝帥以二百騎迎至昌平。和約已用寶發回。佛夷向順天府［索］皮衣三千件、白氈三千條。英夷出示：『兵丁如有擾害，准其稟訴。牛羊雞鴨青菜馬料，令百姓赴營，公平交易，但不准賣酒，違者重懲。』結銜大英提督軍門某云云。

初五日。【略】午後，西北方煙氣徹天。夷人忽以監斃六人爲詞，於二百萬外，又索五十萬。宣言：『若不先償此費，即拆毀宮觀園林，并合城百姓，不免傷害』等語。限於初七日回文。果然又生枝節矣。聞勝、瑞兩營，尚思背城一戰。

初六日。晴。煙焰未熄，乃三山宮殿及高明寺被焚也。昨日，佛夷照會三件：一、監斃之人，須五十萬恤其家，並索抵償。一、要肅王府作該國公所。一、云奉欽差大將軍克諭，須燒毀圓明園。照會甫到，而三山火起矣。各門貼夷示，極言中國濫刑之非。仍言：『限內如不換約，即把守各門，傷害居民』云云。大京兆董醇，爲巴酋傳去，令辦皮衣、氈條等，如無，即將當鋪搜搶。並飭令預備牛羊蔬果。所辦國子監、老君堂、高廟、白衣庵公館，一概不要，擬在順天府署換約也。有侍衞來傳密諭：『該夷在城外如此情形，恐入城其心叵測。已諭克王等，激厲衆心，固守以待，不可開門揖盜。』授勝保欽差大臣。

初七日。【略】批摺回，于園林被焚摺內，朱批：『狂悖已極』云云。開城摺，朱批：『義道等率行開城，殊屬冒昧，惟既已入城，仍著恭親王相機速撫』等因。恭邸允於初十日，與該酋見面換約，並許償五十萬之費。換約一事，或云在順天府，或云理藩院、禮部，迄無定說。俄夷照會，言：『中國不過數刻之延，遂致決裂，現在本國與中國，尚有未了之事，指吉林河道。若能說明，即當從中向三國說合。』聞安定門夷礮均撤去。

十一日。偕源、籌兩侄入城，申初到家。晴，寒。西直門外民居失火。是日，英國換約，以禮部爲公所，陳設華美。午刻，恭邸至，留京大臣、內外城團防大臣咸集。巴夏里先到，恭邸立而迎之，與坐。有頃，迎額勒金來，設鼓吹，乘八人綠輿，帶馬步隊各千。恭邸降階迎，額酋見恭邸，免冠鞠躬，賓主坐，額酋熟視良久，巴夏里與恆祺，皆立侍。以和約彼此畫押，即登輿去，恭邸送之如初。巴夏里先以六騎周閲城樓，疑我設伏也。

十二日。【略】佛夷於禮部換和約，如昨日儀。入前門，遇佛夷兵數十騎於棋盤街，有黑帽黑衣、金飾如花葉者，彼國達官也。有紅頂花翎、周旋其間者，我國恆祺也。白帽紅抹額、背鳥槍持刀械者，夷兵也。其騎兩兩相比，從左至右，盤旋不絶，備非常也。何物腥羶？汙我城郭，爲之歎息泣下，遂歸。夷索怡王府爲公所。

十三日。【略】恆祺、巴夏里會於公所，有照會云：『和約各條，應由恭親王奏明，頒發上諭，通行各省，如不通行，不難再舉大兵。』恭邸饋法國克、孟兩酋食物。法國者，佛國也。夷人出城各處遊歷。

十四日。【略】慶廉、傅振邦請勤王，硃批慰奬。袁甲三及三兄各請以兵入衞，朱批：『袁甲三已退臨淮，捻匪如此猖獗，所奏不准行。』以三山陳設遺失，奉朱筆：『寶鋆暫免正法，降五品頂帶，各項差使皆革留。明善，亦降五品頂帶。』恭邸、文祥、勝保等，請遷都關中，朱批：『捻匪如何能禦？道路如何可通？妥查具奏。』恭邸住法源寺，饋英國夷酋食物。夷人羣游於市，乘馬持械，旁若無人。

十五日。【略】聞法國於十七日撤兵。英國欲燒怡王府及刑部獄，蓋巴酋以受辱含怨也。英國修順成門內天主堂。

十七日。【略】始見兩國和約。

十八日。【略】修伯云：『英國照會：「代擬諭旨，令即通行。」或云：「此件出恆祺手。」照會似稱朝廷爲賢兄。法國通事見恭邸，執禮甚恭，定於此兩日內退兵，英國則無退兵日期。凡圓明園之書畫寶器及批摺册檔，盡爲英國所有。俄國請如各國約，並索綏芬河、烏蘇里河地界。恭邸以下，移駐後門外嘉興寺，聯銜自請議處，以和議各款，不無添改也。』

廿日。【略】諭旨：『兩國永敦和好』等因，夷人見之，甚帖服。恭邸等請處摺，硃批優答，有：『深諒苦衷，無庸議處』之諭。恭邸答拜夷酋。

廿二日。【略】聞法國兵自廿一日起，至是日撤盡。

廿四日。【略】晤朱鏡堂云：『英國定廿六日撤兵。』

廿五日。【略】源、籌兩侄來云：『英國將退兵，留數百人於都中。』

廿六日。【略】遍貼和約條款告示，恭邸王銜。

廿八日。【略】英國兵撤盡，僅留六人。是日，六部九卿科道，於內閣具公摺，恭請聖駕回京。

清・夏燮《中西紀事》卷一五《庚申換約之役》 二十四日，夷人僭居御園，恭王避居廣寧門外之長新店，瑞相及步軍統領文祥從焉。爰釋巴夏里，命恆祺送歸，約以次日議和。巴既出，夷人益無顧忌。時海淀民房先後被焚，火光燭天。巴怒未已，請毁御園宫殿，夷兵、潮勇縱掠園中，回師駐安定門外。

海淀之被焚也，京師震動，駐守内外城之王大臣等，相顧愕眙。時大學士周祖培駐外城，夷人投給照會，要恭王前至軍中面定和約，且請速開安定門，並脅以三日之限。周得其書，縋告豫王，王不能答。二十八日，夷人照會，期以次日攻安定門。一時内外隔絶，二王不相聞問，軍民重足。於是周相倡言于廷曰：『和議已成，彼攻我拒，均之失信也，不如開門納之。』乃給照復，請以次日釋甲入城。夷人許諾。

二十九日，大開安定門，議館夷酋於國子監中，供帳筵宴具焉。日午，英酋巴夏里帶夷兵一百數十人入城，不就館，不赴宴，徑向步軍統領索取安定門鑰牡，專備夷兵出入。尋策馬登城，設大炮於城樓上，附郭民房皆被焚毁，遂將全營移駐安定門外。一時夷人、漢奸填塞街巷，防兵潰散，鳥駭獸奔。於是，外間譌傳禁城已破，其知者曰：『此正所謂開門揖盜也。』法夷後入，隊伍較整，其酋皆住國子監中，亦有散處天主堂者，於是和議始定。

九月，上駐蹕灤陽，留京之王大臣等，合詞奏請飭恭王入城，速定撫議。王既奉欽差全權大臣之命，夷酋照會趣之入城，城中自豫王以下，復屢請之。初三日，恭王移駐廣寧門外之天寧寺，進退猶豫。適自行在密寄硃諭，謂：『此時斷難入城辦撫，令且擇地駐紮。』蓋慮夷情中變，將執之以爲質也。英人既入，巴夏里首定英約，除八年五十六款照行外，續增九條。法人之約，除八年四十二條照行外，續增十條。大意在加索賂款，多占馬頭，及天津通商，京師寄住之等。王不能難，許其奏請聖裁，俟奉到批回，即行訂期換約。夷人唯唯聽從，未幾而搆怨之師復起。

初，怡王之擒巴夏里於通州也，並其散夷數十人悉縶送京師，經刑部訊供，監禁大、宛兩縣獄。至是，以議和釋之歸，有監斃在獄者十餘人。英酋憤甚，將渝盟興師，王大臣等亟遣人謝之，不可。初四日，夷兵再擾海淀，又焚景山、昆明湖一帶，火三晝夜不絕。京師內外大恐。恭王時已移駐城外法源寺，夷人復聲言稱兵擾紫禁城，城門洞開，夷兵內呼外應，勢且岌岌。恭王再以和議請法使噶囉居間排解，凡三返，乃索死者撫卹之款五十萬，相約罷兵。王遣恆祺往請換約之期，該夷照復：『須俟卹款交清，然後涖盟。』爰括京師內外庫，以初九日照數給訖，乃議宴夷酋於禮部，交換和約。初十日，巴夏里來訂次日換約之期，隨帶散夷百餘人，身藏兵械，入城周視，日晡，仍自安定門出。一時內外居民觀如堵，而夷人方耀兵於輦轂之下，弗之禁也。

十一日，與英夷交換和約，恭王率大學士賈楨、周祖培、尚書趙光、陳孚恩、侍郎潘曾瑩、宋晉等，各帶護衛入城，其各營禁兵皆止正陽門外。宴夷酋於禮部大堂，設供宴，上方左右各三席，東西兩楹各十席。日午，英酋額羅金、巴夏里等入自安定門，盛陳兵衛，鼓吹前導，雜以夷樂。其酋皆乘八人輿，餘四人王大臣等迎於門外，分東西階入席。酋等見王用免冠禮，王拱手答之。又有女夷三人，不行賓主禮，徑乘輿入坐，或曰：『夷酋之妻、巴夏里之婦預焉。』莫能詳也。恭邸與英酋額羅金分左右坐，通事傳賓主之命，於樽俎間，禮成，換約而去。

十二日，王大臣等與法人換約。法使噶囉隨帶通事、散夷入城，皆乘四人輿，導以鼓吹，亦有女夷數人，兼設女樂，如打花鼓式，用夷禮也。宴於禮部大堂，禮成，換約，如英酋相見之儀。和議既成，英、法使臣請將前後條約頒行各省大吏，按照辦理。王據以奏聞。奉上諭：『恭親王奕訢等奏互換和約一摺，本月十一、二等日，業經恭親王將八年所定和約，及本年續約與英法兩國互換，所有和約內所定條款，均著逐款允准，行諸久遠，從此永息干戈，共敦和好，彼此相安以信，各無猜疑。其約內應行各事宜，即著通行各省督撫大吏，一體按照辦理。欽此。』

十七日，與俄羅斯換約。俄之使臣伊格那替業幅與王大臣等相見，所定和約，議此後通商不論恰克圖及現准英、法二國通商之各海口，悉聽該國水陸自便。其通商條款稅則事宜，大略與英、法同。惟續增條約，則意在申定兩國邊界，凡黑龍江及西疆交界之處，應各派大臣秉公查勘，以防異日爭端。恭王皆許之。其相見及換約儀注，皆如英、法二國之儀。

清·鄧之誠《骨董續記》卷四《佚名·庚申都城戒嚴事記》（咸豐十年八月）十六日，送印鑰，聞東直門角樓下俄夷北館內出土，城上兵稟鑲黃旗營總，答云：『你確知道他們挖地道麼？』遂不敢言。我聞急至文山處，賽大人之子，告以園館挖濠，扼其別計。

十七日，至安定門城上，同安侯走看北館挖濠矣。安侯送至角樓回汛。我至東直門、朝陽門兩次，見城外東面煙火衝天。日暮，由朝陽門下城回。是日，勝帥加侍郎銜，總統各路援兵。

十八日、十九日、二十日，連日上城，見夷兵或數十，或數百，在土城上下，間有到城濠者，傳諭不准開槍礮。

二十一日，大學士桂良、三品卿恆祺，由刑部迎巴夏里至高廟，致英夷和書。桂、恆連日赴部説巴夏里，令致函講和。巴曰：『諸公若至我處，亦如此相待耶？今有死耳。』因請至高廟，極意供奉，伊始致函彼國，其略曰：『昨見恭王，人尚明白，相待甚好，可退兵候講和。』復有夷字數行，不知何語。一日縱敵，千古之害，當事者不知何心？爲之一哭。

二十二日，夷隊至安定門角樓，穿鑲黃旗營，屯正黃旗營房，毀地壇。守城兵稟克王：『可開礮矣。』王曰：『有我在，開礮者斬。』城北一帶，盡換白旗。英夷向以藍旗戰，白旗和，故北面皆易白。

二十三日，勝帥出西直門，晤瑞相瑞營于黑寺，問：『汝有何計？』瑞曰：『戰。』勝曰：『不勝當如何？』曰：『退守要隘，防其赴熱河路。』勝曰：『伊本不知路，汝扼要守之，是告其行在路也，敗則令兵漫散勿遠離，賊況不知北竄路，亦不敢便攻城。』瑞曰：『諾。』

二十四日，僧王、勝帥與賊戰于安定門教場，瑞相先奔，旗幟亂，僧王、勝帥亦敗，瑞跑長（興）［辛］店，僧退彰義門，勝走天靈寺。夷兵焚掠海甸一帶，並燒大宮門，侍郎總管內務府大臣副都統文豐死之。恭王、桂良、文祥逃至長興店，明善奔熱河。先是，步軍統領衙門筆帖式成林，送母赴易州回，至園見文祥，言：『園子宜嚴防。』文曰：『賊來確乎？』成曰：『目下時勢，若待確悉，恐無濟矣。』話未竟，探馬報賊至土城，遂同見王，王遣成調勝帥兵。甫行，聞西［直］門閉，賊已至海甸焚掠。王與桂良、文祥均逃長興店，文豐不行，赴後湖死，善走熱河。賊遂焚掠海甸、老虎洞、（陳）［成］府、掛甲屯、德勝門關鄉等處。賊回，土匪又搜掠，名曰掃營，城中數驚。惟望西北一帶，煙焰迷天，逃者愈多，死者間有。

廿五日，恆祺送巴夏里出城，城上均換白旗，大纛去頂。

廿六日，赴魁元店送家信。

廿七日、廿八日，夷兵拆地壇磚石砌礮臺城牆，往來如無人，兵欲開礮，不准。有黄旗礮章京持克王馬嚼曰：『再不開礮城亡矣。』王曰：『你不要命，我還要腦袋的，開礮以違旨論。』

廿九日，開安定門，恆祺延敵入，夷兵上城。守城王大臣、官兵盡被逐。城上竿掛大英、大法五色旗，三日後始撤，掉礮口向內。東至角樓，西至德勝門，夷兵皆布滿，城門把守，禁我國人出入，因而東南三面城上官兵均紛紛下城矣。左翼屯（礮）［泡］子河，右翼紮象房。午刻，夷兵由安定門走四牌樓，赴東交民巷俄夷南館，晚回仍拒安定門。城中幾大亂，人人自危。我自盡計已備，俟彼一入巷口焚掠，即令眷屬死。住戶現逃者、死者不免。然城上賊不越境，城下賊不過海墁，滿城中雖獲苟全，而賊用意險，心愈難測。

九月初一日，至前門拈香，在戶部門土坡上，見西北煙障迷天，值西北風，滿城皆松木氣，不知焚燒何處？

初二日，仍煙焰迷天，一日未散。

初三日，赴安定門，見賊告示：『大英國欽命陸軍大將軍爲剴切曉諭事，照得前以大英、法欽差大臣與大清國欽差大臣怡、穆，原定本國立派員將在通攜帶各事宜備辦，該員准此，往返途間，爾軍營只靠免戰白旗爲保全之據。詎於八月初四日，突被僧王伏兵將我員弁襲獲，致我英、法兩國用兵，將該軍掃除四散。今茲進兵在京城外紮營，都城一門已爲我軍據守，旋因查出前所襲之員弁等，以暴虐相待，甚有數名處死，被害甚爲慘烈，殊堪痛恨，此事毫不與民相涉，惟有中華官吏是問。因思交兵爲使之吏，不應加害，而彼軍獲我員弁人等，首先處以酷虐，理合設法償報。當

令人將圓明園內宮廷殿宇立行拆毀外，更向大清國索要賠恤之項，以便分給遭害之家，或給被難之人，以示撫恤。爾中國官吏果能照此速辦，則京城內外居民，亦照津、通相待，均可照常安堵無慮。倘若其項在於限內措交，抑或不願者，即日定約復知本將軍，則亦斷難保其不後悔也。爲此曉諭軍民京城內外人等知悉，切切特示。大英一千八百六十年庚申十月十六日，咸豐十年九月初二日。』逆夷告示貼于安定門內，始知圓明園、綺春園、暢春園、靜明園、玉泉山、萬壽山，於初一日均被焚掠，然賊已在城內，我軍無計可施，死生靜聽於彼矣。

初四日，巡防處粘與英夷和局已成告示，令軍民相安。

初五日，巡防大臣請恭王入城議換和約，不至，王遣筆帖式成林來見恆祺，巴夏里推病。

初六日，巡防大臣復請王，言：『若不至，英夷即開礮。』王至天靈寺，不敢進城。

初七日、初八日，王仍不來，巡防大臣派順天府送夷人皮衣。

初九日，赴信局送家信。午刻，閉彰義門。巴夏里聞王不來，率馬隊數千，持槍礮，打白旗，由安定門外，繞西直門、阜成門、西便門至天（寧）［靈］寺，言：『王如不來，即焚掠京師。』旋整隊還。

初十日，恭王入城，禮部先演和約赴會禮。夷兵紛紛往來街市矣。

十一日，恭王會英國使額爾金於禮部，和議成。英國人居怡王府。禮部懸花結彩，紅氈鋪地，恭王在部候，八漢軍兵，每旗四百，善撲營百人，均便帽常服，懷短刃暗護王。午刻，巴夏里先至，率兵搜羅畢，回報。申刻，額爾金乘八人金頂轎，奏樂，率馬步隊約二萬，持銃佩刀至，免冠，以手扶頭，居客位甚倨，換和命巴夏里傳語，王居主位，命筆帖式成林與彼答話，赴席即行。該夷除率來馬步隊，又有（跕）［站］墻子軍，安定門至交道口，大佛寺至馬市西口，丁字街至東長安牌樓，兵部街北口至禮部，共四段，每段約四五千人，額爾金奏得勝樂還住怡王府。是日，至小街，見恭王告示云：『大英國暫住怡王府，大法國暫居賢良寺，居民鋪戶相安勿驚』等語。又至西堂子胡同書珩處看詢，順路出西口丁字街，見該夷（跕）［站］墻兵，持銃佩刀，目不瞬，身不側，極嚴整，銃頭皆有短刺，極鋒銳，遠則放銃，每銃五響，近則刃刺，額爾金大隊過，

如按隊徐行，不惟火器軍器非我國比，其紀律尤非我國所及，堂堂天朝，竟任夷隊縱橫，爲之大哭！

十二日，恭王會法國使葛羅於禮部，法國人住賢良寺，巴夏里仍先至。午刻，葛羅來，乘四轎，奏樂，率馬隊步隊、墻子軍如前，至部，王迎，葛羅甚悅，免冠交從者，先以手扶頭，復持王手極歡，遜客位而後坐。出洋鈔三枚，一係國王像，一係國母容，一係中國使用鈔樣。申刻行，住賢良寺。初開安定門，英夷欲照圓明園例，焚掠後和議，法國不從，云：『汝與中國有隙，然已開城議和，若如此行，我國先行，汝與中國戰，我坐觀成敗耳。』英夷始不妄舉，歸於和約矣。

十三日以後，英、法二國人乘馬坐轎遊街市，至景山、金鰲玉蝀、鐘鼓樓、觀象臺樓，以千里眼眺望，時至天主堂，擬興工。是日，至衙門，是請告假，送眷屬赴安徽。

十九日，恆祺同英、法二國百餘人，入東長安門、天安門、端門、午門、登禁城樓，以千里眼眺內廷。該夷凡遊處皆畫去。

二十日至二十四日，該夷自入內後，益無忌，前門外買衣物，或竟入人家，或直進府第，格貝子府、肅王、鄭王、容貝子府第，均遊過，尚未入內肆行。各巷大門均閉戶，往推門硬入，好在無亂行者，然家家自危。

二十五日，粘英法二國和約告示，大清大皇帝、大英大君主、大法大皇帝，均平列，所謂千古未見未聞之事，名分至此掃地。大英國共五十六條，續九條，大法國四十二款，補遺六款，續增十款，各款條例，讀之令人憤懣，不禁大哭！英、法二國數人，同左右翼長，沿街令步兵營粘貼。

二十六日，法國人退。二十七日，英國人亦退，均在天津海口索欠款。

辛酉政變

清·翁同龢《翁文恭公日記》（咸豐十一年七月）十八日。【略】恭聞內閣奉硃論：『皇長子立爲皇太子。』又奉硃論：『皇長子現立爲皇太子，著派載垣、端華、景壽、肅順、穆蔭、匡源、杜翰、焦祐瀛盡心輔弼，贊襄一切政務。』

十九日。驚聞大行皇帝於十七日寅時龍馭上賓，皇太子即皇帝位。遺詔、哀詔並到內閣。派睿親王、恭親王、醇郡王、豫親王、周祖培、肅順、全慶、陳孚恩、綿森、杜翰恭理喪儀。恭王以辦夷務，豫王、周、全以留京，均無庸前赴熱河，惟陳星速前往。贊襄政務大臣行文吏部，令通行各省各衙門：『嗣後陳奏摺件，經贊襄大臣擬旨繕進，俟皇太后、皇上閱後，上用「御賞」、下用「同道堂」二印，以爲憑信，仍照朱批恭繳。』又軍機處知照，令光祿寺、太常寺堂官一人，帶司官前往。並云行在各官即日成服，留京各官奉到明發後，即日成服。是日六部九卿先擬到閣發賀建儲摺，而昨夕工部、禮部均接藍筆文書矣。

廿六日。【略】聞恭邸昨日奉旨，准赴熱河叩謁梓宮。

三十日。【略】軍機處、贊襄政務王大臣面奉諭旨：『建元年號用祺祥二字。』

八月初八日。【略】聞恭邸於初一日到灤，奏對良久。

十二日。【略】聞恭邸回京，又聞勝克齋到京，將赴熱河。【略】勝保、譚廷襄聯銜用黃摺請皇太后懿安，奉旨：『交部議處。』【略】慶鴻遞黃摺請安，交吏議。

十六日。【略】禮部奏登極日期，旨於十月初九日甲子卯時舉行。奉旨九月二十三日恭奉大行皇帝梓宮回京，於二十二日辰時行啓奠禮。御史董元醇奏請皇太后權理朝政，請明降諭旨，並贊襄政務王大臣外，再簡派一二人輔弼，及請擇師傅以培經業，嚴飭將帥督撫，以資整頓。奉旨嚴切駁斥。

十八日。【略】奏事太監傳出，奉旨：『母后皇太后徽號用「慈安」二字，聖母皇太后徽號用「慈禧」二字。』

廿四日。【略】見董元醇原摺。

廿六日。【略】吏部議：『贊襄政務大臣處分，罰俸六月。』奉旨：『照例寬免。』

九月初三日。【略】見東江米巷夷館重門巍煥，扁曰：『大法欽差全權大臣公署』。

初七日。【略】（上諭）『載垣、端華、肅順面奏：「差務較煩，懇恩酌量改派。」載垣著開鑾儀衛、上虞備用處，端華著開步軍統領缺，肅順著開理藩院嚮導處。鑾儀衛掌衛事景壽補，並管理奉宸苑。上虞備用處著德木齊扎布管理。嚮導處著布彥諾謨呼管理。步軍統瑞常補授。穆蔭管理理藩院。瑞常調工部尚書。綿森調刑部尚書。』

廿十日。晴。午後訪黄孝候，略談灤陽事。

廿九日。【略】上於未正一刻至德勝門，母后偕上同一輿，聖母輿在後。上昨日到石槽，已未正，召見恭王。

三十日。【略】召見恭王、文祥、桂良、賈楨、周祖培。恭邸前日昨日均召對。聞載垣、端華、肅順均革職拿問，交宗人府治罪。穆蔭等四人出軍機。

十月朔。晴和。午刻侍大人出德勝門，至清河宿。【略】住興合店。周相國、張詩翁、董醖卿亦住此。恆月川來。周、張、董三公來。始見上諭二道：一將載垣等三人解任，一拿問。聞周相國昨日召對時，兩宮歷數載垣、端華、肅順三人種種欺罔跋扈狀，真堪髮指。

諭王公百官等：上年海疆不靖，京師戒嚴，由在事之王大臣等籌畫乖方所致，載垣等復不能盡心和議，徒以誘獲英國使臣以塞己責，以致失信各國，淀園被擾。我皇考巡幸熱河，實聖心萬不得已之苦衷也。嗣經各國事務衙門王大臣等將各國應辦事宜，妥爲經理，都門內外，安謐如常。皇考屢召王大臣議回鑾之日，而載垣、端華、肅順朋比爲奸，總以外國情形反復，力排衆論。皇考宵旰焦勞，更兼口外嚴寒，以致聖體違和，竟於本年七月十七日龍馭上賓。朕搶地呼天，五內如焚。返思載垣等從前蒙蔽之罪，非朕一人痛恨，天下臣民所痛恨者也。朕御極之初，即欲重治其罪，惟思伊等係顧命之臣，故暫行寬免，以觀後效。孰意八月十一日朕召見載垣等八人，因御史董元醇敬陳管見一摺內稱請皇太后暫時權理朝政，俟數年後朕能親裁庶政，再行歸政。又請於親王中簡派一二人，令其輔弼。又請在大臣中簡派一二人充朕師傅。以上三端，深合朕意。雖我朝向無皇太后垂簾之儀，朕受皇考大行皇帝付託之重，惟以國計民生爲念，豈能拘守常例。此所謂事貴從權。特面諭載垣等著照所請傳旨。該王大臣奏對時嘵嘵置辯，已無人臣之禮，擬旨時又陽奉陰違，擅自改寫，作爲朕旨頒行，是誠何心！且載垣等每以不敢專擅爲詞，此非專擅之實迹乎！總由朕衝齡，皇太后不能深悉國事，任伊等欺蒙，能盡欺天下乎？此皆伊等辜負皇考深恩。朕如再事姑容，何以仰對在天之靈，又何以服天下公

論。載垣、端華、肅順著即解任，景壽、穆蔭、匡源、杜翰、焦祐瀛著退出軍機處。派恭親王會同大學士、六部、九卿、翰詹科道，將伊等應得之咎，分別輕重，按律秉公具奏。至皇太后應如何垂簾之儀，著一併會議具奏。特諭。

上諭：前因載垣、端華、肅順等三人種種跋扈不臣，朕於熱河行營，命醇郡王奕譞繕就諭旨，將載垣等三人解任。茲於本日特旨召見恭親王，帶同大學士桂良、周祖培，軍機大臣戶部左侍郎文祥。乃載垣等肆言不應召見外臣，擅行攔阻。其肆無忌憚，何所底止！前旨僅予解任，實不足以蔽辜。著恭親王奕訢、桂良、周祖培、文祥即行傳旨，將載垣、端華、肅順革去爵職拿問，交宗人府會同大學士、九卿、翰詹科道，嚴行議罪。欽此。

上諭：著派睿親王仁壽、醇郡王奕譞，將肅順即行拿問，酌派委員押解來京，交宗人府聽候議罪。

又諭：本日據賈楨、周祖培、沈兆霖、趙光奏：『政權請采之自上，並皇太后召見臣工禮節，及一切辦事章程。』並據勝保奏：『皇太后親理大政，並另簡近支親王輔政。』各一摺。著王大臣、大學士、六部、九卿、翰詹科道，將應如何酌古准今，折衷定議之處，即行妥議以聞。

又諭：醇郡王著即來京。以上皆三十日事。

上諭：恭親王奕訢著授爲議政王，在軍機處行走。

又諭：宗人府宗令著恭親王奕訢補授。右宗正著華豐補授。戶部左侍郎文祥仍在軍機處大臣上行走。大學士桂良、戶部尚書沈兆霖、右侍郎寶鋆，均著在軍機大臣上行走。鴻臚寺少卿曹毓瑛在軍機處大臣上學習行走。盛京戶部侍郎倭仁，俟朝鮮頒詔事竣，來京聽候簡用。瑞常調戶部尚書。愛仁補工部尚書。麟魁補左都御史。和潤調補盛京戶部侍郎兼管府尹。清安補盛京刑部侍郎。載肅調盛京工部侍郎。文職部院及三品以下京堂，武職衙門均自十月十六日爲始輪班值日。醇郡王授御前大臣。

聞肅順已籍没。

初二日。晴。已初侍大人至蘆殿北里許帳房祗候。午初梓宮到。於道旁排班跪迎舉哀，一慟不能起。未初回，申初抵寓。

惇親王奕誴、豫親王義道補閱兵大臣。瑞麟補廂黄旗漢軍都統並管健

銳營事務。正黃旗領侍衛內大臣醇郡王補。惇親王管武備院事。刑部右侍郎載齡補。

初三日。【略】梓宮由清河啓行，入德勝門、神武門、東華門、景運門，奉安乾清宮。辰正入內，在東華門外祇迎。午初到，步隨入至景運門。未刻歸。

申諭嚴紫禁城門禁。欽天監算學桂良管理。恭親王補授內務府大臣，並管宗人府銀庫。議政王軍機大臣欽奉諭旨：嗣後各衙門每日呈遞清字膳牌，後面用漢字照繕。所有清字摺件，用漢字開具詳細事由，隨摺呈遞。見載垣等奏，升配典禮應俟永遠奉安後再議。前禮親王等所奏請恪遵聖諭勉抑孝思一摺，睿親王仁壽等不列銜，另摺請舉隆儀，而八人者均注不與議，故載垣復有此奏。漢大臣中惟陳孚恩注另行陳奏，黃宗漢於禮親王等摺已列銜，仍另摺引聖祖朝故事，俟親政後再議。

初四。【略】是日大學士等議皇太后垂簾儀於內閣。詔求直言。【略】

上諭：前因肅順跋扈不臣，招權納賄，種種悖謬，當經降旨將肅順革職，派睿親王仁壽、醇郡王奕譞，即將該革員交宗人府議罪。乃該革員接奉諭旨之後，咆哮任肆，目無君上，悖逆情形，實堪髮指。且該革員恭送梓宮由熱河回京，輒敢私帶眷屬行走，尤屬法紀所不容。所有肅順家產，除熱河私寓令春佑嚴密查抄外，其在京家產著派希拉布前往查抄，毋容稍有隱匿。

初五日。【略】是日宗人府、內閣大學士等議載垣等罪。

初六日。【略】聞昨日會議，刑部尚書趙光抗論：『以載垣等罪大惡極，應照大逆不道淩遲處死。』遂定議。今日奏上，奉旨：載垣、端華賜自盡，肅順斬決。

以祺祥二字字義重復，改明年爲同治元年。從大學士周祖培請也。

初七日。【略】見賈楨、周祖培、沈兆霖、趙光原摺。

上諭：宗人府會同大學士、六部、九卿、翰詹科道等定擬載垣等罪名，請將載垣、端華、肅順照大逆律淩遲處死等因一摺。載垣、端華、肅順朋比爲奸，專擅跋扈，種種情形，均經明降諭旨，示知中外。至載垣、端華、肅順於七月十七日皇考升遐，即以贊襄政務王大臣自居，實則我皇考彌留之際，但面諭載垣等，立朕爲皇太子，並無令其贊襄政務之諭。載垣等乃造作贊襄名目，諸事並不請旨，擅自主持。兩宮皇太后面諭之事，亦敢違阻不行。御史董元醇條奏皇太后垂簾等事宜，載垣等非獨擅改諭旨，並於召對時有伊等係贊襄朕躬，不能聽命於皇太后。伊等請皇太后看摺，亦係多餘之語。當面咆哮，目無君上情形，不一而足。且每言親王等不可召見，意在離間。此載垣、端華、肅順之罪狀也。肅順擅坐御位，於進內廷當差時，出入自由，目無法紀，擅用行宮內御用器物。於傳取應用物件，抗違不遵。並自請分見兩宮皇太后，於召對時，詞氣之間，互有抑揚，意在構釁。此又肅順之罪狀也。一切罪狀，均經母后皇太后、聖母皇太后面諭議政王、軍機大臣，逐款開列，傳知會議王大臣等知悉。茲據該王大臣等按律擬罪，將載垣、端華、肅順淩遲處死。當即召見議政王奕訢、軍機大臣戶部左侍郎文祥、右侍郎寶鋆、鴻臚寺少卿曹毓瑛、惠親王、惇親王奕誴、醇郡王奕譞、鍾郡王奕詥、孚郡王奕譓、睿親王仁壽、大學士賈楨、周祖培、刑部尚書綿森，面詢以載垣等罪名有無一線可原？據該王大臣僉稱：載垣、端華、肅順跋扈不臣，均屬罪大惡極，於國法無可寬宥，並無異辭。朕念載垣等均屬宗支，以身罹重罪，悉應棄市，能無淚下。惟載垣等前後一切專擅跋扈情形，實屬謀危社稷，是皆列祖列宗之罪人，非獨欺淩朕躬爲有罪也。在載垣等未嘗不自恃爲顧命大臣，縱使作惡多端，定邀寬宥。豈知贊襄政務，皇考並無此諭。若不重治其罪，何以仰副皇考付託之重？亦何以飭法紀而示萬世？即照該王大臣等所擬，均即淩遲處死，實屬情罪所當。惟國家本有議親議貴之條，尚可量從末減，姑於萬無可寬貸之中，免其肆市。載垣、端華均著加恩賜令自盡，即派肅親王華豐、刑部尚書綿森迅即前往宗人府空室，傳旨令其自盡。此爲國體起見，非朕之有私於載垣、端華也。至肅順之悖逆狂謬，較載垣等尤甚，極［亟］應淩遲處死，以伸國法，而快人心。惟朕心究有所不忍，肅順著加恩改爲斬立決，即派睿親王仁壽、刑部右侍郎載齡前往監視行刑，以爲大逆不道者戒。至景壽身爲國戚，緘默不言；穆蔭、匡源、杜翰、焦祐瀛於載垣等竊奪政柄，不能力爭，均屬辜恩溺職。穆蔭在軍機大臣上行走已久，班次在前，情節尤重。該王大臣等擬請將景壽、穆蔭、匡源、杜翰、焦祐瀛革職發往新疆效力贖罪，均屬咎有應得。惟以載垣等凶焰方張，受其箝制，均有難與爭衡之勢。其不能振作，尚有可原。御前大臣景壽著卽革職，加恩仍留公爵並額駙品級，免其發遣。兵部尚書穆蔭著卽革職，加恩改爲發往軍臺效力贖罪。吏部左侍郎匡源，署禮部右侍郎杜翰、太僕寺卿焦祐瀛，均著卽行革職，加恩免其發遣。

初八日。【略】上諭：前因許彭壽於拿問載垣、端華、肅順時敬陳管見摺內，有查辦黨援一條，當令議政王、軍機大臣傳旨，令其指出黨援諸人實迹。嗣據明白回奏：形迹最著莫如吏部尚書陳孚恩，蹤迹最密者如侍郎劉崐、黃宗漢，伊等平日保舉之人如侍郎成琦、德克津太、候補京堂富績，外間嘖有煩言。陳孚恩、德克津太於上年七月大行皇帝發下朱筆，命諸臣會議巡幸熱河是否可行？陳孚恩卽有『竊負而逃，遵海濱而處』之語，意在迎合載垣等。當時會議諸臣無不共聞。大行皇帝龍馭上賓，滿漢大臣中惟令陳孚恩一人免赴行在，是該尚書爲載垣等之心腹，卽此可見。黃宗漢於本年春間前赴熱河，蒙皇考召見，卽以危詞力阻回鑾。迨聞皇考梓宮有回京之信，該侍郎又以京城情形可慮，遍告於人，希冀阻止。其爲意存迎合載垣等，衆所共知。以上二人均屬一二品大員，聲名如此狼藉，品行如此卑汙，如任其濫廁卿貳，何以表率屬員？陳孚恩、黃宗漢均著革職，永不敘用，以爲大僚軟媚者戒！至侍郎劉崐、成琦，太僕寺少卿德克津太，候補京堂富績，雖無與載垣等交通實據，而或與往返較密，或由伊等保舉起見，或拜認師生，衆人耳目共見共聞，何能置之不議？劉崐、成琦、德克津太、富績均著卽行革職，以示懲儆！許彭壽糾彈各節，朕已早有所聞，用特懲一儆百，期於力振頹靡。至載垣、端華、肅順三人事權所屬，諸臣何能與之絕無干涉？此後朕以寬大爲念，不咎既往。爾諸臣亦無許再以查辦黨援等事，紛紛陳奏，致啓訐告誣陷之風。惟當各勤厥職，爭自濯磨，守正不阿，毋蹈陳孚恩等惡習，朕（日）〔實〕有厚望焉！將此通諭知之。

倭什琿布充國史館正總裁。載齡管理光祿寺事務。兵部左侍郎張之萬署理。戶部右侍郎畢道遠兼署。上虞備用處載□管理。正白旗領侍衞內大臣綿勳補授。鑾儀衞掌事大臣奕山補授。奕山補後扈大臣。禮部右侍郎宋晉兼署。奉宸苑事務僧格林沁管理。愛仁管理理藩院事務。麟魁補兵部尚書。都察院左都御史倭仁補授。吏部左侍郎李菡補授。善撲營事務奕譞管理。見勝保原摺。

初九日。【略】寅初起；偕源侄同入內。辰初，上御太和殿。百官朝賀，畢，禮部官奉詔書至天安門宣讀。

訪匡鶴泉（匡源）、杜寄園師（杜翰）、劉韞齋師（劉崐）。

以上年京畿不靖，恭親王辦理妥協，兩宮皇太后述先帝遺志，命以親王世襲罔替。王灑涕固辭。旨俟親政後再辦，先賞食親王雙俸。

以載垣等悖逆罪著，飭宗室恪遵家法。

以載垣等跋扈不臣，飭中外大臣精白乃心，力除積習。並飭以後如有似載垣等專擅不臣者，王大臣、科道等卽行參奏，不得仍前緘默。

朱鳳標調吏部尚書。萬青藜授兵部尚書。單懋謙授工部左侍郎。崇綸授倉場侍郎。孫葆元調吏部右侍郎。董醇補戶部右侍郎。正紅旗蒙古都統奕譞補授。

初十日。【略】惇親王、恭親王、醇郡王、鍾郡王、孚郡王除朝祭大典外，其餘諭旨及奏章均不稱名。

兩宮皇太后親決庶政，所有繕擬諭旨，仍推本出自上意，敬書朕字。

恭親王請諸臣各抒所見，以求折衷。有旨：『申諭臣工，於朝廷用人行政，務當切實直陳。』

順天府尹毛昶熙補，未到任前董醇兼署。都察院左都御史王慶雲補授，未到任前彭蘊章署理。吏部右侍郎齊承彥兼署。禮部左侍郎宜振補授。工部左侍郎張之萬兼署。

十一日。【略】許彭壽請清理庶獄，御史林壽圖奏戶部五宇鈔票各案，株連太甚。旨以載垣等有意羅織，飭該部迅速擬結，應省釋者卽行省釋，如有冤抑，速爲昭雪。

十六日。【略】恭親王、僧格林沁均管火器營事務。飭御前侍衞副都統明慶帶古北口馬隊八百名赴勝保軍營。

廿一日。【略】聞陳子鶴家籍沒。【略】以睿親王仁壽等前議郊配典禮，與廷□歧異。本日禮親王等摺，又復列銜，有無遷就？著仁壽等八員另行具奏。

廿二日。【略】仁壽等復奏：前在熱河會奏時，陳孚恩聲稱：道光三十年大行皇帝以三祖五宗爲定之旨，係杜受田所擬。又稱在京王大臣等會議毋庸郊祀，係因大行皇帝去秋巡幸熱河起見，等語。旨以陳孚恩以荒誣無據之辭，冀聳衆聽，便其諂媚載垣等之計。又查抄肅順家産內，陳孚恩親筆書信有暗昧不明之語，姑勿深究。派瑞常、麟魁將陳孚恩拿交刑部，即將寓所貲財查抄，並派周祖培、文祥會同刑部擬罪。

追繳陳孚恩『清正良臣』匾額，黄宗漢『忠勤正直』匾額。

廿四日。【略】添派沈兆霖、萬青藜議陳孚恩罪。

廿九日。【略】周祖培等會同刑部定擬陳孚恩罪名，於奏事不實，擬徒上從重發往新疆效力贖罪。

十一月初一日。【略】兩宫皇太后垂簾聽政，御養心殿。是日內廷諸臣及王公大臣、六部、九卿於養心殿行禮，朝珠補褂，吏部帶領引見。

旨：以陳孚恩依附迎合，中外共知，故發往新疆，以示懲儆。其內外臣工贈答書函，一切勿問。所抄肅順家産內帳目書信各件，著議政王軍機大臣即行焚毁，毋庸呈覽。

廿一日。【略】御史鍾佩賢、給事中孫楫請將載垣等所造之諭旨銷除。旨以載垣等矯傳贊襄名目及擅擬駁斥董元醇諭旨，著即銷除。仍著內閣、刑部將此二道諭旨隨同本案檔册録存，並著軍機處隨此次諭旨照録一分存檔，另録一分交南書房收存，均著低二格以示區别。

清·薛福成《庸盦全集·庸盦筆記》卷一《咸豐季三奸伏誅》 怡親王載垣、鄭親王端華，皆於咸豐初年襲爵，俱官宗人府宗正、領侍衛內大臣，而端華同母弟肅順，方爲戶部郎中，好爲狹邪遊，惟酒食鷹犬是務，無所知名。五年夏，官軍既克馮官屯，剿滅粵賊之北犯者，載垣、端華漸以聲色惑聖聽，薦肅順入內廷供奉，尤善迎合上旨，上稍與論天下事。三奸盤結，同干大政，而軍機處之權漸移，軍機大臣皆拱手聽命，伴食而已。惟軍機大臣大學士柏葰，資望既深，性頗鯁直，不甚遷就，三奸畏而惡之。戊午科場之獄，竟置柏相大辟，蓋三奸以全力羅織之，欲以樹威。於是朝臣震悚，權勢益張矣。肅順又借鑄錢局一事興大獄，戶部司員皆褫職逮問，京師自搢紳以至商店，被其株累破家者甚多，皆怨肅順次骨。肅順恃寵而驕，陵轢同列。是時，周文勤公祖培以戶部尚書協辦大學士，而肅順亦爲戶部尚書，同坐堂皇判牘。一日，周相已畫諾矣，肅順佯問曰：『是誰之諾也？』司員答曰：『周中堂之諾也。』肅順駡曰：『唉！若輩憒憒者流，但能多食長安米耳，焉知公事。』因將司員擬稾，盡加紅勒帛焉，並加紅勒帛於周相畫諾之上。累次如此，周相默然忍受，弗敢校也。諸大臣亦往往受其侵侮，無不飲恨於心，而唯諾維謹。惟大學士翁文端公心存引疾乞退以避之。

十年七月，英吉利、法蘭西兵船犯大沽，陷東西礮臺，入天津，逼通州，焚圓明園。肅順方以協辦大學士兼步軍統領，與載垣、端華同勸上舉木蘭秋獮之典，巡幸熱河。熱河行宫本湫隘，內外禁防不甚嚴，三奸益得出入自便，導上娱情聲色，實爲希寵攬權之計。迨和議成，英、法兵退至天津，留京王大臣疏請回蹕。上將從之，爲三奸所尼，屢下詔改行期。十一年秋七月，上不豫。十六日，上疾大漸，召載垣等，及軍機大臣至御榻前，受遺詔立皇太子。是日辰刻，文宗顯皇帝崩。三奸輒矯遺詔與御前大臣額駙景壽、軍機大臣兵部尚書穆蔭、吏部左侍郎匡源、署禮部右侍郎杜翰、太僕寺少卿焦佑瀛等共八人，自署爲贊襄政務王大臣。又擅遏禁留京王大臣恭親王等不得奔喪。自是詔旨，皆出三奸之意，口授軍機處行之，多未進呈御覽，中外惶惶。八月十日，御史董元醇疏言：『皇上衝齡，未能親政，天步方艱，軍國事重，暫請皇太后垂簾聽決，並派近支親王一二人輔政，以繫人心。』三奸不悦。明日，上奏皇太后召見贊襄王大臣，命即照董元醇所奏行。三奸勃然抗論，以爲不可。退，復以本朝無太后垂簾故事，令軍機處擬旨駁還。然恭親王遂得於此時奔赴熱河，叩謁梓宫。端華等頗不以近支視之，以爲贊襄政務之權在我，彼雖近支，何足重輕。蓋三奸中，肅順尤專横狂躁，端華之所爲，皆肅順使之，而載垣又爲端華所使，二王實皆庸憒無能，其攬權竊柄，一以肅順爲主謀云。恭親王先見三奸，卑遜甚，肅順頗蔑視之，以爲彼何能爲，不足畏也。兩宫皇太后欲召見恭親王，三奸力阻之。侍郎杜翰昌言於衆，謂：『叔嫂當避嫌疑，且先帝賓天，皇太后居喪，尤不宜召見親王。』肅順拊掌稱善，曰：『是真不愧杜文正公之子矣。』然究迫於公論，而太后召見恭親王之意亦甚決。太監數輩傳旨出宫，恭親王乃請端華同進見，端華目視肅順，肅順笑曰：『老六，汝與兩宫叔嫂耳，何必我輩陪哉。』王乃得一人獨進見，兩宫皆涕泣而道三奸之侵侮，因密商誅三奸之策，並召鴻臚寺少卿曹毓瑛密擬拿問各旨，以備到京即發，而三奸不知也。次日，王即請訓回京，以釋三奸之忌，兼程而行，州縣備尖宿處，皆不敢輕居，懼三奸之行刺也。及抵京，密甚，無一人知者。

先是，載垣等自陳職事殷繁，實難兼顧，意在彰其勞勩。詔卽罷其所管火器健鋭營，外示優禮，實奪其兵柄也。兩宮俟恭親王行後，卽下回鑾京師之旨。三奸力阻之，謂：『皇上一孺子耳，京師何等空虛，如必欲回鑾，臣等不敢贊一辭。』兩宮曰：『回京後設有意外，不與汝等相干。』立命備車駕。三奸又力阻，兩宮不允，乃議以九月二十三日，派肅順護送梓宮回京。上恭送登輿後，先奉兩宮間道旋蹕，載垣、端華皆扈從。於是大學士賈楨、周祖培、戶部尚書沈兆霖、刑部尚書趙光合疏稱：『我朝聖聖相承，從無太后垂簾聽政之典，前因御史董元醇條奏，特降諭旨甚晰，臣等復有何議。惟是權不可下移，移則日替，禮不可稍踰，踰則弊生。我皇上衝齡踐祚，欽奉先帝遺命，派怡親王載垣等八人贊襄政務。兩月以來，用人行政，皆經該王大臣等議定諭旨，每有明發，均用御賞、同道堂圖章，共見共聞，內外皆相欽奉。臣等繹贊襄二字之義，乃佐助而非主持也。若事無鉅細，皆憑該王大臣之意先行議定，然後進呈皇上一覽而行，是名爲佐助，而實則主持，日久相因，能無後患？今日之贊襄大臣，卽昔日之軍機大臣，向來軍機大臣事事先面奉諭旨，辨駁司否，悉經欽定始行，擬旨進呈。其有不合聖意者，硃批改正，此太阿之柄不可假人之義也。爲今之計，正宜皇太后敷宮中之德化，操出治之威權，使臣工有所稟承，不居垂簾之虛名，而收聽政之實效。昔漢之和熹鄧皇后、晉之康獻褚皇后、遼之睿智蕭皇后，皆以太后臨朝，史册稱美。宋朝之宣仁高太后，有女中堯舜之譽。明代穆宗皇后，神宗嫡母，上尊號曰：「仁聖皇太后。」穆宗貴妃，神宗生母，上尊號曰：「慈聖皇太后。」維時神宗十歲，政事皆由兩宮裁決施行，亦未嘗居垂簾之名也。我皇上聰明天亶，正宜涵泳詩書，不數年卽可親政。而此數年間，外而賊匪未平，內而奸人逼處，何以拯時艱？何以飭法度？固結人心，最爲緊要，儻大權無所專屬，以致人心驚疑，是則目前大可憂者。至皇太后召見臣工禮節，及一切辦事章程，仍循向來軍機大臣承旨舊制，或量爲變通，擬求敕下羣臣會議具奏，請旨酌定，以示遵守，庶行政可免流弊，而中外人心益深悅服矣。』會欽差大臣侍郎勝保，亦奏請近支親王輔政，以防權姦之專擅。十月朔，車駕至京師，將至之日，諸大臣皆循例郊迎，兩宮對大臣涕泣，縷述三奸欺藐之狀。周祖培奏曰：『何不重治其罪？』皇太后曰：『彼爲贊襄王大臣，可徑予治罪乎？』祖培對曰：『皇太后可降旨，先令解任，再予拿問。』太后曰：『善。』乃詔解贊襄王大臣八人之任，以恭親王奕訢爲議政王，從民望也。垂簾典禮，令在廷大小臣工集議以聞。先召見議政王大臣，上南面稍東席地坐，兩宮亦南面稍北坐。皇太后面諭三奸跋扈諸不法狀，且泣下。上顧曰：『阿孁，奴輩如此負恩，卽斫頭可也，請勿悲。』遂與王大臣密定計，卽另派大學士桂良、戶部尚書沈兆霖、戶部左侍郎文祥、右侍郎寶鋆、鴻臚寺少卿曹毓瑛爲軍機大臣。初二日，恭親王率周祖培、文祥等入朝待命，載垣等已先至，尚未知解任之信。蓋三奸解任之旨及召見王大臣等，已在初一日申酉間，特命辦事處勿知會怡、鄭二王，故二王皆不知，然已微有所聞。見恭親王等，則大言曰：『外廷臣子，何得擅入？』王答以有詔。復以不應召見呵止王，王遜謝，卻立宮門外。俄詔下，命恭親王將載垣、端華、肅順革去爵職，拿交宗人府，會同大學士、六部、九卿、翰詹科道，嚴行議罪。王捧詔宣示，載垣、端華二人厲聲曰：『我輩未入，詔從何來？』王命擒出，復呵曰：『誰敢者。』已有侍衛數人來前，褫二人冠帶，擁出隆宗門，尚顧索肩輿及從人，或告已驅散矣，遂踉蹌擁至宗人府幽之。肅順方護送梓宮，次於密雲。逮者至，門已閉，乃毀外戶而入，聞肅順在臥室，咆哮罵詈，又毀其寢門，見肅順方擁二妾臥於牀，遂械至，亦繫宗人府。肅順瞋目叱端華、載垣曰：『若早從吾言，何至有今日？』二人曰：『事已至此，復何言。』載垣亦咎端華曰：『吾之罪名，皆聽汝言成之。』故論者謂：三凶之罪，肅順尤甚，端華次之，載垣又次之。蓋肅順之驁悍，過於二人，自忖護送梓宮，僅遲數日至京，不至有變。然使俟肅順至而圖之，彼耳目既廣，布置漸密，則措手較難矣。惟車駕至京，而卽日下詔，辦理神速，爲中外人情所不料，尤有疾雷不及掩耳之勢云。廷議既上，請均照大逆例凌遲處死。

初六日，詔曰：『載垣、端華、肅順，朋比爲奸，專權跋扈，種種情形，均經明降諭旨，宣示中外。至載垣、端華、肅順於七月十七日，皇考升遐，卽以贊襄王大臣自居，實則皇考彌留之際，但面諭載垣等立朕爲皇太子，並無令其贊襄政務之諭。載垣等乃造作贊襄名目，諸事並不請旨，擅自主持，兩宮皇太后面諭之事，亦敢違阻不行。御史董元醇條奏皇太后垂簾事宜，載垣等非獨擅改諭旨，並於召對時，有伊等係贊襄朕躬，不能聽命於皇太后，伊等請皇太后看摺，亦屬餘多之語。當面咆哮，目無君上情形，不一而足。且屢言親王等不可召見，意在離間，此載垣、端華、肅順之罪狀也。肅順擅坐御位，於進內廷當差時，出入自由，目無法紀，擅用行宮內御用器物，於傳取應用物件，抗違不遵，並自請分見兩宮皇太后，於召對時，辭氣之間，互相抑揚，意在構釁，此又肅順之罪狀也。一切罪狀，均經母后皇太后、聖母皇太后面諭議政王軍機大臣，逐條開列，傳知會議王大臣等。王大臣等知悉。茲據該王大臣等按律擬罪，將載垣等凌遲處死。當卽召見議政王奕訢、軍機大臣戶部左侍郎文祥、右侍郎寶鋆、鴻臚寺少卿曹毓瑛、惠親王、惇親王奕誴、醇郡王奕譞、鍾郡王奕詥、孚郡王奕譓、睿親王仁壽、大學士賈楨、周祖培、刑部尚書綿森，面詢以載垣等罪名無有一線可原？茲據該大臣等僉稱：載垣、端華、肅順跋扈不臣，均屬罪大惡極，國法無可寬宥。」並無異辭。朕念載垣等均屬宗支，以身罹重罪，應悉棄市，能無淚下。惟載垣等前後一切專權跋扈情形，謀危社稷，是皆列祖列宗之罪人，非獨欺凌朕躬爲有罪也。在載垣等未嘗不自恃爲顧命大臣，縱使作惡多端，定邀寬典，豈知贊襄政務，皇考實無此諭，若不重治其罪，何以仰副皇考付託之重，亦何以飭法紀而示萬世？卽照該王大臣等所擬，均卽凌遲處死，實屬情罪相當。惟國家本有議親議貴之條，尚可量從末減，姑於萬無可寬貸之中，免其肆市。載垣、端華均著加恩賜令自盡，卽派肅親王華封、刑部尚書綿森迅卽前往宗人府空室，傳旨令其自盡。此爲國體起見，非朕之有私於載垣、端華也。至肅順之悖逆狂謬，較載垣等尤甚，亟應凌遲處死，以伸國法而快人心。惟朕心究有所未忍，著加恩改爲斬立決，卽派睿親王仁壽、刑部右侍郎載齡前往監視行刑，以爲大逆不道者戒。至景壽身爲國戚，緘默不言，穆廕、匡源、杜翰、焦佑瀛於載垣等，竊奪政柄，不能力爭，均屬辜恩溺職。穆廕在軍機大臣上行走已久，班次在前，情節尤重。該王大臣等擬請將景壽、穆廕、匡源、杜翰、焦佑瀛革職，發往新疆效力，均屬罪有應得。惟以載垣等凶燄方張，受其箝制，實有難與爭衡之勢，其不能振作，尚有可原。御前大臣景壽，卽革職，仍留公爵並額駙品級，免其發遣。兵部尚書穆廕，卽革職，改爲發往軍臺效力贖罪。吏部左侍郎匡源、署禮部右侍郎杜翰、太僕寺少卿焦佑瀛均著卽行革職，加恩免其發遣。欽此。』是日，載垣、端華自縊，肅順以科場鈔票兩案，無辜受害者尤多，都人士聞其將殺肅順，交口稱快，其怨家皆駕車載酒，馳赴西市觀之。肅順身肥面白，以大喪故，白袍布靴，反接置牛車上，過騾馬市大街，兒童驩呼曰：『肅順亦有今日乎？』或拾瓦礫、泥土擲之，頃之，面目遂模糊，不可辨云。將行刑，肅順肆口大罵，其悖逆之聲，皆爲人臣子者所不忍聞，又不肯跪，劊子以大鐵柄敲之，乃跪下，蓋兩脛已折矣，遂斬之。

少詹事許彭壽疏請治奸黨，詔曰：『前因許彭壽於拿問載垣、端華、肅順時，請查辦黨援，當令指出黨援諸人實迹，嗣據明白迴奏：「形迹最著者，莫如吏部尚書陳孚恩；最密者，莫如侍郎劉琨、黃宗漢等。平日保舉之人，如侍郎成琦、德克津太、候補京堂富績，外間嘖有煩言。陳孚恩於上年七月，大行皇帝發下硃諭：「巡幸熱河，是否可行？」陳孚恩卽有「竊負而逃，遵海濱而處」之語。意在迎合載垣等。當時會議諸臣，無不共見共聞。大行皇帝龍馭上賓，滿漢大臣中，惟令陳孚恩一人免赴行在，是該尚書爲載垣等之心腹，卽此可見。黃宗漢於本年春間前赴熱河，皇考召見時，卽以危辭力阻回鑾，迨聞皇考梓宮有回京之信，該侍郎又以京城情形可慮，徧告於人，希冀阻止，其爲迎合載垣等，衆所共知。以上二人均屬一二品大員，聲名如此狼藉，品行如此卑汙，若任其濫廁卿貳，何以表率僚屬？陳孚恩、黃宗漢均著革職，永不敘用，以爲大僚諂媚者戒。至侍郎劉琨、成琦、太僕寺少卿德克津太、候補京堂富績，與載垣等雖無交通實據，而或與往來較密，或由伊等保舉，或拜認師生，衆人耳目共見共聞，何能置之不議？劉琨、成琦、德克津太、富績，均著卽行革職。許彭壽糾劾各節，朕早有所聞，用特懲一儆百，期於力振頹靡。載垣、端華、肅順三人，事權所屬，諸臣等何能與之絕無干涉。此後惟有以寬大爲念，不咎既往，爾諸臣亦毋須再以查辦奸黨等事，紛紛陳請，致啓訐告誣陷之風，惟當各勤厥職，爭自濯磨，守正不阿，毋蹈陳孚恩等惡習，朕實有厚望焉。』未幾，查鈔肅順家，得陳孚恩手書，有不臣語，乃復遣戍伊犁。

先是載垣等擬進年號曰：『祺祥』，已頒憲矣，有言其意義重複者，遂置不用。初九日，甲子昧爽，穆宗毅皇帝御正殿卽位，禮成，大赦，以明年爲同治元年。上母后皇太后尊號曰『慈安皇太后』，聖母皇太后尊號曰『慈禧皇太后』，垂簾聽政。先是，欽天監奏：『八月朔旦，日月合璧，五星聯珠。』登極之日，久陰忽霽，八表鏡清。於是權姦既去，新政如旭日初升，羣賢並進，內外協力，宏濟艱難，遂啓中興之治。

論説

清・夏燮《中西紀事》卷一五《庚申換約之役》 京兵禁旅，其爲綠營者不過十之一，餘皆八旗、蒙古也。國家承平二百餘年，優遊輦轂之下，皆藉所得月餉以糊其口，贍其一家，少者壯，壯者老，不復知有金革之事，固已恬然自忘其爲兵矣。今觀天津、通州之役，一戰而蹶者十之二三，不戰而潰者十之六七，是滿、蒙之衆，非但不可以龍興例，即求如閩、粵、川、楚之綠營，於行陣稍有閱歷者，亦相去遠甚。即使乘輿決計還宮，曾無轉念，亦恐難免以賊虜貽君父憂也。戰之不克，遂爲言和者口實，而豈知今日之誤，正誤於二十年前撫事之濫觴耶。白門之約，予取予求，不汝瑕疵，遂爲夷人得步進步之漸。迨至粵東辦理五口通商，則裕制府詆琦相所謂『事逆夷如頑父，惟恐不當其意』者。入城之約，許以二年，粵中之禍遂始於此。粵事決裂，而後天津、畿輔鼓其狂瀾，煽其逆燄，以致禁城渫血，君父蒙塵。君子觀于夷事之究竟，未嘗不嘆息痛恨於夫己氏也。雖然，八年之役，上拊髀擇將而寄之僧邸，一年之間，成效見焉。今雖失利，安知異日之不轉敗爲勝耶？乃事勢未劇，方堅守南路炮臺，而奏請班師，力贊還蹕之浮議起。追念龍飛之初，驅逐洋艘，罷斥議撫諸臣，海內又安者七八年。一旦因時事日艱，內外諸臣未能堅其匪席之旨，而欲狃於處堂之安，於是一誤于耆英，再誤于端華、肅順，而卒莫能善其後也。嗚呼？可勝慨哉！

清・贅漫野叟《庚申夷氛紀略》 恭惟我國家厚澤深仁，君賢臣良，比隆三代，遠邁漢唐。四夷臣服，寰海鏡清，方隅砥平，承平二百餘年，金甌無少欠缺，古未曾有。庚申變亂，亦開闢未聞，雖曰天數，豈非人事哉。上年己未，僧王屯軍天津海口。夫僧王者，外藩科爾沁蒙古郡王也，名僧格林沁，是元太祖弟哈薩爾之後，在京供職，感激宣廟厚恩，思所以報，平日辦事，尚屬認真，謀國亦復盡心，可謂忠矣。荷兩朝恩遇日隆，而能不自滿假，退讓儉節，亦可謂賢矣。所不足者有三焉：忌心未泯，事多專決，尤不知用兵耳。其屯軍海口也，本爲防英夷也。及英夷既已就撫，來換和約，乃復剛愎自用，一意孤行，强欲拒之，炮轟夷船，致啓釁端，蓋莫敖狃于蒲騷之役，有識者之所深慮也。

八年戊午八月間，長星貫斗，乾象示警。當道諸公，爲國遠謀，當因星變，反躬修省，晝策陳謨，訓卒厲兵，以備非常，乃毫不介意，優遊樂逸如常，海疆重地，委之不學無術之僧王，識者早已料其必敗也。

本年庚申五月間，夷衆大舉入寇，艨船海上，其勢甚盛，其鋒甚鋭。諸公宜如何振作精神，以力求防剿之術哉。乃依然漫不經心，反藉以援拔私人，詆排善類，以暢其所欲，專倚僧王爲長城，謂可高枕爲樂也，不亦大謬不然乎？總由近年來泄泄沓沓，唯唯諾諾，習慣成風，只知身家爲重，視國事甚輕。黨同伐異，倒置忠佞，誰是爲國認真辦事者？倘有一肯認真者，衆皆以爲怪物，相與鋤而去之，不使一朝居也。惟僧王恃其勢分，莫敢誰何，力既不能擯斥之，反從而要結之，爭相附和之。辦理海口事宜，任其獨斷獨行，共目爲奇才異能，必能辦賊，豈知將不知書，鄙夫勇也。又況勇而無剛，有名無實，緩急何可倚哉。

僧王在海口，經理年餘，建礮臺，置鐵柵，浚濠築壘，費帑金至數十萬兩之多。百里村莊，伐人樹木殆盡，損人墳墓極多，御史奏參而不恤。其調到口外達兵，內有一種魚皮達，謂能泅水，用以摧沉夷船，可操必勝，有恃不恐，淺見者皆以爲必勝無疑。誰知夷船駛入，鐵柵竟爲虛設，夷衆衝突，壁壘莫之能禦，兩年之工，廢於一旦，由是海口諸地盡失矣。僧王先于海灘平曠處所，埋藏地雷，擬待夷衆登岸紮營，轟而斃之，此何異守株待兔，極爲可笑。並派令提督樂善，在海岸保守礮臺，而不於陸路設防。樂公恐爲敵所乘，再三言之，而僧王不納。迨被津人劉禿子，泄其地雷之謀，夷人引水浸灌，而地雷之計不行，反被夷人抄襲，全軍敗喪，非獨旗兵傷亡甚多，達兵亦傷亡無數。夷衆將屍填濠而過，直取礮臺，陸路無防兵，提督樂善死之。由是礮臺亦盡失矣。僧王之技已窮，自保身命，遂棄天津府城于弗顧，狂奔至楊村而後息焉，楊村在府城西北六十里也。通觀種種情節，天數耶？人事耶？不待智者而知之也。

原夫僧王所以致敗之由，頗有類于楚屈瑕者。蓋自三年癸丑秋，粤匪由江南北竄，沿途裹脅，衆號十餘萬，所向無前，不旬月而破十餘城，直抵天津府，希圖奪而據之，已成破竹之勢矣。幸賴大兵雲集，將帥百僚，人人奮勇，內惟欽差大臣勝保一軍，尤爲勁旅，屢挫凶鋒，轉敗爲勝，實由於此。更得津人齊心助力，共保危城，用彰撻伐，殲除醜類殆盡。渠魁林鳳翔竄于連鎮，李開方竄于高唐之馮官村，各帶死黨不過數百人。前後兩次，特命僧格林沁督師剿辦，官軍二萬餘衆，環而攻之，日久無功，因各就其地之遠近，開渠引水以灌之。鳳翔就擒，開方請降，先後檻送京師，並磔於市，僧王蒙恩晉爵親王。市井小民，頌美其功，一倡百和，竟有比之於關壯繆者。聞者掩耳欲嘔，而僧王意頗自得，豈非又一莫敖乎？及至上年己未，英夷在上海，與欽派大學士桂良、尚書花沙納、兩江總督諸大臣，已經議定就撫，到京換約，是遵我皇上諭旨而來也。並奉諭都中爲之埽除館舍三所，供張華贍，以待其至。各夷船於五月內，齊至天津海岸，停泊大口，僧王拒不放入。米利堅將船退出，別由小口登岸，於六月二十八日入都，共二十餘人，置之老君堂館舍。奉上諭：其詞意甚屬恭敬，特將和約用寶互換，永遠和好通商，即宣示使臣華若翰知之，欽此。華若翰等即日出都，極其安靜。詎英夷在津，不肯將船退出，欲由大口登岸。據僧王奏報云，夷船闌入內河，先行開礮，並以步隊搦戰，被官兵擊斃數百人。夷船入內河者，共十三隻，惟一船逃出，餘悉擊傷，不能駕駛，夷兵頭赫姓，亦傷腿不能轉動。直隸提督史榮椿、大沽協副將龍汝元，身先督戰，礮傷殞命，等因具奏。向聞史、龍二公，皆著名良將，同時陣亡，軍中莫不慟惜。直隸總督譚廷襄在大沽聞變，急覓得民間二人小轎一頂，乘之而逃，觀者如堵，齊聲大叫：『好好好！』廷襄不解，顧問左右曰：『是何言也？』左右漫應之曰：『衆百姓，都爲大人助威也。』語極趣，亦極刻酷。僧王此一舉也，取快一時，自居不世奇功，遂種來年大舉入寇，荼毒生民，焚毀御園之禍，皆由偶勝已窮之粤匪，致輕方張之英夷，謂非狃于蒲騷之過歟？而已成之和約，因此決裂，亦甚可惜，此上年己未起事之原委也。

我思僧王一鼓作氣，英夷被創，其意以爲不敢再來矣。即使再來，亦有備無患。其於海港豎柵也，用鐵工至五六百名，用熟鐵至百數十萬斤，歷時半年始成。於各港內層層密布，謂夷船不能飛渡矣。其於海岸築壘也，內外各豎合抱大木一層，加幫小木十餘層，中以牛皮囊土實之，椎築極堅，謂夷礮斷不能攻矣。挖濠深廣皆二丈，馬隊萬難超越。又截留浙省解京洋銅九萬斤，添鑄銅礮，增建礮臺，不惜數十萬之帑金，其區畫未始不周密也。但其保身之念太重，驅戰士于虎狼之口，而自居於泰山之安，誰肯爲之盡死力者？是以罔費心神，虛糜國帑，迄無成功，每戰輒敗。若論失律喪師，任性違悖，烏得無罪？倘非皇恩寬大，雖欲保身，其可得乎？則其生也，亦幸而免耳。【略】

回思夷患之興，自浙東始，致亂之原，自福建林則徐始。道光戊戌十八年，卿員黃爵滋請禁鴉片煙，奉諭令各省督撫議奏，林則徐時爲粤督，其奏有云：『刖足之市不業屨，僧寮之旁不鬻櫛』，其意蓋謂任憑夷人售賣，但禁國人吸食，所論大有卓見。奈何行不顧言，旋即强奪夷船，獲其煙土數千箱，委員載至零丁洋，燒而沉之，委員有被煙毒熏斃者，爲請恩施，獨未計及挑怒英夷，起意尋釁，以索償煙價爲名，興兵犯順，虎門提督關天培盡節，林則徐束手無策，奉旨褫職遠竄。英夷復藉口浙江之舟山，在鄭成功時，是紅毛夷之馬頭，於道光庚子二十年六月內，夷酋義律，來取舟山，陷定海縣，巡撫烏爾恭額謫戍。欽差大臣大學士兩江總督伊里布往征之，駐軍寧波府，伊中堂獨出己見，不議攻戰，但惟體察夷情，同其好惡，曲意撫綏，示以信義，時以牛酒犒之，始猶不受，繼乃受之，歷時數月，夷人心悅誠服，不復內侵，鎮海等處，賴以保全。一時浮議沸騰，皆以伊中堂爲猥鄙無能，甚或謂爲通賊。寧波之刁生劣監，編造對聯，用白石灰，大書於城門，以醜詆之。伺其出入，故令婦女百十，各執馬桶，迎橋訕刷，以黝辱之，而伊中堂含垢納汙，堅執不移，老成謀國，憂深慮遠如此。惟不善約束家丁，得謗亦緣於此，此固旗員之通病，非止伊中堂一人已也。是時英夷初到浙東，未諳浙洋潮信，會有一夷船，駛入石堰場界，潮退船擱，灶戶煎丁數百輩，牽船到岸，獲其男女夷數十人，內一女子，美麗嫻都，詢知爲彼國之二公主也。伊中堂得之，以爲奇貨可居，接入寧波城內，貯之華屋，豐其委積，隨從諸夷，拊循備至，因與夷酋義律議和。夷心素本悅服，至是定約：送歸此女，即還我侵地，罷兵歸國。伊中堂如約送女，夷衆列隊聲礮，迎女上船，不日即讓出舟山定海，起碇而去，不復返矣。東南郡縣，汔可小康，受福無量，而寧波人猶謗其不殺一夷，含糊塞責，尤不應放還此女，非通賊而何，以爲口實也。定海既已收復，以王總戎鵬年鎮守之，伊中堂旋卽罷去。後來欽差大臣裕謙，接辦善後事宜，奏升定海爲廳，增廣學額，以順輿情，且於鎮海縣各口隘，添兵置礮，礮皆交錯向港，謂之蟹陣，慘澹經營，煞費心力。無如矜才使氣，爲浙人之所深忌，名之曰裕大話，將以傾之，而裕公不知也。並不察其人性喜謗訕，反復無常，惑於浮議，亦以伊中堂爲庸懦辱國，時非毁之，於是反其道而行之，立志殺賊，以厭衆望。土人窺其意旨，以爲可以牟利，因於衢霡汎誘致白夷一人而獻之。裕公大悅，以爲衆志成城，果重賞洋銀二百圓，立將此夷生剝皮以爲馬韁。提督余步雲面阻不從，巡撫劉韻珂聞之曰：『大清國天下，要被旗人鬧壞。』而裕公猶自炫其能，封章入告，達於宸聽，而天下自此多事矣。天生林、裕、僧三人，豈偶然哉？按林則徐歷任封疆有年，未聞有所建樹，而虚名滿天下。當年丁憂在籍，干預公事，曾經閩縣某令，列款數千言，稟請督撫奏參，雖未具奏，予曾見此稟稿，非傳訛也。獨箋片一流，敬之如神明，比之於徐庶，及其死也，爲之奏請，在陝西立廟，在雲南入名宦祠，究其生平，於國家毫無裨益，若論肇開夷釁一節，古人重首禍，是其罪浮於裕與僧也。

清・七弦河上釣叟《英吉利廣東入城始末》 漢陽高語鎮靜，矜氣驕志，坐誤事機，身爲俘虜，是則然矣，然夷所欲得而甘心者也。使其昏懦流媚，無足爲我梗，夷直藐之而已，必不惡漢陽也。惡其爲梗，疑其有仇夷之心故也。心仇夷而術無以制夷，乃蔑視夷，以爲夷無如我何，此漢陽之所以敗也。辱身以辱國，且至蕩搖邊疆而無能善其後，漢陽之罪大矣。夷竟不可仇乎？必不敢仇夷而畏夷，惟夷言是從，由由然以爲必不辱國之道在是也，不敢知亦不忍言也。夫漢陽固自以爲天下莫己若者，潰敗決裂乃至於此，何也？爲山崇高而絕砂礫之附，植根廣大而失枝葉之覩，身比獨夫，擲成孤注，所謂拒人於千里之外，與讒諂面諛之人居也。倚張同雲爲腹心，奉新聞紙爲蓍蔡，命懸於乩語，謀決於籤詩，其蔽至於斯也，知其左右無一人也。禍變將作，力排衆議，固執己意，誠僨事矣。强敵壓境，醉夢同之，城陷民散，俯首帖耳以延食息者，何爲其然也？故平心氣，綜前後察之，漢陽之罪不可逭，心猶可原也。是將仇夷不足制夷，爲夷所惡以至於此。能畏夷，惟夷言是從，或相安至今，未可知也。此當世所以集矢於漢陽也。伏讀顯皇帝諭曰：『葉名琛剛愎自用。』至哉聖言，當其罪矣，使去其所爲自用者，雖仇夷可也。

藝文

清・林昌彝《海天琴思録・朱眉〈漢陽相公行狀〉》 漢陽相公望龍虎，帝命天南諮固圉，盧頭十載建旌麾，黄宣五等頒茅土。雍容軍政矜裘帶，沈毅神機陋千羽，百吏難參杜德機，遠夷默玩渠丘莒。巨艦周城三十六，先聲一礮摧公府，萬雷入夜火轟雲，人肉填城血爲雨。豈無老羆臥當道？勢可憤豚公不許，兵有虚聲責有專，諸卿高閣何關汝？十月十四事當戢，鎮海樓中備尊俎，彝樂喧闐撾大鼓，九十三鄉勇遺歸，龜從筮從時可數。粤秀山頭紅旆舉，諸營飛翰安如堵，無人之地索相公，百鬼挾趨公首俯。回紇今真見大人，匈奴故自嗔夷甫，奮身不並蛟龍游，縶項甘遭犬羊侮。土風誰聽鍾儀音，廷評或許蘇卿伍，相公一身何足惜，中朝體制天王土。嗚呼！相公之志非不堅，半生功烈知由天，東洛舊齊籌海望，南交新就富華篇。散金自學陳平誤，如意猶思昭遠賢，李陵得當還歸漢，千里雲亡定怨仙。君王面下歐刀敕，故舊情深動顔色，幸不生還累素交，且爲易棺安反側。文淵馬革換鮫絲，慷慨幽憂那得知，老父悲涼撫題奏，聖朝寛大免陳屍。相公介弟東華客，文采璆玕品圭璧，著書薄海有高名，下客長安曾接席。可憐痛哭爲余説：『國憂方亟非家阸。』我時無語只沈吟，事有難言忘弔惜，願能奮發攘夷功，一洗垢瘢同氣責。粤遊偶讀粤中詩，廣東人誤誠有之，見陳蘭甫詩。敢道是非無信史，欲明功罪仗微詞。屢乖事會寧關命，撞壞家居更付誰。征南幕府新傳箭，笳鼓喧喧歸善縣，官紳踴躍檄輪將，王師靜鎮終無戰。故事無須感漢陽，天津北去火輪忙，東風入律夔龍績，捍海金堤白霤王。

清・張穆《月齋詩文集・與徐仲昇制軍書》 自海氛不靖以來，措置乖張，莫可究詰。如穆輩者身未至海上，目不睹夷艘，乃從而議其後，不獨當局者目爲書生迂謬，卽穆輩劫於衆口，亦頗疑或者民心真不可恃，虎須真不可編，今古異變，一孔之見，何敢堅執也？春季荷手書，已有必當示以限制之議。嗣於午橋禮部、叔穎大農處，敬聞威信昭回，抗身面虜，張弛曲折，動合機宜，視侯官昔年，雖操縱有剛柔之異，其一以民心爲本，則先後若合符節。而槃槃大才，集思廣益，錯布裕如，當圭爵崇褒，詔騰中外，無不翕然稱快，蓋不特爲執事一身一家喜，而爲天下喜也。至區區之意，竊謂此番舉動，其爲壯國威者猶末，而所以振十餘年頽靡之人心者，其功甚巨。人心振則何敵不摧，斯亦著書述事之光也。尚望永其德心，持以不伐。擴韓范之茂績，廩淵谷之虚衷，用慰吁望之私，益廣芻蕘之采。倚畀方殷，恐有資於底柱者，不僅羊城一隅也。乘子貞太史文軺之便，附書肅賀。極叨摯愛，不以頌而以規，定蒙亮詧。京寓鄙況，垂問可悉，更弗冗陳。

清·易佩紳《函樓詩鈔·聞海夷寇天津志感》 節鎮開金鑰，夷船縱火輪。沙蟲方粵海，風鶴又天津。未弭潢池亂，頻添壁壘新。野夫憂慮久，食肉爾何人？

又《見官眷聞警出都者書感二首》 春明門外促歸輪，才報夷船近淀津。鶴唳一時無壯士，鵷班平日有良臣。要知甲第妻孥輩，同是天家豢養身。任值倉皇宜靜鎮，先爲民望爾何人？

聞道諸公議戰和，師貞上策總無訛。李綱半渡謀須密，祖逖中流氣未蹉。四海萬家同義憤，重關疊嶂滿山河。眼看一舉操全勝，絕口休言歲幣多。

清·王權《笠雲山房詩集·憤詩四首庚申冬日作》 渤澥大波震，澒洞天日昏，中有萬蛟鰐，噴毒淩北辰。羣仙正宴飲，散作流星奔，玉皇爲變色，乘龍下蒼旻。參罰氣澀縮，狼弧光鬱湮，天狗不搏噬，搖尾何其馴。巍巍玉京闕，竟使鱗介蹲。仙人心膽異，效媚忘酸辛，議傾天庫寶，擲向洋海濆。嗚呼雲路迴，懷憤誰能詢！

棄官訪壯士，今日何乾坤？讀史一千卷，大恨明萬曆。幻説來海西，欲與周孔敵，堂堂詩禮邦，無人肯掊擊。舍我醍醐醇，而啜葛藍汁。爭托貝多花，種之防黍稷。彼教一入門，流毒遂無極。誰信五洲圖，中有矛與戟。傷哉三百年，伏火竟難熄！

漢文撫匈奴，息民捐歲幣。唐人踵其轍，德威亦已替。宋家澶淵盟，臣良國有備。（論）［淪］夷迄建炎，神州黯無氣。驕虜巢京華，宰相獻和議。桓桓陳少陽，抗疏伏丹陛。天聽雖未回，炎火已潛熾。今也無此時，望古空垂涕。

大曆梟安史，回紇乃桀驁。韋皋圖吐蕃，卒亦啓南詔。宋納女真朝，子孫受淩暴。禍福環相胎，隱隱雛在菢。萬事有機緘，未發誰能料。偉哉古哲王，閉關絕海徼。貢市且不通，何由啓剽盜，四夷窺吾邊，初若篝中燐，開門縱之入，坐看原野燎。民今方夢夢，安得呼使覺。

清·魯陽生《普天忠憤全集·李光漢前海疆詩四首·戰天津》 和議久不成，兵擁大沽頭。僧邸頗偉壯，縱火焚二艘。洋馬倏成隊，各國臨夷酋。賢王心骨鯁，轉生天子憂。是時夷酋訂約五十七條，朝廷九卿以下皆畫押，惟忠親王未允，夷挾以兵，亦不允，未幾，九重詔至，乃允。

又《戰北京》 通（川）［州］烽火逼，倉皇幸熱河。密雲惟豆麥，宮禁滿兵戈。守卒開門揖，奸臣意若何？肅順欲謀不軌。劫灰猶未冷，鑾馭淚珠多！

清·戴啓文《招隱山房詩鈔·圓明園詞》 圓明園外池蓮香，圓明園裏宮槐黄，花開花落自榮悴，閲盡世變如滄桑。宦豎相逢已白首，自傷寥落皤然叟，侍從曾隨上苑遊，淒涼老向離宮守。管園太監陸得海，曾值侍內庭。更有老軍作導師，傴僂而進前致辭。爲言暮齒今七十，親見當年鼎盛時。老軍李姓，導遊各處，自言入宿衛班五十餘年，親歷盛衰。言之如繪。斯園勝概疑天造，不羨十洲與三島，山明水秀有餘妍，花放月圓無限好。最宜人似水晶宮，桂楫蘭橈處處通，直把江湖與滄海，並教縮入一壺中。園內水局最勝，分江、湖、海。月榭風廊巧回互，雲窗霧閣紛無數，向陽草木拱宸居，含笑花枝迎輦路。先皇臨幸此停鑾，宵旰憂勤緒萬端，不爲盤遊耽暇逸，日從花底會千官。幾餘到處揮宸翰，珥筆詞臣侍香案，偶然潤色到山川，留得天章倬雲漢。海氛飆起連雲屯，樓船逼近趨津門，將士無功宿衛散，倉皇一炬煙塵昏。荒涼廢苑風光改，物換星移經卅載，與君回首忍重論，老我餘生還健在。我聞斯語心不平，怒氣奮欲吞長鯨，安得手誅逆夷盡，快洗寰海歸澄清。得君導引感君意，如話開元舊時事。佳處惟留雙鶴軒，劫餘再見鑾輿至。水村圖近課農軒，春雨關懷仰至尊，魚躍鳶飛溢生趣，化機妙處契無言。園內惟水村圖、課農軒、春雨軒、魚躍鳶飛勝尚存。雙鶴軒新葺落成，今上曾奉皇太后臨幸。瞻眺徘徊未忍去，殘陽欲下西山樹。一鞭回指長安街，何時重訪前遊處？

雜　録

清·賈楨等《籌辦夷務始末（咸豐朝）》卷六三（咸豐十年八月）

刑部奏：竊臣部於本月初四、五等日，收禁解到夷匪九名，内吧嗄禮一名，收禁北監第三所。緣該夷係夷酋要犯，飭令官人嚴加防範，並飭提牢廳早晚飲食，均令其適意，不可稍加陵辱。詎該夷自收禁以後，桀驁不馴，驕悍成性，輒敢在監與官人等生氣，不肯飲食，於初六日晚間忽患腹痛之疾，即趕緊飭傳官醫生診脈用藥，伊並不令診視，亦不肯服藥，現將該夷妥置另住房間，以免衆囚犯與之答話滋事，並加意開導，始食米粥如常。臣等查該夷酋在粵多年，曾讀漢書，能通官話，自言係額爾唫幫辦之人。是其一切詭謀，均係該夷籌畫，查其情形，極爲凶狡，與尋常夷酋不同。是該夷酋關繫甚屬緊要，必須病勢全愈，扣留監禁，萬不可令其生還，愈圖報復，貽害益深，亦不可令其遽爾病斃，得稽顯戮，轉使夷人藉口。所有該夷負氣，據提牢稟報，調治情形，謹恭摺具奏。

欽差大臣恭親王、大學士桂良、戶部左侍郎文祥奏：竊臣等於本月初九日，接據嘆咈兩夷照會。文稱：欲令放回該兩國業已就擒之夷人。並稱，未回之先，斷不能咨會兩軍，暫息干戈，實不便遽議和局。並有寄諭吧麥兩酋之信，求爲轉致各等語。查吧嗄禮，雖非渠魁，罪同首逆，又係該夷畫策之人，幸就擒獲。硃批：甚是。總應設法辦理。豈可遽令生還。且前次所獲之逆夷，係巡防王大臣分交各州縣看押，臣等一時亦難查知麥酋在何處監禁。況該夷狡猾性成，動施伎倆，即使放回吧酋等，未必即能罷兵，不過益增其梟悍之心。臣等公擬先行照會該夷，令將兵隊退出大沽海口，始允送還。該夷能否聽命，實難逆料。謹將辦理情形，先行奏聞。所有該夷照會，及臣等給與照覆，一併恭録呈覽。【略】

（咸豐十年八月）恭親王等又奏：臣等因現在軍情萬分喫緊，擬令逆酋吧嗄禮致信額酋，暫息兵戈，以圖轉圜。是以密派武備院卿恒祺，於本月初八日親赴刑部，面詢吧嗄禮再三開導，該酋仍行倔强，總以被獲上刑爲辱。恒祺即告以兩國開仗，既經被獲，即係敵人，自應按照中國律例。加以刑具，此時爾國如肯罷兵，中國自應加以優待，斷無仍行羈禁之禮。該酋答以既欲講和，不妨照會該國大臣，商議辦理。恒祺復諭此係向例辦法，然爾既在都京，自應附以親筆信函，寄知爾國，方昭實心和好之意。該夷始則猶疑，繼而允許。令其書寫信函。時該酋仍欲繕寫夷字，斷不肯改用漢文。恒祺因夷字無從辨認，恐有疏虞，以未便辦理。合併陳明。

又《給嘆咭唎咈囒哂照覆》 爲照覆事：頃接貴大臣來文，欲令貴國尚未回營之員弁，剋日回營，不便耽擱等語。查貴國員弁，前在通州，與前欽差大臣怡親王等面議八條，均已允准，諒貴大臣亦已心悅。惟親遞國書一節，尚未議妥，乃貴國員弁負氣而走，路遇兵隊，以致接仗衝散，間有被獲，並非我國不敦和好。現在該員弁等在京，我國並未加害，惟和議尚未定局，斷難即行放回。現在津郡及大沽礮臺，均被貴國占踞；未經退出，所有衝散貴國數人，何必慮及。如果兩國和好，肯息兵戈，將兵船退出大沽海口，我國將所求各款商定後，再將該員弁等查明放回，以全和好。至貴大臣寄與貴國官員信函，現因干戈未息，礙難轉致，一俟罷兵後，即行送交可也。須至照覆者。【略】

欽差大臣恭親王、大學士桂良、戶部左侍郎文祥奏：竊臣等奉命辦理夷務。數日以來尚未開仗，一面設法議撫，一面知會城内巡防團防各大臣，嚴密防守，並知會軍營相機堵禦。但城中人心驚惶，臣文祥極力撫綏，人心稍定。惟兵力單弱，防守未能周備，實不足恃。至僧格林沁及瑞麟等所帶之兵，已潰散十之五六，存營之兵，均無鬥志，疲餒已極，堵禦實難得手。臣等于初九日，遣員給與嘆咈兩國照會，至十二日始有照覆前來，仍申前議，且須放還被獲之夷，後在通州議和，進城換約，親遞國書，始行退兵天津，並有來春方回該國之説，詞意狂悖。至吧嗄禮於十一日，在刑部呈遞名片，約恒祺面説，臣等即令恒祺前往，詢其請見之意。該夷求同時被獲之囉酋同居，並云欲遣人議和，必須該酋同往，免致扣留。反覆辯論，情殊狡詐。該卿將戰和兩層，透徹開導，該夷似悟非悟，未易轉圜。又據十三日軍營來信，該夷至朝陽門外列隊，我軍亦勉力支持，尚未開仗，諸事緊急，辦理實屬棘手，臣等惟有謹遵，硃諭相機而行，悉心籌畫，再給照會，總冀撫局有成，方爲妥善，揆度情勢，該夷意欲索還吧嗄禮等，而吧嗄禮亦希冀放還，從此著手，或有轉機。諭軍機大臣等本日據恭親王奕訢等奏辦理夷務緊急情形各摺片，並往來照會五件，覽奏具悉。該夷既有在通州議和之語，似有轉機，恭親王等給與照會，措詞均尚得體。現在事機緊迫，間不容髮，朕亦不爲遙制，即著恭親王等，相機辦理。總期撫局速成，和約已換，國書已遞，朕即可及早回鑾，鎮定人心，並保全億萬生靈之命，回鑾後不至再生枝節，方爲妥善。文祥奏勝保傷已漸愈，請將西安馬步隊，交勝保統帶等語。西安馬隊，前有旨令僧格林沁飭烏蘭都帶赴熱河，現在黑龍江馬隊二千，不日即可前來，此項西安馬隊二千三百名，即著留交勝保調遣，無庸令其前赴熱河，所有西安步隊，並著歸勝保統帶，以資攻剿。

清·華廷杰《觸藩始末》卷二《附録·葉名琛〈十月初三日致英酋照會〉》 本日接据貴提督初二日所發來文，閱悉。查貴國向在中華通商，無不以禮相待。即如九月初十日在划艇所拿人犯十二名，當飭委員審訊，內有九名並未犯案，已於十二日，飭委員解還原艇，巴領事官不肯收領。二十四日卯刻，發去巴領事官劄文，並審明犯案之梁明太、梁建富，並見證之吳亞認，共三名，連前九名，共計十二名，一併交還，而巴領事官將解還之人犯十二名並劄文不收。查此划艇本係中國人蘇亞成所造，並非外國船隻，貴國旗號係屬向波碌行買得，前已審明該犯吳亞認供認確鑿。當兵勇到艇拿人之際，原不知係外國船隻，該艇係泊海珠炮臺左右，本係中國人蘇亞成之船。即如貴國划艇灣泊下椗，嚮將旗號收下，俟開行時再行扯上，此貴國一定之章程也。到艇拿人之際，其無旗號，已屬明證，從何扯落？巴領事官屢次來伸，總以扯旗欲雪此辱爲名，其實並無有違和約之處，且兩國和好多年，何以無故動兵？殊不可解。

惟所稱進城一節，查道光二十九年三月間，貴國公使出示，在公司行內，稱：本總督出示，不准番人入城等語，載在新聞紙，諒貴提督早已知悉。況不能進城，出自廣東百姓，衆口一詞。此番攻破炮臺，焚毁民房，其心不甘，已可概見。本大臣有恐貴國官民因此受害，莫若仍照文公使所議辦理爲是。至所稱熟商一事，本大臣前已有委員雷州府蔣守矣。

又《十月二十日復英酋照會》 十月十九日，接據貴公使十月十七日來文，閱悉。查前接來文，本大臣即以划艇所拿中國人犯一事始末緣由明晰照復在案。來文所稱：『其實該船定爲前向本院轅前稟領本港牌照，即升暨英旗，亦屬例所准爲』等語。可見本大臣前飭委員訊明，此划艇係中國人蘇亞成所造，用洋銀一千圓，買得牌照，假借貴國旗號，此爲明證。查各外國旗號，凡本國旗號，向不輕借與他國，豈有外國旗號反賣於中國者乎？貴公使以爲例所准爲，本大臣竟不知外國復有此例矣。是以前次照復內稱：『如實係貴國商民船隻旗號，自應另行辦理。』此係中國人假借之旗號，巴領事官何必代爲出頭理論？不過欲借端生事耳。至進城一節，前大臣徐既與前公使文往復辯論，罷議此事。來文所稱『進城之議，前公使文未奉准罷之，亦未自行罷之』等語。如果未罷，何以文公使出示在公司行內有『不准番人人城』之語，載諸新聞紙內，豈非自罷之確據乎？並查文公使前次來文，內稱有『具奏貴國』之語，是以本大臣前在巡撫任內，亦會同前大臣徐，以英人罷議進城一事，奏明大皇帝在案。前已欽奉上諭：『設城所以衛民，衛民方能保國，民心之所向，即天命之所歸，今廣東百姓既心齊志定不願外國人進城，豈能遍貼誊黄，勉强曉諭？中國不能拂百姓以順遠人，外國亦應察民情而紓商力等因。欽此。』仰見大皇帝亦深察廣東民情之不願，因此不准。即如貴公使此次來文所稱『何緣粵省紳士不願，百姓强悍不服』等語，可見貴公使亦深悉廣東之民情也。蓋國以民爲本，君之愛民庶望民之奉君，歷來大抵如此。如果不順人情，即是有違天理，中國向來無此辦法，想貴國亦應以合天理順人情爲主。此次西提督來省，攻毁城廂內外房屋，並攻毁各處炮臺。況各處炮臺均係廣東紳民捐資起造以防盗賊之用，一旦如此毁壞，紳民何肯干休？且現在無故動兵，各行貿易停歇，貴公使猶以進城一事，有刻不能容之語，來文內稱『各國內有悍民，任意輕藐國主憲命』等語。試問貴國商民來粵，原期貿易興旺，即各國商民來粵，亦圖貿易興旺，豈因此停歇乃爲各國之所願，有是理乎？來文所稱，彼此禮儀面晤一層，此事在前原屬可行，現在西提督既已無故動兵，此豈知禮儀者之所爲？現因西提督來省，遽毁炮臺，燒毁民房無數，傷亡百姓甚多，現在被難之民紛紛來轅，呈訴苦行，求伸寃恨，此時紳士不願，百姓强悍不服，不獨貴公使難以進城，即本大臣竟一時亦難於出城矣。此皆由於西提督任性有以激成之也。貴公使試再細思之。

清・夏燮《中西紀事》卷一五《庚申換約之役・附録・九卿科道諫木蘭疏》 奏爲迫切瀝陳，仰祈聖鑒事，本月二十四日，命內廷王大臣及奏事各堂官，閱看硃筆，有暫幸木蘭之説。臣等傳閲之下，實深皇駭。竊惟京師爲根本重地，宗廟社稷、百官萬民之所在。皇上一旦爲巡幸之舉，則人心搖動，京師必不能守。且八旗、緑營官兵，其父母、妻子、室廬、墳墓皆在京城，能保其無離散之心乎？萬一六龍雲駕，而兵心瓦解，此時欲進不能，欲歸不得，皇上將何以處此？現在夷人犯順，要求百端，其實夷兵不過二萬餘人耳，其斷不能擾吾疆土也，明甚。若使乘輿一動，則大勢涣散，夷人藉口安民，必至立一人以主中國。若契丹之立石敬瑭，金人之立張邦昌，則二百餘年祖宗經營締造之天下，一旦拱手授之他人，先帝付託之謂何？皇上何以對列聖在天之靈乎？且一府一縣之守令聞警出城，地方立見潰散。況萬乘之尊，都城之重，而可輕於舍去乎？臣聞嘉慶十八年林清之役，仁宗睿皇帝方幸木蘭，聞警即日反蹕。當日且聞警而返宮，此時豈聞警而出幸乎？況現在逆夷之勢不及當日各路教匪之猖獗，奈何輕棄根本，自貽隕越耶？臣等謹按：北宋牟駝岡之役，白時忠、李邦彦等請幸襄、鄧，以避敵鋒。李綱力主守城之説，遂以卻敵。前明土木之變，徐埕主南遷，于謙曰：『京師天下根本，一動則大事去矣。』遂立十八團營而京師安定，此不遷而存者也。金哀宗奔河北而金亡，元順帝奔和林而元亡，此播遷而亡者也。前史具在，遷與不遷，其效可睹。今日之事，萬不至如前史之甚，獨奈何出此下策，自取阽危哉？爲此策者，必曰：『聖駕時巡，仍派重臣監國，俟掃盪廓清，奉迎反蹕。』殊不知，皇上一出，都城無主，伏莽生心，蕭牆變起，種種危亡，翹足可待，又安往有掃盪廓清之日？況木蘭一隅，又何足恃？我能往，寇亦能往，設逆夷以勁旅相追，則以有所馮藉之京城，轉以爲未能抵禦，豈中塗人心潰散，而能資其得力？此不待計而決者也。昨奉宣示諸臣，京城內外傳説紛紛，閭井警皇，人無固志，恐滋內變，不可不防。仰懇皇上暫行還宮，激厲將士，嚴籌守備，以固衆志而釋羣疑，並求宸衷內斷，不爲浮言所惑，宗社幸甚！臣民幸甚！臣等受恩深重，未敢緘默，激切冒陳，自忘狂戇，敢乞皇上聖鑒，不勝悚皇屏營之至！謹奏。

太平天國運動部

綜述

從金田起義到定都天京

清・張德堅《賊情彙纂》卷一《首逆事實》 首逆僞天王洪秀全

秀全廣西潯州府桂平縣大黄江之思旺墟人。廣西潯梧一帶土著者少，墾山貿易多廣東人，秀全實廣東花縣籍，現年四十三歲。身材魁碩，赤面高顴有鬚，粗通文墨。素無賴，日事賭博多蓄亡命，以護送煙土洋貨爲生，往來兩粤及湖南邊界，得商賈謝貲，益事結納，楊秀清、蕭朝貴、馮雲山皆其黨與。初因辦剿㖼夷逆黨，旁覷營伍廢弛，欲行叛逆。起首由馮雲山在桂平縣土豪胡以晄村内傳天帝教，拜盟僅三十餘人。嗣夷務平定，遣散之勇多歸之，漸聚衆至三百餘人。曾經地方官訪拿，秀全等伏匿深山，蓄髮至尺許迄未弋獲。未幾李沅發滋事，廣西巡撫鄭祖琛，招敢死之勇合剿，即係此股，應募打仗，較官兵得力，然坐是益驕。楊秀清尤譎詐有才，遂同羣醜密計，詭稱天父下凡附體，造言煽惑。於庚戌年十月，以三百餘人自白沙至金田村倡亂，首陷桂平、平南、賀縣等處，搜刮貲糧，裹脅壯丁，兼擄婦孺。每至一村，必盡焚房屋，絕百姓顧念，勢必隨行。旋陷修仁、荔蒲諸邑，勢日猖獗。秀全僭稱天王，楊秀清稱東王，蕭朝貴稱西王，馮雲山稱南王，封博白富戶韋正爲北王，桂平富戶石達開爲翼王，假其貲財起事，故加以王爵。官兵堵剿，互有勝負，惟脅從日衆，敗竄之後，不久復熾。當踞永安州時，困守半載，誠釜底游魂。詎乘間宵遁，反施詭計，傷我四鎮，直逼桂林。旋陷全州，及湖南道州，攻撲長沙。我軍屢勝，乃竄岳州，水陸東下，猝至湖北。壬子十一月十二日陷漢陽，十二月初四日穴地攻城陷武昌省，分股陷黄州。提督向榮軍薄城下，楊秀清、韋正、石達開抵拒屢挫，知武昌不可守，癸丑正月初二日，秀全等遂率醜類下竄，佔踞武昌省城僅一月。初至湖北，勢甚窮蹙，既得武漢，所獲貲糧軍火不可數計。自益陽至蘄州武穴，所擄民船戰船約數千艘，新擄男婦約五十萬人，旌旗偏野，帆幔蔽江，至此竟成燎原之勢。官軍寡衆不敵，望風披靡。正月十七日未刻，賊前船至安慶，戌刻卽陷，屠擄四日而去，直奔江寧。二十九日至聚寶門，初十日外城陷，次日內城亦陷，駐防兵巷戰，靡有孑遺。二月二十二日，分股陷鎮江府，旋陷揚州。秀全遂改江寧省爲天京，僭立宮殿朝儀，偏布僞書，廣署僞官。

清·李汝昭《鏡山野史》　粵東人擁號稱尊，曰：天德皇帝，僭號太平天國。【略】並出一班英偉文武全才，輔佐太平王，積草儲糧，招軍養馬，收聚天下勇衆，如蜂蟻從王。自道光年起兵粵西，摧敵勢如破竹。

越咸豐二年壬子六月，由全州入楚疆，破道州，搶郴州。七月二十七日粵兵輒抵長沙，詐稱九江營兵，來石馬鋪。此處先有官兵三千，鄉勇四百八十名，鎮台協台均此扎營防堵。比聞九江大人兵到，各官皆出迎接，引虎入門，變起倉皇，官軍無所措手，首將鎮台等官斬訖，大殺一陣，傷官大小九十員，折卒一千七百餘。城內聞變，卽刻封門，抛火出燒城外鋪屋，只剩南門碧湘街未燒。粵兵直攻南門，城上官兵扎營守禦，攻至八月初三，城不下，粵兵退踞南門外履升當、馬宅城南書院等處。十九日酉刻，烏雲滿天，星月無光，忽焉天空曉亮，明如白晝者，約有一刻之久，舉頭東望，但見烏雲裹面，閃出一物，色白形圈，大如圓月，洩走西南，流光未盡，隨後天炮一聲，似雷非雷，過後訪知處處，咸謂皆見皆聞。二十日，本朝提督向放炮於南門上，將履升當等處均行轟裂，又放炮於天星閣，直向社坛嶺粵兵巢穴，比傷粵兵數（伯）［百］。二十二日，粵大將洪全帶兵萬餘，架船到省，扎營金盤嶺、豹子嶺、洪恩寺等處，放銅炮攻毀南門城垛丈餘，乘機（抓）［扒］城，城上官兵鄉勇死拒方退。至九月十九日，白露州一戰，粵兵先伏柳林出奇制敵，要殺官兵無數。然粵兵雖銳，怎奈星沙城固，守禦甚嚴，援兵雲集，力難遽破，兼以相（待）［持］數月，軍糧莫繼，油鹽柴炭皆缺，只得解圍而出。由寧鄉旱路一線戈（茅）［矛］指益陽。九月二十二日，平益陽。益邑當鋪大店服物金銀米糧，並資江大小船隻，擄洗一空。十月初三兵出臨（淄）［濱］，過洞庭。初五日，踏破岳陽。初七日祭起吳王炮藥，從岳州起程，千舡健將，兩岸雄兵，鞭敲金凳響，沿路凱歌聲，水流風順，計數日駐營鸚武洲。是時我湖南客商，正值貿漢將歸，心擬粵兵久圍長沙，不得遽離湘水。豈意粵兵十月初旬架船順江下，客商挽舟逆流上，（俠）［狹］道相逢，躲閃無地，大網收來，漏網者三分之一耳。迨後沿道逃歸者有之，至今在彼爲千百總官者亦不少。十二日，不崇朝而掃清漢陽，取之猶反手也。休兵幾日，用艨艟大艦排擠江心，取鸚武洲木條，漢陽城內板片，面搭浮橋數座，直貫武昌城下，以便走馬行兵。復遣精兵緊圍武昌，東南西北九門，扎營守把，使城中水滴不通，又於西門外暗掘地洞三路，入城牆脚裏，每洞安放火藥千百斤，用竹竿通節，牽引出外，緊閉洞門，正猶準備機關擒猛虎，安排香餌釣鰲魚。臘月初三日，粵王令出，各營三更造飯，四更大兵渡河，五更點放地炮，霹靂一聲，轟裂城牆十餘丈。大兵乘機入城，粵軍又隔江造飯，時時遞送破城邊，兵之飢者出城吃飯，飽者入城相攻，進出紛紛替換殺人，如此者數日。可憐滿城官兵商賈士民老幼男女，哭天無路，搶地無門，或迎兵刃死，或投池堰而亡，或服毒死，或懸梁而亡，命畢一時，玉石俱焚矣，嗚呼慟哉！武昌城內尸填街巷，血流盈渠，自此粵軍威聲愈振，故兵不血刃以下黃州，一路望風而平。越咸豐三年癸丑正月，粵兵由黃州起程，至九江破關而過，下經安慶，（憮）［蕪］湖、采石磯，一路直搗南京，架雲梯，用大炮，二月破城殲衆，官吏授首，勢若摧枯，粵王遂據南京。既得南京，如龍歸大海，虎負深山，打破一路州郡府省，放盡檻中囚犯，皆感恩出力。維時，約擬百萬雄兵，三月、四月分兵進取江西南康、吉安等府，又遣多兵遏絕各省解京糧道，糧道不通，京師震動，部內部外官僚送回家眷，閒員學士散歸大半，京城一空。只有近京之地，由海道運糧不多，故京城米價八十餘文一斤，油鹽柴炭，貴不待言。此是安化縣城舉子楊春旂，去秋進京，今夏逃歸，來我二都，備訴京城情形如此。

清·樗園退叟《盾鼻隨聞録》卷一《粵寇紀略》　洪秀全者，廣東花縣人，生於嘉慶壬申歲，長鬚蜂目，面闊身肥。本係鄭姓，父母均早歿，有一兄一弟，娶妻賴氏，生有一子，以宣卷治病度日。於三十一歲七月內，因患傷寒身死，七日屍尚未冷，忽躍起若無病者，自稱有神人引至天宮，得配天妹正月宮。傳授真言並賜寶劍一口，名雲中雪，寶璽一顆，名度世真符；邀人同往深山石穴内尋獲劍璽，詫爲天授。劍以鐵鑄，長二尺許，鈍無鋩刃；璽乃銅質，廣不及三寸，繆不成文，攜回家内，夜輒放光，愚民信以爲真，羣相敬奉。二十五年到廣西，投入會教，適洪德元病疫死，遂冒其姓代爲教首，在桂林、平樂等處，仍以誦咒治病爲名，村民疾病，持劍焚符，往往得愈，哄動一時。復附會天主教，自稱天父火華第二子，耶穌之弟，下界治世。編造讚美經文，捏稱下元轉運，紅羊劫數將臨，兵死應劫者魂得升天，受享快樂，廣行誘煽，黨羽日衆。與潯州府人馮雲山即馮湙、韋昌輝即韋鎮結爲死黨。

馮雲山年三十餘歲，頗通文義，幼年曾入縣學，假造妖書，有散劫真言、歸元寶誥等名目，又創爲天律十六條款、太平制詔軍書，各處傳習，晨夕跪誦，令富者助銀入教，許其來生獲利百倍，鄉愚被惑，施者雲集，積貲數十萬。

韋鎮亦三十餘歲，家財富厚，賦性凶横，報捐從九品，尚未領有部照，先於門首懸掛登仕郎匾額。縣令素艷其富，飭差查訊，脅取巨賕，韋挾忿圖報。本與馮雲山同鄉素識，投入其黨，馮勸其散財結衆，數年間聚至二千餘人，分立隊首會隊首名號，抄本作分立會首隊首名號。私造僞印僞劄，約期舉事。經生員胡某等十餘人聯名赴官出首，桂平縣賈令密派幹役杜雲、周貴率領兵勇乘夜圍拿，洪秀全、馮雲山、韋鎮均就縛搜獲經咒妖書砲位軍器各物，解送潯州府審辦。

是時廣西巡撫鄭祖琛年老昏憒，素性柔懦，最恨地方官查拿逆犯，接賈令稟報，嗔其多事，即行撤任，因係顯宦族人，僅免參劾，記過者三。潯州府知府顧元凱進省面稟叛案，鄭祖琛垂頭閉目，置若不聞，顧惶駭辭出，退謁潘臬，俱笑而不語。因赴左江道陳啓邁處述其事，陳赴省詢問兩司，始知鄭祖琛先接大學士穆彰阿信函，囑其設法解散，不可輕易入奏，自取咎戾。遂立意隱庇，凡遇叛犯，概行開脱。顧仰承意旨，將各犯發縣看管，並未審訊，即令取保釋放，此二十七年八月内事也。後鄭祖琛獲罪遣戍時，將穆彰阿原信送與賽尚阿等閲看，見者無不痛恨。

洪秀全因黨羽已衆，雖經釋出，恐復爲他邑查拿，率其醜類，仍回廣東，在佛山鎮立寨，搶劫附近村邑，積貲愈多，聚黨益衆。楊秀清者，本名嗣龍，年亦三十餘歲，湖南衡州府人，其父楊大朋因傳教聚衆伏法。秀清自幼發配廣東，遂爲嘉應州人，目不識丁，權詐百出，青眼黄鬚，形容極凶惡，與秀全一見如舊識，結拜弟兄。廣西武宣縣人蕭朝貴，係秀全妹壻。貴縣人石達開、林鳳祥、秦日昌、湖南衡山縣人洪大全、何星金、廣東揭陽縣海盗羅大綱、嘉應州人魏得貞、劉勝芳、陳世寶、潮州人尹興邦、嚴懷庸、林紹章、吉文元、何震川、福建晉江縣人黄啓芳、黄文安、黄貽楨、黄懿奎等相糾結。又有汪得勝、孫寅三、傅毓賢、黄開元、李俊章、李壽輝、宋日剛、曾立滄等均入其黨，列爲隊長。楊秀清詭計極多，其父本以傳習邪教獲罪，家藏逆書，附會經咒，散播妖言，倡稱太平真主出世，因勸秀全起事。

佛山鎮頂有白龍大王廟，素著靈異，香火甚盛，秀全於三十年正月初一日，同楊秀清、馮雲山、韋鎮四人到廟拈籤，得上吉句云：『片帆直下走千里，立馬江南望江北』，侈爲神助，決計舉事，散財糾衆，各處裹脅，聚有五六千人。因廣東兵勇强悍，火器精鋭，料難得志，密與大股土匪梁亞四、淩十八等相約，助以貲財，令在廣東滋事，牽制官兵，遥爲聲援。自領羣賊復回廣西，部署頭目，各給僞職：以楊秀清爲僞都督，蕭朝貴爲僞先鋒，馮雲山、韋鎮等俱爲僞將軍，又有丞相指揮等名目，分領賊衆。適有土匪范雲齊、楊元貞糾集千餘人，附入其夥。陸川、博白、武宣、象州等處人心蠢動，黨附日衆。

時秀全潛匿平南縣胡依晄家，秀清迎至武宣縣東鄉，祭旗起事，遂於八月十三日二更後襲破平樂府，冒雨扒城而入，閉門拒守。分路招集附近游匪，有羅新標、何慶祥、王名成、吕功盛、孟德恩等陸續投入。遂派韋鎮、宋日剛留三千人踞守平樂，楊秀清率賊攻撲鬱林州，連營七座，每座千餘人，毒餤猖獗，遠近震動，官民閉城守禦，相持十餘日，有北流縣武舉人金廷彪糾集義勇前來救應，賊遂解圍去。

咸豐元年正月，賊擾桂平平南。五月，竄入象州境中坪等處，烏都統營其東，總兵經文袋營其西，三戰皆捷，賊遂分作數十股，沿途擄搶，殘破地方。上特簡大學士賽尚阿爲欽差大臣，率同都統巴清德、達洪阿帶領火器、健鋭各營，並調吉林索倫勁旅馳往堵剿；並授順天府尹鄒鳴鶴爲廣西巡撫，馳驛赴任。因李星沅遲誤事機，半年以來，賊勢徧處蔓延；賽中堂操守廉潔，遇事謹慎，素爲朝端碩望，因久任京秩，未識外省情形，軍務尤不甚諳練。烏都統忠勇過人，果敢善戰，賊衆畏憚，派爲北路翼長。湖北提督向榮赴粵協剿，素得兵心，身先士卒，所向克捷，爲南路翼長。兩人意見，時有不合。

賊衆大股屯聚金田，分出一隊五千餘人，將擄掠之子女金帛軍器糧餉，陸續運入，據爲巢穴；其地周圍五十餘里，萬山環抱，羊腸曲折，僅通一徑。向提督定計進攻奪隘，賽中堂撥派兵勇四千人，抄本作撥派兵勇萬餘。命與巴清德同往。賊於隘口山路陡絕處，揠掘深坑，徧埋竹簽；又在山麓厚築土牆，排列砲位，竭力抗拒。官兵稍近，即從牆內施放鎗砲，屢有傷亡，難以得手。向提督與巴都統會商，令其督領大隊，緊守隘口，以防逸出；自帶湖北兵六百人，從山後扒入，放火爲號，乘賊衆驚惶之際，兩頭截擊，可以一鼓而殲，彼此約定。向提督於月黑夜足躡草履，率領親兵，越嶺翻山，攀躋而入，登山放火，喊聲震地；賊在睡夢中倉皇失措，不知兵從何來？爭先逃竄。巴都統望見火起，恐賊被趕突出，乘馬先退，兵勇同時奔潰，鍋帳砲位糧食輜重，盡行抛棄。賊衆正在奔逃之際，忽見大營官兵紛紛四散，反從後喊殺追趕，遺棄軍資，悉爲賊有。向提督從金田追出，賊已遠去，失此機會，巴都統驚悔而死。

賊由大黄墟分兩路攻撲永安州，閏八月初一失守。十一月，賽中堂督率諸將進攻，賊分守城南水竇村爲犄角；洪秀全等均在城內，餘賊分列四營，在東西南北四門外屯紮，蕭朝貴、石達開、馮雲山、羅大綱各管一營，與城中相接應。賽中堂移營離永安州一百二十五里，禁旅勁兵，環列擁護，軍威頗壯。向提督距城五里紮營，連獲勝仗，將西北兩門賊營攻破，羅大綱、石達開均受傷避入城內，賊勢少衰，賽中堂飛章報捷，保舉大營員弁七十餘人，兵卒賞戴藍翎者二百三十餘人。湖北標兵不肯出隊，向提督手刃二人以徇。相持二十餘日，二年正月，四路進攻，燬東北角砲臺兩座，參將李廷楷陣亡。二月十七夜，賊撲壽春營，僞丞相秦日昌距守仙回嶺。十八日，烏都統生擒洪大全，斃賊二千餘人。賊因城中糧米罄盡，先於城內埋伏地雷火砲，黑夜全股從南門退出，官兵爭先收復，地雷轟發，聲聞數十里，傷亡參遊以下官弁三十餘人，軍士死者甚衆。向提督將逸出之賊，悉力窮追，奔馳二百餘里，天雨路滑，鍋帳未至，在山頂草棚暫歇。烏都統帶領五十餘騎，飛馳而至，向提督約會探明路徑，分頭跟追，烏都統不肯下馬，揮軍直前，向提督叩馬力阻不允。俄總兵長壽等各帶兵勇齊進，賊衆屯紮大洞山，極爲險峻，在山僻窄路四散埋伏，率衆回戰，徑仄地滑，人馬擁擠，不能排隊，鎗砲亦不能施放，衆賊赤脚短刀，前後圍裹，肉薄鏖戰，總兵長壽、長清、董光甲、邵鶴齡暨親隨兵弁數百名同時隕命。四鎮俱百戰之將，闔營喪氣。

三月十四日，楊秀清率賊萬餘，從平樂小徑逕撲省城，韋鎮率賊繼至，巡撫鄒鳴鶴、布政使吳鼎昌、副將馬龍聞警閉門，登城守禦。飛咨向提督進城協守。向提督知省城緊要重地，一有疏虞，全省瓦解，僅帶親隨六騎，間道疾馳，巳刻入城，午刻賊已布滿城下矣。假用令箭，詭稱援兵，賺開城門，城上人識其詐，用大砲轟擊，賊始退走。烏都統率兵踵至，僅領馬隊三百餘名，身先士卒，直擣賊堅，力戰逾時，殲斃悍賊無算，衆寡不敵，馬亦受傷，潰圍而出，右脇及腰肋均受砲傷，鉛丸陷入肉內，熱毒內逼，醫治罔效，回營二日而歿。烏公滿洲世將，忠勇性生，奮不顧身，每戰必捷，粤人無不悼惜。賽中堂統領大兵在陽朔縣安營，離省城一百五十里。賊衆竭力攻城，百道俱進，城中僅有鄉勇及各衙門差役不滿二千人，鄒中丞、吳方伯終日登城撫慰。在籍翰林院修撰龍啓瑞親督團練助守。賊攻文昌門幾陷，分布雲梯數十架，蟻附而登，城上用滾油澆下，著身即爛，死者數百人；又砍伐大竹製造呂公車，高與城齊，數十人立其上，向城點放鎗砲，城上用長竿縛火炬燒之，賊多墜死，無計可施。僅在象鼻岩向城轟放大砲，鉛丸飛入城內，將撫署大堂簷打塌。相持三十一日，城中本乏糧米，賊首大營在文昌門外，吳方伯夜間縋人出城，在數十里外購買糧食，從北門運入，賊知守備嚴密，乘夜解圍去。遂由興安攻全州，寶慶都司武昌顯率所部會同知縣守禦，賊用地雷轟破西門而入，殺掠甚慘。鄒中丞日夜巡城，目不交睫者匝月，省會重地，得保無虞，士民感戴。賽中堂誤聽蜚語，連章劾罷，輿論冤之。

斯時賊衆已有五六萬人，附近州縣多遭抄掠，粵西素少儲蓄，洪秀全會集羣賊商議，仍欲回竄廣東；楊秀清原籍湖南，熟悉楚省情形，力勸赴楚。適有郴州土匪李年通率領三百餘人到廣西入夥，願爲嚮導，大股賊衆，遂於二年五月全數竄出粵境。

又　卷二《楚寇紀略》　咸豐二年五月，粵匪竄入湖南。先於四月二十五日，抄本五月作三月，四月作二月。在永安州城内殺牛馬各一稱祭天父；洪秀全製造繡龍黄旗一桿，僞稱太平天德王，封派各賊僞號，楊秀清爲東王，蕭朝貴爲西王，馮雲山爲南王，韋鎮爲北王，抄本北下缺王字。胡依晄（晄作光）爲豫王，宋日剛爲燕王，石達開爲翼王，羅大綱爲懿王，製造僞印，分設將軍、丞相、軍師、指揮、檢點、總制等名色；又有監軍、揮禦等號，抄本無將軍、檢點、總制等名，而在指揮下有旅帥、司馬。將搶掠婦女盡抄本作悉。行放出，糧食衣物不便攜帶者放火焚燒。二十二日，有頭捆紅布騎馬賊五六十人出城探路，城中吹號鼓角，喧擾竟夜。二十三日辰刻，有青旗一隊從東門出。二十四日，又出紅旗一隊。二十五日，又出白旗黄旗兩隊。午後續出黑旗一隊。每隊二千五百人，詭稱萬人，均有僞將軍一人，頭戴黄風帽騎馬率領，馬後各有繡龍方旗一桿，『繡龍方旗』抄本作『尖角繡旗』。復有押隊騎馬十餘賊。『十餘賊』抄本作『賊目十餘人』。又有另股賊目五六人，各領一小隊，約四五百人，先行探路，沿途搶掠糧食。二十七日黎明時，洪逆『洪逆』抄本作洪秀全。率領大股賊匪約抄本無此字。二萬餘人，馬隊五六百人，放砲鳴鑼，坐轎出城，各門縱火燒毁房屋，煙燄蔽天，全隊擁護而去，向湖南進發。向提督帶兵勇六千餘人由桂林馳至，從後尾追。

初十日，賊入湖南境，分作二股，楊秀清、韋鎮率悍賊萬餘捲甲疾馳，從常寧、耒陽一路撲衡州府；洪逆率蕭朝貴帶領大隊，從湘江一路攻圍永州。其意以爲衡州一破，可以直達長沙，永州一破，可斷楚粵往來之徑，一係進取之地，一係退回之路，賊中謀略，未始無人。

先是楚省聞警，附近諸城均有準備，楊秀清攻逼衡州，離城九里紮一大營，中立紅旗一桿，夜則懸燈；四圍紮營九座，每日派三營賊兵輪流攻打，城上鎗砲齊發，矢石如雨，擲出石砲，韋鎮受傷；又乘夜縋人放火焚燬北面賊營三座，燒斃僞將軍劉勝芳，城垣堅固，守禦嚴密，相持逾月。洪逆率羣賊攻撲永州，城中亦悉力拒守，適陰雨連旬，賊營火藥潮濕，鎗砲不能施放，城外濠溝闊四丈許，雉堞亦完整堅實，圍至五十餘日，兩城俱不能克。洪逆欲退回廣西，秀清以湖南魚米之鄉，連年豐稔，可以到處搶掠，持議未決；隨營羣衆均欲回粤，遂傳令插旗向南，拔隊退走。此二年六月事也。

道州城離永州一百五十餘里，有巨紳何姓，平日爲暴鄉里，居民畏如狼虎。編修何紹基其母夢與猨交而生，因自稱猨叟，《夷堅志》所載道州婦女多生猨種，確然可證。本係畜類，凶惡無人理，借防堵爲名，逼詐富戶，赴官呈訴者紛紛不絶；因與州牧王君爭論，當面叱罵，王牧不能堪，將何紹基劣迹逐款開列，通稟上司，繳印辭官。貢生何慶官更名何見機，私赴賊營，洪逆探知虚實，派僞指揮蔡定祥、僞總制黄懿奎、僞宗職楊慶寶帶領五千人，於十九日二更後兼程前進，何見機爲嚮導，二十日辰刻徑撲城下，從北門直入，登時失陷；王牧以地方官被紳士辱罵，無顔臨民，攜印進省，得免於難。提督余萬清督兵在城防堵，亦屢被何紹基叱罵，變生内應，不及抵敵，棄城退走，賊衆分據各門。二十二日，洪逆率羣賊俱至，分賊一半在城外紮營。何見機取州牧坐轎，懸掛綵繒，使人舁出城外，迎洪逆進城。

賊因蔡定祥到楚後首先立功，僞封秋官丞相，何紹基之幼女年甫及笄，已許閩中黄姓，蔡定祥强逼爲妾，即住何宅，羣賊往賀，設宴演戲，搜取何姓家内婦女十餘人，逼令侍座侑觴。有一孀婦哭駡不肯，剥去衣袴，合羣賊輪姦致斃，其餘俱陪座侍飲，羣賊醉後，謔浪調笑，摟入懷中，疊股接唇，無所不至。諸婦女赤身裸體，忍恥受辱，鞋盃口盞，獻媚承迎，豐乳低垂，纖鉤高舉，備極醜態，見者歎息，指爲平日暴横之報。

賊衆搜取銅鐵各物，製造大小砲位三百餘尊，衣服揀取紅、黄、藍三色，改做齊膝短衣，餘俱抛棄。有投入之薛廷贇、江漢雲、陸其沅等，均授揮禦僞職。招集揠煤夫一千餘人，每人月給銀十兩，使掘地道攻城。因初入楚省，未識道路，防有官兵堵截，在道州城内閉門不出者半月，分出一隊取道江華、寧遠破嘉禾縣，何見機獻其家幼女四人於洪逆，又誘脅二千餘人送入賊營，洪逆大加寵信，設立道州大旗營，即令何見機帶領，裝作難民乞丐遊方僧道各處踹偵路徑，並探官兵消息。又有土匪陳四、陳大糾夥投入。

七月初七日，破永明縣。初八、初九兩日，連破藍山、江夏二縣，民已搬徙，官亦逃避，僅得空城。二十三日，道州城外賊營插旗向東北方賊目誦咒吹號。二十四日，拔營出城，羣賊分隊而去，數十里中糧食金銀搜刮罄盡，婦女幼童悉行棄去。

二十五日，攻圍桂陽州，前隊先到，城上燃放大砲，殲斃黃風帽賊目一人，賊用道州煤夫開掘地道，用地雷轟擊，城垣迸裂四丈餘，賊衆冒煙突火從東門入，知州李啓詔罵賊被害，留偽監軍陳世賓踞守。

二十八日，破永興縣。二十九日，破郴州。八月初四日，破醴陘縣。各邑望風奔潰，連破茶陵縣、嘉禾縣，穿城而過，未曾停留，僅分後隊千餘人搜取糧米。

初八日，進攻長沙，在城南紮一大營，分賊踞守妙高峯鰲山廟高阜。十二日，蕭朝貴率領羣賊齊至環城結營，向城點放巨砲，聲震數十里。新任巡撫張亮基途中聞信馳至縋城入，總兵和春、常祿暨議敍知縣江忠源各帶兵勇先後踵至，軍威漸壯。九月二十九日，賊用地雷轟開南門魁星樓，城塌四丈許，羣賊蜂擁而上。參將張協中當先堵禦，中槍陣亡，副將鄧紹良從城塌處躍出，大呼搏戰，手斬執旗前導一賊，右臂受傷屹立不退，弁兵齊力截殺，陣斬黃衣賊目一名、長髮賊一百餘人、短髮賊二百餘人，賊始退走。天已薄暮，兵勇連夜將城垣修整。十月初二日，金鷄橋地雷又發，總兵和春力拒之。十六日，南門地雷復發，悍賊突入，爲副將瞿騰龍斬於門側。城中用空棺實土填補，立時築起，門板階石，悉舁城上備用，沿城四圍添挖濠溝，引水灌入。蕭朝貴在南門外相度，城上猝發大炮殪之。朝貴乃洪逆妹聟，偽封西王，係大股賊酋，羣賊奪氣，痛哭舁屍去。秀清聞朝貴已死，遣其黨李開芳馳至，在西岸厚築土牆土壘，聯絡諸賊，併力攻城。有勇首魏姓帶同十二人，從女牆躍下，直前搏戰，殺斃五十餘人，鄉勇僅傷二人，城中拿獲奸細二人，搜出太平偽示二張，立卽梟首。向提督率守備張國樑赴救，營於嶽麓山，提督秦定三帶兵亦至，援兵四集，城中糧米充足，火藥亦多，極險數次，危而復安。賊營夜失火，焚燒輜重，疑爲官兵劫寨，自相踐踏，死者數百人。在籍辦理團練生員羅澤南亦率衆來援，賊知城不能下，十九日夜解圍搭浮橋，偷渡湘江，由回龍塘嚮南而去。攻破寧鄉縣，殺掠甚慘，參將紀冠軍陣亡。

洪逆分派賊黨各路誘脅，土匪聞風麕至，以廣西隨來者爲舊兄弟，湖南投入者爲新兄弟，聚至十餘萬人，在臨資口擄船三千餘隻，渡洞庭湖，適遇順風，一日夜行七百里。十月初四日，圍岳州府。岳州城臨大江，險峻可守，有湖北提督博勒恭武督兵防堵，不意賊衆猝至，倉皇失措，棄城而去。捐納員外郎張姓富甲一郡，僱募鄉勇，協同防守，賊尚未至，先遣人迎獻銀物米穀。知府廉昌素得民心，登城守禦，城上炮聲未絕，鄉勇已開城內應，立時失陷。岳州地本富庶，商賈輻輳，帆檣雲集，賊遂搶奪船隻，竄入長江，旬日間劫船五千餘隻，將小船改造大船，派黃生才、陳承鎔爲偽水師總制。

賊之初起，攻陷城池，臨行時婦女輜重不便攜帶者，每多拋棄，經過村鎮，亦只搜取糧食。自奪船入江後，少婦幼童盡驅入舟，寸絲斗粟，靡有孑遺矣。

洪逆座船上，船首裝一龍頭，飾以金彩，柁間裝一龍尾，僭稱王船，遍插黃旗，兩旁排列砲位十餘尊，鉦鼓各一，硃漆蟠龍棍大小各二。餘船均有號旗，五色錯雜，船頭俱插黃綢小旗一桿，用白線縫字，暗藏記色，夜則各船懸燈高竿，洪逆船上懸燈三十六盞，前後照耀十里，火光不絕。

十七日，順風揚帆陸續開行。二十一日，在姚家河遇風，沉没前隊船四十餘隻，溺斃千餘人。二十三日，在鯉魚套守風。自此以下，抄本所記不同。

二十九日，到漢陽府。十月初十日黎明時登岸撲城。十三日辰刻，用地雷轟破南門，賊衆衝煙突入，在城防堵之陝西副將朱瀚陣亡，知府董振鐸率領家丁巷戰被戕，漢陽縣知縣劉宏庚自縊，進城賊衆約萬餘人，大隊賊目仍居船內。十八日，陸路賊亦到，有四五萬人，攻陷漢口鎮。漢口乃五省通衢，爲四大鎮之一，百貨山積，優伶妓女，羣聚如雲，焚掠三晝夜，所獲財物以千萬計，搬運入船，遂搭浮橋貫以鐵索，直達武昌。沿江紮陸營十四座，船隻萬餘，分三處停泊，結水寨三座，每座相離五六里。

向提督追賊入楚，長沙解圍後，聞有進攻武昌之信，督領兵勇六千人，星夜馳至，先據蛇山紮營，連戰皆捷。十二月初三日黎明，出隊大獲勝仗，殺賊無算，自辰至申，鏖戰竟日，連破賊營九座，兵勇乘勝而前，銳氣百倍，踴躍爭先，賊衆奔潰，投江者屍骸重疊而下。向提督傳令，須將賊營盡行掃蕩，官軍歡呼動地，水寨各賊遙望股慄，不敢接應。正在得手之際，忽然大雨如注，平地水深尺許，泥淖没踝，站立不住，因撤隊回營，擬明日復戰。

是夜水寨賊衆砍斷浮橋，乘官兵無備，黑夜登岸，於文昌門安放地雷，悍賊數十人身披紅襖，頭捆黄巾，背插短刀，攀援而上。先將城上砲門填塞，從城躍入，齊聲大呼，地雷亦發，城垣倒塌，萬衆突入，天甫微明，大隊齊至，城中鼎沸。巡撫常公自盡，學政馮培元投江死，藩司梁星源、臬司瑞元、鹽道林恩熙、漢黄德道王壽同、前任鹽道王東槐、武昌府知府明善、同知周祖衘、江夏縣知縣秀麟皆死，武官及候補人員被難者復數十人。向提督聞報憤恨，阻隔大江，無舟可渡，賊衆閉城拒守。此武昌初次失陷，十二月初四日事也。賊初攻桂林者三十一日，圍長沙者五十三日，均未得破，此時攻陷省城，聲勢大震。

賊首衣帽均用黄色風帽，上均繡龍，靴用紅色，羣賊短衣及膝前後各縫方布一塊，有寫上天神兵者，有寫太平勝軍者，有祇寫左右前後隊者。城中富室俱揠掘地窖，埋藏金銀，並將婦女藏入地室。數日後有本地人赴賊營出首，遂逐家搜取，將油熬滾灌入地隙，被灼身死者無算。賊衆爭掠婦女幼童，當着大衆恣意姦淫，毫不知恥。前任山西知縣龔文傑家内婦女六人，被擄逼姦，抗節不屈，齊聲哭詈，有一少婦抓傷賊眼，立遭臠割，封取兩乳喂犬，並抽腸破肚，慘毒極矣。

賊又分出一隊萬餘人，船一千餘隻，順流直下。十七日，在鴨蛋洲失火，焚燒三十餘船。十九日，陷黄州府，城中守備本虚，一鼓即下，擄取子女財物，裝載數十艘，運回武昌。

洪逆在武昌城中度歲，將漢口搜獲之戲班十餘部，優伶二百餘人，連日演唱。城上派賊輪流瞭望，每日早晚向城外施放鎗砲，零隊賊匪往來不絶，官兵隔江遥望而已。賊之竄出廣西也，上以賽中堂辦理未協，交部治罪；命兩廣總督徐廣縉督師進剿。

女賊卞三娘凶悍絶倫，女兵千餘，俱廣西大脚婆，全用黑旗，殺戮最慘，向洪逆獻計，由襄樊一路直取河南，進據中原心腹。楊秀清覬覦江浙財富之區，欲由長江逕取江寧爲巢穴，爭論不絶，秀清遂托天父降凡，令其直犯江南。卞三娘因其言不用，率傾女兵自回廣西，不知所終。

三年正月初一日，洪逆在武昌城内拜天誦咒，放砲祭旗，預將各處擄得金銀珠玉洋貨綢緞裝運數百舟，幼女美童五六千人，盡載入船，令到江寧後分賞衆賊。初二日，毁拆衙署廟宇，搬運木料，堆積城門口，預備放火。初三日，秀清先出城登舟，各賊先後俱從城出，洪逆於初四日黎明，坐黄轎出城，各門同時舉火，難民被害者焦頭爛額，哭聲數十里。賊首船上俱用美童服侍，面施脂粉，繡衣紅鞋，每日鼓吹三次，舳艫銜接百餘里，聯絡不絶。派僞將軍陳承宗、黄文安、胡震川、李壽輝、傅毓賢等，由陸路沿江而下。在田家鎮停泊二日，向九江府進發。

又 卷三《兩江紀略》 初九日，賊船大隊俱到九江府，縱火焚燒木簰，搶取砲位軍資，不計其數。是日未刻登岸撲城，各門洞開，官民俱先遠竄，銀錢糧食亦搬運罄盡，僅有空城。巡撫張芾先在瑞昌縣入境要路防守，聞警避入九江城内，後聞賊船將近，乘夜逸去，遂城不守。

十四日，長驅直下船隻蔽江而至。十七日黎明，破安慶省城，城中未及準備，巡撫蔣文慶服毒未死，肩輿下帷，擡出轅門，突有一賊背插紅字白旗，操刀直前，用刀挑開轎帘，大呼是蔣麻子，連戳而死；蔣中丞平日無咎無譽，人亦和平謹慎，失守之故，緣兵權盡歸建瀛，倉皇之際，猝不及備。懷寧縣典史某身穿公服，立監門首罵賊被害，不意微員中乃有此人。庫銀十餘萬兩。抄本作數十萬兩漕米四十萬餘石，搬運入舟，又向富戶巨商逐家搜刮，五日始畢，寸縷無遺，派僞丞相胡依晄、僞將軍黄玉崑踞守。楊秀清於二十日出城，馬後有大方繡龍黄旗一桿，女元帥蕭三娘率領女兵數百人抄本作百名。隨身擁護，盡是廣西大脚蠻婆，前後不離，衆賊水陸齊進。二十一日，至池州府，經過未曾入城。二十二日，破太平府，穿城而過，未甚殺害，知府先逃，各官俱不知下落，遂由四合山順流而下。二十五日，破蕪湖縣。二十六日，總兵陳勝元率水師邀擊，砲沉賊船二十餘隻，晡後大隊齊至，衆寡不敵，陳鎮軍落水陣亡。

二十七日，僞都督黄生才前隊先到江寧城外，吹角鳴號，周圍看視，未曾近城，即行退去。二十八日，僞翼王石達開青旗賊、僞北王韋鎮黑旗賊俱到，分隊攻城，城上鎗砲齊發，賊即收隊不攻。是日城内搜獲奸細七人，廣西人一，湖南人四，抄本作福建湖北人各一。福建人二，俱斬首梟示。二十九日，賊大隊蜂擁至，陸路分紮二十四營，水路自戴勝關至七里洲賊船一萬餘隻，徧貼僞示，語言狂悖；南門外米行聚集義勇，協力拒戰，殺賊千餘人，賊於夜間焚燒房屋，遂俱逃散。官兵於聚寶門城上開放空砲，賊知守備空虚，外援已絶，攻圍益急。

二月初一日，楊秀清在城外東面搭高臺一座，插四色方旗，跪拜唸兇，卽向羣賊詭稱天父下凡，預告破城日期，揮衆攻城，百道俱進，城內各門均用土囊填塞。初十日，在儀鳳門外靜海寺中挖掘地道一百餘丈，安放地雷，抄本作安放地雷數十架。用火藥轟發，城垣坍塌，抄本作坍塌十餘丈。官兵冒死堵禦地雷連發，聲震天地，城塌五十餘丈。韋鎮爭先冒火突入，又分出一隊，從水西門扒城而上，大呼殺人，城上兵勇四散逃匿，羅大綱、孫寅三、黃生才、黃玉崑等擁衆繼至，登時失守。建瀛微服步行至雞鳴山欲自盡，抄本作在十廟地方遇賊。遇賊被殺，顋門偏左一傷，顱骨碎裂，左肩一傷，刀痕透骨。前任廣西巡撫鄒鳴鶴、提督福珠隆阿均被害，鄒公任粵撫時，力保危城，忽被賽中堂參劾革職，卒能以身殉國；建瀛身膺重寄，半籌莫展，坐誤事機，九京之下，有餘愧矣。上元縣知縣劉同纓公服坐堂罵賊求死，身受矛傷，投入署後魚池，賊欲毀裂其屍，忽冒血仆地，遂不敢犯，聽其僕收葬。紳士被難者工部主事吳廣、候選郎中章濬文、山西同知陳廷柏等，及孝廉生員數十人。前任總兵湯貽汾寓居城內，賦絕命詩投水死。賊首洪逆於十一日黎明進城，各門均派賊目看守，禁人逃出，街巷各插白旗一桿，上書三日後開門，照常行走買賣。又徧張僞示，詭稱歸順者並不殺害，進貢者概免搜查，闔城紳民閉門待命，看守北門之僞指揮鍾方禮，性頗慈善，准令民人出城逃避，霎時間男女擁擠，老幼踐踏，致斃者無算。

十二日，賊撲滿城，將軍祥厚、副都統霍隆武，閉城拒守，男婦悉上城助戰，志在必死，晡時城陷，將軍都統以下參領、協領、佐領、章京、筆帖式等三十餘員抄本作二十餘員。均殉難，男婦六萬餘人，抄本作四萬餘人。殺戮無遺，祇留未成年幼童四千餘人，抄本作三千。悉行閹割，連腎囊剜下，登時身死者十居其九；婦女年輕者六千餘人，押入貢院，每一號派一廣西大脚婆看管，日給米四兩。

賊衆先搜衙署，逢人卽殺，見門首貼有官銜封條者，均目爲妖，逐戶挨搜貲財婦女，抄掠罄盡；附城墳墓，並遭發掘。先殺一牛一馬抄本作一馬一驢。祭明太祖陵，後卽砍伐樹木，焚毀享殿；賊在廣西時詭稱明裔，以洪爲姓，至是將明祖孝陵殘毀，始知其僞。

賊首洪逆龍旗黃傘銅鉦數百具，迎入總督衙門，僭稱天王府，門前豎立太平天德黃旗二桿，照牆繪龍虎，添造高臺一座，兩旁掛銅鑼四十具，抄本作三十六具。又造牌樓三座，僞朝房二十四間。抄本此處有蕭朝貴住某地云云。刻本顯係後來修改者。楊秀清住將軍衙門，韋鎮住布政使衙門，馮雲山住鹽道衙門，胡依晄住東正街李宅，秦日昌住中正街董宅，羅大綱住協鎮衙門，石達開住東水關金宅。其餘各賊，或住衙署，或住民房，或住廟宇。居民競送米穀豬羊鷄鴨菜果等物，冀免殺害。

賊在淮清橋，搜獲妓女百餘人，抄本作五六十人。又在利涉橋搜獲戲班衣箱優伶二百餘人，抄本作數十人。均送秀清點視，再行分派。民戶店鋪分上中下三等勒令進獻。又設捐輸局，監生每名捐銀四十兩，將僞監照粘貼門首，卽免擾害。挑選精壯丁男，各給藍布號衣，中用紅黃白黑各色方布一塊，書寫太平二字，下寫前後左右軍小字，每二十五人有一僞司馬管帶，司馬亦從居民中挑取。老弱者以五十人爲一牌，編列號館，不許歸家。又設女館，亦以二十五人爲一牌，派女僞司馬看管，防守極嚴，卽夫婦母子亦不許相見講話。共分六軍，抄本作五軍。各設女僞監軍一人，抄本作僞軍帥。女僞百長十數人，每逢七日逼令拜天念兇，謂之悔罪，如遇茶飯，亦先下跪口稱：『小子跪地敬謝天父，日生日衆。』每逢讚揚日期，齊集誦兇，街前先設繪龍黃旗，上書『明日禮拜，各宜恭敬』，臺上羅列菓品餻點，中設淨水一盂，香爐一具，用黃緞包裹僞造經兇一卷，鳴鑼放砲，焚化新衣七件，抄本作二十一件。稱爲繳還天父。每做一事，必稱天父教訓，每殺一人，亦稱天父指令。賊首登高臺念兇，稱爲講道理，仰首向天，閉目側耳，形狀可笑。每次登臺必先說『弟兄姊妹皈依天父福氣好大』等語，可謂誕妄無能。各僞王俱有婦女十數人，抄本作數十人。傳話出入者均十餘歲女童，僞侯僞丞相以下，俱有婦女數人，以外概不准私藏婦女。抄本作概不准私藏婦女，並無俱有婦女數人等字。各處搜取十二三以上幼童，粗笨者派令打扇執傘，面目秀麗者，令敷脂粉，紅鞋繡衣，隨身服侍。最恨僧道，見者必殺，寺觀庵院盡行拆毀，磚石木料搬運城上，將城身加高四尺許。抄本作五尺許。又在明陵拆毀圍牆，砍伐數十圍大樹，沿城立柵，極其堅固。自十一日起，城中自縊自焚及闔門自盡者不計其數，無人收殮，穢臭難聞。

向提督聞警赴援，以張國樑爲頭隊，兼程而進，至九江無船可渡，向江撫借回空糧艘二十二隻，渡至東岸。二十一日，趕至江寧，結營朝陽門外孝陵街衛。二十七日，出隊攻城。三月初六日，向提督親自臨陣，直搗通濟門賊營，踹毁土壘三座，奪獲砲位臺鎗無數。抄本此處少數行。十一日，攻破鍾山報恩寺賊營。十三日，生擒偽總制陳占元，奪據鍾山。十七夜戰，火箭砲手飛入城内，秀清登城瞭望，朝陽門外有刀手賊千餘人，疑爲官兵，用炮擊死幾半。十八日，官兵大營二十四座，移近城垣，賊不敢出；復在觀音門外燒燬賊船一千餘隻，賊衆大驚，將城外餘匪調入城内，各門填塞木石，祇留兩路通出入。城外尚有賊營七座，官兵奮勇剿殺，斃賊三千餘人。向提督前在湖北剿賊，聞大股撲逼九江，飛咨徐廣縉約其星馳會同合擊，又知會陸建瀛囑其賊勢方張，切勿先行開仗，須三路大兵到齊，并力夾攻，庶可獲勝；徐廣縉沿途逗遛，畏縮不前，向提督連催十四次，抄本作十餘次。遲延不至；陸建瀛又聽信將弁之言，率行接戰，以久未習練之水師三千，當悍賊數萬，全軍潰没，一蹶難振。封疆大吏平日養尊處優，威福自專，一旦有事，昏憒謬妄，貽害生靈，令人痛恨。

二十二日，偽丞相胡依晄、偽懿王羅大綱、偽總制林鳳祥、李開芳、偽揮禦曾立滄等，率賊渡江，攻陷鎮江府，抄本此處無攻鎮江一段，該段移於攻下揚州之事以後。知府豫立欲閉城拒守，兵民逃散無一應者；駐防滿兵紛紛渡江，知事不可爲，遂躍入大江，流至下河灘漁船撈救得生。

二十四日，陷揚州府。先是揚州人江壽民，向鹽商富戶派銀十餘萬兩，買辦黄紅緞疋牛羊鷄鴨赴江寧餽賊，秀清給以黄綢龍旗一桿，令插在城上，又給偽示數十張，詭稱入城查點，秋毫無犯。數日後，有騎馬賊五六人，餘賊三百餘人進城，住較場旁火神廟内，並不滋擾，公平買賣，遇見乞丐，每給數百文。隔數日又有五百餘人進城，亦甚安靜。忽於二十四日夜間大隊突至，城内之賊放火接應，闔城沸擾，居民奔逃無路，被害之慘，目不忍覩。揚州富庶甲於東南，盡飽賊橐，抄掠一空。

清・江左明心道人《髮逆初記》 髮逆之興，肇自粤西桂平縣金田村民韋正也。是鄉有客民、土民之别，客民係粤東潮郡所遷，讀書是務，紳士居多。土民則心地樸實，業農者多，呼爲獞民，乃苗、猺、峒、獞四類之一，而韋正卽係土民，爲天誅教首，教内有男女千人。溯於道光二十六七年間大疫，教中人無一染者，於是投教日加，至數萬計。其里鄰之石貢生達開者，家道殷實，係客民，延教讀馮雲山，廣東人，與韋正同教。韋正始得入石生之門，每乘學生課罷，夜輒往談，漸益交密，慕列紳士爲榮，商之馮雲山，報捐監生，名韋長輝，喜有頂戴，倩紳題一匾額，以光門閭，嘲之曰登仕佐郎，覺而去之，羞怒交集而又不能列爲紳士，仇恨愈深，甚至誓不共戴一天，以爲有數萬之衆，何事不成，馮雲山遂薦焦大爲謀。

焦大者，湖南新寧縣人也，質本聰慧，一目數行，好論兵法，以諸葛自居，盜名曰亮。每於朔望，伺地方官謁廟，呈戰策而希拔擢，邑宰以其爲不安本分，考試屢不取列，是以至廣西桂平縣貿易也。渠曾遇妖人，給一竹箣，箣内有木匣一個，四十九日後，如事值疑難，詢能決答，焦亮近在縣城，邀之卽至。韋長輝爲逆首，以馮雲山爲偽左軍師，焦亮爲偽右軍師，發石達開家資造軍器，禁其全家。教中人不分男女，六十歲以上者令其自戕，十齡以下者責其父母致斃，以死爲上天堂，梟首爲掛紅，淩遲爲穿大紅袍，婦女大半不裹足，執迷爭上天堂，悍於男子，百數村莊付之一炬，由是頭裹紅巾爲號，不暇薙髮而蓄，讎殺諸紳，攻城焚掠爲亂。

南王，韋長輝偽爲北王，石達開以傾財故偽爲翼王。廣東尚有林十八一股，亦係髮逆，幾及萬人，約同起叛，爲葉撫軍名琛設計撲滅。廣西另有添弟會數股，呼會首曰阿哥，自萬餘人以及千計。有擇要路，强索商旅稅銀，質人勒贖者，有流擾河邑，助資而令出境者。張軍門國樑由此向化也，原名（加）[嘉]祥，廣東人，常赴廣西貿易，經過匪卡，被衆迫爲會首，出於無可如何。是以遇仗裹入官軍，有傷力爲醫治，愈則贈資給騎回營，官軍感而訂交，此投誠之苦衷也。

羣匪之肇也，由於巡撫鄭祖琛偏執好生，如決囚一名，必誦《金剛經》一遍。陽朔縣生員胡以洸、民人陸亞保等謀爲不軌，事敗，獲犯三百餘名，解省正法，鄭巡撫窮一日之力，僅誦經二十餘遍，正法二十餘名，其餘以苦於誦經，勒令紳士各保十囚而釋。此中多名，復爲髮逆，明火劫奪，拒傷事主者，一見申詳，立時參撤，州縣知爲重人命而不分良莠，勢必隱忍不言，坐視不理，粤西盜賊從此蜂起矣。繼又不能寬猛相濟，遂成滋蔓難圖，疊易大臣，未能得手。

咸豐元年春，上命賽帥尚阿督兵前往，夏抵桂林，分兵剿辦會匪，令大軍由猪子峽、風門坳、進剿髮逆。秋，屢獲大捷，逆勢窮蹙，棄巢敗走。有永安州捕役羅亞旺者，又名大剛，年過五十，本係軍犯，州牧令其帶守城勇，惡役乃暗結逆黨，引陷州城。向軍門榮因之褫職，棄而不用。官軍紮於州城北十五里之山口，名古排塘，逆日攻撲我營壘，有退入山口之勢。道人函謂廣西鄒撫軍鳴鶴曰：『統帶北路官軍，非向前軍門榮不可。』鄒撫軍飛函推轂。冬，賽帥令向前軍門榮統領北路官軍，給木質關防六品頂戴。向前軍門榮抵營，轉而爲捷，旬餘日步步移營進紮，直薄北城下，賽帥親督圍攻，復向軍門職。奈連朝陰雨，兩月有餘，逆又盡力死守，我軍日必進攻，互有傷亡，實難得手。是處東西山壘，南北通衢，南路係都統烏蘭泰堵截，逆情進退維谷，自至此間已斃悍賊兩千有餘，所存男女不過七八千衆，始悔此來非策。屢撻羅大剛，渠熟悉是方山谷居民，爲之招脅三千人以補其數，逆厚待之。

二年春，賊糧迨盡，不可久踞，兩路不敢衝突，城東里許有一水道，名古蘇衝，乘夜由此入山北路各軍追擊，路塞積尸，行不十里而至大峒，有湖南鎮篁鎮標官軍，見一少艾，趨欲輓之，婦正色而指曰：『你不拿楊秀清，楊秀清自此而悞。此婦滿腔怨恨，乃係被脅良民，惟言出倉猝，實洪秀全也。要我做什麼？』遂捨婦追殺轎夫而擒此逆。南路統領都統烏蘭泰因得逆竄消息過遲，安兵不動，帶數十人趕至，怒色厲聲，羞老變怒，自分副帥以向軍門不稟知賊逸故也。飛報賽帥云，伊戈什哈清語係左右聽差官兵也。全玉貴生擒逆目楊秀清，向軍門榮頗生疑畏，任其要功，不與之較。賽帥據報即行入告，以此不能改移，而全戈什哈不明統領用意，力辯非其所獲，被棍責四十，保升都閫。

都統烏蘭泰前在京師火器營，爲僧邸歷薦，簡任廣州副都統，復命帶隊赴廣西軍營，歸賽帥調遣，保升都統，賽帥早知其能，原期大用，每多信任，達鎮軍洪阿忠勇過人，令還京旗，是其嫉譖。其大峒有三峽，高直爲險，路悉盤旋，雨尚淋漓，各軍一日夜未食。向軍門榮謂將士曰：『天色已晚，我營紮此第三峽嶺，遏其退路，兵勇得以稍息飽餐，如其北竄，必過仙迴嶺，有總兵王錦繡、部員盧應祥，各山口有監司張敬修、許祥光、大令李孟羣、守戎張國良，各帶步隊分紮堵截，釜底之魚，不須過急，計可除也。』均以爲然，獨都統烏蘭泰以獲逆優獎，意氣愈揚，又非伊領隊伍，明知枵腹，立令追剿。翼長長鎮軍瑞卑禮苦口，以向軍門所議爲是。烏都統妄加苛黜，翼長憤其越分不馴，策馬前驅，其胞弟長鎮軍壽馳過兄前。翼長止之曰：『老母年逾八旬，遠未回旗，賴汝侍奉。』令其退後，伊弟不允，攜手前進。鎮軍董光甲、邵鶴齡繼進，向軍門榮、都統烏蘭泰、鎮軍和春、總兵劉長青、副將孔廣順，參戎馬龍、鄧紹良，遊戎虎嵩林，各統帶兵官隨之，悉至大峒東麓。前有隱約一旗，後二十餘賊，時已黃昏，不能細辨，山下橫有一河，北約數百衆繞河而來，向軍門榮令催隊伍，下至半山，相怨曰：『功屬他人，我們忍餓不能打仗。』一嘩而返。鎮篁兵也，天下勁旅此軍爲最，惟不能受屈抑，烏都統獲逆目之要功事小，而壞大局矣。頃逆至，僅董鎮軍帶豫省河北鎮標官兵百名，頗稱得力，而衆寡不敵。長瑞、長壽、董光甲、邵鶴齡四鎮軍皆戰歿。向軍門榮等退回大峒第一峽，值大霧始免。於是潰兵懼匿，餘將怯單，逆勢復張，軍威頓減。賊衆無後顧之虞，盡數北竄。賽帥知烏蘭泰情性改常，亦不甚悅。

全玉貴解擒逆至帥營，問其：『是楊秀清麼？』答曰：『楊秀清是我臣崽。』又問你是何人？曰：『我是天德王。』即擊掌曰：『這就是洪秀全矣。』逆見合營甚是欣駭，即狡曰：『我非洪秀全。』更欺詐云：『洪秀全是我兄弟，我名洪大全，我好飲，弟好色，我肯屈膝，弟則不能，我項上縛有鐵索，時獲大小賊目俱有短鐵纜挂項下，想是脫身之計，此次竄入山谷，窮蹙可知，若非兵潰定能一鼓殲除。弟兄不睦可知。』堅不吐實，未便刑訊。復思免脫，云：『現在弟已無路可逃，如令我去招其投順，必能聽從。』聞此欣以爲立奏膚功，令其作書數函，擬縛箭桿射入賊中，以冀受降。道人聞之轉陳曰：『知己知彼，百戰百勝，今四鎮陣亡，衆軍畏罪逃散，方虞去而復返，何堪引虎出山，此逆供係偽天德王，以楊秀清爲臣崽，其爲逆首洪秀全無疑，如置營中，非所宜也。』賽帥於次晨解逆入都，竟寢招降之議，奏報擒獲逆兄洪大全，沿途撥兵護解，籠禁寄監，至秋曹則愈不吐實矣。途中作詞，其一云：『寄身虎口運籌工，賊徒不識英雄，妄將金鎖縛飛鴻，幾時舒羽翼，萬里馭長風。一事無成人漸老，壯懷要問天公，六韜三略恨都空，哥哥行不得，淚灑杜鵑紅。』其二云：『踞身高臥日光紅，愁煞英雄，悶煞英雄，壯情都付碧荷筩。非是謀窮，非是途窮。仰天吁氣化長虹，萬願皆空，萬恨皆空，多時受制綠林中，大命將終，大運將通。』此狂妄語，非逆首而何？節經細審，賊內並無洪大全其名，從此亦無洪秀全其人，卽傳令僞稱，均改東王有令，不聞天王有令矣。先是洪大全解至長沙，新寧縣典史周穎初此係其號，未憶其名。問之曰：『汝是焦亮也。』答云：『我如今改名了。』有此數證，可知洪大全係洪秀全之假名，焦亮係洪秀全之真名，當無疑義矣。

向軍門榮於永安大營，請賽帥令免兵勇之罪，而收潰散之軍，剋帶北馳，以期迎頭截擊，孰意仙迴嶺之防兵及勇，各千五百名，竟無所用，統帶各官，終日醉鄉，險要之木卡塹坑二十餘處，同時平燬，逆衆悉得由天平坳竄出重山。適向軍門榮至荔浦縣，逆迅北驅，繞小路而至陽朔縣。逆由旁竄，攀藤拊葛，由巖僻無路而行，冒雨入桂林省垣，而逆接踵，三城百姓，相慶再生。賽帥駐節陽朔，令烏蘭泰統兵前進，墮誘敵計，被伏賊擊中腿膝，全軍驚潰，營壘盡失。賽帥知其無能，亦不甚惜，城外兵力微弱，逆得日夜攻撲，內應乘間放火，幸有游軍，立除危險。其東南半城，民居稠密，西北羣山，絕無人迹，兵少民稀。南有象鼻山聳峙，賊礮不時轟擊，撫署礮子積有盈斗，未損一人。鄒撫軍鳴鶴、向軍門榮幹守一月，始克解圍，但未能力挫凶鋒。

當褫職時，有妄題獨秀峯在廣西省城之王城內，突如竿立，高約四五十丈，廣約三四畝，上下巨細無稍異，盤旋而上。周生叢樹，炎暑皆潤，根與石相依稱爲勝。詩三十首者。晝夜不安枕蓆而能賦詩亦雅人，深致竟能置死生妻子於度外。冒充省垣中人作於危城，何欺人若是，天下決無此情此理，必係從戎無聊藉口以報恩怨耳。匿名揭帖也。點染是非，逞其私智，卽以部脅挖煤錫者，呼爲土將軍，而開地道不少，居民不敢夜臥，發地雷轟倒城垣數處，賽帥親督鎮篁兵力堵，化險爲夷，礮斃蕭潮潰於城外。

冬，易徐帥廣縉督師，先令總兵福興統帶四營，馳往剿賊，窺伺逆竄長沙，跟踪進紮道州，搜羅盡淨，士民切齒，改紮湘潭，以迎徐帥爲心，去賊尚在百里。及見徐帥，並未責其數月擁兵之咎，復有必殺向榮之譖，帥未聽從。向軍門榮慮逆北竄，徐帥調總兵福興赴岳州遏堵，撥兵數千名，旬餘屢催不往，而逆竟於是嶮北竄矣，徐帥褫職，卽由於此。

上命向帥榮督師追剿，至湖北省城外，始及逆踪，洪山獲捷。巡撫常大淳不許一兵出城，如夾擊可以大捷。及武昌陷，荼毒之餘，悉被裹脅。楊秀清出廣西全州時，已有窺竄江寧之計，石達開勸令先行入川，再圖四擾，楊逆不從，此石逆之必至四川也，可豫知之矣。長江萬艘，悉爲賊有，順流東下，勢極鴟張。總兵福興褫職後，隨營效力，向帥不念舊惡，派爲翼長，每令督隊，將士先憂必挫，而竟從無一勝，惟舌戰能爲帥喜。追至江西地界，向帥復及賊尾，以八百之師，當數萬之衆，敗績，僅以身免，乘騾竟獲渡江，汊港也。蔡協戎應龍附驥尾得生。

三年春，竄至江寧，地雷轟倒北城，中軍副戎死禦，不能撲入，枕骸幾遍，逆俱登城，力竭戰歿，而滿城猶復堅守。賊多日久，力不能支，有一女子乘馬躍出，刀矛並下，斃賊二三百名而歿，惜俱未憶名氏。江寧省城陷，鎮江、揚州兩郡城先後失守，以爲犄角之勢，向帥跟踪追至，壘挫凶鋒，令前湖南余軍門萬清撥兵圍剿鎮城，而遏南擾蘇杭富華之地。自帶萬餘人由句容進攻，直薄江寧東城下，紮營紫金山，聲威並震。復令鎮軍馬龍、傅振邦、虎嵩林、副戎張國樑等，遏紮各要隘，聯絡聲勢，杜絕犄角，一載之中，妥籌布置，以期周密而圖進攻。

其揚郡有江阻隔，不能兼顧，上復命琦善督剿，雙鎮軍來，乘機帶隊登城，大啓北門，飛報琦帥，乃以爲未奉號令，非特不爲接應，立令各軍收隊回營。時逆衆正聚南城觀劇，各歡呼快極之際，忽聞攻進北門，大驚奔出城外，見我營偃旗息鼓而還，逆卽整隊而返，以致兵亡將折，難民死者尤多，官兵係難民縋上城也。萬姓號呼，沸騰議論，不可解者一也。越日，琦帥登高阜，觀城內賊情，被礮擊阜腰，從人皆仆，悉未受傷，乞礮子重二十餘斤，帥令刮垢磨光，設牲而祭，納礮還擊之，正逆首出，立斃，復轟倒石牌樓，斃賊無算。凡火器祭之有奇驗。乘機卽可攻克，乃托辭恐其報復，將大營退紮四十里之桂花莊，艱於出隊，攻城往返，總須一日，不聞剿賊事矣。每接見文員曰：此賊需天數盡，非人所能及也。而逢迎者，以爲老督撫頗有識見，此萬姓所不可解者二也。其奮勇前敵之馮協戎景尼、師參戎長彪、張領隊小虎，咸稱小虎蓋勇往也，不知是何名何職。均紮營城下，晝夜圍攻，逆衆棄城夜遁。收復揚城後，將師參戎、張領隊發戍新疆，馮協戎立正軍法，以爲縱賊者戒。而遙遙相持者，轉得置身事外，薦牘標名，勇既憤而成變，民雖怒不敢言，營官痛罵於帳前，而若不聞，勇士塞心於隊下，莫名其妙，此萬姓所不可解者三也。馮協戎柩櫬回家，沿途數百里居民，具鷄豚祭奠焚紙山積者，不約而同，幾無間斷。

四年春，向帥調廣東水師拖罾紅單各礮船數十隻，吳鎮軍全美帶至，逆於城東北用鐵縩三道橫截大江，以木筏浮起，筏覆以土，急難除之。是晨微有東風，乘霧命舟人駕皮小艭駛至上流，值水漲流急，持巨斧兩斫，而三縩皆折，各礮船揚帆銜尾西進，兩岸賊礮不歇，我船有罾以禦，毫無損傷。行至安慶，見所裹民船悉停於此，以蔽江流。南北履如平地，我船驟發火器，頃刻灰飛，大江東去，壁又赤矣。斃賊十萬計，奏告八千，以多報少，非目擊誰敢信之？曾帥國藩以實告，率土同聲不誣也。

夏造四萬斤鐵礮成，食藥六十斤，食子一百二十斤，此向帥蓄志遂之矣。然後定日燃擊，調集諸軍，礮發擊倒石城數丈，衆軍一擁而入，先已探明逆懼，全數避出城南，忽見旗幟蔽空，數倍迎敵，恐探不的，致墮姦謀，傳令急退，孰料此礮一點之後，即有裂紋，不堪再用，城亦修固。及詢内探所由，始知城内迎敵多賊，悉係婦女，遙不辨，然重地不能不慎。冬，李都閫定太約同六人，誓穵地雷，越一河一濠，運入火藥二千斤。五年春，密調各軍，黎明藥發，地震二十里外，飛落殘尸甚遠，喜爲得手，煙氣散消，城復如故，轟倒係屬内隍。向帥慟哭，知此功非其竟矣，憂益深而病日篤。常有一猴狀同臥，日夜不能成睡，不知是何病症。

其時粵東敗匪蟻聚湖南邊界，石達開由江西一路竄擾，意在迎合此股。張鎮軍國樑謂向帥曰：『將虞賊衆兵單，如今招其遺回之軍，渠部本有萬人，因餉需不裕，遣回八千名，祇留一千二百名。尚能得力。』緣餉無所出，不從。六年春，石逆糾合之賊，自皖南江北鎮江而來，大肆猖獗。夏，江蘇吉撫軍爾杭阿於高資由江寧至鎮江要道。戰歿，余鎮軍萬清傾家資犒賞軍士，力遏南竄。向帥先令張鎮軍國樑統領四營，渡江助剿，甫調回營，復令迎擊，鏖戰兩晝夜之久，賊時更換，兵力不支，收隊暫息，賊踪彌野，以不盈萬之師，詎當數十萬之賊，所慮杜截馬鞍山，我兵便無出路，即令張鎮軍遏紮於此，全軍夜退句容。

清·黎庶昌《曾文正公年譜》卷一 （咸豐二年二月）是月，廣西永安州賊竄出，官軍大挫，總兵官長瑞等四人陣亡。賊撲攻桂林省城，都統武壯公烏蘭太追賊至將軍橋陣亡。江公忠源之軍，初與烏公偕，至是回籍，益募楚勇赴桂林防剿。

（四月初一日）廣西省城解圍，賊竄陷全州，入湖南境，掠民船將浮湘而下，江公忠源以楚勇破之於蓑衣渡。五月賊竄陷道州。

賊於六月由道州竄出，陷桂陽州。是月，陷郴州，由安仁、醴陵下犯長沙省城。湖南各郡舊有會匪蠢焉欲動，湘鄉尤多匪蹤。

（八月）逆賊大股均至長沙，官軍亦漸集，江公忠源於南門外，近賊壘爲營，賊不得逞。

（九月）賊用地道轟長沙城，官軍拒卻之，時承平日久，驟經兵亂，人心恇怯，謠言四起。

十月，長沙解圍，賊渡湘西竄寧鄉、益陽，東出臨資口，大掠民船，竄湘陰，陷岳州。官軍數萬人自長沙拔營追之。

十一月，賊船蔽江而下，陷漢陽府城。張公亮基於賊退後，搜捕土匪甚嚴，留江公忠源之楚勇二千人駐省城防守，札委湘鄉羅澤南、王鑫等招募湘勇千人入省垣防守。時巴陵匪徒晏仲武等作亂，江公忠源以楚勇往討擒之。

又 卷二 （咸豐三年正月）賊陷武漢兩城後，大掠民船數千艘，於正月初旬括掠丁壯婦女數十萬人，驅入舟中，順流而下，旌旗蔽江，沿江城鎮皆失守。十一日，陷九江府城。十七日，陷安慶省城。二月初十日，攻陷江寧省城。將軍忠勇公祥厚、總督陸公建瀛等殉難。賊遂據爲僞都，僭僞號、造宫殿，分其黨林鳳祥等北竄。二十一日，陷鎮江府，二十三日，陷揚州府，皆踞守之。向公榮總統各路兵勇十餘萬，追至金陵，而城已陷，遂駐營城外。琦善公率領北方各路官兵攻圍揚州，是爲江南、江北兩大營。劉公長佑等既破衡山土匪，餘黨竄入攸縣界，遂督勇追剿。而安仁縣土匪又起，劫獄燒官署，在籍候選知州張榮組帶鎮篁勇數百，與楚勇會剿平之。

清軍阻擊太平天國北伐軍

清·樗園退叟《盾鼻隨聞録》卷四《豫寇紀略》 （咸豐）三年五月初四日，僞丞相吉文元、林鳳祥、李開芳，由安徽蒙城縣闖入河南境，攻破永城縣，警報疊至。巡撫陸應穀帶兵四千名、馬隊五百餘名抄本作四百名。馳赴歸德府防守，途中探報賊已入境，倉皇失措，棄其坐轎，巡捕兩人扶掖奔走，狼狽逃入許州。歸德府知府陳介眉有練勇五百名，頗爲精壯，應穀用令箭調赴許州。歸德府城於初七日失守，參將范正倫、同知章光熊、商邱縣知縣錢文偉、候補知縣孫爲霖、教授殷敍五、訓導汪鏞、紳士陳勳等遇害。其地距省城一百四十里，爲省垣藩蔽，既爲賊踞，省城震動。

初十日，破睢州，又破寧陵縣。十一日，破杞縣。十二日，破陳留縣。十三日黎明時，逕撲開封，署藩司沈兆澐、署臬司林輝祖、祥符縣知縣何懷珍，登陴守禦。賊在南門外築土臺，高二丈許，上列各色旗幟，偽丞相四人登臺念咒，忽黑旗無風自倒，衆俱失色。賊到處俱用湖南煤夫揠掘地道，恃爲長技，無堅不破。開封自道光二十一年中牟決口之後，沙壅數丈，舊城基址陷入地中，水退後卽從舊址上重建新城，城外數十里黃沙積壓，賊衆不能揠掘；又沿城並無寸椽片瓦，城上施放鎗砲，無從躲避。有一悍賊面目凶惡，頭捆紅布，手執短刀，飛身撲城，攀援而上，疾如飛鳥。有相國寺前賣藥之王麻子，從城頭躍出，拔刀爭鬥，同墮城下，相搏良久，勝負未決。有滎陸班伶人胡玉林，年甫二十，持矛跳下，直刺其胸，刃出於背，倒地而斃。又有繡龍捆頭騎馬二賊繼至，二人奮勇直前，砍斃其一，遂割取兩級上城獻功。湖南人徐姓素習辰州邪法，抄本謂徐姓乃何見機薦。投賊爲偽軍師，在城下用方桌數十隻結壇，披髮仗劍，登壇借霧。其霧離地四五尺，抄本作三尺許。平空而起，從下而上，纖細可覩，城上俯視，卽模糊不見一物，賊衆攻城，屢用此術。是日正在作法，忽然西北天際黑雲陡起，雷火下擊，霹靂交加，徐姓震死，身如焦炭，左右執旛兩人同時擊斃。大雨如注，竟日不止，平地水深尺餘，抄本作二尺許，謝興堯抄本作四尺許。賊衆不能紮營，火藥輜重盡行潮濕，遂於十五日，抄本作十四日。解圍向朱仙鎮而去。鎮中著名繁富，劫掠一空，焚燬房屋變成白地。

十七日，破中牟縣。十八日，破鄭州。十九日，破滎陽縣。二十日，破鞏縣，搶船四隻，黑夜偷渡黃河，四更時已將抵岸，孟縣防河練勇放砲拒擊，打沉一船，縣屬化功村團勇素稱驍健，聞警趨救，始退去。二十五日，破汜水縣，仍在夜間從古柏嘴偷渡，先令數百人伏柳林內，大隊陸續而渡，三日方畢。二十八日，抄本作二十六日。破温縣，知縣張瀛不知下落。

偽丞相林鳳祥用紅旗，吉文元用藍旗，李開芳用白旗。另有黑旗賊首，年三十餘歲，不知姓名，因祭天父時黑旗倒下，又因楊秀清不許渡河，遂與林鳳祥等意見不合，獨傾黑旗賊一隊沿河退走。連破密縣、新鄭縣、長葛縣、臨潁縣、襄城縣、確山縣、尉氏縣、洧川縣、遂平縣、西平縣、鄢陵縣、通許縣，向安徽而去。此股黑旗尤爲凶悍，淫殺更甚。

渡河之賊，將騾馬輜重棄去，搶船四十餘隻，抄本作二十餘隻。蜂擁而至，六月初二日到武陟縣屬之司馬集。初二日抄本作初三日。圍懷慶府，紅旗賊先到，離城五里紮營四座。初四日，羣賊齊至，約有七八萬人。有徐姓者，住府城西關外充府署快役，其妻賣娼並販買婦女，抄本作販買子女。問罪發遣，遇赦釋回，更名朦捐通判。抄本作因朦捐通判。戴用頂帽，爲患鄉里，被人訐告，逃往賊營，盛言城中殷富以歆動之，力勸賊首渡河欲爲復仇之計。知府余炳燾、河内縣知縣裘寶鏞憑城拒守，賊衆百道俱進，砲聲聞數十里，屋宇震動，幾陷者數次。有一獄犯自稱能破地雷，於黎明時沿城看視草色，卽知地道所在，並能伏地聽聲，在城牆下揠出地雷十五座，皆用棉被包裹火藥五六十斤，灌以桐油，用竹竿暗通藥線，在數十丈外燃火發藥，城垣立時摧破，攻陷江寧卽用此法，若無此人，各門同時轟發無噍類矣。此人係毆死人命爲從之犯，解圍後許其保舉武職，堅辭不願，裘令賞一婢女，給銀四百兩，衣服四箱，以酬其功，危急之際，適得此人，真天幸也。賊又於沿城大樹上縛一六尺許銅砲，向城點放，燃火之際，驟雨大作，裘令正在乘城，砲子飛至，城牆坍下五六尺，裘令倒仆，有一悍賊揚旗先登，裘令躍起，拾一磚打去，正中其額，墮死城下，裘令亦嘔血幾斃。相持逾月，各路統兵大員督領馬步隊兵勇先後馳至，托將軍帶兵五千名屯紮離東門二十五里，達都統帶兵四千名屯紮龍澗灘，善軍門帶兵五千名屯紮馬鋪鎮，董鎮臺帶兵二千五百名屯紮水北關，馬鎮臺帶兵四千名屯紮崇義鎮，數十里連營犄角，遙爲聲援，按兵不動。勝閣學帶馬隊二千名、川勇三千餘名，抄本作川勇千餘。直逼賊壘，親自出隊，無日不戰。臨陣之際，紅頂花翎，手執矛桿，策馬當先，砲子將帽頂擊去，馬鬃又被火彈燒盡，屹立不動，終不退縮，賊衆畏憚，連獲大小勝仗二十餘次，斃賊數千人，斬繡龍紅衣賊二名。抄本作殺斃賊衆五六千人，陣斬著名賊目數十人。二十九日，移營泰山廟。三十日，賊在城西焚燒民房數千家，火光燭天，城中驚駭，是夜搬運木料，在東關外造木城七座。七月初一日，勝閣學出隊，殺賊八百餘人，焚燬木城三座。僞丞相林鳳祥受砲傷，諸賊潰竄，搶取皮箱數千隻，中實泥土，築城圍牆，極其堅韌，鎗砲俱不能入。四處搜買糧食，每米一斗償銀一兩，抄本作二兩。菓蔬羊豕鷄鴨各物均厚償價值，誘結人心，藉以探官兵信息。僞丞相三人各有美童數十人抄本作三四十人。隨身伺候，繡衣脂粉，宛如嬌女，無事時卽令敲鑼擊鼓爲樂，並取其聲音嘈雜，令人不測。送買食物之人，入營不禁，多用好言騙誘，并將衣服首飾隨意送給；官兵卽用本處人假以賣物爲名，混入賊營探聽情形。

懷慶城内火藥砲位甚多，相持五十餘日，尚未短絀，惟糧米將竭，油蠟亦盡。余裘二君日食粥二次，用棉絮搓成條子，蘸油燃火，黑夜縋下七人，赴勝閣學營告急。勝閣學購備各物，欲設法運進，賊營布列城下，無計可施。十五日，令六品軍功鄉勇鄧劉二姓，假裝賣物到城下，約會二更後城上掛一紅燈爲號，在西門外運糧二百袋縋城而上，抄本作三百袋。謝興堯抄本作一百袋。未及一半，賊營瞭望報信，有賊衆千餘黑夜突至搶奪，勝閣學迎前截擊，斬獲大半，殺死大賊目一名，肩披黄綢，裝戴假黄髮，八卦黄帽，手執硃漆桿子鎗，云係僞元帥曹樹梅，鄧劉兩軍功均陣歿。

二十日，勝閣學移營前進，距賊營祇四里，抄本作三里。賊衆添掘濠溝兩道。二十三日，勝閣學又攻毁木城一座，崇義、藍邑兩路官兵俱到，僞丞相吉文元被吉林馬隊射中要害落馬，賊衆奪回，林鳳祥炮傷未愈。直隸總督訥爾經額、山東巡撫李僡均赴援，尚書恩華統帶黑龍江馬隊亦馳至，各路兵勇雲集，賊營僅有李開芳一人，不能支持；二十八日黎明，解圍西走。臨行時放火燒營，擄掠各物，不便攜帶者，悉付一炬，婦女逃出者千餘人，抄本作二百餘人。幼童數百人，抄本作百餘人。在東門挂一大木牌，上寫『小妖免送』四字，十餘萬衆整隊齊去。各路帶兵大員聞信，飛馳而至，直薄城下，揚旗放砲，大振軍威，卽整隊入城，爭先報捷。勝閣學督兵窮追，殲斃後隊賊衆千餘人，斬獲紅衣騎馬女賊一名，奪回騾馬輜重無數。

濟源縣民周四素行無賴，赴江寧投入賊黨，僞充旅帥，令作奸細引路，被鹽店巡差盤獲，誘至店中，有店夥劉玉送信捕役約拏，仍復逃去。二十九日，破濟源時，周四手執黄旗首先入城，賊去後仍潛伏家内，代賊探信，被劉玉撞見，立卽擒住，縛送營中，並在家内搜出賊營號衣一件，短刀一柄，杖責四百，將四肢釘在城門上，萬民稱快。

豫省南北兩岸失守州縣二十七處，抄本作二十一處。有某令由捐納出身，素工趨避，聞賊將至，先送家眷進省，庫銀獄犯案卷俱搬運城外，令廚房預備千餘人酒飯，賊將進城，改裝潛逃。賊直入衙署，不見一人，惟廚中酒飯齊備，大嚼而去，穿城逕過，某令聞賊已出城遠去，卽入城閉門，虛作拒守狀。晡後有賊營棄去不能行走之尾隊老病百餘人到南門外，某令卽開城截殺，率領兵勇，鎗砲齊發，割取首級五十餘顆，奪獲騾馬二十餘頭，張大情形，馳稟報捷，遂膺優擢，驟至榮顯。鄰邑有訐其失守者，某令稟稱：『倉庫並無短絀，獄犯并未脱逃，案卷毫無遺失，衙署未遭焚燬，絕無失事情形。』遂置不問。又有一令，由舉人大挑一等，蒞任甫半月，城破後公服坐堂，罵賊求死，賊摐以矛，仆地暈倒，家丁灌救得生，遂列入失守人員内，竟獲重譴，遣戍新疆。懷慶解圍後，帶兵大員向守城出力人員索賄未遂，沒其功不報，且參劾之。迨部中行文查詢，余炳燾加按察使銜，陞授陝西鳳邠道，裘寶鏞加道銜，陞授懷慶府知府，城守各員均賞擢有差。

渡河之賊約八萬餘人，沿途裹脅及本地捻匪土棍投入者，亦不下數萬，分作三隊，於八月初一日由太行山小徑竄入山西垣曲縣。二十四日，由黎城縣折回河南，復破涉縣、武安縣。九月初一日，全股竄入直隸境。

清・黎庶昌《曾文正公年譜》卷三 （咸豐四年）是歲正月，科爾沁郡王僧格林沁及勝保公督兵破賊於獨流，二月，破賊於阜城。三月賊由安徽分股竄山東，陷臨清州。四月，勝保公殲賊於臨清，僧王大軍克阜城。五月，賊陷高唐州，大兵圍之。江北大軍於去冬收復揚州，賊竄踞瓜洲。是年二月，瞿威壯公騰龍陣亡於瓜州，賊陷太平府，孫文節公銘恩死之。閏七月，江南官軍克太平府，江北督師文勤公琦善卒於軍，江寧將軍托明阿代其任，廬州陷後，皖北城邑多殘破。

湘軍對抗太平天國西征軍

清・李汝昭《鏡山野史》 （咸豐三年）八月、九月，粵兵一支復上武昌，武昌官兵因去年臘月敗北，驚弓之鳥，聞風早避，粵兵如入無人之境。十月初旬，擄掠多船，裝載糧米，離武昌下，頓兵黄州過歲。

越咸豐四年甲寅正月十八日，粤兵自黄州復上武昌。正月下旬分兵數千，沿江上入臨淄，過（童）［潼］關。二月初旬逼寧鄉、黄菜等處，擄掠寧縣壯丁小兒穀米銀錢等項，縣衙焚毁，縣官逃遁，扎營（儘江）［靖港］橋口。二月十八、九日，長沙大人曾國（環）［藩］率兵出城，劫營破寨，殺散粤兵，敗奔漢陽。此時我南邊客商貿貨鸚武洲者，復逢其厄，竹木盡被粤兵殘毁，客商老少被擄漢陽，担土築城，其脱身逃者，如漏網之魚，尋小徑趨北路，由荆州轉常德，覓食歸回。三月初八、九日，粤兵數萬離漢陽，水陸並上，復向長沙。大人曾恃前日得勝，率兵至岳州拒敵，大戰一場，官兵敗北，棄甲曳兵而走。粤兵隨後緊追，十五、十六追至長沙，離城一舍，扎營（儘江）［靖港］橋口等處。是時正值我二都王爲志、奠光、李賁其、黄翼君、瞿信班等，共裝篾簞九船，販往北邊仙桃鎮等處發賣，伴官兵出臨淄，入洞庭，將近鹿角。是日三月初七日午刻，船掛江心，忽狂風北起，鯨浪翻濤，吹裂九船十處，或傍湖邊，或卡淺灘，若非天神庇佑，客等險乎同詣龍王。嗣後取坡日晒，正遇粤軍追兵過此，便擄貨船篾簞，又被伊地土匪劫搶，客中之膽大者，守貨不動，膽小者逃難歸家。是月也，我邑兼趙升恆上年控革甲書一案，至此官庇甲書不改，官曲民寃莫伸，以致黄國旭接手，官民仇殺不休，安化縣場屢作戰場，法地儼成蠻地，粤兵又趁此圍長沙，所謂顓臾有事，蕭牆亦有事，時事若此，甚爲家國隱憂。越三月廿六日，粤兵不攻長沙，（勁）［徑］取（鄉）［湘］潭，鄉潭官設計假順，命兵將罷卻兵器，改換征衣，與城内商賈士民焚香頂禮，夾道相迎，引誘入城，大排宴款，粤兵信實不防，城外週圍火起，門開處多伏火炮，火（煎）［箭］射入船倉，焚燒戰艦，幸獲天降大雨，撲滅火勢，救出粤兵少半，復奔漢陽。挨五月，粤兵數萬仍由洞庭進西湖，窺常德。五月十二日破龍陽。十六日，破常德府城，殺官安民。十七、八日，取桃源，上掃辰州，常德一府四縣之富戶，家家門掛『順天太平』四字，焚香頂禮，（邊）［鞭］炮迎拜王爺，貢納銀錢穀米馬匹無數。五月二十八、九日，本朝提督李自長沙率兵來援常德。六月初一日，與粤軍會戰於龍陽縣北門外，未交兵先打炮，計龍陽與我二都，路遥百餘里，形隔萬重山，是日炮聲來震耳，猶隔壁聞雷音，自寅終旬，炮聲方止，今而後方信康熙主所言『蘆溝砲響天津聞』之非謬語也者。番粤兵全勝，官兵大敗。六月中旬，粤兵將常德衙署打得前通後塌，搜括前河後河銀錢穀米，擄取壯丁船隻，齊赴岳陽，築城避暑，揚言秋涼決取長沙。其時里七橋新橋土民乘機擄掠。六月下旬，粤兵盡歸岳州，本朝官胡林翼領兵來守常德，時桃花溪財東楊大進，恨佃楊芷蘭勾衆分伊莊（谷）［穀］，比聞胡道台到案，以土匪劫搶，首出告發。次引府城天窗鋪。恨里七橋人劫他貨船，亦傍案附稟。胡道台即時准差究辦，因金多效驗，拿到即斬。竊道台身雖守常德，心實畏粤兵，信聞粤兵復來，即速輕衣小（橋）［轎］，攜帶心腹，捲藏貪寶，托言往鄉村財富家出借軍糧，一出無踪，自此常德府縣無主。七月初旬，武縣副爺圖財病發帶兵數十，竟來里七橋輯拿人犯，抄擄家財，燒毁民屋，不分良匪。惹起里七橋數團衆怒，一時呼集數百人，追至官倉，殺官兵二丁，受傷者十餘人，其餘兵丁副爺棄甲曳兵，逢路跑路，逢田跑田，逢水過水，直跑到興隆街，回顧追兵止步，方纔息喘。因沿路稻苗深密，纏脚裹手，人人扯脱衣衫，赤身露體，渾身頭面，糊帶泥漿，乍見者人鬼莫辨，好比當初問我有頭無頭者一列人。自此里七橋一處，漸漸聚衆，一時生死同盟者約二三千人，日造鎗刀，謹防官兵復來。又揚言官兵復來，誓將首狀之家，先行誅戮抄燒。唬得楊大進等枕席不安，日坐針毡，後出多金講和，方息。七月十九日，雷聲隱隱，濃雲布合，交巳刻雨雹亂點，屋瓦奔濤，落得天昏地暗，頃刻洪水横流，青苗淹伏，幸喜水深沙淺，水消禾現。是秋高田全得，低稻半收，桃、武、龍、益，與我縣交界之處，同被水災。嗟乎我楚南地方自道光十一年辛卯，越戊申、己酉，至咸豐四年甲寅，屈指二十四年，蟲蝗水旱，大荒三載，災連不絶，流離失所者居多。加之粤人造反，日起干戈，雖鄉村（避）［辟］處，遊兵往來不息，膽小者長躲山林，架棚安宿。況洞庭以下，江漢以上，數年來戰艦横江，兵戈載道，致關河阻塞，客商水陸不通，有錢之處不得貨到，出貨之地不得錢來。兼遇縣官刁詐，時而催徵糧餉，時而取派軍需，時而壓捐功名，不捐者籤票拿究，時而統帶多兵，沿鄉點名造册，時而示勸百姓，各備鎗刀，不顧農時，限定一月三操，苛索不已，如水益深，而火益熱，致累我地金盡錢空。故而南人今日，處處家家，製辦樟木洗金盤，形同風車斗樣，鑄造鋼鐵挖金鋤，面削嘴尖，覓水淘金，以支運用。自此民有餘金，被官括盡，而民皆瘦，山川有金，萬人淘取，而地脈空，世運之淩夷，豈獨如是而已。更有奇異乖常之事，赫然可驚，百種謠言起，冬日現妖虹，久晴不雨川河竭，甘泉縮盡井底枯，無風江水湧，有月黑雲飛。粤兵殺官兵謂之殺妖麼，官家殺良民乃曰誅土匪，官逼民，民殺官，種種乖常之事，難以枚舉。此時之世界，堪勝悼哉！後之有心者覽此，定爲我輩扼腕。嘆其苦境之難堪也。計粤兵自六月下浣離常德，七月初旬據岳州，爾時南京一帶盡屬粤王疆土。至又七月，本朝大人曾國（環）［藩］率兵擊破岳州，殺粤營主將曾，粤軍失主，兵無鬬志，且戰且走，直奔（皇）［黄］州、九江一路，官兵架銅船，用火砲、火（煎）［箭］、火彈，隨後緊追。八月復振武昌漢陽，我南北地境，從前被擄壯丁，乘此機逃歸大半。銅船者用銅包裹，固若銅城，兩面開穴，安放火砲，倉内推車走水，行捷如風，火（煎）［箭］火彈，觸物便焚。火彈者何？形猶蛋也，内藏焰硝惡藥，外盤引線一根，一臨敵境，放在掌心，點引速彈，足以焚敵，緩則自傷矣。惟火（煎）［箭］之法未詳。

十月，本朝主將曾、楊乘其得勢，督兵深入敵境，敗陣於九江下湖口縣，倖脱樊籠，退守武昌。粤兵從旱路隨後追來，故當路民家盡遭屠戮燒毁，蓋因上前幫助官兵故耳。

越咸豐五年乙卯正月朔八日，粤兵復據漢陽，隔江對壘，雌雄未决。越二月，粤兵渡江來爭武昌，武昌官棄城走。看來一路官長，每每紮營守卡，設謀禦敵，別無他策，但覷粤兵下游，官兵從流下，粤兵上游，官兵從流上，一套乖張舉動，上討朝庭封賞，下索百姓捐資，名爲忠君，實以欺君，名爲保民，實以虐民耳。又看粤王聲勢，動輒擄掠爲主，毫無王者之舉動，全非霸者之經營；不過爭地殺人盈野，爭城殺人盈城，逞一時之强悍，亂我清代之疆場；雖然也是天厭本朝奸貪，助逆誅逆耳。

三月，一都武舉劉寧俊不揣敵勢，妄邀功利，提帶鄉勇千人赴武昌，敵粤兵，不惟無功，反送殘軀跟隨人衆，片甲不返。

四月，總兵胡林翼把守鳳凰山下金口白沙洲等處，遏粤兵上游，總兵（踏）［塔］把守九江湖口，遏粤兵下游。是月也，正適粤兵撤武昌，脩漢陽龍巢虎穴，官兵莫敢挑其怒，攖其鋒。是月也，官兵竊燒漢陽，粤兵亦燒漢陽，兩火重重，灰盡漢陽城郭宫室，嗚呼！休怪桑田變滄海，府場今日作荒坵。

挨五月，廣東省羅定州東安縣，旦遭兵變，逢人便殺，遇屋卽燒。按東安與楚南之寶慶，雖分疆別省，相隔不甚遠。寶府聞變大驚，撤盡城外屋，封門半月，謹防其變，並議拆東瓜蹻以避其鋒，近城紳耆力阻莫拆。我地乍聞反東安者，僉謂是和尚兵，又曰掃平王，審來卽粤兵之餘黨一支，因與東安接壤，入寇故易耳。

七月九江守將（沓）［塔］缺糧逼斃，部兵四散。是時世界雖逢大變，天地之氣運愈覺清和，雨暘時若，（谷）［穀］米大便，串錢曾糴過三石穀，異哉！此時我二都團田保夏西周子在野鴨塘柳樹溝獲大金三錠戥稱十三兩八錢。厥後陸續淘出斤數、兩數、錢數、分數一錠者尚多。自此淘金者晝夜不停，換金者川流不息，柳樹溝中依然麗水金山，時人皆訝曰：『金寶莽出，禍福難分。』

八月經口清粤大交兵，官軍敗北，殺得七零八落，總兵胡林翼被粤將追迫，欲投江自盡，幸得漁舟相救，暗渡瀟湘，逃歸故里（出）［去］了。是時，武昌、南京屬管之地，粤人出示安民，開科取士，禁頭變服，按例徵糧，農工商賈各安其業，儼然有王者風。依大勢看來，粤今亂清，猶昔清之亂明耳。明當崇禎時，也是一統江山，兵齊糧足，洪承疇、吴三桂一班謀臣戰將不可勝數，何料清兵乍出，算有成策，戰必勝，攻必取，一取幾府幾州縣，一戰死千死萬人。當是時也，清之敗明，勢如摧枯，然清今受困於粤，與明初受困於清者，勢之相（出）［去］不遠矣，危言哉，出乎爾者反乎爾！

十月，粤人（勁）［徑］取江西，分兵一支彈壓武昌，把關守險，使南北官兵莫敢擬其後。是時清將王探花、胡林翼、羅楊一班主帥，屯兵金口、漢陽等處，坐視粤人鼾睡武昌，縱横江右，竟不能興一旅之師，往救吴郡。

越咸豐六年丙辰三月，計江西一省十三府，爲粤人併據者三分有二矣。爾時，粤兵盤踞江西，設官秉政，儼然爵土侯王，只因南昌省未下，不遑他顧，故三楚之境得以偏安。而南北商人亦趁此通利於岳州、新堤、仙桃鎮等處，北由常德至荆州、安陸彌（它）［陀］寺等埠，此日廛居復興，貨財之利溥矣。山陝商人舟航陸達，往來安邑，采買茶葉，客家產戶，通功易事，民商均便矣。然武昌、漢陽商人終不敢入，何者？粵人不拒，官兵阻耳。

七月，總兵胡林翼聚鄉勇官兵數萬，量粵人守武昌者不多，籌定此番有必勝之勢。比及圍城，恰過江南一支，由水路到，江右一支，從陸路來，兩路援兵交臨城外，城內粵兵又開門殺出，三面夾（功）［攻］，損折官兵無數。

十一月，武昌城內粵人被官軍久遏糧道，知空城難守，敵騎南下矣。然粵兵遠（出）［去］，官兵方暫入城，而漢陽以上舡排，皆趁風大至，此處風光倏忽一新。第因爭戰多年，兵戈擾攘，鸚鵡洲、漢陽等處廛居覆盡，蘆葦成林，茅塞徑荒，民商一時無駐足之所。厥後客商漸集，伐蘆葦，架草蓬，踴躋安身，以通交易。

清·李翰章《曾文正公全集·奏稿》卷二《岳州戰敗自請治罪摺咸豐四年三月二十日》 奏爲岳州陸軍敗潰，水軍小勝，賊匪大股，全數上竄。現帶水陸各營回保省城，請旨將臣交部治罪，仰祈聖鑒事。竊臣於三月初五日，在岳州舟次，具報西路搜查湖汊。東路剿辦崇通股匪，恭摺奏聞在案。維時，臣已札飭貴東道胡林翼、前平江縣知縣林源恩前往平江防剿崇通賊匪。隨又派副將塔齊布、守備周鳳山帶勇直擣通城。旋據林源恩會同平江縣知縣汪敦灝暨胡林翼等，先後稟報，初二、初六兩日，與賊接戰，疊獲勝仗，前後共計殺斃賊匪千餘，陣斬偽副丞相林大旺、偽檢點陳六輔，偽司馬黃奇瑜，轟斃土匪偽王廖六胖等，及不知姓名黃衣紅衣賊目數十名、長髮賊數十名，奪獲抬槍、鳥槍、刀矛、旗幟各數十百件。賊匪連夜狂奔，由通城竄回崇陽。此二股均經撫臣會奏在案。又據塔齊布稟稱，初五日，自岳起程，途間聞白港地方有匪賊沿村擄掠。初七日，督勇自石南橋進剿，斃賊四十餘人，生擒二十二名，奪獲器械旗幟號衣多件。初八日，馳赴通城，收復縣城。此剿辦平通股匪疊獲勝仗之實在情形也。

至岳州一城，前經撫臣札飭升用知府朱孫詒帶勇六百人在此追剿，又札升用同知王鑫帶勇一千餘人，在此扼防，臣隨身又帶有陸勇一千六百人，兵力本不爲單薄，因崇通股匪過多，王鑫亦於初六日自岳起程，取道蒲圻繼進。初七日至臨蒲交界之羊樓司地方，適與賊遇，前鋒少挫，王鑫率勇踵至，殺賊百餘。賊衆偽敗，王鑫率勇窮追，忽大股賊匪分四面抄出，衆勇勢難抵禦，紛紛潰散。初八日，仍回岳城。初十日早，賊大隊即來犯岳，王鑫之勇因新在羊樓敗歸，不能出隊開仗。時官軍僅二千人，朱孫詒所帶之南勇，先獲小勝，各營俱有斬獲，計斃賊百數十人，而賊集愈衆，東門外山岡約十里許，皆黃旗紅衣賊隊布滿，官軍見衆寡不敵，勢難抵禦，各營以次奔潰，竟不能止。惟監生鄒壽璋一營五百人毫無驚怖，自辰至酉，血戰數時之久，賊衆數千人，層層圍住，各勇併力苦戰，更休迭進，卒得衝圍而出，殺賊極多，積屍滿地。我勇傷亡亦衆，各勇有退回城內者，賊匪即乘勢圍城。周城三面，皆係賊隊，惟西南濱湖一門無賊，城內居民早空，無米無鹽，士卒已不食二日，勢極危險。臣當遣大小戰艦駛赴西門，開礮環擊，共斃賊百數十人，賊勢稍卻，各勇即乘隙縋城而出。船上礮勇，亦陣亡數人。此岳城陸路戰敗，水軍小勝之實在情形也。臣奉命赴下游會剿，舟次岳州之南津港，原飭水陸各勇俱於岳州會齊。原擬俟各勇畢集，誓師東下，爲肅清江面之計，不料後幫陸勇二千、水勇二千，皆以阻風洞庭，不克依限抵岳，而前幫陸勇，又已先遣一千八百人至平通矣。臣隨身止有陸勇一千六百人，猝遇金口大股賊匪數萬來犯，遂至潰敗。陸路既已失利，水軍亦無固志。初七大風以後，各船損壞，力難應敵。誠恐輕於一擲，或將戰船洋礮盡以資賊，則臣之罪戾尤重。適因賊水陸大隊全數南竄湘省，臣遂乘風上駛，退保省城，但冀保此船礮，留爲將來殄寇之資，則臣雖蒙恥獲罪，亦不敢惜。至臣奉命會剿，尚未出境，即有此挫，皆由臣調度乖方所致，深負鴻慈委任，慚憾憂鬱，莫可名言。謹據實直陳，請旨將臣交部治罪，以昭大戒，不勝悚惶之至。謹奏。

又《會奏湘潭靖港水陸勝負情形摺咸豐四年四月十二日》 奏爲官軍擊賊靖港，互有勝負，賊由陸路攻陷湘潭，官軍水陸夾擊，大獲勝仗。巨股剿滅。克復縣城。恭摺由驛馳奏，仰祈聖鑒事。竊逆賊大股，水陸並進，逼近省城。陸路之賊，先散踞岳州、湘陰各境賊船，分布臨資口、樟樹港、喬口靖港等處。連日北風甚勁，大雨經旬，水軍不能進剿。水陸北路各賊，併聚泊靖港，港外環列戰船，堅築礮臺，爲負嵎觀釁之計。

三月二十四、五日，狂飆稍息，臣曾國藩飭水師各營，駛赴靖港，更番迭擊，上下往復，周而復始，共斃船中岸上之賊約二百餘名，擊沉賊船三隻，燒賊火藥船一隻。賊詢知省城水陸防剿綦嚴，不敢闖入，思由陸路繞越寧鄉徑撲湘潭。臣曾國藩先遣湘勇營官伍宏鑑、魏崇德、郭鴻翥率湘勇千八百人，扼要立營，防賊侵軼。並飭該營官以賊勢方盛，宜謹守營壘，固無與戰。俟副將塔齊布兵到，再籌追剿。

二十五日，賊分三股齊撲魏崇德等營盤，湘勇在營内施放槍礮，斃賊數十。既而大股賊匪麕聚，約分十餘路，四面圍逼，該勇等奮力衝突，殺賊百餘。賊來益衆，勢不可支。湘勇陣亡數百，遂紛紛潰敗。

二十六日，塔齊布帶兵勇一千三百餘名馳往援剿，賊已於是日卯刻捲甲疾趨，由間道直赴湘潭。塔齊布、周鳳山等探知，亦即繞道前進。二十八日，馳抵湘潭縣城外四五里高嶺地方，賊前隊於二十七日已到。署湘潭縣知縣劉建德督帶團勇，於城外響水壩、沙市嶺一帶地方堵禦，賊已由西路暗襲縣城，分遣死黨，四出擄掠民船，一在城北豎立木城，意圖阻遏援師，爲久駐計。塔齊布以該逆頻年猖獗，每用以守爲戰，反客爲主之法，若不及時速剿，俟賊營壘既定，攻克爲難，即於二十八日未刻，同周鳳山督帶弁兵壯勇，分路進攻。賊營槍礮如雨，塔齊布令兵勇聞礮即伏，礮止即進，數伏數起，直逼賊營。各兵勇奮不顧身，闖入賊營，施放火箭火彈，殺賊五百餘名，燒斃無算，生擒三十餘名，奪獲賊馬六匹，抬槍、鳥槍二十餘桿，火藥五桶，鉛彈三百斤，旗幟刀矛無數，木城全燬。臣等即飭國子監學正銜候選訓導江忠淑帶楚勇一千三百餘名，都司李輔朝帶楚勇八百名，守備張正揚帶鎮筸綏靖兵丁五百名，先後繼進，復挑選得力水師五營，交委員候補知府褚汝航等管帶，駛往湘潭。乘逆賊甫擄民船尚未成列，迅速追剿。

二十八夜，賊匪仍於原處豎立木城。二十九日卯刻，塔齊布、周鳳山、李輔朝等，督飭兵勇，分兩路進剿，賊分五路蜂擁而前，塔齊布等亦分五路迎敵。賊匪亡命猛撲，塔齊布手執大旗，麾各路兵勇奮勇向前。周鳳山嚴督後隊繼進，手刃臨陣退縮之勇七人，塔齊布與周鳳山縱横血戰，立斬該逆僞統領先鋒六名，僞都督元帥三名，斃賊五百餘名，賊匪紛紛敗潰。各路兵勇躡蹤緊追，斃賊無數，仍將木城燒燬，奪獲紫金冠一頂，黄紅巾無數，賊馬數十匹，僞印一顆，抬礮四十八桿，旂幟刀矛無數。巳刻始行收隊，兵勇甫回營造飯，賊忽分兩路前來撲營，塔齊布令兵勇僞退，誘賊逼近，從營後繞出，槍礮齊施，轟斃賊匪五百餘名，且退且殺，至嶺下塘邊，四面圍逼，賊匪無路逃竄，淹死不計其數。此三月廿八、廿九日兩日。塔齊布、周鳳山督率陸路兵勇，三獲大勝之實在情形也。

委員褚汝航、候選知縣夏鑾、千總楊載福、附生彭玉麟、鄒世琦等於二十九日管帶水勇戰船，甫抵湘潭，賊匪已擄上游民船數百號，順流而下。四月初一日辰刻，褚汝航等督率各營水師分隊進剿，長龍在前，三板左右斜出，載礮轟擊。夏鑾、彭玉麟、楊載福各選派勁勇，飛駕快蟹直撲賊船，賊匪開礮還擊，火彈火箭齊發，烟燄迷漫，兵賊莫辨。該營官等飭令各勇挽舵速據上風，施放火具，各隊分左右翼，飛馳繼進，礮斃紅衣賊目十數名，火器飛入賊船，遇船即著，頃刻延燒。逆賊情急，跳上小船，輒被兵勇擒斬。生擒長髮賊共一百二十餘名，大小船六十餘號，奪獲旂幟、號衣、黄巾、黄馬褂、槍礮、刀矛、火藥、鉛子、僞書、名册等件無算。戌刻，始行收隊。是日，陸路之賊，仍在北城外高壘木城四座。塔齊布、周鳳山督帶兵勇三路進剿，李輔朝帶楚勇在後接應。逆渠因連次敗北，盡選長髮老賊居先，分三路迎敵。塔齊布督率兵勇奮迅向前，身先士卒，誓不與賊俱生。兵勇感激思奮，併力鏖戰，往來衝突，殺斃長髮老賊約數百人，黄巾、紅衣狼藉道路，被逼溺斃者無算。後隊兵勇乘機抛擲火器，燒燬賊踞房屋，斃賊亦無算，生擒長髮老賊六十餘人。逆賊退至城根，兵勇三路合隊，盡鋭衝殺，斃賊數百，焚燒木城四座、望樓一座，奪獲二百斤重大礮三尊，抬礮、抬槍、旂幟、刀矛數百餘件。此又初一日水陸大獲勝仗之實在情形也。

塔齊布以連日血戰，士卒頗勞，傳令暫歇一日。是夜四更，水路賊匪從上游燒放火船數隻，順流而下，小船載油燈無數隨之，意欲驚擾我軍。兵勇乘坐三板，將賊所放火船撐開，洄聚一處，任其自燒，各船無恙。初二日辰刻，褚汝航等督率快船擂鼓督戰，廣東外委羅管全、哨官張宏邦、區聯彪、呂勝等齊施槍礮，繼以火箭火罐，焚燒賊船。羅管全生擒紅衣長髮賊目一名，哨官薛飛雄、外委施成任、把總陳武龍、何卓然等連環攻擊，自辰至午，擊沉賊船八十餘隻，斃賊二百餘名。從九品區本昌、候補千總戴兆熊分途燒斃紅衣賊目一名，登岸追獲賊馬一匹，復搶上賊船，奪獲僞前十一營師帥黄大旗一桿，紅緞風帽、黄綾帽、逆匪名册、令旂等件。褚汝航親開大礮，轟斃紅巾賊匪十數名，長龍三板等船，鼓舞爭先，自午至申，又燒燬賊船二百餘隻，轟斃水陸逆賊三百餘名，奪獲大小旗幟十五桿，生擒長髮老賊二名，逆船三十隻，米三百石，火藥四百斤，大小鉛子九桶，衣帽器械無算。營官彭玉麟、楊載福親坐三板小艇往來督戰，礮聲如雷，湘波鼎沸。楊載福身受槍傷，尚復指揮鏖戰。自辰至酉，燒燬賊船三百餘號，燒斃紅衣長髮逆賊三百餘名，生擒長髮賊匪十三名，短髮賊匪四十餘名。著船之火，延燒岸上街市房屋，百里外遙見火光燭天，岸上之賊燒斃者實亦無數可記，奪獲器械旂幟無算。潭城賊船僅剩文昌閣上三十餘隻，餘悉燒燬淨盡。此初二日水師大獲全勝之實在情形也。

臣曾國藩以潭城逆賊被官軍水陸痛剿，專盼靖港之賊救援。亟應乘機攻剿，俾逆賊首尾不能相顧。明知水師可恃者均已調赴湘潭，陸路各營除塔齊布、周鳳山兩營正在潭城剿賊，升用同知林源恩一營駐防平江，此外岳州、寧鄉兩次失利，陣亡湘勇約七八百名。又淘汰遣散湘勇已千餘名，現存營者僅及千名，難期得力。而事機所在，又不敢不急切圖之。是日卯刻，親率大小戰船四十隻，陸勇八百，馳赴靖港上二十里之白沙洲，相機進剿。午刻，西南風陡發，水流迅急，戰船順風駛至靖港，不能停留，更番迭擊。賊逆礮臺開礮。適中哨船頭桅，各水勇急落帆收泊靖港對岸之銅官渚。賊衆用小划船二百餘隻，順西風駛逼水營，水勇開礮轟擊，礮高船低，不能命中。戰船被焚十餘隻，隨風漂散。各水勇見勢不支，紛紛棄船上岸，或自將戰船焚燬，恐以資賊，或竟被逆賊掠取。臣曾國藩在白沙洲聞信，忽飭陸勇分三路進撲靖港賊營，冀分賊勢。陸勇見水勇失利，心懷疑怯，雖小有斬獲，旋即卻退。臣曾國藩見水陸氣餒，萬難得手，傳令撤隊回營。此又初二日靖港剿賊失利之實在情形也。

初三日，塔齊布偵賊在潭城窖灣地方高豎望樓，逆賊散處潭城總市，將由水路逃竄。知會水師，迅速兜剿，一面於辰刻分兵勇四路進撲城市，生擒賊匪十餘名，殺斃四十餘名，賊已退敗。忽巳刻大雨如注，官軍繩藥均濕，遂撤隊回營。該逆復蜂擁追來，兵勇折回截殺，署綏靖守備張萬邦單騎衝入賊隊，手刃數賊，登時陣亡。額外童添雲、四川咨記把總岳炳榮向前搶護，各受重傷。塔齊布指揮兵勇，分投痛剿，賊仍敗退回巢。是夜四鼓，並賊所擄上游大船數百隻駛至窰灣城市，各賊紛紛上船，希圖乘風上竄。彭玉麟商同楊載福，即於初四日卯刻，督率兩營戰船，跟幫緊追。午刻行抵下攝司，賊船檣帆林立，彭玉麟、楊載福分坐快蟹一隻、三板一隻先進。賊開槍礮抵拒，水勇開放大礮，轟斃賊匪百數十人，賊船四處散駛。彭玉麟、楊載福乘勢急進，遇船即燒，船上馬匹及所擄財物極多。彭玉麟、楊載福令衆勇毋許上船掠取，專意射火焚船。是時北風甚勁，順風縱火，遇船即著。自卯至未，燒賊船六七百隻，長髮短髮逐浪漂流，紅巾黃巾隨波上下，其中船戶水手，難以分別搭救，岸赭水温，同歸浩劫。事雖慘而功則奇，水戰火攻，未有痛快如此者。當燒船緊急時，逆賊抛衣登岸，折回潭城，管帶楚勇委員江忠淑偵知，商同署湘潭縣劉建德覓熟悉本處路徑，已選安徽從九王炳元、六品軍功武生黃德均帶楚勇數十，悄伏潭城西北角，俟賊架梯出入時，即奪梯直上。楚勇嚴陣以待，寅刻果見逆賊由西門緣梯而下，伏勇將賊衆砍斃，乘勢奪梯而上，登城大呼：『官兵上城！』逆賊不辨我兵多少，倉卒緣城竄逸，該勇即將城門洞開，江忠淑帶勇直入縣城。塔齊布督帶兵勇繼至，分門搜剿，當斃長髮二百餘名，生擒長髮六十餘名，內一賊腰牌上寫春官副侍衛書士汪秉義，安徽人。一僞司馬王玉春、一僞司馬洪大貴，皆廣西人，一頭戴胎金雙龍大紗帽，身穿黃緞馬褂，下穿紅緞繡龍腿褲，背負令旂，自稱五軍統領大元帥羅，口音似廣東人，問其名堅不吐實，桀驁萬狀，當即斬決。其日又搜獲身穿黃馬褂長髮十三人，以追賊在即，未及起解，概予駢誅，將該逆衣服剝下呈驗。奪獲大小黃旗一百零一面，大礮三尊，戰鼓三面，抬槍五十四桿，鳥槍六十九桿，馬騾三十五匹，黃龍金帽二頂，火藥六桶，鉛子四桶，紅衣、黃巾、刀矛、器械無算。此初四日水師追剿大獲勝仗，及初五日卯刻克復城池之實在情形也。

現在賊匪紛紛竄逸，有上竄者，有下竄者，有徑回靖港者，皆零星逃竄，不復成軍。已飭塔齊布等分投追剿，並札飭各道府州縣四處搜拏。管帶湘勇已革升用同知直隸州知州王鑫，追賊至雲湖橋，殺賊四十二名。初六日設伏於魯家壩，殺賊三百餘名，生擒二十餘名。又一股由淥口竄至醴陵縣界，約人數百，將竄入江西萍鄉。臣等飛咨江西撫臣，速防堵剿。

此次逆賊大舉南犯，多曾經百戰凶悍之徒，意圖竊踞湘潭，與靖港之賊互爲首尾。倘不及早撲滅，不獨省城孤注，難以圖存，衡、永、郴、桂及兩粵匪黨聞風回應，從亂如歸，東南大局不堪設想。幸仗皇上威靈，八日之內，水陸十獲大勝，全股掃蕩。賊膽已寒，訊自賊中逃出者，皆云粵楚滿髮老賊，及皖鄂新附賊黨，經此番屢次痛剿之後，相向痛哭，羣起怨尤。老賊惡新賊之不爲盡力，新賊疑老賊之暗洩軍情，彼此猜忿。初二、初三兩日，敗回收隊之後，在潭城分黨鬨鬭，自相屠戮者，約計數百之多。皆臣等意想所不到。

此次水陸痛剿，斃賊近萬，所獲器械旗幟無算。凶渠僞目，除陣斬外，或斃於水，或斃於火，爲數極多。被擄解散之人，約以萬計，逆賊實已聞風喪膽。現在靖港一股，亟應回軍剿辦，俟水陸兵勇調回，即行相機攻剿。補用副將塔齊布忠義奮發，勇敢當先，士卒樂爲之用。通城剿賊，已獲大勝。此次復著奇功，實屬武員中傑出之才。前剿辦江西土匪竄至茶陵案內，請旨賞換花翎以副將補用，尚未接准部覆，應仍請賞換花翎，加總兵銜，並賞給勇號藍翎。守備周鳳山饒有膽略，深得士心，上年冬間，在常寧縣洋泉、道州四安橋，本年正月在道州岩頭村，屢次帶勇剿匪，迭著奇功，擬以都司保奏。三月十四日，隨同塔齊布進剿崇通賊匪，大獲勝仗，此次奮勇當先，克獲全勝，應請旨以遊擊升用，先換頂戴，並賞換花翎。委員山西升用知府即補同知褚汝航，熟悉水戰情形，才優膽壯，調度有方，請旨免補同知，以知府歸原省。儘先補用，並賞加道銜。委員即選知縣夏鑾，督勇力戰，膽識俱壯，應請旨以同知升用，先換頂戴藍翎。千總楊載福以陸路武弁管帶水師，被賊槍傷左肋、右腿數處，裹創血戰，奮不顧身，陸續燒燬戰船四百餘隻，請以守備留於本省補用，並請賞換花翎六品軍功。附生彭玉麟書生從戎，膽氣過於宿將，激昂慷慨，有烈士風。臣曾國藩前在岳州派往西湖搜查賊船，該生帶水勇三十餘名，分坐兩小舟，周歷重湖，沿途搜剿，殺斃長髮賊匪三十餘名，奪獲賊船數隻，擬以縣丞府經保奏。此次力疾帶勇，猶會同楊載福親坐小船，焚剿賊船六七百隻，免致他竄，厥功甚偉。應請旨以知縣歸部，遇缺即選。分帶水勇哨官張宏邦奮勇當先，搶上賊船，生擒黄巾賊目，並焚燒賊船數十，身受重傷，應請旨以千總歸於廣東拔補。國子監學正銜候選訓導江忠淑，係前安徽巡撫臣江忠源胞弟，督帶楚勇首先登城，立將城池克復，甚合機宜，應請賞加五品銜。此外各員弁兵勇奮勇出力者尚多，俟即核明勞績最著者，開列名單，籲請皇上恩施，加以鼓勵。陣亡員弁兵勇，俟該將等查明，分別奏請賞卹。庶才傑進用而廊清可期，拔擢有真而羣才競奮。

又《岳州水陸大捷踏平賊營進紮螺山摺咸豐四年閏七月初九日》

閏七月初一日，水師營務處升用道李孟羣親督戰船出隊，至城陵磯下游，該逆開礮抵拒，我軍轟擊數輪，賊即敗走。我軍追至洲尾，該逆復駕拖罟來迎，即前月十六陳輝龍失利被奪之座船也。李孟羣自坐三板攢礮環攻，擊斷拖罟中桅。該逆被礮子所傷，及桅折震壓，滾跌落水者，約四、五十名，正欲向前奪船，突有綠蓬賊舟數隻，齊來搶護。我軍近前施放火箭、噴筒，燒船三隻。該逆駛竄下游，自放黄綠毒煙迷路，沮我追兵。日暮收隊查點，我軍僅陣亡一人，受傷二人。此初一日水戰小勝之情形也。是日申刻，臣塔齊布以陸路賊駐高橋，距我軍十餘里，未悉其營壘曲折之形。因匹馬直赴賊營，周視途徑。是夕，賊營明火達旦，往來不絕，知其意在逃竄。初二日巳刻，臣塔齊布傳令直撲賊營，派羅澤南等由東路進剿，周鳳山等由西路進剿，岳州府知府魁聯帶勇從後路接應。羅澤南、李續賓、李原濬等，於未經接令之先，探知賊衆將遁。即分三路並進，直抵高橋賊營。見賊營已空，每營僅數十賊，多張旗幟，虛放鎗礮。我軍撲入，燒燬賊營七座，盡奪其旗幟、軍械，擒斬數十人，餘匪悉奔城陵磯一帶賊營，負隅自固。臣塔齊布帶同李續賓等直赴城陵磯，該逆正在出隊，約二萬人，彼此開礮互擊。相持約一時之久，我軍伏地前進。臣塔齊布策馬大呼，首先衝入。湘勇繼之，各兵勇一擁而前。適大雨如注，東南風驟作，賊營大礮點放不燃，我軍乘風猛撲，羅澤南、周鳳山等，分投合擊，踰溝越牆，頃刻之際，屍横遍野，殲斃滿髮老賊，及黄馬褂賊目多名。一營既破，其五營同時踏平。雖竹籤數丈，濠溝兩重，我軍大呼躍入，助殺之聲，與暴雨之聲，震動天地。該逆大亂狂奔，自相踐踏。我軍四路攢殺，直追至江岸，偪溺者不計其數。共踏燬賊營十三座，殲賊約二千名，生擒一百二十三名，逃散者又數千名。奪獲騾馬六百餘匹，鎗礮、旗幟、刀矛、鍋帳共二千餘件。此初二日陸軍大勝，掃平巢賊之實在情形也。

臣國藩當飭李孟羣親率前左右三營，奮力追剿。該逆先開所據民船，而以戰船拒後，希圖抵敵。右營楊載福、左營蕭捷三等由東、西兩岸抄擊。李孟羣從中路進攻。該逆膽落驚竄，有棄舟登岸者，有情急撲水者，其前奪陳輝龍之拖罟座船，該逆鑿沉江心，推礮落水，然後狂奔。時已昏黑，但聞呼號之聲，愈去愈遠。是夕，我軍暫泊擂鼓台下。初三日，黎明，分途進剿。先從荆河泝流而入，搜捕三十餘里，並無賊蹤。其東岸之旋湖港、崔蕉湖、道林磯、鴨欄磯、西岸之觀音洲、白螺磯、陽林磯、螺山、夾洲一帶，港汊紛歧，逐一窮搜，生擒伏匪三十四名。踏平兩岸賊營九座，礮臺三座。晚間大船泊螺山，分遣三板艇往下游進追。初四日五鼓，楊載福、瀟捷三及前營哨官千總何越珽、把總鄧清等，各乘勢追剿，行至倒口，見賊船二隻上插白旗，從內港駛出。哨官李成謀開礮轟擊，遂奪其船。追至石頭關，哨官史久立生擒長髮賊四名，奪獲旗幟多件。追至六溪口。即蒲圻崇陽河道入江之口也。時大股賊均已下竄，僅截斷尾船十餘隻。該逆施放數礮，爭上小划，棄船逃竄，概被我軍燒燬。聞口內上游賊舟尚多，即深入搜剿。行二十餘里，見賊船紛紛開竄，我軍連環轟擊，立斃數十人。該逆棄船上岸，潛匿蘆洲，楊載福令各哨不許搶船，止許焚燒。凡燒船近百號，生擒十二名，奪旗幟、號衣數百件。六溪口內之賊，剿洗無遺。三營弁勇，竟夕不寐，次早始回泊新堤。該市鎮商民均薙髮迎接官軍。據稱逆黨屢挫後，逃散幾及萬人。此初三、初四等日，水軍大勝，窮追二百里之實在情形也。

伏查逆賊從常澧飽掠歸來，占踞岳城。環岳二十里，堅築土壘、木城，至二十餘處。自荆河腦以下，沿江灣泊賊船連檣數十里。仍於兩岸分紮營壘，設立礮臺，而螺山、倒口六溪口等處，皆賊舟老巢，層層關鎖，沮我東下之師。自我軍克復岳城，水陸屢捷之後，又從湖北添集二萬人，悉鋭上犯。於二十五日到岳，二十六、二十八、九等日，三次大戰。該逆凶鋒頓挫。臣等即知其有逃竄之志矣。向來此賊將竄，往往故張虛聲，示以進戰之狀。幸我軍燭破詭計，一鼓而掃平之。是以賊之軍火、器械、旗幟、馬匹無一物得返歸者。又以水師併力窮追，沿江二百里之賊巢，剿洗殆盡。西可塞由荆入蜀之路，南可固由岳入湘之門，稍紓宵旰焦勞於萬一。然臣等仍當慎之又慎，步步爲營。謹遵屢次訓諭，謀安後戰，不敢輕於一擲。現在臣國藩進紮監利縣屬之螺山。臣塔齊布亦即日拔營前進。一面咨會荆州將軍官文多派兵勇，從大江西岸直下，協助臣等一軍。並咨會兼署督臣楊霈由德安進攻漢口之背，以圖克復鄂省，掃蕩逆氛，此次仰仗天威，將士用命，謹擇其尤爲出力者，酌保數人。升用遊擊周鳳山分路抄截，屢撲賊營，應請免補遊擊，以參將補用。已保府經歷李續賓，堵截要隘，首先衝破賊營，江西安福剿賊案內，保升府經歷，並賞戴藍翎，尚未接准部覆。永與剿匪案內，擬保知縣，尚未出奏。此次請免選府經歷，以知縣選用，仍賞戴藍翎。守備銜藍翎千總何越珽，身先士卒，斃賊多名，廣西鬱林州剿匪案內，擬保守備，並請賞換花翎。未知曾否出奏，此次仍請以守備補用，並賞換花翎。長沙協千總余星元、寶慶協千總滕國獻，直衝賊隊，奮勇爭先，均請以守備儘先補用。湘陰汛千總題補永綏營守備蕭捷三，殺賊奮勇，冒險窮追，湘陰失守案內，應候查明參辦，現值用人之際，合無仰懇皇上天恩，俯准免其查參，以收後效。其餘水、陸員弁兵勇，容臣等分別等第，酌核保奏，伏候恩施。所有官軍水陸大捷，踏盡賊營，追奔二百餘里。

又《官軍水陸大捷武漢兩城同日克復摺咸豐四年八月二十七日》

奏爲官軍水陸大捷。踏平賊營十九座，燒船千餘號。武昌、漢陽兩城同日克復，恭摺馳奏，仰慰聖懷事。

竊水師自抵金口，陸營進紮紙坊，逼近武昌，各六十里，定議進兵先後次第。業經馳奏在案。八月二十一日，臣塔齊布由油坊嶺進發，遏東北洪山總匯之區。臣國藩在金口，定沿江三路齊下之策。湖南陸軍羅澤南等三千人，及荆州派來李光榮川勇千人，攻東岸花園賊營。魁玉、楊昌泗四千三百餘人，攻西岸蝦蟆磯賊營。而水師從大江中路衝擊，使賊兩岸不能相顧。從來此賊守城之法，不守陴而守險，其精悍者不聚於城內，而堵於城外，往往扼險築壘堅不可拔。花園外瀕大江，內枕青林湖，該逆立大營三座，掘深溝寬二丈，長約三里，引江水以達於湖。溝內周立木城，實以土沙，中開礮眼，溝外植二尺許木樁，交互連釘，樁外密布竹籤，環以荆棘。木城之內，又有磚城，內濠層層拒抗，其堅固幾與金川之石碉相等。安礮百餘尊，向江者阻我水師，向南者阻我陸軍。西岸蝦蟆磯賊營，其堅固亦與花園相等。賊船泊守兩營之下，水陸依護。臣等深慮此關不破，則各路均無可施手也。因與李孟羣等熟商，將水師各營，分爲前後兩班。前班戰船從中流飛駛，衝過鹽關之下，直至鸚鵡洲。該逆不意我軍之猝出其後也，即回船下救。我軍分兩翼自下抄撓而上。後班戰船復自上排轟而下，賊勢不支，紛紛落水。其悍賊數舟風篷五綵，每戰冒死向前。臣國藩先日懸賞曰：『奪五綵篷者賞錢百千。』至是，爭前奪取。秦國祿、張啓基、鄭沐等六人各得其一。餘賊撲水登岸。楊載福等縱火延燒，頃刻之間，鹽關二百餘號賊船焚燬盡矣。東岸花園賊船見西岸已敗，相率鼠逃。我軍攢攻悍者數舟，餘亦全數燒燬。羅澤南等攻花園之陸營，分爲三路同進。賊自木城開礮，子如雨點。我軍習戰已久，礮將發則伏地以避，子既落則蛇行以進。凡三伏三進直逼賊營。候選知縣李續賓攻江邊之營，從竹籤、木樁中踰溝直入。羅澤南攻湖邊之營，先燒營外賊划百餘號，以斷賊之抄，尾隨奮力直入。李光榮及教諭唐訓方攻中路之營，同時躍入，諸勇或越高牆，或穿礮眼而入，賊衆大潰，縱火焚其營壘。而是時西岸魁玉、楊昌泗率兵攻蝦蟆磯賊營，亦恰衝進土城，縱火焚之。賊衆逾牆四竄，竄出江者，被礮轟擊，竄入裏湖者，被魁玉沌口伏兵圍剿，尸橫遍野。兩岸焚營之火，與江中三百餘船之火，煙燄相合，天爲之赤。楊昌泗窮追直下，與水軍夾擊，復破鸚鵡洲賊營。計東岸陸軍殺斃千餘名，生擒四十七名。西岸陸軍割首級四百餘顆，生擒百餘名，江中擊斃者百餘名，搶登賊舟殺斃者六十餘名，焚死溺死者不在此數。日已西墜，李孟羣尚不肯收隊，復督同楊載福等乘勝直下。凡沿江木柵，悉用大礮轟擊，多放火箭，又攻破漢關賊營一座，白沙洲、金沙洲賊營二座。遂進攻鮎魚套口，縱火大燒賊舟又數十號，叫殺之聲與該逆號哭之聲相雜。江水爲沸，忽延燒其火藥大船，霹靂一聲，衆船皆飛，賊屍有自半空落下者。我軍亦傷亡十七人。遂收隊回泊沌口。此二十一日連破賊營九座，焚船五百餘號之實在情形也。

前此七月十六日象骨港之役，因賊划圍繞太多，我軍眩亂致敗。自後臣國藩遂陸續招募小划百五十號，以敵賊之所長，而輔我礮船之不足。是夜大軍收隊後，派王策勳小划二十餘號前往劫營，連環放鎗，雖僅焚賊舟十餘號，而該逆時泊時開，船礮亂轟，徹夜不得休息。二十二日辰刻，三路進攻，仍如昨日之舊。李孟羣率前班先發，攻燒鮎魚套未盡之船，旋即西渡，攻漢陽朝宗門土城。楊載福、蕭捷三、俞晟、秦國祿等，仍衝過賊營，直下塘角。何越珽亦衝過賊營，直攻漢口兩城。賊礮羣子亂落江心，各哨官爭先逞長，以低頭避子爲恥，又以火毬不中賊艙爲恥。數舟既然，火勢遂烈。其桀黠之賊，一面開礮抵拒，一面揚帆下竄。楊載福等急槳駛追，翻出下竄賊船之前，曾不片刻已近青山，又將該處輜重賊船焚燒。北風甚勁，挂帆歸來，見塘角三百餘號賊舟火燄正熾，因傍西岸而上。又隨李孟羣入漢，焚口內之船，兩岸火光上薄，紅衣、黃旗餘燼漂流，斷肢、賊尸與豬雞半死之畜，叫號沉浮，蔽江而下，腥臭不復可聞。李孟羣回軍攻擊漢陽，該逆於木柵內開礮拒敵。我軍轟擊愈緊，魁玉、楊昌泗之兵，亦自上游轉戰而下；會合夾攻，將晴川閣下木柵、大別山下木壘，悉數焚燬。殺賊數十名，生擒十二名。東岸之賊，自花園既破以後，又有鮎魚套近湖一營，傍江街口一營；我軍分兩路進剿，賊從中路迎敵。四川義勇、湖南親勇、新田勇，稍卻退，奔里許。李續賓帶湘勇由江邊折回，急援中路，破鮎魚套賊營兩座；縱火焚之，斃賊三百餘名，生擒四十二名，義勇、親勇等，亦轉敗爲勝，焚燬附城賊營四座。此二十二日，焚盡漢口塘角逆船，踏平兩岸賊營之實在情形也。

自有此兩日大戰，省河上下無一賊船；武漢城外，無一賊營。臣等知其萬無可守之理，不日當棄城他遁矣。二十三日卯刻，水陸各營預備攻城。武昌之賊已於四更後潛開東北門逃竄；猶留悍賊數百，在西南城搖旗放礮，故作堅守之狀。漢陽城上亦然。我水軍及東路陸軍，用大礮向漢陽、望山等門轟擊，而別遣壯士，從僻處攀堞而登，舉火爲號，各營擁入。衆賊狂竄，截殺百餘人，生擒二十餘人；內有僞將軍陳昌貴、僞總制丁履之，立予正法。李孟羣自保安門緣城而入，徑奔其父李卿穀殉難之所，痛哭收骨，軍士爲之感泣。西岸漢陽城上之賊，方與水師連礮對擊，楊昌泗之兵勇已自南門梯繩而入。魁玉督帶各營，在西門外月湖堤一帶埋伏。該逆由西門奔赴蔡店被我伏兵截剿，殲斃無數，生擒一百餘名。午未之間，兩城同時克復。臣塔齊布從油坊嶺而來，知武昌東北洪山一帶，爲陸路竄賊必由之地；預飭大隊四路埋伏。該逆不知我軍之猝至，前臨大敵，後逼危城；左近梁子湖，右隔陽孫湖，無路逃生，因分三路拚死抗拒，我軍亦分三路迎擊。臣塔齊布自當中路，指黃袍賊目數人，與親兵分刺取之；餘匪稍卻，兩路之賊皆退。遂向洪山之背大奔。我軍搶登山脊，乘勢追殲賊約五六百人。餘衆圍逼沙湖塘角灣地方，紛紛赴水。紅巾浮波，須臾即没。湖汊淺處，賊尸塞滿。後至者踐尸而逃；行至中流，亦皆漂溺。計溺斃一千餘人。我軍喊殺愈厲，聲振林谷，耳不忍聞。中有兒童數百人，先後奔投湖水。臣塔齊布目睹心傷，不覺泣下，因飭將弁大呼救小兒，不許投水。凡救活二百餘人。衆賊見小兒得救，遂長跪乞命，亦帶回七百餘人，分別斬決、釋放，小兒則分置各營棚中，將查明籍貫而資遣之。此二十三日克復兩城，大剿洪山竄賊之實在情形也。

二十四日，臣等二人先後入城，履勘街道，撫綏孑黎。該逆於大宅多置火藥，燃香其上，入者觸之，輒被轟燒。二十三日，城內發地雷火礮三次，震斃數十人。二十四、五皆數處火起。市上門窗木器，片片摧碎。所擄各處幼童數千人，酷刑虐役，戰敗之後，輒大加殺戮，以洩其憤，其慘毒如此。僞『國宗』丞相所居之署，拆神廟以興修，枏木狼籍。一牀之費，可值千金。水陸兩軍奪獲黄傘三百餘柄，金冠、龍袍各百餘件，鏤錫籤筒、筆架至二千餘具之多，其僭侈如此，該逆爲神人所共憤。二城收復，大股破滅，本屬意中之事，惟三日之內，焚舟千餘，踢盡堅壘，每次縱火，輒遇順風，殺賊數千，而官軍傷亡不滿二百人。湖南陸兵極薄，恰有北省兵勇助剿；西岸大隊扼洪山要路，不先不後，恰痛殲東北之竄匪。事機之順，處處湊泊，此則仗我皇上威福，天心篤祜，不特非臣等籌謀所能到，亦並非臣等夢想所敢期也。現已飛咨湖北巡撫兼署督臣楊霈，請其迅速渡江，鎮撫會城，一面妥籌分路進剿事宜。

廣西升用道李孟羣，忠孝鬱積，戰必身先，沈毅有謀，應請加按察使銜，並賞加勇號。候選知府羅澤南、候選知縣李續賓，自岳州拔營東下，常在各營之前，途中力戰，七次大勝，攻克花園堅壘，制賊之命。羅澤南應請記名以道員用；李續賓應請以直隸州選用，賞換花翎。升用遊擊楊載福、永綏營守備蕭捷三，廉明愛士，膽力堅定。從下游逆擊而上，甚合機宜。楊載福請以參將補用，並加副將銜；蕭捷三請以都司升用，並賞換花翎。候補都司彭三元、候補守備唐得陞，力截洪山要隘，殺賊尤多。彭三元請以遊擊補用；唐得陞請以都司升用，賞換花翎。同知銜文生李光榮，練勇殺賊，果敢有爲，應請以府經縣丞歸部，遇缺即選。已革涼州副都統魁玉、高州鎮總兵楊昌泗，身先士卒，克復郡城，實屬奮勉出力，可否開復原官之處。出自皇上天恩。其餘出力員弁兵勇，容俟臣等核明勞績，開單保奏，仰候恩施。所有官軍克復武漢緣由，謹會同荆州將軍官文、湖北巡撫兼署督臣楊霈，恭摺由驛六百里馳奏，仰慰宸廑。伏乞皇上聖鑒，訓示遵行。謹奏。硃批：『覽奏感慰實深，獲此大勝，殊非意料所及。朕惟兢業自持，叩天速赦民劫也。另有旨。欽此。』

清·樗園退叟《盾鼻隨聞録》卷二《楚寇紀略》 （咸豐三年）八月二十五日，賊由江西復入湖北。二十七日破興國州，復竄田家鎮。督糧道徐豐玉、漢黄德道張汝瀛督領水師堵截，用砲船十五隻排列陣前，同知勞光泰帶領廣勇駕船駛至，截住江面。賊用空船來往，官軍砲聲不絶，猝轉逆風，賊船直前縱火，陸路賊從半壁山驟至，水陸夾攻，廣勇不戰先潰，官軍失利。徐張二公及荆門州知州李源、都司許連城同時陣亡。賊船上駛，復破黄州府，從西門入，知府金雲門被執，罵賊不屈死。九月初一日，復破漢陽府，知府俞舜欽抱印投井死，焚掠四日，仍赴漢口鎮盤踞十餘日。按察使銜江忠源督兵追至，連獲勝仗，斃賊無算，又手燃巨砲，擊斃紅衣騎馬督陣賊一名，賊始退走，分股北去，一陷孝感縣，一破應城縣，合犯德安府。前任襄陽縣知縣張開霽率民練二千餘人扼隘防守，臬司唐樹義馳赴黄州，總兵楊昌泗駐兵田家鎮，聲勢聯絡，賊遂由黄州遶道向安徽而去。

四年正月，僞翼王石達開、僞總制黄懿奎、僞監軍孫寅三再破黄州，連陷麻城、蘄水、應城等縣。兩湖總督吳文鎔帶領兵勇二萬餘人，在黄州北路，離城九十餘里，屯紮營盤十五座，軍裝器械砲位火藥聚如山積。文鎔籍隸揚州，已爲賊踞，族人多有陷入賊中者，私通家信，虚聲誘嚇，文鎔遂無戰志。又平素性情暴戾，辦事酷毒，自奉極奢，不恤士卒，屬員白事，未及啓口，先遭斥罵，待武弁尤刻，衆心怨恨。元宵夜營中舞演龍燈，金鼓競作，歡呼雜遝，文鎔暢飲酣醉，毫無準備。賊於四更後兩路夾撲大營，前後截擊，火毬火彈，抛擲如雨，中軍副將德亮倉卒拒戰，馬蹶被戕，各營兵勇霎時潰散，軍餉糧米兵器火藥盡飽賊手。文鎔醉臥未醒，有武巡捕楊姓守備背負而逃，走至天明，離營二十餘里，忽有零股賊匪三百餘人，從小路抄出追趕甚急，文鎔許以奔逃得脱，即保舉參將，楊巡捕不顧，棄之而走，文鎔投江未死，被賊撈起截首而去。臬司唐樹義聞信赴援，衆寡不敵，坐船被飛砲擊碎，墮江溺死，家丁王桂攜其印逃脱。

賊分四路溯江而上，重陷岳州，截住上游援師。復由襄河連破安陸府、德安府、應山縣、孝感縣、安陸縣、京山縣、雲夢縣、棗陽縣、當陽縣、荆門州、隨州，所過之處，官民逃避，惟安陸縣知縣罵賊死。

三月二十九日，直犯荆州，離城三十里龍碑橋地方，有駐防將軍台湧派出滿兵紮營，又有撫標參將王姓帶兵協守。賊衆前隊千餘人撲至，離橋二里，王參將渡橋迎擊，用檯鎗打死步行執旗一賊，滿營兵隔河排隊，遙作聲援，殲賊大半，逃回者僅二三百人。賊令輕年悍賊喬作女裝，用年老婦人同行，假稱難民婦女共有四船，到荆州城外停泊，水手登岸沽酒，暗向酒肆通信，王參將帶兵擒拿，搜出男扮女裝長髮賊百餘人，俱藏火藥刀械，駢斬城下。離城十五里沙市地方，有金旗杆廟，供奉關聖。是日廟中大刀滴下血點，羣稱神威顯靈，保護地方。賊由山路遶道攻破監利縣。荆州爲水陸要衝，江路梗塞，上命荆州將軍官文統領全省各路兵勇，相機撲剿。

四月二十日，賊船上竄，攻破宜昌府。賊中百物充牣，惟鉛丸短絀，至用銀彈作鎗砲子。適雲貴運京銅鉛由川江順流而下，船隻五百餘號，停泊宜昌城外，運員嚴耿、趙鴻吉等棄船逃匿，賊大肆搶掠，惟雲南委員俞良傑銅船甫出川口，未遭搶劫，運員舟中均攜帶家眷，嚴耿一妾赴水死，餘俱被擄。又派賊目王思開、帥占魁、戴聲遠、韓蔭勳等，潛赴巴東探聽入川路徑，盤獲正法，搜出四川學政衙門護牌一張。宜昌爲進川水路要隘，有江西人陳廣甫在重慶勾結各處嘓（嘓）匪，分路竄入。

五月初一日，宜昌鎮總兵訥欽、宜昌府知府吴開陽收復府城，賊又蔓擾施南、鄖陽等處，分爲兩路由太平口乘划船竄入洞庭湖，合犯常德府一股，由白沙市撲府城。十六日失守，知府景星自刎死，焚掠甚慘。復犯辰州府屬辰龍關，經兵勇擊退。一股自黄州直逼武昌，巡撫青麐蒞任未久，統兵僅及千人，居民遷徒殆盡。半月後糧米罄盡，日僅一粥，青巡撫將衣服朝珠玉件等物盡行變價充用。四川副將雙保、德興、參將顏朝斌先後帶兵赴援，撥解餉銀三十萬兩，委員分起星夜解送。青巡撫接到川省公文，晨夕盼望，奈路過荆州，駐防將軍台湧素與青巡撫不合，將援兵三起解餉委員六人悉行截留，外圍益急，援師不至。六月初二日，賊衆蜂擁薄城，兵勇枵腹已久，力不能支，仍復失守，青巡撫欲自盡，衆將擁之巷戰突圍出，徧地皆賊，無路可通，僅帶親兵二十餘人，南走長沙，移兵就餉，奉旨正法。藩司岳興阿、署臬司李卿穀均殉難。賊佔踞省城，分陷黄陂縣、沔陽州、通城縣，用巨船搬運擄獲，載回武昌，欲爲久據之計。

又有僞懿王羅大綱、僞將軍黄文安、僞指揮黄貽楨，於三月内由江路竄回湖南，復破岳州府、常德府，連陷湘陰縣、寧鄉縣、湘潭縣、龍陽縣、華容縣、澧州等處，將鐵索編聯船隻，横截江面。巡撫駱秉章派參將塔齊布守、備周鳳由陸路攻湘潭。四月初一日，縱火焚燒城外木城。初二日，焚燒南岸水面木柵，奪獲砲位十八尊。初三日，訓導江忠淑開城接應官兵，塔齊布揮軍直入，收復湘潭縣，遂移師岳州。賊於城外沿江築壘數十處，兵船不能進岸。七月初一日，候補知府褚汝航帶領罟船衝擊，斃賊千餘人，擊沉賊船二十餘隻；生員羅澤南率領團練赴營助戰，攻破陸路賊壘兩座，乘勢克復岳州，將城中餘賊盡行剿滅，追至臨湘縣復大獲勝仗，斃賊二千餘人。十八日，褚汝航同總兵陳輝龍、遊擊沙鎮邦由水路進攻，乘勝追至城陵磯，賊船四面圍裹，官軍失利，力戰陣亡。閏七月十一日，塔齊布大破賊衆，陣斬黄帽騎馬賊十餘人，兵丁黄明奎槍斃僞丞相曾天養一名，奪獲繡龍黄旗一桿，踹破陸路賊營五座。曾侍郎湘勇水師，沿江屯泊，僞英王陳玉成假裝營弁，率悍賊十八人，混入放火，焚燬大小船隻三百餘號，幸天雨風轉，陸路援兵趕至撲救，擊破賊船五十餘隻，賊揚帆下竄。

十六日，都司劉富成會同知府方卓然收復安陸府城。十八日，四川副將雙保在新河焚燬賊船八十餘隻，餘賊退據仙桃鎮。二十三日，官軍收復黄陂縣。二十六日，知縣李殿華、軍功李玉田收復孝感縣，其賊最悍，連戰始克。二十七日，收復麻城縣，應城漢川、崇陽、沔陽、咸寧、蘄水、羅田等州縣相繼收復。八月二十二日，總督楊霈收復漢陽府。羅澤南帶領團練攻破高橋賊營，復隨同官兵攻破武昌城外鮎魚套、八步街兩處賊營。參將恆泰、扎勒罕攻克嘉魚、蒲圻二縣。二十五日，曾侍郎會同諸軍合力進剿沿江木柵，用大砲擊燬縱火將賊船燒盡，收復武昌省城，城中老弱不滿千人。九月初八日，收復興國州。十七日，收復廣濟縣。從武昌逃出之賊盡從濯港竄往江西。楚省餘賊無多，惟土匪蜂起，徧地皆是，頭捆黄布，假名淫掠，遂遴舉紳董辦理團練，糾集丁勇，分頭捕殺，羣匪稍知斂迹，楚省大局，漸就肅清矣。

清·黎庶昌《曾文正公年譜》卷一　（咸豐二年六月，湖南湘鄉）縣令朱孫詒緝治甚勤，禮請邑中儒士羅公澤南、李公續賓兄弟、王公鑫、劉公蓉等，團結鄉勇，加以訓練。而竹亭公以鄉老巨望總其成。是時，鄉團以湘鄉爲稱首。

（八月）詔以張亮爲湖南巡撫，張公入守長沙，以左公宗棠入贊軍幕。

（九月）賽尚阿公至長沙，奉旨逮問，以徐廣縉爲欽差大臣，督兵剿賊。

（十一月）是月，湖南巡撫奉上諭，前任丁憂侍郎曾國藩籍隸湘鄉，於湖南地方人情自必熟悉，著該撫傳旨，令其幫同辦理本省團練鄉民，搜查土匪諸事，務必盡力，不負委任等因，欽此！

（十二月）武昌省城失守，湖北巡撫常文節公大醇等殉難。十三日公奉到寄諭，草疏懇請在家終制，並具呈請巡撫張公代奏。繕就未發，適張公專弁以函致公，告武漢失守，人心惶恐，懇公一出。郭公嵩燾至公家，力勸出保桑梓。公乃燬前疏，於十七日起行，二十一日抵長沙，與張公亮基籌商，一以查辦匪徒爲急務。二十二日，拜摺敬陳團練鄉民，搜查土匪大概規模。且稱長沙省城兵力單薄，行伍空虛，不足以資守禦。因於省城立一大團，就各縣曾經訓練之鄉民，招募來省，實力操練，既足資以剿捕土匪，於防守省城不無裨益。是摺奉硃批：『知道了。悉心辦理，以資防剿，欽此！』維時，羅公澤南領所招湘鄉練勇三營，已至省城，仿前明戚繼光束伍成法，逐日操練。公爲之酌定《訓練章程》，故疏中及之。其後，良將輩出，實濫觴於此。瀏陽會匪煽亂，號曰『徵義堂』，其匪酋爲周國瑜，聚黨逾萬人。江公忠源以楚勇往，出其不意，一戰破平之。

武昌陷後，詔授向榮爲欽差大臣，徐廣縉逮問。前湖廣總督程矞采革職。詔以張亮基署總督，又特命琦善爲欽差大臣，偕直隸提督陳綬、內閣學士勝保，督兵馳赴楚豫之交，堵賊北竄。又以兩江總督陸建瀛爲欽差大臣，出省堵剿。

又　卷二　（咸豐三年）二月初三日，奉上諭：『封疆大吏翦除百惡，即可保衛善良。著該署督撫等認真查辦，並著會同在籍侍郎曾國藩，體察地方情形，應如何設法團練，以資保衛之處，悉心安籌辦理等因，欽此！』十二日，公奏『嚴辦土匪，以靖地方』一摺，奏稱：『湖南會匪名目甚多，近年有司掩飾彌縫，任其猖獗，非嚴刑峻法，無以銷遏亂萌。』【略】奉硃批：『辦理土匪，必須從嚴，務期根株淨盡，欽此！』

又　卷三　（咸豐四年正月）十三日，奉到初二日上諭：前因賊擾安徽，疊次諭令曾國藩置辦船礮，督帶楚勇由湖入江，與安徽水陸夾擊。本日據袁甲三奏請：令曾國藩督帶兵勇船礮，由九江直赴安徽安慶，刻下賊數無多，或先復安慶，亦可斷賊歸路等語。廬州爲南北要衝，現在爲賊所據，必須乘其喘息未定，趕緊進剿，遏賊紛竄之路。曾國藩製辦船礮，並所募楚勇數千人，此時諒已齊備。著即遵旨，迅速由長江駛赴安徽，會同和春、福濟水陸並進，南北夾攻，迅殄逆氛，以慰廑念。欽此！公既聞廬州失守，江公殉難。而探卒自鄂歸者，亦報黃州堵城之敗，公於時心愈迫矣！二十六日，船廠畢工，成快蟹四十號、長龍五十號、舢板百五十號，拖罟一號，以爲坐船。購民船改造戰船者數十號，僱民船百數十號，以載輜重。募水勇五千人，分爲十營，其五爲正，其五爲副，每營置一營官，又設幫辦一人。在湘潭募水軍四營，以褚汝航、夏鑾、胡嘉垣、胡作霖爲營官領之。衡州募六營，以成名標、褚殿元、楊載福、彭玉麟、鄒漢章、龍獻琛爲營官領之。二十八日，自衡州起程，會師於湘潭。前後左右中營旂幟，各用其方色。陸勇五千餘人，則以塔齊布、周鳳山、朱孫詒、儲玫躬、林源恩、鄒世琦、鄒壽璋、楊名聲及公弟國葆等領之。水路以褚汝航爲各營總統，陸軍以塔齊布爲諸將先鋒。糧台設於水次，載米一萬二千石、煤一萬八千石、鹽四萬斤、油三萬斤。配礮五百尊、軍械數千件，子藥二十餘萬斤，應需之器物，應用之工匠，相隨以行。輜重民船，亦給予旗幟、鎗礮，以助軍勢。合計員弁、兵勇、夫役，一萬七千餘人，軍容甚盛。作《討粵匪檄文》一道，布告遠近。賊船上竄，仍陷漢陽，湖北按察使唐公樹義迎戰死之。賊上竄湖南境。

二月初一日，岳州失守。初二日，公在衡山舟次，奏報東征起程日期一摺，並奏陳水陸營制糧台章程大概情形。並奏調署撫標中軍參將塔齊布、耒陽縣知縣陳鑑源、平江縣知縣林源恩、善化縣知縣李瀚章等，隨同東征差遣。又附片代遞唐樹義遺摺一件。公之爲是役也，水陸兼進，尤注重水師。自上年創爲戰船，每事必躬自考察，材木之堅脆，縱廣之榘度，帆檣樓櫓之位，火器之用，營陣之式，下至米鹽細事，皆經於目而成於心。糧台設立八所，條綜衆務，曰文案所、內銀錢所、外銀錢所、軍械所、火器所、偵探所、發審所、採編所，皆委員司之。羅公澤南、李公續賓湘勇二營，留駐衡州，以防南路土匪。委知府張丞實督辦捐局，以資接濟。同時又奉到上諭：此時惟曾國藩統帶礮船兵勇，迅速順流而下，直抵武漢，可以扼賊之吭。此舉關係南北大局，甚爲緊要。此時水路進剿，專恃此軍，該侍郎必能深悉緊急情形，兼程赴援等因，欽此！貴州候補道益陽胡公林翼，應前總督吳公之調，帶練勇六百名，由黔赴鄂，軍抵金口，聞吳公陣亡，賊舟上犯，阻隔不能進。公商之巡撫駱公秉章，由湖南支給餉糈、軍械，並飭令回會剿岳州之賊。王公鑫所招湘勇在長沙者，不用公所定營制，有自樹一幟之意。駱公札飭王鑫率所部先趨黃州，軍未發而賊已由岳州竄湘陰，上踞靖港市，擾陷寧鄉。公舟師抵長沙，調陸路各營剿之。十五日，公具疏奏稱：賊船上竄，東南大局真堪痛哭。湖廣江皖四省，止有臣處一枝兵勇較多，每月需餉銀近八萬兩，專恃勸捐以濟口食。現在湖南、江西、四川較爲完善，請旨飭派大員辦理捐輸，專濟臣軍之用。并言世小亂，則督兵較難於籌餉，世大亂，則籌餉更難於督兵。此次成師以出，已屬竭力經營，若復飢疲潰散，此後不堪設想。附片奏胡林翼黔勇暫令駐岳州附近地方，相機會剿。王鑫湘勇剿賊於喬口，敗之。公所派陸營趙煥聯、儲玫躬、公弟國葆等，分投攻剿。儲公玫躬擊破賊大隊於寧鄉，旋因追賊陣亡。賊敗潰下竄，公飭各營及戰船追擊之。二十四日，公與駱公會奏逆船上竄，派員前往，分途截剿，連獲勝仗一摺。附片奏留胡林翼在楚剿賊，暫未能赴鄂。又附報官軍收復湘陰，乘勝追剿一片。於時奉到上諭：曾國藩統帶炮船，想已開行，著卽兼程馳赴下游，迎頭截剿。此時水路進攻，專恃湖南砲船，遏其凶燄，務須趕緊前進，勿稍延誤。欽此！又奉到上諭：本日據青麐奏稱：探聞曾國藩帶勇已距金口百有餘里，貴州道胡林翼隨同前來，現復退往上游。賊船飈忽上竄，急須出其不意，順流轟擊。該侍郎砲船早入楚北，胡林翼何以退守？著曾國藩飭知該道，迅速前進，無稍遲延。等因，欽此！公乃專摺陳明胡林翼一軍，未能赴鄂，留於湖南之由。并稱胡林翼之才，勝臣十倍，將來可倚以辦賊。胡公之軍回湖南境，崇陽、通城各屬，土匪四起，賊由興國上竄，陷崇、通二邑，匪黨大熾。公調胡公黔勇由平江往剿，平江縣知縣林源恩帶勇繼之。胡公軍至通城請援於公，公又令塔齊布、周鳳山等帶勇往剿。賊退出岳州，王鑫湘勇先抵岳州，由蒲圻前進。公所派陸軍三營，亦抵岳州。公自統水軍進剿。三月初二日抵岳州。初五日，公由驛具摺奏稱，賊蹤全數退出南省。臣現駐岳州，搜捕湖汊餘匪，就近剿辦崇、通股匪，上游肅清，則馳赴下游，庶無彼此牽掣之患。【略】

是日，公派戰船搜捕西湖餘匪，衛千總鄒國彪遇賊擲火，燒傷而亡。初七日，北風大作，戰船及輜重船在岳州湖畔者，漂沉二十四號，撞損數十號，勇夫多溺斃者。駱公秉章屢奉旨籌兵援鄂，駱公於二月內奏稱：湖南弁兵存數無多，歷次剿辦土匪，及此次所派追剿賊匪者，俱係臣與曾國藩督飭士紳召募自練之壯勇，較爲得力。該逆現竄湖南，鄂省情形較緩，擬俟南省剿辦事竣，臣卽派兵馳往鄂省，跟蹤追擊。奉硃批：楚南之賊明係分竄，現在湖北尚有多賊。曾國藩砲船原爲肅清江面，第此時道路不通，暫可留在湖南剿辦，亦不能專待事竣，緩緩北上。楚南辦有頭緒，仍應速赴湖北爲是。曾國藩素明大義，諒不敢專顧桑梓，置全局於不問。北重於南，皖鄂重於楚南，此不易之局也。欽此！湖北賊勢方熾，武昌省城岌岌不保，公屢奉寄諭，飭令統領舟師，馳赴下游。諭旨又云：『此時得力舟師，專恃曾國藩水上一軍，倘涉遲滯，致令漢陽大股竄踞武昌，則江路更形阻隔。朕既以剿賊重任，付之曾國藩，一切軍情不爲遙制。等因。』公啓行之初，派陸路勁軍由崇、通剿賊，欲以次掃盪，進援武昌。公自統水師順流而下，既至岳州，遇風沉損各船。而王鑫湘勇之前進者，初八日抵羊樓司，遇賊潰敗，退回岳州。賊乘勝上犯，公弟國葆、鄒壽璋、楊名聲等營在鄂州者皆潰，退入城，賊撲城甚急。初十日，公急調砲船齊赴岳州，登岸擊賊，拔出城中各營，潰勇乘風南返。十四日，泊長沙城外，賊船復上犯湘陰。公在衡州時，原任湖北巡撫楊健之孫楊江捐助軍餉銀二萬兩，公因奏請以楊健入祀鄉賢祠。奉旨交部議處，部議革職。奉旨改爲降二級調用。十五日，駱公奏岳州官軍失利，省城現籌防剿情形，王鑫革職留營效力贖罪。十八日，公具摺奏陳岳州陸軍敗潰，水師遇風壞船，力難應敵，恐戰船洋砲，反以資賊，遂乘風退保省城，皆由臣不諳軍旅，調度乖方，請交部治罪。附片奏船隻遇風，沉損情形，鄒國彪傷亡請卹。又奏探明前路賊情一片。官軍在崇、通者，屢獲勝仗，胡公林翼有初六日上塔市之勝，塔齊布公有十四日沙坪之勝，賊勢少挫。值賊船上竄，長沙戒嚴，公乃調胡林翼、塔齊布兩軍旋省，委林源恩以平江勇扼守，防其南竄。二十二日，奏報崇、通勝仗一摺。奏稱武昌以南等屬州縣皆已爲賊所踞，臣本擬痛勦崇、通一股，卽可直抵鄂省，以資救援，不謂岳州一敗，大股上竄。須酌撤通城之兵，回保長沙，此皆臣調度乖方所致也。公之回長沙也，竹亭公爲書以誡公，謂其築壘不堅，調軍太散，皆取敗之道。結陣之法，緝奸之法，皆宜加意講求，尤以早起早食爲要。自是以後，公每日未明而起，甫明而食。凡十餘年如一日。賊船竄踞靖港市，復分股由陸路擾寧鄉，南及湘潭。二十七日，湘潭失守，賊於城外築壘自固，於湘水上遊，掠民船數百號，豎立木城，以阻援師。二十八日，塔齊布公督軍馳至湘潭，奮擊賊營，大破之。連戰四日夜，斃賊數千人，官軍力戰殺賊之多，實自此役始。二十九日，公派水師五營駛赴湘潭助勦。

四月初一日，水師大破賊船於湘潭，陸軍攻賊壘，盡破之。初二日，公自督戰船四十號，陸勇八百人，擊賊於靖港市。西南風發，水流迅急，不能停泊，爲賊所乘，水勇潰散，戰船爲賊所焚，或掠以去。公自成師以出，竭力經營，初失利於岳州，繼又挫敗於靖港，憤極赴水兩次，皆左右援救以出。而是日水師適破賊船於湘潭，連日報捷，軍勢少振。初三日，水師盡燬賊所掠船，塔齊布公會各軍兜勦，屢破之。初五日，克復湘潭縣城，賊乃大潰。自粵逆稱亂以來，未受大創，湘潭一役，始經兵勇痛加勦洗，人人有殺賊之志矣。公之回長沙也，駐營南門外高峯寺，湘勇屢潰，恆爲市井小人所詬侮。官紳之間，亦有譏彈者，公憤欲自裁者屢矣。公言古人用兵，先明功罪賞罰，今時事艱難，吾以義聲倡導鄉人，諸君從我於危亡之地，非有所利也，故於法亦有所難施。兩次致敗，蓋由於此。四月十二日，公專摺奏：靖港戰敗，水師半潰，實由臣調度乖方，請交部從重治罪，並請特派大臣總統此軍。臣未赴部之先，仍當力圖補救。附片奏保塔齊布、褚汝航等數員可分水陸將領之任。奏奉上諭：『屯聚靖港逆船，經曾國藩親督舟師進勦，雖小有斬獲，旋以風利水急，戰船被焚，以致兵勇多有潰敗。據曾國藩自請從重治罪，實屬咎有應得。姑念湘潭全勝，水勇甚爲出力，著加恩免其治罪，卽行革職，仍趕緊督勇勦賊，帶罪自效。湖南提督鮑起豹自賊竄湖南以來，並未帶兵出省，疊次奏報軍務，僅止列銜會奏。提督有統轄全省官兵之責，似此株守無能，實屬大負委任。鮑起豹著卽革職，所有湖南提督印務，卽著塔齊布暫行署理，該部知道。欽此。』又奉上諭：『曾國藩統領舟師，屢有挫失。此摺所陳紕繆各情，朕亦不復過加譴責。現在所存水陸各勇，僅集有四千餘人，若率以東下，誠恐兵力太單。該革員現復添修戰船，換募水勇，據稱一兩月間，當有起色。果能確有把握，亦尚不難轉敗爲功。目下楚北賊蹤，由應山竄回德安，隨州之賊亦回武漢，是鄂省望援甚急。該撫等務當督飭水陸各軍，迅將此股敗竄之匪，殲滅淨盡，兼可赴援武昌，以顧大局。欽此。』官軍既復湘潭，餘賊潰竄者，擒捕殆盡。賊船在靖港者，聞風下駛，岳州賊亦退出。公所造戰船，經岳州之損、靖港之敗，去其大半。旋委員於衡州、湘潭設兩廠，續造船六十號，較前更加堅緻，長沙亦設廠重修百數十號。已潰之勇丁，不復收集，別募水陸兵勇數千人，每船增置哨官一員。調羅澤南、李續賓帶所部湘勇回長沙，又委增募湘勇數營，將領立功者，獎拔保奏，潰敗者，革退更置。奏調水師弁兵於兩粵，廣西巡撫委知府李孟羣募水勇一千名，廣東委派總兵陳輝龍帶水師四百員，名礮一百尊，赴湖南會勦，規模重整，軍容復壯矣。

又奉上諭：『曾國藩添募水陸兵勇，及新造重修戰船，既據奏稱已可集事，則肅清江面之舉，仍藉此一軍，以資得力。塔齊布膽識俱壯，堪膺勦賊之任，著駱秉章卽飭統領弁兵，迅速出境。曾國藩與該署提督，共辦一事，尤應謀定後戰，務期確有把握，萬不可徒事孟浪，再致挫失等因。欽此。』

賊既退出湖南，旋復上犯，陷華容，踞岳州，分擾洞庭之西湖。十三日，陷龍陽，掠民船，攻常德府。十六日，陷踞之。塔齊布公統帶兵勇三千，先赴岳州進勦。公乃調胡林翼、周鳳山、李輔朝等，帶勇由益陽進勦常德。行抵龍陽，湖水驟漲，賊船乘水攻營，周鳳山等小挫。胡公林翼督各勇回益陽，改道繞赴常德。六月，船廠修造戰船畢工，廣東總兵陳輝龍到長沙，添造淺水拖罟二號。李孟羣所募廣西水勇千名，亦到長沙，與公所新募水勇日夜操練，刻期進勦。漢陽之賊，於春初分股，泝漢水，陷德安、隨州，江漢城邑大半殘破。湖北學政侍郎青麐人守武昌，署巡撫事，將軍台湧駐營隨州，署總督事。賊於三月陷安陸府，四月陷荆門州，犯荆州府。將軍官文公遣兵擊卻之，賊竄陷宜昌府。五月，復下竄宜都、枝江，由太平口南入洞庭，與西湖股匪合，併陷澧州、安鄉等城。青麐守武昌數月，城外賊蹤四布，糧盡援絶，乃率飢軍數千突圍南出，就餉於長沙，賊遂陷武昌省城踞之。公與駱公籌發餉銀二萬兩，以賑鄂軍，資遣至荆州。青麐奉旨正法，台湧革職，詔以楊霈署湖廣總督。公水師既集，分三幫起椗。十三日，先遣褚汝航等四營擊檝而下；陸師則以塔齊布公之軍爲中路，駐營於新牆；胡公林翼等軍出西路，趨常德；江忠淑、林源恩等由平江進剿崇、通者，爲東路，先後進剿，合計兵勇數近二萬。賊聞官軍大至，遂退出常德、澧州各城，將所掠船盡集岳州踞守。公以新牆兵力稍單，調派羅澤南等以勇二千繼進，又調周鳳山等兵勇齊赴岳州。二十二日，塔齊布公破賊於新牆，進逼岳州。晦日，水師破賊於南津港，賊乃宵遁。

七月初一日，官軍收復岳州，初三日賊船數百來犯，水師力戰破之。初六日，公督水師後幫由長沙起行，陳輝龍、李孟羣率師繼進。水師既克岳州，進破賊船於道林磯。十四日，賊船上犯，水師復破之於城陵磯，十五日公抵岳州。水師乘風擊賊船於城陵磯下，南風大作，官軍失利，總兵陳壯勇公輝龍、遊擊沙公鎮邦戰歿；褚公汝航、夏公鑾等馳救，亦陣亡。戰船陷失者數十號，兵勇死傷甚多。十八日，塔齊布公陸軍破賊於擂鼓臺，陣斬賊目曾天養。賊屯聚城陵磯者爲數尚衆，儲公殿元等擊賊陣亡。二十六日，賊黨大至，羅公澤南奮擊破之。二十八日，湘勇由陸路進攻賊壘。二十九日，水師燬賊船於城陵磯，賊大潰。塔齊布公陸軍初二日攻破賊營十三座，殺賊二千餘人；李公孟羣、楊公載福等率水師以火焚賊船，乘勝攻擊，盡平沿江兩岸賊壘，窮追二百餘里，至嘉魚縣境，賊潰下竄，公督水軍出江進駐螺山。賊之大股竄回武漢，而江岸支港汊湖尚有餘匪藏匿。崇陽踞賊，數近二萬，蒲圻、咸寧等縣之匪，倚崇陽爲巢穴。公與塔公籌商分路進剿，公督水軍搜剿瀕江賊船，進扼金口，賊屢來犯，擊卻之。塔公督陸軍馳赴崇陽，連破賊卡。二十六日，破賊於羊樓司，賊敗竄，塔公追剿直抵崇陽。

八月初四日，克復崇陽縣城，初九日，追擊賊於咸寧，破之。荆州將軍官文公所遣魁玉、楊昌泗等帶兵五千，會於金口。水陸併勢，復破賊於沌口。十一日，公進駐金口。（十九日）胡林翼軍至通城，因駱公奏留，遂回駐岳州。塔齊布公、羅公澤南由咸寧北趨，擊破賊黨於横溝橋，與公會於金口。而崇陽餘匪仍聚攻縣城，陷之。公兼督水陸各軍，分途進剿。公與塔齊布公、羅公澤南規畫進取武昌之策。賊於城外洪山、花園兩路皆駐重兵，築堅壘。羅公自請攻花園一路，塔公攻洪山一路。二十一日，羅公破賊壘九座，塔公亦破洪山賊壘，水師破燬賊船五百餘號。二十二日，馳奏水陸續獲勝仗，現籌進兵武漢情形一摺。是日水軍奮擊賊船，焚燬殆盡。陸軍攻武漢城外賊壘，悉破平之，先後斃賊萬餘。二十三日，克復武昌省城，漢陽府城賊大潰。湖廣總督楊公霈軍漢陽以北，馳奏武漢克復大概情形。武漢既克，賊船在襄河者尚多，奔出漢口，以圖下竄。公派魁玉、楊昌泗帶兵進剿，而楊載福等以水師舢板數十號泝流駛入漢口，縱火焚賊船千餘號，幾盡。總督楊公霈自德安入駐武昌時，賊已退出黄州，南則踞興國，北則屯聚蘄州、廣濟，仍以船爲巢穴。公與楊公會商進剿，分爲三路：以塔齊布公統率湖南兵勇，進剿興國、大冶，爲南路；派提督桂明等領鄂省兵勇，進剿蘄州、廣濟等處，爲北路；公自督水軍浮江而下。

（九月）水師楊公載福等領戰船先行，公與李孟羣等繼進。南路陸營以十三日拔營進剿，北路陸軍魁玉、楊昌泗等以十七日拔營，十九日水師破賊於蘄州城下。二十一日，塔齊布公克復大冶縣城，羅公澤南等克復興國州城。公舟次黄州，按行前總督吴文節公堵城營壘，於其殉難之處爲文以祭之，詞甚哀厲。二十七日，公駐舟道士洑。二十九日，蘄州賊船上犯，楊公載福、彭公玉麐等縱火盡焚之。

十月，初一日，羅公澤南陸軍破賊於半壁山，奪其營柵。初四日，羅公澤南等大破賊於半壁山，殲賊逾萬人。初五日賊至，復擊破之。初八日，水師攻賊船於蘄州，繞出賊前。初十日，賊船退至田家鎮南岸，鐵鎖已爲陸營湘勇斫斷。楊公載福、彭公玉麟督水軍，於十三日攻斷江中鐵鍊，舟師飛槳而下，至鄔穴，縱火焚賊舟，適東南風大作，賊船四千五百餘號皆盡，伏屍萬數。田家鎮北岸之賊大潰，燬營而遁。十四夜，蘄州之賊棄城竄去，水師追賊船至九江城下。塔齊布公陸軍破平南岸富池口賊壘。二十日，與羅公澤南率師渡江而北。二十一日，公舟次田家鎮。陸師渡江循北岸而下，二十六日，遇賊於蓮花橋，擊破之。二十八日，克復廣濟縣城。水師追擊賊船，二十六日，戰於九江城外，破之。

十一月初一日，陸師破賊於雙城驛，初三日，破賊於夏新橋，初四日克復黃梅縣城。（十一月初六日）羅公澤南自黃梅拔營進剿，破賊於濯港。十二日，塔齊布公、羅公澤南等破賊於孔隴驛。十三日，小池口賊遁去。十四日，水師焚賊船簰，潯郡江面賊艅略盡，公卽日進駐九江城外。十五日，塔公陸軍抵小池口，水師擊破賊船，進泊湖口，賊踞守九江，堅不可下。十八日，陸軍渡江南岸，駐營九江南門外。賊踞九江、湖口兩城，濬濠堅壘，結木簰於湖口城下，以阻官軍入湖之路，而別築石壘於梅家洲，水陸相倚。賊舟屯踞大姑塘，擾犯南康府。二十一日，羅公澤南湘軍渡江未畢，爲賊所乘，回軍擊卻之。胡公林翼軍亦至，均駐九江城外。水軍登岸攻賊，屢破之。賊每乘夜驚營，水師亦徹夜戒嚴。

十二月初一日，陸軍合攻九江城，未克。初六日，胡公林翼、羅公澤南擊賊於梅家洲，破之。水師乘勢攻破湖口木簰賊卡。初八日，童壯節公添雲，因攻城受傷，卒於軍。初十日，水陸合攻湖口賊營，未克。十二日，水軍舢板船駛入內湖，焚賊舟數十號，乘勝追逐至大姑塘以上。賊復於湖口設卡築壘增柵，以斷其後，舢板船遂不得出。其在外江者，皆快蟹、長龍諸大船，掉運不靈。賊以小艇乘夜來襲，戰船被焚者三十九號，餘皆退回九江大營。十四日，馳奏九江、湖口水陸攻剿情形一摺，隨摺奏保劉國斌、孫昌國二弁陣亡，參將童添雲暨兵弁葉楚南、楊玉芳、黃韻南、姜陵浩請卹。水師既退集九江城外，湖口之賊分股渡江，踞小池口。皖賊復上犯鄂境。公派周鳳山陸營渡江攻剿小池口賊壘，大挫而還。公急調胡林翼、羅澤南回援九江，駐營南岸官牌夾。二十五日，賊復以小艇夜襲水軍，放火焚戰船十餘號。公座船陷於賊，文卷册牘俱失，公棹小舟馳入陸軍以免。調舟師悉泊南岸，與羅公澤南湘勇陸營緊相依護。糧臺輜重各船皆退駛至鄔穴以上，戰艦亦多潰而上泝者。公憤極，欲策馬赴敵死，羅公澤南、劉公蓉及幕友等力止之。楊公載福留鄔穴養病，聞敗力疾而下，督戰船拒賊，卻之，尋以病甚回籍。水軍在外江者，李公孟羣、彭公玉麟與陸軍依岸而守。其入鄱湖者，營官蕭捷三、段瑩器、孫昌國、黃翼升等領之，由是水師遂有內湖外江之分。

建立江南大營和江北大營

《向榮奏稿》卷二《救援金陵遲誤請旨治罪摺咸豐三年二月二十日自丹陽發》 臣卽于十八日馳抵江寧縣之板橋，查看近城紮營處所，詎該逆先於城外多掘陷坑，密布竹簽里許，並於長壽橋左右築有土城，連紮營數座，防備甚嚴，以阻我兵進路。此外俱係小河，無可繞越之處，大兵須從橋上攻進，該逆堅壁固守，我兵進攻，勢難施展，非避實擊虛，不能得手。因查東路孝陵淳化鎮一帶，地勢寬敞，進攻較易，兼可扼賊竄擾蘇常之陸路；當卽統兵繞從秣陵關一帶，馳往東路，度地紮營，相機進剿。連日奔走道路，並無片刻停留，不暇繕寫奏報。惟金陵既已失守，北路空虛，誠爲可慮；臣趕緊飛咨琦善統帶官兵，卽於北岸扼要之處駐紮，設法堵禦，杜其北竄之路。其淮揚徐州一帶，臣先已飛咨漕運督臣楊殿邦、河督臣楊以增各該處，開挖城濠，修葺垛口，繕兵團練，嚴密防守矣。

又《連日進攻金陵獲勝摺咸豐三年三月初二日自江寧土城發》 親統官兵從秣陵關一帶繞往東面先紮去城二十里之沙子崗，查得該匪於土城一帶，連紮多營，堵截我兵之路。臣策馬親往高處熟審形勢，而附近溝河港汊極多，密派弁兵帶同嚮導往探路徑，搭造浮橋，卽將各營兵勇分作十隊，以六隊爲正兵，以四隊爲奇兵，並委員於各村鎮市齊集團練，分赴高阜處所，另張旗幟，以作疑兵，而壯聲勢；一面飭知各營多帶鍬鋤，隨攻隨進，以便就地紮營。當於二十六日五鼓，率兵分路直攻賊營，開放鎗砲轟擊；該逆始而拒抗，繼見我兵大至，不敢拒敵，紛紛棄營遁走，我兵立將土城一帶全行佔據，就地趕築營壘，分紮要隘。臣審度地勢，必須步步爲營，反客爲主，剿捕始易得手；當夜傳令各提鎮將弁，于次早仍督隊進攻。二十七日，我兵至距孝陵里許，正在踏勘地勢、挖築營壘間，適鍾山賊營各出一隊，約四五千，從右山麓蜂擁而來，當令湖南廣西官兵提勇迎頭開放槍炮轟擊，交戰時許，該逆不能抵敵，全行敗走，我兵奮勇追殺，斃賊無數，斬取首級十餘顆，奪獲大黃旂數桿。兵勇追至賊營，緊逼攻打，該逆大砲密如驟雨，勢難攻入，卽令官兵撤轉，就地趕築營盤。二十八日，移紮妥協，二十九日寅刻，傳令各營出隊攻打鍾山各賊營，兵勇直逼賊營環攻，該逆並不出戰，僅於營內用砲環擊，我兵力難攻入，隨令兵勇佯爲退走，誘其離巢。該逆見我兵退後，果擁出三四千衆，分股趕來，誘至里許，兵勇返身擊殺，賊衆亦放鎗砲死拒。該逆敗而復出，出而復敗，傷斃賊匪不少；戰至巳刻，仍敢拚命死鬥。臣即指揮兵勇爲兩路，分左右翼，從嶺脚抄上，親自率領一軍，從中路直衝而上，連斃數十賊；該逆勢不能敵，始行潰回。我兵直追至賊營攻打，該逆仍用大砲紛紛打出，抬槍抬砲密如驟雨，都司張國樑首先撲至賊牆，被炮打斷左手中指；遊擊朱占鰲乳傍亦被槍子劏傷，犹復奮勇力戰。攻至午刻，大雨如注，火具難施，只得撤回；查點兵勇陣亡十一名，受傷一百八十名。此臣連日進兵獲勝之情形也。現在我兵已逼至孝陵一帶紮營，趕緊設法相機進剿，能將鍾山奪占，即可俯瞰全城，則攻復金陵，不難得手。

天京事變

清·張德堅《賊情彙纂》卷一《首逆事實》　自粵西至江寧，秀清皆與洪秀全同行。洪秀全每至一處，必深藏不出，秀清則盛陳儀衛，巡行閭市。凡有軍務議定奏上，無不准者，每批旨准二字。不時頒賜衣飾食物，每奏謝必優語答之。現踞江寧省，初住藩署三日，旋移將軍署，後移旱西門前山東鹽運使何其興住宅，盛營宮室，多立僞妃嬪，窮奢極欲。每數日必朝洪秀全所，立而不跪，往往據洪秀全之座，詭稱天父下凡附體，任伊造言煽惑。自秀全以下，各僞王僞官，皆長跪聽受，敷衍畢，仍朝洪秀全，然後歸僞第。出行多用鉦鼓旌旗，如賽會狀。屬下僞官，惟奏謝恩賞，逕達洪秀全，其餘軍務，悉稟奏秀清，聽其裁處轉奏，以取僞旨。秀清多任心腹，密布私人，邏察羣下，有言行可疑，或爲官兵內應，及有一切犯僞令事，皆默識之。突言天父附體，指出其人所行何事，立時訊服，重則點天燈、五馬分屍，輕則斬首，株連纍纍，時興大獄，以示威猛，以眩神奇，故羣醜畏悚。又陰察有才能可任使者，以恩結之。有殿左五指揮唐正才者，總管水營船隻。癸丑二月僞北王韋正遣其殿前右二承宣張子朋乘船上犯湖北。張子朋性極凶横，因爭船隻，責打水營多賊，衆心齊叛，欲盡開船上駛投誠，抑或各散。秀清得信立至北王府，將韋昌輝杖責數百，張子朋杖責一千。並傳到唐正才重賜金帛，加封丞相銜，用好言撫慰。水營羣賊悉聽唐正才指揮，唐正才調停羣下，始無叛心，其權詐籠絡人心類如此。然自恃功高，一切專擅，洪秀全徒存其名。秀清叵測奸心，實欲虛尊洪秀全爲首，而自攬大權獨得其實。其意欲仿古之奸權，萬一事成則殺之自取。又欲以假仁義欺人，一切誥諭，動以不可害民爲詞。殊不知羣醜倡狂，奸擄焚殺，無所不至，神人共憤，不久成俘，此又秀清自謂爲智，而旁視深笑其愚者也。

清·滌浮道人《金陵雜記·金陵續記》　咸豐六年秋，東賊楊秀清欲奪洪秀全僞位，先將洪黨分調出城，遂私刻太平天國真命主楊秀清僞戳。於七月間，假稱天父下凡，傳洪逆之子不至，洪自往焉。入東巢，楊逆踞坐不起，云天父在此，洪逆即跪。蓋賊等本係串慣伎倆，互相誑語，以愚黨下，有是語不得不跪也。楊逆假天父語問洪逆云：爾打江山數載，多虧何人？答云：四弟。楊云：爾既知之，當以何報？答以願即加封。隨出向衆黨云：嗣後均宜稱東王爲萬歲，其二子亦稱萬歲。賊衆諾，楊色稍霽，洪亦不轉。洪隨回入己穴，令羣賊即於穴外所築土城上密布鎗炮，恐楊來暗算；一面遣腹賊至江西調北賊韋昌輝回金陵。韋至洪處，先遣僞北殿承宣某賊往傳楊逆來洪處議事，楊怒不往，並將其賊使縛於廳柱，用炮轟斃；一面令僞東殿尚書傅學賢率東黨衆賊扎於漢西門大街以待北賊。不意北賊已率黨從後街直入東巢，東賊急避登望樓，自去其梯，並在樓頂擂鼓，意在調黨羽回巢自衛。北賊隨目有僞北殿右二十承宣許宗揚者，即許十八，帶刀緣樓柱而上，東賊見逼急，遂跳而下，潛匿廁坑間。許追至見履，捉縛北賊前。楊云：爾我金田起首，爾此時不能殺我。韋答云：爾欲奪位，我奉二哥令殺爾，今日之事兩不能全，不殺爾，我即當死。佯拔劍欲自刎，隨目環奪其劍亂砍，遂將東賊楊秀清即時戕斃。並殺其親丁廿七口，其被擄奸淫爲僞王娘者五十四口，同時並殺，以及擄禁服侍被姦有孕者亦皆殺訖，餘擄婦女未害。韋賊出東巢，與傅賊巷戰三日，隨有楊逆之族僞國宗兄楊□□與傅賊會合，自峨嵋嶺扎營至虎賁倉，洪逆與韋賊亦扎營於小塋大行宮一帶，閉城月餘，互相自殺。韋初小挫，隨後東黨勢衰，計在內東黨爲北賊殺者約萬人，屍由西水關流出至下關江口不計其數。先是翼賊石達開奉東賊令分股竄湖北迤上等處，韋洪既殺楊逆，又調石逆回城，幾亦被殺，石逆旋與僞衛天侯曾錦謙、僞春官正丞相張遂謀縋城逸出，不知何往。韋賊張示四（所）鄉，有能拿獲者賞千金，封萬戶侯，並將凡楊逆遺竄各處之東黨賊目，均令先繳僞戳，隻身回金陵，至上河洪逆取設僞頭關處所，到卽殺訖。其率股匪踞陷各處之賊，在外日久，雖係僞東殿名下者，俱未殺，悉改爲僞殿前字樣，仍令在彼。揆此情形，天心厭亂可知，不難指日蕩平矣。

清・江左明心道人《髮逆初記》 所踞江寧逆首的係洪大全之第三子，呼爲四，男女不易長也，不知其名，有疑爲洪秀全，悞矣。年過弱冠，耽於逸樂。楊秀清自洪大全被擒後，卽獨攬逆權，心擬除此贅瘤，而爲己有。僞云：『天父因我功勞大，應在逆首之上。』逆首知其心變，密作血書，命韋長輝援救。從前楊逆以韋逆站班未到，責六十板，致有積怨，一接此書遂其報復，數楊逆罪而殺之。驍悍刁謀惡賊，無不屬楊逆拔超，韋逆盡行搜殺，大泄私憤，乃乘勢欲殺逆首，閉門獲免，於是衆執韋逆，尸分五馬，屠盡闔門。石達開因逆首之兩兄不睦，憤而他去，復擾廣西，自爲一股，以後輾轉竟斃於蜀省。逆中內鬨數日，無暇出擾，我軍得以復整而安營壘。此自咸豐元年春至六年夏間事也。

中外會防與淮軍入保上海

清・寶鋆等《籌辦夷務始末（同治朝）》卷三《總理各國事務恭親王等奏咸豐十一年十二月二十六日》 應請飭下江蘇巡撫迅速籌款，雇覓外國火輪船隻，選派將弁駛出外洋堵截寧波口外，以防賊匪竄逸。並令廣東、福建各督撫，一體購覓輪船，會同堵截。勿令該逆一名竄出，致滋擾害。

又《諭議政王軍機大臣等咸豐十一年十二月二十六日》 總理各國事務衙門奏：浙江寧波、杭州兩府，相繼失守，賊勢甚張，難保不竄出寧波，爲縱橫海上之計。請飭江蘇巡撫，迅速籌款，雇覓外國火輪船隻，選派將弁，駛出外洋截寧波口外，以防賊竄，並令廣東、福建各督撫，一體購覓輪船，會同堵截等語。逆匪竄陷杭州、寧波等府，沿海各口必須加意防範。前經總理各國事務衙門將稅務司赫德申呈，函致薛煥酌量購買外國船礮等物，兩月以來未據函覆，刻下寧波一口，防堵最關緊要，著薛煥將前次購買外國船礮寄諭，及總理衙門所寄信函，迅卽轉致勞崇光、耆齡、慶端、瑞瓊等會商，籌出款項，一體雇覓輪船，派委得力員弁，挑選內地兵勇，駛赴寧波海口，合力堵剿，轉瞬春水滋生，防務萬分喫緊，該督撫等當妥速辦理，毋得藉端推諉，貽誤事機。

又《江蘇巡撫薛煥奏咸豐十一年十二月二十七日》 竊自浙省寧波府城被賊占據，上海等處地方頗爲震動。迨聞杭城失守，人心更覺驚惶。臣竭力撫綏，申嚴守禦。正在督率文武各員，並會同團練大臣周密布置間，據補用道候補知府吳雲、候補直隸州知州應寶時面稟，有江浙紳士公議借調英法二國之兵助剿，懇臣代爲具奏。臣以前經承准軍機大臣密寄，咸豐十年十二月十四日欽奉上諭一道，仰見廟謨深遠，無日不拳拳服膺，謹將流弊滋多，飭令該員等轉致各紳士，詳慎審度，未可冒昧舉行。旋有江蘇前詹事府詹事殷兆鏞、浙江翰林院編修徐申錫等具呈到臣，內稱逆匪有一得杭州卽圖上海之說，亟應備豫不虞。日前英國參贊巴夏禮屢與紳士接見，該紳等邀其調兵協助官軍，保守上海，克復寧波，次及江寧、蘇州等處。巴夏禮深識大禮，亦以賊氛肆毒爲恨，惟云事關中國大計，必得據實陳奏。巴夏禮亦可一面稟商該國住京使臣，以便趕緊議辦。是以偕同商民人等環求具奏，請旨飭下總理衙門會商英法二國使臣撥兵會合進剿，以埽羣醜而靖東南等語。臣面見該紳等，復加剴切開導，深以後患爲慮，而該紳等皆謂大局安危，繫此一舉，下情若不上達，無以安定人心。臣以此事關係重大，所呈是否可行，劄飭兼署蘇藩司蘇松太道吳煦、臬司湯雲松督同吳雲、應寶時博採衆論迅速覈議，具詳去後。茲據該司道等覆稱，粵逆蔓延江浙，毒偏東南，近復竄踞寧紹，攻陷浙江省城，賊勢猖獗異常，卽圖窺伺上海。巴夏禮與江浙紳士議論賊情，商及撥兵助剿。官紳商民，詢謀僉同，似應俯順輿情，詳請據呈具奏。並據溫葆深等致臣一函，迫切籲請前來。臣查逆匪既得逞志於杭，必將甘心於滬。惟當激勵將士，督率軍民，矢志同仇，殲除凶逆，並飛咨督臣曾國藩迅速派兵前來會同剿辦。惟現在臣與署提臣曾秉忠所部水陸各軍，分防松江、上海、金山、奉賢、寶山各路要隘二三十處，實有防多兵少之虞。而該逆數十萬之衆，凶燄方張，必須厚集兵力，以操制勝之權。該紳等所請借兵助剿，亦屬萬不得已之計。伏讀密諭中有若肯受雇助剿，祇可令華夷兩商自行經理，於大局或可有利無弊，本當欽遵試行。惟該紳等以巴夏禮必欲候臣奏明後，稟商該國使臣議辦。似該國用兵事宜必由全權大臣爲政，非華夷兩商所得與聞。

督臣曾國藩遠在安慶，未得面商可否。既據司道等與兩省紳士合詞籲請具奏，臣不敢壅於上聞。

又《**諭議政王軍機大臣等咸豐十一年十二月二十七日**》　薛煥奏：江浙紳士呈請借調英法兩國兵衆剿賊，據情代奏，並將該紳等公稟信函呈覽，據稱逆匪有一得杭州卽圖上海之説，亟應早爲豫備。而英國巴夏禮與該紳等論及賊情，頗以爲恨。固請該撫陳奏，飭下總理衙門會商英法兩國使臣撥兵合剿各等語。逆匪竄陷杭城，上海一隅，久爲垂涎之地，該紳士等因有借助英法兩國兵衆合剿之請。第上年本有借兵剿賊之議，惟威妥瑪在京，前經恭親王等面商威妥瑪有借兵剿賊，克復城池，卽行占踞，係外國向章之語。雖其言未必盡確，而其不肯誠心相助亦可概見。因奏請停止。現在該紳等既與巴夏禮議及，自必深悉其情，本日已飭總理衙門與英法在京使臣妥爲籌商，但該使臣未必遽能順應。而英法向以商人爲重，並畏百姓。著薛煥密飭該紳等多集華商百姓，剴切開導洋商，令其轉求巴夏禮，以洋商貨物在滬，須撥兵助剿，殄除粤匪，方足以資保護。且不獨商民均有利益，卽各省海口百姓知外國以義氣爲重，將來亦均不致與洋人爲難，如此設詞，或巴夏禮卽允爲相助，亦未可知。惟事關借助外國兵衆，卽未能操縱自我，尤當防患未萌。該紳等所稱兩害相形則取其輕，自係確有所見。且與巴夏禮亦有成説，儻僅以索謝等事爲請，則尚可權許以救目前之急。如其占踞地方，句結逆匪，阻撓官兵進剿，則當深思熟慮，力持大體，不可稍涉遷就。除飭令總理衙門竭力商辦以順輿情外，並著薛煥督飭該紳等酌量辦理，毋稍拘泥，毋涉大意。昨諭購買輪船槍礮堵剿賊匪，與此事並行不悖，仍著迅速購買應用，藉挽大局。

又　**卷四**《**諭議政王軍機大臣等同治元年正月初十日**》　前據薛煥奏：　浙江紳士呈請借英法官兵剿賊，當經諭令該撫督同該紳等酌量辦理。茲據薛煥奏：　賊撲吳淞口，經法國輪船協同水師擊退。請飭總理衙門與英法住京使臣，將借師會剿商定，俾洋人益形鼓舞等語。浙省賊匪悉衆東竄，奉賢等三廳縣不守，上海情形實屬萬分危急。借師助剿一節，業經總理衙門與英法住京使臣商酌。現據薛煥奏：　英、法文武各員頗爲出力，且法國輪船爲我開炮擊賊，是其真心和好，固已信而有徵。上海爲通商要地，自宜中外同爲保衛，而逆賊僞示內，乃有上海貿易之洋商。去歲在蘇已有成約，兩不相擾。儻敢抗敵，則是自取滅亡等語。是不獨以通匪汙衊洋人，且意存威嚇，想洋人見此，亦必願爲我出力，自明心迹，亦何肯袖手旁觀，甘於畏憚賊匪，致形孱弱。軍務至緊，若必俟總理衙門在京商酌，轉致稽遲。所有借師助剿，卽著薛煥會同前次呈請各紳士與英法兩國迅速籌商，剋日辦理。但於剿賊有裨，朕必不爲遙制。其事後如有必須酬謝之説，亦可酌量定議，以資聯絡。

又《**協辦大學士兩江總督曾國藩奏同治元年二月初四日**》　臣於上年臘月初四日，接蘇州紳士潘曾瑋等信函，商借洋兵之事。臣比復函言：寧波、上海皆係通商馬頭。洋人與我同其利害，自當共爭而共守之。蘇、常、金陵，本非通商子口，借兵助剿，不勝爲笑，勝則後患不測。目前權宜之計，祇宜借守滬城，切勿遽務遠略。謂蘇、常、金陵可以倖襲，非徒無益，而又有害。卽借兵守滬，則當坦然以至誠相與，虛心相待，不可稍涉猜疑等語，函覆該紳。並咨明撫臣薛煥在案。頃於正月十八日，又接潘曾瑋等函牘，業已設立公局，會同英、法二國防守上海。惟又稱洋兵調齊之後，勢難中止。不僅助守上海，並將助剿蘇州等語。臣之愚見，借洋兵以助守上海，共保華洋之人財則可，借洋兵以助剿蘇州，代復中國之疆土則不可。如洋人因調船已齊，兵費大鉅，勢難中止，情願自剿蘇州等處，我中國當以情理阻之，婉言謝之。

又《**江蘇巡撫薛煥奏同治元年二月十六日**》　臣因洋槍兵勇甚爲得力，取名常勝軍。劄飭蘇松太道吳煦督帶，記名道楊坊會同華爾管帶，並續挑精壯兵勇，歸併練習，以期日漸增多，均成勁旅。自正月初五、初七等日逆匪大受懲創，退踞天馬山後陳坊橋等處。升用副將署提標中營參將李恆嵩復於初八、初十等日乘勝攻破天馬山後賊營七座、陳坊橋等處賊營九座。敗匪退入青浦城中，松江情形稍鬆，惟浦東賊蹤徧地，距滬城祇一浦之隔，其大股盤踞高橋鎮，意欲斷我吳淞要隘，疊派官軍分起進剿，均未得手。臣飭吳煦飛調華爾常勝軍來滬，華爾先於十八日邀同英國水師提督何伯，假扮西洋打獵商人，親入賊巢，察看周圍形勢，歸與楊坊同至松江挑選奮勇五百六十名。駕坐輪船抵滬，二十三日黎明直泊高橋之天鐙港口。豫約英水師提督何伯、法水師提督卜羅德，各帶槍礮隊伍，並礮船輪船十一隻，齊抵該處。以礮船排泊浦濱，華爾於辰刻率隊登岸，首先衝入高橋，英、法二國隊伍列陣於鎮之西路。逆匪在環鎮各村，分築巨壘六座，西面一村，爲賊首巢穴，遂以常勝軍徑撲該村。賊開槍礮拒敵，我軍以洋槍連環轟擊。副領隊美國人白齊文撲進賊巢，奪刀連刺數賊，被賊刀傷左臂，仍卽裹創力戰，槍隊一擁直前，立斃五百餘賊。華爾同時分攻鎮東第二村，殺賊三百餘名。轉至第三村，賊黨且拒且退，擊殺尤多，尚有居中一大村。環築土垣，礮臺分列四門，內匿賊匪萬餘，憑險堅抗，疊開槍礮，卽經英提督搜捕已無一賊，申刻收隊回至高橋，查出被擄難民二千餘名。酉刻約同英法提督整隊回滬，是役也。華爾與英法兩國提督所帶兵勇不過一千五百餘人，而敵悍賊二三萬之衆。攻破賊壘六座，礮臺五十餘處，殺賊三千數百名，生擒五百餘名。並據所獲逃勇供稱，賊首吉慶元受傷墮馬而斃。現稱近浦各賊皆已聞風逃避，仍俟士卒稍事休息。再行規取浦東各城，以安民生而保疆圉。

又　卷五《江蘇巡撫薛煥奏同治元年三月初五日》　青浦大股逆匪，自二月初閒竄撲泗涇各營，十三日包抄官軍後路，連亙二十餘里。參將李恆嵩等竭力督戰，相持至十四日。適蘇松太道吳煦、記名道楊坊，知會管帶常勝軍四品頂翎華爾，率領洋槍隊八百名，於申刻馳抵泗涇，卽由中路進攻，李恆嵩率守備張文朝等帶隊由東路包截，遊擊林叢文等帶隊由西路抄擊。華爾首先衝入賊陣，槍斃騎馬黃衣賊目二名，奪取繡黃龍綢大旗一桿，逆衆驚慌擾亂，常勝軍一擁而上，連環競放洋槍，子無虛發，斃賊無算，生擒一百二十餘名，餘匪大敗，奪路奔逃，蹋斷浮橋，淹斃尤多，中路之賊靡有孑遺。華爾復助水軍奪獲礮船十二隻，燒毀船百十餘隻，李恆嵩、林叢文各率所部奮力轉戰，將東、西兩路竄逆同時擊退，立解泗涇之圍，華爾卽收隊仍回郡城。臣奬勉華爾增練常勝軍，冀得多添精鋭，爲衝鋒陷陣之用。

清・吳汝綸《李文忠公全集・奏稿》卷一《初到上海覆陳防剿事宜摺同治元年四月十八日》　奏爲欽奉疊次諭旨，恭摺覆陳，仰祈聖鑑事。竊同治元年四月十二日，准通商大臣薛煥咨開承准議政王軍機大臣字寄，三月二十七日，奉上諭：本日已明降諭旨，令李鴻章署理江蘇巡撫。松滬兵勇衆多，而紀律不明，於剿匪未能得力。卽著將各兵勇詳加簡閲，汰去老弱，挑選精鋭，遴派得力將弁管帶，以資防剿。李鴻章務當體察洋人之性，設法籠絡。上海洋鎗隊頗資得力，外國人時常誇耀其力。該署撫不妨多爲教演，以鼓舞洋人。至華爾等名利兼圖，亦當遇事牢籠，毋惜小費。鎮江一城爲大江南北關鍵，地屬緊要。前據曾國藩奏稱，該處係進兵形勝之區，擬令該署撫帶兵前往駐紮，爲規復各城之計。現在揚防萬分喫緊，都興阿之軍不敷分布，如該署撫能紮鎮城，則大江南北均資聯絡。該署撫既膺疆寄，蘇省之地均所管轄，如將上海事宜布置稍定，可以分身赴鎮。其赴滬各營應留上海若干之處均著酌量辦理。再據毛鴻賓奏，臬司陳士杰請在籍養親，已明降諭旨，准其開缺，江蘇按察使以劉郇膏署理矣。劉郇膏深得民心，疊經中外保奏，並著曾國藩、李鴻章察看。如該員於軍務可期得力，則李鴻章往鎮江後，所有上海軍務，卽可責成該員接辦。儻該員不能駕馭楚軍，卽著該署撫另簡得力之員管帶，並將上海附近失陷各城，會同洋人相機進兵，節節攻復，以顧餉源，並爲將來夾攻之計。等因，欽此！

又承准議政王軍機大臣字寄，三月二十八日奉上諭：昨據曾國藩奏，李鴻章到滬布置粗定，仍親赴鎮江察看情形，分兵防守。所統水師卽由梁山賊營衝過，以達於鎮。已諭令都興阿分飭各路將弁，嚴密駐守，一俟李鴻章回鎮後，卽飭各軍會同剿洗。李鴻章身膺疆寄，大江南北均歸統轄，務當與都興阿和衷共濟，以期水陸夾攻，將竄踞揚屬逆氛剋期掃蕩，方爲不負委任。等因，欽此！

又四月十三日准薛煥咨開承准議政王軍機大臣字寄，四月初二日，奉上諭：據吳棠奏，髮逆竄撲揚城，都興阿兵勇未滿兩萬，賊衆兵單，情形萬緊。現在逆匪蔓延至揚城北路司徒廟等處，請飭水陸兵分道接應等語。李鴻章所部兵勇，前據曾國藩奏稱，分三起下駛，業經諭令該署撫，將上海事宜布置稍定，帶兵駐紮鎮江，俾都興阿得資聯絡。現在揚防喫緊，恐難曠日待援，著李鴻章卽令後起赴防兵勇於行抵瓜、儀時，先其所急，會合都興阿之軍，迅將撲揚逆匪奮力剿擊，毋誤事機。儻李鴻章能先赴鎮江一帶相機應援，尤屬妥善。等因，欽此！仰蒙聖訓周詳，力籌兼顧，伏讀之下，感悚莫名。臣於三月初八日，帶陸勇二千人，搭輪舟由皖啓行，初十日抵滬。續到兵勇至四月初四日止，共計五千五百人，俱紮營上海城南。現尚有楚勇兩營未至。總兵黃翼升所帶淮揚水師四千餘人，協剿東、西梁山一帶，尚無下駛准期。屢接督臣曾國藩來函，以兵勇訓練未熟，人數未齊，目下斷不宜出仗。臣親駐營盤，督率操演，未敢少懈。近來洋人助剿，連復嘉定、青浦二城。英國水師提督何伯疊次與臣會商，諄催派兵會剿。浦東之川沙、南匯、奉賢、金山等廳縣，急不可待。臣之兵力，何足以云會剿，惟外國兵將爲我出力，豈可重拂其意？臣於十五日接受撫篆，卽派所部四千人，進紮南匯縣之周浦鎮，由北路相機攻剿。英、法各兵自松江進金山衞，由南路相機攻剿。兩路分進，相距百數十里，既可掣賊匪之勢，亦不至絕洋人之歡。如浦東廳縣乘勢肅清，當屯重兵於金山衞，以堵浙江全省踞賊東竄之路。此臣謹遵諭旨，體察洋人之性，設法籠絡之微意也。松滬水陸各軍，人數雖衆，紀律不明，久邀聖明洞鑒。若逐加挑汰，擇換將領，束以楚軍規制，訓練整頓，必須數月乃有眉目。署臬司劉郇膏樸實廉正，深得民心，現委辦臣軍營務，借資練習，亦須數月後察看能否接辦。臣從曾國藩討論軍事數年，見其選將練兵，艱苦經營，不期旦夕之速效。到滬後，兩晤英提督何伯，謂外國募兵之法，須操練六箇月乃使出仗。其戰勝攻取固由鎗礮之精，亦由紀律之嚴。江南大營平素絕不操練，故兵勇習氣最深，收拾頗難。鎮、滬各防皆沿此弊。臣在上海，恐未卽有化弱爲强之效。臣往鎮江，亦未必無一傅衆咻之虞。但臣職分所在，不敢畏難，當遵旨詳加簡閱，悉心選汰。如能將上海水陸各軍兩三月閒整理就緒，付託有人，然後周歷北岸，以達於鎮，可無内顧之憂。容臣隨時察度，奏明辦理。此臣籌畫兵事、次第布置之大略也。鎮江爲南北關鍵，自古用兵必爭之地，今日進兵形勝之區，臣亟思移駐彼閒，與上游諸軍及都興阿之師就近聯絡。況揚防喫緊，屢奉諭旨飭援，復何敢稍存推諉。惟臣既在上海，甫經接任，一切尚未措手，固未容舍之他去。其後起未到者，僅有兩營新募之勇，實不足自當一路。洋船又不肯中道停泊，勢難令其於行抵瓜、儀時，上岸援剿。頃據喬松年稟報，都興阿督軍嚴守，賊已向西北撤退。如果鎮、揚再警，俟臣處水師下駛，酌留數營於裏下河各口，以固江防。若臣移駐鎮江，則當會同都興阿互相援應，合力掃蕩。臣才力庸弱，本不敢居統轄南北之名，兵數單寡，暫無以備分援各路之用。伏乞皇上鑒臣愚悃，期以歲時，俾練成勁旅，或上游另有續撥之師，庶近防遠稍有可恃。此臣目前力量不能赴救揚州之實情也。所有疊奉諭旨，據實覆陳緣由，恭摺由六百里具陳，伏乞皇上聖鑒訓示。謹奏。

又《查明克復青浦情形摺同治元年四月十八日》 奏爲查明克復青浦縣城詳細情形，恭摺奏祈聖鑒事。竊本月十四日，官軍會同英、法國兵攻克青浦縣城，當經前撫臣薛煥將大略情形馳報，並聲明飭令吳煦、楊坊、李恆嵩等詳細具稟，由臣覈奏在案。茲據該署司等同時稟報：『自初三日克復嘉定後，約會副將銜華爾商同英國提督何伯、法國提督卜羅德挑備勁旅規復青浦。十一日，何伯、卜羅德等帶兵二千餘名，華爾帶常勝軍一千六百餘名直抵該縣，距城里許。十二、三日密探賊勢，定策進攻。十四日寅刻，英國將士環攻南西二門，常勝軍徑攻東門。參將李恆嵩、林業文、郭太平，已革參將姚紹修、已革道員馮席珍、遊擊劉士奇等督飭各隊，青浦縣知縣廖秩璋帶領團勇會攻北門。其小西門水道經已革提督曾秉忠派令遊擊曾敏行、曾繼榮等帶礮船堵截。時城内賊匪憑高負固，以鎗礮抵拒。我軍奮勇環擊，復經英、法兵施放炸彈、火龍並以大礮轟坍西南城牆十餘丈，卽由西門首先登城。華爾督勇繼進，羣賊忙亂。我軍一擁而上，殺賊甚多，餘逆奪門衝出。中外兵勇痛加截殺。該逆進退無路，投水死者不計其數。復陣斬悍賊千餘名，生擒三千餘名，救出被擄男婦三千餘人，當將青浦縣城克復，其附近數十里賊蹤悉爲官兵埽除淨盡。現暫派常勝軍會同英、法所派西兵在城駐守。李恆嵩派兵在趙屯港兩岸紮營，以堵蘇州援賊，各等情詳細具報前來。臣查青浦被賊竄踞兩年以來，屢由此撲犯淞滬，巢穴甚堅。此次英、法提督何伯、卜羅德會合官軍攻剿，用其利器立時克復，其誠悃甚屬可嘉，應懇聖恩，特頒天語褒獎，以致其感悅之忱。副將銜華爾屢著戰功，擬請以副將補用。其餘在事協剿員弁、兵勇亦有微勞，可否擇尤彙案請獎？青浦縣知縣廖秩璋上年失守城池，本有應得之罪，此次帶團會剿，調和中外弁兵，隨同收復，可否加恩，免其治罪，仍帶革職處分，留於本城效力之處，出自皇上逾格鴻施。所有克復青浦縣詳細情形，謹繕摺由驛馳陳，伏乞聖鑒訓示。謹奏。

又《西兵會剿南橋法國提督陣亡摺同治元年四月二十一日》 奏爲西兵攻克南橋賊壘，法國提督受傷陣亡，恭摺馳陳，仰祈聖鑒事。竊英、法二國誠心助剿，先後克復嘉定、青浦縣城。臣受任之初，業於四月十八日，將會克青浦詳細情形馳報在案。茲據署藩司吳煦稟稱：英提督何伯、法提督卜羅德統帶西兵，協同副將銜華爾管帶常勝軍，於十八日進剿浦東，距奉賢縣之南橋鎮二、三里駐紮。十九日，兩國提督親往察看形勢，安排礮位。酉初，擊賊於鎮西。賊恃三道土城，濠溝深闊，更番施放鎗礮，子密如雨。酉正二刻，法提督卜羅德勇往直前，撲近城濠，揮令西兵及常勝軍冒煙衝入該鎮，賊衆紛紛驚潰。卜羅德正在督戰，不意猝被鎗子中傷心坎，登時昏暈，經翻譯官扶行二十餘步，倒地而絕。時隨營委員侯補州同葛繩孝，一面催令痛擊踏毀賊營，一面照料卜羅德屍身，以輪船馳送回滬。該署司當即親詣察看，該提督確被鎗子穿胸致命。其身後各事已屬法領事官妥爲辦理，俟收殮時，再躬往照料。稟請據情具奏前來。臣伏查英、法二國提督，疊次會剿出力，前因進攻龍珠庵賊營，英提督何伯腿受鎗傷。欽奉諭旨，飭令妥爲存問，夷情感悅，倍加踴躍。此次法提督卜羅德進攻賊營中鎗殞命，忠勇奮發，尤堪敬憫。可否仰懇天語褒嘉，並應如何加恩賞卹，以示懷柔之處，出自聖裁。除攻克南橋賊壘及我軍分投堵剿情形，另摺續奏外，所有法國提督陣亡請卹緣由，謹會同辦理通商大臣臣薛煥合詞繕摺具陳。再：此摺本應由驛馳遞，緣法國駐京公使參贊哥士奇，自請乘輪船之便，赴京齊投。因敬謹封交，並咨請總理衙門恭代遞進，以順夷情，合併聲明。伏乞皇上聖鑒訓示。謹奏。

又《攻克南橋柘林奉賢各城並踏平杭頭新場賊營摺同治元年四月二十九日》 奏爲中外官兵攻克南橋鎮、柘林、奉賢各城，又周浦一軍踏平杭頭、新場賊營，恭摺馳陳，仰祈聖鑒事。竊西兵會剿南橋，法提督卜羅德被鎗陣亡。當經臣於二十一日專摺馳奏，交該國參贊哥士奇賫帶入京，請由總理衙門恭進在案。先是，南橋之賊憑恃該鎮爲浦東適中之地，負嵎死守，環鎮三里，築壘濬濠，內設礮臺四座，堅固異常。四月十八日，英提督何伯、翻譯官阿查里、法提督卜羅德，共帶西兵三千餘名，副將銜華爾帶常勝軍二千餘名，會防局委員、侯補知縣倪葆仁等管帶礮勇、民夫隨同進發。十九日，擊賊鎮西，法提督卜羅德猝被鎗子穿胸陣亡，餘衆亦有傷斃。西兵憤甚，迭用巨礮轟倒西面礮臺，該逆猶於北面礮臺開礮力拒。英、法各兵躍濠而入，爭先奮擊，賊始不支，且戰且走。奉賢縣知縣陳化鯤率團四路追截，殺斃尤衆，賊遂望柘林而遁。計斬首千餘級，生擒賊目數十名，搜獲伏賊二千餘名。二十日，各軍進抵柘林。該處本有城寨，逆衆憑險負固。二十一日，英兵、常勝軍及礮勇營於城之西北，法兵營於城之西南，正在試礮間，金山衛突出逆黨數千來援，沿途放火，直偪我營，西兵擊走之。二十二日寅刻，各營開礮轟城，城中之賊以礮還拒，幸西兵礮無虛發，所攻城堞與賊俱碎。旋將西門轟裂，大隊擁入，餘賊東潰，追殺不可勝計，登時克復柘林城。二十三日，奉賢縣知縣陳化鯤、青村營都司汪鏞等，帶領海勇暨各鄉團勇，乘勝進攻奉賢。該逆初猶抗拒，繼開北門由海塘西竄，遂將奉賢縣城收復。臣處派往周浦之湘、淮各勇四千人，於二十日進抵該鎮，堅紮營壘。賊先於離周浦十八里之杭頭地方結壘四座，迎拒我師。二十二日，參將程學啓帶隊前往攻擊，是夜，賊即潛遁。參將滕嗣武、都司銜千總劉銘傳、通判韓正國等復添隊伍，追至新場。賊衆整隊回撲，鏖戰兩時，賊即紛紛逃竄，立將賊卡、賊壘平燬淨盡，殺斃數百人，生擒四千餘人。追至南匯城下，因天雨收隊。此中外官軍進攻浦東，連克一鎮兩城，並踏燬賊營之實在情形也。初，西兵議復柘林後，直趨金山衛，以期一氣埽蕩。至是，聞太倉失利，忠逆糾衆數十萬，分撲嘉、青、寶三縣，遂罷金山之攻，折回援剿。英提督何伯等復與臣面商，請臣將周浦一軍調往南橋，扼堵浙西、浦東各賊回竄之路，以便抽調西兵回滬等語。臣允其所請。昨親赴周浦，徧諭將士，即日拔往南橋，相機堵擊。伏查南橋爲浦東咽喉，柘林、奉賢兩城皆沿海要地。逆匪佔踞半年，經我軍會同英、法各兵奮勇攻克。其尤爲出力員弁，可否容臣查明匯案請獎。再，英國兵官有巴兵白來渣者，督帶礮勇，積受勞傷，於行營暴病身故，亦屬歿於王事。擬仰懇皇上温諭褒獎，并飭下總理衙門議卹，以慰忠魂，而敦和好。伏候聖裁。所有攻克南橋鎮、柘林、奉賢兩城，並踏平杭頭、新場賊營各緣由，謹繕摺由驛馳陳，伏乞皇上聖鑒訓示。謹奏。

又《招撫南匯城賊並克復川沙廳摺同治元年五月初九日》 奏爲官軍乘勝招撫南匯投誠逆首，立復縣城，續即合力擊退撲城援賊，並克復川沙廳城，恭摺馳陳，仰祈聖鑒事。竊中外官軍分攻浦東，連克一鎮兩城，並踏毀杭頭、新場賊營各緣由，業經臣於四月二十九日恭摺奏報在案。方臣與英國水師提督何伯會議，將駐紮周浦一軍調赴南橋，起兵勇正在拔隊，仍留同知潘鼎新、都司銜劉銘傳兩營暫駐周浦，以觀南匯城賊動靜，藉資控扼。詎匪城賊衆，怵於杭頭、新場之挫，人人解體，屢求本地團董來營説降，並專人投遞稟詞。潘鼎新、劉銘傳與署南匯縣知縣鄧賢芬悉心計議，以該縣城池高深，積糧尚多，急攻未能遽下。賊勢雖衆，其膽甚寒。若仰體皇上寬仁之德，設法招撫，開以生路，似可不煩兵力。當遣本營長髮密探入城，廉得賊情。蓋賊首僞什天安、吳建瀛屢受僞忠二殿下淩辱，久有他志。僞淋天福、劉玉林、方有才等半係敗兵被脅，更非甘心從逆。三人共統衆萬餘，踞守南匯。既已勢蹙，回心自可因機利導。臣疊飭潘鼎新等脅以兵威，曉以大義，並飛調劉銘傳面詢情形，諭以不可貪功輕信，稍涉大意。據該營官稟稱，吳建瀛、劉玉林情詞懇切。揆其事勢，至此可無疑慮。是夜，劉銘傳馳回周浦。五月初一日，會同潘鼎新、鄧賢芬分帶勇團直抵城下，部勒嚴整，傳諭城內全行薙髪，並將各僞印、兵器等件盡數呈繳。我軍整隊入城，降衆一萬餘人，伏地歡呼，跪迎道左。吳建瀛、劉玉林、方有才各願率勇剿賊，以圖報效。當經各該員推誠撫馭，解散被脅難民數千。其餘各就所部，申明紀律，分別遣留，即於是日收復南匯縣城。臣即劄委劉銘傳署理南匯營都司，會同南匯縣知縣鄧賢芬，妥籌安插降卒及善後事宜。並令將我軍銘、鼎兩營移駐杭頭，就近鈐制。吳建瀛、劉玉林、方有才等酌給軍功頂戴，責令剿賊自效，仍面囑潘鼎新、劉銘傳，以吳建瀛等甫經投降，是否真能殺賊立功，須隨時察看，督令進剿川沙以自贖。此初一日招撫南匯降賊，收復城池之實在情形也。僞忠二殿下者，係僞忠王李秀成之子。擁衆數萬，盤踞金山衞，圖援川、南各城，聞吳建瀛投降，遣人來匯密諭煽惑。初二日傍晚，有賊萬餘，由金山竄下。初三日辰刻，賊目僞朝將吉慶元率衆撲城，復射進僞示及手書各件。吳建瀛、劉玉林義不返顧，隨同鄧賢芬、劉銘傳帶勇出擊。賊衆望見旗幟，即行卻退，追十餘里。劉玉林、方有才接仗多時，欲撤不能。劉銘傳即派訓導趙宗道、軍功劉盛藻、縣丞丁壽昌率小鎗隊從旁迎擊，賊紛紛披靡，斬馘十餘級，奪獲鎗礮多件，賊衆遂竄往川沙。初四日，川沙踞賊與援賊合股，回撲南匯，自北而南，蔓延二十餘里。劉銘傳督同吳建瀛等登城固守，並派趙宗道、劉盛藻乘閒帶隊出城埋伏夾擊。賊不能支，漸移南去。旋即帶勇進圖川沙，及抵城根，賊之尾隊盡由海塘竄去，沿途截殺不可勝計，遂於五月初五日辰刻，收復川沙廳城。此初二至初五日，擊退大股援賊，並收復川沙廳之實在情形也。臣伏查南匯一城，居浦東各縣之腹地，握川沙、奉賢之腰膂，但使此城得手，則浦東各廳縣之賊，首尾不能相顧，自可迎刃而解。潘鼎新、劉銘傳等紮營南匯境內之周浦，屢次截擊獲勝。乘其窮蹙攜貳之際，招降逆首，收復要區，並督降衆協力戰守，擊退援賊，連復川沙，深得以毒攻毒之法，可謂謀勇兼優，擬懇聖恩從優獎勵。丁憂侯選同知潘鼎新，擬請旨俟服闋後免選同知，以知府留於江蘇補用。都司銜千總劉銘傳，擬請旨以都司留於江蘇補用，並加遊擊銜。江蘇侯補同知、直隸州署南匯縣知縣鄧賢芬，本有失守處分，茲帶團助剿，并設密謀諭降逆首，剋期收復，督率降衆守城，力捍援賊，實屬著有勞績，可否請旨免其查辦。其餘在事出力各員弁，可否由臣查明，擇尤請奬。至降酋吳建瀛等，經臣設法駕馭，許以虛銜頂戴，竟能固守危城，疊摧狂寇，使川沙之賊畏而棄去。容臣隨時察酌，俟續立功績，另行奏請恩施。所有官軍乘勝招撫南匯逆首，立復縣城，續將撲城賊衆擊退，並收復川沙廳各緣由，理合繕摺，由六百里馳陳。伏乞皇上聖鑒訓示。謹奏。

又《西兵退出嘉定摺同治元年五月初九日》 奏爲西兵强挾官軍退出嘉定，賊勢復張，松、滬各防同時喫緊，調派水陸兵勇分投堵剿情形，恭摺馳陳，仰祈聖鑒事。竊嘉定克復後，旋被忠賊大股圍攻，經臣於四月二十九日奏報在案。先是，薛煥所派知府李慶琛規取太倉一軍，四月十九日覆於板橋。於是寶山、嘉定、青浦各城同時告警。寶山擊退，而嘉定之圍尤急。臣所部湘、淮勇甫經派赴浦東，既不能倉卒回救，英、法兩國提督方調全軍援嘉，意謂可以旦夕得手。臣但飛札各路在防將弁，申明賞罰，飭其在城守城，在營守營，以待援師，不准出濠一步，致有挫失。嘉定守城官軍自四月十九至二十八日晝夜巡防，目不交睫，洵亦勞苦萬狀。及英、法提督忽於二十八日派隊衝入重圍，接護西兵及我軍一同出城。其時，該署縣李克勤以未奉札諭爲辭，副將熊兆周亦不允帶兵出城，並懇留洋人協守。無如該兵頭等不受商量，硬將該文武及留防兵勇挾之以出。本係暫退嘉定境內之南翔鎮。次日，西兵全隊復由南翔撤回上海，以致嘉定一城復爲賊據。臣正在籌兵接應，連接英領事麥華陀兩函，內稱：現議嘉定所駐之西兵均行撤退，應請速將中國兵同即退出，以免誤事。該提督已請該邑知縣及帶兵官隨營出城，詎伊固執不允，事不得已，只好用强拉出各等語。臣接閲之下，不勝駭異。五月初一日，英、法提督、領事各官偕至臣營，面詰其故，則謂嘉定賊衆兵單，久被圍困，餉運隔絶，恐致喫虧，是以徑將中外各兵撤回，保守上海。臣以我國軍法森嚴，有進無退，守城官兵豈容輕撤。該提督等復再四央求，謂此皆西兵之咎，實與該文武無涉，請勿加罪。臣即飭令熊兆周、李克勤等退出之兵駐守法華，以扼滬西來路。惟嘉城復失，逆燄大張。西兵爲賊衆所懾，從此不肯出擊。賊遂直趨青浦、松江。初一日，分兩大股，一由北幹山、鳳凰山牽制泗涇之前；一由方家窑過龍珠庵、七堡，繞撲泗涇之後，蔓延數十里。前派駐守泗涇之遊擊林叢文、參將姚紹修、郭太平、已革道員馮席珍各營二千五百人，首尾不支，於初二日申刻全行潰散。而參將王玉林二千餘人，紮守廣富林，尤爲松江緊要隘口，亦偪於賊勢，退紮松郡北門。該逆遂偪撲松城，松江府知府賈益謙與提中軍參將李恒嵩，商調唐橋之兵移紮城南。已革提督曾秉忠亦帶水陸各軍由青浦回援。副將銜華爾於初一日帶火輪船兩隻，往解青浦之圍。初二日，用大礮轟進賊卡，不料開至第四礮，忽然炸裂。賊二萬餘蜂擁而來，只得暫行收隊。旋聞松江緊急，初四日趕回郡城，會商中外各軍，布置嚴守。適賊衆攻撲東門，華爾率洋鎗小隊轟斃百餘名。初五日，復將城外民房燒燬，使攻城之賊無可伏匿。青浦本係華爾常勝軍分守，孤懸賊中。該逆進圍更急。四面重疊，築營三十餘座，無路進援，徒爲焦灼。此因西兵退出嘉定，而青浦、松江兩城危急支持之實在情形也。自泗涇營盤失陷，賊即分股斜趨虹橋、漕河涇一帶，距滬僅二十里。臣聞西兵撤退，知賊必跟蹤撲滬，先於初三日，調回商紮南橋湘、淮各勇三千人，保守根本。初四、五日，賊氛漸偪漸近，因飭參將程學啓、滕嗣武、通判韓正國各營，於初六日四鼓拔隊馳赴虹橋，擇要扼紮，相機迎擊，以分青浦、松江後路賊勢，並令副將滕嗣林督帶臣老營五成隊，分道策應。是日黎明，程學啓前隊行至漕河涇，正遇大股賊衆迎面撲來，約四五千人，搖旗吶喊，勢極凶悍。程學啓即指揮迎敵，鎗礮齊施，賊死拒不退。程學啓手放洋鎗，擊倒騎馬賊目，逆衆鬨然欲潰。參將張遇春等復由另路催軍趕到，前後包擊，掩殺六七百人，生擒四十餘名。賊盡棄器械、衣件奪路狂奔，追殺四五里。因天雨路滑，港汊多歧，收回虹橋搶築營壘。初七日，七堡賊營整隊欲進。程學啓、滕嗣武、韓正國各帶隊伍乘勝追剿，鏖戰半時，賊即潰走，我軍一擁而前，立將七堡賊壘四座燒燬淨盡。程學啓、韓正國等追往小渡船、羅家塘一帶，沿途賊卡均已剿洗。將至泗涇，賊大股萬餘回撲我軍，排轟鎗礮，大呼衝殺，又斃賊百餘，兵勇受傷十餘人。各營齊出，大隊飛往接應，自辰至午，將賊擊退。此又湘、淮各軍調回上海，連日擊賊獲勝，踏平七堡賊營之實在情形也。臣查松滬各防兵將，積習相沿，既不能苦戰以挫凶鋒，復不肯堅守以遏要隘，僅華爾一軍，聯絡洋人，尚肯出力。臣由上游帶來新軍六千餘人，分之不能兼顧數城，合之或可自當一路。昨因南匯投誠，機會難得，不得不酌留浦東千人，以資控制，遂覺愈分愈單。茲松、青日危，誠恐大股回撲上海。臣軍須由滬城西南進紮，一面堵截松賊，一面策應滬防。惟賊勢浩大，此間兵勇節節潰退，徒爲外人所輕。臣心實深憤恨，急應分別參辦。貴州定廣協副將熊兆周、署嘉定縣知縣李克勤均有防守專責，雖由外國兵頭强拉出城，與擅自撤退逃避者有間。惟城池被陷，究有應得之咎，可否請旨從寬，即予革職。參將姚紹修、郭太平、遊擊林叢文、已革道員馮席珍派守泗涇，堵禦不力。參將王玉林扼紮廣富林，擅自撤退，應請旨將姚紹修、郭太平、林叢文革職，不准留營；馮席珍發往軍臺，效力贖罪；王玉林以守備降補，以觀後效。除將各路軍情續再分別據實奏報外，所有西兵强挾官軍退出嘉定、松滬，各防同時喫緊，調派水陸兵勇分投堵剿各緣由，理合繕摺，縷晰馳陳，伏乞皇上聖鑒訓示。謹奏。

又《松郡解圍摺同治元年五月二十七日》　奏爲官軍連獲大捷，擊退大股竄賊，踹平賊卡、賊壘數十座，松郡解圍，滬防肅清，恭摺馳陳，仰祈聖鑒事。竊西兵撤出嘉定，賊勢蔓延。松、青兩城危急，支持各情形，經臣於五月初九日奏報在案。十餘日來，賊圍松江愈偪愈緊。該郡城扼浦東、西之中，毗接海、青，頭頭是道，一有疏虞，則上海亦難孤立。臣連日焦思熟慮，督令參將程學啓等自虹橋節節進紮，牽制松賊，並飭署藩司吳煦多運米糧、軍火，間道送入松城。批飭華爾會同松江府知府賈益謙、參將李恒嵩堅忍固守，伺隙出擊。咨催已革提督曾秉忠，添撥礮船駛剿，多張援救，以搖賊心；嚴懲潰退，以堅軍志。華爾又將前次撥往寧波協守之兵，星夜調回，以厚兵力。其各路潰勇不下數千，則分派將領，招集强壯，資遣疲弱，免致散附郡城，鬨動句結。臣朝夕激勵本營，不時親赴前敵，三令五申，嚴整部署，以重根本而奪賊氣。初，賊據松江西門外妙嚴寺土山爲營，偪城最近，華爾以大礮轟燬其壘。南門外大張涇營盤先爲賊踞，我軍併力奪回，以通松滬要路。初八日，再爲賊攫去，設卡搭橋，郡城至豆福濱道路不通，賊乘勢復據西門土山爲礮臺，益高其壘。四門環攻，志在必得。華爾與賈益謙、李恆嵩集議，謂賊勢驟添，致死力於我，若非偪於後路，官軍必將有變。乃盡出所有大礮數十位、洋鎗千餘桿，與李恆嵩所帶中營擡鎗、賈益謙所帶督標鳥鎗，環堞分列。賊四處聚攻，則以大礮轟之；賊周圍馳驟，則以排鎗擊之。兩日夜，鎗礮之聲不絕。初十日，寧郡調回之兵三百餘人適至，與賊戰於豆福濱，毁其礮臺。至夜三更，火光四起，賊寂然無聲。華爾率常勝軍及英兵五十人、李恆嵩督所部九百人，分門出擊，殺斃無算，賊分股遁往西北。次日，華爾正擬往解青浦之圍，而賊仍在數里外來去。其大股攻撲青浦，圍數十重，危在旦夕。英國提督何伯於十二日馳赴松城，商令華爾常勝軍，於十三日夜半打破天馬山賊卡，由礮路衝入青城，焚燒米糧船隻，帶同隊伍惡戰衝出。英兵頭法爾師德被賊擄去，華爾且戰且退，十四日撤回松郡，幷力防守。此初九至十三日，松圍稍鬆，青浦撤防，賊未遠退之實在情形也。自賊圍青、松兩城，大股分紮廣富林、塘橋一帶，而厚集於泗涇，以拒我軍，距臣軍新橋前敵十餘里，臣老營距新橋又三十里，港汊重重。賊狃於官軍之不能猝進也，方日夜添築營壘，爲久踞計。臣欲親赴泗涇覘賊勢，卽出不意，薄其壘一創之。十一日，傳令開字營參將程學啓、林字營參將滕嗣武、親兵營通判韓正國等，各帶五成隊先往，臣親督副將滕嗣林、參將張遇春、同知張樹聲、守備吳長慶各營，於是夜四更啓行。程學啓等前隊已於黎明進偪泗涇賊卡，賊開鎗迎拒，我軍整隊擁入，斃賊多人，生擒十餘名，立燬其卡。餘衆竄過涇南，拆毁木橋。臣督軍繼至，望見賊營棋布，旗幟林立聯絡，橫亙三四十里。訊據生賊供稱，僞忠王、聽王、納王均在泗涇，要攻松江，再到上海報復洋人等語。時聞賊營掌號吶喊，當飭張遇春等分撲泗涇，誘賊出巢。賊大隊突出，我軍撤過橋口，以劈山礮、擡鎗擊斃悍逆數百名，相持半日而退。十九日，賊騎數十衝入七寶，臣督春、垣、熊樹各營馳至虹橋，會齊前敵，各帶六成隊分路前進，至小渡船口。臣勒大隊憑河設伏，程學啓率洋鎗百人越橋直撲賊壘，連環開放賊營，人馬無聲。忽大雨如注，徐徐收隊，行不數里，雨止，賊出千餘，搖旗吶喊，臣整軍回擊，賊復少卻而雨又作，急馳回營。二十一日，僞聽王陳炳文、僞納王部姓糾悍賊五、六萬直撲新橋營盤，分十二支，先於附近地方縱火焚燒，周麾而呼。由南而北，自西而東，四面圍裹，蔓及法華、徐家匯、九里橋，已包過營後十餘里，遊氛直偪滬城，勢極凶猛。大隊圍攻開字營，填濠拔椿，洋鎗大礮拚力死撲。程學啓以鎗礮抵禦，燃火不及則擲甎石擊之。賊隨死隨拖，隨拖隨上，屍與濠平。賊將躡以登，程學啓急手燃劈山礮就勢開壁門，大呼衝殺，賊圍稍卻。又排牆抵進，我軍復退入營。自辰至申，如是者八、九次。親兵、林字、奇字各營亦被圍數重。韓正國、滕嗣武、劉士奇各督放鎗礮，擊斃悍賊數百名。賊更番疊上亦四、五次。臣接信後，兩次專弁密函約令內外夾擊，俱爲逆阻不能達。臣思賊併力撲攻，前營若不與以痛創，上海且岌岌莫保。乘其跳踉半日，氣力疲乏，及離巢稍遠、立脚未定之際，奮迅進剿，機不可失。遂於是日未刻，分派參將張遇春、遊擊陳飛熊、訓導馬先槐三營爲左路，副將滕嗣林、同知張樹聲、遊擊張桂芳、守備吳長慶三營爲右路，臣自督參將郭松林、都司吳斌、王佔魁爲後路，各帶六成隊進援，張遇春遇賊於徐家匯之九里橋，首先衝鋒，賊以萬衆扼橋抵拒，鎗礮對放，屢卻屢前。馬先槐率垣字營攻其左，陳飛熊率熊字營攻其右，都司張志幫同春字營力攻中心。三路併力，賊陣稍亂。張遇春躍馬過橋，直取黄衣賊目。賊回矛刺傷張遇春，坐馬落地，賊呼噪擁上，張遇春翻身拔刀，斫倒賊目，奪其馬，躍而上。張志幫奮前斬取賊頭，擲於賊陣，賊萬衆鬨然，鳥驚獸駭。陳飛熊、張桂芳、張樹珊等乘勢繼進，追至營邊。賊數萬合成一路，復排大陣，抵死鏖戰。程學啓、韓正國、滕嗣林、劉士奇等瞭見臣軍旗幟，賊陣搖動，各開營門，一擁而出，橫衝直刺，內外夾剿，賊盡棄鎗礮、器械，奪路狂奔，自相踐踏而死。臣於馬上接晤程學啓，詢悉該營弁勇被鎗礮子重傷八十餘人，陣亡十人，各營傷亡亦百餘人。程學啓、滕嗣武各受鎗子傷，幸不甚重。當卽督同分頭追殺，直至七寶，天已昏黑。該逆連夜敗回泗涇。是日，殺賊三千餘名，落水淹斃及解散脅從亦數千名，生擒四百餘人，奪獲洋鎗、擡礮、馬匹、旗幟數千件。訊生供，僞聽王鎗斃、僞納王負傷而遁，各頭目死者甚多。二十三日乘勝進攻泗涇。程學啓、劉士奇由曾家橋之右從打鐵橋進，韓正國由龍珠橋中路進，滕嗣武由龍珠橋左路進，直奔泗涇賊營。該逆喘息未定，見我軍三路來攻，不戰自走。當將賊營數十座全行踏毀，燒賊棚三千餘箇。一面併力追剿。賊捨死逃向崑山、青浦而去，其松江附近廣富林、塘橋、大橋等處踞賊，亦全數遁走。此二十一及二十三日連獲大捷，力解重圍，踹平賊卡、賊壘，松滬各防一律肅清之實在情形也。臣查僞忠王糾合蘇、杭羽黨，號稱二十餘萬，竄入浦西各路，幾有燎原之勢。雖經臣先行從事浦東，剿撫兼施，收復南匯、川沙、奉賢、柘林各廳縣，斷賊接應，而該逆垂涎滬上，一日未忘。臣由上游帶來勇數本甚單薄，此次悍賊實有五、六萬衆，併力圍攻新橋各營，卽欲截斷前軍，乘勢撲滬，全局安危間不容髮。幸賴聖主威福，軍士用命，參將程學啓等堅守苦戰，各將弁亦神速赴機，齊心奮勇，擊退巨寇，殲渠埽穴，肅清松滬各防，固出於一時僥倖，非臣與督臣曾國藩始願所及。各將領臨敵勇往，以少勝衆，實屬異常出力。應懇皇上量予恩施，以昭激勸。參將程學啓可否以副將儘先推補，並請賞加勇號。副將銜署江蘇撫標中軍參將張遇春、已保副將滕嗣武，可否均請賞加勇號，張遇春並請以副將補用。遊擊劉士奇、陳飛熊，可否均請以參將儘先補用。知州銜藍翎通判韓正國，可否請加知府銜，並賞換花翎。守備張樹珊請留於兩江，以都司補用。其餘出力員弁、兵勇，容臣查明，擇尤請獎。陣亡弁勇，咨部分別議卹。所有官軍連獲勝仗，擊退大股竄賊，踹平賊卡、賊壘數十座，滬防肅清，松郡解圍各緣由，理合恭摺，由六百里馳陳。伏乞皇上聖鑒訓示。謹奏。

又《**克復青浦縣城摺**同治元年七月十八日》奏爲官軍攻克青浦縣城，追殺逆衆，大挫賊鋒，恭摺馳陳，仰祈聖鑒事。竊臣派兵進攻青浦，業經臣於本月十三日專摺馳報在案。旋據在事文武稟報，各路官軍先後薄青浦城下，議定分門合圍。副將程學啓率開字三營，由北幹山出隊，進攻西、北兩門，副將滕嗣武率林字兩營攻東門，副將華爾率常勝軍，會同參將李恆嵩攻打南門。十二日，華爾以輪船駛進內河，安放大礮，轟倒城垛數處。程學啓等各帶四成隊伍自東、北兩門助之，賊不敢接仗，全退入城。當燬其北門外賊卡兩座、東門外賊卡一座，力攻六時之久。該逆堅伏不出，遂各收隊。十三日，華爾復攻南門，率勇爬城，而城上鎗礮甚密，勇目被傷數十名。又自松江添調常勝軍五百，於十五日子刻由南門進攻。程學啓、滕嗣武令開字等營，各出八成隊伍，分攻東、北兩門。已革青浦縣知縣廖秩璋、代理知縣李克勤，各率壯勇民團隨同進剿。卯刻，賊由北門出戰，先經開字營擊敗，東門之賊亦於巳刻出戰，被林字營以劈山礮攔擊，均復退回城中。李鶴章帶舢板船四隻、長龍船一隻，堵扼東門河橋，防賊東竄。密飭參將劉士奇、都司張樹珊、主簿余思樞、守備周盛波，各帶隊在北門六里外埋伏。通判韓正國、參將郭松林、都司苗順清，各帶隊在西門六里外埋伏。城賊如由兩路竄出，則與程學啓等前後夾擊。是日午刻，華爾將南門城牆轟裂十餘丈，急督勇冒煙撲上，噴筒、洋鎗並放，城頭悍賊紛紛倒地，我軍一擁而進，賊衆拚死由西北兩門奪路而逃，立將青浦縣城克復。程學啓等揮兵截殺，又經李鶴章所派兩路伏兵齊出，追逐數十里，直至白鶴口、黃渡一帶。十六日午刻，始收隊回營。共生擒逆匪四百餘名，城中及沿途殺斃溺斃者約計三、四千名，奪獲旗幟、刀矛、鎗礮無算。此官軍攻克青浦，追殺逆衆，大挫賊鋒之實在情形也。伏查青浦切近松滬，四月間經洋兵克復，旋被大股賊匪攻陷，踞守益堅。此次臣調派各路官軍前往會剿，仰賴聖主威福，華爾爭稱效命，諸將士奮勇圍攻，遂能剋期報捷，殲賊甚多，實非臣始願所及。自當遵旨酌留官軍駐守，署提臣黃翼升親帶礮船馳往布置，暫令副將程學啓移師入城，會同代理知縣李克勤妥籌保衞。華爾同參將李恆嵩仍卽拔隊回松。臣查副將華爾督軍鏖戰，躬冒矢石，奮勇登城，可否仰乞天語褒獎。其餘尤爲出力文武、員弁、兵勇，均屬著有微勞，容臣查明，彙入前次保案，酌請獎勵。所有攻克青浦縣城緣由，謹繕摺，由驛六百里馳陳。伏乞皇上聖鑒。訓示。再，據蘇、松太道吳煦、前蘇、松糧道楊坊會稟，接華爾知會派駐寧波之常勝軍，於七月初八日會同各軍攻克餘姚縣城，合併聲明。謹奏。

淮軍和常勝軍攻陷蘇常地區

清·黎庶昌《曾文正公年譜》卷八（同治元年正月二十四日）李公鴻章募淮勇到安慶，公爲定營伍之法。器械之用、薪糧之數，悉仿湘勇章程，亦用楚軍營規以訓練之，撥湘勇數營以助之。兩省將卒，若出於一家然，公所教也。

（二月二十四日）李公鴻章成軍八千人，擬溯江而下，傍賊壘衝過，以援鎮江。計未決。二十八日，上海官紳錢公鼎銘等籌銀十八萬兩，僱洋人輪船七號，駛赴安慶，以迎李公鴻章之師。定以三次載赴上海。是月，上海官紳借洋兵連破賊於浦東，賊少卻。勝保公督兵援潁州解圍。

三月初一日，札調張運蘭扼婺源白沙關，以防賊竄江西之路。初七日，鮑公超擊援賊於青陽城外，破之。初八日，李公鴻章領所部勇第一起三千人，由安慶附輪舟啓行赴滬。

十四日，李公鴻章所部勇第二起由安慶啓行。公派黄翼升附輪船赴上海，察看下游地勢賊情。

（三十日）李公鴻章全軍抵上海。奉旨署理江蘇巡撫，薛煥授通商大臣，專辦中外交涉事件。

（四月二十二日）李公鴻章會洋兵收復青浦、奉賢二城。

（五月）是月，李公鴻章收復南匯縣、川沙廳，賊大股犯青浦、嘉定，洋兵敗退，上海戒嚴。李公鴻章擊賊於虹橋，大破之。松江圍解，滬防亦解嚴。李公屢奉移駐鎮江之旨。至是以上海軍務吃緊，遂奏請直攻蘇州，不復移軍矣。

（七月）李公鴻章克青浦城，分軍會洋兵渡海入浙江境，收復餘姚縣。蔣公益澧領湘勇五千人，由長沙啓行，取道江西以赴浙。

（八月）是月賊犯上海，李公鴻章力戰，破賊於八寶街。

（九月）是月，李公鴻章克嘉定縣城。賊復犯青浦（縣），李公大破賊於四江口，滬防肅清。

（同治元年十一月）李公鴻章克復常熟縣城。

又　卷九　（同治二年三月）是月，李公鴻章克太倉州城。

（四月）是月，李公鴻章克昆山縣城。

（六月）是月，李公鴻章克吴江縣城。

（七月）是月，李公鴻章攻克太湖賊營，進軍蘇州。

（八月）是月，李公鴻章分軍克江陰縣城。

（十月）是月，李公鴻章克復蘇州省城。

（十一月）是月，李公鴻章克無錫縣城，分軍入浙江境，克平湖、嘉善、海監等縣。

（同治三年正月）是月，李公鴻章克宜興縣城。

（二月）是月，李公鴻章分軍克溧陽縣城。

（四月）是月，李公鴻章克常州府城，揚州、鎮江官軍會克丹陽縣城。江蘇全境皆平，唯金陵未克。李公鴻章撥派劉銘傳等軍進守句容、東壩。公乃調鮑超一軍循江而上，援剿江西。

清·吴汝綸《李文忠公全集·奏稿》卷三《太倉獲勝摺同治二年四月十二日》　奏爲大股悍賊分投援應崑山，竄犯太倉，均經官軍奮力堵剿疊獲勝仗，太境已無賊蹤，恭摺奏祈聖鑒事。竊太倉全境肅清，官軍進紮崑山城下，攻剿獲勝情形，業於本月初五日馳奏在案。其攻剿崑山一軍係程學啓主之，派開字老中營、新中營紮東北兩門之間，奇字副營紮東門外之月河橋，離城數十丈。初三日，程學啓親督各營直逼城根，開炮轟打。城上悍賊拚死抵拒，礮子往來如織，我軍不能仰視，猶轟斃城賊多名，會所用西洋大礮開花子告罄，輪船亦被城礮打穿一處，賊即乘勢由南門衝出，擾及東門，欲襲我軍之後。程學啓當派開中、開左兩營、奇字營隊伍親督迎剿，陣斬賊匪數百名，該逆敗退入城。旋據探報僞慕王、來王等糾集大股數萬來昆援應。初七日辰刻，有賊萬餘復由南門繞過東門兼至青陽江一帶。程學啓派洋槍隊數百前往牽制，商令各水師會同轟擊，行至對河，互開槍炮，斃賊百餘，賊始披靡，仍向南門退走，復從北門衝出，直撲開字、新中營，當令副將陳有升、宋有勝協同參將何安泰竭力堵禦，立斃悍賊多名。該逆死踞營右高坡，意欲築營屯紮。我軍以洋槍轟斃黄衣賊目，賊即退回。其援逆分股竄擾周市、更樓橋等處。初八日，督同宋有勝、周良才、王永勝前往擊之，槍斃賊匪數百，賊乃卻退。僞拱王一股復由北門搭造浮橋直抵開字左營之前，因天已薄暮，未令出隊。初九日黎明，該逆由南門衝出萬餘人，北門衝出五六千人，分偪我營，別出悍賊數千，直撲開字、新中營濠牆，意欲踰濠而入。水師併力轟擊，何安泰等各守營牆，開礮斃賊不少，該逆更番死鬬，復經各軍互相攻擊，自辰至未酣戰四時，生擒及轟斃者不下二三千人，賊始返奔。我軍逐北數里，落水之賊不計其數，直追至城根收隊。此大股悍賊援應崑山，經我軍奮勇擊敗之實在情形也。其留守太倉一軍係李鶴章主之，派督標兩營、撫標正營扼紮毛家市橋，建字三營扼紮北門五里杜家橋，復調盛字正副營親兵，前營移紮雙鳳鎮東頭爲犄角之勢，其八里橋小路另派遊擊衛汝貴築一小石營憑河扼守，布置甫定，即據探報，四僞王大股約六七萬衆欲攻打太倉，以解崑山之圍。初七日辰刻，盛字等三營正在挑築長濠，遊擊童邦喜、孫善成各帶小隊探至雙鳳街口，該逆馬隊百餘突至，當即迎擊，槍斃馬賊三名，而賊大股踵至，圍撲我營。周盛波督隊憑牆固守，一面抽隊繞過街西從後抄擊。遊擊孔昭佑、周盛傳衝出前營，該逆前後受敵，即向街南奪路狂奔，遁回周市。初八日黎明，僞來王復率六七千衆逕撲親兵前營，越濠拔樁而進。周盛波先於營内設礮臺二座，連環開放槍礮，擊斃紅衣、黄衣騎馬賊目數十名，賊復分隊三四千圍撲盛字副營，一面在街口修造石卡。周盛波令周盛傳由雙鳳鎮之右，孔昭佑由雙風鎮之左分路包抄，自帶親兵督礮船直入街内。賊見我軍分路夾擊，築卡之賊先行潰逃，所有圍撲前副兩營之賊傷亡過多，僞來王亦中槍傷，奪路而遁，周盛傳、孔昭佑等合力兜擊，該逆人馬紛紛投水，水爲不流。李鶴章派副將吳建瀛、守備劉超廷各帶洋槍隊伏於樹屋叢密處截殺百餘名，與周盛波等合隊追至鴛鴦橋，見有大股援逆屯紮，遂各收隊。初九日，僞慕王、湘王率三萬餘衆由雙鳳鎮之右來撲親兵前營，並由鎮北大河偷搭浮橋圍我前營東面，兼撲正營北面，四路環攻，子如雨注。周盛波等連開槍礮，擊斃騎馬賊目十餘人，賊猶抵死猛撲。周盛傳自帶親兵伏於牆外木城，排放洋槍與營内大礮，轟擊斃賊無算。孫善成水師往來會剿，自辰至午，過河之賊愈多，周盛傳派隊乘船渡河，將守橋之賊擊斃數百，浮橋立即燒燬，賊乃膽怯遁去。其雙鳳鎮左之賊正在圍撲，副營周籌昌帶隊衝進，孔昭佑由營衝出，兩面合擊，該逆退踞石橋，周壽昌躍馬直入，槍斃黄馬褂賊目一名，賊衆死拒，周壽昌被洋槍打穿左腿膊，猶裹創力戰，適吳建瀛及遊擊顔邦桂趕到，伏於街旁屋内施放洋槍，相持兩時之久。該逆龍旗大隊忽被我屋内槍子擊動，賊隊遂亂。周盛傳、孔昭佑自營内突出與援軍夾攻，賊紛紛撤退。是夜，大廟河川橋一帶賊卡復經知縣余思樞、遊擊衛汝忠及吳建瀛等分路襲破，殺悍逆數百名，又有另股竄踞沙溪鎮分擾季家灣。黄中元、何映文挑選奮勇五更出隊，比至季家灣，天色微明，賊不及防，忽見我軍馳入，倉皇亂竄，追至沙溪，所向披靡。該逆仍由直塘奔回，自相蹂踐，港多路窄，淹斃無數。周盛傳、孔昭佑等亦督帶洋槍隊由直塘以西跟追，該逆四路逃竄，復擒斬數百名，落水死者尤衆。諸僞王遁回崑山，太境一律肅清。此大股悍賊竄犯太倉，經我軍奮勇擊退之實在情形也。查該逆以崑山攻急，糾合四五萬衆，注意打破雙鳳鎮三營直入嘉定，以斷後路而解重圍，其計甚爲凶狡，賴將士用命晝夜苦戰，始得以大挫凶鋒，而援應崑山之賊復經官軍同時擊敗，城賊爲之奪氣。現在戈登備帶外國礮火已於初十日抵崑，據程學啓馳稟：北門外已紮賊營二十餘座，欲分我攻城兵勢，必須乘勝先剿援賊，再圖堅城，方無後患。臣飛飭程學啓、戈登會商妥辦，除得有捷音續行馳報外，所有崑山、太倉兩路先後擊敗援賊緣由，謹繕摺由驛具奏，伏乞皇上聖鑒。謹奏。

又《踏平崑山城外賊壘片同治二年四月十二日》 再，正在繕摺間，接據程學啓稟稱：崑山北門援賊連營密布，意在抄擾我師。十一日五鼓，派開字、新左營介字、魁字等營五成隊伍並水師戰船搭造浮橋。黎明，各隊齊集，先派參將周良才挑帶良字、志字等四營繞道至更樓橋以襲該逆後路，道員符信、遊擊龔生陽、參將何安泰各帶所部進攻左路，副將宋有勝、劉士奇、都司張行科各帶所部進攻右路，程學啓自督親兵，並遊擊陳忠德、洋槍隊參將王永勝、副將陳有昇各隊居中督率，戈登亦派常勝軍四百名並帶小開花礮四尊會剿，天明直偪賊營。該逆乘大霧迷漫，四面埋伏約二萬餘衆，見我軍至，伏兵突起，槍礮齊施，勢甚凶猛，當派各軍分投迎擊，並令副將陽利見督所部戰船夾攻，水陸各軍連戰十餘合，擒斬悍賊百餘名，賊已不支，猶拼死抵拒。戈登連放開花小礮，擊中多賊，該逆大股稍卻。程學啓揮令各軍乘勝進擊，自督陳忠德、王永勝等堅力猛攻，斬馘無算，大股之賊始行狂奔，立破賊營十餘座。符信等三營由左路進擊，宋有勝等三營由右路直攻，復破賊營四座，其餘各賊營亦多潰散。周良才督率四營跟蹤追剿，陽利見督率各船開礮環攻，該逆奔逃無路，半就擒誅，計共殺斃賊匪萬餘名，落水死者不計其數，其破賊營二十四座，奪獲旗幟、器械三四千件，賊馬二十餘匹，餘匪不及入城，望西鼠竄。我軍追過西門三里許，始行收隊。該逆外援受此大創，城賊喪膽。已挑先鋒奮勇乘夜屯紮西門，以備阻截竄路，一面會同戈登併力攻打城池，並商李鶴章派隊由雙鳳鎮進剿，兩路夾攻等語。飛報前來。查僞慕王等各股援賊已由太倉敗退崑山，猶敢於北門外連夜築營數十座，多方誤我，以圖牽制，仰賴聖主威福，軍士用命，先將城外賊營一律踏平，城賊似難久踞。臣惟諄飭程學啓等慎密籌商，乘此聲威，迅克堅城，以期仰慰慈廑，謹附片具奏。

又《分路規取蘇州摺同治二年五月十一日》 奏爲調派各軍分路堵剿，現將大概情形恭摺，奏祈聖鑒事。竊崑新克復後，卽應乘勝進規蘇城。四月十七、八等日，程學啓督水陸各營進紮峴子山、大小唯亭、界浦、角直等處，距蘇之婁門約二十餘里，紮營甫定，程學啓與戈登各乘小舟至城下察看形勢，該城周圍數十里，各門紮有賊壘數十座，城內外守賊共有五萬餘人，堅據不動。我軍僅由東北一路進攻，未足制其死命。臣密察賊情，盱衡地勢，蓋有可慮者三，有可幸者二：查蘇、常、杭、嘉爲東南財賦最盛之區，逆衆佔據四年，徵糧收稅，取精用宏，且時以財粟接濟金陵，轉輸各路。金陵是其老巢而蘇、常、杭、嘉又爲金陵根本，賊必死守而力爭之，以成犄角之勢，以護糧餉之源，此其可慮者一也；江南多水，蘇、嘉各郡尤甚。湖河蕩港千百通聯，津路迷離。橋樑斷續，戰船有不能遍及之處，陸軍有望洋而歎之時，我難進而賊易守，不比中原四戰之地，山川瘠苦之邦，克一名城則各城之賊無所繫戀，望風而走，卽如前此常熟解圍，太崑疊克，擒斬悍逆實不下四五萬，蘇、嘉各賊亦未嘗不膽寒，然猶死力抗拒，蓋恃地形之險足以自固，又念妻妾財帛之厚不肯遽棄。臣由松滬進兵乃爲蘇省偏隅，嘉興對面蘇、嘉並圖，則無此兵力，舍嘉圖蘇則動輒牽制，此其可慮者二也；僞忠王李秀成爲諸賊之冠，不甚耐戰而最多狡謀，據有蘇、杭、嘉、湖四郡之地，其餘各僞王皆其死黨，悉聽指揮。咸豐十年，圖解金陵圍困而繞竄浙江以取遠勢。十一年，圖救安慶而繞竄江西、湖北以取遠勢，去年迄今，圖救金陵而分竄皖南北，又欲繞竄揚州裏下河以取遠勢。茲我軍進逼蘇州，該酋仍徘徊金陵上下，不卽回顧，遣其心腹黨羽分守蘇，嘉。若此間攻剿遇急，則或挈衆來援，或另圖竄踞，均意中之事，此其或慮者三也；惟是江皖、浙東各有重兵堵截，又赤地千里無所掠食。聞鮑超與曾國荃所派各軍連復巢縣、含和，已追至江浦、浦口，其另股竄天長、揚州者人數雖多，飢疲實甚。都興阿、吳棠等果能竭力堵守，不使竄入裏下河，鮑超等再速克二浦，扼斷北賊過江之路，則各軍分投剿辦較易收拾，此其可幸者一也；李秀成、李世賢自分踞蘇浙，氣勢日盛，近歲以來，屢挫於官軍，各路損傷不下數十萬，其精銳計不甚多，各軍攻奪不下數十城，其膏腴亦去其半。現在蘇浙各賊惟嘉興陳炳文一股較多而悍，有蔣益澧扼其前，臣軍綴其後。至常州、無錫直接金陵、東壩賊援甚廣，深入頗難，但使我軍穩紮穩進，得寸得尺，毋再失機，徐圖制敵，此其可幸者二也。臣軍水陸添募及收撫各城降衆已逾四萬。督臣曾國藩以蘇郡可圖，太湖可進，又添處州鎮總兵李朝斌統率太湖水師十營，剋日下駛，協力攻剿，現擬酌分三路以剿爲堵，由崑山進蘇州爲一路，以程學啓所部陸軍當之；由常熟進江陰、無錫爲一路，以李鶴章、劉銘傳所部陸軍當之；署提臣黃翼升督淮揚水師各營往來調度，相輔並進。戈登帶常勝軍移駐崑山，專備各路遊擊援應；由泖澱湖進吳江平望太湖爲一路，李朝斌水師當之。以上三路皆欲規取遠勢，以翦蘇州枝葉而後圖其根本也。又恐分路並進，杭、嘉、湖各賊繞竄浦東，窺撲松滬，復派常鎮道潘鼎新帶所部八營扼紮金山衛，編修劉秉璋帶所部七營扼紮洙涇，副將楊鼎勳帶所部五營扼紮張堰聯爲一氣，以防內竄，俟浙軍得手，卽相機前後夾剿。現據程學啓稟報：二十九日在陽澄湖迎擊賊船，擒馘千餘，仍卽日移紮大小官塘及外跨塘一帶，步步進偪。李鶴章稟報：業將常熟駱國忠降衆編立八營，逐漸訓練，分置防剿。並會督各軍進紮常熟西三十里王莊，探明前面賊營由顧山至無錫城外連亙不絕，係僞章王、僞潮王、僞侍王帶領賊衆六七萬希圖抵禦，擬併力兜擊，再與黃翼升、劉銘傳等規復江陰。又據戈登稟稱：俟小輪船雇齊，或協攻吳江，或協剿無錫，冀斷各賊援蘇之路。臣惟諄飭諸將穩慎，以圖互相援救，以固全局而慰宸廑。除續後戰狀再行馳報外，所有調派各軍分路堵剿各緣由，謹繕摺由驛具陳，伏乞皇上聖鑒，訓示。謹奏。

又 卷四《近日軍情片同治二年六月二十九日》 再，近日軍情，自六月十四日克復吳江、震澤縣城，比因天氣酷熱，常勝軍於是日午後盡回崑山，戈登亦於十五日回舟。十六夜來上海，正與臣商議軍事，聞白齊文先期帶流氓洋匪二百餘人投入蘇賊，戈登立卽馳回崑城，布置防剿，程學啓方督四營籌辦吳江城守。十五夜間，探聞嘉興府逆首僞榮王廖發受帶領水陸賊衆數萬分路來援；十六日黎明，直撲南門，勢甚洶湧，程學啓督軍登陴，用礮對轟，一面挑派洋槍隊千人，調集礮船二十隻出城迎剿，嚴申軍令，退後必誅。該逆見我軍遽出，遂捨城來撲，鏖戰良久，互有損傷。副將何安泰、都司朱寶元乃由城左小路膝行而前，抄襲賊之後隊。都司彭玉貴等用小開花礮兩尊由正路打入。謝梁鎮、徐佩瑛礮船復攔腰轟擊，賊陣大亂。程學啓督洋鎗隊奮力猛衝，賊反戈狂奔，自相踐踏，我軍尾追掩殺二十餘里，將至平望，遇雨收回，奪獲賊礮船十二號，擒斬悍賊三千餘名，弁勇傷亡五十餘名。程學啓相度形勢，該城南通嘉興，北接蘇州，西連太湖，面面皆爲賊窟，因於城南之萬頃橋扼紮兩壘，令游擊阮炳福守之，以當嘉興來路；城西北之夾浦口扼紮兩壘，令總兵陳有升陸師與總兵張光泰淮揚水師守之，以當蘇州來路。又令副將何安泰督同游擊張志邦帶兩營駐守城中，相機策應。多儲米糧子藥爲死守之計。程學啓於二十日仍回唯亭老營，兼顧由崑入蘇之路。二十一、二日以後，蘇嘉各處大股四出狂竄，亙延數十里，連撲夾浦營盤，均經我軍擊退，然尚距營十里內外屯紮。程學啓、戈登往來督戰，刻無休暇。惟該逆內有洋人施放開花礮，疊次向營轟打，幸其礮甚小，不過八磅十磅，且不甚準，我軍尚能盡力抵禦。臣現商令英、法、美各領事出示嚴禁，不准各國流氓偷入濟匪，並准前路各營卡查拿捆辦，或者槍礮軍火接濟漸少。白齊文黨羽雖衆，若外洋礮火難以運入，其計亦窮。至崑蘇吳江之交百餘里間，河湖交錯，師船甚單，亟盼李朝斌太湖水師下駛，以資分布，聞尚阻風，海門不能逕渡，殊爲焦急，現飭劉銘傳、李鶴章等分兵進攻江陰，劉秉璋、潘鼎新等分兵進圖嘉善，冀可稍分賊勢。

又　卷五《克復蘇州摺同治二年十月二十六日》　奏爲督飭備軍攻剿蘇垣，賊勢窮蹙，倒戈内應，官軍入城截殺，分別解散克復蘇州省城恭摺馳奏，仰慰聖廑事。竊連日攻克婁、齊、葑、盤四門外長城賊壘，城賊膽寒，謀乞内應各緣由，經臣於二十二日馳報在案。先是僞忠王部下僞王郜雲官、伍貴文、汪安均、周文佳等因回援蘇、錫，屢戰屢挫，蘇省四路圍困金陵，官軍攻奪孝陵衛，糧路斷絶。該逆大勢已去，轉求管帶魁字營副將鄭國魁遞稟乞降。臣以城大且堅猝難攻破，暫行給諭招撫，令程學啓、鄭國魁反覆開導，曉以利害，多設方略，脅以兵威，該僞王汪安均、郜雲官先後密約程學啓單騎相見於城北洋澄湖，情詞懇順，求勿開礮轟打。臣與程學啓籌商，蘇城本係忠逆巢穴，該逆往來援救，行蹤無定，其城守事宜專交粵西老賊僞慕王譚紹洸主持。譚逆堅忍凶狡，百倍尋常，從前杭州、湖州各城均係該逆攻陷，必須除此巨患，勒令該降衆等或生擒忠逆，或斬慕逆首級來獻，始准收撫。程學啓、戈登自二十日起逐日偪抵城根，挖壘浚濠，修築礮臺安設大礮，布置攻具，爲即日轟打之勢。城內賊衆惟慕逆一股守志甚堅，餘皆解體。忠逆見人心散亂，即於二十日夜帶所部萬餘由胥門出光福靈巖一帶小路搭橋而去。二十三、四等日，程學啓督隊攻婁、齊二門，李朝斌督水陸各軍攻葑、盤二門，黄翼升督水師牽制閶門竄路，晝夜不撤，愈攻愈緊。二十四日午刻，慕逆傳令各僞王上城堵禦，正在對衆指揮，郜雲官商令僞天將汪有爲出其不意，立拔腰刀刺殺之，大衆呼噪齊入，將慕逆死黨殺斃千餘。郜雲官稟求調兵入城協剿，是夜，開齊門迎降，程學啓即飭鄭國魁、鄭國榜帶兩營隊伍入城彈壓。二十五日清晨，郜雲官等齎慕逆譚紹洸首級來獻，臣令營中降卒驗視無訛，城內脅衆概行剃髮。程學啓親督各隊入婁門安撫降衆，並督軍搜剿慕逆餘黨，兩廣人數百名。李朝斌、張遇春、何安泰等帶隊由盤門截殺，黄翼升等由閶門截殺，斃五六百名，解散數千人。惟投誠賊黨有四僞王、四天將之衆，欲求添立二十營隨同剿賊。該酋等久在賊中爲大頭目，狼子野心，恐其難制。臣與程學啓暨諸將密商，宜乘其窮蹙，設法驅除，免致尾大不掉，另生枝節，因令程學啓遣親信隊伍駐守婁、齊、葑、盤各門。二十六日未刻，程學啓督同劉士奇、陳有昇、楊鼎勳、張遇春、王永勝、周良才、葉廷杓、朱寶元等帶隊分門並進。程學啓下令曰：該降衆若意圖佔踞結黨横行者，殺無赦。願解散者，給路票回籍。間有埋伏衢巷館舍開槍抵拒，經我軍排齊槍礮，來往衝擊，斃悍賊二千餘名，餘衆肉袒稽首乞就遣散，亦有捆載輜重妻財驚遁出城，於是城內稍就清理，立將省城克復。臣即日入城巡視，並令程學啓督帶八營入城駐守，一面會督地方官紳將存城降衆難民妥籌遣散安置之，方以善其後。此二十四、五、六等日外攻内應，剿撫兼施，克復蘇州省城之實在情形也。臣查蘇省被踞四載，與金陵、杭州爲逆匪三大巢窟，互相犄角。此其腹心一氣，黏連根柢極爲深固。臣由上海偏隅節節進攻，本不得勢，但以人力苦爭，賊衆兵單，時深惴栗，仰賴皇上指授機宜，多方激勵，而督臣曾國藩遣將助兵隨事商榷，中外水陸將士和協一心，遂得屢挫凶鋒。

又《進圍常州奏摺同治二年十一月十七日》 劉銘傳於初九日帶隊抵常州城北十五里之鄭陸橋，其前營滾進，距城四五里探視。城外各門賊營林立，人數甚衆。劉銘傳督軍由羊頭橋間道深入，而圩塘賊營三座適包我軍之後，幸屢戰皆捷，飭駱國忠兩營暫紮西施橋，扼其竄路。張桂芳等滾紮孫村，距城僅隔一河。徐得勝、者貴兩營紮過河西，即有常州西路奔牛鎮石城。賊酋邵小雙率衆十千乞降，劉銘傳即令駐守該處堵擊丹陽援賊。李鶴章派周盛波、張樹聲兩軍於初八日由無錫進紮戚墅堰。初九日，周盛波進抵常州城東十五里之擂鼓橋，張樹聲攻奪白家橋賊卡。十一日即派兩營進紮白家橋，周盛波哨至東門三里橋攻破賊卡一座。巳刻，逆衆萬餘由西南兩路來撲，我軍槍礮連施，鏖戰數十合，斃賊甚多，賊退入營。申刻，城賊又出千餘，復擊走之。十三日，各營出五成隊，先搭浮橋數道並築長卡陸續滾進。李鶴章已將無錫城守布置就緒，馳赴常州督剿。十四日，劉銘傳督所部攻西北門外各賊營，一面飭令唐殿魁、劉盛藻等環攻圩塘之賊，該逆抵死拒守，我軍以大礮轟坍營牆，各勇拔樁踰濠，一擁而入，先破賊壘三座，擒斬無數。城賊二三萬蜂擁出救，劉銘傳督隊分投迎剿，惡戰兩時，賊敗退入城。劉銘傳乘勝攻打，連破東北門外賊營十數座，收降卒一萬五六千人。十五日，李鶴章飭周盛波、張樹聲於五鼓出隊進攻東門賊營，先令降賊引導繞渡城河，冒充賊中口號，襲破東門根石營二座，遂連破各橋口寶塔邊石營數座，擒斬數千，降二三百人。我軍入據其壘，與劉銘傳各營一氣聯絡，又會攻小北門口大石營。劉銘傳正用千里鏡測望礮路，被賊洋槍子中傷頂額，登時暈倒，幸入骨未深，子已取出。午刻，僞護王陳坤書率衆數萬出南門，繞撲周盛波營後，我軍大隊撤過河南，張翼迎之，戰數十合，賊乃潰走，乘勢追過西門大河，擒斬溺斃數千人，破南門石營兩座。此連日分路進攻，踏毁常州城外賊營二十餘座大獲勝仗之實在情形也。臣查護逆一股久踞常州，人數雖衆，不甚耐戰，前此疊援江陰、無錫，經劉銘傳屢次擊敗，又值蘇、錫克復，軍氣愈奮，賊膽愈虛，祇以城堅池深，各門外多紮堅壘爲死拒待援之計。茲劉銘傳、李鶴章等乘其衰蹙，神速猛進，剿撫兼施，連克賊營二十餘座，收降二萬餘人，城外已漸肅清。丹陽、宜興來援各路亦經紮斷，該逆似難久踞，除函屬劉銘傳加意調治，裏創督攻，並飭李鶴章設謀招撫，仍督隊速攻，以期早克名城。

曾國藩湘軍奪取安慶和攻破天京

清·李翰章《曾文正公全集·奏稿》卷一四《克復安慶省城片咸豐十一年八月初二日》 再，正在繕摺間，接到統領安慶全軍即用道曾國荃稟稱：『八月初一日卯刻，官軍用地雷轟倒北門城垣。隊伍逾濠登城，該逆仍用鎗礮抵死拒敵。經我軍奮勇直前，立將安慶省城克復，殺斃長髮老賊二萬餘人。該逆情急，赴江內、湖內鳧水遁竄，又經水師截殺，實無一人得脫。其老弱婦女，暫時擒縛，俟訊明分別斬釋。四眼狗及僞輔王、璋王、玕王各股援賊，屯紮我軍後濠之外，當破城時，列隊遠望，其膽已落，漸漸退去。』各等情前來。

臣伏查安慶省城，咸豐三年被賊陷踞。九載以來，根深蒂固。自去冬合圍至今，逆酋四眼狗迭次拚死援救，我軍苦守猛戰，卒得克此堅城，圍殺淨盡。軍興十載，惟五年之馮官屯、八年之九江、此次安慶之賊，實無一名漏網，足以伸天討而快人心。至楚軍圍攻安慶，已逾兩年，其謀始於胡林翼一人畫圖決策，商之官文與臣，並徧告各統領。前後布置規模，謀剿援賊，皆胡林翼所定。除臣即日前往安慶部署一切，及詳細情形另由官文、胡林翼、李續宜會銜具奏外，所有克復安慶省城大概緣由，謹附片馳陳，仰慰宸懷，伏乞皇上聖鑒訓示。謹奏。

又《克復銅陵縣無爲州等處摺咸豐十一年十月十四日》 奏爲水陸各軍克復銅陵一縣、無爲一州，並攻奪沿江泥汊、神塘河、運漕鎮、東關各要隘，恭摺奏祈聖鑒事：

竊總兵王明山、黃翼升等克復池州府，進攻銅陵，臣於八月初十日具奏在案。八月十二日，王明山率水師正前營，並萬化林、嚴定國、唐學發、郭明翥、蔡定發、趙三元等六營，黃翼升率淮揚水師親兵營，並蔡東祥、王東華、鄧萬林等三營暨柳壽田之內江親兵營，分載陸師周萬倬、劉祥勝二營，自池州下剿。先派內江親兵哨船於十一日將銅陵縣東北門外堤埂決開，我水軍即於決口駛入。是日巳刻，王明山督水師攻東門，黃翼升督水師與周萬倬等陸師攻西門，各軍相繼登城，殺賊近千人。餘匪由北門竄逃，遂於申刻克復。追剿十餘里，天晚收隊。奪賊糧千餘石，軍械鎗礮無算。派周萬倬等兩營陸師守之，仍留水師相爲倚護。此八月十二日克復銅陵縣城之實在情形也。

先是安慶得手，桐城、舒城、廬江相繼收復，桐、舒經副都統多隆阿分兵置守，廬江由臣處派兵扼守。臣查皖北形勢，惟濱江之無爲州爲蕪湖、金陵援賊所必經之路，利在速攻，使南北之氣中斷。攻無爲則須水陸並進，陸師由廬江進，水師由泥汊口、神塘河進。該逆先於泥汊、神塘各紮石壘以阻我水師進路。因派候補知府陳湜、記名總兵李寶賢帶安慶陸師六千餘人，於九月初一日由廬江進無爲。候補道劉連捷帶二千人於初二日往守廬江。記名臬司曾國荃帶親兵及蕭孚泗、彭萬全陸師兩營，密用礮船裝載，會同王明山帶外江水師，黄翼升帶淮揚水師，順流下駛。九月十五日，抵泥汊口登岸。見賊壘高據口內，倚水爲險，礮眼層列，勢難仰攻。遂令陸師修壘，水師分紮要路，以鎗礮、火箭、火彈近賊壘轟之。十六日，曾國荃率親兵至楊家橋，黄翼升率礮船至鳳皇頸，開挖堤埂。該逆恐我軍合圍，斷其歸路。王明山、蕭孚泗等乘賊膽怯，徹夜轟打。賊遂於十六夜四更向無爲州遁去。各軍追殺，並奪獲礮械甚多，弁勇受傷僅二三十人。十八日，黄翼升由泥汊進襄安、黄姑閘，搜查白湖一帶餘匪。王明山、曾國荃復帶水陸各營進攻神塘河賊壘。賊以鐵鍊攔截河口，負嵎不出。王明山以大礮置兩岸晝夜轟擊。十九日，萬化林、唐學發、郭明鼇、蕭孚泗等均帶隊直撲壘濠。賊益不支，遂於二更時向無爲州遁去。我軍俘獲尤衆。此九月十六夜克復泥汊口、十九夜克復神塘河之實在情形也。

神塘河克復後，是夜王明山率水師尾追，乘勝進無爲州，節字、智字等營陸師亦坐船同進。二十日尚未黎明，均抵城下。先是，無爲州賊目馬玉堂之妻子在安慶城內，曾國荃執而不殺，以密諭招降之。馬玉堂感激投誠。其機已於十九日漏洩。僞頂王、朱王將馬玉堂鎖拿，意圖堅守州城。馬酋黨羽在城中鬨亂，人聲鼎沸。我軍突至，因其內亂而攻之，賊遂大驚。王明山令節字、智字兩營旱隊潛伏南門外，而自率萬化林、唐學發等攻大東門，李朝斌、李濟清、張得友等攻小東門，王遠和、郭明鼇等攻倉北門，萬礮雷轟，子如密雨。逆賊大潰，遂於北門竄出。水陸各營登岸追擊，殺斃二千餘人，又入城搜殺五六百人。陳湜、劉連捷等亦率馬步大隊從盛家橋而來，截剿竄賊。此九月二十日攻克無爲州城之實在情形也。無爲、含山之交，有運漕鎮者，外瀕大江，内通巢湖。自咸豐三年後，賊糧皆聚於此，上而接濟安慶、廬州，下而接濟金陵老巢，實爲南北之鎖鑰。僞巨王洪酋、僞佐將何雅林帶五六千人並李酋礮船數十號在彼駐守。曾國荃偵知賊勢驚惶，二十三日，會商王明山派水師三營泊黄雒河以遏巢湖出路。曾國荃自率親兵，偕黄翼升、李朝斌、鄧萬林等水師，進取運漕。並派蕭孚泗、張勝祿、周惠堂、彭萬全各隊坐船隨水師繼進。未刻，行抵該鎮。逆船數十號與水師迎敵，鄧萬林、李朝斌、黄翼升等排礮轟擊，賊勢少卻。鄧萬林同各師船飛槳而進，奪賊礮船十一號，焚燒賊船數十號，船上之賊，鳧水奔竄。鎮上之賊，見水路賊敗，陸師登岸抄截，遂捲旗而退。各軍分途猛追，共殺斃淹斃賊近三千人，獲賊糧二千餘石，奪獲馬十餘匹，礮位、軍械無數。餘賊向銅陵閘一路而遁。二十九日，黄翼升與陳湜會商，派水陸各營進取東關，賊衆傾巢出迎。水師以排礮轟擊，陸師列陳數里，鎗礮甫施，該逆大奔，不復歸壘。我軍併力抄殺，奪取石壘，獲礮位米糧甚夥。此九月二十三日克復運漕鎮、二十九日克復東關之實在情形也。

臣伏查江北之無爲州與南岸之蕪湖相對。賊南踞金陵，則蕪湖在所必爭；北踞廬州，則無爲在所必爭。東關之險，運漕之富，尤該逆所恃以爲奥區。三國用兵時，於東關、濡須口苦爭不休，即此地也。茲幸仰仗天威，水陸各軍旬日之間連復兩城、一鎮、要隘三處，殺賊甚多。從此廬州、巢縣、三河踞賊，糧援路梗，勢必漸漸搖動。擬留陸軍九千分守無爲、運漕及蒼頭、東關等處，添調淮揚水師數營，分布協守，可期穩固。所有尤爲出力之提督銜壽春鎮總兵王明山，擬請以提督記名，請旨簡放。淮揚鎮總兵黄翼升，擬請賞加提督銜。記名總兵萬化林、李朝斌、李濟清、蕭孚泗、張勝祿均請旨簡放總兵實缺；李朝斌並請賞加提督銜。總兵銜副將唐學發，請以總兵記名簡放。副將郭明鼇、周惠堂，均請賞加勇號。候補參將彭萬金、鄧萬林，均請免補參將，以副將遇缺即補；鄧萬林並賞加勇號。擬保參將蔡東祥、王東華，均請免補參將，以副將儘先推補。候補知府陳湜，請賞加道銜。五品銜即選知縣彭椿年，請以同知直隸州知州留於江蘇補用。遊擊郭松林、程學啓，均請以參將遇缺即選。都司倪桂，請以遊擊遇缺即選。守備伍維壽，請以都司遇缺即選。其餘水陸出力員弁兵勇，可否由臣查明開單奏獎，以示鼓勵，出自天恩。所有官軍連復銅陵縣、無爲州及北岸沿江各要隘各緣由，繕摺由六百里具陳，伏乞皇上聖鑒訓示。謹奏。

又　卷一六《官軍水陸並進疊克要隘駐軍雨花台摺同治元年五月十七日》　奏爲官軍水陸並進，疊克秣陵關、江心洲等要隘六處，圍逼金陵，駐軍雨花台。恭摺馳陳，仰祈聖鑒事：竊自水師陸師渡江夾剿，攻克太平、蕪湖兩城，江岸數隘，臣等於五月初三日會奏在案。旋報丹陽鎮大股賊黨因薛鎮戰敗，焚糧宵遁。江西藩司曾國荃於四月二十八日率所部各營，乘勝前進，破周村卡，遂駐江寧鎮之板橋地方。熟察形勢，必從大勝關、三汊河下手，陸師乃有運糧之路，水師乃有立營之所。然橫距三十里外，尚有秣陵一關，環水巍峙，金陵之雄鎮，亦大勝關之右輔也。賊備未嚴，是可襲而取之。五月初一日，曾國荃引軍馳抵關下。毀壘殺賊，轉戰無前。守關賊酋汪伍登、尚彪、周蘭璧等舉衆獻關，得驢馬二十一匹，收降卒四百餘人，餘悉解散。仍飛飭前隊十二營，進大定坊，繞出三汊河後，緊逼大勝關，編木作橋，爲詰朝進攻計。初二日，曾國荃派撥軍士，先伏橋邊，而以後隊六營捲旗疾進，將謀合圍。賊見我軍抄後，懼爲長圍所困，乘夜縱火，棄巢而走。公字、敏字、義字、長勝等營，踰橋追襲，戮賊數百，遂奪大勝關。三汊河兩壘，平之。此五月初一、二等日攻復秣陵關、大勝關、三汊河之情形也。維時臣玉麟駐師金柱關，聞曾國荃懸軍深入，恐其爲賊所乘，急約提督王明山，率水師各營分載和州守卒，渡江策應。甫由烈山駛近頭關，適曾國荃亦於初三日昧爽整旅而來，薄關下寨。衆水勇於狂風巨浪中排礟迎擊，無或少休。陸軍乘之，立拔頭關。過此以往，則爲江心洲，堅大石壘，倚洲雙聳。對岸賊衆如麻，臣玉麟會同王明山親督萬化林、王吉、成發翔、郭明鼇、唐學發、陳百向、喻俊明、彭楚漢等八營，直逼洲次，飛礟入壘。賊亦穴牆還擊，羣子蔽天而下，士卒傷亡，裹屍更進。戰至日晡，各勇挾火具登岸，蛇行蘆葦中，偪壘縱焚，燎及蘆葦。一片火光，江面人聲，喧若鼎沸。我軍振臂齊呼，躍入賊牆，燒薙羣醜，撲火、溺水，横塞江流。賊船百餘號，賊礟數百尊，悉爲我有。登岸水勇，仍上師船，鼓槳飛行，並奪蒲包洲，遂泊金陵之護城河口。曾國荃由陸路倚護水師，驅軍直入，逼紮雨花台，距城不及四里。城賊數來窺犯，輒行擊卻。此初三日，連復頭關、江心洲、蒲包洲之情形也。臣等查金陵城大而堅，未易猝拔。前向榮、和春等，屯兵七萬，歷時八年，師老無功。此次水陸兵數僅逾二萬，雖濱江重險，先後攻奪，尚難遽爲仰攻之策。應俟曾貞幹六營、多隆阿一軍，增調到防，再籌大舉。所有出力將弁兵勇，可否容臣等歸於太平、蕪湖案內，擇尤保奬，出自恩施。所有水陸各軍疊復沿江要隘，圍逼金陵緣由，謹會同大學士湖廣督臣官文、安徽撫臣李續宜，由驛陳奏，伏乞皇上聖鑒訓示。謹奏。

又　卷一七《縷陳金陵各營苦守情形摺同治元年十月二十七日》　奏爲金陵各營苦守四十六日，屢獲大捷，力解重圍，恭摺縷陳，仰祈聖鑒事。竊自閏八月下旬，金陵賊援大至，官軍堵剿迭勝，經臣四次具陳梗概，聲明續報戰狀在案。旋據江蘇藩司曾國荃稟稱，偽忠王李秀成在蘇州大會羣首，以偽輔王楊輔清及黄、胡、賴等股擾寧國，以偽護王陳坤書等股，由太平府窺金柱關。李秀成親率十三偽王，號稱六十萬衆，專注金陵。東自方山，西至板橋鎮，旗幟如林，層層排列。閏八月二十日，糾合城賊，直逼我營，尤趨重於東、西兩嵎。曾貞幹、彭毓橘、劉連捷、張詩日、熊登武、朱林桂等縱軍兜擊，追賊於小河邊，斬級頗多。朱桂林搏戰方酣，中鎗而殞。二十一日。城賊、援賊同時並進，曾國荃令各營堅壁固守，俟其撲近花籬，突以排礟轟之，賊乃跧伏在地。礟聲絕而殺聲又起，日夜環伺，無或少休。二十二日，賊由東路攻後副、南後等營，西路則犯湘恒、恭字等營，曾貞幹方率晏恭山力戰西路一股，而賊已分黨二萬，徑趨洲上，抄出猛字諸營之後。曾國荃卽派蕭孚泗、周惠堂、王仕益、倪桂、李臣典、崔文田、淩有和、楊鉀南等分路馳剿。賊爲負創卻走。倪桂與左傳貴大呼衝入，遇者輒殪。左傳貴馬蹶戰歿，賊遂擁衆回戈，留踞數千人於洲上。曾國荃以洲上關繫全軍糧路，我必所爭。乘夜急修十數壘，由曾貞幹撥兵駐之。又令劉連捷遣死士縋牆出擊，殺賊數十，奪旗數百而還。二十三日，賊既攻我猛字各營，復舁巨礟轟東路營壘，並駕戰艦擊湖橋營卡。曾豈凡搶護炮臺，受傷幾危，而賊撲益猛。易良虎、易良豹等，正在悉力堵禦，適曾貞幹督隊而前，縱横截殺，卽時剿退。仍一面會約羅進賢、萬化林等，移水師於藕塘，護築新營，守定堤埂，而運道乃可無虞矣。二十五日，賊更以西洋火器，力攻東路之副後、南後、嘉字、長勝、吉後五營，而圍逼西路之仁、嚴、和、智四營者，已歷六晝夜。彭毓橘、張詩日、熊登武、李祥和、曹仁美等，料賊疲乏，躍出濠外，突破四壘，殺斃及擒獲者三百餘人。二十六、七、八等日夜，賊乃悉向東路逼營而陣，洋鎗、洋礮驟若飛蝗。並於嘉字、吉後、副後營下，潛通地道，百計環攻。劉連捷、朱洪章、武明良、吳光春、曾昭禮等率同士卒，負牆露立，拋擲火球，殲賊無算。曾國荃以病卒太多，弗耐久戰，因派李臣典調防南後營汛地。二十九日，賊負片板蛇行而進，直薄副後諸營濠外，開花蹦礮橫飛入營。烽燧蔽天，流星匝地。羣賊齊聲大譟，束草填濠，岌岌欲上。武明良、劉連捷、吳光春各以長矛擊刺，前者拽尸，後者更進。曾國荃見事勢危急，親率部將倪桂、蕭開印，前往策應。倪桂馳斬悍目，轉戰無前，中礮死綏。曾國荃亦爲飛子傷頰，血流交頤，仍裹創上濠，以安軍心，此閏八月二十至二十九等日，督軍守禦獲勝之情形也。九月初一日，添賊一大枝，猛鷙無匹。諜者曰僞侍王來自浙東。其撲東路各營者，恃有大援，攻吉後礮臺益急。曾國荃引軍馳救，力破賊衆，吳光春、陳膺福乘勢將吉後營一段堵住，而王光勝、劉大勝、黃升富、胡澤仁、廖太仙等已相繼傷亡。曾國荃恐有蹉跌，乃留蕭開印守之。維時曾貞幹與諸將謀東路地道甚近，曾國荃又創口未平，不可不帶兵往助。遂飭黃潤昌、王廷耀、曾正明等堅守江東橋、三汊河、大勝關諸營。自帶八哨，疾趨而東，商令各營增築內牆、內濠以自固。自初一以至初四等日，我備愈嚴，賊計轉狡。若蠅若蟻，倏往倏來，多用箱篋實土於中，排砌濠邊，明防礮子於上，暗築地道於下。我軍之禦之也，先以火箭攢射，繼挑鋭卒，誘賊近濠，突出奮擊，幸得少挫其鋒。曾國荃熟察形勢，惟西路賊陣散漫，西南地面遼闊。不如先發制之，派彭毓橘率張詩日、熊登武、李祥和、劉湘南、羅朝雲、曾仁美等營擊右路，蕭孚泗率張光明、周惠堂、曾良佐、楊西平等營擊中路；而以李臣典、何玉貴、成東昂、陳壽武、馮盛德、朱平海、趙清河、黃東南等營擊左路。初五日，齊隊出濠，諸道並進。戰不逾時，焚逆壘十二座，殲斃近三千人。壘中之賊，罕有脱者。我軍惟李臣典、吳宗國負重傷，李正升、劉德盛、吳發遠等殉焉。餘尚無所損折。自此西南一隅，賊不敢復犯後濠矣。此九月初一至初五等日，節次堵殺，獲勝之情形也。初六日以後，東路之賊環偪如初，未嘗少懈。朱洪章、劉連捷、武明良、蕭開印、吳光春、陳膺福等，且堵且戰，屢出焚賊，傷斃約七百餘名。我營亦折文喜才、龍開義、彭倫考、劉禹詳、孫雲亭五人。幸有都興阿派楊心純等五營，臣由安慶派去之喻榮陞等四百人，先後赴援。而王可陞所部亦先派三營，由蕪湖赴援。金陵兵數稍增，軍威頗振。無如主［材料不存］客相搏，不數十武，節短勢險，仍不能出大隊痛剿。而賊之畚鍤負土者，已及濠牆之下。十二日，瞥見西南一股悉並東路，潛伏雨花台後。曾國荃知地道之將轟塌，令各營謹以備之，不轉瞬，而嘉字、吉後兩營外，一聲霹靂，煙焰上衝，石塊、土塊飛人天半，營牆各崩塌十數丈。賊卽乘隙直上，萬弩齊發，排礮雷轟，踴躍爭先，呼聲動地。兩路悍黨，不下萬餘人，擁人塌者，各有千數人。我軍寂然不動，扼住內濠。俟煙障一開，塵土落畢，武明良率各弁勇從嘉字營衝出，有朱洪章、楊正彪、彭毓橘、李祥和、劉湘南、羅朝雲等爲之援。蕭開印、胡萬清、陳萬勝、胡海萬、戴明山、吳光春、陳庸福、易光春及各將弁，從吉後營衝出。有蕭孚泗、張，光明、周惠堂、王可升、謝占春、陽華坤、楊心純等爲之援。亂刀交錯，並力搶險。陳得月、陳敬廷、張紹武、周在遠、劉安邦、謝仁本、周宗達、胡榮祥、王芳來、鄭元標、羅道明、雷信義等死之。武明良、蕭開印等憤怒填膺，忍死決戰。塌口以內，屠戮靡遺，塌口以外，諸賊渠搴旗督戰，更番向前，猛撲五、六次，經我軍同出抄殺，賊之精鋭，摧斬無算。其地道之同時進裂者，尚有副後一營，劉連捷麾軍剿退，侯永清、張玉藻、蕭錫珍、李修祿、李萼南、劉星德、劉泰和等死之。其各軍之同被賊圍者，尚有信字長勝、義字、堅字、從字、克字、南後七營，李臣典、楊玉輝、羅雨春、武交清、何玉貴、曾昭禮、喻榮升、胡松江、楊西平、宋聲平等，從內擊出；曾貞幹率晏恭山、成東昂、朱平海、馮盛德、陳壽武等，從外擊入，賊亦敗走。是役也，殺賊近萬，誅僞德王及僞主將李、蔡、高、范、汪、羅、吉、陳等酋，我軍陣亡不過百餘人，受傷者蕭開印、吳光春、李祥和、胡萬清、昭禮、陳萬勝、武義山、張林芳而外，弁勇不過三百餘人。此九月初六至十二等日，搶救地道，力戰大勝之情形也。自有此捷，賊之氣焰稍衰，而設謀圖我仍百出不窮。十三日，既從東路糾聚賊黨，別開地道，必欲甘心一逞，仍於西路決長江之水，淹往來之路，以冀絕我饋運。當經曾貞幹、易良虎，在高埂增修小營，分哨填紮。商令水師劉正隆、賴榮光、陳東友等各帶舢板數號，駐泊雙閘，與陸營相倚護，重保一線之路，以安萬衆之心。而東路之防，則有武明良派隊毀賊一壘一穴。蕭開印、趙清河於十六夜，派隊破賊一壘一穴。十七、二十一、二等夜，劉連捷潛撥勇隊，各挾火具，焚賊二壘二穴。計三次俘獲三十人，斬首過五百人。曾國荃與諸將議制敵之策，尤莫若審賊所向，掘地數仞，隧而迎焉。二十四日，副後營劉連捷令部卒就營外荷鋤開掘，不移時而内外洞穿，適與賊遇，抽刃迭刺，聚而殲之。二十五日，蕭開印復穿一地道，熏以毒煙，灌以穢水，賊亦無一生者。次夜風雨交作，劉連捷伺賊無備，於四更時，帶胡俊升、楊致仁分三路，冒雨出濠，襲破潛挖地道之三壘，俘斬數百，損我胡俊升、楊致仁二人。越三日，劉連捷營中發土丈許，豁然開朗，賊不得遁，盡瘞於地道之中。蕭開印、武明良、朱洪章等約於三十夜，薄壘攻賊。蔣仲梅、黄禮芳，中賊流矢並殁於陣。蕭開印催隊猛進，立踹堅壘二座，斬二百餘級，縛五十餘人。十月初一日，副後營鑿開地道一處，初二日，曾國荃中軍又鑿開地道一處，伐木作薪，堵塞洞口，賊乃無能爲矣。維時王可陞留防蕪湖之兩營，至是亦來，入濠助守。曾國荃見兵力愈厚。可決一戰，遂於初三、四等日，乘賊懾伏，進拔十數卡。初四夜三更，曾貞幹、彭毓橘、蕭孚泗，偵知西路三汊河隔岸之賊，將圖宵遁，乃整勁隊，分道並出，曾國荃亦令李臣典、朱洪章、劉連捷、劉蔚昌、武明良等徑攻東路前敵四壘，以防雨花台及南門之賊抄襲我軍之追賊者。天甫向曙，縱焚四壘，壘賊逸出，悉就誅夷。而西南諸壘中，瞭見東路火發，光燭霄半，益無固志，棄壘爭竄。適曾貞幹率黄潤昌、王廷耀步軍同楊鉀南騎隊馳至，遂由善橋追賊至板橋周村一帶，彭毓橘、蕭孚泗、張詩日、熊登武、李祥和、胡松江、張光明、周惠堂等步軍及周日昇、彭言志、朱雲章、趙三元、伍維壽等騎隊，亦追賊至南路牛首山一帶。自辰至巳，掃平賊壘數十處，擒賊近四百人，斃殿後悍賊約七千人。王可陞、楊心純、武交清、何玉貴、趙清河等軍，搜剿敗匪，直出方山之西。詎南門外雨花台兩旁留守之賊，勾結城賊齊出，大股截我歸路。幸劉連捷副後營，並長勝、嘉字、信字各營隊伍，横擊於左，易良虎、曾良佐、楊西平、羅朝雲、晏澧週各營親兵夾擊於右，賊始返奔。其在東路者，向南門繞城而遁，其在西南者，向秣陵關一路而遁。是日之戰，我軍小有傷折，而殺賊悉難以數計。此九月十三至十月初五等日連破地道，乘勝解圍之情形也。臣查蘇、浙諸賊首，大舉入寇，麇聚金陵，意圖吞噬我營，合犯上游，計甚毒狡。仰賴聖主威福，將士同心，以病餘之孱兵，當非常之凶燄。苦守力戰，時閲四十六日，以寡禦衆，出死入生，卒能挽回危機，保全大局。在事文武，實著微勞。除曾國荃、曾貞幹係臣胞弟。不敢仰邀議敍外，所有尤爲出力之按察使銜，江西卽補道劉連捷等七十三員，謹先開單，伏乞恩施，以昭激勸。其餘出力人員，並水師員弁，容臣查明，彙案奏獎。至副將倪桂等二百七員弁，均係立功後，力戰陣亡，深堪憫惻。相應另繕清單，請旨敕部分别議卹。所有金陵各營苦守四十六日，得解重圍緣由，謹會同湖廣總督臣官文、江蘇巡撫臣李鴻章，由驛六百里馳奏，伏乞皇太后皇上聖鑒訓示。謹奏。

又 卷一八《金陵軍攻克石城石壘摺同治二年五月十二日》 奏爲官軍攻破雨花台僞城及聚寶門外諸石壘，恭摺馳陳，仰祈聖鑒事。竊僞忠王李秀成自六安戰敗，率衆東竄，紛傳將回救蘇州。江蘇撫臣李鴻章函商曾國荃，囑其力攻上游，以分賊勢，無令忠酋得以全力援蘇。曾國荃以忠賊回援蘇州，固屬可慮，卽直犯揚州裏下河，尤爲可虞。計莫如急爭金陵老巢，以攻其所必救。使城中之賊，不暇遠趨蘇郡，而北岸之賊亦不敢專注揚州。乃於四月二十七日，宣諭各軍，多備攻具，先登者上賞，退後者必誅。漏甫二下，齊隊出濠。六路並進，每路以一營爲前鋒，兩營爲策應。令李臣典、趙三元、武交清等專攻雨花台石城。趙清河、黄東南攻聚寶門外南卡石壘。晏澧周、易春光攻西卡石壘。何玉貴、張詩日、楊西平攻東卡石壘。又令陳湜率李定元、朱文光、羅景集等出中路應之。蕭孚泗率蕭致祥、李泰山、胡松江等出右路應之。易良虎、禹志漣等出左路應之。前鋒各營，於三更時匍伏蛇行，偷近石城、石壘，束草填濠，架梯欲上。賊遽驚覺，燃礮外擊。我勇中礮而踣者五人，衆勇辟易，李臣典立斬二卒，搴旗直前，軍中無敢少後者。羣以火箭、火毬盤空飛擲，悉入石城。天漸嚮明，趙三元率中軍親兵，從礮臺下蟻附而升。李臣典、武交清各率部卒從中、右兩路肉薄齊登。維時敵樓火發，賊方爭相奔救，不料煙霾中人聲鼎沸，亂鋒交下，我軍已奪僞城一座。該處地高勢險，俯瞰東卡、西卡、南卡，九石壘歷歷在目。旋見趙清河、黄東南、晏澧週、何玉貴等乘勢猛擊，平毀數壘，餘卽棄壘竄遁。蕭孚泗、易良虎、陳湜縱軍圍剿，將賊追過長王橋，蹙偪入水者無數。曾國荃以雨花台地段遼闊，近接城關，賊必與我爭此要害，乃抽四營，駐守石城，增修六新壘，以接各舊營之氣，並調集後路各營以待之。未幾，城賊出大股，潛匿附郭屋舍中以誘敵。各軍蓄鋭不發，俟賊少懈，突出奮擊。蕭孚泗、陳湜、易良虎扼其前，趙三元、趙清河、黄東南、晏澧週、易春光、伍維壽等截其後。賊不得逞，遂繞雨花台乘我新營未定，悉鋭猛攻，抵死不退。李臣典、趙三元、武交清、張詩日等，督隊馳援。黄潤昌、成東昂等亦引軍來助。搏鬬移時，賊乃負創入城。是役也，俘執逾二百名，殲戮近六千人，奪獲礮械尤多，軍士亦小有傷折。臣查雨花台及金陵南門外各石壘，據險雄峙，屏蔽城垣，昔年和春、張國樑等屢攻未下。茲賴聖主威福，諸將同心，克此堅壘，不特可分蘇揚之賊勢，亦於逼剿金陵深有裨益。此次首先登壘，戰功最著之提督銜記名總兵李臣典，請交軍機處記名，遇有提督缺出，請旨簡放。記名總兵晏澧週，請簡授總兵實缺，並賞加提督銜。副將趙三元、武交清、趙清河、何玉貴、黄東南、伍維壽，均請交軍機處記名，遇有總兵缺出，請旨簡放。其餘出力人員，可否附於巢、含、和案內，容臣開單保奏，出自恩施。陣亡各員弁，查明另案請卹。所有官軍攻克雨花台等處石城、石壘緣由，謹會同大學士湖廣督臣官文、江蘇撫臣李鴻章，由驛五百里具奏，伏乞皇太后、皇上聖鑒訓示。謹奏。

又　卷一九《金陵軍攻克上方橋江東橋石壘摺同治二年八月二十七日》　奏爲金陵陸師擊賊屢勝，將上方橋、江東橋諸堅壘一律毀平，恭摺馳陳，仰祈聖鑒事。竊本年七月初間，官軍在金陵城外堵剿獲勝，併克印子山賊巢，業經浙江撫臣曾國荃會報戰狀在案。自昔年賊據金陵，逆酋楊秀清布署最密。城外如九洑洲、七里洲、中關、下關、雨花台、紫金山、秣陵關、東江橋、上方橋等處，類皆築壘如城，掘濠如江，爲堅不可拔之基。曾國荃一軍今年攻克數處，聲威頗震。又以江東橋爲西南隅要隘，飭陳湜督軍圖之。上方橋爲東南嵎糧路，飭蕭慶衍進兵圖之。七月二十日，蕭慶衍率七營出印子山之東，偪賊壘而下寨。城賊與七甕橋之賊，竭力來爭。曾國荃令蕭孚泗、張詩日、李成典等分隊堵禦，俾蕭慶衍牆濠逾時而成。二十二日，派李祥和、淩有和等滾營而進，更紮蕭慶衍新壘之前。賊擁衆猛撲，我軍力擊卻之。壘成後，舁巨礮晝夜環轟，賊爲堅壁不出者數日。曾國荃於二十九日潛遣熊登武、胡松江、陳壽武等繞過上方橋五里許，搶築六小營，以截賊後。賊懼糧路阻絶，乃糾數大枝，悉鋭來撲。蕭孚泗、李成典等麾軍迎戰，小有擒斬。伍維壽、周日昇復以騎隊從石路遠來包鈔，賊始駭潰。合軍追及秣陵關，破十餘卡，盡奪河下賊船，而河西之接濟斷矣。蕭慶衍知壘賊計窮，傳令郭鵬程、蕭恆書等營，會合李祥和所部，於夜半時，各負秫桿，擁至海邊，競拔地鍼，大呼猛進。比賊驚覺，前鋒軍士半已躍入壘中。曙色朦朧，各軍抽刃環追，悉殲羣醜，罕有脱者。此七月三十日，攻毀上方橋河西堅壘之情形也。其江東橋一路，石壘高峙，環繞木城，外隔水二道，賊以有險可倚，負固拒守。陳湜率吉、後兩營，及平字、盛字、恭字三營，設法進攻，數月不下。阮明德等力戰死之。陳湜積憤填臆，乃置攻具，建浮橋，將制死於敵人，而諸將未之喻也。八月十一夜，風霾蔽月，咫尺莫辨。陳湜選鋭卒數百，涉流而渡，潛匿壘下。特製絶大噴筒，望空飛擲。賊方驚眩不已，陳必友、朱載武等已衝過浮橋，徑拔花籬。晏公山、劉定發從右路鈔出壘後，吳隆海、陳汝俊從左路鈔至旱西門。陳湜旋督大隊繼進，賊恃牆堅礮利，連環轟擊。我軍所挾藥筒爲該逆素所未見，焚及木城。朱載武、滕壽春引死士肉薄齊登，先登者負傷輒蹶。陳湜率吳隆海、陳汝俊抽刀壓陣，士卒不敢卻顧，有緣梯而上者，有向礮眼中蛇行而入者，賊皆惶遽失措，奪路爭竄。次日昧爽，遂拔石壘，並將衆壘一鼓下之。而城中出援之賊，適遇蕭孚泗、張詩日、黄潤昌、羅逢元、趙三元各營隊伍自賽拱橋突出搏鬬，移時受創而遁。此八月十二日攻克江東橋各壘之情形也。臣查上方橋、江東橋均佔有形勢，經諸將士悉力攻克，俟上游軍事稍松，大集新舊各軍，徐圖合圍，較有把握。此次出力人員，可否附於克復雨花台案內酌請獎敍之處，出自聖恩。陣亡員弁，俟彙案開單請卹。所有金陵各軍攻破上方橋、江東橋兩隘緣由，謹會同大學士湖廣督臣官文、江蘇撫臣李鴻章、浙江撫臣曾國荃，由驛五百里具奏，伏乞皇太后、皇上聖鑒訓示。謹奏。

又　《金陵軍疊克八隘並復秣陵關摺同治二年十月十二日》　奏爲金陵陸師疊克東南沿河八隘，并復秣陵關僞城，恭摺馳陳，仰祈聖鑒事。竊本年八月間，官軍攻克江東橋、上方橋後，金陵城東尚有數隘未下，夾河而壘，戒備甚嚴。近城者，曰中和橋、曰雙橋門、曰七甕橋。稍遠者，曰方山、土山，曰上方門、高橋門。以南則爲秣陵關以至於博望鎮，亦金陵之外輔也。曾國荃以東路未平，不能制城賊之死命，遂令蕭慶衍、彭毓橘、蕭孚泗等擇小河紆曲之處架橋結筏，謀分隊伍東渡立營。詎賊已先據河東，築數壘以拒我。蕭慶衍疊用巨礟隔河迎擊，旋於九月十八日，派朱吉玉、李祥和更在西岸上下游各修三營，爲進兵之計。賊復列洋鎗數千枝，於堤埂下與我軍盡力對轟，相持不下者兩日夜。二十日四更時，李祥和、王仁益、蕭開印、吳次漢等率鋭卒從下游過河，蕭慶衍率朱吉玉、劉長槐等營從上游過河，破五土壘，殲賊頗重。俄而城賊壘賊，蜂擁來爭。蕭慶衍一面搶築營寨，一面麾軍環進，挫賊前鋒，逾時卻走，而東岸之營壘已成。二十二日，賊又諸道并出，鋭不可當。陳湜、彭毓橘、蕭孚泗會督趙三元、武交清駐兵其中，使雙橋門以東不能通城賊之氣。蕭慶衍更率所部各營徑取中路，戰入垓心。曾輝日、王棲鳳、蕭有致等死之。各將士憤甚，相排競進，賊乃靡然返竄。蕭慶衍以騎隊邀斷歸路，遂克上方門、高橋門、雙橋門諸石壘，而右路方山、土山之賊，經熊登武、胡松江、陳壽武等分道馳剿，亦各棄壘而奔。於是七甕橋踞賊惶遽欲遁。蕭孚泗、彭毓橘帶熊登武等八營，扼定東岸之左，李臣典帶吳宗國等五營遮擊西岸之前。正謀前後合圍，一鼓并下，城中忽出大股，抵死來援，兩軍相搏。張毓明、劉開傳、章盛南、蔡典隆、羅得升、喻得輝等又死之。蕭孚泗、彭毓橘急督各軍擊退援賊，仍復偪壘環攻，至二十四夜，令死士潛往縱火，賊衆冒煙突出，乃克斯壘，屠戮無算。此九月十七至二十四等日，連克上方、高橋門、雙橋門、土山、方山、七甕橋二十餘壘之情形也。方山以南爲秣陵關，關以南則爲博望之鎮。賊在該鎮設卡者二，築壘者七，上可以應水陽，而旁可以控金柱關。守關者爲朱南桂，亦曾國荃之部將也。九月十八日，聞鮑超等軍將有事於水陽，朱南桂卽會約朱洪章、武明良等五營進次小丹陽，潛察形勢，議襲博望鎮，使不能爲水陽之援。夜漏四下，朱南桂率黎冠湘等銜枚疾進，以武明良爲右翼，朱洪章等爲左翼。十九日昧爽，各軍前鋒齊抵博望卡下，卡賊負固死守，鎗礟横飛，猝不得近。朱洪章俟賊少懈，舁巨礟至左卡，一發而殪數賊。武明良又用火箭攢射，燔及右卡哨棚，羣賊駭懼，撲火爭竄。我軍正乘勢殺入，燬其堅卡，而壘中之賊傾巢驟至。朱南桂往來猛撲，未能略挫其鋒。朱洪章、武明良陰率哨勇繞出頭關壘，踰牆而登。賊聞後路人聲若沸，返顧羣壘已易官軍旗幟，錯愕不知所爲。朱南桂等遂縱兵夾剿，驅賊至長流觜地方，墮河而溺者强半。乃引軍回駐博望，奪獲米穀近二千石。此九月十九日，金柱關防軍攻破博望鎮二卡七壘之情形也。曾國荃以博望既得，則秣陵之勢孤，七甕橋既得，則中和橋之勢孤。二十五日，派趙三元、伍維壽共帶馬步九營，南略秣陵關。又派陳湜、黄潤昌分帶八營出七甕橋之西，與熊登武、胡松江等會師於中和橋，一戰克之。而秣陵關之賊見我馬步馳至，卽棄釜奔潰。各營追及河干，深不可涉，僅斬尾股二百餘人而還。自是紫金山西南無一賊巢矣。二十七日，曾國荃親督蕭慶衍、蕭孚泗、彭毓橘、李臣典、陳湜等往勘孝陵衛地勢，將欲移駐分營，賊自朝陽門、太平兩門突出二枝，前來搦戰。蕭慶衍、陳湜率所部各當一路，蕭孚泗、李臣典率所部傍城鈔入，鏖戰方酣，俄有一酋指麾督陣，曾國荃知爲巨目，乃匿洋鎗隊於山麓，伺其近而擊之。該酋中槍墜馬，賊陣遽亂，有敗往城中者，有不及回城轉向淳化鎮大路而逸者。蕭慶衍、陳湜等率騎兵追至三十里外，俘執百數十人。訊據供稱，中鎗之酋偽護王陳坤書也。章、順二偽王仍退入城，殆不敢復出矣。此二十五至二十七日，疊克中和橋、秣陵關及大戰城下獲勝之情形也。

臣查金陵一城，面面布置，據有重險，爲洪逆堅不可拔之基。自克九洑洲、江東橋數隘，而西南一面已爲我有。茲又克七甕橋、秣陵關等隘，而東南一面並爲我有。現令蕭慶衍全隊進紮孝陵衛，經營城北，漸成合圍之局。此次出力人員，應俟續立功績，彙案請獎。其力戰陣亡人員，俟查明另行開單請卹。所有金陵一軍疊克要隘緣由，謹會同大學士湖廣督臣官文、江蘇撫臣李鴻章、浙江撫臣曾國荃由驛五百里具奏，伏乞皇太后、皇上聖鑑訓示。謹奏。

又　卷二〇《金陵克復全股悍賊盡數殲滅摺同治三年六月二十三日》

奏爲克復金陵，全股悍賊盡數殲滅，恭報詳細情形，仰祈聖鑑事。竊照官軍攻克金陵，業經浙江撫臣曾國荃已將大概情形，於十六日亥刻會同臣等馳奏在案。茲據曾國荃十九日咨稱，此次攻城剿洗老巢之難，與悍賊拚死鏖戰之苦，實爲久歷戎行者所未見。自得天堡城後，城中防守益密，地堡城扼住去路，百計環攻，無隙可乘，直至五月三十日，始經李祥和、羅逢源、王遠和、黄潤昌、陳壽武、熊上珍、王仕益等率隊攻克，占取龍脖子山陰，居高臨下，勢在掌握。自六月初一日起，各營輪流苦攻，傷亡極多。李臣典偵知城内米麥尚足支持數月，又見我軍地道三十餘穴都已無成，官軍五萬餘人筋力將疲，若不趁此攻克，事久變生，深爲可懼。李臣典願率吳宗國等從賊礮最密之處重開地道，蕭孚泗、黄潤昌、熊登武、王遠和願距城十數丈修築礮臺數十座，通派各營隊伍刈割溼蘆蒿草堆綑山積，上覆沙土。左路地勢甚高，利於聲攻，右路地勢極低，利於潛攻，如是者半月，未曾一刻稍休，肉簿相逼，損傷精鋭不可勝數。總兵陳萬勝、王紹義、郭鵬程等素稱驍將，數日之内，次第陣亡，尤堪憫惻。十五夜四更，地道裝藥之時，曾國荃與李臣典正在洞口籌商一切，忠酋李秀成突出死黨數百人，由太平門傍城根直犯地道大壘；别從朝陽門東角出數百人，裝官軍號衣，持火彈延燒各礮壘及附近濕蘆蒿草。官軍久勞之後，夜深幾爲所乘，賴伍維壽、李臣典、黄廷爵、張詩日堵住左路，斃賊無算；彭毓橘、熊上珍、陶立忠等堵殺右路，擒斬亦多，幸克保全洞口。十六早嚮明，曾國荃將四路隊伍調齊，預飭各軍穩踮牆濠，嚴防沖突，惟將太平門、龍脖子一帶自黎明攻至午刻，李臣典報地道封築口門安放引線，曾國荃懸不貲之賞，嚴退後之誅，劉連捷、朱洪章、武明良、伍維壽、熊登武、陳壽武、李臣典、張詩日，各率營官席地敬聽，願具軍令狀，誓死報國。遂傳令卽刻發火，霹靂一聲，揭開城垣二十餘丈，煙塵蔽空，磚石滿谷。武明良、伍維壽、朱洪章、譚國泰、劉連捷、張詩日、沈鴻賓、羅雨春、李臣典等皆身先士卒，直衝倒口而入，各弁勇蟻附齊進，鋭不可當。而左路城頭之賊，以火藥傾盆燒我士卒，死者甚衆，大隊因之稍卻。經彭毓橘、蕭孚泗、李祥和、蕭慶衍、蕭開印等以大刀手刃數人，由是弁勇無一人敢退者。而武明良、伍維壽、朱洪章、劉連捷、譚國泰、張詩日等各率隊伍登龍廣山，與右路太平門之賊排列轟擊，移時賊乃卻退。李祥和、王仕益從太平門月城攻入。羣賊已知此次地道缺口，不復似前次之可以堵禦矣。維時，官軍分四路剿擊：王遠和、王仕益、朱洪章、羅雨春、沈鴻賓、黄潤昌、熊上珍等進擊中路，力攻僞天王府之北。劉連捷、張詩日、譚國泰、崔文田等進擊右路，由臺城趨神策門一帶，適遇朱南桂、朱惟堂、梁美材等亦率隊從神策門地道之旁梯攻而入，相與會合齊進，兵力益厚，直鏖戰至獅子山，奪取儀鳳門。其中左一路，則有彭毓橘率羅朝雲、趙清河、黄東南與武明良、武明善、武義山等由内城舊址直擊至通濟門。左路則有蕭孚泗、熊登武、蕭慶衍、蕭開印率同蕭致祥、周恆禮、李泰山、蕭清世、蕭恆書、朱吉玉、趙太和、劉長槐、蕭上林等分途奪取朝陽、洪武二門，城上守陴、城門守樓之賊及附近一帶賊隊，悉被殺戮。其抄截疾馳，各路同一神速；其留兵置守，各門同一布置。此十六日地道成功、城中鏖戰及東北兩路抄剿之情形也。方我軍大隊之抵龍廣山也，西南守陴之賊猶植立未動，迨奪取朝陽門，賊始亂次。而羅逢源、張定魁、彭椿年、張光明、楊西平、何鳴高、彭光友、熊紹濂、羅興祥、葉必信等各率所部，從聚寶門之西舊地道缺口仰攻而入，李金洲、胡松江、朱文光、武交清、劉湘南、易孔昭、戴名山、張正榮等率隊從通濟門月城緣梯而上，而陳湜、易良虎、易良豹、龍清垣率吳隆海、張葉江、晏恭山、馮盛德、陳汝俊、劉定發各營，則猛攻旱西、水西兩門月城。僞忠王李秀成方自率死黨狂奔，將向旱西門奪路衝出，適爲陳湜大隊所阻遏，乃仍轉回清涼山。江南提督黄翼升率許雲發等水師各營攻奪中關攔江磯石壘，乘勝猛攻濱江之城，遂與陳湜、易良虎等奪取水西、旱西兩門，將守賊殲盡。由是全城各門皆破，大事已定。日色將暝，陳湜、易良虎遥見忠酋賊隊隱匿西南房屋如鱗之内，益戒所部嚴防賊衝。彭毓橘扼守聚寶門、通濟門，李臣典、李祥和扼守太平門，黄潤昌、王遠和、朱洪章等見星收隊，結爲圜陣，站立龍廣山，稍資休息。此水陸各軍攻克西南兩城及分守要隘、預防賊股衝突之情形也。方朱洪章等與賊搏戰於僞天王府城北之時，沈鴻賓、周恆禮、袁大升等率隊從左路捲旗疾趨，繞僞城之東，設伏出奇，爲擒渠掃穴之計。迨朱洪章戰馬帶傷，悍賊隱扼石橋，我軍隊伍不能飛越城河繞僞城之西，當日暮苦戰之後，正兵收隊龍廣山，而伏兵深入，由僞城之東逶迤而南，不能收隊，時已三更矣。僞忠王傳令羣賊將天王府及各僞王府同時舉火焚燒，僞宮殿火藥衝霄，煙燄滿城。袁大升、周恆禮、沈鴻賓等見僞殿前南門突出悍賊千餘人，執持軍器洋槍，向民房街巷而去，知是洪逆竄至民房，遂率隊腰截擊之，殺賊七百餘人，奪僞玉璽二方、金印一方，寬廣約七寸，卽洪酋僭用之印也。其僞宮殿侍女縊於前苑內者，不下數百人，死於城河者不下二千餘人。其時僞城火已燎原，不可嚮邇，街巷要道，賊均延燒塞衢，官軍以暮夜路徑生疏，不能巷戰，遂收隊跕城。此十六夜攻破僞天王內城、斃賊極多之情形也。是夜四更有賊一股，假裝官軍號衣號補，手持軍器洋槍，約千餘人，向太平門地道缺口衝突。經崑字、湘後、左、右各營截擊，多用火桶火彈焚燒，人馬死者已多，約尚有六七百人騎馬衝出，向孝陵衛、定林鎮一路而逃。伍維壽、楊鉀南、陶立忠等急率馬隊跟隨，曾國荃一聞騎賊裝扮官軍逃出之信，即加派張定魁、李泰山、黄萬鵬、黄廷爵等馬隊七百騎追之，並飛咨溧水、東壩、句容各守將會合追剿。直至十九日酉刻，伍維壽、黄萬鵬等回營面稟，追至純化鎮，生擒僞烈王李萬材，帶領前進追至湖熟地方，逃賊在前，當經馬隊圍住，全數斬刈，未留一人。又追至溧陽，據百姓言前路並無賊蹤經過。曾國荃親訊，李萬材供稱：『城破後，僞忠王之兄巨王、幼西王、幼南王、定王、崇王、璋王乘夜衝出，被官軍馬隊追至湖熟橋邊，將各頭目全行殺斃，更無餘孽。』又據城內各賊供稱，『首逆洪秀全實係本年五月間官軍猛攻時服毒而死，瘞於僞宮院內，立幼主洪福瑱重襲僞號。城破後，僞幼主積薪宮殿，舉火自焚』等語。應俟僞宮火熄，挖出洪秀全逆屍，查明自焚確據，續行具奏。至僞忠王李秀成一犯，城破受傷，匿於山內民房。十九夜，提督蕭孚泗親自搜出，並搜擒王次兄洪仁達。二十日，曾國荃親訊，供認不諱。應否檻送京師，抑或即在金陵正法，咨請定奪。其餘兩廣、兩湖、江北多年悍賊，十七、十八等日，曾良佐、周光正、鄧吉山、劉泰財、聶福厚、譚信高、胡克安、朱連甲、王春華、黎冠湘、彭維祥、陳萬合、朱連泗、謝三洪、李臣榮、彭玉堂、劉金蘭等分段搜殺，三日之間，斃賊共十餘萬人，秦淮長河屍首如麻。凡僞王、僞主將、天將及大小酋目約有三千餘名，死於亂軍之中者居其半，死於城河溝渠及自焚者居其半，三日夜火光不息。至十九日尚有賊踞高屋之顛以洋槍狙擊官軍者。此馬隊窮追逸出之賊及搜剿首逆並羣賊之情形也。現在派營救火，掩埋賊尸，安置難民婦女，料理善後事宜，百緒繁興。竊念金陵一軍圍攻二載有奇，前後死於疾疫者萬餘人，死於戰陣者八九千人，令人悲涕，不堪回首，仰賴皇上福威，迄今乃得收寸效等情，由曾國荃咨報前來。臣等伏查洪逆倡亂粵西，於今十有五年，竊據金陵亦十二年，流毒海內，神人共憤。我朝武功之盛超越前古，屢次削平大難，焜耀史編。然如嘉慶川楚之役，蹂躪僅及四省，淪陷不過十餘城。康熙三藩之役，蹂躪尚止十二省，淪陷亦第三百餘城。今粵匪之變，蹂躪竟及十六省，淪陷至六百餘城之多，而其中凶酋悍黨如李開方守馮官屯，林啓容守九江，葉芸來守安慶，皆堅忍不屈。此次金陵城破，十萬餘賊無一降者，至聚衆自焚而不悔，實爲古今罕見之劇寇。然卒能次第蕩平，劃除元惡，臣等深維其故，蓋由我文宗顯皇帝盛德宏謨，早裕戡亂之本。宮禁雖極儉嗇，而不惜巨餉以募戰士；名器雖極慎重，而不惜破格以獎有功；廟算雖極精密，而不惜屈己以從將帥之謀。皇太后、皇上守此三者，悉循舊章而加之，去邪彌果，求賢彌廣，用能誅除僭僞，蔚成中興之業。臣等忝竊兵符，遭逢際會，既痛我文宗不及目睹獻馘告成之日，又念生靈塗炭爲時過久，惟當始終慎勉，掃蕩餘匪，以蘇孑黎之困，而分宵旰之憂。此次應獎應卹人員，另繕清單，籲懇恩施。臣國藩拜摺後，即行馳赴金陵。李秀成、洪仁達應否獻俘，俟到金陵後察酌具奏。所有金陵克復、全股悍賊盡數殲滅緣由，謹會同陝甘總督臣楊岳斌、兵部侍郎臣彭玉麟、江蘇巡撫臣李鴻章、浙江巡撫臣曾國荃恭摺由驛六百里加緊馳奏，伏乞皇太后、皇上聖鑑訓示。謹奏。

又　卷二一《覆陳逆酋正法片同治三年七月二十日》　再，臣於七月初十日，欽奉六月二十九日寄諭：『逆首李秀成、洪仁達等，均以內地亂民，不必獻俘，第該逆等罪惡貫盈，自應檻送京師，審明後盡法懲治，以洩神人之憤。著曾國藩遴派妥員，將李秀成、洪仁達押解來京，并咨明沿途督撫，督飭地方文武多派兵役，小心護送，毋稍大意。等因。欽此。』臣於六月二十三日報捷摺內，聲明李秀成、洪仁達應否解京，俟到金陵後察酌具奏。旋於二十五日馳抵金陵，詢及李秀成權術要結，頗得民心。城破後，竄逸鄉間，鄉民憐而匿之，蕭孚泗生擒李逆之後，鄉民竟將親兵王三清捉去，殺而投諸水中，若代李逆報私忿者。李秀成既入囚籠，次日又擒僞松王陳德風到營，一見李逆，即長跪請安。臣聞此二端，惡其民心之未去，黨羽之尚堅，即決計就地正法。厥後鞫訊累日，觀者極衆。營中文武各員始則紛紛請解京師，繼則因李秀成言能收降江西、湖州各股，又紛紛請貸其一死，留爲雉媒，以招餘黨。臣則力主速殺，免致疏虞，以貽後患。遂於初六日正法，初七日録供具奏。其洪仁達一犯，雖據李秀成供在賊中暴虐專横，而如醉如癡，口稱天父不絶，無供可録。因其抱病甚重，已於初四日先行處死矣。初十日始奉將二酋解京之旨，扣算日期，臣處應於初六日接到批旨，乃驛站由安慶轉遞江寧，致遲四日之久。臣查軍機處封面及兵部火票，皆注明遞至江寧字樣，不知驛站何處錯誤，應即行文，挨站查辦。又欽奉六月二十九日諭旨：『洪秀全屍身覓獲後，判屍梟示，仍傳首被害地方，以雪衆憤。欽此。』臣於六月二十八日驗明洪逆正身，即行戮屍焚化，未將首級留傳各省，是臣識見不到之咎。欽奉諭旨訓示，不勝惶悚。至軍機處交片，查取僞玉璽二顆、金印一顆，臣於十六日專差齎送謝恩摺件，并將三印附送軍機處矣。理合附片覆奏，伏乞皇太后、皇上聖鑒。謹奏。

清·黎庶昌《曾文正公年譜》卷七 （咸豐十一年）正月，公在祁門營。初六日，賊由石埭縣分二股：一由大洪嶺竄入；一由大赤嶺竄入，直趨祁門。公老營單薄，人心震恐，居民驚走。初七日，提督江長貴擊賊於大洪嶺，卻之。初八日，公派唐義訓、朱品隆，出隊擊賊於歷口，破之。追剿出嶺，外賊之内犯者殲焉。賊之在祁門東路者，竄擾江西之玉山、鉛山，攻撲廣信府，内犯撫、建境。公札飭劉于潯防守撫州，黄鳴珂守建昌，魏喻義防守南昌省城，左公宗棠軍仍駐景德鎮防剿婺源之賊。

（二月）初九日，張運蘭、唐義訓、朱品隆等擊上溪口賊壘，破之。進攻休寧，十一日，收復休寧縣城。胡公林翼移營太湖，合圍安慶。賊酋陳玉成糾皖北大股犯霍山，總兵余際昌全軍敗潰，賊遂陷英山縣，直趨湖北之蘄水，撲黄州府，陷之。分陷德安、隨州，武漢戒嚴。李公續宜奉旨授安徽巡撫，率軍回援鄂省。

二十三日，賊由櫸根嶺竄入箬坑，撲副將沈寶成之營於歷口；其北路一股由禾戍嶺竄入，分擾各嶺路。二十四日，提督江長貴擊北路犯嶺之賊，卻之。二十五日，朱品隆援歷口。二十六日，會剿箬坑之賊，破之。左公宗棠由景德鎮移軍進剿婺源竄賊，分軍剿樂平竄賊，皆獲勝。賊大股繼至，左公駐軍樂平之境。三十日，賊竄犯景德鎮，總兵陳威肅公大富陣亡，全軍挫潰。公所設轉運糧台在景德鎮者，水師救護以免。是月，公於祁門修築碉堡，設局督工。公每日親出巡視，數旬而工畢。三月初二日，公由祁門拔營。初三日，駐休寧，調張運蘭、唐義訓等軍九千人，集於休寧，分兩路進攻徽州。初五日，唐義訓軍進攻失利而潰。維時景鎮既失，祁、黟、休寧三縣四面皆賊。米糧接濟已斷，公軍有坐困之勢。公商之各軍統領營官，擬再力攻徽州，以圖克復。函致左公宗棠、鮑公超，令其夾攻景鎮。十二日，公督各軍進攻徽州，不克。賊出迎戰，官軍敗退。夜還休寧。十三日，賊跟蹤來犯，公聞警憤甚，自書遺教二千餘言寄家，誓有進而無退，諸將力勸公回祁門，公乃飭張運蘭、朱品隆兩軍堅守休寧。十八日，公回駐祁門。左公宗棠大破賊於范家村，駐軍於樂平縣。賊由景鎮來犯，左公迭擊破之，乘勝進剿，前後六獲大捷，計殺賊逾萬人，賊乃潰走。浮梁、樂平一帶肅清，轉運道通，皖南軍氣稍伸矣。賊攻建昌、撫州兩郡，皆堅守得完。賊乃竄陷吉安府，旋經官軍收復。二十日，賊陷瑞州府城而踞之。賊酋陳玉成由鄂竄皖，連陷黄梅、宿松，以爲安慶城賊之援。二十三日，公亟調鮑超一軍渡江援剿，多隆阿公截剿援賊於桐城、懷寧之境，大破之。賊悉竄據踞集賢關。

二十六日，公由祁門拔營飭派張運蘭守休寧，朱品隆守祁門，江長貴、沈寶成等分守嶺隘，暫輟進攻之謀，爲堅守之計。公率親兵數百人以行，三十日行抵建德縣，鮑超迎見公。四月初一日，公行抵東流縣，按視鮑超霆字車營，飭催渡江會剿安慶援賊。

（初八日）賊撲安慶官軍營，楊公載福派水師助守，多隆阿公連戰破賊，賊酋陳玉成遁走。其集賢關内賊壘十三座，公弟國荃掘長壕以困之，公弟貞幹移營菱湖以扼之。鮑公超率軍攻赤崗嶺賊壘，悍賊堅守不下。胡公林翼調副將成大吉一軍助剿築礮臺，近逼賊營，日夜攻之。左公宗棠追擊賊於廣信府境，賊竄入浙江，陷金華府及所屬數城。瑞州踞賊分擾武寧、義寧、奉新、靖安等縣，竄入湖北境。五月初一日，鮑超、成大吉合攻赤崗嶺賊壘，破之，擒斬數千人。賊之由瑞州竄湖北者，分擾興國、大冶、通山、崇陽等屬。初二日，胡公林翼調成大吉一軍渡江剿之。鮑公超盡平赤崗嶺賊壘。擒斬賊目劉瑲琳。初三日，訊失律營官李金瑒、張光照，於軍前斬之。徽州之賊犯羊棧嶺，竄陷黟縣。初五日，朱品隆、江長貴等攻黟縣賊壘，破之，收復縣城。初六日張運蘭、唐義訓等擊犯嶺之賊，破之。初九日，諸軍進剿廬村賊壘，破之。十三日，徽州之賊棄城遁去。十四日，張公運蘭率軍收復徽州府城，左公宗棠派軍擊敗竄賊於鄱陽縣，賊竄入浙境。胡公林翼自太湖拔營回鄂省援剿。與公期相見於華陽鎮。公棹舟至香口候之。十五日，胡公來，會議軍政，通籌大局，留三日。時胡公已病咯血，公則癬疾大作，如官京師時。

十九日，公還東流營。左公宗棠由廣信回軍景德鎮，值池州之賊竄陷建德縣。二十二日，左公分軍擊賊，敗之，收復建德縣城。二十四日，批飭鮑超引軍擊剿宿松、黄梅之賊

（六月初一）日，公弟國荃攻菱湖兩岸賊壘，悉破平之。安慶城外賊營垂俱。福建汀州股匪竄江西境，又將竄徽州。左公宗棠由景德鎮拔營赴婺源扼剿。賊犯祁門嶺路，朱品隆擊卻之。胡公林翼回駐武昌，派成大吉等擊賊，破之，收復武昌所屬各城邑。十三日，緝獲徽防將弁黄勝林，於軍前斬之。賊酋李秀成一股，擾逼南昌省城，公調鮑超一軍，渡江由九江進剿。

二十六日，左公宗棠分軍迎剿竄賊於德興縣境，破之。賊敗竄入浙境。

（七月）十一日，湖北官軍克復德安府城。賊酋陳玉成糾大股，圍撲太湖縣，攻犯桐城圍師。多隆阿公擊卻之。公弟國荃攻安慶城外石壘，盡拔之。賊以大股來撲營，公弟國荃堅守卻之。鮑公超軍渡九江進剿。賊退出瑞州，竄豐城。二十四日，鮑超引軍追擊於豐城西北岸，大破之，擒斬逾萬人，賊由撫州東竄。二十七日，公弟國荃擊於賊援城外，破走之。二十八日，專差奏報接印日期一摺。八月初一日，公弟國荃克安慶省城，賊黨殲焉。

初三日，多隆阿公克復桐城縣。初五日，楊公載福派水師克復池州府城，楊公謁辭回籍。初七日，公舟抵安慶。初八日，公與公弟國荃、貞幹入安慶省城，巡視城垣，安撫士民，治行館廨署，搜擒降賊之知縣孫潤，於軍前斬之。多隆阿公分軍克舒城、宿松、黄梅等縣。十一日，湖北官軍克廣濟縣。旋收復蘄州、蘄水等城。十二日，水師進克銅陵縣。二十四日，湖北官軍克復黄州府城。

九月初二日，公弟國荃督軍循江北岸而下，派道員劉連捷等進軍廬江縣。總兵黄翼升以淮揚水師順流下駛。十六日，公弟國荃克泥汊口賊壘，十九日克神塘河賊壘。二十日，公弟國荃克復無爲州城。二十一日，公作《勸誡淺語十六條》，營官、僚屬、委員、紳士各四條。二十二日，查閱城上防守兵勇，巡視城堞及城外營壘。二十三日，公弟國荃克運漕鎮。二十九日，公弟國荃克東復關賊壘，前後所克城鎮，派軍扼守，乃還安慶。

十月初一日，公弟國荃還至安慶，商定增募湘勇直搗金陵之計。湖北官軍克隨州城。初三日，頒發捐輸章程，札派委員，按貲填給。札飭水師營官，嚴拿游勇，出示撫卹殉難員紳家屬。被難流亡之士民，招集復業，清釐房產爭訟。左公宗棠軍至廣信，公調鮑超一軍回皖，進軍青陽，調朱品隆、唐義訓等軍進剿石埭，規復寧國。初六日，接奉遺詔，設次大行禮。公弟國荃回湘增募湘勇六千人。

又 卷八 （同治元年二月）十五日，公弟國荃至安慶，所募湘勇以次集於皖境。二十四日，公弟國荃啓行督軍沿江岸進剿。

（三月）十三日，公弟貞幹破賊於荻港、舊縣、三山夾等處，賊壘皆平。

是月，金陵賊黨渡江北竄，都興阿等軍擊破之。維時，公統制各軍，公弟國荃循江北岸，至於和州，公弟貞幹循江南，岸至於南陵，彭公玉麟泝水軍中江而下，助剿兩岸，是爲直搗金陵之師。二十日，公弟國荃引軍渡江南岸，會合水陸各軍，克太平府城。二十一日，攻克金柱關、東梁山賊寨。二十二日，克復蕪湖縣城，水師進攻江岸賊壘，下抵大勝關。

（五月初三日）公弟國荃攻克大勝關、秣陵關、三汊河賊壘，會合水師攻克頭關、江心洲、蒲包洲賊壘，遂進軍金陵城外，駐營雨花臺。

（初十日）公弟國荃破賊于六郎橋。

（六月初六日）公弟國荃擊援賊，卻之。初十日，金陵大營營官張壯勇公勝禄，擊賊陣亡。

十六日，金陵賊大股撲營，公弟國荃擊退之。

（閏八月）二十日，蘇州賊大股援金陵，圍撲官軍營盤。賊結壘二百餘座，日夜環攻，公弟國荃力戰禦之。

（九月）金陵之賊環雨花臺官軍營盤，日夜猛攻，挾西洋開花礮，自空中擊下，呼聲動地。公弟國荃督軍苦守不退，面受鎗子傷，血流交頤，仍裹創巡營，以安衆心。公弟貞幹駐營江干，力戰以通餉運，大營軍火，

賴以接濟，與賊相持兼旬。初五日，擊賊破之。十二日，擊賊又破之，攻撲之勢稍衰。都興阿公派兵千八百人渡江助守。公念湘軍疾疫之餘，繼以大股逼犯，恐局勢決裂，日夕旁皇寢不安席者數旬。而江西協餉多掣肘，公益憂之。十八日，水陸軍合擊賊於金柱關，大破之。二十一日，連擊破之，燬賊船幾盡。金陵之賊開地道，用火藥轟官軍壘壁，公弟國荃力戰拒破之，令軍士於營內掘隧以迎之，賊不得逞。李世忠攻賊於九洑洲，稟請分兵援金陵，公批札止之。十月初五日，公弟國荃擊賊大破之，俘斬數萬。自閏月二十日以後，賊三十餘萬圍撲營盤百計攻轟。公弟國荃苦守四十六日，至是大捷，賊乃解圍竄江北。

又　卷九　（同治二年四月二十七日）公弟國荃攻破雨花臺賊壘，及金陵南門外石壘，共十座，皆堅壘也。調彭毓橋一軍回金陵大營。

五月初三日，易開俊擊賊於涇縣，破之。初五日，江北之賊由九洑洲渡江而南，公調成大吉、周寬世兩軍，進援壽州；調李朝斌領水師赴上海，騰出黃翼升水軍泝江入淮以爲臨淮官軍之助。初七日，李榕軍援剿湖口縣。初十日，李朝斌水師東下浦口，扼截渡江之賊，賊大半不能渡。楊公岳斌以水師入浦口，收復江浦縣城。鮑公超、劉連捷等陸軍沿江追剿，與水師夾擊賊之未渡者殲焉，伏尸數萬，江北肅清。

十三日，公弟國荃、楊公岳斌、彭公玉麟水陸會克下關、草鞵夾、燕子磯賊壘。李朝斌、成發翔、劉連捷等軍攻九洑洲賊壘，力戰大破之。殺賊二萬人。弁勇傷亡者亦二千人。十五日，攻克九洑洲江面，賊䑸淨盡。鮑公超等陸軍渡江，會攻金陵。公自奉肅清江面之旨，創造舟師，至是十載，全功乃竟。長江上下，一律肅清。公由安慶發銀一萬兩，犒賞是役將卒。蕪湖陸軍吳坤修等擊賊破之，進收金寶圩。易開俊、劉松山擊賊於涇縣，連破之。十八日，公弟國荃攻長干橋賊壘，破之。二十三日，朱品隆擊賊於青陽，連破之。二十六日，劉典、王文瑞會江西官軍擊賊於陶溪渡，破之。景德鎮、鄱陽縣肅清，賊併歸湖口。

（六月初二日）鮑公超攻鍾山賊壘，破之，回駐江干。軍人多病未能進剿。

（七月）初八日，公弟國荃克印子山賊壘。三十日，公弟國荃攻上方橋賊壘，克之。

（八月十二日）公弟國荃攻江東橋賊壘，克之。

（九月）十九日公弟國荃分軍克博望鎮賊壘，盡平之。二十四日，公弟國荃攻克上方門、高橋門、土山、方山、七甕橋等處賊壘。凡二十餘座。二十五日，進克中和橋賊壘。

（二十七日）公弟國荃克秣陵關僞城，於是金陵西南、東南兩面往來之路已斷，官軍漸以合圍。

（十月）初六日，公弟國荃攻金陵城東賊卡五處、賊壘二十餘座，悉破平之。

十五日，公弟國荃領蕭慶衍等軍扼紮孝陵衛。

十一月初五日，金陵官軍治地道轟城，未克。

十三日，金陵城賊出撲營，公弟國荃擊破之。十六日，賊於城外修營壘，又擊破之。

（同治三年正月）二十一日，公弟國荃攻克鍾山石壘，僞號天保城。遂調派各軍，分扼太平門、神策門，城圍乃合。

（四月）逆首洪秀全於二十七日服毒自斃，李秀成立其子福瑱，堅守金陵，秘不發喪，雖城中賊亦不知也。

（五月）鮑公超軍由蕪湖拔營，上援江西。楊公岳斌領水師陸軍共萬人，援江西。初十日，來安慶見公，旋赴江西督剿。公派提督黃翼升接領水軍，扼攻金陵。

三十日，公弟國荃攻克龍膊子山陰堅壘，僞號地堡城，遂督軍日夜環攻，不少休息。

（六月）十六日，金陵官軍治地道成，轟陷城垣二十餘丈，公弟國荃督領將弁，衝殺入城，圍攻僞宮城。即日由驛八百里馳報金陵克復大概情形。是夜攻克內城，搜殺三日夜。十九日，擒賊酋李秀成、洪仁達，賊黨死者十餘萬人。公聞捷後，喜極而悲者，良久，乃已。

二十五日，抵金陵大營，見諸將領慰勞之。親訊賊酋李秀成，札委員弁，訪求咸豐三年城陷時，殉難員紳遺骨。二十七日，公巡視金陵城垣地道攻入之處，按行城外各軍營壘。二十八日，軍士得洪秀全逆屍，舁之江干，公親驗而焚之。

清・樗園退叟《盾鼻隨聞録》卷一《粵寇紀略》　粵匪詭託邪教以惑衆，不軌之志芽蘖已久；官斯土者惜無先發制人之術，坐失事機。鄭中丞優柔寡斷，終日喃喃誦佛號，身任封疆，昧於除暴安良之策，縱虎出柙，荼毒生靈億萬計。李星沅叱罵鎮將，鞭撻員弁，午後既沈醉偃臥，不見一人；遂至士卒離心，鄉勇萬餘同時散去，粵人至今唾罵。賽中堂老成重望，兵事非其所長；以致賊氛愈熾，殆亦劫運將臨，有非人力所能挽回云。

傳聞賽中堂之出師也，朝士有進計者曰：『粵西地土磽瘠，糧米多取給於湖南；今賊已蔓延，宜將重兵駐紮衡州府，控制險要，分派衆將，扼守交界地方，毋使一賊逸出，勢不能驅數萬烏合之衆枵腹而爲賊也。釜魚穽獸，指日可盡。倘突入楚境，長江七千里，竄遊上下，飄忽往來，東南數省無安枕矣。』時有粵西人許祥光廉使需次在京，亦持是説。并聞大臣中有諄諄力勸者。賽中堂急欲竣事，遂使良謀不用，惜哉！

又　卷二《楚寇紀略》　粵匪竄入湖南，攻圍衡、永兩府俱不克，既欲退回廣西，使無何見機之迎賊，不特全楚不遭荼毒，即東南數省均安衽席矣。餘杭姚憲之輯有《粵匪滋擾南北紀略》一書，敍事頗爲詳悉，内有『楊秀清遣賊目陶八郎率同從逆貢生何見機、偽把總翁占魁，帶領萬餘人，溯皖江而上，復陷九江府』等語。江夏周志復著有《楚南被難記》一書，内云：『賊因編修何紹基家呈獻《皇輿一統全圖》八幅，得知山川險要，道途遠近，洪逆挑取道州女子百餘人充僞妃嬪，何家女子被選者甚多』等語。何姓獻城罹禍，見於各記載者大略相同，罪由自取，悔之晚矣。傳聞道州何氏之先有何志儀者，幼係湖北陳扶昇家之孌僮，其妻周氏，本漢口妓女，亦獲寵於主，因而有娠。陳氏乃黄州巨族，葬獲吉壤，血脈所遺，遂至貴顯，湖南人談之甚悉，長沙貴中孚曾識其事於《勸善書》中，近人《勸戒録》内亦詳述之，明指其地，姑隱其姓耳。

又　卷三《兩江紀略》　江寧爲前朝舊都，襟山帶河，地勢雄壯，城郭高固。康熙辛丑，海逆鄭成功以精甲十七萬，攻圍匝月，總督郎廷佐背城一戰，抄本郎廷佐下有提督管效忠將軍喀喀木、總兵梁化鳳等。掃蕩妖氛，豐功偉烈，前事可師，況粵匪烏合裹脅，迥非鄭氏比，陸建瀛素有能名，任兩江總督時，整飭鹽弊，堵塞決口，頗著勞績，亦近日大吏中之錚錚者；何至前軍一敗，鼠竄狼奔，名城失陷，萬家塗炭。或云：建瀛籍隸湖南，有道州從逆貢生何見機獻計，抄本作【略】獻計，將其壻女誘入軍中，逼令寫信，詭稱【略】云云。詭稱假道赴浙，不犯兩江地界，建瀛驚惶之際，墮其狡計，撤兵退回，賊兵踵至，後悔無及。或云：建瀛善占六壬課，得大吉之象，抄本作大凶之象，急欲引避。以爲城必無防。甚有云建瀛實未死者。後尋獲屍骸，竊出城外，向提督親往驗視，置棺成殮，浮言始息。雖云城亡與亡，以視江中丞之身經百戰，盡忠致命者，真霄壤矣。

又　卷四《豫寇紀略》　賊自安徽竄河南，破歸德，圍開封，所過州縣望風奔潰，大河南北無堅城矣。倘倍道疾馳，兼程北竄，各處重兵徵調不及，畿輔重地，必致驚惶莫措，難堪設想。余裘二君力守孤城，賊十餘萬衆，羈留城下者五十八日，抄本作五十六日。俾得從容布置，守備嚴密，各路勁兵陸續調至，有備無患，克奏膚功。始知懷慶一城所關極大，抄本下有稱許勝閣學數行。余、裘二君身不下城者逾月，幸而獲全，厥功甚偉而反不滿於諸大帥之意，天下事大抵如此，何足怪哉？

清・鄧瑶《江忠烈公遺集》卷一《答劉霞仙書》　逆匪自滋事以來蔓延兩省，展轉兩年，非賊衆而我寡，賊强而我弱也，其弊在兵不用命，將不知兵，兵與將不相習，將與將又各不相下，遂至潰爛不可收拾，至於如此。今年六月，賊至桂平新墟時，忠源方在烏都護幕中，力主圍賊之議，都護深韙其言，因諸將各懷意見，其後遂有官府之敗。自賊據永安，以東路空虚，爲都護作書請兵，十上而説不行，遂有古東之敗。賊自桂林竄出，致陷全州，忠源先軍橋頭，堵其西竄新寧之陸路，並釘塞河道，斷其北竄零陵之水路，請於河東紮營以爲合力攻剿之計，時都護因傷不起，向軍門臥病未來，諸將無所統紀，互相推諉。賊來，從河東小路竄出，鏖戰兩晝夜，奪獲賊船三百餘隻，賊之精悍若無幾矣。斯時吾楚若稍有防堵，前後夾攻，何難聚而殲旃。乃自入永州境，土匪之迎降，會匪之入黨，日以千計，而地方之文武又皆望風先逃，一至道州，勢遂復熾。惟時和鎮軍初統諸軍，忠源與之熟商，冀其可以集事，因諸將不用命，以致江華、永明相繼失守。迨賊至七里江竄走，定議以萬一千人攔頭，九千人追尾，無奈攔頭之師遲延不進，而所過州縣又皆開門揖盜，無能守住一二刻以待追兵之至者。自嘉禾以至桂陽、郴州，賊皆入無人之境。賊又知我兵之不能攔頭也，而以後隊敵追兵，以前隊攻城池，由是，而永興、安仁、攸、醴一帶遂不保，且漸漸逼近省垣矣。

清·李瀚章《曾文正公全集·書札》卷二《與王璞山》 省城兩次兵噪，執旗吹號，出隊開仗，皆以兵勇不和之故。七月廿四，臨、莊諸君遇難，亦以鎮篁、雲貴兵見賊逃潰，危敗不救，遂致斯痛。蓋近世之兵，孱怯極矣，而偏善妒功忌能，懦於禦賊而勇於擾民，仁心以媚殺己之逆賊，而很心以仇勝己之兵勇。

其仇勇也，又更勝於仇兵。曩者已酉新寧李沅發之變，鄉勇一躍登城，將攻破矣，諸兵以鳥鎗擊勇墜死，遂不能入。近者兵丁殺害壯勇之案，尤層見疊出，且無論其公相仇殺，既各勇與賊事殷之際，而各兵一不相救，此區區之勇，欲求成功，其可得耶？不特勇也，既兵與兵相遇，豈聞有此營已敗，而彼營冒險往救者乎？豈聞有此軍餓死，而彼營冒險往救者乎？豈聞有此軍餓死，而彼軍肯分一粒往哺者乎？僕之愚見，以爲今日將欲滅賊，必先諸將一心，萬衆一氣，而後可以言戰。而以今日營伍之習氣，與今日調遣之成法，雖聖者不能使之一心一氣，自非別樹一幟，改弦更張，斷不能辦此賊也。鄙意欲練鄉勇萬人，概求吾黨質直而曉軍事之君子，將之以忠義之氣爲主，而輔之以訓練之勤，相激相劘，以庶幾於所謂諸將一心，萬衆一氣者，或可馳驅中原，漸望澄清。

又 卷三《討粵匪檄》 爲傳檄事：逆賊洪秀全、楊秀清稱亂以來，於今五年矣。荼毒生靈數百餘萬，蹂躪州縣五千餘里，所過之境，船隻無論大小，人民無論貧富，一概搶掠罄盡，寸草不留。其擄入賊中者，剝取衣服，搜括銀錢，銀滿五兩而不獻賊者，卽行斬首。男子日給米一合，驅之臨陣向前，驅之築城濬濠。婦人日給米一合，驅之登陴守夜，驅之運米挑煤。婦女而不肯解脚者，則立斬其足以示衆婦。船戶而陰謀逃歸者，則倒抬其屍以示衆船。粵匪自處於安富尊榮，而視我兩湖三江被脅之人，曾犬豕牛馬之不若，此其殘忍慘酷，凡有血氣者，未有聞之而不痛憾者也。自唐虞三代以來，歷世聖人扶持名教，敦敍人倫，君臣、父子、上下、尊卑，秩然如冠履之不可倒置。粵匪竊外夷之緒，崇天主之教，自其僞君僞相下逮兵卒賤役，皆以兄弟稱之，謂惟天可稱父，此外凡民之父皆兄弟也，凡民之母皆姊妹也。農不能自耕以納賦，而謂田皆天主之田，商不能自賈以取息，而謂貨皆天主之貨，士不能誦孔子之經，而別有所謂耶穌之説、《新約》之書，舉中國數千年禮義人倫詩書典則，一旦掃地蕩盡，此豈獨我大清之變，乃開闢以來名教之奇變，我孔子、孟子之所以痛哭于九原，凡讀書識字者，又烏可袖手安坐，不思一爲之所也。

清·李汝昭《鏡山野史》 道光三十年庚戌崩，改明年辛亥爲咸豐元年，至此位傳七主，代代賢王，統一中華咸歌德洽。可恨者君明臣不良，官貪民不安，最貪者惟府縣兩官，近於臨民，便於虐民故也。每年征收粮餉，例外私設甲書，沿鄉苛索，官役分肥。每逢聽訟，未看詞紙，先查粮册，量你家資取得幾何，有錢曲可爲直，無錢是反爲非。聽訟不分曲直是非，總總問你要錢多，無錢者困受其冤，有錢者苦遭其剝，有錢無錢，都還你没有好處。縣曲不已，控府、控司、控院、控督，均批仰府，府仍轉批於縣，笙簧一板，縱有衝天翼，烏能出網羅，傷哉民爲邦本，官爲民牧，民寃莫伸，官箴安在。似此上下相蒙，理數應亂，故一時變取。

藝 文

清·樗園退叟《盾鼻隨聞録》卷八《無名氏〈獨秀峯題壁〉》 孤峯卓立聳南天，憑眺關河意惘然；四境風遒傳鼓角，萬山雲暝接烽煙。荏苒未息勞宸慮，將相無謀致凱旋。多少胸懷不平事，登高握管恨難宣。

李花落盡撲楊花，洪浪翻騰水一涯。青布旗分千隊列，紫金山險萬重遮。干戈竄擾常滋蔓，歲月因循屢及瓜。試向潯陽江上望，虎狼到處已無家。

廣西自李世德、李元發兩逆撲滅後，洪秀全接踵而起，自庚戌據抄本增四字。起在桂平金田起事，迄今已三年。抄本注在詩名之間又較此略多。

羽書飛檄蹴塵紅，瘴海鯨鯢繫聖衷。赤浪已安新屬國，紫泥重起舊元戎。孤山和靖先歸道，銘斗桓侯未奏功。太息將星沉兩地，紅羊劫運害無窮。

林文忠則徐、張軍門必祿先後病歿，廣西久有紅羊劫到之語，乃洪楊兩逆之讖。

誰道周郎善用兵？將軍小李更無名。千行坐擁心原壯，一戰逃歸膽已驚。好勇無謀花亂陣，潛軍不出柳藏營。出師未捷身先死，縱賊殃民負聖明。抄本作出師未捷飄然去。

周天爵坐鎮省城，不理軍務，李星沅聲名狼藉，信任花參將、柳都司，連戰俱敗。一夕無疾暴卒，云係吞金。

三年零雨未班師，戎事彌縫洞主知。紅粟新從天府運，黄麾喜見相公持。絕無豹略誅蠻觸，空有鴉軍振鼓鼙！如此大權歸獨攬，紅旗何日靖邊陲？

賽中堂來粤督師，調有京營勁旅。

劍影刀光列從官，重重幃幙獨盤桓。圍棋自詡爭先着，飛檄俄傳失永安。固壘深溝誇膽壯，缺斨破斧轉心寒。孤城咫寸無人近，半載遥從壁上觀。

賊從金田逸出竄入永安，官兵隔水安營，遥遥相望而已。

春風春雨又花朝，戰伐頻年壯志消。上將壇前眠永晝，游魂釜底遁中宵。封章連日誇收復，城郭無煙感寂寥。最惜桓桓稱四鎮，模糊身死答當朝。抄本作報當朝。

賊棄城去，賽中堂馳奏克復，營弁盡得優保。賊移屯大洞山，據險紮營，總兵長壽、長清、董光甲、邵鶴齡同時陣亡。

伴食名真宰相同，一籌莫展笑諸公抄本作羣公。達人知命身先退，巴客登場曲便終。望似姚崇都寂寂，才如嚴武亦庸庸。抄本亦作空空。

達都統告病，巴都統病歿，姚廉訪毫無建樹，嚴觀察亦復無能。鄒中丞才具優長，省城保全，實係一人之力。

經年旌節駐南關，團練規條到處頒。浪擲金銀招壯士，全憑蒼赤禦諸蠻。高談靜鎮全無備，臨事張皇莫濟艱。看爾腸肥兼腦滿，一腔塵俗未全刪。

各處召募團練，賊逼六塘大營，全無準備。

榕城雉堞認迴環，二百年來莫扣關。誰使雄師班馬嶺，任教羣盜聚牛山。訛言夜半聞風起，抄本作半夜。殘卒六塘帶月還。獨坐東城看癸水，讖詩應向古碑刪。

馬嶺要隘，素有兵守，忽然調去，賊遂直入，分隊在西門外牛山結營。城外尚有古碑云：癸水繞東城，永不見刀兵。今不驗矣。

角聲吹起萬山寒，賊似潮來湧巨觀。象鼻鳴雷爭擲礮，龍頭近日徧招團。誓師不少登陴哭，臨渴方知掘井難。幸有將軍天上至，抄本作天上落。葵心向日報平安。

賊在象鼻岩架礮轟城，龍殿撰勸募民團。向軍門一晝夜馳六百里，僅有親隨六騎，巳刻入城，午刻賊衆已集城下。

前驅都護走中宵，耿耿忠心答聖朝。范老兵機同甲盱，武侯心事共琴焦。偏師直搗張旗鼓，危堞高攀靜斗刁。血戰隨行三百騎，橋頭痛絕霍嫖姚。

烏都統率馬隊三百，直搗賊壘，殲賊無算，衆寡不敵，身受重傷，回營二日而歿。

火光徹夜滿城紅，抄本作滿江紅。萬瓦魚鱗一炬空，疑陣縱横參婦女，戰聲喧雜擾兒童。梯懸取月空成夢，車走轟雷未奏功。毒燄披猖開夜宴，笙歌羣集畫樓中。抄本作卻在畫樓中。

賊以婦女假裝軍士，虛張聲勢，又有童子軍，分布雲梯，用呂公車攻城。

力守危城志枕戈，抄本作共枕戈。老成深算自安和。神旗夜見翔鸞鶴，軍令宵傳肅鸛鵝。臨敵全憑巴將勇，論功應讓楚軍多。邊隅多少簪纓客，誰願承平奏凱歌？

賊衆攻圍時，城上共見神兵擁護。向軍門號令嚴明，晝夜不懈，湖北兵頗爲出力。

儒生從未讀兵書，請戰殷殷計已疏；出岫無雲虛發矢，臨江有月早回車。前驅竟許音懷我，餘子何曾勇賈余？滿目草根纏白骨，一回憑弔一欷歔。

吳方伯力勸出戰，陣亡安徽兵四百名。湖南兵勇臨陣時多與賊相問答。余軍門奉調來粤。

堂堂練局敞朱門，別有三峯屹立尊；禦寇無謀爭鼠竄，抄本作竄。持籌得抄本作有。路卽鯨吞。井蛙競約官私話，抄本作圍坐官私話。隊蟻聞羶暮夜奔，堪笑圍城剛一日，抄本作破圍剛一日。旗槍收拾渺無痕！

朱伯韓總辦團練，陳桂芳、鄒善甫、宋述之三孝廉幫辦富戶捐輸，競肆侵吞，請託不絕，門庭如市。賊至城下之日，收拾一空。據抄本增十字。

團散無須仗遠鄉，省垣門戶慎隄防；文人競獻平戎策，豎子抄本作稚子。爭傳禦侮方。桂管周圍看比翼，花名輪轉似迴腸，青錢贏得毛詩數，笑煞諸君半入囊。

城上垜夫以幼童充數。練勇每日給制錢三百文，紳董剋扣其半。

度支隨處置糧臺，用似泥沙亦可哀；巨帑幾曾歸實用？長官各自積私財。虛空樓閣憑心造，依樣葫蘆信手裁。最惜金錢千萬計，簿書虛冒一篇開。

大營附近娼妓優伶鬻販古董者羣集。支領帑銀，都非實用。

請纓半是牧豬奴，貴介財翁意氣殊。抄本作氣類殊。貂尾雙飄容整肅，馬蹄一陣響模糊。上臺薪水多虛領，捷徑冰山各競趨，若問奇勳何處建？街頭終夜亂喧呼。

投效諸人紛紛不絕，貴介子弟鄉村富戶而已，甚有年輕貌美以身博歡者，鑽夤議敍，所保最優。

募民千百繫巾紅，名號衣冠各不同；未遇賊鋒先膽怯，爭搜民物轉心雄。江湖寇盜連天聚，田里桑麻剷地空，辱及蛾眉渾不禁，椎牛還想望成功。

壯勇俱以紅帶束腰。投誠巨盜盡在省垣。楚勇擄搶婦女，官不能禁，反連日犒賞。

深宵鈴閣自焚香，數百殘兵氣不揚；退賊但知懸賞格，逆詞竟敢抗王章。牙槍自衛圍貔虎，幽谷頻遷畏犬羊；歎息英雄逢末路，安排遺表奏當陽。

賊將僞示射入城內。鄒中丞繕寫遺摺交家丁收藏。

束薪如桂米如珠，兩月圍城費轉輸。蠹飽每多肥吏役，鵰搜到處捉民夫。練丁成市通交易，良賈居奇較寸銖，最愛風流京兆尹，理繁才調重當塗。

壯丁搶取財物，沿街售賣。城中食物騰貴，價至十倍。

百金懸賞徧傳呼，間諜壘壘各被拘。自是荆榛應剪伐，偏多薏苡訟寃誣。孤城斗大宵傳柝，比屋燈燃夜覓珠。城外雲屯城上望，天狼何日受天誅？

連日城中搜獲奸細甚衆，抄本作數十人。鄒中丞與賽中堂意見不合，屢被參劾。

春歸漸近熟梅天，固守危城衆志堅。連日長圍排偃月，薰風微動又經年。屍橫徧野來狐兔，血灑空山泣杜鵑。妙絶敵人渡江去，諸公猶在夢中眠。抄本作諸君。

四月初一日賊解圍去，城中無有知者。

碧蓮峯裏隱旌旗，賊去賊來坐失機。擁此精兵甘退舍，讓他羣盜合重圍。登樓王粲空悲賦，化鶴丁仙早退飛。報道雙旌城外至，兒童笑指相公歸。

賊攻省城，賽中堂駐師陽朔。王少鶴部郎進言不用據抄本增四字。辭退北行。丁心齋部郎乞假回籍。賊去十日，賽中堂旋省。

賊來袖手盡無謀，事後爭功轉不休。薦牘濫邀飄翠尾，陞銜偏耀爛羊頭。抄本作徧誚。苞苴贏得書中考，瓜蔓聯來重上游，更有東山高臥客，崇階五品羨同儔。抄本作耀同儔。

省城解圍，爭來保舉，多有未曾到營之人得列首功，連邀優敍者。朱孝廉賊來閉門不出，保舉五品。

蔓草連天去更難，抄本作蔓草還政。永安破後又興安；黄巾不少闖門寇，黑夜先逃守土官。瘠地搜捐皮已盡，遙山礟響膽先寒，抄本作嚮砲。倘教執法無私曲，應斬魁渠瀝肺肝。

賽中堂誤聽隨員士魁之語，致誤大局。

天南要隘盡全州，萬艘連檣踞上流。部伍齊心支半壁，敖曹奇勇著千秋。糧空無策同枵腹，城破誰家不斷頭？恨煞劉郎離百里，連營高坐轉優游。

賊逼全州，伍都司、曹刺史協力固守，糧盡城陷，同時被害甚慘。

紆青拖紫荷君恩，戡亂無才負至尊。豈有甘棠懷鄭伯，誰憐芳草感王孫？劇知吳地風流歇，不惜勞人晝夜奔。聞道徐陵方捧檄，邊疆誰賴固籬藩？抄本作端賴。

鄭中丞釀禍養癰，致成巨害。孫學政局外籌畫，時深感慨。吳方伯頗著勞績。勞中丞不避艱難，徐制軍輾轉退避，竟置粵西軍務於不問。

解組歸來隱湫廬，鄉關擾攘更愁余。承恩幸廁鴛鸞列，感世真同燕雀居。八口無依勞轉徙，四郊多壘益趦趄。長歌聊當窮途哭，誰採臚言達帝除？

庚戌仲夏，余自閩乞病回籍，適值賊匪蔓延，軍務孔棘，憂憤之忱，殊難自已，爰擬七律三十首，以託詩人風刺之意云。

又《吳家楨〈金陵紀事雜詠〉》 金陵自古帝王州，虎踞龍蟠擁上游。二百年來逢浩劫，秦淮嗚咽水東流。

順治乙酉大兵南下，明福藩就擒，江南底定，二百年矣。抄本無此注。

六朝都會舊陪京，半壁江山幾戰爭。猶憶當年郎制府，曾將一戰保危城。

康熙辛丑海逆鄭成功入犯，江寧被圍，總督郎廷佐一戰破之。抄本無此注。

三載掄才鎖院開，門前僞示忽飛來。七千里外藏奸細，堪笑諸公夢未回。

壬子鄉試時貢院門前貼有僞示。

鷄鳴十廟建前朝，法象金容簇絳霄。忽現低眉菩薩相，頓將雙眼閉中宵。

賊未到時，各廟神像眼俱揠去，奸細所爲。

開府東南擁重兵，書生萬里作長城。陸機竟有河橋敗，斷送封疆廿載名。

江寧失守，總督陸建瀛實尸其咎。

犀甲樓船氣概雄，牙旗高颭半江風。抄本作斜颭。六壬神課燈前卜，自詡周郎赤壁功。

陸建瀛素善六壬，占得吉課，自恃必勝，出師時軍容甚盛。

扁舟黑夜到龍關，千里長江一夕還。飛渡中流天險失，青旗已過小孤山。

陸建瀛僅有兩舟逃回，青旗賊從後追趕。

忠孝傳家世共知，誰云難弟竟難爲？劇憐抄本作堪憐。羊侃身亡日，正是臺城急難時。

祁方伯係祁中堂胞弟，憤恨嘔血死。

十二重門晝不開，驚人突起地中雷。較場戰敗青州卒，已見西城鐵騎來。

賊用地雷攻城，滿營兵與青州兵爭鬭，賊從西門扒城入。

誰肯城亡亦與亡，甘心一死是劉郎。睢陽厲鬼常山舌，覓得頭顱骨亦香。

上元縣知縣劉同纓罵賊被害，其僕收取顱骨逃出。

登陴健婦竟成羣，矢死同仇禦賊氛。懸首城闉生氣凜，路人猶識故將軍。

賊破滿城，祥將軍被害，兩目怒視，顏色如生。

倏眼街頭盡白旗，北門傳起閉門遲。網開一面人爭避，黄口紅顏泣路歧。

城破後街巷盡插白旗，各城門俱有僞官禁人出入。惟北門賊目鍾方禮許百姓出城，婦稚擁擠，致斃者無算。

挨戶傳摧進貢單，約期三日一齊完。那知括盡金銀後，依舊沿門不放寬。

賊假稱進貢給單即免搶掠，後仍逐家抄擄。

高臺百尺入青雲，天父傳言下界聞。第一惑人藏幻術，陰晴三日預先分。

賊中僞令俱稱天父傳語，陰晴三日前能預知。

棘闈先設女科場，女狀元稱傅善祥。堪惜揚州朱九妹，含冤六月竟飛霜。

賊將識字女子考試，取傅善祥爲第一，喚入僞府，令司批答。揚州人朱九妹工書算，謀用砒霜毒死楊逆，未成被殺極慘。

銅鉦列隊等雷轟，五色雲幡擁繡龍。卅六輿夫飄翠尾，一雙童子擊金鐘。

楊逆隨從千餘人，有銅鑼數十對，五色繡龍長數十丈，轎夫三十六人，俱戴花翎，美童二人在轎前打金鐘，以記里數。

綠旗黄幰女元戎，珠帽盤龍結束工。八百女兵都赤脚，蠻衿紮袴走如風。

女賊蕭三娘僞稱元帥，有女兵八百人，或云實係戲旦假裝以惑人者。

傳期拜上聽宣揚，黃紙簽名寫綠章。男女分班齊下跪，火華爲父水爲孃。

每逢七日禮拜天父，有火父水母魂得昇天之咒。

高堂午夜沸笙歌，紅粉兩行列綺羅。彈到琵琶合手調，男伶不敵女伶多。

賊每夜宴，男伶女妓，對彈琵琶，以爲行樂。

六軍女館重關防，廿五嬌娃聚一房。輪盼今宵逢月建，滿城飛徧野鴛鴦。

每女館住二十五人，有大脚蠻婆看守，逢月晦日賊衆各取一人任其姦宿，餘日犯姦者立死。

誰使雄飛竟伏雌，難分撲朔與迷離。血光湧出刀光燦，重赴轉輪殿上時。

賊取十三四歲幼童六千餘人盡行閹割，連腎囊剜去，得活者僅五百餘人。

么鳳香塵步步蓮，砑羅雙幅纏行纏。如鈎新月纖纖樣，縱不凌波亦可憐。

閹割幼童姿色端麗者，俱令裹脚。有一童子不肯，即斬脚示衆。

幻緣忽現女兒身，鸞鏡蛾眉赧效顰。躑躅階前分隊立，黃羅帕子素羅巾。

裹脚幼童俱作女裝，楊逆先行挑選，合意者給黃羅手帕，取入僞府，餘給素羅手帕，分賞羣賊，曾見人句云：『燕子紅巾矜寵貴，鵝兒黃帕助嬌羞。』詠此事也。

十丈氍毹貼地黃，煙噴蜺鼎夜焚香。霞觴競獻屠蘇酒，萬朵紅雲忽吐光。

楊逆除夕張燈設宴，空中墮一火毬，霎時煙燄四起，僞造宮殿悉成灰燼。

餻菓攢成百壽形，衙前新選女娉婷。今朝誕日開筵宴，競把黃金鑄壽星。

楊逆生日，女館送百壽粉餻，僞丞相蒙得天送美女四人，僞官俱送金銀壽星。

銅駝石馬列宮庭，山樹迴環勢建瓴。欲奏通天臺下表，遺臣何處抄本作無處。哭冬青？

明祖孝陵宮殿樹木，焚毀殆盡。

鬼燐如火滿山紅，十里松楸盡故宮。白骨千家同日燼，冤魂夜夜泣秋風。

城外塚墓盡遭發掘，剖取棺木製造戰具。

千年古刹號承恩，龍象莊嚴舊迹存。一夜罡風吹劫火，風流剩有小桃園。

承恩寺遭賊焚毀，附近小桃園獨存，其中道士年輕貌美。

銅殿巍峩二丈餘，頒來内府想當初。九蓮菩薩陳孃造，化作青煙返太虛。

銅殿一座，前明内府鑄造，賊衆鎔化時，忽作青煙一縷衝天而散。

丁字簾前舊板橋，紅樓兩岸夜吹簫。合歡盃酌鴆媒酒，知是魂消怨也消。

秦淮妓女王憶香用毒酒藥死僞都督施姓。

紅顔亦肯矢孤忠，易水蕭蕭烈士風。百尺高竿懸掛處，天燈光燭滿城紅。

金陵李姓女藏小刀在髮内，刺傷楊逆左肩，剝皮懸高竿焚燒，名爲點天燈。以後楊逆姦淫婦女，俱披髮裸體而入。

連朝跣足走長街，昨日新穿厚底鞋。更羨紅靴時樣好，何年旅帥進官階。

廣西老賊多赤足，有穿鞋者俱厚底，旅帥以上得用紅靴。

葠苓逐戶徧搜求，纔進刀圭病已瘳。朗豁雙眸雲翳淨，奇珍新賜補天侯。

楊逆臥病，有醫人尹姓診治得痊，又患目疾，復薦一僧人醫愈，僞封補天侯，將東水關于姓住屋給之，賞物無數。

珠冠十二女傳宣，抛卻鸞釵與翠鈿。從此不知丞相貴，隨班聽鼓候門前。

楊逆僞府前女傳宣十二名，珠冠黃風帽，僞丞相以下進見，俱由傳宣通報。

巡街傳箭掩雙扉，新令齊穿聖庫衣。藍印換來紅印繳，恁教牌尾去如飛。

賊因男館内暗通官兵，令在衣上添寫聖庫神兵字，以藍印爲記。牌尾老弱驅逐出城。

撼山難撼岳家軍，少保先聲遠近聞。如此儒生當大任，定看麟閣奏奇勳。

胡中丞以翰苑起家，在楚北殺賊，威聲大振，按抄本作勝宫保威聲遠震。賊恐其從上流直下，甚爲驚懼。

將星耿耿燭天南，一月居然奏捷三。諸將競甘巾幗辱，世間到底有奇男。

向星使剿賊連獲大勝，賊燄頓衰。

辜負胸中百萬兵，彼蒼未必願承平。天津橋上逢裴度，莫笑龍鍾事竟成。

余素負澄清之志，垂暮無成，功名不就，動與物忤，絜身遠避。抄本無此注。

一葉輕帆出石頭，抄本作渡石頭。常州行過又蘇州。大江東去銅琶唱，難洗胸中萬斛愁。

余附舟過蘇常，見地方全無凖備，遂至滬瀆賃屋以居。抄本無此注。

飄泊天涯歲月催，敝廬已付劫餘灰。挑燈夜讀蘭成賦，説到江南劇可哀。

余舊宅在西門内，焚燬無寸椽。抄本無此注。

又《周志復江夏貢生〈楚南被難記題詞〉》 龍興開國奠神州，養士於今二百秋。大劫難逃原有數，小民無罪亦知愁。三年未見膚功奏，一戰誰爲肉食謀？最是先機貽誤處，洞庭湖畔失咽喉。

賊渡洞庭湖，勢益猖獗。

科第傳家世受恩，抄本作父子詞林世受恩。如何揖盜竟開門？紅顔獻媚閨中女，白骨含羞地下魂。梟獍誰能懷舊德，豺狼反許締新婚。巨姦已死猶遺臭，九子嶺頭狗葬村。

道州貢生何見機獻城迎賊，何紹基幼女被賊目蔡姓强取爲妾。賊去後，義民將何姓墳墓掘毁。抄本注多以下數句：何淩漢墓在九子嶺秦檜墓地呼爲狗葬村。

巖疆屹峙道州城，抄本作兀峙。巨禍翻從巨室生。身列玉堂懷怨望，抄本作還怨望。家藏金穴勢縱横。抄本作鑽營。餘桃羞説童孫寵，穠李爭傳幼婦名。最恨明經先獻策，公然統領大旗營。抄本本句作：更名猶詡見幾明。

何紹基刻有詩藁，語多怨望。其孫年方十四，被賊姦淫，媳李氏亦受賊汙。賊立道州大旗營，令其姪何見機統領。

狼烽幾載阻蠻荒，此日楚氛勢更猖。穴未擣時先竄鼠，牢將補處已亡羊。前驅早已驚衡永，抄本作早是。後患誰能保岳常？神武王師彰撻伐，紅旗指日掃欃槍。

衡州、永州兩城同時被圍，幸而獲全。岳州府、常德府先後失守，州縣被陷者二十餘處。

又《林氏女〈絶命詞〉》 傳家清白舊書香，十八年來苦備嘗。留得微軀貞潔在，拚將一死慰高堂。髫齡弱弟竟何之？倏忽相逢又别離。更戀重闈垂暮日，朝來鏡裏鬢如絲。果然視死竟如歸，淚灑燈前血染衣。堪羨同懷親伯姊，香魂先化彩雲飛。劫數難逃欲問天，素巾三尺赴重泉。百年歲月終須盡，贏得名全節亦全。

按抄本有『僞採花林氏女江寧人』等字。

清·李瀚章《曾文正公全集·雜著》卷一《愛民歌咸豐八年在江西建昌大營作》 三軍箇箇仔細聽，行軍先要愛百姓。賊匪害了百姓們，全靠官兵來救人。百姓被賊喫了苦，全靠官兵來作主。第一紮營不要懶，莫走人家取門板。莫拆民房搬磚石，莫踹禾苗壞田産。莫打民間鴨和鷄，莫借民間鍋和椀。莫派民夫來挖壕，莫到民家去打館。築牆莫攔街前路，砍柴莫砍墳上樹。挑水莫挑有魚塘，凡事都要讓一步。第二行路要端詳，夜夜總要支帳房。莫進城市占鋪店，莫向鄉間借村莊。人有小事莫喧譁，人不躲路莫擠他。無錢莫扯道邊菜，無錢莫喫便宜茶。更有一句緊要書，切莫擄人當長夫。一人被擄挑擔去，一家號哭不安居。娘哭子來眼也腫，妻哭夫來淚也枯。從中地保又諞錢，分派各團并各都。有夫派夫無派錢，牽了騾馬又牽豬。鷄飛狗走都嚇倒，塘裏嚇死幾條魚。第三號令要嚴明，兵勇不許亂出營。走出營來就學壞，總是百姓來受害。或走大家諞錢文，或走小家調婦人。邀些地痞做夥計，買些燒酒同喝醉。逢著百姓就要打，遇著店家就發氣。可憐百姓打出血，喫了大虧不敢説。生怕老將不自在，還要出錢去陪罪。要得百姓稍安靜，先要兵勇聽號令。陸軍不許亂出營，水軍不許岸上行。在家皆是做良民，出來當兵也是人。官兵賊匪本不同，官兵是人賊是禽。官兵不搶賊匪搶，官兵不淫賊匪淫。若是官兵也淫搶，便同賊匪一條心。官兵與賊不分明，到處傳出醜聲名。百姓聽得就心酸，上司聽得皺眉尖。上司不肯發糧餉，百姓不肯賣米鹽。愛民之軍處處喜，擾民之軍處處嫌。我的軍士跟我早，多年在外名聲好。如今百姓更窮困，願我軍士聽教訓。軍士與民如一家，千記不可欺負他。日日熟唱愛民歌，天和地和又人和。

又　卷三《解散歌咸豐十一年安徽祁門大營作》　莫打鼓來莫打鑼，聽我唱箇解散歌。如今賊多有緣故，大半都是擄進去。擄了良民當長毛，箇箇心中都想逃。官兵若殺脅從人，可憐冤枉無處伸。良民一朝被賊擄，喫盡千辛幷萬苦。初擄進去就挑擔，板子打得皮肉爛。又要煮飯又搬柴，上無衣服下無鞋。看看頭髮一寸長，就要逼他上戰場。初上戰場眼哭腫，又羞又恨又懵懂。向前又怕官兵砍，退後又怕長毛斬。一年兩載髮更長，從此不敢回家鄉。一封家信無處寄，背地落淚想爺娘。被擄太久家太貧，兒子餓死妻嫁人。半夜偷逃想回家，層層賊卡有盤查。又怕官軍盤得緊，跪求饒命也不准。又怕團勇來訛錢，搶去衣服幷盤纏。種種苦情説不完，説起閻王也心酸。我今到處貼告示，凡是脅從皆免死。第一不殺老和少，登時釋放給護照。第二不殺老長髮，一尺二尺皆遣發。第三不殺面刺字，勸他用藥洗幾次。第四不殺打過仗，丟了軍器便釋放。第五不殺做僞官，被脅受職也可寬。第六不殺舊官兵，被賊圍捉也原情。第七不殺賊探子，也有愚民被驅使。第八不殺綑送人，也防鄉團綑難民。人人不殺都膽壯，各各逃生尋去向。賊要聚來我要散，賊要擄來我要放。每人給張免死牌，保你千妥又萬當。往年在家犯過罪，從今再不算前賬。不許縣官問陳案，不許仇人告舊狀。一家骨肉再團圓，九重皇恩真浩蕩。一言普告州和縣，再告兵勇與團練。若遇脅從難民歸，莫搶銀錢莫剝衣。

清・王闓運《湘綺樓詩集》卷九《獨行詩・其二》　余方樂嬉遊，明歲果告災。荆澧連大浸，桂象亦無禾。南郡介其中，院司庸且疲。陸貪駱則廉，其智各自謀。牧令久俗鈍，參錯七十都。楚危若振籜，越亡如爛魚。洪楊有名號，倡和連潯梧。琛也起州縣，奏草先中樞。彰云上厤事，調發煩軍輸。文宗既龍飛，其變乃具疏。選將由固原，薦材未云誣。誰輕鼷鼠機，林死降李周。周剛意輕李，雁行始不和。奏用軍二萬，大臣舌撟呿。惜哉謀不用，足爲後世模。鄉使幷全力，武宣掃無餘。置此曲突計，焦頭賞曾胡。

又　《其三》　斷斷浸上聞，命帥輟尚阿。朝出清望臣，十六在貳車。一飯巴陵館，但見訶膳夫。六月守永安，左向頗右烏。失律僨四鎮，桂林閉闉闍。於吾未云衄，於寇膽氣麤。出湘謬走郴，徐駱又不圖。一坐土城內，一議棄衡州。偏師扣南門，民吏但驚呼。赳赳尹培立，一士當百夫。寧爲壯士死，不作欽差逃。蒼黄乃閉城，八十日其徂。

又　《其五》　余時自樂平，千里一肩輿。平行至城根，不見官賊徒。夜投漁船宿，烹菘肥似膏。明晨告府主，帖下架鹿盧。將相共出入，吾亦縋我腰。猶蒙丘嫂謿，啞啞笑縣豬。臥聽沙井角，坐吹南樓笳。是時青衿散，獨與彭郭居。郭生賦七哀，彭子慕廉頗。城中尚歡笑，士女縱娛游。雖聞地雷鳴，不敵瞿鄧刀。如何洋礮威，近欲欺中華。厲階蚩尤兵，矢石更磺硝。兵火終自焚，利器豈防軀。

又　《其六》　守城未論功，怵惕夕至朝。朝廷務寬大，張向並有褒。疆臣失郡縣，自此改例條。向非戮青麐，軍法無所加。臣有爲法死，主有縱與操。洞庭散漁筏，漢口聚商桴。推能誤雙福，閉戶啓四郊。自壞漢陽府，藉寇長虹橋。浮橋連江漢，羣盜始翔翱。行臺坐傾亡，十萬殉干戈。徒驚忠貞盛，灑血江漢波。縉也待雷霆，印畀陸尚書。人皆坐罷耎，公獨早自夸。伏波久據鞍，衛伯果執殳。全衆五十萬，疾以千人驅。前鋒未交旗，後舫忽轉頭。芾慶死灰色，宿厚反風議。不知治父囚，但恨莫敖驕。庸奴卒併命，如貉在一丘。竟符金桂讖，共唱耶穌妖。

又　《其十五》　湘軍久益敝，外强中實痟。貪將領游兵，爭長互訾謷。李蔡品下中，來援氣騰歊。夾資分兩屯，沸沸如羹蜩。兩潰各鳥散，論功賦彤橐。寇懦貪合衆，徘徊走荒嶠。其魄已天奪，衡湘勢翹翹。

又　《其十七》　東南稍及西，斯民盡如荼。之銘非焉術，假息乃狂且。田郎信佼童，亦建欽差牙。川鼠爾何跳，使我良友殂。回漢閧漢中，芾也烹如鄽。謀遷誤倚斌，號弓俄委裘。祖制重顧命，姜姒不佐周。誰興同道章，翻怪垂簾疏。不能召親賢，自刎據天圖。戮之費一紙，曾不驚殿廬。祺祥改同治，御坐屏波離。四國通五口，和戎脱王弧。海波識聖人，獻稅助軍需。上海議會防，薛楊笑匈奴。江督斷消息，潘龐悵云盱。輦金鬻將帥，今李勝昔雷。洋槍響青浦，麟介盡冠綏。寇將已失勢，奔命救江淮。霖乎狡更愚，烹狗召人猜。況有程將軍，推鋒破如椎。凶酋失志死，三城自然開。張苗更幺麼，日午消氛埃。獨恨良將徂，盩厔蹶龍媒。趙奢揮賜金，廉勇信無儕。思弭寢丘賞，悵望龍江隈。

雜録

清・樗園退叟《盾鼻隨聞録》卷五《摭言紀略》 賊衆每逢七日逼人禮拜，謂之拜上。先一日街頭插一白旗，抄本作黃旗。上書明日天父降凡，各宜恭敬。用黃紙書寫入教人姓名，跪地誦經云：『讚美上帝爲天聖父，讚美基督爲救世真主，讚美神聖風爲神靈，讚美大道能救人生，享福無窮，天堂路通，今知改悔，魂得昇天。』洪逆本以宣卷度日，仍是宣卷舊習。每逢拜上必焚新衣七件。

禮拜時賊衆跪念疏詞云：『小子某同衆小子跪在地下，禱天父皇上帝老親爺、天兄耶穌基督親大哥祝福，小子事事如意，無衣有衣，無食得食，無災無難，共享天福、轉託贖罪功曹，贖病功曹，奏天父上主心誠，太平年月日。』

賊踞永安州，僞稱太平天國，破武昌府，僞稱天王萬歲，楊秀清稱九千歲，蕭朝貴稱八千歲，馮雲山稱七千歲，韋鎮稱六千歲，石達開稱五千歲，各僞王俱稱千歲，僞侯有稱五百歲者。

廣東奸民朱九濤倡立上帝會，洪逆及馮雲山先俱師事之，後因不能惑衆，另立天地會，亦名三點會。因近年天主教頗盛，思欲駕而上之，詭稱耶穌乃天父長子，禮拜時臺上中設天父像，高二尺許，旁設天主像，高尺餘。後又設一女像，稱爲耶穌之母。

賊中避天父之諱，以火爲亮，以華爲化，以靈爲盈，又以基爲居，以督爲率，以國爲郭。復將干支任意刪改，莫解所謂？

賊刻一木像虎首人身，云天父差來傳話之神，衆賊叩拜甚恭。禮拜之期，在臺下另設一座置於上。

僞造天律十六條，以夫婦祇准月晦日同宿，餘日犯者爲違教。每人祇生一子，多者亦爲違教。以足踏火，以水漱口，及死用棺槨，祭祀祖先，禮敬神佛者，均爲違教。

凡遇陰晴，三日前徧掛僞牌，其應如響，詭稱天父下界告知，實則有僞軍師素精占課，愚民駭異詫爲真有神靈，傾信益衆。【略】

僞王皆黃袍繡龍，以龍數多寡爲等次：洪逆三十六龍，楊逆三十龍，馮雲山、韋鎮及各僞王均二十四龍，僞侯十二龍，僞丞相指揮以下，紅袍亦皆繡龍。均用黃巾纏首，垂至腰下。

楊逆黃旗方一丈，蕭朝貴方九尺五寸，馮雲山方九尺，韋鎮方八尺五寸，石達開方八尺，均黃色。僞侯以下用尖角旗。

賊衆禁食鴉片及水旱各煙，僞王及大頭目均私吸之，洪逆嗜食黃葉片煙，其物本產廣東嘉應州，刻不離手，僞宮中均效之，競以珠玉鑲嵌煙管。

洪逆及各僞王俱戴八寶帽，用黃緞八片縫成，綴以珠寶。僞侯以下戴八卦帽。僞丞相僞軍師靴用紅色，與僞王同。【略】

洪逆住總督衙門，僞稱天王府，門首懸掛黃緞烏絨字對聯云：『予一人乃聖乃神，乃文乃武，衆諸侯自西自東，自南自北。』

洪逆踞督署，復拆毁民房萬餘間，建造僞宮殿，雕鏤工麗，飾以黃金，繪以五彩，庭柱用硃漆蟠龍，鴟吻用鎏金，門窗用綢緞裱糊，牆壁用泥金彩書，取大理石屏鋪地。僞朝門内懸掛硃漆金字牌四扇，每扇四字，字大如斗云：『示諭衆臣工，到此定行踪，若然不止住，立刻性命終。』惟廣西老賊數人身佩進宮牌者得逕入。

僞朝門外有江寧人董姓，年七十餘，鬚長二尺，令掌朝門稽查出入，門内祇洪逆父子，別無一男，擔水打柴，悉用大脚女人。

洪逆僞稱坐朝，有内監二十四人前導，實非宦者，以大脚女喬扮如戲班中太監服飾，口唱烏烏之聲，僞宮女二十四人，分執提爐宮扇，香煙馥郁，全如戲劇。

洪逆見人以金紗障面，左右兩人執之，逆黨進見者，亦以金紗障面下跪，講話時一人旁唱撤去金紗，洪逆障面之紗仍不撤去，防人見其面也。廣西老賊數人進見，不用金紗。

逆黨進見時，階前下跪匍匐入，廣西蠻婆數十人，執長刀鋼叉環列向之。

男子十五歲至五十歲爲牌面，餘爲牌尾。打仗時牌面衝鋒，有能殺死官兵者，剝取號衣呈驗，賞給銀兩。如殺斃官員，取頂帽呈驗，即給僞職。牌尾，均令打更巡街挑煤扛物。

婦女以二十五人爲一館，派一廣西婆管領之，謂之女百長。夫婦母子均不得見面。

賊令女館婦女悉去脚纏，夜間女百長逐一查看，有未去脚纏者，輕則責打，重則斬脚。楊逆反將美麗幼童纏脚，裹以黄綢，顛倒可笑如此。

蕭朝貴以燒炭爲業，極有膂力，攻長沙時在南門外被砲擊斃。其妻名宣嬌，即洪逆之妹，楊逆取入僞府，據而有之。

洪逆本以占課算命惑衆，破江寧後，忽懸重賞招尋占課人，到者十餘輩，另設一館居之，名占事館。

江寧貢院中婦女六七千人，均破内城所擄，每人住一間，每一號派一女百長管之，各編列字號，懸牌身上，日給米四兩。賊衆與官軍接仗得勝，每賊持一號牌赴院中各領一女，明日繳牌交還，亦有於兩日三日後始交還者。

賊破内城，搜取幼童數千人，驅至北門城上，悉行閹割，隨割隨死，擲屍城下，得活者七百餘人，數日後又死過半，所存僅百餘人。

賊於北門内隙地上用火藥鋪地，蓋以稻草，令内城年老婦女及數歲幼孩羣集其上，云於明日釋放。夜半以火發藥，數千人飛入空際，殘骸碎骨，數十里外紛紛墮落，殘酷至此，蔑以加矣。

庚戌進士壽昌官户部主事，在京供職，父母妻子均在城内，知城必不能保，闔家自盡。壽昌聞信，一慟幾絶，未幾亦歿。

江寧破城時，生員陳葆初等十三人同縊明倫堂上。又有上元縣廪生汪星垣駡賊被殺。

有劉鴉頭者，年二十餘，張炳垣暗通官軍，劉實與謀，楊逆逼供同黨，加以炮烙，呼號而死，不供一人。

戊戌進士在籍工部主事吴雙本居江寧城内，咸豐二年忽謂人曰：『大劫至矣。』將房屋售人，挈家遠去，不知所往。

陝西清澗縣知縣曹士鶴之室管氏，作書寄夫，從容盡節。曹君正赴部需次也，其書二百餘言，人抄傳之。

賊中金銅不甚分别，一賊取神廟銅爐塗金獻之，洪逆大喜，即賞僞職。

僞丞相分設天地春夏秋冬名目，均有正副，以軍師僞丞相加銜共二十四名，又有上殿丞相四名，殿前神使八名，以洪逆最親信者爲之。僞檢點、僞指揮、僞將軍、僞總制，俱無定數。僞掌衛洪逆僞府一百二十人，楊逆僞府百人，僞侯以下有僞爵七等。又有女丞相、女元帥、女傳宣、女掌簿、女百長、女司馬各僞職。

又有總糧將軍、坐關將軍、巡狩將軍等名目，僞官捐米五百石，加職一等。

有金木水火土五將軍：揠地道，築土牆，土將軍之事。渡河掘溝，水將軍之事。點放鎗砲，火將軍之事。製造兵器，金將軍之事。列木城，造木柵，木將軍之事。各有一賊掌之。

有風師、雷師、雨師、雲師等名目，莫解所謂。

楊逆造一精室，四圍複壁，無寸隙光，白晝亦秉燭入。宣淫時將婦女在門外悉去衣褲，裸無寸縷，防人行刺。有某知府女被淫放出語人云：屋中腥氣觸鼻，肌膚冷濕，其爲蛇妖無疑。

有美男喬作女裝混入女館，賊黨領龍鳳批赴館擇配，適得是人，念若説破必遭殺害，姑與成婚。其人大醉入房，取刀斷其喉，即穿賊衣帽，取其令旗，賺門而出。【略】

洪逆僞府花園中蓄養虎豹孔雀仙鶴等物，有一虎逸出，大脚廣婆用長刀羣斃之，洪逆剝皮示衆，以誇廣婆之勇。【略】

蒙得恩僞封掌宫，搜取良家女子千餘人送入僞府，洪逆極喜之，令其總管女館事，各處女百長每日三次聽令。

洪逆僞府中僭稱妃嬪者四十餘人，道州黄氏最爲嬖寵，乃黄姓女嫁與何姓爲媳，貢生何見機於獻城時進美女四人之一。

尹福壽素性機巧，爲洪逆搆造花園亭臺池榭及洞房密室，窮極奢麗，亦封恩賞丞相。

楊逆用玻璃片鑲嵌巨牀中可貯水養金魚，又用珍珠結成一帳，雜以五色寶石，奇光璀璨，其餘器物，概用珠玉。

洪逆入僞府後，從不再出。楊逆出門，隨從千人，轎夫三十六人，轎前美童擎執樂器者數十人。

賊在江寧掘廟宇階石，加高城垜，掘出古碑甚多，有梁司馬散騎常侍蕭誕碑、夏侯隨之碑、荆王府長史司馬景德合葬碑、檢校侍郎右庶子魯公諒碑，不下百餘種。

江寧城外有石麒麟一對，高二丈許，楊逆欲移置僞府，數百人扛擡不動，乃止。

滿城内有白石方磚一百數十塊。前朝殿前之物，楊逆造僞府取以鋪地。

衆賊爲楊逆立功德碑，附會小説楊家將，稱楊逆爲楊業後裔，誕妄極矣。

女將蕭三娘僞稱元帥，年二十餘，姿色秀麗，有女兵數百人擁衛，與楊逆姦好。攻陷揚州時，率衆登城，見者屬目。僞西王蕭朝貴之妻，即洪逆妹，亦騎馬臨陣，但在陣後觀望，不敢向前。

桂平人黄玉崑爲楊逆先鋒，生一女極美麗，石達開娶以爲妻，石逆遁後，楊逆取以入府。

僞指揮陳崑恕善打頭敵，一眼爲官軍所傷，不喜女色，在鎮江城内踞守，取美秀幼男數十人，繡衫紅鞋，呼爲大姑娘。其部下不准私藏一女。

湖北漢陽人張雙喜善唱諸曲，取幼童二百餘人教習演唱，各逆均喜之，賞給無算。

洪逆朝晚兩食，掌庖用金碗二十四隻，備水陸珍饌，杯筯亦用金鑲，後更用玉盆玉杯，羣賊多效之。

僞將軍黄金愛，福建晉江人，能伏水底數日不出，爲楊逆親隨。

重陽日，羣賊在鍾山設宴，取婦女數百人，盡去衣褲，驅逐下山，赤身裸體，無處躲避，羣賊在山頂觀看，以爲笑樂。

廣西賊婦廖四姐充女百長，鞭箠婦女無虚日，後與楊姓一賊有姦，爲館中人所訐，楊逆搜獲之，斬首梟示館門，髮繫竿上，去地三丈餘，忽目張口動，旋轉不止，死猶爲厲如此。

清·李瀚章《曾文正公全集·雜著》卷一《初定營規二十二條》

紮營六條

紮營要在山岡，不可在低溼之處，不可在四面平曠，毫無遮護之處。

看營盤者，插竿牽繩，周圍牽一繩牆，長夫到時，即照繩牆築立營盤。

正牆脚寬六尺，子牆脚在内，頂寬一尺五寸；子牆頂寬二尺，正牆高七尺，子牆高三尺五寸。

外壕寬六尺，深八尺；内濠寬三尺，深三尺。凡挖濠之時，每隔二丈，留横路一道，挖畢之時，内濠仍留横路，外濠概行挖去。

凡一營只開二門，不許太多門，外築一灣牆，營内支帳房兩層，外層向牆開門，内層向中開門，各留大路，以便出隊。

營外每百人，挖茅廁一箇，三箭之外，牽繩牆一道。凡買賣閑人，概不許入繩牆之内。

開仗五條

出隊要分三大支，臨時再多分幾小支。凡有房屋之處，須分一支，以防埋伏；小山之後，須分一支；樹林之中，須分一支。

隊伍要佔住山坡，排立不動；營官要四處往來，登高瞭望。

打仗要打箇穩字，賊吶喊，我不吶喊；賊開鎗，我不開鎗；賊來衝撲時，撲一次，我也站立不動；撲兩次，我也站立不動，穩到兩箇時辰，自然是大勝仗。

前隊用好手五百，以備衝鋒；後隊要好手五百，以備救敗；中間大隊，略弱些也不妨；前隊若小挫，後隊好手出去救敗；前隊若得勝，後隊好手不動，專等收隊時在梢尾行走。

刀矛對殺之時，要讓賊先動手，我後動手，頭一下已過，第二下未來之時，我撥他頭一下，正好殺他。

行路三條

六成隊伍走頭一段，四成隊伍走尾一段，鍋帳擔子走中一段。頭次探馬帶七八人先走二十里，二次探馬先走十里，如遇賊來，頭探先行回報，二探再去看明虚實續報，如左右有岔路，頭探遣人分路去，如有兩三條岔路，遣兩三起人去探明，看定營盤，頭探插竿牽繩。

大軍行畢五里之後，派一將官押尾，不許有一人落尾旗之後，途中不許有一人進店喫飯。

守夜三條

紮營之處，凡有來路，派人於五里之外守卡。四五更時，另派親信人查卡。

每棚派兩人守上半夜，派兩人守下半夜。不許打更，止許走籌，傳令者大聲，接令者低聲。每夜派哨官四人巡更，從二更起，每哨官巡一更，周圍巡查，查本哨兼查別哨之勇。

起更即關營門，無論客來、文書來，均不許開營門。賊來不許出隊，不許點燈，不許吶喊說話，悄悄靜靜，預備鎗礮火球，看準再打。

軍器五條

鎗礮要試過三十次，方免炸裂，羣子要包緊合膛。

矛桿要樹的，不要竹的，要整樹直紋，不要横紋。

鋤要八寸長三寸寬，鍬要八寸長六寸寬，挑土要用四方布袋，盛子藥用生漆皮桶。

旗幟要一色，不宜混雜。

刀矛要常磨，火藥要常晒，火球要親手自製。

清・滌浮道人《金陵雜記》 僞育材官前僞封爲育嬰官，有正副，將眞賊之子姪輩，並擄得各省孩童，名爲娃崽，令其自行送入此館，令通文理者教習讀該逆所譔妖書。僞點花官，職同監軍有四五人。擄得各處花兒匠爲之，令其栽種花草。僞天朝豆腐衙，爲賊磨豆腐者，廣西人爲總制，擄得各省難民爲伊聽使推磨作腐也。住二郎廟。

金陵破城之後，欲將闔城之人皆脅爲賊兵，於是東躲西避，直無處藏身。因有老民館、菜園豆腐館、掩埋館、水龍館，凡年過六十及十五歲以內，或有殘疾者，皆免打仗，遂詐稱年老及有疾病。惟是無館可歸，賊又不各另處，任意殺害。適有僞巡查周才大，係湖南人，性和平肯救人，於首逆處稟設老民殘廢館，初猶未允，諄説乃准。旋於東北兩城設立數十館，每館二十五人，自擬一館長並無長手老賊雜處，每日藉檢拾字紙打掃街道爲事，遮飾長手耳目；嗣後闔城皆有此館，共約有三千人，賊並逐日發米穀，每人約三四兩，入此館者，並不願食賊之米，然賊匪不准不食。（治）［迨］至秋間，周才大爲賊首帶赴安徽，此館又難安身；緣賊已窺破此館中藏匿人物。屢欲搜求老民，且欲重用，則老民又紛紛逃散，以後或拉上城頭守城，或令拆西華門城頭並搬磚毀廟等事，現在所有者無多。至年輕以及中年之人，不能裝作老民，又藏身菜園種菜，並做豆［腐］迨此三項皆可各處住館，類皆依附自己女館左近，藉可不時看視，暗爲照應。所種菜蔬，並磨成豆腐，聽賊取用，故賊能容。然館亦係自成一家，每館四五人不等，仍可暗藏數人，皆不入賊黨。又有掩埋館，亦係僞巡查周才大所立，先只三十人，分爲南北兩處，爲女館中抬埋死屍，先葬於城內東花園王府園城北各處，後又添立兩館，可以抬屍出城，在水西門、南門兩處掩葬，隨又令館中婦女自抬，遂有婦女藉抬屍逃竄，此端一開，婦女得生甚衆。先是城内人家，於破城後四五日内，每多舉室自焚房屋，可以延燒竟日者，賊覓水龍撲救，遂有年壯藉立水龍館名目藏入在内。後因賊欲調爲賊兵，又竄逃別館，水龍館存者亦無多。以上四館，皆城中難民難逃出城者，不得已藉此藏身之計也。按文中長手二字疑爲長毛之誤。

女館者何？賊匪破城之後，令闔城男女分别住館，不准私藏在家，東避西趕，無處安身。當三月間大雨之時，縱令羣賊將南門一帶人家婦女趕逐出城，其時跳河投塘者不計其數。賊目又假作仁慈，令其追回，分住女館。於是先趕出者，即去而不返。其入館者，每館定以二十五人，其中立館長亦謂之兩司馬。或十餘館，或數館，有一賊婦督之，謂之女僞百長，即僞卒長。其上又有女僞軍師、女僞監軍、女僞總制等賊婆，皆廣西山洞潑悍大脚婦女爲之。擄得城中華麗女衣裳，皆賊婦穿著，頭紮各色包巾，赤脚如故，則滿城牛鬼蛇神，不堪入目。婦女入館後，日以劈竹簽挑磚負米爲事，不堪其苦。隨後又令放脚，殊不知脚一放更不能行，不從者輕則鞭扑，重則項枷。女館無柴，初尚聽其私拆房料以爲炊爨，旋亦不准，有在街巷拾得一板片者，亦必枷責。如查得其家有男丁送米來館者，除搶去外，婦女又受枷責。然賊給之米，每人一日不過二三合，並不夠食。總之賊婆在館，日以凌虐婦女爲戲，直令其求死不得。夏秋間又令婦女出城挑挖濠溝，隨後又准令出城拾柴，冬初又准其抬同館死屍出城埋葬，開此兩端，婦女乃得乘空逃竄。然賊情性無定，或准出城，或亦不准。女眷在館，其家有男丁在城內者，尚可暗中照應，私送米菜，倘無人照應者，性命半難保全。女館住處甚多，城北由蓮花橋洪武街一帶，以至花牌樓門樓橋等處，城南在南門大街以至內橋，城東在石橋新廊、武定橋、石壩街、軍師巷、東牌樓、狀元境、奇望街、承恩寺、王府園口，城西三山街坊口以至陡門橋、糯米巷、安品街東並前後街一帶，直至朝天宮後，易家橋左右街巷，又自珠寶廊至虹橋、盧妃巷、土街口一帶，共約有婦女十餘萬口。自去春夏至今，約死已有萬餘，陸續逃出者亦有數千。女館人數衆多，亦分爲各軍，其女僞軍帥以至僞卒長，皆有旂號，尺寸亦有一定。各軍並設僞女巡查，共有二三十賊，皆廣西男賊爲之。此等男女賊目，其性殘若豺狼，初立女館時有其子在館前探母者，賊目見之，將其母子枷責，誣賴其有姦情，賊謂之犯天條也。

賊擄城中子女，如鷹鸇之逐鳥雀，其慘尤不可言。緣自洪逆以至僞旅帥皆有幼童打扇，又自僞丞相以至僞卒長聖兵，凡粵楚眞賊，均准擄帶幼童以爲義子義弟，總名爲帶娃崽。賊將娃崽眉目清秀者卽爲義子義弟爲打扇，其次爲之拉馬執刑杖引導，再次卽爲其打僞執事。粗拙者卽爲之牧馬。其醜陋有殘疾者轉可倖免不擄。初尚見面卽帶，繼則挨館搜求，凡城中所有之幼童，由十六七以至十一二歲者，無不被其擄盡矣。如被廣西有賊擄去爲義子義弟者，名一入册，卽可身著黃馬褂並黃風帽，謂之功勳；其餘娃崽，凡被擄者無不穿紅著綠，珍愛逾於親生。去春羣賊中多有犯雞姦者，賊目審係用强，卽將其人五馬分屍，和卽皆殺。嗣後有指被雞姦者，遂將該童毒打，必致認誣而後已。從此卽未聞有雞姦之事矣。賊之擄帶幼童，到處如是，亦非江省爲然。近來逃竄者多，其中甘心相隨染成賊性者亦有。去秋賊又有僞令在女館中搜求童女。初名選美女，繼稱選王娘，因係代洪楊韋石諸逆選也。其父母百計收藏，終難經其窮搜苦索，自秋至今，將有千百，仍無已時。賊曾有僞令：洪楊韋石並秦日綱五賊，皆有婦女在館同居，其餘雖至僞丞相亦係獨處，卽母子亦不准在館，犯有收藏婦女並來去者卽殺，謂之犯天條。何以羣賊卽不准稍犯？而五逆可以犯無底止，諸賊轉肯甘服，亦殊不解也。

總之，賊以擄掠裹脅爲能，先擄其貲財，繼擄其房屋，卽骨肉兒女亦必擄帶，又將其眷屬擄禁，故賊凡取物皆謂之擄。女館終日凌辱，求死不能，令人不忍割絕，拋捨他往，不得已暫且爲其役使，藉待復城，再圖團聚。賊之裹人僞示，並云伊等係因材而使，斷不苦人所難云云。爲其使者，無事可以就本業聽其驅使，殊不知賊於人少時，仍復逼命爲兵，故有不及等待，中道棄其女眷逃竄者，亦有男女因凌辱難受及抑鬱而死者，賊之裹脅，可謂惡毒已極，而百姓之苦楚，亦從古未聞也。

城中被擄男女無時不思逃竄，特是賊於城門稽查甚嚴，非有賊之僞憑不能出入，其在城外者，尚可設法奔竄，若在城內者，必須借重賊憑。其憑係僞夏官丞相所發，按數月間忽然更換，上蓋僞戳，難於假造，各僞職館中皆有此憑以便出入。如在各僞職館中爲使者，挑柴伐樹買菜蔬，皆可持憑出入，抽空亦可潛逃。如避匿城中，或不能出城者，非托親友攜帶卽用銀兩買人帶引出城。城外又有賊卡，此兩處如不被賊窺破，方可僥倖逃出。卡之外剃頭被人訛，下鄉又有隨兵搜剝，種種花錢，方能買命。至婦女出城，卻無須賊憑，只能藉抬死屍、砍伐柴薪兩事方可出城。但婦女不識路徑，非有鄉間婦女在外接引，仍無處可逃。必須先爲説通，約定時刻來接，女眷出城後，設法走開，或在蘆洲，或在坟山，伏匿荆棘草莽中終日，傍晚時約定鄉婦方來接引，又須狂奔窮竄十餘里，方可闖出賊圍。路上亦有隨兵搜查，若不結女伴同行，又恐爲其欺辱。然近日之隨兵搜查亦稍好，必須先有人在外説明，酌送銀兩十餘金二三金不等，轉可爲其護送，並能接遞衣物銀錢。以上男女逃竄情形大略如此。然亦必須其人靈便活潑能於奔走者方可，庶處處盤查，卽可隨機應便，在卡內若稍被窺破，當去歲春夏之間，隨時卽被賊匪殺害，交秋冬後重則收入賊牢，輕則枷責轉帶入城。至婦女逃走，如被賊識破者，登時用繩捆縛，送回女軍，枷責鞭扑，則隨賊婦任意所爲，然婦女經此一番驚辱，性命亦難保矣。

清·滌浮道人《金陵續記》 我軍艇船於咸豐五年五月在蕪湖軍威甚振，開炮先擊去僞地官又副丞相劉承芳腎囊斃命。旋開大砲，轟折僞冬官正丞相羅大綱右腿，遁回金陵，負痛難忍，吞金自斃。嗣又陸續擊斃僞檢點指揮承宣尚書等著名老賊十餘人。今年五月間，因蕪湖我軍營盤復失，艇船移至荻港，只陸續攔獲接濟賊匪奸民划船二百餘隻。而兩年以來燒擊賊船，亦有數百餘號。現在三河廬江克復，大兵進圍巢桐等處，安慶省中老賊與新擄者共僅萬人，密聞已調金壇、丹陽、句容等處之賊回救安慶。此時若令艇師進駛皖江，則安慶賊巢水陸受剿，不難立復矣。

皖楚遭粵逆復陷後，自太平府以至武昌，賊匪分設僞關太平、蕪湖、安慶、九江、武穴、武昌共六處，每處派賊目一名，率羣賊數十名踞守。賊目僞督關將軍專查來往民船貨載索稅並給僞單，所收銀錢，聞係在蕪湖關搜得戶工各部則例仿照索取，有加增無少減也。各僞關上下每隔二三十里卽設一卡，由僞大關派小目在彼復查，有僞單者再索照單錢壹百文，無則照查收稅。長江千餘里，共設賊卡無數，是賊之防偷越較關榷更爲嚴密也。其所過私鹽，每擔索錢百文，故上江一帶民間，遭兵劫後仍無食淡之虞，然賊之獲利甚厚。現在楚省官兵圍剿，武昌城外賊關早爲我軍所毁矣。

皖楚江右沿江內外逆匪所陷各省府縣，亦照舊設立僞郡縣，如某府卽僞立某郡總制，縣卽僞立某縣監軍，均給木刊僞戳。僞郡總制每日只收縣僞監軍每處錢二千文。其縣僞監軍係搜查從前征册，索收錢漕漁蘆牙稅，取得銀米，大約作爲三股：以二股歸於老賊；一股僞監軍與僞軍帥俵分，僅剩民間田房交易，尚不知令其投稅。其僧道香火祠祭暨民間公產，則由僞總制查索，是僞總制所得之贓，轉不如僞監軍之多也。至城鄉居民，以一萬二千五百戶爲一軍，立一僞軍帥；其次則亦有僞師旅帥卒長兩司馬等名目，皆以本鄉土人爲之；其中以土匪充數者固多，然因留戀家產佯爲應承者亦不少也。又聞安慶、池州兩屬縣境內，並無大股賊匪盤踞，每縣所存眞賊不過百餘名數十名不等，設使官兵由此兩屬境乘虛搗入，各處鄉民自可反戈殺賊，則我軍勢如破竹，逆焰頓消矣。

逆賊分竄各處股匪名目：

安徽

張朝爵僞春官丞相。

覃炳賢僞殿左廿一檢點。

林啓容僞冬官副丞相，踞九江。

賴裕新僞五十八檢點，踞袁州。

李能通僞春分侍衛，踞瑞州。

黃玉崑僞參天侯，前踞臨江，後經東賊調回金陵。

胡廷文僞東殿十二承宣。

黃文金僞東殿承宣，計二逆踞湖口。

賴桂英僞東殿七十一承宣，踞小孤山。

湖北

韋俊僞國宗兄，卽韋昌輝之族。

洪□□僞國宗兄，卽洪秀全之族。

莫□□僞丞相已斃。

鍾廷生僞秋官又正丞相。以上四逆，皆踞武昌，餘賊不悉是何名目。

莫思興僞東殿工部一尚書，踞武穴，卽賊之僞督關頭目。

現竄江省下游句溧、金陽等處賊目：

秦日綱僞頂天燕。

陳玉成僞冬官又正丞相。

陳仕章僞夏官副丞相。

余正興

周勝坤

李壽成以上三賊僞丞相，不知是何僞六官名目。

其餘僞檢點指揮等賊，尚未據悉是何名目，存俟再訪續記可也。

金陵城中自首逆各僞王下，聞賊又僞封两逆王，一係秦日綱，初爲頂天侯，後賊僞封燕王，現竄句容。一係胡以晃，僞封春官丞相，竄六安州後，賊又僞封護天豫王，病斃江西臨江府城。嗣因東賊不准別賊亦列僞王，又將秦胡兩逆王字除去，故有頂天燕、護天豫僞名也。此外仍有僞佐天侯陳承瑢、僞輔天侯盧賢拔、僞贊天侯蒙得恩，皆踞金陵。僞衛天侯曾錦謙現與石逆自金陵逸出，不知何往。僞助天侯劉紹廷本是僞東刑一尚書，僞翊天侯吉成子本係僞東戶一尚書，僞扶天侯傅學賢本爲僞東禮一尚書，僞輔天侯李□□本爲僞國醫爲東賊醫病者，此四賊皆東賊手下羽黨，現已爲韋賊殺訖。以外仍有僞侯數名，不知名姓，不過多附賊黨以誘惑鄉愚而已。

金陵沿江而上以至皖楚，賊匪所到之處，隔三五十里設一僞疏附衙，爲賊接遞僞文，上下均有僞照，僞文後黏僞立排單，到處登塡時刻；每處設賊目一，率羣賊二三十名，陸路騎馬，水路則用八槳快船，亦如州縣中之驛站也。尋常僞文日行百餘里，若緊急賊情，僞文上加印圓戳，中刻有翅飛馬周圍刻雲，名爲雲馬文書；其圓戳皆係踞各處首逆始有，不輕用也。此等僞文一到，卽須轉遞，每一時必須馳五十里；如兩處皆賊，中途有官兵間隔，僞疏附賊不能通往來者，首逆有機密事，卽用白色紬綾，上書蠅頭小字，中蓋老賊僞戳，縫成小捲，塞入雨傘竹柄中，令小賊薙髮逃出，扮作鄉民客商之類，私往彼賊處投遞，故兩處消息仍通。若先將各處賊設僞疏附翦除，並在各要隘隨時嚴密盤查，使各處之賊不能通風，則逆首尾不能兼顧矣。

清·謝介鶴《金陵癸甲紀事略》 上元縣劉公，朝服坐堂上，罵賊寧殺己，毋傷百姓，賊不殺，乃急投署［後］溝水殉難。其餘殉難者，未及考。城內紳耆衿民閤室自焚，及投水雉經服毒，不計其數。劉公名同纓，江西右城人，道光丁酉科拔貢。大城破，將軍率官兵守皇城，滿洲婦女幼弱亦登陴助守。次日，賊衆至，砲發斃賊無算。［奈］賊有增無減，官兵力竭，又連日未食，難抵禦。賊爬城開門入，混戰一日，將軍及閤城皆殉難。婦弱未殺盡者，賊驅出城，至河下殺之，棄諸水。

賊初入城，猶未敢遽入人家，懼有官兵伏藏，路遇人必殺，十二日見人則捉使抬屍，棄諸河，否則殺。數日傳鑼令百姓貿易如故，不開張將搜殺，但各鋪面已擄掠一空，而賊藉查人，又搜索罄盡，其壯者則拖去爲聽使，前後衣著黃補，寫賊銜，謂之『招衣』，幼童則搶去爲假子，或爲打扇，打扇乃賊之小僕名，常持馬鞭、洋傘及扇，隨賊後。蓋賊最愛童子，相與嬉戲而已，並無所謂童子兵也。其時老病，置弗問。惟不使男子歸己家，歸則謂與女子私，犯天條，當殺。於是男子先分館聚處，而賊乃得肆志入百姓家搜掠，無所不至。先是傳僞諭令人進貢給單，使貼門牆，則不入其家，否則搜出銀十兩、金一兩者殺，而稍有資力之家，咸獻金銀，貼僞單，賊搜物遂以此爲記，得以知其有無也。

秦淮兩岸青樓，大半搬避利涉橋北，有妓王氏女，不及行，賊適至，逼與歡。女笑迎曰：『妾以陋質，得侍大王，何修而獲此，顧家有酒饌，盍飲以合歡。』賊喜諾，大噱醉，女抽刀殺賊，而後自縊於樓。噫！妓猶不屑與賊偶，吾知愧於妓者衆矣。至於從容不亂，尤見其難。此条原本未載，見《癸甲摭談》。

街道既清，於是賊用鑼鼓數百，迎天賊入制府署居之，然此一入，不見其出。蓋東賊以此軟禁，使之自死之意。其僞王娘數十，皆以黃絹蓋頭，騎馬跣足焉。

男館既立，賊又趕女子出，不准私住，於是扶老攜幼，背行李，悽惶道路，得間投河者無算。賊驅之東，復驅之西，不得哭，哭則爲妖，非鞭卽殺，不得已露宿檐下，越日乃分前後左右中五軍女館，每軍以一至八，分爲八軍，軍設女僞軍帥一，統女百長數十，以拘禁婦［女］，其夫與子尋踪至，雖見面而不敢交一言，言則爲犯天條，以此受杖及死者甚夥。其時城北幽僻之地尚有百姓潛伏者，賊以搜物至其處，覺焉，乃驚散男子，驅女子赴水漢西門外，盡殺之，棄諸河。

男女館設，逼人敬天父，代具黃紙奏章作誓語，謂之悔罪。夫敬天，人所同也，天主爲邪教，粵逆惑人，又竊天主教之餘似，名爲天父降於東賊，口代天父言，謂之下凡，愚蠢竊信之，繼又悟其詐，又卽其詐以詐衆人。且言敬天兄耶穌，耶穌，西方之聖人也，西方口外諸國信奉最篤，而辨之甚明。乃粵逆强曰天兄，謂耶穌爲天父之第一子，天賊爲第二子，南賊爲第三子，東賊爲第四子，北賊爲五子，西賊婦（楊）［洪］宣嬌爲第六女，翼賊爲七子，餘雖其父兄子孫，皆爲該賊等之弟，母嫂（子）［姊］女皆爲該賊等之妹。又出南賊所作讚美曰：『讚美上帝，爲天聖父。讚美耶穌，爲救世聖主。讚美聖神風爲神靈。讚美三位爲合一眞神。真道豈與世道相同，能救神靈，享福無窮。知者躍躍，接之爲福。愚者省悟，天堂路通。天父鴻恩，廣大無邊。不惜太子，遣降人間。捐命代贖吾儕罪孽。人知悔改，魂得升天。』率衆朝夕誦之。又每茶飯，先默誦小子跪在地下，敬謝天父上主皇上帝祝福，小子日日有衣有食，無災無難，魂得升天。夕睡朝起亦誦小子跪在地下，懇求天父上主皇上帝祝福，時賜聖神風，化醒迷矇，日日有衣有食，無災無難。感謝天父上主皇上帝在天金旨成行，在地如在天焉。俯准所求，心誠所願。更（爲）［謂］天父七日造成天地山海人物，每閱七爲一讚期，街設大旂，寫明日禮拜，各宜虔敬，三更具菓品糕點，羣誦讚美，申奏章，亦書小子跪在地下懇求等語，而各僞府鑼聲砲聲震耳，將洋縐褂褲付諸火，謂之繳還天父。老長毛病，亦具奏章，用小子跪在地下等語，着人代求，其言甚哀。

十天條，賊以禁人，犯則殺，人不能背讀者，輒受杖責。不知該賊敬拜上帝，何益之有？七日再拜，得罪無所禱也。爺火華，天父名，始避之，繼又不避。父母弟兄離散，從何處孝敬，夫妻相處，亦爲奸，惟逆賊逼奪民女則不犯。謊話賊常有，搶掠賊常行，貪淫賊之本心，但禁人而已。十天條之説，可概見矣。

逆賊出僞示，死不用棺，用［則］爲妖。香火不設，［設］則爲邪，賊心不禽獸若矣。死爲昇天，爲喜事，不准哭。而東賊子死，淚下如雨，目遂失明。

賊自上遊擄船隻下金陵，誑謂船戶送到不留船，許自返，並不必蓄髮，開水手名將厚賞。及金陵城破，盡數驅之入，其願附者易船，不願附者分入諸賊館爲聽使。各船所自有之物並没於賊，脅逼城内外之壯者登焉。驅赴揚州、鎮江，乘間逃亡者亦不少。

東賊使賊衆陷鎮江後，擬卽至蘇杭。忽聞大帥向至金陵之淳化鎮，乃大驚，調回大股賊守金陵，蘇杭以是獲無恙。大帥爲東南保障，益信。此条亦見《癸甲摭谈》。

百姓見有揚州、鎮江之驅，或自盡或竄逃，城内鼎沸。賊懼，僞丞相鍾芳禮性稍和平，乃有機匠之招，言爲匠做工，則不打仗。且投入機匠之家，凡遇賊搜索，告僞相，輒杖賊追還。於是投機匠藉以伏處者，約二萬人，後有雜行之設，亦如之。

洋務運動部

通紀概説分部

綜　述

《巡視南城掌四川道監察御史陳廷經奏同治三年十二月初四日》 竊思敵國外患，正動心忍性之資；居安思危，乃制治保邦之要。方今『粤逆』雖就殄滅，而『回匪』尚擾於陝甘，『苗匪』猶踞於雲貴，西洋諸夷內則狎處輦轂之下，外則布滿江湖之間，通商傳教，目前雖稱恭順，蔓延日久，難保無奸民煽惑，勢極可危。則欲有以靖內患、禦外侮，非講求兵制不可。夫祖宗成法，有必不可易者、有不得不易者，所謂因時制宜也。臣謹就管見所及，爲皇太后、皇上陳之：

一、營制亟宜變通也。各省設兵不爲不多，而軍興以來，按籍有兵，屯營無兵；食糧有兵，殺賊無兵。額不足則疲弱多矣，器不備則精鋭少矣，訓練不勤則技藝疏矣，養贍不厚則志氣靡矣。操演但循故事，則情以玩惰而不專；分汛不過數人，則勢以散漫而不整。無事則年年籌餉而不聞練兵，有事則紛紛募兵而又需增餉。以有限之餉，養無用之兵，國家其曷賴焉！夫養兵數十萬而無數千之可用，視一千有一千之用者則不侔矣，視一千可當數千之用者更不侔矣。今請於各省兵額舊有一萬名者裁汰三成，卽以三成裁汰之餉加給存營之兵，去其虛冒，養其健鋭，則兵不患其不精矣。各營分汛之兵寥寥數名，本同虛設。今請酌量裁併，專歸一處，每府卽設一營，各營哨官逐日認真訓練，該管參、遊等官按月操演一次，該管提、鎮等官三月操演一次，該管督撫又三月操演一次。其有老弱充數及技藝不精、器械不備者，除將兵丁革退外，該管官加以嚴參。賞罰嚴明，軍威整肅，則兵不患其不精矣。平時講武，弓箭爲先；臨陣交鋒火器爲上。請自今鄉會武場及學政考試，俱加用火器，以歸畫一。臣前在江南書肆，會見明人夏氏所刻《五火元機》一書，內言火攻之法無一不備，無一不精，有衝陣火器，有攻城火器，有劫營火器，有埋伏火器，有水攻火器，其遠攻之器有火礮、火銃、火箭、火彈等名，其近攻之器有火鎗、火刀、火牌、火棍等名，每名有圖式，每圖皆有講説，人人可以製造，人人可以學習。想曾國藩、李鴻章等久在行間，必已購有此書。若能推行演習，則兵更不患其不精矣。臣前請將散勇降卒挑補綠營，是因兵不精而議增；今有請將各營舊額裁汰三成，是因兵不精而議減。或增或減，非敢妄易舊章，不過欲除數百年相沿積弊耳。現在浙江、江蘇、安徽等被兵省分，各營舊額十損其半，該督撫等正可破除情面，酌改章程，以副朝廷整飭戎行之意；不宜因循瞻顧，奉行故事也。

一、海防亟宜籌畫也。古人撫馭四夷之法，未款之先，當有以杜其窺伺；既款之後，當有以絶其覬覦。英、法諸國，自換約以來相安無事；又見皇師疊殲『巨寇』，連復堅城，益有以寒其膽而懾其心，臣復何所過慮？惟念夷情叵測，反復靡常，利器精兵，百倍中國，其所以逞其貪縱者，不過恃有長技耳。長技爲何？一在戰艦之精也，一在機器之利也。然彼有其戰具，我非不可以購求；彼有其機巧，我非不可以學習。查東中二印度據於英夷，其南印度則大西洋各國市埠環之，每一埠地各廣數百里，此疆彼界，各不相謀，皆有造船之廠，有造火器之局。其船廠材料堆積如山，工匠如雲，二三旬可成一大戰艦。終年營造不息，是英國船礮在中國視爲絶技，在西洋各國視爲尋常。今請於廣東虎門外之沙角、大角二處，置造船廠一，置火器局一。行取西洋工匠司造夾板火輪之舟，並延西洋柁師司教行船演礮之法，一二戰後，即可自行改造，自行駕駛，不必仰賴於彼國，如內地鐘錶亦可以定時刻也。計英夷二桅中號兵船，每艘值銀二萬餘圓，三桅大兵船每艘值銀四萬餘圓，見澳門新聞紙中；凡侈言每艘需十萬金者，皆妄也。先制戰船，次造巨礮，而後配以精兵。其所配之兵，取諸沿海漁戶者十之八，取諸水師舊營者十之二。將現在所設艇船、師船概行裁撤，凡水師之虛糧、冗糧盡行裁幷，以爲募養精兵之費。必使中國水師可以使樓船於海外，可以戰夷船於海中，庶幾有備而無患。臣查洋艘所以堅固，皆由駛犯風濤，遄行萬里，無終歲停泊者。今請自造船後，於承平無事之時，歲護海運之米，往來天津。凡水師提、鎮大員入京陛見者，必乘海艘，不許由陸行走；其副將、參、遊以下入京引見者亦然。此外水師省分，仍每年乘坐此船，循例會哨。則聲威所播，足以懾服羣夷矣。又查西洋專以造船、駕舶、造火器、奇器取士掄官，上之所好，下必甚焉。今請於閩粤二省武試增水師一科，有能造西洋戰艦、火輪舟，造飛礮、火箭、水雷、奇器者列爲上等；能駛長風巨浪，能熟風雲沙線，能鎗礮有準的者次之，皆由水師提督會同總督拔取，送京驗試，分發沿海水師教習技藝。使天下知朝廷所注意在是，則人人爭奮於功名，必有奇材絶技出乎其中矣。昔指南制自周公，木牛與於諸葛，羅鍼始創自中華，儀器不亞於西土。中國智慧，何所不有！今西洋器械，借風力水力、火力，奪造化，通神明，無非竭耳目心思之力，以前民用（?）我師其所長而用之，則西洋之長技，皆可爲中國之長技，誠萬世之至計也。西史言俄羅斯之比達王聰明絶世，因國中技藝不如西洋，微行遊於他國船廠、火器局，學習工藝，反國傳授所造器械反勝西洋，由是爲海外雄國。是知天下無不可學之事，無不可成之功，惟在深謀遠慮，不畏難不苟安而已。

夫整頓陸營則內患不作，整頓水師則外寇不興。皇太后、皇上軫念時艱，不遑旰食，封疆大吏中必有老成持重、憂國憂民與朝廷同此心者。事在專勤，不可間斷，功歸決斷，不可游移，防患於未然，制治於未亂。臣所深望於今日，不敢遽言而又不得不言者也。

清·賈楨等《籌辦夷務始末（同治朝）》卷四〇《總理各國事務恭親王等奏同治五年二月二十六日》 上年九月十八日，據總稅務司赫德呈遞《局外旁觀論》一本，臣等覈其所議，於中外情形尚能留心體察，然究係局外議論，且亦非急切能辦之事，是以未敢上瀆宸聰。茲於本年正月十九日據英國使臣阿禮國照會，並附陳外國新議一件、説帖一件，臣等公同詳閲，其所議與總稅務司赫德前遞《局外旁觀論》大致相同，而措詞更加激切，其中恫喝挾制均所不免，且窺其立意，一似目前無可尋釁，特先發此議論，以爲日後藉端生事地步，若不通盤籌畫，先事圖維，恐將來設有決裂，倉猝更難措置。查該使所論各節，如飛線、鐵路等事，皆屢經臣衙門辯駁之件，該使亦未將如何有益中國之處切實指出，似仍未便遽爲置議。惟所陳內治外交各種利弊，反覆申明，不無談言微中。就其所陳再四尋繹，文內扼要之語，一則曰借法自強，一則曰緩不濟急。而其所以挾制中國者，則以地方多故，不能保護洋商爲兢兢。臣等查中國本應力圖自强，概鄙他人之法爲不可用。又不廣求良法，立見施行。現在沿江沿海通商口岸，均與洋人交涉，全賴各督撫大臣督飭地方官處置得宜，方免外國藉口生事，非臣衙門所能與各該國住京使臣，徒以口舌相爭。

又《諭軍機大臣等同治五年二月二十六日》 總理各國事務衙門奏：據總稅務司呈遞《局外旁觀論》、英國使臣呈遞《新議論略》，於中外情形深有關繫，請飭交沿海沿江通商口岸地方各督撫大臣妥議一摺，幷將總稅司及英國使臣所遞論議、照會各件，一併進呈，披覽之餘，有不能不豫爲籌畫者。中國軍務未平，帑項未裕，洋人即因此以生覬覦。詳閲總稅司赫德所陳《局外旁觀論》，大旨有二：曰內情，曰外情。英國使臣威妥瑪所陳《新議論略》，大旨有二：曰借法自强，曰緩不濟急，其詞與《局外旁觀論》大意相同，而措詞更加激切。其所以挾制中國者，則以地方多故，不能保護洋商爲兢兢。現據總理各國事務衙門奏稱『窺洋人之立意，似目前無可尋釁，特先發此議論，爲日後藉端生事地步。若不先事通籌，恐將來設有決裂，倉卒更難措置』等語。因思外國生事與否，總視中國之能否自强爲定準。該使臣所論，如中國文治、武備、財用等事之利弊，并借用外國鑄錢、造船、軍火、兵法各條，亦間有談言微中之時。總在地方大吏，實力講求，隨時整頓，日有起色，俾不至爲外國人所輕視，方可消患未萌，杜其窺伺之漸。至所論外交各情，如中國遣使分駐各國，亦係應辦之事。此外所論各節，反覆申明，綜以將來中國不能守信爲疑，所陳輪車、電機等事，雖多窒礙難行，然有爲各國處心積慮所必欲力爭之事。尤恐將來以保護洋商爲詞，即由通商口岸而起。江蘇、江西、浙江、湖廣、閩、粵各省，及三口通商地方，均係沿江、沿海，與該洋人日相交涉，該督撫俱應熟悉中外情形。應如何設法自强，使中國日後有備無患，並如何設法豫防，俾各國目前不致生疑之處，著官文、曾國藩、左宗棠、瑞麟、李鴻章、劉坤一、馬新貽、鄭敦謹、郭嵩燾、崇厚，各就該處情形，亟早籌維。仍合通盤大局，或目前即可設施，或陸續斟酌辦理，或各處均屬阻滯，斷不可行，務條分縷晰，悉心妥議。專摺速行密奏，此事關繫中外情形甚重，該督撫大臣等，務當共體時艱，勿泥成見，知己知彼，保國保民，詳慎籌畫，不可稍涉疏略，是爲至要。

論說

清·李瀚章《曾文正公全集·奏稿》卷一二《覆陳洋人助剿及採米運津摺咸豐十年十一月初八日》 此次款議雖成，中國豈可一日而忘備？河道既改，海運豈可一歲而不行？如能將此兩事妥爲經畫，無論目前資夷力以助剿濟運得紓一時之憂，將來師夷智以造礮製船，尤可期永遠之利。

清·吳汝綸《李文忠公全集·朋僚函稿》卷四《復徐壽蘅侍郎同治二年九月二十七日》 弟譾陋無狀，謬膺重寄兵餉二事，既若難支重以夷務剛柔調劑，更尠善術。蓋目前之患在內寇，長久之慮在西人，堂堂華夏積弱至此，豈一人一時所致，撫髀太息而已。

又　卷五《復陳筱舫侍郎同治三年九月十一日》 茲餘氛逸入楚粵邊界，有健將數人，勁兵數萬，當足了之。惟鴻章所深慮者，外國利器强兵百倍中國，內則狎處輦轂之下，外則布滿江海之間，實能持我短長，無以扼其氣焰。盱衡當時兵將，靖內患或有餘，禦外侮則不足。若不及早自强，變易兵制，講求軍實，仍循數百年綠營相沿舊規，厝火積薪，可危實甚。或謂以各省戰士補兵額，以無主荒田爲屯糧，摭拾陳言，似尚近理。按之事實，殊爲遷就。兵制關立國之根基，馭夷之樞紐。今昔情勢不同，豈可狃於祖宗之成法。必須盡裁疲弱，厚給糧餉，廢棄弓箭，專精火器，革去分汛，化散爲整，選用能將，勤操苦練，然後綠營可恃。海口各項艇船師船，概行屏逐。仿立外國船廠，購求西人機器，先製夾板火輪，次及巨礮兵船，然後水路可恃。中土士夫不深悉彼己强弱之故，一旦有變，曰吾能禦侮而破敵，其誰信之？狃於目前小勝，謂內賊不足平，外患亦不足慮，其又能自信耶？鴻章略知底蘊，每於總理衙門函中稍稍及之。朝廷即欲變計，亦恐部議有阻之者，時論有惑之者，各省疆吏有拘泥且而不敢信從者。天下事終不可爲矣，吾丈知愛素深究心機要，附陳一一，伏希心鑑。

又《復薛覲堂侍郎同治三年九月十一日》 東南底定，彼族無所挾持，當漸順手。惟朝廷爲遠大之計，仍須及時變易綠營舊制，選留勁旅，厚給糧餉，精求火器，擇置能將，使各國無輕視之心，即當局有操縱之術。滬上沙船生意日薄，停歇頗多，於稅捐海運均有妨礙，執事所深知者。昨據關道詳稟入奏，復申前請。英酋把持利權，恐難與力爭，然迫於公議，防我後患，不敢壅於上。聞巴夏禮殊狡黠不易馴也。

又　卷六《復朱文香學使同治四年七月十三日》 頃已委署泰州都中條陳釐務甚多，不知田畝盡荒，錢漕難征。正項既不足以養兵，必須釐金濟餉。與其病農，莫如病商，猶得古人重本抑末之義。書生坐談誤國，可爲浩歎。且外國猖獗至此，不亟亟焉求富强，中國將何以自立耶？千古變局，庸妄人不知，而秉鈞執政亦不知，豈甘視其沈胥耶？鄙人一發狂言，爲世詬病，所不敢避。

又　卷一六《復劉仲良中丞光緒二年九月十四日》 至謂鄙人喜聞談洋務之言以致冒險負謗。處今日喜談洋務乃聖之時，人人怕談、厭談，事至非張皇卽鹵莽，鮮不誤國。公等可不喜談，鄙人若亦不談，天下賴何術以支持耶？中國日弱，外人日驕，此豈一人一事之咎！過此以往，能自强者儘可自立；若不强則事不可知。足下三太息，可惜不甚切題耳！

結案奏摺條款早經咨送，試再四尋繹，於國體餉源有何窒礙？人皆震驚於添口之多，無論口岸非自我准添也，添十口與添一二口利害輕重適均。西洋各國到處准他人寄居貿易，而仍日益强盛，可知其不在添口而在不能自强。能自强則必先變法與用人。試問今世之人與法何者能强？不責其所以不强之故，但責承流塞漏之非，出自書生俗吏可也，出自執事之口，毋亦迂遠而闊於事情耶？津防鎗礮、鐵礮臺船照常豫備，雖不專言戰，亦何妨兼言和？

昔剿粤捻時所稱忠勇謀略之士已屬罕見，施之於洋戰，忠勇猶是，謀略則非，不但淮軍文武無此可靠之才，九州內亦少中意者，由於不學自是也。不學自是，雖做八股亦無長進，況於非常之任！以吾視之，皆椽桷尺寸；以公視之，則居然棟樑。然閣下之言雖未盡當，其意固甚足感也。

海防百年可不用，一日不可無備，事久則疲，暮氣必至，非人力所能挽。但在此一日不容恝置。行百里者半九十，誠自悚慮，所以强爲此行，尚欲馳情百里，非甘九十者，此意可獨喻，難以共喻耳。

清·吴汝綸《李文忠公全集·奏稿》卷三五《議覆中外洋務條陳摺光緒五年十一月二十六日》 伏思近來時事多艱，朝廷深思遠慮，廣開言路，內外臣工得以抒其藴蓄，暢所欲言，嘉謨異策，原可輻湊並進。惟是言者之精粗深淺既有不同，卽所言甚當，或礙於成例，或阻於浮言，或絀於經費，或乏於人才，往往難見諸施行；而凡一事之利弊，又非確有見聞難遽懸斷。其事之關涉他省者，尤非南北洋大臣權力所能及，耳目所能周，往返行查，迹近推宕。茲臣謹將確鑿可行者籌定一二，其於事理稍疏與格於時勢，暫宜緩行者不復置議，以附實事求是之義。

卽如礦務一節，丁日昌、王先謙、羅應旒皆言之。今直隸之開平、湖北之當陽、安徽之貴池、臺灣之鷄籠，均已試辦，冀有數處稍著成效，卽可逐漸擴充。洋藥酌加釐税與機器製造、輪船招商各節，王先謙、羅應旒皆言之，除洋藥釐税並徵應由總理衙門與英使威妥瑪商辦外，其織造機器已創辦於蘭州，輪船攬載已設局於津、滬各埠，招商借款目下辦法原不出此。若辦理日有起色，商情自更踴躍，官本亦較易籌。要之，此數端者，仰賴朝廷主持於上，臣等乃得審度機宜，妥爲經營，既須臨事變通，尚難豫設成法。又望各省大吏意見相同，呼應無甚隔閡，各處輿情歷練既久，賢才因之奮興，則風氣漸開，富强之基可立矣。

至羅應旒之條議，如兼課西學以資實用，鼓勵巧工以新製造，獎勸巨商以握利權，均可節取而酌行之。將來遇有此等事件，應由臣等隨時請旨核辦。

王先謙之條議，以日本併吞琉球，藐視中國，意在整軍經武，大張撻伐，讐彼强鄰，斯事關係較重，必深籌乎彼此進退之機宜，熟審乎本末輕重之分數。日本國小財匱，其勢原遜於泰西諸邦。惟該國近來取法西人，於練兵、製器各務刻意講求，頗有振興之象。中國水師尚未齊備，餉需亦未充足，若彼不再肆鴟張，似仍以按約理論爲穩著。但倭人性情桀驁，設令狡焉思逞，亦不可無以待之。中國自强之圖，誠難一日稍緩矣。

他如墾闢荒田、嚴汰冗員、整頓釐榷，皆各省應辦之政。擇使一事，亦係要務，俟有所知，隨時密陳以備録用。

至丁日昌之條議，洞晰中外情勢，多閱歷有得之言與空談無實者不同。所議購船及延西人教練一節，山東、浙江及閩、粤各省均須暫備蚊船，前奉旨飭臣代爲經理，俟各該省籌款解到，或仍交赫德承辦，以資熟手。若購辦鐵甲船，經費果能湊齊，應函商出使大臣李鳳苞等設法訪購。其續延教練西人，亦請曾紀澤、李鳳苞等就近物色，必須專門名家、才能出衆，而又恪聽調度者，始敢決計延訂。赫德如有所知，苟係上品，亦可招用。但中西教法不同，上等人材肯來中國者頗少，祇能懸其格，尚難遽得其人也。海口非極要處所，防以水雷卽可停造礮臺，既節糜費，又示敵以不測，甚爲合算。惟水雷事理頗奥，各省真能講求者頗少。釐税宜稍崇寬大以廣招徠，是在多選廉平之員，專司榷務，必於餉項有裨。至腹地勇營及沿海紅單艇船之類，原可酌量裁撤。惟各省地勢遼闊，伏莽尚多，非有得力防營不足以資控制。艇船弁兵額餉較輪船勇餉爲儉，間能捕盜於淺水之處，以輔輪船所不逮，恐亦未可盡裁。應請敕下各省督撫參酌時宜，認真陶汰，凡艇船之窳敗無用者，勇營之虚弱不得力者，量加裁撤，既昭覈實，又不至偏廢矣。

抑臣更有請者，邇來各國環伺，外侮交加，未雨綢繆，正在今日。閲丁日昌之議，令人憂危之意悚然而生。儻蒙聖主堅持定見，激勵人才，勿爲浮議所搖，勿爲常例所格，內外臣工同心戮力，以圖自治、自强之要，則敵國外患未必非中國振興之資，是在一轉移間而已。

雜録

清·寶鋆等《籌辦夷務始末（同治朝）》卷四〇《論軍機大臣等同治五年二月二十六日》 總稅務司赫德呈遞《局外旁觀論》

一、矮人立於長人肩上，所見必遠於長人，廬山真面目，惟在山外者得見其全。旁觀敢抒所見，或效一得之愚。

一、論事必察真實，始能扼要，以虛爲實，所議浮夸；以實爲虛，所見無確。況事之情與日變，遷勸行之道，貴因乎時，惟望當局者採聽焉。

一、立論貴乎實。自有紀載以來，歷數千年，莫古於中國，而自四海各國觀之，竟莫弱於中國。自古不通之外國，近數十年漸漸與中國往來，拒絕不得，不此之計，立言施行，果何主哉。

一、中華事情，一曰內情，一曰外情。今日之外情，係由前日之內情所致，而日後內情，亦必由外情所變。

一、內情局外難言，止可轉傳，如律例本極允當，而用法多屬因循。制度本極精詳，而日久盡爲虛器。外省臣工，不能久於其任，以致盡職者少，營私者多。寄耳目於非人，而舉劾未當，供食婪於戚友，而民怨弗聞。在京大小臣工，名望公正者，苦於管轄甚多，分內職分，反無講求之暇。部員任吏胥操權，以費之有無定准駁。使外官清廉者必被駁飭，如是而欲民生安業，豈可得耶？各省籌畫款項，動逾萬萬，而兵丁欠餉，竟致累月經年。兵勇之數，動稱千百萬，按名排點，實屬老弱愚蠢，充數一成而已。平日挑擡營生，未經訓練，一旦令其戰陣，實驅市人而使鬬，以刀矛爲耒耜。駐防人等，平時拉弓舉石，祇講架式，股肱怠惰，止得養鳥消遣，賊至未決一死戰，而全家自盡請卹矣。對敵之時，賊退始肯前進，賊如不退，兵必先退，帶兵官且以勝仗具報矣。及殺一二平民，或由賊去而遇未剃髮之村農，且以斬馘髮逆無算，入告邀功矣。通經原爲致用，而今之士人，書籍非不熟讀，詩文非不清通，使之出仕，而於人所應曉之事，問之輒不能答。一旦身居民上，安能剔弊釐奸。定制爲上下遵守，如居官者迴避本省一條，係爲防弊，然人品豈無正直，原籍情形既熟，言語皆通，名望素孚，乃格於成例。而使官別省，俸滿即應升調，於地方公事未及深究，胥吏反得久踞衙署以售其奸，年滿更換之說，盡屬虛語。此例所欲禁，弊即由例而生。禁止邪教，原爲崇正，乃各省以神靈顯佑，奏請匾額者屢屢。各省撥款疊催，而民言剝皮，及至大內所需，飭令捐備例不准銷，是令人舞弊也。法本善而反惡，種種非是，以致萬國之內，最馴順之百姓，竟致處處不服變亂。吁，事不以實，而徒飾虛文可乎？

一、文武各事之行，盡屬於虛。執法者唯利是視，理財者自便身家。在上即有所見，亦如無見。遠情不能上達，上令不能遠行。以上各情，局外常論中國似此懦弱，若不致外有探伺之患，即內與外來往者，連開此說，難保無竊上不服作亂之災。

一、今日之外情，由昔日之內情所致何耶？中華土產本爲外國所缺，外國各貨內地可銷，由此有通商之舉，其勢日密。居官者初視洋人以夷，待之如狗，人來日多，身物無可依恃，必須定章，方可有憑。是以道光年間始動干戈，嗣有條約，均以日後必妥爲喜。惟條約所允，地方常有違背，令洋人疑係上司未知所致。而上憲不悟，無奈復動干戈，得有隨時赴京明文方息。迨後因可赴京，以爲更妥，乃大臣初次北上，仍以夷相待。違約阻止，復致興兵。在京換約，派常住之大臣，致有庚申年之事。似此各情，皆由智淺而欲輕人，力弱而欲伏人，現在某事當行，某事不當行，已有條約可憑，一經背約，即有問故之患，所言外患由內召此也。若仍貿貿而行。必啓外多進一步之釁。

一、外情係內情所致，而外情何也？前數十年中國與外國並無往來，亦無所謂章程，且中國或不知外洋有如許國，現在議定條約，有十國之多。住京有外國所派大臣，新設有衙門專辦各國事務，且數年間幾次有事，可見外國所請，以力得通商條約，並非中國本意，係由外國而定。外國定約，係因保全來往之故。各國來往之故不同，爲通商有三大國，而定約之要又有三，曰邊界，曰傳教，曰貿易，而其國爲俄、法、英也。至邊界一節，俄國與中國有萬里之相連，畫界辦交涉事件，非有定章不可，是以俄國較別國爲早，現在邊界已與昔年不同。至傳教一節，奉天主及耶穌教者，以此爲正，以別教爲邪，傳教者皆謂盡此之本分，而使益於彼此。傳耶穌教者，非止一國之人，且小有不同，皆係民間捐資。今往各處傳教，以爲善舉，與國家無涉。傳天主教者不同，各國之人皆有，然教內有教皇，統轄各處傳教之人，不特與各國國君爲平等，而各國以天主爲教之國，皆當爲之護法，奉此爲國教，而法國爲首。通商各條約內，皆有准傳教，並保護奉教之章程。奉教者交接周密，無處不聽傳教之言。傳教者無不奉教皇之命，儻教内有故，奉教各國必來調理，即如法國因廣西害死傳教之事，致派兵直抵京門。至貿易一節，各國雖有分，而英國爲首。論貿易之事，不過以貨納何稅，何處作口岸，何處准居住等項爲要。有章程可憑，各商皆有著落。若一違章，均與各國有關，不得輕視。以上三節，既定有條約，必應於邊界循照定章，必應准傳教而保護奉教，必應於貿易之事遵守各章。此數言係保外情。

一、外情如此照辦與否，於内情有何關繫？

一、民間立有合同，即國中立有條約。民間如違背合同，可以告官准理，國中違背條約，在萬國公法准至用兵。敗者必認舊約賠補兵費，約外加保方止。中國初次與外國定約，並未以條約爲重，不過聊作退敵之策。至今萬衆之内，或有一二人知有條約，然未認條約之重，未知違約之害。

一、照約辦理，内情如何？曰民化而國興，外國所有之方便，民均可學而得。中國原有之好處，可留而遵外國之方便者不一而足，如水陸舟車、工織器具、寄信電機、銀錢式樣、軍火兵法等，均極精妙。國民雨沾其益，願學者皆能學，故曰民化。中外來往日多而敦好，外無多事之擾，内有學得之益，故曰國興。

一、不照辦如何？照辦則年比年相識，日比日相好，民化而國興。若違章有動兵之舉，國亂之災，違約者或因不肯照約，或因不能照約，若不肯，必有出而勉强者，若因不能必有起而代行者，考前次動兵，可見泰西最小之國，尚有必得之力，或者邊界有事，俄國何難占地，若教内有故，致由外進兵，奉教者何難相助。若貿易有阻止，而英國進兵，各國必從，一經動兵，外國有得而無失，是以當留心而免之。常聞外論中國官民大半可以利動，勢處極弱而不守信。若再有動兵之事，成敗得失，不待智者而決矣。是以或有應辦，或有請辦，不如早辦，不致日後爲人所勉强也。

一、内情壞至此，外情險至此。内事旁觀者自不敢多勸行，外事已有章程。旁觀者祇可指出日後外必欲行之事。

一、内所應行，其難辦首在無財。然無財非因民間真無財，亦非因理財所得之少，惟官之下取於民者多，而上輸於國者少。民力亦可多輸，難在無財，是以各項錢糧，均應整頓，即如地丁、鹽課、稅餉三項，各項應派明幹大員，將各處情節細查，從新定日後之辦法。地丁一項，本係甚輕，無人耕地，自無地糧。既耕地，糧本輕，或可照土產貴賤，分別徵多徵少，浮耗當去而正供增。鹽課一項，無私鹽之處甚少，而辦鹽課之員，未嘗無財。稅餉一項，沿海各口，内地各關，均有飽私囊而漏公項之弊。以上三項，若認真整頓，日後所得之銀，可敷國家之用。錢糧之外，應派大員查各舊例之應變通刪改者，不致於日後應辦之事有窒礙。財既得而例無礙，文武各事，不難更正。文之要惟各官俸祿，各等官員應予以足敷用度定數，不致在外設法得錢，陞官加俸。查明署内應用人若干，並准開銷經費，官署各人，雖數不少，向係均得度日之銀。左右之民，均言被勒，其民不服，並非因被勒之多，因無時無定數，而係私取。若因國家用度，新定民間應納各項銀兩，必無不服。所交之銀，並無格外爲難，反或較少，仍足各官重祿，各署定費。若將此意向外任詢問如何，均不願，必答不行。惟若法善政，豈有外不尊内，而必以内聽外之理。武之要在兵精不在多，兵法兵數兵餉，均有應改。各省若有兵五千人，常留營内操練，不准出外謀生，十八省不過九萬之多，比此時百萬，得力而省。京都另養一萬之數，此費可於洋稅扣滿四成之後支銷。再文武應准本省居官。爲官係明理之人，在本省熟悉風俗語言，若署内有舞弊，較外省來人，更易查出。其餘一切事宜，日後可隨時設法整頓，必致國安民富。

一、凡有外國可教之善法，應學應辦。即如鑄銀錢以便民用，做輪車以利人行，造船以便涉險，電機以速通信。外國之好法，不止四條，然旁觀勸行之意不在此，係在外國日後必請之事。

一、大皇帝召見各國住京大臣，若不允見，雖不便遽至失好，恐必藉他端而生事，不如先告以可見。一派委大臣駐劄外國，於中國有大益處。

在京所住之大臣，若請辦有理之事，中國自應照辦。若請辦無理之事，中國若無大臣駐其本國，難以不照辦。一准洋商合華商會製輪車、電機各等事。

一、以上所勸行，内係將舊例、地丁、鹽課、稅餉、官俸、兵制、整頓，外係召見、派使、會製。召見無損，派使自護，會製民富。

一、内外所勸行者，若云非一日能辦，然愈早辦則愈好。惟另有數事，立應料理。若不將此數事辦完，想辦餘事，恐晚船夜沈，白日不及修矣。一係潮州進城之事。經五年之久，文書來往，至今領事未曾進城，而事愈久愈難，多年不照條約辦理，均言或以未肯，或以未能之故。若再不辦，必致生事。一係田提督未拏。上次所録諭旨，與先數日給住京大臣閲看之稿，有不同之處，以致幾生釁端。現雖奉有上諭，若得知其人仍安居無事，後辦此案，不足了事。至其餘未完各事，不如早了。

一、未了各案，勸早料理者。不早了必動干戈，無不知中外交兵，外有必勝之勢，中若敗而始了各事，外必不能以此罷兵也。外所欲得之事，現已深知，若再戰勝後，其事更不可問矣。

一、旁觀所論，並非恐嚇之輕語，而外國日後必行各事，並非欲害中國。各國所欲，並無他意，惟願中國能守和睦。如上年照約退兵，並各處會同剿賊，可見實心相待之意。中外通商，若以後不再動兵，外亦甚悅。即如求益免損，各顧體面，各國來往，常有因此等事而用兵也。

一、潮州進城一節，事關大局，宜派大員往辦，或請旨命廣督前往，或命李宫保前去。至田提督一節，不如由京派大員跟兵役數名，由内江輪船直赴川查提到案。二事尤須速辦，數月後新到有英國大臣，若知有五年未辦之事，難以再行將就。法國因貴州事未完，必不甘服，一處有事，各處必羣起相向。中國有失而無得。

一、所説日後内情，必由外情而變，此意可明。奉勸各事，若不試辦，無庸提及，泰西各國，左近日本、暹羅各小國，若要作亂，無可抵擋。若照行，泰西各國，必致欣悅。無事不助，無時不合，蓋萬國來往，向來各國讓各國之事。中國若仍不讓，各國必不服，若讓而中國作萬國之友，其地廣大，其民衆多，文義均通，安分務工。止有國政轉移，無難爲萬國之首。若不轉移，數年之内，必爲萬國之役，日後之内情，均由此日之外情而生，此日之外情，在王爺大人之手，能臣之決斷，萬民之造化也。

威妥瑪《新議略論》

大英欽差大臣阿詢及中華目今大勢，欲知嗣後和好，保其長久，威參贊全以總憑中國能否内改政治，外篤友誼，遵行復陳大畧。

一、竊以現在所有承辦中外各國事務，不分華外，各大臣欲知將來外國有無常能盡誼，只得設爲問答，方見其實。試問中華日後能否保其自主，此言無所不賅，乃有甚願中國永能防其侵占，而觀其時勢，難免代慮之深。

一、蓋中國内患甚深，外交或有未至失和，大概亦皆冷淡，而立約各大邦來華，各有難棄之要務。天下之亂，屢年不止。各國果想敦誼，不願干預，而大亂未已，早晚誠恐易致撓越。況因中國交結鄰邦，多有堅執閉絶，有瀆各國體制，何免寒其睦好之心，尤以内地治理，尚執定見，不肯借取新法。平治内亂，保其外局現不受損，日後更增，所有應得之利，實致各國原有不願干預之心。因此日見減少。

一、所云内患甚深。歷年有之，不必遠觀。自道光二十五年以來，邸報所傳上諭摺奏等件，覽畢可知。目今直省之中，若云全省並無賊股，實不易言。蓋賊率皆會匪，入會實意不過搶掠，旗號所書均欲立國爲君。即如雲雨滋亂之極，甚至有無官員，皆不可知。新疆回民，到處變亂，更至奉天原係國初根本，該處民人命産毫難相保。

一、如此大患，推問何由。仍讀上諭摺奏所議所載，其故有二：一則水旱之災。民受窮困，强壯者搶掠爲生，軟弱者無力抗拒，因亦從其爲賊，此係天意，人難預防。一則各省官吏。或有失義，或係無才，事先不能防備，事後不能辦治，此係人事。據見邸報，尚屬人多天少。

一、至於軍務捕務，更閲邸報可知。軍務缺兵，捕務之役，俱由原額錢糧甚少，且所支者尚有不足原額之數。至於錢糧一節，則地丁糧米鹽稅脱欠甚多，總之所有入國大宗，無非缺欠。外省因缺銀糧，止得設法權計，亦不過爲暫顧目前。即如内地運貨釐金收稅，内外商局均受其損，尤因隨時隨事開局徵稅，不能不設官，該官俸祿，有名無實，何保所徵皆歸官庫，就使所徵皆得入庫，則時事未平，易得籍故支用。果有不歸花費，卽屬虛縻。

一、查此或問天下豈無能治之人。竊以能人可謂不乏，蓋賊已有較平。海邊內地，尚有數處，或云總由通商各口幸有外國保守，因此而得。惟有外國之人，日閱京報，確知天下大臣中實有認真出力者，有爲國忘身者，此不能不言。惜其得立功效，甚足嘉尚。然而中華欲憑此等一處偶建之功，卽將天下大局換回，決屬不能。何則？此等良臣，不能處處皆是，而且不能久任一方，常往別處調用，而有人得補其缺，未必能同一樣出力認真。天下大患甚重，決不得因一兩處有良臣盡力，遂得徧除全患。果欲全天下皆平，總不能按成例舊法，方得增益，要在早爲圖成。吏治官役，不分文武，皆求其實，務使糧餉充足。而中華可以充其餉之要二也，一則自取本國之材，務期濟用。二則遠與各國篤結友誼。

一、似此果於取新辦理，往古以來，從無此道。是以中華各官不甚樂爲，外國未明其理。蓋查華儒最重之書，內載窮則變，變則通，通則久。竊思果能按此而行，不數年來，生民卽可甦困，無如官吏紳士，論及變通二字止以變回舊法，方保國政必能久通。所論亦非無故，因見世閒歷代興衰，多有變亂多年，難於治平。亂極甚有無主之時，各省彼此攻打，百姓皆疲。終有英雄出世，有力平亂，黎民以爲奉天，甘心相服。伊既開國，爲治悉遵往古之法，初時較妥，漸次滋生事變，依舊不治，是興時與古相同，衰時亦與古一樣，此中華史鑑累朝世世有之。士人見此興廢，視爲轉輪之常，自問其後必仿古而知。惟其目今欲思良法，止得鑑古而行，若然則爲誤會之至。蓋其內政、外交兩節，今已互結，不能分論。此係今時與古不同之要處也。

一、蓋天下各國，分論東西，東國之間，中華實屬尊崇。自古以來，四面鄰邦，無非向化，閒或不畏軍威，亦無不共服文教。三千餘年，皆屬如此。其閒泰西諸國，有並未來華，有偶或一來，如今泰西大國，或與官憲來往，或與百姓通商。該國若論智學，不亞中華，若論兵力，似覺稍勝。各國在華，都有要務，不能棄置。係中華立約，許爲相保，如果肯保，深惜力有不及，所言中外互結一也。歷代史鑑，實無比照之處，則天下大亂，終或不能平治。欲問後來結局，自難酌古準今，仍照前言往古興衰常理。蓋中華果至終衰之時，諸國各有要務，見必受險，難免干預保全。一國干預，諸國從之，試問將來中華天下仍能一統自主，抑或不免分屬諸邦，此不待言而可知。

一、玆論終衰之勢。或問何用此言，此史鑑所載，歷代朝治，曾問士人，皆以國朝遠勝前代。是壬子年南省會匪滋起，動稱義兵，欲將江山恢復漢人。而十二載以來，除甘爲賊匪，以及愚賤從附，其外體面富庶者，曾問有乎？卽有亦少也。觀此可知天下賢智百姓，至今未有異心。若謂終衰，可計今非其時。賊匪斷難遽能成事，而內地日久未平，百官仍執成見，不肯外借新法，則賊患雖難至於終衰，而中國尚因別故，亦難防其移權之危。此別故者，各國大局，係中國一日不能保全，各國一日難免代爲承保。而使外國代承其責，實免外國代爲作主，此中國失權危險之處，曾已提及，不能不爲再論。一若夫中國好古惡新者，內有每稱各國新爲設法代謀，其名雖似相幫中華，其實所圖者無非私利，意欲嗣可占地自主，而細看此數年來，各國相處情形，可以信其必無此理。溯查道光己亥年閒，英國失和，三年未絕，方能罷兵。定約時除香港一處，本係民稀地荒小島外，有聞英國索要何地。又至庚申，英法兩國帶軍北來，兵勢正盛，何難逞其欲奪之心。乃北上未定大局，而上海英法國之兵，尚代打退金陵之賊，後到續增條約。一得在京畫押，兩國合軍立卽往南退去。旋據續約所載，抵項未完，尚須留兵防守數處，而未結未收各國，先行調回。又以換約以來，五年之閒，條約以內屢有未盡之處。各國雖亦屢經分辦，而通商各口一帶，皆爲合軍協同剿辦，有人謂幫同剿賊，亦爲我國商民利益。此語非虛，亦可見並無占地之心，如有其心，尚肯幫官打賊乎？

一、英法兩國如此協同，總非有心侵占，不言可知。而好古惡新者，甚疑新法包藏惡意，試問向催中國另取新法，催之更甚者，係何國大臣，多係英、法兩國大臣也。蓋其設疑者，實不知各國代謀諸事。不惟於中國無損，反於中國有益。雖謂於外國有益，實於中國更有大益。何則？中國果能聽議各國民人進華，固能取益，而中國一取其策，定能保其富平，富平一保，自主之權亦能永保不移。更有所議者，絕無外國之利，容爲續論。

一、此中華全取其益者。卽如派委代國大臣駐劄各國京都一節，英國瀆告，非止一次。或問外國有何裨益，實無其益。若問中國有無益處，益實多焉。蓋查各國原派大臣進華住京，其意如何，無論他國英國。實慮在外每起辯論，無法可以了結，誠恐易生兵釁。五年以來，屢有各國雖陳不合之件，若如從前並無代國大臣住京，易致生事。幸因有此得免，此於友誼大局，彼此均有裨益。惟遇設若某國大臣所定，中國之意不同，中國既無大臣駐劄伊國，只由該大臣自向本國辯駁，何人在彼能代設辯。然則中國肯派大臣駐於外國，此於外國住華大臣更有何益？此中國全得其益可證。況既與外國無益，更係外國大臣代議特設能駁本員之良法。尚有人疑外國代謀必藏惡意，觀此可知所論之誤。

一、此議卽係全爲中華取益，而中國不肯行辦。外國論及，非以各國大臣住京不便，暫時通融辦理，慢圖退去，則無以知其不爲之心。此節姑不必論，而派員在外，又有益處，中國尚未見及，亦無足怪。但不如聽其所勸而行，況因現際天下大亂之時，須行尤甚。蓋泰西諸國，素以相派大臣爲盡來往之禮，亦同禮者聯爲局中，不同禮者視爲局外。中華果願一體互派，其益有二，如今中國獨立，不與鄰邦相交，各國未免心寒。能與相通，庶可易寒爲熱。則各國既有關切之心，斯其無故侵占之漸，較易防堵，抑或適與某國因事較論，中華果爲有理，其餘各國，必須幫同，若非用力相助，亦可用言解勸。

一、此乃外設代國大臣之議，可見係屬中華全益。所有其餘新作，外國雖受其益，中國受益尤多。類如各省開設鐵道、飛線，以及五金煤炭各廠開採，水陸各軍安設操練，中華用項不足，約請借貸，醫學各等項設館教習，以上各等新法，中國如欲定意試行，各國聞之，無不欣悦。其故多焉，一則中國一欲試辦，其初先須暫約外國人相幫，迨其習熟，方能辭去。卽如海關稅務司，自設以來，內外既免生事，稅餉亦見其增，此係管理通商內外各官無不知曉。而稅務司數員，雖皆招請外國之人。而請辭各員管理稅務，其權是否皆在中國掌握之中。問之外國，無一肯駁。更使將來中華能悉外國語言規矩，以致辭去外國各員，自理稅務，中華具此材能，外國無不欣慰之極。而設稅務司一舉，原係外國代議，中華成例，向無此條，此則外國代謀變通之法，未必於中國有損，反可見爲有益。至各國又有欣悦之故，一則中華有取前項新法，商局未免大受其益。二則內地從此容易治平，外國民人來往通商，常行居住，易得保全，各國亦可無慮，其最爲欣悦者此也。惟思前項新議，中華取用，固使外國得取其利，而內地之亂，可變太平。國帑之虛，可以充實，此均中華倍得其利。更有得利者，在保其自主之權。蓋各省既平，洋商可保無危，用項既足，兵力可以自强。由此庶幾可防外國干預，代爲致力之損，此免移權之計，其最要者此其一也。

一、經論中國自主之要，一在借法興利除弊，以期內地復平。若論其二，立宜設法更求外國和睦，如果不能立派代國大臣往外駐劄，亦宜設法使其免疑見輕。上項所言外交冷淡，此乃實言。總理各國事務衙門一處，恭親王暨列位大臣與代國各大臣往來，皆係以禮相待，並無絲毫不周。此事固屬至美，而內外相交餘禮，不分京外，尚覺美不如斯。卽如泰西各國京都代國大臣，前來住京，每得入朝，秉政各官，無不交接來往。中華京師大不相同，實緣中華向來之禮，從不願與外國交易，閉門不納，外省尤甚。各處官士，果不明發其意，皆暗存是心。外國官民，無非留意於中，卽念中外各國三十年以來，數次失和，細查其故，總由中華有來無往。蓋士人素論各國技藝材物雖有所長，總不如中華禮儀學問之盛。又論中華天子尊崇最上，諸國之君果欲相交，尚以不能平行。欲問釁起之原，實由此也。而外國理會官士，時露相待不佳之心，實由此故而致。何免抱怨之漸？惜中華官士，論及外國事務，大半分爲二端，一則有如前言變通二字。止以變回舊法，因查史鑑所載，周王修內攘外一節。但復此策，卽可太平。天下一平，嗣將遠人一齊逐出。一則或云變通亦不可少。先後兩論，一問何以不用新法，因是新法而已。一問何以不留遠人，因是遠人而已。其論或欲專主舊法，或欲稍取新議，於大局毫無利益，而見其言色反於中華有損。蓋天下日久大亂，起色甚少，各國因其屬民有所思慮，明知中華不求新法，大亂難平，而中華總不自取，亦不肯聽人代謀。爲此更有所慮，況見各處官士，皆存外視之心，尤增易致氣惱之情。

一、總之近聞各國官民，分論中華目今嗣後事務，略以條約所載優待之處，內有凡我官民，未能得實，無論於我國體商局兩端，中華皆有未盡。或問通商各節，何以不能盡約？每答必以內地未平，官力未足，惜力真有未足，通商各口，近見防賊，非畏外國之名不來。卽用外國兵力打退，甚至每有賊來之處，但有外國人居住，本地官民方可無虞。然雖如此，而百官仍以各國不能平行，衆士原有作官之基，亦皆共執此理，外國代籌預防，爲是率不肯從，屢見外國無非相幫之行。猶疑常懷爲敵之心，雖自無力，尚有輕視外國之形。外國以信代謀，如何定亂，總不肯聽，力雖疲極，尚望天下自行挽回，反將外夷逐出。何況匪類原係華民，實因吏治不佳生變。素聞助官原期保民，官既待民未周，助之何爲？顧此我各國何用待其自敝，果其不能速於自敝，則待其立意設法，將我驅出，更屬何意？迨至此等時勢，我國尚須自來保護，何如即刻先防其失，將內地治理，廣取財利，不但我民取利有裨，即華民亦受免亂之益。若論華民改爲外民，何謂取益，實因現受苦累之極，或問外國如此措置，必致損財，實因不難補其賠償，此等外論，初亦有之，近來稍見加多矣。

一、玆外國人如此議論，亦非不知中華歷代隆風。蓋知中華早以聖教文化，迥出於東方諸國之上，是以泰西各國，無不欣慕尊崇，惟念天下時勢之艱，世世有之，而史鑑所載，係中國最爲尊重之規。亂極將至，未見能爲預防，變亂屢次相生，亦未見能覩前失，以圖後來防備。中華之患，悉如一年之中，四季轉環。考其興衰始終，皆同一律。直至前明。均不能謂後代較比前代，顯有隆汙。尤有人云，堯舜之時爲最。外國人考查內外不同之事，惟以此件爲獨奇。蓋查進華之約，英、法、俄、美各國，以其五百年前與千年以前相比，五百年景況較前甚强，以目今與前五百年相比，則目今較五百年前愈强。又念自古以來，四海之內，無論何國，不欲較比鄰邦盡心勇進齊驅，未聞不爲鄰邦所併。試問中華現今鄰國，仍是匈奴、西番乎？英國早得緬甸一分，法國已到安南，俄國分在西路朝鮮之外。或問三國諸有必占內地之心乎？此理姑無深論，要在英國已在緬甸，離雲南不遠。法國已在安南，離廣西不遠。俄國不必再論。前項二處，其地與中華連界一萬餘里，可慮者不在各國有無侵占之心，而在各處有易侵占之勢。設若中國復問續增條約立定五年以來，三國所辦事件中，豈皆盡情盡禮乎？而三國之待中國，雖恐或有不周，中國之待三國，亦有不周之處。若論如此，內外即應互有體諒，而內外之力均平，此言可用。惜力不平，則此理恐難常保强國不即力求伸屈，彼即自爲體諒。至今並無求伸之舉，固因友誼，皆知中華現在大亂，尚因諸國向以一國不肯輕動，則各國俱不輕動。惟思各國既已負屈，各國又有難棄之事，尤以果有舉動。則諸國莫不取益。念此更思各國正强，儻遇一時或有不洽之處，無論關乎體制，抑或他故，忽見某國若非搆兵，亦必用言挾制，所有前向新議，中華向不自取。某國勉强代爲，豈非礙於中國體制？設或代爲之時，用外國之人，使中國之財，將中國置之不問，猶得謂之自主乎？即謂暫存之像，亦恐難保其常。蓋因一起代爲之端，何有限制，此實目前之危。若問易危爲安，只有一言，中國果有立意速借新法之實形，則各國一聞，必皆盡力相扶，儻疑中華如此，嗣或被某國來機偏圖其利，則有礙於中國，不必疑也。各國皆有應圖之利，必不能令一國專取，可知此中反有能保中國得以自主於中。

一、總之此次所陳，重在不思變通，仍復舊法，而執此成見，非謂總理各國事務衙門之中所陳者，實因其餘百官，不知外國事務係屬何事，更不知與外國相交，較諸何事，尤爲緊要。因此凡有外國新議，無非以爲不然。竊思目前景況，內地隨處日有新機，無論百官願否更改，而爲事所迫，似雖不欲前進。亦確有不禁必進之勢也，要在甘心勇往，方免牽制。直而言之，嗣後中國不久必須擇定兩節之一，或自招外國協同去弊興利，可以永保自主之權；或以仍舊懷疑杜絕，外國亦以疑心相對，中華言動，或有細故以致準情相復，必於全體無失之道，關係非鮮。簡言其理，進則可以興而復强，止則必至衰而不振。

刷新外交體制分部

綜　述

設立總理各國事務衙門

清・賈楨等《籌辦夷務始末（咸豐朝）》卷七一《欽差大臣恭親王大學士桂良戶部侍郎文祥奏咸豐十年十二月初三日》 竊爲夷情之强悍，萌於嘉慶年間，迨江寧換約，鴟張彌甚，至本年直入京城，要挾狂悖，夷禍之烈極矣。論者引歷代夷患爲前車之鑑，專意用剿。自古禦夷之策，固未有外於此者，然臣等揆時度勢，各夷以暎爲强悍，俄國爲叵測，而咈咪從而陰附之。竊謂大沽未敗以前，其時可剿而亦可撫；大沽既敗而後，其時能撫而不能剿，至夷兵入城，戰守一無足恃，則剿亦害，撫亦害。就兩者輕重論之，不得不權宜辦理，以救目前之急。

自換約以後，該夷退回天津，紛紛南駛，而所請尚執條約爲據。是該夷並不利我土地人民，猶可以信義籠絡，馴服其性，自圖振興。似與前代之事稍異。臣等綜計天下大局，是今日之禦夷，譬如蜀之待吴。蜀與吴，仇敵也，而諸葛亮秉政，仍遣使通好，約共討魏。彼其心豈一日而忘吞吴哉？誠以勢有順逆，事有緩急，不忍其忿忿之心，而輕於一試，必其禍尚甚於此。今該夷雖非吴蜀與國之比，而爲仇敵，則事勢相同。此次夷情猖獗，凡有血氣者無不同聲忿恨。臣等粗知義理，豈忘國家之大計。惟念捻熾於北，髮熾於南，餉竭兵疲，夷人乘我虛弱，而爲其所制。如不勝其忿而與之爲仇，則有旦夕之變；若忘其爲害而全不設備，則貽子孫之憂。古人有言，『以和好爲權宜，戰守爲實事』，洵不易之論也。

臣等就今日之勢論之：髮捻交乘，心腹之害也；俄國壤地相接，有蠶食上國之志，肘腋之患也；暎國志在通商，暴虐無人理，不爲限制，則無以自立，肢體之患也。故滅髮捻爲先，治俄次之，治暎又次之。惟有隱消其鷙疾之氣，而爲遽張以撻伐之威，倘天心悔禍，賊匪漸平，則以皇上聖明，臣等竭其顓蒙之力，必能有所補救。若就目前之計，按照條約不使稍有侵越，外敦信睦，而隱示羈縻，數年間卽係偶有要求，尚不遽爲大害。謹悉心參度，統計全局，酌擬章程六條，恭呈御覽。懇請飭下行營王大臣公同商議。如蒙俞允，臣等卽遵照辦理，其餘瑣屑事務，並間有損益之處，隨時再行奏聞。

一、京師請設立總理各國事務衙門以專責成也。查各國事件向由外省督撫奏報，彙總於軍機處。近年各路軍報絡繹，外國事務，頭緒紛繁，駐京之後，若不悉心經理，專一其事，必致辦理延緩，未能悉協機宜。請設總理衙門，以王大臣領之。軍機大臣承書諭旨，非兼領其事，恐有歧誤，請一併兼管。并請另給公所，以便辦公，兼備與各國接見。其應設司員，擬於內閣、部院、軍機處各司員章京內，滿漢各挑取八員，輪班入直，一切均仿照軍機處辦理，以專責成。俟軍務肅清，外國事務較簡，卽行裁撤，仍歸軍機處辦理，以符舊制。

一、南北口岸請分設大臣以期易顧也。查道光年間通商之初，祇有廣州、福州、廈門、寧波、上海五口，設立欽差大臣一員。現在新定條約，北則奉天之牛莊、直隸之天津、山東之登州，南則廣東之粵海、潮州、瓊州、福建之福州、廈門、臺灣、淡水，並長江之鎮江、九江、漢口，地方遼闊，南北相去七八千里，仍令其歸五口欽差大臣辦理，不獨呼應不靈，各國亦不願從。且天津一口，距京師甚近，各國在津通商，若無大員駐津商辦，尤恐諸多窒礙。擬請於牛莊、天津、登州三口設立辦理通商大臣，駐紮天津，專管三口事務。直隸爲畿輔重鎮，督臣控制地方，不能專駐天津；而藩臬兩司各有專職，亦未便監理其事。擬仿照兩淮等處之例，將長蘆鹽政裁撤，歸直隸總督管理；其鹽政衙署養廉，卽撥給通商大臣，不必另議添設，以節經費。舊管關税一併歸通商大臣兼管，分晰造報。並請頒給『辦理三口通商大臣關防』一顆，無庸加『欽差』字樣。仍准酌帶司員數員，以資襄辦。遇有要事，准其會同三省督撫、府尹商同辦理，庶於呼應較靈。其舊有五口欽差大臣一員，以兩廣總督領之，咸豐九年改隸兩江總督。查現在新增内江三口，並廣東之潮州、瓊州，福建之台灣、淡水，口岸較多，事務更繁，誠恐該督曾國藩兼司其事，非特鞭長莫及，並慮未能諳悉夷情。應仍責令署理欽差大臣巡撫薛煥妥爲辦理。至天津、上海兩處所辦一切事件，應仿照各省分別奏咨之例，由該大臣隨時知照總理處，以免歧異。至吉林、黑龍江，俄人從前越界侵占，歷任將軍隱匿不報，以致日久無從禁阻，應請飭令該將軍等，於中外邊界據實奏報，不准稍有粉飾。其中外交涉事件，一併按月咨照總理處察覈。再，現在天津一口，將來辦理通商，祇有進口貨物，並無出口大宗，如果日久貿易不旺，彼必廢然思返。擬仍臨時酌量情形，或將通商大臣裁撤，以省冗員。

一、新添各口關税，請分飭各省就近揀派公正廉明之地方官管理以期裕課也。查洋税一項，向係儘徵儘解，該關税吏視爲利藪，侵蝕偷漏，百弊叢生，於關税大有妨礙。現在洋税既有二成扣價，尤宜及早清結，免生枝節。天津關税，臣等現擬歸新設之辦理三口通商大臣管理。其牛莊一口，向歸山海關監督管理，【略】惟事關通商，有中外交涉事件，該監督應聽辦理三口通商大臣統轄，以免歧誤。【略】至登州向係私設口岸，隱匿多年，現既新立口岸，自應派員專理，應由天津通商大臣會同山東巡撫妥商具奏。其粵海、福州、廈門、寧波、上海五口，舊有管理稅務之將軍、監督、道員無庸另議更張外，至新立之瓊州、潮州、台灣、淡水，長江通商之鎮江、九江、漢口等，於何省附近，均由本省督撫會同上海欽差大臣奏明派員經理。【略】

一、各省辦理外國事件，請飭該將軍督撫互相知照，以免歧誤也。查辦理外國摺報以及恭奉寄信諭旨，向以事涉外國，軍機處既不發鈔，各督撫亦不互相關會，原以昭慎密而防洩漏。惟現既令各該省及通商大臣、欽差大臣隨時咨報京城總理處，而各省將軍、府尹、督撫隨時應辦事件，亦應彼此聲息相通，方不致稍有歧異。【略】嗣後天津通商大臣、上海欽差大臣，以及各省一切奏牘及欽奉上諭事件，除咨報總理處外，均應飭令隨時互相咨會。【略】惟事宜慎密，仍令各該省派親信可靠之人鈔録知照，不涉胥吏之手，以期格外防範而杜漏洩之弊。

一、認識外國文字、通解外國言語之人，請飭廣東、上海各派二人來京差委，以備詢問也。查與外國交涉事件，必先識其性情。今語言不通，文字難辨，一切隔膜，安望其能妥協！從前俄囉斯館文字，曾例定設立文館學習，具有深意，今日久視爲具文，未能通曉，似宜量爲鼓舞，以資觀感。聞廣東、上海商人，有專習英、咈、咪三國文字語言之人，請飭各省督撫挑選誠實可靠者，每省各派二人，共派四人，攜帶各國書籍來京；並於八旗中挑選天資聰慧，年在十三四以下者各四五人，俾資學習。其派來之人，仿照俄囉斯館教習之例，厚其薪水，兩年後分別勤惰，其有成效者，給以奬敘。俟八旗學習之人，於文字言語悉能通曉，即行停止。俄囉斯館語言文字，仍請飭令該館，妥議章程，認真督課。所有學習各國文字之人，如能純熟，即奏請給以優奬，庶不致日久廢弛。

一、各海口內外商情並各國新聞紙，請飭按月咨報總理處，以憑覈辦也。查新定各國條約，以通商爲大宗，是商情之安否，關繫地方最爲緊要。嗣後新舊各口中外商情是否和協，如爲欽差大臣耳目所不及者，即飭令該將軍、府尹、督撫按月據實奏報，一面咨報欽差大臣。及欽差大臣不得視爲具文，稍涉虛假。至辦理外國事務，尤應備知其底細，方能動中竅要。近年來臨事偵探，往往得自傳聞，未能詳確，辦理難期妥協。各國新聞紙雖未必盡屬可信，因此推測，亦可得其大概。廣州、福州、寧波、上海舊有刊布，名目不同；其新開各口亦當續有刊本。應請一併飭下欽差大臣及通商大臣並各該省將軍、府尹、督撫，無論漢字及外國字，按月咨送總理處，庶於中外情形，瞭若指掌，於補弊救偏之道益臻詳審。

又 卷七二《諭內閣咸豐十年十二月初十日》 惠親王等奏會議恭親王奕訢等奏辦理通商善後章程一摺，據稱恭親王奕訢等籌議各條均係實在情形，請照原議辦理等語。京師設立總理各國通商事務衙門，著即派恭親王奕訢、大學士桂良、戶部左侍郎文祥管理，並着禮部頒給『欽命總理各國通商事務關防』，應設司員，即於內閣、部院、軍機處各司員章京內滿漢各挑取八員，即作爲定額，毋庸再兼軍機處行走，輪班辦事。侍郎衔候補京堂崇厚，著作爲辦理三口通商大臣，駐紮天津，管理牛莊、天津、登州三口通商事務，會同各該將軍、督撫、府尹辦理，並頒給『辦理三口通商大臣關防』，毋庸加『欽差』字樣。其廣州、福州、廈門、寧波、上海及內江三口、潮州、瓊州、臺灣、淡水各口通商事務，着署理欽差大臣江蘇巡撫薛煥辦理。新立口岸，除牛莊一口仍歸山海關監督經理外，其餘登州各口，著各該督撫會同崇厚、薛煥派員管理。所有各國照會及一切通商事宜，隨時奏報，並將原照會一併呈覽，一面咨行禮部轉咨總理各國通商事務衙門。並着各該將軍、督撫互相知照，遇有交卸，專案移交後任。其吉林、黑龍江中外邊界事件，並着該將軍等據實奏報，一面知照禮部轉咨總理衙門，不准稍有隱飾。

又 《欽差大臣恭親王、大學士桂良、戶部左侍郎文祥奏咸豐十年十二月二十四日》 伏思臣等請設立總理各國事務衙門者，原以各國使臣住京後，往來接晤及一切奏咨事件，無公所以爲彙總之地，不足以示羈縻。該夷從前每藉口於中國遇有外夷事件，推諉不辦，任情狂悖。今設立衙門，該夷以爲欣喜非常，自應迅速建立，以馴其情。臣等初擬於禮部設立公所，辦理一切，惟禮部爲考論典禮之地，體制較崇，該夷往來其間，殊於體制未協。且大堂爲該部堂官辦公之所，若臣等借用，則於大堂接見該夷，尤爲窒礙。如僅用司堂，該夷必不心服。因別設衙門，在該夷視之以爲總理之所，名目甚大，而在臣等則視同四譯館等衙門之例。是以議定司員官役及考察經費等事，一切規模，因陋就簡，較之各衙門舊制，格外裁減。暗寓不得比於舊有各衙門，以存軒輊中外之意。所有衙門未盡事宜，悉心籌酌，僅擬章程十條，恭呈御覽。如蒙俞允，臣等卽遵照辦理。

一、擬建立衙署，以資辦公也。查各衙門分司辦事，往往多者數百閒，少者亦百餘閒，方可敷用。房閒既多，官役亦因之而增。此次總理衙門，義取簡易。查東堂子胡同，舊有鐵錢局公所，分設大堂、滿漢司堂、科房等處，儘足敷用，無容另搆。惟大門尚係住宅舊式，外國人往來接見，若不改成衙門體制，恐不足壯觀，且啓輕視。擬僅將大門酌加改修，其餘則稍加整理，不必全行改修，並擬由臣等自行估修，以期迅速而資節省。

一、司員分辦公事，以專責成也。查此次臣等請挑取內閣部院司員，原以事有交涉，易於稽查。各衙門向有掌印主稿、幫稿等名目，總理衙門規制較異，毋庸多立名目。擬於司員內，擇其老成練達者，挑滿漢各二員，作爲總辦，再擇二員作爲幫辦，辦理摺奏照會文移等事。其機密要件，則由內閣各員繕寫。關稅事件則由戶部司員經理。臺站驛遞事件，則由兵部司員經理。其與各衙門交涉事件，各衙門堂官亦應預聞，除由公文知照之外，遇有事宜迅速及機密要件，不能公文咨照者，卽由各司員當面回明各該部堂官知悉。若與各部無涉者，仍不必令該堂官預聞，以免紛歧傳播。至關稅總數，雖咨報總理衙門，而稽覈考察仍由戶部經管，總理衙門不得越俎。吏、刑、工等部司員，並無交涉之事，毋庸咨取，以期各有專責，不至叢脞。

一、保送司員，應嚴行揀擇也。查各衙門司員，額缺既多，候補尤衆，偶有才具中平，公事不能諳練者，亦可隨同畫諾。總理衙門司員甚少，未可濫竽充數。各衙門保送滿員，則於郎中、員外郎、主事、內閣侍讀、中書。漢員則擇拔貢、舉人、進士出身之郎中、員外郎、主事、內閣侍讀、中書允補，無論候補實缺人員，均准保送。惟須擇老成謹飭，公事明白，品行醇正者，出具考語咨送，由臣等考試文理字迹，是否優長，公事是否明白，分別去取，不得以捐納及未經奏留資格較淺之員充數。

一、司員輪班辦事，期無曠誤也。查各衙門司員人多，往往無經手事件，卽經旬不到，總理衙門必得人人辦事，方無遲誤。擬以五日爲一班，滿漢各四員到署。如有曠班不到者，查明叅處，每日派一員住宿，除總辦二員不住宿外，其餘司員均應輪流宿署，以便稽察。

一、官役人等，擬變通辦理也。查各衙門書吏，習慣作弊，稽察難周，茶房早役，傳遞消息，百弊叢生。惟各館供事，均係由京官出結考取有來歷之人，平日職在繕寫，亦無胥吏習氣，內務府蘇拉，有錢糧可挑，尚知自勉。擬於國史館、方略館挑取供事十六名，辦理文案，內務府挑取堂司蘇拉十二名，以供灑埽啓閉之役，其聽差及遞送文書等事，於八旗領催馬甲內咨取八名，庶免宿弊。

一、經費宜節，以杜浮濫也。查各衙門司員、書役均有桌飯公費等項，以資辦公，每月所費，悉於衙門解到飯銀內開支，並有支領庫項者。此次總理衙門未便援照辦理，以致經費浮濫。擬將司員、供事僅予值班桌飯，均毋庸另給公費飯銀，應用心紅紙張亦毋庸於各庫咨取，所有一切心紅紙張桌飯以及蘇拉等工食，每月不得逾三百兩之數。辦具存藁，由臣等撙節覈實支放，如有餘賸，留作添置器具、糊飾房屋等項之用。俟一年後，覈有定數，再定額支銀兩，以昭覈實。

一、酌籌經費，以資支用也。查各衙門均有各省解到飯銀，分支辦公。總理衙門係屬新設，並無應解飯銀，經費有常，未便動用正項。所有定擬心紅紙張等項銀兩，查臣等前奏章程內有令天津通商大臣、上海欽差大臣酌提關稅，以爲起解部餉等項之用。擬於此款內飭令各該大臣，按各口提用數目，均勻酌提銀兩，由各該省將軍、督撫、府尹、監督解總理衙門，以資辦公。其各該省未解到以前，所定應用各項，於戶部借銀三千兩先行辦理，俟解到後卽行歸款。至修理衙門應用銀兩，應另向戶部支領，造册報銷，以清款項。

一、辦理藁案，事宜慎密也。查各衙門辦理文藁，均由堂吏送藁，司員酌定，呈堂標畫，既易延誤，又虞傳播。此次總理衙門所有應辦尋常奏藁文移照會等件，均飭令司員自行辦藁，供事只供繕寫，不准假手辦理。所有藁案，每日散署後封鎖櫃內，由住宿之司員照管，機密緊要事件，或由臣等密奏，或由兼領之軍機大臣面奏，不必另行具摺，以昭慎密。俟軍機大臣承書諭旨後，其機密要件，仍交軍機處收存。奉到硃批摺奏，照各衙門之例，卽次日恭繳，以昭慎重。

一、司員甄劾，應歸覈實也。查各衙門向例均有京察大典，其應劾者，僅予休致，應保者，一等記名以道府用，自爲激勵人材起見，此次總理衙門似未便援照，擬有各司員曠誤庸劣及才具平常者，隨時糸劾，或咨回本衙門當差，不必限定年分。若有當差勤慎，才具優長者，於二年後量予應升之階，毋論題選咨留升補。次者交部優敘，其郎中保道員，員外郎保知府，只准保至雙單月分發補用，不得照京察大典保請記名，以示限制。其供事獎勵，擬照方略館之例辦理。以上各員，無論在總理衙門及各本衙門，遇有應行甄劾，視在何處貽誤公事，即由何處糸劾，不得以兩處行走，稍涉寬假。至保薦一節，如同係一事。已在總理衙門保奏者，本衙門即不必再保。若本衙門已保者，總理衙門亦不必再保。總期保舉祗准一處，糸劾則兩不相妨，庶不致此勤彼惰，以昭覈實。

一、認識外國文字，通曉語言之人，並學生等，應酌定薪水獎勵也。查臣等前定章程內有請飭廣東、上海挑選專習嘆、咈、咪三國文字語言之人，來京差委，並挑選八旗子弟學習，厚其薪水，給以獎敘。除俄羅斯館章程應由該館遵旨酌議外，其嘆、咈、咪教習學習薪水獎勵，應仿照俄囉斯館議定之例辦理。惟該學生原應歸入俄囉斯館，而該館地方窄狹難以兼容，若另設館舍恐其別滋事端。現查鐵錢局除改作衙署外，尚有爐房稍加修葺，堪作館舍，免致在外滋事。臣等亦可就近稽查考覈。【略】查臣等前擬章京有挑取滿漢司員章京共十六員，分班辦事，一切仿照軍機處辦理。非謂其體制，悉宜照辦。因辦公誠以軍機處最爲妥善，如現設衙門，若照各衙門之例，必應額設司員等缺。又有實缺、候補、額外行走之員，分立數司，並應多設書吏、皁役，經費既多虛糜，空缺不無濫設，而人雜事龐，往往一事未行，而議論已徧，奏牘未上，而擬藁先傳。且衙門例由書吏送藁，司員酌定，然後堂標施行。即迅速辦理，輾轉涉手，亦必數日始能行文。夷性褊急，似未便仍循舊章。惟軍機處則隨到隨辦，分任其事。一員可得一員之用，而一切藁件，均由章京屬草，隨即回堂辦理，不准延誤。是以事繁於各衙門，而其缺甚少，轉能各有專責，辦理迅速。此次總理衙門臣等所定司員，尤屬簡少，以省冗員。若再以衙門之例繩之，必致貽誤。此所以有仿軍機處辦理之議，以冀省官而集事也。惟總理衙門夷人隨時往來接晤，機密緊要之件，斷不可留存在署，必須收集軍機處，以昭嚴密。其外省情形，前擬章程內有照各部奏咨之議，而事宜慎密者，硃筆向例奏而不咨。此次亦應援照辦理，未可悉行咨報。若軍機處章京不在樞垣行走，該章京既不能進直房，亦無從稽查經理。如總理衙門無軍機章京，雖有兼領之軍機大臣，遇有飭查要件，恐該章京事無責成，亦不免有推諉之弊。且如總理衙門之員未便令赴衙門回事，此臣等所以有兼司行走之請也。如恐章京時赴衙門，與部院司員狎習，或至漏洩軍機之事，即請將定額十六員，悉於內閣部院司員內挑取，另於軍機章京挑取滿漢各四員，作爲總理衙門額外行走，專管交涉及檢查機密文移，即在軍機處兼管其事，不必常川到衙門，亦可無誤。如不令軍機章京兼總理衙門差使，雖不免有窒礙之處，臣等亦當設法另行辦理。

又　卷七六《恭親王等奏咸豐十一年三月十六日》　臣等遵即行知內閣部院，照保送各項差使之例，出具考語，認真保送。旋據內閣等衙門陸續送到。臣等即傳集各員，照考試軍機章京之例，公同閱取滿司員七員、漢司員八員。但傳到各員，設遇有遷調事故，即咨各衙門保送，未免有涉紛煩。因另備取滿漢司員共十一員，飭令俟有額缺，聽候傳補。禮部員外郎延昶，自上年九月間，隨同臣等辦理文案，頗能諳悉，既經禮部保送，即以充補定額。共計滿漢司員十六員，並備取十一員。

接納外國使臣駐京

清·賈楨等《籌辦夷務始末（咸豐朝）》卷二六《上諭咸豐八年五月十四日》　連日嘆、咈兩夷要求各款，以內江通商與派員駐京兩條爲最難允准之事。疊據桂良等奏請遵行，曾諭以京師重地，不能蓋立夷樓，須俟將來退還廣東省城，准照俄夷成例，但能派學生留駐，不能有欽差名目，以重體制而立防閑。

又　《欽差大學士桂良、吏部尚書花沙納奏咸豐八年五月十六日》　嘆、咈兩夷條款，因有進京及內江通商各事，所求太奢，且天津地方，亦欲仍來居住，商酌未定，是以不能議妥。

又　卷二八《咈夷合約咸豐八年五月二十三日》　第二款：茲兩國幸然復舊太平，欲垂之永久。凡有大咈國特派欽差大臣公使等，予以詔敕前來中國者，或有本國重務辦理，皆准進京僑居，按照大西各國無異。又議定將來，假如凡與中國有立章程之國，或派本國欽差公使等進京長住者，大咈國亦能照辦。凡進京之欽差大臣公使等，當其暫居京師之時，無不按照情理，全獲施恩。其施恩者，乃所有身家公所，與各來往公文書信等件，皆不得擅動，如在本國無異。凡欲招置人通事服役人等，可以延募，毫無阻擋，所有費用，均由本國自備。中國大皇帝欲派欽差大臣，前往大咈國京師僑居，無不各按品級延接，全獲恩施，照大西各國所派者無異。【略】

第三款：大嘆欽差各等大員及各眷屬可在京師或長行居住，或能隨時往來，總候奉本國諭旨遵行。嘆國自主之邦，與中國平等。大嘆欽差大臣，作爲代國秉權大員，覲大清皇上時，遇有礙於國體之禮，是不可行。惟大英君主，每有派員前往泰西各與國拜國之禮，亦拜大清皇上，以昭畫一肅敬。至在京師租賃地基，或房屋作爲大臣等員公館。

又 卷七四《欽命總理各國事務恭親王、大學士桂良、戶部左侍郎文祥奏咸豐十一年二月十三日》 竊臣等前以嘆、咈兩國公使，本有今春來京之議，歷次探詢何時來京。茲據崇厚函稱：詢問美里登，據云：嘆、咈、兩使，已定十二三日，由津起行，帶同能解漢語之吉必勳等三名，並粵廣通事數十名，並不帶兵。咈國公使帶有家眷，約行四日到京等語。據天津道府所稟，大略相同。伏查哥吐嗜前稱所帶從人二十九名，到京後祇留八名，餘遣回津。則到津之後，諒可照舊安靜。

派遣駐外使節

清·志剛《初使泰西記》卷一 大清同治六年丁卯十二月二日，總理各國事務衙門以軍功花翎記名海關道總辦章京志剛篤實懇摯，器識宏通，保奏奉旨派充使臣與本衙門章京候選知府孫家穀並賞給二品頂戴，偕同美國欽使蒲安臣、英國協理柏卓安、法國協理德善等恭賫國書前往西洋。有約各國辦理中外交涉事件，蒲安臣先期起程。初十日，使者與孫家穀詣乾清門預備召見。

皇太后在黃紗屏後問何時起身，奏對於明日，由衙門起身。問由何路行走，奏對由陸路到上海，上火輪船，經日本過大東洋到米里堅，由米里堅渡大西洋到英吉利，過海到法蘭西，往北順路到比里時、荷蘭、丹麻爾、瑞典、俄羅斯，往南回路到布路斯，再南仍經法蘭西到西班牙、意大利，由中海經大南洋順廣東、福建、江浙中國海面，自天津回京。

溯自同治六年十二月十一日，自總署乘公車起程，至九年十月二十六日回京，通計水陸行程一十二萬六千餘里，其在各處赴約游歷百數十里，內者不暇計也。

清·朱壽朋《光緒朝東華録》第一册 （光緒二年八月庚子）總理各國事務衙門：前因儲才出使條議，臣衙門前後奏請簡派英、美、日、秘等國使臣，奉上諭：候補侍郎郭嵩燾、候補道許鈐身，著出使英國。候補三四品京堂陳蘭彬、同知容閎，著出使美國、日國、秘國等因。欽此。現在滇案已經議結，直隸督臣李鴻章與英國使臣議定條款內有簡派使臣齎奉璽書前往英國表明惋惜一條，是前派英國使臣亟須剋期出洋。其美、日、秘魯等國，既經派定，亦應前往。所有出使經費，自應酌核定數，以便開支。查同治四年臣衙門奏派斌椿並同文館學生等游歷外洋，暨同治六年奏派志剛、孫家穀及蒲安臣等出使各國，均因事屬創始，所需經費無由核定，先由總稅務司赫德墊發，俟出使事竣，動用三成船鈔及輪船變價銀兩分別支銷。同治九年臣崇厚出使法國，雖經查照前次出使費用動支關津八分經費，亦係酌量給發，並未議有定章。（比）［此］次使臣常駐各國，事期經久，與歷屆情形有異。現經臣衙門奏准動支各海關六成洋稅，尤宜撙節動支以昭核實。查泰西各國派駐中國人員，向以分別使臣及參贊繙譯領事等官支給薪水，現在出差外洋，自應分別差等核給。臣等公同商酌定擬，除往來火輪船車船租賃公館寄信費用公會公宴一切公件難以預計應准隨時酌核作正開銷外，所有使臣並隨帶每月應需火食包車雇車價值跟役工價飯食等項，分別月給俸薪自二百兩至一千四百兩不等。【略】

（光緒二年九月甲戌）總理各國事務衙門奏：欽差大臣署禮部左侍郎郭嵩燾等奏出使英國酌帶隨員摺一件、單一件。光緒二年九月十五日，軍機大臣面奉諭旨：著該衙門議奏，欽此。欽遵。由軍機處抄交到臣衙門。據原奏內稱，此次遣派公使，實爲創行之典，請酌定參贊二員、繙譯四員，其餘文案武弁醫生均應分別調派，謹開清單，恭呈御覽，並請飭下江蘇、河南各撫臣分別知照各該員，趕速料理，隨同出洋。英國三島並無華商貿易，無從設立領事，而所轄南洋沿海地方如新嘉坡、孟加拉、檳榔嶼、錫蘭等處，華民流寓至數十萬人，應否設立領事，須俟察看情形。所帶參贊文案各員，皆可斟酌委派，奏明請旨，其應用工役並由公使攜帶，不別開支經費等語。臣等伏查本年八月三十日臣衙門於具奏出使各國經費分別酌定數目摺内聲明，頭等參贊官月給俸薪五百兩，二等月給四百兩，三等月給三百兩，頭等繙譯官月給俸薪四百兩，二等月給三百兩，三等月給二百兩，隨員醫官月給俸薪二百兩，其餘武弁供事學生每月每人約百兩以内，由出使大臣屆時酌定準數，作正開銷。又於九月十二日臣衙門奏陳出使章程十二條内聲明，出使各國大臣所帶參贊領事繙譯等官，應酌定人數，開列姓名等項，知照臣衙門查核。各該員亦隨同出使大臣以三年爲期，年滿奏獎，儻不能得力，亦即隨時撤回。其月給俸薪，自到某國之日起，各按應得銀數支給，扣足三年爲期，期滿停支俸薪。由中國起程及由差次回華行裝歸裝，均按三箇月俸薪銀數支給等因，先後奏准行知各該大臣遵照在案。今據出使英國大臣郭嵩燾等奏請酌定參贊繙譯等員名數，並聲明給發薪水應否分别等第等因。臣等公同商酌，請將該大臣等派充參贊之布政使銜貴州候補道張自牧作爲二等參贊官，江蘇候補知縣黎庶昌作爲三等參贊官，派充繙譯之兵部候補員外郎德明、户部候補員外郎鳳儀作爲三等繙譯官。此外如有應用外國繙譯，應由該大臣等隨時酌定，連中國繙譯在内，不得過該大臣所定四員之數，以示限制。至該大臣所請將刑部主事汪樹堂、候選通判張斯栒、廣東候選知縣李荆門、候選縣丞羅世琨等四員派充文案，臣等查臣衙門前奏出使經費摺内祇有隨員醫官，並無文案名目，因請將該大臣等隨帶之文案四員作爲隨員，各按月給俸薪二百兩之數支給，此外自無須另行咨調人員，以節縻費。至該大臣等奏稱英國三島無從設立領事，而所轄南洋新嘉坡等處，華民流寓數十萬人，倘應設立領事，所攜參贊等員内皆可斟酌委派，奏明請旨等因。應如所議辦理，屆時人數或有不敷，再由該大臣等酌度奏咨調往，如蒙俞允，即由臣衙門行知該大臣等遵照，並咨令在京各衙門及該督撫等轉飭各該員即日束裝起程。

清·吴汝綸《李文忠公全集·奏稿》卷三一《薛福成辭參贊片光緒四年四月初四日》 查原議派充出使德國參贊二員，所有派定二等參贊李鳳苞，前經管帶船政學生出洋，應由該大臣劉錫鴻自行飭知外，其派充三等參贊候補知府薛福成，前在直隸當差。光緒三年正月二十三日，告假赴山東省親，旋丁母憂扶柩回籍。經臣咨報吏部在案，前接總理衙門來文，並接劉錫鴻爾稱，襄贊需人，囑臣飭令薛福成作速出洋，俾資臂助。臣當即札飭該員知照。兹據薛福成稟稱，丁憂人員例應終制，出使參贊職守綦重，實與居官無異。劉錫鴻奏調時想係未問該員丁憂信息，懇奏明撤銷差事等語。臣查丁憂人員照例不准當差，雖辦理洋務稍與他事不同，然苟非萬不得已，自當遵守定章，以敦風化。丁憂知府薛福成以玉帛冠裳之會，未便以素服從事，情詞出於至誠，所有派充出使德國三等參贊，應即請旨撤銷。

敕下總理衙門及出使德國大臣另行揀派，以資襄助。

又 卷三二《李鳳苞兼管學士采辦等事片光緒四年八月十八日》 竊查道員李鳳苞經臣等於光緒二年十一月奏派監督帶領閩廠生徒赴英、法兩國學習水師、製造、駕駛之法，並令兼察前赴德國學藝武弁。本年七月間，又經臣等奏派李鳳苞就近在外洋采辦軍火。原因李鳳苞練達勤能，才大心細，不致貽誤。該員出洋兩年以來，周歷英、法、德三國，逐事留意考究，疊次函報經辦學生習藝諸務，甚有條理。現既奉命署理出使德國大臣，計必迅赴伯靈都城接任。所有臣前派在德國學藝之武弁七人，業有李鳳苞察看，將不甚得力之卞長勝、朱耀彩於本年三月撤回，現在該國軍營僅有五人，均距德京切近，自應仍由李鳳苞督查功課。其閩廠派赴英、法學生係責成李鳳苞會同洋監督日意格經理。目下布置就緒，學藝亦有近益實難遽易生手。聞由德往英、法輪車、輪船不過一日夜可到，李鳳苞情形既熟，但派得力幫派一二人，分駐照料，遇有要事，仍可抽暇親往商辦，來回不過數日，似於使事無礙。至該員署理公使，應自接任之日起。照章支領公使薪俸，其監督學生薪費，自無庸由閩另支。嗣後所用幫辦薪水及來往查察雜費，仍准酌量核實開支，由該大臣隨時移會船政大臣查核。至采購外洋軍火一節，駐洋使臣本應與聞其事。李鳳苞曾在各處實力探討，頗知奥妙，德國軍器甚精，臣等近年購用不少，自無難就近察訪。即英、法各工廠聲息易通，亦可隨時考較，妥商辦理，將來曾紀澤出使英、法，該大臣於軍事素有閱歷，閩廠學生及采購軍火各事，更應互相考察，遇事商籌，以助李鳳苞之不逮。

清·江南製造局《曾惠敏公奏疏》卷一《恭報出洋日期疏光緒四年十月二十六日》 竊臣於本月初六日恭摺奏報，隨帶出洋員弁名數，隨即飭令該員弁等迅束行裝，齊集上海。現定於十月二十八日搭赴法國公司輪船啓椗出洋，駛赴馬塞兒地方，登陸更換火車，計十二月二十日前後必可馳抵巴黎。

又《**恭報抵法呈遞國書日期疏**光緒四年十二月二十三日》 於十二月十二日行抵法國巴黎都城，臣郭嵩燾先在巴黎相候，隨於十五日偕臣至外部大臣瓦定敦衙署，訂期呈遞國書。該大臣函訂十八日未時接見，屆期由其御前接引大臣穆納以朝車及副車從騎來迎。臣卽登朝車率同參贊官黎庶昌、繙譯官聯方、聯興等齎奉國書，詣其勒立色宮。宮門外陳兵奏樂，臣入門鞠躬，伯理璽天德亦免冠鞠躬。臣手捧國書宣讀誦詞，前署駐京公使葛士奇侍立臣旁，以法文再爲宣讀。伯理璽天德手受國書，答詞既畢，慰勞甚殷，其輸誠修好之意，溢於言表，足以仰紓聖廑。

又《**派員駐法片**光緒四年十二月二十三日》 再英法兩國勢力相等，酬應維均，而公事交涉，則英國較多於法，郭嵩燾所帶人數本不爲多，自兼充法使以來，率領參贊以下各員弁往返頻煩，係屬一時權宜辦法。臣此次酌量添調，實欲立爲經久之規。現在國書業經呈遞，自應將駐法人員先行派定，所有原駐英國之參贊官黎庶昌應卽派充長駐法國，二等參贊官，照料一切公事，三等繙譯官聯芳、聯興均擅法文，亦應長駐巴黎，其餘文案支應各隨員及學生供事武弁人等，均審度事勢之繁簡一一妥派。

又《**恭報抵英接篆日期謝恩疏**光緒五年正月初九日》 旋光緒五年正月初三日，搭赴火輪車，初四日馳抵英國倫敦都城，卽日准郭嵩燾派委文案隨員李荆門將大清欽差出使大臣銅質關防移交前來。

又 **卷二**《**派使俄國大臣謝恩疏**光緒六年三月十五日》 竊臣於光緒六年三月初九日，承准總理各國事務衙門咨開，光緒六年正月初三日奉上諭：『一等毅勇侯大理寺少卿曾紀澤著派充出使俄國欽差大臣。』欽此。臣跪聆之下感悚難名。

又《**恭報抵俄接印日期謝恩疏**光緒六年七月初四日》 竊臣於光緒六年六月初三日在倫敦拜發恭報啓程日期一摺，旋於初七日離英，初八日至法，留駐旬日料理公事。十九日自巴黎啓行取道伯靈，與出使德國大臣李鳳苞面商要務，卽於六月二十四日行抵俄國都城，二十八日准署出使大臣邵友濂將大清欽差出使大臣銅質關防齎送前來。

論說

清·吴汝綸《李文忠公全集·奏稿》卷二四《籌辦鐵甲兼請遣使片同治十三年十一月初二日》 不戰而詘人者，攻心之上計。自來備邊馭夷將才、使才二者不可偏廢。各國互市遣使，所以聯外交亦可以窺敵情，而中國並其近者而置之，殊非長駕遠馭之道。同治十年，日本初議條約，臣與曾國藩均奏請該國立約後，中國應派員駐劄日本，管束我國商民籍採彼族動靜，冀可聯絡、牽制、消弭後患。上年甫經換約，未及籌辦，而該國遂於今春興兵來臺，若先有使臣駐彼，當能預爲辨阻、密速商辦，則亦可於發兵之後與該國君臣面折廷爭，較在京議辦更爲得勁。今臺事粗定，此舉未可再緩。擬請敕下總理衙門王大臣遴選熟悉洋情、明練邊事之三、四品京堂大員，請旨賞給崇銜，派往駐劄日本公使。外託鄰邦報聘之禮，內答華民望澤之誠。儻彼別有詭謀，無難偵得其情，相機控制。聞該國橫濱、長崎、箱館各處中國商民約近萬人，既經立約，本不可置之度外。俟公使到彼，應再酌設總理事官分駐口岸，自理訟賦以維國體。不特此也，卽泰西諸大邦亦當特簡大臣輪往兼駐，重其祿賞而定以年限以宣威信、通情款。其在中國交涉事件有不能議結或所立條約有大不便者，徑與該國總理衙門往復辨證，隨時設法商議，可漸杜該使蒙蔽要挾之弊，似於通商大局有裨

又 **卷二五**《**請遣使赴秘魯片**光緒元年七月初八日》 再查秘魯華工約有十餘萬人，受雇主陵虐之慘，實爲目不忍見，耳不忍聞。去年委員容閎曾與該國官員爭論，滿工者亦卽放出八十人，可知該國雖素無教化，然我苟有使臣在彼，執定條約與之斷斷相持，則華工既有呼籲之門，自可漸免欺陵之弊。前與該國所立專條條約，於保護華工一層本已剴切言之。現在加立照會，復將除弊各層明白指出。但我若無使臣在彼，則華工相隔七八萬里，其保護與否，除弊與否，烏從而知之。卽知之，又烏從而拯援之乎？合無仰懇天恩迅派正使、副使前往秘魯，按照條約等件，凡遇可以爲華工保護除弊之處，隨時商同該國妥立章程，是此日在水火十數萬之華人，將死而得生，既危而復安也。伏查華民在東西南洋各島人數不下百

萬，春間王大臣等議辦海防，本有招致各島華人之議。但平時既無相爲維繫之心，則有事可以動其尊親之念。今若於秘魯、古巴各島分別遣使設官，拯其危急，從此海外華民皆知朝廷，於絕島窮荒尚不忍一夫失所忠義之心，不禁油然而動，有裨大局，誠非淺鮮。

清・郭嵩燾《玉池老人自敍》　遣使駐紮西洋發端自嵩燾，距今十餘年。所以遣使之意，當時訖無知者。西洋之通使，專爲修好，處理尋常交涉事件，遇有辨爭疑難，別遣使任之，爲事有從違，即榮辱繫焉。公使終年駐紮，恐難以相處也。是以遣使盡人能任之。國家辦理洋務，從不一審求通。知洋務之人，顛倒迷誤，多生事端，獨於遣使珍重，揀擇所謂本末俱失者也。當初遣使時，廷臣皆視此爲大辱，李子和制使、馮展雲學使正言切論，以阻其行。嵩燾答言：『數萬里程途，避而不任，更有艱鉅，誰與任之？』沈文定公常稱：『嵩燾在西洋，處辦事件，皆極妥善。』不知所處辦者本皆易了之事，不足言勞，所恃見理稍明，常以數語定議，不至多費唇舌。凡見以爲難者，皆不能知洋務者也。

在倫敦時，接某日本書，極口詆斥倭人，其言略近理，不如劉錫鴻之狂悖，而見解正同。因爲諸隨員言某議論見量如此，必貽誤國家，復書痛戒之，略言吾輩奉使海外，委曲以通和好，富鄭公所謂主憂臣辱。正今日之事也，務一切細心體察，究知所以爲利病，得失苟利於國，仿而行之，否者置之，一存薄視慢侮之心，動作議論，必有不能適宜者，非奉命出使之旨也。某復書陳謝，而仍以意氣自負，吾於某之使日本、某之使俄，皆豫憂之。於日本之擾琉球、法人之擾越南，皆深究其情事，推明其利病，以求所以處置之法，陳奏至於再四，一爲京師議論，所持茫然，莫知所處，士大夫之囂，肇始南宋時，由來亦久矣。【略】

出使西洋無功效可紀，然所關繫極不小。西洋立國本末兼資，其君民上下同心一力，以求所以自立，正須推考其情勢，究知其利病。遇有處辦事件，即可略得其梗概。而其講求邦交蓄意見好，此風開自百餘年之前，各國遣使互相駐紮，遂爲國家一大政。自吾奉使倫敦，繼之者陳儷秋使美利堅，某使日本，相隨出洋某君行徑鄙心未敢謂然也。其後劉錫鴻使德意志，則昏狂謬戾，乖忤百端，德人至今以爲笑。所以然者，爲仰承樞府意旨，動與洋人相持，以自明使臣之氣骨。所謂氣骨者，以理求勝，無所屈撓，迎合希寵，以爲氣骨，而自處於無理，使外人失望如此，是無益而反有損矣。近年見聞日開，人心日平，視初時氣象固遠矣。然每見出使一二隨員信札，仍意氣自負，多懷貶斥之心，中土儒生，虛憍之氣無可言者。然盡如此存心以求裨益，國家固不可得矣。

訓練新式陸軍分部

綜述

清・賈楨等《籌辦夷務始末（咸豐朝）》卷七二《欽差大臣恭親王奕訢大學士桂良戶部左侍郎文祥奏咸豐十年十二月十四日》　竊臣等酌議大局章程六條，其要在於審敵防邊，以弭後患，然治其標而未探其源也。探源之策，在於自強，自強之術，必先練兵。現在撫議雖成，而國威未振，亟宜力圖振興，使該夷順則可以相安，逆則可以有備，以期經久無患。況髮捻等尤宜迅圖剿辦，內患除則外侮自泯。查八旗禁軍素稱驍勇，近來攻剿未能得力，非兵力之不可用，實膽識之未優。若能添習火器，操演技藝。訓練純熟，則器利兵精，臨陣自不虞潰散。現俄國欲送烏槍一萬桿、礮五十尊，咈國洋槍炸礮等件，均肯售賣，並肯派人教導鑄造各種火器。上海等處，應如何設法雇用洋人，鑄造教導，臣等於議覆袁甲三等剿賊摺內聲敍，請飭曾國藩、薛煥酌量辦理。其天津通商之處，如或可以設法照辦，亦擬籌款辦理。惟俄夷餽送槍礮，僅止宣言，究未可深恃。而咈國鑄造槍炮等件，亦未經議定。現在各營遺失器械甚多，若俟俄夷送到，咈國鑄成，然後分授，既屬緩不濟急，且恐見輕外夷。如火器營等處，或有槍礮，或有款可籌，多爲添置，先爲酌辦，分給八旗兵丁，即行演習，京營擡槍，極爲得力。前於八里橋接仗時，圓明園官兵擡槍頗能致遠，夷兵受傷甚多，且各營除排槍外，均宜多添擡槍以資利用。至京城各營，除巡捕、健鋭、火器等營向演技藝，其餘或僅習弓馬、或僅習排槍，每於臨陣時，防身無術，能整而不能散，膽氣未優，若遇敵兵包抄，紛紛潰散。現擬有技藝各營，並習槍礮，其僅習弓馬者，加習槍礮，並習技藝，併加挑選各旗營閒散餘丁，另立營伍，專習技藝擡槍，認真操演，如果學習純熟，遇有各營缺分，即行挑補，以資鼓勵。惟利器固貴豫習，而督率尤貴知兵。僧格林沁素能講求，可否飭下該大臣酌保身經行陣知兵將弁一員來京，督率訓練，專司其事，如官階較小，即請旨酌加虛銜，以重事權。至各旗營兵丁餘丁，例有值班差使，不能兼顧外，其餘應如何分成挑出，令其訓練之處，應請旨飭下八旗都統公同商酌，議定章程。庶禁軍益加奮勇，而有備可以無虞。其一切陣式，臣等未歷戎行，未敢懸擬。應令派出督率之員，一併教導。現在勝保之兵，駐紮天寧寺，僅祇彈壓土匪，似覺過於虛糜。惟京師無得力之兵，而捻匪有北犯之虞，若將京兵訓練精良，即可將此項兵丁撤裁，於餉項亦可節省，尤應及時籌辦，未可稍涉遲滯。所需操演口糧，及置備器械，需費若干，或於各營内所存辦公項下酌借，如再不敷，即於戶部酌領，將來章程議定，擬於新舊各海口關税内，除奉天全數留支東三省俸餉，上海爲江南軍餉要需，暫緩酌提外，其餘關口每年酌提一成解部，另款存儲，以爲月支口糧，置備軍裝之用。並將目前借支各款歸還，以清款項，庶以收夷之税，量爲練兵之計。是亦體國防邊之要務也。

《總理各國事務奕訢等片同治元年正月二十一日》 再，臣等前經奏明訓練天津兵勇摺内，聲明令崇厚將揀派京兵赴天津訓練章程，妥爲酌定，再由臣等具奏等因，奉旨允准在案。嗣據崇厚函稱：『擬挑天津存營兵三百名，蘆團勇五百名，每名每月月餉銀二兩，共計每月需銀一千六百兩。至外國人教演京兵一數揀派。現在已由火器營、健鋭營、圓明園八旗等三營，每營擇其才力富强、技藝純熟兵丁，各挑四十名，並每營另派章京二員管帶，共挑京兵一百二十名、章京六員，以備赴津訓練。惟是此項官兵係與外國教練，必須衣帽整齊，方足外觀有耀。』臣等詳加酌覈，英國既願教演中國兵丁，所需教演費用，每月僅需銀二百餘兩，尚屬易辦。且藉此察看外國營伍虛實，於事亦屬有益。擬即飭令崇厚照辦。至由京派往兵丁，原擬揀挑二百名。臣等以此項兵丁專爲學習外國技藝，將來英國能否盡心教演，尚未可知，是以未敢如數揀派。現在已由火器營、健鋭營、圓明園八旗等三營，每營擇其才力富强、技藝純熟兵丁各挑四十名，並每營另派章京二員管帶，共挑京兵一百二十名、章京六員，以備赴津訓練。惟是此項官兵，係與外國教練，必須衣帽整齊，方足外觀有耀。臣等公同商酌，官每員酌給整裝實銀十兩，兵每名酌給整裝實銀八兩，已備文咨明戶部派員領取，於本月十六日傳齊各該營派出章京具領，令其製備衣帽等物，並於順天府前存量繳物價項内提銀一百三十二兩，每官給二兩，每兵給一兩，作爲車脚之用，定期二十日飭令起程赴津，統歸崇厚節制，與英國武官認真教練。其官兵到津後錢糧，臣等前與崇厚商議，官每員每月給銀十六兩，兵每名給銀六兩，不再另給月米，其銀即在天津釐捐項下提撥覈實支放。

《總理各國事務奕訢等片同治元年二月十四日》 再，臣等前經奏明挑選火器營、健鋭營、圓明園八旗三營官兵飭赴天津，交三口通商大臣崇厚統帶，與英國練習槍砲等因，奉旨：『著照所請。欽此。』茲據崇厚呈稱：官兵於正月二十三日到津，因與英國總兵斯得弗力商定中外各官員數。惟該國原擬派官七員，此次則添出十一員，據云教演之員愈多，則教藝愈爲得力。崇厚不能不稍事牢籠，亦於三營派去章京六員之外復揀出有頂兵丁五名作爲帶隊官，以如其數。至兵丁以十二名爲一隊，分出六隊習槍、三隊習砲，每日操演二次。核計原挑官兵一百二十六員名，内挑出帶隊官十一員，練習槍炮兵一百八名，尚餘兵七名不能成隊，仍責令輪班跟同習演。惟各該營章京等初與外國人見面，一切未能熟悉，復於天津鎮遴委守備一員、把總一員，幫同各該營章京認真經理，並遴委文委員二員辦理操演一切事宜。至各官兵等應給鹽糧口分，酌擬每正副參領暨空花翎一員月給銀十八兩，其添派之守備即照參領等支發；每前鋒校、護軍校一員月給銀十二兩，其添派之把總即照前鋒校等支發；其副護軍校、藍翎長並額外護軍校等官，即照兵丁一律每月給銀六兩；文委員二員，每月給銀十八兩。外國官弁，除統教不支薪水外，其總教官二員，每員月給洋銀三十元；分教官十五員，每月給洋銀七元二角；通事三名，每名月給洋銀六十元。統共每月需支銀九百四十二兩，洋銀三百四十八元，現已飭天津道在鹽斤復價並天津義館釐捐項下動用，由該道歸入海防經費案内開銷，以歸畫一等語，並造册咨送前來。

臣等查所派中國各營弁兵共計十六名、委員二員、兵一百二十名，雖與臣等原奏官兵共一百二十六員名之數微有不符，惟與外國人共事，不能不示以大方，似不必計較錙銖，遙爲牽制。至每月給發銀兩並外國官十七員、通事三名統計數目均核與該大臣册報數目相符。此項應支銀兩，臣等前奏令在天津釐捐項下動用。今該大臣呈稱，已飭天津道在鹽斤復價及天津釐捐項下動用，歸入海防經費案内開銷等語，事竣應由户部查核，先由臣等飭令該大臣將官兵銜名、花名造具細册，分咨户部、兵部存案備查。

至此次官兵係爲學習技藝並兼顧海防起見，應請飭下辦理三口通商大臣崇厚認真操練，不得虚應故事。其該官兵等與外國人交接，尤應密加防範，勿令滋生事端。

清·寶鋆等《籌辦夷務始末（同治朝）》卷五《總理各國事務恭親王等奏同治元年三月十五日》 臣等前挑京兵一百二十名赴津，與英國練習技藝，業將酌配兵弁，分隊教演，及月支口糧各數目，縷晰奏明在案。嗣據崇厚函稱准英國總兵斯得弗力聲稱；天津地方緊要，必須再調京兵一百二十名來津教練，方資得力。經崇厚於大沽協兵内挑選一百二十名，遴派營員會同教練等情，商辦前來，臣等以事屬可行，當經覆令照辦。旋又據崇厚函稱：英國總兵斯得弗力意欲再挑三百六十名，連前挑大沽協兵一百二十名，合該國一號兵四百八十人之數。將來練成後，即可自成一營。並可自行教練別處之兵，仍請再挑兵一百二十名，專意練礮。崇厚復於大沽協挑選三百六十名，其加挑練礮之兵，另於天津鎮標現挑馬隊一百名内撥出五十名外，再挑馬兵七十名，合爲一百二十名，專飭練礮。前後覈計除京兵一百二十名外，共挑大沽、天津等處兵丁六百名。崇厚不時往看，其教練頗爲認真，惟英國斯總兵以練兵必須萬人，少亦五千人，方足制勝。並於來京謁見臣等時，面呈分營練兵清單，且稱練兵尤須練官，緣坐作進退，高下取準。兵雖練習而官不熟諳，亦屬無從指揮。請再挑年在三十以下武官三百五十名，一同教練。臣等以該總兵所言兵數太多，一時實難挑選。惟練官之議尚屬可行，因函致崇厚商辦。旋據覆稱現在津郡武弁，業已盡數挑令管帶兵丁，直省各標得力武員，非縱征在外，即分管營汎，亦難紛紛調取，即或於兵丁中挑取得過功牌頂帶者充數，亦萬不能足額。惟有仍在京營挑選，而專於挑選武官，亦恐未能如數，仍請在健鋭等三營兵内酌挑三百六十名赴津，合之前挑該營兵一百二十名，亦合外國一號之數等語。臣等查健鋭等三營兵丁。現在神機營方資訓練，難以再挑，此次崇厚請挑京兵，臣等公同酌擬，請在八旗漢軍營内如數挑揀，恭候令下，即遵照飭令赴津練習。

《通商大臣崇厚等奏同治元年四月二十六日》 天津郡城地方，前經會摺奏明酌挑天津鎮標兵五百名、練勇五百名，逐日操練陣式，較前嚴整，鎗砲亦能聯絡。嗣又續挑大沽兵五百名，並在於前挑之天津鎮兵五百名内撥出一百二十名，共兵六百二十名，隨同京營旗兵學習外國鎗砲，亦經奏明派委天津鎮中營遊擊春霖督率備弁，會同英國統教各官認真訓練，奴才崇厚隨時校閲，步法日見嫻熟。解到俄國鎗支，認真習演。其續行挑練砲車之緑營官兵兼習馬隊，尚覺生疏，已飭春霖等加意講求，上緊督率學習。並與英國統教砲官堅亞墨得商酌試鑄英國得力炸砲，加工精造炸砲子，並鳥鎗致遠子，又仿造俄國羣子砲羣砲子，總期致遠摧堅。

現因英國駐紮天津郡城之兵全數撤回，該國統教官副將妥瑪與奴才崇厚商酌，擬將學習外國鎗砲之京營兵一百二十名、大沽等營兵六百二十名全行移赴大沽海口，與外國兵習練，既足以壯聲勢，更可以固藩籬，實屬一舉兩得。該官兵改紮大沽，有應添棚鋪、租賃廟宇、運送軍火車輛等項，飭令天津道遴派妥員在於大沽地方設立分局，就近供支，以免貽誤，奴才崇厚仍擬隨時前往督飭訓練。至奴才成明駐紮北塘，亦可與大沽聲勢聯絡。

《通商大臣崇厚等片同治元年四月二十六日》 再，前經總理各國事務衙門奏明調撥之京旗三營官兵一百二十名來津會同英國官兵教練槍砲，迄今已及三月，每日習練兩次，俱各認真講求，深堪嘉尚。前因英國總兵官斯得弗力面商請將京營出色官兵量加獎勵，以期奮勉，將來即可作爲教兵之弁。其外國官兵已由該總兵擇其教練出力者，隨時獎勵，業經奴才崇厚函商總理各國事務衙門，奏蒙恩准，飭令奴才崇厚酌量核實辦理在案。茲復節次校閲，内有技藝嫻熟尤爲出色之護軍校德山等二員擬請由本管各營王大臣先行存記六品頂戴藍翎長松壽等四員，擬請分別賞給前鋒校、護軍校頂戴，其餘護軍前鋒十三名，均擬請以額外藍翎長用，用示獎勵。如蒙俞允，即由奴才崇厚開具清册，咨呈總理各國事務衙門暨管理神機營王大臣欽遵辦理，並擬俟現在奏請續調之京營八旗漢軍官兵三百六十名到津後，即飭令該護軍校德山等十九員名幫同英國官兵自相教練，俾得知感知奮，悉成勁旅，既可激勸我兵之志，並可鼓舞遠人之心，於操防不無裨益。

《通商大臣崇厚奏同治元年五月二十四日》 竊照學習外國鎗砲砲車之旗綠官兵移赴大沽訓練，日前經會摺具奏，並聲明奴才即赴大沽察看布置暨順道校閱北塘、營城二處官兵技藝，以重操防在案。

茲奴才於五月初七日馳抵大沽海口，查京營官兵一百二十名並天津大沽等營官兵六百二十名，均已租賃廟宇、搭蓋棚鋪，分別棲止。奴才面飭地方官曉諭該處鋪民，如遇官兵講買食物，務須公平交易，不得居奇抬價。所有京營並天津鎮、大沽協官兵，派委候補參將中營游擊春霖統帶，督飭員弁勤加演練，並妥爲彈壓，以免滋生事端。

查看南岸砲臺係英國官兵防守，北岸砲臺係法國官兵防守，各該砲臺砲洞工程，均已殘缺。旋由大沽前赴北塘校閱，該處並營城調防官兵技藝內，通永鎮標兵丁施放抬鎗均尚嫺熟，立靶試演亦能命中有準。奴才當場擇其技藝較優者，官則存記拔補，兵則量予獎賞；技藝稍生者，面飭該管將備加卯操練，以期一律精熟，不任疏懈。惟大沽協六營留駐北塘新兵一千三百名，內多係本年春間甫經招募者，技藝尚覺生疏，試演鎗支未能一律有準。奴才已嚴飭該管將弁督率逐日訓練，並飭新任通永鎮徐廷楷認真督練。如該將弁等並不實力講求，盡心訓練，即當嚴行參處，以肅營伍。

京營續挑八旗漢軍官兵三百七十六員名學習外國鎗砲，於本月□日到津。奴才點驗後，於次日起程前赴大沽，與上次挑練之京營旗兵會合一處，上緊練習。查正參領經文泰、副領孝順管帶京營旗兵在津數月，熟習練兵步伐，此次續挑之漢軍官兵，奴才即派經文泰、孝順作爲統教副，前鋒參領誠廉、委參領榮壽、訥欽布、空花翎貴秀作爲幫教，飭令會同外國統教、分教各官認真訓練，以資熟手。該兵丁應製衣帽，准總理衙門知照，在於賞項內每兵扣出銀二兩五錢，解交奴才衙門代爲辦理，現已派員趕緊製備，一律整齊，俾壯觀瞻。

《通商大臣崇厚等奏同治元年八月二十日》 竊照京營旗兵並大沽協兵學習外國鎗礮礮車技藝，所有節次校閱情形，均經奏明在案。奴才等前會同親赴大沽調集考校，查初次挑選來津之旗營官兵並大沽協兵演練已越半年，陣法、步法均已嫺熟，學演外國鎗支現在立靶打準亦能命中，惟未能一律精純。其續挑之八旗漢軍官兵，奴才等嚴飭護天津鎮總兵春霖督飭章京等會同英國統教、分教各官上緊訓練，步伐已漸純熟，現均分給俄國鎗支執持操演，實力講求。其仿造外國礮車亦已造成六輛，奴才等查驗工堅料實，均能如式，試架礮位演放，並配以馬套，往來馳驟，極爲靈便。至試鑄炸礮，現已造成兩尊，裝子試放，甚爲猛烈，仍飭續鑄應用，洵屬行軍利器。奴才等擇其技藝嫺熟者，當場獎賞，生疏者飭令勤加演練。奴才寶山駐紮北塘，逐日與在塘將備操練兵技，認真教演鎗技陣法，均臻熟習。

《直隸總督文煜等奏同治元年十月十四日》 奴才崇厚於九月二十一日前赴大沽試放砲位，校閱兵技，因思當時練習外國技藝，一切章程，俱係英國領事官孟甘商定。現在孟甘有事南旋，隨約會孟甘一同到沽與英國統教官副將海格等面晤，細詢該兵丁所學技藝情形，據稱京營旗兵、漢軍兵並大沽協兵，俱係年力精壯可望有成，惟陣法變化尚多，或分、或合、或進、或退，必須寬以時日，挨次教演，方能融會貫通。現在初次挑練之京營旗兵並大沽協兵，步法雖已合式，尚未能十分有力；鎗支雖已打靶，尚未能演放連環，計其所學不過十分之六。續挑之漢軍兵習演步法尚欠整齊，施放鎗支亦未嫺熟，所學僅得其半。趁此加意演習，逐漸教導，認真講求，方能盡其所學等語。奴才崇厚調集閱看，走陣打靶較前雖見熟悉，惟鎗隊砲車甫經合校，未能一律嫺熟，海格所言係屬實在情形。奴才等悉心商酌，該京綠官兵學習均已數月之久，如果半途而廢，殊覺可惜。似應照舊留駐大沽，飭令原帶將領等會同英國總教、分教各官實力講求，上緊教演，以期一律精熟，悉成勁旅，該官兵等外國教兵各官相處日久，傳令言語已漸領悟，原設通事酌量裁去一名，分教官減去數名。

《通商大臣崇厚奏同治四年四月十二日》 南洋各海口時有匪踪窺伺，而大沽爲北洋門戶。現在時交夏令，中外商船雲集，本年南省漕船尤較往年增多，深恐奸宄溷迹，更須加意嚴防，擬將洋槍砲各隊官兵移紮大沽，不特就近可用外國武員教練，並可爲海口重鎮，實於操防兩有裨益，業經函商總理各國事務王大臣，意見相同。現已飭令春霖督帶原練之天津、通永兩鎮及大沽六營所挑之洋槍砲各隊官兵，於本月初九日全數紮大沽海口；該官兵原用之洋槍砲位，亦均攜帶前任。

《通商大臣崇厚奏同治四年四月十二日》竊查上年原練洋槍砲隊京旗各營官兵，經神機營調回後，復添挑綠營官兵接續互相教練。原擬仍有外國武官員教習，以當時頗乏其人，即在已經練熟之官兵內挑選心地明白、技藝精嫻之員弁，互相教習，迄今步伐尚稱整齊，而操縱分合各陣式未能盡西洋兵法。查有駐紮大沽砲臺之英國武員勾得斯，素嫻兵法，奴才督同護天津鎮總兵春霖與該武員當面講求數次，人甚明白，堪以教練，擬用該武員作爲統教，即由其挑選外國武弁數名作爲分教。

《總理神機營事務奕譞等摺同治四年七月二十九日》竊臣等前因京津兩處練兵，中外口號不一，難以合成一軍，議將天津所練京兵全數調回，並抽調外火器營官兵統歸京城教練，於上年六月會奏，奉旨准辦在案。

一年以來，經臣營督飭訓練，設立威遠隊名目，並奏添槍兵、礮車入隊操演，現已漸就精熟。但所練洋人陣式，只有步隊，並無馬隊。查各旗營兵丁素嫻騎射，其馬上磬控之能、擊刺之法，皆所素長，若用以輔翼威遠步隊，未必即遜於洋人。惟臣等從前欲習洋人陣式之意，非特爲學其所長，亦藉以窺其所短。現在威遠步隊專習洋人陣法，已能窺其門徑。其馬隊作用，尚不知短長若何。儻能將其馬步兩項陣法全窺底蘊，則將來虜在目中，自操勝算。且進退疾徐之間，亦可一一吻合。此既練步隊，即當再練馬隊之緣由也。

然此項練習馬隊兵丁，若於京營馬兵中揀選前往，恐該兵丁等初學洋人隊法，急切未能領會，轉將舊習技藝漸致抛荒，於計未爲兩得。臣等公同商酌，擬即於兩翼威遠步隊內揀選兵丁五百名，由京自帶馬匹，另派營總、隊長等官管帶前赴天津，交崇厚訪延熟悉馬上技藝洋官，仿照前次教練槍隊章程，令其朝夕操演。緣該兵丁等既熟習洋人步隊之法，則以之練習洋人馬隊，自必易於領會。將來練成之後，亦可仿照槍隊章程，酌調回京，轉相傳習。如此則馬步兩隊相輔而行，中國能盡其所長，洋人即失其所恃。如蒙俞允，臣等即當行知三口通商大臣崇厚，一體欽遵辦理。

《通商大臣崇厚摺同治四年十一月初八日》竊准總理各國事務衙門咨開：神機營派往天津習練馬隊官十二員、兵五百名，於十月二十九日由京起程等因，並送兵冊二本前來。本月初二日據管帶馬隊之營總佐領玉福、副參領春林管帶官兵五百名、馬一百八十八匹到津，奴才當即詳細點驗，該兵丁均屬壯年精健，其原帶之馬二百匹，據報於途間倒斃十二匹，實存一百八十八匹，間多疲瘦，仍須飭令加意喂養，分別更換，方能演練。奴才督飭署總兵春霖，並能教馬隊之英國人薄郎等官兵，逐細看視，據稱均可學習，惟馬匹非壯健者不能合用。奴才即派總兵春霖會同薄郎認真挑選，加意教練，務期盡其所長，以成勁旅。現在不敷馬三百餘匹，津郡非產馬之區，購買不易，相應請旨敕下察哈爾都統在於官馬羣內挑選口輕膘壯大馬四百匹，派委妥員管解來津，以便將疲瘦者更換，可期得用。

《總理各國事務奕訢等摺同治六年四月初九日》竊前因崇厚函稱，同治四年派赴天津練習馬隊之威遠隊五百名，陣法技藝均已可觀，可以飭令回京，與步隊合操等因，臣等當以前項馬兵僅五百名，若與大隊合操，尚覺過少，除將前練馬隊先調回京外，擬再由圓明園八旗內另挑精壯兵丁五百名，配給馬匹，派赴天津，仍由洋官教演，以期集成一軍，於同治六年三月初九日會奏，『奉旨依議。欽此！』欽遵在案。

臣等當即知照圓明園八旗，行令趕緊挑選帶隊官八員、精壯兵丁五百名，造具花名清册，即日咨送神機營，以備飭令起程去後，茲據各旗遵揀選咨送前來。臣奕訢等復加查看，所挑官兵尚屬一律精壯，現擇於本年三月二十八日飭令起程赴津。

惟現在總理衙門接據崇厚函稱，將來續調官兵來津，擬於上屆練熟官兵內挑送二十員名到津，以資幫同教練，並開具各兵名字，函送到營，請即飭令回津等因。該大臣自因以練熟京營官兵教練新到官兵較洋官傳授易於領會，所議不爲無見，自應按照單開各兵，飭令隨同續派官兵一同起程。

《崇厚摺同治八年六月初七日》奴才查天津續練圓明園八旗精壯兵丁，於同治六年四月間派赴來津，經奴才督同總兵王佐臣、總兵銜總教官薄郎、副將麟華等嚴定賞罰，逐日訓練，二年以來，該官兵等於馬上刀法、施放洋槍及分合陣式變換自如，馳騁縱橫，均能嫺熟。現准總理各國事務衙門會同神機營奏明，奉旨飭調回京操練。奴才當即查照六年三月間原練馬隊回京成案，發給該官兵六月分一月餉乾，牌傳經過之天津、武清、通州各州縣照料應付，並飭派副將麟華護送回京，定於六月初七日該官兵由津起程。

《胡家玉摺同治五年八月二十日》　京兵十數萬人，强壯趫健者諒必不少。臣擬仿神機營辦法，挑選馬隊，三千人爲步隊，名曰神武營，擇城外空閒地而訓練之，與神機營互相策應，靜資鎮壓，動備非常，成效必有可覩。

《總理神機營事務奕譞等摺同治五年八月二十八日》　臣等查兵部左侍郎胡家玉所奏，擬仿神機營辦法，挑選八旗各營兵一萬五千人，分作三軍，名曰神武營，擇地訓練，與神機營互相策應，靜資鎮壓，動備非常，擬請飭交總理各國事務王大臣管理以專責成。又查戶兵二部議覆，總理衙門所請變通直隸練兵各條，議如所奏、妥籌，其未盡於事宜，由該督查奏再行覈議各等語。

臣等悉心酌覈總理衙門與胡家玉所奏，係爲思患豫防，均可並行不悖。蓋無直省練兵不足固畿輔屏藩，非添練京兵無以益神京拱衛。溯查直隸練兵將及三年，前籌固本經費，業由廣東等省按月協解。是此項餉需均已有著，應請飭下該督遵照現在戶、兵二部議覆，總理衙門原奏各款，覈實奉行，認真訓練，並請酌予限期，將著有成效之處，據實具奏，俾知令出惟行，毋稍緩怠。

其胡家玉所陳尤爲切要之圖，所論添練京兵之處，應請由總理各國事務王大臣擇地訓練，遇有緩急，不但呼應較靈，亦可豫爲密備，且與神機營互相策應，足壯聲威。第京師添設營伍，加增公費，用項較繁。即以該侍郎擬練兵數而論，按照神機營月給餉乾計之，需銀四萬兩有奇。應請飭交戶部詳爲籌畫。此次添兵本爲目前急務，未可以餉項未充藉詞延緩。如款項一時未能如數，亦須將每月約籌兵餉若干，先行移咨總理衙門，酌覈辦理。一俟庫款少裕，再照所奏兵數，隨時補足。

《軍機大臣字寄同治五年八月二十八日》　軍機大臣字寄神機營、總理各國事務衙門、戶部。同治五年八月二十八日奉上諭：『前據胡家玉奏直隸練兵請改由京營挑選，交總理各國事務王大臣管理，當經交神機營王大臣會同兵部妥議具奏。茲據奏稱添練京兵，應由總理各國事務王大臣擇地訓練，所需餉乾，請飭戶部詳爲籌畫各等語。除直隸改設六軍仍照戶兵兩部原奏辦理外，訓練京兵原以固根本而防外侮，若分設兩營，則事權不一，轉無以專責成，自應仍歸神機營酌量添增，於京營內挑選訓練，毋庸歸總理各國事務王大臣分管。惟戶部餉項現未存儲鉅款，而此次所議添兵又爲目前急務，未可以餉項未充稍事延緩。著戶部詳爲籌畫，如款項一時未能如數，即將每月約籌兵餉若干，先行知照神機營王大臣，酌覈辦理。一俟庫款稍裕，再照所奏兵數隨時補足，以備不虞。所需軍火等項，遇有缺乏之時，並著總理各國事務衙門協同籌辦，以期餉足兵精，緩急有恃。將此各諭令知之。欽此。』遵旨寄信前來。

《直隸總督李鴻章片同治十一年十二月十九日》　再，查軍器以洋槍爲便利。直隸練兵如保定、正定、大名、通永各營成軍以來，經臣先後酌給洋槍，操演陣技，冀成勁旅。然洋號、口令、手法、步法諸多奧妙，必有諳悉精熟之人，隨時教習，方能合式。前會添募教習，戶部以章程並無此項，未准開銷。惟兵部會同各衙門議復練軍營制章程，聲明此後應行變通之處，隨時斟酌損益，奏明辦理等因。洋槍既爲必須之物，教習實不可少。從前專用洋人，需費較鉅。今淮軍各營演習洋槍已久，頗能互相傳授。擬令直省練軍每營步隊酌添洋槍正教習一名，幫教習四名，以分教四哨，均用華人。其正教習月給親兵口糧一分外，加薪水銀四兩，幫教習每名月給護兵一分外，加薪水銀二兩。計每營每月僅加銀十二兩，需費無多，而於操防較有裨益。據各該統領具稟前來。相應仰懇天恩，俯准照擬，添設開銷，以資訓練，而備調遣。

《李鴻章摺同治十二年四月二十三日》　竊查同治七年，因津郡海防緊要，募足洋槍隊五營、洋砲隊一營，歸天津鎮總兵陳濟清統帶，共計官弁兵勇三千二百餘員名，應需薪水、口分、馬乾、公費、衣帽等銀，由海防支應局照章核發，分年造銷在案。

嗣經陸續派撥留防綏遠城官二員、兵八名，派赴奉省官二員，派赴科布多城官二員、兵勇十名，撤歸大沽砲台一百八十名，又撥往大沽砲台駐紮官四十八員、兵七百名，現存津城官弁兵勇二千二百餘員名。各營均掣動，隊伍未能整齊。上年七月間，經臣改派記名提督吳雲集接統，帶往城東紮營，挖濠布置操防。

據該提督稟請酌照直隸練軍，改定營制，期與保定、大名、正定、通永各軍聯絡一氣。臣以當此經費支絀，籌餉難於籌兵，使整頓營制而餉需未能應手，練兵終難得力。飭海防支應局司道通籌全局，務於原領月餉有減無增，以期餉不虛糜，事可經久。

茲據該司道等會詳：現存津城洋槍砲隊原領月餉並夏冬兩季衣帽每年共應支銀十四萬餘兩。茲改照直隸練軍新章，若就原練之兵無所損益，轉得就原領之餉量予減裁，實爲海防經久至計。擬請將現存兵勇編立四營、三哨，仍照舊制，設立文武翼長各員，俾資訓練。所有弁兵薪糧、公費、柴草、伙夫、長夫等項，均照曾國藩奏定練軍章程核給，其從前原領洋馬、大馬暨挑練馬隊各馬乾、留津京營官弁、總統隨帶文武員弁人等，並槍砲公費，一併刪除。查兵部議覆直隸練軍營制聲明：『此後應行變通之處，隨時斟酌損益，奏明辦理』等語。查營制內開：『每營劈山砲砲車二輛，洋開花砲砲車二輛。』茲與該統領吳雲集籌商，擬專以中營爲砲隊，於原練洋炮內挑選洋開花砲三十尊，配用砲車三十輛，拉車馬九十匹，又酌留差馬十匹以資哨探，計馬一百匹，每匹月給乾銀三兩，無事則團聚一營，演練較爲得力，遇事則酌量分撥防剿，亦不誤要需。又查淮勇各營開花洋砲向有砲費，大沽炮台亦有演砲經費，奉部准銷。該軍開花洋砲三十尊，擬每二尊每月酌給用費銀三兩六錢，以後洋炮如有續增，用費照加。又津郡濱臨大海，嚴冬朔風飈勁，該兵勇分段巡夜，通宵達旦，寒苦異常；且係通商重地，華洋雜處，若禦寒無具，不足以壯軍容。舊例夏冬兩季每名每季給衣帽銀二兩五錢，茲擬裁去夏季，酌留冬季，每名核減銀一錢五分，以示撙節，以上三事，比照練軍章程稍有變通，於海防實大有裨益。又營制內開：『練兵底餉應由藩司扣出，概交練軍統領與練餉一併支發』等語。茲查調隸津軍之津通兩鎮標弁兵各底餉，除乾銀朋扣合米折計之，每年實應領銀一萬三千九百五十餘兩，應由該統領照章赴藩司請領，與練餉一併支發，仍由支應局於該軍應領餉銀內按季扣除，通盤核計。改章之後，較洋槍砲隊原領月餉每年可節省銀九千六百餘兩，似與操防經費均有實濟。其動撥餉銀，仍歸海防案內造銷，詳請核奏前來。

臣逐加覆核，所議各條，如酌留翼長，專設砲營，添給砲費，核給冬季衣帽銀兩，雖較直省練軍定章稍增，而於海防練兵實不可少。且通盤覆計，應領餉銀，較原領月餉歲減九千六百餘兩，尤爲變通得法。除批飭照辦外，理合恭摺具陳。

《總理各國事務奕訢等奏同治元年六月初二日》 茲據英國公使卜魯士照會內稱：『防守之策，要在中國自行籌辦。南省各口果設步兵、火器等營，多備兵器，廣積糧餉兵糈後，隨時全給，操練必有成效。即如福州一口，此等精兵最易設備。』並稱伊國有四品官柬姓，實爲明幹，可以代中國管理火器，並可令其將製造炮位之法逐款開呈等語。又據英國參贊威妥瑪函稱：『伊國提督何伯、總兵斯得弗力俱有願在上海出力練兵之意。』並據稱何伯請練兵六千，每年餉需約以百萬爲率。又稱斯得弗力請自募兵定餉，餉項多寡由中國給發，請即查核准行等因前來。

臣等查該國照會內稱：『要在中國自爲盡力』等情，其中即隱諷中國不肯盡力之意。現在青浦等處該國將兵撤退，是否力已漸形餒弱，抑或別有意見，均難逆料，若不藉此羈縻，使之樂爲盡力，誠恐彼勢果不支，或致爲髮逆所誘，關係更非淺鮮。惟若照該公使照會之意，令各海口俱設步兵、火器等營，經費未免過多，且慮同時紛紛調集，又或多滋騷擾。即何伯所請在上海以百萬餉練兵六千之議，亦斷難以該海關之稅盡供此一舉之用。至斯得弗力所請自行募兵定餉，流弊更屬多端，皆爲萬不能行之事，臣等公同商酌，惟有令上海、福建兩處仿照天津練兵之法，酌量情形，先行試辦。則既不没外國獻策之忱，而中國不致過耗財力，於事似屬可行。臣等已行文各該督撫、將軍，令其將此舉於海口有無妨礙及餉項能否敷支之處，預爲妥酌，並將天津現辦章程抄録寄交。應請飭下署江蘇巡撫李鴻章、閩浙總督慶端、福建巡撫徐宗幹、福州將軍文清，於接到臣等公文後，即行悉心籌酌。如果無礙於該海口情形，而餉項尚有可以湊措之处，務即仿照天津辦法大意，妥定章程，酌量派撥兵丁與外國認真訓練，牢籠其心，總期功歸實際，餉不虛糜，是爲至要。

至英國所稱四品官柬姓可代中國管理火器並可代製砲位等語，查添製砲位固屬目前要務。惟當此需餉浩繁之際，此項經費殊難籌撥。且柬姓武官係屬外國之人，臣等未悉其人底蘊，遽假以管理火器、製造砲位之權，深恐未甚相宜。惟亦未便拒絕，以拂其意，業於照覆內，告以現令江蘇、福建巡撫酌議，俟其覆回，再爲商定等語矣。

《總理各國事務奕訢等奏同治元年九月二十六日》 竊查英國春間，有在天津教練兵丁之稟，夏間又有滬閩教練兵丁之請，上月法國復以華國陣亡有請派該國副將勒伯勒東帶兵防守寧波之照會，業經臣等歷次奏明，並疊致江蘇巡撫李鴻章、通商大臣薛煥信函，囑以所練之兵操演歸中國官弁統帶，進剿亦必聽中國號令指揮，方不致滋流弊等因各在案。茲接李鴻章來函，大意以洋人練兵過費，且征調製肘，恐將來尾大不掉等因。查該撫函內所稱上海練兵各情，外國驕蹇性成，不遵約束，久在意計之中。臣等前致李鴻章函內，諄諄以必由中國調遣爲囑者，蓋即有見於此。

臣等伏查練兵之舉，其始由於天津洋商議僱潮勇保護洋行，當以潮勇之害不可勝言，若洋人教練究屬我兵，猶爲彼善於此。且上海洋人練兵業經辦理在先，並用人教練，其意甚殷，倘中國不收爲用，洋人意在保護洋行，萬一髮賊勾結，辦理益形掣肘。節將前項情形據實瀝陳，先後奏蒙聖鑑，准於天津各處陸續施行。臣等深恐此件終有弊端，是以隨時體察情形，力圖防維補救。今查洋人教練我兵，弊不在於演習之時，弊實在于臨敵指揮卽爲此軍之將。倘易我國之人爲將，又以素未諳習其法，難以得手，必致兵將相習，自不得不暫用其人。洋人之驕蹇日形，實爲勢所必至。

今既審明致弊之由，卽可從此得去弊之法，則中國教演洋槍隊伍，練兵必先練將，實爲此中緊要關鍵。誠能練將，則將與兵聯爲一氣，將來卽用中國之將統帶中國之兵，洋人暫爲教演，只膺教習之任，並不分將帥之權，自不致日久生弊。臣等前與英國威妥瑪談及練將最關緊要，統帶不可久假外人，彼亦深以爲然，足徵此說毫無疑義。

惟是練將固要，而選將綦難。必須挑揀平日公正、能與士卒共甘苦，不致有尅扣錢糧及與兵丁賭博徵逐等弊，方可令充是選。除伍長、隊長等弁外，仍須品職較大武員如參、副將等官統之，所有兵弁等練習之勤惰，皆責成該員會同外國教練之官留心稽查，其有能盡心學習者記功升賞，倘或操演懶惰立卽懲責：此卽仿照洋人在津統教、分教名目而變通用之。況以中國之官管束中國之兵，乃係自盡其職，諒洋人亦不致饒舌。或先與外國等申明此議，然後照行，亦無不可。現在凡有軍務省分，督撫均經久歷戎行，其所統帶各營將弁，諒不乏人，相應請旨飭下沿海練兵各大臣，卽於各營將弁中悉心揀選平日公正善撫士卒之人，使之管帶訓練，並另選一職分較大武員總司其事，務令兵將同心練習，共盡洋人所長，庶可收操縱之權而化把持之見。如此則兵心一、國事振，于以自强不難矣。

《兩廣總督勞崇光奏同治元年十一月二十四日》 臣伏查本年八月十五日，先准總理各國事務衙門咨，以英國會議同防賊匪，要在訓練營兵，行令酌撥旗綠各營官兵，會同英國官兵勤加練習，以成勁旅等因。旋有英國兵總一名，帶同教練官三名、兵四十二名，由香港來省。臣與面商派兵教練之法，據稱初入手時，派兵宜少，以後逐漸加多，次第推廣，較爲有益。臣體察所言，尚屬近理。當卽咨會廣州將軍，在於駐防滿漢八旗先後派撥兵丁二百名，復會同陸路提臣在於督撫提三標及廣州協標共先後選派兵丁二百五十名，閏八月十四日起，在於省城北門內撫標校場會同演習鎗砲準頭及坐作進退之法。

臣又思中國兵丁交外國人教練，而中國官不復與聞。非徒約束無人，且將來遇有調遣，若臨時派中國官管帶，則將士素不相習，指臂難以相聯；倘仍歸爲外國人管帶，則太阿未免倒持，誠恐後患難測，必須於教練之時，派中國官一同演習，兼有大員專司其事，督率稽查，則今日同襄教練之勞，卽爲他日預儲統帶之任。止令中國師外國之長技，不令外國奪中國之兵權，方爲妥善。臣籌思已定，卽與英國領事羅伯遜及該兵練面申此義，伊等同聲佩服。臣當卽於綠營各標選派把總、外委等官十員，飭令各兵一同練習，並派都司一員督同練習。又派督標中軍副將齡山爲統領，隨時前往督率稽查，分別勤惰，量爲勸懲。並知會廣州將軍選派防禦、驍騎校等官八員，又派佐領惠林、于士懋二員爲旗兵統領。其外國人及旗綠各營官兵口糧，由總局籌給，統交副將齡山經手，分別支放。現在派兵無多，所需口糧連外國人口糧按月共止一千數百兩，籌畫不難。將來添派兵丁漸多，經費亦逐漸加多，統由總局設法籌款支應。數月以來，該外國人盡心教練，各弁兵均能虛心演習，已頗有成效。臣擬漸次推廣，加派旗營綠營各以二千人爲率，一俟訓練有成，卽於旗綠各兵內選其技藝純熟者，派令前赴省外水陸各營分投教練，毋庸再邀洋人教習。至所需鎗砲等項，既用洋人練兵，卽須用洋鎗、洋砲。粵東所購皆不合用，臣捐廉託外國人採買，得洋鎗二百五桿，尚覺價廉工巧，現發交齡山轉發應用。而所短尚多，臣復札行英國領事羅伯遜寄信回國代爲採辦二千桿，俟其購進來粵，核明價值，由局籌款給發。大砲、炸砲及一切砲具均屬該領事暫於香港借來應用，隨後再行籌辦。一面分屬英法兩國領事各寄信回國，備募製造火器、火藥之良工數人來粵，由內地選派精細工匠學習製造，並派妥員監造，務期得其真傳。此臣所辦派撥內地官兵練習外國兵法情形也。

《暫署兩廣總督晏端書奏同治元年十二月十四日》 茲據英國領事羅伯遜伸陳，以前派官兵操演漸形嫺熟，請加派官兵學習前來。臣會商廣州將軍臣穆克德納等，公同體察情形，尚可酌量添派，當復撥出駐防滿漢八旗兵丁一百名，選派驍騎校二員管帶，又撥出督標營兵九十名、撫標營兵一百二十名、陸路提標惠州協營兵八十名、廣州協營兵二十名，共三百一十名，另於都、守、千、把各弁內添派十員，分別管帶，於十二月間陸續前赴撫標校場，隨同一體練習。所需口糧及軍裝、器械等項，併由軍需總局籌支給領。臣仍嚴飭原委統帶之督標中軍副將齡山等，認真督率訓練，實力鈐束，務令精益求精，指臂相聯，隨時可資調遣，以仰副聖主整軍經武有備無患至意。

《兩廣總督劉長佑片同治二年正月二十四日》 旋于上年十二月二十七日據法國領事李添嘉伸陳內稱：『接到駐京公使來文，與總理各國事務衙門商議，由法國另派弁兵來粵教習軍士。現派來武弁一名、兵丁十五名，請酌撥旗兵，交給教習』等情。因查前准總理各國事務衙門行文，係指明會同英國訓練，並無另邀法國教習明文。此次法國公使在京如何商議，亦未准總理各國事務衙門咨行到粵，當即據實劄覆李添嘉，暫緩辦理，一面咨請總理各國事務衙門核覆，再行飭遵妥辦。茲復據李添嘉伸陳，以中國與英法兩國一律和好，練兵之事理應分任。今法國弁兵到省日久，請速撥兵教練，並親至臣衙署面求，情詞極形急迫。臣查撥兵練習，頻增經費，籌辦實形不易，而法國援照英國成案，求請甚殷，勢難拒阻。若俟總理各國事務衙門咨覆始行轉飭遵辦，有需時日，臣與晏端書盡心籌商，不敢稍涉拘泥，現已咨會署廣州將軍庫克吉泰，在於旗營酌選撥官兵，會同法國派來弁兵一體認真練習。所有應支薪糧等項，查照前辦英國教練官兵成案，畫一辦理。

《署兩廣總督晏端書片同治二年三月十三日》 再，前據法國領事李添嘉申稱，該國派有武弁一員、兵丁十五名來粵，請照英國練兵成案酌撥旗兵交給教練等情，經前督臣劉長佑與臣悉心商酌，當以英、法兩國一體和好，遇事自應持平。既據法國派有弁兵到粵，援案聲請教練，未便拘泥據阻，劉長佑即咨會廣州將軍，酌撥官兵，交給練習，並先附片奏報。旋由署將軍臣庫克吉泰於本年正月二十七日撥出旗官二員、旗兵五十名，又於二月十三日添撥旗兵五十名，先後送交法國領事李添嘉，與法國派來弁兵會同練習；將來應否添撥旗兵，再行酌量辦理。

至英國練兵案內，先後撥出旗營官十二員、旗兵三百名及綠營官二十員、兵丁五百六十名，節經奏明在案。嗣復據總稅務司赫德以前在粵海稅廠邀有英國兵目，將防守稅廠之督標記名外委二員、兵丁一百一十五名教習洋槍，請於本年二月十七日將前項弁兵撥歸英國練兵大隊一同訓練，已與英國領事羅伯遜會商意見符合等情。臣覆加體察，亦應準照辦，以歸畫一。

茲臣於三月初十日會同兼署廣州將軍滿洲副都統臣庫克吉泰、漢軍副都統臣海春、廣州撫臣黃贊湯、陸路提臣崑壽、粵海關監督臣毓清暨領事官等，齊赴校場，調集派出練習之旗綠各營官兵逐一校閱，步伐技藝均尚可觀，當經分別獎賞，飭令勤加練習，恪遵紀律，以期有勇知方。惟察看前派管帶綠營官兵之都司鍾金昌督率不甚得力，即已撤回，另派適用遊擊朱朝剛作爲綠營統領，仍由臣標中軍副將齡山總統，隨時稽查督率。至旗營官兵由署將軍添派協領全滿作爲旗營總統，督率鈐束，俾臻周密。

清·毛承霖《毛尚書奏稿》卷一三《截支法國教練洋槍弁兵經費摺同治三年六月十四日》 茲據法國署理領事喇慕申陳，接到該國來文，請將前派來粵教練洋槍之武弁一員、兵丁十五名，全行調取回國，定於同治三年六月十三日，將教練之旗兵及洋槍器械等件，交還廣州將軍查收，該國弁兵於是日由省起程，先赴香港，俟船回國等語。臣與廣州將軍臣瑞麟，公同悉心體察，法國教練洋槍之弁兵，原係自行派來練習。今既自請撤調回國，應即准如所請，以順遠人之情。所有前撥出之旗官六員、旗兵三百名，即撤令各回本旗，照舊操防，洋槍等項器械，亦即點驗，收回備用。其薪糧經費，每月需銀九百餘兩，均於六月十三日截數停支，以歸覈實。

又 《挑選旗員訓練陣法片同治三年六月十四日》 再，英、法兩國教練洋槍兵，亦猶循用中國步武止齊之法，其縱橫開闔，不及中國陣勢之變化，而其勤於訓練，號令整齊，則爲洋人所長。中國之兵歸其教練，進退左右，一聽洋人指揮，而其兵頭充當教練，每月薪工恣意開銷，所費不貲。又於訓練之兵，故示優異。臣等深念沿海各地，皆有訓練洋槍名目，久恐要結把持，侵我兵權，意稍得其演習火器之法，即應設法與商，仍歸中國自行操練。兹幸法國先將其兵頭撤回，使臣等隱衷不待明言，而彼此各得所安，實深意外之幸。據該領事喇慕之意，尚欲酌留兵頭一名照常教練，臣等以該國既令撤回，若在酌留訓練，尚須請旨遵辦，委曲煩難，不如全數撤遣回國，婉言開導，均已照準。

其挑選訓練之旗官六員、旗兵三百名，臣等公同校閱，步法心手俱爲相習，進止均合程度，應即歸入將軍各衙門勤加訓練，仍可推廣，令各旗官挑選各旗兵，次第操演。但須各將領能如洋兵教練之勤。中國陣法成式，生動周密，無在不可師法。臣等日前咨會提鎮，札飭各協營，按照額兵，挑選數成，約束訓練。猶恐各該將弁因循玩廢，積習相沿，仍須時常加意督率辦理。而廣州將軍臣瑞麟，現與左右都統按日操練旗兵，頗爲勤實。

《兩廣總督瑞麟等片同治五年四月初十日》 兹據英國領事羅伯遜申陳，接到香港官來文，請將前派來粵教練各弁兵撤回香港，於同治五年二月十八日起程等情。臣等查英國派來教練各弁兵，既據伸陳撤回，自應准如所請，以順遠人之情。此項外國弁兵，每月薪糧需銀四百餘兩，即於二月十八日截數支停，以歸覈實。惟查從前撥出旗緑各營弁兵，除練習精熟先撤歸伍者應由各營隨時操演外，所有現在教練成隊之弁兵八百九十五員名，若遽行裁撤，未免廢棄前功。據英國領事羅伯遜商酌，請將旗營弁兵三百六十四員名，仍由領事照舊按期教演，每月薪糧照案發給，其緑營官兵五百三十一員名，即飭統領齡山管帶，按月分期操練，所需薪糧前係每月支銀一千餘兩，兹擬酌減每月給發銀四百八十三兩，以省經費。

《廣東將軍長善等奏光緒六年六月二十三日》 奴才長善到任後，將旗營各項技藝，會同副都統督飭協、佐領等認真操演，其額設之抬炮、抬槍、鳥槍三項，奴才等留心校閱，陣式雖屬整齊，打靶亦能有準，但施放運用，終不若洋槍之巧捷異常，風雨無誤。是以奴才等於光緒元年，奏明在於滿漢八旗添選精壯兵丁八百五十名，與前在英國領事公署學成之練兵三百五十名，共一千二百名，內有行砲十二尊、兵二隊，共一百二十名，按其演就陣式，量爲推廣，逐日認真操演，隨經一律精熟。光緒三年督臣劉坤一查閲營伍，以洋槍隊兵步伐嚴整，施放敏捷，其操演陣式尤爲變化有方，頗得運用之妙，將管帶員弁分別奏請奬勵在案。

奴才等現飭洋槍隊兵演打準頭，自三百弓遞加至六七百弓，皆能命中，誠爲軍中利器。抬槍雖遜其捷便，其命中致遠尚堪及之。而抬砲致遠不過二百餘弓，鳥槍致遠不過百餘弓，實屬大相懸殊，不適於用。奴才等再四熟商，當此時事多艱，海防綦要，誠不得不破除成見，因時制宜，修明武備。伏思洋槍兵現止一千二百名，業已操練純熟，但遇有緩急，仍恐數少，分即不能成隊。查滿漢八旗馬步甲兵及餘兵壯丁之可用者尚復不少，若能再添洋槍八百桿，挑選精壯兵丁八百名，與現在一千二百名共二千名，乃足以壯軍威，而資捍衛。然當此經費支絀之際，又不得不力求撙節，妥爲籌畫。擬請暫添洋槍三百桿，挑選精壯兵丁三百名，與現在一千二百名共成一千五百名，一體練習步武陣式，定爲中左右三營，務令能合能分，臨機制變，以爲摧敵選鋒之用。俟將來經費充裕，再行查看情形，隨時酌議增添。其擡槍一項，仍令勤加操演，以資接應。至抬砲、鳥鎗兩項，實屬無用，即行裁撤儲庫。每年應造抬砲、鳥槍子藥等項，亦一律停止。春秋二季應循例操演大隊連環，即以洋鎗、抬鎗照式合演，以符定制。必期練一兵得一兵之效，用一器盡一器之長，子藥皆有定章，技藝均歸實濟，乃爲今日變通之急務。

查洋鎗隊原設官二十一員，逐日專司操演。雖該兵等現已純熟，必須精益求精，不能停其操演，漸行荒疏。此次加添新兵三百名，各擬請添派佐領一員，防禦、驍騎校二員管帶分操。其原設洋鎗兵一千二百名，前因旗營地面遼闊，最易藏奸，奏請設立巡防。因該官兵已有薪糧，毋庸另籌經費，即將官兵全數派撥分啓安置，徹夜梭巡，數年來頗稱安靖。是洋槍隊官兵一舉兩用，欲籌久遠，更不能停其薪糧。今加添兵三百名，亦擬一律辦理，所有口糧數目，應仍照原設洋槍兵奏定章程，月支口糧銀二兩一錢，內立頭目二十名，加銀一十六兩五錢，添派佐領一員、防禦、驍騎校二員，應照支薪水。而原設管帶之佐領與分操之防禦、驍騎校及委驍騎校，俱一律支給薪水銀四兩二錢，仍不足以別官階而分繁簡。擬請將原設佐領二員及新添一員，各管一營，爲一營之總領，擬請每員各加給薪水七兩八錢，其防校等官，俱著仍舊支領，以示區別。所有原設新添，每月共銀三千三百六十兩九錢，及操練子藥等項，統由善後局支領，以歸畫一。

奴才等與督臣張樹聲、撫臣裕寬悉心商酌，意見相同。合無仰懇天恩，俯准添練洋槍隊兵三百名，合前共成一千五百名，即將抬礮、鳥槍兩項全行裁撤，如此一轉移間，而化弱爲强，化虚爲實，無事則逐日操練，夜派巡防以安省會，有事則外備折衝，內資捍衛，【略】於海疆要地大有裨益。

《廣州將軍長善等奏光緒七年三月初五日》 竊奴才長善抵任粵邦十有二載，舉凡整頓營務，督飭操防，實力請求，萬不敢粉飾外觀，爲苟且目前之計；方今時局艱難，尤當振刷精神，修明武備。奴才等去年復經奏添洋鎗隊三百名，並前練一千二百名，共一千五百名，合成三隊，朝夕訓練，實可成爲勁旅。惟洋操必須全隊嫺熟，始能一律整肅。該隊並無餘兵，如遇有病亡或緩急有事，難保無臨時缺額，倘遽補生手，必至全隊錯亂，貽誤非輕。此正額之外不能不籌添餘兵之實在情形也。

奴才等久擬在滿漢八旗閒散中挑練壯兵丁二百名，作爲洋操餘兵。奈經費無從籌措，迄今未能舉辦。今查得將軍衙門右司庫內，經前任將軍瑞麟曾於同治二年奏練洋鎗三百五十名，酌定每月由善後局籌撥犒賞銀六百兩以爲獎賞操演兵丁及各項公費之用。當時練兵僅三百五十名，犒賞各項費用無多，每月儘有盈餘。統瑞麟、慶春任內所餘銀兩，俱交右司庫內存儲。奴才長善，同治八年八月抵任後，照章辦理。嗣經迭添洋操至一千五百名，兵額比前加增，犒賞亦比前多費。

復聞稅務司云，現在操用之士乃打後膛洋鎗，比前價值更廉，亟應趕緊多購。遇有損壞添補，即將來擴充兵額，亦可一律備用。又洋鎗所用子藥，粵東軍火局素乏製造，均由外國購買，倘有緩急，諸形掣肘。現擬購洋鎗一千桿、子藥二十萬箇，連保險脚在內，計需用銀一萬兩。所有存儲銀一萬五千五百餘兩，除一萬兩發交生息外，所餘銀五千五百餘兩，以之購買洋鎗子藥各用，尚屬不敷。但所欠之數無多，因此中止，殊爲可惜。奴才等再四思維，現已在外設法張羅銀四千四百餘兩，湊足一萬之數，以成其事。當卽兌交稅務司代購一切，計期三月底可運到粵。

《廣州將軍繼格等奏光緒十二年四月二十三日》 同治元年，准總理各國事務衙門行令廣州駐防旗營，均派官兵，會同英國官兵學習洋槍隊陣，經前任將軍穆克德訥挑選兵丁三百五十名，前往演練。後因爲數太少，復經前任將軍長善陸續擴充，添至一千五百名，立爲威捷選鋒隊名目，每月所需薪水、口糧、犒賞及巡防薪糧等銀，統由廣東善後局按月撥給；又於光緒七年籌款發商生息，添練餘兵二百名，以備洋操兵出缺撥補；均經先後奏明在案。奴才繼格到任後，逐一校閱，俱臻嫺熟。惟兵以紀律爲先，必進退有法，奇正相生，臨陣方不至擾亂怯敗。當飭令滿漢八旗兵按期操練抬槍、大隊陣式，以備緩急之用，作爲正兵。步軍兩翼，分日演練洋槍排矛等技，以爲逼近之用，作爲短兵。威捷選鋒隊逐日專習衝突埋伏誘敵環攻之法，以期隨機應變，作爲奇兵。此廣駐防現在練兵之情形也。

查洋槍隊原用士乃打之槍，十餘年來，間多損壞，行營車砲止有十三尊，亦不敷用，八旗槍隊暨步軍營各隊內洋槍較少，奴才等與督撫臣會商，飭由軍械局撥給新毛瑟洋槍一千五百枝，後膛克虜伯一百七十斤陸軍車砲十二尊，當將洋槍隊各兵一律改用毛瑟新槍，換下之士乃打洋槍，擇其堪用者，撥分八旗槍隊及步軍營配搭操演。其新添後膛克虜伯車砲十二尊，與洋槍隊原有前膛車砲十二尊，共二十四尊，設立砲隊，派撥兵丁練習陣式，講求進退攻擊之法，與洋操舊式參酌分合，悉心演練。惟威捷選鋒隊兵丁一千五百名，業已操練成隊，未便抽撥。查有光緒七年籌備補額之餘兵二百名，均强壯堪用，即在此項內挑撥一百二十名，演練新添洋砲。

《福州將軍文清等奏同治元年十二月十八日》 竊臣等承准議政王、軍機大臣字寄：『同治元年九月二十六日奉上諭：廣東、福建等省營伍久弛』等因欽此。并承准總理各國事務衙門函，飭與外國人講求制勝之法，練將爲上，練兵次之，而練將必先選將，認真查看，趕緊舉行。倘以餉絀兵單，不妨酌減辦理。另發天津章程清摺，量爲變通，均無不可。卽餉糧難籌，不能如津郡兵額，衹可先行試辦，俟將來籌有款項，再行足額。又據英國公使稱：本國現有輪船弁兵在閩，如兵丁一時不能充備，卽可先教施放砲位之技等因。

臣徐宗幹先將謹遵辦理緣由，備文咨覆；一面同臣文清，妥爲籌畫，並與臣耆齡往返函商，擬查照天津章程，酌量覈減，先習施放砲位之技。議定練槍三隊，由旗營派撥；練砲三隊，由緑營派撥；各派總管將官一員管理營務，文員一人，每隊弁兵共十二名，不入隊隨同習練兵丁旗緑營各六名，容造具花名清册，咨送總理各國事務衙門查考。其員弁薪水及兵丁口糧、通事人等工食，悉照天津原定數目支給。議派大員於操演之期，將薪水兵糧等項當面給發，以免衍期而防剋扣。本營統兵之員，隨時加意察看，稍有未能妥善之處，即行更換。并飭各弁兵將外洋製造火器之法，留心考究，惟操演地方，或在校場，或就海口，槍炮鉛藥或棄用洋人所製備，另給價值，以及未盡事宜，必須外國統教官到省，當面妥議。

現查海口並無外國兵船官弁前來，問及應由總理各國事務衙門知會該公使指派何人，其隨同教習各官，是否在閩海兵船内挑選，何日可以到齊，即定期舉行。臣耆齡遠在行營，臣文清、臣徐宗幹會督操演以示協和而期實效。

《左宗棠等摺同治四年八月初六日》 竊照閩省遵旨仿照上海等處揀選弁兵練習外國兵法，前經臣等於同治三年八月間先將酌撥精兵試辦緣由，會同附片奏奉諭旨：「知道了。欽此。」

伏查前據福州口税務司美理登議明法國教習及通事並洋兵人等薪水，月需洋銀共七百四十圓。該教習以上年六月二十七日到廠之日爲始，其弁兵薪糧於七月初一開操日起支，前奏聲明練習嫺熟，即由各營自行操演，以節費用，並咨總理各國事務衙門知照在案。

本年二月間，復據總局司道詳稱，美理登以漳城未復，申請另僱外國人教習二十人，挑選營兵七百名，令其訓練，各項薪糧每月共洋銀二千六百四十圓，議明兩三箇月後，如軍務肅清，内留一半，以九十箇月爲期，全數裁撤，均先期一箇月飭知，每名再賞給兩月薪水，以作回國盤費等因。該税務司又稱外國向來練兵教師，遊閒無事，難保不潛附賊營。令其教習官軍，並以壯聲勢而昭和誼，可以消弭隱患等語。臣等以所言不爲無見，當即會飭照辦，分派督標三營兵丁二百名、福州城守左右軍兵丁三百名、撫標左右營兵丁二百名，酌委營弁十二名管帶，與各教習於南較場設廠紥營，逐日演習。據署督標中軍副將楊在元呈報，於二月十七日開辦。旋據福州口英領事館齊雅芝奉彼國全權大臣相諭，以總理衙門議會派撥教習赴閩練兵，今擬由香港調英國參將一員並帶目兵三名前來訓練。臣等因旗營與緑營向未合操，另挑旗兵三百名分請該教習操演，議定每月薪水暨各項雜貨費約共需洋銀五百圓。臣英桂派委協領二員、佐領二員、防禦、驍騎校等員及隨營差弁共六名，管帶精兵三百名，分紥東較場，另行設廠操練。因該教習到閩稍遲，於閏五月十八日始行開演。

至南較場省標練兵，查照原議，於六月十四日先飭將教習并兵丁裁撤一半，仍給與先行回國之教習兩箇月薪水銀兩，其餘一半照常練習，同旗營弁兵另行酌度定期裁撤。所有裁撤，仍歸各本標按期自行教習。

《總理各國事務奕訢等片同治五年七月初六日》 查營口爲北洋三口之一，上年十一月間奉省馬賊竄擾，逼近營口，臣等以該口練兵緩不濟急，曾經奏請調派天津洋槍隊五百名駐防營口，以防不虞。適值奉省軍務緊要，經臣文祥將該隊留備進勦，暫將直隸之五行隊五百名調赴營口，以資鎮壓。本年五月間奉省馬賊肅清，復經咨行盛京將軍都興阿將五行隊五百名調回奉省，仍將奉省前次暫留之津郡洋槍隊五百名調還營口，以符上年十一月奏案。

唯此項洋槍隊，究係由津調來之客兵，但可派撥於一時，不如土著之經久。若欲營口常資保衛，莫若就該處原有之兵，酌加揀選。查照臣衙門元年奏准各海口練兵之案，自行教練洋槍五百名，無事可以鎮服内地奸民，有事可以捍禦外來窺伺，似較調派之兵尤爲得力。臣等公同商酌，擬請敕下盛京將軍都興阿，將營口就近各城現有何項兵丁可以教練，是否能敷五百名之數，如有不敷應從何處添撥，馬隊、步隊何項相宜，統帶用何員弁，餉項從何支撥，迅速詳細查明，專摺具奏。此事期在必行，俟該將軍奏到時，再由臣等酌調教練洋人，撥給需用槍隻，捐備購買馬匹，即用津郡教練章程，奏請辦理，庶幾營口地方可以綏靖，中外可以相安。

《總理衙門奕訢等奏摺附片光緒四年二月十四日》 再，各省軍隊近日添設洋槍隊以資攻剿。其操練係僱洋人爲教習，坐作進退專用洋法。惟以洋語爲口號，不用中國語言，不特傳授不廣，且恐一旦有事，洋兵習知口號，戎機易洩。查神機營教習洋槍隊通用清語，立法最爲妥善。擬請參照此法辦理，飭令南北洋大臣選派精通洋語之人，將教練口號全用中國語言文字，譯成一書。其有一切教法爲語言所不能傳者，並令繪圖輔之，頒發各軍營，俾將弁等隨時觀聽。人皆通曉，則我得其用而不至爲人所用，似於防務稍有裨益。

《英桂等摺同治五年五月二十六日》　兹查綠營練兵七百名，自同治四年四月初八起，至六月十四日，查照前議，先撤一半，十二月初八日全數裁撤；旗營練兵三百名，於四年閏五月十八日起，至五年三月初三日裁撤；【略】再臣左宗棠現在挑選督撫兩標精兵，按期分班操演，所有原練洋技弁兵，仍令隨同輪班演習。旗營由臣英桂會同副都統富勒洋泰督飭協領等，隨時訓練，並飭局另行籌議酌加口糧，庶精益求精，悉成勁旅，足爲海疆自强之計。

《會辦東三省練兵事宜穆圖善奏光緒十一年十二月初二日》　竊奴才承軍機大臣密寄，十月二十二日欽奉懿旨：『據王大臣等定議，整頓練軍，籌備火器，核定軍餉，所陳三端，尚屬切要。穆圖善膺此重任，先將整頓練軍一事，切實經理。即就該三省已練之軍，詳加挑選，汰弱留强，查照王大臣所議，每省以五千人爲率，更番練習，總期一兵得一兵之用。至多練步隊，參用民勇各節，並著悉心籌畫奏辦。所需添購軍火及應用餉項，隨時與海軍衙門、總理各國事務衙門會商籌備。』等因，欽此，欽遵。

伏查練兵必先籌備器械，核定餉章，乃能認真操練。東三省素稱勁旅，近因民衆土闢，風氣漸遜。八旗生齒日盛，養贍艱難，欲得兵力，當恤兵艱。挑練馬步，似須酌加口糧；而營制不定，則口糧難議。至需槍礮、馬匹及一切練營應用物件，皆當先事籌備。奴才膺此重任，深懼弗勝。惟有敬謹勤勉，次第籌辦。謹就現在管見所及，先擬應辦事宜十二條，繕具清單，恭呈御覽。伏乞飭下海軍衙門、總理各國事務衙門，會同户部合議定章，辦理庶有遵循，其餘未盡事宜，及或有應行增減者，奴才到各該省後，會同各該將軍詳切妥籌，再行奏辦。

至三省地方太廣，奴才一人往來督率、校閱，動須時日，實有鞭長莫及之虞，擬請欽派大員幫同辦理，庶資得力。並擬先到奉天，會同該將軍辦理成軍後，以次抵吉林、黑龍江一律舉辦。【略】

附清單

謹將酌擬練兵應辦事宜繕具清單恭呈御覽

計開

一、三省各挑練兵五千名，分作馬隊四起、步隊八營，擬由各該省將軍商派步營統領官二員、馬隊統領官二員，並由奴才奏請知兵總統一員、幫統一員，專任督操。

一、每省練軍五千名，擬先就省城挑選，在附省平衍空曠處擇地駐紮訓練。奴才先赴奉天，會同該省將軍挑選成軍後，方赴吉林、黑龍江挨次照章辦理，均俟挑選成軍，即責成各省總統，統領各官督練，奴才往返三省校閱，認真辦理。

一、三省向紮邊防之軍，開辦時未便抽選，以免防所空虚。現先挑練五千名，擬就省城舊有練軍内挑選，不足即會商該將軍挑取西丹，以足額數。

一、原奏三省民籍甚衆，擇其材勇者招集編伍，不惟潛消内患，亦可以代客軍之用。俟奴才到該省後，與各該將軍詳籌，察度情形，另行奏明辦理。

一、步隊八營，擬分作洋槍隊六營，洋礮隊兩營。平日操練，須用前膛槍，打靶至戰陣，則須用後膛槍。現三省先共挑練萬五千人，須人有兩槍。惟查洋槍礮名目不一，練軍所用宜歸一律。目下急於應用，請由神機營、北洋酌撥若干，湊合各該省舊有洋槍礮，暫應練操，請飭下海軍衙門、總理衙門會商定議，應用何項洋槍、洋礮，由總理衙門電致駐洋使臣，從速購辦後膛槍萬五千枝、前膛槍萬五千枝，運來更換。現暫湊用之舊有洋槍礮，恐參差不齊，應留各該省下次增加練兵及捕盜防營之用。

一、各省須立軍裝製造局，以便修理損壞槍礮。至馬步隊應領餉項軍火等件，擬商由各該省將軍派員設立台局，專司收發，不與各防軍牽混。應領各件，由各該營出具印領，以備查考。其轉運糧餉、器械、車輛，亦由各該省將軍籌辦，或由各省台局照價給領，以免遲悞。

一、馬步隊馬匹、鞍鞊、帳棚、鍋碗、鍬钁、旗幟、號衣，一切應用各件，務先備足，以便紮營逐日練習，請由各該省將軍派委專員預行籌備。此係化散爲整起見。但三省交冬後，天氣寒冽，非帳棚所能禦寒，擬改帳棚爲土屋，較爲耐久。

一、馬步隊逐日試演洋槍、洋礮，每人每日須酌定打靶施放幾響，以免虚耗。若徒空演，則臨陣仍復手忙足亂，不能制勝。擬請神機營及北洋酌派教習若干名，前往教導陣法，分合操練。

一、每省馬步練軍五千名，每名每月所需口糧，擬仿楚軍章程給發。及營官、統領、委員差官等薪水經費，月需若干，請由將軍衙門總理衙門會同戶部議定，即由戶部就原撥各該省餉內劃出專款，由部發給，不與該省各餉項牽混，庶易辦理。

一、各省應委文武總理營務處各一員及文案委員，並擬隨帶營務文案貼寫各員弁，俟酌定名數月薪，咨由戶部隨月餉給發，至奴才幫辦往返三省及隨帶員弁、車馬、辦公經費，每月若干，亦擬請由部酌定。

一、三省挑練之步兵，奉天擬立爲盛字營，吉林立爲吉字營，黑龍江立爲齊字營。

一、該三省將軍地方諸事不得率行推諉，已在聖明洞鑒。惟聞該三省時有馬賊騷擾，應有該將軍派隊剿辦，以便所練馬步隊專心操練。倘有大股馬賊滋事，奴才自當督師往剿。

《會辦東三省練兵事宜穆圖善等奏光緒十二年五月十八日》 竊奴才穆圖善於四月二十六日行抵奉天，恭報到省日期之後，即會同奴才慶裕，悉心商務，遵照王大臣會議，並鈔發吉林防軍章程，妥爲參酌，務期盡善以規久遠。

於五月初二日先同校閱奉省已練之兵，演練陣試。奴才穆圖善查看兵多精强，技亦嫺熟。其分防各廳縣馬步官兵，奴才慶裕查各有專司，不能抽調，以重邊防；公同商酌，就省城已練正兵挑選馬隊五百名、步隊五百名，均隨帶馬匹槍械，並照吉林章程劃撥月餉，歸入練營，以清界限。其食餉未練之兵，存城稽查，兼有差站不能多挑，奴才等隨在八旗西丹內逐加揀選，挑出年力健壯者三千四百七十名，加以撥奉教習二十名，護軍統領豐陞阿等奏准調營兵丁千名，編列歸伍，合所挑已練之兵統共四千五百人，以符原議。先練馬隊兩起，步隊八營之數，照例立爲盛字營，兵分左右兩翼，按照八旗，分定營制。

每翼馬隊一起，步隊四營，亟應派員分別統帶，以專責成。奴才穆圖善即於特派各員內揀派鑲白旗護軍統領豐陞阿爲盛字營總統，奏調之鑲白旗蒙古副都統宗室溥侯爲幫統，專任督操。奴才慶裕會商查有記名副都統協領訥欽，曉暢戎機，堪充左翼統領，協領德源，樸誠勇敢，堪充右翼統領，飭其督率馬步練兵，擇在省城東西門外分隊駐紮，趕緊採辦旗幟、號衣，並照勇隊紮營之法，築壘浚濠，以習勞勩。如能早一日成營，即早收一日訓練之效。至各營管帶亦須得人，始可相助爲理。奴才等復與奉省八旗各官暨奴才穆圖善調營隨員內，秉公遴選，擇其有勇知方，堪勝其任者，派充營官，開列銜名清單，恭呈御覽。大約月內可期開練成軍。

其操練需用前膛洋槍，挑出奉省練兵各帶一槍，計一千桿，提用奉省庫存前膛槍一千桿，閩省所撥洋槍內僅有前膛三百桿，神機營撥發前膛一千桿，合計三千三百桿，仍少一千二百桿，擬將解到之克虜卜砲二十尊分撥步營相間輪練。

約計爲馬步十營，餉乾除奉省所撥馬隊兩起、步隊一營各帶月餉不計外，其餘官兵以及支應軍械、轉運各局、營務文案、隨營各差，一切雜支，每月應需銀二萬四千餘兩。現在蓋營房，購軍火，備器械，各項需用尚在月餉之外。俟將營制餉章詳細核定，繕具簡明清摺，咨呈海軍衙門備案，按年核銷。

惟所挑西丹係屬新兵，成軍之後，當責令總統、幫統督率統領、營官認真教練陣法，如有操演鬆懈，營規寬馳，奴才等即會同隨時參辦，力挽積習，期成折衝禦侮之師，仰副朝廷軫念邊陲、慎固根本之致意。其餘未盡事宜，容再會商奏明辦理。

《會辦東三省練兵事宜穆圖善奏光緒十二年八月初八日》 現查吉省已練之兵存城無幾，餘皆分防各城要隘，未便調歸校閱。惟值防務稍鬆之時，可於兵力稍厚地方，查照海軍衙門會議，抽撥馬步隊二三成，歸入練營，稍節餉需。奴才希元自應量爲抽撥，以符原奏。茲抽撥防軍右路步隊一營、左路馬步隊各一營、練軍馬隊一起，共一千五百名，隨帶馬匹槍械，劃撥現食月餉，以清界限。

奴才穆圖善查該省所撥馬步練兵餉數稍有多寡之殊，應照新練章程支發，俾昭劃一。又於食餉未練之兵及八旗台站、西丹內挑選年力精壯者二千九百七十名，加入撥吉教習二十五名。正藍旗護軍統領倭恆額等奏准調營兵丁千名編入歸伍，合已練馬步四營，添練步隊六營，共足原議四千五百人之數。每日先發小口糧，暫行租住棧房，照議立爲吉字營，分爲左右兩翼，仍照奉省即按八旗分定營制。

奴才穆圖善卽揀特派之正藍旗護軍統領倭恆額爲吉字營總統，乾清門二等侍衛三品頂戴富林布爲幫統，專任督操；其餘統帶各官，同奴才希元會商，查有二品頂戴花翎協領霍隆武巴圖魯穆隆阿，久歷戎行，堪充左翼統領；記名副都統花翎協領富爾丹，諳練營務，堪充右翼統領。復於吉省八旗各官暨奴才穆圖善調營隨員內詳加遴選，派定馬步各營帶營官，開列銜名清單，恭呈御覽。

茲於八月初一日一律點驗開練成軍起支正餉，各營旗幟號衣均已製辦齊備。約計吉省挑練馬步十營，除由吉省抽撥已練之馬隊兩起、步隊兩營，隨帶現食月餉銀九千八百九十七兩零不計外，新挑步隊六營餉乾、將領員弁各費、各局薪水，每月實需正餉銀一萬九千五百七十三兩零，其餘修蓋營房、製辦旗幟、號衣及各營購備器具，照章支銷各費，尚在月餉之外。至於紮營基地已擇定東西門外，卽飭該總統等督率馬步練軍，趕緊修築營壘，使兵早日歸營，專心操練。並飭將未盡事宜，遵照立定規模，妥爲經理。如遇緊要事件，應由倭恆額等隨時咨請奴才希元酌辦。

奴才穆圖善於辦理就緒之後，卽赴黑龍江開辦；俟該省成軍，仍由吉回奉，挨次校閱。總期成爲勁旅，一兵得一兵之用。

《辦理東三省練兵事宜定安等奏光緒十五年二月十三日》 竊奴才定安在黑龍江途次，承准軍機大臣字寄：『光緒十四年十一月十一日奉上諭：「翰林院侍講崔國因奏條陳東三省情形並練兵事宜一摺，東三省練兵籌餉關繫緊要，摺內所陳七條，尚屬詳切；其換練兵及洋械各節，與總理海軍事務衙門原議均相脗合，餘亦多有可採。著慶裕、長順、恭鏜會同定安詳加酌覈，妥議覆奏，總期經畫周密，漸臻實效，以固藩籬而資久遠。原摺均著抄給閱看，將此各諭令知之。欽此！」遵旨寄信前來。』【略】

一、軍政。原奏謂『東三省今日練兵之情事，與他省不同，與昔年又不同，應仿德國更番訓練之法，以三年爲限。』此節所擬各事誠中現時之竅要。查東三省逼處强鄰，日行窺伺。前年欽派大臣前來治兵，實國家遠大之圖，根本自强之計。海軍衙門原議更番換練以收效於三年之後，卽與德國練法無異。各省所挑披甲西丹均有旗籍可稽，較之土著之民更有根蒂。奴才定安承乏其間，自當遵辦。惟吉林、黑龍江昔年征調頻仍，傷亡相繼，以故丁丹寡弱，大不如前。成軍之始，挑選僅足敷額，初次撤換，已屬爲難。迨二次換練，黑龍江一軍仍不能租書。現在練兵規模雖已粗定，誠能精益求精，不致始勤終怠，以之克敵致果，似無難也。

一、選士。原奏謂『東三省民情素稱强悍，得百戰之將以領而練之，其果毅當不亞於湘淮兩軍。』查東三省係八旗部落，風氣剛勁，俗尚敦龐，由來已久。民人則鮮土著，其現在謀食茲土者，多半內地流民，無論其並無籍貫，難以稽查；卽便勉强編成，竊恐良莠不齊，轉生隱患。故練兵之舉，海軍衙門原議雖有『招募民籍材勇編集成伍』之語，而原任大臣迄未舉行，亦以事鮮把握，究不如滿蒙世僕之心志純一，不致有意外之虞也。

一、制器。原奏謂『欲使全隊如一隊，全軍如一人，所用之械不可不畫一，所用之械畫一而製造局製造槍彈亦易集事。』查東三省練兵槍械，前經海軍衙門原議，謂戰陣利器莫過於後膛槍礮，平日操演打靶仍以前膛槍爲便。當於由粵解滬之克虜卜礮內分撥六十尊，其常操前膛洋槍則用出使大臣購買之來福槍，其由閩粵撥解之林明敦、毛瑟等槍，均尚存儲未用。所有子藥，亦係隨槍而來。其餘後膛洋槍，原議因所費不貲，容海軍衙門核明用款，再行分年購買。現在該項支絀，能否添購撥用，應由奴才定安函商總理海軍事務衙門，酌量辦理，以資利用。

《辦理東三省練兵事宜定安等奏光緒十六年四月初六日》 伏查東三省爲國家根本重地，邊務、海防均關緊要，開辦練兵之舉，實爲遠大之圖。原任大臣穆圖善草創經營，不遺餘力，在事將領俱極一時之選，操演陣圖係依照神機營成法，規模俱備，燦然可觀。嗣奴才定安荷蒙恩命，承乏其間，復經加意請求，斟酌損益，添練五行八卦陣式，令與洋槍隊相輔而行，並加演刀矛籐牌雜技，擊刺縱跳，以盡步隊之長。歷次校閱，悉臻純熟。又復編訂簡明軍紀，刊發各營，使兵、丹等誦習遵守，咸知戰陣紀律爲異日折衝禦侮之資。現在各營於按日分操、合操外，復令加演梅花陣式，並分日走隊近或二三十里，遠或四五十里，旗幟、號令悉載以行，如臨大敵，庶幾習勞服苦，漸近自然。至軍械火器現有克虜卜車砲六十尊，毛瑟後膛槍一萬桿，林明敦槍一千六百餘桿，洋馬槍一千桿，六轉手槍五百桿，雖分撥三省將來備敵之需，亦常令兵、丹試演擦磨以資熟習，而免銹澀。各營機械，偶有損壞，三省均調有機器局司事工匠專司修理，皆已一律整齊。其常時操演，則皆用來福槍，鉛彈子丸，有吉林機器局製造，足敷應用。如有應行寬備之處，應俟款項稍裕，再行從容籌辦。

《辦理東三省練兵事宜定安奏光緒十八年三月初一日》　三省練兵自改分三班以後，盛字營現在在營演練三千人，除歸新章八起二千人外，其應挑馬隊五百名，有上年冬間奴才與盛京將軍裕祿奏准添練之歇班捷勝營制兵二百名調入成軍，再於此項步隊內挑選三百名，其餘七百人概行遣撤；吉、齊兩營則各有二千五百人，除挑練五百名歸作馬隊兩起外，並無多餘。現已分飭各該軍總統、幫統，迅即分別撤挑。所有新練馬隊，統限於本年三月初一成軍。各營營哨官弁，有於陳隊及步隊內調充者，亦有傳調各旗官弁驗補者，已經一律派委足額。令官、教習，亦皆於原練馬步隊內均勻分撥，不再添調。應需馬匹，如果官爲發給，調撥固費周章，採購亦恐遲誤，茲擬每兵一名借支銀十二兩，令其自行購備，仍於該兵應領餉乾内每月扣銀一兩歸款，分作十二箇月扣完，即爲各該兵之私馬，庶得盡心餧養，不致視同官物，疲瘦不堪。三省原練馬隊各兩起，所有馬匹，盛、吉兩營係由捷勝、靖邊練防營內撥送原帶，本屬各兵底馬。惟齊字營係由呼倫貝爾捐辦分給各兵，現亦由各兵名下所領餉內每月扣銀一兩；於十二箇月扣完之日，亦歸各兵私馬。俾三省馬隊事同一律，免致參差不齊。所扣銀兩，提歸正項，造入報銷，以重公款。所有旗幟、號衣、鑼鼓以及營中應用鍬鋤鍋碗馬槽等類，則照章於立營之初，官爲置備，一次作正開銷，嗣後修補添置，統由各營官公費內支用，不准動用公項。應需營房，因三省步隊現俱抽縮，人數無多，飭令歸併居住，騰出營房，以爲新馬隊之營，不再修建，以節浮費。惟每營尚須添蓋馬棚五十間，每間仍照章發給銀五兩，得資圈養。應需馬槍，庫存不敷分撥，業由奴才咨行海軍衙門撥領。此添練馬隊、分派官弁、籌備鞍馬、勻撥營房之情形也。

至三省馬步隊既以三千人爲額，常川演練，無須輪換。其先經練成並上年輪調歇班各兵、丹，應令歸伍歸農，自謀生計，不給津貼，仍令造具清册存查，以備三年之後，察看情形，换班接練，並遇有征調之時，可以按册俟傳，使練成之兵不致終歸無用。西丹歇班津貼，有未經領清者，截至十七年年底止，一律找領足數，以昭大信。吉、齊兩營，上年十二月輪換三班出營西丹，均先發津貼銀三箇月，係發至本年二月底止，核計各多支銀二兩，惟爲數無多，請免追繳。其盛字營此次撤遣兵丹七百名，餉乾均領至正月底止。該兵等上年援剿朝陽，甫經調回，二月初一日即行裁撤，每名發給銀二兩，作爲川資，以示體恤。此抽改步隊截清津貼之情形也。

至步隊既經改章，營哨各官雖仍其舊，而營官公費以及長夫、火夫等項則應量爲裁減，用示撙節。茲步兵營官公費各裁去銀二十兩，每營搬運長夫、火夫各裁去五十五名，夫價一項仍應提存，除劃抵馬隊餉乾一萬七千餘兩外，每年仍餘十萬三千餘兩，以爲將來出征換防之用。其操演軍火，亦量加裁減，計三省每年可省火藥二萬九千餘觔，約計撙節在四分之一，銅帽鉛丸稱是。所有奴才行營暨各局處以及各軍總統、幫統、委員亦經裁減定額，不准多添一員，庶足以示限制，而昭核實。此裁減公費夫價、撙節軍火及核定委員名數之情形也。

經此次變通整理，奴才仍督飭各該軍總統、幫統認真教演，實力講求，倘有不得力之員，及殘弱之兵，容當隨時撤懲，以期仰副我皇上慎固邊防、實事求是之至意。

《譚延襄摺同治六年三月十八日》　竊照楚北逆氛不靖，防剿兼籌，在在須兵力。外洋槍炮爲軍中利器，運用便捷。前督臣官文於同治五年正月，飭委道銜知府湯聘珍招募洋槍隊五百名，續添洋炮隊三百名，立爲先鋒營，飭江漢關税務司日意格教練。據日意格開列外國兵官教師、中國哨隊各職事及薪水數目詳細章程，又據湯聘珍招齊勇丁編立哨伍，於五年二月初十日會同日意格在武昌省城外塘角地方教練，一應定例營制，咨明總理各國事務衙門查照在案。

嗣日意格赴閩監督船廠事宜，將洋槍洋炮隊交法國都司馬定幫辦教練。臣到任後，復加查核，外洋槍炮較之内地尤爲精緻犀利，誠能專心學習，雖所需經費稍多，實於戰守事宜深有裨益。今先鋒營操演已歷一年，教練尚屬認真，技藝漸臻嫺熟，適因髮捻東竄，將該隊調赴漢陽擇要扼紮，以壯聲威。

檢查日意格原議章程，先練五百名，俟熟悉後續添至一二千名，均無庸另加教練薪水。臣因飭漢陽協營挑選精壯兵丁五百名，即以漢陽協副將施鴻恩爲統帶官，以漢陽營守備羅連陞爲管帶官，其哨官以實任千、把、外委分別充補，隊長在所挑兵內撥充，於漢鎮大智門外擇地紮營，歸併先鋒營，按日教練。兵既無須另招，費亦較爲節省。

漢鎮五方雜處，人心浮動，外侮內患，在在宜防。槍炮教練有成，就地駐紮，與洋人聲氣聯絡，可期中外相安，且於有備無患之中，更可防微杜漸。所需經費，即在軍需項下開支，造報。

清・羅文彬《丁文誠公遺集・奏稿》卷六《選練登鎮槍隊及海口情形摺同治七年九月十一日》 竊臣接准總理衙門來咨：現在奏派天津槍隊一營，由海道前來山東煙台駐紮，並在登州鎮各標營內揀選精壯兵丁五六百名，隨同教練等因，當即咨行登鎮遵照，慎選年少兵丁，遴派得力將弁，聽候調用。並因揀選標兵槍隊兵，東省事屬創始，所有營制餉項調度賞罰各事宜，必須妥爲籌畫，經臣酌擬章程數條，咨商三口通商大臣崇厚，公同酌議，再行會奏，並劄飭升任運司前登萊青道潘霨、新任登萊青道劉達善，一併妥議去後。

茲准崇厚來咨，現派署通永鎮總兵春霖統帶左營槍隊官兵五百三十六員名，並添撥砲車六輛砲隊官兵六十七員名，於八月十七日據報起程，所有口糧等項，均發至九月十五日止，以後餉乾即在東海關洋稅項下照章接支。並據登州鎮總兵陳擇輔咨報已在該鎮所屬水陸十二營內，抽撥年少精壯誠實兵丁五百名，飭派署右營都司孟華南管帶前往，聽調各等因。除教練一切事宜統俟槍隊行抵煙台後由該司道等妥議稟覆，自當飭令認真操防，以期實效。

清・劉坤一《劉忠誠公遺集・奏疏》卷七《採辦軍器火藥片同治十年十一月二十八日》 再，臣前准軍機大臣字寄，同治九年十一月十六日奉上諭：『著各直省督撫將所管各營設法整頓，限奉旨後六箇月，將如何汰弱募强，如何分日操練，及各省可得有精鋭士卒若干之處，詳悉奏聞。直隸、天津、江蘇、上海及劉銘傳軍營，均練習槍隊、礮隊，著各該省自行咨取章程照辦。等因，欽此。』業經臣將咨取直隸、江蘇教演礮陣圖口號章程，刊發各營，講求練習情形，於覆奏整頓綠營摺內陳明在案。

嗣因按圖操練，究恐未能合式，復於江蘇雇募諳練弁勇五名到江充當教習。並因江省舊存洋槍僅有二百桿合用，餘因槍無瞄頭，操練不能如法，應須派員前赴上海購買洋槍、洋礮、火藥、自來火及炸礮子等件，方可按照章程訓練。先經飭據總局司道，於釐金項下，籌撥銀兩，委員赴滬，先行採辦洋槍五百桿，施放炸子大礮十位，洋火藥三千斤，自來火二千盒，炸礮子一千箇，趕緊解江應用。所需價值、運脚，統歸軍需項下覈實報銷。並令在滬雇熟悉配製洋火藥並炸礮子之內地工匠來江，就近製造，俾資接濟，既免遠道購辦之煩，並可節省運費。

所有委員赴滬採買洋槍等件緣由，除咨兩江督臣江蘇撫臣外，理合附片陳明。

《杭州將軍富爾蓀片光緒六年十月二十二日》 再，杭州滿營前於同治十二年起，添練洋槍二百四十桿，十三年間又經添練洋槍五百二十桿，維時未諳行陣。迨自光緒三年起，始由福州發杭州兵練，派曾經演過洋操、熟習洋槍之兵自行教習，迄於今春三年，步法尚稱整齊，槍陣亦甚聯絡，惟於進攻退守、乘機應變之法未盡講求。本年三月間，復經奴才鈔來神機營所練一字長蛇、方城子等十四陣，隊雖洋槍，而既經王大臣參合考置，號令嚴而不繁，行陣捷而不亂，洵屬首尾相應，變態不恆。自春夏起，奴才即令該管協領長志帶同輕車都尉星朗等及將格林礮兵一併掃於槍隊，專練各陣，計六閱月，現已成軍，步法行陣，進退攻守，悉合機要。

《江寧將軍希元等奏光緒七年二月二十七日》 奴才希元於上年十月間即咨商江督臣劉坤一，飭局籌撥洋槍一千桿，俾資操練。茲准督臣劉坤一撥解刀頭矛頭來福洋槍共一千桿前來，奴才等隨於兩營內挑選精壯兵丁各五百名，按式演習。第創練伊始，必須統率得人。查有江寧駐防軍機處記名鑲黃旗滿洲花翎協領積忠，諳練精明，管轄嚴肅，京口駐防儘先副將鑲藍旗蒙古花翎佐領文祿，老成練達，馭兵有法，堪以派委統帶，並責成該協領督率官兵，認真練習，不得始勤終怠。奴才等仍當不時查閱，務使技藝嫺熟，一兵得一兵之用，庶幾緩急可恃。至每月需用鉛子火藥，係仿照本省各營章程，按季支領。其駐防舊有鳥鎗、礮等項技藝，仍照向章操演，以免顧此失彼。

又 卷九《選鋒隊加練洋槍並九江湖口議築礮臺片同治十三年九月二十八日》 再，九贛兩鎮各調練選鋒兵丁一千一百名，省標三營調練選鋒兵丁一千二百名。前因購買洋槍無多，僅令兩鎮各練洋槍五百名，今兩鎮所操洋槍既有成效，自應多爲練習，以期得力。擬將兩鎮選鋒兵丁再各練習洋槍隊五百名，省標練習一千名，共成三千名，遇有緩急，足擋一面，即仍此選鋒口糧，無須加給餉項。

又查九江府爲江西省北面屏障，湖口縣乃全省水路咽喉，向無礮臺，殊欠周密。現在地方雖稱平靜，而設險固圉，思患預防，亟宜籌之於無事，未可置爲緩圖。況近日下游海口及沿江一帶正在講求防務，九江、湖口據長江腰膂，下控皖、江，上蔽湘、鄂，實爲形勝之區。亟應一體擇要修築礮臺，不僅自保藩籬，並可與上下游聯絡聲勢。

臣赴潯查閱營伍之後，即會督九江鎮程文炳、湖口鎮丁義方、廣饒九南道沈保靖，詳察地勢，應與九江府城下修築礮臺二座，湖口縣城西北門外及西門對岸之梅家州各築礮臺一座，則水路衛途均堪保固。此外如湖口下游之拓溪及彭澤縣之小孤山等處，地雖扼要，勢頗孤懸，應俟察看事機再行籌辦。現飭司道遴選熟悉工程之員，前往鎮江一帶，查有新築礮臺式樣，考就做法，以便仿照辦理，並飭沈保靖函商江海關道代向洋商購買大小洋礮二十座，分別安設九江、湖口礮臺，並購洋槍三千桿，多配火藥銅帽以爲操練選鋒兵丁之用。統俟槍礮等項議定價值，礮臺估定工料確數，另行奏報。

所有九贛兩鎮及省標酌議添練洋槍隊並九江、湖口籌議修築礮臺、購買槍礮火藥緣由，理合附片陳明。

又《採買外洋槍礮火藥片同治十三年十二月二十五日》 再，江西九江、贛州兩鎮及省標三營各選鋒兵丁添練洋槍陣法，並九江、湖口分別修築礮臺，前經臣附片奏明，飭令廣饒九南道沈保靖函商江海關道，代向洋商購買外洋槍、火藥、銅帽備用在案。

茲據沈保靖先後稟報，商令上海採買軍火委員江蘇候補道劉瑞芳、分發補用知府王鎮昌代向上海地亞士洋行定購刀頭洋槍三千桿，自來火大銅帽五百萬顆，細洋火藥二十五萬磅，粗洋火藥五萬磅。劉瑞芳等並囑地亞士洋行商人密臘親至九江，經沈保靖與之面議，定購施放炸子洋礮二十尊，炸礮子四千六百箇，共價規銀十七萬六千五百一十兩，又洋銀一萬七千四百二十五圓。定限八箇月交齊。其洋槍銅帽已據陸續由滬轉運來江，應給價銀飭令總局司道於釐金項下隨時籌給，歸入軍需報銷。謹將各項價值開列清單，恭呈御覽。

至九江、湖口兩處修築礮臺，前經委員赴鎮江、上海察看成式，現擬仿照西洋作法，以期堅固得力，均令沈保靖督同承辦各員妥速建造，實用實銷，俟工竣之日另行造報。

又 卷二〇《湘軍新舊各營改編礮隊片光緒十八年九月十四日》 再，查兩膀後膛車砲，運動便捷，用於兵營前敵，衝鋒摧陣，最爲鋭利。江南淮軍慶字營前已奏明改編炮隊在案。所有湘軍各營及督標親軍新兵等營，自應一律編立炮隊，認真訓練，俾成勁旅。當仿照淮軍改編章程，量爲變通。凡統領五營，以中營專操炮隊者，前後左右四哨，每哨分六尊，照章給砲二十四尊，教習薪工洋七十元。如統領五營分營操練者，每營四尊，給砲二十尊，教習薪工洋六十元。統領四營分營操練者，亦每營四尊，給砲十六尊，教習薪工洋五十元。均每尊照章月給砲費洋四元。現計合字五營、新湘五營，均以中營專操車砲，每軍應領兩膀後膛洋砲二十四尊，遴選教習各二名，一名月支薪工洋三十元；內新湘五營前已領過洋砲二十二尊，今應領添二尊，以符定章。又老湘五營、督標新兵五營，均請分營編練，每軍應領洋砲二十尊。又督標親軍四營，亦係分營編練，應領洋砲十六尊，遴選教習二名，一名支薪工洋三十元，一名月支薪工洋二十元。各營均照章每尊月支砲費洋四元。由防營報銷處會同營務處支應局，詳請奏咨立案前來。臣查此次挑選炮隊，衹就原營訓練，並不另募勇丁，所需砲費及教習薪工，覈與前次慶字、春字等營奏明改編砲隊成案尚屬相符，自應照章支給，以資練習。

清·奎斌《杭阿坦都統奏議》卷二《採買洋軍火價脚等銀奏明立案片》 再，晉省防練各營，向用土槍，於外洋軍火，素未講習。自升任撫臣張之洞設法整頓，始令改練洋槍，以開風氣。先後由晉派員赴滬採買，並咨由北洋大臣代購來福前膛兵槍五百桿，恩費爾前膛兵槍三千桿，馬槍一千四百桿，變響手槍二百桿，洋火箭四十枝，毛瑟後膛兵槍一百桿，呍者士得後膛馬槍六百四十六桿，哈乞開思後膛兵槍二千一百四桿，來福槍四百桿，格林砲十二尊，並子藥佩戴等件。此項軍火尚未悉數運晉，適張之洞奉命署理兩廣總督，取道天津，於晉省採辦槍械內，就近提取呍者士得後膛馬槍三十桿，子彈四千粒，攜帶赴粤。續又奏奉諭旨撥運格林礮十尊，哈乞開思後膛兵槍二千桿，子彈一百萬粒，呍者士得後膛馬槍五百桿，子彈二十五萬粒，運粵應用。其餘軍械，節經派員分批領運回晉，並由津分別調雇諳悉洋式軍火武弁工匠，置帶應用什物，先後來晉，以資教練而備整修。其水陸運脚保險一切，皆係按照民價核給，未能計算里數，繩以例章。其撥粵礮價暨由洋至津運脚，已由晉省全數付清，槍枝子藥定價，亦由晉省付過三分之一。連前項運晉軍火價值、弁匠薪資、運脚盤費，均俟報銷時逐款查明，歸於營務善後案內，一併請銷。除另開詳細清單咨部查照外，據清源局司道遵照新章詳請奏咨立案前來，臣覆核無異，理合附片具陳。

清・岑春煊《岑襄勳公遺集・奏稿》卷二六《派員赴粵滬購運洋械片光緒十二年七月十一日》　再，滇省操練營兵，經臣奏明，仿照長江水師及練軍章程，免操弓箭、籐牌，專操槍礮在案。查滇省緑營，向來操練概用火繩槍，遠遜洋槍便利，不足制敵，應一律改練洋槍。惟滇省五成戰守各兵，及新添足十成戰兵，共二萬七千餘人。加以騰越一帶布設邊防所派土司兵練，暨各屬舉辦鄉團，均須待給槍礮，爲數不少。前由津、滬、粵購辦來滇之後膛洋槍，平時不敢多發，其銅帽洋槍不敷分給。現經咨請南洋大臣臣曾國荃代覓工匠，來滇製造銅帽筆碼，能否合用，尚未可必。且一時趕辦不及，亟應添購接濟。查後膛洋槍價值過昂，滇省餉項奇絀，無力購辦。擬派員前往香港、上海二處購買價廉之銅帽槍，暨銅帽來滇，分發操練。如有戰事，再將存庫之後膛槍發給應用，以期節省。所需價值，擬由本省米捐項下開支，除咨明兩江、兩廣、廣東督撫臣外，謹會同雲南巡撫臣張凱嵩附片具陳。

《安徽巡撫沈秉成片光緒十六年十月十五日》　再，安徽省駐紮省城練軍步隊四營，計二千名，臣自上年蒞皖，先後派委熟諳德國操法之副將朱東成、簡以和，陸續挑選，逐日監操教演，先練成一千名。臣於閱兵完竣後，親自校閱槍法、步伐及變化陣式，悉臻嫻熟，演放槍砲高下遠近，咸中準绳，著有成效，已於奏報查閱營伍情形摺内附片具陳，並聲明未練之兵，推廣學操在案。

茲據統領省城練軍記名提督宋朝儒稟稱：『該練軍等自奉咨取北洋洋操章程及調取教習四員來皖，由該副將等相機督率教練兵丁，旦暮無間，於今一載，技藝有成。在監操教習人等口議指畫，心力交盡，而練兵日夕演習稍閒暇，較之中華操法倍形辛苦，必須加以口糧，庶軍心益知奮勉，可期操練愈精，悉成勁旅。請查照淮軍餉章給發，以作士氣』等情。臣以緑營調練之兵已經加有津貼，未便再行議增。而該營員弁均稱『安徽省餉章較短，練兵所領全年底餉津貼米折等項每名每年共銀二十六兩六錢八分，僅與淮軍長夫歲支九箇月餉銀二十七兩相等。且近年銀價短絀，物價昂貴，實形拮据，仍請酌加』等語。臣與司道等悉心體察，所稱尚屬實情。擬懇天恩，俯准安徽省城練軍先就步隊内業已練成洋操之一千名，每名每月加餉銀五錢，什長副哨以次遞加，並將教習四員開支薪水。如蒙俞允，應請即自本年冬季起支，其餘一千名俟操演一律精熟，查照現議章程，另報起支日期。

《西安將軍榮祿等奏光緒十八年閏六月十五日》　竊臣榮祿於接任後，奏報查閱營伍摺内附片陳明，擬請添練洋槍步隊五百名，以資鎮攝，光緒十八年閏六月初七日，奉到硃批：『即著會同鹿傳霖妥籌具奏。欽此！』臣等跪聽之餘，仰見聖主整飭戎行、綏靖邊陲之至意。臣榮祿遵即會同兩翼副都統臣長春、臣德溥，於駐防馬甲前鋒領催内按旗逐加揀選軍力精壯弁兵五百名，以備練習，謹擬請飭下神機營王大臣，於庫存未用之來福洋槍撥發五百桿，火藥、鉛箭、銅帽等項寬為籌撥，臣等派西安協領奎陞、佐領恩奎率同弁兵赴京請領。並擬請由威遠隊揀派口號熟習正副令官各一員、正副分教官各一員、辦事官一員、熟習包裹鉛箭及修理洋槍兵丁各二名，由營酌發兩月口分，俟臣等所派領取洋槍之員到京，一併管解來陝，以資教練。並臣等咨明神機營，照章轉飭順天府，預備車輛，及知照經過沿途地方，按站派撥兵勇，妥爲照料護送，以昭慎重。

清・丁日昌《撫吳公牘》卷五〇《總理衙門咨斟酌鳳凰山等兩處練勇裁撤》　爲咨請事：九月十二日承准總理衙門咨開：『同治七年八月二十日，接據調任直隸總督、兩江總督曾文稱：「據蘇松太道稟稱：數載以來，江南大定。上海地方，中外咸安。現值滬關稅項撥解京外要餉不敷之時，擬將鳳凰山、高昌廟兩處練勇裁撤，並將外國兵官酬給厚資加賞功牌善遣回國，請由總理衙門與英法兩國公使論定，俟咨行到日妥爲遣撤」等因，咨達前來。查此案前於同治三年冬間，經英國公使威妥瑪將上海領事所議鳳凰山練勇章程十三條照送前來，當經本衙門咨查前上海通商大臣李查覆，續據覆稱：「俟擬定額數妥立章程，再行核明具奏。」嗣於四年十二月十九日，經上海大臣李奏明在案。查原摺內稱英法防兵未撤之先，據英領事巴夏禮，以上海係通商最要口岸，須由中國練兵接防，卽酌留上海城南高昌廟法國教練勇四百人，鳳凰山英國教練勇千餘人，仍揀派英法武弁各數人分司教習。又稱其勇丁口糧，改照楚軍營制，按月由關稅內發給。外國兵弁止管教習槍砲，不准干預營務。並與該領事等議明，此後該軍進止機宜，與洋弁應否撤換之處，悉由督撫統兵大員主政，以重海防而肅體制等語。是此事有關奏案，且發端由於上海巴領事，未便先由本衙門與英法公使議撤。從前設此練勇時，原因駐滬洋全兵行撤去，始留高昌廟、鳳凰山兩處營勇千五百人名，爲保護洋商，江南軍務現雖肅清，若卽將練勇全裁，未免令洋商轉生疑竇，且恐無以彈壓流氓，倘實因關稅項下不敷支撥，或由貴撫斟酌情形裁汰若干名，飭該關道先行與英法領事商明，再行照會公使，一面奏明辦理，以符定章而合原議可也』等因。准此，除札江海關應道斟酌情形妥速議復外，相應咨請，爲此合咨貴大臣請煩查照核辦施行。

咨通商衙門

爲札飭事：照前云云。准此，除咨請通商大臣核辦外，合行札飭。札到，該關道立卽斟酌情形，或先裁汰三分之二，卽與英法領事商明相機妥辦，稟請察核，會同分別咨奏。事關中外交涉，務望斟酌妥善爲要。此札。

加函

鳳凰山及高昌廟二處洋教練所訓各營，弟日前順道往閱，全是有名無實，營哨官多有煙癮，其不足恃者一也。進退步伐不能整齊畫一，其不足恃者二也。排槍響聲多有參差，其不足恃者三也。陣法變化不能神速，其不足恃者四也。營盤內外全不清潔，其不足恃者五也。該營官鄭有暮氣，袁多滑氣，其不足恃者六也。洋教練哲貝久住洋涇濱，多不在營，其不足恃者七也。計此數營虛糜經費，較之中國營制幾多十分之五，而且養一兵不能得一兵之用，務望速與麥領事熟商，卽使不能全裁，或先裁三分之二亦可。否則弟擬將該營調至省城附近親自兼督，如其日有精進，則又何求！否則次第撤之，彼族當無辭也。

論說

《兩廣總督勞崇光奏同治元年十一月二十四日》 抑臣更有請者，此等教練之法，似止可施之於營兵，不宜施之於壯勇。緣滿漢八旗官兵皆國家世僕，休戚相關，斷無他慮。卽各省綠營兵丁，雖與八旗官兵有間，然皆係招募良民，編入行伍，大小員弁層層鈐束，且叨朝廷豢養之日正長，亦可以無他慮。若莊勇一項，臨時倉卒招募，初不問所自來，事竣概行遣散，亦不問其所往。若輩本多遊手無賴，從征日久，習慣强梁，散遣之後，截止口糧已難保其不滋事，若精練火器之法皆能透徹，竊恐流弊不可勝言。查嘉慶初年剿川陝楚邪匪案內，邪匪既滅，鄉勇尚有餘波，又復經營數年，始能大定。彼時鄉勇止用刀矛，不諳火器，其患尚且如此。現在各路軍營壯勇無不用火器者，已比嘉慶初年之事善後尤難，倘再令學成外國火器，將來一經散遣，恐流弊有不可問著。然此猶爲軍務蕆事散遣壯勇言之也。現當軍務未竣，各營壯勇隨時裁汰，因事開除，事所時有，萬一技藝已精，一經裁汰開除，或竟投入賊黨爲之指授，又將奈何？似亦不可不先爲慮及。

清・楊書霖《左文襄公全集・書牘》卷七《答福州稅務司美里登》 查外洋練兵專重槍礮，而中國則兼有刀矛叉牌諸技；外洋陸路專尚洋槍，而中國則於鳥槍之外兼用擡槍、劈山礮諸種。以施放之遠近言之，鳥槍不如洋槍，擡槍不如劈山；以輕捷言之，則劈山不如擡槍，擡槍又不如洋槍也。今欲舍中國練兵之法，而改用洋法，專用洋槍則輕巧有餘，而力量不足，似亦非宜。至於天礮、炸子、西瓜礮等器，用之攻城攻壘，洵爲極妙，然以之驚無備之衆則可，若遇强悍穩踞之賊，則亦有難以取效者。本部堂前年攻龍游縣城，親放三十八磅半炸子入城，計六十餘出，而城仍未破。本年二月德克碑會攻杭州，一日放大礮三百餘出，轟卸城墻外面甎石寬約數丈，而城內土脚未坍，洋兵綠頭勇及各營兵勇搶上者，亡傷數十，城仍未破。且本部堂咸豐二年在湖南省城禦賊，親督兵勇搶堵地雷轟陷缺口三次，賊亦未能得逞，是守既定則攻亦難也。

清・張樹聲《張靖達公雜著・戊寅年召對恭紀》 問：爾看各省所

練綠營兵如何？

奏：臣服官南北各省，見直隸練兵較爲整齊，餘省限於經費，所練有限。

問：練兵、養勇二者孰爲妥善？

奏：以國家經制而論，練兵自爲久遠之計。臣見各省藩庫所入，地丁正項撥充軍餉者居其大半，一旦有事，仍須募勇，是國家積千百萬帑金全耗於無用之地。且兵有尺籍伍符，鈐束較易；勇則各省所募，土客不分，章程不一，防制稍疏，易滋譁潰，是爲久遠計，養勇原不如練兵之善。惟我朝定鼎，全仗滿營精騎，百戰百勝，不甚借綠營之力。國初所立營汛，多因前明舊制，往往零星散布，不似各省駐防旗營聚集一處。兵力以聚而厚，以散而薄。推原祖宗創制之初，殆默寓强幹弱枝至意。承平日久，綠營習氣日深，加以口糧本不甚優，又復逐層扣折，俯仰事蓄，不足自給，於是安分者挂名軍帖，尚以小貿營生，不安分者，則專以包攬娼妓、窩庇煙賭爲事；一經有警，率之赴敵，無不聞風逃潰。故大學士曾國藩於咸豐初年粵匪倡亂之時，深知綠營習氣積重難返，決意舍兵用勇，先後招募湘、淮兩軍，酌照明臣戚繼光之法，嚴立束伍，編隊、紮營、挖濠、操練、打仗章程，卒收勘定之效。今海内雖定，庫款尚虚，戶部通盤打算，每年進款只有此數，兵餉、勇費勢難兼籌，於是奏請飭裁各省勇丁，原屬量入爲出至計。各省疆吏深受國恩，豈不思共體時艱，力圖節省？而未敢輕議裁撤者，誠以外人逼處臥榻，虎視眈眈，尋釁要挾，幾無虚歲，未雨綢繆，不可一日忘備。而西路雖已肅清，善後尚難遽了，又中原用兵日久，伏莽尚多，仍須鎮撫。假令盡去久征熟練之勇，而用萬不可靠之兵，深恐事變之來，無法支拄，所費更鉅。勇之難撤，職由此故。惟一二十年後，宿將老勇漸次更換，勇之不習戰事，亦恐與兵相等，則練兵與裁勇二者將來亦須逐漸辦理，以次乘除，方免別滋流弊。大約用勇之弊，患在章程亂而紀律廢弛；用兵之弊，患在官氣深而情意隔閡。誠欲整頓綠營積習，首在遴選明正耐勞不染官氣之將領，尤須省其文法，以歸簡易；併其散碎，以歸整齊，所有零星汛地，尋常緝捕及充當雜差，似可仿照古人州軍之制，概歸府州縣統轄，而要害重地，慎選將備，設立整營，兵少之處，酌給津貼以恤兵，兵多之處，裁減兵額以加餉，由各省酌度情形，各別辦理。總期去花法，求實用，貴精不貴多，併須如近日湘淮勇營制，厚其廩餼，勤其操練，壘濠必親自修濬，槍礮必精益求精，庶可預備不虞，爲國家長治久安之策。從前曾國藩有簡練軍實一疏，又在直隸有練軍各疏，洵屬老成謀國之言，請於萬幾之暇，一檢閲之。

問：淮軍素稱得力，近日操練尚能有不懈否？

奏：淮軍近日無大戰事，然由李鴻章調紮南北海疆，分飭各將領督練，修建礮台，並授以西洋新式鎗礮，逐日操練，漸臻精熟，尚無懈弛之弊。

清·吴汝綸《李文忠公全集·朋僚函稿》卷五《復陳筱舫侍御同治三年九月十一日》 或謂以各省戰士補兵額，以無主荒田爲屯糧。摭拾陳言，似尚近理；按之事實，殊爲遷就。兵制關立國之根基，馭夷之樞紐，今昔情勢不同，豈可狃於祖宗之成法！必須盡裁疲弱，厚給糧餉，廢棄弓箭，專精火器，革去分汛，化散爲整，選用能將，勤操苦練，然後綠營可恃。海口各項艇船、師船，概行屏逐，仿立外國船廠，購求西人機器，先製夾板火輪，次及巨礮兵船，然後水路可恃。

《胡家玉摺同治五年八月二十日》 本年七月初六日，據總理各國事務衙門奏請變通籌餉、練兵一摺，奉旨：『該部議奏。欽此。』臣查原奏内稱：『直隸議設七軍，計今將及三年，用餉近四十萬兩，上年京東偶有馬賊，而提鎮所部未聞協助京兵，餉既虚糜，兵仍無用。現在外侮方殷，根本重地必須精兵輔翼，因請改七軍爲六，挑練督標、提標及天津、河間、通永、山永、宣化各標兵並馬蘭、泰寧二鎮外標兵，不足則益以左右翼九處駐防兵，分駐於遵化、易州、天津、河間、宣化、古北口等處，就地團操，仍以直隸總督統之，重京師而嚴拱衛』等語，籌畫甚爲周詳。而以臣愚揣之，仍恐有名無實。

夫直隸總督前此請設七軍時，何嘗不以認真訓練藉保衛爲言？乃辦理三年，迄無成效，豈改爲六軍遂成勁旅？即使加餉添操，漸有起色，而挑兵十數標，勢渙而情散，駐兵六七處，屯分而力單，是有拱衛之名，仍無拱衛之實。臣愚以爲與其練京外之兵以輔京師，何如練京內之兵以實京師？京內旗綠各營額兵十五萬有奇，自漕運不通，錢糧折減，兵困日深，兵疲日甚，設有緩急，何以禦之？且洋人換約之期，屈指不遠，換約必要挾，要挾必用兵。從前或在海口滋擾，今已駐京數年矣，如有蠢動，勢必由天津直犯京城。又各國館宇繁多，堂室深邃，萬一陰懷叵測，包藏禍心，車輛進京，暗載勁兵、利器，關口既不容攔阻，箱隻又不准盤查，日積日多，潛蹤匿迹，一旦乘機而起，縱其志祇圖邀利，不肯大肆披猖，但已麕集京城，卽有雄師尚難驅逐，何況兵羸將怯，其要挾殆不堪言。再四籌思，京城之戒備不可不嚴，京兵之訓練不能不急，及今爲之，猶慮不及，舍此不圖，而欲藉遙遙數百里外之兵以資拱衛，譬如劇盜已入堂奧，主人尚從容率僮僕巡邏於垣墉之外，庸有濟乎？故不練兵則已，練兵莫要於京城。

惟整軍伍必嚴紀律，嚴紀律必明賞罰，明賞罰必一事權。今總理各國事務大臣殷殷以外侮爲憂，亟亟以拱衛京師爲請，未雨綢繆，具有深意。所有臣擬添設之營，應請飭交該衙門王大臣統轄管理，以專責成。一切調員遣將，加工費，立營制諸事宜，均照神機營章程酌量奏明辦理，並可無須部議。其從前請撥之固本京餉，並請嚴諭各該督撫按月如數解赴戶部，另款存儲，由總理各國事務衙門隨時支發，以歸簡易。餉則滴滴歸源，兵則人人可用。該衙門與各國公使往來，自應更有把握，較之備兵畿輔，若近若遠、可恃而未可恃者，其得力奚啻倍蓰耶？

或謂各國現尚相安，驟令總理衙門練兵，恐生疑釁。不知洋人盤踞腹地，我之舉動無一不知，練兵近畿彼豈遂無聞見。且日前法國照會，如『拏漕船、破金陵、擒李鴻章』等語，直言用兵不諱，而我顧諱言練兵，是掩耳而盜鈴，因噎而廢食也！彼若執此以相詰，我固有辭於彼矣。如謂疑釁一開，難以理喻，朝廷舉動，貴出萬全，惟有請旨於總理各國事務衙門之外另擇房屋一所，顏曰神武營，酌派該衙門王大臣經理其事，則渾然無迹矣。

古稱兵貴精不貴多，臣謂兵果能精，則多多益善。將來髮捻蕩平，庫儲充裕，京兵月給足餉，責令各旗營將弁振刷精神，簡汰操練，京城得十數萬精兵，則根本益固而外侮永保無虞矣。

又《奏稿》卷三六《復奏防兵情形片光緒六年二月十九日》　臣查津防水陸各營，合計僅萬人。提督周盛傳統盛軍步隊十一營、馬營五營，共八千人，駐紮小站、馬廠等處，距津百餘里。地屬閒曠，便於屯操，營規尚爲整肅。其分駐天津城外者，只總兵黃金志所帶淮軍一營、練軍三營、總兵趙孟坤親兵一營、提督鄭國榜水師一營，津郡重地，計尚不足三千人。因中外輻湊，人煙叢雜，不宜多駐兵勇，致滋事端。間有革勇、游匪冒混生事，立卽拴獲懲治，不稍寬貸。臣駐津十年以來，兵民相安，貿易日盛，此爲確證。明察暗訪，實無兵勇劫掠驕蹇怨詈之事。餉源支絀，年甚一年，淮軍各營久不能按月放足，而每年支給九關略敷口食，逐日早晚點名看操，人數既不准少，尅扣從何而來？此間自輪船通行，過客雲集，間有向各營求助川資者，所欲不遂，動輒騰謗，言者或展轉誤傳，摭拾入告，究無實迹可指。

至謂臣不敢過問，尤不近情。臣自咸豐三年，卽出從軍旅，與兵事相始終。嗣在蘇浙剿粵逆，北路剿捻匪，先後統軍十萬衆，尚無騷擾之名，亦無驕兵悍將不敢過問之事，今捍衛畿甸，憑仗威稜，僅統萬人，何至選儒若此！當爲聖明俯鑑。

至謂緩急難恃，有不得不豫爲聲明者。如遇內地賊匪，臣兵力雖單，餉力雖薄，才雖甚竭蹶，自忖尚可制勝。如遇各國憑陵，激勵孤軍，支持門戶，勝負卽不可知，斷不至聞風潰散，貽君父憂。

又《譯署函稿》卷一五《論購新式火器光緒九年十二月二十六日》　查西洋火器，愈出愈精。同治初年敝軍在蘇、滬與洋兵合力剿賊，其時洋人與我軍所用者，皆係前門鎗礮，尚無後膛名目。然淮軍平粵、捻，率藉此項前門槍礮之力，而各省兵勇仍持擡鎗、綫鎗，自謂無敵也。中原肅清以後，兵事既少講求，利器更尟過問，是以二三宿將沿襲制梃撻兵之舊說，執而不化，疆吏閫帥與惜費因循，未遑考究，而西洋軍實日新月異，各國盡改用後膛新式鎗礮，操練精熟，中國若爲弗知也者，殊可愧歎！鴻章每與西將及出使諸君探訪討論，略知端倪，逐漸購置。近年所部各營，一律操用克虜卜、阿摩士莊等礮，呍啫士得、哈乞開思、毛瑟等鎗，振軒上年來署直督，見此精械，乃謂極美富之觀，自恨粵力不能猝辦。至黃桂蘭於同治末年卽假旋離營，亦不深知此等利器如何操法，如何用法，蓋時地不同也。

今得鈞署提倡宗風，隨時申儆海防、邊防各省認真蒐討，徐圖變制，其中國自强之機乎？鴻章遵卽督飭軍械委員與素識洋商酌議，定購克虜卜七生脫半過山鋼礮一百尊，配齊器具子彈，又毛瑟鎗五千桿連子彈銅殼，均據稱限七箇月運交，哈乞開思鎗五千桿連子彈銅殼，據稱限五箇月運交，蓋洋廠此等精貴之品不肯預製，必得定價趕造，其可隨便收買者皆舊貨，或各國已用復棄之物也。前三項槍礮，李丹崖及各洋商歷年代敝處采買，皆有定價，按籍而稽，毫無浮冒。據該商云，即使法國開釁，祇要不封海口，必可如期運到，此較由官經購爲得宜。

目下防務孔亟，各處紛紛添募，誠如鈞示，與其多增無益之軍，不如多置有用之器，洵屬片言扼要。惟新式鎗礮機具精緻，中國兵將向多粗疏，稍不細心即不能盡其妙用。鄙見多置利器更要講求操法，有器而不能用，與無器同，且恐以其器予敵，是又在鈞處之發縱指示，嚴切提撕矣。

清·張佩綸《澗于集·奏議》卷三《擬請武科改試洋槍摺光緒十年二月初八日》　竊聚中國之武進士、舉人、生員以與西洋之兵敵，孰勝孰敗，夫人而知之矣。聚中國之劈山礮、擡槍、鳥槍以與西洋之後膛槍礮敵，孰利孰鈍，夫人而知之矣。知之，於是乎將校任行伍，任軍功，武科益輕。知之，於是乎各省購機器，購洋槍，土礮、土子藥益賤。朝廷輕試弓刀石之武科，賤造土槍、土礮、土子藥之官局，固深願天下之士民肄洋槍者日衆而造洋槍者日精也。然而由今之道無變今之俗，欲中國之士習服而器用利，其勢固有所不能也。何以言之？士之習土槍者，三年之中補名糧而已，不必至千把也。士之習洋槍者，三年之中食勇糧而已，不必至千把也。士之習弓箭刀石者，三年之中上可以爲頭等侍衛，下亦不失爲武舉，雖日撻之欲其爭肄洋槍不得也。習弓刀石之侍衛以至武童不必購洋槍，習土槍之將弁以至營兵不必購洋槍，習洋槍之南北洋沿海各軍又皆購德美各廠之精利洋槍，不必購中國自造之洋槍，而中國敝敝焉集費設廠，機器朽而不試，工徒嬉而不試，雖日撻之欲其漸造精槍不得也。

夫自泰西立約以來垂四十年，自粵捻肅清以來垂二十年，經數十年老成之謀畫，糜數千百萬之度支，而所以求材之道，造器之方，終未能參古今、合中外而得其通。問將材，則湘淮之將如弩末耳，起鮑超、劉銘傳輩以任洋務，未必勝任；然欲選中國之武科，再求一如鮑超、劉銘傳者能乎？問機巧，則閩、滬之廠如虛器耳，執中廠所造之槍礮不足供天下之用；然欲竭中國之官帑再營一如閩之船政局、滬津之機器局者能乎？不能，則營伍必日疲，工作必日拙，采購洋器之漏卮必日開，弱吾民以強敵，愚吾民以智敵，貧吾民以富敵，誠可危也，誠可恥也！

中國誠危之、恥之，則莫如變法。變法之效，至久而至速者，則莫如武科改試洋槍。約而言之，其利有十：

武科試弓刀石，默寫五經，文具久矣。今改弓刀石而用洋槍，改寫五經而試算學、兵書，自武進士以至武童，上者明機略以勝將，下者明技巧以勝兵，化不材爲材，化無用爲用，一利也。

試武科者，選入侍衛以分標學習，與夫鄉會之英俊，庠序之成童，內而京邑，外而州縣，必擇隙地立校場以爲肄武之所，官設教習，徐導以化學、重學、光學及水雷、魚雷之用，漸寓外國武備院之意。使將士免於孤陋寡聞，逸居無教；陰符六韜之術日精，健訟聚賭之風轉戢，二利也。

中國所設機器局，費鉅藝拙，由於造槍不多。以滬廠言之，所購造林明敦槍機座，每日可造六百桿，造不如數則費繁而槍價昂，造如數則槍多而銷路少。若天下皆須洋槍，皆須子藥，則官局造槍不患不售，工用有資而藝事無曠，三利也。

官局之槍售與生童，准每桿視局價增一二兩。在生童不惜小費，在官局稍得微利。積錙銖以成鉅款，官帑可省，局用可充，四利也。

外國槍礮，商廠精於官廠。德之克虜伯，美之格林，皆商廠也。今武科改用洋槍，需槍者既多，售槍者必利，中國將有殷實商人，願於省府州縣分設洋槍子藥機廠者，我但准鹽商領票及外國公司之法，本集於商，權總於官。可以省公家購買機器之資，可以救機局孤懸海口之病，五利也。

今各軍之購買槍礮也，每件直萬餘金或千餘金；其演槍礮也，每子或數十金以至一二金。價貴則貪者冒銷，吝者秘惜，其能日省而月試者亦鮮矣。兵與士並角藝，官與商並鳩工，則槍礮子藥之用愈普，價亦愈廉。銀帑免漏於外洋，軍資大饒於內地，六利也。

煤用東洋，鐵用西洋，耗費殊甚。商廠日盛，中槍日精，必爭開煤鐵之礦以自便，七利也。

聚十餘萬人以洋槍爲求名之地，聚千百家以洋槍爲求利之地，無智無愚，無巧無拙，皆殫心究慮於斯，藝必日進，器必日工，八利也。

僻壤遐陬，皆有利器，偏隅用武，可免用土槍戈矛之拙，可省運洋槍子藥之勢。卽咄嗟團練，兵寓於士，器藏於家，亦斷非毆衆白徒裂裳揭竿者比，九利也。

風氣既開，士世其官，商世其業，强武技巧傳之無窮，十利也。

十利既具，廟堂不過下十行明詔，立數紙章程，無養兵之費，而三年之後精兵已十餘萬，無購器之費，而十年之後利器已百餘萬，亦何憚而不爲哉？

難者或慮火器禁開，命盜之案必且更熾。不知後膛子藥操之官商各局，但能妥立條章，嚴申紀律，夫亦何害？如其不然，部省所獲之盜犯皆有洋槍，武生所持之弓刀亦足劫殺耳。況中外通商，洋人以槍礮私售海盜，我熟視無如之何，而故設厲禁以制吾之武生、良商，夫亦可以不必矣。

《管子·七法》篇曰：『爲兵之數，存乎聚財，而財無敵；存乎論工，而工無敵；存乎制器，而器無敵；存乎選士，而士無敵；存乎政教，而政教無敵；存乎服習，而服習無敵；存乎偏知天下，而偏知天下無敵；存乎明於機數，而明於機數無敵。故兵未出境而無敵者八。』武科改試洋槍，則聚財、論工、制器、選士之道，與夫服習機數之法已具，然後修明中外之政教，博求水陸之阨塞，以制治而扞鄰，庶幾具無敵於天下矣。如憚於改圖，而猶執弧矢以威天下，鼂錯所謂『以卒予敵也』。狃於采買，而購西洋之軍械以制西洋，孫武所謂『假人之兵也』。

李鴻章致總理衙門書，請設鑄造專科，沈葆楨亦疏請罷武科。此議行，則武科不必罷，鑄造專科不必設，而造士、考工之法普備，正與該大臣等所議相通。茲事體大，如蒙飭下南北洋大臣速議具奏，請旨施行，天下幸甚。

《翰林院侍講崔國因奏光緒十四年十一月八日》 東三省外界俄疆，旁連朝鮮，作北門之鎖鑰，扼東藩之衿喉，疆宇寥廓，氣候苦寒，地瘠民貧，入款短絀。又回民錯處，馬賊充斥，搶劫頻聞。且西北之强鄰逼處，東瀛之倭患潛滋，但使一國發難，以兵壓境，以武備久弛之勢，當長蛇封豕之羣，外患方滋，內憂迭起，先事若無布置，臨時莫策萬全，則未雨綢繆之道不可不亟講也。謹卽管窺所及，覼縷上陳，備採擇焉。

竊以强弱之勢宜明也。方今地球所有之國，其彰明較著而號爲强大者，曰英，曰法，曰俄，曰美，曰德，共五邦也。臣以爲惟俄最强。亦爲俄最可慮也。曷言乎俄最强也？英之强也，水師甲於天下，德之强也，陸兵精于訓練，美以富爲强，法雖水軍遜於英，陸軍遜於德，而水陸二軍合之，亦足以爲强。然是四國者，距中國較遠，距東三省尤遠，越國鄙遠，鞭長莫及。俄則東西北三面處處接壤，陸軍之强甲於天下。德國挾全盛之勢，足以滅法而不敢失好於俄。聞德國之君於今年春殁時，諄屬其子及相臣畢思麻、將軍毛奇特，以後切勿與俄開釁，則俄之强可知矣。俄人自得克什米爾、布魯特、哈薩克諸部，已至地球之温帶，其東境與後藏阿里毗連，其北境與和闐、葉爾羌、喀什噶爾毗連，是其地已包乎東西北三面，唯所欲之，無不通達，歐洲諸國既合縱以拒之，勤而無所，必有蠶食中國之心。聞其於上年從加斯濱海造鐵路漸達琿春，海參崴，工程至今已將及半，以後鐵路告成，軍行既速，餉運易繼，彼之費銀累萬萬兩，果何爲哉！然則俄之垂涎於東三省，固大彰明較著者，臣故以爲尤可慮也。

夫攻守之師，當視其對壘之國，孟子所謂衆寡强弱，兵法所謂知己知彼，必明乎此而後以攻則克，以守則固。方今國帑不充，餉項難繼，則練兵籌餉，皆在所亟。謹就平日所考究者，約略陳之。大約練兵之事有四：曰儲才，曰軍政，曰選士，曰製器。籌餉之道有三：曰墾荒，曰開礦，曰稅則。相輔而行，東三省庶有備而無患，伏惟聖明賜鑑採焉。

一、人才宜儲也。從前平定粵捻，賴曾國藩、李鴻章、左宗棠諸人，而首遏凶鋒，規模創始，實由胡林翼。胡林翼之設施，大抵以儲才爲先務。其言曰：『求才如求馬，得千里馬而人不識，識矣而不能用，方且樂駑駘之便安，而斥騏驥之英俊，使韓、彭、英、鄂不遇沛公與秦王，亦奚自展？使韓、彭、英、鄂更易姓名，卽日在人前，而人亦不識，人材何以振拔？』又謂：『用人之法，總須用苦人，心思才力多出於磨練，故遇事能知其艱苦曲折，亦能耐勞。』其言如此，故能知人善任，克奏膚公。然則君相能知人，則必有胡林翼、曾國藩之方面督撫；能知人，則必有劉松山、程學啓、鮑超之能兵。儲之平時而用之臨事，此亦當今之急務也。我朝龍興，東三省向多豪傑，提創之道，存乎其人。現在海軍、算學、武備院、水師學堂次第舉行，惟當實事求是，且擴而充之，必有人才供國家之用也。

一、軍政宜稍變通舊制也。近二十年來，俄國練兵盡仿德國軍政。蓋自德相畢思麻、將軍毛奇特創爲更番訓練之制，行之二十年，遂報法國之怨而入其國，虜其君，索其兵費至五千兆佛朗克，合中國銀數計七萬萬兩，德遂以霸，而德之君遂爲歐洲之共主，共主云者，即伯之謂也。查德之立兵制也，以法國之君拿破侖，從前分裂德國使之削弱，且與立約，限二十年內不准添設兵弁。德之相臣畢思麻深費苦心，創爲更番訓練之法，兵額不增而行之二十年後，通國皆兵。其用心之深沈，立法之美，猶可想見。其法於每省設立武備院數處，每院選少年子弟有根蒂土著者千人，延精於戰陣者教之，其號令皆如一，其坐作進退皆如一，其礮車鎗彈之製亦皆如一。故德國之兵千隊如一隊，通國如一人。其入院學習者，以三年爲限，其不及限而先能精熟者，准其先歸；其及限而仍不能精熟者，亦准其歸，以備有事時調遣。三年以後，另易少年入武備院而教之，亦如前法。而三年前所舉之子弟，其能者即以爲教師。漸推漸廣，乃至鄉僻之地，其子弟無不知兵。至於父教其子，兄教其弟，不待上之督責而盡精兵法。一旦有警，以電綫徵之，以火車調之，不十日而可成陣以待者八十萬人，故歐洲各國謂德國通國皆兵。而德之疆宇介於俄與法兩虎狼之國之間，而屹然自立，晏然不驚，此俄人所以羨之而師其兵制也。

竊謂東三省今日練兵之情事與他省不同，與昔年又不同。現在他省練兵僅防游勇之變、盜賊之竊發。而各省畫疆而守，則鞭長可及，聲勢相應，則聯絡不難，會匪之潛煽，其患小，其力微，其人易制，其亂易防，兵數必不多，兵餉亦易給也。東三省內地寥廓，外界强鄰，其患大，其力强，其人難制，其亂難防。兵少則不能兼顧，兵多則難籌餉需，養兵久而無事，則見小惜費者，必有撤兵節餉之言。撤兵後而有虞，則吹毛求疵者又爲練兵無效之論。且昔年之練兵者，練而即戰，且練且戰，則練膽、練陣皆有自然而然之理，可以日臻純熟。事平即撤，則用兵之力者，不過數年，用統帥之擘畫者，亦不過數年，是其事有時畢，而其功亦告竣也。東三省則不然。度今之練兵者，非爲戰也，爲防患也；然苟有戰事，則又不能不戰也。非以爲戰，則練膽、練陣不能試之於對壘之地，而徒肄之於講習之時。其認真者，或勤慎操演；其虛應故事者，不過如各省閱兵之營制，歷時既久，將與綠營同耳。向來防戍之兵，遣撤非可豫期。今之練兵以防强鄰，强鄰之勢方盛，則其事更無盡期；用兵之力無盡期，則勁者鈍、壯者老矣。目前即有認真之統領操成勁旅，時移勢易，不數年而大不如前。難料之事皆必有之，事不可不燭照先幾也。

竊以爲誠仿德國練兵之法，有七善焉：可以强兵，可以節餉，可以有備而無患，可以暫勞而永逸，可以轉移風氣，可以鞏固邊防，可以有兵之利而無撤之害。古者寓兵於農，其制不可復矣。而今日之練兵，宜酌行之。選少年子弟，則老弱不汰而自汰。以三年爲期，則兵弁不撤而自撤；且所撤之少年仍歸本省之鄉里，則雖撤而如不撤。歸鄉里之後，即有數千少年知兵者布之各處。倉卒有事，則其人皆經訓練，招之爲有用之兵。承平無事，則其人皆有室家，散之亦無生事之患。十年以後，則知兵可用之士十餘萬人矣。而其人又以所受訓練之法，訓於鄉里，擴而充之，則知兵可用之士百餘萬人矣。此可以强兵也。今日餉項之支絀百倍於昔年，練兵少則苦於兵力之單，練兵多則苦於餉項之絀。誠仿德國之制，則十餘年後，有十餘萬之勁旅，而餉仍不加增，則可以節餉也。防兵無盡期，則遣撤亦無期。然而兵不可不練，亦不可不撤也。不練則不習，不習則不精，是有兵與無兵同也。不撤則由久生玩，由玩生弛。道光年間，粵匪自金田起事，其初不過二千人，而廣西額兵二萬三千、土兵一萬四千。以三萬七千之兵不能擊二千之賊。直隸滿營、綠旗之兵額不下十萬，咸豐十年，夷人以一萬之衆，長驅直入，不聞有能遏其鋒者。此前鑑也。今日之兵，大抵招烏合而練之，練之不足以制敵，幸事已而撤之，撤之即足以擾民。誠仿德制，則所撤之兵皆爲有用之兵，一旦有警，可以咄嗟而集。此所謂有備而無患也。兵不能撤則訓練無盡時，然時無盡而人之光陰有盡，閱時既久，而壯者老、盛者衰、銳者亦鈍矣，而强鄰之患猶未已也。誠仿德制，則所練者皆少年，所撤者皆勁旅，三年而一易，實千百年而可行。法不變，令不煩，上不勞，下不擾，行之愈久而兵愈多，而民愈可用。此所謂暫勞永逸也。

春秋之世，楚强於吳，而申公巫臣教吳以敝楚；吳强於越，而勾踐、蠡種以越而滅吳。從古無不可用之民，惟在上者善用之。今東三省邊境屢削佔於俄，而不敢究詰；馬賊肆縱横於境，而莫敢遮攔。何昔之勇而今之怯耶？何昔時之豪傑如策楞等者，今不可復見其人耶？承平既久，人不知兵，囿積習而安貧弱，振衰起懦，恃有力者轉移之耳。練之以行陣而人悉兵機，練之以槍礮而人知製造。耳目新則心思日啓，心思啓則風氣自開，此自然之勢也。

自古邊防，曰招募，曰遣戍，曰設重鎮。宋之南渡，明之季年，率皆疲民糜餉而無實效者，不得全勝之策也。全勝之策莫妙於人自爲兵，家自爲戰。欲人自爲兵，家自爲戰，莫妙於仿德之兵制，行之十年，即有把握。繼此以往，則愈進愈精，能戰之士愈多，二十年後，東三省之兵力當甲於天下，尚何患强鄰之窺伺、邊防之難固哉？中法越南山西、北寧之戰，以六萬之衆經營六月，以逸待勞，有城可守，有械可用，有餉可繼，而不敵法之八千人。其放礮則誤於用彈而礮爲之裂，其用槍則不準而虛糜錠藥，蓋由所招之衆本不諳槍礮，而倉猝用之，故半以自轟半以資敵也。廣東調兵五百名以援台灣，出城遽潰，由於向不習戰，而內無所恃，故未臨敵而先自怯也。東南數省，倉黄招募，初聞某地招舊部二十營矣，又聞某地招十餘營矣，費餉不貲，其實緩不濟急，招兵未到而勝負之數已決。乃議遣散。遣散之後，遊勇無歸，而搶劫明火之案至於無地不有，無時不有，迄於今而不止，是適以擾民也。此有兵之害而無兵之利也。平時訓練，擇少年有根蔕子弟，則急而徵調可以不潰，緩而遣散自不至流爲游勇而滋擾閭閻。此謂有兵之利而無兵之害也。

或謂勸辦團練，可以衛鄉里，可以靖賊盜，可以助兵勢，可以節餉需，亦自强之一策也。然而團練之設，大率有名無實。即有勉强練成隊伍者，以靖小醜或可奏功，以當大敵斷難僥倖。臣所擬練兵之制，實無團練之名，而有團練之實。數年之後，鄉僻子弟，人盡知兵，無殊於團練，而正不需夫團練也。

一、將士宜選也。本朝取士以弓矢，練兵以緑營，而『髮捻回逆』先後竊發，攻守均不得用。領兵之將大率起自行間，而科目不一見焉；敢死之士大抵招自田間，而緑營曾無聞焉。議者謂物極則反也，而不知事有必至，理有固然也。承平日久，文晏武嬉，目不見戰爭之事，耳不聞鼙鼓之聲，驟而遇之，色然心駭。東三省亦猶是耳。竊謂選將以曾經戰陣爲上，而應對之便捷，弓馬之嫺熟不與焉。選士以樸實耐勞爲上，而遣散之游勇、城市之惡少勿庸焉。胡林翼云：『募勇之法，城市不如村鄉，村鄉不如山野。』取其樸實耐勞也，取其所欲不奢也，取其畏上而不敢玩法，可與出入生死存亡之地而不搖也。湘、淮兩軍有明效矣。東三省民情素稱强悍，得百戰之將以領而練之，其果毅當不亞於湘淮，是湘淮二軍之外又增一勁旅矣。

一、選械宜精也。有可用之將，無可將之兵，不足恃也；有可用之兵，無可用之械，亦不足恃也。泰西之論兵法者，謂戈矛五人不敵一弓矢也，戈矛十四人不敵一後膛槍也。而後膛槍亦有別。聞中國以前自造之鎗與鎗錠不能脗合，太緊則不靈，太鬆則洩氣，未必能適於用。而購自外國者，委購之員，得其人則得利器，不得其人猶不免於苦窳也。此不精之弊也。泰西之鎗隊所用之鎗必一律，取其準相同，其速相同，其及遠相同。有準有不準，則不能制敵之命矣。有速有不速，則步伐不能齊矣，及遠不相同，則力弱之鎗空發矣。欲使全隊如一隊，全軍如一人，則所用之械不可不畫一也。所用之械畫一，則隊伍可分可合而不雜，其變動調換、損傷彌補均不費力，而製造局造彈錠亦易集事，此所謂通盤打算，事雖繁重而實至便利者也。【略】

謹案《綱鑑》載後漢單于款塞，御批『能自强者，外侮不敢窺；不能自强者，雖謹守而外侮亦將伺其隙。』聖訓煌煌，則自强誠當今之急務。臣謹擬七條，皆所爲自强之計，即所爲培根固本之謀。愚昧之見，是否有當，伏維皇太后、皇上聖鑑。

建立新式海軍分部

綜述

清·周家楣《期不負齋政書》卷一《擬奏海防亟宜籌，武備必求實際疏》 臣等悉心公同商酌，謹擬列緊要應辦事件數條，總期實備精求，務臻有濟。應請飭下在廷王大臣及南北洋大臣詳悉謀議，毋狃故轍，毋尚空談。如臣等所陳，若者可行，即應查照此條切實辦理；若者不可行，即另籌必濟之方，以代此條之用。此外如各王大臣等別有良策，足裨時艱，有遠勝前議所及者，亦卽實抒所見，共資幹濟，以紓目前當務之亟，以裕國家久遠之圖。臣等幸甚，天下幸甚。所有請飭僉議以期振作緣由，謹繕摺密陳，並鈔列臣等擬議五條，恭呈御覽。【略】

一、練兵。各海口固須設防，然非有海洋屹然重兵可迎堵，可截剿，可尾擊，則防務難於得力。應就外海水師及各營洋鎗隊中，挑選精壯曾經戰陣之兵勇，另立海軍，以一萬二千五百人爲率，簡派知兵大員帥之，就中分五軍，每軍二千五百人，各以得力提鎮大員分統之。每軍需鐵甲船二隻，爲衝擊衛蔽之資，其餘酌量人數，配具兵船若干，先立一軍，隨立隨練。其餘以次增辦，日加訓練，務期律嚴志合，膽壯技精，詳悉沙綫，神明駕駛，狎習風濤，嫺熟演放鎗礮，以成勁旅。各兵勇有原額口糧者仍之，有應加給者加之；有應另募者則酌募若干人，用原有額糧者若干人，創設之初，如須僱募外國善于駕駛演放之人爲之教習，亦酌量僱募，由任事者悉心經理。其無事之日，分駐何口，遇有征剿，若何調度，由統帥大員酌量布置。

一、備船。各軍應用鐵甲船十隻，兵輪船若干隻，除現有輪船外，於創設之初，只得爲應急之計。各船應購買者，急宜購之外國，外國於在官兵船，不能聽人購買，應向製造各船商人船廠定製應用。

一、簡器。自鐵甲船既興，各國復精求堪攻鐵船之礮。聞英國現已有之，應購買此項礮位，並能載用此項礮位之船，及演習施放此項礮位之技。其餘各船應配礮位，亦一律購備，一律演習。至各軍所用洋鎗，務須一式，平時一律演習，始能嫺熟。臨時亦一律施放，不至歧誤。各國所製鎗式，日久日新，從前之來福鎗不及後門鎗，後門鎗以林明燈及麥提尼爲精。現在英國所造之亨理麥提尼鎗，又駕而上之。若用器先遜于人，則臨陣更難制勝。必須用最精之鎗，一律之鎗式，方能有濟。卽以前購之鎗，亦係精品，尚堪利用，未能概棄，以致空縻餉需。或不能全軍一式，姑求各軍中，其本軍所用務期一式；卽各軍本軍中未易一式，必期各船中本船所用務歸一式；庶倉猝中不致有歧異誤用之處矣。

一、設廠。造船修船，非隨處設廠，難資利用。各樣兵船、鐵甲船及精式利用之洋鎗，爲目前計，只得購之洋人。爲久遠計，必須自我製造，以期精益求精，用不勝用。應由閩省船廠，天津、上海各機器局，並各沿海地方，力求精進擴充之方，以爲持久取勝之計。

一、籌餉。以上各層，此時創立之需，日後久遠之費，凡一切薪水、教練之資，加給口糧之額，購船、造船、修船及軍械、鎗礮、火藥、駕駛工食，日用煤斤諸項，爲數浩繁，非有大宗鉅款，不能開辦；非有不竭餉源，無以持久。臣等於同治五年奏明，提出四成洋稅，由戶部另款存儲，原以備不虞之用。無如歷年以來，陸續借撥，所存無多。計開辦所需，已不敷十分之三，亟應破除成見，統籌大局，權衡利害孰重孰輕，先籌目前開辦經費應用若干，卽速集若干，此濟急之用也。再於一切開源節流之計，悉力設法，凡可盡人力因地利以裕國計者，專心悉慮切實經營，期補注挹之急需，求充永遠之款項，此經久之用也。兩層均應詳籌確鑿辦法，厚備堅持，不至半途而廢，庶幾應變有資，而歷久可恃。

清・寶鋆等《籌辦夷務始末（同治朝）》卷九三《閩浙總督兼署福建巡撫李鶴年奏同治十三年四月二十五日》 查各省現有輪船，足以抵禦日本到臺之船，但恐兵釁既開，該國大舉而來，鐵船爲中國所未有，洋槍洋礮亦較多，勝負未可逆料。若生番地界任其占踞，各國因而生心，海疆之隱憂滋大。臣查日本勢孤而分貧，非西洋各國衆而且富可比，其船械將弁，或雇或購，非西洋各國積百餘年精力自造者可比。但日本可雇，中國亦可雇，日本可購，中國亦可購。如我之船械，可以制彼之船械，不待用兵而彼自不敢嘗試矣。惟自強之策，需費浩繁。臣已咨商總理衙門，並南北洋大臣，俟商有端倪，再行奏明辦理。

又 卷九八《諭軍機大臣等同治十三年九月二十七日》 沿江、沿海各省防務，經總理各國事務王大臣並各該省將軍、督撫等隨時籌畫，而備禦究未可恃；亟應實力講求，同心籌辦，堅苦貞定，歷久不懈，以紓目前當務之急，以裕國家久遠之圖。該王大臣所陳練兵、簡器、造船、籌餉、用人、持久各條，均係緊要機宜，著李鴻章、李宗羲、沈葆楨、都興阿、李鶴年、李瀚章、英翰、張兆棟、文彬、吳元炳、裕祿、楊昌濬、劉坤一、王凱泰、王文韶，詳細籌議，將逐條切實辦法，限於一月內覆奏；此外別有要計，亦卽一併奏陳。總期廣益集思，務臻有濟，不得以空言塞責，原摺單均著抄給閱看。將此由六百里各密諭知之。欽此。

又 《丁日昌擬海洋水師章程同治十三年十月十一日》 廣東巡撫張

兆棟奏：據丁日昌呈稱：『竊日昌前在江蘇巡撫任內，因見外海水師一切艇船總不如輪船之堅捷，必須配駕大號輪船，方足以資巡剿。即沿海砲台，亦應因地制宜，相度形勢，改式修築，以嚴捍衛。曾經參以西人築台練兵之法，豫擬海洋水師章程六條。現值籌辦海防之際，敢請代爲陳奏，以備聖慈采擇』等情前來。臣未敢壅於上聞，謹據情附片代奏，並將原擬章程，代繕清摺，恭呈御覽。硃批：『該衙門議奏。單併發。』

海洋水師章程六條

一、外海水師專用大兵輪船及招募駕駛之人。外海水師以火輪船爲第一利器，尤以大兵輪船爲第一利器。兵輪船兩旁分上下層，皆列砲眼。多者三十六眼，少者二十四眼，首尾中舷亦列砲位。約計一船可裝大砲四十餘位，循環疊放，無堅不摧。一船可裝兵丁水手六七百人，兼用風帆，行駛如飛。此等輪船偶一鼓輪簸蕩，則在旁之小舢板等船已將欹覆，何況對敵？擬先在花旗購買此種兵輪船約二三號，即以提督所演之陸兵赴船學習，由粗而精。一面招募中國能駕駛之人，優其廩餼。蓋寧波、漳、泉、香山、新會一帶，能駕駛輪船之人甚多，茲擬重價招募，分別等第，設法撫馭，使全船皆無須資助外人，方可指揮如意。其次則購買根鉢輪船以資淺水追剿之用。以上二種輪船，初則購買，繼則由廠自製。有此可恃，則沿海一切艇船皆可廢棄不用。緣併五十號艇船之費，可以養給一號大兵輪船；併五十號闊頭舢板之費，可以養給一號根鉢輪船。海上爭鋒，縱有百號之艇船，不敵一號之大兵輪船。蓋在内海剿盜，則非砲船不爲功；在外海剿盜，則非輪船不爲功也。

一、沿海擇要修築砲臺。自道光以來，海上交兵，沿海砲臺悉經毁損，故人人皆以砲臺爲不足恃。惟推原中國砲臺之所以無用，非砲臺之無用，乃臺之式不合其宜，砲之製不得其法。演砲不得其準，守臺不得其人。查西人重城池，不如其重砲臺，凡海口及要隘之地，無不砲臺森列，嚴爲防禦。其砲臺之式，下大上橢圓，四面安砲，迤邐起伏，首尾左右互相照顧。臺下環池，與中國砲臺迥異。擬仿照其式，沿海仍擇要修築砲臺。其砲之製，亦如西國，演砲必求其準，守臺必求其人，與沿海水師輪船相爲表裏，奇正互用，則海濱有長城之勢而寇盜不爲窺伺矣。

一、選練陸兵。防海固藉水師，然陸路之師亦不可忽。戚繼光論水師，以爲宜兼習陸戰，以備上岸擊賊之用。曾於滬上閲西人陸操，有能不假擊援，徒手上城者；有能以篙植濠中，憑以躍過二三丈之濠者；有能足緣單繩，手放洋槍者。其助攻常州時，前者死亡，後者繼進，並不反顧。惟其餉足而後令行，而後能以少制衆。竊擬於沿海水師，提標各精練陸兵千人，鎮標各精練陸兵五百人，減額優餉，嚴加選擇，每人每月約給餉十圓。如王守仁在贛州，每縣選送强力奇技之士，或數人，或十餘人，歸入各標，勤行教練，申明軍法，半年在陸，半年在海，以備緩急之用。合天下約得精兵十萬人，有此勁旅，則聲威遠讋，豈特盜賊不敢生心哉！

一、沿海地方官宜精擇仁廉幹練之員。辦天下事，非才不舉。竊擬於沿海地方官，精擇仁廉之員而又才具幹練者，爲之拊循士民，以時修築城堡，編行保甲，教練鄉民，使其事不擾而集。如其功效卓著，督撫特奏優保，即令幫辦水師，庶儲備邊材，可資緩急。

一、北、東、南三洋聯爲一氣。查直隸至粤東，洋面南北五千餘里。沿海要害，互有關涉，宜如常山之蛇，擊首尾應。擬設北、東、南三洋提督，以山東益直隸而建閫於天津，爲北洋提督；以浙江益江蘇而建閫於吴淞，爲東洋提督；以廣東益福建而建閫於南澳，爲南洋提督。其提督文武兼資，單銜奏事。每洋各設大兵輪船六號，根鉢輪船十號。三洋提督半年會哨一次，無事則以運漕，有事則以捕盜。計省沿海舊制各船之糜費，以之供給大小四十八號輪船，尚覺有盈無絀。

一、精設機器局。水師與製造相爲表裏。偏廢則不能精。擬三洋各設一大製造局，每一製造局分爲三廠：一廠造輪船，選通算學、熟輿地沙線、能外國語言文字之人，董理其事。一廠造槍砲、火箭、火藥及各軍器，選諳兵法、優武藝、有膽略之人，董理其事；一廠造耕織機器，選諳農務、通水利之人董理其事。是今日督造輪船之人，即他日駕駛輪船出使外國之人；今日督造槍砲之人，即他日辦理軍務之人；今日督造耕器之人，即他日盡心民事之人也。

又《大學士文祥奏同治十三年十月十八日》　前月總理各國事務衙門所奏切籌海防一摺，係遠謀持久，尚待從容會議；而目前所難緩者，惟防日本爲尤亟。以時局論之，日本與閩浙一葦可航。倭人習慣食言，此番退兵，即無中變，不能保其必無後患。尤可慮者，彼國近年改變舊制，大失人心，叛藩亂民一旦崩潰，則我沿海各口岌岌堪虞，明季之倭患，可鑑前車。今臺灣一役，彼爲理曲而勉就範圍，倘再尋一有理之端，來與爲難，或唆通西洋各國別滋事端，雖欲委曲將就，亦恐不能。

當臺灣有事之秋，曾議買鐵甲船，購水砲臺，倉猝莫辦。緣西洋風俗，於凡與和約之國，遇有互相搆兵，則異常利器不准出售，是以迄未辦成。今倭兵既退，正宜及此無事之時，認真辦理，不容稍懈。夫日本東洋一小國耳，新習西洋兵法，僅購鐵甲船二隻，竟敢藉端發難；而沈葆楨及沿海疆臣等，僉以鐵甲船尚未購妥，不便與之決裂。是此次之遷就了事，實以製備未齊之故，若再因循泄沓，而不亟求整頓，一旦變生，更形棘手。伏懇飭下沈葆楨、李鶴年悉心籌商，所有在臺兵勇應如何酌留，全臺事宜應如何布置，均宜經畫周妥，以善將來。並會同南北洋通商大臣，將前議欲購未成之鐵甲船、水砲臺及應用軍械等件，趕緊籌款購買，無論如何爲難，務須設法辦妥，不得以倭兵已回，稍涉鬆勁。果能實事求是，兵械日精，彼族雖欲謀我，或當知難而退；即使狡然思逞，而我既有備，亦可恃以無患矣。

清・吴汝綸《李文忠公全集・奏稿》卷二四《籌辦鐵甲兼請遣使片同治十三年十一月初二日》 查沈葆楨十月十四日來函，倭使大久保已抵琅璚，業經約期撤兵，自不致再有變局。惟文祥慮及日本距閩浙太近，難保必無後患，目前惟防日本爲尤急，洵屬老成遠見。該國近年改變舊制，藩民不服，訪聞初頗小鬨，久亦相安。其變衣冠、易正朔，每爲識者所譏。然如改習西洋兵法，仿造鐵路、火車，添置電報、煤鐵礦，自鑄洋錢，於國計民生不無利益，並多派學生赴西國學習器藝，多借洋債，與英人暗結黨援，其勢日張，其志不小。故敢稱雄東土，藐視中國，有窺犯臺灣之舉。泰西雖强，尚在七萬里以外，日本則近在戶闥，伺我虛實，誠爲中國永遠大患。今雖勉强就範，而其深心積慮，覬覦我物產人民之豐盛，冀倖我兵船利器之未齊，將來稍予間隙，恐仍狡焉思逞。是鐵甲船、水礮臺等項，誠不可不趕緊籌備。惟巨款既無可指，定造亦尚需時，臣已於覆議總理衙門造船一條內詳切言之。至前曾議買鐵甲船一爲沈葆楨飭日意格議購之丹國鐵船，因事中罷。昨丹國使臣拉斯勒福過津面詢，據稱此船約值銀六十萬兩，與日意格報價不符，臣屬該使來春由京回津再議。一爲出洋委員容閎在美國查報有新造未成鐵甲船一號，需洋銀一百七十萬元。臣詢駐津美領事，據稱此船未必合用，總稅司赫德亦向總理衙門言及，恐其不甚可靠，臣批飭上海道信致容閎切實考較，再行稟核。以上二船雖議購而未成，此外洋商獻圖者甚多，因相隔過遠需費過巨，誠恐誤買舊船，未敢遽訂，似須委員前往該國議購爲妥。其水礮臺船一項，總理衙門現飭赫德向英國詢問價值，上海洋行亦有承攬訂購者。據滬局委員馮焌光等稟稱，該局仿造一隻，明春可成，似尚不難陸續添置。惟是有備而無患者，立國之根基。

又 卷三五《籌議購船選將片光緒五年十月二十八日》 欽奉光緒五年九月三十日密諭：前據恭親王等面奏，疊經總理衙門函商，南北洋大臣預籌海防事宜尚未定議，此事關係極重，斷不宜再事遷延。著李鴻章、沈葆楨即將海防事宜並王先謙所陳備船械一條切實籌議，先行具奏，期於事在必行，等因。欽此。又奉十月二十四日密諭：丁日昌遵議覆奏各摺片，現議整頓輪船水師，自非擇將帥、精器械不可。西人熟習輪船操練，若能延致才技精通者爲教練，當可日有起色。應如何設法訪訂之處，著李鴻章、沈葆楨與出使各國大臣函商辦理。至學堂練船出洋諸舉，皆爲豫儲將才，尤當擴充精選以備異日之用。鐵甲、蚊子等船，爲海防所不可少。鐵甲船所費過鉅，一時尚難籌辦。蚊子船現已先後購到八號，著即督飭管帶之員認真演練，毋得有名無實。以後如何陸續添購並購船及續延教練西人可否，令赫德及出使大臣分辦之處，著李鴻章、沈葆楨一併籌商妥辦。

查自光緒元年四月間奉旨籌辦海防，其時海口一無豫備，赤地新立，只能擇要爲之。督飭各營於大沽、北塘、新城各處仿照洋式，修築礮臺營壘，並與總理衙門函商，令總稅務司赫德在英廠先後訂購大礮蚊子船八隻，水陸相依，稍壯聲勢，徒以戶部指撥海防經費，各省關未能照數報解。又歷經抵撥西征軍餉，分提晉豫賑款餉力以抽分而愈薄，船械雖欲備而難齊。夫軍事未有不能戰而能守者，況南北洋濱海數千里，口岸叢雜，勢不能處處設防，非購置鐵甲等船練成數軍，決勝海上，不足臻以戰爲守之妙。查西洋兵船利於海面攻取者，約有三種：一、鐵甲船形式大小不等，鐵甲厚薄不等，船首衝鋒有無不等。一、快船或配鐵木，或用鋼殼，專取行駛，快速能追擊敵船而爲敵船所不及。一、水雷船喫水雖淺，或帶在大船上，或隱於大船後，衝擊最宜。至於木壳輪船如閩滬各廠所製者，皆西洋舊式，只可作無事時巡防，有事時載兵運糧之用，實不宜於洋面交仗。蚊子船則爲守港利器，如赫德所購者礮位較大，在淺水處亦能轟壞鐵甲也。中國即不爲窮兵海外之計，但期戰守可恃，藩籬可固，亦必有鐵甲船數隻遊弋大洋，始足以遮護南北各口而建威銷萌，爲國家立不拔之基。乃議之五六年而迄無成者，一由經費太絀，一由議論不齊，一由將才太少。然欲求自强仍非破除成見定購鐵甲不可。臣先因北洋經費尚有存款百萬，欲購一鐵甲船暫行試練，俟駕駛得人，操演既熟，集有巨款，再行續購，推廣分布。曾緘屬駐德使臣李鳳苞在英法各廠訪求新式，旋接總理衙門公函，以專顧一口爲疑。而李鳳苞八月間來信，亦謂近日各國議停造鐵甲，如可緩辦尤爲合算。且既有鐵甲，應同時並舉四事：一爲礮臺庇護，一爲船塢修理，其尤要者，一爲快船若鐵甲，無快船輔佐，則孤注而已，一爲水雷，有行雷可以出奇，有伏雷可以堵守，而後鐵甲不爲快船所困等語。自係在洋博訪羣議，斟酌時勢以立言。適新購蚊船到津，赫德自京來晤。臣與密商辦法，該總稅司亦以先購快船再辦鐵甲爲是。遂賫呈英廠寄來新式快船兼碰船圖式，再三考究令其譯出節略。內稱船長二百英尺，寬三十英尺，喫水十五英尺，每半時行十五海里，新式機器首尾各置二十五噸大礮一尊，左右各新礮數尊，並帶水雷小輪船一隻，船頭水綫下暗設堅固衝鋒可碰敵船。若訂兩隻需銀六十五萬兩。後年夏間工成來華，據云可保追趕碰壞極好之鐵甲船。臣復諮詢駐津之法國水師兵官，近來西洋鐵木船新式船頭多設衝鋒以備戰時添一碰船之力，此項快船既載大礮又有衝鋒行駛，果如此迅速實屬合用。蓋鐵甲船及平常兵船每半時僅行十一二海里，此則十五海里，進退自裕如矣。臣函商總理衙門謂宜籌款及時購辦。因屬赫德先由電報轉飭駐英稅司金登幹與該廠訂辦，趕速動工，其價銀分三期兌付，約於光緒七年春夏到華；一面劄飭總稅務司備案，應俟此二船到後再行酌商分撥。惟是快船兼碰船稍可出洋探巡，應敵究嫌氣力尚單，如果各省關盡力解濟，南北洋經費略有積存，必再添購鐵甲船，配以快船及現有木船、蚊船方可成全軍而厚兵勢。雖未可一蹴，幾實未可一朝忘。臣仍密商李鳳苞等悉心采訪，如各國鐵甲並未罷議，當擇其與中國海面相宜者，酌量訂購，隨時奏明請旨辦理。至現在購到蚊船八隻，來春弁勇配齊，擬飭調龍驤、虎威、飛霆、掣電四船赴南洋，歸沈葆楨調遣，即留鎮北、鎮南、鎮東、鎮西四船在津沽，由臣督飭道員許鈐身、提督丁汝昌會督管帶各員認真操練，並令時常出洋赴東奉交界之大連灣及沿海口岸駐泊梭巡，以壯聲威。丁日昌摺內所陳延請洋官教練一節，確有見地，現統帶蚊船來華之英國副將名郎者，係赫德等向其水師兵部借用，英提督古德及出使大臣曾紀澤皆稱其能。臣接晤數次調閱操演，尚爲勤幹明練，商留效用，該員云須回英乞假准行乃可復來。臣又函商曾紀澤與其兵部議訂，赫德則謂郎副將如不復至，伊可另薦妥人。現管帶鎮北之都司劉步蟾，在英國學堂兵船肄習五年，深知機要，其材器頗堪造就，若再得精嫻理法之西人與爲切磋，可備將來統帶快船鐵甲之選。目下帶船將才固少，即管輪機管礮之弁、駕船之水手，皆須逐漸陶鎔。西國以學堂練船爲根基，故人才輩出。明年臣擬另設練船一隻，遴派幹員選募北省丁壯素習風濤者上船練習，庶異日快船至而弁勇不必盡資於閩，亦因地制宜之方。福建船政本有仿造快船之説，與其多造而船不得用，不若少造而船必求精。若仍照舊式，恐無實濟。其學堂練船規模頗合西法。應請敕下船政大臣設法整頓籌辦，逐漸圖功。又蚊子船防守海岸最爲得力，赫德所購尤各國罕有之新式，價目稍昂，而功用自別，中國各局目前實不能仿造。臣愚以爲廣東、臺灣海口至少須各有二隻，浙江寧波、山東煙臺海口至少須各有一隻，平時與南北洋現有蚊船互調會操，有事則各防各口，藉杜窺伺，每隻約需銀十五萬兩，在各該省力所能辦，兩廣督臣奏稱擬先購置一二，自必籌有的款。臣面詢升任江寧藩司前署福建藩司盧士杰，據稱閩省藩運各庫尚積存數十萬。又詢前任浙江藩司任道鎔，謂浙力十餘萬尚可籌湊。山東各庫另存銀百餘萬，則遠近皆知。擬請敕下各該督撫，臣先其所急迅速照議籌辦，不准藉詞諉延，並截留海防協款，徑請總理衙門轉飭赫德，剋期定購，明年秋冬即可來華，其隸南洋者由沈葆楨會商調度，隸北洋者，由臣會商調度。庶衆擎易舉聲勢相聯，必於海防全局有裨。

又 卷三六《**議購鐵甲船摺**光緒六年二月十九日》 總理衙門籌議南洋海防經費摺內稱，土耳其所定八角臺鐵甲船兩隻，已發電信詢出使大臣李鳳苞查明，如未出售而價不甚昂，自應購備。臣亦函屬李鳳苞隨時探問。旋據函稱：遵由巴黎致書英海部，詢以實價若干，先因俄人欲購以禦英，故英人急購之，今或肯轉售等語。又接李鳳苞十二月二十四日電報，八角兩鐵甲英肯轉售兩船，實價共英銀五十四萬三千三百八十磅，合中國銀兩核計約二百餘萬兩之譜。頃又接李鳳苞同日函稱：該鐵甲船一名柏爾來，一名奥利恩，英海部尚書諄屬當趁中國未開鄰釁之前成議，其價分毫不能再讓等語。臣前詢之出洋學生劉步蟾等，據稱在英時曾上該船閲過，甚爲堅固合式。夫中國購辦鐵甲船之舉，中外倡議已閲七年。沈葆楨、丁日昌等斷斷持論以爲必不可緩。臣深韙其説，衹以經費支絀迄未就緒，近來日本有鐵甲三艘，遽敢藐視中國，耀武海濱，至有臺灣之役、琉球之廢。彼既挾所有以相凌侮，我亦當覓所無以求自强。前李鳳苞來函，謂無鐵甲以爲坐鎮，無快船以爲迎敵，專恃蚊船一擊不中，束手受困，是直孤注而已。洋監督日意格條議亦謂能與鐵甲船敵者，惟鐵甲船，與巡海快船敵者，惟快船。故鄰有鐵甲我不可無。若僅恃數號蚊船，東洋鐵甲往來駛擾，無可馳援，必至誤事等語。【略】

西洋均屬島國，海口水深不似中國各口之淺，其大號鐵甲喫水至二十六七尺，購價至二百餘萬者，中國無所用之。且船既笨重，能來中國者亦少。土耳其八角臺船喫水十九尺九寸，用之中國海面抵禦日本及西洋來華之鐵甲最爲相宜。且甲厚樣新，似出日本鐵甲之上。日本聞我有利器當亦稍戢狡謀。向來洋廠訂造鐵甲，須三年後方能下水。今英國既肯轉售其柏爾來一船，俟訂定後匯給現銀卽可來華。奥利恩一船須遲一年後交付。值此多事之秋，得兩船先後來華，稍張聲勢，較之定造須三年之久者，緩急懸殊尚覺合算。臣與總理衙門往復函商，意見相同。一面由電信覆知李鳳苞，屬其與英海部切實商訂如何分期兑付，詳細驗收，再行專函商辦。惟是此項船價南北洋海防經費以各省關報解甚微，積存無幾，近又籌購蚊船、碰船，竭力集款無可再撥。若機會一失，中國永無購鐵甲之日，卽永無自强之日，殊屬可惜。又查蚊船宜用於内洋淺港之處，福建海面寬深，臺灣尤形勢孤懸，口岸歧錯，卽有數號蚊船難敷防守，必須得力水軍隨宜策應乃爲活著。現擬通融辦法，福建已先後奏明定購蚊船四隻、碰船二隻。内蚊船價銀赫德原定每隻約需銀十五萬兩，何璟奏稱兩船約需費三十餘萬圓。新式兼碰快船赫德原定兩隻需銀六十五萬兩，續又申呈應帶之水雷船未計其内。總理衙門奏稱碰船兩隻約需銀六十萬兩，均係傳聞之誤。

臣就赫德原訂文單核計，共該約需實價銀一百三十萬兩，似可暫緩購置，卽以此款先買鐵甲一號，專歸臺灣防剿，福建調撥。如有一鐵甲輔以原有之福勝、建勝兩蚊船，再擇船政兵輪之堅利者，配之練成一軍，料敵所向，相機戰守，則臺防可固，倭患可弭。所需款項，現有部撥三十萬兩，該省奏明籌備三十餘萬圓，約得二十五萬兩。又奉旨令續籌六十萬兩，果能如數解齊，足可抵買鐵甲之用。查戶部原撥海防經費福建洋税釐金兩宗每年應解南北洋者約四五十萬。去歲部議准其截留，原爲經營臺防起見。後山之役現既停辦，亦可撙節若干。現據李鳳苞函報柏爾來一船交價後卽可赴華，臺防尤爲急需，自應卽將此船撥歸閩省調用。擬請旨敕下福建將軍督撫，臣於税釐項下籌撥船價，合之原有的款先湊成一百萬兩，俟李鳳苞與英定議，卽由臣知會剋期匯付，以便船價兩交，免致失信於人。如此則以該省應解之費籌該省應辦之防，尤爲義不容辭。南洋擬購之碰快船二隻，應需六十五萬兩，茲抵購鐵甲一船，所短約僅三十數萬兩，將來或由出使經費續撥，或由京外設法匀湊，尚易爲力。奥利恩一船據稱須一年後交卸，亦可分期籌匯價銀。俟該船到華，臣當與南洋大臣隨時會商調派，合之原有蚊碰及各兵輪船練成一軍，無論何處有警，不分畛域，遣令援應，庶幾聲威較壯，海防稍有端倪，大局不無裨益。

又　卷四六《續造鋼甲快船摺光緒九年二月初八日》　竊臣於光緒七年四月奏請籌款，計造鋼面鐵甲船二號，經戶部議准撥款濟用，聲明續造鐵艦二隻。俟二三年後各省財力稍寬，再酌度情形奏辦等因。奉旨依議，欽此。欽遵行知在案。臣與出使德國大臣李鳳苞往返電函，商令訪查新式在德國伏耳鏗廠妥訂合同，剋期次第開造，並由臣擬第一號鐵艦名曰定遠，第二號鐵艦名曰鎮遠，檄飭江海關道分批匯撥價銀。前據李鳳苞函稱，定遠於本年正月工竣驗收，約三月間開駛來華。鎮遠則須本年十月工竣，必賴該大臣就近隨時督催，一手經理。其原擬續造鐵艦二隻，一時既無此巨款，而中國洋面遼闊，計定遠、鎮遠兩船到後，仍屬不敷分布。適總税務司赫德覓呈英廠新式加大碰快船圖説，每隻索價六十餘萬兩，據稱可禦鐵甲。臣復鈔寄李鳳苞在洋悉心考較。旋准函稱徧詢各國海部，僉謂隨鐵艦出洋之船，必須能受風浪，能禦敵礮，赫德所擬加大碰快船一遇風浪則礮難取準，偶受小礮卽船已洞穿，徒欲擊敵而不能防敵擊，終不足恃。今查英法德所造皆用二三寸厚鐵甲名曰穹面鋼甲快船，可在大洋禦敵交鋒，爲最新之式。定購一隻連克鹿卜後膛大礮，三尊約價三百十一萬七千馬克，合中國銀約共六十二萬餘兩，配用魚雷筒及連珠小礮不在其內，其價與赫德所呈加大碰快船相等，而得力更多。應否訂購等語。臣思鐵船來華必有精利快船輔佐巡洋，或作先鋒，或爲後應，以厚集其聲勢。茲李鳳苞探詢新式穹面鋼甲快船，喫水十五尺八寸，實馬力二千八百匹，壓水力二千三百噸，每點鐘駛行十五海里，約合中國五十里。其機艙等鋼面約厚三寸半，礮臺周圍則有厚十寸之鋼面甲，足可與鐵艦相輔而行，實爲海上戰巡利器。當卽電屬該大臣照式訂購一隻，妥議合同及詳細程式。昨據電覆已與伏耳鏗廠定議，限十四月工竣，計光緒十年春夏間可與第二號鎮遠鐵艦先後開駛來華，所需船礮價銀分期陸續匯付，擬於北洋海防經費存項及招商局按年拔選官本內酌量勻湊，如有不足，容臣再行請旨飭撥接濟。庶水師之規模漸擴，藉可禦外侮而壯聲威。至臣前奏請船政定造快船二隻，專爲巡護朝鮮口岸之用，業經戶部議覆，指撥各省關銀八十萬兩並查明出使經費項下現存若干，酌提挪用。臣已札行江海關道查議具覆，應俟覆到再行核辦。惟前據船政大臣黎兆棠函稱，南洋屬造快船五號，臣處擬造快船二號，必先籌款開拓廠地，添設機爐，廣集工料，否則緩不濟急。約計拓廠添機，既需歲月，卽此七船分起訂製，亦非八九年不能蕆功。況黎兆棠現已假歸，尤慮無人督籌，難以剋期集事。查船政所造快船式樣不及穹面鋼甲之精堅，將來或就部撥各款在洋廠續製，抑仍在船政訂造之處，並由臣隨時察酌情形續行奏辦。

又　卷六三《旅順興辦船隖片光緒十四年十二月十九日》　再旅順口爲北洋海防緊要門戶，水師各船皆須就此口內停泊、歸宿應做隖澳等，工必不可緩。前經奏明飭派道員袁保齡督同洋員漢納根等挑挖澳身，疏濬海口船路，蓋造庫房各項。惟應築石船隖，備修鐵甲快船尤關水師根本。工程極爲艱鉅，需費繁多，必須幾經歷練結實可靠之人，方能承辦。中國無此良匠，各國洋匠欲攬工作者甚多，非開價過昂卽不肯保固。嗣經水陸營務處臬司周馥等多方物色，適有善辦船隖之洋師法人德威尼，經其本國製造公會選派來津，與之討論多次，所開做法條理周詳，價值亦較核實，且有法國銀行作保。計大石隖一座，凡修理鐵甲各船一應機器俱全，連做工各廠儲料、各庫辦公住人各屋並週澳三里餘之靠船大石泊岸，以及鐵道起重碼頭、電燈、自來水等工一切在內，訂明承攬包辦實需銀一百二十五萬兩，自擬定之日起，按西曆三十箇月完工，驗收後一年內仍由德威尼與該銀行照料修理，此後再保固十年，儻有損壞，由於工程不精者皆責成該銀行賠償。經臣督飭該司道詳加考核，始行定議，並飭周馥與道員劉含芳督同妥辦。此項工款除由北洋經費內籌撥銀七萬八千八十兩外，尚需銀一百十七萬一千九百二十兩。前由臣函商海軍衙門轉咨戶部核准，在於直隸所收展捐項下劃收銀六十三萬一千四百三十二兩八錢九分，又由部庫撥給銀五十三萬九千四百九十七兩一錢一分。業經按照德威尼所做工程陸續發給具領。茲查船隖工程已漸就完竣。惟船澳口門太寬，風浪太大，上年德威尼攬辦隖工時曾言，須於東西北三面加砌石壩方與隖工有益，因測量澳口稀淤太深，不易措手，是以原估未經核入。旋據水師各將領簽稱此壩關係緊要，於修船設防均有裨益，亟宜設法添造。復飭周馥、劉含芳與德威尼詳加勘驗，再四商議，在東北兩面做石壩一百丈，西面就所砌石堤修理平整穩固，並做寬大經久之鐵碼頭一座，碼頭上石階、鐵路、鐵梯、船樁、電燈、淡水管等件如法布置，撙節估計實需銀十四萬三千五百兩。保固一切概照隖工辦理，完工之期照原限再展六箇月。計連隖工原估共需銀一百三十一萬五千四百二十兩。除劃收展捐之項及由部撥給外，計尚不敷銀十四萬四千四百九十兩，本應循案請撥，惟念部庫非裕，不得不設法另籌。查北洋購買四快船一款，現尚有截存銀六萬餘兩，應卽儘數撥用，其餘不敷銀八萬餘兩，卽在北洋防費項下設法陸續挪湊應急，俾免部撥爲難。

又　卷七二《覆奏停購船械裁減勇營摺光緒十七年八月初八日》　查北洋歷購鐵艦、快船，均係奏明奉旨由部另籌專款，不在歲支北洋經費之內，其兵船、礮臺應配礮械均於創辦時估計併購。前奏定海軍章程內載明，若購大批軍火需款較巨，專案咨商海軍衙門辦理，故額定歲支款內並無購買外洋鎗礮一項，是北洋購買船隻、槍礮，均係另請籌撥，實無存儲備用之款。今卽停購，仍屬無銀可解，至購買外洋機器，約分兩大端，一爲從前所無新議創購之件，一爲原來所有隨時添配之件。其創購者苟非海防急需，自當暫停。惟歷年撥定經費，各省解不足額，額支之款尚屬不敷，此則雖暫停購，仍無餘款可以騰挪。若隨時添配之件，如艦艇、隖廠原有各機器，俱係西洋新式，靈巧異常，機關極脆，用久易敝，各口所設魚雷、水雷，尤爲攻守利器，其雷筒、電信等件，遇有缺壞，若不添配，遂成棄物，各廠局輪機器具，運動倍繁，損壞尤易，儻拘於停購二年之議，任其缺損，一物壞則全機俱停，一器乖則全船坐廢。製造闕則軍實立匱，操防缺則攻守無資，積年之功墮於一旦，所省甚微，所關甚鉅，此則萬難停緩。然統計每年所費，不過十萬金，亦無數十萬之多。此查明北洋船械項下，並無餘款可解之實在情形也。

又原奏各省營勇原額恐難皆足，能有八九成卽稱上選。令將馬步勇營各就所存，限一年内裁足一成等語。查直隸現存勇營、淮軍分紮沿海各處，東至奉天之旅順口、大連灣，渡海而南至山東之威海衛，皆北洋海防最爲緊要之地。自來湘淮軍得力，實由勇數足額，足則力厚，當用兵時，常以一營分紮兩壘。近年因備外患，修築礮臺，亦多以一營分紮兩處，則人數斷不能少。所用鎗礮全係西洋精利之器，凡操後門礮，自礮目以至勇丁，皆有應管之物、應做之事，缺一不可。演鎗則分行布陣悉照西法，進退分合均有一定之數，亦缺一不可。淮軍調防畿輔逾二十年，平時疏渠屯田，築臺修壘，及歷年修濬河工，如黄漳永定下游、南北運減河各工，見於奏牘者幾無虛日，藉非兼資勇力，勞費殆不可勝計。直隸沿海以至東奉各口，礮臺相望，俱仿照西洋新式，而旅順、威海、大連灣等處臺工，鑿山填海，致力尤艱，藉非全用勇力，其勞費尤不可勝計。論前日之戰守，則一勇實得一勇之用；論平時之工操，則一勇實兼兩勇之用。部議勇額八九成卽稱上選，此論他處營制或未可知，若淮軍則自來所未有，蓋按冊可稽，隨時可驗者也。

光緒六年正月奉旨，飭裁各省防營，以直隸須辦邊防，特諭毋庸議減，卽十年戶部議開源節流各條內，亦僅及內地防勇，而於海防各營，均未議及。誠以三輔本根重洋門戶，廟謨遠燭，廷議僉同，長慮周防，原不可以外省及內地各營爲比。而六年防俄，十年防法，徵調客軍，添募新軍，旬月之間，詔書疊下，則近畿兵力並不甚足，久在聖明洞鑒之中。際兹費絀用繁，疆臣誼共時艱。但使勉可支持，何敢不力爲其難，藉紓餉力。臣自調任直隸以來，歷年裁勇就餉之案，非止一端，其最鉅者，光緒十一年特奉懿旨，飭各省裁勇以增旗兵加餉。當時新募勇營一律裁減，歲節部餉九十四萬八千兩，實爲大宗。自十一年裁定以後，未增一營。次年四月間，醇賢親王巡閲北洋，覆命具疏，亟稱陸軍將領雖屬可恃，猶以分布各隘力量未厚爲言。其時威、大兩海口尚未設防，今則均已移軍塡紮，布置愈廣，兵力愈單。現又須遵旨續籌膠州澳、煙臺等處防務，將來如何分撥屯駐，尚待妥籌。此卽未能添募，何可更議裁撤。今若就各營統裁一成，每歲所省無多，而有關於畿防、海防及營制軍實者甚大。此查明北洋防營現難裁減之實在情形也。

竊維北洋拱衛畿輔環帶大洋，近年創辦海軍，防務尤重。自來設防之法，必須水陸相依，船艦與陸軍實爲表裏。北洋現有新舊大小船艦共只二十五艘，奏定海軍章程聲明，俟庫款稍充，仍當續購多隻，乃能成隊，而限於餉力，願大難償。醇賢親王巡閲疏中，已極言師船兵力尚單，全恃陸軍礮臺以爲固，今則船艦既暫停添購，防營更未便遽裁。伏讀本年五月初八日上諭：海軍關係緊要，必須精益求精，仍著督飭各員認真經理，以期歷久不懈、日起有功等因。欽此。各營將士傳誦詔書，莫不馳驅感奮。膠、煙兩處特奉諭旨，添築礮臺，難更停緩。臣此次出洋巡視各口，親見弁勇工作勤苦，胼胝黧黑，備極辛勞。臺工尚多未竣，臣與前撫臣張曜徧加拊循，方蒙激勵之恩，忽有汰除之令，懼非聖朝愼重海防作興士氣之至意也。詳閲部臣所議，既曰自相商定，又令察酌情形，固已深知外間事勢各殊，斷難一律。現經再三籌度，目前餉力極絀，所有應購大宗船械，自宜照議暫停，至裁減勇營一成，應俟各處臺工竣後，再行酌辦。惟值部庫奇絀，需款正殷，直隸雖係缺額之區，自應與各省分任其難，勉籌涓滴之助，容當督飭藩運兩司，無論何款，竭力撙節匀撥，一俟集有成數，再當隨時奏明辦理。

論説

清·寶鋆等《籌辦夷務始末（同治朝）》卷九八《署山東巡撫漕運總督文彬奏同治十三年十月十九日》 竊奴才於九月三十日奉到軍機大臣密寄，奉上諭：『總理各國事務衙門奏陳練兵、簡器、造船、籌餉、用人、持久各條，切實辦法，限於一月內覆奏。此外别有要計，亦卽一併奏陳。

原摺單均鈔給閱看』等因，欽此。奴才恭讀諭旨，詳閱摺單，謹竭愚忱，按條陳奏。

一、練兵一條。各省水路額兵，必須力求實際，汰老弱，戒因循，足額數，使一兵得一兵之用。然祇能分守汛地，至於游擊策應，則須另設重兵，水陸兼備。陸路則就各省地勢情形，精練數營，分駐扼要之地。以山東省論，則登州、煙臺、埕口子、青州是也。水路沿海各省口岸繁多，恐如原奏所云，有防不勝防之苦。若於各岸口分設火輪鐵甲等船，微論無此經費，即有此經費，料理不得其人，尤爲可惜。且分之則勢單，不如合之而力厚。奴才愚見，請設水軍三大營，一紮天津，一紮江口，一紮閩省。簡派大員爲之統帥，何省有事，除有本省審度地勢，或扼之不使登岸，或引使登岸擊之，一面自嚴戰守，一面飛報就近水軍。或斷其接濟，或來則迎擊，或敗則尾追。如此布置，協力同心，戰守得宜，海防可期聯絡矣。

一、簡器一條。兵家有因敵之法，原奏内稱在津滬閩分設船砲機器局，令兵弁等肄習，漸有成效等語。此誠因敵之妙用也。惟學其已成者而步其後，何若求其制勝者以開其先。奴才前奏云器械精巧，洋人爲最，殫精竭慮，精益求精。造器之基，擬請於通商各口擇熟習洋情者，使之博採密訪，無論華人洋人，有能創爲新奇，破其利器者，製造果能當用，准令世其業而專其利，且更與以厚賞。洋人嗜利，必有爲我所用者，此以敵攻敵之法也。

一、造船一條。不難於造而難於精。經理得人，則所造之船必能堅固。水戰以船爲性命，則造船之舉，豈能輕易停止。然必須製造覈實，方爲有益。請每造成一船，撥交水軍演試，合用則留爲戰具，不合用則罰令賠造。惟用火輪船必須鐵甲船以衛之。查美國鐵船水砲臺之名爲坐港者，打仗時喫水九尺，新樣大號水砲臺，打仗時喫水二丈二尺，英國船鐵喫水二丈一尺。以上各項鐵船，外國亦不過十餘隻。現在英國更造精者，稱爲新試鐵船。第一號者喫水一丈，第二號者喫者一丈六尺，第三號者喫水一丈四尺，四號者喫水一丈，製造靈巧。每水軍一營，先購一二隻以爲根本。一面令各省沿海州縣，將某口潮來時水深若干尺，潮退後水深若干尺，分報水軍大臣。再由該大臣帶員分赴各處，將水勢沙綫查報明確，記明里數及行船時刻，以便臨時布置策應。如此則若網在綱，數萬里海江，可以連成一綫。至各省能否自備此船，則視各省之力，自爲購備應用。至能攻鐵船之砲，誠爲設防利器。惟各處口岸形勢，有緊嚴漫散之不同，則設立砲臺，亦有疏密近遠之各異。況來船之高下，又視潮汐之漲落。至砲出之遠近遲速，必平時較準，臨事方不張惶。東省沿海多山，可資屏蔽。則明設砲臺，不如暗立砲架之既便於運動，又可節省經費也。兵事須利鈍並計，每有設施，總當先事豫籌，使利有所得，鈍亦不致大挫，方爲計出萬全。如是則水路之防，雖稱周密，陸路之防，斷不可少；蓋水路則彼此智均力敵，陸路則我主彼客，若引之登岸，則在彼已失所憑依。且陸路之戰可以智取，果能摧奇得當，彼火器雖利，其技亦有時而窮也。

一、籌餉一條。原奏内稱提出四成洋稅，另款存儲等語，是以洋稅辦洋防，誠爲善策。惟現在不敷開辦，應權衡輕重，移緩就急，以濟要需。在各省自爲修備，亦各就本省設法籌措。山東若盡力搜羅，尚堪自固。除由奴才將現在辦法隨時另摺奏陳外，至以後接濟，亦當詳細統籌。縱有地利，尤須俯察民情，相機妥爲試辦，以期有利無害，方爲善策也。

一、用人一條，最關緊要。凡事得人則理，不得人則立廢。凡在臣工，均已久邀聖明洞鑑，奴才何敢妄擬。至本省鎮將統領，則須率之以正，課之以勤，威之以誠，馭之以義。如有不能得力者，奴才隨時奏請懲辦，以期振作而收實效。

一、持久一條。自强之道，譬如一人之身，受病既久，必須先醫其病。病去又須調養其氣，氣充然後能强。誠非一日所能奏功。若朝換一醫，暮更一方，未有不敗者。古人云，政貴有恆，方能持久。處此時勢，凡在臣工，惟持以堅定之志，勿存私見，勿生惰心。平時則竭力講求，遇事尤須和衷商榷，内患不生，則外侮可禦矣。

又《盛京將軍都興阿奏同治十三年十月二十八日》 自中外交涉以來，惟賴總理王大臣隨時隨事，辯駁爭執，十有餘年，藉以相安。亟圖自立，振起自强之心。堅苦貞定，歷久不移，則籌防禦侮之事機，必將有無形之效。庚申之釁，變起非常，智或不及施，力有不足恃，不得不顧全大局，姑事羈縻。在當時中外臣民，固皆有臥薪嘗膽之心，蓄鋭以俟之志。乃迄今沿海各處之防務，仍無把握。誠如王大臣所稱，從前情事幾於日久相安也。

夫恆情多暗於遠識，知安而不知危，能逸而不能勞。儻遇將見未見之患，一朝之猝發，誠恐痿靡不能復振，備禦之策，更無所憑。是以密陳各條，請飭疆臣妥籌詳議，皆刻下當先切要之急務。奴才詳繹各節，若徒執舍短用長之説，以矛刺盾之喻。轉致於事無濟。兵機至要，原無一定之規，亦無萬全勝算之法，要在備不可廢，志不可奪，上行下效，歷久彌新，事機必有可乘者。撮其要而言之，自强之道，實不外乎練兵、求財、籌餉、製器而已。

伏查沿海各省口岸繁多，處處設防，本有防不勝防之虞。現既購備鐵甲砲船，並添造輪船，教練水師，如能牽制敵船，我之陸路防範，自易得手。誠爲至要之論。然製造教練，需費浩繁，若非有大宗鉅款，實難開辦。非有不竭之餉源，亦無以支持久遠。及今亟事綢繆，惟有中外一心一計，凡於一切開源節流之計，悉力設法。凡可盡人力之處，切實經營，庶可期補注挹之急需，求充永遠之支應。自强有實，則外侮誠有不足慮者。

查奉省濱海之處，自山海關、寧遠、牛莊、營口、蓋州、熊岳、復州、金州、旅順口迤東，直至岫巖之大孤山等處，緊要口岸三十餘處，其中金州地界，海口多係老水貼岸，亟爲扼要。前於道光年間，曾經設防於山海關錦屬各處，調吉林、黑龍江官兵，並簡派大員統帶。今則與昔情形不同，牛莊營口，人煙輻輳，作爲通商口岸，設立槍隊，添蓋營房。湄雲輪船灣泊防範，似已嚴密。岫巖所屬之孤山，亦時有重兵設守。奴才前經奏請抽練各外城馬隊，請帑墊發，以俟練有成效，將留防客兵，陸續遣撤。以本省之款，練本省之兵，分布各城。呼應較靈，庶可先清內患以禦外侮。仰荷聖恩允准。惟外省撥餉遲滯，雖經屢催，僅由山東解銀一萬兩，其餘迄未解到。金州地勢寬廣，海口扼要居多，自應先其所急。查前由錦州府知府慶愛捐備洋槍二百桿，由府尹衙門咨調來營，擬即運往金州，添練洋槍步隊二百名。即以山東解到練兵款項，先行借墊支發，並由省撥派洋槍步隊，教習演練。

再，奴才前請練兵墊款十二萬兩，若各省撥解較遲，勢難久持。又按照省城步隊章程：墊發添練洋槍月餉，再有續到之款，擬先儘至要城分開支，以昭慎重。並擬於前議各城練兵成數內，分別緩要，或增或減，詳細酌定。續行奏明辦理。

正在封奏間，接據總理衙門咨，議覆廣東巡撫具奏丁日昌豫擬海洋水師章程六條。奴才詳繹該巡撫條款，固係目前急切至要機宜。惟是購備大號輪船，添造一切機器，無論用度不貲，一不得人，皆爲虛費。況重洋之內，巨浸稽天，既不可以里道計，又不可以兼程及。疾風怒濤，潮汐沙綫，自古所難，昔之論海防者，故多守重於戰。當此國家度支浩繁、帑項支絀之際，恐似此之鉅款，籌備尤難。誠如王大臣所議，就地審時，方可見諸行事，不致徒託空言。奴才前摺愚見，正所謂經久良圖，無過於慎始也。

又 卷九九《升任兩廣總督英翰、安徽巡撫裕祿奏同治十三年十一月初三日》 伏查海防本爲今日全局第一要務。溯自庚申以後，各省或因腹地未靖，兵力被分，或因協款過多，餉力較絀，是以各求戒備之策，而尚未臻久遠之謀，以致小醜跳樑，上勞廑慮。今幸詞窮理絀，暫就範圍，正是事機萬緊之時，宜圖奮發振興之計。恭奉密諭垂詢，凡在臣工，應如何振刷精神，妥籌熟議，以策實效。

竊維自古制敵之要，不外戰守兩端。而戰守之機，尤在審度彼我情形，以爲經畫。有專利於戰者，外洋窺中國之情形也；有專利於守者，中國禦外洋之情形也；有以戰爲守者，外海口岸之情形也；有以守爲戰者，長江防務之情形也。長江地亙五省，而皖鄂爲居中門戶，海口有事，則金陵首當其衝。皖鄂與上游，亦同受其患。是以言江防者，未先籌戰，宜先籌防。防江口即所以防金陵，固金陵即所以固皖鄂。合上下游之力以固長江，則財力易集；合長江之力以防海口，則事機易赴。此臣英翰歷陳防江宜通力合作，鰓鰓之見，正爲此也。但使各疆臣竭羣策羣力之用，爲可久可大之圖，不避疑難，不存畛域，同心勠力，積久弗懈，仰體皇上乾行不息之心，共持堅卓自强之局，所以籌防者在此，所以持久者亦在此。

臣等皆官皖有年，長江情形，略知一二。謹就耳目所及，並各條內應辦事宜，有居最要者，有應行並籌者，謹擬列先後次序，約陳三條，據實密奏，誠不敢謂一得之見，遽中事理。然審度時勢，竊謂用人籌餉二條，尚屬著實，即練兵、簡器、造船一條，雖僅就長江而言，亦期能言能行，未敢空談塞責。應懇天恩，俯賜轉飭通商中外全局，悉心妥議，以臻盡善，聽候聖明採擇施行。

酌擬防務應辦緊要事宜：

一、擬因才器使破格用人也。自來有治人始有治法，惟有破格用人，方足以見成功而責實效。特人才不同，用之者亦必因才制宜，始收指臂之助。非但統將內善戰者不必善守，習水者不必習陸，未可相强；即通籌並計，籌餉有籌餉之能，治軍有治軍之略，其心思謀慮，措置施爲，亦各具專長。用之得宜，則世無棄才；用不得當，則立形竭蹶；固須慎之於始，尤須力責其成。除統兵重臣出自特簡，非臣下所敢妄擬，其餘需用之才，擬請旨飭令中外大臣督撫，就平日真知灼見之人，切實保奏。內而卿貳部曹，外而大小文武，不論資格，不限官階，但係才具出衆、確實可靠者，一一出具切考，某人知兵事，可膺將領之選；某人善籌畫，可膺理財之任；或熟悉洋情，能測虛實，或諳練機器，能精製造，其現在旗綠勇隊各營，將領中某人善守，某人可以獨當一面，某人僅能分守一隅，均將所能據實密陳，聽候簡擇録用。如果確係真才能任艱鉅者，准予破格拔擢，以勵羣倫。倘有才不勝任之員，除公罪處分外，其犯有貪私劣迹者，即將原保官員一併治罪，以昭儆戒。如此切實辦理，庶真才可出，冀收得人之效。

一、擬籌有著鉅款，以符原奏籌餉之效也。自來理財之法，不外盡人事、籌地利二端。而盡人事於招徠，不若盡人事於固有。籌地利於創造，不若籌地利於自然。至今日而求一應急經久之捷法，以收自然固有之大利。以臣等愚見，舍加收鹽釐一策，別無可圖。【略】

一、擬籌江防，即合原奏練兵、簡器、造船之要通而言也。海口之防，以水戰爲先；長江之防，應水陸並用。防海之船，以長大鐵甲爲要，取其厚重攻堅；防江之船，以輕利兵船爲要，取其轉掉靈便。臣英翰自七年凱旋後，挑留勁旅以防皖北，名爲扼守要隘，實爲留備不虞，所以當餉項萬難，與臣裕祿左支右絀，卒未敢輕議減撤。以安徽一省言之，現在馬步萬數千人，加以西征金運昌所部全隊，皆精鋭百戰之衆，以之越海遠攻，誠未敢懸揣；以之協守江口，則力尚足恃。若分屯險隘，與水師兵船相爲犄角，可以自固藩籬，防其抄襲。

至購辦鐵甲一節，內地既一時未能仿造，自須購之外洋。惟鐵甲船笨重，於長江防務，俱非所宜。今擬籌辦江防，除各省原有之船不計外，擬專力購造輪船二十隻，以備水師之用。其船隻大小丈尺，每船宜以十一二丈、十五六丈爲度，船身不必過大，機器務求精固，其式樣則悉仿照外海兵輪，可以防剿兼資。其分配水師之法，應每船各配二百人，計輪船二十隻，共配水師四千人，每一船主立一營官管帶。每十船立一統將統轄，皆選熟諳水性、練習洋器、久經戰事之員充補，均隸統兵大臣節制調遣。倘慮經費維艱，一時招募未能遽集，查五省長江水師共萬餘人，若於其中挑選四成改補，既無需加餉，且係節制之師，尤爲簡捷。

至於製造輪船之法，在內地設廠自製，固爲久遠之計，特恐爲數太多，同時並辦，工費需時，且求其堅利可恃，仍須兼向外洋購辦。聞英國造船，多照製造砲臺之法，造成時本船所用之砲，先擊本船之船，能禦砲始稱堅固。應擬一面由船廠自造，一面由外洋購買，或造或購，統限兩年內辦齊，不准逾限。其購買之船，如果結實可靠，仍可爲內地仿造之式，似覺一舉兩得。

至於駐紮訓練之法，應將二十營之兵，先聚之一處，與統領營官互相親熟。俟每成二隻，即先配二隻之兵，造購齊全，分配足數之後，以十隻駐紮焦山一帶，爲江防第一路；以十隻駐紮江皖之東西梁山一帶，爲江防第二路。無事則分起巡駛，往來訓練，講求口岸險易情形，沙水長落節候，務期精熟；有事則將第一路師船駛赴江陰，作爲前敵，將第二路移前接應，皆與陸路砲臺、守隘防軍，聯絡一氣，互爲策應。陸路之兵亦分先後二路，每路兩岸各十餘營，兼資戰守。倘有敵船進口，則兵船力扼要衝，如或登岸窺伺，則陸師併力攻禦，某船訓練不精，某營防守不嚴，即惟該統將營官是問。

至水陸各營，需用砲械，水師各船，每船計需後門大小砲位，約以十二尊至十五六尊爲率，視船之大小爲分配。後進各項洋槍，亦約一百餘桿爲率。其陸路各營，除砲臺應設大砲不計外，每一處亦應添購新出之格林洋砲十餘尊。其餘仍各分用洋槍長矛以資守禦。蓋水師能守而後可言戰，宜砲位爲先，以期攻堅致遠，而槍械居其次；陸師能戰而後可言守，宜槍矛並用，以期短兵相接，而砲守扼其衝。是以必須合水陸戰守之要而兼籌，始可以言防，始可以言備。其兵數船數既有大概，所需購器之數，應俟定議後，再由沿江各省妥爲會籌製辦，以資應用。至吳淞口江身較窄較淺，多加陸營砲臺，輔以現有兵船，亦尚可守。此籌辦江防一隅，合練兵、簡器、造船通而言之大略情形也。

再，查各省練兵之要，今日之兵勇，已判然兩途，萬不能使之合一，而綠營兵勢之所以積弱，不如勇隊之可恃者，非盡由人才之難得，實由分汛太多，處分加密，糧餉過少，糊口無資。跬步皆有考成，過事須循則例，雖有才器出衆之弁，奮勇能戰之兵，亦迫於鈐束而不得盡其所長。是以現在各省皆有調練新兵之舉，卽於積重難返之中，爲急求變通之策。現在各省所練者，雖未敢信爲一律精熟，然參以勇制，逐日教練，似較之分汛駐防者，已漸有效。臣英翰於九年調練新兵之時，加以津貼之費，而未敢輕議補復營全額者，正有鑑於此。

今以各省兵費綜計，分之則每兵所得，尚不敷用，合之則帑項已爲甚多。與其徒事虛糜養無益之疲弱，曷若減兵增餉，集勁旅爲大枝。擬請飭下各省，就現在綠營兵額通籌妥酌，將可裁之冗額，一概裁汰，挑精弁兵若干，按舊營之制，歸併一處，聚集訓練。每營額缺多者，挑留五六百人或三四百人，額缺本少者，挑留二三百人。皆參仿練兵之法，按照勇制，隨同營官駐營，逐日合操，用備調遣。其所轄有刼盜各案，並可就近捕拿。其有不守營規滋事之兵，亦照勇營治以軍法。一切因公處分，量爲變通，並加以津貼，俾令俯畜有資，可以專心操練。其所加津貼之數，卽於所減兵額之內，通計分撥，遇有軍事，可以自成一營，得與勇隊同資防禦。如此辦理，則不必另加練餉，亦不必改勇爲兵，而自可就目前之餉力，化無用爲有用。誠知此議事屬更張，辦理諸多費手，然窮則變，變則通，當此積久疲敝之時，不能不如此設法。變通之策，正未可憚其煩難而中止。若再因循遲誤，日復一日，必致餉需益糜，行伍益弱，徒有養兵之名，而未得一兵之用。

臣更有私慮者，現在津、閩、滬機器各局，當時皆設立海口，取其運造便捷，取裁較易。然平居無事之時，或可耦俱無猜，而閱時既久，成效既著，彼族之心，難以輕測，亦不能不豫求變通，以防意外之事。此次擬設江防兵輪，除外洋購辦外，其內地設廠自製之船，或由閩滬各局中挑選精熟匠役，在沿江寬闊之處，如武昌之漢口等鎮，另設一局，專爲製造江防兵輪之用。抑或將上海各局，酌量內遷，合併一處興造，以昭簡造而籌戒備。此又臣等思患豫防，慎之又慎，不禁爲過慮之舉，亦請飭下妥議辦理，大局幸甚。

又《浙江巡撫楊昌濬奏同治十三年十一月初四日》 竊臣於本月初五日，承准軍機大臣密寄，於同治十三年九月二十七日奉上諭一道，飭將切實辦法限於一月內覆奏等因，欽此，並奉鈔發摺單到臣。

查西洋各國，以船砲利器稱雄海上，已三十餘年，近更爭奇鬭巧，層出不窮，爲千古未有之局，包藏禍心，莫不有眈眈虎視之勢。日本東隅一小國耳，國朝二百年來相安無事，今亦依附西人，狡焉思逞，無故興兵屯居番社。現在事雖議結，而履霜堅冰，難保不日後借端生釁。且聞該國尚在購器練兵，窺其意縱不敢公然內犯，而旁擾琉球、高麗，與我朝屬國爲難，則亦有不容坐視之理。故爲將來禦侮計，非豫籌戰守不可，卽爲保目前和局計，亦非戰守有恃不可。就中國現在局勢論之，內地久已肅清，邊疆亦經底定，各省不乏知兵之將、能戰之兵，船政機器漸有成效，比庚申以前，情形已異。前年天津之案，本年臺灣之役，均能勉就範圍，未始非因中國氣勢漸振，有以隱懾於其間。誠能趁此機會，更加講求，同心勠力，不爲浮議所搖，不以多費中止，寬以時日，未有不克轉弱爲强者。秦襄修甲勵兵，用復先世之仇；勾踐生聚教訓，歷二十年而卒報强吳。況我國家大一統之規，果能懲先毖後，中外一心，安見雪恥復仇之無日耶！

前此奉旨設防，當飭沿海口岸修築砲臺，置辦器械，添募水陸兵勇，未嘗不認真整理。然海上無大枝水師，無可靠戰船，一旦猝然有警，臣自忖祇能就陸地擊之。若角逐於海洋之中，實未敢信有把握。是今日自强之道，陸軍固宜整理，水軍更爲要圖。前兩江督臣曾國藩於髮逆既平之後，卽與侍郎彭玉麟創設長江水師，至今江面數千里，恃以無虞。臣愚以爲此時整飭海防各師，比江防爲尤急，雖沿海各省本有額設戰艦，然以禦外洋兵船，勝負不待智者而決。是必須擴充輪船，置備鐵甲船，俾各練習駕駛，方有實際，明知其費甚鉅，其效難速，而不能不如此也。

日本以貧小之國，方且不惜重貲，力師西法，豈堂堂中夏，當此外患方殷之際，顧猶不發憤爲雄，因循坐誤，以受制於人哉！《論語》云：『人無遠慮，必有近憂。』又曰：『欲速則不達，見小利則大事不成。』是在我皇上堅持定見，斷以不疑，則自强之要，莫先乎此矣。近洋人入內地者愈布愈遠，交涉事件益多，辦理實形棘手。天津臺灣兩案，此其顯然共見者。其餘尋常齟齬之事，所在皆有，口舌之端，無非兵戎所伏。既不便一味遷就，又不可過於激烈。愚民但快一朝之忿，而不顧異日之憂；旁觀惟工指摘之談，而不知當局之苦，故目前卽勉强敷衍，總難免決裂之一日。承飭議各條，洵爲當務之急，而用人、籌餉二者尤爲緊要。足食乃能足兵，有治人乃有治法，而持久之道亦卽寓乎其中矣。

抑臣更有請者，從來天下之安危，視乎民心之向背，外夷雖强，遇百姓齊心，卽不敢顯干衆怒，故必整頓吏治，以固結民心，庶於自强之根本，更有裨益。謹按原奏各條，將切實辦法，詳細陳明：

一、練兵一條。查海上宜專設重兵，臣所見亦適相符合。浙省水陸各標，自經整頓，較有起色，雖未經戰陣，而兵皆精壯。近年挑選洋槍隊，一切步伐號令，均效西法，尚屬齊整。惟各省沿海地方遼闊，縱使設防，何能處處周密！況戰守相爲表裏，有守之兵，無戰之兵；有分防之兵，無游擊之兵；一旦有事，終慮措手不及，顧此失彼。臣竊謂南、北、中三洋宜設水陸三大枝，閩廣合爲一枝，江浙合爲一枝，直隸、奉天、山東合爲一枝。每枝精練萬人爲度，各設統領一員、幫辦二員，仍聽南北洋大臣節制調遣。各置備輪船二十號，兵船、商船各半，又鐵甲船一二號。其先儘各省外海水師內，嚴加挑選，挑選不足，再招募生長海上熟狎風濤壯勇以益之。其口糧似宜比長江水師章程略爲加重，無事則分防洋汛，兵船捕盜，商船載貨；有事則通力合作，聯爲一氣，兵船備戰，商船轉運。平時兵丁船不敷住，卽在海口擇要團紮，隨時操練，更番出洋。大約水師閩廣爲長，浙江各省次之。至於陸路洋槍隊，不習風濤，不善駕駛，遷地弗良，恐難得力。外洋有此三大枝水軍，練習三數年後，海上屹然重鎮，可分可合，可戰可守，近則拱衛神京，遠則揚威海面，不惟內地之奸匪斂迹，外夷之要挾，亦可漸少矣。

一、簡器一條。臣惟兵不精利器適以資敵；兵精矣而器不利，亦難以決勝。洋人器械之精，由於講求年久，心力專一。如布國之克虜伯、美國之格林，爲砲中之最精者，皆以造砲之人名之，故彼此爭勝，愈出愈奇。驟然效之，誠若未逮。現在閩、津、滬各局已辦有成效，如經理得人，力求精進，久之自不多讓。臣前委員赴上海、香港，揀火器之精者，礮如克虜伯、格林之類，槍如林明登、來福之類，此外水雷、鐵火箭等項，均酌量定辦，多少不等。惟內有大鋼礮一尊，重二萬斤，子可及四十里，擬俟各項到齊後，卽可配沿海要口，俾資演習。西洋火器，日新月異，今日所艷稱之物，後必又有駕乎其上者。且收存太久，難免鏽壞，故臣未敢過於多辦，恐虛縻經費。詢悉後鏜槍礮，雖覺巧便，究竟機關太多，時有炸裂；不如前門槍礮結實耐久。浙省各口砲台，已成數處，將來一律告竣，需礮較多。現已購就機器，在省設廠鑄造，藉可考較，以爲擴充地步。又粵東綫槍裝子多且遠，實比洋槍爲長，似防海者是項軍器亦不可少也。

一、造船一條。臣惟請求船礮，功在平日，禦敵機宜，決於臨時。臣擬設水軍三大枝，應用輪船、鐵甲船若干隻，已於第一條內縷晰聲明。竊計練兵三萬人，有輪船六十號、鐵甲數號，可勉强敷用。惟中國輪船不及其半，鐵甲尚一號未有，自應先就泰西船廠，定造鐵甲一二隻，餘則自行陸續仿造。至添置輪船，閩滬有現成之局，不難擴充。臣託閩局代造兵輪二號，明年三四月可以竣事，已另片奏明，惟專恃官造，究不免限於經費。如今各省殷實商賈，各備輪船經營貿易，有事聽官租用，准其破格獎勵，未始非擴充之一法也。或云鐵甲船可以禦砲，或云英國蚊子船載巨砲，可以洞穿鐵甲，皆洋人自相標榜，事非經驗，臣實未敢臆斷。但彼有此具而我無之，一旦有事，先覺相形見絀，故有不得不辦之勢。本年日本鐵甲船泊於吳淞口外，以小船渡入進口。浙省各口外水深之處甚多，不難擇地安泊，口內長潮之際，如定海、鎮海、黄道關，聞亦可駛，船有大小，甲有厚薄，則喫水有深淺不等。應俟鐵甲船購到，喫水若干，斯駐泊之處，不待測量而已知矣。

一、籌餉一條。臣惟海洋既設重兵，則一切用款，自不能不徹始徹終，通盤籌畫。如臣所擬三大枝，通年所需，約略計算，非三百萬兩不可。而購造船費，尚不在內。當此關外軍務方殷，滇黔善後未了，方日催東南各省轉餉接濟。若同時籌辦防海，事端甚大，用款更多，誠有難兼顧之勢。惟查與外國通商以後，各關洋稅，歲入不下千萬。內地設卡抽厘，各省一年所入，亦不下千萬。若於此兩項內，每年酌提一二成，交各省藩庫，專款存儲備用。以此濟創立之需，即以此充永遠之費。所有一切不急之務，閑雜之款，可減則減，可裁則裁，挹彼注此，似尚不難集事。倘舍此二項，另行設法，所獲未必有濟。且東南民力已盡，何堪竭澤而漁！就浙省言之，海塘工程，二三年後計可報竣，除酌提歲修外，每年尚可節省銀二十餘萬兩，以作海防經費。若各省同心協力，天下無不可辦之事。前因倭據臺灣，商人聞風束手，厘捐日形減色，如果海疆動搖，稅厘折耗必多。故籌餉所以養兵，而强兵即所以裕餉，開源節流，無過於此。似此權衡輕重，移緩就急，厚集堅持，不至半途而廢矣。

一、用人一條。臣惟軍興以後，各省將才原不乏人，大都嫻於陸路者多，熟於海洋情形者少。目前知兵望重，實心辦事，堪爲統帥之大員，如前陝甘督臣楊岳斌、前湖北撫臣曾國荃、前兵部侍郎彭玉麟，皆威望素著，志慮忠誠。諸臣均簡在聖心，無庸臣論列。其餘提鎮將領，就臣所知者，如現任臺灣鎮張其光，現任衢州鎮喻俊明，皆係水師出身，久經戰陣。又現任乍浦協副將盧成金，誠樸勇幹，舉止嚴重，似可上備採擇。此外容臣訪察確實，再行隨時保奏。

一、持久一條。臣惟設立外海水師，事同創始，極爲繁鉅，豈旦夕所能奏效。如臣所擬辦法，至速亦非四五年不能就緒。蓋成軍易而辦船難，訓練亦難也。西人作事，不精不已，不成不置，其堅忍之性，殆非中國之所及，亦非中國所不能行。方初設船政時，外間不無異議，非賴朝廷主持於內，二三大臣維繫於外，幾至廢於半途。自來國家大事，百年成之不足，一旦敗之有餘，古今同慨。現在各國情形，環而伺我，兵端雖不可自我而開，武備實不可一日或弛。事既不能不辦，辦即不能中止，誠如原奏所云者。是則全仗宸衷堅定，內外臣工同心共濟，始終不懈，庶幾可與慮始，可與樂成。而外患之來，不至茫無把握矣。

又《福建巡撫王凱泰奏同治十三年十一月十一日》 竊念海防固最重水師，而水師宜變通舊制。各省水師額船，人人知其不能禦敵，若不及時改議，無論如何整頓，止可爲捕盜之用，不足爲禦侮之資。

查奉天至廣東洋面，袤長七千餘里，亟應聯爲一氣，聲息相通。擬分海洋爲三路：以奉天、直隸、山東爲北洋，而分闔於大沽；以江蘇、浙江爲中洋，而分闔於吳淞；以福建、廣東爲南洋，而分闔於臺灣。各設總統一員，作爲海防大臣，沿海水師官兵，就近統歸節制。每洋設鐵甲輪船二隻、大號兵輪船四隻、中號兵輪船六隻、小號兵輪船四隻，統共輪船四十八隻。大船配兵至多五百人，其餘以次遞減，由總統督率訓練。外海師船皆可裁汰，應需各項輪船，初則購買未能齊備，繼則製造逐漸加增，總期事在必成，用有實濟。或慮水師額兵驟行裁撤，恐滋事端，不知有轉移之法，老弱者先汰，革故者不補，其精壯歸入輪船練習，二三年間，舊制即可變更，固無庸倉猝全裁也。

或又慮輪船經費太鉅，不知數十號師船，不如一輪船之用，費省而無用，與費鉅而有用，孰得孰失，不待智者而可決。且裁減師船糜費，供給輪船，更化無用爲有用矣。或又疑三洋各有疆臣，何必又設總統，不知疆臣均有應辦地方及通商事宜，且各營須分設局廠，講求製造，事極重大，又極繁瑣，非各疆臣所能兼顧。即如閩省造船，沈葆楨專任其事，方有成效，此總統之所以議設也。至陸路練兵，臣上年曾條奏化兵爲勇一法，兵宜聚而不宜散，宜精而不宜多，擬仍仿楚軍之制，以五百人爲一營，沿海提鎮各標，以制兵之多少，酌定練營若干，分口扼紮，以爲經久之計。練營章程應由各省因地制宜，總不外裁兵加餉之法。臣所擬練兵者如此。

三洋營制如荷俞旨允行，擬每洋船設製造局，局分二廠，一廠造輪船，以通算學、熟洋圖、識沙綫者分理之；一廠造槍砲及一切軍火器械，以嫻機器，諳兵法、具膽略者分理之。三洋中有已經開辦者，即酌量擴充；有未經開辦者，必籌議創始。船以鐵甲爲最要，請先購其略小者，詳細體察，如何方爲合用，然後精求製造，聞外國造大鐵甲已成，竟有不能下水者，又須拆散而後下。中國內洋淺水甚多，不可不慎之於始。槍礮近尚洋式，臣竊以爲中國綫槍較勝前膛洋槍，洋槍止能放至五六百步，綫槍遠及七八百步。洋槍止能裝鉛子一二枚，綫槍裝至四五十枚。即遲速亦不同，前膛洋槍每開火三次，綫槍已可開火五次。臣詳加比較，確有可憑，廣東東莞之製，尤爲精良，舍綫槍而不用，轉以重價購洋槍，似非計之得者。擬請各營參用綫槍，以資得力。洋砲花樣愈出愈新，如格林、克虜伯等名，無奇不有，自須先爲購辦，再仿製造。尤必覓機巧工匠能出新樣，別有製勝之法，方得先著。礮臺工程更不可緩，沿海舊式礮臺，近皆無用，宜擇扼要之區，加意修築。臣所擬簡器者如此。而造船即在其中。

以上創立洋營，設局製造，初辦之需，經久之費，若不豫籌，餉從何出？臣竊以爲今日之洋稅，自周官理財以來，未之載也。以洋稅辦洋務，名實相符，總理衙門議提四成洋稅，以備不虞之用。如現在籌辦海防，所謂不虞者孰重於此？擬請議定辦法，即約計初辦之需若干，先提應用。經久之費若干，每年匀撥，舍此以外，似無鉅款可籌。

至開源節流之計，惟有實力講求，如開礦、開山等議，俟辦有成效，方可以供支應。各省厘捐，除解京餉外，以西征協餉爲最鉅。關外軍務未靖，勢不能不籌解濟。倘西陲底定，專辦海防，即厘捐議停，酌留絲茶大宗，以爲不竭之源，歲入自有常款，目前固未能也。總之，有治法者尤貴有治人，得人而後可以持久，定三洋之營制，自不廢於半途，設總統之專員，乃不惑於異議。局廠皆齊，船械既備，事歸有濟，餉不虛糜，人人咸思振奮，事事力矯因循，目前之務在此，久遠之圖亦在此。自强之道其庶乎！

再，籌辦海防非鎮定堅忍，終於游移。而聞洋人議論，謂中國人無定見，又無恆心，此弊誠所不免，今議用人，必其人先無此弊而後可。

查前江蘇撫臣丁日昌究心洋務及製造事宜，歷年已久，堅苦任事，百折不回，其整頓地方不遺餘力，亦不留人餘地，僚屬則怨之謗之，而士民則感之思之。臣前在蘇營共事，知之最深，近年函商時事，意見尤爲相同。又前江西撫臣沈葆楨綜理船政，實力講求，其籠絡津員，駕馭洋匠，獨具苦心。臣自到閩以來，共事數年，深服其心堅氣鋭，忠勇過人。以上二員，皆係封疆大吏，非臣所敢擅保，因議洋防用人，不能不舉所知。

又，長江水師提臣李成謀，前在福建任内，臣深悉其人，胸有定見，習氣不移。台灣開山之議，臣與李成謀往復籌商，委員屢勘，雖未及奏辦，臣實引爲同志。此武員毅然任事者。

又，江西候補道黎兆棠有幹濟才，膽略足以副之。辦理洋務，操縱尤爲合宜。江蘇候補道馮焌光講求製造，刻意專精，在滬局多年，閲歷既深，洋情尤熟。該二員皆可備分辦洋防之選。臣謹片密陳。

又 **《湖南巡撫王文韶奏同治十三年十一月十一日》** 竊惟中國之有外患，歷代皆然，而外洋之爲中國患如此其烈，實爲亙古所未有，變既出於創見，議論遂無所適從。約而言之，厥有數端。

或謂洋礮之利日出日精，中國仿而行之，勢必不及。現在和局已成，與其別起嫌疑，重開邊釁，不若相安無事，姑事羈縻。此苟且而不知振作者也。其説固不足論。或謂中外之分，從古以來，劃然不易，洋人以勢力勝，中國以禮儀勝，遇萬不得已之事，而輒以清議持之，當萬難措手之時而動以常理繩之，此迂拘而不通時變者也。其説又不必論。或謂庚申之役，神人共憤，往者内寇未平，未遑攘外。現在各省軍務次第肅清，大舉之機，宜在今日，以鹵莽滅裂之見，作直捷痛快之談，此又謀不素定，計不萬全，而直欲爲孤注之一擲也，其説亦姑勿具論。

夫天下至難至變可駭可愕之事，要不過準理勢，憑智力以應之。無所爲懼，亦無所爲奇也。易苟且而爲振作，易迂拘而爲變通，易鹵莽滅裂而爲實備精求，思慮極則鬼神來告，精誠至則金石爲開，非常之原，以其在我而已。茲總理各國事務王大臣所陳六事，皆所謂求其在我也。謹按條議覆，另繕清單，恭呈御覽，以備採擇。

抑臣更有請者，天下事有本有末，而本之中又有本焉。就六事而言，練兵、簡器、造船、籌餉其末也。用人、持久者本也。至其大本，則尤在我皇上之一心。自古帝王平大難建大業者，皆由上下同心，明良交儆，淬精勵志，共濟艱難。漢臣馮異對光武之言曰：願國家無忘河北之難。臣不敢忘巾車之恩。光武以之，卒成東漢之業。庚申之釁，豈止河北哉！臣願皇上念投艱遺大之在躬，以雪恥復仇爲繼志，清心寡欲，節用謹身，將之以至誠，持之以定力，嚴察左右近習，以端視聽而正紀綱，慎選公卿督撫，以飭吏治而固元氣，大本既立，天心應之，亦復何難弗濟，何爲弗成，所謂戰勝朝廷者，其在此矣。

條議事宜：

一、遵議練兵一條，今之統兵者，不言用兵，但言募勇，其實兵與勇同一人耳。何以兵無用而勇有用？無他，兵之餉薄，不足以養其人也。此次練兵，宜先練現有之兵，而不必多增新募之勇。海疆軍務，非海疆之人，不能爲將，亦非海疆之人不能爲兵。從前如施琅、黄梧、李長庚、王得祿等，皆以沿海之人爲水師名將，其明效也。定制海疆兵力本厚，無如綠營習氣太深，而水師尤爲疲玩，擬請將各海口額設水師大加裁汰，大加挑選，分以三等。其中有熟悉各處海洋情形及一切風雲沙綫者爲一等。慣於操練、善於槍礮，熟悉泅没者者爲二等。在船如履平地，運用器械，跳躍靈便者爲三等。額設之兵不能入此三等者，全行裁退，另募補之。雖各處梟匪强民，硝鹽私販以及漁艇蛋户，苟能合式，悉與收録。此其人驍勇精悍，敢於有爲，棄之則爲亂民，用之則爲死士，誠能善於駕馭，海疆可立增無數之精兵，天下可隱消無窮之禍患，仍仿照湘淮各軍營制，以參遊都守千把外委等官，定爲統帶營哨什長名目，若汰額兵之半，以兩兵之餉倍給一兵，則實得一兵之用，較之虚糜坐費，其得失不可同日語矣。至長江水師，一提四鎮，額兵至一萬餘名。現今腹地安静，海防爲要，擬請抽調一半，移駐江海交匯之地，實力訓練，扼要設防，各師既無廢弛之虞，而海疆亦得聲援之助，兵不至虚設，餉不必另籌，臣所謂先練現有之兵者，此也。

一、遵議簡器一條，洋人以火攻制勝，所造機器爭奇鬭捷，日出不窮。中國造輪船，而彼又有鐵甲船；中國造洋槍，而彼又有後膛槍；創造愈奇，摹仿無盡，論者幾於望洋而歎矣。然臣以爲中國智慧無所不有，歷算則日月薄蝕，閏餘消息不爽分秒，儀器則鐘表晷刻不亞西製，罐鍼壺漏創自中土而後西行，飛石弩箭自昔流傳，人才非不足用也。甘肅之石油，四川之井油配入火藥，得水愈熾，硝提數次而煙白，鐵經百煉而鋼柔，洋人長技，亦不過此。物材非不足用也，而卒之不如洋人者，洋人則不惜工料，不極其精不止，中國則淺嘗輒止，不能專心一志故也。今以整頓海防，廣徵利器，急就之法，不能不出於購買，不足恃也。仍惟有請求製造而已。中國各處所設機器局，臣未經親見，不敢意揣。然謂藝事之本中國必讓能於洋人，臣竊不以爲信也。又西洋槍礮所以甲於中外者，非徒恃器之精良也。蓋由平日操演，設立標準，以儀器測其遠近，隨在命中，不差分寸，是以所向無前。軍興以來，中國各營設立洋槍隊，專習洋槍洋礮，但知操演，不言準的，此所謂遺神而取貌者也。制勝者器，而用器者人，此亦簡器者之所以宜急講者乎。

一、遵議造船一條，防海之要，以守爲體，以戰爲用，守之所恃者，重在礮臺；戰之所恃者，重在輪船；二者相輔而行，缺一不可。除鐵甲船一項現在如何購買，如何製造，何處宜於駐泊，應由沿海各督撫臣詳細指陳外，惟查原奏内稱自各國有輪船，而中國舊式戰艦萬難抵禦，誠哉是言！卽如江南等處所造廣艇船，笨滯不靈，不能馳逐風浪，而造船之費亦復不少。其他各海口各師船隻，大率類此。以有用之經費置之無用，亦殊覺其非計。臣愚擬請將各項舊式戰船一概停造，卽以此款改造輪船，配以新練水師，擇熟悉海道之將領爲統帥，認真操練，分巡直、東、江、浙、閩、廣各海口，終年來往，無事則以捕盗，有事則爲游兵，遇警卽發，不得空言駐守，庶幾兵將與海相習，而輪船均歸實用。將來製造愈多，聲威漸壯，弭患無形，端由於此。或謂欲推廣輪船，莫如准商民自行製造，聽其營運，行之既久，中國造船之工匠日多一日，駕船之水手日精一日，習以爲常，行所無事，將見盡西人之長技而有之，裨益大計，實非淺鮮。是亦因勢利導之一説也。

一、遵議籌餉一條。以上練兵、簡器、造船諸務，非餉不行。開辦之費已屬不貲，永遠之需又須豫計。原奏所陳，實爲思深慮遠。臣愚擬請裁改沿海水師，並抽調長江水師者，意欲就餉用兵，化無用爲有用也。然卽就餉用兵，而所需尚鉅，仍不能不悉力統籌，以期有濟。就臣所見，約擬數端：一、承平各省防勇宜酌裁也；一、直省減成養廉宜專提也；一、各處鹽務宜加以整頓也。【略】

一、遵議用人一條。天下事不得其人，雖易亦廢，苟得其人，雖難亦舉，此不易之勢也。往時中外恬熙，大小臣工，類皆從容坐理，未歷事變，猝有不虞，無以應之。今則用兵且二十年，閲歷既多，智勇逾練，其間才有大小，量有淺深，亦在皇上之知人善任而已。【略】

一、遵議持久一條，天下事惟慎於其始，而後能爲繼則可久。目前練兵、簡器、造船諸大端，固人人知爲自强之要矣。然而侈言武備，徒事具文，糜費有餘，濟用不足，猶治病然。醫方雖真而藥物則假，此事之可慮而不能持久者也。果使兵皆鋭勁，器盡精良，戰守之資，有恃無恐，以言自强，可謂强矣。而或竭公家之財賦，逾時而大費支持，朘海内之脂膏，未幾而隱成耗敝，有形之患未至，而無形之患已深，事變之來，豈必在遠！亦猶治病然，外邪雖祛而正氣已竭，此又事之大可慮而不能持久者也。大抵往日用兵，但就一處而言；此次海防，則須統天下財力而言；往日用兵但就一時而言；此次海防則須統永遠財力而言。量入爲出，治國常經，治軍尤甚。臣愚以爲開辦之初，先宜將此項海防經費通盤計畫，何省可以撥用若干，何項可以籌備若干，務在覈定確數，然後就我力之所及，以練兵、簡器、造船，始事規模不宜過寬，但期我力有餘，自可隨時恢擴。如是而内外一心，實事求是，堅苦貞定，卓立不搖，夫而後可以持久，夫而後可謂自强。天下事之閱時變計，或半途中止者，豈皆惑於異議哉！亦由始之不慎而後難爲繼也。此六事中所宜以持久爲歸宿者也。

又 卷一〇〇《閩浙總督李鶴年奏同治十三年十一月十四日》 臣維海防之策，莫重於練兵、製器、籌餉、用人四事，四者之中，仍以用人爲急務，而尤在專其責成。今海防緊要，沿海疆臣均屬責無旁貸，第無統帥專任此事，講求實際，仍恐意見分歧，臨事毫無把握。臣謹竭一得之愚，酌擬數條，敬爲皇上陳之：

一、請飭下南北洋大臣督辦海防以重事權。南洋北洋分設輪船統領，由該大臣節制調度，先儘現有輪船，配齊弁兵礮械，歸兩統領訓練，以後陸續添造，分隸兩洋。每年春秋二季會哨，春至北洋，秋至南洋，由該大臣校閱，分別功過賞罰，據實具奏。無事則分駐各口岸，輪流巡洋捕盜，以免日久生懈。

一、沈葆楨船政局每年經費六十萬兩，僅造輪船二號，實不敷用。擬請此後添工製造，每年四號，計五年内可得二十號。陸續增添，不過十餘年，船愈多，聲威愈壯大。鐵甲船一項必不可少，或購自外洋，或由局製造，明知所費不貲，不得不及時籌辦。至製造兵船，本爲自强起見，近欲兼造商，與初意不符，此意似應停止。

一、國家經費有常，今因海防驟增鉅款，自不能不寬爲籌劃。應俟兩洋大臣將每年所需，議有成數，再請由部臣分撥，每年若干，何省協濟南洋，何省協濟北洋，如有遲誤，照京餉之例嚴加處分，俾該大臣不至棘手。至現在捐輸，已成弩末，外省籌解京餉協餉，全賴厘金周轉。近來言官屢有裁減之請，事雖未行，商賈不無藉口，於餉需大有窒礙。臣以爲捐例可停，而厘金必不可停。擬請嗣後凡有裁厘章奏，飭部毋庸置議，俟庫款充足，再行停止。

一、請飭下沿海各道兼理海防事宜。如奉錦道、登萊青道、天津、上海、廈門、臺灣各道，無論本省鄰省，均分隸南北洋大臣統屬。所有沿海砲臺各師暨輪船停泊處所，一切稽查訓練，責成各該道稟商各大臣，就近認真經理。武職參遊以下，歸其節制，庶事權歸一，各省聯爲一氣，聲息可以相通。有不稱職者，由該大臣會同督撫據實糾參，以免貽誤。

一、輪船統領頗難其人，以臣所知，長江水師提督李成謀，清廉樸勇，不沾習氣，愛惜士卒，勤於訓練，可勝統領之任。現在統領輪船福建陸路提督羅大春才具亦優，器量稍狹，心地亦欠誠實，駕馭失宜，便難得力。臣不敢因保薦在先，稍存迴護，亦不敢没其所長。伏候聖裁。

一、水師將弁中頗有人才，以閩浙論，福建水師參將貝錦泉有胆有識，血性過人，慣涉風濤，長於海戰。所帶揚武輪船礮械堅利，士卒精强，最爲出色。雖官階尚小，實屬折衝禦侮之才，擬請皇上破格擢用，以資激勸。此外如總兵楊春和、副將盧成金、游擊吳世忠、陳世榮、張連登、周善初、都司黎林等皆可造之材，在該統領善於駕馭而已。

一、自有輪船以來，水師長龍、拖罾各項師船均成虚設，不但不能禦敵，即追捕洋盜亦難得力。本年閩省洋面有搶劫米船盜犯一起，經參將余致廷駕坐輪船，立時拿獲，即其明驗。竊計師船十號，尚不敵一輪船，自不如酌量裁撤，可省經費。水師提督及副、參、游各缺，亦有可裁併之處，俟此次議定後，容臣分別去留，另案辦理。

一、時事孔亟，首重人才。求才之難，難於體用兼備，李鴻章才識器局，久在聖明洞鑑之中，一時物望翕然重之，軍旅之事尤其所長。至南洋大臣與北洋同一重任，得知兵大員，威望素著，善於用人，合羣策羣力之助，始克奏功。伏望皇上飭下廷臣各舉所知，得一明體達用曉暢軍務之臣，畀以重寄，假以事權，使該臣盡其所長，庶與李鴻章和衷共濟，可收得人之效。

臣竊念三十年來，洋人船礮之巧愈出愈奇，不諳禮義，不通文教，惟以力之强弱爭爲雄長。中國此時除選將練兵添造礮臺外，別無長策。臣忝膺疆寄，目睹時艱，五夜彷徨，深以辜恩負職爲懼。謹就管見所及，據實繕摺密陳。

又 《江西巡撫劉坤一奏同治十三年十一月十七日》 臣承乏腹地，雖未深悉沿海情形，然起自戎行，久膺疆寄，凡此時艱，莫不夙夜圖維。謹就管窺蠡測之愚，分別臚陳，以仰副皇上虚衷垂詢之至意。

如王大臣所奏練兵一條，謂陸兵固宜訓練，各口岸固宜設防，惟應如何就水師原額挑選精壯及曾經制勝之洋槍隊練習水戰，並酌募嫺於駕駛熟狎風濤之得力兵士，迅速成軍，陸續擴充。臣查江西抽調陸兵加練洋槍，及於九江口等處仿照西法修築礮臺，業於閱兵摺內，附奏在案，自當妥爲經營，漸行推廣。至於江西水師，尚屬精壯，然以防剿內地股匪，誠爲有餘，或洋船闖入江湖，則我得地利，亦可資其犄角。若調赴海洋與洋人兵船爭鋒，形勢敵情，均非所習，斷難期其得力。江西水師如此，推之湖南、湖北及安徽各省，何莫不然。臣愚以爲挑選舊額，酌募新軍，非閩、粵、蘇、杭、山東、直隸沿海之水師兵士不可。彼皆熟習風雲沙線，而洋人礮船以及打仗之能事，亦皆習見習聞，一經訓練，便成勁旅矣。

再綠營練兵之法，似宜隨時變通。我朝所定營制，馬步戰守，守丁弓箭藤牌居其大半。現在行軍專尚火器，務須改習槍礮長矛，以資利用。否則所用非所習，所習非所用，徒糜此數百萬金錢何爲也。江西額兵僅萬餘人。存營各兵，無一不令兼習槍矛，復令塘汛兵丁更番調操，以期悉臻精熟。各省如能一律辦理，可得勁兵數十萬人，雖不能如洋槍之便捷，亦未始不可制勝耳。

又如簡器、造船二條，謂『津、滬、閩各處分設船廠機器局，辦理漸有成效，未可廢於半途。其現在如何購買槍礮兵船最精之品，將來如何自行製造擴充，以及添設船隻，安設船礮，均須妥籌』等語。臣查輪船機器兩局之設，所以借法自强。今既具有規模，自應益求美備。誠如王大臣所奏，未可因浮議而棄前功。

至購買船炮，添設廠局，與夫各海口擇地設防，應由該大臣、督撫斟酌辦理。臣未身親其事，且相距甚遠，未敢妄贊一詞。

而臣竊有請者，各處設立輪船機器兩局，學習製造，原期將來自足於己，無求於人。乃各局經手委員，間有經過江省者，臣於接見之餘，詳加訪問，據稱輪船槍炮等項，中國之人，已能製造，日漸精良，惟中國之鋼鐵木植，頑鈍柔脆，不適於用，尺寸均須取諸外洋，一旦與外洋爲難，彼必不肯以鐵植資我，縱有善於製造之人，亦形束手。因思中國物產豐盈，鐵植等項何遽不如外國？是宜廣爲採辦，極力講求，毋使外國奇貨可居，而我爲所窘。此其一也。

洋人製造槍炮兵船等項，日新月盛，非其才力聰明，有加乎中國之人也；特其獲報甚厚，故用心極專，早作夜思，極畢世之精神以成一藝。父死子繼，合數傳之歲月以就一能，迨藝能成就，名歸之，利亦歸之，故莫不爭奇鬭巧，以自求售。中國似宜略師其意，如有於洋人槍炮兵船等項，以及水炮臺水雷之屬，實有濟於國用者，果能學熟，自行製造，並堪充當教習。或有另出奇巧，足以抵禦洋人之船炮，無論其現在局中與否，一經試驗有效，即予以不次之富貴。苟能世其業，則世其祿而世其官。局員督辦有方，官紳薦引得人，亦予破格優獎，不得以常例駁之。如此重賞之下，計必鼓舞奮興，各殫其才力聰明以冀一得。將來製作之精，安見不遠過於洋人。此其二也。

中國各海口，本屬天設之險，外國輪船進口，必得引水之船，可爲明證。通商以來，藩籬盡撤，自應於扼要之處，仿照西法，重築礮臺，以資抵禦。然禦敵之方，不徒恃岸上而並在水中。臣嘗見布國希理哈所撰《防海新論》一册，於海口岸上如何築礮臺，水中如何設攔阻之物，言之甚詳。並稱水中無物攔阻，即岸上之礮臺林立，亦不足以抵禦兵船。而於水中攔阻之物，除各樣水雷外，別法尚多，均經繪圖註說。且述南北花旗交兵之時，某處以某物制勝，某處以某物取敗，歷歷有據。今中國於海口籌防，似可採擇是書，或者不無裨益。此其三也。

又如籌餉一條，謂宜存儲四成洋稅，以爲濟急之用，並宜開源節流，以資經久，誠爲切論。臣以爲開源之道，無事外求，但於丁漕正供及現設稅釐，切實報銷，不使州縣侵挪，員役中飽，可期日有起色。江西近年清理交代，嚴行比較之法，征解頗多於前。若合各省計之，便成鉅款。至捐輸一項，亦已竭澤而漁，且流弊日滋，未可有加無已。惟時議以中國煤源甚廣，爲外洋各國所需。若大加開採，不惟足濟中國輪船之用，並可販運出洋，必有補於國計。然不用西洋機器，則所出必不能旺；若以機器施之，又恐震駭耳目。山野愚民，動以有傷山脈有妨生計爲詞，羣起阻撓，不可不豫爲慮及。能否以漸推行，是在司其事者之悉心經理耳。

夫善理財者，開源不若節流，誠如王大臣所奏，權衡利害輕重，糜費盡停，移緩以就急，細微必謹；積少以成多，內外併力一心，專注海防經費，以天下之大，似不至於匱乏。即如江省一隅，歲入祗有此數，臣與藩司力求撙節，不敢妄費絲毫。地方肅清已逾十年，而各屬文武廟宇衙署，尚未一律修復。九年奉旨籌辦江防，以及平時風鶴之警，從未輕增一旅，動用錢糧。誠恐此盈彼絀，致於京協各餉，不免貽誤也。夫江省涓滴之助，無益時艱，然節流之效，即小可以喻大，即此可以推彼矣。

又如用人一條，謂法待其人以行，務在共相薦引。臣以統帥重臣，應由廷推，非敢妄舉。至於提鎮將領，自可博採旁搜。就臣所知，則有記名提督李占椿，係江西興國縣人。借補遊擊尚未到任之記名總兵劉光裕，係湖南清泉縣人。該二員勇略兼優，且志慮純實，爲武職大員中所難多得，可備一時指臂之助。此外或任實缺，而地方緊要，未能遽離，或戰功雖多，而習氣太重，未可濫竽。

又如持久一條，謂定議之後，即應堅持，共矢公忠，永維大局。夫自古修攘之策，治本則在主德人心，治標則在厲兵講武。今外洋之於中國，標證已急，誠如王大臣所奏，舍練兵、用人、製器、造船以及籌餉，別無善策。我皇上與王大臣既有成算，既以各事分責疆臣，誰任練兵，誰任籌餉，誰任製器造船，不效則治其罪，孰敢逞臆説以搖國是乎？王大臣謂天下事，事前則以爲多事，事至苦於無及，事過又漸因循，誠切中千古之病。現今内外臣工，亦多不免乎此。臣嘗私心竊計，無事能沈機觀變，豫爲綢繆者若而人，有事能禦侮折衝，以分憂患者若而人，屈指殊不數數，即臣自問諸心，亦覺毫無把握也。今蒙皇上誥誡諄諄，臣等具有天良，自應破除積習，力求振作，總期同心勠力，共濟艱難。蠢茲島夷，或亦無能爲厲。

劉坤一又奏：臣於十月二十八日接准總理衙門咨開，議覆廣東巡撫具奏丁日昌豫擬海洋水師章程六條。臣查丁日昌所擬六條，如製辦大小兵船，修築礮臺，精開機器局，與總理衙門王大臣前奏略同，臣業經逐款陳明，無庸贅及。

惟東、北、南三洋聯爲一氣一條，自係至當不易之論。夫外洋各國尚知合以謀我，而中國顧各爲畛域，緩急不相應援，可乎？據稱以山東益直隸，以浙江益江蘇，以廣東益福建，於天津、吳淞，南澳設三提督，每標各設大兵輪船六號、小輪船十號。計省沿海水師舊製各船之糜費，以之供給大小四十八號輪船，尚覺有盈無絀，其事似屬可行。第沿海原設有水師提鎮，今將舊制各船概從節省，則提鎮無所事事。應否裁改，有無滯礙，自應由沿海督撫臣妥議覆奏。

至沿海宜精擇地方官一條，謂宜幫辦水師以儲備邊材，臣愚以爲未便。蓋地方官政務殷繁，何能兼顧水師？兼恐借幫辦之名，於闒員不無製肘。但使官得其人，久於其任，則於海洋水師事宜，耳聞目見，即不幫辦，亦無難於熟悉耳。

又選練陸兵一條，擬於沿海水師提標各精練陸兵千人，鎮標各精練陸兵五百人，每人每月約給餉十圓。臣以爲海疆如果用兵，岸上必得大支勁旅以爲應援，非千人五百人所能濟事，彼若得餉獨厚，餘兵皆將觀望不前；且此千人五百人中，安得如許奇技之士？丁日昌在滬所見洋人憑竿躍濠，懸繩放槍之類，其技雖奇，而行軍之所以制勝，殊不在此。至現今人情思奮，地方之有膂力者，一聞招募，莫不爭先恐後，與明臣王守仁在贛時事不同，更無庸由州縣轉致分擾也。

又　《湖南巡撫王文韶奏同治十三年十一月十七日》　惟查丁日昌條陳内，請設北、東、南三洋提督一條，臣雖未歷海疆，不敢臆斷，但以時勢論之，竊議其未爲盡善。查海疆各省，有專設水師提督者，有提督專轄水陸仍分設水師各鎮者。國家定制本屬星羅棋布，足資控馭，祇以事變無常，舊日營規，半同無用。此次整飭海防，或改船制以適宜，或減額兵以厚餉，期如李光弼之治軍，號令一施而士卒壁壘旌旗精彩皆變，固不必水師提鎮之皆不可用也。今又議設三洋提督，將併舊日之水師提鎮而裁之耶？抑仍留之也？議裁則以彼易此，安必遷地而皆良？議留則以此誘彼，轉致臨歧而致誤。臣愚謂如總理衙門所擬，請皇上簡任知兵重望之大臣，督辦海防軍務，駐節天津，以固根本。即由該大臣慎選熟海洋情形之提鎮等，不拘實任候補，作爲分統，分布沿海各洋面，以資防禦。其戰守機宜，仍聽海疆各督撫隨時節制調度，庶幾事權各有攸屬，而經制亦無庸紛更矣。

又丁日昌所陳分設機器局條内，以輪船槍礮分廠督造各節，自屬目前要務。至兼造耕織機器之説，臣竊有所未安。夫四民之中，農居大半，男耕女織，各職其業，治安之本，不外乎此。若概以機器行之，彼兼幷之家，富連陌阡，用力少而工程多，誠美利也。此外別無恆產，全賴雇值以自贍者，往往十居八九。機器漸行，則失業者漸衆，胥天下爲游民，其害不勝言矣。推之工匠，亦莫不然。彼洋人之不以工商機器轉售於中國者，爲其物笨而利薄也。洋人不以此誘中國，而反自中國引而致之可乎？故臣謂機器局除製造軍用所需外，其餘宜一概禁止，不得仿製各項日用器具，是亦無形中所以固本之一端。

又**《安徽巡撫裕祿奏同治十三年十一月二十六日》** 奴才承准總理各國事務衙門咨開，議覆前任江蘇撫臣丁日昌豫擬海洋水師章程六條。伏查江海防維，實爲目今全局要務。奴才前奉密寄，當與升任撫臣英翰，各就見聞所及，合詞恭摺密奏。茲查丁日昌所陳，豫擬海洋水師章程六條，亦係因時度勢，力圖自强之意。江海形勢雖殊，要在因地制宜，各求實際。奴才與英翰前奏籌議江防摺內，所有練兵、簡器、造船等項緊要應辦事宜，均經就地體察，逐條詳議。前已專摺覆奏，未敢再事瀆陳。恭候飭交廷臣議定，奴才惟有殫竭愚誠，恪遵諭旨，與在事疆臣同心籌辦，共圖振興，以冀仰副聖主垂廑江海防維之至意。

又**《江蘇巡撫吴元炳奏同治十三年十一月二十七日》** 臣維禦外之道，莫切於海防。海防之要，莫重於水師。將領不得其人，有兵如無兵。形勢不扼其要，有險如無險。臣初抵江寧，與督臣李宗羲面晤數次，江蘇情形，雖略知梗概，第各海口未經周視，各營駐紮地方及安設礮臺處所，並上海機器局、輪船廠，均未經親歷，若僅按圖臆説，究屬惝怳無憑。擬俟移交緊要公事，料理稍清，請展限一箇月，俾臣周歷各處，通籌兼權，再行悉心妥議，據實奏聞。

清·吴汝綸《李文忠公全集·奏稿》卷二四《籌議海防摺同治十三年十一月初二日》 同治十三年九月二十九日承准軍機大臣密寄：奉上諭：『總理各國事務衙門奏，海防亟宜切籌，將緊要應辦事宜，撮敍數條，請飭詳議一摺。沿江沿海防務，經總理各國事務王大臣並各該將軍督撫等隨時籌畫，而備禦究未可恃，亟應實力講求，同心籌辦，堅苦貞定，歷久不懈，以紓目前當務之急，以裕國家久遠之圖。該王大臣所陳練兵、簡器、造船、籌餉、用人、持久各條，均係緊要機宜，著李鴻章等詳細籌議，將逐條切實辦法，限於一月內覆奏。此外別有要計，亦即一併奏陳，不得以空言塞責』等因，欽此。旋又准總理衙門鈔奏知照，以丁日昌續擬海洋水師章程六條，請飭彙入該衙門前奏，一併妥籌覆奏。奉硃批：『依議，欽此。』仰見朝廷思患預防，力圖自强之至意，欽服莫名。

臣查各國條約已定，斷難更改。江海各口，門戶洞開，已爲我與敵人公共之地。無事則同居異心，猜嫌既屬難免；有警則我虞爾詐，措置更不易周。值此時局，似覺防無可防矣。惟交涉之事日繁，彼族恃强要挾，在在皆可生釁。自有洋務以來，疊次辦結之案，無非委曲將就。至本年日本興兵臺灣一事，經總理衙門王大臣與該使多方開諭，幾於管禿唇焦，猶賴聖明主持於上，屢飭各疆臣嚴密籌防，調兵集船，購利器築礮臺，一時並舉，雖未即有把握，而虛聲究已稍壯。該酋外怵公論，內懾兵威，乃漸帖耳就款，於國體民情尚無窒礙，未必非在事諸臣挽救之力。臣於臺事初起時，即緘商總理衙門，謂明是和局而必陰爲戰備，庶和可速成而經久。洋人論勢不論理，彼以兵勢相壓，我第欲以筆舌勝之，此必不得之數也。夫臨事籌防，措手已多不及，若先時備豫，倭兵亦不敢來，烏得謂防務可一日緩哉！

茲總理衙門陳請六條，目前當務之急與日後久遠之圖，業經綜括無遺，洵爲救時要策。所未易猝辦者，人才之難得、經費之難籌、畛域之難化、故習之難除，循是不改，雖日事設防，猶畫餅也。然則今日所急，惟在力破成見以求實際而已。何以言之，歷代備邊多在西北，其强弱之勢、客主之形皆適相埒，且猶有中外界限。今則東南海疆萬餘里，各國通商傳教，來往自如，麕集京師及各省腹地，陽託和好之名，陰懷吞噬之計，一國生事，諸國構煽，實爲數千年來未有之變局。輪船電報之速，瞬息千里；軍器機事之精，工力百倍。礮彈所到，無堅不摧，水陸關隘，不足限制。又爲數千年來未有之强敵。外患之乘，變幻如此，而我猶欲以成法制之，譬如醫者療疾不問何症，概投之以古方，誠未見其效也。庚申以後，夷勢駸駸內向，薄海冠帶之倫，莫不發憤慷慨，爭言驅逐。局外之訾議，既不悉局中之艱難，及詢以自强何術？禦侮何能？則茫然靡所依據。自古用兵，未有不知己知彼而能決勝者。若彼之所長己之所短尚未探討明白，但欲逞意氣於孤注之擲，豈非視國事如兒戲耶！臣雖愚闇，從事軍中十餘年，向不敢畏縮，自甘貽憂君父。惟洋務涉歷頗久，聞見稍廣，於彼己長短相形之處，知之較深。而環顧當世，餉力人才實有未逮，又多拘於成法，牽於衆議，雖欲振奮而末由。《易》曰：『窮則變，變則通。」蓋不變通則戰守皆不足恃，而和亦不可久也。

謹就總理衙門原議，逐條詳細籌擬切實辦法，附以管見，略爲引伸。丁日昌所陳間有可采，一併彙入核擬，以備芻蕘之獻。仍請敕下在廷王大臣詳晰謀議，請旨定奪。總之，居今日而欲整頓海防，舍變法與用人，别無下手之方。伏願我皇上顧念社稷生民之重，時勢艱危之極，常存欿然不自足之懷。節省冗費，講求軍實，造就人才，皆不必拘執常例，而尤以人才爲亟要，使天下有志之士無不明於洋務，庶練兵、製器、造船各事可期逐漸精强。積誠致行，尤需歲月遲久乃能有濟。目前固須力保和局，即將來器精防固，亦不宜自我開釁，彼族或以萬分無禮相加，不得已而一應之耳。

所有遵旨詳議緣由，謹繕摺密陳，並將議覆各條，繕具清單，恭呈御覽，伏乞皇上聖鑑訓示。謹奏。

謹將總理衙門原奏緊要應辦事宜，逐條切實辦法，並將丁日昌續奏各條併入，詳細擬議，恭呈御覽。

一、原奏練兵一條，内稱若求實在可禦外患，事較辦髮捻諸賊爲更難，兵亦較辦髮捻諸賊宜更精，洵是不刊之論。蓋髮、捻、苗、回諸賊，皆内地百姓，雖有勇鋭堅忍之氣，而器械不及官軍之精備，可以剿撫兼施。若外洋本爲敵國，專以兵力强弱角勝，彼之軍械强於我，技藝精於我，即暫勝必終敗。敵從海道内犯，自需亟練水師。惟各國皆係島夷，以水爲家，船礮精練已久，非中國水師所能驟及。中土陸多於水，仍以陸軍爲立國根基，若陸軍訓練得力，敵兵登岸後尚可鏖戰，礮臺布置得法，敵船進口時尚可拒守。但用旗綠營弓箭刀矛擡鳥槍舊法，斷不足以制洋人，並不足以滅土寇。即如直隸練軍屢經挑選整頓，近始兼習洋鎗、小炸礮，以剿内寇尚屬可用，以禦外患實未敢信。各省抽練之兵大率類此，用洋鎗者已少，用後門鎗及炸礮者更少，其勢只可加練而不可減練，只可添練洋器以求制勝，而不可拘執舊制以圖省費。前督臣曾國藩於同治十年正月覆奏籌備海防摺内，謂沿海之直隸、奉天、山東三省，江蘇、浙江兩省，廣東、福建兩省，沿江之安徽、江西、湖北三省，各應歸併設防。沿海七省共練陸兵九萬。沿江三省共練陸兵三萬，統計每年需餉八百萬兩，因無款可籌，議遂中止。茲總理衙門擬以曾經制勝之洋鎗隊練習水戰，丁日昌擬選練陸軍，合天下得精兵十萬人，與曾國藩前奏用意略同。惟陸軍與水師用法各殊，練法亦異，水師猶可上岸擊賊，陸軍未便强令操舟，似不宜兩用以致兩誤。臣愚以爲沿海沿江各省，現有練兵鎗隊雖不及曾國藩、丁日昌所擬十餘萬之多，然與其多而無用，不若少而求精。但就現有陸軍認真選汰，一律改爲洋鎗礮隊。凡綠營額兵疲弱勇營，酌加裁減，其餉即加給新練之隊。沿海防營並換用後門進子鎗，於緊要口岸附近之處屯紮大枝勁旅，無事時專講操練，兼築堡壘，有事時專備游擊，不准分調。各海口仿照洋式修築沙土礮臺，以地步寬展橢圓堅厚爲要。礮位宜間用口徑八寸至十餘寸者。擇將擇兵演習之，務在及遠，愈遠愈妙，務在能中，不中不發，即所謂藥能對症有備無虞者矣。

一、原奏簡器一條。西國水陸戰守利器，以鎗礮水雷爲大宗。礮有前後門生熟鐵純鋼之分，鎗有前後門、滑膛、來福之異，水雷有用觸物、磨物、電氣發火之别。竊嘗考究其圖與器而得其大略。洋鎗一項，各國改用後門，以其手法靈捷，放速而及遠。其舊製前門鎗賤價售於中國，每爲外人所輕。英、俄、德、法、美，泰西五大强國也，其後門鎗名目，英之至精者曰亨利馬梯呢，其次曰士乃得，俄曰俾爾打呶，德曰呢而根，法曰沙士鉢，美曰林明登。以利鈍遲速較之，則英之亨利馬梯呢精於俄，俄之俾爾打呶精於美，美之林明登又精於英之士乃得及德、法諸鎗也。林明登、士乃得二種，近年已運入中國，臣處及沈葆楨均購存林明登數千枝。上海機器局亦能仿造。惟兵勇粗疏者多，士乃得機簧較簡，購價較省，修改較便。現擬令各營酌換士乃得鎗，而間以林明登認真操習，由漸而精。並令津滬各局先購林明登造子機器，仿製子藥銅捲以便接濟。仍與總理衙門商購英國亨利馬梯呢鎗若干枝，又與俄領事訂購俾爾打呶鎗千枝，以備將士選鋒者操用。至礮位一項，英德兩國新式最精。德國克鹿卜後門鋼礮擊敗法兵，尤爲馳名。臣逐年購到克鹿卜大小礮五十餘尊，分置大沽礮臺、天津防營。其最大者兩尊口徑八寸，足抵前門礮口徑十一二寸之子力，然每尊價約二萬元，苦於無力多購。或謂鋼礮過大，藥力過猛，用久或致損裂，故英國多用前門熟鐵來福長彈大礮，曰烏理治，曰阿墨斯得郎，曰回德活特，三家尤著。大者口徑十一寸至十五寸，身重至八萬斤以上，子彈重至六百磅，能打穿二十餘寸厚之鐵甲，惟起運維艱，價值尤貴，中國尚無購用者。陸路行仗小礮，則以德國克鹿卜四磅彈後門鋼礮、美國格林連珠礮爲精捷。臣又各定購數十尊，以備游擊要需。目下滬寧各局，只能仿造十二磅至六十八磅之圓彈銅鐵炸礮，淮軍習用已久，遠勝中國舊製，而不及西洋新式之精。仍擬仿照烏理治、阿墨斯得郎之式，箝以熟鐵，而機器未備。外國每造鎗礮，機器全副購價須數十萬金，再由洋購運鋼鐵等料，殊太昂貴。須俟中土能用洋法自開煤鐵等礦，再添購大爐、汽錘、壓水櫃等機器，仿造可期有成。若克鹿卜之鋼礮、回德活特之熟鐵礮，係用生鋼生鐵鑄成，該廠自有秘法，更未易學步矣。至水雷一項，轟船破敵最猛。從前南北花旗之戰，南兵獲水雷力居多。德法之戰，法國兵艘十倍於德，而波羅的海法艘未敢深入，全仗水雷之功。其法分爲兩類：一爲定而不動之水雷，或連於木樁木排之間，或用錨定其方位，使沉水中，或陸地城堡被攻時於缺口要路安置，此專爲自守而設。一爲能行動之水雷，或浮水面順風力飄動，或用機器自行，或於鐵船首伸出長竿置之，或專作拖帶水雷之船，此可爲攻敵之用。近來格致之學日精，水雷之法亦日精，多以强水觸物磨物及電綫發火，其觸而發火、磨而發火，比用法點放者尤佳。用藥僅五六十磅，無論何種兵船，皆可轟破其底。聞各國皆講究此物，製存極多。其用時必於水中排列數行，每口安放數十具，使敵船疑畏不敢進。滬、津各局現只能仿造其粗者，而電機、銅絲、鐵繩、橡皮等件，仍購自外洋；須訪募各國造用水雷精藝之人來華教演，庶易精進。至火器盡用洋式，礮子、火藥兩項亦係要需。津局有造藥機器四副，日出二千餘磅，已可敷用。惟鎗礮多而子彈尚少。滬局僅造藥機器一副，日出無幾，宜添購機器在蘇寧推廣製造。各省防江、防海需用洋鎗礮之子藥，均宜設局在內地仿造，否則事事購自洋商，殊無以備緩急。且閩、滬、津各機器局偪近海口，原因取材外洋，就便起見，設有警變，先須重兵守護，實非穩著。嗣後各省籌添製造機器，必須設局於腹地通水之處，海口若有戰事，後路自製，儲備可源源運濟也。

一、原奏造船一條，查布國防海新論有云：『凡與濱海各國戰爭者，若將本國所有兵船徑往，守住敵國各海口，不容其船出入，則爲防守本國海岸之上策。其次莫如自守。如沿海數千里敵船處處可到，若處處設防，以全力散布於甚大之地面，兵分力單，一處受創，全局失勢，故必聚積精鋭，只保護緊要數處，即可固守』等語，所論極爲精切。中國兵船甚少，豈能往堵敵國海口，上策固辦不到；欲求自守，亦非易言。自奉天至廣東，沿海袤延萬里，口岸林立，若必處處宿以重兵，所費浩繁，力既不給，勢必大潰。惟有分別緩急，擇尤爲緊要之處，如直隸之大沽、北塘、山海關一帶，係京畿門戶，是爲最要；江蘇、吳淞至江陰一帶，係長江門戶，是爲次要。蓋京畿爲天下根本，長江爲財賦奧區，但能守此最要次要地方，其餘各省海口邊境略爲布置，即有挫失，於大局尚無甚礙。惟既欲固守，必預將所有兵馬、礮位、軍械、輜重並工局物力儲備堅厚，雖軍情百變而不離其宗。廟謀閫算，平昔之經營，臨事之調度，皆不可一毫錯亂。道光二十一二年，夷船入長江，而全局始震。咸豐十年，夷兵犯津、通而根本遂危。彼族實能覘我要害，制我命脈；而我所以失事者，由於散漫設防，東援西調，未將全力聚於緊要數處。今議防海，則必鑑前轍。揣敵情，其防之之法，大要分爲兩端：一爲守定不動之法。如口內礮臺壁壘格外堅固，須能抵禦敵船大礮之彈，而礮臺所用礮位，須能擊破鐵甲船，又必有守口巨礮鐵船，設法阻擋水路，並藏伏水雷等器。一爲挪移泛應之法。如兵船與陸軍多而且精，隨時游擊，可以防敵兵沿海登岸。是外海水師鐵甲船與守口大礮鐵船皆斷不可少之物矣。現計閩廠造成輪船十五號，內有二號已在臺灣遭風損壞。滬廠造成輪船六號、內有二號馬力五百匹，配礮二十六尊，與外國大兵船相等。其餘各船，皆僅與外國小兵船根撥相等，然已費銀數百萬有奇。物料匠工多自外洋購致，是以中國造船之銀，倍於外洋購船之價。今急欲成軍，須在外國定造爲省便；但不可轉託洋商誤買舊船，徒糜巨款。訪聞兵船及鐵甲船以英國爲最精，英之官廠公司廠均以造鐵甲之優劣相與爭衡，日新月異。應揀派明於製造略知兵事之員，選帶學生工匠前往，由總理衙門會商駐京使臣，移知該國兵部，俾得親赴各廠考究何等船制最爲堅緻靈捷，並宜於中國水道者，與其議價定造。即將帶去華匠兵士附入該廠及武備院學習造工，並講求駕駛操練之法。俟成船後，配齊礮位，隨船回華，庶有實濟。而中國船廠仍量加開拓，以備修船地步。至擬設兵船數目，如丁日昌所稱，北、東、南三洋各設大兵輪船六號，根撥輪船十號，合共四十八號，自屬不可再少。除將中國已造成二十號抵用外，尚短二十八號。竊謂北、東、南三洋須各有鐵甲大船二號，北洋宜分駐煙臺、旅順口一帶，東洋宜分駐長江外口，南洋宜分駐廈門、虎門，皆水深數丈，可以停泊。一處有事，六船聯絡，專爲洋面游擊之師，而以餘船附麗之，聲勢較壯。約計定造鐵甲船每只需銀百萬兩內外，費已不貲，只有先購此項，分年籌辦。其有餘力，再置他船。或由閩、滬各廠陸續仿造兵船，總以足成四十八號爲度。惟守口大礮鐵船，即所謂水礮臺船，亦係西洋新製利器，以小船配極重之礮，輔助岸上礮臺，四面伏擊，阻遏中流，能自行動，最爲制勝。凡要口須添設一二艘。聞在外國定購，每船連礮約價銀十餘萬兩，但笨滯不能涉海，須將礮位鐵甲分拆，運載來華裝配。應俟委員到彼，一併察辦。如價省運便，陸續購造二十號，分布南北各口。抑或由外洋購大礮由華廠照式仿造鐵船更可次第添置。至丁日昌奏稱：『裁併五十號艇船，可養給一號大兵輪船，裁併十號闊頭舢板，可養給一號根撥輪船，計省沿海水師舊制各船糜費，以之供給大小四十八號輪船，尚覺有盈無絀』等語。查同治十一年五月，臣於覆奏船政事宜摺內，擬請裁撤各省艇船，即以各船修造養兵之費，抵給輪船月費。經總理衙門議令各該督撫奏辦，迄今並未議覆。今添購鐵甲等船巨款必須另行籌集，俟購回時，養船練兵一切費用，應如丁日昌所議，請旨敕下江蘇、山東、浙江、福建、廣東沿海各省，將舊置及新添紅單、拖罟、艇船、舢板等項分別裁併，專養輪船，以免虚糜而資實用。

一、原奏籌餉一條，近日財用極絀，人所共知。欲圖振作，必統天下全局，通盤合籌，而後定計。新疆各城，自乾隆年間始歸版圖。無論開闢之難，即無事時，歲需兵費尚三百餘萬，徒收數千里之曠地，而增千百年之漏卮，已爲不值。且其地北鄰俄羅斯，西界土耳其、天方、波斯各回國，南近英屬之印度，外日强大，內日侵削，今昔異勢，即勉圖恢復，將來斷不能久守。屢閱外國新聞紙及西路探報，喀什噶爾回酋新受土耳其回部之封，並與俄、英兩國立約通商，是已與各大邦勾結一氣，不獨伊犁久踞已也。揆度情形，俄先蠶食，英必分其利，皆不願中國得志於西方。而論中國目前力量，實不及專顧西域，師老財痡，尤慮別生他變。曾國藩前有暫棄關外專清關內之議，殆老成謀國之見。今雖命將出師，兵力餉力萬不能逮，可否密諭西路各統帥但嚴守現有邊界，且屯且耕，不必急圖進取。一面招撫伊犁、烏魯木齊、喀什噶爾等回酋，准其自爲部落，如雲、貴、粵、蜀之苗瑶土司，越南、朝鮮之略奉正朔可矣。兩存之則兩利，俄、英既免各懷兼併，中國亦不至屢煩兵力，似爲經久之道。況新疆不復，於肢體之元氣無傷；海疆不防，則腹心之大患愈棘，孰重孰輕，必有能辨之者。此議果定，則已經出塞及尚未出塞各軍，似須略加覈減，可撤則撤，可停則停，其停撤之餉，即匀作海防之餉。否則只此財力，既備東南萬里之海疆，又備西北萬里之餉運，有不困窮顛蹶者哉！至此時開辦海防，約計購船、練兵、簡器三項，至少先需經費一千餘萬兩。本年八月間，户部奏覆文祥寬籌餉需摺內，議請暫停內府不急之需，而海防用項仍無可籌。姑令各省先儘各項存款移緩就急，抵充防費，究之各省留支奉撥之數，視歲入之數，無不浮溢數倍，更有何款可以存留借抵？必不得已，應仍照總理衙門五年奏案，專提部存及各海關四成洋税一款，爲目前開辦之需。除津海、東海關四成奏歸天津機器局，江海關四成內之二成奏歸上海機器局，山海、江漢兩關四成內奏明撥充奉兵及淮軍月餉，淡水一關奏留臺防軍需，均爲海防而設，毋庸置議外，其餘各海關四成洋税及部庫歷年提存四成，應請專備總理衙門及海防統帥大員會商撥用。此後即責令各關另款封存，徑行報解；不准本省借留，亦不必再解部庫，致多轉折。此項每年計可得銀百數十萬兩，加以部庫另存三百餘萬，其有不敷，擬仍暫借洋款，由續收四成項下撥還，或另行設法歸楚，以應急需。其息銀以七八釐爲度，歸本以十年八年爲度，亦各國常有之事，無足詫慮也。至於日後久遠之費，當於開源節流求之。現在丁漕、課税、正供之外，添出釐金、捐輸二款，百方羅掘，仍不足用，捐輸所得無幾，流弊甚大，而內地釐金，又爲半税所絀，如銅鐵、羽呢、洋布等類，皆關民生日用，洋船轉運迅捷，輸納又僅半税。於是奸民包攬冒騙，大宗貨物皆免完釐。因税則載在和約，無可議加，以至彼此輕重懸殊，商民交困，叢爵淵魚之喻，何堪設想！丁日昌擬設廠造耕織機器，曾國藩與臣疊奏請開煤、鐵各礦，試辦招商輪船，皆爲內地開拓生計起見，蓋既不能禁洋貨之不來，又不能禁華民之不用。英國呢布運至中國，每歲售銀三千餘萬，又銅、鐵、鉛、錫售銀數百萬，於中國女紅匠作之利，妨奪不少，曷若亦設機器自爲製造，輪船、鐵路自爲轉運？但使貨物精華與彼相埒，彼物來自重洋，勢不能與內地自產者比較，我利日興，則彼利自薄，不獨有益釐餉也。各省諸山多產五金及丹砂、水銀、煤之處，中國數千年未嘗大開，偶開之又不得其器與法，而常憂國用匱竭，此何異家有寶庫封錮不啓，而坐愁飢寒。西士治地質學者，視山之土石，即知其中有何礦。竊以爲宜聘此輩數人分往徧察，記其所產，擇其利厚者次第開挖，一切仿西法行之。或由官籌借資本，或勸遠近富商湊股合立公司，開得若干，酌提一二分歸官，其收效當在十年以後。臣近於直之南境磁州山中議開煤、鐵，飭津、滬機器局委員購洋器雇洋匠，以資倡導，固爲鑄造軍器要需，亦欲漸開風氣，以利民用也。近世學者鑑於明季之失，以開礦爲弊政，不知弊在用人，非礦之不可開也；其無識紳民惑於鑿壞風水，無用官吏恐其聚衆生事，尤屬不經之談。刻下東西洋無不開礦之國，何以獨無此病，且皆以此致富强耶？若南省濱江近海等處，皆能設法開辦，船械製造所用煤、鐵無庸向外洋購運，権其餘利並可養船練兵，此軍國之大利也。至於洋藥一項，流毒中國，本年三月間欽奉寄諭，以醇親王請飭密籌杜絕，飭即妥議辦法等因。臣查閱醇親王摺內有『不必倉猝施行，要在矢志弗懈，俟外洋鴉片不來，再嚴中國罌粟之禁』等語，實屬洞達大體，適因臺灣事起，未便置議。兹查洋藥自印度進口，每年約七萬數千箱，售銀三千餘萬之多。英國明知害人之物而不欲禁洋商販運，並欲禁中國内地自種，用意殊極狡狠。上年修約，總理衙門與英使言之屢矣，並預聲明：既不能禁英商之不販洋煙，即不能禁華民之不食洋煙，惟有暫行弛禁罌粟，不但奪洋商利權，並可加增稅項，將來計窮事迫，難保不出於此。其時英使聞之亦頗心動，而該國卒不見聽。臣即再與辨理，恐亦無益，應仍循總理衙門原議，陰相抵制，以冀洋藥漸來漸少，再加厲禁爲宜。查雲、貴、川、陝、山西各省多種罌粟，疆臣臺諫每以申明禁令爲言，是徒爲外洋利藪之驅，授吏胥擾索之柄。究之罌粟日種日廣，勢仍不可遽禁。聞土藥性暖價廉，而癮亦薄，不比洋藥爲害之烈。爲今之計，似應暫弛各省罌粟之禁，而加重洋藥之稅釐，使外洋煙土既無厚利，自不進口，然後妥立規條，嚴定限制，俾吸食者漸戒而徐絶之，民財可杜外耗之源，國餉並有日增之勢，兩得之舉也。查洋藥每箱百斤，新關正稅三十兩，釐捐則各省多寡不同，福建每箱捐銀三十六兩，江蘇每箱捐銀三十二兩，北洋、天津等關捐銀二十四兩，捐愈重則偷漏愈多。英國條約原有『洋藥如何徵稅，聽憑中國辦理』之説，如能於洋稅一律議加，自可毫無滲漏，裨益更大，否則南、北各口通定一加重捐數，均照閩省之式無稍參差局，以免趨避。專收作海防經費，由統帥提用，合之亦成巨款。此外沿江、沿海各省，皆令整頓貨釐鹽釐，每省每年限定酌撥數萬兩協濟海防。以上數端，皆開源之事也。若夫裁艇船以養輪船，裁邊防冗軍以養海防戰士，停宮府不急之需，減地方浮濫之費，以裨軍實而成遠謀，亦節流之大者。苟非上下一心、内外一心、局中局外一心，未有不半途而廢者矣。

一、原奏用人一條，擬派統帥責成經理，及遴派得力提鎮將領爲之分統。查南北洋濱海七省，自須聯爲一氣，方能呼應靈通。惟地段過長，事體繁重，一人精力斷難兼顧，各督撫未必皆深知洋務兵事，意見尤不能盡同。若責成統帥調度，既恐扞格不行，若會同各省商籌，又恐推諉貽誤。從前辦粵捻各賊，何嘗不屢簡統帥。臣亦曾備位其間，深知甘苦。餉權疆政，非其所操，不過徒擁空名，而各督撫仍不能不問兵事。畛域分則情形易隔，號令歧則將士難從，是欲一事權而反紊也。何況有事之際，軍情瞬息變更，儻如西國辦法，有電綫通報，徑達各處海邊，可以一刻千里，有內地火車鐵路屯兵於旁，聞警馳援，可以一日千數百里，則統帥尚不至於誤事，而中國固急切辦不到者也。今年臺灣之役，臣與沈葆楨函商調兵，月餘而始定，及調輪船分起裝送，又三月而始竣。而倭事業經定議矣。設有緊急，誠恐緩不及事。故臣嘗謂辦洋務制洋兵，若不變法而徒鶩空文，絶無實濟。臣不敢明知而不言也。竊計北洋三省設一統帥，即才力倍於臣者，尚慮不能肆應；南洋四省口岸更多，似亦非一統帥所可徧及。若因創設鐵甲兵船等項，須責成大員督籌經理，如前江西巡撫沈葆楨、前江蘇巡撫丁日昌，皆究心此事，熟悉洋情，似堪勝任。丁日昌擬設北東南三洋提督分統各船，不爲無見。但文武兼資、素習風濤、駕駛輪船操法者，實不易得耳。抑臣更有陳者，用人最是急務，儲才尤爲遠圖。洋人入中國已三十餘年，駐京已十餘年，以兵脅我，殆無虛歲，而求練達兵略精通洋法者恆不數覯，由於不學之過，下不學由於上不教也。軍務肅清以後，文武兩途，仍舍章句弓馬末由進身，而以章句弓馬施於洋務，隔膜太甚，是以沈葆楨前有請設算學科之奏，丁日昌前有武試改鎗礮之奏，皆格於部議不行。而所用非所學，人才何由而出？近時拘謹之儒，多以交涉洋務爲浼人之具，取巧之士又以引避洋務爲自便之圖。若非朝廷力開風氣，破拘攣之故習，求制勝之實濟，天下危局，終不可支。日後乏才，且有甚於今日者。以中國之大，而無自强自立之時，非惟可憂，抑亦可恥。臣愚以爲科目即不能驟變，時文即不能遽廢，而小楷試帖，太蹈虚飾，甚非作養人才之道。似應於考試功令稍加變通，另開洋務進取一格，以資造就。現在京師既設同文館，江省亦選幼童出洋學習，似已關西學門徑，而士大夫趨向猶未盡屬者何哉？以用人進取之途全不在此故也。擬請嗣後凡有海防省分，均宜設立洋學局，擇通曉時務大員主持其事。分爲格致、測算、輿圖、火輪、機器、兵法、炮法、化學、電氣學數門，此皆有切於民生日用、軍器製作之原。外國以之黜陟人才，故心思日出而不窮。華人聰明才力，本無不逮西人之處，但未得其法，未入其門，蓋無以鼓勵作新之耳。如有志趣思議，於各種略通一二者，選收入局，延西人之博學而精者爲之師友，按照所學淺深，酌給薪水，俾得研究精明，再試以事，或分派船廠炮局，或充補防營員弁，如有成效，分別文武，照軍務保舉章程，奏獎升階，授以濱海沿江實缺，與正途出身無異。若始勤終怠，立予罷革。其京城同文館、上海廣方言館習算學生，及出洋子弟學成回國，皆可分調入局教習，並酌量派往各機器局、各兵船差遣。如此多方誘掖，勸懲兼施，就所學以課所事，即使十人中得一成就，已多一人之用；百人中得十成就，已多十人之用。二十年後，製器駛船自强之功效見矣。

一、原奏持久一條，竊以古無久而不敝之法，惟在辦事之人同心協力，後先相繼，日益求精，不獨保境息民，兼可推悟新意，裕財足用。如泰西各國，皆起於彈丸之地，創造各樣利器，未及百年，而成就如此之精，規畫如此之遠，拓地如此之廣，豈非其舉國上下積慮殫精、人思自奮之效乎？中國在五大洲中，自古稱最强大，今乃爲小邦所輕視。練兵、製器，購船諸事，師彼之長，去我之短，及今爲之，而已遲矣。若再因循不辦，或旋作旋輟，後患殆不忍言。若不稍變成法，於洋務開用人之途，使人人皆能通曉，將來即有防海萬全之策，數十年後主持乏人，亦必名存實亡，漸歸頽廢。惟有中外一心，堅持必辦，力排浮議，以成格爲萬不可泥，以風氣爲萬不可不開，勿急近功，勿惜重費，精心果力，歷久不懈，百折不回，庶幾軍實漸强，人才漸進，製造漸精，由能守而能戰，轉貧弱而爲富强，或有其時乎？是天下臣民所禱祀求之者也。

清·李經畬《合肥李勤恪公政書》卷六《籌議海防江防各事宜摺同治十三年十一月初四日》　臣竊謂治國在乎得民，自强始能馭遠，有備然後無患，籌防尤貴先圖。國家深仁厚澤二百餘年，凡食毛踐土之人，無不情殷敵愾，民心尚能固結，兵威自可振興。惟華洋情形不同，自海口通商以來，各國難免覬覦，日本尋釁生番，是其明證。先事圖維，尤賴内外臣工同心協力，講求戰守機宜，庶幾外侮潛消，而自强可收實效。謹就總理衙門王大臣等原擬練兵、簡器、造船、籌餉、用人、持久各條，逐細籌議辦法，參以管見，另繕清單，恭呈御覽。伏候飭下會議施行。

抑臣更有請者，東南防務，固宜認真圖謀，西北征軍，尤貴及時清理。新疆回逆，尚未剿滅淨盡，自難遽議撤兵，惟現在統帥太多，事權不一，各路之營勇難稽，則餉項之饋輸無定。統計關内外各軍月餉，歲以數百萬計。東南各省，財力半耗於此。刻下創辦海防，需用浩繁，日久恐難兼顧，似應飭令西征各統帥大臣汰弱留强，損無益之兵，以濟有益之用。愚昧之見，是否有當？恭候聖裁。【略】

謹將遵議總理衙門原擬六條參以管見開列清單恭呈御覽

一、曰練兵。籌辦江海之防，水師最關緊要，而扼紮險隘，護守礮臺，陸軍亦宜並重。李鴻章、左宗棠所部各軍，均係百戰勁旅，各省留防之師，亦皆久歷戰陣。他如經制緑營額兵，所挑選精壯教習洋鎗者，以及長江水師，均足以備戰守。惟内地與海洋情形迥異，有事征調，恐遷地弗良，難期得力，蓋海中風濤之險，非所素習故也。擬請於南北兩洋，分設輪船外海水師。查閩、粤、江、浙等省，向設艇船巡洋。近來外國鐵甲輪艘，大而堅利，自非艇船所能禦，然沿海原設艇船，不必盡巡外洋，内海、内江、内河皆資梭緝。且外洋無戰事，萬一開仗，仍在海口，應請將艇船酌減數成，即以其餉，添充外海輪船水師之用。酌留數成，隨同輪船操演。所有外海輪船，以一船爲一營，隨帶艇船若干隻。數船爲一軍，中設鐵甲輪船一隻，弁兵水手概不雇用洋人，如何酌定營制及俸餉公費，均由南北洋大臣與濱海各省督撫察看形勢，妥議奏辦。將來成軍後，即令巡洋捕盜，勤加練習，庶幾操縱自如，聲勢聯絡，足備不虞。其各海口駐防陸軍，仍認真操演，以資策應。至長江上游口岸，地居腹内，前設水師礮船，頗已周密，祇須隨時訓練，歷久不懈，不必另添防兵，致滋糜費。

一、曰簡器。各國鎗礮，愈出愈精，津、滬、閩等處廠局，製造亦有成效，自不難益求精進。爲利用計，暫宜購之外洋；爲經久計，必須製自中土。此時水陸礮臺與水陸各軍所需洋鎗巨礮，應由各員訪求精品，配搭購辦。他如英國製造之後膛礮，能於數里外攻破鐵甲船。又有電氣水雷，沈之水底，置之海口，可以轟擊鐵船。並應廣爲購辦，如式仿製。惟外洋鎗礮等物，每有變換式樣，卽稱創造，應飭各廠局將購到各項，逐一演試，擇其精利者，督飭工匠仿造，暫勿騖博誇奇，總期成一器卽得一器之實用，從此推勘入微，日臻美備，庶可無待外求。

一、曰造船。閩滬設立廠局製造輪船，慮遠思深，實爲防禦外侮探源之策。現在中國所製輪船，雖不及外洋之精，較之前數年，日見改觀。駕駛不用洋人，是其明效。熟能生巧，自可精益求精，倘因惜費議停，不獨進境無從，並十餘年之苦心、數百萬之餉項，均歸虛擲。總理衙門王大臣等堅持定議，具徵卓識。惟目下創立外海水師，自造之船斷不敷用，不能不酌量添購，而鐵甲船爲屏蔽全軍、衝擊敵軍之具，亦屬萬不可少。應由南北洋大臣酌量購買，擇海口最深之處駐泊。以後當令津、滬各廠局詳求製造之法。其購自外國之船，卽可歸各廠局修理。長江上游口岸，亦均宜各購輪船，分作三層，上可置砲，中可屯兵，下可裝貨，仿照外國公司輪船之例，平日撥交招商局，令在沿海及長江上下攬貨，以開利源。有事仍備調遣，庶不虛糜養費。應請飭下東南沿江各省督撫臣，每省先行籌款各購輪船一號，嗣後酌量財力，或三年，或五年，每省添購輪船數號，將見愈久愈多。中華大利，不致爲他人所分，而每年生息保險之費，既可借充庫儲，設遇有事，亦可運解兵餉器械矣。

一、曰籌餉。四成洋稅，原備不虞之用，陸續借撥，所存無多。此時創辦防務，一切經費自當由各省統籌全局，移緩就急。湖北省購買輪船，擬卽在本省釐金或川鹽課稅項下，酌撥濟用。惟南北兩洋創立外海水師，置備兵船、鎗礮，爲數浩繁，未易籌措。應請仍於四成洋稅項內，提撥若干，先行酌購輪船，鐵船數號，配搭應用鎗礮，並請將各海關以後所收四成洋稅，留撥幾成，以備海防之需。別項軍餉，概不准借支。目前裕餉之道，惟有先就利之出於自然者，設法導之。直省現試辦開挖煤礦，若有成效，其利實非淺鮮。各省之有煤礦及銅鐵礦者，均可仿照開挖，以廣利源。既可以供各廠鑄造及輪船之用，其所餘者，亦可出售助餉。惟各地方情形不同，有無窒礙，應由各該省督撫臣詳細訪查，妥籌辦理。

一、曰用人。自來有治法尤賴有治人，不得其人，雖有良法亦終無濟。軍興以來，著名宿將現尚不乏其人，然或宜於陸路，不宜於水師；或熟於內江，不熟於外海；或人雖驍勇，與主帥素不相習，亦難所向有功。誠以將須帥用，兵隨將轉，果統帥得人，其所部之軍，自精銳可用。膺此任者，必威望素著，知兵文職大員，各將官或係舊部，或由訪選拔擢，庶意氣相孚，可收指臂之效。從前出力各統將，或年齡漸衰，已成暮氣；或艱難久歷，思就安閒，未必人人可用。竊意英才輩出，亟宜博求新進，教練成才。其統帥或由朝廷特簡，或卽令南北兩洋大臣兼任，以一事權。

一、曰持久。貞固足以幹事，謀一事而不能持久，何以有成？而往往廢于半途者，一誤於局中之怠忽，一誤于局外之阻撓。此次總理衙門王大臣等所議各條，籌慮深遠，防患周詳，禦侮之道，莫切於此。局中局外，宜一心一力，共與維持，毋忘往事，毋惑人言，自始至終，堅苦貞定，歷之永久，而無或稍渝，斯公忠同盡，自强之效，有操券可卜者。

清·方宗誠《開縣李尚書政書》卷六《覆奏總理衙門六條疏》 伏查總理衙門原奏六條，以用人、持久兩條，爲前四條之要領，由末溯本，用意至爲深遠。竊謂持久一條，尤足挽救時弊。歷觀史册，凡建一議創一法，非事所習見者，必有多方辯論阻撓之人。蓋以局外而論局中之事，往往各懷意見，而不得其事實，徒以變亂是非，坐誤事機。目前籌防之議，惟在宸衷獨斷，行之以漸。守之以恆，取天下大事當講求者，書之御座，日省之，月察之，歲考之，庶內外諸臣各體皇上之意，實力奉行。記曰：『下之事上也，不從其所令，從其所行。』皇上一意持久，則臣下自不敢鬆懈矣。惟持久之道在於得人，若練兵、簡器、造船、籌餉諸大政，萬一不得其人，無論章程如何美備，條目如何精詳，一入急功營私之手，勢必顛倒舞弊，盡壞立法之初意，又安望其持久哉！故用人一條，尤爲萬事之根本。第就防海言之，則以求將才爲最要，宋臣楊萬里有言：『相不厭舊，將不厭新。』蓋言用兵最忌暮氣，宜用年壯氣銳、素有遠志未建大功之人。伏願皇上加意搜求，破格獎擢，臣下苟有所知，亦當隨時據實上聞。至於宿將勳臣，老而益壯，帝心簡在，任用自有權衡，固無俟臣下之論列也。

原奏練兵一節，臣伏查西人恃其船礮，故得横行海上。然自古有海防無海戰，今日練兵仍以水陸兼練爲主，先就水師言之，尋常戰艦不及輪船，尋常輪船又不及鐵甲船，夫人而知之矣。然船之得力與否，仍視乎人。西洋各國駕駛輪船之人，類皆童而習之，以次遞升，由水手而洊至提督，故其心專，其藝精，其統率之人無不號令嚴明，指揮如意，蓋其功效由漸而來，非倉猝所能集事也。今之戰艦，即不能一時更换，似應就弁兵中挑赴輪船學習，增一輪船即酌裁若干戰艦，增一輪船弁兵，即酌裁戰艦若干弁兵，而仍歸水師提督節制，則事權一而經費省。更招集沿海一帶熟悉沙線能耐勞苦之人，參用西法，使之由漸遞升，依船爲命，庶可漸收實效。然沿海之地，幾及萬里，處處可以登岸，勢不能處處皆泊輪船。一旦有事，若敵人乘海濱無備之隙地，舍舟登陸，則我之船礮皆無所用。

夫外人涉重洋而來，志在登陸耳，非志在海中也。中國惡其來者，惡其登陸耳，非惡其在海中也。則陸軍宜亟講求。前明時倭人内犯，談兵者皆謂擊之海中爲上策，拒之海上爲中策，戰之内地爲下策。於是唐順之講求水師，出海擊賊。是時倭船甚陋，非若今之輪船鐵甲也，然猶登岸肆擾，水師竟不能制。卒之戚繼光等精練陸兵，血戰數年，甫得盡殲其衆，此往事之可驗也。近日法國水師，其多且精，十倍於普人，然卒爲普所敗者，以普人從陸路進攻，水師無從措手，此近事之可證也。是水師足恃，尤宜亟練陸兵，況水師未足恃乎！

練陸兵之法，查同治十年曾國藩覆奏摺内稱，沿海之奉天、直隸、山東、江蘇、浙江、福建、廣東七省，共練陸兵九萬，沿江之安徽、江西、湖北共練陸兵三萬，合成十二萬之數。以陸兵爲禦敵之資，以輪船爲調兵之用，海道雖極遼遠，血脈皆可流通，其意蓋以陸兵爲主，誠至計也。今誠踵其意而力行之，各省分定數目，各專責成，貴精不貴多，宜聚不宜散。從前缺額之兵，不必再補，現在已募之勇，更加精練，練兵尤須練藝，選兵必先選將，是在平時之實力講求矣。

原奏簡器一節，查西洋火器日新月異，迭出不窮，今日之所謂巧，即後日之所謂拙。論中國自强之策，決非專恃火器所能制勝。觀西人所著《防海新論》，備言南北花旗交戰之事，雖有極善之礮臺、極猛極多之大礮，祇能擊壞一二敵船，並不能禁其來去自如，火器之不足深恃，可謂明證。然而風會所趨，雖造化之奇，亦若聽命於智巧之數，其不能不相隨轉移者，時也勢也。近日各國之礮，其後開門者，爭推德國之克鹿卜爲最，英國則首推烏理治，洋鎗則以美國林明登爲最。本年夏間，臣已將各項鎗礮陸續購買，迄未運到。夫欲自强而必倚西人以爲强，亦必不可恃矣。臣愚以爲其始宜由外洋購運，一面發營操演，一面飭局仿製，庶幾始因終創，不至倚人爲强。現在上海機器局仿造烏理治礮、林明登鎗，已能如式製造。惟克鹿卜礮尚未得其秘法。然後膛不如前膛之穩，似亦無須仿製。水雷一項，另有機器，亦已設法購到製造。惟是各項火器不難於用，而難於不用，有事之時，日日試演，尚可經久。無事之時，一經閣置，立形鏽壞。以後購造槍礮，應發交該管員弁，操演之後，時時磨洗，不許鏽壞，違者罪之，是亦珍惜巨帑之要義。

至於鑄造之法，滬局機器工匠華洋兼用，華匠協同洋匠學習有年，亦漸窺其奥窔，但祇能就洋匠成法，依樣仿造，若欲神明變化，推而廣之，必須有上等工匠及習算之學生親赴外洋，徧觀各廠，參互考校，方能自出心裁，智創巧述。現在出洋肄業之幼童，業已三年，其中聰穎之人，既習言語，即可兼通技藝。擬飭管帶之員，分別察看，如有能通製造之法者，由督撫優給廩餼，量保官職，令其竭慮殫心，精求絶技，他日藝成而歸，廣爲傳授，庶足闢途徑而勵人材。臣聞自古覘國勢者，在人材之盛衰，而不在財用之贏絀；在政事之得失，而不在兵力之强弱，未聞以器械爲重輕也。且西人之所以强者，其心志和而齊，其法制簡而嚴，其取人必課實用，其任事者無欺詐侵魚之習，其選兵甚精，故其臨陣皆勇敢而不畏死，然後加之以精器，所以强也。若不察其所以强者，而徒效其器械，豈足恃哉！曩者林則徐在粤，英人畏之如虎。僧格林沁敗英人於天津，皆未嘗有精器也。是火器不可不講求，而實未可專恃以制勝也。

原奏造船一節，自閩省創設機器局，上海繼之，金陵、天津又繼之，皆由鎗礮而推及輪船。當輪船初成之時，已有横絶四海之勢，及西洋各國鐵甲船出，而輪船爲之減色。近日英國復創蚊子小鐵船，一名水礮臺，長可十丈，能載數百磅巨礮，狙擊鐵船於三里之外，而鐵甲船又爲之減色。本年籌辦防堵，人人皆稱鐵甲船，爭進購買之策，臣堅持未許，非以鐵甲船爲無用也，蓋深知外國造成一船，皆以自備戰守，其損壞不能用者，乃以售之中國，而又昂其價值，需以歲月，轉輾經手，徒資中飽，無裨實用。中國以百餘萬之巨款，購一外國不堪用之壞船，駕駛不善則易損，修理不得其法則易損，後患方長，而船之損壞甚速。權衡利害，誠不敢輕於一擲也。且鐵甲船喫水極深，英、法之船其來上海者，停泊吴淞口，不能進入黄浦江。日本之船，其至北洋者，停泊燕臺，不能入大沽口。是中國果有鐵甲船，必先酌定停泊處所，能否與各項輪船合爲一起，方可放手仿造。現飭上海機器局先就小者試造一號，約計明春可以告成，如試驗適用，由此擴充，卽可酌量添造。

臣愚以爲造船仍以兵輪爲主，如大沽、吴淞、直、東、閩、廣等口，各駐鐵甲一二隻、蚊子船三四隻，佐以兵輪，安配重大擊遠之礮，與礮臺相輔，便可屹成重鎮，以戢戎心。惟嗣後輪船日增，必須先籌養船之費。外國輪船以商爲主，以兵爲輔，所以財力厚而兵餉亦足。上年直隸督臣李鴻章試辦輪船招商局，卽是此意。爲今之計，造兵輪而添鐵甲，假商力以養兵船，誠宜兼籌並務者矣。臣聞泰西各國，其輪船以百數十計，其鐵甲船以數十計，其大礮以千計，其小礮以數千計。卽使中國歲籌巨款，多方製造，亦必不能如彼之多而且精，且卽使百方搜括，船礮昔可相敵，仍不能禁其不登岸。據臣愚見，船礮不可不辦，亦宜量力徐圖，稍蓄財力，以練陸防之兵，以備有事之用，而仍汲汲以修政事、造人材爲本，使各國嚮風慕義，或外侮可以稍紓。

原奏籌餉一節，軍興以後，勸捐、抽釐、津貼，無法不備，民力竭矣。於此而欲開源，竊恐無源可開，國家經費有常，地丁、漕米、關稅三者雖較從前不能足額，而各關之洋稅、各省之釐金、京外之捐輸，皆向來所無，爲數甚鉅。綜計一年出入之數，仍屬不敷，然則非財不足也，乃用不足耳。今之言理財者，或謂煤山、鐵山乃中國自然之大利，若一一開採，不獨造船、造礮取之裕如，且可以致富，可以自强。或謂一經開礦，則必招集無賴，深恐易聚難散，釀成巨患。臣愚以爲釀患之説，蓋由經理不善之咎，不必鰓鰓過慮，因噎廢食。現在磁州業已奏明試辦，而湖南、福建、江西、山西等省已成之煤廠、鐵廠，擴而行之，果能有效，何必舍近求遠，取給外國！臣所慮者，中國開採煤鐵地氣不厚，精華易竭，所費甚多，所得有限，未敢遽信以爲大利耳。爲目前權宜之計，惟有暫將各口洋稅通提六成，專供海防之用，以五年爲限，當可集事。若夫節流之法，非甚高難行也，其效亦非難致也。自古以來，能節用者，國未必不富；謀聚斂者，國未有不貧；蓋利端一開，則上下交征，人主之侈心必生，貪吏之盜心愈熾，而所入轉不敵所出。昔漢文帝時輕賦薄斂，屢免田租，而國愈富者，以其節用也。武帝時横征暴斂，百利俱興，而國愈貧者，以其不節用也。昭帝承武帝之後，盡罷興利之役，疑若不免於貧矣，而又富者，以其節用也。然則富國之道，從可知矣。

竊謂欲求節用，必自朝廷始，誠能罷土木之工，省傳辦之費，減宫中之用，以節儉爲天下先，則一歲所省，何啻百萬！各省督撫悉心籌畫，盡裁不急之費，而於州縣之錢漕、關局之釐稅，皆實力稽查，勿使乾没，固不可刻薄以傷政體，亦不可徇隱以悦人情，則一歲所增，又何啻百萬。仍求敕下戶部統籌全局，分別入款、出款之界限，京師旗、綠各營約用若干？内務府約用若干？各直省旗、綠各營約用若干？各路勇糧約用若干？文武養廉俸銀約用若干？雜支約若干？而於綜核各項之外，指定籌防專款應用若干，俾中外上下曉然於經費之有限，財用之有制，斷不准因緊急需用，先行挪動，自取支絀。從此中外一心，兢兢業業，力求撙節，不必與計臣言利之策，自可裕度支而垂久遠矣。

以上四條，皆就總理衙門原奏而證以外間一切情形推廣言之。要必餉足而後可以造船，可以簡器，可以練兵，尤必得人而後可以言籌餉，可以言持久。六者相爲表裏，施之有序，操之有本，皇上綜攬大綱，臣下各竭微長，各抒忠悃，不以爲安常處順之時，而以爲嘗膽臥薪之日，大局幸甚。

抑臣周諮博採，覺事之可行者尚有三端：查沿海各島大都土瘠產薄，惟臺灣一島形勢雄勝，與福州、廈門相爲犄角，東南俯瞰噶囉巴、呂宋，西南遥制越南、暹羅、緬甸、新加坡，北遏日本之路，東阻泰西之往來，實爲中國第一門戶，此倭人所以垂涎也。且其地物產蕃富，有山木可採以成舟航，有煤鐵可開以資製造，其客民多漳、泉、潮、嘉剛猛耐苦之人，足備水師之選。乘此倭事初定，番民感激國恩之時，如得幹略大員，假以便宜，俾之輯和民番，兼用西人機器，以取煤鐵山木之利，遲之數年，該處便可自開製造之局，自練防海之師，爲沿海各省之聲援，絕東西各國之窺伺，此中國防海之要略地。惟創辦之始，得人頗難，需費亦鉅。其中節目繁多，應請敕下閩浙督臣李鶴年、船政大臣沈葆楨妥籌議奏，以期必成。此事之可行者一也。

海外新加坡、檳榔嶼、舊金山、新金山各埔頭，均有閩、廣等處之人在彼貿易。每處不下數萬人，造有會館，舉有頭人，名爲領首，類能知其姓名；此皆世沐聖恩，縈懷故土，每遇中國人至，款接甚殷。凡爲領首之人，必有幹濟之才，足以提唱全埔。如從泰西原請派領事出洋之議，物色人才，不論官階文武大小，有能任此事者給以虛銜，使其前往各埔，結納首領，婉轉勸導，發其同仇之念，示以加秩之榮，由各督撫咨請總理衙門奏給職官，派爲練首，令其專練壯丁，隨時操演，每年酌賞銀牌寶星以示鼓勵，約計經費有限，而獲益無窮。此事之可行者二也。

西洋各國，考諸地球，參諸天度，皆距中國數萬里。即電報極迅，而兵船之來，究須六七十日。現在通商各口洋人星羅棋布，中國情事無一不偵察周知，而彼都情形中國皆未深悉。自斌椿、志剛、孫家穀出使後，至今無續往之人，竊謂通商各國，宜選有才略而明洋務之人隨時遣使，遇有交涉之件，可辯論者與之辯論，可豫防者密爲設防，其於彼國有用之人才，新造之精器，均可隨時採訪，以爲招致購買之地。目前各國通商，耦俱無猜，實千古未有之創局，較之張騫之通西域、蘇武之使匈奴，尤可履險如夷。海內至大，人才輩出，未必無英偉奇特之士願充是選。此事之可行者三也。

以上三端，採自衆議，證以所聞，如果試行，似於洋務必有所益，而於國體亦無所損。臣智識譾陋，閱歷尤淺，不敢存好大之心，亦不敢爲鑿空之論，區區愚誠，諒蒙聖慈垂察。

清·吴元炳《沈文肅公政書》卷五《復議海洋水師片同治十三年十二月初五日》　原議稱：『海上爭衡，百號之艇船，不敵一號之大兵輪船』，誠確論也。第裝礮至四十餘位，裝兵至六七百人，其齧水之深可想，則修理之廠不可以不豫籌。船分上下層，皆列礮眼危樓，俛瞰氣象萬千，然而安礮之處多，則受敵炮之處亦多，且下層演放數礮後，煙漲艙中，咫尺不相見，臨敵不無少有窒礙，似當取外洋大兵輪船之新式者參之，可以羣究其用之利鈍。至木輪船足以輔鐵甲船，仍不足以禦鐵甲船，則鐵甲船終不能不辦也。

原議稱：『精練陸兵，每人月給十元』，此固倡勇敢之一道。顧國家立法宜求其可繼，淮楚各軍月餉均四兩二錢，魁桀者未嘗不趨之若鶩，但能予以極精之器，練以命中之技，精熟乎步伐止齊之節，不患不爲勁旅。至陷陣摧鋒所以鼓舞奮興之者，有不測之勳賞在。倘爲一時招徠之計，取快目前，淮楚各軍其何以處之？

以上二條，臣等心所未安，不敢蓄疑，謹合詞附片上陳，伏乞皇上聖鑒訓示。謹奏。

清·羅文彬《丁文誠公遺集·奏稿》卷一一《籌議海防應辦事宜摺同治十三年十一月二十日》　臣竊維海防應辦之事，大要實不外練兵、簡器、造船三大端，而籌餉爲兵、器、船三者之根本，用人持久又爲兵、器、船三者之實用。總理衙門王大臣思患預防，請飭詳議切實辦法，極爲切要之圖。惟各省海疆之形勢不同，斯防守之機宜亦異。臣忝任東疆，海防是其專責，謹將各條切實辦法，並參酌丁日昌所籌練兵築臺之法，一併彙入，妥籌詳議，敬爲我皇上陳之。

臣閲練兵一條，查該王大臣等所議係水陸並重，丁日昌所籌以陸兵兼習水師，用意同，而練法則實有別。蓋陸兵與水師惟紀律嚴明彼此無異。至操練技藝，陸兵無風濤不測之險，一切槍礮刀矛，坐作進退可以從容演習，即如丁日昌所云，徒手上城、憑篙躍壕各技，稍爲便捷之夫，一學而能，以其暇豫故也。水師則操練槍礮須出没於驚風駭浪之中，顛簸欹覆之際，發必命中，乃爲得力。是則不待臨敵，當操練時，已有危險之勢，非陸兵之所可擬。故海防宜專練水師，而切實練法雖貴駕駛得宜，風濤熟悉，尤必練之使能入海施放鳥槍爲長技，始也由淺而漸及深，由暫而漸及久，總期於入水數十丈，經歷四五時爲定。迨練之既久，身與水習，入海不濡，當臨敵之餘，雖使敵礮覆舟，猶能伏水應變。至於教練槍礮，則於洋面寬闊處用圓木浮水面爲的，令其照準施放，期於命中，失則有罰。以圓木之隨波浮沉，而又加以船隻之動盪，果能礮無虛發，則臨敵時自覺目定手穩，不稍游移。而駕駛之餘，再爲訓之以行列，令以進退，或可爲制勝之師。

臣於水師，自上年改設登榮兩營，派員訓練，即定以入海爲第一教法，而槍礮之準，則延一外洋人教之；駕駛之法，則特選募粤中之精於摩水者教之，辦理甫有規模，臣即得假回籍。現聞該水師一切操練，尚守舊章，而熟悉與否，擬俟河工竣事後，親往校閱，力加整頓。但該水師初設僅八百人，原擬當時海疆無事，不敢多設人數，以節餉需。今若籌辦海防，八百人似覺過少。臣擬每營再酌添二百名，合成千二百名之數，照舊章訓練。有此始基，設遇倉卒生變，即照臣上年原議，選募海邊强壯漁人，於風汛沙綫皆能熟習，編列成隊，而配以練成之兵，第使專習槍礮，申明紀律，以之應敵，自亦可用。

至陸兵則軍興十數年來，戰守之法人人皆知，但儘現有之營，勤加練習，萬一臨事不敷調用，隨時酌募，便可應手，不必再議添設，徒糜重餉。其丁日昌所籌陸兵兼習水師，似覺未爲盡善。臣以爲水師能兼習陸師，陸師斷不能兼水師，蓋陸兵不習洋面，一見大海之狂瀾，已覺心搖目炫，心目既亂，而平日所習之藝皆非；非若水師慣歷洶湧，一經登岸，則舍危險而履康莊，倍覺游刃有餘。惟水師水操之外，亦可兼練刀矛，以備登岸策應，誠不可少之事也。

又閱簡器一條。自古器械不精以卒予敵，兵家先求利器尚矣。顧器莫利於火器，而火器尤莫利於外洋，所幸者外洋有獨擅之利器，而不思自秘其長，每製一械，但使足以濟用，即貪利而轉售之他人，此在彼有自敝之愚，在我則有可乘之機。第中國雖購洋礮，而施放不能如彼之準，此由測算礮力、礮藥所及之遠近高下，不及其精。故彼之利器，在彼用之，仍可擅長，我用之，則仍不可恃。臣愚以爲礮宜購備，而放礮之準頭尤宜講求。查現在外洋之槍礮，以克虜伯近時所造之後膛開花槍礮爲最精，然亦必得其施放之術，乃可以命中而致遠。

臣上年改設水師艇船，即在彼購辦大小鋼礮、銅礮十四尊，槍一百二十桿，均極精良。初到東時，無人悉其施放之法，嗣乃延一西人，教之數月，演放始能如意。臣擬籌措款項，分購口徑七、八、九、十寸大之後膛鋼礮各數尊，以備應用。惟此礮價值甚昂，東省籌款不易，擬分年匀湊十數萬金。陸續購辦。第各礮均購自外洋，在彼之利器固失，而我之財力終虧，惟冀閩滬所設機器局，極意經營，及時仿造。凡在管理局員及一應工匠人等，務就其已成之器，殫精畢思，悟澈其實在精妙之處，然後工力悉敵，器不虛製，且積久生新，亦無難奪彼之長。如此辦理，庶我之財力，不致盡耗於外洋，斯爲計之得者也。

又閱所議造船一條。查中國舊式戰艦，誠遠遜輪船之捷利。現在閩滬兩廠製造頗具成規，無難力求精進。惟造船之費甚鉅，養船之費亦多，各省斷難照行，一省亦難獨任。臣愚以爲以後製造之事，專責之閩滬兩省，養船之事，分責之沿海各省，相維相助，閩滬可以節養船之費，挪之於造船，各省可以節造船之費，挪之於養船。如此挹注，則費較省而事可永圖。第中國海疆寥遠，現有船隻以之分防自不敷用。應由各省酌量籌辦，分年購買。即以東省洋面而論，必須有輪船三四隻，呼應方靈。現僅有閩局調來一號，臣已飭烟臺所練之槍隊，挑撥四十名赴船操演。以後尚擬購備一二隻，添人操練。一遇有事，乃能應手。惟以東省之財力，非蓄之三四年不能成功。至於舊式艇船，原不及輪船，然亦不可不相間互用。蓋輪船遇大洋，深水迅駛，自足見長，若遇淺水膠舟，或附近島嶼窄隘之處，有艇船旁出以攖之，游弋無常以牽制之，亦可助輪船礮臺之力。近閱西人《防海新論》，知其用輪船與鐵甲船，亦須參用舢板。至其田鷄礮船極爲得力，然細觀其戰攻時，該船所到之處，須用輪船拖帶，則此項礮船亦非輪船可知。丁日昌所籌『有輪船數隻，即可將一切師船廢棄不用』，殆未思海面雖大，而其中島嶼分歧，各處亦多汊港，有舢板艇船伏藏其間，正可以出奇制敵，似制敵亦不必偏廢。至鐵甲船本屬堅固，然以臣愚見，似祇宜施之於海口緊束之區，輪船必由之道。如直隸之大沽、江蘇之吳淞等處，有此一船把塞，則可動可靜，極爲靈活得力。若舍海口而恃之以遠攻，該船恐亦失之笨重，反不及輪船之便捷，旋轉悉能合宜。

查東省洋面至爲寥闊，無緊要收束之海口，鐵甲船暫可以不購。惟礮臺則斷不可不修。臣閱丁日昌所籌，極合機宜。蓋沿海城池險隘，非得礮臺爲犄角，一經大礮遠轟，則萬不能守。但此時修築礮臺，非僅如尋常守備，疊土累石，隨便據險爲之，遂謂可資捍禦也，必須得熟習海疆形勝、精通地輿、深明算法而又周知外洋攻戰機宜之人，或乘舟歷險，或登山涉隘，遠測近觀，以定臺基。臺基既定，然後講求築之之法，方圓斜正，一一精審。務使彼船之礮不能遽傷我臺，我臺之礮可以遠及彼船。斯築一臺始得收一臺之用，不致動糜鉅款，徒費無益。然臣於礮臺一事，上年曾擬興辦，以地勢未經勘定，未及舉行。竊以爲修築礮臺之法，有明礮臺，尤須有暗礮臺。明之以顯互相攻擊之具，暗之以爲出其不意之舉，庶幾奇正相生，使我之礮可以擊彼之船，而彼不及防，且不知所以防，斯爲得礮臺之利，固不僅在照其臺式也。臣籌辦東省海防，注意以礮臺捍蔽各城，而以輪船爲游擊之師，以艇船、舢板爲相間雕擊之用，雖不遽能制勝，或亦可以應敵。

至丁日昌所云演礮不得其準，守臺不得其人，則爲近時切病。然此則在練兵時嚴飭統領加意講求，重示賞罰，固不難立時改觀也。又閱所議籌餉一條，查中國餉源所入，以錢糧、關稅爲大宗。軍興以來，始行抽釐。軍務至十數年，而餉糈不致十分告匱者，未始非抽釐之力。今欲求餉需不竭之源，大約仍以此爲較有把握。但目前釐金，如江蘇、廣東、湖北、江西、湖南、四川、安徽、浙江、福建等省，水陸相通，商賈輻湊，釐數較旺，如能認真講求，嚴核官紳之中飽，重懲胥役之偷漏，力杜不急之開銷，而又於正用之中加意撙節，事事核實，當可有盈無絀。是全在各省司事者設法層次句稽，如各州縣徵解錢糧正雜之例，不容稍涉弊混，斯爲得之。若舍此而別求之開煤挖礦，非不獲利於一時，而地力一竭，無業之輩能聚而不能散，勢必釀成事端。是欲籌餉以禦外侮，轉致內患叢生，外侮亦無從籌禦，此則事之必當計較萬全者也。惟釐金之爲餉源，東南各省可恃，西北各省實有難行。然使各省能於賦稅所入勤加考核，事事句稽，而持之以節用，亦未始不可自裕。此全在因時審勢，善自爲謀，固不能以一格繩矣。

又所議用人、持久兩條。查自古爲國得人者昌，用兵特其一事。現在籌辦海防，任人最爲喫緊。不得其人，兵器與船皆成虛器。惟海疆之用兵，不惟與陸路異，卽與長江水師亦異。故得人尤爲最難。該王大臣所議令各直省大臣實舉所知，公議會推，誠爲愼重選舉之計。況軍興以來，各省用兵日久，未必遂無所知，然所知多係陸路之兵，與長江習戰之員，以之移任海防，恐知識未能盡悉。萬一遷地弗良，以陸路、長江之將才，而失於海疆之一蹶，亦爲可惜。臣愚以爲人才以磨礪而出，但須得質地樸勇、血心自負之士，任之以事，假之以權，責之以效，而又能正以率之，嚴以馭之，恩以結之，使之知畏知感，自能鼓舞奮興，可以致其死力，足爲我用。如謂一舉而卽爲可靠之才，恐亦未敢必也。

至練兵、製器、造船各事，該王大臣所議，以持久行之，而要於一心一力，誠爲確論。凡事未有不持久而可期有成，亦未有不一心一力而可望集事者。臣自愧庸愚，既不能爲國家宣揚德威，及至事機緊要，而猶又以泄泄從事，自顧何以爲人。惟有於應辦各事自矢忠誠，次第興辦，以期事豫則立，稍得上紓宸廑。

抑臣更有請者，自來用兵之道，不外戰守兩端。然有戰不如守，守不如戰，或以守爲戰，以戰爲守者，此中機宜，尤當審決。古來哲人謀國，名將用兵，未有不於此兢兢者。今日籌辦海防，原屬先期圖維，豫籌戰守之方，而尚未有戰守之事。然此日外洋桀驁甚矣。我以通商之事，相與羈縻，彼亦圖通商之利，暫爲安息。近聞各該國貿易虧折頗多，輪船在中國者亦漸不得利，狡焉思啓，自在意中。臣愚以爲防事辦定，將來如果有警，其要利於持守，而不利於輕戰。夫所謂不利於輕戰者，非怯敵也，誠以與外洋用兵，較之與內地用兵，機勢迥別。其間毫釐千里，萬不可忽。內地用兵，賊皆處我心腹之地，此擾彼竄，必能戰而後賊可平；專言守，則到處設防，轉致任賊蹂躪，益形滋蔓，故戰勝於守。若與外洋用兵，則主客之形，勞逸之勢，彼不如我；且彼遠涉數萬里之重洋，而與我爭勝於一旦，其輪船所燒之煤、所裹之糧、所需之軍火，皆難持久，其船利在速戰。若使彼一戰而勝，則我之沿海兵民，皆以爲我之輪船不如彼之捷，槍炮不如彼之利，則氣必餒，氣餒則勢必散，而彼乃乘其散而入我內地，或以重利勾結奸民，爲之前驅，或有漢奸乘機附和，分我兵力，則不必陸路稍有挫失，而海防固已全隳，大局亦不可問。

且不特此也，彼之所以與我搆釁者，欲爭我土地耳。彼處空虛無物之大洋，而爭我財賦所出之土地，若輕與之戰，幸而獲勝，彼不過傷一二船，於彼固無大損，若不幸而敗，則彼得乘勝以據我土地，於我所失甚多。此間輕重，尤貴權衡。故海疆之事，能守卽爲能戰。日後有警之時，我但愼守沿海炮臺，密防沿海城池險隘，而但以輪船與之掎角於近海之間，以爲炮臺、城池、險隘之防護，又以舢板船艇船與之出没隱見於島嶼紛錯之内，以爲輪船之聲援，彼欲急戰，而我故延緩之，彼欲不戰而我故牽制之，務使之進不得戰，退不得息，久之糧盡煤絶，勢必自潰。迨其自潰，我乃乘其勢而擊截之，或尾追之，當可取勝。此所謂以守爲戰也。

至於輪船倚煤爲命，近日各該國每羨中國産煤之區。臣細加訪求，有云該國年來用煤過多，出煤漸少，勢將垂涎中國之煤。臣故上年於山東淄川、博山、濰縣出煤各屬，均已明定條規，爲先發制人之計，以防窺伺。如將來有事，中國之煤與糧，務令斷其接濟，亦爲切要。兵法云『知己知彼』，臣知識淺陋，豈能知兵，惟審機度勢，實見海疆兵事，誠有戰不如守、而守卽爲戰之機宜，決當慎重於未發之先，而不可以忽視者。可否請旨密飭廷臣，及沿海各省將軍、督撫等，酌度臣言之得失，以爲日後用兵之大計。不勝禱幸之至。所有遵旨覆議海防應辦事宜各緣由，謹恭摺密奏。

《總理各國事務衙門奕訢等照録光緒元年正月二十九日陝甘總督左宗棠覆函》 敬啓者：十月十三日，捧讀大咨，並奉鈞緘，承示臺防完案條款及海防事宜兩摺稿，敬悉一切辦法。【略】

自維去閩已久，事難覆按。臺郡況未親歷，何敢騰其臆説，上瀆清聰？大疏所陳練兵、簡器、造船、籌餉、用人、持久各條，閎遠精密，無少罅隙。計各處覆奏到時，亦必詳明曲盡，足使題無遺義。顧天下事言之實易而行之維艱，不俟成效畢臻之日，無由知其誠然也。

以練兵論，就水陸原額拔其精壯聚而練之，是矣。然制兵只有此數，拔其精壯，練以備戰，而存營無留良馬，何以資分布而利更番也？綠營積習最深，水師尤甚，一在糧餉太薄，一在書識、號令、看管軍裝、軍火。分撥塘汛，不能入操之兵太多；一在千、把、外、額至參、遊、都、守層層管束，十羊九牧，額數多歸私役，氣勢不能整齊。宗棠前於閩浙總督任内力求整頓，曾經詳細陳明，仰蒙俞允；旋卽西行，未睹成效，至今耿耿。而楊石泉、王補帆兩中丞，猶謂較之從前頗有起色，亦未知其確否。至西人所傳洋槍隊式，行列整齊，進止有度，較之中土所演陣式，不但槍械子藥遠勝，其束伍結陣之法亦良不易及也。然自剿辦髮捻，中國材武之士輩出，善戰者亦多，尚洋槍而不盡習其陣式，如前廣東提督劉松山、今蘇松總兵章合才，所練陣法，足平髮捻，亦可制洋人；宗棠實親見而信其能。

以簡器論，礮以布洛斯所製之後膛螺絲開花大礮爲最勝，槍以後膛七響爲最勝。從前西人舊式槍礮，本已精工，近改用螺絲内膛，後圓前鋭，注藥之子又極合用，較其舊式光膛圓子更爲精妙，故致遠取準，勝於舊式也。近又改用後膛進子之法，進口大而出口翻小，如布國新製大礮及後膛七響洋槍，則極槍礮能事，無以復加。凡槍礮之用，在致遠取準而已，其能致遠取準者，在礮子必合礮膛、槍子必合槍膛，子不離藥、藥力全注其子故也。布國新製大礮及後膛七響槍，不但子合藥膛，且大於膛口以數分計，而能不傷膛口者，由子之外面用鉛皮包裹，火著子出，鉛皮融脱，故出口不傷，子聚藥力，毫無外散，故能遠；子滿膛而出，毫無偏倚，故能準也。此間現設製造局，能自造銅引、銅冒、大小開花子，能彷造布國螺絲礮及後膛七響槍。近令改中國舊有之劈山礮、廣東無壳抬槍，用合膛開花子，劈山架改用鷄脚叉，無壳抬槍改用一人施放，選寧波及粤閩工匠製造，以總兵賴長督之，飭中軍副將崇志教練本標將弁兵丁演習，俾制器之人，知用器之法，用器之人通制器之意。向之劈山必用十三人，今只五人；向之無壳抬槍三人管放兩桿，今一人放一桿，且更捷便。蓋欲參中西之法而兼其長，爲行隊接仗營卡守具所必需；亦由西人每進益上、精益求精之意也。縱未能如西人之精到，而其利足與相當。如果能得地勢，用教練之將弁，帶習練之兵丁，其制勝確有把握，非美觀不適用、空言無實用者比也。

以造船論，閩局創設五年，限内效已可覩。兹蒙鈞裁，以不停撤爲是，則日起有功。凡洋人所長皆華人之長，實永久之利。至鐵甲船一種，上年德克碑來蘭，亦曾説及。宗棠以購買爲艱，修整必須另辦船槽，駕駛必須仍僱洋人，殊非閩局所宜，卻之。嗣接幼丹中丞書，必須採購。日意格已由電信往詢，未得確信。計臺事了辦，鐵甲船亦必來閩。蓋洋人無所要挾，其求售固在意中耳。頗聞此項船式，質重而堅，不能入口收泊。其利在衝劈輪船，然將到之時，巨浪洶湧，輪船從容起椗，亦可預爲之計。至西人擬爲水礮臺，便輪船依泊之説，似指輪船停外洋而言。中國輪船行駛外洋，收泊每依小島，均有一定之所，無須乎此。若收泊各口，鐵甲不能駛入，亦不畏其衝劈也。俟鐵甲購到，再爲察驗，庶可決其合用與否。至中國輪船局分設閩、滬，閩局地勢難得，所設船鐵諸廠，費至巨萬，論其成效，則華匠能以機器造機器，華人能通西法作船主，滬所不如。聞鐵甲輪船亦無甚妙巧，到閩後，令華匠仿製亦可有成。憔慮船槽不能展拓，然究已有局勢，較滬尚易爲功也。如撤滬局而以所有經費畀之閩局，則仿造鐵甲輪船不無小補。

以籌餉論，海上用兵，公私帑藏爲之耗竭，然猶藉洋稅、釐金歲入巨款，得以支持。雖受其損，亦獲其益。此次日本違約稱兵，沿海各省所以奉旨嚴防而不能不長慮卻顧者，亦以輪船調聚閩洋，各省海口，頓無倚恃，從前所設礮臺有不得地勢者，有不如洋式者，有和議定後慮以更置啓論端者，今既言防，不得不慎益求慎，一事而加以萬慮，一念而重以三思，宜其恤恤乎無終日之計也。於是紛議購船、置器、增兵、募勇，冀倖目前無事，不暇計經費之足支與否，局勢之能久與否。戰欲其勇，防欲其怯，揆之情理，無足深尤。今於臺防漸有成議之時，規畫久遠，似宜合始事之費與經常之費分籌並及，度餉源之贏縮，權其緩急應之，乃期詳慎於始，要成於終，可大亦可久也。

就海防分言之，閩、粤、吴、越、燕、齊及孤懸各島，凡可收船寄椗之處，均宜逐加察勘而預爲之防，固也。然合七省通籌，則衹此一海，如人之一身，有氣隧、血海、筋脉、包絡、皮肉之分，卽有要與非要之別。要處宜防宜嚴，非甚要處防之而不必嚴可也。天津者，人之頭項；大江、三江入海之口，腰膂也；各島之要，如臺灣、定海，則左右手之可護頭項，要脊，皆亟宜嚴爲之防。以此始者以此終，不可一日弛也。此外則視如髖髀，然謂其無足愛惜，固不可；謂其必全力注之，亦不必也。輪船之造，原以沿海防不勝防，得此則一日千里，有警卽赴，不至失時，可以戰爲防。五年僅成船十五，不敷海防全局之用。今既擬閩局不撤，賡續爲之，則購船之費可省爲造船之費也。

礮臺各式，以西人鐵製爲最；次則塼砌，層留炮眼，頂用鐵塼，兩尺厚者，蓋成圓鋭形，臺身周圍囊沙五尺厚護之，外用三丈闊、兩丈深之壕足矣。費較鐵礮臺爲省，而功用相當，臺上所安大礮，宜對準船之來路，度礮力所能及，必無虚發乃可。礮牀下宜安活輪，隨時取準，可放多數倍而不費曳輓之力。水面闊，安大礮；水面狹，安次者小者。再能如西人測定墜數，施放則用礮，設臺能事畢矣。

其各口守具，莫妙於布洛斯之水雷。前年滬局來告，布人噸噠吧請派閩局藝童數十隨往學造水雷，宗棠以其時閩之船局撤留未定，未如所請。臺防無事時，曾緘致幼丹中丞，謂海口守具，此不可缺。今議防海之器，似水雷亟宜請求。如令噸噠吧邀其師匠來閩，簡藝童學之，如其有成，則海防固而費亦可節也。此餉所當籌者，在始事之時已豫省經常之費，庶期有實用，無虚糜，乃能收海口通商之益，與之持久而不敝。

至西人所稱鐵甲足以制輪船，又云巨礮可以擊鐵甲。揣其用意，似因閩局輪船有成，欲藉此炫奇爲居奇之計。且俟鐵甲購到，加以察驗，如在所必需，雖費不惜；否則，衹宜從緩。

愚見現在用兵乏餉，指沿海各省協濟爲大宗，甘肅尤甚。若沿海各省因籌辦海防急於自顧，紛請停緩協濟，則西北有必用之兵，東南無可指之餉，大局何以能支？諺云：『扶起東邊倒卻西邊』，斯言雖小，可以喻大。且卽海防言之，凡所籌畫，宜規久遠，始事之時，卽悉索以供，不留餘力，設此後釐税衰減，經常之費又將何出？萬一島族生心，調發日煩，需用孔急，將何策應之？凡此皆宜通籌合計，早爲之所者。伏希鈞度及之，幸甚！

《禮親王世鐸等奏摺光緒元年二月二十七日》 竊思庚申以來，夷人恣意横行，實千古未有之變局，亦天下臣民所共憤。正宜臥薪嘗膽，精求武備，爲雪恥復仇之計。況上年倭人挑釁，有事『生番』，雖暫就和局，難保必無後患。故籌辦海防一事，實爲今日不可再緩之舉。

臣等將軍機處封送各摺片清單公同閲看，悉心會商總理衙門原奏練兵、簡器、造船、籌餉、用人、持久各條，均係辦防至計，而其要尤在用人。籌餉、練兵數大端。蓋有治人然後有治法，苟不得其人，雖礮利船堅，終歸無用。應請照總理衙門所擬，簡派知兵望重、熟悉洋情之大員，督辦海疆防務。其提鎮將領各官，應由沿海各督撫於水師出身、久經戰陣、洞達洋情者各舉所知，以備擢任。用人之道，不外乎此。

夫辦防首在得人，其次則莫如籌餉。各省所議，如增鹽釐，借洋款，開礦廠等事，深恐流弊易滋，諸多窒礙，此議之不可行者。李鴻章所議專提部存及各海關四成洋税爲目前開辦之需，楊昌濬所議於各省釐金項下每年酌提一二成存儲備用，此議之可行者。第現在財力未充，勢難大舉，祇可量我之力，擇要籌辦，不必過事鋪張。如李鴻章謂直隸之大沽、北塘、山海關一帶爲京畿門户，江蘇吳淞至江陰一帶爲長江門户，左宗棠謂臺郡後山地險而沃，倭人冀據爲外府；李宗羲亦謂臺灣一島爲中國第一門户，倭人垂涎：以上各要隘，均宜嚴密設防。此外各省海口邊境，但須略爲布置，俟我力有餘，再當隨時恢擴。

練兵之道，輪船必須添設，仍當輔以陸兵。李鴻章謂添練水師仍以陸兵爲本，李宗羲謂以水陸兼練爲上，丁日昌擬選練陸軍與曾國藩同治十年正月籌備海防之意略同：蓋陸兵本當隨時操練，而現辦海防更當精益求精。李鴻章、王凱泰等擬請裁汰綠營額兵及疲弱勇營，李鴻章並請將各省紅單等項船隻分別裁併，專養輪船，均爲節餉練兵之計，應如所議辦理。

至於製器、造船，西人最精，自可參用西法。如洋槍、洋礮、水礮臺、水雷等項，亟須購辦，仍當講求製造之法。惟鐵甲船一項，船質笨重，不能入口收泊，且每隻價值在百萬兩上下，爲費太鉅。沈葆楨現購此船，應俟購到時，察看如實利於用，再行續買，此時不可多購，恐誤買舊船，徒費重資。

持久一條，自是要言不煩。從前屢求自强，而至今仍無自强之實，總緣不能堅持定見。又因經費支絀，以致初基難立，廢於半途。爲今之計，仍以王文韶所稱『始事規模不宜過寬』之言爲持久要著，天下事未有不慎之於初而能持久者。

總之，海防爲最要之圖，而辦防資各省之力。內而總理衙門支持大局，外而沿海督撫實力舉行，內外一心，歷久不懈，庶幾軍威日壯，可杜彼族窺伺之心。蓋自古中國之馭外夷，必能戰能守，而後和局可久也。

此外，丁寶楨等所議防俄之法及李鴻章等所議遣使駐紮日本及泰西各國，均屬可行，應請飭下總理衙門，酌度情勢，奏明辦理。

抑臣等更有請者：防夷之法，不厭其精，而制夷之方，貴權其要。夷人畏百姓，當固結乎民心；夷人畏天威，宜勤修乎主德。以崇尚儉節爲裕國之源，以知人善任爲儲才之本，外思所以禦侮，內思有以自强，將見聖人在上，海不揚波，臣等幸甚，天下幸甚！

《大理寺少卿王家璧奏摺光緒元年二月二十七日》 臣等連日悉心詳閲各摺，在總理衙門王大臣不厭詢謀以廣忠益，實屬慎益加慎。諸臣各據所見，亦多老謀深識，有裨國家遠圖。其中如都興阿謂海防守重於戰；李宗羲謂自古有海防無海戰；文彬、丁寶楨、吳元炳均謂防俄尤爲切近；王文韶謂但使俄人不得逞志於西北，則各國必不致搆釁於東南；裕祿謂要在因地制宜，務求實際，同心籌辦，共圖振興；楊昌濬謂在堅持定見，固結民心；李鴻章謂將來器精防固，亦不宜自我開釁，俱爲扼要之言。李宗羲、劉坤一、張兆棟等均稱各就扼要地方，隨宜修改添築礮臺，水師加意操防，期於歷久不懈。楊昌濬謂各省所需輪船槍礮，可就閩滬津三局置造，毋庸再行添設；王文韶謂宜以全力注重西征，不在兵多，但期餉足；李瀚章謂西征統帥太多，事權不一，各路之營勇難稽，則餉項之饋運無定，自應汰弱留强；又謂艇船未可盡廢，有輪船帶領巡防更資得力，沿海多有輪船不能到之處，艇船盡撤，防範難周；李鶴年謂此時捐例可停而釐金不可停，均切當今要務。王凱泰謂西北水利當開，不外溝田之法；吳元炳謂民勞則善心生，耕織之務不宜導以奇巧；王文韶謂不以耕織機器奪農工之業，亦無形中固本之一端，均爲根本正論。至左宗棠指駁丁日昌各條，尤言言切當明透，洞中機宜，由其能用洋人而不爲洋人所用，身親閲歷而來，故能言之明確，不爲恫喝所動，不爲狡詐所欺，不礙和局，不落空談，不狃目前之無事而忘隱患，亦不專力未然之患而舍當前切要之圖，非但身當西北之任故云爾也，實合中外大局萬年景祚而通籌之。英翰謂鐵甲船笨重非江防所宜；沈葆楨謂三層大兵輪船，上下層皆列礮，安礮之處多則受敵礮之處亦多，且下層演放數礮後，煙漲艙中，咫尺不相見，臨敵不無滯礙。王凱泰謂洋槍只能放至五六百步，線槍遠至七八百步；洋槍只能裝鉛子一二枚，線槍至四五十枚；洋槍每開火三次，線槍已可開火五次，舍線槍而以重價購洋槍，非計之得也。楊昌濬謂後膛槍礮雖覺巧便，究竟機關太多，時有炸裂，不如前門槍礮結實耐久，粵東線槍裝子多而且遠，實比洋槍爲長。皆確有勘驗不逐時好之言。

其餘議有不齊，言多可採，而莫謬於丁日昌所議裁併五十隻艇船而造一大兵輪船，裁併十隻闊頭舶板船而造一根鉢輪船，左宗棠駁之，而李鴻章且欲並沿海各省舊制及新添之紅單、拖罟、艇船、舢板等師船而裁併之以專養四十八隻大小輪船，是名爲設防，實則撤防也；名爲籌辦海防，實則暗以破壞曾國藩、彭玉麟苦心經營之江防也。李鴻章素稱才智過人，何至侻失疏忽若此？無乃過信丁日昌而未之思耶？大疑不斷，後悔何及。

李鴻章又議割新疆於回酋，變科目以洋學，及用洋人開礦掘煤等事。於此數端，臣不敢危言聳聽，亦不敢緘默不言。除由王大臣定議會奏外，謹平心靜慮，恭繕專摺，並附片詳議，敬爲皇太后、皇上陳之。至其羅列新聞紙中各國輪船礮位名色數目及爭戰勝負事迹，未免過信洋人、張大之詞，不足深辯也。

要而言之，江海之防爲歷代帝王之大政，變固必須設防，和亦不可忘戰。曾國藩、彭玉麟之奏設長江水師，左宗棠、沈葆楨之奏設船政局，李鴻章等之奏設機器鑄礮各局，皆係與總理衙門王大臣往復籌商，奏明辦理，莫非公忠體國，期於共濟時艱，不可紛議更張，致滋貽誤。目今急務正在朝廷慎擇督撫，督撫得人乃能督率文武將吏就現辦事宜認真持久辦理，精練現有之輪船以衞海運，勤操素習之舢板以固江防，舢板利在環攻致遠不及輪船之速，輪船但有直勁迴轉不及舢板之靈，必能知其所短，乃克用其所長。尤要者，飭諭督撫諸臣，勿以事非己出輕改前人，勿以能順夷情不顧國是，操縱必須在我，利害不可徇人，此爲馭外之遠謨，實在執中之定見。至於回衆俄人，在我腹背，在內者當鎮之以靜，在外者當捍之以威，切防合而謀我，當思列聖詒謀之遠，當察羣臣謀國之忠，臣另於附片詳議。

《大理寺少卿王家璧奏摺附片光緒元年二月二十七日》 臣惟庚申以後，久成和局。今之設防，不但以備日本，正欲彼此皆知有備，彼此莫敢先發，庶可長保和局也。我之造輪船，造槍礮，皆用洋人、洋法，不過示彼之利器，我皆有之，皆能用之耳，其實不可專恃。戰於大海，自非小船所能然；我不必與戰於海。至輪船入江，處處有磯石，有洲灘，若無內地奸民爲彼引水，遇磯石則磕損，遇洲灘則淺擱，更遇大水泛漲，一望無涯，尤觸處皆礙。臣家濱江，日見輪船往來，距武昌縣城半里許，江中有龍蟠磯，同治乙丑臣親見觸沈大輪船一隻，拆撈貨物後，船艚久未拔出。楊岳斌曾於九洑洲擊焚洋人接濟髮逆大小輪船四隻，卽以舢板四面環攻擊破煙筒，火自內出，登時焚燒，洋人並未報復，蓋以擊其煙筒正中其要害也。當時僅併入焚燒賊船奏報。舢板未嘗不可用，輪船亦不可專恃明矣。輪有明暗，煙筒不能自匿。煙筒炸裂，則火焚自內，輪不能行，制敵要害在此。況其舵樓在前，利與煙筒並擊，擊傷舵工亦制其行止之要法。我若專恃輪船，彼以此法攻我，能保無失乎？非有艇船、舢板，何以互相應援乎？艇船向以捕盜，未嘗不利。以艇船五十而論，可用以更番疊戰，互相應援，卽令一船有失，尚存四十九船。四十九船俱失，猶有一船尚存。若裁併爲一大兵輪船，設遇有失，則一敗塗地，是一舉而失五十艇船也。裁併舢板爲根缽輪船，其害蓋亦類此。楊岳斌、彭玉麟、李孟羣、李成謀、鮑超、王明山、黃翼升、曾紹霖、左光培等，用以奪回長江天塹者，亦不過快蟹、長龍、舢板船數等。況輪船身高則舢板之環攻易著，舢板逼近則輪船之高礮難施，此尤明白易見者也。但在當事者慎以圖之，不可輕率一試、亦不可畏怯不前耳。今欲造一大兵輪船，而先裁艇船五十隻；欲造一根缽輪船，而先裁舢板船十隻，是名爲設防，實則撤防也。況欲專養四十八輪船而盡撤沿海各省舊制新添之各師船乎？況輪船所不能到之處，皆爲揖盜之門乎？

臣在江南，聞丁日昌有『丁鬼奴』之稱，如此謀國，誠不知其是何居心！丁日昌引宋臣趙子砥以肉餧虎之喻，謂宜設陷阱以待之。乃欲撤現在之陷阱，而動擲數百萬於洋人，以求不能收口之船，不可必中之礮，此與歲幣何異？是誘我日就虎以謀陷阱，日委肉以填陷阱，幾何其不爲虎之倀也！其欺罔顯然情形，伏願聖明垂鑑加察。【略】

再中國現設輪船、機器各局，前後所費不貲。洋人利器，我皆有之，未便有棄前功，輕議裁撤。或慮近海難護，有事可移設上游，臺灣應否添設，應聽沈葆楨相時奏辦。各省所需船礮等物，皆可於現局造取，不必時時購買，使利歸外洋。

丁日昌所稱大兵輪船，左宗棠、沈葆楨所駁，均深中肯綮。鐵甲船則英翰謂笨重，非江防所宜。沈葆楨議購未成，設廠製造，需千餘萬金，一時無此巨款。李鴻章謂丹國一船價可六十萬元，與日意格報價不符。美國一船議價一百七十萬元，赫德謂容閎未必可靠。是委員不免欺罔浮冒也。丁日昌又議委員往外國製造，無論巨款難集，有此鉅款而委員齊往，或如徐福求仙一去不返，奈何？即返而稱船已造成，未能出口，奈何？即能正其欺罔之罪，如貽洋人笑何？且造船於數萬里之外，成船於三五年之後，而艇船、舢板之弁勇明知旦夕必撤，誰肯加意訓練？中間倉卒有事，無以待之，又柰何？臣親見道光年間，湖廣督臣裕泰奏募洋匠，費捐款百數十萬造鐵甲船二隻，泊於漢口，笨重不能駕駛，洋匠亦能造而不能駕，放下十餘里，合數百船之縴力，始得挽還故處。及鹽船火災，鐵甲船隨風飄蕩，人力難施，他船遇之皆擠入火中，商民千百萬艘同時俱燼，而二船尚存，髮逆犯省城後，始漂流不知所之矣。此鐵甲船之有害無利者也。今若開廠製造，恐亦未免若此。沈葆楨稱外國始造試洋，全船覆没者再。千數百萬帑金皆係民膏民脂，豈可以供一試？

水礮臺即蚊子船，丁日昌謂以小船載巨礮，又謂笨重不能渡海，必拆運至中國再行安設，其力小任重，易沈難用可想。且礮静而船動，鐵甲敵船必不静以待礮，難使礮無虚發。一發不中，則兩船相去已渺不相及，胡爲必欲以重價購之，徒飽洋人之欲壑，供委員之浮冒乎？況擊鐵甲船，亦不外環擊煙筒之一法。蓋煤火所以運動輪機，煙筒爲煤火熱氣所烘，金受火制，其堅易摧，非船身鐵甲可比，環攻必能得手。舍煙筒不攻而欲以水礮臺專攻鐵甲，亦拙於制敵矣。

又日本鐵甲船，因大風損傷，至横濱大船廠修理，已駛回長崎，則鐵甲船亦未爲堅利。此事亦見洋人新報，丁日昌、李鴻章何獨匿不奏聞也？

胡林翼督戰時，有人獻洋製水雷，臣眼同試於大江。電線機關發動，但見白煙數丈，水泡一窩，小船當之亦僅如萍開復合，並無損傷，況可制彼輪船乎？近雖製造益精，恐亦但能使人疑畏，以火受水制，又不易適當敵船也。洋人早知其利鈍，復何疑畏之有？至丁日昌謂一有敵釁，急以鐵甲船堵其海口，使不得出，此直童稚之見，何謂上策乎？無論重洋遠不易至，敵在我境而以平日所恃以設防者去而之他，可乎？即能至，亦適移船就礮，受彼衝擊耳。況客主之勢，衆寡之形，悉與戰於内地相反哉？

臣愚以爲三層大兵輪船及鐵甲船、蚊子船並水雷等項，應請聖明裁斷，不但毋庸購買，亦不必開廠製造，更毋庸往外國製造，以杜浮冒之門，以留急需之餉。尤不宜借洋債購辦，墮彼盤剝術中。但就我所能辦之礮臺、輪船、洋槍、洋礮，參以我所常用之艇船、舢板、快蟹、長龍等船，劈山礮、子母礮、線槍、火彈、火箭、刀矛、弓矢及易得之銅鐵各礮，練習不懈，訓以忠義，水陸兵勇互相應援，即足以固江海之防矣。

臣耳聞目見，向榮、曾國藩、塔齊布、楊岳斌、彭玉麟、胡林翼、官文、李續賓、都興阿、多隆阿、李孟羣、王國才等之先後克復武漢，李續賓、楊岳斌之克復九江，蔣凝學、彭玉麟、曾紹霖、左光培、丁長春等之克復黄州，固未嘗用洋槍、洋礮、洋船；楊岳斌、彭玉麟之環攻安慶、金陵，曾國荃之克復安慶、金陵，亦未嘗用洋船、洋槍、洋礮；而九洑洲之戰，楊岳斌以舢板攻破洋人輪船煙筒，亦只用楚粤所鑄之尋常銅鐵各礮也。左宗棠、劉松山軍中亦以抬礮、線槍、長矛、短刀爲重，不專恃洋槍洋礮，不過以助聲威以備陰雨。而道光年間，洋人之畏林則徐，亦以人不以器。然則我國家之自强，正在用人行政，毋庸虚耗中國以徇外洋，使無數帑金擲諸滄海，徒得備而不用之虚器，而失我悉索敝賦之實銀也。

且敵所畏者中國之民心，我所恃者亦在此民心。縱洋人機器愈出愈奇，我不可效日本覆轍爲所愚弄，盤剝，搜山竭澤，事事師法西人，以逐彼奇技淫巧之小慧，而失我尊君親上之民心也。

臣竊揣近日洋情，除日本、俄羅斯外，彼見我内地肅清，宿將猶多，又皆利我通商，現已登岸，架屋聚積，貨財有變，則恐失其所有，利害已與我同之。彼每虚聲要挾，蓋亦敗約之意少而市重之意多也。特其貪利無厭，得寸進尺，日出不窮，皆以罔我上下之利。恐吾民不能終忍，彼亦不甘委之而去耳。故防務不可稍懈，惟當就現辦事宜認真持久辦理，毋庸日思變法，失我故步也。

至其舍舟陸戰，無論兵勇足以當之，但准格殺勿論，則吾民皆將起與爲難。彼寡我衆，彼之槍礮有盡，而我之梃刃無窮，非彼之利也。蓋彼奪民之利，傳教之害，民久怨之，但以朝廷力保和約，故民畏國法而不敢輕動耳，非畏洋人也。民心不失，彼必無敢心輕中國矣。

臣愚直之見，實非迂談。今皇太后、皇上方求直言，總理衙門王大臣亦欲臣等盡言之、究言之，而丁日昌、李鴻章乃豫防異議，於人所必言，不指爲迂腐之論，即斥爲不經之談，且以親見窮之，以使命脅之，氣蓋一世，大言不慙，臣誠不解其生長中國，受恩深重，何爲必欲竭中國之國帑、民財而盡輸之洋人也！

或疑購辦洋船、洋礮等件，戶部無成案可稽，外洋亦無從確實查考，便於浮冒報銷。李鴻章所乏非財，其意未必在此。但其眩於洋人技巧之愈出愈奇，不知愛惜戰士急待之軍餉，不免失計。謹附片切實駁奏。

《總理各國事務衙門奕訢等奏摺光緒元年四月二十六日》 竊維海防一事，爲今日切不可緩之計。經各疆臣詳陳辦法，及醇親王專摺、禮親王世鐸等合議各覆奏，於臣等原奏六條，均以爲亟應籌辦，而於用人、持久尤力言之。用人、持久，無事不應如是，此次既議海防，自當就事言事，爲海防用人，爲海防持久，詢謀業已僉同，艱鉅卽應共任。至於練兵、簡器、造船、籌餉四條，內外臣工所見間有不同之處，則當以三人占從二人爲斷。欽奉諭旨，由臣等妥議覆奏，必須揆時度勢，斟酌可否，求切實歸結所在。醇親王覆奏請皇太后先選能辦海防之勳臣宿將，或擇諸京官，或調自外省，與臣等悉心密商，擇一堅定不移歷久無弊辦法，嚴密奏聞，立卽開辦。禮親王世鐸等奏以臣衙門原奏『練兵、簡器、造船、籌餉、用人、持久各條，均係海防至計，而其要尤在用人。請簡派知兵重望、熟悉洋情之大員，督辦海疆防務。並以現在財力未充，勢難大舉，祇可儘我之力，擇要籌辦，不必過事鋪張』等語。揆諸目前財力，欲照所議咄嗟立就，誠有未遑，自應量力而行。惟當擇要開辦之始，必先謀實在任事之人。分理恐其不專，則事權宜一；遙制難於得力，則稽覈宜周。擬請按照王大臣所議，簡派分段督辦海防事宜大臣兩員，專理其事。照醇親王及禮親王世鐸等所奏，凡原奏六條及分洋、分任、練水軍、練陸軍、立局製械、購礮造船，並招致海島華人諸議，統歸該大臣先其所急擇要籌辦。並如巡歷各海口，隨宜布置，及提撥餉需，整頓諸稅之處，均由該大臣等量力圖維，悉心經理；如應需幫辦大員，立卽由該大臣保奏，以期同心籌畫，共濟艱難。各省督撫有地方之責，應與該大臣等事事和衷，永固疆圉，仍不得稍分畛域。其籌餉諸事，應由戶部及臣衙門共任者，均隨時籌辦，無稍諉卸。責成既有攸屬，經理尤貴得宜。臣等謹將原奏六條，參酌諸奏，折中擬議，繕爲一單。其原奏所未及而爲王大臣及各督撫等奏陳，請並飭議者，另爲一單，恭呈御覽。如蒙俞允，遵卽分別咨行辦理。其有臣等此次所議未盡之端，或所議有與事未協之處，仍由該大臣等詳細妥籌，隨時奏明辦理。

清・薛福成《庸庵文編》卷一《應詔陳言疏乙亥》 自古邊塞之防，所備不過一隅，所患不過一國。今則西人於數萬里重洋之外，飆至中華，聯翩而通商者，不下數十國。其輪船之捷、火器之精，爲亙古所未有。恃其詐力，要挾多端，違一言而瑕釁迭生，牽一髮而全神俱動，智勇有時而並困，剛柔有時而兩窮。彼又設館京師，分駐要口，廣傳西教，引誘愚民。此固天地適然之氣運，亦開闢以來之變局也。臣愚以爲欲禦外侮，先圖自强；欲圖自强，先求自治。臣所擬治平六策，於中國自治之方，既略陳其要矣。茲復謹籌海防密議十條，冀於自强之道，稍裨萬一。伏惟聖明鑒其愚誠，俯賜採擇焉。【略】

一、儲才宜豫也。自中外交涉以來，中國士大夫拘於成見，往往高談氣節，鄙棄洋務，而不屑道，一臨事變，如瞽者之無所適從。其號爲熟習洋務者，則又惟通事之流，與市井之雄，聲色貨利之外不知其他。此異才所以難得也。今欲人才之奮起，必使聰明才傑之士研求時務而後可。昔漢武帝詔舉茂才異等，可爲將相及使絕國者，似宜略仿此意，另設一科，飭令內外大臣各舉所知，亦不必設有定額。其新科進士、大挑舉人、優拔兩貢，如有洞達洋務者，亦許大臣保薦，仿學習河工之例，別爲録用。其用之之道，如膽識兼優、才辯鋒生者，宜出使；熟諳條約、操守廉潔者，宜稅務；才猷練達、風骨峻整者，宜海疆州縣，求之既早，斯用之不窮。彼士大夫見聞習熟，亦可轉移風氣，不務空談。功名之路開，奇傑之才出矣。

一、製器宜精也。西人器數之學，日新月異。豈其智巧獨勝中國哉！彼國以製器爲要務，有能獨創新法者，卽令世守其業，世食其利。由是人爭自奮，往往有積數世之精，能創一藝而成名者。中國則不然，凡百工技藝，視爲鄙事，聰明之士不肯留意於其間，此所以少專家也。夫《周官・考工》一册，自梓匠輪輿以逮鳧㮚函裘陶冶，莫不設爲專官，子孫世守勿替。他若奇肱氏之飛車、公輸般之攻具、諸葛亮之木牛流馬，其精詣獨至之處，何嘗不逮西人哉！正以後世不崇斯學，故浸失其傳耳。今欲鼓舞人心，似宜訪中國之巧匠，給之虛銜以風勵之，隨時派員帶赴外洋，徧遊各廠，以窺其奧窔。有能於洋人成法之外自出心裁者，優給獎敍，或仿西人之法，俾獲世享其利。庶巧工日出，足與西國爭長矣。

一、造船宜講也。外國輪船之制，有商船、有兵船。商船以運貨爲主，式略短而中寬；兵船以戰陣爲主，式較長而中狹。至其暗輪之高下，食水之淺深，皆自截然不同。方今閩滬所造輪船，不盡可作兵船者，其初用意蓋欲取兩式而兼營之，然其弊也，運貨不逮商船之多，戰陣不若兵船之勁，是欲求兩便而適以兩誤也。竊謂自今以後各廠造船，宜令訪上等兵船之式，專精仿造。如有商民願繳造價，公置輪船者，准其赴局專造商船。如此分晰辦理，庶中國之船漸推漸精，而經費不至浪擲矣。

一、商情宜恤也。查西洋立法以兵船之力衛商船，即以商船之稅養兵船。所以船數雖多而餉項無缺者，職是故也。往年中國議定章程，設立輪船招商局，奪洋人之所恃，收中國之利權，誠爲長策。惟是推行未廣，華商之應募領船者，尚屬無幾。且自中外通商以來，江、浙、閩、廣諸商亦有置買輪船者，大抵皆附西商之籍，用西國之旗。雖經費甚大，利歸西人，而諸商曾不以爲悔者，其故何也？蓋爲華商則報稅過關每虞稽滯，掣肘必多；爲洋商則任往各口無所攔阻，獲利較易也。今誠體恤商情，曲加調護，務使有利可獲，官吏毋許需索，關津不得稽留，令明法簡，將來繳價造船之商自必源源而來。貿易既盛，漸可駛往西洋諸埠，隱分洋商之利。然後榷其常稅，專養兵船，務使巡緝各洋，以爲保衛商船之用。從此兵船益多而經費不絕。富强之道基諸此矣。

一、茶政宜理也。中國出口之貨，以絲茶爲大宗。茶葉一項，與洋人進口之鴉片，其價值略足相當。然鴉片之來，爲害於中國甚深；茶葉之往，爲利於西洋甚大。洋人以茶葉爲性命，恃以消瘴毒、除疾病，不能一日稍離。間嘗詢知茶商，覈諸近日新聞紙，綜計每歲各路出口之茶，價值約在三千萬兩以外。若榷其什二之稅，是歲入六百萬也。今者海關稅則刊在條約，不可復改；而各省之茶捐、茶稅，收數未旺，隱漏尚多。夫欲籌禦外之規，必先操裕財之本，欲勿累吾民而財足，莫若仍取諸外洋。昔管子謹正鹽莢，而諸侯斂袂朝齊，誠知利權所在，足制諸侯之命也。方今中國大利，被洋人網羅盡矣；祇此物產之菁華，可以默操其權。宜於閩浙、湖廣、江西、安徽出茶諸省，酌加稅額，而嚴覈其隱漏。茶稅暗增，則茶價亦昂，顯取諸內地之民，實隱收洋人之利。惟其經理之法，宜出之以漸，濟之以權，務使洋人相安於不覺，數年之後，必有成效。舉凡製器、造船之費，練兵、籌餉之源，皆可取資於是矣。

一、開礦宜籌也。中國金、銀、煤、鐵等礦，未經開采者，處處有之。貨棄於地，而外人垂涎久矣。似不妨用彼國開挖之器，興中國永遠之利。查有礦苗旺處，由各省大吏諮訪民情，察度地勢，果其毫無妨礙，始許興辦。其開采之法有二：一曰官采。由官酌撥款項，僱洋人，買機器，隨宜辦理。一曰商采。仿淮鹽招商之法，查有殷實華商，准其集貲報名，領帖設廠，置備機器，自行采取。官爲稽其廠務，視所得之多寡酌定收稅章程，嚴禁隱漏。如是則地不愛寶，民無棄財，不失中國饒富之權，不啓彼族覬覦之漸，似亦籌餉之一助也。

一、水師宜練也。外國兵船之式，船主爲全船綱領。其下有總領官，主水陸攻戰；有領隊官，主船中排隊；有大夥、二夥、三夥，專佐船主行船；此外如管理機器、看守瀛表，與夫裝送子藥、視敵取準，各有專司。其收放帆篷、登陟桅頂、駕駛舢板、抽水救火等事，皆令水手操練。職司有定位，作息有定時，習之既專且久，所以能縱横無敵。今中國輪船亦頗仿效西法，參用洋人，究未造其深際。無他，學習不如閱歷之精，而所用洋人無上選也。昔巫臣教吳，武靈胡服，始皆借才異國，終則遠出其上。唐太宗駕馭蕃將，多能得其死力。竊謂沿海大吏與出使外洋之員，皆宜留心物色，如洋將中有挾高才而願遊中國者，不妨羅致一二人，縻以厚祿，善爲駕馭，先令教練一船，久則推演漸廣。仍仿俄國初年練兵之術，選沿海勤敏之子弟送入西船，俾習各司而協貼其經費，數年回國，分配各船，庶技藝日精，水師日勁，不難操券而決矣。

一、鐵甲船宜購也。西洋守港之恃鐵甲船，猶行軍之恃營壘，尋常輪船當之輒碎。又有鐵甲小船所以纏護礮臺，四面伏擊，最爲靈活堅利。惟食水過深，不能遠越重洋，是以至中國者頗屬寥寥。今中國既有輪船數十號，亦宜酌備鐵甲船，外則巡緝洋面，恃爲遊擊之師；內則扼守要口，勝於礮臺之用。蓋有一鐵甲船而諸輪船即可依護以增氣勢，尤幸彼之不能來犯，我即可恃爲專長。苟非未雨綢繆，則倉猝必難籌措，似未可以需費稍鉅，而失此遠圖也。蓋鐵甲小船不難由內地仿造。其大者工程繁重，驟難得其要領，非在外國定購不可。又恐定購之後難越重洋，不妨將鐵料如式剪裁，分拆運送，飭匠釘配。但必議價定造，不可承買舊船耳。

創辦軍事工業分部

綜述

清·毛承霖《毛尚書奏稿》卷一一《請録用丁日昌片同治三年十月十五日》 臣於十月初四日欽奉寄諭，飭催江西候補知縣丁日昌趕緊赴滬，督匠趲造火器，以資攻剿等因，欽此。遵查該委員於臣未經到任以前，已由輪船駛赴上海。該員質樸精練，曉暢戎機。

清·吴汝綸《李文忠公全集·奏稿》卷九《置辦外國鐵廠機器摺同治四年八月初一日》 竊自同治元年，臣軍到滬以來，隨時購買外洋鎗砲，設局鑄造開花砲彈，以攻剿甚爲得力。上年春間，蒙總理各國事務衙門函詢學製各種火器成效何如，當即詳細具覆，以短炸砲與各種炸彈均能製造，其長炸砲及洋火藥非得外國全副機器不能如法試造，現亦設法購求，以期一體學製，至於各項運用之妙，與洋人之貴重此器，暨日本視中國之强弱以爲向背各情形，亦推闡陳明，總理衙門抄函恭呈御覽。並以臣函中所言慮患防微，與該衙門所籌適相符合，宜趁南省軍威大振，洋人未於見長之時，將外洋各種機器，實力講求期得盡窺其中之秘，有事可以禦侮，無事可以示威等語。於同治三年四月二十八日奏蒙諭旨，飭由火器營派撥護軍參領薩勒哈春等官兵四十八員名到蘇，經臣酌派在丁日昌、韓殿甲及洋人馬格里等三局分習製造，專摺覆奏在案。

查製造船砲、軍火各種機器，有通用者，有專用者，若買製齊全，須數十萬金，雇覓中外匠工，採購外洋銅鐵木炭等料，亦需費不貲。臣處所設西洋砲局，其機器僅值萬餘金，不全之器甚多，只可量力陸續添購，以求進益，前由曾國藩派人赴英美各國探訪該處船廠機器實價，臣並議及此物若托洋商回國代購，路遠價重，既無把握，若請派弁兵徑赴外國機器廠講求學習，其功效遲速與利弊輕重，尤非一言可決，不若於就近海口，訪有洋人出售鐵廠機器，確實查驗議價定買，可以立時興造，進退之權既得

自操，尺寸之功均獲實濟。擬飭海關道丁日昌在滬訪購各製器之器已可購得若干，仍應添補若干，或宜另擇妥行試辦，容通盤籌議，略有端倪，方可入告。以上各情，均經節次函陳總理衙門，一面飭訪購辦。此臣處前此議辦鐵廠機器之原委也。

又去年十二月初九日，欽奉寄諭：『昨據御史陳廷經奏綠營水師廢弛，請飭整頓營伍製造軍火一摺。著曾國藩、李鴻章會同商酌，奏明辦理。原摺著抄給閲看』等因，欽此。遵查原奏所議軍火一節，大意以『夷情叵測，恃有戰艦、機器之精利，逞其貪縱，然彼機巧之器非不可以購求學習，以成中國之長技。請於廣東等處海口設局行取西洋工匠，置造船砲，以期有備無患』等語。雖語焉不詳，未得要領，而大致與總理衙門暨臣所籌議不謀而合；曾國藩平時亦持此論，自應遵旨商酌辦理。

茲據丁日昌稟稱：上海虹口地方，有洋人機器鐵廠一座，能修造大小輪船及開花砲、洋鎗各件，實爲洋涇濱外國廠中機器之最大者。前曾問價，該洋商索值在十萬洋以外，是以未經議妥。茲有海關通事唐國華，歷遊外國多年，熟習洋匠，本年因案革究，贖罪情急，與同案已革之扦手張燦、秦吉等願共集資四萬兩，購成此座鐵廠，以贖前愆。廠内一切機器俱精，所有匠目照舊發價，任憑遷移調度。其餘廠中必需之物，如銅鐵木料等件，另值銀二萬兩，由該關道籌借款項給發采買，以資興造，先行請示前來。當查唐國華一案，既情有可原，報效軍需贖罪，亦有成案可援。此項外國鐵廠機器，覓購其難，機會尤不可失，批飭速行定議，稟候分別具奏；並飭該廠一經收買即改爲江南製造總局，正名辨物，以絶洋人覬覦。其丁日昌及韓殿甲舊有兩局，即歸併總局，一切事宜，責成該關道丁日昌督察籌畫，會同總兵韓殿甲暨素習算造之分發補用同知馮焌光、候選知縣王得均、熟諳洋軍火之候選直隸州知州沈保靖，一同到局總理。所有出入用款，收發器具，稽查工匠，分派委員數人各司其事，分飭遵照去後。

旋據丁日昌等查造該廠機器物料件數清册，擬具開辦章程，約有數端：

一、核計局用房租薪水及中外匠工等有定之款，月需銀四千五六百兩；其添購物料多寡不能預定，大約每月總在一萬兩以外。

一、查原廠所用之洋匠計留八人，其匠目料而一名技藝甚屬精到，所

有輪船、槍砲、機器俱能如法製造。現擬於華匠中留心物色，督令操習，如有技藝與洋人等者，即給以洋人工食，再能精通，則拔爲匠目，以示鼓勵。

一、現造洋槍器具，尚未全備，已令匠目趕製全副，約大小四十餘件，數月可以成功。如式仿製，即省功力。惟已製洋槍則必需銅帽，既得銅帽，又必需洋藥，皆係相因而至之物，不容偏廢。但聞製藥機器工料尤爲繁重，容再設法購求，俾可推行盡利。

一、查鐵廠向以修造大小輪船爲長技，此事體大物博，毫釐千里，未易絜長較短，目前尚未輕議具辦。如有餘力試造一二，以考驗工匠之技藝。其鑄錢、織布、挖河、犁田諸器，雖可仿製，但其法式同中有異，觸類引伸，尚須考究，尤尚權其輕重緩急。庶不致凌躐無序。

一、前奉議飭以天津拱衛京畿，宜就廠中機器仿造一分，以備運津，俾京營員弁就近學習，以固根本。現擬督飭匠目隨時仿製，一面由外購求添補。但器物繁重，非窮年累月不能成就，尚須寬以時日，庶免潦草塞責。

一、查本廠現在江口，每年房租價銀六七千兩，實爲過費，兼之洋涇濱習俗紛華，游藝者易於失志。廠中工匠繁多，時有與洋人口角生事，均不相宜，應請擇地移局。

其他所議，如機器宜擇人指授，工匠不令隨意去留，費用實報實銷，賞罰宜明定章程。以上各條，均屬切實。

臣查此項鐵廠所有係製器之器，無論何種機器逐漸依法仿製，即用以製造何種之物，生生不窮，事事可通，目前未能兼及，仍以鑄造鎗砲，藉充軍用爲主。月需經費，容臣隨時於軍需項下通融籌撥。如將來各種軍器仿照洋式造成所攜甚便，即可省購買洋軍火之費。上海虹口地方設局，於久遠之計殊不相宜，稍緩當籌款另建房屋，移至金陵沿江偏僻處所，以便就近督察。曾國藩采辦西洋機器，俟到滬後，應歸併臣處措置。至前次派在丁日昌、韓殿甲兩局之護軍校達瓏阿等四員、京營兵二十名，已飭入廠學習。其儘先參領薩勒哈春、副參領崇喜等所帶弁兵，本在蘇州西洋砲局，該局機器與上海鐵廠亦自同源，仍可互相觀摩。惟此事形下不離形上，與規矩不能與巧，將來各弁兵所得之淺深，恐難以一例繩也。機器製造一事，爲今日禦侮之資，自强之本，總理衙門原奏言之甚詳，已在聖明洞鑒之中。

抑臣尤有所陳者，洋機器於耕織、刷印、陶埴諸器，皆能製造，有裨民生日用，原不專爲軍火而設。妙在借水火之力，以省人物之勞費，仍不外乎機括之牽引、輪齒之相推相壓，一動而全體俱動，其形象固顯然可見，其理與法亦確然可解。惟見先華洋隔絕，雖中土機巧之士莫由鑿空而談，逮其久，風氣漸開，凡人心智慧之同，且將自發其覆，臣料數十年後，中國富農大賈必有仿照洋機器製作以自求利益者，官法無從爲之區處。不過銅錢、火器之類仍照向例設禁。其善造鎗砲在官人役，當隨時設法羈縻耳。

天下至奇至異之事，究必本於平常之理，如或不然，則推之必不能遠，行之亦不能久。陳廷經原奏以中國修造鐘表推之於機器，雖有精粗大小之別，可謂談言微中。中國文物制度迥異外洋榛狉之俗，所以郅治保國邦，固丕基於勿壞者，固自有在。必謂轉危爲安、轉弱爲强之道，全由於仿習機器，臣亦不存此方隅之見。顧經國之略有全體有偏端，有本有末，如病方亟，不得不治標，非謂培補修養之方即在是也。如水大至不得不善防，非謂濬川澮經田疇之策可不講也。

事無鉅細，樂成固難，而圖始尤不易。自來建一議，興一利，勞臣志士，纏綿而經營之，及乎習之既久，相安於無事，或幾不察其所自來。而追溯創議之初，於此中難易得失之數。幾經審慎，曷敢鹵莽而一試哉？臣於軍火機器注意數年，督飭丁日昌留心訪求又數月，今辦成此座鐵廠，當盡其心力所能及者而爲之。日省月試，不決效於旦夕，增高繼長，尤有望於方來，庶幾取外人之長技，以成中國之長技，不致見絀於相形，斯可有備而無患，此則臣區區之愚誠之所覬幸者也。

又　卷二六《上海機器局報銷摺光緒元年十月十日》　竊自同治初年，臣鴻章孤軍入滬，進規蘇、浙，輒以湘、淮紀律參用西洋火器，利賴頗多。念購器甚難得其用而昧其體，終屬挾持無具，因就軍需節省項下，籌辦機器，選雇員匠，仿造前膛兵槍、開花銅砲之屬。上海之有製造局自此始。其地爲各國官商薈萃之場，其人皆有炫奇鬥巧之智，一名一藝，奔湊爭先，孰苦孰良，見聞較捷。取彼之長，益我之短。自强之基，莫大於是。六年，曾國藩奏辦輪船，請撥江海關稅一成，八年，馬新貽、丁日昌續請添撥一成，而後局用有常款，踵事無止境。先後承辦道員沈保靖、馮焌光、知府鄭藻如等，類能苦心探索，引伸觸類，拓取法之門徑，守覈實之常經。臣等事事加以督察，固無日不責其成效，不惜費亦不任浪費也。

茲據馮焌光等詳稱『頻年用款漸巨，積牘亟應清釐。計自同治六年五月動支洋税之日起，截至十二年十二月底止，共收江海關二成銀二百八十八萬四千四百九十七兩九錢八分九厘四毫，共用購器、製造、建廠、薪工等項銀二百二十三萬六千二百二十四兩六錢八分九厘一毫，實存料物等項銀六十四萬八千二百七十三兩三錢三毫，請歸入下次舊管列報。所有開除各款，俱係慎重撙節，惟事屬創始，經緯萬端，料物取給外洋則昂，一器請求數樣則昂，匠價優於常例則昂，種種淆異，悉費權宜，因不敢狃於故常，亦不敢絲毫浮冒』等因，具詳請奏前來。臣等公同覆核，該局製造大端有五，而纖悉零畸之事不計焉。

一曰輪船。開造之始，精擇程式，詳繪表裏，成算既定，將船殼、鍋爐、汽機分爲三門，以洋匠三人領工，華人數百且助且學，經年累月，始得入水配用，已成者爲惠吉、操江、測海、威靖、海安木兵船五號，海安丈尺加廣，實馬力千八百匹，巨砲二十，兵丁五百，在外國爲二等，在内地爲巨擘。又成鐵殼小輪船三號，其造而未成者爲海安同式之第六號兵船、夾板商船、小鐵甲兵船。目今海上需要，無如鐵甲，自當因勢利導，速求進益，冀日起而有功，以補購致之不足。

一曰槍砲。向曾造英、法、美兵槍馬槍數種，今則改造後門槍，專主林明敦底鋮、中鋮、鐵管、鋼管之式，別有所謂馬梯泥士乃得者，法明而器猶未備。向曾造生鐵輕銅田鷄砲多尊，今則議改烏理治鋼鏜鐵箍前門炸彈之式。別有所謂克盧卜回特活得者，用宏而力有難兼。禦侮之器，砲甚於槍，縱不能如島族絶大窮凶之制，尚當勉圖精利，取攜自如。庶幾船台不等虚設。

一曰火藥、彈子。年來購買及自製槍砲，何止數千百具，要皆不耐土藥，不受劣彈。若非及時配辦，分別前膛、後膛、大小長短之度，臨事何所設施，利器直同廢物。該局又在局西十里之龍華地方分廠治具，如法開造，約計每日出藥千磅，出林明敦彈子五千顆。就中試用化學，兼造白火藥及各種鏹水，均有成就。所造砲彈月計不足，歲計有餘。此物貴多貴精，未敢稍涉大意，蓄艾之方，得寸則寸也。

至如製器建廠一事，器體互異，名色綦繁，而統謂之機器。造船、造槍砲、造火藥彈子，是爲機器大宗，此外鎔銅、鍊鐵、鋸木、挖泥、抽水、打樁、起重、印書、印圖等事，亦皆機器爲入手。以重價購自外洋，迨至隨事遞增，或仿舊式，或出新裁，或攷圖説，往往由局自造，工料亦復浩繁。增機器必增廠屋以資會歸，綜前後營造計之，局以内工藝正副各廠及庫房、畫圖房、方言館、公務廳共十七座，局以外船砲藥彈各廠及洋樓，輿圖局共十五座，大船塢一區，皆係價買民地，經營近十年而後規模粗具，締造之難有如此。

又如繙譯課士一事，西法兼博大潛奥之理，苦於語言文字不同，將欲因端竟委，窮流溯源，舍繙書讀書無其策。該局陸續訪購西書數十種，厚聘西士，選派局員，相與口述筆譯，最要爲算學、化學、滊機、火藥、砲法等編。固屬關繫製造；卽如行船、防海、練軍、採煤、開礦之類，亦皆有裨實用。現譯出四十餘種，刊印二十四種，藉是稍窺要領，牖啓高明。又挑選生徒數十人住居廣方言館，資一膏火，中西並課，一抉其秘，一學其學，製造本原，殆不出此。此其局務大略聊可舉數者也。

臣等考其歲入之數，至多不過四十萬；而一隅兼數局之任，一日倍千人之供，尚能規畫咸宜，成造之件，應付數省，精緻適用。自開局以來，凡例所本無，用所必有，率皆禀承臣等斟酌定議。此次總覆放款，委係實用實銷，毫無浮混。但名目繁瑣，剖晰棼如，難以循列造報。理合援照天津成案，彙繕簡明清單，恭呈御覽，仰懇天恩逾格，准予開銷，以清款目而策後效。

又　卷七七《上海機器局請奏獎摺光緒十九年六月十六日》　近日泰西各國，以槍砲之利爭雄角勝，日異月新，現新出之連珠快槍及全鋼快捷大砲尤爲行軍守口利器。快槍之製，以奥之漫利夏槍、德之新毛瑟槍爲最後出而最精。其快砲則從前各洋廠僅能造三磅、六磅小砲，嗣英之阿摩士莊廠多方考究，造成四十磅子大快砲，爲各國所推重，爭先購置。臣鴻章前以上海機器局所造槍枝均是舊式，仿造英廠新式南夏槍亦不適用，因於十六年秋間，飭令專就漫利夏、新毛瑟槍兩式講求仿造。該局總辦道員劉麒祥，覓得兩項槍枝，並購阿摩士莊快砲一尊，逐件拆卸，認真考驗，督率廠員，華洋匠目，悉心仿造。竭兩年之力，將槍砲先後造成，經該廠演試，能與西洋所造新式一律。於上年九月間派員賫送來津，臣鴻章委派軍械局道員張士珩會同各營將領，督同洋教習分日逐細考察，驗得該槍膛綫六條子路甚準，開放裝退極爲省手，每分鐘放快自二十二出至二十五出，距靶二百碼能洞穿一分五厘厚鐵板，並擊入後面松木一寸四分，每秒速率四百八十九密達，堅緻靈捷，與德國新毛瑟相等，其速率綫路更駕漫利夏之上。又驗得該砲用全鋼套箍製造，隨砲鋼子計重四十五磅，用德廠配造經遠、來遠快船最堅厚之鋼面鐵甲爲靶，能受擊力較尋常鐵甲三倍，彈子竟能深入三四寸，其速率均數六百二十九密達，每分鐘可放子十二出，子彈出膛準頭極好，與大沽海口購用阿摩士莊快砲出數相同。

臣鴻章覆加察驗，以上兩項槍砲，並能與外洋最新之式一律精利，洵爲難能可貴，當飭逐漸推廣仿造，以資利用。至槍砲所需鋼料，購自外洋，價值既昂，運費又貴。該員等復仿照西法，鍊成純鋼，捲成砲管、槍筒并大小鋼條，精純堅實，與購自外洋者無殊。惟現購鑪座僅有三噸者一具，出鋼尚不能多。將來經費漸充，添購機器，增置廠屋，就中產之煤鐵，鍊西式之鋼料，多製新式器械，以備各營領用，不必取資外洋，實爲自强根本至計，其有裨於軍實者，誠非淺鮮。

清·李翰章《曾文正公全集·奏稿》卷二七《新造輪船摺同治七年九月初二日》　竊中國試造輪船之議，臣於咸豐十一年七月覆奏購買船砲摺內，即有此説。同治元二年間，駐紮安慶，設局試造洋器，全用漢人，未僱洋匠，雖造成一小輪船，而行駛遲鈍，不甚得法。二年冬間，派令候補同知容閎出洋購買機器，漸有擴充之意。湖廣督臣李鴻章，自任蘇撫，即留心外洋軍械。維時丁日昌在上海道任內，彼此講求禦侮之策、製器之方。四年五月在滬購買機器一座，派委知府馮焌光、沈保靖等開設鐵廠，適容閎所購之器亦於是時運到，歸併一局，始以攻剿方殷，專造槍砲，亦因經費支絀，難興船工。至六年四月，臣奏請撥留洋税二成，以一成爲專造輪船之用，仰蒙聖慈允准。於是撥款漸裕，購料漸多。蘇松太道應寶時及馮焌光、沈保靖等朝夕討論，期於必成。查製造輪船以滊鑪、機器、船殼三項爲大宗，從前上海洋廠自製輪船，其滊鑪機器均係購自外洋，帶至內地裝配船殼，從未有自構式樣造重大機器滊鑪全具者。此次創辦之始，考究圖説，自出機杼。本年閏四月間，臣赴上海察看，已有端緒。七月初旬第一號工竣，命名曰恬吉輪船，意取四海波恬、廠務安吉也。其滊鑪船殼兩項，均係廠中自造。機器則購買舊者修整參用。船身長十八丈五尺，闊二丈七尺二寸。先在吳淞口外試行。由銅沙直出大洋至浙江舟山而旋。復於八月十三日，駛至金陵。臣親自登舟，試行至采石磯。每一時上水行七十餘里，下水行一百二十餘里。尚屬堅致靈便，可以涉歷重洋。原議擬造四號。今第一號係屬明輪。此後即續造暗輪，將來漸推漸精，即二十餘丈之大艦，可伸可縮之煙筩，可高可低之輪軸，或每可苦思而得之。上年試辦以來，臣思深恐日久無成，未敢率爾具奏。仰賴朝廷不惜巨款，不責速效，得以從容集事，中國自强之道或基於此。各委員苦心經營，其勞勩亦不可没也。

溯自上海初立鐵廠，迄今已逾三年。先後籌辦情形，請爲皇上粗陳其概。開局之初，軍事孔亟，李鴻章飭令先造槍砲兩項，以應急需。惟製造槍砲，必先有製槍、製炮之器，乃能舉辦。查原購鐵廠，修船之器居多，造砲之器甚少。各委員詳考圖説，以點綫面體之法，求方圓平直之用。就廠中洋器，以母生子，觸類旁通，造成大小機器三十餘座。即用此器以鑄砲鑪，高三丈，圍逾一丈，以風輪煽熾火力，去渣存液，一氣鑄成。先鑄實心，再用機器車刮鏇挖，使砲之外光如鏡，內滑如脂。製造開花田雞等砲，配備砲車、炸彈藥、引木心等物，皆與外洋所造者足相匹敵。至洋槍一項，需用機器尤多。如碾捲槍筒、車軋外光、鑽挖內膛、鏇造斜稜等事，各有精器，巧式百出。槍成之後，亦與購自外洋者無異。此四五年間先後造槍砲兼造製器之器之情形也。

該局向在上海虹口，暫租洋廠。中外錯處，諸多不便。且機器日增，廠地狹窄，不能安置。六年夏間，乃于上海城南新建興廠，購地七十餘畝，修造分所，其已成者曰滊鑪廠，曰機器廠，曰熟鐵廠，曰洋槍樓，曰木工廠，曰鑄銅鐵廠，曰火箭廠，曰庫房、棧房、煤房、文案房、工務廳暨中外工匠住居之室，房屋頗多，規矩亦肅。其未成者，尚須速開船塢以整破舟，酌建瓦棚以儲木料，另立學館以習繙譯。蓋繙譯一事，係製造之根本。洋人製器出於算學，其中奧妙皆有圖説可尋。特以彼此文義扞格不通。故雖日習其器，究不明夫用器與製器之所以然。本年局中委員於繙譯甚爲究心，先後訂請英國偉烈亞力、美國傅蘭雅、瑪高温三名專擇有裨製造書詳細繙出。現已譯成《瀛機發軔》、《瀛機問答》、《運規約指》、《泰西採煤圖説》四種。擬俟學館建成，即選聰穎子弟隨同學習，妥立課程，先從圖説入手，切實研究。庶幾物理融貫，不必假手洋人亦可引伸其説，另勒成書。此又擇地遷廠及添建繙譯館之情形也。茲因輪船初成之際，理合一併附奏。

清·王錫藩、譚鍾麟《馬端敏公奏議》卷七《江海關洋税酌留二成統歸機器局用片同治八年二月初十日》 上海機器局製造輪船，前於同治六年四月，經調任督臣曾國藩奏准，將江海關洋税解部之四成，酌留二成，聲明以一成酌濟軍餉，以一成專爲造船之用。七年八月，造成第一號輪船，即接造二三號。今年正月，據報開工，當經臣批飭該局員等實力經營，精心製造。

現在仿製暗輪，較之第一號明輪者，工費加重，應用銅鐵木等各項巨料，以及雜項用物，均須向外國先爲定購，每次一批或數批，即需價銀數千至數萬兩不等。鐵廠規模，不得不參用外洋辦法，以故局用經費浩繁，迥非内地工程可比，兼之製造所需，時有另行添購物料，動亦必須鉅款，計此項洋税，每一年四結，期滿應該一成，銀數僅二十萬兩左右，又須三箇月一結，始有進款濟用。在該廠創造之初，得此有著款項，較前已爲稍裕，但今正值工料需費喫緊之際，用款實屬不敷，所幸中原軍務肅清，淮軍裁剩留防，各營餉項亦經酌定。據會辦機器局務江海關道應寶時稟，懇將所留洋税二成，全數撥充造船之用，聲請具奏前來。

臣覆加察核，除此辦法之外，別無款項可以請益。相應將廠務用款大致情形，瀆陳聖聽，請自八年正月洋税第三十四結起，所留二成銀兩，准其全數爲製造輪船之用，出自逾格鴻慈。臣仍當嚴飭該關道局員等，督察工料，務於力求精實之中，倍存慎重帑項之意，斷不敢任其稍涉浮糜。

又《續造第二號輪船工竣循案具報摺同治八年六月十五日》 竊照上海機器局籌辦製造情形並已造成第一號輪船，經調任督臣曾國藩於去年九月奏明在案。臣新貽抵任後，遵旨會同江蘇撫臣丁日昌，按照曾國藩、李鴻章所定規模悉心籌辦。正值該局接造第二、三號輪船，隨時撥款購料，飭由該局員等督同中外匠目，如法攢造。本年四月，據報稱第二號輪船係仿照外國暗輪兵船式樣製造完工，先由吳淞江口出洋試行，駛至浙江舟山旋回上海，沿途察看船上機器尚覺穩利，即經駛至金陵，臣親自登舟驗視，工料極爲堅緻，船身長十八丈，船面寬二丈七尺八寸，可以安砲八尊。即令開駛至采石磯而回，往反幾及二百里，不過兩時有餘，機器小而靈動，在長江行駛尤爲便利，取名曰操江輪船，察看該船規制雖未能遽與外洋大兵船相頡頏，而船殼、瀛爐及暗輪機器全副，均係廠内自造，頓覺機杼一新，其第三號約九十月間亦可竣工。從此由熟生巧，似乎船工製造已有把握。

《兩江總督沈葆楨奏摺光緒三年十一月二十一日》 茲據會辦局務署蘇松太道劉瑞芬、補用道前任大名府知府李興鋭、知府鄭藻如詳稱：『現將同治十三年及光緒元年兩年支用各款彙齊，除上屆報銷案内存銀六十四萬八千二百七十三兩三錢三毫外，兩年續領江海關二成洋税銀一百一十三萬三千四百九十九兩三錢二分五厘八毫七絲，共用銀一百三十五萬九千一十九兩五分三厘七毫，應存銀四十二萬二千七百五十三兩七錢七分三厘一毫。【略】臣等公同覆核，該局此二年中造成木殼兵輪船一號，名曰馭遠，長三十丈，馬力一千八百配，大砲十八門，悉如前造海安之式。鐵甲小輪船一號，名曰金甌，長十丈五尺，馬力二百，船面鐵砲台配後膛百二十磅彈子砲一門，船首刀形，以利衝擊。又成鐵殼小輪船二號，木殼火輪舢板一號，夾板帆船一號，大小鋼砲十六尊，木鐵砲架三百具，砲彈六萬五千餘箇，前膛後膛洋槍六千餘桿，後膛槍彈一百十二萬三千餘顆，洋火藥十七萬餘磅，此製造船隻軍火之大略情形也。

機器則造成七十餘座，添購五十餘座，另造大小器具一萬三千六百餘件。廠屋則添建砲廠、子藥分廠、鐵船廠、鑄銅鐵廠、輪船操場，凡五所，計房屋三百餘間。繙譯西書則除前案譯出四十餘種，刊印二十四種之外，續譯二十餘種，刊印十五種。局中學徒則新選數十名，雇用德國教練，俾習槍砲及出伐之節，測算之功，俟教成後，分派各營充當教習。其廣方言館生徒，一仍其舊。此造添機器、增建廠屋與繙譯課徒之大略情形也。

《兩江總督左宗棠等奏光緒九年七月十六日》 臣等公同復核，該局兩年中所領二成洋税，雖未續造輪船，而製成機器者三十五座，大小器具一萬六千三百餘件，鋼膛大砲一十七尊，砲架二十七座，各式開花實心砲彈三萬七千三百餘個，開花砲彈慢藥引一萬二千二百餘個，洋火藥一十六萬三千四百餘磅，後膛洋槍二千九百餘桿，後膛槍彈一百七十七萬七千五百個，所增購者外洋機器一十三座，大小鋼砲二十三尊，砲架一十五具，大小開花實心砲彈一千三百餘個，砲門銅管自來火一萬二千六百餘根，前膛洋槍四千餘桿，洋槍銅帽一十七萬三千五百顆，後膛槍彈一萬四千餘個，此成造並購置之大端也。

廠屋則增置子藥廠、汽機房、提礦房、試藥房、斫藥房、舂藥房、打鐵房、試砲房、儲料房、辦公房，共大小房屋六十餘間，通廠運料鐵路三百餘丈，輪船則修過大小十有一號，又夾板船一號，續譯西書二十餘種、刊成十種，此又增修並繙譯之大端也。

《兩江總督左宗棠等奏光緒九年八月十二日》　臣等公同復核，該局此兩年中造成鐵壳水雷六十四箇，鋼膛熟鐵箍前膛大砲十四尊，砲架十二座，砲架銅鐵轆路七副，大小實心開花砲彈九千一百餘箇，慢藥引自來火共二萬七百餘枝，洋火藥三十八萬七千二百餘磅，後膛洋兵槍五千桿，槍彈銅捲二百三十一萬八千箇，大小機器三十二座，器具一萬八千六百餘件；所增購者，外洋機器一百二十八具，鐵砲架七座，銅管自來火二萬一千二百餘枝。前膛洋槍三千五百桿，後膛槍彈四十一萬二千六百箇，銅帽四十六萬二千七百餘粒，洋火藥八萬三千三百餘磅，此造成並購置之大端也。

廠屋則增建水雷廠、砲架廠、彈子廠、澆鉛房、鎔銅房、烘模房、繪圖房、試藥裝藥房、鋸木房、儲料房、辦公房大小房屋二百九十餘間，廠内運物料鐵路五百餘丈，修過大小輪船十有一號，夾板船一號，續西書二十餘種、刊成九種，此又增修繙譯之大端也。

《兩江總督左宗棠等奏光緒九年十月二十八日》　臣等公同復覈，該局此一年中造成鋼鐵巨砲十有一尊，鐵砲架十一具，大小開花實心砲彈四千六百餘箇，後膛洋兵槍二千四百桿，後膛槍彈銅捲一百十五萬九千九百箇，洋火藥十七萬一千三百餘磅，機器二十一座，器具一萬五百餘件，修配皮帶輪等項一萬八千二百餘件，所增購者外洋機器二十二具，鐵殼水雷六十一箇，大小鋼砲十七尊，生鐵砲十六尊，砲架八座，大小開花實心砲彈九千七百餘箇，銅管自來火二萬九千三百餘枝，洋火藥三十萬三千一百餘磅，砲藥袋一千七百箇，前膛洋槍七千六百餘桿，後膛洋槍二千六百餘桿，槍彈銅捲三百一十五萬一千餘箇，銅帽一百二十三萬九千五百餘粒，此成造與購置之大端也。

廠屋增建炮架廠、子藥廠、提硝房、滊機房、停藥房、裝藥房、滚銅殼房、儲物料房、操習槍砲學堂，共大小房屋一百四十餘間，續譯西書八種，刊印四種，修過大小輪船十有一號，大修船塢一次，添招操砲學徒三百餘名，此又增修繙譯之大端也。

清・刘坤一《劉忠誠公遺集・奏疏》卷二〇《機器局設爐自鍊鋼鐵片光緒十八年閏六月五日》　江南機器製造局近來仿造前後膛鋼質大砲並後膛新式兵槍，業已漸著成效。惟需用鋼料仍須取資外洋，不獨利源外溢，遇有緩急，更慮受制於人；亟應設爐自煉，以資利用，而杜漏巵。惟該局經費有限，不能不逐漸圖維。現經購辦煉鋼機爐一分，並在湖南湘鄉縣購取礦石生鐵，分別試鍊，甚爲合用。其生鐵體質亦與外洋硬質生鐵無異，除攙和鍊鋼之外，並可鑄造大砲彈子，合計價值亦較購自外洋爲廉。現祇鋼爐一分，年需生鐵礦石各八百噸；並向外洋添購大爐一具以圖擴充，每年約需礦石生鐵各三十噸。寶慶、邵陽、益陽、新寧等處所産與湘鄉相同，礦産亦旺，將來若專在湘省購辦，亦足敷用。現經該局與礦戶訂立合同，限數定購，按起發給照票，令其運局驗收給價，註銷照票。以後所需另行揀給辦運，俾免派員採辦多所耗費。

又　卷二八《上海局廠繁重難遷摺》　竊臣承准軍機大臣字寄，光緒二十三年十二月二十五日奉上諭：『從前製造廠局多在江海要衝，亟應未雨綢繆，移設堂奥之區，庶幾緩急可恃。至上海製造局似宜設法移赴湖南近礦之區，著各就地方情形，認真籌辦，總期有備無患，足以倉促應變』等因，欽此。

竊查江南製造局一在江寧，一在上海。臣於二十二年春回任，即擬將上海廠局移併江寧堂奥之區，當據司道會稱：滬局規模較寧爲大，南北洋操防軍火常年取給，轉運亦靈。從前上海有事，該局加工製造各項槍礮藥彈，東輸遼瀋，北達畿疆，西抵雍涼，南浮湘桂，亦恃江海之利便，得以密速轉輸。若謀移併，勞費紛繁。並慮海防要需，難以迅速籌撥，撥時度勢，正切躊躇，致上廑宵旰之憂，宜急作綢繆之計。遵飭該局體察情形，並查照原奏，將鍊鋼廠設法移赴湖南近礦之區，一併速議詳奪。

茲據辦理上海製造局江海關道蔡鈞等先後稟復前來，臣詳加察核，上海設局經營數十年，糜帑千百萬，近來奏准擴充，添設快槍鍊鋼、無煙藥、栗色藥等廠，用宏工鉅，蒂固根深，毀之重勢，更張不易。機器大小，詭製殊形，按件拆卸，糜工既繁，置廠重裝，需款尤鉅。兼以巧藝工匠萃於滬濱，精良物料購自洋廠，轉運內地既恐成本匪輕，接濟鄰封亦難刻期從事。倘謂腹地可以重閉，海隅近於慢藏，將來岳州通商，湖南與滬無異。況製造經費全資洋稅二成，即使移局湖南，洋稅仍在上海。如以上海地方爲可慮，則洋稅且將無出，湖南留一空局何爲？此不待煩言而解者。當此强鄰環伺，伏莽潛滋，備預不虞，正在廣爲製造。若湘廠之規模未定，而滬局之製造先停，亦似昧乎緩急輕重之序。當與前北洋大臣直隸總督臣王文韶往返電商，意見相同。臣又深維杜漸防微之意，就省垣軍械所量拓基址，增建庫房，飭該局將製成槍礮子彈陸續運至，分別存儲。並擬將自製無煙、栗色火藥分儲長江上游各局，庶期有備無患，藉以仰副聖主慎重軍實之至意。所有遵議上海製造局及鍊鋼廠繁重難遷緣由，謹會同江蘇巡撫臣奎俊，恭摺具奏，伏乞皇上聖鑒訓示。謹奏。

清·王樹枏《張文襄公全集·奏議》卷六〇《籌辦移設製造局添建槍礮新廠摺光緒二十九年二月十九日》 竊照上海高昌廟地方所設江南製造局，創自同治初年，經前督臣曾國藩、前署督臣李鴻章艱難草創，基構方成，歷任督臣漸次擴充，規模始備。然在創造之初，李鴻章原奏即有『上海地方設局，於久遠之計殊不相宜，稍緩當移至金陵沿江偏僻處所』之議，具見老成謀國，慮遠思深。迨今三十餘年，中外臣工鑑於福州、旅順之事，屢經論列，謂宜將滬廠遷移內地。光緒二十三年十二月，今大學士臣榮祿復奏請將上海製造局設法移赴湖南近鑛之區，欽奉上諭：『近來中國戰艦未備，沿海各地易啓他族覬覦。從前製造局廠多在江海要衝，亟應未雨綢繆，移設堂奧之區，庶幾緩急可恃。著各就地方情形，認眞籌辦，總期有備無患，倉卒足以應變』等因，欽此。仰見聖慮淵深，至周至密，欽仰莫名！上年冬，臣甫到金陵，製造局總辦道員毛慶蕃即首申此議。臣伏查上海地方，今昔情形迥不相同。近來黃浦江中、吳淞口外爲各國兵輪所萃，遇有中國戰事，輒阻我軍火裝運出口，致不能接濟他處；甚或以兵艦駐泊近廠江面，以相伺察。慢藏之害，岌岌可虞。至該局所有機器，七年以前所造係林明敦槍，乃外洋陳舊不用之式，兩年以前所造係快利槍，乃滬局臆造之式，亦不適用，故槍機新舊湊配，出數無多，礮機亦未完備，歲糜鉅款，實爲可惜。本應另籌良法，俾各械日精日多，得收實效。近數年迭奉諭旨，飭令各省軍營所用槍械宜歸一律，洵爲軍實最要之義，曷勝欽服。遵經屢次互較，直至上年始經該局定議，滬廠仿照鄂廠一律改造小口徑新毛瑟快槍。惟滬廠槍機不能全備，必須兼以人工剉磨，並非全係機器所成，故費工多而出槍少。近來陸續添機，漸次整頓，每日仍只能出槍七枝，一年只能出槍二千餘枝，既不合算，且於武備大局無裨。其礮廠所造車礮亦不盡適用，必須另購新式造槍機器，每年能造五萬枝快槍者，添配新式造礮機器，須每年能造大台礮十尊、七生半口徑快礮二百尊者，庶數年之後足以應各省之取求，而歸於畫一，即各國軍火不來，亦可無慮。嘗聞外國覘國者之言，謂一國中一年能造槍十萬枝者，其國即未可輕侮。今大宗新機，川流鑄造，聲威遠布，亦足以壯士氣而定民心。臣自抵兩江署任，即注意此事，迭與該局總辦道員毛慶蕃、鄭孝胥再四籌議，僉稱該局自應遵旨移設堂奧之區，方爲正辦。惟是滬廠地段甚廣，工程甚大，一經遷移，機墩、煙囱、地基、石工全歸無用，若存此舊廠，用處甚多，故籌移廠不如設分廠。此拆彼安，遠道搬運，機器易損，糜費亦多，較之購機新建所省不過一半，故移舊機不如購新機。而添機添廠，需款極鉅，萬難猝集，故待另籌新款，不如節舊械無益之費，爲新廠新機之費。臣通盤籌畫，業已粗有端倪，謹將籌辦大概情形，分條縷陳如左：

一、新廠移設內地已擇定基址也。臣三次派委道員劉錫庚、鄭孝胥、潘學祖等先後馳往金陵上游沿江偏僻之所，分投履勘，茲選得皖省宣城縣屬灣沚鎮迤東之啓發山，陸路距江寧省城二百二十餘里，道路平坦，並無山嶺，只有小河一道，水路距蕪湖江邊七十餘里，由蕪湖之中江可通至灣沚。此河春夏秋水頗深廣，可行小輪，冬間亦可行百餘石之民船。由灣沚有小河通至胡家橋，此山距胡家橋約三里許。山面寬廣平坦，約有地千餘畝，並無墳墓。全山有土無石，山麓係坦坡迤邐而上，斜度僅止數丈。地勢高燥，土性堅實，南面秦龍遠峯聳峙，秀氣蔥蘢，東西兩面衆山環抱，遠在數十里外，形勢極佳，以此地移建新廠最爲合用。

一、新廠工程新機價值約可預計也。查近年鎊價日昂，購買外洋物料以銀折算，貴至倍蓰。近經採訪，約略核估，槍廠新式全副機器：槍機須每日能造一百七十枝，歲出槍五萬枝者，彈機每日須能造十萬顆，歲出彈三千萬顆者，約需銀二百四五十萬兩。舊廠造礮機、造藥機尚多可用，只須酌量添配，以備移設。以每歲能造陸路七生半快礮二百尊，十五生十二生台礮共十尊，彈藥足用爲度，計添配之機約需銀五六十萬兩；此外修理機器廠、翻砂廠等各項應用機器約需銀二三十萬兩；各所工廠地基、鑪座、煙囱、磚石、鐵木各項工料，填地、築路、開溝、圍牆、碼頭、礮岸、起重架、住房、雜屋、堆棧、庫房一應工程地價及搬移舊廠炮機、藥機拆卸起運之費約需銀一百五十萬兩，綜計約五百萬兩。以歲提銀一百萬兩積算，五年可以完備；此外按年添補擴充，不在此限。

一、經費不必另籌也。查近年滬關歲收較旺。應撥該廠二成洋税歲得一百二十餘萬兩。又奏定各關局另撥滬廠常年專款二十萬兩，統計每年可得銀一百四十萬兩。擬提出一百萬兩專做新設分廠經費，飭該廠將各項械彈分別有用無用，酌量停造減造，並裁汰冗員、雜費，歲可節省十餘萬兩。銷售鋼鐵、修理輪船及各省購用槍礮價值歲可收回工本銀十餘萬兩。每年仍盡留二成洋税銀二十萬兩，及滬局常年經費二十萬兩，作爲滬廠常年經費，足敷支應。其餘一百萬兩，陸續提出存放上海匯豐銀行，買鎊生息，以備修建新廠，購辦新機之用，無論何項要需，不准動支此款。

一、分建新廠宜先所急也。查滬局槍廠機器最不合用，而行軍利器用槍最繁。現新局宜先從造槍各廠起手，俟槍廠既成，再造礮廠，礮廠既成，再造藥廠。似此實力經營，則造成一廠便得一廠之用，而遞年構造經營，亦易於接濟。

一、新機雖大常年止須製造一半也。或慮每年如造快槍五萬支、快礮二百尊，每槍、每礮各配造子彈五百顆，台礮十枝，除小口徑毛瑟外亦皆停造，其雜項槍礮藥彈較爲有尊□，則常年經費浩繁，原有之款恐不敷用。不知購置新機，須備急用時可加工趲造，其數目多多益善，平日僅可視所有經費酌量減造。假如能造五萬枝之槍機，常日止造二萬五千枝，經費卽可省一半，甚至歲造二萬枝亦可。礮機亦然。況中國工匠斷不能如外洋工匠手藝之純熟，約計造時出數亦止能及半，故購辦新機斷不可僅顧目前，致有事時仍貽措手不及之悔。

一、舊廠宜大減製造以節靡費也。此五年內，本省外省撥用械彈者，滬局只可酌量應付，此後凡不急之物，可緩之需，及式舊數少之槍彈，大小礮之實心彈等類，皆行停造。槍用者酌量減少，各項機器只開一半，每屆半年更番開用，此開彼歇，工匠亦只用一半，如此則機器不致鏽澀，良工不致走散，而工料可省一半，本省外省撥用者亦減半，應付撥用槍彈者可酌量分歸金陵機器局認造，但僅存留之四十萬兩撙節支持，免礙提存巨款。

一、各省繳付購械價銀宜收作正款也。查滬局向來風氣，凡外省訂購槍礮、修理輪船，繳到之款，往往收支含糊，諸多牽混。查湖北槍礮廠所收各省付價之銀，皆收作正款濟用。今江南新廠廣增機器，出械日富，則購械亦多。此項回收之價，應作正款列收。其代外省修理輪船繳價之款，亦照此辦理。此項合計甚鉅，可充添補新廠經費之用。

一、新廠既成舊廠可改作商廠也。查滬局錬鋼廠所出鋼料，除供本局之用外，兼可銷售洋行製造器物、船料之用，原有船塢亦可代修華洋官商各輪；其槍廠機器酌量改配，可以製造各項機器以供銷售。此外遷空之廠屋，兼可賃與華商，另作生理，量取租資。上海局廠如林，舊廠用處甚廣，生發無窮，斷不可使一機一屋聽其閉廢，實可籌鉅款以添補廠用。

一、灣沚新廠製械之鋼可暫用鄂廠新錬罐鋼以節經費也。查滬局歷年所造大礮，其礮管皆自外洋購來，並非自錬。滬局錬鋼廠止能錬西門馬丁鋼，尚非極精之品。若再添設錬罐鋼廠，則所費過鉅，勢難猝辦。擬令新廠製造槍礮則用湖北罐鋼廠之鋼。鋼料來自上游，不虞梗阻。其製造次等鋼料之件，則用滬局自錬之西門馬丁鋼，俟將來經費充裕，自應於新廠自設罐鋼廠以臻完備。

一、新廠距煤礦甚近可資取用也。宣城屬境距灣沚百里内外煤礦甚多，質係煙煤，土人現用土法開採，上年曾經試驗，甚合機爐之用。現有日本國人在此租定一山，用機器開試，一兩年内當可見效。該山運煤卽由灣沚鎮前之河經過，新廠購用甚便，常年所省經費不少。

一、滬廠無煙藥宜暫行停止以節糜費也。查上海藥廠原造黑色藥、栗色藥、無煙藥三種，黑藥、栗藥現已停造，而無煙藥尚照常製造，聞歲需費三十餘萬兩之多。其實松江藥庫各種火藥堆積如山，該郡紳民方惴惴以藥多爲危險，屢次稟求遷徙。且藥性受燥固甚可危，藥性受潮卽又失用，久儲殊多不便。近數年來，杭州、金陵藥庫相繼失慎，可爲鑑戒。茲擬飭該局將無煙藥一併暫行停造，各處軍營請領火藥，均就庫存之藥照章應付。至無煙藥彈原以備臨敵制勝之需，平日操練重在置槍於架，演習瞄準，惟打靶始用真彈，不能甚多。至操演手法及行軍隊必須放響，皆係用空銅壳裝黑藥木子，並不用無煙藥及鋼彈頭。是暫停製造，但以存儲之藥供用，並無不給之虞。俟松江藥庫存藥將罄，再造不遲。

一、工匠宜趁此五年之內派赴外洋練習也。此等大局新機，僅用華匠則藝不足，參用洋匠則費過鉅。滬上雖亦有良匠，但不甚多，且僅憑閱歷，並無學問。應由該局選派聰穎巧捷之匠目、藝徒，分赴德國及日本學習。一半用文理略通者以爲將來監工委員，一半用自能動手技藝已嫺者以爲將來匠目，能擇略通德語、日語者尤善。

一、新製快槍口徑宜再收小也。查鄂廠現造快槍口徑係七密里九，近來各國講求槍學口徑愈小則子彈激射愈遠，擊力愈猛。且口徑小則子彈愈小，分量自然減輕，隨身可以多帶至一百五十顆。故英國最新快槍口徑止七密里，日本最新快槍口徑止六密里，其口徑各不相同者，係防槍爲敵軍所奪，使子彈不能合膛，得之亦無所用。惟口徑大小等差，其或七密里幾絲，或六密里幾絲，或六密里，皆有精密算法，配合槍身藥力，不能隨便臆定。然槍彈銅壳分爲兩節，前少半段細處爲彈膛，自肩以下後多半段粗處爲藥膛。彈膛須按槍之口徑及鋼彈頭之肥瘦不能稍差，藥膛則肥瘦長短可略爲增減，以便別於他國。茲購造槍新機，擬酌中定口徑爲六密里五，並將彈之藥膛酌量加肥而微短，槍上之彈子庫照彈壳之藥膛肥瘦長短爲之，令與日本槍有異，自不能彼此通用。並商令鄂廠，此後製槍口徑亦改歸一律。

一、此後各省新練之兵，火器宜改用一式也。查中國從前軍營所用火槍，種類紛雜，最爲大病。不獨一省之中此軍與彼軍異器，甚至一軍之中此營與彼營亦復異器，以致藥彈不能通用，一種彈缺，卽一種槍廢，且行軍怱遽之時，配發子藥，偶有歧誤，雖有利器，儼同徒手，失其所資，臨敵安有不潰？現江鄂定製新槍既有成式，應請旨敕下各直省督撫及統兵大員，以後需用快槍，均向江鄂兩廠備價購取，不得再向外洋採辦雜槍，用昭畫一。

一、新廠及滬局至第四年應卽合併製造，卽以舊廠經費並歸充用也。查第六年起，機價已清，提款已完，自有原撥全廠經費。惟第四、第五兩年二成洋稅已備抵機價及造廠工費，此兩年中槍機已全到安設，應卽將滬局礮機、藥機酌量次第移設新廠，所有製造之事應併歸灣沚新廠辦理。其關稅餘款二十萬兩，另撥常年經費二十萬兩，卽併作爲新廠此兩年經費，暫行儘款製造。俟第六年後款項加增，再行多造。其滬局應卽改爲商廠，以售鋼修船所收回之款充作該局經費，勿庸另籌。

一、購機宜委妥員以省糜費也。外國軍火利息最重，故購機之弊亦最多。若僅憑洋行代訂，價必不廉，亦恐不全不備。若託出使大臣代購，則使臣不過派一委員辦理，亦未必實能深諳。應令該局選擇操守可信、明曉機器者親赴外國，考較訂購，革除九五扣陋弊，並由出使大臣考核，庶幾機器完美，不致有短缺雜湊陳舊改造之弊，亦可免買辦浮開中飽浮糜。

一、造械既定新式，各省用械宜限一定期以規畫一也。江南製六密里五口徑一種，造新廠以後，快槍快礮專造七生五口徑一種，此外雜槍、小礮及各色藥彈永遠停造。並請飭下各省督撫、統兵大臣，明定章程，以後本省、外省指撥雜項槍礮及雜項子彈者，五年之內務須減少，五年以外概不應付，只能撥給新械新彈。必須如此，則天下各軍器械方能畫一。

以上辦法不過臚陳大要，其詳細情形及建廠購機工程價目，應俟奏奉俞允後，再飭局員切實核估，隨時稟由新任督臣魏光燾督察辦理。

臣維上海製造局廠從前屢議遷移，而皆憚於改作，以爲另建新廠必須另籌鉅款，值此用繁帑絀，遂致觀望躊躇。其實滬局歲購不急之需，日造已陳之械，從前每日只能實造槍三枝，近日亦只能每日實造槍七枝，本應變通整頓，撙節浮糜。此次該局總辦道員毛慶蕃首倡斯議，接辦道員鄭孝胥力贊其成，經臣反復推求，但就常年本有之款分別裁提，可將軍儲固本之圖刻期興辦。款既確有著落，勢更無可因循，惟在責成承辦之員，精心規畫，殫力經營，不辭勞，不避怨，不貪利，不畏難，並無庸另籌分文經費，而五年之後全廠完工，新機廣置，精械利器日富不窮。廠地阻江瀕河，依山遠市，上運鄂廠之鐵，近取宣城之煤，既便轉輸，永無驚擾，尤爲得地。至在事各員，果能潔己自愛，奮勉圖功，應俟五年內購機設廠一律告成，工固器精，毫無浮冒，擬懇天恩准予從優奏獎。如查有絲毫情弊，或遷延怠緩，貽誤要工，立即從嚴參辦。庶勸懲兼盡，可期及早觀成。合無仰懇宸斷，俯准照議施行，大局幸甚！

清・魏允恭《江南製造局記》卷二《建置表》　謹按上海製造局，同治四年五月初，購洋人機廠，在虹口開辦。六年夏，始移城南高昌廟鎮，分建各廠，曰機器廠，其樓上曰洋槍樓，曰汽爐廠、木工廠、鑄銅鐵廠、熟鐵廠、庫房、煤棧；其管理各所曰公務廳、文案處、報銷處、支應處、議價處。又建中外工匠住居之室，繼建輪船廠、築船塢；七年，設繙譯館，八年，增汽錘廠，另建槍廠，移城內廣方言館於局；十三年，立操礮學堂，又在龍華寺鎮購地設黑藥廠。光緒元年，改汽爐廠爲鐵船廠，繼又改名鍋爐廠。是年設槍子廠於龍華鎮。二年，建火藥庫於松江城內。四年，改汽錘廠爲礮廠；五年，復於礮廠對面購地設礮彈廠。七年改操礮學堂爲礮隊營，又創設水雷廠。十六年，設鍊鋼廠；十八、十九兩年添設栗色、無煙火藥兩廠；二十四年，設工藝學堂。二十九年二月，署南洋大臣張之洞奏請裁節滬廠經費，在安徽宣城縣灣沚鎮啓發山分設新廠，政務處議准；三十年三月，湖廣總督張之洞會同南洋大臣魏光燾奏請改建江西萍鄉縣湘東鎮，以就煤鐵，並札委湖北候補道魏允恭、江蘇候補道方碩輔辦理滬局兼籌萍鄉新廠。是年停止舊局黑藥、栗藥兩廠，籌辦銅元，改礮彈廠爲鑄錢廠。挑選礮隊營勇八十名舉辦巡警。又設考工處，併皮帶房於機器廠，併西木棧於庫房。十二月，署兩江總督周馥奏請將滬局銅元歸併江寧辦理，鑄錢廠仍改爲礮彈廠。三十一年，奏請將船塢改照商辦，派總理南北洋海軍提督葉祖珪及洋員巴斯經理其事。四月，劃分輪船、鍋爐、機器三廠歸商塢經營，又改水雷廠爲銅引廠。

又《公牘・光緒二年總辦李興鋭稟設松江火藥庫》　竊維藏藥總匯，自以省會爲宜。其間挹注多端，瞬息千變，機括靈滯，須總全局計之，庶臨事不虞掣肘。金陵之藥接濟五龍山、鎮江最便，似難兼顧江陰。蘇州之藥接濟江陰、劉聞沙最便，似難兼顧吳淞。吳淞砲台首當衝要，輪船陸師棋布星羅，島夷所忌在此，所爭亦未必不在此。皁局逼近洋涇，恐仍順處安常之舊，勢必聽命前敵，仰給寧、蘇。海道若有梗阻，運解須由內河，無論展轉搬移糜費已多，即或兼程亦須數日。敵如飄風驟雨，我則雅步坦途，殆未足以制其死命，尚將望其僥倖成功耶？

職道等愚見，擬於松江城內由局自造藥庫一所，每月解存一萬磅；其餘彈子等件，有須供給水陸各軍者，酌量撥存，爲局後路。其地上達江防，下顧海口，巨艦所不能及，陸路頗不易攻，較之建庫上海，此爲穩着。日前親往松江晤商李軍門、楊守，咸以爲宜。細踏建庫地方，南城內有後營游擊舊署基址，空曠適用。後營移駐嘉定，舊基閒廢，原屬官物，購地之資可省。營造約須數月。四圍挑河，擬借郡防勇夫一助。將來儲藥以二十萬磅爲度，爲省局分蓄艾之勞，即爲防務助儲胥之勢。此屯藥雖分而猶合之意也。

又《光緒十六年九月總辦劉麒祥稟購機器試煉鋼料情形》　竊照職局仿造鋼鐵大礮並後膛兵槍，其機器等件雖不能謂之全備，然就所有者權宜辦理，已可將就敷用。惟造礮所需之鋼料、鋼彈，造槍所需之鋼管，必須購自外洋，其價值運費已不合算。且平時購運往來雖尚稱便，誠恐一旦海上有事，海程梗阻，則輪船不能抵埠，而內地又無處採買，勢必停工待料，貽誤軍需，關繫實非淺鮮。職道等再四籌維，似非自行鍊造不可。茲與造礮洋匠柯尼施彭他妥爲商酌，擬即購辦鍊鋼並捲槍筒之機器、爐座各一副，先行試辦。約需機器價銀一萬二千兩左右，再添設廠座約需銀數千兩，將來每日可出鋼三噸、槍管一百枝，以供職局造槍造礮之用，當可無虞缺乏。此時購買機器等款仍由職局在領到二成洋稅項下撙節動支，無須另請添撥經費。嗣後如果辦有成效，力有餘裕，再行推廣辦理，添器多造，則各省機器局所需之鋼件皆可備價由職局撥用，以免取資外人，似屬大有裨益。

職道等係爲籌備軍實起見，所擬購買機器試鍊鋼料情形，是否有當，理合稟明督核訓示。如蒙俯允，擬即飭令洋匠柯尼施彭他將機器等件寄信外國定購，以期節便，統候批示祇遵。

又《光緒十八年十二月總辦劉麒祥購造無煙火藥械器》　竊照職局仿造快礮、快槍所需無煙火藥，奉南洋大臣劉批飭設法製造，自應遵辦。惟查無煙火藥一項，在外洋甫經創造，其造法並配用何項物料，一概秘不告人。此時若欲設法仿造，通盤籌畫，所有定購機器及添建廠屋之經費，約共需銀十餘萬兩，始能布置。職道前在金陵已經面稟兩江督憲劉，允准照辦。並以職局經費有限，深慮不敷應用，兼蒙兩江督憲劉面允由南洋海防項下撥濟銀六萬兩，於明年九月間飭撥下局。茲經職道等與瑞生洋行反覆訂議，屬其向外國定購造無煙火藥機器全分，並代僱洋匠一名來華教習。訂明此項機器每天做十六點鐘工夫，能出藥一千磅，並能製造礟棉、硝鏹水等件。統計機器價脚並洋匠川資及一年辛工，共外國銀一萬六千八百四十磅，現在先付定價外國銀五千磅，限七八箇月內運滬交收。又造藥廠屋由該洋行向外國繪圖，於機器未到之六箇月以前送局察核，以便先期建造廠座。業經繕立合同，彼此畫押，暨由德領事蓋戳分執爲據。除稟明南洋大臣劉、北洋大臣李、江蘇撫憲奎外，理合鈔録合同稟報，俯賜督核，實爲公便。

又《光緒二十三年十月榮祿片》 戰艦凋零，海權全失，沿海之地易啓彼族窺伺之心，現雖與英國德伏爾鐵廠、阿姆士莊廠訂造魚雷快船，剋日包送來華，以資駕駛。徒以餉項難籌，不能購定多隻鐵甲巨艦，是海防仍一無可恃。況製造廠局多在濱海之區，設有疏虞，於軍事極有關繫。查各省煤鐵礦產，以山西、河南、四川、湖南爲最，又皆內地，與海疆情形不同。應請飭下各該省督撫，設法籌款，設立製造廠局；其已經設有廠局省分，規模未備，尤宜漸次擴充，自鍊鋼以迄造快礮、快炮、造無煙藥彈各項機器，均須購辦，實力講求，從速開辦，以重軍需。至上海製造局購有鍊鋼機器，因其地不產煤鐵，採買鍊製所費不貲，以至開爐日少。似宜設法移赴湖南近礦之區，以便廣爲製造。

又 卷三《製造表》 謹案同治四年創辦之初，廠中機器均未全備，先就原有機器推廣，造成大小機器三十餘座，用以鑄造槍礮炸彈。六年，始造輪船。十三年，仿製黑色火藥。光緒四年，仿造九磅子、四十磅子前膛快礮。五年，更造前膛四十磅、八十磅各種開花、實心彈。七年，造箭式一百磅藥碰電熟鐵浮雷及生鐵沈雷。十年，造林明敦中針槍。十一年，停造輪船，專修理南北洋各省兵輪船隻。十六年，仿造新式全鋼後膛快礮。十七年，改造快利新槍，試鍊鋼料，又造各種新式後膛快礮及五十二噸、四十七噸大礮。十九年，仿製栗色火藥，又稟准將用餘銅屑鑄造制錢，旋以折耗停止。二十一年，試造無煙火藥，停造水旱雷，專製各種銅引。二十四年，造七密里九口徑新毛瑟槍，並將所有各式舊槍一律停造。二十八年，舊存快利槍報廢。三十年，遵照奏案，添造銅元，尚未開工，旋奉札飭歸併江寧合辦。三十一年四月，復奉飭將船塢及輪船、鍋爐、機器三廠劃歸海軍商廠辦理。

又 卷四《會計表》 謹案製造款項，創辦之初，暫在軍需項下通融籌撥。同治六年，議興船工，兩江總督曾國藩奏請在江海關解部四成洋稅酌留二成案內，以一成爲製造輪船之用。八年，兩江總督馬新貽附奏，請以酌留洋稅二成全數作爲製造之用。光緒十八、十九兩年設無煙栗色火藥兩廠，二十一年設鍊鋼廠，兩江總督劉坤一奏奉部撥銀四十萬兩爲三廠開辦經費，二十三年復奏請加撥三廠常費每年銀二十萬兩，在江海關稅釐項下撥解，二十五年改由江蘇各司、關道、局分籌協濟。是年以籌款練兵，奉飭裁減局用，每年節省薪工銀一萬一千九百餘兩提解江寧藩庫。二十七年，江海關解局二成洋稅改爲十二成之二成。二十九年，兩江總督張之洞奏建新廠，請在局款內每年酌提新廠經費銀七十萬兩；嗣以南洋訂購淺水快輪，奉飭借撥銀三十萬兩。三十年，欽差大臣鐵查核歷年製造各款，奉飭提存銀七十七萬餘兩。是年，遵照新廠奏案，建立銅元廠，稟准借撥節省經費銀二十萬兩改造廠屋及訂購機銅等項，嗣經署兩江總督周馥奏請歸併金陵銅元局，並奉飭代購銅斤各料，連借撥共墊付銀五十三萬餘兩。是年，奉飭二成洋稅以一成作新廠經費，按月由江海關扣提存儲，以一成解本局。

又 卷六《存儲表》 謹按初設局製造，專供前敵軍火。迨『髮捻』肅清，漸有餘蓄，嗣後歷年仿造外洋軍械，並陸續購置，其所存舊式軍火，推陳出新，而各省訂造或未經解付，及各礮台、兵輪繳存本局者，屯積日多，因專設軍火處。其全廠所需各項物料，隨時採購，預爲儲備，日積月累，分存庫房四所，均各按時造報。光緒三十一年，分設船塢商廠，經署兩江總督派員監查，並飭將船廠應用物料估價存儲，聽候船廠隨時指撥繳價。謹就清釐各款分列軍火、物料表，以是年四月實存數目爲斷。

年分	督辦 北洋大臣直隸總督	湖廣總督	南洋大臣兩江總督	江蘇巡撫	總辦 蘇松太道	襄會辦	提調
同治四年			李鴻章	劉郇膏	丁日昌 應寶時	韓殿甲 記名總兵 馮俊光 補用同知	
五年				郭柏蔭		沈保靖 候選同知 馮焌光 候補知府	
六年		李鴻章	曾國藩				
七年			馬新貽	丁日昌		杜文瀾 江蘇候補道 馮焌光 江蘇補用道	

年分	督辦 北洋大臣直隸總督	湖廣總督	南洋大臣兩江總督	江蘇巡撫	總辦 蘇松太道	襄會辦	提調
八年	曾國藩			張朝棟	杜文瀾 塗宗瀛	沈保靖 湖北補用道 鄭藻如 選用同知 鄭藻如 選用知府	
九年			魁齡	丁日昌 張之萬		陳蘭彬 刑部主事	

續表

年分	督辦 北洋大臣直隸總督	湖廣總督	南洋大臣兩江總督	江蘇巡撫	總辦 蘇松太道	襄會辦	提調
十年	李鴻章		曾國藩	何璟		陳蘭彬 候補京堂	
十一年				恩錫 張樹聲	沈秉成	李興銳 江蘇補用道	
十二年			張樹聲 李宗羲				黃恩詔 華衡芳 徐壽 徐建寅
十三年				吳元炳	馮焌光		
光緒元年			劉坤一 沈葆楨			李興銳 直隸補用道	

年分	督辦 北洋大臣直隸總督	湖廣總督	南洋大臣兩江總督	江蘇巡撫	總辦 蘇松太道	襄會辦	提調
二年							
三年					劉瑞芬		王鎮昌
四年			勒方琦	褚蘭生	蔡匯滄 江蘇候補通判		
五年			吳元炳	吳元炳 譚鈞培			

續表

年分	督辦 北洋大臣直隸總督	督辦 湖廣總督	督辦 南洋大臣兩江總督	督辦 江蘇巡撫	總辦 蘇松太道	襄會辦	提調
六年			劉坤一				
七年							
八年	張樹聲		左宗棠	衛榮光	邵友濂	聶緝槼 分部郎中	
九年	李鴻章					潘露 候選運同	
十年			曾國荃			鍾啓祥 江蘇候補道	
十二年				衛榮光 崧駿	湯壽銘 龔照瑗	黃恩詔 浙江候補同知	程錫書
十三年			裕祿			唐壽嵩 江蘇候補知府	
十四年			曾國荃				
十五年				黃彭年 剛毅		劉麒祥 江蘇候補道 張慶勳 雲南候補知府	
十六年			沈秉成		聶緝槼	李家驊 江蘇候補道 龔壽圖 江蘇候補道 潘學祖 江蘇候補道	

年分	督辦 北洋大臣直隸總督	督辦 湖廣總督	督辦 南洋大臣兩江總督	督辦 江蘇巡撫	總辦 蘇松太道	襄會辦	提調
十七年			劉坤一				張甭
十八年				奎俊			
十九年							
二十年			張之洞		黃祖絡		
二十一年	王文韶			趙舒翹		阮祖棠 江蘇候補道	
二十二年		劉坤一		呂海寰 劉麒祥	張慶勳 江蘇補用知府		
二十三年				奎俊	蔡鈞	蔣德鈞 四川候補知府 林志道 直隸候補道	
二十四年	榮祿 裕祿		德壽				

年分	督辦：北洋大臣直隸總督	督辦：湖廣總督	督辦：南洋大臣兩江總督	督辦：江蘇巡撫	總辦：蘇松太道	襄會辦	提調
二十五年				鹿傳霖	李光久 曾丙熙 余聯沅	許夔	
二十六年	廷雍		鹿傳霖 劉坤一	陸元鼎 鹿傳霖 聶緝槼	袁樹勳	潘學祖	周純
二十七年	李鴻章 袁世凱			恩壽		毛慶蕃 直隸候補道	陳本瑞
二十八年	吳重熹 袁世凱		李有棻			鄭孝胥 直隸候補 道胥	李鍾珏
二十九年		張之洞	張之洞 魏光燾			趙濱彥 湖北候補道 沈邦憲 江蘇候補道 唐郁華 江蘇候補道	
三十年			李興鋭 端方 周馥	端方 效会		魏允恭 湖北候補道 方碩輔 江蘇候補道	

金陵機器製造局

《光緒九年三月初五日兩江總督左宗棠等奏》　金陵機器局創自同治四年，仿照洋式興建廠屋，製造洋槍、洋砲、軍火、子彈等項，逐次擴充，歷年用款均於淮勇軍需報銷案內另冊專案附奏請銷。又烏龍山機器局係於同治十三年因籌備江防奏明添設，所用款項彙入江防砲台案內附銷。該二局製造經費，俱截至光緒四年底止，分案造册報部准銷。嗣因烏龍山機器地段太窄，自光緒五年正月起歸併金陵機器局，合爲一事，酌定每年由江海關撥銀五萬兩、江南籌防局撥銀三萬、揚州淮軍糧台發銀二萬，共銀十萬兩，以爲常年額定經費。此外江防砲臺如有添造軍火等項，隨時稟請添發；造成槍砲軍火等件，分解南北洋收支濟用。歸併以後，用款按兩年造報一次，專案奏銷。查製造西洋槍砲子彈、軍火應用機器、料物，係購自外洋，價目無例可循。委員人等係熟諳製造西洋機器，所支薪水格於常例。駁運車船舵水口糧仿照砲台准銷成案，每名日支銀一錢。以上各款，遵飭實用實銷。據金陵機器局道員龔照瑗、郭道直將光緒五六兩年收支用款造具報銷清册，由該司梁肇煌等逐加勾稽，自光緒五年正月起，截至六年十二月底止，舊管無項。新收江南海關撥解製造二成洋税，江南籌防局、揚州淮軍糧台撥款，又收回外省繳還軍火價銀及代修江安糧道等處洋水龍輪船解還工料等項，共計銀二十萬二千四百一十四兩七錢有奇。開除購買外洋機器料物價值等項一册共計銀九萬九千二百七十二兩五錢有奇，工匠工食一册共計銀六萬九千七百四兩六錢有奇，委員、夫役、舵水人等薪糧、公費各款一册共計銀三萬四百四十三兩七錢有奇。遵照部議，各歸各部覈銷，計應歸戶部覈銷銀二萬九千一百一十三兩六錢有奇，兵部覈銷銀三千八百一十五兩三錢有奇，工部覈銷銀十六萬六千四百九十一兩八錢有奇，共請銷銀十九萬九千四百二十兩九錢有奇，俱係覈實無浮，實存銀二千九百九十三兩七錢有奇，歸於光緒七年正月起滾接造報。

清·蕭榮爵《曾忠襄公奏議》卷二二《機器局請加款疏光緒十年五月初二日》　竊前准戶部咨：『金陵機器局詳：光緒七八兩年，除常年額撥經費之外，另有添製江南礮臺，需用水雷、銅火料物各等件，並購辦拉銅車床各機器價值，先後添撥銀五萬六千四十七兩有奇。本部查奏定章程，曾以各省設立機器局，購買機器槍礮等件，日新月異，耗費尤多，雖不能限以定數，亦當定有範圍，事前奏明報部，事後方准覈銷，行知在案。該省造報，光緒五、六兩年，機器局報銷案內以該局奉定每年額撥銀十萬兩，作爲常年經費，經部覈准亦在案。據請七、八兩年，除額撥之外，另有添撥銀五萬六千餘兩，該省既自行議定，該局每年額撥經費銀十萬兩，所有一切添購等項，自應於此額款內撙飭動支，方爲覈實。若於額撥之外，逐漸加增，礙難准行。應令轉飭局員，嗣後凡有額定之款，概不准額外加增，以示限制。其此次所添銀五萬六千餘兩，仍應於七、八兩年額定十萬兩之內劃還歸款。』

又准戶部咨：『金陵機器局詳：江南駐防淮軍，所需銅火炸彈等項，查照自九年起每年於額領之外，添撥銀五千兩，以爲製造月操軍火之需。查照新章，先行咨部。又馬梯呢、溫者斯得槍彈，神機礮彈，格林礮彈，須隨時製備，所需經費，由籌防局加撥銀五千兩。本年已屆六月，九年分應撥銀三千兩，自十年分起加撥銀五千兩，以資製造。九年分於額領之外，兩次奉准加撥銀八千兩，自十年分起每年加撥銀一萬兩，詳咨立案。查機器局製造經費，前經該省議定，每年額撥銀十萬兩。該省因駐防淮軍，月操軍火，請自九年起每年撥銀五千兩，以爲製造軍火之需。續又咨報，洋槍礮彈，隨時製造，每年加撥銀五千兩。其九年分已屆六月，應撥銀三千兩，自十年起，加撥銀五千兩。查淮軍月操軍火等項，係營中必需之物，自應准其撥用經費。惟酌定每年加撥銀五千兩，一切用款自應於五千內撙飭動支。今月餘又請添撥銀五千兩，似此任意加增，礙難准行。除該局請加淮軍月操軍火等銀五千兩准其照辦外，嗣後無論製造何項，概不得於額定銀十萬五千兩之外率請添撥，以示限制。』節經前督臣左宗棠轉飭去後，據經金陵機器製造局道員龔照瑗、郭道直查明具詳：『製造經費，額定銀十萬兩，係常年領款，製造外洋軍火，日新月異，耗費尤多。若以銀數限制，斷難廣爲豫備。一旦海疆有事，恐不免臨時失措。前奉迭次飭造水雷、銅捲、子彈、銅火、拉銅機器等項，動撥工料，湘平銀五萬六千四十七兩有奇。茲奉部覆，仍於七、八兩年額數內劃還歸款。每年額數造成軍火，分解南北兩洋尚恐不敷，斷難籌款劃還添製機器軍火之價。自九年分起，每年加撥銀一萬兩。今奉部覆：「除淮軍月操軍火銀五千兩，准其照辦，其餘不得於額定銀十萬五千兩之外，率請加撥。」伏思馬梯呢、溫者斯得各槍彈，神機、格林各礮彈，愈製愈精，愈用愈廣，若不寬爲籌備，設恐需用之時，雖晝夜趕造，亦迫不及待。所有七、八兩年動用銀五萬六千四十七兩有奇，並自九年分起，每年加撥銀一萬兩，應請奏明，俯賜覈准等情。』當經前督臣左宗棠復飭江蘇防營報銷局確覈妥議。茲據該局復覈請奏前來。

臣查金陵機器局每年額定銀十萬兩，除薪水火食及一切雜用外，儘數造成軍火，分解南北兩洋防營操用，尚屬不敷，係屬實在情形。此外飭造水雷、銅捲等項，及馬梯呢、溫者斯得各槍彈，神機、格林各礮彈，不得不寬爲籌備，以重防務。所有七、八兩年額外加撥水雷等項經費銀五萬六千四十七兩有奇，合無仰懇天恩，俯准支銷。其添製馬梯呢槍彈等件銀五千兩，連同奉准淮軍月操軍火銀五千兩，合成一萬兩，仰懇聖恩，准其均從九年分起，一併加撥，庶已往之成功不廢，而將來之實濟良多。

又 卷二五《擴充機器局疏光緒十一年五月二十六日》 臣國荃於光緒十一年五月初四日由驛附奏閩粵、浙江等省，應通力合作一片。聲明後膛槍礮爲最要軍械，一經海口封禁，購辦無從，應即先事購備，並添購機器，推廣仿造，庶免缺乏之虞。業飭上海、金陵兩機器局遵照妥辦在案。旋奉五月初九日上諭：『現在和局雖定，海防不可稍弛，亟宜切實籌辦，善後爲久遠可恃之計。船廠應如何增拓，礮臺應如何安設，槍械應如何精造，均須破除常格，實力講求。江蘇本有機器局，現應如何變通措置，著妥議奏辦。』等因。跪誦之下，始知一得之愚。實已廟算之先周，莫名欽佩，當即分別轉行欽遵，應俟議詳到日，再行奏明辦理。內機器局一節，查蘇省之局有二，一設上海，一設金陵。但就金陵一局情形言之，經費本較滬局爲儉，自光緒五年歸併五龍山分局以後，益苦難於敷衍，而遞年以來，承辦南北洋各防營軍火統造分解，既副所需亦適於用，是以各省聞風時有託製之件。去年法事方急，處處戒嚴，益苦應接不暇。計自六月起，該局撥應各省者，以言礮位，廣東有十二磅來福銅礮十尊之案，雲南有後膛礮四尊之案，浙江有過山礮二十尊之案，臺灣有兩磅後膛礮六尊、十管格林礮十尊、四門神機礮四尊之案，湖北有二十四磅洋生鐵開花礮五尊之案，會辦北洋事宜吳大澂有兩磅後膛礮六尊之案，江西有劈山礮十尊、前膛擡礮一百尊之案；以言子彈，程文炳行營有鉛子、自來火等件之案，劉銘傳行營有炸彈、實心彈等件之案。且以上所有礮位，尚須配齊子彈，架具必充必備，以資取用。而南北洋之所需者不計焉。當各省囑製之時，莫不械牘交馳，急如星火，而工程非甚重大，則極瑣碎。一器之磨礲鬥攏輒易數手而後成，每件之表裏精粗或經累月而始竟。臣等以各省所需，義應不分畛域。但該局力所能及者，無不立飭製應，亦幸該局總辦道員龔照瑗、郭道直及提調等皆力顧大局，奪勉從公，以故數月以來，尚能相其緩急，分別應付。第當併力趲工之際，匠丁等非不蓐食晨興，篝燈夜作，而尚有顧此失彼之憾者。推原其故，由於廠屋尚窄，機器無多，未能擴充所致。所以未能擴充者，則額定之經費限之。查該局常年經費，自光緒五年起，分局歸併總局，以後南北洋每年各撥銀五萬兩。九年分南洋加撥銀一萬兩。現在每年額領南北兩洋經費銀僅十一萬兩，而兩洋之軍火資於是，各省之軍火亦資於是。所操者約，而所施者博，固無怪該局之左支右絀，竭蹶日現在諭旨飭令變通機器局務，並許其破除常格。誠以槍礮爲行軍利器，臨事制勝之用，必由平日儲備而來，聖意至爲深遠。臣等竊以爲，若無可憑之基而草創之，則費鉅而成難。若就已然之勢而推廣之，則事半而功倍。今該局成效如此，需費如此。臣等如尚存因陋就簡之見，何以仰慰宸懷。查該局所製，如兩磅後膛、來福、長銅、輕銅、十管、四管、連珠各種礮位，前、後膛各種擡槍，均屬西法新式利器，與外洋精緻相埒，用之行仗，最爲相宜。工料價值較之購自外洋者又實減二三成不等。前次海道梗阻，各省所購軍火或卸寄香港、東洋及新加坡各處，雖定價已付，而取用爲難，即有效命之勁旅，豈能徒手當敵。設皆一一自造，取攜由我，何有隔絕之虞。以言利則如彼，以言害則又如此。臣等悉心酌度，竊以爲欲收製造之利，首在添造廠屋，增購機器，其常年經費即須寬籌，然後綱舉目張，乃有左右逢源之妙。現與該局員等再四熟商，擇其製造槍礮子彈必不可少之機器，已分別訂購五十餘副，合之拓增廠屋經費，二共約需銀十萬兩。其每年工料經費，約須添銀，至多以五萬兩爲率。此款擬先在洋藥加增，稅釐項下動撥，其不敷者，再由臣等於原撥續撥各關局庫分別湊撥。此後多一內地製造之費，即少一外洋購買之費，贏縮已足相抵。而該局放手製造，用意講求，技日益精，器日益多，無事以爲操練之用，有事以爲禦侮之用，似於防務、利源兩者均屬有裨。

天津機器製造局

清・寶鋆等《籌辦夷務始末（同治朝）》卷四三《恭親王等奏同治五年七月初六日》 至一切機器，尤應設局募匠，先事講求，或在都城，或在天津，派員專司製造，並請一併飭議施行。

又 卷四四《總理各國事務恭親王等奏同治五年八月二十八日》 臣等因思練兵之要，製器爲先。中國所有軍器，固應隨時隨處選匠購材，精心造作。至外洋炸砲、炸彈與各項軍火機器，爲行軍要需，神機營現練威遠隊需此尤切。中國此時雖在蘇省開設炸彈三局，漸次著有成效，惟一省仿造究不能敷各省之用。現在直隸既欲練兵，自應在就近地方添設總局，仿外洋軍火機器成式，實力講求，以期多方利用。設一旦有事，較往他省調撥，匪惟接濟不窮，亦屬取運甚便。中國原不少聰明穎悟之資，特事當創始，不能不於洋人中之熟習機營者暫爲雇覓數人，令中國人從事學習，務使該洋人各將優嫻之藝，授以規矩，傳其秘竅。該學習人等若能勞身苦思，究其精微，逐漸推求，久之即可自爲製作。在我可收臨陣無窮之用，在彼不致有臨時挾制之虞。臣等公同商酌，擬即在天津設立總局，專製外洋各種軍火機器。或雇何項洋人作教習，或派何項員弁作局董，揀選何項人物學習，或聚一局，或分數局教習，學習人等名數若干，薪水若干，材料匠役及雜項用費若干，應由三口通商大臣崇厚悉心籌畫，妥立章程，咨明臣衙門會商定議。其一切款項，即由三口通商大臣酌定支發，准於關稅項下作正開銷。設局以後，所有隨時查考，試能否以定優劣，立賞罰以示勸懲，亦應酌立定章。總期力求實效，盡得西人之妙，庶取求由我，彼族不能擅其長，操縱有賓，外侮莫由肆其燄。

又 卷七八《三口通商大臣兵部左侍郎崇厚、署三口通商大臣大理寺卿成林、候補府尹德椿奏同治九年十月初五日》 竊查同治五年八月間，經總理各國事務衙門奏明，在天津設局仿製外洋機器。應需經費，作正開銷。經奴才崇厚詢訪外洋各官商，以機器情形事繁費鉅，一時難於舉辦。僅據美國領事官英人密妥士將外國專製火藥器具辦法，查明翻譯開單前來。當經據實奏明，經總理衙門戶部議准，由香港輪船變價項下，撥交密妥士銀八萬兩，匯兑外洋，採買機器，運送來津，設局辦理。當經揀派委員，於六年四月開局，並劄派密妥士總辦其事。勘定在於天津城東十八里賈家沽道地方，設立火藥局，是爲東局。該處本有舊河溝一道，淤塞不通，局基東西計長三百九十餘丈，南北寬二百五十餘丈。先將河溝開寬開深，以通船隻，便於運送物料。

又局南勘定地基一塊，長一百三十餘丈，寬十七丈餘，作爲建蓋洋人工匠住房之用。又局南勘定地基一塊，作爲設立甎瓦窑廠之用；又局北勘定地基一塊，作爲設立公所之用；計共買民地二十二頃三十餘畝。自六年秋間購料，七年春間外洋送到局房圖式，興工建造，局内共建機器等房四十二座，計二百九十餘間。大煙筒十座，洋匠住房一百六十餘間。

七年夏間，機器陸續運到，設法剝運，如式安設。造火藥器具大輪四分，淋硝、淋磺、研藥、篩光藥等器，配帶齊全。又造銅帽大輪一分，鐵木各匠機器輪一分。所雇洋匠，自七年春間先後到局，由密妥士分派各司其事，均能認真工作。内地學徒亦皆用心學習，可期有成。現在均已一律安設完竣。又在南關外海光寺地方設一西局。另飭洋匠在上海等處採買機輪一分、鐵鑪一分、鏇牀二座，安設西局，以備東局機器隨時添配物件、零星傢具之用。業經鑄造砲位輪船機器七千數百餘件，以供各營練兵之用。

茲據機器局提調三品銜廣東候補知府高從望、運同銜北河候補同知童恆麟詳稱：『自六年四月開局起，至九年七月底止，局務一律告成，由香港撥用過銀八萬兩。又陸續由關庫領庫平銀四十萬兩零五千三百三十三兩三錢三分。計東局支用銀三十八萬八千一百七十八兩八錢八分二厘，西局支用銀九萬五千七百九十五兩九錢三分，兩局共支用庫平銀四十八萬三千九百七十四兩八錢一分二厘。尚餘銀一千三百五十餘兩，歸入以後動支。尚有餘剩木料甎瓦灰斤石塊等項，約值價銀數千兩，亦應存局，作爲以後續添工程之用。

查局基地勢低窪，隨在加培房座根脚，先築灰土，在用甎砌，高及丈餘，上接牆根。因機器力大，非此不能穩固，工料卽較繁多。所有機器均係重大之物，轉運十分爲難，人工亦加倍蓰。一切器物，均託洋人經手，購自西洋，房間悉照繪來圖式，加工修造，堅益求堅。所用各款，除委員薪水由局員支發外，其餘均由洋人總辦經理，撙節動用，委係工堅料實，毫無糜費，於例案未能脗合。』開單詳請具奏前來。

奴才等查此事總理衙門原議本係仿照外洋軍火，務得其機巧爲主。初辦之時，若以每年所用之料物人工，較之每年所出之銅帽火藥，比之採買較多。據密妥士口稱，將來再添研藥機器三分，則每年所出火藥可加三分，而人工所加有限，較之採買，卽可節省，是爲計久圖長之策。直隸總督李鴻章向能籌維大局，於製器之道，歷經考據精詳。此局之設，因係初辦，未敢鋪張，較之福建、江蘇等局，用款甚少。奴才崇厚現在出差，以後應如何斟酌添製開展之處，請飭下李鴻章妥籌酌辦，以期一勞永逸。

《同治五年十二月十五日崇厚摺》 惟查購運外洋軍火機器，實非一時所能猝至，前經附片奏明，託外國公正官商訪詢機器價值，再爲設法籌辦。深知頭緒紛繁，需款甚鉅。正在函商總理衙門核辦間，卽准督臣劉長佑咨稱，以直隸分設六軍，每軍五營，共馬步隊三十營，計需洋劈山砲四百八十尊、洋砲車二百四十輛、洋開花炮一百二十尊、洋砲車六十輛，各砲需用洋火藥、洋砲子並隨車一切砲帶等項，均宜寬爲製辦，以便撥給備操等因。當查前項砲位等項，爲數甚多，此時商辦外國機器甫經訪詢價值，將來能否購運尚無把握。而直隸總兵需用砲位等項多而甚迫，緩不濟急，必致有誤備操。卽或購買洋鐵，選覓工匠，仿照外洋式樣做成，亦非數月之間所能備齊。因卽函覆督臣，或先派員採辦小洋鐵砲一二百尊應用，尚較省便。旋據函覆，以鐵砲施之行陣，究不若洋劈山砲爲靈便適用，囑爲添覓巧匠，多購洋鐵，陸續趕造等語。再四籌維，復飭曉事委員多方講求，選匠購料，一切仿照洋式造成，計洋劈山砲每尊實需銀七十三兩，每洋砲車一輛實需銀五十四兩，洋開花砲每尊實需銀五十五兩，對子小開花砲每尊實需銀十五兩，每洋砲車一輛實需銀五十八兩。係用洋鐵鍛煉成熟，加工精製，車輛什物亦皆堅實靈巧，均無例價可循。統計砲位、砲車配帶一切，加以隨砲子藥實需銀六萬九千餘兩。總理衙門原奏係由關稅項下作正開銷。惟查天津關常洋兩稅向有部撥京餉並指撥奉餉及天津海防、大名河防月撥協餉，並採辦銅斤、稅務司各項經費等用，近年洋稅暢旺，並有東海關隨時協濟，亦僅勉爲敷衍。前因採訪製造槍砲之機器價，費鉅事繁，擬先購辦專製火藥之機器在天津設局試辦，計需銀並運脚十餘萬兩。並准神機營來文飭購洋馬槍二千桿、五六出手槍二千桿、開花砲六十尊，又奉省需用砲十二尊。各項需餉甚多，關稅項下無此鉅款，會函商總理衙門，擬由輪船變價項下撥款協濟；其不敷之款，仍須將天津、東海兩關扣存洋稅二成另款解部之項動撥。恐尚不敷用，且天津海關二成扣款現已奉部抵撥代造湖廣剝船銀五萬兩，另摺會同督臣具奏。今若再籌直隸六年製辦砲位等項之款，實屬無米之炊，萬難挹注。奴才通盤籌畫，在在均關緊要，不容稍有偏廢。今擬將直隸六軍應辦砲位等項，專設局廠，派熟悉之員認真趕辦。應用銀兩，擬請敕下直隸督臣由長蘆運司在於鹽課項下隨時籌撥應用，責成天津道督飭局員核實報銷，不准稍有草率浮冒。總期工堅料實，悉成利器。

《同治五年十月二十五日崇厚片》　在外洋購買機輪等件全份器具，並運來水脚及僱覓外洋工匠前來所需船價川資並在津擇地建廠，約計需銀十餘萬兩，可以將局廠設立妥協。天津關稅項下奉撥京餉、協撥餉、天津海防、大名河防並戶部採辦銅斤各處撥用甚多，輒難籌此鉅款。適總稅務司赫德到津，論及購辦外洋機器需款甚鉅。即據該總稅司言稱，現有香港所存輪船變價銀十三萬餘兩可以就近撥用。當經函商總理各國事務衙門，請先由廣東香港所存輪船變價銀十三萬兩內撥銀八萬兩，以便交密妥士匯寄英國採買各器，俟到津以後，應需建蓋廠房及開銷工匠薪工、局費，統由奴才籌款辦理。

至開廠以後常年薪工費用，天津一關難資敷用，應請敕下戶部，將天津、東海兩關應解戶部二成之款改撥津局，專辦軍器，至設局一切章程，應俟外國工匠到後，悉心籌議，資商總理衙門奏明辦理。

《同治六年四月初十日崇厚片》　奴才前經奏明德椿來津總理機器軍火總局，該員已於本月初一日到津，自應先行設局，將擇地設廠各事宜妥爲採定。應如何集備料物、開通河道、建蓋房屋等事，一俟洋人到津，即可次第辦理。惟查事關軍火要務，又係創始之時，與尋常局務不同，若濫派多員，反與事機無益。奴才擬以同洋人學習製造之人用京營二十五歲以下員弁，並同文館學生內愼選明白精細者數人，優給薪水公費，居住局內，俾使悉心講求，能得西法奧妙；而經理全局事務，採辦收發，創建一切，又必得通曉洋情，熟悉演算法精詳妥愼之員，方能得力。奴才督同德椿，查有通商委員內運同銜同知用廣東候補知縣高從望，堪以派充提調局務；直隸候補同知黃惠廉，堪以派充總譯；其文案收發、採辦轉運等事，擬揀派文武委員數人，視局務繁簡定人數之多寡。總期各有所司，不准濫竽充數。奴才查京營員弁之薪水公費，四五品者擬仿照直隸六軍營官，六品者擬仿照六軍幫帶官，七品者仿照哨官，同文館學生仿照六軍佐雜官，文案收發、採辦轉運等差文職均仿照六軍中之正印佐雜等官階支給；武職都守仿照幫帶官，千總仿照哨官，總理局務仿照總統，提調局務仿照翼長。辦理軍火與營務不同，其書手、聽差視事之繁簡，酌定人數。

清・吳汝綸《李文忠公全集・奏稿》卷二三《機器局動用經費摺同治十三年五月初六日》　該局總理諸務，先由湖北補用道沈保靖與津海關道陳欽會辦，嗣沈保靖擢任九江道經，臣奏調廣東補用道吳贊誠來津接辦。該員向在粵東留心洋務，旋改留直隸，與陳欽一意講求整頓開拓，頗收成效。十一年春間，該局乘積水涸退，培修舊廠，接築土隄，所建鑄鐵、熟鐵、鋸木等廠先後竣工，添購西洋藥碾三分。於十二年四月到齊，並購到各式機器十餘具。續建新機器房及第二座碾藥廠同時告竣，依式安配。其餘兩分藥碾應建廠座，備齊物料，次第動工，造出洋火藥、銅帽、子彈等項較前增多兩倍，撥給直防、淮練各軍及奉天、熱河、關外征防諸軍要需，隨時應付無誤。臣逐加試驗，均屬精利合用，與外洋軍火無別。所造挖河機器，亦靈便如法，其餘製成器具均歸本廠及各營領用。該道等督飭中外匠役實力工作，苦心研究，數年以來技藝漸多嫻熟，製造日起有功。原設城南海光寺鑄鐵廠移併本廠，復在浦口地方購地五十九畝，建成洋式藥庫三座，環以濠牆，足備久遠。統計添建廠庫二百餘間，增築護隄一千餘丈，儲材積料，墊道培基，措置俱中肯綮。茲據該道等詳稱：該局動用款目，上屆報銷案內尚餘銀一萬二千五百六十六兩六錢二分三釐六毫八絲八忽，物料約值銀五萬數千兩。該局陸續由關庫四成洋稅項下領過銀三十九萬五千二百六十九兩九錢三分二釐三毫五絲八忽，共計兩年連閏二十五個月支用銀三十九萬四千七百兩三錢八分六毫九絲三忽，仍存銀一萬八千二百十八兩二錢四分九釐六毫五絲三忽，尚餘一切物料約值銀五萬數千兩，連年增雇匠徒、寬儲料物、清付器價、興造廠工，又以十一、十二兩年，疊被水浸，培廠築隄，設法防護，工需浩繁，皆必不可省之費。動用銀款均係極力撙節，實事求是，毫無浮冒。製造仿用西法，變換不常，物料來自外洋，名目互異，實無例價可循，未能劃一造報，懇仍援照成案開單請銷，會詳請奏前來。臣查道員沈保靖、吳贊誠先後經理局務，與津海關道陳欽商榷妥辦。臣就近督率，隨時稽查，該員等均能嚴明約束，核實句稽，且於遞年水患之中設法營護，力求精進，俾工藝益臻起色。所需經費以購辦外洋機器物料爲大宗，卽中外員匠夫役薪資無不事事節省，據詳各節委係實在情形，並無絲毫冒濫，相應援照向章，繕具簡明清單，恭呈御覽。

福州船政局

清・左宗棠等《船政奏議彙編》卷一《左宗棠・試造輪船先陳大概情形摺》 自海上用兵以來，泰西各國火輪兵船直達天津，藩籬竟成虛設，星馳飆舉，無足當之。自洋船准載北貨行銷各口，北地貨價騰貴。江浙大商以海船爲業者，往北置貨，價本愈增，比及回南，費重行遲，不能減價以敵洋商，日久銷耗愈甚，不惟虧折貨本，寖至歇其舊業。濱海之區，四民中商居什之六七，坐此闤闠蕭條，稅釐減色，富商變爲窶人，游手驅爲人役。並恐海船擱朽，目前江浙海運卽有無船之慮，而漕政益難措手。是非設局急造輪船不爲功。從前中外臣工屢議僱買代造，而未敢輕議設局製造者：一則船廠擇地之難也；一則輪船機器購覓之難也；一則外國師匠要約之難也；一則籌集巨款之難也；一則中國之人不習管駕，輪船成仍須僱用洋人之難也；一則輪船既成，煤炭薪工，需費不貲，月需支給，又時須修造之難也；一則非常之舉，謗議易興，創議者一人，任事者一人，旁觀者一人，事敗垂成，公私均害之難也。有此數難，毋怪執咎無人，不敢一紓籌策以徇公家之急。臣愚以爲欲防海之害而收其利，非整理水師不可；欲整理水師，非設局監造輪船不可。泰西巧而中國不必安於拙也，泰西有而中國不能傲以無也。雖善作者不必其善成，而善因者究易於善創。如慮船廠擇地之難，則福建海口羅星塔一帶，開漕濬渠，水清土實，爲粵浙江蘇所無。臣在浙時，卽聞洋人之論如此。昨回福州，參以衆論，亦復相同，是船廠固有其地也。如慮機器購覓之難，則先購機器一具，鉅細畢備，覓僱西洋師匠與之俱來。以機器製造機器，積微成鉅，化一爲百。機器既備，成一船之輪機卽成一船，成一船卽練一船之兵。比及五年，成船稍多，可以布置沿海各省，遙衞津沽。由此更添機器，觸類旁通，凡製造鎗礮、炸彈、鑄錢、治水，有適生民日用者，均可次第爲之。惟事屬創始，中國無能赴各國購覓之人，且機器良楛亦難驟辨，仍須託洋人購覓，寬給其值，但求其良，則亦非不可必得也。

又《開造輪船請暫動結款摺同治五年十月十五日》 伏查製造輪船一事，前與洋員德克碑、日意格定議購買機器等件，需銀十六萬九千九百六十九兩，保險包紮及募僱洋匠盤費需銀二萬九千五百十二兩，德克碑、日意格借支薪水及來往盤費並各洋匠借支薪工需銀一萬九千三百七十兩。又蓋造鐵廠、船槽、船廠、學堂及外國員匠公所住屋，並製辦一切用器，購買地基，約需銀二十餘萬，約統計需銀四十三四萬兩，刻下德克碑、日意格來閩定約，所有募僱洋匠盤費，辛工及德克碑等借支薪水應先全給，置買機器應先付一半價銀，以便回國購辦。鐵廠、船槽、船廠及各項房屋，除地基價銀應卽全給，其一切工料本年動工亦須先付一半，銀十萬餘兩，餘俟明年春夏間清給。將來開廠之後用費較省，每月牽算有四萬兩，諒可敷用。而本年應給銀兩則萬難刻緩，閩海關稅通年約計不過二百萬兩，內除四成結款八十萬兩，兌費銀四萬兩，本年奉撥京餉五十萬兩，補解上年京餉十萬兩，加平飯食一萬八千兩，兌費等項約共銀三萬九百兩。又奉撥內務府餉銀二萬兩，平餘抬費兌費二千五百餘兩，撥補常稅二萬五千兩，司稅辛俸並本關經費約共銀十五萬兩，改留閩省協餉本年正月至十一月止應解銀五十五萬兩，核計本關進出各款尚不敷銀二十四萬兩。至閩省釐稅，現因清發各營欠餉，需銀三十餘萬。臣左宗棠隨帶西征勇丁行糧及製辦軍火一切，又需銀十餘萬兩。此外留防本省弁勇餉項亦須隨時發給，並應兼籌協濟甘餉，實已竭蹶萬分。臣等再四思維，製造輪船爲中國自强之策，久在聖明洞鑒之中，無論如何爲難，必須設法辦理，所需經費，臣等苟能勉爲籌措，何敢妄自瀆陳。無如開辦之初需款甚鉅，閩省關稅、釐稅皆無可撥，而事已定議，未便暫置緩圖，合無仰懇天恩，俯准由四成結款項下動撥銀四十萬兩，嗣後再由閩海關稅撥濟，如尚不敷，卽提閩省釐稅，不得再動結款以重部帑。

又 卷二《左宗棠・詳議創設船政章程摺》 竊臣前議習造輪船，曾將應辦情形及請簡總理船政大臣接管，籌發購器、募匠銀兩各緣由業經迭次陳明。臣於交卸督、鹽兩篆後駐營城外東教塲，嚴裝以待洋員之至。本月二十三日，道員胡光墉偕日意格、德克碑來閩。據日意格等稟呈保約、條議、清摺、合同、規約各件，業經法國總領事官白來尼印押擔保。臣逐加覆核，均尚妥洽。所有鐵廠、船槽、船廠、學堂及中外公廨、工匠住屋、築基砌岸一切工程，經日意格等覓中外殷商包辦，由臣核定，計共需銀二十四萬餘兩。船槽尤爲通局最要之件，應用法國新法，購辦鐵板運來船廠，嵌造成槽，此外一切局中應用雜物，由護撫臣周開錫委員估置。日意格、德克碑俟廠工估定，卽回法國購買機器、輪機、鋼鐵等件，並購大鐵船槽一具，募僱員匠來閩。一面開設學堂，延致熟習中外語言文字洋師，教習英、法兩國語言文字、算法、畫法，名曰求是堂藝局，挑選本地資性聰潁、粗通文義子弟入局肄習；並採辦鋼鐵、木料，一俟船廠造成，卽先修造船身，庶來年機器輪機運到時，可先就現成輪機配成大小輪船各一隻，此後機器輪機可令中國匠作學造，約記五年限內，可得大輪船十一隻、小輪船五隻。大輪船一百五十匹馬力，可裝載百萬斤；小輪船八十匹馬力，可裝載三四十萬斤，均照外洋兵船式樣，總記所費不逾三百萬兩，惟採買物料一切，有此月需多、彼月需少者，勢難畫一，應將關稅每月協撥兵餉五萬兩劃提四萬兩歸軍需局庫另款存儲，以便隨時應付。而前後牽計，仍不得踰每月四萬之數，以示限制。

抑區區之愚，有不敢不盡者。茲局之設，所重在學造西洋機器以成輪船，俾中國得轉相授受，爲永遠之利，非如僱買輪船之徒取濟一時可比。其事較僱買爲難，其費較僱買爲鉅。臣德薄能淺，不足爲其難；又去閩在卽，不能爲其難。當此時絀舉盈之際，凡費宜惜，鉅費尤（可）［宜］惜。而顧斷斷於此者，竊謂海疆非此，兵不能强，民不能富。僱募僅濟一時之需，自造實爲無窮之利也。於是則雖難有所不避，雖費有所不辭。然而時需五載，銀需二百數十萬兩，事屬創舉，成否未可預知。幸而學造有成，縱局外議論紛紛，微臣尚有以自解。設學造未能盡洋技之奇，卽解造輪船不能自作船主、曲盡駕駛之法，則費此五年之時日、二百數十萬之帑金，僅得大小輪船十六號、機器一分、鐵廠、船槽、船廠及各房屋，雖所造輪船較尋常購買各色輪船精堅適用，而估計所費多於買價一倍，於大局仍少裨益，責以糜帑，咎何可辭？凡此皆宜預爲綢繆，而不能預爲期必者。故此局之定，愛臣者多以異時咎責爲臣慮，局外阻撓爲臣疑；卽日意格亦言此時局面既更，勢難兼顧，如欲停止，願將已領之銀仍卽繳回。臣答以事在必行，萬無中止之理。但願一一謹守條約，盡心經畫，共觀厥成。如有差謬，當自請朝廷嚴加議處而已，察看人情，尚可望其有成。

合將日意格、德克碑會稟條約條議清摺合同規約照抄咨呈軍機處總理各國事務衙門存案外，謹將船政事宜臚列十條，繕具清單恭呈御覽。

一、洋員應分正、副監督也。日意格、德克碑各有所長，臣前摺曾陳及之，現經上海總領事白來尼以日意格通曉官話漢字，辦事安詳，令德克碑推日意格爲正監督，德克碑爲之副，咨商允洽均無異詞，一切事務仍責成該兩員承辦。

一、宜優待藝局生徒，以拔人材也。藝局之設，必學習英、法兩國語言文字，精研算學，乃能依書繪圖，深明製造之法，並通船主之學，堪任駕駛。是藝局爲造就人才之地，非厚給月廩，不能嚴定課程；非優予登進，則秀良者無由進用。此項學成製造、駕駛之人，爲將來水師將材所自出。擬請凡學成船主及能按圖監造者，准授水師官職；如係文職、文生入局學習者，仍准保舉文職官階，用之（本）［水］營，以昭獎勸，庶登進廣而人才自奮矣。

一、限期、程期分別酌定也。輪船一局，實專爲習造輪機而設。俟鐵廠開設，卽爲習造輪機之日。故五年之限，應以鐵廠開設之日爲始。一面造鐵廠房屋，一面購運鐵廠機器，計自法國購運來閩，約須十箇月、十一箇月不等。日意格、德克碑兩員回國後，一員約五箇月帶船廠洋匠來閩，開船廠、造船槽；一員俟機器等件齊備，交鐵廠洋匠管解起程後，先趁輪船來閩，約八九箇月可到。

一、定輪機馬力，並搭造小輪船也。大輪船輪機馬力以一百五十匹爲準，除擬買現成輪機兩副外，其餘九副皆開廠自造。鐵廠造輪機頗費時日，船廠配造成船較爲迅速，恐船廠閒曠虛糜，辛工因議於大輪船十一隻外，另購八十匹馬力輪機五副，其式與外國便婆子兵船相近，乘船廠閒工加造小輪船五隻。

一、飭洋員與洋匠要約也。洋人共事必立合同，船局延洋匠至三十餘名之多，其中賞罰進退、辛工路費，非明定規約，無以示信。已飭日意格等擬定合同規約，由法國總領事鈐印畫押，令洋匠一律遵守。

一、宜預定獎格以示鼓舞也。洋員及師匠人等須優定獎格，庶幾盡心教導，可有成效。現已與日意格等議定：五年限滿，教習中國員匠能自按圖監造，並能自行駕駛，加獎日意格、德克碑銀各二萬四千兩，加獎各師匠等共銀六萬兩，計共定獎格銀十萬八千兩。如果有成，則日意格、德克碑之忠順，尤爲昭著，應更懇天恩，再加獎勵，以示優異。

一、購運機器等件來閩須籌小費也。各項器具、物料由外洋運儎來閩，非按洋法包紮，恐多損壞；非交洋行保險，難免疏虞。此項包紮、保險銀兩，已一並議給。

一、凡需用紋銀之項，應准開銷銀水也。閩省通行銀色向較江浙、廣東爲低，番銀到閩，無論官民皆不辨花樣。但用鐵鏨烙印以辨眞假，行之他省、外洋，即減毘色。船局支發各款，除在閩境採辦物料無庸補水外，其採買洋料等用款，應將補水銀兩作正開銷。

一、宜講求採鐵之法也。輪機水缸需鐵甚多，據日意格云，中國所產之鐵與外國同，但開礦之時鎔煉不得法，故不合用。現擬於所僱師匠中擇一兼明採鐵之人，就煤鐵兼產之處開鑪提鍊，庶幾省費適用。此事須臨時斟酌辦理。

一、輪船中必需之物宜籌備也。輪船中應用星宿盤、量天尺、風雨鏡、寒暑鏡、羅盤、水氣表、千里鏡、玻璃管以及墊輪機之輭皮，即音陳勒勃等件，現飭日意格等回國探問製造器具價值，如所費不過數千金，即由日意格等籌購一份，並酌募工匠一人同來，一並教造。

謹將擬定藝局章程繕列清單恭呈御覽。

一、各子弟到局學習後，每逢端午、中秋，給假三日，度歲時於封印日回家，開印日到局。凡遇外國禮拜日，亦不給假。每日晨起、夜眠，聽教習洋員訓課，不准在外嬉游致荒學業，不准侮慢教師欺凌同學。

一、各子弟到局後飯食及患病醫藥之費均由局中給發。患病較重者，監督驗其病果，沈重送回本家調理，病痊後即行銷假。

一、各子弟飯食既由藝局供給，仍每名月給銀四兩，俾贍其家，以昭體恤。

一、開藝局之日起每三箇月考試一次，由教習洋員分別等第。其學有進境、考列一等者，賞洋銀十元，二等者無賞無罰，三等者記惰一次。兩次連考三等者戒責，三次連考三等者斥出，其三次連考一等者，於照章獎賞外，另賞衣料，以示鼓舞。

一、子弟入局肄習，總以五年爲限。於入局時，取具其父兄及本人甘結，限内不得告請长假，不得改習别業，以取專精。

一、藝局内宜揀派明幹正紳常川住局，稽察師徒勤惰，亦便剿學藝事以擴見聞，其委紳等應由總理船政大臣遴選給委。

一、各子弟學成後准以水師員弁擢用。惟學習監工、船主等事，非資性穎敏之人不能。其有由文職、文生入局者，亦未便概保武職，應准照軍功人員例議獎。

一、各子弟之學成監造者、學成船主者，即令作監工、作船主，每月薪水照外國監工、船主辛工銀數發給，仍特加優擢以獎異能。

又　卷八《沈葆楨・船政經費支絀情形摺同治十二年正月二十七日》

查左宗棠之議，立船政也，中國無一人曾身歷其事者，不得不問諸洋將。其約自鐵廠開工之日起，立限五年成船一十六號，估費三百萬兩。雖中外員匠有生熟巧拙之殊，銅鐵木料有貴賤之異，零星物件外國取諸市肆而皆足。中國非一一本廠自造，即購諸重洋，然所估之數尚不甚相遠。至以結款四十萬兩爲購器、募匠、買地、建廠之需，則昔之所估與今之所費大相懸絕。專就建廠而論，一椽未立，一瓦未覆，第購民田、釘木樁、培山土，地基甫固而所費已不貲矣。蓋洋將所見者外國已成之廠，而未見當日經營締造之艱難，所以臣葆楨初次任事時，即有應辦工程應發款項多從前未經議及之奏也。原議鑄鐵爲一廠，打鐵爲一廠，模子爲一廠，水缸兼打銅爲一廠，輪機兼合攏爲一廠，合共五廠，後增拉鐵、搥鐵、鐘表、帆纜、火磚、舢板六廠，而打鐵、輪機、鐘表又各有分廠，計船臺三座、船亭五座、船槽一座，外凡爲廠一十有四。原議學堂兩所，後添繪事院、駕駛學堂、管輪學堂、藝圃四所。臣葆楨察看其均係不容已之需。懔遵我皇上勉爲其難，毋得瞻前顧後之旨。不追繩其原估之疏漏而務責其全局之必成，所有添設緣由均經奏明在案。雖於同治八年正月初一日起限，實則十年秋間廠工始畢，購器建廠費百餘萬，此結款不敷挪用月欵之實在情形也。

添廠則添機器，添匠丁，並添工費，原議監督暨洋員匠三十八員名，月薪費銀八千九百七十八兩，嗣增拉鐵、搥鐵洋匠銀四百兩，監造工程洋匠銀五百兩，駕駛管輪教習銀七百五十兩，教造船上鐘表洋匠銀四百四十兩，德克碑教練公費銀五十兩，各洋匠夜課藝徒讀書銀二百兩，洋匠禮拜加工，夜作加工銀六七百兩不等，中國匠丁人數亦逐廠隨之而增。原議兩學堂藝童六十人，今則藝童、藝徒合三百餘人，始也月給贍銀四兩，學業日進則贍銀日增，其來自南洋，通外國語言文字，略知機器之學者，贍銀月數十金，此月款始而充裕繼而支絀之實在情形也。

成船日多，票稅日絀，十一年所入票稅僅七萬兩，按月勻算得五千餘兩，就分撥各省後目下閩省存船計之，揚武薪費月番銀三千二百五十兩，萬年清、飛雲月各二千一百二十六兩五錢，建威練船月一千四百八兩八錢，鎮海水師船月六百四十八兩八錢，共番銀九千五百六十兩二錢，折紋銀八千六百九十一兩九分一釐。而煤炭之費、修理之費不與焉。且分撥各省輪船均須在閩教練數月，此數月之薪費不得不出於閩，此養船經費不敷因而挪用月款致月款愈絀之實在情形也。每船工料價銀若干，驟難一一釐析。臣等謹就每月額定經費計之，洋員匠薪費約一萬二千兩，監工員紳薪水暨書役工伙約一千二百餘兩，各匠工食約一萬一千五十餘兩，健丁、運夫、排工口糧約四千三百九十餘兩，藝童贍銀約八百八十餘兩，藝徒辛工約八百一十兩零，通事辛工約九十兩，各船薪費八千六百九十一兩零，共三萬九千餘兩。而歷年採辦大小料件勻月牽算數與相當，蓋每月實不敷銀二萬餘兩。合無仰懇天恩，准自本年正月爲始，每月添撥銀二萬兩。臣等再行極力撙節，以收垂成之功，俟限滿洋將撤回，此二萬之欵即行停撥。

又　卷二七《裴蔭森・懇准撥款試造鋼甲兵船摺光緒十一年五月二十二日》　竊查同治十三年，倭兵擾臺前，總理船政臣沈葆楨疊次商辦鐵甲兵船，在事官紳有婉辭諷止者，有直言駮辯者，而沈葆楨與洋將之言曰：『有鐵甲而兵輪乃得用其長，無鐵甲而兵輪終恐失所恃。』議者謂其慮患之深，不遽信其謀兵之善也。迨上年法人犯順，各處新報開列法國兵船綜計不足三十號，而差遣轉運各船亦充其數，至上等駮船不過與福勝、建勝等爭猛，上等兵船不過與南琛、南瑞等船爭快，徒以二三鐵甲縱橫閩浙洋面，致有馬江、石浦之失。雖管船者不得其人，而虛聲所播，士膽先靡，要皆無鐵甲而兵輪失所恃之明證也。然則懲前毖後之計，整頓海軍必須造辦鐵甲，時勢所趨，無庸再決者矣。查有船政出洋學生同知銜知縣魏瀚、參將銜游擊陳兆翱、都司鄭清濂等在洋肄業時逾七年，曾經委令監造德國鐵甲兵船，閱歷頗深。據稱法國於光緒十一年創造雙機鋼甲兵船，名柯襲德、士迪克士、飛禮則唐等三船。計船身長中尺十七丈三尺九寸，船腰闊四丈，船旁鋼甲厚八寸，艙面鋼甲厚二寸，每時可行中國海道八十里。配用新式康邦臥機，計算實馬力一千七百匹，較北洋德國訂造之定遠鐵甲船身較小，與濟遠鐵甲馬力稍輕，而駕駛較易，費用較減。除礮位、魚雷、電燈另購外，每船工料估銀四十六萬兩，兩船並造二十八箇月可成，三船同造三十六月即竣。閩省若有此等鋼甲兵船三數號，礮船、快船得所護衛，膽壯則氣揚，法船斷不敢輕率啓釁。稟由提調道員周懋琦繪圖，通稟請示，並據稱試造雙機鋼甲，以魏瀚、鄭清濂、吳德章監造船身，陳兆翱、李壽田、楊廉臣監造船機，確有把握。如果虛靡公費，甘與該學生等一同科罪等語。臣等復查疆臣議辦鐵甲十有餘年，或因喫水動逾二丈三四尺，中國海口較淺，出入不能自如，所可慮者一；閩粵等省船塢過小，修理不能勝儎，所可慮者二；船身滯重轉掉未靈，管駕不能如法，所可慮者三。該道員周懋琦等所呈總、分船圖，據開全船噸儎一千八百噸，喫水止深一丈二尺三寸，沿海各口均可駛行，則出入不難矣。船政前爲南洋承辦開濟等項快船，實馬力大至二千四百匹，本勘定附廠紅山山麓另造砌石大塢，預備修理南北洋快兵船、鐵甲船之用，核估工料需銀一十萬兩，三四月可以竣工。現將次第造辦，則修理不難矣。三届出洋學生，另案請加展年限，每年在外國兵船閱歷，須扣足六箇月爲期，船政見又另購舦舨，復設練船爲出洋訓練學生水手之用，則管駕亦不難矣。至所需製船經費一百三十餘萬兩，或在洋款內酌撥，抑或另籌協濟。現雖經費異常支絀，然必需之款，臣等不敢稍有畏難，應俟奉旨後由臣昌濬等隨時妥籌辦理。所有船政試造雙機鋼甲兵船緣由，理合會同馳奏。

又　卷三〇《謹陳船政形勢及應行次第舉辦事宜摺光緒十一年十二月初二日》　或謂吳楚適中之地，如湖口地方，可以建設船隖。不知海潮有定，江潮則無定。每當伏秋盛漲，江水挾四川三峽而下，必將漫過船隖。至交冬後，水落石出，巨船又必不能進槽。此湖口長江一帶祇能造軍火機器局不能造鐵甲船隖，固不待智者而知也。

船政舊用鐵螺絲船槽，容重二千餘噸，比年製成之開濟、鏡清快船，即不能修。津之大沽、蘇之上海、粤之黄埔，雖皆有隖，亦以港道稍淺，不能收納。此事實難再緩，經前大臣黎兆棠、何如璋奏明有案。臣曾勘定船政左近紅山之麓，可造船隖，在羅星塔之下、員山寨之上，兩山中間生成小港，實爲天然船隖，距船政僅水程八里，工匠往來取攜甚便。亟宜砌石造就大隖，以備勘修南洋快船及臺灣所用快船，即北洋之鐵艦，如定遠、鎮遠者亦可來閩修理。此閩廠急宜增造船隖之實在情形也。

現在出洋回華藝成之學生，如魏瀚、鄭清濂、陳兆翱、吴德章、李壽田、楊廉臣等，於製造船身輪機工程，測算工夫具有本領，本年所成横海鐵脅船並開濟、鏡清兩快船，實已均臻美備。南洋三號快船，明秋亦可下水，六號鐵脅船亦已安上龍骨。此次奉准試造鋼甲一號，只待省局經費解到，便可購料開工。推該學生等造詣所到境界，如果添機拓廠，即大鐵艦之鐵甲及輪機大件，亦可自製，無庸購於外洋。前督辦黎兆棠、何如璋均經奏請，以經費難籌而止。臣擬擇其急者，陸續添置，庶經費可寬籌而工程亦能起色。此閩廠亟宜添拓之實在情形也。

清·楊書霖《左文襄公全集·奏稿》卷一八《軍機大臣字寄同治五年六月初三日》 中國自强之道，全在振奮精神，破除耳目近習，講求利用實際，該督見擬於閩省擇地設廠，購買機器，募雇洋匠，試造火輪船隻，實係當今應辦急務。所需經費，即著在閩海關税內酌量提用。至海關結款雖完，而庫儲支絀，仍須將此項扣款按年解赴部庫，閩省不得輒行留用，如有不敷，准由該督提取本省釐税應用。左宗棠務當揀派妥員認真講求，必盡悉洋人製造駕駛之法，方不致虚糜帑項。所陳各條，均著照議辦理。一切未盡事宜，仍著詳悉議奏。

又 卷一九《請簡派重臣接管輪船局務摺同治五年九月二十三日》

諭旨允行，比即函知原議之洋員日意格，令轉告德克碑速來定議。時日意格方充江漢關税務司，得信後來閩，一面函寄德克碑，德克碑時方在安南海濱也，日意格於七月初十日來閩，臣與詳商一切事宜，同赴羅星塔擇定馬尾山下地趾寬大一百三十丈，長一百一十丈，土實水清，深可十二丈，潮上倍之，堪設船槽、鐵廠、船廠及安置中外工匠之所。議程期，議經費，議製造，議駕駛，議設廠，議設局。冀由粗而精，由暫而久，盡輪船之長，并通制器之利。日意格立約畫押後，候德克碑未至，返滬見法國總領事白來尼，畫押擔保。八月二十七日德克碑自安南來閩，臣出示條約，無異詞，惟慮馬尾山下土色或係積淤沙所致，未能徑決。臣比令開掘取驗，泥多沙少，色青質膩，知非淤成，德克碑乃信其真可用也。正議令其到滬見白來尼，并約日意格及始議之按察使銜福建補用道胡光墉等同來定議，［緣］此事係德克碑、日意格兩人承辦，非齊來面訂不可定約，臣亦非俟條約訂定，不敢率行陳奏也。九月初六日奉到恩命，調督陝甘。時德克碑正在臣署議事，比即令其遄赴寧波約日意格。據稱日意格江漢關税務司已經辭退，惟向例須三月始能離任，恐不能同來。臣謂日意格已經面議畫押，即不偕來亦可。惟該洋員到總領事白來尼處畫押後，須速來此，以便面訂移交後任。德克碑即覓輪船於十三日赴滬，大約十月初旬内外始可回閩也。臣維輪船一事，勢在必行，豈可以去閩在邇忽爲擱置？且設局製造，一切繁難事宜，均臣與洋員議定，若不趁臣在閩定局，不但頭緒紛繁，接辦之人無從諮訪，且恐要約不明，後多異議，臣尤無可諉咎。臣之不能不稍留［兩］三旬，以待此局之定者此也。惟此事固須擇接辦之人，尤必接辦之人能久於其事，然後一氣貫注，衆志定而成功可期，亦研求深而事理愈熟。再四思維，惟丁憂在籍前江西撫臣沈葆楨，在官、在籍久負清望，爲中外所仰。其慮事詳審精密，早在聖明洞鑒之中。見在里居侍養，愛日方長，非若宦轍靡常，時有量移更替之事。又鄉評素重，更可堅樂事赴功之心。若令主持此事，必期就緒。商之英桂、徐宗幹，亦以爲然。臣曾三次造廬商請，沈葆楨始終遜謝不遑。可否仰懇皇上天恩，俯念事關至要，局在垂成，温諭沈葆楨勉以大義。特命總理船政，由部頒發關防，凡事涉船政，由其專奏請旨，以防牽制。其經費一切，會商將軍、督撫，臣隨時調取，責成署藩司周開錫不得稍有延誤。一切工料及延洋匠、雇華工、開藝局，責成胡光墉一手經理。緣胡光墉才長心細，熟諳洋務，爲船局斷不可少之人，且爲洋人所素信也。此外尚有數人可以裨益此局者，臣當咨送差遣，庶幾製造、駕駛確有把握。微臣西行萬里，異時得幸觀兹事之成，區區微忱亦釋然矣。

清·寶鋆等《籌辦夷務始末（同治朝）》卷四三《廣東巡撫蔣益澧奏同治五年七月初八日》 臣前路過閩省，督臣左宗棠與臣籌商，擬於沿海一帶省分建設鐵廠，製造輪船，一面雇覓洋匠指授，一面選擇聰明子弟入廠學習，各省不分畛域，合力經營，一遇有事，則如常山之蛇，擊首尾應。臣復熟商督臣瑞麟，深以爲然，擬即函商左宗棠或在福建設廠，或在廣東設廠，總期計出萬全，謀定後動，一俟左宗棠覆到，再行奏明舉辦。

清·吴元炳《沈文肅公政書》卷四《總理福建船政奏摺·船政任事日期摺同治六年六月十七日》 竊臣於同治五年十一月初一日奉上諭：『左宗棠奏請派重臣總理船政一摺』，等因欽此。臣自渥荷生成，優予終制，從未敢一入官署。左宗棠奉命西征，倉卒見訪，堅以船政相屬。臣知事在必行，自顧材非其任，面辭者四，函辭者三，呈辭者再；且徇本籍士民之意，聯名籲留左宗棠暫緩去任。原以創造輪船，關係至鉅，非其人莫能勝也。乃蒙聖主特達之知，采及菲才，畀以重寄，始飭會辦，繼令專司，且感且懼，至於涕零，早夜徬徨，寢食幾廢。誠以臣之才望迥非左宗棠之比，而所處之地又各不同故也。

洋人之性善疑，非其素所信服之人，動生猜忌。日意格、德克碑久隸左宗棠麾下，其公忠果毅，親見之而習知之，固宜爲之盡力。臣於二將無一面之識，其難一也。

輪船經費與別項軍需不同，稍不應手，便礙大局。從前所估祇屬大概，數月以來，核計應辦工程，應發款項，便有從前未經議及者。出款稍溢，便苦不敷。至於成船之後，一船又有一船之經費，非放開眼界，通盤籌畫，雖竭帑藏不足以供之。臣以迂拙之才，處桑梓嫌疑之地，其難二也。

紳受治於官者也，爲所治者忽然與之並列，其勢必爭。咸豐年間設團練大臣，選巨紳之有鄉望者爲之，然獲咎者往往而有，未見成功者。蓋互相推諉，則事不行；互執己見，則事又不行。搆隙甚微，頓成冰炭。雖封疆大吏均公忠體國，而權勢所在，媒蘖者多，下至胥隸皆足以簸弄是非，其難三也。

官之於民有分以相臨，故威則知懲，恩則知勸。紳與士民等耳，不任事猶可也，任事則親故滿前，恩威俱窒，所求不遂，謗讟橫生。臣自束髮受書，及宦成歸里，頗不見惡於鄉黨。乃奉命之日，薦書盈篋，戶爲之穿，舌敝唇焦，立成怨府。匿名揭帖，倡自官場，寖爲風俗，輒思搖撼大局，以快其志。於臣何所加損，然而人心世道之憂也。其難四也。

欲速則不成，惜費則不成，其理顯而易見。然費數百萬帑金，責效於五六年之後，人人以利藪相窺，一處脂膏，便思自潤，先飽私囊，貽笑遠人。非以法痛繩之，即轉相仿效，其難五也。

外國可法之事無多，而製器之工實臻神妙。其人非有聰明絕異之質，但此精益求精，密益加密，不以見難自阻，不以小得自足，此意正自可師。內地工匠專以偷工減料爲能，其用意即已迥別。故不患洋人教導之不力，而患內地工匠問學之不殷，非峻法以驅之，重賞以誘之，不足以破除其相沿之痼習，其難六也。

日意格、德克碑功成之日，既獲厚利，又得重名。名利所歸，妬之者衆，求分其利，求毀其名，皆在意料之中。稍涉游移，則前功盡棄。左宗棠威望足以鎮之，非臣所及也。其難七也。

具此七難，何敢輕率從事？惟念殷憂啓聖，時事多艱，皇太后、皇上旰食宵衣，焦勞中夜。若爲臣子者，狃於避謗遠罪之私智，何以上答君父而自立於天地之間？以是再四躊躇，欲辭不敢，計惟有毀譽聽之人，禍福聽之天，竭盡愚誠，冀報高厚鴻慈於萬一。臣所深恃者，諭旨諄切，知自强之道斷自宸衷，以萬不得已之苦心，創百世利賴之盛舉，必不爲浮説所搖。但願共事者體朝廷之心爲心，勿以事屬創行而生畏難之見，勿以議非己出而存隔膜之思，則大功之成，拭目可俟矣。

船廠根本在於學堂，臣訪聞所派教習咸能認真講授，生徒英敏勸慎者亦多，其頑梗鈍拙者隨時去之，有蒸蒸日上之勢。惟馬尾船廠洋樓一切工程，去城較遠，監工員紳呼應不靈，匠役不無延緩。臣函囑前署藩司船政提調周開錫先行親赴工所，催督一次，現在工程亦漸有端緒，可以無誤事機。周開錫一腔血誠，不避嫌怨，視公事如家事，爲船政中不可少之人。現在病已就痊，與臣常川住局，可以隨時相與講明而切究之。聞日意格已將機器購齊，料理下船，約計七月間可到福建。候補道船政提調胡光墉將左宗棠餉事安置妥帖，亦可來閩。

臣於本月十六日釋服，十七日往晤福州將軍臣英桂、閩浙總督臣吳棠、福建巡撫臣李福泰後，即駕輪船駛至馬尾工次，恭設香案，望闕叩謝天恩，敬謹任事。遵旨刊刻木質關防，文曰『總理船政關防』，即日開用。一切辦理情形，容俟詳細察核會商，隨時奏請聖裁。

又《察看福州海口船塢大概情形摺同治六年八月初八日》 竊臣於六月十七日馳赴馬尾涖事，業經奏明在案。

隨接見在事員紳，咨詢一切。並駕輪船周覽上下形勢，知馬尾一區，上抵省垣南臺水程四十里，下抵五虎門海口水程八十里有奇。自五虎門而上，黄埔、壺江、雙龜、金牌、館頭、亭頭、閩安皆形勢之區，而金牌爲最要。自閩安而上，洋嶼、羅星塔、烏龍江、林浦皆形勢之區，而羅星塔爲最要。馬尾地隸閩縣，踞羅星塔之長流，三江交匯，中間港汊旁通長樂、福清、連江等縣，重山環抱，層層鎖鑰。當候潮盛漲，海門以上島嶼皆浮，潮歸而後洲渚礁沙縈迴畢露，所以數十年來外國輪船、夾板船常泊海口，非土人及久住口岸之洋人引港不能自達省城。道光末年地方大吏籌備海防，但載石鑿舟以塞林浦上流，竟割重重天險而棄之，臣詢之海濱土人，至今猶共以爲非策也。船塢在馬尾山麓，地曰中岐。但就其一方地勢而言，大江在前，迤南而下，羣峯西拱，狀若匡牀。中間坦處，舊本村田，去年購買歸官，始圈爲船塢，計地周圍四百五十丈有奇。客冬以來，召集民夫，窪者平之，低者壘之。慮田土之積弱難勝也，沿塢密釘木樁以固之。慮海潮溪汎不時驟至也，沿塢各增五尺以防之。塢外三面環以深濠，既藉通運載之船，亦可瀉積淤之水。塢内濱江者爲船槽，若鐵廠、輪廠、機器之廠、斲木之廠、架木之棧房，皆參列其後。餘尚有從前未經商定之件，宜俟洋將到閩，續行分別籌商措置。塢外之東迤北爲臣及辦事各員紳公所。外國匠房三十間，周以甎垣，如鱗之次。外國匠房之左爲法國學堂，後綴生徒下處三十間，其制略如匠房之式。又左爲英國學堂，其生徒下處同之。下近江湖，則煤廠在焉；上倚山麓，則中國匠房在焉。循麓再上，山之左肋可以眺遠。臣飭前駐楚軍五百人，因地築壘，不特可攬船廠全局，沿江上下數十里，風帆沙島如在目前。稍下則監督日意格所居也。在臣公所之右者有外國醫生寓樓、匠首寓樓。其與日意格山樓對峙者，則副監督德克碑之屋。下爲官道，將抵江岸劃爲官街，以便民間貿易。一切土木，或已經完工，或已有三四分至八九分不等。辰下畚鍤雨集，斤斧雲從，計日課功，屈指可數。此船塢内外之大概情形也。

臣又維船政根本在於學堂，因於六月十九日就馬尾甄別法學藝童，隨及英學藝童，既因其勤惰分別升降，復定章程，每日常課外令讀聖諭廣訓、《孝經》，兼習論策，以明義理。其續招入局者，先扃門考校，擇其文理明通，尤擇其姿質純厚者以待敘補。蓋欲習技藝不能不藉聰明之士，而天下往往愚魯者尚循規矩，聰明之士非範以中正必易入奇衺。今日之事，以中國之心思通外國之技巧可也，以外國之習氣變中國之性情不可也。且浮澆險薄之子，必無持久之功，他日於天文、算法等事，安能精益求精，密益求密？謹始慎微之方，所以不能不講也。

採辦一節，似易實難，不患美材之難求，而患人心之苟且。向來官場習氣，以浮冒搪塞爲能，船政之興，尤視爲利藪。去年以來，承辦銅鐵、木料、煤炭者非無其人，然用商賈有時擾累之弊甚於官司，用官司有時侵漁之端甚於商賈，馴至劣幕、奸胥交通市儈，鬼蜮叢生，是以民間置貨尚有精良，一屬公家，便多贋鼎。明知國帑之當重，竟敢於糜國帑，明知要工之不可悮，竟敢於悮要工，言之實堪痛恨。臣邇又聞向來外國船材、煤炭多運自緬甸、暹羅，現雖遣員先於近處採幹搜巖，他日恐仍不免取材荒裔，重洋遼迥，更防不勝防，任非其人，糜費雖多，仍歸無用。擬乘此發令之初，明罰敕法以警其餘。人心畏法而後弊竇可除，良材畢至也。

至船廠之興固須收羅工匠，輪船下水則舵工、水勇缺一不行。非徒習慣風濤，尤須熟精鎗砲。蓋國家之創造輪船，譬諸千金買駿，倘衝鋒陷陣不持寸鐵，雖有千里之馬安足成功？現在洋匠尚未至閩，船成尚需時日，擬先調閩中舊撤砲船十隻添練水勇二三百名，未成船以前，藉以巡緝近洋；成船以後，即可擐甲登舟，駕輕就熟。此臣近日考匠學堂分飭採辦及招募水勇之情形也。

至製造工程，俟日意格等分載工匠、輪機到廠後，再行具奏。除繪圖咨呈軍機處、總理衙門外，理合先將大概情形，謹會同一等恪靖伯陝甘總督臣左宗棠、福州將軍臣英桂、閩浙總督臣吳棠、福建巡撫臣李福泰，恭摺由驛具奏以聞。

又《報明造船開工日期并船廠一切情形摺同治七年正月初九日》

十月十二日總監工達士博、鐵山煤山監工都逢、英文教習嘉樂可、醫官尉達樂等到，臣隨時犒勞安置，該洋員等靡不感戴皇仁。臣一面與日意格熟籌應辦事宜，并飭各員紳鳩工庀材，務期妥速，以便開工。日意格先令木匠將從前所蓋棧房按段編門，平鋪地板，令畫匠繪一百五十匹馬力船式於地板之上，分行布線，細如繭絲。凡船身所有門筍銜接處，莫不有圖，各不相混，曲直尺寸，誌以洋字令中國木匠一一辨識，俾按圖仿造，可以不煩言而解。又於船塢之右臨江口岸創造船台，其造之之法，先用木樁長二三丈餘者，以雲梯懸七百觔鐵椎，數十人挽繩擊下之與平地而止，星羅碁布，以固其基；復將大木縱横壓於木樁之上，以取其平。乃鱗疊巨材，鈐以長四尺方圍四寸之鐵釘，使粘合無間。其底寬二丈五尺，以次遞鋭，及其巔僅五尺，厚一尺三四寸不等。正視之若堵牆，旁視之如累塔，是爲一疊。自外而内，以便漸高。凡爲疊五十有五，前疊高一尺六寸五分，積至末疊則一丈六尺五寸。將來船成入水，順推而下，勢若建瓴，可不重煩人力。每疊相去三尺有奇，統計全臺長二十有四丈，自江中遥望若岡巒迤邐而來，中間貫以巨梁，支側柱無數，使互相撑拄，深固不遙，然後可鋪板其巔，以造船底。自去年九月中旬而後，匠作百餘人，斧斤無間，至十二月初五日第一船台始竣。其餘三座，今年秋冬當陸續告成。然而船之所可貴者在機，機之所出者在廠，鐵廠關係既重，工費益繁。方日意格之未來也，其監工俄羅斯人貝錦達壘土於塢之中央，形如半月，議以船台、鐵廠參列其中。嗣達士博以火患難防，宜離不宜合，於是復召工填土，期於一律坦平，劃前右方百餘丈之地爲船台四，劃後左方百餘丈之地爲鐵廠五。其一曰鐵廠，其二曰水缸廠，其三曰打鐵廠，其四曰鑄鐵廠，其五曰合攏鐵器廠。廠界既定，乃於壘牆之地，各開溝徑二十丈，廣六尺，深五尺。恐其積水難消也，每溝之旁，各開一井以洩之。溝底編釘巨樁，留徑尺出地面，填以碎石，擣之成屑，使與樁齊，其上築以石灰。再聯壘方石交互鈐束，以爲基址，然後可施磚甓梁柱。天寒霜肅，衆杵爭鳴，邪許之聲，聞於數里。此未造船以前創立船台並量度鐵廠基址之情形也。

去年十一月十八日，頭起夾板船運火鋸鑽鐵機、劈鐵機、礪輪、洋秤等物，並大小鐵片、鐵條二百五十餘頓到，船高器重，數百人運二十餘日始畢。有一器以五十餘人舁之而揮汗如雨者。所購木料，除暹羅以急於運米無船可裝外，餘則花旗木及香港所購之暹羅木先後附船而來。雖輪機未齊，而船台已成，船材漸集，可造船身。遂擇於十二月二十四日親率在事員紳並日意格、達士博等祭告天后，出赴船塢，偕提調官周開錫、夏獻綸與諸員匠共捧龍骨，安上船台。又到鐵廠，親自洩繩下石，均奠以牲醴，以昭慎重。禮畢，召中外員匠敬宣皇上德意，勗以黽勉圖功，我國家懋賞懋官，有逾常格。聞者皆歡聲雷動，手舞足蹈，出自至情。臣偕提調官舉爵挈觴，勞之以酒而退。此當日船身開工並鐵廠經始之情形也。

日意格以造船之樞紐不在運鑿揮椎，而在畫圖定式，非心通其理，所學仍屬皮毛。中國匠人多目不知書，且各事其事，恐他日船成未必能悉全船之竅要，故特開畫館二處，擇聰穎少年通繪事者教之，一學船圖，一學機器圖，庶久久貫通，不至遂末遺本。又以船台、船身所需鐵葉釘環甚夥，萬難待鐵廠之成，不得不先蓋兩區，俾隨時打造，於是有小鐵廠之設。春間多雨，恐停工廢日不得不先事圖維，於是有附近船台搭蓋板棚之舉。擣和石灰，鎚鑿石版，恐其散漫無稽，至滋偷惰，於是有附近外國棧房搭蓋板棚之舉。此隨時相機酌量辦理之情形也。

臣維輪船之制，雖屬奇創，而詳考洋匠所造，絫黍皆依準繩，苟竭中國之聰明，諒不難於取法。惟是工煩費重，厥有數難：海濱土狹水寬，列數千萬斤之機器於一隅，已不勝爲患。若機器一動，飈馳霆擊，尤慮内重外輕。必周圍累巨石爲堤，方臻鞏固。而各廠急需之石，招匠廣採，方日不暇給，石堤所需更難以計數，不得不俟諸春末夏初。去年十二月二十五日，以風怒潮激，衝齧堤根，致崩坍十數丈，牽倒棧房五分之一，聲震如雷；現搶護之以巨樁，大局尚無妨礙。然一勞永逸，則石堤終非可緩之圖。而石匠往往居奇，冀徼高價，縱之則玩，急之則逃，不得不略示羈縻爲招徠地步。此需石之難也。

鐵廠初基，取材最鉅，尚有柁廠、模廠、纜廠等十餘處，梁棟大必數圍，近水之區萬難中選，深巖邃谷，輦致一枝，費既不貲，動淹旬月，取之立竭，而待之甚殷，此需木之難也。

廠地本屬村田，恆虞水潦，每有營造，必增土五尺，方樹屋基。而所填之土稍乾，則尺寸頓減，須添填兩三次，乃得其平。以錢購土，竟至十數里内無可購者，此需土之難也。

中外工匠，言語未通，目攝手畫，事多隔閡。稍習其言語者，又染於積習，輒思因緣爲奸，且藉以凌其儕伍。外國匠人以精勤自喜，彼則以偷減爲能。巡察稍疏，作輟任意，督責少過，怨謗叢生，此需匠之難也。

要工所係，臣不敢浪費以糜帑金，亦何敢惜費以悮大局？不敢作威以失衆望，亦何敢姑息以媚俗情？所幸我皇上至誠格天，自去年九月以來，雨少晴多，既無損於農田，而趨事赴功得以日新月異。日意格、達士博，實心實力，事事務求精詳；又執法嚴明，絶不徇庇其下，如監工貝錦達辦事遲緩，匠首布愛德負氣淩人，皆立與驅斥，所以洋員、洋匠咸恪遵約束，盡心教導，不致滋生事端。在事員紳，仰體宵旰之勤，沐雨櫛風，昕宵匪閒，天心若此，人心若此，庶幾可望有成。

又《機器到工已齊幷船廠現在情形摺同治七年六月二十三日》 竊臣於本年正月初五日，業將洋將日意格等所購第一起機器到工奏明在案。四月十六日復由外國馬梨阿勒各三丁船運到第二起機器，其中最鉅者爲鐵廠水筒三口，每口各廣數十圍，高近一尋；輪船之水缸次之，餘爲鐵廠一半器具，殊形詭狀，非安頓如法，關捩咸張，無從稱名指類。當時分派員紳，督率人夫，移頓二十餘日之久，始獲竣事。五月十九日第三起機器復由外國夾板船運到，船名曰法彼爾士，較第一二起船大倍之。據日意格稱，中所載除鐵條七千四百二十九條，鐵片、鐵釘、大砲、洋灰等項數百件不計外，凡爲機器者五百六十有三，最重者二萬餘斤，餘或萬餘斤、七八千斤、三四千斤不等。自五月末旬之初，勇丁數百人，揮汗炎風烈日之下，併力搬運，及今一月，尚未蕆事。六月十七日第四起機器復到，船名曰汪德乃木，所載皆輪船機器，計重百有二萬四千八百斤，計件三萬五千有奇，當令抛泊江中，先將稍輕者用兵船剝載入廠，其餘重大者俟第三起搬竣再行部署。而當時羅列岸旁，分頭起運者則有曰安迷喇係運花旂木板之船，有曰悅諾花思得係運嗆叻長短雜木之船，有曰西洞係運船槽木料之船外，尚有台灣運木、運煤之船，廈門運磚之船，附近運沙、運石、運土之民船，分載竹梢插護江岸之小船，搬移杉木儲蓋各廠之排船，而木牌小船不與焉。沿江埠頭，星羅棊布，無隙可容，故日役千夫，難以剋期告畢。論閩省夏秋之間，颱颶常作，機器重船皆涉數萬里而來，倘因風浪疎虞，停工待器，勢必遷延時日。今各起陸續到齊，但費安置之力，大廠一成，便可專心製造，故中外員匠咸鼓舞赴功，以爲鉅工成逾有把握也。

船塢地基舊坍之處，臣恐其復有横決，自閏月末旬之初，即派弁入山採伐竹箭數萬，分插沿江淺流處所。從前潮汐爲西風所激，洶湧塢前者十減其四五。上流衝口前擬巨艦載石沈之水中，無如旋渦屈注，萬馬奔馳，千石之舟，無從下椗。現於水中樹木爲柵，壘石爲壩，力遏怒流，因江底向多爛泥，泥弱石强，須漸實漸加，一時未能遽就。環塢長濠當一律盡填，惟左近一帶工作繁興，需土匪易。而小溝未竣，倘遇陰雨，無從疎洩。因於左側濠口當衝之處，先封塞以杜近患，再行施工。現在急流漸緩，果經秋颱安堵如故，潮頭盡折而西，以後水落霜寒，石塘方可興役。此船塢地基之情形也。

船廠以内已成者曰轉鋸廠，安十五匹馬力水缸於中，中爲鋸輪者三，一曰大直鋸，一曰小直鋸，一曰圓鋸。外爲礪輪者一，爲鑽機者一，爲車床者二，爲鉗床者三十有五。缸中湯氣既升，大小鐵輪互相牽引，各機一時並發，雷動颷馳。除零星鋝鑿鑢削不計外，尚有重機未曾排比妥帖者，難以枚舉。四起機器既齊，從前房屋不足容之，復搭瓦房三十餘間，曰大機器之所。輪船水缸，凹凸累砢，高若重樓，關竅相通，盈千累百。其已成者自外洋轉運，皆拆解而來，入廠後必費數月釘鈴紐合之工，方可適用。因於製作之處，建瓦亭一區，名曰水缸之廠。外國鑄器皆先有鐵模，始必刻木爲範，不溢累黍，後乃搗灰和沙與土，即其空隙塡之，脱胎而出，再灌鐵汁其間，鐵模乃就。刻模者以遲而成功，鑄模者以速而見效，遲速既殊，不得淆雜，於是分建二區，一木曰模之廠，一曰鑄鐵之廠。風雨鍼、寒暑表，皆輪船必需，其製法則勾心鬭角，其器具或牛毛繭絲。當其遊思無間，炫於日光則目神散，有所隔蔽則目力窮，其造作之所，塞向闢牖，陰陽向背，調度必由洋人，辰下業已完工，可以董率匠徒，排列鏤刻，因名之曰鐘表之廠。西人鎚鐵小者需人力，大者賴懸機。懸機之器，或隆然而高，或呀然而深，重皆數千觔，森挺搓抈。目前大廠未成，已須工作，非夏屋不能容，於是復有暫搭之鎚鐵廠。其與鐵廠鄰者曰銅廠，地雖稍狹，制亦如之。鐵銅、水缸等廠鎔鍊火爐甚夥，扇鞲爲煩。西法取風地中，不勞人力。先周各廠甃磚爲燧，斜引旁通，磐石蓋之，鋪土地平而翕張之，鐵機繫於鋸廠之方窖，氣輪一動，彈指間數百步外爐火併熾，力倍風箱，若是者名風洞。銅鐵重器，自彼移此，皆需百十人，因創拽車以便挪動。然恐濕土埋輪，因處處削木爲道，凸其兩旁，中平如砥，俾易推引，若是者名曰木轍。從前畫館之設寄於棧房，現在堆積充牣，不能不別蓋一區，於是復有繪事之廠。採辦銅鐵、煤炭、木料、石灰、繩纜等件，分道而來，連艑累舸，量移上岸，非分儲之不可。而收積材木之地，非潮水可通，不但出運爲難，亦慮久而枯朽。於是塢外南側既建一區曰廣儲之廠，又於塢北里許濱江淺港圈數百丈，以鱗疊巨材，上接山坳駐兵守之，曰儲材之廠。廠内除轉移執事外，隨同洋人學習者，若鋸木之匠，造船之匠，冷鐵之匠，鑄鐵之匠，刻模之匠，鑄銅之匠，水缸之匠，翻沙之匠，車床之匠，鉗床之匠；其因營造各廠而招者，若斲木之匠，版築之匠，鎚石之匠，攻皮之匠，共二三千人，五方雜處，漫無統紀，易滋事端，栖息無從，亦難號召，於是塢外復建二所居之，在左者曰東考工所，在右者曰西考工所，皆以員紳統之，早出暮歸，乃無紊亂。據日意格前稱華匠與洋匠器用不同，言語不通，事事隔閡。況素諳繩墨者類皆中年以往，心氣耗散，往往不能探賾通微，請各廠分招十五以上十八以下有膂力悟性者，或十餘人或數十人，俾易教導，名曰藝徒。現所招已及百餘人，又不能無以鈐束，於是復有藝圃之設。各廠事務猥煩，委派員紳近增至百餘，曉鐘出塢，躬率工作，指揮奔走，見星始歸，饋饁在道。每逢暴風驟雨，借蓋無從，不能不小築數間，以資憩息，於是復有塢内官廳之設。傭工雜作，是有健丁，日每八九百人，非以兵法部勒則散而難稽，呼而不應，於是每十人以什長一人束之，每五什長以隊長一人束之，特派勤能之弁統焉。然必寢息有所，灶廁有所，稽查有所，因傍山結壘，略如營房，是爲健丁營之設。凡此者，數月以來，一皆趕辦，計可先後告竣。其餘若錬鋏爐、甎片之窑，燒煤骨之窑，煆蠣灰之窑，以及侵木甎槽等處，或纔興工，或纔擇地經營之後，當更陸續奏聞。此船塢内外之情形也。

鋏廠地基，去冬以來開土釘樁，以及嵌塡石屑、石灰，皆已就緒，應行補苴者亦屬無幾。惟所需堅甎方石厥數甚鉅，合計五廠需甎數百萬方，需石則自長二丈三尺六寸至一尺二寸五分者計十萬有奇。堅甎以海船運於下游，數目既多，非數百起不能盡之。石質粗重，運載更難，即源源到工，但移一石非數人不可。況刓方琢平，勢難用驟。際此盛夏酷暑，石上如以熱湯，凡椎鑿者，下蒸上曝，敲火生光，膚焦肉泡，故雖監工日號，迄今牆基未就。廠内横梁需堅木一百五六十根，每根長須七丈二尺有奇，圍圓八尺以上，近地搜採無此巨材；現飭員往暹羅、三馬丹、吻嘮呷等處覓購，窮海帆檣，往來第憑風帆，更非刻日可期。所幸機器已齊，並有現成輪軸，倘船材該備，年底船身可就，尚易圖成。惟斲輪之方，總俟營搆齊全，方有眉目。此大鋏廠之情形也。

又《第一號輪船下水幷續辦各情形摺同治八年五月十二日》　本年正月起，廣招舩鑽各匠，黏灰穿孔，塞鏬漚釘，鐵匠打鑲鐵梁、鐵脅、鐵條等件，兩月之久，始行蕆事。三月初旬，船匠始得刓雕梁座，鬭攏機器，車治舵桅，鐵匠拆移輪機、水缸等件上船配合，偏嵌泡釘、螺餅，兼造艙堵戰枰、桅架、椗車、舦板等件，船外之匠則趕包龍骨銅皮、分遭重製銅管氣筒、尾輪鐵輥等事，如是者復一月有奇。四月以後，船内之匠則輞、凹槽、下水托輞等件。内外完備，乃加垔洋油，聯鈐銅板，如是者復二十日有奇。四月之杪，日意格稟稱船上大小工程一切告竣，請期下水。臣飭監工員紳覆驗無異，因諏五月初一日乘午潮漲滿，縱船入江。先期一日，用巨鑊煑牛膏、豕脂、胰皂油等物數十斛灌入船底凹槽凝厚寸許，將船台初疊之木節節掇下，另墊木楔，使船身低依兩旁托架跗萼相銜，留船撑柱數十根以支之。屆期臣躬率提調周開錫及各員紳致祭天后、江神、土神、船神。向午潮平，日意格督匠作人等盡拔撑柱，將船頭所銜木楔衆斧齊敲，使船勢全力趨下。再將船頭托鋼鋸斷，甫過半，船砉然自行，一瞬之間離岸數十丈。船上人乘勢下椗，抛泊江心，萬斛艨艟，自陸入水，微波不濺，江岸無聲，中外歡呼，詫爲神助。辰下方升桅竿，繫帆纜，備床纍，添旂幟，製號衣，整砲械以備出港。適提調道員胡光墉同管駕官副將銜遊擊貝錦泉續募通曉輪機之中國舵工水手八十餘人到工。伏念新船如生馬，非銜轡均調，恐不相習。且一律用中國人駕駛，初試風濤，尤當愼益加愼。因飭該管駕等就船上加緊練習，由近漸遠，七月間當可逕出大洋，駛赴津門，請旨簡派大臣勘驗。此第一號下水之情形也。

第二號之船，自開工以來，匠作等駕輕就熟，工程較速。現邊板已封三分之一，再有兩三月亦可下水。第三號船台底樁俱如法釘齊，全架一成，便可興造。

木料一節，日意格所購者年内已到五起，業經臣等奏明在案。本年二月初十日第六起報到，二月二十八日第七起報到，三月初十日第八起報到，三月二十九日第九起報到，四月十二日第十起報到，凡五起，計統裝曲直木及梢板六千六百四十六幅他。去年委員劉國泰往南洋所辦者，於二月十七日報到，船名曰法蘇甲里，凡載梢木、鐵鈔、打馬、軸轆或結嗓沓蚋等木一千八百四十餘節，石朿板二千七百八十餘片，其中可供鐵廠橫梁之用者不少。目下良材麕至，船工自易圖成。

惟機器之出，專由鐵廠。閩省春夏陰雨連綿，版築不易，監工員紳披簑荷笠，號召泥滓之中，數月以來，甎垣、石檻、石簷一律完竣，棨棿宗桷，亦皆裁量如式。而鑄匠方趕造各種船上器具，未遑兼鑄鐵柱，是以棟宇未得觀成。現首船下水，鑄工稍鬆，當飭刻期趕辦。鐵廠告竣，使可講求輪機關竅，輪機之功能應手得心，船事乃中邊俱澈也。

前派總監工道員葉文瀾赴暹羅採辦梢木，據報於三月初一日安抵喰叻，派遊擊吳世忠、舉人蔣錫璠等先赴暹羅，葉文瀾先將喰叻所辦木料僱船起運，亦於四月初六日前赴暹羅矣。

第一號船擬名曰萬年清，第二號船擬名曰湄雲，暫資號召，應俟抵津勘驗，再懇恩旨寵錫嘉名，以光海宇。其萬年清謹委遊擊貝錦泉管駕，湄雲謹委遊擊吳世忠管駕，貝錦泉原駕之華福寶委都司銜貝瑪泉管駕，以專責成。

又《船工將竣謹籌善後事宜摺同治十二年十月十八日》 竊惟船政之設，原約造百五十匹馬力輪船十一隻、八十匹馬力輪船五隻。嗣督臣英桂議改第七號爲二百五十匹馬力，據該監督估計，工料繁鉅，較百五十匹馬力增一倍有零，請以一號抵作兩號，經臣文煜等奏明在案。共應大小成船一十五隻，除第十號以上業經迭次奏明出洋外，本年八月初六日第十一號之濟安試洋，八月二十八日第十二號之永保試洋，均一時以七十里爲率，輪機之靈捷，船身之堅固，與安瀾等船大略相同。九月十九日第十三號之海鏡下水，計年內可以出洋，第十四號輪船年內亦可下水，惟第十五號須待明春。然中國匠徒能放手自造，與遣散洋匠兩無妨礙，此船工將竣之實在情形也。此後如爲節省經費起見，則停止造船，除修船養船而外，一切皆可節省。惟既絕難續，不免盡棄前功，而鵲巢鳩居，異族之垂涎尤爲可慮。若歲仍造船兩號，則已成之緒不致中乖，而洋人辛工歲可省十餘萬。然中國員匠能就已成之緒而熟之，斷不能拓未竟之緒而精之。雖則歲告成船，究竟毫無進境，與我皇上力圖自强之旨迥不侔矣。臣竊以爲欲日起而有功，在循序而漸進，將窺其精微之奧，宜置之莊嶽之間。前學堂習法國語言文字者也，當選其學生之天資穎異學有根柢者，仍赴法國深究其造船之方及其推陳出新之理。後學堂習英國語言文字者也，當選其學生之天資穎異學有根柢者，仍赴英國深究其駛船之方及其練兵制勝之理，速則三年，遲則五年，必事半而功倍。蓋以升堂者求其入室，異於不得其門者矣。其學生中有學問優長而身體荏弱，不勝入廠上船之任者，應令在學堂接充教習，俾指授後進天文、地輿、算學等書。三年、五年後有由外國學成而歸者，則以學堂後進之可造者補之，斯人才源源而來，朝廷不乏於用。惟合之遞年成船二隻，所費甚鉅，本年所加月款二萬可省，而原定月款五萬必不能省也。限期瞬屆，應如何辦理之處，敢懇皇上飭下各衙門速議具奏。倘以前赴外國學習爲可行，則數萬里長途，驟試者不無疑懼。臣奉旨後尚須與日意格及生童人等堅明約束，詳議章程，必事事得理之所安，而後人人於心有所恃。臣不揣冒昧，謹會同一等恪靖伯陝甘總督臣左宗棠、福州將軍臣文煜、閩浙總督臣李鶴年、福建巡撫臣王凱泰，恭摺附驛馳陳。伏乞皇上聖鑑訓示，謹奏。

又《船政需人甚急請派重臣接辦摺光緒元年八月十八日》 臣於本月初八日業將船政請派郭嵩燾接辦緣由奏明在案。初九日准大學士直隸總督李鴻章密咨，知郭嵩燾已奉出使英國之命，勢不能爲。船政中止，而船政關係海防根柢，斷不容不慎擇其人。非無熟悉工程結實可靠者，然能恪守成法恐未能式廓前規，且當經費支絀動輒掣肘之時，非有卓絕之才識、老成之資望能於萬難中出新意以經緯之者，不足爲國家鞏持久之基，而收自强之效。臣思維再四，計惟有北洋幫辦大臣丁日昌果毅精明，不避嫌怨，近日講求洋務罕出其右者，可否仰懇聖恩准派丁日昌督辦船政。該大臣必能恢此遠謨，爲南北洋生色。臣因陋就簡，負疚於心者有年，亦急待丁日昌之精思密慮，補臣之闕。至北洋幫辦原係鉅任，然李鴻章莅事日久，綱舉目張，似可無煩藉助。且天津與福建雖遠隔數千里，而海道五六日可通，船政如得其人，南北洋均藉以聯氣脈，是於幫辦之任正相成而不相妨。近聞丁日昌因病思歸，想水土異宜所致，閩粵接壤，冷暖差同，該大臣亦可藉是調攝其躬，爲國家更膺非常之任。冒昧之見，是否有當，謹會同大學士陝甘總督臣左宗棠、福州將軍臣文煜、閩浙總督臣李鶴年、福建巡撫臣王凱泰恭摺，由輪船駛赴天津發驛，六百里馳遞。

山東機器局

清·羅文彬《丁文誠公遺集·奏稿》卷一一《調張蔭桓文天駿片同治十三年十一月二十日》 再東省現籌海防，臣定以修築礮臺與安設製造藥丸及修理槍礮之機器兩事爲先務。惟修築礮臺先須查勘沿海道里遠近、高低形勢，期與各近海城池、市鎮、險隘互爲掎角，而基之方圓、斜正、高厚、寬窄，又期内足以自固，外足以禦敵，且必明暗相閒斯爲適用。自必得熟悉地輿、算法及深明海疆攻戰情形之人，測度創造，方期合法。至安設機器，亦必得諳習之員，始能成事而省費。臣上年奏調廣東候選員外郎溫子紹，已蒙允准。嗣該員辦理廣東機器局，有經手事件，未能來東。而現在防務必不可緩，臣再四採擇，惟有湖北候補道張蔭桓識力過人，從前在東省隨臣剿賊有年，調練黑龍江馬隊管帶，追剿及防守黄河，均爲得力。該道籍隸廣東，生長海隅，熟悉洋務，而於礮臺機器各事，在粤時常與西人講求，聞見極多，足資襄贊。又刑部候補郎中文天駿，留心時勢，遇事講求。臣從前奏調來東，亦爲海疆儲材起見，經部臣以格於定章，駁奏中止。查張蔭桓現辦湖廣督臣李瀚章營務，現在湖北既無海防，江防亦無可辦。文天駿尚在部當差。當此東省需人孔急，相應籲懇天恩，俯念海疆籌辦要務，飭下部臣暨督臣李瀚章轉飭文天駿、張蔭桓迅速來東，以資差委，俾臣得收臂指之助，實於海防大有裨益。

又《保舉薛福成、黎庶昌暨徐建寅創辦機器片光緒元年八月初二日》 同知銜候選知縣徐建寅，志正才明，洞精西學，業經總理衙門奏保在案。臣先於四月閒亦經咨調該員前來商辦機器製造各事，現擬俟其到東即須委辦。從前欽奉諭旨，有令直隸督臣李鴻章揀派明幹委員，會同東省委員登州鎮總兵陳擇輔赴粤洋購辦機器、雇工一切事宜，昨准李鴻章函稱，亦即派委該員前來會同辦理，合併聲明。

又 卷一二《設立機器局摺光緒元年十月初一日》 前經派委道員張蔭桓赴津，稟商李鴻章，訪求製器之法，並訪悉上海機器局候選同知徐建寅熟諳情形，當經奏明咨調來東商辦，現擬購辦製造火藥機器、槍礮彈子機器、修整洋槍礮機器各一副，即就近省城外濼口地方，相度形勢，酌買民地，建設局廠開辦，臣可便於稽查。惟事屬創始，並無成法可循，現就津、滬兩局章程，折衷一是。而徐建寅心思縝密，志趣超卓，臣近與商議一切，均能實事求是，尚無敷衍浮夸之習，足資辦理。即飭派總司局務，用專責成，並派濟東道薛福辰會辦，以備彈壓。

至臣創辦機器，從前本擬軍火槍礮同時併辦，當經奏明委員出洋查看各國槍礮式樣，藉資仿造，頃因經費難籌，且事由漸進始克專精。現與徐建寅商明，先造子藥，俟子藥成後，再購槍礮機器以爲製造槍礮之舉，俾無旁騖，冀收實效。槍礮既經緩造，則委員出洋亦可暫緩，以省經費。惟設立機器製造局係地方應辦之事，與海防無涉。天津、上海各處向係歸地方專辦，此項經費，似與北洋撥款無關。臣曾函商李鴻章，亦以爲然。自當另行籌撥。現擬飭司籌銀六七萬兩爲購辦機器及買地一切之用，以後不敷之項，容隨時奏明籌撥。至此項經費應由臣督飭徐建寅撙節支銷，工歸實用，俟開辦之後，每年於年終核明用數，據實造册，奏咨報銷一次，以憑考查。

又《機器局置器造廠規模大備摺光緒二年十月初三日》 當開局之初，先在省城外濼口迆東，相度形勢，高亢之區價買民地三百餘畝，一面委員採買木石、雜料，復開窰自造甎瓦，於去冬先落成工務堂一座，以資委員、司事人等辦公棲止。旋飭赴滬定購外洋機器物料，雇募本地各色熟手工匠，並飭調來閩省之『萬年青』輪船載運。該員徐建寅於今春二月閒回東後，續即興工建造各廠屋，工料齊備，人夫輻輳，而委員、司事人等亦復督趲勤勞，寒暑靡閒。自春及秋，業將機器廠、生鐵廠、熟鐵廠、木樣房、畫圖房、物料庫、東西廂文案廳、工匠住房大小十餘座，一律告成。其火藥各廠，如提硝房、蒸磺房、煏炭房以及碾炭房、碾硫房、碾硝房、合藥房、碾藥房、碎藥房、壓藥房、成粒房、篩藥房、光藥房、烘藥房、裝箱房亦次第告竣。其各廠煙筒高自四十丈至九十丈，大小十餘座，亦俱完工。外國購到機器亦陸續運東。徐建寅躬親布置裝配，一俟内地採買硝、硫、煤炭各料購齊，即行分別開工製造。核計全廠告成爲期不逾一年。辦理既速，撙節尤多。將來著名利器如格林、克虜伯各礮，林明敦、馬氏呢等槍，均可自行添造，不必購自外洋。雖自强之本原不在區區末藝，亦見我中國技巧幾與西人之累世專攻者等，風氣既開，未始不日有起色也。

又《**請獎曾昭吉片光緒二年十月二十三日**》　惟臣於徐建寅之外，又據臬司陳士杰述及該司同里之候選通判曾昭吉一員，深通機器，堪以試用，當令招致來東。臣接見其人，樸訥似不能言，詢之外洋各項機器，則云向未經見而自能冥心獨造。臣當以現在英人所稱極好之槍名爲亨利馬氏呢者與之閱看，詢其能否仿造，則略無難色。臣謂此槍爲外洋第一利器，現尚無外洋此項機器，恐製造不能有成。該員則謂機器亦可意造，何必盡求之外洋？臣且信且疑，即酌給經費，令其自造機器，照式製造。未及兩月，竟造成一百二十餘桿，以之比較馬氏呢，其靈巧捷便毫無異致。臣復以兩槍相對演放，其及遠與馬氏呢等，而出聲之響、入靶之勁，似有過之。至詢以製造格林等礮，則云更易爲力。臣又考其製造機器並製槍所需之煤鐵價值、工匠辛金，極爲減省。

四川機器局

清·羅文彬《**丁文誠公遺集·奏稿**》**卷一二**《**調曾昭吉赴蜀片光緒二年十月十四日**》　惟臣現赴川省，聞該省各勇營亦皆習用洋槍，均須購自上海洋行，價值既費而道路轉運費益不貲，並恐不免有受洋行欺騙之事。且聞所用洋槍，均不知修理之法，但使稍有損壞，則一槍所值十餘金頓成棄物，又須另爲遠購，糜費尤不可計。臣擬將候選通判曾昭吉帶至川省，查看情形，令其自辦機器製造，俾各勇營槍礮舊者可以整之使新，新者可以不必遠購於外洋，而得用亦與外洋相等，庶可爲國家省無窮之費。

又　卷一四《**川省設立機器局片光緒三年十二月二十八日**》　當即籌措款項，飭曾昭吉於上海揀擇緊要機器購辦數十件，由長江駛運來川，以資應用。其餘機器，曾昭吉心思奇巧，即令自行創造。現已在於成都省城擇地建造房屋，設立機器總局，派委候補道夏肯、勞文翽總理局務，並派成綿道丁士彬會同妥辦。其應需經費一切，擬不動支正款，即在於川省土貨釐金項下撙節動用。惟川省協款過多，釐金亦不敷分撥，臣復飭鹽道於茶引加票項下設法籌辦，藉資小補。至該局甫經建造，所有需用購運機器及造房各費，並委員司事、工匠一切薪水、工食，統俟明春三月局房造成，將機器各件安置妥協，開造槍礮後再爲奏報，並將各用款核實咨部查銷。

又　卷一七《**覆陳機器局暫緩開辦片光緒五年九月二十三日**》　微臣設局成都，專製造西洋上等之馬蹄尼後膛槍，尚僅小小試辦。其經費一項，係於從前漏抽之土貨釐金籌畫，規復餘款，力求撙節支用，始終並未動用正款。兩年之間，共用銀七萬餘兩，而建造廠房者約用銀四萬餘兩，其購辦外洋機器及自製機器二十五部，並購料造槍以及委員、司事、工匠各人等薪水、工食，又創設水輪機器等項，通計不過用銀三萬數千餘兩。而創設水輪機器，將來實可大省煤火之費。在臣竊以爲較勝於外洋，此後若逐年辦理，所費約不過萬兩上下。川人性近技巧，臣挑其巧而樸者入局肄習，頗多靈敏，若逐漸講求，必有日新月異之益。恩承、童華於機器局近在咫尺，未嘗親臨一視，而又不察經始之料物工程，輒指爲糜費，一若必須年年造屋而後能造槍者，措語不倫，無可深辯。微臣愧非負重之器，經手事件深虞隕越，於劾奏時未便一一力爭。

清·朱壽鵬《**光緒朝東華録**》**第一册**《**光緒五年二月二十八日上諭**》　前據給事中吳鎮奏參四川總督丁寶楨不諳機器，私虧庫款，縱容私人，徇庇劣員等情，當派恩承、童華前往查辦。茲據查明覆奏，原參各款，或查無實據，或事出有因。惟所設機器局費用較鉅，製造未能精良，著該督即將此局停止，以節糜費。道員勞文翽管理籌餉局務，所稱並無提銀送歸督署之事，有無掩飾，著將該員先行撤去差使，責成藩臬兩司將歷年收發款目，逐一查清覈算，如有不實不盡，再行揭參。委員李忠清雖無藉勢漁利情事，惟與開設餘慶竈之鄧中衡等認識，致遭物議，著即撤去差使，以息浮言。至原參道員丁士彬、勞文翽、前署華陽縣知縣田秀栗與門丁黄瑞廷交結等情，雖無確據，然人言藉藉，豈盡無因？除丁士彬業經革職外，著該督即將田秀栗撤任，督同藩臬兩司隨時密查該員及勞文翽聲名如果平常，即行據實參奏，不得稍涉迴護。並著將家丁黄瑞廷驅逐出境，毋任逗遛。

廣東機器局

清·劉坤一《**劉忠誠公遺集·奏疏**》**卷一三**《**設廠製造軍火片光緒四年五月二十七日**》　再，近年講求武備，以練習火器爲要，而軍火又以外洋所製爲精。同治十三年間，前督臣瑞麟，因軍火購自外洋，所費較鉅，不若置買機器，自行製造，較爲省便。因與臣兆棟會商，在於省垣設立機器局一所，派令在籍候選員外郎温子紹等在局經理，將應用槍礮、火藥，仿照外洋做法，陸續試辦，業經附片具奏在案。【略】

而機器一局，設於省城之中，工匠無多，地方窄狹，又有兼鑄槍礮、修造輪船等事，勢不能專顧火藥一項，因而所造寥寥，誠恐需用之時，無以應手。臣兆棟於兼署督篆任內，飭據善後局司道，議於省城西門外會步地方，購買民田，填築地基，設立軍火廠一所。一面購買機器，雇募匠人，派委諳悉製法之員，專司監造。該處廠所已于光緒元年六月内興工，所購機器，亦由外洋陸續運到。約計買地建屋，以及購買機器一切工料，價值約共需銀七萬四千餘兩，均由善後總局籌支。目下廠所將次竣工，業經採辦硝磺，將洋槍、洋礮所配火藥，仿照洋式，陸續製造。

湖北槍礮廠

清・王樹枏《張文襄公全集》卷一三三《電牘十二・致海署天津李中堂光緒十五年十二月三十日發》 洞在粵數年，深知粵商性情。提督方耀熟悉商情，久駐惠州產鐵之區，屢與洞詳談，深以粵省自煉鋼鐵爲有利，故敢決計爲之。今兩廣李督既不欲在粵置機采煉，且此機内本兼訂有造鐵軌機器，自以移鄂爲宜。正擬上陳，適奉鈞電，謹當即電使英劉大臣將此機運鄂。將來大冶煤便，即置大冶；若大冶煤艱，湘煤、湘鐵尚合算，即設武昌省城外江邊。要之，在鄂總有大用。

又《海署來電光緒十五年十二月二十七日酉刻到》 粵訂煉鐵機器既可移鄂，本署即據入奏，繼此鑛師等踏勘情形，望隨時電知爲慰。粵督請移鑄械廠於北洋，刻正詳商，然必須得鐵後次第及之。總以將來軍旅之事無一仰給於人爲斷。雖不必即有其效，萬不可竟無其志，諒同情耳。醇慶澤覆。江。

又 卷一三四《電牘十三・致海署天津李中堂光緒十六年正月初七日發》 竊擬此時如尚未定議，可否一併移設於鄂？緣近日訪知湘煤、湘鐵甚多，黔鐵、鄂鐵亦不少，皆通水運。鄂省爲南北適中，若此處就煤鐵之便多鑄精械，分濟川、陝、豫、皖、江、湘各省，并由輪運滬轉運沿海，處處皆便，工費亦省。洞爲取資煤鐵起見，是否可行，伏候鈞裁。陽。

又《海署來電光緒十六年正月十三日申刻到》 陽電悉。鐵爲廠根，與其運鐵來津，不若移廠就鄂，分濟各省，事功亦有倍半之別。頃電商李相，意見相同，擬即據以入告。來電煤鐵有恃，欣慰難名。此舉爲强弱轉機，旁觀疑信由他，當局經營在我，縱使志大成迂，猶愈中道自畫，況非無米炊乎？執事好爲之，吾儕第觀成耳。開采見效，祈早示知爲盼。一切經費，自當由歲二百萬劃撥，然正題宜先鑄軌，鑄械次之。當否？醇、慶、澤覆。文。

又《海署來電光緒十六年二月初四日子刻到》 頃接粵督李電：『槍礮機器價三十八萬兩，運保費合同並未計及。兩項捐款按年分繳至十八年六月，能否繳齊，現難預定。因部款不裕，未能墊付，理宜由粵設法措兑。造廠一項，原奏購地造屋約數萬兩，鄂省工料較粵俱省，此項可否由鄂另籌。』云云。查購地造廠等費，鄂恐難籌，開辦時可由部撥二百萬内劃墊，將來仍於粵撥歸還本署。已據此覆奏。至開廠後常年經費，貴督應即預爲妥籌，庶免後難爲繼。醇慶澤具。江。

又《致海署光緒十六年二月二十六日發》 江電謹悉。槍礮廠遵已擇地鄂省城外營造。此事粵本有籌定專款，部墊粵還，鈞籌極允。開廠後經費可審酌款項之盈絀，需用之緩急，爲籌造槍礮之多少，不致虚糜巨款。容續詳陳。宥。

又《致柏林洪欽差光緒十六年二月二十九日發》 礮廠移鄂，爲就煤鐵計，此廠所造快槍小礮，皆陸路行營所用。鄂南北四達，分濟川、陝、豫，皖、湘西各省尤便，即浮江而下，亦可分運海疆，最爲適中。鄂城東南隅有敞地，亦近内河津，設此廠，亦須另運，不能甚省。

論説

清・吴汝綸《李文忠公全集・朋僚函稿》卷一二《復何筱宋制軍同治十一年四月二十七日》 現造兵船，雖未能即云禦侮，而規模已具，門徑已開，數十百年中國禦侮必兼賴之。季高制軍大聲疾呼，不可裁撤，鄙人斷無異詞，將來興造貨船，再籌招商雇用，未爲晚也。

清·楊書霖《左文襄公全集·奏稿》卷一八《擬購機器雇洋匠試造輪船先陳大概情形摺同治五年五月十三日》 然臣愚竊有説焉：防海必用海船，海船不敵輪船之靈捷。西洋各國與俄羅斯、咪利堅數十年來講求輪船之制，互相師法，製作日精。東洋日本始購輪船，拆視仿造未成，近乃遣人赴英吉利學其文字，究其象數，爲仿製輪船張本，不數年後，東洋輪船亦必有成。獨中國因頻年軍務繁興，未暇議及，雖前此有代造之舉，近復奉諭購雇輪船，然皆未爲了局。彼此同以大海爲利，彼有所挾，我獨無之。譬猶渡河，人操舟而我結筏；譬猶使馬，人跨駿而我騎驢，可乎？鈞是人也，聰明睿知，相近者性，而所習不能無殊。中國之睿知運於虚，外國之聰明寄于實。中國以義理爲本，藝事爲末；外國以藝事爲重，義理爲輕，彼此各是其是，兩不相喻，姑置弗論可耳。謂執藝事者舍其精，講義理者必遺其粗，不可也；謂我之長不如外國，藉外國導其先可也；謂我之長不如外國，讓外國擅其能不可也。此事理之較著者也。如擬創造輪船，即預慮難成而自阻，然則治河者慮合龍之無期即罷畚築，治軍者慮蕆役之無日即罷徵調乎？如慮糜費之多，則自道光十九年以來，所糜之費已難數計，昔因無輪船，致所費不可得而節矣。今仿造輪船，正所以預節異時之費，而尚容靳乎？天下事，始有所損者，終必有所益，輪船成，則漕政興，軍政舉，商民之困紓，海關之税旺，一時之費，數世之利也。縱令所製不及各國之工，究之慰情勝無，倉卒較有所恃，且由鈍而巧，由粗而精，尚可期諸異日，孰如羡魚而無網也。計閩、浙、粵東三省通力合作，五年之久，費數百萬，尚非力所難能。疆臣誼在體國奉公，何敢惜小費而忘至計，至以中國仿製輪船，或疑失體，則尤不然。無論禮失而求諸野，自古已然。即以枪礮言之，中國古無範金爲礮施放藥彈之製，所謂礮者，以車發石而已。至明中葉始有佛郎機之名，國初始有紅衣大將軍之名，當時得其國之器即被以其國之名。謂佛郎機者，即法蘭西音之轉；謂紅衣者，即紅夷音之轉，蓋指紅毛也。近時洋枪、開花礮等器之製，中國仿洋式製造亦皆能之，礮可仿製，船獨不可仿製乎？安在其爲失體也！臣自道光十九年海上事起，凡唐宋以來史傳、別録、説部及國朝志乘、載記，官私各書，有關海國故事者，每涉獵及之，粗悉梗概。大約火輪兵船之製，不過近數十年事，於前無徵也。前在杭州時，曾覓匠仿造小輪船，形模粗具，試之西湖駛行不速，以示洋將德克碑、税務司日意格，據云大致不差，惟輪機須從西洋購覓，乃臻捷便，因出法國製船圖册相示，并請代爲監造，以西法傳之中土，適髮逆陷漳州，臣入閩督剿未暇及也。嗣德克碑歸國，繪具圖式、船廠圖册，并將購覓輪機、招延洋匠各事宜逐款開載，寄由日意格轉送漳州行營，德克碑辭赴暹羅，屬日意格候信，彼此往返講論，漸得要領。日意格聞臣由粵凱旋，擬來閩面訂一切。

清·羅文彬《丁文誠公遺集·奏稿》卷一二《機器局置器造廠規模大備摺光緒二年十月初三日》 臣統籌此局，就現時情形而論，其利確有數端：設廠内地，不爲彼族所覬覦，萬一別有他事，仍可閉關自造，不致受制於人，利一也；附近章丘、長山等縣煤、鐵礦產素饒，民間久經開採，但就内地採料，已覺取資無窮，縱有閉關之時，無虞坐困，利二也；秦、晉、豫、燕、湘、鄂各省，由黄運溯流而上，一水可通，將來製造軍火有餘，可供各省之用，轉輸易達，利三也。

從前中國各廠雇用洋匠，少或七八名至一二十名，每名工值歲費二三千金，統計各洋匠一歲所費已逾鉅萬，而招募路程有費，死傷卹賞有費，遣散舟資有費，加以該洋匠等墨守師法，不肯略爲遷就，往往一材一料，稍不中於繩墨，即在屏棄之列，甚或營造及半，忽然變計，重復毁改，虚糜工料極多，此皆由本局無深明機器之人，故一切受制於洋匠。今該員徐建寅胸有成算，親操規削，一人足抵洋匠數名，猶復估料程功，力求撙節，綜覈精密，人不能欺，故一切皆歸實用，不稍虚糜。又因粵匠工值較昂，專雇浙江、直隸熟手工匠，而招東省土著心地明白之人相閒學習，是以勤奮過於洋匠，而工資不及一半，每年節省既鉅，異時籌款稍覺從容。從此精益求精，庶幾機器精良，軍儲充裕，自可奪外人之長技，不致見絀於相形，此則微臣創辦時所不敢料而深幸以後之所謂自强者，於此眞得實際，自可期日新而月盛也。

興辦民用企業分部

綜　述

開平礦務局

清・吴汝綸《李文忠公全集・奏稿》卷四〇《直境開辦礦務摺光緒七年四月二十三日》　竊惟天地自然之利，乃民生日用之資。泰西各國以礦學爲本圖，遂能爭雄競勝。英之立國在海中三島，物産非甚豐盈，而歲出煤鐵甚旺，富强遂甲天下。中國金、銀、煤、鐵各礦勝於西洋諸國，祇以風氣未開，菁華閟而不發，利源之涸日甚一日，復歲出鉅款，購用他國煤鐵，實爲漏卮之一大宗。從前江西之樂平及山西、湖南等省，皆以土法開采煤鐵等礦，工力較繁，而所得較微，無裨大局。近來如臺灣之基隆、湖北之荆門、安徽之池州，經營煤礦漸用洋法。然或因創辦伊始，或因經營費未敷，尚難驟得大效。臣於光緒元年四月間，欽奉寄諭：『著照所請，先在磁州試辦，派員妥爲經理。』等因。欽此。仰見朝廷恢拓遠圖至意。旋經屢次委員往查，磁州煤鐵運道艱遠，又訂購英商鎔鐵機器不全，未能成交，因而中止。

旋聞灤州所屬之開平鎮煤鐵礦産頗旺，臣飭招商局候選道唐廷樞馳往察勘，攜回煤塊鐵石，分寄英國化學師鎔化試驗，成色雖高低不齊，可與該國上中等礦産相仿，采辦稍有把握。三年八月，臣檄派前任天津道丁壽昌、津海關道黎兆棠，會同唐廷樞熟籌妥辦，旋據酌擬設局招商章程十二條，批令刊刻施行。迨丁壽昌、黎兆棠先後離津，現任津海關道鄭藻如復會辦局務。查初定章程，擬招商股銀八十萬兩，開采煤鐵，並建生熟鐵鑪機廠，就近鎔化。繼因招股驟難足額，鎔鐵爐廠成本過鉅，非精於鐵工者不能位置合宜，遂先專力煤礦。采煤既有成效，則煉鐵必可續籌也。

唐廷樞奉檄設局後，勘得灤州所屬距開平西南十八里之唐山，山南舊煤穴甚多，土人開井百餘口，只取浮面之煤，因無法取水而止。光緒四年，鑽地探試，深六十丈，得有高煙煤六層：第一層厚十八寸，第二層二尺，第三層七尺，第四層三尺，第五層六尺，第六層八尺。其第六層之下尚有一二層，但計所得之煤已足供六十年之用，因是不復深探。旋於五年購辦機器，按西法開二井，一提煤，一貫風抽水。其提煤井開深六十丈，貫風抽水井開深三十丈。地下開横徑三道：一在提煤井二十丈開洞門，作旋風之用；一在三十丈，一在五十六丈，兩道係取煤之用。所有地下横徑直道，均與兩井相通。其第一條横徑，南開四丈得見第一層，煤質略鬆，煤層過薄，豫備不用。北開八丈得見第二、第三層煤，兩層相隔只有一尺，其質堅色亮，燃燒耐久，性烈而蒸氣易騰，燒燼之灰亦少。就目下二十丈深之煤論之，可與東洋頭號煙煤相較，將來愈深愈美，尤勝東洋。惟煤産出海，銷路較廣，由唐山至天津必經蘆臺，陸路轉運維艱。若夏秋山水漲發，節節阻滯，車馬亦不能用。因於六年九月，議定興修水利，由蘆臺鎮東起至胥各莊止，挑河一道約計七十里，爲運煤之路。又由河頭接築馬路十五里，直抵礦所，共需銀十數萬兩，統歸礦局籌捐。非但他日運送煤鐵諸臻便利，抑且窪地水有所歸，無虞積潦，而本地所出鹽貨可以暢銷，是一舉而商旅農民皆受其益。所佔地畝均照民價購買。本年二月興工挑挖，五六月可一律告蕆。從此中國兵商輪船及機器製造各局用煤，不致遠購於外洋，一旦有事，庶不爲敵人所把持，亦可免利源之外洩。富强之基，此爲嚆矢。據總辦開平礦務局員唐廷樞將大略情形，具稟前來。

臣查唐廷樞熟精洋學，於開采機宜、商情市價，詳稽博考，胸有成竹，經理數年，規模麤備。當夫籌辦之始，臣因事端宏大，難遽就緒，未經具奏。今則成效確有可觀，轉瞬運煤銷售，實足與輪船招商、機器織造各局相爲表裏。開煤既旺，則鍊鐵可以漸圖。開平局務振興，則他省人才亦必聞風興起，似於大局關係非淺。

又《請減出口煤税片光緒七年四月二十三日》　再，據候選道唐廷樞稟稱：開辦礦務局以來，購備機器，延訂洋匠、工司及買地、築路、挑河經費，約共用銀七十餘萬兩。成本既重，煤價亦因之而昂，若再加現定之税額，即難敵外洋之煤，其勢必不能暢銷，而關税亦鮮有實獲。與其税重而少所收，不若減輕而多所納。中國原定洋貨税則過輕，土貨税則較重，以致華商疲累，難與洋商頡頏。查西洋各國通例，於外來進口貨税無一不重，於本國出口貨税無一不輕，所以徵外人之利，而護本國之商。斟酌損益，實有至理。乃中國初定約時，爲外人所蒙，轉使外洋進口之貨税輕，內地出口之貨税重，不啻抑華商而護洋商，此通商後數十年之流弊，隱受厥累而不覺者也。即以煤斤而論，洋煤每噸税銀五分，土煤每担税銀四分，合之一噸實有六錢七分二釐，若加復進口半税，已合每噸銀一兩有奇，盈絀懸殊至二十倍之多。前兩江督臣沈葆楨於臺灣基隆開煤時，奏准土煤每噸徵税一錢，較洋煤業已加重。嗣湖北用機器開采，亦奉諭旨准照臺灣税則在案。揆從前嚴定土煤税章之意，或恐煤税減輕，則土煤出口日多，內地煤價必長，故特重其税，以示限制。惟是土法采煤，只能售於近地，若從陸路車運出口，脚價太重，斷不合算。況其所采浮面之煤，實不足供輪船製造等用。如直隸西山等處煤產，專濟五城內外之需，並無轉運來津者，是其明證，似多運出口一節，本可無慮。今開平煤礦，全用西法，每日出至五六百噸之多，據洋師測量，足供六十年采取。除運往要口，分供各局及中外輪船之用，並可兼顧內地民間日用。刻下運道疏通，脚價既省，若再將税則減輕，煤之售價必廉，可以暢銷無滯，而運售於各局者，不致再用洋商昂貴之煤，其有裨於公款不少等情前來。臣復飭津海關查取歷年洋煤、土煤進口數目，開具清摺。自同治十年起至光緒六年止，洋煤進口計八萬一千五百餘噸，土煤進口僅五千五百餘噸，而出口土煤，則天津向所未有。蓋由税則厚薄不一，土煤壅滯難銷，遂使厚利爲洋商所壟斷，若不變通設法更定章程，殊非通籌理財之大計。合無仰懇天恩，俯准開平出口煤斤，援照臺灣、湖北之例，每噸徵收税銀一錢，以恤華商而敵洋煤，庶風氣日開，利源日旺，而關税亦必日有起色矣。

又 **卷四二《吳熾昌調辦礦務片光緒七年十月二十六日》** 再，灤州開平礦局招集商股試采煤鐵，曾經臣專摺奏明，並派津海關道暨招商局道員唐廷樞，會同經理在案。茲查該局參用西法，開辦數年，煤產甚旺。目前籌布海防機器製造各局及購到快碰蚊子等船，需用煤鐵甚鉅，煤礦既辦有成效，附近鐵礦擬設法一併開采，以資利用。飭由唐廷樞親赴遷安縣屬清涼山、灤州屬之馬子溝、陳家嶺、風山一帶勘驗，均有鐵苗，形質甚佳，業已取得百擔，寄往英國試煉。如果合用，來春即逐漸開采。惟該局煤鐵兼營，工程較大，必須有駐局大員督率經理。津海關道政務較繁，唐廷樞又有承辦輪船招商事件，均未能常川駐局。查有廣西候補知府吳熾昌，老成幹練，樸實精詳，通曉西國語言文字，於礦務商務尤爲熟悉。相應請旨飭下廣西撫臣，飭令該員吳熾昌迅速來直，由臣酌委會辦開平礦局，以資得力。

漢陽鐵廠

清·王樹枏《張文襄公全集》卷一三五《電牘十四·致上海盛道臺光緒十六年四月初八日發》 鐵廠宜設武昌省城外黃石港地，平者窪，高者窄，不能設廠，一也。荆襄煤皆在上游，若運大冶，雖止多三百餘里，回頭無生意，價必貴，不比省城。鋼鐵煉成，亦須上運至漢口發售，並運至省城煉鎗礮，多運一次。不如煤下行，鐵礦上行，皆就省城，無重運之費，二也。大冶距省遠，運煤至彼，運員、收員短數攙假，廠中所用，以少報多，以劣充優，繁瑣難稽，三也。廠內員司離工遊蕩，匠役虛冒懶惰，百人得八十人之用，一日作半日之工，出鐵既少，成本即賠，四也。無人料理，即使無弊，製作亦必粗率，不如法煉成製成料物，稍不合用，何從銷售，五也。鐵廠、礮廠、布局三廠並設，礦物、化學各學堂並附其中，安得許多得力在行大小委員分投經理？即匠頭、繙譯、繪算各生，亦不敷用。三廠若設一處，洋師、華匠皆可通融協濟，煤廠亦可公用，六也。官本二三百萬，常年經費、貨價出入亦二百餘萬，廠在省外，實缺大員無一能到廠者，歲糜巨款，誰其信之？若設在省，則督撫司道皆可常往閲視，局務皆可與聞，既可信心，亦易報銷，七也。此則中法，非西法。中法者，中國向有此類積習弊端，不能不防也。即使運費多二三萬金，而工作物料虛實優劣所差不止數十萬金矣。白議爲是，現擇得省東南二十里湯生湖邊之金鷄坑，由大江入鲇魚套，一水可通，常年行船。略濬淺處一段，建閘一所，即可冬閒行輪矣。其地高燥寬廣，永不被淹，用之不盡。將來任意擴充，且設礮廠於此，尤可免淺露之病，可謂善地矣。庚二。

又《致海署光緒十六年七月二十二日發》 省東南二十里有金鷄坑，地勢高廣，但須作閘疏河，勞費太鉅，冬令內湖結冰亦不便。今擇得漢陽大別山下有地一區，長六百丈，廣百丈，寬綽有餘，南枕山，北濱漢，西臨大江，運載極便，氣局宏闊，亦無廬墓，與省城對岸，可以時常親往督察，又近漢口，將來運銷鋼鐵貨亦便。惟須填築地基九尺，則盛漲不淹，沿漢亦須增堤數尺耳。築地雖費，較之他處築閘開河，所省尚多。外洋各工師僉以爲宜，洞亦親閲可用。

再，中國與外洋不同，此廠若不設在附省，將來工料員役，百弊叢生，必致貨不精而價不廉，一歲出入以數十萬計，過於運費多矣。現已與北洋商定，卽於此地建廠，槍礮廠亦並設此處，購地、修堤、築基、造路、訂購瓴石等事陸續籌辦。惟洋師云，此工在外洋總須三年，今竭力趕辦興工，至開爐至速須兩年餘。現仍設法趕辦。特此奉達，祇請核示。養。

又《海署來電光緒十六年七月二十九日午刻發》 養電悉。所擇漢陽大別山下，既於建廠爲宜，應卽舉辦。希由貴督自行奏明是要。元電請自道庫借撥十五萬，已咨商農部，容俟另覆。醇、慶具。儉。

又《致輪墩薛欽差光緒十八年五月二十七日發》 貝色麻廠、西門馬丁廠、抽條拉片廠各圖久未寄到，停工待圖，糜費甚鉅。限期又迫，焦急萬分，請速催全寄，并於使館隨員中代擇一人，託以此事，專司督催寄圖，并查點起運機器，會同百濟辦理，由尊處酌給津貼。所有應用之圖與該廠議定，限於若干日全數寄來。該廠繪圖人可另給酬勞之費，切懇示覆。感。

輪船招商局

清·吳汝綸《李文忠公全集·朋僚函稿》卷一〇《復曾相同治十年十二月十一日》 總署函商，各局輪船由商雇買，自係經久良法，惟閩、滬現成各船裝載不如商輪之多，駛行不如商輪之速。桐雲謂閩船較勝，未知確否。華商願附洋船，圖騙捐釐，內意既允由戶關查稅，照洋船一律免釐，或有願雇買者。已緘致江海關沈道等就近籌商，具復尊處，諒亦照行否。

又 卷一二《復何筱宋制軍同治十一年十月初十日》 滄州途次，連奉二十九日兩函，以朱守其昂議設輪船商局，沈道等稟稱窒礙多端，請暫緩辦等因。仰見盡畫周詳，虛懷商度，欽佩莫名。此事前數年，雨生中丞在蘇撫任內，久創斯議，並於入覲時面陳樞廷，欲廣招華商購船，兼運西皖漕糧。峴莊中丞同時在京，樞府卽令丁、劉二公面議推行，嗣仍因循未就。總署上年緘商官造輪船，變通租運，亦踵前議而行之也。

今官船日久無可租賃，而總署諄請豫籌定章，誠如來示，運糧招商兩層，卽經議有良法，將來亦待用需時，是議與不議等耳。且法者因時變通，尤待人而後行。凡事經始最難，若不認真試行，焉知其法之良否？或及鴻章與執事分任通商，合力講求利病，爲他日官輪招商之嚆矢，庶於大局有裨。

朱守熟悉海運事宜，輪船生意，今夏在津兌漕，每與反覆議論，輒敢引爲己任，緣所呈章程未盡著實，飭赴滬與沈、馮二道會商。九月初復回津，面陳節略，謂馮道共與參訂，沈道意見亦符，祇悤悤未及會稟。弟令再與津海關陳道、天津丁道議妥後，仍回滬與沈道等酌定具覆。陳、丁二道均以購船試辦兼助海運，爲將來官船通行之張本，求卽准行，並由該道等照蘇商借領練錢章程，撥借二十萬串，以示信於衆商。朱守亦自願以身家作抵，倡此遠謀。不料朱守去已旬日，而沈道先鈔會稟稿寄示矣。吳桐雲闇於事情，又本不願官輪招商，馮卓儒素肯建議招商者，不過隨衆畫諾。仲復之意，實恐華商輪船暢行，沙船全歸輪船，老關稅項大減。雖爲私計，亦是恆情。不知近來華商附搭洋輪，亦有殷實沙戶在內。咸豐年間沙船二千餘號，今僅四百號，其故可知。我既不能禁華商之勿搭洋船，又何必禁華商之自購輪船。我但令招商之輪船與搭洋船之華商一律收稅，而稍示寬假，不加釐捐。其貨物之落地分拆後，仍照內地定章捐釐，於餉源無甚窒礙。至蘇浙海運歲逾百萬石，今屆沙寧船不敷裝運，到津交兌復回，再裝籌備糧石，至七月尚有來者。今添數輪船可補沙船之不足，非奪沙寧船之生意也。朱守自家卽有沙船，其親友更多，聞已開導明白，兩不相妨。沈道等稟漕糧勢必無船可雇，殆非確論。尊處與振軒批令，照舊封雇沙衞各船候運，無任觀望貽誤，極是正辦。朱守僅稟請撥運二十萬石，爲數無幾。弟猶恐商雇輪船分運，不及此數也。

據朱守面稱上海棧房業經租定，天津亦租有棧房。惟其辦事過於勇往，誠有獨力難支之虞。敬乞我兄嚴屬仲復等隨事和衷妥籌，勿膠成見，致此美舉又復中止，百年後永無振興之機矣。若試辦實有未妥，不妨徐議更張。鄙見如此，伏希鑑裁。振軒處乞鈔函轉致。

又　卷一三《復沈幼丹船政同治十二年閏六月初六日》　所造十二號商船，計將下水，十三四五號年內能否造齊。雪巖認領閩尚游移，保險似宜少作價。敝處招商局在英國購製三船，裝貨多而用煤少，行駛亦速，或值七八萬至十萬不等。閩滬各廠工料過昂，每船減算成本，似須十數萬。商人惟利是圖，精於計較，豈肯受意外之虧累。輪船原無一失，而例須保險，作價少則保，資亦較少，庶易招徠。惟發商租領一節，實爲官廠遠大之圖，如可減輕作價，似須奏咨立案，以免局外及日後謗議，伏希卓裁。朱守其昂創辦商輪，今屆搭運正漕乾潔異常，頗著成效。華商詭寄洋行者多方忌沮，股份過少，恐致決裂，又招致精習船務生意之粤人唐丞廷樞，爲坐局商總。兩月間，入股近百萬，此局似可恢，張雪巖如不便另立門戶，或勸令併爲一局，將來竟易名中國輪船公司，則名正而勢遠。尊處新製四號，儘可商令陸續承領，酌定租價，更爲經久之計。朱守、唐丞云將稟請鈞示，尚希核奪飭遵爲幸。

又　《復劉仲良方伯同治十二年十一月十三日》　招商輪船，實爲開辦洋務四十年來最得手文字，兄創辦之始，即藉運漕爲詞，各國無不讋服，謂中國第一好事。現僅分運蘇、浙漕米歲二十萬石，沾潤較少，製輪船僅五隻，猶可運米三十萬，若運米漸增，添船漸多，國計民生均大有裨。委員四人，朱道其昂、盛道宣懷管理招商運米各事；唐丞廷樞、徐郎中潤管理輪船攬載各事，皆熟習生意，殷實明幹。兄所次第委派者，朱雲甫承運浙漕十餘年，條理極精，杏蓀現爲蘇省包辦，采買京米六萬石，利病周知，尊處函詢二君，當易就理。茲先將來單所詢，就鄙人畧知者，逐條簽注，並查開雲甫前擬采買章程核減用款一摺，蘇、浙采買舊案，報銷各款兩摺，現議由津逕運通壩。浙糧道及坐糧廳各議章程兩摺，附呈閱核。雖臨事有須酌量更變之處，大要規模不出乎此。

又　《奏稿》卷二〇《試辦招商輪船摺同治十一年十一月二十三日》

竊查本年五月間，臣於議覆製造輪船未可裁撤摺內，籌及閩滬現造輪船，皆不合商船之用，將來間造商船，招令華商領僱，必准其兼運漕糧。嗣准總理衙門奏覆以『間造商船、華商僱領一節，李鴻章、沈葆楨俱以爲可行，應由該督撫隨時察看情形，妥籌辦理』等因。奉旨『依議。欽此。』旋准總理衙門函屬，遴諭有心時事之員妥議章程，俟官船工竣，成規具在，承租者自爭先恐後，誠爲力求實濟起見。

臣反覆籌維，現尚無船可領，徒議章程，未即試行，仍屬空言無補。因思同治六、七年間，曾國藩、丁日昌在江蘇督撫任內，迭據道員許道身、同知容閎創議華商置造洋船章程，分運漕米，兼攬客貨，曾經寄請總理衙門核准，飭由江海關道曉諭各口試辦。日久因循，未有成局，僅於同治七年借用夾板船運米一次，旋又中止。

本年夏間，臣於驗收海運之暇，遵照總理衙門函示，商令浙局總辦海運委員候補知府朱其昂等，酌擬輪船招商章程，嗣又據稱：『現在官造輪船內並無商船可領。該員等籍隸松滬，稔知各省在滬殷商，或置輪船，或挾資本，向各口裝載貿易，向俱依附洋商名下，若由官設立商局招徠，則各商所有輪船股本，必漸歸併官局，似足順商情而張國體。擬請先行試辦招商，爲官商浹洽地步，俟機器局商船造成，即可隨時添入推廣通行。又江浙沙寧船隻日少，海運米石日增，本屆因沙船不敷，諸形棘手，應請以商局輪船分裝海運米石，以補沙寧船之不足，將來雖米數愈增，亦可無缺船之患』等情。臣飭據津海關道陳欽、天津道丁壽昌等覆核，皆以該府朱其昂所議爲然，請照戶部核准練餉制錢借給蘇浙典商章程，准該商等借領二千萬串，以作設局商本而示信於衆商，仍豫繳息錢助賑，所有盈虧，全歸商認，與官無涉。

朱其昂承辦海運已十餘年，於商情極爲熟悉，人亦明幹，當即飭派回滬，設局招商。迭據稟稱：『會集素習商業殷富正派之道員胡光墉、李振玉等公同籌商，意見相同，各幫商人紛紛入股，現已購集堅捷輪船三隻，所有津滬應需棧房、碼頭，及保險股分事宜，海運米數等項，均辦有頭緒。』並稟經臣咨商江浙督撫，臣飭撥明年海運漕米二十萬石，由招商輪船運津，其水脚耗米等項，悉照沙寧船定章辦理。至攬載貨物、報關納稅，仍照新關章程辦理，以免藉口。

昨據浙江糧道如山詳稱：該省新漕，米數較增，正患沙船不敷撥用，請令朱其昂等招商輪船，分運浙漕，較爲便捷。又准署兩江督臣張樹聲函商，覆以『海運難在僱船，今有招商輪船以濟沙衛之乏，不但無礙漕行，實於海運大有裨益。當嚴飭江海關道等和衷協力，勿致善舉中輟』等語，是南北合力籌辦華商輪船，可期就緒。目前海運固不致竭蹶，若從此中國輪船暢行，閩滬各廠造成商船，亦得隨時租領，庶使我内江外海之利，不致爲洋人佔盡，其關係於國計民生者，實非淺鮮。

除由臣隨時會同南洋通商大臣，督飭各口關道妥商照料，並切諭該員紳等體察商情秉公試辦，勿得把持滋弊，並咨明總理各國事務衙門、户部查照外，所有試辦招商輪船分運江浙漕糧各緣由，理合繕摺具陳。

又 卷二五《輪船招商請奬摺光緒元年二月二十七日》 緣此事本係創始，凡聯絡官商，招集股本，選買船隻，雇用管駕，並於各口建立棧房、碼頭，事體極爲煩重，籌辦極爲艱難。華商初猶觀望，洋人又復嫉忌，往往跌價相爭，非開誠布公，堅持定見，不足以服衆而自立。該員紳等苦心經營，力任艱鉅，竟底於成，頻年疊加開拓，漸收利權。計有自置輪船並承領閩廠輪船八號，現又添招股分，向英國續購兩號，分往南北洋各海口及外洋日本、呂宋、新嘉坡等處貿易，疊次裝運江浙漕糧，上年秋間承載銘軍赴臺灣，轉運糧餉源源接濟，均能妥速無誤，從此中國輪船可期暢行，實爲海防、洋務一大關鍵，所裨於國計民生殊非淺鮮。該員紳等不無微勞足録，自應及時鼓勵。臣前奏運漕出力，不過略舉一端。要之，創辦輪船招商，勞績非尋常局務等項可比，更與津通驗收轉運人員絶無干涉，應不併計，相應詳細聲明。仰懇天恩，准將原保道員朱其昂等照擬給奬，以資觀感。

又 卷三〇《整頓招商局事宜摺光緒三年十一月二十五日》 奏爲遵旨籌畫整頓輪船招商局事宜，並酌議變通辦法，恭摺復陳，仰祈聖鑑事。竊臣等承准機軍大臣字寄，九月十八日奉上諭：御史董儁翰奏輪船招商局關繫緊要急須整頓一摺，據稱該局每月虧銀五六萬兩，因置船過多，載貨之資不敷經費，用人太濫，耗費日增等語。輪船招商原以收中國之利權，必須有利無弊，方可以期久遠，著李鴻章、沈葆楨通盤籌畫，於該局經費權衡出入，認真整頓，毋得稍有虚靡，嚴諭該局不得以辦公爲名，位置私人，濫行收録，並飭令該局商總和衷辦事，勿騖虚名而鮮實濟等因。欽此。並將董儁翰原摺鈔給臣等閲看。適該局商總道員朱其昂、唐廷樞等在津籌辦直晉賑糶糧石，臣鴻章面加考究，仍分飭津海關道黎兆棠、署江海關道劉瑞芬密爲查訪，妥籌整頓之策。茲據該道等分晰查明，擬議章程前來。臣等覆加察核，如原奏置船過多一節，查招商局開辦五年，已自置輪船十二號，迨收買旗昌洋行，又添大小輪船十八號。旗昌船向走長江爲多，若無外人傾擠，江面生意尚旺，船隻不至閑擱。乃英商太古將裝貨噸銀大減，一意傾跌，局船攬載價亦隨減，不敷船用，以致間有停擱，實迫於事勢之無如何。擬令該局逐加挑剔，將旗昌輪船年久朽敝者，或拆料存儲以備配修他船，或量爲變價歸還局本，藉省停船看守之費，惟勿任中外流氓售去，減價相擠。其現行各船，内有附局帶管者，歲收馬頭費無幾，徒分局船攬載之貨，除永寧、洞庭二船，已據報由局收買歸入商股外，其餘三船應全行辭去，無庸帶管。又，原奏用人太濫一節，查該局專講貿易，所用必其所習，與官場情形隔絶，應由該商總等自行選派，以一事權，臣等及各關道向無薦人之事。每遇載運漕糧時，各省容有轉薦員紳，臣屢飭朱其昂等不可礙於情面，濫行收録。現在各口岸總分各局共二十七處，需人必多，在事皆各有職守，並無隔省官員挂名應差、支領薪水之事。又，原奏該局每月須賠銀五六萬兩等語，查該局先後置買船棧等項，計價銀四百二十餘萬兩，其中實本僅分領各省官帑一百九十萬有奇，商股七十三萬零，共銀二百六十餘萬兩，尚短一百六十萬兩，係以浮存挪借抵用，計息不貲，遂至左支右絀。此由局本不足之故。加以太古洋行跌價傾軋，入不敷出，然每年結算官利，尚敷衍匀結，其暗中虧耗者只有輪船置價一項，未曾按年折除，並不得謂每月虧賠也。又，原奏各項費用嚴禁濫支，隨時駁飭等語，查該局進項以攬載水脚爲大宗，月有運漕耗米及帶貨二成免税、辦米盈餘，應令此後如能將耗米照章收足，帶貨免税按照税則核計，除貼還貨主外，尚餘幾成，均歸入局中專款列收，不得併入水脚開銷。其采辦漕米，無論盈虧，悉歸公局，一切巨細進款，全登公帳，記載分明，不准遺漏含混。至出款約有三端，一爲船用，凡在船人役辛工等項，每船月定額數，修理工料行船用物須有限制，均在所收水脚内開支；一爲局用，總分各局司事人等辛資雜費，須分別定額，均在所提每兩五分公費内開支，儻有不敷，不准於公帳撥補，仍將收支各數按年詳細開報；一爲棧房船廠之用，應在棧租内開支，不敷再由局費提補。外如購買船煤、置備物業，皆應撙節。攬載客貨水脚，向章每百兩給回用銀五兩，不准濫加，務歸一律，即借用錢莊銀，亦不可多糜重息。以上出入各款，均責成局員權衡緩急，督同司事悉心經理，勿任用人稍有浪費。其帳目除局員商總隨時互相查覈外，並飭江海、津海兩關道於每年結帳時就近分赴滬津各局認真清查，如有隱冒，據實稟請參賠，以招核實而免浮議。凡此整頓之法，已備極周詳。惟念招商局之設，原以分洋商利權，於國家元氣、中外大局實相維繫，賴商爲承辦，尤賴官爲維持。英商力與傾擠，商股遂多觀望，誠恐虧耗既巨，難以久支，貽笑外人，且墮其把持專利之計。臣等再四籌維，祇得就現有之款爲變通之策。前經各省借撥官帑，倡率濟急，取息僅七八釐，較商股一分利息尚少。原議俟商股充盈，既行歸款，現在商本未充，生意淡薄，官帑又未便久稽，該關道等與局員籌議，擬請自光緒三年起將直隸、江蘇、浙江、江西、湖北、東海關等歷年撥存該局官帑銀一百九十萬八千兩，均予緩息三年。俟光緒六年起緩利拔本，勻分五期，每年繳還一期，以紓商力。每期計應繳官本銀三十八萬一千六百兩，由商局豫爲籌定，按原撥平色銀數先分赴各省關局具結存案，屆時照繳，無論如何爲難，不得再求展緩，統計八年，官本全清。其緩收息款，以後或作官股，或陸續帶繳，屆期察看情形再議。至官商應甘苦與共，前雖議定商股按年給息一分，今官利既緩，嗣後擬將每年應付一分息銀以一半給各商收領，一半存局作爲續招股本，亦按年計息，以五釐給商，五釐存局，彌補缺本，俟八年後局本補足，息既全給，衆商當尚樂從，隨時招添新股，一律辦理。惟現計局本短至一百六十萬之多，船舊並未折算，僅將官帑緩息八年。商息留半抵本，恐尚不敷補缺，擬自光緒三年七月起按年截數，其有盈餘銀兩，暫緩派分，全數留局作爲公股，照章一分起息。其息全留作本，俟八年期滿，統計此項股本積息若干，除酌提換購新船外，再分派衆商均霑，庶子母相權，生生不已，局務亦維持於不敝。所有保險局存本及新收局船保險銀兩，應併歸招商局統算，無須作爲浮存照市付息，亦無庸另提九五局用，別立一局，以免盈絀懸殊。如此分別秉公調劑，冀得上不虧國，下不病商，根基既固，久遠可期，華商應聞風而踴躍，洋商或輸誠以議和。臣等仍隨時嚴飭該局員商總等恪遵聖訓，和衷辦事，勿鶩虛名而鮮實濟，勿圖小利而誤大局，勿畏人言而思縮手，勿執己見而昧機宜，惟以救濟時艱毋負委任爲念，自當日有起色矣。臣等往返函商，意見相同。

又　卷三六《覆陳招商局務片光緒六年三月二十七日》　再，欽奉正月二十八日上諭：有人奏招商局辦理毫無實濟，請飭認真整頓經理一摺。設立招商局原所以收利權而裕稅課，若但聽委用各員任意開銷，浪費侵蝕，深恐私橐日充，公款日虧。著李鴻章、吳元炳慎擇公正廉潔之員，將歷年出入各款徹底清查，實心經理。如有糜費侵漁等情，即行據實嚴參，毋稍徇隱等因。欽此。

遵查輪船招商局之設，係由各商集股作本，按照貿易規程自行經理，已於同治十一年十一月創辦之初，奏明盈虧全歸商認，與官無涉。誠以商務應由商任之，不能由官任之。輪船商務牽涉洋務，更不便由官任之也。與他項設立官局開支公款者，迥不相同。惟因此舉爲收回中國利權起見，事體重大，有裨國計民生，故須官爲扶持，並酌借官帑以助商力之不足。光緒三年冬，曾將該局事宜籌畫整頓覆奏，並飭江海、津海兩關道於每年結帳時，就近分赴滬、津各局認真清查帳目，如有隱冒，據實稟請參賠，業經循辦在案。數年以來，雖有英商太古、怡和洋行極力傾擠，而局事尚足相持，官帑漸可拔還，生意次第開拓，先後承運京倉漕米、各省賑糧不下數百萬石，徵兵調餉解送官物軍械者，源源不絕，旦夕可至，豈得謂於國事毫無實濟。其攬載客貨以及出入款目，因會辦各員多有服官他省，不能駐局，仍責成素習商業之道員唐廷樞、徐潤總理其事。局中股本亦係該二員經手招集，每年結帳後分晰開列清册，悉聽入本各商閱看稽查。若該商總等任意開銷侵蝕，則衆商不待官查，必已相率追控。而自開辦至今，並無入股商人控告者。局外猜疑之言，殊難憑信。現值運漕攬載喫緊之時，若紛紛調簿清查，不特市面徒滋搖惑，生意難以招徠，且洋商嫉忌方深，更必乘機傾擠，冀遂其把持專利之謀，殊於中國商務大局有礙。總之，商局關係國課最重，而各關各納稅課絲毫無虧，所借官帑，現據唐廷樞、徐潤等稟，定由該局運漕水脚分年扣還，公款已歸有著。其各商股本盈虧，應如前奏全歸商認，與官無涉。只可照案俟每年結帳時，由滬、津兩關道就近清查一次，以符定章。惟總、分各局及碼頭船隻甚多，用人甚衆，難保一無糜費。臣等仍隨時嚴飭該員唐廷樞、徐潤認真整頓，實力經理，不得稍任浪費侵蝕，違則嚴行參辦。謹會同署兩江總督、江蘇撫臣吳元炳附片覆陳。

又　卷五四《商局船業全數收回摺光緒十一年六月初八日》　竊去夏，法提督統率兵艦來華恫喝肆擾，海疆不靖，招商局輪船駛行洋面日有戒心。法人徧布謠言遇船劫奪。船貨成本太重，衆商懼遭不測之禍，遂議仿照西國通例，暫售與美國旗昌行主代爲經管，換用美旗，俾可照常駛行，以保衆商成本，其價照原值銀兩以銀票如數抵給。經道員馬建忠與英國律師担文及旗昌反覆商論，俟中法事定將銀票給還旗昌，仍由局收回船產，兩不失信。馬建忠因與衆商定議暫售，寫立合同契據。經臣於上年七月間詳細奏報，奉旨，俟事定後務當卽行收回等因。欽此。九月間旗昌行東士米德來津，臣覆飭道員盛宣懷與該行東預行妥商，堅訂屆期收回密約。欽奉十月二十四日寄諭：『招商局暫售他人係馬建忠經手，著俟該員回津後卽將收回一事嚴切責成，妥爲辦理等因。』今年法約定後，遵卽責成該員並派盛宣懷會籌妥辦。欽奉四月二十九日電旨：『著懍遵前旨，將招商局輪船迅速收回。其如何辦理之處卽行覆奏等因。欽此。』又經轉飭遵照。旋據稟稱，盛宣懷於四月二十三四日傳知旗昌行東士米德豫備一切，該行東來津，允遵原議辦理，馬建忠亦由滬至津會同籌議磋磨月餘。該行東願按原價倒賣與招商局，彼此訂立合同畫押爲據，定於本年六月二十一日起換旗、換契。船隻有去上海較遠不及調回者，卽在別埠換旗。至七月初一日，將輪船、機房、碼頭各項產業悉照原盤收回，仍歸商局員董自辦。旗昌原給銀票依舊付還，其原產售契、密約帶回上海，於各項收清後，彼此交還銷廢。至旗昌代商局墊付款項帳目，亦既分別核算清結。該洋東素講信義，此次保護商局力踐前言，頗自言勞，亦殊於大局有益。經盛宣懷、馬建忠與之議明，由商局延充總查董事，遇事襄助，每年送給薪水銀五千兩，三年爲限，以資酬答。期滿後，或去或留，悉聽局中衆商主持，不致再有轇轕。伏查輪船招商局爲中國商務大端，前以法人起釁，暫將船產售與旗昌，原係萬不得已之舉。今幸中法事定，仍照原議剋期全數收回，洵足張國體而協商情，堪以仰慰聖廑。除遴派員董認真整頓經理、力除積弊、將一切因革變通事宜妥細籌定、次第清理外，所有招商局收回緣由，理合恭摺由驛覆陳。

天津電報總局

清・吴汝綸《李文忠公全集・奏稿》卷三八《請設南北洋電報片光緒六年八月十二日》　同治十三年，日本窺犯臺灣，沈葆楨等屢言其利，奉旨飭辦，而因循迄無成就。臣上年曾於大沽北塘海口礮臺試設電報以達天津，號令各營頃刻回應。從前傳遞電信，猶用洋字，必待繙譯而知。今已改用華文，較前更便。如傳秘密要事，另立暗號，既經理電綫者亦不能知，斷無漏泄之慮。

現自北洋以至南洋，調兵饋餉，在在俱關緊要，亟宜設立電報，以通氣脈。如安置海綫經費過多，且易蝕壞。如由天津陸路循運河以至江北，越長江由鎮江達上海安置旱綫，既與外國通中國之電綫相接，需費不過十數萬兩，一半年可以告成。

約計正綫、支綫橫亙須有三千餘里，沿路分設局棧，當年用費頗繁。擬由臣先於軍餉內酌籌墊辦，俟辦成後，仿照輪船招商章程，擇公正商董招股集貲，俾令分年繳還本銀，嗣後卽由官督商辦，聽其自取信資，以充經費。並由臣設立電報學堂，雇用洋人教習中國學生，自行經理，庶幾權自我操，持久不敝。如蒙俞允，應請飭下兩江總督、江蘇巡撫、山東巡撫、漕河總督轉行經過地方官，一體照料保護，勿使損壞。臣爲防務緊要，反覆籌思，所請南北洋設立電報，實屬有利無弊。

又　卷四四《創辦電綫報銷摺光緒八年八月十六日》　竊臣於光緒六年八月十四日奏奉上諭：『李鴻章奏南北洋請設電報等語。現在籌辦防務，南北洋必須消息靈通，以期無誤事機。該大臣請於陸路由天津循運河以至江北，越長江，由鎮江達上海，安置電綫，係爲因時制宜起見，卽著妥速籌辦，餘均照所議辦理等因。欽此。』遵卽遴派妥員於六年九月，在天津設立電報學堂。一面由丹國招雇洋人來華，教習電學打報工作等事，購備各項機器、料物，采辦木植。察看由津至滬設綫地道，沿途應立巡電汛房，分投料理。於天津設立電報總局，並於紫竹林、大沽口、濟寧、清江、鎮江、蘇州、上海七處，各設分局。自七年三月開辦起，至是年十月工竣止，安設電綫經費，共用湘平銀十七萬八千七百兩有奇。此項應照原奏招集商股認繳，當飭道員盛宣懷等督同衆商籌議。據稟稱，初創電綫，緜亙三省地段甚長，非官爲保護不可。電報原爲軍務、洋務緩急備用，自北至南所經之地，絕少商賈碼頭，其絲茶薈萃之區，尚無枝綫可通。綫短報稀，取資有限，非官爲津貼不可。遵卽試招商股，自八年三月初一日起，改歸官督商辦。除由商於八年三月六日按期繳還官本銀六萬兩外，五年後分年續繳銀二萬兩，按年繳五千兩，免其計息，其餘不敷銀兩，以軍機處、總理衙門、各省督撫、出使各國大臣如寄洋務、軍務電報，於信紙上蓋印驗明轉發，是謂頭等官報，應收信資，另册存記，陸續劃抵，按年核明彙報。俟此項抵繳完畢，別無應還官款，則前項官報亦不領資，以盡商人報效之忱。其各局常年經費，卽以所收尋常官商信資抵支。無論不敷多少，不得再請津貼。其由津至滬沿途各汛弁兵、馬乾、口糧、修理汛房，每年約支湘平銀一萬一千兩。自八年三月起仍請由淮軍協餉內開支，俟五年後，電報局儻能立脚，此項亦歸電局自行籌給。至各局雇用洋匠爲教習學生造就人才起見，此項第一年薪水川資由官給發，期滿後或撤或留，由電局酌定，應給薪水、回國川資均歸商本支發。各局現用學生由電報學堂陸續調取，後卽由電局接發薪水。其七年十一月起至八年二月底止，官辦所收報資，應繳還歸款。又據道員朱格仁稟稱：電報學堂現存學生三十二名，以後陸續派出，不再招添新生，裁減教習，則經費漸可節省，經臣先後批飭照辦。並據淮軍報銷局司道將截至光緒八年三月初一日歸官督商辦以前收支各款，查明舊管無項，新收淮軍餉內提撥湘折庫平銀十九萬二千九百九十四兩有奇，開除安置電綫工料並各局汛及電報學堂中外委員教習、司事、匠役人等薪糧、辛工、公費津貼、馬乾口糧、正雜各款，除商認先還官本暨八年二月底以前報資繳歸扣抵外，計共支銷庫平銀十四萬八千九百五十五兩有奇，實存庫平銀四萬四千三十八兩有奇。接支光緒八年三月起，各局洋人教習、辛工等用，歸於以後舊管項下滚接開報等情，詳請核奏前來。臣查中國創辦電報，南北洋消息往來瞬息互答，實於軍務、洋務大有裨助，卽如此次朝鮮內訌，臣等往返籌商，調派水陸兵勇，赴機迅速，剋期戡定，得力於電報者爲多。現在改歸官督商辦，自應截數奏報，以清款目。查該局開支各款，由臣隨時督飭，力求撙節，均係實用實銷，並無絲毫浮冒。惟購買電綫機器工料，雇用洋人教習，事事皆與外洋交涉，絕無例案可循，自應據實開單奏報。

又　卷四六《展接津通電綫摺光緒九年六月十四日》　竊臣昨在上海接准總理各國事務衙門函商展電綫近京師一節，應斟酌妥善辦理，並録示出使大臣曾紀澤電信，謂可壯聲威以保和局，靈呼應以利戰事等因。臣查前年創設津滬陸路電綫，去冬擬請推廣浙、閩、粵等省陸綫，均奉俞旨遵行在案。此事始則稍籌官款，繼則專歸商辦，兩年以來妥慎經營，官民無不稱便，而沿海各省緊要官報、軍報，尤收便捷之益，卽如朝鮮定變、越南告警，皆能瞬息傳遞，應機籌措。此外則英、俄、德、法、美、日本各國出使大臣所有購船製械、偵探敵情、商辦交涉各事，莫不朝發夕至，雖遠隔萬里之外，而近若戶庭，指揮一室之中，而捷於影響。蓋電綫之在外洋，與輪船、鐵路相輔並行，其功用亦復相等，其成本則減於輪船、鐵路不啻倍蓰，尤覺費省而效鉅，故西洋各國凡電綫之經緯相錯，枝幹相承，幾於無地不有。卽如法人有事越南，近又添設海綫，由西貢至海防、河內等處，直通香港，約費五十萬元，誠以傳遞軍報非此不能靈捷也。況神京爲中外所歸嚮，發號施令需用倍切。臣於創辦電綫之初，頗慮士大夫見聞未熟，或滋口舌，是以暫從天津設起，漸開風氣，其於軍國要務裨益實多。今總理衙門與出使大臣曾紀澤皆以近京展電爲善策，既已詢謀僉同，臣與總辦津、滬、浙、閩、粵電報局候補道盛宣懷酌商，擬暫設至通州，因電商署督臣張樹聲遴派妥員，並飭補用道朱格仁選派匠徒，前往測量道里，核計桿數，以便興工。玆據盛宣懷、朱格仁稟稱，委員直隸州葉金綬等，帶同洋匠學生工頭循津通一路裁彎取直，量至通州北關爲止，所有墳塋、樹林、民房均經讓出，沿途輿情毫無驚擾。約計綫路一百八十餘里，應須木桿一千七百餘根，俟物料器具由滬運到，卽日開工，設局遞信，擬設往來雙綫，以資周轉，繪圖貼説前來。臣查此次接辦通州電綫工程，剋期蕆事，將來外洋及各省與總理衙門電報到通局後，卽封交通州專馬馳遞，勿得片刻稽遲。並令通永道薛福辰督飭妥辦，仍隨時察商，逐漸接展至京，以速音信而便調度。至津、滬、浙、閩、粵設綫所需巡電弁兵，准由官款撥給津貼銀兩，自應循案辦理。除咨明總理衙門、戶部外，所有由津至通接設陸路電綫緣由，謹會同署理直隸總督臣張樹聲恭摺具奏。

又　卷五四《創設電報請獎摺光緒十一年八月十五日》　竊泰西各國偏設電報，通消息於數萬里外，旦夕往還呼應。臣以中國洋務、海防諸大端，事機皆關緊要，非此不能靈捷，卽商民之轉輸貿易者，亦可藉此以速致有無，而廣收利益。且英、法、美、德各使曾請在上海設立萬國電報公司，若中國不亟自爲，無以杜外人之狡謀，保我自有之權利。因於光緒六年奏准試辦陸路電綫，遴派布政使銜直隸候補道盛宣懷從天津至上海一路辦起，工竣後南北官報、商報瞬息可通，成效立見。英使格維納旋執同治九年總理衙門已允成案，請由英商添設自上海至寧波、温州、福州、廈門、汕頭各口海綫，當令盛宣懷設法抵制，絕其覬覦，並去丹國已設上海至吳淞陸綫、英國已設之九龍陸綫，堅明約束，仍逐漸推廣。又奏設上海至浙、閩達廣州陸綫，並接至香港，自行設局，不使港綫侵入粵境，英綫進至福州。於是沿海各省電報始得自主，權利不致外散。嗣左宗棠奏設長江電綫，以通武漢；張樹聲奏設廣西電綫，以達龍州；臣又飭將天津電綫展至山海關並設各防營支綫，以速調度，又自津北達通州而至京城，其由山海關至旅順，由濟寧州至煙臺，由營口至奉天省城各路電綫亦卽次第辦理。今又辦奉天至鳳凰城邊門，以達朝鮮仁川一路矣。五年以來創設沿江沿海各省電綫，緜亙一萬數千里，國家所費無多，巨款悉由商集。適值法人起釁，沿海戒嚴，將帥入告軍謀，朝廷發縱指示，皆得相機立應，無少隔閡。朝鮮兩次內亂，遣兵保護，剋日奏功，中國自古用兵未有如此之神速者。其京外一切要政及與出使大臣往來問答，莫不朝發夕至，海外直若戶庭。假令沿途口岸皆爲英、丹海綫所佔，則有事之際或竟爲敵人所用，或守局外例，凡我密電不代傳遞，事機必滯，貽誤必多。今成效昭著，實賴羣策羣力。查承辦各員皆能於從來未經之事勞心苦思，胼手胝足，設法鑽辦，或躬率工匠，勘路、植桿、設綫，終歲在途，頻經危險；或晝夜傳遞緊急軍報，寢饋不遑，甚至積勞成疾；或重洋護運料物，涉歷風濤，以及各省總、分各局與沿途工次暨天津電報學堂調度、教習各員，均屬異常出力，有裨軍、國。現值各省大工告竣，若不酌給獎敍，不足以勸將來。前准左宗棠、曾國荃、楊昌濬、劉銘傳、劉秉璋咨請會同奏保，飭據總局道員盛宣懷開單詳送，聲明粵省辦理官綫各員另請兩廣督臣奏獎，直、奉官綫另行核酌等情前來。臣查黃河合龍工程及接遞外洋文報均照異常勞績給奬有案，今創辦電綫大工及由電接遞軍報，事極艱鉅，其勞績實皆過之，而裨益國家，控制中外全局尤大且遠，自應擇尤請奬。

又 卷五五《雲廣電綫籌款片光緒十一年九月初五日》 再，臣欽奉寄諭：籌造由廣西龍州至雲南蒙自一帶電綫，以通軍報。遵飭總辦電局存記海關道盛宣懷妥籌辦理。茲據該道電稟，滇綫由廣西南寧接造至蒙自，計三十二站，山路崎嶇，過百色卽難運料，每里約工料銀一百兩，需款三十餘萬。且係邊荒僻境，商報絕無，常年設局修守之費須由官籌，甚不合算。儻改接鄂綫，由川入滇，至蒙自五千數百里，其間如沙市、宜昌、夔州、重慶、瀘州、成都等處，生意繁盛，商報較多，可資養綫經費。沿途木料亦易辦理，擬請援津寧、閩粵造綫成案，由四川借款十萬，湖北五萬，俟後分年繳還，其不敷綫本及常年用費可由商局自籌。其入滇境至蒙自二千餘里作爲官綫，滇省力難籌措。岑毓英前奏請由部撥款，部庫亦甚竭蹶，請在滬關存餘出使經費項下酌撥銀十六七萬兩，事竣據實報銷。官認養綫費用較短千里，以十年計，卽省十餘萬兩。而川、滇相通官綫，亦稍有報貲可貼官費等語。臣查所擬辦法尚爲核實，商之總理衙門王大臣，意見相同。

蒙自一帶邊防及以後開辦通商，固須有電報速達，始可無誤事機。卽四川籌餉調兵，緊要政務，亦須添設電綫，呼應較靈。至由漢口入川之瀘州、成都，均作爲商綫，可免籌常年用費。由瀘州入滇境至蒙自作爲官綫，以後用貲亦稍節省，庶爲經久之道。

又 《保定設電綫片光緒十一年十二月二十日》 再：臣駐紮天津，籌辦海防洋務，距省較遠，司道等稟商地方緊要事件，文牘往返需時，自應接設電綫。且遇臣回省之際，凡一切海防洋務，尤必有電綫傳遞，以期聲息靈通，軍情無誤。惟天津至保定僻路，向非商賈通衢，商報極少，須照章籌撥公款，作爲官綫，並給常年用費，始能集事。飭據保定練餉局司道會同總辦電報道員盛宣懷等籌購料物，揀派熟悉華、洋員匠，勘路興辦。自本年八月開工，由天津、靜海、大城、文安、霸州、雄縣、安州、容城、安肅、清苑各境以達省城，計程三百數十里，已於九月二十四日工竣通報。統計料物價脚、栽桿、安綫、設局並添蓋局房、製備傢俱等項，共用銀一萬九千一百餘兩，由練餉項下陸續撥發。據該司道等具詳前來。臣覆查無異，除將動用經費及常年用款飭令分晰核實造報外，理合附片陳明。

又　卷六七《籌辦蒙自電綫片光緒十六年二月十二日》　再，滇越邊界電綫議與越南法綫相接，經臣於光緒十四年十一月奏奉批旨，允准在案。中法原約鎮南關一綫，奏准後卽行接連。東興、蒙自兩綫，奏准後十八箇月內再接。扣至本年四月，已屆接綫之期。前據法國駐京使臣詢催，惟蒙自至保勝一路，須做至紅河東岸，乃可與法綫相連，應先勘明實在里數及應需料物，由滇就近派員采辦。當與兼署雲貴督臣譚鈞培往返電商。旋飭督辦電報事宜山東登萊青道盛宣懷，轉飭雲南電局委員候補知府李必昌，於修理剝隘至蒙自電綫之便，督同洋匠等，先行查勘綫路。嗣據該員稟稱，由蒙自勘至保勝紅河東岸界牌，計程二百九十六里，須在正、二月間開工，至三月瘴發，人力難施。請速籌款運料，以便如期互接。滇省均屬官綫，自應仍歸官辦。該處僻居窮徼，轉運極難。所需華洋材料，水陸運費，加以做工開局兩項，撙節估計，約需銀二萬兩，滇省無力籌措。查有光緒十一年奏設川滇電綫案內，由四川借撥公款十萬兩，發存商局領用，擬令該局設法籌還二萬兩作爲此項造綫之用，以便妥速興工。由盛宣懷擬議具詳請奏前來。臣查議接蒙自至保勝電綫，地居山僻，路險瘴深，購運物料均極艱難。據稱各項用費，估計需銀二萬兩。滇省無款可籌，接綫又難再緩。現飭由商局先行籌還借款銀二萬兩，在川省係已借之項，在商局係應還之款，移應急需，洵爲一舉兩得。現令督同委員撙節支用，工竣核實報銷，將來法綫接連後，仍責成盛宣懷及各局員等堅守約章，隨時相機操縱，務保自主之權，勿使稍有流弊。除鎮南關至同登一綫上年十二月已由兩廣督臣派員前往龍州開辦，東興至芒街一綫擬暫緩辦，仍隨時由粵察酌並咨總理各國事務衙門知照外，所有籌款接辦蒙自至保勝電綫緣由，理合會同雲貴督臣王文韶、雲南撫臣譚鈞培附片具陳。

上海機器織布局

清·吳汝綸《李文忠公全集·奏稿》卷四三《試辦織布局摺光緒八年三月初六日》　竊查光緒四年十月二十四日奉上諭：『御史曹秉哲奏請仿用西法開采，以利器用一摺。據稱近來各省開設機器等局，需用煤鐵甚多。請由內地仿照西法用機器開采轉運、鼓鑄製造，既省買價，並濬財源等語。所稱招來殷商，聽其開辦，酌量徵收釐稅，是否可行，著李鴻章體察情形，斟酌妥善，奏明辦理。原摺著鈔給閱看。等因，欽此。』臣查該御史原奏內稱：『方今之務，以海防爲最要。泰西各國，凡織布疋、製軍械、造戰艦，皆用機器，故日臻富强。』又謂『中國若用機器開采，轉運鼓鑄製造，其價比來自外洋爲賤，更可宏拓遠謨』等語。所論均屬切要。

臣維古今國勢，必先富而後能强，尤必富在民生，而國本乃可益固。溯自各國通商以來，進口洋貨日增月盛。核計近年銷數價值，已至七千九百餘萬兩之多。出口土貨，年減一年，往往不能相敵。推原其故，由於各國製造均用機器，較中國土貨成於人工者，省費倍蓰。售價既廉，行銷愈廣，自非逐漸設法仿造，自爲運銷，不足以分其利權。蓋土貨多銷一分，卽洋貨少銷一分，庶漏卮可期漸塞。查進口洋貨，以洋布爲大宗，近年各口銷數二千二三百萬餘兩。洋布爲日用所必需，其價又較土布爲廉，民間爭相購用。而中國銀錢耗入外洋者，實已不少。臣擬遴派紳商，在上海購買機器，設局仿造布疋，冀稍分洋商之利。疊經飭辦，均以經費不充，稅釐太重，相率觀望，久無成議。復飭據三品銜候選道鄭官應、三品銜江蘇補用道龔壽圖，會同編修戴恆妥細籌擬，據稟估需成本銀四十萬兩，分招商股足數，議有合同條規，尚屬周妥。當經批准，先在上海設局試辦，派龔壽圖專辦官務，鄭官應專辦商務。又添派郎中蔡鴻儀、主事經元善、道員李培松會同籌辦。該道等延聘美國織布工師丹科到滬，據稱中國棉花抽絲不長，恐織不如式，必須就花性改造織機。已與訂立合同，令其攜帶華花赴英、美各廠試織，酌購機器。本年夏秋之交，卽可回華開辦。

查泰西通例，凡新創一業，爲本國未有者，例得畀以若干年限。該局用機器織布，事屬創舉，自應酌定十年以內，祇准華商附股搭辦，不准另行設局。其應完稅釐一節，該局甫經倡辦，銷路能否暢旺，尚難預計，自應酌輕成本，俾得踴躍試行，免被洋商排擠。擬俟布疋織成後，如在上海本地零星銷售，應照中西通例，免完稅釐。如由上海逕運內地，及分運通商他口，轉入內地，應照洋布花色，均在上海新關完一正稅，概免內地沿途稅釐，以示體恤。如日後運出外洋行銷，應令在新關完一出口正稅。若十年後銷路果能漸暢，洋布果可少來，再行察酌另議。此係中國自主之事，自可特定專章，無虞洋商藉口。除未盡事宜，再由南北洋大臣隨時督飭辦理外，所有上海招商試辦機器織布以敵洋產緣由，理合恭摺具陳。

又　卷七七《重整上海織布局片光緒十九年十月二十六日》　再，臣於光緒八年，因華商稟請分招商股在於上海設立械器織布局，以華棉紡織洋布，酌輕成本，抵敵洋產，當經奏准變通稅厘專章在案。

上年復派紳商添籌資本，建廠開機，每日夜已能出布六百匹，銷路頗暢。正擬推廣紡紗，漸收利益，乃據江海關道稟報：九月初十日，該局清花廠起火，適值狂風，施救不及，廠貨被焚。當卽派員會查，所剩基地局房，估價攤派。

惟查洋貨進口以洋布、洋紗爲大宗。光緒十八年，洋布進口值銀三千一百餘萬兩，洋棉紗進口值銀二千一百餘萬兩，中國出口絲茶價值不能相抵。布縷爲民間日用所必需，其機器所紡織者，輕軟勻淨，價值尤廉，故遠近爭購。豈知多銷一分洋貨，卽少用一分土產，是以因勢利導，不得不用機器仿造，必使所紡之紗與洋紗同，所織之布與洋布同，庶幾華棉有銷路，華工有生機，華商亦沾餘利，此事斷難中止，亦難緩圖，應仍在上海另設機器紡織總局，籌集款項，官督商辦，以爲提倡；並厘訂章程，號召華商多設分廠，以資推廣，方可以土產敵洋貨，力保中國商民自有之利權。

謀始圖成，得人尤難。臣查津海關道盛宣懷，歷辦輪船、招商局及各省電報局，著有成效，於商務、洋務尚肯苦志研求。現值津河將封，關榷事簡，擬派令暫行赴滬，會同江海關道聶緝槼，商明前辦紳商，將前局妥爲結束，截清界限，分籌資本，一面規復舊局，一面設法擴充。俟該道等籌辦稍有頭緒，隨時續奏。除札委候補道黃建筦暫行代理津海關篆外，所有上海織布局派員續籌辦法、以敵洋產而保利權緣由，理合附片具陳。

又　卷七八《推廣機器織局摺光緒二十年三月二十八日》　竊查上海機器織布局，上年九月間被焚，臣因大局所繫，斷難緩圖，當飭津海關道盛宣懷趁封河期內暫行赴滬，會同江海關道聶緝槼，商明前辦紳商，妥爲結束，截清界限，籌集資本。一面規復舊局，一面設法擴充，附片陳明在案。

本年二月杪，該道回津，當飭仍回本任。據將辦理情形稟請核奏前來。臣詳加查核，前布局所賸地基及燬傷機器、鍋鑪、鋼鐵廢料，估值無多。該道到滬後，會商聶緝槼及前辦紳商截清數目，議明將前布局銀錢花布賸款，除支付應還現款外，按照各商股總計分攤不過二成，其餘被焚無著各款，悉歸以後商辦各廠按每出紗一包提捐銀一兩，陸續歸繳，以恤商艱。一面招徠新股，仍就織布局舊址，設立機器紡織總廠，名曰華盛；另在上海及寧波、鎮江等處招集華商，分設十廠，官督商辦。總廠請辦紗機七萬錠子、布機一千五百張，各分廠請辦紗機四萬錠子至二萬錠子不等，其有兼辦織布者，請辦布機五百張至二百張不等，統共紗機三十二萬錠子、布機四千張，合之湖北官辦紗機八萬錠子、布機一千張，共成紗機四十萬錠子、布機五千張。如果紗布暢銷，機器全行開辦，約計每日夜可出紗一千包，出布一萬疋。每紗一包通扯售銀六十兩，每年約得紗價銀一千八百萬兩；每布一疋通扯售銀二兩五錢，每年約得布價銀七百五十萬兩。上海華盛總廠及華新、大純、裕源數廠，現已購機建廠，先行開辦，其餘各廠亦經陸續措置，商情尚形踴躍。

查光緒十八年各海關總結，計進口洋紗值銀二千一百萬兩，又粗布、斜紋布值銀六百二十九萬兩。十九年亦大致相同。中國財源頻年漏於外洋，元氣暗虧，無所底止；且多銷一分之洋貨，卽少銷一分之土貨，小民生計日艱，隱患實在於此。目前金鎊騰貴，外洋運來紗布，亦因而日昂。若不乘時趕緊籌款購機，自行紡織，此後虛耗民財恐尚不止往年之數。且恐洋商自運機器來華製造紗布，則中國自有之利權必至一網打盡，此臣所以日夜籌維，力圖振興而不敢中止也。

中國試行西法，創立公司，從前經理未得其人，商情故多疑沮。此次督令盛宣懷等推誠勸導，得於燬燼之餘，另開局面，倘能從此漸推漸廣，未始非商務一大轉機。除飭盛宣懷隨時相機認真督辦，並由臣衙門核給各廠憑照。嚴定章程，必須華商資本方准領照購機，擇地開辦。併在上海設立公所，互相稽查，以杜影射。仍照光緒八年奏定辦法，比照洋布、洋紗稅則，飭於出口新關完一正稅，概免內地沿途稅釐，俾輕成本而廣招徠。

惟是保護權利，更須體恤商情。核計現辦上海等處機器紡織各廠以及湖北官辦兩局全行開辦以後，每年所出紗數較之近年進口之數已得十之八九，所出粗布、斜紋布二項較多而外洋紗布仍不能不入內地，互爭銷售。況洋布各色，除粗布、斜紋布之外，中國棉花尚不合用，若不酌示限制，則跌價傾擠，華商資本有限，虧折堪虞。應請敕下總理各國事務衙門立案，合中國各口綜計，無論官辦、商辦，即以現辦紗機四十萬錠子、布機五千張爲額，十年之内不准續添，俾免壅滯。

至洋商販運機器，在中國口岸改造土貨，本係條約所無。前准總理衙門咨行，洋商販運機器，有關華民生命，有礙華民生計之物；又爲稅則所不載者，不准進口等因，洵爲思患預防之計。紡織機器，華商既經限定額數，如果洋商販運軋花、紡紗、織布及棉子榨油機器進口自行製造，實有礙華民生計。臣已咨明總理衙門，飭令關道稅務司查明禁止。近來日本廣開紗廠，皆係日本商民自設，並無洋商在内。中國生齒尤繁，自保利權，斷不容外人稍生覬覦。臣仍督飭現設各廠紳商，講求種棉之法，徐圖紡織細紗原布，以期開拓利源。漸敵洋產。

清・蕭榮爵《曾忠襄公奏議》卷三一《查覆織布局務疏光緒十五年十月初二日》　竊臣等承准軍機大臣字寄，光緒十五年七月二十四日奉上諭：『有人奏，道員龔壽圖前於光緒六年在上海設立機器織布局，招合股分銀四十萬兩，至今十年，迄未開辦。去年忽稱資本虧折，改由龔彝圖經理，如不續加銀兩，前票作爲廢紙，以致物論譁然，請飭查辦等語。各省招合股分，原期易於集款以裨商務。若如所奏各節假稱虧折，蓄意誆騙，將來招股勢必觀望不前，實屬不成事體。著曾國荃等確切查明，應如何設法勒限清釐，以恤商虧而儆效尤之處，著即據實覆奏，毋稍徇隱。原片著鈔給閱看。將此諭知曾國荃、剛毅並傳諭黄彭年知之。欽此。』

當經密飭江蘇候補道吴承潞明查暗訪。茲據稟覆：遵經嚴密訪察，至該局提取案卷，並調取上海道署、縣署交涉該局卷宗，參稽互證。查得上海所設機器織布局，於光緒六年經北洋大臣李鴻章派委候選道鄭官應、江蘇候補道龔壽圖等，會同招商試辦，旋經奏明有案。龔壽圖以未能常川駐局，稟經札飭鄭官應專管商務，龔壽圖專管官務。鄭官應彼時頗爲衆商所信，凡該局聘雇洋匠、購置機器等事，悉歸經理。定章銀一百兩爲一股，先招四千股，續招一千股，實收到銀五十萬兩，以鄭官應所招之股爲數獨多。公立議據，局中一切銀錢帳目，責成一手經理。鄭官應既專利權，竟借衆商之資本，便一己之私圖。不數年間，所有股本五十萬兩，除付機器、基地、棧房、碼頭價值銀兩，其餘盡變爲各項股票及借紙押據。該道遂於十年二月，因前兵部尚書彭玉麟奏調廣東，借此脫離。龔壽圖稟揭鄭官應擅挪公款、受押股票，利則歸己，害則歸公，經北洋大臣咨調回滬清理，避匿不到。飭據江海關道查覆，該局原招五千股，鄭官應稟敍僅實收銀三十五萬二千八百兩，其餘銀十四萬七千二百兩全係股票，存局作爲押款。其已收股銀三十五萬餘兩，除付購辦機器等項成本銀二十萬九千餘兩外，其餘銀十四萬三千餘兩，或已放出，或押股票，均無實銀存局。此鄭官應經收股本並未開辦先已虧折，與龔壽圖等均無干涉之情形也。

先是，九年二月，龔壽圖稟請交卸局務，由鄭官應稟請札委郎中龔彝圖接辦，仍稟明專辦官務。迨鄭官應前赴廣東，又稟請移交現任東海關道盛宣懷接辦局務。盛宣懷以總辦輪船、電報兩局，力難兼顧。查核鄭官應經放期票，尚有六七萬兩，稟交主事經元善，會同江海關道追繳舊欠，收束前帳。經元善經收欠款共銀三萬四千兩，餘皆股票劃抵，計收回股票四百四十九股。所收現銀除支用外，僅存八百餘兩，連同簿據、卷宗、股票，於十三年分稟交龔彝圖接管。

維時洋匠羈留日久，購存外洋機器及應付薪資延不付價，勢將興訟。經股商沈善行等另議招股，稟由江海關道轉稟北洋大臣，札委龔彝圖接辦。重立條規，名爲新股。以從前股分票爲老股，除陸續收回外，尚存老股二千九百餘股。公議參酌市情，每股加價銀三十兩，以輔助新股。截至十四年六月止，如數加價者共一千六百股，收銀四萬八千兩。其餘限不加之股票，議以三股折作一股，換給新票。是年二月，復由沈善行等稟經北洋大臣札委龔壽圖總辦局務，與龔彝圖等收拾殘局，鋭意圖成。所有鄭官應購存機器等項，由上海縣核實勘估，共值銀十二萬餘兩，稟准彙交該局收管。此該局前後輾轉交接之情形也。

該局蹶而復振，全恃客本經營。今老股加價無多，新股驟難招集，而建造房屋、找付機器價值、添購軋機、電燈等費，需費不貲。龔壽圖等多方借貸，頗費經營。刻下機器陸續運回，廠屋早經報竣，其機房、牌樓、門樓、公所亦次第興辦，皆彰彰在人耳目。其籌款之艱難，外人不能盡諒，或持股票索償現定折實銀兩，該局力難照付，致招疑謗。實則從前股本均被鄭官應虧折，衆所共知。擬請嚴催鄭官應到滬勒限究追前來。

臣等覆核原奏各節，以龔壽圖假稱虧折、蓄意誆騙爲案中最要關鍵。現經派員確查，龔壽圖當創辦之初，即陳明專管官務，並不經手銀錢，委無設詞誑騙情弊。龔彝圖係奉北洋大臣札委接辦局務，亦非私相授受。老股加價三十兩，逾限不加，以三股折作一股，換給新票。經吳承潞查明，稟准有案。且查限滿以後，仍隨時收有加價銀兩。是所謂作爲廢紙者，雖有其説而無其事。

竊思北洋大臣李鴻章當時創設是局，誠以洋貨行銷中國，日增月盛，尤以洋布爲大宗，是以特令購買機器，設局仿造布疋，所以敵洋產而杜漏卮，用意至爲深遠。奈開辦之始，不得其人，以致股銀虧短。日久無功，無怪從前附股之戶謗疑突起。但此事爲時局所關，未便中止。朝廷飭令設法勒限清釐，仰見明燭萬里。非嚴催鄭官應來滬，追出現銀，與從前老股結算清楚，不足以服衆商之心。鄭官應行蹤詭秘，疊經北洋大臣札飭上海道、縣，查明該道避匿何處，迄未得其蹤迹。該員籍隸廣東，擬由臣等咨會北洋大臣李鴻章，轉咨兩廣督臣，嚴飭鄭官應到滬，勒限究追，以重商本而儆效尤。以後一切局勢，責成龔壽圖等按照重立規條，隨時稟承北洋大臣實心整頓，認真經理，以期日起有功。

論説

清・吴汝綸《李文忠公全集・明僚函稿》卷一二《復曾相同治十一年正月二十六日》 興造輪船、兵船，實自强之一策，惟中國政體，官與民、內與外均難合一，慮其始必不能善於後，是以鴻章於同治四五年創議鐵廠時，左公已先議造船，鄙意未敢附和，但主仿造鎗礮軍火，謂可自我發而收之也，即不備於水而尚有備於陸也。兹閩、滬造船已六載，成器成效，不過如此，前興之而後毀之，此信之而彼疑之，及今吾師與左公尚存異議已多，再數年、十數年後更當何如。財欲其費，效欲其緩，百年或有與洋製爭勝之日。今世不欲多費財，又不欲緩收效，士大夫恆情皆然，豈獨雪帆。雪翁此奏亦采中外衆論而出之也。仲僊之去，蘅巖之告，幼丹之辭，皆爲船局。補帆又屢來書，詢官輪處置之法，亟亟求去之。即易疆吏百，而所見則一，人孰不視官爲傳舍，有憂國如家、視遠如近者乎，可悲也。師門本創議造船之人，自須力持定見，但有貝之財、無貝之才不獨遠遜西洋，抑實不如日本。日本蓋自其君主持，而臣民一心併力，則財與才日生而不窮，中土則一二外臣持之，朝議夕遷，早作晚輟，固不敢量其所終極也。

又 卷二五《輪船招商請奬摺光緒元年二月二十七日》 臣伏查各國通商以來，火輪夾板日益增多，行駛又極迅速，中國內江外海之利，幾被洋人佔盡，且海防非有輪船不能逐漸布置，必須勸民自置，無事時可運官糧客貨，有事時裝載援兵軍火，藉紓商民之困，而作自强之氣。且各口華商，因無官辦章程，多將資本附入洋商輪船股內，尤非國體所宜。

又 卷三八《請設南北洋電報片光緒六年八月十二日》 再，用兵之道，必以神速爲貴，是以泰西各國於講求鎗礮之外，水路則有快輪船，陸路則有火輪車，以此用兵，飛行絶迹。而數萬里海洋欲通軍信，則又有電報之法。於是，和則以玉帛相親，戰則以兵戎相見，海國如戶庭焉。近來俄羅斯、日本國，均效而行之。故由各國以至上海，莫不設立電報，瞬息之間可以互相問答。獨中國文書尚恃驛遞，雖日行六百里，加緊亦已遲速懸殊。查俄國海綫可達上海，旱綫可達恰克圖，其消息靈捷極矣。即如曾紀澤由俄國電報到上海祇須一日，而由上海至京城，現係輪船附寄，尚須六、七日到京，如遇海道不通，由驛必以十日爲期。是上海至京僅二千數百里，較之俄國至上海數萬里，消息反遲十倍。儻遇用兵之際，彼等外國軍信速於中國，利害已判若徑庭。且其鐵甲等項，兵船在海洋日行千餘里，勢必聲東擊西，莫可測度，全賴軍報神速相機調援，是電報實爲防務必需之物。

雜録

《申報・唐廷樞〈請開採開平煤鐵並興辦鐵路稟光緒三年十二月六日至十七日〉》 竊職道去年九月，奉伯中堂面諭，馳赴開平查看煤鐵礦，當於是月二十九日將察看情形，並聲明工程浩大，必須將帶回煤塊鐵石鎔化成煤色，滿盤籌算，果有把握，另行稟請核示開辦，稟覆在案。嗣將帶回煤塊鐵石，分寄京城同文館及英國有名之化學師巴施賴禮、戴爾等鎔化。現據各處分投函覆，均評論其在山坡路旁所檢之紫色石，及從山頂挖取之黃色石，有淨鐵六成四、五成八、五成五、五成一、四成五不等，其從山根石堆所取之紅石，只有三成八、三成二、二成三而已。煤之身骨略鬆，灰末頗重，惟燒焦炭，卻有六成八、六成四之多。查英國黑鐵石成色係二成九至四成七，黃石成色二成五至四成七，紅石成色四成四至六成三，日斯巴爾亞鐵石裝往英國鎔化者，四成七至五成九，英國焦炭成色五成至五成八。今開平之煤鐵身骨雖不能與英國最高之煤鐵相比，但其成色既屬相仿，採辦應有把握。况燐酸乃鐵所忌，硫磺乃煤所忌。今驗開平所產，其鐵既無磷酸，其煤又無硫磺，卻是相宜之事。夫取天地自然之利，濟民生日用之需，寰中之寶藏已興，海外之漏卮漸塞，誠屬富强要術，遠大宏猷。然職道現與前天津丁道、津海關黎道熟商，意見相同。惟是事體重大，又屬創始，必當詳核章程，專其責任，局用期於節省，事權不致旁撓，謀定後勤，勝算先操，不徒飾以虛文，方克歸諸實用。除將化學評論繙譯附呈外，謹就管見所及，將開辦大略情形，繕具清摺，分條備陳伯中堂察核。如蒙採納，可否即派丁、黎兩道督辦，俾得事權劃一，呼應較靈之處，伏候憲裁。將來毋論專歸官辦，抑歸招商採辦，職道自合殫誠從事，竭力襄勞，藉以仰副恩知，不敢置身事外。至招商局務，職道仍當照常辦理，斷不以開辦煤鐵，稍事推諉，合併聲明。

謹將開採煤鐵條陳事宜臚陳憲鑒：

一、論煤鐵乃富强根基，亟宜開採。查英吉利地輿一萬六千五百餘里丁方，除地面之利不計外，其地中所產，以煤鐵爲最。計生鐵一款，每年產近六百萬噸；煤一款，去年亦產一萬三千四百十二萬噸。以其一國三千三百萬人分派，即生鐵煤項，每人名下已得銀十餘兩。若將一萬萬兩之生鐵轉了熟鐵器具，即更得幾倍之多，是無怪其富甲他國。今我國地畝人民十倍於英，不但無此進款，反每年出支六七百萬兩，以購他人之煤鐵，寧無彼盈我絀耶？且南方割蘆葦爲薪，北方則伐木爲薪。民間燒煤一擔，可抵柴薪數擔，煤價較柴價即減省數倍。英人皆燒煤而不燒柴，是其明證。使閭閻炊爨用煤，花費既輕，爲利甚溥。是煤鐵乃軍民日需之件。煤愈旺，價愈廉，不多耗財，民資可積，不多樵採，山木可蕃，木料由此廣儲，不但民生利用，更可無庸取木於他國。至鐵之利用相等。私則市肆所需釘鉸鍋钁，官則軍械所鑄砲彈戈鋋，鉅細咸宜，流通易售。則是開採煤鐵，於國計民生均有利益，誠非虛謬也。

一、論開平採煤把握。天下各礦盛衰，先問煤鐵石質之高低，次審出數之多寡，三審工料是否利便，四計轉運是否艱辛。有一不全，均費籌畫。溯查英國產煤，十年之前，每年不過數千萬噸，近年竟產至一萬萬噸，去年又增至一萬三千餘萬噸。現在山價高者每噸二兩三四錢，中者一兩八九錢，次者一兩三四錢，礦主尚獲厚利。蓋英國煤夫扯價八錢，而每工每日取煤扯有五噸。其生鐵山價按同治十一年扯，每噸二十二兩，現在只值半價。其市面發售鐵板、鐵條，高者每百觔山價二兩三四錢，中者一兩七八錢，次者一兩三四錢。其製造軍械機器鋼鐵，每噸三十兩至一百八十兩不等。查現在市鐵價值，廠主多有無利可圖，因英國鐵匠薪工大，以致生熟鐵成本亦大。去年今年鐵廠閒多閉歇，足可證明。似此則將來不能再跌價相抗可知。前取煤樣，其質雖不甚高，但好在無硫磺摻雜，故焦炭成數甚高。且所傾考之煤樣，乃係民間浮面所挖，如仿西法深取，其煤定必更佳。即使按照英國次煤山價一兩三四錢計之，亦必獲利。緣內地煤夫工食，每名一錢有零。即使每日取煤二噸，亦比英國減一半耳。是台北現在開採山價只合九錢，已有確據。至於石質成數既與英國相仿，毋論能否作鋼，即照次等市鐵每百觔一兩三四錢計之，亦有大利。我國夫力最廉，石灰煤炭又就地均有，大約熟鐵百觔成本銀一兩左右，去年所呈節略經已聲明。若所煉之鐵，能照該化學師評論，可與英國中等市鐵或次等鋼鐵相行，則其利更厚矣。是煤質鐵石質均可合算，而工料亦屬利便，已有把握。至出數多寡一層，雖屬該山連綿數十里，但或隱或顯，究竟鐵石入地深淺必須精明地學方能分曉。現已向英國請定精於地學及透熟煤鐵務者一人，每年薪金一千鎊，一俟此間電信發去，便可動身。至於轉運一層，開平離蘆台一百二十里，均屬平坦大道。計每百觔，車力大錢二百有零。若取煤化鐵，將鐵挑出，仍屬有利。若煤鐵並運，即須自築鐵路，方可大見利益。是台北礦務，煤井未開，鐵路先已築成，正此之謂。蓋煤本不難取，所難者，使其逐日運出費力。若能仿照台北築做用馬拖車小鐵路一條，非但煤鐵容易運出，即鎔鐵鑪鍋，拉鐵機器等重物，均無難運進矣。

一、論事採煤一法。查前數年英國亮煤價每噸九兩、十兩，煙煤八九兩，新南煤七八兩，故來者頗多。至同治十年，東洋仿西法開採，煤色頗高，出數亦多，售價三元至六元不等，合至上海，四兩至六兩零，故英國來煤不踴躍。且台灣及湖南近年出煤亦旺，售價三元四元，合至上海四兩五兩。今開平之煤與台灣中等煤相仿，若運至上海，亦只能按價至四兩五兩之間。即使仿照西法，每噸成本八九錢，由開平用牛車運至蘆台，銀二兩二三錢，由蘆台用小船運至天津，五六錢，天津上力棧租二三錢，已合四兩矣，再加下力關税至輪船，即合每噸五兩之譜。以五兩之煤，輪船自燒尚可；若裝運回申，由申發售，以拒洋煤，斷不行也。若係專採煤，即由局籌銀五萬兩，開一井，每年得煤十萬噸，除局船並機器局用二三萬噸之外，其餘在地方上出售。職道已定造七百尺深之鑽地機器一副，併雇定鑽地匠人一名，每年薪工銀四百鎊。擬着其先行鑽採煤礦，占地若干，煤層寬厚幾何，底煤比面煤較勝若干，煤田有無格石，並下面積水深淺，是否易於開取，然後辦機器開井。惟此匠人可否立即着其前來，仍須候示遵行。

一、論採煤兼鎔鐵。土人與西人採煤之法各有不同，前經稟明在案。土人好在工食廉，西人好在立法善，故兩造成本相仿。觀英國山價每噸一兩三四錢，前十年台灣山價每百擔十一二元，湖南各縣、江西樂平、直隸磁州山價每蘿六七十斤，合每百觔百文或八十文，便可知矣。若將土工之廉，引之以西法，煤塊必多，煤本必輕無疑。是採煤一層並無難事，其難在鎔鐵耳。蓋鐵鑪、鐵鍋、拉鐵機器等件，款式最多，大小不齊，應用何款何式，馬力多少，須審明地勢石質煤力等件，方不致徒勞費力，虛費煤工。況鎔鐵機廠成本最鉅，大者動以百萬，小者亦須二三十萬，多置固擱重資，少置又恐停工待具，苟非精於鐵工者，恐有東洋開辦時機器不合用之弊。試觀亨特生前年估價十三萬兩，及至鎔鐵廠一查，方知機器不全，前事已堪爲戒。大約頭號生鐵鑪兩座，每月可鎔生鐵八九百噸，計每年可一萬噸；欲使萬噸生鐵化爲熟鐵，必須熟鐵小爐二十餘個。欲將熟鐵分拉大小鐵板、方圓鐵條鐵支，又須拉機五六副。總而計之，全副爐鍋機器約需銀四萬鎊，連水脚保險運費，總需銀二十萬兩。職道曾寄清單向英國有名鐵廠四五六間估價，均不離譜。而仍不敢定造者，實欲俟地學及鐵匠到來，勘鑽地石之後，還須面商何樣應加，何件應減，生鐵爐二座是否足用，若再添一爐能否減省工費。取其所長，去其所短，寧可遲遲開辦，不可草草誤事。總而言之，大約開辦鐵工，連蓋造爐廠及附近安排小鐵路數里，必須資本三十萬兩，方足成事。以三十萬之資，得鐵一千五百萬觔，除煤工使費之外，每百觔鐵應餘淨利四五錢，每年應餘利六七萬兩。此不過照次鐵之價，而在山上發售，若係中等之鐵，或有鐵路自行動出，即可望三四分之利矣。

一、論煤鐵鐵路一齊開辦。百里鐵路需銀四十萬兩，去年曾經稟明。本年六月至台北，查明該處鐵路價值亦屬相仿。若有鐵路運煤，便可多開一井。是煤鐵鐵路一齊開辦，仍須按照去年所稟八十萬之數，方能集事。查兩井每年可出煤二十萬噸，除鎔鐵作五萬噸，仍淨可存十五萬噸。若開平至蘆台每噸只取運脚一兩，亦有三四分利息。即有修理等經費，其鐵及別樣運費相抵，亦有盈無絀。且煤成本又輕，一兩二錢，不但津地銷售愈廣，即輪船回申厭載，亦覺合算無虧。

培養新式人才分部

綜述

開辦外國語和技術學校

京師同文館

清·賈楨等《籌辦夷務始末（咸豐朝）》卷七二《諭軍機大臣等咸豐十年十二月初十日》 本日據惠親王等奏會議恭親王奕訢等奏通商善後章程一摺，據稱恭親王奕訢等籌議各條，按切時勢，均係實在情形，請照原議辦理等語。【略】准於八旗中挑人學習外國語言文字，知照俄囉斯館妥議章程，認真督課。如能熟悉各國文字，即奏請獎勵。

《總理各國事務奕訢等摺同治元年七月二十五日》 臣等行文兩廣總督、江蘇巡撫，派委教習，並行文八旗，挑選學生去後，嗣據各該旗陸續將學生送齊，而所請派委教習，廣東則稱無人可派，上海雖有其人，而藝不甚精，價則過鉅，未便飭令前來，是以日久未能舉辦。臣等伏思欲悉各國情形，必先諳其言語文字，方不受人欺蒙。各國均以重貲聘請中國人講解文義，而中國迄無熟悉外國語言文字之人，恐無以悉其底蘊。廣東、江蘇既無咨送來京之人，不得不於外國中延訪。旋據英國威妥瑪言及該國包爾騰兼通漢文，暫可令充此席。臣等令來署察看，尚屬誠實，雖未深知其人，惟以之教習學生，似可無事苛求。因於上月十五日先令挑定之學生十人來館試行教習，並與威妥瑪豫爲言明，衹學語言文字，不准傳教；仍另請漢人徐樹琳教習漢文，並令暗爲稽察，即以此學爲同文館。至應給脩金一節，各國公使以爲必需重貲，方肯來教。而現在英國包爾騰，據威妥瑪聲稱，本係在外教徒，尚有餘資，若充中國教習，係屬試辦，本年衹給銀三百兩，即可敷用。至明年如教有成效，須歲給銀千兩內外，方可令其專心課徒，俾無內顧之憂。臣等查外國人惟利是圖，既令教習，諸不得不厚其薪水以生其歆羨之心。至漢教習薪水，按照中國辦法，現擬每月酌給銀八兩，將來應否加增，應由臣等隨時酌辦通計。

此項教習薪水及學生茶水飯食、服役人等工食，並一切零費，每年約需銀數千兩。近年部庫支絀，無款動支，再四斟酌，惟於南北各海口外國所納船鈔項下酌提三成，由各海關按照三個月一結，奏報之期，委員批解臣衙門交納，以資應用。此項向不解部，專備各關修造塔表、望樓及一切辦公之用，今只酌提三成，於各關辦公不致有誤。如蒙俞允，應請即以奉旨之日爲始，行文各海關遵照辦理。至漢教習薪水，較之外國教習薪水厚薄懸殊，如教有成效，擬由臣等酌量獎勵。其學生分別勤惰，以示懲勸。

臣等謹酌擬同文館章程六條，恭呈御覽，伏乞皇太后、皇上訓示遵行。再，俄、法等國語言文字，亦應一體學習，容俟覓有妥人教授，再行隨時酌辦，合併陳明。謹奏。

《總理各國事務奕訢等奏同治二年三月十九日》 竊臣等前因設立同文館，聘定英國教習包爾騰，並傳漢教習徐樹琳，挑選八旗學生入館學習，於上年七月間奏明在案。

惟查各國語言文字均當諳熟有人，今英國雖得人教習，而法、俄缺如，究有未備，因於接見該二國公使時，留心延訪。茲據法國哥士耆、俄國把留捷克，陸續函薦司默靈、柏林二人前來。查司默靈本係法國傳教士，臣等聞哥士耆之薦，頗不謂然，當即力卻。嗣經哥士耆再三剖辨，據稱司默靈雖屬教士，現在並不傳教，且其人尚誠樸可充斯席。臣等令其來署面見，尚無傳教士習氣，因與切實言定，若到同文館，斷不准其傳教，一涉此弊，立即辭回，該使應允而去。至俄國柏林向充該館繙譯官，嗣因接手有人，在館閒住。此人上年因公來臣衙門多次，臣等均曾接見，人尚不十分狡詐，以之教習學生，似尚無大流弊，因以與把留捷克訂定。

至各國教習，每歲應給薪水，上年英國包爾騰到館時因威妥瑪言包爾騰初入中華，充當教習，係屬試辦，衹須給以三百金，來年再爲給予一千數百金，是以上年衹給包爾騰薪水三百兩。今法、俄公使並無試辦少給薪水之説，臣等未便與之斤斤較量，且外國教習非厚給薪水亦無人願來充當。

清・寶鋆等《籌辦夷務始末（同治朝）》卷三二《同治四年己巳恭親王等奏》 嗣經覓得俄人柏林教習俄文，法人司默靈教習法文。並傳八旗教習楊亦銘充俄文館漢教習，張旭升充法文館漢教習，均於二年三月初六日到館。自到館之日起，扣至本年三月初六日，二年期滿，該教習等在館課讀，朝夕無間，自應照章獎敍，均請以知縣用。如蒙俞允，即由臣衙門咨照吏部遵辦。仍照章將楊亦銘、張旭升留學二年以資教習。俟此二年續經期滿，查係始終不懈，即照章准其分發省分，歸候補班補用，以符定章。至英文館雖開館在先，因漢教習徐樹琳於二年九月初二日告退，續傳曹佩珂到館。扣至本年九月，始滿二年，應俟屆期，再行辦理。

御批：『著照所請。該部知道。』

再查奏定章程，同文館學生每屆三年，由臣衙門堂官自行考試一次，分別優劣，獎敍革留等語。英文館於元年五月初間開館，扣至本年五月，三年期滿，自應照章屆時考試，分別第等升降。惟該館外國教習屢次更換，學生功課難免作輟。恐所學外國語言文字未盡嫻熟。且俄法文館扣至明年三月，即行期滿，爲時亦屬無幾。應請將英文館學生展緩數月，俟俄法文館限期將滿時，一律考試，統行分別優劣，以示勸懲。

又《同治四年十一月初五日總理各國事務奕訢等摺》 茲查法、俄兩文館學生學習三年限期將滿，而英文館已逾半年，自應將法、俄兩文館試期提前與英文館一併考試，經臣等定期於十月十一日至二十日按館分日由臣等在大堂公同面試，並飭提調等在旁稽察，防其鎗替等弊。初次考試，將各國配送洋字照會令其譯成漢文；覆試將各國條約摘出一段，令其繙成洋文。因洋文非臣等所習，特飭總稅務司赫德與各館外國教習會同閱看，分別名次高下。復恐各學生於外國文字雖能通曉，而語言未必嫻熟，因再行覆試，由臣等密出漢話條字，按名交該學生等令其繙成外國言語，隔座向外國教習侍講，再令外國教習將學生言語譯漢寫明，兩相覈對。計共九日試畢。臣等將三次試卷條子，合併比較，其繙譯各文雖未能通體貫串，亦尚有相符之處，外國語言亦多吻合。自應分別優劣，照章辦理。惟查章程內優者授爲七、八、九品等官，劣者分別降革留學。臣等公同商酌，現考前列學生，雖繙譯尚無錯誤，然究屬一知半解，於西洋文字未必全局貫通，若遽授以七品官，轉恐該學生等視之太易，不復用心。茲酌擬優者分別爲八、九品官，咨部註册，仍留館學習；其餘尚堪造就者，分別記優、記過，留館學習；至劣者係初次考試，無可降罰，應行咨回本旗，所食甲缺錢糧，應由各該旗察其能否當差，自行酌覈辦理。謹將擬定各館學生名次及分別獎敍留咨，開列清單，恭呈御覽。

又《同治五年十一月初五日總理各國事務奕訢等摺》 竊維開館求才，古無成格，惟延攬之方張廣，斯聰明之士爭來。查臣衙門於同治元年七月間設立同文館，延請英、法、俄三國教師，分館教習，各館學生係由八旗咨取年在十四歲內外。迄今幾及五載，各館學生於洋文洋話尚能領略；惟年幼學淺，於漢文文義尚難貫串，現仍督令該學生等將洋文繙譯漢文，以冀精進。祇以功力分用，速效難期，若再令講求天文、算學等事，轉恐博而不專。因思洋人製造機器、火器等件，以及行船、行軍，無一不自天文、算學中來。現在上海、浙江等處講求輪船各項，若不從根本上用着實功夫，即習學皮毛，仍無俾於實用。臣等公同商酌，現擬添設一館，招取滿漢舉人及恩、拔、歲、副、優貢，漢文業已通順。年在二十以外者，取具同鄉。

又《同治五年十二月二十三日總理各國事務奕訢等摺》 臣等伏查此次招考天文、算學之議，並非矜奇好異，震於西人術數之學也。蓋以西人製器之法，無不由度數而生，今中國議欲講求製造輪船、機器諸法，苟不藉西士爲先導，俾講明機巧之原，製作之本，窮恐師心自用，徒費錢糧，仍無裨於實際，是以臣等衡量再三，而有此奏。

論者不察，必有以臣等此舉爲不急之務者，必有以舍中法而從西人爲非者，甚且有以中國之人師法西人爲深可恥者，此皆不識時務之論也。夫中國之宜謀自强，至今日而已亟矣。識時務者，莫不以采西學、製洋器爲自强之道。疆臣如左宗棠、李鴻章等，皆能深明其理，堅持其說，時於奏牘中詳陳之。上年李鴻章在上海設立機器局，由京營揀派兵弁前往學習；近日左宗棠亦請在閩設立藝局，選少年穎悟子弟，延聘洋人教以語言文字、算法、畫法，以爲將來裝造輪船、機器之本。由此以觀，是西學之不可不急爲肄習也，固非臣等數人之私見矣。

或謂雇賃輪船，購買洋鎗，各口均曾辦過，既便且省，何必爲此勞績？不知中國所當學者固不止輪船、鎗砲一事，即以輪船、鎗砲而論，雇買以應其用，計雖便而法終在人；講求以得其源，法既明而用將在我。蓋一則權宜之策，一則久遠之謀，孰得孰失，不待辨而明矣。

至以舍中法而從西人爲非亦臆說也。查西術之借根實本於中術之天元，彼西土目爲東來法，特其人性情縝密，善於運思，遂能推陳出新，擅名海外耳，其實法固中國之法也。天文、算學如此，其餘亦無不如此。中國創其法，西人襲之，中國儻能駕而上之，則在我既已洞悉根源，遇事不外求，其利益正非淺鮮。且西人之術，我聖祖仁皇帝深韙之矣，當時列在台官，垂爲時憲，兼容並包，智周無外，本朝掌故亦不宜數典而忘。況六藝之中，數居其一。古者農夫、戍卒，皆識天文，後世設爲厲禁，知者始鮮。我朝康熙年間，特除私習天文之禁，由是人文蔚起，天學盛行，治經之儒皆兼治數，各家著述考證俱精。語曰：『一物不知，儒者之恥。』士子出戶，舉目見天，顧不解列宿爲何物，亦足羞也。即今日不設此館，猶當肄業及之，況乎懸的以招哉？

若夫以師法西人爲恥者，其說尤謬。夫天下之恥，莫恥於不若人。查西洋各國，數十年來，講求輪船之制，互相師法，製作日新，東洋日本近亦遣人赴英國學其文字，究其象數，爲仿造輪船張本，不數年後亦必有成。西洋各國，雄長海邦，各不相下者無論矣。若夫日本，蕞爾國耳，尚知發憤爲雄，獨中國狃於因循積習，不思振作，恥孰甚焉！今不以不如人爲恥，轉因蕲至其人，將來或可突過其人，而獨以學其人爲恥，將安於不如而終不學，遂可雪其恥乎！

或謂製造乃工匠之事，儒者不屑爲之；臣等尤有說焉。查周禮考工一記，所載皆梓匠輪輿之事，數千百年，黌序奉爲經術，其故何也？蓋匠人習其事，儒者明其理，理明而用宏焉。今日之學，學其理也，乃儒者格物致知之事，並非强學士大夫以親執藝事也，又何疑乎？

總之，學期適用，事貴因時。外人之疑議雖多，當局之權衡宜定，臣等於此籌之熟矣。惟是事屬創始，立法宜詳，大抵欲嚴課程，必須優給廩餼，欲期鼓舞，必當量予升途，謹公同酌擬章程六條，繕呈御覽，恭候欽定。

再，查翰林院編修、檢討、庶吉士等官，學問素優，差使較簡，若令學習此項天文、算學，程功必易。又進士出身之五品以下京外各官，與舉人五項貢生事同一律，應請一併推廣招考，以資博采。是否有當，伏乞皇太后皇上聖鑒訓示遵行。

又《同治六年正月二十一日總理各國事務奕訢等片》 再，查臣衙門現議添設學習天文算學館，咨取進士、舉人、恩、拔、副、歲、優貢生，並翰林院庶吉士、編修、檢討及由前項出身之京外各官，考試録取留學，業經條議章程，奏奉諭旨准辦在案。

惟查臣衙門前設學習英、法、俄國語言文字各館，均設洋教習一員，專司講釋；此外各設漢教習一員，兼課漢文，令該學生等奉以爲師。現在學習天文算學之員，均係已成之材，漢文無不通曉，漢教習自可不設，但亦必須有羣情宗仰之一人在彼指引開導，庶學者有所稟承，否則該館只有洋人講貫，而中國無師表之人，恐來學者竟疑專以洋人爲師，俾修弟子之禮，未免因此裹足。臣奕訢與臣文祥、臣寶鋆、臣董恂、臣崇綸公同商酌，惟有臣徐繼畬老成望重，品學兼優，足爲士林矜式，擬請旨飭派徐繼畬作爲總管同文館事務大臣，以專稽查而資表率，謹附片具奏請旨。

又《同治六年正月二十一日上諭》 同治六年正月二十一日內閣奉上諭：『總理各國事務衙門奏請派員充總管新設同文館事務大臣。太僕寺卿徐繼畬，老成望重，足爲士林矜式，著仍在總理各國事務衙門行走，充總管同文館事務大臣。惟寺務恐難兼顧，著開太僕寺卿缺，以專責成，而資表率。欽此。』

又《同治六年三月十九日總理各國事務奕訢等摺》 同治六年三月十三日，軍機處抄出大學士倭仁密陳摺片各一件，並軍機大臣面奉諭旨：『該衙門妥議具奏，欽此！』等因。

竊維臣衙門設立同文館，招考天文、算學，前因倭仁條奏，謂此事窒礙難行，經臣等瀝陳舉辦情形，實具不得已苦衷，并係與各省疆臣悉心商籌，非臣等私見，是以抄録曾國藩等摺件信函，請飭倭仁閱看，俾知底藴。原期釋其疑慮，共濟時艱。茲倭仁并未體會各該督撫等所陳各件之意，仍謂此事以不行爲是，亦似臣衙門抄録各件全未寓目者然。

伏查臣衙門招考正途考究天文、算學，其亟應舉行之故，前摺已縷悉言之，豈可贅陳。惟是夷患之興，匪伊朝夕。當年內外臣工，不求禦制實際，徒以空言塞責，遂釀庚申之變。今值腹地未靖，兵財交困，縱極力講求，思以自强，幸而收效，固在數十年以後。若仍前苟安，不思補苴，其大患亦或在數年、數十年以後。但望臣等言之不中，而國勢永慶奠安，斷不願言之幸中，而朝廷毫無備豫，此臣等所以鰓鰓過慮不敢以道學鳴高，祇顧目前而不肯任勞任怨也。左宗棠所云『非常之舉，謗議易興，無人執咎』等語，此時浮議之騰，果不出其所料。當茲權宜時勢，預籌制勝，既經疆臣曾國藩、左宗棠、李鴻章、郭嵩燾、蔣益澧等與臣等往返函商，必須從此入手。況雇覓洋人不過與之講究其法，並奏明不修弟子之禮，此摺業經發抄，倭仁豈有不知？乃一則曰『師事夷人』，再則曰『奉夷爲師』，輒臆造師名目，阻人嚮往。當御史張盛藻條奏此事，明奉諭旨之後，臣衙門投考者尚不乏人；自倭仁倡議以來，京師各省士大夫聚黨私議，約法阻攔，甚且以無稽謠言煽惑人心，臣衙門遂無復有投考者。是臣等未有失人心之道，人心之失倡浮言者失之也。因思法令之行，原冀樂從，今人心既爲浮言所搖，臣等無從勉强，擬就現在投考者擇期考選，取中者入館研究，仍時加察核，倘有弊端，即奏請裁撤。

若倭仁所奏，果有把握等語，臣等祇就事所當辦，力所能辦者，盡心以辦，至成敗利鈍，漢臣如諸葛亮尚難逆睹，何況臣等？是此舉之把握，本難預期，因倭仁之倡議而益多阻滯矣。惟時勢艱難，勢同厝火，自不得因浮言煽惑置爲緩圖。祇有竭盡愚忱，不敢稍萌懈志。

又《同治六年三月十九日總理各國事務奕訢等片》 再，自道光二十年以來，因海疆多事，曾經奉有諭旨，廣招奇才異能之士，迄無成效。近年臣等與各疆臣悉心（購）〔講〕求，仍無所獲，往返函商，不得已議奏招考天文算學，請用洋人，原欲窺其長短以收知彼知此之效也。並以中國自造輪船、槍砲等件，無從入手，若得讀書之人旁通其書籍、文字，用心研究，譯出精要之語，將來即可自相授受，並非終用洋人。今浮言既出，念所期已屬無望。惟查倭仁原奏內稱『天下之大不患無才，如以天文、算學必須講習，博采旁求必有精其術者，何必夷人？』據此是內外臣工先後二十餘年所求而弗獲者，倭仁耳目中竟有其人，不勝欣幸！相應請旨飭下倭仁，酌保數員，各即請擇地另設一館，由倭仁督飭，以觀厥成。若能如此辦理，更屬兩得之道，裨益非淺，彼時臣衙門原請奏辦之件，即行次第裁撤。倭仁公忠體國，自必實心保舉，斷不致因恐誤保獲咎，仍請如前降旨旁求，僅博延覽之虛名全無究竟之實效。是否有當，理合附片密陳。

又**《同治六年三月二十一日倭仁摺》**竊奴才前以夷人教習正途，有妨政體，故力陳其不可，所以盡當言之分，非爭意氣之私也。茲恭讀上諭，同文館招考天文算學，經王大臣悉心計議，不可再涉游移，是此事行止業已斷自宸衷，奴才何敢再參末議。惟奴才前奏謂算法係六藝之一，如欲講求，中國豈無精是術者，蓋以理度之，天文算學世有專家，不必奉夷人爲師耳。至摺內所陳，原謂立國之道當以禮義人心爲本，未有專恃術數而能起衰振弱者。天文算學祇爲末議，即不講習，於國家大計亦無所損，並非謂欲求自强必須講明算法也。今同文館既經特設不能中止，則奴才前奏已無足論，應請不必另行設館、由奴才督飭辦理；況奴才意中並無精於天文算學之人，不敢妄保。

又**《同治六年六月初二日總理各國事務奕訢等摺》**兩月以來，投考之人，正途與監生雜項人員相間。臣等以此舉既不能如初念之所期，不敢過於拘執，因而一律收考，共計投考正雜各項人員九十八名，定期五月二十日在臣衙門扃門考試，計已到者七十二名，先經投考臨時未到者二十六名，試以策論，認真考校，將各員試卷公同閱看，擇其文理可觀者選取三十名，於二十六日覆加考試，文藝均屬一律。謹將録取各員試卷恭呈御覽，伏候欽定後，即將取中各名送館學習。如將來人數不敷，再行招考，以資研究。

《光緒十一年九月初三日總理各國事務奕劻等奏》竊查臣衙門奏定章程，同文館學生向由八旗咨取年在十三四歲以下幼丁，由臣等面試，擇其天資聰明者，記名挨次傳補，分館肄業。其用功奮勉、學有成效者，撥入前館，保獎職銜，以備隨帶出洋，派充繙譯之選。如有性情懶惰，不堪造就者，隨時咨回本旗，不得濫竽充數。節經照章分別辦理各在案。

茲據總教習丁韙良呈稱：『前次考取學生，現已傳補完竣，應請出示招考，並擬推廣辦法，藉可收效加倍』，開具節略，呈請覈辦前來。臣等逐條參酌，如所稱招考八旗幼丁，請咨取漢文粗通者送館肄業，及招考滿漢有功名者，其中必有奇才各節。臣等查同文館自同治元年設立以來，迄今二十餘年，向由八旗咨取十三四歲以下幼丁，分館學習，於洋文洋語尚能識認通解。惟年幼學淺，於漢文義理本未貫串，若令其以洋文繙譯漢文，功夫分用，速效難期；若再令講求天文、算學，更恐博而不專，迄無成就。臣等公同商酌，現擬推廣招取滿漢年在十五歲以上、二十五歲以下、文理業已通順者，取具本旗圖片及同鄉官印結，遞呈投考，仍由臣等試以策論，擇其文理可觀者録取，挨次傳補，庶可事半功倍，有裨實用也。至招考滿漢之有功名者一節，臣等查同治五年臣衙門奏設天文算學，招取滿漢舉人及恩、拔、副、歲優貢，嗣因正途投考者寥寥，經臣衙門於同治六年五月間就現在投考之正雜人員録取試卷，恭呈御覽後，即將取中各名送館肄業，並調派浙江貢生李善蘭在館教習。十餘年來，索隱探微，窮格奧窔，於梅文鼎、江永等之絶學，漸能通曉。惟近年以來，各該學生，或隨帶出洋，或升遷外省，及調赴沿海各處差委，現在留館派充副教習者僅有翰林院庶吉士汪鳳藻、兵部郎中席淦、内務府郎中貴榮數人。臣等現擬招考滿漢之舉貢生監，如有平日講求天文、算學、西國語言文字，不拘年歲，准其取具印結、圖片，一律收考。誠以取進之途一經推廣，必有奇技異能之士出乎其中。華人之智巧聰明豈必遜於西人，倘能專精務實，洞悉根原，遇事不必外求，其利益實非淺鮮。如蒙俞允，再由臣等咨行各衙門欽遵辦理。

《光緒十一年十二月十五日總理各國事務奕劻等奏》查自出示招考後，投考者頗不乏人。臣等於十一月二十六、七、八、九等日，分期考試。計應試者三百九十四名，試以策論、四書文，認真考校，將各生試卷公同閱看，取其文理通順及粗通天文、算學、化學、洋文者，選擇一百五十名，於十二月初八日覆試，詳加甄録，共取漢文八十名，幼童雖未全篇而文理明順者十名，天文二名，算學十二名，化學三名，繙譯洋文一名，共一百八名，以備送館肄業。

《光緒十五年十一月初二日管理同文館事務曾紀澤等摺》 十月二十六日，由軍機處交出軍機大臣面奉諭旨：『前經總理各國事務衙門奏，現在交涉事務較前倍多，繙譯語言文字最關緊要，請派員專管同文館以資訓練，當派曾紀澤、徐用儀總理其事。現已數月，整頓情形若何？著該大臣等卽以覆奏。欽此！』跪讀之餘，曷勝惶悚。

竊惟同文館一切事宜，疊經臣衙門酌定章程，具有條理。所慮教習、學生日久懈弛，漸蹈因循積習。整頓之法，不外遵守舊章，認真督責，不使稍有曠廢，業精於勤，實爲造就人才之要。又臣等自奉命管理以來，當卽督飭提調等，逐日稽查課程，不稍寬假。月課、季考、嚴加甄別；以膏火之厚薄，爲考課之勸懲。臣等並隨時與總教習丁韙良，將在館學生詳細評□，其中稟賦不一，或有語言與文字兼長者，是爲上等，或有文字通曉而語言稍鈍者次之，又有語言明爽而文字不甚通順者又次之。大都聰穎者，到館數年已有可觀，拙鈍者雖在館年久亦難期長進，而性情之勤惰又不能一致，是以同一功課，而收效遲速往往懸殊。臣等察其姿質平常、不堪造就先後咨回者，已有十數人。現在學生中，除隨同出洋及調往黑龍江、新疆、天津學堂等處差遣外，實計在館者一百十餘名：內英文最優者十餘人，法文最優者五六人，俄文最優者三四人，布文最優者一二人。緣西洋各國通行英法文字，故以此二國文字爲最有用，學生中習此者名數較多。其中兼習天文、算學較優者數人。此外質地較優，學未精熟者有二十餘人。其餘皆到館未久，年紀較輕，尚須誦讀經書，學習洋語，循序漸進者，但期歷久不懈，日計不足，月計有餘，亦必有可造之材。

察看現在情形，漢洋教習尚屬專心教導，在館學生亦能遵守學規，不至曠誤。臣等惟有盡心督率，加意講求，隨時獎勸懲惰，以期日進有功，副聖主循名責實之至意。

廣州同文館

清·寶鋆等《籌辦夷務始末（同治朝）》卷一四《同治二年二月初十日上諭》 前據總理各國事務衙門奏，遵議設立學習外國語言文字學館爲同文館，當經照所議行，該衙門已行知該將軍等遵照矣。因思總理衙門固爲通商綱領，而中外交涉事件，則廣東、上海爲總匯之所。現據李鴻章奏稱，上海已議設立外國語言文字學館；而廣東事同一例，亦應仿照辦理，著庫克吉泰、晏端書於廣州駐防內公同選閱，擇其資質聰慧、年在十四歲內外，或年二十左右而清漢文字業能通曉、質地尚可造就者，一併揀選，延聘西人教習，兼聘內地品學兼優之舉貢生員，課以經史大義，俾得通知古今，並令仍習清語，厚給廩餼，時加考查。倘一二年後學有成效，卽調京考試，授以官職，俾有上進之階。此事爲當今要務，該將軍等務當實心辦理，不得視爲具文；倘將來日久無效，惟該將軍等是問！所有一切章程及薪資工食、各項經費，著卽咨商李鴻章，並參以總理衙門原議，或酌提船鈔妥爲辦理。議定後卽行具奏，候旨裁定施行。

又 卷一六《同治二年五月初八日署兩廣總督都察院左副都御史晏端書、廣東巡撫黃贊湯奏》 查上海設立學館，尚須度地庀材，考選幼童，入館肄業。粵省則應取諸廣州駐防。署將軍臣庫克吉泰本已挑有八旗子弟百餘人，令其勤習繙譯，行之數年，訓課策勵，頗著成效。今卽於其中選擇年幼性慧者二三十人較易集事。臣與庫克吉泰會商，擬卽修築館舍，訂延英法國人，教習外國語言文字。並聘內地品學兼優之士，課以經史文藝，仍兼習清漢繙譯，以期融會貫通。所需各項經費，已與粵海關監督毓清籌商，酌提船鈔備用，撙節核實支銷。所有一切詳細章程暨經費定數，容臣等會同悉心覈議，奏請聖裁，欽遵辦理。

又 卷二七《同治三年七月十八日總理各國事務恭親王等奏》 據廣州將軍瑞麟等奏，廣東省開設學館章程一摺，同治三年七月初六日奉旨：『該衙門議奏。欽此。』由軍機處鈔交臣衙門。臣等查該將軍所奏廣東省設立教習外國語言文字學館章程，係仿照臣衙門同文館及上海設立學館各章程變通辦理，尚屬妥協，應卽准其照辦。惟外國教習僅止美國人譚順一名，查通商各國，以英、法、俄交涉事務爲多，學習外國語言文字，亦以英、法、俄爲要。美國文字大略與英國相同。是以臣衙門分設三館，同時並習。廣東省與外國交涉事件，英、法多而俄較少。是學習英法文字，實爲粵省急務。今該省止延美國一人爲西文教習，其英文自必其所素習；惟該教習是否兼精法俄兩國文字，可期一手教導，不必再設法俄文館，此層摺内未據聲明，應令該將軍等查明聲覆。至所稱三年學習有成，即派充各衙門繙譯官，准其一體鄉試，由繙譯官出身之員，以府經縣丞升用。旗員願就武職，以防禦升用一節。臣等查上年二月間奉旨飭令庫克吉泰、晏端書辦理設立教習外國語言文字學館，係令其於學成後，調京考試，授以官職。今查該將軍等原奏，於調京考試一節，未經議及。臣等公同商酌，該省同文館學生如三年學成，駐防滿漢旗人應准作爲繙譯生員，准其繙譯鄉試，並文鄉試。其漢人世家子弟，應准作監生，一體鄉試，並均准充繙譯官。如有精通西語西文、才識出衆者，即應遵照上年二月諭旨，調京考試，授以官職，以拔真才而收實用。

又《同治六年十二月二十四日總理各國事務奕訢等摺》 茲於同治六年十一月十二日，准署廣州將軍慶春等將該省同文館學生蔡錫勇、那三、博勒洪武、韓常泰、左秉隆、坤揚等六名，咨送到臣衙門，臣等當飭在新立天文算學館中居住，逐日細加考察，並先試以漢文繙作洋文，繼令將洋文照會譯成漢文，嗣又以算法各條令其逐條登答。該學生等文理俱各明順，登答均無舛錯。惟該省尚未照章給予繙繹生員、監生，臣等公同商酌，該學生等學習有年，均堪造就，應請照上年奏定章程，蔡錫勇一名作爲監生，那三、博多洪武、韓常泰、左秉隆、坤揚等五名作爲繙譯生員，均准一體鄉試，仍照原議分別派充將軍、督撫各衙門繙譯官。

又《同治六年十二月二十四日總理各國事務奕訢等片》 今該省咨送蔡錫勇等六名到京，臣等連日考試，均堪造就，現請給與生員、監生，一體鄉試，並准充繙譯官，飭回廣東，仍由該省隨時考察，以府經、縣丞、防禦各升階補用。至此内如實有精通西語西文、才識優長者，擇尤保送，以憑調京考試，請旨優予獎勵，不次録用，無須拘定原奏府經、縣丞等項升階。此次係因該省尚未照章給與生監，是以由臣衙門查案奏請照給，係屬變通辦理。嗣後仍應遵照奏定章程，各該省於該學生等三年學成後，即行奏明，分別給與生監，並准充繙譯官，如能得力，再行遵照原奏，由繙譯官出身者以府經、縣丞、防禦爲升階；此内如有精通西語西文、才識出衆者，即遵照同治二年二月諭旨，調京另訂考試，授以官職，以符原案，而示優奬。

又《同治十年十月二十一日文淵閣大學士兩廣總督瑞麟等摺》

設館以來，諸生奮勉學習，著有成效者尚不乏人，兩次考試，作爲生監共十一名。旗籍諸生咸皆踴躍，惟民籍正學、附學各生，來去無常，難期一律奮勉，其學習西語者民間固有之，而偶有招入官館肄習者，始願不過希圖月間膏火，迨學習一二年後，稍知語言文字，每有託詞告病出館，自謀生理，而於始終奮勉學成有用者，實難得人。奴才等公同酌議，似應量爲變通，擬請嗣後同文館學生專用旗人，毋庸再招漢民；其現經在館者，仍聽其肄業，俟民籍學生出館缺額，即將旗人頂補足數，以收實效。旗人願入附學者，亦如之。

至該生等學成考試，作爲生監，派充各衙門繙譯官，係屬有名無實，並無差使。該生等雖仍在館肄業，然皆專意漢文，冀圖鄉試文理平通，以爲期滿保舉府經、縣丞、防禦地步，志安小就，不思憤强，致將西文荒忽，未能精深，殊失設立同文館之意。奴才等再四酌核，擬將各衙門繙譯官裁撤，以節靡費。然各衙門每與洋人接晤，而總督事更紛繁，時有會商事宜。該洋人各帶有通事人等，代傳言語，往往顛倒錯謬，或挾私自爲增減其辭，以致彼此意見不洽，枝節横生，不可不慮及之。奴才等擬請於各學生中擇其尚能通曉西語者數人，遇有奴才等接見洋人時，令其來署代傳言語，借以杜該通事詭弊，似較之專設繙譯官、分派各衙門、徒擁虛名、終年閒曠者不同，庶於公事更有實益。但該生等枵腹從公，未免較苦，擬請每月支領經費銀二十兩，統於年終認真考核，擇尤犒賞，則於經費亦不致濫支虛糜，其該生等平日仍以生監在館學習，三年後認真甄別，如實有精通西語西文、才識出衆者，仍照章保奏，送京考試，授以官職。此外如只通曉西語西文，並繙譯鄉試，清文熟悉，點畫無訛，文鄉試三場完竣，文理平通，未經中式者，核其人品端謹，擇尤保舉以府經、縣丞升用；然猶以西語西文爲先，不得僅以鄉試清文、漢文定爲去取。如此方能拔取真才，而收實效。

至旗人願就武職以防禦升用，未免過優，品級亦甚懸殊。且旗員向無中外交涉事件，殊覺用違其才，而防禦有辦理旗務，管轄兵丁、專司操練之責，必須諳練老成，方能勝任，非學習西文之年輕子弟可期稱職。況該生監等學成，將有大用，或分派各口辦理中外交涉事件，若以防禦實缺而責令離任辦理洋務，則本營少一專操之員，必於營制多所空曠，似莫若專以府經歷、縣丞文員差委較爲妥協。所有由生監在館學習三年後甄別，除才識出衆保送進京後擇尤保舉府經歷、縣丞之外，其旗人願就武職，予以防禦陞階一節，即毋庸議。

如係學業荒疎，不能長進者，即給予生監衣頂，旗人仍帶本身錢糧，回旗當差；民人令其回籍安業，俾各生知所趨向，專意學習，或可收尺寸之效。其餘一切，仍照舊章辦理。

又　卷八五《同治十一年正月二十一日總理各國事務衙門奏》　今據該督等以館內民籍學生未能專心肄業，請將送館正附各生一概專用旗人充補，係爲整頓館務、期收實效起見，應如所請辦理。所有該省額設肄業學生二十名並附學生十名，嗣後均以滿洲、漢軍八旗子弟充補，毋庸再招漢民。其漢民現尚在館肄業者，俟開缺時即以旗人充補足額。至繙譯官一項，前准上海通商大臣李鴻章奏請派充，原爲代傳言語、藉杜通事舞弊而設。今該督等奏稱繙譯官終年閒曠，別無差使，誠未免有名無實，自應即時裁撤，以節糜費。仍令該督等量擇學生中精通西語之人，每於各衙門接見洋人時，隨同代傳言語，以杜通事詭弊。該生既兼有代傳言語差使，自應酌加津貼，該督所請每月支給經費銀二十兩，以及年終犒賞各項，即在於裁撤繙譯官經費項下酌量撥給。繙譯官一項既經裁撤，以後每屆三年例保之期，在館肄業旗籍各生監，應照此次定章，專以府經歷、縣丞升用。仍責成提調、教習等員認真訓課，隨時考覈。倘或旗籍各生不知奮勉，以及始勤終惰，即將該生在館所請獎敍撤銷，並咨回本旗當差，以示懲儆。查在館旗人願就武職者，向以防禦升用。今據該督等奏稱，防禦有辦理旗務、專司訓練之責，若令辦理洋務，與營制必多窒礙，所有旗人給予防禦升階一節，應照所擬即行停止。

清·毛承霖《毛尚書奏稿》卷一三《開設教習外國語言文字學館摺》　伏思學館之設，教育人才，期於曉暢繙譯，通澈中外事理，以備緩急之用，洵屬及時要務。粵省先因勘擇地基，建築館舍，並籌經費，一時尚難集事，致緩舉行。現於省城大北門內朝天街，租賃房屋一所，稍加修葺，作爲學館，可省擇地建築之煩，並免再稽時日。一面遴派鑲黄正白旗漢軍協領王鎮雄，爲該館提調。並委正白旗漢軍防禦談廣枬、候補縣丞湯森爲館長。查有江西南豐縣翰林院編修吳嘉善，品行端潔，文理優長，堪爲漢文教習。又咪國人譚順，精熟西文，人亦體面，堪爲西文教習。均已延聘在館，分司訓課。即在廣州駐防滿漢八旗，向習清書繙譯子弟內，揀選資質聰慧年歲二十左右者十六人，又訪擇漢人世家子弟才堪造就者四人，共肄業生二十名，送入館中，於同治三年五月二十日開館，認真學習，遞年考試，甄別一次。若該生於中外語言文字無所通曉，即應分別黜退更換。如在館三年，學習有成，即派充各衙門繙譯官，准其一體鄉試。其由繙譯官出身之員，著有勞績，均以府經歷縣丞陞用。旗員願就武職者，以防禦陞用，俾資鼓勵。如有清白安分之人，自願入館附學，亦准公正官紳保送入館，一律訓習。考試仍定額十名，示以限制。所需館租、廩餼、薪工等項經費，每年約共支銀四千八百餘兩，由臣毓清在於粵海關徵收船鈔項下，酌量提撥，移送支用。按年彙册報銷，以歸核實。其一切條款章程，均循照總理衙門原議，及上海定章，並就地方情形，酌中擬議妥辦。臣等仍隨時督飭，嚴密稽查，斷不准有影射傳習天主教等弊。並按期考試，分別激勸，務令精心研究，奮力學習，將中外語言文字，融會貫通，期著成效，以仰副聖主勤求實學，化育人才至意。

《光緒五年七月二十二日廣州將軍長善等奏》　奴才等查廣東同文館原設西教習，祇有英國一人，並未及法、布二國。現因遣使各國及辦理公事急需法文，而布國交涉事件近亦不少，自應一律學習。至俄國向來無人在粵經商，即偶有船到港，而交涉事甚寥寥，雖儲材非僅爲廣東之用，而此地一時難得教習之人，擬請將俄館暫緩添設，先行兼習法文、布文。但英國教習不能兼通法、布文字，必須另延教習。既添教習，須增館舍，若令三國同聚一堂，不但師生擁擠，學業混淆。且向定學生功課，每日以卯、辰、巳三時習西文，午、未、申三時習漢文，課餘之暇，仍習清語，若再令其兼習法、布文字，誠恐駁雜不專，難期精進。奴才等再四籌商，當此經費難籌，須於無可如何之中，力求撙節，務使功歸實用，費不虛糜，擬請即於原設同文館內添設法、布二館，每館延聘教習一人，學生則於英館中擇其學有成效者十名分撥法、布二館，每館另挑質性聰穎兼曉清漢文義者五名，合共十名。英館原設二十名，今撥出十名，無須另挑，三館俱以十名爲額；如有願入附學者，每館不得過五名。三館用功，仍別以時刻，不必互相兼習。其由英館撥入法、布二館學生，仍定以日期，温習英文，不使前功荒廢。至法、布學館二座，擬於原設同文館側近，另租房屋增建，仍併於一館之內，估計修理及添置什物一切費用，現在本館節省項內，尚可通融支出，毋庸另籌。惟新添教習脩金、薪費、每月房租及購買西書等項，亦須與英館一律辦理，俾免洋人疏慢之訾。而英館月領經費只有四百兩，若令兼供三館，實有不敷。除教習脩金仍照英館按月由稅務司支給外，擬請每月加給銀二百兩，統由關庫支領，歸入七成船鈔項下報銷。如此略爲變通，則經費無須多籌，而學業可收實效矣。

上海同文館

清·寶鋆等《籌辦夷務始末（同治朝）》卷一四《同治二年二月初十日江蘇巡撫李鴻章奏》 臣前准總理衙門來咨，遵議設立學習外國語言文字學館等因。伏惟中國與洋人交接，必先通其志、達其意、周知其虛實誠僞，而後有稱物平施之效。互市二十年來，彼酋之習我語言文字者不少，其尤者能讀我經史，於朝章憲典吏治民情言之歷歷，而我官員紳士中絕少通習外國語言文字之人。各國在滬均設立繙譯官兩員，遇中外大臣會商之事，皆憑外國繙譯官傳述，亦難保無偏袒捏架情弊。中國能通洋語者僅恃通事，凡關局軍營交涉事務，無非雇覓通事往來傳話，而其人遂爲洋務之大害。

查上海通事一途獲利最厚，於士農工商之外別成一業。其人不外兩種：一，廣東、寧波商夥子弟，佻達游閑，別無轉移執事之路者，輒以通事爲逋逃藪；一，英法等國設立義學，招本地貧苦童稚，與以衣食而教肄之。市兒村豎，來歷難知，無不染涅習氣，亦無不傳習彼教。此兩種人者，類皆資性蠢愚，心術卑鄙，貨利聲色之外不知其他。且其僅通洋語者十之八九，兼識洋字者十之一二。所識洋字，亦不過貨名價目，與俚淺文理，不特於彼中兵刑食貨，張弛治忽之大瞢焉無知，即遇有交涉事宜，詞氣輕重緩急往往失其本指。惟知藉洋人勢力播弄挑唆以遂其利欲，蔑視官長，欺壓平民，無所忌憚。即如會辦防堵一節，間與通習漢語之大酋晤談，尚不遠乎情理。而瑣屑事件，勢不能一一面商，因而通事假手其間，勾結洋兵爲分肥之計。誅求之無厭，排斥之無理，欺我聾暗，逞其簧鼓，或遂以小嫌釀成大釁。洋務爲國家懷遠招攜之要政，乃以樞紐付若輩之手，遂至彼己之不知，情僞之莫辨，操縱進退迄不得其要領，此非細故也。

京師同文館之設實爲良法，行之既久，必有正人君子、奇尤異敏之士出乎其中，然後盡得西人之要領而思所以駕馭之，綏靖邊陲之原本實在於此。惟是洋人總匯之地，以上海、廣東兩口爲最，種類較多，書籍較富，見聞較廣。語言文字之粗者，一教習已足；其精者務在博采周咨，集思廣益，非求之上海、廣東不可。故行之他處，猶一齊人傳之說也；行之上海、廣東，更置之莊嶽之間之說也。臣擬請仿照同文館之例，於上海添設外國語言文字學館，選近郡年十四以下、資稟穎悟、根器端靜之文童，聘西人教習；兼聘內地品學兼優之舉貢生員，課以經史文義。學成之後，送省督撫考驗，作爲該縣附學生，准其應試。其候補佐貳佐雜等官有年少聰慧願入館學習者，呈明由同鄉官出具品行端方切結，送局一體教習，藉照料，學成後亦酌給升途，以示鼓勵。均由海關監督督籌試辦，隨時察覈具詳。三五年後，有此一種讀書明理之人，精通番語，凡通商督撫衙門及海關監督應添設繙譯官承辦洋務，即於學館中遴選承充，庶關稅軍需，可期覈實，而無賴通事亦斂迹矣。

夫通商綱領固在總理衙門，而中外交涉事件，則兩口轉多，勢不能以八旗學生兼顧。惟多途以取之，隨地以求之，則習其語言文字者必多；人數既多，人才斯出。彼西人所擅長者，推算之學，格物之理，制器尚象之法，無不專精務實，泐有成書，經譯者十纔一二，必能盡閱其未譯之書，方可探賾索隱，由粗淺而入精微。我中華智巧聰明，豈出西人之下。果有精熟西文者轉相傳習，一切輪船火器等巧技，當可由漸通曉，於中國自強之道似有裨助。如蒙俞允，一切章程及薪資工食各項零費，容臣督同關道設法籌畫，或仍於船鈔項下酌量提用，其廣東海口可否試行，有無窒礙之處，應請飭下該省督撫體察辦理。

《總理各國事務奕訢等摺同治七年五月二十三日》　竊查上海設立同文館，學習外國語言文字，已屆三年。臣等前經咨行上海通商大臣，行令送京考試。茲於本年三月初九日，准兩江總督臣曾國藩咨送該館附生嚴良勳、席淦、監生汪鳳藻、汪遠焜、王文秀五名到臣衙門，臣等按照調考粵省學生成式，飭在新立天文算學館中居住，逐日詳加考試，令以算法商除、歸除及勾股弦和較諸法，逐條講論，嗣以漢文照會飭繙洋文，並令以洋文照會譯成漢文。該生等於算法頗能通曉，即繙譯漢洋文字亦皆明順，均無舛錯。查上年准通商大臣咨，『據蘇松太道應寶時詳稱：上海學館肄業諸生已屆三年，歷經該道課試，該生嚴良勳等繙譯洋文均稱通順。查章程內載肄業生能繙譯西書全帙、文理成章者，准作爲附生。今該生等業已入學，可否請給中書、學正銜以昭激勸』等因，咨達前來。臣等公同商酌，該生嚴良勳等於經書文藝講貫有年，復能兼習西文，學有成效，均堪造就，擬請准如所請，將附生嚴良勳、席淦二名給予內閣中書職銜，並作爲附監生，俾得就近於北闈應試；監生汪鳳藻、汪遠焜、王文秀三名，給予國子監學正職銜。臣等仍隨時考察，令於漢洋文藝加意講求，益圖精進，庶仰副國家造就人材因時制宜之至意。

再，中國與外洋互市二十餘年，洋人之來中土者無不講習中國文字，而中土讀書人於西語西文往往鄙棄不道，無怪於彼之情偽虛實不能動中竅要。此數年來所以有中外同文館之設。

伏查同治二年二月，奉上諭：『上海已議設立外國學館，延聘西人教習，並內地舉貢、生員課以經史文藝，俾得通知古今，一二年後學有成效，即調京考試，授以官職，俾有上進之階。』等因，欽遵在案。

臺灣西學堂

清·劉銘傳《劉壯肅公奏議》卷六《臺灣設西學堂招選生徒延聘西師立案摺光緒十四年六月初四日》　竊維中外通商，互准研學文藝。自京師設立同文館招選滿漢子弟延請西師，天津、上海、福建、廣東仿造槍礮船械之地，無不兼設學堂，風氣日開，人才蔚起。海防洋務，利賴良多。臺灣爲海疆衝要之區，通商籌防，動關交涉。祇以一隅孤陋，各國語言文字，輒未知所講求。臣初到臺，繙譯取才內地，重洋遙隔，要挾多端，月薪至百餘金，尚非精通西學。因思聘延教習，就地育才。初擬官紳捐集微資，造就一二良才，以資任用；詎一時聞風興起，膠庠俊秀，接踵而來，不得不開設學堂，以廣朝廷教育人才之意。先後甄録年輕質美之士二十餘人，延訂英國人布茂林爲教習，生童酌給膏火，釐定課程，並派漢教習二人，於西學餘閒，兼課中國經史文字，既使內外通貫，亦以嫺其禮法，不致盡蹈外洋習氣，致墮偏詖。日以巳、午、未、申四時專心西學，早晚則由漢教習督課國文，遇西國星期，課試論策。每季委員會同洋教習考校一次，別其差等，分行獎戒。或有不堪造就者，隨時撤退補更。計自光緒十三年三月起，迄今已逾一年，規模粗立。

臣嘗親加考察所習語言文字，均有成效可觀。擬漸進以圖算、測量、製造之學，冀各學生砥礪、研磨，日臻有用，而臺地現辦機器、製造、煤礦、鐵路，將來亦不患任使無才。本年復添學生十餘人。洋教習一員，月支脩廩洋幣三百五十元；漢教習二員，月各支脩廩洋幣五十元；共合庫銀三百二十四兩。諸生由附生考入者，月給銀八兩；由文童考入者，月給銀五兩七錢；幼童月給銀三兩八錢。其學生座具，及隨時應用外洋圖籍等項，據實開支，約計脩、膏、雜費，年需七千餘兩。現在鹽務項下動支，將來必須建造學堂，以資棲宿。應用經費，俟工竣後，再行造銷。應懇飭部先行立案。

琿春俄文館

《光緒十五年七月十六日總理各國事務奕劻等奏》　光緒十五年五月初二日，軍機處抄交吉林將軍長順等奏，琿春添設俄文書院，應需漢教習等薪工各項銀兩，請由稅款動支等因一摺，本日奉硃批：『該衙門議奏。欽此。』

查原奏內稱：『琿春、寧古塔、三姓三城，與俄界接壤，交涉事繁，各城當差人員，於俄語、俄文未能熟悉，每遇往來照會，多有隔閡誤會。光緒十三年五月，前將軍希元奏調內閣中書慶全作爲俄文繙譯教習官，挑選八旗子弟在琿春設立學堂，俾從學習，曾奉諭旨允准在案。該教習慶全於十四年正月間行抵琿春，是年三月初一日設立學堂，名爲繙譯俄文書院，院中一切規模經費，援照京都同文館刪減酌擬。除洋教習一員月支薪水銀六十兩由防餉開支，曾經奏明外，所有該書院應設漢教習一員，月支薪水銀十二兩，司事書手各一名，月支銀七兩，學生十五名，每月支膏火銀二兩，學生紙筆墨費心紅月支銀五兩，廚夫、火夫各一名，應役人二名，每名月給工食銀三兩，每月賃房租銀十兩，按年添買中外書籍需銀三十兩，每年共計需銀一千零二十六兩；初設書院，購買書籍陳設鋪墊，共需銀一百兩；月課及年終歲考奬賞銀兩，難以預定準數，應隨時覈實報明。請於光緒十四年三月初一日起，按年由庫存抵餉稅銀項下動支，每年年終造册報部覈銷。』並所擬條規分咨立案，等因。

臣等悉心酌度，邊疆辦理交涉，必須兩國言語文字融會貫通，方無窒礙。琿春添設俄文書院，因地制宜，誠爲當務之亟。惟事屬創始，固須節省浮費，毋致虛糜，尤須妥議定章，俾可持久。該將軍等所擬設漢教習一員，司事、書手各一名，學生十五名，廚夫、伙夫各一名，應役人二名，自可作爲定數。至教習、學生等薪水膏火以及房租、工食、筆墨、心紅紙張等費，初設書院應購書籍、陳設鋪墊，並學生月課歲考應有奬賞等款，户部查該將軍所稱琿春添設俄文書院。【略】

既據總理衙門声称添設俄文書院因地制宜，爲當務之亟，所有漢教習等应支薪水等銀，自应准如該將軍所奏，自光绪十四年三月初一日起，由庫存銀兩項下動支，年終造報覈銷；仍令該將軍將該書院月課及年終歲考究係如何奬賞，先行酌擬報部，以備查覈。

再，該將軍所咨新設條規内開：『教習期滿三年，援同文館例，照異常勞績奏請優加奬勵』一節，吏部查京都同文館漢教習係由舉人、五貢考取文理精通者充當。今吉林添設俄文書院，專學繙譯，未便援照辦理。惟據稱講求兩國言語文字，亦屬現時要務，自應給予奬敘，以示鼓勵。臣等公同商酌，擬比照廣東同文館繙譯官奬敍之案辦理，嗣後俄文書院教習，如係已有官職人員，三年教習期滿，著有成效，准保加升階一層；如由無官職人員，三年教習期滿，擬比照同文館准作爲繙譯官章程，再留三年，始終不懈，以府經歷、縣丞分發洋務省分試用，仍將教習銜名先行報部立案，以憑查覈；如不得力，即行另揀通曉繙譯之人充補。

又所擬條規内開：『書院洋文教習，須刊關防一顆』；又『譯館俄官來時，飲食酬應，須有一定款項』各節，現在開辦伊始，但期切實講解，無須先事鋪張。且俄官果有會商事件，應在副都統衙門會晤，書院專學繙譯，無地方公事之責，當無俄官往來，所請刊刻教習關防及酬應俄官款項之處，應無庸議。

並由該將軍將新設書院課程，隨時咨報總理各國事務衙門，以憑查覈。倘數年後查無成效，應仍奏請裁撤。

設置軍事院校

廣東實學館

清・劉坤一《劉忠誠遺集・書牘》卷六《致黎召民光緒二年十月二十八日》 西學館之設，誠爲當今急務。弟實有志於此，昨以銀八萬元購買黄埔船澳爲將來擴充機器局及開設西學館地步。顧念閩省何嘗無西學館，同治五年冬間，左季帥紆道章門，言之津津，乃迄今十年之久，未聞有所造就。即廣東亦早設同文館，名異實同。初議兼用滿漢生徒，此次荔秋星使奏調之蔡倅錫勇，係由此館出身。嗣以專用旗人子弟，一味訓課時文，雖仍聘一英員教習，略存其名而已。似此毫無實際，縱添設一二館，徒糜經費，爲外人所笑，故弟遲回慎重，匪獨以目前難籌鉅款，亦欲妥定章程，不敢仍蹈前轍耳。

又　卷一七《復黎召民光緒七年正月二十一日》 承教以開西學館及合股出洋貿易兩事爲言，尚有不能不仰求指導者。如語言、文字，已有都中之同文館及各省之同文館並上海之廣方言館，固不必另開局面矣。尊意所謂開西學館，自不在外洋語言文字之末，以力求實濟爲是。

竊查外洋所學，以律例爲重，次則天文、兵法以及製造、駕駛並礦學、化學、汽學、重學之類。中國學西洋之學，似不以律例爲先，究竟應由何項入手，一也。福建藝學館中是何章程，有無應行變通之處；以及該藝學開辦多年，有無學成人員堪爲教習。又次閩廠出洋學生，接准丹崖星使咨稱，某精於開採烹煉，某精於駕駛戰攻，某精於製造，某精於算計，究竟果否可靠，堪充各西學館教習，不至取材外洋，二也。張振帥奏開西學館，而指明先學製造。然温颺園所辦之局，非製造而何？何以不就現在振頓，而必另開一館？是否別有深意？三也。此三者，務望詳晰指教。夫事必慎始，乃克善終。弟欲深得其中委曲而後舉行；至所需之經費，尚不難於籌措。

清·何嗣焜《張靖達公奏議》卷五《籌議設立西學館事宜摺》 竊臣等前於光緒六年四月二十七日，承准軍機大臣字寄，欽奉光緒六年四月初七日上諭：『凡事以人材爲本，管駕鐵甲等船，均須結實可靠，兼通西學者任之。劉坤一前曾捐銀十五萬兩，擬在粵省開設學堂，專習西法。此款借撥辦賑，刻下豫晉等省情形日有起色，著張樹聲、裕慶催還前款，抑或另籌別項，設立西學館，講究機輪駕駛，及一切西學，與洋務交涉事宜，庶幾教育成材，足供任使』等因，欽此。

伏惟學以致用爲貴，本無中西之殊。歐洲界在海西，地氣晚闢，其人秉性堅毅，不空談道德性命之學，格物致知，尺寸皆本心得。由格物而製器，由製器而練兵，無事不學，無人不學，角勝爭長，率臻絕詣。故英法各國皆不過當中國一省之地，挾其兵輪鎗礮，跨海東來，無不雄視中土。朝廷深惟制御之道，開廠造船，設局簡器，講求效法，積有歲年。而步其後塵，不能齊驅競捷；得其形似，不能開徑自行；則以西學入門，層累曲折，皆有至理，不從學堂出者，大抵皮毛襲之，枝節爲之，能知其所當然，不能明其所以然也。

近年自閩廠設立學堂，成效漸著。現在李鴻章亦在天津創設學堂，習駕駛、水雷、電報諸學。臣等與南北洋大臣及船政大臣往返函商，粵東取材宏富，其人士多與西人相習，其製器亦多與西人相似。至於工匠靈敏，製作堅固，即西人亦深許之。造就人材，誠有事半功倍者。劉坤一深惟大計，倡議捐銀，事有憑藉，亟宜欽遵詔旨，速籌興辦，宏樹人百年之利。惟粵省庫款空匱，遞年常入不敷出，並無別項閒款可籌。劉坤一捐銀十五萬兩，嗣皆借撥辦振。現惟陜、豫兩省銀十萬兩，業已撥還歸款，晉省五萬兩亦經委員往催，能否迅速歸還，尚未可必，僅此存款十萬金，擇地建房在其中，置器購書在其中，萬不能如閩中之大開船廠，亦不能如天津之並設多堂。擬先專習駕駛一途，俟開辦略皆就緒，或更籌有接濟，再當逐漸推廣，兼及製造，出以撙節，庶幾善建始基，事能持久，乃可收夫實用。

臣等勘得黃埔對河之長洲地方，所購西人船塢，環山帶水，爲省河中形勝之區，其於仁船澳，局勢堂皇，地尤曠闊。船塢現有輪機，近在咫尺，此時可爲考證學業之資，異日即可爲設廠造船之本。其附近之下莊、白兔岡等處，向爲省垣門戶，將來亦須添築礮臺，並可藉以肄習武備，考求防守之法。就此建設西學館，最爲相宜。當經札飭善後海防局司道會同機器局員前往相度，詢謀僉同。現已酌定西學館房屋圖式委員勘估，擇日興工。一面與船政大臣黎兆棠商訂西學章程，並咨取天津學堂章程，參酌核定。

又《建造實學館工竣延派總辦酌定章程片》 再，粵省奉諭旨設立西學館，前經臣等將勘擇黃埔地方之於仁船澳，酌定圖式，估建學館房屋情形，恭摺具奏在案。當即督飭善後總局司道委員估定工料價值，刻日興工。一面將學館章程參酌天津閩省定章，悉心妥議，以期盡善。茲查西學館一座，自光緒六年十二月興工起，至光緒七年十二月工竣，計前後樓房四進，左右住房二十二間，更樓、廚房、茶房、浴房、廁所俱備，共用過工料銀一萬六千四百七十兩。飭據委員試用知府夏獻銘前往驗收，委係工堅料實，並無偷減情弊，出具切結，呈繳備查。臣等復赴館閱驗，見其規模程式，兼用中西，高下廣狹之別，闈闥窗櫺之制，皆有制度，各得其宜。

現在學館章程，亦已斟酌核定，並在閩省學堂及各處選調精通外國語言文字、算學者，派充教習。俟學生學有進境，再延西師接教。館中所需書籍、器具，均已分投購置，即當招選學童，刻期開館。伏惟泰西之學，覃精銳思，獨闢戶牖，然究其本旨，不過相求以實際，而不相鶩於虛文。格物致知，中國求諸理，西人求諸事；考工利用，中國委諸匠，西人出諸儒。求諸理者，形而上而坐論易涉空言；委諸匠者，得其粗而士夫罕明制作。故今日之西學，當使人人曉然於斯世需用之事，皆儒者當勉之學，不以學步生鄙夷不屑之意，不使庸流居通曉洋務之名，則人材之興，庶有日也。

臣等擬將現造學館，取名實學館。查有丁憂在籍翰林院編修廖廷相，品端學粹，通達精詳，延令總辦館務。稱名正而言之順，任人正而學者從，庶幾蔚起羣材，期有以備朝廷異日濟時之選。至前督臣劉坤一捐存銀十五萬兩，原係奏明發商生息，嗣經晉、豫、陝三省暫借辦振，現除山西省借銀五萬兩尚未解還外，其藩庫收回陝、豫兩省借銀十萬兩，經卽飭據司局提出銀八萬兩，發交東莞縣沙局首事舉人林蕁華等承領生息，爲開館後按月支銷經費。所餘銀二萬兩及上年查辦賭匪梁沛霖等案內奏明，將追出私收闈姓票銀，撥歸西學館公用之五萬四千七百餘兩，均收存藩庫。此次用過建館銀一萬六千四百七十兩，及館外續估零星工程銀三千餘兩，並購置書籍器具等項經費，統於此項存款內開支。俟續估零工告竣，核明彙案報銷。此外餘存銀兩，仍飭由藩司一併發商生息，以資經久。據廣東善後總局司道等詳請具奏前來。除俟定期開館，另行咨報總理各國事務衙門查核外，臣等謹合詞附片具陳。

天津水師學堂

清・吴汝綸《李文忠公全集・奏稿》卷四〇《吴仲翔辦理學堂片光緒七年四月二十三日》　再，北洋陸續籌購蚊快鐵甲等船，所有管駕、大副、二副、管理、輪機、礮位人員，需材甚衆，其作養造就之法，以練船爲基址，尤必以學堂爲根源。臣於去年七月奏請飭派前船政大臣光祿寺卿吴贊誠駐津督辦水師學堂練船事宜，奉旨允准在案。旋經吴贊誠於天津機器局河東一帶，勘定學堂地基，遴派局員繪圖估料，剋日興工，一面酌定規條，招考學生入堂肄業。吴贊誠於去冬回南就醫，順便赴滬選募學童。茲據咨稱舊疾增劇，不能轉動，難期痊愈。學堂事體繁重，爲造就水師人才張本，關繫海防要務，若以病軀從事，恐致貽誤。懇代奏開去差使，另派能員接辦，以重要公等情前來。臣查水師學堂創辦伊始，吴贊誠既因病篤不能前來，亟須遴員接替。查有二品銜分發補用道吴仲翔，久充福建船政提調，條理精密，任事勤能，熟諳製造及駕駛學堂事宜，昨經船政大臣黎兆棠奏明，給咨赴部引見，道出天津，臣稔知其於兵船規制，諳練已深，擬暫留津差遣，派令總辦水師學堂練船事宜，以資臂助。俟籌辦就緒，再由臣奏咨赴部。是否有當，附片具陳。

又　卷五二《水師學堂請獎片光緒十年十一月初五日》　迨七年七月學堂落成，始添招學生入堂肄業。其時北方風氣未開，學生入堂之初，非惟於西語、西學咸所未聞，卽中國文字亦僅粗通。經飭監督各員嚴加約束，教習各員認真課導。欲其於泰西書志能知尋繹，於是授以英國語言、繙譯文法；欲其於凡諸算學洞見源流，於是授以幾何、代數、平弧、三角、八綫；欲其於輪機礮火備諳理法，於是授以級數、重學；欲其於大洋駕舟測日候星、積算晷刻以知方向道里，於是授以天文推步、地輿測量，其於駕駛諸學庶乎明體達用矣。然猶慮其或失文弱也，授之鎗，俾齊步伐，樹之桅，俾習升降，嫺其技藝，卽以練其筋力，猶慮其或鄰浮薄也，教之經，俾明大義，課以文，俾知論人，瀹其靈明，卽以培其根本。爲之信賞必罰，以策其倦怠；爲之月校季考，以稽其知能。蓋自開堂以來，一日之間，中學、西學、文事、武事、量晷、分時，兼程併課，數更寒燠，未嘗或輟。疊經季考，諸生課業月異而歲不同。今年春秋兩季，經臣飭派委員羅豐祿邀同英、俄兩國水師兵官到堂會考，該兵官等僉謂，歐洲水師學堂所留以俟上練船後指授之學，此堂均已先時預課。羅豐祿亦謂，堂中所授繁難，諸學多爲從前閩廠駕駛學堂洋教習所未及課。計自開堂以來，甫及三年，而駕駛頭班學生伍光鑑等三十名均已畢業，堪上練船。又，課成肄業美國回華學生王鳳喈等九名，或充學堂幫教，或經分派各船，成效歷有可稽。伏思水師爲海防急務，人材爲水師根本，而學堂又爲人材之所自出。臣於天津創設水師學堂，將以開北方風氣之先，立中國兵船之本。茲際成效初收，允宜甄陶在事，激勸來茲，庶幾人材可期輩出。查廣東設立同文館，招募學生，課以西國語言文字，每屆三年，奏請分別給獎有案。天津水師學堂所課西國語言文字，特其一端，此外諸學視同文館實相倍蓰。在堂各員弁盡心教導，洵屬異常出力，學生亦攻苦逾恆。現已屆滿三年，著有成效。據總辦道員吴仲翔詳請援案奏獎前來。臣查泰西各國水師强盛，皆以學堂爲根基。中土創辦之初，不得不多方誘掖，冀收拔十得五之效。

天津武備學堂

清・吴汝綸《李文忠公全集・奏稿》卷五三《創設武備學堂摺光緒十一年五月初五日》　竊臣上年七月間，遵旨選雇德國兵官來津，當卽派往水陸各軍，認真教練，業經附片陳奏在案。該兵官等或熟精鎗礮陣式，或諳習礮臺營壘作法，皆由該國武備院讀書出身，技藝優長，堪充學堂教師之選。據總統前敵各軍遇缺題奏提督周盛波、總統盛軍湖南提督周盛傳等稟請仿照西國武備書院之制，設立學堂，遴派德弁充當教師，挑選營中精健聰穎、略通文義之弁目到堂肄業，經臣批准照辦，並令直隸提督李長樂、廣東水師提督曹克忠、署廣西提督唐仁廉、四川提督宋慶、總統銘軍記名提督劉盛休、正定鎮葉志超、通永鎮吳育仁、大名鎮徐道奎、皖南鎮史宏祖等各挑選弁兵送堂肄業前來。臣查泰西各國講究軍事精益求精，其兵船將弁必由水師學堂、陸營將弁必由武備書院造就而出，故韜略皆所素裕，性習使然。聞其武備書院學舍林立，規模閎廓，讀書繪圖有所習藝，練技有所專選。世家子弟年少敏幹者童而習之，長則調入營伍，由隊目薦充將領，非可一蹴幾也。當其肄業之初，生徒比屋而居，分科傳授，其於戰陣攻守之宜，直視爲身心性命之學，朝夕研求，不遺餘力，而鎗礮之運用理法，步伍之整齊靈變尤爲獨擅勝場。我非盡敵之長，不能致敵之命，故居今日而言武備，當以其人之道，還治其人；若僅憑血氣之勇，粗疏之材以與强敵從事，終恐難操勝算。該提督等各遣弁兵來學，誠欲因時制宜，不得不變通盡利耳。惟是武備書院之設，應建廠屋甚多，需費甚鉅，目下經費支絀，不能不力求撙節。臣與津海關道周馥等籌商，暫就天津水師公所安置生徒，名曰武備學堂，遴委德國兵官李寶、崔發祿、哲寧、那珀、博郎、閫士等作爲教師。並選派通習中外文字之員分充繙譯。

即於本年正月將各營送來弁兵飭該道等悉心考試，擇其精悍靈敏者挑取百餘名入堂肄業。其中有文員願習武事者一併量予録取，並令與該兵官等妥立章程，認真訓迪。數月以來各學生逐日按時進堂，左圖右書，口講指畫，於西洋行軍新法，頗有領悟，一月之中，每間三、五日，由教師督率學生，赴營演試鎗礮陣式及造築臺壘之法，勞其筋骨，驗其所學。每届兩月由臣派員扃試一次，分別賞罰。約計一年後，於西洋後膛各種鎗礮，土木營壘及行軍布陣分合攻守各法，必能通曉。届時擬將頭批學生發回各營，飭由各統領量材授事，復挑二批弁兵百餘人，送堂肄業，分番迭進，期無間斷，其優者或留堂作爲幫教習，或回營轉教員弁；數年以後，教學相長，觀摩盡善，北洋各營必全曉西洋近日行軍制勝之方矣。

獨是泰西武備之學，皆從天算輿地格致而來，欲造其極詣，必先通其語言文字，乃能卽事窮理，洞見本原。擬俟經費稍充，另行建立書院，選募良家年幼子弟入院肄業，以宏造就；學成後再調營帶隊，俾資歷練，庶乎有本之學，將材日出而不窮，可備國家干城禦侮之用。現時學堂經費，除洋弁已遵旨酌定薪俸，教習、翻譯各員，應酌量差事繁簡，分別開支薪水外，其餘學生飯食紙筆器具獎賞等項，及添造住屋，購買西洋兵事書籍圖畫測量儀器各種，均擬在北洋海防經費內撙節開支，按年核實彙報。

至學堂爲培植將材根基，中土創辦之初，風氣未開，不可不多方誘掖，以收鼓舞作新之效。擬將教習繙譯各員，及屢考優等堪充教習之學生，援照同文館成案，二年奏保一次，以示鼓勵。庶幾在事人等，奮勉圖功，成就更速。

又 卷五五《楊宗濂總理武備學堂片光緒十一年十二月十三日》 俯采芻論，因時制宜，莫名欽佩。當此經費支絀，事事力求節省，一切用款非綜覈得人，無以杜虛靡之弊。且堂中學生均係挑選各營弁目，其中固多精健聰穎之才，而勇敢性成，亦往往好逞血氣。所募德國兵官分充教師，性情不一，勤惰各殊，必須威信素孚之員督率駕馭，方可收馴習之效。查有已革湖北簡用道楊宗濂心細才長，器識深穩，自同治初年隨臣剿辦粵捻，久在前敵總理營務，勞勳卓著，深得兵心。歷年隨辦交涉，操縱有方，以之總理學堂事宜，弁兵心悅誠服，如父兄詔勉子弟，自能日起有功。卽西洋教習各弁，亦能謹受約束。臣以事屬創舉，襄助需才，札調該員來津，責令會同津海關道周馥等妥細籌酌，撙節用款，務求實濟，深資得力。

威海水師學堂

清·吳汝綸《李文忠公全集·奏稿》卷七二《威海添建學堂片光緒十七年七月二十二日》 再海軍人材以學堂爲根本，北洋現有各師船，需才甚殷，非多設學堂，不足以資造就。堂內學生課程，有洋文、洋語、史論、算學、海圖、星象、測量、格致諸務，必須研究數年，方能略窺蘊奧。及挑入練船，又須練習風濤、沙綫、帆纜、輪機鎗械、雷礮各藝，計非十年之久，不克畢業。是則水師學堂之設，實爲海軍切要之圖，僅止天津一堂，儲材無多，恐難敷用。經北洋海軍提督丁汝昌於威海衛之劉公島擇購民地，添建水師學堂。該處地接海濱，聞見更多閱歷。光緒十五年遴派委員司事，督催工作，月給薪糧銀七十八兩，自是年九月起支。其選募教習、學生，援照天津學堂成規，酌定經費，撙節試辦。計其共設員司教習、學生、書識、號鼓、夫役人等五十九員名，月需薪贍、伙食、公費等銀五百九十三兩六錢，即於十六年四月十六日起支。又建造學堂大小房屋六十三間，共用工料銀九千五百二十八兩有奇，購地銀四百二十一兩有奇，製備書籍、器具銀九百十九兩有奇，統由北洋海軍經費項下動支，應俟彙案造報。以後應需書籍及考試學生、派上練船暨添募學生、擴充辦理一切活支之款難以預計。原定經費如有不敷，再遵照海軍衙門奏定章程，月請添撥。據天津海防支應局司道開具員名餉數清單，詳請奏咨前來。臣覆核所支經費，均係必不可少之款，除分咨海軍衙門、戶工部立案外，理合繕單附片具陳。

福州船政學堂

清·楊書霖《左文襄公全集·奏稿》卷二〇《詳議創設船政章程購器募匠教習摺同治五年十一月初五日》　一面開設學堂，延致熟習中外語言文字洋師，教習英法兩國語言文字、算法、畫法，名曰『求是堂藝局』，挑選本地資性聰穎、粗通文義子弟入局肄習。【略】

茲局之設，所重在學造西洋機器以成輪船，俾中國得轉相授受爲永遠之利也，非如雇買輪船之徒取濟一時可比；其事較雇買爲難，其費較雇買爲鉅。【略】

謹將船政事宜臚列十條繕具清單，恭呈御覽。【略】

一、宜優待藝局生徒以拔人才也。藝局之設，必學習英法兩國語言文字，精研算學，乃能依書繪圖，深明製造之法，并通船主之學，堪任駕駛，是藝局爲造就人才之地，非厚給月廩不能嚴定課程，非優予登進，則秀良者無由進用。此項學成製造駕駛之人，爲將來水師將材所自出，擬請凡學成船主及能按圖監造者，准授水師官職。如係文職文生入局學者，仍准保舉文職官階，用之水營，以昭獎勸，庶登進廣而人材自奮矣。

又《密陳船政機宜并擬藝局章程摺》　謹將擬定藝局章程繕列清單，恭呈御覽。

一、各子弟到局學習後，每逢端午、中秋給假三日；度歲時於封印日回家，開印日到局。凡遇外國禮拜日，亦不給假。每日晨起夜眠，聽教習洋員訓課，不准在外嬉遊，致荒學業；不准侮慢教師，欺淩同學。

一、各子弟到局後，飯食及患病醫藥之費，均由局中給發。患病較重者監督驗其病果沉重，送回本家調理，病痊後即行銷假。

一、各子弟飯食既由藝局供給，仍每名月給銀四兩，俾贍其家，以昭體恤。

一、開藝局之日起，每三個月考試一次，由教習洋員分別等第；其學有進境考列一等者賞洋銀十圓，二等者無賞無罰，三等者記惰一次；兩次連考三等者戒責，三次連考三等者斥出；其三次連考一等者，於照章獎賞外，另賞衣料以示鼓舞。

一、子弟入局肄習，總以五年爲限；於入局時取具其父兄及本人甘結，限內不得告請長假，不得改習別業，以取專精。

一、藝局內宜揀派明幹正紳，常川住局，稽察師徒勤惰，亦便剽學藝事以擴見聞，其委紳等應由總理船政大臣遴選給委。

一、各子弟學成後，准以水師員弁擢用，惟學習監工船主等事，非資性穎敏人不能；其有由文職文生入局者，亦未便概保武職，應准照軍功人員例議獎。

一、各子弟之學成監造者，學成船主者，即令作監工、作船主。每月薪水，照外國監工、船主辛工銀數發給，仍特加優擢，以獎異能。

又　卷四一《覆陳福建輪船局務不可停止摺同治十一年三月二十五日》　而藝局學徒一百四十餘名，既通英、法語言文字，於泰西諸學，尤易研求。臣前據閩局函報，天文、算學、畫圖、管輪、駕駛諸藝童，有學得七八分者，有學得五六分者，屢請英、法教師考校，列上等者約七八十名，次亦三四十名，將來進詣尚未可量。如果優其廩餼，寬以時日，嚴其程督，加以鼓舞，則以機器造機器，以華人學華人，以新法變新法，似製造、駕駛之才，固不可勝用也。前聞西人議論，每歎華人質地聰穎猶勝泰西諸邦，未之能信。觀近時藝童能事漸多，所學日進，參之西人羨者妒者之口，觀其消沮斂退之形狀，似非無因。此人事之可考者也。

清·吳元炳《沈文肅公政書》卷四《總理福建船政奏摺·船政教導功成籲懇獎勵摺同治十二年十月十八日》　令前學堂之學生、繪事院之畫童分廠監之。數月以來，驗其工程，均能一一吻合，此教導製造之成效也。

後學堂學生既習天文、地輿、算法，就船教練，俾試風濤出洋兩次，而後教習挑學生二名令自行駕駛，當颱颶猝起、巨浪如山之時，徐覘其膽識，現保堪勝駕駛者已十餘人。管輪學生凡新造之輪船機器，皆所經手合攏，分派各船管車者已十四名，此教導駕駛之成效也。

派遣學生出國學習

清・吳汝綸《李文忠公全集・奏稿》卷二五《陳蘭彬議辦華工片光緒元年四月二十日》 再，臣於同治七年十月間會同前大學士兩江督臣曾國藩奏派委員四品銜刑部主事陳蘭彬、江蘇後補同知容閎，攜帶幼童出洋肄業。陳蘭彬等即於十一年夏間帶領頭批幼董赴美國哈富地方寄居，分派各館學習文藝。十二、三年，復選各省聰穎子弟分起送往，本年續送四批，已符奏定一百二十人之數。

迭據陳蘭彬等稟稱，駐洋各幼童肄習洋文，粗有蹊徑，俟其嫻熟，即須就性質所近，分門別類，專心研求，以裨實用。該委員等布置督率，悉臻周妥。惟上年總理各國事務衙門因古巴招工淩虐華人，奏派陳蘭彬就近往查，事竣仍檄調該員回京，以備與日斯巴尼亞使臣辦證一切。該員自十二年冬馳赴古巴，去冬回京，馳驅險遠，辛苦備嘗，以致照料幼童未能兼顧。現在總理衙門正與各國公使議辦古巴華工章程，實賴該員從旁贊助，勢難遽離。而幼童駐洋事宜，亦關緊要，自應遴派妥員，速往接辦，以照慎重。查有工部候補主事區諤良，籍隸廣東，由翰林院庶吉士改授部曹，年力正壯，志趣堅卓，洋務亦頗講求，堪以委令出洋，會同原派委員容閎常駐美國，經理幼童肄業各事，藉資造就。擬請旨飭下總理衙門暨工部，仍照出差人員向例辦理，將來如有成效，再由臣等從優酌保，以示鼓勵。

又 卷二七《卞長勝等赴德國學習片光緒二年三月二十六日》 再臣遵旨籌布海防，疊經籌款定購西洋新式後膛鎗礮，分發各營，督飭操練，並轉託德國克鹿卜礮廠代雇德國都司李勱協來津，與之訂立合同，議明三年爲期，教習克鹿卜後膛鋼礮。該都司悉心指授，礮隊操法，日臻嫻熟，現屆期滿，銷差回國，由臣優給川資，並商令李勱協帶同花翎游擊卞長勝等七人，赴該國武學院，講習水陸軍械技藝，俟學成回華，再分撥各營教練，以期漸開風氣。李勱協性情忠篤，與卞長勝等相習已久，慨然允行。業與議定章程，飭卞長勝等會同李勱協，於三月二十一日由津附搭輪船起程。竊維外交之道，與自固之謀，相爲表裏，德國近年發奮爲雄，其軍政修明，船械精利，實與英俄各邦並峙，而該國距華較遠，並無邊界毗連，亦無傳教及販賣洋藥等事。臣前晤該國駐京使臣巴蘭德，謂中國如派人前往學習船政、軍政，彼國必當盡心教導。是該國素敦友誼，亟應及時聯絡，師彼長技，助我軍謀。近年閩滬各局奏派學生赴英美等國游歷肄業，無非爲實事求是、力圖自强起見。茲臣所派游擊卞長勝等，久歷行陣，素諳洋器，更令出洋精求博覽，兼有李勱協援引照料，徧赴德國各廠局軍營及礮臺兵船切實考究，以增益其所不能，似亦造就人材之一法。所需出洋用費，應在海防經費內核實支銷。其德國都司李勱協，盡心教練，著有成勞，擬請旨賞給二等寶星，佩帶回國，以示優異。除由臣函屬德國公使巴蘭德轉致該國兵部外務大臣，妥爲照護，並緘商總理衙門，仍將出洋員弁銜名，籍貫造册咨送外，理合附片陳明。

又 卷四二《續選學生出洋摺光緒七年十月十一日》 竊臣鴻章於光緒二年十一月會同前南洋大臣沈葆楨等奏明，選派閩廠前、後學堂製造學生十四名、藝徒四名、駕駛學生十二名，分赴法國官廠及英國水師學堂、鐵甲兵船，學習製造、駕駛之方，及推陳出新、練兵制勝之理。所需經費，由閩省額撥南、北洋海防經費內酌提動用。旋議定閩省釐金項下籌銀四分之二，閩海關四成洋稅及船政經費項下各籌撥銀四分之一，按照章程分年匯解。該學生等出洋後，均能悉心考究，窺見門徑，雖所造深淺不同，尚不爲故步所域，多已學成期滿，陸續回華。其駕駛學生出色者，則有劉步蟾、林泰曾等；製造學生出色者，則有魏瀚、陳兆翱等。經臣等量材器使，或派管駕蚊船、快船，或在船政差遣及派往外洋爲鐵甲船監工，其餘亦分任要務，各效所長。惟現值整頓水師，研精船械，規模日擴，事事需才，猶覺不敷分布。臣鴻章於光緒五年九月會同沈葆楨奏明，閩局出洋生徒，應予蟬聯就學，以儲後起之秀而備不竭之需，奉旨允行在案。查船政前、後學堂生徒，初次選擇三十人出洋，已拔其尤。其續入學堂者，年資稍淺，遴選較難，然育才之要，宜使迭出而不窮，日新之功，不可一得而自畫。臣鴻章與臣兆棠往返咨商，擬定續選前學堂學生八名、後學堂學生六名，出洋肄業。並擬分撥經費銀十萬兩，陸續匯解出使大臣兼肄業監督李鳳苞收支，並請由出使英、法大臣曾紀澤會同督率照料。惟查後學堂學生內有許兆箕等四名，先經臣鴻章調赴天津，派充水師學堂教習，及『威遠』練船教練水手，皆有要差，礙難遽令出洋。現計後學堂學生僅有二名，合之前學堂學生八名，共得十名，先行盡數派員送至香港，登舟出洋。餘俟選擇得人，續派前往。所需經費，仍應由福州將軍及福建督、撫臣與臣兆棠查照成案，分年勻撥接濟。所有續選閩廠學生出洋肄業緣由，理合會同福州將軍臣穆圖善、閩浙督臣何璟、福建撫臣岑毓英，恭摺馳陳。

又《**吴嘉善等請奬片光緒七年十月二十六日**》　再，中國派員攜帶幼童出洋赴美國肄業，經前大學士兩江督臣曾國藩會同臣專摺具奏，聲明辦有成效，由臣等從優酌保。嗣因總辦駐美肄業局主事容增祥丁憂回籍，經出使大臣陳蘭彬奏派日國參贊侍講銜翰林院編修吴嘉善前往接辦，並派隨員江蘇試用縣丞沈金午隨同赴局，充當教習各在案。本年五月內經總理各國事務衙門議將該局裁撤，並將幼童一律調回，奏奉俞旨，咨行遵照。吴嘉善等遵將各童分批委員伴送回華，先後抵津，由臣派員逐加考試，各童學業尚堪造就，現經分撥津、滬各機器局暨水師電報各學堂，督令認真學習，以期漸收實用。吴嘉善現無經手事件。由臣給咨回京供職。查奏定章程，出洋人員准照異常勞績保奬。本年陳蘭彬奏保隨帶人員摺內聲明，吴嘉善、沈金午二員奬敍應由南北洋大臣核擬具奏等因。吴嘉善博通中西學術，物望素孚，此次遠涉重洋，襄辦使事，綜理局務，均能認真覈實，勞瘁不辭，擬請賞加四品頂戴。江蘇試用縣丞沈金午由隨員改充教習，出力最久。又該局教習同知銜容思濟當差已逾三年，均與請奬之例相符。沈金午擬請免補縣丞以知縣仍留原省歸候補班儘先補用，並加同知銜；容思濟擬請以府經歷不論雙單月儘先選用。仰懇天恩，俯准照請，分別給奬，以示鼓勵。

又　**卷五五**《**續選學生出洋摺光緒七年十月初十日**》　竊光緒二年、七年，兩次選派閩廠學生，分赴英、法各國學習一節，經臣等奏奉諭旨在案。查閩廠水師學堂設立多年，前堂專習製造，後堂專習駕駛。現值倡練海軍，駕駛之才視製造爲尤亟。北洋舊有蚊、快各船，均以閩局學成回華之學生充當管駕，尚爲得力。目下新購鐵船到沽，機器極精，雖雇定洋員教練，而華員尚鮮獨當一面之選，將來逐年添置船隻，日新月盛，而駕駛爲專門名家之學，未可鹵莽從事，若不亟爲儲備，實有乏才之慮，即製造一端亦宜力求精進，以期日起有功。臣等往復咨商，擬續選前堂學生十三名、藝徒四名，分赴英、法、德各國官廠學習製造；另選後堂學生九名，專赴英國水師學堂、鐵甲兵船學習駕駛；共計生徒二十二名，作爲第三次出洋肄業，剋日前往。該生徒分途投學，凡訪聘名師，稽考課業，約束規矩，必須有華、洋監督專管其事，隨時稟商各國出使大臣，轉商各外部、海部給照分派，方可望其盡心指授，學有進益。查有福建候補道周懋琦，才識淹通，留心西學，現充船政提調，待生徒如子弟，勸勤懲惰，董教兼施，臣蔭森與共事半年，知之最稔，以之派充出洋監督，可期勝任。至洋監督，須熟悉西洋情事，又能與華員和衷協力，頗難得人，查有法員日意格，由該國水師出身，久襄船政，素與學生情意融洽，前屆在洋督課，亦甚勤懇，出使大臣許景澄函稱該員仍願接辦，始終其事，自可派令與周懋琦會商，以資熟手。所需經費，應查照向章，由閩省釐金及閩海關四成洋稅船政經費項下，分別籌撥。惟向例學生出洋，定期三年，爲期太促，所學不全，駕駛學生每年僅有兩個月在大兵船，閱歷亦淺，以後擬將製造學生展限三年，使之深造有得，其駕駛學生改爲每年扣足六個月在船，無庸加展年限。此後天津學堂駕駛學生，材資有可造就者，亦即陸續挑派，隨同出洋肄習，以廣甄陶。至六年內，每年每項需用若干，應由臣蔭森督飭各監督查照舊章切實核減，另行具奏。所有續選閩廠第三次學生出洋肄業，並遴派華、洋監督緣由，除咨明使英、法、德大臣就近督飭認真辦理外，謹會同南洋大臣兩江總督曾國荃、署福州將軍臣古尼音布、閩浙總督兼署福建巡撫臣楊昌濬恭摺馳陳。

又《**朋僚函稿**》**卷一〇**《**復曾相同治九年閏十月二十一日**》　陳荔秋與容閎建議選派聰穎子弟赴西國學習，尊疏前已略陳，內無可否，其懵然不知，非不爲也。此事先須議訂條款預籌經費。南中熟悉外情者尚多，乞令集議通籌。若有眉目，請尊處挈敝銜會奏，斷不可望事由中發。

又《**復曾相同治九年閏十二月十七日**》　承寄示陳荔秋等議選幼童出洋學習條款三摺，遵即詳爲查核，大致似甚精密。尊論爲時過久，需費亦巨。既經遠學，必求有成，自非十五年後，難期深造，惟經費稍多。此雖要事，然僅籌辦洋務之一端，較京、外所設同文館，當有實獲。

鄙見先請試行每年選送三十名，以三年爲度九十名，及委員三教習駐洋歲需五萬四千兩，加之來往脚費。不過六萬餘兩，卽以二十年計之，約需百餘萬耳。奏明在滬關四成洋稅按年提撥，尚不爲難，亦不致駭人聽聞。將來果學有成效，積有經費，再議充拓，方有步驟。擬懇尊處轉飭陳、容二君，酌照此數核減，另擬簡明章程。其條規內商請總署知照美使，可否毋庸預定年限，屆時來去多少，由我自酌。此事由南洋主政，滬關出費，所需尚不過鉅，總署必可允行。出洋幼童九十名，卽學成十之五六，分給總署及南北譯館、機器局應用，轉相傳習，亦可生生不已。否則人多費鉅，學成無差無官可以偏爲位置，終覺可惜。又，條規末擬添『幼童出洋時賞給監生，年滿回國，送由總署考試，請給職銜』一條，並乞卓裁。

又 卷一一《上曾相同治十年四月初一日》 再，威使詢及派幼童出洋學習，甚以爲然。謂須選二十歲內外通習中國文義者，到洋後專習洋學，乃易會通，十年可成；若華洋書兼肄，恐致兩誤。渠頗通華學，此語似有閱歷。陳、容諸君前擬派十五歲以上並延漢文教師同去，本慮多費而少益，可否再令妥商更訂。此間三月內連次得雨，麥苗雖不甚旺，秋禾差可播種。

又 卷一二《復何筱宋制軍同治十一年四月二十七日》 募選子弟出洋肄業一事，文正師持議甚堅，及吾身敢不卒業？荔秋、純甫二君洵遠志之士，恐因師相僊去意興索，然望兄時時策勵之。去冬致書師門，以荔秋垂老投荒，必須預籌替人。玆總署復慮及此，敝處左顧右盼，無此遠到之器，似須於粵東選覓。乞公早爲留意。純甫熟悉洋情，宜得志正體直者贊助，則流弊較少。東使柳原等疊經嚴詞駁斥，聞其緘請本國再定進止。

又 卷一七《復區海峯容純甫光緒三年正月二十二日》 近來學生造詣，有諸君認真督率，自當進而益上，其選入大書院者，能否令其各習一藝？中國所亟宜講求者，煤鐵五金之礦，未得洋法，則地寶不出。現在臺灣、湖北等處開煤，所請英人高下不等，所用機器原委難明，其餘各省因無人指授，不免觀望。如出洋學生內有穎異可造之才，望送入礦務學堂，先窮究其理器。一二年後再令游覽美國五金礦所，或暫充工役，或隨同研究，必自能辨識地產之有無厚薄，機器之如何用法，融會貫通，可得上等考單，確有把握，然後遣回，再發往各省礦局試用，庶於國計有裨，千祈留意。

純甫所薦黎約翰水雷，去冬經唐景星與之議訂大略，本年諒必送來試驗。惟各國洋人頗多訾議，或謂價值太昂，或謂並非新式利器，應俟演放後，察奪辦理。惟埃及並他國買此雷者，究竟實價若干？仍祈查訪明確，由電報寄招商局，以便考核，至要至盼。

荔秋太常有三月間出京之說。西班牙公使以新議古巴章程未定，欲調兵船來華脅制，尚在混攪。星使須先赴美國籌辦一切，華盛頓派員至金山查辦華工事宜，聞西三月可定議。所有外國緊要新聞及學生情形，希隨時詳晰示知，以慰遠念。

又 卷一九《復陳荔秋星使光緒六年四月初二日》 容元甫來謁，言學徒抛荒中學，係屬實情。由於純甫意見偏執，不欲生徒多習中學，卽夏令學館放假後，正可溫習，純甫獨不謂然。弟擬致函純甫，屬勿固執己見，尚祈執事便中勸勉，令其不必多管，應由子登太史設法整頓，以一事權，庶他日該童等學成回華，尚有可以驅遣之處，無負出洋學習初意也。

又 《譯署函稿》卷一二《論出洋肄業學生分別撤留光緒七年二月三十日》 昨奉公函，以幼童肄業局作何遣撤尚無定章，屬卽酌度辦理等因；仰見籌慮精詳，實事求是至意。

查學生出洋肄業，原所以儲異日之用。從前曾文正公創辦之初，奏派陳荔秋、容蒓甫爲正副總辦，蓋以蒓甫熟諳西事，才幹較優；荔秋老成端謹，中學較深，欲使相濟爲功也。既而荔秋因古巴華傭一案調回中國，旋與蒓甫同充駐美公使，其肄業局總辦則區員外諤良與蒓甫同任之；幼童附入書院等事，由蒓甫一手經理。比區君調回，繼之者爲容主事增祥，不久丁憂，又繼之者爲吳子登編修，乃蒓甫所推薦，而荔秋所奏調者也。

邇年以來，頗有議蒓甫偏重西學，致幼童中學荒疏者，鴻章嘗寓書誡勉，不啻至再至三。往歲荔秋出洋，曾與面商，請其照料局務，荔秋亦慨然允許。而前年子登到局後，疊函稱局務流弊孔多，亟宜裁撤，是以鴻章累次函告荔秋、子登會商蒓甫妥籌應留應撤，或半留半撤之法。嗣荔秋等皆有來函，似其意見甚相齟齬，故商辦未能就緒。鴻章平心察之，學生大半粵產，早歲出洋，其沾染洋習或所難免；子登繩之過嚴，致滋鑿枘，遂以爲悉數可撤，未免近於固執。後次來信，則謂學生之習氣過深與資性頑鈍者可撤回華，其已入大書院者滿期已近，成材較速，可交使署兼管。其總辦教習繙譯等員，一概可裁，尚係審時度勢之言。蓴甫久管此局，以謂體面攸關，其不願裁撤，自在意中；然閱其致子登函內，有分數年裁撤之説，尚非不可以理喻者。荔秋與蓴甫牴牾已久，且其素性拘謹畏事，恐管理幼童與蓴甫交涉更多，或被掣肘，故堅持全裁之議。彼其所慮，固非無因。然荔秋與蓴甫均係原帶幼童出洋之人，均不能置身事外。子登續擬半撤之法，既不盡棄前功虚糜帑項，亦可出之以漸，免貽口實。且其意謂得使署照料，呼應較靈，亦係實情。

查各國出洋肄業生徒，多由公使兼理，本屬責無可貸。刻下駐美人員資望權位皆推荔秋爲最優，敝處相隔數萬里，局務利弊究難悉其底蘊，孰撤孰留，非由荔秋等就近察辦不可。正在躊躇間，適接美前總統格蘭德及駐京公使安吉立來信，安使信内並鈔寄美國各書院總教習等公函，皆謂學生頗有長進，半途中輟殊屬可惜，且於美國顏面有損。鴻章因思前此幼童出洋之時，鈞署暨敝處曾函託美使鏤斐迪照料，該國君臣喜中國振奮有爲，遇事每能幫助；今無端全撤，美廷必滋疑駭；況十年以來用費已數十萬，一旦付之東流，亦非政體。若照子登後議，將已入大書院者留美卒業，其餘或選聰穎端慤可成材者酌留若干，此外逐漸撤回。若使署可以兼顧，其肄業局總辦、教習、繙譯人等亦可酌裁省費。但必通盤核算，先將經費劃清，究竟節省若干，日後每歲應用若干，庶免更滋弊混。敝處已發電信並續鈔格蘭德及安使來函，諄致荔秋、子登就此與蓴甫會商妥辦。今省荔秋上鈞署書意，自尚未接敝處最後一函。荔秋所深慮者在蓴甫暗中阻撓，然聞蓴甫有願接子登交代之説。昨接上海寄到二月十二日荔秋來電云：『頃接電示，知子登又有變計，應否撤局，自由尊裁。惟蘭彬弗能經理，萬乞鑑原。蓴甫如何，由其自報』等語。是此事並未與蓴甫妥商，蓴甫亦無另報，鴻章實係無從捉摸。可否請由尊處函致駐美正副使，屬其和衷商榷，會同子登經理，則荔秋未便推諉，蓴甫未能顯違，而子登亦必樂從，諸務當可順手。荔秋迭函稱年老多病，期滿在邇，求退甚切。儻因使事較煩不能兼顧，將來似可交副使兼管；但此時必需荔秋綜其大綱，既覺切實可靠，亦事勢不得不然。敝處仍當隨時函告荔秋、蓴甫、子登，勸令銷融意見，盡心公務，以收實效。

清·寶鋆等《籌辦夷務始末（同治朝）》卷八二《大學士兩江總督曾國藩等奏同治十年七月十九日》 竊臣國藩上年在天津辦理洋務，前任江蘇巡撫丁日昌奉旨來津會辦，屢與臣商榷，擬選聰穎幼童，送赴泰西各國書院學習軍政、船政、步算、製造諸學，約計十餘年業成而歸。使西人擅長之技，中國皆能諳悉，然後可以漸圖自强，且謂攜帶幼童前赴外國者，如四品銜刑部主事陳蘭彬、江蘇候補同知容閎皆可勝任等語。臣國藩深韙其言，曾于上年九月、本年正月兩次附奏在案。臣鴻章復往返函商。竊謂自斌椿及志剛、孫家穀兩次奉命遊歷各國，於海外情形亦已窺其要領，如輿圖、算法、步天、測海、造船、製器等事，無一不與用兵相表裏。凡遊學他邦得有長技者，歸卽延入書院，分科傳授，精益求精，其於軍政船政直視爲身心性命之學。今中國欲仿其意而精通其法，當此風氣既開，似宜亟選聰穎子弟，攜往外國肄業，實力講求，以仰副我皇上徐圖自强之至意。

查美國新立和約第七條，內載嗣後中國人欲入美國大小官學，學習各等文藝，須照相待最優國人民一體優待。又美國可以在中國指準外國人居住地方設立學堂，中國人亦可在美國一體照辦等語。本年春間，美國公使過天津時，臣鴻章面與商及，允候知照到日，卽轉致本國妥爲照料。三月間，英國公使來津接見，亦以此事有無相訊。臣鴻章當以實告，意頗欣許，亦謂先赴美國學習，英國大書院極多，將來亦可派往。此固外國人所深願，似于和好大局有益無損，臣等伏思外國所長，既肯聽人共習，志剛、孫家穀又已導之先路，計由太平洋乘輪船徑達美國，月餘可至，當非甚難之事。

或謂天津、上海、福州等處，已設局仿造輪船、槍砲、軍火，京師設同文館，選滿漢、子弟延西人教授。又上海廣方言館選文童肄業，似中國已有基緒，無須遠涉重洋。不知設局製造，開館教習，所以圖振奮之基也。遠適肄業，集思廣益，所以收遠大之效也。西人學求實際，無論爲士、爲工、爲兵，無不入塾讀書，共明其理，習見其器，躬親其事，各致其心思巧力，遞相師授，期於日異而歲不同。中國欲取其長，一旦遽圖盡購其器，不惟力有不逮，且此中奧窔，苟非徧覽久習，則本源無由洞徹，而曲折無以自明。古人謂學齊語者，須引而置之莊嶽之間，又曰百聞不如一見，此物此志也。況誠得其法，歸而觸類引伸，視今日所爲孜孜以求者，不更擴充於無窮耶？

惟是試辦之難有二：一曰選材，一曰籌費。蓋聰穎子弟不可多得，必其志趣遠大，品質樸實，不牽於家累，不役于紛華者，方能遠遊異國，安心學習，則選材難。國家帑項歲有常額，增此派人出洋肄習之款，更須措辦，則籌費又難。凡此二者，臣等亦深知其難，第以成山始於一簣，蓄艾期於三年，及今以圖，庶他日繼長增高，稍易爲力，爰飭陳蘭彬、容閎等悉心酌議，加以覆覈，擬派員在滬設局，訪選沿海各省聰穎幼童，每年以三十名爲率，四年計一百二十名，分年搭船赴洋，在外國肄業十五年後，按年分起，挨次回華。計回華之日，各幼童不過三十歲上下，年力方强，正可及時報效。

聞前此閩、粵、寧波子弟，亦時有赴洋學習者，但止圖識粗淺洋文洋話，以便與洋人交易，爲衣食計。此則入選之初，慎之又慎。至帶赴外國悉歸委員管束，分門分類，務求學術精到。又有繙譯教習，隨時課以中國文義。俾識立身大節，可冀成有用之材。雖未必皆爲偉器，而人才既衆，當有瑰異者出乎其中。此拔十得五之説也。

至於通計費用，首尾二十年需銀百二十萬兩，誠屬鉅款。然此款不必一時湊撥，分析計之，每年接濟六萬，尚不覺其過難。除初年盤川發給委員攜帶外，其餘指有定款，按年預撥，交與銀號，陸續匯寄，事亦易辦。總之，圖事之始，固不能予之甚吝而遽望之甚賒；況遠適異國，儲才備用，更不可以經費偶乏，淺嘗中輟。

近年來設局製造，開館教習，凡西人擅長之技，中國頗知容心，所需經費，均蒙諭旨准撥。亦以志在必成，雖難不憚，雖費不惜，日積月累，成效漸有可觀。茲擬選帶聰穎子弟赴外國肄業，事雖稍異，意實相同。謹將章程十二條恭呈御覽，公無仰懇天恩飭下江海關，於洋稅項下按年指撥，勿使缺乏。恭候命下，臣等即飭設局，挑選聰穎子弟，妥慎辦理。如有章程中未盡事宜，並請敕下總理衙門酌覈更改，臣等亦可隨時奏請更正。

又 《同治十一年正月十九日曾國藩等摺》 竊臣等擬選聰穎子弟前赴泰西各國肄業技藝，以培人材，業於十年七月初三日專摺會奏在案。旋准總理衙門覆奏，不分滿漢子弟，擇其質地端謹、文理優長，一律送往，每年所需薪水膏火，准于江海關洋稅項下指撥等因，知照前來。

伏查挑選幼童出洋肄業，固屬中華創始之舉，抑亦古來未有之事。所有攜帶幼童委員，聯絡中外，事體重大，擬之古人出使絶域，雖時地不同，而以數萬里之遥，需之二十年之久，非堅忍耐勞、志趣卓越者，不足以膺是選。查有奏調來江之四品銜刑部候補主事陳蘭彬，夙抱偉志，以用世自命，挹其容貌則粥粥若無能，絶不矜才使氣，與之討論時事，皆能洞燭幾微，蓋有遠略而具内心者。又運同銜江蘇候補同知容閎，前在花旗居處最久，而志趣深遠，不爲習俗所囿，同治二年曾派令出洋購買機器，該員練習外洋風土人情，美國尤熟游之地，足以聯外交而窺秘鑰。以上二員，上次摺内業經奏明，均堪勝任，相應請旨飭派陳蘭彬爲正委員、容閎爲副委員，常川駐紮美國，經理一切事宜。此時不敢遽請獎敘，將來辦有成效，再由臣等從優酌保。至挑選幼童，應在上海先行設局，頭批出洋後，即挑選次年之第二批，又挑選第三、第四年各批，與出洋之員呼吸相通。查有鹽運使銜分發候補知府劉翰清，淵雅純篤，熟悉洋務，業經檄令總理滬局事宜。所有駐洋及在滬兩局中外大小事件，由陳蘭彬等互相商辦，各專責成。茲將臣等前奏所未及者，酌擬應辦事宜，開列清單，恭呈御覽，仰懇飭下總理衙門核覆施行。

附清單

謹將挑選幼童及駐洋應辦事宜，分條開列，恭呈御覽。

一、挑選幼童不分滿漢子弟，俱以年十二歲至二十歲爲率，收録入局，由滬局委員查考中學、西學，分別教導，將來出洋後，肄習西學仍兼講中學，課以《孝經》、小學、五經及國朝律例等書，隨資高下，循序漸進。每遇房、虚、昴、星等日，正副二委員傳集各童宣講聖諭廣訓，示以尊君親上之義，庶不至囿於異學。

一、幼童選定後，取具年貌、籍貫暨親屬甘結，收局註册。在滬局肄習，以六個月爲率，察看可以造就，方准資送出洋，仍由滬局造册報明通商大臣轉咨總理衙門查考。至洋局課程，以四個月考驗一次，年終分別等第報查。其成功則以十五年爲率，中間藝成後，遊歷兩年，以驗所學，然後回至內地，聽候總理衙門酌量器使，奏明委用。此係選定官生，不准半途而廢，亦不准入籍外洋，學成後不准在華洋自謀別業。

一、出洋委員及駐滬辦事，所有內外往來文件，應刊給關防，洋局之文曰『奏派選帶幼童出洋肄業事宜關防』，滬局之文曰『總理幼童出洋肄業滬局事宜關防』，均經臣刊刻飭發，以資信守。

一、每年八月頒發時憲書，由江海關道轉交稅務司，遞至洋局。恭逢三大節以及朔望等日，由駐洋之員率同在事各員以及諸幼童，望闕行禮，俾嫻儀節而昭誠敬。

一、出洋辦事，除正副二委員外，擬用繙譯一員，教習一員。查有五品銜監生曾恆忠，究心算學，兼曉沿海各省土音，堪充翻譯事宜；光祿寺典簿附監生葉源濬，文筆暢達，留心時務，堪充出洋教習事宜：業由臣檄飭遵照，屆時隨同正副委員一併前往。

一、每年需用經費，查照奏定章程，於江海關洋稅項下指撥。洋局用款，下年應用之項，於上年六月前由上海道籌撥銀兩，眼同稅務司匯寄外洋，交駐洋之員驗收。其滬局用款，即交滬局總辦支銷。惟原奏係二十年內共用一百二十萬金，約計每年須六萬兩，而細加推算，分年應用之款，參差不齊，不能適符六萬之數。如首數年，滬上設局，幼童齊往，用款較鉅，第四年竟至八萬九千六百餘兩；末數年幼童已歸，用款較減，第十九年僅需二萬三千四百餘兩：此外各年遞推，亦皆多寡懸殊。茲由陳蘭彬等核開清單，某年應用銀若干，交江海關道署存照，按年寄洋，仍由該道分析造報，以昭核實。

清·吴元炳《沈文肅公政書》卷四《總理福建船政奏摺·船工將竣謹籌善後事宜摺同治十二年十月十八日》 前學堂習法國語言文字者也，當選其學生之天資穎異、學有根柢者，仍赴法國深究其造船之方，及其推陳出新之理。後學堂習英國語言文字者也，當選其學生之天資穎異、學有根柢者，仍赴英國深究其駛船之方，及其練兵制勝之理。速則三年，遲則五年，必事半而功倍。蓋以升堂者求其入室，異於不得其門者矣。其學生中有學問優長，而身體荏弱，不勝入廠上船之任者，應令在學堂接充教習，俾指授後進天文、地輿、算學等書。三年五年後有由外國學成而歸者，則以學堂後進之可造者補之。斯人才源源而來，朝廷不乏於用。惟合之遞年成船二隻，所費甚鉅，本年所加月款二萬可省，而原定月款五萬必不能省也。限期瞬屆，應如何辦理之處，敢懇皇上飭下各衙門速議具奏。倘以前赴外國學習爲可行，則數萬里長途，驟試者不無疑懼。臣奉旨後尚須與日意格及生童人等堅明約束，詳議章程，必事事得理之所安，而後人人於心有所恃。臣不揣冒昧，謹會同一等恪靖伯陝甘總督臣左宗棠、福州將軍臣文煜、閩浙總督臣李鶴年、福建巡撫臣王凱泰，恭摺附驛馳陳，伏乞皇上聖鑒訓示，謹奏。

清·楊書霖《左文襄公全集·書牘》卷一三《上總理各國事務衙門同治十二年十月》 今幸閩廠工匠自能製造，學生日能精進，茲事可望有成。再議遣人赴泰西遊歷各處，藉資學習，互相考證，精益求精，不致廢棄。則彼之聰明有盡，我之神智日開，以防外侮，以利民用，綽有餘裕矣。就此一節而論，沈議遣赴英、法，曾議遣赴花旗，竊意既遣生徒赴西遊學，則不必指定三處，盡可隨時斟酌資遣。如布洛斯槍炮之製晚出最精，其國頓畦吧曾言彼中新製水雷足破輪船，如中國肯挑二十餘人同往學習製造，則水雷、後膛螺絲開花大礮亦可於三年內學得。宗棠雖有所聞，卻以相距太遠，不能決也。然即此類推，則不獨英、法、咪應遣人前往，此外尚可商量明矣。所遣之人，須派人領帶，無論內地員紳，即華人在泰西各國貿易日久者，亦可由幼丹采擇委用。如此則取材廣而事易集。

至閩廠與津滬各處人才及遣往英法各國生徒，均宜彼此派撥，以收相觀而善之效，於事理均宜無所窒。

清·朱壽朋《光緒朝東華録》（光緒二年十二月）戊子，李鴻章、沈葆楨奏：臣葆楨前於同治十二年十一月奏陳船工善後事宜摺內，請於閩廠前後學堂選派學生分赴英、法兩國，學習製造駕駛之方及推陳出新、練兵制勝之理，速則三年，遲則五年，擬令船廠監督日意格詳議章程，經總理衙門議請敕下南北洋大臣會商熟籌等因。奉旨依議欽此！欽遵在案。前因臺灣有事，倥偬未及定議。上年臣等籌海防摺內，於出洋學習一事，斷斷焉不謀同辭。及臣日昌、臣贊誠先後接辦船政，察看前後堂學生內秀傑之士，於西人造駛諸法多能悉心研究，亟應遣令出洋學習，以期精益求精。臣等往返函商，竊謂西洋製造之精，實本於測算格致之學，奇才迭出。月異日新，即如造船一事，近時輸機鐵脅，一變前模，船身愈堅，用煤愈省，而行駛愈速。若不前赴西廠觀摩考察，終難探製作之源。至如駕駛之法，近日華員亦能自行管駕，涉歷風濤。惟測量天文沙線遇風保險等事，仍未得其深際。其駕駛鐵甲兵船，於大洋狂風巨浪中，布陳應敵離合變化之奇，華員皆未經見，自非目接身親，斷難窺其秘鑰。查製造各廠，法爲最盛。而水師操練，英爲最精。閩廠前堂學生本習法國語言文字，應卽令赴法國官廠學習製造，務令通船新式輪機器具，無一不能自製，方爲成效。後堂學生本習英國語言文字，應卽令赴英國水師大學堂及鐵甲兵船學習駕駛，務令精通該國水師兵法，能自駕鐵船於大洋操戰，方爲成效。如此分途學習，期以數年之久，必可操練成才，儲備海防之用。至學生中有天資傑出，能習礦學、化學及交涉公法等事，均可隨宜肄業。惟人數既多，道里遼遠。非遴選賢員派充監督，不足以資統馭而重責成。查有三品銜候選道李鳳苞學識宏通，志慮遠大，於西洋輿圖算術及各國興衰源流均能默討潛搜，中外交涉要務尤爲練達，實屬不可多得之才，以之派充華監督，必能勝任。至訪詢各國官學、安插學生延請洋師，仍應有情形熟悉之員聯絡維持，主客方無隔閡。臣葆楨原奏所稱正一品銜閩廠監督日意格，前已回國，經臣等催調來華商辦一切，該員久襄船政，條理熟諳，於船廠學生情誼亦能融洽，以之派充洋監督，必可勝任。六月間，李鳳苞、日意格二員來津稟商，臣鴻章適有烟臺之役，卽攜該員同往，飭令籌議章程。滇案結後，曾將該員等所議各節鈔送總理衙門核奪。

茲經臣等再四討論，復與李鳳苞、日意格切實核減，學生員數以三十名爲度，肄習年限以三年爲度，責以成效，嚴定賞罰。出洋經費，按分年匯解，共需銀二十萬兩。此項經費必應籌定有著之款，臣鴻章前議由閩省額釐撥解釐金，不敷卽在閩海關四成洋稅項下就近湊撥。旋准福州將軍臣文煜咨稱閩關四成洋稅暫無存款，俟第六十五結屆滿，再行核數撥解等因。新授閩浙督臣何璟過保定時，曾與面商一切，亦深以爲然。茲由臣日昌函致臣鴻章議定由閩省釐金項下籌銀十萬兩，閩海關四成洋稅項下籌銀五萬兩，船政經費項下勻撥銀五萬兩，是此項二十萬之數均已議有著落。查照分年匯解章程第一年七萬三千兩有奇，第二年六萬兩有奇，第三年五萬八千兩有奇，並游歷及應支教習脩金等費，隨時核計撥匯。閩力雖甚拮据，必能酌量緩急，以符定議，應請於海防額餉內作正開銷。

查西洋各國，均以中國遣人赴彼學習，爲和好證驗。前派幼童赴美國，英使卽有該國大書院極多，將來亦可隨時派往之語，秋間滇案議結時，臣鴻章面告威妥瑪以擬遣學生赴英學習，該使允俟總理衙門知照到日，轉致本國外部。九月間威妥瑪回國過晤，臣復與商明照辦。惟該國兵船定例稍嚴，聞日本近時已有七人在英兵船學習。臣在烟臺閱視洋操，卽見有日本武弁在英國鐵甲船隨同操演。今議學生分班送往，又有郭嵩燾等駐英商辦，當無礙難之處。至法使白來尼屢以日意格辦船有效爲言，此舉亦該使所深願，擬令該監督等率同學生於明年正月啓行，應請飭下總理衙門迅速分別知照英法駐京公使，令其轉達本國妥爲照料。

臣鴻章於本年三月間因洋員李勱協回國之便，派令武弁卞長勝等七人同赴德國軍營學習兵技，當時未派監督，心甚懸念。此次李鳳苞出洋，飭令該員按三個月一次由輪車馳赴德國，兼查卞長勝等功課，並請總理衙門酌量照會德國駐京公使一體知照辦理。近自同治十二年籌遣幼童赴美學習之後，上年日意格回國，臣葆楨遣學生數名隨往遊學。本年臣鴻章又遣卞長勝等赴德國學習，此次又派李鳳苞等率領學生分赴英法兩國。從此中國端緒漸引，風氣漸開，雖未必人人能成，亦可拔十得五，實於海防自强之基不無稗益。

又《直隸總督李鴻章奏摺光緒五年十月二十八日》 竊光緒二年三月間，教練砲隊德國人李勱協期滿回國，經臣在於海防各營內遴選年力少壯之游擊卞長勝等七弁，商令李勱協帶赴該國武學院，講習陸軍技藝，俟學成回華，再分撥各營教練，以期漸開風氣。當經議定章程，三年爲期，籌撥經費，飭令由津起行，附片具奏，奉旨：『著照所請，該衙門知道，欽此！』旋以卞長勝等赴德學藝，未派監督。適道員李鳳苞監督福建船政局學生赴英、法學習駕駛、製造各事，復經飭令李鳳苞按三箇月一次，由輪車馳赴德國，兼查卞長勝等功課，並請總理衙門照會德國駐京公使知照，於二年十一月選派閩廠學生出洋學習摺內奏明在案。

計自卞長勝等奉派赴德，卽由駐京德國使臣巴蘭德之兄予告提督巴蘭德，商明該國兵部，派入斯邦道第四營，交哨官德羅他妥爲安插，增給經費，延師指授。旋因卞長勝、王得勝、朱耀彩三弁氣體稍弱，改派博洪廠習藝。三年春，調赴維廉士哈芬海口學習水師，復調溪耳海口。四年春，因下長勝、朱耀彩性情較浮，學業未能精進，先調回華。楊德明、查連標、袁雨春、劉芳圃四弁仍在斯邦道步隊營內，歷經巴蘭德及德羅他妥爲照料，視同子弟。每歲由該軍總統帶赴王宮宴會。第一年先習練手足及演槍各法兼習德語，第二年隨看林操所演迎敵設伏及繪地圖排演各法，第三年習演帶排隨同林操兼習文書，上年十月另延哨官西鐸教授布陣各法，該弁等漸有會心。今春三年期滿，經臣緘商駐德使臣李鳳苞轉展限期，令該弁等詳考一哨調度各法，以窺步隊之窾要。自夏徂秋，該弁等晝則隨操，晚則聽講，凡槍隊理法皆能領悟。六七月間，又各備馬匹，隨同砲隊大操，以觀配搭步隊相濟爲用之妙。大操既畢，新兵換防，無藝可學，除王得勝一弁仍留柏林都城延師專教，楊德明一弁攻苦成疾暫在斯邦道就醫外，其查連標、袁雨春、劉芳圃三弁，由李鳳苞咨送回華。

據稱：『德國陸軍甲於天下，而步隊尤精，馬砲各隊其得力全在每日林操熟演料敵應變之法。每年夏秋，大操熟演露宿野戰攻守之法，其法備於一哨，擴而充之，可營可軍。該弁等隨閱林操、大操，耳濡目染，最爲親切。惟德國兵官向例皆選世家子弟聰穎者入武學院，讀書三五年，考取中式，入營學習，或步、或馬、或炮，仍不能兼。今查連標等洋文既未童習，强記力學，三年有餘，雖未能遽臻彼中兵官之詣，而較之教練洋員，固已有過而無不及。該弁等向習步隊，頗已完備。彼國每以泛鶩爲戒，自應咨送回華，以免閒曠』等語。

臣復面加考驗，該三弁所習步隊、技藝、紀律尚爲嫺熟，出洋肄業日久，艱苦備嘗，學有心得。據李鳳苞咨稱：『該弁等在洋均各謹守禮法，見重於外人，營哨教習均具考語信憑。』是其材頗堪造就。擬懇天恩，將藍翎守備銜儘先千總袁雨春留於直隸，以守備盡先補用，並賞換花翎，軍功查連標、劉芳圃二弁均賞給五品藍翎，留於直隸，以千總儘先補用，以示優獎而資傳習。

臣維中西用兵之法大略相同，惟中國選將必臨敵而後得，西國選將以學堂爲根基，中國軍械不求甚精，操練不必甚嚴，西國則一以精嚴爲主，取彼之長，救我之短，不妨參觀互證，期有進益。現擬於親軍營內先行挑選哨隊，仿照德國一哨之制，交該弁等依法教練，並令新募德國兵官漢納根隨時察看，督率講究，日後將學成者分派各營，充當教練，漸次擴充成效必多，於海防不無裨助。

《光緒七年五月十二日總理各國事務衙門奕訢等奏》　竊維肄業局之設，原以辦理洋務須熟習彼中情形，方免隔閡。自同治十年由南北洋大臣奏定章程，挑選幼童中之資質較優者派員管帶出洋，前往就學，以備異日材成之用。及在哈富設局後，凡有水土不服過重及不遵約束者，先後分起撤回，其留局肄業諸生雖未必盡屬成材，但使教導有方，尚可收拔十得五之效。詎料日久弊生，有名無實。上年劉坤一來京，代該局前任總辦區諤良轉遞節略一紙，條陳局中利弊，頗爲詳盡。臣等當即函致陳蘭彬，囑其確切查明。旋據復稱，該局利少弊多，難資得力。臣等又與李鴻章往返函商，李鴻章亦有半撤半留之議。去年十一月十六日奉上諭：『有人奏，洋局廢弛，請飭嚴加整頓一摺，著李鴻章、劉坤一、陳蘭彬查明洋局劣員，分別參撤，將該學生嚴加約束，如有私自入教者，即行撤回，仍妥定章程，免滋流弊』等因，欽此，欽遵。恭録行知遵照去後。嗣據陳蘭彬奏稱：『外洋風俗，流弊多端，各學生腹少儒書，德性未堅，尚未究彼技能，先已沾其惡習，即使竭力整頓，亦覺防範難周，亟應將該局裁撤』等語。奉旨：『該衙門知道。欽此。』

臣等查該學生以童穉之年，遠適異國，路歧絲染，未免見異思遷，惟恃管帶者督率有方，始能去其所短，取其所長，爲陶鑄人材之地。若如陳蘭彬所稱，是外洋之長技尚未周知，彼族之澆風早經習染，已大失該局之初心。四月二十六日准李鴻章來咨，現調出洋學生二十名赴滬聽候分派，是亦不撤而撤之意。臣等以爲與其逐漸撤還，莫若概行停止，較爲直截。相應飭下南北洋大臣，趁各局用人之際，將出洋學生一律調回。一面妥訂章程，責成該局員親自管帶各童回華，庶免任意逗留，別生枝節。至諸生肄業既久，於原定章程九門當亦漸通門徑，回華後察其造詣淺深，分配各處，庶無失材器使之意。局中一切經費，即自裁撤之日，逐款劃清，不准再有虛糜，並咨報臣衙門備案，以重帑項。

清・王樹枏《張文襄公全集・奏議》卷五九《選派水陸師學堂出洋肄業片光緒二十九年二月十三日》　再，光緒二十八年九月初四日，欽奉上諭：『朕欽奉慈禧端佑康頤昭豫莊誠壽恭欽獻崇熙皇太后懿旨，前經降旨，飭令各省調派學生出洋遊學，以資造就。聞近來遊學日本者尚不乏人；泰西各國或以道遠費多，資送甚少，亟應開風氣。著各省督撫選擇明通端正之學生，籌給經費，派往西洋各國講求專門學業，務期成就真才，以備任使。將此通諭知之。欽此！』欽遵在案。伏查中國所最缺少者，莫如水陸師將校之才。水師以英國爲最著，陸師以德國爲最優。惟是遊學西洋，道遠費重，語言文字扞格難通，非先於西文略窺門徑，而又於中學稍具根基者就學，殊難獲益。茲於江南省城水師學堂選取畢業學生曾習英文者八人，派往英國水師學堂。以四人專習管輪之學，以四人專習駕駛之學，每年約需經費銀二萬餘兩，在於通州紗廠官本生息奏定存備出洋遊學經費項下如數動撥。又於陸師學堂選取畢業學生曾習德文者八人，派往德國陸師學堂，分習步、騎、礮、工各門學問，每年約需經費銀二萬兩，在於司庫籌備要政經費各款項下如數動撥。其往返川資、治裝各項，統由司於要政經費項下湊足。各學生均屬青年有志，資性可造之才，經臣諄切訓勉，到外國後務須立品端重，不忘君國，勤求實學，交結正人，期於學成回國，各有專長，以備任使。此次派往暫以三年爲限。至三年滿後，應否即令回華，抑或再令留學，以期大成之處，應俟屆時體察中國需用緩急情形，學生志業，再行斟酌辦理。

清·容閎《西學東漸記》 政府宜選派穎秀青年，送之出洋留學，以爲國家儲蓄人材。派遣之法，初次可先定一百二十名學額以試行之，此百二十人中，又分爲四批，按年遞派。每年派送三十人。留學期限定爲十五年，學生年齡須以十二歲至十四歲爲度，視第一、第二批學生出洋留學著有成效，則以後即永定爲例。每年派出此數，派出時並須以漢文教習同往，庶幼年學生在美仍可兼習漢文。至學生在外國膳宿、入學等事，當另設留學生監督二人以管理之。此項留學經費，可於上海關稅項下，提撥數成以充之。

一八七〇年冬，曾文正辦天津教案事畢，回任兩江。抵南京後，奉到前所上封奏硃批『着照所請』，曾督即馳書召予，商此事之進行。至此予之教育計畫，方成爲確有之事實，將於中國二千年歷史中，特開新紀元矣。既抵南京，所商定者凡四事：曰派送出洋學生之額數，曰設立預備學校，曰籌定此項留學經費，曰酌定出洋留學年限。有種種應辦事宜，勢不能無辦事機關，於是乃有事務所之組織，酌設監督二人、漢文教習二人、翻譯一人。監督即陳蘭彬及予任之。二人之責任亦復劃清權限，陳君專司監視學生留美時漢文有無進步，予則監視學生之各種科學，並爲學生預備寄宿舍等事。至關於經費之出納，則由予二人共主之。此外所聘漢文教員二人：一名葉緒東，一名容雲甫，繙譯則爲曾蘭生，此當日留學事務所組織情形也。

既稍有頭緒，乃議派送之學額並招考章程。旋決定學生人數，照予前次所擬，暫定爲百二十人，分四批，每批三十人，按年分送出洋。學生年齡定爲十二歲以上，十五歲以下，須身家清白，有殷實保證，體質經醫士檢驗，方爲合格。考試科目爲漢文之寫讀，其曾入學校已習英文者，則並須試驗其英文，應考及格後，當先入預備學校，肄習中西文字，至少一年，方可派赴美國留學。當未出洋之先，學生之父兄須簽名於志願書，書中載明自願聽其子弟出洋留學十五年自抵美入學之日起至學成止，十五年中，如有疾病死亡及意外災害，政府皆不負責。至於學生留學經費及出洋之服裝等，皆由政府出資供給，每批學生放洋時，並派一漢文教習隨同偕往，此規定學額及招考章程之大略也。

予與曾督籌議甚久，議定後乃返上海。爲第一步之進行。先於上海設立一預備學校，此校至少須能容學生三十人，因必有此數，方能足第一批派送之定額也。時有久居曾督幕府之劉開成者，奉派爲該校校長。劉在曾督幕府，專司奏稿，爲曾督第一信任之人，故任以此職。予接見劉君，覺其人實予良好之臂助，即平常相處，亦可稱爲益友，對於予之教育計畫，尤抱熱心。後此四批學生預備期滿，陸續派送，皆由劉君一手料量，始終其事焉。

當一八七一年之夏，予因所招學生未滿第一批定額，乃親赴香港，於英政府所設學校中，遴選少年聰穎而於中西文略有根柢者數人，以足其數。時中國尚無報紙以傳播新聞，北方人民多未知中政府有此教育計畫，故預備學校招考時，北人應者極少。來者皆粵人，粵人中又多半爲香山籍，百二十名官費生中，南人十居八九，職是故也。【略】

一八七二年夏季之末，第一批學生三十人，渡太平洋而赴美國。予先期行，抵美後，即乘火車過華盛頓而至紐約，再由紐約赴斯不林非爾。將於此預先布置學生住宿諸事，蓋予與彼等約於此處期會也。當由紐約赴斯不林非爾時，道經紐海絞，遇海德列先生。海聞予任此重職，復來美國，班荆道故，不勝歡欣。予告以一人先至之故，海君囑予往謁康納特克省之教育司，謂渠當能代予籌畫。予如言謁教育司拿德魯布君，告以來意，請其指示。拿謂當將學生分處於新英國省之各人家，每家二三人，但須相去不遠，庶便於監視。俟將來學生程度已能入校直接聽講時，乃更爲區處。予如其教，卽至斯不林非爾覓一適宜之所，以爲辦事處。蓋斯不林非爾地處新英國省中心點，居此易於分配學生，使各去予不遠也。況予於一八五四年所識之好友麥克林夫婦亦居此，公餘之暇，得常與良友把晤，亦人生樂事。後因從教育司拿德魯布及其他友言，乃遷居於哈特福德地方，其地卽康納特克之省城。此後二年，辦事處皆在哈特福德之森孟納街，予雖遷居哈特福德，顧未恝置斯不林非爾，仍以其處爲分派學生之中心點，後之學生來美者，皆先至斯不林非爾，然後再分派各處，直至一八七五年乃已。

一八七四年李文忠從留學事務所之請，命予於哈特福德之克林街監造一堅固壯麗之屋，以爲中國留學事務所永久辦公之地。次年春正月，予卽遷入此新居，有樓三層，極其宏敞，可容監督、教員及學生七十五人同居。屋中有一大課堂，專備教授漢文之用。此外則有餐室一、廚室一，及學生之臥室、浴室等。予之請於中國政府，出資造此堅固之屋以爲辦公地點，初非爲徒壯觀瞻，蓋欲使留學事務所在美國根深蒂固，以冀將來中政府不易變計以取銷此事，此則區區之過慮也。而詎知後來之事，乃有與予意背道而馳者。【略】

最後一批學生，於一八七五年秋間抵美。同時偕來者，有新監督區諤良，新繙譯鄺其照，更有漢文教習二人，皆爲李文忠所派者。茲數人予曩在中國亦皆識之，而於區、鄺二君交尤熟。此次更動之原因，出於陳蘭彬一人之意。陳以急欲請假回國，遂請政府另派新監督以代其職。又陳於古巴調查華工之役，深得漢文教習葉緒東之臂助，故此次歸國，並欲攜葉偕行。而舊日繙譯曾蘭生，亦以他故，政府命其交卸回國，予於數月前已知有此更動，不以爲意也。

自陳歸北京三月，中政府忽派陳蘭彬並予同爲駐美公使，葉緒東亦得參贊，以常理論，是爲遷擢，事屬可喜，然予則不以爲榮，以爲憂。予友皆賀予升遷，蓋亦未就全局之關係一着想，若專就予一身言，以區區留學生監督，一躍而爲全權公使，是政府以國士遇我，受知遇而不感激，非人情，但以教育計畫言，是予視爲最大事業，亦報國之唯一政策，今發軔伊始，植基未固，一旦舍之他去，則繼予後者，誰復能如予之熱心爲學生謀幸福耶？況予與諸學生相處既久，感情之親，不啻家人父子，予去則此諸生且如孤兒失撫，是惡可者！默揣再四，乃上書總督，略謂過蒙逾格擢升，銘感無既，第公使責任重大，自顧庸朽，不堪負荷，擬乞轉請政府收回成命，俾得仍爲學生監督，以期始終其事，俟將來留學諸生，學成種種專門學術，畢業歸來，能爲祖國盡力，予乃卸此仔肩，如是量而後入。予個人對於祖國得略盡其天職，且此學生皆文正手植，譬之召伯甘棠，尤願自我灌溉之，俾得告無罪於文正。況政府既已派陳蘭彬爲公使，則外交事務以陳獨當一面，必能勝任，固無需予之襄助也。是書予倩容雲甫屬稿，繕就寄之中國。容雲甫卽偕第一批學生來美，與葉緒東同爲漢文教習者也。書上後四月，總督有覆函來，不准不駁，亦允亦否。蓋命予爲副公使而兼監督之任，俾予於留學生方面，仍得有權調度一切也。

新監督區諤良，大約卽陳蘭彬所舉薦，此行與一妻二子俱來。區君較陳蘭彬爲年少，雖非翰林出身，固亦中國飽學之文士，其人沉默靜穆，對於一切事物，皆持哲學觀念，不爲已甚，其於前人布置已定之局，絕不願紛更破壞之。觀其所言所行，胸中蓋頗有見地，惜此君任事未久，於一八七六年卽辭職歸國。

一八七六年，陳蘭彬以全權公使之資格重履美土。一時攜來僚屬極多，中有一人曰吳子登，予約於二十年前曾在上海識之。其人亦爲翰林，第不知何故，從未指分各部授職，亦從未得政府之特別差委。聞其人好研究化學，顧所研究亦殊未見其進步。凡與吳交者，咸贈吳以『性情怪僻』四字之考語。當區諤良辭監督職時，陳蘭彬乃薦此性情怪僻者以繼任，李文忠亦竟貿然允陳之請，於是留學界之大敵至矣。吳子登本爲反對黨之一派，其視中國學生之留學外洋，素目爲離經叛道之舉。又因前與曾文正、丁日昌二人不睦，故於曾、丁二公所創之事業，尤思破壞，不遺餘力。凡此行徑，予初不之知，乃陳蘭彬屬下代理秘魯公使某君告予者。然則陳蘭彬之薦吳繼區，可知陳亦極頑固之舊學派，其心中殆早不以遣派留學爲然矣。陳之此舉，不啻表示其自居反對黨代表地位，揎拳擄袖，準備破壞新政，以阻中國前途之進步。甚矣，知人之難也！陳既挾此成見，故當其任監督時，與予共事，時有齟齬，每遇極正當之事，大可著爲定律，以期永久遵行者，陳輒故爲反對以阻撓之。例如學生在校中或假期中之正雜各費，又如學生寄居美人寓中，隨美人而同爲祈禱之事，或星期日至教堂瞻禮，以及平日之游戲運動改裝等問題。凡此瑣瑣細事，隨時發生，每值解決此等問題時，陳與學生常生衝突，予恆居間爲調停人。但遇學生爲正當之請求，而陳故靳不允，則予每代學生略爲辯護，以是陳疑予爲偏袒學生，不無怏怏。雖未至形諸詞色，而芥蒂之見，固所不免。蓋陳之爲人，當未至美國以前，足迹不出國門一步，故於揣度物情，評衡事理，其心中所依據爲標準者，仍完全爲中國人之見解，卽其畢生所聞，亦以久處專制壓力之下，習於服從性質，故絕無自由之精神，與活潑之思想。而此多數青年之學生，既至新英國省，日受新英國教育之陶鎔，且習與美人交際，故學識乃隨年齡而俱長，其一切言行舉止，受美人之同化而漸改其故態，固有不期然而然者，此不足爲學生責也。況彼等既離去故國而來此，終日飽吸自由空氣，其平昔性靈上所受極重之壓力，一旦排空飛去，言論思想悉與舊教育不侔，好爲種種健身之運動，跳躑馳騁，不復安行矩步，此皆必然之勢，何足深怪！但在陳蘭彬輩眼光觀之，則又目爲不正當矣。

陳蘭彬自赴華盛頓後，與哈特福德永遠斷絕關係，因有以上種種原因，故其平素對於留學事務所，感情極惡。卽彼身所曾任之監督職務，亦久存厭惡之心，推彼意想，必以爲其一己所受純潔無瑕之中國教育，自經來美與外國教育接觸，亦幾爲其所汙染。蓋陳對於外國教育之觀念，實存一極端鄙夷之思也。雖然，陳之此種觀念，亦未免自忘其本矣，獨不思彼一生之發迹，固由於此素所厭棄之事業耶！設無此留學事務所，則彼亦安能以二十年刑部老主事，一旦而爲留學生監督，更安得由留學生監督，一躍而爲華盛頓公使！是則此留學事務所者，固大有造於陳蘭彬，不啻爲其升官發財之階梯。陳苟能稍稍念木本水源，則不當登高而撤梯，乃不謂其盡忘前事，極力欲破壞予之教育計畫，而特薦吳子登爲留學生監督。吳之爲陳傀儡，又恰合其身分，蓋舍吳而外，固無人能受陳黑幕中之指揮也。吳既任監督，而留學事務所乃無寧歲矣。

一八七六年秋間，吳既任事，對於從前已定之成規，處處吹毛求疵，苛求其短。顧有所不滿意，又不明以告予，惟日通消息於北京，造爲種種謠言，謂予若何不盡職，若何縱容學生，任其放蕩淫佚，並授學生以種種不應得之權利，實毫無裨益。學生在美國，尚好學美國人爲運動游戲之事，讀書時少而游戲時多，或且效尤美人，入各種秘密社會，此種社會有爲宗教者，有爲政治者，要皆有不正當之行爲。坐是之故，學生絕無敬師之禮，對於新監督之訓言，若東風之過耳，又因習耶教科學，或入星期學校，故學生已多半入耶穌教。此等學生，若更令其久居美國，必致全失其愛國之心，他日縱能學成回國，非特無益於國家，亦且有害於社會，欲爲中國國家謀幸福計，當從速解散留學事務所，撤回留美學生，能早一日施行，卽國家早獲一日之福云云。

吳子登日毀予於北京友人及李文忠前，予初毫無聞知，後文忠有書來，以吳報告之言轉告，命予注意。予乃知吳媒孽予短，因亦作書報文忠。書中略謂凡此捕風捉影之談，皆挾私恨者，欲造謠生事，以聳聽聞，予固知造此言者，其人性情乖張，舉止謬妄，往往好爲損人不利己之事，似此荒謬之人，而任以重職，實屬大誤。今彼且極力思破壞從前曾文正所創之事業。夫文正之創此留學事務所，其意固將爲國家謀極大幸福也，吳子登苟非喪心病狂，亦何至欲破壞此有益於國之事！愚以爲若吳子登其人者，祇宜置之瘋人院或廢病院中，惡足以任留學生監督！且舉薦吳者實爲陳蘭彬，陳亦怯懦鄙夫，生平膽小如鼠，卽極細微之事，亦不敢擔負絲毫責任。予之與陳共事，無論外交方面、教育方面，意見咸相左。予今試略舉一事：一八七三年，政府派陳赴古巴調查華工情形，陳奉命不敢遽往，遲至三月後乃首途。且於未行之先，先遣他人爲之試探，所遣者爲葉緒東及一教員，並有美國律師及通譯各一人。迨諸人調查既竣，事事完備，陳乃至古巴略一周旋，卽返美呈報銷差矣。凡冒炎暑任艱鉅之事，皆葉緒東一人當之，陳蘭彬特坐享其成耳。今則陳蘭彬已升遷公使，而葉緒東乃僅得參贊。予之爲此言，非有所私憾於陳蘭彬而德葉緒東，第見政界中往往有此不平之事，無功受祿，轉來不虞之譽，勞苦功高，反有求全之毁。總督明察，當知予之所言，非有所掩者。蓋予固甚願辭公使之職，仍退處於監督舊任，俾得專心於教育事業，冀將來收良好之效果。卽如某日因事致書於美國國務院，予與陳蘭彬意見不合，致有爭論，爾時予曾語陳，謂無論副使、公使若何尊榮，皆不在予心目中，予已預備隨時辭職，以便足下獨斷獨行。斯言也，亦足以表明予之心迹矣。

予爲此詳細之報告以覆總督，欲其知予之歷史及陳吳二人之行爲也。至於總督以何言告陳蘭彬，則非予所得知矣。第此後公使館及留學事務所兩處，表面上似覺暫時平静，並無何等衝突。【略】顧吳一人之力猶有未逮，因暗中與陳蘭彬密商，設爲種種讆言，以極細微之事，造成一絕大文章，寄之北京。適此時反對黨中有一御史，因美國華工禁約之舉，遂乘機上一封奏，請卽解散留學事務所，撤回留學生，以報復美人之惡感。政府閲之，亦未敢貿然准其所奏，乃以此事質之總督李文忠、公使陳蘭彬與監督吴子登三人，詢其意見。李文忠此時不願爲學生援手，卽順反對黨之意見，而贊成其議。陳蘭彬因曾任留學生監督，此中真象理應洞澈，故政府亦垂詢及之。陳乃以極圓滑之詞答政府，謂學生居美已久，在理亦當召回。其措詞之妙，可謂至極。吴子登則更無猶豫之詞，直捷痛快以告政府，謂此等學生當立卽撤回，歸國後並須交地方官嚴加管束云。此三人各陳所見，初無一語詢予。予於此事，已無發言之權。蓋彼等咸疑予懷私見，卽有所言，亦不足信也。留學事務所之運命，於是告終，更無術可以挽回矣。此百二十名之學生，遂皆於一八八一年淒然返國。

美國人中，理想高尚、熱心教育、關懷於東西人種之進步者，正復不少。其對於中國解散留學事務所召回留學生之舉動，未嘗不竭全力以爭之，爰卽聯名上書於總理衙門，反對此事，惟措詞極其和平，態度始終鎮静耳。其中主張最力者，爲予畢生之良友吐依曲爾君及藍恩君。賴彼二人提倡，聯絡多數之大教育家及大學校校長，簽名書中，思有以阻止中國爲此退化之事。此書爲耶路大學校長樸德手筆，雖後來未獲收效，顧其詞嚴義正，磊落光明，誠不愧爲文明人口吻。爰録其文如下：

總理衙門鑑：予等與貴國留美學生之關係，或師或友，或則爲其保人。今聞其將被召回國，且聞貴國政府卽欲解散留學事務所，予等咸規規自失，且爲貴國憂之。今請以某等觀察所及，及得之外界評論者，爲貴衙門一陳之。貴國派遣之青年學生，自抵美以來，人人能善用其光陰，以研究學術。以故於各種科學之進步，成績極佳。卽文學、品行、技術以及平日與美人往來一切之交際，亦咸能令人滿意，無間言。論其道德，尤無一人不優美高尚，其禮貌之周至，持躬之謙抑，尤爲外人所樂道。職是之故，貴國學生無論在校内肄業，或赴鄉村游歷，所至之處，咸受美人之歡迎，而引爲良友。凡此諸生言行之盡善盡美，實不愧爲大國國民之代表，足爲貴國增榮譽也。蓋諸生年雖幼稚，然已能知彼等在美國之一舉一動，皆與祖國國家之名譽極有關係，故能謹言慎行，過於成人。學生既有此良好之行爲，遂亦收良好之效果。美國少數無識之人，其平日對於貴國人之偏見，至此逐漸消滅，而美國國人對華之感情，已日趨於歡洽之地位。今乃忽有召令回國之舉，不亦重可惜耶！夫在學生方面，今日正爲最關重要時期，曩之所受者，猶不過爲預備教育，今則將進而求學問之精華矣。譬之於物，學生猶樹也，教育學生之人猶農也。農人之辛勤灌溉，胼手胝足，固將以求後日之收穫。今學生如樹木之久受灌溉培養，發芽滋長，行且開花結果矣，顧欲摧殘於一旦而盡棄前功耶！至某等授予貴國學生之學問，與授與敝國學生者不少異，絕無歧視之心。某等因身爲師保，故常請貴國所派之監督或其代表來校參觀，使其恍然於某等教授中國學生之方法。惜貴國所派之監督輕視其事，每遇此種邀請，或不親臨，或竟無代表派來也。貴衙門須知此等學生，乃當日由貴政府請求美國國務卿，特別咨送至予等校中，欲其學習美國之語言、文字、學術、技藝，以及善良之禮俗，以冀將來有益於祖國。今學生於科學、文藝等，皆未受有完全教育，是所學未成，予等對於貴國之責任，猶未盡也。乃貴政府不加詳細調查，亦無正式照會，遽由予等校中召之返國。此等舉動，於貴國國體無乃有虧乎？某等對於貴國，固深望其日躋富强，卽美國國人平日待遇貴國學生，亦未嘗失禮。貴政府乃出此種態度以爲酬報，揆之情理，亦當有所不安。至於他人之造謠誣衊，謂中國學生在校中肄業，未得其益，反受其損等言，此則某等絕對不能承認。何也？苟所謂無益有損者，指其荒蕪中學而言，則某等固不任咎，以某等對於此事，從未負絲毫職務也。況貴政府當日派送學生來美時，原期其得受美國教育，豈欲其緣木求魚，至美國以習中學？今某等所希望之教育雖未告成，然已大有機會可竟全功。當此事業未竟，功過未定之日，乃預作種種謠言以爲誣衊，是亦某等所不樂聞也。某等因對於素所敬愛之貴國學生，見其忽受此極大之損失，既不能不代爲戚戚，且敝國無端蒙此教育不良之惡名，遂使美利堅大國之名譽亦受莫大之影響，此某等所以不能安緘默也。願貴衙門三復此言，於未解散留學事務所之前，簡派誠實可恃聲望素著之人，將此關於學生智育德育上誣衊之言，更從實地調查，以期水落石出，則幸其幸甚。

學生既被召回國，以中國官場之待遇，代在美時學校生活，腦中驟感變遷，不堪回首可知。以故人人心中咸謂東西文化，判若天淵，而於中國根本上之改革，認爲不容稍緩之事。此種觀念，深入腦筋，無論身經若何變遷，皆不能或忘也。今此百十名學生，强半列身顯要，名重一時。而今日政府，似亦稍稍醒悟，悔昔日解散留學事務所之非計，此則余所用以自慰者。自中日、日俄兩次戰爭，中國學生陸續至美留學者，已達數百人，是一八七〇年曾文正所植桃李，雖經蹂躪，不啻閱二十五年而枯株復生也。

當諸學生撤回未久，予亦出使任滿，去美返國。時陳蘭彬已先予一年歸。故事，凡外交官任滿歸國，必向政府報告一次，謂之銷差。予亦循例入都，道出天津，謁直督李文忠。談次及撤回留學生事，文忠忽轉詰予曰：『汝何亦任學生歸國乎？』予聞言，莫知其命意所在，答曰：『此事乃由公使陳蘭彬奉上諭而行，鄙意以爲總督及陳蘭彬與吴子登，皆贊成此舉也。予縱欲挽回此事，亦何能爲役！且違抗諭旨，則人且目爲叛逆，捕而戮之。』文忠曰：『否，予當日亦甚願學生勿歸，仍留美以求學，故頗屬望於汝，謂汝當能阻止學生勿使歸也。』予曰：『當日此舉，總督既未有反對之表示，身居四萬五千里外，安能遥度總督心事？設總督能以一函示予，令勿解散，自當謹遵意旨，惜當日未奉此訓示耳。』文忠怒形於色，忿然曰：『予已知此事之戎首爲誰矣。』於時吴子登亦自京來津，約予往晤，以理不可卻，訪之。吴語予，渠在北京，京人士遇之極冷淡，此次謁李文忠，不知何故逢怒，命此後勿再來見，甚怪事也。予察吴狀，似甚狼狽，此爲予與彼末次晤談，嗣後此人銷聲匿迹，不復相聞問矣。

論說

《大理寺少卿王家璧奏摺附片光緒元年二月二十七日》 再，李鴻章以我朝取士，惟以章句弓馬所學非所用，無以禦敵，遂議變科目以洋學。臣惟本朝以弓馬開基，文德武功，遠軼前代。槍礮固可兼習，本業豈可全忘？都興阿、多隆阿等所部馬隊多兼用弓矢，追賊發無不中，賊甚畏之，臣所親見。且以章句取士，正崇重堯舜周孔之道，欲人誦經史，明大義，以敦君臣父子之倫也。人若不明大義，雖機警多智，可以富國强兵，或恐不利社稷。操用人之柄者，苟舍德而專尚才，從古亂臣賊子，何一非當世能臣哉？今欲棄經史章句之學，而盡趨向洋學，試問電學、算學、化學、技藝學，果足以禦敵乎？曾國藩、左宗棠、李鴻章皆從科目進身，並未讀洋書，習洋技，而其克成大功，洋之槍礮輪船皆足供其用者，正貴深明大義，能用洋人而不爲洋人所用也。

今之設館教幼童以洋學者，不過欲備他日船主、通事及匠作之用，非謂體國經野之才皆在此中，此外更無人也。洋人在中國者，尚請中國文士教習經史，是能用夏變夷。李鴻章何乃欲胥中國士大夫之趨向，盡屬洋學乎？

李鴻章又侈稱洋人之强，且謂環顧當世人才，實有未逮。臣愚以爲李鴻章位高心汰，自無知人之明，又好諛惡直，不能虚心求士，以人事君耳。中國之大，何地無才？今日欲備横海、伏波之選，則忠孝性成，明於料敵，不怯、不輕，無出楊岳斌、彭玉麟之右；其次亦不乏人。而李鴻章舉用人才，乃以沈葆楨與丁日昌相提並論。沈葆楨爲林則徐之壻，學問經濟，具有淵源，現爲朝廷所倚畀，左宗棠亦稱其清强忠實，能得華洋之心。丁日昌矯飾傾險，心術不正，實爲小人之尤，豈可同年語哉？丁日昌曾以諸生充洋行雇用，【略】故與洋人相習。及官知縣，失守革職，乃以洋人槍礮投獻李鴻章軍營，因爲代答總署一書，遂見知用。馬新貽一案，至今議論未息，張之萬之告養，鄭敦謹之告病，皆以有疚於心。丁日昌平時議論，且謂延宋祚者秦檜也，岳飛、韓世忠皆不達時務之人！其好惡拂人之性，繆醜無忌憚可知矣。此人尚可復用以誤國家乎？至於有誤國家然後並坐舉主，所傷多矣。

伏乞聖明裁斷，慎重科目以養明大義之人才，毋令僉壬之徒巧爲嘗試，斯爲國家之福。

《兩江總督沈葆楨奏摺光緒五年九月二十日》 竊臣承准軍機大臣字

寄，光緒五年六月初七日奉上諭：『都察院代遞貴州候補道羅應旒敬呈管見一摺，所陳各條有無可采，著李鴻章、沈葆楨體察情形，妥籌具奏。原摺著鈔給閲看。』等因欽此，仰見我皇上博采兼諮，邇言必察，循誦再四，欽佩難名！查該道所陳各條，大指在力求自强，而亦不無窒礙難行之處，謹逐條悉心籌議，爲我皇上陳之。

《同治六年正月二十九日掌山東道監察御史張盛藻摺》 竊臣考堯典授時，分命羲和，《周禮》軼司空一篇，漢儒補以《考工記》，未聞水、火、工、虞之職俱習鳥、火、虚、昴之文，亦未聞天官六屬俱習考工之事。我朝頒行憲書，一遵《御製數理精藴》，不爽毫釐，可謂超軼前古矣；即或參用洋人算術，不過借西法以印證中法耳。

近見邸鈔，總理各國事務衙門請設同文館，專用正途科甲人員學習天文算術，以爲製造輪船、洋槍之用，臚列六條，意在專講習，勤考課；又恐人之不樂從也，乃厚給廪餼，優與獎敍，以鼓舞之，其誘掖獎勸用心苦矣。臣愚以爲朝廷命官必用科甲正途者，爲其讀孔、孟之書，學堯、舜之道，明體達用，規模宏遠也，何必令其習爲機巧，專明製造輪船、洋槍之理乎？若以自强而論，則朝廷之强莫如整紀綱，明政刑，嚴賞罰，求賢養民，練兵籌餉諸大端。臣民之强則惟氣節一端耳。朝廷能養臣民之氣節，是以遇有災患之來，天下臣民莫不同仇敵愾，赴湯蹈火而不辭，以之禦災而災可平，以之禦寇而寇可滅，皆數百年深仁厚澤以堯、舜、孔、孟之道爲教育以培養之也。若令正途科甲人員習爲機巧之事，又藉升途、銀兩以誘之，是重名利而輕氣節，無氣節安望其有事功哉？臣以爲設立專館，祇宜責成欽天監衙門考取年少穎悟之天文生、算學生，送館學習，俾西法與中法互相考驗。至輪船、洋槍，則宜工部遴選精巧工匠或軍營武弁之有心計者，令其專心演習，傳受其法，不必用科甲正途官員肄習其事，以養士氣而專責成。

臣職司獻納，未敢以緘默自安。惟念此舉於士習人心大有關繫。可否飭令在廷諸臣悉心妥議之處，伏乞皇太后皇上聖鑒訓示。

《同治六年二月十五日大學士倭仁摺》 昨見御史張盛藻奏天文算學無庸招集正途一摺，奉上諭：朝廷設同文館，取用正途學習，原以天文算學爲儒者所當知，不得目爲機巧，於讀書學道無所偏廢等因，欽此。數爲六藝之一，誠如聖諭爲儒者所當知，非歧途可比。惟以奴才所見，天文、算學爲益甚微，西人教習正途，所損甚大，有不可不深思而慮及之者，請爲我皇上陳之。

竊聞立國之道，尚禮義不尚權謀；根本之圖，在人心不在技藝。今求之一藝之末，而又奉夷人爲師，無論夷人詭譎未必傳其精巧，即使教者誠教，學者誠學，所成就者不過術數之士，古今來未聞有恃術數而能起衰振弱者也。天下之大，不患無才。如以天文、算學必須講習，博采旁求，必有精其術者，何必夷人，何必師事夷人？

且夷人吾仇也，咸豐十年，稱兵犯順，憑陵我畿甸，震驚我宗社，焚毁我園囿，戕害我臣民，此我朝二百年未有之辱，學士大夫無不痛心疾首，飲恨至今，朝廷亦不得已而與之和耳，能一日忘此仇耻哉？

議和以來，耶穌之教盛行，無識愚民半爲煽惑，所恃讀書之士講明義理，或可維持人心。今復舉聰明儁秀、國家所培養而儲以有用者，變而從夷，正氣爲之不伸，邪氛因而彌熾，數年以後，不盡驅中國之衆咸歸於夷不止。伏讀聖祖仁皇帝御製之集，諭大學士、九卿、科道云『西洋各國，千百年後，中國必受其累』。仰見聖慮深遠，雖用其法，實惡其人。今天下已受其害矣，復揚其波而張其焰耶？聞夷人傳教，常以讀書人不肯習教爲恨。今令正途從學，恐所習未必能精，而讀書人已爲所惑，適墮其術中耳。

伏望宸衷獨斷，立罷前議，以維大局，而彌隱患，天下幸甚！

《同治六年三月初二日總理各國事務奕訢等摺》 同治六年二月十六日，軍機處抄交出御史張盛藻、大學士倭仁條奏各一件，除張盛藻一摺業奉明降諭旨著勿庸議外，其倭仁一摺奉旨：『該衙門知道。欽此！』臣等查閲倭仁所奏，陳義甚高，持論甚正，臣等未曾經理洋務之前，所見亦復如此，而今日不敢專恃此説者，實有不得已之苦衷，請爲我皇太后皇上詳陳之。

竊惟城下之盟，春秋所耻。宋臣韓琦有言和好爲權宜、戰守爲實務，自古禦夷無上策，大要以修明禮義以作忠義之氣爲根本，一面即當實力講求戰守，蘄得制伏之法，不能以一和而遂謂可長治久安也。溯自洋務之興，迄今二三十年矣。始由中外臣僚未得窾要，議和議戰，大率空言無補，以致釀成庚申之變。彼時兵臨城下，烽焰燭天，京師危在旦夕，學士大夫非袖手旁觀，即紛紛逃避。先皇帝不以臣奕訢等爲不肖，留京辦理撫務。臣等不敢徒效賈誼之痛哭流涕，胡銓欲蹈東海而死，空言塞責，取譽天下，而京城内外尚以不早定約見責，甚至滿漢臣工連銜封奏，文函載道，星夜迭催，令早換約。臣等俯察情形，不得不俯徇輿論，保全大局。自定約以來，八載於茲，中外交涉事務，萬分棘手，臣等公同竭力維持，近日大致雖稱馴順，第苟且敷衍目前則可，以爲即此可以防範數年、數十年之後則不可。是以臣等籌思長久之策，與各疆臣通盤熟算，如學習外國語言文字，製造機器各法，教練洋槍隊伍，派赴周遊各國訪其風土人情，並於京畿一帶設立六軍，藉資拱衛；凡此苦心孤詣，無非欲圖自强。又因洋人制勝之道，專以輪船、火器爲先，從前御史魏睦庭曾以西洋製造火器不計工本，又本之天文度數，參以句股算法，故能巧法奇中，請在上海等處設局訓練。陳庭經亦請於廣東海口設局製造火器。臣等復與曾國藩、李鴻章、左宗棠、英桂、郭嵩燾、蔣益澧等往返函商，僉謂製造巧法，必由算學入手，其議論皆精鑿有據。左宗棠先行倡首，在閩省設立藝局、船廠，奏交前江西撫臣沈葆楨督辦。臣等詳加體察，此舉實屬有益，因而奏請開設天文算學館，以爲製造輪船各機器張本，並非空講孤虛，侈談術數，爲此不急之務。又恐學習之人不加揀擇，或爲洋人引誘誤入歧途，有如倭仁所慮者，故議定考試必須正途人員，誠以讀書明理之士，存心正大，而今日之局，又學士大夫所痛心疾首者，必能臥薪嘗膽，共深刻勵，以求自强，實際與泛泛悠悠漠不相關者不同。倭仁謂夷爲吾仇，自必亦有臥薪嘗膽之志。然試問所爲臥薪嘗膽者，姑爲其名乎？抑將求其實乎？如謂當求其實，試問當求之愚賤之人乎？抑當求之士大夫乎？此臣衙門所以有招考正途之請也。今閱倭仁所奏，似以此舉斷不可行。該大學士久著理學盛名，此論出而學士大夫從而和之者必衆，臣等向來籌辦洋務，總期集思廣益，於時事有裨，從不敢稍存迴護。惟是倭仁此奏，不特學者從此裹足不前，尤恐中外實心任事不尚空言者亦將爲之心灰而氣沮，則臣等與各疆臣謀之數載者，勢且隳之崇朝，所係實非淺鮮！臣等反覆思維，洋人敢入中國肆行無忌者，緣其處心積慮在數十年以前，凡中國語言文字，形勢虛實，一言一動，無不周知，而彼族之舉動，我則一無所知，徒以道義空談，紛爭不已。現在晌屆十年換約之期，即日夜圖維，業已不及；若安於不知，深慮江河日下，及設法求知，又復衆論交攻，一誤何堪再誤！左宗棠創造輪船各廠，以爲創議者一人，任事者一人，旁觀者一人，事敗垂成，公私均害。李鴻章置辦機器各局，以爲無事則嗤外國之利器爲奇技淫巧以爲不必學，有事則驚外國之利器變怪神奇以爲不能學，並引宋臣蘇軾之言，以爲言之於無事之時，足以有爲，而恆苦於不信；言之於有事之時，可以見信，而已苦於不及。該督撫等所論，語多激切，豈故好爲辯爭，良由躬親閱歷，艱苦備嘗，是以切實不浮，言皆有物。在臣等竭慮殫思，但期可以收效，雖冒天下之不韙，亦所不辭。該大學士既以此舉爲窒礙，自必別有良圖，如果實有妙策可以制外國而不爲外國所制，臣等自當追隨該大學士之後，竭其檮昧，悉心商辦，用示和衷共濟，上慰宸廑。如別無良策，僅以忠信爲甲冑，禮義爲干櫓等詞，謂可折衝樽俎，足以制敵之命，臣等實未敢信。所有現議開辦同文館事宜，是否可行，伏祈聖明獨斷，訓示遵行。

《同治六年三月初八日倭仁摺》 本月初三日，軍機大臣文祥、江元方口傳諭旨：『總理衙門摺一件、片二件，並摘抄曾國藩等摺件信函，著倭仁閱看。』仰見集思廣益之衷，奴才不勝欽佩！

伏思是非者不易之理，好惡者天下之公。前因同文館延聘夷人教習正途一事，上虧國體，下失人心，是以罄竭愚誠，直言無隱，固非爭以意氣之私也。今閱總理衙門所奏，大率謂忠信禮義之空言無當於制勝自强之實政，奴才愚見竊謂不然。夫欲求制勝必求之忠信之人，欲謀自强必謀之禮義之士，固不待智者而後知矣。今以誦習詩書者而奉夷爲師，其志行已可概見，無論所學必不能精，即使能精，又安望其存心正大、盡力報國乎？恐不爲夷人用者鮮矣。且夷人機心最重，狡詐多端，今欲習其秘術以制彼死命，彼縱陽爲指授，安知不另有詭謀？奴才所慮墮其術中者，實非過計耳。

方今時事多艱，義當共濟，豈忍以游談侈論，邀譽沽名。第議論不爲苟同，正所以求其至是。若謂奴才此論一出，不特學者裹足不前，即中外實心任事者亦心灰而氣沮，則持論亦過激矣。夫利之所在，衆所必趨，既有薪水，又得優保，人亦何樂而不從？而謂一人之空言，遂能沮千萬人之嚮往乎？至任事諸臣，公忠體國，修内攘外，應辦之事甚多，何至因此一議，羣相解體？此尤不待辯而自明者也。

總之，夷人教習算法一事，若王大臣等果有把握使算法必能精通，機器必能巧製，中國讀書之人必不爲該夷所用，該夷醜類必爲中國所殲，則上可紓宵旰之憂勞，下可伸臣民之義憤，豈不甚善。如或不然，則未收實效，先失人心，又不如不行之爲愈耳。戰勝在朝廷，用人行政，有關聖賢體要者，既已切實講求，自强之道，何以逾此，更不必多此一舉，轉致於人才政體兩無裨益也。

《同治六年三月二十七日通政使司通政使于淩辰摺》 竊臣歷觀前史，漢、唐、宋、明皆有黨人名目，此端一開，未有不立見其禍者。我朝二百餘年，從無此習。乃自議設天文算學館以來，驗之人心，考之士氣，竊有大可慮者。天文算學招考正途人員，數月於兹，衆論紛爭，日甚一日，或一省中並無一二人願投考者，或一省中僅有一二人願投考者，一有其人，遂爲同鄉、同列之所不齒。夫明知爲衆論所排，而負氣而來，其來者既不恤人言，而攻者愈不留餘地，入館與不入館，顯分兩途，已成水火，互相攻擊之不已，因而互相傾覆，異日之勢所必至也。

乃臣恭閲本月十九日上諭：『總理各國事務衙門奏遵議大學士倭仁奏同文館招考天文算學請罷前議』一摺，等因，欽此；又恭閲本月二十一日上諭：『前因大學士倭仁奏天文算學博採旁求必有精其術者，曾降旨令其酌保數員，另行擇地設館，由倭仁督飭講求』等因，欽此。在朝廷揆時度勢，用意固自甚深，然臣於此轉恐於衆論紛爭之日，而更啓之使愈爭也。天文算學館外，又復另立一館，是學洋人者一館，不學洋人者一館，學洋人者勢必愈尊洋人，不學洋人者勢必愈鄙洋人，愈鄙夫學洋人者，愈激愈爭，愈爭而愈不可解，而黨患成矣。在該管王大臣等洞悉大體，斷不至各存意見，而自來朋黨之禍，不成於上，而成於下，勢使然也。又況兩爭者必無兩勝，學洋人者勝，適以長洋人之驕，鄙洋人者勝，愈以招洋人之忌，將來釁端必自此始。

溯自咸豐十年議和以來，容忍包荒，至於今日，凡有血氣，莫不痛心。而所恃爲異日湔雪者，正以上下同心，和衷共濟，根本之地，深固不摇耳。卽總理各國事務衙門王大臣等，數年來苦心羈縻，無非養晦待時，不敢輕躁以誤大局，中外臣民從無異議。今天文算學館甫設而爭端卽啓，爭端啓則朋黨必成。夫天文算學本屬技藝之末，其果能得力與否尚不可知，而先令臣子别户分門，開國家未有之風氣，所關實非淺鮮。臣惟伏願我皇上以至仁至勇之聖心，密籌消弭防患未形，庶永無漢、唐、宋、明黨人之禍，天下幸甚！萬世幸甚！

《同治六年四月十三日崇實摺》 竊奴才于三月底接准總理各國衙門咨稱，奏准招考天文及算學人員，並給發告示章程等件。奴才詳閲原奏，言中國宜謀自强，至今爲亟，具見在廷諸臣深謀遠慮，思患豫防，用心良苦。惟議專取翰林院並五品以下由進士出身京外各官及舉人、恩、拔、副、歲、優貢生員，俾充其選，仍試策論等項，以定去留，似於事理未協。竊明天文算法委曲深細，本係專門之學，與策論等項不同，每有學問素優而不明歷律，亦有推步其密而不善詞章，蓋文理可托之空言，而數學必歸於實測，聰明異用，難易攸分。今於收録之始，若遽試以算學，則素所未諳，無從棄取，若仍試以策論，則正途各員固所優爲，今欲其舍已成之功名，而效初學之講習，智力窮於小數，物曲限其人官，萬一僥倖之徒，但糜廪禄，入館既久，程功仍虚，無益時勢之短長，徒滋中外之疑議，非所以昭示臣民、畫一政體也。

奴才以爲機器之學本當講求，而因時制宜，尤爲今日之急務。查此種學問，各省不乏其人，而沿海諸疆更多講習。自嘉慶、道光年以來，古書復出，西法益明，九章、四元，發揮殆盡，内地習算之士，往往推陳出新，借今證古，能擢用一工，必有留意時務者專心壹志，與爲抗衡，且將入乎其中，超乎其外。卽以西士爲法，亦禮失而求諸野之遺意，雖航海往學，且不爲過，尋常拘墟之見，誠無關於得失之數也。

惟算學之上下優劣，不一其等，應請旨飭下内外大臣及各省督撫，誠有灼知才技優長者准其薦舉，給與貲斧，咨送總理各國事務衙門，奏請皇上簡派精於數學之大員詳加核試，次其等第。如能實盡所學，不妨破格超擢，獎之禄位，其有著書立説之處，亦許隨時酌定進呈，伏候御覽。以此鼓舞羣才，必能應時而起。且考言、考行，事尤一貫，用數、用器，理本兼資，如果能製造奇器有關時用者，必先試以小器，驗其制勝之端，然後更以大器試之，庶不致實求名應。其正途各員，有向來講求此業者，聽其自行呈請效用。或有深心之人，願與西士互相考證者，亦不必朝廷爲之設館授餐，但使各直省精選數人，將其實用已足以風示天下，而好學之士卽能轉相作述，得所師承。既無須限定正途，亦無庸盡師西士，如此辦理，庶合時宜，而息物論。

至於洋人製器，皆不稍惜資本，往往以十倍之價，成一器之工。且有祖父未盡之業，授之子孫以畢其功，故能精細異常，適於取用。今中國不乏巧思之士，然未免動多顧忌，難於圖功。惟求朝廷寬其歲月，厚其工本，嚴之以考核，慎之以措施，數年之後，卽薄技偏長亦必有遠駕西人而上者矣。

抑奴才更有請者，器數之末學，不過取效之一端。既推類以盡其餘，當由藝以至於道。奴才尤願我皇上肅政令之出入，攬兵食之紀綱，嚴賞罰之大權，防輕重之積弊，厚培根本，預禁黨援，自强之道，莫要於此。奴才奉命總理川黔兩省交涉外國之案，於此事久切思維。今見朝廷謀及自强，巨細靡遺，不勝欣忭，用敢陳其愚昧之見。

《同治六年五月二十二日楊廷熙條》 竊維修德行政，實千古臨御之經；盡人合天，乃百代盛强之本。自來奇技淫巧，衰世所爲，雜霸驩虞，聖明無補。所以唐虞深明天道，亦止授時齊政，垂爲典章，未聞使羲和、仲叔作推步之書；成周記列考工，亦祇分職設官，勤於省試，未聞令庠序學校習工師之事。推之孔子不言天道，孟子不重天時，非故秘也，誠以天文數學，機祥所寓，學之精者禍福之見太明，思自全而不爲世用，事事委諸氣數，而或息其忠孝節義之心；學之不精，則逆理違天，道聽塗説，必開天下奇衺詭惑之端，爲世道人心風俗之害。伊古以來，聖神賢哲，不言天而言人，不言數而言理，其用意至深遠矣。

前月見總理各國事務衙門請開設同文館，專用翰林、進士、恩、拔、副、歲少年科第官員，延西洋人教習天文算數，以爲製造輪船機器之用，臚陳六條，俱奉旨准行。旋見御史張盛藻奏請改派學習，繼見大學士倭仁請罷前議，臣以爲同文館之議，或可中止。茲復見總理衙門示期考試，録取送館攻習。臣月餘以來，日夜研思同文館原奏，覺其事、其理、其言、其心，有不可解者十焉。

謂學士大夫不可無羞無恥，而必欲激其羞惡之良、愧恥之念，其見未嘗不善。然而中國之可羞可恥者，未有大於西洋之流毒、西人之倡亂矣。自道光年間起釁粤東，其前誤於琦善等喪師辱國，失守沿海礮臺，任其盤踞香港，因得潛窺内地虚實，熟悉江海水道，故由廣東而江、浙，而天津，搆數千年未有之禍，擾亂中國之邊疆，憑陵中國之城池，侵據中國之關口，耗散中國之財賦，荼毒中國之人民，屢和屢叛，國家之貧弱因之。其後誤於端華、肅順等，藉寇要君，牽制沿海將帥，因而戰守失策，於咸豐十年乘中原多事，又復渝盟敗約，肆虐京華，焚燒宫闕，以致文宗皇帝北狩熱河，上賓龍馭。諸王大臣目擊其變，身受其災，正宜嘗膽臥薪，處心積慮，勤思破敵之良策，廣求濟變之人才，以掩當年之羞，以雪數世之恥，方足以激勵天下也。乃今日不恥不共戴天之讐，而羞不知星宿之士，何忘大恥而務於小恥也！此臣之不解者一也。

原奏稱西人製器之法，無不由度數而生；又稱其法本中國之法特西人縝密，善於運思，意以爲深明天文數學無過西人，此又所見之不廣也。中國自羲、軒、堯、舜、禹、湯、文、武、周公、孔、孟以及先儒曩哲，或仰觀俯察，開天明道，或繼承纘述，繼天立極，使一元之理，二五之精，三極之道，旁通四達，體之爲天人性命參贊化育之經，用之爲帝典、王謨、聖功、賢學之準，廣大悉備，幽明可通，所以歷代之言天文者中國爲精，言數學者中國爲最，言方技藝術者中國爲備。如渾天儀、乾鑿度、太玄、洞極、潛虚、星紀、九章、三率、周髀、皇極諸書，相繼而起，恐西學之輪船機器未必有如此幽深微妙矣。又況中國爲人材淵藪，數理載國朝精蘊，二百餘年，時憲無失閏之譏，天象無昏迷之誚，是此時之天文算數較歷代爲尤精也。夫以中國之大，養士之久，豈無一二知天文明數學之士足以駕西人而上之者哉？卽如康熙、乾隆時，當塗縣徐文靖，一文學士，作山河兩戒考，取諸家之辨論與西士互相考證，其間星宿多寡，度數躔次歧異者不一而足，可見西洋於天文數學未必精也。又有侍郎胡煦，作周易函書，講明河洛理數，指陳勾股尺算，俱采入四庫全書，最易通曉，何不令天下舉而習之，而必自卑尊人，舍中國而師夷狄？此臣之不解者二也。

原奏稱製造輪船機器，苟不藉西士爲先導，俾講明機巧之原，製作之本，竊恐師心自用，徒費錢糧，意必以輪船機器爲西洋恃以制勝中國之具，而亦用輪船以敵輪船，機器以禦機器，其策尤非也。夫有利器者在有善其事之工而器始利，有善事之工，無善用之人，其器不利；即有善用之人，遇有人焉，能破之，其器仍不利。嘗見宋史，載水賊楊太湖中浮舟，以輪激水，其行如飛，官舟迎之輒碎，而岳飛兵到，不數日其船悉破，其人就擒。可見輪船、機器不足恃也。況中國數千年來未嘗用輪船、機器，而一朝恢一朝之土宇，一代拓一代之版章。即我朝自開創以來，與西洋通商非一日，彼之輪船、機器自若也。何康熙時不准西洋輪船數隻近岸，彼即俯首聽命，不敢入內地一步？及至道光、咸豐，沿海將帥督撫，開門揖盜，內廷大臣以耳爲目，先存畏憚之心，請旨屢示寬容，而彼愈張凶燄。然猶有僧格林沁於天津一戰，破彼輪船十餘隻，又可見輪船機器，即洋人用之亦不足恃也。今不思破之之方、禦之之術，竊恐中國將來之輪船、機器較彼尤精，而用之不得其法，不得其人，未必不徒費錢糧，徒勞人力也。此臣之不解者三也。

原奏稱，論者不察，必以臣等爲不急之務。第思此時當務之爲急者，不在天文而在人事，不在算術機巧而在政治修明。近來洋人伏於肘腋間，橫行恣睢，沈幾觀變。朝廷急宜憂勤惕厲，奮其神武，或旁招遠詔，求天下之人才，或博訪周咨，知民間之疾苦。近責樞密大臣，正本清源，深謀遠慮，務使立一法必思不戾舊章，行一令必期永孚衆志，不得敷衍了事，不得唯阿取容。遠策將帥督撫，振興士卒，整飭官常，作忠義之氣於行間，盡教養之懷於民上，條例無益者除之，免胥吏弄法，黜陟無實者駁之，免督撫專權，應天以實不以文，敬事而信無所欺。如此則紀綱立，號令行，政教興，洋人雖衆，機器雖利，輪船雖多，斷不敢肆行無忌也。今自皇上御極以來，汲汲以求賢爲念，而廷臣薦舉半皆獲罪人員；時時以安民爲心，而凋敝餘生猶有官吏剝削。新章一出，成憲徒事變更；軍務未竣，賞賚時多反覆。嘗見久經奏調保舉人員，部曹胥吏竟置諭旨於不問，輒敢駁斥經外臣奏參者，此律例煩苛，曹司胥吏得從中舞弊也。舉劾當臚陳事實，今則於六法之外，擬一二語以爲甄敍，無怪薦彈乖異，無實不足示勸懲也。且資格限難於自效，賢才所以多消阻；官祿薄無以養廉，士夫所以荒職業。善政未修於上，實學未講於下，而猶令舍人事以習天文數學，此臣之不解者四也。

原奏稱，中國之宜謀自强，至今而已亟也。夫自强之道，豈在天文、算數、輪船、機器哉？臣觀史册，見歷代之致昇平、臻郅治者，皆上有至誠無息之令主，下有各盡其職之臣工，緯武經文，一時天下畏威懷德，庶民子來，百工咸集，蠻夷率服矣。今者西洋以數千魑魅魍魎橫恣中原，朝廷猶因循含忍，不籌控馭之奇策，懾服之宏規；而且宰輔不聞撻伐之書，臺諫竟無驅除之疏，吏部惟知循例即以爲得人，戶部只悉收捐即以爲富國，兵制大壞而兵部不知，工作不精而工部不省，無惑乎人才不興，國用不足，兵氣不揚，國威不振也。有自强之心，無自强之政，而徒震驚於外洋機器、輪船不可制，此臣之不解者五也。

原奏稱，招取翰林、進士、五項正途京外官員考試録取，延聘西人在館教習。此尤大傷風教。夫洋人之與中國，敵國也，世讐也，天地神明所震怒，忠臣烈士所痛心，無論偏長薄技不足爲中國師，即多材多藝層出不窮，而華夷之辨不得不嚴，尊卑之分不得不定，名器之重不得不惜。況科甲人員，讀聖賢書，將以致君澤民爲任，移風易俗爲能，一旦使之師事讐敵，竊恐朝夕相聚，西人或懷私挾詐施以蠱毒，飲以迷藥，遂終身依附於彼昏瞀不醒，習其教者牢不可破，而忠義之氣自此消矣，廉恥之道自此喪矣，機械變詐之行自此起矣。聖賢之大道不修，士林之節概不講，無一非西學階之厲也。此臣之不解者六也。

原奏稱，西洋各國講求輪船之製，互相師法，製作日新，雇買以應其用，計雖便而法終在人，講求以得其源，法既明而用將在我，因開設同文館。揆諸立館之心，亦隱慮洋人布滿天下，數十年來從無有人議及破之禦之之法，而乃於少年科甲中擇其穎悟者師其製作，或洞悉源本，或陰得人才，以爲將來破之禦之地步，此中委曲又不便明示天下，以啓釁端，而故爲權宜之計、久遠之謀。不知其計亦左，其謀亦拙也。夫洋人詭譎百出，所爲狡焉思逞，侵陵中國者，方將以輪船機器罔中國無窮之利，斷不肯以精微奧妙指示於人。就令其盡心竭力，舉其理其源細微曲折全行教授，亦不過製成船器與之並駕齊驅已耳，而破之禦之之法豈能並以相告哉？況輪船必熟諳江海水性水道，而運用始靈。今使科甲人員明其理、悉其源，將來造輪船時，勢必引繩削墨，一一教工匠製作，又必紛紛探明江海水勢淺深，教水手運用制敵之法，有如是之勞而能成功者乎？竊見古今來堅甲利兵足以制敵之命，較機器尤精也，而人不爲用，屢有棄甲曳兵之時；高城險塞足以爲人之衛，較輪船尤固也，而人不爲守，屢有棄城失險之候。可知天時不如地利，地利不如人和也。茲不操出奇之勝算，而爲依樣之葫蘆，此臣之不解者七也。

原奏稱李鴻章、左宗棠等皆能深明其理，堅持其説，或設藝局，或設機器局，揀派兵弁與少年子弟，延請洋人教以語言文字、算法、畫法，以爲將來造輪船機器之本。由此以觀，是西學之不可不急爲肄習也。臣思此事，疆臣行之則可，皇上行之則不可，兵弁少年子弟學之猶可，科甲官員學之斷不可。何也？疆臣之制作，信從者不過一省一時，朝廷之詔令，遵守者則在天下萬世；兵弁子弟學之不過成其藝事，科甲官員學之即可寖成風俗也。蓋科甲官員，四民之瞻仰，天下所崇奉者也。查耶穌之教，流入中國有年，不能誘善良而行習者，以其書皆怪誕不經之書，其教乃違天害理、滅倫廢義之教，所以稍有知識者必不聽其蠱惑也。今而使少年科甲人員習其天文數學，北面修弟子之儀，不二十年間，循例升轉，内而公卿大臣，外而督撫大吏，皆惟教是從，惟命是聽，出於門牆者也。萬一徇私情，廢公義，其害可勝言哉？又恐天下之人，因科甲尚且學習，遂相習成風。或奉行不善，一時顓蒙愚魯之輩、奸宄不法之徒，藉習天文算學爲名，結黨成羣，互相引誘煽惑，倚彼勢力，造言生事，洋人愈得進步連合響應以倡亂階，恐西學未成，而中原多故也。是西教本不行於中國，而總理衙門請皇上導之使行也，此臣之不解者八也。

原奏稱，事屬創始，立法宜詳，欲嚴課程，必須優給廩餼，欲期鼓舞，必當量予升途，是於勤惰之中，亦寓賞罰之道。竊思賞罰爲驅策天下之大柄，賞罰宜公，祿養宜厚，豈僅於同文館一處行之哉？近日陝、甘、滇、黔、豫、楚，賊氛正熾，軍士譏譁屢告，京外大小官員廉俸裁撤，未見增加，從公枵腹，而朝廷之賞罰無位，隨財而行，殺賊立功者不稽核真僞於前，而苛求出身於後，特開補交，捐免、保舉之條，此賞之不信也。因罪獲譴者不追咎其既往，予自新於將來，有加倍捐復之例，則罰之不必也。而且遇缺存遇缺之名，即用無即用之實，披堅執鋭者半目爲夤緣，循行數墨者厚膺其爵賞，將何以勵戎行而伸士氣也？茲惟於同文館厚廩餼、廣升途，何明於此而暗於彼，略其大而舉其細也！此臣之不解者九也。

原奏稱外人之物議雖多，當局之權衡宜定，臣等於此籌之熟矣。此言尤屬偏執己見，專擅挾持，啓皇上以拒諫飾非之漸。夫自古帝王，立隆建極，務在循天理，順人情。故詢事考言，用中執兩，而後成爲大知，懸韶設鐸，博採旁搜，而後不拂乎民心。若事當於理而可行，自必詢謀僉同，無有疑議。若事必不可行而行之，物議沸騰，在所不畏人言，浮動置若罔聞，尼沮者招愆，諫諍者獲譴，則有王安石之行新法，秦檜之主和議，大抵如是也，其後禍及天下，害貽後世，何莫非膠固擅權獨行獨斷之所致哉？伏見我朝成憲，凡改一制度，設一官職，必下王大臣、九卿、翰詹、科道會議妥協，覆奏施行，所以無專擅諸弊。今新立一同文館，而令翰林、進士科甲正途出身京外各官皆從事夷狄，此何等重大事件，關繫匪輕，豈總理衙門數人之私見遂能決然行之而無弊乎？即觀其原奏命意，亦兢兢於人言，務爲迴護。是其設立同文館之初，未嘗不明知此事之不當於天理，不洽於人心，不合於衆論，而必欲潰夷夏之防，爲亂階之倡，此臣之不解者十也。

臣知同文館爲總理衙門請旨准行，未嘗計及於行之害、不行之利，狃於目前，忽於日後，强詞奪理，萬難挽回；惟見兩宮皇太后自聽政以來，遇事必虚衷訪問，斟酌盡善，不拘成見。茲於同文館之設，創制非宜，謹請收回成命，以杜亂萌，而端風教，弭天變而順人心。若事在必行，恐失信於外洋，又生釁隙，仰懇將翰林、進士科甲有職事官員撤銷，惟招取曾經學過天文算數者考録送館，與西人互相印證。如此既無失信於外夷，亦可無傷風化也。

再，同文館三字係宋代獄名，考宋史蔡京等當權，殘害忠良，排斥正士，有異己者即下同文館獄。是同文館之名，非美名也，今復襲之，而令翰林、進士、五項正途相聚其中，既失考據而又非嘉予士林之盛舉矣。

近因人情疑懼，議論紛紛，實不能已於芻蕘之獻者，故越職言事之罪在所不辭。冒死直陳，上瀆天聽，伏乞聖鑒。謹奏。

《光緒九年六月二十一日掌廣東道監察御史陳錦奏》 竊惟算學莫精於國朝，我聖祖仁皇帝天縱聖明，留心勾股，著有成書，刊布海内，一時通其業者頗不乏人，特未以之立教而課士耳。邇來講求洋務，製造機器，凡海關、糧務、水師、陸隊，在在需才，故特開同文館以肄習之，典至重也。乃行之數年，迄鮮成效。推原其故，約有數弊，臣請爲皇太后、皇上陳之。

一曰考課不真。考課之去取，算學之優劣所由分也。去取失當，人才何由鼓勵？乃近聞無恥之徒，專與副教習聯絡聲氣，試則前茅也，食則全俸也，叩以算學則茫然不知也。其不講聯絡者，雖文理優長，名次概行列後。現在擺印《算學課藝》一部，其中臚列人名，半皆不通算法，則此書豈非虛文乎？嗣後應令各報所長，出題次第面試，以分真贗，以勵人材。

一曰銓補不公。學生額缺，例按資格、功課以憑敍補。乃近來補缺之人，非得自賄求，即或由情面，有最後到館而補者，有不曉算數而補者，並有丁憂回籍而仍補且得優保者；否則雖資格在前，功課勤奮，而無人關照，敍補無期。至保舉一節，尤多蒙保、混保之弊。聞光緒二年九月間，該館學生羅秀紳呈懇該堂官破除情面，革弊察奸，呈中所言，俱是痛哭流涕之語，該提調等深恐敗露，巧爲彌縫，竟回堂將羅秀紳勒令出館了事。上下蒙蔽，公道復安在耶？嗣後應令確議定章，按例敍補，以息浮論，以昭公允。

一曰獎賞不實。館中諸生，本多寒畯，全賴獎賞銀兩接續火食。乃該提調於月考獎賞內或扣四五兩不等，於季考獎賞內扣七八兩不等，名存廚房，實飽私橐。自元年起至九年止，所扣之銀，爲數甚鉅，不知作何開銷？至刻扣之外，又將此項銀兩折換錢票分給，百計漁利，無微不入，吮衆人之膏血，肥自己之身家，此市儈之所爲，而該提調爲之，亦無恥甚矣。嗣後應令該堂官於揭曉時，當堂實領實放，毋許刻扣分文，以恤寒士，以溥實惠。

一曰館規不嚴。館中督課程功，權在提調，向例輪流住班，以資表率。乃近聞提調中竟有不住宿者，晚餐醉飽，食足洋煙，令門丁攜取茶葉點心，潛行回寓，而館內一切大小事宜，概不管束。以致該學生酗酒、賭博，蕩檢踰閑。蘇拉從而效尤，作樂唱戲，喧嘩達旦。夫業不勤不精，心不靜不入。功課之荒，成材之少，職是故耳。嗣後應令慎選提調，嚴立規程，以課實功，以除錮習。

以上各節，臣既有所聞，不敢緘默，雖其弊未必止是。總之，提調非人則諸弊相因而至，欲得真才而收實效，勢必不能。當此時事多艱，需才孔亟，該衙門大臣等受恩深重，自當公忠體國，仰慰宸廑。其應如何設法整頓以期材歸實用，費不虛糜，臣區區愚忱，不勝激切翹企待命之至。謹奏。

雜録

《總理各國事務奕訢等摺·同文館章程同治元年七月二十五日》 謹將臣衙門新設同文館酌擬章程六條，恭呈御覽。

一、請酌傳學生以資練習也。查舊例，俄羅斯文館額設學生二十四名，今改設同文館，事屬創始，學生不便過多，擬先傳十名，俟有成效，再行添傳，仍不得逾二十四名之數。此項學生，臣等前在八旗中僅挑取二十名，除已傳十名外，記名人數無多，將來傳補將次完竣，應由八旗滿、蒙、漢閒散內，擇其資質聰慧、現習清文、年在十五歲上下者，每旗各保送二三名，由臣等酌量録取，挨次傳補。

一、請分設教習以專訓課也。查舊例，俄羅斯文館准挑取俄羅斯佐領下另檔之人令在教習巴克什上行走，巴克什亦准奏請作爲主事。今所延英文教習包爾騰，只圖薪水，不求官職。將來如廣東、上海兩處得人，應照咸豐十年奏定章程，由該省督撫保送來京充補。此缺係中國人充當，如果教授有成，自應酌量奏請獎勵，每年薪水即不得按照外國人辦理。至漢教習現係順天人候補八旗官學教習徐樹琳充當。嗣後漢教習乏人，擬即由考取八旗官學候補漢教習內仿照鴻臚寺序班定制咨傳直隸河南山東山西四省之人，取其土音易懂，便於教引。仍取具同鄉京官印結，在臣衙門投卷，試以詩文，酌量録取，挨次傳補，月給薪水銀八兩。二年期滿，如有成效，無論舉貢班次，均奏請以知縣用；再留學二年，准以知縣分發各省歸候補班補用。至將來學生增多，及覓有教授俄、法等國語言文字之人，此項中外教習，再行隨時酌增分堂教授。

一、請設立提調以專責成也。查舊例，俄羅斯文館提調，由內閣侍讀學士、理藩院郎中、員外郎內揀選，專管學館一切事務。今改設同文館，無庸由內閣、理藩院咨取，以歸簡易。應即由臣衙門辦事司員中揀選滿漢各一員，兼充該館提調，所有館務，責成該員等專心經理，如督課得力，遇有獎敘教習之年，一併獎勵。專設蘇拉三名，以備驅策，每名月給工食銀二兩五錢。

一、請分期考試以稽勤惰也。查舊例，俄羅斯文館有月課、季考、歲試三項，月課則每月初一日由該教習擬定文條，散給諸生繙譯謄卷，該教習分別等第註册備查。季考則於二月、五月、八月、十一月之初一日舉行，出題、等第，均如月課，惟試卷則呈堂裁定，始行註册。是月停止月課。至歲試則於每年十月初十日前，堂定日期面試，考列一等者賞給筆墨紙張，以示獎勵。是月月課、季考均行停止。今改設同文館，除遇有考試勿庸停止月課、季考外，其餘一切均請仿照辦理。惟所試之藝，現在甫經開學，於外國文字未必遽能熟悉，一年之內，應先滿漢文字考試，俟一年後學有成效，再試以外國照會，令其繙譯漢文。

一、請限年嚴試以定優劣也。查舊例，俄羅斯文館乾隆二十二年奏定五年由本館考試一次，考取一等者授八品官，二等者授九品官，三等者留學讀書。由已中等第內擇其優者，堂委副教習，額設助教二員，由副教習內揀選，奏請補放。助教教導有方，奏請授爲主事，分部遇缺即補，仍在館行走。嗣於嘉慶八年，經軍機處、內閣具奏，改爲由吏部照各項考試之例，奏請欽派閱卷大臣，在上諭館考試，分別等第，升授如前。惟八品官考取一等者升授七品官，七品官復考一等者授爲主事。又於道光十九年，經吏部奏准學生由七品官授爲主事，遇缺班次過優，改爲到部學習三年期滿，與各項候補主事統較行走日期，以次挨補等因，各在案。今改設同文館，臣等擬請每届三年由臣衙門堂官自行考試一次，核實甄別，按照舊例，優者授爲七、八、九品等官，劣者分別降革、留學，俟考定等第，將升降各生咨行吏部註册。其由七品官考取一等應授主事者，舊例因鼓勵學生起見，准其遇缺即補，嗣經改爲三年期滿與各項候補主事統較行走日期以次挨補，自此升途稍隘，而學習者漸不如前。今欲令該學生等認真學習，擬仍照舊例辦理，嗣後由同文館考取七品官復考一等授爲主事者，請仍准掣分各衙門行走，遇缺即補。至考試學生時，該助教等如果訓導有方，亦應由臣衙門奏請以主事分部遇缺即補，仍兼館行走。

一、請酌定俸餉以資調劑也。查舊例，俄羅斯文館助教每年俸銀八十兩，七品官每年俸銀四十五兩，八品官每年俸銀四十兩，九品官每年俸銀三十二兩三錢，學生傳補，咨旗坐補馬甲錢糧。今改設同文館，擬請仿照俄羅斯館舊章辦理。助教等俸銀數目，均請悉仍其舊。現在部庫各項支絀，未便由庫支領。臣等酌擬此項放款，悉由奏撥各海關船鈔項下支給。至學生錢糧，即照俄羅斯館學生舊章，遇有本旗馬甲缺出，照例坐補，以資調劑。

《同治五年十二月二十三日總理各國事務奕訢等摺·同文館學習天文·算學章程》 謹將酌擬同文館學習天文、算學章程六條，抄録恭呈御覽。

一、請專取正途人員以資肄習也。查天文、算術，義蘊精深，非夙知勤學用心之人，難以漸窺底蘊，與專習外洋語言文字之學生不同。前議專取舉人，恩、拔、副、歲、優貢生，及由此項出身人員，今擬推廣，凡翰林院庶吉士、編修、檢討，並五品以下由進士出身之京外各官，俾充其選。緣該員等研經有素，善用心思，致力果專，程功自易。服官者由京外各衙門保送，未仕者取其同鄉京官印結及本旗圖片，逕赴臣衙門具呈，由臣衙門定期試以策論等項，考取送館學習。其各省保送人員，程途遠近不齊，難以久候，應俟咨送到時，陸續考試，以免躭延。至京外各衙門咨送此項人員，務須擇其年在三十以內者，方可咨送。如有平日講求天文、算學，自願來館學習，藉資印證以精其業者，其年歲亦可不拘。

一、請飭各員常川住館以資講習也。查成事必由居肄，力學務在親師。本館留學各員，必須朝夕在館，講習問難，方可積漸見功。若朝出暮歸，往來蹀躞，則晨夕之荒功不少，而心思亦因以不專。今議在館學習人員，無論京外，均一概留館住宿，飯食由臣衙門備給。其出入由該館提調設立號簿，隨時登記，以便稽查。至各本衙門如有應送差使，以及考試等事，仍准照舊辦理，以期兩不相妨。

一、請按月考試以稽勤惰也。查在館學習人員，果能專心致志，自可日起有功；惟其中勤惰之分，亦必隨時考察，用資策勵。今議俟該員等學習半年之後，按月出題考試一次，由臣等親加校閱，分別甲乙，優者記功，劣者記過。功過分而勤惰見，相形之下，奮勉益生。

一、請限年考試以觀成效也。查三載考績，朝廷課吏之方，誠以功力積至三年，優絀無不立見。今議每屆三年，舉行大考一次，分別等第：高等者立予奏獎，並酌量差遣試用；下等者照常學習，俟下屆考試再行察看。

一、請厚給薪水以期專致也。查此次留學各員，難保無寒畯之士，必須優加體恤，乃可冀其用志不紛。今議在館各員，除飯食由臣衙門備給外，每月仍各給薪水銀十兩，俾資津貼，庶內顧無憂而心益專壹矣。

一、請優加獎敘以資鼓勵也。查該員等學習三年，試居高等，足見其平日用心勤苦，始終不懈，自應格外優獎，以爲後之留學者勸。今議此項人員，均准各按升階，格外優保班次，以示鼓舞而廣招徠。

清·寶鋆等《籌辦夷務始末（同治朝）》卷八二《同治十年七月十九日大學士兩江總督曾國藩等奏〈挑選幼童前赴泰西肄業章程〉》 一、商知美國公使，照會大伯爾士頓，將中國派員，每年選送幼童三十名至彼中書院肄業緣由，與之言明，其束脩膏火一切均中國自備。並請俟學識明通，量材撥入軍政船政兩院肄習。至赴院規條，悉照美國向章辦理。

一、上海設局經理挑選幼童、派送出洋等事，擬派大小委員三員，由通商大臣劄飭在於上海、寧波、福建、廣東等處挑選聰慧幼童，年十三四歲至二十歲爲止，曾經讀中國書數年，其親屬情願送往西國肄業者，即會同地方官取具親屬甘結，並開明年貌籍貫存案，攜至上海公局考試。如姿性聰慧，並稍通中國文理者，即在公局暫住，聽候齊集出洋；否即撤退，以節縻費。

一、選送幼童，每年以三十名爲率，四年計一百二十名，駐洋肄業。十五年後，每年回華三十名，由駐洋委員臚列各人所長，聽候派用，分別奏賞頂帶、官階、差事。此係官生，不准在外洋入籍逗留，及私自先回，遽謀別業。

一、赴洋幼童學習一年，如氣性頑劣，或不服水土，將來難望成就，應由駐洋委員隨時撤回。如訪有金山地方華人年在十五歲內外，西學已有幾分工夫者，應由駐洋委員隨時募補，以收得人之效，臨時斟酌辦理。

一、赴洋學習幼童，入學之初，所習何書，所肄何業，應由駐洋委員列册登註，四月考驗一次，年終注明等第，詳載細册，齎送上海道轉報。

一、駐洋派正副委員二員，每員每月薪水銀四百五十兩；繙譯一員，每月薪水銀二百五十兩；教習二員，每員每月薪水銀一百六十兩。

一、每年駐洋公費銀共約六百兩，以備醫藥、信資、文册、紙筆各項雜用。

一、正副委員、繙譯、教習來回川費，每員銀七百五十兩。

一、幼童來回川費及衣物等件，每名銀七百九十兩。

一、幼童駐洋束脩、膏火、房租、衣服、食用等項每名每年計銀四百兩。

一、每年駐洋委員將一年使費開單知照上海道轉報。倘正款有餘，仍涓滴歸公，若正款實有不足之處，由委員隨時知照上海道稟請補給。

一、每年駐洋薪水膏火等費約計庫平銀六萬兩，以二十年計之，約需庫平銀一百二十萬兩。

清·吴汝綸《李文忠公全集·奏稿》卷二八《選派船政生徒出洋肄業章程光緒二年十一月二十九日》 一、奏派華洋監督各一員，不分正副，會辦出洋肄業事務。俟挈帶生徒到英法兩國時兩監督公同察看，大學堂、大官廠應行學習之處，會同安插，訂請精明教習指授。如應調赴別廠，或須更換教習，仍令會商辦理。其督課約束等事，亦責成兩監督不分畛域，如遇兩監督分駐英法之時，則應分投照顧。其華員及生徒經費歸華監督支發，洋員洋教習及華文案經費歸洋監督支發。每至年底，由兩監督將支發各數會銜造報。凡調度督率，每事必會同認真探討和衷商榷，期於有成。萬一意見不合，許即據實呈明通商大臣、船政大臣察奪。

一、選派製造學生十四名、製造藝徒四名，交兩監督帶赴法國習學製造。此項學生既宜另延學堂教習課讀，以培根柢；又宜赴廠習藝，以明理法，俾可兼程並進，得收速效，以備總監工之選。其藝徒學成後，可備分廠監工之選。凡所習之藝，均須極新極巧；儻仍習老樣，則惟兩監督是問。如有他廠新式機器及礮臺兵船營壘礦廠應行考訂之處，由兩監督隨時酌帶生徒量繪。其第一年除酌帶量繪外，其餘生徒可以無須游歷。第二第三年，約以每年游歷六十日爲率，均不必盡數同行，亦不必拘定時日。

一、選派駕駛學生十二名，交兩監督帶赴英國學習駕駛兵船。此項學生應赴水師學堂先習英書，並另延教習指授鎗礮水雷等法，俟由兩監督陸續送格林回次抱士穆德大學院肄習。其間並可帶赴各廠及礮臺兵船礦廠游歷，約共一年，再上大兵船及大鐵甲船學習水師各法，約二年定可有成。但上兵船之額，可援日本派送肄業之例，陸續拔尤，分班派送五六人，其未到班者，仍留大學堂學習。既上兵船須照英國水師規制，除留辮髮外，可暫改英兵官裝束，其費由華監督歸經費項下支給，內有劉步蟾、林泰曾二名，前經出洋學習，此次赴英即可送入大兵船肄業。

一、製造生徒赴法國官學官廠學習，駕駛學生赴英國格林回次抱士穆德學堂並鐵甲大兵船學習，應請總理衙門先行分別照會駐京之英、法公使，咨會本國外務院准照辦理。其英國學習各事，或再由中國駐英欽差大臣就近咨商辦理。兩項學生每三箇月由華洋監督會同甄別一次，或公訂專門洋師甄別，並由華監督酌量調考華文論說。其學生於閒暇時，宜兼習史鑑等有用之書，以期明體達用。所有考册，由兩監督匯送船政大臣轉咨通商大臣備核。其駐洋之期，以抵英、法都城日起計，滿三年爲限，未及三年之前四箇月，由兩監督考驗學成者送回供差。其中若有數人將成未成，須續習一年或半年者，屆時會同稟候裁奪。總以製造者能放手造作新式船機及全船應需之物，駕駛者能管駕鐵甲兵船回華，調度布陣絲毫不藉洋人，並有專門洋師考取給予確據者，方爲成效。如一切辦無成效，將監督議處。

一、製造駕駛兩項學生之內，或此外另有學生願學礦務、化學及交涉公法等事者，由兩監督會商挑選，就其才質所近，分別安插學習，支給教習脩金。仍由兩監督隨時抽查功課，令將逐日所習詳記送核。亦以三年爲期，學成後公訂專門洋師考驗確實給有的據，送回供差。

一、兩監督及各項生徒，自出洋以迄回華，凡一切肄習功課，游歷見聞，以及日用晉接之事，均須詳注日記，或用藥水印出副本，或設循環簿遞次互換，總以每半年彙送船政大臣查核，將簿中所記，由船政鈔咨南北洋大臣覆核。或別國有便益新樣之船身、輪機及一切軍火水陸機器，由監督隨時探明，覓取圖說，分別繪譯，務令在洋生徒考究精確，實能仿效，一面將圖說彙送船政衙門察核。所需各費作正開銷。

一、各項生徒如遇所訂教習不能認真指授，或別有不便之處，應隨時訴明，華監督會同洋監督察看確實，妥爲安置。若該生徒無故荒廢，不求進益，有名無實，及有他項嗜好者，均由兩監督會商分別留遣嚴究。其員生每月家信二次，信資及醫藥等費作正開銷。或延洋醫，或延駐洋欽使之官醫，或應另請派撥醫生，均於到洋後酌定。萬一因攻苦積勞，致有不測之事，則運回等費作正開銷，並給薪費一年半，仍酌量情節稟請附奏，以示優卹。如有聞訃丁憂者，學生在洋守制二十七日，另加卹賞，飭該家屬具領。

一、此次選派生徒應由監督溯查考績，詳加驗看，如有不應出洋濫收帶往，不能在官學官廠造就，以致剔回者，其回費由監督自給。儻生徒赴洋後有藉詞挾制情事，因而剔回者，即將挾制實在情形稟請，抵華後查明懲究，如咎不在監督者，仍開報回費。實係因病遣回者，不在此例。

一、兩監督和衷會辦，當互相覺察。萬一華監督有敷衍塞責等情弊，而洋監督不行舉發；或洋監督有敷衍塞責等情弊，而華監督不行舉發者，咎各相等。查有扶同確據，即分別照會咨行，隨時撤換，不必俟三年期滿。如果事事實際，生徒多優異者，將兩監督專摺奏請獎敘。

一、此次所議章程，總以三年學有成效爲限，若三年後，或從此停止，或另開局面，均由船政大臣、通商大臣會商主裁，外人不得干預。

《光緒九年六月二十一日掌廣東道監察御史陳錦奏·附片》 附片一

再，聞同文館提調苑棻池貪鄙嗜利，擅作威福，每逢節期、生期，令門丁劉二名漢臣向各學生索取規費，或三千四千不等，而劉二亦巧於迎合，授意各生，厚送禮物，或洋煙、洋表、洋鎗以及皮褂、納緞、衣料等件，該提調無不一概全收。有餽送者待以禮貌，許以保舉；無餽送者，加以勢迫，扣其薪水。各生敢怒而不敢言，只得紛紛告退。館內廚役頭目亦畏其權勢煊赫，進奉車一輛、騾一頭，現該提調所乘之車即此車也。又聞該提調前歲向洋教習柯里士借銀六百兩，拖延不還。嗣柯里士回國索欠爭吵，欲行具控，經教習丁韙良從中調處，該提調即商允總辦，在該衙門庫內挪出銀兩給還了事。夫洋教習非放債之人，而公庫亦非借貸之所，無論該提調填還與否，即此擅動官項，已屬大干法紀。應請飭查嚴懲，以爲貪劣不職有玷官箴者戒。爲此據實瀝陳。謹奏。

附片二

再，同文館後館，專調八旗少年子弟在彼學習。乃開館多年，而通曉洋文、漢文者寥寥無幾，殊屬有名鮮實。且例無薪水，既乏糊口之資，安能盡心於學？今若議加津貼，而庫儲支絀，經費指撥維艱。審處熟思，與其留館肄業，誤子弟有用之聰明，何如歸旗讀書，儲國家無方之賢俊！況值整頓旗學風矩，嚴明造就，尤自易易。可否撤銷後館，飭該子弟各歸各旗，實圖進取之處，伏候聖裁。謹奏。

清・毛承霖《毛尚書奏稿》卷一三《開設教習外國語言文字學館摺・擬議章程及需支經費》 所有擬議章程十五條，謹繕清單，敬呈御覽。是否有當，恭候諭旨裁定遵行。【略】謹將廣東省開設教習外國語言文字學館，擬議章程，及需支經費各數，繕具清單，恭呈御覽。

一、學館已租賃省城北門内朝天街房屋二所，作爲廣東同文館，議定每月租銀一十七兩二錢六分，將來如有遷移加增，總在二十兩以内爲度。

一、同文館設立提調一員，由廣州將軍在協領各員内遴派充當，以資統率。另設館長二員：旗員用防禦，漢人用佐雜，經理館務。

一、同文館延請漢人教習一人，西洋教習一人，取能通算學，有裨西學之實用者，每日巳、午、未三時，由西教習訓課。早晚各時由漢文教習訓課。仍隨時兼習清字清語，以重本務。另添設背書分教習二人，由廣州將軍於駐防文生員内選派赴館，俾資誦習。

一、同文館肄業生額設二十名，内旗人十六名，漢人四名，年各二十歲以下十四歲以上，揀選世家子弟之聰慧者，送館肄業。

一、同文館肄業生由旗漢各紳保舉，提調總覈保舉人數，酌定等第，先挑選二十名入館肄業，仍挑選存記二十名，以備肄業生或有事故，挨次挑補。

一、同文館肄業生二十名，每年甄別一次，其於西洋語言文字無所通曉者，即行撤退，挑選更換。

一、同文館肄業生以三年爲期，能將西洋語言文字繙譯成書者，分別派充將軍、督撫、監督各衙門繙譯官，准其一體鄉試。其由繙譯官出身者，以府經縣丞爲陞階。旗員願就武職者，以防禦爲升階。

一、同文館肄業生，每日卯刻入館，酉時出館。其願住宿館中者，聽。或因事乞假，先向館長報明，違者撤退。其因事出館者，館長即回明提調，另行挑補。

一、旗漢年逾二十之舉監生員，及候補流寓人員，有願學西洋語言文字者，准其呈明提調，或由地方官紳保送入館學習，火食由其自備。仍以十名爲限。

一、同文館一切事宜，及肄業生出入更換，由館長呈明提調，隨時申報將軍、督撫衙門稽核。

一、同文館經費，由粵海關監督衙門籌撥支放。所有一切事務及延請西洋教習，關訂漢文教習，應即歸監督總理。

一、漢文教習束脩，每年四百八十兩。紙張筆墨書籍等項銀，每月四兩。西洋教習束修，每年一千二百兩。外國紙張筆墨銀，每月十六兩。背書分教習二人，每年各給膏火銀三十六兩。通事勞金，每年四百八十兩。提調薪水，每年二百四十兩。館長薪水，每年一百二十兩。書寫廚役，月各給工錢三千文。門役打雜，月各給二千文。閏月俱照數加給，均由館長領放。

一、漢文教習、館長，每日飯食錢一百二十文。肄業生每日膏火銀一錢。書寫二名、廚役二名、門役二名、雜役二名及僕從人等三名，每名每日飯食錢八十文，均由館長領放。

一、同文館每月考查一次，一等二名，每名賞銀二兩。二等四名，每名賞銀一兩。一年約需獎賞銀八十八兩。

一、同文館歲修房屋，添補什物油燭紙張，每年約需銀二百兩。

《同文館章程》 一、同文館向派正提調二員，幫提調二員，所派正提調均係總辦兼充，本署事務較繁，未能逐日到館，應由幫提凋二員輪班在館管理一切，遇有要事，仍應商同正提調核辦。至每日各學生畫到，均責成幫提調核實查察，倘有互相代畫及學生已到而幫提調轉未到館各項情節，應由正提調隨時稽察，回堂辦理。

一、幫提調兩員管理館内一切事務，應毋庸兼在各股該班，以專責成。如有緊要事件，仍令會同辦理，並令輪班在館住宿，以便早晚稽察。其館内一切應辦文移稿件，均由幫提調辦理，會同正提調回堂閲畫，稿面只列各提調、總辦、章京銜名。每月另立收發、書啓等簿，毋庸由管股章京辦理。所有每月應辦應存稿件，均照舊章按月登入清檔，其承修校對亦由幫提調等分理，毋庸移付清檔房兼辦。

一、幫提調兩員輪流住宿，必須當面接替，遇有核辦事件，庶可公同商酌，不得隨便散值，以致事無交代。再該兩員中如有請假之日，應由正提調等回堂派員署理，以昭慎重。

一、館內總教習、教習等有條陳館務事件，呈堂閲後，仍交幫提調體察情形可行與否，會同正提調回堂核辦。各學生遇有呈稟事件，應由幫提調呈堂，不得自行徑遞。

一、同文館漢教習各員，功課勤惰，應由幫提調等隨時稽查，倘有曠誤館課者，即會同正提調等回堂辦理，不得稍涉徇隱。

一、同文館學生有不在館住宿者，每日到館自春分起限十點鐘，自秋分起限九點鐘。到館時幫提調即令當面畫到，如過時不到者，有膏火學生均按日扣除膏火，無膏火學生遲到一日，停其補膏火一次，亦按日計算。

一、在館學生均應一律畫到，內有派充副教習者，仍在學生之例，亦應逐日畫到。幫提調於每日酉刻傳令各學生齊集畫到，如有無故不到者，即於考勤簿內注明罰扣膏火，學生照遲到館辦法。

一、在各衙門當差之學生，每月准給官假六日，先期在考勤簿內自行注明差字。如不先註明者，按日扣除膏火，倘有當日始接知會，不及先期註明者，即於早晨具呈，遣人送呈幫提調察閲，不准隨後補註，並他人代註。

一、大考、歲考、季考、月課，各學生除穿孝、完姻、告假外，俱不准託故不到，如不到者，月課罰扣膏火三日，季考五日，歲考半月，大考一月。無膏火學生每一次不到，停其補膏火一次。惟各學生如未與過歲考一次者，不准即與大考。

一、原定章程各館學生必須在館扣滿三年，經過大考一次，方准請假回籍，由本衙門給予盤費。現議三年內如該學生有丁艱大故，雖未滿三年之限，未經大考，仍准給假百日，並給予盤費，以重孝行。其或未滿三年，未經大考，該學生遇有完姻之事必須回籍，亦准給假兩個月，惟不能給予川資，以示區別。此外概不准藉詞請假。

一、罰扣各學生膏火，必須一律辦理。除穿孝、完姻准給官假，不扣膏火外，其餘概不給假。無故不到者，均逐日罰扣膏火，惟患病一節不能不少事通融，以示體卹。嗣後各學生如有患病者，應以假期兩箇月爲限，但不得藉詞就醫，託故外出。倘逾兩箇月限後，仍未銷假，即照例罰扣膏火，無膏火學生照遲到館辦法，其有願請假回籍調理者，幫提調應會同正提調回堂核奪。

一、遇鄉、會試年分，學生有願應試者，准給一箇月假期。每月外國禮拜日期，學生如有事故，准其給假兩日，均不扣除膏火。過期均按日扣除，無膏火學生照遲到館辦法。

一、在館住宿之學生，如有無故夜出及夜不回館者，初犯罰扣一月膏火，再犯革退。無膏火學生初犯即行革退。平日在館酗酒、賭博、不安分者，應由幫提調會同正提調查明某人屬實，立即回堂，按照在公署有干酗酒、賭博定例，嚴懲不貸。

一、後館學生及由後館兼充前館之學生每日仍照舊章，俟洋文功課完時，即習漢文。每月月底將各學生漢文功課，由漢教習呈由幫提調察核，倘有學生不往學漢文者，即由幫提調將該學生懲辦。

一、各學生除午節、秋節、年節放學時免其畫到外，其每年夏月洋教習息伏期內，及每月外國禮拜洋教習不到館之日，除准兩日假期外，各學生均令在館學習漢文，照常畫到，違者按日罰扣膏火，無膏火學生照遲到館辦法。

一、嗣後前後館漢教習各員應得獎勵，以及各館學生大考時等第，並應如何保奬之處，屆時仍照舊章，由提調等回堂核定。

一、前後館漢教習薪水暨各館學生膏火，均於每月月底由幫提調等查明有無罰扣，應發若干，開具清單，知照管理收支總辦憑單照發。至各學生請假回籍川資銀兩，亦應一律由幫提調等回明各堂後，知照該總辦照數發給，以昭核實。

一、印書處設在同文館內，所有該處一切事務亦歸幫提調經理。以上統計十八條，均宜遵守無違。如在此外別滋事端，有議所不到出乎情理之外者，幫正提調立即據實回堂，從嚴懲辦，決不姑寬。

《續增同文館條規八條》 一、各館繙譯以漢文爲本，漢文未能明順，故繙譯洋文多有不通之處。嗣後查看前館學生有漢文未能明晰者，著仍令歸後館學習漢文，午後再學洋文。

一、禮拜之日，各洋教習向不到館，是日正宜温習漢文，雖後館學生間有作詩文者，亦有名無實。嗣後前後館學生每遇禮拜日加添漢文功課，試以論策，或繙譯照會，以備他日辦公之用。其有願作詩文者，亦聽其便。

一、館中功課以洋文、洋語爲要，洋文、洋語已通，方許兼習別藝。近來有一人兼習數藝者，難免務廣而荒。且有不學洋文、洋語，僅習別藝，殊失當日立館之本意。嗣後諸生務令先學洋文、洋語；洋文、洋語通後，亦只准兼習一藝。其有不能洋文、洋語者，即由提調會同總教習分別差等，以示區別。

一、每月向有課表，各生勤惰即責成各館教習分別標注。每月課後，參酌平日之功課，定列等次。其新到館及後館各學生，學習洋文、洋語，限以一年爲期，可否造就，即惟副教習是問。各副教習務當破除情面，據實呈報，以免濫竽充數。

一、月課、季課及年終歲考，前後堂學生須分別考試。第一日考前後館能繙譯漢、洋文各學生，其繙譯條子者即歸次日考試。該提調務當實力稽查，嚴防槍替，其有不遵約束者，立即回堂，照章辦理。

一、後館學生向例早晨學習漢文，午後學習洋文。近來竟有午刻始行到館，並不學習漢文，殊屬有違館規。嗣後前後館學生仍照舊章自春分起限十點鐘，自秋分起限九點到館，當面畫到，如逾時不到，即照章辦理。午後仍著提調不時抽查，儻有畫到後出館者，即著從嚴懲辦。其後館學生有告假及不到者，即責成漢教習開列姓名，送提調處，與畫到簿核對查核，以憑辦理。

一、後館學生功課近來未免疏懈，且聞有聚談遊戲諸事，殊堪痛恨。嗣後即責成提調實力稽查，每月認真校對日課、月課等簿是否符合，仍抽查各學生寫字、背書、作文諸功課，倘不見長進，及任意作輟者，即交漢教習從嚴戒飭，以示懲儆。

一、漢、洋各教習及副教習，有成就人才之責，其或督課不力，任聽學生因循怠玩者，即著提調隨時稽查，會同總教習商酌核辦，其漢教習即著回堂查辦。如學生中有不遵教習及副教習指教者，立即斥退，以肅館規。

《同文館題名録》　優生升途

考試日期

放學日期

課程表

薪水膏火

繙譯書籍

書閣藏書

添設纂修官

添設繙譯處

進內備差

建造星台

添設格物館

歷年科第

歷任提調

歷任漢洋教習

優生升途

每三年舉行大考後，擇優奏保官職，自八九品銜起，至分部行走。其在京者仍留館肄業譯書，並在本衙門充當差使；其課業較精者，或派分省差使，或派出洋差使。

考試日期

考試分有月課、季考、歲試。

月課、季考於月終舉行。歲試於封印前舉行。

月課、季考用二日，提調教習等監場。

歲試用三日，堂憲監場。

月課例給花紅銀三十二兩。

季考例給花紅銀四十八兩。

歲試例給花紅銀七十五兩。

夏季增漢文課，每月例給花紅銀八兩。

歲試、季考則酌量課業之進退，而增減薪水。

大考每屆三年舉行，優者保升官階，次則記優留館，劣者除名。

放學日期

正　月　自開印日起開館。

十二月　自封印日起放館。
清明節　放學一日。
端陽節　放學三日。
中元節　放學一日。
中秋節　放學三日。
夏季自初伏起，除漢文功課外，其餘功課皆停止一月。
每值房虚昴星日暨考試次日，洋教習息力一日。
學生有在各衙門當差者，每月例准給假日無定期。

課程表

由洋文而及諸學共須八年。館中肄習洋文四種：即英、法、俄、德四國文字也。其習英文者，能藉之以及諸課，而始終無阻；其餘三國文字雖熟習之，間須藉漢文以及算格諸學。

首年
認字寫字。淺解辭句。講解淺書。
二年
講解淺書。練習句法。繙譯條子。
三年
講各國地圖。讀各國史略。繙譯選編。
四年
數理啓蒙。代數學。繙譯公文。
五年
講求格物。幾何原本。平三角、弧三角。練習譯書。
六年
講求機器。微分積分。航海測算。練習譯書。
七年
講求化學。天文測算。萬國公法。練習譯書。
八年
天文測算。地理金石。富國策。練習譯書。

以上課程，惟漢文熟諳資質聰慧者可期成就，否則年數雖加倍，亦難望有成。至西語則當始終勤習，無或間斷；而天文、化學、測地諸學，欲精其藝者，必分途而力求之；或一年，或數年，不可限定；此其大綱。至於細目，仍宜與各館教習隨時體察，酌量變通可也。

其年齒稍長，無暇肄及洋文，僅藉譯本而求諸學者，共須五年。

首年
數理啓蒙。九章算法。代數學。
二年
學四元解。幾何原本。平三角、弧三角。
三年
格物入門。兼講化學。重學測算。
四年
微分積分。航海測算。天文測算。講求機器。
五年
萬國公法。富國策。天文測算。地理金石。

至漢文經學，原當始終不已，故於課程並未另列。向來初學者每日專以半日用功於漢文，其稍進者亦皆隨時練習作文；至醫學未列課程者，因非諸生必由之徑，或隨時涉於體骨等論，以廣學識，或俟堂憲諭令而專習之皆可。

堂諭附

總教習會同各館教習，前擬課程表一紙，呈堂批閲。兹遇整頓館務，著將課程表繙譯洋文，以漢洋合璧刷印三百本，交與館生各執一本，俾知趨向。

光緒二年　月　日特諭。

薪水膏火

同文館既係爲國家培養人才而設，則入館學生向例按等給予膏火薪水。其入後館肄習洋文者，俟甄别留館、學堪造就，月給膏火三兩；俟學有成效，選拔前館，月給膏火六兩；越數年課業頗有進益，則增至十兩；更擇其優長者舉充副教習，月給薪水十五兩。至選派出洋充繙譯學生者，月給薪水一百兩；充三等繙譯官者，月給薪水二百兩；餘隨升階逐漸，以昭激勸。

繙譯書籍

自開館以來，譯書爲要務。其初，總教習、教習等自譯，近來學生頗可襄助，間有能自行繙譯者，茲將歷年所譯書目開列於後：

萬國公法　總教習丁韙良譯。

格物入門　總教習丁韙良著。

化學指南　化學教習畢利幹譯。

法國律例　化學教習畢利幹譯。

星軺指掌　副教習聯芳、慶常譯，總教習丁韙良鑑定。

公法便覽　副教習汪鳳藻、鳳儀等譯，總教習丁韙良鑑定。

英文舉隅　副教習汪鳳藻譯，總教習丁韙良鑑定。

富國策　副教習汪鳳藻譯，總教習丁韙良鑑定。

俄國史略　副教習桂榮等譯，待刊，俄文教習夏干鑑定。

各國史略　學生長秀、楊樞等譯，未完。

化學闡原　化學教習畢列幹譯，副教習承霖助譯。

格物測算　總教習丁韙良口授，副教習席淦、貴榮、胡玉麟等筆述。

全體通考　醫學教習德貞譯。

戊寅中西合曆　天文教習海靈敦算輯，學生熙璋等譯。

己卯、庚辰中西合曆　天文教習海靈敦、費理飭算輯，學生熙璋等譯。

辛巳、壬午、癸未、甲申、乙酉、丙戌、丁亥中西合曆　天文教習駱三畏算輯，學生熙璋等譯。

戊子、己丑、庚寅、辛卯、壬辰、癸巳中西合曆　天文教習駱三畏算輯，副教習熙璋等譯。

公法會通　總教習丁韙良譯，副教習聯芳、慶常等助譯。

算學課藝　副教習席淦、貴榮編輯，算學教習李善蘭鑑定。

中國古世公法論略　總教習丁韙良著，副教習汪鳳藻譯。

星學發軔　副教習熙璋、左庚等譯，天文教習駱三畏鑑定。

新嘉坡刑律　副教習汪鳳藻譯，待刊。總教習丁韙良鑑定。

同文津梁　總教習丁韙良著，待刊。

漢法字彙　化學教習畢利幹著。

電理測微　格物教習歐禮斐口譯，纂修官貴榮筆述。

坤象究原　副教習文祐譯，格物教習歐禮斐鑑定。

館內設有印書處，刷印同文館繙譯、著作及總署文件等書。

書閣藏書

存儲漢洋書籍，用資參考，並有學生應用各種功課之書，以備隨時分給各館。

漢文經籍等書八百本，內新增五百本。

洋文一千九百本，內新增二百本。

漢文算學等書一千本。

除課讀之書隨時分給各館外，其餘任聽教習、學生等借閱，註册存記，以免遺失。

添設纂修官

同治年間開館以後，館生漸通洋文，乃以繙譯新學各書爲要務。旋設印書處，以聚珍板印行於世；惟每書譯就，删校、潤色，非纂修無與有成，爰於光緒十二年五月二十日本署奏請添設纂修官二員，以席淦、汪鳳藻充補。嗣因汪鳳藻奉調出洋，改補貴榮，俾專責成。

光緒十二年五月二十日，本衙門遞奏片稱：再臣衙門同文館係爲邊務儲才之地，去年奏准推廣，考取學生，加增額數，督飭各項教習，稽查功課，考藝諏經，冀人人通知四國之務，高者可備行人擯介之班，下者亦充象胥舌官之選，不特西學條理亟待研求，抑且記載紛繁，尤資編撰。臣等擬酌照方略館之例，添設同文館纂修官二員，於學生中得有部院官職，擇其資格較深、文理優長者，派充是選，遇有應輯書籍，俾得專司其事，於館務實有裨益。理合附片陳明，伏乞聖鑒。謹奏。奉旨：『依議。欽此。』

添設繙譯處

察近年館生多有奉派隨使出洋，襄辦繙譯。爰於光緒十四年六月二十二日，本署奏請添設繙譯處。凡奉差旋華，擇其優者，俾充其選。乃以張德彝、沈鐸充補英文繙譯官；恩光充補德文繙譯官；旋以塔克什訥充補俄文繙譯官；聯湧充補法文繙譯官。

光緒十四年六月二十二日，本衙門遞奏片稱：再臣衙門同文館奏定章程，遴選學生內通曉洋文者，作爲七八九品繙譯官，原以資諳習各國語言文字，儲爲舌人之選。比年該繙譯等，學有成效者，頗不乏人，或調往邊界，或奏帶出洋，均能奉差無誤，俾疆吏、使臣各收指臂之益。至臣衙門辦理交涉事務甚繁，繙譯尤爲緊要，必須於外洋情形閱歷較深者，方資得力。臣等公同商酌，擬添設英、法、俄、布文繙譯官正副各一員，於曾經出洋充當參贊繙譯差滿回京者，揀選派充。如人數不敷揀選，任缺無濫。此項繙譯官，遇有各國使臣到署會晤時，即令隨同傳宣問答之詞，兼充繙訂華洋文字之職。如無貽誤，仍照章每屆三年給予獎勵一次。至該繙譯等逐日趨公，亦應量給俸薪，再由臣衙門隨時酌核定數發給。是否有當？理合附片陳明，伏乞聖鑑訓示遵行。謹奏。奏硃批：『依議。欽此。』

進內備差

光緒十七年十一月初一日，本署王大臣面奉諭旨，傳繙譯官張德彝、沈鐸進內備差，每員間日恭講英文。

建造星臺

天文一席，延聘教習，已歷年所。因察日月薄蝕，星辰陵犯，平地雖有極精遠鏡，天邊仍未獲極目。爰於光緒十四年建造星臺一區，上設儀器，頂蓋四面旋轉，高約五丈。凡有關天象者，教習即率館生登之，以器窺測。近年所編《中西合曆》一書，深資其助，裨益良多矣。

添設格物館

察格致一門，爲新學之至要，富國强兵，無不資之以著成效。總教習於稽察各館功課之暇，向以此學教館生，旋於光緒十四年，因館課日繁，申請堂憲專設格物一席，以英文教習歐禮斐充補，俾廣其傳，以啓後進。

歷年科第

同治癸酉副榜貴榮。

光緒乙亥恩科舉人恩裕。

光緒丙子恩科聯捷進士郭萬俊。

光緒丁丑聯捷進士長秀。

光緒己卯舉人恩光。

光緒庚辰聯捷進士玉啓。

光緒癸未聯捷進士翰林院編修汪鳳藻。

光緒丙戌聯捷進士何文瀾。

光緒癸巳恩科舉人王澤沛。

光緒癸巳恩科繙譯舉人祺昌。

歷任提調

成　林　本署大臣。

夏家鎬　本署大臣。

周家楣　本署大臣。

吳廷芬　本署大臣。

斌　椿　內務府郎中，候選道。

陳　欽　直隸津海關道。

洪　緒　江西廣饒九南道。

文　惠　江西吉南贛寧道。

方汝翼　江西布政使。

譚金詔　記名海關道，兵部郎中。

齊克慎　四川候補知府。

張其濬　甘肅安肅道。

葉毓桐　甘肅安肅道。

梁欽辰　安徽徽寧池太廣道。

陳欽銘　江蘇常鎮通海道。

苑棻池　浙江温處道。

雙　福　安徽徽寧池太廣道。

董世延　記名海關道，刑部郎中。

馮芳緝　記名御史，海關道，刑部郎中。

達　斌　記名御史，海關道，戶部員外郎。

成　章　二品銜，安徽徽寧池太廣道。

孔慶輔　花翎二品銜，湖北漢黃德道。

袁　昶　二品銜，安徽徽寧池太廣道，世襲雲騎尉。

呂海寰　四品銜，記名海關道，兵部員外郎。

陳　誠　四品銜，記名海關道，戶部郎中。

玉　寬　四品銜，記名海關道，戶部郎中。

俞鍾穎　四品銜，記名海關道，吏部員外郎。
長　恆　花翎二品銜，記名海關道。
錫　桐　四品銜，記名海關道，工部郎中。
童德璋　四品銜，兵部郎中。
吴景祺　四品銜，禮部郎中。
歷任漢洋教習
徐樹琳　漢文　同治元年到館。
包爾騰　英文　同治元年到館。
司默靈　法文　同治二年到館。
柏　林　俄文　同治二年到館。
曹佩珂　漢文　同治二年到館。
張旭升　漢文　同治二年到館。
楊亦銘　漢文　同治二年到館。
傅蘭雅　英文　同治三年到館。
丁汝梅　漢文　同治四年到館。
王鍾麟　漢文　同治四年到館。
丁韙良　英文　同治四年到館。
何森榮　漢文　同治六年到館。
畢利幹　化學　同治六年受聘，十年到館。
方根拔　天文。
巴化理　英文。
吉樂士　兵法　均於同治六年受聘，而終未到館。
李璧諧　法文　同治七年到館。
丁韙良　授繙譯教習　同治七年。
額伯連　英文　同治七年到館。
李善蘭　算學　同治七年到館。
丁韙良　升授總教習　同治九年。
偉　貝　俄文　同治十年到館。
德達那　法文　同治十年到館。
林　春　法文　同治十年到館署。
華必樂　法文　同治十年到館。
第圖晉　俄文　同治十一年到館署。
吉　德　英文　同治十一年到館。
德　貞　醫學　同治十一年到館。
夏　干　俄布文　同治十一年到館。
何金聲　漢文　同治十二年到館。
杜　棠　漢文　同治十二年到館。
柯理士　英文　同治十三年到館署。
雷樂石　法文　光緒二年到館署。
帛　黎　法文　光緒二年到館署。
海靈敦　天文　光緒四年到館。
賀之升　漢文　光緒四年到館。
顧仁榮　漢文　光緒四年到館。
翟汝弼　漢文　光緒四年到館。
張金蘭　漢文　光緒四年到館。
費理飭　天文　光緒四年到館署。
馬　士　英文　光緒五年到館署。
歐禮斐　英文　光緒五年到館。
駱三畏　天文　光緒五年到館。
黄興廉　漢文　光緒六年到館。
班　鐸　俄布文　光緒七年到館。
師克和　法文　光緒八年到館署。
茅　彬　漢文　光緒九年到館。
謝元祖　漢文　光緒九年到館。
陳孝基　漢文　光緒十年到館。
卜世禮　醫學　光緒十年到館署。
韓威禮　英文　光緒十一年到館。
江仁葆　漢文　光緒十一年到館。
席　淦　算學　光緒十二年由副教習升授。
程登甲　漢文　光緒十三年到館。

歐禮斐　格物　光緒十四年由英文教習改授。
烈　悌　英文　光緒十四年到館。
柯樂德　俄文　光緒十四年到館。
吳樂福　德文　光緒十四年到館。
王裕宸　漢文　光緒十五年到館。
安格聯　英文　光緒十五年到館。
英德秀　醫學　光緒十六年到館署。
夏日琖　漢文　光緒十七年到館。
陳啓濬　漢文　光緒十七年到館。
威禮士　德文　光緒十七年到館。
貝安德　英文　光緒十八年到館。
柯必達　法文　光緒十八年到館。
馬都納　英文　光緒十八年到館。
文聘珍　漢文　光緒十九年到館。
施德明　化學　光緒十九年到館署。

中法戰爭部

法國侵略越南和清廷派兵援越分部

綜　述

清・羅惇曧《中法兵事本末》　光緒七年，英人要求通商雲南，諭雲貴總督劉長佑議復，長佑復陳通商不便，議遂寢。是歲秋九月，長佑以法人志圖越南以窺滇、粵，上疏略云：

『越南爲滇、粵之脣齒，國外之藩籬，法國垂涎越南已久，開市西貢，據其要害。同治十一年，復通賊將黃崇英規取越南東京，思渡洪江以侵諒山，又欲割越南、廣西邊界地六十里，爲駐兵之所。臣前任廣西巡撫，即命師往援，法人不悅，訐告通商衙門謂臣包藏禍心，有意敗盟。賴毅皇帝察臣愚忠，乃得出助剿之師，內外夾擊越南，招用劉永福，以折法將沙酋之鋒。廣西兩軍分擊賊黨，覆其巢穴，殲其渠魁。故法人寢謀，不敢遽吞越南者將逾一紀。【略】現已時有法人闌入滇境，以覘形勢。倘法覆越南，逆回必導之內寇，逞其反噬之志。臣受任邊防，密邇外寇，不敢聞而不告。』

奏入，不報。十月，駐英、法使臣曾紀澤以越事迭與法廷辨詰，福建巡撫丁日昌亦疏法、越事備告總署。總署以聞，諭令與北洋大臣李鴻章籌商辦法，並諭沿邊、沿江、沿海督撫密爲籌辦。

光緒八年二月，法人以兵艦由西貢駛至海陽，將攻取東京。直督張樹聲以聞，諭滇督相機因應。三月，移曾國荃督兩廣。法人攻越南東京，破之。張樹聲令滇、粵防軍守於城外，以『剿辦土匪』爲名，藉圖進步，並令廣東兵艦出洋，遙爲聲援。

五月，命滇督劉長佑遣道員沈壽榕帶兵出境，與廣西官軍連絡聲勢，保護越南。旋召劉長佑入覲，以岑毓英署滇督。【略】劉長佑奏謂：『山西有失，則法人西入三江口，不獨保勝無障蔽，而滇省自河底江以下皆須步步設防。非滇、粵併力以圖，不足以救越南之殘局；非水陸並進，不足以阻法人之貪謀。』廷諭長佑密爲布置，長佑命藩司唐炯率舊部屯保勝。曾國荃至粵，命提督黃得勝統兵防欽州，提督吳全美率兵輪八艘防北海，廣西防軍提督黃桂蘭、道員趙沃相繼出關。法人要中國會議越事，諭滇、粵籌畫備議。法使寶海至天津，命北洋大臣會商越南通商分界事宜。吏部主事唐景崧自請赴越南招撫劉永福，中旨發雲南交岑毓英差遣。景崧乃假道越南入滇，先至粵謁曾國荃，甚韙其議，資之入越。見永福，爲陳三策。上策言越爲法逼，亡在旦夕，誠因保勝傳檄而定諸省，請命中國假以名號，事成則王，此上策也。次則提全師擊河內，驅法人，中國必能助餉，此中策也。如坐守保勝，事敗而投中國，恐不受，此下策也。永福曰：『微力不足當上策；中策勉之。』

（光緒九年）三月，法軍破南定，諭廣西布政使徐延旭出關會商黃桂蘭、趙沃籌防。李鴻章丁憂，奪情回北洋大臣任，鴻章懇辭，命鴻章赴廣東督辦越南事宜，粵、滇、桂三省防軍均歸節制。鴻章奏：擬赴上海暫駐，統籌全局。法使臣寶海商界事久不協，奉調回國，以參贊謝滿祿代理。劉永福與法人戰於河内之紙橋，大破法軍，斬法將李威利，越王封永福一等男。徐延旭奏留唐景崧防營效用，並陳永福戰迹。朝旨促李鴻章回北洋大臣任，並詢法使脱利古至滬狀，令鴻章定期會議。脱利古詢鴻章：中國是否助越？鴻章仍以邊界剿匪爲詞。法國新簡使臣德理就任，法兵攻克順化，迫越南議約。鴻章與法使議不就，法兵聲言犯粵，廣東戒嚴。總署致法使書，言越南久列藩封，歷經中國用兵剿匪，力爲保護，今法人侵陵無已，豈能受此蔑視！倘竟侵我軍駐地，惟有開仗，不能坐視。朝旨令徐延旭飭劉永福相機規復河内，法軍如犯北寧，即令接戰。命滇督增兵防邊，唐炯迅赴前敵備戰，並濟永福軍餉，旋命岑毓英出關督師。

法兵破越之山西省，將犯瓊州，以彭玉麟爲欽差大臣，督粵師。彭玉麟奏：『法人逼越南立約，欲中國不預紅河南界之地及許在雲南蒙自縣通商，顯係圖我滇疆，冀專五金之利。不特滇、粵邊境不能解嚴，即廣東、天津亦須嚴備。彼以虚聲，我以實應，疲於奔命，必至財力俱窮。』【略】

越南王阮福時薨，無子，以堂弟嗣立。法人乘越新喪，以兵輪至富春攻順化海口，占之，入據都城。越嗣君不賢，在位一月，輔政阮説啓太妃廢之，改立阮福昇。至是，乞降於法，與立約二十七條。其第一條，即言中國不得干預越事。此外，政權、利權均歸法人。越王諭諸將退兵，重在逐劉團也。滇撫唐炯屢促永福退兵，永福欲退保勝，黑旗軍士皆扼腕憤痛。

副將黄守忠言：『公可退保勝，請以全軍付末將守山西，有功公居之，罪歸末將』。永福乃不復言退。徐延旭奏曰：『越人倉卒議和，有謂因故君未葬，權顧目前者；有謂因廢立之嫌，廷臣植黨搆禍者。迭接越臣黄佐炎等鈔寄和約，越誠無以保社稷，中國又何以固藩籬？越臣輒以俟葬故君，即須翻案爲詞，請無撤兵。劉永福仍駐守山西，法人擬添兵往攻。越王阮福昇嗣位，具稟告哀，並懇准其遺使航海詣闕乞封。越國人心渙散，能否自立，尚未可知。』並將法、越和約二十七款及越臣黄佐炎來稟，録送樞府。大學士左宗棠出爲兩江總督，嚴備長江防務。粵督張樹聲自請出關，得旨命帶兵輪赴富春，樹聲奏廣東無巨艦可出大洋，乃不果行。左宗棠請飭前藩司王得榜募勇赴桂邊扼紮，得旨歸徐延旭節制。

清·李鴻章《復左相》（光緒九年五月初四日）頃奉四月二十九日手書，鈔示總署彙録劼侯電報，此間亦早奉到。軍情旦夕變遷，四月十三日法兵進攻，中越官劉永福之伏，殲斃總兵以次九十餘人。電報法廷，舉國大憤。連日接電，稱已添派鐵甲及兵船四隻、陸軍三千赴越，議院准添兵費，不限數目，將圖大舉報復，劼侯適赴俄賀升冕，總署奏奉旨派令與法廷專議越事。劼電堅辭，但請邊軍混入越兵暗助。前日之戰，似即如此辦法。若號召大軍，聲罪致討，顯露開釁之象，亦非朝廷本意。

法新使脱利古、前使寶海，同時抵滬，所議斷難就範。擬再相機觀變，穩慎圖之。【略】

（光緒九年五月十六日）粵西出境兵七千餘，有徐方伯督統；雲南出境兵六千餘，有唐方伯督統；足爲越軍劉永福聲援。法軍在河内、南定者，固守待援，計六七月間，援師陸續可至。儻越軍再接再厲，勢必不能深入。日來劼侯電報，亦有紳會漸咎法廷開釁之語，越事似有轉機。

前奉初二日密旨意，飭鴻章速回天津。比因布置未定，復疏上陳，以待後命，再取進止。蓴農、闓青兩軍本已面允隨征。惟南行現未定局，似宜少緩調募，即舊部淮軍亦未便遽爾檄調也。

又《復吴筱軒軍門》（光緒九年九月初三日）法越構兵，日久未解。七月杪，法人與劉永福戰爭北圻，不利，調兵船另攻順化都城，脅定新約十三條，盡攘其兵權、利權及用人之權，並願將全國歸法保護。越王名號土地雖存，固已陰降於法，僅劉永福所部力與相持。我滇、桂各軍進紮越之北寧、山西，與劉犄角援應，殊非常局。

法使昨來津赴京會議，求我助剿劉團，或退兵分界，均未能許。法亦有進退狼狽之勢，聲稱仍添兵攻劉，或因我暗助劉，另派兵船來擾沿海地方，均難必其無事。以愚意揣之，彼於劉團勢難中止，或遇我邊軍交綏，勝負尚不可知，必不肯遽爾入華開釁，致擾亂各口各國通商大局。

内意不無震動，疊飭彭雪琴赴粵東會辦防務，調吴清卿帶吉勇三千來津協防，並有如事勢緊急，即調貴部回津，著鄙人妥籌辦理之説。鄙見此時布置總以鎮靜爲貴。屈指兩月内，北河封凍，法兵船皆在越南，尚無移往粵、閩大隊，豈敢遽犯北洋？且聞朝鮮君臣趨向不定，時時探詢越事，似覩望以爲向背者。大軍暫留震懾，不可輕率舉動，致令屬藩藐視。況太公餘黨，誅索正急，民情攜貳。儻麾下舉足內渡，彼間又起波瀾，將若之何？似目前宜靜而不宜動，津防各軍，訓練精强，卽使法船來擾，當可力遏凶鋒。至煙臺雖甚空虛，卽貴部全來，亦未便守口，或祇可近紮後路，無大裨益也。尊慮遠近訛傳，市言成虎。申報日報所稱，多係日人嫉忌及朝人附日者揑造，識者皆能鑑之，無足計校。

論說

《總理各國事務衙門奏法人謀占越南北境並欲通商雲南現擬豫籌辦法摺光緒七年十月十五日》 竊查越南一國，向隸藩屬，爲中國滇、粤兩省屏障。自西貢一帶爲法佔據後，越南日就孱弱，北境僅存。同治十三年，法又强與越南訂立條約，法人覬覦越南，蓄志已久。本年秋間，據出使大臣曾紀澤電报，法海部籌款添置兵船，往越南東京靖盜，謀由紅江通商雲南，議院許之等語。嗣曾紀澤（履）［屢］與法外部言，雲南通商，非中國所願；從前法越立約，中國不認。法如僅整頓商務，中國（尤）［猶］可寬容越私立約之失，全法顏面；若另謀進步，則負中國保全友誼之心云云；並將照會法外部文，咨送前來。臣等查法人佔越南境，久割膏腴，此次添船籌款，雖以捕盜爲名，其叵測已可概見。越之積弱，本非法敵，若任其全佔越土，粤西唇齒相依，後患堪虞。且紅江爲雲南瀾滄江下游，紅江通行輪船，則越南海口旬日可至雲南。此事關繫中國大局。現經曾紀澤力與辯詰，固屬義正詞嚴。第爭以空言，必須見諸實濟。臣等接前任福建撫臣丁日昌函請，密商廣西撫臣、提臣，以查辦土匪爲名，駐紮關內，與越王或親信執政速商自强事宜，及聯絡外交之法；並密商滇省督撫，於南掌入滇交界，多設關卡，阻止法由此路通商；或於峭壁惡溪必由之道，設法堵塞；又或豫定税則，由越運到之貨較由內地運到之貨税餉加重，使無利可圖。

曾紀澤函稱，中國水師漸有起色，如撥數艘移近南服，使敵人有所顧忌，並自據紅江以爲控制；否則，以力助越南保守該江，不使他國據以逼我各等語，所言俱不爲無見。適北洋大臣李鴻章來京，商及此事。李鴻章謂近年招商輪船運米越南，往來甚熟，或添派兵輪，同往遊弋，藉壯聲威，並另派明幹得力之員，往越嚴密偵探現在情形，晤其國王、大臣等，將通商自强各事宜，隨機開導，或可稍紓彼患，卽可藉固吾圉。臣等再四籌商，目前辦法，止有如此。

《署理北洋通商大臣李鴻章奏法越交涉事端重大遵旨妥籌全局摺光緒九年五月十二日》 夫法之經營西貢，久欲併吞北圻，初尚憚各國評其貪狠，中國力爲援助，略有遲回。今既挫於黑旗，乃藉復仇爲名，添派鐵甲兵船及陸軍，剋期東來，必欲佔其土地，悍然不顧。【略】沿海沿江各郡縣，輪船可到之處，恐不能保。臣竊料滇、粤交界，山險叢雜，瘴疫繁興，現有該省防軍及劉永福所部協力分守，彼亦不能深入。惟若南路膏腴盡失，卽阮祀幸存，何以立國？往者琉球不復，尚未及出師聲討，議者輒謂示弱鄰邦，致有越禍。越如爲法所併，凡我屬國，咸有戒心，而滇、粤三省先失屏蔽。紅江爲滇越相共，礦務尤彼族垂涎，將來畫疆拒守，口舌必多，邊患固無已時也。

或謂法人併越之念未必甚堅，中國如以重兵相向，自可俯就範圍。臣思法國自同治十年受德人懲創，上下臥薪嘗膽，無日不圖報復，正欲藉拓地立威，稱雄西土，其藐視越南，豈肯甘心釋手？況因憤添兵，亦無中止之理。我以虛聲嚇之，彼未必卽相震懾；我以重兵臨之，則內地益形空虛，似非兩全之策。

或謂華兵前往越境交戰，不在華界，我非顯與失和。不知法、越業經開仗，其滇、粤兵之已紮越境者，尚可諉爲自防邊界。若添調客軍再入越境，顯係助越拒法，安得不謂之失和？恐不待中法兵交，彼必多派兵船北犯津沽，南闖粤海，甚或聲東擊西，擣虛避實，以分我兵力，搖我人心。我軍遠戍越疆，不戰仍無以助越，戰則敵兵或更舍越而先圖我，所有沿海沿江各省，必應預爲備禦，務使敵兵所至各能自全，庶前敵可無返顧之憂。昔林則徐拒虎門，而敵從定海入浙、入蘇；僧格林沁拒大沽，而敵從北塘入京師，此尚言其近也。今越與內地相去數千里，若陳師遠出，而反戈內向，顧彼失此，兵連禍結，防不勝防。

臣查海疆自廣東以迄奉天，口岸林立，惟天津、北塘等口，臣駐守十餘年，礮臺、營壘、水雷、礮船逐漸籌布。雖未敢自詡萬全，但就現有水陸各軍船械兵力，當可自守。然兵力未可少分，餉糈尚待添撥。其他牛莊、煙臺及北洋不通商各口，實未能處處布置。至南洋之江浙閩粵各口，罅隙更多。

泰西各國戰局一開，往往數年不解，必至勝負顯判而後已。中國兵輪船本少，又未經戰陣。法國海部鐵甲新船四十餘號，舊者在外，快船根駁各項戰船四百餘號，裝運陸兵則另有輪船，其船械之精，操演之熟，海上實未可與爭鋒。陸路則我衆彼寡，我主彼客，苟能器械精良，餉糈充備，未始不可與戰。

但一時戰勝未必歷久不敗，一處戰勝未必各口皆守。西洋用兵，罄其一國之人可以爲軍，罄其一國之財可以爲餉，轉戰數年，勝負既判，終乃行成，而勝者所糜之餉，皆必索償於敗者，恆以億萬萬計。彼平日注重商務，國有急難，可借商民之財力以資敵愾。中國官與商民隔膜，舍釐稅無籌餉之術也。

道光、咸豐年間，海疆一再嘗試，而盟約所要，愈趨愈下。近二十年與彼族補苴掇拾，雖未遽轉弱爲强，尚得堅守藩籬，與斯民休養生息。一朝決裂，全局動搖。戰而勝，則人才以磨勵而出，國勢以奮發而强；戰而不勝，則後日之要盟彌甚，各國之窺伺愈多，其貽患更不可言也。蓋使越爲法併，則邊患伏於將來；我與法爭，則兵端開於俄頃，其利害輕重，皎然可觀。【略】

再，兩大交兵，曠時糜費，非剿粵捻情形可比，先須籌集的餉一千萬，以濟目前要需。至兵釁一開，洋稅釐金立形短絀，而各省軍需刻不容緩，應請飭下戶部，預爲妥籌議覆。事關重大，應否將臣此次摺片，發交軍機處，會同大學士、六部、九卿密議具奏，抑由聖明裁斷決擇施行。

清·唐景崧《請纓日記》 竊越南一隅，分南北圻，接壤滇粵，中國西南之藩籬也。南圻六省，久爲法據。同治十二年，突攻北圻、河內等省，越南招廣西人劉永福率衆敗之，議和罷兵。而法人終耽耽於北圻者，實欲撤我中國之屏蔽而窺滇與蜀、楚之道路也。

越南貢使到京，臣就詢情勢：謂瀾滄一江，法人志在必得，爲進規雲南計。賴劉永福駐軍保勝，而夷船不敢肆行。去歲法人屢脅越南撤劉永福入富春。越君臣窮守富春，意在乞和。而劫制過甚，勢難遽從，即乞救天朝之章，亦不敢驟進，恐漏洩愈遭毒虐，惟仗劉永福一軍遙峙聲援，苟延旦夕。法人欲割其山西、興化、宣光等省，則以地近雲南、廣西故也。奸民四出，密探內境，募諸不逞，集有千人；又招賊黨陸之平、覃四棣等，幸皆拒之，此越南蒙難以後之情形也。

中國往援既慮有礙，爭以公法亦決不從；而越南患難之來中國與共，又未可聽其存亡。伏見宸謨深遠，於法釁未動之先，曾諭內外臣工，詳加揆度，合力圖維，是朝廷固未嘗置越南於度外也。本年總理各國事務衙門奏請籌備，復有敕疆臣相機因應之旨。疆臣建議，無外籌防。揆時度勢，力止於斯，而終歸於無救。越南有損，中國殊可歎已！臣竊維救越南有至便之計，越南存則滇、粵亦固，請爲皇太后、皇上敬陳之。

越南有將、有兵而不知用；君臣貪黷，政治不修，即無夷難，亦幾無以自存。中國不與共安危則已，既與共安危，則賴有人往提挈之也。

【略】

臣維劉永福者，敵人憚懾，疆吏薦揚，其部下亦皆驍勇善戰之材，既爲我中國人，何可使沈淪異域？觀其膺越職而服華裝，知其不忘中國，並有仰慕名器之心；聞其屢欲歸誠，無路得達。若明畀以官職，或權給以銜翎，自必奮興鼓舞；即不然，而九重先以片言獎勵，俟事平再量績施恩。若輩生長蠻荒，望閶闔如天上，受寵若驚，決其願效馳驅，不敢負德。惟文牘行知，諸多未便，且必至其地，相機引導而後操縱得宜。可否仰懇聖明，遣員前往，面爲宣示，即與密籌卻敵機宜；並隨時隨事開導該國君臣，釋其嫌疑，繼以糧餉。劉永福志堅力足，非獨該國之爪牙，亦即我邊徼之干城也。

或謂劉永福一武夫耳，豈能倚任大事？而臣則以爲過論。前者河內之捷，海島聞知，至今夷見黑旗，相率驚避。正宜獎成名譽，藉生强敵畏憚之心。中國人士輕之，則彼族亦遂輕之矣。臣嘗見今之言者，皆毁重臣，彈劾宿將，愚昧之見，竊歎未宜。蓋四鄰環伺之秋，與承平有間。重臣宿將，所藉以禦外侮者，亦賴威望有以鎮懾之。必曰不可恃，誠恐長寇讎之玩志，而墮我長駕遠馭之先聲。夫劉永福誠何足道，然既馳聲海嶠，亟應獎勵裁成。臣所以請遣使前往者，乃欲藉國威靈，培彼名望，未嘗非控制强鄰之一術也。

今法之於越南已扼其咽喉而據其心腹矣。計劉永福竟不必救北圻，應即潛師踰廣平關，走南圻之定祥、永隆，往劫夷埠。法人利藪全在南圻，勢必舍北援南，北危自解，兵法所謂攻其所必救也。越南土匪極多，與其中國年年防剿，處處兜擒，不如赦而縱之，概令其往撲南圻。因敵爲糧，得財悉予，縱未必能操勝算，但使四處起與爲敵，該虜自不免徬徨，聞風斂迹，此亦病急治標之法也。劉永福兵力尚單，俟事略平，宜議增兵集餉。越圻五大省最稱繁庶，華民極衆，富商頗多，百貨往來，可謀收税，則非獨不費中國，抑並不費越南，養成大枝勁旅，屹立海疆，不獨長顧北圻，兼可規復南圻，進策南洋島國，斷泰西南來之門户。邇歲諸夷覬覦滇、蜀，蓋欲通西藏，達印度，另闢入華道路，亦惴惴於南洋華民太盛，慮起作梗。甚哉彼族顧慮之深也！【略】

今者琉球固無望矣，朝鮮又生事矣，日本、俄羅斯皆睢盱而欲蠢動者也。民窮財盡，巨患日深，苟可以裨救萬一，雖職係小臣，亦不得諉爲分外之事。其濟，國之靈也；不濟，則雖絕脰夷庭，粉身蠻徼，均不必在顧計之中。臣不冀遷官，不支歲帑，抵越南後，毋庸援照洋使章程辦理；惟乞假以朝命，俾觀瞻肅而操縱有權。奮往之忱，矢諸夙夜；一得之慮，期報涓埃。

清・余乾耀《上李傅相論法越事宜書光緒九年五月》　敬稟者：竊中書於本月十八日接奉諭函，【略】夫中國畏難苟安，相沿已久，每遇外邦無理之事，不計後患如何，祇圖目前得過且過，卒之太阿倒持，授人以柄，此真可爲長太息也！

迨至今日，法人已乘間抵隙，而我欲徒恃口舌取勝，誠恐未易爲功。但中書夙夜思維，旁參與國之見聞，遙察敵人之形勢，彼欲挾其衰敗之餘燼，欺淩我中國，侵伐我番邦，不過取易不取難耳。在中國縱如何量敵慮勝，不欲輕爲啓釁，似覺萬不可因法使語言激烈，被其虚聲恫喝，遂得阻我保護之權，任彼肆行無忌。

查該公使脱里古，前駐東京未久，與各國公使往來均不甚合。聞去年法國新換統領之時，脱使致書告於各公使曰，余將以某日午後兩點鐘在本公館接見賓客云。各公使得信，以法使之言爲自大，無不動氣，謀與滋議。於是英使巴夏禮立刻往見法使，先致意焉。法使悟，乃派參贊二員向各公使謝過，並收回原信，即此可想見其人矣。

猶憶彼在東京將往中國之時，尚未稔知中國情形，傳聞我中堂經略滇、粤，並督師十二萬南下，勢將與法人決裂，故彼時法使與人議論，雖云欲行前約，而仍謂安南之事，法國不欲與中國開釁，似有可望轉圜之機。今該使行抵申江，既與晤商，彼豈不知安南爲我朝廷册封之國乎？乃一味堅執，全説中國不是，毫無彼此和衷，誠屬不可與言，是彼欲開釁矣。彼方開釁以待，中國若又隱忍以避之，彼知我絕不欲戰，必更陵厲無前，安南之事恐至不可管涉。爾時各國窺俟煽惑，高麗亦必無獨存之理。億度形勢，其上煩我將相區處者，又當何如？是以不揣冒昧，敢效愚夫之千慮，爲中堂密陳之。

中書以閣下微員，辱乘槎載，自知譾陋，凡於外國交涉事理，尚留心體察，不肯輕易放過。曩隨何星使初抵東京，即有琉球阻貢之議。中書面陳意見，謂日人輕藐實甚，非預備戰事，不可以口舌力爭。當時同事各員，輕心相掉，絕不寬留地步，竟爾斷送琉球，至今悔之莫及。

未幾，中書分駐崎港，適與高麗密邇，鑑琉球之覆轍，睹碩果之猶存，不忍其薦食於長蛇也，自駐長崎，開辦即注意高麗。於是開誠布公，獨開生面，傾六成之薪水，收各國之歡心，稍得有所見聞，時時通報於本國而爲之備。迨後變生倉卒，高麗之不亡者幾希。長崎得信最先，當時由電飛報黎星使轉報北洋大臣。幸賴朝廷神武，速派戰船保護，不動干戈而外釁遂平矣。

前歲又值俄國生端，自庚辰四月，其提督率領兵艦大小三十餘艘盡泊長崎。中書亦與其提督往來，如同昆弟，交情無改，得禮增修。及至六月，彼知中國有備，遂即轉機。是月二十八日在長崎施放賀砲，遥敬我皇上萬壽聖誕，外國人以此卜中俄之無戰矣。是則有備而不畏戰，可期不至於戰；無備而畏戰，究恐難免於戰。用兵所以弭釁，非以啓釁也。歷觀前事，莫不皆然。

竊思法國前時雖强，計其與外國戰爭，無一利者。普以彈丸之國，奮勇一戰，由王而帝，其相畢思麻克遂爲近今第一功勳。我中堂亦無多讓焉？

此次法國勞師遠涉，獨力無助，所慮其暗助者或在日人耳。然中國果能一鼓作氣，則日本亦必守其局外之分，斷不敢浮沈以取禍。刻下速宜整備沿海邊防，訓練兵船，巡查海疆。彼不犯我，則罷。彼若犯我，則設計擊破之；並行文各與國，勿俾接濟軍火、炭糧。安南內地，林菁叢密，我由廣西、雲南等處徵兵調餉，以作應援，彼亦未易逞志。

此區區之見，惟我中堂垂察，幸甚！

《署都察院左副都御史張佩綸奏邊情已亟宜早定宸謀摺光緒九年五月十七日》 臣惟法、越之釁，論地勢則逼於俄之爭伊犁，論敵情則橫於倭之襲琉球，論海氛則等於西洋之駐澳門、英人之索香港，論邊患則同於洪逆之起粵西、回匪之擾雲南，此誠朝廷所宜長慮卻顧、熟思審處者也。顧河內之破已逾一年，南定之擾又且三月，問使臣則臨事言病，問疆臣則臨敵言和，問任人則樞臣曰才難，問籌餉則計臣曰財匱。中外擾擾，迄無成謀，甕漏釜燋，熟視不捄，微臣竊以爲虞。方今法軍新挫，法使復來，退遂不能，殆將變計。我若善爲箝制，法中悔而改盟，未可知也；我無遠謀，彼成憤兵以求逞志，亦未可知也。朝廷於此何以應之？夫制敵之方、馭軍之略，未有謀不定於內而能成於外者，願聖明垂意焉。

一、彼己宜並權也。論中、俄情勢，新疆甫平，西餉告匱，海防初設，洋餉又告匱，重以大災洊於西北，伏莽蘊於東南，略內政而務外攘，似非本計。且勳臣如左宗棠、李鴻章等年皆垂老，所部精銳亦漸銷亡，必有以船礮不及泰西，越南究非近服，爲息兵保境之請者。然法自爲德所熸，其力困於國債，貧乏殊不自支。君爲虛器，政出多門，良將無人，邪士坐議。其圖越也，主謀者特西貢之將臣，供餉者特巴黎之商戶。勝不相讓，敗不相救，見小欲速，出無堅心。德之畢士麻睨其後，越之劉永福當其前，我滇、粵三省水陸各軍首尾銜應；法大舉則餉竭，孤立則援窮，勢殆難久也。要之，中國誠貧，法亦不富，中國誠弱，法亦不强；而地則主客異勢，遠近殊形，此而怯懦自居，游移不斷，使屬藩翦滅，列國生心，實爲鑄一大錯耳。

一、和戰當熟計也。臣非諱言和也，和而存越固和，和而不通滇商亦和，即亡越通滇而能使法人得越之後不與粵西爭界，通商之後不在滇南駐兵，則亦和。臣不知主和者能之乎？且疆臣亦但知和之易，不知和之難也。和則必償法之兵費。中國償之，恥也；使越南償之，越南不聽命將若何？和則必代逐劉永福。劉永福又不聽命將若何？臣竊謂我欲和則法必戰，我能戰則法自和耳。法人雖有增船、增兵之說，而鐵船不能入港，陸兵多不過三千，或居舟，或登岸，或守城，或出隊，其勢已分。先越勝而法退，則懼我之縱軍合擊也；法勝而深入越境，則慮我之斷其歸路也。我屯以養重，彼千里而餽糧，遣使求成，將在法國，奈何敝敝焉望脫利古之顔色而卑辭下氣以求之乎？伏願朝廷以款使交鄰責成總署，以防邊守小責成疆臣。和戰兩端各有專屬，庶疆臣不得以言和塞責，而諸軍不致以言和弛防。

一、賞罰宜參用也。軍無賞罰則將不能用其卒，國無賞罰則君不能馭臣。自庚申以後，朝廷愼重洋務，如總署章京之保舉，出洋使臣之官階，海防將弁之餉項，賞皆從重，而事機貽誤，罰則從輕，宜諸臣之樂於言和而憚於言兵也。今日之事，欲勵戎行、作士氣，宜自明賞罰始。曾國荃坐鎭廣東，一無布置，雖有前功，應請明詔開其署缺，並停伯俸。提督吳全美撤兵回境，畏縮不前，應請旨將該提督革職遣戍軍臺。其它大臣疆吏，裴褢觀望者，重則革留以責後效，輕則申飭以示薄懲。然後特詔中外，凡在事諸臣，奮勉圖功，則加以不貲之賞，玩泄從事，則予以不測之威，庶三省之疆臣，前敵之將士，無不感激用命矣。

一、水陸宜合防也。自廣東以無船爲解，而南北洋各守其封，兵船不願通假，於是言兵者略不及瓊、廉。臣愚以爲滇、粵兩軍終當以水師輔之也。夫中國水師，出海搏戰，誠不如法之精捷；而扼守珠厓以鎭粵海，潛渡順化以護越都，或擣錫根之虛，或斷卧辣之尾，但粵督有人，皆可隨時制變。若無水師，則廣東西路門戶洞開，設有萬分一，法直以兵艘受之，又將奈何？於戰爲略，亦於守爲疏，非十全之算也。現在滇、粵已議增兵，應請將北洋之衝船酌撥一艘，閩洋之兵船酌撥三四艘，選良將統之，游駛瓊、廉，以伺利便，神而明之，存乎其人矣。

一、兵食宜交足也。法、越之事，非如臺灣之可以忽起忽止也，亦非如朝鮮之可以苟安無事也，將常爲西南邊患矣，故籌邊當以經久爲要策。如臣之計，就地籌兵無取遠調也，就兵籌餉無許過糜也。使兵可久戍，餉可永支，始足籌集耳。顧籌餉更有難於籌兵者。滇富在銅，而利源未開；

粤富在商，而弊端難絕。屯現在之兵以待無著之餉，宜疆臣藉口於絀餉，而計臣蹙額於用兵也。夫竭内帑以供邊餉，誠爲弊政；然借洋債以償兵費，不益之辱乎？今宜以滇餉委之四川，以粤餉委之粤海。部臣前議，撥川鹽局二十萬與滇，近又撥餉八萬與粤，使不蒐軍實則已多矣，實修邊防，臣恐不足。應請飭丁寶楨議月協唐炯一軍若干萬，飭粤海關監督借撥粤西軍餉三十萬，並命三省疆臣於滇銅、粤鹽潯梧釐税，興利剔弊，以裕餉源，庶臨敵不憂乏食，而事後不議裁兵矣。

一、大小宜協謀也。中國斷不言戰，法亦斷不輕與中國戰，彼此相持，以觀法、越之成敗，久之則越終爲法困耳。何以知其然也？劉永福之軍，不患無人，而患無餉。法軍在河内，則保勝一帶商旅不前，榷税必減，一可慮也。又不患無餉而患無火器。各國槍礮遠莫能致，二可慮也。夫永福一戰殺安業，再戰殺李維業等，不獨爲越屏藩，亦足爲我羽翼。唐炯前議，謂器械暗資永福足以制法，其言已有明徵。應請密飭滇、粤兩省疆吏，妥爲料理。至法人所忌者，終在德之君相。畢士麻饒有雄略，豈嘗須臾忘法哉？法得越南，如英有印度，非中國之利，亦非德國之利也。顧中國若直與德約從連盟，則德迫於歐洲公法，必不許我。但中、德隱固其交，自今增戰船，購槍礮，皆於德國徵取，藉商務以篤鄰誼，事遠交以便近攻，畢士麻爲德深謀，必且傾心相助，但使法人狼顧，越事自可轉圜。吏部主事唐景崧，遠適異域，倍極艱勞，駐德使臣李鳳苞，熟悉洋情，頗知竅要。若一則假以升階俾充越使，一則申以密敕俾結德歡，於軍事必有裨益。夫伐謀用間，軍志所言，於越有晉戍犄角之形，於德有楚漢重輕之勢，爭雄鬥智，豈尚迂談，固非臣喜爲縱横家言也。

語曰：『猛虎之猶豫，不如蜂蠆之致螫；騏驥之跼躅，不如駑馬之安於步。』誠以疑者事之害，知者決之斷也。歷觀古今戰事，利害無定形，成敗亦無常勢，大要皆成於果毅，敗於依違。鉅鹿之役，宋義救趙，欲乘秦敝，項羽反之，一戰而霸。烏林之役，張昭勸孫權迎降，周瑜持之，一戰而强。伐吳之役，賈充不同，而謀決於張華；蘇峻之難，陶侃不同，而謀成於温嶠。使當其兩論相持，羣疑互起，未有不以宋義、張昭、陶侃爲老成慎重之見者，而卒之料敵之明，決幾之果，乃不如少年大言書生坐論，一三思反惑，一有志竟成也。彼越南孱王，永福故盜，其謀一定，猶能憑險負隅，出奇制勝，遂已殲法之將，破法之軍，越即終亡，此亦宋之黄天蕩、金之大昌原也。況以堂堂中國，勳舊具存，文武備列，而無一人焉敢於持國體而張國威！至於倔疆新造之邦，藍縷數奔之國，尤復望而生畏，莫敢枝梧：不爲歐洲所輕，亦爲越南所笑。臣在言路，心竊恥之，心竊憂之！仰懇早定宸謀，以折敵燄，天下幸幸甚！冒瀆再三，不勝惴惴。

《河南道監察御史劉恩溥奏法人窺伺滇粤請保護越南以固疆圉摺光緒九年五月十三日發》 竊自同治初年法與越南搆釁，許越人議和，齎償軍費四百萬，故迫其期，而越人遂請以九龍江上嘉定省暨毗連二省之租賦加息抵之。署券十年。法人又言須自取其租，始足徵信，越人不得已聽其設官治事。洎光緒紀元償租期滿，竟渝前盟，復以東京多盜爲辭，越俎代庖，勢將據爲己有。若法人本意僅止於此，則蠻觸相爭，中國原不必過問，無如法人之志非僅在越南已也。雲南礦苗極旺，法人垂涎已久，借保護越南爲名，而實爲侵併雲南起見，此假道於虞以伐虢之策也。中國即不與法爭越南，法亦豈非中國之患哉？

按萬國公法例載，凡地球上之動物、植物掌管已歷百年，不得藉端侵奪；審是而土地人民，更無論已。越南爲中國藩屬，歷年久遠，其地與粤西之鎮南關、滇南之迪化江皆接壤。法國遠隔重洋，土宇與越南並不相接，安得謂收其租賦而即有其土地？李鴻章現駐上海，似須邀局外各國如英、美、德者，據公法以爭之。即法人不見聽從，而我中國義正辭嚴，各國亦斷不能曲中而直法。曾紀澤欲令安南據隘自守，法人不得越安南以侵中國；法人欲保護東京，中國亦必同爲保護，所用之費，中、法同出，利益均沾，實爲洞見癥結，切中挈緊之論。如李鴻章與該國公使反覆辯論，罔有悛心，則是法人違悖公法，棄好尋釁，並非兵端自我而開，則師直爲壯，一鼓而前，自有仁者無敵之效。考《後出師表》云：『然不伐賊，王業亦亡，惟坐而待亡，孰與伐之？』又云：『今歲不戰，明年不征，使孫策坐大，遂併江東。』正可爲此日之殷鑑。現在光景萬不至遽致淪胥，然不能迅赴事機，以慎重而成畏葸，一任其挾制要求，敷衍了事，將來必至疆域日蹙，欲恢復而不能。竊爲諸大臣不取也。

諸大臣儻狃於成見，謂邊釁一開，兵連禍結，不如置越南於度外，可以息兵養民。此掩耳盜鈴，自愚以誤國之術。昔俄攻土爾其而英護之，非爲土也，恐侵及印度也。我不護越，則滇、粵危矣。智豈不出英人下哉？劉永福中國一土寇耳，率其黨數千人，馳檄文，斬驍將，法人甚形狼狽，進退兩難。堂堂中國，諸大臣竟託於持重不敢與之交鋒；雖有辭以謝法人，獨不恥爲土寇所非笑歟？咸豐十年之變，法人固中國不共戴天之仇也。昔法之拏破崙第一，身爲降虜，放於南洋；迨拏破崙第三，發憤爲雄，國勢復振。我中國諸大臣，身受厚恩，自庚申迄今二十餘年，當此有隙可乘之時，竟不思決策運籌以雪大恥，清夜捫心，何遽不若拿破崙第三？上年英人馬加利爲雲南野夷所殺，至今英人不敢由此路行走。諸大臣見地何遽不若野夷？

且中國製造輪船，購買槍礮，不惜數千百萬之重貲者，凡以爲攻戰計也。若僅將該船隻調駐各口，藉以耀武，此不過愚三尺童子之術耳，彼法人豈懼我哉？上年臺灣之役，以此術愚日本，繼以此術愚俄人，今日又以此術愚法人，臣恐未必能終操勝算也。若謂中國水師於海道沙線，駕駛輪船諸務未能諳悉，故不敢輕於一擲，然則兵丁終不使之身歷行間，何日期其精熟，何時鍊出將才？平日既虛糜餉項，不克細加討論，臨事又觀望周章，俟議和而撤隊，各國訕笑其能免乎？恐緬甸、暹羅諸屬國，蜀、黔、湘、鄂各地方，亦將爲之續矣。

且法請和於我其勢順而易，我請和於法其勢逆而難，此其故豈待智者而決哉。夫字小、仁也，乘時、智也，復仇、勇也；一舉而備三善，何憚而不爲？昔沈尹戌曰：『古者天子守在四夷。』今日之役，若徒畫疆自守，作壁上觀，以臣度之，斷非長治久安之策。仰懇飭下諸大臣，密籌速計，思患豫防，勿鄙爲喜事之談，勿視爲不急之務，勿自餒其志氣而長凶燄於燎原，勿甘蹈於因循而示外洋以孱弱。中外幸甚！大局幸甚！

清·薛福成《援越南議上》 今越南之事急矣！法蘭西之燄張矣！越亡則法必進齕滇疆，侵我廠利，索我商埠；不與則以兵威相劫，與之則得步進步，靡所底止，雖智者將何以禦之？且法一二邪黨，蔑視中國，顯違輿論，謀併越南。迨知中國不能不爭，乃遣公使脫理古逞其狡悍，欲以危言脅我，既不爲動，復以巧言餂我，必欲使我不與聞越事而後已。萬一墮其術中，閉關守境，棄越不援，則彼益知中國可侮，他日必轉誣中國以隱助越人來致詰問，然後借端進窺滇境之利，否則責令我兵助剿劉永福，以明其並不助越，是何如昌言越爲中國屬邦，不能强中國以不問，堅辭博辯，與之相持，使彼終無辭以難我？法廷知中國不爲所撓，則邪黨之言不售，而其氣已奪，彼上下議院必仍申前論，排去邪黨，休兵省費，而與中國講解，是越南尚可恃中國以存也。

且今日中國之援越，非徑與法失和之謂也。今之局勢與古稍異，自泰西各邦分峙以來，凡兩國相爭，即有決裂之心，決裂之備，無明告人以決裂之說者；必故和其辭、斂其形，以懈敵怒而蓄厚勢，將來若請鄰國評斷，既非釁自我開，必謂我直彼曲。即如法人之侵越也，突破東京，復翦南定，其用兵之猋銳，可謂不留餘地，然其爲辭，不過曰欲令越南遵行舊約，欲輔越王整理國政，欲開通滇越商路，俾各國與中國皆獲其益，其言固甚甘也。法之於越尚且如此，而況中國之於法乎？中國雖不委越於法，然中外文告不必有與法失和之辭，則彼國紳民益不願啓釁以妨商務，以負不韙之名，以蹈舍近圖遠之失；中國乃得徐爲布置，拯越南之急而無後患。何則？中國之援越，非好勤遠略也，非博字小之虛名也，非謂越南服事中國永無侵叛也。中國之謀，在自固滇粵邊圉耳，在杜法人無厭之求而與議定一範圍耳，在使東西洋各國不輕中國，庶朝鮮諸邦得稍自立，琉球諸案得以復理耳。

爲今之計，宜徧告友邦，兼告法國，以越屬中國數千百年，揆諸公法，斷難置之不理。廣選良將、能臣、謀士，徧布滇粵三省，俾滇粵增募勁旅，分戍北圻，而仍變其名曰邊防，曰彈壓土寇，曰助越南經理北圻。夫其辭順，則彼無所藉口也；由滇粵募師，則勢不張皇也，用緣邊之人爲士卒，則瘴癘非所畏也。宜布告中外官民，謂法與中國和好有年，雖近因越事稍有嫌疑，然中國斷無與法失和之心，法之商民在各口允宜加意保護，格外優待，以昭睦誼。夫優待保護，本在條約，是不過款以虛言也；法議院之主議者惟商民，而大事之定計在議院，是厚結其商民之心，即隱掣其政府之肘也。宜介英、俄請越於法，啗英、俄、德諸國以紅江通商之利，先導越南與諸國立約，密濟劉永福以餉械，俾得盡力抗法。夫英、俄勸法，法雖不允，然英、俄怒法之頑，所以益我之援也；先許諸國紅江通商，則法無所挾以歆動各國，所以孤法之黨也；扶助劉永福使捍越邊，所以樹法之敵也。數策並施，相機利導，倘能酌中定議，或仍如賓海分界之説而稍加變通，或以越南爲兩屬之國，由中法立約保護，要使彼此形勢相均，權利無失，從此滇粵邊圉可固，而法人可窒其無厭之求，朝鮮諸國可以自立，琉球諸案可以復理，大局轉移，在此一舉。竊願廟堂之上，堅持定謀，始終不搖，通中外之隔閡，衷羣説於一是，剛柔互濟，策力兼用，提倡風氣，賢才益興，定傾濟變，決於須臾矣！

又《援越南議中》 或問：兩國有事，先論强弱，以法戰艦之衆，士卒之練，火器之精，迥非中國所能敵；且法人謀取越南，處心積慮已十餘年，今中國以兵援越，無乃挑强敵之釁乎？謹應之曰：自古勝負之機，曰理、曰情、曰勢。越爲中國屬邦，朝貢之例，載在會典。中國累次出師保護越南，剿平黄崇英、李揚才、陸之平等，地球諸國皆知之。去冬賓海奉其國命，備文申明法國無侵佔北圻土地之意，亦無貶削越王治權之謀。迨外部易人，忽爾中變，是揆之常理，而法當自恧也。法之紳商廣布新聞紙，謂外部不宜倡議襲取東京，各官聯名具稟，謂民情不願開釁，其外部至稱病不出，其議院不肯多籌兵餉，謂北圻可攻則攻，否則決計調停，各處電信及各口新聞紙，皆言之鑿鑿，是核以輿情而法已自餒也。法國地居四戰，船砲兵額雖多，分防英、奧、俄、德諸國，其能遠調者不過十之一二；然涉重洋四五萬里，運兵之費一可當十，況越境重山疊嶂，如離紅江稍遠，彼即不能逞志，是衡以大勢，而法將自餒也。夫理、情、勢三者不順，法人早自知之，故並無與中國失和之意。近聞中國勢將決裂，乃調兵船東來，以備不虞，但無事時，鐵艦游歷，亦所常有；即法使脱理古素善恫喝，近亦不復挾動兵之説，若我因兵船稍形疑懼，彼轉將肆其恫喝矣。今當漠焉與之相忘，固可保無事也。

然中國猶懼其有失也，是故因法之兵船麕集越南口外，將擊阻我軍與運軍火赴越者，則令滇、粵由陸路濟師以避之。因法軍堅守東京、南定，未可助越進攻以授彼口實也，則令我軍遥作聲威，深溝高壘以待之。猶懼法人欲罷不能也，是故與之辯論以開其悟，示之形勢以伐其謀，請各國之公評以正其私，執通商之利柄以陷其志。法人或恥敗軍隕將，則越人早致書西貢巡撫，卑禮遜辭以謝之，猶不能已，或令越人稍出李維業䘏款以餌之。法人或戀東京、南定，則彼早行文越南，謂並非利其土地，即當交還城池，宜令越人執原議以索之，又不可得，或姑許紅江開礦以易之。若既如是委曲求全，而法人猶來尋釁，是在我固可以無悔。何也？以我無啓釁之道也。以法人恃强不戢，我即盡捐越南以畀之猶將啓釁於我也。以彼得越南，其勢益張，不如及今圖之，猶得理、情、勢三者之順也。

爲今之計，宜速籌大宗的餉二百餘萬兩，如各省關撥解不能足數，可稍發戶部四成洋税存款與出使經費以附益之，分撥廣東、廣西、雲南三省，並稍備接濟劉永福餉械之用。俾廣東速整水師，調集兵輪，布紮廉、瓊海口，操巡粵越洋面。廣西並舊軍募足萬五六千人，據守太原、高平、諒山、宣光、北寧等省，均宜入駐省城，而北寧之軍，尤須厚集其勢。雲南並舊軍募足萬人，扼守保勝之大灘，仍分兵赴山西、興化，擇險紮營，與黄佐炎、劉永福兩軍相犄角，務使越人氣壯力完，不遽折而入於法，則法人勢難持久，當無不就我範圍者。

前者，粵軍自北寧退紮安勇，安勇乃北寧屬縣，距北寧三十餘里，其意蓋恐法兵來攻，如拒戰則釁端即啓，退讓則失地損威，故稍居僻邑以便進止。不知北寧爲紅江以北數省障蔽，糧貨所萃，粵軍在關外者購糧皆在北寧，北寧失則糧路斷，我軍祇可全退入關矣。如法人窺我怯弱，但遣鋭師數百襲取北寧，則我現駐安勇之師亦斷不能不退，且將舉關外數省棄之。何如先據北寧，示以堅守之形？法人與劉永福等戰事方殷，若我不與挑戰，斷不肯來攻我軍，致益一敵。今宜於北寧城外掘斷來路，多埋地雷，營牆内外多挖地道以避大砲之轟擊，法人雖來，不足爲患。且法聞我守具既嚴，斷不驟窺北寧。北寧固，則諒山、太原、高平數省皆固矣。至於山西、興化，逼近江邊，兵輪可直抵城下，法人素畏黑旗兵，累次不戰而退，如以兩城委之劉永福，當可堅守。無如永福兵數不多，近聞滇軍出關者僅七百餘人，勢孤力弱，宜令大隊陸續速進，專固劉永福後路，俾永福得悉其精鋭馳赴前敵。如此，則紅江上游法難深入。既足扼商路咽喉，滇、粵兩軍分布江北，已得越地三分之一，但能穩守堅拒，則越南雖削弱，足以圖存。法雖遽得志於越，不能不轉商於我；即法欲饜志於通商，亦不能不求成於我。操縱進退之權惟中國主之。此其措注得失在幾微間耳。然則經營北圻，烏可一日緩哉？

又《援越南議下》 輔積弱之邦，糾散旅，攄堅城，抗方張之敵而不慄，偉哉劉永福，蓋豪傑之士也！竊觀永福驅其徒衆，進薄東京、南定，累挫法師，殪其渠帥，馳檄遠邇，忠義鬱發，其志可嘉，其才足用。中國誠宜及時調護，俾不至於蹉跌，庶永福常能助越禦法，搘持危局，而中國亦得用吾全力以制其後。然則中國所亟宜措注者，其術安在哉？

一曰密助餉械也。蓋聞永福舊部約有二三千人，今河内之戰其衆至一萬數千，則大半越兵與團衆之烏合者，而永福餉源僅恃保勝設卡抽釐。兵事方起，商旅裹足，餉必不繼，設令數月之後，糧盡衆散，而法之新兵方到，乘間進攻，則永福危矣。宜亟令滇、粤諸帥稍分餉項，運濟永福，時其闕乏而資給之。至西式槍砲藥彈，永福僻在邊嶠，艱於購致。然器不利則不能命中致遠，而勇者必怯，强者必弱，亦宜令滇、粤各軍寬爲籌備，稍選精品，分給永福，俾得掩所短以奮所長，則法人亦不能獨恃其長矣。

一曰密授機宜也。法師操練素精，器械犀利，今既因敗增兵，必將力戰洩忿，其兵輪復扼踞紅江，互相援應，若與戰於平地，永福殆非其敵。爲永福計者，當固守上游以避其鋒，彼地山徑叢雜，林莽阻深，加以天時溽暑，水潦方降，法人必不敢冒險深入。而永福則不時出没，伺間狙擊，或設伏以誘之，或乘夜以刼之，或亟肆以疲之，俾法人備多力分，百端惶惑，終當大爲所困。又聞永福所得法俘，殺戮陵虐，甚爲法人所恨。夫戰爭當務實事，虐待俘囚，於事無益，而徒激敵怒，使致死以求勝，甚無謂也。殺敵致果，與優待敵俘，相濟爲用。如能禮而卹之，既可爲異日議和之地，而敵怒稍懈，則我戰必克，亦兵家之要著。宜令滇、粤邊將召劉永福至營，密爲開導。永福勇略有餘，苦於不諳近來外洋情勢，既告之，當必豁然無所疑也。

此二説者，皆宜速而不宜遲，宜隱而不宜顯。若法人以暗助永福來相詰問，則我固未嘗許法以必不助永福，而助之又無實事可證，法人固無如我何也。

或謂：法人既爲永福所創，他日如議罷兵，彼必欲得永福而甘心，或盡驅黄黑旗黨，不居紅江左右而始快，將如之何？應之曰：西人之律，凡欲殺人而爲人所殺者，則被殺者勿恤，而殺人者勿問，以其情急於自救也。永福救越南之急，則於越爲忠臣，法人欲滅永福，而永福自救其急，則於永福爲無罪。且法無端破越東京，殺其總督等官，若皆追問前事，法將何以處之？法人如不欲和則已，法人苟欲議和，則稍習公法而識時宜者，當不復以爲言也。

至紅江通商之後，處置永福本爲最難，然亦當視法人之勝負與永福强弱以爲權衡。若法人未能遽克永福，永福亦不願離故地，而中國復欲借紅江通商以紓越難，似可仿去冬竇海之議而稍變之，由中國在保勝設關徵收洋税，編永福之衆爲數營，其餉項由關税支發。夫永福爲護越而興兵，若法兵可退，越禍可解，永福亦復何求？儻通商以後，永福能戢其部衆與洋人耦俱無猜，固不妨仍駐故地。萬一未能相安，亦不妨調守太原、北寧、高平諸省，俾稍離江岸，以弭釁端。要之，永福常在北圻，衆情翕附，未始不可藉以穩讋洋人也。然則中國之於永福，始終當以全力護之而已。

雜録

清·孔廣德《普天忠憤集》卷五《劉永福〈諭黑旗將士檄〉》 嗚呼！皇天無親，惟德是輔；聖人有訓，佳兵不祥。我越南自白雉入貢以來，知中國有聖人，不敢自外，託於帡幪覆幬之中者，數千年於兹。中國亦待之以誠，撫之以惠，愛如骨肉，而親若家庭，偶有外患内憂，莫不煩天朝之綏靖。越南人民，惟知有中國不知有他國，故與各外國絶不相通。蠢兹法夷，逞其强悍，恃其機械，輒敢肆焉蠶食，恣厥鯨吞。毒比長蛇，貪踰封豕。既竊踞夫西貢，又潛窺夫東京，外託保護之名，中懷叵測之志。試思分疆劃界，各有臣民，各有政教，何待越俎代謀？是其藉詞行詐，包藏禍心，可以不言而喻。況自法兵東來之後，攻掠越地，荼毒越民，越南之倉庫據爲己有，越南之關税收爲私藏，越南之城池遭其蟠踞，越南之元氣被其剝喪。招越南之叛民以添其翼，隳越南之險阻以快其心。種種狂悖之行，神人之所共忿，大地之所不容。我越人凡有血氣，莫不痛心疾首，透爪裂眥，願得食法人之肉，寢法人之皮，真有一夫大呼，市人皆左袒之勢。永福以羈旅之身，受國王恩遇，資以土地，授以甲兵，其初一成一旅之衆，得所假手，十年生聚，十年教訓，積數十年之心力，有勁卒數萬人，賴以保障東南，用資戰守。三軍之士，當知食毛踐土，恩義並隆，去順效逆，殃咎立至。越南雖褊小，向爲中國不侵不叛之臣。今越南有難，中國必爲援助。茲者滇撫唐中丞、粵西撫徐中丞皆以率兵百萬，分道出關，天兵遙駐，聲勢赫耀。粵督張制軍、粵東撫裕中丞，亦皆部署周至，轉運不窮。近又特簡彭宮保來粵督師，以守爲戰。韓、范坐鎮，西賊喪膽，我軍有此奧援，士氣定當益奮。本提督不過中原一武夫，流寓來越，荷蒙國王恩禮有加，重資委任。爾衆士亦蒙大惠，祿養有年，三軍銘挾纊之恩，多士戴如春之澤，固宜激發忠義，競作干城。而況中朝大皇帝又特沛殊恩，寄以重任，本提督固責無旁貸，爾衆士亦義不容辭。當思受國王之恩養，咸懷報主之忱，荷中朝之化裁，彌切尊王之義。先登陷陣，奮不顧身，飢剝法夷之膚，渴飲法夷之血，滅此朝食，所向無前。法夷之機械適足自阱，法夷之凶暴適足自戕。前者法酋拿破崙第一，頗善用兵，其國人稱之天神，擐甲執兵，千人辟易，彼恃其武勇，橫暴不已，卒爲英人所俘，爲世所辱。厥後拿破崙第三，率乃祖之攸行，志在開疆，性喜用武，橫征暴斂，戢怨小邦，天怨人憤，蘊久必發，爰假手普國，殲其巨魁，燬其國都，法人之氣爲之不揚，歐西各國羞與爲伍。似此可以稍自斂迹矣，而乃猶復怙惡不悛，不復吐氣於他邦，轉欲逞志於我國。我越南雖僻處海濱，號稱積弱，然師以曲直爲老壯，兵以順逆爲勝敗，法兵雖强，曾何足懼？自法夷入寇，狼奔豕突，跋扈鴟張，幾於目無越人。本提督率爾有衆，起與力爭，一戰而遠威悅授首，再戰而竇滑遁逃，科力不能逞其凶，夏文不能施其計。大旗所指，蚩尤潛光，長戈所揮，淵日再起。賊軍矢窮糧盡，困守一隅。以海防、河内爲負隅之恃，而我分道以擾之，亟肄以疲之。奇兵正法，互爲策應，攻城攻野，動合機宜。南定驚草木之兵，海東懍烽煙之警，賊軍皆墨，我武維揚。法夷猶敢執迷不悟，逼我順化，蹙我都城，乘我國之新喪，利援軍之道遠，遂乃抑勒新主，强爲要盟。夫要盟神弗之福，盟可要亦可寒，何足措意。而法夷且爲得志，益復驕橫，又敢窺我北寧，侵我桑台。中朝之大度則藐爲畏葸，吾軍之果毅則視若仇讐。不恤衆口之交譏，不顧天心之勿順。國狗之瘈噬，遍乎友邦；巴蛇之吞侵，思及友郡。賊與我勢不兩立，我與賊義不俱存。今與爾衆共伸天討，各奮神威，轉戰無前，有進勿退。得法夷首一級賞銀五十兩，賊目倍之。獲兵船一艘者，賞如其船之數，燬鐵艦倍之。其有我國遊民爲法兵所羅致，脅令當兵者，倘能悔罪自投，悉予免究。反戈攻後，因而獲勝者，仍論功行賞，弗問前愆。惟法夷及其所部之黑夷，則盡殺無赦。必使東京之餘孽，掃蕩無遺；西貢之腥聞，湔除淨盡。上以副中朝倚畀之重，中以報國王休養之德，下以舒越民怨毒之心。成敗利鈍，所不遑計。爾衆士欲建不世之奇勳，成不朽之盛業，惟本提督馬首是瞻。功多有厚賞，不迪有顯戮。爾衆士惟時懋哉！

檄到，如律令！

又《致法兵酋孤拔書》 聞之古者，兵交不廢使命。爾法人侵擾北圻，於茲十有九月矣。既喪師以辱國，亦縻餉以病民，痛鉅創深，而未啓悔禍之心，夫復何言！顧念北圻之民，遭此蹂躪，數百里内，風聲鶴唳，不遑寢處，伊誰之故？而使我族類顛連困苦，若是之甚！予體上天好生之德，我王恤民之心，爰爲爾一言。數月以來，爾軍以負隅之窮勢，保游釜之餘魂，困守營寨，不敢出戰。風聞爾邦之人，又以虛詞要脅中國，云將攻打廣東，黔驢技倆，可謂窮極醜惡矣！堂堂中國，爲天下四洲所景仰，曾何懼爾法之有？即予亦明知爾邦不敢用兵中國，致殃及他邦，其爲虛聲恫喝何疑？今予用告爾，以振盲瞶而發癡聾。溯自二十年前，爲中國同治皇上紀元之歲，予以避亂來越，有衆一旅，非我族黨，即我交游。時則興化、宣光兩省土匪作亂，肆行劫掠，官軍剿捕未殄。予以留遷旅居，奉大吏檄辦團練，爰集同志，約法成章，殲滅匪徒，獲邀懋賞。是年，爾國爲九龍江之役，稱兵南圻，予奉命勤王，視師南下，三戰三捷，擒爾將帥，俘爾軍民，爾豈不知之？迨次年和議成，辭魏闕北歸仍安素業。爾邦輒張皇夸大，以爲兵多地廣，丕著武功，爲天下莫大之國，掌天下最重之權，雄視六合，莫敢抗衡云云。予以大義陳師，凡執殳前驅者，非荷耒之農夫，即負販之良賈，非有製造槍炮之利，徒仗一義字激動衆志，爲國扞患，屢挫爾鋒。爾邦之宿積忿於永福久矣！然而永福豈畏爾哉！尤可笑者，爾邦輒以保護爲名。【略】予知爾邦受創於普，城郭其沼，君王其俘，城下之盟，酬金纔了，爾邦屬部，有流離失所者矣，有逼處强鄰者矣，曷不謀爲保護，而眈眈焉干預我越哉！越俎代庖，舍己芸人，爲天下所笑，爾邦豈未之聞耶？【略】而爾等目擊各省土匪之亂，袖手坐視，未助一兵，或隨機煽惑，利人災患則有之，於保護乎何有！然往事勿論已。今者之役，爾亦非靦然以保護爲名哉！何以據人之城，戕人之官，奪人之庫，乘人之喪，逼脅立約。又縱令黑鬼淫掠殘毒，無所不至。斯比於窮凶極惡之盜賊有加甚焉。以盜賊而假仁義之名，名其可假也哉！今者中朝大皇帝赫然震怒，聲罪致討，永福奉到廣西巡撫徐大臣飭知：欽奉上諭，飭令整軍進紮，規復河内省城，不可稍有退沮。煌煌天訓，越南臣民幸慶再生。伏念中國大皇帝以天地覆載之仁，懷柔遠方，罔不悅服，豈欲輕啓兵端？即我越南國王，素秉禮義，於爾法人事事優容。乃爾包藏禍心，詭計叵測，既誆我百萬金錢，賴我六省膏腴，又奪我三關管鑰。我王始終以禮相待，至有今日，驕孫之養，有由來也！茲者國步維新，王靈大振，永福慷慨誓師，三軍之士，莫不感激涕零，願捨身以報國，予姑翦滅此而朝食，疇勿努力以赴戎行。行將電掣雷馳，殲爾醜類，而安我良民矣。顧我思頑石有頭點之日，惡虎有帖耳之時，爾雖恃蠻，抑豈不感悟？用是不憚煩言，再三開導。須知越國圖遠，自古無功；億兆離心，不敵十臣同德。況中國以羆熊之師，率荼火之師，永福披堅執鋭，以爲爪牙之助。西山之粟，可食十年；河北之田，可屯百萬。關内關外，五里一台，十里一站，大軍所至，山岳動搖，豈若爾邦之今日外務籌兵，明日議院籌餉，虛張聲勢，外强中乾也哉！粤自七月二十八日、八月十九等日，疊創爾軍之後，所以按兵不動者，非畏爾强：一則以天朝尚在議和，痛剿之餘，爾等有所籍口；一則乘機觀變，正欲厚集爾衆，使盡入我網，庶幾後患無滋也。乃猶妄想攻打北寧，覬覦桑台，豈尚在夢中耶！或者天牖爾衷，幡然悔過，還河内、南定等城，星夜退師舟中，則永福雖奉嚴旨，誠可爲民惜命，乞請徐大臣轉懇聖恩，赦既往而贖將來，不爲窮寇之追，仍聯和好之誼，永福一人，實能任之，決不食言。若其怙惡不悛，執迷不悟，則永福今日承命之下，進退維死，誓即身率勁卒，鄉導王師，捨命進攻，不遺餘力，城下之日，駢首誅戮，毋冀漏網！夫人貴見機，事莫求盡，及此日而聽藥石之言，誠無損爾邦威望。若必負固不服，一旦勢成土崩，雖中國大皇帝不欲窮兵黷武，遠略海外，而西貢巢穴定必乘勢剿平，不使爾屬一兵一卒淆迹越南土地。斯時四洲各國，莫不周知，爾邦尚何顔立於歐洲耶？恐拿破侖第三之辱將復見於今日也！此又非僅爲爾警覺者矣。且吾聞爾邦稱兵於越，皆前任外務署中一人私見，上不裁於總統，下不協於輿情，尤屬罔上行私，違衆速禍。今業已去職，繼之者主見未定，同官爲寮，爾當馳書啓牖，毋使蹈前人愆也！限以三日，立取覆音。如其聽言藐藐，則前轍猶在，惟執事三復之。

法軍攻佔紅河三角洲與《李福協定》簽訂分部

綜述

清·李鴻章《致李蘭孫中堂光緒九年十二月十五日》 日前幼樵來晤，【略】鴻章於越事初不敢力主進取，實見得各省戎備未盡精整，或至一發難收。今山西挫退，敵餤正乱，我軍已紮北寧。洵如尊旨，祇有增軍繕備，壹意堅持，以待事機之轉。黄桂蘭在淮部中向稱能守，如糧械應手，似可堅忍搘拒。彥卿招集新軍，憑恃險阻，尚可自立；若令深入鏖戰，恐無把握。法人志在略地通商，無厭兵自退之理。其於劼剛猜嫌已深，又難在巴黎講解。此事將來如何收局，仍不免重費紆籌耳。

又《粤督張振帥來電光緒九年十二月十七日》 岑尚百戰之餘，且所部能耐煙瘴，徐則虛憍之氣耳。操用洋軍火，粤東將領罕知者，雲、桂更無論。鎗礮若在南洋，能早運並派熟習弁勇來，更形濟急。桂軍有三十餘營在北寧、諒山，頗不爲甚少，果皆精練，將帥一心，尚可相持。奈勇餉太薄，軍中又不甚和輯。豹岑至東細談前敵事，殊可慮。北寧自當屬黄桂蘭堅守。惟現在黄尚須聽命於趙，所處亦大難。故由此派將添兵赴北寧非徒無益。若別立一軍，分道而出，則粤東以全力自顧尚苦不足，萬無此餘力。愚意越事終當責成雲、桂，如得琴軒任桂事，則能聯岑、能用黄，前敵一氣，庶望有濟。清卿亦好，但恐難速到，彭帥固鈞座所深知，月餘來竭誠維持，心力交瘁。自恨餘生未盡，恐終負高厚耳。

又《致總理衙門信光緒十年四月十五日》 稅務司德璀琳與法總兵

福祿諸於十一晚抵津，是夜，德璀琳來晤，具言在煙台及沿途同福酋所論各節，該國衆議均以兵費必須索賠，福意欲稍減讓，該稅司屢阻不可。蓋聞其密計，法提督孤拔、利士比等徧查中國沿海防務，閩、粵、江、浙罅隙頗多，若乘此夏令越南暑瘴之際，移調水陸來擾，必可隨意攻奪一、二口岸，爲要索巨費地步，其意尚不在此也。鴻章謂曾侯已調開，彼既願就商，姑候面與剖論。福祿諸遂於十二日下午來署謁晤，反復辯駁，至嚮晦始去。所有議辦緊要略節，業於是夜電達在案，其問答詳細情節及與福議訂簡明五條，抄呈鈞核。此五條內，該兵官原議僅三款，經鴻章與之再四推敲，酌改數次，始能辦到如此地步，實已舌敝唇焦。該兵官性急，便欲定議，電達其外部，告以彼議雖定。我必須請朝廷示遵，乞由鈞署恭代進呈核定，迅速示復。如以爲可，即令其轉達利提督來津畫押，否則，彼族意甚堅決，我已無可再進，中國只有豫備決戰而已。

伏查四月初十日密諭各節內越南職貢照舊一節，已隱括於第四款『法國現與越議改條約，決不插入傷礙中國體面』字樣之內。據福祿諸云，法已派駐京新使巴德諾往越，如蒙准行，伊可電達外部，令巴使與越王另議，將甲戌及上年約內違礙中國屬邦語義，盡行刪除，但不肯明認爲中國屬邦也。通商一節，已包括在第三款『毗連越南北圻邊界，所有法、越與內地貨物聽憑運銷之內』，既云邊界，必不准深入雲南內地明矣。至劉永福一節，彼未提及，我自不應深論。蓋劉永福本係越將，前守山西及協剿北寧，均被大創，法人觀之蔑如，似在無足重輕之列。將來若派使會議及此，再與酌定安置之法，亦未爲晚。其第二款『北圻華軍調回邊界』云云，查桂軍退紮諒山，滇軍退紮館司、保勝，皆近邊界。此約倘蒙許可，只須密敕邊軍屯紮原處，勿再進攻生事，便能相安，亦不背約。

總之，講解於我軍潰敗之後，如挽逆流上水之舟。鴻章實智盡能索，若於此外再有爭較，則事必無成，患更切近。

緣縷摺復陳不及，敢布區區之愚，伏惟亮察。

頃德使巴蘭德過津未晤，但私語馬道建忠，謂法事齮齕，禍在眉睫，深忌德璀琳、福祿諸之從旁調停，總稅司赫德亦不以德璀琳議和爲是，皆有幸災樂禍之心，而法酋則深佩德稅司之公忠。竊慮各國有向左右進讒者，祈勿聽信爲幸。

又《復岑彥卿宮保光緒十年五月初五日》 此次議款之速，實因桂、滇各軍潰退，越事已無可爲。法提督調集兵船，欲攻奪臺灣鷄籠煤礦、福州船廠，接濟煤械，爲持久索費計。正慮兵連禍結，益難收拾。中旨密令鄙人維持和局，乃敢冒不韙以成議，解此困厄，而局外清議挑斥多端。夏間，法另派正使巴德諾由越來議詳細款目，必有饒舌。然鴻章必任勞任謗，不肯遽與決裂。

福使密告，閏月間當往保勝剿逐劉永福。玆大疏令黑旗分紮大灘，甚扼形勝。目下暑瘴正盛，大灘以上小兵輪斷難上駛，料彼不敢輕進。萬一冒險深入，尊處只可派隊暗助，切不可聲明滇軍，致與原約調回邊界字樣相背也。

至第三款邊界運銷貨物章程，及應在何處添設關卡，一時尚難定議，容後再行布商，或須委員會勘詳確。西國通例，凡議商約稅則，有數年始就緒者，固無傷和好耳。

又《論邊兵退守光緒十年五月二十三日》 四月杪，法兵官福祿諸齎約本回國，瀕行時來詢簡明條約第二款，北圻各防營調回邊界，究已調回何處。當告以粵軍似在諒山一帶，滇軍似在保勝一帶，皆距中國邊界不遠。福謂中法既經定約，仍請照約調回邊界爲是。該國擬派隊巡查越境，二十日外當至諒山，四十日外當至保勝等語。鴻章答以越本爲我屬國，我軍分紮北圻邊境，防範土匪，均近中國邊界，與法何涉？法兵不必深入諒山、保勝等處，致啓嫌疑。儻必派隊往巡，現既議和，切勿與我軍接戰生釁。並一面密函詳致岑彥卿制軍、潘琴軒中丞，隨時偵探儆備，相機進止。頃接粵督轉寄潘中丞五月二十一日密電，法兵來至屯梅、谷松以外，我軍防守戒嚴屯、谷，實在中國邊界百數十里之外，顯與調回邊界原約相反。進退兩難，乞請鈞署明示，以定辦法云云。謹照鈔來電呈覽。

前據振軒函稱，粵西鎮南關至諒山省六十里，諒山至谷松一百二十里，是谷松實距中國邊界一百八十里。當鴻章與福祿諸議約時，祇聞粵軍退紮諒山，初不知其後已進紮屯梅也。目下和局大略已定，可否由鈞處請旨，飛飭滇、桂各營照約暫行移紮邊界，俟巴德諾來議詳細約款互訂後，再定辦法以免藉口，敬乞核示。儻未奉旨移紮以前，彼或偪戰，我軍自不能不回擊，在我亦不能任咎也。

前詢福祿諸以派兵往保勝何意？福云：黑旗係越南叛匪，歷年在保勝以下阻擾商路，法兵力能驅逐，必俟此股剿逐，乃可撤減兵隊回國。鴻章答以黑旗可由中國設法安置。福云：此自不干中國之事，請勿費心。鴻章已密致彥卿，竊料大灘以上，小輪船難行，有險可扼，現值暑瘴，尤不易進兵。若法人不能得志，將來或求我解散安置，再與議辦。是否有當，併祈酌減。再據法提督利士比面稱，巴德諾閏月初必到津，利提督已赴煙臺舟次矣。

又《申明福祿諾原議光緒十年閏五月初九日》　鈔示與法國謝署使問答節略及來往照會，【略】查福祿諾於四月二十四日起程回國，二十三日來署辭行，談次，取出法文節略一紙，令繙譯官譯述，內有三條：

一、該國已派巴德諾爲全權公使，與中國會議詳細條款。該使離順化後，即來華。

一、該國應保護北圻全境。提督米祿擬二十日後即派法兵或越兵前往高平、諒山；四十日後前往保勝至紅河兩岸。無論何處，宜調置法兵或越兵前往攻擊黑旗或其他匪黨，中國兵營宜限時退出。

一、本國即行通知巴德諾，應將去歲法越新約第一款內所有即大清國云云刪去，無非禮敬中國，不願傷其威望。以上各節，皆係申明約內第二第四第五各款所當講解，與應辦各事等語。

鴻章當以第一第三條均應俟巴使到後酌議，暫可毋庸深辨。彼注意係在第二條，中國兵營限時退出。即面告以滇、粵各軍聞分紮諒山、保勝一帶，皆距中國邊界甚近。十餘年來，久駐剿匪，屬邦賴其彈壓，與法國毫無關礙。茲既議和，應俟詳細條款定後，再議辦法。今汝國商令限期退兵，語近脅制，我實不敢應允，亦不敢據以入奏。福仍力請照約將防營調回。告以相距過遠，該處情形難以遙度，總在統兵大員隨時察度妥辦。我勸法兵不必急於前進，即與華兵相遇亦勿接戰生釁。福即辭去。其電報該國，不知如何措詞，當時實未備文照會，更無所謂續約也。彼此游談，不足爲據，是以未及函陳鈞署。但於致滇督、桂撫函內，述及福祿諾有限期退兵之說，屬其相機進止，隨時察酌情形奏明辦理。我既不能深入越境奪占膏腴，則越邊叢山荒瘠之地，似得失無關輕重也。

初八日駐煙臺之法提督利士比遣其中軍日格密來詢諒山近事，頗多恫喝，謹將問答撮要鈔呈鈞覽。據稱法斃兵頭一、兵七名，傷副兵頭一、兵四十二名，知必設法洩憤，不肯甘心就範。除飭各海口防營嚴密戒備外，專肅密覆。

又《復周筱棠大京兆光緒十年六月初九日》　法事變局，實出意外。初訂簡約，因彼慨免兵費，乘機速定，其餘節目尚待後商，幸奉電旨允行乃畫諾。後異議蠭起，當軸搖惑，自有洋務議約以來罕見之事。福酋瀕行，限期撤兵，面加斥駁，彼遂自用鉛筆將節略此條刪抹，此亦彼族問答常事，不必一一上聞，且正值衆謗羣疑，即請亦必大碰。迨彼兵逼近，復請照約調回，仍不准行。固知必待責言，乃降明諭。中外交涉四十餘年，仍蹈道、咸朝令夕更覆轍，由於舊人少而新政多也。此後洋務更不能辦。尊意俟此事了期引退，鄙人必當肩隨，但恐不肯鬆手耳。

法廷堅索賠卹，即再展限辨論，必不空手而回，以後詳約亦有萬辦不到之處。誠如來示，無論辨至何處，均屬前功盡棄。

《中法簡明條款·天津專約一八八四年五月十一日》　茲際人心搖惑，事故紛紜，大清國大皇帝、大法民主國，切願兩國彼此相安，永敦和好，因即議立簡明條款，以爲日後再立詳細條約張本。大清國大皇帝特派欽差全權大臣太子太傅前文華殿大學士署直隸總督北洋通商大臣一等肅毅伯李，大法民主國特派欽差全權大臣哇爾大前鋒師艦水師總兵佩帶威顯寶星福，彼此將所有全權字樣校閱妥善，議定條款，臚列於後：

第一款　中國南界毗連北圻，法國約明無論遇何機會並或有他人侵犯情事，均應保全助護。

第二款　中國南界既經法國與以實在憑據，不虞有侵佔滋擾之事，中國約明將所駐北圻各防營即行調回邊界，並於法、越所有已定與未定各條，均置不理。

第三款　法國既感中國和商之意，並敬李大臣力顧大局之誠，情願不向中國索償賠費。中國亦宜許以毗連越南北圻之邊界所有法、越與內地貨物，聽憑運銷；並約明日後遣其使臣議定詳細商約稅則，務須格外和衷，期於法國商務極爲有益。

第四款　法國約明現與越南議改條約之內，決不插入傷礙中國威望體面字樣，並將以前與越南所立各條約關涉東京者盡行銷廢。

第五款 此約既經彼此簽押，兩國即派全權大臣，限三月後悉照以上所定各節會議詳細條款。再，此約繕中法文各兩分，在天津簽押蓋印，各執一分爲據，應按公法通例，以法文爲正。

論說

清·李鴻章《覆陳法越兵事光緒十年正月十九日》 公函審量法、越彼己戰守情勢，【略】查尊議所慮四端，極中肯綮。法之陸軍新舊合計一萬數千人，滇、桂兩軍及劉團合計則將三萬人，若在陸路交戰，似足相敵。惟其相形見絀者，法所據之海防、南定、河内、海陽、山西各處河套環繞，利用舟師，法人長於水戰，又多淺水輪船，水陸相依，最爲穩固。華兵僅賴營壘砲臺，無得力兵船，無善用水雷，此不可恃者一。法兵人持一後膛槍，操練熟悉，藥彈備齊，兼有輕砲隊相輔而行，離水近處，兵輪大砲又可夾擊，此西洋用兵定法也。滇、桂各營後膛快槍既少，或有槍而缺子彈，操練又素未講求，輕重砲位更少，徒以肉搏梃擊取勝，不獨曉山於此事隔膜，即彥卿久統滇軍，剿回匪亦衹慣用内地槍砲，於洋器究少閱歷，此不可恃者二。所幸興化、宣光、太原一帶，跬步皆山，我軍可憑險設伏，人自爲戰，敵斷不敢深入。興化雖在江邊，聞紅江至興化以上漸多淺灘，兩岸有陸軍牽制，輪船礙難暢行。惟北寧城後有河道通海陽，小輪船可到，是以丹崖探電，有添船截後路之説。但使黄桂蘭等能設法塞河攔阻，彼僅以陸隊攻我臺壘，堅忍苦守，未必驟下；即一處被陷，亦未必處處瓦解也。

尊意三省併力，四路進攻，爲先發制人之計。目下法人踞守各城，實得形勢，皆有水陸相依，無瑕可乘。若攻堅則徒損精鋭，難遽得手。或令多方擾之，乘虚襲之，以分敵勢可矣。

清·彭玉麟《彭剛直公奏稿》卷五《力阻和議片》 再臣正封摺間，適接督臣張樹聲緘致總署電音，得悉署直隸督臣李鴻章方與法酋議款，聞之不勝駭異！伏維法夷犯順，率土同仇，臣昨奉光緒十年三月二十六日上諭，飭臣等振刷精神，竭誠籌辦防務。臣當宣示各軍，莫不踴躍歡呼，激昂思奮。乃甫數日，而忽有議款之舉，得毋阻赴義之心，而褫敵愾之氣？況今日法夷有斷斷乎不可款者。臣素愚戇，忘其冒昧，有不容已於言者，請爲皇太后、皇上一一陳之。法夷無端生釁，殘我屬國，及我出師保護，又復肆其豕突，撓敗我師，迄今並未大加懲創，遽與議和，何以張國威示天下？不可許者一。法夷並未受創，幡然請款，是必中藏詭譎，或怠我師而徐乘其後，或緩我謀而誤以多方，其害無窮，不可許者二。既與議款，不索兵費，更爲叵測。該夷惟利是視，忽棄日前所索巨萬之費不言，但言越境通商，其中不免有詐，恐將來必有十倍取償於後者。瘠中華以奉島夷，飾目前以釀邊患，不可許者三。以一外强中乾之法夷，憑陵我藩服，吞噬我疆土，堂堂中華不勤遠略，不問其罪，轉降心相從以就其和。使之此次得志，而效顰法夷者，必狺狺然環向而起，是款一法夷而轉來無數法夷也。羣謀日滋，隱憂方大，不可許者四。雲南物產富饒，五金之礦，翠玉之璞，艷稱於世，久爲西人所垂涎。若與議款，必由蒙自以内許其通商。迨爲日既久，形勢險隘。彼皆周知，廣傳邪教，以張羽翼，一旦竊發，不僅通商之是求，將何以支？不可許者五。此五不可者，人人知之，儻漫不加察，貿貿焉亟與議和，以爲國計萬全，臣固未敢信也。

法夷自通商以來，前於天津教堂一案即思啓端以償其所大欲，適爲普人所窘中止，旋即狡謀越南，爲自强之計。我中華果以全力決戰，審用兵籌餉之分量，彼族萬難久持。故先爲恫喝以速其和，又貌爲恭順以工其術，其實鬼蜮伎倆窮矣！此揣敵情而可戰者一也。我朝以精武開基，將帥得人，遠軼前古。嗣平髮捻之，亦忠勇輩出，賈其餘勇，似足定邊。憶前議防俄之時，奉旨著中外保薦人材，即以將才不易，存者什一爲慮。再閱數年，老成凋謝盡矣。雖攘外不必定用安内之才，而有識究須有膽，曷若及時精選宿將，俾講求以柔克剛、以散敵整之法，以盡其長。此論將才而可戰者二也。道光年間，夷釁初開，廣東三元里團練，義聲至今猶在。此外各省因事激憤之案，層見疊出，亦見民間不平之氣，不可遏抑。越南劉義，亦中華民也，竄伏荒裔，自全不暇，猶能尚義，屢殲法夷。各省山陬僻壤，不乏英豪，聞與夷戰，莫不聽雞起舞，共發雄心，願效死力。此察民情而可戰者三也。查萬國公法，有可節取者，在戰分義與不義一節，如興戰不義，傷害天理，不獨可以理喻，并可以力止等情，深與齊人伐燕之義暗合，亦足徵萬法之公也。我朝廷一面通飭各督撫臣，大張曉諭，於通商和好各國，極力保護，專與法夷絶好，准各義民誅其天主教士，毁其天主鬼樓，罷其駐京法使，撤其生意馬頭。既銷萌蘖，不虞支蔓。此采公法而可戰者四也。語云：『師直爲壯，曲爲老。』今兵端自法夷開，窮兵黷戰，掠地攻城，欺侮太甚，實爲萬國公法所不容。宜歷數法夷罪狀，布告中外，使咸知理曲在彼，直在我，不得已而用兵伐罪。明有日月，幽有鬼神，共鑑此衷，應蒙默佑。此卜天理可戰而決必勝者五也。有此五可，亦人人知之。倘失此機宜，恐我中華永無自强之日，其將如天下後世之非議何？伏乞我朝廷乾剛獨斷，嚴飭沿海各疆吏及各將領，防務不可一刻稍懈；尤須洗心易慮，臥薪嘗膽，各矢天良，修矛偕作，慎切同仇，以與法夷從事。

清·左宗棠《時務説帖》 謹查天津電報，法使福祿諾在天津議簡明條約五條，內稱法越息兵，中國撤回北圻各防營，中、法永敦和好，等語。究係如何立約，宗棠未見明文，本可無庸置喙。惟途間細思，中、法議和，上關國家大計，有不能無疑者，應即條陳所見，聊效一得之愚。

查第三條內稱『中國宜許以毗連越南北圻之邊界，所有法、越與內地貨物，聽憑購銷，商約税則，務期格外和衷，期於法國商務極爲有益』等語。查越南南圻西貢六省，淪爲異域，該國精華已竭，局勢岌岌不支，猶幸有北圻堪以支格。而北圻尤爲滇、粤屏蔽，與吾華接壤，五金之礦甚旺，法人垂涎已久。若置之不顧，法人之得隴望蜀，勢有固然。迨全越爲法所據，將來生聚訓練、納税徵糧，吾華何能高枕而臥？若各國從而生心，如俄人垂涎朝鮮、英人覬覦西藏、日本併琉球、葡萄牙據澳門，鷹眼四集圜向，吾華勢將秥糠及米，何以待之？此固非決計議戰不可也。

論者謂兵凶戰危，一動而凶、悔、吝居其三，未容不慎。試觀北寧官軍之潰敗、興化官軍之退紮，其初何嘗不發揚蹈厲，自信爲可用之軍？卒至一敗莫支，氣息奄奄不振，並其餉軍銀米棄以資寇。悔已難追，前車之鑑猶在，可不慎諸？不知滇粤之喪師辱國，誤在視事過輕，並非勢力之真有不逮。夫團練之力，但可資其保衛地方，不能必其抵禦狡寇，夫人而知之矣。無論其技藝未能一律，營制未能諳悉，不若制兵。即以餉事言之，練月餉實銀不過二兩四錢，縱無刻扣，每日口分不過八分，以之糊口，常虞不給，所需鹽菜柴薪一切日用之需，從何取給？餉、糧兩乏，望其安靜與民雜處，勢必不能。始而騷擾嘩囂，繼之淫掠劫殺，法令有所不行，團練變爲盗賊，是驅越民從法，安望其以守爲戰哉？宗棠今春有增竈之請，意在令黄少春糾集舊部，添造水師船隻，會同王德榜，札飭劉永福挑選熟習海戰弁丁爲其管帶駕駛，冀收桑榆之效。儻蒙俞允，宗棠親往視師。竊自揣衰庸無似，然督師有年，舊部健將尚多可當醜虜。揆時度勢，尚有可爲，冀收安南仍列藩封而後已。不效，則請重治其罪，以謝天下。此一勞永逸之策也。

或謂邊釁一開，兵連禍結，恐成難了之局，因其請和而姑許其成，未爲非策。然亦必劃疆分護，方合體制。法人保護南圻，吾華保護北圻。論通商，必指定南北圻交界之所，設立通商碼頭，紅河行船必權操自我，而與歐洲各國公立條約，皆得通商，毋使法人專利，庶彼此鈐制，俾法人不另生希冀之心。如猶不從，則仍示以戰。照萬國公法，閉關絶約，撤回彼此公使、領事，照會有約各國，告以誓與決戰。法人雖强，當亦不敢違諸國公論，或可不戰仍歸於好。且法人欺弱畏强，夸大喜功，實躁急而畏難。近時國內黨羽紛爭，政無專主，仇釁四結，實有不振之勢。吾華果示以力戰，必不相讓，持之期年，彼必自餒。況虛懸客寄之師，勞兵數萬里之外，炎地煙瘴異常，疫癘流行，死亡踵接，有此數忌，勢難持久。此議和之應從緩者也。

如慮內地海口綿長，則沿海各省設防有年，早有準備。近復奉諭旨，命吴大澂會辦北洋、陳寶琛會辦南洋、張佩綸會辦福建，布置更爲周密，諸大臣才智均足以當之。陳寶琛督學江西，書簡常通，本與宗棠素相契洽。長江提督李成謀、江南提督李朝斌、狼山鎮總兵楊明海，久任江海，有勇有謀，與宗棠共事一方，意見契合。增製快船，到者三艘，兵輪砲臺林立，聲勢已張，無虞侵犯。

清·張之洞《請戰疏》 山西巡撫臣張之洞跪奏，爲屏藩宜固，凶暴須除，勤一日之干戈，靜萬年之邊圉事。竊自古稱附庸者，欲大國援之保障，而排難解紛也。貢獻有期，罔敢廢弛。今越南素稱臣服，盟府昭然，朝貢未敢稍違，萬國咸知所仰。在法人本不得以强弱相凌，縱有得罪，亦當上告天朝，自有定議。茲乃心懷狠惢，藉故啓端，公法難容，天良何在？我聖朝當聲明其罪，爰興伐暴之師，不可遊移自弱。而議和者曰，法人鯨吞方肆，向有啓釁之心，倘我朝興師於越南，必將藉口而來，方今國庫未充，將何以戰？然臣以爲不足懼也。爲此議和者，實欲貪保祿位，偷安旦夕耳。現在庫雖未充，而設計籌之，未必不成巨款。議和者又曰，法人船堅砲利，堅忍耐戰，倘沿海而來，窮年累月，將奈何？然臣又以爲不足懼也。近年各省機器局，歲費數百萬，無非爲修戰之用。今若不能出禦，將安用之？且法人遠涉而來，勞逸之勢，主客之形，懸殊天壤，若更不能一戰，將何以振國威而保附庸也？夫義師一出，先得人心，況法軍屢敗，利正可乘，若待其重兵烏集，復整三軍，則勝固未見其易。今如與法人戰，其計有三，一曰作氣，二曰設防，三曰定將。作氣者何，法人暴虐，舉國皆知，茲更用兵於越南，藐視中朝，國人皆曰可殺也。伏望明諭邊臣，評其曲直，並飭各鄉閭整備以待，申明大義。加以賞格，必當敵愾，共戴仁威。設防者何？大約閩粵滇南、江南天津等處，皆在宜防，雲南最近，似最急。然雲南地多原野，正我朝用武之地。彼登陸而來，則虛實更變，必不深知，是雲南一路可無虞也。閩粵雖近海，似戰船易以進攻，然當諭邊臣，嚴飭將士，責無旁貸，且於要處多築長堤，以助砲台之用，更調戰船以資守助，是閩粵一路，可坐而戰也。江南一路，乃戰船聚集之處，左宗棠卓識多謀，必有禦敵之策，可保無虞。天津逼近神京，當選才員勁旅，駐以重兵，設以埋伏，彼千里而來，其能操必勝之券乎，定將者何？岑毓英威振滇黔，法人最忌，莫如明諭該督，興師助越，法人敗衄之餘，復遇大敵，其何以支？孫子云：『先爲不可勝，以待敵之可勝。』正謂此也。若更忍之，而往返要和，則各國相仿，將益輕視中國，彼時徒喚奈何，不可救藥矣！爭一戰而勝，軍威丕振，萬國莫不共仰仁威，是動一日之干戈，靜萬年之邊圉，此事其可緩哉！臣非敢迂論高談，以從戎爲樂事，惟觀世變，日益艱難，敢爲我皇太后皇上剴切陳之。伏懇將臣此疏，飭下各省重臣參議以聞，臣不勝憂憤之至。伏乞聖鑑，謹奏。

北黎衝突和上海談判分部

綜述

清·唐景崧《請纓日記》卷五 （閏五月初一、初二日）桂軍戰法人於觀音橋，大勝之。時和議已成，法人欲巡視諒山，五月二十九日，帶隊抵觀音橋。琴帥飭前敵不可拒殺。黃玉賢接統前敵各營，隔橋與法酋語，止勿入諒。法酋語無狀，各軍忍怒半日，至是彼此開槍。初一日，陣斬法兵數十人，生擒數人，奪獲輜重甚夥。初二日，法兵再敗，斬其四十餘人，生擒一人，奪獲馬匹、器械極多。我軍最出力者，則黃雲高、李應章、陳世華也。同時督隊則有王子鈞，助運軍火則有余親兵管帶熊得勝。諸軍因軍火不濟，且畏礙和局，不敢窮追。北寧失後，粵軍負無用名，至是琴帥始給餉，得不裁撤。【略】

閏五月初四、初五日　前敵黃、李、陳諸營，迭馳書請軍火、請糧。是時前敵有萬提督、方觀察照料，黃副將玉賢爲統領，而諸軍猶遠籲舊主，不能恝然，乃函商於營務處。據李蘭生復稱，龍州有糧彈，惟僱夫運費必請命大帥而後敢行，屬自爲請。余亟啓琴帥，乃批稱『多事！』兩請不允。【略】

六月　法人以觀音橋之戰，索中國償費，廷旨不允。

清·羅惇曧《中法兵事本末》 光緒八年間，法使寶海在天津與李鴻章議約三條，正飭總理各國事務衙門會商辦妥，法人又撤使翻覆，我存寬大，彼益驕貪。越之山西、北寧等省爲我軍駐紮之地，清查越匪，保護屬藩，與法國絕不相涉。本年二月間，法兵竟來撲犯。當經降旨宣示，正擬派員進攻，立爲鎮撫，忽據該國總兵福祿諾先與中國議和。其時該國因埃及之事岌岌可危，中國明知其勢處迫蹙，本可峻詞拒絕，而仍示以大度，許其行成。特命李鴻章與議《簡明條約》五款，互相畫押。諒山、保勝等軍，應照議於定約三月後調回。迭經諭飭各防軍扼紮原處，不准輕動生釁。帶兵各官，奉令惟謹。

乃該國不遵定約，忽於閏五月初一、初二等日以巡邊爲名，在諒山地方直撲防營，先行開砲轟擊。我軍始與接仗，互有殺傷。法人違背條約，無端開釁，傷我官兵，本應以干戈從事。因念訂約通好二十餘年，亦不必因此盡棄前盟，仍準總理各國事務衙門與在京法使往返照會，情喻理曉，至再至三。閏五月二十四日復明降諭旨，照約撤兵，昭示大信。所以保全和局者，實屬仁至義盡。

《總理大臣致各國駐華使臣照會六月廿四日》　案照中法一事前已略述始末，刷印漢法約條等件布告各國，請各大臣詳閱轉報各本國查核在案。是日，並以咸豐八年中國與美國訂立條約第一款內載『他國有何不公輕藐之事，一經照知，必須相助，從中善爲調處』云云。另行照會美國楊大臣，請爲轉請美國國主，於此事相助調處，俾兩國不致失和仍敦和睦，亦在案。隨准美國電復，稱法以中國既經違約，自應或有賠款，或按公法，可以自取押賠各款。此理美國以爲誠然。並稱如按中國情形，果實有違約之處，則無法可以調停等言。本爵當復以按所稱，如實有違約，理應有押賠各款，中國豈不謂然。茲於此事按津約詳核，中國如於各款內稍有相背，其錯固爲中國所應認，然中國於此約則均係按款照辦，實屬毫無所違，前曾逐細向各國大臣聲明，無庸贅敍。不意忽有諒山一事，致華兵傷亡者多於法兵數倍，殊爲可惜。查法國福總兵在津另底內巡邊之語自行抹去。並自畫押，現已由天津寄與巴大臣閱看，是此事中國毫無錯處，乃法營官兵當時不知如何誤會，竟致華兵傷亡數百，則是違約者實爲法國，無與於中國也。茲中國仍以和局爲重，特願與法國共釋猜嫌，是以不向法索兵費及詰問其何以先行開炮之由，切欲保全和好大局，格外相讓，復擬與法國公請美國國主從中評斷。想法國與美國年久和好，意必願美國出爲調停。在中國尚可請別國從中調處，惟因有與美國所立條約第一款云云，則調處之事，應行先請美國。今法國於調處、評斷二層，均行不允，不願使公允之國，於中法曲直情形一爲詳核，而中國則於所有情形不特無違約之事，且無違約之心，實爲鑿鑿有據。若經評斷，自必定其錯歸於法國。卽定有賠款，亦必斷爲法國所應出，不應出之於中國。

法今不惟不從此和平了辦之法，竟以無數兵船，駛進中國海口，在福建地方所爲之情狀，卽按萬國公法所可目爲開仗者，中國若非以和局爲重，自不能不與之卽開明仗。近聞復有兵船數隻，占據臺灣鷄籠地方，謂該處官員云：須與之八十兆佛郎克，方能交回此地。法國有如此辦法，使中國各口及內地人心震動，貿易日衰，於各國通商大有損礙，於中國餉源，亦形日虧。本爵晝夜思維，欲將此可惜情形設法疏通，故中國前於數百年來所屬之越南，卽法國前所信任之大臣曾明認其爲中國屬國者，已於《天津簡明條約》中説明，兩國會議邊界，並於未及津約三月之期，朝廷已明降諭旨，將該各防營限期撤退，是中國已按本國體制所可退讓者，讓之無可再讓也。

總之，此事從始至今，中國均係極力欲與法和，同一與各國敦睦之情無少欠闕，卽所擬與法國公請他國調停評斷，亦係體法國先後以此辦法爲最善之心，因擬之以期將此事善爲了結。法國既經不允，中國再無別法，惟應續將各等情形，再行布告各國，想各國於天下和局，均係期於共守，尤期遇事胥本公平。今法國於兩國齟齬之事，不允公請他邦調處，且於未經明行開仗之先，於中國口岸行同開仗之事，尚望各國基以法國各等行爲，按西例作爲嗜嚕臺司特。

事至於此，本爵所言者，猶係中國毫無違約，惟思設法免致與法國失和。至論及李中堂與福總兵所立之簡明條約，自係必有違約之國。究其顯有違約情形，則不在中國，而在法國。查該約第四款內有法國約明『決不插入傷礙中國威望、體面』字樣云云，是見法國嗣於越南所辦者，不應於中國威望、體面有傷。乃於五月十三日，法國在越京大臣迫使越南王將所受中國冊寶送回中國，是卽於中國威望大有傷礙，其爲顯背津約者一也。閏五月二十日，法國來文內稱：限七日內須賠償兵費若干，於此七日內仍屬照常相和，不行開仗云云。乃於是月二十二日竟派兵船進泊閩省馬尾，禁止商船入口，此係於猶屬照常相和之時，遽行同於開仗之事，其爲不但有違津約，並違現約者一也。聞上年西曆十二月間，有數國詳詢法國於中國有何意見，法國明復，以如欲封閉及攻取中國口岸，必先行知照與有和約各國。今未先有知會，遽行侵占中國口岸，其爲不止有違津約者又一也。

以上法國所行各節，不惟按之萬國公法實有不合，且於各國均爲失信。惟我中國辦事均係十分遵約，一本萬國公法而行。即如前與各西國所立各約，其中原有中國未盡出於情願，勉爲允許者，諒各國大臣亦所素悉，中國則於明知各約內之有損於國，無益於民者，初未嘗或有不行照辦，不過期望各西國漸漸可以改以和平。本爵茲將中法所辦情形詳細照知各國，意惟在仍與法國不致失和，並欲使各國盡知中國與各國往來，總以遵從條約爲重，如中法和好之局，果不能以成全，自應係法國獨任其咎。所有各國因此事有受一切損傷之處，均應向法國索償，於中國自應無與也。想各國素以和睦公平最爲切要，自必有公平辦法，中國亦願保全通商大局，總期於體制無傷，方爲妥善。倘法國故違公法，或於中國照會置之不復，亦不退出兵船，中國亦惟力是視也。希貴大臣詳核見復可也。須至照會者。

法艦進攻基隆與馬尾海戰分部

綜述

清・唐景崧《請纓日記》卷五《七月初九日》 電報：初三日法輪攻福建馬江，我兵船十一號，被毀九號，礮臺多毀。初四日，毀我船廠，法輪亦被我擊損三艘，傷一巨酋。會辦大臣張佩綸退鼓山，船政大臣何如璋避入省，法輪退出長門，爲穆將軍截擊，破其二艘。

是時閩浙總督爲何小宋璟，福建巡撫爲張友山兆棟，同守省城，會辦張幼樵自任守前敵馬江，穆將軍守長門。初三日法人甫遞戰書，旋即開砲。我船揚武先沉，須臾九艘並碎，惟藝新、伏波兩輪受損稍輕，亦沉水底。此非地利之不足守也，由先泥於不戰之説，縱法輪入口，礮臺竟成虛設，兵船又未備敵，倉卒間遂致大挫。戰事委曲，侯官張茂才記載甚詳，證以人言亦合，而死事者姓名更不可沒也。節録於後：

天下濱海諸省，獨福州海口奇險天生，當事者苟未雨綢繆，雖鐵脅亦難飛渡，何至令人直搗而入哉！越南之役，中外構釁，識者咸知法必移禍中國。廣東籌備嚴密而福州獨疏，迨張幼樵卿使來閩，始稍整頓。閏五月中，法兵船直抵馬江，督撫、卿使共議添勇，而增募粵勇最多。二十四、五、六等日，均有法輪進口。有請照萬國公法，兵船入口不得逾兩艘，停泊不得逾兩禮拜，違者即行開仗。穆將軍欲行是説，何制軍深恐開釁，不從。因此穆將軍出守長門，張卿使亦出駐馬尾。揚武管駕遊擊張成有口才，張卿使喜之，遂劾閩安副將蔡根業，而以成署之，仍令管駕揚武，統帶兵船，一切水師聽其調度。陸續調回大小輪船十一號，駐泊一處，則揚武、濟安、飛雲、伏波、福星、振威、藝新、永保、琛航、福勝、建勝是也。

六月十五日，法船在臺灣購炭啓釁，攻奪基隆砲臺，旋被劉省帥奪回。法既先行擊我，我即可乘機攻之。彼時法船在馬江不過三四艘，若以基隆之役責彼甘爲戎首，開砲先擊，勢必得手。乃坐失此機會。豈以基隆非中國之地耶？非福建所屬耶？二何嘗嚴諭水師不准先行開砲，違者雖勝亦斬，必讓敵砲先開，我方還擊，以故各管駕不敢妄動。我船所泊地方，皆由張成派定。福州各管駕嘗面請於張成，謂我船與法船併在一處，倘法先開砲，恐致全陷，須與蛋船疏密相間，首尾數里，以便救應，萬一前船有失，後船亦可接戰。而張成不之聽。張卿使又受其先入之言，遂謂閩人膽怯，不如粵人，不從各管駕之請。且將戰之船，宜早起碇，便於轉動。張成身爲統帶，並此不知，拋錨如故。

七月初一日，法通知英、美兵船將戰。是晚，英領事飛信督署。初三日辰刻，又確接法人戰書；乃不通諭水陸各軍知悉。午刻，法果擧砲。何船政聞砲先行，張卿使繼避於彭田，揚武首被轟擊。張成令水手起碇不及，鳧水而遁。福星水缸、火藥等艙被砲轟毀，管駕陳英與三副王漣同時殞命。振威管駕許壽山與大副梁祖勳立望臺督戰，被彈轟飛，其死最慘。建勝全船擊破，管駕林森林亦死。福勝管駕葉琛左喉受彈，猶忍痛力呼開砲，復中砲僕。管駕十一人，閩人五死其四，伏波、藝新倖免，逃至濂浦。蛋船十九艘盡被擊沉。是時官眷紛行，民間遂無固志。城外南臺十徙八九，城內十去六七，大局幾不可問。

初五日，法船二艘冒美旗進口，穆將軍察其僞，攻毀其一。

初七、初八兩日，法攻長門，晝夜不息，我軍又毀其一艘。初九日，法六艘拼力突出長門，攻毀金牌而去。海防僅長門一所倖完，其餘皆殘破不堪問矣。

七月初六日決戰旨下。

《敵陷基隆砲臺我軍復破敵營獲勝摺光緒十年六月十六日》　前月二十五日，即有法人兵船一艘灣泊基隆。詢所由來，答以遊巡海口。臣即密飭各軍，嚴行戒備，督促海口社寮砲台，日夜築修。唯運料無船，萬端束手，當即飛函閩省，請將永保、琛航兩官船撥台應急。奈閩口音信隔絕兼旬，由滬運砲赴台之商輪又久遲不到。自本月朔時，時有法兵船巡泊基隆，一半日即去，而前次所到之法船一艘，仍泊不行。當以和戰未定，未便釁自我開。適伏波兵船自台南載新調提督章高元毅軍勇五百甫到基隆，閩省復調伏波裝澎湖兩營以去，台兵益寡，輪艦一空。當飭章高元紮近基隆砲台，藉資輔助，提督蘇得勝佐之。其自上海運砲之委員遊學詩，因中國各輪憚於南下，初九日始雇德商萬利輪船，十二日始來滬尾。維時臣正赴滬尾，督令孫開華所部趕造砲台，見軍裝運到，即令將雷砲仍由萬利船運布基隆。及到基隆，法兵酋堅阻不令卸載。德船不能久候，仍回滬尾口門。

臣方回至淡水城，正擬改船裝運，忽於十四日，續來法兵船四艘，直逼基隆。其兵酋李士卑斯，遣告蘇得勝、曹志忠，據稱和議不成，限期已屆，隨帶戰書告示，定於翌晨攻擊砲台。諸將一面嚴防，一面飛報。臣於十五日黎明接信，當以基隆砲台本無可恃，前摺業經奏明，當即親馳督戰。行至半途，砲聲震地，趲行速至。法人已於辰刻開砲攻台，營官姜鴻勝督砲還攻。台上只存洋砲五尊，砲台僅有當門一面，敵由旁擊，砲即不能旁攻。章高元、蘇得勝各帶百餘人潛伏砲台牆外溝中。敵砲猛攻不息，自辰至午，血戰不休，竟毀砲台前壁，火藥房亦被敵轟毀。章高元、蘇得勝密令姜鴻勝率軍退出，傷亡弁勇六十餘人。砲台既毀，我不能支，法亦未踞。此砲台被毀之情形也。

臣憤法人之輕我也，非誘之陸戰不足以折彼凶鋒。趕將海濱難守各營，飭移後山，以避敵砲。曹志忠營雖近海，中隔小山，仍令照常嚴守。一面激勵各軍，堅籌血戰，誓挫凶威。十六日卯刻，法兵四五百人，半在曹志忠營北山上築營，餘二百人直薄曹志忠之壘，仍用輪船炸砲助攻，自卯至午，槍砲不息。曹志忠一面飭守本營，親督王三星等率隊二百人出戰。臣即令章高元、蘇得勝率隊百餘人襲其東，復派已革遊擊鄧長安率親軍小隊六十人繞擊其西。曹志忠見兩路夾攻，士氣益壯。法見我軍之夾攻也，連轟巨砲以敵之。槍戰逾時，我軍所持後膛槍皆能命中，擊倒山巔擁纛之法酋二人與山下法兵頭一人，敵軍大潰。我軍一鼓登山，當破敵營，奪獲洋槍數十桿，帳房十餘架，並獲其二纛，斬首一級。探報法兵傷亡百餘人，逐北至船邊始返，我軍傷亡才數人。二纛者，皆國徽，尤爲萬國行軍所大恥。此法犯基隆陸戰獲勝之情形也。

《會辦福建海疆事宜張珮綸奏摺光緒十年七月初七日》　竊法提督孤拔以輪船駛入馬尾，窺伺船廠。閏五月二十八日，臣親率黄超羣兩營出防馬尾，其時法船僅五艘，我船揚武兵船及兩蟁船共三艘。尋何如璋將振威、伏波調回，張之洞以飛雲、濟安來援，我軍聲勢略壯。法亦增調大兵輪兩艘，魚雷船兩艘入口相逼。臣屢請先發，請互援不得，勉以福星、藝新兩小船及艇船、商船離泊牽制。大致六月二十以前，船略相等，而我小彼大，我脆彼堅；六月二十日以後，彼合口內外常有十二三艘，出入活便，而我軍則止於兵船七艘、礮船兩艘。臣心以爲憂，密召諸將，以兵不厭詐，水戰尤爭呼吸，欲行先發之計。而諸將枕戈待旦多者四十餘日，少者亦二三十日，均面目枯槁，憔悴可憐；加以英、美來船與法銜尾，奇謀秘策，不復可施。臣知不敵，顧求援無門，退後無路，惟與諸將以忠義相激發而已。前月二十八及本月初一之電報，可覆按也。

當六月下旬，美提督晤何如璋，以調處告，稅務司賈雅格屢函告督臣，又有英提督、英領事欲調處之説，其詞甚甘，其事則宕。臣亦知其譎詐，而無如與國牽制何。

初一、二日，大雨如注，風勢猛烈。初二子夜、初三黎明，臣屢以手書，飭諸管駕相機合力，有『初三風定法必妄動』之語。甫及未刻，而法人礮聲作矣。臣一面防飭陸軍整隊，並以小礮登山，爲水師相應，一面升山顛觀戰。則是日法以潮大風順，於口外驟入一大船，發礮爲號，猛攻我船。我船本約以各輪萃攻其上游各船，而以艇船、商船火攻牽制其下游各船。法大船入，則以六船截振威、飛雲、濟安於下，而以五大船、一魚雷船合攻揚武。比臣至山，則揚武已爲敵魚雷所碎，法船方圍攻福星。該管架陳英，轉捩甚靈，放礮亦捷，酣戰不退；兩蠡船用礮助擊，相持一時之久，法一大船中礮退駛，他船亦皆桅斜板洞。奈船大小過懸，衆寡不敵，未幾而該船及兩蠡船相繼沈燬。伏波、藝新亦各中礮駛上中歧，則我上游之船已没。其下游之船，法以雙筒三桅烏波鐵船爲最大，振威爲其所擠立斷爲兩，飛濟兩艘還礮之聲猶相應答。法駛一魚雷船近之，驟爲我臺上一礮所中，立没於水，而烏波船亦爲我礮攢擊火藥艙，立時焚没。飛、濟兩艘旋即帶火流下，則高騰雲架霧已爲礮横擊而死。我所備之艇哨各船，及所製桿雷船與木簰引火之具，以潮力抵牾，逆激不能上，法人乘勝轟擊立盡，泊近廠河之商輪亦焚。計法焚一船，壞一船，沈一雷船；我則七兵船、兩商船及艇哨各船俱燼，惟餘伏、藝兩船、小桿雷船數艇耳。

此次法人譎詐百出，合戰無常；彼可横行，我多顧慮；彼能約從，我少近援；一月之久，彼稔知我疆吏畛域，士卒孤疲，復乘雨後潮急，彼船得勢違例猝發；天實爲之，謂之何哉！

各船軍士，用少致死，猶鏖戰兩時。死者灰燼，存者焦傷，臣目擊情形，實爲酸痛！伏念臣甫到閩，孤拔踵至，明不足以料敵，材不足以治軍，妄思以少勝多，露廠小船，圖當大敵，卒至寇增援斷，久頓兵疲。軍情瞬息萬變，臣既制於洋例不能先發以踐言，復誤於陸居不能登舟以共命，實屬咎無可辭。仰懇天恩，將臣即行革職，拿交刑部治罪，以明微臣愧悚之忱，以謝士卒死綏之慘。

至連日洋商及我軍傳説，或云法損六船，或云孤拔受傷已死，或云烏波管駕已死，或云法焚溺近三百人。要之，我軍既已大挫，彼自應稍有死傷；傳聞異辭，即確亦不足釋恨！

孔廣德《普天忠憤集》卷七《鄭炳炎〈福州馬江戰事大略情形〉》

光緒十年閏五月二十一日，法逆一船始進閩港，擱淺於洋嶼，船底壞。此船於二十七日始救起駛出，聞沉於馬祖澳。二十四日，孤拔之船進口，泊於羅星塔上流。由是日有一二船來，均魚貫停泊於馬江、羅星塔一帶。至二十八日，法船在我港内者共八號，是日下午三點鐘，已擬成戰矣，旋聞有展期之信，因而中止。其時，我船在港者僅六號：曰揚武係營務處，曰福星，曰藝新係小戰船，曰琛航係商船，曰福勝，曰建勝係蚊子船。駐船廠者陸軍僅四營，然恃在港内，我熟彼生，尚有恃而無恐。

自是之後，法船日有出口，然祇此數船輪流周轉，無新到者，大抵爲測港道，添煤計耳。嗣又移泊二號於閩安館、長門等處，防我填港也。自此，法船在馬江者日或四五號，日或五六號。我船逐日進口者，有濟安、飛雲、伏波、振威、永保等五艘，又添調閩安、平海師船八號，翦鎮、炳南砲船十號；添募漳泉協陸勇千名，以楊副將廷輝統之；下江泗水勇百餘名，以督水師協副將德柯督之；尚幹鄉投效者三百人，林侍衛培基爲之首；馬尾道添方觀察勳統帶之潮普勇一營。我衆彼寡，聲威爲之一震。

自六月六日，法人有水雷快艇二隻，共識爲攻船利器，我無荷士基連珠砲，不能制其死命，始有戒心。張星使見彼有水雷，我無水雷，知不足以制勝也，因札調丁憂在籍之北洋水雷學生林慶平督之，挑撥泗水勇、漳泉水勇、福潮水勇共三百名分隸之，由是相持又將匝月。七月二日，颱風作，大雨如注，溪流驟發，江漲高尋常五六尺。初三日，又值大潮，淺港行船均無礙，而難作矣。

是日，法船在馬江者六艘，泊於羅星塔下流者三，我以振威、濟安、飛雲三船與之相距：我船迤南泊，彼船迤北泊。泊於羅星塔上流者三，孤拔之船在焉。我以揚威、福星與之相拒，我船迤西泊，彼船迤東泊，我猶在其上流。彼之水雷快艇二隻均泊孤拔之船旁，我之伏波、藝新二船在揚武上迤西南泊焉，福勝、建勝二船在其旁，永保、琛航泊於船廠鐵水坪前。二船係商船，無砲可以擊敵，擬各載勇三百名往衝敵船，攏近時即過船以短兵殺賊。而我之捍雷小煙船七隻均泊海潮寺前。此外尚有閩安、平海水師艇船八號，翦鎮軍砲船十號均泊於羅星塔、馬尾傍岸一帶，福州水勇配北船三號，漳泉水勇配漁船二十餘號，均錯雜停泊其間。此水軍之布置也。

陸軍則船署之前，有福靖新左、新右二營駐焉；後山火藥庫，福靖新後營駐焉，皆黄提督超羣爲之統領；山上則副將陞楷之福靖老後營駐焉；馬尾道則方觀察之潮普勇駐焉；旺岐則楊副將之漳泉陸勇駐焉；朏頭則林侍衛之三百人駐焉。此陸軍之布置也。

下午一點鐘時，下流有法船一艘飛駛而來，彼船在羅星塔下流者，有一人執旗招展而舞，不知發何號令。彼船錨鏈之旁均有兩舢板守焉，大抵斷鏈弄錨也。我船號令在營務處，而揚武船寂然。彼船舞旗畢，燃號砲一聲，衆砲齊轟矣。我三船在羅星塔下流者，均受其砲彈。振威管駕許壽山在望臺，傳呼斫碇開砲。碇鏈甫斷，彼三船第二周之砲均專注振威一船，兼以荷士基格林砲連珠彈紛如雨集；蓋彼見振威管駕能軍，慮其船走動則難制，故併力攻之。四葉輪果被其擊壞，船不能行矣。許管駕已中連珠彈，顛矣。敵船復一砲中其鍋爐，船卽沉没矣。而濟安、飛雲二船錨鏈尚未斷也。彼船更數砲，而二船火矣。我三船既沉毁，彼船仍停原處泊所，不走一步，惟開砲以擊羅星塔旁岸之師船及隔山轟廠而已。此我船在羅星塔之下流被擊之情形也。

其在羅星塔上流者，彼船一燃砲，砲彈均專注於揚武一船，揚武卽受彈兩處。彼蓋知揚武爲營務處，係各船主將，且船大砲多，此一破，諸船之氣自奪，故首先併力攻之。揚武甫開砲回擊，彼之水雷快船已到，船底發一雷，而揚武沉矣。管駕坐舢板載紅旗而遁，福星斫椗赴救，業已不及。斯時，敵船槍砲彈如驟雨，福星管駕陳英屹立望臺，傳呼開砲擊敵。其僕程姓者請曰：『伏波、藝新已開向上流，我船亦宜開向上流，合各船相機回擊。』英嗔目曰：『爾欲我走耶？』叱之退。遂令於衆曰：『男子漢食君之祿，當以死報！今日之事，有進無退！我船鋭進爲倡，當有繼者，安知不可望勝！』全船諸聲雷動，由是鼓輪掌柁，貫敵陣而前，開邊砲以左右擊之。惜砲小，又未能中其要害。我船亦被彈數處，然亦均非要害。復在下流裝足子藥，貫敵陣而回擊之如前。至此，我船受創甚矣。斯時也，伏波、藝新已向上流而遁，隨福星而進者，惟福勝、建勝二船。該二船係水砲臺，惟前向大砲一尊，船小行滯，不能衝鋒陷陣，只能遥擊，故福星成孤立之勢。孤拔見伏波、藝新之遁也，鼓輪追之，弗能及。藝新船轉柁回轟數砲，孤拔亦遽退。三船合圍以擊福星，福星管帶已中彈殞於望臺。三副王漣繼之開砲奮擊，亦被彈顛船上。死傷枕藉，仍力戰不退。迨火藥艙中彈，藥發，船焚，始紛紛赴水。該船額配九十五員名，存者僅二十餘人，可謂血戰矣。建勝燃一砲及孤拔之鷁首，受其微傷。敵船卽萃擊之，管帶林森林卽中彈殞，船亦被轟而沉，督帶福建砲船呂遊擊翰在其船亦及於難。是時，僅餘福勝一船，船尾已受彈發火，尚燃砲奮擊；管砲翁守正發數槍，殪敵二人，敵彈貫其胸而踣；管駕葉琛槍彈貫頰，蹶而起，指揮裝砲，敵彈復集其脇而亡，船亦旋没。法逆見我船悉破也，始進攻；永保、琛航二船尚在水坪前未動也，連轟十餘砲，二船亦火矣。我之捍雷船七隻，各率捍雷向港汊而匿，被其水雷艇追擊，沉者三百餘。各師船以東風動不能前，坐以待斃，但見敵燃一砲，我沉一船，不須臾無孑遺矣。此我船在羅星上流被擊之情形也。【略】

將夕，我船之砲聲亦停，各營陸勇始陸續自山谷回造晚飯。是夕，轅門猶燃更砲。法逆以爲號砲，卽開砲轟馬尾道之潮普營，不知其中已成空壁，惟一帶民居屋宇燬焉。

初四日，法船乘潮駛進塢前，悉力轟廠，畫樓傾矣，鐵廠之大煙筒頽矣，船槽之機器房壞矣，挖土船沉矣，其餘廠屋器件損傷焚毁者不少。法逆終不敢登岸，慮我廠中之有地雷也。

我之陸勇聞砲聲則登山而匿，聲停則歸而搜括各寓所之財物、器具，惟陸都司桂山督砲勇數人登山，以克鹿卜行營砲擊敵船，多命中，惜砲小未能痛懲之。然敵人已交口稱其能，以爲僅見也。

初五、初六、初七等日，法船攻我田螺灣、閩安南北岸各處砲臺，各砲臺防軍均鳥獸散。法人尚以藥水炸我砲位，卽回船。

初七日，法船八艘停泊於館頭，夜四鼓，以兩艘開往金牌、長門，擊我砲臺。金牌砲臺燬焉，長門砲臺最扼要，我將軍穆圖善駐焉。初八日早，法船開砲，我設空壘，匿兵不動。法逆至，我軍猝起，斬馘數人，餘者遁回船，仍退泊館頭，以糧煤、子藥均將竭，急謀出口，乃於初十夜戌刻連檣遁。惜哉！長門大砲前此無故改造均外向，内向皆小砲不得力，不能遏其去路，彼船徑駛而過臺後。我開砲轟之，傷其一船，幾沉矣，彼以兩船挾之而遁，我砲臺亦被擊有損傷。此法逆轟廠燬砲臺及全軍遁去之情形也。

論説

清・李鴻章《寄譯署光緒十年七月初十日》 初九電旨讀悉。閩之砲臺、兵船不足禦法，本在意中。我兵船與法艦聚泊一處，彼伺隙先發，我固失算。閩砲臺不知如何做法，閩砲門向外，敵由内攻，我亦失勢。至我船不及法船精堅，操練不及法船純熟，中國兵輪開辦未久，斷難驟敵西艦，此中外盡人皆知者。若誘敵登岸，設伏出奇，必有後門槍砲隊始可制勝。各省後門槍未備，後膛、輕砲亦少，徒恃肉薄，難有把握。津軍竭蹶累年，後門槍砲甫齊，殊費財力。鴻章深慮大局，是以屢請含忍議款，徐圖自强，蓋爲此也。長江水寬而深，乃用水師之地。吳淞、江陰各砲臺，雖尚堅固，敵船雖或受砲擊損，其機器皆在水綫下，仍可駛行。《防海新論》書中述南北花旗戰事，確有明證。水雷用阻河口最得力，長江寬至十餘里、數十里，何能遍設？法艦帶有魚雷艇，較尋常水雷尤猛，其燬閩船不過數刻，實兼魚雷之力。津局所造水雷，只能供旅順、大沽、北塘各口之用。上海金陵機器局久已仿造水雷，購存電器電綫不少，無須借助北洋；且洋船皆不肯運，軍器亦無如何。

清・潘炳年《劾大臣玩寇疏》　爲大臣玩寇棄師，憤軍辱國，明謀罔上，怯戰潛逃，請上查辦，以伸國法，以服人心，恭摺仰祈聖鑒事：

臣等於馬江敗後，迭接閩信，具言張佩綸、何如璋聞警逃竄。竊以挫敗情形，衆目昭著，明見萬里，諒諸臣不敢再有揑飾，是以未敢率行上聞。兹恭讀八月初一日諭旨，方稔該大臣前後奏報，種種虚揑，功罪顛倒，乖謬支離，與臣等所接閩信，判若天淵，不得不爲我皇太后、皇上披瀝陳之。

初一日，法人遞戰書於揚武管駕張誠，張誠達之何如璋，秘不發。初二日，各國領事商人下船，衆知必戰，入請戒備，張佩綸斥之出，軍火靳不發。嗣洋教習法人邁達，告學童魏瀚，畏張佩綸之暴，不敢白。初三日之晨，見法船升火起椗，始馳告，而法人已照會未刻開戰。張佩綸怖，遣魏瀚向孤拔乞緩，以詰朝相請。比登敵舟，而砲已發，我船猶未起椗裝藥。敵發巨炮七，福星、振威、福勝、建勝殊死戰，船相繼碎，餘船放火自焚。是役燬輪船九，龍槽師船十餘，小船無數，伏波、藝新二艘逃回自鑿沉，林浦陸勇盡潰。而法船僅沉魚雷一。此初三大敗之情形也。

張佩綸、何如璋甫聞砲聲，即從船局後山潛遁。是日大雷雨，張佩綸跣而奔，途仆，親兵曳之行。抵鼓山麓，鄉人拒不納，匿禪寺之下院，距船廠二十餘里。次日奔鼓山麓之彭田鄉。適有廷寄到，督撫覓張佩綸不得，遣弁四探，報者賞錢一千，遂得之。何如璋奔快安施氏祠，鄉人焚祠逐之，夤夜投洋行宿。晨入城，棲兩廣會館，市人又逐之，復踉蹌出。張佩綸恐衆蹤迹及之，紿何如璋回廠，自駐彭田累日。偵知敵出攻長門，將謀竄出，始回。此張佩綸、何如璋狼狽之情形也。

何璟、張兆棟平日狃於和議，於海防毫無布置。藩司沈葆靖尤以戰事爲非，凡屬防餉，輒拒不發款。兵無主帥，餉無專責，議者固知閩師之必敗。所恃爲長城而無恐者，以張佩綸平日侈談兵事，際此中外戰局伊始，臨事自當確有把握。及閲閩信，陳其種種謬戾情形，則喪師辱國之罪，張佩綸實爲魁首，而何如璋次之。何以言之？

朝廷以督撫不知兵，簡張佩綸及劉銘傳。劉銘傳往渡臺，則封煤廠，撻法人。張佩綸出都，即聞其言，頗快之。到閩後，一味驕倨，督撫畏其氣燄，事之維謹，排日上謁，直如衙參，竟未籌及防務。至法船駛入馬尾，倉卒入告，張得勝緝引港奸民請辦，張佩綸竟置之不理，衆益駭然。而張佩綸尚侈然自大，漫不驚心，水陸各軍，紛紛號召，迨各將請戰，又以朝旨禁勿先發爲諭。臣等不知各口要擊之諭，何日電發，不應初三日以前尚未到閩。即使未到，而諭旨禁其先發，非並輪船起椗、管駕請軍火而亦禁之也。一概不允，衆有以知張佩綸之心矣。身爲將帥，足未嘗登輪船，聚十一艘於馬江，環以自衛。各輪船管駕連疊陳連艦之非，張佩綸斥之。入白開戰之信，張佩綸又斥之。事急而乞緩師於夷，如國體何？開炮而先狂竄，如軍令何？中歧在馬尾，彭田乃鼓山後麓，張佩綸自諱其走，欲混爲一，如地勢何？敵舟攻馬尾，張佩綸於是日始竄至彭田，而冒稱力守船廠，如不能掩閩人耳目何？且何如璋實匿戰書，張佩綸素與之同處，知耶不知耶？臣等不能爲張佩綸解也。臣聞張佩綸敗匿彭田，以請旨逮罪爲詞，實則置身事外。證以外間風聞，張佩綸恃與其黨援之人，私函電致，有『閩船可燼，閩廠可燬，豐潤學士必不可死』之語，是則張佩綸早存一不死之心，無怪乎調度乖謬於先，聞戰逃脱於後，竟敢肆無忌憚至此也！

何如璋實督船政，旦夕謀遁，棄廠擅走，已有罪矣。而謀匿戰書，意有叵測。復於六月一日，將船政存錢貳十六萬兩，藉名採買，私行兑粤，不告支應所紳員，而私交旗昌、滙豐各洋行，羣議其盗國帑，言非無因。

張佩綸素以搏擊爲名，何如璋荒謬至此，事後並無一疏之劾，謂非狼狽相依，朋謀罔上，臣等所不敢信！

臣維法事之起，督撫並未帶兵出城，該大臣既統兵權，相持一月餘，不得謂籌備不及。戰書既移，學徒繼白，不得謂事發倉猝。輪船十一、水雷百二十，兼以師船陸勇，不得謂無兵、無船、無械。誰爲厲階，乃一敗不可收拾，非張佩綸、何如璋之罪而誰罪乎？若不嚴加懲辦，何以謝死士二千餘人，何以儆沿海七省之將帥，何以服唐炯、徐延旭之心，何以塞泰西各國揶揄之口？

清・鍾體志《籌海蠡言・續上陳伯潛閣學宜乘釁恢復越南》 月之十八日，遵諭條陳禦法事宜，【略】前稟言法啓兵端，則請飭滇、粵率旅出關，恢復越土，且以牽制其師，使不得併力東來。然則，欲恢復越土，正此時也。

且越土有不可不亟恢復者。越爲中國藩籬，爲滇、粵門戶，豈容他族實偪處此！至四月十七日天津議約，訂北圻爲界，而數百年之藩服顯爲他人所有。然盟約已定，率土臣民雖咨嗟飲恨，莫可如何。乃法人不知足，旋藉諒山一役，率艦來華，婪索巨款。一議不允，即悻然去，不顧名義，妄奪雞籠。至是薄海內外，胥曉然於法之悖禮啓釁焉。是役也，乃天之予隙以復越南也。

法人引軍東來，守越兵勢必弱。宜速飭滇粵將士，會和劉團，大振撻伐，驅逐非類，以復屏藩之舊。其民人、財物、館舍在中國者，責令遷徙；遷徙未竟，聽兆民戕毀之。我師出有名，彼罪無可逭，惡得不一伸天討，以固吾圉而快人心哉？

或鑑於咸豐之季，西人稱兵犯順，爭城撲地，未敢與攖鋒。然彼時經髮捻之亂，各省糜爛，內患未平，自難捍禦外辱。今則大憝已滅，休養生息二十餘年，朝廷整飾邊防，大修軍實。彼之情僞，我備知之；彼之堅船利械，我悉有之。知兵宿將尚在戎行，戲浪漁人皆成勁旅；而又以逸待勞，以主馭客，以直臨曲，以衆敵寡，安在不可殺敵致果，以揚闔威於海甸哉？

王者順天應人。天心不可見，善言天者必驗諸人。自法人侵陵，普天同憤，莫不切同仇之志，思滅此朝食。是人心者，固克敵制勝之本可恃而亦可用者也。若法人頻年黷武，勞師遠出。煤糧之購運維艱，餉糈之羅掘將罄，殆所謂强弩之末耳。乃不思休息其民，復逞譎妄動，天殆畀以致討之機，以樹懲夷之鵠乎？語云：德以柔中國，刑以威四夷。以梟獍之性，德不知感，刑則知懼。趁此人心共憤，兵力尚足，宿將猶存，刑以撻之，無使患貽叵測。國家造舟制械，設險厲兵。原爲禦辱之用。苟侮至不用，仍復隱忍行成，未免負二十年籌兵之志，辜多士敵愾之心。且海禁既弛，羣夷眈眈其側。倘一夷未經刑創，幸償所欲，則羣夷皆思嘗試，將何以饜無厭之求哉？

説者謂：戰危事也；戰而勝，則兵連禍結，敗則不堪設想。夫戰爲尼山所慎，豈可輕言？然今日戰事非我啓之，實彼偪之。偪戰而不戰，尚可以爲國乎？戰而勝，彼將致電回巴黎增兵來擾。我以靜馭動，待其來而再摧之。且法人外强中乾，又焉有如許兵餉、越重洋萬里與我曠日相持。戰而敗，亦不過如前書所云，稍失利於海濱。可暫退數十里紮守，嚴禁接濟。彼據海濱瘠地，安所用之？若登岸略地，我乃扼險出奇以制其死命。又何至不堪設想耶？【略】

惟應請奏明，凡守海濱將弁能守隘擊沉敵船者，予上賞；苟炮彈實不能支，暫退數十里紮守者，摘降留營自贖；既退能出奇殲敵者免罪；敗潰至百里外者軍前正法。如是，則將士常有奮勵之氣，而無疑懼之心，當於防務有所裨益。而猶以恢復越南爲今日第一要著。越南一日不復，則滇、粵一日不靖，即中國一日不安，且無以謝劉團忠義，無以絕外夷覬覦。時不可失，敵不可縱。張國威而抒民憤。於是乎在。

清・王韜《弢園尺牘續鈔》卷四《與潘鏡如觀察論持久戰書》 馬江一役，法人以詭道行，不得謂之戰。故幸勝之後，亟圖竄逸，防有自外入而邀攻，自內出而截擊者也。苟能於峽口淺狹之處，沈石縋船，塞流絕濟，以斷其歸路，則可使法人隻輪不返，奈之何計不出此也！今法人轉而攻我臺灣，侵淡水，踞基隆，皆未能得手，但使其始終無所獲利，則和議之成，可翹足而待也。論者特慮劉爵帥以孤軍駐臺，恐難久持。不知臺地天設之險，不患在外寇，而患在內變，苟不明地理，不稔民情，徒恃其船堅炮利，輕於一試，未必果操勝券也。惟劉爵帥之來臺，已在法人造事之後，其任事也淺，其設備也遲，其與內地官紳，未能遍悉，外統師旅，未及周知，恩惠未孚，威信未結，民情未附，物望未歸，倉卒應之，是以爲難。夫臺灣一隅，孤懸海外，延袤二千餘里，爲歐洲列國東來之要道，列國久已垂涎，俱眈虎視。十餘年前，已爲當軸言之，使當時早爲之備，亦何至有今日之患哉！雖然，及今而經營之，猶未晚也。中、法之事，竊難料其究竟，雖將來終歸於和，而此時遣兵調舶，籌餉設防，事事需關艱巨。當其任者，非易仔肩，恐難措手。至於勝負之數，尚可置之勿論。法人之圖臺灣也，志在必踞；其用兵也，在全力以注之。今者南北洋海防，雖有水師兵輪，而駕駛船舶之迅捷，施放槍炮之准速，似不如法。法若以鐵甲二巨艦橫截海面，而以大小輪舶遊弋往來，遇我師船，必行阻截，若使我船縱擊於洪洋巨浸之中，其非法敵也，明矣。竊以爲與其外援，不如內守。臺地居民，皆泉、漳、潮三郡之人，好勇善鬥，積習使然。城廂內外，土著率多富戶，誠使鄉自爲團，人自爲練，廣爲招募，以成一軍，遴擇其中尤勇敢者，號爲選鋒。但得訓之以節制，教之以步伐，明之以忠信，激之以義憤，皆肯爲我所用。山中生熟諸番，履險如夷，善於伺隙狙擊，深林密箐，行走如飛。誠能以利害動之，亦肯致死效命。法人欲踞地勢，不得不登岸，既登岸，不得不由漸而進。誠使誘之深入，層層設伏，處處張羅，聚而殲之，亦甚易也。臺郡土壤膏腴，物產富庶，栽植五穀，一歲而三熟，出其所有，以供軍需，亦足令士飽馬騰。硫磺煤鐵礦之所產，取之不竭，用之不窮。器械、槍炮、藥彈，均可廣設廠局，自行製造，歐洲藝術之士，有願渡臺指授者，給以重值，載以至臺。臺境遼闊，接濟軍需者，可瞷法人疏懈之處，用至捷之船，黑夜飛渡。法人所至之地，攻之宜速，毋使其得延喘息。臺之南北，俱有電線，傳遞信音，宜卽激勵民兵，與官軍分攻夾擊。有能同仇敵愾，殺賊致果，保境衛民，守禦地方者，卽令爲一邑之官，一方之長。朝廷但以撫、道、提、鎮四大員以總其成。如是人人用命，與法相持，十年之久，亦無不可。

雖然，我料法人之用兵亦漸餒矣！馬江得志，其氣甚鋭，以爲法特不攻臺耳，片帆所指，卽可全踞而有也。不意頓師於孤島之下，曠日踰時，無尺寸功。前在馬江，我國僅以一炮相加遺，而孤拔受傷，兵舶有輪毀而檣摧者。行掩襲之師，攻無備之衆，尚且所得不償所失如此。何則？一孤拔之死，足以抵七兵輪之沉没也！臺島不下，恐及瓊、廉，不可不預爲之備。至於粤垣，通商所繫，當可無虞。守粤者，最重門戶，當在虎門。彼船若來，卽佯以修和結好爲言，亦毋使其過雷池一步。前車之鑑，後事之師，遇一創，增一智，今而後，法人之術窮矣。再能以堅忍持之，乞和當不遠矣。聊發狂談，藉資撫掌。此外，惟萬萬爲國自愛不宜。

藝文

清・許鑾《叢桂山房新樂府・基隆山》 基隆煤產異，礦比金銀銅。利在趨若鶩，物盛招兵戎。沿海易窺伺，不與四塞同。鐵輪浪馳白，火齊砲飛紅。魑魅並魍魎，驅率如羆熊。守將奮武衛，半日阻相攻。海虜勢既張，守禦力亦窮。雷聲走列缺，煙焰彌蒼穹。束胸既告敗，長鬣遂爲功。猱猴集其上，貔豹穴其中。我軍顧相失，一旅不能通。盜糧齎寇仇，軍用彼遂充。掘取盡地力，椎鑿施鬼工。杞人抱深恨，浩氣噓長虹。平生經國志，耿耿存孤忠。湖港連巨艦，厓島挽强弓。攜來龍驤軍，一爲定長風。

又《馬尾江》 無諸野老吞聲哭，冬日愁過馬江曲。一軍猿鶴與沙蟲，水族蛟龍俱荼毒。無人薄我失機宜，張侯安足持世局？同時應策盡書生，大敵猝驚空瑟縮。兵家易言古所忌，韜略不嫺奚約束！五材並用創既奇，以火騰金慘猶酷。彭名大節自觥觥，失律喪師愆難贖。幾等管鑰盜發扃，非僅過書言舉燭。曹沫縱有復仇心，三敗不死名已辱。天心悔禍事難知，舊將還應推頗牧。濤頭厲鬼作忠魂，一灣江水生春綠。

清・周錫恩《傳魯堂詩初集・乙酉感事九首》 海水橫飛起颶風，砰訇帝怒震瑤宮。龍蛇豈許爭堯土，頗牧遙聞出禁中。公法幾條頒萬國，詔書一尺罷三公。漢文有道師黃老，卻爲匈奴講武功。

旗山高矗鼓山連，盤折閩江石峭然。已報雞籠煤窟奪，更驚馬尾砲聲傳。賈生漢室才無幾，房琯陳陶事可憐。空使魯連悲嘯發，茫茫東海盡風烟。

鐵雨金風事苦辛，獨憑一角障甌閩。會稽空保三千卒，海島猶存五百人。防險土軍爭跳盪，窺邊虜馬忽逡巡。誰知首上援鄰策，忠膽輪囷有大臣。

五管河山敵不攻，臥龍巾扇氣如虹。周昌豈奉期期詔，韓信先收將將功。揮麈清流幾人在？巢林妖鳥一時空。他年銘勒平淮績，應讓昌黎撰碣工。

河魁上宿鎮炎維，橫海招摇繕虎旗。汲黯戆能生帝憚，張遼名可止兒啼。雷轟椢鼓牙旗動，風擁兵艫砲火吹。刺臂精忠人共識，容誰來撼岳家師？

西川豪傑數威名，不索通侯索内卿。破陣呼延多殺氣，遲行陶侃損忠名。婦人醇酒英雄事，走狗良弓憤激情。聞道方平爲幕客，白髯如戟論縱横。

龍嶂牛墟路不通，守關邊師位尊崇。貳師所部無精鋭，李蔡爲人本下中。沙上飢兵聞偶語，帳前蠻婦唱胡嚨。捷書偏達甘泉早，青史何年判佞忠？

漢家大樹有聲名，白髮臨邊躡履行。纔報伏波征側貳，俄驚翼德奪葭萌。甘陣破虜心原壯，渾瀋爭功氣未平，不是劉公馳一紙，那看矍鑠領雄兵？

破敵將軍氣似雷，漢皇下詔悔輪臺。詎聞鬼國三年伐，已報王師六月回。鐵壘烏飛兵幕撤，粉桅旗颭教堂開。長蛟未斬驕鯨伏，滄海茫茫恨未灰。

清·張景祁《瑑雅堂詩·甲申初夏法夷窺伺臺北兵輪游弋不絶六月十五日攻燬基隆砲臺旋據口岸久而不退詩以志憤》 浩氣西來白，橫吹瘴海氛。蜃樓藏怪雨，烏陣墮寒雲。窮島全家寄，哀笳徹夜聞。何時宣廟略，麟閣奏奇勳！

東瀛真鎖鑰，七省恃藩屏。雞嶼高横漢，獅球屹建瓴。蕃夷爭互市，草木染餘腥。坐使神州地，狼烽滿目青。

星軺纔入境，蕃舶已追蹤。緤馬濠環塹，飛書矢射墉。軍心泣猿鶴，海氣舞魚龍。日盼援師集，滄溟隔萬重。

峻阪懸軍久，戈船料敵輕。時危思大樹，地險失長城。驃騎忽開府，條侯空掩營。近聞傳箭急，風鶴盡疑兵。

又《偶閲黄峴孫參軍藝蘭館詩草中有甲申乙酉兩年馬江基隆紀事詩稽覈精詳當日戰守情形歷歷在目言者無罪聞者足戒洵統兵者之龜鑑也意有所感追和八首》 一從互市偏閩東，海角頻吹舶趠風。破浪早憂鯨力厚，插天頓失虎門雄。敵情要約還修禮，廷議羈縻適啓戎。枕上行師多掣肘，疆臣何自奏膚功？

漢使來乘博望槎，淋漓檄草走龍蛇。黄門抗疏擔時局，白袷談兵壓將家。料敵幾曾窺聚米，運籌爭欲唱量沙。征南饒有春秋癖，武庫羅胸也合詩。

羽扇揮軍氣象豪，兵機赤手一身操。俄驚鎖鏈連江斷，不見樓船蹴浪高。匿迹深山同豹隱，傷心舊部化猿號。水犀戰壘全銷歇，空費籌邊十載勞。

將軍緤馬鎮長門，犄角偏師護本根。差喜老羆當道臥，免教狂象出林奔。安危呼吸關全局，功罪分明達九閽。向使重臣齊戮力，誰聞野哭徧江村。

邊釁開端始越裳，蔓延臺海益披猖。艨艟萬里輕飛渡，島嶼千門費設防。籌筆獨憂黄髮老，將壇重泣紫髯郎。行轅日日徵歌舞，肯信軍中氣不揚。

元戎持節渡重瀛，蕃舶潛蹤躡後程。十道供張傳契箭，千郵拱衛撤鄉兵。敂關挑戰聲先奪，開壁鏖軍計未成。六月匡王空奏績，誰封京觀殄長鯨？

殺氣蕭森海國秋，呼鷹臺畔陣雲收。門旗偃日啼烏樂，堠火連天戰馬愁。漫遣全軍援後路，忽抛孤注失前籌。翻邀節鉞嚴疆寄，帳下兒曹説也羞。

克敵端資將帥和，老臣忼慨奮天戈。出師兩表心依闕，伏枕三呼夢渡河。星隕南荒傾柱石，獄興北寺幻風波。烏孫躍馬終輸款，畢竟忠良翊贊多。

清·李慈銘《越縵堂詩·聞馬江之敗三首》 誰揖開門盜？虛乘下瀨船。單身亡節鉞，六鷁殉熛烟。露布猶馳景，鍾官曲賚錢。始知誅馬謖，流涕武鄉賢。

獨闢盈廷議，軍諮屬老成。廿年持節監，百鍊習流兵。儲庤徒齎盜，欽飛盡結纓。自强原有術，屯戍重農耕。

爭望黃龍艦，清河是水神。旌旗團黑霧，山海亂青燐。見敵思劉秩，臨危愧令贇。八閩天險地，太息付斯人。

李光漢《**後海疆六首戰福州**》　閩嶠古巖疆，濱海實天險。夫何鐵甲浮，草木皆血染？無乃持節臣，重寄殊叨忝。至今馬江頭，黄口知國玷。

徐嘉《**味静齋詩存·聞馬江警懷子績**》　君客龍沙倏十年，一官飛櫂指南天。河山又洒新亭淚，溟渤誰聯下瀨船？岸落秋聲聞野哭，迷離鄉夢墮湖煙。城東風雨懷人苦，端在榕江戰壘邊。

滬尾大捷和鎮海之戰分部

綜述

《**督辦臺灣事務劉銘傳奏摺光緒十年八月十五日**》　竊奴才前將法人擬調陸兵攻擾臺北各情，【略】曹志忠、章高元、蘇得勝等督率將士身自搏戰，毫無退心。正在全力相持之際，滬尾忽報同日來敵船五隻，直犯口門。該處礮臺尚未完工，祇安礮三尊以保沈船塞口之處。敵礮如雨，孫開華、劉朝祜等飭張邦才等用礮臺還擊，礮臺皆新用泥土沙袋堆壅，不能堅固，被礮卽毁，陣亡礮勇十餘名，張邦才亦受重傷。飛書至基隆告急。

奴才聞信，當以基隆前敵正在十分危迫，滬尾又被急攻，基隆絕無兵力可分，而滬尾爲基隆後路，離府城祇三十里，僅恃一綫之口，藉商船稍通聲問，軍裝、糧餉盡在府城，該口除沈船外，臺脆兵少，萬不足恃，倘根本一失，則前軍不戰立潰，必至全局瓦解，不可收拾，不得已祇有先其所急，移師顧守後路。當卽連夜率曹志忠、章高元各營由基隆拔營回淡水，立派曹志忠、章高元、蘇得勝共率奮勇數百名，馳救滬尾，軍裝隊伍毫未遺棄。劉朝祜所部百餘人到後，本在滬尾協同孫開華防守敵船，連攻兩日。孫開華、劉朝祜伏軍海邊，敵人未得上岸。曹志忠等現以馳抵該處，如敵不添兵添船，暫可支持。奴才惟有勉循傷病，竭力防守，危急情形，想在聖明洞鑑之中。此法船併犯台北兩處接仗並拔隊回援後路之情形也。

伏念此次奴才以疲病之卒，支持兩月，情見勢詘，已成坐困。敵人自出閩門，卽聲言必攻臺北，稔知我兵單援絕，全力相犯。奴才憐士卒之瘡痍，慮全局之顛覆，僅能拔之出險，先顧後路，限於兵力太單，智力俱困，未能力保基隆海口，咎無可逭，相應請旨，將奴才從重治罪，以示嚴懲。

惟法既以全力注臺，淡水新城尚未完工，無險可守。臺局危如累綦，不可終日。伏求聖明迅施方略，以救阽危，無任激切待命之至。【略】

《**督辦臺灣事務劉銘傳奏摺光緒十年八月二十四日**》　自十六日法船又添三艘，連前共計八艘，日以大礮向滬尾礮臺猛轟，不少間斷，兵勇無駐足之地。孫開華與章高元、劉朝祜等惟以勇隊晝夜分伏海岸林内，露宿以伺，不敢少事休息。

二十日卯刻，敵船倏忽分散。孫開華知其勢必登岸，督令擢勝右營官龔占鰲帶勇伏於假港，擢勝中營營官李定明帶勇伏於油車口，以後營營官范惠意爲後應，章高元、劉朝祜各帶武毅、銘中兩營營官朱煥明等，伏於大礮臺山後爲北路，防敵包抄，李彤恩所募士勇軍功張李成一營，伏於北路山澗。

部署甫定，敵兵一面以排礮臺轟擊，不下數百響，塵烟漲天，炸子如雨；一面以洋划小輪船多支，裝兵約近千餘人，分三路上岸，直撲大小礮臺，勢極凶猛。孫開華見敵兵逼近，立率李定明、范惠意分頭攔擊，章高元等由北路迎擊。敵兵各執利槍，以全力相犯，自辰至午，槍聲不息，挫而復進者數回。我勇短兵相接，奮勇擊殺，張李成領隊旁抄，孫開華親率衛隊奮勇直前，陣斬執旗法酋一名，並奪其旗。我軍見敵旗被獲，士氣益奮，各路齊進，馘首級二十五顆，内有兵酋二名，槍斃約三百名。敵勢不支，紛紛逃退，直追至海邊，敵兵爭渡，覆溺海中者聞有七八十人。敵船因救護敗兵，開礮亂擊，自行擊傷小輪船一隻，其所遺格林礮一尊，亦爲我軍所獲。孫開華部下中後兩營，首迎其沖，鏖战最久，戰士多傷，陣亡哨官三員，傷亡勇丁百人；其餘各營弁勇俱有傷亡。

《**督辦臺灣事務劉銘傳奏摺附片光緒十年八月二十四日**》　現在滬尾之

捷，仰託聖主天威，稍抑凶燄。惟礮臺營壘俱爲礮毁，軍士無立足之地，露宿守禦，暫救目前。彼族大隊麕聚於斯，現在基隆四山皆築鐵營，勢必欲得全臺而止。我軍苦戰之餘，傷亡日多，又兼多病，器械子藥無以爲繼。前者南洋裝兵竭盡無窮之力，三次僅裝六百人，萬分險阻。頃上海忽有華安輪船在海被劫之謡，聞各船俱不敢再裝兵械，無復有接濟之望。官紳堅請添招土勇數千，以輔兵力不足。毫無器械，烏合之衆，萬難禦敵，餉款益絀。現臺南庫存，據臺灣道報稱，僅敷目前之用。請咨閩省，速爲援濟；尚未知能撥若干，如何轉運。臺北所存不足十萬，以臺北之出入之數計之，不過僅支一月。臺北關税厘金，因軍事日緊，絲毫無收，過此以往，即成罄竭。前尚恃有滬口一綫之路，少通消息，以後商船日少，信亦難通。轉瞬臺南湧勢漸平，該處無得力統將，若敵船犯及南路，則將四路斷絶，其情形不堪設想。南北洋之船既不能赴援，臺地坐而受困，勢成不救。奴才一人固無足惜，奈此全臺生靈悉委塗炭！若彼族踞此，横行南洋，大局之患，又復何所底止？

清·李應珏《浙志便覽》卷七《浙中法事紀略》 光緒甲申四月十七，中國既與法簽立合約，越南歸法保護，而法人乘和成兵弛之際，突擊我閩省，據我基隆，襲我澎湖，索償兵費八千萬佛郎克。於是復詔沿海申警：法兵船至，即行轟擊，不必仍前讓其開砲。

在先時，法帥孤拔率鐵木兵輪十餘艘，專注閩臺，另遣陸將取諒山，進窺廣西邊境，江浙洋面，未暇肆擾。適有南洋兵輪五艘，奉旨援臺，孤拔乃以兵輪七艘，邀於中途。

臘月二十九日，我澄慶、馭遠兩輪，自潭頭山洋面見敵，避入石浦内港，泊於天后宫旁。次夜四鼓，我開濟、南琛、南瑞三輪，亦駛避鎮海口内。殊正月初一，石浦兩輪既没，而法仍欲甘心於鎮海三輪，於是遂有攻浙之舉。

時浙劉撫帥秉璋駐紮省垣，寧波海防奏委浙軍門歐陽提督利見督辦，而營務處則任之寧紹臺道薛福成。薛察得寧郡之水，由府城六十里東出鎮海縣城，其北岸爲招寶山，南岸爲金鷄山，兩山夾峙如門，外復有虎蹲嶺、遊山兀峙，於前爲七里嶼，再出則爲蛟門、金塘。蛟門，西南入鄞，西北達紹，全浙之關鍵也。金鷄山前海中錯出石礁，名小金鷄，與招寶山安遠砲臺石礁相對，除兩旁淺處四十丈外，其行船深處僅六十丈。潮長時水深二丈七尺，退僅二丈。乃命寧波宗府尊源瀚、杜倅冠英分任釘樁沉船之役。每丈許用長三四丈、圍四五尺之木百條，聚作一叢，上箍以鐵，入泥各二丈，中留船路十五丈，布水雷二三十枚，作一、二、三、四疊形，以防撞進。凡木二十一叢，費萬餘兩。又用寶順輪船一隻、二丈餘大民船四隻，載石停泊口門，俟緊時沉塞船路。另雇民船二十隻，載石泊於樁縫以固樁力，費二萬餘兩。又商請錢玉興鎮軍，於梅墟上下游兩岸砲臺，派勇堆築土堤。南岸至十里鋪東石橋，長十里；北岸至十里鋪西清水浦，長七里，皆高八尺，寬二丈。走馬牆高六尺，並多開砲洞，以便轟擊。於河下横釘三杠竹，掛巨網，以杜偷越。

浙提督又以金鷄之南小港口、笠山等處，地平海闊，從前鄭成功、英吉利皆由此登岸，孤危可慮，乃遷小港口鎮遠砲臺大砲九尊，分置烏沙岡、沙蠏嶺兩處。於鎮遠四旁，多埋地雷誘敵。招寶山威遠臺前面三合土，故厚六丈，後面因海淺頗形單薄，乃於前面用蒲包堆土一丈一尺，後面堆土二丈。金鷄山臺用麻袋堆土一丈六尺，並圍以籬笆，作竹叢形。

楊鎮軍岐珍又於鎮城東門外築長堤一道，幷由局購棉絮二千餘牀、棕薦三千餘條，俾臨時將各砲臺一體遮護。宗府又以油簍實土可禦砲彈，購簍百具，布於招寶臺上。壁壘既固，復自鎮海城外安置陸路電線，沿江岸至郡城，長三十九里，又自城北岸至南岸水線一百丈，費二千五百餘圓，歸併寧商電局經管，每月津貼三十圓。其梅墟營亦一體安線，於是軍報遂速。又查知向領執照，寧口引水洋人二名，曰必得生，目師密士，乃按月給銀三百圓，令其不得領敵入港。會法雇二人已有成議。乃再給五百圓，於是敵引遂絶。

寧郡仰給外處米石，歲須一、二百萬，此次既增二十餘營之餉，港口又漸阻塞，乃請撫軍奏豁各省米釐，内河商販雲集，於是糧食遂足。

然寧鎮者，浙省之藩籬也；定海者，寧鎮之屏蔽也。定海孤懸海外，雖經成府尊邦幹、貝鎮軍錦泉率勇五千，於蟹鉗門、竹山門抵廳城一路，偏堆土堤，藏礮堤下，修飭西皋嶺、姚嶴、螺頭、毛嶺、曉風、頌河、長春、西碶、青亭等九卡，各口釘裝三扛漁網，並繞五奎山加築土城，五奎山、獺山砲臺，釘巨樁兩層，築護土三丈，濠外設立木柵。自五奎山東至十六門轉大渠門，又循山而西，至螺頭門、盤拱山，皆水深十五、六托至二、三十托、五十托，港面闊十餘里至六七十里不等，既無塞港之法，又無能援之兵，加之五奎山挺峙海中，寬僅里許，又徧山石質，不能鑿穴藏身。敵若在吉祥門外以砲對擊，五奎潰則廳城瓦解，其何以守？

薛道乃查得道光二十六年中英立約，其第四款有英國保護舟山之條，令幕友楊楷撰《英宜保護定海説》，繙繹洋文，寄倫敦新聞館刊刻。英果令駐滬總領事與法使巴德諾脱密訂不犯定海。【略】

自五、六月來，文武各官日夜籌畫，至臘底守禦甫備，而寇氛亦漸迫矣。

時浙提督率本標千人駐金鷄，分楚勇二千五百防南岸。鎮軍楊岐珍駐招寶，率淮勇二千五百防北岸。鎮軍錢玉興率衢處練兵暨淮勇二千五百，扼寧波至梅墟、育王嶺、牆下潭等隘，並策應南北兩岸。守備吴傑專管北岸威遠、靖遠、鎮遠三臺，元凱、超武兩輪暨紅單船五六隻，專在椿外停泊。凡軍政由提督發令，主謀則歸營務處。其佐理營務則府尊宗，二府杜也。

臘月除夜，南洋三輪慌忙躲至，乃徧諭百姓安靜無恐，分咨各營準備，水陸兵弁有離次者，許紳民捆拿正法。電致撫軍，嚴飭南洋三輪在口内協守，倘移進白家埠一步，即並前參辦。將鎮海之虎蹲山、七里嶼，定海之小龜山頂、嶼心腦各塔燈，又鎮海口外金塘山南之紅色警船石椿，金塘門内鵝礁上及虎蹲山尾礁上之黑色警船，鐵遊山東北角夏老太婆礁上之紅色警船木椿，遊山礁東及小遊山淺灘角之黑色條編浮球，一律撤去。照會英、美各官，以所留船路已閉，無論何船，偶有駛近砲臺，致被轟擊及爲魚雷觸壞者，與本官無涉。蓋從前祇派安旅輪船在遊山停泊，迎詢來船懸掛旗幟，遇有法船，即由七里嶼遞相傳示虎蹲、金鷄準備，至此乃認真封口也。然不及兩旬，而各洋官已多方刁抗矣。

十五日巳刻，孤拔以兩鐵甲、兩兵輪、一木輪排列遊山外，楊鎮軍在招寶山首先望見，傳令作備。未刻，孤拔親坐小輪進測水道。我軍擊之幾中。申刻，以大黑艦直撲招寶砲臺，我軍頭砲中其船身，二砲中桅，三砲中尾，南洋三輪亦擊中兩砲，黑船遁。三法船繼進，連放排砲，我軍亦開排砲抵禦，乃俱退金塘山，距鎮口三十餘里。於是電致上海英使，令設法驅逐。蓋十四日英使曾電詢法人有無占駐普陀，其地爲定海所屬。例應驅逐，金塘事同一律也。

十六日大霧，提督飭南洋吴統領撥舢板六隻、格林砲六尊、洋槍六十枝，在椿外巡護。是日戌刻，法果放魚雷，衝波而來，我軍奮力幷擊，霎時遂退。十七日，電商杜二府，仍留寶順一輪勿沉，恐口門全堵，先自坐困也。是日巳刻，法復以大黑艦撞進虎蹲山北，直攻招寶砲臺，我軍一砲中其煙筒，再砲中其船桅，横木下墜，壓傷兵頭一人。南琛、南瑞復從旁擊中三砲，穿其後艄。法船急放黄煙，收旗轉輪。是夜，薛道電稟楊制軍，謂孤拔疊創，勢必將留臺法輪四艘調來，請飛致劉撫銘傳，急攻基隆，絶其煤路。

十八日，提督令吴統領置三千五百磅鐵錨，分繫於開、琛、瑞三輪之尾，俾船首不致隨潮内向，蹈馬江覆轍。十九日夜，法人用黑白兩舢板，圖登南岸，潛襲港口砲臺。適健左旗費營官率勇放哨瞭見，乃伏嶺下，伺其近岸，縱排槍轟擊，沈其二舸。

二十日天明，法人復以小輪撞進虎蹲山，我砲臺即時擊退。是日，聞孤拔在上海雇覓向領執照寧口引水之英人挨化、德人勃倫，乃電請撫軍委上海邵道、龔道專辦杜絶引水之事。二十三日，電給英美兩人銀二千兩，令出具不得帶領法船保結。又電請撫軍照會美使，令將法船引水之美人根寧汗撤回。嗣美使以其人自願出籍，不能撤回對。

二十四日，聞小港有法人登岸買物，飭各營派人改裝偵探。又聞法人十艘已全離臺北，再電劉撫急攻基隆。

二十七日，薛道電囑各營謂馬江，基隆、石浦、鎮口法人，皆以朔望前後三二日，乘潮汛來攻，近日必有惡戰，宜備。是日亥刻，孤拔果以大白鐵甲船向南岸及提督營轟擊十餘次，小港砲臺被中三砲，外石牆及竹泥砲房傾圮，餘彈皆嵌入麻袋不發。提督前飛彈重二百六十磅，並未傷人。

二十九日，又放九砲，無一擊中。提督率諸軍從容抵禦，人無懼色。

二月初二，探悉孤拔懸恤賞六萬，雇引水人不得。初三日，薛道親蒞鎮海勞軍，適法船退泊金塘，惟一大艦前泊，倚遊山爲障，乃商請錢鎮軍潛運後膛車輪砲八尊，伏南岸清泉嶺下轟擊，五砲到船，傷敵頗多。法船亦開砲回擊，彈落水田，我軍旋即收隊，孤拔即因此受傷。十二日，薛道電致總署，請向日本申明局外公法，不得接濟法人煤糧。又聞法人屢在大戢山以重價寄電，請飭盛道訂止大北公司，阻其消息。十五日，因各國洋官强欲進出，屢肆咆哮，仍准永寧、宜昌等輪船，日間在虎蹲山起卸客貨。二十一日，撫軍電知中法和議已成，總署飭令鎮海塞口石船宜酌量移開，於是將未沉之寶順一輪拽進，仍留火備敵。

三月初二，薛道電稟李傅相鴻章稱，本日法李提督致函提臺，謂和議尚未畫押，寧口糧械尚須扣留，寧船開出仍要放砲，宜仍暫塞口。初六日，再電傅相稱，滇越各軍卽將所得之諒山撤退，法人亦應將基隆、澎湖交還。始議詳約。鎮口法船亦應早退，否則我軍躍躍欲試，恐滋事變。二十九日，各洋官照會，開口如需時日，由伊請滬上營造司來辦，三日竣工。三十日，法船奉旨堅欲進口，仍以水雷未盡撈起，照請緩入。於是浙事遂平。

四月，乃籌畫善後之策，謂鎮海各砲臺大砲，皆不能攻及十里，北岸威遠臺爲前楊制軍昌濬所築，費銀三萬八千餘兩。臺中大砲除舊置德國博洪廠二百四十磅子螺絲鋼砲一尊外，餘亦無可以洞穿鐵甲者。此次法船停泊金塘，距小港四里，不能擊之遠徙，可惜亦可危。宜於小金鷄及招寶山之安遠兩臺，添置二十一生的克鹿卜砲各一尊，威遠添置二尊，另置百二十磅子鋼砲六尊，皆開前後砲門，砲牀或用兩頭千斤柱，鐵路六條，如輪船砲架式，或用當中千斤柱下安旋轉鐵路，務使前後可以攻擊，不致蹈馬江覆轍。又小港口爲南岸最易登陸之區，舊建鎮遠砲臺，僅費六千餘兩，頗嫌單薄，小港東北半里之笠山，舊僅有明禦倭砲臺一座，尤嫌湫隘，俱宜加築堅廠，置二十四生的砲各二尊，二十一生的砲各一尊，八十磅子鋼砲五尊。砲臺前面鐵板須二尺厚，硬木須四尺厚。其小港口至金鷄山，地形散漫，宜於北面濱海一帶，令營勇堆築寬六丈高三丈土堤一道，南面濱海一帶，築寬三丈高一丈六尺土堤一道。笠山砲臺須於堤內再築土牆一道，使臺身隱於堤牆之內，四旁多堆土埠爲疑臺，沿堤栽種竹柳，蔽敵嘹望。蓋笠山地勢較招寶尤爲當衝，招寶白虎蹲以北，淺沙礁石相間，惟中泓深處可容輪船，卽南面亦祇容一艘直駛，鐵甲難近；笠山則八寸厚鐵甲可以萃集，須置三十一生的六百磅子大砲，方能穿鐵甲於十里，外捍蛟門、金礁，內顧虎蹲，招寶也。經費統計新造笠山、小金鷄、安遠及修築招寶，小港等舊臺，須費二十萬兩；添置招寶百二十磅子砲六尊，需五萬兩；添小港八十磅子砲五尊。需費三萬餘兩；添置笠山三十一生的砲，並元凱、超武兩輪二百磅子砲三尊，哈乞克斯五管格林砲十六尊，需費十三四萬，共四十五萬，分年可辦，撫軍多如所請。自後寧口有事，以笠山大臺爲第一重門戶，招寶威遠臺爲第二重，小金鷄及安遠爲後路，輔以椿石水雷，連環呼應，可以永固矣。是役也，浙中並無星使督辦海防，祇賴提、道與各在事搘拄其間，與敵相持四五十日，和議乃成。又閲三月，乃退，皆屹然不動。

當六、七月時，薛道曾致閻相敬銘書，謂法人無理取鬧，兵頓財殫，倘再堅持數月，則法國紳民必將歸罪始議之人而罷。又謂中法業既開戰，我出使曾侯紀澤早離法境，而法使巴德諾脱尚留駐上海，偵探召募接濟，散布謠言，聯絡與國。聞巴酋爲法相斐禮死黨，實與孤拔二三人堅主戰議，若按公法，以禮拘於河南腹中之地，遍告與國，許和成釋放，彼必大沮。又屢致書總署，謂中法開仗，和議已廢，應令傳教法人一概出境，以絕奸黨，並照會各國，謹守局外之約，毋接濟煤糧；飭大北公司毋傳法電。又再三電請閩臺乘虛急攻臺澎。説弗行。

論説

《督辦臺灣事務劉銘傳奏摺光緒十年八月二十四日》 伏查此次敵兵猛撲滬尾海口，蓄鋭登岸，意在必得。當敵划送兵上岸，各划皆開入海中，自斷後路，以示死戰。而我軍自礮臺被毁，無礮守禦，全恃士卒肉薄相拚，雖槍礮如雨，士氣毫無畏避，竟能斬將搴旗，遏其狂逞，實屬異常出力。所有統領擢勝等軍署福建陸路提督記名提督漳州鎮總兵孫開華，身先士卒，忠勇善戰，力支危局，厥功尤偉。

清·薛福成《浙東籌防録》卷二《上劉中丞書》 此次浙防穩固，得力在法船初到時，兩次擊中敵艦，挫其凶鋒，敵從此不敢駛近炮臺，二月內竟無戰事；而平日布置之頗得力者，則在徙教士以絕內應，添電線以捷軍報，杜引水以扼天險。由道會同提臺出示嚴禁兵輪水手登岸，俾不致蹈石浦之覆轍，預請鈞座發嚴厲之電，致錢統領以怵南洋三輪管駕，俾知無復退步，始拼命幫輔炮臺以成摧敵之功，初非三輪之前怯後勇也。然必釘樁、沉船，則百餘丈之口門始有所憑依，炮臺、兵輪益能著力，此舉亦最爲得勁。由今思之，以上各事，竟是無一可緩。

至法人之失著，在舍定海而攻鎮海，以鎮堅而定瑕也。然非豫爲密籌，形格勢禁，則彼亦難就我範圍。此事經福成去秋與稅務司密商，以法占定海有礙英國商務之説，聳動英商，多著議論，繙成洋文，寄往倫敦報館刊布；復以危辭往激英領事，俾願踐保護舟山之約。領事雖不露端倪，今年正月接滬局來電，始悟英駐滬總領事與法使巴德諾脱實已密訂法不犯定海，英亦不宣保護之説以礙法事，所以法人揚言占據普陀，始終不敢前往，以普陀亦定海屬也。是法船之不窺定海，其受英人牽制爲不小矣。

竊思中法開釁以來，馬江一戰受害最巨，其餘若臺、若粤，互有勝負，惟浙省經鈞座督飭文武，斟酌機宜，循序布置，將吏隱情無不上達，上下遠邇聯爲一家，正不必如他省之星使聯翩，會辦絡繹，而防守完固，毫無損傷，實數十年洋人入華以來所僅見；似應將大略情形，疏陳梗概，以明將來防海之准的。其前敵立功將吏，如杜丞、吳都司等應破格保一獎，以昭激勸；至於提臺、統領督率之功亦不可没，想鈞座必已據實爲之論列。

再，南洋三輪自正月十五日以後，兩次擊敵甚爲出力，應請專疏保獎，以踐前説。此皆天下之公論也。

和議雖成，宗守若能接辦寧局，可於捐務有裨。伊年來襄理防務，頗著勤勞，若蒙列入獎敍，亦是縶維之法。再叩鈞安。福成謹又上。

雜録

清·孫衣言《鎮海防夷圖記》 光緒甲申，法蘭西既盜越南。其明年秋，窺福州，分兵犯台灣，據鷄籠山。賊之犯福州，先以輪船闖五虎門，我疆臣以有旨不得先開釁，不敢拒。賊投書約戰，我兵猶不敢動。賊遂盡隳我並海砲台，一日而燬我輪船九。又數月，併兵窺寧波，犯鎮海口。於是浙江提督歐陽公實爲統帥，以精兵扼金鷄山，分遣諸將守各口。法蘭西攻甚急，期必得寧波，然卒不能入尺寸。而越南官兵又大捷於諒山，乃叩天津，以計求撫而罷。當是時，浙、閩皆大震。方疑中國力不支。然卒無事。

事既平，予爲書以賀公曰：『公之功偉矣！公之術可得聞乎？』公則復予曰：『天子之福也，將帥之力也，三軍之用命也，某何功焉？雖然，斯役也，我有以知夷之狡而無足畏也。初夷之在閩馬江也，其兵船常以潮退時進，我兵迎擊之，而潮水掣我船尾，船輒左右動，故我之砲常不中，而夷之砲無虚發。我思之，而知其所以困我也。今於軍中，凡兵船皆爲尾錨，錨必重數千斤。筦船者合辭曰，我所用洋船也，用洋法，洋法不得有尾錨。我怒而呵曰，汝知洋人之法，汝亦知洋人之詐乎？趣具錨，不者有軍法。於是我兵船皆有尾錨。後數日，夷果大集，船逆潮而進，我兵船亦迎擊之。而我船尾碇入水，屹不復動，砲放卽中其船。凡壞其大船二，沉其小船及擊斃夷兵無數。時乙酉正月也。初夷之始至也，我恐逼水而營之無所庇也，爲隱壘以草山，而外爲長牆以障之。我恐沿海列台之易爲攻也，爲移砲以就險，而散樹旗幟以眩之。凡敵之所攻者，皆我之所不必爭也。凡我之所據者，皆彼之所不能見也。敵不能窺我之虚實以專用其鋭。而我常能出敵之不意，以間用其奇。此夷之所以困也。招寶山斗入海，我砲台踞其巔，炸砲之所及也。我則使紉椶以爲毯，和泥與蜃以塗之，鱗比以蓑。其台厚數重，炸彈至，則毯受之，毯濡而韌，彈下如雨，而未嘗一開。此又夷之所以困也。故敵之攻甚勞，而我之應甚逸。敵之技已窮，而我之氣方鋭。而其大指，則不外於以靜制動，以柔制剛，此所以幸而不爲馬江之續也。』予卒讀而歎曰：善矣哉！夫以靜制動，自古用兵之所共知也。以柔制剛，今日禦夷之所當講也。而竊謂其要，尤在於知敵情。夫敵船既乘落潮以進，而我船爲潮水所掣，其不定而不可無以碇之也。彼夷人豈不早知之哉？顧秘而不宣耳。特我之習焉而不察耳。值海上事起三四十年矣，以敵爲師，如規矩準繩之不可違也。夷之愛我而不我欺，果如是乎？至公而後能知彼之欺！夫知彼欺而後有以救我之短，以奪彼之長。朝廷既嘉公功，賞賚有加。而寧波之官若士大夫復爲之圖，以彰公之功於無窮也，而屬予記之。猶憶同治之初，予在杭州，友有備兵海上者七八年矣，人皆以爲深於夷情也。予與之書曰，君與彼族處亦久矣，亦嘗見其有所短乎？友則復予曰，但見其長，未見其短也。嗚呼！今日士大夫言治夷，其議論蓋皆是也，惡能知其情？光緒十二年九月，前太僕卿瑞安孫衣言書於城北寓盧。

鎮南關大捷與臨洮大捷分部

綜　述

清・彭玉麟《彭剛直公奏稿》卷六《會奏廣軍援桂獲勝及遵旨撤兵摺光緒十一年四月初二日》　竊惟廣東奏派馮子材、王孝祺兩軍入越協剿，當於上年十二月奏明在案。至本年正二月間，諸軍保關復諒，大挫凶鋒，當經前廣西撫臣潘鼎新隨時電奏。臣等僅於桂電所不及者，間有奏陳。惟來電與各路稟報，頗多異同，深恐或有參差掛漏，卽不足以服將士之心。現在款議粗成，邊防猶亟，謹將詳實戰狀，上爲皇太后、皇上陳之。

查上年十二月，法虜大股自船頭來犯，十九日攻谷松。二十九日陷諒山，本年正月初九日入鎮南關，桂軍將領楊玉科戰没，董履高重傷，諸軍多潰，惟蘇元春所部及陳嘉六營尚完。於是法踞諒山，於關外十里之文淵州築臺安炮，爲堅守計。龍州爲全軍後路，商民驚徙，遊勇肆掠，逃軍難民蔽江而下，廣西全省大震，自太平、南寧以達潯梧，皆電報所通，水路所達，紛紛告急請兵，桂林空虛，倥偬籌備。

先是幫辦軍務前廣西提督臣馮子材暨廣西右江鎮總兵王孝祺，於臘月先後抵龍，而募軍未足，裝械未齊。王孝祺率數營馳援出關，而諒已潰。馮子材原有之八營，尚在東路，僅帶中軍兩營駐龍州。元旦聞警，乃留一營彈壓根本，親率一營赴南關與王孝祺軍攔截潰勇，一面調八營來關晤商。撫臣潘鼎新告以守關無須該軍，令仍顧東路，遂以所部全紮關外，派隊親往督剿。初九日，南關告警，復檄西援。十二日，聞信折回。時法已於十一日晨焚關自退。

馮子材素有威惠，爲桂越人心所嚮，還入關，衆心稍定。乃建議於關內十里之關前隘，跨東西兩嶺間，督所部築長牆三里餘，外掘深塹爲扼守計。謂桂軍宜稍養銳，自任以所部萃軍守之，營於嶺半。令王孝祺勤軍屯於其後半里許，爲犄角。當是時，幫辦軍務署廣西提督臣蘇元春毅新軍、陳嘉鎮南軍俱屯幕府，在關前隘之後五里。蔣宗漢廣武軍、方友升親軍俱屯憑祥，在幕府後二十里。潘鼎新率鼎軍屯海村，在幕府後六十里。魏綱鄂軍屯艾瓦，防艽葑，在關西百里。王德榜定邊軍屯油隘，專備抄截，兼防入關旁路，在關外東三十里。獨廣軍兩枝當中路前敵。

時值北海封口，西電皆謂法將由欽、廉攻南寧斷桂軍後路，而廉州並無統將。臣等因桂軍漸集，擬調馮軍回顧欽、廉，又恐難於移動，當經電奏調廉，仍令馮子材酌度進退緩急。一面詢商該幫辦，或全移，或只調兩營，或全不移動，但聲言卽日東援，以定衆心，聽其斟酌。因潘鼎新屢電不以馮軍爲得力，必不肯言留，故令該幫辦自酌，知其力任大局，必有權度。旋接潘鼎新覆電，謂蘇元春自艽葑調回，卽令馮軍回廉。馮子材覆電則言，該軍吃重，兩營亦難移調。當卽電復，令其專顧桂防，不必援廉。此正月中旬以後廣軍布置扼守前敵之實在情形也。

於時馮部全軍已成，桂軍休息漸定。越人密報法將出扣波，襲艽葑，攻牧馬，繞出南關以北，且斷唐景崧、馬盛治兩軍歸路。蘇元春率軍暨魏綱軍趨艽葑以待，馮子材遣五營扼扣波以邀之。

二十七日，法數十騎率教匪至艽葑，官軍先在，驚走，扼扣波之馮軍突出奮擊，敗遁。獲其馱軍火大象一，擒匪黨二。

二月初二日，法又爭扣波，遇馮軍，脫洋衣、洋帽掛林木而竄。艽葑卽長定府，法以越官長定府知府給己，殺其子，遂無西犯意。

馮子材請於潘鼎新，調蘇軍還中路。法揚言將以初八、九日犯關。馮子材料法必於初七日，禮拜一出兵，決計先發制敵，羣議多不欲戰，潘鼎新以士氣未復止之。馮子材力爭，率王孝祺軍於初五夜出關襲敵。山有賊壘二，安巨砲。我軍已入街心，自五鼓戰至初六日午刻，賊益盛。王孝祺馬中砲斃，易騎戰，率死士由山後攀崖而上，破其二壘，斃賊甚多，賊敗走，我軍傷亡亦多。未刻，我軍飢疲乃還。此二月初五、初六兩日廣軍倡議出關力戰破壘之實在情形也。

初七日，法果悉起諒山之衆，併力入關，直撲關前隘長牆，攻廣軍營壘。馮子材告諸軍曰：『法再入關，有何面目見粵民，何以生爲？』王孝祺以淮軍爲龍州人所詬病，諸軍多輕之，憤甚，皆誓與長牆俱死。法以開花砲隊循東西兩嶺互進，向下轟擊，以鎗隊撲中路。法謂越人皆馮內應，乃以真法兵居前，黑兵次之，西貢洋匪又次之，教匪、客匪在後。砲聲震天，遠聞七八十里外，山谷皆鳴。槍彈積陣前，厚者至寸許。我軍死戰，傷亡殊多。東嶺新築五壘未成，爲敵攻踞其三。王孝祺自率小隊抄敵後仰攻，敵稍卻。戰至申刻，蘇元春援軍至，合力拒戰，諸軍竟日不食，至夜仍未收隊。

是日，王德榜自油隘出軍夾擊，據文淵之葑山，與敵鏖鬥數時，互有傷亡。遇賊運軍火乾糧之馱馬無數，逐之，皆返走，法糧械遂不得入關。

初八日清晨，復大戰。賊來益衆，砲益緊。馮子材居中，蘇元春助之，王孝祺當右，陳嘉、蔣宗漢當左，左路卽東嶺，敵砲最猛。馮子材與諸統領約，有退者，無論何將遇何軍，皆誅之。復於各路設卡，以截殺逃者。馮子材、王孝祺各刃退卒數十人。賊勢狂悍致死，至已薄長牆，或已越入。馮子材年將七旬，短衣草履，持矛大呼，躍出長牆，率其兩子馮相榮、馮相華搏戰，將士齊開柵門踴出。諸軍覩馮子材如此，無不感奮。關外游勇客民千餘，聞馮子材親自出陣，亦來助戰，伺便隨處狙擊。馮軍扣波五營，自關外西路來，夾擊其背。於是諸軍合力死鬥，短兵火器雜進。王孝祺部將潘瀛率隊攖鋒，袒臂裸體，衝入敵陣，故所部勤勇傷亡最多。陳嘉爭東嶺三壘，蔣宗漢繼之，七上七下，陳嘉受四傷不退。至酉末，王孝祺已將西路賊擊敗，親率軍由西嶺抄敵後，與陳嘉等合擊，而王德榜之軍，亦自關外夾擊東嶺之背，遂將三壘全數奪回。是日，王德榜自清晨出軍甫谷，待敵援賊至，率隊衝之，賊截爲二，援賊因回槍擊德榜軍，我軍奮擊，大勝。部將張春發、蕭德龍戰最勇，斃法酋、法匪甚多，餘衆敗走，獲其騾馬五十餘匹，所馱皆槍砲彈、麪餅、洋銀之屬。德榜遂自外夾擊東嶺，奪回三壘。法鏖戰兩日，彈砲已盡，而後隊軍火被截，惶懼無措，頃刻間砲聲頓息，遂大潰。我軍任意斬殺，賊翻崖越澗而竄。教匪路熟先逸，法兵多殲。此戰所斃真法兵、黑兵千餘，法酋數十，客匪、教匪數百，遂出關十里而還。是日，馮子材、王孝祺身畔屢有開花砲子墜落未炸。我軍曩與法戰，被挫之時，率皆陰雨霾霧。是日天開晴霽，風日光明。此初七、初八兩日廣軍會合桂省主客各軍血戰大捷之實在情形也。

初十日，馮子材親率十營出關，攻文淵州，法匪望風潰遁，追擊斃紅衣法酋一，遂復文淵。法以越官文淵州知州通馮，剖其腹殺之而去。十二日，諸軍三路攻諒，法踞諒城固守，並扼對河北岸之驅驢墟。墟有王德榜舊壘，甚固。黎明，王德榜進攻之，士卒多傷，斃其六畫兵總一。

午後，諸軍至，王德榜與王孝祺兩軍戰尤力，傷亦多。孝祺部將潘瀛執旗先登，諸軍並進，克之，法涉水而逃，併守諒城。十三日五鼓，馮子材軍楊瑞山、劉汝奇等潛渡河攻諒，辰刻克之，獲其軍械糧米無算，皆納之官，軍無私焉。

諸軍大至，法悉衆遁，分兵追剿。桂軍、楚軍追中路，廣軍追西路。十五日，陳嘉攻谷松，賊勢仍悍，王德榜力援，克之，斬三畫法酋一。馮子材軍追賊至觀音橋，破其巢。同日克復屯梅，屯梅卽長慶府。生擒五畫法酋一，遂進軍克拉木，逼攻郎甲，郎甲卽諒江府。王孝祺進軍貴門關。連日諸軍追殺，搜獲法兵極多，盡復去年官軍所駐邊界。此初十日至十五日廣軍會合諸軍克諒後分兵追剿獲勝復界之實在情形也。

越人久苦法虐，聞馮子材此次起家治兵，欣若望歲，越官越民多來入關通款。當卽密布間諜，宣慰招徠。及克諒後，遂慨然畫掃盪北圻之計。越官北寧總督黃廷經糾集各路義民，立忠義五大團二萬餘人，皆建馮軍旗號，供糧米，作嚮導，或分攻，或助戰。北寧城內逃潰大半，李揚材之弟在北寧來報，官軍破郎甲，彼卽率衆內應。馮子材各許官賞，分給旗榜。河內、海陽、太原等處皆密受約信，紛紛叛法。西貢亦以重金購線通款，已令莫善喜一軍由欽州襲廣安。時唐景崧一軍亦由牧馬進規太原。馮子材已定於二十五日親率全軍進規北寧，並率勤軍同進，適奉停戰撤兵之旨，乃止。前軍馮紹珠、麥鳳標等於二十九日尚攻郎甲，是夜前軍聞旨乃還。

自三月十四、五日起，廣、桂、楚、鄂諸軍連環捲紮，至二十日皆撤入邊。馮子材之軍分屯樟山、鎮南關、彬橋等處，王孝祺軍屯彬橋。此二月十六日以後，三月二十日以前，廣軍進規北寧，遵旨凱撤還界，屯防關內之實在情形也。

清·黃海安《劉永福歷史草》 公奉調追回臨洮，岑先遣竹春、陶美、徐恩、黃明、蘇元禮等，共帶成千人，離臨洮府十里下寨，紮頭營。【略】公等紮二營，岑軍紮三營，隨路村落均有，皆距離不遠，互相救應。各紮好營盤，時法人招有紅衣大袴囊兵千餘人，由興化過來，先攻打竹春等頭營，由日間九點鐘攻到傍晚，猶不能下。時臨洮之義勇隊，係領公之火藥，亦公節制的。日將黑，四村皆起人馬，黑旗遍地皆是，來到橋邊吶喊，皆用客人聲，『殺呀殺呀！』處處皆喊起來。大袴囊兵打到這個時候，不能破寨，人倦馬疲，又疑黑旗係公兵，四處蜂起，兩邊夾擊。斯際欲打不入，欲退無路；又要過橋，方能有路，無如橋頭黑旗人馬，紛紛團聚，塞住去路。大袴囊千餘兵，看看不是頭路，若再延捱，斷無生路。各人萬分慌恐，正是魂向三天去，魄往九霄飛。適橫邊里許，有河溝，水漲五六尺，欲走惟有這路。但水又深，不熟泅法，不能泅水而往，惟有沿溝邊水淺處可行。時已更後，月色無光，大袴囊兵卽盡脫了紅水泥衫袴，在河溝邊千餘套，堆積如山，每人赤條條，僅荷槍沿河溝過水而走。走時，竹營及四村義勇團皆不知。次早，各村人遙見溝邊忽如山堆，未知是何緣故，各皆來看。到時，卽見盡是紅呢衣服堆積，方知是大袴囊兵由溝水逃。時適岑軍兵士亦多來到觀看，則曰：『此衣服應當歸我們。』卽盡搶而回。回到，將各衣服呈上與岑毓英，並稟報情形。岑毓英見紅呢衣服，係老番招來之兵，不知那國的。其衣服甚是奇怪罕見之物，卽僞報在臨洮大獲勝仗，槍斃法兵數千，大將哥八一員，斬首千餘級，得有紅呢衫袴千餘套。是役乃遣毓實統隊，繞往大牛山包抄夾擊，大捷，已克復七十餘州縣。奏報大功，保舉甚多，且係異常勞績，無有不准。先是，岑毓英喚公開列越南北圻各府州縣等名，彼時謂開明俾識路途，今伊奏報克復七十餘州縣，方悉從前喚公開列者，正爲今日岑用之故。機心久蓄，非一朝一夕之故，其由來者漸矣。

論說

清·彭玉麟《彭剛直公奏稿》卷六《會奏廣軍援桂獲勝及遵旨撤兵摺》　竊惟法虜自去秋敗盟以來，擾閩窟臺，增兵踞越，攻犯桂軍，諒陷關失以後，大局岌岌。此戰若再不利，則南、太將危，欽、廉隔絕，兩粵事體，殆難措手。幸賴國家威福宏遠，詔令嚴明，諸將同心，士卒效命，遂獲大捷，克復越南一省、一府、一州，擒斬法酋六畫至一畫數十，法提督尼格里重傷，法之精銳盡殲，客、教離散，全越驚擾，法虜自謂入中國以來未有如此次之巨創者。時滇軍亦獲大捷。於是法都震懾天威，舉國嗟怨，將其外部花利罷黜，倉卒乞款。聖上寬仁，不欲究武，俯允其請，休兵息民。是此戰勝負之所關，實非淺鮮。

《廣西巡撫潘鼎新奏摺光緒十年十月二十三日》　竊查廣西龍州地方，左通鎮南關，出諒山，右通牧馬，出新街、達太原，皆爲大軍出關咽喉，中外民人，五方雜處，遊勇散卒，往往溷迹，向未建立城池，四達通衢，防範不易。一切糧餉、軍械均薈萃於一隅，分設收放軍米軍裝等局，關係綦重，尤須得人經理。前奉旨飭派前督臣張樹聲督辦後路，嗣因粵東海防喫重，未果西行。自臣督軍出關，駐營諒山，相距只百餘里，尚能勉力兼顧。現在戰事孔亟，各路進剿如能得手，必須步步移紮，勢難遙制。且聞鮑超、馮子材、王孝祺各軍不日均須由龍出關，尤應妥爲照料，非得聲望素著大員駐紮彈壓，不足以資鎮撫，而昭周密。查有現任廣西按察使李秉衡，夏間經前督臣張樹聲因北寧不守奏派該司駐紮南寧以爲後路聲援。嗣臣抵粵，因思恩匪徒莫夢弼滋事，改調該司前往剿辦，事竣仍回省垣。該臬司廉勤公正，明慎耐勞，夙爲衆望所推，堪以調赴龍州，督同各局委員及地方文武，將糧餉、軍火幷內地防務妥籌布置。所有臬司衙門應辦刑名事件，臣查照舊章，札委鹽法道暫行代印代辦，遇有各屬招解案件，卽由該道代爲審轉，俾免貽誤。

《廣西巡撫潘鼎新奏摺附片光緒十年十月二十三日》　再，邊軍艱苦，人皆視爲畏途，疆臣用人之難，十倍於內地。從前沿海無事，凡有志功名者，大率奔走西來，藉圖進取。現各省皆有軍務，其安舒迥異於瘴鄉。人情莫不畏險而求易，避苦而就甘。臣自到防數月，舊日幕僚，病亡假旋，星散殆盡；然文事簡略，尚無損於軍政。惟前敵將弁既經投效來營，予以帶兵差使，非奉斥退，卽不得任意去留，致開規避取巧之漸。查有統帶鎮南等營王洪順，初由觀音橋撤隊入關，並無一言請退；及聞信出師，旋卽託病乞假，現尚安居龍州。旋有鎮南營營官李定勝，亦由觀音橋請病，徑回龍州。近日相率告病者尚不乏人，若非嚴行懲辦，實於前敵軍心戰事均有關係。擬請旨將廣西差委記名提督王洪順、儘先副將李定勝一併革職，勒令仍赴前敵效力自贖；如再不知奮勉，卽遵奉前旨，照退縮不前例，在軍前正法。嗣後如再有因病請假者，止准在本營之後路調養，不准擅自入關，病愈後仍赴原營聽候差遣，亦不得藉詞改投內地軍營，希圖安逸。臣與岑毓英往返函商，意見相同。伏乞明發諭旨，俾關外各軍人人皆存有進無退之心，則軍務必益有起色。

藝文

清·黃遵憲《人境廬詩草》卷四《馮將軍歌》 馮將軍，英名天下聞。將軍少小能殺賊，一出旌旗雲變色。江南十載戰功高，黃紱色映花翎飄。中原蕩清更無事，每日摩挲腰下刀。何物島夷橫割地，更索黃金要歲幣。北門管鑰賴將軍，虎節重臣親拜疏。將軍劍光方出匣，將軍謗書忽盈篋：將軍鹵莽不好謀，小敵雖勇大敵怯。將軍氣湧高於山，看我長驅出玉關。平生蓄養敢死士，不斬樓蘭今不還。手執蛇矛長丈八，談笑欲吸匈奴血。左右橫排斷後刀，有進無退退則殺。奮梃大呼從如雲，同拼一死隨將軍。將軍報國期死君，我輩忍孤將軍恩？將軍威嚴若天神，將軍有令敢不遵！負將軍者誅及身，將軍一叱人馬驚。從而往者五千人，五千人衆排牆進；綿綿延延相擊應，轟雷巨礮欲發聲。戟既交胸刀在頸，敵軍披靡鼓聲死。萬頭竄竄紛如蟻，十盪十決無當前，一日橫馳三百里。

吁嗟乎！馬江一敗軍心懾，龍州蹙地賊氛壓。閃閃龍旗天上翻，道咸以來無此捷！得如將軍十數人，制梃能撻虎狼秦，能興滅國柔强鄰，嗚呼安得如將軍！

清·陳玉樹《後樂堂集·乙酉春雜感》 水陸千里拒虎狼，戰和兩策沸蜩螗；雨雲翻覆夷情狡，功罪紛紜吏議忙。犵鳥蠻花供億苦，蛟門鹿耳凱歌揚；南關頓失楊無敵，潘美逍遙坐裹糧。

諒山征戍幾春秋，開府琅璫作楚囚；馬謖大言亡戰艦，羊侯雅度御輕裘。千金募士征交趾，十道徵兵向福州；猶幸赤嵌城守固，順昌旗幟敵人愁。天南一柱舊知名，慷慨登壇性命輕，清節古傳包孝肅，老謀今見趙營平。虎門萬仞中流柱，蛋戶千艘下瀨兵，遣將西援馳銳卒，裹創喋血斬長鯨。

鷄陵關外雨瀟瀟，猘犬狂犇去未遙，瘴海珠江馳露布，金戈鐵馬逐天驕。旌旗日影軍容壯，草木風聲賊膽搖，一紙中樞催罷戰，也應羞見霍嫖姚。

老臣戰績冠三朝，銀甲雕鞍髀肉消，亂斫賊頭刀霍霍，徑衝敵陣馬蕭蕭。神機火器聲相續，封豕長蛇骨已焦，未抵龍編師竟罷，將軍一夕鬢毛凋。

山南山北界扶桑，又詔諸軍棄越裳，從此朱鳶非漢土，更無白雉貢周王。蠻煙萬戶炊漿食，瘴雨三年破斧斨，十二金牌功盡廢，忍教王翦老頻陽。

清酒黃龍約易成，朱仙急返鄂王兵，五羊桂管嚴初解，四牡皇華使又行，水陸三湘停召募，山河兩界未分明，老臣抗疏千行淚，一夜悲歌白髮生。

樓船如馬泝蓮灘，互市龍州詔設關，莫恃土司遮六詔，似聞天語飭三韓。金沙鐵壁門將啓，赤土朱波事益難。伴食諸公期報國，中朝何計固屏翰。

百戰餘生嘆虎癡，拔刀斫石泪如絲，可憐白馬尋盟日，正是黃龍痛飲時。犇北夷酋紛棄地，征南部曲急班師，從今竹嶼鯨鯢突，更恐蒲甘國不支。

金紫銀青八座貂，幾人風雨患飄搖，尚留保塞三千弩，未布屯田十二條。老鳳饑烏多繾綣，寒蟬仗馬欠舒翹，罪言我欲陳當路，改柱更弦實瑟調。

清·倪在田《枯生松齋集·喜聞粵軍捷鎮南滇軍復宣光清化而南深入交趾》 瞿鑠西南將，樽罍節制才。終須任老宿，不必苦氛埃。鼙鼓喧喧度，軍符驛驛催。明都帝堯宅，雲漢本昭回。

豈有天淵國？終思馬援功。閑專三省日，身到百蠻中。赤蟻新排陣，黃輿咋偃弓。雲霓今日望，多難爾相同。

文砥鋪清絕，山花豔欲燃。海南甌脱地，終古漢家天。小醜頻支轍。稱藩舊亦虔，清華規省治，陽邁苦難全。

大纛風中掣，全烽閫外操。西戎驚破竹，南海測飛涛。萬歲碑曾仆，千巖柱必高。皇威宣敉入，端莫憚征旄。

《中法新約》締結分部

綜述

清・李鴻章《論法約中西異文光緒十一年四月初五日》 密函鈔件，謹聆一切。初四申刻，法領事林椿、繙譯官微席葉來署。面遞約稿法文六條，並微席葉所譯華文。據稱係照該外部來電法文繙出，字句毫釐不差。鴻章將鈞署鈔寄六條與之逐細核對，不但字句多有參差，即意義亦間有出入。如第一條，『永遠不得過中國邊界』，法文則遺漏『永遠』二字；第三條，北圻酌擬分界處所，我最著意，法文則無；第七條，『日後若中國創造鐵路』句上，法文則添『一面議定』四字：均爲緊要關鍵。其他語義含混之處，無非利彼損我。鴻章當就原稿上略爲簽出數處，令林椿等帶回，請巴使電商外部添改。該領事等謂法國來電稱此六條係兩國朝廷業經商定，無可更改，巴實不能瀆請，其與尊處鈔寄原稿不符，想由赫德從英文電語轉譯漢文之誤，可將彼所送呈法文速寄都中，轉交赫德查對，或令同文館精習法文者與伊譯出漢文校覈便知底細等語。微席葉於華文、法文均甚精明，鴻章所素知。茲謹將原法文並照鈔漢文六條奉呈裁定。

巴使原議初五日午後來商，因華文與法文未合，林椿謂恐須少遲再議。除俟會商巴使後再行電達外，至二、五、六、十等條商定時，務懇諄飭赫總稅司照原來法文詳確繙譯，免再歧誤爲要。

清・李鴻章《論酌改法約光緒十一年四月十三日》 鈞函並丁韙良等譯漢六條，謹聆一切。當交德璀琳及素通法文之羅臻祿、羅豐祿、馬建常等與林椿、微席葉逐句逐字校對講解，兩日粗訂大略，十三巳刻，邀請巴使來署再三討論，酌改數處，已議明以此作爲定本。謹照鈔奉呈察核，內與原文稍異者，即在各條上面注明。

惟第九款臺、澎退兵一節，據巴使面稱，孤拔擬先退基隆，至多不過十五日，其由基隆撤至澎湖輜重人數較多，恐一個月內澎湖尚難退盡，須求寬展旬日，容電詢孤拔酌定，再於畫押後備文照知等語。鴻章等雖未遽允，然宣光以西滇軍撤回彼已允展十日，若援例固請，屆時似可酌展數日，總以剋期退盡爲要義耳。

巴使送來第五、六條漢文與尊處核定原文間有不符，第五條流弊尤多。據稱法文、漢文均於十二日寄交赫德，頃已電請傳飭丁韙良、赫德詳加核對。如其所譯漢文與所寄法文無誤，應令赫德檢查原寄法電及法國當日復電是否與巴寄法文吻合，互相考訂，前後必有一誤。如『明訂其地』句下添出通商碼頭之數若干及酌量內地現有章程辦理，遠不若原文之嶄截，將來必多藉口。至沿海口岸，各國多有租界，地方官一切不能過問，流弊甚大。彼又欲將所得利益一體均沾，尤不可不杜其漸。第六條比照通商口岸稅則減少，不若原文較減二字尚有分寸。均祈卓裁，設法挽回。倘法文實係如此，能否令赫德電商外部酌刪之處，並求核示，緣前六條每欲添易字句，巴等堅稱法廷來電經兩國國家商定，一語不可動移，若刪改原文，仍非赫德轉電外部不可，非鴻章等所能爲力也。

再第五、六條法文，巴使並未送交敝處。

又《核議法約光緒十一年四月十四日》 接奉電示，法復二十兩條。內二條與原條本意不符，已屬赫電商再定等因。十三日與巴使會議六條時，詢知法外部已將二、十兩條電到，屬其譯送。

頃據林椿等送來第二款、第十款譯漢，並無法文，查與三月二十六日鈞函改定原稿頗有歧異。第二款『法國亦任聽越南與中國照舊往來』句尤爲緊要，該國改爲照此次條約內所載明者，是槩括全約之意，從此將屬國虛名剷盡，下文『越南無傷損中國體面』祇成贅筆，誠如尊論，與原條本意不符。此層我最著意，亦彼所最著意處，恐其未易就範。前曾與林椿密商，彼謂『照舊往來』四字總辦不到，法斷不肯明認越爲我屬。數年來往復力爭而不可得者，應如何通融渾含兩不妨礙之處，想鈞裁自有權衡。至第十款彼意不過撤開法文爲正義一語，而仍括在舊約一體遵守之內。蓋咸豐八年天津初次立約，第三款內即有以法文爲正義之說，久成鐵案矣。

批准互換云云，巴使昨亦提及。並謂二月十九日巴黎約尾聲明，詳約議定批准後，法國即撤去海面查船之兵艦，將來畫押後，務求迅速批准，以便該國遵辦，一切敬希留意爲幸。

其餘議商各節，鴻章另於今午電陳，不再贅及。

巴使昨催會商五、六、二、十各條，鴻章等答以須俟鈞署核定，再行訂期，想二、十兩條漢法文，彼必寄交赫德轉呈也。

又《議改法約光緒十一年四月十九日》 密緘，改定法約五、六兩條，遵即派精通法文、漢文之德璀琳、馬建常等與法使講解明白。巴使昨令林椿、微席葉來商，擬照原文酌改數字，於大意無所出入，業經電達在案。林椿等謂可作爲定本。茲照録一分，於改添處上面注明。

又巴使前接法電：澎湖可於畫押後一月內全行退盡，因將原訂第九款基隆、澎湖兩處上下移易，文義較爲明晰，謹一併録呈鑑核。

現已彼此議定九條，惟第二條未定。據德税司面稱：法國密電，此條必不允改，赫德不能再議，似未便因一條致廢全約。鴻章前請巴使删去原議『照舊』二字，法持不可。德税司擬改爲『至日後越南與中國來往，法國約明越南無致有傷損中國威望體面之舉』字樣，必删去，照此次條約所載明一語，似與鈞旨續改語意不背，仍渾含照常封貢在內。已由德璀琳密商巴使電詢外部，如其允行，當再電聞。

至十八日奉電旨嚴催滇、粵督按期撤兵回界，當經轉電遵辦。又奉電屬，雖展期十日，仍恐不能抵界，令與巴商，電勃勿過迫促等因，比即密屬林椿轉達。伊等亦知劉永福所部不易退盡，當隨時與巴使妥商辦理。聞法易新提督，已到河內。但盼滇、粵不致失信耳。

《中法越南條約一八八五年六月九日訂立》 大清國大皇帝、大法民主國大伯理璽天德，前因兩國同時有事於越南，漸致齟齬。今彼此願爲了結，並欲修明兩國交好通商之舊誼，訂立新約，期於兩國均有利益，即以光緒十年四月十七日在天津商訂簡明條約光緒十一年二月二十八日奉旨允准者作爲底本，爲此兩國特派全權大臣會商辦理。大清國大皇帝欽差全權大臣文華殿大學士太子太傅北洋通商大臣直隸總督一等肅毅伯爵李、欽差總理各國事務大臣刑部尚書管理戶部三庫左翼世職官學事務鑲黄旗漢軍都統錫、欽差總理各國事務大臣鴻臚寺卿鄧，大法民主國大伯理璽天德欽差全權大臣賞給佩帶四等榮光寶星並瑞典國頭等北斗寶星駐劄中國京都總理本國事務巴特納，各將所奉全權文憑，互相校閲，均屬妥協，立定條約如左：

第一款　一、越南諸省與中國邊界毗連者，其境內法國約明自行弭亂安撫；其擾害百姓之匪黨及無業流氓，悉由法國妥爲設法，或應解散，或當驅逐出境，並禁其復聚爲亂。惟無論遇有何事，法兵永不得過北圻與中國邊界。法國並約明，必不自侵此界，且保他人必不犯之。其中國與北圻交界各省境內，凡遇匪黨逃匿，即由中國設法，或應解散，或當驅逐出境。儻有匪黨在中國境內會合，意圖往擾法國所保護之民者，亦由中國設法解散。法國既擔保邊界無事，中國約明亦不派兵前赴北圻。至於中國與越南如何互交逃犯之事，中、法兩國應另行議定專條。凡中國僑民、人民及散勇等在越南安分守業者，無論農夫、工匠、商賈，若無可責備之處，其身家產業均得安穩，與法國所保護之人無異。

第二款　一、中國既訂明於法國所辦弭亂安撫各事無所掣肘，凡有法國與越南自立之條約章程，或已定者，或續立者，現時並日後均聽辦理。至於中、越往來，言明必不致有礙中國威望體面，亦不致有違此次之約。

第三款　一、自此次訂約畫押之後起，限六個月期內，應由中、法兩國各派官員，親赴中國與北圻交界處所，會同勘定界限。儻或於界限難於辨認之處，即於其地設立標記，以明界限之所在。若因立標處所，或因北圻現在之界稍有改正，以期兩國公同有益，如彼此意見不合，應各請示於本國。

第四款　一、邊界勘定之後，凡有法國人民及法國所保護人民與別國居住北圻人等，欲行過界入中國者，須俟法國官員請中國邊界官員發給護照，方得執持前往；儻由北圻入中國者，係中國人民，衹由中國邊界官員自發憑單可也。至有中國人民欲從陸路由中國入北圻者，應由中國官請法國官發給護照，以便執持前往。

第五款　一、中國與北圻陸路交界，允准法國商人及法國保護之商人並中國商人運貨進出；其貿易應限定若干處及在何處，俟日後體察兩國生意多寡及往來道路定奪，須照中國內地現有章程酌核辦理。總之，通商處所在中國邊界者，應指定兩處，一在保勝以上，一在諒山以北；法國商人均可在此居住，應得利益，應遵章程，均與通商各口無異。中國應在此設關收税，法國亦得在此設立領事官；其領事官應得權利，與法國在通商各口之領事官無異。中國亦得與法國商酌在北圻各大城鎮揀派領事官駐紮。

第六款　一、北圻與中國之雲南、廣西、廣東各省陸路通商章程，應於此約畫押後三個月內，兩國派員會議，另定條款，附在本約之後。所運貨物進出雲南、廣西邊界，應納各税，照現在通商税則較減；惟由陸路運過北圻及廣東邊界者，不得照此減輕税則納税；其減輕税則，亦與現在通商各口無涉。其販運槍砲、軍械、軍糧、軍火等，應各照兩國界内所行之章程辦理。至洋藥進口、出口一事，應於通商章程内定一專條。其中、越海路通商亦應議定專條。此條未定之先，仍照現章辦理。

第七款　一、中、法現立此約，其意係爲鄰邦益敦和睦，推廣互市。現欲善體此意，由法國在北圻一帶開闢道路，鼓勵建設鐵路。彼此言明，日後若中國酌擬創造鐵路時，中國自向法國業此之人商辦，其招募人工，法國無不盡力勸助；惟彼此言明，不得視此條係爲法國一國獨受之利益。

第八款　一、此次所訂之條約内所載之通商各款以及將訂各項章程，應俟换約後十年之期滿方可續修。若期將滿六個月以前，議約之兩國彼此不預先將擬欲修約之意聲明，則通商各條約章程仍應遵照行之，以十年爲期。以後仿此。

第九款　一、此約一經彼此畫押，法軍立即奉命退出基隆，並除去在海面搜查等事。畫押後一個月內，法兵必當從臺灣、澎湖全行退盡。

第十款　一、中、法兩國前立各條約章程，除由現議更張外，其餘仍應一體遵守。至此次條約，現由大清國大皇帝批准及大法國大伯理璽天德批准後，即在中國京都互换。

藝文

清・鄭觀應《羅浮偫鶴山人詩草》卷一《聞中法息戰感賦》　牢補亡羊尚未遲，農工商是富强基。强鄰環伺猶堪慮，當軸因循豈不知？賈誼上書唯痛哭，班超投筆莫懷疑。瘡痍滿目淒涼甚，深盼回春國手醫。

清・蔣澤澐《容川詩鈔・有感六首聞中法和約而作》　無端卉服敢稱鋋，類禡興師尚儼然。將士枕戈明月夜，英雄拔劍白雲天。忽傳綸綍來三殿，已許和戎靖九邊。補衮仲山誰實屬，空令壯志著先鞭。

烽火連城照島紅，雷霆一怒鼓羆熊。相公重拜登壇命，列鎮多兼輯瑞崇。應使單于爭納款，奚容魏絳更論功。暫圖燕燕聊居息，鼾側還憂虎臥同。

瀛裨天設界華夷，誰養癰疽悔莫醫？互市十州通貨賄，長城萬里撤藩籬。金桴江上爭梭織，鐵路滇中且霧馳。廊廟豈無方召在，忍教宵旰獨憂思？

附庸已難東洋失，讓界聊紓北鄙憂。南越由來歸覆幬，諸君曷弗借前籌？傷心號社摧殘日，稽首秦庭痛哭秋。脣齒相依曾鑑否？莫徒容忍示懷柔。

碧海難乾精衛恨，青天豈墮杞人憂。過河三喚宗留守，拜表千言漢武侯。盡瘁未能回劫運，孤忠誰與輓狂流？楚材可用仍無限，一鼓猶堪壯遠猷。

鼙鼓邊疆暫息撾，蠻夷信義保無瑕。漢軍横海資飛將，宋騎長驅仗岳家。銅虎勤蒐雄嶺隘，水犀熟練懾荒遐。籌邊樓上三更月，淒切休忘塞上笳。

清・鄧輔綸《白香亭詩・陳茂才瀚歸自閩軍以中和詩草見示適聞和議已成感而賦此並題其集》　陳君夙以能詩名，鶴立横舍聲錚錚。我來講肆君已去，傾耳不得聞韶韺。今君忽歸自閩海，使我倒屣歡相迎。囊中新詩有樂府，上排籍建摩長庚。似聞昨者參大幕，壯心時慕終軍纓。誰棄鷄籠授敵地，澎湖失險疇能爭？王師渡臺未及半，舟楫横嚙蛟涎腥。諒山宣光雖再捷，班師旋詔宜休兵。和戎卒用魏絳策，横海徒列龍驤營。近報文襄又星隕，猶傳内苑疏昆明。微臣卻憂征戍廢，西鄙還虞脣輔傾。願君陳詩補小雅，毋但角句誇長城。吁彼犬羊固叵測，得不深計防渝平？嗚呼！得不深計防渝平！

清・楊浚《冠悔堂詩鈔・聞津門和議成感作》　桂山遙聽碧鷄鳴，上將軍威草木驚。誓斬樓蘭看舊劍，請從南粤繫長纓。千年銅柱無慚色，一夜金牌有哭聲。多事書生愁厝火，漢廷心苦自分明。

詔音新許郅支和，漫捲詩書説止戈。陰火已消烏海劫，清時那有白符歌？故人心膽真韓范，舊帥頭顱老牧頗。莫謂榑桑弓已挂，箜篌猶唱慎風波。

清・趙濬《諸將四首乙酉法人乞和同時請戰之臣》 回首中興將寂寥，何人仗鉞輔天朝？軍中正疾羽書上，邊檄已傳銅柱標。海國樓船風雨黯，炎方日月甲兵銷。功成不受尚書事，閒訪梅花過野橋。（彭宮保雪岑）

昆明龍去霸圖空，南越由來漢使通。充國籌邊能控制，武鄉深入總元戎。那堪宇宙歸秦郡，忍見旌旗徧楚宮？無數生靈荒鬼骨，蠻烟瘴雨泣孤忠！（岑宮保彥卿）

傷心老將亦陳書，玉帛來盟誤腐儒，黷武何曾衰漢運，銷兵幾見扼強胡？明知割地終無賴，假託燒丹頗自誣。西望夜郎東毒國，空持節鉞鎮邊隅！（鮑子爵春霆）

南北冰洋毒焰生，儒臣慷慨起談兵。越裳望斷烽烟警，嶺海徒空竇玉爭。縱使子房能畫策，無如廣利築降城。豺狼反覆由來慣，痛哭陳言答聖明！（張尚書香濤）

甲午中日戰爭部

綜　述

清軍應援赴朝和日本派兵入朝

《電報檔・北洋大臣來電光緒二十年四月初四日到電報檔》 閱兵小站，接袁道電：『韓全羅道泰仁縣有東學黨數千，聚衆煽「亂」。現派洪啓熏帶兵往捕，求調駐防仁川之平遠兵船分載韓兵，赴格浦海口登岸，聊助聲勢。袁並派武弁帶兵役隨往照料』等語。已電海軍提督照辦。鴻。

又《北洋大臣來電光緒二十年四月二十一日到》 舟次迭接袁道電：『全羅道「匪黨勢頗猖獗」，韓兵練潰敗，又添調江華槍隊炮隊四百餘往勦』云。韓王未請我派兵援助，倭亦未聞派兵，似未便輕動，應俟續信如何再酌。已速撥毛瑟精槍千枝並子藥，派輪船解往，以應急需。鴻章自山海關發，約二十三四回津。馬。

又《北洋大臣來電光緒二十年四月二十二日到》 袁道電：『當平遠送兵去後，倭使曾遣譯員詢韓外署：「平遠去何爲？」韓答以：「借送韓兵。」又詢：「華兵下岸否？」答以：「不定。」譯云：「倘下岸，須按乙酉約知照。」答以：「既在津約，應由華知照，非韓所知」等語。倭人意在知照，亦無派兵之説』云。鴻。養。

又《北洋大臣來電光緒二十年四月二十九日到》 袁道屢電：『韓兵敗，械被奪，韓各軍均破膽。昨今商派京及平壤兵二千人分往堵勦，王以兵少不能加派，且不可恃爲詞，議求華遣兵代勦。韓歸華保護，其内亂不能自了，求華代戡，自爲上國體面，未便固卻。頃已囑「如必須華兵，可由政府具文來，即代轉電，請憲核辦」等語。如不允，他國人必有樂爲之者，將置華於何地？自爲必不可卻之舉。待其文至，應請轉總署電飭駐倭汪星使照約行文倭外部，告以由韓所請。乙酉約，華倭派兵，只先行文知照，初無華派倭亦派之文。倭如多事，似不過籍保護使館爲名，調兵百餘名來漢。然「匪」距漢尚遠，倭兵來反騷動，韓外署應駁阻，各洋員尤不願倭先自擾。頃倭譯員鄭永邦以其使令來詢「匪」情，並謂，「匪」久擾，大損商務，諸多可慮。韓人必不能了，愈久愈難辦，貴政府何不速代韓戡云。凱答：「韓廷亦有此請，我政府冀其習戰自強，尚未核准。」並探詢以「乙酉約，我如派兵，應由何處知照？」鄭答：「由總署、北洋均可，我政府必無他意」等語。鴻現候朝鮮政府文轉到，擬派葉提督選帶精隊千數百，乘商輪速往，並派海軍四艦赴仁川、釜山各口援護，一面電知汪使，知照倭外部，以符前約。容部署定，再續陳。可否代奏？鴻。勘。』

又《北洋大臣來電光緒二十年五月初一日到》 袁世凱三十夜電：『頃准韓政府文開：「案照敝邦全羅道所轄之泰仁、古阜等縣，民習凶悍，性情險譎，素稱難治。近月來，附串東學教匪，聚衆萬餘人，攻陷縣邑十數處，今又北竄，陷全州省治，【略】倘滋蔓日久，其所以遺憂於中朝者實多。查壬午、甲申敝邦兩次内亂，咸賴中朝兵士代爲戡定。茲擬援案，請煩貴總理迅即電懇北洋大臣，酌派數隊，速來代勦，並可使敝邦各兵將隨習軍務，爲將來捍衛之計。一俟悍匪挫殄，即請撤回，自不敢續請留防，致天兵久勞於外也。並請貴總理妥速籌助，以濟急迫，至切盼待」』等語。鴻章已飭丁汝昌派海軍濟遠、揚威二艦赴仁川、漢城護商，並調直隸提督葉志超率同太原鎮總兵聶士成，選派淮軍練勁旅一千五百名，配齊軍裝，分坐招商輪船先後進發；一面電駐日本汪使知照日本外部，以符前約。請代奏。鴻。東。

又《北洋大臣來電光緒二十年五月初七日到》 袁道虞電：『據仁川譯員電稱：頃大鳥上岸，隨帶巡捕廿名，聞此外尚有兵三百名，均未上岸，容俟查明再報。又，倭館譯員來晤，告以韓聞倭兵來，頗驚恐，果來，漢必騷，各國將效尤，屬撤，時或有他人亦擬附入津約內，殊可慮。答言：「我政府無他意，倘韓王不允，中堂有電，似亦不能强來」』云。未知可信否。鴻。虞巳。

又《北洋大臣來電光緒二十年五月初七日到》 袁道虞電：『頃外署送示倭署使函告：「大鳥於初七早四點鐘隨帶護衛水師兵三百名，由陸來漢。」云已屬韓覆函阻止，恐未能聽。又據仁川魏丞電稱：「倭兵三百，並礮四尊，頃上岸，俟上齊，聞一二日内同大鳥赴漢。再，聞水兵明日亦派一百廿五名同往。」又丁提督所派龍鎮，擬即附二小輪暫赴牙山，察看葉提督等兵駐處即回。設須水兵上岸，已商方伯謙派巡查劉登龍帶往漢城。』云。鴻。陽。

清・姚錫光《東方兵事紀略》卷一《釁始篇第一》 光緒元年，日本明治八年秋，日本運揚兵輪突入朝鮮江華島，燬礮臺，燒永宗城，殺朝鮮兵，劫其軍械而去；復以兵輪駐釜山要盟。方副島種臣之來議約也，曾乘間詰復我總署，朝鮮是否我屬國，若屬國，則匄我主朝鮮通商事。總署答以『朝鮮雖我藩屬，而内治外交，聽其自主，我朝向不與聞。』至是，日本乃以兵脅朝鮮，而遣其開拓使長官黑田清隆爲全權大臣，議官井上馨副之，赴朝議約。二年，日本明治九年春，定約十二條，大要謂朝鮮爲獨立自主王國，禮儀交際，皆與日本平等，互派使臣，並開元山、仁川兩埠通商，及日艦得測量朝鮮海岸諸事；而朝鮮之禍實基於此。是年，我國始派翰林院侍講何如璋駐日本，設諸埠領事館護商民。【略】（八年）六月，朝鮮亂兵入王宫，並焚日本使館，日人有死者，其公使走回長崎。時鴻章以憂去，張樹聲署北洋大臣，建忠以涖盟事成回華在滬。樹聲電令會汝昌率威遠、超勇、揚威東渡觀變，二十七日抵仁川，泊月尾島，而日本海軍少將仁禮景範已乘金剛艦先至。時朝鮮臣民惶懼，望我援兵甚。建忠上書樹聲，請濟師，略言宜乘迅雷之勢，直入王京，執逆首，而我東渡兵至少須六營，當輔以兵輪運船疾發，否恐亂黨蔓延。且聞日本兵舶將大集漢江，赴王京，朝鮮必被禍；如其定亂有功，則藩服寒心，國威益損。會汝昌亦乘威遠内渡請師。七月初三日，日兵舶先後來仁川者凡七艘，陸兵屢日登岸，分駐濟物浦、仁川，其公使花房義質且率師入王京，朝人大恐。初七日，我兵輪威遠、日新、泰安、鎮東、拱北魚貫至，繼以南洋兵輪二，凡七艘。蓋樹聲得朝鮮亂耗，即以聞，遂命提督吴長慶率所部親慶軍三千人東援，便宜行事，以兵輪濟師，是日登岸。十二日，我軍薄王京。十三日，長慶、汝昌、建忠往候昰應，減騶從，示坦率。昰應來報謁，我軍已部署定，遂執之，先解輪舶載以歸。安置保定，十一年釋歸。而亂黨尚踞肘腋，金允植賫朝王手書來營乞我軍速討。十六日黎明，我營官張光前、吴兆有、何乘鼇掩至城東枉尋里，擒百五十餘人，長慶自至泰利里，捕二十餘人，亂党平。日使花房義質之入王京，要挾過當，議不行；義質惡聲去，示決絶，朝人乞建忠留之仁川。至是，以李裕元爲全權大臣，金宏集副之，往仁川就義質議約。宏集請於建忠，建忠授之辭以往；乃畏日鋒，卒償金五十萬圓，開揚華鎮市埠，推廣元山、釜山、仁川埠行程地，四方五十里，一年後百里。宿兵王京，凡立條目七，隱忍成約。自是，長慶所部遂留鎮高麗。【略】

朝鮮自啓關納使，國中新進稍通外交，輕躁喜事，號惟新黨，目執政爲守舊黨，相水火。十年，日本明治十七年惟新黨首金玉均、洪英植、朴泳孝、徐光範、徐載弼謀殺執政代之。五人曾遊日本，暱倭人，至是倚爲援。十月十七日，延我商務總辦、各國公使並朝鮮官飲於郵署，蓋英植時總郵政也。是日，駐朝日兵運槍礮彈藥入日使館。及暮，賓集，惟日使竹添進一郎不至。酒數行，火起外垣，徐亂黨入，傷其國禁衛大將軍閔泳翊，殺朝官數人於座，諸國賓驚散。夜半，日本兵排門入景祐宫，金玉均、朴泳孝、徐光範直入寢殿，謬告朝王，我國兵至，遂矯王教，速日使入衛。十八日天明，殺其輔國閔台鎬、趙寧夏、總管海防閔泳穆、左營使李祖淵、前營使韓圭稷、後營使尹泰駿。嚮午，羣凶自署官：英植右參政、玉均戶曹參判、泳孝前後營使、光範左右營使、載弼前營正領官。遂議廢立，英植欲幽王江華島，進一郎欲幽諸日本之東京，議未決而勤王兵起。十九日，其臣民籲長慶保衛。長慶責進一郎撤兵，及暮不答。朝鮮臣民固請我兵赴王宮平難，甫及闕，日兵於普通門發槍，我軍疑王之在正宮也，狐疑未格鬭，而死傷已多，乃驅兵進戰於宮門外。玉均等皆出助戰。王乘間避至北關廟。值玉流泉後我軍士覘知之，告營官某，遂以王歸我營，斬洪英植及其徒七人以徇，泳孝、光範、載弼奔日本。而進一郎自焚使署走濟物浦。朝民彌仇日人，長慶爲聚其官商妻孥衛之出王京。朝王具疏籲保護，鴻章奏之。上命大臣吳大澂，副以續昌，赴朝鮮平其亂。日本全權大臣井上馨亦至，有兵艦六艘，並渡陸軍登濟物浦，以五事要高麗：一，修書謝罪；二，恤日本被害人十二萬圓；三，殺其大尉磯林凶手處以極刑；四，建日本新館，朝鮮出二萬圓充費；五，日本增置王京戍兵，朝鮮任建兵房。高麗聽命以平。日本終怨我兵之援王宮也，憤朝王之奔我營也，十一年日本明治十八年春，遣其宮內大臣伊藤博文、農商務大臣西鄉從道來天津；朝命鴻章爲全權大臣，副以吳大澂與議。立約三條，一、兩國屯朝鮮兵，各盡撤歸。一、朝鮮練兵，兩國均可派員爲教習官；一、將來兩國如有派兵至朝鮮事，須互先行文知照。我屯朝鮮兵遂罷歸。【略】

東學者，創始於朝人崔福成，剌取儒家、佛、老諸說轉相衍授，起於慶尚道之慈仁縣，蔓延忠清、全羅諸道。方我同治四年，朝鮮禁鋤天主教人，並擒東學黨首喬姓殺之，其黨益熾。光緒十九年，徑赴王宮訟冤，請湔雪，以撫慰得解。旋擒治其渠數人，遂益惶急思逞。朝鮮賦重刑苛，民多怨，黨人乘之。二十年三月，遂倡亂於全羅道之古阜縣。【略】四月二十八日，乞援我國。鴻章奏派直隸提督葉志超率兵三營東援，屯牙山。詳見援高篇。並告日本援朝師期，循十一年約也。五月初三日，我駐日公使汪鳳藻照會日本外務衙門公文，略謂：『北洋大臣李電開：「光緒十一年中東兩國訂立和約，載明嗣後朝鮮有事，中國當發兵前往，必先咨照日本，一俟朝鮮平定，隨即撤兵等語。今准朝鮮王電咨，以全羅道暴徒東學黨作亂，北犯全州，敝國無能勘定，誠恐蔓延愈廣，仍厪上國之憂。查光緒八年及十年敝國內地寇盜，皆仗天兵埽盪。今仍請派雄師東下，俾早廓清等語。本大臣查朝鮮飛電請兵，勢已孔急。我朝素宏字小之仁，斷難膜視，當卽奏奉上諭，著直隸提督葉志超酌帶精兵馳赴朝鮮之忠清道，速平禍亂，以綏藩屬。卽寄寓朝鮮各國官商，亦可有恃無恐。葉志超擒獲渠魁，解散脅從後，仍著剋日班師。等因，欽此。合行恭録上諭，飛咨貴大臣，並希查照中東和約，備文咨照日本外務大臣，等因，准此。合卽照會，請煩查照。」』而日本甚朝鮮爲我藩服，覆書堅拒，且遂告我出兵。五月初四日，日本外務省卿陸奧宗光覆鳳藻書，略稱：『查照明治十八年四月十八日中日所訂和約，貴國已發兵前往朝鮮，備文照會，等因，准此。本大臣查貴國雖指朝鮮爲藩服，然朝鮮王從未自承爲屬於貴國，理合聲明照復。』云。同日，其駐我京師使臣小村壽太郎照會我總署文云『接奉廷寄，謹悉明治十八年四月十八日，本國與貴國訂立條約，若欲派兵前赴朝鮮，彼此須互相知照在案。近來朝鮮內亂孔熾，本國不得不派兵前往，業已命將出師，合卽告知中國。本署大臣奉此，合卽備文照會貴王大臣查照。』自是與我日有違言，而嫌怨爲益深矣。【略】

自我兵泊牙山，東學黨人聞之，已棄全州遁，朝兵收會城。而日兵來不已。五月初六日，其公使大鳥圭介抵仁川，率數百人趨王京。是時，日本兵艦六艘泊漢江口。初九日，其陸軍大至，朝鮮駭愕，止之，不可。中國以朝亂既平，約日本撤兵，而日本要改朝鮮內政。【略】中國以內政應歸其自主卻之，【略】日本持益堅。【略】於是齟齬彌甚，兵釁將啓。【略】自五月中旬後，日兵陸續渡朝，凡八千餘人，皆屯王京，據要害。我兵逍遙牙山，世凱、志超屢電請濟師，不報；求歸，不許，且戒勿近王京，攖日人鋒。時各國使臣居間，平日本於我，或責其撤兵，胥無成議。鴻章不欲戰，將以賠款息兵，而日本索銀三百萬兩，朝士大譁，於是和戰無定計，而日本已以兵劫朝鮮。五月二十三日，其駐高使臣大鳥圭介首責朝鮮獨立自主，勿認爲我國藩屬。【略】十四日，朝鮮照會日使先撤兵，徐議改政，日本不許。復責以謝絕爲我藩屬，並同力襲我牙山兵，朝鮮以久事中國，不欲棄前盟對。二十一日，圭介率兵入，殺王宮衛兵，遂擄朝王。

豐島海戰與牙山之役

《電報檔・北洋大臣來電三光緒二十年五月十七日到》密。前英歐使過津，鴻面商電英勸阻日本進兵，伊允照辦，恐倭不聽。昨英領事持歐函來告，已電其外部，屬駐英日使轉致，未知聽勸否？頃俄喀使過晤，鴻又與提前使那德仁會議彼此不侵高麗地界，此次日本派兵太多，似有別意，切近緊鄰，豈能漠視？屬其速電外部，轉電駐倭俄使，切勸倭與我約期同時撤兵，以免後患。喀深謂然，日内卽電致，想外部亦同此意云。素稔倭忌英不若畏俄，有此夾攻，或易就範。外間謠言，海參崴亦發兵，英兵船游弋巨文島。看喀、韋口氣，實無發兵意。歐謂各國均派兵船，英亦續派護商，尚無他意。鴻。篠午。

又《**北洋大臣來電光緒二十年五月十八日到**》 頃回拜喀使，告以倭以重兵挾議，實欲干預韓内政，爲侵奪之謀，決絕不允。喀謂俄韓近鄰，亦斷不容倭妄行干預，並謂使華以來，惟此件亦涉於俄，關繫甚重，務望彼此同心力持。喀在津尚留數日，候其國回電。鴻。嘯亥。

又《**北洋大臣來電光緒二十年五月二十二日到**》 喀使奉該國電復，卽令巴參贊來告，俄皇已電諭駐倭俄使轉致倭廷，勒令與中國商同撤兵，俟撤後再會議善後辦法。如倭不遵辦，電告俄廷，恐須用壓服之法。至韓王闇懦，國政貪苛，須令設法更改，凡與通商各國均所深慮，鄰邦應妥善協助，斷不得用兵强迫。喀詢倭肯撤兵，華應照辦。鴻章答本有此議，請喀放心，擔保韓『匪』星散，必不至再滋大變。俄倭續議，再電請示。

又《**北洋大臣來電二光緒二十年六月初八日到**》 頃喀使遣巴參贊、來領事過晤，稱頃俄廷電覆：『倭韓事，明係倭無理，俄只能以友誼力勸倭撤兵，再與華會商善後，但未便用兵力强勒倭人。至朝鮮内政應革與否，俄亦不願與聞』等語。鴻章詰以：『五月二十二喀遣爾等來告，俄廷要勒令倭撤兵再議；如倭不聽，尚有第二層辦法。是前後語意不符。』巴謂：『我等亦覺不符，恐俄廷另聽旁人間阻。喀擬將來中日會議，彼亦毋庸幹預』云。英倭本不願俄會議韓事，鈞署正可與小村商議辦法，無虞牽制。鴻。陽酉。

又《**北洋大臣來電二光緒二十年六月十三日到**》 倭覆雖極決絕，不知尚有法轉圜否？論理卽應撤使絕交。惟彼在漢城内外已布置嚴密，無懈可乘，我僅葉軍二千五百在韓，孤危絕地，必先遵旨擇地扼要移紮，方爲妥着。查我進支，尅日往牙，將該軍載運入大同江，移入平壤；並派海軍分船往護，卽留防江口，以便他軍繼進，似合尊示分別先後次第布置之意。鴻。

又《**北洋大臣來電二光緒二十年六月十四日到**》 查漢城、仁川附近一帶，倭兵水陸分布嚴密。歷來中國進兵朝鮮皆由平壤北路進發。現派總兵衛汝貴統盛軍馬步六千餘人進平壤，宋慶所部提督馬玉琨統毅軍二千進義州，均雇商局輪船由海道至大東溝登岸，節節前進，相機妥辦。所需軍火、器械，糧餉轉運各事，均尅日辦齊，俾無缺誤。並電商盛京將軍，派左寶貴統馬步八營進平壤，會合各軍，圖援漢城。至葉志超一軍，昨已電商該提督移紮平壤，厚集兵勢，俟其覆准，卽派丁汝昌酌帶海軍能戰之船，往朝鮮海面巡獲游弋，以資策應。此目前布置大略情形。至沿海各口，如旅順、大連灣、威海衛等處，早經布守已整。此次除抽撤旅順後路毅軍二千外，其餘各將屢告奮勇赴韓，均因要防未能輕調，仍嚴飭各口妥密籌備。盛軍本係津沽游擊之師，今移緩就急，擬卽選將添募填紮，加緊訓練，以備前敵後路接應。請先代奏，仰紓聖廑；俟辦理一切就緒，再詳細覆奏。鴻。

又《**北洋大臣來電六光緒二十年六月十八日到**》 今商局輪船分送盛、毅兩軍赴大東溝，不敷用，添雇英商愛仁、高陞、飛鯨之船，運兵往牙。

又《**北洋大臣來電四光緒二十年六月二十五日到**》 密。前派津隊二千餘，雇英商輪三隻，分運牙山接應葉軍，因英輪掛英旗，當可進口；並派海軍濟遠、廣乙兩船往牙口迎護登岸。頃濟遠管駕方伯謙回報：二十一、二日，英輪愛仁、飛鯨裝兵抵牙，均陸續上岸。二十三辰，突有倭兵船多隻，在牙口外攔截我兵船，彼先開礮聚攻，濟遠等竭力拒敵，鏖戰四點鐘之久。濟遠中彈三四百個，多打在望台、煙筒、舵機、鐵桅等處，致弁兵陣亡十三人，受傷二十七，幷水綫邊穹甲上有鋼甲處遮護，只一處中彈，機器未損；倭船傷亡亦多。午時我船整理礮台損處，倭船緊追，我連開後礮，中傷其望台、船頭、船腰，彼卽轉舵逃去。但見廣乙交戰中敵兩礮，船卽歪側，未知能保否。又運送軍械之操江差船適抵牙口，被倭船擊掉。英輪高陞裝兵續至，在近牙寸峻西南，亦被倭船擊中三礮，遂停輪而沉等語。查華倭現未宣戰，倭船大隊遽來攻撲我巡護之船，彼先開礮，實違公法。我船甚單，賴濟遠鋼甲尚堅，苦戰支持，未至大損。廣乙則閩廠所造鐵皮小船，中礮卽形歪側，現尚未知下落。至高陞係怡和船，租與我用，上掛英旗，倭敢無故擊毀，英國必不答應。除接仗詳細情形及傷亡弁兵查明再奏外，已飭海軍提督丁汝昌統帶鐵快各船，馳赴朝鮮洋面，相機迎擊。續再馳報。乞先代奏。鴻。有辰。

《洋務檔・軍機處寄北洋大臣李鴻章上諭光緒二十年五月二十二日》

光緒二十年五月二十二日奉上諭：『李鴻章疊次電信，均經總理各國事務衙門呈覽。現在日本以兵脅議，唆使朝鮮自主，朝鮮恇怯惶惑，受其愚弄。據現在情形看去，口舌爭辨，已屬無濟於事。前李鴻章不欲多派兵隊，原慮釁自我開，難於收束。現倭已多兵赴漢，勢甚急迫。設脅議已成，權歸於彼，再圖挽救，更落後著。此時事機喫緊，應如何及時措置，李鴻章身膺重任，熟悉倭韓情勢，著卽妥籌辦法，迅速具奏。前派去「剿匪」之兵，現應如何調度移紮以備緩急之處，並著詳酌辦理。俄使喀希呢留津商辦，究竟彼國有無助我收場之策，抑另有覬覦別謀？李鴻章當沈幾審察，勿致墮其術中，是爲至要。將此由四百里密諭知之。欽此。』遵旨寄信前來。

又 《軍機處密寄北洋大臣李鴻章上諭光緒二十年六月十二日》

倭人以重兵脅制朝鮮，雖與商議撤兵，久未就緒，和議恐不足恃，亟應速籌戰備，以杜狡謀。前經疊諭李鴻章先事預籌，毋致落人後著。現在事機緊迫，著李鴻章速爲籌備，先派一軍由陸路前往邊境駐紮，以待進發。宋慶所部素稱得力，東三省練軍及左寶貴所帶兵勇亦皆可用，應如何抽撥之處，著分別咨商，速籌調派。水路葉志超一軍，兵力尚單，須有繼進之軍，以資接應。沿海各口，如旅順、大連灣、威海衛等處，皆關重要，如何布置，均應逐一妥籌。其軍火、器械、糧餉一切均應剋日辦齊，先期給發，方不至倉猝誤事。該督奉到此次密諭，立卽妥籌趕辦，水陸各口現擬派何人前往，統帶幾營，駐紮何處，及一切辦理情形，迅卽詳細覆奏，愼勿諉卸遷延，致干咎戾。

《電寄檔・軍機處電寄李鴻章諭旨光緒二十年六月十二日》 現在和商之議，迄無成説，恐大舉致討，卽在指顧。著李鴻章體察情形，如牙山地勢不宜，卽傳諭葉志超，先擇進退兩便之地，扼要移紮，以期迅赴戎機，毋致延誤。

又 《軍機處電寄李鴻章諭旨光緒二十年六月十四日》 現在倭韓情事，已將決裂，如勢不可挽，朝廷一意主戰。李鴻章身膺重寄，熟諳兵事，斷不可意存畏葸。著懍遵前旨，將布置進兵一切事宜，迅籌覆奏。若顧慮不前，徒事延宕，馴致貽誤事機，定惟該大臣是問！

又 《發北洋大臣電一光緒二十年六月二十五日》 密。有辰電悉。倭先開釁，並擊毁英船，事已決裂。英使已電本國，並云：論中倭國勢，久持倭必不支；惟初戰宜愼。彼意在毁我兵艘，必須聚泊嚴備，不可單船散泊，致墮狡計。汪使應否卽撤，抑俟布告各國之後，希電覆。至布告各國照會，必應及時辦理，本署現已擬稿。此事在我理直氣壯，可以詳細聲敍；其應如何措詞以臻周密，希將尊見詳電本署公酌繕發。有酉。

清・吴汝綸《李文忠公全集・電稿》卷一六《覆譯署光緒二十年六月十六日》 倭兵在漢無甚動靜；二十開仗之説，似是謠傳。喀使適來談，俄廷電告，仍願從旁調處。如日本肯卽撤兵，中日會商善後，俄不干預，免人疑謗；但不願英居間，英似願倭踞韓以阻俄也。

葉提督電覆：南路緊要，不宜遠移，擬設法添隊，稍厚兵力。

又 《覆葉提督光緒二十年六月十六日》 日雖竭力預備戰守，我不先與開仗，彼諒不動手，此萬國公例。誰先開戰卽誰理詘，切記勿忘。汝勿性急。

又 《丁提督來電光緒二十年六月二十八日》 二十三四點，濟乙由牙開，七點餘過敵，彼先開礮，三船聚攻濟遠，密如雨點，望臺、礮架、三舵機均受傷，陣亡弁勇，初甚失勢。濟乙礮力不及敵遠，還礮不卻。迨敵以一船横截廣乙，濟只剩十五生一礮，猛擊命中，敵二船始折回。而吉野督船尾後，連追不止，濟停礮詐敵，彼駛近擬擒我船，濟卽猝發，後礮一彈飛其將臺，二彈燬其船頭，三彈中其船中，黑煙冒起，吉野乃移逃，四彈礮力已不及矣。查卻敵保船全恃此礮，水手李仕茂、王國成爲功魁，餘幫放送藥送彈之人亦稱奮勇。昌已傳令，爲首李、王賞一千兩，餘衆共一千兩，告諭全軍，以爲鼓勵。風聞提督陣亡，吉野傷重，途次已没。【略】廣乙爲敵隔斷，彈雷力放，遠難攻敵，迄今莫視，必被擊沈。

清・姚錫光《東方兵事紀略》卷一《援朝篇第二》 光緒二十年四月二十八日鴻章奏派直隸提督葉志超、太原鎮總兵聶士成率蘆榆防兵四營往援。五月初三日，士成率前鋒八百人發天津，由海道東渡，初六日抵朝鮮，越二日，志超率軍至，合屯牙山縣。【略】

方朝鮮之請援我朝也，倭人聞之，亦以兵北渡，先令其駐朝公使大鳥圭介大鳥圭介時適回國赴朝鮮，五月初六日亦至仁川，率倭兵四百人入王京。十二日，倭隊大至，陸續從仁川登岸，徑赴王京，約八千餘人。是時，朝鮮『賊黨』聞我兵至，氣已懾，初九日爲朝兵所敗，會我軍出示招撫，遂棄全州遁，十一日，朝鮮國王遣其陪臣李重夏來犒師。明日，倭兵已大至。朝鮮君臣懼甚，遂於十三日電止我牙山兵前進。時鴻章議和於天津，謀撤牙山兵，五月十四日鴻章致志超電云：『倭使欲頗奢，已飭駐韓總辦袁道商酌撤兵，擬先撤五分之四，留兵四百駐仁川，宜與袁道妥商辦理。』而卒未果撤。十七日，駐朝總辦道員袁世凱電戒志超。速請北洋撥海軍戰艦來仁川助聲威，並派陸兵駐馬坡，或可讋服倭人。志超電請北洋，鴻章不報。二十日，我牙山兵擬以洋槍隊四百人入王京，護我駐朝公署，並以四百人紮水原爲接應，世凱以倭議未成勿輕動止之。時倭兵分駐力釐津、龍山、馬坡、千酒，計環王京而屯，勢已張。二十一日，向晚，復有倭人十餘名至牙山海口一帶測繪。士成率親兵十餘人詗之，倭登舢板飛棹去。二十二日，總兵夏青雲率兵三百名、馬隊百名、旱雷兵百名，自天津抵牙山。二十三日，鴻章電令牙山兵往剿全州餘匪，無庸顧王京。於是志超留牙山。二十四日，士成拔隊往全州。是日駐安州朝鮮招討使洪啓勳遣使來犒師。二十五日，師次廣亭。倭公使大鳥圭介來詰我軍撫賊示真僞，立索咨復，蓋倭人時以扶朝自主爲名，而我撫賊示有朝鮮爲我屬國諸語也。二十六日，士成抵公州；志超以倭事急，電令回牙山。二十八日，志超復電告士成，倭事稍寬。二十九日，志超電令士成仍往全州剿賊。而總兵程允和自王京至公州，言總辦袁世凱屬士成撤兵回牙，免倭籍口。會同知史雲龍亦自全州探賊回，言賊黨見我軍告示，皆願投誠。於是士成於六月初二日令允和代率隊先回牙山，而自率數十騎往全州；初三日，抵全州。明日乃發銀錢一千八百餘圓救難民九百餘戶，有賊酋數人詣士成乞撫。士成方治全州善後，志超電趣之馳還牙山。時倭已踞王京，强其變法，强橫益甚。我軍孤寄牙山，乃屢電請班師內渡，以待和議，不可得。十二日，鴻章以和議難成，遣江自康率仁字營來會師。

方倭兵之初至也，以衛商爲名，未敢昌言與我爲難。及踞王京，扼險阻，布置已定，且知牙山兵力之寡薄也，乃決計尋釁，遂於漢江口偏下水雷，而以兵塞王京諸門，每中國人出入必搜索。我旅朝商民大駭，爭內渡，駐朝公署員役逃散一空，勢岌岌。十七日，袁世凱赴仁川登輪回華。二十一日，倭人以兵入王宮，擄朝王，盡易朝臣，而以大院君主國事，和議決裂。二十二日，鴻章電令牙山速備戰守。

先是，鴻章奏請以大同鎮總兵衛汝貴率盛軍十三營繼進，而遲回不發。至是，朝廷決意用兵，乃復有四大軍赴援之命，所謂毅軍、提督馬玉昆分統，發自旅順。奉軍、高州鎮總兵左寶貴統，發自奉天。及二盛軍也。一淮軍之盛軍，大同鎮總兵衛汝貴統，發自天津。一奉天之盛軍，副都統豐伸阿統，發自奉天。於時兵形已兆，海道慮不可行，乃議盡由陸路，自遼東分起前進，渡鴨綠江，入朝鮮。兵機既鈍，且道迂遠不即達。

我牙山之兵孤露無援，不得四大軍消息，海濱一廛，地勢平坦不可守，而距牙山東北五十里成歡驛，爲自王京南來大道，且南通公州，於是士成請於志超往扼守，遂率武毅副中營、老前營及練軍右營，於二十四日移駐成歡。而英高陞商輪載我兵兩營並軍裝器械來援，已先一日爲倭擊沈於海。蓋鴻章以議和不成，始租輪載北塘防兵渡援，以兵輪三艘翼之而東。而倭人間諜時在津，賄我電報學生某，得我師期，遂爲所截，我兵輪即逃回威海。於是倭人既擄我操江運船，而逼我在高陞船之兩營兵降。我將士抵死拒，倭遂以礮擊高陞船，並以水雷沈之，我兩營殲焉。詳見海軍篇。至是日，牙山軍聞之，知援絕，而倭人大隊已逼振威，去成歡四十里。士成請援於志超。二十五日，營官江自康、許兆貴率隊至成歡。二十六日晨，志超亦馳至。士成言於志超曰：『頃海道已梗，援軍難飛渡，牙山絕地不可守；公州背山面江，天生形勝，宜速往據之。幸而勝，公爲後援；不勝，猶可繞道出。此間戰事，當竭力防禦，相機進止。』是日，倭兵已逼素沙場，去成歡十餘里。於是志超自率葉玉標一營往公州，而士成率五營駐成歡。成歡驛值平澤縣東北，左右皆山，中通縱橫兩驛道，北走振威，南迆東達天安、公州，西迤南達牙山，東達稷山。前橫大河，河之南北岸皆澤國，池沼與水田相錯，惟中通一線，大道跨河爲橋，曰『安城渡』，爲北來隘道。我軍諸壘分駐成歡東面山頂，其西南最高山頂分駐礮隊。扼大道倭兵來路，時我軍駐地甚據形勝。

二十六日，武備學生于光炘等于光炘、周憲章、李國華、辛得林夜冒雨出探，倭已分道來犯；歸促士成速備戰，並糾健士先往伏橋側，守要隘，且請士成速接應，遂行；而諸將莫利前進，觀望不即行。光炘等伏橋畔村落，夜午，倭前鋒至，光炘等狙擊之，頗有殺傷，並斃倭官數名。倭兵駭卻過橋多擠溺，而覘我軍無繼，其後隊且至，復猛進，光炘等扼橋守四刻許，接應終不至，光炘等四學生皆死焉，倭人遂進。二十七日黎明，倭兵已踞成歡西北面山坡，士成自督隊與相持甚猛。而我軍左側之東北面山坡又突爲倭人搶踞，以礮直擊我東面諸壘，勢不支，遂敗。蓋是夜倭人自素沙場分兩道來犯：一從大道來，以綴我師，而一繞道出東路，以擊我側面。我軍以全力自大道遏倭軍，而不虞東道之倭自側面來犯也。

士成既敗，東南趨公州，就志超。志超已棄公州，乃合軍北走，仍恐與倭遇，繞王京之東，循清州、鎮州、忠州、槐山、興塘，涉漢江，經堤川、原州、橫川、狼川、金化、平康、伊川、遂安、祥原，渡大同江至平壤，與大軍合。時值夏秋之交，溽暑甚，途行帀月始達，志超於七月二十一日至平壤，士成率隊於七月二十八日至平壤。殘軍饑疫死者相屬，志超方以成歡之戰殺敵過當，並沿途疊敗倭兵鋪張電鴻章入告，且論功奏保員弁數百人，獲嘉獎，並賞軍士銀二萬兩，未幾復拜總統諸軍之命。聶士成時電請鴻章赴天津募兵，八月初三日解兵去平壤。

又 卷四《海軍篇第七》 六月中旬，【略】鴻章始令江自康率仁字營往助，以愛仁、飛鯨兩小商輪渡兵，又租英國商輪高陞載我北塘防兵兩營，輔以操江小運船，分載礮械，將先後東發，令濟遠等兵船翼之進。六月二十日，濟遠、廣丙兩兵輪偕威遠練船往牙山。明日，濟遠等三船並愛仁、飛鯨先後抵牙山內島。是日，英兵船告我，倭艦將來要截，威遠木質練船乃先出口。

方濟遠、廣乙之發自威海也，汝昌電請鴻章率我海軍大隊繼發接應。二十二日，已升火起錨，戒嚴將發，鴻章電泥之，遂不行。

二十三日寅刻，濟遠、廣丙自牙山出口，辰刻出仁川，駛抵豐島西北，望見倭兵輪吉野、浪速、秋津州橫海來，互相轟擊，歷一時許。廣乙已受重傷敧側，弁兵死者三十餘人，傷者四十餘人，乃駛往東北逃避。濟遠甲堅，未受殊傷，而受彈已多，船之望臺前礮臺皆中礮，大副都司沈壽昌、二副守備柯建章、學生守備黃承勳、軍功王錫三、管旂劉鵾死焉，弁兵死者數十人，乃駛向西北逃避。

時我操江運船並僱英國高陞商輪適至，倭吉野快船方追我濟遠，其秋津州乃截我操江，操江本小船，勢不敵，遂懸白旗任掠去。而浪速迫我在高陞將士降，我將士嚴拒之，倭遂以魚雷沈高陞，我弁勇幸生者祇百數十人，蓋以法國兵輪之拯也。

廣乙雖出險，而受傷已重，遂駛撞朝鮮海岸淺灘，鑿鍋爐，渡殘卒登岸，遣火火藥艙自焚；而管帶林國祥以下兵官將渡登英兵輪，復截於倭艦，聽命立永不與聞兵事服狀，國祥以下連署與倭，乃得縱歸。

濟遠之奔，倭吉野追甚急。吉野爲新式快船，每四刻能行二十三海里，勢將及。管帶方柏謙乃樹白旗，繼又樹日本旗，倭追如故。時有水手王姓者甚怒，而力素弱，問『何人助我運子！』又有一水手挺身願助，乃將十五生特尾礮連發四出，第一出中倭船柁樓，第二礮亦中，第三礮走線，第四礮中其要害，船頭立時低俯。蓋倭船之追我濟遠也，意我尾礮已傷，故魚貫追逐，以是我尾礮挂線毋庸左右橫度，故取準易而中礮多。惜是時濟遠不知轉柁，以船頭大礮擊數出以收奇捷，或可紓高陞之急。柏謙既慶生還歸威海，遂稱擊斃倭海軍總統以捷聞。

清·佚名《寃海述聞·牙山戰事記實》 自倭人未啓釁之先，初聞朝鮮『土匪』不靖，丁提督汝昌於五月初一日遣濟遠率揚威赴朝鮮仁川口，合平遠爲一小隊，以護之，迨葉、聶兩統領率兵千餘赴牙山，護以超勇船，恐其力單，復分揚威赴牙山，只留濟遠、平遠兩船在仁川口。自是倭人運兵之船絡繹而至，始數千人，繼萬餘人。濟遠管帶方伯謙，即晤美、法、俄各兵船主，探詢倭兵何多來韓，皆云，駐韓袁觀察世凱告倭使，有中國將派兵一萬援韓之語，所以彼亦厚集倭兵前來。方管帶慮倭人添兵不已，將啓釁端，身居隊長，既駐仁川護韓，自應以實電告丁提督。適電斷，無從傳達，而平遠又乏煤，急不能行，遂自駛濟遠赴牙山，派超勇回威海，將倭人添兵情形稟請丁提督，上達爵相。

先是，袁觀察因中國派兵一萬之語，致倭兵寖盛，竟矇報爵相倭兵只有千餘，是以爵相亦只派葉、聶兩統領率兵千餘赴牙山護韓。至是得方信，以失機咎袁，袁銜之，反誣濟遠爲驚逃。袁致電爵相，以濟遠爲驚逃，紀大過兩次。試思倭人無故增兵來韓，照公法例當開砲擊之。濟遠無其權，自當上告，無電可達，無船可派，勢必親行，就近派船回報。且牙山亦有倭船赤城等數艘，如濟遠驚而逃，何敢更入牙山乎？

至五月二十日，鎮遠始至仁川。事既決裂，爵相召各船回威海，合大隊以爲備，六月初一日抵威海。

二十日，丁都督又遣濟遠率威遠、廣乙二船往牙山，護愛仁、飛鯨等裝兵船，並往大同江一帶遊巡。二十一日，三船到牙山。二十二丑刻，愛仁到，辰刻，飛鯨亦到。濟遠遂派各船小火輪照料裝運，拖帶駁船，將兵丁、軍裝、馬匹、大米各等件運駁上岸，亦派船上水手幫同起卸。是日寅刻，威遠送電報往仁川。午刻，由仁川回牙山。報稱念一日漢城韓倭已開仗，電線已被截斷，往見英兵船主羅哲士，據云倭大隊兵船明日即來。濟遠遂飭船上員弁趕催水手幫助陸兵駁運馬匹、米石上岸，並令威遠先出牙山口外。復以威遠木船不堪受砲，且行駛甚緩，倘出口遇敵，徒失一船。是晚十一點，令其先赴大同江一帶取齊。念三寅刻，濟遠即傳旗廣乙，魚貫出口，預備禦敵。七點半將出漢江，望見倭船三艘，一吉野，一浪速，一不知名，旋轉取勢而來。知其有異，遂號令廣乙嚴奮備戰。駛近一萬碼左右，忽聽倭督船先發號砲一聲，倭三船遂砲聲並起，均向濟遠轟發。濟遠亦將前後大砲、左右哈乞開司砲即時均擣倭督船。忽倭砲中濟遠望臺，大副都司沈壽昌頭裂而亡，方管帶與並肩立，腦血尚沾衣也。又一砲傷前砲臺二副守備柯建章，中砲洞胸，學生守備黄承勳中砲斷臂，六品軍功王錫山、管帶頭目劉鵾均中砲，同時陣亡，望臺並砲臺各處弁兵陣亡者十三人，傷者四十餘人。方管帶屹立望臺，指揮發令，猛戰至一點多鐘，未分勝負，而廣乙早已遁逃矣。於是倭三船繞擊一濟遠，而濟遠之前砲臺積屍不能運動，僅剩後砲一尊禦敵，連發後砲四十餘出，中倭船浪速甚多，該船稍傾，行駛遂緩。正在酣戰，陡見西南煙起，知是高陞裝兵船至，操江護之，當即升旗告操江，我已開仗，爾須速回。其時烽煙彌天，旗升而操江未荅。倭船行速，二船驟不及避，遂爲所及。

方倭之分船趕高陞也，濟遠乘間，迅督收拾前炮臺，挪屍而出，試運前砲，復振後砲。方管帶顧濟遠船雖受砲甚多，均非要害，知倭船放杪不準，因即發令，如倭船復來，我須看直杪準，方許開炮，寧死而待，不准輕放。旋見倭用二船趕來，一稍緩，一甚疾。轉瞬間，倭督船吉野至矣。彼連發數砲，皆高過濟遠船，濟遠故停砲不放。倭疑我砲壞子藥盡，愈駛愈近。我船轉左，彼亦左，我船轉右，彼亦右，以避我前砲，迨隔三千餘碼，方管帶發令將船前轉看杪準，猝放後砲，一發中其望臺下。該船火藥砲子震裂，翻去望臺，殲其提督員弁二十七人，並水勇無算，再發中其船頭，火起水進；又發中其船身，船便傾側，升白旗龍旗而遁。其緩行之船，尚不及也。濟遠因舵機受傷，轉動不靈，追之不及，遂駛回。

是役也，丁提督原約濟遠、廣乙開船後即遣大隊戰艦相接應，至念二日下午三點鐘大隊在威海已升火將啓行矣。丁提督電爵相告行期，右翼總兵劉步蟾憚行，揣時方議和，當軸必不輕起釁，竟將丁電私加『遇倭必戰』四字。爵相得電，果爲所悚，覆電令緩行，是以船已起錨，忽然不開。後爵相電丁有云『吾用汝不着，候日俄啓釁令汝觀戰以長膽識』等語，蓋旋覺其怯也。丁不知劉私添電文，接電竟不解其何意。嗟乎！念二晚大隊接應之船果開，念三早必到牙山，該時濟遠正與倭三船鏖戰，更得大隊船掩其後，倭船必全没，不特後至之操江、高陞兩船可保無恙，而倭船經此大挫，海疆必不至如今日之蕩搖矣。貽誤軍機，伊誰之咎？

方管帶戰回時，以失此機會，扼腕歎息，語侵劉鎮，而搆禍之端遂由此起。

是役，倭人猶有濟遠能戰之圖，散賣市上，冀其國人復仇，且戰時知所防備。而丁都督竟挾私隙，揑報其事，但以水手李士茂、王國成爲首功，各賞銀五百兩，而指揮號令之管帶竟没其功。

至六月念五日，丁提督率船巡洋，留濟遠在威海，爵相發電問濟遠赴牙山詳細情形，濟遠以實報。爵相覆電，有『此番血戰，足雪前恥，而張吾軍』之語。丁提督回威海聞之，益忌。

方戰之殷也，廣乙先逃，迨威遠回，猶無消息。至七月初，始聞廣乙船遁入朝鮮十八島，人盡登岸，船放火自焚。據廣乙船脱回水手頭目蔡福等說，初開戰時，倭船均向濟遠攻擊，後分一船擊我船。船主令開放魚雷，放不出口，船主云：『事壞矣。』即下龍旗。倭船亦去，合擊濟遠，我船遂南走，船中雖中數砲，均非要害，行駛如常，直駛至山旁淺水，大副與三副說：『外邊有倭船來。』即令舢板放下，移舵傍山。福未聽船主口號，故不肯駛，後被魚雷艙二等水手裘仲三趕去，舵亦被接去，駛傍山，船主並船上人等皆下舢板船，放火焚，到山時近九點鐘。行未久，隱隱有炮聲，聞朝鮮人說，非倭船開砲，係爾自己船中炮響，有鐵板物件飛上山來，到山後飲食甚苦云云。其管帶林國祥既回威海，懼已不戰而遁，燬船而回，罪無可逭，遂謂臨戰之時，濟遠不援，以致船壞，且賄囑其親屬之在滬報館者，造具蜚語，希圖卸罪。洋員德人漢納根以旅順築砲臺事與方管帶宿有嫌隙。甲申，法人肇釁，方時帶威遠練船在旅順防守，請於險要處建造炮臺，既成，名曰威遠炮臺，爲費僅數千兩。先是，旅順砲臺多漢納根所造，每臺開費數萬兩。至是相形見絀，銜之。後此漢納根復築炮臺，開費亦降。及爲海軍副統領，亦受林國祥之託，妄稟爵相。適派其質證此案，至將濟遠管旗頭目勒禁拷問，久不誣服，事始寢。戰時魚雷大副穆晉書避匿舵機艙中，舵機被砲穿壞，乃避入魚雷艙中。倭船近時，令放魚雷，裝氣不足，放不出口。經方管帶嚴斥，將予稟革，衆求而免。後濟遠酌補大副，方管帶以此黜之。穆亦傳布謠言，謂管帶戰時躲避，穆晉書天津人，因失大副，致書天津友人家信，均誣戰時管駕躲避云。是以傳旨嘉獎之命下，朝議遂有『外議甚多』之語也。

噫！中國海戰始於是役，而是役惟一濟遠敵三倭船，卒能燬其督船，殲其提督，功亦偉矣；而忌功害能、全軀保妻子之徒，媒糵其事，反功爲罪，致令湮没無傳，吁足慨也！兹特紀其實如右。

中日同時宣戰

清·王炳耀《甲午中日戰輯》卷三《聲罪致討》　七月初一日奉上諭：朝鮮爲我大清藩屬二百餘年，歲修職貢，爲中外所共知。近數十年，該國時多内亂，朝廷字小爲懷，疊次派兵前往勘定，並派員駐紮該國都城，隨時保護。本年四月間，朝鮮又有土匪變亂，該國王請兵援勦，情詞迫切，當卽諭令李鴻章撥兵赴援。甫抵牙山，匪徒星散，乃倭人無故派兵突入漢城，嗣又增兵萬餘，迫令朝鮮更改國政，種種要挾，難以理喻。我朝撫綏藩服，其國内政事，向令自理。日本與朝鮮立約係屬與國，更無以重兵欺壓，强令革政之理。各國公論皆以日本師出無名，不合情理，勸令撤兵，和平商辦，乃竟悍然不顧，迄無成説，反更陸續添兵。朝鮮百姓及中國商民日加驚擾，是以添兵前往保護。詎行至中途，突有倭船多隻，乘我不備，在牙山口外海面開砲轟擊，傷我運船，變詐情形，殊非意料所及，該國不遵條約，不守公法，任意鴟張，專行詭計，釁開自彼，公論昭然，用特布告天下，俾曉然於朝廷辦理此事，實已仁至義盡，而倭人渝盟肇釁無理已極，勢難再予姑容。著李鴻章嚴飭派出各軍迅速進勦，厚集雄師陸續發進，以拯韓民於塗炭。並著沿江沿海各將軍督撫及統兵大臣，整飭戎行，遇有倭人輪船闖入各口，卽行迎頭痛擊，悉數殲除，毋得稍有退縮，致干罪戾，特此通諭知之，欽此。

又《附録日本宣戰書》　朕兹與清國開戰，其令各有司上承朕意，下順民心，水陸攻守，咸修其職，以振一國之威武，勿違萬國之公法焉。自朕登極，偃武修文，導民於太平之路三十年於兹矣。夫交鄰失和，其禍難測，故朕常飭諭大臣，務修鄰好，年來内外相親，深喜擇交之善。近因高麗一事，清國失信背好，實非朕意料所及，細維高麗爲獨立之邦，而與各國結約通商，實由我日本勸導之也。然而清國恆稱高麗爲藩邦，干涉其内政，今者高麗有事，清國託以護藩，舉兵入韓，朕乃照西曆一千八百八十二年成約，命師渡海，用備不虞，而拯高麗於禍亂之中，置東亞於太平之域，以符素願。故延清國協力同事，成此美舉。豈知清國推諉萬端，拒朕所請，日本乃告高麗，一新厥政，使内安其民，外修鄰誼。高廷已經允許自新，清國不啻暗行阻攔，陽形因循，陰整兵甲，水陸武具既完，遂增兵添將，加在韓之勢，憑强逼弱，逞利己之策，傲慢自大，乃至砲擊我船。兹按高麗獨立之位，原係日本維持之力，各國條約之所認也。清國非但謀損高麗地位，兼且置條約於不顧，此等舉措，傷我國之權利，害東亞之安穩，清國貪利樂禍之心瞭然可見。我邦仗義興兵之舉，勢不可止。吾民忠勇，宜各任厥職，期使早致太平，顯揚國光，朕有厚望焉，大日本帝國明治二十七年八月初一日。

平壤之戰與黄海海戰

《電報檔·北洋大臣來電光緒二十年八月十六日到》　密新。聶士成由安州電：『十五日早，倭人離安州二十餘里甚急，已出隊迎敵』云。又營口善道電：『十四以後，平壤電綫不通，似爲倭兵所斷。』悶急之至。鴻。諫申。

又《北洋大臣來電光緒二十年八月十七日到》　葉提督咸專足安州轉電云：『電綫已斷，倭兵四面合圍，自十二起無日不戰。超帶病督戰，已三晝夜，實不能支。平壤城低而圯，倭架砲百餘尊，俯擊城中，人馬皆糜爛，又無處汲水，萬不能守。盛軍人多不足恃，後路韓民竟接應倭兵。如此之速，援師恐來不及。求中堂先將情形奏明』云。鴻查倭兵圍困我師，散布周圍平壤百數十里外，北路順安、肅州皆已踞住；只此一條綫路，既被倭毀斷，無可另設。呂本元馬隊到義州僅兩營，因鴨綠江、愛河船少，尚有三營未渡畢；屢電催東邊道代僱渡船，無續報。焦急何任！篠申。

又《北洋大臣來電二光緒二十年八月十七日到》 密新。聶士成安州十五日午電：『辰電稟後，倭寇由順安來截奉、盛兩軍拉礮車輛，幸盛、奉等營出隊，士成亦隨赴前。倭寇來，馬無多，當即退去，車輛均未失。安州民驚惶。商盛右軍步隊兩營住城內，分段守；奉軍隊仍住江口防查。後路兵單，懇速電呂本元馬隊由義州即至，以分倭勢。現肅州、順安倭匪盤踞，此路不通。馬隊到，擬稟葉帥，約期夾攻，士成亦可至平。』云。查順安在平壤北五十里，又六十里至肅州，又六十里至安州。是敵已包平壤之後，阻斷電綫，擾我運道，意殊叵測。已電飭聶鎮，俟呂本元馬隊到安後，設法前進會剿，冀與平軍通氣。惟聶隨身無親軍，呂僅馬隊兩營前去，太嫌單薄，銘軍十七開駛，到義需時。鴻。諫酉。

又《北洋大臣來電四光緒二十年八月十七日到》 葉提督鹽申電安州轉電：『倭於江南岸踞山頭架砲，攻擊江北人馬，現又於上游江東縣渡過數千來撲東路，又於海道由龍岡上岸數千，皆隱匿山林行走，繞截順安後路，又從肅州圖撲安州，且倭兵後路多於前面。平壤城汲水不便，電線亦不日要斷。勢既逼近，將來後路即有兵來，殊不易達。平壤城卑而糧少，又難轉運，無水，萬守不住。大局攸關，請速電總署。超病驅雖勉臨行陣，不能當此重咎，惶悚莫名』云。鴻現籌商，擬令四川提督宋慶督帶所部二千，由旅順就近馳往義州，布置後路防守，俟籌有替防旅順之營，再行電奏。篠。

又《北洋大臣來電一光緒二十年八月十八日到》 密新。昨電商宋慶籌度能否督師義州，布置後路。頃據電稱：『鈞電敢不懔遵。並接盛道電，擬派姜桂題、程允和六營來旅填紮。惟毅軍本僅步隊八營，派馬玉崑帶去二千餘，已分兩處，前後皆單。現以新舊二千餘人率之督辦後路，如暫駐義州，或自安；若前敵設有不虞，朝命督進，急於星火，以二千餘人當三四萬倭寇，赴湯蹈火，所不敢辭，其如國事何？如果責令續進剿倭，必須自練三十營，方有把握；然實緩不濟急。儘慶力量，駐義徐容布置，一面派員赶募，一面就地開招，求賞發槍械；成軍之後，軍火糧餉無缺，方可率以禦寇。若以某軍某營歸慶節制，徒有增兵之名，無濟實事，慶甘受國法，亦不敢遵，諒中堂必不驅之死地也。謹先切實陳明，免致日後朝命責重，無以諉咎。求指示方略，軍火糧餉祈源源接濟，毋使間缺，方敢應命。儻荷俯允，即乞示遵』云。鴻查該提督宋慶所部兵力太單，所稱必須自行募練三十營剿倭方有把握，自係知己知彼、老成閱歷之論。計三十營每月餉項、轉運雜款約需十五萬。北洋前奉部撥三百萬，連月募勇購械及轉運雜費支用將盡，實不能匀給巨款。如准宋慶添募，可否由部另籌有著的款每月十五萬？至津局舊存後門精槍，自添營填紮及解赴前敵分給晉豫各營，已無餘存，須俟許使代購大批精槍到後，乃可分給，不知何時運到。昨接朝鮮外署金允植八月初五密函，謂『倭兵前後水陸來者三萬餘，盡向平壤；又有奇兵萬人，由元山繞平壤之後，直出義州，爲合攻之計，聲言將渡鴨綠江，直趨瀋陽』云。金素正直，內嚮志堅，必不造誑。雖係倭人大言，而事關重大，不可不思。

清·姚錫光《東方兵事紀略》卷一《援朝篇第二》 是時我軍駐朝境者爲蘆防六營、葉志超部並江自康、夏青雲各一營在內。盛軍十三營、衞汝貴部奉軍六營、左寶貴部奉天之盛軍六營、豐伸阿部毅軍四營，馬玉昆部共三十五營，盡屯平壤。【略】南北緜亙十餘里，凡六門：南曰朱雀，西南曰靜海，即大西門西曰七星，北曰元武，東曰長慶，東南曰大同。長慶、大同兩門直逼大同江，元武門跨山爲城，附城一山緊逼元武門曰牡丹臺，爲全城命脈所在。牡丹臺山外復有三山環抱，迤邐而西，內屏牡丹山，而外扼往義州大道，爲我平壤後路孔道。城之東南達王京，西南至大同江口，東走元山浦，地要而險，最據形便。

方四大軍之入朝鮮境也，朝民以王師至，歡呼夾道，爲時盛暑，爭獻茶漿餉我軍士。而軍士殘掠，毀器皿，攫財物，役丁壯，漁婦女，汝貴軍尤甚，朝民大失望。七月初二日抵平壤時，我牙山軍已敗退，倭人無南顧憂，而猶麕聚王京，遲回未發，蓋新倭未集，且其元山枝隊未東渡也。我平壤軍不即直趨王京，分道爭利，又不擇險分屯，互爲策應，以絕覬覦，而以二十九營萬四千餘人聚平壤，置酒高會，日督勇丁並朝民於城內外築壘，環礮而守。及志超至軍，彌庸懦，無布置，識者憂之。

初八日，有倭馬探兵一小隊至大同江南岸來窺，我軍圍而殲之，乃分哨隊渡大同江；七月中旬，又有倭探兵過鳳山，偵我兵在黄州即退去；諸將遂以屢獲大捷聞，亦旋棄黄州還受平壤。

八月初三日，盛軍淮軍之盛軍夜出哨，與毅軍遇，互疑爲敵，遂相轟擊，歷一時許，死傷頗衆，由是堅壁不出者越七日。及聞倭兵已自黄州北進，乃大嚴諸軍，作嬰城計：城南附郭，凡築壘五座，大同門外大同江東岸，築壘五座，絡以浮橋，以通東西兩岸之氣；元武門外前後山頂四，凡築壘五座，牡丹臺一壘最堅。元武門內附城山上築壘兩座，左寶貴駐營其上而以礮壘分扼城內外四隅。城內之東北隅、西北隅各一礮壘，城外西南隅、東南隅各一礮壘，而西南隅礮壘去城稍遠。及倭兵既逼，諸將分畫守界：城之北面，即元武門一面乃左寶貴所部奉軍、豐伸阿之盛軍、江自康之仁字兩營守之；城之西面，七星門一面乃葉志超所部蘆榆防軍守之；城之南面迆西南隅，朱雀門一面迆至七星門乃衛汝貴之盛軍守之；城之東面，大同江東岸，乃馬玉昆之毅軍守之；復以左寶貴部分統聶桂林策應東南兩面，蓋以東南當敵衝，尤我兵力注重也。是時志超駐城中調度，寶貴駐城北山頂守元武門，諸將皆各以守界方位駐城外。

十三日，倭人前鋒兵已抵大同江東岸，蓋自中和大道從平壤東南之土器店來；我軍斂入壘，發槍遙擊。十四日，倭大隊至，十五日皆互放槍礮，倭亦時前時卻。十六日，倭人分四枝此東路倭共一大枝，分作四小枝，非其全軍之數大枝也。猛進：一枝從東南，自半角島渡江，襲平壤城東南隅；一枝繞東北渡江，將襲東北隅；其兩枝則猛撲我大同江東岸營壘。時我大同江東岸前敵兩壘稍遠，夾大道而峙，後三壘背倚大同江，面控大道，與北岸礮壘相望，稍北即浮橋。是日，天未明，倭即來撲，先互放槍礮。惜我礮準甚疏，倭得競前薄我壘，馬玉昆自督步隊截擊；而倭人冒死進，奮奪我前二壘，復趨我後三壘，玉昆肉薄血戰，抵死相撐拒。汝貴渡江援之，槍彈雨發，隔江礮臺即平壤城東南隅礮臺亦發大礮轟擊，倭人死傷山積，仍不退，鏖戰及四時許，自早六點鐘及午後兩點半鐘倭人彈丸盡，伏地無策，始敗退去。玉昆將追之，忽聞元武門失守，志超有諸軍速撤之令，乃退。【略】

志超之插白旗也，有倭官來議，志超乞歸路，倭人不允，而兵亦未入城，其城北之兵仍屯牡丹山上，扼我之吭。是夜，志超率諸將弃兵棄平壤北走，倭人要於山隘，槍礮排轟，我潰兵回旋不得出，以避彈故，團集愈緊，死亡愈衆，其受傷未殊之卒縱横偃臥，求死不得，哀號之聲，慘不可聞。加以人馬騰藉，相蹂死者至二千餘人，擄於倭者亦數百人，而將領死者蓋鮮。平壤軍儲甚厚，凡有大小礮四十尊，快礮并毛瑟槍萬數十桿，將弁私財、軍士糧餉，凡有有金幣十二箱，內共金甎六十七塊，金碇六十一碇，金沙十四箱，大小三十包，皆將領私財；而軍士糧餉除糧食以外，尚存餉銀約及十萬兩。軍資、器具、公文、密電，盡委之而去。

又 卷二《奉東篇第三》 我軍之駐平壤，朝廷憂諸將懸入無繼，命四川提督宋慶以毅軍五營自旅順、先已有毅軍四營由分統馬玉昆率至平壤。提督劉盛休以銘軍十二營自大連灣、將軍依克唐阿以鎮邊等軍十二營自黑龍江，皆赴東邊九連城，爲諸軍後繼。師未集，我駐朝諸軍已敗績於平壤，詳見援朝篇。逃亡將士皆迸安州。安州南去平壤百八十里，北倚清州江，南則羣山環繞，爲平壤北第一巨鎮，城垣高大，足資守禦，且爲倭人北犯孔道；過安州西北百六十里至定州，亦稱險要。是時，我軍尚及萬數千衆。倭人踞平壤，越兼旬始進。苟我將領簡料軍實，爲死守計，倭人豈得長驅渡江躪我邊圉？乃諸軍自平壤北潰，過安州、定州皆棄不守，聶士誠時遇盛軍馬隊分統衛本先於安州，知平壤失利，遂與本先議守安州。會葉志超等先後馳至，即請出令，收散隊扼安州，深溝固壘，以待倭至。志超不聽。聶士成先於八月初三日離平壤，將回津募兵。十二日，以北洋電令折回，故平壤敗時，士成不在軍，而遇本先於安州。奔五百餘里，八月二十二日先後渡鴨綠江，入邊止焉。中國與朝鮮界鴨綠江，江以北我之九連城，江南朝之義州，隔水相望，實爲中朝孔道。

又 卷四《海軍篇第七》 十三日，汝昌率全軍抵旅順。是時，我大軍雲屯平壤，朝廷將以銘軍十二營濟師，自鴨綠江口登岸。十三日，鴻章令海軍翼之進，凡商輪五艘爲運船，海軍全隊兵輪十二艘，鎮遠、左翼總兵林泰曾管帶定遠、右翼總兵劉步蟾管帶兩鐵甲，致遠、中軍副將鄧世昌管帶靖遠、中軍左營副將葉祖圭管帶經遠、中軍右營副將林翼升管帶來遠、左翼前營副將邱寶仁管帶濟遠、右翼前營副將方柏謙管帶超勇、左翼後營參將黃烱臣管帶揚威、右翼後營參將林履中管帶平遠、都司李和管帶八兵輪，益以廣丙、都司程璧光管帶廣甲都司吳敬榮管帶兩艘，又蚊礮船鎮南、鎮中兩艘，魚雷艇四艘，翼商船而渡。十六日夜午，發自大連灣，十七日午刻抵大東溝，鴨綠江口安東縣地鎮遠等十艘泊口外，平遠、廣丙二艘泊港口，鎮南、鎮中兩蚊礮船並四雷艇衛運船五艘入港，徹夜渡兵登岸。

十八日辰刻，汝昌促卸兵，並令全軍備午刻起椗，將歸旅順。巳刻，見西南來黑烟一簇，測望懸美國旗，我軍作戰備。嚮午，船來愈近，凡有船十二艘，已盡易倭旗。汝昌乃令起椗，水手站礮位。是時，我戰艦十艘，平遠、廣丙在港口未及至。分五隊：鎮遠、定遠兩鐵甲爲第一隊，致遠、靖遠爲第二隊，經遠、來遠爲第三隊，濟遠、廣甲爲第四隊，超勇、揚威爲第五隊。倭船十二艘，則快船四，吉野、高千穗、秋津洲、浪速兵船八；松島、千代田、嚴島、橋立、比叡、扶桑、西京丸、赤城其艦小於我，而速率大於我，大礮少於我，而快礮亦多於我。我最快之船爲致遠、靖遠，每四刻行十八海里，餘各艦則或十五六海里，或十四海里、十海里不齊，而超勇、揚威、廣甲最弱小而鈍，鎮遠、定遠最堅大，而每四刻祇行十四海里有半。倭快船四艘，吉野速率最大，每四刻行二十三海里，餘三艦俱行十九海里上下；其兵輪惟比叡、西京丸、赤城最鈍弱，餘諸艦速率則皆十七海里又半以上至十九海里。倭海軍司令官中將伊東祐亨坐松島艦。

時汝昌自坐定遠爲督船，作犄角魚貫陣進。遙望倭船作一字豎陣來撲，快船居前，兵船繼之。汝昌謂其直攻中堅也，以鎮遠、定遠兩鐵甲居中，而張左右翼應之，令作犄角雁行陣。我諸艦速率各殊，改陣之餘，遂不能整。超勇、揚威船皆弱小，居右翼末，不足自固。我距敵約及十里，遽開礮一排，無一彈中者。而敵畏我鎮、定兩鐵甲，故於駛近時，改道飛駛，左行繞攻我軍右翼，瞬息已過我右翼，繞及船後。我揚威、超勇相繼中彈火起，超勇未幾沈没，軍士燼焉。倭船之拂我右翼而過也，其小船比叡、扶桑、赤城不及從，而轉出我左翼之側。我定遠與經遠、來遠夾攻之，礮火迷茫之際，我將士謂比叡、赤城已爲我擊沈，而定遠復擊沈其西京丸一艘。後比叡、赤城曾復見於山東海洋。

倭艦之攻我也，以快船爲利器，而吉野爲其全軍前鋒，繞行於我船陣之外，駛作環形，蓋既避我鐵甲巨礮，且以其快礮轟我左右翼小船，爲避實擊虛計。自我超勇沈後，平遠、廣丙亦來會，而船弱不任戰。倭艦復分兩枝，以快船四艘爲一枝，兵輪五大艘爲一枝，左右環裹而攻，於是我陣亂。致遠藥彈盡，適與倭船吉野值，管帶鄧世昌，粵人，素忠勇，且甚怨閩人之詐也，謂倭艦專恃吉野，苟沈是船，則我軍可以集事，遂鼓快車，向吉野衝突。吉野卽駛避，而致遠中其魚雷，機器鍋爐迸裂，船遂左傾，頃刻沈没，世昌死之，船衆盡殉。時已愈申刻矣。

我福龍左一雷艇由大東溝駛至，左一傍定遠右側以自衛，亦不得力。濟遠見致遠沈，大懼，轉柁將逃，撞揚威舵葉，揚威行愈滯，敵彈入機艙立沈於海，自管帶林履中以下皆死，以左一雷艇救獲生者六十五人。濟遠既逃，廣甲隨之，靖遠、經遠、來遠不能支亦駛出陣地逃避。倭快船四艘來追，靖遠、來遠避至大鹿島側，而經遠管帶並大副、二副先陣亡，船行無主亦沈於敵，得生者祇十六人。

方諸艦之逃也，倭兵輪五艘萃於我鎮遠、定遠兩艘，鏖戰一時許。我定遠擊其松島艦，倭海軍將伊東祐亨坐船幾沈之；而定遠亦重傷，徧船皆火，礮械俱盡。時已日夕，暮色蒼茫，倭人懼我靖遠諸艦合魚雷之乘之也，解而南去；我軍亦西歸，明日卯刻抵旅順。濟遠先逃歸，已泊港內。廣甲之逃也，避大洋，傍岸行，夜午已駛至大連灣三山島外，迫近叢石，管帶吳敬榮仍倉皇奔駛，遂擱礁不得出，越日爲倭礮所碎。

是戰，我軍凡失船五，致遠、經遠、超勇、揚威、廣丙也；其存者惟鎮遠、定遠、來遠、靖遠、濟遠，合平遠、廣甲共七艘，已不能軍；而鎮遠、定遠凡受礮三百餘彈，來遠毀及半，餘諸艦亦各創甚。汝昌方告捷鴻章，鴻章上其事請優獎。我將士死者，鄧世昌最烈，官弁亡八十七員，水手死一千餘人，傷者四百餘名，而定遠洋礮手宜格爾亦死於礮，洋員受彈傷者十一名。

是役也，德員漢納根與戰事，偕汝昌駐定遠艦。汝昌先立望樓，旋受彈傷股倒地，扶入艙，於是戰事頗賴漢納根指揮。管帶總兵劉步蟾聞戰惶懼，漢納根勸入艙避，旋色定復出，亦能始終戰事。二十四日，斬方柏謙於旅順。

時戰艦七艘入塢修整。九月十八日始竣工，二十日出旅順口回威海。

清・易順鼎《盾墨拾餘》卷五《魂北魂東雜記》（光緒二十年八月）十六日黎明，賊大至，直撲南門。葉、衛兩軍遽張白旗退走，酆軍遂潰。馬軍屢捷，勢孤亦退。左寶貴守城内，見賊勢已偪，登山開放巨礮，傷賊頗多，而賊殊死鬭，鎗彈如雨。我軍不支，寶貴下臺，取黄馬褂頂翎服之，仍登山自行開礮。營官楊某挽寶貴下，寶貴擊以掌。無何，我礮爲賊礮擊碎，鐵穿寶貴肋下。寶貴裹創督戰，忽一彈飛至，中其咽喉，撲臺上，登時陣亡。楊某挾其尸欲自北門出，而賊兵已入城，塞滿街巷，楊某亦死亂軍中矣。是日，天大雨，我軍乘而奔潰，倭人不暇尾追。然賊於要隘處設卡，伏兵伺潰軍過卽邀擊之，死者相枕藉。諸將收殘卒退至義州，又棄之，退至九連城，距平壤五百里。始停足安營焉。方諸軍在平壤時，騷擾無狀。及奔潰，朝鮮人集城上，以礮爭擊之，而村落士民未受騷擾之害者，或解己衣授潰卒，使得逃歸。或傳爲聶士成事。時銘軍十五營，依克唐阿九營，已過鴨綠江，聞義州陷，遂皆退。

清・文廷式等《中日甲午戰爭》　八月十六日，海軍軍艦護送銘軍赴大東溝。十八日，定、鎮等十艦與日十二艦開仗，我軍艦砲均少於敵，力漸不支，致遠、經遠中雷沉没，超勇、揚威皆燬於火，濟遠、廣甲以力不支離軍回旅，廣甲奔至三山島擱礁，其時丁汝昌面部被焚，扶病入艙，不能發令。我軍始以雙翼陣迎敵之雙魚貫陣勢，歷時不變，敵得乘機環繞縱擊，創我甚劇，靖遠幫帶劉冠雄見勢危急，請於管帶葉祖珪，從權升旗，縱隊繞擊，敵艦乃遁，我軍得從容收隊駛回旅順。是役據報，將士陣亡者九十餘人，隨艦沉没者六百餘人，語詳《甲午戰紀》。於時丁汝昌受傷，不能治軍，上諭海軍提督劉步蟾暫行代理。鎮、定兩船將士苦戰，著酌保數員，以作士氣。於是漢納根得賞二等寶星，廣乙管駕林國祥調帶濟遠，濟遠管帶方伯謙被讒，以逃軍軍前正法，軍中寃之。廣甲管帶吴敬榮革職，留營效力。廷旨調南洋南瑞、開濟、寰泰三船北上助剿。十月，鎮遠船入威海口，以島嘴有撐出礁石，擦傷船底，林泰曾憂憤，服毒自盡。漢納根要求以提督銜任海軍副提督，賞穿黄馬褂，未允；又以英水師提督譏其非水師出身，遂不到船任職。李鴻章乃派拖船公司金龍船管駕馬格禄幫辦北洋海軍提督，然外人尤以爲不倫也。

清・佚名《寃海述聞・大東溝戰事紀實》　八月十六夜，海軍全軍由大連灣護送儎兵船於十七日十二點鐘到鴨綠江大東溝地方，定遠、鎮遠、致遠、靖遠、經遠、來遠、濟遠、超勇、揚威、廣甲十艘布勢泊口外，鎮南、鎮中二砲船並四雷艇護兵入港，平遠、廣丙兩艘泊港外。十七連夜運兵登岸。

十八日辰刻，丁提督令全軍備便，十二點鐘行船，意在率隊返旅順。十一點鐘，遥見南來黑煙一叢，知是倭船。丁提督船旗令全軍起錨備戰，復令相距四百碼成犄角陣，又令平遠、廣丙入隊。二船未卽來。

我軍陣勢初本犄角魚貫，至列隊時，復令作犄角雁行。丁提督乘定遠鐵艦爲督船，並鎮遠鐵艦居中，致遠、靖遠爲第二隊，經遠、來遠爲第三隊，濟遠、廣甲爲第四隊，超勇、揚威爲第五隊，分作左右翼，護督船而行。原議整隊後，每一點鐘船行八瞇，是時隊未整，督船卽行八瞇，以致在後四隊之濟遠、廣甲，五隊之超勇、揚威，均趕不及。緣四船魚貫在後，變作雁行傍隊，以最後之船斜行至偏旁最遠，故趕不及，而陣已散漫矣。

查海戰利在鐵甲船爲先鋒，次等船爲中隊或後隊，以鐵甲堅利便於攻敵且能保衛弱小之船，故各國必以鐵艦爲督船，既能折衝敵鋒，而在前引領，變陣亦靈動也。是役，我軍以定遠督船並鎮遠鐵甲居中，而反以弱小之船作左右翼護之。倭船作雙行，魚貫而來，且據上風，我已失勢。

洎開仗時，與倭船相距四瞇，卽八千碼之遥我督船卽號令開礮，以致相距太遠，不能中敵，旋卽砲烟漫天，無從測杪命中矣。督船僅於開仗時升一旗令，此後遂無號令。丁提督在望臺下，初次排砲時，因放砲震跌，卽扶入三官廳躲避。督船帥旗於第三次排砲時卽被敵砲擊落，便不再升。夫望臺下非提督站立之所；督旗不升，各船耳目無所係屬；督船忽左忽右，亦無旗令，而陣勢益散漫：丁提督之不諳戰事可知也。

因此，倭船見我陣不變，乘勢分左右繞擊我列旁之弱船。於是超、揚落後，被圍三週，中砲着火，首尾之人不能相救；濟遠、來遠、經遠亦被圍着火，且戰且救火；靖遠前後中砲發火，旋救滅；廣乙則已遁逃出圍矣。致遠在陣中，因一敵船傷停俥，深入追擊之，爲魚雷所中而沉。經遠管帶中砲陣亡，被圍擊亦中魚雷而沉。濟遠中砲彈數十處，後砲座因放砲不停，砲針及螺丁俱震動潰裂，致砲不能旋轉。前大砲放至數十餘出，砲盤鎔化，鋼餅、鋼環壞不堪用，全船各處通語管亦被擊壞，二副守備楊建洛、學生把總王宗墀陣亡，在船死者七人，傷者十餘人，力大不支。

初，敵分四船截擊經遠、濟遠。迨經遠沉，遂并力擊濟遠。我軍督船棄而不援，偕鎮遠戰而東。濟遠被倭四船截斷在西，且船中砲械全壞，無可戰，祇得保船西駛。倭船鑑於牙山之役，恐我誘敵，不敢窮追，不然亦齏粉矣。

定遠、鎮遠之戰而東也，敵亦以四船繞擊之，約片刻。是時我軍各船衝擊星散，督船並不升旗收隊。幸靖遠管駕從旁升收隊旗，於是平遠、廣丙、來遠始隨之，而港內鎮南、鎮中二砲船並二雷艇亦至，軍始集。倭船旋東去，其時已酉刻。二雷艇往救揚威弁兵，砲船往救超勇弁兵。及天昏黑，猶望見倭船在該處打燈號，放火箭，招呼擊濟遠之四船收隊也。廣甲自午開仗，約一點鐘時，即離隊，夜十一點鐘至大連灣三山島外，迫近叢險石堆，該船弁勇僉告管帶，船已近灘，必不可進。管帶不聽，致船底觸石進水，不能駛出，後派金龍船主洋員馬克羅兒一譯作麥克魯驗看，據云廣甲船無傷，惟廁所有一小孔，或是砲子穿過者。馬克羅兒往驗，知其船於十八晚十一點擱於該處無傷，惟廁所有一小孔，似是砲子所穿者，由戰場到該處有九十餘睉之遠，行十點鐘可到，推算知該船於一點零鐘即離隊也。驗回時，見漢納根述之。適多人在座，共聽，漢納根即變色，令其勿言，蓋因廣甲管帶吳敬榮丁之同鄉，且屢承問訊，揣丁意存袒護，答以廣甲善戰，恐馬克羅兒陳其實在之情形也。按是役，戰閱三時，定遠、鎮遠兩船共中大小彈二百餘處，陣亡共十餘人；靖遠中彈數十處，陣亡二人；來遠中彈百餘處，自後魚雷艙至前烟筒座被焚殆盡，陣亡十餘人；平遠中彈二十餘處；廣丙中彈數處；濟遠中彈七十餘處，陣亡七人，傷者十三人，砲械全壞，以被倭船四艘截擊，不得與各船合隊，以夜四點二刻到旅順，各船以六點鐘亦到，相隔僅片時也。

十九日，丁提督並副提督飛電報傷，并告海軍開仗情形云：我軍致、經沉，超、揚焚，定、鎮、靖、來、丙、中、南並二雷艇回旅，濟遠先逃。濟遠得信，屢請到船察看砲壞船傷情形，丁提督不允所請。丁提督以濟遠爲先逃，方管帶屢請驗船不允。往見劉步蟾，亦不答。方管帶云，軍無令，隊不整，是誰之過？劉恐摘其短，故與丁密謀誣陷，先下毒手云。且恐濟遠在旅順尚能剖釋，遂於二十早遣往大連灣，拖廣甲船。濟遠總俥洋員哈富門以船砲俱壞，無所禦敵，力爭於漢納根，不聽，遂辭總俥之職，不與行。濟遠到該處，見廣甲沉擱灘中，猛拖不起，又遇倭船數艘，因無械抵禦，恐徒失船隻，不得已捨錨入大連灣。後廣甲見倭船，自行放火，倭見之遂駛近放砲擊碎，濟遠至念三日始回防。

方濟遠之往大連灣也，適李爵相電詢船隖龔總辦，濟遠何以先回。龔總辦答以船傷砲壞，先回旅順。念三日，丁提督再電稟爵相，因濟遠先逃，牽動全軍大局，請即重辦，以儆效尤。丁劉再揑電，外人皆不知。念四，召方管帶入海軍公所，尚不知其陷不測也。至夜半，發出各電，始知有此稟。念四日電奏請旨，管帶正法。念五日，天未明行刑。以上各電，均在右翼總兵劉步蟾代理提督任內，丁戰回報傷告假，劉步蟾代理提督與丁提督密商而行。【略】

廣甲管帶吳敬榮始而逃陣，繼而燬船，僅予革職留營，仍復月給薪水。廣乙管帶林國祥，牙山之戰，避敵焚船，旋復管帶濟遠。蓋吳爲丁提督之同鄉，而林爲劉鎮軍之私人也。功罪是非，顛倒至此，亦即海軍潰敗之所由來歟？

因紀其戰事顛末，以待當世之公論云。

鴨綠江防之戰與金旅之戰

《電報檔·宋提督來電光緒二十年九月二十五日到》 北洋大臣漾電：『本日奉旨欽遵。查慶箇亥電，該酋所帶約二三千人，自係電碼脫落「千」字，謹聲明。據廿三日探報，義州城屯賊五六千，龍川館屯賊四五千，據義州七十里所串屯賊七八千，耳島有倭輪四支停泊，轉運錢糧軍器，龍川所串院倉皆有轉運以達義州，水西門外仍備造橋各物等語。今早已派聶士成、宋得勝移紮九連城以北愛河西岸，以備堵擊。令劉盛休嚴備防具，砲力所及，即行開放痛剿，以遏造橋之路。慶隨時相機辦理，不敢疏懈。乞代奏。宋慶敬叩。酉。』

又 《宋提督來電光緒二十年九月二十六日到》 頃奉二十四電，本日奉旨欽遵。據廿四日探報，倭寇催運糧械甚急，又運大砲二十餘尊到義。踞義城之賊仍約萬衆，其設防各要隘又約七八千人。聚集長木板，用西法以鐵絲貫聯成橋甚易等語。該逆趨重義境，兩處造橋，謹當晝夜嚴備，以防偷越。查虎耳山界於江河之間，勢極崇巉，實佔形勝。昨派各軍憑愛河爲守，固可迎頭痛擊；惟慮敵兵撲渡，一面別渡搶山佔我形勢。慶今早復帶同聶士成、宋得勝、馬金敍等，再往查看。若先據此山，憑高臨下，便可奪賊氣而利守禦。傳集各將領，謂能膺此險要者受上賞。馬金敍願選奮勇五六百人登山爲壘，趁今午温和，率往駐守。聶士成亦率精鋭駐紮山邊，宋得勝繼其後爲游兵策應。並懸重賞，募士人設法搭造浮橋，以便接應之兵往來。又令劉盛休於江西岸挑挖地溝，密布旱雷，以防水西門造橋分犯之路。慶居中調度，何路吃緊，即率同馬玉崑之軍爲之應援。布置既密，軍心遂壯，各有思奮之心。上游一帶，仍隨時咨商依克唐阿加意嚴防，互相策應。乞代奏。宋慶。徑亥叩。

又 《宋提督來電光緒二十年九月二十七日到》 總署鈞鑒，奉有電，奉旨欽遵。念六日酉刻，據倭恆額專差蔭生德明等飛報云：『念五日晚，有倭寇二三百人由安平河口潛渡，當即擊退。又有倭寇多人由鼓樓子踹過，該副都統督隊迎擊，亦徑擊至河邊。該逆憑江岸施槍砲。正戰間，又據駐蒲石口之雙統領飛報云，自東洋河至蒲石河小口四五處，倭人紛紛踹渡，堵遏不及，已過一二千人。倭恆額現退至紅石磊子，收合隊伍，亟求救援；依克唐阿在其上游，路亦斷絕』等語，僅據面稟情形，未能盡悉。並據探馬報稱，約共千餘人，揆其意似見虎耳山，我兵已踞形勢，冀由上游分股牽制官軍，並圖擾後。查紅石磊子距九連城三十餘里，慶先派呂本元之馬隊往援，與倭恆額會同剿辦。而倭之大股仍據義州一帶，意在撲渡虎耳山，九連城益形喫緊，誠如聖諭，『聲東擊西』。此間防兵一動，深虞乘機來撲，勢難抽撥防兵，惟有一面先派馬隊前往救援，一面整頓步隊以待迎擊，隨時偵探具報。請飭依克唐阿由北路會剿，以收夾擊之效。請代奏。宋慶。宥亥叩。

又 《宋提督來電光緒二十年九月二十九日到》 昨日在陣將戰事略陳，請旨交部嚴加議處。緣廿六夜，倭恆額報有倭一二千人由大斜稍踹渡，吉軍馬步敗退，當派呂本元帶馬隊五百名星夜前往會合堵剿，並令各軍整隊以備迎擊，賊果於廿七早五點鐘趁大霧由虎耳山搭橋撲犯。適呂本元馬隊過此，會同馬金敍、聶士成盡力堵剿，宋得勝、馬玉崑各軍步隊兩路抄擊。該鎮見馬金敍、聶士成兵單難支，勢甚岌岌，皆踹過愛河，兩道拼命迎戰，勇丁亦皆鼓舞奮發，槍彈如雨，賊衆布滿約衆二萬，分三路猛撲。宋得勝率隊力奪三座山，賊尸盈野。馬玉崑由南面夾擊，互施槍砲，自卯至午，力戰六點鐘之久，前仆後續。該逆輪替接鬥，我軍游兵止此數營，再接再厲，午後精力漸竭，未能抵禦。是役，毅軍戰最力，傷亡亦最多。馬金敍自告奮勇守虎耳山，僅帶五六百人，一半駐山，一半築壘。賊攻甚鋭，接應未到之先，獨自力戰，快砲放至一百八十餘，出隊勇傷亡過半。該鎮受槍子十餘處，幸傷皆輕，其弟督隊陣亡，撫創拒守，戰益力。聶士成相與聯絡，亦極奮勉。呂本元之馬隊亦皆能戰。銘軍憑土牆放砲，各軍亦深資其助。宋得勝、馬玉崑率游兵三千當二萬之衆，戰三時之久，卒以衆寡懸殊，傷亡太多，以致卻退。各防段爲賊隔斷，尚未接見各將領。此皆慶年邁才庸，籌維未當，致有此失，惟有請旨嚴議，另派知兵大員，膺此重任。頃至邊門收拾餘燼。現倭已過江西，鳳凰城無險可守。據東邊道宜麟，查有遼陽境之摩天嶺，右遏盛京之路，容即會商依克唐阿，妥籌布置。乞代奏。宋慶叩。勘。

清·姚錫光《東方兵事紀略》卷二《奉東篇三》 上奪葉志超職，以宋慶總統諸軍。時我軍駐鴨綠江北者爲：黑龍江將軍依克唐阿所部鎮邊等軍十二營，總統宋慶所部毅軍九營，聶士成所部蘆榆防軍四營，呂本元、孫顯寅等所部盛軍十八營，此即衛汝貴舊部，汝貴逮問，以呂本元、孫顯寅會統。劉盛休所部銘軍十二營，江自康所部淮軍虎勇五營，耿鳳鳴等所部奉軍各營，豐伸阿、聶桂林等所部盛軍此奉天之盛軍練軍十二營，新舊約及七十餘營，兵力甚厚。自依克唐阿一軍以外，諸軍皆宋慶節制。宋慶武人，能戰，無調度，非大將材，且諸將驟稟節度，多不悦，故諸軍畢集，仍散漫無紀。於時我軍皆斂屯江北，倭人遂平行至義州，去我軍渡江時已一月。我將帥仍蹈平壤覆轍，罔及時布置，遂縱倭人飛渡，邊圉虔劉，敵焰遂不可遏矣。【略】

是時，宋慶駐中路九連城，以聶士成率所部蘆榆防軍四營守虎山，銘軍等營守江岸；東路則依克唐阿所部分守安平河口、長甸各隘，西路則豐伸阿、聶桂林等分守安東、大東溝、大沽山諸城邑：是爲我東邊鴨綠江之防。

九月二十二日，倭人第一羣兵倭人自朝鮮境北犯渡鴨綠江入我奉天邊境者，自名曰第一軍，蓋以其從花園港登岸犯金旅之軍爲第二軍也。畢集於義州，作欲渡狀。我諸軍嚴防中路九連城江面，而倭人乃潛襲上下游，將以全力萃於中路，爲批吭擣虛計，我諸將竟不察。二十六日，倭人枝隊其將乃大佐佐藤彌太郎。出東路鴨綠上游，從我安平河口對岸朝鮮水口鎭徒涉而渡。初衹二三十名，擎槍探水徐渡。守口依軍見之，槍舉遙擊，礮臺亦放礮一二出。適倭兵回擊一排槍，依兵遂紛攘逃潰，礮壘守兵亦委而走。於是倭隊數百畢渡，而依軍誤入一山溝內無出路，復南旋搶出山溝，倭人攔山口截擊，死者百餘人，依克唐阿乃東北奔寬甸。是日倭人之第二羣兵亦襲登鼻子窩東之花園港。

倭人枝隊既渡東路上游，其義州大隊從中路義州稍東與虎山相直對岸，乘夜㠯水測量，當靉河口有沙淤屯積於江中，壅小渚二，倭人遂藉渚架橋，從南岸越兩小渚至北岸，跨架浮橋三座，終夜而成，而我軍竟不覺。二十七日侵曉，倭人先列礮隊南岸，隔江擊我，護其軍渡橋。於是倭兵渡者數千人，礮隊繼進。我守岸及守礮臺銘軍先潰，諸軍從之，惟聶士成所部尚保虎山不去；倭縱軍環攻，士成兵單，勢不支，戰一時許，亦退渡靉河而西，倭遂踞虎山。宋慶遣軍來爭，倭已畢渡遏我，乃還軍渡靉河，多擠溺，其踣於虎山側者相枕藉，於是我靉河東各壘皆爲倭據。宋慶恇懼北走，退保鳳凰城。二十八日，倭人遂入居九連城。

倭之未渡也，別遣枝隊其司令官爲少佐奥山氏循鴨綠江而西，屯麻田浦朝鮮境，安東對岸。以礮隔江擊我安東諸壘；至是，九連城倭兵亦分枝東下。豐伸阿、聶桂林不虞倭兵夾江下，亦棄安東奔岫巖州，倭人遂入安東。於是東起安平河口，西至安東，値鴨綠江口沿鴨綠江境皆爲倭有。宋慶所部諸軍既潰而北，依克唐阿一軍潰而東奔寬甸縣，豐伸阿、聶桂林所部潰而西奔岫巖州，而倭人益狡焉思逞已。

鳳凰城爲盛京東南孔道，城垣高整，我東邊道駐焉。時從宋慶奔鳳凰城者爲聶士成所部之蘆榆防軍、呂本元、孫顯寅所部之盛軍、江自康所部之淮軍仁字營、耿鳳鳴所部之奉軍、劉盛休所部之銘軍，並宋慶本部毅軍，雖經敗潰，而兵力尚厚。乃宋慶以鳳凰城不可守，請退扼大高嶺卽摩天嶺以守遼陽州東道入告，遂令聶士成等守大高嶺之石佛寺，呂本元、孫顯寅等守連山關、甜水站諸處，十月初一日，棄鳳凰城走；初二日，倭人遂入鳳凰城。初四日，詔宋慶回援旅順，慶乃率所部並銘軍而西，其戰事在金、復、海、蓋閒；詳見《遼東篇》而大高嶺之防，遂專統於聶士成。詳見後幅。

先是，倭奪我安平河口，依克唐阿奔寬甸。倭人遂東陷蘇甸、長甸，折而北趨。初六日，寬甸詗倭人來攻，依軍分統倭恆額列隊城南爲一字陣以待，依克唐阿乘閒出西門遁去，於是寬甸諸軍及蒲石河口守營從風北潰，倭人遂入寬甸。

是時，倭人第二羣兵已薄金州，初九、初十兩日，倭人第二羣兵連陷金州、大連灣。而東邊倭人復圖犯岫巖。此倭人由東邊西上之兵後抵海城。蓋自安東之陷，倭人枝隊其司令官乃第五師團之第五旅團少將大迫尚敏於十月初八日西犯大東溝，至大沽山。大沽山者，爲東邊西路要口，商賈所萃。日兵屯之十日，乃與鳳凰城之倭圖分兩枝夾攻岫巖：一枝從鳳凰城出，其司令官爲少佐三原重雄從何家堡西北行至高家店，折而西，經老爺廟至黄花甸，折而南，經領溝、黄岺子、興隆溝以攻岫巖之北；一枝卽駐大沽山之倭，其司令官卽大迫尚敏經土城子、關家堡、門子嶺、洪家堡子以攻岫巖之南。會豐伸阿、聶桂林自安東逃至，尚有步兵十營、馬隊三營，乃分兵北扼黄岺子以禦自鳳凰城南來之倭，南扼土門子、洪家堡子以禦自大沽山北來之倭。黄岺子地甚險峻，我軍時有馬步五營，居高臨下，敵難仰攻，岫巖北面之防，頗足自固。

二十日，鳳城倭已抵黄岺子山下，踰日，分兩道來攻，其前鋒數十人，越山奮登，後隊繼之，竟奪我黄岺子山頂。我軍棄險走，遽退保興隆溝。而我分駐岫巖南面之軍亦爲大沽山倭兵所逼，卽退走洪家堡子，復爲倭踞。豐伸阿等見南北兩路倭兵之逼也，遂棄岫巖，宵奔析木城。二十二日，倭入岫巖。自是凡東邊道所轄全境幾盡爲倭據。

於是東邊倭兵分爲兩大枝，一以鳳凰城爲老巢，日與我大高嶺防兵崎嶇角戰；詳見後幅一謀從安東、岫巖西犯析木城、海城。蓋自渡鴨綠江赴我奉天省城分兩大道，皆以遼陽州爲孔道：一由鳳凰城踰大高嶺，達遼陽而至省城，是爲正道；卽東道一由安東歷岫巖，經海城，出遼陽之西境，而至省城，是爲西道。倭人由鳳凰城前進，既扼於我大高嶺防兵，詳見後幅東道絕，遂改計將出西道。且是時倭之第二羣兵已陷我金州、大連灣，進逼旅順，旅順於十月二十五日失守，詳見《金旅篇》。東邊倭酋將分兵而孫顯寅統盛軍紮甜水站，江自康率仁字營紮老虎嶺，沈增甲、聶鵬程兩營紮齊家歲。倭人懼其草河口大隊牽綴於依軍，而鳳城老巢空虛，且慮士成之議其後也，亦於是日棄草河口旋鳳城。倭既棄草河口，我東路依軍、西路聶軍聲勢乃聯絡。依克唐阿遣軍自通遠堡會士成軍，合勢南進，而別從靉陽邊門繞道趨鳳凰城。立見尚文亦分其大隊爲二，半以守鳳城，而自率餘衆北行以禦我自通遠堡南下之師。

十三日，依克唐阿並士成部將夏青雲等大戰於通遠堡迆南之金家河。河行山峽中，峽寬才數丈，不足容大軍。倭與我爭左右山岡，午後，倭大隊繼至，我軍奮鬭戰三時，頗有斬獲，我軍傷亡亦衆。依克唐阿回屯草河口，夏青雲等還守分水嶺，而倭衆仍徘徊金家河、通遠堡間不去。是役也，依克唐阿本謀三路進師，乃出靉陽邊門兩路之兵，至十六日始抵鳳凰城東北一面山之東，距金家河之戰已閲二日，使鳳城守倭得爲之備。時留守鳳城爲其大佐友安治延。

是日，我兩路兵各與倭隊遇，爲我兵擊退。十七日，我師踰一面山，前鋒逼靉河而軍。時已逼近鳳城，而我前鋒不戒備，且罔偵探，倭人乘夜潛渡靉河來襲，從上風縱火，而以槍隊環擊，我軍方酣眠，多死傷，踉蹌大跳。倭兵從之，十八日黎明，我軍大戰於一面山南，槍礮互擊，而倭兵作散隊冒死前進。正相持間，復有一大隊倭兵自我左腋橫出，我後路馬隊先退，而我礮隊礮四尊復爲倭奪去，於是我左翼兵大潰。時右翼兵據一山坡，最得地，可俯擊，倭人死傷甚衆。乃左翼既潰，倭人萃於我右翼，將截繼後路，右翼亦不支，遂相繼越一面山退過長嶺子、三家子，十九日退至衡嶺，復遇倭隊。蓋倭酋立見尚文時在金家河未歸，聞我軍入靉陽門擣鳳城，乃分金家河倭兵狙伏衡嶺，以截我歸路。我軍自一面山之退，歸途亂次行，猝中伏，頗有喪失，馬隊統領侍衛永山死焉。

時安東之倭已西犯，陷海城，詳見前幅遼陽西路危逼，詔依克唐阿援遼陽，固陪都門戶。十二月初旬，依克唐阿遂拔隊赴遼陽州西路，自是依克唐阿遂去東邊。會吉林將軍長順、四川提督宋慶與海城之倭阻兵相持。而倭人亦以全力爭之，東邊之倭遂陸續赴海城，以是鳳城倭人斂兵分踞薛里站、康家堡一帶作守局，伏不動。聶士成以戰事起，衹聞敵來，未聞我往，故敵得前進無忌，電請於諸師，謂願親率精鋭千人直出敵後，往來游擊，截餉道，焚積聚，多方擾之，令彼首尾兼顧，然後以大軍蹙之，倭可克也；諸師止之，不果行。

十五日，依克唐阿、長順、宋慶約合兵攻海城，因電約各路同時大舉分倭勢。十六日，士成自率馬步千餘人過通遠堡、大甸子、金家河逼雪裏站，以圖牽制。而盛軍呂本元、孫顯寅、奉軍耿鳳鳴、仁字營江自康亦各出隊助士成；倭伏不出。十九日，我嶺防伏兵擊斃倭兵先鋒騎隊數名，倭遁去。士成自率數十騎往覘之，倭仍伏不出。二十一日，鳳凰城倭以大隊來爭關。士成偵知之，因於三更率隊越山而東，伏孔家屯以待。敵隊至，疑畏不前，而留屯西不去。二十七日，士成偵敵將至，以兵散伏陡嶺子、長嶺子一帶，令曰：『聞山巔號聲，悉吹洋號應之，即燃槍迭擊，蛇行鼠伏，時聚時散，使敵莫測我軍虛實，此奇兵也。』二十九日，倭隊果來犯，號聲槍聲同時並發，倭大駭竄退，自相踩躪，中槍多死傷，乃遁去。三十日，士成策倭必來撲，令夏青雲率隊伏土門嶺以待。乙未正月元旦，天微明，倭果以馬步五百餘人來襲。夏青雲突起奮擊，槍斃倭酋一名，倭返奔向雪裏站去，自是益堅伏鳳城不出矣。

又《金旅篇第四》 九月初二日，上命宋慶赴九連城守鴨綠江；詳見《奉東篇》。越日慶以所部行。李鴻章令提督姜桂題宋慶部分統募桂字四營、提督募程允和募□字三營以實旅順；又令提督衛汝成募成字六營，並所部馬隊兩營；正定鎮總兵徐邦道募拱衛軍三營，並所部馬隊兩營、礮隊一營、渡旅順協守，而以銘軍分統趙懷益募懷字六營，以彌大連灣銘軍之隙。

朝廷促海軍出洋偵敵，二十日，始出旅順口，旋威海。而倭人第二羣兵已自其國廣島北渡，其司令官爲陸軍大將大山巖。歷朝鮮之大同江，以兵輪十四艘護之，二十六日，襲據我花園港口。是日，我東路兵正敗於鴨綠江。二十七、二十八兩日連陷九連、安東等城。花園港西距金州約二百八十里，距鼻子窩約一百五十餘里。倭人初擬從鼻子窩登岸，以傍岸水淺不利渡登，乃東移花園港。港口居民見倭兵登岸駭奔，倭人餌居民四人登船，購鄉民衣服，使倭人能華語者服以入內地探我軍虛實。十月初旬，倭兵至鼻子窩。十月初一日，我東路兵已棄鳳凰城走。

方倭人之至花園港也，以浮碼頭運礮馬登岸甚艱阻，凡閲十二日始畢登，我海陸軍無過問者。及寇鋒抵鼻子窩，旅順聞警，徐邦道謂金州失則旅順不可守，請速分兵往逆之，顧旅順後路。時駐旅順凡六統領，新舊三十餘營，莫之應，邦道自率所部行。倭之至鼻子窩也，趙懷益部將數人請往禦，懷益不許，云：『我奉中堂指李鴻章令守礮臺，不與後路戰事；汝輩欲往鼻子窩拒敵，須請令方可。』邦道至金州，固請於懷益，始派哨官某率步隊兩哨隨邦道進。邦道乃會駐金州之練兵一營扼金州東道，分建礮壘於夾道兩山頂，每壘有礮四尊，倚以爲固，而壘右迆傍海岸有歧路可繞我軍後，令懷益部兩哨填守。

初七日，倭以馬兵一隊潛斷我復州電線，我探馬隊至劉家墩與倭前鋒遇失利。明日，倭至東邊山隘，見我兵勢盛，少卻，午後，以大隊至；初九日黎明，越嶺來犯，猛攻我壘右海岸歧路，卽派懷益部兩哨駐守之處。兵單不能支，壘兵愕顧，倭人乘勢撲壘，蟻附而上，遂奪山隘，我兵大潰，軍士喪亡者衆。邦道乞援於懷益不可得，而於大連灣碼頭自督勇丁運行李什物渡海作逃計。倭人未抵金州時，懷益已令人至烟臺售其所存軍米。倭已薄金州，攻東北兩門，以行營小礮三十餘尊與我城上之礮互轟擊，分道犯東北門。有倭卒負炸藥箱一，冒死舁置北門洞燃之。城門飛裂，守門兵弁駭散，倭兵遂擁入，轉趨東門，開城納倭兵。我兵由西門逃，死傷枕籍。殘卒走旅順，金州陷。

初十日黎明，倭兵分三路攻大連灣，我守臺諸營先一日多逃亡；是日，餘兵遙放數排槍，懷益遽奔旅順。十一日，倭海軍至大連灣，將攻奪，而見礮臺已立黑衣倭兵、無復中兵旌旗矣。我海疆礮臺，大連灣式最新，礮亦最利，創建於戊子，竣工於癸巳，以屏蔽南關嶺，爲旅順口後路扃鑰。山形左右拱抱，面東南作大海灣，灣之右岬曰黃山，迆左曰老龍頭，左岬曰和尚島，有礮臺五座：曰黃山礮臺，有二十一生特口徑礮二，長三十五倍口徑。十五生特口徑礮二；長同上，此皆長齒圈中砥柱海岸礮。以上皆克鹿卜礮。曰老龍頭礮臺，有二十四生特口徑礮四；德國克樓森齒圈中砥柱礮。曰和尚山西礮臺，有二十一生特口徑礮二，長三十五倍口徑皆魚骨練中砥柱礮。十五生特口徑礮二；長同上皆中砥柱一長齒圈一魚骨練。曰和尚山中礮臺，有二十一生特口徑礮二，長三十五倍口徑皆魚骨練中砥柱海岸礮。十五生特口徑礮二；長同上中砥柱一長齒圈一魚骨練。曰和尚山東礮臺，有二十一生特口徑礮二，長三十五倍口徑皆魚骨練中砥柱海岸礮。十五生特口徑礮二，長同上皆長齒圈中砥柱海岸礮。以上皆克鹿卜礮。是爲海岸礮臺。陸路則徐家山礮臺有十五生特口徑礮四，長三十五倍口徑仍克鹿卜魚骨練中砥柱礮。專顧後路。經營布置，凡歷六載，最稱鞏固。方倭兵將至時，我金州大連灣儲備軍械自勇丁配執兵槍以外，有海岸行營兩種礮凡一百二十餘尊，大小礮彈二百四十六萬數千顆，而自滬局運至行營快礮封尚未啓，華廠自製槍並德國槍六百數十桿、槍彈三千三百八十一萬數千顆及馬匹行帳諸式軍儲所蓄甚厚。惟餉銀經趙懷益先經運去。嚴城巨防，特兩日間竟委之去。大連灣有海軍碼頭，倭人據之，其大小軍資從此得登岸地轉輸前敵，而遼東之禍愈烈矣。

倭兵駐大連灣十日，始向旅順。我旅順諸將不亟以全力守南關嶺扼旅順咽喉，乃艤魚舟海曲作逃計，而各以糧臺餉銀移煙臺，其徐邦道之拱衛軍糧臺亦移避劉公島，士氣大沮。營務處龔照璵以金州陷，旅順陸道絕，大懼，逃渡煙臺，赴天津；鴻章斥之，復旋旅順。自照璵之逃，旅順軍民滋皇惑，船隖工匠羣搶庫銀，分黨道掠，旅順大擾。

二十一日，倭兵向旅順，踞南關嶺，過雙臺溝，抵土城子。是日我東路兵已棄岫巖走。時旅順六統領不相繫屬，共推姜桂題爲主。桂題庸材，無能爲，諸將互觀望，莫利前擊敵。金州之陷也，徐邦道率殘卒奔回旅順，至是憤甚，以部衆新創寡弱不足用，固請於桂題，欲增兵與倭爭後路，不許；乃請給槍械，桂題許之，令至軍庫自擇。邦道率其殘卒行，而慫恿衛汝成並進；汝成爲所動，從之。二十二日，邦道乃北拒倭兵，遇倭人前鋒馬兵於土城子南、水師營北。邦道奮擊，截倭人馬隊爲數段。俄有倭步兵來援，邦道亦麾兵包之，倭大窘急。未幾，復有其馬隊來援，邦道分兵往擊之，其受圍之馬步隊乘間逸去。邦道躡之，並運礮四尊於山頂要截，倭兵大挫，斬倭官一，我兵追奔過雙臺溝，是爲旅順第一轉機。乃倭人礮隊繼至，而邦道兵亦饑疲甚。蓋諸將不相顧，倭兵益增，而我無接應；且邦道新敗，無行帳，其步卒非回旅順不能得一飽，遂棄險要不守，仍退歸，而旅順事遂不可爲矣。是日，駐旅之魚雷艇八艘渡威海，而照璵已先一日乘魚雷艇逃煙臺。於是黄仕林、趙懷益、衛汝成三統領陸續潛逃内渡，其部下游兵公掠玉成官銀號，船隖工程局大小員司各挾庫儲重貴料件，爭僱民船載逃内渡，倉皇擾攘，卽非倭兵之來，而旅順固已不可守矣。二十四日，倭兵復大進，邦道仍往拒之，將爭倭兵所據山頂，徑進入伏中。倭礮隊自兩路出，截邦道不得前，且逼於倭人礮火，部卒死者百餘人，乃退。倭人於是逼旅順而軍。

方旅順兵事之棘也，諸將不布遠勢而跼於自守，當十月初旬，卽經營扼後山之計，循老蠣嘴後礮臺之北，沿山北趨，順山勢折而西，又稍北屬至元寶房藥庫之東，水師營之南，踰椅子山礮臺，再西而南抵洋沱凹，直走黑沙溝之北，邐迤包三面若半環形，依陸路礮臺，嚴軍自守；其無礮臺之處，彌以行營礮；行營礮之隙，護以槍隊；循山高下，補以土壘。當倭兵踞南關嶺後，旅順諸營自留守海岸礮臺勇丁以外，盡數分布後山，卽支行帳以宿。而備多力分，牽制既多，敵人轉得蹈我瑕隙。二十五日黎明，倭人以兵輪橫排一字陳於旅順海面包我東西各礮臺之外，而距岸甚遠，蓋以眩我將士耳目，牽我兵力，俾得專注陸路盡力來攻。是日，天甫明，陸路倭兵已分布於後山之防，西北兩面之外大小礮約百尊分排轟擊，而我西北角椅子山陸路礮臺尤倭人所注意，礮來愈猛，約數十尊，連環轟放，我椅子山以礮還擊，東路之松樹山陸路礮臺開礮助之，而東南面之黄金山、南面之饅頭山兩海岸礮臺皆以礮遙擊，相持及一點鐘。是時，倭步兵自西包而南及洋沱凹猛攻，我分守西面步兵不能敵。倭兵乘勢衝入，蟻附而登。我椅子山礮臺遂陷。是臺託地最高，可俯瞰各礮臺，掩擊後路。是臺失，則旅順口全局入其掌握，於是我案子山、測量臺兩礮臺皆不戰潰。倭人乃東攻松樹山礮臺，稍相持，我臺上之兵亦相繼潰。其大隊乃乘勢而東，合力攻我二龍山大坡山之九礮臺，我二龍大坡兩山諸臺亦陷。於是旅順陸防盡墮。倭兵遂入旅順市，循船隖石隄直指黄金山礮臺，守軍奔潰，倭人安步登黄金山。其口東摸珠礁、老蠣嘴兩海岸礮臺及口西之各海岸礮臺，均駭而奔。

方倭兵之入椅子山也，我陸路分界守兵已紛逃不可遏，各臺礮勇見之奔潰相屬，其近東口者潰而東，從東大道循海北去；其在口西者潰而西，循西面海邊北去；復扼於海而倭人兵輪礮火，避入老鐵山石洞，及夜乃出南關嶺，越金州奔復州；徐邦道、張光前、姜桂題、程允和四統領皆雜亂軍中大奔。我軍二十一日之勝，曾斬馘，歸懸旅順市。倭人恫怨，至是殘殺甚慘。

我旅順之防經營凡十有六年，縻鉅金數千萬，船隖、礮臺、軍儲冠北洋，乃不能一日守。門戶洞開，竟以資敵。自是畿甸震驚，陪都撼擾，而復、蓋以南遂遍罹鋒鏑已。

威海衛之戰與遼東之戰

清·姚錫光《東方兵事紀略》卷三《山東篇第六》 直督實兼北洋大臣。光緒乙酉，建北洋海軍，以奉天金州之旅順、山東福山縣之煙臺爲遼海關鍵，是爲北洋前敵，皆北洋大臣轄境。【略】煙臺爲互市地，其西南距一百八十里之威海，卽前明威海衛故地，最據形勝，乃建設軍府，我北洋海軍提督駐焉。海軍北駐旅順，南駐威海兩處，皆有提督署。威海值煙臺、成山成山頭屬榮成縣。之間，其海灣形若箕張，兩臂斜伸入海，作半環形；口外横劉公島，有若箕舌，循岸山嶺，蜿蜒回抱，水深至三丈以外，南口水淺最深處不過一丈七八尺；北口深至三丈以外，行大兵輪。海軍全隊駐泊於此。

朝廷以海軍根本所在，非水陸依倚不足控馭，於灣之南嘴建礮臺三：曰竈北嘴臺，有二十八生特口徑礮二、身長三十五倍二十四生特口徑礮三；身長三十五倍曰鹿角嘴臺，有二十四生特口徑礮四；身長三十五倍曰龍廟嘴臺，有二十一生特口徑礮二、身長三十五倍十五生特口徑礮二；身長三十五倍是爲南幫礮臺。灣之北嘴南嘴北嘴隔海相距約十四里，由南嘴循岸至北嘴約四十餘里。建礮臺三：曰北山嘴臺，三座有二十四生特口徑礮六；身長三十五倍曰黄泥溝臺，有二十一生特口徑礮二；身長三十五倍曰祭祀臺臺，三座有二十四生特口徑礮二、二十一生特口徑礮二，並十五生特口徑礮二：皆身長三十五倍是爲北幫臺。以上各臺之礮皆德國克鹿卜礮。守之者爲綏鞏軍統領道員戴宗騫，自統綏鞏軍四營駐北幫礮臺，而以分統劉超佩統鞏軍四營駐南幫礮臺。威海一灣，以劉公島爲屏蔽，島距威海南嘴約八里，距北嘴約四里。於島設礮臺二：西曰黄島礮臺，有克鹿卜二十四生特口徑礮四、身長三十五倍英國阿母斯脫郎地阱礮二，臺左設快礮二；

東曰東風掃灘礮臺，有二十四生特口徑礮二、身長三十五倍二十八生特口徑礮一，身長三十五倍，以上亦皆克鹿卜礮。外並零星礮臺數所：是爲劉公島砲臺。守者記名總兵張文宣，統□軍兩營駐焉。甲午兵事興增兩營。其劉公島至威海南嘴之間曰日島，上建礮臺一，有滬造阿母斯脫郎地阱礮二、英十二生特快礮二，是爲日島礮臺。其南幫後路曰所前嶺臺，有十五生特口徑礮二、身長三十五倍十二生特口徑礮一；身長二十五倍又南曰楊風嶺臺，有十五生特口徑礮二；身長三十五倍十二生特口徑礮二；身長二十五倍是爲南幫陸路礮臺。其北幫後路曰合慶灘臺，值北山嘴後路有十五生特口徑礮二；曰老姆頂臺，值威海城北有十五生特口徑礮二，並十二生特口徑礮二：以上陸路礮臺皆用克鹿卜礮。是爲北幫陸路礮臺。於威海南北幫及劉公島西岸，各設火藥、子彈、軍械諸庫，而南北幫有水雷營、電氣燈、武備學堂，劉公島有鐵碼頭、製造局、水師公所，並學堂。於是威海爲我海軍建牙重地。

自威海南嘴循岸迆而西，復折而東南趨，約百四十餘里，直至成山頭。沿岸皆山自威海北嘴，循岸西北轉，約及二百里，至煙臺，駐有漢中鎮總兵孫金彪所部嵩武軍四營，而候補道李□□統嵩武軍五營駐登州，登州鎮總兵章高元統嵩武軍兩營駐膠州，經營膠州礮臺，與威海劉公島諸軍，皆隸於北洋大臣。

甲午之夏，東方事起。朝廷憂山東起爲畿疆左輔，起前署廣西巡撫臬司李秉衡撫山東，而移前撫福潤安徽。

七月初九日夜半，倭艦十二艘自西北來，窺威海，黎明，作横一字陳前進，距岸約二十里，前卻伺測。無何，以四巨艦猛進，至口外十餘里，時距口約八千密達，每密達合中尺三尺一寸五分。發礮擊我北山嘴臺，子落臺前水際，距臺尚千餘密達，其子母礮彈擊傷我傍口小糧船一隻。我北山嘴臺發礮兩出，皆中之，頗傷其軍士。其艦東南移，我南幫之竈北嘴臺、鹿角嘴臺同時夾擊，中四出；劉公島南嘴礮臺中一出，一倭艦創最甚，兩艦掖之去，辰刻，全隊始駛向東南逸。是日駐煙臺之嵩武軍派左營並後營三哨往守雙島，以固威海後路。

蓋自煙臺沿海東南行，四十里至龍門港，此港上通寧海州。又四十里至甯海州，又東南歷孟良口、山隘要路上莊，有港通海凡六十里至舊館，又二十里至麓島，山隘要口踰麓島而東南行至楊亭，爲往榮成大道。若折而東行，十里至雙島，又東行三十里乃威海衛故城，皆山嶺崎嶇，少坦道。十二日，上莊港口有倭兵七八人登岸測量。時有李統領率所部福字兩營駐守，適在山操演，遙見之，不往掩捕，而放排槍。倭徐下船去，李統領以捷聞。

二十七日黎明，倭艦三艘來窺，距北山嘴尚遠，我礮臺開五礮，皆未中，倭船亦駛東南去。

八月中旬，我海軍以衛銘軍赴大東溝，遇倭艦隊戰於鴨綠江口外，喪兵輪五艘，存者多被創，駛入旅順船塢修治，詳見《海軍篇》。於是威海備愈虛。

九月四日，倭艦五艘從東南來，我北山嘴臺擊之，第一出中其頭船望樓，並燬其煙囱上半；若連環追擊，可擊沈，乃次出誤提操練樣彈出庫，及易彈而倭艦已遠。是月杪，我海軍餘艦歸威海，而口外時有倭艦窺伺，三五日輒至，惟避我礮臺，率距三十里外遊弋。

十月，巡撫李秉衡來駐煙臺，初六日巡視威海、劉公島諸礮臺。秉衡之抵山東也，時我東征兵事已棘，識者知倭禍必中山東。其武定、萊州、登州諸府，海面遼闊，東省羣吏有增募三十營以塞登萊諸海口之請，秉衡不許。及駐煙臺，遼東敗耗日聞，且知倭人將圖山東，戴宗騫以威海後路空虛，非守臺勇力所能兼顧，亦請別籌一軍分屯後路，以固威防。秉衡允之，而僅調福字兩營屯北幫，後其增募惟襄字兩營又兩隊每隊二百五十人並福字三隊，一隊三百人、兩隊二百人。皆駐煙臺，零星屯戍，不足成軍；且軍械不預具，率配以舊士槍及故前膛來福槍，將趨向敵，餉亦寡薄，士氣阻退。及警問日至，巡撫始調河防營，以閻得勝統之駐榮成。河防營者，河漲則集，漲平則散，無常餉，知畚鍤，不知行陳，蓋土夫，非戰兵也。又以羽檄調青州駐防步兵千、馬隊二百，亦窳陋不可用。於是山東沿海等於無兵。

自十月以來，海氛愈逼。初七日，倭船二十餘艘來威海，距口約萬餘密達，一艘直犯竈北嘴；我礮臺將開礮擊之，始轉柁逸，將夕，俱駛至北山嘴西北山後下椗，復以魚雷夜襲北口，見我有備，乃遁。初八日，駛往東北去；初九日，復來窺測。蓋倭艦恆以夜自東來，輪成山頭卽去桅燈，候明假朝暾瞰我臺壘，意狡甚，嚮晚仍駛往成山海面。

初十日，奉天之金州、大連灣相繼陷，倭逼旅順，山東防益急。二十日，秉衡調福字一營駐雙島，令嵩武左營及後營三哨旋煙臺。而口外日有倭船循環探我。二十五日，或謂倭人於龍門港登岸，復令總兵孫萬齡率嵩武左營往駐龍門港。是日，旅順失守，潰弁逃將皆麕集煙臺，若龔照璵、衛汝成、趙懷業、黃仕林皆匿漁舟南渡，復震於秉衡之威，微服亡去。是時倭氛漸逼，戴宗騫思脱身去威海。適有倭人將自龍門港登岸之信，宗騫遂請以威防交鞏軍分統劉朝佩，而自率綏軍出爲遊擊軍。丁汝昌、劉朝佩偵知之，力請於鴻章，阻其行。十一月初四日晨，大霧，倭船二十餘艘駛近北山嘴，我礮臺擊之未中。倭艦卽南行，復近南幫礮臺，我寵北嘴鹿角嘴兩臺擊之，斷其船桅，其横杆風篷均落海面，而劉公島礮臺不夾擊，致遁去。

是月海城陷，奉天危急，秉衡令登州鎮總兵章高元率所部嵩武軍北渡赴營口援遼東。

倭人以未能得志於山東也，知威海之防尚嚴，非兵輪所能闖入，乃襲犯大連灣旅順故智，取遠勢登陸，抄我礮臺後路，且知我礮臺後路無游兵援應也。十二月初四日，成山頭右側龍鬚島來倭船一，登岸者八人，中有華人四，操廣東、山東音者各半，在近村購食物並鵶片煙，與村民狎，得威海、成山兵防狀以去。蓋登萊民多服賈遼東，頗受倭人餌，每歸山東，爲之細作，熒惑内地；於是登萊民心頗浮動，不憚倭，至甚有仇視官軍不願諸營駐守其地者，倭人以是隨處登岸無顧慮。

宗騫偵倭自龍鬚島登岸，初九日，抽綏鞏軍四哨往赴島。初十日，秉衡令嵩武左營營官孫萬齡自龍門港移屯舊館，爲榮成、威海聲援，而以襄字左營並新兵一營自煙臺移駐龍門港，以新募之福字三隊七百人益萬齡軍。

於時金旅既失，海城、蓋平相繼淪没，而倭人必欲躪我威海，以盡墮我北洋門戶。十二月十五日。倭陸兵第二師團、第六師團仍稱第二軍，其司令官仍陸軍大將大山巖也。自其國廣島渡海，集於大連灣，合金、旅踞倭數枝隊，幾二萬人，以兵輪二十五艘衛之，將赴山東，意在成山登岸，而先北擊登州，以綴我師不及南顧。二十三日夕，有倭船三艘吉野、浪速、秋津洲突攻登州甚急。州瀕海爲城，面臨大洋，夜二更許，有開花彈一擊入城内，居民駭竄。二十四日，登洋倭艦駛往成山海面，晚復來犯，逼近海岸。城上舊有明時防倭銅礮一，前明戚繼光鑄，名曰鎮海候。登防統領總兵夏辛酉登州舊防嵩武五營本李□□統，秉衡至，撤李而易夏，益以數營，登防頗固。遽發是礮擊之，中其船面，倭艦亦退，蓋倭以登州、威海間阻煙臺通商地，不利行師，原不欲於此登岸也。

清・王炳耀《甲午中日戰輯》卷五《遣使議和・朝鮮紀亂八》

（八月）十五日，又有一兵艦直至威海北首砲台十里外之海面，砲台發口徑九寸之砲，中其船面，始飛駛而去。或曰此西京丸也。而日本報則又聲言：在威海口外游弋之水師，計有兵艦十三號，水雷船十五隻，兵一萬七千名，且於各要隘密布水雷，蓋誠有咄咄逼人之勢矣！況乎狡獪之謀，尤有出人意外者，黃羊祀灶之日，忽以三兵艦進犯登州府，燃放大砲，殘害良民。登州兵力本薄，駐防威海之華軍，不免掣動，豈知日本之志，全不在於登州，故僅遣偏師肆其騷擾，迨華軍全力注於西北，卽以重兵直趨東北岸之榮城灣。二十五日，日兵三萬五千人徑由落鳳灣登岸，中國之駐防榮城者，僅有閻守禮等裨將數員，或迎戰不力，或救援不及，榮城縣登時失守。榮城既失，日兵可拊威海砲台之背，是又將蹈旅順之覆轍矣！

【略】

然而鑑帥之與龔革道，相去豈直天淵哉！日兵犯旅順，龔革道望風披靡，日兵犯威海，鑑帥則督率將弁，激勵士卒，誓死不去，防守愈堅，雖除夕之令節，元旦之良辰，振刷精神，分毫不懈。日本狃於平壤之勝，以爲葉志超等諸革員正值慶賞中秋，遂得乘間闌入，今當改歲之際，度華軍必稍解嚴，因先於二十八日，徑以戰艦運兵至寧海，卽圖登岸。孫軍門金彪率師禦之，日艦始退。旋於元旦寅刻，以兵艦十九號突攻威海砲台，其時北洋海軍各艦均駐泊於劉公島畔，按威海形如鎖殼，劉公島適峙其中，與海岸不相聯綴，而其東西貳隘口有一夫當關萬夫莫開之勢，定遠、鎮遠貳鐵艦各守壹隘，深合機宜。深知日本之伎倆，必將乘我不備，因議藉紅衣大將軍之神威，以代驚山魈之爆竹，先期與砲台相約會，各燃電火，遠燭重瀛，忽瞭見日船鼓浪而來，立卽豫備迎剿。日艦分爲兩隊，第一隊先至，帶同水雷艇數隻，直逼口門，卽海岸與劉公島相距處。砲台兵艦壘發大砲及格林砲，聲若巨霆，各日艦受傷駭遁。水雷艇不耐風濤，又經砲火，隨波臣而去者三隻，第二隊日艦不敢戀戰，捩舵而往東南，直至不見煙影，華軍始奏凱歌，此海戰之大略情形也。當日艦之潛窺東海也，華軍防範日密，每距十餘里，必安一營，元旦寅末卯初，日本陸軍約一萬二千人與水師並發，直偪威海之西。中國先鋒營適當其衝，是營有馬隊八百人、大砲四尊、掌砲洋將一員，瞭見日兵將近，即退入林中，負險力拒，且飛電傳知後路，火速求援，守護威海城之劉軍門得電，即飭海軍砲兵六百名，攜帶格林砲十二尊、快砲六尊，星馳而至，更調洋將所帶之陸軍四千人，攜大砲十二尊，隨後策應，日兵始退。其分犯他處之日兵，自榮城出者，亦皆退避。時交巳正，日兵已退至英程十五里外。約合華程五十里。是役也，華軍共傷亡八十七名，日兵之死者不知其數，事後拾獲日兵所遺之洋槍四百七十九枝。元旦下午，日兵又自他途進，華兵仍悉力抵禦，無懈可擊。初二日，日兵從迤東一帶進犯，又遭華軍擊退。此陸戰之大略情形也。

《馬關條約》簽訂與三國干涉還遼

清·吳汝綸《李文忠公全集·電稿》卷二〇《寄譯署光緒二十一年二月十五日酉刻》　頃會議，伊藤等交到停戰要款云：『日本兵應佔守大沽、天津、山海關所有城池堡壘，我軍駐各處者，應將一切軍需交與日本軍隊暫管；天津至山海關鐵路由日本軍務官管理；停戰限期內，軍事費用應由中國支補。如允以上各節，則停戰限期及兩國兵駐守劃界及其餘細目再商』等語。要挾過甚，礙難允行。伊限以三日即覆。又詢所索條款。伊謂已預備，俟此議覆到，再給閱商。看來昨添調出口之兵，恐仍赴北，將分攻榆關、津沽，請密飭各軍嚴備堵剿爲要。乞代奏，候速電覆。

又《譯署來電光緒二十一年二月二十八日午刻》　奉旨：『李鴻章兩電均悉。第二電中未載辯論之詞，不知日內又有續議否？閱所開停戰各款，要挾過甚，前三條萬難允許，必不得已或姑允停戰期內認識軍費；但恐祇此一事仍難就範。昨令奕劻等與各公使面商，均以先索和議條款爲要。可告以中朝既允議和，無不推誠相與，可允必允，無須質當；其停戰期內認給軍費一節，可以允許。若彼仍執前説，則以難允各條暫置勿論，而向索和議中之條款，務將朝廷誠心議和之意切實講論，婉與磋磨，總以先得議款爲要。與有辯論續電撮要以聞。各國公使中，俄、德、英三處均已致電本國矣。再，此時和款尚未交到，李經方熟悉彼中情形，諒能得其底蘊，宜如何密籌釜底抽薪辦法，使和議不至中梗，應飭該員盡力爲之。此數日內各海口尚無警信，該大臣電末數語大意已諭劉坤一、王文韶知之矣。欽此。』

又《寄譯署光緒二十一年二月二十八日未刻》　二十五會議，當告以前三條地未失先佔，無此情理。設限滿和議未成，京畿門戶險要何恃？屬其另議辦法。伊堅不允，故略停頓。今已辦定駁覆文，約申初面交，將停戰姑置勿論，索取議和條款。至認給軍費一節，係停戰常例所有，似不足動之。俟議款接到，再電聞。

又《寄譯署光緒二十一年三月初七日酉刻》　本日未正，日本交到締和條約，訂明第四日内未正回覆，或將約内各款全行承允，或將某款更行商酌等因。

第一款，清國認明朝鮮確爲完全無缺之獨立自主，凡有虧損獨立自主體制，即如該國向對清國所修貢獻典禮等，嗣後全行廢絶。

第二款，清國約將管理下開地方之權，並將該地方所有堡壘、軍器工廠及一切屬公物件，永遠讓與日本：

第一，下開劃界以內，盛京省南部地方，從鴨綠江口起，溯該江流以抵三叉子，從此向迤北畫一直綫，抵榆樹底下，從此向正西畫一直綫，以抵遼河，從該綫與遼河交會之限起，順該河流而下，以抵北緯四十一度之綫，再從遼河上劃綫起，順此緯度以抵東經一百二十二度之綫，再從北緯四十一度東經一百二十二度兩綫交會之限，順此經度以至遼東灣北岸並遼東灣東岸及黄河北岸屬盛京省諸島嶼。

第二，臺灣全島及所屬諸島嶼。

第三，澎湖列島，散在於東經一百十九度起至一百二十度、北緯二十三度起至二十四度之間諸島嶼。

第三款，前款所載及黏附本約之地圖所劃疆界，俟本約批准交換之後，兩國應各選派官員二名以上爲公同劃定疆界委員，就地踏勘確定劃界，若遇本約所訂疆界於地形或治理所關有礙難不便等情，各該委員等當妥爲參酌更定，從速辦理界務，以期奉委之後，限一年竣事。但遇各該委員等有所更定劃界，兩國政府未經認准以前，應據本約所定劃界爲正。

第四款，清國約將庫平銀三萬萬兩交日本國作爲賠償軍費，該賠款分爲五次交完：第一次交一萬萬兩，嗣後每次交五千萬兩；第一次應在本約批准交換後六箇月之內交清，所餘四次應與前次交付之期相同，或於期前交付。又第一次賠款交清後，未經交完之款，應按年加每百抽五之息。

第五款，本約批准交換後，限二年之內，日本國准清國讓與地方人民願遷居讓與地方之外者，任便變賣所有田地退去界外；但限滿之後，尚未遷徙者，宜視爲日本國臣民。

第七款，日本軍隊現駐清國境内者，應於本約批准交換之後，三箇月内撤回；但須照次款所定辦理。

第八款，清國爲保明認真實行約内所訂條款，聽允日本軍隊暫行佔守下開各處：盛京省奉天府，山東省威海衛。日本查收本約所定應賠軍費第一第二兩次之後，撤回佔守奉天府軍隊，末次賠款交完之後，撤回佔守威海衛軍隊；但通商行船約章未經批准交換以前，日本仍不撤回軍隊。所有日本軍隊暫行佔守一切需費，應由清國支辦。

第十款，本約批准交換日起，應按兵息戰云。

科士達擬請總署密告英、俄、法三公使，現日本已將和局條款出示，其最要者：一、朝鮮自主；二、奉天南邊各地、臺灣澎湖各島盡讓與日本；三、賠兵費庫平銀三百兆兩。查日本所索兵費過奢，無論中國萬不能從；縱使一時勉行應允，必至公私交困，所有擬辦善後事宜，勢必無力籌辦。且奉天爲滿洲腹地，中國亦萬不能讓。日本如不將擬索兵費大加删減，并將擬索奉天南邊各地一律删去，和局必不能成，兩國惟有苦戰到底。以上情節，并祈詳密告知三國公使。至日本所擬通商新約詳細節目，一時務乞勿庸告知各國，恐見其有利可霑，彼將協而謀我云云。

鴻按第六款重訂通商新約節目甚多，並添開口岸：北京，沙市，湘潭，重慶，梧州，蘇州，杭州七處，皆各國多年願望不可得者。容卽續電，請先核明代奏詳示。

又《寄譯署光緒二十一年三月十六日亥刻》 申正，伊藤約同會議，言停戰期迫，業將約款酌減改定，萬勿再有移易。内開：

一，讓地劃界，從鴨綠江口起，溯至安平河口，又從該處通至鳳凰城、海城及營口，劃成折綫，以南地方，所有各城市邑皆包括在界綫内，并遼東灣東岸及黃海北岸盛京所屬各島嶼。又，臺灣全島及所屬諸島嶼。又，澎湖列島，照英圖東經一百十九度起以至東經一百二十度，及北緯二十三度起以至二十四度之間諸島嶼。鴻查所劃界，寬甸已不在内，營口至金州均在界綫之内。

一，中國將庫平二萬萬兩賠償日本軍費，分八次交清：第一、第二次各交五千萬，在本約批准交換後起，每六箇月交清一次；其賸款，約六年内分交，仍按十二箇月算交一次。又從交付賠款第一次起，未經交完之款，按年加每百抽五之息。但中國無論何時可將應賠之款全數或幾分交清，照算免息。

一，保明認真實行約内所訂條款，允日本軍隊暫佔守威海衛。又於所訂第一、第二次賠款交清通商行船約章批准交換後，兩國政府商定辦法，將通商各口關税作爲賸款本息之抵押，日本允撤回軍隊；儻不確定抵押辦法，則未經交清末次賠款之前，日本應不允撤回。但通商行船約章未經批准交換以前，雖交清賠款，仍不撤回軍隊，所有日本軍隊佔守一切需費，應由中國支辦。

以上三條，伊藤聲明此係文武熟商再三核減盡頭辦法，請三日内回信，兩言而決，能准與不能准而已。鴻與反覆辯論兩點鐘之久，毫不活動。看其口氣過緊，未復申論營口爲通商口，萬不能讓。伊云：『兵力所得，舉國咸爭，我亦不能讓。』鴻云：『臺灣日本兵所未及，何不能讓？』伊云：『彼水陸雲集，無慮終不能得，應請早讓。』賠款二萬萬，鴻勸其再減五千萬，亦堅不允。似此乘勝貪横，悍然不顧，實非情理能喻。伊請三日回信，儻不准，定卽添兵，廣島現泊運船六十餘隻，可載兵數萬，小松親王專候此信，卽日啓行。鴻力竭計窮，懇速請旨定奪。再，東文約條尚未細繙，大致於通商添口重慶、沙市、蘇州、杭州四處已減三處，原約第三條税則亦自删去，餘俟查明續電。望速核酌電覆爲幸。請代奏。

又《譯署來電光緒二十一年三月十七日卯刻》 奉旨：『李鴻章十四日午刻酉刻、十五日辰刻三電均悉。所稱敵所已據處爭回一分是一分，所未據處絲毫斷不放鬆。李鴻章於此事通籌熟計，全局在胸，駁論允許，皆有步驟，於朝廷規畫之艱，庶能深相體會，閲之稍慰系懷。至請預示允添之處，卻難即時懸定，仍在李鴻章相機因應，視其情詞緩急，以爲迎拒之方。彼既垂涎金州之礦，臺灣此利尤鉅，該大臣現與力爭兩處土地，能允固善，必不得已，或許日以礦利，而土地人民仍歸我有；此姑備一説，無非爲保全境土起見。伊藤口氣雖緊，殆爲武員所迫，觀其相邀密語，究似尚可與言，總應以中東唇齒大局攸關，毋令西國攘漁人之利，所索條款往返磋磨，正爲將來不肯爽約，永保和局地步。令李經方將此意，向其反覆開陳，毋因無益費詞，遂爾中止。』

又《覆譯署光緒二十一年三月十七日午刻》　頃細繙伊藤昨改訂第六款，通商除刪去順天、湘潭、梧州添口，外餘四處照舊。蘇、杭生意久已歸滬，似無甚礙。又將原約通商第三條所稱進口出口每百抽二抵代稅概行刪除，係因連日辯論通例正半稅不容減改，故自行刪去，而將第四、第五、第六原條向前移置。其第七條疏浚吳淞江亦刪。現約通商共衹五條，可無甚駁改。又原約第八款留軍佔守奉天府，亦經駁刪，僅暫佔威海衞一處。其留軍隊需費，議在償款内總算，伊仍不允，應俟事定詢明人數再議。再，諫電奉旨敬悉。金州已據固難爭回；彼垂涎臺灣甚久，似非允以礦利所能了事。伊等驕狂太甚，屢以西人攘利開導，毫不爲動，經方亦無能解説。英已坐視，未知俄廷意見何如？請代奏。

又《寄譯署光緒二十一年三月十七日戌刻》　頃接伊藤函稱：『昨呈所改約款，實係末尾盡頭辦法，務祈四日内切實回覆。前交節略，所稱中國爲難情形，我已細看細想，故跌至無可再減之處。賠款減三分之一，分期交款較長；留軍佔守減去奉天一處；賠償賸款抵押不指地而指關稅；不提内地釐稅；不提挖吳淞：此皆使中國易於籌款，便於償費。又減少奉天前索地界，設戰事日進一日，將來無所底止，到那時再行議和，斷不能如此便宜』等語。鴻思所索各款，惟臺灣日兵未到，即欲相讓，無理已極，斷難輕允。然伊昨面談，語已決絕，今又來此函，似是哀的美敦書，應如何應付之處，伏候速示遵辦。請代奏。

又《譯署來電光緒二十一年三月十九日巳刻》　奉旨：『李鴻章十六、十七兩日電奏三件均悉。日本續送改定酌減條款，雖通商各條所爭回者甚爲有益，惟兩大款關繫最重，賠費已減三分之一，若能再與磋磨減少若干，更可稍紓財力。讓地一節，臺澎竟欲全佔，奉省所退無幾，殊覺過貪。前電姑許礦利，該大臣慮其不允。爲今之計，或允其割臺之半，以近澎臺南之地與之，臺北與廈門相對，仍歸中國。奉天以遼河爲三省貿易出海之路，牛莊、營口在所必爭，著該大臣將以上兩節再與竭力辨論，冀可稍益大局。伊藤連日詞氣極迫，儻事至無可再商，應由該大臣一面電聞，一面即與定約。該大臣接奉此旨，更可放心爭論，無虞決裂矣。欽此。』

又《寄譯署光緒二十一年三月十九日巳刻》　頃接嘯電，奉旨敬悉。伊藤十七晚送到哀的美敦書，詞已決絕，無可再商；昨雖覆函，略加駁論，必置不理。即使會晤，再行磋磨，割臺之半與之，亦必不允；一島兩國分治，口舌既多，後患亦大。至奉省劃界至營口，牛莊已不在内，營口稅利，豈能遽舍，此皆不妨辨論及之，實恐難望轉圜。且停戰第六款内稱，如期内和議決裂，此約亦即中止云。若議不合，必至決裂。察看近日日人舉動，已遣運兵船二十餘艘由馬關出口赴大連灣，並令法、美觀戰探事人隨隊往前敵，其意可知；恐非即與訂約不可，不得不先奏明。

又《寄譯署光緒二十一年三月十九日酉刻》　頃派伍廷芳往伊藤處告知，總署已電飭前敵將帥勿再違約。據伊面稱，華軍不諳公法，動輒妄爲，恐不待停戰期滿，已先開仗。並催允定和約。覆信謂廣島已派運兵船三十餘艘出口，赴大連灣，小松親王等明日督隊繼進。若再商改約款，無意遲延，即照停戰款内和議決裂，此約中止辦法等語。是其愈逼愈緊，故可再商。應否即照伊藤前所改訂條款定約，免誤大局，乞速請旨電飭遵辦。

又《寄譯署光緒二十一年三月二十二日辰刻》　昨與伊藤商定讓地、劃界一節，末添『營口之遼河，以河心爲界』，則東岸屬彼，西岸仍歸我。賠款一節，末添『如從條約批准互換日起，三年内能全數清還，除將已付兩年半利息於應付本銀扣還外，餘仍全數免息』云，計尚可省息銀一千數百萬。惟款鉅不易借貸。伊藤亦知中國支絀，謂外國借債可三四十年分還，期長利輕，力亦稍紓，可備參酌。又第五款讓地遷民一節，末添『臺灣省應於本約批准互換後，兩國立即各派大員至臺，限於本約互換後兩箇月内交接清楚』云，磋磨再四，始允照辦。鄙見似宜派唐署撫就近與日員妥議。至臺民願遷與否，曉諭不服，恐生事變，與華官無涉。伊謂交接後，責在日官，必不怨華。唐撫前電有臺民誓不兩立之説。務祈密諭，未交接以前，妥爲撫循開導。又第六款通商內地租棧一節刪去『官勿得干預。』又納稅用庫平與關平不合，日本銀圓難强收，此條全刪。又日商僅准在通商口岸用機器製造，合併聲明。至日本運兵船多隻由馬關出口赴灣旅屬實，原約雖定於批准互換後停戰，未互換前彼此均應按兵不動。明日畫押，當再商辦。經述請假省親，自係未知已定約畫押，請飭勿來。乞代奏。

又《覆譯署光緒二十一年三月二十八日戌刻》　頃奉感勘兩電，敬悉臺多亂民，儻官爲唆聳，徒滋口舌，貽累國家。二十一與伊藤問答，已逐層聲說，預爲地步，談草可覆按也。伊意極剛愎，云將派重兵前往收地，並派文員會商。其派往或在互換和約之時，卽臺民抗拒交戰，若無官兵在內，未便歸咎於我，我亦有詞。伊現盼我批准，若將此等情形電知，告以交接一事難辦，屬另籌妥法，彼必疑我悔約，另起波瀾；或俟派大員互換時面商。惟伊言擬派總書記官伊東換約。伊東係其心腹，惟命是從，斷不敢議改已定之約。至王之春謂法前讓德兩省，其民兩籍相參，財產自主，此乃西國通例，不獨該兩省爲然。日本定例又異，二十一與伊藤議及，彼執不可。詢經方云，日通商口及內地向皆不准外人置產，固非飾詞。俄、德、法如向日本理論不允新約，想該駐使等已告知，何日覆信，乞密示。日催批准互換，或慮及此。日甚倔强，非三國動兵，恐不肯聽。若互換愆期，則責言及兵爭又至，望愼籌之。

清·曹和濟《津門奉使紀聞》　侍郎張蔭桓、台灣巡撫邵友濂奉命至日本議款，稱倭藉詞照文不合不與議，須換著名大臣來。正月十九日，旨乃以雲貴總督王文韶署直隸總督北洋大臣，開復李鴻章一切處分，赴倭議和。相以正月杪入覲，聞力請遷都戰。又電詢倭相伊藤和款規模，隱約傳有索山東、台灣諸悖慢語。相請受訓條而行。皇上但許賠兵費，皇太后迄未見也。【略】

相以二月中旬抵津，【略】迄是津榆遼錦皆告急，更有十九日攻打天津之謠。都下惶惶，旨趣李鴻章速東渡。【略】

李傅相於十八日攜前出使日本大臣李經芳、道員羅豐禄馬建忠等十員登輪出大沽口，在成山停泊一日，廿三抵馬關。廿五寄津電八字曰：『不允停戰，家眷速行。』次午，總署電直督，稱倭要挾多款難允，津沽一帶須嚴防。【略】

三月初三日，相電止津眷未行可中止。初五電總署，倭允停戰三禮拜。相高年涉遠洋，受巨驚，又伊藤嘗以『此次並淮軍都不爲中堂作臉』諸奚落語，挾制語相侮弄，驚憤，輒夜作譫詞，髣髴似言當年攻打蘇州爲『賊』追殺狀，午飯後卽迷頓。東京美使代達總署。十三日奉旨添派李經芳爲全權大臣會議和款。【略】

二十一日，相電夔石制軍，稱『倭索既得之奉天，又索未得之臺灣並巨款，尚謂是盡頭辦法；內廷迄未復，知甚躊躇。現已派二十餘艘至大連灣，議不成卽犯京畿，爲保京不得不爾，以後看各國辦法。』蓋其時已有各國欲出爭論説，希冀定約後排解。遂以割臺、割奉，償款二百兆，威海駐兵，仍歲給兵費五十萬，蘇、杭、重慶、沙市通商，攜機器入內地製造，朝鮮不修貢中國，關涉倭軍罪人悉寬貸，諸窮兇極惡萬不能允之款簽約歸焉。

相以二十六日旋津，卽請假，李經芳亦不入都覆命，派道員伍廷芳齎約赴京，定四月十四日在烟台換約。一時京師巨僚多交章論列，翰林院亦有公摺，公車諸孝廉集楊忠愍祠聯名上書，走都察院請披闔代陳，各省督撫亦有封章諫阻。劉峴帥奏謂關內外現陸續分布四五百營，詎不足當一戰？卽戰終不勝，納款爲城下盟，亦不過爾爾。駐關外之提督唐仁廉、總兵余虎恩等皆電奏請戰，詞極憤惋。兩江總督張之洞聞和款後，繞榻彷徨三晝夜，累疏皆洋洋千數百言，謂『地險、商利、餉力、兵權爲倭寇一朝奪盡，神人共憤。大學士李傷重昏迷，一切皆李經芳冒昧應允，與仇不若與鄰。請聯絡各國，以新疆數城賂俄，以西藏之後藏一帶賂英，使助我剿倭』。直藩陳寶箴亦密建此議於王文韶，並致書津中，慨謂『今無申包胥其人，令人思曾惠敏不置』，以駐各國者不聞作秦庭哭也。【略】

俄廷首致倭電，謂議和割地無此辦法，倭竟覆以改議民心不順。又密以金、復、海、蓋許俄，俄覆暫緩。法、德本爲俄牽制，助我之耗，皆惝怳。【略】（四月）十一日，張之洞奏俄已派大戰艦二十餘隻由滬赴烟，烟電亦稱俄、法、德皆有兵艦到口，俄兵艦皆去橫梔門窗，交商船帶回海參崴；黑龍江將軍增祺奏：准俄提督咨稱：旱路由齊哈爾、水路由江幷恰克圖出兵萬二千人助我剿倭；駐津俄領事亦據本國電詢李傅相和約外有無中倭相助密款，勢頗赫。皮子窩倭兵均紛紛竄韓。十二日，駐俄國大臣許景澄電總署，稱倭已允讓全遼。駐京法公使謂，仍須添償兵費。電旨飭許告俄廷嚴拒。十三日，美使田貝述俄、法、德三國意電倭展換約期，傅相亦電伊藤商緩，一面聞又密電內，謂宜速換，遲恐有大變動。伊藤覆傅相電稱：『已與俄、法、德三大國熟商，不永據遼東之地，三大國已心滿意足，日本與中國初手辦事，姑再展五天』云云。此電到津，而烟台已奉有『逾期不換，唯伍廷芳是問』之旨。十四日亥刻互換，相距先後僅時許。倭提督伊東得約即駛旋。

清・姚錫光《東方兵事紀略》卷四《議款篇第八》（光緒二十年）

十月中旬，總署大臣侍郎張蔭桓至天津，駐鴻章行署議款事，語秘，外不得聞。二十二日，遣津海關稅務司德員德璀琳東渡言款。【略】璀琳遂齎鴻章致日相伊藤博文公文一、私函一，乘禮和商船【略】往日本，三十日抵神戶。日本兵庫縣知事周布公平詰之，爲電達內閣。內閣謂鴻章牘非國書也，德璀琳西人非中國大員也，苟非中國著望大員，且欽派來東，不與議也，斥璀琳歸。十一月初一日，璀琳乃起椗回華。於是鴻章復有派員會議之請。【略】

德璀琳之未東渡也，美國任爲我國居間。日本方暱於美，美總統【略】遂命其駐我、駐倭公使爲中倭介紹。時我旅順既墮，璀琳復歸，而析木城、海城且陷，諸將久無功，議款益急。而倭人須割地並償款四萬萬圓諸説騰沸中外。朝廷遂決計派大臣東渡議款，倭人復要及國書款式，並派全權使臣諸事，皆許之，均自美國公使道達，且聘其任外部大臣福士達助訂和約。遂命侍郎張蔭桓、巡撫邵友濂爲全權大臣使日本會議。十二月十二日，蔭桓等自山海關乘招商輪船赴上海，時天津口已封凍，故繞道山海關。折而東渡，乙未正月初四日抵長崎，美員福世德已先至。初六日，蔭桓、友濂抵廣島登岸，分駐春和園及洗心亭，時從行者爲內閣侍讀瑞良，郎中顧肇新、錢紹楨，道員伍廷芳、梁誠、黄承乙，知府沈鐸、張桐華，知州羅庚齡，知縣盧永銘、張佐興、招汝濟，布理問徐超，鹽大使趙世廉，縣丞徐銘，訓導沈功章，學生三名，差弁四名，跟役二十四名。遂呈國書。日本亦令其內閣大臣伊藤博文、外務卿陸奥宗光爲全權大臣會蔭桓等議約。初七日午刻，互校敕書於廣島縣廳。【略】其外務卿陸奥宗光復以函手致我使臣，詢我敕書曾否載明使臣便宜行事？能否專主毋須電請裁決？【略】明日，蔭桓、友濂以實有全權答之。【略】日本終謂我使臣全權不足，非列國議款通例也。是日，復會議於廣島縣廳。日人拒甚堅，遂以書告絕蔭桓、友濂。【略】

是役，日人接待我使臣甚傲，且絕其通華密電及拒會議。蔭桓等尚以實有全權固爭，且謂文憑中有未備處，可電奏改正，倭彌不允，乃拒送蔭桓等長崎，始罷議旋滬。

倭之絕蔭桓會議也，曾照會駐我駐倭美使，謂中國誠派有位望大員畀以全權，仍可隨時開議。意蓋專指鴻章，固策割膏腴、償巨款，非鴻章不足肩此任也。方蔭桓在倭，倭內閣伊藤博文曾私於參贊伍廷芳，有『中堂大可主持和議，貴國何不遣之？』之語。伊藤私謂廷芳曰：『貴國果欲求好乎？抑使諸公來偵虛實也？』廷芳曰：『我朝實心求好。若貴國虛實已早知之，何用偵探？』伊藤曰：『何以不遣重臣來？』因謂：『本大臣願與貴道爲朋友閒談，請問恭邸何以不可來敝國？』廷芳曰：『親王位重，向不出都門，安能渡海來？』伊藤曰：『然則，中堂大可主持和議，貴國何不遣之？』廷芳曰：『本道今亦願與貴大臣作朋友之閒談，試問中堂如果銜命而來，貴大臣樂與訂議否？』伊藤曰：『中堂如果來敝國，自樂與晉接，惟必需合例之敕書耳。』廷芳曰：『然則中堂亦需來廣島乎？』伊藤曰：『中堂年邁，似未便遠適異國。以愚見論，其旅順口乎？此敝國與貴國適中之地，特未知我廷議何如耳。』蔭桓歸及滬，遂以電告總署，會威海衛、劉公島相繼陷，海軍盡覆，款局益急。十九日，以雲貴總督王文韶調署直督、北洋大臣，命鴻章爲頭等全權大臣，與日本商訂和約。【略】鴻章遂入都。其奉使敕文先由美使田貝電倭議定，並言割地賠款大略。二月初六日，鴻章復以割地請命，朝廷堅許之，【略】而樞府王大臣亦公請懿旨促鴻章行。【略】時美員福世德亦至滬。【略】初九日，鴻章遂出都。

十九日，鴻章挈其子經方並美員福世德，參贊羅豐祿等，參議李經方，參贊道員羅豐祿、馬建忠、伍廷芳，醫官林聯輝，翻譯盧永銘、羅庚齡，學生六人，供事一名，差弁九名，跟役廚丁三十八名。自天津乘禮裕、公義輪船【略】東渡，二十三日抵馬關。即長門。倭人仍以其內閣伊藤博文、外務卿陸奥宗光爲全權大臣，俱集馬關，以春帆樓爲會議所。【略】二十四日，鴻章赴議，互戡敕書，遂將擬請停戰英文節略付伊藤博文。此第一次會議。

二十五日復會議，博文面交覆文，要以大沽、天津、山海關爲質駐倭兵，乃停戰。反覆詰難，博文執愈堅。鴻章謂我爲直隸總督，三處皆我轄境，此關我顔面；如東兵不即往攻直隸境土，則不必停戰，專議和款；經方亦謂限期議和，不停戰，惟要定東兵不往攻三處。此爲北洋停戰權輿博文仍難之。鴻章遂請暫緩停戰，先議和款。博文乃期以三日要覆文。此第二次會議。

鴻章以停戰要質甚堅，不可議，乃決計先議和款。二十八日，復會議，鴻章自以覆文華英文各一分付博文，博文許以議和條款明日交閲。此第三次會議。

是日，鴻章自會議所歸，途次中倭刺客小山豐太郎槍彈傷顴創甚，日本國主遣醫慰治。警問播歐亞，議甚沸，倭亦懼。三月初三日，倭聽停戰，不索質，限期議和款。

初五日，訂停戰約，惟奉天、直隸、山東暫止戰，南洋各省不在内。以二十五日爲限，凡訂約六款。初七日，博文、宗光遞鴻章締和條約凡十款。【略】限四日議覆。是日，鴻章兩次電告總署，略言：『日本已將條款出示，其最要者：一，朝鮮自主；二，奉天南邊各地、臺灣澎湖各島，均割隸日本；三，賠兵費庫平銀三百兆兩。所欲過奢，恐難成議。請密告英、俄、法三國公使。其第六款商約，節目甚繁，若添開口岸，北京、沙市、湘潭、重慶、梧州、蘇州七所，皆各國素所願望不得者；且要減子口半税爲值百抽二，並將一切税鈔豁除；又機器進口改造土貨，俱奪我利權；請迅核允駁，或密商赫德，惟令勿告各國公使。總署奏之。十一日，鴻章先覆博文、宗光說略，分四大端：一，言朝鮮自主，應改日本所擬約文；二，言奉天南境難割棄；臺灣未言及。三，言賠款三萬萬，非中國力所及；四，言通商權利，減子口半税，免内地釐金洋貨入内地屯棧，機器進口造土貨，並所造土貨入内地免税課諸事，頗礙中國國計民生，俱請更議。越日，伊藤博文覆函，謂中國自家爲難之處，非彼國所與聞，而要鴻章以按所交和約底稿逐條陳明允駁，或更改之處，勿延緩。十五日，鴻章乃按和約稿條覆，略如說略意，而允割奉天之安東、寬甸、鳳凰城、岫巖四廳州縣，及澎湖列島諸地，賠庫平銀一萬萬兩，通商權利一如中西各國成約。

時鴻章創已愈。十六日，復會議於春帆樓。博文面致盡頭約稿，謂其此次節略，中國但允不允，兩言而決，無多費時日。約仍十款，視其初送約稿，大端於割地款内減去寬甸縣地，而賠款減至庫平銀二萬萬兩，分六期，以七年歸償，未償以先，給息五釐；質地減奉天省城，而要減子口税及内地釐税與濬長江口攔沙亦均删去。是日，反覆互辯，此第四次會議。越日，復函辯。博文執甚堅，且限四日覆。二十一日，復會議，仍互辯。博文乃於商約内日本人入内地租棧減去華官不得干預一語，並删以日本銀圓報關一事，而日本人在華製造貨物限以通商口岸，並言兵費三年償清停息，遼河口界線以河心爲界，及換約後臺灣兩月交割諸事，遂定議。此第五次會議。

鴻章之議約也，博文歷私於經方十四日事及參贊伍廷芳十九日事，略言彼國武員欲分道攻北京，和議須速成。又言彼廣島派運兵船三十艘赴大連灣，其小松親王等明日指二十日督隊繼進；若再商改約款，和議即決裂。且致書鴻章十九日函，言其國索款爲盡頭一着，惟問中國允不允兩字，以示恫喝。鴻章屢電總署，總署不能堅持，許之。二十日總署電鴻章，略謂：奉旨：『李鴻章十九日三電均悉。十八日所諭各節，原冀爭得一分有一分之益。如竟無可商改，即遵前旨與定約。欽此。』二十一日，總署又電趣鴻章遵旨辦理，免延誤云。【略】二十三日，遂互簽約稿，展停戰期二十一日，以四月十四日爲限約於煙臺互換。

鴻章乃旋天津，稱病不入都，【略】而遣美員福世德、參贊伍廷芳齎和約一、專條一、附約一、停戰條款一、停戰展期專條一，入都。

方蔭桓既歸，鴻章未發，朝命三品以上大員議和戰。【略】迨割地議起，朝野憂憤，臺灣臣民爭尤力。未幾，鴻章成約歸，割地、賠款、商利均從倭意，方稱病翱翔天津，於是京朝官之封章，疆臣之電奏，凡百十上，會試公車在都者亦騰章力阻，朝意頗爲動，令鴻章改議。鴻章不從，【略】而軍機大臣孫毓汶、徐用儀實主之。

時中日和局，美國居介紹，英人依違其間，實陰袒倭；而俄、法、德三國惡倭人之攘我土地，法惎其索臺灣，俄怒其據遼東，而俄阻尤力。四月朔，三國駐倭公使用公阻其據遼東，疊以公文致日本外務府，而俄艦隊東來甚夥，分泊日本長崎及我遼海；日本畏之。初十日，許以遼東歸我，三國公使遂照會我總署，遼東地不畢歸毋批准換約。會我中外諸臣亦連章阻款議，朝廷意猶豫。乃鴻章遣伍廷芳迎駐津倭領事於大沽，密令其速電東京，促我換約；而毓汶等亦以屬駐我新倭使林董於京師，於是求御寶換約益急。上乃命王文韶、劉坤一議決和戰。文韶等奏頗依違，且告海嘯成災，【略】和議遂決。乃以道員伍廷芳、聯芳爲換約使赴煙臺。十四日，倭換約使伊東美久治乘其兵艦八重山抵煙，語及更易割遼條約，謂未奉其國命，馬關約不可改，持不下。時俄艦泊煙臺港内者凡十艦，皆整衣理械卸艙面礙戰諸物，若即開戰狀。美久治大恐，鴻章等亦惶懼。旋得倭電，從歸遼議，夜午竟換約。

是役也，倭人已允展換約期七日，而鴻章轉促之。蓋我使臣王之春自俄歸，道出法京巴黎，法方自憾其阻臺灣之割而不得也，之春乘機説之以臺灣質諸法，法已許價□萬萬佛郎，其土地財貨歸法，而海關仍歸我，凡質□□年，任我贖還。是議我南洋實主之。議垂成，法人謂其猝不及接受，已自電其駐倭公使爲我請諸倭，展議約限七日，倭人亦允之。而我駐使龔照瑗偵知之，惎之春之獨有其功也，遂急電鴻章。鴻章怙其棄臺灣之成議也，遽報毓汶，且急電伊藤博文，故煙臺換約亟以夜成，法議遂解，聞者惜之。

款局既定，給美員福世德薪勞十五萬圓。

二十五日，派鴻章之子經方爲割臺灣使，輔以福世德。倭亦以其酋樺山資紀爲臺灣總督，經方乃即倭船中交割。

於時倭隊尚據遼東，俄、法、德三國詰之，倭乃索我贖費庫平銀一萬萬兩，徐減及五千萬兩。八月下旬，三國公斷以三千萬兩贖遼東；倭人聽之，而要以贖價畢償後三月兵乃撤。朝廷乃復派鴻章與倭使林董議還遼約。林董要我四款，一，中償日銀三千萬；二，俄法德永不得佔東三省華亦不割讓；三，許日在大連灣任便通商；四、大東溝及大孤山俱開商埠。不果議。九月四日，三國復責倭速撤遼東兵，還遼議乃定。二十二日互換還遼約於京師，凡七款。遂先輸贖遼費銀三千萬兩，十月倭乃撤兵，奉南七州縣諸城邑始歸我，爲款局之終。【略】

是役，款議成，割膏腴，臺灣全省並澎湖列島。償巨款，共賠費銀二萬三千萬兩，其我國自用兵費及賠款息銀不在内。商利之失尤爲無窮漏卮。而遼東之歸，俄、法、德三國方責報於我：於是俄西伯里利亞鐵道徑我黑龍江而達海參崴，法安南鐵道踰我鎮南關而達廣西之龍州，德因展租界於我通商各埠；而我雲南邊地以讓界於法，遂讓界於英，且開廣東西江通商埠直達廣西之梧州。膏血竭於内，邊防墮於外，岌岌不可終日，説者謂中國泰否通塞之機或決於是云。

清·王炳耀《甲午中日戰輯》卷六《傅相議和·兩國全權大臣第一次問答》　光緒二十一年二月廿四日午後二點半鐘，帶同參議李經方及參贊官三人乘輪登岸，赴會議公所，與伊藤、陸奥及書記等官六人坐定寒暄畢。伊云：中堂此來一路風順否？李云：一路風順，惟在成山停泊一日，承兩位在岸上預備公館，謝謝。伊云：此間地僻，並無與頭等欽差相宜之館舍，甚爲抱歉。李云：豈敢。伊云：本日應辦第一要事係互換全權文憑。當由參議恭奉敕書呈中堂，面遞伊藤，伊藤亦以日皇敕書奉交中堂。伊令書記官閲誦英文，與前電之底稿相較。陸令書記將敕書與前電華文之底稿相較。李令東文繙譯與羅道比較日皇敕書，並所附繙譯英文底稿畢。陸云：日皇敕書是否妥協？李云：甚妥，我國敕書是否妥協？伊云：此次敕書甚妥。李復令羅道宣誦擬請停戰英文節略，誦畢，將節略面交伊藤，伊藤略思片刻，答以此事明日作覆，旋問兩國敕書應否彼此存留。李云：可以照辦。伊云：頃閲敕書甚屬妥善，惜無御筆簽名耳。李云：此係各國俗尚不同，蓋用御寶即與御筆簽名無異。伊云：此次始不深求，惟貴國大皇帝既與外國國主通好，何不悉照各國通例辦理。李云：我國向來無此辦法，且臣下未便相强。伊雲：貴國未派中堂之先，固願修好，然前派張、邵二大人來此，似未誠心修好。中堂位尊責重，此次奉派爲頭等全權大臣實出至誠，但望貴國既和之後，所有此事前後實在情節，必須明白。李云：我國若非誠心修好，必不派我，我無誠心講和，亦不來此。伊云：中堂奉派之事，責成甚大，兩國停戰重修睦誼，所繫匪輕，中堂閲歷已久，更事甚多，所議之事，甚望有成，將來彼此訂立永好和約，必能有裨兩國。李云：亞細亞洲我中東兩國最爲鄰近，且係同文，詎可尋仇，今暫時相爭，總以永好爲事，如尋仇不已，則有害於於華者，未必於東有益也。試觀歐洲各國練兵雖强，不經起釁我中東在既同洲，亦當效法歐洲，如我兩國使臣彼此深知此意，應力維亞洲大局，永結和好。庶我亞洲黄種之民，不爲歐洲白種之民所侵蝕也。伊云：中堂之論，甚愜我心，十年前我在津時，已與中堂談及，何至今一無變更，本大臣深爲抱歉。李云：維時聞貴大臣談論及此，不勝佩服，且深佩貴大臣力爲變革俗尚以至於此。我國之事囿於習俗，未能如願以償。當時貴大臣相勸云，中國地廣人衆，變革諸政，應由漸而來。今轉瞬十年，依然如故，本大臣更爲抱歉，自慚心有餘力不足而已。貴國兵將悉照西法訓練甚精，各項政治日新月盛，此次本大臣進京與士大夫相論，亦有深知我國必宜改變方自立者。伊云：大道無親，惟德是親。貴國如願振作，皇天在上，必能扶助貴國如願以償。蓋天之待下民，無所偏倚，要在各國自爲耳。李云：貴國經貴大臣如此整頓，十分羨慕。伊云：請問中堂何日移住岸上，便於議事。李云：承備館舍，擬自明午前登岸。陸云：明日午後兩點鐘便否再議。李云：兩點半鐘即來。伊云：我與貴大臣交好已久，二位有話，儘可彼此實告，不必客氣，此次責成更重。李云：貴大臣辦事有效，整理一切，足徵力大心細。伊云：此係本國大皇帝治功，本大臣何力之有。李云：貴國大皇帝固然聖明，貴大臣贊助之功爲多。李云：兩位同居否？伊云：分居。李云：何日來此？伊云：陸外署三日前到此，本大臣昨日方至，平時往來於廣島、東京之間，乘火車有三十餘點鐘之久，辦理調兵、理財、外交諸務，實屬應接不暇。李云：貴國大皇帝行在廣島幾個月？伊云：已七月矣。李云：宵旰勤勞，不勝欽仰。伊云：誠哉萬幾無暇，凡一切軍務國事以及日行諭旨，皆出自親裁。李云：此處與各處通電否？伊云：與各處皆通。李云：本大臣有電回國。伊云：前張大人等來，本大臣未曾允電，此處自應遵命飭電局照發。李云：當時未曾開議故耳。即彼此相問年歲。伊云：五十五。陸云：五十二。李云：我今年七十三矣，不料又與貴大臣相遇於此，見貴大臣年富力强，辦事從容，頗有消閒自在之樂。伊云：日本之民不及華民易治，且有議院居間，辦事甚爲棘手。李云：貴國之議院與中國之都察院等耳。伊云：十年前曾勸撤去都察院，而中堂答以都察院制起自漢時，由來已久，未易裁去。伊云：都察院多不明事務者，使在位難於辦事，貴國必須將明於西學年富力强者委以重任，拘於成法者，一概撤去，方有轉機。李云：現在中國上下亦有明白時務之人，省分太多，各分畛域，有似貴國封建之時，互相掣肘，事權不一。伊云：外省雖互相牽制，都中之總理衙門當如我國陸奥大臣一人專主。李云：總理衙門堂官雖多，原係爲首一人作主。伊云：現係何人爲首？李云：恭親王。榎本與大鳥兩位，現辦何事？伊云：榎本現任農商部，大鳥現爲樞密院顧問官。請問袁世凱何在？李云：現回河南鄉里。陸云：是否尚在營務處？李云：小差使無足重輕。李云：全權文憑既已妥善，互換所有應議條款，祈即開示，以便互議。伊云：當照辦。當時即訂明日午後兩點半鐘會議，並訂明日午前十點鐘移住岸上館舍，遂散。

又《兩國全權大臣第二次問答》　光緒二十一年二月廿五日午後二點半鐘，仍然在原所與伊藤、陸奥會議。李云：承備館舍甚佳，有賓至如歸之樂，謝甚。陸云：前備行廚相待，中堂辭卻，只得遵命。伊云：中堂昨交《停戰節略》，現已備覆。即將英文朗誦，另備華文參議，閱後轉呈。陸云：英文字句較爲明晰。羅道將英文譯誦一遍。李云：現在日軍並未至大沽、天津、山海關等處，何以所擬停戰條款内竟欲佔踞。伊云：凡議停戰，兩國應均佔利益。華軍以停戰爲有益，故我軍應踞此三處爲質。李云：三處華兵甚多，日軍往據，彼將何往？伊云：任往何處，兩軍惟須先定相距之界。李云：兩軍相近，易生釁端。天津衙門甚多，官又將何爲？伊云：此係停戰約内之細目，不便先議。試問所開各款，可照辦否？李云：雖爲細目，亦須問明。且所關甚重要，話不可不先説。伊云：請中堂仔細推敲，再行作復。李云：天津係通商口岸，日本亦將管轄否？伊云：可暫歸日本管理。李云：日兵到津，將住何處？伊云：俟華兵退出，即住華兵營盤，如不敷住，添蓋兵房。李云：如此豈非久踞乎？伊云：視停戰之久暫而定。李云：停戰之期誰定？伊云：兩面互商，但不能過久。李云：踞所不久，三處何必讓出？且三處皆係險要之地，若停戰期滿，議和不成，則日軍先已踞此，豈非反客爲主？伊云：停戰期滿，和議已成，當即退出。李云：中日係兄弟之邦，所開停戰條款，未免凌逼太甚。除所開各款外，尚有別樣辦法否？伊云：別樣辦法，現未想及，當此兩國相爭，日軍備攻各處，今若遽爾停戰，實於日本兵力有礙。故議及停戰，必須有險要爲質，方不吃虧。總之停戰公例，分別兩種，一則各處一律停戰，一則惟議數處停戰。中堂所擬，乃一律停戰也。李云：可否先議那幾處停戰？伊云：可指明幾處否？李云：前承貴國請余來此議和，我之來此，實係誠心講和，我國家亦同此心，乃甫議停戰。貴國先要踞有三處險要之地，我爲直隸總督，三處皆係直隸所轄，如此於我臉面有關。試問伊藤大人設身處地，將何以爲情？伊云：中堂來此，兩國尚未息兵。中堂爲貴國計，故議停戰。我爲本國計，停戰只有如此辦法。李云：務請再想一辦法，以見貴國真心願和。伊云：我實在別無辦法，兩國相爭，各爲其主，國事與交情兩不相涉，停戰係在用兵之時，應照停戰公例。李云：議和則不必用兵，故停戰爲議和第一要義，如兩國尚相戰爭，議和似非誠心。伊云：若論停戰，應有所議之款，如不能允，不妨擱起。李云：現如不議停戰，議和條款可出示否？伊云：中堂之意，是否欲將《停戰節略》撤回，再議和款？李云：昨日初次會議，已說明，向來說話不作虛假，所議停戰之款，實難照辦。伊云：中堂先議停戰，故擬此覆款，如不停戰，何妨先議和款？李云：我兩人忠心爲國，亦須籌顧大局，中國素未準備與外國交爭，所招新兵，未經訓練，今既到如此地步，中日係切近鄰邦，豈能長此相爭，久後必須和好。但欲和好，須爲中國預留體面地步，否則我國上下傷心，卽和亦難持久。如天津、山海關係北京門戶，請貴國之兵不必往攻，否則京師震動，我國難堪，本大臣亦難以爲情。且此次爭端，實爲朝鮮起見，今華兵業已退至奉天，貴國之兵惟尚未到直隸耳。如貴國之兵不卽往攻天津、山海關，直隸地面，則可不必議及停戰，專議和款。伊云：局面竟至於此，余之過也。戰端一開，伊於胡底，詎能逆料，此次交戰之始，本大臣無時不願議和，而貴國向無議和之誠心。自今以往，局面又將大變，所以議及停戰，必須以大沽、天津、山海關爲質。李云：以此三處爲質，日本不必實踞，但立作質名目之條款何如？伊云：設停戰之限已滿，而和局未定，所指三處，又將與日軍開釁矣。參議云：不必停戰，但議和之時，定一限期，不往攻三處，可否照辦？伊云：如此辦法與交戰無異，和局未定彼此相攻，終當相拒。李云：可否請先示議和條款？伊云：然則停戰之議如何？李云：停戰暫行擱起。伊云：停戰一節，未曾定結，恐議和時又復重提。李云：頃聞貴大臣談及停戰有兩種辦法，一爲一律停戰，一爲指地停戰。今不攻天津、山海關等處，卽爲指地停戰之法。伊云：中堂《停戰節略》係指一律停戰，本國之兵散處窵遠，實難一律停戰。而所指數處停戰，本大臣細思無法可保。且指地停戰係於戰場上會議而言，此處距交戰之處甚遠，所以不必議及指地停戰。李云：卽請貴大臣出示和款。伊云：此事業已說過，宜先將停戰之議擱起。李云：停戰之款，未免過甚，萬做不到。但既請我來，必有議和條款。伊云：議和之款，業經辦好。李云：卽請示見。伊云：現在停戰之議，不提及否？李云：停戰之款，既難應允，且無別種辦法，姑講和款。伊云：中堂所交《停戰節略》，是否撤回，抑或擬復聲明不能應允？李云：照此辦法之後，又將何爲？伊云：或再行議和。李云：如此語氣尚未定準，貴大人不云和款已備乎？伊云：但看中堂復文如何。李云：本大臣擬復文云，停戰之款萬難應允，姑且擱起，卽請會議和款云云。是否如此辦法？伊云：中堂初見停戰之款，云應先仔細推敲，以後再復。頃則遽云萬難應允，還請中堂再想爲是。李云：過數日再復。伊云：幾日？李云：一禮拜後。伊云：太久。李云：假如復以不能做到，以後是否卽商和款？伊云：應請中堂將所呈停戰之款仔細商量，或節略抽回不提，然後再商量和款。惟本大臣不願貴大臣已將停戰之議擱起，於議和時又復提及。李云：和款一定，戰卽不議自停。伊云：貴大臣究竟幾日答復？李云：四日後答復。伊云：三日須復，愈速愈妙。李云：和議條款不應如停戰條款之太甚。伊云：我想並不太甚。李云：只恐過甚難以商辦。伊云：此正兩國所以派使臣會商也，下次會議日期，可否先定？李云：且待細想，復文辦妥，或面交，或差送？伊云：聽便。李云：復文辦好，卽遣人定期相會。伊問陸奧，答應如此辦理。李云：惟願貴大臣力顧大局，所擬和款，務須體諒本大臣力所能辦則幸矣。伊云：本大臣亦願力顧大局，有裨兩國，但不知貴國以爲何如？中堂乃離席，各散。

又　**《兩國全權大臣第三次問答》**　光緒二十一年二月二十八日下午三點鐘，與伊藤、陸奧第三次在原處會議，寒暄畢。李云：前次會議停戰要款節略，茲已作覆。卽誦英文，由中堂將華、英文二分親送伊藤。伊閱英文，陸閱華文數遍，卽指後半篇交其書記譯出東文。陸奧閱譯，又與伊藤對換華、英文詳校，復與伊東書記以東語相商甚久，似未能遽決之狀。於是伊乃云：停戰之議，中堂是否擱起不提？李云：暫且擱起，我來時專爲議和起見。伊復將英文反復細看，伊東乃以東語解之，伊復取烟捲，延時細想，乃云：中堂未動身之先，自已與貴國深明辰下戰局情形，誠心講和，重修舊好。李云：我年已邁，從未出外，今本國目睹時艱，且知我與貴大臣有舊，故特派來此，足徵我國誠心議和，我不能辭。伊云：所議之事，一經議定，必須實力踐行。查貴國與外國交涉以來，所允者或未照行。我國以此事所關重大，派我來辦，凡已應允者，必能見諸施行，惟望貴國亦然。李云：貴大臣所言，想係道光季年我國與外國初交之時，咸同以後，所定一切約章，皆經批准施行。卽十數年前，與俄國所辦伊犁之約，稍有齟齬，隨後卽派使妥結矣。伊云：額爾金之約，固未批准，我兩國既派頭等大臣會商，定議若不施行，有傷國體，而戰端必致復起，且所以議和者，不獨爲息戰，且爲重締舊好耳。我忝爲敝國總理內閣大臣，凡所議定，必能實踐，亦望中堂實能施行議定之事爲幸。李云：我忝派欽差頭等大臣，此次進京召見數次，實因此事重大，奉有明白訓條。前屢與貴大臣言及，日後和款必須體諒本大臣力所能爲，果可行者，當卽應允，其難行者，必須緩商，斷非三數日所可定議，請貴大臣卽將和款出示。伊云：請俟明日交閱。李云：明日何時？伊云：請中堂擇定，李云：十點鐘可否？伊問陸奥，首肯。李云：所示和款，若與他國有關涉者，請貴大臣慎酌。伊云：何意？李云：如所示和款或有牽涉他國權利，必多未便，我兩國相交有素，故預爲提及。伊云：此次議中東兩國之事，他國皆在局外，未便攙越。李云：去年曾請英國從中調處，貴國不以爲然，自無須他人調處，我兩人商議之事如不能成，恐無人能成矣。伊云：萬一不成，則貴國大皇帝可以親裁，歐洲各國議和，皆由國主親議，伊云：中國則不然，卽恭親王總理譯署多年，亦未親議條約，兩國暫行相爭，終久必和，不如及早議定爲妥。去歲戰端伊始，本大臣卽苦口勸和，今已遲矣。伊云：戰非幸事，亦有時不免。李云：能免不更妙乎？前美國總統格蘭德游歷過津，與本大臣相好云：『當我國南北交爭，傷亡實多，後居總統總不輕起爭端，後時以此奉勸同志，中堂剿滅髮捻，卓著戰功，我勸中堂亦不可輕言戰事。』本大臣嘗奉此語爲圭臬。此次起釁，貴大臣豈不知非我本意。伊云：兵，凶事也，傷人實多，有時兩國時勢交逼，不得已而用之。李云：戰非仁人所爲，況今日器械鋭利，殺戮更衆，我年邁矣，不忍見此。貴大臣年歲富强，尚有雄心。伊云：此次爭戰之始，議和甚易。李云：當時我亦願息爭，乃事多拂逆，時會使然。伊云：其時所求於貴國之條款無甚關係，未蒙應允，大爲可惜。初戰之始，我兩國譬如兩人，走路相距數里耳，今則相距數百邁，回首難矣。李云：終須回頭，貴大臣總理國事何難之有？伊云：相距數百邁，回走又須數百邁矣。李云：少走幾邁不亦可乎？縱令再走數千里，豈能將我國人民滅盡乎？伊云：我國萬無此心，所謂戰者，乃兩國將一切戰具如兵船、砲壘、器械等彼此攻滅，以相弱耳，與兩國人民毫無關涉。李云：現國家已願和矣，自可不戰。伊云：我兵現駐金州等處，見所有華民較朝鮮之民易聽調度，且做工勤苦，中國百姓誠易治也。李云：朝鮮之民，向來懶惰。伊云：朝民招爲長夫，皆不願往，我國之兵，現往攻台灣，不知台灣之民如何？李云：台灣係潮州、漳泉客民遷往，最爲强悍。伊云：台灣尚有生番？李云：生番居十之六，餘皆客民。貴大臣提及台灣，其遂有往踞之心，不願停戰者，因此英國將不甘心。前所言恐損他國權利，正指此耳。李云：不守則又如何？伊云：有損於華者，未必有損於英也。李云：將與英之香港爲鄰。伊云：兩國相敵，無損他國。李云：聞英國有不願他人盤踞台灣之意。伊云：貴國如將台灣送與別國，別國必將笑納也。李云：台灣已立一行省，不能送給他國。二十年前貴國大臣大久保以台灣生番殺害日商，動兵後赴都議和，過津相晤云我兩國比鄰，此事如兩孩相鬭，轉瞬卽和，且相好更甚於前。彼時兩國幾乎戰爭我力主和局，倡議云：生番殺害日商，與我無涉，切不可因之起釁。伊云：我總理庶政，實甚煩冗。李云：我來相擾。有誤貴大臣公務，但此事商辦，恐需時日。伊云：我國一切事務由皇帝簽名後，本大臣亦須簽名爲證。至一切未經呈奏之件，本大臣亦應過目。我今來此，日行公事，另有大臣代理，惟大事尚須自辦。李云：如是，貴大臣在此何久居相商矣。伊云：各部辦事仍在東京，惟公文辦成卽寄廣島，本大臣因此事所關至重，故一切國務暫由他人代辦，此地實未便久居。伊云：且待貴大臣所議和款如何，倘易於遵行，和議卽可速成，否則仍須細商。需時必多，惟望恕罪。伊云：和款一事，兩國人民盼望甚殷，愈速愈妙，萬不能如平時議事延宕，且兩軍對壘，多一日則多傷生命矣。李云：聞貴國皇帝將往西京？伊云：尚未定，廣島天氣不甚相宜，或徐往耳。當即起席，各散。

論　說

《禮部右侍郎志鋭奏倭人謀佔朝鮮事機危急請速決大計摺光緒二十年六月十五日》竊維馭夷之道，專尚乎權，應敵之方，宜揣其勢。本年朝鮮東黨亂起，日本假更張朝政爲名，調集重兵，分屯要害，漢城、仁川一帶，日人儼然據爲己有，築臺運械，布置周密，勢將幽置國君，迫脅官民，一切財賦政教，無不唯命是聽。試思政事既易，人民土地有不同歸日人者乎？往者，朝鮮之於中國，尚有屬國之名，今恐並其名而失之矣。朝鮮東西南三面頻海，處處與日本相接，日人聲勢聯絡，瞬息可通。朝鮮既爲所據，夷情叵測，屢敗盟約，若以鐵艦横行洋面，我則津滬不通，若以陸師内指邊門，我則奉、吉俱震；藩籬盡撤，盜賊縱横，拊背扼吭，將成巨患。此朝鮮得失爲我朝大局所關不得視爲鄉鄰之鬥也。

奴才近日證以傳聞，參諸洋報，皆言北洋大臣李鴻章與譯署大臣主持此事，一味因循玩誤，輒藉口於釁端不自我開，希圖敷衍了事。奴才愚見，竊以爲有大謬不然者，何也？釁自我發，則謂之開；釁自人起，則謂之應。今日人之據朝鮮，以四條挾我，儼然有開釁之心。我若急治軍旅，力敵勢均，猶冀彼有所憚，不敢猝發；是示以必戰之勢，轉可爲弭釁之端。不然，則我退而彼進，雖欲求無釁不可得也。

又聞該大臣等事既急切，專恃外國公使從中調處，藉作説和之客，以圖退兵之計。事起之初，則賴俄使；俄使不成，復望英使；英使不成，又將誰易？無論俄踞海參崴及庫各頁島，英踞巨文島窺伺東海，與日人交情素暱；即令偏袒向我，則我既無可恃之勢，又無可假之權，全憑口舌折衝，雖俄、英各使逞辯蘇張，果能化弱爲强，强日人以就我範圍乎？此又事理之不易也。

綜計中日交涉以來，於臺灣則酬以費，於琉球則任其滅；朝鮮壬午之亂，我又代爲調停，甲申之役，我又許以保護。我愈退，則彼愈進；我益讓，則彼益驕。養癰貽患，以至今日，夷焰鴟張，貪惏無已，一誤再誤，則我中國從此無安枕之日，可不慮哉？

以勢所必爭之日本，與絕不可失之朝鮮，彼則著著佔先，我則面面受制。爲今之計，應請皇上宸衷獨斷，速飭北洋大臣李鴻章厚集兵力，分駐高境，剋期進發，迅赴事機。甲申和約既曰公同保護，又曰無事中倭均不駐兵該國。現以平定亂黨，更易朝政，日既聚集重兵，我豈束手坐視？保護爲中日共有之權，進兵乃中日分任之事，舊約是踐，何謂釁端？急難同情，豈云用武？是固理明詞順，皆可向日人反覆詳言，以破開釁之説者。兵齊之後，權勢維均，然後徐議更張，詳訂新約。敵情本有虚實，邊患更有重輕，壯我之氣而後可以講和，充我之力乃亦無妨言戰，屆時卽意見參差，或者俄、英各使出作調人，庶其竭力轉圜，始覺挾持有具也。

東渡各營，最謬妄者，直隸提臣葉志超、海軍提臣丁汝昌，派赴朝鮮在日人之先，而鐵艦不扼仁川，陸軍不入漢城，僅駐仁川附近之牙山島，自爲犄角，險要之地拱手而讓之外人，外間輿論，至有『敗葉殘丁』之誚，不孚羣望，可想而知。該統將等首鼠不前，意存觀望，縱敵玩寇，夫復何疑？其謂朝鮮地勢懸隔海外，欺聖明不及覺察耶？抑苟且偷生，以徼倖於無事耶？此皆玩誤之尤，應請嚴旨，飭其速扼要地；再敢瞻徇畏縮，立予重懲。

總之，軍國大計，利害所關甚重：要藩豈容輕棄，而狡夷非可緩圖；釁端不可妄開，而兵力實宜震懾；勢無可緩，計不必疑。奴才夙夜徬徨，罔知所措，既有所見，敢不專達上聞？謹奏具摺密陳。

《洋務檔·戶部尚書翁同龢等覆陳會議朝鮮之事摺光緒二十年六月十六日》倭人以重兵駐韓，日久未撤，和商迄無成議，不得不速籌戰事，此乃一定辦法。疊奉諭旨，令李鴻章派兵進發，妥籌布置。茲據電稱，歷來中國進兵朝鮮，皆由平壤北路進發，現派總兵衛汝貴統盛軍六千餘人進平壤，提督馬玉琨統毅軍二千人進義州，均由海道前往，並咨商盛京將軍，派左寶貴馬步八營進平壤，又調提督葉志超一軍移紮平壤，旅順等處海口，亦已整備等語；所籌尚屬周密。應請諭令李鴻章，即飭派出各軍，迅速前進，勿稍延緩。既經厚集兵力，聲勢較壯。中國本有保護朝鮮之權，此次派兵前往，先以議商爲名，不明言與倭失和，稍留餘地，以觀動靜。現在倭兵在韓頗肆猖獗，而英使在京仍進和商之説。我既豫備戰事，如倭人果有悔過之意，情願就商，但使無礙大局，仍可予以轉圜，此亦不戰而屈人之術也。

蓋國家不得已而用兵，必須謀出萬全；況與洋人決戰，尤多牽掣。刻下各國皆願調停，而英人尤爲著力，蓋英最忌俄，恐中倭開釁，俄將從中取利也。我若遽行拒絶，恐英將暗助倭人，資以船械，勢燄益張。且兵端一起，久暫難定。中國沿海地勢遼闊，乘虚肆擾，防不勝防；又當經費支絀之時，籌款殊難爲繼：此皆不可不慮者也。然果事至無可收束，則亦利鈍有所無計。

現察倭人之意，以整理朝鮮内治、保其土地爲主，祇以中國允其商議不甚切實，但催令先行撤兵，是以未能就範。此時既派大兵前往與之相持，亦可不必催令撤兵。彼如仍請派員與議，則倭人所請各條，如有不妥，我可議駁；如果有裨政務，亦可由我飭行，既收保護利權，亦不失上國體制，屆時再當請旨遵行。儻仍要求必不可行之事，或竟先逞凶鋒，則大張撻伐，聲罪致討，師直爲壯，各國當亦曉然共喻矣。

《給事中余聯沅奏東事日急請申宸斷摺光緒二十年六月十七日》 竊臣聞朝鮮亂黨起釁，中國派兵往剿，日本兵亦接踵而至；洎亂黨已靖，而日兵不撤，並有威脅朝鮮等事。伏思朝鮮爲中國藩屬，四裔皆知；而日人不遵公法，肆其憑陵，是欲蹈襲取琉球之故智也。夫琉球遠在南徼，中國意存寬大，暫不與較可耳。若朝鮮屏蔽登萊，肘腋遼瀋，臥榻之側，豈容鼾睡？日人不欲爭之則已，日欲爭之，勢非用兵不可。【略】

爲今之計，乘其併力朝鮮，國中無備，以重兵襲其東京，如孫韓之伐魏以救趙，此上策也。沿海要隘，設兵駐守，使彼無暇可蹈，而我得從容布置，以扞衛朝鮮，此中策也。與之相持於朝鮮，不得已而出於戰，以僥倖於不可必勝之數，此下策也。就目前而論，上中兩策似均非我力所能及，勢必激而至於戰。李鴻章選軍購械，歷有年所，所費帑項，亦屬不貲。現在朝廷倚重，責無旁貸，臣不知李鴻章自問所以仰對皇上者，其感奮當如何，其報效又當如何也！

總而言之，輕於開釁，則兵連禍結，恐無已時，急於求和，則貽患養驕，亦非至計。當此之時，能守而後可以言戰，能戰而後可以言和。李鴻章老謀持重，外人或不及知；然而大局所關，一有不慎，則成敗利鈍，爭於頃刻。卽如昔年所立和約，謂他日朝鮮有亂，中日兩國各派兵助之。朝鮮本與日無涉，乃與中國相提而並論，致今日得以爲口實，則不能不歸咎於吳大澂等之始謀不臧也。

夫慎始而後可圖終，有備而後可無患，謀定而戰，惟斷乃成。合無仰懇聖裁，飭下廷臣密議，廣集對策，獨運宸謨，計必出於萬全，事勿持夫兩可，於以靖藩封而弭邊患，俾四夷不敢輕量朝廷，而萬國乃咸遵約束矣。

清·佚名《中倭戰守始末記·黄慶蘭·論倭事爲中國之福》 自倭奴肇釁以來綿延數月，論者皆以是爲中國之禍患。愚以爲是非中國之禍，乃中國之福也。雖當事起之初，當局者虚與委蛇，務爲粉飾，事事遷就，不肯輕啓兵端，致倭奴猖獗，釀成今日之事。然而，倭奴不顧理之順逆，勢之强弱，甘冒天下之不韙，起而與中國爲難，此其敗也可立而待，雖有小勝，卽兵法所謂大敗之機也。夫高麗臣服我朝，爲東三省之屏蔽二百餘年，貢獻不缺。謹守臣子之禮，則一旦國中有難，中國發兵遣將平其内亂，如父護子，理固宜然。何物倭奴，敢忌輔車相依，唇亡齒寒之戒，而肆所欲爲哉！觀其既佔高麗都會要隘，復敢窺伺中國邊疆，并多出兵輪以游弋南北洋海面，冀得乘懈抵隙以入各海口。揆之於理，果順乎？否乎？攷日本之爲國，不過三島，浮沈東海，猶之一粟，土地、軍力俱不及中國十分之一，其得與之相抗者，唯大小兵輪四十餘艘，數有同耳。然數雖同，而堅大不及也，炮彈不夥也。加之人手無多，水陸不相護，戰事未及十次，國中人財俱竭，觀其搜括軍資税及倡寮，三丁抽一，三丁抽二，空虚之狀已顯而有徵。度之於勢，又强乎？否乎？理既悖逆，勢尤孱弱，我中國於此不日本之勝而誰勝乎？惟是中國果勝矣，朝鮮果保矣，倭奴果服矣。至時中國之患能遂已乎？不能也。今天下最富之國莫若中國。泰西博學之士嘗測算，中國各省之金銀、煤錫礦産俱未開墾，其富不貲，歐西各大國，若法、若英、若德美、若意奥（無），莫不聞聲興起，垂涎於中國所有，有若鉅鹿之不能一日忘也者，特形迹未彰耳。而俄羅斯則已幾費躊躇，屢肆詭譎矣。蓋俄於我國順治、康熙間已欲擾我北境，道咸以後更肆侵佔，同治季年勘定新疆，已被其拓地數千里。至今年倭事方起，彼卽徵兵調將，密授機謀，雖名爲保商觀戰同於他國，而處心積慮有獨異焉。今夫土地之廣，俄固於地球上首屈一指，而與中國疆土毘連，東控自東南琿春起，沿黑龍江、吉林兩省折南，歷朝鮮、滿洲、蒙古，越恰克圖而西至新疆界外，又轉西北抵於巴馬，延袤六七千里，形同括囊，勢若建瓴，居高馭下，因利乘便，一旦席捲而南與中國爭衡，中國其何以禦之？前閱西報載俄之西伯利火輪鐵路已經竣工，現自俄京直達西伯利，由天山一帶以至中國之北京焉。是則調遣兵將，轉輸糧餉，瞬息間千里可至，故俄而不與中國爭衡則已，俄而欲與中國爭衡，恐非今日區區之將卒、炮艦所可與之從事也。顧俄於數十年來尚未發難者，非不敢也，究未知中國之虛實也。自今日見倭奴之不敵，俄乃曉然於中國之長短矣！嗟乎！日本一弱小國耳，土地不及俄廣，國家不及俄富，兵甲不及俄强，器械不及俄精，日本與俄猶泰山與卵也。而今日者兵釁已起數月，中國所發兵卒、粮糈至精至多，乃猶未見破滅倭人，恢復韓京，兵連禍結，不知何底。況以富强狡黠如俄者，顧乃可與倭人同語而不加之意歟？此愚所由以今日之事爲中國之福也。

夫俄之强盛於中國，孰不知之，卽俄之窺伺我中國，亦孰不知之。俄既存窺伺中國之心，中國亦知俄存窺伺之心，兩相猜嫌未有不兩相齟齬者。至兩相齟齬而始歎謀劃之不善、兵力之不精，不又晚乎？則與其後日受制於强大之俄，何若今日見絀於弱小之倭。使果今日見絀於弱小之倭，則我君臣上下知倭之不可輕，愈知俄之不可敵，知俄之不可敵，斯有所以暮鼓晨鐘，發人深醒而爲之革故鼎新，轉禍爲福矣！此其故，固何也？蓋我中國數十年來，凡秉鈞衡都係伴食，其於四方之憑陵侵削，置若罔聞，得失是非付之不顧，卽於己國之舉賢退不肖，亦無非瞻徇情面，蔽塞聰明，上下模棱，專圖粉飾，是以相不知帥，帥不知將，將不知兵，兵不知事，弁員不知兵卒之勤惰，兵卒不知器械之利鈍，一旦疆場有事，始亟亟焉招募虛額之兵，購辦靈便之器，修理破壞之船，紛紛擾擾，端倪未見而寇入已深，此中國居高位、膺厚禄者之通弊。誠有如諺所謂『不至梁山頂不做，不至烏江口不行』者也。今既有倭事相衡，而後知平日因循苟且，不知訓練兵卒、修整器械、養育人才、購置巨艦之所誤實多。致天戈所指，雖蕞爾之倭，猶不能盡殲醜類，以掩其平日所爲。思於此，斯暢然悟、恍然醒，既悟且醒，自不難毅然奮然，勵精圖治，憤發爲雄，嘗膽臥薪，枕戈寢甲，以整飭一切矣。於是延洋員以爲教習，招洋匠以製槍械，設學堂以養人才，至外洋以購巨艦，而乃向之訓無方者，今則教以新法，而人盡知方矣！向之操防不力者，今則責有所歸，而工夫嫺熟矣！向之虛名是鶩者，今則凡百認真而應敵無虞矣！向之教戰非人者，今則令出唯行而萬人悅服矣！向之軍火不繼者，今則厚集軍裝而兵無曠職矣！向之鎗炮不新者，今則純用新式而技巧能施矣！向之彈丸失度者，今則準頭有度而燃放不誤矣！向之主將無能者，今則謀勇俱優而奮發爭先矣！向之臨陣脫逃者，今則將士用命而軍無不前矣！向之弁員畏葸者，今則士卒忘身而目無反顧矣！向之船鮮堅利者，今則駕駛有法而戰無卻步矣！向之調遣不敷者，今則無所不備而戰守有資矣！兼之論功行賞則各盡其能，按罪施刑則各盡其法，功不奪而大衆洽死，必賙而人心奮，訓練既深於平日，功用既奏於臨期。夫如是，積累數十年，有不富强甲天下者，未之有也。今時之小屈卽異日之大伸，失之東隅，收之桑榆，昔人所言正此之謂也。至此固無畏於區區之倭，卽矯矯之俄亦有所不足畏矣！不唯不足畏，卽俄人亦知中國不可欺，思有以消釋陰謀而來求永好矣。俄患既釋，彼英、法、德、美、意、奧諸國，又何足縈懷哉？嗟嗟！中國之懨懨不振已數世矣，爲歐亞諸國所輕量亦數十百年矣，使今日果能以前車爲後車之鑑，引先事爲後事之師，振作國威，奮興武備，天下事尚可爲，亦何難藉倭事以懾服强鄰，潛消巨患哉？然而苟無今日之倭以爲警惕，則彼居高位、膺厚禄者，常此夢夢然，昏昏然，徒知保富貴，耽淫逸，而無以天下國家爲己任。愚故曰倭事乃中國之福，而爲千載一時之極大轉機也。時乎不再來，時哉勿可失，愚故不憚煩瑣，不畏刀鋸，痛哭流涕，大聲疾呼，以倭事作當頭之棒喝，爲我袞袞諸公告焉。幸而聽之，固我中國之福，不幸而不聽，亦豈愚一身之害，草莽迂儒，既有激言之，卽不禁拭目俟之。

清・易順鼎《盾墨拾餘》卷三《上峴帥第三書光緒二十年十一月初四日》

一，陸軍宜迭戰也。自平壤潰退而後，扼摩天嶺者宋軍，援旅順者宋軍，進復州者宋軍，守海、蓋者宋軍：以調度諸軍之大將，轉爲奔馳千里之疲師，奔命不遑，何能調度？而此外各軍，不聞一交賊鋒，僅皆駐守後路，又何以均勞逸、行賞罰乎？宜奏請以聶士成、唐仁廉、程文炳、陳湜、魏光燾、李光久、吳鳳柱、余虎恩、熊鐵生諸軍與宋軍新舊相間，或迎擊倭軍之前，或繞出倭軍之後，或包抄倭之左右，相機分合，更番迭戰，方可得手；若但以孤軍東西奔馳，將致四面受困耳。

一，海軍宜出洋也。諺云：『養兵千日，用在一時。』北洋海軍經營幾何年，糜費若干萬，正爲今日之用；今不能戰，更待何時？且時屆仲冬，大沽瞬將封海，人不能來攻我，我正可以攻人。昨聞鎮遠觸礁，殊堪駭異！難保非規避戰事，自壞其舟。宜奏請嚴旨痛懲，責令戴罪圖功，乘機進擣。務期有進無退，以收海軍摧堅陷鋭之效，而折諸將偷生畏死之謀。我舟與倭舟勇怯之情既不相遠，勝負之數必可相當，與其不戰而未必能完，何如拚戰而未必遽壞耶？

一，與國宜深聯也。遠交近攻，兵家上策；楚才晉用，前代成規。歐洲各國，志在通商，非若倭人與我同洲，志在窺伺；目前大局，更不能不聯歐以拒倭。聞英、德兩國頗與我親，宜商總署，密電使臣，教之結以至誠，餌以厚利。倘得英之水師，德之陸軍，皆爲我用，倭人必乞款不遑，縱不能滅其國都，亦必可索其兵費。又聞智利國有鐵甲四艘，欲售與我，若並用其兵將礮械，倭亦難與爭衡，雖糜重金，猶勝償兵費也。

一，行都宜豫建也。『千金之子，坐不垂堂。』況於萬乘之尊、九廟之重？山海關距京師不及千里，偶有疏失，即致震驚；彼時始議遷巡，竊恐已晚。宜奏請豫建行都於太原，距海既甚遠，距都又甚近，表裏山河，有險可扼，較之關陝所得尤多。抑或請暫幸天津，爲大駕親征之舉，如漢文帝之勞軍細柳，宋真宗之駐蹕澶淵，亦足以鼓勵薄海之心，而震懾天驕之膽矣。

又《**上峴帥第六書**光緒二十年十二月初二日》 昨聞倭人要挾四事，無一稍近情理，又指明以李經方易邵友濂作出使議和之大臣；朝廷竟欲允其所請，未免太過。我帥頃將入對，宜以去就爭之。兩宮必言戰無把握，不得不和。我帥對以和未嘗不可，然如此等和法，則斷斷不可；遣使臣未嘗不可，然如此等遣法，則斷斷不可。

且兩宮之欲和者，不過以倭之兵强、我之兵弱耳。其實倭兵並非真强，我兵並非真弱。倭若真强，遼、瀋、榆關地方至今豈尚爲我有耶？我之屢次失地，乃不守之罪，屢次失機，乃不戰之罪，皆不由於弱。其所以至此者，諸將本多中材，又恃有衛汝貴、葉志超之前轍，以爲戰則必至死於敵，不戰尚不至死於法耳。今日若能將一二喪師失律之員，即在軍前正法，則軍務必有起色，時事必有轉機，自强之道，即可從此一事做起。若甘心自認爲弱，而不思一求自强，其弱將何所底止哉？

至合肥誤國之處，我帥亦當於兩宮前痛陳之。君父之與同僚，誰親誰疏，誰輕誰重，我帥欲不負同僚，必至有負君父，負君父即自負生平矣。若過泥和衷之言，尚存避嫌之意，是小廉曲謹者所爲，非所望於我帥也。

又《**上恭親王書**光緒二十年十二月初六日》 因側聞停戰議和，私衷感憤，遂自天津力疾兼程入都，條陳籌兵、籌餉一切事宜，冀達天聽，而罷和議。本月初一日、初二日、初四日三次求都察院代奏，未荷施行，螻蟻微忱，莫由上達。兹特謹將原稿封呈鈞覽，伏祈采擇，以助高深。

職道所陳遷之一策，議者多謂其不可行。然自殷、周、漢、晉以至唐、宋、元、明，聞以不遷而瀕危，未聞以遷而致亂。惟事體重大，非親賢一德不能贊畫主持；不動聲色而措天下如泰山之安，非王爺孰能當此？

至所陳督催邊將、設立軍監、整頓海軍、招募土匪、易置疆吏、籌措餉需各條，一得之愚，倘蒙採納施行，職道死且不恨。

又現在關内外防剿諸軍，將及四百營之數；除招募未齊、徵調未至外，業已成軍赴敵者不下二三百營。倭軍僅數萬，而我軍已十數萬人，不得爲少。且北方苦寒，倭兵不耐，弱者凍斃，强者困僵，士有怨心，軍無固志；制其死命，正在此時，宜督催諸軍，速赴前敵。倘再遲延觀望，藉口於操練之未熟、軍械之未齊，使倭人得乘此際，增餉益兵，養精蓄鋭，其勢更不可敵。轉瞬東風解凍，海口全開，彼則變守爲攻，我則變攻爲守，人以便予我而我不能乘之，我以便予人而人能乘之，彼時欲如今日之情形，恐不可得矣。

迫切上陳，臨稟不勝惶悚之至！

又《**上峴帥第十書**乙未正月二十三日》 敬稟者：側聞李相已授全權大臣，將出使倭都，商定和約。以職道愚見揣之，和議恐未必能成也。

然無論和議成與不成，皆不利於中國，尤不利於我帥。不利於中國者，一時之事；不利於我帥者，萬世之名。不利於中國者，人人皆知，職道不暇論，姑舉其不利於我帥者約略言之。

我帥專以戰事爲責成者也。主戰於外，而主和於內，非陰屬諸將以觀望乎？言戰於夕，而言和於朝，非明教三軍以解體乎？若彼一面和，而我一面戰，不將以李相爲鄽食其乎？若我一面戰，而彼一面和，不將以我帥爲岳武穆乎？和議成，祇寒我殺賊之心；和議不成，徒中彼緩兵之計。於我帥利乎、否乎？我帥雖不主和議，亦不阻和議：天下後世其知之者，以爲老成，爲謹慎；其不知者，將以爲退縮，爲摸稜。春秋責備賢者，輿情奢望偉人，和議一成，恐論者不咎李相之主和，而反咎我帥之不能任戰，謂我帥毫無把握，不肯擔當，恐我帥將代他人受過矣。

前日我帥向職道等云，『中國受日本欺侮已深，此恨終當報復，不知及身能見否！』沈痛之言，出於一片血誠，使人爲之感泣。我帥今年六十餘矣，雖汾陽壽考宣力方長，而耄耋高年未必尚手持旄鉞；與其他日空留恨事，何如今日大快人心？

職道念我帥知遇之深，尚欲置禍福死生於度外；我帥念兩宮恩遇之重，豈尚存利害得失於意中？古之人，仁以爲己任者曾子也，以天下爲己任者伊尹也。我帥質行似曾子，匡濟似伊尹；若今日能以戰自任，卽曾子之以仁自任，伊尹之以天下自任。

竊觀倭人，情見勢絀，外强中乾，言戰者乃虛聲，言和者乃詭計，非真有金、元初起之强，有髮、捻方張之勢、有俄、德、法力征之雄。而我之前敵軍聲已振，後路勁旅尚多，轉餉數萬里，募兵數百營，談何容易？有此一日千萬不可坐失事機，又成大錯。

伏懇我帥電奏以戰自任，請停和議，免懈軍心。必須彼國遣使求和，然後可議。天下關係在此一舉，萬世瞻仰在此一舉。

清·王炳耀《甲午中日戰輯》卷四《禍延盛京·朝鮮紀亂五》

吁嗟乎悲哉！余壹不知夫中國之遜懦孱怯，竟至於斯也。嗚呼惜哉！余壹不知夫朝鮮之潰敗決裂，至於此極也。噫吁嘻咄哉！余壹不知夫日本之狓猖跋扈，不可言狀也。夫余之爲亂朝記者四矣。今將續而爲五記，又豈料日本之亂朝者，更易而亂華哉！且日本非能亂華之國也，地小於華者十倍，民少於華者并不止十倍，謀臣猛士不逮華者又三四倍。日本欲至朝鮮，望洋興歎。中國則壤地相接，一葦可航也。日本欲徵兵籌餉，民懸耒而國懸磬。中國則地大物博，北洋縱軍書旁午，而各行省農安於野，商藏於市，工居於肆，士肄於庠，甚至官吏息偃於牀頭，師旅逍遙於河上，晏然不知有金革禍也。然則華之足以勝日者十之七八，日之幸於勝華者十之二三也。奈何兵釁既開，邊烽迭起，牙山則先遁，高陞則被燬，操江則就擄，猶可曰勝敗兵家常事耳。更奈何統帶戰艦，不能得力者，厥有海軍提督丁汝昌，臨敵退縮，致潰全軍。剋扣軍餉縱兵搶掠者，厥有統帶盛軍之寧夏鎮衞汝貴，於是海戰則喪師失律於大東溝，陸戰則又避敵偷生於平壤，此尚得諉爲無罪乎？然猶有代爲之説者曰：海戰本無把握，日艦亦有傷沈。皇上且頒旌勇之恩，綸海軍未著貽羞之罪狀，以視古北口提督葉志超，棄牙山而邀獎者，將無同，此一説也。或又曰：朝鮮鷄肋耳，雖曰棄之可惜，畢竟食之無味。倘戀戀於平壤，日本繞出其後，截歸路而震陪都，非計也。以平壤餌敵而完我鞏固之金甌，卽云下策，亦見老謀。此又一説也。乃自義州不守，而藩封遂絕王師之迹。所謂保藩者，固如是乎？鴨綠江天塹之險，無異於揚子一江。宋祝三保帥奉旨幫辦北洋軍務，前敵諸軍統歸節制。自葉志超等潰敗之後，不必收合餘燼，業已淬厲新鋒。且日本按兵不動者四十餘日，正可以其餘暇慘淡經營，憑江先築砲台，日艦豈敢偷渡。台後復宿以勁旅，卽使砲台有失，猶可張殺敵致果之威，而皆計不出此。江邊僅設斥堠，而以重兵株守九連城，於是日艦遂亂流徑渡。九連城桓桓之衆，不戰而潰，宋保帥尚以濟師爲名，在後路之鳳凰城遲遲吾行，既聞九連城警報，又不急思恢復，復藉口於鳳凰城難守，而退守摩天嶺，日騎遂駸駸焉漸入鳳凰城，從此發祥重地，竟逼敵氛，浸假而烽火蔓延，震驚陵寢，列祖列宗在天之靈爽，必有愀然不安者。督師之肉其足食乎？顧日人之垂涎者，尤在旅順一口，旅順與威海衞挺峙海心，遙遙相對，渤海之鎖鑰，神京之喉咽也。李傅相久鎮畿疆，經猷宏遠，威海、旅順堅築炮台，聞當創議之初屢遭腐儒之梗，猶幸苦心孤詣，克底於成。今津沽得以慶堂奧之安，京師不致起腹心之患者，皆傅相之豐功偉業，萬世不可忘者也。而徒讀死書，眼光如豆者，尚復連章累疏，訐之不已。試任若輩爲政，吾恐師徒撓敗，不特不止於是，且將有腥染闕廷，氈延鐘虡，爲海内臣民所不忍言者矣！然而防守之疏，亦不能爲賢相諱。旅順砲臺，固矣！北洋軍艦，傷而復整矣！縱海軍提督不能得力，日本猶存顧忌之心，不敢以柔脆之快船當中國至堅之鐵艦、至固之重台。然旅順既斜挺於洪波巨浸之中，四顧蒼茫，惟籍金州一綫之通，近之可達復州，遠之可達遼瀋，乃兵艦不知所往，海道之接濟阻矣！金州又不能阻日兵使不能登岸，陸路之應援斷矣！軍火有垂盡之時，糧餉無轉輸之計。一日軍心渙散，大局何堪設想？總而言之，中國疆臣能通變達權，審時度勢如李少荃相國、張孝達尚書、劉省三爵保帥者，固所謂嶽降崧生者也。其餘袞袞諸公，渥邀心簡，自必有大過人者。中國洋務人員，如蔡和甫觀察鈞、羅稷臣觀察豐禄、蔡毅若觀察錫勇、伍秩庸觀察廷芳，皆曾躬歷外洋，洞諳時局，其餘或聰明練達，或廉靜淵深，皆折衝禦侮選也。武職大員中，就久駐上海者而計，如陳宇山軍門基湘、楊鏡巖軍門金龍、蕭雲卿軍門鎮江，皆百勝之將，軍律嚴明，能任艱巨，其餘各提鎮，余雖不能悉知，度亦多干城之赳赳。蓋以中國之大，何地無才，苟取舍之間，用其所長，去其所短，正不必如岳武穆所云：文官不要錢，武官不要命，而天下已無不太平矣！乃餘子碌碌，更不第如岳武穆所云已也。或問：然則如何？曰：余爲之下壹轉語曰：文官要錢不要命，武官要命又要錢是以卽此一月間而論鴨綠江有險可扼，而日艦則展輪而過矣！九連城不戰先逃，而日兵則整隊而入矣！日軍中聞華軍已遁，詫曰：吾輩此來圖惡戰也。戰，異哉！華軍旅順口台堅於鐵，砲猛於雷，而金州則戎馬憑陵，視眈眈而欲逐逐矣！至於軍情瞬息千變，多有傳聞異辭，僕等不欲以不根之言浪費筆墨，且不忍以不吉之語浪播寰瀛也。天心有悔過之機，人病卽有回春之象，敵驕必敗，我武維揚，會當鋪箋於鞍，磨墨於盾，樂代軍中記室捷書夜奏甘泉宮矣。

又 卷五《遣使議和·朝鮮紀亂八》 查旅順威海各砲台，當時俱由西員認真監築，不特工程鞏固已也，更有天然之形勝，無論堅船鉅砲，斷不敢直薄台下，故旅順之失也，禍胎先在於金州。日本欲得金州，先以陸軍取九連、鳳凰諸城，牽綴華軍不得兼顧，金州遂爲水師所陷。誠使當日者有知兵之大將，移師以攻金州，卽未能遽爾恢復。日本當無暇進窺旅順，又使守旅順者，知金州之海頸爲旅順存亡之所繫。日兵未至，則嚴爲之備，日兵既至，則力與之爭，旅順雖至今存，可也。而皆計不出此，守台之兵，心志既不齊一，又目炫於水雷艇之砲煙繚亂，盡瑟縮於台前，踞金之日兵遂麕聚於台後，而況駐旅之監司提鎮大員無一不貪生畏死，頃刻間土崩瓦解，以經營十餘載，糜費數京金之重地，拱手而讓他人，此有志之士所以痛哭流涕也。威海之榮城猶旅順之金州也，金州失而旅順不能保，榮城失而威海能無恙乎？何又誤墮於聲東擊西之計，顧登州而忘榮城。春秋責備賢者，此難爲當軸者諱矣。

藝文

清·黃遵憲《人境廬詩草》卷八《悲平壤》 黑雲萃山山突兀，俯瞰一城礮齊發。火光所到雷碚礡，肉雨騰飛飛血紅。翠翎鶴頂城頭墮，一將倉皇馬革裹。天跳地踔哭聲悲，南城早已懸降旗。三十六計莫如走，人馬奔騰相踐蹂。驅之驅之速出城，尾追翻聞餓鴟聲。大東起舞小東怨，每每倒戈飛暗箭。長矛短劍磨鐵鎗，不堪狼藉委道旁。一夕狂馳三百里，敵軍便渡鴨綠水。一將拘囚一將誅，萬五千人作降奴。

又《東溝行》 濛濛北來黑烟起，將台傳令敵來矣！神龍分行尾銜尾。倭來倭來漸趨前，綿綿翼翼一字連，倏忽旋轉成渾圓。我軍瞭敵遽飛礮，一彈轟雷百人掃。一彈星流藥不爆。敵軍四面來環攻，使船使馬旋如風，萬彈如錐爭鑿空。地爐煮海海波湧，海鳥絕飛伏蛟恐，人聲鼓聲噤不動。漫漫昏黑帶劫灰，兩軍各挾攻船雷，模糊不辨莫敢來。此船桅折彼釜破，萬億金錢紛雨墮，入水化水火化火，水光激水水能飛。紅日西斜無還時，兩軍各唱鐃歌歸，從此華船匿不出。人言船堅不如疾，有器無人終委敵。

又《哀旅順》 海水一泓烟九點，壯哉此地實天險！砲台屹立如虎闞，紅衣將軍威望儼，下有窪池列巨艦，晴天雷轟夜電閃。最高峯頭縱遠覽，龍旗百丈迎風颭，長城萬里此爲塹，鯨鵬相摩圖一啖。昂頭側睨視眈眈，伸手欲攫終不敢。謂海可填山易撼，萬鬼聚謀無此膽。一朝瓦解成劫灰，聞道敵軍蹈背來。

又《哭威海》 台南北，若唇齒，口東西，若首尾。劉公島，中問峙。嗟鐵圍，薄福龍。龍偃屈，盤之中。海與陸，不相容。敵未來，路已窮，敵之來，又夾攻。敵大來，先拊背。榮城摧，齊師潰。南門開，犬不吠。金作台，須臾廢。萬鈞砲，棄則那。砲擊船。我奈何？船資敵，力猶可。砲資敵，我殺我！危乎危。北山嘴。距南台，不尺咫，十里牆，薄如紙。李公睡，戴公死。寇深矣！事急矣！麾海軍，急上台，雷轟轟，化爲灰。山號跳，海驚猜。擊者誰？我實來。南復北，台烏有。船孑孑，東西口。天大雪，雷忽發。船蔽裂，龍見血。鬼夜哭，船又覆。地日蹙，龍局縮。壞者撞，傷者鬥。破者沉，逃者走。噫吁嚱！海陸軍。人力合，我力分。如蠖屈，不得申。如鬥鷄，不能羣，毛中蟲，自戕身。

又《馬關紀事》 既遣和戎使，翻貽驕倨書。改書追玉璽，絶使復軺車。脣齒相關誼，干戈百戰餘。所期捐細故，盟好復如初！

卌戰安危繫，中興郭子儀。屈迎回鶻馬，羞引漢龍旗。正勞司賓館，翻驚力士椎。存亡家國淚，淒絶病床時。

括地難償債，台高到極天。行籌無萬數，納幣一千年。恃衆忘螽蠆，驚人看雀鷸。傷心償博進，十擲輒成韃。

竟賣盧龍塞，非徒棄一州。趙方謀六縣，楚已會諸侯。地引相牙犬，鄰還已奪牛。瓜分倘乘敝，更益後來憂。

雜録

《鍾德祥密陳籌畫朝鮮兵事片》 一，聞日本現已添兵赴朝鮮將二萬人，圖逼韓城，並就要隘列架大礮，針對葉志超營壘。此欲要我以必戰之形，而實輕量葉志超之劣，故敢倡狂至此。

一，聞葉志超所部淮勇駐紮牙山之麓，距朝鮮都城二百餘里。查牙山乃來往衝途，決非紮營之所。葉志超初到牙山，幾爲倭兵所困。今既不能進紮，萬一意外有警，亦且難爲退步，其愚謬不識地勢如此，何以禦敵？

一，聞丁汝昌所統甲船，將近仁川海口，已自於大霧中不能相顧，聞當時卽已逃失兩船。丁汝昌大恇擾，電求李鴻章速另派船救應，爲日本刊布日報，譏詆百端。夫未戰而倉皇若此，丁汝昌尚可用乎？安得不貽笑外人也。

一，聞李鴻章近因事棘，親赴紫竹林訪日本駐津夷使，有傳其言者，李鴻章謂夷曰：『我中國非不能戰，不肯傷和氣耳。』其意似在欲餂之以和，而夷使乃應之以謂『使職通商也，若問兵事，請往朝鮮。』竟敢於傲睨我重臣而鍥薄其趣，噫亦甚矣！

然則今日卽不遽戰，尚安得不籌戰？而臣獨不能不長慮而卻顧何也？北洋水陸諸將，卽使尚有可恃，亦必不堪疲於獨戰，況未必可恃乎？其勢將不得不搜起宿將。然所號宿將者，臣夙知之矣：名位已極，家實已厚，精氣久耗於利欲，而勇悍非復其往時，仍泯然庸衆人耳。獨其姓名固爲朝著之所記識，一旦有事，亦必將詔起之；彼宿將者，類自偃蹇誕謾而後出。及使之往當大敵，任其糜費揮霍；其幸者，乃僅不至敗衄。往者法人之役，臣嘗忝竊兵事，觀之熟矣，實在戰功無二三人可録也。此宿將之情狀也。督撫諸臣既嘗薦之，卽不得不袒護之，其實甚難信。至如癃老者、有癮疾者，更不足以有爲明矣。臣以爲不如及邊釁未大決裂，請皇上獨奮神武之策，自張不測之威，以時特召中外諸臣，無以官格拘限，使之面對，講求戰守方略暨餉餫大計，然後從而擇用其才。使拔擢出以不意，則羣策羣力，將一時雲合響應，機深於密勿之中，四海必悚然於天討之決，而震駭於中國才傑之輩起，卽有歐洲强詭諸國敢於煽亂，眈視伺利，亦當不攻而隱破其狡謀，此與循常紛紜保薦之徒以爲名者，似不同功效也。況乎文武之才有可任，飛輓之餉有可算，忠義駿雄堅奮之氣有可激發，悉候聖主提頓而起之，乘其鋒鋭而使之。謀算果定於上，古兵謀所謂『合如雷霆，解如風雨』者，其機間不容髮也。

清·王炳耀《甲午中日戰輯》卷五《遣使議和·劉公島降敵雜記》 劉公島之失，實緣水雷艇先自脱逃。當被日兵奪去大半，其幸而得至燕臺者，詐稱劉公島已失，船械盡已委敵，余等捨命逃生云云。鑑帥信之，其已在半路之援兵，一律截回。丁帥日盼援帥不至，遂卽仰藥以殉。嗚呼惜哉！

津信云：傅相接北洋海軍覆没之電，不禁泣下沾襟，而初不料誤於逃弁也。正月十二夜，丁革提督密令各水雷艇自劉公島隘口衝出濳轟敵艦，豈知一號魚雷船主王平與另一船主穆晉書竟自逃赴燕臺，以全軍業已覆没，某等幸得保全船隻等詞。朦稟登萊青道劉薌亭觀察含芳。其時電綫已斷，劉道不審虛實，電稟中堂，遂致援師不出。是較之另一水雷艇主蔡某降敵之罪，尤爲不容於死。及經發覺，中堂震怒，通飭各海口地方官嚴拿務獲。

劉公島所有華兵，於正月廿三日乘華船至燕臺，丁帥、劉、楊、張、黄諸公之靈柩，日本特遣康濟小兵輪送還中國。瀕行時，日艦下旂鳴砲以志哀，日本諸將士更致敬盡禮以送之。所有效力海軍之諸西人，亦附是船同至燕臺，惟美人好惟前被拘於日本時，誓不至華，今乃仍在華軍中助戰，故拘留之。

威海既失，劉公島孤懸海外，北洋海軍雖依之爲固，究無生路可逃，已革提督丁汝昌遣弁齎降書至日艦，隨卽吞烟自盡。一時相率殉節者，如海軍左翼總兵劉步蟾、記名總兵張文宣、護理海軍右翼總兵本任總兵林泰曾以自傷座船蹈海而死。楊用霖、儘先都司廣東大鵬協右營守備黄祖蓮，見危授命，忠烈可嘉。欽奉上諭：均照軍營陣亡例從優議䘏。至前經拿問之已革海軍提督丁汝昌總統海軍始終僨事，著毋庸議。惟北洋海軍則竟空諸所有，惜哉！據字林報言：威海之降日者，一曰定遠鐵艦，爲水師提督之號旗船，先被水雷轟沈入海，其深十八尺尚見砲位。二曰鎮遠鐵艦，傷而未沈。三曰平遠鐵艦，四曰濟遠鋼帶艦，皆尚完善。五曰靖遠鋼帶艦，爲日本借砲臺之砲擊沈。六曰來遠鐵艦，亦已沈海。七曰威遠木質船，八曰廣丙木質水雷船，九曰康濟木質水雷棧房船，不能海戰之小船也。十曰湄雲木質小兵船，又曰蚊子船四號，曰鎮北、鎮邊、鎮西、鎮中，又有水雷船五號、砲船三號，皆未傷。另有實發一船，亦已沈没。統共劉公島灣内或傷或完之船，共大小三十三艘，悉爲日本所有，惟逃出之水雷船十三號孑立海面。嗚呼！噫嘻！天歟人歟！又查鴨綠江之戰，超勇、揚威、致遠、廣乙，先已或沈或燬。牙山之戰，廣甲擱淺焚燬，操江小艦被擄。旅順之役，被擄者輪船三、夾板船二。大連灣之役，被擄輪船一，小砲船二，曰連春，曰漢江，兵砲十五。蓋前後所喪失者不下五十餘艘矣。靜言思之，可勝浩嘆！至於威海之戰，確知日本壞水雷艇二號，一蓋爲風浪所沈，一則轟定遠而擱礁，尚不關華人之力也。

西簡云：日兵於元旦突犯劉公島，丁帥及各統領竭力抵禦，歷十餘日不懈，而援師者無消息。各艦煤火已斷，劉公島東首一小島亦爲日占，丁帥乃召集各統領飭令力戰解圍，無奈各兵弁略無鬥志，視軍令如兒戲。丁帥震怒，卽欲親臨前敵，本船水手又均不肯起椗，丁帥知無可挽回，傳令卽發地雷轟燬砲臺，以免資敵，更不謂兵士天良盡喪，早將地雷、水雷各綫悉行割斷，水雷船亦皆潛遁，無奈再召中西各員會議，僉稱實已束手無策，不如設法降日，以救生靈。乃於十八日遣廣丙管駕張壁光乘坐鎮北小艦，高揭白徽，直造提督伊東祐亨之座船投遞降書。書已録前。伊東祐亨急會諸將相議，并派四艦扼守西口，以防華艦乘機逸出，旋請張君入客艙，張君身穿行裝，口操英語，前曾在美國讀書，英語甚爲諳練。敍坐卽定，伊東祐亨略與寒暄，因問：『丁提督安否？』曰：『病。』問：『劉總兵安否？』曰：『安。』曰：『食足乎？』曰：『米與蘿蔔膠菜俱有。』問：『牙山之役，方伯謙甚諳海戰，何故殺之？』曰：『上命也，丁公殊不願。』問：『威海何易失也？』曰：『陸軍與水師不相顧也，又無戰律，諸事皆然，此總署之咎也。再戰徒傷生命，恐無濟於事矣。』問：『劉公島近況如何？』曰：『官眷及有財者皆去矣。窮民不能去，受貴軍中炸彈，其苦實深。』按：問答語甚長，擇其要者録之。伊東旋畀以覆書，及香賓酒等物。張壁光許以明晨再送書來而別。伊東覆書略言：尊示具悉，自合祇尊，明日望將兵艦軍械砲臺之屬，悉數交下，敝提督當遣一船送貴將弁回華，閣下如欲至敝邦，亦無不可。停戰後，仍思效力於貴國，亦必惟命是聽。至英提督作保一節，大可不必。閣下素著名望，敝提督已深信賜函矣。十九日鎮北又入日營而下半旗，衆咸不解，及接見張差弁，面深墨容，似甚戚。日人無不慘然，急叩其故，則曰：昨帶貴提督公牘及私信呈丁公，觀其容色，似甚感動，卽入座作函華，元書已録。起而言曰：我事了矣。遂入臥室服生鴉片一大劑。劉總兵、張總兵各如法服之，今提督及左右二翼總兵皆已殉節，我輩無所措手，惟有照昨日所議勉强辦理而已。東將或問張君曰：『島中今尚存若干人？』曰：『水陸兵士約共六千，水兵多閩廣人，願返燕臺，陸兵多山東人，願從威海登岸，惟醫院中尚存受傷者七十人，不能行動耳。』日營遂定議凡受傷者運入醫船，送至日本妥爲療治，而派第三四隊船兵守島，派日艦守華艦，又命撈除水雷，并請華軍中之牛道臺主持降約。伊東因問張弁曰：『貴軍在威海時，聞我在容城運兵登岸，曷不阻之？』曰：吁！難言之矣。各艦已奉軍令而盡不肯行，曰：「必欲去，則如以卵投石耳。」」按：卽此以見前傳丁帥欲去而李中堂阻之之説妄矣。既而降約已定。已録前方。廿二日全隊華軍出降於日營，日將先遣籍隸東直之人，各攜二日糧及其行囊號褂等物，送至威海日營之後，越日又遣閩粵之人至燕臺。皆扣留其軍械，再撥康濟一艦，拆去砲位，安置丁帥以次各靈柩及中西各員，直赴燕臺。

廿五日，康濟兵艦自劉公島展輪，日艦悉遵西例鳴哀砲下半旗亂桅繩以送丁提督等之喪。康濟卽返燕台，艦中有靈柩五具，華官若干員，西官十一員，皆無傷損。

又 卷六《傅相議和·日匪謀傅相》 李中堂自議和處回行台，將入門，一少年凶人衝出，以手鎗擊其面，凶人已就獲。東電廿八日下午，中堂將返行台，日人翹足道旁，以一見顔色爲幸，忽一少年壯士，自人叢中出，左手攀憲輿槓，右手開鎗傷中堂頰，其彈今日可出。伊藤、陸奥二大臣及地方官聞報，驚駭非常，羣趨行台，問候興居，並發電奏聞日廷。聞日主迅派御前大臣，攜日主日后手書慰問，並道歉衷，又遣二御醫，與大臣同乘飛輪，星夜出廣島，今晨已抵下關。全國官民人等，聞此警報，無不憂形於色，皆祝吉人天相，傷而不害。今日下午，東御醫佐藤電奏：言中堂傷勢。可保無疑。又云凶手姓小山，年二十一歲，身穿民服，放鎗後，逃入一店。中堂之傷，在左目下一寸，無損目光。中堂隨帶之兩西醫，先在傷處探彈不獲，緩日再探。醫言傷雖重，約可無礙。中堂心甚鎮定，痛苦亦能强忍，與人敍談，有條不紊，并云仍當力疾辦公。行台內外，今已密布兵捕，妥慎保護，發電時，中堂方安臥。

清·吳汝綸《李文忠公全集·電稿》卷二〇《寄譯署光緒二十一年二月二十八日》 今申刻會議，已將停戰擱起，向索議和條款，允於明午面交。歸途忽有倭人持手鎗對狙擊，中左頰骨，血流不止，子未出，登時暈絕。伊藤、陸奥均來慰問，姑令洋醫調治。此事恐不能終局矣。再，伊面稱現要攻取臺灣，並聞。請代奏。

清·劉侃《犢鼻山房小稿》卷八《北征紀略》 甲午，公三督兩江之四年，冬十月戊辰，奉天子命陛見。時倭人寇朝鮮，我軍赴援，敗於平壤，傷亡十五六，敵乘勝渡鴨綠江，陷九連城，進逼鳳凰城，謀闚遼瀋，京報電掣，中外皇皇，兵戈再起。雲貴總督王文韶、湖廣總督張之洞前一月同被召，未行，張改攝兩江。公入覲，雖無明詔，知朝廷急兵事將對平臺也。

戊午，攝者至。己未，謝事治行，調文武大員數十自隨。甲子，輕舟發江寧；庚午，次清江浦，有旨趣進，且責期。十一月癸酉朔，遵陸北上，道中廷旨與王大臣書日至。泰安大雪，輿夫再蹶，乃易騎，數陷濘淖。次德州，李相遣小輪船泊河干待之，卽日乘發。未至天津百里，河冰結，舍舟而馳。辛丑抵都，詣宮門請安。

十二月癸卯朔，召見養心殿，聖主社稷之憂，睿容清損，公亦酸楚。退，太后召見於寧壽宮，不設簾，玉音垂詢，意旨約實如家人言。初太后以藩屬喪師，權罷祝釐儀物。公復有進，太后慰勞之，且曰：『爾年將七十矣，我歸政後，清閒自在，未嘗見羣臣。爾老臣，辛苦遠來，與在廷自別。至日本構釁，由李鴻章初不慎重，致此決裂。然彼小國，原非意料所及。爾夙諳軍務，故資老臣謀國，是我所命也。』公遜謝。因言『太后筆法字畫俱高品，李鴻章曾蒙賚賞，臣榮羡不已，今從太后乞與之。』太后曰：『正須與爾。』越日，以字畫數軸並他物賜之。

乙巳，授欽差大臣，頒發關防；具疏辭，不許。丁未入見，力陳才識疏庸，不堪重任，乞收回成命。上曰：『時事艱難，未容遜避。爾不重任，試度誰堪重任者！』沈思久之，曰：『爾此行宜副朕意，毋再辭。』固授之，温語頻加。遂拜命，天顔大怡。後聞近臣言，上是日始驩然色喜也。

辛酉，有旨駐山海關，內外兵馬均歸節制。而海軍自旅順失守，益怯懦無生氣，戰艦二十餘艘，駛絕地不敢當敵。乃與王大臣議，以爲島國用兵，水師先務，徒調集陸兵，而海軍不競，鮮致克捷。聞見存船礮尚可修復，以圖再舉。惟將帥非人，又已喪膽，需別選謀勇兼優之士，不次擢用，俾海上有長城，敵不敢肆，而後陸軍可資守禦。因舉二人，請特旨趣赴受事，衆以爲然。復奏，上報可，而積重難返，爲李相所持，旨竟不下。明年春，威海全軍覆，戰艦資敵，海軍燔矣。

乙丑，陛辭，賞如意、袍褂數事。上以關外嚴寒，命居關內。太后加賞，復召見。慨然曰：『近日外間如安維峻輩言日本事，皇帝主戰，我主和；我已歸政，猶把持萬幾，使皇帝不得施展。此語從何而來？直欺我年老欲離間我母子也！皇帝大昏，餘錢二百萬存宮中，會李鴻章請發賑，幷平日撙節所有與之；而外人説我要錢，書諸史册，後世謂我爲何如人？自來母后臨朝，莫不崇奉外家，漢唐后族之盛，勢燄如何？我家親屬僅給衣食，品秩無加，此臣民共見共聞，爾一問可知。』公對曰：『臣固知之，天下誰不知之，未喻者安御史言耳。太后不足介意。當咸豐十一年，天崩地裂，毅皇帝以沖齡踐祚時，强臣持柄，天下岌岌，而粤「賊」負隅金陵，撚「匪」蹂躪兗、豫，回「亂」關陝，中原少息，西陲用兵；太后既翦内奸，從容指授，驅策羣力，以次削平，成中興盛業，此亙古史册所未有。再定大計，援立今上，二十年間，外攘内安，寰宇澄清，匪徒臣民攸賴，遠人實綏懷之。安御史窺聖性能容狂直，欲借此以沽名耳。』太后初聞毅皇帝踐祚語，潸然泣下，至是首肯曰：『如所言祇是沽名，我意亦少釋矣。』公復進曰：『臣提師在外，未卜何時再覲闕廷，愚昧之見，外間浮論不足校，惟密勿之地，當廑聖懷。蓋天家母子與臣庶家迥異。臣庶家父子兄弟朝夕一堂，事皆面諭，情意易通，故外人不得而間。天家則不然。明神宗之於光宗，父子也，至廷質太子於羣臣；宋曹太后之於英宗，母子也，以近侍造言，幾至猜貳。然則宫闈之内，婦寺之間，利口便色，浸潤移情，視臣庶家爲難防。』太后曰：『皇帝純孝，足慰我心；左右之言，我不聽，皇帝亦不聽。皇帝聰明，知我無他懷，有事卽白，小人無所寘其喙。若東漢之季，十常侍内外交訌，以致傾覆，今幸無其人；爾此行大可放心。皇帝四歲入宫，一飲一食，我自料量，所坐床、褥親覆視之，至今猶然。我之苦心，外人何能知道？爾言及此，乃宗社有靈生爾公忠體國之人，俾輔朝廷，天必祚爾福壽。』時太后言下自傷，淚落如洗，巾拭未嘗少輟。是必有動於中，感於昔，喻於一誠而無疑者。不然近臣不敢言，而遠臣言之可乎？已而諭曰：『關上風雪極大，衣裘之屬宜令多備。』公頓首謝出。

丁卯出都，天津度歲。

二十一年春正月乙酉，乘火輪車到關，設支應、轉運、軍械、兵糧各局，俱以道員總局務；傳見諸軍統領，簡練兵實，日不暇給矣。而朝廷前後徵天下兵馬，川、陜、雲、貴均發大軍，湘、淮軍先集。士卒冒風雪行萬里、或數千里，墮指裂膚，黎瘦無人色。又食物昂貴，例餉不給，以故多逃亡。新募之兵，多負戈矛，無火器；而倭人專以火器制勝。關内外二十餘萬人，自埕子口至關，截地分屯，統領各受任於所隸督撫，資其械餉，於欽差但秉節度。山東、奉天諸軍皆遠千餘里，條教非半月不能達。規制疏闊，事緒紛挐，實有卒難整理者。至於壁壘陰陽，軍陣奇耦，變化以漸，操縱有方，是在殫精竭力爲之。

當督師命下，奏請欽派湖南巡撫吴大澂，四川提督宋慶爲幫辦，掌山西道監察御史馮錫仁、江南候補道曾炳熙爲營務處，調京官主事、郎中七八人充幕府。宋慶軍奉天，江蘇臬司陳湜屬焉；吴大澂出關駐錦州，前新疆布政司魏光燾、江南候補道李光久屬焉。二月，馮御史至軍，與曾道二人同心襄贊，由是文武大小員弁皆領職事。湖北提督胡鳳柱不能軍，奏出之。

時福建提督程文炳、新疆提督董福祥，忠勇宿望，統馬步駐畿甸。廣東提督曹克忠，天津鎮吴殿元駐天津。直隸提督聶士成統馬步駐蘆臺，爲遊擊之師。徐州鎮陳鳳樓統馬隊駐軍糧城，通永鎮吴育仁駐北塘，澎湖鎮吴宏洛駐新河，提督鄭崇義、登州鎮章高元、天津鎮羅榮光駐大沽，提督梅東益駐滄州，皖南鎮李占春駐埕子口，大同鎮劉光才、瓊州鎮申道發駐樂亭，古州鎮丁槐駐灤州、關上。提督熊鐵生、高州鎮余虎恩築牆海岸，守關東，九江鎮宋朝儒、寧夏鎮牛師韓沿石河爲營，守關西，北以提督周蘭亭領礮隊掎其後，南以下得詳守老龍頭礮臺扼其前。提督楊金龍統議軍衞行轅。元戎旗鼓，建立臺右，倚山臨海，雖軍務旁午，羽書交馳，而燕寢香凝，畫戟森列，尊俎之暇，流覽壯圖。城北諸山，迆邐西來，萬峯攢天，隔絶中外，長城跨之，相爲原委。尾曰角山，勢極汪洋，斷岸屹立，日月欲出，崖岫生輝，潮汐怒騰，巖谷蒼響。中則一谿流貫，奔湍潺湲，幽如琴瑟。當此萬騎雲屯，長戈指日，一令風行，三軍動色，威武震衆，清曠怡神可兼收也。奮氣憑山海之雄，嘉謀適郊野而獵，安知不可以踏平島嶼，填塞渤溟？會前軍攻海城大敗，遂失牛莊，軍士死亡逃散略盡，折臂傷股載就醫院者日過百車，軍中由是奪氣。吴大澂尋召還。

三月，覆奏翰林編修曾廣鈞擅責大員，羅其兵柄。

既而停戰議和。而是時援兵四集，器械略齊，公再疏沮議，請效一戰，不報。和議成，諸將或號泣諫言，願决死戰，不肯以寸土與人。董福祥、程文炳馳入見上，至請以神機營押隊督戰，不前及反顧皆斬之，誓不勝不圖存，而已不能回矣。

初，朝廷遣大員赴日本議和，倭人不納，書來，要遣貴重用事大臣再往，已明有所指。乃加李相全權大臣，其子李經方爲副，航海會議。有狂人手火槍擊李相傷面，罵曰：『你不約我國興兵取地，安得有戰事！』聞者吐舌。

議定還津，輸款二萬萬。尋命李經方充割地使，以臺灣南北三千里畀倭，守臺文武官撤回。臺民大譁，遠近揭竿而起，謂朝廷棄我，聽我自爲，劫巡撫唐景崧、提督劉永福留臺，仿西洋法，據臺灣爲民主之國，立巡撫爲總統主國事，鐫總統印文，改旗幟色目及軍中號衣，以示不屬中朝，布告各國，矢志拒倭。

幕府易道順鼎慮唐、劉失策，欲往助之，以情請。公曰：『壯哉！』厚貲遣之，乃旅海而南，同事皆賦詩餞送。至天津，唐已敗，遁歸內地，惟劉尚駐臺南地。易道曾詣闕上書，摭拾事理，指陳得失，詞氣慷慨，約近萬言，忠憤溢於言表，真豪傑之士也。

倭人受地不成，乃悉衆攻臺，關外解嚴。公移駐唐山，居中鎮之。

四月甲辰，大風，海嘯，三日益大，自樂亭至大沽潮湧數丈，海岸營壘衝壞，漂溺軍民數千，棚帳散裂，鎗礮陷泥沙中，子藥無遺，民居坍塌千家。災變聞，和議益决。論者以爲天意告警，人事未修，憂不在於寇也；百道徵發，一旦弛兵，憂更深於寇也。

五月，以治兵無狀，自請議罪；上優詔答之。

練軍統領賀星明在軍浸漁，疏論之；詔革職。

唐景崧既敗走，倭人無違言，於是請撤防遣兵役歸農以節餉糈，請繳還欽差大臣關防，開兩江總督缺，放歸田里；慰留之。

戊戌變法部

公車上書與康有爲繼續五上皇帝書分部

綜　述

梁啓超《戊戌政變記》卷一《康有爲嚮用始末》　五月，康有爲復上書言變法之先後次第，蓋前書僅言其條理，未及下手之法也。是時守舊大臣，已有妒嫉康之心，復阻格不爲代奏。于時師傅翁同龢，兼直軍機，性行忠純，學問極博。至甲午敗後，知西法不能不用，大搜時務書而考求之，見康之書大驚服。時翁與康尚未識面，先是，康有爲於十四年奏言日人變法自强，將窺朝鮮及遼臺，及甲午大驗，翁同龢乃悔當時不用康有爲言，面謝之。後乃就見康商榷治法，康有爲極陳列國並爭，非改革不能立國之理，翁反覆詢詰，乃益豁然。索康所著之書，自是翁議論專主變法，比前若兩人焉。翁者皇上二十年之師傅，最見信用者也。備以康之言達皇上，又日以萬國之故，西法之良，啓沃皇上。於是皇上毅然有改革之志矣。其年六月，翁與皇上决議擬下詔敕十二道，布維新之令，既而爲西后所覺察。乃撤翁毓慶宮行走，而皇上信用之汪鳴鑾、長麟等皆褫革，自是變法之議中止。而康亦出都南歸，復遊歷講學於江南、上海、廣東、廣西、浙江之間，光緒二十三年十二月，德人占踞膠州之事起，康馳赴北京，上書極陳事變之急。【略】

書上工部，大臣惡其伉直，不爲代奏，然京師一時傳鈔，海上刊刻，諸大臣士人共見之，莫不嗟悚，有給事中高燮曾者，見其書歎其忠，乃抗疏薦之，請皇上召見，皇上將如所請。恭親王進諫曰：『本朝成例，非四品以上官不能召見。今康有爲乃小臣，皇上若欲有所詢問，命大臣傳語可也。』皇上不得已，正月初三日遂命王大臣延康有爲于總署，詢問天下大計變法之宜，並令如有所見，及有著述論政治者，可由總署進呈。於是其書卒得達，皇上覽之，肅然動容，指篇中求爲長安布衣而不可得，及不忍見煤山前事等語，而語軍機大臣曰：『非忠肝義膽，不顧死生之人，安敢以此直言陳於朕前乎？』歎息者久之，康之此書，以去年十一月上於工部，至今年五月始得達御覽。皇上乃命總署諸臣，自後康有爲如有條陳，卽日呈遞，無許阻格。並宣取康所著《日本變政考》、《俄皇大彼得傳》等書，而翁同龢復面薦於上，謂康有爲之才，過臣百倍，請皇上舉國以聽，自此傾心嚮用矣。上命康有爲具摺上言，正月初八日康有爲上疏統籌全局。【略】

書既上，命總理衙門王大臣會議，並進呈所著《日本變政考》、《俄彼得變政考》，並進英人李提摩太所譯《泰西新史攬要》、《列國變通興盛記》及《列國歲計政要》諸書，上置御案，日加披覽，于萬國之故更明，變法之志更決。日讀康書，知之更深，于時皇上久欲召見康有爲，而爲恭親王所抑，不能行其志，及四月恭親王薨，翁同龢謀於上，決計變法，開制度局而議其宜，選康有爲任之。乃於四月二十三日，下詔定國是，二十五日下詔命康有爲預備召見，二十八日遂召見於頤和園之仁壽殿，歷時至九刻鐘之久，向來召見臣僚，所未有也。康所陳奏甚多，皇上曰：『國事全誤于守舊諸臣之手，朕豈不知，但朕之權不能去之，且盈廷皆是，勢難盡去，當奈之何？』康曰：『請皇上勿去舊衙門，而惟增置新衙門，勿黜革舊大臣，而惟漸擢小臣，多召見才俊志士，不必加其官，而惟委以差事，賞以卿銜，許其專摺奏事足矣。彼大臣向來本無事可辦，今但仍其舊，聽其尊位重祿，而新政之事，別責之於小臣。則彼守舊大臣，既無辦事之勞，復無失位之懼，則怨謗自息矣。卽皇上果有黜陟之全權，而待此輩之大臣。亦祇當如日本待藩侯故事，設爲華族立五等之爵以處之，厚祿以養之而已，不必盡去之也。』上然其言，此爲康有爲始覲皇上之事，實改革之起點，而西后與榮祿已早定密謀。於前一日下詔，定天津閱兵之舉，驅逐翁同龢，而命榮祿爲北洋大臣，總統三軍，二品以上大臣，咸具摺詣后前謝恩，政變之事，亦伏於是矣。

論說

康有爲《南海先生上書記》卷一《上清帝第一書》 奏爲國勢危蹙，祖陵奇變，請下詔罪己，及時圖治，恭摺仰祈聖鑑事。

臣聞言事有越職之禁者，所以定名分也；闢門有傳言之典者，所以采芻蕘也。定分以靖臣下之心，采言以通天下之氣。臣猥荷天慈，蒙被蔭典，入監讀書，雖復疏賤，然自祖父世受國恩，區區之私，常懷報稱。竊見方今外夷交迫，自琉球滅、安南失、緬甸亡，羽翼盡翦，將及腹心。比者日謀高麗，而伺吉林於東；英啓藏衛，而窺川、滇於西；俄築鐵路於北，而迫盛京；法煽亂民於南，以取滇、粵；教民、會黨遍江楚河隴間，將亂於內。臣到京師來，見兵弱財窮，節頹俗敗，紀綱散亂，人情偷惰，上興土木之工，下習宴遊之樂，晏安歡娛，若賀太平。頃河決久不塞，兗豫之民，蕩析愁苦，沿江淮間，地多苦旱，廣東大水，京師大風，拔木百餘，甚至地震山傾，皆未有之大災也。

而尤可駭痛者，奉天大水，山湧川溢，淹州縣十餘，甚至沖及永陵山谷，陊圮坍拆，凡十八山，形勢全改，今上海新報館繪圖募賑，遍傳各省。伏念永陵爲我朝發祥之地，岸谷告變，震動非常，以爲皇太后、皇上聞此奇變，必悚惶震悼，戒勵羣臣，痛哭戒誓，乃伏處下風，未聞有恐懼責躬、求言恤民之特詔，親臣重臣，卿貳臺諫，受國厚恩，亦未聞有直言極諫痛哭入告之封章。內而侍臣，外而藩僚，不聞一言，下而部寺司員，亦不聞一言。上下內外，咸知天時人事，危亂將至，而畏懼忌諱，箝口結舌，坐視莫敢發，臣所爲憂憤迫切，瞻望宮闕而惓惓痛哭也。

伏讀世祖章皇帝聖訓曰：『近來條奏，多係細務，未見有規切朕躬者；朕一日萬幾，豈無未合天意、未順人心之事？良由諸臣畏懼忌諱，不敢進諫耳。朕雖不德，於古帝王納言容直，每懷欣慕，朕躬如有過失，諸臣須直諫無隱，言之過戇，亦不譴責，欽此。』此真開國聖人省身求言之極則也。

伏惟皇太后、皇上聰聽彝訓，樂聞謹言，臣竊慕漢、宋時大學生劉陶、陳亮有上書之議；近咸、同時，監生周同穀、貢生黎庶昌遞摺言事，荷蒙列聖嘉納，故敢不避斧鉞之誅，披瀝血誠，忘其僭越，爲我皇太后、皇上陳之。

竊維國事蹙迫，在危急存亡之間，未有若今日之可憂也。方今中外晏然，上下熙熙，臣獨以爲憂危，必以爲非狂則愚也。夫人有大癘惡疾，不足爲患，惟視若無病，而百脈俱敗，病中骨髓，此扁鵲、秦緩所望而大懼也。自古爲國患者，內則權臣女謁，外則强藩大盜而已。今皇太后、皇上端拱在上，政體清明，內無權臣女謁閹寺之弄柄，外無强藩大盜之發難，宮府一體，中外安肅，宋、明承平時所無也。臣獨汲汲私憂者何哉？誠以自古立國，未有四鄰皆强敵，不自强政治而能晏然保全者也。

近者洋人智學之興，器藝之奇，地利之闢，日新月異。今海外略地已竟，合而伺我，真非常之變局也。日本雖小，然其君臣自改紀後，日夜謀我，內治兵餉，外購鐵艦，大小已三十艘，將翦朝鮮而窺我邊。俄築鐵路，前歲十月已到浩罕，今三路分築，二、三年內可至琿春，從其彼德羅堡都城運兵砲來，九日可至，則我盛京國本，禍不旋踵。英之得緬甸，一日而舉之，與我滇爲界矣，滇五金之礦，垂涎久矣。其窺藏衞也，在道光十九年，已陰圖其地，至今乃作釁焉。

法既得越南，開鐵路以通商，設教堂以誘衆，漸得越南之人心，又多使神父煽誘我民，今遍滇、粵間，皆從天主教者，其地百里，無一蒙學，識字者寡，決事以巫，有司既不教民，法人因而誘之。又滇、越、暹羅間，有老撾、萬象諸小國，及猓苗諸種，法人日煽之，比聞諸夷合尊法神父爲總統焉。法與英仇，畏英屬地之多也，近亦遍覓外府，攻馬達加斯加而不得，取埃及而不能，乃專力越南以窺中國，數年之後，經營稍定，以諸夷數十萬與我從教之民，內外並起，分兩路以寇滇、粵，別以舟師擾我海疆，入我長江，江楚教民從焉，不審何以禦之？

夫敵國並立，無日不訓討軍實而虞敵之至也。邇者德法之爭，十三日失和，十七日德以兵二十四萬渡禮吳河而壓法境矣。兵勢之速如此，而我兵不素練，器不素備，急乃徐購募以應之，雖使廉頗、韓信爲將，庸有幸乎？又美人逐我華工，英屬澳大利亞隨之，將來南洋諸島紛紛效尤，我民出洋者千數百萬，中國卮漏於洋貨久矣，稍藉此補其尾閭，若不保護，還無所業，必爲盜賊，金田之役，將復起矣。

昔甲申之事，法僅以一、二舟師驚我海疆，我沿海設防，內外震動，皇太后、皇上宵旰憂勞，召問諸臣，一無所措，乃旁皇募兵購炮，所費數千萬計，而安南坐失矣。且是時猶有左宗棠、彭玉麟、楊岳斌、鮑超、馮子材、曾國荃、岑毓英、劉錦堂、王德榜等，皆知兵宿將，布列邊外，其餘偏裨亦多百戰之餘，然已兵威不振，人心畏怯如是。今則二三宿將重臣漸皆凋謝，其餘舊將皆已耄老，數年後率已盡，卽偏裨之曾列戎行者亦寡，而强鄰四逼於外，教民蓄亂於內，一旦有變，其何以支？我既弱極，則德、奧、意、丹、葡、日諸國亦狡焉思啓，累卵之危，豈有過此，臣所爲日夜憂懼也。

竊觀內外人情，皆酣嬉偷惰，苟安旦夕，上下拱手，遊宴從容，事無大小，無一能舉。有心者歎息而無所爲計，無恥者嗜利而藉以營私，大廈將傾而處堂爲安，積火將然而寢薪爲樂，所謂安其危而利其災者。譬彼病痿，臥不能起，身手麻木，舉動不屬。非徒痿也，又感風痰，百竅迷塞，內潰外入，朝不保夕，此臣所謂百脈敗潰，病中骨髓，扁鵲、秦緩所望而大憂者也。今兵則水陸不練，財則公私匱竭，官不擇才而上且鬻官，學不教士而下患無學，此數者，人皆憂之痛恨焉，而臣則未以爲大憂者也。

夫先王之治，於理財至精也。《周禮》：『三農生九穀，園圃毓草木，虞衡作山澤之材，藪牧養蕃鳥獸，又有草人、稻人化土宜焉。』善乎《禮記》之言曰：『無曠土，無遊民，食節事時，樂事勸功，尊君親上。』管子曰：『愼民在舉賢，愼富在務地。』夫有土此有財，而以政事緯之。地利既闢，於是通商惠工，敬教勸學，授材任能，豈有以中國地方萬里之大，人民四萬萬之衆，物產二十六萬種之多，而患貧弱哉？故臣皆不以爲大憂也。臣所大憂者，患我皇太后、皇上無欲治之心而已。

伏惟皇太后、皇上敬天勤民，法祖宗，用耆舊，聖德之美逾越今古，臣敢以爲無欲治之心何也？竊見與强夷和後，苟幸無事，朝廷晏安，言路閉塞，紀綱日隳。頃奇災異變，大告警厲，天心之愛至矣，不聞有怵惕修省之事，上答天心。又古者災異策免三公，樞臣實秉國鈞，亦無戰兢之意，未聞上疏引罪，請自免謝，泄泄如是。而徒見萬壽山、昆明湖土木不息，淩寒戒旦，馳驅樂遊，電燈、火車奇技淫巧，輸入大內而已。天下將以爲皇太后、皇上拂天變而不畏，蓄大亂而不知，忘祖宗艱大之托，國家神器之重矣。天命無常，而民窮難保，棟折榱壞，誰則能免，臣所爲夙夜憂懼，不敢畏而自隱也。

伏惟皇太后、皇上恭儉憂勤，臨政之日，不爲淺矣，所以内修政事，外攘夷狄，雪列聖之仇恥，固萬年之丕基，宜有在矣。乃事無寸效，而又境土日蹙，危亂將至者何哉？以爲所任非其人歟？則以皇太后、皇上之明，豈敢謂盡非其人，以爲所由非其道歟？則以皇太后、皇上之聖，豈敢謂盡非其道，而遂以致此者，得毋皇太后、皇上志向未堅，無欲治之心故耶。夫諸苑及三山，暨圓明園行宫，皆列聖所經營也，自爲英夷燒毀，礎折瓦飛，化爲礫石，不審乘輿臨幸，目覩殘破，聖心感動，有愀然奮思報大仇者乎？若有此也，臣欲鑾馭日臨之也，然亦未聞有興發之政，聳動天下，則以爲皇太后、皇上無欲治之心也。以皇太后聰明神武，臨政二十年，用人如不及，從善如流水，當同治初年，勵精圖治，起翁心存、李棠階相機務於内，用曾國藩、左宗棠治戎事於外，李鴻章、沈葆楨、郭松燾、韓超並由道員擢授巡撫，劉蓉且以諸生超授撫藩；開誠心，布大度，孜孜求治，用能芟夷大盜而致中興。臣每伏讀穆宗毅皇帝聖訓，未嘗不感激，而至於流涕也。

又光緒八九年，用人行政，赫然有興作之意，臣竊謂皇太后、皇上，有光明聖德，可與爲堯舜之治也；所以倦勤者得無以勵精已久，而致治無期耶？臣維同治初年，大亂甫定，天下肅雍，中外望治，譬大病新愈，補之自强，此中國圖治第一機會也。然聖意勤勤，而未足振弱者，不變法故也。

光緒八九年，宫廷赫然求治，士風大變，譬久病稍起，非更加醫藥，不能驟瘳，此中興第二機會也。不幸法夷入寇，於是復蹶，得無有讒匿之口，間於左右，以爲臣下能言者，不周於用乎？夫人各有能有不能，通治者未必知兵。夫天下多才，不能以一人僨事，而盡疑天下之才，豈聖意以爲嘗圖治矣，而輔相無人，因而漸怠耶？生謂中遭事變，所以不竟厥施者，不慎選左右故也。如使皇太后、皇上憂勤惕厲，震動人心，赫然願治，但如同治、光緒初年之時，本已立則末自理，綱已舉目自張，風行草偃，臣下動色，治理之效，必隨聖心之厚薄久暫而應之，臣所欲言者三，曰變成法、通下情、慎左右而已。

夫法者，皆祖宗之舊，敢輕言變者，非愚則妄。然今天下法弊極矣，六官萬務所集也，卿貳多而無所責成，司員繁而不分委任，每日到堂，拱立畫諾，文書數尺，高可隱身，有薪炭數斤之微，銀錢分釐之所，而徧行數部者，卿貳既非專官，又多兼差，未能視其事由，勞苦已甚，況欲整頓哉？故雖賢智亦皆束手，以爲周公爲今冢宰，孔子爲今司寇，亦無能爲法，弊至此，求治得乎？

州縣下民所待治也，兵刑賦税教養合責於一人，一盜佚、一獄誤、一錢用而被議矣，責之如是其重，而又選之極輕，以萬餘金而賣實缺焉。禄之極薄，以數百金而責養廉矣，其下既無周人虞衡牧稻之官，又無漢人三老嗇夫之化，而求其教養吾民，何可得哉？以故外省奉行文書，皆欺飾以免罪，京朝委成胥吏，率借例以行奸。他若吏部以選賢才也，仍用銓敘，武舉以爲將帥也，仍用弓石，翰林以儲公卿也，猶講詩字，其他紊於法意，而迂於治道，舛亂淆決，難徧以疏舉。是以皇太后、皇上雖有求治之心，而無致治之效也。

今論治者，皆知其弊，然以爲祖宗之法，莫之敢言變，豈不誠恭順哉？然未深思國家治敗之故也。今之法例，雖云承祖宗之舊，實皆六朝唐宋元明之弊政也。我先帝撫有天下，不用滿洲之法典，而採前明之遺制，不過因其俗而已，然則世祖章皇帝既定燕京，仍用八貝勒舊法，分頒天下，則我朝豈能一統久安至今日乎？故當今世而主守舊法者，不獨不通古今之治法，亦失列聖治世之意也。

今之時局，前朝所有也，則宜仍之，若知爲前朝所無有，則宜易新法以治之。夫治平世，與治敵國並立之世固異矣。昔漢臣魏相專主奉行故事，宋臣李沆謂凡人士上利害，一切不行，此宜於治平之世也，若孫叔敖改紀、管仲制國、蘇綽立法，此宜於敵國並立之世也。今但變六朝唐宋元明之弊政，而採周、漢之法意，卽深得列聖之治術者也。皇太后、皇上知舊法之害，卽知變法之利，於是酌古今之宜，求事理之實，變通盡利，裁制厥中，如欲採聞之，則農夫耕而君子食焉，臣愚願盡言於後也。尤望妙選仁賢，及深通治術之士，與論治道，講求變法之宜，而次第行之，精神一變，歲月之間，紀綱一變，十年之内，富强可致，至二十年，久道化成，以恢屬地而雪仇恥不難矣。

日本崎嶇小島，近者君臣變法興治，十餘年間，百廢具舉，南滅琉球，北闢蝦夷，歐洲大國，睨而不敢伺，況以中國之方之大，物產之盛，人民之衆，二帝三王所傳，禮治之美，列聖所締搆，人心之固，加以皇太后、皇上仁明之德，何弱不振哉？生謂變法，則治可立待也。今天下非不稍變舊法也，洋差商局學堂之設，開礦公司之事，電線機器輪船鐵艦之用，不睹其變，反以蔽奸。夫泰西行之而富强，中國行之而奸蠹何哉？上體太尊而下情不達故也。君上之尊宜矣，然自督撫司道守令以下至民，如門堂十重，重重絕隔，浮圖百級，級級難通。夫太尊則易蔽，易蔽則奸生，故辦事不核實，以粉飾爲工，疾苦不上聞，以摧抑爲理。至於奸蠹叢生，則雖良法美意，反成巨害，不如不變之爲愈矣。

今上下否塞極矣，譬患咽喉，飲食不下，導氣血不上達，則身命可危，知其害而反之，在通之而已矣。古者君臣有坐論之禮，《大學》之美文王曰：與國人交。《詩》曰：呦呦鹿鳴，食野之苹，我有嘉賓，鼓瑟吹笙。言懇誠發乎中，禮羣臣若嘉賓，故羣臣盡心，下情既親，無不上達，則奸消弊縮，雖欲不治，何可得哉？通之之道，在霽威嚴之尊，去堂陛之階，使臣下人人得盡其言於前，天下人人得獻其才於上，周有土訓誦訓之官，掌道地圖地慝方志大慝，漢有光祿大夫太中大夫議郎，專主言議，今若增設訓議之官，召置天下耆賢，以抒下情，則皇太后、皇上高坐法宮之中，遠洞萬里之外，何奸不照，何法不立哉？以皇太后、皇上明目達聰，宜通下情久矣。然今猶壅噎底滯者，得毋左右皆宦官宮妾，壅塞聰明，而無學士大夫與論治耶？即有其人，亦皆讒諂面諛之人，而非骨鯁直亮之士耶？不然，以聖德之茂，何未能日緝熙於光明也？

古者師傅以傳德義，史官以記言動，侍御僕從罔非正人，繩愆糾謬，格其非心，所以養之深而培之密者如此。故君德易成，暨於漢制，君臣猶親，袁盎、汲黯入內，見而唾壺，虎子執戟，皆妙選良工，如東方朔、孔光、揚雄爲之，猶有古義也。明年皇上大婚禮成，親裁庶政，春秋鼎盛，宜慎聲色之防，聖德日新，宜慎近習之選，所謂慎者辨忠佞而已。伊尹曰：『有言逆於心，必求諸道，有言遜於志，必求諸非道，故事君承顏順意者，佞臣也，格君以側身修行者，忠臣也，欺上以承平無事者，佞臣也，告上以敵强國威者，忠臣也。《書》稱：毋以側媚，其惟吉士。孔子稱：去讒賤貨，所以修身。伏願皇太后、皇上熟辨之，去讒慝而近忠良，妙選魁壘端方、通知古今之士，日侍左右，兼預燕內以資啓沃，則德不期修而自修矣。皇上正一身以正百官，正百官以正萬民，士節自奮，風俗自美，餘事何足爲哉！

生伏念祖宗辛苦經營，休養生息，有此天下，置之安危，在今日矣。今不築金湯之業，而築丹雘之宮，不遊勳華之世，而遊藪囿之內，生竊爲皇太后、皇上惜之。故從生之言，天下可安，宗社益固，及今亟圖，猶爲可治，俾朝廷益尊，令德神功，播聞後嗣，否則恐數年後，四夷逼於外，亂民作於內，於時乃欲爲治，豈能待我十年教訓乎？恐無及也。今皇太后、皇上即不自爲計，獨不爲天下計乎？即不爲天下計，獨不爲列祖列宗計乎？即幸而天命眷顧，僅能圖存，設令敵人割我尺土寸地，皇太后、皇上何以對列祖列宗乎？易曰：其亡其亡，繫於苞桑。孟子曰：盤樂怠敖，是自求禍。伏願皇太后皇上念列聖託付之重，答天心警示之勤，無忘庚申之變，震悼祖陵之災，特下明詔，引咎罪己，誓戒羣下，恐懼修省，求言圖治，則宗廟幸甚。生草野愚賤，罔識忌諱，竭露愚誠，干冒宸嚴，不勝戰慄惶悚之至，伏惟代奏皇太后、皇上聖鑑，謹呈。

康有爲《戊戌奏稿·進呈日本明治變政考序》 臣聞國無小大，民無衆寡，能修其政則强，不修其政則弱，臣不敢遠述，請言至近者：明有天下豈不龐大哉？然而聖朝龍興東土，起自旅成，遂能北收蒙古四十國，東定朝鮮，入主華夏，數月而奄有率土。若夫近者，俄本蕞爾，自大彼得起，發憤變法而霸北球；德大非特獵，起自小普，能勝奧、俄、法而成强大；威廉第一能用俾士麥治國，今乃霸全歐。薩諦尼小侯國耳，有賢相嘉窩，與其主伊曼奴核起，而勝帝國之奧，遂合十一國以立意。

若夫日本地域，比我四川，人民僅吾十之一，而赫然變法，遂殲吾大國之師，割我遼、臺，賞二萬萬。若夫印度、突厥，豈非古有名萬里大國哉？然今則夷爲奴屬，或割爲病夫，聽諸歐蹂躪焉。夫以普魯士、薩諦尼、日本與印度、突厥，比土量民，不足一映焉，然强弱盛亡榮辱若是其遠也，臣滋懼焉。況今者四海棣通，列强互競，歐美之新政新法新學新器，日出曹奏，歐人乃挾其汽船鐵路，以貫通大地，囊括宙合，觸之者靡，逆之者碎，採而用之，則與化同，乃能保全。突厥至大國，守舊拒之則弱削；日本小國，更新變用之則驟强，此其明效大驗，公理正則，無可遁逃者矣。

嘗考日本變法之始至難矣，與歐美語文迥殊，則欲譯書而得歐美之全狀難。帝者守府，而武門執權，列侯拱之，其孝明天皇欲作詩而無紙，則收權難。及倒幕維新，而革命四起，則靖人心難。新政初變，百度需支，頻仍變亂，兵餉交困，而國庫乏絕。初創國家銀行，資本僅得二十九萬，全國歲入，逾千二百萬，直至前歲，勝我之後，歲入亦僅八千萬，則籌款難。然二十年間，遂能政法大備，盡撮歐美之文學藝術而鎔之於國民，歲養數十萬之兵，與其十數之艦，而勝吾大國，以蕞爾三島之地，治定功成，豹變龍騰，化爲霸國。

若以我廣土衆民，十倍於日，皇上乾綱獨攬，號令如雷霆，無封建之强侯，更無大將軍之霸主，片紙涣汗，督撫貫行，四海無虞，民罔異至，就今歲入，已逾萬萬，若括陋規，必可得倍，若正經界，更得倍蓰，若善銀行之用，則不可思議也。若因日本譯各書之成業、政法之成績，而妙用之，彼與我同文，則轉譯輯其成書，比其譯歐美之文，事一而功萬矣。彼與我同俗，則考其變政之次第，鑑其行事之得失，去其弊誤，取其精華，在一轉移間，而歐美之新法、日法之良規，悉發現於我神州大陸矣。

夫凡有興作，必有失弊，幾經前車之覆，乃得後軌之遒。今我有日本，爲鄉導之卒，爲測水之竿，爲探險之隊，爲嘗藥之神農，爲識途之老馬，我盡收其利而去其害，何樂如之。譬如作室，歐美繪型，日本爲匠，而我居之也。譬如耕田，歐美覓種灌溉，日本耡艾，而我食之也。雖國勢不同，民俗少異，有不可盡用者，則斟酌補苴，彌縫救正，亦何難焉。且我數千年文明之舊，亦自有應保全者，其不能盡同，且不可盡採，奚待言哉？但藉其同文，因其變迹，規模易舉，條理易詳，比之採擇歐文之萬難，前無鄉導之盲瞽，豈不相距萬里哉？

昔在聖明御極之時，琉球被滅之際，臣有鄉人，商於日本，攜示書目，臣託購求，且讀且駭，知其變政之勇猛，而成效之已著也。臣在民間，募開書局以譯之，人皆不信，事不克成。及馬江敗後，臣告長吏，開局譯日本書，亦不見信。及東事將興，舉國上下，咸昧日事，若視他星，臣曾上書言日本變法已强，將窺遼東，先謀高麗，大臣不信，猥以疏賤，九門深遠，格不上達。及東事之興，舉國人皆輕日本之小國，貿然興戎，遂致敗辱，則太不察鄰國，誤輕小邦之所由也。

鄉使二十年前，臣譯局書成，或十年前，長吏聽臣言而譯之，或六年前大臣信臣言而上奏，皇上亟變法而預防，有一於此，其在前乎，則國民必瞭而不矇；其在後乎，則中國已强而無患；乃皆不獲，遂至喪師辱國，割地賠款，以至乎此也，臣不能不嘆息痛恨也。

臣愚狂謬，豈敢妄陳前事，幾類炫伐，上瀆聖明，所以敢不避斧鉞，拳拳上告者，誠以前事不忘，後事之師也，亡羊補牢，今未爲晚也。臣考日本之事，至久且詳，覩前車之覆，至險可鑑，若採法其成效，治强又至易也。大抵歐美以三百年而造成治體，日本效歐美，三十年而摹成治體。若以中國之廣土衆民，近採日本，三年而宏規成，五年而條理備，八年而成效舉，十年而霸圖定矣。臣荷皇上非常之知，籌爲中國自强之計，未有過此，皇上若採臣言，中國之治强，可計日而待也。臣昔譯集日本羣書，但割取明治變政之事，編輯成記，累承聖問。今乃寫定，上呈聖鑑。臣康有爲序言。

又《進呈法國革命記序》　昔孔子讀《詩》，至『殷士膚敏，灌將於京』，乃掩卷而歎曰：『大哉天命無常！』故君子不可不戒懼，黎民不可不勤勉。臣讀各國史，至法國革命之際，君民爭禍之劇，未嘗不掩卷而流涕也。流血徧全國，巴黎百日而伏屍百二十九萬。變革三次，君主再復，而綿禍八十年。十萬之貴族，百萬之富家，千萬之中人，暴骨如莽，奔走流離，散逃異國，城市爲墟，而革變頻仍，迄無安息，旋入洄淵，不知所極。

至夫路易十六，君后同囚，並上斷頭之臺，空灑國民之淚，悽惻千古，感痛全球。自是萬國驚心，君民交戰，革命之禍，徧於全歐，波及大地矣。諸歐鑑戒巴黎，殺戮略減，而君主殺逐，王族逃死，流血盈野，死人如麻，則百年來，百國實書實録，莫不同然，普大地殺戮變亂之慘，未有若近世革命之禍酷者矣，蓋皆自法肇之也。

《大學》曰：『惟命不於常，道善則得之，不善則失之。』『惟石岩岩，民具爾瞻。』故有國者不可以不慎，僻則爲天下戮。故桀放南巢，而民曰『時日曷喪』；厲王放彘，而下乃共和爲政。至於首懸太白，身焚漸臺，蓋皆不慎不善，以辟爲天下戮也。若夫路易十六，寬裕愛民，實爲恭儉之君，故遭禍戮，民多哀憐之。以憐民饑，特許開議院，至仁也；特許平民預議而立憲法，至公也；飢民從其徽賒喇宮，推至巴黎，至寬也。惜其許行立憲，不盡出於己意，而多由於民迫，不剛斷於速行，而遊移於衆議，始則恃瑞士之軍，以兵爲衛，既乃撤之，則無兵而同於匹夫矣。中則與民黨米拉伯盟而付以大政，則得人而王室固矣。既乃背之，則民黨失心矣。終則恃外援而不出奔，遂激民怒而成大戮，身首異處。爲天下民性可靜而不可動也，一動之後如轉石於懸崖，不至於趾不止也。《傳》曰：『豈其使一人肆於民上。』民愚不知公天下之，義則已，既知之則富貴崇高者衆之所妒，事權尊一者衆之所爭也。法民既遠感於美民主之政，近覩於英劉楂理，逐占士之故，久受厭制，具瞻岩岩，必傾覆之。吳起所謂『水能載舟，亦能覆舟』，《書》所謂『顧畏於民岩』也。民情大動，民心大變矣。

昔之名分，不足以定之，適足以激之；嚮之權勢，不足以壓之，適足以怒之。若使路易十六剛愎雄武，仍壓其民，若秦始皇則禍延後嗣，二世而亡，如其祖路易十四而已。而雄武之才，乃天實生之，非尋常人主所能學也。苟誤師之，則如秦二世、吳孫皓、隋煬帝、英楂理第一而已。既不能爲秦始皇、路易十四，則察時勢，審民情，知變之不能復止也，動之不能復靜也，違之愈激，遲之生變。

且夫寡不敵衆，私不敵公，人理之公則也，安有以一人而能敵億兆國民者哉？則莫若立行乾斷，不待民之請求迫脅，而與民公之。如英之威廉第三後諸主然。明定憲法，君民各得其分，則路易十六必有秦山磐石之安，聃彭之壽，堯舜之譽，生死榮哀，國家長久，天下後世，師之慕之，而惜路易十六不能審時剛斷也。徘徊遲疑，欲與不與，緩以歲月，靳其事權，遂至身死國亡，爲天下戮笑，幾没其賢也，豈不哀哉？

昔司馬遷笑項羽爲婦人之仁，匹夫之勇，寬柔不斷，遂以身死國亡。至今觀之，與路易十六同出一轍，有國者固與匹夫異體哉？臣竊觀近世萬國，行立憲之政，蓋皆由法國革命而來，迹其亂禍雖無道已甚，而時勢所趨，民風所動，大波翻瀾，迴易大地，深可畏也。蓋大地萬千年之政變，未有宏巨若茲者，亦可鑑也。中國未有此書，臣謹編譯，上呈聖鑑。臣康有爲序言。

又《上清帝第六書正月初八日》　奏爲應詔陳言，乞統籌全局以救危立國，恭摺仰祈聖鑑事。竊頃者德人割據膠州，俄人窺伺旅大，諸國環伺，岌岌待亡。自甲午和議成後，臣累上書，極陳時危，力請變法，格未得達，旋即告歸，土室撫膺，閉門泣血，未及三年，遂有茲變。臣萬里浮海，再詣闕廷，荷蒙皇上不棄芻蕘，特命總理各國事務王大臣傳詢，問以大計，復命具摺上陳，並宣取臣所著《日本變政考》、《俄大彼得變政考》，進呈御覽。此蓋歷朝未有之異數，而大聖人採及葑菲之盛德也。臣愚何人，受此殊遇，遭際時艱，敢不竭盡其餘，以備採擇。

臣聞方今大地守舊之國，未有不分割危亡者也，有次第脅割其土地人民而亡之者，波蘭是也。有盡取其利權一舉而亡之者，緬甸是也。有盡亡其土地人民而存其虚號者，安南是也。有收其利權而後亡之者，印度是也。有握其利權而徐分割而亡之者，土耳其、埃及是也。我今無士、無兵、無餉、無船、無械，雖名爲國，而土地、鐵路、輪船、商務、銀行，惟敵之命，聽客取求，雖無亡之形，而有亡之實矣。後此之變，臣不忍言。觀大地諸國，皆以變法而强，守舊而亡，然則守舊開新之效，已斷可睹矣。以皇上之明，觀萬國之勢，能變則全，不變則亡，全變則强，小變仍亡。皇上與諸臣誠審知其病之根源，則救病之方，即在是矣。

夫方今之病，在篤守舊法而不知變，處列國競爭之世而行一統垂裳之法，此如已夏而衣重裘，涉水而乘高車，未有不病暍而淪胥者也。《大學》言日新又新。《孟子》稱新子之國。《論語》孝子毋改父道，不過三年，然則三年之後，必改可知。夫物新則壯，舊則老，新則鮮，舊則腐，新則活，舊則板，新則通，舊則滯，物之理也。法既積久，弊必叢生，故無百年不變之法。況今茲之法，皆漢唐元明之敝政，何嘗爲祖宗之法度哉？又皆爲胥吏舞文作弊之巢穴，何嘗有絲毫祖宗之初意哉？今托於祖宗之法，固已誣祖宗矣。且法者所以守地者也，今祖宗之地既不守，何有於祖宗之法乎？夫使能守祖宗之法，而不能守祖宗之地，與稍變祖宗之法，而能守祖宗之地，孰得孰失，孰重孰輕，殆不待辨矣。雖然，欲變法矣，而國是未定，衆論不一，何從而能舍舊圖新哉？

夫國之有是，猶船之有舵，方之有針，所以決一國之趨向，而定天下之從違者也。若針之子午未定，舵之東西遊移，則徘徊莫適，悵悵何之？行者不知所從，居者不知所往，放乎中流而莫知所休，指乎南北而莫知所極，以此而駕横海之大航，破滔天之巨浪，而適遭風沙大霧之交加，安有不沉溺者哉？今朝廷非不稍變法矣，然皇上行之，而大臣撓之，才士言之，而舊僚攻之。不以爲用夷變夏，則以爲變亂祖制，謡謗並起，水火相攻，以此而求變法之有效，猶卻行而求及前也，必不可得矣。皇上既審時勢之不能不變，知舊法之不能不除，臣請皇上斷自聖心，先定國是而已。國是既定矣，然下手之方，其本末輕重、剛柔緩急不同，措置之宜，其規模條理、綱領節目大異，稍有乖誤，亦無成功。

臣愚嘗斟酌古今，考求中外，唐虞三代之法度至美。但上古與今既遠，臣願皇上日讀《孟子》，師其愛民之心，漢唐宋明之沿革可采，但列國與一統迥異，臣願皇上上考《管子》，師其經國之意。若夫美法民政，英德憲法，地遠俗殊，變久迹絶，臣故請皇上以俄大彼得之心爲心法，以日本明治之政爲政法也。然求其時地不遠，教俗略同，成效已彰，推移卽是，若名書佳畫，墨迹尚存，而易於臨摹。如宫室衣裳，裁量恰符，而立可鋪設，則莫如取鑑於日本之維新矣。

日本之始也，其守舊攘夷與我同，其幕府封建與我異，其國君守府，變法更難，然而成功甚速者，則以變法之始，趨向之方針定，措置之條理得也。考其維新之始，百度甚多，惟要義有三：一曰大誓羣臣以定國是，二曰立對策所以徵賢才，三曰開制度局而定憲法。其誓文在決萬機於公論，采萬國之良法，協國民之同心，無分種族，一上下之議論，無論藩庶，令羣臣咸誓言上表，革面相從，於是國是定而議論一矣。召天下之徵士貢士，咸上書於對策所，五日一見，稱旨者擢用，於是下情通而羣才進矣。開制度局於宫中，選公卿諸侯大夫及草茅才士二十人充總裁，議定參預之任，商榷新政，草定憲法，於是謀議詳而章程密矣。日本之强，效原於此。

皇上若決定變法，請先舉三者，大集羣臣於天壇、太廟或御乾清門，詔定國是，躬申誓戒，除舊布新，與民更始。令羣臣具名上表，咸革舊習，黽勉維新，否則自陳免官，以激厲衆志，一定輿論。設上書處於午門，日輪派御史二人監收，許天下士民，皆得上書，其羣僚言事，咸許自達，不得由堂官代遞，以致阻撓，其有稱旨者，召見察問，量才擢用，則下情咸通，羣才輻輳矣。設制度局於内廷，選天下通才十數人，入直其中，王公卿士，儀皆平等，略如聖祖設南書房、世宗設軍機處例，皇上每日親臨商榷，何者宜增，何者宜改，何者當存，何者當刪，損益庶政，重定章程，然後敷布施行，乃不謬紊。

近泰西政論，皆言三權，有議政之官，有行政之官，有司法之官，三權立，然後政體備。以我朝論之，皇上則爲元首，百體聽從，軍機號爲政府，出納王命，然跪對頃刻，未能謀議，但爲喉舌之司，未嘗論思之寄。若部寺督撫，僅爲行政之官，譬於手足，但供奔持，豈預謀議。且部臣以守例爲職，而以新政與之議，事既違例，勢必反駁而已，安有以手足而參謀猷哉？

近者新政，多下總署，總署但任外交，豈能兼營商務。況員多年老，或兼數差，共議新政，取決俄頃，欲其詳美，勢必不能。若御史爲耳目之官，刑曹當司法之寄。百官皆備，而獨無左右謀議之人，專任論思之寄。然而新政之行否，實關軍國之安危。而言者妄稱施行，主者不知別擇，無專司爲之討論，無憲法爲之著明，浪付有司，聽其抑揚，惡之者駁詰而不行，決之者倉卒而不盡，依違者狐疑而莫定，從之者條畫而不詳。是猶範人之形，有頭目手足口舌身體，而獨無心思，必至冥行擿埴，顛倒狂瞀而後已。以此而求新政之能行，豈可得哉？故制度局之設，尤爲變法之原也。然今之部寺，率皆守舊之官，驟與改革，勢實難行。既立制度局總其綱，宜立十二局分其事：

一曰法律局，外人來者，自治其民，不與我平等之權利，實爲非常之國恥。彼以我刑律太重而法規不同故也。今宜采羅馬及英、美、德、法、日本之律，重定施行，不能驟行内地，亦當先行於通商各口。其民法、民律、商法、市則、舶則、訟律、軍律、國際公法，西人皆極詳明，既不能閉關絶市，則通商交際勢不能不概予通行。然既無律法，吏民無所率從，必致更滋百弊，且各種新法，皆我所夙無，而事勢所宜，可補我所未備。故宜有專司，采定各律，以定率從。

二曰度支局，我國地比歐洲，人數倍之，然患貧實甚，所入乃下等於智利、希臘小國，無理財之政故也。西人新法，紙幣、銀行、印税、證券、訟紙、信紙、煙酒税、礦產、山林、公債，皆致萬萬，多我所無。宜開新局專任之。

三曰學校局，自京師立大學，各省立高等中學，府縣立中小學及專門學，若海、陸、醫、律、師範各學，編譯西書，分定課級，非禮部所能辦，宜立局而責成焉。

四曰農局，舉國之農田、山、林、水、產畜牧，料量其土宜，講求其進步改良焉。

五曰工局，司舉國之製造機器美術，特許其新制而鼓厲之，其船舶市場，新造之橋樑、堤岸、道路咸屬焉。

六曰商局，舉國之商務、商學、商會、商情、商貨、商律，專任講求激厲之。

七曰鐵路局，舉國之應修鐵路，繪圖定例許可權咸屬焉。

八曰郵政局，舉國皆行郵政以通信，命各省府縣鄉，咸立分局，並電線屬焉。

九曰礦務局，舉國之礦產、礦税、礦學屬焉。

十曰遊會局，凡舉國各政會學會教會遊歷遊學各會，司其政律而鼓舞之。

十一曰陸軍局，選編國民爲兵，而司其教練。

十二曰海軍局。治鐵艦練軍之事。

十二局設，庶政可得而舉矣。然國政之立，皆以爲民，民政不舉，等於具文而已。

夫地方之治，皆起於民。而縣令之下，僅一二簿尉雜流，未嘗托以民治。縣令任重而選賤，俸薄而官卑，自治獄、催科外，餘皆置之度外。其上乃有藩臬道府之轄，經累四重，乃至督撫，而後達於上。藩臬道府，拱手無事，皆爲冗員，徒增文書，費厚禄而已。一省事權，皆在督撫，然必久累資勞，乃至此位，地大事繁，年老精衰，舊制且望而生畏，望其講求新政而舉行之，必不可得。向者興學堂農商之詔累下矣，而各直省多以空文塞責，亦可見矣。日本以知縣上隸於國，漢制百郡以太守達天子。我地大不能同日本，宜用漢制，每道設一民政局，妙選通才，督辦其事。用南書房及學政例，自一品至七品京朝官，皆可爲之。准其專摺奏事，體制與督撫平等，用出使例，聽其自辟參贊隨員，俾其指臂收得人之助。其本道有才者，皆可特授，否則開缺另候簡用，即以道缺給之。先撥釐税，俾其創辦新政。每縣設民政分局督辦，派員會同地方紳士治之，除刑獄賦税暫時仍歸知縣外，凡地圖、戶口、道路、山林、學校、農工、商務、衛生、警捕，皆次第舉行。三月而備其規模，一年而責其成效，如此則內外並舉，臂指靈通，憲章草定，奉行有準，然後變法可成，新政有效也。

若夫廣遣親王大臣遊歷以通外情，大譯西書，遊學外國以得新學，厚俸禄以養廉恥，變通科舉以育人才，皆宜先行者。猶慮强鄰四逼，不能容我從容圖治也。且我民窮國匱，新政何以舉行，聞日本之變法也，先行紙幣，立銀行，財源通流，遂以足維新之用。今宜大籌數萬萬之款，立局以造紙幣，各省分設銀行，用印度田税之法，仿各國印花之税，我地大物博，可增十倍。然後郡縣遍立各種學堂，沿海皆設武備學院，大購鐵艦五十艘，急練民兵百萬，則氣象丕變，維新有圖，雖不敢望自强，亦庶幾可以自保。臣愚夙夜憂國，統籌大局，思之至詳。其能舉而行之，惟皇上之明；其不能舉而行之，惟諸臣之罪。時阽國危，謹竭愚誠，伏乞皇上聖鑑。謹呈。

藝文

康有爲《己丑上書不達出都二首》 落魄空爲《梁父吟》，英雄窮暮感黃金。長安乞食誰人識？只許朱公知季心！

海水夜嘯黑風獵，杜鵑啼血秋山裂。虎豹猙獰守九關，帝閽沉沉叫不得。

康有爲《自都歸鄉，黃季度別駕以詩慰問，奉次原韻》 上書痛哭歎中原，豈意窮山卻閉門！已淨萬緣隨念盡，更無一法與人言。講堂漫有青紗帳，春信偏知黃葉村。時事近來都絶口，只將風月共君論。

康有爲《南海先生詩集·感事時馬江敗詣闕上書請變法》 上帝清明閶開，紛紜抗議上雲臺，啖名豈料皆殷浩，受禄誰能似介推？玉斧畫圖分水地，金縢作册隱風雷，治安一策知難上，只是江湖心未灰。啓赵謹案：

是時醇賢親王當國，外廷簿有違言，故有金縢風雷之語。

南北激揚維新風氣分部

組建學會

論說

《時務報·梁啓超〈論學會光緒廿二年十月初一日〉》 道莫善於羣，莫不善於獨，獨故塞，塞故愚，愚故弱，羣故通，通故智，智故强。星地相吸而成世界，質點相切而成形體，數人羣而成家，千百人羣而成族，億萬人羣而成國，兆京陔秭壤人羣而成天下。無羣焉，曰鰥寡孤獨，是謂無告之民。虎豹獅子，象駝牛馬，龐大傀碩，人檻之駕之，惟不能羣也。非洲之黑人，印度之椶色人，美洲、南洋、澳島之紅人，所占之地，居地球十六七，歐人剖之鈐之，若檻獅象而駕駝馬，亦曰惟不能羣之故。

羣之道，羣形質爲下，羣心智爲上。羣形質者，蝗蟲蜂蟻之羣，非人道之羣也，羣之不已，必蠹天下，而卒爲羣心智之人所制。蒙古回回種人，皆以衆力横行大地，而不免帖耳於日耳曼之裔，蝗蟲蜂蟻之羣，非人道之羣也。

羣心智之事則頤矣，歐人知之，而行之者三：國羣曰議院，商羣曰公司，士羣曰學會。而議院公司，其識論業藝，罔不由學，故學會者，又二者之母也。學校振之於上，學會成之於下，歐洲之人，以心智雄於天下，自百年以來也。

學會起於西乎？曰非也，中國二千年之成法也。《易》曰：『君子以朋友講習。』《論語》曰：『有朋自遠方來。』又曰：『君子以文會友。』又曰：『百工居肆以成其事，君子居學以致其道。』孔子養徒三千，孟子從者數百。子夏西河，曾子武城。荀卿祭酒於楚宋，史公講業於齊魯。樓次子之著録九千，徐遵明之會講逾萬。鵝湖鹿洞之盛集，東林幾社之大觀，凡茲前模，具爲左證。先聖之道，所以不絕於地，而中國種類，不至夷於蠻越，曰惟學會之故。學會之亡，起於何也？曰國朝漢學家之罪，而紀昀爲之魁也。漢學家之言曰：今人但當著書，不當講學。紀昀之言曰：漢亡於黨錮，宋亡於僞學，明亡於東林。嗚呼！此何言耶？此十常侍所以傾李膺、范滂，蔡京、韓侂胄所以錮司馬公、朱子，魏忠賢、阮大鋮所以陷顧、高、陳、夏，而爲此言也。吾不知小人無忌憚之紀昀，果何惡於李范諸賢，而甘心爲十常侍、蔡京、韓侂胄、魏忠賢、阮大鋮之奴隸也。而舉天下綴學之士，猶羣焉宗之，伈俔低首，爲奴隸之奴隸，疾黨如仇，視會爲賊，是以僉壬有黨，而君子反無黨，匪類有會，而正業反無會。是率小人以食君子之肉，驅天下之人而爲鰥寡孤獨，而入於象駝牛馬，而曾蜂蝗蟲蟻之不若，而後稱善人。嗚呼！豈不痛哉，豈不痛哉！

今天下之變亟矣，稍達時局者，必曰興礦利、築鐵路、整商務、練海軍，今試問驅八股八韻考據詞章之士，而屬之以諸事，能乎否乎？則曰有同文館、水師學堂諸生徒在。今且無論諸生徒之果成學與否，試問以區區之生徒，供天下十八行省變法之用，足乎否乎？人才乏絕，百舉具廢，此中國所以講求新法三十年，而一無所成，卒爲一孔守舊之論，間執其口也。今海内之大，四萬萬人之衆，其豪傑之士，聰明材力，足以通此諸學者，蓋有之矣。然此諸學者，非若考據詞章之可以閉戶獺祭而得也。如礦利則必遊歷各省，察驗礦質，博求各國開礦分礦鍊礦之道，大購其機器儀器而試驗之，盡購其礦務之書而翻譯之，集陳萬國所有之礦產而比較之；練軍則必集萬國兵法之書而讀之，集萬國製造槍炮藥彈築修營壘船艦之法而學之。學此諸法，又非徒手而學也，必遊歷其國，觀其操演，偏覽各廠，察其製造。大陳瀛機，習其用式。自餘羣學，卒皆類是。故無三十七萬金之天文臺、三十五萬金之千里鏡，則天學必不精。不能環游地球，卽遊矣，而不能偏各國省府州縣，皆有車轍馬迹，則地學必不精。試問一人之力，能任否乎？此所以雖有一二有志之士，不能成學，不能致用，廢棄以没世也。

西人之爲學也，有一學卽有一會，故有農學會，有礦學會，有商學會，有工藝會，有法學會，有天學會，有地學會，有算學會，有化學會，有電學會，有聲學會，有光學會，有重學會，有力學會，有水學會，有熱學會，有醫學會，有動植兩學會，有教務會，乃至於照像丹青浴室之瑣碎，莫不有會。其入會之人，上至后妃王公，下及一命布衣，會衆有集至數百萬人者，會資有集至數百萬金者，會中有書，以便繙閲，有器以便試驗，有報以便布知新藝，有師友以便講求疑義，故學無不成，術無不精，新法日出，以爲民用，人才日衆，以爲國幹，用能富强，甲於五洲，文治軼於三古。

今夫五印度數萬里之大，五十年間，晏然歸於英國。廣州之役，割香港，開口岸，舉動轟赫，天下震懾，而不知皆彼中商學會爲之也。通商以來，西人領文憑，遊歷邊腹各省，測繪輿圖，考驗物礦者，無歲無之。中國之人，疑其奸細，而無術以相禁，而不知皆彼中地學會爲之也。故西國國家之於諸會也，尊重保護而奬藉之，或君主親臨，以重其事，或撥帑津貼，以助其成，會日盛而學日進，蓋有由也。

今欲振中國，在廣人才。欲廣人才，在興學會。諸學分會，未能驟立，則先設總會。設會之目，一曰臚陳學會利益，專摺上聞，以定衆心。二曰建立孔子廟堂，陳主會中，以著一尊。三曰貽書中外達官，令咸捐輸，以厚物力。四曰函招海內同志，咸令入會，以博異才。五曰照會各國學會，常通音問，以廣聲氣。六曰函告寓華西士，邀致入會，以收他山。七曰咨取官局羣籍，概提全分，以備儲藏。八曰盡購已繙西書，收庋會中，以便借讀。九曰擇購西文各書，分門別類，以資繙譯。十曰廣繙地球各報，布散行省，以新耳目。十一曰精搜中外地圖，懸張會堂，以備流覽。十二曰大陳各種儀器，開博物院，以助試驗。十三曰編纂有用書籍，廣印廉售，以啓風氣。十四曰嚴定會友功課，各執專門，以勵實學。十五曰保選聰穎子弟，開立學堂，以育人才。十六曰公派學成會友，遊歷中外，以資著述。

舉國之大，而僅有一學會，其猶一蝨一蝱之勞也。今以四萬萬人中，憂天下求自强之士，無地無之，則宜所至廣立分會，一省有一省之會，一府有一府之會，一州縣有一州縣之會，一鄉有一鄉之會，雖數十人之寡，數百金之微，亦無害其爲會也。積小高大，擴而充之，天下無不成學之人矣。

遵此行之，一年而豪傑集，三年而諸學備，九年而風氣成。欲興農學，則農學會之才，不可勝用也。欲興礦利，則礦學會之才，不可勝用也。欲興工藝，則工藝會之才，不可勝用也。欲興商務，則商務會之才，不可勝用也。欲求使才，則法學會之才，不可勝用也。欲整頓水陸軍，則兵學會之才，不可勝用也。欲製新器，廣新法，則天算聲光化電等學會之才，不可勝用也。以雪讎恥，何恥不雪？以修庶政，何政不成？若徇紀昀之謷言，率畏首之舊習，違樂羣之公理，甘無告之惡名，則非洲、印度、突厥之覆轍，不絕於天壤。西方之人，豈有愛乎，一木隻柱，無所砥於橫流，珮玉鳴琚，非所捄於急難。《詩》曰：『迨天之未陰雨，徹彼桑土，綢繆牖戶，今此下民，或敢侮予。』嗚呼！凡百君子，其無俟風雨漂搖，乃始曉音瘏口，而莫能相救也！

張謇《張季子九録·實業録》卷一《請興農會奏》 竊自中日事定以來，海內之士識時務者，無不以練兵、通商爲急務。朝廷於中外臣工條陳事件凡關係二事有可采擇者，無不舉而行之。究之兩年以來，實力奉行者幾人？成效可睹者幾事？臣竊上溯三代，旁考四洲，凡有國家者，立國之本不在兵也，立國之本不在商也，在乎工與農，而農爲尤要，蓋農不生則工無所作，工不作則商無所鬻，相因之勢，理有固然。經史所陳，無待覼舉。

我朝列祖列宗務本重農，歷垂聖訓。考之泰西各國，近百年來，講求農學，務臻便利，亦日新月異而歲不同。其見於近來西報中者，謂以中國今日所有之土田，行西國農學所得之新法，歲增入款可六十九萬一千二百萬兩。然則地寶自在，人事可爲。國家今日不必二百兆賠款之憂，而二十三省山林、川澤、田野不治之可憂；不必開捐、加釐、陸師、海軍之亟，而究行蠶桑樹藝畜牧製造之宜亟。

前御史華煇奏請講求務本至計，既蒙皇上採納施行，臣愚以爲華煇所云廣種植、興水利固矣，然必先之以專責成，徵實事，寬民力。不專責成，則督撫奉行上諭，付之司道，司道付之府廳州縣，府廳州縣付之紳董胥役，苟且含糊，相率推諉。及其層遞上報，所以塞責，一紙空文而已，無由知其果辦否也。不徵實事，不特西人新法之與中土宜否，無從真知，即中國舊法之與今日宜否，亦無從真知。而且天度温帶、寒帶、熱帶之不同，土地爲埴、爲壚、爲壤之各異，非先以化學之法，分辨土宜物性，一一著明，無從消息。尤非就江蘇、浙江、安徽、江西、湖南、湖北諸省，求新漲之灘、未墾之地，分別以試之，無從下手也。不寬民力，則每試一法，每植一物，須占田畝，須費人工，須用資本，須懸時日。而且試辦之事未必遂無弊也，初植之物未必遂有利也。而州縣書差、釐捐局員，尤能百計刼持而訛索之，故必先以此三者爲振興農務之要領。

臣查英國從前設立務農會，由其君主特頒詔旨許爲保護，許以自由之權，除關係國是者，概不聞問外，凡會中應爲之事，一切聽之，不予阻擋。美國農會大旨與此相同，收效尤盛。中國有志農學者，頗不乏人。近日上海設立農學會，專譯東西洋農報、農書，未始非中國農政大興之兆。

臣擬請皇上各省專派一人，主持其事。設立學堂，講求土宜物性，該一省之閑地荒灘，悉歸經畫，分別興辦樹藝、畜牧、製造諸事，以爲鄉民宣導。仍請明降諭旨，凡此等農會創辦及新生之物，本不與向來正賦、雜稅、釐捐相涉，一概寬免捐稅十年，以爲鄉民示勸。會中應辦相宜有理之事，飭令督撫護持，地方官協同料理，以爲鄉民增志而長氣。每年年終，將察得何物、辦成何事，詳列一表，系之以說，卽由專派之人，會同督撫咨部覆考。如此十年，臣不敢必謂遂如西人所推，歲入可增六十九萬一千二百萬兩，卽有其十之二三，亦復何事不濟？是今日標本兼治，無以逾此者矣。愚昧之見，是否有當，伏乞聖鑒施行。

于寶軒《皇朝蓄艾文編》卷七二《學術・李董壽〈廣學會大有益於中國論〉》 中西相去數萬里，形勢利害，隔絕重洋，國政之得失，國勢之强弱，華人自爲之，初不關泰西之毫末，則我華之或得或失，或强或弱，自西人視之，宜若可袖手坐視矣乎？蔡爾康按：西士恆言萬國一體，兆民同氣，中華爲亞洲巨擘，乃如無名指之不信萬國斷不能收身臂相連之益。中華爲芸生伯子乃不如小弱競弟之爽，兆民斷不能得兄弟既翕之懽，故其跋涉來華，以敬教而勸學者，爲中華計卽所以善自爲謀也。乃有美國進士林先生者，推與人爲善之心，切振興中國之念，創行廣學會於上海，於時爲光緒十五年。蔡爾康按：學會之興創議於韋廉臣、慕維廉、艾約瑟、丁韙良、德貞諸先生，而推廣於林樂知、李提摩太兩先生。其贊襄而左右之者赫鷺賓，推使德哲領事美森與有力焉，且時在光緒十四年，非十五年。誼篤中西，力開風氣，述泰西教民養民之道，資我華興國富國之謨，提倡先聲，於今十載。嗚呼盛哉！我華人士，固執不化者多，變通盡利者少，聞風輿起，未之前聞。

中東有事以來，向之固執者漸知通變，喜觀廣學會新書之士，往往而有，惜皆淡漠視之，忽略讀之，等諸若有益若無益之列。今請言其有大益於中國者數端：興復《萬國公報》，每月出書，詳載泰西各國近政，以及我華庶務，大端畢舉，絕無隱晦，延請秉筆諸君，崇論鴻議，指陳利弊，抉剔幽隱，眞足以警四萬萬之人心，一也。刊印各種教民養民之書，廉價發售，流傳遐邇，益人神智，增人識見，令人瀏覽一過，卽欣羨西國政教之美，而爽然自失，其《列國變通興盛記》、《文學興國策》等書，尤爲中國今日所當切究之道，可進呈我中國大皇帝御覽，以定自强之基，二也。

創會諸君，志在興華，深願中國轉弱爲强，以保全萬國和局，以維持五洲商務，並以救將來未有之戰劫，此眞仁人君子之用心，三也。中國向有日報，并無月報，自月出《萬國公報》以來，風氣一新，開旬報之先聲，繼軌而起，四方風動，而我友胡、童二君，亦創《經世報》於浙垣，變法之端，皆廣學會之所肇始，四也。中東一役以後，秉筆諸君，憂憫中國，復輯《泰西新史攬要》、《中東戰紀本末》等書，以餉我華，爲發憤自强之寶鑑，五也。

若夫救世之教，尤有利益，教之大旨，在於敬天，修身愛人，與吾儒六經語孟之所言，若合符節，其尊上帝以說法，假神言而垂教，亦猶中國詩書所謂皇矣上帝，臨下有赫，惟天陰騭下民之意，借以警覺頑愚，誠救世之苦心也。中國儒教衰微已甚，釋道二家，爭倡感應因果之說，尚足以警中材以下，何況耶穌之教明顯易知，尤可以輔佐聖人之教，耶穌所謂我來非以壞之，乃以成之，有明證焉。惜乎上海一隅，風氣未廣。蔡爾康按：廣學會志在興華，非局於上海一隅也。廣學會第九次年會論略，載外洋及寓華各國西人，皆助捐款，而中國官紳無一助者，豈非歉事？

竊願當今大有力者，助此嘉會以廣被中國，遍設廣學會於各省垣，而設分會於各府州縣，廣延通人輯譯教養各書，徧地流傳，并特開大學會，兼備政治藝法諸學，以教來者，并請當軸名公，按月取《萬國公報》，准呈御覽，從此坐而言者，卽可起而行，興華之效，拭目俟之矣。

梁启超《戊戌政變記・康有爲〈强學會叙〉》 俄北瞰，英西睒，法南瞬，日東眈，處四强鄰之中而爲中國，岌岌哉！況磨牙涎舌思分其餘者尚十餘國，遼臺茫茫，回變擾擾，人心皇皇，事勢儳儳，不可終日。昔印度，亞洲之名國也，而守舊不變，乾隆時英人以十二萬金之公司通商而墟五印矣。昔土耳其，回部之大國也，壟土跨亞歐非三洲，而守舊不變，爲六國執其政、剖其地、廢其君矣，其餘若安南，若緬甸，若高麗，若琉球，若暹羅，若波斯，若阿富汗，若俾路芝，及國於太平洋羣島非洲者，凡千數百計，今或削或亡，舉地球守舊之國，蓋已無一瓦全者矣。我中國孱臥於羣雄之間，鼾寢於火薪之上，政務防弊而不務興利，吏知奉法而不知審時，士主考古而不知通今，民能守近而不能行遠。孟子曰：『國必自伐，而後人伐之。』蒙盟，奉、吉、青海、新疆、衛藏，土司圍徼之守，咸爲異墟，燕、齊、閩、浙、江、淮、楚、粵、川、黔、滇、桂膏腴之地，悉成盜糧，吾爲突厥、黑人不遠矣。

西人最嚴種族，仇視非類。法之得越南也，絕越人科舉富貴之路，昔之達宦，今作貿絲也。英之得印度百年矣，而英民所得自由之權利，印人無一能得，芸芸土著，畜若牛馬。若吾不早圖，倏忽分裂，則桀黠之輩，王謝淪爲左衽；忠憤之徒，原郤夷爲皂隸；伊川之髮，駢闐於萬方；鍾儀之冠，蕭條於千里；三州父子，分爲異域之奴；杜陵弟妹，各銜鄉關之感。哭秦庭而無路，餐周粟而匪甘，矢成梁之家丁，則螳臂易成沙蟲，覓泉明之桃源，則寸埃更無淨土。肝腦原野，衣冠塗炭，嗟吾神明之種族，豈可言哉！

夫中國之在大地也，神聖繩繩，國最有名，義理制度，文物駕於四溟，其地之廣於萬國等在三，其人之衆等在一，其經緯度處温帶，其民聰而秀，其土腴而厚，蓋大地萬國未有能比者也。徒以風氣未開，人才乏絕，坐受淩侮。昔曾文正與倭文端諸賢講學於京師，與江忠烈、羅忠節諸公講練於湖湘，卒定撥亂之功。普魯士有强國之會，遂報法仇，日本有尊攘之徒，用成維新。蓋學業以講求而成，人才以摩厲而出，合衆人之才力，則圖書易庀，合衆人之心思，則聞見易通。《易》曰：『君子以朋友講習。』《論語》曰：『百工居肆，以成其事，君子學以致其道。』海水沸騰，耳中夢中，礮聲隆隆，凡百君子，豈能無淪胥非類之悲乎！圖避謗乎閉戶之士哉，有能來言尊攘乎！豈惟聖清二帝三王孔子之教，四萬萬之人將有託耶！

《國聞報·梁啓超〈演説保國會開會大意光緒廿四年四月十二日〉》

今日之會，惟諸君子過聽，或以演説之事相督責。啓超學識陋淺，言語樸訥，且久病初起，體氣未復，無以應明命，又不敢闕焉，以破會中之例，謹略述開會宗旨，以筆代舌，惟垂覽焉。嗚呼！今日中國之士大夫之心力、之議論，與三歲以前則大異。啓超甲午、乙未游京師時，東警初起，和議甫就，輒不自揣，日攘臂奮舌，與士大夫痛陳中國危亡朝不及夕之故，則信者十一，疑者十九，退而盡然憂，睊然思，謂安得吾國中人人知危知亡，其必有振而救之者。乃及今歲，膠、旅、大、威相繼割棄，受脅失權之事一月二十見，啓超復遊京師與士大夫接，則憂瓜分、懼爲奴之言洋溢於吾耳也，及求其所以振而救之之道，則曰天心而已，國運而已。談及時局，則曰一無可言；語以辦事，則曰緩不濟急。千臆一念，千喙一聲，舉國戢戢，坐待刲割。嗟乎！昔曾惠敏作《中國先睡後醒論》，英人烏理西謂中國如佛蘭金仙之怪物，縱之臥則安寢無爲，警之覺則奮牙張爪，蓋皆於吾中國有餘望也。

今之憂瓜分懼危亡者遍天下，殆幾於醒矣。而其論議若彼，其心力若此，故啓超竊謂吾中國之亡，不亡於貧，不亡於弱，不亡於外患，不亡於内訌，而實亡於此輩士大夫之議論之心力也。今有病者於此，家人親戚咸謂其病不可治也，相與委而去之，始焉雖無甚病，不浹旬必死矣。今中國病外感耳，病噎嗝耳，苟有良藥，一舉可療，而舉國上下漫然以不可治之一語。養其病而待其死亡。昔焉不知其病猶可言也，今既知其病而相率待死亡，是致死之由不在病，而在此輩之手，昭昭然也。且靡論病之必可治也，即治之罔效，及其死也，猶有衣衾棺槨之事焉，猶有托孤寄命之事焉，欲委而去之，蓋猶有所不能矣。一人之身且有然，而況國之存亡，其所關係所牽率，有百倍於此者乎！

故即瓜分之事已見，爲奴之局已成，後此者猶當有事焉矣。執豕於牢，尚狂躑而怒嗥；今數萬里之沃壤，固猶未割也，數萬萬之貴種，固猶未繫也，而已俯首貼耳，忍氣吞聲，死心塌地，束手待亡，斯真孟子所謂是自求禍也。《論語》之記孔子也，曰：『知其不可而爲之。』夫天下事可爲不可爲亦豈有定哉？人人知其不可而不爲，斯真不可爲矣；人人知其不可而爲之，斯可爲矣。使吾國四萬萬人者，咸知吾國處必亡之勢，而必欲厝之於不亡之域，各竭聰明才力之所能及者，以行其分內所得行之事，人人如是，而國之亡猶不能救者，吾未之聞也。

何謂分內所得行之事？今語人以變法，以辦事，其在上者必曰下無人才，無所可用也；其在下者必曰上不變法，無一可言也。以故疆臣則歸罪政府，政府亦歸罪疆臣；州縣則歸罪督撫，督撫亦歸罪州縣，士民則歸罪有司，有司亦歸罪士民。要而論之，相率以不發一論不辦一事而已，其太息痛恨涕哭唾罵之言，正以便其推諉卸責，一齊放倒之計，而實非有一毫真心以憂國憂天下者也。如真憂之，則必無以辦事望人焉，以望諸己而已，各有不可諉之責分，各有可得爲之權限，願我士我大夫，皆移其責望人之心，以自望自責，則天下事之可爲者，未始有量也。

子曰：『飽食終日無所用心，難矣哉。』又曰：『羣居終日，言不及義，好行小慧，難矣哉。』又曰：『說而不繹，從而不改，吾末如之何也已。』蓋天下無論何種人皆可教、皆可用，惟此死心塌地，一齊放倒，知其不可而不爲者，雖聖賢莫由而化之。且此輩者，豈惟自行放倒而已，其見有他人之實心憂天下者，則相與目笑之鼻呰之，或摭拾其言語舉動之小小過節，微詞而詆誹之、阻撓之，以佐其飽食羣居好行小慧之談，資以爲快。嗟乎痛哉，吾一不知我中國人若此輩在何其多也！孔子一則曰『難』，再則曰『難』，再則曰『末如之何』。誠哉其難，誠哉其末如之何也。

昔有英人某游高麗歸而著書，曰高麗其亡矣，入其國見其人終日無所事，但攤弈一枱，三五其羣以聚談於陰樹之下，永日永夕，人人如是，日日如是，國其能國乎？嗚呼，啓超觀於我京師之士大夫，而竊有感於斯言也。籍於朝者以千計，自一二要津顯宦，疲精力於苞苴鑽競，日不暇給外，自餘則皆飽食以待升轉，終日無所事，既不讀書，又不辦事，堂堂歲月，無法消遣，乃相率自湛於看花飲酒，詩鐘射覆，彈碁六博，徵歌選舞，以爲度日之計。若今之公車，自闈後榜前二十日間，集輦轂下者八千人，其無可逍遣之情態，視朝士又有甚焉。而此人者則皆能爲憂瓜分、懼爲奴之言者也。徐而叩其說，則曰今日事無可爲，正我輩醇酒婦人之時也。嗚呼！行有死人，尚或殣之；君子秉心，惟其忍之。我士我大夫，豈必其有樂於此，無亦以保國之大事，非一手之爲烈，救亡之條理，非舉念之可得，或思救之，而不得其下手之法，或獨爲之，而苦無相助之人，日消月磨，而因自放云爾。

夫同一法也，合羣策以討論之，斯易定矣。同一學也，合羣智以講求之，斯易成矣。同一事也，合羣力以分任之，斯易治矣。然則我士我大夫之我，以自放於無用之地，以求爲消遣歲月之謀，甘爲游民，甘蹈高麗之覆轍而不悟者，殆皆以無學會之故，思之思之，鬼神通之，鍥而不舍，金石鏤之。羣之習之，摩之厲之，蕩之決之，策之鞭之。意者佛蘭金仙其猶有將醒之時，而曾惠敏、烏西里之言，不終不驗耶，則啓超之志也。

《時務報·梁啓超〈南學會敘光緒廿四年正月廿一日〉》 歲十月，啓超以湘中大夫君子之督責，辭不獲命，乃講學長沙，既至而湘之大夫君子適有南學會之設，不以啓超爲不文也，而使爲之序。序曰：嗚呼，今之策時變者，則曰八股不廢，學校不興，商政不修，農工不飭，民愚矣，未有能國者也。蒙則謂八股卽廢，學校卽興，商政卽修，農工卽飭，而上下之弗矩絜，學派之弗溝通，人心之無熱力，雖智其民，而不能國其國也。

敢問國？曰：有君焉者，有官焉者，有士焉者，有農焉者，有工焉者，有商焉者，有兵焉者，萬其目，一其視；萬其耳，一其聽；萬其手，萬其足，一其心，一其力；萬其力，一其事，其位望之差別也萬，其執業之差別也萬，而其知此事也一，而其志此事也一，而其治此事也一；心相構，力相摩，點相切，綫相交，是之謂萬其塗，一其歸，是之謂國。

有國於此，君與官不相接，官與官不相接，官與士不相接，士與士不相接，士與農與工與商與兵不相接，農與農，工與工，商與商，兵與兵，不相接，如是乃至士與君不相接，農工商兵與官不相接，之國者何國矣？曰：使其國千人也，則爲國者千，使其國萬人也，則爲國者萬。嗚呼，不得謂有國焉矣。今夫軀萬也，心萬也，力萬也，位望萬也，執業萬也，雖欲一之，孰從而一之，吾乃遠稽之三代，乃博觀於泰西，彼其有國也，必有會，君於是焉會，官於是焉會，士於是焉會，民於是焉會，旦旦而講之，昔昔而摩厲之，雖天下之大，萬物之多，而惟强吾國之知，夫能齊萬而爲一者，舍學會其曷從與於斯。

昔普之覆於法也，普不國也，時乃有良民會，卒報大讎也。法之覆於普也，法不國也，時乃有紀念會，不數年而法之强若疇昔也。意大利之軛於教皇也，希臘之軛於突厥也，意與希不國也，時乃有保國會、保種會，卒克自立光復舊物也。日本之劫盟於三國也，日不國也，時乃有薩摩、長門諸藩侯，激厲其藩士，畜養其豪傑，汗且喘走國中，以倡大義，一歃百吟，一呻百問疾，時乃有尊攘革政，改進自由諸會黨，繼軌並作，遂有明治之政也。

今夫以地之小如日本，民之寡如日本，幕府秉政以來士之偷，民之靡，國之貧，兵之弱，如日本。君相爭權，內外交訌，時勢之危蹙如日本，當彼之時，其去亡也不容髮，而卒有今日，則豈非會之爲功，有以蘇已死之國，而完瓦裂之區者乎？嗟夫！吾中國四萬萬人，爲四萬萬國之日，蓋已久矣。

甲午、乙未之間，敵氛壓境，沿海江十數省，風聲鶴唳，草木兵甲，舉國自上達下，抱顱護頸，呼妻喚子，蒼黄涕泣，戢戢待縶封，猶可言也。曾不數月，和議既定，償幣猶未納，戍卒猶未撤，則已以歌以舞，以遨以嬉，如享太牢，如登春臺；其官焉者，依然惟差缺之肥瘠是問；其士焉者，依然惟八股八韻，大卷白摺之工窳是講。即有一二號稱知學之英，憂時之彦，而漢宋有爭，儒墨有爭，彝夏有爭，新舊學有爭，君民權有爭。乃至興一利源，則官與商爭，紳與民又爭。舉一新政，則政府與行省爭，此省與彼省又爭，議一創舉，則意見歧而爭，意見不歧而亦爭。究之陰血周作，張脈僨興，旋動旋止，祇視爲痛癢無關之事，而其心之熱力，久冰消雪釋於亡何有之鄉，而於國之恥，君父之難，身家之危，其忘之也抑已久矣。曾不知支那股分之票，已騈闐於西肆，瓜分中國之圖，已高張於議院。持此以語大下，天下人士猶瞪目莫之信，果未兩載，而德人又見告矣。今山東膠灣之據閩海船島之割，予取予攜，拱手以獻，不待言矣。而其欲猶未饜，其禍猶未息。試問德人今日必索山東全省、福建全省，改隸德版，我何以拒之？試問俄人今日以一旅兵收東三省直隸山陝，我何以拒之？試問法人今日以一介使索雲貴、兩廣，我何以拒之？試問英人今日以一紙書取楚蜀吳越，我何以拒之？然則所恃以延一綫之息，偷一日之活者，恃敵之不來而已。敵無日不可以來，國無日不可以亡，數年以後，鄉井不知誰氏之藩，眷屬不知誰氏之奴，血肉不知誰氏之俎，魂魄不知誰氏之鬼，及今猶不思洗常革故，同心竭慮，摩盪熱力，震撼精神，致心皈命，破釜沈船，以圖自保於萬一。而猶禽視鳥息，行尸走肉，毛舉細故，瞻前顧後，相妒相軋，相距相離，譬猶蒸水將沸於釜，而鯈魚猶作蓮葉之戲，燎薪已及於棟，而燕雀猶爭稻粱之謀，不亦哀乎？

今夫西人不欲分裂中國，斯亦已矣，苟其欲之，如以千鈞之弩潰癰，何求不得，何願不成。然又必遲回審顧，累歲而不發者，則豈不以彼之所重者在商務，一旦事起，淪胥糜爛，而於彼固非有所大利，故苟可以則無寧已也。而無如中國終不自振，終不自保，則其所謂淪胥糜爛者，終不能免。而彼之商務無論遲速，而必有受牽之一日，故熟思審處，萬無得已，而勢始必出於瓜分云爾。然則吾苟確然示之以可以自振，可以自保之機，則其謀可立戢，而其禍可立弭，昭昭然矣。此所以中東之役以後，而泰西諸國，猶徘徊莫肯先動，以待我中國之有此一日，及至三年，一無所聞，而德人之事，乃復見也。夫所謂可以自振可以自保之機者，何也？即吾向者所謂齊萬而爲一，而心相搆而力相摩。而點相切而綫相交，蓋非是而一利不能興，一弊不能革，一事不能辦；雖曰呼號痛哭，奔走駭汗，而其無救於危亡一也。

吾聞日本幕府之末葉，諸侯擁士者數十，而惟薩長土肥四藩者，其士氣横溢，熱血奮發，風氣已成，浸假遍於四島，今以中國之大，積弊之久，欲一旦聯而合之，吾知其難矣，其能如日本之已事，先自數省者起，此數省者，其風氣成，其規模立，然後浸淫披靡以及於他省。苟萬夫一心，萬死一生，以圖之，以力戴王室，保全聖教。噫，或者其猶可爲也。湘南天下之中，而人才之淵藪也。其學者有畏齋船山之遺風，其任俠尚氣，與日本薩摩、長門藩士相彷佛，其鄉先輩若魏默深、郭筠仙、曾劼剛諸先生，爲中土言西學者所自出焉。兩歲以來，官與紳一氣，士與民一心，百廢具舉，異於他日，其可以强天下而保中國者，莫湘人若也，今諸君子既發大願，先合南部諸省而講之，庶幾官與官接，官與士接，士與民接，省與省接，爲中國熱心之起點，而上下從茲其矩潔，學派從茲其溝通，而數千年之古國，或尚可以自立於天地也，則啓超日日執鞭以從諸君子之後所忻慕焉。

創辦報刊

綜　述

《知新報・梁啓超〈中報日盛光緒二十三年八月初一日〉》　西六月二十九號，日本內閣官報云：中國之創設新聞紙，雖在數十年前，然風氣未開，上下官民鮮有購閱，故其業不振焉。同治末年，《申報》、《字林滬報》，比肩接種，相繼而興，其他如香港之《循環報》，及一二種之新聞紙，孤行海內。嗣後上海又有林樂知之《萬國公報》，別開生面，稍可讀者，繼起之《彙報》、《匯報》、《益文報》、《上海報》、《新聞報》幷《天津時報》皆倏興倏廢，惟《新聞報》迄今尚存。然自中日之役，各省之風氣，於茲大變，識時務者，莫不注意中外之事矣。如湖廣總督於所屬部下，發購閱新聞紙之諭，江蘇巡撫及江蘇學政亦喻省中各府屬書院觀之。又北京翰林出身之諸員，創立官書局，有《彙報》發刊之舉。湖南學政助力刊行《湘報》，皆古今未有之盛事也。而民間紳士亦異常奮發，所到無不勉立報館，其在上海者，《時務報》、《指南報》、《蘇報》、《華報》、《蘇海彙報》、《集成報》、《富强報》、《畫報》、《農會報》。於中途停止者，《中外博聞報》、《時事日報》、《商務報》。此外《廣州博聞報》、《中外新報》、《中西報》、《廣報》、《維新報》、《南紀日報》、《星報》、《叻報》、《福報》、《漢報》、《天津直報》、《譯報》、《粵西廣仁報》、《澳門知新報》、《杭報》，皆次第舉辦，或者耳目日開，中國有轉機歟。

論　說

梁啓超《飲冰室文集》卷一《丙申集・論報館有益於國事》　覘國之强弱，則於其通塞而已。血脈不通則病，學術不通則陋。道路不通，故秦越之視肥瘠漠不相關；言語不通，故閩粵之與中原邈若異域。惟國亦然：上下不通，故無宣德達情之效，而舞文之吏，因緣爲奸；內外不通，故無知己知彼之能，而守舊之儒乃鼓其舌。中國受侮數十年，坐此焉耳。

去塞求通，厥道非一，而報館其導端也。無耳目、無喉舌，是曰廢疾。今夫萬國並立，猶比鄰也。齊州以內，猶同室也。比鄰之事，而吾不知，甚乃同室所爲，不相聞問，則有耳目而無耳目；上有所措置，不能喻之民，下有所苦患，不能告之君，則有喉舌而無喉舌；其有助耳目喉舌之用，而起天下之廢疾者，則報館之爲也。

報館於古有徵乎？古者太師陳詩以觀民風：飢者歌其食，勞者歌其事，使乘輶軒以采訪之，鄉移於邑，邑移於國，國移於天子，猶民報也。公卿大夫，揄揚上德，論列政治，皇華命使，江漢紀勳，斯干考室，駉馬畜牧，君以之告臣，上以之告下，猶官報也。又如誦訓掌道方志，以詔觀事，掌道方慝，以詔辟忌，以知地俗。外史掌四方之志，達書名於四方，撢人掌誦王志，道國之政事以巡天下之邦國而語之，凡所以宣上德，通下情者，非徒紀述，兼有職掌，故人主可坐一室而知四海，士夫可誦三百而知國政，三代盛强，罔不由此。

西人之大報也，議院之言論紀焉，國用之會計紀焉，人數之生死紀焉，地理之險要紀焉，民業之盈絀紀焉，學會之程課紀焉，物產之品目紀焉，鄰國之舉動紀焉，兵力之增減紀焉，律法之改變紀焉，格致之新理紀焉，器藝之新製紀焉。其分報也，言政務者，可閱官報，言地理者，可閱地學報，言兵事者，可閱水陸軍報，言農務者，可閱農學報，言商政者，可閱商會報，言醫學者，可閱醫報，言工務者，可閱工程報，言格致者，可閱各種天算聲光化電專門名家之報。有一學即有一報，其某學得一新義，即某報多一新聞，體繁者證以圖，事賾者列爲表，朝登一紙，夕布萬邦，是故任事者無閡隔蒙昧之憂，言學者得觀善濯磨之益。猶恐文義太賾不能盡人而解，故有婦女報，有孩孺報。其出報也，或季報，或月報，或半月報，或旬報，或七日報，或五日報，或三日報，或兩日報，或每日報，或半日報。國家之保護報館，如鳥鬻子，士民之嗜閱報章，如蟻附羶。閱報愈多者，其人愈智；報館愈多者，其國愈强。曰，惟通之故。

其益於國事如此，故懷才抱德之士，有昨爲主筆，而今作執政者；

亦有朝罷樞府，而夕進報館者。其主張國事，每與政府通聲氣，如俄土之爭戰、德奧意之聯盟，五洲之人，莫不仰首企足以觀泰晤士之議論，文甫脱稿，電已飛馳，其重之又如此！。然而英國、德國、日本國或於報館有譏謗之律，有懲罰之條，則又何也？記載瑣故，采訪異聞，非齊東之野言，卽秘辛之雜事，閉門而造，信口以談，無補時艱，徒傷風化，其弊一也。軍事敵情，記載不實，僅憑市虎之口，罔懲夕鷄之嫌，甚乃揣摩衆情，臆造詭説，海外已成劫燼，紙上猶登捷書，熒惑聽聞，貽誤大局，其弊二也。臧否人物，論列近事，毁譽憑其恩怨，筆舌甚於刀兵，或揚頌權貴，爲曳裾之階梯，或指斥富豪，作苞苴之左券，行同無賴，義乖祥言，其弊三也。操觚發論，匪有本原，蹈襲陳言，剿撮塗説，或乃才盡爲憂，敷衍塞責，討論軼聞，紀述遊覽，義無足取，言之無文，其弊四也。或有譯録稍廣，言論足觀，删汰穢蕪，頗知體要，而借闡宗風，不出鄭志，雖有斷章取義之益，未免歌詩不類之憾，其弊五也。具此諸端，斯義遂牿，遂使海内一二自好之士，反視報館爲蝥賊，目報章爲訞言，古義不行，良法致敝，嗚呼，不其恫歟！

今設報於中國，而欲復西人之大觀，其勢則不能也。西國議院議定一事，布之於衆，令報館人入院珥筆而録之。中國則諱莫如深，樞府舉動，真相不知，無論外人也。西國人數、物産、民業、商册，日有記注，展卷粲然，録副印報，與衆共悉。中國則夫家六畜，未有專司，州縣親民，於其所轄民物産業，未由周知，無論朝廷也。西人格致製造專門之業，官立學校，士立學會，講求觀摩，新法日出，故亟登報章，先覩爲快。中國則稍講此學之人，已如鳳毛麟角，安有專精其業、神明其法而出新製也？坐此數故，則西報之長，皆非吾之所能有也。然則報之例當如何？曰廣譯五洲近事，則閲者知全地大局，與其强盛弱亡之故，而不至夜郎自大，坐眢井以議天地矣。詳録各省新政，則閲者知新法之實有利益，及任事人之艱難經畫，與其宗旨所在，而阻撓者或希矣。博搜交涉要案，則閲者知國體不立，受人嫚辱，律法不講，爲人愚弄，可以奮厲新學，思洗前恥矣。旁載政治學藝要書，則閲者知一切實學源流門徑，與其日新月異之迹，而不至抱八股八韻考據詞章之學，楞然而自大矣。準此行之，待以歲月，風氣漸開，百廢漸舉，國體漸立，人才漸出，十年以後，而報館之規模，亦可以漸備矣。

嗟夫！中國邸報興於西報未行以前，然歷數百年未一推廣。商岸肇闢，踵事滋多，勸百諷一，裨補蓋寡。横流益急，晦盲依然，喉舌不通，病及心腹。雖蟁蝱之力，無取負山，而精禽之心，未忘填海。上循不非大夫之義，下附庶人市諫之條。私懷救火弗趨之愚，迫爲大聲疾呼之舉，見知見罪，悉憑當途。若聽者不亮，目爲誹言，摧萌拉櫱，其何有焉！或亦同舟共艱，念厥孤憤，提倡保護，以成區區，則顧亭林所謂天下興亡，匹夫之賤，與有責焉已耳。

清・唐才常《覺顛冥齋内言・湘報序》　執途人而語之曰：『中國爲極疲苶、極滯拙之國乎？』必怫然曰：『余不信也。』又語之曰：『中國爲極聰强、極文明之國乎？』必愕然曰：『余不信也。』又語之曰：『中國爲極疲苶、極滯拙之國，卽極聰明、極文明之國。』必更色然曰：『而童昏我乎，何相輕之甚也。』

今夫繩樞甕牖之儒，井蛙籬鷃之子，咫尺不見，迅雷不聞，吾無暇與言。其少能開通耳目，發紓心力者，於所以疲苶滯拙之由，一一以中西比例之，抑無待余言。顧吾於反比例得正比例者，何以故？曰夜叉見而佛道成，煩惱生而智慧出，其運至奇，其機至捷，其理至平。輪船也，電線也，鐵路也，由今日以前五千餘年之人，坐漆室面堊壁，而我親見之。織造也，礦化也，工商雜還於瀛寰也，由今日以前五千餘年堙塞藴藏之奇，而發其覆，而闡其珍，而我親見之。學堂也，學會也，若官、若紳、若民，通力合作也，由今日以前五千餘年磅礴鬱窒之氣，而啓其鑰，而破其扃，而我親見之。故以我所見者，方之歐美各國，則誠疲苶矣，滯拙矣。而方之今日以前之中國，則爲聰强文明之起點，而未有艾也。

尤有奇者，古者欲通上下之情，挈君民之矩，於是命太史陳詩，瞽矇獻湧，工操藝諫，商訂國約，雍雍彬彬，同我太平。暴秦而降，恃壓力之重，私天位之宅，嚴巷議之誅，立腹誹之律，赤大俠之族，成黨錮之獄，草芥臣民，牛馬士類，黔首何辜，丁茲厄運？蓋自開闢以來，君民上下之界，始斷潢絶港，各怙其私，則秦爲之也。浸淫至於前明，科條益密，法律益苛，時事天文俱懸厲禁，馴至士夫以廷杖爲榮，奸庸以講學魄正，天地慘怛，日月晦冥，於斯劇矣。聖清受命，仁德如天，綱羅大弛，士氣寛和。

邇者海內諸君子，曲體朝廷育才至意，廣開報館，用代遒人，大聲疾呼，海天同應，於是秦漢以來之愚障始雲開霧豁，重覩光明；於是四民之困於小儒腐説，輾轉桎梏者，始腦筋震蕩，人人有權衡國是之心，而謀變通，而生動力。夫由今日以前之志士仁人，其欲摩挲故府，鑽研政典，求斷爛朝報不可得，而齎恨終者，何可勝道？今乃海宇大通，朝野一氣，政學格致，萬象森羅，俱於報章見之，是一舉而破二千餘年之結習，一人而兼百人千人之智力，不出戶庭，而得五洲大地之規模，不程時日，而收延年惜陰之大效，凡官焉者、士焉者、商焉者、農工焉者，但能讀書識字，卽可觸類旁通，不啻購千萬秘笈，萃什佰良師益友於其案側也。其使中國爲極聰強、極文明之國，吾於是決其必然矣。

熊庶常秉三喜民智之乍開，欲慈航之普渡，乃鳩同志，集巨貲，設湘報館，義求平實，力戒游談，以輔《時務》、《知新》、《湘學》諸報所不逮；亦以使圓顱方趾，能辨之無之人，皆易通曉，其願力之宏，轉移之速，更有不脛而走，不翼而飛者。今夫古今不可思議之奇，無如電機，孰管鑰是，孰郵傳是？是理也，在人爲大腦小腦，在天爲空氣中至微至神之物，無以名之，名曰『乙太』，『乙太』之動，電卽隨之，雖八萬餘里之地球，無一髮間，日報爲效之神且速，吾不敢信其至是，其所以感動『乙太』之理，則一也。嗟乎！焚如之災迫於旦夕，而士夫泄沓，猥曰：若而人者，用意良厚，其如敝箄不能捄鹽池之鹹，杯水無以止車薪之火矣。夫誠可以已焉，秉三寧不自逸也，明知其萬不能已，明知其不已，卽有補聰強文明之運，則摩頂放踵奚辭矣。才常不敏，勉襄斯舉，敢揭大旨，告我支那，陳辭之陋，所不恤焉。

《時務報·梁啓超〈農會報序光緒廿三年三月十一日〉》通商數十載，海內之士，抵掌譚洋務者項相望，綜其言論，不逾兩塗：一曰練兵，以敵外陵；二曰通商，以杜內耗。百廢不舉，而言練兵，平日則購所無之物於人以糜費，臨事則餽所有之物於人以資敵。其明效大驗，天下所共聞矣。勸商固今之急圖也，然聞之萬國商務贏絀之率，則恆視出口土貨之多寡爲差。工藝不興，而欲講商務，土產不盛，而欲振工藝，是猶割棄臂脛而養其指趾，雖有聖藥，終必潰裂。今之言商務者，大率類是也。地球摶摶，百物盱盱，人取其精，以食以居，愚者天陵，智者天媢，雍冀之間，古號天府，兩京三都之所豔述，芳草甘木之所灌聚，今幾不毛焉。紅人宅墨洲數千載，全墨榛莽，舍獸蹏鳥迹外，更無長物，白人取而代之，僅四百年，遂以富庶甲天下。等一地也，而轉移之間，榮瘁霄壤，則地力之盡與不盡也。中國今日，動憂人滿，然以地之方積，計其每里所有人數，與歐洲英、法、德、嗹、比諸國相比例，其繁盛未彼若也。西國地文學家，謂盡地所受日之熱力，每一英里，可養至一萬六千人。今以中國之地，養中國之人，充類盡義，其貨之棄於地者，豈可數計？蒙盟各部，奉、黑、吉各省，青海、西藏、苗、回各疆，瓊、澳各島，其萬里灌莽，未經墾闢者不必論。卽湘、鄂腹地，江南天府，閩粵澤國，以余所聞見，其荒而不治之地，所在皆是。烏在其爲人滿也？不寧惟是，卽已治之地，亦或淤其溝洫，蕪其隰岸，溉糞無術，擇種不良，地中應有之利，仍十不得五，又烏在其爲人滿也？

故西人推算中國今日之地，苟以西國農學新法經營之，每年增款可得六十九萬一千二百萬兩。見李提摩太所著《八星之一總論》。雖生齒增數倍，豈憂飢寒哉？昔管子輕重之篇、史公貨殖傳，於種植蓄牧，視爲重圖，子輿氏以好辯聞天下。其言仁政，則必自五畝之桑，百畝之田始。乃至雞豚狗彘，材木魚鼈，靡纖靡巨，津津道之。蓋信乎治天下之第一義，舍是末由也。秦漢以後，學術日趨無用，於是農工商之與士，劃然分爲兩途，其方領矩步者，麥菽猶懵，靡論樹藝。其服襏襫，役南畝者，不識一字，與犁牛相去一間，安望讀書新法哉？故學者不農，農者不學，而農學之統，遂數千年絕於天下，重可慨矣。

本會思與海內同志，共講此義，遵麗澤之古訓，儀合羣之公理，起點海上，求友四方，將以興荒漲之墾利，抉種產之所宜。肆化學以糞土疆，置機器以代勞力。志願宏大，條理萬端，經費綿薄，未克具舉，既念發端經始，在開廣風氣，維新耳目，譯書印報，實爲權輿。故遠法《農桑輯要》之規，近依《格致彙編》之例，區其門目，約有數端：曰農理，曰動植物學，曰樹藝，麥果桑茶等品皆歸此類。曰畜牧，牛羊彘駝蜂等物皆歸此類。曰林材，曰漁務，曰製造如酒糖酪罐之類。曰化料，曰農器，曰博議，海內通人有貽書撰文論農務者，皆附印報中，謂之博議。月泐一編，布諸四海，近師日本，以考其通變之所由。遠摭歐墨，以得其立法之所自，追三古之實學，保天府之腴壤，其諸務本之君子，或有樂於是歟？

開設學校

綜　述

《知新報·時事雜誌》　湘省人士，素稱守舊，而近日丕變之急冠於行省。頃聞陳中丞寶箴右銘、江學使標建霞，創一時務學堂，特聘新會梁孝廉啓超卓如主講席，諸生投攷者至四千餘人。梁孝廉深通中外，明於政學，故湘人鼓舞，不期景從，然自非陳江兩公提倡之力，何以至此。又聞黄廉訪遵憲公度，新任湖南臬司，下車伊始，倡禁民間纏足，風舉雷動，以至秋闈諸生，所有進場器物，俱標貼不纏足會字樣，風氣之盛，極於時矣。又聞今科各直省得士之盛，以江西爲最，所取解元宋名璋及沈壯祉、胡栩、李若虛、吳璆、李澤南等，皆知名士，主試者爲張野秋祭酒、楊家驤太守，所試題目，悉皆時務，故得人之盛，甲於行省也。

論　説

清·張之洞《張文襄公全集》卷二〇三《設學》　今年特科之詔下，士氣勃然，濯磨興起。然而六科之目，可以當之無愧，上幅聖心者，蓋不多覯也。去年有旨令各省籌辦學堂，爲日未久，經費未集，興辦者無多。夫學堂未設，養之無素，而求之於倉卒，猶不樹林木，而望隆棟，不作陂池，而望巨魚也。遊學外洋之舉，所費既鉅，則人不能甚多，且必學有初基，理已明、識已定者，始遣出洋。則見功速而無弊，是非天下廣設學堂不可。

各省各道各府各州縣皆宜有學。京師省會爲大學堂，道府爲中學堂，州縣爲小學堂。中小學以備升入大學堂之選。府縣有人文盛物力充者，府能設大學，縣能設中學尤善。小學堂習四書，通中國地理、中國史事之大略、算數、繪圖、格致之粗淺者。中學堂各事較小學堂加深，而益以習五經、習《通鑑》、習政治之學，習外國語言文字。大學堂又加深加博焉。

或曰：天下之學堂以萬數，國家安得如此之財力以給之？曰：先以書院改爲之。學堂所習，皆在詔書科目之内，是書院即學堂也，安用騈枝爲？或曰：府縣書院，經費甚薄，屋宇甚狹，小縣尤陋，甚者無之，豈足以養師生、購書器？曰：一縣可以善堂之地、賽會演戲之款改爲之；一族可以祠堂之費改爲之。然數亦有限奈何？曰：可以佛道寺觀改爲之。今天下寺觀何止數萬？都會百餘區，大縣數十，小縣十餘，皆有田產，其物業皆由布施而來，若改作學堂，則屋宇田產悉具，此亦權宜而簡易之策也。

方今西教日熾，二氏日微，其勢不能久存，佛教已際末法中半之運，道家亦有其鬼不神之憂。若得儒風振起，中華乂安，則二氏固亦蒙其保護矣。大率每一縣之寺觀，取什之七以改學堂，留什之三以處僧道。其改爲學堂之田產，學堂用其七，僧道仍食其三。計其田產所值，奏明朝廷，旌獎僧道，不願獎者，移獎其親族以官職。如此則萬學可一朝而起也。以此爲基，然後勸紳富捐資以增廣之。

昔北魏太武太平真君七年，唐高祖武德九年，武宗會昌五年，皆嘗廢天下僧寺矣。然前代意在税其丁，廢其法，或爲抑釋以伸老，私也；今爲本縣育才，又有旌獎，公也。若各省薦紳先生，以興起其鄉學堂爲急者，當體察本縣寺觀情形，聯名上請於朝，詔旨宜無不允也。其學堂之法，約有六要：一曰新舊兼學。四書五經、中國史事、政書、地圖爲舊學，西政、西藝、西史爲新學。舊學爲體，新學爲用，不使偏廢。一曰政藝兼學。學校、地理、度支、賦税、武備、律例、勸工、通商，西政也；算、繪、礦、醫、聲、光、化、電，西藝也。西政之刑獄，立法最善。西藝之醫，最于兵事有益，習武備者必宜講求。才識遠大而年長者宜西政，心思精敏而年少者宜西藝。小學堂先藝而後政，大中學堂先政而後藝。西藝必專門，非十年不成；西政可兼通數事，三年可得要領。大抵救時之計，謀國之方，政尤急於藝。然講西政者，亦宜略考西藝之功用，始知西政之用意。

一曰宜教少年。學算須心力鋭者，學圖須目力好者，學格致、化學、製造須質性穎敏者，學方言須口齒清便者；學體操須氣體精壯者。中年以往之士，才性精力已減，功課往往不能中程，且成見已深，難於虛受，不惟見功遲緩，且恐終不深求是，是事倍而功半也。

一曰不課時文。新學既可以應科目，是與時文無異矣。況既習經書，又兼史事、地理、政治、算學，亦必于時文有益，諸生自可於家習之，何勞學堂講授，以分其才思、奪其日力哉？朱子曰：上之人曾不思量時文一件，學子自是著急，何用更要你教。語類卷一百九。諒哉言乎！

一曰不令爭利。外國大小學堂，皆須納金於堂，以爲火食束脩之費，從無給以膏火者。中國書院積習，誤以爲救濟寒士之地，往往專爲膏火獎賞而來。本意既差，動輒計較錙銖，忿爭攻訐，頹廢無志，紊亂學規，剽襲冒名，大雅掃地矣。今縱不能遽從西法，亦宜酌改舊規，堂備火食，不令納費，亦不更給膏火，用北宋國學積分之法，每月核其功課，分數多者酌予獎賞。數年之後，人知其益，即可令納費充用，則學益廣、才益多矣。

一曰師不苛求。初設之年，斷無千萬明師。近年西學諸書，滬上刊行甚多，分門別類，政藝要領，大段已詳。高明之士，研求三月，可以教小學堂矣。兩年之後，省會學堂之秀出者，可以教中學堂矣。大學堂初設之年，所造亦淺，每一省訪求數人，亦尚可得。三年之後，新書大出，師範愈多，大學堂亦豈患無師哉？

若書院猝不能多設，則有志之士，當自立學會，互相切磋。文人舊俗，凡舉業楷書，放生惜字，賦詩飲酒，圍棋葉戲，動輒有會，何獨於關係身世安危之學而緩之？古人牧豕都養，尚可聽講通經，豈必横舍千間、載書兼兩，而後爲學哉！始則二三，漸至什伯，精誠所感，必有應之於千里之外者。昔原伯魯以不悅學而亡，越勾踐以十年教訓而興，國家之興亡，亦存乎士而已矣。

《時務報・梁啓超〈日本橫濱中國大同學校緣起光緒廿三年十一月十一日〉》 帶中州二萬里靈淑之氣，演四萬萬神明之胄，材質之慧敏，種類之繁殷，大地萬國，豈有比哉？徒以民賊自私，愚其黔首，遂使聰明錮蔽，人才衰落，黄農之胤續，將爲皂隸；洙泗之教化，日就陵夷，越在商旅，罔能保護。攬印度奴隸之由，非洲牛馬之故，可不憤哉！方今萬國交通，新學大啓，歐米條法日益詳明。於是中原志士，咸發憤而言變政，報館學會，繽紛並起，北肇强學於京師，南開聖學於桂海，湖湘陜右，角出條奏，雲霧既撥，風氣大開，疆吏以開中西學堂爲急務，總署亦擬遣人出洋學習爲要圖，神州不沉，或此是賴。

夫日本三島之地，千里之國耳。近以步武泰西，維新政治，國勢之强，與歐西等。推原其由，皆在遍譯西書，廣厲學官之故。泰西各學，若生物、心、哲、化、光、電、重、農、工商、礦，莫不兼備，且能出新。其文與中土本同，其地隔渤海一帶，吾中人商旅其地，人凡數千，童子之秀，亦復數百，而學堂未設，教化無聞，材藝不開，人靈坐錮，不其惜乎。

泰西通商之地，皆有拜堂以崇其教主，有書院以訓其童蒙，而中人數百萬，流溢諸洋，而未聞有崇先聖之堂，廣書院之教，此亦可爲大愧恧者也。鄉人遠慕中朝志士發憤之誠，近采泰西、日本教育之法，立學横濱，號以大同，庶幾孔子選賢與能，講信修睦之治，萌芽於兹。以孔子之學爲本原，以西文、日文爲通學，以中學小學章程爲課則，延中土通才，及日本大學校教授爲教習，並於文部省立案。凡由此學滿業之生，准入其高等學校及大學校，或海陸軍學校，以通其專門之學。

夫日本大學與歐美已並駕齊驅，吾中人欲遊學歐美，而苦於資斧者，東遊足矣。天子失官，太廟納樂，斯學之設，非徒教旅日後來之秀，亦以備西學東道之供。夫日本維新之治，賴伊藤數人之西遊，則中土撥亂之才，安知不出於東土之學校，以保我種族，保我國家。其關係豈小補哉？所望遠識之士，同志之人，各竭其才，共宏斯義。虞仲翔之舍宅，魯子敬之指囷，庶幾杜陵廣廈，忽突兀於東瀛，徐福童男，還棟樑於漢室，回滄海之横流，救生民於塗炭，凡我神明之胄，豈無意乎？

熊希齡《湘紳公懇撫院整頓通省書院稟稿光緒二十四年五月》 具呈翰林院庶吉士熊希齡、戶部主事黄膺、翰林院庶吉士戴展誠、前廣西知縣吳獬、候選訓導戴德誠等，爲通省書院積弊太深，由於山長無人，懇請遵旨力加整頓，以作育人才事： 竊本年正月初六欽奉諭旨，特開經濟特科歲舉，並飭各省督撫學政，將各書院各學堂切實經理，隨時督飭院長、教習詳細訓迪，精益求精。五月初五日復奉諭旨，鄉會試及生童歲科各試，原用四書文者，一律改試策論。十五日復奉諭旨，京師創辦大學堂，總教習綜司功課，尤須選擇學貫中西之士，奏請選派等因，欽此在案。仰見朝廷變法，首在興學；興學之本，先重師範。湖南通省書院，不下百餘，嶽麓城南求忠，尤爲通省士子所觀摩之區，既非一府一縣私立之書院，凡屬湘人，皆有與聞之責，議事之權。紳等目擊時艱，深維積弊，謹將應加整頓之事，臚陳大概，以備採擇。

一、定教法：現在科舉初變，風氣初開，民間興學，毫無條理，新延山長，僅傳一家之言，適開攻擊之的，由於在上者無教法章程以樹之則也。擬請憲台延聘純正、博學、兼通中西之儒，編立教法，應讀何學，均有次序，師弟授受，均本乎此，庶杜門戶之事，亦示共由之路。如能由憲台奏請朝廷頒示分門教法條規，將來鄉會考試題目，卽不離乎教法之中，就其所學，覘其所用，則天下一道同風，矢諸正鵠，士子不致紛紜旁騖，流入異端矣。

一、端師範：學術之衰，由於無師。從前書院，大半虛文，往往回籍紳士，視爲養老之資，或假師位以要結官長，招搖納賄，其積弊殆有五焉：一論資格，則非科甲清貴，不能當山長，而科甲皆從八股出身，不知經史，奚明時務。二分畛域，則非本地士紳，不能當山長，倘聘他省之人，束脩或重，於是覬覦排擠，無所不至。三、山長不住院，則學生無所問難，院規無所整頓，士氣由此敗壞。四、山長不敦品，前院歌童，後庭女樂，效法馬融，遂忘鹿洞，品行如此，何堪師表。五、山長由私薦，一有書院缺出，則陰求貴要爲之先容，甚有暗托同黨公稟薦舉，而由官吏批准者，無恥如此，烏能爲師。以上諸弊，各處皆然，擬請憲台札飭各屬書院，自此次改章後，務延明正通達之士，不得以庸陋者充數，師嚴而後道尊，人才自可奮興矣。

一、裁乾脩：湖南從前各書院山長，半由省垣薦人前往，而所薦者又非其人，於是該州縣官紳，設一調停之法，每年認送乾脩一百金或二百金，由書院經費中攤出，以爲省中薦人之費。現在永州濂溪書院、衡州石鼓書院，就是如此，其他可知。近日已奉明詔飭查各書院膏火款項，擬請憲台札飭各府廳州縣一律裁去乾脩，作爲正款，以節浮費。

一、定期限：外府州縣延聘山長，往往到館遲延，或到館一二月，卽將全年課題於兩月中命學生作完。該山長自謂事畢，乃向州縣官需索束脩以謀回里，其孶孶爲利，不顧廉恥，至於如此。嗣後擬請憲台釐定期限，凡山長住院，以十個月爲度，不得視書院爲傳舍，致負朝廷殷殷教育之至意。

一、勤功課：近來各書院山長，大半不欲住院，每月僅出課題了事，而學生課卷，多不寓目，往往托親友門生代爲點竄，雖屬師課，無非條子人情，甚至以喜怒爲取舍，大乖公道，何以服人。且爲山長者，在察各學生性之所近而教之，僅閱課卷，與官署中閱卷幕友何異，亦奚容多設此山長也。擬請憲台釐定各書院課程，雖不能照學堂章程，中西並學，亦須令學生每日必呈劄記一條，山長評閱榜堂，以示鼓勵，而昭實學。

一、嚴監院：各書院因山長不住院，而學生太多，乃立齋長名色以領袖之。齋長既與學生相等，無人敬畏，安能約束，以至書院積弊叢生，賭博嬉遊者，在所不免。且齋長不公正者，往往肆其讒説，鼓惑山長，學生終年不見山長之面，雖有衷曲，莫能往訴，甚有釀成爭端毆鬭者。嗣後擬請憲台札飭本地教官爲監院，或以紳士充當，限令住院，申明條規，如學堂管堂之法，庶可裁去齋長，免滋流弊。

一、速變通：時局日急，只有興學育才，爲救急之法。現在朝廷既飭學政院試卽試策論，則振頓書院，尤刻不容緩。此省先變，則較他省先占便利；此府先變，則較彼府先占便利。然則前山長，多半守舊不通時務之人，若聽其久擁皐比，則坐廢半年歲月；若一旦辭去，又覺不近人情。擬仿江蘇另延山長之法，將本年束脩全行致送，另籌款項，延請博學主講，以免曠時弛業，致誤學生前程。其有能見幾自知才力不及，不敢尸位素餐，退避賢路，亦可不固留也。以上七條，當湘中當務之急，紳等無學無派，與人鮮爭，茲爲通省大局起見，冒昧上陳，伏乞憲台俯念湘人同陋之忱，仰體朝廷旁求之意，欽遵屢次諭旨，飭令各府廳州縣官紳將所有書院，切實整頓，以爭先着而惠士林，理合具稟，爲此公懇大公祖大人核實批示施行，實爲德便，上呈。

著書譯書

綜　述

《國聞報·奉旨編書光緒二十四年五月二十四日》　工部主事康有爲召見後，得旨令在總理衙門章京上行走，本應入署當差，因奉旨編輯譯書，是以暫緩入署。聞近來康主政陸續進呈御覽之書，有《孔子改制考》、《泰西新史攬要》、《列國歲政紀要》、《文學興國策》、《西國學校》諸書。京友來函云：康主政近來編譯書籍，日事丹鉛，頗形忙碌，本應俟全書譯成後恭録進呈，聞有旨令其隨譯隨呈，皇上之振興實學，考求洋務，益於此可見矣。

梁啓超《西學書目表》　西學書目表序例

余既爲西書提要，缺醫學、兵政兩門未成，而門人陳高第、梁作霖、家弟啓勳，以書問應讀之西書，及其讀法先後之序。乃爲表四卷，札記一卷示之。媵之以敍曰：大哉，聖人之道，孔子適周，求得百二十國寶書。聖祖仁皇帝御纂《數理精蘊》，潤色西算，弁諸卷首。高宗純皇帝欽定《四庫總目》，凡譯出西書，悉予著録。先聖後聖，其事不同，其揆若一。嗚呼，溥博宏遠，蔑以加矣。海禁既開，外侮日亟。曾文正開府江南，創製造局，首以譯西書爲第一義。數年之間，成者百種。而同時同文館，及西士之設教會於中國者，相繼譯録。至今二十餘年，可讀之書，略三百種。昔紀文達之撰提要，謂《職方外紀》、《坤輿圖説》等書，爲依仿中國鄒衍之説，夸飾變幻，不可究詰。阮文達之作《疇人傳》，謂第谷天學，上下易位，動静倒置，離經畔道，不可爲訓。今夫五洲萬國之名，太陽地球之位，西人五尺童子皆能言之。若兩公，固近今之通人也，而其智反出西人學童之下，何也？則書之備與不備也。

大凡含生之倫，愈愚獷者，其腦氣筋愈粗，其所知之事愈簡；愈文明者，其腦氣筋愈細，其所知之事愈繁。禽獸所知最簡，故虎豹雖猛，人能檻之。野人所知亦簡，故苗黎番回雖悍，人能制之，智愚之分，强弱之原也。今以西人聲光、化電、農礦、工商諸學，與吾中國考據詞章帖括家言相較，其所知之簡與繁，相去幾何矣。兵志曰：知彼知己，百戰百勝。人方日日營伺吾側，纖悉曲折，虛實畢見，而我猶楞然自大，偃然高卧，非直不能知敵，亦且昧於自知，坐見侵陵，固其宜也。

故國家欲自强，以多譯西書爲本。學子欲自立，以多讀西書爲功。此三百種者，擇其精要而讀之，於世界蕃變之迹，國土遷異之原，可以粗有所聞矣。抑吾聞英倫大書樓所藏書，凡八萬種有奇。今之所譯，直九牛之一毛耳。西國一切條教號令，備哉燦爛。實爲政治之本，富强之由。今之譯出者，何寥寥也？彼中藝術，日出日新，愈變愈上。新者一出，舊者盡廢。今之各書譯成，率在二十年前。彼人視之，已爲陳言矣。而以語吾之所謂學士大夫者，方且詫爲未見，或乃瞠目變色，如不欲信。嗚呼，豈人之度量相越遠邪？抑導之未得其道也？

一、譯出各書，都爲三類。一曰學，二曰政，三曰教。今除教類之書不録外，自餘諸書分爲三卷。上卷爲西學諸書，其目曰算學，曰重學，曰電學，曰化學，曰聲學，曰光學，曰汽學，曰天學，曰地學，曰全體學，曰動植物學，曰醫學，曰圖學。中卷爲西政諸書，其目曰史志，曰官制，曰學制，曰法律，曰農政，曰礦政，曰工政，曰商政，曰兵政，曰船政，下卷爲雜類之書，其目曰遊記，曰報章，曰格致，總曰西人議論之書，曰無可歸類之書。

一、明季國初，利艾南湯諸君，以明曆見擢用。其所著書。見於《天學彙函》、《新法算書》者百數十種。又製造局、益智書會等處，譯印未成之書百餘種。通商以來，中國人著書言外事，其切實可讀者，亦略有數十種，掇拾薈萃，名爲附卷。

一、西學各書，分類最難。凡一切政皆出於學，則政與學不能分。非通羣學不能成一學，非合庶政不能舉一政，則某學某政之各門不能分。今取便學者，强爲區別。其有一書可歸兩類者，則因其所重。如《行軍測繪》不入兵政，而入圖學，《御風要術》不入天學，而入船政，《化學衛生論》不入化學，而入醫學是也。又如《電氣鍍金》、《電氣鍍鎳》等書，原可以入電學，《脱影奇觀》、《色相留真》、《照像略法》等書，原可以入光學；《汽機發軔》、《汽機必以》、《汽機新制》等書，原可以入汽學；

今皆以入工藝者，因工藝之書，無不推本於格致，不能盡取而各還其類也。又如《金石識別》，似宜歸礦學類，又似宜歸地學類，而皆有不妥，故歸之化學。《海道圖説》似宜歸地學類，又似宜歸海軍類，而皆有不妥，故歸之船政。此等門目，亦頗費參量。然究不能免牽强之誚。顧自《七略》、《七録》以至《四庫總目》，其門類之分合，歸部之異同，通人猶或訾之。聚訟至今，未有善法，此事之難久矣。海内君子惠而教之，爲幸何如？

一、門類之先後，西學之屬，先虚而後實。蓋有形有質之學，皆從無形無質而生也。故算學重學爲首，電化聲光汽等次之。天地人謂全體學物謂動植物學等次之，醫學、圖學全屬人事，故居末焉。西政之屬，以通知四國爲第一義，故史志居首，官制學校政所自出，故次之，法律所以治天下，故次之，能富而後能强，故農礦工商次之，而兵居末焉。農者地面之產，礦者地中之產，工以作之，商以行之，作此二者也，行此三者也，此四端之先後也。船政與海軍相關，故附其後。

一、已譯諸書，中國官局所譯者，兵政類爲最多，蓋昔人之論，以爲中國一切皆勝西人，所不如者，兵而已。西人教會所譯者，醫學類爲最多。由教士多業醫也。製造局首重工藝，而工藝必本格致，故格致諸書雖非大備，而崖略可見。惟西政各籍，譯者寥寥，官制、學制、農政諸門，竟無完帙。今猶列爲一門者，以本原所在，不可不購懸其目，以俟他日之增益云爾。

一、書目例標撰人名氏，今標譯人，不標撰人者，所重在譯也。譯書率皆一人口授，一人筆述。今諸書多有止標一人。原本不兩標，故仍用之，名從主人也。

一、收藏家最講善本。故各家書目，於某朝某地刻本至爲斷斷。今所列皆新書，極少別本，仍詳列之者，不過取便購讀，與昔人用意微殊。其云在某某書中者，無單行本也。其云《格致彙編》本、《萬國公報》本、《時務報》本，其下不注本數價值者，亦無單行本也。

一、古書用卷子本，故標卷數。後世裝潢既異，而猶襲其名，甚無謂也。故今概標本數，不標卷數。

一、目録家皆不著價值，蓋所重在收藏，無須乎此。今取便購讀，故從各省官書局之例，詳列價值。其標若干兩若干錢者，銀價也。其標若干千若干百者，制錢價也。其標若干元若干角者，洋銀價也。製造局、同文館、天津學堂之書，概據原單，其家刻本，乃西士自印本，據格致書室單。

一、表下加識語，表上加圈識，皆爲學者購讀而設，體例不能雅馴，所不計也。惜所識太略，又學識淺陋，未必得當耳。世之君子，尚校正之。

一、附卷所載通商以前之西書，多言天算、言教兩門。今除言教之書不著録外，自餘諸書不能以類別，故以著書人爲別。

一、附卷所載，中國人言西學之書，搜羅殊隘。其海内通人或有書成而未刻，刻成而鄙人未及見者，當復不少。管窺蠡測，知其孤陋。若夫坊間通行之本，有稗販前人、割裂原籍以成書者，乃市儈射利之所爲，方聞之士所不屑道，概不著録，以示謹嚴，非罣漏也。

一、中國人言西學之書，以遊記爲最多。其餘各種，亦不能以類別。今用内典言人非人化學家言金非金之例，區爲遊記類、非遊記類二門。

一、近人頗有以譯本之書，而歸入自著書之中，不標譯字者，概爲疏通證明，仍入諸譯書表中，不援名從主人之例。

一、表後附札記數十則，乃昔時答門人問之語，略言各書之長短及某書宜先讀，某書宜緩讀。雖非詳盡，初學觀之，亦可以略識門徑。故竊取過而存之之義，附見末簡，名曰讀書法。博雅君子，諒無哂之。若其芻蕘之見，則略具所著西書提要中，此不能多及也。

維新派與洋務派思想大交鋒分部

綜　述

羅振玉《貞松老人遺稿》 自甲午兵敗後，國勢頓挫，人心震疊，南海康君有爲於會試公車北上時，鳩合各省舉子上萬言書，首請變法自强，並創强學會於京師。是時亡友錢唐汪君穰卿康年，以新進士不應朝殿試，至上海創《時務報》館，聘新會梁君啓超任撰述，譯歐美報紙，載瓜分之説，以激厲人心，海内爲之振動。予既至上海，見士夫過滬江者，無不鼓掌談天下事，而《時務報》專以啓民智、伸民權爲主旨。予與伯斧私議，此種議論異日於國爲利爲害是未可知，且當時所謂志士者，多浮華少實，顧過滬時無不署名於農社以去，是宜稍遠之，伯斧韙焉。故在滬十年，黯然獨立不敢與諸志士相徵逐也。

嗣後與汪君交漸深，知汪君固篤厚君子，志在匡時，實無他腸，乃私戒以公等日以民智民權爲説，抑知民氣一動，不可復靜，且中土立國之道在禮讓教化，務安民而已。今日言富强，恐馴致重末忘本。且古者治法治人並重，今弊在人耳，非法也。至欲以民權輔政府之不足，異日或有冠履倒置之害，將奈何？汪君曰：『禮教本也，富强末也，吾固知也，然醫之療疾，急則治標，且伸民權，亦非得已，君不見今柄政者，苟且因循，呼之不聞，撼之不動，此可恃乎？吾曹今日當務合羣，不可立異，君胡爲此言？』予知汪君是時尚未悟也。乃未幾，報館中主撰述者某某以私意忿爭，致揮拳相向，杭人某傷粤人某，於是杭、粤遂分黨派，漸成水火，梁君遂去滬就湖南時務學堂之聘。後戊戌，康君在京電命上海道蔡和甫觀察鈞令汪君將《時務報》限期交出，及出使日本大臣黄氏遵憲過滬，復得電飭汪君，即日交代。至是汪君始悟所謂合羣之説不可恃，而所謂同志不能保終始矣。

當《時務報》開辦之初，不僅草野爲之歆動，疆臣中如鄂督張文襄公亦力爲提倡，札飭各州縣購讀，且於練兵、興學、派遣學生留學海外諸事，以次奏行。及梁氏赴湘，文襄邀與談竟日夜，始知其所主張必滋弊，乃爲勸學篇以挽之，然已無及矣。至戊戌春，康君入都，變法之事遂如春雷之啓蟄，海上志士歡聲雷動，雖謹厚者亦如飲狂藥。時江督劉忠誠公奉行新政獨緩，康君弟子韓某一日謂予曰：『頑固老臣阻新法尚力，但不日即有旨斬劉坤一、李鴻章首，以後即令行如流水矣。』予驚駭其言，以爲必致亂。乃至八月，而政變之事果作。由是馴致己亥之立儲，庚子之拳禍，國是遂不可爲矣。

論説

梁啓超《飲冰室文集》卷一《論不變法之害》 今有巨廈，更歷千歲，瓦墁毁壞，榱棟崩折，非不枵然大也。風雨猝集，則傾圮必矣，而室中之人，猶然酣嬉鼾臥，漠然無所聞見，或則覩其危險，惟知痛哭，束手待斃，不思拯救。又其上者，補苴罅漏，彌縫蟻穴，苟安時日，以覬有功。此三人者，用心不同，漂摇一至，同歸死亡。善居室者，去其廢壞，廓清而更張之，鳩工庀材，以新厥搆，圖始雖難，及其成也，輪焉奂焉，高枕無憂也。惟國亦然，由前之説罔不亡，由後之説罔不强。

印度大地最古之國也，守舊不變，夷爲英藩矣。突厥地跨三洲，立國歷千年，而守舊不變，爲六大國執其權分其地矣。非洲廣袤，三倍歐土，内地除沙漠一帶外，皆植物饒衍，畜牧繁盛，土人不能開化，拱手以讓强敵矣。波蘭爲歐西名國，政事不修，内訌日起，俄、普、奥相約，擇其肉而食矣。中亞洲回部，素號彪悍，善戰鬭，而守舊不變，俄人鯨吞蠶食，而殆將盡之矣。越南、緬甸、高麗服屬中土，漸染習氣，因仍弊政，薾靡不變，漢官威儀，今無存矣。今夫俄宅苦寒之地，受蒙古鈐轄，前皇殘暴，民氣凋喪，岌岌不可終日，自大彼得遊歷諸國，學習工藝，歸而變政，後王受其方略，國勢日盛，闢地數萬里也。今夫德列國分治，無所統紀，爲法所役，有若奴隸，普人發憤興學練兵，遂蹶强法霸中原也。今夫日本幕府專政，諸藩力征，受俄、德、美大創，國幾不國，自明治維新，改弦更張，不三十年，而奪我琉球，割我臺灣也。又如西班牙、荷蘭，三百年前，屬地徧天下，而内治稍弛，遂即陵弱，國度夷爲四等。暹羅處緬、越之間，同一綿薄，而稍自振厲，則巋然尚存。記曰：不知來，視諸往。又曰：前車覆，後車戒。大地萬國，上下百年間，强盛弱亡之故，不爽累黍，蓋其幾之可畏如此也。

中國立國之古等印度，土地之沃邁突厥，而因沿積敝，不能振變，亦伯仲於二國之間，以故地利不闢，人滿爲患。河北諸省，歲雖中收，猶道殣相望，京師一冬，死者千計，一有水旱，道路不通，運賑無術，任其塡委，十室九空。濱海小民，無所得食，逃至南洋、美洲諸地，鬻身爲奴，猶被驅迫。喪斧以歸，馴者轉於溝壑，黠者流爲盜賊。教匪、會匪蔓延九州，伺隙而動。工藝不興，商務不講，土貨日見減色，而他人投我所好，製造百物，暢銷內地，漏卮日甚，脂膏將枯。學校不立，學子於帖括外，一物不知，其上者考據詞章，破碎相尚，語以瀛海，瞠目不信，又得官甚難，治生無術，習於無恥，瞢不知怪。兵學不講，綠營防勇，老弱癖煙，凶悍騷擾，無所可用，一旦軍興，臨事募集，半屬流匄，器械窳苦，餉糈微薄。偏裨以上，流品猥雜，一字不識，無論讀圖，營例不諳，無論兵法。以此與他人學問之將、紀律之師相遇，百戰百敗，無待交綏。官制不善，習非所用，用非所習，委權胥吏，百弊蝟起。一官數人，一人數官，牽制推諉，一事不舉。保獎朦混，鬻爵充塞，朝爲市儈，夕登顯秩，宦途壅滯，候補窘悴，非鑽營奔競，不能療饑，俸廉微薄，供億繁浩，非貪汙惡鄙，無以自給。限年繩格，雖有奇才，不能特達，必俟其筋力既衰，暮氣將深，始任以事，故肉食盈廷，而乏才爲患。法敝如此，雖敵國外患，晏然無聞，君子猶或憂之，況於以一羊處羣虎之間，抱火厝之積薪之下而寢其上者乎？

孟子曰：『國必自伐，然後人伐之。』又曰：『未聞以千里畏人者也。』又曰：『能治其國家，誰敢侮之！』中國戶口之衆，冠於大地，幅員式廓，亦俄、英之亞也。礦產充溢，積數千年，未經開采，土地沃衍，百植並宜，國處温帶，其民材智，君權統一，欲有興作，不患阻撓，此皆歐洲各國之所無也。夫以舊法之不可恃也如彼，新政之易爲功也又如此，何舍何從，不待智者可以決矣。

難者曰：今日之法，匪今伊昔，五帝三王之所遞嬗，三祖八宗之所詒謀，累代率由，歷有年所，必謂易道乃可爲治，非所敢聞。釋之曰：不能創法，非聖人也，不能隨時，非聖人也，上觀百世，下觀百世，經世大法，惟本朝爲善變。入關之初，即下薙髮之令，頂戴翎枝，端罩馬褂，古無有也，則變服色矣。用達海創國書，借蒙古字以附滿洲音，則變文字矣。用湯若望、羅雅谷作憲書，又參用歐羅巴法，以改《大統曆》，則變曆法矣。聖祖皇帝，永免滋生人口之賦，并入地賦。自商鞅以來，計人之法，漢武以來，課丁之法，無有也，則變賦法矣。一切城工河防，以及內廷營造，行在治蹕，皆雇民給直，三王於農隙使民，用民三日，且無有也，則變役法矣。平民死刑，別爲二等，曰情實，曰緩決，猶有情實而不予勾者，仕者罪雖至死，而子孫考試入仕如故，如前代所沿夷三族之刑，發樂籍之刑，言官受廷杖下鎮撫司獄之刑，更無有也，則變刑法矣。

至於國本之說，歷代所重，自理密親王之廢，世宗創爲密緘之法，高宗至於九降綸音，編爲《儲貳金鑑》，爲世法戒，而瞢儒始知大計矣。巡幸之典，諫臣所爭，而聖祖高宗，皆數幸江南，木蘭秋獮，歲歲舉行，昧者或疑之，至仁宗貶謫松筠，宣示講武習勞之意，而庸臣始識苦心矣。漢、魏、宋、明，由旁支入繼大統者，輒議大禮，斷斷爭訟，高宗援據禮經，定本生父母之稱，取葬以士、祭以大夫之義，聖人制禮，萬世不易，觀於醇賢親王之禮，而天下翕然稱頌矣。

凡此皆本朝變前代之法，善之又善者也。至於二百餘年，重熙累洽，因時變制，未易縷數，數其犖犖大者。崇德以前，以八貝勒分治所部，太宗與諸兄弟，朝會則共坐，餉用則均出，俘虜則均分。世祖入關，始嚴天澤之分，裁抑諸王驕蹇之習，遂壹寰宇，詒謀至今矣。累朝用兵，拓地數萬里，膺閫外之寄，多用滿、蒙。逮文宗而兼用漢人，輔臣文慶力贊成之，而曾、左諸公遂稱名將矣。八旗勁旅，天下無敵，既削平前三藩、後三藩，乾隆中屢次西征，猶復簡調前往，朝馳羽檄，夕報捷書。逮宣宗時，而知索倫兵不可用，三十年來殲蕩流寇，半賴召募之勇以成功，而同治遂號中興矣。

內而治寇，始用堅壁清野之法，一變而爲長江水師，再變而爲防河圈禁矣。外而交鄰，始用閉關絕市之法，一變而通商者十數國，再變而命使者十數國矣。此又以本朝變本朝之法者也。吾聞聖者慮時而動，使聖祖、世宗生於今日，吾知其變法之銳，必不在大彼得俄皇名威廉第一德皇名睦仁日皇名之下也。記曰：『法先王者法其意。』今泥祖宗之法而戾祖宗之意，是烏得爲善法祖矣乎？

中國自古一統，環列皆小蠻夷，但虞內憂，不患外侮，故防弊之意多，而興利之意少，懷安之念重，而慮危之念輕。秦後至今垂二千年，時局匪有大殊，故治法亦可不改。國初因沿明制，稍加損益，稅斂極薄，征役幾絕，取士以科舉，雖不講經世，而足以颺太平。選將由行伍，雖未嘗學問，然足以威萑苻。任官論資格，雖不得異材，而足以止奔競。天潢外戚，不與政事，故無權奸僭恣之虞。督撫監司，互相牽制，故無藩鎮跋扈之患。使能閉關畫界，永絕外敵，終古爲獨立之國，則墨守斯法，世世仍之，稍加整頓，未嘗不足以治天下，而無如其忽與泰西諸國相遇也。

泰西諸國並立，大小以數十計，狡焉思啓，互相猜忌，稍不自振，則滅亡隨之矣。故廣設學校，獎勵學會，懼人才不足，而國無與立也。振興工藝，保議商業，懼利源爲人所奪，而國以窮蹙也。將必知學，兵必識字，日夜訓練，如臨大敵，船械新製，爭相駕尚，懼兵力稍弱，一敗而不可振也。其餘庶政，罔不如是。日相比較，日相磨厲，故其人之才智，常樂於相師，而其國之盛强，常足以相敵，蓋舍是不能圖存也。而所謂獨立之國者，目未見大敵，侈然自尊。謂莫己若，又欺其民之馴弱而凌牿之，慮其民之才智而束縛之，積弱凌夷，日甚一日，以此遇彼，猶以敝癰當千鈞之弩。故印度、突厥突厥居歐東，五十年前未與英、法諸國交涉，故亦爲獨立之國。之覆轍，不絕於天壤也。

難者曰：法固因時而易，亦因地而行，今子所謂新法者，西人習而安之，故能有功。苟遷其地，則弗良矣。釋之曰：泰西治國之道，富强之原，非振古如茲也，蓋自百年以來焉耳。舉官新制，起於嘉慶十七年；先是歐洲舉議院及地方官惟擁厚貲者能有此權，是年拿破崙變西班牙之政，始令人人可以舉官。民兵之制，起於嘉慶十七年；工藝會所，起於道光四年；農學會，起於道光二十八年；國家撥款以興學校，起於道光十三年；報紙免稅之議，起於道光十六年；郵政售票，起於道光十七年；輕減刑律，起於嘉慶二十五年；汽機之制，起於乾隆三十四年；行海輪船，起於嘉慶十二年；鐵路起於道光十年，電綫起於道光十七年；自餘一切保國之經，利民之策，相因而至，大率皆在中朝嘉、道之間。蓋自法皇拿破崙倡禍以後，歐洲忽生動力，因以更新，至其前此之舊俗，則視今日之中國無以遠過。英人李提摩太近譯《泰西新史攬要》言之最詳。惟其幡然而變，不百年間，乃浡然而興矣。然則吾所謂新法者，皆非西人所故有，而實爲西人所改造，改而施之西方，與改而施之東方，其情形不殊，蓋無疑矣。況蒸蒸然起於東土者，尚明有因變致强之日本乎？

難者曰：子言辯矣。然伊川被髮，君子所歎，用夷變夏，究何取焉。釋之曰：孔子曰天子失官，學在四夷，春秋之例，夷狄進至中國，則中國之古之聖人，未嘗以學於人爲慚德也。然此不足以服吾子，請言中國有土地焉，測之繪之化之分之，審其土宜，教民樹藝，神農后稷，非西人也。度地居民，歲杪制用，夫家衆寡，六畜牛羊，纖悉書之，周禮王制，非西書也。八歲入小學，十五就大學，升造爵官，皆俟學成，庠序學校，非西名也。謀及卿士，謀及庶人，國疑則詢，國遷則詢，議郎博士，非西官也。漢制博士與議郎議大夫同主論議，國有大夫則承問，即今西人議院之意。流宥五刑，疑獄衆共，輕刑之法，陪審之員，非西律也。三老嗇夫，由民自推，辟署功曹，不用他郡，鄉亭之官，非西秩也。爾無我叛，我無强賈，商約之文，非西史也。交鄰有道，不辱君命，絕域之使，非西政也。邦有六職，工與居一，國有九經，工在所勸，保護工藝，非西例也。當宁而立，當扆而立，禮無不答，旅揖士人，禮經所陳，非西制也。天子巡守，以觀民風，皇王大典，非西儀也。地有四遊，地動不止，日之所生爲星，毖緯雅言，非西文也。腐水離木，均髮均縣，臨鑑立景，蜕水謂氣，電緣氣生，墨翟、亢倉、關尹之徒，非西儒也。故夫法者天下之公器也，徵之域外則如彼，考之前古則如此，而議者猶曰夷也夷也而棄之，必舉吾所固有之物，不自有之，而甘心以讓諸人，又何取耶？

難者曰：子論誠當，然中國當敗衄之後，窮蹙之日，慮無餘力克任此舉，强敵交逼，耽耽思啓，亦未必能吾待也。釋之曰：日本敗於三國，受迫通商，反以成維新之功；法敗於普，爲城下之盟，償五千兆福蘭格，割奧斯、鹿林兩省，此其痛創，過於中國今日也。然不及十年，法之盛强，轉逾疇昔，然則敗衄非國之大患，患不能自强耳。孟子曰：國家閒暇，及是時明其政刑，雖大國必畏之矣。又曰：國家閒暇，及是時般樂怠敖，是自求禍也。泰西各國，磨牙吮血，伺於吾旁者固屬有人；其顧惜商務，不欲發難者，亦未始無之，徒以我晦盲太甚，厲階孔繁，用啓戎心，亟思染指，及今早圖，示萬國以更新之端，作十年保太平之約，亡羊補牢，未爲遲也。

天下之爲説者，動曰一勞永逸，此誤人家國之言也。今夫人一日三食，苟有持説者曰：一食永飽，雖愚者猶知其不能也，以飽之後歷數時而必飢，飢而必更求食也。今夫立法以治天下，則亦若是矣。法行十年，或數十年或百年而必敝，敝而必更求變，天之道也。故一食而求永飽者必死，一勢而求永逸者必亡。今之爲不變之説者，實則非眞有見於新法之爲民害也。誇毗成風，憚於興作，但求免過，不求有功。又經世之學，素所未講，內無宗主，相從吠聲，聽其言論，則日日痛哭，讀其詞章，則字字孤憤。叩其所以圖存之道，則貽然無所爲對，曰：天心而已，國運而已，無可爲而已，委心袖手，以待覆亡。噫，吾不解其用心何在也！

要而論之，法者天下之公器也，變者天下之公理也；大地既通，萬國蒸蒸，日趨於上，大勢相迫，非可閼制，變亦變，不變亦變，變而變者，變之權操諸己，可以保國，可以保種，可以保教。不變而變者，變之權讓諸人，束縛之，馳驟之。嗚呼，則非吾之所敢言矣。是故變之途有四：其一，如日本，自變者也；其二，如突厥，他人執其權而代變者也；埃及、高麗等國皆是。其三，如印度，見併於一國而代變者也；越南、緬甸等國皆是。其四，如波蘭，見分於諸國而代變者也。吉凶之故，去就之間，其何擇焉？《詩》曰：『嗟我兄弟，邦人諸友，莫肯念亂，誰無父母？』《傳》曰：『嫠婦不恤其緯，而憂宗周之隕，爲將及焉。』此固四萬萬人之所同也，彼猶太之種，迫逐於歐東，非洲之奴，充斥於大地，嗚呼，夫非猶是人類也歟？

又 卷三《論君政民政相嬗之理》 博矣哉，春秋張三世之義也。治天下者有三世，一曰多君爲政之世，二曰一君爲政之世，三曰民爲政之世。多君世之別又有二：一曰酋長之世，二曰封建及世卿之世；一君世之別又有二：一曰君主之世，二曰君民共主之世；民政世之別亦有二：一曰有總統之世，二曰無總統之世。多君者，據亂世之政也；一君者，升平世之政也，民者，太平世之政也。此三世六別者，與地球始有人類以來之年限，有相關之理，未及其世，不能躐之，既及其世，不能閼之。

酋長之世，起于何也？人類初戰物而勝之，然而未有輿騎舟楫之利，一山一川一林一澤之隔，則不能相通也。於是乎劃然命爲一國，其黠者或强有力者，卽從而君之。故老子曰：古者鄰國相望，鷄犬之聲相聞，其民老死不相往來。禹會諸侯於塗山，執玉帛者萬國，彼禹域之大，未及今日之半也，而爲國者萬，斯蓋酋長之世也。

今之蒙古也，回疆也，苗也，黎也，生番也，土司也，非洲也，南洋也，墨洲、澳洲之土人也，皆吾夏后氏以前之世界也。凡酋長之世，戰鬭最多，何也？其地隔，故其民不相習，而其情不相加，以凡有血氣皆有爭心，故相戕無已時也。封建世既有一天子以統衆諸侯矣，而猶命爲多君何也？封建者，天子與諸侯俱据土而治，有不純臣之義，觀于周禮祇治畿內，春秋戰國諸侯各自爲政，可以見封建世之俗矣。其時諸侯與天子同有無限之權，故謂之多君，封建亦一大酋長耳，其相戕亦慘，其戰鬭亦多。

世卿亦謂之多君何也？禮喪服傳，公士大夫之衆臣爲其君傳曰，君謂有地者也。蓋古者凡有采地皆稱君，而仕於其邑居隸其地者，皆爲之民，其待之也，亦得有無限之權，故亦謂之多君。世卿之國，亦多戰鬭，如魯之季孫氏、郈氏，晉之韓魏、范中行氏皆是也，故世卿亦可謂之小封建。

凡多君之世，其民皆極苦，爭城爭地，糜爛以戰，無論矣，彼其爲君者，又必窮奢極暴，賦斂之苛，徭役之苦，刑罰之刻，皆不可思議。觀于漢之諸侯王，及今之土司，猶可得其概矣。孔子作《春秋》，將以救民也，故立爲大一統譏世卿二義，此二者所以變多君而爲一君也。變多君而爲一君，謂之小康。昔者秦、楚、吳、越相讎相殺流血者，不知幾千萬人也，問今有陝人與湘人爭强，蘇人與浙人搆怨者乎？無有也。昔之相讎相殺者，皆兩君爲之也，無有君無有國復歸於一，則與民休息，此大一統之效也。世卿之世，苟非貴胄不得位卿孤，既譏世卿，乃立選舉，但使經明行修，雖蓬蓽之士，可以與聞天下事，如是則賢才衆多，而天下事有所賴，此譏世卿之效也。

雖然，當其變也，蓋亦難矣。秦、漢以後，奉《春秋》爲經世之學，亦既大一統矣。然漢初之吳、楚七國亂之，漢末以州牧亂之，晉之八王亂之，唐之藩鎮亂之，乃至明之燕王、宸濠，此害猶未獲息。越二千年，直至我朝，定宗室自親王以下至奉恩將軍凡九等，功臣自一等公以下至恩騎尉凡二十六等，悉用漢關內侯之制，無分土，無分民，而封建之多君始廢。漢氏雖定選舉之制，而魏晉九品中正寒門貴族，界限畫然，此猶微有世卿之意焉。

雖然，吾中國二千年免於多君之害者，抑已多矣，皆食素王之賜也。凡變多君而爲一君者，其國必驟强。昔美之三十七邦也，德之二十五邦也，意之二十四邦也，日本之九十二諸侯也，當其未合也，彼數國者曾不克自列於地球也；其既合也，乃各雄長於三洲，何也？彼昔者方罷敝其民，以相爭之不暇，自斲其元氣耗其財力，以各供其君之私欲，合而一之，乃免此難，此一君世之所以爲小康也。而惜乎諸國用《春秋》之義太晚，百年前之糜爛，良可哀也。世卿之多君，地球各國，自中土以外，罕有能變者，日本受毒最久，藤原以後，政柄下移，大將軍諸侯王之權，過於天皇，直至明治維新，凡千餘年，乃始克革。今俄之皇族，世在要津，英之世爵，主持上議院，乃至法人既變民政，而前朝爵胄，猶潛滋暗竊，漸移國權，蓋甚矣變之之難也。

封建世卿之與奴隸，其事相因也。舉天下之地，而畀諸諸侯，則凡居其地者，莫敢不爲臣；舉天下之田，而聚諸貴族，則凡耕其田者，莫敢不爲隸。故多君之世，其民必分爲數等，而奴隸遍於天下。孔子之制，則自天子以外，士農工商，編爲四民，各授百畝，咸得自主。六經不言有奴隸，漢世累詔放奴婢，行孔子之制也。後世此議不講，至今日而滿蒙尚有包衣望族，達官尚有世僕，蓋猶多君世之舊習焉。西方則俄國之田，尚悉歸貴族掌轄，法國之田，悉爲教士及世爵公產，凡齊民之欲耕者，不得不佃其田，而佃其田者，不得不爲之役，自餘諸國亦多類是。日本分人爲數等之風尤盛，乃至有穢多非人等名號，凡列此者，不齒人類，而南北美至以販奴一事，構兵垂十年，此皆多君世之弊政也。今殆將悉革矣，此亦《春秋》施及蠻貊之一端也。

歐洲自希臘列國時已有議政院，論者以爲卽今之民政，然而吾竊竊焉疑之。彼其議政院皆王族世爵，主持其事，如魯之三桓、鄭之七穆、晉之六卿、楚之屈景，父子兄弟，世居要津，相繼相及耳。

至於匹夫編户，豈直不能與聞國是，乃至視之若奴隸，舉族不得通籍，此其爲政也，謂之君無權則可，謂之民有權則不可，此實世卿多君之世界也。度其爲制也，殆如英國今日之上議院，而非英國今日之下議院。周厲無道，見流於彘，而共和執政。滕文公行三年之喪，而父兄百官皆不悦，此實上議院之制也，不得謂之民政。若謂此爲民政也，則我朝天聰、崇德間，八貝勒並坐議政，亦寧可謂之爲民政也。俄史稱俄本有議事會，由貴爵主之，頗有權勢，諸事皆可酌定，一千六百九十九年，大彼得廢之，更立新會，損益其規，俾權操於己。見《俄史輯譯》卷二。俄之舊會，殆猶夫希臘、羅馬諸國之議院也，猶多君之政也，俄之變多君而爲一君，則自大彼得始也。

大地之事事物物，皆由簡而進於繁，由質而進于文，由惡而進於善，有一定之等，有一定之時，如地質學各層之石，其位次不能淩亂也。今謂當中土多君之世，而國已有民政，既有民政，而旋復退而爲君政，此於公理不順，明于幾何之學者，必能辨之。

嚴復曰：歐洲政制，向分三種：曰滿那棄者，一君治民之制也；曰巫理斯托格拉時者，世族貴人共和之制也；曰德謨格拉時者，國民爲政之制也。德謨格拉時又名公產，又名合衆，希羅兩史，班班可稽，與前二制相爲起滅，雖其時法制未若今者之美備，然實爲後來民治濫觴。且天演之事，始於胚胎，終於成體，泰西有今日之民主，則當夏商時合有種子以爲起點，而專行君政之國，雖演之億萬年，不能由君而入民，子之言未爲當也。

啓超曰：吾既未克讀西籍，事事仰給於舌人，則于西史所闕知其淺也，乃若其所疑者，則據虛理比例以測之，以謂其國既能行民政者，必其民之智甚開，其民之力甚厚，既舉一國之民，而智焉而力焉，則必無復退而爲君權主治之理，此猶花剛石之下，不得復有煤層，煤層之下，不得復有人迹層也。至於希羅二史，所稱者其或猶火山地震噴出之石汁，而加於地層之上，則非所敢知，然終疑其爲偶然之事，且非全體也，故代蘭得常得取而篡之，西史稱借民權之名以攘君位者，謂之代蘭得。其與今之民政殆相懸也。至疑西方有胚胎，而東方無起點，斯殆不然也。日本爲二千年一王主治之國，其君權之重，過於我邦，而今日民義之伸不讓英、德，然則民政不必待數千年前之起點明矣。蓋地球之運，將入太平，固非泰西之所得專，亦非震旦之所得避，吾知不及百年，將舉五洲而悉惟民之從，而吾中國，亦未必能獨立而不變，此亦事理之無如何者也。

世之賢知太過者，或疑孔子何必言小康，此大謬也。凡由多君之政，而入民政者，間必經一君之政，乃始克達所異者。西人則多君之運長，一君之運短，中國則多君之運短，一君之運長，至其自今以往，同歸民政，所謂及其成功一也。此猶佛法之有頓有漸，而同一法門，若夫吾中土奉一君之制，而使二千年來殺機寡於西國者，則小康之功德無算也，此孔子立三世之微意也。

問今日之美國、法國，可爲太平矣乎？曰惡，惡可！今日之天下自美法等國言之則可謂爲民政之世，自中、俄、英、日等國言之，則可謂爲一君之世，然合全局以言之，則仍爲多君之世而已。各私其國，各私其種，各私其土，各私其物，各私其工，各私其商，各私其財，度支之額半充養兵，舉國之民，悉隸行伍，眈眈相視，齮齕相讎，龍蛇起陸，殺機方長，螳雀互尋，寃親誰問。嗚呼，五洲萬國，直一大酋長之世界焉耳。《春秋》曰：『末不亦樂乎堯舜之知君子也。』《易》曰：『見羣龍無首吉。』其殆爲千百年以後之天下言之哉！

《昌言報·麥孟華〈論中國之宜尊君權抑民權〉》 今之通人則曰：中國之弱，君權重也，民權輕也。善謀國者因泰西之道輕其所重，而重其所輕，斯國强矣。麥孟華曰：不然，中國非民權不立之爲患，而君權不立之爲患，是故横盡五洲，豎盡前古，君權之輕者，莫今日之中國，若君權之重者，莫今日之西國，若其比較之率悉數之更累，僕不能盡也，請略言其一二。

西國民間一戶一口，年歲生死，皆上之官，爲簿稽之，其匿報者課之以罪；中國則自生自死自養自息，國家莫得而過問也。西國產業將遺子孫，則必藉其多寡，告其所在，達於有司，納遺囑稅，然後傳與其人；中國則任意授受，國家莫得而稽也。西國生年八歲皆入小學，溺愛廢學者，罪其父母；中國則情窳頑獷不識字者十居七八，國家莫得而勸也。西國入学皆經學校，非有成就不能自通；中國則朝爲市奴，夕挂金紫，國家莫得而節制也。西國幣制定自朝廷，若者爲鎊，若者爲羅卜，若者爲佛郎，舉國如一，莫敢殊異；中國則十八行省幣貨各異，幣式各異，民間自安其所習，國家莫得而整齊也。

西國鈔引，惟政府得鑄造而市諸境内；中國則各省票號各埠錢莊自爲之，而自行之，國家莫得而查禁也。西國凡新搆房屋必官爲查驗，核其工作之良窳，以妨塌傷，其歷年已久之房房，必隨時查勘，令其拆修；中國則任意築檮，雖有破綻，國家莫得而督責也。西國塗道必寬廠整潔，棄穢于路，厥有常刑；中國則都會康莊，溲溺狼藉，丐殍載道，國家莫得而驅逐也。西國醫生必由醫院學成，領有憑照方許執業；中國則學書不成改而業此，庸醫充斥，殺人如麻，國家莫得而刑也。西國郵遞宫中掌之，中國則民局遍地，國家莫得而統一也。

西國商務厥有市官，苦窳之器，不鬻於市，其有新製，領憑專利，禁止他商，無敢仿造；中國則奸宄充牣，展轉冒效，百物濫劣，國家莫得而主持也。西國凡鐵路所經，堂廟廬墓皆必拆避，開采礦產四山皆徧，無敢阻撓；中國則舊黨彭譟，箝閼大計，國家莫得而懲也。西國山林設虞掌之，漁務設司轄之，斧斤以時，數罟不入；中國則麗澤無主，民間任意蹂躪，國家莫得而知也。西國律度量衡皆由官定，物磅銀磅畫一通行；中國則庫平、漕平、市平、工部尺、市尺、戶異其制，人用其私，國家莫得而釐訂也。

故夫西國之君，有其權也如彼；中國之君，其無權也如此；凡庶百政，罔不類是，千舌萬筆，匪可殫論。故極其無權之敝，乃至天子之尊不能爵一士，必俟其自買科第，自鑽保舉，自累資格，苟不由此，則君不得而庸也。天子之威不能殺一人，雖敗軍之將、失地之官、婪贓之吏，經年監候，君不得而戮也。事無大小，皆下部議，君不得而獨斷也。政無巨細，皆援成例，君不得而獨創也。

今夫中外古今之所謂大權者，豈不以能創制立事而生殺人乎哉？豈不以能箝勒天下之舉動，整齊天下之耳目乎哉？以西君例中君，以中民例西民，則孰爲重，而孰爲輕矣乎？先王之治天下也，以其民爲子，而自爲其父母，以其民爲弟子，而自爲其師，取民之衣服、飲食、居處、語默、昏姻、喪祭、生死、疾病、家人、婦子、井竈、六畜，靡巨靡纖，靡繁靡簡，而一二自掌之，自消息之，於是乎君有權。後世則不然，一以其民爲越人，一以其民爲土芥。今夫父母之權得以行於其子，師之權得以行于其弟子，雖有魁桀威力，而其權必不能行於土芥、越人，於是君無權矣。

人有恒言曰事權事權，故夫事者權之母也，事一身之事者，有一身之權，天君泰然，百體從令，心有權也，患心疾者舉動失度，言笑無常，則官體有權，而心無權。事一家之事者，有一家之權，父兄教先，子弟率謹，宗子之權也。室老昏耄，倦勤廢事，米鹽偷漏，僕役恣庇，則支庶奴隸有權而宗子無權。天下之事者，有天下之權，一人有慶，兆民賴之，君之權也。朝廷不肅，叢脞於上，噎塞於中，橫決於下，則賊官毒吏有權，而君無權；無權非所以爲國也，賊官毒吏有權，非國之福也，民之秀者起而昌論，使人人各自事其事，人人各自有權，其於是乎命之曰民權。

民權惡乎起？起於君之不事民事也，鄉之民賊聞是説也，瞿然曰是實奪吾權，於是乎竭其力而仇之、而摧之、而獮之、而不自知其權之中落固已久而矣。權非可奪之物，夫非自棄之，而誰得而奪之？然則民權不亦善乎？麥孟華曰：事者權之母也，中國之民不能自事其事，卽不能自有其權，未能事事而其畀以權，則權不在秀民而在莠民，故今日之中國莫若尊君權，使君權之黨，大索權於國中十日而不得，君子曰盍事其事矣。

《知新報・歐榘甲〈論中國變法必自發明經學始光緒二十三年十一月初一日〉》 嗚呼，士夫通人懲于外侮之故，切乎燎原之痛，疊背接踵，發論議於時，以冀變法而保種族者衆矣哉。歐榘甲曰：是非知務者也，或者曰今之言格致製造礮械舟車，惟西人之説是聽者無論矣。至如變學校科舉、變官制農法，興女學、重譯書、復民兵、徵之傳記而皆可據，施之當今而皆可行也，惡乎不知務。又如史也、掌故也、輿地也、算也、商也、交涉也，奮吾中學以振夏聲，唏矣存陳無忘神胄，惡乎不知務。歐榘甲曰：中國之壞，自人心始，人心之蕪，自學術始，學術之謬，自六經不明始，六經不明，未有變法之方也；六經明則學術正，學術正則民智開，民智已開，人心自奮，熱力大作，士氣日昌，愛力相迸，國恥羣勵，以此凌厲九州可也，況變法乎？故謂今日欲捄中國，宜大明孔子六經之義于天下。

《孟子》曰：『下無學，賊民興。』又曰：『經正則庶民興，賊民之興，由於無學，庶民之興，本乎經正。』噫，此中國二千年來治亂得失之林也。兩漢之盛，《春秋》治獄，《禹貢》行河，三百篇當諫書，天子臨軒講學，騎士盡習《孝經》，禮樂興行，黼黼千古，及奸歆僞作，崇周奪孔，博士倚席，橫舍鞠蔬，賈馬服鄭，僞傳綿曖，三國六朝，大道中絕，蓋彝狄入中國之禍，自茲烈矣。

唐沿隋制，尚詞章重詩賦，綴學習於浮靡，氣節墮於夤緣，至五代之亂極焉。宋世五子崛出，求聖人之道于遺經，明《論語》、《中庸》、《孟子》以覺斯世，其言曰，志伊尹之志，學顏子之學，民吾同胞，物吾同與，士氣丕變，崇尚講學，迄于東林，儒統未墜，政亂於上，道明於下，名節之隆，與漢媲美，斯豈非學之效乎？斯豈非學之效乎？然則宋何以易爲元，明何以變爲國朝？曰：其時有天下者之心，與爲有天下者之臣妾，務以固其有天下之私，縱其有天下之欲，諸儒徒守正心誠意之正論，不明民重君輕之宏義，祇襲忠君愛國之常談，不破一夫民賊之故智，儒術已隘，獨善爲高，雖或得志，無補危敗，非獨君若臣之罪也，毋亦諸儒所講習，無與六經之過歟？

且夫九州之內，萬類之族，千載之期，《春秋》三世，不見太平，《大易》乾元，何日用九，莽莽苟生，幽幽苟死，望唐虞若神山，語洙泗若夢寐，徒嚄唶曰，經説紛于絲，經言微於縷，經案積如山，經義渺如海，而曰經學也，經學也吾惡乎知之？又嚄唶曰，漢宋之爭，如狼如羊，今古之辨，若豪若芒，素王改制，古有其説，今笑大方，一云其激，一詆曰狂，吾蓋時耳，何取矯亢。之二説者，巨子倡之，塞夫和之，嚚嚚然謂吾所治者史，詳于四民教養矣，掌故詳于歷代典章矣，輿地資於郡國利病矣，商算可以富國製器矣，交涉可以柔遠人矣，有此數者，雖不言經學可也。

曰，惡是何言歟？日用有飲食而無養氣，則呼吸立死，周身有血脈而無腦筋，則聰明不靈。經學者生人之心也，人心死，雖有教養，何由舉？典章何由明？利病何由晰？富國製器更不暇計也。日人之變政也，衣服政教從泰西，而彼中賢者尚孳孳，以再興漢學爲事，何吾人之智出日人下也。

且亦知中國文教政治，皆我生民未有之孔子所開乎？天降元聖，祐我齊州，受命端門，儒冠創制，特以黑生蒼際，在庶無施，不能不有所托以行事，於是爲素王以改制，而其説見於傳記者，《公羊》：撥亂世反之正，莫近於《春秋》。《孟子》、《春秋》天子之事，《春秋》緯麟出周亡，故立《春秋》制，素王授當興文，作《春秋》以改亂制。《莊子》：《春秋》經世，先王之意繁露，孔子立新王之道，玉杯託乎《春秋》，正不正之間，而明改制之義。《符瑞》《漢書》：孔子作《春秋》，先正王而繫萬事，見素王之文焉。《董仲舒傳》《淮南子》：孔子專行教道，以成素王，采善鉏醜，以成王道。《主術訓》《史記》：孔子約其文辭，去其煩重，以制義法，王道備人事浹，《十二諸侯年表》因《史記》作《春秋》。以當王法，《儒林列傳》故作《春秋》，垂空文以斷禮義，當一王之法。《説苑》：退作《春秋》，明素王之道以示後人。《貴德篇》鄭玄《六藝論》：孔子已西狩獲麟，自號素王，爲後世受命之君，制明王之法。盧欽《公羊序》：孔子自因《魯史記》而修《春秋》，制素王之法。吾師南海先生著有孔子改制考最備，此特舉數條耳。天縱之本記，炳如日星，師法之傳授，不淪夏郭，七十無異説，兩漢無異辭，非一人之私言也。

夫考孔子者，不於七十後學之口説，兩漢經師之質言，猥以悠謬之見，妄象聖容，寥廓之形，虚上尊號，聖迹不晰，經籍道息何惑乎以《春秋》爲斷報，《儀禮》爲賑目，《大易》爲卜筮，三百可删改，故舉六經之義，無一可施於天下也。二千年之教宗，若存若亡久矣，擬聯同志，發先聖之真迹，明教養之大道，目吾爲狂，所不敢辭，所不敢辭。

《莊子》曰：《詩》以道志，《書》以道事，《禮》以道行，《樂》以道和，《易》以道陰陽，《春秋》以道名分，其數散於天下，而設於中國者，百家之學，時或稱而道之。蓋孔子改制繙經，諸子竊其一得，以自爲方，猶佛氏興於印度，而西方諸教衍其旨而開别宗也。然往而不返，不能相通，吾儒内聖外王之道，闇而不明，鬱而不發，道術將爲天下裂，故戰國之世，楊墨横行，孟子闢之曰：『楊墨之道不息，孔子之道不著。』唐之世，佛老横行，韓子闢之曰：『人其人，火其書。』夫二子者，何深惡痛絶之如是哉，攻乎異端，斯害也已，異端不攻，則孔子不尊，孔子與異端不並立者也。

今含生之類，咿唔詩書，語之任道，乃誕乃噤，下焉者利慾據其府，得失動其心，上焉者以束脩自好爲《大學》，以無非無刺爲《中庸》，遂至郢書燕説，塵垢尼山，尨狺熊哮，烟横神壞，清議亂於非耘，斯文疑於墜地。甚且以吾制科之不善教術之不行，遂謂吾經爲無用爲不備，明目張膽，以進其誣天之説，而無恥衿纓乃決然叛去正道而不之惜也。人心之患，乃至此極，嗚呼，今日而言經學，豈得已耶，豈得已耶！世以爲激，吾猶懼大聲疾呼，流涕而道之無及也。

百日維新分部

維新始末

綜　述

梁啓超《戊戌政變紀事本末》　光緒二十四年戊戌四月二十三日，下定國是之詔。上諭：【略】

命各省督撫遴舉使才，向來使臣，皆由總署司員及南北洋所保，上以御史楊深秀所請，特重其選，詔舉使才，重邦交也。

二十八日，召見工部主事康有爲、刑部主事張元濟，翰林院侍讀學士徐致靖所奏保也。先是，康有爲自乙未上萬言書，請大變法自强，皇上命抄四份，一進太后，一留乾清宫南窗，一存勤政殿，一發各省督撫議，至膠警後，康有爲復上書痛言國事。正月上命總理王大臣問所言，續命上條陳具摺極言大計，統籌全局，下總署議。摺内請以日本明治之法爲政法，俄彼得之法爲心法，隨奉旨宣取所著之《日本變政考》、《俄彼得變政記》，於是康有爲陸續于二三月間寫畢進呈，並附呈時務西書數種；皇上於垂情中外之事，講求日明，至是被薦，特予召見。召見時垂問天下大計，康有爲極言維新全局，及下手條理，至逾兩時，並命隨時自具條陳，專摺奏事。

五月初二日，許應騤阻撓新政，爲御史宋伯魯所奏參，上命其明白回奏，時許應騤官禮部尚書。當正月間，詔舉經濟特科，更舉常科，試時務策論，及法律、財政、外交、物理各專門之學，本另爲一科，其試科章程，交禮部議。許應騤獨謂此爲禮部專職，挾所議歸改之，以經濟科歸併於八股，且限五十人中一名，故嚴其額，士論大譁，宋伯魯劾之，皇上本欲即行黜之，剛毅爲之代求，乃免。

初五日廢八股取士之制，改試時務策論。上諭曰：【略】當三月時，康有爲及御史楊深秀曾具奏請廢之，爲禮部許應騤所駁。四月初旬，梁啓超復聯合舉人百餘名連署上書請廢之，亦格不達。至康有爲於召對時，力言其害，其言曰：『臺灣之割，二萬萬之賠款，琉球、安南、緬甸、朝鮮之棄，輪船、鐵路、礦務、商務之輸與人，國之弱，民之貧，能由八股害之。』上喟然曰：『西人皆日爲有用之學，我民獨日爲無用之學。』康有爲卽請曰：『皇上知其無用，能廢之乎？』上曰：『可。』於是康有爲退朝，告宋伯魯使抗疏再言之，並自上一書。既上，上命軍機大臣立擬此旨，剛毅謂此乃祖制，不可輕廢，請下部議。上曰：『部臣據舊例以議新政，惟有駁之而已，吾意已決，何議爲！』

初八日，命軍機大臣、總理衙門王大臣迅速議奏京師大學堂開辦章程。

初九日，命軍機大臣會同神機營王大臣八旗都統議覆神機營及京師綠營改用新法操演。

十二日，命考試生童歲科兩試卽行改試策論。

十五日，命孫家鼐管理大學堂事務，開辦經費，常年用款，由戶部籌撥。官書局、譯書局，均歸併大學堂由管學大臣督率辦理。賞給舉人梁啓超六品銜，辦理譯書局事務。

十六日，詔興農學，命各督撫飭各該地方官勸諭紳民兼采西法，切實興辦，辦有成效，准予獎敍。

命劉坤一查明上海農學會章程，咨送總理衙門查核頒行。

命各省學堂翻譯外洋農學諸書。

十七日，命製新器、出新法、著新書，並創學堂、開新地、造新式槍礮，照軍功予重賞。

二十一日，命一國皆改兵制。

二十二日，命各省州縣府開設中西學堂。上諭曰：【略】

命各省官吏保護外洋傳教教士。

二十三日，命三品以上京官，及各省督撫學政，限三個月内保舉人材，咨送總理衙門，會同禮部奏請考試經濟特科。初，貴州學政嚴修上書，請舉鴻博科，時翁同龢以爲然，下總署議，康有爲與譯署諸臣言，力請舉行，乃與譯署某章京擬定，名爲經濟科，翁同龢力主持之，恭親王亦相從。惟守舊大臣多不以爲然，大學士徐桐致削嚴修門生之籍，嚴修九詣門而不見。其子副都御史徐承煜請問所舉之人，徐桐厲聲責之曰：『汝若舉人，可勿見我！』承煜不復敢言，舉朝望風，三月無敢舉一人者，康有爲乃與御史宋伯魯謀，上摺請限期三月，舉足百人卽考。

二十五日，諭獎著書製器及捐辦學堂者，給予世職，實官虛銜，及許令專利，頒賞匾額。

二十六日，命各省督撫整頓商務。

二十八日，命各省督撫再整頓裁撤冗兵之制。

命行保甲，整頓釐金。

二十九日，命榮祿印刷《校邠廬抗議》一千部，送交軍機處頒行各衙門簽議。

六月初一日，浙江學政陳學棻奏言：『改試策論，閱卷艱難，不如八股之易。』上曰：『陳學棻既不會看策論，可無庸視學。』命撤差來京供職，改命唐景崧去。

命鄉會試仍定爲三場，第一場試中國史事、國朝政治論五道；第二場試時務策五道，專問五洲各國之政、專門之藝；第三場試四書義兩篇、五經義一篇。首場按中額十倍録取，二場三倍録取，取者始准考次場，每場發榜一次，三場中畢，如額取中。學政歲科兩考生童，亦以此例推之，先試經古一場，專以史論策命題，正場試以四書五經義各一篇。張之洞、陳寶箴所奏請也。

初八日，上海《時務報》命改爲官報，派康有爲督辦。並令天津、上海、湖北、廣東各報章，臚陳利病，據實昌言，無存忌諱；由該督撫咨送都察院及大學堂各一份，擷其有關時務者，由大學堂一體進呈御覽。

十一日，命各督撫就各省在籍紳士選擇品學兼優之人，派管各省中小學堂。命各部院堂官督飭司員將該衙門則例刪改，倉督李端棻所奏請也。先是正月初三日，上命總理衙門王大臣傳詢康有爲，康有爲言六部則例積弊極深，必須改定。李鴻章曰：『然則將盡去之乎？』康有爲曰：『今敗亡中國者，六部則例也，若不亟改，不能爲治。』時座上諸大臣皆駭是言。康有爲旋奉命上摺，卽陳法律局一事。後御史王鵬運又奏言之；及康有爲召見後，請開制度局又復言之；英人赫德、大學士徐致靖、御史楊深秀、宋伯魯、李盛鐸、主事王照以及京師通人皆以爲然。諸臣前後上陳，或名開新政局，或名開變法局，爲樞臣所忌，皆未能行。至是李端棻力主是議，梁啓超與之極言，李深然之，乃上言。一請御門誓衆，以定國是，一衆志；一請用咸豐時例，開懋勤殿選通人入直，議定新法；一請改定六部則例；一請派各省通才辦各省學報。摺既上，上發交軍機會同慶王、孫家鼐會議。樞臣最忌懋勤殿與御門誓衆兩事，並駁而不行，上以重違大臣所請，故擇其小者，如刪改則例及派紳士督辦學堂二條行之。

十五日，命總理各國事務大臣王文韶、張蔭桓管理京師礦務鐵路總局事宜，並統轄各省開礦築路一切公司事宜。

命各省督撫整飭吏治，考核屬員。

命翰林院、詹事府、都察院各于值日之日，由該堂官輪派講讀編檢八員、中贊二員、科道四員隨同到班聽候召見。部院司員有條陳事件者，由各堂官代奏，士民有上書言事者，赴都察院呈遞。

命各省督撫振興工商，各就地方考察情形，于頒行農學章程，及製造新器新藝專利給奬，並設立商務局，選派紳員開辦各節，實力推廣。

十七日，命五城御史勸辦京師小學堂。

二十日，命出使各國大臣督同領事各就寓洋華人勸辦學堂。

命使館翻譯外洋書籍。

二十二日，命官報局所需經費，照官書局之例，由兩江總督按月籌撥銀一千兩，另撥開辦經費銀六千兩。

命康有爲翻譯泰西報律，參以中國情形，定爲報律。

二十三日，論奬湖南巡撫陳寶箴力行新政，嚴責守舊毀謗諸人。先是陳寶箴自去年冬月力行新政，凡時務學堂、南學會、印花稅、巡捕章程、輪船、電線，陸續舉行，全省移風。紳士祭酒王先謙、主事葉德輝皆附和之。既而葉德輝求爲山長，不得，妒極相攻，鼓動守舊諸人，飛文誣謗，於是楚人之官於京師者，先後參劾撫臣陳寶箴、學臣江標、按察使黄遵憲及紳士知府譚嗣同、翰林熊希齡等；妄造謠言，謂陳寶箴拜跪洋人，使婦人易西種，刊刻爲書，徧送言路，京師嘩然，故有此諭。

命南北洋大臣、沿海各將軍督撫整頓水師。

命王文韶、張蔭桓於各處鐵路扼要之區及開礦省分，應增設學堂之處，籌議奏明辦理。

二十九日，舉人梁啓超所擬譯書章程十條，得旨允行，命撥開辦經費銀一萬兩外，再加給銀一萬兩，常年用項，於原定每月經費一千兩外，再加增給每月二千兩，各款均由户部籌撥。

七月初三日，廢朝考之制。

初五日，户部郎中王宗基於北城集貲設立會文學堂，得旨奬勵。時京師張元濟首創通藝學堂，王照繼開八旗奉直小學堂，皆著成效，且先於此學堂，應得奬；孫家鼐會請張元濟爲大學堂總辦，張守章程，孫不然之，忤而去，王尤抗直，故皆見遺。

命設立農工商總局於京師，派直隸霸昌道端方、直隸候補道徐建寅、吴懋鼎爲督理，均賞給三品卿銜。命各省府縣紳富之有田業者，設立農務學堂，廣開農會，刊發農報，購置農器。各直省由該督撫設立分局，遴派通達時務公正廉明之紳士二三員總司其事。

初十日，舉人梁啓超請設立編譯學堂，准予學生出身，並書籍報紙免稅，得旨允行。

嚴責劉坤一、譚鍾麟辦事不力。

十一日，嚴責各省將軍督撫疲玩因循，命於六月以前將所有明降諭旨寄諭並電音飭辦各件，迅即覆奏。

十三日，命劉坤一速籌商會辦法，並令各督撫查明沿江沿海商賈輻輳之地設立商會。

十四日，命各督撫飭地方官勸辦桑、麻、絲、茶等項，並嚴行考核所屬州縣。

裁撤詹事府、通政司、光祿寺、鴻臚寺、太僕寺、大理寺等衙門，湖北、廣東、雲南三巡撫、河東總督，及京外大小冗員。

十六日，禮部尚書懷塔布、許應騤等因阻格主事王照條陳，交部議處，命此後條陳者呈進原封，無得拆看。先是王照覩上求言之切，故上摺請上游歷日本及各國，又責諸臣之謬爲持正，敢於謗上不忠，請立教部以平理諸教。許應騤不肯代遞。時司員遞摺多爲堂官所抑，不代達者甚多，王照到堂親遞本，司掌印媚堂官意，復擯而還之。王照怒，再上堂，告侍郎溥廷、堃岫曰：『皇上特許司員遞摺，無得阻蔽，若必不遞，吾當親到察院，或覓人上之。』溥、堃二人恐動，懷塔布謂必不遞，如有處分，吾自擔之。許應騤退而作摺，劾王照咆哮署堂，藉端要挾，謂其摺請上游歷日本，日本最多刺客，昔俄太子、李鴻章曾蒙大禍，王照置皇上於險地，故不敢代遞，王照居心叵測，請加懲治等語。上以方開言路，有所阻格，特將懷塔布等交部以示警。

命詹事府、通政使、光祿寺、鴻臚寺、太常寺、太僕寺、大理寺一切事宜，歸併內閣六部分辦。

命吏部、戶部堂官督飭司員刪訂則例，將核定例章，仿照史表分門別類，創爲一表。

十七日，命各衙門均照戶部吏部之例，刪訂則例。

十九日，斥革禮部尚書懷塔布、許應騤、左侍郎堃岫、署左侍郎徐會澧、右侍郎溥廷、署右侍郎曾廣漢；賞給王照三品頂戴，以四品京堂候補。

二十日，命工部會同管理溝水河道各官、步軍統領衙門、五城御史暨街道廳，將京城內外河道溝渠一律挑挖深通，並將各街巷道路修墊坦平。

命祿裕、李端棻署理禮部尚書，壽耆、王錫蕃署理禮部左侍郎，薩廉、徐致靖署理禮部右侍郎。

擢內閣候補侍讀楊鋭、刑部候補主事劉光第、內閣中書林旭、江蘇後補知府譚嗣同，以四品卿銜，在軍機章京上行走，參預新政事宜。

命裕祿、李端棻補授禮部尚書，闊普通武補授禮部左侍郎，薩廉補授禮部右侍郎。

命李培元補授吏部右侍郎，劉恩溥補授倉場侍郎，曾廣鑾補授都察院左副都御史。

命各省督撫訪查所屬地方州縣官之通達時務勤政愛民之員，隨時保送引見。

停止昭信股票。

二十三日，命總理衙門會同吏部議奏位置、裁撤各官之法。

命農工商總局端方等議覆以工代賑開辦章程。

二十四日，命各衙門於呈請代遞之件，隨到隨呈，不必拘定值日期限。

命設立醫學堂，歸大學堂兼轄，著孫家鼐詳擬辦法。

增置三四五品卿、三四五六品學士各職。

二十五日，命雲南補用道韓銑、記名道李徵庸，會同翰林院檢討宋育仁督理四川礦務商務。

命大學士、尚書、侍郎、督撫等，速將應裁撤及歸併京內外文武大小各缺，妥議請旨辦理。

二十六日，命於已通開口岸及出產絲茶省份設立茶務學堂，及蠶桑公院。

二十七日，布告變法之意於天下。上諭【略】。

命各部院堂官考試司員，認眞試以策論，秉公分別去取，筆帖式亦一律考試。

命整頓部務，令司員逐日到署辦事擬稿，藉定優劣。

命各省教職改爲中小學堂。

大學士瑞洵奏請在京師創設報館，翻譯新報，爲上海官報之續，得旨允行。並命順天府五城御史切實勸諭官紳士民一律舉辦。

命慶親王、孫家鼐會同戶部妥議折漕之事。

命廣設郵政分局，及裁撤驛站。

命各衙門於六月十五日、七月十日諭旨，七月十九日硃諭，七月十七日及二十四日交片諭旨，謄寫一通，懸掛大堂。

廢武科弓刀步石之制，命軍機大臣會同總理衙門兵部分條將議具奏。

二十八日，命藩臬道府專摺奏事，州縣等官由督撫將原封代遞，許天下士民人人上書言事，由本處道府等隨時代奏。

二十九日，聽八旗人自謀生計。

八月初一日，命戶部將每年出款入款分門別類，列爲一表，按日刊報，頒行天下。

命軍機大臣會同大學士各部院並翰林科道各官會議審定官職。

命袁世凱開去直隸按察使，以侍郎候補，責成專辦練兵事務。

初二日，命工部主事康有爲速往上海督辦官報。

發布明定國是上諭

論説

梁啓超《戊戌政變記・上諭恭跋・上諭》（二十三日）乙巳，（十一日）數年以來，中外臣工講求時務，多主變法自强。邇者詔書數下，如開特科，裁冗兵，改武科制度，立大小學堂，皆經再三審定，籌之至熟，妥議施行。唯是風氣尚未大開，論説莫衷一是，或託於老成憂國，以爲舊章必應墨守，新法必當擯除，衆喙嘵嘵，空言無補，試問時局如此，國勢如此，若仍以不練之兵，有限之餉，士無實學，工無良師，强弱相形，貧富懸絶，豈真能制梃以撻堅甲利兵乎？

朕惟國是不定，則號令不行，極其流弊，必至門戶紛爭，互相水火，徒蹈宋明積習，於國政毫無裨益。即以中國大經大法而論，五帝三王，不相沿襲，譬之冬裘夏葛，勢不兩存，用特明白宣示，嗣後中外大小諸臣，自王公以及士庶，各宜努力向上，發憤爲雄，以聖賢義理之學，植其根本，又須博采各學之切於時務者，實力講求，以救空疏迂謬之弊。專心致志，精益求精，毋徒襲其皮毛，毋競騰其口説，總期化無用爲有用，以成通經濟變之才。

京師大學堂爲各行省之倡，尤應首先舉辦，著軍機大臣、總理各國事務王大臣會同妥速議奏，所有翰林院編檢、各部院司員、大門侍衛、候補候選道府州縣以下官、大員子弟、八旗世職、各武職後裔，其願入學堂者，均准入學肄習，以期人才輩出，共濟時艱，不得敷衍因循，徇私援引，致負朝廷諄諄告誡之至意，將此通諭知之。

梁啓超案：我國迫於外侮，當變法者，蓋六十餘年矣。然此六十餘年中，可分爲四界：自道光二十年割香港，通五口，魏源著《海國圖志》，倡師夷長技以制夷之説，林則徐乃創譯西報，實爲變法之萌芽，然此後二十餘年，叠經大患，國中一切守舊，實無毫釐變法之説也，是爲第一界。

同治初年，創巨痛深，曾國藩曾借洋將，漸知西人之長，創製器局以製器譯書，設方言館，創招商局，派出洋學生，文祥亦稍知時局，用客卿美人蒲安臣爲大使，徧交泰西各國，變法之事，於是華路開山矣。當時又議選翰林部曹，入同文館學西文，而倭仁以理學重名爲宰相，以死爭之，敗此大舉，且舉國守攘夷之説，郭嵩燾以通才奉使，深明時局，歸而昌言，爲朝士所攻，卒罷去。至於光緒甲申，又二十年，朝士皆恥言西學，有談者詆爲漢奸，不齒士類，蓋西法萌芽，而俗尚深惡，是爲第二界。

馬江敗後，識者漸知西法之不能盡拒，談洋務者亦不以爲深恥，然大臣未解，惡者尚多，議開鐵路，猶多方擯斥，蓋製造局譯出之書，三十餘年，而銷售僅一萬三千本，京師書肆尚無地球圖，其講求之寡可想矣，蓋漸知西學，而莫肯講求，是爲第三界。

然盡此六十年中，朝士即有言西法者，不過稱其船堅炮利製造精奇而已，所採用者，不過炮械軍兵而已，無人知有學者，更無人知有政者。自甲午東事敗後，朝野乃知舊法之不足恃，於是言變法者乃紛紛，樞臣翁同龢首先講求，輔導皇上，決意變法，皇上聖明，日明外事。乙未五月翁同龢擬旨十二道，欲大行變法之事，以恭邸未協而止，然朝士紛紛言新法，漸知學堂爲變法之本，而皇上頻催辦鐵路礦務學堂之事，未幾西后復收大權，皇上幾被廢，新政遂止。然而强學會《時務報》大呼於天下，天下人士咸知變法，風氣大開矣，是爲第四界。

然明于下而未行於上，新舊相爭，大臣多不以爲然，以未定國是故也。標準未著，人心不一，趨向未定，雖云變法，仍是守舊而已。及經膠州之變，朝廷益震動，康有爲於正月上書請變法，宜先定國是，下總署議。上再催而未覆，旅順、大連之事繼起，皇上聖明，益明中外之故，知不變法不能立國，而恭王屢諫，謂祖宗之法不可變，上曰：『今祖宗之地不保，何有于法乎？』因使慶王告西后曰：『朕不能爲亡國之君，若不予我以權，寧遜位而已。』西后雖憤甚，然因別有所圖，始聽皇上之所爲，乃使慶王復於上曰：『皇上欲辦事，太后不阻也。』至是恭親王適薨，翁同龢輔政，鋭志改革，御史楊深秀、侍讀學士徐致靖相繼上書，請定國是，上既決心，乃白西后，召軍機全堂下此詔書，宣示天下，斥墨守舊章之非，著託於老成之謬，定水火門戶之爭，明夏葛冬裘之尚，以變法爲號令之宗旨，以西學爲臣民之講求，著爲國是，以定衆向，然後變法之事乃決，人心乃一，趨向乃定。自是天下嚮風，上自朝廷，下至人士，紛紛言變法，蓋爲四千年撥舊開新之大舉，聖謨洋洋，一切維新，基於此詔，新政之行，開於此日。

又按大學堂之詔，三年前既下之矣，至是乃決行之，特令翰林部曹侍衛道府州縣大臣子弟武職咸入學，其規模亦廣大矣。

康有爲專摺奏事

論説

清·康有爲《戊戌奏稿·請開學校摺光緒二十四年五月》：奏爲請廣開學校，以養人才，恭摺仰祈聖鑒事。竊臣以狂愚，請廢八股，荷蒙聖明嘉納，立下明詔施行，薄海迴風，洗濯固陋，咸更新厲學，以贊休明。夫以千年之弊俗，而一旦掃除之，非皇上之神武英斷，何能致此？豈愚臣之夢寐寤思所能及也。天下回首面內，想望更化之善治，肇應千載之昌期，在我皇上矣。其鼓蕩國民，振厲維新，精神至大，豈止區區科舉一事已哉？雖然，譬諸治病，既以吐下而去其宿疴，即宜急補養以培其中氣，則今者廣開學校爲最要矣。

吾國周時，國有大學、國學、小學之等，鄉有黨庠、州序、裏塾之分，教法有詩書、禮樂、戈版、羽籥、言説、射御、書數、方名之繁。人自八歲至十五歲，皆入大小學。萬國立學，莫我之先且備矣。《詩》曰：『周王壽考，遐不作人。』言文王於人才作而致之，非賴自然生而有之也。故兔罝野人，可爲干城腹心，介冑武夫，能説詩書禮樂。人才既多，則國命延洪，故作人則能壽考也。後世不立學校，但設科舉，是徒因其生而有之，非有以作而致之，故人才鮮少，不周於用也。臣不引遠古，請近校於今歐美各國，而知其故矣。

歐美之作其國民爲人才也，當吾明世，乃始立學，僅從僧侶，但教貴族，至不足道。及近百年間，文學大興，普之先王大非特力，館法名士窩多於其生蘇詩宫而師之，聘柏羅斯其於瑞士，而創國民學。令鄉皆立小學，限舉國之民，自七歲以上必入之，教以文史、算數、輿地、物理、歌樂，八年而卒業。其不入學者，罰其父母。縣立中學，十四歲而入，增教諸科尤深，兼各國文，務爲應用之學。其初等科二年，高等科二年，初等二年者，中學必應卒業者也。自是而入專門學者聽之。專門者，凡農商、礦林、機器、工程、駕駛，凡人問一事一藝者，皆有學，皆爲專門也。凡中學專門學卒業者，皆可入大學。其教凡經學、哲學、律學、醫學四科，自是各國，以普之國民學爲師，皆效法焉。

英大學分文、史、算、印度學、阿喇伯學、遠東學，於哲學中別自爲科。美則加農工商於大學，日本從之。夫學至於專門止矣，其所謂大學者，不過合各專門之高等學多數爲之，大聚天下之書圖儀器，以博其見聞；廣延各國之鴻博碩學、專門名家，以得其指導；而羣一國之學者，優遊漸漬，講求激厲，而自得之。凡各州能備此者，皆可謂爲大學，非徒在國都而已。總而言之，小學中學者，教所以爲國民，以爲己國之用，皆人民之普通學也。高等專門學者，教人民之應用，以爲執業者也。大學者，猶高等學也，磨之礱之，精之深之，以爲長爲師，爲士大夫者也。其條理至詳，科學至繁。荷蘭、比利時、瑞典、丹麥以蕞爾國而能獨立者，以諸學並立，大學巋然，人才不可勝用故也。普勝法後，俾士麥指學生語之曰：『我之勝法，在學生而不在兵。』以百業千器萬技，皆出於學，作而成之故也。彼分途教成國民之才，如此其繁詳也，我乃鞭一國之民以從事於八股枯困搭截之題，斫人才而絕之，故以萬里之大國，四萬萬之人民，而才不足立國也。

近者日本勝我，亦非其將相兵士能勝我也。其國遍設各學，才藝足用，實能勝我也。吾國任舉一政一藝，無人通之。蓋先未嘗教養以作成之，天下豈有石田而能慶多稼者哉？今其害大見矣，不可不亟設學以育成之矣。今各國之學，莫精於德，國民之義，亦倡於德，日本同文比鄰，亦可採擇。請遠法德國，近采日本，以定學制。乞下明詔，遍令省府縣鄉興學。鄉立小學，令民七歲以上皆入學，縣立中學，其省府能立專門高等學大學。各量其力，皆立圖書儀器館。京師議立大學數年矣，宜督促早成之，以建首善而觀萬國。夫養人才，猶種樹也，築室可不月而就，種樹非數年不蔭，今變法百事可急就，而興學養才不可一日致也，故臣請立學亟亟也。若其設師範、分科學、撰課本、定章程，其事至繁，非專立學部，妙選人才，不能致效也。惟聖明留意幸察，伏乞皇上聖鑑。謹奏。

又《請裁綠營放旗兵改營勇爲巡警仿德日而練兵摺五月》 奏爲請裁汰綠營，選改營勇爲巡警，更仿照東西國兵制，大練新軍，以修武備，恭摺仰祈聖鑑事。竊以近者東事敗辱，割遼臺，償鉅款，舉國痛心，外人輕視，瓜分之議，日騰於報，邊警之告，時聞於耳。而三年以來，武備廢弛如故，綠營不改如故，於是膠旅之割繼起，列强耽逐，巨竊憂之。

夫治國之道固多，而足兵爲最急切之務，此固萬國之同軌，尤中國之聖誡也。家有千金，不置於路，慢藏誨盜，狡焉思啓，此不能咎敵之無良，而應自審其守備也。《傳》曰：『不備不虞，不可以師。』故楚莊王憂民生之不易，禍至之無日，戒懼之不可以怠，乃者膠旅迫割，猶在夢寐，舉國倉皇，無以應敵，皇上憂之，用是發憤。《詩》曰：『無衣無褐，何以卒歲。』今無兵無將，何以爲國防乎？

方今列國，以兵爭長，自普以小國勝法，舉國爲兵，德遂以陸軍霸。其人民二千五百萬，備兵至六百萬；其分以馬、步、炮、工、輜重、醫護；其士卒皆從學校，皆識文字、演算法，圖繪；其兵伍之榮異者如諸生，爲國人所敬；其愛國之心，自小學講誦而已厲之，其操兵則登山跳澗，橫野渡河，遇伏遭傷，無不備；其練兵爲兩甄，如真戰，深夜調千數百里，國主夜親臨，或命大將赴校之；其裨校之尊榮，皆如大臣；其兵立如山，其兵行如水，萬國遂皆畏而效之，並練其兵數百萬，日治其槍炮，精益求精，相視莫敢發；則惟有於歐美而外，求弱者之肉而食焉，亦勢之必至矣。

非洲既分割盡矣，大地無餘矣，列强四顧，不於吾逐逐而何規焉，而吾號稱國防者九十餘萬之大兵，猶是綠營之舊制也。其械則抬槍、鳥槍也，其餉則九錢六分也，其業則農工徒役也，其服則寬袍大袖也，然且其額皆虛名而無人也，盡爲將弁所餉，十取其五六或七八焉。至大吏臨操，則募市丐以應之，以此而與列强學校百練之兵、克虜伯炮開花之彈戰，不猶剪紙而御猛虎哉？誠孔子所謂以不教民戰是棄民也。以此守國，何異開門而揖敵之來也。經國若此，難贊一詞，臣不審執政諸臣卿士滿列，何以謀國也，臣竊懔懔痛之。皇上知此，能無憂乎？能無危乎？此不止今海道大通，列强迫壓爲不可也。

昔在道咸之時，金田起亂，亦實窺綠營虛僞，一無所用，故乘虛竊發，一呼而十三省大亂幾失。曾國藩、駱秉章、左宗棠、胡林翼諸臣，深知綠營之無可用，乃創練營勇以救之。以諸臣之忠義，賴以肅靖醜孽，安定邦家，然營勇之用，止於靖內亂而已，至於御外，則東事之敗，得失具見，與綠營雖少異，而不足以爲國防，亦至明矣。

夫治兵之爲法無定，猶築堤防水之無定也。水愈漲則堤愈高，不能以疇昔之尺寸限之；兵者與强敵爲戰者也，亦校之敵國若何而已。中國數千年之兵制，列國則秦之蒼頭，齊之奮騎，魏之武士，荆楚之奇材劍客；後世則後周之二十四軍，唐之府兵，號稱精强；然較以今之列强，則皆無以爲比。故盡中國古今之兵，無足以敵今泰西之强國者。然則湘楚營勇之制，同於無用，不足爲言也。若八旗禁旅，只挾弓矢，猶昔者綠營，抑更練勇之不如，夫在昔從龍，其猛如虎，今則愉衣靡食，筋脆骨柔，亦不足以拱衛神京矣。故統吾國兵號百萬餘，乃無一可用者，靜言思之，骨折心驚，臣不審執政在朝，卿士滿列，何以謀國至於如此也。臣又懔懔痛之，此真詩人所驚，無衣無褐者乎？大雪壓廬，赤身裸體，墮指裂膚，奇寒中心，其何能免耶？皇上聞此，豈不憂驚，豈不危懼，有不旦夕難安，宵寐靡成者乎？

竊惟救國之大略，必在改革之剛斷，凡此百餘萬無用之兵，歲糜民脂數千萬之餉，惟在皇上摧陷廓清之，改弦更張之。其綠營虛名爲兵，實皆有業之民，假名之丐，宜盡裁汰，無憂變生，請下明詔，一朝除之，可留千數百萬之餉，以養新練之軍。其營勇或有健兒，或有無賴，令所在地方官分成裁汰。今新軍未練，其盜賊出没繁多之地，酌量暫留營隊，以資彈壓。其識字明敏、通解事理者，改充巡警，以資縣鄉之防虞，查各國爲治，先整巡警，吾國無兵，只得號爲巡警；因而教之改之，亦事宜也。若夫八旗禁旅數十萬，雖厚予廩祿，實困苦之，以不得從事工商，反不如齊民之營生致富也。是聖朝所以優恤從龍之旅，反非所以安阜之，法久弊生，事宜通變，今亦不能不議改矣。乞令各省駐防滿漢各兵，聽其所好，擇業而從，優給三年之糧，聽其改附所在民籍。其有武勁可用，矢於報國者，改充新軍，一律養練。其京師禁旅，一律從同，於特予三年糧外，或優給莊田，聽其屯墾。其武勁可用，情深報國者，專練成軍，留衛禁闥。然後以歲糜數千萬之兵餉，改養新軍，皆令仿照德、日兵制，分馬、步、工、炮、輜重之隊，設學校，精軍械，牧良馬，募良家，重榮名，厚餉糈，更教以愛國，厲其精神，庶幾有勇知方，然後可捍疆圉而振威棱也。

竊查新建軍今號勁旅，而每軍七千，歲需百萬，今行臣改省爲道之策，令每道練一軍，則全國百道，可得百軍，有七十萬之兵，而歲增練之，可以立國而無虞矣。臣前請遼蒙準藏，皆改大藩，設總督，宿重兵，臣聞德、法之對守萊因河東奧斯鹿林涉羅觀之境也，地僅數百里，而各宿兵三十萬，吾遼東爲俄、日所窺，重要極矣，雖不能如德、法，亦應以内地二十軍輪防之，蒙回緣邊，萬里長袤，難寸寸而守之，非趕築鐵路，無以爲防。今鐵路未築，自庫倫、伊犁亦應宿重兵十軍以鎮之，西藏難運，可先宿兵四軍，桂滇二邊，各宿六軍，皆調於各省，輪爲駐防，以資熟習。夫與其兵敗，輸數萬萬於强敵，孰若統籌武備，大振兵威，以先爲不可勝乎？以皇上之神武，受祖宗之付託，思患預防，修武備邊，請詔下羣臣議行，國防幸甚。伏惟皇上聖鑒。謹奏。

又《請君民合治滿漢不分摺六月》 奏爲請君民合治，滿漢不分，以定國是而一人心，强中國，恭摺仰祈聖鑒事。竊臣頃聞内閣學士闊普通武奏請行憲法而開國會，廷議不以爲然，皇上決欲行之。大學士孫家鼐諫曰：『若開議院，民有權而君無權矣。』皇上曰：『朕但欲救中國耳，若能救民，則朕雖無權何礙？』大哉王言！臣聞而感泣曰：非堯舜之大聖，真有公天下之心者，安得有此哉？臣幸生逢堯舜之君，受非常之遇，安得不以死報，臣誠惶誠恐，願竭忠愚，不敢愛死，冒犯非常，爲我皇上陳之。

竊惟東西各國之所以致强者，非其政治之善，軍兵炮械之精也。在其舉國君民，合爲一體，無有二心也。夫合數千百萬之人爲一身，合數千百萬人心爲一心，其强大至矣。不必大國，雖比利時、荷蘭、丹麥、瑞典之小，而亦治强也。近者歐美，尤留意於民族之治，凡語言政俗，同爲國民，務合一之。近者日本以之，日本地與民數，僅比吾四川一省，而今强盛若彼矣。蓋民合於一，而立憲法以同受其治，有國會以會合其議，有司法以保護其民，有責任政府以推行其政故也。

吾國人主，撫有其國，僅與數大臣共治之，或十數疆臣分治之，雖有多民，僅供租税，不得預政事焉，其視國家國土，若秦越人相視之肥瘠也。苟不及其鄉土，親受奴虐，皆無關焉。甚且民既不預國事，惟知身家親族而已，餘皆外視，故其甚者，姓與姓分，鄉與鄉分，縣與縣分，省與省分。國朝龍興東土，奄有中夏，兼定蒙古、準回、衛藏，爲大一統，皆因其舊俗而治之，仁恩汪濊，咸戴聖朝矣。而列聖尚慮有金元之弊，服官執政，多屬色目之人，故不得已仍別滿漢，以分官缺，乃開國時之苦心也。故康乾之時，廷臣有請去滿漢者，聖祖仁皇帝、高宗純皇帝以此意喻之，乃咸仰聖意之高深，今閲二百餘年，久安長治，戴白之老，服膺涯澤，率土民氓，咸戴聖清，非復開國時之比矣。

方今絶海棣通，列强鄰迫，宜合舉國之民心，以爲對外之政策，不宜於一國民之内，示有異同。若疆界既分，即生彼此，屬當國家危難，反側生心，扇動搖惑，甚非所以置國家於磐石之安也。夫分則弱，合則强，治法之公理也。武王有臣三千人爲一心故勝，紂臣萬億爲萬億心故亡。然則國無小大，人無多寡，視其分合如何而已。

今吾國有四萬萬之民衆，大地莫多焉，而不開國會，雖有四萬萬人，而不預政事，視國事如秦越，是有衆民而棄之。然且令省與省分界，滿與漢異名，務在削大使小，汰多使寡，多立彼疆此界之名，以薄其扶助親愛之意，但一君主與數大臣爲政，尊則尊矣，制則制矣，然孤寡若此，而與列强合數千百萬人爲一者，相校相遇，安得不敗？不然，安有以萬里之大國，四萬萬之衆民，而敗於日本者哉？論者不深察本末，而妄言治體繁爲條陳。夫天下豈有本不立，而能舉其末者哉？即末治而舉，亦何益矣。《易》曰：『正其本，萬事理。』臣昧昧思之，早夜籌之，爲中國計，而求其治本，惟有君民合治滿漢不分而已。定其治本以爲國是，乃可以一人心而求治理。

昔魏文帝撫有華夏，慕其文明，以爲非令國人全用華風，不能致一統也。又以父兄百官，安於舊習，而不肯更新也。乃令皇族改拓跋爲元氏，獻帝兄紇骨氏改爲胡氏，次兄普氏改爲周氏，次兄拓拔氏改爲長孫氏，次弟丘敦氏改爲丘氏，更令功臣九十九大姓，咸改漢姓，若侯莫陳之改姓陳，勿忸于之改姓于，出大汗之改姓韓，步六孤之改姓陸，破多羅之改姓潘，丘林之改姓林，賀拔之改姓何，叱呂之改姓呂，是樓之改姓高，獨孤之改姓劉，拔列之改姓梁，叱羅之改姓羅，素黎之改姓黎，嗢盆之改姓温，叱干之改姓薛，賀葛之改姓葛，庫狄之改姓狄，吐奚之改姓古，出連之改姓畢，阿單之改姓單，阿鹿桓之改姓鹿，俟力伐之改姓鮑，吐伏盧之改姓盧，嗢石蘭之改姓石，獨孤渾之改姓杜，胡古口引之改姓侯，其後周隋終復混一，實皆出於魏文之政俗族姓。而元氏及周、胡、長孫氏入唐，卿相如鲫，功臣遺裔，綿被中國，今之大姓，十九魏裔，其齊周隋唐王侯貴族改漢姓者，不可悉數，無能別也，則皆魏文帝長慮遠算致之。

以皇上之明，試覽《北魏書・魏文帝紀》及《官氏志》，聖心神悟，必有宏漠。臣聞疏不間親，遠不間近，賤不間貴，臣實賓萌，疏賤至極，猥受皇上非常之知，有非常之慮，不敢自隱避，敢進盡忠言，願皇上垂察。君民合體，滿漢不分之言，念茲在茲，釋茲在茲，所以發爲治本者，必有以超絶前古，垂範後世，爲中國數千年未有之聖，以上繼堯舜軼駕歐日者，非臣之愚所能頌發休美矣。

若聖意既定，立裁滿漢之名，行同民之實，則所以考定立憲國會之法，三權鼎立之義，凡司法獨立，責任政府之例，議院選舉之法，各國通例具存，但命議官遍采而慎擇之，在皇上一轉移間耳。合舉國四萬萬人之身爲一體，合四萬萬人之心爲一心，其誰與吾敵，而豈復四顧旁皇，瞻畏鄰敵哉？

抑臣更有請者，中國向用朝號，乃以易姓改物，對於前代耳，若其對外交鄰，自古皆稱中國。今東西國稱我，皆曰『支那』，而我經典無此二文，臣細繹音義，支那蓋即諸夏之音，或即中華之轉也。古稱諸夏，或曰諸華，頻見傳記，蓋華夏音近而中諸音轉，其蒙、回、衞藏，咸令設校，教以經書文字語言風俗，悉合同於中土，免有歧趨，伏惟今定國號，因於外稱，順乎文史，莫若用『中華』二字。皇上維新，尚統一而行大同，乞留聖意幸察，謹將們《北魏書・文帝紀》、《官氏志》進呈，伏惟乞皇上聖鑑，謹奏。

又《請禁婦女裹足摺六月》 奏爲請禁婦女裹足，以全肌膚，而維俗化，恭摺仰祈聖鑑事。竊惟漢臣賈誼上治安策，謂大臣以簿書期會爲大故，至俗流失，世敗壞則不知怪，此誠知治亂之體要者也。夫爲政之道，本末兼該，而莫大於保民，聖化之隆，纖悉備舉，而莫先於正俗。方今萬國交通，政俗互校，稍有失敗，輒生譏輕，非復一統閉關之時矣。吾中國蓬蓽比戶，藍縷相望，加復鴉片熏纏，乞丐接道，外人拍影傳笑，譏爲野蠻久矣，而最駭笑取辱者，莫如婦女裹足一事，臣竊深恥之。

夫刖足者，爲古肉刑之一。刑者成也，一成不變，後王恐波及無辜，猶爲廢之，史稱其美。女子何罪，而自童幼加以刖刑，終身痛楚，一成不變，此真萬國所無，而尤爲聖王所不容者也。夫父母撫子，以慈爲義，女子體弱，尤宜愛護。乃乳哺甫離，髫髮未燥，筋肉未長，骨節未堅，而横縶弱足，嚴與裹纏，三尺之布，七尺之帶，屈指使行，拗骨使折，拳攣蹜蹜，跼地蹐天，童女苦之，旦旦啼哭，或加藥水，日夕熏然，窄襪小鞋，夜宿不解，務令屈而不伸，纖而不壯，扶床乃起，倚壁而行。富人苦之，貧家尤甚，親操井臼，兼持饋浣，下撫弱息，上事病姑，跛往報來，走無停趾，臨深登高，日事征行，皆捫足歎嗟，愁眉掩泣，或因登梯而墜命，或因楚病而傷生。若夫水火不時，亂離奔命，扶夫抱子，挾物攜衣，絕澗莫逾，高峯難上，亂石阻道，荆棘鉤衣，多有縊樹而棄生，墜樓而絶命者，不可勝數也。即使治世承平，富家大吉，婢嫗盈前，安坐而食，而人倫有禮，疾病不時，仰事俯畜，接親應友，能無勞苦乎？且勞苦即不足道，而衞生實有所傷，血氣不流，氣息汗穢，足疾易作，上傳身體，或流傳孫子，奕世體弱。是皆國民也，羸弱流傳，何以爲兵乎？

試觀歐美之人，體直氣壯，爲其母不裹足，傳種易强也。回觀吾國之民，尪弱纖僂，爲其母裹足，故傳種易弱也。今當舉國徵兵之世，與萬國競，而留此弱種，尤可憂危矣。

夫父母之仁愛，豈樂施此無道之虐刑於其小兒女哉？徒以惡俗流傳，非此不貴，苟不纏足，則良家不娶，妾婢是輕。故寧傷損其一體，而免擯棄其終身，此爲一人一家之事，誠有茹苦含辛而無如何者。若聖世懷保小民，一夫之有失時，引以爲予辜，一物不得所，引以爲己罪，而令中國二萬萬女子，世世永永，嬰此刖刑，中國四萬萬人民，世世永永，傳此弱種，於保民非榮，於仁政大傷，皇上能無惻然矜之，愍然憂之乎？

臣嘗考裹足惡俗，未知所自。《史記》利屣，不過尖頭，唐人詩歌，尚未詠及，宋世奄被，遂至方今。或謂李後主創之，恐但惡風所扇耳。宋人稱只有程頤一家不裹足，則餘風可知。古今中外，未有惡俗苦體，非關功令，乃能奄被天下，流傳千年，若斯之甚也，其可駭莫甚焉。以國之政法論，則濫無辜之非刑；以家之慈恩論，則傷父母之仁愛；以人之衛生論，則折骨無用之致疾；以兵之競强論，則弱種展轉之謬傳；以俗之美觀論，則野蠻貽誚於鄰國。是可忍也，孰不可忍！

且國朝龍興，嚴禁裹足，故滿洲婦女，皆尚天足。凡在國民，同隸覆幬，率土婦女，尤宜哀矜。且法律宜一，風俗宜同。皇上憐此弱女，拯此無辜，亟宜禁此非刑，改茲惡俗，乞特下明詔，嚴禁婦女裹足；其已裹者，一律寬解；若有違抗，其夫若子有官不得受封，無官者其夫亦科鍰罰。其十二歲以下幼女，若有裹足者，重罰其父母。如此則風行草偃，惡俗自革。舉國弱女，皆能全體，中國傳種，漸可致强。外人野蠻之譏，可以銷釋。其裨聖化，豈爲小補！伏維皇上聖鑑。謹奏。

又《請廢漕運改以漕款築鐵路摺七月》 奏爲請停廢漕運，改以漕款，廣築鐵路以通運輸，恭摺仰祈聖鑑事。竊漕運之制，爲中國大政，所以充太倉而供玉食，實京師而備不虞。自京城之東，遠延通州，倉厫連百，高牆櫛比，運夫相屬，肩背比接。其自通州，至於江淮，通以運河，迢遞數千里，閘官閘夫相望，高牆大舸相繼，運船以數千計，船丁運夫以數萬計，設衛所官數百以守之，各省置糧道坐糧廳以司之，南置漕運總督，北置倉場總督兩大臣以統之，其漕米則民納於縣，縣上於糧道，乃船通于運河，而後連檣繼進，循閘而上，累時費月，乃達通州，搬丁二萬人，背置倉中，然後次第運至京師。在昔歲四百萬石，近用海運，乃減至百餘萬石。道咸時馮桂芬考之，謂米每石，運至京師者，費凡二十一兩，而歲時頒發臣工兵丁俸餉，積年久遠，米率朽腐不可食，京朝官僚，皆另糴新米以供朝夕，所領俸米，付之米商，每石僅易銀三錢。推聖朝之聖意，所以惠臣工兵士者，至優渥矣。然寡食之者，亦以年年積運，藏之有餘，太倉之粟，既多且久，遂至碎朽散敗，不可食也。此其弊政，不自今日，上自漢之蕭何，迄今二千年矣。在當時爲積粟備患轉運之良方，在今日爲萬國騰笑奇謬之弊政，中國政治之失固多，而未有若漕運之甚者矣。

方今四海交通，萬國轉運，但能通商，善其交易，則民食所重，商賈自趨，不勞官之自爲轉運也。故各國人日食麥麵牛羊鷄卵糖，而萬國都會城邑，未聞千倉萬箱，官畜食品者。雖其國主，皆購於市，其官俸兵餉，皆發金錢，而不必爲思患預防之計也。古者城守，預計糧食，故吾國有積粟之大政，不止京邑也。凡各省府縣，皆重倉儲。夫各國豈無兵患，以實事算，比吾尤多，然不爲積粟之計者，以方今兵爭至劇，取決於一月數日間，非如古者可嬰城爲累年守也，故積之而無用也。

積粟者，預算難定，不足則非儲備之本義，有餘則朽腐爲大患，徒暴天物，而鮮民食，甚無謂也，況乃漕運張大官，置羣吏，如此其重也，築數千之令，修千里之河，置數千之船，如此其繁且巨也。衛兵船夫倉丁運夫各數萬人，及其婦女子孫十數萬人，如此其多且冗也，而其實不過京師一米店之事耳。倉場漕運兩總督，不過南北兩支店司事耳，何足以煩聖朝大政哉？

萬國每聞漕政，既驚且笑，或者不解，以爲地球絶怪之事，騰其嘲譏，畫爲圖畫，不可聽覩。臣竊思之，亦不怪外人之嗤點也。然吏事繁冗，外人譏嘲，猶不足計，若夫理財之要，最忌虚糜，方今上下交困之時，尤不宜以有用之鉅款，銷之無用之地。試以馮桂芬所計漕運，每米一石，費民二十一兩，則四百萬石，應八千四百萬兩，臣未官戶部，難得實數，近多折省，姑以半計，亦應二百萬石，須四千二百萬兩，以京師現今米價計之，最精之米，不過五兩，以糙計之，僅三兩餘，以百官兵丁所應發俸餉，不過百萬石，每石折給四兩，比之俸米發交米店者，石易銀三錢，過十餘倍矣。羣臣既得厚祿，可養廉恥，感激天恩，其曷有極，此外應歲餘三千八百萬兩，以十年之通，應有三萬萬八千萬兩，專用以興築鐵路，同爲運輸之政，而得失相去遠矣。

夫鐵路縮萬里爲咫尺，循山川如圖畫，收遠邊爲比鄰，以開民智，富民生，闢地利，通商業，起工藝，省兵驛，固邊防，莫不由之。凡各國文化富厚兵力之所及，皆視鐵路之所通達以爲衡。況吾中國地大物博，比於全歐，地大而無鐵路通之則荒，物博而無鐵路發之則棄。若皆開鐵路，使地利皆通闢，物産皆發揚，以吾國之廣土衆民，大地莫强焉。豈待城下之盟，設京師之備，爲積粟十年之儲哉？今蘆漢、津鎮之路，皆已議築，以臣統計之，南自江、浙、閩、粵，而通桂、滇、川、蜀，北自燕、晉、秦、隴而至蜀，乃入藏焉，北自遼蒙，直抵伊犂，而內達於隴，凡三大道皆國築之，若自居庸出張家口，北至庫倫，南接蘆漢，乃經道矣。卽以漕運之款，通十年之期，可築成矣。蓋款雖不足，以其築成之半，可押數萬萬以成之。且內地各道人煙幅輳，必有餘資，可以補邊道之不及，則十年之內，全國交通，運於咫尺，地利大闢，物產繁滋，比之空運數百萬石之米，徒全糜而無溢利，其相去之道里，何啻萬億。

況强敵比鄰，狡焉思啓，既鐵道四達，調兵運餉，旦夕可至，自有以建威銷萌，所關尤大。體國經野，百年之計，未有過此。若垂俞允，卽以漕運總督缺，爲鐵路總督，運丁、倉丁、船夫、衛兵充車路工，在一轉移間耳。以皇上之明，較其得失，當不俟再計矣。乞立下明詔停廢漕運，盡裁漕官，其衛所官兵，或改充巡警，或改充屯田，下所司議行，伏惟皇上聖鑒。謹奏。

又《請斷髮易服改元摺七月二十日後》 奏爲請斷髮易服改元，以與國民更始，恭摺仰祈聖鑒事。竊維非常之原，黎民所懼，易舊之事，人情所難。自古大有爲之君，必善審時勢之宜，非通變不足以宜民，非更新不足以救國，且非改視易聽，不足以一國民之趨向，振國民之精神。故孔子于《禮》通三統之義，于《春秋》立三世之法，當新朝必改正朔，易服色，殊徽號，異器械。而漢武帝當守文之中世，定禮樂而改曆服。魏文帝承祖宗之强威，遷都邑而易服色，皆以更新善治，爲法後世。若夫當列國爭强之世，尤重尚武，欲舉中國儒緩之俗，一變致强，其道尤難。故趙武靈王將有事於滅胡，則變服而騎，齊桓公將欲有事於中原，則易短衣而霸，而魏文帝、趙主父變其國俗，易其祖舊，父兄羣臣，守舊之彥，譁言力爭，而二主終獨斷行之，遂致治强，英風霸烈，焜耀無盡，豈非善得通變之宜哉？然是四主者，所遇之世，尚非迫於必變之時也。

今則萬國交通，一切趨於尚同，而吾以一國，衣服獨異，則情意不親，邦交不結矣。且今物質修明，尤尚機器，辮髮長垂，行動搖舞，誤纏機器，可以立死，今爲機器之世，多機器則强，少機器則弱，辮髮與機器，不相容者也。且兵爭之世，執戈跨馬，辮尤不便，其勢不能不去之。歐美百數十年前，人皆辮髮也，至近數十年，機器日新，兵事日精，乃盡剪之，今既舉國皆兵，斷髮之俗，萬國同風矣。且垂辮既易汙衣，而蓄髮尤增多垢，衣汙則觀瞻不美，沐難則衛生非宜，梳刮則費時甚多，若在外國，爲外人指笑，兒童牽弄，既緣國弱，尤遭戲侮，斥爲豚尾，出入不便，去之無損，留之反勞，斷髮雖始於熱地之印度，創於尚武之羅馬，而泰伯至德，端委治吳，何嘗不先行斷髮哉？

夫五帝不沿禮，三王不襲樂，但在通時變以宜民耳。故俄彼得遊歷而歸，日明治變法伊始，皆先行斷髮易服之制，豈不畏矯舊易俗之難哉？蓋欲以改民視聽，導民尚武，與歐美同俗，而習忘之，以爲親好，故不憚專制强力以易之也。且夫立國之得失，在乎治法，在乎人心，誠不在乎服制也。然以數千年一統儒緩之中國，褒衣博帶，長裾雅步，而施之萬國競爭之世，亦猶佩玉鳴琚，以走趨救火也，誠非所宜矣。竊聞德之胄子，以拔刀爲戲，以面瘢爲榮，雖好勇鬬狠，不足爲訓，然其尚武至於如是也，夫是以强，然吾兵服，亦復寬衣博袖，懸於各國博物院，與金甲相比較，豈不重可怪笑哉？

夫西服未文，然衣制嚴肅，領袖白潔，衣長後衽，乃孔子三統之一，大冠似箕，爲漢世士夫之遺，革舃爲楚靈王之製，短衣爲齊桓之服，故發尚武之風，趨尚同之俗，上法泰伯、主父、齊桓、魏文之英風，外取俄彼得日明治之變法，皇上身先斷髮易服，詔天下，同時斷髮，與民更始，令百官易服而朝，其小民一聽其便，則舉國尚武之風，躍躍欲振，更新之氣，光徹大新。雖守舊固蔽之夫，覽鏡顧影，亦不得不俯徇維新之令，而無復敢爲公孫成等之阻撓矣。其於推行維新之政，猶順風而披偃草也。

抑臣更有請者，將行實政，尤在先播聲靈，元曆何關實事，而人心尤多繫之，昔日本明治元年大誓維新，定布五條，今皇上決行維新，亦宜大誓改元，以昭國是，定民志，伏乞大集羣臣誓于天壇、太廟，上告天祖，下告臣民，亦若日本布告五事，卽以今年改元爲維新元年，與天下更始。俾舉國臣民迴首面內，改視易聽，同奉聖意，咸與維新。其於振動舉國之精神，必有大效，伏惟聖意裁察，維新幸甚，中國幸甚！伏乞皇上聖鑒，謹奏。

《知新報・康有爲〈條陳商務摺光緒二十四年九月二十一日〉》 奏爲商務不興，民貧財匱，請立商政以開利源而杜漏卮，恭摺仰祈聖鑒事。竊方今國庫窘匱，杼軸俱空，司農仰屋，束手憂歎。嘗推困匱之由，皆自商務不興，財源漏泄之故，非復僅節財流，或事搜刮之所能支也。今自洋布洋紗，歲溢五千餘萬，其他用物，若洋綢、洋緞、洋呢、洋絨、漳絨、羽紗、氈毯、手巾、花邊、鈕扣、針線、傘燈、顏料、箱篋、牙刷、牙粉、胰皂、石印、鉛字、面脂、口粉、籐床、鋼榻、自來火，食物若咖啡、呂宋煙、夏灣拿煙、紙捲煙、鼻煙、洋酒、火腿、洋肉脯、洋餅、洋糖、洋鹽、藥水、丸粉、洋乾果、洋水果，煤、鐵、鉛、銅、馬口鐵、材料、木器、鐘錶、日規、寒暑針、風雨針、電氣燈、玻璃鏡、照相片及玩好瑰奇之器，不可勝數，約以萬萬計。乃以煤油之出自地，歲易我千萬。塞門德土之爲泥，歲易我六百萬，且皆我所有者。四川火井，遍海泥沙，舍而不用，以金錢易之。若夫瓷器，我冠地球，乃反令洋瓷遍地售賣。絲糖爲我所自出，乃經彼製煉，來我倍售。其他不稅之洋藥、洋酒皆千萬，而金磚、金葉歲溢三千萬。若鴉片之害人，歲出三千萬者在無論矣。而我出口貨大宗惟有茶絲，茶向銷五千萬，近以印度、法、意並出，加以攙雜不精，減至千餘萬。其他雜貨日減，不及三千萬。比較歲溢將萬萬，後此加增，積數十年計之，溢出百萬萬。吾財源不開，只有此數。譬猶一池之水，別無泉源引入，而終日汲之，涸可立待。大魚小魚，同懸枯肆。精華既竭，蹇裳去之。即無兵事，民盡困斃，國亦從之矣。

然洋貨所以越數萬里而暢銷者，在其國有商學以教之，有商報以通之，有商部以統之，有商律以齊之，有商會以結之，有比較廠以勵之，有專利牌以誘之。及其出國也，假之資本以助之，輕其出稅以便之，有保險以安其心，有兵船以衛其勢，聽其立商兵商輪以護其業。又有領事考萬貨之情，以資其事，官商相通，上下一體，故能製造精而銷流易。視萬里重洋若枕席，情信洽而富樂多，故籌兵餉重款，若探囊取物。民足而君足，國富而勢强，職是之故。

我既無商學商報商會之講求，又無比較廠專利牌之誘勵。西人謂吾出口者皆生貨，以皆材料土產也。西人皆熟貨，以精工良作，若鐘錶紗布，取攜便而製造精，價值廉而外觀美。其智愚美惡，良苦迥判，勢必敗矣。商官商律不設，故無以定價值之低昂，治倒帳之控訴，治夥友之倒虧，治猾奸之誆騙。銀錢無定價，則受平色之困；行規不與官通，則官可任意遏抑，體制又與官隔，則胥吏可藉端欺凌。不助資本，不設專利，不設專利牌保水火險，則商人不肯出資本。加以內有厘金之加稅，外有出口之重征，既不聽商兵商輪之自護，又無兵艦領事之保衛，乃至四萬萬之多而竟無一能商於泰西者，官既棄薄其商，商亦不信乎官。故製造粗而銷流滯，商情渙而籌款難，民困商貧，而國大受其病矣。

夫吾中國礦產遍地，草木繁殖，物種地宜，有溫帶之利，人民繁庶勤敏，甲於萬國，此皆西人所慕羨垂涎而不已者。夫天津草帽之賤，而售至四百萬，牛皮狗皮之賤，而售得九百萬。其他萬匯億品，若教誨利導之，何可計數？徒以榛徑未闢耳。若一旦啓闢，則富甲大地。英人李提摩太謂吾利源一闢，歲出可六十萬萬。尚奚有於仰屋患貧哉？

夫商之源在礦，商之本在農，商之用在工，商之氣在路，但民愚力弱，不能考求，官尊事殷，不暇措理，故非設司專學，以整齊教導之，不能有功。直省五金水銀原砂之礦，論者既詳矣。即以湖南、山西一省之煤，可敵一英國，值以萬萬。金沙江兩岸，流泉滴瀝，並是煤油。四川火井，皆油井也。地不愛寶，吾自有而棄之。西南各省有金剛鑽，和闐、西藏、川、滇有白玉、翠玉、碧霞、瑪瑙、水晶、五色寶石，其他硯石、紋石、大理石、像石、浮石，何在不可加以精工，易彼金銀。若夫磁器之土，惟中國獨精，光韌柔滑，墮地不碎，泰西尤重，購乾嘉之磁，已出數百金。若能加采色妙麗，當暢行泰西，駕絲茶而上之。凡此皆出之吾地者也。

法人以葡萄歲銷八萬萬，美人棉花歲銷四萬萬，一草之利大矣。即以粵之龍眼，閩之荔枝，新會之橙，溫福之橘，洞庭之柑，江浙之枇杷、楊梅，燕齊之梨棗，歲銷皆百十萬。若川蜀之藥材，閩之茶薜，若善其培壅，通其道路，何止此數？即哈密葡萄，綿亙數十里，但不知釀酒，故棄於地，而日本專延法人購法種而植之。吾北地數省皆宜葡萄，可用日法廣爲勸植。吾棉色白絲長，雖遜洋棉，而堅厚溫暖過之，而吾工賤用廉，價僅半洋棉，故近年驟銷至數百萬。若能推廣，益收大利。洋糖只有紅蘿蔔，味甘而淡遠，不若中國之蔗。惟提煉不純，色味不潔。若改用機器，加以精工，西人視糖猶鹽，日用必服，銷售無量。

膠樹即橡樹，雲南擅之，野人山之割與英人，失此美利，而川、陝、滇、黔之間，尚多此樹。樟腦施之於藥，可增力五千倍，故魚雷、地雷、水雷各炸藥，非樟腦不爲功，化學家又用作象牙。吾湘豫桂林，樹帶千里，老樟參天，實地球所獨，廢而不用，此尤非常大利者也。其他雜植，遍於川、陝、黔、桂。白蠟之樹，可以爲蠟者；種菸之地，則無處不宜矣。皂莢亦爲中國所獨，外國所無，可製胰皂。其他萬卉，有大用者，未加物色，何可勝數？

若茶之和平精美，絲之光白柔韌，冠絕大地，此尤中國出貨之大宗，小民之生計，小補尾閭者。惟西人好用細絲，而中國人乃爲粗絲。西人精求佳茶，而中國人偏多僞雜，皆宜專學講求焙製，禁其攙雜僞質，絲則多爲濮網輕細，其他文飾氈錦、麻布葛布，皆當用機織，務致光美，探彼好惡而投之。顧繡織金，西人猶尚，以被牆屋，如中人之書畫。昔太公勵女紅，故齊冠帶衣履天下。今宜鼓勵織工，務極華采。天津出口之羊毛、駱駝絨，價廉物賤，因不諳收儲剪剔，故西人運歸織造氈毯，售我重價，歲銷大呢羽毛、洋氈、法蘭絨二千萬金。若能於天津、山海關、漠河、七廳、蒙古等處，設立圍場，駝絨、羊毛如法收剪，購機設廠，織造氈絨，務與俄、英同美，中國食賤物廉，又省轉運，必可銷售。

大抵中國之土產、礦產、工作三事，患我無貨，不患不銷；患我不運售，不患彼不收買；患我不精良，不患彼不好尚。但西人商務皆本於學，駕駛則有水師學堂，輪車則有鐵路學堂，電報則有電報學堂，絲業則有蠶桑學堂，製茶、製糖、製磁、製酒、開煤、煉鋼、紡紗、織布無不有學堂。每創一業，必立一學堂，故一材一藝之微，萬事萬物之頤迹，皆由於學，故能精新。

日本之變法也，開商法公議所、商法學校、帝國勸業博覽會，萃全國物產人工，比較而賞拔之。派人往中西各國，考求種植之法、孳養之方、製造之事，歸以教人，於直隸購羊千頭，於紐約購馬數千，於歐洲諸國購葡萄、木棉、煙草及其他奇花異草，開農場，設學校，日討國人而教之以訓農通商諸事，又開共進會，若棉若絲若茶若糖，各令商人出品物，不下千餘種，別其精粗而賞之。故商學驟盛，國以富强，今流通中國之洋貨，大都皆日本所製也。今郵船會社已入長江，改造土貨又定約章矣。

今吾欲恢張利源，整頓商務，誠當設專官以講之。先出礦質，發農產，精機器之工，精轉運之路，然後開商學、譯商書、出商報以教誨之，立商律，行保險，設兵艦以保衞之，免厘金稅，減出口征以體恤之，給文憑、助經費遊歷以獎助之，行比較賽珍會以激勸之，定專利嚴冒牌以誘導之，定册籍草簿之式以整齊之。故宜開局講求，自內國之中，外國之情，土產若何，礦質若何，工藝製造若何，及稅則之輕重，價值之低昂，轉運之難易，天時之寒暖，地利之險彝，何道而浮費可省，何法而利源可興，何經營而貿易可旺，何物可暢銷，何物可自製，何方之貨物最多，何國之措施最善，薈萃諸法，草定章程，行之各省埠，則萬寶並出，豈復患貧？

若夫英之得美洲、澳洲，荷蘭之得南洋，皆以商會之故。英人之舉印度萬里之地，乃十二萬金之商會爲之。即其來犯廣州，亦皆出於其商會所爲，而國家遂藉以收闢地殖民之利。吾南洋商民數百萬家，若有商會，增力無窮。

皇上鑑觀時變，深念國憂。前歲御史王鵬運請開商務局，奉諭旨施行。惟各省督撫，多不通時變，久習因循，故奉旨兩年，各省未見舉辦。頃雖再下明詔，疆臣亦惟置若罔聞。竊謂朝廷若不設立商部，乞即以總理各國事務衙門領之。令各省皆設立商務局，皆直隸總理衙門，則商人公舉殷實諳練之才數人辦理，或仿照廣東愛育堂商董輪辦章程辦理。

上海爲天下商務總匯，各商專業，若絲茶銀錢，皆有公所，常有商董，尤易舉辦。每商局皆令立商學、商報、商會、保險公司、比較廠，其有能購輪駛行外國者，予以破格重賞。惟商人見小好利，未通大局，士大夫官氣太深，未諳商務，似此雖累煩明詔，仍是徒托空文，難期成效。

臣再四思維，惟有飭令天下商務局，令其立商學、商報、商會，並仿日本立勸工場及農務學堂，講求工藝農學，所有興辦詳細章程，令於兩月內妥議，呈總理衙門，恭進御覽酌定，詔下各省次第仿照推行，庶幾商務乃有下手，富國可望成效。如蒙採擇，伏乞明詔將商政施行，其於籌餉開源，必非小補。臣愚一得之見，伏乞皇上聖鑑訓示。謹奏。

又 《請開農學堂地質局摺光緒二十四年十一月二十一日》 奏爲請開農學堂地質局，以興農殖民，而富國本，恭摺仰祈聖鑒事。竊萬寶之原，皆出於土，故富國之策，咸出於農。上古重墾闢，有盡地力之教，外國講求尤至，城邑聚落，有農學會，察土質，辨物宜，入會則自百穀花木果蔬，牛羊牧畜，皆比其優劣，而旌其異等，田樣各等，機器車各式，農夫人人可以講求，鳥糞可以培肥，電氣可以速成，沸湯可以暖地脈，玻罩可以禁寒氣，播種則一日可及數百畝，刈禾則一人可兼數百工。播種一粒，可收一萬八千粒，千粒可食人一歲，二畝可食人一家。泰西培壅，近用灰石燐酸骨粉，故能以瘠壤爲腴壤，化小種爲大種，化淡質爲濃質，易少熟以多熟。比較則去楛而從良，鼓舞則用新而去舊，農業自盛，故有土此有財，安有萬里之地而患貧者哉？

今日人皆知言礦，而地下之礦無憑，地面之礦有據。農者地面之礦也，不開地面之礦，而遽求地下之礦，得無本末削失乎？伏乞皇上飭下各省府州縣，皆立農學堂，酌撥官地公費令紳民講求，令開農報，以廣見聞，令開農會，以事比較。每省開一地質局，譯農學堂之書，繪農學之圖，延化學師考求各地土宜，以勸植土地所宜草木。將全地繪圖貼説，進呈御覽，並飭各州縣土産人工之物，購送小樣，到其省會地質局種植陳設，以廣試驗而便考求，擴見聞而興物産。

其通商口岸，若上海、廣東爲中外大市，則設地質總局，有可推行外國者，皆令送小樣至總局，以便外國人閲看購取，庶幾商業盛而流通廣，農業並興，地利益出，而國可富。查古者有大農官，唐宋有勸農使，外國皆有農商部，可否立農商局於京師，而立分局於各省，以統率之？出自聖裁，臣愚一得之見，伏乞皇上聖鑑訓示。謹奏。

光緒帝頻頒新政詔令

提倡實業和獎勵發明創造

綜述

《國聞報·給發紡紗機器專利執照光緒二十四年六月十九日》 本年四月中旬，總税務司赫鷺賓具文至總理衙門，申請前任閩海關税務司愛格爾請假回國，繞道至京，帶有福州人陳紫綬所自製紡紗機器一具。據愛格爾云：此項機器曾經機器學名家考驗，實屬靈便合用，爲紡紗機器最新之式，擬請照西例給發專利執照，以資鼓勵云云。嗣經總理衙門查照，光緒二十一年北洋大臣奏招商試辦釀酒一摺，請給執照與准其專利十五年，經總署與戶部會同議奏，奉旨允准一案，即劄行總税務司轉飭閩人陳紫綬將紡紗機器解至總署呈驗，驗得此器爲有用之器，其製造價值亦不甚昂，足征學有心得，遂援案給發執照，並准其專利十五年。一面並將此案咨行南北洋大臣出示曉諭，凡所屬紳商軍民人等，有能創製器物便利民用者，一體准其報送考驗，照此次章程發給專利執照，以資鼓勵。

本館按泰西各國通例，凡人民有能自出心裁創造一物一器者，國家考驗如果合用，莫不酌予年限，給發專利執照，其尤貴者，或膺五等之封。是以格致之學，工藝之事，蒸蒸日上。今朝廷既頒明諭，凡有能創造一器，成就一藝者，或予以世職，或賞以實官，而總署又適有給發閩人陳紫綬紡紗器專照之事，中國工藝製造家有不聞風興起者哉！

創辦國家銀行和編制國家預決算

論説

清·盛宣懷《愚齋存稿》卷二《籌辦中國通商銀行次第開設情形摺》 奏爲遵旨籌辦中國通商銀行次第開設情形，恭摺仰祈聖鑒事：竊臣奉命招商倡辦中國銀行，節經招集紳商備足股本，參照兩國銀行成法，議擬章程，商請總理衙門王大臣逐款覆核，折衷一是。並會同北洋大臣、直隸總督臣王文韶、湖廣總督臣張之洞，議覆銀行利弊情形，並由南北洋稽查以保利權，奏奉諭旨，欽遵於光緒二十三年四月二十六日開辦上海總行。自夏徂冬，天津、漢口、廣州、汕頭、煙臺、鎮江等處分行陸續開設，京城銀行，本年亦已開辦。此後自王畿以迄各通商碼頭、泉府機括，血脈貫通，或不至盡爲洋商所把持。

至各行省都會地方，亦當逐漸分設。近年金鎊翔貴，銀幣低壓，百物騰踴，輪轉窒滞，如上海通商總匯之區，而銀根空匱，商情岌岌，皆有不可終日之危。幸通商銀行主持市面，銀息雖昂，猶稍有限制，得以勉爲支拄。中國銀行大路椎輪，規模草創，故裨補於商務，收效於桑榆者，必須由漸而來，蓋由仿辦於各國銀行在華開設之後，如匯豐之設已三十餘年，氣勢既盛，根柢已深，不特洋商款項，往來網羅都盡，中行決不能分其杯羹；即華商大宗貿易，亦與西行相交日久，信之素深。中國銀行新造之局，勢力未充，非可粉飾鋪張，驟與西人爭勝。故臣原議以慎始圖終、積小成大爲宗旨。今者創辦一年，始基已立，自此擴充中土之商力，收回自有之利權，其樞機必視京外撥解官款是否皆歸通商銀行爲旋轉。若各省關存解官款，仍循舊轍，專交私家之銀號，絕不與奉旨設立之銀行相涉，則商政之體全失，西人騰笑，華人增疑，海內商情，孰肯信嚮，所關於商務大局非小也。

臣惟今日之事，凡有興舉，期利國家。查銀行於國家有無形之利，有有形之利。氣脈流通，商民交便，利在無形；餘利愈厚，歸公愈多，利在有形。微臣原奏言之已詳，非恃國家主持於上，公忠閎達之督撫藩司各關監督維持於下，無以徐收兩利，宏此遠謨。合無仰懇敕下戶部通行各省關，嗣後凡存解官款，但係設有中國通商銀行之處，務須統交銀行收存匯解，以符事體，而樹風聲。及其成效大著，則如昭信股票以及造路開礦，凡有招股之事，皆可仿照西國，歸於銀行代辦，較之官力號召，自無扞格猜疑之弊。是以泰西及日本國家莫不重視銀行，力爲扶翼。

夫欲富國，必興商務，欲興商務，首重銀行，但茲事繁難，斷非微臣心力之所能及也。所有籌辦中國通商銀行次第開設緣由，謹恭摺具陳，伏乞皇上聖鑒訓示，謹奏。

五月二十日，奉硃批戶部速議具奏，欽此。

精簡機構和裁汰冗官

綜述

《中外日報・裁員傳聞光緒二十四年七月二十六日》 九卿衙門業經裁撤六卿，茲聞都察院內京畿道等，向有滿漢御史缺，共計八十員，現聞傳說欲裁撤四十員，雖尚未見有明文。

又《新政紀聞光緒二十四年七月二十七日》 聞日內軍機處擬將一品至五品京官，均改爲京堂，六品至九品均改爲京官，尚書用漢滿二人，侍郎裁去二人，用滿漢各一人副之，各部司員亦有裁撤。

聞通政司衙門，奉旨裁撤，昨經吏部飭人發封，內有存鹽十餘萬斤，存銀萬餘兩，所有署內寓居胥吏眷屬等，一律遷出，聞一時各書吏，皆環繞泣求，另派執役，以度日食。

又《裁官議章光緒二十四年八月初一日》 京師奉旨裁撤之各衙門，所有官員，另候録用，章程，前限吏部五日內議奏，將一切事宜，歸併內閣及禮兵刑等部，聞通政司舊設之登聞鼓，現議移至都察院衙門，不日即擬具奏矣。

又《裁署續聞光緒二十四年八月初一日》 北京來信云：近奉旨裁撤之卿寺各衙門，大半改爲西學堂，詹事府署則改爲工商總局云。

《國聞報・改舊署爲各局述聞光緒二十四年八月初八日》 京城農工商總局暫設城內椿樹胡同，曾紀前報。茲接訪事友人來信云：農工商局近已於詹事府舊署稍加修葺，定期開局，並述政府諸公擇定太僕寺舊署作爲路礦總局云。

准許士民上書言事

綜述

《德宗景皇帝實録》卷四二一 （光緒二十四年六月丁酉）又諭：朝廷振興庶務，不厭講求，所賴大小臣工，各抒讜論，以備采擇，著翰林院、詹事府、都察院，各於值日之日，由該堂官輪派講讀編檢八員、中贊二員、科道四員，隨同到班，聽候召見，俾收敷奏以言之益。其部院司員，有條陳事件者，著由各堂官代奏，士民有上書言事者，著赴都察院呈遞，毋得拘牽忌諱，稍有阻格，用副邇言必察之至意。

又 卷四二四 （光緒二十四年七月戊辰）諭軍機大臣等：前經降旨，士民有上書言事者，著赴都察院呈遞，毋得拘牽忌諱，稍有阻格，嗣後都察院凡接有條陳事件，如係封口呈請代奏，即著將原封進呈，毋庸拆閱。其具呈到院者，即將原呈封進，不必另行抄録，均著隨到隨遞，不准稽壓，倘有阻格，即以違旨懲處。

論　說

《申報・書禮部堂官阻格言路奉旨革職事光緒廿四年七月廿二日》　余嘗觀于庶人之家，夫耕於野，婦織於室，事無鉅細，通力合作，有所布置，互相詢謀，洽則行之，否則商之，故能秩然井然，有條不紊，而家於是日興，而業於是益富。蓋天下事合則興，離則敗，不獨家如是，國亦如是。所以有天下者，欲求富强，必先求君民一體，欲求君民一體，必先由君臣一體。夫欲求君臣一體，其道何在？曰在廣開言路。古來達聰明目，敷求讜言，天子諮詢，百官獻納，而後下無不達之隱，君無不善之施，設鐸懸鞀，雖以盛世帝王，猶示人以獻替之益。降及漢世，其風已不古，若而直言無隱，亦設極諫之科。語云：『芻蕘之言，聖人擇焉。』又云：『兼聽則明，偏聽則廢。』古今來治道之大，未有不貴通上下之情者也。顧求之如此其切，而臣下恐懼天威，猶且有不肯盡言者，若繩之以忌諱，嚴之以處分，而欲望諸臣工遇事直陳，無所諱飾，其可得乎？

我朝開國以來，設立臺諫諸官，原欲其啓迪皇躬，匡弼國政也。太宗文皇帝嘗諭諫官曰：『朕躬如有不德，即行規諫，如實允行，如虛亦不加爾罪。』世祖章皇帝令言官各據見聞，極言無隱，所言果是，即予採用，若未當，不必加罪。煌煌祖訓，固已垂法萬世，言路宏開矣。

今皇上天亶聰明，勵精圖治，知僅恃台垣諸諫議，隨事進言，指陳利弊，猶不足以收聽言之實效，而進治道於郅隆，乃諭令部院司員有條陳事件者，著由各堂官代奏，毋得拘牽忌諱，稍有阻格。仰見皇上聖明，開懷延納，不使内外頓成隔絶，上下壅於見聞，此後朝政之得失，國事之是非與夫在廷諸臣之賢奸，民間各事之利病，羣臣言之，皇上聽之，或可或否，或革或創，聖心自有權衡，宸衷不難獨斷，固無事堂官大員，鰓鰓焉爲之過慮。乃不料禮部主事王照條陳時政，而爲堂官等一再駁斥，不予上聞，經王照面斥其顯違諭旨，始不得已，勉强代奏。

噫，皇上似此廣開言路，欲盡悉上下内外之隱情，凡在臣僚皆可以一得自獻，國家轉弱爲强，其機即伏於此。乃禮部各堂官不知仰體聖意，反敢首先抗違，以王照藉端挾制爲言，請旨辦理，不特負皇上憂勤蒞政，詢謀考事之心，而黨同爲奸，有心阻抑，於屢奉嚴旨，無稍阻格之事，猶且如斯，則凡政教號令歸其敷陳者，皆將弄其權奸，視天子如守府矣，諸臣之罪，顧不大耶？若非予以嚴懲，何足以爲將來之儆戒。今者尚書懷塔布、許應騤，左侍郎堃岫、徐會澧，右侍郎溥頲、曾廣漢，均僅予以革職之罪，猶屬聖朝寬大之恩，實則尚不足以蔽其辜也。

夫朝廷綍綸屢降，戒諭羣臣，令其破除積習，共矢公忠，並以部院司員及士民有上書言事者，均不得稍有阻格，藉以覘中國之人材。聖訓昭垂，在臣工非不知仰遵此意，其所以有意抗違者，蓋恐此風一啓，諸大臣或有蒙蔽之處，即遭指摘之虞，故于王照所條陳請爲代奏者，阻遏其言，爲先發之舉，俾皆箝口結舌，不敢有所指陳，然後諸大僚得各攬大權，保全禄位，雖然，其用心亦可謂左矣。

方今天子神明英武，賢奸忠佞，何事不洞燭隱微，但使各大僚能自矢悃忱，公忠體國，即或頻遭屬官之糾劾，皇上亦將鑑其心之明白無他，曲示優容，黜陟時自有甄别，斷不至以攻訐之言，即加屏棄也。惜乎，禮部各堂官不達此意，致受阻格言路之懲，既不能自保其位而又貽笑於人，豈真其愚之不可及，實亦利禄之心太過也。然得此以昭懲戒，而内外各大臣，從此當各知所戒懼矣，是知聖天子之喜怒，即國家强弱之轉機也，其亦可以已乎！

取消旗人寄生特權

綜　述

《德宗景皇帝實録》卷四二五　（光緒二十四年七月庚辰）諭内閣：軍機大臣等議覆袁昶條陳，請籌八旗生計等語，旗丁生齒日繁，徒以格於定制，不得在外省經商貿易，遂致生計益艱，從前富俊、松筠、沈桂芬等，均曾籌議及之，現當百度維新，自宜弛寬其禁，俾得各習四民之業，以資治生。著戶部詳查嘉慶、道光年間，徙戶開屯計口授田成案，重訂新章，會同八旗都統，妥籌辦理。

嚴查保甲和實行團練

綜述

《德宗景皇帝實録》卷四二一（光緒二十四年六月甲午）諭内閣：近日各省裁汰營勇，保衛地方，全在嚴查保甲，以輔兵力之不足，各省辦理保甲章程，非不詳備，疊經諭令從嚴稽察，率皆視爲具文，並未將現辦情形，詳晰覆奏，殊屬因循廢馳。自此次申諭之後，各該督撫務當嚴飭地方官，於保甲一事，實力舉行，以期民情固結，奸宄無從匿迹，仍將整頓辦法，先行切實具奏，以副朕綏靖閭閻至意。

清·榮禄《整理保甲以靖地方摺光緒二十四年八月初三日》 查光緒二十四年六月十二日奉上諭：『近日各省裁汰營勇，保衛地方，全在嚴查保甲，以輔兵力之不足。【略】』奴才查本年三月初四日奉上諭，嚴辦保甲，聯絡漁團等因，經前督臣王文韶札司移營遵照。奴才到任後，因查直隸地瘠民貧，盗案疊出，復經通飭各屬查辦保甲，守望相助，各保身家務須認眞舉行，勿得空言塞責，分行司道飭遵在案。欽奉前因，復飭臬司申明保甲定章，責成各州縣一體振刷精神，從嚴稽查，力挽因循積習。聯莊之法，亦可相輔而行，總期民心固結，奸宄無可匿迹，屬境自臻平靖。其沿海各州縣，並應聯絡漁團，以輔兵力之不足，先將辦理情形，詳細覆奏去後，茲據署臬司覺羅廷雍詳稱：

『保甲爲古來比閭十伍之規，立法非不美備，無如日久懈生，率多奉行故事，今奉聖諭諄諄，自應嚴加整頓，謹擬辦法四條：

『一曰損益舊章。保甲章程，以十家爲一牌，牌牌有牌長，十牌爲一甲，甲有甲長，十甲爲一保，保有保長。每歲秋成農隙時，牌長等查造戶口清册，達之於官，填發門牌，按戶實貼，遇有戶口存亡遷徙，均於册内注明，另換門牌，此乃一定成規，應令仍循其舊。惟保甲爲當務之急，應趕緊查明戶口、造册换牌，不必俟諸秋成，其册祇須按戶將男婦大小若干名，向執何業，逐一開寫，此外田產錢糧等項細目不載，以歸簡便。又舊章充當牌甲保長，凡追比糧租，勾攝詞訟，以及雜項公務，無役不從，事既博而不專，且有假公濟私藉端索擾者。今宜專其責成，前項一應公事，概不令其與聞，但司稽查戶口，盤詰窩藏事，以簡而易行志，以專而有濟。惟慮盗自外來，捕拿不易，必須兼辦聯莊，遇警鳴鑼，各村協力兜擊，聲勢聯絡，首尾相應，盗匪自無從遁迹。至沿海漁戶，恃有僻處，地方官稽查難周，平時或在洋面伺劫，或與海盗通氣，一有海警，其患不可勝言，應由沿海各州縣恪遵成法，按船編號，烙印給牌，相度就地情形，設法聯絡成團，激勵其忠義之氣，務使衆志成城，有備無患。

『二曰釐剔積弊。牌甲保長人等，查造戶口清册，向有册費，册成交吏領發門牌，又有牌費，種種名目，無非括百姓之脂膏，供吏胥之谿壑，今宜嚴禁一切規費，所需牌册紙張筆墨，由各州縣捐廉給發，民間不出分文。該州縣尤當廣延公正紳董，商同妥辦，接收清册，填發門牌，即督同紳董經理，勿假書役之手。其有公呈舉首匪類窩家，及凶惡棍徒，須切實訊究，盡法懲辦，俾舉發良民不至受其報復，間有辦無可辦，釋難遽釋者，稟請酌量監押數年，以銷桀驁之氣。

『三曰明定賞罰。無賞不足以資鼓勵，無罰不足以振怠荒。嗣後牌保甲長人等，如有訐發巨盗巨窩，地方官務須捐廉優賞銀兩，臬司亦當酌量加賞，方足鼓舞羣情，一面酌量情罪輕重，請發獎札功牌，或自給花紅匾額。如有力行保甲，每屆二年，所管戶内，竊劫無聞者，酌量給賞。此係就多盗州縣而言，如向無盗賊之處，不在此例。有誣良庇匪窩賭包娼定例，各有專條，分別照例擬辦，毋稍寬貸。至地方官辦理得宜，當察其勞績大小，分別記功調優奏奬，倘奉行不力，查其事之輕重，分別記過撤任奏參，以昭懲儆。

『四曰嚴稽戶口。按册抽查，一有不符，悉心根究，奸宄即在其中。牌保等如有違禁索費等情，查訪得實，立時提究，法令自嚴。州縣爲親民之官，凡當撫字催科勘工查賬，隨地隨時皆可稽察，境内有盗有窩，鄰村之人無不知者，尤當互考旁求，動之以利，令各舉發，立時親往查拿，審得實情，治本甲徇庇之罪，賞鄰村舉發之功。如查獲窩家，即將應行入官房產，概給舉發之人。夫許鄰村舉發，則保甲不敢徇情，盗匪從何溷迹。其交界處所，該地方官每月須與鄰封地方官會哨一次，不必拘定日期，隨時密函商訂晤時，互詢各本境保甲利弊，一如互舉之法，一面會同巡緝畛域，無分界接壤之處。每多匪蹤，此拿彼竄，必須會巡，乃可得手。其該管府廳直隸州，應令勤加訪察，隨時抽查。如所屬保甲辦理不善，或境內有盜有窩，親往嚴密查辦，該地方官自知失察於前，自必奮勉於後，司道亦隨時查考，勸懲互施，上下層層稽查，而保甲之成效自著」等情。呈請核奏前來，奴才查所擬辦法四條，均屬簡易可行，應飭各州縣實力舉辦，不得陽奉陰違，始勤終怠，其有未盡關目，或因地制宜，應由各州縣量爲變通稟明辦理，但期於事有益，並不遙制其權。現值時事多艱，肅清內匪，固結人心，實爲目前切要之事，惟有飭司督同各屬妥爲查辦，用副朝廷綏靖閭閻之至意。

裁汰綠營與淘汰冗兵

綜述

《德宗景皇帝實録》卷四一五　（光緒二十四年二月己巳）。諭內閣：上月三十日曾經剴切曉諭各直省將軍、督撫將裁兵節餉等事迅速辦理，連日復據依克唐阿、劉樹堂、恭壽先後奏到均無切實辦法。著再行通諭各將軍、督撫懍遵疊次諭旨，即將此事趕緊籌辦，迅速覆奏以慰廑系。

又　卷四一六　（光緒二十四年三月戊戌）諭軍機大臣等：黃槐森奏，遵旨籌議裁兵節餉並瀝陳管見一摺。所奏裁去綠營兵，改爲練勇，營官仍照舊缺，毋庸裁減更張，及裁減水師各條，尚屬切實，其有無流弊，著該撫詳析妥定章程，奏明辦理。該省機器局，既據奏稱以鉅款作無益之用，費多利少，著即停辦。武場改試洋槍，並考取中式後分別選用，著兵部歸入變通武科舊制未盡事宜內，妥議具奏。所請將五金煤炭各礦招商採辦，及鐵路支路招商集股份辦，著總理各國事務衙門酌核籌辦。至所稱文武大小各員，於補缺時定繳報效銀數等語，殊屬有乖政體，應勿庸議。各省由商包繳厘稅，及鼓鑄銀圓贏餘，有無可以加繳充餉之處，著戶部斟酌辦理。現在時局艱難，必須破除積習，實事求是，該撫擬辦各節，尚能悉心籌畫，即著隨時認真整頓，勿得有名無實，用副朝廷委任至意，將此諭令知之。

論說

《申報·恭讀正月三十日上諭謹注光緒二十四年二月初四日》　處今日而籌時務，事在兩難；觀今日而論情形，弊在兩可。何謂兩難？自五大洲通商以來，强鄰日逼，俄窺于北，英侵於西，法奪于南，日本又强於東海，於此而欲爲自固之計、爲禦侮之謀，是非講求兵備不可，欲講求兵備，非規復海軍，整頓陸師，堅其壁壘，精其器械不可；則兵頗宜遞加，兵費亦廣籌也，不然而何以資戰守哉？然自交涉以來，費用日繁，無事之時，已形不足。中東一役，所費兵餉不計外，償款一宗，羅雀掘鼠，尚未繳清。外洋之債愈積愈多，內地之財愈搜愈竭，即平常之兵餉，已有日不暇給之勢，而欲再籌添補，則經費更必不敷，此非兩難之事乎？

何謂弊在兩可？無事之時，兵備廢弛，不思訓練，及事起倉卒，東募數百之軍，西招數千之勇，不及訓練，驅而之陣。無論勝敗，而餉則必需，即萬分支絀之時，斷不能使之枵腹從事，東移西湊，僅顧目前。及乎事平，統核所需，皆未來之款，彌補殊難，則又不能不勉强裁汰。在運籌帷幄者，以爲裁之恐無以資戰守，留之恐無以籌餉糈，豈非弊在兩可乎？不知兵固不可以不備，而餉亦不可以不節也。所謂裁者，當去其老弱，留其精壯也；所謂節者，當去其浮冒，用其實在也。

恭讀本報謹登正月三十日上諭，其於備兵之難與備兵之弊，無不聖慮周詳，明見萬里，諭云：【略】

草莽微臣，謹讀數過，不禁代各疆臣汗流浹背。國家糜費如許錢糧，養兵百數十萬，原欲效命疆場，以資禦侮，而乃一敗於法，再敗於日，不戰而逃，望風而潰，致償費割地，雖將士之不職，而疆吏不能辭其咎者也。與其備兵而一無所用，則不如裁之爲愈矣。

綠營之兵無用，幾至家喻而戶曉，非特可以裁減，並且可以刪除。欲裁綠營，先裁汛地，現在各處汛地，多不過十餘人，並皆老弱嗜煙，非但不足以防搶劫之徒，且不足以防偷竊之輩。爲保衛閭閻起見，莫善於保甲，既不費餉糈，不事調遣，清盜之源，即此已足。至於效命疆場，則必須練軍，練軍每省苟有二萬人，足敷調遣。兵法云，兵貴精不貴多，就二萬而論，統計各省練軍之數，較之綠營舊額已少三分之一，則所節之餉何可勝計？然若僅爲節餉起見，任意汰裁，究未知所留者，果有用乎？果足額乎？有事則藉口於兵之不足，無事則委之於餉之不敷，則不裁既無異於裁，而裁之亦未必愈於不裁也。袞袞諸公，其何以力圖整頓，勉爲其難，力袪其弊，以答高厚鴻慈於萬一哉？

採用新法編練陸海軍

論說

《申報·論武科改試槍炮不宜全廢弓矢光緒二十四年三月十二日》 國家武試之制，自童試以至鄉會試，大率首試馬箭，次試步箭，又次試技勇暨默寫《武經》。其取中之復試，則僅以步箭，其箭垛遠近，弓力强弱，刀石輕重，以及馬步中箭之多少，雖以次遞加，而其大略不過如是。本朝龍興，以弧矢威天下，其始八旗勁旅，多精騎射，以故武試尚弓矢，營伍亦尚弓矢；既而營伍於弓矢外，兼用槍礮。至今日則以外洋之槍礮，勝於中國之舊制，於是棄故就新，營伍專用新式槍礮，一切弁兵考缺，無復挾弓矢以從事，而惟武試，則仍舊貫焉。此因時變通之説，近十年來，所以屢有所聞也。

中東一戰，變制愈亟，言者益多，於是改試槍礮之議以決。恭讀二月二十六日上諭。【略】

詳繹聖訓，惟默寫《武經》一場，有即行裁去明文，此外諸場，未知如何更動？至上諭所謂一律改試槍礮者，乃總童試鄉試會試而一之，未必指馬步箭弓刀石而一之也。若謂全廢馬步箭並廢弓刀石，而專用槍礮，則正場復試各一場，否則槍與礮各試一場足矣。然而上諭則未之及，大約歸入未盡事宜，應著該衙門隨時奏明辦理之內，而樞部諸公，刻下得過且過，尚未措念及此。則武科雖已改試槍礮，而是否全廢弓矢之處，尚屬未見明文。執筆人以爲今人但知弓矢之不適於用，而不知古人創行弓矢，並非專爲武備而設，即武試之尚弓矢，亦並非專爲戰陣而然，倘未思昔人立法之至意，而概行裁革，輕言更張，以聳一時之聽，恐於天下事未必有補也。

何則？古人云：射以觀德，其事屬於大樂正，其政隸于大宗伯，自天子之元子、公卿大夫之適子，以及庶人之子，凡入學者，皆須習射，是並非以射專屬之武事。至於赳赳武夫，而欲其爲干城腹心之選，則尤非以射禮陶熔之，不足以固其肌膚之會，筋骸之束；故曰：古人創立弓矢，並非專爲武備而設也。至於武試之意，本尚弓矢，則意尤有在。蓋以武試之人，與文試異，文試本係縉紳之裔，詩禮之家，進退周旋，雍容有禮，然且青衿城闕，或以佻達貽譏，他日不得爲名臣，此時先不得爲名士。況乎應武試者，或爲市井無賴，或自田野間來，嘩囂之氣，陵競之風，雖勇力過人，不免有用而無體，於是借習射以範圍之。俗稱爲六十日功者，言乎武試之功夫，僅須兩月也。

然有此兩月功夫，實較勝於無，今若概然廢之，恐武夫之弊，伊于胡底耳。況乎榮大司馬原奏，請特設武科，本懸五事以爲的，其三曰，練身體，善擊刺；夫所謂練身體者，即武備儲材各學堂之體操也。西國學堂體操之法，亦只欲生徒志正體直，固肌膚，束筋骸，以視中國學射工夫，實係異流同源。今欲效西法之體操，而必廢中國之習禮，得毋沿其流而忘其源乎？鄙意槍礮之試，雖爲今日要務，而不足以分多場，則曷若於試槍礮後，仍試弓矢，且並不廢刀石；而惟倩人捉刀之內場，默寫《武經》，則可決然舍去。如是則不悖於聖意，而亦不廢夫古禮，謂余不信，請觀他日樞部諸臣續定之詳細章程。

《國聞報·南北洋防軍一律改習西操光緒二十四年六月十一日》 上月御史曾宗彥，奏請將各省綠營練軍一律改用西國操法，其各軍所用槍砲，亦請按照西國章程，各省通爲一律。頃接都友來一函，此摺已由戶、兵二部議覆，於上月杪奉有上諭，大致謂北洋附近各省，即飭令新建陸軍學有成效之哨並教習等，分往各處訓練。其南洋附近各省，即飭令自强軍各營哨人員分往訓練，以期各省操法改爲一式。至各營所用槍砲即由南北洋大臣分飭各營與各省製造軍械等局，妥籌商議，何項槍砲最爲合宜，即行校準配造，統歸一式，庶無此鈍彼利，此新彼舊之殊，業已由部咨行各省，遵照此次諭旨辦理。

查中國各軍向來操法，不但一省與一省殊，而且同隸一省，此軍與彼軍殊；同隸一軍，此營與彼營又殊。其尤於悖謬者，乃仍恃其舊制之刀矛旗幟以爲美觀，或又偏信其土造之擡槍等件以爲利器。甲午之役，成敗得失，亦已顯見，而當局者猶執迷不悟，經此次諭旨通飭之後，或者其稍知變計乎？

廢除八股和改試策論

綜述

《德宗景皇帝實録》卷四二〇 又諭：前經降旨，交議各項考試策論分場命題詳細章程，著禮部於五日内迅速具奏。尋奏，遵議鄉會試及歲科各試，改用策論，暨經濟並歸正科各節，分場命題一切詳細章程：一、試題宜變通舊制，一、場期宜量爲歸併，一、命題宜酌有定衡，一、立言宜示以宗旨，一、五策宜各試所長，一、科舉宜分途録送，一、入闈宜嚴懲懷挾，一、文律宜勿拘常格，一、考試宜酌從一律，一、書籍宜統行頒發。又片奏，宗室鄉試翻譯會試請改策論。得旨：嗣後一切考試，均著毋庸五言八韻詩。

又 卷四二三 （光緒二十四年七月甲寅）諭内閣：現在變通科舉，業經准如張之洞、陳寶箴所奏，更定新章，並據禮部詳議條目頒行，各項考試，改試策論，一洗從前空疏浮靡之習。殿試一場，爲通籍之始，典禮至重，朕臨軒發策，虚衷採納，自必遴取明體達用之才，嗣後一經殿試，即可據爲授職之等差，其朝考一場，著即停止。朝廷造就人才，惟務振興實學，一切考試詩賦，概行停罷，亦不憑楷法取士，俾天下翕然向風，講求經濟，用備國家任使，朕實有厚望焉。

論說

《國聞報・梁啓超等〈公車上書請變通科舉摺光緒二十四年五月十三、四日〉》 具呈舉人梁啓超等，爲國事危急，由於科舉乏才，請特下明詔，將下科鄉會試及此後歲科試，停止八股試帖，推行經濟六科，以育人才而禦外侮，伏乞代奏事。竊頃者强敵交侵，割地削權，危亡岌岌，人不自保。皇上臨軒發歎，天下扼腕殷憂，皆以人才乏絶，無以禦侮之故，然嘗推求本原，皆由科第不變致之也。

夫近代官人，皆由科舉，公卿百執，皆自此出；是神器所由寄，百姓所由托，其政至重也。邑聚千數百童生，擢十數人爲生員；省聚萬數千生員，而拔百數十人爲舉人；天下聚數千舉人，而拔百數人爲進士；復于百數進士，而拔數十人入翰林，此其選之精也。然内政外交，治兵理財，無一能舉者，則以科舉之試以詩文楷法取士，學非所用，用非所學故也。

凡登第皆當壯艾之年，況當官即爲政事所累，婚宦交逼，應接實繁，故待從政而後讀書，必無之理，此所以相率爲無用之才也。非徒無用而已，又更愚之。二十行省童生數百萬，乃皆民之秀也，而試之以割裂搭截枯窘纖小不通之題；學額極隘，百十不得一，則有窮老盡氣，終身從事於裂割搭截枯窘纖小侮聖之文，而不暇它及者，是使數百萬之秀民皆爲棄才也。若爲生員，宜可爲學矣。則制藝功令，禁用後世書，後世事，於是天下父兄師長，慮子弟之文以駁雜見黜，禁其讀書，非徒子史不觀，甚且正經不讀，既可惰學，又使速化，誰不從之。

至朝殿試臨軒重典，亦僅試楷法，或挑破體，故雖爲額甚隘，得之甚艱，老宿奇才，亦多黜落，而乳臭之子，没字之碑，粗解庸爛墨詞，能爲楷法，亦多僥倖登第者。其循資至公卿，可爲總裁閲卷。其資淺下者，亦放用考試差。謬種流傳，天下同風。故自考官及多士，多有不識漢唐爲何朝，貞觀爲何號者？至於中國之輿地不知，外國之名形不識，更不足責也。其能稍通古今者，郡邑或不得一人，其能通達中外博達政教之故，及有專門之學者益更寡矣。以彼人才，至愚極陋如此，而當官任政如彼，而以當泰西十六之强國，萬億之新學新藝，其爲所淩弱宰割，拱手受縛，乃其固然也。

乾隆時舒赫德嘗請廢之矣，禮官泥於舊習，謂舉業發明義理，名臣多出其間，千年立國，未嘗有害，此似是而非之謬論，亡我國割我地者，皆自此言也。

夫明孔孟之義理，爲論體已可；何爲試割裂題，以侮聖言，限以八股代言之制，而等於倡優哉。名臣多出其間，可以治國無害者，乃先抑天下於至愚，而用其稍智者治之，此施於一統閉關之世則可；若以較之泰西列國人才，則昔所謂名臣者，亦非有專門之學，通中外之故，不過才局可用，其爲愚如故也。且科舉之法，非徒愚士大夫無用已也，又並其農工商兵婦女而皆愚而棄之。夫欲富國，必自智其農工商始，欲强其兵，必自智其兵始。泰西民六七歲，必皆入學，識字學算，粗解天文輿地，故其農工商兵婦女，皆知學，皆能閲報。吾之生童，固農工商兵婦女之師也。吾生童無專門之學，故農不知植物，工不知製造，商不知萬國物産，兵不知測繪算數，婦女無以助其夫。是皇上撫有四萬萬有用之民，而棄之無用之地，至兵不能禦敵，而農工商不能裕國，豈不大可痛哉！

今科舉之法，豈惟愚其民，又將上愚王公。自非皇上天宣聖明，不能不假於師學，近支王公，皆學於上書房之師傅，師傅皆出自楷法八股之學，不通古今中外之故，政治專門之業，近支王公，又何從而開其學識，以爲議政之地乎？故科舉爲法之害莫有重大於茲者。

夫當諸國競智之時，吾獨愚其士人，愚其民，愚其王公，以與智敵，是自掩閉其耳目，斷刖其手足，以與烏獲、離婁搏，豈非自求敗亡哉！昔我聖祖仁皇帝已赫然變之矣，然此後復行之而無害者，竊謂當閉關臥治，士民樂業之時，無强敵之比較，無奸宄之生心，雖率由千年，羣愚熙熙，固無害也。無如大地忽通，强鄰四逼，水漲堤高，專視比較，有一不及，敗績立見。人皆智而我獨愚，人皆練而我獨闇，豈能立國乎？故言守八股楷法不變者，皆不學之人，便其苟竊科第之私耳。我皇上則以育才造士、任官禦侮爲主，何愛於割裂枯困空疏之文，方光烏端楷之字，而循庸謬之人，委以神器之重，以自棄其數百萬之秀民，而割千萬里之地，以亡我三百年祖宗艱難締構之天下乎？

頃者伏讀上諭，舉行經制之科，天下咸仰見旁求之盛意矣。而以舊科未去，經制常科，額又甚隘，舉人等從田間來，見生童晝夜咿唔，尚誦讀割裂搭截庸惡陋劣之文如故，舉人等亦未免習寫楷法，以備過承策問之用，當時局危急如此，而天下人士爲無用之學如彼，豈不可大爲憂哉？此非徒多士之無恥，亦有司議例之過，以誤我皇上，以亡我中國也。

夫《易》尚窮變，《禮》觀會通。今臣工頻請開中西學堂，皇上頻詔有司開京師大學堂矣。然竊觀直省生童之爲八股以應科舉，一邑百名，皆非郡邑教官教之者。蓋上以是求，下以是應。昔齊桓服紫，一國皆服紫，楚靈細腰，宮人餓死。皇上撫有四萬萬之民，倍於歐羅巴全洲十六國之數，有雷霆萬鈞之力，轉移天下之權，舉天下之人。而陶冶成才以禦侮，興治在一反掌間耳，奚憚而不爲哉？

查經制常科，已由總理各國事務衙門王大臣會同禮部議准頒行。伏乞皇上憂恤國家，哀憐多士，奉聖祖仁皇帝之初制，盡行經制科之條例，斷自聖衷，不必令禮官再議，特下明詔宣布天下，令自丁酉戊戌鄉會試之後，下科鄉會試，停止八股試帖，皆歸併經制六科舉行。其生童歲科試，以經古場爲經制，正場四書文爲二場，並廢八股試帖體格，天下向嚮風，改視易聽，必盡廢其咿唔割裂腐爛之文，而從事於經制之學；得此一年講求，下科人才，必有可觀，風化轉移，人才不可勝用。皇上挾以復仇雪恥，何所往而不可哉！變法之要，莫過於此。舉人等素習舉業，並講楷法，於兵農工商内政外交之學，向未講求，致外國新法及一切情形，尤所未睹，將來幸被貢舉，皇上授官任政不出舉人等，既内自慚悚，實恐誤國，頃上疼誤國，下恤身家，不敢復戀舊習，以徇私便，同聲知誤，更無異辭，謹合辭上瀆，伏乞代奏皇上聖鑑。謹呈。

廣設新式學堂和兼習中學西學

綜　述

《總理衙門遵籌開辦京師大學堂摺光緒二十四年五月十五日》 奏爲遵旨籌辦京師大學堂，並擬開辦詳細章程，謹繕清單，敬呈御覽，恭摺仰祈聖鑒事。竊本年正月二十五日，奉上諭：御史王鵬運奏請開辦京師大學堂等語。京師大學堂迭經臣工奏請，准其建立，現在亟須開辦，其詳細章程，著軍機大臣、總理各國事務衙門王大臣妥議具奏，欽此。臣等以事屬創始，籌畫匪易，當即查取東西洋各國學校制度，暨各省學堂現行章程，參酌釐定，尚未就緒。旋於四月二十三日奉上諭：京師大學堂爲各行省之倡，尤應首先舉辦。著軍機大臣、總理各國事務王大臣會同妥速議奏等因，欽此。臣等往返商榷，正在將章程妥議具覆，復於本月初八日奉上諭：前因京師大學堂爲各行省之倡，特降諭旨，令軍機大臣、總理各國事務王大臣會同議奏，卽著迅速覆奏，毋再遲延等因，欽此。

臣等跪誦之下，悚懼莫名。竊維今日中國亟圖自强，自必以育才興學爲要綜。考歐美各國富强之故，實由於無人不學，無事不學。其學校每年所需經費，英至九百三十餘萬鎊，每年約合華銀六千五百數十萬兩。法至四百餘萬鎊，每年約合華銀二千八百數十萬兩。其餘諸國，亦數百千萬不等，以故負笈之士，成就遠大，政治學藝，日異月新。近代至以學校之多寡，覘國政之盛衰，非無因也。

中國當更新之始，京師爲首善之基，創茲巨典，必當規模宏遠，條理詳備，始足以隆觀聽而育人才。臣等仰體聖意，廣集良法，斟酌損益，草定章程，規模略具，舉其要義，凡有四端：一曰，寬籌經費。二曰，宏建學舍。三曰，愼選管學大臣。四曰，簡派總教習。提綱挈領，在此數者。學堂養士數百，購圖書儀器，需款甚鉅，非有額撥常年專款，斷難持久。而現在經營創始，所費尤爲不貲，臣等約計開辦經費，需銀三十五萬兩，常年經費一十八萬兩有奇，其數似已甚多，然較諸西國尚不及千分之一，皇上垂注大學堂，屢發明詔，作人之意，至勤勤矣。伏乞飭下戶部，卽速籌撥專款，俾得興辦，所有常年經費，亦預先指定，庶免延誤。將來如有推廣，不敷支給，再由管學大臣，臨時酌度請旨辦理。

現在開辦經費內，仰蒙聖恩，撥給官地，亦可稍從節省，然黌舍未具，尚須興築，臣等竊思時事日殷，需才孔亟，若待從容築室，又當遲以歲月。查日本開學之先，皆權假邸舍以集生徒，今事當速舉，似可權宜。伏乞皇上先行撥給公中廣大房室一所，暫充學舍，命官選士，剋日興辦，其大學堂仍應別撥公地另行構建，則規範既閎，而舉事不滯。學舍具矣，任事需人，大學堂設於京師，以爲各省表率，事當開創，一切制度，均宜審愼精詳，非有明體達用之大臣，以筦攝之，不足以宏此遠模。況風氣漸開，各省已設學堂，近又疊奉諭旨，停試八股，講求西學，各省向課制藝，書院自應一律更改，將來學堂日有增益，而無所統轄，必至各分畛域，其弊不可不防。伏祈皇上簡派大臣中之博通中外學術者一員，管理京師大學堂事務，卽以節制各省所設之學堂，其在堂辦事各員，統由該大臣愼選奏派。命官既須鄭重，而擇師尤關緊要。今士人學無本原，不通中國政教之故，徒襲西學皮毛，豈能供國家之用？欲轉移之，非精選總教習不可。苟得其人，學術正而道藝興；苟失其人，學術謬而道藝亦誤。

伏維皇上孜孜興學，尤應愼簡教習，以收尊道敬學之效。總教習綜司學堂功課，非有學賅中外之士，不足以膺斯重任，非請皇上破格録用，不足以得斯宏才。若總教習得人，分教習皆由其選派，亦可收指臂之效，其餘一切擬辦事宜，悉具章程之內，謹繕清單，恭呈御覽。所有臣等遵旨籌辦京師大學堂並擬詳細章程緣由，理合恭摺具陳，伏乞皇上聖鑑訓示遵行。再此摺由總理各國事務衙門主稿，會同軍機處辦理合併聲明。謹奏。

翻譯外國新書和派人出國留學遊歷

綜　述

《總理衙門遵議特設商務大臣及特派近支宗室遊歷外國事宜摺光緒二十四年四月二十四日》 奏爲遵旨議奏事。光緒二十四年四月初四日，准軍機處抄交侍郎榮惠奏請特設商務大臣及選派宗支遊歷各國，又十二日抄交御史楊深秀奏請特派近支宗室遊歷各國等語，先後奉旨，著總理各國事務衙門一併議奏，欽此。查閱侍郎榮惠原奏稱：『中國商人經紀之術，不減東西各國。患在商情渙散，不能齊一。本有輕重，貨有良楛，價有高下，爭利傾擠，人各一心，商務所由日壞。若專派大臣設法整頓，商務必有起色，利權漸能收回。商賈販運，工司製造，工爲商源，商爲工委，工務尤爲緊要，而工務必以物產爲盈虛，物產之中，又以礦務爲先，各省礦產最多，若設立公司，逐漸開採，利源甚溥。惟開創之初，人往往苦於貲本不足，若經商務大臣考核詳明，不妨請發官款，嚴定章程，官商合辦，俾底於成。請飭各省督撫，就本省三四品以上紳士，無論京外職官，但求精於權算能知大體者，保薦數員，聽候簡派，專辦本省商務礦務，自能熟悉情形，考究得當。不用員役，一依經商之法，庶工商情無隔閡，上下一氣，利源必興』等語。

臣等查該侍郎所稱，整頓商務礦務，以開利源，自係當務之急。礦務業經奉旨准各省紳商集股，設法開採。至商務專派大臣督辦一節，查臣衙門於光緒二十一年十二月二十四日，議覆御史王鵬運奏請講求商由一摺，業請於各省會設立商務局，由各商公舉殷實穩練，素有聲望之紳商，派充局董，駐局辦事，將該省物產行情，綜其損益，逐細講求。其與洋商關涉者，如絲茶等貨，考其利病，何者可以敵洋商，何者可以廣銷路。若確有把握，准其徑稟督撫，爲之提倡，再由各府州縣，於水陸通衢，設立通商公所，各舉分董，以聯指臂。所有各該處物產價值漲落，市面消長盈虛，即由各分董按季呈報省局，彙總造册，仿總税司貿易總册式樣，年終由督撫咨送臣衙門，以備參考。其各局所遇有稟官之事，無論大小，衙內均不得勒索規費。各局所地方長吏，月或一二至，輕騎減從，實心諮訪，以恤商之誠，行護商之政各等因，奏奉諭旨，飭下各省督撫遵行在案，所籌非不詳盡。

夫以官府親闤闠之事，終多隔膜，各省商務不由官爲設局，而聽各商公舉總董，駐局辦事，又有分董以聯指臂，並遇事稟由督撫爲之提倡，是即該侍郎所稱聯絡商情，上下一氣之意，似毋庸另設大員督辦，徒擁虛名，仍無實際。爲治不在多言，顧力行何如耳。應請旨飭下各省督撫，查照上年奏案，實力遵行，毋得虛應故事。

又榮惠原奏稱：『東西各國，俗尚遊歷，國王之尊，儲貳之親，往往遍遊地球，借資閲歷，亦可爲邦交輯睦之證。滿洲王公宗室貝勒貝子閎才偉略，必不乏人。擬請簡擇年力富强才識通明者，輕裝減從，隨帶書記繙譯，遊歷全球各大邦，令出使各國大臣，妥爲照料，予以厚禄。凡山川風俗、政教律法、大小學堂、水陸營、製槍砲器械、炮臺、戰艦、礦務工作，詳細考究，筆記成書，事竣歸國，足備任使。』又御史楊深秀奏稱：『三代之制，自王之世子庶子，皆入太學。泰西猶用我經義，上自王子，旁及近親，皆先入學堂，與羣士齒。又學於兵艦，親爲水手；學於練軍，躬列卒伍；然後次第升擢，乃爲船主將校。稍長之後，必遍歷各國，或因其性之所長，其各學專習一業，數年而成。日本前派熾仁親王等出遊泰西，分習諸學，故能歸而變政，克有成效。請特派近支王公之妙年明敏有才志者，遊歷各國』等語。

臣等查邦交以聯絡而固，人才以歷練而成，該侍郎請派王公貝勒等出洋遊歷，以聯外交而練才識，亦係因時制宜之要。楊深秀所論各國王子近親，皆先入學堂，與羣士齒，又學子兵艦，練由卒伍，升將校乃使之遍歷外國，增長識見，此非以無本之學，爲無益之遊也。即如日前來京之德國親王，係學堂出身，現充水師提督，精通各國語言兵法，所至之處，足令壇坫增光。今王公貝勒等如果有留心時事，學問淹通，志趣向上者，應否由宗人府查察保薦，會同臣衙門具奏，請旨飭令出洋遊歷之處，臣等未敢擅便，所有遵議緣由，理合恭摺覆陳，伏乞皇上聖鑒。謹奏。

准許民間創辦報館與學會

論説

《德宗景皇帝實録》卷四二二 （光緒二十四年六月甲辰）前據孫家鼐奏，遵議上海《時務報》改爲官報，請派康有爲督辦其事，並據廖壽恒面奏，嗣後辦理官報事宜，應令康有爲向孫家鼐商辦，當經諭令由總理衙門傳知康有爲遵照。茲據孫家鼐奏陳官報一切辦法，報館之設，義在發明國是，宣達民情，原於古者陳詩觀風之制。一切學校農商兵刑財賦，均准臚陳利弊，藉爲輶軒之助，兼可翻譯各國報章，以備官商士庶開擴見聞，其於内政外交裨益非淺。所需經費，自應先行籌定，以爲久遠之計，著照官書局之例，由兩江總督按月籌銀一千兩，並另撥開辦經費銀六千兩，以資布置，各省官民閲報，仍照商報例價，著各省督撫通核全省文武衙門差局書院學堂，應閲報單數目，移送官報局，該局即按期照數分送。其報價著照湖北成案，籌款墊解，至報館所著論説，總以昌明大義，抉去壅蔽爲要義，不必拘牽忌諱，致多窒礙。泰西律例，專有報律一門，應由康有爲詳細譯出，參以中國情形，定爲報律，送交孫家鼐呈覽。

《申報·整頓報紙芻言光緒二十四年六月二十八日》 中國之有報紙也，始於香港，遐邇貫珍，時在道光季年，五口通商之始，事當草創，規模未甚精詳，嗣是而上海，而廣州，而漢口，而天津，而寧波，而福州，以次開設，或日出一紙焉，或旬印一册焉，或月成一書焉，類别分門，漸臻美善，五十年内，多至數十家，而弊實亦由此啓矣。

今者欽奉上諭，開設官報，簡員經理，釐訂章程，藉以達民情，開風氣，並准各報指陳列弊，昌言無隱，其有關時務者，由大學堂一體呈覽。蟣虱微臣，不禁鼓舞歡欣曰：有是哉？我皇其真勤求治理，鉅細靡遺者哉？竊謂報紙起自泰西，漸漸行於中國，其利益固甚溥而弊病亦悉數難終，華人每終身不出門，叩以地球五大洲，輒茫然不知所對，更遑論各國之兵刑、政治、公法約章哉？自報紙行，而海外情形瞭若指掌，交涉之事，免受人欺，其利一也。

中國官吏之清廉者固多，而貪墨者，亦所時有，苞苴之受，人誰得知，自報紙行，而秉筆直書，毫無諱飾，不特清廉者，益知自勵，即性成貪墨者，亦必有所忌憚，不敢恣意妄行，其利二也。

殿陛綸音，臣工奏牘，雖有邸抄流布，未能薄海咸知，自報紙行，而一紙風傳，萬民快睹，舉凡有益於國計民生之事，得以朝削牘而暮傳觀，上下之情，無虞扞隔，其利三也。

中國地大物博，各省土產，如煤鐵、金銀、五穀、木棉、絲茶之類，高如山積，外人或未得周知，坐使僻壤遐陬，貨棄於地。自報紙行，而逐加評騭宣布中西，行商坐賈之流，得以設法販運，微貴微賤，獲利無涯，其利四也；善夫李翰稱《通典》一書云：不出戶知天下，罕更事知世變，未從政達民情，斯言也，殆爲今日之報紙而設，此南皮張制軍著《勸學篇》，所以必勗人閱報乎？

至於推究其弊，純駁不一，信口雌黃，好惡從心，筆鋒妄逞，以及雜采委巷不經之語，滿紙榛蕪，輕薄文人，好談閨闥，同儕傾軋，詬詈多端，猶弊之小焉者也。所可惡者，賄賂潛通，則登諸雪嶺，干求不遂，則下之墨池；甚至發人陰私，索人瘢垢，藉端要脅，百計傾排，使人懲之無可懲，辯之無可辯，不得已而賂以重賄，以其掩飾彌縫。其下也者，于青樓曲巷之中，亦復任情敲詐，而當道者，更無論已。此種惡劣文人，嫉之者指爲斯文之蟊賊，近數載內，往往有之，亦或巧肆詞鋒，公存叵測，於朝野上下之弊病，指示不遺，任意將中國底情，和盤托出，而問以病何以藥？弊何以除？則又若寒蟬之噤而不鳴，不復略陳一策，惟是蒙頭蓋面，謂宜效法東西洋。噫，是直欲驅中國四百兆人民，盡變爲東西洋黎庶而後已，試問將朝廷置之何地乎？有心人蒿目時艱，亟思有以挽回之而苦無良策。及讀本月二十二日上諭，飭將泰西報律，詳細譯出，參以中國情形，定爲報律，而後歎皇上之重視報紙，而從此報中利弊，或興或革，不難日就範圍矣。考泰西各國，皆有專門律例，使作報者不能恣意妄爲，大旨有心謗毀平人者，執筆人或罰錢或下之於獄，因挾嫌而謗毀者，厥罪尤重，惟無心之失，可以更正了之。至局中人之索賄，與局外人之行賄，則泰西罕有此事，律中未必詳明，鄙意中國既多此種弊端，則務須於定律時，嚴定罪名，以昭炯戒。若夫妄議國政，煽惑人心，尤爲法所難寬，不得僅以罰鍰下獄了其事。庶報務日有起色，不致讓泰西專美於前乎？跂而望之。

帝后黨爭分部

爭奪用人權

論說

清・楊深秀《請懲阻撓新政片光緒二十四年五月》 近者伏讀上諭明定國是，停廢八股，明守舊之迂謬，定改絃而更張。國是一定，則天下爭講維新之政；八股一廢，則士人爭爲有用之學。有此二次詔書，則天下想望，以爲自保有基；外國動色，以爲自強可望。此固皇上聖明高出諸臣之上，亦由祖宗積德累仁而有我皇上此舉也。

然臣聞守舊者安其所能，保其所恃，忘國家之大患，狃習俗之陋風，議論洶洶，聚謀鼎沸，冀幸我皇上持之未堅，意圖恢復。或言新舊之不宜分明，危言聳聽；或言八股之能闡義理，飾說欺蒙。大僚中舊習更深，亦多樂爲助力者。雖以皇上憂憤危機，深籌全局，審之甚熟，見之甚明，必非守舊迂謬之説所能疑誤。然外廷既漸萌此論，不可不預峻其防，深恐彼等言之有故，持之成理，稍不加察，即售其欺。伏乞皇上遇有此等迂謬奏章，嚴加申飭，明降諭旨，著其阻撓之罪。重則立加褫革，輕則薄示罰懲，飭刑部定律，凡有復言更易國是、規復八股者，科以莠言亂政之罪。使無識自是之徒，不敢輕爲嘗試，然後天下悚動，人人皆知我皇上變法之堅，決策之明，爭自濯磨，以副聖意。

蓋數百年之謬論，千萬人之積習，藉皇上一人雷霆震動以轉移之。若精神之運稍有未周，疑似之間微有不察，則羣言殽興，國是搖奪，八股復昌，新政不行，人才愈涸。方今國勢岌岌，救焚拯溺尚恐莫逮，豈堪此輩再誤哉？皇上實亟欲變法自强，則何愛此偷安迂謬之徒，而不爲懲一警百之舉耶？臣爲時局至急，衆論未定起見，區區愚誠，伏乞聖鑒。謹奏。

清·許應騤《明白回奏并請斥逐工部主事康有爲摺光緒二十四年五月初四日》 爲遵旨明白回奏事。本月初二日内閣奉上諭：御史宋伯魯、楊深秀奏，禮臣守舊迂謬，阻撓新政一摺，著許應騤按照所參各節，明白回奏，欽此。並軍機處抄録原奏交出到臣，俯思戇直之招尤，仰荷聖明之洞察，許自陳達，良深感悚。謹將被參各節，爲皇上縷晰言之。如原奏謂臣腹誹朝旨，在禮部昌言經濟科無益，務欲裁減其額，使得之極難，就之者寡一節。查嚴修請設經濟科原摺，係下總署核議，臣與李鴻章等，以其因延攬人材，轉移風氣起見，當經議准覆陳，若臣意見參差，可不隨同畫諾，何至朝旨既下，忽生腹誹。夫誹存於腹，該御史奚從知之？任意揑誣，已可概見。

至歲舉中額，應由臣部妥議，會同具奏，恭候欽定。臣維事關創始，當求詳慎。自古名臣著論，斤斤以珍惜名器爲要圖，况鄉舉一階，膠庠所重，儻過爲寬取，恐濫竽充數，鄙夫之所喜，即志士之所羞，人才何由鼓勵？是以與同部諸臣熟商定額，期協於中，既不敢存刻覈之見以從苛，更不敢博寬大之名以邀譽。且現未定該藁，該御史竟謂臣務欲裁減，不知何據而言？向來交議事件，未經覆奏以前，言官不得攙越條奏。今該御史隱挾成見，逞臆遽陳，殊非體例。

原奏又稱：詔書關乎開新，下禮部議者，臣率多方阻撓一節。邇來迭奉明諭，如汰冗兵，改武科諸政事，均不隸臣部，豈能越俎代謀？此外惟楊深秀釐正文體一摺，係奉旨交議。按之西學時務，無甚關涉，且未擬藁，何得云多方阻撓耶？

原奏又稱臣接見門生後輩，輒痛詆西學，遇有通達時務之士，則疾之如讐一節。竊臣世居粵嶠，洋務夙所習聞，數十年講求西法，物色通才，如熟悉洋務之華廷春、精練槍隊之方耀、善製火器之賴長，均經先後奏保。及中東事起，三員業早凋謝，未展其才，臣深惜之。方今時事多艱，需才愈亟，凡有偏長片技，堪資實用者，臣斷不肯失之交臂。即平日接見門生後輩，無不虛衷諮訪，冀有所益，並勗以務求實際，毋尚虛華，初何嘗痛詆西學？該御史謂臣讐視通達時務之士，似指工部主事康有爲而言。蓋康有爲與臣同鄉，稔知其少即無行，迨通籍旋里，屢次搆訟，爲衆論所不容。始行晉京，意圖僥倖，終日聯絡台諫，夤緣要津，託詞西學，以聳觀聽，即臣寓所，已干謁再三。臣鄙其爲人，概予謝絕。嗣又在臣省會館，私行立會，聚衆至二百餘人，臣恐其滋事，復爲禁止，此臣修怨於康有爲之所由來也。

比者飭令入對，即以大用自負，向鄉人揚言。及奉旨充總理衙門章京，不無觖望。臣在總署，有堂屬之分，亟思中傷，揑造浮亂辭，言官彈劾，勢所不免。前協辦大學士李鴻藻，嘗謂今之以西學自炫者，絕無心得，不過藉端牟利，借徑弋名，臣素服膺其論。今康有爲逞厥横議，廣通聲氣，襲西報之陳説，輕中朝之典章，其建言既不可行，其居心尤不可問。若非罷斥，驅逐回籍，將久居總署，必刺探機密，漏言生事，長住京邸，必勾結朋黨，快意排擠，搖惑人心，混淆國事，關繫非淺。臣疾惡如讐，誠有如該御史所言者。

原奏又稱臣深惡洋務一節，臣自承乏總署，已逾一載，平日仰蒙召對，輒以商務礦務置船置械等事，皆屬當務之急，屢陳天聽，請次第施行。臣是否窒塞風氣，應亦難逃聖鑒。竊自膠事定議後，總署交涉事件，益難措手，倘徒爭以口舌，斷不能弭隱患，臣望淺材庸，自揣萬難勝任，惟有仰懇天恩，開去總理差使，俾息讒謗而免隕越，實爲厚幸。所有微臣明白回奏緣由，繕摺具陳，伏乞皇上聖鑒。謹奏。

爭奪軍隊控制權

綜　述

梁啓超《戊戌政變記・改革實情》　同日上諭，王文韶著迅卽來京陛見。直隸總督着榮祿暫行署理。欽此。

謹案：國是之詔甫下，聽皇上辦事之命甫行，而上之師傅親臣在樞垣者卽已見逐。太后既歸政，例不見臣工，不別具摺，至是忽令二品以上大臣謝恩陛見，並令外官具摺，蓋訓政之事，已發於是。榮祿爲西后第一親信之臣，恭親王既薨，不入樞垣輔政，而反出督直隸者。蓋以統北洋三軍，預發天津閱兵之詔，以謀行廢立之事也。康有爲等召見，尚在二十八日，一切新政之行，皆在二十八日以後，而二十七日翁同龢見逐，榮祿督師，西后見大臣，篡廢之謀已伏，內之則軍機大臣中禮親王爲榮之姻家，剛毅爲榮之羽翼，外之則北洋三軍董福祥、聶士成、袁世凱爲榮之腹心，一切布置已定，大權在手。故榮祿至直隸任，瀝陳地方辦事情形之摺，上于西后，而不上於皇上。蓋陰謀久定，故敢藐視君上如此。此實幽廢皇上誅捕帝黨之先聲，而案源不在八月六日，而在四月二十七日也。

外人不諳朝事，或疑因維新之急激，遂以致敗。由未知廢立之局早定，西后榮祿，預布網羅，聽其跳躍，專待天津閱兵以行大事耳。皇上自知之，而冀挽回大局於一二，且冀收人才以救危機，康有爲亦明知之，以中國危亡，聖主危險，入天羅地網而思救之，蓋皆有萬難之苦衷，苟未深知西后榮祿之密謀，不能論維新成敗之大局也。

《德宗景皇帝實録》卷四一九　（光緒二十四年五月辛酉）諭軍機大臣等：榮祿已補授直隸總督，並兼充北洋大臣。直隸爲畿輔重地，凡吏治軍政，一切事宜，均應實力講求。至外洋交涉事件，尤關緊要。榮祿向來辦事，尚屬認真，惟初膺疆寄，情形或未周悉，務當虛心諮訪，切實圖維。用人一道，最爲當務之急，尤須舉賢任能。其閱茸不職各員弁，嚴行甄劾，毋稍瞻顧因循。現在時事多艱，該督諒能仰體宵旰憂勤，力爲其難，不負委任也。將此諭令知之。

《國聞報・練兵大臣抵津光緒廿四年八月初六日》　練兵大臣袁慰庭侍郎於初五日早赴宮門請訓，卽於是日出京，乘坐十一點四十分鐘火車至下午三點鐘到津。聖安棚茶座在火車站，同城文武各官咸往迎迓，一時頗爲熱鬧。

又《聶軍駐津光緒廿四年八月初六日》　聶軍門以九月望聖駕幸津閱操，所有武毅軍步、馬、砲各營隊，均須先期移紮天津。聞左右兩軍計十營，已於初四、初五等日由蘆臺拔隊來津，有見之謂各軍士均係行軍裝束，手挺槍、背負囊，繫腰子藥包，步驟井井，與別軍開差形境，迥然不同，卽此行路一端，亦足見軍容之整肅矣。

爭奪地方實力派

綜　述

《德宗景皇帝實録》卷四二一　（光緒二十四年六月己丑）諭內閣：本日翰林院奏，侍講黄紹箕呈進張之洞所著《勸學篇》據呈代奏一摺，原書內外各篇，朕詳加披覽，持論平正通達，於學術人心大有裨益，著將所備副本四十部，由軍機處頒發各省督撫學政各一部，俾得廣爲刊布，實力勸道，以重名教而杜卮言。

又《德宗景皇帝實録》卷四二三　（光緒二十四年六月丁巳），諭軍機大臣等：《勸學篇》一書，著總理衙門排印三百部，內《明綱》一篇，自議婚有限至皆不爲婚二十一字，註語自七等至無爲婚者三十四字著刪去，餘俱照原文排印。

《國聞報・京寮薦劾傳聞光緒二十四年八月初四日》　北京訪事人來信云：近來保奏湘撫陳右民中丞者甚多，而日前有某御史乃參劾右帥，謂其前次所保通達時務人材，其中固不乏明體達用之士，而貪墨之夫、浮囂之子，亦復錯雜其間，一剡之內，良莠不齊。又湖南創辦學堂，開設報館，其初志豈不甚美，乃一經地方守舊紳士出而阻撓，而學堂報館同時並廢，亦未能實力奉行云云。又有人力保李苾園尚書才可大用，劾譚文卿制軍守舊貪汙，聞各摺片均留中。

那拉氏發動政變分部

政變始末

綜　述

梁啓超《戊戌政變記事本末·政變正紀》　二十四年戊戌八月初六日，皇太后垂簾聽政，以皇上晏駕密電各省，謂爲康有爲、張蔭桓進紅丸所弒。命步軍統領崇大金吾、禮親王督官弁往宣武門外米市胡同南海館查拿康有爲，而康有爲已於前一日出京，不得。乃將康有爲之弟康廣仁拿捕，監禁刑部獄中。黜革御史宋伯魯。

初七日，停止蘆津火車，關閉城門，搜捕康有爲。幽皇上於南海瀛臺，命内監數人守候，禁使出入。

初八日，命步軍統領派差弁往馬家堡守候截拿康有爲。關閉内外九城，分駐弁兵，盤查行人出入，遇有迹涉可疑者，即予扣留。太后命内閣將四月以來新政諭旨進呈，依次詳閱，並將大小臣奏議，一一披覽。以皇上病重布告天下。黜革工部主事康有爲，密令各省嚴拿治罪，並令查抄家產，逮捕家屬。

各國公使赴總署問皇上病由，求見皇上，御史楊深秀抗疏詰問皇上被廢之故，援引古義，切除國難，請太后撤簾歸政，觸太后怒，被捕繫獄。以張蔭桓爲與康有爲串通謀害皇上。捕之。以侍讀學士徐致靖爲濫保匪人，捕之。以梁啓超爲與康有爲狼狽爲奸，密令拿捕治罪，並令查抄家產，逮捕家屬。以廢立之事電商各省督撫，兩江總督劉坤一覆電曰：『君臣之分已定，中外之口難防，所可言者在此，所不忍言在此。』

初九日，拿捕軍機章京内閣侍讀楊鋭、刑部主事劉光第、内閣中書林旭，監禁于刑部獄中，黜革農工商局總辦三品卿銜端方、徐建寅、吴懋鼎。康有爲由天津至上海，英領事派兵船往吴淞口迎護，得免於難。

命拿辦四品京堂王照，並令查抄家產，逮捕家屬。

初十日，詔天下名醫入宫診治皇上。先是榮禄蓄意廢立，數月以來，遍布病重之謠言，至是乃以病重布告天下。捕拿軍機章京譚嗣同。前一日，日本志士某苦勸嗣同東游，不聽，再四强之，乃曰：『各國變法，無不從流血而成者。今中國未聞有因變法而流血者，此國之所以不昌也，有之請自嗣同始。』

十一日，命軍機大臣會同刑部、都察院于十三日審訊御史楊深秀、軍機四卿楊鋭、劉光第、林旭、譚嗣同、主事康廣仁、侍讀徐致靖。

復置詹事府等衙門及各省冗員，禁止士民上書，廢官報局，停止各省州縣設立中小學堂。以康有爲結黨營私詔示天下。

梁啓超、王照出走日本。當事變既作，有官場二人赴天津謁日本領事鄭永昌，請其保護此二人，領事一力擔承，即留二人暫於署中下榻，繼思在津恐有疏虞，即告停泊大沽之日本兵輪管帶，囑其載詣日本。

十三日，命斬楊深秀、楊鋭、劉光第、林旭、譚嗣同、康廣仁于市，未經訊鞫也。

十四日，康有爲由上海附塔巴剌列火船至香港，英國兵船實拿雲查沿途護送，香港緝捕官梅君、華民政務司波君，親率巡船差數名同乘皇家小輪船往接。既登岸，乘輿至中環捕衙，港官派兵多名保護，有求見者皆卻之。

命張蔭桓遣戍新疆。政府既拿捕張蔭桓，擬致於死，英國以張爲曾出使英國，出而阻止，故止予遣戍，徐致靖交部永遠監禁，徐仁鑄革職永不敍用。

十五日，以康有爲爲謀圍頤和園，刼刺皇太后，宣示天下，命各省督撫嚴密查拿。以梁啓超爲與康有爲狼狽爲奸，命一體嚴拿懲辦。

十六日，命銷毁康有爲所著書籍板片。

十七日，命譚繼洵毋庸來京，即日回籍。捕拿王照之弟吏部主事王焯、兄南營都司王燮，收禁刑部獄中。

二十日，黜革禮部尚書李端棻，遣戍新疆。

二十一日，命黃遵憲開去日本公使差使，密令兩江總督劉坤一拿問。劉坤一托委上海道扣留於洋務局，派差嚴守，候命押解北上。時日本前總理大臣伊藤博文遊歷我國，由京至滬，聞之，電致駐北京日本公使矢野文雄至總署會晤慶王各大臣，略謂中國政府前既以黃遵憲簡放出使，是必以黃遵憲爲能勝聯絡邦交之好，于兩國均有裨益，今忽管押拿問，而政府又未將其所得罪明白宣示，如此辦理，未免有傷兩國交誼。慶王答以務力爲保全。繼總署又接南洋大臣來電，言英國擬派兵十人將黃遵憲極力保護，並聲言如中國政府欲將黃遵憲不問其所得何罪，必治以死，則我國必出力救援，以免其不測之禍。總署因電覆南洋大臣，旋將黃遵憲釋放。

命拿辦保國會會員。初康有爲開保國會，御史文悌劾其爲保中國不保大清，至是命拿辦。

二十二日，以湖南巡撫陳寶箴爲濫保匪人。其公子主事陳三立、候補四品京堂江標、庶吉士熊希齡，以其爲庇護奸黨，暗通消息，革職永不敘用。熊希齡命交地方官管束。

二十三日，以廣東學政張百熙爲保送康有爲使才，交部嚴議。

二十四日，復八股取士之制，罷經濟特科，廢農工商總局。

命各省督撫查禁全國報館，嚴拿主筆。

二十六日，禁立會社，拿辦會員。廢漕運改折之議。復前裁撤之湖北、廣東、雲南三巡撫。侍讀學士徐致靖之子翰林院編修徐仁鑄、徐仁鏡，上書請代父下獄。詹事府少詹署禮部左侍郎王錫蕃，以其講求新政，革職永不敘用。學士文廷式命拿辦，逮捕家屬。工部員外郎總署章京李岳瑞、刑部主事總署章京張元濟，以其講求新政，革職求不敘用，並拿問，刑部主事洪汝沖曾上書遷都、用客卿，命拿問。工部筆帖式志錡革職。知府馮汝騤以其喜言維新，爲人參劾，革職。江蘇候補道前出使美國欽差容閎，命撤去蘆漢鐵路差使。

九月初五日，慶邸進法國某醫士入診皇上，英使麥端奴所薦也。初，賊臣見上海西報紛傳皇上大故，總署請英使禁之，英使曰：『欲報館釋疑，莫若請一外國醫士入視皇上，而後刊之報章，則謠言不禁自息矣。』總署問何人工醫？英使乃薦法國某醫士。軍機大臣連日面奉懿旨，飭將諸醫按日所請脈案醫方，鈔交六部九卿各堂官傳觀參酌。

初八日，傳中外大臣所舉精通醫學之三人，會同太醫院院使、院判，敬謹請脈擬方。

初九日，傳盧秉政、朱焜、陳秉鈞、莊守和、季德昌、范紹相六醫士入診皇上，依舊由軍機大臣六部九卿參閱。皇上御前供應內監二人，飭正國法。皇上困於頤和園巨池中之一室，潛出頤和園。至某門爲某侍郎等阻止，復還瀛臺。次日，太后令將瀛臺橋板拆去，自是皇上常幽於瀛臺，一切不得自由。

幽禁光緒帝

綜述

《國聞報·聖躬欠安光緒二十四年八月十三日》 昨有友人自北京來者云：日來皇上聖躬殊覺不適，其病症大約是食不消化因而成痢。皇太后怒御前太監服事不周，責斃數人，并另派太后處熟悉當差之內監八人，在皇上左右留心伺候。傳說如此，未知確否。

又《聖躬萬福光緒二十四年十月十六日》 北京訪事人來函云：皇上病狀自交冬以來，日見康愈，然太醫院御醫及各省奏保醫官，每日仍奉皇太后懿旨，命輪川入值診視。其各醫官所開之脈案，亦由內監奉懿旨發交南書房謄寫數十通，分交六部九卿各堂官公同閱看，其脈案所説亦不外心腎不交，肝木氣旺，腰軟精滑等詞。就脈案而觀，病勢仍似重大，然曾見召見之中外各官，退而語人曰：皇上兩目炯炯，精神充足，不像有病之人，不過召見之時，垂詢之語，甚爲寥寥，太后不命之言則不開口，有時以身靠座背作欹斜之形，有時開口微笑。而太后則於召見時常詔諸大臣曰：『皇上不能久坐，爾等可先退直，有事俟明日再說。』體恤聖躬甚爲周摯。有人云：皇上近來病體實已十愈八九，並無危險可慮之事，不過皇太后以時事艱難，聖躬憂勞過甚，不能不加意調護，蓋慈愛之心實有出於不得不然者。朱子注孟武伯問孝章云：『父母愛子之心無所不至，惟恐其有疾病，常以爲憂。』今觀於皇太后之待皇上，益信此語之不誣也。

《申報・宣召御醫光緒二十四年九月十四日》　京師采訪人云：皇上自逆犯康有爲結黨謀爲不軌後，聖心愈切憂勤，以致龍體違和，迄今未愈，某日飭傳御醫莊守和赴内廷診治，一時薄海内外，無不馨香頂祝，願聖天子早卜弗藥有喜之爻焉。

論說

梁啓超《飲冰室文集》卷四《論戊戌八月之變乃廢立而非訓政》

或問曰：『今次之政變，不過垂簾訓政而已，廢立之説，雖道路紛傳，然未見諸實事，今子乃指之爲廢立，得無失實乎？』答之曰：『君之所以爲君者何在乎？爲其有君天下之權耳，既篡君權，豈得復謂之有君。夫歷代史傳載母后亂政之事，垂以爲誡者，既不一而足矣，然歷代母后之垂簾，皆因嗣君之幼沖，暫時臨攝，若夫已有長君，而猶復專政者，則惟唐之武后而已。卒乃易唐爲周，幾覆宗社，今日之事，正其類也。

皇上卽位既二十四年，聖齡已二十九歲矣，臨御宇内，未聞有失德，勤於政事，早朝晏罷，數月以來，乾斷睿照，綱舉目張，豈同襁褓之子，猶有童心者，而忽然有待於訓政何哉？且彼逆后賊臣之設計，固甚巧矣，廢立之顯而驟者，天下之人皆得誅其罪，廢立之隱而漸者，天下之人皆將受其愚。今夫瀛臺屏居，内豎監守，撤出入之板橋，減御膳之品物，起居飲食，不能自由，如此則與囚虜何異？既已囚虜矣，而猶告天下曰，吾非廢立也，天下之人亦從而信之。嗚呼，何天下之人之易愚弄也。

皇上所親愛之妃嬪，則撤其簪珥，施以杖刑，不許進見，皇上所舊用之内監，駢殺夷戮，無一存者，欲食鷄絲而不得，欲食米粥而不得，人非木石，受此怨毒，豈能久存？環顧廷臣，無一心腹，幽囚别殿，無復生人之趣，昔雖無病，今亦當命在旦夕矣。況復下硝粉於食品，行無形之酖毒乎？倘他日或有大故，則逆后賊臣，且將以久病升遐告於天下，而天下之人亦將信之乎？嗚呼，是亦全無人心而已。吾以爲海内臣子，如有念君父仇者，則宜於今日而興討賊之師也，海外各國，如有恤友邦之難者，則宜於今日而爲問罪之舉也。使今日而不討賊，不問罪，則雖他日皇上被弑，吾知其亦必無問罪討賊之人也，何也？今之不討賊不問罪者，因信逆賊之言，以爲非廢立也。然則他日亦必聽逆賊之言，以爲非弑君也，嗚呼，痛哉痛哉，何我皇上之寃慘至於如此其極也，何天下之人之全無人心至於如此其極也。

或又問曰：子言誠哀矣，然讀八月初六日上諭，則西后之垂簾，實皇上所懇請，天下之人，雖欲討賊問罪，而無辭也。答之曰：子不讀漢獻帝禪位曹丕之詔乎？獻帝屢禪，曹丕屢讓，若有大不得已者然，自此以往，歷代篡弑者，皆循兹軌，然則可謂曹丕之踐阼，實由漢獻之懇請乎？嗚呼，爲此説者，非大愚卽大悖耳。

或又問曰：皇上之賢，逆后之罪，既已聞命矣，然中國之立君，無有憲法，惟意所欲而已。今西后雖篡位矣，而討賊問罪，猶爲無辭也。答之曰：中國之政，向來奉聖經爲準衡，故六經卽爲中國之憲法也。《書》言：牝鷄司晨，牝鷄之晨，惟家之索。《禮》言：夫死從子，又言婦人不與外事，《春秋》因文姜之淫而不與莊公之念母。然則母后臨朝，爲經義所不容，有明證矣。《論語》：君薨聽於冢宰。尋常幼帝之立，母后臨朝，猶爲六經所不取，況今日之實爲篡逆乎？且支那人向來所信奉，常引爲政治之準的者，六經之外，則朱子之書，朱子《綱目》於北魏胡后之事，則大書胡太后弑其君，於唐武后之事，則大書帝在房州，皆與今日之事，若合符節者也。

捕殺維新志士

綜述

《國聞報・新黨被逮情形光緒二十四年八月十一日》　昨有友人自北京來，告知初九日有旨，將此數月以來新進諸臣，凡曾干預新政者，如楊鋭、劉光第、林旭、譚嗣同、王照、張元濟凡數十人，傳至六項公所，命禮、慶兩王訊問，有無與康有爲朋比爲奸情事，如有實迹，卽當治以應得之罪云云。後聞張蔭桓、徐致靖、楊鋭、劉光第、林旭、譚嗣同，并交刑部，餘尚無所聞云。

《申報·犯黨瑣述光緒二十四年九月初三日》京師訪事友來函云：自康黨禍起，京官咸顧惜身家，多所避忌。康弟廣仁之死，至無敢收其屍者，其衣衾棺木悉由南海會館長班代辦。遲至日暮，始由長班潛往棺殮舁去。都中舊有廣東義園，值年京官爲楊少司馬頤，因康係欽犯，不許康弟寄埋園中。劉光第始隸秋曹，尚能治獄，併無劣聲，在諸人中爲獨貧，死後有造門饋劉子百金者。宋伯魯革職後，即日款段出都，楊深秀之妻，聞變自縊而死。革職侍郎張樵野奉命遣配新疆，次日出都，小寓西便門外天寧寺古刹中，勾留十日，祖餞之人，祇有各國駐京洋員，其平日寅僚，則已蹤迹杳然。革員王照之兄王燮，現任京師左營遊擊，王焯吏部行走主事，兩人官署私宅均被步軍統領飭差往搜，並無王照蹤影。遂傳該兩員赴步軍統領衙門問話，兩人稟稱，素與王照析居，從不干預其事，反復究詰，各無異言，乃從寬釋之而去。

緝拿康梁

綜述

《張之洞書牘》卷八〇《致總署光緒二十四年十一月初七日》昨奉密寄拿康有爲、梁啓超、王照及附和邪説顯爲黨羽之人，自當欽遵密緝。查康、梁、王並未在中國。前於未奉廷寄之先，十月十七日日本總領事小田切來鄂，之洞當與詳言康學種種邪僻悖亂，中東兩國現在極敦和好，諸事聯絡，而康黨得罪中國朝廷，聞現逃至貴國，東洋距中國太近，必至造言煽惑，勾串我內地奸民，變亂是非，滋生事端。若貴國容留，於中東交誼，大有不便，以後豈敢深信。儻能交出或驅逐，方顯中東親好實據。小田切云：日本政府及該總領事，並不以康爲然，惟彼既逃往，西例不能不加容納。若中國明行文索取及驅逐，該國勢難照辦，轉多窒礙。該總領事爲中東大局起見，當即密電政府商之，必可令其去東。

旋於十月二十四日接該國外部大臣青木密電，令其轉告之洞，其文云：『康黨所爲，本國政府無所不知，伊等現自來寓，本國政府並無庇護伊等之意。惟因萬國公法有例，不便强令伊等去國。若强令出洋，日本被背法之名，而取羣國之笑。然既承雅囑，本國政府自應相機設法，令伊等去國』等語。當令人密問小田切，何法令其去東？小田切云：令人諷伊自去赴美國，日本政府助以川資。問其日期，小田切云難定，近或一兩禮拜，遠亦不過兩月。此語已十數日，當已辦有端倪。傳聞康已赴美，惟王、梁尚在日本，不知確否？當再函託小田轉致日政府促之。

竊查康黨若在日本，實爲中國大患，若遠離日本，雖未能獲，似亦較勝。至湖北地方經之洞力持切諭，向來康説不行。凡官紳士民無不深惡康黨，痛詆康學者指爲邪教亂賊，斷無附和康黨之人，謹電密陳，請代奏。

《中外日報·康有爲到吳淞光緒二十四年八月初十日》據本館另派妥友確訪云：前日順和進口，上海道派多人在怡和馬頭吊橋口守候，另派人至船上搜拿康有爲未得，至新濟到埠，又遣多人上船搜尋亦未見。據買辦云：康在天津已搬行李上船，忽與同伴耳語，即仍搬行李去，云擬次日搭重慶至申，蔡和甫觀察聞知此信，即擬派小輪至吳淞口外，上船搜查，詎料英領事深嫌查順和時過於騷擾，竟不肯發票。昨日午間，重慶輪船近吳淞口，有税務司偕華員開小輪至船搜尋。據買辦云：重慶船相近口時，忽見一藍煙囪小輪，駛近船傍，即有二西人上船，手持照片遍處搜尋，忽見一人像與照片彷彿，指照片問是此人，此人即點首言是，西人即拉此人至大餐房。後數分鐘，即拉此人及其同伴，并取行李上小輪船去，旋見小輪駛近相離二十丈之某兵船，即見西人及此人等均上兵船去，税務司等揣疑此二人即康有爲及其親信之黨羽一人，於是税務司等皆嗒焉若喪而返，聞上海道將設法向英領事索回此人，不知確否？

《康黨潛逃光緒二十四年八月初十日》自京都拿辦康黨之信一出，所有康之親族及其生徒，均紛紛遠颺，聞康之高徒梁某，在京得有風聲，星夜出都，潛至天津，無處投宿，而欲通信與上海各黨友，苦無筆墨，而又不便向人索借，即於荒野無人之處，拾一碎煤，身蹲草地，用一破紙，勉寫數語，囑上海各黨友，趕速避匿，現在大同譯書局等經理，狄楚青、龍節之各人，均已潛逃無蹤云。

《申報·犯黨脱逃光緒二十四年八月十一日》欽犯無蹤，已紀昨報。兹悉欽犯康有爲附重慶輪船至滬，在吳淞口外時，即有西人上重慶輪舟挈康下小輪船，送入英國愛斯克兵輪船載之而去。先是道憲蔡觀察接得密電，尚有粵省舉人梁啓超即梁卓如係康門生，在大馬路開設大同譯書局，亦令一體拿究，因飭上海縣黄大令立發硃籤，派差薛貴、捕役柴樛、徐文前往拘拿。至則梁已逃避，僅將司事張其明及拉包車之錢阿金、家丁胡啓發、送書之唐阿二、劉德榮五人解縣。下午即由委員李二尹提案密訊。張供：【略】梁卓如數日前已往他處，不知蹤迹。【略】研詰再三，皆不吐實。乃判將張等五人概行交差看管，候再復核。

又 《**逆黨竄名光緒二十四年十月十九日**》 日本訪事友人云：中國逆犯康有爲之徒黨梁啓超，遁迹日本後，自知罪大惡極，不容於禮義之邦，遂竄入日籍，更其姓曰吉田，名晉，僑寓東京牛辻區。與品川子爵訂莫逆交，詩酒往還，徜徉竟日，不知曾念及先人廬墓否？

懲辦維新派官員

綜　述

《**國聞報·派管同文光緒二十四年九月初二日**》 張蔭桓既已被罪出戍，總理衙門管理同文館事務一差，聞已請旨簡派三品京堂袁爽秋京卿矣。袁京卿前以同文館提調得京察，簡放蕪湖道臺，此次以總理大臣管理館務，想必能收駕輕就熟之效也。

又 《**言官之言光緒二十四年九月初四日**》 北京訪事人來信云：中國政府自殺四卿之後，本無鉤稽株連窮治新黨之意，亦並無將皇上數月以來開創百度之事，全行反覆之意，而都察院各道御史，以爲趁此機會，不分青黄皂白，凡有關涉皇上所創行之新政，皆指爲康有爲之邪説，太后無不力予平反。凡有曾經皇上賞識之小臣，皆指爲康有爲之徒黨，太后無不嚴加懲治。我輩從此升官，從此放缺，即可從此發財，利莫大焉。於是今日單銜遞一摺，明日聯名上一章，凡半月以來或革職，或放廢，或永不敍用，皆言官之功也。復六衙門、復八股、禁學會、禁報館、撤農工商局，亦皆言官之功也。然各言官將來之升官發財，其得失未可逆料，而初一日太后之慈訓則已大加申斥，此則所謂求榮反辱，弄巧成拙，北京各言官其亦可以結舌矣。

又 《**書江京堂革職之故光緒二十四年十月十六日**》 已革四品京堂江標，於前日率其眷屬返蘇，仍寓北强家巷舊第，即拜會長元吳三首縣，聽候管束。並聞京堂係爲御史黄均隆所參，其摺本專劾湖南巡撫陳寶箴，末謂江摽、熊希齡平日好言變法，難保不庇護奸黨暗通消息，江與熊遂因是落職。而實則黄係原籍湖南，江前放學政時，曾取黄子算學，繼以正場，文理紕繆，屏不録取，又加長批，致黄銜恨於心，乘間報復。而熊係江之門生，因併爲一網打盡之計。中國之人無論維新守舊，往往以私廢公，不顧大局，此國勢所以不振云云。

《**申報·法網難寬光緒二十四年九月初五日**》 天津訪事友來函云：自奉嚴拿逆犯康有爲之旨，步軍統領崇受之大金吾，於八月初六日午前十一點鐘後，至南海會館搜捕不獲，隨帶司員人等，搜其行篋，所有衣物，絲毫不動。惟將信件一一過目，約兩點鐘許，悉數攜歸提督衙門，所有無關緊要者，付之一炬。至事機切要，或語涉不經不敬者，不得不以上聞。聞已革學士文廷式致康信件，洋洋數千言，其中辭句諸多失檢，爰奉拿京之旨，然聞文已不在江西原籍矣。已革侍讀學士徐致靖，奉旨永遠監禁刑部，其長子即已革湖南學政徐仁鑄，次子亦身入詞林，近曾向都察院上書代父，不知未蒙俞允，抑以聖怒不測，都察院未敢代奏。又已革户部左侍郎張蔭桓，奉命發往新疆，嚴加管束，榮仲華協揆與剛子良大軍機，曾向皇太后力求恩施法外，皇太后諭謂法不明則賞不勸，今已貸其一死，豈區區道路，尚畏行耶？榮協揆等，遂不敢復言。

又 《**脅從罔治光緒二十四年九月二十九日**》 京師友人來簡云：今春逆犯康有爲在京創設保國會，强列諸人姓名，以數百計，自康逆案發，列名者防有株連，頗多危恐，言官亦有及之者，後得榮仲華中堂奏明，康有爲本筮仕京中，不能禁京官及公車不與往還，但問是黨不是黨耳。今康黨懲辦已完，此數百人多有與康有爲不相識者，設若查拿，恐致滋擾連累，都下所傳如此，現今風浪胥平，皆中堂保全善類之力，凡被康逆所强列姓名也，聞之當可安枕而臥矣。

又 《**逆燄紀餘光緒二十四年九月二十九日**》 京友來函云：八月初

四日逆犯楊深秀上疏奏稱，圓明園有金窖甚多，請准募三百人於初八日入內挖取，都人詫爲奇異，實則與康有爲、譚嗣同諸犯向一逆謀耳。

張蔭桓被逮之日，連發五電，令其子火速來京，其子竟不覆，亦不來。

更定新政

論說

《申報・中國並未廢棄新法論光緒廿四年十月廿二日》 自叛犯康有爲逆謀敗露，竄而之海外，皇太后臨朝訓政，中外各日報紛紛議論，輒謂中國仿行新政，甫露萌芽，忽被皇太后所阻止，於是似嘲似諷，若有不勝惋惜者然，噫，謬已夫。外人所謂新政者，特康犯所上之條陳，藉以惑世誣民，蠱惑天下人之耳目者也，烏得謂之政？亦何嘗見其新？皇太后革而去之，固其宜也。

若夫設電線以通消息，行輪船以利轉輸，改綠營爲練兵，操演一準西式，易弓矢爲槍炮，命中兼可摧堅，以及鐵路、火車、鐵甲戰艦、郵政、礦政、績棉、織布諸務，凡屬泰西最善之規則，皇上既已不惜帑項，一一采擇施行。皇太后初未嘗決然棄之，仍墨守我邦之舊法，且皇太后孜孜求治之意，亦何嘗旦夕忘之哉？

伏讀八月二十二日懿旨，【略】同日又奉懿旨：『國家振興庶政，尤賴封疆大吏，深維至計，共任仔肩，各直省督撫，實心任事者，固不乏人，而養尊處優，狃於積習者，亦或不免。方今海宇未奠，內治宜先，深宮宵旰焦勞，無時不以國計民生爲念。該督撫等身膺重寄，受國厚恩，舉凡飭吏治，培人才，開利源，修武備，皆係分內應辦之事，應如何因時制宜，力求實效，其各悉心籌畫，詳晰奏陳，務期實見施行，不准空言塞責。州縣爲親民之官，宜重其選，近來各省仕途冗雜，奔競成風，苟非激濁揚清，不足以昭懲勸，各牧令中有盡心民事卓著循聲者，隨時保奏。其貪庸不職，聲名平常者，亦即據實糾參。至於練兵，尤爲急務，各省防營，不無習氣，統兵將帥，亟宜振興士氣，勉以忠義，認真操防，而營中克扣之弊，尤宜痛除，務期指臂相聯，緩急足恃，用備折衝禦侮之用。總之，朝廷勵精圖治，尚實政不尚虛文，該督撫等惟當破除錮習，力矢公忠，方爲不負委任，倘或因循諉卸，貽誤事機，責有攸歸，自亦難辭重咎，欽此。』

蟣虱微臣，不禁拜手稽首而颺言曰：有是哉，我皇太后之强固精明，真不愧女中堯舜哉！夫整頓國是本也，取他人之成法，而師其長，末也。本之不固，末何足用？浸假吏治未飭，人才不興，督撫皆委靡而因循，州縣亦貪惏而苟且，軍營積習，未事湔除，干城腹心，無一可任。雖朝野上下，無事不奉西人爲依歸，究其實亦惟拾西人之唾餘耳，安足以培國本？

故必先留心於國計民生，使根本安固而不搖，然後采西法之精良者，漸漸仿行，俾收富國强兵之效，彼康犯所陳之策，特欲變中國四萬萬黎庶爲西人，烏能使國勢日臻夫强盛？外人特未知底蘊，致疑及皇太后之不喜新法，實則皇太后惟洞明康犯之非心乎君國，祇欲借新法以淆亂我國計，故赫然震怒，誅之逐之耳。觀乎詔書特下，首先修武備，開利源，豈非新法中之至要者？至於復策論爲八股，蓋有見於八股雖風氣日下，而策論亦從事抄撮，未足以拔真才，故不如遵守祖宗舊制之爲得也，外人固烏能測聖意之高深哉？於是乎作中國並未廢棄新法論。

保皇勤王活動分部

論說

《知新報皇上病重正謬光緒二十五年二月初一日》 國變以後，天子幽廢，矯訓政之詔，僞徵醫之諭，盈盈一水，鍵於瀛台，內外隔絕，罔或聞知。於是悠悠之口，有謂聖躬不能無恙者，有謂備極驚懼，抑鬱無語，始雖無恙，今亦不能無恙者。有謂訓政之詔既下，則有皇上無西后，有西后無皇上，今西后因政柄獨操之時也，其佐輔左右，奔走後先，相與謀爲不可測者，又率皆奇悍無與倫之人。且勢成騎虎，西后老矣，朝露既晞，則皇上必正名以殺賊，後將欲自保而不可能也。

中宗房州，當亦存其名而無其實，恐有不可問者矣。是皇上更不能無恙也。然吾重思其故，合觀前後，皇上之死，死於賊臣之心，皇上之病，病於賊臣之手，特借此以觀國民之意向，與夫各國之舉動耳。舉天下以爲病，斯皇上病矣，舉天下以爲死，斯皇上死矣。中國之存亡，繫於皇上之一身，皇上之安危，賴於國民之一念，國民之耳目，定於報章之一言，其事綦大，其勢甚危，蓋有不容不辨者。

夫皇上之病，海内謠傳，波湧雲連，如蝗如雨，不自政變以後始也。當五六月時，皇上推行新政，大開言路，日覽奏章數十起，日見小臣三四時，其康健安詳，精心毅力，聖躬固無恙也。乃海上各報蜚語繽紛，竟有謂皇上遍體浮腫，步履艱險，動作不能如常者；其香港、上海各西報，又傳言聖體不適，爲張、湯兩親信臣進丸所毒者。夫張者即張蔭桓也，湯與康音相諧，其所以訛爲湯者，不過重譯之誤耳。

今夫流水之爲物也，必有其源，流言之中人也，必有自始。四月二十七日，既定天津行幸之策，爲此言者，不過預爲九月幸天津之地耳。且當時訓政之事，略有成議，榮祿請聯九卿，而兵部尚書某，不允畫諾。李盛鐸，榮祿之爪牙也，請聯臺諫，而御史中無復一人可其議者。設當時六部無木强之人，言官皆阿輔之輩，則訓政之詔，下於六月，而皇上先病於此時矣。

夫五六月時，皇上之病與否，聞之者因無從知其真僞也。然日日而召見臣下，日日而披覽奏章，日日而總理庶務，日日而推行新政，由今而思，其爲無病之躬，精固强幹也審矣。而彼之有意圖害者，乃竟信口雌黄，造此不諱，一若先懸此一有爲之境界以相待者。嗚呼，何其毒也。洎乎八月之變，征醫矯詔，其預爲簒弑，借此以掩中外之口者，則又所謂司馬昭之心，路人皆見者也。

南海之至滬也，英人實爲之保護。先是榮祿捕南海，徧搜京師、天津不獲，又得煙臺復電，謂南海附英輪重慶往上海，於是電致上海道蔡某，蔡某者固能操英語者也。居常與英領事時有過從，至是手南海相片一，僞詔一，造英領事而言曰：『今我國有密諭，嚴捕康某，康實附貴商輪，乞君畫諾，以便搜捕。』領事應之曰：『君嘗謂康爲中國第一流人物，何前後之互相矛盾也？』蔡曰：『吾國有命，不得不辦，前所言者其才，今所辦者，居官之事，固應爾爾也。且康毒我皇上今且死，不得不捕，君其助之。』領事既知此事不實，於是取其相，收其諭，謝之使去。迨領事既救南海，出僞諭以相示，竟有『進丸毒上』之語。夫康幸而免耳，使當日緹騎倉皇，被逮以去，則千萬康亦必死，康死而電致京師，則以康爲進毒，而我皇上亦必死，精衛冤禽，難填恨海，罪人斯得，佐證誰人？豈天之不欲亡我中國耶？抑何相遇之巧也。

朝既以康之幸脱也，舉國震駭，京僚譁然。然謬稱訓政，皇上既已幽禁，勢不能無事以塞天下之口，且長君臨朝，無容居攝，並無以謝各國之意。加以官走奔問，若訓政則兩君並立，臣庶之觀見者，時不能免，而皇上亦可借此以徧布羽翼，爲異日復政計也。死之不能，縱之更不得，於是而舉朝病之，病之而天下外國不知也，於是而徵醫疆吏以病之，既可以掩嚮者康某進毒之言，更可以爲將來自己進毒之地，並可以覘疆臣民庶向背之心，一舉而數事備，計亦巧矣哉！而無如天下之大之不易欺也。各公使之奔向聖安也。善夫王文韶之言曰：『人皆以皇上爲病，皇上所病者，乃肝病耳？』時當六月人皆謠言謂上病。能平肝，斯可以不病矣，蓋指上之篤責諸大臣言之也。乃變起而嚮之以爲病者，竟强而病之，且一若天下不知，而强徵醫以病之，孰是孰非，孰真孰僞，必有能辨之者。

今試執無病者而謂之曰：『不及三月，君必大病。』鮮不以爲不祥矣。又試執有病者而謂之曰：『君病將不起，三月後與君應作何事，應理何務，恐君不能爲我謀也。』則雖庸流下愚，鮮不色然驚，勃然怒矣。夫今日之預爲將來受朝賀，郊天壇，而委某親王爲之者，非未病而先三月以爲必病乎？非已病而後三月以爲仍病乎？天語煌煌，震及廬野，而不實不盡，等於説謊，下民雖愚，恐未易欺也。

夫自訓政以後，上諭不下數百，然拔用私人者有之，革去帝黨者有之，剗除新政者有之，窮捕黨人者有之，率皆肆口而譚，妄逞胸臆，皇上固無所聞知也。然前後互異，判若兩人，則以不獨新政之已行者行之，並未行者亦行之諭爲最奇。而任意妄造，無能自諱，則以先數月而稱病不辨事之諭爲最異。奉詔者内外千百臣，知之者舉國億萬衆，而離奇變幻，莫可究詰，竟無一人敢言者，竟無一人敢違者，且竟無一人敢知者，指鹿爲馬，孤掌蔽天，人心其盡死哉！雖然此亦未足異也。

吾聞之友曰：當國變時，有中國某員游於日本，聞變卽造友之室曰，今若此，天子必不免矣。反袖掩面而哭，涕泗滂沱，情意若極戀闕者。居無何，而某員之密友爲日使矣。電薦於朝，以某爲參隨。既得官，於是揚言於日人，且登之於報曰，西后固中國進步之首領也，天子用康某爲急激黨，西后用榮某爲溫和黨，急激者易敗，溫柔者必成，且天子實病無可言，非西后不爲功云。嗟乎，若而人者，固嘗哀天子之失位，泫然而流涕者矣。而後竟若此，是非無定形，善惡無定情，苟利於我，卽用趨之，自非持平，則操觚而爲報章主筆政者，且居然而受疆臣之賄矣。天下事之痛心疾首，孰有過於是也。

總而論之，國變以後，上書力爭，請撤簾歸政，言官惟楊深秀一人。推翻新政，倡言變法，不避艱險，疆吏惟曾和一人。力持清議，不隨流俗，報章惟《天南新報》一人。自餘卑卑，誠無足數。尤其甚者，以封疆大吏，素負重名，懼禍自保，日發七電，助廢聖主，催斬六士見日人《日本報》以求免於禍者，凡三上書以頌德政，費十數萬金以賄權臣，以求保其身者矣，遑論皇上之病與不病哉！

夫日居危疑，百感交集，朝不慮夕，無翼難振，皇上之保存者幸也，今日之病，殆意中事矣，然其始固無病也，未病而以爲有病，既病而預卜其數月後之病，病亦奇矣。聞之人言曰，當徵醫之詔既下也，粵吏以滿人某醫進，數月而返，備言皇上近狀，云上實無病，各吏所進之醫，與太醫院之醫，擬方皆未有服者，當召見時，不發一言，有類結舌，殆被毒而啞云。又西報之言曰，上實服毒，後藥之而愈。嗚呼，其殆欲誣康以進丸，先少毒之，得康而上必不免矣。幸康未獲，各公使又時時存問，迫而爲解毒之舉耳。要之今日上實無恙也，將來不可知，然病必病於賊臣之手，死必死於賊臣之謀。

又 **《論政變後可疑之事光緒二十五年三月初一日》** 自去年八月政變至今，已六閱月，天子幽禁，大臣貶謫，逋臣遠徙，舉驚天動地千百年未有之事，波湧雲連，忽起忽落，至於今而舉國臣民，奉行矯詔，漠視國難，以爲皇上果病，太后居攝，滿、漢相安，中外無故；而政變之事，遂無復有人齒及而口道之，政變以後之所爲，更無有人心關而目注之者矣。而不知莽操窺伺，益肆悍睢，密網陰謀，已下種核，有心人得之所聞，證之所見，履霜堅冰，隱窺其漸，驚心動魄，用難自緘，雖明知攖強禦之鋒，而不敢昧風人之訓，特揭疑案，請質天下。

一練兵之異也。中國自甲午以後，怵於外患，始求自强，於是廷臣有軍營盡改洋操之請，皇上有令各省汰弱留强之詔，蓋京營綠營旗滿直省，一律整頓，不分畛域，無非自强禦侮之意耳。自政變以後，袁、董、宋、聶四軍，以中國最精之兵，各守邊防，責任綦重，不可遽離者，而一旦陸續徵調，全赴京師，以津、沽、遼陽之險，可以不顧，以神機、鍵銳之營，猶爲未足。尤可異者，軍機大臣而領北洋諸軍，非謝安、王導之才，而有都督中外諸軍之任。又其可異者，練兵一萬，自爲中軍，悍將能員，任意差遣，豈四軍未足爲心腹，邊省不復須置戍乎？

且夫皇上之見困，困於無兵，新黨之見敗，敗於無權，夫人皆既知之矣。彼舊黨之斤斤於是，豈非別有用心，而不欲爲覆轍之蹈。故變起卽調兵謂將以防新黨之竊發也，然新黨不過十數人，並皆文弱書生，芟除之如薙枯草耳，固無須勞此重兵也，且戮者已戮，逃者已逃，逐者已逐，舉朝皆爲吾黨。不然者，亦勢孤而氣沮，又無須再煩練兵也。卽須練兵，而亦未聞以一萬兵爲大臣親軍者也。皇上無親軍，太后無親軍，而大臣有親軍，是則可爲驚駭者也。皇上不能節制諸軍，太后不能節制諸軍，而大臣能節制諸軍，是又可爲驚駭者也。可疑者一也。

二用人之異也。政變以後，內閣學士會章，奏滿、漢官員，未能平界，卽奉有朝廷用人行政，一秉大公，無分滿、漢之諭，吾不知該學士當時果出諸本心乎？抑受舊黨指使，借此以爲掩飾耳目之計歟？然無論其如何，而公論不可沒，大局不可搖，人心不可失，則舊黨亦自知之矣。然何以八月以來，督撫遷升，絕少漢人，藩臬道府，全爲滿籍，拔趙幟而樹漢幟，是豈不欲以久次遞升漸爲權要之地，潛移默轉，盡收漢人之權。殆如某大學士所謂吾有產業，吾寧贈於之朋友，而必不使奴隸分其潤，又所謂漢人強，滿洲亡，漢人疲，滿洲肥之意乎？

嗟乎，皮之不存，毛將焉附，人無頰輔，齒將何依，滿、漢雖殊種，亦同爲一國之人也，今必歧而相視，殆以爲滿人衆而漢人寡乎？抑以爲滿人智而漢人愚乎？夫混而合之，則休戚如家人，强而分之，必相視若秦越，方今外患洊急，國勢瀕危，萬一瓜分之事卽及，吾不知漢人先蒙其禍，抑滿人先蒙其禍也。而今之頑固舊黨，直以爲箝制漢人之政策，莫妙於是，是真大惑不解者也。可疑者二也。

三以內大臣節制南洋諸軍也。國朝故事，凡督兵大臣，皆由內簡放，視師閫外，始有節制諸軍之事。康熙時如洪承疇之七省經略，同治時曾國藩之節制四省，亦不過軍興征剿之時，偶一行之，而非以爲常任，乃近日中西各報，紛傳榮祿以節制北洋，事權不一，請太后更假以節制南洋、湖廣諸軍之任。夫南北兼圻，不下十餘省，旗兵綠營，不下數十萬，以一人之力，而欲全攬大權，居中遙攝，則督撫將軍置之何用，而南洋大臣，不且直同虛設乎？雖太后躊躇，仍未敢遽以相信，而司馬昭之心，路人皆見矣。且夫如某者，托詞要求之意，豈不謂南省大吏，尚多漢人，今日雖屈意以附從，他日難保不生心以畔我，非我族類，其心必異，故顯爲防微杜漸之計，實隱爲外援羽翼之謀，則其用心雖未可知，其區畫固已莫測。此可疑者三也。

四以滿員統直省之兵也。自去年政變後，閱一月，有滿員某放湖南布政使，出都時銜密命，到湘迅卽招練精兵二千以資鎮壓。夫湖南非近海疆，又非壓敵境，而練兵之事，他省不及，獨亟亟于湖南者何也？湖南上有巡撫，下有提督，而練兵之事，撫、提不任，獨先責成于藩司者又何也？豈以湘、粵比鄰，特防西匪之分竄乎？而其時西匪固已漸次敉平也。抑以湖南多新黨，民氣大張，方褫戮其官紳，懼其怨憤而作難耳。然謂湖南多新黨，此猶可説，若夫兩江總督，固深宮恩禮之重臣也，南洋大臣，固節制三省之大權也，而近日江寧將軍，竟奉有密諭，統領江南全軍，不受江督節制矣，閩浙將軍，又奉有密諭挑練旗兵數萬人矣。自此以後，滿員統兵，當不止數省，督撫重任，恐不復兼兵權，推此例以行之，不十年吾知漢人無復有統兵者矣。然試問髮匪之役，藉漢人以成功乎？抑借滿人以成功乎？法日之戰，賴漢人以拒敵乎？抑賴滿人以拒敵乎？此可疑者四也。

異夫日人松崗氏之言也，曰：政變以後，滿洲政府布施之政策一變，昔之注意於外交者，今則注意於內治矣；昔之信用於漢人者，今則嫉惡於漢人矣；然其所謂內治，非區畫地方之政事，乃制壓國內之士民也。其疑惡漢人者，非惡漢人之無用，乃畏忌漢人之才智也。嗟乎，立國之基礎，莫急於牢結士民之心，今滿清政府，自生軋轢，自尋禍釁，余恐胡元之覆轍不遠也。胡元之臨御支那也，重色目而輕漢人，凡富貴要津，皆輕南而重北，歷禩未遠，國民瓦裂，卒不可救，此誠可哀之事矣。滿清政府奈何甘心蹈之也。

然以吾論之，滿洲政府之用心，未必其果出於是也，何也？今之時勢，列國並立之時，非一統自治之時也。一統自治之時，可以制壓其國民，使之任受刀俎之箝，輒威而不敢動，若列國並立，民智漸開，既不能愚之以術，民志易移，又不能劫之以威，加以强敵爲之護符，外洋爲之逋藪，必欲强壓其民，是自割其手足，自撤其藩籬，爲淵驅魚，爲叢驅爵耳。

政府雖頑固，未必竟如是之大愚也，况乎能制壓其國中之人，不能制壓於國外之人。夫制壓其國中之人者，無非欲使之愚且弱，而不爲我害耳。能禁國中之人不爲我害，不能禁國外之人不爲我害，是將以愚且弱之國人，敵强且智之外人，其孰勝孰敗，孰存孰亡，不待智者而決矣。政府雖頑固，又未必竟如是之大愚也。然而練兵則如是矣，用人則如是矣，節制南洋滿員統兵又如是矣，吾是以不能不以爲疑案也，請質諸天下之留心時局者。

義和團運動部

通紀概説分部

綜述

《諭內外各大臣固邦交保疆土舉賢才除積習並引咎自責 光緒二十六年十

二月二十六日》 內閣奉上諭：本年夏間，拳匪搆亂，開釁友邦，朕奉慈駕西巡，京師雲擾。迭命慶親王奕劻、大學士李鴻章作爲全權大臣，便宜行事，與各國使臣止兵議款。昨據奕劻等電呈各國和議十二條大綱，業已照允。仍電飭該全權大臣將詳細節目悉心酌覈。量中華之物力，結與國之歡心。既有悔禍之機，宜頒自責之詔。朝廷一切委曲難言之苦衷，不得不爲爾天下臣民明諭之：

此次拳教之禍，不知者或疑國家縱庇匪徒，激成大變。殊不知五六月間，屢詔剿拳保教，而亂民悍族，迫人於無可如何，既苦禁諭之俱窮，復憤存亡之莫保。迨至七月二十一日之變，朕與皇太后誓欲同殉社稷，上謝九廟之靈，乃當哀痛昏瞀之際，經王大臣等數人扶掖而出，於槍林彈雨中倉皇西狩。是慈躬驚險，宗社阽危，圜闠成墟，衣冠塡壑，莫非拳匪所致，朝廷其尚護庇耶？夫拳匪之亂，與信拳匪者之作亂，均非無因而起。各國在中國傳教，由來已久。民教爭訟，地方官時有所偏，畏事者袒教虐民，沽名者庇民傷教，官無持平辦法，民教之怨愈結愈深，拳匪乘機，寖成大釁。良由平日辦理不善，以致一朝驟發，不可遏抑。是則地方官之咎也。

淶、涿拳匪，既焚堂毀路，亟派直隸練軍彈壓。乃該軍所至，漫無紀律，戕虐良民，而拳匪專恃仇教之說，不擾鄉里，以致百姓皆畏兵而愛匪。匪勢由此大熾，匪黨亦愈聚愈多。此則將領之咎也。

該匪妖言邪說，煽誘愚人，王公大臣中，或少年任性，或迂謬無知，平時嫉外洋之强，而不知自量，惑於妖妄，詫爲神奇，於是各邸習拳矣，各街市習拳矣。或資拳以糧，或贈拳以械，三數人倡之於上，千萬人和之於下。朕與皇太后方力持嚴拿首要解散脅從之議，特命剛毅前往諭禁，乃竟不能解散。而數萬亂民，膽敢紅巾露刃，充斥都城，焚掠教堂，圍攻使館。我皇太后垂簾訓政將四十年，朕躬仰承慈誨，夙昔睦鄰保教，何等懷柔？而況天下斷無殺人放火之義民，國家豈有倚匪敗盟之政體？當此之時，首禍諸人叫囂隳突，匪黨紛擾，患在肘腋。朕奉慈聖，既有法不及衆之憂，寖成見大不掉之勢。興言及此，流涕何追！此則首禍王大臣之罪也。

然當使館被圍之際，累次諭令總理大臣前往禁止攻擊，並至各使館會晤慰問，乃因槍砲互施，竟至無人敢往，紛紜擾攘，莫可究詰。設使火轟水灌，豈能一律保全？所以不致竟成巨禍者，實由朝廷極力維持。是以酒果冰瓜聯翩致送，無非朕躬仰體慈懷，惟我與國，應識此衷。今茲議約，不侵我主權，不割我土地，念列邦之見諒，疾愚暴之無知，事後追思，慚憤交集。惟各國既定和局，自不致强人所難。著奕劻、李鴻章於細訂約章時，婉商力辯，持以理而感以情。各大國信義爲重，當視我力之所能及，以期其議之必可行。此該全權大臣所當竭忠盡智者也。

當京師擾亂之時，曾諭令各疆臣固守封圻，不令同時開釁。東南之所以明訂約章、極力保護者，悉由遵奉諭旨不欲失和之意。故列邦商務得以保全，而東南疆臣亦藉以自固。惟各省平時無不以自强爲詞。究之，臨事張皇，一無可恃。又不悉朝廷事出萬難，但執一偏之詞，責難君父。試思乘輿出走，風鶴驚心，昌平、宣化間，朕侍皇太后素衣將敝，豆粥難求，困苦饑寒，不如甿庶。不知爲人臣者，亦嘗念及憂辱之義否？總之，臣民有罪，罪在朕躬。朕爲此言，並非追既往之愆尤，實欲儆將來之玩泄。近二十年來，每有一次釁端，必申一番誥誡。臥薪嘗膽，徒託空言。理財自强，幾成習套。事過以後，徇情面如故，用私人如故，敷衍公事如故，欺飾朝廷如故。大小臣工，清夜自思，即無拳匪之變，我中國能自强耶！夫無事且難支拄，今又遭此奇變，益貧益弱，不待智者而知。爾諸臣受國厚恩，當於屯險之中，竭其忠貞之力。綜覈財賦，固宜亟償洋款，仍當深恤民艱。保薦人才，不當專取才華，而當內觀心術。其大要無過於去私心，破積習兩言。大臣不存私心，則用人必公；破除積習，則辦事著實。惟公與實，乃理財治兵之根本，亦即天心國脈之轉機。應即遵照初十日諭旨，妥速議奏，實力舉行。此則中外各大臣所當國而忘家正己率屬者也。

朕受皇太后鞠勞訓養，垂三十年。一旦顛危至此，仰思宗廟之震驚，北望京師之殘毀，士大夫之流離者數千家，兵民之死傷者數十萬，自責不暇，何忍責人。所以諄諄誥諭者，則以振作之與因循，爲興衰所由判；切實之與敷衍，即强弱所由分。固邦交，保疆土，舉賢才，開言路，已屢次剴切申諭。中外各大臣，其各懍遵訓誥，激發忠忱，深念殷憂啓聖之言，勿忘盡瘁鞠躬之誼。朕與皇太后有厚望焉。將此通諭知之。欽此。

惲毓鼎《崇陵傳信録》 義和拳之爲邪教，即八卦、白蓮之支與流裔，勞玉初京卿考證最詳。顧朝廷所以信之者，意固別有所在，邵陵高貴之舉，兩年中未嘗稍釋，特忌東西鄰責言，未敢倉卒行，載漪又急欲其子得天位，計非藉兵力懾使臣，固難得志也。義和拳適起，詭言能避火器，以仇教爲名，載漪等遂利用之，以發大難，故廷臣據理力爭，謂邪術不足信，兵端未可開，皆隔鞾搔癢之談也。甲午之喪師，戊戌之變政，己亥之建儲，庚子之義和團，名雖四事，實一貫相生，必知此而後可論十年之胡局。

京師演拳始於三月間，不一月其勢漸盛，淶水至戕彈壓武官楊福同。朝廷雖屢嚴諭拿辦，復命樞臣趙舒翹往涿州，名爲宣旨解散，實隱察其情勢也。舒翹見其皆市井無賴乞匄窮民，殊不足用。回京，揣太后意嚮之，不以實對。五月十五日，戕日本使館書記杉山彬於馬家埠，日日燬教堂，殺教民，株連無辜。二十日，復縱焚正陽門西，火及城樓，二百年精華，一朝而盡。其時使館街西兵擐甲實槍，嚴守東西街口，如臨大敵。午刻忽傳旨召王大臣六部九卿入見於儀鸞殿東室，約百餘人，室中跪满，後至者乃跪於檻外。殿南向，上及太后背窗向北坐，樞臣禮親王世鐸、榮祿、王文韶、趙舒翹跪御案旁，自南而北，若雁行，諸臣皆面南，樞臣剛毅則出京察看拳民未歸。既跪行一叩禮，上首詰責諸臣，不能彈壓亂民，色甚厲，翰林院侍讀學士劉永亨跪在後，與毓鼎相接，默語毓鼎，適在提督董福祥許，董自任可驅拳匪出城外。毓鼎促其上聞，永亨膝行而前，奏云：『臣頃見董福祥，欲請上旨令其驅逐亂民。』語甫半，端王載漪伸大指厲聲呼曰：『好！此卽失人心第一法！』永亨懾不能畢其詞，太后默然。太常卿袁昶在檻外，高呼：『臣袁昶有話上奏！』上諭之入，乃詳言拳實亂民，萬不可恃，就令有邪術，自古及今，斷無仗此成事者。太后折之曰：『法術不足恃，豈人心亦不足恃乎？今日中國積弱已極，所仗者人心耳，若併人心而失之，何以立國？』太后又曰：『今京城擾亂，洋人有調兵之説，將何以處之？爾等有何見識？各攄所見從速奏來。』羣臣紛紛奏對，或言宜勦，或言宜撫，或言宜速止洋兵，或言宜調兵保護。隨面派侍郎那桐、許景澄出京勸阻洋兵，一面安撫亂民，設法解散，遂麾羣臣出。毓鼎與光祿卿曾廣漢、大理少卿張亨嘉、侍讀學士朱祖謀見太后意仍右拳匪，今日之議未得要領，亂且未已也。乃行稍後留身復跪曰：『臣等尚有言。』亨嘉力言拳匪之當勦，但誅數人大事卽定。張閩人，語多土音，又氣急，不盡可辨。祖謀言皇太后信亂民敵西洋，不知欲倚何人辦此大事？太后曰：『我恃董福祥。』祖謀率然對曰：『董福祥第一卽不可恃。』太后大怒色變厲聲曰：『汝何姓名？』對曰：『臣爲翰林院侍讀學士朱祖謀。』太后怒曰：『汝言福祥不足恃，汝保人來。』祖謀猝不能對，毓鼎應聲曰：『山東巡撫袁世凱忠勇有膽，可調入京鎮壓亂民。』曾廣漢曰：『兩江總督劉坤一亦可。』軍機大臣榮祿在旁應曰：『劉坤一太遠，袁世凱將往調矣。』毓鼎復言：『風聞鑾輿有西幸之説，根本重地，一舉足，天下搖動矣。』太后力辨並無此説，四臣遂起，太后於祖謀之出，猶怒目送之。

二十一日未刻，復傳急詔入見，申刻召對儀鸞殿。上先詰問總理事務衙門大臣尚書徐用儀，用儀奏辨語細不可聞。惟聞上厲聲拍案曰：『汝如此搪塞，便可了事耶？』太后隨宣諭，『頃得洋人照會四條：一，指明一地，令中國皇帝居住；二，代收各省錢糧；三，代掌天下兵權。【略】今日釁開自彼，國亡在目前，若竟拱手讓之，我死無面目見列聖，等亡也，一戰而亡，不猶愈乎？』羣臣咸頓首曰：『臣等願效死力。』有泣下者。惟既云照會有四條，而所述祇得其三，退班後，詢之榮相，其一勒令皇太后歸政，太后諱言之也。其時載漪及侍郎溥良力主戰，語尤激昂，太后復高聲諭曰：『今日之事，諸大臣均聞之矣，我爲江山社稷不得已而宣戰，顧事未可知，有如戰之後，江山社稷仍不保，諸公今日皆在此，當知我苦心，勿歸咎予一人，謂皇太后送祖宗三百年天下。』羣臣復叩首言：『臣等同心報國。』玉音一則曰諸大臣，再則曰諸公，羣臣咸震動。於是命徐用儀、立山、聯元往使館，諭以利害，若必欲開釁者，可卽下旗歸國。立山以非總理衙門辭。上曰：『去歲各國使臣瞻仰頤和園，非汝爲之接待乎？今日事亟，乃畏難乎？』太后怒曰：『汝敢往，固當往；不敢往，亦當往。』三臣先出，卽諭榮祿以武衛軍備戰守，復諭曰：『徐用儀等身入險地，可派兵遙護之。』羣臣既退，集瀛秀門外，以各國照會事質之譯署諸公，皆相顧不知所自來，或疑北洋督臣裕祿實傳之，亦無之。嗣乃知二十夜三鼓江蘇糧道羅某遣其子扣榮相門，云有機密事告急，既見，以四條進，榮相繞屋行，旁皇終夜，黎明遽進御，太后悲且憤，遂開戰端，其實某官輕信何人之言，各國無是説也。故二十五日宣戰詔，不及此事。

二十二日申刻復傳入見，籌議和戰，少頃即退。二十三日未刻再召見於儀鸞殿，太后決定宣戰，命許景澄等往告各國使臣，限二十四點鐘內出京，派兵護行，上雅不願輕開釁，搴景澄手曰：『更妥商量。』太后斥曰：『皇帝放手，毋誤事。』侍郎聯元諫曰：『法蘭西爲傳教國，釁亦啓自法，即戰，祇能讎法，斷無結怨十一國之理，果若是，國危矣。』言且泣，額汗如珠，聞有與辨論者。即派載瀾等加意扞衛宮牆，備不虞，賞內膳房飯食，不必下班，諸臣皆退。旋傳諭二十四日辰刻更入見，次晨俱集瀛秀門外，使臣來照會，要慶端二王往議，召二王及樞臣先入見，剛毅適還朝，亦召入，二王旋出，命譯署復使臣：『有言，但以書來二王不能往也。』須臾，樞臣下，傳旨撤全起，蓋戰議成，無事諮謀矣，是爲庚子御前四次大會議。方事之興，廟謨蓋已預定，特藉盈廷集議，一以爲左證，一以備分謗，始也端王主之，西朝聽之，厥後勢寖熾，雖西朝亦無可如何，親暱如立山，視其駢誅，莫能阻也。當宣戰之日，固逆計異時之必歸於和，使館朝夷，皇位夕易矣。大事既成，盲風怪雨不轉瞬而月星明概，雖割地以贖前愆，亦所不恤，無如一勝之不可倖邀也，天也。

六月，詔莊親王載勳、大學士剛毅提督義和團，褒團爲義民，月賜太倉粟，在虎坊橋湖廣館發米，拳民益發舒，紅帕首腰刀，游行街市，莫敢誰何。一紙書可啓內城門，王公府第皆設壇，勢張甚。擒翰林院侍讀學士黃思永，因莊王府三日，送刑部獄；殺編修劉可毅，京朝官紛紛南遁，曹部闃無人。武衛軍大掠東城，入東單牌樓頭條衚衕壽州相國宅，剽劫一空，相國衣短衣舁出，居安徽會館，侍郎陳學棻朝回，馬驚而馳，甘軍槍擊之，彈穿車中過，輿夫立斃。榮相遣材官持令箭彈壓，兵以槍擬之，跳而免。

使館皆在東交民巷，南迫城牆，北臨長安街，武衛軍、甘軍環攻之，竟不能克。或云榮相實左右之，隆隆者皆空砲，且陰致粟米瓜果，爲他日議和地也。法國天主教堂在西安門內西什庫，剛相嘗督兵攻之，亦不能破，拳實不敢前，譁譟而已。拳匪既不得志，無以塞后意，乃噪而出永定門，鄉民適趨市集，七十餘人悉縶以來，僞飾優伶冠服兒童戲物，指爲白蓮教，下刑部一夕，未訊供，駢斬西市，有婦人寧家，亦陷其中，雜誅之，兒猶在抱也。是日風霾晦冥，見者寃痛，毓鼎上疏力爭之，謂：『謀亂當有據，羸翁弱婦，非謀亂之人；優裝玩具，非謀亂之物；而不分首從，不分男女，尤非我皇上好生如天之德，應飭刑部詳讞分別以聞。』疏入，獄已具；時趙舒翹長秋官，未慮囚，遽結正附成其獄，法司爲失職矣。

二十日下戶部尚書立山於獄，先是立山眷西城口袋底一妓，莊親王載勳爭之，不能得；立山久長內務府，家豪於財，載勳貸鉅資，亦不能得，積，忿遂誣奏立山家有地道通西什庫，潛爲接應，故教堂久不下。矯詔率拳匪至酒醋局第中，大索，無所獲，乃囚之。詔文荒誕鄙俚，官文書所不載，特録存之，以爲此詔非出宮廷之證。其文曰：『欽命義和團王大臣奉懿旨，聞戶部尚書立山藏匿洋人，行蹤詭祕，著該大臣查明辦理，該大臣至該尚書宅搜查，並無洋人，當將該尚書拿至壇中，焚香拜表，神即下壇。斥以勾通洋人，行蹤詭祕，該尚書神色倉皇，著即革職交刑部牢圈監禁，倘有疏虞，定惟該王大臣是問。』孝欽顧立山厚，雖下獄猶諭趙舒翹曰：『立山素吸洋煙，汝其善視之。』故立山不自意遽死也。七月初三日，逮吏部左侍郎許景澄、太常寺卿袁昶。初四日，詔數其辦理洋務，各存私心，莠言亂政，語多離間，大不敬，斬西市。袁太常詆拳匪最力，致書慶親王奕劻請其勸載漪勿爲禍首，中有云：『端郡王所居勢位，與醇賢親王相同，尤當善處嫌疑之地。』書爲載漪所得，遽上聞，諭旨所謂離間，指此也。外傳太常有諫止信拳開釁三疏，或云疏雖草爲儕輩所阻，實未上。許侍郎則帝黨也。十七日辰刻，逮兵部尚書徐用儀、內閣學士聯元，申刻，併立山皆斬於市。徐以辦理洋務，貽患甚深，立聯皆以離間罪之。自十五日至是日，沈陰慘霧，微雨時作，正陽、崇文、宣武三門俱晝閉，氣象蕭條，士民愀然，知大禍之將至矣。徐、許、袁皆浙人，立山內務府旗人，本姓楊，聯閣學既廷阻戰事，退與朝臣言，激昂不平，往往流涕，又爲帝所信，故及於禍。先是載漪力主外攘，累攻戰，不得逞，欲襲桓溫枋頭故智，多誅戮大臣，以示威而逼上，將以次及大學士王文韶、尚書廖壽恒、侍郎那桐等，諸大臣咸岌岌自危，未三日而聯軍陷京師，乃免。復矯詔殺已革侍郎張蔭桓於新疆，蔭桓廣東人，用小吏致位九卿，才捷有機變，有清沿明制，吏禮二部，漢堂上官，非科甲不得預，蔭桓獨以監生貳宗伯，戊戌新政，康有爲時主其家，密疏藉以上達，孝欽深恨之，謫戍伊犂。初蔭桓嘗以西藥進御，事頗聞於外，至是載漪訟言上奉天主教，宮闈多入教者，率大師兄入宮大索，幾及聖躬，卒無左證，追坐蔭桓罪，賜死。

拳匪攻使館，久無功，法亦不效，日妄言乾字團將至，或謂山東老團且至，以誑上而欺衆，太后寢厭之。六月十七日天津失守，寇氛日迫，朝廷始有講和意。二十二日詔保護教堂教士，除戰事外，所殺洋人及焚毁房屋什物，均俟查明辦理，以全權大臣畀李鴻章。詔已具，會有言李秉衡自清江入援，待其至徐議和戰者，后意稍移。七月初一日，李督師到京，朱學士祖谋、馬編修吉樟，先要諸途，述京師亂象，宗社之危如累卵，公入見，當力爲太后言拳匪恣謾狀，苟議和，大禍紓矣，督師深以爲然。迨入朝，徐相首迎之，大聲曰：『鑑翁，萬世瞻仰，在此一舉。』鑑翁者，督師字鑑堂也。復見剛相，知太后旨所在，意遂變，奏言：『外國多，不可滅，異日必趨於和，然必能戰而後能和，臣請赴前敵決一戰。』太后大喜，命統率武衛全軍及陳澤霖等各營，武衛軍實不成軍，十五日始出都，至通州，聞敵將至，師潰，督師吞金自盡，隨員王編修廷相投河死之，皆藁葬通州東關外。

二十六日上三旬萬壽，猶御乾清宫受賀，東華門不啓，羣臣皆入神武門，冠裳寥落，僅成朝儀，紅巾滿都市，服飾詭異，持刃恟恟殺人，諸臣入賀者咸有戒心。

七月二十日，英軍陷京師，翌日，聯軍繼之，兩宫黎明倉皇乘民車出德勝門，甫出門，白旗徧城上矣。太后御夏衣，挽便髻，上御青綢衫，皇后及大阿哥隨行，妃嬪罕從者，瀕行，太后命崔閹自三所出珍妃，三所在景門外。推墮井中。初珍妃聰慧，得上心，幼時讀書家中，江西文廷式爲之師，頗通文史。廷式以庚寅第三人及第，妃屢爲上道之，甲午大考翰詹，上手廷式卷授閲卷大臣，拔置第一，擢侍讀學士，充日講官，廷式感奮驟言事，遼東敗問亟，廷式合朝臣聯銜上疏，請起恭親王主軍國事，太后素不善恭王所爲，上力請而用之。丙申，或搆蜚語譖妃干預外廷事，太后怒杖之，囚三所，僅通飲食，妃兄禮部侍郎志鋭謫烏里雅蘇台，上由是悒悒寡歡。聯軍入，日本軍護禁城，内庭晏然，乃出妃屍於井，淺葬京西田村。

徐相宅在使館街，與法館對宇，兵事起燬焉，遷居故相國寶文靖園中。聯軍入城日，徐相謂其子承熙曰：『我爲首輔，遭國難當死，汝三兄位卿貳，當知所以自處，我死汝可歸隱易州丙舍，課子孫耕讀，勿仕也。』三兄指侍郎承煜也，老僕於屋梁繩兩結，一左一右，徐相就其左，既承頸，猶以目視右結，意固在承煜，承煜竟不死，且不敢行服，草草殮其父。承煜刻深矯情，五大臣之死，承煜實主之，徐尚書等刑西市，承煜監斬有得色，或請用誅大臣禮，怒斥曰：『此漢奸，殺之猶輕，何恤爲？』數姓孤兒銜之甚，或告日本軍官發其奸，與尚書啓秀同被囚，啓秀憤自經，承煜呼人救之。次年議和條約懲禍首，詔俱斬西市，就刑日，西人用快鏡攝影去。

京師既陷，承恩公崇綺走保定，其子葆初在宅作大坑，自瘞死，併老母幼子皆生葬土中，崇公聞變自縊蓮池書院，竟絶嗣。兵部主事安徽王鐵珊跌宕有奇氣，憤時事危亂，七月十八日賦絶命詩，自縊於所居六安會館，遺書曰：『吾不忍見白旗也！』御史江蘇宋承庠，二十一日覩北城火發，疑爲宫禁，旁皇終夕，亦縊死，前侍郎景善朝服將投井，徘徊井闌旁，子恩某自後推之墮，或謂將以邀卹蔭也，事爲日本軍官所聞，槍斃之。祭酒山東王懿榮投井死。祭酒熙元，大阿哥師傅寶豐、崇壽皆自經死。熙祭酒直隸總督裕祿子，父子俱死國難。崇公謚文節，王謚文敏，熙謚文貞，寶謚文潔，崇謚文勤。

戊戌新政，各國盛稱上英明剛斷，拳匪之亂，皆知非出帝意，使聯軍入時，上獨留，出而與西帥相見，治首禍諸臣罪，事當易了。孝欽慮帝留之不爲己利也，挾之俱西，既達西安，惴惴然恐天下不直其所爲，頗有意復辟，已而鄂督張之洞、在籍侍郎盛宣懷貢使首至，所以媚茲者甚備，太后乃大悦，知天下未予叛也，意潛輟，然上視在京日稍發舒矣，議和締約，用平原函首故事。剛毅已病死中途，遣尚書葛寶華誅莊親王載勳於蒲州，載勳讀詔訖，從容再拜謝罪負，闔戶自經。命布政使何福堃殺毓賢於長安市，命巡撫岑春煊賜趙舒翹自盡。舒翹故健實，吞金不死，服洋藥不死，春煊迫待覆旨，有老刑卒獻策，以桑皮紙浸燒酒，閉口鼻，氣始絶。

安置端郡王載漪於寧夏，鎮國公載瀾於安西，載漪既謫，大阿哥法不當立，遂宣詔廢之，襆被出宮門，居八旗會館，士民無憐之者，時辛丑四月也，蓋至是而戊己之局始結。

辛丑和議成，中外交章請回鑾，太后躊躇未敢歸，召尚書敬信赴行在，詢知宮廷無恙，十月始啓鑾，駐蹕開封者十餘日，十一月二十一日入永定門，正陽門經拳匪縱火後，樓堞殘缺，垣棟傾頹，無復承平舊觀，太僕少卿陳璧莞將作，皆粉堊而新之，識者謂足安聖母之心，而河北蕪蔓之意則晞矣。次日上告謝太廟，三品以上進名起居，先是車駕在保定，詔詢禮部謁廟服色，曹郎議當素服，而尚書徐郙主朝服，上閱奏怒，擲諸地，乃改常服行事，樂設而不作，並祀太廟後殿。上還宮，即召見乾清宮，太后曰：『我不意猶能見爾等。』失聲哭，諸臣伏地痛哭。太后歷數出都日途中艱苦狀，淚與聲俱。又曰：『予聞爾等在危城中，多有損失，不知爾等近狀如何？家口均平安否？』諸臣對曰：『皇太后皇上垂詢及此，真天地父母之恩，臣等託賴安福，得保餘生，感激無可言報。』上復溫諭數語而退，隨傳諭給事中、御史暨各衙門實缺司官排日入見，見之日，諸臣輸先哭數聲，若舉哀焉，慈顏則稍霽矣。

從拳會到義和團分部

綜述

清·柳堂《宰惠紀略·義和拳本末》 怪力亂神，聖人不語，義和拳兼而有之。光緒二十六年春，撫帥袁出示，各州縣禁義和拳會，時縣境未有學者。夏四月，東關有寧津宋姓童子二，教人以降神之咒，童子皆用爲戲，余聞之驅逐出境。越二日，自相傳習已五六人，父兄罔不呵止，私習究不能禁也，然尚知畏官。至五月二十五日，朝廷有義民之獎，公然以庶人而操生殺之權，雖撫憲具有卓識，始終嚴禁，而百姓祇知有天子，不知有疆吏，州縣奉承，處處棘手。

迨至六月半，勢如燎原，幾至不可撲滅，而鹽山縣王劉二匪首，自慶雲縣糾聚匪徒千餘人，逕入郡城，謀劫糧台。邇時城內寸兵俱無，同城文武皆瞪目相視，膽爲之寒。承辦北路邊防委員曾太尊啓塤，以請兵去；本府曹太尊榕坐鎮而已。

余身任地方，責無旁貸，乃含垢忍辱，從容見以客禮，爭以口舌，該匪既窮於詞，復於暗中散其脅從，翦其羽翼，又執盜犯匿其中之張黑小斬之，若輩岌岌乎有不克自保之勢，遣人秘探，已潛踪去矣。

外匪既靖，內匪自易下手，適值有六月二十一日保護教民諭旨，郡城又有張刺史星源督帶步兵二百人住紮防剿，余得分身，遂於七月初帶自募勇隊，周歷四鄉，親爲開導，擇匪徒中尤爲恣肆之梅鴻文，於清河鎮斬首梟示，一時遠近無不震懾，均請解散歸入民團。而傳聞濱惠交界之成官莊一帶，首事成言訓爲首聚衆七八百人，揭竿起事。城中諸友，皆函致萬毋輕往，督辦河工何太尊亦以爲言。余以該首事不學無術，勇於任事，昧於見理，必爲『義民』二字所誤，決不至甘心從逆。逕入其地，喚至前曉諭之，並動以利害，該首事惶恐無地，如夢初醒，一晝夜間傳諭習拳各村，立爲解散，焰遂以熄。

時有訛傳余爲拳匪所困者，張刺史派裴幫帶督隊至麻店候調，而余已無事歸矣。嗣北來馬匪四五人，復傳僞帖，相與勾煽，謀於八月初十日同聚於城南三十里之張家集。余預有所聞，先期往剿，獲勾匪之張宗信監禁，境內一律肅清焉。是以武屬十州縣，皆遭兵劫，獨惠民無之，教堂均被焚毀，惠民不惟華式無恙，即洋式亦均保全。方在私心慶幸間，詎意能防之於境中，不能禁之於域外。閏八月初一日，濟陽玉皇廟聚衆戕官之案，匪首孫玉寵既是本境人民，脅從亦不一而足，撫憲札飭，急如星火，烈如雷霆，以余平日官聲尚好，從輕記大過三次，勒限半月，如不獲犯，將登白簡。余懸賞購線，盡力搜捕，雖所費不貲，而於旬日內將著名各匪，盡數報獲。

日昨已奉批將過銷去，統計先後正法八人。《書》曰：『自作孽，不可活。』此類是也。雖慈父母尚無如何，況官長哉！亦祇得歸之劫數而已。現又拿獲十餘人，訊明確有應得罪名，惟案已擬結，且多不及歲，意欲網開一面，得少殺一人，則少殺一人；然不加懲創，恐不知悛悔，再貽後患。爰援金作贖刑之例，同與拳場毗連各村之家道小康者，責令出資作爲義學本金，以二分生息，延請塾師小以成小，大以成大，眞有不敷，捐廉助之。刻已添設十六處，合之舊有義學十八處，已三十四處。並擬章程十四條，發交各莊長遵照，最要以撫憲頒發嚴禁拳匪四言告示，列入訓蒙正課，鄉學五百餘處，亦如之。由是誦習既久，人人知拳教爲害，必不使子弟誤入，或亦轉移風化之一助歟。

清·袁昶《亂中日記殘稿》 義和團者，至今不知其禍首所在底處，其祖師稱曰老團，餘者分散各處，技術稍深者名曰大師兄，到處教人入夥。初起自山東曹州某縣，鄉間曰義士黨，專以仇殺洋人及教民爲事，此則平日教士，挾制官長，欺壓平民之所致也。其兵器有刀槍而無火砲，初起名曰大刀會。自前年平白要辦積穀團練，乃以爲兵食等事責之民間，自然充足，於是辦團令下，便樹旗曰義合團，或又曰義和團。有奉旨團練之旗，有替天行道之旗，有助清滅洋之旗。其人或紅巾紮頭，內藏符咒，則紅兜肚，紅腿帶，紅巾裹兩手，腕內俱有白紙符咒。或黄巾者亦然。間有紅披挂而黑巾者，名曰黑團，則紅黄均恭維之，逢人輒曰此最利害。每人自四十歲以下，至十歲以上，各手抱大刀，露刃繫以紅布，嬉遊街市，其詐人之術，以發火爲最長，用刀用槍，向房屋門上指畫，又向地上土上指畫，羣呼之曰照。立時火燃，蓋先時暗中預爲布置者，然且不效者比比也。更自稱應燒者燒，其餘不連延亦大都不驗。

又炫人以其術曰能避槍砲，從來火器不能傷身，然固不能也。又炫人以其術曰，以刀兵斫皮肉而不傷，如運氣者之技。其道行深者，或偶能之，亦終未嘗見也。其法擇一淨地，立一壇，名曰團。有大師兄一人主之，招集鄉間村落街市子弟入焉。立意先喫素，最怕婦人沖，不准搶掠愛財。凡子弟到壇，焚香叩頭設誓，則大師兄與以符籙。自備巾帶札起，大師兄爲説咒上身，名曰上法。其人先倒地如臥狀，少時便起，向東南叩頭，次目瞪口吹，氣力俱提於上身，執刀兵亂舞，氣力最大，一日練三次，法盡力完，則曰卸法，便委頓不堪，怯弱甚於常時。其功行甚深者，亦不遇能上法竟日。然尚彼黨夸誕之詞，實不曾有其人，大率能數時而已。其曰能閉砲、能避槍火，則其師兄之取以愚人，並所以愚其子弟，使之仗膽而不畏葸耳。

見洋房卽以物燒毀，見洋人呼曰大毛子，見教民呼曰二毛子，見則立時法上矣。神氣抖擻，勢將吞噬，若必殺而後快者。縱有槍砲，亦不知退懼，然一中槍砲輒死，死必搶回，抬至壇，交大師兄一看，輒曰勞累已極，睡着矣。設法取出槍子，以大聲呼其小名，其受傷淺而未甚死者，或偶活一二，則曰醒矣，斷無死理。其受傷深重，而不能復活者，大師兄遍搜其身，或偶攜有他物，則曰是愛財，曾搶藏人物，故致死，萬不能活矣。故多不敢輒搶，以此每日三白飯，夜間席地而臥，最苦。

論説

清·勞乃宣《義和拳教門源流考光緒二十五年》 按義和拳一門，乃白蓮教之支流。其教以練習拳棒爲由，託言神靈附體，講道教拳，詭稱念誦咒語，能禦槍礮，有祖師及大師兄、二師兄等名目，其爲邪教，形迹顯然。

那文毅公疏中，考明其爲離卦教之子孫徒黨，歷述獲辦過青縣季八、葉幅明等傳習義和門教一案，故城葛立業傳習義和門拳棒預知逆情一案，青縣尤明等傳習義和門離卦教一案，均分別擬以淩遲斬遣等罪，此義和拳實爲邪教之確切證據也。

其黨自嘉慶年間懲辦以後，根株迄未盡絶。直東兩省各州縣所在多有，初猶斂迹，近漸明目張膽，無所忌憚。上年冠縣等處義和拳黨類，與天主教民爲仇，竟至聚衆抗官，重煩兵力，是其逆迹已經彰著。

乃彼黨揚言專仇教民，不擾良善，而民教不和之處，良民遂多爲所惑，因而忘其降神誦咒之爲邪術，誤以爲出於義憤，隨聲附和，羣相信從。官府以民教相爭之故，懼稍偏袒。有佛輿情，遇事輒曲爲調停，不敢昌言查禁，甚至加以義民之目，以致愈釀愈熾，滋蔓難圖。其實此項教門名目，於嘉慶年間已見章奏，是時天主、耶穌教猶未通行，其非因仇教而始起可知，其與教民爲難，非果仇其教也。

乃窺見民教不和之隙，假以爲名，託詞公憤，聳動羣情以掩其聚衆結盟之迹，而行其煽惑招誘之謀耳。若其本意，則實有謀爲不軌之彼。愚民無知，誤被誘惑，至於身陷重辟而猶不自知，其情殊屬可憫，此皆由於不知其教派源流根柢之所致也。若知其本爲應禁邪教，誰肯信而從之，以身試法哉。

支碧湖《續義和拳源流考光緒二十七年》 義和拳始發難於山東沂州之十八團，遂及曹州，蔓延直隸，夤緣而入京師。其術分八卦爲八門，名八卦教，乃白蓮教遺孽，即嘉慶年間奉旨所捕禁者，事詳勞銈部《源流考》中。光緒二十四年，山東萌芽，攔入直隸。其首爲朱洪登，自言明裔，夢遊闕里，見宣聖，爲語劫方至吾代，求於泰山東南某僧，可以拳法禳之，爾速去勿忽也，醒如其教。

朱之友楊和尚亦善拳法，宗其教，謂能以肉軀抵鎗砲，被誘者咸以爲神。以一授五，五日而五徒再授，旬日之間已遍行省。及朱楊事敗伏誅，東市餘黨，竄直隸景故間，結棗强奸人王慶一，藉術仇教，火其室，聞於官，官不理，出資調停之。既而終不可弭，乃上書告變，請發兵，大吏方目爲義民，駁其書，而兵不發，匪勢遂驕。自稱神兵，立方幟，書『扶清滅洋』四字號於衆，當道猶目爲忠義，弗之禁也。

時某令需次河間，見事劇，説其本管太守乞師於津，自捧府牘馳省，抗言於行省使者之前，論其是亂民、非義民狀。使者色爲之動，轉達於制府，檄梅軍門一軍來河彈壓，稱僞冬防兵，示無剿匪意。而阜城廩生劉蔭梧、景州附生魏書香援拳負固，屢與官軍抗，爲梅軍擊散。又有黄汝宣，白壽椿、郭佩琴等，聚衆演拳於商家林，晝伏夜現，某令廉得之，發其私以告某守，謂此風不遏，星星之火，亦可燎原。某守飭獻縣立逐之。河間以南，遂無匪迹。此已亥冬月事也。

在河間北者爲任邱，孤懸境右，與雄縣之娘娘宫近，匪嘗出没其間。某令與景州洪、吳橋勞聯稟請擣其穴，未奉批，而禍任邱，設廠鄭州鎮。某太守往迹之，被創傷臂，上官置不問。其他支横行新城、淶水間，楊統領嗣同率兵赴淶水將捕之，至爲所戕。是時爲庚子仲春，聯軍人都之歲也。二事未見懲創，匪益驕，乃焚教堂，斷電線，燒鐵軌，肆行無忌，號曰坎門。有所謂兑門者，居滄州、南皮二處，其首曰潘榮祚，曾圍梅軍於滄州者也。

張有詩一名小雌毛，時犯吳橋及山東界，與潘忤而磔潘，張亦旋亡。當是時，某令方宰吳橋，視事之明日，津匪劉長祥持制軍令，踉蹌到縣，云奉令查辦黑拳，某令發兵阻於城外，命居南關旅店，以城守瞰其側。劉求試其術不驗，彈傷左足，血出乃去。某令恐有變，夜發牘趣督轅問令箭所自來，制府支吾其語。某令知不可挽，陰結死士二百人，訓之軍操以待變。蓋某令到任以六月，是年八月十四日，得諭旨剿匪。某令乃悉隊剿，無一脱者。

最著則爲乾門，首曰張德成，次曹福田。張乃靜海人，以拳術干靜海令，令不能制，薦於制府，相見甚歡，義其行，使赴前敵所，妄言聯軍敗北，捏奏邀功者，即是人也，後爲村人所戮。在北京者曰李來中，亦稱乾門，陝西逋民，占踞涿州城，剛中堂奉命查勘，揭之去，侮大臣，攻使館，稱兵都下，焚大柵欄皆李匪所爲，事後乃逸。别有女匪黑兒，幼故繩伎，美其術曰紅燈罩，拳門之别派也。乘緑輿，出入督轅，制府與之抗禮，有王玉姐者，年十九，能登洋樓縱火，洋人環擊不中，伏地叩頭，憑空飛去，見某兼督與其弟書，然皆無稽讕語，不足信也。

要之教稱八卦，予所見者僅乾、坎、兑三門。乾、坎拳首，皆僭用章服，乘緑輿，其徒則黄紅其巾以抹首，惟兑門服雜優伶，其首長衣執麈尾，衣尚黑，以次小結束，戴英雄帽，如劇台所扮黄天霸者。以此優孟之態，鬼蜮之行，出入城市，横行白晝中，而卒以亂天下，是可悲也。然有此三門已足激全球而危大局，況其他哉。姑續數言，以附原考之後。

《御史黄桂鋆摺光緒二十五年十一月二十五日》 掌福建道監察御史臣黄桂鋆跪奏，爲山東民教相讐，禍機孔迫，請飭疆臣妥籌辦法，以弭内患而禦外侮，恭摺仰祈聖鑑事：

竊維山東教案迭興，民情囂動，朝廷欲遏亂萌，特命袁世凱往權巡撫事。想聖謨默運，至周至詳，凡屬一切機宜，必已奉有訓諭；袁世凱即膺重寄，亦必盡心籌畫，以期上達主知；此亦何庸臣之過慮。惟山東當多事之秋，訛言四起，人心惶惑，操之稍急，患不勝言。比聞袁軍陸續調紮山東，外間謠傳，謂將剿辦刀會、拳會。治亂之機，即在眉睫。雖鎮懾自不可少，而拊循尤所當先。敢就管見所及，敬爲我皇太后、皇上陳之：

臣聞山東義和等團，非欲謀亂也。平日受侮教堂，久已痛深骨髓。自德人佔據膠澳，教燄益張，宵小恃爲護符，藉端擾害鄉里，民間不堪其苦，以致釁端屢起。地方官不論曲直，一味庇教而抑民。遂令控訴無門，保全無術，不得已自爲團練，藉以捍衛身家。此等下情，當爲聖明所曲鑑。雖其中人數既衆，未必盡屬善良。然匪首朱紅燈等，業已拿獲，其餘即當善爲安撫。蓋刀會、拳會與團練相表裏，犯法則爲匪，安分則爲民。近聞聯莊會逐漸推廣，江蘇、安徽、河南、直隸各省境內，亦多有之，義憤所激，萬衆同心。朝廷覆育寰區，以民爲本，若果撫馭得宜，能平其怨咨之氣，即收爲干城之用。昔捻匪之役，各省鄉團築圩自守，大爲官兵之助，其明驗也。豈可專護教堂，爲叢敺爵哉！夫平原一案，蔣楷貽誤於前，袁世敦妄殺於後，紳民切齒，至今譁然。

若袁世凱此次到任，開誠布公，持平辦理，民心既服，教案自迎刃而解。萬一稍涉張皇，激之生變，鋌而走險，勢所必然。迨至揭竿羣起，不得不剿，剿而不勝，固損國威，剿而立平，多傷民命。我國家歲費數千萬金錢，豢養戰士，不以禦外夷，而以殘百姓，豈練兵之本意哉！況乎，讐教者即被夷誅，從教者益行恣肆，一日不入其教，一日不安其生，勢必驅中國之人胥歸彼教而後已。天下皆教民，國將誰與立乎！載舟覆舟之喻，不可不深長思也。

臣亦知袁世凱素有謀略，豈肯草率從事。惟被議者迴護前非，必將流言四布。且袁世敦爲袁世凱昆弟，其説尤易動搖。一著如差，全局必震。縱即治之殃民之罪，已無補於時事之危。相應請即電旨，飭令袁世凱妥籌辦法，速即出示，剴切曉諭。務期情勢俱協，庶幾民教相安。固不可袒縱吾民，致啓外釁；尤不可激成衆怒，致生內亂。即或事多棘手，亦必計出萬全。山東幸甚，天下幸甚。

臣因袁世凱銜命撫東，正一省觀聽之候，喻以理則解散無難，怵以兵則變端四起。一人之操縱，關乎大局之安危。用敢披瀝上陳，伏乞皇太后、皇上聖鑑，訓示。謹奏。

《總理各國事務慶親王奕劻等摺光緒二十六年正月二十日》 臣奕劻等跪奏，爲直、東一帶，拳會肆行，請飭嚴行查禁，恭摺仰祈聖鑑事：

臣衙門疊準山東撫臣毓賢，署撫臣袁世凱先後來電，山東各屬，義和拳會以讐教爲名，到處滋擾，初尚僅與教民爲難，漸且擾害良善，綁人勒贖之案，層見疊出。近已波及直隸南境深、景一帶。並準各國使臣照同前因，請飭設法保護教堂教民。

臣等恭查嘉慶十三年七月奉上諭：給事中周廷森奏請嚴懲聚衆匪徒一摺。據稱：近日江南之潁州府、亳州、徐州府，河南之歸德府，山東之曹州府、沂州府、兗州府一帶地方，多有無賴棍徒，拽刀聚衆，設立順刀會、虎尾鞭、義和拳、八卦教名目，横行鄉曲，欺壓良善，請飭下三省督撫，認真踹緝，清查保甲，密訪爲首棍徒姓名拿獲，盡法懲治等語。江南、安徽、河南、山東毗連各州縣，即有此等匪徒，自應嚴行懲辦，以靖閭閻，不可養癰遺患。總在府縣各官，平日留心體訪，隨案查拿，將首犯嚴辦，使脅從者知懼，不敢隨同爲匪，自不至釀成巨案，株累多人。著交江南、安徽、河南、山東各督撫認真查辦各等因。欽此。嗣經直隸總督那彥成，陸續查拿安平縣傳習離卦教之楊俊等，青縣傳習義和教之季八、葉福明，故城縣傳習義和門拳棒之葛立業等，又青縣傳習義和教之尤明等，均經奏明，分別盡法懲治各在案。

是義和拳名目，久干例禁。彼時西教尚未入華，並無可託之詞，業已有此惡習。今東省地方，竟有義和拳、大刀會等名目，輒以讐教爲名，肆行擾害。雖經該撫彈壓解散，誠恐無知愚民，誤信匪徒煽惑，不知其爲有干禁令，蔓延日廣，爲患不可勝言。東省教堂林立，於交涉之事，甚有關繫，尤應先事防維。

擬請申明舊禁，明降諭旨，飭下直隸總督、山東巡撫，各就地方情形，剴切曉諭，解散脅從，並嚴拿爲首之人，從重嚴辦，以靖閭閻而消隱患。是否有當，謹恭摺具陳。伏乞皇太后、皇上聖鑑。謹奏。

光緒二十六年正月二十日奉硃批：另有旨。欽此。

藝 文

邵孟《寶天彝齋清史樂府·義和拳》 義和拳爲白蓮教遺孽，起山東，延及津沽，載漪、剛毅等贊爲義民，遂入京師，戕使圍館，竟肇大禍。

白蓮餘孽死灰然，山東乃有義和拳。仇教滅洋好題目，焚符誦咒誇神權。大師兄，恣强梁。弱女子，逞奇詭。白刃交加人頭落，紅燈高照鬼愁生。蔓延津沽及畿輔，圍攻使館燒京城。尸之者誰西太后，王公大臣相左右。堂堂中國倚匪徒，明詔褒嘉殊可醜。

佚名《庚子時事雜詠二十二首・拳匪發難》　運極時危出怪民，荒唐説部演封神。揮刀白戰仇毛子，妖燄紅鐙煽婦人。蠻野方憂淪黑種，烽煙況又起黄巾？燎原未甚猶堪滅，忍令貽殃到紫宸。

林鶴年《紅燈照樂府》　瓜分圖，胡爲乎？紅毛炮，日本刀。亂華者五胡，當關者一夫。四百餘兆民，未甘爲羊爲犬爲夷奴。請看紅燈照，帕首椎胸雜悲笑。忠義噴薄死如歸，寒食梨雲依野廟。桃花馬上粉嬌兒，甘心碎首李陵碑。釵裙一旅綱常賴，半壁江山手護持。我告夷酋且休矣，狼吞蠶食祇如此。鬼雄跳嘯五洲來，不敵中華一女子。擎天隻手勢扶清，藉甚男兒事請纓？他日青州弔荒島，千秋重見女田横。

義和團在津京扶清滅洋活動分部

燒毀教堂和懲罰外國傳教士及教民

綜述

清・管鶴《拳匪聞見録》　光緒庚子拳禍之起，余時客天津。四月間，偶與二三同志談及，或謂小醜無大患，或謂卽有邪術，亦不能持久，特良民不免受害耳。余曰：『方今我國自知孱弱，而不求所以自强之方；第知仇人，而不求所以自立之道。愈不振，愈閉塞，愈羞愧，乃愈憤懣。一旦有以神術售者，恐將信而奉之，倩爲禦侮計。愚人心意都較如此，是拳禍之不可量也。然是時直隸固尚無匪，果能先事籌防，蠢爾拳民，烏能成勢。則又不僅亂民之罪，且數萬亂民之命，實信用之者害之矣。』【略】

五月初間，津匪漸起。晚間街巷小兒，多有習練者，衆僉神之。余見一童伏地，片刻遽起，則張目大言，自謂『灌口二郎』，手舞足跳，彷彿神助。實則此小兒，不過聞人云云，偶爾演以爲戲；觀者乃動色屏息，深信不疑。又曾見兩童，一自謂『齊天大聖』，一爲『托塔天王』，皆不值一噱。【略】

五月半後，津匪益衆。越日，遂焚教堂。初聞凡焚教堂及教民住屋，斷不延及無辜。先以刀劃界始舉火，火至界卽止，不爽毫釐。乃初焚津城教堂，卽已殃及四鄰，則曉於衆曰：此鄰家婦人汙穢敗法，自取咎也。焚城内教堂時，勒令左近民人，各執香火，跪於街衢，以達神庥。老弱婦女，無不遵者。蓋匪勢已成矣。

于是日有焚毁教堂，捉殺教民之事。街上行人，見匪避道，畏之如虎。匪亦自命爲神，生殺任意，無辜受戮者，不知凡幾。洋貨不准買賣，洋貨店多被抄掠。東洋車改名『太平車』。神團、神壇之帖，爛語讖詞之紙，張滿街衢，而地方官皆惟大師兄之命是聽矣。拳匪不准民人用洋物，而彼黨所束紅巾、紅帶皆洋布，卽身穿亦多洋布，惟無人敢斥之。

清・袁昶《亂中日記殘稿》　去年初，起自山東肥城，燒一教堂，爲袁世凱部兵擊敗，拿獲頭目名曰朱紅燈，從此山東斂迹，便流轉直隸，鄉人無不樂從。自吴橋一帶，直至河間一府，津郡近屬，遍地皆是。今春淶水便戕帶兵之武官，遂無所忌憚，直至涿州，其總旗或畫乾卦，或畫坎卦，而八卦未全，惟坎卦最多，卽以前嘉慶間之八卦教也。忽而變换向洋教用力，此則用邪於正，斯亦奇矣。至順府屬後，先燒鐵路火車，於是順屬州縣中窮民，失車船店脚之利，而受鐵路之害者，遂蠭起應之，約四萬餘人，無不紅巾黄裹。先是内監之籍津河二郡者，鄉人多習此術，頗相傳譽，謂爲天遣神兵神將八百萬下界附體於此，鄉民要保清滅洋，殺盡洋人，以吐中朝之氣。

自去年秋間始，京師無賴子弟，傳染不少，卽早晚在城内外僻静處街衢練之，動輒數十人，到處遍是，而無巾帶形迹。端王府所統虎營神兵，有設團於端府空地練者，莊府、瀾府等皆有練者，亦無巾帶形迹。自鐵路燒，而洋兵至，順屬遂無不巾帶者。上命剛相、趙尚書、何府尹往解散之，趙何一看不了，先回京。剛相則取有鄉民所具甘結，回稍遲，而五月十六日，城内東西牌樓，先見巾帶形狀不過五六十人，焚燒教堂，市民多隨之喊呐叫好。遇教民輒屠其一門，而教民口呼『天主耶穌，神父帶我上天』，俯首就戮，市人益大呼曰好，聲震一世。漸燒教民之房，又燒教民租出之房，及搜殺教民，上至七八十翁媪，下至二三歲小兒，殺輒付之以火，白晝横行，莫敢誰何。

東城已盡，漸至西城，而城外已早有之，其知某爲教民，某爲教民之產，皆本地方子弟入夥者先告之。突遇教民，則指謂頭額上有十字，或以水拍而十字即現，便當衆殺之，大衆又復叫好。妙在地方官若步軍統領衙門官廳、五城御史司坊，無一敢問者，法度紀綱，掃地盡矣。其京官無論滿漢之愚者，皆曰忠義之士，一朝洩憤，愚民皆燒香禮拜曰『神兵神將』，洋人亦甚畏之，蓋其形狀甚惡，而人亦極多也。

城内外教堂俱焚，殆後搜燒教民之産，遂燒大柵欄德記洋貨舖與屈臣氏大藥房，不許人救，曰斷不連燒民屋，孰知竟無把握，延燒大柵欄、觀音寺、珠寶寺、廊房頭二三巷、門框胡同、紙巷子、煤市街、西河沿、西月牆，以至西荷包巷，上撲正陽門中間之城樓正面。自是而後，城内自棋盤街、東交民巷、近城南御河橋一帶，直至台基廠肅王府，以東直至單牌樓、三條胡同，其中民房、各國使館、洋行、店户，僅有存者。西城則西單牌樓路東之一帶商戶俱燼，而京師市面菁華已竭，市物因之空虛，銀錢因之滯塞，人心因之益加動搖。商民起首暗奉銀米，稱爲神團。自銀市錢市爐房既燒，此則與洋教無干涉者，大失商民之心。又至沿街乞化香資，殺者不盡教民，訛詐良民，遭殘害焚劫者不可勝計，人心益形怨咨，敢怒而不敢言。馴至南城外之戲子雜流諸人，遂各立一團，亦事效紮巾帶，羣充義民，遂益相率搶掠，團與團亦相仇殺矣。

論說

《庚子國變記·西巡回鑾始末記光緒二十六年五月初十日》　光緒二十六年五月初十日内閣奉上諭：教民傳布中國，歷有年所。該教士無非勸人爲善，而教民等亦從無恃教滋事，故爾民教均各相安，各行其道。近來各省教堂林立，教民繁多，遂有不逞之徒，溷迹其間，教士亦難偏查其優劣。而該匪徒藉入教爲名，欺壓平民，武斷鄉里，諒亦非該教士所願。至義和拳會，在嘉慶年間亦曾例禁。近因其練藝保身，守護鄉里，並未滋生事端，是以累降諭旨，飭令各地方官妥爲彈壓，無論其會不會，但論其匪不匪，如有藉端滋事，亟應嚴拏懲辦。而教民拳民，均爲國家赤子，朝廷一視同仁，不分教會，即有民教涉訟，亦曾諭令各地方官，持平辦理。乃近來各府廳州縣，積習相沿，因循玩誤。平日既未能聯屬教士，又不能體恤民情。遇有民教涉訟，未能悉心考察，妥爲辦理。致使積怨已深，民教互仇。遂有拳民以仇教爲名，倡立團會。再有奸民會匪，附入其中，藉端滋擾，拆毀鐵路，焚燒教堂。至鐵路原係國家所造，教堂亦係教士教民所居，豈得任意焚毀。是該團等直與國家爲難，實出情理之外。昨已簡派順天府尹兼軍機大臣趙舒翹，前往宣布曉諭。該團民等應即遵奉，一齊解散，各安生業。倘有奸民會匪從中慫恿煽惑，希圖擾害地方，該團即行交出首要，按律懲辦。若再執迷不悟，即係叛民，一經大兵勦捕，勢必父母妻子離散，家敗身亡，仍負不忠不義之名，後悔何及。朝廷深爲吾民惜也。

經此次宣諭後，如仍不悛改，即著大學士榮祿，分飭董福祥、宋慶、馬玉崑等，各率所部，實力勦捕。仍以分别首從，解散脅從爲要。至派出隊伍，原以爲衛民。近聞直隸所派之軍，不但未能保護彈壓，且有騷擾地方情事。即著直隸總督裕祿，嚴行查解。並著榮祿派員查訪，倘有不肖營哨各官，不能嚴束兵丁，即以軍法從事，決不寬貸。

此旨即著刊刻謄黄，偏行曉諭軍民人等，一體知之。欽此。

津蘆線毀路鬥爭和廊坊之戰

綜述

《庚子國變記·西巡回鑾始末記·拳匪毀京津鐵路記》　山東拳匪，既經中丞嚴加勦辦，勢難立足，因羣聚於直隸各處，呼朋引類愈聚愈衆，壇場在在皆有，日惟向教民村莊及教堂等處尋釁爲事，殺其人而焚其居，幾視爲事所應有，無足重輕。時直隸總督裕祿，係深信拳匪爲忠義者，因此更覺明目張膽，肆無忌憚，以鐵路電竿等堅指爲洋人之物，屢欲焚毁之。至四月二十九日夜，而禍乃作。

先是豐台站長等以是日自保定開來之車至晚未到，疑必有變，正惶急間，忽又接到停售保定車票之電，更爲駭異，惟不知究因何故。至初一日晨，始探悉蘆溝橋、琉璃河、長辛店等處車路，已被拳民於廿九夜一齊縱火焚燒，電竿半被拔去，各處煙焰迷天，火猶未息。于是西人站長及電報學生等，一律逃避至津，除銀錢要物帶去外，餘皆棄於屋中，反扃其門而去。其時爲初一日之九點鐘，鄉民等見之，深爲詫異，即有黠者糾衆破門而入，名爲查看，其實乘間搶取物件，繼即付之一炬。除賣票房、機器房、電報房被焚外，且有龍車一座，蓋即戊戌年預備皇上至津閱兵之用者，其價約值六萬金。

其馬家堡車站火車，本擬於是日午後直放天津，奈豐台等處站長已逃避一空，無從接開。故京津一路，是日僅開早車一次，後即不繼。其由津開往北京之火車，是早行至楊村，見有車頭掛花車一輛飛駛而來，示以口號，明知有變，亦即停車不行，并聞所有各車站西人及華人之穿戴西式衣帽而不及逃避者，均經被害，洋房被焚，更不必言。致一時人心惶惶，謠言四起，其説無非鋪張義和拳之神奇，種種怪誕，不可枚舉。直督裕制軍聞警後，即檄調武衛前軍統領聶功亭軍門，撥調部下二營，於是夜特開兵車駛往豐台，同時並調武衛前軍二營，由蘆台開赴天津以資防禦。

是日惟電氣車始終未停，至初二日晨，方開過兩次，忽有武衛軍多人擁至售票房、機器房滋擾，聲言拿捉洋人，電氣車因是亦停。旋爲營官查知，立將一兵插以耳箭示衆，始略安靜。是日武衛軍、神機營均有兵數隊駐紮鐵路之旁。督辦許竹篔尚書，亦坐兵車駛抵馬家堡，并帶有站長數人到來，諭令開車直抵天津。沿途蔡村、黄村等處，各派兵一隊駐扎，以防再有不虞。會辦唐觀察亦自津乘坐火車趕至豐台察驗一切。知除保定鐵路被拆一百五十里外，餘尚完好未損。并捉獲搶物者八人，帶至馬家堡候究。其豐台站長等，因聞警先逃，致車站被焚，實屬咎有應得，即著天津縣先行收禁，候再嚴辦。此五月初二日之詳細情形也。

厥後，聶功亭軍門以已有保護鐵路之責，豈容拳匪擅毁？遂於某日率兵沿路巡緝。行至落垡，見有拳匪多人各執軍械阻路，軍門諭令速退。不聽，乃令各兵衝突而前以恐嚇之。並又諭之曰：『鐵路乃國家產業，並非洋人之物，何得任意作踐！』匪等仍然不聽，反破口大駡，謂必得有洋人賄賂，故此仇視華民云云。并將磚石亂擲，復又開放槍彈，竟被擊斃軍士二名、哨弁一人。軍門乃大怒，知非可以理論，立命部下開槍，斃匪十餘人。匪等非但不懼，反分四路來攻，致又被斃兵士十六七人。軍門忿極，乃命開放機器快炮，其後兵士復又被斃數人，於是各兵等忿不可遏，奮力將各匪擊散，斃匪甚多，並又追趕入村，將房屋盡行焚燒。是役，計焚村莊四座，斃匪四百八十餘人。兵士雖有死者，爲數尚微。另有守備一人，因貪功窮追，爲匪所戕。自是之後，鐵路始安。乃不數日而即奉申斥之諭，責其不應擅自攻剿，著令退駐蘆台，致拳匪之勢，因以愈益加盛，而此後亦遂無人攻剿矣。

《直隸總督裕祿致總理各國事務衙門電報光緒二十六年五月初一日》

頃據盧保鐵路委員知府夏人傑面稱：二十九夜先聞涿州至琉璃河一帶猝被拳匪將鐵路焚毁，詎今早由琉璃河至長辛店一百餘里沿途鐵道車站橋樑並局所洋房，均有拳匪蜂起焚燒，三河店所住洋人二十餘人現尚不知下落，豐臺黄村勢甚危急，等語。裕祿現急由津先撥步隊一營，今日坐火車趕往豐臺黄村一帶保護鐵道。惟匪勢甚衆，恐兵單不敷彈壓捕擊，而天津除撥赴淶、定、河間等處外，營數無多，尚須留防租界，擬即商令聶士成親帶所部馬步數營至豐臺、長辛店一帶相機查辦，以免滋蔓難圖。謹請代奏。裕祿。東。

《直隸總督裕祿致總理各國事務衙門電報光緒二十六年五月初六日》

微電謹悉。高碑店迤北鐵道，據各處稟報，車站、電桿、鐵道均被匪拆毁。現在拳衆聚集涿州關廂甚多，明目張膽，豎立義和團旗幟，與民雜處，雖未攪擾百姓，而匪勢甚爲猖獗。其自保定以至長辛店，沿途皆有拳匪，防範甚嚴。詳查現在情形，匪徒日聚日衆，斷非語言文告所能勸解，若不厚集兵力稍加懲創，恐成燎原。籌辦之法，總須抽撥勁旅兩枝：一由東安赴永固至涿州，自北而南，一由津取道文、霸、雄一道至省，自南而北；聯合已紮來、定之營，三路兜截。一面多貼告示，聲明其罪，曉諭良民勿爲所惑，解散脅從，庶查拿首要，方易爲力。直隸現在營隊均防守海口礮臺及分紮各要地，其可爲巡輯之師者，祇聶、宋二軍營數尚多，現已函商榮中堂飭令聶、馬二提督各親帶隊伍數營前往查辦。俟榮相酌定後，即飭趕速分往。至保定南北未毁車站，現已由聶軍專派隊伍分段保護矣。裕祿。魚。

《督辦鐵路大臣許景澄片光緒二十六年五月初八日》 再：據天津鐵路

總局稟稱：本月初一日，津盧漢鐵路盧溝橋車站被拳匪焚燬。旋又糾衆竄至豐臺，合之本地匪徒不下千餘人，縱火先燬製造廠，次及庫房、材料廠、車站、機車房，以及客車、機車、敞車，陸續被燬。而附近鄉村遊民，亦乘機搶奪。至初二日黎明，大學士榮祿所派武衛軍五營，首先到站，該匪始各紛紛逃散。幸鐵道並未拆毀，洋人亦事先走避，均無傷損。初二日午刻，已照常行車往來。等情。當經臣等派京津等局總辦，馳往豐臺、盧溝橋查看，廠屋、車輛被燬情形，均屬相符。謹附片陳明，伏乞聖鑒。謹奏。

《直隸總督裕祿致總理各國事務衙門電報光緒二十六年五月初十日》

奉初九電，查黃村車站被燬情形，等因。祿於初八午間聞該站被燬，即飭鐵道局確查。現據查明，初八寅刻，突有匪徒持械到黃村車站放火，聶軍左路後營管帶張繼良率兵兩哨彈壓勸阻，該匪等不服，膽敢率衆抗拒，我軍上前捕擊，因匪聚衆多被圍，致該軍傷亡八十餘名，餘隊逃至郎坊。計焚燬車站一所、旱橋一座、電桿數十根，等情。查該匪等滋擾鐵路電桿，均已派隊按站設防，惟匪勢猖獗，必須添撥營伍，方足震懾，現已由聶士成調前右兩路各營開赴柴村，相機分布，妥籌辦理。謹請代奏。裕祿。蒸。

《軍機處寄直隸總督裕祿上諭光緒二十六年五月十七日》　軍機大臣字寄直隸總督裕，光緒二十六年五月十七日奉上諭：京津一帶電桿，現被匪徒拆毀不少。著裕祿卽行電商盛宣懷，迅派妥員，尅日集料興工，逐段修復。其電桿未經復設以前，所有津沽近日情形及外來消息，著卽按段添設馬撥，逐日知照軍機處，以期呼應靈通。至津盧鐵路，現聞洋人有干預修復之説，亟應自我復設，免致授人以柄。著裕祿會商許景澄、張翼，迅速勘修。所有修復電綫鐵路兩項事宜，並著裕祿酌派得力隊伍隨時認眞彈壓，毋致再有拒抗。將此由五百里諭令知之。欽此。遵旨寄信前來。

清·柴萼《庚辛紀事》　四月二十九日，將京津鐵路各車站焚毀，遂乘勢占據涿州。一時黃巾紅帶者流，城廂內外，蜂屯蟻聚，其數達三萬人，聲言涿州兵備空虛，洋兵將來，願爲代守。由是城墻上萬頭攢動，刀矛林立，如將有大敵者然，涿州牧知不能敵，遂絕食以待自斃。朝廷命尚書趙舒翹、順天府尹何乃瑩馳至涿州，相機辦理。剛毅以趙與己志趣不同，恐致決裂，言於朝，願自請行，准之。乃亟馳往，則趙與何已先在，召匪首入見，諭以朝廷德意，不得暴動，而匪首以聶功亭軍門嘗痛剿其黨，銜之次骨，答言『須將軍門斥革，始可從命，否則當與一戰』。趙以軍門辦事認真，且其罪尚不至斥革。況宿將無多，正資倚畀，豈可遽言斥退，何亦以其言爲然，不從所請。剛既至，力言拳民可恃，聶不可用，反復討論，堅持己意。其時何已爲剛所惑，亦力翻前議，唯唯從命，趙以剛勢出己上，且審此係內廷意，與辨無益，乃微笑言，既二公意議相同，諒非無見，僕不才，當先回京覆命。剛頷之，趙乃回京，含糊覆奏，剛則與匪首密商一切。

論說

《刑部尚書兼順天府府尹趙舒翹等摺光緒二十六年五月初三日》　臣趙舒翹、臣何乃瑩跪奏，爲直境拳民竄入近畿，焚毀鐵路，請旨派兵彈壓，恭摺密陳，仰祈聖鑒事：

竊據涿州知州龔蔭培稟稱：四月二十九日申刻，突有直隸淶水縣屬之石亭驛義和拳民，約二三千人，竄入州境距城八里之永樂村，將沿途鐵道並巡捕房、電綫桿均行焚燒拆毀。又據總理衙門來函，並鈔録盛宣懷及繙譯官連芳等來電稱：該拳民由琉璃河一帶繞至盧溝橋，延及豐臺。又據西路廳林紹清稟稱：盧溝橋一帶，義和拳民日衆，附近鐵路洋人甚多，前請督臣調派馬步隊彈壓，至今未到。頃探得涿州、良鄉、宛平等處地面，車道、棧房均被直境竄來拳民焚毀。並有拳民與三合莊洋人尋釁，經洋人開放洋槍，致傷不識姓名之人。幸捕盜兵役彈壓，洋人尚未受傷。請趕緊咨調隊伍，速來保護。又據南路廳呂品律稟稱：黃村火車站人等，均聞風逃散無蹤，請派兵看守車站。各等因。臣等接閲之下，不勝詫異！

伏查順天各屬，自去冬以來，疊奉諭旨，欽遵通飭各該牧令，開誠布公，隨時勸化。復乘其因公來見時，面授機宜，飭以務須仰體聖意，多方開導。半載以來，民教相安，並未激生事端。其有辦理未盡合宜者，如署霸州知州鄭輔，立予撤任。駐京各國教士，雖疊次來函，請派兵保護，均經臣等隨時函答。各該主教亦皆同聲感戴，有來信可憑。上月，霸州拳民復有蠢動，經督臣派兵前往。臣等當飭該署牧劉于祐往見帶兵隊長，囑其遙爲駐紮，暫緩入境，一面親赴各村，宣布朝廷愛民如子之仁。該拳民等無不感激涕零，立時解散，隨即告知隊長撤隊回省。至今霸州民教安堵如常。其餘各屬，亦均聞風帖服。雖未能盡絕根株，但祈甘雨及時，各勤農務，自可銷患無形。此臣等辦理順天各屬民教相安，一定不搖之主見也。

前因涿州雙柳樹村、宮村出有逐殺教民二案，雖有淶水餘匪波及，所傷不過二三人，該牧事前究屬疏於防範，立予撤任，另委明幹之員，前往接署。並諭該牧，約束州民，各安本業，不得越境助逆，致負聖朝豢養之恩。並責成前牧龔蔭培協同綏輯，不得因業經撤任，稍涉推諉。初不料直境與順屬毗連之淶水縣辦理拳教相持之案，一旦潰敗，決裂至於此極也。其潰決之由，臣等但得之傳聞，既未接督臣來文，未敢據以上陳。應由督臣自行詳奏。

惟查直境拳匪，業已延及長辛店、盧溝橋一帶，若不預爲布置，調兵彈壓，其患何堪設想！臣衙門捕盜營兵，僅能責以捕盜，向皆分布四路廳，其在京者不過數十名，又經派令防護碎石路工，實無可調派之兵。若俟咨催督臣調派，昨聞火車已停，電綫已斷，現雖由五百里前往調兵，仍恐鞭長莫及。事關大局，可否於近畿各營酌調數隊，往盧溝橋、長辛店鄰近鐵路一帶，扼要駐紮，以資保衛而防未然。一面仍由臣衙門嚴飭各屬，小心防範，以免別滋事端。

所有直境拳民竄入近畿，請兵彈壓緣由，謹恭摺密陳，伏乞皇太后、皇上聖鑒。謹奏。

《督辦鐵路事務盛宣懷致總理各國事務衙門電報光緒二十六年五月初九日》 保正路工洋人避難，舟過任邱，被拳衆衝散，尚有七人未到津。比使電稱，總管倭松等四人先失，恐已遭難。查拳會蔓延，非速加懲剿，斷難解散。自來亂民初起，多由剿撫不定，釀成大患。故相曾國藩自言，在籍辦團剿捕土匪極嚴，日殺數十人，始能保全一省。今匪罪已著，若再姑容，恐各省會匪愈熾，內而哥老，外而康黨，或有舉動。更恐各國推廣保護使館之議，派兵分護商埠、教堂、鐵路，何堪設想。況畿輔亢旱，倘至大秋不收，災民徧地，剿撫兩難。近因償款裁兵，田間困乏，庫儲如洗，豈咸、同時可比。似宜趁各省土匪尚未聯合，外人尚未啓齒，即就現有兵力剋期肅清畿輔，消外釁而遏效尤。至亂民聚則當剿，散則當撫。擬請降旨，聚衆滋事，律所當誅，統兵將領及地方文武，遇有立會聚衆，持械拒捕，不受官長約束，皆屬滋事匪徒，即當立時剿滅。由疆吏謄黄，徧示鄉閭，並責成州縣選舉紳士連莊具結，以散脅從。尤須遴選守令爲根本。一面由總署照會各國，俾知朝廷已經派兵剿除，並無姑息致礙睦誼之意。否則，不僅鐵路難於竣工，加稅無從開議，恐外釁內亂相因而至，民窮財盡，非小患也。用敢不避斧鉞，直陳備採。再漢至孝感已開車，孝至信陽同時鑿山造路，役數萬人。日來洋員愈懼，請兵保護，已咨請湖督預籌防範。宣懷發電後先回上海。乞代奏。宣懷謹肅。佳。

《直隸總督裕祿摺光緒二十六年五月十九日》 頭品頂戴北洋大臣直隸總督奴才裕祿跪奏，爲現在各國兵船至津，並統籌全局各情形，恭摺密陳，仰祈聖鑒事：

竊奴才於光緒二十六年五月十八日，承准軍機大臣字寄，光緒二十六年五月十七日奉上諭：前據裕祿報稱，日內有洋兵千餘，將由鐵路到京，等語。現在近畿一帶，土匪滋事，辦理方形棘手。各國使館先後到京之兵，已有千餘名，亦已足敷保護。儻再紛至沓來，後患何堪設想。著裕祿迅將聶士成一軍，全數調回天津附近鐵路地方扼要駐紮。儻再有各國兵隊欲乘火車北來，責成裕祿實力禁阻。並著聶士成整齊隊伍，備豫不虞。其大沽口防務，並著督飭羅榮光一體戒嚴，以防不測。如有外兵闌入畿輔，定惟裕祿、聶士成、羅榮光是問。將此由五百里各諭令知之。欽此。

竊查義和拳會，自焚毀盧溝橋一帶鐵路電桿後，匪勢猖獗，各屬及天津附近一帶，焚殺教堂教民，不計其數。各國派兵進京，保議使館及在京洋人，除先去兵四百餘名外，十四日又續去兵千餘名。彼時即經奴才與各國領事切實商阻。並以京津火車不通，屬其從緩。各領事等峻詞不允。德、法兩國竟至有搶奪車頭而行者。並帶同鐵路局洋工程司及工匠料物等隨行，意在將道修好，由車路進京。聞其開車後，十四日晚行至落垡，路遇拳匪數人，洋兵見即下車，追趕至村外，猝出數百人，與洋兵交仗，洋兵放兩排槍，轟斃拳匪五十餘人，擒獲四人，即經逃散。洋兵並無所傷。探悉，該洋兵等一面修路，一面行車。現在甫過郎坊十餘里，該處車軌有四里餘拆毀甚重，現仍停車修路。至天津、大沽一帶，攔港沙外，陸續到有各國兵船大小三十八隻，內有小輪船及雷艇五隻，泊於塘沽。其上岸之兵，在租界者，現在各國共有三千餘人，內以俄國之兵爲最多。各國領事近來遇事挑衅，不受商量，藐横已極。疊經曉以情理，置若罔聞。查看各國動静，迴非前數日可比。蓋因各國所到兵艦已多，租界屯紮洋兵亦復不少，大有羣起相爭，藉口開釁之勢。

奴才與聶士成、羅榮光等，詳細籌商。若再有洋兵進京，自當以理阻止。彼如不聽，若以兵力攔阻必即開釁。現在中國兵力、餉力，即一國尚不可與敵，况以中國而敵八國之兵，其勢萬難與爭衡，斷無失和之理。天津本京師門戶，軍火糧餉均儲於此，尤爲各軍根本重地，一有疏失，則各軍均無所恃。咫尺京畿，何堪設想！奴才與聶士成、羅榮光，受恩深重，何敢存畏葸推諉之見。惟事關全局安危，斷不敢輕於一試，致令釁自我開，不可收拾。此奴才等所以躊躇至再，不敢不愼重從事也。

察探各國領事之意，如中國肯於剿辦拳匪，諸事尚可和商。即以現時拳匪而論，雖經剛毅、趙舒翹前往宣撫，而該匪等仍復在各屬焚殺搶掠，鴟張如故。爲今之計，如能廟謨早定，明降嚴旨，特派大員，將滋事拳匪，嚴行剿辦，庶各國洋人無詞可藉，即續派兵進京，既可以理商阻，於大局亦可藉資補救。刻下事機危迫，倘再遲疑不定，則內患外侮，相逼而來，實屬無從措手。愚昧之見，是否有當，伏候宸斷施行。

除續後情形再行具報外，謹據實恭摺由驛五百里馳奏，伏乞皇太后、

皇上聖鑒，訓示。謹奏。

清廷招撫義和團及下達宣戰詔書

綜　述

《李鴻章全集·保定轉各局電光緒二十六年五月二十七日》 內閣奉上諭，義和團民分集京師及天津一帶，未便無所統屬，著派莊親王載勳、協辦大學士剛毅統率，並派左翼總兵英年、署右翼總兵載瀾會同辦理，印務參領文瑞著派爲翼長。該團衆努力王家，同仇敵愾，總期衆志成城，始終毋懈，是爲至要。欽此。

《著裕祿召集義勇編成隊伍事上諭光緒二十六年五月二十一日》 軍機大臣字寄直隸總督裕，光緒二十六年五月二十一日奉上諭：天津一帶，義勇麕聚甚多，著裕祿迅速派員招集，編成隊伍，以資捍衛。將此由六百里加緊諭令知之。欽此。遵旨寄信前來。

《著戶部劄放粳米交剛毅分給團民食用事上諭光緒二十六年五月二十六日》 光緒二十六年五月二十六日內閣奉上諭：著戶部劄放粳米二百石，交剛毅等分給義和團民食用。欽此。

《著派清鋭等充義和團練大臣會同增祺等認真辦理事上諭光緒二十六年六月十四日》 軍機大臣字寄盛京將軍增、戶部侍郎清、刑部侍郎溥、奉天府府尹玉、副都統晉，光緒二十六年六月十四日奉上諭：清鋭等奏，奉省拳民焚燬法國洋樓並近日情形一摺。現在既與各國開釁，奉天地方緊要，自應妥籌防範。清鋭、溥頲著派充團練大臣，會同將軍增祺、府尹玉恒，迅速認真辦理。至一切戰守事宜，並著與副都統晉昌悉心籌畫，毋稍延緩，致誤戎機。將此由六百里加緊諭令知之。欽此。遵旨寄信前來。

《載勳爲奏陳布置義和團務一摺已奉旨事諮內務府文光緒二十六年六月二十六日》 欽命統率義和團王大臣爲知照事。

本王大臣具奏，布置義和團務大概情形等因一摺，於光緒二十六年六月初四日奉旨：知道了。欽此。相應抄録原奏，咨行貴府查照可也。

右咨內務府。

附件：載勳等奏陳布置義和團務大概情形摺

光緒二十六年六月初四日

奏爲遵辦義和團務，謹將布置大概情形恭摺具陳，仰祈聖鑒事。

竊奴才等奉命會同辦理義和團務，當於五月三十日奉派翼長桂斌摺內聲明，督飭該員會同翼長文瑞，迅將團務悉心經理，俟妥定章程，即行詳細奏陳在案。

伏思義和團之興，雖由神道，實出輿情。奴才等受命統率，懼弗克勝，惟有各盡天良，和衷共濟，期堅衆城之志，略紓宵旰之憂。至統率之方，惟有因民之所欲，寓以兵法部勒之而已。若概以成例拘之，則蔑有濟矣。奴才等現集之團，計有數萬之多，刻經設法拊循，幸均就範。當飭該

團等隨同官兵，先行攻剿住京洋館。一俟洋館肅清後，再由奴才等妥籌良策，奏明辦理。此外未集之團，應卽聽其自練，守衛鄉里，不便强爲招致，以順衆志而免拘牽。至應立章程，尚屬簡易可行。謹將現擬章程四條，敬爲皇太后、皇上陳之：

一、總壇宜設也。查義和團之興，始自山東，遍及各省。教由神道，團各請壇，均於本地選人守壇，是其通例。現在奴才載漪府第添設一壇，爲各團總會之所。擇外之學力素優者，參以在團官員，派令守壇，以資聯絡而便調遣。新團投到者，自應責令詳查，分別收録。其有練拳未久，輕率結團，藉端滋事，或遊手匪類詐冒義勇，意圖乘變取財者，亦應分別嚴拿解散，庶羣情易達，而贋鼎自分矣。

一、五鎮宜分也。團民衆集，聚居既無便地，分置又難周查。現按東西南北中分立五鎮，由奴才等分領之。無事既便分管，有事仍應合辦，庶鈐制較密，而呼應亦靈矣。

一、捐輸宜勸也。京外各團向係自備資斧。惟外團來京者，裹糧有限，人地生疏，自籌口食，似多未便。若請款計授，不惟後難爲繼，且無以副義舉而伸衆志。現由奴才等勸捐銀米，以供軍糈。倘有不敷，再行請旨，設法籌辦，庶軍食有資，而士氣益奮矣。

一、文案宜設也。凡治軍，以文案、營務、糧餉爲重。此次辦團，既與向來軍務不同，自未便拘執成法，致涉鋪陳。且團由義集，費係公捐，若必處處求備，官派稍重，勢無以激發民心。現擬先設文案一處，其營務、糧餉，均於文案統之。俟團有增益，或出軍攻剿，再行隨時增設。其各項委員，卽由奴才等調取，以資臂助，並不支給薪水，庶同心協力，而羣情洽矣。

以上四條，均係團務目下切實辦法。現既集團剿洋，惟有動之以忠義，不以勢力決其防；感之以性情，不以意見敗乃事。冀以下齊衆力，上播皇威。

除未盡事宜俟奴才等隨時妥籌，另行奏明辦理外，所有義和團務布置大概情形，理合恭摺具陳，伏乞皇太后、皇上聖鑑訓示遵行。謹奏請旨。

奉旨：知道了。欽此。

論　說

《協辦大學士剛毅等摺光緒二十六年五月十八日》 奴才剛毅等跪奏，爲遵查良鄉、涿州一帶地方，拳民大概情形，恭摺先行奏聞，仰祈聖鑑事：

竊奴才於初十日面奉諭旨，跪聆聖訓後，遵卽於次日巳刻由京起程，自盧溝橋迤南，沿途察看，拳民三五成羣，所在皆有。申刻行抵良鄉縣域，傳集紳董，詳加詢訪。據稱：各鄉村鎮，均設有拳廠，聲言滅洋。雖燒符降神，迹近邪術，然市面買賣照常，尚無騷擾。聞拳民等所食，僅小米麤糧，不茹葷酒，持戒甚嚴。琉璃河左近，聚集甚夥；涿州逼近淶水，麕集尤多。等語。奴才等車馬馳過時，卽合掌跪迎。其幼稚者，年不過十歲上下。奴才在馬上訊其練拳意欲何爲？供稱，原爲保護身家。訊其聚衆欲作何事？供稱，近被教民欺壓，是以集團報復。但一言及洋人，則怒目切齒，願得甘心。呼洋人爲毛子。因聶軍之裝束，近似洋人、便呼曰二毛子。持刀相向，誓不兩立。察其情形，如醉如癡。凡此之類，聞直隸、山東各州縣，無處無之。蚩蚩之衆，誅不勝誅。誠如聖慮，非推誠布公，剴切曉諭，使知改悔，不能期其相安，斷無輕於用剿之理也。奴才經過鎮店，傳集該處紳董並拳民等，曉以大義，權厥利害，反復開導，啓其悔心。並詳諭以國家二百餘年深仁厚澤，我皇太后、皇上宵旰焦勞，所以爲小民計者，無微不至；爾等食毛踐土，具有天良，豈可借仇教爲名，拆毁鐵路洋房，甚至殺傷武員，抗拒官兵，大干罪戾。並撰手諭，分給各團，沿途布散。該拳民等立時悔悟，卽日撤廠，取具威戴天恩永不再滋事甘結。

十二日由良鄉起程，途次聞涿州拳民，因聶士成派隊在新城所屬之高碑店駐紮，拳民等誤爲洋兵，遂相抗拒；該軍飭人曉諭，該民等跪迎。聶軍出其不意，轟斃拳民一二百名，自此結仇甚深。該軍進剿，殊形猛浪。自南而擊，萬一拳民奔北，逼近京畿，殊與大局有礙。是日午刻，行至竇店，與臣舒翹、臣乃瑩相遇。細加斟酌。臣舒翹回京面奏，請撤聶軍。奴才當約同臣乃瑩，馳赴涿州。因此處爲京師門戶，各團拳民麕集之區，必須此處解散，他處方能得手。惟該拳民等，因初九日高碑店傷斃拳民太多，疑懼不肯撤廠。復經奴才等開導，一面函飭聶軍統帶官楊慕時，不得再行剿殺。該拳民等無不感戴皇太后、皇上愛民如子之仁，憫其無知，不忍加誅。正在解散撤廠間，據楊慕時稟復，謂奴才所去，係尋常信函，非請發印札，不能遵辦。奴才當用所帶空白印文，另書印札，飭弁兵二名送往。不料楊慕時復疑印信非真，將去兵捆縛押送至保定省，交藩臬兩司，辨明印文，始將弁兵釋回。該拳民等聞風，謂楊慕時不遵奴才信札，恐其再加誅戮，觀望不散。於是淶水、定興一帶老團，復來四千餘人，屯聚涿州南關。復經奴才傳集該團首事，詳加開導，並將所撰手諭分布。該拳民等終因高碑店之役，時懷疑貳。奴才等惟當仰體聖慈，竭誠化導。涿郡爲咽喉要地，北衛神京，南繫直隸全省，一日不能解散，奴才不敢一日輕離。俟解散後，再當前進。

除將奴才曉諭拳民手稿，録呈御覽外，所有遵查良鄉、涿州一帶地方情形，並現辦緣由，謹具摺先行奏聞，伏乞皇太后、皇上聖鑑。謹奏。

《給事中李擢英摺光緒二十六年五月二十四日》 花翎刑科給事中臣李擢英跪奏，爲拳教尋讐，燒殺日甚，請派員迅速招撫，並通知洋人，以安閭閻而弭後患，恭摺仰祈聖鑑事：

竊外洋欺侮中國，據我土地，奪我利權，干預我政事，且或籍傳教爲名，縱教民以欺壓平民。民間積怒既深，日思報復而無術，於是山東起有義和團，畿輔一帶應之。近日羣來城內，聲言燒殺教民，次及洋人，業已燒燬教堂多處。前日延燒大柵欄、珠寶市、西河沿等街，及前門城樓，至夜未息，並與洋人對敵，互有殺傷。而不時火燄燭天，尸横滿地，商民日夜數警，均覺難安。惟聞洋人已有懼心，意欲與拳民講和，以後相安無事，此節尚可慶幸。

蓋臣所慮者，洋人恣肆多年，今忽受此挫辱，將來必不甘心。且各國以教堂索賠，應接不暇。若乘此機會與之訂盟，盟書既定，隨後洋兵雖到，不能食言，亦可免教堂賠款。至義和團多貧民，又無統屬，恐難持久，擬請簡派清正臣工，迅速開誠布公，分别收撫並歸董福祥管束，以成勁旅。則目前之干戈可息，日後之禍亂亦消。臣爲事已危迫起見，恭摺具陳，伏乞皇太后、皇上聖鑑施行。謹奏。

《翰林院編修王會釐呈光緒二十六年六月十三日》 翰林院編修王會釐，爲敵釁大開，夷患叵測，請旨急除大奸，起用義士，以捍外侮，恭呈代奏，仰祈聖鑑事：

竊職伏讀前月二十五日以後迭次懿旨、上諭，仰見我皇太后、皇上聖神文武，外攘内修，驅除教士，廓清中土。薄海臣民，罔不舉手加額，同聲欣感。此固我聖祖列宗陟降之靈，皇天后土式憑之赫，乃有此一怒安天下民之一日也。

惟是大奸不除，不能成大功。近三十年來，大學士李鴻章專務和戎。凡英人取印度、緬甸、威海，法人取越南、廣州灣，倭人取臺灣，德人取膠州，俄人取琿春、界旅順、金州，皆李鴻章甘心賣國，陰授以柄。致外洋要挾，中國幾難圖存。若不及皇太后、皇上御宇之時，大張撻伐，後誰能戡斯難者。今既恭伸天討，而李鴻章總制兩粤，聞有抗旨不赴召之電，又有請勿開釁之電。悖謬畏葸，老而益甚。不知主辱臣死之義，惟請苟安求和。聽則可保全禄位，不聽則可諉卸責任。一至交兵，又多方牽制阻撓，必欲一蹶不振，以實其言。此皆李鴻章慣技。若再以此法試辦，大局何堪設想。且李鴻章寄頓貲財數千萬金於日本、新嘉坡各處，又與該二國大臣交好甚密，勢必勾結英、法、日本諸夷，竊據東南數省。深恐兩粤、閩、浙非朝廷有也。聞仍有旨電召李鴻章來京。廟謨深遠，已操勝算。如李鴻章遵旨前來，雖失魁柄，恐其仍肆奸謀。應請旨嚴加禁錮，庶免洩露軍情。如仍抗旨不來，是其悖逆顯露。應請皇太后、皇上速奮宸斷，下密旨於廣東巡撫德壽，數兩次抗旨之罪，將李鴻章就地正法。伸昔日顯逃之誅，杜後日無窮之患。大罰示懲，大賞乃足示勸。將十八省督撫將帥，見朝廷決意主戰，不敢望和，盡絕首鼠兩端，同據忠勇，挽回大局。天下幸甚，天下幸甚。

再請旨通飭沿海沿江各州縣官紳，舉辦團練，俾收衆志成城之效。查外洋與中國接壤，莫近於俄。遼東有韓邊外者，勇敢好義，鄉人悅服，一有號召，立致數萬人。應請旨命辦理東三省團練，以制俄夷。四川余棟臣、貴州譚子成，素得人心。應請旨赦出於獄，令召蜀、黔舊部，訓練成軍，同出印度，以制英夷。總兵劉永福前戰越南，舊部最稱驍勇。應請旨仍舊招集，並募粤東邊海漁民，同加演練，出師越南，以制法夷。至德人蓄意山東，有東省義和團民，足以敵之。中國踐土食毛之衆，涵濡於我聖朝深仁厚澤，歷二百五十七年，既皆淪肌浹髓，必願殺敵致果，普天同仇。再有各直省練軍及各大帥新練之師，不分畛域，扼要協剿，將八國之師皆望風卻走而不敢進矣。中國延一綫生機，端視此舉，中國之轉弱爲强，更望此舉。

職忝廁史館，目擊時艱，既有所見，不敢緘默，恭請代奏，伏乞皇太后、皇上聖鑒。謹呈。

《總督倉場戶部侍郎長萃摺光緒二十六年六月十三日》 奴才長萃跪奏，爲遵旨籌辦通州防剿事宜，擬請派兵先清附城教民，並請添募練勇兩營，以輔團民而資防範，謹將籌議所及，恭摺具陳，仰祈聖鑒事：

竊奴才於六月初九日亥時，承准軍機大臣字寄，光緒二十六年六月初九日奉上諭：劉恩溥奏，通州地方緊要，請派員辦理防剿事宜一摺，通州爲入京水陸通衢，地方緊要。著即派長萃就近召集義和團民，扼要防範。如有教民聚衆滋事，隨時剿捕，以靖地方而固門戶。餘依議。將此各諭令知之。欽此。奴才欽奉之下，感悚莫名。

伏念奴才一介書生，未嫺軍旅。當此時事艱難，敢不竭盡駑駘，以圖報效。當卽傳集在城地方文武，密切籌商。又復詳加斟酌，合以通州目下緊迫情形，有不能不先行剿捕，以靖地方，並以後招集民團亦不能不藉資兵力者。謹就見聞所及，爲我皇太后、皇上陳之：

奴才久聞東路教民，各縣俱有。而寶坻縣屬之大口屯、通州屬之賈家疃兩處，築圩掘壕，防守甚固，實爲肘腋之患。近日大口屯教民，時出肆擾，焚燒村莊，居民異常惶駭。義和團民結隊往攻，復爲所敗。適分統武衛左軍右路等營李大川部，領三營由薊赴津，道出寶坻，經地方百姓迫切攀留助剿，初六日已四面合圍，可期撲滅。而賈家疃附近州城，雖跧伏不出，而深溝高壘，儼同敵國。實已不堪勸諭。近復有逃兵攜帶軍器，竄入其中，已聚有數千人之多，誠恐將來或爲敵人內應。

在奴才未經奉到寄諭之先，初九日清晨，團民已集衆萬餘，進攻賈家疃，至晚紛紛敗歸，受傷者百餘人。據稱：教民槍礮甚多，不能進步。初十日復攻，亦不得利。十一日雖將南面攻破，而洋樓巍然，其中汙穢喪葬之物甚多，團民又無槍礮，斷難取勝。奴才以爲攻打洋人教匪，必兵團相輔而行，乃能有濟。若不設法接應，團民一散，教匪必出而相讐，州城守備空虛，爲害不可勝言。應請飭下大學士榮祿，無論如何爲難，抽調礮隊一營，輔以步隊一二營，迅速來通助剿，得以淨絕根株，免生後患。一俟該疃蕩平，仍令該營回京，聽候調遣。近患既除，奴才始可招集團民，扼要防範。

惟師出以律，號令宜嚴。欲其守禦有方，必須訓練有素。團民以神道設教，本不受官長之約束，招撫之初，亦第羈縻其衆，俾毋生意外之虞，往來悉聽其自由，粗率已成爲習氣。奴才惟有親赴各團，開誠布公，曉以忠義，因勢利導，或可就我範圍。現經奴才設立團防總局，揀派官紳會同辦理，以期聯絡一氣。但習氣既深，一時亦未敢期其必化。而且拳勇自恃，利器毫無，紀律難言，步伐何有。若不輔以兵力，誠恐一旦遇警，終難恃以爲安。

查通州協標，只有官兵二百人，東路捕盜營兵，馬步只有六七十人，平時技藝尚經練習，惟以餉糧太薄，不能專意操防。現擬仿照武衛中軍馬步營制，添加口糧，汰弱留强，俾得認真操練。此外，再就義和團內，挑選年力精壯，情願恪守營規者，編作步隊兩營。如人數不足，再由附近招募。均照武衛中軍營制辦理。如蒙俞允，查有通州協副將史濟源，秉性忠誠，久經戰陣，堪勝統帶之任，東路同知劉焌，精明穩練，熟曉戎機，堪以參贊軍務。從此認真訓練，扼要駐防。用團民以禁制洋人槍礮，用兵力以防洋人之禁制團民，庶可靖地方而固門戶。

所有加餉新餉，並制辦旗幟、號衣、鑼鍋、帳棚，採買土藥，及貼補團民行糧、養傷等費，均擬遵照臣劉恩溥奏准之案，先由通濟庫挪用。俟軍務稍平，再由直隸督臣設法歸款，以重庫儲。惟槍礮子藥爲行軍要需，現時天津製造局悉爲洋人所據，無從籌備。應請飭下大學士榮祿、直隸總督裕禄，勻撥後膛開花克鹿卜礮八尊、格楞快礮四尊、洋槍八百桿，多配子藥，以備操防。又恐來源不繼，不得不藉資鄰省。聞湖北、山西、河南皆有自製洋槍及後膛擡槍、銅帽、子藥等件，並請飭下湖廣總督張之洞、山西巡撫毓賢、河南巡撫裕長，速卽多籌槍礮子藥，遴派妥員，解交通州西街團防總局，以資應用。

所有奴才籌議招團練勇，並請接濟軍火，以資剿捕各緣由，謹專摺具陳，伏乞皇太后、皇上聖鑑，訓示。再奴才駐通督辦防剿事宜，不克呈遞膳牌，是以援照五日摺報之案，繕具專摺，派令臣衙門筆帖式代遞，合併陳明。謹奏。

《貴恆奏請明降諭旨宣示決戰摺光緒二十六年六月二十三日》 奴才貴恆跪奏，爲京師人心惶惑，請旨明白宣示，解釋羣疑，以安人心而維大局，恭摺仰祈聖鑑事。

竊於本月二十、二十一兩日，聞傳有皇上奉請皇太后巡幸之事，人心震動，奴才知必無此事也。奴才於何知之？於五月二十五日決戰之旨，及本月十九日查辦各衙門人員告假出京之旨知之。五月二十五日諭旨，沈痛愷切，臣民具有天良，讀者無不痛哭流涕，感激奮發。皇太后、皇上於彼時並無此舉，而直待於今日乎？連日攻擊逆館、逆堂，將近一月，終日礮聲震耳，人心鎮定欣悦，皆謂不日報捷，全師直抵津沽，逆夷授首，同聲感頌皇太后爲我朝聖人，直爲亘古神人。況皇太后前後聽政、訓政近四十年，勵精圖治，久歷艱辛，一切世情變幻險夷，無不在慈鑑之中。倉卒之間，國門一出，道路驚惶，皇太后豈有蹈此危途乎？是以奴才知必無此事也。推求其故，由於前次諭旨，令順天府飭大興、宛平兩縣設立官車局，供應各營需用。安定門外黄寺地方，順天府備有大小車一、二百輛，愚民無知，遂有此訛傳，人心不定。伏請明降諭旨，宣示臣民，俾共曉此義，則人心大定，而大局自全矣。

至於兵事利鈍，頃刻變換。譬之於弈，國手與低手弈，低手偶著一子，幸而得法，國手遂幾費躊躇，終能擺脱，以保全局。不日各路大兵陸續齊到，皇太后、皇上默運於中，統帥應變於外，於津沽以抄其後，於要路以截其前，逆夷前後受制，必不能全師而歸。即以情勢而論，我將士感激效命，以一敵一，鎗礮叢中，縱有損傷，逆夷亦斷無全活之理。此奴才決其戰必有勝，我皇太后、皇上無庸憂慮者也。伏求皇太后、皇上堅持初意，信賞必罰，以勵士心。制以必戰之勢，與之久以相持。彼越國遠來，我逸彼勞，我處室中，彼軍深入，久自不暇自給。俟其窮蹙，請命乞和，無論如何了結，必易措手。自來夷狄之患，勢終在和。惟能戰則能和，不能久持，則和亦不能久也。況今日決裂至此，與之輕易論和，我將何以償之乎？奴才不揣冒昧，爲保全大局，披瀝直陳，不勝悚慄之至。伏乞皇太后、皇上聖鑑。謹奏。

圍攻西什庫教堂和東交民巷使館區

綜述

《庚子國變記·西巡回鑾始末記·兵匪焚掠京師記》 拳匪既雲集京師，更有董福祥義弟陝人李來中者，從中指揮，由是兵匪遂合而爲一，益肆無忌憚，任意焚掠，作爲與髮匪直無二致。爰輯《兵匪焚掠京師記》，以爲後日之考證焉。

五月十六日，拳匪以外城姚家井一帶教民，已先期避入使館，不得肆其荼毒，遂於是晚將該處所有教民房屋盡付之一炬。其彰儀門外西人跑馬廳，亦同於是晚一併焚燒，是爲拳匪在京縱火之始。翌日，拳匪即撲交民巷，被西人槍斃八人。至晚，忽四處起火，崇文門内所有教堂皆焚。堂中教士，早經避往使署，故未遭害。惟教民及家屬約二三百人，則均被戕殺，情形甚慘。是日又燒燈市口及勾欄胡衕等處洋房，火光甚盛，直至天明，猶然烟焰滿天，餘火未息。

十八日，復焚順治門外教堂。其大柵欄等處教民所開之店鋪數家，亦遭焚燬。叫囂之聲，達旦不絕。

十九日晚，拳匪又進攻奥國使館。是日拳匪死傷者甚多，自顧逃遁不暇，故未縱火。而喊殺之聲，則仍至三鼓後始息。

二十日九下鐘時，火光又復大作，烟焰蔽日，作淡黄色。蓋大柵欄有老德記藥房，爲西人所開者，拳匪往焚之矣。已而西南風大作，以致延燒四處：東盡前門大街，西盡煤市街、南河沿，又逾河而至月牆、兩荷包巷，正陽門城樓亦被延及。是日共計被焚店鋪不下四千餘家。至翌日，火尚未息，當火起時，匪禁水會救火。老德記間壁廣德樓恐被延及，因特用水潑救。拳匪等遂揚言本燒老德記一家，因廣德樓以汙水澆救，致干神怒，是以延燒如此之多，並非法術不精也。自珠寶市爐房被焚後，市面大震，四門亦卽因之關閉。自此以後，無日不火光燭天，非焚教堂，卽焚教民之居室。

二十五日拳匪協同甘軍攻奧國使署。東偏中國銀行及銀元局火起，火光熊熊，自東而西。蓋奧使署與銀行之間，尚有鐵路學堂一大座也。

以上自十六日起，至二十五日止，皆拳匪縱火焚燒之事。此後則甘軍從而搶掠矣。

二十六日九點鐘時，各街巷聞槍聲忽作，叫囂哭喊之聲，無異雷震。是爲官兵劫掠之始。是日，各京官住宅及殷實富戶無不被掠一空。其先至者，蜂擁入室，以刀破箱，出衣物於庭中，揀佳者取以去。甫去而他兵又至，則取其次者。約七八起而衣物告罄矣。其銀票等物，亦必搜攫淨盡。其或閉門不納者，兵卽踰垣而入，放槍無數以恐嚇之，然後飽掠以去。設與爭論，卽被擊斃。如所掠尚不滿意，卽火其居。一時滿街塞巷，無非搶物之兵丁。而兒啼女哭之聲，尤使人聞而心碎。街市間屍骸橫臥，亦難數計。顧各處雖多被搶，尚不及住居附近東交民巷一帶之甚。蓋與使館爲鄰，故受禍尤慘也。孫尚書家鼐住宅被搶更烈，其公子所存僅一短衫，餘物已被括一空。而各兵等猶未滿意，因復以槍擬尚書，勒令將黃白物交出，否則將以槍彈相餉。尚書無奈，遂告其所藏之處，始釋手而去。是時尚書已神魂失措，恐有再至，卽乘明轎往徐頌閣中堂處暫避。所謂明轎者，卽入朝所乘之轎也。各兵紛亂間，忽喧傳有營官馬隊至，始各返身而去。蓋此時大營始知官兵焚掠，來彈壓也。有頃，忽又喧傳大營令下劫物者斬。卽有馬兵將人首來懸於尚書宅外，大事始定。是日命婦之爲兵戕害者亦有數人，小民更難數計。

二十七日晨，事爲榮相所知，大爲駭異。急親赴各處查看，並往尚書處道驚。查點一切，不獨傢伙什物蕩焉無存，卽牆壁間亦多有損壞之處。是晚，台基廠及交民巷東首火光又起，一路延長如龍。

二十八日，槍聲四起，御河橋一帶尤甚。蓋因翰林院後面爲英國使館，各國洋兵皆聚於此。正攻擊間，忽有教民無數從使館中突出，逢人便殺。各兵放槍逐之，捉獲無算，卽置於燈市口縱火燃之，屍臭之氣，隔數十里猶聞之欲嘔。

越數日，翰林院復被焚燒，所有古書典籍，亦皆片片作蝴蝶飛。堂中男女大小二十六名口，亦被逼至□□□□□自外縣解到英牧師□。誠浩劫也。

又**《北京大教堂被圍記》** 天主教教堂在京者共四處，分東西南北。在北者，名北堂。其教中大學教卽住在內。

當使館未被圍之前，京城內無攻戰屠戮之患者共有兩處，其一卽北堂，其一乃美國教會及北京學堂也。自六月二十號，各國民人入居英使館後，美國教會卽經棄去，不久卽被焚燬。耶穌教教民行教禮之處，僅英使館、英教堂而已。

天主教教堂在南面者，卽葡萄牙教堂。此乃北京教堂中之最古者。其次東堂，其次西堂，最後則北堂也。東堂、北堂，俱係天主教大學教名法維爾者設法所建。

建造北堂一事，其故甚繁。蓋在一千八百六十四年，北京內城所有教堂只天主教教堂一座，該教堂與皇宮相近，教堂球頂高處可以望及宮廷。因此頗爲宮禁所憎惡，已建造高牆以蔽之矣，後復請駐京法公使將此堂遷往他處。至一千八百八十六年，在地內賜地二十英畝，後復給英金七萬五千鎊，故此堂在四堂中爲最新。

北京事起，拳匪於西六月十三號，卽五月十七日之後三日，將東西南天主教堂三座悉行焚燬。北堂與各使署相去程途，按步而行，約一點鐘時可達，然彼此不通消息者共兩閱月之久。在北堂被圍者，計法水師兵三十人，意水師兵十人，法教士十三人，女教士二十人，華教民三千二百人。所存之糧，無事時可食五百人，被圍之際，人數不止六倍，故起初華人每日尚許食物八兩，最後減至三兩，勉强過度。

西六月十五號，卽五月十九日，拳匪往攻，死四十八人。至二十號，中外已經開戰，華兵有以大炮往攻者，經其水師兵衝出，奪一礮而回。每日卽用以拒敵，直至圍解後始止。英使署經大礮攻擊時，至多不過三尊；而北堂則華兵連架大礮十四尊相加者共有三日，平時，至少亦有四尊，有由禁中放出者，有由禮王府來者，紛紛不一。受困二十八日，防守北堂者衹法兵三十人、意兵十人而已。華兵所埋地雷炸發共四次，有一次死者至八十人，四次共斃四百人，內有童稚一百二十人，華教民死者大半。

事起時，華教民六百人以刀叉自衛。堂中僅有洋槍四十桿、大礮一尊，以禦三千桿洋槍、十餘尊大礮，竟被支持至七月二十二日而圍始解。

清・柴萼《庚辛紀事》 甘肅提督董福祥所部，於五月十五日入永定門，其時各國使署因見事急，已由天津檄調洋兵進京保護。適是日，日本使署書記杉山彬乘車出城迎視，遂與相遇於途，董軍見之，喝問何人，杉山彬以實告。各兵譁然曰：『既係書記生，官階藐小可知，乃敢僭乘紅帷掩車乎？』即提其耳下車，杉山彬知不利，乃婉告曰：『僭越之罪，誠不敢辭，願見大帥以謝。』各兵又大譁曰：『吾大帥乃天上人，豈汝倭子所能見。』杉山彬曰：『然則當請大帥至敝使署，由敝公使謝罪何如？』營官不待其辭之畢，遽抽刀而前，直剸其腹。事聞太后，召董責之，且欲派員查辦，以掩耳目。董力辨其無，並謂即果有之，斬奴才無妨，如斬甘軍一人，定然生變。太后默然良久，繼以事已如此，雖盡斬甘軍何益，乃復以卻敵大任委之。董至端王府，端撫其背，並伸拇指而贊之曰：『汝真好漢，各大帥能盡如爾膽量，洋人不足平矣！』董大喜，益自誇不已。日公使聞而大怒，即電告本國，一面請輿尸入城以殮，力爭數次，而後許之。

德公使克林德之被戕也，爲五月二十三日。先是，總理衙門飭人賚照會至各使館，略謂津京業經開戰，大沽砲臺，已爲各國所奪，現因中外戰釁已開，各使臣例應下旗歸國，限於二十四點鐘內，一律離京云云。各公使以駐津各領事無宣戰之權，何得忽有此舉，深爲疑異。特聯名繕就公函，送呈總署，請見王大臣面議此事，王大臣辭之。各公使無奈，乃復請展限於四十八點鐘內起程，一面整束行裝，作出京計。乃德使素性躁急，定欲一見王大臣，以別是非，遂於是日帶同譯官乘轎以往，復恐途中或有不虞，特置手槍於轎內，以圖自保。行至東單牌樓時，不知如何，誤將槍上機括觸動，忽致訇訇作聲。該處爲比國使署，署中守兵聞有槍聲，疑拳匪來襲，即蜂擁而出，開槍四射，時適有官兵在途，疑其擊己，即還槍轟射，槍彈橫飛之際，轎中人已中其一，蓋即德使克林德也。其繙譯官某見之甚恐，即捨轎而奔。時京中上自官吏，下及黎庶，已成義和拳匪世界。端王、剛毅、董福祥等，以釁端已啓，乃欲拘各使臣以爲質，縱或洋兵北犯，尚可有恃無恐，因是遂有圍攻使館之事。不謂時經三月，萃虎神營、神機營、武衛中軍及匪兵等十數萬人之力，而不能滅及千人之交民巷，與天津集練軍、聶軍、宋軍數萬人之力，而不能鋤及三千人之租界，同爲奇恥大辱。彼拳匪固不足道，而廊坊董軍，則捏敗爲勝。通州李軍，未戰輒潰，平日糜餉蠹國，事迫不獲一日之用，則尤不足道之不足道者也。

交民巷在圍中幾三月，有一事最爲奇特，至今尚爲疑案。一日攻守方急，突有一少年華人，手揮白巾，立洋兵中，執而訊之，乃知代天津洋人送密信者。信中多要語，於是與覆書竟去。半月許，此人又持津函來，知楊村獲利，聯軍首途矣。衆皆額手，與以千金，毅然不受，叩其姓名不告，問其爲此鵠的何在，則云：『其母嘗言，欲救中國無亡，必救公使不死，吾之爲此，奉母命也。』問更能持函赴津乎？則云：『吾事已畢，不更爲矣。』倏然而逝。果爾則嫠憂周隕，不得專美於前，而其子亦魯連一流人物，中國不亡，賴有此耳。聞此少年係北人，不能操西語也。

清・袁昶《亂中日記殘稿》 西什庫則虎神營與義和團合打，亦一月未攻開，則詭云鎮物太多，有光腚女人無數在樓上者云云。而洋人用槍擊殺義團不少，則云爲穢物所沖，漸至殺劣員，如阿克達春爲虎神營翼長，是打西式庫用砲反擊義和團者，竟聽團民藐法縱殺，亦異矣。殺慶恆副都統一家，又以神教仇誣，先後下黄思永、立山於獄。慶立奥援甚深，竟以神教一誣，遂致如此。設使將來和局成，而拳衆亦苦難安置得法。現聞有和局之説，則出辭已大不遜，多不堪出口之語。總之，暫時京師義團及甘軍各營，不出大城，便是大害，不知伊於胡底；不止津沽大隊洋船之來，爲可慮也。

文章京云：前往各館，跨越塹堵，積胔薰腐臭濁。及達英館，各使俱在，並出玉河橋西岸相見，不免鵠形菜色。有懌霽者、默默者、（努）[怒]目盛氣致詰者，中朝爲此，究竟出何意見，告以奉命慰問，並申明極力保護，請轉各外部，始領罷去。

論　説

《翰林院侍講學士朱祖謀摺光緒二十六年六月初四日》 翰林院侍講學士臣朱祖謀跪奏，爲戰事方始，宜籌全局，以紓後患，恭摺仰祈聖鑑事：

竊惟此次用兵，各國協以謀我，仰賴皇太后、皇上宸謨默運，大沽告捷，目前鉅禍稍紓。然臣竊聞師直爲壯。又聞春秋之義，不戮行人，故曰：兵交，使在其間可也。今官軍圍攻使館，數日不解。聚而殲之，既乖古誼，亦未足以示國威。徒使彼國之師，見而切齒，其致死於我，必十倍於尋常。彼若殺我使臣以相報復，是朝廷自殺無罪之臣也。若闌入邊境肆其屠戮，是朝廷自殺無罪之民也。設彼置我使臣不殺，入我邊境不擾，而專據理以相詰責，則彼辭甚直，而我將何以自解！

臣愚以爲戰事不可不備，而使臣不可不保。應請飭下樞臣，設法照會各使臣，告以今日戰釁，實由各國兵弁不守保護常例，逢人開槍，以致軍民激而爲此，並非朝廷之意。現擬約定時刻彼此停攻，一面派兵護送使臣出京，其洋兵亦勒令盡數遣出。彼既自分葅醢，而忽有更生之慶，宜無不感戴皇仁，就我約束。後雖勝負無定，而曲直已分。可以示天朝不殺之恩，可以杜萬國責備之口，可以減敵人裂眥之憤，可以留他日轉圜之機。近聞各督撫電奏，多有保全使臣尚可挽回之語。而駐英公使羅豐祿所述英外部之言，以爲保護使臣，即不算我國開釁。是使臣之保全與否，其關係於大局者甚重。臣所謂籌全局以紓後患者此也。

愚昧之見，是否有當。伏乞皇太后、皇上聖鑒。謹奏。

《御史鄭炳麟摺光緒二十六年六月初九日》 再：臣聞各國使館，均挖地窖，以爲窟穴藏身之計。是日，連日與洋兵對壘，彼傷斃甚少，而陡然中止，不聞槍響。其中陰謀詭計，不可不豫爲之防。若僅止燒毀洋房、洋樓，輒稱焚殺無遺，不查明實數，便即退兵，疏於防範，如死灰復燃，洋兵夤夜竄出穴內，無不一當百，百當千，後患何可勝言！應請飭下統兵大員，訪尋地窖，搗其巢穴。即使洋人靡有孑遺，猶必派兵看守，以防後患而資彈壓。愚昧之見，是否有當，謹附片陳明。伏乞聖鑒。謹奏。

藝文

延清《庚子都門紀事詩》 交民巷東望，樓閣何巍巍？使館相櫛比，五色分縣旗。大小一車載，雙輪駕騄駬。平時不相擾，徵逐游帝畿。乃自失和後，森嚴皆戎衣。橋據玉河北，增兵防四圍。往來斷車馬，廣陌行人稀。肇端有禍首，當與爭是非。奈何殛公使，厥罪唯吾歸。從茲互攻擊，彈雨晨又飛。

佚名《庚子時事雜詠二十二首・圍攻使館》 輦轂何堪作戰場？外臣無罪客他鄉。可憐周道成荊棘，敢向秦庭乞水漿。巨砲雷鳴驚魄散，援師路斷總心傷。死生性命存呼吸，況復存沙告絕糧？

天津保衛戰和北倉阻擊戰

綜述

《庚子國變記・西巡回鑾始末記・聯兵攻陷大沽礮臺記》 大沽礮臺在白河口之南，北鹽田之東。其北岸曰北礮臺，南岸曰南礮臺，聚於南部者曰新礮臺，築以泥土，圍以石牆，堅韌處雖金城湯池亦莫以過。距京四百八十餘里，距天津二百餘里，爲水道入京之咽喉，內港外港，險阻可守。港外有洲，水極淺，故離臺尤遠，即潮漲時，水亦不過六七尺，輪船入口頗非易易，兵輪尤不易駛近。洵爲天然要隘，所謂一夫當關，萬夫莫入者。倘布置得宜，防範有法，雖日以大礮環攻，亦無所懼。而乃轉瞬之間，即已失守，則當此任者，不得辭其責矣！

先是各國以得其使臣急電，遂紛調其水師艦隊，陸續前來，以便相機北上。時在五月中旬，大沽口外已泊有兵艦三十餘艘之多，每欲入據礮臺，而無其名。遂各互相聚議，於二十日，由各統帶同譯人往見礮臺守將羅軍門榮光，令於是晚戌刻將礮臺讓與各國屯兵，如至十二點鐘不讓，即當於二點鐘時開礮轟擊云云。軍門答以此事未便作主，須稟由北洋大臣再爲奉覆。各統帶乃仍退回。旋於傍晚六點鐘時，傳令凡在大沽之各西人，限一點鐘內均赴停泊於鐵路碼頭旁之美兵艦名莫諾開賽者船上躲避，以免爲炮火所傷。各兵艦亦各整備一切，以俟屆時開戰。時美兵艦統帶某君，以一經啓釁，天津租界必有不堪設想之處，雅不願與聞其事，祇以各統帶意見相同，礙難攔阻；遂於先期開出口外，以覩動靜。

屆時，礮聲忽起，無異霹靂震空，滿江烟霧迷漫，對面幾不相見。故兩面誰先開礮，均無從察其實在。惟覺滿江炮彈飛舞，半空隆隆之聲，與波濤之滚滚者相鼓蕩而已。英國兵艦名奧爾求林者，所泊處適當礮臺之衝，有一礮幾被擊中，以在夜間，礮臺上未能瞄準準頭開放，故得倖免。其魚雷船威鼎則所中之彈子墮於鍋爐之内，故亦未曾炸發。惟德兵艦意爾的斯，則受傷稍重，統帶官亦幾不保，幸閃避捷速，始獲無恙。彼此相持之際，各兵艦以由下仰擊，頗形費力，擬派某國兵由間道抄入臺後，以爲前後夾擊之計。乃天將明時，而礮臺旁之火藥庫竟爲礮彈所中，致忽炸發，一時間，烈焰飛空，濃煙匝地，兵丁之死者至不可以數計。而炮臺遂以不守。其極北第一座礮臺，爲日兵最先佔據，方懸掛國旗間，北邊外面之礮臺亦爲英軍所得。各兵艦卽乘勢駛至港口。未幾，德俄兩國旗號又高懸於南面礮臺。此二十一日晨六點鐘之情形也。

至天明後，中國海容兵艦及魚雷船四艘，亦俱爲英船所獲，蓋卽未開戰時泊於口内者，以未知開戰，故均未預備，致被唾手而得，亦以英旂懸上，繫之於威鼎及斐蒙兩船之尾。時臺上逃遁兵丁及華人等，或被槍炮擊墮於河，或自投入水者隨水飄流，幾於觸目皆是，事後聞爲美兵船所救得以不死者甚多。至十點左右，各兵艦統帶見事已大定，遂卽派弁登岸查看。所有各礮臺業已半成焦土，無頭折足之屍更難僂計，所謂積屍如山，流血成渠者，實有此種景象也。各弁乃命兵丁等將屍舁諸一處，以火焚之。其附近礮臺各處，所有中國房屋爲礮火所傷者，亦不知凡幾。大沽本有中國船塢，其中更有一捉魚雷船，至是亦均懸以俄旂，爲俄人所有矣。

是役，華兵傷亡者爲數甚衆。洋兵則僅英兵艦奧爾求林死傷武弁各一，兵士死者三人，又芝臘克兵艦亦一武弁受傷，復因船中火藥房爆烈，焚斃七十人。德國意爾的斯統帶官受傷甚重，亦因船上汽鍋爆烈，致斃數人，俄兵艦僕勃爾則一無傷損，惟高麗支兵艦則武弁二人受傷，兵士死八人，傷十二人。法兵艦名雷安者，死傷武弁各一。因是戰後各兵艦上均下半旗，以志哀悼。

此爲中外開戰之始，故求其詳情以記之，俾後人有所考證焉。

又《津城失陷記》 北直自入庚子以來，卽大旱數月，某屠求雨，絕無靈效。津郡城廂内外，火災又層見疊出，甚至一日夜間鋪戶被燬者幾難枚舉。且火皆起於大街，如估衣街、鍋店街、單子街、河北大街。此數處爲津地最繁盛之區，富商大賈，百貨雲集，店鋪如林，皆付之一炬。計所失不下千有餘萬金。然火旱二災所損傷者，不過銀錢，與民命無與，及端節後，拳匪滋事，與洋教爲難，則刀兵起矣。

先是春二月間，天津初聞北直保定、遵化州、綿州一帶，有神師降世，專收幼孩爲徒，教以咒語，云能請先朝名將護身，教以練拳練刀，功候滿足，卽能槍礮不入，刀箭不傷。未幾，卽日盛一日，强年壯丁亦相率從之，鄉野村莊，十有九信，始取名曰義和拳。嗣後從者益衆，北三省幾於徧地皆是，官府既不嚴禁，因是練者愈衆，復更名曰義和團，以已成未成分爲上下兩等：上等胸繫八卦兜肚，腰圍黄布，腿扎黄帶；下等則腰圍紅布，腰扎紅帶，日夜操練刀矛拳法。其時雖有舉國若狂之勢，然尚未聞其滋事也。

至三月間，謠傳遵化州有焚燬教堂之説。四月間，保定府則竟實有其事矣。該處教堂，無論天主耶穌，悉付一炬。復與教民爲難，見卽殺之。初猶未及南人也，繼以南人受役於洋人者多，亦恨之刺骨。並以電報局、鐵路、車站等處，與洋人聲氣相通，故亦欲害之。呼南人曰二毛子，其他三毛、四毛等，則以其人所業者爲等差，得脱者寥寥無幾。保定一帶洋教人等既盡，拳匪見無可深鬧，隨大燒鐵路車站，自琉璃河、長辛店、豐台、落垡，而至津。是時正值端節，既至津後，勢焰雖已凶横，然尚猶未敢公然滋事也。

至五月中旬，北京鐵路又被拳匪焚燒。洋人卽發兵至京以保護使署。大沽口外，各國兵船亦陸續而來，並調兵三千餘名至津，以爲防守租界之計。時華兵亦陸續告至，初猶不計其有他也。惟洋人恐拳匪乘間混入租界縱火，故防範加嚴，每夜十點鐘後，行人必有照會方可來往，餘皆與平時無異。内中間有膽小之人，恐有不虞，早爲避地南下計者，十分中約居二，餘皆以拳匪爲烏合之衆，必無能爲。豈料兵團聯合，弄假成真，竟一發而不可收拾哉！

十八日晚十點鐘，津城中忽然紅光滿天，則拳匪焚燬教堂也。津城教堂共有三處，傳教神甫已先期出城，堂則請天津縣發封看守，此夜竟付之一炬。自教堂被焚後，風聲大緊。津城内外拳匪滿街，公然來往，毫無忌憚。官兵遇之，反避道而行。紳商等欲請其保護，多以糧食等饋之。拳匪等復謠傳十九夜將縱火以焚租界，作法而毁洋樓。於是租界洋人更嚴爲之備。至夜二點鐘，拳匪果在陳家溝子、朱傅莊一帶放火。人聲嘈雜，火光連天，意圖混入租界。洋兵見相離不遠，即開炮以威嚇之，雖斃拳匪百餘名，而居民之慘遭殃及者竟至難以數計，直至天明始定。二十日下午，傳聞塘沽開戰，官兵與義和拳連合專打洋人，人均不信其說，而不知竟有其事也。是日風聲更緊，界內居民不准出界，其在界外者不准入界，因是道乏行人，市皆閉肆。

二十一下午，炮聲忽起，排槍聲如貫珠，炮彈均向租界而落，蓋官兵開炮也。居民等有與洋行相識者，即挈家遷於洋行，入地窖內躲避。是晚槍炮聲愈緊，火光又衝天而起，則爲洋兵焚燒先農壇以及蘆保鐵路公司，直至租界牌坊而止。及將天明時，炮聲又連次大震，洋房民房之被毀者不一而足。居民皆扶老攜幼，號泣而奔。男女滿街，甚有身無衣服，足無鞋襪，爭相逃竄者。其時礮彈飛舞半空，槍子急如驟雨，間或墮地炸發，中之者又非死卽傷。致沿途哭聲震耳，慘狀誠有難以言語形容者。至半途復遇洋兵阻止索取照會，苟無以應，卽指爲奸細，立時槍斃，惟教中人則可免。因是人民橫遭轟斃者，又不知凡幾。其洋樓中之素稱堅固者，雖可受礮，然窗上玻璃，屋頂磚瓦，已無不隨礮聲而飛。至二十五日黎明時，槍礮之聲始緩，蓋官兵向西而退也。惟自二十一日起，至二十五日天曉止，此五日五夜中槍礮聲無一刻斷絕。洋房洋樓之轟毀者計有數處。祇以大礮僅能遠攻，不能近擊，故礮彈均從頭上飛過，雖有一二炸彈落下，已散碎無力，不致多傷人命。其海大道一帶，華人被礮轟斃，至不可以屈指計，慘哉！

二十六日，槍礮雖緩，然尚時有所聞。二十七日，槍礮更稀，下午四點鐘，洋人救兵又到，官兵乃均向北退走。至晚而礮聲乃絕。當二十四日，租界中有一西國武員，不知若何，爲華人以手槍擊斃。因之自此以後，租界內不准華人往來，見則立行槍斃。華人有不知此禁令者，轟斃約數十餘名。至二十六日，洋兵欲搜拿藏匿於各洋行之華人，以置之死地，其故，蓋因西國武員被華人擊死所致。後經各洋東竭力保衛，始免於難。而前五晝夜內官兵及義和拳爲洋兵擊斃者，竟有數千名之多。

當接戰時，洋人羣謂華兵雖衆，要皆不足爲慮，所可畏者，聶軍門之所部耳。蓋聶軍有進無退，每爲各軍之先，雖受槍礮，前者斃而後又進，其猛勇處誠有非他軍所可比擬者。故自聶軍門陣亡後，而洋兵聲勢更爲之一振。

至二十八日下午，礮聲又起，蓋洋兵追擊官兵也。二十九日，洋兵以大礮轟中國水師營，華兵並未還炮。至三十日，洋兵復欲向津城開炮，並欲派兵奪據城垣，嗣因探知城內官兵尚多，一時亦未敢進攻。至六月初一日，洋兵破海光寺機器廠，卽入據之。

天津又有東局子者，亦係機器廠，向造火藥、炮彈、槍子。初二日，洋人欲破之而無策。因局中亦有兵千餘名防守，若轟以炮，則局中所存炸彈甚多，一時炸發，恐並租界亦齎粉；若派兵往奪，則局中有礮可放，傷人必多。會議許久，卒無善策。然洋人咸謂不得東局，租界不能安枕，乃議派兵前往，遠遠以排槍擊之。不意東局並不開礮，亦僅以槍對敵戰。二日夜，華兵敗走，且死傷甚多，東局遂爲洋兵所得。捷音至租界，洋人均歡躍相賀。

初三日，洋人以傳聞北京欽使已被害，又欲搜殺華人，幸各西商以未得確信爲言，始得免。至初五日早，槍礮聲又復大作，華兵以槍擊租界而洋兵則以礮轟津城。至晚間而礮始絕聲。然排槍之聲，則仍永夜不絕。初六日，槍聲亦時作，至下午三點鐘，官兵復攻租界，槍礮之聲又起，至晚方息。兩軍互有損傷。初七日五點鐘時，卽聞炮聲，午後繼以排槍聲，兩軍又復大戰，三點鐘時天忽大雨，彼此仍冒雨戰，各不休息，直至半夜一點鐘始止。是役，洋樓之毀者甚多。

初八日上午，又各出隊混戰。下午始止。初九日，洋兵以水師營有德國所造之大炮，其利無比，欲得之以爲己用，特派兵往奪，是日因復大戰。初十日午後，彼此仍開放大礮，遙爲轟擊。至十一日而又肉搏相攻矣。是日，日本兵並派大隊往攻津城，爲華兵擊敗而回，傷亡頗衆。

十二日，洋兵以礮擊天津城，放至百餘礮。洋人登瞭高台，以千里鏡向城中窺視，但見烟塵大起，火光連天。是日並有英國新運到之大礮八尊，據稱此礮一開，一彈能燬三里村莊城廂，遇此無有不化爲平地者。計算天津闔廂，若連開五十礮，卽可片瓦不留。英兵本欲大加施放，當爲德俄二國勸阻，故僅放數門，卽行停止。其所以勸阻之故，並非有愛於華人也，緣二國之人在津爲商者多，倘天津傷損過甚，一則所有賬目悉歸烏有，二則元氣一傷，將來貿易必有大礙，故力阻之。是日，租界中又擊斃無照華人八九名。

十三日，中國水師營以大礮向租界開放，異常猛烈，洋人以另有機謀，並不還礮。至晚，官兵在後，義和團在前，合攻租界，洋人以排槍禦之，天明而止。計斃義和拳二千餘名，官兵則傷者無幾。事緣官兵以若輩妄言惑衆，先云能避槍炮，而仍遇槍卽斃，自開戰後，官兵傷亡不少，而若輩反避入村莊，不敢出戰，因此恨之刺骨，分往村莊搜捕，責令充當先鋒爲前敵，否則殺無赦，若輩無奈，只得拚命上前，遇洋兵開槍轟擊，卽跪地乞天護佑，前者已死，後者畏懼欲逃，官兵見而大怒，遂亦以槍從事。故是夕義和拳死有如許之多，並非皆死於洋兵也。

十四日，各國領事函致裕制台云：『如再以大礮向租界開放，必亦當以大礮轟擊津城。』裕制台覆信，詞語甚爲決裂。是日下午，又有新從英國運到之大礮二尊，其名曰列低礮，蓋卽綠氣礮也，又曰毒氣礮，其烈無比，開放時，在一百碼地內之人，一聞其氣，無不立斃，爲萬國公法所不許，往年弭兵會亦曾首議及此，平時不得輕用，故此礮自製就以來，祇非洲曾用過一次。洋人接裕制台信後，當晚卽派日、德、俄三國之兵共八千名，分兩路攻擊津城。日兵以輕進故，遇地雷猝發，傷斃六七百人。次日，卽十五日，洋兵乃放列低礮，並以各種大礮佐之，約及四五百門。裕制台以守城華兵力不能支，祇得率衆向北退去。日本兵遂據有津城西門。隨後水師營亦因迭中礮彈，難以支持，亦卽拔隊而退。德俄兩國之兵遂進東門。

至十六日，津郡城廂內外，已無華兵蹤迹。城內惟死人滿地，房屋無存。且因洋兵開放列低礮之故，各屍倒地者身無傷痕居多。蓋因列低礮係毒藥攙配而成，礮彈落地，卽有綠氣冒出，鑽入鼻竅內者，卽不自知其殞命。甚至城破三點鐘後，洋兵猶見有華兵若干，擎槍倚牆，怒目而立，一若將欲開放者，然及逼近視之，始知已中礮氣而斃，祇以其身倚戤在牆，故未仆地。列低礮之慘毒，有如此者。

攻城各兵，以日兵最爲勇敢，故傷亡亦衆。蓋因日兵初至時，某國官兵，以其形類侏儒，且無糾糾氣，頗忽視之。日兵因欲一雪其恥，以傲各國，然亦賴有列低礮之助，故得專美於前也。

城中自東門直至鼓樓，片瓦未動；南北兩門亦所傷無幾，惟西門則死屍山積，房屋則十存一二。蓋洋兵從西門而入，故受傷獨甚也。城外大街，雖未十分毀壞，然已十去其四。居民及鋪戶門首，如書有『大日本順民』字樣者，卽由日兵出爲保護。

十七日，洋兵在津城內外搶掠各大戶以及當典之類，各官署所積現銀亦均爲洋兵所得。十八日，洋兵出示安民，城中始稍安靜。

城外自馬家口至法租界，週圍里許，從前皆華屋高堂，法界中尤覺林立，今則無一存者。從法界至津城，先時亦均有鋪戶居民，自經戰事後，祇見碎磚破瓦，狼藉滿地而已。至閘口二里有餘，亦求一屋而不可得也。幸閘口以上海關道、東新街、宮南、宮北，至鍋店街口，均皆無恙。從鍋店街末、估衣街口起，直至針市街口，亦被燒罄盡。估衣街一條，內中均係殷實店鋪，如物華樓、播威洋行、瑞林祥、隆聚、恆利、鴻興樓、慶祥元、義成文、成文義、成合義等，均係著名大肆，其資本多則三四百萬，少則數十萬，或十餘萬不等，均被焚燒淨盡。蓋以錦繡繁華之地，一旦而變瓦礫縱橫之場，有心人言念及此，能無痛恨於謀國者之不臧哉！

《中國旬報・津沽情形光緒二十六年六月十五日》 大沽砲臺與西艦開砲相轟之故，因西人先令華兵退出。而統帶羅君答以：『萬不能退讓，卽有朝旨亦不能奉詔。』致開砲對轟，相持一日夜之久。華兵雖傷亡相繼，終不肯退。直到砲臺擊毀，羅君死之，始爲西兵所占。其時砲臺上猶開砲不絕。各國兵船還擊者亦紛紛雨集，至七點鐘之久，兩軍皆無懈意。旋見日本兵船兩艘馳至砲臺之後，燃砲反擊，砲臺之兵亦能分兵還擊。砲臺華兵死者無數，而氣不稍餒。平明，日本兵舍舟登岸，俯行於砲綫中，奮勇直薄砲臺下，爭躍而上，手刃華兵數人，拔華旗立日本旗。當時華兵各隊見第一臺已失，用全力來撲，日本所得之第一臺冀可克復，乃日兵奮死迎敵，冒火前進，復得第二臺。當華兵與日兵酣戰時，各國兵士亦俱登陸。英兵奮力奪得第三臺、第四臺，俄兵奪得第五臺、第六臺、第七臺，德兵奪得第八臺，法、美奪得第九、第十兩臺。二十日午，砲臺盡失，而砲聲亦寂然矣。是役，聞主兵者爲新授喀什噶爾提督羅榮光，淮軍宿將也。十臺俱亡，自將帥以至士卒無一逃者。中東之後，所未曾有也。

論説

《直隸總督裕祿摺光緒二十六年五月二十一日》 頭品頂戴北洋大臣直隸總督奴才裕祿跪奏，爲大沽礮臺緊急情形，恭摺仰祈聖鑒事：

竊於本月二十一日接法國總領事杜士蘭照會：各國現駐大沽口外水師提督、統領等，託由本總領事轉致公文一件。惟時刻迫促，不暇全譯華文。其要意，乃各國水師提督、統領，限至明日早兩點鐘時，將大沽口各礮臺交給伊等收管，逾此時刻，不願善交，則各國水師提督、統領卽當以力佔據。等語。

查大沽爲海口重地，斷無交其收管之理。來文强横已極。且此文標二十發，二十一日卯刻始行送到。文內云，今日早兩點鐘交給，文到已逾時刻，其情形尤爲詭詐。當經奴才咨行聶士成、羅榮光嚴加防備，竭力扼守。一面由奴才照復該總領事，以大沽海口係屬重地，本大臣斷無擅允交給之理。且中國與各國並未失和，囑該總領事轉致各國領事。等語。

現據羅榮光專弁來津面稟，各國兵艦在大沽內者，已有架礮奪取礮臺之勢。如果洋兵開礮攻臺，該提督卽飭守臺弁兵開礮，竭力抵禦。惟各國洋人既欲佔據大沽礮臺，各國水陸各兵自必陸續麕至。而聶士成所部武衛前軍，除駐守蘆台及前赴保定等處，往調尚未到津外，在津僅止十營。其餘淮練各軍，除分防各處外，在津不及三營。宋慶隊伍尚無進關消息。兵力單薄，萬無把握。爲今之計，如果洋兵來撲，惟有督飭現有各軍，竭力抵禦。並請旨迅飭董福祥等統帶所部，星夜來津接應，以維大局。

謹由驛六百里加緊恭摺具陳。伏乞皇太后、皇上聖鑒，訓示。謹奏。

《清政府關於對義和團相機剿办的上諭光緒二十六年六月二十一日》

光緒二十六年六月二十一日，內閣奉上諭：此次中外肇釁，起於民教之相閧，嗣因大沽礮臺被占，以致激成兵端。朝廷誼重邦交，仍不肯輕於決絕，迭經明降諭旨，保護使館，並諭各直省保護教士。現在兵事未弭，各國商民在中國者甚多，均應一律保護。著將軍督撫，查明各國洋商教士，在通商各埠及各府州縣者，仍按照條約，一體認真保護，不得稍有疏虞。上月日本書記杉山彬被戕，正深駭異，乃未幾，復有德國公使被害之事，

該公使駐京辦理交涉，遽遭傷害，惋惜尤深，應仍嚴飭勒拏兇手，務獲究辦。所有此次天津開戰後，除因戰事外，其因亂無故被害之洋人教士等，及損失物產，著順天府、直隸總督，飭屬分別查明，聽候彙案核辦。至近日各處土匪亂民，焚殺劫掠，擾害良民，尤屬不成事體。著該督撫及各路統兵大員，查明實在情形，相機剿辦，以靖亂源。將此通諭知之。欽此。

《翰林院侍講檀璣呈光緒二十六年六月二十六日》 花翎四品銜翰林院侍講檀璣，爲停戰講和，敬陳管見，呈請代奏，仰祈聖鑒事：

竊天津開戰，一月以來，互有勝負。洋兵爲數無多，我之兵力非遽遜於彼也，彼不過善用教民爲漢奸耳。璣歷觀史册，中國之與外夷，必能戰而後能守，能守而後能和。目下和局尚無眉目，似宜厚集兵力，預備軍火，各省徵調之兵，未到者星速催之，已到者分紮前敵，節節設防，多掘營濠，密安地雷，爲泰山不可動搖之勢；彼見吾兵力之能戰能守也，和議庶幾迎刃而解乎。夫避實擊虛者，用兵之秘訣，避難就易者，議事之權宜。以今日情勢揣之，各國中必有願和者，有不願和者，有徘徊其間者，英顧惜商務，美向無釁端，必願和也；法祖護天主教，德憤使臣之被戕，日恃甲午之勝，或不願和，若俄、比諸國，當在徘徊之列。將來各國和議，能一氣呵成，無大礙難之處，我皇太后、皇上慎重民命，止戈爲武，原可照准。萬一有崛强不馴百端要挾者，不妨先英、美而後德、法，和者自和，戰者自戰。蓋能和一國，卽少一國之敵，揚湯止沸，不如釜底抽薪也。

總之，和事如何結局，未敢臆度，但傳教一層，當以全力爭之。彼教之焰愈張，吾民之心愈憤。且民入彼教卽爲彼用，其流毒有不可勝言者。趁此挽回，天下幸甚。檮昧之見，是否有當，理合呈請代奏，伏乞皇太后、皇上聖鑒。謹奏。

《直隸總督裕祿等摺光緒二十六年六月二十八日》 革職留任北洋大臣直隸總督奴才裕祿、幫辦北洋軍務太子少保四川提督宋慶跪奏，爲懍遵諭旨，激勵諸軍，誓圖進取，並聲明義和團民早經逃散，萬不可恃緣由，恭摺仰祈聖鑒事：

竊奴才等於本月二十四日承准軍機大臣字寄，二十三日奉上諭：前因天津失陷，當經降旨將裕祿等分別懲處，未卽從重治罪，原冀該督等自

知愧奮，振刷精神，亟圖恢復。乃數日來，坐困偏隅，一籌莫展。朝廷寬典，豈能屢邀耶！裕祿疆圻任重，亟應聯絡各軍，並將水會民團重加整頓，克期規復天津。若再遲回觀望，坐失事機，自問當得何罪。宋慶夙著勳勤，馬玉崑平日亦稱奮勇，此次連日力戰，因傷亡過多，退守北倉，尚非畏葸無能，豈可一蹶不振，致負國家委任之重。現在敵氛正熾，該提督等亟當激勵諸軍，力圖進取，切不可再事遷延，致干重咎。將此由六百里加緊各諭令知之。欽此。恭讀之餘，彌殷惶悚。仰蒙寬大之恩，不即加誅，奴才等苟有天良，當如何感激圖報。

伏念奴才慶到津後，會同奴才裕祿，聯絡各軍，分路進剿，晝夜不停。欽奉諭旨，聯絡義和團民，當將其頭目張德成、曹福田加意撫循，約其相助。乃該團野性難訓，日以讎教爲名，四出搶掠，並不以攻打洋兵爲心。而教匪亦乘間效其裝束。以紅黄布裹首，混迹城鄉，暗埋地雷。無從分辨。十七日交戰之先，約彼相助，乃藉口時尚未至，或云日干不利，任意推諉，已非一次。即至進戰，大軍奮勇直前，忽四處地雷轟發，數十里内木石横飛，天地變色，當是之時，義和團已不知去向。且值居民驚避之際，或掠良家財帛，或奪勇丁槍械，甚至搶劫衙署，焚燒街市，事後則解去紅布，逍遥遠避，其素稱爲團首者，迄今多日，終未見來，逃遁無蹤，無從再爲整頓。奴才等所部各軍，肉搏攻堅，爲日已久，所損精鋭太多，力不能支，是以暫退北倉，養蓄精鋭，稍爲布置，再爲設法前進。斷不敢觀望遲回，自貽罪戾。除督飭浙江提督臣馬玉崑確探嚴防，激勵將士設法進取外，理合恭摺馳陳，伏乞皇太后、皇上聖鑑，訓示。謹奏。

光緒二十六年七月初二日奉硃批：另有旨。欽此。

藝文

清・黄遵憲《人境廬詩草・天津紀亂十二首》 九載妖魔亂，先朝寶訓垂。又逢年厄閏，復演卦重離。善禁刀能厭，神姦鼎共知。何堪三輔地，棼亂遂如絲！

竟屈將軍貴，焚香啓閤迎。唪經龍滴淚，圖怪鳥羅平。大禮分輿馬，同仇賦甲兵。紅巾隨衣綉，攜手便偕行。

棧道燒先絶，軍書阻不通。九天方設險，六國已環攻。霧暗軍氛墨，波飛戰血紅。鷹瞵兼鶚視，高颺大旗風！

一概拳槌碎，喧騰萬口譁。噫風傾海市，笑電掉雷車。薪積祆神火，蓮開地獄花。忍看灰砲毒，糜盡萬虫沙！

露布明光奏，翻誇士氣揚。執戈童衛國，麾扇女勤王。赤手能擒虎，紅頭看爛羊。傷心驕憤詔，雪恥報先皇。

廣募樓羅歷，誇强曳落河。摩雲飛白燕，出地叫蒼鵝。空手婆猴技，齊聲天馬歌。赤流嗚咽水，猶逞劍横磨！

二伯分藩地，諸胡互市場。虎牢同鄭戍，魚爛竟梁亡！仗劍空神博，霾輪又國殤。相州師一潰，從此隳邊防。

誰繪流民狀，寃霜苦泣零？沙黄嘷餓犬，月黑尾流螢。倭墮抛家髻，郎當閣道鈴。不徒標賣宅，徧地帖零丁。

官作胡奴役，魔將鬼界圍。驚雷從掌起，酣夢忽頭飛。神亦釘銅版，人難護鐵衣。呑聲説離亂，辛苦客逃歸。

誰信勤王檄，都成烏合徒？兵篦紛白劫，國髽哭朱儒。張脈當螳臂，空譚埒虎鬚。計窮惟矢死，一死豈償辜？

都統開牙治，威儀比漢官。共和成宙合，餘怒及師團。錦綉千人繖，琅璫大吏冠。更留鞭血地，説付賊民看。

古有蚩尤霧，師君又水仙。未聞召金狄，幾欲死蒼天。照影神人鏡，彈詞瞽女絃。併歸妖亂志，傳述太平年。

清・倪在田《枯生松齋集・天津宣統二年》 海水汨幽燕，長空裂飛砲。萬瓦立平沈，横肢人踐踔。此理決幾先，鬼伯忿貪效。當時未雨籌，椽燭天人貌。長星亘天東，枝梧危一校。微軀得暫出，背用飽寇鈔。生還尚未然，遑恤妻孥嗃？

清・蔣楷《那處詩鈔・哀天津》 天津城内民無辜，數十萬命償賈胡。賈胡亦是無辜死，狂童奮拳殺聲起。一胡殃及萬賈人，血漬天津城外水。城内城外同浩劫，天津化作蛟螭穴。祖龍鞭石海不乾，杞婦未哭城先裂。自古妖人爲亂階，禁之不止誰招來？倡家緑輿謁大府，奴子帕首臨高臺。六國不知是兒戲，旌旗拂天砲震地。張團曹團紛潰逃，南局東局皆委棄。平原黜吏雙眼蒙，北望未見神人通。熢火照徹國門東，猶然符咒王與公。

佚名《庚子時事雜詠二十二首・津沽失守》 鼎沸滄溟鐵艦屯，黑雲遮蔽曰全昏。兵戈劫運起東亞，管鑰何人失北門？望斷河流空戰骨，紛飛彈雨捲殘魂。杜鵑橋上應啼血，太息無端惹禍根。

清・張錫鑾《大沽海口南北炮臺俄人佔據馮參將死之》 傳聞沽上失雙臺，一將身殲事可哀。門戶何堪資敵踞，鯨鯢猶自挾波來。還虞萬馬騰沙漠，應遣偏師效背嵬。極目雄關成獨眺，寰中誰是治軍才？

八國聯軍攻佔北京和蓄意擴大戰爭分部

分區佔領和洗劫北京城

綜述

《庚子國變記・西巡回鑾始末記・聯軍進京記二》 聯軍進東南等門，攻入城中，亦並無抗之者。時英國格斯利統領，恐攻城時使署或有不虞，因探悉某門水溝與使署相近，遂潛率所部由溝而進，果於下午三點鐘時，直達其國使館。英公使竇大臣等接見後，即以攻擊內城方略授之。時正陽門已爲英兵奪得，因即分派各兵保護使館，一面乘勢往據天壇。甫經奪獲，而永定門之華兵已來救援，當爲英兵擊敗，華兵傷亡者頗衆。而永定門亦即爲英兵所陷。是時京中居民及官宦等，以不及逃遁，恐遭屠戮，甚有全家自盡者。然聯軍初入京師，除俄德兩軍外，餘尚恪遵將令，未敢過於恣肆，而民間之被掠者，已十室九空。

洋兵既據京師，復派兵四出剿匪，並由各統帥帶隊至宮巡閱一周，加以封鎖。以京師地面遼闊，遂公議劃界分段而治，廣設巡卡，嚴定通行章程，以爲暫安閭閻之計。其章程列下：

第一條凡外國人不論兵民，如有在境內犯規者，即應拿獲送最近巡捕卡管押，由捕頭繕函送交本國兵官，并將所犯之事及一干人證一併交案。

第二條每總巡捕卡，應設號簿開具被告洋人案件，並證人名色，以備查考。

第三條凡兵士及營役，除有護照外，不得擅離各所管轄之境，惟城牆上及下開各公共之街道准其隨便行走。

計開公共街道：

一由安定門至煤山鼓樓到後門。

二由安定門至東交民巷。

三由海岱門至雍和宮。

四由順治門至北城牆。

五由西直門至順治門大街。

六由平則門過西馬市街河橋至煤山。

七由東直門至鼓樓。

八由齊化門至西牌樓大街。

九由東長安街至西長安街。

十東交民巷。

十一由煤山至東華門城外。

十二由沙窩門至彰義門。

十三由前門至永定門。

十四由順治門至菜市口。

十五由海岱門至蒜市口。

十六由東便門至西便門。

第四條按經三條所開護照，由英日提督會商，造發各國公用之護照。

第五條凡華人在上所開公共街道行走者，各國不得勒充苦工。

第六條凡公共街道准華人門市貿易無阻。

第七條各國轄境內，如處置華人，賞罰由各國自行立章。

第八條凡巡捕不論華洋，應於左肘纏一白色袖箍，上書華文『巡捕』二字。

第九條每巡捕卡，應用紅白二色大燈書明華文『巡捕』二字，懸於高明之處。

第十條按第三條所開公共街道及各處所設巡捕卡，應由英工程隊趕緊繪成地圖。

清・柴萼《庚辛紀事》 西摩爾提督將率師入京時，朝議派員阻之，乃命許竹篔侍郎、袁爽秋京卿二君往，途遇拳匪，詢其出京何故？答以奉命往阻洋兵。匪嘩云：『汝等往引洋兵上京耳，應就戮。』許袁怒斥之，卽被擁至壇場，謂之曰：『汝二人心不可知，當焚香拜表以別之。』既奉表曰：『表已上達，雖得赦宥，然出京則斷乎不可，違者殺無赦！』以刀築二君之項，羣（努）［怒］目視，二君乃退回。不數日，遽以莠言亂政，離間兩宮之罪，同戮菜市矣。

董軍攻使館急，各使電本國派兵救援，各國均調其水師艦隊陸續至於大沽口，令守將羅榮光將炮臺讓出，羅不理，卽開炮轟擊，陷之，羅死焉。攻津又陷，聶士成死之，馬玉崑遁。於是由英軍提督西摩爾聯合各軍，大舉入犯，分路而進，據北倉而有之，佔楊村，直督裕祿以不敵潰退，至蔡村中流彈亡。時李秉衡奉命督師，方至河西務，而洋兵已大至，一交綏，張春發、陳澤霖兩軍卽潰。李見大勢已去，因卽自戕。洋兵遂長驅而進，直逼通州，以日軍驍勇，則爲前敵，英俄法美等國次之。

七月十九日至京師，以巨木爲架，升大砲於其上，向京城內陸續開放，一時砲彈飛空，急如驟雨，損失無算，計連開十三砲，某提督勸阻乃已，卽分地營紮，議於翌晨分路進攻。俄人貪功，竟於深夜突撲東城，以冀先登，日軍知之，亦潛師進攻，竭徹夜之力，而陷東直、齊化兩門。英美兩軍從南來，亦由陸路進逼保定。護理直督廷雍，率官民迎降，各統將遂執廷雍。按華法設公案於督署大堂，以次列坐，牽雍衣跪下，詰以縱匪仇教各款，雍再三辨理，不聽，按西法槍斃之。

二十一日，各國兵俱入城，兩宮已於侵晨出走，官兵及拳匪皆散，北堂之圍解，各公使乃由險返夷矣。未幾，德帥瓦德西至，聯軍舉爲統帥，入宮居太后之儀鸞殿，各帥亦協議分理區域，搜殺拳匪，尸如山積。京中除平民死者不計外，職官之以身殉及合家自盡者，不知凡幾。各處朝衣朝冠之男尸，補服紅裙之女尸，觸目皆是。其自縊者，往往一繩高繫，終無人解，經時既久，項斷身落，頭尚懸於其上，過者酸鼻。

徐桐以漢軍起家翰林，平流進取，得至公卿。平日以講章爲學問，以制藝爲詞章，晚年學道，惟日手《太上感應篇》，以此坐煽庸人，獵致時譽。拳匪既起，以太上老君等説，與其素恉相合，則譽之不去口。朝議時，竭力護匪，謂一舉剗夷，實爲數千年來第一快事。許竹篔、袁爽秋、徐筱雲等之死，與有力焉。其贈大師兄一聯云：『創千古未有奇聞，非左非邪，攻異端而正人心，忠孝節義，祇此精神未泯。爲斯世少留佳話，一驚一喜，仗神威以寒夷膽，農工商賈，於今怨憤能消。』尊匪之語，如見其肺肝然。聯軍入京，徐避匿馬大人胡同某相國故第，初無殉難意。其子承煜逼之曰：『吾父庇佑拳黨，久爲各國指目，洋兵必不見容，若被搜捕，合家皆將不免，若吾父能死，既得美名，又紓各國之恨，家人或可倖免，惟兒輩則仍當隨侍地下耳。』徐乃涕泣自縊，尸懸梁間，承煜卽棄之而遁，後被戮。

怡親王爲某國兵所拘，既加箠楚，復令爲諸兵浣衣，督責甚嚴，卒以困頓不堪而自裁。克勤郡王與慶部郎寬，同時被拘，楚辱備至，使同駄死尸出棄之，日往返數十次，不准稍息，日食以麵包一枚，清水一盂，二人頤養素優，不耐其苦，數日後，乘隙往訴諸李相少荃，哭求設法，李無如何，慰而遣之。啓秀初爲日軍拘禁，既因母死，李相爲之緩頰，請放假十日，俾歸治母喪，日軍許之。惟恐其逃逸，仍以綆繫其一手，使人牽之偕行。啓治喪已，往見慶王，慶王諷以微詞，啓不省，仍退而就禁。崇綺則於城破後僅以身免，其眷屬盡爲聯軍所拘，驅諸天壇，數十人輪奸之。崇子葆公爵知之，憤恨無地，卽自縊以死。崇奔保定居蓮池書院，仰藥死。崇家本富，素究服飾，其所有衣服三萬餘襲，盡爲聯軍所得，寸絲尺縑無遺。

《吏部尚書徐郙等摺光緒二十六年八月十三日》 吏部尚書臣徐郙等跪奏，爲謹將京城近日大概情形，恭摺具陳，仰祈聖鑒事：

竊臣於八月初六日，將京中近事，繕摺奏陳行在，計已上邀慈覽。臣等查洋兵自入城後，分踞五城，占居各署。日來住宗人府、吏部、禮部之兵，均經退出，各衙門並未焚燒，僅將案牘拋棄不少。惟八月初三夜，洋兵寓前門內城上，不戒於火，以致城樓被燬。城內外之住宅鋪戶，日被夷人搜索銀錢衣物，間有辱及婦女之事，閭閻不堪其擾。所幸宗廟宮廷，安然無恙。臣等竊窺彼族虛憍性成，此次入城，雖未慘肆殺戮，惟志在和約，以逞其要求。

慶親王初十日入城，昨已會晤各使臣。李鴻章尚未到京。臣等專差至山東，電致兩江督臣劉坤一、湖廣督臣張之洞轉催，令其速來，亦無回音。但刻下糧米將盡，轉運無從，現存者又被洋人封禁，數百萬生靈，嗷嗷待哺，覓食維艱，窮蹙情形，不堪言狀。竊惟此番兵釁，事起倉猝。臣等坐視君國之急，守禦無策。以致我皇太后、皇上聖駕西巡。臣等之罪，百喙莫辭，且愧且憤，淚零如雨。應懇天恩，自行在詔催李鴻章，剋期抵京，辦理一切。俾各夷早日就撫。鑾輿回蹕。上釋九重焦憤之憂，下解萬姓倒懸之苦。宗社幸甚，臣民幸甚。

所有區區微忱，謹具摺恭請聖安。再將近日京城大概情形，合詞繕摺，令臣部員外郎關榕柞、內閣中書鄧邦彥，繞道齎陳，伏乞皇太后、皇上聖鑒。再大小臣工在京者不少，因內外城阻隔，未及備列銜名，合併陳明。謹奏。

《大學士崑岡等摺光緒二十六年八月二十六日》 大學士臣宗室崑岡等跪奏，爲據實瀝陳，恭摺仰祈聖鑒事：

竊光緒二十六年八月二十二日，由現署直隸總督廷雍專差齎交臣崑岡七月二十七日諭旨二道，暨八月初六日廷寄二道。臣崑岡跪讀之下，惶悚莫名。當因臣等數人住居較近，往返會商，以冀欽遵諭旨辦理。奈自七月二十一日京城不守，文報不通。及聞鑾輿西狩，又未悉留京辦事曾否派人。此次所奉寄交臣崑岡等廷寄，除臣崑岡留京辦事，此外尚有何員？亦未知曉。

伏思自洋兵入城以來，除大內各禁門均經各國兵官敬謹封鎖並派兵守護外，所有京城內外衙署街道，均歸各國洋兵分段管轄。諸王貝勒貝子公府第暨大小京員住宅，多爲洋兵佔踞，劫掠一空。臣等偶一出入，彼界此疆，不能越鴻溝一步。欽奉諭旨，再四籌思。既無衙署可傳，亦無司員相告。怳京內大小臣工，現在避居何處？是否在京？更皆無從查問。並聞各城關廂數里以外，散團游勇成羣結黨，晝夜持械搶劫。縱使勉强湊集文武官員趕赴行在。微論路塗險阻，節節難通，而川費衣服亦實無以措辦。此時臣等危城束手，焦灼萬分。惟有籲懇天恩，俯念時局艱危，事事掣肘，暫緩傳令在京各員前赴行在。謹據實馳陳，伏乞皇太后、皇上聖鑒。

再總管內務府大臣世續雖已奉到轉傳廷寄，亦據聲稱實難遵辦，情形與臣等所陳大略相同，合併聲明。謹奏。

光緒二十六年閏八月初三日奉硃批：知道了。欽此。

《慶親王奕劻摺光緒二十六年閏八月初十日》 奴才奕劻跪奏，爲各國陸續撤兵及京城近日各情形，恭摺具陳，仰祈聖鑒事：

竊奴才於光緒二十六年八月二十六日將籲懇迴鑾各情馳陳在案。旋於八月三十日由護直隸總督廷雍遞到，八月二十四日欽奉上諭：李鴻章電奏，請明降諭旨，等因。俄兵先撤，雖有此言，尚未見諸實事，亦斷無回鑾後再行開議之理，所請窒礙難行。惟俄兵如果先撤，該王自可援以爲詞，勸各國一律撤兵。著即體察情形，速籌辦理。等因。欽此。仰見皇太后、皇上保全宗社，力拯人民之至意。跪誦之餘，曷勝欽悚。

奴才伏查此次洋兵進京，以英、俄、日本之兵爲多。昨於初三日與俄使格爾思會晤，據稱該國來兵共一萬二千人，現已撤去一萬一千人，僅留一千人，保其使館並彈壓暫駐地方。復經奴才與各國商議，令其撤兵。美國當卽應允，亦衹留兵千人保其使署。日本現亦定期撤兵，酌留四千餘。其餘各國來兵不多，一時未能撤退。

大內各處，前經各國派兵駐衛各門，力爲保護，雖有洋人進內瞻仰，而宮廷殿宇穩固如常。惟內廷主位暨現有總管首領太監等二百餘人，西苑現有太監等十餘人，食指浩繁，需米甚夥。現與日本兵官籌商，先由官三倉及恩豐倉存米內暫爲撥用。此外京通各倉雖有存儲，均爲各國所據，將來能否交還，殊無把握。

其各衙門官員暨各旗營弁兵匠役人等，瞬屆天寒，必須設法籌給俸薪錢糧，用資衣食。而戶部不戒於火，銀庫存款蕩然，各衙署積蓄公項亦皆被掠一空，京內無款可籌。茲擬由奴才電致各省督撫，於應解本年京餉，設法湊解赴京，用資接濟。合無仰懇天恩，飭下各省將軍、督撫遵照辦理，實於根本重地大有裨益。

城內居住軍民逃散者已陸續遷回，各國駐守洋兵，除撤退外，餘亦較前安靜，堪以仰慰宸廑。奴才受恩深重，當此國事艱難，萬不敢存因循諉卸之見。昨准李鴻章電稱，聞德使不日來津，俟與晤面後趕卽赴京。除由奴才再爲電催外。謹將京內近日各情形，理合恭摺具陳，伏乞皇太后、皇上聖鑒。謹奏。

光緒二十六年閏八月二十日奉硃批：另有旨。欽此。

藝文

清・黃遵憲《人境廬詩草・七月二十一日外國聯軍入犯京師》 壓城雲黑餓鴟鳴，齊作吹唇沸地聲。莫問空拳毆市戰，餘聞扈蹕六軍驚。波臣守轍還無恙，日馭揮戈豈有名？聞道重臣方受節，料應城下再尋盟！

又《京亂補述六首》 王屋沈沈者，翻聞篝火鳴。潢池紛盜弄，枉矢竟流行。白掊天魔舞，丹書鬼卒名。人言十常侍，內應早連盟。

一炬咸陽火，羣飛京洛塵。自天來劍俠，無地立環人。囊射匈奴血，鞭麾小婢神。將軍三十六，妖服盡黃巾。

天竟生積禍，人爭唱董逃。空聞宣虎節，莫肯解牛刀。舉國成狂病，羣官作賊曹。驢王兼狗相，踴躍喜同袍！

萬國紛馳檄，傳聞客館攻。魚枯將海涸，龍睡尚天聾。雷門槍雲黑，星飛彈雨紅。不堪掘殘冢，肆虐到神叢。

亦有誅奸疏，泣陳王室憂。裂麻要帝諾，攀檻碎臣頭。月暈蓬星見，山傾鐵血流。終看胡騎入，抉眼在城樓。

熱鐵飛輪下，城門牡早亡。手持忘玉璽，事誤泣金牀。棄甲逃神將，函頭索賊王。虜塵重擾擾，又換八旗揚。

清・敦崇《都門紀變三十首絶句・分疆界》 聯兵督隊到京畿，紅白參差各有旗。暗把吾疇分八面，臨風一望總歔欷。

佚名《庚子時事雜詠二十二首・聯軍入京》 痛煞諸王弄太阿，釁然八國擅稱戈。心驚君子爲猨鶴，眼看雄心盡鸛鵝。叱咤風雲馳鐵馬，淒涼荆棘泣銅駝。不堪城上悲笳起，四面軍聲唱楚歌。

踐踏紫禁城及中南海和頤和園

綜述

清・李伯元《庚子國變彈詞・庚子紀事》 庚子冬間，余由日本至朝鮮，凌冒冰雪，跋履遼瀋，間關至京師。凡可悲之境，可憤之事，可憫之人，接于耳目，觸于心者，一一隨筆記録，以備遺忘。丁未春，時報館被災，此稿已成灰燼。今依前例，續行記存。雖短書野乘，無當閎恉。然風會升降，時局變遷，有可覩焉。

庚子之役，京師千百年積聚，盡爲外人所得。大内爲日兵所守，其中列代重器，尚得無恙，其小件易攜之物，各國人之入内游覽者，往往竊之出，計所失過半矣。三海子爲各國分據，北海子仙人掌下之北圓廊一帶，爲法兵據守，其東北各處，則爲英據。中海子玉蝀橋西南一帶，如紫光閣等處，皆爲德據，儀鸞殿爲日據，三海物蕩然無存矣。惟儀鸞殿中重器，則均尚在。辛丑夏六月，某帥請於日人，借此殿避暑，日人難于卻之，其月卽被焚。當時殺華人之爲僕役者多人，謂其盜物縱火。據日人告余云，其中重物，早爲人移去，移物者縱火滅迹，然則被殺之華人可謂寃矣。

兩宮西巡後，南城各處，歌舞太平如故也。余曾有卽事六絕，末一首云：『太平歌舞尋常事，到處風颭五色旗。家國興亡誰管得？滿城爭説叫天兒。』蓋紀實也。向例婦女不得入戲園觀劇，未回鑾前，所有大家宅眷，咸趁此時會，爭赴劇場，粉黛盈盈，座爲之滿。待薄暮歸車，輒爲洋兵所斷，受辱者不可以數計。聞有一婦，道出某處，爲守門德國兵所止，驅之下車。婦既下，忽一德兵遽牽其腕而調之。婦大怒，以手舉車凳擊德兵，德兵受傷卻退。婦乃乘間登車，急揚鞭馳去。

又某國武員招數妓侍酒，悅一姬，使譯者傳語，欲留侍一宵，不吝纏頭貲。姬曰：『吾雖爲妓，決不肯失身於外人。』譯者以告。武員怒曰：『不從者死！』乃拔刀置案上。妓憤然奪刀於手曰：『今日必死一人！』武員懼而遺之，且曰：『吾見支那官吏多矣，不意乃有此妓！』

又西華門外某氏婦者，頗有姿色，俄兵闖入，欲恣行强暴。婦不可，乃以繩縛其手足，遂被辱。兵去，婦語家人曰：『吾必雪此仇而後死。』家人懼更益禍，力阻之。婦不聽，親赴俄統將處呼冤。統將曰：『必非吾營中人，特爾誤認耳。』婦憤甚，以頭觸柱，血迸流如注。統將大感動，乃曰：『吾悉召營中諸兵來，爾可自認之。』一時許，俄兵咸集，乃以佩刀授婦曰：『果有其人者，任爾自殺之！』婦接刃四顧，疾趨至一兵前，揮刃斷其首，乃回顧語統將曰：『謝君厚意，吾目瞑矣！』即自刎死。聞此婦平時，柔弱如不勝衣，不意一旦遇難，憤氣雲涌，若負大勇者，亦可謂巾幗中之奇女子矣。惜言此事者，不肯道其氏族。實則若此婦者，且可爲吾國光，又何庸諱焉。

哀莫大于心死，痛莫甚于亡恥。夫城郭隳，社稷墟，父老爲牛馬，妻孥作婢妾，此痛何如也！然迫于時勢之不獲已，覥顔求活，君子亦姑諒之。若聯軍入都之時，順民旗幟，徧懸門巷，簞食壺漿，跪迎道左者，不勝指屈。其時朝貴衣冠鼓樂，燃爆竹，具羊酒，以迎師者纍纍，今悉諱其名。猶得曰爲保護資產身家計，無可奈何而出此下策，並非眞心之愛戴他人也。迨內城外城各地爲十一國分劃駐守後，不數月間，凡十一國之公使館、十一國之警察署、十一國之安民公所，其中金碧輝煌，皆吾民所貢獻之萬民匾聯衣傘，歌功頌德之詞，洋洋盈耳，若眞出于至誠者。直令人覩之，且憤且愧，不知涕淚之何從也。又順治門外一帶，爲德軍駐守地，其界內新設各店牌號，大都士大夫爲之命名，有曰德興，有曰德盛，有曰德昌，有曰德永，有曰德豐、厚德、長勝等，甚至不相聯屬之字，而亦强以德字冠其首。種種媚外之名詞，指不勝屈。而英、美、日、義諸界，亦莫不皆然。彼外人詎能解此華文爲歌頌之義，而喪心亡恥，一至于斯！故余仿古謠諺，撰《都門卽事絶句》，有『匾聯輝耀張金屋，衣傘蹁躚映彩旗。處處壺漿低首拜，原來十國盡王師。』『排外原非歷史恥，勞師毋乃國民羞！郎君熱血儂清淚，枉作無情江水流。』卽指此也。

頤和園內各處，皆一空如洗，佛香閣下排雲殿內，什錦橱數十座，高接棟宇，均存空格。可想見當時其中陳列之品，蓋不知凡幾。各國游客，皆爭取一二物，謂留爲記念品，遂至壁間所糊之字畫，窗間雕刻之花板，亦瓜剖豆解矣。惟餘后常臨幸之一院，爲某國統兵者所居，游人不得入內，其中陳設尚留存未攜去也。前明所遺之重器寶物，本全儲大內，高宗時常幸三海，乃擇所喜之各物，移列三海各處。凡本朝所收聚之物，大都在是。其中美術書畫碑册金石，不可以數計。頤和園中則碧犀寶石，翡翠珠寶等件居多。近數十年，各督撫臣工，搜剔民間寶物，悉入此中矣。嗟呼！圓明之劫，繼以頤和，是何異斂全國之精粹聚而殲之？較之殺人盈野者，其慘益劇，其痛彌永矣！

紫光閣內書籍，狼藉遍地，壁間尚張掛左文襄平回、李文忠平捻等圖。至樓上之列代功臣像，則不知尚存否？因梯已毁，無從登視也。

瀛台在南海子東南角，池水環繞，堤邊有大柳數株，有平橋可通。時駐守之某國兵，方撤移他所，偕日友得入內拜觀。正屋兩進，有樓，四面廊房圍抱，滿地皆西兵殘毁之迹。欲認德宗燕寢之屋，無從知之。惟見紙壁間有『萬念俱寂，惟聞鳥聲』八字。此時西兵移出未久，想非游人所書也。

南侵保定與北犯張家口

綜述

《庚子國變記·西巡回鑾始末記·保定失守記》 聯軍以保定曾經殺害教士，其倖免者尚逗留在彼，遂聲言興師問罪。公議以英提督介斯星率英、法、德、意四國兵士，於閏八月十九日由京津同時拔隊前往。及抵保定，則法國游騎已先期而至。凡各要隘處，悉已懸以法旗。其時華兵亦已早經撤往他處矣。

直藩廷方伯雍知聯軍又大至，乃率所屬各官出郊以迎。聯軍初尚並無動作，僅令方伯回署，而以騎兵三百名入城，周歷四廂，復以各國旗幟遍插城垣。翌日，始將廷方伯、奎恆、王占魁拘拿。時譚道文煥適在保定獄，亦由聯軍解赴天津，處以梟首之刑。並設公案於督署大堂內，各統帥列坐，提方伯等三人跪階下，一如華例審問，歷訊以何故殺害教士。方伯侃侃而對，幾無以屈。因卽按照西例，當場翻以槍斃之。復將各城門樓，及城堵東北角城隍廟、三聖庵等處轟毁，以示罪城之意。由是保定遂爲四國所據。

《軍機處寄山東巡撫袁世凱等電旨光緒二十六年閏八月十三日》 奉旨：張之洞電奏，據袁世凱蒸電稱：俄、德等洋兵六萬餘到距津百餘里之唐官屯，一擬往紮德州，一擬進窺保定，等語。所奏情形係由德州探聞。該處偵探是否確實，著袁世凱迅速查明電覆。德州爲運河要路，保定關係直省全局，難保不爲外人覬覦，該撫與廷雍務當各守地方，密籌防範，勿稍疏誤。直隸、山東境內如有洋兵去向蹤迹，併著袁世凱、廷雍飭屬偵探確情，即由各該州縣用六百里排遞徑報行在軍機處，其通電處，即用電報，以期消息靈通，毋任刻延。欽此。

《直隸布政使廷雍稟光緒二十六年閏八月二十三日》 直隸布政使司布政使覺羅廷雍謹稟，王爺、中堂大人閣下，敬稟者：

竊查本月十九日法兵頭隊到保，二十日法國統兵官杜、挈同徽教士等率隊來省，與職司等晤商，及插旗委曲保全省城各情形，業經先後由六百里加緊馳稟鈞鑒在案。惟保護一節，職司等二十日與杜統兵分款説明，面允繕寫憑函，職司等當日答拜，復將所允各節面訂，雖無異言，而不肯作信，反覆商之，始准由我將各節開單，請其籤註，至今尚無回音。原函鈔呈督閲。二十一二兩日，法兵官毆貝復來會面，要住城內公所廟宇，職司等委婉辯論，彼亦詞窮，然其無理要挾，終非口舌所能箝制。

正焦灼間，接奉李中堂十八日由京遞到函諭，飛啓者：頃抵京，甫經下車。據繙譯委員面稱，今午晤英國竇使，稱赴保聯軍因雨遲發，現定十九日由京起程，各國隊伍約合萬人，係德統帥主謀，商令英提督領隊，前往保府，如有官軍抗拒，即痛加剿洗，雞犬不留，如不迎敵，可派弁目執白旗相迎。西例凡議和皆用白旗止兵。聞彼隊亦執白旗。彼此商定紮住之地，議明將保府現存教士及正定教士監工人等交其帶還，敵隊可不進城，但將城外房屋或城樓毁傷數處，以示薄罰。若能如此，保全多矣。務祈嚴諭將士，勿輕用武挑釁，致啓不測之禍。呂提督儘可令赴河間一帶，統帶所部，剿辦拳匪。至正定教士等，務須電飭該鎮府星夜護送至定州，搭輪車進省，以期迅速。此事已與慶邸會商，望照辦，勿誤機宜。盼切禱切，等因。

查此次接應法兵，恪遵李中堂十二日天津舟次手諭，令各軍勿得迎敵，並將軍械收藏，運出庫款四十萬。連日經職司等婉言對付，現雖暫住城外，而城內院署豐備倉等處彼已貼條，大有進城盤踞之勢。聞霸州城內昨夜到有洋兵二千餘人。頃接探報，北河又到洋兵三五千，沿途搶掠，日內來省，更不知若何情形！職司等既無抵禦之權，設迫以萬不能允之事，亦將智窮力竭，惟有仰求訓示，俾有遵循。

專肅馳稟，恭叩福綏，伏乞垂鑑。職司廷雍謹稟。

《四川提督宋慶等摺光緒二十六年閏八月二十七日》 四川提督奴才宋慶、直隸提督奴才馬玉崑、山西巡撫奴才錫良跪奏，爲保定軍情緊急，擬將毅軍進剳獲鹿，以固藩籬而資抵禦，恭摺密陳，仰祈聖鑑事：

竊奴才錫良據委員探稱，洋兵已於二十日抵保定，約有一千餘人，此來係驗看鐵路，並有赴正定接護洋教士之説，等語。接閲之餘，倍深焦灼。

伏查保定與正定脣齒相依，獲鹿又爲入山門户，保定設有疏失，則獲鹿摇動，太原亦將震驚。是非添派重兵扼守獲鹿，不能固晉東之門户。先曾札飭前廣東南韶連鎮總兵方友升，統領鄂軍，進駐該縣地方。復與奴才慶、奴才玉崑再四籌商。現飭所部各軍趕緊同往獲鹿一帶，相度形勢，扼要駐剳，認真防守。斷不敢稍涉疏虞，以仰副聖主宵旰憂勤之至意。除再確探情形隨時奏報外。謹合詞繕摺，由驛密陳，伏乞皇太后、皇上聖鑑。謹奏。

硃批：所籌甚是。著即督飭各統領認眞防守，毋稍疏虞。

《直隸布政使廷雍稟光緒二十六年閏八月二十八日》 直隸布政使司布政使覺羅廷雍謹稟王爺、中堂、大人閣下，敬稟者：竊查二十六日英提督賈思爾到保，職司等接待情形，當經稟報鈞鑑在案。昨晚與賈提督約定，今日十點鐘在北門聚齊，會同職司，查各處兵所。屆時在城等候。詎賈思爾騎馬徑游四城一周，要移駐督署，職司前往拜謁，未及見面。賈提率帶英、德、意三國兵官，馳至藩署，將司庫把守。職司折回，與之辯論。據云：此係照章之事，將來議款，仍可作算，李中堂亦知此辦法，等語。

伏思該聯軍既將督署佔居，又派兵把住司庫，四城亦派人看守，一切公事皆無從措手。且聯軍食用亦難供給。此種舉動，大有盤踞京都故轍。

法提督昨日來省，職司今晨往拜，尚云保護城内，乃此事置若罔聞，彼族作用，所許恐不足憑。設若勒令退讓，或坐困危城，職司身家不足計，全省政令無所歸宿，各軍聞風潰散，大局糜亂，不堪設想。萬分緊急。究應如何辦理之處？伏乞迅賜訓示，俾有遵循。不勝戰栗隕越待命之至。

再，司庫連練餉局存款共十四萬餘兩，此外又有提存外庫軍需局未領餉銀二萬餘兩，合併聲明。肅稟，恭叩福綏，伏乞垂鑑。職司廷雍謹稟。

藝　文

清・倪在田《枯生松齋集・保定宣統二年》　白日下荒野，衝波動河橋。涼風墜木葉，班馬鳴蕭蕭。西戎及定興，原埜飛烟燒。琉璃險畢棄，高碑路迢遙。屈曲方順間，屯戟皆雲高。磨刀不傷手，人命輕鴻毛。飛騰朔漠將，閉壁多蓬蒿。

清・常濟生《觀德國軍帥瓦爾特西入保定》　四扇門開百雉高，前驅解甲後垂櫜。漢官儀自郊迎肅，龍伯人猶海上豪。如此江山容立馬，問誰賓主且徵牢？百年長策和親便，無用將軍虎豹韜！

西入娘子關與東占山海關

綜　述

清・王燿煥《晉東防軍紀略辛丑冬月》　甚矣，今日將才之無人也。自去歲拳匪倡亂，各國聯師東來，津京相繼淪陷，未幾佔保定，踞正定，駸駸西趨，於是晉東防務吃緊焉。

大同總鎮劉公光才，前在江南，聲稱藉甚，忠勇智略，幾推爲中華之冠。當道因直北糜爛，乘輿西狩，相繼奏請飭赴本任。秋間遂奉旨隨帶忠毅五營赴任，以重晉防，並飭江督不得再行濆留；燿煥以襄辦營務，隨軍西上。十月初，行抵晉境，適法兵進據獲鹿，經晉撫錫公良奏留公駐防井陘，益以晉威五營，及湘軍勁字五營，概歸節制。時處州鎮方公友升亦統武功五營協防，共萬人。

井陘隘口林立，東天門爲獲鹿入井正道，距獲鹿三十里，地勢險窄，古來兵家所爭，遂駐軍於此。南北山勢横亘，有間道十餘可抄入東天門後；迤南爲東方嶺、爲後掌、爲水峪村、爲金柱嶺、爲割鬚嶺；迤北爲岩峯、爲馬村、爲段莊、爲石鷄峪、爲南北固底。又有由平山入井陘間道，爲南北放口，爲賈莊，皆分兵駐守，修築石壕，安設地雷，隱然長城，法人嫉惡之。十月十九日，乘我軍在東天門修卡築壕，開放數十大砲，未傷人。我軍還擊三砲，斃敵兵三，乃退走。時和議已開，彼族有恃無恐，日率隊百數十人窺伺各卡，我軍晝夜嚴防，不爲所乘。

至十二月初九日，法兵頭歐貝帶隊百餘，曳大砲四尊，來據距馬村三里之虎頭山，意在以砲轟卡。幫辦營務處王遊擊化盛帶隊巡視地雷，偵知，先據山頭，彼開槍斃我一人，因而回擊，斃敵兵數名，傷十餘名。時張參將嘉鈺守馬村，彭遊擊桂林之營亦巡卡至此，勢足以殲敵無遺，均以守令不出擊，法兵蛇伏以遁。

自是以後，移兵少斂迹，然嫉忌愈甚，江聳全權大臣謂我軍進擾獲鹿。今年正月初六日，全權遂嚴飭劉公退兵晉境，不准一人一騎東出，劉公以東天門爲入晉第一關隘，數月綢繆，精力畢瘁，加以卡壕修築，均籍民力，有不能去之勢，稽延兩月，而法人引爲口實，以要挾全權。

法兵在獲鹿者，原只二三百人，至二月杪，乃由天津開赴大隊，復勾引德兵共六七千人，爲進趨計。全權、政府均電西撫，飭速退軍；於是劉公十五營，退駐固關，方公五營，退守娘子關，於三月初二日一律抵關。是時晉撫爲岑公春煊，復准全權電咨，謂敵人有小隊來長城一帶看視，我軍勿挑釁，遂轉電劉、方不准還擊，劉公乃晏然自處。大砲十尊及各項軍裝子藥餉糈，概存關上，不以敵人爲意。至初五早，德法兩國分兵四進，德兵數千由平山進攻娘子關，方公退走，軍士傷亡百餘；娘子關距固關十五里，劉公全無準備，並不傳知各營。午刻敵兵大至，法人亦由固關之核桃園、甘桃驛兩處進兵，我軍相望鼠竄。中營幫帶劉遊擊世金，爲劉公從姪，素握大權，然胆怯無紀律，實不知兵事爲何物，先時同王巡捕搶民間驢馬運行李逃走；兵士及固關後路各營，相繼潰奔，槍砲軍裝盡失，營哨官弁渙然四散；兵士毫無管束，一路姦淫殺掠，自平定以南至樂平、和順、遼州二百餘里間，蹂躪無遺。初六日巳刻，劉公至樂平鄉，距固關一百二十里，各軍漸漸招集，方公亦收隊至此。初七日，軍中謠言遽起，謂教民羣萃，洋兵大至，劉方二公，商議再退，比夜復走百里，至平定州西南之松塔鎮。該鎮係入榆次縣山僻小道，村民無多，粮草均須由數十百里外運至，兵民並受其困。

其時晉東之民，流離滿目，傳言洋兵益進，省中驚懼異常。適北路長城嶺孤山一帶，敵人同日進兵，盂縣防營，半歸劉公調遣，亦相率潰擾；於是大吏調集各路防兵，四出堵禦。復委沈道敦和吳守匡前赴正定，與洋人乞和，並查退軍情形。旋據報稱，敵軍實早於初六日退赴正定，我軍無故驚亂，貽笑外人，而各路村民亦稟牘尺積，由是大府震怒，嚴查參辦。然終以事關重大，中多窒礙，草草了結。方公交部議處，劉公脱罪，仍率忠毅五營赴大同本任，而敵人以此更恃勢驕横，晉事不堪問矣。嗚呼，天之降禍中國，二十年來，外侮頻仍，每次遇敵，大兵雲集，然而所謂糾糾干城，駢肩累迹，不足當鋒刃之一試，不獨智略無聞，即求稍有胆氣紀律嚴明者，亦如威鳳祥麟之不可得，非盡『和』之一字誤也。

方公友升不爲時所推重，固無論已。至於劉公每談論，忠義奮發，輒引關岳以明其梗概，羣屬目焉。詎臨事煩瑣，昧大計，剛愎自任，無所採資。營務處徒擁虚名，各分統營官，一聽指揮而已。尤以文翰自矜，公牘函答，悉依口授，日惟屑屑於此。軍營旬月之間，奉牘盈尺，陳陳相因，將領多未寓目。及見面，全無一言，所以因小而失大，明近而蔽遠也，賓從高識之士，皆莫之致矣。

當劉公駐守晉東，迭奉諭旨，相機堵禦。燿煥以此次有過鮮功，必先於戰守事宜，明白指陳穩，守『來則迎擊，去不復追』八字，咨請晉撫代奏，以免事後置議，隳三軍之氣，而阻將士之心。及法人兩次撓敗，知必狡施報復，謂必將到防以來守禦情形，及彼族數月窺伺進攻之狀，一一臚稟全權大臣，並咨請晉撫轉咨，或請政府詳咨全權，婉商法欽。使彼兵駐獲鹿，我軍守東天門，劃清界限，彼此無得進擾，俾洞悉一切，以杜播弄之弊。劉公謂晉撫自有權衡，均不聽從，以故有退兵一節。及我軍退入固關，百姓呼號震地，軍士恨敵刺骨，咸思一戰。燿煥以我退彼進，當此和議有成，各國必不許之。且據諭旨，相機堵禦，及全權退入晉境，堵禦是其專責之言，自可竭力堵擊，地利所在，何可輕棄？時平山所駐德兵尤多，方公前守獲鹿退走，爲敵所輕，逆知必由娘子關進攻，請速商之方公，決計迎擊，禍福同當，以奪彼之氣也。如必不戰，速電告撫軍，全軍退入平定，一面趕運軍火，免爲所乘，若不戰不退，大局將不堪設想，沉痛之言，猶如今日。適方公探得敵人進攻確信，初四日兩次緘商劉公，以決進止。而劉公漫詞回答，毫無定局。旋報電線四斷，燿煥憂甚，爭之益力。無如劉公終在夢中，且一傅衆咻，羣順其意旨，謂洋人不來。初五日黎明，聞娘子關砲聲隆隆，知敵人已至。燿煥請速調兩營率以赴援，兼扼來路，傳諭各營，按兵以待，而劉公形同木偶，第沾沾守視函告晉撫。嗣經文案胡澤蘭危言合聳，始調忠毅右營前應。而該營距關十餘里，以築壕故，僅帶三成來關，仍諭以必距敵數里勿進逼，時鐘已十一下矣。約行二里，即遇敵，擊斃洋人數名，不敢戀戰，其時中營已爲幫帶率之先遁。幸總兵彭定雲以忠義後營，駐關後山北當敵人之衝，竭力堵禦，殲敵百餘；而駐甘桃驛之李副將永欽，亦以忠毅左營力扼法兵數千；二人勇鷙聞於敵，故敵得以不即至關，不然，總統以下，皆被虜矣。

劉公色厲而内荏，將士不甚畏懾，潰退後益無忌憚，一路劫掠不少避。初六日，至樂平鄉，兵士殺人市上，劉公惶懼，不知所禁，第兀坐喃喃誦經。其所親信，如劉幫帶、王巡捕，皆蛇怖鴟噤無人形。燿煥乃商之胡君，擇營官中之剛嚴者數人，發令巡緝，殺數犯勇，一面出示曉諭，安戢百姓。先日發偵探數起，因兵民水火，營騎難通，無所回報，至此復峻賞雇百姓前探。劉公方商再退，燿煥極力阻止。時村驢之被掠者，不下數千，民環泣乞還，而和順遼州之潰勇，急待召集；且洋人未至平定，策其必退，我軍再退，義無所出，徒多一番騷擾。爲力辯謠言之謬，請姑待一日，俟偵探回報，再定行止，終不獲留。於是洋人去數日，我軍獨走百里，傳爲笑柄。

方其駐軍松塔，大府請夏軍門來營點名，晉省營務處吳公亦奉委查辦，風鶴頻傳。燿煥請嚴申約束，凡所搶牲口，概解樂平，令百姓認領，軍中如有收留民間驢馬衣服手飾者，殺無赦。而中營帳房幫帶巡捕等，於驢馬多所措留，且搜獲營中衣裘環鐲之美者，攘爲己有，劉公知而不究。即營中殺淫擄掠確查得實者，一時咆哮，卒不以正法，而以紀律嚴明之官弁，亦無所獎勞。

方洋人之攻東天門也，其姪劉幫帶不肯還擊，而張遊擊學光、譚守備勇發兩哨弁，謂如此何能自守，乃甘任罪，還三砲。馬村一戰，王化盛一人之爲，擊啄叢集，劉公怒甚，將撤差；燿焕曲爲解釋乃已。及撫軍錫公賞以皮衣銀兩，則羣起而攘其功，劉幫帶獲賞獨優，王與張、譚不與也。

彭總兵固關之戰，歷三時，敵砲三落身前，未開花，不死乃天幸；李副將之於桃驛，有捍禦功，且該營軍裝大炮，獨能保全；皆無一言慰藉。而劉幫帶以親故，且升帶勁字後營。

尤好虛名，當洋人進攻固關，唯恐以戰獲罪，及聞洋人以入關爲諱，又深悔不戰，失計斤斤，以多殺洋人自炫，假造日記，飾人耳目。東天門、馬村之戰，皆出自裨將，兩處距劉公所駐之横口一十餘里，一二十餘里，比時未及知也；而洋人以此寒心，遠近傳頌，遂負盛名，蓋徒震驚於其迹耳。

劉公辦事頗認真，如東天門一帶，修築營壘，嚴飭將士，日夜巡防，惟恐不及，洵統將中所罕覯。然可靜而不可動，知常而不知變，昧敵所向，調度失宜，顧其失，尤在自恃其才，而不知有人之才。不獨視所部八千人，無一有一隙之明，即古來用兵如淮陰侯、岳武穆，每論及，恆不可於心。識不足以燭幾，而謂幾無不赴；智不足周物，而謂物皆無遺，此其所以潰敗也。且平居以忠義自許，及臨大事，游移兩可，不念同袍，惕然以武穆蹈節有慮，蓋其氣義襲而取欲，以是制敵難矣。

燿焕盱衡時局，後會無窮，未可一誤再誤，劉公實非將才，若以虛聲所及，重總兵符，臨大敵而兼重任，鮮不爲趙括之續，此燿焕所以于晉東一役，詳記顛末，爲世之關心時局者，一供覽焉。辛丑冬月紀于京師之湘鄉館。

《庚子國變記・西巡回鑾始末記・山海關被占記》 西九月二十號，即閏月初六日，各國水師提督在大沽會議一切，旋由西摩爾提督令其本國炮船名璧克美者開往山海關，佔據該處炮臺。

乘該炮船前往者，爲美專使竇星熙力爾、副將普爾。大沽距山海關並不遙遠，開船後，即於翌午駛抵關前。熙普二人以力攻不如軟勸，即偕同炮船管帶某先行登岸往見管帶山海關炮臺兵官，告以英兵欲取此間炮臺，如蒙惠讓，即彼此可無庸開仗。炮臺兵官允之，並言英兵可即來。熙力爾又言：『英兵自可即至，惟閣下須先將華兵撤退方可，否則恐多費周折。』炮臺兵官亦許之。熙力爾等遂回船立派水師兵官布立格斯及水師兵十八人上岸入關。時炮臺上華兵已各負其行裝，拔隊退去。

至下午，俄兵由火車星馳而至，亦欲奪該處車站，而已爲英水師兵所據，向熙力爾竇星索讓亦無濟，乃不得已在外安營。

璧克美礮船自知在臺兵力太單，恐有不虞，即急馳回報知，並請添兵。西提督乃復遣兵若干名趕即起程往守，旋復自乘百夫長督隊船駛往察視情形。

至則各國兵隊又到，乃公議：以火車站及第一座炮臺歸各國公占，懸掛各國旗幟。第二座炮臺歸德意兩國及新金山之兵分守，第三座歸法人，第四座歸英日二國，各自派兵守護。關城則由俄守東門，日本、義大利守西門，英法守北門，德守南門。其第一第二座之炮臺電機則歸日人看守。

計各國兵隊之到者，俄三千五百，英一千，德八百，美四百，義大利三百，日本陸兵兩隊又水師兵百名。

各國軍隊之所以必欲占取者，緣山海關之前有一小島，即在直隸灣之内，嚴寒時從不冰凍，爲列國軍船過冬所必需之地。關之北爲錦州，有鐵路可通，又爲經由津沽至京之要道，距牛莊十二里，旅順一百十里，大同江三百五十里，仁川四百三十里，釜山六百五十里，馬關七百三十六里，長崎五百八十一里，洵屬咽喉之地。故俄人分據後，即將由山海關至塘沽之鐵路加意修葺，並以附近之某處山脈產煤最爲著名，亦役使華工大加開掘，以爲久遠之計。各國雖知其必有所爲，然亦無如之何也。

論説

《兩江總督劉坤一等電報光緒二十六年十月十三日》 萬急，西安行在軍機處鈞鑒：前聞洋兵西逼，已抵井陘，太原戒嚴，宣化、居庸等處洋兵不少，晉防萬緊。坤一、之洞迭電各出使大臣、各外部勸阻。彼族均涉推宕。連接各處電報，外人總以懲辦禍首未能滿意，毓賢、董福祥尤爲各國所切齒。聞已預備哀的美敦書，允之則必有爲難，拒之則立致決裂，時局至此，恐終歸於不能不允。坤一等竊謂，此次議款，當握定不失自主之權爲第一要義。賞功罰罪，中朝自有權衡，本非外人所得干預。肇禍諸臣，縱匪滋擾，貽害國家，得罪於宗廟社稷。乘輿播遷，備嘗艱險，得罪於皇太后、皇上。大局阽危，生靈塗炭，得罪於天下人民。圍攻使館，妄殺洋人，得罪於海外諸國。種種罪戾，擢髮難數。即令諸臣自思，當亦無顔再生於堯舜之世。即無各國要索，當亦不能倖逃於祖宗之法。聖朝忠厚，兩宫仁慈，或念其隨扈微勞，不忍遽置重典，似不宜令其再竊高位，再誤國是。擬請斷自宸衷，明降諭旨，將載瀾、趙舒翹、英年一併革爵革職。剛毅查辦拳匪，語多縱庇，雖已病故，仍請革職。毓賢、董福祥情節最重，法無可貸，請立正典刑。董福祥現在調回甘肅，或俟抵甘後再行治罪，伏候聖裁。一面速發國書，措詞務從謙婉，切懇各國，迅發訓條，和平開議，或冀早就範圍。與其待彼書到，迫以必辦，損我國體，何如趁書未到，先行自辦，伸我大權。事機危急，諸臣罪有應得。坤一等不敢徇外人之好惡，不敢不爲朝廷整紀綱，謹冒死瀝陳，請代奏。劉坤一、張之洞同肅。元。

《山西巡撫岑春煊電報光緒二十七年二月三十日》 火急。行在軍機大臣鈞鑒：卅午奉勘電旨，敬謹讀悉。查劉軍退紮一事，煊疊准全權電令速即退紮，彼時在途，又因澤宣未回，未知敵情究竟如何，是否可從，均復以到省酌度，奏明請旨。頃澤宣自法營回省，據面稟：晤法提督杜義德，言劉軍撤後，彼軍即退，時有包教士在坐，言法軍決不過井陘，以免我退彼進之疑，等語。煊查劉軍駐紮井陘，誠有與彼相持不下之勢，現聯軍既經議撤，正定法軍自不能獨留，然彼退而我仍留，此所以不能饜其好勝之心者也。今全權來電六次，均謂法畢使及法提督言，我如不先退，彼必與德合力進攻，等語。若待其進攻時，我軍須顧全和局，始終不能還擊，仍然非退不可，則不如先退，翻可示彼以大信。復再三詢據澤宣面稱，窺彼之心，似無西進意，惟欲我先退，彼得一好面子。煊審察前後情形，似覺此言可信。不然，晉邊隘口林立，防兵極單，彼果欲來，原不必由井陘一路。正擬電請旨，適奉諭飭，仰見聖明洞察，鈞畫周詳，莫名欽佩。當即遵旨，電飭劉光才刻即退紮晉境並電請全權轉告法使，亦即撤兵，決勿食言。至許涵度有無助毓賢虐教之事，容探明另案復奏。請代奏。煊叩。卅。

《御史王祖同摺光緒二十七年三月初十日》 陝西道監察御史臣王祖同跪奏，爲洋兵違約，擅逼晉境，請旨嚴詰，並申明要約，以杜侵陵，恭摺仰祈聖鑒事：

竊自停戰議款以來，我軍遵約自守，未嘗輕動。而洋兵時出侵軼，不稍斂戢，紫荆、獲鹿先後被擾。當草約畫押後，又迫劉光才以退守，不煩一兵，坐據井陘之塞。近復闌入晉域，奪我巖關，太行天險，拱手失之，平定一帶岌岌可慮，太原全省亦將有震動之勢矣。夫此退彼進，多方誤我，不能力拒，而徒恃口舌相爭，已屬萬難之舉，若並緘口捫舌，聽其侵逼，置不與校，以此求和，和安可保！

臣竊謂洋兵屢進，固由彼族之思逞，亦因要約之未明。何則？講和必先息戰，開議之日即停兵之期。違約乘利，失信在彼，曲直之理宜明辯也。

戰事既停，凡彼兵力所未及，皆我軍必宜駐守之地，果使兩不攻擾，雖壁壘相望，亦可無虞。而乃移營遠避，坐失事機，以致肆意憑陵，毫無限制，就使旋得旋退，飽掠颺去，所獲已多。此分界劃守宜嚴訂也。

山右殷富巨商，彼實垂涎，擇肥而噬，勢有必至。現時中國利權多爲外洋侵據，尚賴西商字號緩急流通，若被搜括一空，不特坐失巨利，將各省餉源立形困敝，於大局實有關礙。且各國效尤，殷厚之區處處肆掠，伊於胡底。

臣愚以爲凡開議後被擾各地，宜查估喪失確數，悉於賠款內扣算，雖得不償失，或可稍資抵制，洋兵不顧約章，攻掠自由。我軍恐敗和局，前御失據，情事既迫，莫知適從，計惟節節退避耳。不知彼既爽約，我不得已而應之，即開礮還擊，豈復爲過。是則前敵諸軍，可無戰事，而不可無戰備。以上數端，爭於今日，不如預訂開議之始。然乘此決裂未深，似尚可圖。可否請旨飭下全權大臣力爲詰阻，明定要約，辯曲直，清界限，申還擊之令，增扣抵之條，並一面飭諭我軍將領，嚴密防禦，勿使稍有疏虞，庶洋兵知所顧忌，或當終就款局。

臣愚昧之見，是否有當，伏乞皇太后、皇上聖鑑。謹奏。

藝文

清・倪在田《枯生松齋集・山海關宣統二年》 行行出京邑，東北望榆關。大海浸白日，高臺星斗間。左顧掖馮翊，右見長城環。經營二十載，健馬如雲殷。高秋閱素幟，組練淨川原。寧知一日夕，長甲捲無存？

又《井陘宣統二年》 故關限燕晉，緣行若烟裊。山花墮馬蹄，碧樹翳蟬窈。行行太行嶺，捷出居庸表。連翩下飛旗，霜笳奏天曉。落日照營門，千山抉背鳥。從軍已數年，不畏徒旅少。但願得交綏，黑風刺巖杪。甘桃槐樹間，突兀多峯嶸。何意井陘城，微水波洵小。

雜録

《山西布政使升允摺光緒二十六年九月初五日》 頭品頂戴總統陝軍山西布政使奴才升允跪奏，爲洋兵西竄易州，防務喫緊，請留武衛中軍三營，併力守禦，恭摺馳陳，仰祈聖鑑事：

竊奴才蒙恩調補山西布政使，當經籲懇陛見，並聲明擬赴太原迎候批摺，就便與撫臣面商守事宜。嗣聞保定一帶迭有警報，直、晉毘連，未敢輕離防所，並由靈邱進紮廣昌，以固門戶。閏八月二十七日，有武衛中軍中、後、右護軍等營，由霸州爲洋兵所逼，無所歸依，叩關來投。奴才親赴紫荆關，逐加點驗，雖稍散失，尚能成軍，約略可併爲三營。當經稟商撫臣錫良暨欽差大臣大學士臣榮祿，俾留晉省，藉資防堵。奴才所部陝軍八營，其三營爲直隸前護督臣廷雍留固安，現尚未回，僅餘馬步五營，分布各要隘，實屬不敷。得此一軍，稍厚兵力，其足恃與否，尚不敢知也。九月初二日據探報稱，洋人已入易州，徧插旗幟。初三日又有趨官坐嶺之信。官坐嶺與紫荆關僅隔二十里，間道相通，尤防偷渡。奴才督飭各營晝夜防守。現値停戰議和之際，決不敢鹵莽，致彼有所藉口，亦決不敢退讓，使彼得逞狡謀。婉言以謝之，峻辭以拒之，萬不獲已，則據險截擊，效死勿去。奴才報國，如是而已。謹將現在防務喫緊緣由，恭摺馳陳，伏乞皇太后、皇上聖鑑。謹奏。

光緒二十六年九月十二日奉硃批：另有旨。欽此。

《四川提督宋慶等摺光緒二十六年九月十五日》 四川提督奴才宋慶、直隸提督奴才馬玉崑、山西巡撫奴才錫良跪奏，爲洋兵奪踞紫荆關北邊防戒嚴，謹將會商籌備情形，繕摺由驛馳奏，仰祈聖鑑事：

竊奴才錫良於九月十一十二等日，據統領陝軍山西布政使升允稟稱：本月初三日聞洋兵竄擾易州，即經嚴督各營晝夜防範。詎初七日卯刻，洋軍遽來換關。該司親率弁兵，竭力抵禦，血戰兩時之久，精鋭傷亡甚多卒以藥竭兵單，遂致關被奪踞。該司先退於浮圖峪。旋以兵心不固，復移守繁峙縣屬之平型關。請速撥營協助，等情。查晉省東北沿邊州縣皆與直隸屬境毗連，路徑紛歧，關隘林立，自聞聯軍西進已至正定地方，近逼晉疆，頭頭是道，敵情叵測，處處堪虞，曾經會商奴才宋慶、馬玉崑趕緊添撥各營，認眞防守。已將辦理情形由驛由電先後奏明。嗣奉疊次寄諭，飭令嚴整以待，等因。仰見聖慮周詳，莫名欽感。復經通飭各營，一體遵照，各在案。今紫荆關既被奪踞，則晉北之防更嚴。蓋陝軍僅止數營，力本單薄，加以鏖戰失利，兵心自必難堅。且紫荆關距靈邱僅止一百八十里，設再闌入晉境，勢必棘手異常。奴才錫良據報之後，立即飛咨綏遠城將軍永德、歸化城副都統查成、調署大同鎮總兵官楊鴻禮，迅飭旗蒙綠練各營旗督率弁兵，會同各廳州縣，嚴密巡防。並以前曹州鎮總兵萬本華遵旨調晉察看，計期指日可來，檄令折回代州，接應平型關之隊。奴才宋慶、奴才馬玉崑亦經立派統領總兵馬金敍先撥馬隊百名直至紫荆關，偵探具報。隨督步隊前往雁門東北地方擇要堵遏。其分統參將孫多慶原駐忻州之五營，亦令即日移劄代州，以資策應。十二日又飭毅軍統領副將郭殿邦馳往，居中調度。總期布置得宜。儻再告嚴，奴才馬玉崑自當親赴省北，督率各衆，相機辦理。當此中外議和之際，奴才等深知大局攸關，漸不敢遽起兵端，致使有所藉口。故奴才錫良曾電致大理寺少卿盛宣懷，告以洋兵既踞紫荆，晉危日迫，現正議款，何遽如斯，務速轉報直隸督臣李鴻章，熟商各國欽使，力阻其兵西來，彼此共維和局。尚未接准電復。亦係急則治標之計。第察其踞關情勢，實覺譎詐難防。惟有仰秉聖謨，力圖固守，仍不敢稍形疏懈，以期遠慰慈廑。除探有確情隨時續奏外。謹會同繕摺，由驛馳陳，伏乞皇太后、皇上聖鑒，訓示。謹奏。

光緒二十六年九月十七日奉硃批：布置尚屬周安。本日已電諭奕劻、李鴻章速向德國使臣切實辯詰，阻其西進。仍著該提督等加意嚴防，隨時確探情形電奏。欽此。

《山西巡撫岑春煊電報光緒二十七年三月初六日》 火急。行在軍機大臣鈞鑒：頃據劉鎮函稱，洋兵五千餘名至井陘、微水、南北障城等處，有一由娘子關、一由南北障城、一由固關西趨之説，娘子關業已進攻，我軍受傷不少，等語。查娘子關係方鎮駐紮，而方鎮同日函稱，洋兵千餘名至井陘，分四五百名至距娘子關四五里之地都地方。並未云我軍已傷。所稱洋兵數目，亦多少懸殊。均未據聲係何國。該鎮等不免張皇，即此可見。惟彼軍進偪，還擊既恐滋釁，退避又恐長驅，惟有仰懇朝廷電飭全權，急爲阻止。覆查井軍業已遵旨撤入晉境。晉省教案，太、大、寧、朔、汾五府，煊已商其護主教安懷珍，先行借給銀十萬兩，俾資轉散。平、蒲、澤、潞四府，因其主教賀廣才現在河南林縣，前撫借給銀二萬，煊又借給一萬，復派兵議其來晉，與之商辦。歸綏七廳，前撫已借過一萬，煊又借解兩萬，交恩道轉給該處方主教散放。惟耶蘇教士現無一人在晉，當又電請全權轉告英使，速派主教前來會商。復於洋務局設發審公堂，專理民教訟事，追查教會所失財產。煊到任甫十餘日，爲之清理各端，實已不遺餘力，似尚未貽彼以藉口之端。至教案之不能迅結，則誤於從前未嘗切實清查，非煊有心玩視也。可否並以此等情形，電飭全權詰問，果因何故，彼乃進進不已，致擾良民。一面由煊派委沈敦和、吳匡再持照會前赴敵營，與之理論。仍飛飭各軍，不得還擊滋釁。並電全權外。請代奏。煊叩。魚。

清・蔣楷《那處詩鈔・故關》 大食刀邊血，三沽咽不流。固關曾不固，猶抱玉津頭。

慈禧西逃和東南互保分部

慈禧西逃

綜　述

《庚子國變記・西巡回鑾始末記・兩宮西狩記》 庚子七月十一二等日，直隸總督裕壽帥在北倉與洋兵接戰，兵敗，退札楊村，旋又退至蔡村，以手槍自盡。時李鑑帥奉命督師，於十四日抵河西務，所統張春發、陳澤霖兩軍，略戰即潰，鑑帥亦服毒自盡。洋兵遂進逼通州。

其時舉朝震動，皆莫出一謀。十六日，乃有西巡之旨。復因車輛不齊，遲遲未行。至十九晚，城外大炮隆隆不絕。二十日，喜雀胡同一帶，更炮子如雨，至下午喧傳天安門及西長安門已失守。然以相隔遙遠，內廷尚不得真消息。是日，王夔石中堂文韶共召見五次，末次時已亥刻，見面祇剛相、趙尚書二人。太后云：『只剩爾等三人在此，其餘均回家去，丟我母子二人不管。爾三人務須隨駕同行！』並諭王中堂云：『汝年紀已邁，尚要汝吃此辛苦，我心不安。汝可隨後趕來。他二人素能騎馬，必須隨駕同行。』王中堂奏云：『臣必趕來。』皇上亦謂：『汝務必要來！』然當時尚言不即起駕也。是晚，王中堂在內值宿未歸。至夜半，又喧傳洋兵進城。中堂欲出查問，則禁門業已嚴扃，不能出入。至翌晨七點鐘時，中堂乘坐小轎進城，方知兩宮已於黎明倉猝出宮矣。

是日爲二十一日，太后皇上均坐車出德勝門，行至貫石，始由光裕駝行孝敬駝轎三乘。皇上與倫貝子同坐一乘。直至懷來縣、宣化縣，兩宮、皇后、大阿哥始均坐轎。復因倉猝出宮，太后僅穿藍布夏衫，頭尚未梳。皇上則僅穿黑紗長衫及黑布戰裙兩條而已。鋪蓋行李一切均不及隨帶出京，三日夜間祇睡火炕，既無被褥，復無替換衣服。飯更無人進奉，祇以小米粥充饑。狼狽情形，不堪言狀。妃嬪及宮女等均未帶出，太監雖有隨駕者，然亦寥寥無幾。諸王貝勒等隨扈者亦少。禮王、榮相、啓秀等，均未相從隨行，衹端王、慶王、那王、肅王、倫貝子、輔貝子及公爺數人而已。堂官則有剛、趙、吳、王、溥興五人。又部院司員十一二人，滿小軍機二人，漢小軍機一人，神機虎神營八旗練兵約亦千餘人，馬玉崑保駕各營弁兵約亦千餘名。沿途各鋪戶均閉門逃遁，到處均無從購物，故淒慘處尤覺非筆墨所能詳記。

是日，王中堂以曾奉命隨扈，一聞駕已出京，不及回宅，即偕其次公子於巳刻衝出後門，時因困憊已極，姑至靈鷲庵小憩。庵中僧人，以洋兵進城，逢廟必燒，深爲焦急，且其時安定門至德勝門城上均有洋兵教民來往放槍，街市間亦多有洋兵行走，因此堅不肯留。中堂無奈，遂至間壁充內務府役之旗人韓姓家暫避，車夫轎夫業已各自逃命。至下午，探得西直門尚開，遂將車馬及一切物件遺棄韓家，衹帶銀錢及隨身替換衣服，候至天黑，隨衆出城，由德勝門十三海一帶行走。甫至戛戛胡同，天又大雨，乃至景宅借宿一宵。其時城內槍炮聲已停，惟後門外滿天火光，徹夜不絕。直至寅初，始探知西直門已開，洋兵未來，華兵已逃。逃難者不知凡幾，均無人盤問。中堂遂與次公子步行而出西直門，至大橋外，始行乘車。次公子則跨騾以從，時隨從人等，僅存五六人，亦均徒步而行。行至海甸，中堂以腹中飢甚，欲覓一飯，而飯鋪已閉，只沿途尋覓，始獲勉强一飧。飯後卽行。行七十里至貫石，聞聖駕已過，卽在該處過夜。二十三日，至居庸關。二十四日，至懷來縣，始知兩宮已先於二十三日到此，已駐蹕一日矣。遂入見跪地而泣。兩宮亦揮淚不已，一再慰勞，始命退出。

先是兩宮於二十三日臨幸該縣署時，已旁晚。署中人皆不知，吳令倉猝戴大帽出迎，駕已入署矣。乃卽於大堂朝見兩宮，溫諭有加。吳令退，乃卽以其夫人之房趕緊收拾，請太后慈駕入內憩息。皇后則安置於其媳正房，皇上則暫在簽押房駐蹕。時太后已飢甚，手拍桌，命進食物。蓋太后出京二日，僅食鷄蛋三枚也。並卽自行啓奩取梳梳頭。旋命皇上親降硃諭，派吳令速往東南各省催餉，其縣印卽着交與典史暫署。兩宮乃復於二十五日起鑾西行。自是始由地方官陸續進奉，兩宮始稍安逸矣。

所有沿途駐蹕情形，自出京日起，今特按日備録左方，俾無遺漏，庶後來有所考證焉：

七月二十一日，駐貫市，係七十里。宿清真寺。東光裕李姓、楊姓，進麪飯、小米粥、蔬菜，並二馬車輛。

二十二日，駐岔道，係九十里。辰刻大雨，行抵關溝，山水漲發，鑾輿衝水而過。午間過居庸關尖站，內監向土民索得粗磁茶碗，進涼水一盞。延慶州秦牧奎良進藍呢轎。是處無供給，苦甚。

二十五日，駐懷來縣，係五十里。駐蹕二日。懷來縣吳令永進燕席，並漢裝女衣，皇上衣大阿哥衣。

二十五日，進河城，係六十里。江北通進綠轎，並進旂衣。

二十六日，駐鷄鳴驛，係四十里，宣化屬。

二十七日，駐宣化縣城，係六十里。駐蹕四日。駐上谷公所，供張稍好。宣化縣陳令本召見時，慈聖頗獎勵之。

八月初一日，自宣化啓鑾，駐懷安縣屬之左衞原，係六十里。行宮狹隘，絕無預備。

初二日，駐懷安縣城，係六十里。供張草率。

初三日，駐山西天鎮縣城，係八十里。天鎮縣知縣額令騰額先期知奉天全皆失守，是以自盡。是日在枳兒嶺尖站，毫無預備。岑中丞春煊進荷包鷄蛋，甚蒙褒獎。宿站，典史楊守性供給，視尖站稍周。

初四日，駐聚樂堡，係六十里，陽高縣界。

初六日，駐大同府城，係六十里。在鎮臺衙門駐蹕四日，供張稍覺周備。

初十日，由大同啓鑾，駐懷仁縣，係九十里。供張草率。

十一日，駐山陰縣之岱兵鎮，係一百里。行宮湫隘。

十二日，駐代州之廣武鎮，係八十五里。

十三日，駐陽明堡，係七十五里，代州屬。過雁門關，慈輿在關上稍停遊覽。岑中丞進野黃花一握，慈聖勞慰之，並賞乳茶。

十四日，駐原平鎮，係八十里，崞縣屬。行宮係民房，知縣王令失於覺察，內有舊存空棺數具，經岑中丞查出，馳馬回奏，幸慈聖天恩高厚，謂『可移則移，如不在緊要地方，不移亦可。』駕未到時，部郎俞啓元已督同兵丁全行移出。

十五日，駐忻州城，係八十里。是日，在二十里鋪換黃轎三乘、綠轎二乘。

十六日，駐黄土寨，係六十里，陽曲縣屬。

十七日，抵太原府城，係六十里。駐撫署，一切供張，陳設儀物，均係純皇帝幸五台時舊物，燦然如新，極爲可觀。慈聖謂爲宮中所未有。

自此遂在太原駐蹕兼旬。繼因某大臣奏聯軍將掠保定而西，遂決計臨幸西安。復明降諭旨，定於閏月初八日起駕南行。一路地方官供給周至，頗愜聖懷。至閏月二十六日巳刻，兩宮鑾輅始入潼關。

以下爲入關後情形。

是日，兩宮渡河，乘御舟三隻，均以錦繡飾之。途中風平浪靜，天顔頗喜，賞銀二十兩，銀牌百面。時關中苦旱頻年，赤地千里，乘輿過後，即得雨三寸有奇。萬姓歡呼，聲聞四野。太后因欲至華山拈香，遂召襄辦皇差之陜州黄直刺璟垂詢華山情形，何處可以拈香？直刺奏山路險峻，已派兵一營修路，太后又問，駐蹕一日可修竣否？直刺奏請至華陰駐一日，或可趕修稍平。嗣因軍情吃緊，傳旨不登山。即在華嶽廟拈香，灝靈殿行六叩禮，聖祖龍牌前行九叩禮。皇太后禮畢，淚下沾襟。又登萬壽樓，王大臣等再三請乘輿，不允，由內侍扶掖，曲折登三丈梯第一層。皇太后率皇上、皇后、妃嬪、大阿哥、王大臣憑眺良久，皇太后更上一層。岑中丞、端方伯、黄直刺等於樓門跪接，太后於手巾中拈出人參糖，各賞一枚。次日，黄直刺進呈螃蟹、蛋、蝦仁、鼻烟等物，均經賞收。

先是，是月十六日，前護理陜撫端午樵中丞馳赴山西行在，迎迓鑾輿，行至蒲州，蒙恩召見一次，至潼關，又蒙召見，旋奏旨馳赴河南陜州查辦事件。中丞感激天恩，奉命即行。

迨九月初四日未初，聖駕至西安，由長樂門大路直抵北院行宮。御道甚長，皆用黄土鋪墊。各商鋪皆懸燈結綵，居民等更跪迎道左，均欲仰瞻聖容。皇上命扈從人等，毋許驅逐。皇太后更賞賜耆民銀牌甚多。御駕抵北院後，辦事大臣亦各紛紛隨至。并經派定侍衛二百五十人，日夜輪班，在大門二門站防值宿。自是聖心爲之稍安。復以陜省哀鴻遍地，民不聊生，正宵衣旰食之時，所有御用衣服，概以大布爲之。諸王大臣等仰體儉德，不敢稍涉奢侈，遂亦一律穿用布袍。

論説

《慶親王奕劻等摺光緒二十六年八月二十四日》 和碩慶親王臣奕劻等跪奏，爲合詞籲懇迴鑾，以固根本而繫人心，恭摺瀝陳，仰祈聖鑒事：

竊臣奕劻奉命回京，業將到京接晤各使情形，先後專摺馳陳在案。近日復晤各國使臣。該使等尚顧邦交，均恭請皇太后、皇上聖安。深惜此次亂民驟起，未能先事預防，致使釀成從來未有之奇變。現在近畿一帶拳會尚多，切請設法剿捕，庶免洋兵代辦，玉石不分，良民亦遭塗炭。各等語。臣奕劻當因該使等語意近情，允其咨囑署直隸總督廷雍，迅即查明拳會聚集處所，認眞遵照疊次諭旨辦理，免其再釀巨患。於十五日專差齎文行知去後。八月二十一日奉到廷寄一道，臣奕劻跪讀之下，敬悉簡派大學士榮祿來京會商一切。臣奕劻得以集思廣益，欽感莫名。二十二日接李鴻章電稱，已於二十一日航海來津。因電促其到津後即日赴京以便開議。此臣奕劻近日在京辦理一切之實在情形也。

連日復與在京各大臣及翰詹科道一再籌思。邇來時局艱危，和議之難，自在聖明洞鑑。但默揣各使之意，均以鑾輿遠狩，一經開議，竊恐無所秉承，深願迎請皇太后、皇上還都，尚非藉以要挾，別圖譎詐。況京內人心，尤以聖駕一出，無所依歸，百萬軍民旁惶若失。方今環球權力各不相下，然轉因彼此牽制之情，迫而爲顧全中國之計。若就此時聯合各使，維繫人心，惟有仰乞皇太后、皇上上奠宗社，下拯臣民，即日迴鑾，以維大局。京中宮廷府庫，經列聖締造，宅中圖治，已立萬世不拔之基。若以京城兵事偶蹶，久駐行省。無論經營儲積，瘠土難供。萬一敵人合謀逞志，據我糧道，絕我餉源。竊恐天下解體，雖百二秦關，無能爲禦。臣等歷觀往代遷都之失，史册彰彰可考。且環球各國通例，所派使臣必須駐紮與國國都。儻此間和議已成，聖駕尚無回京確期，恐各使將以移駐爲請，於事更多窒礙。伏願皇太后、皇上聖心獨斷，早日還京，並預將駕旋日期，明降諭旨，布告中外。既慰普天依戀之忱，亦遂各使就瞻之願。臣等不勝戰慄待命之至。謹合詞恭摺奏聞，伏乞皇太后、皇上聖鑒。謹奏。

《兩江總督劉坤一等摺光緒二十六年閏八月十七日》 南洋大臣兩江總

督臣劉坤一等跪奏，爲偏安必不可成，京師必不可棄，籲懇明旨事定回京，以定人心而安大局，恭摺瀝陳，仰祈聖鑒事：

竊自拳匪肇亂，搆釁列邦，津、京相續失陷，遼東亦多失守，以致宗社震動，乘輿播遷。薄海臣民，皇皇失措，莫不謂拳黨釀禍，貽誤我國家，疾首痛心，同切憂憤。迨疊奉明詔，車駕暫幸太原，剿治匪徒，議及親貴。仰見我皇太后、皇上前者之苦衷，今者之明斷。雖外人尚未滿意，然已漸有轉機。天下士庶莫不欽仰感動，鼓舞歡呼。方冀畿輔廓清，指日回鑾，上慰九廟在天之靈，下遂億兆蒼生之望。昨日恭讀電傳本月初六日諭旨，現定於閏八月初八日啓鑾西幸長安，等因。欽此。臣等至愚，鰓鰓過慮，有不得不直陳於我皇太后、皇上之前者：

伏查自古國家多難之時亦有遷都之舉，然必須敵人不能懸軍深入，即深入亦不能持久，我始能立國圖存。今日聯軍謀堅勢衆，實與古來不同。況陝西地方，自宋、金、元、明至同治以來，屢經兵燹，商稀民瘠。古稱天府，今非雄都。又與甘肅爲鄰，素爲回藪。較之京師，難云完善。即就目前言之，各國方以新勝之師聯合圖進，我能往寇亦能往，不畏數萬里之海，豈畏二千里之陸，蓋山川之險未可漫恃，即偏安之局不可幸成也。且京師根本重地，四方所拱極而朝宗者也，宗廟宮闕列祖列宗之神靈所式憑者也。二百餘年來邦基固矣，一旦棄之，不特失臣民之望，度亦非聖心所安。前聞各國曾請退兵迎鑾，不佔土地。無論所請果否出於至誠，正可藉回鑾之説以速其撤兵之議。倘西幸逾遠，是折各國之請而阻就款之忱，萬一激變宗旨，洋兵不撤，京畿從此淪胥矣。遼東不復，陵寢從此阻隔矣。一國變計，各國爭先，外而沿江沿海處處侵佔，內而奸宄生心紛紛擾亂，瓜分之勢成，糜爛之禍亟，人心愈搖，餉源愈竭，運道愈難。而此時朝廷徒局促偏安爲閉關自守之計。夫以偏僻凋敝之秦隴，供萬乘百官之資糧，久將不給，以屢次挫失之兵械，抗合從連衡之强國，勢必難支，存亡關鍵，實在於此。臣等萬死奚足補救。

伏祈皇太后、皇上追念列祖列宗創垂之艱難，俯恤滿洲八旗生齒之蕃衍，外順各國迎駕之情，內慰臣庶戀闕之心，擬請容裁，收回幸陝成命。若乘輿已發，距陝伊邇，勢難折回，亦祈明降諭旨，布告天下，具言此次幸陝亦係暫計，俟畿輔稍定即行回鑾。並由京簡派王大臣致祭宗廟，恭謁諸陵，示天下以朝廷不忘宗廟陵寢之重，斷無終不回鑾之理。一面飭令全權大臣等婉告各國使臣，果其退兵，示以必返。庶足以定人心而安大局。

臣等愚慮所及，不敢不昧死瀝陳。謹合詞繕摺具奏，伏祈皇太后、皇上聖鑒，訓示。謹奏。

《翰林院侍讀學士惲毓鼎摺光緒二十七年二月二十五日》 日講起居注官三品銜翰林院侍讀學士臣惲毓鼎跪奏，爲密陳大計，恭摺仰祈聖鑒事：

竊自去年車駕西幸，八月有餘，不特官商士庶喁喁西望，籲翠華之早旋，即各國日盼回鑾，亦出眞心，並無詐僞。我皇太后、皇上一日不還，即大局一日不定，大局一日不定，即宗社一日不安，舉凡政教號令亦一日不能歸一。此誠今日之要務，不可稍緩者也。惟是都城近日景象，迥非昔比。東交民巷一帶，築城垣，挖濠溝，置礮臺，隱然巨防，如臨大敵。在我皇太后、皇上今日萬不能不還，還之後亦萬無意外之變。然禁門逼處，環衞都疏，輦轂之下，肘腋之間，長伏此無形之患，聖心固所不安，臣子之心亦有所不忍。

以臣愚計，莫如在開封府建立新都。自開封至京，安設鐵路，以便往來。其鐵軌寬狹，須與尋常尺寸不同，使我之車可行，敵之車不能合轍。請車駕暫回京師，以安人心，以定大局。此後，則輕裝減從，不時往來其間。無遷都之名，而隱寓遷都之實。其百官建置，或仿明南京、我朝盛京之例，酌予增刪。於各使臣覲見則在北京。其餘辦事不必立定恒規，以示不測。蓋今日而議遷都，民心與敵情均有所不便。然竟在人掌握，尤非所以奠鼎祚而遠危機。苦心經營，無逾於此。昔元以燕京爲大都，而於關外別立上都，大都每歲必行巡幸。日本既遷東京，亦常有西京之行。歐洲國君皆到處巡歷，不常厥居。敵人視之，亦不以爲異。而於遠患之道，則可藉此銷釋於無形。

臣蒿目時艱，既日盼鑾輅之早還，復私慮後來之隱患。憂危日夜，寢饋難安。謹繕摺密陳，伏乞皇太后、皇上聖鑒。謹奏。

《陝西巡撫升允摺光緒二十七年六月二十七日》 頭品頂戴陝西巡撫奴才升允跪奏，爲早秋尚熱，懇祈展緩回鑾日期，恭摺仰祈聖鑒事：

竊奴才伏讀本年四月二十一日上諭，定於七月十九日啓蹕還京。中外臣民同深忭幸。奴才明知皇太后、皇上西幸以來無日不睠懷宗社，而北京臣庶亦無人不引領鸞旂，何敢因三輔之近光，緩六飛之首路。第念關中亢旱之餘，秋陽正烈，向來須過白露始戢炎歊，若七月戒途，誠恐不勝蒸溽。又值早秋刈穫，民間需用車騾。其時三伏纔終，不免蒸雲致雨，若滂沱一日，必泥淖彌旬。合無仰懇宸慈，以調攝聖躬爲重。況回鑾已定，似不爭此旬日之間。可否展至中秋前後啓蹕東行？則氣爽秋清，雖有行路之勞，而無蚊熱之苦，其便一；民間早稼已登，晚禾未刈，車騾徵調，不誤農時，其便二；天氣已涼未寒，多晴少雨，聖懷和暢，蹕路平安，其便三。是略一展期，既可慰關中攀戀之忱，仍不虛京邑雲霓之望，似屬兩便之舉。

奴才爲保衛聖躬起見，是否有當，伏乞皇太后、皇上聖鑒，訓示。

謹奏。

光緒二十七年六月二十七日奉硃批：另有旨。欽此。

《鹿傳霖奏請早赴西安建立新都以定大計摺光緒二十六年八月二十八日》

頭品頂戴新授兩廣總督臣鹿傳霖跪奏，爲懇請天斷，早赴西安建立新都，以定大計而繫人心，恭摺密陳，仰祈聖鑒事。

竊維此次拳匪肇禍，激動洋兵，禍起倉卒，都門不豫。幸我皇太后、皇上乘輿西幸，雖備極艱苦，猶足以維繫天下臣民之心。此皆仰賴列祖列宗在天之靈所默佑者也。今派李鴻章等入京議和，而其電奏洋人之言，欲回鑾然後開議，此卽彼族之狡謀，欲誘入坐困，如朝鮮故事，政令悉出於彼，而矯稱諭旨，以號召天下，則人心瓦解，大事去矣。此時彼卽許我撤兵，而咫尺津海鐵路已爲彼修復，旋撤旋來，朝發夕至，從何防範？一思及此，可爲痛哭寒心。且奸細之信函、滬上之洋報，彼所指名索取欲得甘心者，多係朝廷懿親重臣，一旦旋京，豈非自投羅網，獨不知之而不思之乎？自古夷狄侵逼，避地遷都以成中興者，歷代多有。秦中自古帝王州，河山四塞，北有山西、直隸，南有巴蜀、荆楚，東有河南、山東，西有甘肅、新疆，皆可扼險固守。我皇太后、皇上經此艱難，於西安建立新都，卧薪嘗胆，崇儉去奢，任賢使能以圖興。我朝厚澤深仁，民心尚固，彼洋人之議和，見我不隨其誘困之計，所有要挾，或可從減，其必不能從者，尚可從容辯論。若徘徊中途，俟其要挾以難從，然後赴陜，彼時人心又將爲之一驚，且貽彼族以口實，不如及早西巡之爲愈也。

如以臣言爲不謬，務懇聖慈將臣摺留中，勿稍宣露。卽日斷自宸衷，明諭樞臣，降旨分飭秦、晉撫臣，預備人夫車輛，擇期啓鑾，前赴西安，早定遷都大計。如有阻撓諫止者，卽請以臣摺所慮各節折之，或可憬悟無辭。並祈選派親王重臣，駐京留守。仍諭飭各軍，嚴防宣化、大同、保定、正定後路，以期有備無患。

微臣區區愚忠，不避嫌怨，冒昧密陳，不勝迫切待罪之至。伏乞皇太后、皇上聖鑒訓示。謹奏。

《徐會灃等奏爲據情代奏順天府紳民二次呈請回鑾事摺光緒二十七年三月十六日》

兵部尚書兼理順天府兼尹事務臣徐會灃、留京辦事大臣順天府府尹臣陳夔龍跪奏，爲二次據呈續請迴鑾，籲懇天恩，卽日降旨，以順輿情而維大局，恭摺仰祈聖鑒事。

竊據順天府治中王夢齡、大興縣知縣謝錫芬、宛平縣知縣范履福、經歷邢兆英等會稟：據順天紳商士民朱樑濟等呈稱，職等於上年九月間呈懇據情入奏，籲請皇太后、皇上迴鑾，當蒙代奏在案。自冬徂春，倏經半載，現值和局已定，盼澤尤殷，車駕一日未還，卽瘡痍一日不復。職等世居畿輔，托業京城，不憚再三之請，爲此叩乞俯准，據情入奏，早日迴鑾，非特畿甸生靈同蘇困苦，且以慰天下臣民之望。等因。

臣等伏查，上年九月間，該紳商等具呈籲懇迴鑾，當經據情專摺入奏。奉旨留中。欽此。小民愛戴之忱，計邀聖明洞鑑。現在和局業已大定，德、法之兵前經西去，旋卽遄回。獲鹿、正定一帶舊駐之兵，亦已全數撤回。刻由全權大臣與各國使臣會商賠款，該使等所索兵費數目，聞截至西七月初一卽中五月十二日爲止，但籌出有著之款，各國卽便撤兵。該軍隊等久役思歸，斷不能常駐京師，此理實可深信。伏讀上年閏八月初六日詔旨，原有事定後取道河南回京之諭。上月特詔吏部尚書敬信馳赴行在，詳詢京師地面情形。皇太后、皇上駐蹕西安，未嘗一日忘懷京畿，臣等同深感戴，而該紳民等心切瞻就，若有迫不及待之勢，係屬實在情形。既據一再敦請，臣等何敢壅於上聞。謹照録原呈恭呈御覽，可否先將迴鑾日期宣示中外，俾慰天下臣民之望，不勝迫切待命之至。

所有二次據情代奏緣由，伏乞皇太后、皇上聖鑒。謹奏。

藝文

清・黄遵憲《人境廬詩草・聞駐蹕太原》 南海昆明付劫灰，西風汾水雁聲哀。勤王莫肯倡先晉，欒禍人猶奉子頽。兵甲誰清君側惡？衣冠各自賊中來。壺漿夾道民爭獻，願祝橋從萬里回。

又《聞車駕又幸西安》 羣公累月道旁謀，擾擾干戈未肯休。太白去天眞一握，稗瀛環海更西流。河山形勢成牛角，神鬼威靈尚虎頭。差喜長安今夜月，千年環照帝王州。

清・蔣楷《那處詩鈔・烏夜啼》 城頭無數夜烏啼，聞道鑾皇已向西。鴟眼暗中明似晝，上林那有一枝棲？

清・敦崇《都門紀變三十首絶句・盼回鑾》 六龍西幸過潼關，曲蓋變旗縹緲間。憔悴孤臣行不得，夢魂飛過萬重山。

清・邵孟《寶天彝齋清史樂府・西幸陜》 庚子七月廿一日，聯軍驀地入燕京。太后挈帝避寇去，乘輿西幸太倉皇。寒透葛衣怯單薄，飢求豆粥誰奉盛？三晉雲山皆慘淡，二陵風雨益淒涼。回首都城見塵霧，風聲鶴唳苦頻驚。紅巾十萬今安在？扈軍衹餘五百名。追原禍始嗟何及？罪己詔書墨數行。最是令人腸斷處，魂召妃子鬼無靈。

佚名《庚子時事雜詠二十二首・六飛西狩》 萬騎雲屯擁翠華，狂飆摧散上林花。塵蒙遠逐天邊雁，日暮愁聞漢苑鴉。痛哭幽靈驚廟社，傷心甲士化蟲沙。爭傳黄蘗禪詩在，預説秦中是帝家。

雜録

清・柴萼《庚辛紀事》 七月十四日，李秉衡兵潰，洋兵遂逼通州。其時舉朝震動，皆莫展一籌。十六日，乃有西巡之旨，以車輛不齊，遲遲未行。至十九晚，城外大砲隆隆不絶。二十日，喜雀胡同一帶，更流彈如雨，至下午，喧傳天安門及西長安門已失守，然以相隔遙遠，内廷尚不得真消息。是日，王夔石中堂文韶，共召見五次。末次，時已亥刻，見面衹剛毅、趙舒翹二人。太后云：『只剩爾等三人在此，其餘均回家去，舍我母子二人不管，爾三人務須隨駕同行。』並諭王中堂云：『汝已年邁，尚要汝受此辛苦，我心不安。汝可隨後趕來，他二人素能騎馬，必須扈駕。』

是晚，王中堂在内值宿未歸，至夜半，又喧傳洋兵進城，中堂欲出查問，則禁門嚴扃，不得出。至翌晨黎明，兩宫乃倉卒出宫矣。出德勝門，行至貫市，始由光裕駝行，孝敬駝轎三乘，德宗與倫貝子同坐一乘，直至懷來縣，駐一日。兩宫及皇后、大阿哥，始均坐轎。因倉卒出宫，太后僅衣藍布夏衫，頭尚未梳，德宗則僅衣黑紗長衫，及黑布戰裙兩條而已。鋪蓋行李，（舉）［俱］未隨帶。

出京三日，夜間衹睡火坑，既無被褥，復無更易衣服，飯食更無人進奉，衹以小米粥充飢，狼狽情狀，不堪盡述。妃嬪及宫女等，均未攜出，太監雖有隨駕者，然亦寥寥無幾。諸王貝勒等扈從者亦少，禮王、榮相、啓秀等，均未相隨，惟端王、慶王、那王、肅王、倫貝子、橚貝子及公爺數人，先後趲至。堂官則有剛毅、趙舒翹、王文韶、溥興等四人。又部院司員十一二人，滿漢小軍機三人，神機營、虎神營、八旗練兵千餘人，馬玉崑保駕各營弁兵千餘人。沿途各鋪戶，均閉戶逃遁，到處均無從購物。

當駕至懷來縣時，縣署中人皆不知，吳令卒然戴大帽出迎，乃即於大堂召見，兩宫温諭有加，吳令退，急往收拾其夫人之房，請太后入内憩息，皇后則安置於其媳之正房。德宗則在簽押房駐蹕。太后飢甚，手拍梳桌，命進食物，并即自行啓奩，取梳梳頭。旋命德宗親降硃諭，派吳令速往東南各省催餉，其縣印交與典史暫署。

二十五日，兩宫啓鑾西行。八月初三日，至山西境。初六日至大同。十七日至太原，駐撫署，一切供張，陳設儀物，均係高宗幸五臺時舊物，而燦然如新，極爲奇觀，太后謂爲宫中所未有，自此遂在太原駐蹕兼旬。繼因某大臣奏聯軍將掠保定而西，遂決臨幸西安。復降諭，定於閏月初八日起駕南行，至二十六日巳刻，入潼關。更南行，御舟三艘，均以錦繡飾之，途中風平浪靜，兩宫甚喜，賞銀二千兩、銀牌百面。

時關中頻年苦旱，赤地千里，乘輿過後，即得雨三寸有奇，太后因欲至華山拈香，遂召襄辦皇差之陜州知州黄璟，垂詢華山情形，以路峻而罷。

九月初四日未初，駕至西安，由長樂門大路，先至南院行宫，後移北院。南院係督署，北院係撫署，御道甚長，皆用黃土鋪墊，各商鋪皆懸燈結綵，居民等更跪道左，均欲一瞻御容。德宗命扈從人等毋許驅逐，太后更賞賜耆民銀牌甚多。御駕抵北院後，辦事大臣亦各紛紛隨至，院外一切裝飾，全用紅色。東西轅門等字，亦紅漆涂蓋，轅門不啓，周圍以十字叉攔之，如京城大清門式。正門上豎立直匾，寫『行宫』二字。中門左門皆不開，由右門出入，入門有侍衛二百五十人，及一切儀仗，旁有軍機處朝房、六部九卿朝房、撫藩臬各員朝房、侍衛處，種種名目，則貼紅紙條而已。大堂空洞無物，左房爲内朝房，右房爲退息處。至鑾閣中有六扇屏門，中開二門，設寶座一，上蓋黃布，二堂又設寶座一，亦蓋黃布，左一房爲召見處，右一房爲親王辦事處，三堂中又有寶座一，左右爲太后宫，東三楹爲德宗宫，後三楹爲皇后宫，西三楹爲大阿哥所居，行宫局促，可以閉目得之矣。

兩宫抵行在後，太后常病胃痛，不服水土，夜不成寐，啼笑無常，時命數太監捶背，日夜不休。德宗則反較在京時爲健，偶與太監耍戲，亦喜笑如常。惟稍有不懌，輒大罵太監，亦似重有怨恨者。各處進貢之物，太后命太監開單，分賜羣臣，毫不吝惜。凡各省貢品送到内務府，太后必大哭，德宗亦涕泣不已。

宫内御膳費，每日二百餘兩，由岑春煊核定，太后謂岑曰：『向來在京，一費何止數倍，今可謂節約矣。』岑奏曰：『尚可再省。』又每晚先由太監呈上菜單一百餘種，亦不過鷄鴨魚肉之類。其後貢物燕窩海參都至，玉食乃豐。德宗喜食黃芽菜，並不用多葷，太后喜食麵筋，亦不多食他品，謂太監曰：『不必多辦菜，蓋一百餘種，朕不過食一二品而已。』

軍機處仍是榮中堂問事，王中堂則可否因人，鹿尚書則附和榮中堂。或見三大臣上朝，先則太監手捧圓盤一，上蓋黃綾，引三大臣前進，王居首，榮次之，鹿在後。王白髮蒼蒼，面目清瘦，行路遲緩。榮須髮微白，面扁而黃，有足疾，身亦不高。鹿項敧，面浮腫，一無精神。及召見，祇榮一人説話，王本重聽，鹿亦然，瞠目而已。王鹿既退，必請教於榮幕樊雲門，否則莫知底藴也。

鹿住木四牌樓，産業在西安者甚多。榮住滿城，王住貢院，除都察院、内務府、工部外，其餘各衙門，皆設貢院内，以紅紙長條書某部公所字樣，而不書衙門。貢院内皆係辦公之所，各部暫行刊木質關防，文曰『行在某部關防。』王有太平宰相之稱，鹿肝氣太甚，於兩江苛事吹求，深賴兩湖爲之調處。榮嘗勸其意氣勿過甚，又勉其凡事外面圓通，使人不測，鹿唯唯。

各員奔赴行在候引見者二百餘人，朝廷電催吏部尚書敬子齋冢宰即到行在，料理引見事宜。惟各員以食用太貴，不堪其苦。其津貼辦公各員之項，一二品月一百二十兩。三四品六十兩。五六品四十五兩，七品以下三十兩。聊可足用而已。外任簡放各員，頗有怨詈朝廷者。

夏震武上摺，力保余蠻子可勝經略之任，願以全家保其與聯軍背城一戰，摺中引用尚父、韓信兩典，請德宗設壇拜帥。又謂聯軍若來逼，可引渭水灌之，使其片甲不返，雖未見施行，而太后贊賞不已。

十月初六日，某中丞欲爲萬壽鋪張，與各宗室議及，溥侗厲聲曰：『國是敗壞，一至於此，近又聞東陵爲聯軍占據，何以對祖宗，尚欲做生日乎？我當力阻！』其事遂寢。

行在各官出入，非乘車即騎馬，尚書始得坐轎，某中丞以乘車不甚冠冕，力求太后斡旋，故有加尚書銜之命，亦改車爲轎矣。榮相聲名甚劣，新者目爲逆臣，舊者指爲漢奸，尤以貪黷著聞。陳澤霖侵吞軍餉甚鉅，榮嚴札催繳，陳派山西候補把總姚慶芝齎炭敬四萬兩、白燕窩二十斤、綢緞四箱，餉榮求免，榮遂准其以前敵遺失，作正報銷。

初閏八月初六日，諭革肇禍諸王大臣，以求與聯軍和，實則諸王大臣除已身故者外，餘均隨兩宫到陝，一無驚懼。趙舒翹初到陝時，即請假十日，攜帶著名堪輿，赴南關外修理祖墓，竭力培植，以期永享富貴。家有精於子平風鑑者五人，終日講求命相氣色，一日三看，以決休咎，其愚誠不可及。

行在頑固黨有謂何乃瑩者曰：『肇禍諸臣，究竟如何？』曰：『亦不過做王允耳。』或曰：『擬之韓侂胄，似乎相當。』何語塞。何每談及剛毅，則泣下曰：『中堂身後異常蕭條，幾無以殮，操守廉潔，古今罕有，不假以年，豈非天哉！』蓋剛從幸以腹瀉而死，一時不得棺木，假人之壽材以殮，囊中無金，賴太后賜三百兩，方得成禮云。

山東糧道達斌謝恩時，面奏太后，請誅禍首，以杜外國要求。太后色遽不豫。達又奏云：『外人決不肯干休，與其按名指出罪狀而後辦，不若先辦以全國體。』太后曰：『不獨王大臣忠心耿耿，卽義和團亦赤心愛國，爾當時不在京，不悉其中首尾，不必多説！』達遂退下。

大阿哥自到西安，初未嘗出宮，養一小狗，爲德宗索去，後大阿哥又命太監索回，德宗遂與之失歡，而慈眷亦衰，屢遭太后鞭撻，高賡恩嘗謂人曰：『可惜一個候補皇帝，將來恐變成開缺太子。』一日，大阿哥不知何事觸怒德宗，當將大阿哥無禮情形，面訴太后，太后卽命棍責四十，幷罵之曰：『汝如此不法，曾狗彘之不若，若一登天子位，國家都被汝拆壞了！』大阿哥大哭而出。自是益放恣，不喜讀書，專好音樂馳馬拳棒，日與太監數人，至戲園觀戲。頭戴韋陀金邊氈帽，身衣青色緊身皮袍，棗紅色巴圖魯領掛，無異下流。最喜歡連環套、拾玉鐲，常點是兩齣。有京伶名嚴玉者，屢邀厚賞。其他伶工作樂，或時有不合者，必當面申斥，至親自上臺，敲鼓板，扯胡琴，以炫己長。

十月十八日，大阿哥因爭坐位之故，與瀾公、溥僎率領太監多名，與甘軍鬨於城隍廟之慶喜園。太監大受創夷，彭述、裴維按在座，均遭殃及，而不敢與甘軍一圖報復。遂遷怒於戲園，囑某中丞將各園一律封禁，幷將園主枷示通衢。其告示有云：『兩宮蒙塵，萬民涂炭，是乃君辱臣死之秋，上下共圖，臥薪嘗膽，何事演戲行樂？況陝中旱災浩大，尤宜節省浮費，其一切飯店酒樓，均一律嚴禁！』云云。繼而各園營求內務府大臣繼祿、工部侍郎溥興，轉求李蓮英，向大阿哥緩頰，大阿哥亦正以戲園禁閉，日常寂寞，許其開演。則又出示云：『天降瑞雪，預兆豐盈，理宜演戲酬神，所有園館，一律馳禁，惟不得滋鬧，如違重懲。』藉以掩人耳目，然見者無不鼓掌。

大阿哥嘗微行訪土娼某氏，是娼貌不甚美，而善房中術，抹粉涂脂，倚門賣笑，他人見之，不顧而去。大阿哥以其擅有別才，時狎之。後竟毒發，幾至滅鼻。治愈後，猶不捨之，向四處訪求防毒之劑，挾之以往，留戀朝夕。後爲太后所知，遂有嚴禁私娼之告示出現，某氏亦遠遁。聞大阿哥擲某氏夜度之資，約萬金以外云。

德宗最惡奢華，每遇太監進饌，便云：詔書屢下臥薪嘗膽之句，而吾終日所嘗者，肥羹也，吾心殊覺不安。爾等以後進饌，不得過事肥美云。

德宗陪侍太后吃飯時，所有菜點，皆由太后用箸夾與，然後敢食。

奕劻見時事不可，面奏太后，請力行新政。太后曰：『吾自有我家法度，何必多言！』奕劻默然而罷。

供支局委員孫多祺，以夤緣李蓮英，得邀太后恩賞。一日孫入內灌花，太后問『汝年幾歲，有父母否？』對曰：『有老母，年七十八歲。』太后病，孫進素菜，云其母自製，太后大喜，乃賞孫母福壽字，並金鐲一對。孫之父聞而歎曰：『我尚在，而汝但云有母，我其死矣！』遂自經。

【略】

兩宮於庚子冬，皆食牛乳，養牛六頭。開春，因天太乾燥，不食，將牛六頭發交西安府喂養，每月需銀六百餘兩，另闢牧牛苑，任官掌之，正五品。

各省解銀兩赴行在者，在辛丑二月初核算，已有五百萬之多，岑春(萱)〔煊〕豫備攜銀六十萬赴晉，爲各防營之費，所有已收餉銀，俱儲偫藩庫，尚未大動。太監有孫姓者，與李蓮英、黑辛同一跋扈，其貪婪亦不相上下。湖北解餉交內務府銀兩，由孫太監督同監平，解餉委員曰：『這是湖北關道平足對寶，每錠五十兩，斷不短少。』孫太監曰：『你解過幾回餉，你知道什麼解餉的規矩？』委員又曰：『海關道平色，實是不短。』孫太監曰：『然則老佛爺的平，假的麽？』言畢，竟欲拳打脚踢，委員急退，內務府大臣繼祿慰之曰：『你來得辛苦，我們總不叫你們吃虧的，不過他們在這里進項太苦是有的，你們要稍稍原諒。』委員乃已。又廣東解貢品二十四種，因未賄太監，被太監剔出九色退還。某道解貢往行在者，出而告人，恨恨不已。

太后亟思回鑾，然往往無端驚惶。二月初十日，本擬下回鑾之旨，及聞俄約而中止。行在諸人，皆恃慶王、李相爲泰山，望電報如飢渴。太后曰：『我一日不見京電，便覺無措。然每一見電，喜少驚多，實令膽怯。』

八月二十四日，兩宮自西安啓蹕，城中所經街道，均蓋黄土，兩旁店鋪，更結綵懸燈，設立香案，而以糖果餅餌置其上，鼓樂起首，行李三千輛，馬卒護之。次之，爲各太監及穿黄馬褂官員，更次，黄轎數乘，御駕至矣。沿途肅靜無譁，由御林軍令百姓分跪道左，德宗居前，其轎以三十六人舁之。德宗狀豐偉，顧盼有姿。其後爲太后，太后臉長顴高，口大脣厚，雙目閃爍有光。其後爲皇后，貌甚秀麗，惟脂粉太厚，天然美貌，反爲減色。次則妃嬪及大阿哥各親王等，歷久時始盡。

當德宗在外，事無鉅細，一任内監調置。此次回鑾，一切應用豫備外，所有李蓮英應用車輛，及陳設各物，除黄色謹避外，其餘悉與御用者一式，聞其内服及燕服，則反較御用者爲精美。

太后輿駐各縣，每日早起，進燕菜一碗，須宫門費三百兩，太監捧進時，口稱『是地方官孝敬的』，所貪圖者，祇此一語耳。沿途日日供進，而李蓮英腰橐以此裕然，故當時有『光緒跑煞，太監飽煞』之語。迨至京後，太后猶飭太監到街，置辦此項菜食云。

一日，有太監數人，至臨潼縣署，索宫門費一千二百金，聲言如如數付給，當有無窮利益，否則有不測之災。知縣事夏楚卿，以缺分清苦，無力應付，卻之。太監謂，如無現銀，以金銀首飾作抵亦可。夏以家眷向未在任對，太監不得已而去。揚言可惜一知縣，一千二百金買不到手也。

明日午後，忽來口操京音健夫五六十人，自稱王大臣僕從，蜂擁而入皇差公所廚房中，將一切貴重菜肴，搶劫一空，呼嘯而去。是時縣令已出境迎駕，未之知也。

及駕抵縣城，晚膳已不及辦矣。各王大臣竟至枵腹，擾攘不止，事爲太后所聞，甚爲震怒，即欲降罪，德宗力言，該縣當必另辦晚餐，王大臣等卽使有腹餒者，均攜有點心，不妨暫以充飢，太后亦未深究。

晚膳時，太監所進肴品，故加以醬鹽，並和以生水，以致不堪入口，太后大罵知縣之不能辦事，太監復進以讒言，謂知縣夏某曾在外言：『老佛爺去年躬釀大禍，咎由自取，尚有何顔面要地方供應，彼亦不願辦此苦差云云。』太后聞之，怒不可遏，命速將夏楚卿正法，即傳御前大臣那王行刑。

後經德宗爲縣令乞恩，並云：『縣官決不敢如此説法，此又必需索不遂，而故意譖之者。』太后曰：『卽無此言，辦差不敬，亦應正法，如不斬此人，以後各州縣，必相率效尤。』德宗答：『今日係第一站，因口腹而殺知縣，殊失人意，而予人以口實，況去年七月二十一日，倉皇西幸，卽求此味，亦不可得。』太后怒乃稍平，而夏遂得不死。後有知其細者云，先日來索宫門費者，卽李蓮英所使，次日來劫食物之健夫，即虎神營兵，亦李主使，故作此以害縣令也。

駕至河南，州縣承辦大差者，皆慄慄危懼，多有預貯鴉片於囊，設或宫廷震怒，卽仰藥以殉。

某太監至開封索賄，事甚小，術甚巧。其語某縣云：『天寒，老佛爺最惡寒，汝須日備炭三十斤，每枝長須一尺五寸，圓一寸五分，不可有節，有節則生煙；不可有裂紋，有裂紋必爆，或燒衣服，或驚聖駕，汝其慎之。』某縣問云：『此種炭不知何名？他省或有，實不出在河南。』某監佯怒云：『汝做皇家官，三十斤炭尚不肯爲老佛爺盡心，萬一老佛爺凍着，汝罪不小！』忿忿欲去。某縣婉轉哀鳴，某監愈怒。旁有隨某監之一人云：『爾小子有銀子便好商量。』某縣還叩以數，不對，强索至千金而去。噫！炭價如此，其重於炭者可知已。

鄉人陳瑤圃先生邦瑞，以戶部侍郎從鑾回京，面奏太后，内監擾民狀況。太后怒曰：『你不要這樣説，他們跟了我一輩子，十分辛苦，稍求沾潤是有的，不致如你所説，難道你見了銀子還不要不成？』陳唯唯，惶恐退，自分將有不測，後竟亦無他。

兩宫將至京時，某侍郎總辦鐵路，應備車輛，供軍機諸大僚乘坐。車已備就，軍機諸大僚尚未登，恰值無聲望之貝子貝勒多人蜂擁而上，某侍郎不能加阻，又慮無以伺候各大僚，焦灼萬狀。忽得一計，商通二洋人，執杖登車，逢人亂打，貝子貝勒等均抱頭鼠竄而下，某侍郎喜不可支，陰向二洋人稱謝不已。十一月二十四日，兩宫及羣臣均由正定府乘火車回京。

東南互保

綜　述

《庚子國變記・西巡回鑾始末記・南省保衛記》　拳匪事急，洋兵北犯時，南省謠言蜂起，有言西兵將攻取長江及吳淞礮台者，有言義和拳將率衆南下焚劫上海者。傳説紛紛，幾於市中皆虎。甚至謠傳華兵已定於某日進攻租界者。西人患之，將於界內多方防堵以備不虞。鄂督張、江督劉，以南省若再有兵事，勢必糜爛其民，且西人多疑，設或彼此猜忌，難保不肇事端。時適西人有聯合保衛之請，於是一再電商。特派幹員某觀察，會同江督所派某大員及上海道余觀察等，與駐滬各領事彼此申明原委，各不相犯，並訂立約章，以互相保衛。凡長江及蘇杭等處通商各口岸，均照約辦理。南省遂賴以安。此非兩制軍之識力堅卓，曷足以臻此！西人以各國產業在上海者最巨，故尤注意。所有訂約互保上海章程如下：

一租界內人及產業，應由各國巡防保護。租界外洋人教堂、教民，應由中國官妥爲巡防保護。遇有緊急之事，互相知照妥辦。

二地方流氓遇有聚衆滋事，或搶劫傷人，無論華洋地界，均須一體嚴拿，交地方官從重嚴辦。

三現因商貨停滯，各項小工傭趨較難。擬請租界工程局添辦新擴各界路工程，城內則令疏通河道，並由道台挑選精壯充當勇丁。務使閒民有事，可致消患無形。

四添辦各項工程及添募勇丁，請中外官商公議捐助章程。

五滬市以錢業爲大宗，而錢業須賴銀行零拆轉輸。若銀行不照常零拆，或到期收銀迫促，錢市一有擠倒，生意必皆窒礙。市面一壞，人心即震動不安。應請中外各銀行東及錢業董事，互相通融緩急，務使錢行可以支持。

六鈔票應照舊行用，祇須道台會同各領事出示曉諭，聲明各行並不收銀，搭幾成鈔票，由各錢業照付。

七租界內大小各戲館應令照常開演，不可停歇，以惑人心。

八租界內救火章程甚備，租界外浦東亦應仿照，多備救火器具。若有火警，附近居民不可亂動，一面由火會分馳往救，一面分派巡捕、兵丁，分班巡護，認真彈壓，應請先行出示曉諭。

九租界巡捕應請添募，大小街路均應有巡捕晝夜輪流梭巡。城廂內外以及浦東南市，亦應添募巡捕，多派員弁，分班輪流巡查。

十查明租界四址出入總散路逕，租界內邊地則由工部局於要路多派巡捕，每處若干人，建造捕房，常川駐扎，瞭望界外。倘有遠處成羣來界亂人，即鳴警知會局中，派捕拘捆。租界外邊地則由華官派兵搭蓋棚帳，常川駐守，弗令成羣亂人闖入租界以內。

論説

《盛宣懷寄粵督李中堂鄂督張香帥江督劉峴帥電光緒二十六年六月初二日》

峴帥冬電：無論北事如何，總當與香帥一力擔承，仍照所議辦理，斷不更易。合參傅相豔電：二十五詔粵斷不奉，所謂矯詔也。香帥豔電：惟有謹遵保守疆土聯絡一氣之旨，並無可恃義民，惟有嚴拏重辦。三帥宗旨均屬一律。頃讀三十電旨，此次義和團，兵民以至王公府等，處處皆是，剿之則卽刻禍起肘腋，各督撫若知內變如此之急，必有奔問不遑者，速籌兵餉，力保疆土等諭，可見朝廷剿撫兩難，出於逼脅，言外尚多不能明言之隱。自來不清內亂，難禦外侮，不日宣戰明旨必徧中外，則東南必絕裂，大局無轉機，倘三帥體念深宮被逼，變起肘腋，更當堅持定見，聯絡一氣，卽日電致各駐使，實告外部，云釁端非出朝廷，乃迫於內變，傅相卽行航海北上，請飭各提督會商剿匪定亂等語。請傅相仍遵前旨迅速起程，並電慰帥，卽由山東提兵，由保定進京，以清君側、護兩宮爲要義。峴帥、香帥主持東南，以鎮民心、保疆土爲要義，倘在京使臣無恙，在外駐使不撤，各督撫同心定亂，尚可挽回，惟擔當大事全在三帥定識定力，不避險而後能出險，列祖列宗在天之靈，億萬生命皆繫於此，乞裁定速示，否則保護長江之議，宣亦不敢失信中外也。

《李劉張等會銜電奏光緒二十六年六月十六日》　恭讀華洋電傳六月初三日寄出使各國大臣電諭，詳示匪亂肇禍，外艦相迫及力保使館情形，理直辭正，欽服莫名，從此各國共知朝廷，若非萬不得已，不肯輕戰之本意，自可忿情頓釋，漸就範圍。竊謂此時各省自應力籌戰守，而朝廷必宜先伐敵謀，恭繹此次諭旨之意，擬請推行者四事：一請明降諭旨飭各省將軍督撫仍照約保護各省洋商教士，以示雖已開戰，其不預戰事者皆爲國家所保護，益彰聖朝如天之仁，且中國使臣官員商民在外國者尤多，保全尤廣。一請明降諭旨將德公使被戕事切實婉惜，並致國書與德主，以待別國排解，並請致美法兩國國書，以見中國意在敦睦，一視同仁。一請明降諭旨飭順天府、直隸總督查明，除因戰事外，此次匪亂被害之洋人教士等所有損失，人命物產開具清單，請旨撫卹，以示朝廷不肯波及無辜之恩義，不待外人啓口，將來所省實多。一請明降諭旨飭直隸境內督撫統兵大員，如有亂匪亂兵實係擾害良民，焚殺劫掠，准其相機剿辦，一面奏聞。從來安內乃可攘外，必先令京畿安謐，民心乃固。必先能紀律嚴肅，兵氣乃揚。以上四條均仰懇明降諭旨，並飭由各電局飛傳各省，尤爲有益。數日之間，四海徧傳，各國自然感頌朝廷。並請於上諭中提明欽奉皇太后懿旨字樣，令各國感頌兩宮聖德，此旨一降，則我國家既自立於情義兼盡之地步，各國無可藉詞，自然解其憤鬬之志，散其連合之局，此正古人所謂用兵攻心之法，既使逼至連戰不休，更可表明非我開釁之實證，合詞敬陳管見，伏候聖裁，臣李鴻章、德壽、劉坤一、張之洞、許應騤、善聯、劉樹棠、奎俊、袁世凱、王之春、端方、葉未。

《中外日報・論東南安宴之非》 自北方無故肇禍，縱亂民，殺教士，攻使館，一朝而致八國之師，方是之時，舉國臣民，萬無比奸人，從亂命，自取滅亡之理。爾時東南督撫，爲一時權宜之計，與外人立約互保，以保境寧人，未爲不是。雖然，爲一方計可也，爲全局計不可也；爲一時計可也，爲長久計不可也。何以言之？夫使東南督撫，誠以安社稷救民生爲己任，則六月間一面立約，一面糾合諸侯，厚集勤王之兵，公舉一大將統之，以剿匪自任，拜表卽行，最上則天津可以不失，其次北倉不戰，其次京師不破。然遷延至兩月，而茲事無能爲矣。及北京既破，聯軍四出，皆以剿匪爲詞，近畿一帶，遂苦被焚掠。皆坐不早自爲謀，致全出他人代辦，故横流一至如此，言之可爲疚心。然是時兩宮駐蹕太原，尙一月有餘，各省派出之兵，不下數萬，皆逗留豫晉之間。誠使一聞北京警信，疆臣中有一人自率勁旅，間道奔赴，沿途聚集諸路之師，親率以迎護兩宮，執端、剛、毓、董諸人，以謝外人，則合肥一入京師，而和議便當就緒，而兩宮亦不至再入西安。是一舉，而外人辦罪魁，請迴鑾兩大難題，皆消歸無有。不幸事機坐失，而大局遂不可爲，此又可爲長歎者也。雖然，京師破矣，兩宮走矣。宗廟焚毀，山陵震驚，百官跣於塗，小民踣於道，其丈夫死於鋒刃，其女子經於溝瀆，見之者心傷，聞之者酸鼻，而東南宴然勿覺，以爲安居，惟日探聯軍消息，恐其南下。但使天塹可保，下不至建業，上不至武昌，則轉相告語，互相慶幸，優游如故，宴會如故，曾無滿堂之念，徒作壁上之觀。嗚呼奇矣！匪惟如是，自謀者又不滅焉。夫以通國瓦解，欲謀獨善之策，以求半壁之安，古之人有行之者，則必開府以招人才，治兵以簡軍實，理財以治賦稅，興學以安弦誦。事事用變，例非常例，是創局非因局。然吾見各省絕無變動，惟仍以故常接見僚屬，簡閱兵卒，催取丁賦，考校制藝而已。昔晉之亂也，劉越石牧并州，猶數見慷慨以興師徒。唐之末也，鄭從讜鎮河東，猶盛闢名流，以備參佐。以今日無窮人物，大好江山，荆襄士馬之强，吳越舟車之盛，而一再廢墮，坐令寂寞。此則荆州坐談，有同劉表；淮南擁節，何異高駢？欲以支四百州殘局，預二十週太平，一何謬也，不亦難乎！

藝文

佚名《庚子時事雜詠二十二首・東南立約》 北海鯨鯢跋怒潮，奔騰殺氣直衝霄。聯盟豈第全商務，抗命方能報聖朝。半壁河山資保障，滿天風雨幾漂搖？儘教協力支殘局，鷄犬無驚靜斗刁。

《時調唱歌・十二月太平年北調》 九月裏，菊花黃，劉張二帥保長江，半壁山河没有亂，太平年，黃河以北受災殃，年太平。

《辛丑條約》訂立分部

綜述

《庚子國變記・西巡回鑾始末記・李相入京議和記》 當合肥李相之銜命北上議和也，既行抵天津，卽於閏八月十八日乘車就道。是日共雇單套轎車四十輛、二把手小車二十輛，然尚不敷分坐，僕從多有徒步相隨者。沿途見井邑蕭條，人皆閉戶，殘胔敗骨，狼藉盈途，爲之慨歎不已。既抵齊化門，由俄統帥派騎兵數十名護衛。途中遇有德國兵隊，兩不相擾，得以安抵賢良寺行臺。寺門外復有俄兵以鼓籥相迎，頗極恭敬。時慶王方安居邸第，至十九日使相以禮往謁，並拜會各國使臣。二十日，續拜昨所未及者。二十一日，慶邸攜赫鷺賓榷憲報謁。隨照會各使，定期二十七日開議和局，並移送章程。其稿由榷憲擬成，使相更斟酌其間，不亢不卑。隨得各使照覆，以俄德兩使尚在津門，卻之。意國使臣資望較深，各國咸推爲領袖，是日詣賢良寺答拜。寒暄既畢，卽大言曰：『此何時耶？既已一敗塗地，至此尚欲議和耶？惟有凜遵各國所示而已！』其傲慢如此。使相無可與校，默然不言。

旋聞各國使臣僉以中朝處置縱匪作亂之諸王大臣過於輕縱，且兩宮蒙塵於外，和局必致難成。使相遂稟商慶王，擬定摺稿，請旨將諸王大臣分別從嚴治罪，萬不可仍留行在，以致外人嘖有煩言，且言：『德皇覆書內以賜奠已故使臣克林德之事未愜於心，諸王大臣縱匪殃民，禍延鄰國，法應論死，若中國大皇帝自行懲治，方能折服各國之心。』復言：『美國外務省來電，亦請嚴治剛董諸罪魁，今已令使臣康格查明中朝所定治罪之條是否已足？此外幸逃法網者尚有幾員？』云云。及得剛毅病故，端莊斥逐電音，立卽照會各使。亦深知董尚擁兵扈駕，懲之易易，然回鑾之事兩宮尚未允從，在京各官亦不敢瀆至再三，致干天怒。使相乃又單銜馳奏，略稱：『德皇所覆國書中曾有兩宮如欲還京，當飭統帥依禮迎迓；美廷亦望早日回鑾，以免意外之事。總之偏安不可久，悍回不可恃，瓜分之局，恐自我釀成。唐代德宗仍回故都，遂成中興盛業；梁元帝一去不復返，遂至淪亡。臣年已八旬，久荷天眷，苟非確有所見，烏敢冒昧上陳？』等情。其言極爲肫摯。于是兩宮乃有回鑾之意。

先是二十五日俄使由津入京，二十八日德使續到。是日，英使函請慶王偕使相赴署，出示所擬辦法五條：『一，懲治庇匪元凶；二，償還兵費；三，賠被毀之產，恤被害之人；四，國家財賦歸各國公同掌管；五，總理各國事務衙門，祇須遴選明於交涉者綜理一切，人數不可太多。』使相問：『以兵費約須若干？』答云：『約在三十萬萬之譜。』使相云：『中國急切何能籌此！』英使云：『若由各國掌管財賦，此款尚當可籌。』使相曰：『若是則中國無自主之權。』英使云：『事已如斯，中國尚望自主耶！』使相遂不復與言。各使臣復以使相先將照會及和好章程送交，殊

有不悅之色，因此言語間更覺格格難入。慶邸見事棘手，憂心如焚，致鬚髮皓然，幾將一白如錦，每謂使相曰：『我公係國家柱石，實爲當今不可少之人，凡事均須借重，本爵當拱聽指揮耳。』由是每當聚議時，一切辯駁均由使相陳詞，慶邸惟贊助數言。所幸使相年華雖邁，而精神依然矍鑠，加以口似懸河，滔滔不竭，凡事皆力爭上流，並不稍屈。各使臣乃允將條款交付，開議和局。由此觀之，使相之功，不甚偉哉！

所有照會底稿，茲亦附錄於後：

爲照會事：照得本年入春後，義和拳匪擾及近畿一帶，以致向所未聞之奇禍層見迭出。始則各國使館被圍，繼則各國兵隊匯至京中，隨至乘輿播遷遠地。試憶此事未出以前，若語人曰：『數月後當有此事！』誰其信之？今者，朝廷始知左右諸王大臣之縱庇拳匪，妄啓禍端，是以一面將該王大臣等照中國例，交各該衙門嚴議，一面派本大臣爲全權大臣，便宜行事，俾得迅速開議和局，以了此事。惟應與議者，並非一國；且應議之事，各國又有不同；加以事出非常，應議一切，種種較難。再四思惟，不若先將其事之綱領，與與議各國會定通行之專約，後將其事之詳細，按照各國情形，各定分約。此外俟通商條約應否改定，均已辦妥，再將約內關係各省應行事宜，再另定善後章程，以期彼此獲益，永無窒礙。茲將先議之通行專約，特擬底稿，附送查閱，以便各國大臣會閱。並請將中國現在如何辦法各情形，電達貴國外部，俾期速將應辦之事，早得完結。除將擬稿附送，並録鈔分送各國大臣查閱外，合卽照會。爲此照會貴大臣，請煩查照可也。須至照會者。

柴萼《庚辛紀事》　和議成，罪魁之死者死，流者流，免者免，糾紛乃結。太后因更日夜哭泣，兩目紅腫，謂德宗曰：『洋人欲索此次禍難之惟一爲首者，意蓋指我，今幸未提出，不能不感祖宗之默佑也。』

前尚書趙舒翹之賜令自盡也，據十二月二十五日上諭，本欲定爲斬監候罪名，已由臬司看管，家屬均往臬司侍候。先一日，太后謂軍機曰：『其實趙舒翹並未附和拳匪，但不應以「拳民不要緊」五字復我。』趙聞，私幸老太后可以貸其一死。

二十九日，外面紛傳洋人要定趙斬立決之罪，於是西安府城内紳民咸爲不服，聯合三百餘人，在軍機處呈柬，願以全城之人，保其免死，軍機

處不敢呈遞。刑部尚書薛允升，本趙之母舅，謂人曰：『趙某如斬決，安有天理？』

至辛丑正月初二日，風信愈緊，軍機等自晨六時入見太后，至十一時始出，猶不能定趙之罪，而鼓樓地方，業已聚集數萬人，有聲言欲劫法場者，有聲言如殺大臣，吾等即請太后回京。又有看熱鬧者，軍機處見人情洶洶如此，入奏太后，不如賜令自盡。

至初三日，上諭乃下，是日，晨八時降旨，定酉刻復命，於是岑中丞銜命前往，宣讀諭旨畢，趙跪謂中丞曰：『尚有後旨乎？』岑曰：『無。』趙曰：『必有後旨也。』

其時趙夫人謂趙曰：『我夫婦同死可耳，必無後命矣。』遂以金進，趙吞少許，午后一時至三時，毫無動靜，精神猶大足，與家人講身後各事，又痛哭老母九十餘歲，見此大慘之事。其時趙之寅友，及親戚往視者頗多，岑中丞始止之，繼亦聽之。趙謂戚友曰：『這是剛子良害我的。』岑見趙語音宏亮，竟不能死，遂命人以鴉片煙進，五時猶不死。又以砒霜進，至是始倒臥呻吟，以手捶胸，命人推抹胸膛，但口説『難過』而已。其時已半夜十一時，岑急曰：『酉刻覆命，早逾時矣，何爲仍不死？』左右曰：『大人何不用皮紙蘸燒酒，捫其面及七竅，當氣閉也。』岑如法捫之，共捫五次，久之不聞聲息，而胸口始冷。夫人痛哭後，亦遂自盡。趙之體最爲强旺，故不易死，又有意候旨，故服鴉片煙不多，以期延捱時刻也。

莊王載勳，待罪蒲州，在行臺居住，一妾一子隨之。葛寶華奉賜令自盡諭旨銜命前往，及抵蒲州行臺，爲時尚早，門外放炮迎迓，莊王大罵曰：『何故無端放炮？』左右曰：『欽差葛寶華至。』莊王曰：『其我之事乎？』左右曰：『欽差過境耳。』及葛入，莊王猶詳詢行在各情，葛不深答。行臺之後，本有一古廟，葛往視，有空房一間，遂設爲莊王自盡之所，懸帛於梁，鍵之。旋飭蒲州府及營縣派兵彈壓，傳命有旨，飭莊王跪聽。莊王奉傳，挺身而至，謂葛曰：『要我頭乎？』葛不語，但宣旨。莊王曰：『自盡耳，我早知必死，恐老佛爺亦不能久活。』又謂葛曰：『與家人一別可乎？』葛曰：『請王爺從速。』其時莊王之子妾亦至矣。莊王謂其子曰：『爾必爲國盡力，不要將祖宗的江山送給洋人。』其子哭不能答，妾則滚地昏厥，不知人事矣。莊王問死何處，葛曰：『請王爺入此房内。』莊王入，見帛已高懸，掉頭謂葛曰：『欽差辦事真周到，真爽快。』遂懸帛於項，不一刻氣絶矣。

前都察院左都御史英年，爲人極膽小。十二月二十五日降旨，在陝西省監監禁，趙舒翹則有家人探視，英年卻一人岑寂，終夜哭泣。謂人曰：『慶王不應不爲我分辨。』人不敢答。至元旦，衆皆以歲事忙碌，不暇之顧，英年哭至中夜，忽無聲。次午，人見其伏地氣絶，滿面泥汙，衆趨視之，乃知其以汙泥蔽塞滿口而死，然是時尚未奉朝命也。衆不敢以死聲張，直至初三日旨下，始稟岑中丞復命。

端王以近支王公，謀竊神器，其驕暴樂禍，蓋天性使然。其生也，與劉宋元凶劭同日，文宗甚惡之，故賜名載漪，從犬，蓋絶之也。拳匪起，倡率諸王貝勒，輕舉妄言，致肇戰釁，洋人必欲致之於死。其未奉旨發往極邊時，已在寧夏，及傳旨發往極邊，大阿哥如癡如呆，端則不惟不驚，而且大喜。謂人曰：『這已是皇上恩典了，咱們尚等什麽？快些往新疆走，不要動皇上盛怒了。』又急問左右曰：『咱們阿哥有罪乎？』衆曰：『不聞旨。』端曰：『卻不與他相干，諒無妨也。』故奉旨之日，端即兼程起行，深恐洋人再加以斬決之罪也。

山西巡撫毓賢，初旨發往新疆，得旨後，押解起行，業已一路帶病，不能行走。及聞正法之旨，早已不知人事，如昏如夢，不似在任時之意氣發揚。及監刑官按察使何福堃至，將其拖至法場，一刀兩斷，毫不費事。當其清醒未死之先，甘肅城内，有人張貼告白，約會羣衆，代爲請命免死。毓知事無益，亦發告白一紙，自明其死之正大光明，囑羣衆勿阻。又自挽二聯，其一云：『臣死國，妻妾死臣，誰曰不宜，最堪悲，老母九旬，嬌女七齡，耄稚難全，未免致傷慈孝意。我殺人，人亦殺我，夫復何憾，所自愧，奉君廿載，歷官三省，涓埃無補，空嗟有負聖明恩。』其二云：『臣罪當誅，臣志無他，念小子生死光明，不似終沈三字獄。君恩我負，君憂誰解，願諸公轉旋補救，切須早慰兩宮心。』詞氣從容，臨難不亂，强於趙舒翹等多矣。

甘肅提督董福祥，受榮禄指，統兵入京，紀律不嚴，率意鹵莽，圍攻使館，和議成，有旨革職降調。董以受榮之欺，怨之甚。上榮稟曰：

『中堂閣下，謹稟者：祥負罪無狀，僅獲免官，承手書慰問，感愧交併，然私懷無訴，不能不憤極仰天而痛哭也。祥辱隸麾旄，忝總師戎，一切舉動，皆仰奉中堂指揮，無一敢專擅者，此固部將之分，而亦敬中堂捨身體國，故敢竭駑力，攖衆怒，冒不韙而效馳驅。戊戌八月時，中堂欲爲非常之舉，七月二十九日，電飭祥統兵入京，祥立卽奉行。去年拳民之事，累奉鈞諭，囑攻各國，祥以事關重大，疑遲未決，承中堂驅策，故不敢不奉命惟謹。後又承鈞諭，及面囑累次，圍攻使館，不妨開砲。祥始尚慮得罪各國，殺戮其使，恐兵力不敵。祥承此重咎，又承中堂諭，謂：「戮力攘夷，禍福同之。」祥是武夫，無所知識，但恃中堂而爲犬馬之奔走耳。今中堂巍然執政，而祥被罪，祥雖愚駑，竊不解其故。夫祥於中堂，其力不可謂不盡矣。中堂命行非常之事，則祥冒死從之；中堂欲撫拳民，則祥薦李來中；中堂欲攻外國，則祥拚命死鬭；而今獨歸罪於祥。麾下士卒解散，咸不甘心，且有欲得中堂之元者。祥以報國爲心，自拚一死，將士咸怨祥不能彈壓，惟中堂圖之。』

榮得稟，急送五十萬金，將士賞賚有差，董乃已。

莊王、英年、趙舒翹諸人之死也，太后曰：『上年載勳、載瀾諸人，自夸係近支，說大清國不能送與鬼子，其情形横暴已極，幾將御案掀倒，惟趙舒翹我看他尚不是他們一派，死得甚爲可憐。』言至此，淚下如雨。

【略】

和約，派醇親王載灃赴德充謝罪使，廷臣咸以此舉大辱國體，然苦無力拒絕。時有獻策於太后者，請擇年貌類王者代行，后善之。適有薙髮匠某，狀貌酷肖醇親王，見者莫能辨也。乃決用其策，使匠矯飾爲王，教以禮儀言動，與夫應對酬酢周旋進退之節，嫺習而後遣之。於是薙髮匠之醇親王，遂擁朝廷之使節，海天萬里，遠赴柏林謝罪焉。既抵德，覲德皇，從容展謁，未嘗失儀。退而與德國臣工相見，亦酬酢盡歡，各如其分。中德國交，用是益固。留柏林十餘日，無疑之者。既而由德入法，游巴黎，經倫敦，安然返國。然出柏林後，忽有國事偵探風聞其事，詳經偵察，知清人確以贗鼎欺德。事聞德皇，皇大怒，立召宰相褒羅計議，謂清人不信，乃使下賤之夫，冒爲貴族，矯執使節，以謝罪於我國，侮我實甚，必謀所以報之。褒羅退，與各大臣密商，僉以使已出境，事無左證，一經表襮，徒滋外人譏笑，爲我國辱。且使者雖僞，其奉清命而來，則非僞也。隱之，莫有知者，不如已。褒羅以爲然，言於皇而寢其事。

論說

《軍機處致全權大臣奕劻李鴻章電信光緒二十六年十一月初一日》東電已進呈。數月來，貴王大臣煞費苦心，爲難情形可想。榮禄等於本日召見時，亦經剴切面陳。上意亦謂大綱十二條不能不照允。惟其中利害重輕，詳細節目，尚須竭力磋磨。飭榮禄等將各條再三酌度電商，逐條開列，以備開議時參酌。至所商各條，在貴王大臣智珠在握，自亦豫爲籌及。事關大局，上意所在，愚慮所及，亦不能不詳陳熟商。務祈審度情形，妥籌磋磨，補救一分是一分耳！以上各情，是否能行？仍祈電覆。

一、懲辦禍首，其實係行爲慘酷，貽禍國家，如毓賢者，自當明正典刑。至懿親，除大逆不道外，例無死罪，若發往盛京永遠圈禁，卽係極重法律。又所指各員中，情罪亦有重輕，仍當分別辦理，應請磋磨。

二、賠償各款，勢不能輕，惟亦須量中國力所能及，或寬定年限，或推情量減，應請磋磨。

三、遣王大臣道歉，不難照允，惟謝罪字樣，尚須設法改去，以全國體。

四、罰停考試，若指學政歲科考而言，尚可照允，若議及鄉會試，則下屆卽係萬壽恩科，務須設法顧全。

五、大沽礮臺，可否將礮位兵丁撤去，仍留空礮臺，以防中國海匪竊發，不致茫無措手。

六、京津沿途設卡，須議定地方及兵數，不得有礙中國公務行旅。

七、各國使館屯紮衛隊，惟當議定兵數，不得過多。以上兩條，務請竭力磋磨，以免有礙回鑾。

八、此後教案，實係傷害洋人，地方官保護不力，自應重處。如其因民教不和，傷及中國教士，亦須查明情形，分別輕重，未便一概永不敍用。且擬於此次和議成後，設法議立專條，以免民不堪命，官不勝參。

九、外國材料，中國需用甚多，專供戰務，應指定貨物名目。

十、團匪壇會，業已嚴禁，至懸曉諭旨告示二年，自可照允。

十一、覲見禮節，如何酌改，自應酌中，總期無傷國體。

十二、以上各條大綱，均允照辦。細目尚多，須詳悉磋磨。

《全權大臣奕劻李鴻章電報光緒二十六年十一月十六日》 軍機處［宙］元旨敬悉。前奉魚旨，十二條大綱應即照允，當即備文知照各使。各國宗旨，皆以此次肇禍甚矩，所交各款，係屬公同簽定，在彼方謂極爲持平，無可商改，稍一置詞，即將決裂，迭經江電、陽電陳明在案。近與各使先後晤談，均以第二次會晤必須遵旨畫押，方足見朝廷眞心修好，以後始可就款引申。臣等已按照榮祿等支電，並參酌各説，預備説帖，於詳細聲明之中，隱寓設法補救之意。擬於畫押後，從容計議。下次會晤，再行暢論。倘旨已照允，臣等不能畫押，彼必謂朝廷無信，全權無權，不但不能商催撤兵，並不能止其進兵，關係利害太大。日來德瓦帥方厚集糧械，左顧右盼，分兵四出。若再有躭延，必即別出詭謀。臣等何敢當此重咎。並據美、日使來稱，畫押後，朝廷允辦各節，如第一、二、三、四款及第十款，必須立見施行，以昭大信。至應行聲明各節，儘可於畫押後，詳細磋磨。即如償卹款、改約章兩條，均節目繁多，決非朝夕所能就緒。至第二款日後二字，臣等初亦省詫，惟存意將來辦理交涉，必不可少此語。即如毓賢、董福祥皆閏八月初二日旨内所無，聞以後並無似此央只在内。來日方長，斷不能劃清界限。即如歸化城六月間有殺害英國畫圖師一案，近始訪聞，正在查辦，此類甚多，實難預爲禁絕。聞各國現已趕繕條款，預備互換，爲期甚迫，倘彼日内定期會晤，臣等只有遵旨辦理。劉、張等相距已遠，情形未能周知，若隨時電商，恐誤事機。請代奏。奕劻、李鴻章。諫。

《湖廣總督張之洞電報光緒二十七年三月初八日》 萬急。西安軍機處、南京劉制台：英薩使電，此次賠款，各國索現銀四百五十兆兩，中國借票止能售六七折，須向銀行借六百兆，方得此數現銀，分三十年還，每年須還本利約三十兆，等語。接他處電報，總數年限亦同。是統共須還九百兆。原數已鉅，一經銀行，又從而倍之。中國民力竭盡，何能籌措，必致各國借端干預財政，自主之權全失，中國永無生機。萬萬不可照允，必須從緩妥商。查大綱第六款云，中國須籌定各國所能允從理財辦法以爲擔保云云，明係指賠款分年攤還，故中國所籌定之理財辦法必須適各國之意，以爲擔保。若中國已將現銀還清，則我自籌理財辦法，又何必各國允從耶。但恐赫德受銀行囑託，從中慫恿；儻全權遽然許之，便難挽回。查去年九月京電各省云，二赤預計，此後中國每年須籌三千萬，今果不出所料，絲毫不差。二赤何以能預卜各國兵費，並折扣利息全能預算清楚耶！實屬可怪。惟有仰懇朝廷迅飭全權，務須極力磋磨，尤望勿允現銀，切實分年攤還。天下幸甚。請代奏。之洞。肅。霽。

《兩江總督劉坤一電報光緒二十七年三月初八日》 西安行在軍機處鑒：［宙］償款索現，受虧太鉅。現電羅使：昨薩使電鄂督，此次賠款，各國索現銀四百五十兆，中國借票祇能售六七折，須向銀行借六百兆，方得此數現銀，分三十年還，每年須還本利約三十兆，等語。如此核計，共需九百兆，視賠數已加一倍。在華商務，英國十居七八。商務之盛衰，全視地方之貧富。此次賠款，英國索數較各國獨少，照各國總數核計，尚不及十分之一。又復弛禁軍火料物，允商加稅。凡爲中國計，無微不至。商民同深感荷。今若因索取現銀，而使中國加受數百兆之虧，從此商民膏血全盡，無論洋貨土貨皆力不能辦，商務大壞，實非英國之利。且索現各國均沾，累商英獨受損，以十不及一之賠款，害十居七八之商務，損己利人，尤爲失計。祈向瀾侯切陳利害，通盤籌畫，請其電薩使，敦勸各國，毋索現銀，並將賠數減少，由中國分年攤還，中國尚有振興之望，英亦坐享商務之益，關繫兩國，實非淺鮮。並電秩庸，設法商美，諄勸各國萬勿索現。均盼電復云。又電李使：昨英薩使電鄂督云云。如此核計，共需九百兆，視賠數已加一倍。此次派兵來華，日本爲多，而索賠款視俄、德、法爲少。又復弛禁軍火料物，力助不畫俄約。無非爲中國留餘地，俾使振作而强。豈第中國臣民同深感奮，亞東大局實永賴之。今若因索取現銀，而使中國加受數百兆之虧，商民膏血全盡，從此無振拔之機，所得利者不過數家銀行，於日本國家毫無所益，殊爲不值。賠款索現，中國萬難支持，中既不支，於亞東大局即有所損。竊思日本多派軍隊，原萬助華之意，首執牛耳，無容多讓。祈向外部切商，請其電達珍田使，敦勸各國，毋索現銀，並將賠數減少，由中國分年攤還。此事與商務大有窒礙，現電羅商英，若日英兩國合力勸止，更可得勁，務望力圖。盼電覆云。可否請鈞處加電羅，李，以期得力，乞酌。坤一。青。

《全權大臣奕劻等摺光緒二十七年三月二十六日》 全權大臣和碩慶親王臣奕劻、大學士直隸總督臣李鴻章跪奏，爲按照和議總綱，擬改總理各國事務衙門爲外務部，恭摺仰祈聖鑒事：

竊查上年十一月奉旨批准，和議總綱第十二款内開：總理各國事務衙門革故更新，其如何變通之處，由諸國酌定，中國照允施行，等語。屢經各使公推承商此事之美使柔克義、日本使小村壽太郎前來商酌。兹據領銜使臣日使葛絡幹照會，以各使公商，擬請將總理各國事務衙門改爲外務部，冠於六部之首，管部大臣以近支王公充之，另設尚書二人、侍郎二人，尚書中必須有一人兼軍機大臣，侍郎中必須有一人通西文西語，均作爲額缺，予以厚禄。覈其所擬堂官，共有四人，足敷辦事之用。各使每言西國外部祇一正一副，至多兩副，今於管部下擬設尚書侍郎各二，已較各國爲多，若再增加，必至發言盈廷，遇事推諉，商辦要務轉致需時。所論尚爲切要。其所以請用王公管部者，雖各使欲借以自重，而交涉事務，出好興戎，所關甚鉅，以親信重臣當之，與國家休戚相關，自不至輕心誤事。況總理衙門本有親王兼管，係屬舊例，似可照行。外務部冠六部之首，係仿西洋各國成式。至請將外務部諸臣予以厚禄，俾得專心辦公，亦尚近理。如蒙俞允，將外務部堂官定爲額缺，其章京等亦應分設數司，仿照六部司員之例，即於總理衙門章京内選派，開去原衙門差缺，改爲外務部司員。將來應如何考充升轉並籤分學習之處，應請旨敕下督辦政務處大臣會同吏部妥議具奏。司員如何分任職事，各使原不過問，惟必須預爲部署，庶幾一經改章，堂司俱備，規模整肅，免致再被刺譏。日使原文多有費解之處，是以未經全敍摺内。

除將原照會鈔録咨送軍機處備查外。所有議改總理各國事務衙門爲外務部緣由，理合恭摺由驛具奏，伏乞皇太后、皇上聖鑒，訓示。謹奏。

藝文

清·黄遵憲《人境廬詩草·和議成誌感》 天乎叔帶召戎來，擧國傾危九廟哀。拳勇竟遭王室亂，首謀尚縱賊人魁。失民更爲叢敺爵，畢世難償債築臺。坐視陸沉誰任責？事平敢望救時才。

清·朱滋澤《晦子詩鈔·悲散兵》 朝聞和約成，暮下散兵令。節餉輸償金，此議成例定。償金億兆輸勿論，備敵練兵愁帑罄。兵裁國弱敵挑釁，事急更募新兵進。忽散忽募兵不訓，戰敗求和散歸郡。吁嗟夫！百道征人岐路哭，漂流捕作游勇戮。志士心灰勇士悲，摧傷國氣何酷虐！

清·敦崇《都門紀變三十首絶句·盼開議》 便宜行事被新銜，邸閣同將大事監。十二條章先入奏，幾番飛電過殽函。

清·汪孝儂《時調唱歌·十二月太平年北調》 十月裏，十月一，全權大臣心著急，四百兆賠款少不去，太平年，從此後中國刮盡地皮，年太平。【略】

十二月，整一年，畫了和約回了鑾，危急存亡全不管，太平年，火燒眉毛暫顧眼前，年太平。

雜録

《全權大臣奕劻李鴻章電報光緒二十六年十一月初二日》 西安軍機處：美使昨亦簽字。聞各使即日訂期會晤，對閱文憑，面交條款。除訂准時日，及開議若何情形，隨時電奏。兹英參贊先將條款譯漢底本，密送查閲。事挾必勝之勢，會商已成，翻騰不易。全文如下，請代奏。奕劻、李鴻章。冬。各國駐京大臣會定條款譯稿：西曆一千九百年五、六、七、八等月，即光緒二十六年四、五、六、七等月間，在中國北方省分，釀成重大禍亂，致罹窮凶極惡之罪，實爲史册所未見有，殊悖諸國義法，並與仁義之道、教化成規大相牴牾。兹將其較重者，開列於左：一、西曆六月二十日，即華歲五月二十四日，大德欽差駐紮中華便宜行事男爵内大臣克，遵職赴總署之時，途次被奉令官兵戕害；二、同日，京各使館被官師兵與義和團匪合夥，遵朝内廷旨，圍困攻擊，直至西歲八月十四日，即中歲七月二十日，爲入京各國聯軍所制，而救京師，如是而中國國家，乃令使臣向各國政府傳擔承保全使館之旨；三、本年五月十五日，即西歲六月十一日，大日本使館書記生杉山彬公出，經官兵在城門凶殺。都中暨數外省之諸國人民，慘被虐殘，兼遭拳匪及官兵攻擊，各項房産居室，均爲搶毀。若非捨命力敵，鮮克全生；四、泰西墳地被侮，在京爲尤甚，兼有發掘墳塚，拋棄屍骨之慘。因以上各情，諸國派兵前來，保全使臣商庶，戡亂還安。聯軍北上，與華隊抵敵，竭力敗之，方克前進。中國既已承責，表明悔過，顯昭定亂弭禍之心，諸大國公議允行。然有各國酌定未能移易之要款，若非照辦，不足以贖往愆，防復燃。其款列後：第一款：原任德國克大臣被害一事，務須欽派親王專使，前赴德京，代表中國皇帝國家慚悔至意。遇害處所，樹立銘誌之碑，與克大臣品位相配，列敍皇帝惋惜此等凶事之旨，標以辣丁、德發各文。第二款：一、西曆九月二十五日，卽華曆閏八月初二日，上諭內所指之王大臣等，及日後諸國大臣指出者，皆須盡法從重分別懲治，以蔽其辜；二、諸國人民遇害被虐之境，五年內概不得舉行文武各等考試。第三款：因日本書記生被害，中國國家必應從優榮之典，以謝日本政府。第四款：中國國家必在各國人民墳塋曾遭侮蔑發掘之處，建立滌垢雪侮之碑。第五款：禁運中華軍火暨專爲製造軍火各種器料之章，照諸國所議，仍不開弛。第六款：一、凡有各國、各會、各人等，當肇亂時被害虧累，中國咸宜從公賠償，華人員從事他國之故，身軀家產殃及者同；二、中國務當籌出以上償款，及分還虧欠之來源，適諸大國之意，斟酌允行。第七款：諸國分應自主，常留兵隊，分保使館，使館境界自行防守，界內禁居華人。第八款：京師至海面，須留出來往暢行通道，故與其有礙之大沽等礮臺，皆須一律削平。第九款：京師至海之通道，不使有斷絕之處，由諸國分應主辦，酌定數處留兵駐守。第十款：一、兩年之中，中國國家務須在各府廳州縣宣示諭旨一道，載明後開之端，永禁或設或入與諸國仇敵之會，違者無論首從，皆斬，犯罪之人如何懲治，文武考試如何停止，一並列述；二、中國皇帝務須上諭一道，通行布告，以各省督撫文武大吏及有司官，於所屬境內，皆有保平安之責，如復滋傷害他國人民之亂，再有違約之行，必須立時彈壓懲辦，否則，該管之員，卽行革職永不敍用，亦不得借端開脫，別給獎敍。第十一款：條約船章及另有關係通商事宜各節，諸大國裁視有失，全應更使其妥善簡易之處，中國國家允行照辦。第十二款：總理各國事務衙門必須革故鼎新，暨諸國欽差大臣覲見中國皇帝禮節，亦應一體更改，其如何變通之處，由諸大國酌定，中國照允施行。以上各款，若非中國國家允從，足適各國之意，各本大臣難設有撤退京畿一帶駐紮兵隊之望。一千九百年十二月二十日，庚子年十月二十九日，各國駐京大臣署名。

《全權大臣奕劻李鴻章電報光緒二十七年五月初三日》 火急。加對。西安軍機處：賠款事，篠電發後，次日德館參贊送來還款表，查係自光緒二十八年至三十一年止，每年專付利十八兆。自三十二年至四十一年止，每年付本利十八兆七十八萬七千五百兩。自四十二年至五十七年止，每年付本利銀二十一兆四十五萬七千五百兩。自五十八年至七十年止，每年付本利銀十三兆七十四萬一千五百兩。計四十四年，共還本利一千零七十五兆五十九萬兩。其數係逐漸加增，而最重在後十四年。再四籌思，賠款一定年期，必須按年照付，絲毫不容短少。論目前財力，總以少定賠數爲是。初意本欲騰挪年限，以期少出利銀。乃分五十年，先付本後還利之辦法，各使皆不謂然。嗣續擬每年付本利二十兆四十五萬餘兩，四十年清還，及每年付二十一兆，五十年清還，計本息總算，俱不及九萬萬。各使俱不肯允。轉念不如照英薩使所言，每年付本利二十六兆零，三十年清款，共本利約七萬八千萬有零，總計所省息銀甚多。惟以二十六兆較十八兆，每年須多付銀八百萬，當此財源匱竭，仰屋興嗟，何從籌此鉅款。薩使初雖曾作是語，及後又以中國抵款爲難，還萌悔念，於是商立此表，前四年專收利息，卽傑彌遜在江寧所稱爲中國每年籌減六七百萬之說也。或謂前四年專收利，且自第五年至第十四年拔本太少，在我吃虧息銀太多。各使則謂，起初數少，於中國最爲相宜。如中國每年所籌，實不能逾十八兆，則可免籌款爲難。如能每年多籌數兆，既不須付出，儘可另存生息，亦備日後付款加多時之用，並無吃虧。前借英德債，十年後方始拔本。又稱：海關稅抵舊債最多時，至每年二千四百萬，加新款利銀一千八百萬，共合四十二兆。此表所列新款應付之數，後十四年每年三十三兆，爲數似多，然屆時舊債大減，以所餘之數撥付新款，合計每年仍不逾四十二兆，並未令中國爲難。所言似尚近理。竊謂與其貪早完之省利，而力有不及，或以失信召悔，何如稍寬年限，使財力得紓。日後中國能有轉機，每年多籌數百萬金，當非難事。以目下情形而論，添籌新款，實無把握。釐金作抵，各國尚多不願。赫德稱此表有三善：一、抵款不須多籌，可免動釐金；二、可免各國藉詞干預；三、由海關撥補，係中國實能拿出之款。日本小村使稱，各國政府訓條尚未到齊。可否於下次會議時，分還年限，即照送來款表定議，請酌核，示復。抵款俟商定再聞。乞先代奏。奕劻、李鴻章。江。

《全權大臣裕禄李鴻章電報光緒二十七年七月初七日》　西安軍機處：各使送來總結條款底稿，仍按上年和議大綱十二款次序，首列各使及全權銜名，次弁言，其文曰：今日會同聲明，核定大清國按光緒二十六年十一月初一日文內各款，當經大皇帝於十一月初六日降旨，全行照允足適諸國之意妥辦，等語。以後即按款臚敍。茲提要節録如左：第一款：一、德國克大臣被害，奉旨欽派醇親王爲專使大臣赴德代表惋惜之意，醇親王已遵旨起程；二、暨立銘誌之碑，與克大臣品位相配，現於遇害處建立牌坊，已經興工。第二款：一、懲辦傷害諸國國家及人民之首禍諸臣，將上年十二月二十五、本年正月初三等日先後降旨所定罪名開列，並將承認獲咎之各外省官員降旨分別懲辦；二、某年月日奉旨，將諸國人民遇害被虧之城鎮停止文武各等考試五年。第三款：日本書記生被害，已派戶部侍郎那桐爲專使。第四款：諸國墳塋建立滌垢雪侮之碑，銀已付清。第五款：軍火暨專爲製造軍火各種器料，於某月日奉旨禁止進口二年。第六款：按照本年四月十二日上諭允定付諸國償款海關平銀四百五十兆兩，此款係上年十一月初一日條款第二款所載之各國各會各人之賠償總數。甲、此四百五十兆，係照海關銀兩市價易爲金款，此市價按諸國各金錢之價易金如左，不備録。此四百五十兆按年息四釐，併本利，分三十九年按後附之表清還。本息用金付給，或按應還日期之市價易金付給，各款應按每屆一年付還。初次定於一千九百零三年正月初一日付還。利息由一千九百零一年七月初一日起算。中國亦可將所欠首六個月，即算至一千九百零一年十二月底之息，展在自一千九百零二年正月初一日起，即中曆本年十一月廿二日，於三年內付還，但所展息款，亦應按年四釐付息。乙、此欠款一切事宜，均在上海辦理，諸國各派銀行董事一名，會同將所有由中國官付給之本利總數收存，分給有干涉者，該銀行出付回執。丙、中國將全數保票一紙交付駐京領銜大臣手內，此保票以後分作零票，每票上由中國官畫押。丁、付還保票財源各進款，應每月給銀行董事收存，抵所定承擔保票。財源列後：一、新關各進款，俟前已作爲擔保之借款各本料付給之後餘賸者，又進口貨税增至切實值百抽五，將所增之數加之。所有向例進口免税各貨，除米糧麵金銀錢外，均應列入值百抽五貨内；二、所有常關各進款，在各通商口岸之常關，均歸海關管理；三、所有鹽政各進項，除還前泰西借款外，餘賸一併歸入。至進口貨增至切實值百抽五，諸國現允可行，惟須二端：一、將現在照估價抽收進口各税，凡能改者，皆當速改按件抽税幾何，定辦改税，應以前三年各貨價值牽算，其未改以前，仍照估價徵收；二、河北黃浦兩水路，均應改善，中國國家應撥款相助，增税一層，俟此條款畫押兩箇月後，即行開辦。第七款：大清國國家允定各使館境界，以爲專與住用之處，並獨由使館管理，中國民人概不准在界內居住，亦可自行防守。使館界線，於附件圖上標明。按照上年十一月二十六日文內條款，中國國家應允諸國分應自主，常留兵隊分保使館。第八款：大清國國家應允將大沽礮臺及有礙京師至海通道之各礮臺一律削平，現已設法照辦。第九款：按照上年十一月二十六日文內條款，中國國家應允諸國分應主辦，會同酌定數處留兵駐守，以保京師至海通道，今駐守之處，係黃村、郎坊、楊村、天津、軍糧城、塘沽、蘆臺、唐山、灤州、昌黎縣、秦王島、山海關。第十款：大清國國家允定兩年之久，在各府廳州縣將以後所述之上諭，頒行布告。一、上年十二月十三日上諭，永禁或設或入與諸國仇敵之會，違者皆斬；二、本年某月日上諭一道，犯罪之人如何懲辦之處，均一一載明；三、本年某月日上諭，諸國人民遇害被虧各城鎮，停止文武考試；四、上年十二月十三日上諭，各省督撫文武大吏暨有司各官，於所屬境內，如此復滋傷害諸國人民之事，必須立時彈壓，否則革職永不敍用。以上諭旨，現於中國全境，漸次張貼。第十一款：大清國國家允定將通商行船各條約內諸國視爲應行商改之處，及有關通商各他事宜，均行議商。現按第六款賠償事宜約定，中國國家應允襄辦改善北河、黃浦兩水路，一、北河改善河道，前會同中國所興各工，近由諸國派員重修，俟天津交還後，即可由中國派員會辦，中國應付海關銀每年六萬兩；二、現設黃浦河道局，整理水道，該局經費豫估二十年，每年用海關平銀四十六萬兩，半由中國付給，半由外國有干涉者出資，該局員差各權責，及進款詳細各節，皆於後附文件內列明。第十二款：本年六月初九日上諭，將總理各國事務衙門改爲外務部，諸國大臣覲見禮節，均可商定。茲特議明，以上所述各語，及執附諸國大臣所發之文憑，均以法文爲憑。條款畢。末段收束云：大清國國家既按以上各款，足適諸國之意妥辦，將上年變亂局勢完結。諸國亦照允隨行。是以諸國全權大臣奉各本國政府之命聲明：除第七款所述防守使館兵隊外，諸國兵隊於本年某月日全由京城撤退。並除第九款所述各處外，亦於某年月日由直隸省撤退。今將以上條款繕定同文十二分，由全權大臣畫押，諸國全權大臣各存一分，中國全權大臣收存一分。光緒二十七年某月日在北京定立。等因。款內所載歷次諭旨，及往來文牘，均附各款之後，是以停考五年地名，懲處各員人名，暨禁止軍火並專爲製造軍火器料進口，均請速降明諭，以便載入。其京師直隸撤兵各日期，當俟正約畫押時填註。臣等伏查，去秋各國聯軍闌入京城，聲勢浩大，乘輿播遷，幾不知如何結局。直至冬月下旬始送到議和條款，不容我改易一字，朝廷爲息兵救急之課，祇得俯如所請。既經許其照辦，斷難失信外人。且彼恃其兵力之强，亦決不容我失信。嗣各國以各款不能迅速照辦爲辭，横生枝節，經臣等多方設法，竭力磋磨，至四月間賠款議有端倪，奉旨允付償款四百五十兆，並許認息四釐，事機始漸順手。京師地面亦陸續分段交還。然地面雖大半交回，各國以爲未訂全數撤兵之期，尚有佔理地方權力。英使薩道議商堅執外省獲咎人員及停止考試二事未經辦完，斷難許有全數撤兵之期。而獲咎人員散在各省，查復需時，軍機處及各督撫來電，常有應商減免之員，各使甚爲厭煩，又不肯以時答復，遂至曠延時日。其償息抵款除鹽款、常税外，各使均不願受，而德穆使初擬賠款表，共須付還本利至九千零七十餘兆之多；屢經苦口相商，始改成末次款表，計可省銀九千萬兩。各使商辦貨收足值百抽五並免税貨徵税，亦遲之又久而後定。其天津濬海河，黄浦挑淤沙，皆各國蓄意必辦之事，今既用爲增税酬報，且關繫大綱十一款通商行船事宜，斷難駁阻。黄浦治河，各使附來章程，再三酌商已有數條，於各領事上加寫南洋大臣字樣，似尚不至喧賓奪主。舊約既未作廢，第十一款更改商約一語，即可就此了結。若開河事，從緩另議，斷做不到。臣等於條款稿送來之前一日，曾備照會，敘述南洋來電，切實商酌，迭准各使文函答復，均稱：事關各國政府商定，不能再議，請將條款早日請旨畫押。竊思各款關繫重要之事，均已陸續定議，若爲黄浦挑淤，遲延不能畫押，殊失海內外商民之望，必致另生枝節。大局安危所繫，用敢披瀝直陳，伏乞迅賜宸斷，俯准照議畫押。不勝悚切待命之至。除將黄浦事來往照會抄咨外，請代奏。候旨遵行。奕劻、李鴻章。陽。

《全權大臣奕劻李鴻章電報光緒二十七年八月十八日》 西安軍機處：頃據英使薩道義照會，按照議和條款第十一款內整頓通商行船各條約，及更改進口税則各事宜，現由本國政府派委五印度二等寶星印度政務處副堂馬凱爲辦事大臣，本館漢務參贊戈頒受、督辦英商老公茂公司德貞爲協辦大臣。該三員均於中曆本月廿九日由歐洲起程，計十月初間可到中國。會議此項事宜，在滬地最便。請將貴政府擬派與本國辦事大臣會商之員姓名，先行示悉。等語。查英使所請，本係應辦之事。至更改税則，從前屢議未定，今英國既願商辦，東方商務英爲最大，英允則各國易從，是加税一好機會。盛宣懷久在滬地，熟悉商情，上年奉旨派充會辦商務大臣，於一切商税情形必更留心考覈。該大臣前年曾與現任蘇撫聶緝槼及總税務司赫德在京議辦加税事宜。此次擬請旨派爲辦理商税事務大臣，以資熟手。總税務司不能出京，查有上海造册税務司戴樂爾、漢口税務司賀壁理均熟悉税務條理，堪以派令隨同辦理。與英薩使言及，該使頗以爲然。乞代奏，請旨。奕劻、李鴻章。嘯。

《軍機處擬爲請酌減賠款數目寬定年限事致各國國書稿光緒二十六年十二月二十三日》 謹擬致各國國書稿。

各大國會議要款，敝國現已次第議商照辦。惟賠款一事，不得不通盤籌畫。此次兵事，各處財物毁失過多，且敝國地利、商務，尚少開通，一時不易籌集鉅款，索之太急，必致搜括無遺，民窮生變，當爲大皇帝所鑑諒。敬念大皇帝誼篤邦交，亦欲敝國竭力圖治，求保亞東太平之局，開通商不竭之利源。敝國現議力行實政，正期圖報各大國之惠於異日，尤望貴國始終玉成，商同各大國，允將賠款酌減數目，寬定年限，另籌妥法攤償，免使多借息款，藉得稍蘇喘息，整頓內政。將來中外必能益加修睦，各大國永享無窮之利益。感仰厚德，非言可宣，謹布腹心，惟希鑑察。不勝盼禱之至。

推行新政部

通紀概説分部

綜述

《申報・續録江西藩憲札行新政一九〇二年三月二十日》一懲警游惰。該縣城鄉何處有業若干人，土客若干人，無業游民，飭習工藝，否則重罰。孤獨無依，酌設棲流等所收養學藝，令作營生，或設因利局，酌借資本，限日抽還。一勸興社會收放倉穀，認真稽核，自可歲有所增。如有田之戶，收穀一石，令繳二升儲之於倉，五十存一，爲數有限。社立一長司其事，立一簿登其數。設遇水旱災祲，除極貧無業之戶酌用倉穀羅振外，其歲出若干者，按戶給還，以濟歉之。若有田而不儲顆粒者，官義振一概不予。既免年荒籌振之難，亦免食貴流離之苦，應即實力勸行，仍嚴立侵蝕之禁。一善籌保富。富民一邑之元氣，該縣上富若干，中富若干，各約產業若干，何富因何業而致。凡奸民訛詐，奸商倒騙，奸佃欠租，訊實嚴懲，平時優予接待，曉以大義。若商家殷實者，亦宜選舉商董，時與考察盈虧。舉定商董何人，隨時稟報，有涉錢債控案，訊非重利盤剝者，必嚴禁需索，設法追還，不得以細故忽之。一教民節儉。江西風氣本極淳樸，而婚喪之禮近亦踰奢，皆由一二官商倡之於前，而民間遂互相則傚。洋貨綢緞用之愈多，生計愈艱，張皇愈甚，此則不足之故也。至於喪以哀爲主，非以侈爲孝，乃至停棺不葬，風水惑人，習俗所移，訟獄繁起，各州縣務將會典及通禮各書摘要示諭。如有僭越，以法相繩，幷查明民間有無停棺厝柩，一律勸令下葬，違者議罰。一禮延正紳。十室之邑必有忠信，江西爲人才淵藪，仕隱皆有仁賢。新政方興，尤須官紳合辦，各州縣如有品行端方，學問優長，通達時務者，正宜及時延訪，禮貌優隆，藉以周知利弊。應將一邑紳士共若干人，或在家，或出仕，或在外，其品學言行及一藝之長加以考語，開單呈送，以便延訪。其無所短長者，不加考語。一訪拿痞棍。爲政先去害馬，本司前在臬司任內審訊命盜，各案犯供均稱爲訟棍唆使，以至私和誣告，被其牽累流爲盜賊。屢經札飭廣拿究辦，而各屬置若罔聞，大要各署丁差書役皆豢養痞棍，以供取求間，不肖官幕亦復從中沾潤，實為吾民致貧之由。此等棍徒務須實力驅除，盡法懲辦，幸勿恝然置之，轉流毒於無窮也。一綜計祠產。江西人丁蕃衍，聚族而居，各建祖祠，均有資產。不法者動或覬覦，大則械鬥，小則興訟，以致任意揮霍，資產皆空。亟應通行稽核，或聚資本以興商務，或建家塾以植人才，毋令虛糜，至爲切要。一杜滋擾。現在上憲清廉，率屬杜絕苞苴，省城並無節壽一切陋規。該府州等本有公費，聞於節壽，或不免餽貽，殊屬不知自愛，嗣後應一律禁止。至於因公過境，亦不應侈具供張。各州縣署中一切購買物件，應將官價名目永遠革除。其下鄉勘驗及呈控審結，務須嚴禁丁差書役勒索規費。各府州縣如有前項名目，稟請查核。一編查戶口。警察一軍，將來城鎮鄉村必須一律舉辦。各州縣編查保甲，大都虛應故事，其實在丁口若干，作何生計，有無田產，皆係籠統開造。果能將一邑之內認真編查，而於生計田產詳晰開載，計每人該占田若干，地若干，即可得其生養之數，且爲興水利、開荒田、勸樹藝、醫游惰，行社會之張本。各州縣務即先期實力清查，仍嚴防書差鄉保藉端欠費。一禁止烟賭。鴉片烟流毒中國，實爲貧弱之一大端。興利不如除弊，清源方可塞流。洋藥現雖開禁，而官員兵丁禁仍如前。至賭博爲害，不但廢時失業，甚至當產傾家，而江西此風尤熾。大凡吸烟嗜賭之徒，多有流於會匪賊盜者。各州縣果能先將署中丁幕書役嚴行禁止，再由學校推而至於農工商賈，每於因公下鄉召集父子，剴切勸戒，每縣可省無數之金錢，即可爲地方作有用之鉅款。各地方如果倡率勸戒，俾毒種不致流傳，其造福豈有涯涘耶？一嚴禁扛神。神宜敬，不宜褻。疾病人所時有，乃愚民惑於扛神，鑼鼓喧囂，跳舞街市，甚至聚衆幽會，勒索香資，駭俗惑民，應即嚴禁。以上各條皆爲今日要務，即會同公正紳商切實講求。如事務殷繁，丞倅均可分任，總不可令書差滋擾，因利而利，速於置郵，限一月內，將如何辦理分條稟復，本司當以此爲課最。如自圖安逸，敷衍了事，即行記過撤懲。

沈桐生《光緒政要》卷二九《雲貴總督丁振鐸〈會奏請與各國立誓力行新政光緒二十九年十二月〉》　疏略云：俄日相持，瞬將開戰，中國勢處兩難，無論俄勝，中日將均不堪。卽日勝中國亦受侵削。且俄日卽和。而東三省不得主權，亦從此無以立國。況各國所以坐視者。以樂俟俄日戰畢，於爭割中土時從而瓜分耳。是此時中國雖守局外，而終歸不可問耳。惟聞俄覆日約，於韓事多肯退讓，亦不奪日在滿洲與中國所訂商利，至治權歸我，則全不允，日本仍伸前議等語。以藐小不及中國十分之一之日本，而敢與大逾日本三十倍之强俄抗，且能使俄有退讓慎重不敢遽戰之心者，是何故耶？亦實行變法已三十餘年之故耳。以堂堂中國，不特俄不允使主權歸我，何也？政治與各國不同故也。危至今日，間不容髮，守局外既無可守，惟命是聽亦不足以圖存。爲今之計，似惟有急宣上諭，誓改前非，飭外部王大臣等徧告各國使臣，並飭出使各國大臣迅告各國政府，以中國自今以後一切盡行改革，期於悉符各國最善之政策而後已。各國欲保東方和平之局，儘可出而與俄日勸和。卽俄之不允歸我主權者，亦須看我自治何如，聽憑公斷。各國當爲立動，俄亦無可藉口，如能並與言明，若俄仍不肯，則中國惟有聯日拒俄，力圖血戰，亦不暇計及後事何如，則機局更緊，或尚不至全行袖手，何也？各國雖均有割據之心，尚未行諸實事，猶可中止。且必慮亞洲戰禍連結，商務現受其傷，更恐中日戰不勝俄，歐美各洲亦隨受其害。而所有不管者，以惡我中國如野蠻耳。卽日言變法，亦毫無實濟，彼亦不之信耳。茲當事變之亟，得我皇上國書堅與誓約，允卽力行改革，期於不數年，我悉如泰西各國而後已。彼因事揣情，當無不信，若肯相顧，則俄亦無不怯之理。況我本須乘此危局亟圖挽回，無論此次俄日釁成，我不能不變以圖存。卽俄日事平，而日本變法之明效如彼，我未變法之吃虧如此，則變與不變不待再計而決矣。所慮者，苟再因循，恐釁圖變法而已受分割，被人挾制，無可以自變之日。惟有此時急宣此意，或其權尚自我操耳！不然俄日或戰或和，而東三省已萬非我有，亦甚不足以立國矣。況非毅然決然，如日本明治初年，則雖言變法，亦必敷衍而終無成效。然則與其幸存而必變法，較受挾制而不能不變法則何如先借此以自定主權，決然改立，盡力爲之。尚不失有爲之機，或可免俄日釁成，終有池魚之患。固本朝三百年締造之基，存中國四千年强大之體，保中亞數萬萬生靈之種，興亡呼吸，盡在於斯。臣等熟慮籌思，迂愚之見，或冀挽回於萬一，謹冒死直陳。伏乞皇太后、皇上聖明鑑查。天下幸甚！中亞幸甚！謹奏。

論　説

《申報·振興新政説一九〇二年二月十二日》　歲在壬寅，月維初吉時，則皇太后、皇上翠華東返，重莅京師。九重昭乾惕之忱，四海想中興之美，中外輯睦，上下乂安，多士珥筆而頌皇仁，庶民□壤而歌聖德，熙熙然，皡皡然，固無不以重覩昇平爲非常之幸事。顧愚以爲安不忘危者，國家之上瑞也；治不忘亂者，人主之美德也。當此泰運初定，履端伊始，必在上者有恪恭震動之神，斯在下者懷惕厲憂勤之意，在内者有整肅嚴明之象，斯在外者存戒謹恐懼之變。蓋年之遞頭在乎春，而百度之更張主乎上，斯固時之不容，天理之不可易者也。僕特旁搜軼事，略述舊聞，俾知我朝盛時物阜民豐，紀綱整肅，上之所有待下與下之所有自待咸兢兢然，以禮自維而有非尋常之不可及者。謹按乾隆時故事，元旦後三日，欽點王大臣之能詩者曲宴於重華宮，演劇、賜茶，仿柏梁體，命聯句以記其盛，復當席御製詩二章，命諸臣和之。是日又宴諸外藩於紫光閣，一品文武大臣皆入座。至上元前後五日，觀烟火於西苑西南門内之山高水長樓，設御座於樓門外，宗室、外藩王、貝勒公等及一品武大臣、南書房、上書房、軍機大臣以及外國使臣等咸分翼入座，圃前設火樹，棚外圍以藥欄。上入座賜茶畢，各營角伎及侏儒兜離之戲，以次入奏畢，上命放瓶花，火樹，膳房大臣跪進果盒，上親頒賜，凡侍座者皆預焉。次樂部演舞鐙伎魚龍曼衍，炫曜耳目。伎畢，然後命放烟火，火繩紛繞，儼如飛電。俄聞萬爆齊作，轟雷震天，逾刻乃已。上回宫，諸大臣以次歸邸，想見當時君臣一德泰交，不啻如家人父子之互通情語。而百兩臣庶則仍戰兢憂惕，不敢持聖恩優渥，稍生其從弛之心，爰稽其時如宗室輔國公富春任杭州將軍，適值元旦拜聖牌，撫軍王亶望日中始至。公正色責之，王長恐請謝乃已，名臣風節獨可想見。至李恭勤公督四川時，元日飭廚侍爲□鑼數十斛，下屬謁見，設以飼之。出受禮畢，即令府廳州縣謁司道州縣，謁府州縣禮畢，諭曰：『元日俗例，上司屬官雖不接見，必肩輿到門道，有遠近日暮，始歸徒蓋傔徒況。若曹亦有父母、妻子，歲首例得給假，諸君何不早歸，令若曹亦放假半日乎？』衆應曰：『諾。』蓋必虛文既革，然後能盡心民事，不致叢脞貽譏。此皆見當日諸名臣恭儉以處己，寬和以待人，故得寮案傾心，蔚爲盛治。今者皇太后、皇上慨時事之日艱，知富强之難已，深宮宵旰，力圖振興，非特銀花火樹之戲不復移陳，即殿陛賡颺詩章，酬和亦祇略存其意，而並不以此爲潤色鴻業之規。所應者，內外臣庶當此歲朝勸吉方以爲幸，逢隆盛重際承平，或仍泄沓性成，虛儀徒飾，不能仰體聖意，振作有爲，是則雖皇太后、皇上憂勤惕厲於上，而中興盛業一時恐難復舊觀。僕故略進芻蕘，爲在庭諸臣勸，俾知人物之阜康，閭閻之安泰，固由上焉者之整躬率物，而有非回悖致者。若夫酌竹葉之春，晉椒花之頌，謂四方其已泰，庶事其已康，斯固尋常之稱美之詞，非特僕迂拙之性不願出此，而亦豈袞袞諸公之所願聞哉？

《中外日報・論中國改革之難一九〇四年四月初五日》 中國時局至今已危險萬分，勢不得不急籌挽救之法。然挽救之主動力止有兩端，一在政府，一在國民。今政府既無可望矣，而觀於國民，則其無可望之情實更甚於政府。何以言之？蓋政府所有不願革故鼎新以爲挽救之計者，正以大局之安危與彼之富貴利達無密切之關繫耳。若國民則身家所在，必大局安而身後家安，若大局危則身家亦必危。就國民言之，宜如何急圖改革以爲保存之計，乃非唯不願改革亦且幷無改革之思想，其可危者一也。又今之政府，無不窟穴於積弊之中，苟一經改革，則於彼實有大損，宜其有所不願。若就國民言之，則唯有盡力改革而後可以去今日之危險，圖他日之安全，乃今之民情，全不知此，方以沿習積弊爲當然，改新政爲可憎，如此則何望於保存？其可危者二也。又今之政府，雖不甚願改革，然猶舉行一二新政以爲敷衍之計，則雖有不願改革之意，而猶知其當改革也。而今之民情則於有利無害之事亦幷不願其舉行，甚且於此事之爲利爲害幷無所知，而專好聽旁人之慫恿以與新政爲難，則於保存之道去之更遠，其可危者三也。有此三端，則挽救時局之策殆無望於中國也已。於此而欲爲正本清源之法，則唯有力行精神教育之一策。然此亦有三難：中國危險之境已在目睫之前，豈能曠日持久以待不可知之效驗？其難一也。中國號稱四萬萬人，其能就學者極多至四千萬止矣，此四千萬人即能就學，即能深知改革之善，而其餘十分之九之人皆未受教育之益，即於中國今日必當改革之故不能有所體會，則彼少數之人豈能强此多數不學之人，使之服從於改革之令而無所扞格？其難二也。無已，則姑恃此少數之人以提倡彼多數之人，使之潛移默化而不自知其所以然，或猶足以收改革之功，然中國士人其志行又不免薄弱，往往爲大勢所鼓動而不能自主，例如近日科舉未罷，即有平素主持廢科舉興學校之人而仍躬應鄉會試者，又有在學校肄業或往外洋游學而仍業其應盡之學業以博不可得之功名者，以素稱有志維新之人，猶且知其不可而爲之，何況其他！其難三也。夫以中國朝不保夕之故而籌及改革，又以改革之法必當行之以漸之故而計及精神教育，其布置以爲迂遠，其收效以爲渺茫，而其難之情形又復如此，則保存之法殆終無望於中國矣乎！於此而尚有一法，則逼迫是矣。然今之政府已不爲百姓所信服。而其威力又實不足以懾服全國之人而使之翕然聽令。稍有一武斷，則禍亂隨之，近已屢見其端倪矣。則唯有苟安旦夕，以改革爲大戒耳。唯中國前途終不能無改革之一境，我不自行，他人必將起而代謀。夫以改革之權受之他族，此至危之道也！計他人於此，必將取其有益於己者，而改革之以自享其利益，至其有利於中國與否，則非所計也。其無益於己者，則必不爲改革而悉聽其自然，其有害於中國與否，亦非所計也。如此則改革之局一成而中國之保存愈爲無望，有沈淪終古而已矣。夫孰非中國人士自貽伊戚耶！

雜録

《申報・勤求新政一九〇二年一月二十四日》 聞之友人之作宦京師云者：兩宮由行在回鑾後，連日召見王公大臣，日有數十起。月初某日欽奉諭旨，略謂內閣翰林院六部九卿科道各京員，分二十人爲一班，按日投遞膳牌，預備召見等因。欽此。一時中外臣等莫不欽仰聖天子勤求新政之至意焉。

又《聖慈勤政一九〇二年二月二日》 聞之作宦京師者云：近日兩宮召見各部院堂官時，太后每臨朝涕泣，諭以我國家遭此變故，創巨痛深，嗣後爾諸臣務宜激發天良，破除積習，一切新政必須實事求是，以副朝廷期望之殷懷。仰見聖母年高，勤勞宵旰，凡諸臣庶所當奮發有爲也。

又《以時述職一九〇二年二月二十三日》 昨得京師友人手函云：署直隸總督袁慰庭宮保近上封章，請飭下各省督撫大臣於每歲之春入京述職，并於此時酌議興學阜財及巡警盜賊諸新政，庶法令齊一，全國氣脉得以互相貫通。

又《開防宜慎一九〇二年三月十七日》 金陵訪事友人云：派辦處爲省垣大小各官會議新政之所，近以事機不密，往往政令未下而外間先以聞知，深恐執事諸人出入自如，或致任情漏曳。爰由司道牌示各人來去，均須赴號房掛號，以便稽查，是亦慎重開防之道也。

下詔議行新政和江楚會奏變法三摺分部

綜述

沈桐生《光緒政要》卷二六 十二月，飭内外臣工條陳變法。欽奉上諭：世有萬古不易之常經，無一成不變之治法。窮變通久，見於大《易》；損益可知，著於《論語》。蓋不易者三綱五常，如日星之照世。而可變者令甲令乙，不妨如琴瑟之改絃。伊古以來，代有興革。卽我朝列祖列宗因時立制，屢有異同。入關以後已殊瀋陽之始，嘉慶、道光以來豈盡乾隆、雍正之舊。大抵法積則敝，法敝則更，要歸於强國利民而已。自播遷以來，皇太后宵旰焦勞，朕尤痛自刻責，深念近數十年積習相仍，因循粉飾，以致成此大釁。現今議和，一切政事尤須切實整頓，以期漸圖富强。懿訓以爲取外國之長，乃可補中國之短；懲前事之失，乃可作後事之師。自丁戊以還，僞辯縱横，妄分新舊。康逆之禍，殆更甚於紅巾。迄今海外逋逃，尚以富有貴爲等票誘人謀逆，更藉保皇保種之奸言，爲離間宫廷之計。殊不知康逆之談新法，乃亂法也，非變法也。該逆等乘朕躬不豫，潛謀不軌。朕籲懇皇太后訓政，乃拯朕於瀕危，而鋤奸於一旦，實則翦除亂逆。皇太后何嘗不許更新損益科條，朕何嘗概行除舊，執中以御，擇善而從，母子一心，臣民共覩。今者恭承慈命，壹意振興，嚴禁新舊之名，渾融中外之迹。查中國之弊在於習氣太浮，文法太密，庸俗之吏多，豪傑之士少。文法者庸人藉爲藏身之固，而胥吏倚爲牟利之符。公事以文牘相往來，而毫無實際；人才以資格相限制，而日見消磨。誤國家者在一私字，禍天下者在一例字。至近之學西法者，語言文字製造械器而已，此西藝之皮毛，而非西政之本源也。居上寬，臨下簡，言必信，行必果，遵往聖之遺訓，卽西人富强之始基。中國不此之務，徒學其一言一話一技一能，而佐以瞻徇情面，自利身家之積習，舍其根原而不學，學其皮毛而又不精，天下安得富强耶？總之，法令不更，錮習不破，欲求振作，尚議更張。着軍機大臣、大學士、六部九卿、出使各國大臣、各省督撫，各就現在情形，參酌中西政要，舉凡朝章國政、吏治民生、學校科舉、軍政財政，當沿當革，當省當并，或取諸人，或求諸己，如何而國勢始興，如何而人才始出，如何而度支始裕，如何而武備始修，各舉所知，各抒所見，通限兩個月詳悉條議以聞，再由朕上稟慈謨，斟酌盡善，切實施行。自幸太原，下詔求言，封章屢見，而今之言者率出兩途：一則襲報館之文章，一則拘書生之淺見，更相笑亦更相非，兩囿於偏私不化，睹其利未睹其害，一歸於窒礙難行。新進講富强，往往自迷始末。迂儒談正學，又往往不達事情。爾中外臣工，尚鑑斯二者，酌中發論，通變達權，務極精詳，以供甄擇。惟是有治法，尤貴有治人，苟得其人，敝法無難於補救。苟失其人，徒法不能以自行。流俗之人，已有百短，遂不願人有一長，以拘牽文義爲率真，以奉行故事爲合例。舉宜興宜革之事，皆坐廢於無形之中，而旅進旅退之員，遂釀成一不治之病。欲去此弊，慎始尤宜慎終；欲竟其功，實心更宜實力。是又改弦更張以後，所尚簡任賢能，上下交儆者也。朕與皇太后久蓄於中，事窮則變，安危强弱全繫於斯。倘再蹈因循敷衍之故轍，空言塞責，省事偷安，憲典具存，朕不能有。將此通諭知之。欽此。

清·張之洞、劉坤一《江楚會奏變法三摺·變通政治人才爲先遵旨籌議摺》 頭品頂戴兩江總督臣劉坤一，頭品頂戴湖廣總督兼湖北巡撫臣張之洞。

跪奏爲變通政治，人才爲先，遵旨籌議奏陳，仰祈聖鑒事。竊臣等欽奉光緒二十六年十二月初十日上諭：法令不更，錮習不破，欲求振作，當議更張，著軍機大臣、大學士、六部九卿、出使各國大臣、各省督撫，各就現在情形，參酌中西政要，舉凡朝章國故，吏治民生，學校科舉，軍政財政，當因當革，當省當并，或取諸人，或求諸己，如何而國勢始興，如何而人才始出，如何而度支始裕，如何而武備始修，各舉所知，各抒所見，通限兩個月，詳悉條議以聞等因。欽此。仰見我皇上懲毖多難，必欲掃積習以濟時艱，感泣之餘，且愧且奮。臣等嘗聞之《周易》乾道變化者，行健自强之大用也。又聞之孟子過然後改，困然後作，動心忍性，增益所不能者，生於憂患之樞機也。上年京畿之變，大局幾危，其爲我中國之憂患者可謂鉅矣。其動忍我君臣士民之心者可謂深矣。窮而不變何以爲國！然則修中華之內政，采列國之專長，聖道執中，洵爲至當，惟是中國貧弱廢弛之弊，或相沿百餘年，或相沿二千餘年，一旦欲大加興革，必須規畫周詳，確有下手之處，然後血氣生而宿可自去，疣癰決而元氣可支。竊謂中國不貧於財而貧於人才，不弱於兵而弱於志氣。人才之貧由於見聞不廣，學業不實。志氣之弱由於苟安者無履危救亡之遠謀，自足者無發憤好學之果力。保邦致治非人無由，謹先就育才興學之大端，參考古今，會通文武，籌擬四條：一曰設文武學堂。二曰酌改文科。三曰停罷武科。四曰獎勸遊學。敬爲聖主陳之：

一、設文武學堂。取士之法自漢至隋爲一類，自唐至明爲一類，無論或用選舉或憑考試，立法雖有短長，而大意實不相遠。漢魏至隋選舉爲主，而亦間用考試，如董、晁、郗、杜之對策是也。唐宋至明考試爲主，而亦參用選舉，如温造、種放之徵召是也。要之，皆就已有之人才而甄拔之，未嘗就未成之人才而教成。故家塾則有課程，官學但憑考校，此皆與三代學校之制不合。現行科舉章程，本是沿襲前明舊制，承平之世，其人才尚足以佐治安民。今日國蹙患深，才乏文敝，若非改弦易轍，何以拯此艱危。然而中國見聞素狹，講求無素，即有考求時務者，不過粗知大略，於西國政治未能詳舉其章，西國學術未能身習其事。現雖舉行經濟特科，不過招賢自隗始之意，只可謂開闢風氣之資，而未必遽有因應不窮之具。考《周官》司徒之職，《小戴禮》學記之文，大率皆以德行道藝兼教並學，學成而後用之。此外見於經傳者，鄉國之學皆兼六藝，大夫之職必備九能，書、禮、干戈，司成並教，寄象鞮譯，王制分官，海外圖經，伯益所傳，潤色專對，《論語》所重。又按三代之制，庠序之稱曰士，卒伍之稱亦曰士，實爲文武合一，文武並重之明徵。若孔子兼通文武，學於四裔，尤聖人躬行垂教之彰彰者。此後漢舉使才，唐采回曆，隋志經籍多收方言，明初文科亦兼騎射。欽惟我朝康熙年間，測天造礮，皆用西人，內府地圖，創用西法之經緯綫，此圖所刻銅板，即用東洋銅板之陰陽文。尼布楚界碑兼用三體文字，乾隆年間，《西域同文志》兼列清、漢、蒙古、西番、托忒、回部之書。至於內廷功課，八旗授官，皆係文武兼習。祖宗舊制，洵足爲萬代法程。今泰西各國學校之法，猶有三代遺意，禮失求野，或尚非誣。其立學教士之要義有三：一曰道藝兼通，二曰文武兼通，三曰內外兼通。其教法之善有四：一曰求講解不責記誦，一曰有定程亦有餘暇，一曰循序不躐等，一曰教科之書官定頒發，通國一律。大小各學功有淺深，意無歧異，其考校進退章程，皆用北宋國學積分升舍之法，才能優絀，切實有據，既不虞試官偏私，亦不致摸索偶誤，故其人才日多，國勢日盛。德之勢最强，而學校之制惟德最詳。日本興最驟，而學校之數在東方之國爲最多。興學之功，此其明證。其學校教法，大率少年者先入小學堂，先教以淺近文理、算法、史事、格致之屬。小學堂又分初等、高等兩種，小學成後選入中學堂，所學門類甚多，名曰普通學，如國教、格致、算學、地理、史事、繪圖、體操、兵隊操、本國行文法、外國言語文字行文法等事，皆須全習，惟外國文字只兼習一國，無論大小學堂，皆有講國教一門，皆有學兵隊之操場。日本之教科名曰倫理科，所講皆人倫道德之事，其大義皆本五經、四書。普通學畢業後，發給憑照，升入高等學堂，習專門之學，自此以後，然後文武分途，或文或武聽其便，惟文武皆必先習普通。至專門之學，習文事者名高等學校，英分經、教、法、醫、化、工六科，又另設專門農、商、礦學。法與英略同。德又另設專門工學，日本高等學校亦分六門：一法科，二文科，三工科，四理科，五農科，六醫科，每科所習學業各有子目，其餘專門各有高等學校。查日本門目與中國情形較近，歐美無學不兼講西教，日本無學不兼講倫理。習武備者名士官學校，略分地理、戰史、戰法、軍械、測繪、工程、經理、軍醫八門，兼習外國文字、兵式體操、兵隊操、行軍操、射的、擊刺、乘騎、游水等事，射的即槍礮打靶，擊刺即短刀刺槍互擊。習文事者，高等學校畢業後，發給憑照，略如中國舉人，分類量能而授以官，其願再學者升入大學校，大學校畢業領照者，略如中國進士。習武備者，普通畢業後先入營練習半年，方入士官學校，士官學校畢業後仍須入營練習三年，方爲畢業。第一年學爲兵，第二年學爲弁，第三年即在其營內充弁。其弁亦名下士官，其分際略如中國把總、外委、額外。此堂畢業後，發給憑照，其國家即用爲各軍少尉，自少尉以上皆名士官。大尉、中尉、少尉略如都司、守備、千總，自官少尉以後，可在本營敍勞升轉。若僅由充兵出身者，官至特務曹長爲止，曹長略如把總。僅由士官學校出身者，官至大佐爲止，大佐略如副將，中佐、少佐如參、遊。若欲爲大將、中將、少將者，仍須升少佐、中佐後，再入陸軍大學校三年。習水師者，名海軍大學校。其海、陸大學校體制與文事大學校同。大將如統兵大臣，中將、少將如提鎮。以上所舉，皆日本官名，取其易曉。各國學制、教法，節目雖有小異，用意事事相同。其大中小學之年限，無論文武，大率三四五年不等，等級漸深者，子目亦漸加多。其東西各國，今昔章程微有不同者，大約西繁而東簡，西遲而東速，昔專壹而今變通，如西國馬上不放火槍，日本近三年始於馬上操槍之類。其學校監督皆用武官爲之，以武官於禮節規矩最爲謹嚴詳密，文職偶有脱略，武官斷不通融，此外國學校教士官人之大略也。臣等謹參酌中外情形，酌擬今日設學堂辦法。擬令州縣設小學堂及高等小學校，童子八歲以上入蒙學，習識字，正語音，讀蒙學歌訣，諸書除四書必讀外，五經可擇讀一二部，家塾、義塾悉聽其便，由紳董自辦，官勸導而稽其數，每年報聞上司可也。十二歲以上入小學校，習普通學，兼習五經，先講解後記誦，但解經書淺顯義理，兼看中外簡略地圖，學粗淺演算法至開立方止，學粗淺繪圖法至畫出地面平形止，習中國歷代史事大略，本朝制度大略，習柔軟體操，三年而畢業，紳董司之，官考察之。十五歲以上，入高等小學校，解經書較深之義理，學行文法，學爲策論詞章，看中外詳細地圖，學較深演算法，至代數、幾何止，學較深繪圖法，至畫出地上平剖面、立剖面、水底平剖面止，習中國歷史大事、外國政治學術大略，習器具體操，兼習外國一國語言文字之較淺者，此學必設兵隊操場，三年而畢業，官司之，紳董佐之，畢業後本管府考之分數及格者，給予憑照，作爲附生，送入府學校，分數欠者留學。府設中學校，十八歲高等小學校畢業取爲附生者，入中學校，習普通學，其有監生世職職銜願入普通學者亦聽，但須酌捐學費，與附生一律教課，其有營弁、營兵文理通暢能解演算法、繪圖考驗有據者，亦准收入此學，温習經史地理，仍兼習策論、詞章，並習公牘、書記文字，學精深演算法至弧三角、航海駛船法止，學精深繪圖法至測算經緯度、行軍圖、目揣遠近斜度止，習中國歷史、兵事，習外國歷史、律法、格致等，學外國政治條約，即附於律法之內，並講明農、工、商等學之大略，習兵式體操，兼習外國一國語言文字之較深者，詞章一門亦設教習，學生願習與否均聽其便，弁兵入學者，專學策論，免習詞章，此學亦必設兵隊操場，三年而畢業，學政考之，給予憑照，作爲廩生送入省城高等學校。省城應設高等學校一區，大省容二三百人，中小省容百餘人，屋舍不便者分設兩三處亦可，但教法必須一律，非由中學校普通學畢業者不能收入。擬參酌東西學制，分爲七專門：一經學，中國經學文學皆屬焉，二史學，中外史學、中外地理學皆屬焉，三格致學，中外天文學、外國物理學、化學、電學、力學、光學皆屬焉，四政治學，中外政治學、外國法律學、財政學、交涉學皆屬焉，五兵學，外國戰法學、軍械學、經理學、軍醫學皆屬焉，六農學，七工學，凡測算學、繪圖學、道路、河渠、營壘、製造軍械、火藥等事皆屬焉。共七門，各認習一門，惟人人皆須兼習一國語言文字，此學亦必設兵隊操場。至醫學一門，以衛生爲義，本爲養民强國之一大端。然西醫不習風土，中醫又鮮真傳，止可從緩。惟軍醫必不可緩，故附於兵學之內。並另設農、工、商、礦四專門學校各一區，專以考驗實事爲主，機器、藥料、試驗場皆備，亦三年而畢業。其普通學成願入此四學者聽，入此四學者中國經學文學皆令温習，無論何學皆有兵隊操場。其習武者，專設一武備學校，擇普通畢業之廩生願習武者送入，四書、中國歷史、策論，人人兼習，其餘悉依外國教課之法，幷專習一國語言文字。或仿日本，幷設一礮工學校，專學製造槍礮之法，均三年而畢業。文學生高等學校畢業後，除農、工、商、礦專門四學另爲章程外，此七門學生，學律法者，派入交涉局，學習實事，名曰練習學生，學兵法者，派入各營學習實事，亦名曰練習學生，其餘五門學生，均隨其所願，派入農、工、商、礦等局，兼習實事，名曰兼習學生，均以實在局在營一年爲度。農、工、商、礦四專門學三年畢業後，農學派赴本省外縣山鄉水鄉考驗農業，工學派赴本省外省華洋工廠考驗製造，商學派赴南北繁盛口岸考驗商務，礦學派赴本省外省開礦之山、煉礦之廠考驗采煉，均名曰練習學生，亦均以實在出外遊歷練習一年爲度。其武學生武備學校畢業後，令入營學習操練一年，半年充兵，半年充弁，以實在營一年爲度。合計在學肄業及出外練習文武各門均四年學成，先由督撫學政考之，再由主考考之，取中者除送入京師大學校外，或卽授以官職，令其效用。大學校學業又益加精，門目與省城所設高等專門學校同，三年學成會試，總裁考之，取中者授以官。此大中小學教法門目等級年限之大略也。其考用之法，高等小學學成者本管知府考之，普通中學學成者學政考之，均不彌封，縣送府考，府送學院考，均須詳注分數，知府學政考取榜示亦須注明分數，不准渾淪取進。高等專門學成者督撫學政分文武兩途考之，應分幾場臨時酌定，取者作爲優貢，武者作爲武優貢。其文事由他途徑入普通中學薦送農、工、商、礦四專門學非由生員者，及由普通中學畢業徑入四門專學非由高等學畢業者，其武事由弁兵徑送入普通學非由生員者，一併准其與考。其優貢所取人數，視本省中額加倍，欽派考官會同督撫學政亦分文武兩途考之，應分幾場臨時酌定，考其專門之學及各國語言文字，非優貢不得與考。大率督撫學政所取優貢卽係録送鄉試之意，應試人少且諸學有須面試者，勿庸糊名易書，考中者作爲舉人，其非由生員出身及非由高等出身者作爲副榜，擇其中式前半若干名分別送入京城文武大學校。所以止送一半入大學校者，一爲京師大學若欲全容天下舉人，費用過多，故減半送京，以節經費，一爲分半就職，俾得及時效用，以應目前急需。其有未獲送入大學校者，及已經送京而不願入大學校願就職者聽，其未送大學校而不願就職自願留學以待下科者亦聽。就職者文授以七品小京官及六七品佐貳首領，分部、分省候補，或充各局委員。武授以守備、千總等官發營差委。考官照學政例准帶幕友二三人，同考官由外省酌量訪求聘委，不拘官階，亦不必本省人員。京城設文事大學校、水軍陸軍大學校各一，學業又益加精，門目略與省城專門學校同，學成者欽派總裁大臣考之，作爲進士，經廷試後文授以部屬知縣等官，武授以都司、守備等官，均令分部分省分標候補，優其序補班次，勿庸歸選。如朝廷需用編書修史應奉文字之詞臣，宿衛禁廷之侍衛，應隨時聽候諭旨考選，不在科舉常例之內。統計自八歲入小學起，至大學校畢業止，共十七年，計十八歲爲附生，二十一歲爲廪生，二十五歲爲優貢、舉人二十八歲爲進士，除去出學入學程途考選日期外，亦不過三十歲內外，較之向來得科第者並不爲遲，此大中小學層遞考取録用之大略也。其取中之額，卽分舊日歲科考取進學額以爲學堂所取生員之額，分鄉、會試，中額以爲學堂所中舉人、進士之額。優貢應請新定學堂之額，大率比本省中額加倍而略多。初開辦數年，學堂未廣，取中尚少，前兩科每科分減舊日中額學額三成，第三科每科分減舊額四成，十年三科之後，舊額減盡，生員舉人、進士皆出於學堂矣。至日久才多以後，應仿各國章程，視其學業分數，以爲中額之多少，并可不拘定額，以昭核實而資策勵，總須較舊額之數有增無減，此學堂取中額數移撥舊額，日後并不限以定額之大略也。或謂廢八股則人不讀經書，不尊聖賢，不宗理學。不知八股始自前明，自漢至宋皆無八股，何以傳經衛道，代有名儒，忠孝節義，史不絶書？卽如周、程、張、朱乃理學之宗主，其時未嘗有八股也。或謂廢八股則人不能爲文，不知文章之美者，莫如春秋之左、國，戰國之諸子，兩漢之馬、班，唐宋之八家，其時未嘗有八股也。或謂廢八股則舊日專攻帖括者無進身之路，不知歷來擅長八股諸名家，亦必係學贍才敏文筆優長之士，其最著者，前明如唐順之、歸有光，國朝如韓菼、方苞輩，卽不由場屋，豈患無自見之學，登進之階。故能爲好時文者，考試策論固屬優爲，兼習諸學亦非難事，無論少年易於改業，卽二十五歲以上至五十歲者，除外國語言、精微演算法外，何事不能通曉？若從此三科十年以後，不能中式而又不能改習諸學，則斷非有才有志之人，國家取之何益於用？然此輩仍可爲小學、中學、經書、詞章之師，其衰老不第而學行尚有可取者，可由督撫學政訪察考選，朝廷優予體恤，六十歲以上者，酌給職銜，五十歲以下者，廣設其途，分別舉貢生員，用爲知縣、佐貳、雜職，詳見酌改文科專條，似亦足以安宿儒而慰寒畯矣。捐納既停，卽中等儒生豈患無出路哉！此裁減舊日學額中額，仍將從前舉貢、生員分別録用之大略也。論外國設學之定法，自宜先由小學校辦起，層累而上，以至中學、高等學、大學，方爲切實有序。惟經費大絀，師範難求，只可剴切勸諭，竭力陸續籌辦。若必待天下徧設數萬小學、數百中學，然後升之高等學、大學而教之用之，至速亦須十年，時事日棘，人不我待，刻舟膠柱必致空言誤事。今日爲救時計，惟有權宜變通，先自多設中學及高等學始，選年力少壯通敏有志之生員，迅速教之，先學普通，緩習專門，應各就省城及大府酌量情形迅速籌辦，以資目前之用。取才由粗入精，立法由疏入密，凡事何莫不然。將來小學林立，中學亦多，則循序漸進，取才既裕，而教法亦不勞矣。查三十歲而入官科名不得爲晚，自初學以至學成十七年而成文武兼備之人才，造就不得爲遲。惟事急需才，恐難久待。查日本文武各種學校皆有速成，教法於各項功課擇要加功，於稍緩者量加省減，刻期畢業。應請旨飭出使大臣李盛鐸，切托日本文部、參謀部、陸軍省代我籌計，酌擬大中小學各種速成教法，以應急需。此權宜救急，先設普通中學暨採訪速成教法之大略也。惟成事必先正名，三代皆名學校，宋人始有書院之名。宋大儒胡瑗在湖州設學，分經義、治事兩齋，人稱爲湖學，並未嘗名爲書院。今日書院積習過深，假借姓名，希圖膏獎，不守規矩，動滋事端。必須正其名曰學，乃可鼓動人心，滌除習氣。如謂學堂之名不古，似可即名曰各種學校，既合古制且亦名實相符。總之中華所以立教，我朝所以立國者，不過二帝三王之心法，周公、孔子之學術。今宗旨則不悖經書，學業則兼通文武，特以世變日多，故多設門類以教士，取其周知四國，博學無方，正與經傳所載三代教士取人之法相合，看似無事非新，實則無法非舊，且經史詞章仍設專門學人，文人皆有自見之路，何得以唐人專考詞章之下策、前明八股之俳體視爲儒者正宗哉！臣等所擬以上辦法，不過明宗旨，標門類，分等級，計年限，籌出路，除防礙，而其大略如此。至於詳細章程究應如何斟酌損益之處，應候敕議裁定。此一事爲救時首務，振作大端，伏望我皇上思危慮患，飭取日本學校章程，迅速詳議，乾斷施行，收人心以固國基，四海瞻仰首在此舉矣。

一、酌改文科。科舉一事，爲自强求才之首務，時局艱危至此，斷不能不酌量變通。半年來諮訪官紳人士，衆論僉同，兩廣督臣陶模、山東撫臣袁世凱咨來奏稿，言之甚爲懇切。改章大旨，總以講求有用之學、永遠不廢經書爲宗旨。擬即照光緒二十四年臣之洞所奏變通科舉奉旨允准之案酌辦，原奏乃係酌參古今，求實崇正，力駁侈談新學者之謬論，不過原本舊章力求核實而已。大略係三場先後互易，分場發榜，各有去取，以期場場核實。頭場取博學，二場取通才，三場歸純正，以期由粗入精。頭場試中國政治、史事，二場試各國政治、地理、武備、農、工、演算法之類，三場試四書五經經義，經義即論説考辨之類也。頭場十倍中額，二場三倍中額。原奏經禮部通行陝西有案可查。惟聲、光、化、電等學，場内不能試驗，擬請删去。此係原本朱子救弊須兼他科目取人之意，歐陽修隨場去留鄙惡乖誕以次先去之法，而又略仿現行府縣覆試童生、學政會考優貢之章，且可免寒士之候榜艱難，考官之疲勞草率，似乎有益無弊，簡要易行。竊惟今日育才要指，自宜多設學堂，分門講求實學，考取有據，體用兼賅，方爲有裨世用。惟數年之内，各省學堂不能多設，而人才不能一日不用，即使學堂大興，而舊日生員年歲已長，資性較鈍，不能入學堂者亦必須爲之籌一出路。是故漸改科舉之章程，以待學堂之成就。似此辦法，策論乃諸生所能，史學、政治、時務乃三場策題所有，考生斷不致因改章而閣筆，科場更可因改章而省費，而去取漸精，學業漸實，所得人才固已較勝於前矣。兹擬將科舉略改舊章，令與學堂並行不悖，以期兩無偏廢，俟學堂人才漸多，即按科遞減科舉人士之額，爲學堂取士之額，其穎敏有志者，必以漸次改業歸入學堂，其學優而年長者，文平而品端者，儘可寬格收羅，量材録用，或取作副榜，多取數名，或令充歲貢，倍增其額，或推廣大挑，每科一次，或挑作謄録，令其議敘有資，或舉人比照孝廉方正，生員比照已滿吏准其考職，令其入官效用，宜彙總核計以上各途推廣録用之數，足以抵每科減額之數，則舊日專習時文者亦尚有進身之階，十數年以後，奮勉改業者日多，株守沉淪者日少，且仍可爲小學堂、中學堂、經書、詞章之師，其衰老者可從優賞給職銜。總之，但宜多設其途，以恤中才之寒畯，而必當使舉人、進士作爲學堂出身，以勵濟世之人才，只可稍寬停罷場屋試士之期，而不可使空束無具者永占科目之名，果使捐納一停，則舉貢、生員決不患其終無出路，此則兼顧統籌、潛移默化，而不患其窒礙難行者也。

一、停罷武科。文武兩科並稱，而兩科之輕重利弊向然不同。國家任官求才，無論章程如何，總之必用讀書明理之士。因近年帖括之士有文無實，故改章以求實學，先略改科舉章程，以取已有之人才，次廣設學堂，以教未成之人才。他日專門學成，體用兼備，仍是此等讀書明理之人，其法小變，其意仍同。若武科則不然，硬弓刀石之拙，固無益於戰征，弧矢之利，亦遠遜於火器，至於默寫武經，大率皆係代倩，文字且不知，何論韜略！以故軍興以來，以武科立功者概乎其未有聞，凡武生、武舉、武進士之流，不過恃符豪霸，健訟佐鬭，抗官擾民，既於國家無益，實於治理有害，此海內人人能言之，無待臣等之煩言者也。或謂武生等可使改習槍礮，不知利器散布民間，流弊太大，實無防察之法，萬不可行。或謂武生等可使入武備學堂肄業，不知學堂定法，無論水師、陸師皆必須曾讀書通文理，若不識文字者，雖有西師善教，精者不能解，粗者不能記，斷無受教之地。或謂武科所以收强梁不馴之人才，不知凡應武試者，大率小康之家子弟，椎魯游蕩，不肯讀書，乃使之習武以博科目之榮，其弓馬衣裝之費，較之文生爲多，故世俗有窮文富武之諺。夫取士求將本欲得良善守法之士，教以禮義，授以技能，以備干城腹心之用，豈有搜羅不逞，加虎以冠？且天下盜賊會匪亦多矣，豈武科所能網羅者哉！今日勇營甚多，其材武有力之輩皆可容納，何藉武科。或謂古今名將未必盡能知書，不知古之孫、吳、韓、岳、戚繼光，今之羅澤南、王鑫、彭玉麟等，何一非學古能文之士。間有不學問而爲名將者，多由閱歷而來，故兵勇起家爲良將者有之，然在今日已不能與强敵角勝。若應武科者平日所習皆與兵事無涉，既不曉槍礮之精，復不諳營陣之法，及取中武科年齒已長，習氣已深，循資數年，即可爲參、遊、都守，何所謂閱歷哉？查國家官制，武職以行伍爲正途，八旗世家無非兵籍。此時講求兵事，必須武學、西操相資爲用，其學堂畢業入營操練精熟者，自必予以出身，薦擢官職，將來內而禁衞、外而將校，皆可於此取之，考拔擢用之法，另詳專條。若仍以循舊之武科濫厠右職，殊於講武勵才之出路有妨。近年自故督臣沈葆楨以後，中外大臣言武科改章者甚多，蓋久已共知其弊。臣等揆之今日時勢，武科無益有損，擬請宸斷，奮然徑將武科小考、鄉、會試等場一切停罷，其舊日之武進士、武舉、兵部差官一律發標學習，考察人材，酌量委用補署，不必按資挨次選補實缺。武生年壯有志者，令其講求武學，以備應募入伍之用，疲老者聽其改業。如此則學堂講武學者，營弁精操練者，在標有戰功勞績者，登進之途較寬，必皆鼓舞奮興，而將校皆有實用，此誠自强講武之一大關鍵也。

一、奬勸遊學。學堂固宜速設矣，然而非多設不足以濟用，欲多設則有二難，經費鉅一也，教習少二也，求師之難，尤甚於籌費。天下州縣皆立學堂，數必逾萬，無論大學、小學斷無許多之師。是則惟有赴外國遊學一法。查外國學堂，法整肅而不苦，教知要而有序。爲教師者類皆實有專長，其教人亦有專書定法。凡立一學，必先限定教至何等地位，算定幾年畢業，總計此項學業共須幾年，若干時刻方能教畢，按日排定每日必作幾刻工夫，定爲課程，一刻不曠，如期而畢，故成效最確，學生亦頗受教。而教法尤以日本爲最善，文字較近，課程較速，其盼望學堂成就之心至爲懇切，傳習易，經費省，回華速，較之學於歐州各國者，其經費可省三分之二，其學成及往返日期可速一倍。江、鄂等省學生在日本學堂者多，故臣等知之甚確。此時宜令各省分遣學生出洋遊學，文武兩途及農工商等專門之學，切須分門認習，但須擇其志定文通者乃可派往，學成後得有憑照回華加以覆試，如學業與憑照相符，即按其等第作爲進士、舉貢，以輔各省學堂之不足，最爲善策。此時日本人才已多，然現在歐洲學堂附學者尚數百人，此舉之有益可知，并宜專派若干人入其師範學堂，專學師範以備回華充各小學、中學普通教習，尤爲要著。再，官籌學費，究屬有限，擬請明諭各省士人，如有自備資斧出洋遊學得有優等憑照者，回華後覆試相符，亦按其等第作爲進士、舉貢，如此則遊學者衆而經費不必盡由官籌。蓋遊學外國者，但籌給經費而可省無數之心力，得無數之人才，已可謂善策矣。若自備資斧遊學者，准按憑照優奬録用，則經費并不多籌，尤善之善者矣。此四條爲求才圖治之首務，其間事理，皆互相貫通，互相補益，故先以此四事上陳。蓋非育才不能圖存，非興學不能育才，非變通文武兩科不能興學，非遊學不能助興學之所不足。揆之今日時勢，幸無可幸，緩無可緩，仰懇宸衷獨斷，決意施行。其間條目章程自須詳議，而大綱要旨無可遊移，其有爲因循遷就之説者，惟賴朝廷堅持勿爲其所搖奪。其餘各條，另摺奏上。臣等往復商酌，意見一切相同，未便各自具摺，轉嫌雷同重複，謹合詞恭摺覆陳，伏祈皇太后、皇上聖鑒。謹奏。光緒二十七年五月二十七日。

又《遵旨籌議變法謹擬整頓中法十二條摺》 頭品頂戴兩江總督臣劉坤一，頭品頂戴湖廣總督兼湖北巡撫臣張之洞。跪奏爲遵旨籌議變法謹擬整頓中法十二條，恭摺續陳，仰祈聖鑑事。竊臣等籌擬興學育才四條，業經會同奏陳在案。竊惟治國如治疾，然陰陽之能爲患者，内有所不足也。七情不節，然後六氣感之，此因内政不修，而致外患之説也。療創傷者，必先調其服食，安其藏府，行其氣血，去其腐敗，然後施以藥物鍼石而有功，此欲行新法必先除舊弊之説也。蓋立國之道大要有三：一曰治，二曰富，三曰强國。既治則貧弱者可以力求富强，國不治則富强者亦必轉爲貧弱。整頓中法者所以爲治之具也，采用西法者所以爲富强之謀也。謹將中法之必應整頓變通者，酌擬十二條：一曰崇節儉，二曰破常格，三曰停捐納，四曰課官重禄，五曰去書吏，六曰去差役，七曰恤刑獄，八曰改選法，九曰籌八旗生計，十曰裁屯衛，十一曰裁緑營，十二曰簡文法。敬備朝廷采擇臚陳於左：

一、崇節儉。昔《春秋傳》記衛文公之興國也，農、工、商、學諸善政無一不舉，而首先書之曰大布之衣，大帛之冠，是知國家當多難之際，創痛之餘，欲求振興，未有不以節儉爲先務者。後世若漢、晉、隋、唐、宋之令主，皆以儉約著稱，遂興其國。伏讀我聖祖仁皇帝庭訓格言，服繭紬之衣，無兼味之饌，省宫女之數，内殿一氈用至四十年，宫闈一年之費，只抵前明一月，儉德昭垂，遂以戡亂致治。今京畿雕殘，秦晉饑饉，賠款浩大，民生困窮，以後更不知如何景象。此時若欲挽回天意，激勵人心，非貶損寅畏力行節儉不可。竊見自兩宫西幸以來，備嘗艱難，力戒糜費。今年又奉明旨裁省例貢，並戒蹕路虚糜。仰見聖心乾惕震恐，此誠自强之基。誠慮回京以後，所司以相沿成例，一切供奉仍照成規，不能仰喻宸衷，贊成盛德。擬請明降諭旨，力行節儉，始自宫廷所有不急之務一切停罷，無益之費一切裁減，即不能不興之工，務從儉省核實。内務府諸臣再有營私糜費者，必重懲之，並請諭飭内外大小臣工，務從節儉，力禁奢華，所有宫室輿服力求樸素，應酬讌會勿得浮糜，上官歲時之供億一概禁絶。督撫巡閲，學政按試，以及一切馳驛過境之貴官要差，所有舟車館舍廚傳供張嚴禁華侈，不准需索騷擾，寬於商民，嚴於職官，有違旨者上司立予糾參。此不惟愛惜物力之心，乃所以昭不忘憂患之意。且不尚玩好則工無淫巧而併力於製造，不崇侈靡則商輕成本而增多其贏餘，官以儉而廉，民以儉而足，農多本富，則有用之貨物易銷，工執正業則出口之利源日擴，是不惟務本之常經，抑亦馭外之要策也。恭讀聖諭，屢以卧薪嘗膽爲言。夫欲使天下四海見朝廷實有卧薪嘗膽之志者，必自三事始：一曰儉，二曰勤，三曰破格。三事之中，惟儉最爲顯著而易行，化臣民而阜財用其效最速。必朝廷時時有不忘在莒之心，則國勢有轉否爲泰之望矣。

一、破常格。從來國家開創之初，疏節闊目，上下情通，既能周悉民隱，亦能鼓舞賢才，故成功易。中葉以後，拘文牽義，上下否隔，民情多壅於上聞，人才亦難於自見，故致治難。今外患日迫，政權漸侵，迥非光緒初年之舊，時局已非常局，則政事豈可仍拘常格。伏讀聖諭有云：積習相仍，因循粉飾，以致成此大釁。洵爲深中時弊之至論。積習莫甚於驕惰惡勞，因循莫甚於藉口舊章，粉飾莫甚於實情不上聞。若因仍舊習，文貌相承，則下欺而上不悟，民怨而官不知，敏捷者以粉飾爲能，庸懦者以無事爲福，以當羣强必不支矣。昔漢高帝以褐衣挽輅拔婁敬，光武以披襟岸幘見馬援，唐太宗聞孔穎達上下情隔之諫，賜物二百段，又以尚書郎不解乘馬爲戒。金太祖開國之初，地坐而謀，上馬而戰，以故其兵滿萬無敵，遂成大業。今日謀國之急，交鄰之難，不惟五十年前所無，且亦非歷代所有。嘗讀《周易·屯》初九之《象》曰：以貴下賤，大得民也。蓋國家當屯險多難之時，帝王羣臣皆必力求得民之道，乃能動乎險中，而得亨貞之吉。竊謂此時朝廷一切舉動，宜視爲草昧締造之時，視爲與民同患之時，將一切承平安樂之繁文縟節量爲簡省變通，中外大小臣工尤以除官氣達下情爲主，應行破除常格之事甚多。兹先約舉最要者三事：一曰敷奏。奏對之際，天威咫尺，往往戰慄矜持，不能盡言。至於上疏陳言，每以不能稱旨爲慮，導之使言猶多顧忌，若以折檻批鱗爲戒，則雖至於顛覆而無人爲朝廷言之矣。擬請明諭中外，凡臣工奏疏召對，務以直言正諫指陳利害爲主，不必稍存忌諱，言事過於戇直者，體式稍有未合者，亦望朝廷曲予優容，以收從善納規之益。一曰儀文。今日文武官員官氣最重，實爲失人心害政事之根。故大學士曾國藩、故巡撫胡林翼常剴切言之，文官賤視其民，罕與民接，炫之以儀從，威之以鞭扑，故罕通民隱。武將賤視其兵，罕與兵親，驅爲賤役，視爲利藪，故罕識兵情，夫不得民心而能治，不得兵心而能勝，未之有也。應請切戒文武各官，務須屏除官氣，不尚虚文，必其誠意感孚，然後兵民皆可用矣。至於上天下澤，堂高廉遠，其分不可不肅，而其情不可不通，若尊崇嚴畏之意過多，則誠懇忠愛之意漸少，必朝廷有曲體羣臣之心，有聖不自聖之意，斯臣下得進忠言，庶民皆同休戚矣。至於諭旨中所舉朝章國故，其間有無應行變通酌定之處，非臣等所敢擅擬，應請飭下廷臣詳議，奏請聖裁。一曰用人。承平用人多計資格，所以抑躁進，時危用人必取英俊，所以濟艱難。今之仕途不必其皆下劣也，同一才具而依流平進者多騎牆，精力漸衰者憚改作，資序已深者恥下問，平日論吏才者患更事之不多。今當變更政治之際，則惟患更事之太多。蓋其所謂更事者，不過痼習空文，於中外時局素未講求，安有閲歷，而迂談謬論，成見塞胸，不惟西法之長不能采取學步，卽中法之弊亦必不肯鋭意掃除。古人有言，老者謀之，壯者行之。施之今日，似爲有當。或謂進用太驟，易開鑽營徼幸之風。莫如略仿宋人外吏轉官須有十人薦舉之例，如其人有四五人保薦者，卽破格用之，如此則徇私援引之弊除矣。如此一人保薦，則必試之以事，果有實效，然後破格用之，如此則虚聲誤采之弊免矣。若馭下但責之以文貌，用人仍困之以例章，則所得者皆尋常之俗吏而已，豈能濟非常之艱難乎！

一、停捐納。捐納有害吏治，有妨正途，人人能言之。户部徒以每年可收捐三百萬，遂致不肯停罷。查常捐若銜封翎枝、貢監等項，本不可停，若將常捐量爲推廣，但係虚與榮名無關實政者，皆可擴充。假如清班之銜，章服之貴，因公處分准其捐免，遊幕省分捐准服官，寄籍捐准應試，生員捐免歲考，節孝旌表捐准年限從寬以及賜匾建坊之類，似皆可酌加推廣。擬請敕下户部，博采衆議，量爲推廣，必可抵補捐數大半，卽或不敷百餘萬，然今日須籌賠欠數千萬，斷不宜惜此區區，以致牽絓，有妨自强要政。擬請宸衷獨斷，明降諭旨，俟此次秦、晉賑捐完竣後，卽行永遠停罷，以作士氣而清治源。

一、課官重祿。方今事變日多，京外各衙門，斷非僅通時文、繙查成例者所能勝任。欲濟世用，非學無由。擬請京城設仕學院，外省均設教吏館，多儲中外各種政治之書，凡中外輿圖、公法、條約、學制、武備、天算、地理、農、工、商、礦各學之書，咸萃其中，選派端正博通之員爲教習，令候補各員均入其中，分門講習，嚴定課程，切實考核，進功者給予憑照，量材任用，昏惰者懲儆留學，不可教者勒令回籍，其實缺各官，願入館討論求益者，亦聽其便。惟善教以培其才，尤須重祿以養其廉。查京職俸銀、俸米爲數無多，加以銀賤物貴，實不足以自給。而科道爲風憲之官，翰詹爲儲才之地，俸廉尤宜從優。光緒八年户部奏定，令各省關籌解京官津貼銀二十六萬兩，乃行之一年，旋將此項撥充餉需，且原定數目較少，大小各官不能徧及，其分給者爲數亦不敷用度。今日亟宜另籌辦理，至三品以上大員，用度較繁，關繫甚重，必應一併籌及，其名目卽稱爲養廉，勿庸再稱津貼，方爲名正言順。謹擬仰懇天恩，卽以原議京官津貼銀二十六萬兩，仍行發給各官，至此項餉需應令各省照數另籌，奏明抵補。此外，擬請卽以此次奏陳裁汰屯衛各官所省之款，并衛田新擬酌捐之款發給，抑或另籌他款，應請旨飭議施行，大約必須籌款百萬，乃足敷各衙門辦公之需，杜乞貸苞苴之習。至外省若府、縣等官，甘苦亦不一致。州縣有民社之寄，知府有表率之責，斷不可令其苦累。州縣瘠區則科派鬻獄而病民，衝繁則虧挪庫款而病國，不得已而爲調劑、調署之策，則傳舍無常，而國與民交病。其號稱優缺者，不過隱匿契稅、雜稅、減削驛站經費，甚至捏報例災。蓋州縣官卑事繁，科場考棚之攤捐，招解緝捕之繁費，驛路大差之供億，委員例差之應酬，其養廉萬不足以給用，不得不迫而出此，故州縣多一分之繁費，則國帑暗傷一分之進款。知府公費無非取給州、縣，然公費多少不一，往往藉端挑剔，格外誅求，故府、州、縣皆須令其辦公有資，然後能盡心於國事民事。應請敕下各省，體察本省情形，省、州、縣之繁費，禁上司之需索，其辦公不敷者，擬爲撥給職田一法。考晉、唐、宋、明以來，郡縣等官皆有職田，明又有邊城養廉田，此制仍可仿行。查各州、縣大率皆有充公之田，私墾官荒並未升科之地，及原主久亡、契據久失、地棍冒認爭訟不休之業，此類各項田地，若認真清查，一州、縣至少亦有數十頃，應將此業卽撥充州、縣職田之用，收其租課，以資辦公。州、縣既無累可言，則可令其久任，責以實政，設遇地方有重要難辦之事，只可因擇人而量移，不准因恤累而更調，一切公款責令切實報解，不得藉口侵欺。知府辦公竭蹶者，亦爲籌增公費，至增加養廉公費以後，京外各官如再有貪墨敗檢者，除參革外，仍行追罰充公。方今度支困絀之際，豈願更增用款，然果使賢才無北門貧窶之憂，當官有公爾忘私之志，則爲國家所省者多矣。

一、去書吏。蠹吏害政，相沿已二千年。今仰蒙乾斷，一旦剗除，天下臣民無不欽頌。臣等歷年所見部文，不過查敍舊案，核算數目，從未論及事理，下等司官皆優爲之。其准者不過曰與某案尚屬相符，尚屬實在情形，其駁者不過曰與舊案不合，窒礙難行，間有援據古今，發爲議論，指陳事理，語有斷制者則必係司官秉筆，或經堂官改定，一望而知，決非經承稿書所能爲，然則此輩一無所長，但工作弊索賄。至外省各衙門書吏弊竇亦多，若督撫衙門之兵房，藩司之吏房、戶房，州縣之糧戶房、稅契房皆所不免。而州、縣爲尤甚，緣兵燹以後，魚鱗册多已無存，催徵底册皆在書吏之手，緩欠飛灑弊混極多，把持州、縣，盤剝鄉民，稅契一項包攬隱匿，官無如何。其實無論大小衙門書吏，技倆皆極庸劣，凡緊要奏牘、咨札詳稟，或本官親自屬稿，或委員幕友擬稿，從無書吏能動筆者，所能爲者不過例行公事，依樣壺盧而已。若各局文件多非循例之事，則皆係委員辦稿，至清書則滿紙俗別謬誤脱落，尤爲惡劣，實於公事有妨。正擬推闡諭旨之意，將外省書吏積弊大加整飭。昨讀電傳邸鈔，已奉明諭，將各省書吏概行裁汰，自應欽遵辦理。茲擬將各省書吏一律裁汰，除改用委員，其額設辦稿經承，督撫、司道、知府、直隸州衙門，用本省候補佐貳雜職爲之，稱爲稿委。繕寫清書用本省生員爲之，稱爲寫生。惟各衙門清書人數甚多，如生員可選充寫生者一時不能足數，則於生員之外，就該衙門清書中挑選謹慎守法者充作書手，稱爲貼寫生。同通州、縣首領佐貳教職衙門則稿書用生員，如生員不敷，則監生、童生亦可，稱爲稿生，清書另雇讀書安分之書手爲之，亦稱爲寫生，所以必改名爲生者，以示改用士人之意。緣書吏一項，久已爲世詬病，人既視爲不足重，吏亦遂不自重而輕於犯法。今一律改用士人，優其名目，則稿生、寫生皆有顧惜廉恥之心，化去骫法營私之習。督撫、司道、知府衙門書吏向有飯食津貼各項銀兩，即以撥充稿委寫生薪水之用，州縣等衙門應就地籌款。以臣等所到各省論之，其候補佐雜文理通暢，心地明白而無差困苦者甚多，足敷稿委之用。查委員辦稿，乃古人州郡有六曹掾屬之意，生員繕寫乃鄉會試謄録用生員之意，似此辦法中等省分可用佐雜百餘人，生員千餘人，大省加多，既可令候補人員練習公事，又可爲本省寒士開一生計，實屬一舉數善。惟此項裁除書吏，皆係世業，擬請按已滿吏加等給與官職，並將其每年應得飯食津貼之數，發給兩年，令其自謀生理，以示體恤。州縣書吏令其自行酌賞，如慮新換稿生、寫生等一時未能熟習，或由各省自行酌量情形，分爲兩年裁汰。惟各州縣戶房、糧房藏匿收捐底册，以爲居奇，最爲藐法可惡。今聞將裁汰，必多抗匿不交，甚且別造僞册，州縣按照串票原不難於清查，但恐繁細需時，於催科稍有阻礙。擬請將各省州縣戶房、糧房應分爲數年裁汰，由督撫體察情形，一年先辦六七縣或十餘縣，擇其易於清理者辦起，如該吏有敢抗匿銷燬糧册者，即行奏請正法。俟辦有規模，即可一律推行，永除要官朘民之弊矣。至各部則例，亦擬請敕各部臣刪繁就簡，因時制宜，以省虛文而收實效。塵牘既省，則以吏爲師者，自無所藉口矣。

一、去差役。差役之爲民害，各省皆同。必鄉里無賴始充此業，傳案之株連，過堂之勒索，看管之淩虐，相驗之科派，緝捕之淫擄，白役之助虐，其害不可殫述，民見差役無不疾首蹙額，視如虎狼蛇蝎者。差役擾民之事，其報官者不過什之一，其報官而懲辦者，不過什之五，師徒相承，專習爲惡之事，良由換官不換差役，故根株蟠結，黨羽繁滋，旋革旋復，雖有良吏，只能遇事懲儆，稍戢其暴而已，而終不能令種種擾民害民之弊一概杜絶。蓋官署事事需差，州縣不皆久於其任，勢不能鋤而去之，別籌良法。今欽奉明諭，令將差役、白役分別裁汰，此誠恤民圖治之要端也。此事自當轉飭有司，欽遵實辦。惟州、縣之聽訟、理刑、催科、緝捕等事，不能不需人以供驅使，若繁劇州、縣人少亦不敷用。例定役食無多，不足以資雇募。擬令州、縣自行募勇，以供驅遣，大縣百餘名，小縣數十名，以供上項各種驅使。此勇既由官選募，必自擇妥實可信之人，去留在官，自然不能把持，習氣未深，作弊不能甚巧，但使本官約束嚴明，即可不爲民害，用勇之與用差利害相去懸絶。如慮人地生疏，其查案傳人自有鄉保可以指引，如慮緝捕不知賊蹤，盡可臨時購覓眼綫，此項養勇之費，應令各州、縣體察情形，就地籌辦。如州、縣以無款可籌，藉口推諉，亦尚有一辦法，大率民間詞訟，必有訟費，少者錢四千，多者數十百千，不待審斷，一經過堂，即須先納此錢。訟者久已視爲成例，各處相沿皆有陋規，需索稍輕者即已欣幸。應令州、縣照其舊規，量爲裁減，定一數目，以示限制，此外不准多索分文，示民周知，即以此錢爲養勇之費，民間樂於去差役之害，未有不踴躍交納者。大縣訟多，簡縣訟少，如不敷養勇之費，再行就地勸籌，民必樂從。惟繁缺州、縣差役多至數百人，驟行革除，慮其流而爲盜，應請限以五年，次第裁革，並給以三年役食，令其各謀生計。去此巨害，則民氣漸紓，教養有所施矣。再者各國清查、保甲、巡街、查夜、禁暴、詰奸，皆係巡捕兵之責，其人並非下流猥賤之人，其頭目即係武弁。日本名爲員警，其頭目名爲員警長，而統之以員警部，其章程用意大要，以安民防患爲主，與保甲局及營兵堆卡略同。然員警係出於學堂，故章程甚嚴，而用意甚厚。凡一切查戶口、清道路、防火患、別良莠、詰盜賊皆此警察局爲之。聞京城現擬設立巡捕，將來外省自可仿辦。茲擬令州、縣用勇即與用巡捕兵之意相近，當於繁盛城鎮，采取外國成法，並參酌本地情形，先行試辦，以次推行，警察若設，則差役之害可以永遠革除。此尤爲吏治之根基，除莠安良之長策矣。

一、恤刑獄。魯曹劌之論戰也，謂小大之獄，必以情，爲可戰之具，遂一戰而勝强齊。誠以獄爲生民之大命，結民心禦强敵其端皆基於此，非迂談也。我朝列聖皆以哀矜庶獄爲心，大清律例較之漢、隋、唐、明之律，其仁恕寬平相去霄壤，徒以州、縣有司政事過繁，文法過密，經費過絀，而實心愛民者不多，於是濫刑株累之酷，囹圄淩虐之弊，往往而有。雖有良吏，不過隨時消息，終不能盡挽頽風。外國人來華者，往往親入州、縣之監獄，旁觀州縣之問案，疾首蹙額，譏爲賤視人類，驅民入教，職此之由。蓋外國百年以來，其聽訟之詳慎，刑罰之輕簡，監獄之寬舒，從無苛酷之事，以故民氣發舒，人知有恥，國勢以强。夫中外情形不同，外國案以證定，中國案以供定，若照衆證確鑿，即同獄成之例，罕有不翻控者，故外國聽訟從不用刑求，重罪罕至大辟兩端，中國遽難仿照。然而明慎用刑，不留獄《大易》之文，圜土教職事《周禮》之典，疑獄與衆共《王制》之法，此皆中國古典舊章，與西法無涉。今酌擬九條：一曰禁訟累。每月訴訟、差役、家丁必索訟費，視其家道以爲多少，至少者制錢四千，薄有田產者任意誅求，不滿其欲者，則詭曰案未傳齊，致官不能過堂，即恤民之官爲之酌減定數，不准多索。然一官所禁，後任復然，差役不革，此弊不除。至傳案株累，最爲民害，其中有原告誣攀者，亦有吏役慫恿本官者，亦必須裁去吏役，方能杜絶。二曰省文法。承審之例限處分太嚴，而命盜案之報少，必俟犯已供認而後詳報。盜案之例限開參太嚴，且必獲犯過半兼獲盜首方予免議，而諱盜之事，多諱有爲無，諱去爲竊，諱多爲少，各省從無一實報人數者。命案罕報罕結，則多私和人命及拖斃證人之事，民冤所以不伸也。盜案不早報不實報，則萑苻已起而上官不知，寇亂所以潛伏也。二事關繫甚大，非寬減例處，斷無禁絶拖延命案，諱飾盜案之法。至於上控之案，其官吏偏私，實有冤抑者，自應澈究嚴懲。乃近來上控者，往往有訟棍主持，意圖攀累詐索，圖告而不圖審，以致被告羈繫日久，而原告總不到案，雖有原告兩月不到將案註銷之例，而兩月之久拖累已多，即由省押發，或已經逃匿，或中途潛逃誣累害人，情尤可惡。應請明定例章，如上控案已經批發，而兩月後並不到案者，除照例註銷外，並將上控之人通緝治罪，以後再將此案上控者，亦即駁斥治罪，究出架訟之人，一律嚴辦，並請將上控承審遲延之處分，分別情節辦理。此亦省拖累之一端也。三曰省刑責。敲扑呼謈血肉横飛，最爲傷和害理，有悖民牧之義。地方官相沿已久，漠不動心，夫民雖犯法，當存哀矜，供情未定，有罪與否，尚不可知，理宜詳慎。況輕罪一眚，當時如法懲儆，日後仍望其勉爲良民，更宜存其廉恥。擬請以後除盜案、命案證據已確而不肯認供者，准其刑嚇外，凡初次訊供時及牽連人證，斷不准輕加刑責，其笞、杖等罪，應由地方官體察情形，酌量改爲羈禁，或數日或數旬，不得淩虐久繫。四曰重衆證。外國問案，專憑證人，衆證既確，即無須本犯之供。然外國問案有專官，刑律少死罪，時刻閒暇，故可以從容研求，監禁不苦，故有確證者，即不肯狡供。且警察之法最密，平日之良莠、生業、街巷、蹤迹，一一周知，故證據多。問案皆係列坐，證人從不管押，故證人易。中國州、縣事繁，素無警察而刑罰較嚴，出入甚鉅，旁人多不肯作證，本犯自必圖倖免，此刑求拖累之所由來也。今惟有申明定例一法，可以稍救此弊。查例載衆證明白，即同獄成，不須對問。然照此斷擬者，往往翻控，非誣問官受賄，即詆證人得贓，以故非有確供，不敢詳辦。於是反覆刑求，則有拷掠之慘，多人拖累則有瘐斃之冤。擬請以後斷案，除死罪必須有輸服供詞外，其軍、流以下罪名，若本犯狡供，拖延至半年以外者，果繫衆證確鑿，其證人皆係公正可信，上司層遞親提覆訊，皆無疑義者，卽按律定擬，奏咨立案，如再京控、上控均不准理。夫既非死罪，又有衆證，兼有覆勘，卽使本犯不肯輸服，不過意有不足，斷不能全然顛倒，據此定案，則全案應訊人等，可以省釋謀生。夫爲一人之軍、流而致妨廢多家之生業，拖弊無數之人命，孰得孰失，仁人良吏，必有能辨之者矣。此則省酷刑恤拖累之大端也。五曰修監羈。州縣監獄之外，又有羈所，又有交差押帶等名目，狹隘、汙穢、淩虐多端，暑疫、傳染多致瘐斃，仁人不忍覩聞，等之於地獄，外人尤爲痛詆，比之以番蠻。夫監獄不能無，而酷虐不可有，宜令各省設法籌款，將臬司、府、廳州、縣各衙門內監、外監大加改修，地面務須寬廠，屋宇務須整潔，優給口食，及冬夏調理各費，禁卒淩虐，隨時嚴懲。至羈所一項，所以管押竊賊、地痞及案情干涉甚重，而供情未確、罪名未定、保人未到者，定律雖無明文，而各省、州、縣無處無之。蓋此等案犯，若取保則什九潛逃，斷不能行，若令還往客店，交差看守，則勒虐更甚，無從稽考。故羈所一項，其勢不能不設。查雍正三年刑部尚書勵廷儀奏：監禁宜分內外，內監以居重要人犯，外監以居見羈輕犯，並案內聽審人犯。部議從之。是今之羈所，卽本勵廷儀所奏外監之意。擬請明定章程，各處羈所務須寬整潔淨，不准虐待，亦不准多押。至傳質者歸入候審所，各省多已設立，其餘差帶官店等事務須禁絕。此事之實辦與否，有房屋可驗不能掩飾。六曰教工藝。近年各省多有設立遷善所，改過所者，亦簡教以工藝等事，然行之不廣，且教之亦不認真。應令天下各州縣有獄地方，均於內監、外監中必留一寬大空院，修工藝房一區，令其學習，將來釋放者可以謀生，改行禁繫者，亦可自給衣履。七曰恤相驗。凡有命案應相驗者，驗屍棚廠，官吏夫馬之費甚多，均取之被告家，不足則派之族鄰，小村單戶則派之一半里外之遠鄰。間有恤民之吏，自備夫馬帳棚，嚴禁差役科派，然亦不過百之一二，終無禁絕之法。查四川有三費局，由紳民糧戶捐出，一爲招解費，一爲相驗費，一爲夫馬費，民甚便之，行之已三十年。此事自宜令各州、縣、就地籌款，務以辦成爲度，仍責令州、縣輕騎簡從，不准縱擾，違者嚴參。八曰改罰鍰。贖罰之刑，古經今律皆同有之，惟其途尚隘。查命盜案應按律治罪，竊賊、地痞、惡棍、傷人、騙詐、訟棍，應量予扑責監禁，藉以儆其悍暴，昭示良民，此數項應不准罰贖。此外如戶婚、田土、家務、錢債等類之案，其中多係紳衿，且兩造必係親族鄉鄰，不宜苦辱過甚，致本人有礙上進，并使兩造子孫永爲讎隙，除按其曲直審斷外，其曲者按其罪名輕重，酌令罰繳贖罪銀若干，以爲修理監獄經費，舉貢生監職員封職、犯事，罪不至軍遣者，除褫革外，並罰繳修理監獄經費，看管數月，免其刑責，似於化民善俗之義有合。罰繳之數，令其詳報上司，私罰及入己者罪之。至近年流、徒各犯，率皆中途逃回，否則在配不久卽逃，由於沿途押解差役無多，到配管束地保難信，逃回以後，肆惡更甚，似此有名無實，豈足以昭儆戒。查近年盜匪各案，外省多奏明改爲監禁數年，擬請以後除軍罪皆係重情照舊發遣外，其流、徒兩項，由地方官酌量情節，詳報咨部，令繳贖罪銀若干，以爲監獄經費，改爲羈禁數年，較本例所定年限少減，則該犯有羈管之實，沿途省解送之煩，似亦兩有裨益。九曰派專官。監羈一事，固須屋宇廣潔，尤須隨時體恤，禁絕淩虐，必有專管司之，方有實濟。吏目、典史卑於州、縣，不能考察。查各府皆有同知、通判，所司清軍、監捕、水利等事，久成具文，一無事事。按今之通判，宋亦名曰通判或名簽判，明名曰推官，皆兼管獄囚、訴訟，故文人稱爲司李，俗人稱爲刑廳。擬請著爲定章，每府卽派實缺同知，專司稽察各屬監獄之事。同知不同城者，派同城通判每兩個月內徧赴所屬外縣稽察一次，同城兼有同通者，兩員分往，一月稽察一次，同城縣監十日稽察一次，監獄不善淩虐未禁者，准其據實稟明督撫臬司，比照濫刑例參處，稽察府監，責成本道司監，由督撫隨時委員稽察。要之，去差役則訟累可除免，寬文法則命盜少諱延，省刑罰則廉恥可培養，重衆證則無辜少拖斃，修監羈則民命可多全，教工藝則盜賊可稀少，籌驗費則鄉民免科派，改罰鍰則民俗可漸敦，設專官則獄囚受實惠。以上各弊，例禁無一不周備，而州、縣無一能奉行，若不酌改章例，量籌經費，雖警以文檄，繩以處分，斷無實效。必事事皆有確實辦法，庶可以仰裨聖朝尚德緩刑之治，而驅民入教之患可漸除矣。

一、改選法。古來吏部用人，名曰銓選。銓者，銓衡也。選者，選擇也。自明季以來，部選之官，皆係按班依次選用，查冊之外，輔以掣籤，並無考核賢否之法，候選人員多係倩人投供，必託部吏查探，選期已近，始行親自入都，選缺到省，必令赴任，間有留省學習不過一年數月，其中多有紈袴子弟，鄉僻寒儒罕能通曉吏事，至本省情形則更茫然，每出一缺，或應外補，或應內選，或一咨一留，或兩咨一留，班次糾紛，章程繁細，各官但算計得缺之遲早，班次之通塞，心思識解，日趨鄙俗。竊擬略爲變通，以後州、縣同通統歸外補，無論正途、保舉、捐納，皆令分發到省補用，試用令其學習政治，上官亦得以考核其才識之短長，遇有缺出，按照部章應補何班，即於本班内統加酌量，擬補不必拘定名次，惟到省未滿一年者，除本班無人外，不得請補。查部定委署章程，只分三班，一正途，一委用，一試用。委用即勞績也，就應用各班之中酌量遴委，不必挨次，如有重要難辦之事，並班次亦可不拘，此章最爲簡易通達，既有範圍可守，亦可因地擇人。今即略仿其意，或謂有外補無内選，則吏部之權漸輕。竊謂不然，分發到省之初，部臣查其合例核准者，始行驗看，奏請引見發往，不核准者，即駁斥不行。外省請補之時，部臣視其合例者准，不合例者駁，其權仍在吏部。夫使今日吏部選缺章程，果能裁量羣倫，分別進退，因時求才，因地擇人，與銓選之義，名實相符，豈敢輕議更張。無如選人雲集，與部臣從未謀面，月官之卷但寫履歷，無事可試，無才可見，無文可考，無勞可獎。雖有山濤之明，徐勉之正，盧承慶之恕，王翱之公，無所用之，則何如内外互相考核歷試，然後授官之爲愈乎。蓋同一按照部章外補，則於遵章之外，又多一考核酌量，督撫藩司所擬酌補之人，縱不能一一精當，亦必可十得其五，公論具在，斷不能概係偏私，況繁要之缺，自道、府以至州、縣，皆由督撫酌補酌調，部選者皆係中簡之缺，豈有酌補，繁要缺則督撫皆秉公酌補，中簡缺則督撫皆徇私乎？必不然矣。照此辦法，則所用皆係熟習地方情形之員，又有鼓勵人才之具，於吏治實有裨益。至道、府兩項，應查照向章，如有補選相間者，其咨部歸選之缺，應用候選人員者，則改歸外補，應選實缺人員者則改爲請旨簡放。所有實缺京官，向章應選道、府者，亦請改爲記名簡放，如此則内外皆有擇人之實效矣。抑臣等更有進者，古人稱吏部之善曰簡要清通，擬請敕下部臣將各項班次量加删減歸併，總以宏綱疏目爲主，俾候缺各官，但思濯磨自效，而不以計缺趨避，分其心思，庶幾吏治或有起色乎。

一、籌八旗生計。京外八旗生齒日繁，餉額有定。且銀價漸低，物價日貴，國家雖歲費鉅款，而旗兵、旗丁等不免拮据之憂，殊鮮飽騰之樂。自咸豐軍興以來，江寧、杭州、鎮江、乍浦、滄州等處駐防受禍甚鉅。去年聯軍之變，則京旗受害亦深。此不可不急思變計者也。伏思中國涵濡聖化二百餘年，九州四海同爲食毛踐土之人。滿、蒙、漢兵久已互通婚媾，情同一家。考盪平髮捻以來，南北各省文武軍民團練，其竭忠戮力效命行間者，旗民皆同，並無區別。況方今中外大通，乃天子守在四裔之時，無論旗民，皆有同患難共安樂之誼。然則兩京二十一省凡有血氣者，皆是拱衛國家之人，干城腹心原不必專恃禁旅。況八旗近來文才日盛，而武勇漸遜於前，迥非國初之舊，若猶令豐鎬子弟，沿襲舊制，坐困都城，外省駐防，株守一隅，局於兵額，非所以昭同仁而規久遠也。溯查乾隆以至光緒年間，滿漢大臣言官屢有上疏，籌及旗人生計者，大率皆以出外屯墾爲言。特是荒地惟關東、口北爲多，内地罕有，且宦家兵籍，亦未必皆習於農，故屯墾一説，迄未能大加推行。竊謂朝廷養人，不必指定何項生計，但宜使之有自謀生計之才。擬請將京外八旗餉項，仍照舊額開支，惟將舊法略爲變通，寬其拘束，凡京城及駐防旗人，有願至各省隨宦遊幕、投親訪友以及農、工、商、賈各業，悉聽其便，僑寓地方願寄籍應小考鄉試者，亦聽其便，准附入所寄居地方之籍，一律取中，但注明寄居某旗人而已。有駐防省分，或即附入駐防之額，其自願歸入民卷者，必其自揣文藝可與衆人爭衡，即不必爲之區別。寄籍者，即歸地方官與民人一體約束看待。惟出京寄籍自謀生理之人，其錢糧即行開除，不必另補，但將馬步甲兵豫定一至少減至若干之額，省出餉銀餉米，即以專充八旗廣設學堂之費。士、農、工、商、兵五門，隨所願習，惟習武備，須擇年在二十歲以下者，如本係當兵者，既入學堂，則尋常舊例操演，勿庸再到，以免分其學堂之日力。其習武備者，留以供禁旅之用，習他項者，令其爲謀生之資，所學未成不能營生之時，餉項照舊給發，五年以後，省餉日鉅，學堂日增，十年以後充兵者可以禦侮，則不患弱，改業者各有所長，則亦不患貧矣。

一、裁屯衛。查全漕改折，計省出耗、折、兌、運、局棧、員紳、修河、閘壩、駁船、倉車各費，可歲贏二百餘萬。數十年來，言者多已議及，戶部屢經諮詢。查江、浙漕糧，皆係臨起運時購買，海運則於上海購米交商輪，河運則於汜水鎮購米交船戶，在民久已折徵，在官並不折解，剝船有攙水霉變之弊，花戶有盜賣回漕之弊，暗虧尤多。旗兵得米盡以易錢，京官食米皆買北稻，然則漕運一事種種有名無實，亟應設法變通。查有漕各省屯田，本爲贍運軍而設，各衛所守備、千總本爲徵屯餉押漕運而設。今日無論折漕與否，運漕皆係輪船、民船，運軍久無其人，衛官一無其事，而屯田、屯餉弊竇尤多。一衛所屬屯田，有隔在別府者，有跨在別省者，衛官並不知其田在何處，數有若干，其册皆在該衛數書吏之手。至於荒熟豐歉，更無影響可尋，衛官但向書吏索取年例陋規而已，此等積弊各省皆同。臣等查之甚悉，計十年之中，江南、湖北各衛官，以爭利謀缺訐訟滋鬧之案甚多，謬妄離奇，直不知官常爲何事，不文不武，形同贅疣。若屯田、屯餉改歸所隸州縣徵收，則每年豐歉完欠皆有可考。查前明屯田立法之始，本係官田發給運丁承種納租，故定例准典而不准買。然相沿數百年來，展轉典當，久已屢易其主，視同民業。屯戶既係用價所置，此時自不便繩以舊法。但令其報官税契，將屯餉改爲地丁，將屯丁運軍之名，編審之例，永行刪除，衛守備、衛千總等官，一概裁罷，改爲營守備、營千總，分別補用。漕督遇事，可與各糧道州縣行文往來，亦不必有此衛官。民間買屯田者，既享世業之利，又除運軍編審之累，受益已多。若令其於舊章屯餉之外，每畝酌加報效銀二分，總計各省屯田二十五萬餘頃，可歲增銀五十萬兩，即有災緩，所減無多，再益以裁省衛官之費，實爲鉅款，此項係裁屯裁衛所得，擬請即以撥充加增大小京官俸廉之用，若於清理衛田一事，尚可多籌，應請一併解充京官俸廉，省枝官查瞻實職，名義尤屬相宜。

一、裁綠營。綠營之無用，自嘉慶初年川、楚教匪之亂而已著，髮捻之亂而大著。故大學士曾國藩在直隸創爲練軍之議，意在加餉併營，以冀整隊勤操，誠亦苦心救弊之術，各省仿而行之。然而餉項雖加，習氣未改，親族相承，視同世業。每營人數較多，更易挾制滋事，身既懶弱，多操數刻則有怨言，性又不馴，稍施鞭笞，則必譁譟，將弁不能約束，遑論教練。至於調派出征，則聞風推諉，其不能當大敵禦外侮，固不待言，即土匪、鹽梟亦且不能剿捕。惟直隸練軍，皆係勇營規模，其中多有外省勇丁，故尚可用。此外各省積弊大率相同。至於原營零星之兵，饑困無聊，大率皆兼工藝小販，以資餬口，尤爲無用，歲糜巨餉則可惜，干城無具則可憂。三十年來，以裁汰綠營爲言者，不止數十百人。自光緒十一年奉懿旨令裁汰綠營，光緒二十二年又奉上諭裁汰綠營。各省雖已分別裁汰，然現存者尚復不少，合計各省原營額餉、挑練加餉，歲費餉銀、餉米、馬乾，照光緒十一年八月二十二日懿旨，綠營兵餉一千五百萬兩之數，核算此時尚需銀一千萬兩以外。物力艱難，年年巨耗，真不知何所底止也。或謂兵勇同是一人，何以綠營不能教練。不知勇營統帶、營哨各官，可以隨時撤換，量能委用，不拘資格，勇丁可以隨時革補。重者施以軍法，舊勇疲劣可全裁此營，另募新營。若綠營官由選補，兵皆土著，兵非弁之所自招，弁非將之所親信，既無恩義，自難鈐束，以傳舍之官，馭世業之兵，亦如州縣之於吏役，欲其整飭變化，服教從風，此必無之事也。況綠營將弁皆染官場習氣，官弁且不易教，況於兵乎！或謂綠營雖無用而難遽裁，可改爲巡捕兵，以資彈壓防緝。不知綠營官弁兵丁，層層積弊，已入膏肓，既甚驕頑，又極疲弱，欲望其練成可戰之兵，固斷無其術，即改爲員警，不惰曠廢誤，則索擾生事，亦如差役、地保而已。然則既不能整頓變化而用之，自非裁汰不可。特是裁汰之要義有二，一則宜籌從容消散之方，一則宜籌抵補彈壓地方之具。夫裁兵之議已經多年，然至今未能多裁者，則以欲求近效而多裁，遂致牽制而不能裁。竊思惟有多分年限漸次裁汰一策，則無弊而必有成。擬請將各省綠營不論挑練之兵原營之兵，不分馬步戰守，限定每年裁二十分之一，計百人裁五，統限二十年裁竣。應裁者每名發給恩餉一年，責成各省督撫藩司，每年餉銀糧米就現在應發之數，於二十成中扣發一成。其何營應開除幾名，令各該營自行按數開除。蓋無論綠營勇營，每百人中一年之內斷無不出缺數名之理，或病故，或革退，只有多於五名者，斷無更少於五名者。或謂即明定一章，以後缺額不補，自然日久減盡。不知若聽各營自行報出空額，則永遠推延，捏名接充，永無開革、病故者。惟有計成扣餉不發，最爲簡易。而分爲二十年之限，尤屬從寬，銷除有漸，改業有資，斷不至更有他虞。惟各省間有不便裁汰者，如湖南鎮筸鎮乃改土歸流之地，並無土著農民，其地除苗產外，土地皆係屯田，民人皆係兵籍，而入伍食糧爲業，其兵亦健樸可用，從前屢立戰功，靖綏鎮亦然。是以光緒二十三年裁兵案內，聲明鎮筸鎮毋庸議減，綏靖鎮只裁一成，擬請將此兩鎮兵額不再裁汰，但將綠營改爲勇營，一切營制、汛地、名目、章程，統飭辰永沅靖道會同該兩鎮酌定，將綠營舊日故套空文，攤扣積弊，永遠革除，統照營勇辦理。此外他省如實有與該兩鎮相似者，應由該省督撫酌辦。直隸練軍應由直隸督臣酌辦，或謂爲期過緩，所省無多。不知綠營規制，始於前明，以五百餘年養成之痼疾，若能以二十年掃除之，卽已非易。假如自光緒十一年卽定爲二十年裁汰之議，今已歷十七年，行將告竣矣。計十一年以後，卽可歲省五百萬，二十一年以後，卽可歲省一千萬矣。惟是此項省出之餉，只能改爲養緝勇、設員警之費，不能指爲充裕庫儲之計。蓋精練備戰之營，只可屯劄省城及要隘重鎮兩三處，斷不宜各處分劄，又蹈營汛之失。省外府、縣亦未便聽其空虛，可卽以此項省出之餉，酌設緝捕勇營派赴外府，擇要分防，並設員警之勇，歸州、縣調度。不過改募勇丁，則整飭去留，其權在地方官，勇可隨時裁募，弁可隨時更換，於弭亂安民既有實際，而經費可免另籌。此卽與新增鉅款無異矣。至於武職大小各員缺，則擬請概勿裁汰，蓋以後無論營勇如何整飭，操法如何改練，要必有管帶之統領營哨各官。又武備學堂教練已成之學生，必有獎拔官階，以爲出路而資效用。又營弁剿匪捕盜著有勞績者，及操防出力者，亦必有武職升階以爲獎勵。然則綠營可裁而武職之缺不能裁，若至二十年以後，則從前各路軍營立功者，無論大小將弁久已凋謝無存，其實缺提鎮大員，既蒙特簡，且品秩已崇，資序已深，除才能統軍帶勇者自宜任用外，其餘卽不能帶勇者，但開其缺，擬懇賞加榮銜，優其體貌，照舊支領俸廉，如日本元老院之例，至該員身故而止。至實缺副將、參、遊、都、守等官，才能帶勇者，改隸勇營，不能帶勇者，卽開其缺，如有識字曉事者，准其呈詞降等改就文職，用以知府同通佐貳等官，如副將改用知府，以下遞推，千、把改用雜職。臣等深知外省情形，綠營將弁若得改爲知府，同通佐貳，無不欣幸樂爲，其開缺而不能改文者，如係穩練勤奮之員，可令供他項差委，如緝捕、轉運、提防等事，其平庸無能者，亦可加以升銜，量給薪水。蓋爲舊日營弁別開自效之仕途，卽可騰出武缺以授有用之將士。其候補武職能改文者，或與實缺武職同，或再降實缺武職一等，不能改文而才具又無足差委者，從優資遣回籍。若照此次所奏，設文武學堂，罷武科兩條辦理，二十年以後，凡爲武職者，斷無不讀書識字之人，亦無不曉兵事不能帶勇之人，其僅存舊日候補綠營之將弁，蓋亦寥寥，每歲需費無多，不過十年，卽已漸次減盡矣。似此分別位置變通，有體恤綠營將弁之方，卽可無礙整軍經武之政。蓋綠營兵之不能裁，皆由於武官之把持鼓動，必將武職官弁設法體恤，使其得所，自無窒礙矣。總之，一省必有實缺武職若干員，俟綠營兵漸少以後，則通省爲兵者，止有勇營之一途，其駐劄地方，責成所在，皆非綠營營汛之舊，應如何更定營名，以符名實，卽以現帶勇營之員充補，抑或酌留數缺，以位置他項武職之處，統俟隨後從容籌議。

一、簡文法。恭讀此次諭旨，其要義有二，一曰簡，二曰寬，實與聖經居敬行簡寬則得衆之旨相合，欽服莫名。竊惟立法所以防弊，而任法適以生弊。誠以文法過繁，則日力、精力皆有不給，必致疲勞於虛文，而疏略於實事。吏議過密，則賢者苦於束縛，不能設施，不肖者工為趨避，仍難指摘，以致居官者但有奉法救過之心思，並無憂國愛民之誠意。況方今事變離奇，動關大局，卽晝夜精思，破格振作，猶恐無濟，若再困之於簿書期會之間，則國家利害安危無暇籌及矣。夫衡石程書專用督責，秦之所以亡也，斲雕爲朴吏治蒸蒸，漢之所以興也，隋以察而亂，唐以寬而治，宋以繁而敗，金以簡而勝，此治國治軍得失之定論也。簡文法約有三端：一曰省虛文。凡部院文移，外省公牘多有陳陳相因無益實政者，有册籍浩繁無關利弊者，有末節細故往返駁查稽延時日者，有循舊具報出結並無實事者，此類不可殫述。擬請敕下京外各衙門，通行澈查，酌量省罷。至於無謂儀節，徒致廢務妨要者，亦請查核酌改從簡。一曰省題本。查題本乃前明舊制，既有副本，又有貼黃，兼須繕寫宋字，繁複遲緩。我朝雍正年間，諭令臣工將要事改爲摺奏，簡速易覽，遠勝題本。五十年來，各省已多改題爲奏之案，上年冬間曾經行在部臣奏請，將題本暫緩辦理，此後擬請查核詳議，永遠省除，分別改爲奏咨。一曰寬例處，范仲淹之言曰，士大夫公罪不能無，私罪不可有。洵爲名論。方今吏議繁密，京外各官殆無一人無一日不干吏議者，而州、縣爲尤甚。治民之本，全在州、縣，救過不暇，何暇論及教養乎！牽絓既多，於是遇事諉卸，多方彌縫，上官亦知其情多爲難，不肯苛求，姑從掩覆，既明知爲無益勸懲之事，何必存此虛文？應請敕下吏、兵兩部都察院查核，處分舊例，分別公私輕重，量加寬減刪除，如此則臣下之於朝廷，僚屬之於上官，可以進實言辨實事矣。

以上十二條，皆中國積弱不振之故，而尤爲外國指摘詬病之端。臣等所擬辦法，或養民力，或澄官方，或作士氣，前人論及此者多矣。特以誤於弊去太甚之言，怵於諸事更張之謗，律令文告都成具文，小有設施，不規久遠。今日外患日深，其樂因循務欺飾者，動以民心固結爲言。不知近日民情，已非三十年前之舊，羨外國之富而鄙中土之貧，見外兵之强而疾官軍之懦，樂海關之平允而怨釐局之刁難，誇租界之整肅而苦吏胥之騷擾，於是民從洋教，商掛洋旗，士入洋籍，始由否隔，寖成涣散。亂民漸起，邪説乘之，邦基所關，不勝憂懼。必先將以上諸弊，一律剗除，方可冀民心永遠固結，然後親上死長禦侮捍患可得而言矣。仰懇聖明裁察施行，以爲自强之根本。其采用西法各條，另摺奏陳。所有第二次籌議各條，臣等謹合詞具奏，伏祈皇太后、皇上聖鑒。謹奏。光緒二十七年六月初四日。

又《遵旨籌議變法謹擬採用西法十一條摺》 頭品頂戴兩江總督臣劉坤一，頭品頂戴湖廣總督兼湖北巡撫臣張之洞跪奏爲遵旨籌議變法，謹擬採用西法十一條，恭摺續陳，仰祈聖鑒事。竊臣等籌議興學育才四條及整頓中法十二條，業經兩次會同奏陳在案。竊惟取諸人以爲善，舜之聖也。多聞擇其善者而從之，多見而識之，孔子之聖也。是故舜稱大知，孔集大成。方今環球各國，日新月盛，大者兼擅富强，次者亦不至貧弱，究其政體學術，大率皆累數百年之研究，經數千百人之修改，成效既彰，轉相仿傚。美洲則采之歐洲，東洋復采之西洋，此如藥有經驗之方劑，路有熟遊之圖經，正可相我病證，以爲服藥之重輕，度我筋力，以爲行程之遲速，蓋無有便於此者。今蒙特頒明詔，鑑前事之失，破迂謬之談，將采西法以補中法之不足，虚己之衷，恢宏之度，薄海内外，無不欽仰，翹首拭目，以觀自强之政。顧西法綱要，更僕難終，情形固自有異同，行之亦必有次第，臣等謹就切要易行者，臚舉十一條：一曰廣派遊歷，二曰練外國操，三曰廣軍實，四曰修農政，五曰勸工藝，六曰定鑛律、路律、商律、交涉、刑律，七曰用銀元，八曰行印花税，九曰推行郵政，十曰官收洋藥，十一曰多譯東西各國書，大要皆以變而不失其正爲主。謹爲我皇上臚陳之：一、廣派遊歷。歐美强盛，窺伺中國，已百年矣。中外通商，交涉日繁，已五十年矣。然而自强無具，因應無方，馴致妄開巨釁，幾危大局者，則皆坐見聞不廣之一病，於各國疆域、政治、文學、武備茫然不知。同治季年，雖已派遊歷，設駐使，遣學生，而迂陋謬妄之人，聞出洋者之言，則詆其妄見，總署之官屬則惡其汙，於是相戒以講洋務爲諱。甚至上年夏間，京外大僚猶有謂洋人不能陸行者，有謂使館、教堂既燬，洋人卽從此絶迹者，錮蔽至此，致召阽危，誠可痛矣。論今日育才强國之道，自以多派士人出洋遊學爲第一義。惟遊學費繁年久，其數不能過多，且有年齒較長不能入學堂者，有已經出仕不願入學堂者，欲求急救之方，惟有廣派遊歷之一法，觀其國勢，考其政事、學術，察其與我國關涉之大端，與各國離合之情事，回華後將其身經目覩者，告語親知，展轉傳説，自然羣迷頓覺，急思變計。惟遊歷之員，淺學不如通才之有益，庶僚又不如親貴之更有益。蓋淺學徒眩其新奇，通才乃得其深意。親貴歸國所任皆重要之職事，所識皆在朝之達官，故其傳述啓發，尤爲得力。考之經傳，則公族、世卿時通盟聘；徵之近事，則俄儲、德藩接踵東來，可見此舉爲覘國問政之要務。擬請敕派王公、大臣以及宗室後進，大員子弟，翰、詹、科、道、部屬各項京官，分赴各國遊歷，詢其願往者，請旨遴選酌派，不願者聽，歸國時察其實有進益之員，遊歷一年者酌奬，遊歷三年者優奬。惟西洋路遠費多，東洋路近費省，遊歷西洋者，其奬擢名次，在遊歷東洋之先，其未經選派自備資斧遊歷者聽，歸國時一體考察給奬。蒙奬者量材任用，以後新派總署堂官、章京、海關道員、出使大臣及隨員，必選諸曾經出洋之員。惟遊歷人員才識高下不同，未必人人皆有實濟，故必須多選數十員或百員，陸續派往，以備將來選擇拔擢，經費雖多萬不可省。至此後各省督、撫、司、道、府殆無一衙門無交涉事件者，若仍前拘墟固執，全無考究，必致因應失宜。卽京城各部、院雖各有職司，然不通外情，則處事建言，動多隔膜，此非多儲通才，無從供用。並擬請明定章程，自今日起三年以後，凡官階、資序、才品可以開坊缺、送御史、升京卿、放道員者，必須曾經出洋遊歷一次，或三年或一年均可，若未經出洋者不得開坊缺、送御史、升京卿、放道員。如此則自備資斧遊歷者必多，通才日衆，而經費不勞官籌矣。至外省、府、廳、州、縣諳悉交涉者尤罕，以後內河行輪，聯單辦貨，入山開鑛、傳教、遊歷，勢將各縣皆有，尤恐動滋事端，並請敕下各省督、撫選派官員出洋遊歷，實缺官願往者，免開其缺，遊歷一年者外獎，三年者奏請內獎，經費准其開支，自備資斧者從優請獎，其獎擢名次亦以西洋、東洋爲先後。惟遊歷實效，以徧遊歐、美、日本爲全功，而以先遊日本爲急務。蓋遊歷者若無繙譯相隨，瞠目泛覽，仍無所得。東瀛風土文字皆與中國相近，華人僑寓者亦多，繙譯易得，便於遊覽詢問，受益較速，回華較早，且日本諸事雖仿西法，然多有參酌本國情形，斟酌改易者，亦有熟察近日利病刪減變通者，與中國采用尤爲相宜。嘗考西國興盛之初，皆由遊歷而起，求新地，涉冰洋，探南極，窮幽極遠，備歷艱辛，於是見聞日廣，智慧日開，遂成富强之業。今日歐、美各洲，無一水不通輪船，無一國不通鐵路，商旅如織，學校如林，有繙譯爲之傳達，有駐使爲之照料，較之西人之遊歷，甘苦迥殊，取益尤易，觀其實政，見其實效，見其新器，求其新書，凡吏治、財政、學制、兵備一一考詢記録，攜之回華，以供我之采擇而仿行焉，開聰明而長志氣，無過於此，無速於此。今朝廷鋭意求治，採取西法，夫西法非數言所能盡其要領，亦非耳食所能究其異同，出洋之員既多，則互相發明，利弊自見。故今日欲起積弱而抗羣强，其開此第一扃鑰，必自遊歷始。

一、練外國操。伏讀諭旨有云，懿訓以爲取外國之長仍可補中國之短。夫外國之所最長者，蓋莫過於兵矣。古聖人師蟻爲陣，師蠡爲舟，取益無方，正見宏大。兵事一端，尤須知己知彼，相機因應。故吳欲伐楚，則學車戰。晉欲敗狄，則改步卒。漢伐匈奴，則用越騎。晉平孫吳，則造樓船。皆係仿彼之長，補我之短。聖祖仁皇帝征三藩，則用西洋人南懷仁鑄紅彝大石礮，至今礮上尚鑄有南懷仁之名。高宗純皇帝征金川，則於香山仿造石碉，令禁軍習攻碉之技。要皆用外國之利器，效敵人之專長，此則神謨武烈兼采衆長，不囿成見之明效也。今日最重善鄰，尤須固圉。若我兵力不振，則友邦亦無從扶持。西國自百年以來，日與羣强相角，故兵事講求最精，一一著有成書，迥非前代外國之比，紀律既肅，火器尤精，至於測量、繪圖，人人通曉，工、輜、醫、藥，事事周詳。查二十年來，各省練習洋操，屢奉俞旨。乃近年忽有人創爲西操不如中操之空言，槍礮不如刀矛之謬論。不知中國向無快槍、快礮、地雷、電綫、行軍鐵路等事，若只用綠營、勇營老陣，並不知此各項器具名目、形式、用法，平日何從操練，臨戰之時敵槍敵礮發於二三里、六七里之外，刀矛只及五步之內，不待敵軍迫近，而已全軍盡没矣。與之交戰且不能，而況於取勝乎！查營制操法，歐、美各洲、各國大率相同，其略有參差者，不過微末小節。良由各國相尚以兵，故推求極精，不能改易。試思環球各强國，其練兵皆同此一法，而謂中華兵力最弱之國，反能別創一器一法以取勝，此事理之所必無者也。此皆由舊日將領於新式快槍快礮既未深諳，於西法營陣、濠壘、測繪諸事尤未講習，且年力已衰，習氣已深，養驕畏難，不願降心考究，其甚不肖者，更以西法營制嚴明，不能作弊，故平日則以空言欺人，臨陣則倉卒奔潰，前鑑俱在，可謂創鉅痛深。相應請旨通諭中外統兵大臣、督、撫、提、鎮，嚴飭各營將士，必宜洗心滌慮，趕緊講求練習外國操之法，斷不可故見自封，再誤國事，滑惰搪塞者黜之，但學皮毛不解實用者撤之。惟是欲求實用，必須將東西洋武備諸書，詳切講明，一一照辦，斷無鹵莽捷獲之方。查各國武備學堂，其教將練兵要指，約有十二：一曰教士以禮，使知有恥自重之法，一曰調護士卒居處飲食之法，一曰講明槍礮彈藥質性源流之法，一曰槍礮綫路取準之法，一曰掘濠、築壘、避槍礮之法，一曰馬、步、礮各隊擇地借勢之法，一曰測量、繪圖之法，一曰隊伍分合轉變之法，一曰守衛偵探之法，一曰行軍、工程、製造之法，一曰籌備行軍衣、糧、輜重之法，一曰行軍醫藥之法。上自統領，下至哨弁，人人皆須通曉。惟西人兵制，營中從無用教習之説。營、哨官皆係讀書通文理之人，既由學堂教成，而又入營練習一兩年者，始能派充。若統領則必須由營官又入大學校學習數年，始能擢任，故學堂有教習。而營中無教習，其臨敵、調隊、擇地、進退，皆聽命於營官，施放槍礮之遲速，指示表尺之遠近，皆聽命於哨官，而營、哨官又豫先稟承大略於統領。其平日操場之演習，講堂之教授，皆係統領、營官、哨官、兵勇節節指授，親口自傳口令，故統領所知所能必勝於營官，營官必勝於哨官，哨官必勝於兵勇，方能勝任。若統領、營官懵然不解，專恃教習教操，則雖有教法而無權力，平日操練斷無進益，臨敵仍是營、哨妄行調度，所學全歸無用。查日本設有戸山學校，因日本早年將士素以長刀擊刺爲長，不以火器、西操爲善，故特設此學，使舊日將領常至其中，看新法將兵之操練，討論如何變通改練之法，討論既久，遂漸知捐棄故技。中國欲開啓宿將偏執空談之弊，此舉亦可仿行，能領悟講求者用之，不能改悟者只可任以綠營緝捕彈壓之事，不宜使帶精練備戰之軍。此時改章之初，統領、營官但須粗通文義，哨官但須略能識字，數年後武備學堂人才漸多，則非學堂出身者不得派充統領、營、哨各官，方能一氣貫注。至西人平日操練時，體恤指授之實功，臨戰應敵時鼓勇決勝之關鍵，注重全在哨官，此項人才尤宜精選。總之，今日練兵最急，練將尤急。欲得精兵，必取年在二十歲以下者教之，欲求良將，大率必取年在三十歲以下者教之，取年在四十歲以下者選擇而酌用之，若震於宿將之虛名，則武備永無起色。臣等渥荷厚恩，當此創鉅痛深之日，灼見練兵一端，必須改弦易轍，乃可圖存，不敢不力破迂妄之説，免其欺誑朝廷而終誤國家也。抑練兵尤有要者，外國於其都城皆設有專管籌畫兵事之大臣，英、法、德等國名曰總營務處，日本名曰參謀本部，略如宋人樞密院之意，專掌全國水、陸兵制，餉章、地理圖籍、操練法式、儲備糧餉、轉運車船、外交偵探等事，平日之豫籌，臨時之調度，皆以此官掌之，與今日之兵部但司册籍者不同，與軍機處之内外、文武大政無不統管者亦不同。蓋諸事豫籌則軍儲備，專管經理則考核精，全國之軍歸一衙門綜理，則餉械、操法事事畫一，大臣督察，則外省廢弛不辨者，不能隱飾。中國欲練精兵，非設此衙門不可。其章程請敕出使大臣李盛鐸向日本索取譯寄，采擇用之，惟其參謀部之總長須深於兵事，起自行間者，方使任之，並非僅用親貴資格。中國欲設此官，自宜先擇深於外國兵制、操法者，方爲有益。若仍以舊日軍營諸將之議論爲衡，恐反多掣肘而害事矣。中外文武大員能語此者恐不易得，擬請在京先設一參謀館，訪求各國兵書，選四、五品以下各官，令其考訂采擇，隨時函詢日本參謀部，務須盡解其精意，並隨時詢商外省督、撫，衆議允協，編纂成書，再由政務處奏請通飭遵辦，方免窒礙。此則慎重而求實之策也。

一、廣軍實。和約雖定，戰備不可不修。我無戰具，則和局不能保矣。經費雖艱，軍械不可不製，不製軍械則將士永不知今日戰陣爲何事矣。大廠自難多開，小辦必須努力。現在外洋軍火既禁兩年，無從購辦，江、鄂兩局豈能供海内之取求。此後江、鄂兩局，除加功精究，籌款擴充，並於廠内設立學堂，以教員弁外，並擬設法籌款，自造槍機、礮機、彈機，以待各省購用學製，庶免專恃外購，仰他人之鼻息，增中土之漏卮。至直隸各局，自必設法修復。擬請將廣東、山東、四川三省製造局，極力擴充，其餘南北各省，皆令設法籌款，量力各設一製造局，款多則兼煉鋼，造槍、造彈三事，款少則兼造兩種，再少則只造彈一種，若慮機爐大工費鉅，則煉鋼鑪每日出鋼一噸半噸者亦可，槍機每年出數百枝者亦可，槍彈機則每年出一二十萬者亦可。蓋槍礮一事，其用甚急，其理甚精，深通甚難。近年各將領諳曉新式槍礮者實不甚多，百人中不能一二，文員則千人中不能一二，此臣等所考校而深知者。若不令切實講求，則械彈潮鏽，零件損失，全然不覺，藥力、彈路相時取準，全然不知，至於修理機簧、開花引信，更所不解，平日不能操，臨戰不能用，故沿邊省分，必須每省量力各設一局，瘠遠省分或兩省共設一局，但令小具規模卽可，並由各省派遣武員來江、鄂兩省製造局學習，如能派人赴日本各國學習尤善，庶幾督、撫及將領、文員皆可切實考究，俾知新械之精，價值之貴，製造之難，練習之不易，平日則不致損傷，有事則熟諳施放，將弁之明昧可以考核，戰事之難易可以曉悟，且一年數百枝，十年則數千枝，求艾雖遲，終勝不蓄。至於自造製械之機，尤爲防患塞漏之要著。臣等當設法籌款，奏明辦理，此不特儲械之長策，兼亦練兵之實際也。

一、修農政。中國以農立國，蓋以中國土地廣大，氣候温和，遠勝歐洲，於農最宜，故漢人有天下大利必歸農之説。夫富民足國之道，以多出土貨爲要義。無農以爲之本，則工無所施，商無可運。近年工、商皆間有進益，惟農事最疲，有退無進。大凡農家率皆謹愿愚拙不讀書識字之人，其所種之物，種植之法，止係本鄉所見，故老所傳，斷不能考究物產，別悟新理、新法，惰陋自甘，積成貧困。今日欲圖本富，首在修農政，欲修農政，必先興農學。查外國講求農學者，以法、美爲優，然譯本尚少，近年譯出日本農務諸書數十種，明白易曉，且其土宜風俗與中國相近，可仿行者最多。其間卽有轉譯西國農書，一切物性土宜之利弊，推廣肥料之新法，勸導獎勵之功效，皆備其中。查光緒二十四年九月，曾奉旨令各省設農務局。擬請再降明諭，切飭各省認真舉辦。查漢、唐以來，皆有司農專官，並請在京專設一農政大臣，掌考求督課農務之事宜，立衙門、頒印信、作額缺，不宜令他官兼之，以昭示國家敦本重農之意，責成既專，方有成效。即如我朝官制，於禮部外另設樂部，其意可師。京師農務大學校，即附設農政衙門之內，其衙門宜建於空曠處所，令其旁有隙地，以資考驗農務實事之用。勸導之法有四：一曰勸農學，學生有願赴日本農務學堂學習，學成領有憑照者，視其學業等差，分別奬給官職。赴歐洲、美洲農務學堂者，路遠日久，給奬較優。自備資斧者，又加優焉，令其充各省農務局辦事人員。一曰勸官紳。各省先將農學諸書廣爲譯刻，分發通省州、縣，由省城農務總局將農務書所載各法，本省所宜何物，擇要指出，令州、縣體察本地情形，勸諭紳董，依法試種，年終按照飭辦門目，填注一册，土俗何種相宜，何法已能仿行，何項收成最旺，通稟上司，刊布周知，有效者奬，捏報者黜。每縣設一勸農局，邀集各鄉紳董來局講求，凡穀、果、桑、棉、林木、畜牧等事，擇其與本地相宜者種之養之，向來不得法者改易之，貧民無力者助之資本，種養得法者官賞以酒肉、花紅，數年之後行之有效，紳董給奬，中者奬以督、撫匾額，上者奬以銜封，出力兼捐資者奬以御書匾額，地方官有效得奬者加級，准其隨帶，公罪可從寬免，其最優者奬實在升階。地方官不舉辦農政者，照溺職例參革。一曰導鄉愚，各項嘉種新器，鄉民固無從聞知，僻縣亦難於購致。宜由各省總局多方訪求，籌款購辦仿製，昔齊桓公獻戎菽，宋仁宗求占城早稻，漢武帝令大司農從趙過造便巧田器，皆農務宜求嘉種新器之明證。應先於省城設農務學校，選中學校普通學畢業者肄業其中，並擇地爲試驗場，先行考驗實事，以備分發各縣爲教習，並將各種各器發給通省，令民間試辦，先則概不取價，有效則略取價值，務令極廉。其試辦之法，先其通用者，後其專門者，如講求各種肥料，仿造各種風車、水車，去害稼各蟲，每年換種各物，以助地力之類，先其易者，後其難者，如山鄉勸種番薯、羊芋，水澤種葦、斥鹵種稗之類，先其本輕者，後其費鉅者，如種樹先榆、柳、果實，後松、杉，畜牧先鷄、鴨、牛、羊，後騾、馬之類。先其保已有之利者，後其開未見之利者，如察病蠶，講製茶、求棉種之類，先其獲利速者，後其見效遲者，如種蒲桃取酒，桐柏取油，種樟取腦爲先，求蜂種求魚種爲後之類。一曰墾荒緩賦稅。今日籌度支者，多以墾荒爲言。夫墾荒而責以升科，此荒之所以不墾也。計髮、捻平定以後，已四十年。晉、豫大祲以後，已二十年。生齒之蕃已復其故，平原沃壤、江岸沙洲大率皆已墾種無遺，其因虧本爭訟而荒廢者，僅千百中之一二。所謂荒者，不過官吏捏飾，豪民匿報，實係未墾者，深山之巖谷、沿海之斥鹵而已。墾山地者，人勞利薄，又以村孤人少，時有不虞，故開闢有限。墾海灘者，捍潮變鹻，費多效遲，人煙稀少，守望不易，故聽其荒廢。然而材木之利必資於山，統計中國全局，仍是山嶺多於平地。至沿海北起榆關，南迄通海，延袤二千餘里，若山嶺聽其爲榛莽，海濱聽其爲斥鹵，實爲可惜。今日欲興農務，惟有將墾荒升科之期格外從緩，而又設法以鼓舞之，能開山地者報官給照，寬期升科，多開者種雜糧至十石種以上，種樹至一千株以上，酌予奬賞。查各省高山，無論多土多石，皆能種樹，真係不毛者甚少。故歐、美各國，從無無樹之童山，而考課林木之實在有效與否，尤爲顯易。此事宜責成州、縣，由總局委員依限往查，其山上有無樹木一覽而知，不能掩飾，如此則山地之利開矣。墾海灘者亦報官給照，資本較鉅，升科之期尤須從寬，種雜糧種草木俱聽其便，斷不必强令開作稻田。並擬採用徐貞明之説，一人能開若干頃者，奬以職銜封典，如此則海灘地之利開矣。至於沿江沿河沙洲，皆係沃壤，私墾者尺寸無遺，隨年增長，貧民畏坍漲之無常而不敢報。勢豪貪無糧之腴壤而不盡報，往往爭訟膠葛，械鬬繁滋。今宜查明實數，除已報墾納糧者不計外，亦造册給照，寬期升科，即以此田作爲試驗農學新法之地。即責成原墾之人，自願照新法試行者，呈明願種何物，或種美國肥大之棉，或種代蔗造糖之西國蘿蔔、美國蘆粟等類，或仿照美洲牧牛、牧豕、機器耕田之法，以及各種相宜之種植、畜牧。因洲田皆係水濱大地，故於西法農務相宜，數年以後，官督紳董，查明有成效者，即給予營業，且予奬賞，苟且欺飾，並不遵行者，其地本係官地，罰令入官，如此則洲地之利開矣。所有種植、畜牧各物，無論山地、海灘地、洲地，凡係新增名目，運往各處，十年之內概免釐稅。地利既闢，農學之效既見，風氣一開，仿行必衆，其爲益於國家者宏且遠矣，豈在目前征糧納稅之微末乎！此外，則沿海有種蠔、種蜆之法，內海有捕海魚、采海味之利，本多而利厚，外國最爲講求注意。近年反仰給東洋，坐失己利，應責成該處州、縣，勸集公司舉辦，紳富助資借本與該公司者，分別旌奬。至東三省地方廣闊，土脈最厚，荒地尤多，然必須力强資饒才能率衆者，方能前往開墾，非零星農民所能濟事。擬請特定章程，一人能開田若干頃者，從優獎以實官，紳富助資借本者，分別旌獎，以期鼓舞，此亦實根本息盜賊之計也。再蒙古生計以游牧爲主，近數十年來，蒙部日貧，藩籬疏薄，亦請敕下蒙古各部落王公暨該處將軍、大臣，酌擬有益牧政事宜，奏明辦理。至向章每年内地各省出口買馬者，須在兵部請領馬票，進口後仍須赴部烙驗，章程甚密，道途亦多周折，購馬之費既多，則馬價必求減省，故口馬之銷路不旺。查北省耕地兼用馬，運載多用騾，若内地馬多，於農事亦有裨益。方今蒙古之與腹省，情同一家，似不必多設限制。擬請敕部酌議，將領馬票之例，量加改定。販馬入口貿易，商民出口購馬者，均聽其便。但令販馬商民於本省報明咨部，並由各口具報一數以備稽核，則口馬之銷路既旺，而蒙古生計亦可稍紓矣。

一、勸工藝。世人多謂西國之富以商，而不知西國之富實以工。蓋商者運已成之貨，工者造未成之貨，粗者使精，賤者使貴，朽廢者使有用，有工藝然後有貨物，有貨物然後商賈有販運。《考工記》曰：百工之事，皆聖人之所作。《中庸》曰：來百工則財用足。夫以足財歸之於工，此古聖人富國之要策，重工之微旨也。不惟此也，商之盛由於財力，必資本充而後盈餘厚，故計銀錢以爲本息。工之盛由於人力，有一人之技藝，則有一人之成器，故計人以爲本息。外國財多，中國人多，今日中國講富國之術。若欲以商務敵歐、美各國，此我所不能者也。若欲以工藝敵各國，此我所必能者也。勸工之道有三：一曰設工藝學堂，堂中設機器廠，擇讀書通文理之文士，教以物理學、化學、算學、機器學、繪圖學，學成使爲工師，擇聰敏少年之藝徒，教以運用機器之方，辨別物料之法，各種緊要製造之程式，熔銅、打鐵、煉鋼、解木、柔革、燒火甎、造水泥、煉焦炭各門之實事，學成使之爲匠目。蓋外國工師皆是學人，與匠目不同，一深通其理而亦目驗其事，一身習其事而亦漸悟其理。學問實者，工師亦可動手作工，閱歷深者，匠目亦能自出新意。至學堂大小，工藝門類多少，則視其經費酌辦，漸次擴充，萬不可緩。一曰設勸工場。西國常有賽會之舉，聚本國他國之貨物，萃於其中，人見己國貨精工巧，則來購者多，我見他國貨精工巧，價貴銷多，則力求進步，此歐洲賽會之本意也。日本效之，故設勸工廠，亦名貨物陳列所，今宜於沿江沿海及内地各省大城巨鎮，各設勸工廠一區，備列本省出産貨物、工作器具，縱人入觀，外國人尤要，一以察各國之好惡，一以考工藝之優絀，使工人自相勉勵。此事並不甚難，惟在朝廷嚴飭各省，切實舉行，並將出産若干種，工人製造若干種，每年奏報，若經過海關出口之土産名目增多，工匠製造新器增多，工廠增多者，藩司關道有獎，不辦者予以處分，則無形之中收效多矣。一曰良工獎以官職，按《考工記》曰：國有六職，百工與居一焉。故《考工記》之官，皆專門工匠也。擬懇朝廷明定章程，各學堂學成之工師及各局製造有效之匠目，准由各省考驗確實分別保獎，工師授以文職，匠目授以武弁，如有文士藝徒自備資斧，至外國學堂工廠學習有成者，驗其憑照，按其等差，分別保獎官職，尤較在中國學習者更予從優。三事並行，中國工藝自然日進。假如愚民小工一月得工錢三四千者，學成後一月可得工資銀數十元，土貨一年出口值二百兆者，以後若能每年加增十分之一，十年以後出口之貨卽可加倍，關税之多自不待言。至於自創新法造成各種貨物者，給予牌照，准其專利若干年，凡人工所成之貨釐税尤須從輕，新出式樣並免釐税三年，亦爲鼓舞工藝之要務。總之，欲養窮民，查荒地不如勸百工，欲塞漏卮拒外人不如造土貨，富民富國確實可憑，如此則但患生齒之不繁耳，豈患生齒之日繁乎！

一、定鑛律、路律、商律、交涉刑律。中國鑛産富饒，藴蓄而未開，鐵路權利兼擅遲疑而未辦，二事久爲外人垂涎。近數年來，各國紛紛集股來華，知我於此等事務尚無定章，外國情形未能盡悉，乘機愚我，攘利侵權，或藉開鑛而攬及鐵路，或因鐵路而涉及開鑛，此國於此省幸得利益，彼國卽於他省援照均霑，動輒號稱某國某公司，漫指數省地方爲其界限，祇知豫先寬指地段，不知何年方能興辦。近年法於雲、貴，德於山東，英、意於晉、豫早有合同章程，分歧恐未必盡能妥善。此次和議成後，各國公司更必接踵而來，各省利權將爲盡奪，中國無從自振矣。且此後内地各處鑛務、鐵路，洋人無處不有，不受地方官約束，任意欺壓平民，地方官只有保護彈壓之勞，養兵緝捕之費，無利益可霑，無抵制之術，一旦百姓不堪欺陵，或滋事端，又將株連多人，賠償巨款，爲害何可勝言。此必須訪聘著名律師，采取各國辦法，秉公妥訂鑛路，畫一章程，無論已經允開允修之鑛路，未經議開議修之鑛路，統行核定，務使界址有限，資本有據，興辦有期，國家應享權利有著，地方彈壓保護有資，華洋商人一律均霑。洋人有範圍則稍知斂戢，平民免欺侮則漸泯猜嫌，至滋生事端，公司受累，亦須分別有因無因，辦犯賠償，亦須豫定限制，庶中國自然之大利，不至爲中國無窮之大害，尤今日之急務也。再，互市以來，大宗生意全係洋商，華商不過坐賈零販。推原其故，蓋由中外貿遷、機器製造均非一二人之財力所能，所有洋行皆勢力雄厚，集千百家而爲公司者，歐、美商律最爲詳明，其國家又多方護持，是以商務日興，中國素輕商賈，不講商律，於是市井之徒苟圖私利，彼此相欺，巧者虧逃，拙者受累，以故視集股爲畏途，遂不能與洋商爭衡，況凡遇商務訟案，華欠洋商，則領事任意要索，洋欠華商，則領事每多偏袒，於是華商或附洋行股份，略分餘利，或雇無賴流氓爲護符，假冒洋行，若再不急加維持，勢必至華商盡爲洋商之役而後已。必中國定有商律，則華商有恃無恐，販運之大公司可成，製造之大工廠可設，假冒之洋行可杜，華商情形較熟，工價較輕，費用較省，十年以後，華商即可自立，駸駸乎並可與洋商相角矣。且徵收印花稅，其公司、工廠、行棧，掛號等費，皆係與商律相輔而行之事，必有商律方能興辦，故又不可不急行編定也。至刑律中外迥異。猝難改定。然交涉之案，華民西人所辦之罪輕重不同，審訊之法亦多偏重，除重大教案，新約已有專條，無從更定外。此外尚有交涉雜案及教案尚未釀大事者，亦宜酌定一交涉刑律，令民心稍平，後患稍減，則亦不無小補。擬請由總署電致各國駐使，訪求各國著名律師，每大國一名，來華充當該衙門編纂律法教習，博采各國鑛務律、鐵路律、商務律、刑律諸書，爲中國編纂簡明鑛律、路律、商律、交涉刑律若干條，分別綱目，限一年内纂成。由該衙門大臣斟酌妥善，請旨核定，照會各國，頒行天下，一體遵守。惟所有各國律師，必須確係律學著名曾辦大事之人，不妨優給薪水，庶各國聞名敬服，知中國鑛、路、商各律及交涉、刑律，係其訂定，不致爭執妄駁，方爲有益。此項教習，其合同内須議定歸鑛路商務大臣節制，並隨時與該衙門提調商辦，一面於該衙門内設立鑛律、路律、商律、交涉刑律等學堂，選職官及進士、舉、貢充當學生，纂律時幫同繙譯繕寫，纂成後隨同各該教習再行講習律法，學習審判一兩年，四律既定，各省凡有關涉開鑛山、修鐵路以及公司、工廠，華洋錢債之事及其他交涉雜案，悉按所定新律審斷，或即派編纂律法教習，前往該省會同關道審斷，一經京署及律法教習復審，即爲定讞，再無翻異。京城學生畢業，並須隨同洋員學習審判此等案件，學成後即派往各口充審判官，隨時添選學生接續學習，以期多儲人才，取用不竭，各洋教習既爲我編纂四項新律，兼能教授學生，即可長留在京，以備諮訪，而資教授。果能及早定此四律，非特興利之先資，實爲防害之要著矣。

一、用銀元。銀元之利有三：平色畫一，出納分明，吏胥不能舞弊勒索，官民不致貼補受累一也，商賈交易，簡捷無欺，驵儈無權，既益於行旅。亦便於匯兑二也，官款收發全用銀元，以大元爲母，小元爲子，相輔而行，工火局用外，尚有盈餘三也。惟官發之款，若係采辦官物製造工料等事，商民物價、工價必然暗加其中，且出納皆以大元爲主，小元不能過多。然鑄數、發數既多，盈餘亦尚不少，此爲整齊銀弊之善政，尚不在有無盈餘也。惟有最要兩義，或謂中國用銀皆以兩計，各國洋銀皆係七錢二分，宜每元改爲一兩，方爲整齊適用。此論未嘗無見，特是錢幣之制，權量之法，必先有雄厚之力，乃能操轉移之權。中國財窘商弱，不能自爲風氣，以後尤甚。若銀元輕重恰與洋銀相同，尚可依傍洋銀而行，設改爲一兩，與洋銀數目參差，恐沿江沿海洋行不肯行用，商埠不行，内地必阻，故仍須鑄七錢二分者，方有暢行之益。或又謂官收則按庫平庫色補足，官發則以銀元當紋銀計算，不必補水，部庫可歲得鉅款。此則萬萬不可，出納必須一律，商民方能流通。蓋交官之款，自必指定專收中國龍紋銀元，然則收款所進之龍元，仍是官局發出之原物，必官先發一萬，然後民間有交官之一萬，是官款發出時，已先將此一萬之盈餘扣收在庫矣。果能收發一律，則商民信用不疑，散布天下，或辦貨或積存，周轉不已，大率皆在民間，豈能將每年發出之數，全以繳納官款，還之於庫乎！若出納不一，則民間亦以九成視之，其勢斷斷不能通行。且爲英國、麥西哥、日本諸國銀元所軋，必致從而壓價，每元尚不及九成之實數。華商自行壓價，何論洋商商埠，既須折算，民間安肯收用，壅滯虧折，其損多矣，尚何盈餘之有乎？昔咸豐年間嘗行鈔票矣，徒以計臣不知理財之大道，不考宋人交子、會子之用法，不籌票本，其意但欲出空紙以换實銀，於是出納兩歧，發款搭成多，收款搭成少，或收款全不准搭，或發款全用鈔票，戶部既不視爲實銀，民間亦遂視爲虛器，數年之後，壅廢不行，鈔票一百値銀二兩，此乃前車之鑑，萬不宜以此自阻銀元之銷路也。

一、行印花稅。查外國征商之政，除煙、酒、洋藥外，大率皆無關稅，其巨款全在印花稅。凡有關銀錢、物業之契約，單據領用官局印花黏貼其上，其大意在抽銀不抽貨，抽已賣之貨，不抽未賣之貨，抽四民百業凡有進項之人，不僅抽商賈貿易之人，故西人解印花稅之義曰：此乃銀錢稅也。今日籌款，此事似可仿行，且洋關現議加稅，外人必欲免內地釐金，若行印花稅尚可藉資抵補。查各國印花稅章程，光緒二十二年曾經總署飭各駐使向各國查取譯送，惟英國印稅章程最爲詳密，且係參贊馬格里所譯，解説亦較明晰。日本於前三年新經改定，於東方情形爲較近，但中外情形略有不同，外國商富民饒，產業價值貴，銀錢往來多，故所抽鉅。中國商貧民苦，本業既微，轉移亦少，如契約、合同、股票、匯票、期票、提單之類，皆屬有限。其遺產一項，英國最爲鉅款，其重稅全在旁支承受，親友分得，每年總數收十四兆餘鎊，而遺產一項多至八兆餘鎊。中國產業本廉，又係子孫相繼，故此稅勢不能多。然若能辦成，即較英國得二十分之一，亦可徵銀五六百萬，但其查考領用之法，分別差等之數，甚爲繁細。查英、法徵收印花稅，初辦時亦多梗阻，皆係第二次改章始克暢行。中國初辦之時，隱匿必多，推敲過細，不免紛擾，只可稍爲從寬，不求算無遺策，必須十年八年以後，稽核之法漸周，自然日臻暢旺矣。應請敕查各國章程，斟酌妥議舉辦。

一、推行郵政。查外洋各國郵政，爲籌款一大端，大率歲入皆銀數千萬兩，而遞信最速。中國驛站爲耗財一大端，歲費約三百萬兩，而文報最遲，盈虧相反，遲速亦相反。然則此事必宜變通可知，其故由於有驛，州縣馬必缺額，又復疲瘦，州縣以此爲津貼，管驛家丁以此爲利藪，故文報必致遲延，官紳書信間有外加馬封附文遞送者，有驛官以其非例准之條，又係不費之惠，故既不駁回，亦不收費，浮沈聽之，州縣不當驛路者，設鋪司武官，文報交塘汛，其延擱更甚於驛站。中國既無郵局，於是英、德、美、日本諸國，在中國自設信局，侵我利權，實非萬國通例。自光緒二十一年奉旨飭催總稅務司赫德辦理，光緒二十二年沿海沿江漸設郵局，附於海關稅務司兼辦，於是沿江沿海公文私信，迅速勝前而信資極省。因稅務司禁信局由輪船寄信，而又慮信局滋鬧，故內地信函，仍由信局轉遞轉交，其章程每代信局寄信一包，重一鎊者，收費一角，而信局一鎊重之包封，其包內之信少者二三十封，多者五六十封，其收民間之費，每信一封至少須制錢一百，故稅司所設之郵局，用費不敷尚多。此蓋因壟斷而生調停，因調停而致賠累，今擬於各省州縣徧設郵政局，即令州縣管理，由省城總局妥定章程，刊發印花領用黏貼，用過照數報銷，即以原有驛站、鋪司各經費撥充局用。內河內地分別設立快劃、快馬、健夫馳遞，明定章程，准帶官民私信。所有京外文武衙門文報、書信統歸此局遞送，其文報責成仍照驛站向章，其信資務宜從省，以廣招徠。如有欲匯寄銀錢及匯票者，亦准附帶，但須照海關郵局章程，每信一封至多准寄或洋銀十元，或銀七兩。其原有信局，聽其自然。民間帶信，或托官局，或托商局，均聽其便。官局若費省而迅速，自然來者日多。查核該縣官局，每年用去印花之數，即知所收信資之數，計該縣一年收費若干，即於次年發驛鋪經費時扣除若干。行之既久，信資日增，驛費日減，十年之後專取信資即敷局費，驛鋪各費可以全行省出。惟外國識字人多，故書信多。中國識字人少，故書信少。此等創辦之事，不能遽計贏餘，但使驛鋪經費專取之於信資，則每年可省用款三百萬矣。至該縣地勢不同，或馬、或船、或夫、或水陸互用，統由該縣酌量，不爲遙制。但以妥速爲主，其局費統於驛鋪經費內，自行酌劑支用。其局即設衙署內，並無另需費用，並須於境內大鎮酌設分局。此局不須多人，亦無多事，但派一人駐於客棧即可，或附於店鋪代辦亦可，但經管發印花，收信函、收信資而已，並無多費，未收信資之先，絕不裁減驛費，亦不再發一錢。此事於國有益，於民亦便，於商局無傷，於州縣亦毫無所損。以後該州、縣所收信資，如已敷向來請領驛鋪經費之數，其盈餘者，解歸省局充公，仍提三成作爲該州、縣奬勵，以爲創辦奮勉者勸。統計各省繁盛城鎮，約有二百餘處，驛費既敷，以後每年亦可得進款二三十萬。此時沿江沿海地方，其由輪船者暫歸稅司，內河無論輪船民船及岸上陸行者統歸州縣。暢行以後，再行體察情形，如能並江海輪船郵局亦歸之州縣，勿庸稅務司兼管，尤爲善策。至與各國商明，中國亦入郵政公會一節，此時華洋人寄信不多，尚可從緩。惟各省郵局應名曰驛政局，以免與稅司之郵政局相混，應由各省督、撫飭臬司，責成州、縣設局辦理，省出之費，彙解藩司，並不需用洋員，以杜干預內政之漸，且免與有驛州、縣遞送文報膠葛窒礙。海關郵局未歸州、縣之先，郵政局與驛政局彼此互相代寄信件，內地寄內地者，只貼驛局印花，內地寄通商各口者，加貼郵局印花一分，通商各口寄內地者，加貼驛局印花一分，其驛局與郵局彼此往來交易一切細章，隨後詳酌。至鐵路通行之處，所有鐵路常年受國家保護維持，應爲國家遞送書信，微申報效之忱。沿路各州、縣應得專差附搭火車，往來經管信件，不取車費。惟萬不可將公文信件交與鐵路公司經管，致啓授權外國之弊。總之，此事若歸州縣兼辦，則費不另籌，局由州縣酌設，進退裕如，卽無大益，亦無所損，卽或無贏，亦必無絀。若另行委員設局，則廷寄奏報要件設有遲誤，必多推諉，故惟有責成州縣之無弊也。

一、官收洋藥。方今籌餉最急，然而零星羅掘，難得鉅款，釐金將撤，礙難再加，鹽價屢加亦難過重。惟有加價於洋藥，則不病民而增鉅餉。查法國及西班牙運售火柴、呂宋煙，日本在臺灣收售洋藥、土藥，皆由公家收買分銷，今擬仿照其法。檢海關貿易册，光緒二十五年洋藥進口銷售者五萬九千一百六十一擔，溯查以前五年，大率五萬擔上下，最多者六萬三千一百餘擔，最少者四萬八千九百餘擔，每擔一百斤，以六萬餘擔計，合九千六百萬兩。現在時價，每兩價銀五錢，姑以大率作一萬萬兩計算，共計價銀五千萬兩，稅釐在內。擬以後由官設局，在各關進口時，全行收買，然後轉發散商，分銷各省，照時價加二成發商轉運專售，除稅釐照數撥還海關外，計每年可得盈餘一千萬兩。官局先向洋商總收，繼聽華商領運，發商以後，運赴何路，價值低昂，銷數盈絀，全不過問，尤爲簡易。但每兩五錢係華商轉售之價，其中必有餘利，然則買價尚可在五千萬兩之內。惟香港及沿海一帶，須設巡緝小兵輪數艘。光緒十三年赫德開辦洋藥稅釐併徵時，創設巡輪，其船式、船數、地段、經費及巡緝之法，總署均有奏案可考。上海宜設總局，各海關進口處所宜設分局，計巡船及總分局委員、司事人役經費，約計需銀二百萬兩以內。開辦之初，須籌銀一千萬兩以爲資本，卽向外國銀行息借應用，分爲十年歸還，此乃有著之還款。利息必輕，先與議定總數，隨時陸續提用起息，除去巡船局費歲還借款本息，實可得銀七百萬，十年後借款還清，卽可歲贏八百萬，洵爲鉅款。先行試辦一年，辦有成效，一年後再加價一成，則盈餘更鉅。若華商運銷暢順，以後售價仍可相時酌加，卽加價五六成以至加倍，亦於良民無損。設或因加價滯銷，俟至半年尚無起色，則酌量減價，極之仍照向來售價，自可銷出，亦必無賠折之理。向來洋藥到口，未必立時全行銷去。今由官全數收買，亦於洋商有益。可與該洋商議明，每年共分幾批，每批貨到，立時付定銀二三成，其餘付給三箇月期票，三月以後自然華商分來領運，卽以商資轉付洋商。惟初行加價轉售之章，華商必然觀望，希圖減價，不及半年，存貨已盡，斷不能始終把持，故必須寬籌半年資本，方能堅持定價。然洋商既可收期票，故只須籌三箇月之費，卽已足敷周轉。自去年土藥加稅三成以後，土藥運銷之數並未減少，然則洋藥加價二三成，亦必無礙，藥商未必始終抗阻，至內地土藥業經加收稅釐三成，則英商當亦無所藉口。若各官局有未經照加者，應查明切飭一律實加三成，其巡船未造成之先，可暫以南北洋兵輪充用，經費亦可稍省。此舉應先與英國商明，訂立專約，每年包銷六萬擔，不准多運來華，包收二年，後體察情形，再訂續約。近十年銷數不旺，至光緒二十五年而始多。今每年有切實銷數，英人當亦樂從。惟華商出洋私運進口不可不防，若非英國實力助我防察，斷難盡行杜絕。除巡船稽查外，應與英國切實議定，只有各口官收，英商不准絲毫私售華商，以杜影射。如查出有華商私買私運，重立罰約，印度若不濫售，則偷運之弊立窮。在我防之則甚難，在英人禁之則甚易，此爲第一關鍵。若英肯訂約實辦，則此舉之有益巨餉確有把握矣。擬請欽派大臣一員，駐滬辦理此事，名爲總理藥務大臣。此事任重款鉅，而其事甚簡，只須操守廉正，確實可信，於外國情形不隔閡者，卽可勝任。其各口分局委員，統聽該大臣選派考核，隨時偶一分往巡察。此舉在中法則無害於民生，在西法則無礙於商務，應請朝廷飭議迅速施行。

一、多譯東西各國書。今日欲采取各國之法，自宜多譯外國政術學術之書。譯書約有三法：一令各省訪求譯刻，譯多者准請奬，然經費有限，書不能多也。一請明諭各省舉、貢、生員，如有能譯出外國有用之書者，呈由京外大臣奏聞，從優奬以實官，或奬以從優虛銜，發交各省刊行，如此則費省矣。然外國要書流播入中國者，無幾不能精也。一請敕令出使大臣訪求該國新出最精最要之書，聘募該國通人爲正繙譯官，卽責令所帶隨員、學生助之。通洋文而文理深者，充副繙譯官，文理優而洋文淺者，充幫辦繙譯官，其全不通洋文而文理平常者，不准充出洋隨員、學生，以杜濫竽糜費之弊。限三年之内，每人譯書若干種，每種若干字，回華繳呈，不得短缺，短缺及過少者，不准保舉。如此則去時洋文雖淺，歸時洋文必深，於隨員，學生之學業，暗中多所成就，而所譯皆切用之書矣。然猶不能速也，并擬請敕令出使日本大臣，多帶隨員、學生，准增其經費，倍其員額，廣蒐要籍，分門繙譯，譯成隨時寄回刊布。緣日本言政言學各書，有自創自纂者，有轉譯西國書者，有就西國書重加刪訂酌改者，與中國時令、土宜、國勢、民風大率相近，且東文東語通曉較易，文理優長者欲學繙譯東書，半年卽成，鑿鑿有據，如此則既精而且速矣。

以上各條，皆舉其切要而又不可不急行者，布告天下則不至於駭俗，施之實政則不至於病民。至若康有爲之邪説謬論，但以傳康教爲宗旨，亂紀綱爲詭謀，其實於西政西學之精要全未通曉。茲所擬各條，皆與之判然不同，且大率皆三十年來已經奉旨陸續舉辦者，此不過推廣力行，冀紓急難，而大指尤在考西人富强之本源，繹西人立法之深意。伏望聖明深察遠覽，早賜施行，使各國見中華有發憤爲雄之志，則鄙我侮我之念漸消。使天下士民知朝廷有改弦更張之心，則頑固者化其謬，望治者效其忠，而犯上作亂之邪説可以不作，天下幸甚。所有第三次籌議各條，臣等謹合詞恭摺具奏。伏祈皇太后，皇上聖鑒。謹奏。

又《變法摺附片》　再，臣等此次所奏變通政治諸條，或養人才，或厚民生，或整軍實，或肅官方，所需經費必皆不少。此次賠款極鉅，籌措艱難，論者必以度支困絀爲詞，謂諸事方求節省，豈宜更增用費，遂不免顧惜遲疑。臣等之愚，竊以爲不可。今若竭海内之力，百計搜括，但供每年賠款，以冀無事，則外國必將視我中國皆苟安無志之人，士無奮心，民無固志，各國之輕我侮我更將得步進步，不待賠款還清，而中國已不能立國矣。竊謂節用之與自强，兩義自當並行，不宜偏廢。此時應省之事必須省，應辦之事必須辦，應用之財必須用。嘗聞數十年來，論理財者大率皆以省嗇爲先，謂以備有事時用之。此省事息民之常經，閉關自守之善策，而非所論於强環伺之時勢也。大率富强之道，無論民事、兵事，皆須平日未雨綢繆，多年積累，近者四五年，遠者一二十年。卽如講求農工商，本爲富國起見，然當其創新法開新埠之初，必先官設學堂以爲教，官創機廠以爲式，官助資本以爲扶持，然後農工商之利可開。本欲阜財，必先費財，西洋各國皆然，而日本爲尤著。若立學、教士、練兵、製械、訓農、勸工等事，皆以款絀不辦，一旦有急，安得人才、兵械而用之？縱使存款饒多，取辦倉卒，止能募烏合之勇購廢雜之槍、虛糜而兼誤事，卽爲度支計，亦甚可惜矣。譬如備荒必須積穀於累年，防水必須築堤於平日。如待災成而後買穀，則饑民已轉於溝壑，待水至而後修堤，則田廬已淪於巨浸，雖有多金重賞，亦無所施。至於軍國大計，尤貴遠謀，難規近利。豫籌於平日，則一錢得萬錢之益，趕辦於臨時，則萬金無一金之效。試以遠事證之，道光辛丑，廣東議和，藩、運兩庫現銀六百萬，搬運塞途，盡付賠款。以近事證之，上年天津不守，司道局各庫存銀六百餘萬，招商局存米四十萬石，盡資外人。然則務省嗇而不務修備，前車具在，可爲寒心。或又謂此時民力已困，欲籌辦事之款，豈不重爲民累？此又不然。譬如備荒必於本鄉捐社穀，防水必於近村捐堤費。社倉多一石，則全活不止一命，堤土高一尺，則護田不止一頃。雖甚竭蹶，猶必爲之。其初雖難，其後必感。推類言之，寒士力學不可惜膏火，中人之產不可無牆垣，行江海者不可乘敝舟，負債多者不可廢酬酢。夫豈不知籌措之艱難哉？誠有所不得已也。竊謂既須籌賠償之款，尤宜籌辦事自强之款。賠償之款，所以紓目前之禍難。自强之款，所以救他日之淪胥。應請敕下政務處大臣、戶部及各省督撫，於賠款外，務必專籌巨款，以備舉行諸要政，庶幾各國刮目相待，而中國之生機不至於遽絕矣。臣等謹合詞附片具奏，伏祈聖鑒。謹奏。光緒二十七年六月初五日。

《光緒朝上諭檔・光緒二十七年八月二十日》　内閣奉慈禧端佑康頤昭豫莊誠壽恭欽獻崇熙皇太后懿旨：自經播越，一載於茲，幸賴社稷之靈，還京有日，卧薪嘗膽，無時可忘，推積弱所由來，歎振興之不早。近者特設政務處，集思廣益，博採羣言，逐漸施行。擇西法之善者，不難舍己從人，救中法之弊者，統歸實事求是。數月以來，興革各事，業已降旨飭行。惟其中或條目繁重，須待考求，或事屬創舉，須加參酌。回鑾以後，尤宜分別緩急，鋭意圖成。茲據政務處大臣榮祿等面奏變法一事，關係甚重，請重申誡，諭示天下以朝廷立意堅定，志在必行，並飭政務處隨時督催，務使中外同心合力，期於必成。用是特頒懿旨，嚴加責成，爾中外臣工，須知國勢至此，斷非苟且補苴所能挽回厄運。惟有變法自强，爲國家安危之命脈，亦卽中國民生之轉機。予與皇帝爲宗廟計，爲臣民計，舍此更無他策。爾諸臣受恩深重，務當將應行變通興革諸事，力任其難，破除積習，以期補救時艱。昨據劉坤一、張之洞會奏整頓中法仿行西法各條，事多可行，卽當按照所陳，隨時設法擇要舉辦。各省疆吏，亦應一律通籌，切實舉行，大要不外言歸於實，用得其人。予與皇帝宵旰焦勞，毋子一心，力圖興復，大小臣工其各實力奉行，以稱予意。將此通諭知之。欽此。

調整政府機構分部

綜述

《東方雜誌》第一卷第十一號《政務處奏遵議裁併內務府司員差缺摺一九〇四年十二月三十日》 五月初八日，內閣奉上諭，朕欽奉慈禧端佑康頤昭豫莊誠壽恭欽獻崇熙皇太后懿旨，方今時局阽危，百端待理，內務府司員太多，應如何裁汰歸併，著政務處會同內務府大臣妥議具奏。其餘內外各衙門亦卽仿照核辦，次第推行等因。欽此。仰見聖朝躬行節儉，力杜浮糜，法始自近。伏讀之下，欽悚莫名。伏查內務府差務較繁，額設司員亦因之較多，現經奉旨裁汰歸併，自應欽遵辦理。臣等詳加察核內務府所屬各處司員，分別差務繁簡，酌量裁併，現擬裁撤員外郎十員，委署主事十四員，六品司庫六員，六品庫掌四員，六品司俎官一員，共裁撤三十五員。又上駟院擬裁撤委署主事三員，阿敦侍衛六員，牧長三員。武備院擬裁撤各項固山達三員，委署固山達、八品催總各一員。奉宸苑擬裁撤委署主事二員。圓明園擬裁撤委署主事、六品庫掌、六品苑丞、七品庫掌、七品苑副各一員，又八品苑副二員，委署苑副三員。頤和園擬裁撤六品苑丞、七品苑丞各二員，八品苑副、委署苑副各四員，共裁撤四十一員，二共裁撤七十六員。又內務府所屬咸安宮官學學生，前經奏准歸入學堂肄業，其專管學務之大臣及派充總管之司員等，擬一併裁撤，該處遇有應辦事宜，卽歸併內務府辦理。熱河正副總管事亦較簡，亦擬裁撤，所管各該處事務並所屬官兵，併歸熱河都統管理。內務府堂上原設有督催所，事務本簡，擬一併裁撤，所有擬裁撤之缺及各項差使，謹繕清單恭呈御覽。如蒙俞允，應俟命下，卽由政務處恭録，通咨內外各衙門懔遵。原奉諭旨仿照核辦，次第推行，不得觀望遲延，以副聖明綜核名實，整飭官常之至意。至內務府裁撤各缺，應自奉旨之日起，遇有缺出卽行裁撤。如升補到班，仍照選章揀選升補，如所出之缺非應裁之缺，卽以應裁之員調補。又查內務府遇近十數年來保奬、捐輸兩途較之實缺員數不啻倍蓰，既經裁併以後，所有實缺應升及候補兩項勢必壅滯，如何設法疏通，應由吏部詳酌核辦。謹奏。奉旨依議，欽此。

謹將內務府所屬各處司員差缺分別裁併，繕具清單，恭呈御覽。查內務府原設郎中二十八員，除歷年分撥裁撤外，現僅二十四員分隸十三處。查郎中爲司員表率，差務較繁，每處原係三員，曾經裁撤一員，今擬毋庸再裁。又查原設員外郎六十員，歷年撥補添裁，現共設六十一員分隸十五處。惟各司處差使繁簡不同，今擬於會計司裁一員，掌儀司裁二員，慶豐司裁一員，愼刑司裁四員，營造司裁二員，共裁十員。又查原設主事十三員分隸十二處，歷年並無增裁，堂主事僅二員，各司處主事每處僅一員，今擬毋庸裁撤。又查原設委署主事十四員分隸十三處，雍正十二年，吏部奏准各部院衙門停其委署主事。至乾隆二十二年，由內務府奏明，復設查委署主事，差使較簡，今擬全行裁撤。又查廣儲司六庫額設六品司庫共十二員，查六品司庫係每庫二員，差務較簡，今擬每庫裁撤一員。又查原設造辦處六品庫掌十員，於雍正年間原設六員，嘉慶年間增設四員，今擬裁撤四員。又查掌儀司現設六品司俎官五員，順治年間原設四員，康熙年間增設一員，今擬裁撤一員。查內務府所屬咸安宮官學額設官學生一百十名，前經奏准歸入學堂肄業，其漢教習均照期滿例，帶領引見録用，尙有弓箭及清文教習四員，擬俟出缺卽行裁汰。其專管學務大臣及派充總管之司員等，擬請一律裁撤。該處原設筆帖式一員暨領催蘇拉等，仍擬酌留看守官學房間及庫存書籍。該學印信一顆，擬封交廣儲司銀庫收存，嗣後該處遇有應辦事宜，卽歸併內務府辦理。內務府堂上原設立督催所，專爲督催各司處奏銷文移及核計功過等事，差務較簡，擬將該處事務歸併堂上辦理，督催所即可裁撤。查內務府三旗額設內管領三十員，副內管領三十員，查近年內務府生齒日繁，戶口增多，該管領等管理本甲喇旗務，有添裁稽核人丁戶口，承辦官兵俸餉之責，差務繁要，擬毋庸裁撤。又查張家口牛羊羣值年委署主事一員，查該處值年僅只委署主事一員，筆帖式一員，擬仍其舊。內務府所屬熱河總管二缺，向於郎中員外郎內特旨簡放。查熱河設有苑丞、苑副、千總等官專司看守園庭及外廟等處差使正總管雖有兼管喇嘛額魯特事務之責，事亦較簡，擬請將熱河正總管、副總管二缺裁撤，所有園庭及各該處事務並所屬官兵等，統歸熱河都統管轄，以期簡易。上駟院擬裁委署主事三員，阿敦侍衛六員，牧長三員。武備院擬裁弓匠固山達一員，委署弓匠固山達一員，備箭固山達一員，委署備箭固山達一員，亮鐵作八品催總一員。奉宸苑擬裁奉宸苑委署主事一員，南苑委署主事一員。圓明園擬裁委署主事一員，六品庫掌一員，六品苑丞一員，七品庫掌一員，七品苑副一員，八品苑副二員，委署苑副三員。頤和園擬裁六品苑丞二員，六品苑丞銜七品苑丞二員，八品苑副四員，委署苑副四員。

又《直隸總督袁奏議裁地方河工監務各官缺摺一九〇四年十二月三十日》 竊臣伏讀光緒三十年五月初八日上諭：『朕欽奉慈禧端佑康頤昭豫莊誠壽恭欽獻崇熙皇太后懿旨，方今時局阽危，百端待理，內務府司員太多，應如何裁汰歸併，著政務處會同內務府大臣妥議具奏，其餘內外各衙門亦即仿照核辦，次第推行等因。欽此。』又伏讀光緒三十年五月二十七日上諭：『朕欽奉慈禧端佑康頤昭豫莊誠壽恭欽獻崇熙皇太后懿旨，現在物力艱難，自應力除冗濫，用資整頓。前已迭降諭旨飭裁冗員浮費，而內外因循瞻顧，未能實力奉行，茲特嚴申告誡，樹之風聲。所有粵海關、淮安關兩監督，著即行裁撤，其粵海關一切事務著歸兩廣總督管理。江寧、蘇州兩織造同在一省，著即將江寧織造裁撤，凡京外各項差缺有應行裁汰歸併者，著各部院堂官及各省將軍督撫破除情面，認眞釐剔，奏明裁併等因。欽此。』仰見宮廷力戒浮糜，躬行節儉，立法自近，因時制宜，垂訓諄詳，莫名欽悚。伏查臣於光緒二十八年間，因南漕運京改用火車，已將漕運通判等文武十三缺奏明裁汰在案。此次裁併官缺詔旨嚴切，尤當認眞遵辦，當經督飭司道通盤籌畫，盡汰閒冗，期裁一缺卽爲國家少一糜費，爲民間免一供億，且當時局艱難，帑藏匱乏，苟非確有專責，豈容尸位其間？現經悉心體察，所屬地方自巡道以下並河工鹽務佐貳雜職，各員不論原設額設繁簡，候補候選，但考其現在職守無甚重要或與該府州縣同城及閒散無關治理防守，或雖不同城而相離非遠，州縣可以兼顧，及各缺中無事可辦，無政可稽者，卽在議裁之列。統計議裁巡道一缺，理事同知二缺，地方同知三缺，河工同知二缺，理事通判一缺，地方通判三缺，布理問一缺，直隸州州同二缺，直隸州判五缺，地方州判一缺，河工州判五缺，地方縣丞四缺，河工縣丞十缺，地方主薄二缺，河工主薄十缺，地方巡檢二缺，河工巡檢三缺，府倉大使一缺，縣倉大使一缺，閘官二缺，鹽大使一缺，鹽知事一缺，以上共六十三缺。請卽一併裁撤。內霸昌道一缺管轄西南北三廳並無審轉案件，應歸併通永道管轄。臣與府尹臣往返函商，意見相同，該道穆特賀係簡放之員，今將該缺裁去，應請旨另行簡放，俾免向隅。又請裁之保定府理事同知、永平府理事同知、通州理事通判均係簡用之缺，查直隸理事同知尚有一缺未裁，理事通判尚有二缺未裁，應俟遇有缺出或他省缺出，由部先儘裁缺之員請旨簡用。又請裁之山海關通判，經管駐防兵米，應就近歸併臨榆縣管理。又請裁之蘆臺海防撫民通判，應辦事宜應歸併蘆臺巡檢管理，其餘裁缺各員應辦事宜均歸當境地方官管理。內惟河工各員有廳官未裁，汛官已裁，該汛應辦河工有距州縣遠而距廳官近者，應歸併廳官管理，裁缺鹽員應辦事宜歸併附近鹽員管理。至裁缺各員歸於裁缺，卽用班內遇有缺出，先儘此項人員請補。其有缺已裁盡者，准以對品之缺借補，惟地方通判、直隸州州同、直隸州州判三項州縣征收不在此列。永定河現正籌辦大工，如有可裁之缺，俟合龍後另行奏保，此外未盡事宜由臣督飭司道隨時籌議核辦。謹奏。謹將順直應裁理事地方河工、鹽務各缺繕具清單，恭呈御覽。計開巡道一缺，霸昌道理事同知二缺，保定府理事同知、永平府理事同知、地方同知三缺，廣平府同知、正定府同知、順德府同知、河工同知二缺，保定府管河鹽捕同知、河間府河捕同知、理事通判一缺，通州理事通判、地方通判三缺，保定府通判、蘆臺海防撫民通判、山海關通判布理問一缺，布政司理問、直隸州州同二缺，易州直隸州州同、定州直隸州州同、直隸州州判五缺，遵化州直隸州州判、易州直隸州州判、冀州直隸州州判、趙州直隸州州判、深州直隸州州判、地方州判一缺，涿州州判、河工州判五缺，灤州管河州判、安州管河州判、滄州管河州判、景州管河州判、通州漷邑州判、地方縣丞四缺，萬全縣管糧縣丞、南宮縣縣丞、房山縣縣丞、良鄉縣縣丞、河工縣丞十缺，大城縣管河縣丞、滿完管河縣丞、新雄管河縣丞、天津縣管河縣丞、任邱縣管河縣丞、故城縣管河縣丞、吳橋縣管河縣丞、清河縣管河縣丞、武清縣楊村縣丞、大名縣衛河縣丞、地方主簿二缺，獻縣主簿、元城縣兼河主簿、河工主簿十缺，霸保管河主簿、文大管河主簿、河西務主簿、香河縣管河主簿、文安縣主簿、靜海縣管河主簿、青縣管河主簿、南皮縣管河主簿、交河縣管河主簿、東光縣管河主簿、地方巡檢二缺，延慶州永寧城巡檢、懷安縣柴溝堡巡檢、河工巡檢三缺，薊州移設大城縣子牙河巡檢、青縣興濟鎮巡檢、青滄減河巡檢、府倉大使一缺，保定府廣盈倉大使、縣倉大使一缺，天津縣北倉大使閘官二缺，通州通流閘閘官、大興縣慶豐閘閘官、鹽大使一缺，歸化場大使、鹽知事一缺，長蘆鹽知事。

又 **第十二號《政務處議復各督撫裁汰冗官摺一九〇五年一月三十》** 迭准軍機處抄交直隸總督袁世凱奏議裁官缺及酌裁教職各一摺，又安徽巡撫誠勳奏擬裁官缺一摺，又河南巡撫陳夔龍奏酌裁佐貳教職河工官缺各摺片，均奉硃批，政務處吏部議奏，單片併發，欽此。又御史夏敦復奏直隸教職請免裁併一摺，奉旨政務處吏部議奏，欽此。查京外各項差缺，欽奉諭旨飭令裁汰歸併，朝廷綜覈名實，並不論官階大小，惟期各勤職事，除冗濫而勵官常。今該督撫等將直隸等省應裁各缺先後奏到，臣等詳加察覈，直隸擬裁霸昌道一缺，據稱所轄僅西南北三廳，無審轉案件，可歸併通永道管轄等語。查本年八月間陝西巡撫升允奏請裁糧道一缺，業經奉旨允准，霸昌道事務較簡，應照所擬准其裁撤，現任道員穆特賀應俟奉旨後，由吏部照例知照軍機處請旨另簡。至直隸等省擬裁同通以下等缺，查同知通判乃京官升選之途，滿員如各部院筆帖式，漢員如內閣中書等十七項，及國子監學正學録等官，或京察奉旨記名，或俸滿截取始得註選，該員等在京當差多年，似不能不予以出路，俾資歷練。各項州同州判，爲舉人五貢就職本班。上年學務大臣奏定章程，各學堂畢業獎勵並有以州同州判儘先選用之條，亦應酌留額缺，以勵上進。近日山東巡撫周馥以河防較前喫重，請將沿河各府州縣同通佐貳等缺移駐河干，助州縣照料所不及，即如該撫陳夔龍以許州所轄之繁城鎮鐵路開通，請將同城之州判移駐該鎮，就近稽查，彈壓先後奏明在案，是缺分繁簡因時轉移，即閒散微員用當其職，亦足以資佐理，應令該督撫等再行詳覈，分別奏明辦理。安徽、河南擬裁各缺，該管事宜如何歸併，原奏未據聲敍，並由該撫詳議奏覆。至教職一項，直隸擬凡係二缺裁一，安徽、河南擬裁復設各缺，其意相同。惟查現在各省府廳州縣均應設立蒙小學堂，方須廣置教員，以資訓迪，若將京師大學堂及各省所取之初級師範生，由學務大臣考驗合格，保送教職，歸部銓選，則一轉移間將來各省學官即可兼充各處學堂教員，允爲名實相符，尤於學校有益，擬請毋庸裁撤。如蒙俞允，應由吏部查照學務大臣奏定章程分別班次，奏明辦理。謹奏。奉旨依議，欽此。

又 **第二卷第四號《政務處復奏蘇省裁改職官摺一九〇五年五月二十八日》** 光緒三十年十一月十八日，准軍機處抄交署兩江總督端方等議裁官職籌議辦法一摺，奉硃批，政務處吏部議奏。欽此。查原奏內稱江安糧道已無辦運之責，衛所屯糧亦經裁歸各州縣清查征收，所事尤爲清簡。查河南省即以鹽法道兼管糧務，江寧現有鹽道似可援照裁併，擬將江安糧道一缺即行裁撤，所有該糧道管轄漕務，一律併歸鹽法道兼管，糧道庫大使一缺應併改隸鹽糧道管轄，毋庸裁撤，此外同通各缺均請一律免予裁撤。至應行更置各缺，不能不與時變通，分別移駐，廉俸自可照例支給，毋庸更張。其移駐後一切事宜，容再督飭司道悉心經理各等語。臣等查該署督因江安河運停辦，屯衛全裁，糧道事務簡少，遂爲裁併之議。惟查該道向同兩江總督駐紮江寧省城，所有重要局差，近年多委該道經理，不僅專管運衛，現在時艱孔亟，交涉日繁，該督兼綜洋務、鹽務、練兵、籌餉諸大政，亦須多有實缺大員，遇事籌商，用資贊助。陝西、湖北、湖南糧道先後裁撤，以同城司道較多事務之煩，亦均非兩江可比。今若遽將江安糧道裁併，則該省城實缺司道僅有兩員，藩司本統治地方，鹽道又兼理關務，管領均煩，是各局所皆將委之。候補各員資望過輕，殊不足以資表率，該糧道一缺自應仍舊設立，以重地方，該署督所請裁併之處應毋庸議。至原奏內所請將蘇州府海防同知一缺移駐太平洲，改爲太平廳撫民同知，蘇州府管糧通判一缺移駐洞庭西山，改爲靖湖廳撫民通判，係因該兩處距所轄縣治較遠，戶口繁庶，匪徒出没，征糧緝捕均多不便，須設專員撫治。青浦縣主簿移駐黃渡鎮，荆溪縣主簿移駐梧桐山，亦爲因地制宜起見，擬請照准，廉俸等項仍舊支給，其餘一切未盡事宜應由該省督撫查明，奏咨辦理。謹奏。奉旨依議，欽此。

又 第一號《理藩院奏擬請裁併各處所員缺摺一九〇六年二月二十八日》 五月初八日內閣奉上諭，朕欽奉慈禧端佑康頤昭豫莊誠壽恭欽獻崇熙皇太后懿旨，方今時局阽危，百端待理，內務府司員太多，應如何裁汰歸併，著政務處會同內務府大臣妥議具奏。其餘內外各衙門亦即仿照核辦，次第推行等因。欽此。又五月二十七日奉上諭，凡京外各項差缺有應行裁汰歸併者，著各部院堂官、各省將軍督撫破除情面，認眞釐剔，奏明裁併等因。欽此。仰見聖朝力戒浮糜，躬行節儉，立法自近，跪讀之下，欽惕難名。旋於八月間准政務處咨送會奏，妥議裁併內務府司員一摺，聲明各衙門仿照核辦，次第推行等因。咨照前來伏思，設官分職各有專司，值此時局艱難，尤應力除冗濫，務使人各盡職，振刷圖維，以期治理蒸蒸日上。臣等自上年以來，即通飭臣院所屬各司等處司員筆帖式，務當爭自磨勵，勤慎趨公，倘有怠惰偷安，定行懲處。所有掌印主稿各員逐日辦公，原可隨時考察，其餘烏布較次之司員筆帖式另設考勤簿，不時查考，藉資甄別，業將各員中勤奮者予以滿檔房存記，怠惰者分別重輕，或本署記過，或咨吏部記過。候補中滿洲筆帖式致祥、蒙古筆帖式崇溥、恆齡等三員，則咨回本旗候選。並查有年老多病司員，宗室郎中載作，則咨宗人府吏部開缺，破除情面，不稍姑息，用示勸懲各在案。查臣院所屬旗籍、王會、柔遠、典屬、徠遠、理刑六司，滿、漢、蒙古三檔房，司務廳，當月處，督催所，銀庫，飯銀處，分設宗室滿洲蒙古郎中十二員，員外郎三十六員，滿洲蒙古漢軍主事十六員，滿洲司庫一員，滿洲蒙古司務二員，滿洲蒙古漢軍筆帖式九十五員，各司職掌承辦內外札薩克六盟四部落及歸化城所屬土默特，黑龍江所屬布特哈、巴爾虎、達呼爾、鄂倫春、伊犂、科布多所屬杜爾伯特、吐爾扈特、青海、察哈爾、阿拉蕃魯特、蒙古暨新疆所屬四部，王公官員陞降襲替、賦稅比丁、捐輸賑濟、議敍議罰、旌表致祭、朝覲宴享、貢輸俸糈、行圍頒曆、軍政驛務、命盜案件、承緝逃犯以及呼圖克圖喇嘛轉世，建廟錢糧，劄付度牒，並西藏、廓爾喀、四川土司入貢，宴賚各國人員游歷勘合各事綦繁。且臣院滿蒙公事，向係司員筆帖式親自經理，從不假手吏胥，所募書手專司繕寫漢文，故額設司員分隸各處僅敷分布，每遇年班典禮，差務尤繁，實缺人員尚不敷分派，往往藉資候補人員。現經奉旨裁汰歸併，自應欽遵辦理，臣等細心考核，分別繁簡，酌量裁併。查臣院六司職掌最繁，即滿檔房爲闔署領袖並接收庫倫、西寧兩路摺報，代爲轉遞。司務廳接收各處咨文，管轄闔署官役。當月處接收在京各衙門文件等差，銀庫支放蒙古王公來京該班廩餼銀兩，飯銀處經理闔署辦公飯銀，差務亦較繁重，均請免予裁撤。至漢檔房職司繙清譯漢，與六部不同，雖近年題本均已改奏，事務尚繁，亦請毋庸裁撤。惟查蒙古房僅司蒙文，題本現既改奏繕清文，又查督催所專司督催各司處奏咨文移期限及每月彙造註銷册籍事宜，差務較簡，擬請一併裁撤，其督催註銷一切事宜，均歸滿檔房辦理。原有關防一顆，亦歸滿檔房掌管，專備鈐用註銷册籍。再查原設題署主事滿洲二員，蒙古六員，因向年外差較多，司員不敷分派，奏明添設。現在熱河所屬八溝、塔子溝、三座塔、烏蘭哈達等四處差缺，陝西所屬神木一處差缺，均經先後奏裁，自應將滿蒙題署主事共八員擬請全行裁撤。又查蒙古房既擬裁撤，其額設之蒙古員外郎一員，蒙古主事一員，擬請全行裁撤。以上共擬裁撤十員，應請自奉旨之日起，遇有缺出即行裁撤。謹奏。奉旨依議，欽此。

論說

《申報·書上諭裁撤河東河道總督後一九〇二年三月五日》 分職設官以理民事，唐虞惟百，夏商官倍，周三百六十。始何其少？後何其多？曰：三古以上，俗醇而事簡，故官可以少。三古以降，文書日以繁，獄訟日以多，必從簡寡，勢將叢脞而不勝，此官之所以多也。自兩漢以迄元明，因革損益，代有變易，因時制宜，各從其便，史册具在，無事繁徵。我朝定鼎燕京，官制一因明代，酌其得失，澄敍官方，創制顯庸，典章明備。然而列聖御宇，綜覈名實，補缺汰浮，每有變更，不拘祖制，蓋時有不同即法有所難泥也。夫官自唐代階品已多，迨元大德以來，爵賞益繁，名器愈濫。國家滿漢並用，文武兼資，用是官更繁多，而其間閒散鮮事者亦頗不少。雖曰大小相制，輕重相維，庶事繁興，官難簡略。然措置能裕，亦正不妨去其繁蕪。當順治九年，陝西巡撫何承都已有省冗員之疏，然其所言者，祇直省可併之郡縣也。康熙三十九年，吏部等衙門會議，直隸各省督撫題裁閑冗官員，直隸井陘道、口北道、山東青州道、浙江金衢嚴道、福建督糧道及各省屯都司同知通判、布政使司、理問都事照磨、按察使司照磨、檢校都司、斷事衛經歷州同州判縣丞府照磨、知事司獄巡檢、驛丞倉車大使所官等共三百三十六員，俱應照各督撫等題裁汰。得旨口北道不必裁餘，依議後雖仍擇要復設，然一時裁缺之多，未有甚於是者。前年皇上振興新政，詔裁與總督同城之巡撫未幾，皇太后垂簾，悉復其舊。蓋以一二品大員身居要路，裁汰之難，非若末秩微員之易也。今河東河道總督錫良奏，以漕米改折，運河無事，河臣僅事堤岸，撫臣足可兼顧。自請將河東河道總督一缺裁撤，一切事宜改歸河南巡撫兼辦。皇上俞其請并諭令另片所奏，宜裁宜留，及分別急各節，責成錫良一手經理。尋又於本月二十四日，特降諭旨，錫良著調補河南巡撫兼管河工事務，即將前次奏請裁撤東河總督一切事宜妥籌辦理。想錫中丞身親目擊，利弊周知。即知河督爲無用閒員而自請裁撤，必能體察河工諸事，而處置皆宜。查各員弁之專司河道，而黜陟考覈皆掌於河道總督者，文則有道，有同知，有通判，有州同，有州判，有縣丞，有主簿，有巡檢，有吏目，有閘官；武則有中左右三營，及濟寧黄運豫河、懷河、王祿店等營，各弁其間。雖未可盡裁，而應裁者亦正無限，宜去者去之，宜併者併之，寧少毋濫，寧苛毋寬。吾願中丞勿懲察察之明而博含宏之譽，則國家不急之俸可以省，虛糜之餉可以除，於帑藏支絀之時，亦未始竟無小補。唐太宗謂房玄齡曰：『官在得人，不在員多。』宋太祖詔曰：『吏員猥多，難以求治旨哉。』斯言允堪爲天下式。抑愚更有進者，閒廢大員非祇河東河道總督一缺，大理寺事務無多，不過於三法司會議時，稍有所事。我世祖皇帝已言之漕米既令改折，則漕運總督亦可無須，此皆可裁之官之尤著者也。況尚不至於此，乃屢聞京師有裁撤太常寺、光祿寺等之信，而卒未見諸施行。倘能各官皆以錫中丞之心爲心，自請裁罷，則朝廷必將以爲職守所在，言之必確實可憑，允其所陳，删繁就簡，豈非整飭官常之美猷乎？若夫亭林顧氏謂何事紛紛於裁官多少之間，則彼一時此一時之說，未足以膠柱而鼓瑟也。

《同文滬報·論書吏之必當裁革一九〇四年八月初三日》 中國書吏之弊，千百年來至今日而已極，固夫人而能知之，其必當裁革，亦夫人而能言之矣。頃者中朝念時事之多艱，痛國勢之日非，慨然有志於變法，思有以去其舊染，咸與維新，亦嘗念及於此。而圖所以祛除之，因特頒明詔，極言書吏之弊，通飭京外各衙門，令即裁革。顧京外各衙門意存觀望，奉行不力，僅擇挂名頂卯、無關緊要之徒革撤三數人以掩飾耳目，敷衍塞責者有之。名爲裁革，另行招考書手，而其所招考仍屬書吏者有之。竟藐視朝廷，置明詔於不顧，仍復倚任書吏，并不裁革者亦有之。即京師六部衙門，以諭旨嚴切，耳目太近，不能不稍有舉動以副上意，亦嘗張皇其事，一若眞行裁革也者，至進而推求其實，則或擇挂名頂卯、無關緊要之徒裁革三數人，以掩飾耳目，敷衍塞責，或名爲裁革，另行招考書手，其所招考仍屬書吏，一如其他各衙門。自是以來，大猾巨蠹仍得盤踞當路，肆其舞文弄法、作奸犯科之手段，貪婪無饜。彼以爲吾儕本奉旨裁革，而各官吏仍復用之，已自蹈徇私違旨之咎，即有過失，各官吏必爲容隱，斷不敢公然究辦，以自取罪戾，於是其膽愈大，其氣愈熾，其心愈狠，其手愈辣，跋扈恣肆，悍然無復絲毫之顧忌，而其中尤以部吏爲尤甚。凡自京中來者，類能言之，各官吏雖悔恨之，而末如之何。至各官吏初時之所以因循從事，爲之優容，而不肯認眞裁革一舉而摧陷廓清之者，則亦有故。或受情託，或受賄囑，瞻徇其間，不克自主，即或有能免於情託賄囑之二端者，則又以積年以來所有公事皆倚辦於若輩，一旦去之，如失左右手，殆將無措，因不免心懷顧念，不敢遽裁，而不料其根株深固，萌芽復發，貽害流毒，一至如此其甚也。近者兵部尚書長大司馬整頓部務不遺餘力，而於裁革書吏一事尤爲著意，初本欲於裁革書吏之後，即令司員分辦公事，乃書吏既經裁撤，而各司員於部中公事平時漫不經心，一旦接辦，茫無頭緒，紛紛擾擾，貽誤良多，於是乃有復爲調停之説者，謂宜仍舊姑用書吏，使司員從而學習，一俟司員學習既熟，足以自辦，再將書吏裁革云云。長大司馬頗以爲然，擬仍招回書吏二十名，而衆書吏聯盟要挾，謂用必全用，且須擔保以後永不裁革，始能應招云云。該部進退維谷，至今此事迄未決定，吏部前聞兵部所爲，意亦欲仿而行之，認眞裁革，今見其爲難情形，已寢其議。近日竟有某侍御以兵部裁革書吏太苛，公事諸多錯誤等語，具摺奏參，説者謂此卽書吏之所指使，理或然也。然書吏之弊今日已極，裁革之舉實不容再緩，卽使各官吏於公事未能熟練，不免爲難於一時，然事在人爲，研習勤求，終有熟練之一日，其爲利賴，且無涯涘也。當事者其堅持之，勿爲浮議所動，必使裁革之舉克底於成，則中國之幸矣。

《時報・論近日設官裁官之無當一九〇四年九月初八日》 中國之改變官制，自庚子而後數見不鮮，其事顯明，似亦無足深論。然政府辦事向來立於被動之地位，凡有舉動，非必出於政府本意，而時勢輻湊，則亦或斷然行之。特政府之意，實以爲如此舉動，乃由時勢使然，於國家本計實不相關。故凡辦一事，待既辦之後，則應付此時勢之責任已終，至於有無成效及宗旨如何，皆非所計。以是之故，凡政府所辦事，因何發起，蛛絲馬迹，皆有可尋。倘卽所辦之事而研究之，則政府因物付物之方大可瞭然，而內部之眞形不難揭出。此本館所以樂爲推論也。按新設之官。始於庚子之政務處，其時榮祿秉政，兩宮駐蹕西安，欲假變法之名以謝各國，故設此以辦新政。然其開辦條例已多可議，識者早知其難恃。夫充政務處之成效，倘能爲樞府之監督或顧問，如列國之樞密院然。諮謀大事，以補樞府所不及，豈不甚善？乃當事各員皆仰承樞府鼻息，所議者不過一二小事，有若贅瘤，沿至於今，更復無事可辦，而大臣、總辦、提調衮衮諸公依然充位，揆諸初意，夫豈宜然，此固事之可怪者也。其次則爲改設外務部，外務部本稱總理各國事務衙門，改名之後，更置管部大臣一，會辦大臣一，尚書一，侍郎二，丞參各兩缺，列位在六部之上。專辦外交事宜，沿襲舊規，本無可議，所異者官制層累，有若重臺。夫以外交靈捷而論，已無取乎堂官之多。就幹辦職務而言，卽有司員，則丞參何必添設，此亦機關之未當者也。其次則立商部，商部本屬要圖，在今日尤須亟設，乃官制之層累，弊亦同前，而所辦保商興學諸端，一時亦無明驗。且設立以後，路礦失權之事層見疊出，訛言蜂起，或且集矢於某貝子，以爲受賕盜賣使然。謂商部不啻爲轉輪之樞紐，雖不根之論，未可依據，然務張皇而少實際，已可見其一斑。再次則爲財政處附於戶部，夫戶部筦轄全國財政，人所共知，今乃別出駢枝，以爲特別振興之一據，已屬可哂。乃時經累月，於鑄金幣、設銀行各事依然毫無眉目，而且未聞畫一策、發一令，爲全國財政稍圖改良。近且影滅聲消，勢同虛設，是財政處之無實際又可見矣。最近者則爲設練兵處，其注意在斂各省兵權歸於京師，以收楚齊畫一之效，而以各省財政，供其撥用。練兵固爲近今要政之一端，然新政要不得以此爲首務，此其事各報已多論之，卽就練兵而言，欲挾雷霆萬鈞之力督責各行省，事已萬難，況不追返本原，徒欲搜括民財以供揮霍，卽使勝兵百萬，而天下先已騷然。矧竭南方財力以佐北方，事理尤爲不順耶，此其事之不當，更無待論矣。凡此數者，皆國家近日所行新政，當軸之意，豈不曰規模式廓成效可期歟，而其實情不過如此。本館推當軸設施之意，知其於政治原理毫未有知，遇有事來，於全局未嘗通籌，而但爲頭痛醫頭，脚痛醫脚之計，故前後矛盾者有之，重複無謂者有之。不然政務何不併入軍機？外部何必多立堂屬？商部何不歸入工部而設農商務省？又舍戶部而設財政處，舍兵部而設練兵處，如謂舊者無用，則舊者應裁，如謂新政必行，又何須另設？蓋當軸既不欲身爲怨府，而又欲居變法之名，故情景離奇，成此結果。又近日各省因節省經費，紛議裁官，其見明文者，如直隸閩浙兩粵江蘇皖贛湘鄂，皆已次第舉行。夫官誠當裁，則不待節費之時早應撤併，如謂因節費而裁官，則縉紳一部，何莫非糜太倉之粟，耗水衡之錢者，卽應一切盡裁，而不必分別其當裁與否。蓋官吏之應裁與否，全爲政治上問題，而非財政上問題，如屬至要機關，則雖用款極多不能議撤，如本屬無用，則雖庫款充裕亦豈可令其虛糜？今以節流之計而議及裁官，竊以爲當道之宗旨大誤矣。綜而論之，近日設官、裁官兩事，皆由他事推演，牽率致然，故當局籌維，全不以改革官制爲本位。夫至所辦之事，與其本事漠不相關，則其方針之誤，豈待言哉？中國官制應改革者，亦正多端，如行政機關之不完及統轄組織之未當，皆宜速行整理。不此之務，徒鰓鰓然於一官之設，一缺之裁，雖閲千年，於事奚補。由此聯想諸大老於其他要政，如軍事外交等，皆將沿此謬見，捫籥妄行，及其末流或且別涉他端，更生弊害，隱憂方大，豈徒一時一事而已哉？輒因設官裁官之事，而論之如此。

變革軍制分部

綜述

沈壽朋《光緒朝東華録》卷一六八（光緒二十七年七月二十九日）壬辰，諭：現在整頓兵制，停止武科，亟應於各省省會建立武備學堂，以期培養將才，練成勁旅。查南北洋湖北所設武備學堂，及山東所設隨營學堂，均已辦有規模，應即責成李鴻章、劉坤一、張之洞、袁世凱等，酌量擴充，認真訓練。其應如何分門操習，俾精兵學而備干城，一切規制章程，務再細心核議，斟酌盡善，詳晰具奏，請旨施行。其餘各省，即著該督撫設法籌建，一體仿照辦理，以歸劃一。將此通諭知之。

沈桐生《光緒政要》卷二八（光緒二十八年）五月，北洋大臣袁世凱奏報直隸創設軍政司。疏云：竊臣疊次恭讀諭旨，飭令各省更定兵制，整頓戎行，宵旰焦勞，諄諄申儆，伏誦感奮，悚惕莫名。臣維中國軍政廢弛，匪伊朝夕，其弊端之尤著者，在於營制不一，操法不齊，器械參差，號令歧異。爲將者不習謀畧；爲兵者半屬惰游。平時而心志不相孚，臨陣而臂指不相使，聚同烏合，散如瓦解。誠如上年八月政務處來咨，所謂種種積弊，不可殫述，非大加釐訂，不能使將士皆歸實用者也。即就直隸一省言之，有綠營，有練軍，有淮軍，有新軍，名目衆多，規制淆雜，零星分布，風氣自爲。欲考查而散漫難稽，欲訓練而扞格莫入，循是勿變，安望振興？臣忝綰練符，亟思整飭，而才軽任巨，庶務殷繁，勢雖併力一心專顧軍事。且即以軍事而論，其節目之叢雜，端緒之紛紜，亦斷非一手一足之力所能經理。考泰西以武立國，治兵綦精，凡一國、一省、一軍皆有軍政總匯之處。如振裘者之挈其領，布網者之提其綱。舉一切軍中應有之義，應知之理，應辦之事，應用之物，莫不經營籌度，兼綜靡遺，依類以求，分股而理，各有職掌，各專責成。平時而規畫秩然，有事則因應不爽，其制甚善，其法至良。今誠欲求治軍入手之方，莫如酌仿行辦。其法先設軍務總匯之所，以立其體而握其樞。然後舉夫應興、應革之端，考究其利病，斟酌夫損益。庶幾措正施行，不待枝枝節節爲之，而軍政自釐然就理。臣現在省垣創設軍政司，其中區分三處，每處隸以各股。一曰兵備處，而考功、執法、籌備、糧餉、醫務等股屬焉。一曰參謀處，而謀略、調派、測繪等股屬焉。一曰教練處，而學務、校兵等股屬焉。軍政司督辦暫由兼攝，兵備處職位較重，查有軍機處記名留直補用道劉永慶，才識卓越，條理精詳，堪以委託總辦。參謀處次之，查有留直補用知府段祺瑞，志慮沈密，曉暢戎機，堪以委令總辦。教練處又次之，查有分省補用知府馮國璋，才具明通，諳練武備，堪以委令總辦，其餘亦皆人有專職，事有定程，衆目畢張，有條不紊。以討軍實而物給於供，以修戎備而事豫則立。要使與各營表裏相維，脈絡聯貫，勢渙者能使之萃，氣閉者能使之通，斟酌禁令，較若盡一，庶於整軍經武之道實有裨益。謹能將擬定試辦章程，恭繕清單，祇呈御覽。軍政司督辦一員由總督兼攝，設參謀議官一二員，以資贊佐，專掌施行軍政、更定兵制、策畫戰守、調練教育各事宜，隨時由司核定章程，頒行所屬，一體遵守。闔省在營文武員弁悉歸督辦統轄，陸軍兵備處總辦一員，幫辦一員，稟承軍政司辦理實行軍政。更定兵制事務，爲各處首領。所屬各股：一考功，二執法，三籌備，四糧餉，五醫務。考功股提調一員，委員二員，提調管理所屬委員，分理各事，其餘各股均仿此辦理。其經理稽查各事開列於下：一、文武員弁升降調補暨薪水公費應增應減等事。二、文武員弁功罪賞罰及受傷、陣亡、撫恤等事。三、文武員弁名册及平時功課，臨敵陣分派職事各表。四、文武員弁應得內獎、外獎、功牌、頂戴等事。執法股提調一員，委員四員，其經理稽查各事，開列於下：一、文武弁違犯軍律、審取供證、判斷擬辦等事。二、潔清囹圄、防範逃逸並監禁開釋等事。三、遴派學校生徒課習軍律，以備他日執法之選。籌餉股提調一員，委員四員，其經理稽查各事，開列於下：一、陸軍章程應行草創、更改、增損等事。二、招募新軍、遣散舊勇及徵發等事。三、各軍應用槍炮子藥暨鐵路電線一切行軍器械式製造，或購買並收藏配置等事。四、各軍服色、禮節、儀制劃一章程。五、各營將弁升調、告假、撤退及兵丁傷亡疾病、因事革除、所遺缺額預籌充補等事。六、選派學生出洋學習兵法及畢業回國充補將弁等事。糧餉股提調一員，委員四員，其經理稽查各事，開列於下：一、籌定各營常年額支、雜支並征戰所需各費。二、文武員弁目兵所領薪餉並一切出納軍需銀兩等事。三、征戰時糧餉輸運、購辦等事。四、兵丁應用糧食、衣服及馬匹、芻秣等事。五、駐守營壘、行軍帳篷及炊爨一切器用等事。六、各營操場、打靶場建置築造等事。七、軍政司所管之土地、房屋、物件並庫儲等事。醫務股提調一員，委員二員，其經理稽查各事，開列於下：一、各軍被服是否適體，糧食是否相宜，駐軍處所汲飲之水是否有損，並播除汙穢等事。二、療治疾病醫院並預防疫癘等事。三、查考各軍弁兵是否認真講求衛生等事。四、征戰時，分遣醫官隨營料理衛生並安置受傷弁兵等事。五、衛生醫學章程隨時更改、增損等事。六、遴派學校生徒課習醫術，以備他日醫官之選。七、設立紅十字會等事。陸軍參謀處總辦一員，幫辦一員，稟承軍政司會商兵備處辦理策畫戰守事務。所屬各股：一謀略，二調派，三測繪，四校兵。謀略股提調一員，委員四員，其經理稽查各事，開列於下：一、查考沿邊沿海守禦之宜及兵力應增應減設防計畫等事。二、主持戰守方略及籌議進退緩急之宜。三、預查征戰時地勢險夷高下，籌定駐兵運糧，凡一切利害得失等事。四、選派參謀委員訪查各國軍事詳細情形。五、輯譯古今兵事及歐美各國近百年以來戰史。調派股提調一員，委員二員，其經理稽查各事開列於下：一、考察平時戰守軍務情形，隨時斟酌改編營制等事。二、草創更革各項戰事章程。三、遴派學校生徒課習參謀各事，以備他日參謀之選。四、籌辦行軍鐵路、輪船轉運及電線等事。五、調遣營伍，區畫各營外守汛地等事。六、預籌布置征戰時一切事宜。測繪股提調一員，委員二員，其經理稽查各事開列於下：一、考查陸軍各學堂學業技藝，區分優劣等事。二、查核學堂營隊各項教育章程。三、編改各種訓練準則、教導規矩等書。四、訪查各國陸軍教育訓練章程。校兵股提調一員，委員四員，其經理稽查各事開列於下：一、簡閱步馬炮工各營操練是否純熟，軍容是否整肅並出師準備是否齊全等事。二、考查將領以下戰術兵略、技藝材能等事。三、簡閱各營內軍械子藥並各項器用等事。四、查驗行軍所需賬房器具、餱糧炊爨等事。以上各項爲軍政司創辦之大概，疏入從之。

論　說

《時報・改兵制私議一九〇四年五月二十六日》

中國自甲午一役集全國兵力於一隅之地，而不戰自潰，失地喪師，其失敗之狀況，有出乎敵軍意想之外者。自此東西各國知中國兵力之一無足用，而乃各張其借地、駐兵、通商、保教種種勢力之範圍，其要求之目的，不顧邦交，不畏淸議。而吾國宰執大臣，第晝諾坐嘯於其間，而曾無一人焉。敢持公法以與列强爭回國際上一毫之權利，是豈吾國上下之全無心肝哉？曰惟自知兵力之不足用，而懼無術以持其後耳。未幾再逢庚子之亂，其結果乃使列强干涉吾刑賞黜陟之大柄，甚至教育、財政、鐵路、商工及一切權利，俱爲列强所明取，所暗奪，羣雄洶洶，諸臣唯唯，賠款之巨，積本利幾至千兆，眈眈列强乃無不遂其大欲以去。自是以後，而吾國政治界上突現一變相，乃產出兩派特別性質之人物，一曰聯俄黨。一曰聯日黨，聯俄者求俄之保護，聯日者依日爲奧援，而轉視兵事之組織爲無關輕重之事，乃至以俄人不肯撤滿洲戍兵之問題，釀成日俄今日戰爭之烈劇。今者俄軍屢次失敗，海陸軍殆無恢復之望，日本又將於黃海上收第二次戰勝之結果，而爲東洋史上增黃種無量之價值，而世之有國家觀念者，乃莫不戢戢焉。憂兩國勝負決定之日，卽吾國極大困難問題發見之日。蓋其時列强均勢之局既變，其不免於横決衝突，乃趨勢之所必至也。吾知十八行省之地，隨在皆可爲滿洲之續，而二十世紀之初葉，殆卽列强破碎中國之一大紀念日也。況今日中國之可患不徒在外侮，而尤在内亂。觀前日駐京日使向政府陳説，請中國嚴守中立並防備各内地亂民釀禍，再演成第二滿洲之事云云，可謂知吾國之内情矣。嗚呼！處此萬難之局，與其坐以待斃，無寧姑爲萬一之計。夫聖人者，固知其不可爲而爲之者也。計將奈何，曰舍厚集兵力，殆無可以自存之理，竊擬簡例大別如左。就陸軍而言，海軍當別論之。一劃分南北兩軍。擬創立南北兩大軍團，南軍團以湖北爲集合區。北軍團以直隸爲集合區。此軍團指集數省而成者。夫武昌之地，西南承川滇委輸之利，西接關隴，東挽揚子江之下游，北聯河洛燕冀，一旦鐵路四通，挽輸便利縮萬里於咫尺，引胡越爲比鄰，轉餉徵兵，朝發夕至，其爲中區必爭之地，殆爲世界有識者所公認。直隸王畿之地，非厚集兵力尤不足以拱衛神京，其形勢利便，右腋太行，左接遼右，北通朔漠，東傅渤海。王船山云：『中區之地四戰用文，河山用武，漁陽上谷，古稱險要，固天所以資英雄用武之地也。』二練兵之額及其義務。擬各直省歸總督支配者練兵三萬名，歸巡撫支配者練兵二萬五千名。此等兵對於國家應盡之義務有二：一保護地方平和之秩序，二防禦國際交涉之破壞。保護地方之任，各省自爲節制，不受他省遷調。防禦國際之任，應由南北兩軍團隨時酌調，以資臂助。三兩軍團之所統轄。擬分江蘇安徽江西浙閩湘黔兩廣川滇十一省隸南軍團，山東山西河南陝甘東三省八省隸北軍團，新疆伊犂僻處西陲，與雄俄逼處，現邊防告急，當自成一軍，以厚兵力，不歸軍團調遣。四内部之組織。擬歸總督支配之兵士三萬名，内步軍一萬五千名，馬軍五千名，工程輜重隊五千名。軍士醫官在內。此爲常備兵，另豫備兵五千名。歸巡撫支配之二萬五千名，内步軍一萬二千五百名，馬軍四千名。工程輜重隊四千名。軍士醫官在內。此爲常備兵，另豫備兵四千五百名，其組織之法，現欲合全國統歸一律，恐急切有所不能，莫如各省先改爲一律操練，俟其成軍，再分爲隸南軍團者爲一律，隸北軍團者爲一律。其訓練之法，中國向師德國，近復取法日本。今宜就其已經訓練有成效者，各就其性質之所近而精研之，約不出兩國成法之外。按豫備兵可分選去軍團較遠之省，如滇黔之於南軍國，陝甘之於北軍團是也。五籌餉之法。王船山曰：『中區之產八，穀不與賦於司農，其滂溢橫射，走天下全利者，鹺政爲上。』其他言鹽政者多左就場徵稅化官爲私之説，竊謂集多數賢智之計畫，均出於一途，其效果必有可覩。近湯壽潛氏亦有整中國財政，卽鹽務一端而已足等語。則更有操券之權，應請統計兩淮鹽引常年輸入之的數，造立清册，俟改行新法後一年，再較其增進之率，如果蔚爲大宗，卽詔下各省均以兩淮爲準，則其較常年增進之率，悉數歸入練兵費用項下。此無煩司農之籌畫，而可以措辦者，亦何憚而久不爲哉？況且如張謇氏之振興實業，黄思永氏之究心製造，皆能實力振起商務之衰憊，挽回權利之外溢，識時俊傑。隨在多有，但須朝廷急下奬勵之詔，聽其自爲，不出五年，必歲增多數母財，而金銀之流出外洋者自日少。然後籌各省之餉養各省之兵，度無不舉之事，以視乎籌各省之餉，養一方之兵，而民不信，及開各項實官捐輸之下策者，其相去之數豈不遠哉？近日直督奏請各直省籌解練兵的費，聞已集有二百餘萬之數，第此項之款臨時湊措，究非持久之策。六軍械。兵法云：『軍械不利，以士與敵。』中日之戰，吾北洋軍裝子藥與槍砲口徑鑿枘，致演放不能奏效，而兵士之濫擲生命者以萬數。後論者謂係合肥所親某任北洋製造局事，購某國廢槍數萬枝之故。今後若不嚴加甄别，則不肖官吏希圖中飽，必仍有天良澌滅，仍蹈故轍之弊。謂宜各省軍裝均須一式，一如訓練之法，嗣再南北各歸一式。頃聞鄂督張尚書、江督魏制軍，已聯銜奏請改用一律槍砲，不日將見諸實行矣。七罷不急之需以厚軍餉。東西各國兵餉之少，無如我中國者。以月給三四金之養膳，而欲人效死力於疆場，此必不可得之數也。近聞俄國兵餉之薄，亦略如我國，其豫備兵月餉不過三四羅卜，故其臨戰時不肯效命，亦略與中國等。今宜罷一切不急之費，如河工省一無用之官，可養數十有用之兵。學官、冗員亦然。而加軍士之餉糈，約平時足色銀六兩一名，臨事加倍，營哨弁統領均優給薪金，其奮勇前敵者，尤予以破格之賞。如此，則一旦有事，望敵先潰之恥，吾知其免矣。八軍士宜待以特别之優異。泰西各國以軍士爲保護一國生命財產之要素，故國民於投身軍事界上之人，輒加以特别之寵異，視爲其國之第一等人物。試取各國軍事史讀之，其種種重視軍國民之性質，視吾國歷史所稱將帥與士卒共甘苦，及温語慰憐，煖如挾纊之説，蓋蔑如也。今則並此亦非士卒所能夢見，而營哨弁及統領之驅役士卒，往往極以窘辱不堪之事。此輩相安既久，亦遂習爲輭媚，而奴隸之根性亦愈演而愈深，此臨陣逃亡之員弁，不戰先潰之士卒所以數見而不鮮也。謂宜自今而後别立軍籍，以待行伍之士，凡占軍籍者，官吏不得凌辱之，其家屬之留居本籍者，地方官宜時加保護。遇有訟事宜施以公正之裁判，令齊民不得與軍籍同列。其資格與學生界並立同等。其有死於王事者，身後一切，從優撫卹。投身軍士年齡自二十歲至四十歲爲止，軍士回籍力田者，終身免其租賦。貧無力者，官與民有分任供給其衣食之責。如此則人人以效命疆場爲莫大之榮寵，十年之後，將蔚然自成東方一大强國，誰曰不然？總此八略，軍事大旨盡於此矣。然有一要義不能實行。則前八略可以盡廢，卽不授南北兩軍團督師大臣以特别專主之權是也。考昔自春秋及於戰國之世，中國自相戰爭，而燕趙獨以二國之力控制北陲。秦人外應關東，而以餘力獨捍西國，東不貸力於齊，南不藉援於韓魏，江淮以南竟不聞朔漢之有天驕，何則？以無所牽制，而各自爲守之得計也。及秦并六國，以天下之力捍胡，而匈奴方大，漢初竭力而莫之能禦，及觀魏尚之於雲中，李廣之於隴西，卒能以一郡之地捍匈奴之名王者，事權重而戰守專也。語曰：『天子有道，守在四夷。』言四裔之邊臣各自爲守，而不待天子自守之也。必若師內重外輕之策，令一國大軍之動止，悉受節制於樞臣，事已迫則奔走將帥以戰非所習之方，難未形則唯恐將帥之倚兵而侵上也。則土崩之勢既成，瓦解之形立至，而列强之環伺於吾側者坐收莫大之利，如俯拾辭樹之落實。則信乎吾民族之前途，眞有一落千丈之勢，墮萬劫而不復者矣。

《東方雜誌》第一卷第七號《時評練兵處與兵部之並設》 兵部之與練兵處固不能並設者也。近聞練兵處所辦各事，固不與兵部協商，即升調將弁亦不使兵部知之。兵部堂司頗爲憤妬。然亦無如之何云。按本朝官制，不免疊床架屋之弊，識者早已病之。蓋以兩衙門同任一事，權限不清，非互相推諉卽互爭勢力，其結果必至於此消彼長，一攬全權，一爲虛設而後已。今練兵處與兵部之不相能，實出於勢所必至。現知政府亦洞悉兩者並設之無謂，而亟議裁併矣。

又 第二卷第九號《兩廣總督張劄營務處改編營制文一九〇五年十月二十三日》 案准練兵處咨送奏定陸軍營制餉章，業經分別咨行在案。查湖北地處長江上游，鐵路交通實爲南北衝要，至少須練足陸軍兩鎮，方足以資控制。惟現在餉力未充，不得不變通辦理，亟應將湖北常備第一鎮全軍改照練兵處新章添練足數，第二鎮暫照練兵處奏定章程內變通制略。開辦第一年，營隊之數依法編練，俟餉力稍裕，再事擴充至兩鎮，礮馬輜重，各營需用驢馬及協標營隊雜項，委員勇夫有可酌量裁併，撙節緩設之處，應飭常備軍第一鎮統領張鎮彪，第二鎮護統黎協統元洪妥速籌議，酌擬辦法，呈候核明，奏咨呈案，不宜再遲。其營務處亦應按照練兵處奏章內督練處制，分設兵備、參謀、教練三處，其糧餉局、軍械局、軍醫局卽附設該處之內，派員分司經理，應卽由處遵照章程辦理此札。

舉辦警政分部

綜述

《申報・札興警察一九〇二年三月十八日》 昨有友人由鄂垣郵示張端二大帥創興警察事宜之札文一道，備録之曰頭品頂戴兵部尚書湖廣總督部堂張，頭品頂戴兵部尚書銜湖北巡部院端爲札飭事，照得整飭閭閻，禁戢奸宄，稽古昔之制則有游徼，徵外國之法則爲警察。湖北擬興各新政，如學堂□制皆已漸著成效，將次舉辦警察局，章程一切尚待求詳。武漢水陸要衝，五方雜處，同易藏匿奸宄。近者盜風益熾，且有暗地放火之事。警察局務既未能旦夕程功，惟嚴行保甲一端，尚易消弭內奸，清察外匪如能辦理得法，卽將來舉行警察亦有蹊徑可尋。查省垣既漢鎮各處，同俱設有保申總局，又復分立各鋪卡委員延紳以資勸助，原期大小相維，奸宄屏迹，乃積久懈生，並不認眞稽查。雖按季册報，亦不過陳陳相因之故事，其實鋪有幾户，户有幾人，耳目未能週，善惡未能辨，以致奸人混迹，宵小生心，貽害良民，誰執其咎。苟欲亟圖整頓，徒存保甲之名，不見保甲之效，將實事求是之謂何。本部堂院欲挽回積習，先須分任責成，武昌府保甲應飭現署知府梁守會同保甲提調，督飭各員悉心經理。梁守志慮忠誠，不辭勞怨，本部堂院相知最深，此舉關係地方，責無旁貸，盡心所事，自不待言。至漢鎮華洋雜處，商賈輻輳，靖內綏外，責任尤重。仰按察司會同江漢關道妥議章程，督同印委認眞辦理。總之保甲一事，於異時之警察爲始基，於今日之地方爲急務，法良意美，事在必行，承奉員紳亦當振刷精神，共勸此舉。法有難宜者，務須雷厲風行，令有當更者不可蹈常襲故，期於斟酌盡善，綱舉目張，本部堂院有厚望焉。合亟札飭爲此札，仰該守卽便遵照來檄事宜，認眞舉辦，仍將如何辦理情形隨時稟復，查核切切，特札。

《東方雜誌》第一卷第七號《閩浙總督李奏閩省設立警務局實行警察摺一九〇四年九月四日》 竊查光緒二十七年七月三十日奉上諭，前因各省制兵防勇，積弊甚深，業經諭令各督撫認眞裁節，著將原有各營精選若干營，分爲常備、續備、巡警等軍等因。欽此。先經前督臣許應騤奏明，將通省練軍制兵汰弱留强，別練巡警一枝，共四千四百人，分爲二十二隊，每隊二百人，派管帶一員，哨官四員分駐各屬。奏後隨將省城制兵改設巡警軍第一、第二、第三共三隊，以二隊交福州城守協管帶，以一隊交督標中協副將管帶，餘均未及編定。上年九月後經前兼署督臣崇善奏明，改爲全省編設警軍三十八隊，每隊正兵一百六十名，共應設巡警軍六千一百六十名，亦未舉辦即値卸事。臣到任後，體察情形，前督臣之請以練軍制兵改辦巡警，原以綠營窳惰無用，久爲世詬，不得不急圖改良以冀化無用爲有用。惟是警察之學最爲精密，東西各國講求此事，均先設立學堂教育合度，然後授以巡捕之任用，能衛民生，去民害，閭閻之間可以夜不閉戶，道不拾遺，間有遺失之物、疑難之案，告知包探巡兵，無不可廉得其情。故論者謂王道之行必自辦警察始，其精妙如此，以綠營弁兵目不識丁安能勝任？且巡兵之設固重巡練，而其用尤在於除無形之隱患，而非責以征戰之力。既設巡警，則居民舖戶均須立門牌，編籍册，有清道之舉，有貿易之場，大抵悉關地方之事故，部署之法亦與防軍大異。其每隊巡兵之多寡，且視事體之繁簡爲等差，更難拘定每隊一二百人之數。因其任事之艱苦，不得不優給餉需，則月餉亦轉視防軍爲重。臣曩歲調署廣東巡撫到任，即與督臣商酌，先就省城設立警務局委臬司專辦其事，調撥防勇數營，挑作巡兵，雖用其人，而仍去其籍。近見四川督臣錫良奏報辦理四川警務，亦係擬將綠營分別全撤，騰出餉項，另設巡兵。此則但取其餉而並不用其人，蓋實有見警察事，斷非綠營弁兵所能爲，非變而通之，難以施行盡利也。臣與司道再四籌商，當於上年十一月飭就省城設立警察總局，刊刻福建全省警務局之關防，札委臬司朱其煊充當總辦。先將城守中軍及副將所帶之巡警軍各撥出一隊，凡四百人，交該臬司認眞挑練，悉除其綠營兵籍，此外尚有不足，則另行選募。又因新募者驟難合用，別將常備軍之曾經教練合於警察法度者，騰挪挑補以期速成，調派江南學堂畢業生兩人，充當教習，設立學堂，逐加訓練。一面清查戶口，編立門牌，凡數閱月始覺漸有頭緒，計省城除總局外，另設分局四所。城外之南臺一帶只設南臺警務局一所，而以四分局轉之，每局均用巡長二名，巡目六名，巡兵一百二十名，統計各分局共得巡長及目兵一千零九十六名。其總局則專設暗查親兵，而無目兵，並就需次各文員遴委提調、稽查、總巡、分巡、巡紀等官，分任其事。凡舊設之保甲、緝捕、清道等局，均一概裁撤，同濬丁夫，均歸警務總局經理。現在城內已於三月初一日，南臺已於四月初一日陸續派兵站街，實行警察之政，惟城內旗街向歸旗營管轄，情形略別，當查照廣東省章程，咨由將軍督飭旗營撥兵辦理，以免互相鑿枘。至城內外各局經費兵餉，就現時核算已月需額支銀七千餘兩，尚有開辦經費及製辦衣靴軍械等項，應歸活支項下，核計不能預定。謹奏。奉硃批：該衙門知道，欽此。

又　第二卷第十號《直隸總督袁奏擬定天津四鄉巡警章程摺一九〇五年十一月二十一日》　竊臣前於直隸省城遵旨創設保定警務局並添設警務學堂，將擬定章程於二十八年七月初五日專摺奏陳。欽奉硃批：知道了。著即認眞舉辦，逐漸推行單併發，欽此。欽遵在案。嗣經通飭各屬一律仿辦，現據各州縣陸續稟設者雖已有九十餘處，而大半有名無實。惟天津爲通商巨埠，華洋雜處，辦理尤爲注意，三年以來次第改良，奸宄不行，閭閻安堵，成效昭著，中外翕然，祇以財力未充，僅及城廂，尚遺村鎮。查外國警察之制，上通政府，下達窮鄉，就地抽捐，以取諸民者仍用諸民。故官無籌款之勞，民無橫征之怨。證諸《周禮》修閭野廬之職，《管子》軌里連鄉之制，今古同符。臣惟立法貴乎因時，時既至則迎機易導。治民期乎立信，信既孚則下令如流。因督飭天津巡警總局道員趙秉鈞先從天津四鄉辦起，以爲各屬模範。該道心精力果，遇事講求，呈擬章程十一條，業經試辦數月，所需經費以地方本有之靑苗會支更費，及賽會演戲一切無益有餘之款，酌提充用，視村莊之大小，定警兵之多寡，殷富之區按五十戶出一名，荒僻之區按百戶出一名。初次清查四鄉，共有七萬五千四百七十八戶，暫定巡警七百二十四名，月餉由村董酌定支給，官不經手。其總分局區官弁薪工、馬匹、雜支月需銀一千八百餘兩，應由官發給，以示體恤。開辦之初，先從清查戶口入手，酌定禁令，務去民害，犯者名曰違警，由巡官受理，即警察應有之司法權也。此外命盜、戶婚、田土等案仍歸地方官管理，即地方官固有之裁判權也。次在維持治安，凡有關於公共利害之事，官紳聯合僉議興革，但使實力奉行，綿歷歲月，不獨鄉曲愚民漸明公理，漸知公益，汛兵、衙役亦可以次裁撤。催科傳案，則一呼即至，無擾累之虞。募兵退伍，則有籍可稽，無頂替之弊。一切興學校、清賦稅、推行新政、移易風俗有事半而功倍者。即天津一縣計之城鄉人民共有七十六萬一千八百九十七口之多，責成知縣一身，雖賢者不能爲治。遠稽漢代鄉亭之職，近師日本町村之法，昔人謂小官多則天下治，諒哉斯言。朝廷振興庶政，百度維新，方將更定裁判之權畫一地方之制。惟學校驅民爲善，而巡警禁民爲非，道前定則不窮，事易能則可久，此臣所爲兢兢夙夜不敢苟簡自安者也。此項天津四鄉巡警章程雖未必悉臻美備，但據目前程度實爲新政根基。謹奏。奉硃批：該衙門知道，單併發。欽此。擬定天津四鄉巡警章程。第一條：劃區域。天津四鄉縱横七八十里，海河一帶斜迤東南至大沽口，止計長百餘里。四鄉按東西南北分爲四路，每一路設一局，東局地面較闊，劃爲三區，西局、南局、北局各劃爲二區。海河一帶分爲四段，每一段設一局，第一局毗連租界，事務紛繁，劃爲三區。第二局村莊較密，劃爲三區。第三局劃爲二區，小站改爲第四局。共計八局十七區，每局約萬戶上下，每區約三千戶左右。第二條：挑巡警。村莊大小不同，地方貧富不一，殷富之區按五十戶挑巡警一名，窮僻之區按百戶挑巡警一名。責成村董各在本村挑選，保充以年力强壯、粗識字義者爲合格，吸食洋煙、素不安分及曾當官役者，概不准充。按天津四鄉及海河一帶之戶數，分地方之貧富，約略合計應募巡警七百二十四名。其每名每月應給工食亦係斟酌地方情形，由村董核定，多在八九元，少在四五元不等。其款就用鄉間向有之秋季青苗會、冬季支更費改辦巡警，如有不敷及軍衣器械一切雜費，即以不入祀典廟田之有餘者酌量抽提。至若迎神、賽會、演戲一切無益之舉，一律改爲巡警經費款，皆責成紳董，官不經手，然須按月稽查，年終將出入數目榜示村中，以昭信實。第三條：教功課。巡警挑齊後，由巡官在本區擇適中之地，按日調集區内巡警，講授警察各法及操練各法。各巡警早來晚歸，仍可照料本村事務。限兩箇月畢業以後，每一星期調集一次，擇其心地明白、功課能解、操法合度者拔爲巡長，以下按其程度定其等次工食，初募時不妨略少，留有餘地，以便分等加增，俾示鼓舞。第四條：查戶口。每一區内所管村莊，不論土著、客籍、教民，或學堂、或廟宇均須挨戶編號註册，註明某戶第幾號，家長姓名，年歲生業，係何有無地畝、房屋，男幾丁，女幾口。客籍者註明年月，來自何處。區中各住戶如有遷移及婚喪生死等事，本村巡警隨時查報，隨時更正，按季列表，每年秋後覆查一次。第五條：重巡邏。鄉間巡警辦法與城市不同，既無多人輪流站崗，其功用以巡邏爲重。另有定式巡邏表，值班巡警攜以巡行，行至某村即由某村蓋用戳記。巡邏應行留意者，曰違警，曰現行保護，曰預行保護，細目如下。違警：一、牧放牲畜踐踏青苗者。二、負擔未熟稼禾形似偷竊者。三、牽騾馬牛驢繞走小道形似偷竊者。四、懷藏引火物欲行放火者。五、酗酒滋事沿街肆横者。六、游僧惡道恃强訛索者。七、地棍土豪欺壓良民者。八、開場聚賭者。九、男女同行形似拐逃者。十、攜帶凶器勢欲行凶者。十一、有藏匿銅鐵絲形似偷竊電綫者。十二、恃强鬬毆不聽解勸者。十三、聚集多人結黨成羣者。十四、神色倉皇形迹可疑者。以上妨害治安違犯者，立時盤詰，扭局懲誡。十五、符呪治病騙錢者。十六、沿街招貼售賣春藥者。十七、歌唱淫詞戲曲者。十八、賣春宫圖畫洋片及淫詞曲本者。十九、假裝醫卜星相騙錢者。二十、賣不熟或腐爛果物有礙衛生者。以上有關風化，有妨衛生，見即禁止，不服者送局訊究。現行保護：一、幼童稚女失迷者，問明姓名住處，近者送歸，遠者交局送信候領，不能説出姓名查詢村人。二、婦女懷憤投水、投井欲尋自盡者，善言勸慰，送交家長。三、因病倒卧路旁不能行動者，設法覓湯水飲之，能走者扶送回家，不能走者集夫擡送。四、醉倒不能行走者，查看明白，趕與家人送信，或扶持送回。預行保護：一、成熟稼禾堆集場圃者，隨時加意保護，如有偷竊，送局究辦。二、墳園樹木查見有人砍鋸時，須問是否本主家人，偷竊者送局究辦。三、道旁樹木隨時查看，不令損傷，有偷竊者根究。四、各處電杆隨時查看，如有損傷，報局知照該管官修理，偷竊者究治。五、各處學堂及學生過往者，隨時保護，不准阻擾。六、文武官員因公過往者，隨時保護，如有問訊，詳細稟白。七、外國人傳教游歷過境者，加意保護，不准愚民圍觀，購買食物不准擡價。八、各處教堂無論大小及施醫院，均應一律保護。九、解送官庫銀及解送罪犯過境者，加意保護，設遇犯人有途中逃脱者，相應幫同捕拿。十、凡民間遇有婚喪大故者，均應保護，不准乞丐任意訛索。十一、橋梁渡口處隨時查看，以防危險。十二、停泊船隻處隨時保護。第六條：慎訪查。巡官、巡弁、巡長、巡兵平日應各留意，無論本區、外區及遠近村莊，設有暗中設壇習拳暨妖言惑衆、謀爲不軌者，容留從前漏網著名巨盜者，開鑪私鑄銷毁制錢者，一聞消息，迅即訪拿解送總局，審實給賞。隱匿不報者罪及鄰右，鄰右舉發者賞。第七條：防災害。遇有失慎起火者，官弁督同巡警協力撲救。凡有妨害衛生一切者，均宜設法預防。如清理街道、疏通溝渠、栽種樹木等事，務須善言勸導，總期一律潔淨，免傳疫氣。第八條：維風化。官紳均應平時留意，聞有不敬尊長及忤逆不孝者，考查鄰右，責令隨時舉發，立即拿解總局從嚴懲辦，並將首先舉發之鄰右獎勵。鄰右隱匿不報者究治。第九條：聯紳董。凡紳董來局及官弁因公到各村，均須互相優禮。凡有關於地方之事，小則立時商同舉辦，大則稟候總局批行。凡有一切商量事件，均應和顔悦色，推誠布公，不准稍有官氣。第十條：備器械。巡警晝夜巡邏，須有槍械方足自衛，如遇搶劫重案，盜賊拒捕時，准該巡警放槍抵禦，平時無故不准放槍。各村富户如有存槍者，皆可捐出，由巡官驗明列號，發册註明係某家之槍，暫歸公用。或由村董設法籌款購置，由巡官稟明總局給照購買。第十一條：定權限。凡有妨害治安干犯違警者，警官可以訊辦，即行政警察應有之權。如命盜、户婚、田土案情重大者，仍歸地方官管理，本屬地方官固有之權。如事出倉卒，迫不及待時，若捕凶拿賊、搜贓檢證之類，警官亦應力任其責，以補助地方官之不及。第十二條：明賞罰。無論官紳弁兵果能辦事勤慎，著有成效，隨時記功，三功爲一大功，積大功至三次之多，或三年無故者，由總局分別請獎，拿獲重者隨時請獎。懶惰者分別記過，三過爲一大過，積至三大過者撤究，另有功過表。

沈桐生《光緒政要》卷三一 （光緒三十一年）七月，改練勇爲巡捕。欽奉上諭：巡警爲方今要政，内城現辦工巡局，尚有條理，亟應實力推行，所有五城練勇著即改爲巡捕，均按内城辦理。著派左都御史壽耆、副都御使張仁黼，會同尚書那桐通盤籌畫，認真舉辦，以專責成，原派之巡視五城及街道所御史，著一併裁撤，陳壁亦著毋庸管理。一切未盡事宜及裁撤五城御史後詞訟案件，應如何審理之處，著那桐妥定章程，迅速具奏。欽此。

雜録

《東方雜誌》第二卷第十號《節録留學日本警務生潘世琛張玉輝上署兩江總督周條陳警務綱要八則一九〇五年十一月二十一日》 一、原理。警察對於國家之精神與軍隊無異，軍隊對於外以保國家之尊嚴，警察對於内以保國家之公安，其平日對於人民之危害瘟疫而豫防，猶軍人之對於强敵壓迫而思所以抵禦之，故警察又謂之平和軍人也。惟警察之行政均須根據於法律命令以行職務，其大目的在維持公共之安寧秩序，制限箇人之違法自由，此其所以異於軍隊耳。在立憲國之人民，其法律内之自由雖君父不能侵於臣子，因人民之所有權利，皆依憲法爲保障，倘警察有違法之處置，利益有被侵害者可訟之上級官吏，此乃爲人民對於警察而有所制限之範圍之者也。夫警察者所以保民，所以齊民，非曲法而病民者也。查日本警察門類繁夥，綱其大要雖可分爲高等、行政、司法三部，而實則可括爲行政、司法兩部。因高等警察屬於保安，而保安警察仍屬廣義之行政警察也。行政警察對於國家人民，凡政無大小，無一不爲之預防其危害，增進其幸福，而司法警察特除害於既發，消患於已萌耳。在國家爲欲達行政之目的，因不得不輔以司法之一部，然其意則以行政爲主，故謂警察純然爲行政上事也亦可。若夫保甲止制擬之，警察亦司法上極小之一部分耳，況所謂保衛閭閻、稽查盜賊者，尤爲事實上一虚括之言耳。今承辦警察者率認警察即爲保甲，其誤甚矣。二、官制。日本警察官制略同而官廳則異，在東京府因係帝都，故設有警視廳與東京府二廳，二廳平行而他府縣之警察則即承轄於府縣知事，所謂東京府警察有獨立官廳，而他府縣警察則無獨立官廳也。查東京警察官制分敕任、奏任、判任、高等、等外五項，警視總監爲敕任，警察警長及警視爲奏任，警部警視屬消防士等爲判任，技師官房主事爲高等，餘如巡查部長技手巡查等者爲等外。統計東京一府，大小警察三千餘人，舉其大綱可分爲内外兩部。内部如本廳内有警視總監一人，次官房主事一人，次官房課長三人，係長二人，主任七人，次部長三人，消防署長一人，次課長每部二人，次各項主任若干人是也。外部如警察署警察分署署長各一人，各主任警察部若干人，巡查部長若干人，派出所若干所，每所巡查若干人，駐在所若干所，每所巡查若干人是也。其他各府縣官制較爲單簡，然其内部則知事之下有部長，部長之下有課長，課長之下有主任，而外部則純與東京府無異。善乎其官有定制，制有定員，而非中國之但視此事爲差使也。江南爲東南要鎮，警察制度朝廷雖無明文，而措置寮屬，選任才能，久爲督撫所得行權之事。謂宜變通日本之制，於督轅内設警察官寮，置寮長一人，綜理通省警察事宜。寮内置參議二人，書記六人，分掌行政、司法、外事各警察事宜，而改總局總辦爲總長，會辦爲副長，副長之下設三課，置課長各一人，課長即就今之提調，添設二人而變更其名目。總局之外設警察分局，置局長各一人，長之下亦設三課，各置課長一人。局之外設巡警當值所，每所置巡警長一人，巡警若干人，每日輪流交換當值。其府廳州縣於各地方官下設警察係，置部長一人，其下設三課，課長各一人，外設局所與省會無異。至於各課之下，尚須設置司事，當隨其事務之繁簡以定人數之多寡，而省城總局及地方警察係宜各用通譯二人，一通英語，一通日語，以期辦理外交事宜不致掣肘，遇有外事可資酌情盡理，和平處辦。此官制之大凡而局部之概略也，外形似繁，內容實簡，此等官吏亦省之無可省者耳。三、門類。日本警察原分高等、行政、司法三部，括言之可分而爲二，曰行政，曰司法。司法者，凡關於刑事上之事屬之。至於行政則舉其大綱，約得十項，曰安寧，曰災害，曰風俗，曰衛生，曰營業，曰交通，曰軍事，曰外事，曰檢視救護遺失物及畜犬，曰山林田野漁獵礦業等，詳而釋之，不勝枚舉。如行政執行，則違警罪監視視察及銃礮火藥、刀劍、貨幣、度量權衡等屬之安寧警察，社寺宗教、演劇娼妓、觀物遊技等屬之風俗警察，傳染病豫防、檢疫消毒、獸疫痘瘡、醫業產婆、看護藥品、病院墓地、飲食物、汙穢物、屠獸場、畜舍等屬之衛生警察，道路、橋梁、公園、通信、鐵道、車馬、船舶、商埠等屬之交通警察。凡纖芥之事無一不有詳定規則以管理之，甚或一事之微而有法律，有省令，有廳令，有訓令等以訂其種種取締之方法，警察之至重且繁，顧不難哉。我國創辦伊始，慮難驟企精詳，謂宜略分爲行法、司法、外事三項，而納保安警察於行政。惟是行政警察非細列詳章不能舉辦，然亦未能如日本之繁密，擬先就安寧、衛生、風俗、營業、交通五項先行試辦，而後推廣之。其司法警察則專注意於逮捕罪犯，搜查證據，審察虛實，大事仍歸之地方官，小事則屬之司法警察，課長呈請局長判決而處理之。其外事警察當此國家門戶大開，交涉日繁，重鄰交，尊國體，不卑不亢，惟在警察之措置何如矣。此又非妥定章程酌宜保護，不足以對待外人。外人當別爲兩種，一官吏，二商民教士及一般之外國人也。四、威儀。警察之組織同於軍隊，而其實則爲行政上之官吏，是二者皆當有形式之儀容，以取人民之欽信者也。日本警察無論官吏及巡查，服制一律俱依軍隊，其巡查所服殆擬少尉，袖筋一條，而警部所服則直如大尉，而袖筋三條矣，依此上遞，概可詳推。中國邇來略仿外洋變易軍服，而警察服制仍難臆度，然巡警之服終不可一日敷衍也，謂宜仿天津服制，改去號褂，暫用中國武裝，短衣窄袖，純用黑色，并宜去其字號，另用易於辨識之法以昭鄭重。大小警官俱須短裝，以期一律嚴肅整潔，以起人民之敬愛。蓋警察爲親民之官，而巡警者則親之又親，而爲人民模範者也。竊嘗見各省警察多蹈編服不修之弊，是宜切實整頓，速加改良，服制既齊，禮儀必肅。查天津巡警章程，其禮式概仿日本整立，舉手之禮宜推廣照行，務省從前之繁縟而歸之簡單。夫威儀之當注意者，誠以威儀整肅則精神團聚，人民遙望卽生敬心，否則狎侮藐弄，相循而起，推至其極，言之而不信，令之而不從，將無一事之可舉。是雖末節而關係實大，民間信用不可不措意也。

五、教練。警察者執行法律而親民之官也，自非精通法律者，不足以言警察，而非具最高之人格者，尤不足以當警察。故巡警一官雖爲警察上最下級之官吏，而亦必負最完全之人格，乃始足以勝其任。若以至重至難之事而付之無學無識之人，縱無僨敗於目前，亦難收效於日後。在日本法，凡警察官吏，皆由高等文官或普通文官試驗而來，故其大小官吏率皆學優而仕，卽降而至於巡查，亦須擇募中小學校畢業生能爲普通文字算學及知法律大意者試錄而教練之。凡三閱月派遣各署，由各署再隨時輪班聽講，且每日出差之前一時，又必由署長聚而申訓之。又每年有法規講習會、武術教練會等以質疑辨難，練技研術，凡辦事諸人無一人不學，故無一事不治。中國警察一學，今少專門學而入官，驟必難辨。惟仕優則學，古訓猶存，況現在警察既設學堂，謂宜多集官紳妥爲教練，限以一年畢業，分遣各處練習官務。半年擇其才學兼優，品行端和，卓有成績者，乃分遣於各府縣充當事務，并兼教練之責。其巡警一端選拔最難，練固在急，教尤當重，且人非誠實不足以信任，非靈敏不足以應事。惟誠者每失之固，而敏者又失之狡，精明渾厚，要視其教養爲何如耳。抑中國舊習每多輕視巡警爲兵役者，故中上人不肯屈就，急宜設法招選能識文字，稍有智識者，每日教以道德之要旨，法律之大意，規則之次序，辦事之方法，薰陶之而訓迪之，半年之後，考其成績，然後使之充巡警之職，則胸有把握學有根底，用以辦事，臨民自無不措置有方，經權皆當也。六、勤務。日本大警視川路氏有言曰：『警察官者，不眠不休。』凡彼警察莫不奉此語爲圭臬，無或忘之，故其勤務無晝無夜，不敢稍懈。而警察學專家又嘗有言曰：『民間社會日益繁雜，機巧變詐，危害滋多，警察官竭日夜之力以赴之猶恐不逮，況泄沓因循或作而或輟哉？惟一人之精力有限而人事無窮，必當分而任之，毋求備於一人。』竊謂斯言誠可謂至矣。查日本警察有內勤、外勤之説，內勤者在內當差之謂也，外勤者在外當差之謂也。中國警察近始開辦，驟求多人，勢必難得責而求備。我獨賢勞則又不可，宜酌訂章程，略分內外勤務之法，刻其時間以示休勤之限，制巡警外勤尤爲警察上之要著。而天津章程取法日本，尚稱完備，殊可仿用而實力奉行之。其勤務分班亦甚完善，擬請卽照其例，每以九人分班當值，每班三人，合勤務八小時，而此八小時中又三人互爲輪回立哨、巡邏、休息，巡警不勞而事亦無缺，且其當事時短則精神亦聚，而應事自覺咸宜。惟下班以後立卽遣回，遇有急需勢難驟集，擬請將最先下班之巡警三人留所八小時，有事則應急而出，無事則任其休息，俟次班三人下班入所，則最先下班而留所之三人始得歸家，以次輪替，毋或差誤。在勤務中局中宜常遣人留心，暗爲監督，而各所之巡警長更宜督率所屬勤慎赴公，其他各官，內外各勤事務，又非分門別類，詳訂規程，不足以握其綱要也。七、獎勵。川路氏嘗言：『警察者，人民保傅之官也。』又曰：『警察者，和平之軍人也。』其責之也重，故其待之也尊；其委任也宏深，故其拔擢也不次。查日本警察法，其獎勵有進級加俸、遷官轉職兩種。俸分級數，晉一級則俸有加；官以位階，遷一官則職自上。遷官之法大率巡查可陞巡查長，巡查長可陞警部，警部可陞警視官，警視官可爲署長，可爲部長。而加俸之法則各官之俸皆有等級，或限滿而晉之，或以功而獎之也。日本警察官，其位無有高於警視總監者，卽今日之陸軍省大臣、大藏大臣，又皆上年曾任總監者也，以總監而可爲各省大臣，其位置之高概可想見。然現任總監之安立綱之，其人在十年前不過一巡查耳，以功以能，迭次遞陞，乃踐其位。中國警察近始開辦，尤非重與拔擢不足以示鼓勵，謂宜變通日本刻期進級之法及陞擢之例，卽不能驟如日本之完備，凡大小警官之俸，每官有級，亦宜於巡警長、巡警兩階略分限制。分限之法分巡警長俸爲四級，分巡警俸爲五級，每一年當差已滿，勤慎有功者，則加一級，級滿而勤慎有功者，在巡長可陞爲局課長，由局課長經一定之年限而有功者，可陞局長，在巡警則可由巡警長以次上陞，而更輔之以大才大功破格拔陞之法，務求信允，無越無濫。如是則年久者歷練滋深，級晉者俸給孔厚，而官遷者名譽益重。且當差諸人每率有所指望，自必能勤謹奉公，務求無過，加以賞罰嚴當，大公無私，而人才有不奮，百事有不舉者，未之聞也。八、會議。議會之設爲各國通例，自議院國會而外，凡政治上、學術上、工業上無一不有議會。議會者，所以固團體之精神，通全部之消息，考陳已過之事實，而推究將來之辦法者也。日本警察每月皆有會議，其會議分數種，最大者爲警察協會，以內務大臣爲總裁，以東京府警視總監爲會長，以各府縣知事爲支部長。凡全國大小警官，上自警視，下至巡查，無一不爲會員，而專以研究警察之法爲要旨，出書出報，日有新作用，能逐漸改良，以臻警察於極盛。中國警察近始創辦，協會似尚難立，而會議則決不可少。擬請詳訂章程，分布各處，凡大小警官每月就近集議一次，以局長爲議長，而課長列席，其餘巡警長、巡警等均得臨席發表意見，將其每月中所辦之最爲切要之事是否有當，實力考求，無隱無徇，并此後應辦之事實力推究，期於可行者逐一研究，隨卽派人筆記。議終決時，函遞警察官寮擇其妥善可行者，或爲訂立章程一律舉辦，或爲寄登官報以資研究，在外府廳州縣警察亦復如是。內之所議有可行於外者，推之外；外之所議有可行於內者，納諸內。互相交換，一脈相通，因時而制宜，集思而廣益，改良之績或基於此也。附消防。消防者，用以救撲火災者也。在日本警察內視爲最重要之一部，而東京府則特立消防署、消防分署、消防出張所、消防常詰所等，每署每所均設備消防用挽用、喞筒及救火器械等。中國警察既已開辦，卽經費驟難充裕，不能購備多數喞筒，亦宜於繁要地方設置數架，以備急用。并宜於各局招集救火兵士，仿日本常備消防之法一律訓練，專委一人經理其中庶務。而另仿日本義勇消防之法，傳諭戶家，擇人受教，無事各歸本業，有事集隨常備消防一律赴救，其尤爲出力者酌與奬賞。如此則經費可省，而臨時不致因無人之故倉皇失措，俾人民之財產、身命同付一炬，而國家隱受其害。且日人常言水火之災甚於盜賊，良以其一掃而空，不惟人民已受其損害，卽國家亦失其權利，所謂百姓足，君孰與不足，百姓不足，君孰與足也。其編制之方法及其章程之次第，亦可略仿東制，參以中國情形妥爲規定，務期實行，不在煩刻。

改革法制分部

綜述

沈桐生《光緒政要》卷三一（光緒三十一年三月）修律大臣伍廷芳、沈家本奏請通飭嗣後凌遲、梟首、戮屍三項及刺字等項概行革除。疏云：竊臣等於光緒二十八年四月初六日奉上諭，現在通商交涉事益繁多，著派沈家本、伍廷芳將一切現行律例按照交涉情形，參酌各國法律悉心考訂，妥爲擬議，務期中外通行，有裨治理等因。欽此。仰見聖謨宏遠，欽佩莫名，當經臣等酌擬大概辦法並遴選諳習中西律例司員分任纂輯，延聘東西各國精通法例之博士律師以備顧問，復調取留學外國卒業生從事繙譯，請撥專款以資辦公，刊刻關防以昭信守各等因，先後奏明在案。計自光緒三十年四月初一日開館以來，各國法律之譯成者，德意志曰刑法，曰裁判法。俄羅斯曰刑法。日本曰現行刑法，曰改正刑法，曰陸軍刑法，曰海軍刑法，曰刑事訴訟法，曰監獄法，曰裁判所搆成法，曰刑法義解。校正者曰法蘭西刑法。至英美各國刑法，臣廷芳從前游學英國，夙所研究該二國刑法，雖無專書，然散見他籍者不少，飭員依類輯譯，不日亦可告成。復令該員等比校異同，分門別表，展卷瞭然，各國之法律已可得其大略。臣等以中國法律與各國參互考證，各國法律之精意固不能出中律之範圍。第刑制不盡相同，罪名之等差亦異，綜而論之，中重而西輕者爲多。蓋西國從前刑法較中國尤爲慘酷，近百數十年來，經律學家幾經討論，逐漸改而從輕，政治日臻美善。故中國之重法，西人每訾爲不仁，其旅居中國者，皆藉口於此，不受中國之約束。夫西國首重法權，隨一國之疆域爲界限，甲國之人僑寓乙國，卽受乙國之裁判，乃獨於中國不受裁判，轉予我以不仁之名，此亟當幡然變計者也。方今改訂商約，英、美、日、葡四國均允中國修訂法律，首先收回治外法權，實變法自强之樞紐。臣等奉命考訂法律，恭繹諭旨，原以墨守舊章，授外人以口實，不如酌加甄採，可默收長駕遠馭之效。現在各國法律，既已得其大凡，卽應分類編纂，以期剋日成書，而該館員等僉謂宗旨不定，則編纂無從措手。臣等竊維治國之道以仁政爲先，自來議刑法者亦莫不謂裁之以義而推之以仁。然則刑法之當改重爲輕，固今日仁政之要務，而卽修訂之宗旨也。現行律例款目極繁，而最重之法亟應先議刪除者，約有三事。一曰凌遲、梟首、戮屍。查凌遲之刑，唐以前無此名目，始見於《遼史・刑法志》。遼時刑法慘毒，其重刑有車轘、炮擲諸名，而凌遲列於正刑之內。宋自熙寧以後，漸亦沿用，元明至今，相仍未改。梟首在秦漢時惟用諸夷族之誅，六朝梁、陳、齊、周諸律始於斬之外別立梟名，至隋而刪除其法。自唐迄元皆無此名，今之斬梟仍明制也。戮屍一事，惟秦時成蟜軍反，其軍吏皆斬戮屍，見於《始皇本紀》。此外無聞。歷代刑志並無此法，明律亦無戮屍之文，至萬曆十六年始定此例，亦專指謀殺祖父母父母者而言。國朝因之，後更推及於强盜案件，凡斬梟之犯，監故者無不戮屍矣。凡此酷重之刑，固所以懲戒凶惡，第刑至於斬，身首分離，已爲至慘。若命在頃忽，葅醢必令備嘗，氣久消亡，刀鋸猶難倖免。揆諸仁人之心，當必慘然不樂。謂將以懲本犯而被刑者魂魄何知，謂將以警戒衆人而習見習聞，特感召其殘忍之性。故宋眞宗時，御史台請臠剮殺人賊，帝曰：『五刑有常刑，何爲慘毒也。』陸游嘗請除凌遲之刑，亦謂肌肉已盡而氣息未絕，肝心聯絡而視聽猶存，感傷至和，虧損仁政，實非聖世所宜遵。隋時頒律詔云梟首義無所取，不益懲肅之理，徒表安忍之懷，洵皆仁人之言也。且刑律以唐爲得中，而唐律並無凌遲、梟首、戮屍諸法。國初律令重刑惟有斬刑，準以爲式，尤非無徵。擬請將凌遲、梟首、戮屍三項一概刪除，死罪至斬決而止。凡律內凌遲斬梟各條，俱改斬決，斬決俱改絞決，絞決俱改絞候，入於秋審情實，斬候俱改絞候，與絞候人犯，仍入於秋審，分別實緩。將來應否酌量變通，再由臣等妥議核定。或謂此等重法，所以處窮凶極惡之徒，一旦裁除，恐無以昭炯戒顧。有唐三百年不用此法，未聞當日之凶惡者獨多。且貞觀四年，斷死罪二十九，開元二十五年，方五十八，其刑簡如此。乃自用此法以來，凶惡仍接踵於世，未見其少，則其效可覩矣。化民之道固在政教，不在刑威也。一曰緣坐。緣坐之制，起於秦之參夷及收司連坐法。漢高后除三族令，文帝除收孥相坐律，當時以爲盛德。惜夷族之誅猶間用之，故魏晉以下，仍有家屬從坐之法。唐律惟反叛惡逆不道，律有緣坐，他無有也。今律則姦黨交結近侍諸項，俱緣坐矣，反獄邪教諸項，亦緣坐矣。一案株連動數十人，夫以一人之故，而波及全家，以無罪之人，而科以重罪，漢文帝以爲不正之法，反害於民。北魏崔挺嘗曰：『一人有罪延及闔門，則司馬牛受桓魋之罰，柳下惠膺盜跖之誅，不亦哀哉？』其言皆篤論也。罰弗及嗣，《虞書》所美，罪人以族，《周誓》所譏。今世各國咸主持刑罰止及一身之義，與罪人不孥之古訓實相符合，洵仁政之所當先也。擬請將律例緣坐各條，除知情者仍治罪外，其不知情者悉予寬免，餘條有科及家屬者，准此。一曰刺字。刺字乃古墨刑，漢之黥也。文帝廢肉刑而黥亦廢，魏晉六朝雖有逃奴劫盜刺之，旋行旋廢，隋唐皆無此法。至石晉天福間，始創刺配之制，相沿至今。其初不過劫盜逃人，其後日加繁密，刺事由，刺地名，刺改發，有例文不著而相承刺字者，有例文已改而刺字未改者，其事極爲紛糅。在立法之意，原欲使莠民知恥，庶幾悔過遷善。詎知習於爲非者，適予以標識，助其凶橫。而偶罹法網者則黥刺一膺，終身僇辱。誠如《宋志》所謂面目一壞，誰復顧惜，强民適長威力，有過無由自新也。夫肉刑久廢，而此法獨存，漢文所謂刻肌膚痛而不德者，正謂此也。未能收弼教之益，而徒留此不德之名，豈仁政所宜出此。擬請將刺字款目概行刪除，凡竊盜皆令收所習藝，按罪名輕重，定以年限，俾一技能嫺，得以餬口，自少再犯三犯之人。一切遞解人犯，嚴令地方官認眞僉差押送，果能實力奉行，逃亡者自少也。以上三事，皆中法之重者，參諸前人之論説，多議其殘苛，而考諸今日環球各國，又皆廢而不用，且外人訾議中法之不仁者，亦惟此數端爲最甚。此而不思變通，則欲彼之就我範圍，不猶南轅而北轍乎？查各國修訂法律，大率於新法未布設單行法，或淘汰舊法之太甚者，或參考外國之可行者，先布告國中，以新耳目。是以略採其意，請將重法數端先行刪除，以明示天下宗旨之所在。此外或因或革，端緒繁多，俟臣等隨時釐訂，陸續奏聞。惟更張之始，度必有議其後者，竊思法律之爲用，宜隨世運爲轉移，未可膠柱而鼓瑟。昔宋咸平時，刪太宗詔令，十存一二，史志稱之。我朝雍正、乾隆年間修改律例，於康熙時現行條例刪汰不知凡幾。即臣等承詔之初，亦以祖宗成憲，未敢輕議更張，第環顧時局，默驗將來，實不敢依違模稜，致令事機坐失。近日日本明治維新，亦以改律爲基础，新律未頒，即將磔罪、梟首、籍没、墨刑先後廢止，卒至民風丕變，國勢駸駸日盛，今且爲亞東之强國矣。中日兩國政教同，文字同，風俗習尚同，借鑑而觀，正可無庸疑慮也。伏惟我皇太后、皇上深念時艱，勤求上理，特詔考訂法律，期於通行中外，法權漸可挽回。用敢擇其至要者，披瀝上陳，倘蒙俞允，並請明降諭旨，宣示中外，俾天下曉然於朝廷宗旨之所存，而咸欽仁政之施行，一洗從來武健嚴酷之習，即宇外之環伺而觀聽者亦莫不悦服而景從。變法自强，實基於此。謹奏。疏上。奉上諭：伍廷芳、沈家本奏考訂法律請先將律例内重刑變通酌改一摺。我朝入關之初，立刑以斬罪爲極重。順治年間修訂律例，沿用前明舊制，始有凌遲等極刑。雖係懲儆凶頑，究非國家法外施仁之本意。現在改訂法律，嗣後凡死罪至斬決而止，凌遲及梟首、戮屍三項著即永遠刪除。所有現行律例内，凌遲斬梟各條俱改爲斬決，其斬決各條俱改爲絞決，絞決各條俱改爲斬監候，入於秋審情實，斬監候各條俱改爲絞監候，斬候與絞候人犯仍入於秋審，分別實緩辦理。至緣坐各條，除知情者仍治罪外，餘著悉予寬免。其刺字等項，亦著概行革除。此外當因當革應行變通之處，均著該侍郎等悉心甄採，從速纂訂，請旨頒行，務期酌法準情，折衷至當用，副朝廷明刑弼教之至意。將此通諭知之。欽此。【略】

（光緒三十一年三月）修律大臣伍廷芳、沈家本奏各條請飭禁止刑訊拖累，變通笞杖辦法並請查監獄羈所。疏云：據刑部咨稱光緒二十九年十二月間，准政務處咨，原任兩江總督劉坤一、湖廣總督張之洞，會奏變法第二摺恤刑獄一條。現在修改刑律，足資考證，摘録原奏，咨行刑部查照，相應轉咨修訂法律大臣酌核辦理等因。前來臣等查該督等原奏内稱：獄爲生民之大命，結民心，禦强敵，其端皆基於此。我朝大清律例較之漢、隋、唐明之律，仁恕寬平相去霄壤。徒以州縣有司實心愛民者不多，於是濫刑株累之酷，囹圄凌虐之弊，往往而有。外國人來華者，親入州縣之監獄，旁觀州縣之問案，疾首蹙額，譏爲賤視人類，驅民入教，職此之由等語，係屬實在情形。是欲固民心，非恤刑獄不可。恤刑獄共分九條。除禁訟累一條，重在裁革書吏，業經欽奉諭旨通飭遵行。教工藝、改罰鍰二條，前經刑部另行奏准，通行各省。恤相驗一條，應由刑部奏明辦理。省文法一條，寬減處分事隸吏部，應俟會同吏部酌核辦理外，其省刑責、重衆證、修監羈、派專官四條，臣等謹就該督等所奏悉心核議。查原奏省刑責條內，據稱敲扑呼號，血肉橫飛，最爲傷和害理，有悖民牧之義。夫民雖犯法，當存哀矜，供情未定，有罪與否尚不可知，理宜詳慎。況輕罪一眚，日後仍望其勉爲良民，更宜存其廉恥。擬請以後除盜案、命案證據已確而不肯認供者准其刑嚇外，凡初次訊供時及牽連人證，斷不准輕加刑責，其笞杖等罪，酌量改爲羈禁，或數日，或數旬，不得凌虐久繫等語。臣等查笞杖仿於《虞書》鞭扑，不過以示薄懲，故律內杖罪至一百而止，其刑本輕，厥後變本加厲，問案率用刑訊。動輒盈千累百，血肉濺飛，誠如原奏所云最爲傷和害理。居今日而欲救其弊，若僅宣言禁用刑訊，而笞杖之名因循不去，必至日久仍復弊生，斷無實效。然遽如原奏改爲羈禁數日數旬，立法過輕，又不足以示懲警。臣等公同酌議，擬請嗣後除罪犯應死，證據已確而不肯供認者准其刑訊外，凡初次訊供時，及徒流以下罪名概不准刑訊，以免寃濫，其笞杖等罪，仿照外國罰金之法。凡律例內笞五十以下者改爲罰銀五錢以上二兩五錢以下，杖六十者改爲罰五兩，每一等加二兩五錢，以次遞加，至杖一百改爲罰十五兩而止。如無力完納者，折爲作工，應罰一兩，折作工四日，以次遞加至十五兩，折作工六十日而止。旗人有犯，照民人一律科斷。至此項罰金折爲作工之犯，嗣後即應按照新章收所習藝。惟查刑部前經奏准，通行各省設立罪犯習藝所，迄今時逾兩年，除直隸、河南、山東、雲南業經奏明辦理外，其餘各省皆未據奏報，實屬不成事體。相應請旨飭下各省督撫將軍都統，迅將罪犯習藝所一律辦齊，毋任再延，致誤要政，並請飭下順天府五城一體設立習藝所，收拘輕罪人犯，以歸畫一，其開辦詳細章程，應由該衙門自行奏明辦理。又查原奏重衆證條內，據稱外國問案專憑證人，衆證既確，即無須本犯之供。然外國問案有專官，刑律少死罪，監獄不苦，故有確證者即不肯狡供。且警察之法最密，平日之良莠蹤迹一一周知，故證據多。問案皆係列坐，證人亦從不管押，故證人易。中國州縣事煩，素無警察，而刑罰較嚴，出入甚鉅，旁人多不肯作證，本犯自必圖倖免，此刑求拖累之所由來也。今惟有申明定例一法，可以稍救此弊。查律載衆證明確，即同獄成，不須對問。然照此斷擬者，往往翻控，非誣問官受賄，即詆證人得贓，以故非有確證，不敢詳辦。於是反覆刑求，則有拷掠之慘；多人拖累，則有瘐斃之寃。請以後斷案除死罪必須有輸服供詞外，其軍流以下罪名，若本犯狡供拖延至半年以外者，累係衆證確鑿，其證人皆係公正可信，上司層遞親提覆訊，皆無疑義者，即按律定擬奏咨立案。如再京控上控，均不准理等語，似此則聽訟不用刑訊，無辜免受拖累。抑臣等更有請者，欲清訟源，非切實舉行警察不可。警察行之如善，不特除奸禁暴。可以消患未萌，抑且平日之良莠若何，行蹤若何，莫不周知。原奏謂：『外國警察之法最密，故證據多。』誠非虛語。然必須實力奉行，方不至外貌徒襲。相應請旨飭下各省督撫，嚴飭所屬認眞辦理警察，漸次推廣，庶於地方大有裨益，而訟獄亦可日見稀少矣。又查原奏修監羈條內，據稱州縣監獄之外，又有羈所，狹隘汙穢，凌虐多端，時疫傳染，多致瘐斃。仁人不忍覩聞，等之於地獄；外人尤爲痛詆，叱之以番蠻。夫監獄不能無，而酷虐不可有，宜令各省設法籌款，將臬司府廳州縣各衙門內監外監大加修改，地面務要寬敞，房屋務須整潔，優加口食及冬夏調理各費，禁卒凌虐，隨時嚴懲。至羈所一項，所以管押竊賊地痞及案情干涉甚重而供情未確，罪名未定，保人未到者，定例雖無明文，而各省州縣無處無之。蓋此等案犯，若取保則什九潛逃，交差則勒虐更甚，其勢不能不設羈所。蓋即本雍正三年刑部尚書勵廷儀所奏，外監以居見羈輕罪之意，擬請明定章程，各處羈所務須寬整潔淨，不准虐待，亦不准多押。至待質者歸入候審所，各省多已設立，其餘差帶官店等事，務須禁絕。此事之實辦與否，有房屋可驗，不能掩飾等語。臣等查例內載明牢獄禁繫囚徒，鎖銬常須洗滌，席薦常須鋪置，冬設暖床，夏備涼漿，日給食米一升，冬給絮衣一件，病給醫藥。定制之初，實屬矜恤周至，無如府廳州縣舉行不力，任令典守者恣情剋扣，肆意凌虐，以致百弊叢生，莫可究詰。至監內房屋，類皆偪窄湫隘，夏則人多穢積，疫癘頻生，冬則嚴寒裂膚，凍餒交迫，瘐斃相繼，寃苦莫伸。又復私設班館等項，拘押干連人證及輕罪人犯，其酷虐與牢獄如出一轍。該督等洞悉情形，故原奏於監獄之弊抉摘無遺，自非改弦更張，切實整頓，不足以收實效。應如所奏請旨飭下各省督撫、將軍、都統、府尹，設法籌款，將臬司府廳州縣各衙門內監外監一律大加修改，地面務須寬敞，房屋務宜整潔，一洗從前積弊，並優加口食及冬夏調理各費，以示體恤。禁卒人等倘有凌虐情弊，即行從嚴懲治。至羈所一項，既據該督等奏稱各省州縣無處無之，與其空懸厲禁，致各直省陽奉陰違，何如明定章程，尚可以隨時考察。亦應如所奏，嗣後各處羈所務須寬整潔淨，不准虐待，亦不准多押，違者比照凌虐罪囚及淹禁律，分別加等治罪。其臬司提案候審者，歸入待質公所。此外如差帶、官店、食舖、班館等名，一律嚴行禁絶。再各該省監羈修改完竣之後，應由各該督撫派委妥員分投查驗確實，如有空言塞責或敷衍了事，即一面罰令該府廳州縣改修，一面參處並令將修改查驗情形詳細奏明，咨報刑部，以備稽考。庶此後監羈頓改舊觀，而民命無虞淹斃矣。又查原奏派專官條内，據稱監羈一事，固須屋宇廣潔，尤須隨時體恤，禁絶凌虐，必有專官司之，方有實效。吏目典史卑於州縣，不能考察。各府皆有同知通判，所司清軍鹽捕水利等事，久成具文，一無實事。按今之通判，宋亦名通判或名簽判，明名曰推官，皆兼管獄囚訴訟。擬請著爲定章，每府即派實缺同知，專司稽察各屬監羈之事。同知不同城者，派同城通判。每兩個月内徧赴所屬外縣稽察一次。同城兼有同通者，兩員分往一月稽察一次，同城縣監，十日稽察一次。如監獄未善，凌虐未禁者，准其據實稟明督撫臬司，比照濫刑例參處，稽察府監，責成本道，司監由督撫隨時委員稽察等語。臣等查例載府廳州縣有監獄之責者，除照向例設立循環簿填註每日出入監犯姓名，申送上司查閱外，並令與專管監獄吏目典史等官，各將監獄人犯填註案由，監禁年月，造具清册，按月申送該管守巡道查核。如有淹禁濫禁情弊，即將有獄官隨時參處，仍令該道因公巡歷至府廳州縣之便，親提點驗，如有填註隱漏者，將有獄管獄官一併參處，並令該道每季將清册彙送督撫臬司查核。若府廳州縣有淹禁濫禁情弊，該道未行揭報，經督撫查出或别經發覺，將該道一併交部議處等語。定例本極周密，無如府廳州縣奉行不力，日久視爲具文，其有無濫禁淹禁及凌虐情弊，該管巡道亦習而忘之，而大吏更無從知覺，無怪監獄之弊日積日深。至該道因公巡歷，親提點驗，更屬事不恒有，例成虚設。亟應酌量變通，特派專官以司考察，另設專條以資遵守，應如該督等所奏，嗣後每府即派實缺同知，專司稽察各屬監羈之事。同知不同城者，派同城通判每兩個月内，徧赴所屬外縣稽察一次。同城兼有同通者，兩員分往，一月稽察一次。同城縣監，十日稽察一次。如有監羈未善，凌虐未禁者，准其據實稟明督撫臬司，比照濫刑例參處，稽察府監，責成本道，司監由督撫隨時委員稽察。惟立法期於詳備，務須力求實際，方能日起有功，全在各該督撫臬司認眞經理，嚴飭所屬各府同知通判，切實考察，以專責成，並令該同通將每月每次稽察各縣監羈有無淹禁濫押及凌虐情弊，逐一詳細註明，按半年申報該督撫臬司查核。倘該同通稽察不實及循隱不舉者，即據實一併參處。上司各官不即奏參，照循庇例議處。仍令年終彙報刑部，以備稽察，似此則獄囚咸沾實惠而積弊可期廓清矣。以上四條，臣等按照原奏悉心核議，如蒙俞允，即通行各省一體遵照辦理。再此次修訂法律頭緒紛繁，所有訴訟、裁判、監獄諸法，如有未盡事宜，應隨時參酌奏明辦理，合併聲明，謹奏。疏上。奉上諭：昨據伍廷芳、沈家本奏議覆恤庶獄十條，請飭禁止刑訊拖累，變通笞杖辦法，並清查監獄羈所等條，業經降旨依議。惟立法期於盡善而徒法不能自行，全在大小各官任事實心，力除各弊，庶幾政平訟理，積習可回。頗聞各府州縣或嚴酷任性率用刑求，或一案動輒株連，傳到不及審訊，任聽丁差朦蔽，擇肥而噬，拖累羈押，凌虐百端，種種情形，實堪痛恨。此次奏定章程俱行照准，原以矜恤庶獄，務伸公道而通民情，用特重申誥誡，著該督撫等嚴飭各屬認眞清理，實力遵行，仍隨時嚴加考核。倘有陽奉陰違，再蹈前項弊端者，即行從嚴參處，毋稍迴護瞻徇。其各勤求民瘼，盡心獄訟，用副朝廷恤下省刑之至意，將此通諭知之。欽此。【略】

（光緒三十一年）四月，修訂法律大臣沈家本、伍廷芳奏變通竊盜條款事。疏云：竊臣等議覆兩江總督劉坤一等恤刑獄各條，於本年三月二十一日具奏，奉旨依議。欽此。復於二十一日恭讀嚴諭，責令各督撫認眞清理，實力奉行。仰見朝廷矜恤庶獄之至意，悚佩莫名，竊維立政之本，綱紀不容或寬，而化民之方，教養尤難刻緩。是以周官圜土，職事施及罷民；漢代律章，輸作獨詳城旦。於罪隸之中，猶加以陶育，冀其困悔，法至美，意至良也。查近來直省各案以竊盜爲最多，定律竊盜贓四十兩以下，科罰僅止杖笞，折責發落，久等具文。犯者以身嘗試，習知國法不足畏，釋放之後，再犯三犯者有之，積案迭竊者有之，結夥持械行劫者又有之。推原其故，半由於地方官不知教養，半由於定律過輕難昭懲創。現在笞杖改折罰金，自係曲予矜全，啓發其羞惡之心。第此等刑制，宜於輕罪人犯及無知犯罪者。獨竊盜以攘取爲事，犯罪之念蓄於平日，論贓雖有多寡之殊，誅其心實無重輕之別，而此項人犯，大率游蕩無業，本難期罰金之可以照納，況竭彼盜泉充茲贓罰，揆之於理，尤未適也。罰金無力免繳，代以習藝，泰西各國名爲換刑。換刑之習藝與徒流之習藝性質雖一，究有久暫之分，歷時未久，既難望其舊染之滌除，且恐倉遽之間，技藝亦未嫻熟，刑期滿後難保不復蹈故轍。考今世各國刑法，竊盜之罪法蘭西處懲役，德意志處禁錮或十年以下之懲役，比利時處一月以上五年以下之禁錮，英吉利處五年以下之懲役或二年以下之禁錮，附加苦役及黑牢，日本處二月以上四年以下之重禁錮。其餘各國大致相同，間有並科罰金者，非通例也。臣等公同商酌，擬請嗣後凡竊盜應擬笞杖者改擬工作一月，杖六十者改擬工作兩月，杖七十至一百，每等遞加兩月，徒罪以上仍照向章辦理。此外以竊論盜，准竊論盜及各項因盜問擬笞杖並搶奪强盜案內擬杖者，俱准此。至各省習藝所，如有尚未設立者，即將現犯照應得工作期限暫予監禁。仍令通飭各屬，一律從速舉辦，並將已立各所奏報分咨刑部備查。似此量爲變通，藉刑罰代教養，頑冥可收率化之功，以教養清盜源，草野可享乂安之樂，似於公安私益兩有裨也。再各國刑法竊盜從無問擬死刑者，即唐律不過加役流，明律亦罪止滿流，贓重人犯應否酌減之處，容臣等於新律內酌量核定，合併聲明。所有臣等酌擬變通竊盜條款緣由，恭摺具陳。伏乞皇太后、皇上聖鑒訓示。謹奏。【略】

（光緒三十一年五月）修訂法律大臣伍廷芳、沈家本奏覆停止刑訊事。疏云：光緒三十一年四月初五日，准軍機處鈔交御史劉彭年奏禁止刑訊有無窒礙，請再加詳慎一摺。奉旨伍廷芳、沈家本妥議具奏，欽此。查原奏內稱刑訊爲東西各國所竊笑，即中國政治法律家久已心知其非，而不敢議改者，誠以中國人心不古，一切治具。又復疏節闊目，不能察及隱微，徒慕外國之不用刑訊，而不深求其所以不用刑訊。官吏不善奉行，誠恐有如上諭所云，陽奉陰違者，與其嚴防於後，不如豫籌於前。按外國不用刑訊者，以其有裁判訴訟各法也。凡犯人未獲之前，有警察包探以偵之。犯人到案以後，有辯護人、陪審員以聽之。自豫審至公判，旁徵於衆證，不取供於犯人，供證確鑿，罪名立定。今中國改定刑法方有端倪，聽訟之法一切未備，有刑而不輕用，犯人雖狡，尚有畏刑之心。若驟然禁止刑訊，則無所畏懼，孰肯供吐實情？問刑衙門窮於究詰，必致積壓案件，經年不結，拖累羈留，轉於矜恤庶獄之法，有所窒礙。臣愚以爲禁止刑訊須俟裁判訴訟各法俱備後，方可實見施行。抑臣更有請者，東西各國裁判所原係民事、刑事分設。民事即戶婚、田產、錢債等是也。刑事即人命、賊盜、鬭毆等是也。中國民事、刑事不分，至有錢債細故田產分爭，亦復妄加刑嚇問刑之法，似應酌核情節，以示區別。所有戶婚、田產、錢債等事，立時不准刑訊，無待游移。至於人命、賊盜以及情罪較重之案，似未便遽免刑訊。相應請旨飭下修律大臣體察時勢，再加詳慎，並飭於刑法及刑事訴訟法告成後，即將民法及民事訴訟法剋期纂訂，以成完備法律，則治外法權可以收回等語。奏奉諭旨，著臣等妥議具奏。臣等查該御史所奏，自係爲慎重刑獄恐有窒礙起見，惟泰西各國，無論各法是否俱備，無論刑事、民事大小各案，均不用刑訊。此次修訂法律，原爲收回治外法權起見，故齊一法制，取彼之長，補我之短，實爲開辦第一要義。惟中外法制之最不相同者，莫如刑訊一端。是以臣等核議劉坤一等恤刑獄摺內於省刑責一條，議如所奏辦理。然猶必限以徒流以下罪名不准刑訊，而於命盜死罪案件，未嘗概行停止者，亦因此時小民教養未孚，問官程度未逮，出此補救目前之策，已屬不得已之辦法。查定例載明內外問刑衙門審辦案件，務得輸服供詞，其有刁健堅不承認者，如犯該徒罪以上，仍具衆證情狀，奏請定奪，詳繹例意。犯供務期輸服，既輸服矣，則所供非由刑求而得。可知徒罪以上，仍具衆證，有衆證矣，則不得以刑逼取犯供。更可知臣等前奏，不過申明舊例略爲變通，其實與西法無涉矣。原奏又謂『驟然禁止刑訊，則犯無所畏懼，孰肯供吐實情，必致積壓拖累』等語。豈一用刑訊，便可免積壓、免拖累耶？何以從前各省積壓之案有數年及十數年不結者，且有拖累無辜瘐斃多命者，其將何説以處此。又如原奏一則曰『刑訊爲各國所竊笑』，再則曰『中國政治家久已心知其非』。夫既爲外人所竊笑矣，既心知其非矣，即應奮然禁絕，無待躊躇，乃又謂『應俟裁判訴訟各法俱備後，方可實見施行』，是明知非義而不速改，不更爲東西各國所竊笑乎？查各國編纂法律，大率於新律未頒之前設單行法，去其太甚，急所當先。況值百度維新之際，因革損益，難緩須臾，故練兵以强國，雖目前將備未儲，而不得不先定官制學堂以育才。雖現在專門無人，而不得不預設大學。明刑與練兵、興學並重。必待各法備後始去刑訊，曠日持久，收效何時？設將來裁判訴訟諸法同時頒布，羣情狃於習慣，仍以去刑訊爲不便，將武健嚴酷之風，終無禁絶之一日，於此而欲收回治外法權，其可得哉？夫今日中國刑訊之弊，非一端矣。原奏所謂『中國民事刑事不分，至有錢債細故田產分爭，亦復妄加刑嚇』，洵屬歷來之錮習。又其甚者，竟至波及案外，無辜横加敲扑。小民遇有訟事，無計避地方官之拷責，寃抑莫伸，遂鋌而走險。淵魚叢雀，驅之者誰？興言及此，可爲寒心。原奏乃謂『有刑訊則犯人尚有畏刑之心，去刑訊則問官窮於究詰』，徒責小民之無良，而不計問官之殘酷。揆諸公理，已覺背馳，況自來懦弱者往往畏刑自誣，凶暴者往往茹刑不吐，徒恃刑求。必不免有枉濫者。至原奏謂『中國人心不古，一切治具，又復疏節闊目，不能察及隱微』，亦未爲篤論。臣廷芳徧歷歐美，深知彼中風俗，凡有血氣，心理皆同，中外民情，無甚懸絶。雖政教稍異，而今日各國法制之完備，皆由逐漸改革而成，並非一蹴所能幾及。所以臣等奏請教工藝辦警察興學堂，無非欲進之以漸，而於核議劉坤一等原摺内復聲明訴訟裁判諸法，將來應仿照各國另設專章。俟參酌妥當，再行奏明辦理，並非謂一去刑訊，此外遂無餘事也。更以臣廷芳身所親歷者證之，查香港一島，内地商民僑居於此者不下三萬人。昔年臣廷芳在該港任理刑事，維時規制未備，凡審判事宜係用英法，專憑證佐，不事刑求，隨訊隨結，案件從無積壓，實無庸鰓鰓過慮也。況尚德緩刑爲古今中外所共美，前者明降諭旨，宣示天下各國公使以及商人，咸祝頌我皇太后、皇上聖恩普被，邁越古今，其悦服之心溢於言表。此舉實爲環球觀瞻所繫，内外問刑衙門，務須實力奉行。仰體朝廷矜恤庶獄之意，歷久習慣，自無所難，培國脉而固民心，其端皆基於此矣。所有該御史奏請人命賊盗及情罪較重之案，未便遽免刑訊之處，臣等原奏業已分敍明晰，應毋庸議。至該御史請於刑法及刑事訴訟法告成後，即將民法及民事訴訟法纂訂，以成完備法律，洵屬有條不紊。臣等擬俟刑律告竣後，即行分别編輯，陸續奏聞。再現在改章伊始，一切未能詳備，必得訴訟法相輔而行，方能推行無阻。擬編輯簡明訴訟章程先行奏明辦理，合併聲明。所有臣等遵旨議奏緣由，是否有當，謹恭摺具奏。伏乞皇太后、皇上聖鑒訓示。謹奏。

《東方雜誌》第二卷第九號《政務處奏議復改定刑律案摺一九〇五年

十月二十三日》　本年四月初五日軍機處抄交御史劉彭年奏釐定刑部章程，又御史錢能訓奏改定刑律宜策萬全各一摺，均奉旨政務處會同刑部議奏，欽此。據劉彭年原奏内稱，刑部爲天下刑名總匯，不應審理詞訟，宜遠規漢制，近法日本。漢之廷尉不過審定律法，不必審定罪囚。日本司法卿掌釋律意，凡捕亡囚獄事務屬之裁判所。擬將京師一切詞訟，凡罪在徒流以上者，内城由大宛兩縣，外城由正副指揮依律審理，由順天府尹五城御史覆核達部，俾堂司各官專心法律，無敲捕之煩勞，是爲上策。現行律例五城步軍統領衙門審理案件，罪名在徒流以上者，方准送部，不得以情節介在疑似者濫行送部，若將不應送部之案濫行送部，刑部將原案駁回，仍據實奏參。現在送部案件有無關重罪之案，擬請申明舊例，是爲中策各等語。謹案。自古刑官未有專定律令而不治訟獄者，皋陶作士察理獄訟，《周禮》大司寇之屬，聽訟決獄之法至詳，即如該御史所稱，遠規漢制之廷尉治尉，有平有史，以囚辭決獄事。日本裁判所承命於司法卿，與漢制廷史與郡鞫獄受成於廷尉略同，實無廷尉衹定法律不審罪囚之説。京師浩穰人海，奸弊所叢，盗賊訟獄多關重要，今之大宛兩縣員微權輕，固非前代洛陽、長安赤令之比，坊官雜職，資品尤卑，刑名之事多不通曉。該御史原奏方稱錢債細故，尋常盗竊，無關重罪之案，猶以介在疑似濫行送部，若遽責以審斷，重大案件如何可行？詳查所言上策，係屬更改舊章，又於古誼不合，現行事例尤多窒礙，應無庸議。至所言中策，本係現行律例，應如所請辦理，即由刑部申明舊制一律遵守，以定權限而省案牘。又錢能訓原奏内稱，改定刑律宜策萬全，慮教養未善，警察未周，刑官不諳律意，請通飭各督撫盡心教養，實行警察，定陪審，重見證，舉行訴訟裁判諸法，並請設法律學堂各等語。竊維慎刑之道欽恤爲先，該御史所慮者，以現今教養、警察等事尚未一律舉辦，驟停刑訊恐有窒礙難行之處。查劉坤一等原奏，謂外國警察之法最密，故證據多，實洵爲洞中之言。伍廷芳等覆奏亦請認眞辦理警察，並先請開辦法律學堂，復申明訴訟裁判諸法將來仿照各國另設專章，參酌妥當，奏明辦理，是該御史所陳各節，伍廷芳等請停刑訊摺内亦已籌慮及之。總之，執法務求平允，考核不厭周詳，伍廷芳等所奏如有未盡周備之處，應由刑部會商，該侍郎參酌奏明辦理。刑部查五城步軍統領衙門審理案件，徒流以上方准送部，例内界限甚明。近年以來，送部之案往往有罪不至徒流者，且有無罪可科之案，亦徑行送部者。辦理參差，殊失定例本意，應如何明定章程之處，俟臣部參酌妥當，另行奏明辦理。謹奏。奉旨依議，欽此。

論説

《警鐘報·論中國改革刑法一九〇四年七月十三日》　中國刑法以禮制爲主，《禮記》之言曰：『罪多而刑五，喪多而服五。』是中國之造律悉援《禮制》以爲定，故五服之內犯罪者視凡人加等。而於十惡者罪在不故，又有上治、下治、旁治之條，大抵以家族爲本位，仍沿古代家族政治之遺也。而尊上抑下習爲固然，如《律例》所載：大逆、謀反、謀叛、謀害本管官、聚衆搶掠諸罪，大抵皆處極刑。蓋處君主專制之世，定律不得不若此也。中國定律以妨害朝廷爲重，西國定律以妨害社會爲重。故有害靜謐罪、害養生道罪、敗風俗罪、妨礙商業及農工業罪皆較中國爲嚴。歷代以來遵守勿易。近日以來，有志之士漸知中律之慘酷，謂中國定律宜法西人，而改革刑律之説遂騰於朝野，以今日行新政之政府，於此等新政之形式或亦可見之施行。然自予觀之，改革刑律固爲今日之要務矣，然今日之急宜改革者，則律外之刑而已。律外之刑有二，一曰差役之弊。中國官署之差役，其業極卑，充此役者謂之身家不清白，子孫不得應考試不得與上流社會齒。而緝捕獄訟之權悉操其手。又得諸官吏之權力以魚肉人民，假公濟私，藉端勒索，偶所求不遂，則又百端羅織以陷害其身家。凡小民有爭細故者，彼即多方煽惑，唆使搆訟，訟獄既成，則彼從而享其利。大約中國爲胥吏者多唆人搆訟，既爲原告獻謀又爲被告畫策，致兩造之命皆在其手，而彼即因之以勒索，致有傾家破產者。小民見其爲利藪也，故無賴不肖之徒咸充其役，有出鉅金買缺者，有投差役爲奴隸者，名爲掛名白役。而小民之受其害者愈衆矣。一曰牢獄之苦。中國之牢獄中國『牢』字從牛，獄字從犬，是中國視犯罪之人本與畜類無異。固以汙穢不治聞天下矣，觀方望溪《獄中雜記》已見一斑。與巴黎巴士的獄大約相同，而獄吏之逞淫威者，至較虎狼爲尤酷。獄吏之視囚徒，饑不與之食、寒不與之衣，甚至無居住之所、無休息之地，因之致死亡者甚衆。而牢獄而外復有班快各房，皆爲拘繫囚徒之所，司班房快房之事者大抵皆官署中之胥吏。鞭撻之苦，縲絏之加，私刑之慘，勝於官刑。中國之俗語有言『寧受官刑無受私拷』。吾民何辜，乃罹此厄，觀《吳騫與秦小峴廉使書》及唐子《潛書·省刑篇》猶可見中國牢獄慘酷之刑。可不悲哉？然二弊之生，皆由於國家之輕視刑律。輕視刑律，輕視民之原因也。一曰無司刑之官。中國司刑之專官，內有刑部，外有按察使，若府縣各地警察之法既未普行，鉅細之事悉倚知縣以辦。自命盜巨案，而外戶昏田土，牘入即判，夜以繼日，勢且難繼，故斷訟之事既非專責，私刑及牢獄之弊自然無暇稽察。不得不設刑訊之條，以敲扑之刑，行鉤距之術，迫以疾言，誘以甘語，百端周內，以冀刑獄之速成，更慮上司之批駁也。中國之於大案必府廳三四駁然後詳之司道，司道三四駁然後詳之督撫，層累而上，曠日稽時，而奸惡之徒反得憑賄賂假請託，借批駁以啓冀倖之端，其害不可勝言。又不得不稍試模稜之計，以圖卸過之方，而小民之吞聲飲恨，不暇問矣。中國刑訊之法最背公理，公理之上血肉橫飛，三尺之下何求不得，甚至因銀錢借貸之事輒受鞭笞，又有夾棍、大架諸酷刑，無論其爲未服罪之民也，即使罪有應得，一罪兩刑，何以堪此。一曰無知律之人。中國習申韓之術者，舍刑名而外，別無深明律學之儒，唐朝特設律科，明代試士猶有判律之文，至本朝始盡去之。而爲訟師者，又首干禁令之條。至斥爲訟棍，府廳州縣皆有嚴拿訟棍之律。夫搆訟而不延訟師，是必人人知律而後可也。今中國既乏知律之人，其稍知律例者，又屏之於清流之外。中國訟師乏善頁之士，然推其原因皆由於在上者輕視訟師，故訟師亦以卑賤自居，而作奸犯科無所不至。則姦吏之定讞，悉得隨己意爲重輕，而無一人本律意與之爭執矣。即斷獄所誤亦無人知。於是而欲斷獄之公，豈可得哉？中國胥役之弊亦由於人民不知律，欲搆訟獄不得不需此輩，而此輩遂得從中把持矣。要而論之，中國之刑獄積弊，叢生之刑獄也。由隸役而吏胥，由吏胥而幕僚，由幕僚而官吏，無一非舞弊之人。由縣令至府廳，由府廳至司道，由司道至刑部，無一非倚弊爲利之人。故訟獄之曲直，悉憑勢利以爲衡，其勢力盛者，罪雖重而亦輕，其勢力薄者，罪雖輕而亦重。中國俗語謂『只許長官放火，不許百姓點燈』，誠刑律之代表。所納之利厚，雖有罪者亦可從寬，所納之利微，雖無罪者亦將羅織，此中國之刑獄所由爲弊竇叢生之所也。而推其原因，悉由於上無司刑之官，下無知律之人，而非盡由於定律之失也。故欲救中國刑律之失，必先設法學堂，以造就律師，又必設地方裁判之官，以與縣官分治，庶胥吏之弊，牢獄之苦，漸可改良。今也律師之才未選，裁判之所未開，驟欲革胥吏以清牢獄，謂非不揣其本而齊其末耶？吾恐其亦將有名無實矣。律師不設胥吏，必不能餘裁判所，不設牢獄必不能治。至改從西律，中國當十餘年以前固早有持此論者，如薛福成、黎庶昌皆有此議。然推其改革之意，非眞有見於中律之過酷也，不過欲取媚西人以收回治外法權耳。至謂通商之地，可從西律，而各省腹地仍沿舊章。此薛福成之説。夫同爲中國之民，徒以所居之異地，乃同罪異罰，公理何存？故知改從西律諸公，非眞有見於中律之宜改也。觀於今日之政府於此等思想，仍不能信其決無，吾是以爲中國之新法危也。蓋西律之所以稱善者，亦有數因。一曰司法權獨立，一曰君臣上下皆從法，中國管子亦有此義。一曰法律以權利爲本位，西人權利二字與法律同意，以法律爲權利之代表，以權利爲法律之內容，與中國以禮制爲本位者不同。一曰公法與私法區分，公法卽刑法，乃國家對國民之法也。私法卽民法，乃箇人對箇人之法也，若中國則無此區分。此皆西律最精之意，亦卽西律之根本也。今中國之於西律，固當擇善而從，然吾之所慮亦有數端，一曰人民素無權利思想也，中國國民素無權利思想，凡事以禮讓爲主，不識競爭之大義。此與西人相異之點。二曰奸民衆多難以輕刑服也，中國奸狡之民憨不畏死，治以重刑彼猶弗畏，況治以輕刑乎？推其原因悉由於不知廉恥及不知生命之足重。三曰官吏假索訟費之名而貧民愈受累也。西律於貧戶訴訟雖設專條，然家資不値二十五磅乃援此律，他則必有訟費。若中國搆訟之人率多貧民，胥吏索已弗能堪，若再加訟費，則不肖之官吏必有涎訟者之厚利以致富者，例外多取尙安能禁，此固今日官吏所最希望者也。以今日之政府馭今日之人民，使常守其道而不易，吾恐雖有良法美意亦適足以助其弊耳。至刑章之同異，悉隨時勢爲變遷，蓋交通既便，如汽車、輪舟大通之後。則流徙之法可除，俄人徒犯人有西伯利亞亦在鐵路未成之前。身命既尊，則笞杖之刑可廢，野蠻之世，人民舍肉慾苦樂之外一無所知，故懲之之法不得不用肉刑。然身體之刑最爲粗暴，今西國之民，漸知身命之尊，故以財產名之刑代身體刑。而要之皆以愛民爲本者也。愛民故重民命。若今日中國之政府視民命爲甚輕，於此而望其改革刑法，豈不難哉？

《中外日報·二十一日上諭後一九〇五年三月二十四日》 二十日恭奉上諭，改省重刑，本報已於昨日報端詳論之矣。昨日又奉到二十一日上諭云，昨據伍廷芳、沈家本奏議覆恤庶獄十條，請飭禁止刑訊拖累，變通笞杖辦法，並清查監獄羈所等條，業經降旨依議云云，謹按。此次恤庶獄十條之辦法，意在汰除尋常訟案之積弊也。如問官擅用非刑，及官署胥差，嚇詐索賂，必皆已禁止，並使罪人得免虧辱凌虐之苦，此其用意立法，不可不謂爲仁恕文明矣。惟是考諸中律之舊制，揆諸社會之程度，揣其實行之辦法，記者尙有不能釋然者，爰再伸其愚見，陳論其得失如下。一、中國問獄之法，其弊不在法律之不備，處斷之有失，而在每遇一案，其審訊之法不求案證，不推犯人之意思行爲，而惟求合於律文之科旨，斷以問官一己意見之是非。考東西各國刑案之裁判，必須法文、行爲、案證三者交具，然後方爲確實之判決。且判決以後，尙許犯者上控，以期枉直之悉當。其爲裁判官者不過奉法文明定之名義制度。依例宣告，及推求犯罪者之行爲、意思、證狀之眞僞，以行其法，固不容妄下己意而專斷也。惟中國則不然，其立法者與裁判者皆得以擅斷主義，行其一己之意見，以故所定之法不必詳悉賅備，適合乎社會之情變，且又不許增損一二，以期切合乎案情之眞際，是所立之法明爲擅斷主義之法律也。至於裁判之官吏，既用此擅斷主義之法律以斷罪案，其人卽爲立法者之代表，亦得有行其擅斷主義之權。故每逢問案，不顧罪情之輕重，輒據己意之是非以爲曲直，祇期犯供合乎己意，己意合乎擅斷之法文，卽以爲能事已畢矣。設或不然，則以刑威恫喝，迫使相合而後已，是爲問案刑訊之積弊也。然推本以論，刑訊之事雖爲問官得行擅斷主義之本，然使立法之人能用法定主義之法律，而不用擅斷主義之法律，則問官亦不能藉刑求以逞威。是故欲得獄訟之平，在廢擅斷主義之法律，而不僅在乎廢止刑訊。如不能廢擅斷主義之舊法，而但停刑訊，卽不啻奪裁判官之裁判權，而使其無力問罪也，豈爲得哉？矧夫政教者，乃社會之起原也，人心習俗者，乃社會之所陶成也。中國以專制政教立國者，四千餘年雖屢經易代，而政體法制未嘗或改，出禮入刑實爲上下社會之關鍵。以故大淸律例凡職官命婦，笞杖之罪，皆許納贖，訊供之時，非曾請旨定奪不得擅行拷問。推原律意，詎非謂職官命婦，本係名教中人，雖入於罪，仍當以禮意矜全之乎。若夫小民庶姓，則除老幼廢疾孤丁以外，固不得援此例以邀恩免也。夫以中國社會制度，如是之懸絕，政教漸染，如是之深久。今者忽以名教中人特享之利益，加諸不知禮義爲何之輩，安知奸黠之徒不乘此肆惡，以冀玩法而試罪耶？故愚謂中國今日如不將舊法之主義痛加改革，則欲施仁意，不如卽舊律之有明禁者申明法令，切實施行。如擅受詞訟，擅用非刑之官吏，遇案發時加以嚴懲，使貪酷之吏知所懲儆，尚爲可以實惠及民，而遠勝於使不通法意之輩任意壞法萬萬也。故欲停刑訊，非改法律主義不可，若不改法律之主義，而祇停刑訊，則其弊恐將有更甚於前者，是記者所欲指陳得失者之一也。二、獄訟之拖累。雖由問官不將犯案速行訊結所致，然此特弊之末流焉耳。若推原以論，則實由司法之權兼攝於行政官之所致也。考東西各文明國之制度，凡立法、司法、行政之三權皆係分離而獨立，而中國則立法、行政、司法悉萃於一官之手。其在古昔，地域褊小，職掌簡少，故地方之官吏自東漢以來，祇設郡守縣令，得以直接於中央政府，其責任權力兩者相等，故尚能力舉其職也。迨及唐宋兵革屢經，拓地益廣，區區之守令，其權力不足以及遠，朝廷乃另簡代表君主政府之長官，出而行軍，後卽改爲地方行政之長官。由是府上增道，道上增司，司上增督撫，自明及今，未嘗稍改。然官職雖增，而地方行政之職權仍無增加，故每設一監督行政之長吏，必割取下官之權利歸之於上，而其責任則仍委諸下僚之官吏，遂致爲牧守者，稟報差使交錯於一身，不得不棄其應司之職掌而徇事外切己之交接。且上官監督，層累過煩，遇一案出，稟詳解勘，動需時日，稽留淹滯，在所不免。鄉閭小民素未與官長交親，而無賴之保正，無俸在公之胥役，皆得乘機舞弊，而肆行其敲詐矣。是故拖累無辜，雖由於官吏之舞弊，抑或由於失察所致，然推求其生弊之本，則仍由職權不分而起也。以故欲清訟累，不當仍責成於行政官吏，而當另設司法裁判所以司之。且須將刑事與民商訟事分成數裁判所以司之，然後方能任專而責重，可使在上者之美意一一見諸實行也。不然，則禁止拖累，朝廷雖明降諭旨，嚴行申誡，然地方官吏必仍奉行故事，藉詞搪塞遷延，而在於民間仍不能實獲其益，是記者所欲陳其得失者之二也。若夫變通笞杖制度，以及稽查監獄羈所諸節，在立法者之用意，雖屬甚美，然以愚意論之，亦非俟法制政體大爲改變以後不能實行。以法制政體不加改變，則官吏之職制權限決不能更改，以今日之職制權力，而欲責其實行新法，是不啻娛瞽以美色，悅聾以雅樂，驅跛以疾馳，豈可得哉？豈可得哉？抑且政教不變，則人心不變，人心不變，則社會國家亦必無所進步。使蠻野之徒坐享文錦華屋之奉，非徒無益，而又害之，此豈僅删改一二律文卽可以坐而致其效者哉？是故我之立法者，若眞欲變通制度，改良監獄法，必先曠觀古今，參酌中外，審時度勢，盡廢舊制，另定新律，則改法之實益，庶得普及於國民矣。是故合觀二十、二十一兩日之上諭，其用意屬詞，不可謂非至美且善，然至推究其原始，窮研其結果，則弊法之本既未盡絕，而實施之效亦不可期，是皆坐於我之立法者，僅知改律而不知變法，乃有以致此也。所以觀其改變之手段，不過如一胥吏幕僚改正口供，反比例案之類，如以法學家之眼光觀之，必能見其無當於國計人心，是爲記者所深爲歎惜者也。爰再不揣愚陋，伸論其得失，以期有道之士是正之焉。

汪詒年《汪穰卿先生遺文·芻言報論説擷粹·痛論頒行新法律之宜愼》 今敢敬告我監國攝政王，敬告我政府，敬告我資政院之欽選民選議員曰：今者朝廷命修律大臣修改刑律，我輩草野之臣以爲改正舊律而已，以爲舊律之不能行者輕之，舊律之未嘗行者删之而已。以今者道路所喧議，報章所騰播，則非僅修改法律問題，而爲變動三千年來立國基礎問題，改變數千年相承習慣問題，廢滅國教問題。

吾國人勿謂吾國立國基礎爲無足觀也，試思自秦漢統一以後，失抵抗力幾二千餘年，雖屢生禍亂，而風教不改，故得一明主而起，而董理之無幾時已復舊矣。夫以失抵抗力如此之久而能凝而不散、植而不傾，是必有物焉。鎮定而聯固之乃能如是也，是何物也？卽所謂禮教也。蓋古之聖人知爲治者莫如使民自爲治，自爲治奈何？則莫如使民相愛，始欲使民相愛，莫如使一家之人自相愛始，而所以維繫之者，則一寄之於禮教。蓋自父子、兄弟、夫婦相愛以及於宗族，以及於鄉黨，以及於國家，遂使極大極散之人羣能團合而爲一。自秦漢以後，咸以此爲重，六朝雖亂，而君臣咸以爲意，綿綿延延以至於今。雖世衰道微，而民間猶賴宗法維繫得以循習苟安。吾輩陰受其福而不自覺，遂棄己之寶鼎而羡人之康瓠，則請諸君勿震於列國之隆威也。試使任取一國，使獨立於世界，其能安擾如是乎？試使倫敦、紐約一旦撤去警察，能如吾從前都城之鎮靜乎？又假使歐美各國忽變而未一統，或全改爲民主，實行弭兵主義，試思彼時景象如何乎？必至政黨爭於上，無政府黨起於下，禍亂大作，有非人力所能撲滅者。且今者各國，非吾輩所目為政治修明乎？然禍亂之端幾無國蔑有，奇慘之事歲必二三，至其風俗偷薄，姦僞滋彰，見留學生之所述，西報所載，指不勝屈，而吾乃欲棄固有之善以就之，其亦傎矣。今修律大臣非果欲改善良之風俗也，非果敢於變國教也，殊不知禮教與刑律互相維繫，未有刑律廢之而禮教能存之也。今如所傳寡婦處女姦罪無治罪之條則，編民必相謂朝廷准許姦淫矣。毆殺等罪不視服制爲輕重，則謂朝廷許其平等矣。至尊長施之幼弱與幼弱施之尊長等，則謂父兄無管束卑幼之權，而從前聽命家長之語可置之腦後矣。夫此等習慣，江浙繁華浮薄之地或幾忘之，然內地則固崇奉也，而鄉僻之地尤甚，而北方各省尤甚。今若以此等怪習灌注入之，使之家自相鬬，人自相角，自來種禍促亂，未有過於此者。

今勿謂風俗敗壞之不易也。自上海租界設立，淫靡之風日甚，自無知識之時，流好以自由平等爲口實，而暴慢之俗益長。加以各處小學、女學但事放縱，不嚴管束，故惡劣之風偏於家肆於鄉，及其結果必至子弟既不宗仰其父兄，父兄亦不顧戀其子弟，而親戚宗族更無論矣。夫如是而謂忽能合而愛其國者，吾未之前聞也。

今之人但知傾向於西，輒欲吐棄一切以就之，不知器械可改也，規則法度可改也，卽政體亦可改也，而數千年相沿習之政教必不可改。諸君疑吾言乎？試觀各國變法有併變其教者乎？截趾適履，蓋無過於此者。

或謂刑禮不相關，刑雖刪除而民家可各自嚴其禮防，有何妨礙，按：此邪説也。刑禮一氣相生，未有刑律不注重而禮教猶能立者。今新刑律未頒也，而民間幾有家長不能管束其家之勢，則以新鋭之主持者甚力也。若更以國家之力助之，則向來所有孝弟之説且一掃而空，而方將引爲笑端，謂此非二十世紀應有之言，如此則生民之爲禍烈矣。

吾但聞治國者就其向來政俗以策勵之，爲聞鏟除舊時政俗而別覓新種於他人也。若謂取則異國，亦當精加選擇，況夫各國爲法亦不同，且有因於從前習慣姑沿之者，又有因於情勢不得已而爲之者，而吾乃不辨宜否，一概抄襲，亦可怪矣。且禮教中事，日前卽有一疑難問題，聞粤之咨議局呈請禁止自由結婚，此在禮教所極應準許，而與新法恐不免衝突，不知傾向西法者，將何術處之？

奬勵私人資本與舉辦實業分部

綜述

張謇《張季子九録·實業》卷三《請保護提倡實業呈商部文》（光緒三十一年乙巳）竊自光緒二十一年，承准前南洋大臣張照會，奏派集股創辦通州紗廠，經營五年，始獲開機，又二年而成效始著。二十七年，承准前南洋大臣劉照會，奏派集股創辦通海墾牧公司，以及廣生榨油公司、大興麵粉公司。二十八年、二十九年，復在通州創辦大隆油皂公司、澤生水利公司、大達小輪公司、同仁泰鹽業公司、阜生蠶業公司、翰墨林印書公司。職本里儒，家承素寒，憤中國利權之外溢，思以綿力自保其隅，念生平實業之未嫺，祇以不欺感通於儔類。圖之方始，則籌之不敢疏；毁之者多，則持之不敢懈。區區之見，私以爲中國今日振興實業，要在標本兼顧，顧標之道在整頓，顧本之道在改良。整頓則首宜漸去其弊，以完本意可行之舊；改良則首宜試驗所合，以發衆目有徵之新，而非得在上之保護提倡。則幸而成者，在一人有事倍功半之艱；不成而敗者，在當世且有懲羹吹齏之患。一切細目，姑不暇論，卽如各工廠製造之貨，非減輕成本，不足敵外國進口之貨。而非援各國稅生不稅熟，或稅熟不稅生之例，不能減輕成本，此大要也。重農勸墾，著在祖訓，各省州縣報墾之少，病在報墾一畝，所繳之價，必加地方及道司督撫部各衙門規費，視本價三倍。二十七年，承乏通海墾牧公司時，呈請前南洋大臣劉附奏豁除此例，明定規費，照所繳之價加一成半，比因隄未全成，故價尚未繳，應請大部先爲奏豁，以便遵辦，此大要也。鹽業尤舊弊所叢，宜先普改公司之名，而後能祛一切之累。此外凡能化私增產利運裕課之法，宜聽垣運各商，各就便宜，考求試驗，按年報明成績。以爲中國事業進步之考察，亦卽爲揚子江弭禍興利之根原，此大要也。以上皆職所承辦通州各公司事業，應請大部保護提倡最要之事，此外如各省州縣紳民，有能興一公司，必應許其隨時自陳利病，爲之提倡保護，予以實驗。庶民間之風易開，中國之利權能保，現在先請就通州始，愚者之慮，是否可行，謹候采擇。所有通州創興事業各公司章程，撮要開具清摺，并呈鈞鑑核，俯賜施行，無任公便。

又《爲實業致周江督函》（光緒三十一年乙巳）奉前月十七日賜復，敬承鈞命，仍申鄙見，條白左方。一上海輪步，須有新生意立脚，至爲要論。今陳生意之已有見端者，大阪美最時兩公司之輪船六號，候於十六埠浦東，無日不涎視於我所規設輪之地，我但築步，彼必來租，一也；前設之永裕碼頭，本泊寧滬海滬崇滬松滬小輪七八號，今已商明并合爲一，二也；自備將來行海州行蕪湖之輪有步，上下便於貨客，三也；馬路之内可以造棧，四也；有輪步則市面可興，五也。官助建設費，由商借墊，擬作十分之三，將來遵示，由收税及馬路捐内撥還，由滬道詳請立案。一通州輪步，既有躉船有駁岸，若不上下貨物，必不足敷開支。通州内河一帶貨物出入前淮滬道移詢，業照海關進出貨物列表復道，送交税務司。面許派副來通察看，現海州已經看過，應請飭道轉飭税務司派副至通察看，查例長江自吳淞、至鎮江、圖山，向係蘇松太道派設分關，不歸常鎮管轄，自應仍蘇松太道派設，以符成例。至官助建設費，亦擬作十分之三，由公司借墊，將來在收税内陸續撥還。惟起造海關，似應官任，大約先造之屋不必多，約計不過萬斤。擬造稍大樓房五幢，上加小鐘樓一間，小樓房五幢，共二十一間。過道兩間，矮圍墻七八十丈。一内河小輪，謹候鎮關派員來通商辦。内河係鎮道轄地，故前清有鎮道發給牌照，仍請飭行。南京碼頭，遵示辦理；一通州大興面廠，購運海州麥，已遵示飭廠稟州轉詳，謹候核准領照前往；一漁業公司，應候商部回復北洋，咨呈已發，應候南北會奏，鄭京卿聞九月下旬可以到滬。王季樵侍郎在滬晤商數次，彼此均能喻意，想渠至寧奉謁後，必仍回滬，可再接洽。再前以通州輪步公司股本，一時不齊，請屬藩司飭查，省城發存通州各典公款銀八萬兩，撥存輪步，由大生紗廠擔保，未審已否飭查。彼時所籌，止一輪步耳，今則突被潮災，墾牧鹽業，均形支絀，迫不得已。於備救墾牧，籌畫鹽業改良，先後面呈乞撥公款補助，豈不知甚煩公聽，勞公垂念哉！外患日逼，民智未開，實業氣尚稚薄，謀力均單，設有蹉跌，不止一人之名譽。故多方求助，以冀所營一一成立稍完，爲東南實業前馬之義務，查省城貧員津貼存本，官錢局票本兩項公款，存於通州者共兩萬兩。始猶名爲各典公領，實則李氏三典，繼名爲李氏三典所領，實則戴某一人。設趕緊澈查清理，次第提撥，在實業則所濟實宏，在公款則可以期萬穩，一轉移間事也。幸賜圖之。

論說

《申報·中國宜派水師出洋保衛商人論一九〇二年三月五日》 商務爲致富之基，欲致富不得不振興商務，欲振興商務不得不出國家全力以助之，此必然之理也。泰西各國惟能官商一體，故上下無隔閡之情，商之所惡，官必去之；商之所欲，官必成之；商或力不能及，官必多方調護之，維持之，不足則更以軍威爭之。是以衆商在外貿易，心雄氣壯而無受人壓制之虞。今環毬各國在華商業大小不等，然無歲不派兵船航海來華，藉資保衛。猶記光緒二十四年，各國駐華兵船共一百零一艘，其間美二十二艘、俄十九艘、法十艘、德八艘、意五艘、葡奥各一艘，獨英多至三十五艘。蓋以中國經商之利，英得十分之七，非他國所能抗衡，以故所派兵船亦多於他國也。近年德國頗思急起直追，整頓水師不遺餘力，當西曆一千八百九十九年十月十八日新造巨艦告成，德皇警蹕親臨宣言於衆，曰：『我德必令水師强盛方足保海外利權，使八年前懔遵前旨及時振作，則目今水師已焕然可觀，近年商務進境頗緩，非多增兵艦，安能佐商力之不足，使之日起有功。』其言如此，蓋深知英以水師稱雄海上，獲利獨優，故不甘僅恃陸師，不復於海上爭勝也。近者德國水師大臣他必氏又在議院中昌言曰：『我德近在海外推廣利益，必得水師保護，方可免於疏虞，應於一千九百零四年前多派巡船分巡各處。』聞者皆韙之。觀其孜孜商務，與德皇所見大略相同，遵是行之數年之後，所得權利有不與英並駕齊驅者哉！此外各國，雖不若德之鋭意講求時有舉動，而彼商人所駐之處要，無不有兵艦往來。且自前年拳匪變亂後，尤於此不敢稍疏，彼其防範周詳遐邇一轍，豈眞慮有華民與之爲難，預爲此以鎮懾哉！誠以安不忘危固利國保民之道也，今者中國亦知前之視商太輕，幡然改圖除令，將出洋華商子弟學有心得者，由使臣擇尤選舉子以升階外。特設商務大臣總理其事，邇來各省會更設立專局，督以司道大員釐訂章程，舉各業董事實力籌辦，若何而興物產？若何而新工藝？若何而開源節流？條理井然，規畫周密，乃獨於旅洋華商身家性命，曾不計及懷保之道。一若此輩既置身數萬里外，非我子民也者，重其內而忘其外，安其常不思其變，抑何與西國保商之道大相剌謬耶。或謂中國當甲午年以前北洋海軍規模大備，海軍提督丁汝昌時或乘戰艦出洋巡閱，外埠華商殷勤迎接，奉若神明。維時中國商務亦不見興旺，迨變起日東全軍覆没，當軸者因噎廢食，無力恢復。迄今華商重洋遠寓，亦尚晏然無事，似何必鰓鰓過慮，爲此無病之呻吟，不知此正有不盡然者。夫中國之見侮於各國，至今日而極矣！從前中國底蘊，外人尚未深知，故旅洋華商可無意外之慮，今則國威已損，外人皆有藐視華人之意，又知其國勢之不足有爲，益將視爲碪肉釜魚，一任臠割吞蝕。雖文明之國信義相尚，未必遽有此等事端，而當此時勢，陵夷禍變之來，正不可不慮，且亦思西人氣燄日熾，乃商人既自相團練，國家復時派兵艦隨地駐泊，其意果何爲乎？目今中國北洋海軍，雖難驟復，然續購之海天、海容、海圻諸艦統以海軍提督葉桐侯軍門，軍容亦頗可畏。若南洋水師歲糜鉅餉數十百萬，雖有時出洋巡察，然大抵皆爲緝捕盜賊起見，從未聞因專保商民小駐某國海面，何其無遠謀也！竊以爲中國現當創行新政之際，遠商尤貴保全，宜及今變通其制，遴派勤能將領統率勁旅，遠涉風濤，每至一埠寄椗若干日，則移而之他，此往彼來不稍間斷。一則使兵士勤於歷練，可備緩急戰守之資，一則使外人知我華尚有雄師，不敢遽明輕侮之念；一則華商有備無患，從此咸獲磐石之安，一舉而三善備，是亦何憚而不爲哉！至慮經費無出，則旅洋華商不乏富而好義者，誠由星使派參隨各員，諭以此舉關繫之重，勸令捐輸，當無不踴躍，從事如此，則商力既厚，商利自興。否則各國皆能張其權以攘我之利，而我不能出其力以獲彼之利，徒沾沾曰：『商務商務，我未見其計之得也。

《中外日報·論士人不講求實業之非一九〇四年五月初八日》 今日之中國，固合朝野上下，無一足以自全之局也。政府不必言矣，而民間亦甚不足恃，團體不必論矣，卽就箇人言之，亦實無足以自保之資格，此非過言也。夫有國者之大患，莫患於全國之中，無論何人，咸露貧弱之象，而前者既種貧弱之因，今者卽食貧弱之報，此誠非玩歲愒日，朝不及夕之政府，所能施其挽救。而就國民言之，則當此玄黃交戰大禍臨身之際，人人宜有自救之志，人人宜講求自救之術。盡得一分人事，卽挽回一分天運，有一分實力，卽有一分效驗。而欲救弱宜急研習兵學，欲救貧宜急研究實業，此必然之理也。兵學一科，爲中國所無，於是士氣披靡，見金革而股栗，聞鼓鼙而神悚，卽有好言軍務者，率皆大言欺世，此實中國致弱之原因，不可爲諱者也。近數年來，遊學日本之士，始有入彼國成城武備等學校肄業者，思欲採彼之長，以救我之短，其立志不可謂不銳，其用意不可謂不深。然人數甚微，殊無救於全國之積弱，乃前者某制軍等，奏進學堂章程，特定一非官派生不得學武備之例，於是其途更狹，其人更少，此殆與嬴秦之銷兵、胡元之禁漢人不得持兵器，同一故智。欲以起沈痾而挽積習，蓋亦難矣！至論及實業，則尤有可駭詫者，中國士農工商，號爲四民，實則農工二者，並無事業之可言，農人固守舊法，牢不可破。若語以改良之術，非詫爲異聞，卽厭爲多事。故《農學報》發行數年，中國農人，未受其賜。亦足見農業之不振也。至於工人，則率係貧無聊賴之徒，欲爲農則無田可耕種，欲爲商則無貲可營運，欲爲士則家世寒微，景況窘迫，又無途以就學，始不得不迫而爲工，以爲糊口之計，師以是傳，徒以是學，稍及數年，便稱學成，欲其有以自見，難乎？不難。此中國工業所以不發達，而終古受制於外人也，而士大夫於農工兩途，亦復不屑注意，試觀遊學日本諸生，其所占科目，率不越文學法律政治數門，而近年新出譯述諸書，浩如煙海，亦大約不出此數門。較諸同治年間，江南製造局所譯算學化學諸書，虛實之分，便已判然。則其注重於此，而忽忘於彼，又可知也。此事雖細，然中國農工兩途，下焉者既不能有所成就，上焉者復不以爲意。而又值環球交通，物力競爭之世，人瑜而我瑕，人神明而我苟簡，勢不至始於貧乏，終於澌滅不止，斯中國之前途，大可懼矣。而所謂志士者流，既不屑注意於平日，則雖抱偉大之雄心，不知何所恃以發抒，天下未有枵腹之人，而能有所成就者也。而尤可懼者，假如我將大有所作爲，其勢非相持數年不能猝解，則必我於農工二途，實足倚以爲命，而進可以戰，退可以守，平時潛爲布置，足以增長其勢力，而後精力彌滿，乘釁而動而人莫之敢侮。否則既不能自養，更不足以養人，不及數月，便有內潰之虞，又何所恃而無恐哉！是則實業也，大事也，又互有無形之關繫，而非可取辦於倉卒者也，竊願與關心時局者一論之。

《東方雜誌》第七卷第六號《勝因〈實業救國之懸談一九一〇年七月〉》　凡值雲雷屯難之日，而爲持險扶傾之謀，固非枝枝節節，跂跂脈脈，褊隘迫狹，苟顧目前，而不圖其大者遠者，所能爲功也。其必宅心於四達之衢，鼓刀於經首之會，而後發爲鴻猷，始能有冀。其勢固已明矣。曩者曾文正奉命治兵，詢方略於胡文忠，文忠則繪輿圖數十紙，以遺文正，圖中所注重者，率皆關河阨要。及文正膺兩江總督之任，朝廷命其統籌全局，復以疏稿就商於文忠，文忠謂其規模稍狹，不足以制狂寇之命，乃爲之張大充拓，中多抳吭拊背之語。文正據以入告，於是廟謨遂定，而東南肅清之功，即基於此疏。蓋一事之成，必其經綸之人，善能據勢因時，以迎合於天然之律令，故利有攸往，而動則有功。然非推原終始，窮究本末，亦未足語據勢爲業、因時爲畫之訏謀，以蕲合於天然之理勢也。

秦漢以來之興廢，棼如亂絲。顧其治忽之故，離合之迹，苟使深究通觀，固可一一如指諸掌。今質而言之，則國家以人民爲本，人民以生計爲先，故民生之一息一耗，即爲國家治亂之所在，而人民之勤怠智愚與其藝能之良楛，又即民生息耗之所在。履今日之末運，迫於實偪處此之勢，其危已如朝露。重以近年天時人事，交相擠偪而來者，又復儳然不可終日。此其遺大投艱，而爲國家前途之重險者，固爲今日上下之公患。凡具心知血氣之人，咸能用其直覺之心，以測方來豐禍之所至，初不待夫前知之士、誠求之哲，而始洞若觀火也。語云：『玉在山而草木潤，淵生珠而崖不枯。』默察吾國今日萬事荒荒之現狀，果已玉摧珠隕，沈淪洪劫，從茲永剝而不復乎？抑猶有藏櫝隱匱之珠玉，被褐懷寶，不知求取，以自救濟，而惟錮於無明之漏識，安於喘息之旦暮，遺大圖細，登枝蹶本，以至如此極乎？

今凡百舉措，隨在皆見窮乏。司農愁歎於上，億兆徬徨於下。而且富者日即於貧矣，貧者日流於丐矣。饑黎盈野，賊盜滿山。所謂四海困窮，天祿永終者，詎非今日吾人雜觸雜受之顯象耶？若猶委心任運，不急起而補救，泄泄沓沓，冀幸免於朝夕，則其勢之不可五稔，固又不俟智者而後知也。然則今日救亡之術，固當以振興實業，爲惟一之先務。實業不興，國家無向榮之望，人民無蘇息之機，安能振曜精魄，出與列强相見，以少遏其滔天之勢，保吾完全獨立之國乎！此無問吾國從古相傳如出一轍之歷史，所謂一治一亂，若環之無端、磨之輪轉，儼然不可逃之公例？其原於人民生計之舒蹙者甚彰明也。

蓋吾國歷史上之所謂治，不過大亂之餘，戶口凋耗，地大物豐，生事易足，人有室家之樂，則循謹而奉法，如此之世，而稱之爲治。其所謂亂，則由孳乳蕃衍，五行百產，不足以供過庶之用，人事窮而患氣興，若此之世，則稱之爲亂。此吾國歷史上不可逃之治亂原則。由今日之現狀觀之，所謂亂之機兆，固已示現，其勢至可怖也。蓋今東南各省，前此號爲大藩財賦地者，數十年來，飫於承平之澤，而過庶之兆已萌。重以今人窳呰慵懈，不似昔人之勤勉耐勞，而吏治之苟偷，庶政之弛廢，又足以令物不加豐，地難加闢。而西北之荒落，往往千里爲墟，空無人煙者，又適與東南成一相反比例。以故今日東南患人滿，而西北轉患土滿。交相推激，即爲大亂之階。使非速興實業，利用厚生，相其盈虛，以行消息，則其岌岌之勢，固已迫於眉睫矣。

不但此也，今爲籌備憲政，已届三年之時矣。欲憲政之有成，必以崇高人民品德，裨補人民智慧，爲其先務，乃可庶幾。夫欲人民有廉恥榮辱之心，則必先足其衣食，欲人民愛國奉公守法，則必先使有直接間接之權利義務於國家，而後乃知國之可愛，尤必先使有身家之可戀，而後自待不至菲薄，乃可納於軌物，而不輕入於邪。矧智能關於學問，欲民有勸學向方喻義之心，又亦必先使不憂飢餓凍餒，而後能優游漸漬，爭自磨礱，充其良知良能，以啓發其智力。凡此者，皆爲立憲之所深資。英美之民，所以程度獨優者，其根原實萌蘗於是，而實業則其肇造之基。此實業之興替，關於憲政隆汙之説，尤吾上下所宜汲汲注意者也。餘若國家一切庶政，舉凡文物軍備，所以發揮聲明捍衛國土者，均非資待民力，莫由興舉即假外力勉强辦之，亦終不可持久，或且陰折其柄，以操持於外人，而累卵之勢，轉益加甚。苟欲圖之，不可不知其本，此尤實業興替關於一切之興替，今吾上下尤不可不急講究者也。以上諸義，久爲智者所扼腕稱道，其憬然流布於人心者亦既有年，稍明時局之人固已共曉。故今不欲覼縷陳述，以增詞費之累，而但稍言其概要，以求用爲論證，資閲者之悱發而已。顧近十年來，吾國當路，其於振興實業之謀，亦嘗加以注意，乃遲之至今日，尚無顯著之丕功，可與東西爭烈者，此其原因，今亦不能不爲一研究，庶幾病病之義，普著於國民心曲，或有飲藥求瘳之一日也。昔者，郇卿以天下不治而請陳佹詩，推原於人心之邪，以爲不治之本。今吾竊比其意，以究今日實業所以不能振興之由，或爲吾國當路所樂聞乎。

夫實業者，國民資賴以生之物，而國家之血液營養也。實業之盛衰，原爲國民生計之舒慘所繫，亦爲國政隆汙之所繫，且即國命延促之所繫，其義已著於上矣。瀛海大通以還，與接爲搆，吾國當之，常至事事失敗，始固以爲兵不若人也。繼而稍悟其非，則更以爲械用不若人。中更事變，錮蔽頓祛，新説勃起，乃悟智力之不若人。於是治標治本之論，中體西用之制，用爲調和質劑者，復因時而憤起。由今觀之，新政之效，曾未著有苞桑之固，而民窮財盡，上下交乏，其實狀軒然呈露，則昭著而不可掩矣。近今十年，國家於新創之實業，亦未嘗無維持獎勵之意，施及於今，終無明驗大效，此則經制不定之害也。蓋國家者，握有一國最高之全權，尊無二上，其性質與個人絶異。欲興實業，國家初不必自身率先，但能改良各種行政之機關，使國民之身家財產，得有鞏固之保障，斯亦可矣。復次則整齊度量貨幣，使民人於受授之頃，得有確定不欺之率，以杜奸僞之萌生。復次則當破幽隱，通廢滯，務使百物皆不陳腐於其鄉，吐納循環，於一孔偏制。又其次則定特別保護獎勸法，使民樂於從事，鼓張興會，萃精力於此塗。凡斯五端，皆爲國家振興實業之要道。吾度今之贊襄密勿籌畫國計者，亦非不知有此，殆由舉措之間無明睿之觀照，執行之際無猛鷙之堅定，故於一切滌染刷新之事，皆不能實致其力。然則嗣今以往，吾國人幸勿侈述他事，誇歐化之皮相爲得計也。若能審己所闕，所以不若歐美强盛之國家民族者，當知由於我人果鋭宏毅之誠，迥不若彼，以致百改革而百無功，萬事並作，而亦旋墮於冥昧耳。此其關繫，絶非細故，吾國上下，萬不可視此言爲迂闊，而不急惶惶然致力於性功之地也。是故吾國今日苟欲實業速興，以求存亡繼絶，挽回沈劫，搘柱傾頽，則國家於上言之五道，固當引爲先務，而吾國民於果鋭宏毅之心能智力，尤須淬礪磨琢，此尤持險應變之至計也。八表同昏，平路伊阻，請更略舉近頃聞見，拉雜連綴於此篇中，以資國人儆惕憂勤之用。或能憤啓如汍泉之突趵而出，則又記者所禱求也。

一者，吾國據有亞東大陸，高山平原，川谷委迤，兼具五帶氣候，以公例論，宜爲農產大國，農業所出，當徧給於五洲。然今國內農況，日轉萎落，此其原因，實由禁止米穀出洋階之厲也。此事理甚繁賾，予別有詳論。今羣議紛亂，記者且不欲殫此穀禁之問題，以攖死守利惰政策者凡使貧民食賤米者，本爲古來利疲惰之政策。之無明業火。惟以吾國現勢論之，與其侈言實業，躐進擴張於海外者，無寧急謀自保，而使固有之利，不爲外貨所侵奪。由斯以談，則吾固有之大利，擎持千年而未失者，如絲如茶，今且以製作營業之不進，亦有日就萎落之勢。此尤吾國上下，所宜深思其故，力謀補救，否則再經數年，吾國絲茶或竟絶迹於外市，未可知也。苟至斯時，則國與民所蒙之大損，不可方物，將非巧曆所能算矣。失今不圖，後悔且無及矣。此外尚有一事，今日乃未爲吾國人注意，然其外來實力已至可驚。其事維何？即德國以人造靛，而驅逐我國農產中之植物靛，其勢力已大顯著者是也。德國五十年來，各種科學均有能人，故其新發明者直駕英美而陵其上。近二十年，嘗有多數學者，將各類廢物謀變化而利用之。得其國家平日專儲巨款，以待能者之助力，遂能大著功績。而人造靛一物，尤大生影響於各國農界。蓋當十年以前，德國所造各種顏料供織物之渲染者，即已顯稱於世界，以藍色之靛尤吾國人所嗜，其時早有此物輸來。顧其用猶未普徧，則因其時人造之靛，難抵日光之熱力，常爲日光吸去，不能耐久，又其用水化合，亦費周折，故用者多不樂從。至近三年間，彼將上言諸弊，盡行排去，於是人造靛之功用，竟以完成，不但可受日光，久不褪色，且於用時不似植物靛之煩勞，而價尤至廉，爲染坊所樂購。今其勢力，固已駸闢駸廣，識者謂再歷十年，吾國農產之植物靛，殆將屏蹤於市場矣。且以吾民慵怠之弱點，又爲彼所窺見，彼乃更將人造靛化分於水中，以木桶盛之，輸來吾國，凡用者欲得顏色淺深，但酌量加減攙水即得，此外毫不費力。聞此種和水之靛，爲利尤厚，較諸未和水者，所獲不啻倍蓰。現在江浙一帶，羣趨用此，日加一日，向以產靛著名諸地皆受大損，上海靛行已日漸停閉。此爲至近之事實。閲者當思用如何方法，乃可資吾國靛業之補救乎？以上據老於靛業者所説。蓋此項人造靛，乃從煤礦所生之一種油質中提出，成本至輕，獲利至巨，今日不獨吾國靛業受莫大之迫害，卽英國之靛業者亦復大生恐怖，蓋英屬澳洲、印度向來均以產靛著名。自德之人造靛出，英國政府度其不利於己，卽集多數學士研求此物，並抵制之策，曾糜至鉅之國帑，已能燭見人造靛之原理造法。但通全局而計之，終亦不敢仿造，蓋一經仿造，雖可抵制德來之品，然其屬地種靛者之失業，勢且加速。故不獲已，僅可行用二策：一則改良植物靛，俾其本輕用捷。一則由屬地政府加增德靛進口之稅。夫以先進之英，萬事光昌，財阜智多，而其對於人造靛一物，其汲汲皇皇者乃如此，不恤鉅帑力圖補救者又如此。今試問英人籌得之二策，吾國有一能行否？吾政府能不惜重金鉅賞以求學者籌補救之策否？且能增加進口稅以限德品之輸入自如否？吾知此二策皆不能行。匪但不能行，德靛東來之勢力，已如燎原之火，遇物便燃。吾國人惟貪其便利而競用之，甚至於人造靛之名，與此物之來從何處，亦且瞢無所覺。爲勢至是，尚何言哉，將見吾國之人種靛不久供燎原火之一燼而已。又有一事，亦頗與此相似。河南太康縣，地質多碱，以碱著稱。山東、直隸、山西諸省，向來亦產碱。方十年前，英人有用海水中所含鹽質而製碱者，精潔殊勝土碱。然吾國人常用碱以造食品，驟見英碱，即上海卜納門洋行所售者。懷疑而不敢用。彼則廣雇華夥，多攜商標樣品，深入內地，所至揭其商標，逢人便贈以各種碱樣，俾其持歸試用。其價固廉於太康碱，而色純白，鮮明可愛，久之遂有購用者。不及十年，英碱之消行已徧中國，而大康碱遂淘汰，今日將絕迹矣。卽有極錮蔽之區，其民不敢輕嘗外品，今日猶在懷疑大夢中者，然而射利商賈，則竟用英碱積壓成塊，加以褐色，仍冒太康之名，使懷疑之民，用之不疑。此射利之商賈，獲利乃逾常貨。夫以鹽製碱，非難事也，得數萬資本便可製造，亦非難籌也。當五年前，曾見一友，昕夕研究此物，未幾有效，製成之品能齊英貨，乃就東南海濱相合宜之場。方莅淮，淮之鹽商及鹽官則皇然拒曰，是與鹽務有礙，不可許也。及往浙，浙之鹽官商拒之之詞，亦與淮同。其後請於大府，終竟無效，大府所持之詞，亦與鹽官商如一鼻孔出氣。吾國濱海之地數千里，海水之爲用，再歷億萬年亦不能盡。今乃羣矇蚩蚩，如出一冶陶成，詎非可怪之至者乎。然今關東貔子窩普蘭店外人所營之鹽場，與夫九龍港澳界外輸入之私鹽，實侵額引害商害課者，則轉知之而不敢言，言之而不敢拒，而惟獨與造碱相仇，詎非悠謬之誤思耶！故竊以爲欲興實業，此種僻見，首宜祓濯，而不可再有一毫存留，庶幾有濟。否則或如今年徐州宿遷焚毀麵粉公司一事，官吏祖助亂民爲虐，置興業者之資本於不顧。頽波既搧，又安有敢談實業之人乎！

二者，吾國百產蕃衍，物力豐犀，庸値復賤，本佔天然之優勝。然以今日東西諸國，實業之經驗既富，復有羣力與連合資本之大勢力，頗似連鷄俱栖者，則在吾國後起草創之實業，萬難與之爭勝。法宜避實乘虛，定一界說，庶可長立不敗。其説維何？蓋今吾國關稅，曾經與人協定，不能驟行保護政策，法當見可而進。竊意以爲吾國實業之待興者，莫若農工林礦，其事久爲衆人所共知矣。然就工之一事言之，法宜先有次序，幸勿混亂。鄙意宜定爲二期：一爲化學工藝時期，一爲機械製造工藝時期。蓋因機械製造諸工藝，須本頗巨，即試驗亦多費，且今日尤不便。尤須賴有精敏諳習之工人。且一物之成，既難與東西熟練之匠爭勝，復難與彼富厚之公司，便利之經濟相角，其餘各事之不若彼者尤衆。故竊以爲今日但可從事於化學工藝。而機械製造，苟非具特別之材能優勝者，似可置爲緩圖，而先專心並力以從事於化學工藝。吾蓋思之累年，以爲法宜如此。故今特伸鄙意，以與海內質證也。請更明其原因如下：一、化學工藝試驗易爲也。反之如機械製造工藝，其試驗之難正與相反。譬今欲造一飛艇，在歐美諸國，苟有圖樣，須某項機械卽可令某項匠人依圖製成，便可湊合成一飛艇；今在吾國，決無此利便。事事殆須一手親製，故凡機件品物稍繁之器，在吾國頗難試造。此非吾人之智遠遜白種，乃彼席於便利而我困於孤獨故也。二、就地取材事易致也。如西人慣運吾原料去，及成貨後，復輸來以市於我者。然遇此則難與我爭，蓋我已佔優勝故。三、運費較舶來大減也。化學成品體積常重須運費頗多。四、職工易造且工價較廉也。略舉四端，以與絜較，我已居於勝地。聞昔徐雪村已持此議，惜吾國人夢夢至今而不覺耳。以今世實業競爭之酷烈，進則可以生存，退則一落千劫，吾國上下，尚以固有實業永能自保，無須求進，而可長立不敗耶？假其不然，則既處此湍激洄流不容一瞬之中，萬無從容游泳之理。苟非當機立斷，猛進强植，則斯須之頃，卽被排擠而受墮落矣。蓋今滔滔大勢，固劇迫而極烈，至爲可懼，決非需濡之衆能以長生者也。

又　第十號《張肇熊〈各處宜亟興工廠以救民窮議一九一〇年十一月〉》　今日憂時諸君子，莫不奔相走告曰：外患憑陵，危亡在即，非速開國會，無以挽救。此固異口同聲之辭也。然余戚戚思慮，獨以爲我國將來之大禍，不在外患而在內亂。不過外患易於暴露，人盡知之；內亂潛伏不現，一時未易窺破其隱耳。且外患之來，尚有抵制方法之可圖，至內亂則既蘊蓄于平昔，一旦蠢然暴動，必有既發不可復遏之勢，是則大可慮者。況以今日大局而論，不遏內亂，無以禦外患，設內亂發生，反足以招外患也。相提並論，是內亂固較外患尤爲可懼。奈之何其可漠然視之哉！推將來內亂之所由生，不在盜賊黨會，而在貧民。此其動機一發，必有不可遏制之勢。何以故？蓋按社會階級而論，上中下三等人民，以上等爲最少，中等次之，最多者惟下等耳。下等人民分屬於農工兩界，各謀生活。農有荒歉，農民滋事可慮；工不振興，工人闖禍堪虞。是故欲圖國家之長治久安，必於農工兩業加意提倡而維持之，以冀富裕下等人民之生計。至下等人民，不患饑寒，各得其所，則上中兩等人民，或坐擁厚資，或家道小康，固無不愛平和而保治安者，必無激而生變之理。如是，其國尚有內亂之發生者，吾不信也。歐洲各國，時有工人暴動之風潮，亦由生計艱難之故。當局者就事敷衍，免使決裂，其禍亂雖暫歸消滅，然終必有爆發之一日。蓋不於其致亂之病根上而爲救濟之謀，仍無濟於事也。美國工黨之勢力，且駕國內各政黨而上之，即今以推將來，工人擾亂之趨勢，正未有艾。歐洲社會黨危言聳聽，至謂貧富不均，世界終無安寧之日。言雖過激，卻具至理。在彼工商業充分發達之國，尚不免貧民之騷擾，以我國今日之實業不振，生計日窘視之，而謂貧民不多，貧民不致激變，竊未敢以爲信也。方今廟堂之上，草野之士，徒汲汲爲立憲國會之謀，而置人民生計問題於不顧。遠水難救近火，吾恐憲政大行、國會方開之時，而亂機已隱伏其中矣，寧不可懼也哉！余故表而白之，深望謀國諸君子兼籌並顧，於此加諸意焉。

竊嘗推究我國下等人民生計困難之所由，概括言之，約有三端。一、因戶口之滋蕃也。我國人口號稱四萬萬，以無統計表之檢查，亦難知其確數。第就近百年間而論，乾嘉之際，家給人足，海內乂安，頗有聖世治平景象。厥後髮逆之變，東南各省，盡遭其殃，人民之死於刀兵者，約居十之六。故一經盪平之後，人雖安居樂業，然以戶口蕭條、物產殷繁之故，百物之價低廉異常，以視今日，可作一與十之比例。嘗聞故老言今日生計之困難，每追溯當時之盛事，而歎時會之不可再也。自經此變，迄今未遭大亂，則此數十年間所增之人口，已難悉數。地力有限，生人無窮，凡藉以營生之物，必致不足以供需求，而物價遂日增。此物產不盛而致生計困難之一因也。且人口增而工商事業未見隨之俱增，則人浮於事，失業者必多。人既失業，何能營生？此百業不興而致生計困難之又一因也。而其總因仍由於戶口日增，而物產不加多、事業不加盛之不足調劑耳。二、因天災之頻仍也。近年以來，水旱之災，無歲不有，且無地不有。往年江淮之水災、甘肅之旱災，或則汪洋一片，或則赤地千里，人民之罹其災者，何止億萬，至今元氣尚未全復。今歲春夏之交，湘、鄂、贛、皖、江、浙諸省，亦相繼以災荒見告，而以皖災爲最重，官紳至今猶在趕辦急賑，且以善後事宜難辦爲慮，災情之重，亦可知矣。水旱之災，最足剝喪人民之元氣，且爲農業之一大障害。然天災流行，究非人力所能挽迴。此生計困難，又因於水旱災荒而致之者也。三、因洋貨之充斥也。我國未與各國通商以前，各種工業物品，咸安於固陋，不知改良。舉凡製造工作，徒知墨守古法，絕無新創特製之出於其間。以故日常應用之物，既惡其過劣，又覺其不便，實無相當之物品，足供應用。一旦洋貨輸入，既覺種種便利，適於實用，且有投吾所好之物，專爲吾國人製造者，尤合吾人之心理，以故爭相購用，罔知顧恤。因此而流入外洋之財，前後數十年，其數豈可屈指計。吾國母財，既由此外溢而成不塞之漏卮，且洋貨既盛行，土貨必滯銷，適成反比例之關係。土貨既不暢銷，工作家之工人必減少，以故工人之失業者，所在皆是。此洋貨充斥而致生計困難者又其一也。

綜上述三端而觀之，可知我國下等人民生計之困難，其趨勢將日甚一日而無所底止也。夫人生於世，莫不好生而惡死。而營生之要著，無過於衣食。使衣食不繼，而有啼饑號寒之苦，則鋌而走險，亦固其所，斷不宜徒喻之以義、畏之以法者也。是在各地官紳探知人民貧苦之所由，爲之寬籌生路耳。今之爲貧民謀者，亦非無其人也，問其所謀者爲何，固莫不以振興實業爲第一義。且有謂移民實邊，就荒開墾，亦爲一勞永逸之計。其所主張，均頗切要，惜皆徒託空言，而未見諸實行。故人民生計之困難，匪特未見解除，且天行人事，交相催迫，實有江河日下之勢。及今不籌妥善之法，以濟其窮，則貧民愈積愈多，一旦生計告絕，相約起事，沛然若江河之決，將如之何而善其後哉！此爲當今士大夫所漠然不加思慮者，而余獨以爲我國將來之大禍，惟此是懼。杞憂之譏，亦所甘受。今姑就救濟貧民之方法而討論之。貧民可爲之事，惟農工兩業而已。我國農業，素稱發達，除邊省腹地土味不腴之所未經開闢外，餘均悉事耕種矣。人口日多，而地畝不加多，以少應多，胡能濟事。加以水旱洊至，亦非人力所能挽回。故專恃農業，似非萬全之策。至云移民墾荒，則費鉅效緩，祇可俟諸國力富裕而後，再徐議及此，以爲斟盈酌虛之計，不宜於此財政支絀、民情紛擾之時，急切從事。爲之不能得其益，反足被其害，甚非計之得也。其事之易行，而效之易見者，猶以廣興工業爲最宜。茲姑就其有益於人民生計者，而約言之。一、若能廣興工業，製造各種便利之物，以濟民用，則出產既多，物價自平。且工作既多，失業之人自少，此可解人口增多之厄也。二、工業既能發達，所需工人，其數必多，且工值亦不至過廉，則除本爲工人者可一律工作外，凡恃農業爲生者，于農隙之暇，亦可兼事工作，藉資貯蓄，偶遇凶歉，出其所積以應需用，亦可不至有拋妻鬻子之慘象，此可解年歲荒歉之厄也。三、工業大興後，一面改良土貨，以應世人之需求，一面仿製洋貨，以塞外溢之財源。於是母財既不外溢，國內金融機關又可藉工商業之發達而日趨於富厚。且各種土貨，其素博外人之信用者，苟能精益求精，確合彼族之嗜好，則輸出之額自必日增，又可吸收前此已失之財。至是人民之生計仍不優裕者，吾未之信。此可解洋貨充斥之厄也。至窮其結果，則有益於貧民之生計，仍無不同也。抑更有進者，工業既能發達，則商業亦可隨之而發達，工與商固有互相維繫之勢也。現在土貨日敝，洋貨日盛，各處商店不能多銷土貨，徒藉洋貨以應門市之銷售，既不能爲本國工業推廣銷路，而盛銷之洋貨，由於先令之漲落無定，所得利息亦甚微薄，甚至有虧折破產者。試觀上海華洋訟案，層見疊出，其中以定貨不出、欠銀不繳之糾葛爲最多，可以知其故矣。是以我國今日之商店可統稱爲洋貨之代售店。彼吮其鉅萬，我取其錙銖。母財將竭，必有涸鮒待斃之日。興言及此，肝膽欲裂，度亦識微諸君子所同具是情者矣。觀此則振興工業，尤與商業有莫大之關係，且足以救濟上中流社會生計之困難也。一舉而數利兼備，其斯之謂乎！

以振興工業而救下等人民生計之困難，如上所述，固爲萬全之策而不容違戾者矣。但數十年來，言振興工業者亦多矣，其所招集股份建設工廠者亦無地不有矣，顧於人民生計上仍無絲毫之影響，且徒見生計之困難日甚一日者何也？此其故亦大可思矣。蓋前此所紛紛經營者，多爲大工廠，不過散見於省會商埠及繁盛州縣之間。其所集資本，少則數萬數十萬元，多至數百數千萬元，規模宏偉，創辦匪易，非有大魄力，斷難著手。以故十年之間，舉全國之工廠而一一計之，以與我國之土地人民相比較，不啻滄海之一粟耳，其不能有益於人民之生計，亦理勢所必至者也。且其所辦之工業，均爲大宗物品，如紡織、繅絲、製呢、製革等，亦殊不能散布於城鄉村落之間者。以故現在工廠事業，僅能補助一地人民之生計，而不能普及於各處之人民也。如上海一隅，工廠林立，所用工人不下數十萬人。於此等工人，而觀其生計之現象，固若優裕。然就附近上海一帶之寶山、太倉等處，而一察其人民之生計現象，則仍蕭索愁慘，而未得其毫髮之益也。是故欲興工廠以救民窮，非就地多設工廠不可。且不可徒建大工廠也，以大工廠需款浩繁，興辦爲難，其澤不能廣被遠邇之貧民。似以多設小工廠爲宜，舉事既易，收效又大，亦何憚而不爲哉。余今更就大工廠已多之地論之，其利益亦不能普及於一般之貧民也。如上海居民藉工業而營生者，固不乏人，而其失業無歸之貧民，猶所在皆是，流氓滋事之案日多，是其明證。但此等匪類，究非性好爲惡，亦迫於生計之困難，無計可施，遂入此邪途，冀得非分之財耳。推其病源，亦因無多數之小工廠，以容此一般無告之人而使然也。觀此則多興小工廠，實爲救濟貧民生計之無上妙策，而不容一日或緩者也。

多設小工廠，爲救濟貧民之要策，已如上述，至任其責而行其事者，吾不得不望各地之紳富矣，而尤望各地之自治公所有以提倡之也。欲辦地方政事，以籌畫財政爲第一義；而欲籌畫財政，尤以籌畫人民之生計爲第一義。振興本地農工商業，明載地方自治章程之中，固事有所屬，責無旁貸者也。吾今且言創設小工廠之方法，以供參酌。入手之始，宜先調查本地人民熱用之土貨及洋貨，分別其首要次要，明定表册，召集本地紳富，會議創辦之方法。局面不求其大，以易於集事爲貴。一俟基礎鞏固，再議擴張，勢既順而事亦易爲。所謂不勞而獲，事半功倍，咸將於此收其明效大驗矣。最忌虛張聲勢，徒顧形式，蓋發端既備嘗艱楚，而成效又毫無著落。竊願當事者，交相勗勵，而惟此是戒者也。且苟欲各種工廠先後舉辦，尤慮事體繁重，非由地方各團體共負統一之責任不可。上既云由地方自治公所任提倡之責矣，尤宜會同商會農會等，通力合作，方可期永久之維持，而有方興未艾之望也。吾今更言小工廠創辦之資本。就其手造機製之異，以及質料工作之貴賤而言，姑定一千元至一萬元。此數雖不爲多，然經營工廠，以購地建屋爲最耗費。嘗觀各地集股設廠者，每至基地房屋用費一律付訖之時，而股本已將告罄，及開工製物，反以資本不敷周轉，而致竭蹶萬狀，卒至諸多牽掣，不免倒閉者，誠屢見不鮮也。故小本經營者，尤宜注意於此。創辦之初，宜先就本地公衆房屋，暫行試辦，如庵觀廟院等，無用空屋甚多，均可借用。一俟規模粗備，徐圖更張，則不虞失敗矣。故上舉資本之數，係僅就購置製造用之質料及機器或器具而言也。至小工廠製造之物品，則舉凡土貨中之銅、鐵、竹、木、陶磁等日常應用器物，以及絲、棉、布、帛等，皆可製造。又小件之洋貨，如洋皂、洋燭、洋傘、洋燈、毛巾、手帕、火柴等一切最稱熱銷之物品，均可仿製，且均不必購用大號機器，實費小本而收大效之舉也。日本之大阪爲工業最發達之地，全國所用之工業品大半出產於此，而以仿造之洋貨爲獨多。然其工廠之規模，均不宏敞，甚至有一人獨力經營，或數人合資經營者，可見其事之易爲也。試觀市中販賣之小件東洋貨，皆此類耳。我國當此工業枯敗之時，欲求事之易爲而效之易見者，亦莫善於此。凡吾國人，可以興矣。

雜録

《申報·重興製造一九〇一年十二月三十一日》　客有來自三湘七澤間者，語漢口訪事，人云湘中大吏前曾創設製造局，嗣因事中止。玆者朝廷舉行新政，力圖自强，俞廙軒中丞爰飭，原辦各員速將所訂章程及建局圖式一遂呈覽，以便集款重興。

清·劉錫鴻《英軺私記·英人之獎製造》　人知英人製造之巧，而不知其有所獎而成也。英人於物之不適於用，或適用而意猶未快足者，則竭其心思之力，廣其耳目之助，不惜資本，不避沍瘁，遍訪天下，歷試諸法，以務求其當。或數十年，或十數年，一旦有得，則以告諸白丁德亞非士官名也，專管人之創制新物者。驗之而果濟於用，則給以文據。凡夫人之效爲此者，皆納資於創造之人焉。由是遍告鄰近諸國，亦官主持之。有私仿其式而不納資者，則信罰。故一物既成，其利輒以億兆計。非然者，幾經求索以發斯秘，他人坐享其成，無所控訴，誰則甘虛費財力以創始一物者？故英國之富，以製造之多也。其製造之所以多，則官爲經理以歸利，人人咸樂圖謀也。他國之人之不肯用心者，則反是也。火輪車之行，輪鐵迅激，輒生火焰，而車被焚。阿施伯利之父創爲新法，製油以涼之，行久而輪不熱，遂獲厚利，家以豪富。英之富家，如是致者比比。且不惟是，創製既成，告諸官而官不以爲異，猶可訟諸刑司，俾審斷之。近有妥瑪士者，籌得利炮新法，不獲見收於官，官中實陰用之。妥瑪士以控刑司，卒斷令國主賠給金錢六千。人有一得之技，尊如朝廷，不能以勢相抑遏，夫安得不勸？

廢除科舉制度和廣建新式學堂分部

綜述

沈桐生《光緒政要》卷二七《復改文科新章并停武科》　上諭：科舉爲掄材大典，我朝沿用前明舊制，以八股文取士，名臣碩儒，多出其中。其時學者潛心經史，文藻特其緒餘。乃行之二百餘年，流弊日深，士子但視爲弋取科名之具，剿襲庸濫，於經史大義，無所發明，急宜講求實學，挽回積習。況近來各國通商，智巧日闢，尤貴博通中外，儲爲有用之材，所有各項考試，不得不因時變通，以資造就。著自明年爲始，嗣後鄉、會試，頭場試中國政治、史事論五篇；二場試各國政治、藝學策五道；三場試四書二篇，五經義一篇。考官評卷，合校三場，以定去取，不得偏重一場。生童歲科兩考，仍先試經古一場，專試中國治史事及各國政治、藝學策論，正場試四書義、五經義各一篇。考試差、庶吉士散館，均用論一篇、策一道。進士朝考論疏，殿試策問，均以中國政治、史事及各國政治、藝學命題。以上一切考試，均不准用八股文程式，策論均應切實敷陳，不得仍前空衍剽竊。自此次降旨之後，皆當爭自濯磨，務以四書、五經爲根本，究心經濟，力戒浮囂，明體達用，足備器使，庶副朝廷求治作人之至意。所有各試場詳細章程及其餘各項考試未盡事宜，著禮部會同政務處妥議具奏。欽此。

又 卷二九《直隸總督袁世凱兩江總督張之洞奏請遞減科舉》疏云：竊維國無强弱，得人則興；時無安危，有才斯理。誠以人才者，國家之元氣，治道之根本。譬猶飢渴之需食飲，水陸之資舟車，而不可須臾離者也。中國今日貧弱極矣，大難迭乘，外侮日逼，振興奮發，正在此時。然而諸務未遑，求才爲亟。無人才則救貧救弱，徒屬空談；有人才則圖富圖强，易於反掌。進言者皆曰天下非無人才也，求之于臨時，則不見其多，儲之於平日，則不患其少。儲之維何，學校是已。在昔三代盛時，庠序之制大備，教育之法綦詳，人鮮失學，校多人材，以故俊彦蔚興，政修事舉。近今東西洋各國，其文明愈著者，其學校必愈多。自通都大邑以逮窮鄉僻壤，幾於無地無學；自文事武備，以逮薄技偏長，幾於無事無學。國民自七、八以逮十二、三歲，謂之學齡，有不學者，罰其父母，幾于無人而不入諸學。其學有官立者，由公家爲之籌經費；有民立者，由民間爲之醵資財。舉國上下，人人皆以興學爲務，而其造士也於此，其選士也亦必於此。因其所習，而試之以事；考其所能，而授之以職；事無不治，職無不舉；以故賢智輩出，而國家日進於富强。由是觀之，致治必賴乎人才，人才必出於學校，古今中外，莫不皆然。夫固人人能知之，亦人人能言之矣。欽惟我皇太后、皇上宵旰焦勞，求賢若渴，詔各行省普立學堂，復申諭以敦促之。並敕政務處明定學堂出身，又令新進士悉就學堂肄業。宸謨深遠，洞見本源，嘉與海內，敬教勸學，薄海臣庶，固宜仰體聖意，協力同心，奉命承流，急先恐後矣。乃朝廷屢頒明詔以相期，天下亦知當務之爲急。而起視各省，大率觀望遷延，否則敷衍塞責，或因循而未立，或立矣而未備。推究其故，則曰經費不足也，師範難求也。二者固然，要不足爲患也。其患之深切著明，足以爲學校之的而阻礙之者，實莫甚於科舉。蓋學校所以培才，科舉所以掄才，使科舉與學校一貫，則學校將不勸自興；使學校與科舉分途，則學校終有名無實。何者？利祿之途，衆所爭趨，繁重之業，人所畏阻。學校之成期有定，必累年而後成材；科舉之詭弊相仍，可僥倖而期獲售。雖廢去八股試帖，改試策論經義，然文字終憑一日之長，空言究非實詣可比。設有年少薄植之輩，未嘗學問，小有聰明，或汎覽繙譯之新書，或涉獵遠近之報紙，亦能侈口而談經濟，挾策以干功名。而宿學耆儒，皓首窮經，篤守舊説者，反不能與之角勝，坐視其速成以去。人見其得之易也，羣相率爲剽竊鈔襲之學，而不肯身入學堂，備歷艱苦。蓋謂入學堂亦不過爲得科舉地耳。今不入學堂，而亦能得科舉，且入學堂反不能如此之驟得科舉，又孰肯舍近而圖遠，避易而求難？不但此也。學校者，雖由國家提倡之，實由士民樂成之也。東西各國公私大小學堂，多者不下數萬區，如皆由公家籌款建立，安得如許經費？大抵高等教育之責，國家任之，普通教育之責，士民任之。惟其衆擎，是以易舉。中國非無憂時之人也，而紳民不聞倡建學堂者，亦以羣情注重科舉，父兄以是勗子弟，鄉黨以是望儕偶。但使榮途不失，何暇遠慮深謀？故不獨不肯倡建學堂，且併向來賓興、公車等費，亦不能移作學堂之用，其爲阻礙何可勝言！是科舉一日不廢，即學校一日不能大興，將士子永遠無實在之學問，國家永遠無救時之人才，中國永遠不能進于富强，卽永遠不能爭衡於各國，臣等誠私心痛之。在臣等亦非不知科目取士，垂數百年，一旦廢之，士子必多絶望。然時艱至此，稍有人心者，皆當顧念大局。與其遷就庸濫空疏之士子，何如造就明體達用之人材。且聖朝亦嘗毅然罷武科矣，停捐納矣，於人情並無不順，而天下羣頌聖明。況科舉之爲害，關係尤重，今縱不能驟廢，亦當酌量變通，爲分科遞減之一法。昔我高宗純皇帝右文稽古，雅化作人，然於學政錢羣之請增添中額，則責其不知政體。於科臣吳煒之請廣收録科，則斥其取悦士類。又讀乾隆九年八月高宗純皇帝聖諭：爲治之道，貴乎核實，一切因循姑息之習，皆當痛除。近者士風之囂，一至於此，而好諛之人，尚有國家人文日盛，以此冀開科廣額，初不以士習邪正爲念。嗣後如有以加科廣額爲請者，必加以違制之處分，著爲令。至於議減中額，則非所樂聞。或有士子類以寒素，專藉科目進身，或有一習舉業，則不能更爲農商，謀生無計，甚者有言士心失望，或妄生議論，或別生事端者。此皆毫無識見之人，不知爲政之體要，國家科目，豈爲養老恤貧而設乎？若有造言生事者，是身投憲網，國法具在，何能逃於天壤哉？夫旁求俊乂，本欲量能授官，若一味濫取廣收，如何可得真才實濟？現在解額已多，壅滯日甚，何作量爲裁減之處，著大學士九卿會議具奏等因。欽此。聖訓煌煌，布在方策，抉摘流弊，義正詞嚴，迄今讀之，猶爲歡悚。今宜略師乾隆時減裁中額之法，擬請俟萬壽恩科舉行後，將各項考試取中之額，預計均分，按年遞減。學政歲科試分兩科減盡，鄉、會試分三科減盡。卽以科場遞減之額，酌量移作學堂取中之額，俾天下士子舍學堂一途，別無進身之階，則學堂指顧而可以普興，人才接踵而不可勝用。膠庠所講求者，無非實學，國家所登進者，悉是真才。政教因之昌明，百度從而振舉，其程功之速，收效之宏，固有不難如期操券者。至舊有舉、貢、生員，三十歲以下者，易於改業，皆可令入學堂。三十至五十，可入仕學、師範速成兩途。其五十至六十，與夫三十以上不能入速成科者，應爲寬籌出路：如再科大挑，或揀發一次，或歲貢倍增其額，或多挑謄録，令其入館，可得議敘；或舉人比照孝廉方正，生員比照已滿吏，准其考成，三年一次，分別用爲知縣佐貳雜職，俾免向隅。六十以上者，酌給職銜。其有經生宿儒，文行並美而不能改習新學者，可爲各學堂經書詞章之師。現在捐納既停，寒畯之士，不患其終無出路，應請敕下政務處，核議施行。至於遞減中額，則請斷自宸衷，決然必行，明降詔旨，曉示天下。有阻撓者，予以嚴譴，務期科舉逐漸而盡廢，學校櫛比而林立。上以革數百年相沿之弊政，下以培億兆輩有用之人才，五洲驚服，萬世瞻仰，在此舉矣。或謂科場年分，例不應條陳科場事務，今當朝廷鋭意求治、變通庶政之時，似可不拘成例。或又謂詔舉恩科，更不應奏請減額。然臣等所謂減額者，不過預籌辦法，固非敢指恩科言之，原以俟夫恩科舉行之後，考乾隆九年既奉諭旨，明著禁令，不准以加科廣額爲請。至乾隆十七年、二十七年、三十七年，迭次恭逢孝聖憲皇后萬壽，則又無不綸音特沛，詔舉恩科，並格外加恩於下第舉子中，揀選引見，量予録用，高宗純皇帝聖訓所謂國家遇有大慶，則必有殊常之恩者是也。蓋舉行恩科者，所以特光盛典，而廣敷錫類之宏施，裁減中額者，所以深維治源，而期收得人之實效。仁之至而義之盡，寔並行而不相妨。故臣等敢於此時，竭其一得之愚，以冒瀆夫宸聽也。謹奏。

【略】

閏五月，命張之洞會同張百熙、榮慶釐定學章。欽奉上諭張百熙等奏，請派重臣會商學務一摺。京師大學堂爲學術人心根本，關係重要，著卽派張之洞會商張百熙、榮慶將現辦大學堂章程一切事宜，再行切實商訂。並將各省學堂章程一律釐定，詳悉具奏，務期推行無弊，造就通才，俾朝廷收得人之效，是爲至要。欽此。

又 卷三一 諭：立停科舉以廣學校。先是直隸總督袁世凱、盛京將軍趙爾巽、兩湖總督張之洞、兩江總督周馥、兩廣總督岑春煊、湖南巡撫端方會銜奏云：竊惟科舉之弊，古今人言之綦詳。而科舉之阻礙學堂，妨誤人才，臣世凱、臣之洞等亦叠經奏陳，久在聖明照鑒之中，無煩縷述，以瀆宸聽。是以前奉諭旨，遞減科舉中額，期以三科減盡，十年之後，取士概歸學堂，固已明示天下以作新之基，而徐俟夫時機之至。所以爲興學培才計者，用意至爲深遠。臣等默觀大局，熟察時趨，覺現在危迫情形，更甚曩日，竭力振作，實同一刻千金。而科舉一日不停，士人皆有僥倖得第之心，以分其砥礪實修之志。民間更相率觀望，私立學堂者絕少，又斷非公家財力所能普及，學堂決無大興之望。就目前而論，縱使科舉立停，學堂徧設，亦必須十數年後人才始盛。如再遲至十年甫停科舉，學堂有遷延之勢，人才非急切可成，又必須二十餘年後，始得多士之用。强鄰環伺，豈能我待？近數年來，各國盼我爲維新，勸我變法，每疑我拘牽舊習，譏我首鼠兩端，羣懷不信之心，未改輕侮之意。轉瞬日俄和議一定，中國大局益危，斯時必有殊常之舉動，方足化羣疑而消積憤。科舉夙爲外人詬病，學堂最爲新政大端。一旦毅然決然舍其舊而新是謀，則風聲所樹，觀聽一傾，羣且刮目相看，推誠相與。而中國士子之留學外洋者，亦知進身之路，歸重學堂一途，益將勵志潛修，不爲邪説浮言所惑，顯收有用之才俊，隱戢不虞之詭謀，所關甚宏，收效甚鉅。且設立學堂者，並非專爲儲才，乃以開通民智爲主，使人人獲有普及之教育，具有普通之知能，上知效忠於國，下得自謀其生。其才高者，固足以佐治理，次者亦不失爲合格之國民。兵農工商，各完其義務而分任其事業；婦人孺子，亦不使逸處而興教於家庭。無地無學，無人不學，以此致富奚不富，以此圖强奚不强？故不獨普之勝法，日之勝俄，識者皆歸其功於小學校教師。即其他文明之邦，强盛之源，亦孰不基於學校。而我國獨相形見絀者，則以科舉不停，學校不廣，士心既莫能堅定，民智復無由大開，求其進化日新也難矣。故欲補救時艱，必自推廣學校始。而欲推廣學校，必自先停科舉始。擬請宸衷獨斷，雷厲風行，立沛綸音，停罷科舉。庶幾廣學育才，化民成俗，內定國勢，外服强鄰，轉危爲安，胥基於此。雖然，科舉停矣，尚有切要之辦法數端，而學堂乃可相維於不敝。一、在尊經學也。或慮科舉一停，將至荒經。不知習舉業者，未必其湛深經術。但因科場題目所在，不得不記誦經文。又因詞章敷佐之需，不得不掇拾經字。故自四書、五經而外，他經皆束置不觀。即五經亦不皆全讀，讀者亦不盡能解，是何與於傳經？今學堂奏定章程，首以經學根柢爲重。小學中學，均限定讀經、講經、温經晷刻，不准減少，計中學畢業，共需讀過十經，並通大義。而大學堂、通儒院，更設有經學專科。餘如史學、文學、理學諸門，凡舊學所有者皆包括無遺，且較爲詳備。蓋於保存國粹，尤爲兢兢。所慮辦學之人，喜新厭故，不知尊經，則雖諸生備諳各種科學，亦僅造就一汎濫無本之人才，何濟於用？應請飭下各省督撫、學政，責成辦理學務人員，注意經學暨國文、國史，則舊學非但不慮荒廢，抑且日見昌明。一、在於崇品行也。查科場試士，但憑文字之短長，不問人品之賢否，是以暗中摸索，最足爲世詬譏。今學堂定章於各項科學外，另立品行一門，用積分法，與各門科學一體核考，同記分數，共分言語、容止、行體、作事、交際、出遊六項，隨處稽察，第其等差，至考試時，亦以該生平日品行分數，併合計算。亟應申明定章，請飭各省認真遵辦，則人人可期達材成德，自不至越矩偭規。

一、師範宜速造就也。各省學堂之不多，患不在無款無地，而在無師。應請旨切飭各省多派中學已通之士，出洋就學，分習速成師範及完全師範，亦以多派舉貢生員爲善，並於各省會多設師範傳習所。師資既富，學自易興，此爲辦學入手第一要義，不可稍涉遲緩。一、未畢業之學生暫勿率取也。各省設立學堂，遲早不一，程度不齊，或卒業有期，或畢課尚早。若不待畢業，驟加考試，則苟且速化，弊將日滋。若必待全行畢業，則各省之辦學較遲者必致缺其選舉，士林又將失望。今籌一通融辦法，既不蹈科舉敷衍故事，亦不因學堂而遷就濫登，要使取士仍歸學堂之中，學堂不蹈科舉之弊。擬請此數年內，除學堂實係畢業者屆期奏請考試外，其餘則專取已經畢業之簡易科師範生，予以舉人、進士出身。既可以勸教育之員，擴興學之基，並隱以勵積學而杜倖進。外國無速成小、中、高等各學，而有速成師範學，具有深意。至五年以後，完全師範畢業者已多，更足以應選舉而有餘。此等師範生，類皆國文已優，學術純精，斷無流弊。且多係舉、貢、生員爲之，本可得科第之人，亦非僥倖。迨十年以後，各省學堂逐漸畢業，人才濟濟，更可不窮於用。一、舊學應舉之寒儒宜籌出路也。文士失職，生計頓蹙，除年壯才敏者入師範學堂外，其不能爲師範生者，賢而安分，則困窮可憫。其不肖而無賴者，或至爲非生事，亦甚可憂。擬請十年三科之內，各省優貢照舊舉行。己酉科拔貢亦照舊辦理，皆仍於舊學生員中考取。其已入學堂者，照章不准應考。惟優貢之額過少，擬請按省分之大小酌量增加，分别録取，朝考後用爲京官知縣等項。三科後即行請旨停止。其已中舉人五貢者，此三科內擬令各省督撫、學政，每三年一次，保送舉貢若干名，略照會試中額加兩三倍，送京考試。凡算學、地理、財政、兵事、交涉、鐵路、礦務、警察、外國政法等事，但有一長，皆可保送。俟考時分别去取，試以經義史論一場，專門學一場，共爲兩場。其取定者，酌量用爲主事、中書、知縣官。如此，則鄉試雖停，而生員可以得優拔貢；會試雖停，而舉貢可以考官職。正科舉之門，專歸於急需之學堂；廣登進之途，藉恤夫舊學之寒士。庶乎平允易行，各得其所，少長同臻于有用，新舊遞嬗於無形矣。以上五條，皆停科舉後最爲切要之端，而行之可期無弊，應請一併飭下各省督撫、學政切實遵辦。至各省學堂未辦者，宜從速提倡。已辦者，宜竭力擴充。以及各堂學生之良莠，與夫辦理學務人員之功過，均應隨時認真考察，分别勸懲，亦皆各省督撫、學政所不得稍辭其責者也。其一切學堂畢業考試，暨簡放考官等事，自應悉遵奏定章程辦理。臣等爲補救時艱，妥籌辦法起見，往復商榷，意見相同。是否有當，謹合恭摺具陳，伏乞皇太后、皇上聖鑒訓示，謹奏。疏入，奉上諭：袁世凱等奏請立停科舉以廣學校並妥籌辦法一摺。三代以前，選士皆由學校，而得人極盛，實我中國興賢育才之隆軌。即東西洋各國富强之效，亦無不本於學校。方今時局多艱，儲才爲急，朝廷以提倡科學爲急務，屢降明諭，飭令各督撫廣設學堂，將俾全國之人咸趨實學，以備任使，用意至爲深厚。前因管學大臣等議奏，當準將鄉、會試分三科遞減。茲據該督等奏稱，科舉不停，民間相率觀望，推廣學堂必先停科舉等語，所陳不爲無見。著即自丙午科爲始，所有鄉、會試一律停止，各省歲科考試亦即停止。其以前之舉、貢、生員分別量予出路。及其餘各條，均著照所請辦理。總之，學堂本古學校之制，其獎勵出身亦與科舉無異。歷次定章，原以脩身、讀經爲本。各門科學，又皆切於實用。是在官紳申明宗旨，聞風興起，多建學堂，普及教育，國家既獲樹人之益，即地方亦與有光榮。經此次諭旨，著學務大臣迅速頒發各種教科書，以定指歸而宏造就。並著責成各該督撫實力通籌，嚴飭府、廳、州、縣趕緊於城鄉各處徧設蒙小學堂，慎選師資，廣開民智。其各認真研究，隨時考察，不得稍涉瞻徇，致滋流弊。務期進德修業，體用兼賅，以副朝廷勸學作人之至意。欽此。

朱壽朋《光緒朝東華録》卷一六八 （光緒二十七年七月十六日己卯）諭：武科一途，本因前明舊制，相沿既久，流弊滋多。而所習硬弓刀石及馬步射，皆與兵事無涉，施之今日，亦無所用，自應設法變通，力求實用。嗣後武生童考試及武科鄉、會試，著即一律永遠停止。所有武舉人、進士，均令投標學習，其精壯之幼生及向來所學之童生，均准其應試入伍。俟各省設立武備學堂後，再行酌定挑選考試章程，以儲將才。將此通諭知之。

又 卷一六九 （光緒二十七年八月初二日）乙未諭：人才爲政事之本，作育人才，端在修明學術。歷代以來，學校之隆，皆以躬行道藝爲重，故其時體用兼備，人才衆多。近日士子，或空疏無用，或浮薄不實，如欲革除此弊，自非敬教勸學，無由感發興起。除京師已設大學堂應行切實整頓外，著各省所有書院，於省城均改設大學堂，各府及直隸州均改設中學堂，各州縣均設小學堂，並多設蒙養學堂。其教法當以四書、五經綱常大義爲主，以歷代史鑑及中外政治、藝學爲輔，務使心術純正，文行交修，博通時務，講求實學，庶幾植基立本，成德達材，用副朕圖治作人之至意。著各該督撫、學政，切實通飭，認真興辦。所有禮延師長，妥定教規，及學生畢業，應如何選舉鼓勵，一切詳細章程，著政務處咨行各省悉心酌議，會同禮部覆核具奏。將此通諭知之。

又 卷一七〇 （光緒二十七年十月十五日）丁未，諭：政務處奏請飭各省速辦學堂等語。建學儲才，實爲當今急務，前經諭令各直省著設立學堂，責成該督撫學政切實通籌舉辦，通省學堂同時並舉，財力或有不逮，若必待各府廳州縣中小學堂帑足始行開辦，轉致觀望遲延。查袁世凱所奏山東學堂事宜及試辦章程，擬先於省城立學堂一區，分齋督課，先從備齋、正齋入手，俾初學易於速就。漸有師資，再行次第推廣。其教規課程參酌中西，而諄諄於明倫理、循禮法，尤得成德達材本末兼資之道。著政務處即將該署督原奏並單開章程，通行各省，立即仿照舉辦，毋許宕延。其如何選舉鼓勵之處，著遵前旨，由政務處會同禮部速行妥議具奏。

又 卷一七二 （光緒二十八年二月初二日癸巳）諭：前經通飭各省開辦學堂，並因經費難籌，復諭令仿照山東所擬章程，先行舉辦。迄今數月，各該省如何辦理，多未奏覆。即間有奏到，亦未能詳細切實。該督撫等身膺重寄，目擊時艱，當知變法求才，實爲當今急務。其各懍遵迭次諭旨，妥速籌畫，實力奉行，即將開辦情形，詳細具奏。如再觀望遷延，敷衍塞責，咎有攸歸，不能爲該督撫等寬也。

楊鳳藻《皇朝經世文新編續集》卷一《兩廣總督陶模廣東巡撫德壽奏請變通科舉摺》 （光緒二十七年）臣陶模、德壽跪奏：爲擬請變學校科舉，藉獲真才以濟時艱，敬陳管見，恭摺仰祈聖鑒事。伏讀光緒二十六年十二月初十日諭旨：『以欲求振作，當議更張，舉凡朝章國政，吏治民生，學校科舉，軍政財政，當因當革，飭下臣工，各抒所見，條議具奏，實力舉行。』仰見我皇太后皇上鑑於時變，力圖振興，毖後懲前，實事求是。臣等跪誦之下，愧奮涕零。伏念爲政之要，首在得人；取人之方，不外學校科舉。三代以上，只有學校，並無科舉。漢代博士弟子，猶不失爲學校本義，其後設科策士，遂開科舉之漸。至唐始專以科目取士，宋、元、明因之。雖詩賦策論制藝各有不同，全盛之時，人才輩出；迨其流極，無不尚浮華而鮮實用，歷代病之。泰西諸國，無科舉之政，入官必有學校，亦猶我中國三代以上之制，有小學、有中學、有大學，即古人秀士、選士、俊士以次遞升之説也。光緒二十四年曾奉旨飭部酌議京師大學堂章程，今宜都其説而變通之，於各鄉設蒙學，專課蒙童，以公共淺近之學，聽民間隨處自設，先授《孝經》、四書，明白綱常大義以端根本，學習文理以開知識；於各州縣設小學，各州府設中學，省會設大學，京師設國學。小學以上皆由官設，並以書院改建。考泰西日本諸學堂，科目繁多。今之所急莫如政治，宜專重政治一科，内分兩門：一曰内政，所以學爲理事親民之官也；一曰外政，所以學爲交涉專對之官也。學中頒發應用書籍，内政以中國經史、性理、掌故、歷代賢哲所論修齊治平之道，及現行典章律例爲綱，而參考各國政治諸書；外政以各國政體武備之法、條約、地志、史乘爲綱，而參以中國古今學術政令。若夫天文、地輿、算學、測繪、各國語言文字，未易一一遍習，無論内政外政，皆許自認一項兼習之。其課程用北宋國學積分之法，兼采西人學堂月計季考之制，合累次所試分數多寡，判其高下，較之舊制優劣於一日者更爲有據。由淺入深，循序漸進，若干年後擇優者仍給以生員、舉人等榮名，升至國學，察其才具，分別授官。長於内政者，量授部曹州縣教官之職；長於外政者，以備總理衙門章京、海疆差委、出使參隨、領事及出洋遊歷之選。倘能内外並習，卓然成材，另行破格録用。其教習皆須品端學粹。擇要試行，逐漸推廣，勿一時並舉，致多濫竽充數，有名無實。自小學以上凡涉洋務者，許參用各國之人，在學有成，小學大學均各授以本學執照一紙。嗣後無論旗漢，無論由何項進身，非有學堂執照者不得授以實官，則所取皆實學，所學皆實用，學校既興，人才自出。吏治民生，軍政財政，漸可得人而理。其商學、農學、工學、化學、醫學，亦皆聽民間自立。仍於京師國學附列專科，學成各就所學用之。倘以學校經營未易，收效需數年，國家求才正急，不得已而思其次，則請將本年鄉試，明年會試，暫遵光緒二十四年六月諭旨：第一場試以中國史事，及國朝政治論五道；第二場試以時務策五道，專問五洲各國之政，專門之藝；第三場試以四書義兩篇，五經義一篇。分場發榜，每場所取人數以次遞減；三場均優，如額取中，考官之校閲易精，人才之高下自見，或不致仍蹈空疏寡效積習。一切章程，並請旨敕部，按照光緒二十四年所定部章，分別增減，刊刻頒行。仍俟學校齊備，課有成才，即將科舉停止，俾天下向學之士歸於一途，庶幾真才蔚起，百廢具興，扶危定傾之始基，實在於是。抑臣等更有請者，譯書之士，無論服官與否，皆須令明義利之辨，而轉移之機實操之自上。古人謂：正朝廷以正百官，正百官以正萬民。果能上下交相砥礪，使多士曉然于學古入官，所以致君澤民，而非以利身家，則士習端而吏治肅。此尤正本清源之要務。臣等悉心商榷，意見相同，一得之愚，是否有當？伏乞皇太后皇上聖鑑，飭部核議施行。再查定例，科場年分不准條陳考試事宜，現值時勢危迫，欽奉諭旨籌議更張，故敢冒昧瀆陳，不勝惶悚之至。此摺係臣模主稿，合併陳明。謹奏。

又《政務處禮部全奏變通科舉事宜摺光緒二十七年》

奏爲變通科舉遵旨會議具奏事。光緒二十七年八月初五日，内閣抄出七月十六日奉上諭：科舉爲掄材大典，我朝沿用前明舊制，以八股文取士，名臣碩儒，多出其中。其時學者皆潛心經史，文藝特其緒餘。乃行之二百餘年，流弊日深，士子但視爲弋取科名之具，剿襲庸濫，於經史大義無所發明，急宜講求實學，挽回積習。況近來各國通商，智巧日闢，尤貴博通中外，儲爲有用之材，所以各項考試，不得不因時變通，以資造就。著自明年爲始，嗣後鄉、會試，頭場試中國政治、史事論五篇；二場試各國政治、藝學策五道；三場試四書義二篇，五經義一篇。考官閲卷，合校三場以定去取，不得偏重一場。生童歲科兩考，仍先試經古一場，專試中國政治史事及各國政治、藝學策論，正場試四書義、五經義各一篇。考試試差、庶吉士散館，均用論一篇、策一道。進士朝考論疏，殿試策問均以中國政治、史事及各國政治、藝學命題。以上一切考試，凡四書、五經義均不准用八股文程式，策論均應切實敷陳，不得仍前空衍剽竊。自此次降旨之後，皆當爭自濯磨，務以四書、五經爲根柢，究心經濟，力戒浮囂，明體達用，足備器使，庶副朝廷求治作人之至意。所有考試場詳細章程及其餘各項考試未盡事宜，著禮部會同政務處妥議具奏。欽此。欽遵。仰見聖謨深遠，洞澈源流於袪除積弊中，甄拔真才於講求時務中，昌明正學，士林興起，薄海同欽。臣等伏考本朝定章，試士原有論策，近因鄉會歲科各考偏重時文，士學日非，遂爲通人所訾議。至經義始于北宋，體裁一如講義，文筆亦尚雅馴。溯查順治二年制科取士，亦曾試以四書義經義，厥後屢有變更。今既一律考試論策義，是準今仍以酌古，天下學術所在，即國家治本所賅，關繫實非淺鮮。惟科舉節目，頭緒紛繁，考核務極其周詳，通變不離乎宗旨。臣等博稽例案，參酌時宜，謹將各項考試事宜，詳擬章程，開列清單，恭請欽定。伏候命下，分別咨行京外各衙門，一體遵照。其餘內外簾一應場規，悉照科場條例辦理。如尚有未盡事宜，應行變通之處，即由各督撫、學政隨時酌度，咨由禮部另行核議具奏。所有遵旨妥議緣由，是否有當？伏乞皇太后、皇上訓示遵行。再此摺係禮部主稿，合併聲明，謹奏請旨。謹將變通科舉各項考試事宜，詳擬章程，恭呈御覽。一、第一場論題五道。順天鄉試及會試仍請欽命題目，各省鄉試由考官擬出。惟中國政治、史事博極羣書，命題試士之法，執簡乃可馭繁。查唐杜佑《通典》，列食貨、選舉等八門，宋鄭樵《通志》，分爲廿略，馬端臨《文獻通考》，廣爲廿四門。乾隆年間，又輯唐天保以後及宋、遼、金、元、明五朝掌故，成欽定《續通典》、《續通志》、《續文獻通考》等編。本朝之鉅典宏綱，別著爲《皇朝通典》、《皇朝通志》、《皇朝文獻通考》，政治源流罔不賅備。至《御批通鑑綱目》、《御批通監輯覽》，歷經宸斷折衷，尤足昭示萬古。擬請嗣後首場命題，謹按《通典》、《通志》、《通考》及《通鑑》諸書，庶大經大法海內咸知遵守。一、各國政治，自以學校、財賦、商務、兵制、公法、刑律、天文、地理爲大綱，推之格致、製造、聲光、化電等學，亦宜研究入微，各求心得。今二場五策，遵旨以各國政治、藝學命題。其平日講求時務博通中外者，自可各抒底蘊。惟恐邊遠省分風氣尚未大開，現譯各書亦未流傳悉徧，擬請近科考試，先以各國政治、藝學之切於實用明白易解者命題。迨數年後振興鼓舞，造就有成，再由典試學臣酌度文風高下，由淺入深，俾士子有漸進之功，朝廷收得人之效。至四書、五經，士子服習有素，原可隨舉命題，惟不得刪改增減及搭截虛縮，以免割裂聖經。一、論策義體例，較之八股文律固應從寬，惟考官衡文，亦不得不限以程式。頭場五論，士子切題發揮，必須上下古今指陳得失，策則每舉一事，亦必窮原竟委，議論詳明，總期各抒所見，不蹈空言。四書、五經義尤宜樸實說理，參取講義經說之意，闡發無遺。其釐正文體之法，均不得塗澤浮豔，作駢儷體，鉤章棘句，作怪澀體；仍不準闌入周秦諸子謬論，釋老二氏妄辯，異域方言，報館瑣語，一切離經畔道之言，悉當嚴加屏黜。考官選刻魁卷，每場試藝應擇尤刊刻，以爲標準。一、向例策題五道，每道或十餘條，或八九條，題目字數過多，故功令僅書第幾問。士子對策，無論空疏，寡學者固屬依題敷衍，即實對者亦不過鈔襲坊本，剿說雷同。今既講求實學，擬此後策士命題，每道約舉一二事，字句無多，即可書寫全題，俾士子切實敷陳，自不至仍前空衍。一、鄉、會試向設謄録對讀，原以糊名易書，嚴防關節起見。乃奉行既久，百弊叢生。因思國家考取真才，全在主試，房考等官秉公衡鑑。果使精白乃心，雖不易書，亦自無弊。與其仍用謄録防弊，而弊愈滋，何如嚴密彌封，將謄録對讀竟行裁撤。如有辨認字迹，徇私濫中，一經發覺，應即從嚴懲處，至試卷向有空白起草及二三場默寫頭二場起講之列，故事奉行，寖成虛設。今既講求實學，每場五論五策，士子竭一晝夜之力，已苦不支，似此起草默寫之具文，盡可一併裁去。鄉、會覆試卷應行起草者，亦照此辦理。其外簾筆色，應將謄録硃筆對讀，黄筆撤銷，內簾筆色均仍其舊。一、向來歲科兩考，先試經古一場，生童願考與否，本聽其便。今考試經古，既經奉旨專試中國政治、史事及各國政治、藝學策論，則經古一場，宜與正場並重。嗣後歲科考，擬將經古場定爲論一篇、策一道，與正場分考合校，歸併一次揭曉，均免其另行覆試。如未進經古場者，不得與考正場，以勵實學。其生童歲科考，向例默寫聖諭廣訓，悉仍其舊。至府、廳、州、縣童試暨八旗童試，均照歲科正場及經古場改試之例，各以類從。一、各省考試拔貢、優貢，向例各分兩場。今既變通考試，拔貢頭場擬改試中國政治、史事論二篇，各國政治、藝學策一道；優貢頭場改試中國政治、史事論一篇，各國政治、藝學策一道。拔貢、優貢第二場均改試四書義一篇，經義一篇。拔貢、優貢朝考，均改試中國政治、史事論一篇，四書義一篇。其宗室鄉、會試覆試，及各直省鄉會試録科並考試漢教習，均照優拔貢朝考，一例改試。至繙譯會試，頭場向試《孝經》論一篇，四書文一篇，今擬將四書文改試四書義，《孝經》論改試中國政治、史事論。其餘繙譯各項考試暨考試滿教習，向非八股時文，悉仍其舊。惟有論題者，均改試中國政治、史事，以昭畫一。一、向來朝考、殿試、散館、考差，以及考取優拔並中書、教習、謄録等項，類皆偏重小楷，兼及詩賦。今既改試策論，詩賦已屬無用，而小楷一道，徒損志氣，耗目力，亦與實學無裨。嗣遇有各項考試，但期字畫端正，無庸刻意求工，考官閲卷，專取其文理優長，不得復以小楷之優劣定去取。除貢士殿試，皇上臨軒策問，體制宜崇，擬仍用朱絲直格大卷，其餘各場試卷，有直格無横格者，均添用横格；有横直皆無界格者，均添用直横格，以便書寫。至館閣中向有選擬應奉文字，擬請隨時特降諭旨，另行考試一場，分别録用。凡各部院通籍後之人員，有能精於詩賦小楷者，准其赴考，不能者聽。一、官辦試卷，鄉、會試自有定制。今既改試論策義，並擬裁去謄録草稿，不用硃卷。若仍照舊式，則填寫年貌履歷，鈐蓋各項關防戳記，卷面不敷，卷内頁數多寡亦有不合。現擬展寬卷式，每頁紅格二十行，每行廿五字；頭二場均用廿四頁，三場八頁。每場卷首，均留空白三頁，預備彌封。每篇字數，仍照舊例，不滿三百字者不録。卷頁行數既已加增，縱士子才長，亦盡敷獻藝，不得雙行擠寫。其鄉、會覆試卷，仍照舊式，每頁紅格十二行，改用八頁。至頭場題目應低二格，照寫全題，加論字，文頂格寫；二場題目仍低一格，照寫全題，加策字，文低二格寫；三場照四書文經文例，書寫原文，文亦頂格寫。所有添註塗改及一切違式應貼之處，悉照例辦理。一、試卷取中後，向有磨勘，原以正文體，察弊竇，功令所垂，理宜核實。乃行之既久，漸涉煩苛，或摘取字句之小疵，或搜尋草稿之脱落，其他不勝枚舉。士子拘牽避忌，往往尋行數墨，轉不能切實發揮，文體日卑，半由於此。今既改試論策義，但期學問之淹通，何必吹求於毫末？除有關弊竇及文理悖謬，剿襲雷同諸大端，仍照例磨勘外，其稍有不諳例禁、無關緊要者，概從寬免。小德似可出入，亦仰體朝廷破格求賢之意也。一、闈中備考書籍，均係欽頒，間有調閲，隨時向坊間購置。禮部向存書庫，卷帙紛繁，兵燹之餘，全行散失。現又改試策論，講求中國政治、史事及各國政治、藝學，所需書籍尤多。查同治年間，粤匪平定，江南、湖北、廣東等省曾將各種書籍設局刊板，流傳已久。明年春闈在卽，所有場内備用各書，擬由禮部開單咨取，江南、湖北、廣東各省官書局照單咨送。至應用各國政治、藝學諸書，亦擬由兩江、兩湖、兩廣各督撫查照現已譯成之書，有關鄉會試闈中備查者，擇要開單，一並咨送到部。其學堂所有書籍，亦許闈中隨時調閲。一、變法之初，原期盡善，而奉行尤在得人。士子之趨向，端視考官爲轉移，衡文校藝之人，果能明體達用，深通中外各學，則鑑衡不爽，自可得碩學而黜浮華。擬請嚴飭典試學臣及同考等官，嗣後閲卷，務當悉心評定，總以經術湛深、史學淵博、通達時務、切於時用者爲準。倘仍有剿襲荒謬之文一行入選，一經磨勘簽出，定當從重議處，以爲奉行不力者戒。至外省簾官，取於州縣，大都學問荒疏者居多，尤宜令各督撫慎重其選，必期衡校得人，不可濫竽充數，庶幾文風丕變，而真才日出矣。

王樹枏《張文襄公奏稿》卷三七《奏請遞減科舉注重學堂片光緒二十九年十一月二十六日》 臣張百熙、臣榮慶、臣張之洞跪奏：爲擬請試辦遞減科舉，注重學堂，俾經費易籌，學堂早設，以造真才而濟時艱，恭摺會陳仰祈聖鑒事。竊臣之洞本年春間，會同直隸督臣袁世凱具奏科舉阻礙學堂，詳陳得失利弊一摺，欽奉硃批，交政務處議奏在案。竊惟奉旨興辦學堂，已及兩年有餘，而至今各省學堂仍未能多設者，經費難籌累之也。公款有限，全賴民間籌捐，然經費所以不能捐集者，由科舉未停，天下士林謂朝廷之意並未專重學堂也。然則科舉若不變通裁減，則人情不免觀望，紳富孰肯籌捐，經費斷不能籌，學堂斷不能多。入學堂者恃有科舉一途爲退步，既不肯專心向學，且不肯恪守學規。況科舉文字，每多剽竊；學堂功課，務在實修；科舉止憑一日之短長，學堂必盡累年之研究；科舉但取詞章，其品誼無從考見；學堂兼重行檢，其心術尤可灼知。彼此相衡，難易迥别，人情莫不避難而就易，此已早在聖明昭鑑之中。當此時勢阽危，非人莫濟，除興學堂外，更無養才濟時之術。若長此因循，坐糜歲月，國事急矣，何以支持？議者或慮停罷科舉，專重學堂，則士人競談西學，中學將無人肯講。茲臣等現擬各學堂課程，于中學尤爲注重，凡中國向有之經學、史學、文學、理學，無不包舉靡遺，凡科舉之所講習者，學堂無不優爲；學堂之所兼通者，科舉皆所未備，是則取材於科舉，不如取材于學堂彰彰明矣。顧或又慮學堂功課雖重積分之法，而分數定自教員，難保無以愛憎而意爲增損。殊不知學堂功課之優絀，皆係當堂考驗，全堂學生及堂内執事人員，衆目共睹，教員卽欲違衆徇私，而公論可憑，萬難掩飾。臣等尚恐偶有此弊，故於中學堂考試歸諸學政主持，督同道府辦理。高等學堂畢業，則請簡放總裁，會同督撫、學政考試。大學堂畢業，則請簡放主考，會同督撫、學政考試，並不專憑本學堂所定之分數。如是，則中西之學既已兼賅，固不患其偏重；取捨之權仍在試官，更不患其不公。凡科舉掄才之法，皆已括諸學堂獎勵之中。然則並非廢罷科舉，實乃將科舉學堂合併爲一而已。竊思就事理而論，必須科舉立時停罷，學堂辦法方有起色，學堂經費方可設籌。惟此時各省學堂尚未能遍設，從前大小各種學堂，尚未定有詳細完備章程。故已設之學堂，辦理未盡合法，學堂品類不齊，或不免間有流弊。其不欲遽議停辦科舉者，未始非老成持重之見；然使此時一無舉動，天下並未見朝廷將來有遞減以至停罷之明文，實不足以風示海内士民，用收振興學堂之效。臣等公同商酌，擬仍查照臣之洞會同袁世凱原奏分科遞減之法，吁懇天恩，明降諭旨，布告天下，將科舉舊章量爲變通，從下届丙午科起，每科遞減中額三分之一，暫行試辦。一面照現定各學堂章程，從師範學堂入手，責成各省實力舉行，認真整頓。至第三年壬子科應減盡時，尚有十年。計其時京外各省開辦學堂已過十年以外，人才應已輩出。且科舉既停，天下士心專注學堂，籌辦經費必立見踴躍。如學堂有辦理無效及尚滋流弊者，應由學務大臣隨時考核，諮行各該督撫嚴行復查，將不得力之學務人員分別參處，庶幾學堂日有起色，以期仰副朝廷造就真才實事求是之至意。兹擬遞減科舉辦法分條臚陳如下：

一、鄉、會試中額，請自下届丙午科起，每科分減中額三分之一。俟末一科中額減盡以後，即停止鄉、會試。

一、學政歲科試取進學額，請於鄉試兩科年限内，分兩歲考、兩科考四次分減，每一次減學額四分之一，俟末一次學額減盡，即行停止學政歲科試，以後生員即盡出於學堂。

一、科舉停止後，會試總裁，改于大學堂畢業考試時，奏請簡放，分別内外場考試。鄉試主考，改于各省高等學堂畢業考試時，奏請簡放，分別内外場考試。

一、科舉停止後，各省學政毋庸裁撤，即令會同該省督撫考查整頓全省學堂功課，並中學堂以上選録學生及畢業考試等事務，以昭慎重。查日本各處皆有視學官，正與學政之名義相合。

一、科舉既議停減，舊日舉、貢、生員年在三十歲以下者，皆可令入學堂肄業。三十歲以上至五十歲者，可入師範學堂之簡易科。若三十歲以上，既不能入學堂，並不能入師範簡易科者，及年至五十、六十者，擬請自下科起，舉人於每科會試後大挑一次，揀發一次，並多挑謄録，分送各館，俾得議敍。其大挑、揀發未入選之舉人，及恩拔副歲優各項貢生，均比照孝廉方正例，准其考職，分別用爲州同、州判。生員亦准比照已滿吏考職，用爲佐貳雜職，分發省分試用。其年在六十以上不能與考者，酌給虚銜。至經生寒儒，文行並美而不能改習新學者，可選充各學堂經學科、文學科之教習，每届三年，查其實有成效者，比照同文館漢文教習例，給予奬敍。如此則舊日應科舉之老儒，亦不至失所矣。

似此量爲變通，暫行試辦，於科舉僅止徐加裁損，而學堂立可頓見振興。且於年歲已長不能入學堂之舉、貢、生員，復爲之寛籌出路。京官之任學差者如故，其放試差者且更增多，尤屬毫無窒礙。合無仰懇宸斷，俯賜施行，俾全國臣民，確見裁減科舉、歸重學堂辦法，咸曉然於朝廷意向所在，則必人人爭自濯磨，相率而入學堂，以求實在有用之學，氣象一新，人才自奮，轉弱爲强，實基於此，大局幸甚。臣等謹合詞恭摺具奏，伏祈皇太后、皇上聖鑑訓示。謹奏。

論説

《申報·論武科既停宜籌武士登進之路一九〇二年二月十三日》 國家文武並重，特設科舉，俾各州縣士子皆有進身之階。自童子試以迄鄉、會、殿諸試，有能入選者莫不以次翔步青雲，於是若秀才、若舉人、若進士、若狀元、若探花、榜眼，暨二甲、三甲，凡文所有者，武亦有之，典制崇隆，初未嘗稍分軒輊。蓋菁莪秀士，固足本學術以佐治平，而罝兎人才亦足爲干城腹心之寄，故不忍以赳赳武夫而棄之也。然自國初迄今相沿二百數十年，文治武功超軼前古，而其間鴻儒碩彦，輔翼朝政，類能奏保邦制治之功，若執干戈衛社稷，雖亦不乏名將，鮮聞有起自武科者，是武試之不能得人。概可想見。昔年林文忠、沈文肅有見於此，先後疏請停止，格於部議，事不果行，自是以來，議論不一。至戊戌年，皇上有志於變法自强，詔令内外臣工各抒所見，條陳變通武試事宜，然後斷自宸衷，改弓矢而習槍砲，嗣以康梁事敗，一切新政皆爲所阻，武試遂仍復舊章。去年適届歲試之期，各武童方躍馬彎弓，躍躍欲試。不意七月十六日恭奉明詔，將各項武試一概永遠停止，於是此輩嗒焉若喪。强悍者聚衆挾制，馴良者具詞乞恩，如廣東、湖北、江西紛紜擾攘，經地方官善言開導，勉以他途者，見諸報端，不一而足。閩省福州府屬諸武童更願合捐萬金求得破格一應院試，終難如願以償。江蘇學政李蔭墀大宗師按試通州，諸武童迫求設法轉圜，宗師恐釀禍端，電商兩江總督劉峴莊宫太保，旋得回音，謂彼衆如敢不遵，肆意滋鬧，即以違旨論，若輩始懼而散歸。似此羣情皇皇，一若非此無以自見也者，抑何不諒之甚耶？不知武舉業已永停矣，彼勇藝絶倫者，除已應殿試分别授職外，若武進士、若武舉、若武生，皆已乏登庸之路，更遑論武童。縱聖諭武舉、武進士均令投營學習，其强壯武生及略諳技藝諸武童均准暫行入伍。俟各省設立武備學堂後，再行酌定挑選考試章程，以廣造就。凡在武進士、武舉、武生、武童未嘗稽阻其上進之恩，特以所習硬弓刀石及馬步射，皆與兵事無涉。施之今日，全無所用，因矯流弊而求實濟，以期别成知方有勇之才耳。惟武備學堂祇直隸、江南、湖北三省有之，以及山東所設隨營學堂，其餘各省均付闕如。雖朝旨命各省疆吏已設者酌量擴充，未設者籌款興建，一體仿照辦理，用意非不甚殷，無如各省之設有武備學堂者，大都僅在省會之中，非近水樓臺，與凡稍窺門徑者，每苦望塵弗及。若令武進士、武舉投營學習，固爲考求兵學之資，第此輩已膺科第之榮，平日高目位置，且使與兵士爲伍，其心斷不能甘。近日某武進士嘗與子言及投營之後，月得餉銀不過四五兩，故稍堪自給者，皆裹足不前，惟伊與某營管帶有舊，投之尚蒙優待，然已非他人所可比倫。由此推之，若輩之不樂投營，已不待智者而後決，若入伍一節，則現當裁汰防勇之際，安能聚各邑武生武童悉數編成勁旅，即令另選精壯，再行練習而入伍，爲良民所恥。俗有好人不當兵之謡，凡稍有身家者，皆不樂從，恐亦徒成虚語，然則如之何而可曰是宜另籌登進之方。夫我朝文武兩科沿用前明舊制，行之已久，縱武科所得絶鮮將材，然觀殿試後授職諸員，上而侍衛，下至守備，迹其奇材異藝，亦足爲折衝禦侮之需，何可遽行屏棄。且國家戡亂以武，當此國勢孱弱之候，尤賴剛毅之士協力維持，乃文則於歲科試及鄉、會、殿、廷諸試外，更特開經濟之科，武則諸試概停頓，使文武兩途相懸天壤，恐非目今救時之策也。鄙意武科諸試停之固宜，惟宜詔令各省督撫選舉各屬有力如虎之士貢之，朝廷按三年開一特科，簡知兵大員察其詣力之高下而進退之，或令提督總兵隨時考選，擇優録用。庶扛鼎拔山之輩，不至囿於資格，無所見長。否則勇夫以習武爲羞，文士復從而傲之，非惟豪傑有志之士皆將因此匿迹銷聲，即異日武備學堂學業既成，欲求得盛名而膺顯秩，恐亦戛戛乎其難之，豈並重文輕武之見階之厲哉！起其廢焉救其偏焉，是在有緯武經文之責者。

《時報·論停科舉後宜專辦小學一九〇五年九月初三日》 向者興學之士，固莫不仰屋而嗟曰無經費，無經費。今科舉廢矣，向者挾其經費以與學堂爲敵者，今且折而盡入於學堂，一出一入之間，而向者日覺其不足，今乃反覺其有餘。美國大富豪有言曰：『無財而生財固難，有財而用財亦難。』此誠今日教育界一大問題矣。

曷言乎挾其經費以與學堂爲敵也，以言乎官職，則有禮部總裁主考學政房官教官諸名號，以言乎功令，則有會試鄉試科試歲試諸大典，廉奉也，報銷也，幕友之束脩，更役之侵蝕，不可謂不鉅也。外若學有田，廩有糧，推而至於覆試之酒席，中秋之月餅，尤其小焉者也，是爲經費一大宗。

美哉吾國養士之法乎？各行省各府州縣，類皆有所謂書院。書院之中有田産，有房屋，有膏火，有獎賞。諸生寢饋於其中，山長養老於其中，董事寄生於其中，不可謂不腴矣。不幸而有改學堂之説，然而改者爲少數，不改者爲中數，似改而實非改者爲大多數。今者明詔煌煌，正此輩一網打盡之日也，是又爲經費一大宗。

吾國風俗，類多與他國相反。即以試驗言之，他國學生之試驗也，須出試驗費若干，吾國學生之試驗也，則反給試驗費若干，如賓興費是也。今者吾國既仿行西制，大興學校，則爲學生者亦止有納試驗費之義務，必無受試驗費之權利，且爲董事者，有納此費於學堂之義務，而更無與諸生分肥此費之權利，此亦一定之公理也，是又爲經費一大宗。

斯時也，吾知熱心興學之士，必攘臂而起曰：『吾耗吾財，犧牲吾時間，勞憊吾精神體膚，以從事於學堂有年矣。』而日日疾首蹙額而長太息者，鮮不曰無經費。今何幸有此公款，以償吾昔日之苦。而今而後，就箇人言，可以輕吾負擔。就法人言，可以保其始終。是豈區區者而不余畀乎？吾不可以不爭。

於是失職之寒士，又怒目而爭曰：『書院也，賓興也，皆吾輩藉以供父母妻子養生送死之具者也。科歲鄉會試者，吾輩之科歲鄉會試，非他人之所得而聞也。而今而後，以此費立學堂，則吾輩爲國文修身教習，以此費供遊學，則吾輩爲速成師範，否者卽以此費供吾輩之津貼，或亦庶乎其可也，吾亦不可以不爭。』

更有所謂當世教育家，皆欣欣然有喜色而相謀也，其稍稍涉躐理化者，則曰吾輩當以此款立一理化學堂。今朝廷方振興實業，今日各種學問，固莫要於理化，其稍稍涉躐政法者，則曰吾輩當以此款立一政法學堂。今朝廷方考求立憲，今日各種學問，固莫要於政法，是二者固皆持之有故，言之成理矣。然舍此而外，文學家議開哲學堂，醫學家議開醫學堂，農學家議開農學堂，觀其手舞足蹈，高談驚座，皆未嘗不持之有故，言之成理也。則又何説？

故今日者，既如投骨於地，又如筑室道旁，其處置之法，誠有不可不講者，講處置之法，當先分經費爲二類，一曰官費，一曰公費。官費者由中央政府或地方政府所撥出，如鄉會試費是也。公費者卽地方存積之費，向由本地紳士經管，而不受政府之干涉，如書院經費、賓興費是也，此二者其性質大異。蓋凡事經官則專制，經紳則共和，然推其專制也，故用之也易，惟其共和也，故用之也難。故以官費而津貼學堂，人不過問也，以官費而津貼游學，人亦不過問也。公費則不然，津貼甲學堂則乙學堂攻擊者有之，丙學堂援例者有之，津貼甲學生則乙學生攻擊者有之，丙學生援例者有之，此其大異者一也。且也官費雖有侵蝕，然監守者究不能把持於其間，故從未聞學政出差，而學院之經費，一旦無所出者。公費則不然，書院賓興諸費，大抵爲地方紳士中强有力者之利藪，故向之索箇人之膏火、箇人之賓興費，非不慨然相與也。若向之索全數，舉母財子財而盡納之於學堂，則必出其死力以相抗。或聚八九兒童，開一蒙學以爲抵制之策，或招二三親故，派之出洋學速成之學，以爲搪塞之計。總之必使其費不出於囊中而後快，此其大異者又一也。此亦講求處置之法者，所不可不知也。

然則處置公費之法將奈何？處置官費之法將奈何，曰：『吾以爲今日興學，猶無他學之可言也。』亦曰：『專辦小學而已，小學不能獨辦也，必有師範以濟之，師範必有所取法也，尤賴出洋以濟之。』而一言以蔽之，亦仍曰：『專辦小學而已。』惟其專辦小學而地方上各種雜色團體，無所施其爭競；惟其專辦小學，而地方上各種利己學派，無所用其窺伺；惟其專辦小學，而爲學堂總辦者，不必糜鉅費養外國教師，以教極粗淺之文字；惟其專辦小學，而爲候補人員者，不得借此費學速成政法，或朝夕出洋考察，以加極新式之虛銜；惟其專辦小學，可以不必養二三十老大無成、走碼頭之未來中國之主人翁，以爲風潮之資料；惟其專辦小學，可以不必廣設人員，如督辦、總督、會辦、總教、副總教、提調監院、監起居委員、收支委員等種種名目，以崇朝廷之體制。故吾敢斷言曰：『專辦小學而他學姑不論。』

難者曰：『子亦太輕視今日之學子矣！』今之學子，豈盡皆蒙學生之資格乎？應之曰吾有一言，請君勿怒。今日所謂文明人，所謂名士，所謂高材生，或編書籍，或作教員，或任主筆，一言以蔽之，卽今日之鳳毛麟角，以所謂新學新學鳴于當世者，果皆有中學學生之程度乎？吾恐其高談有餘，而叩以極卑近之普通中等教育，而能一一對答如流，不致赧颜相面者，十人之中，未必有一二也。卽有之，亦不過曰：『有中學生之資格而已，然已爲今日鳳毛麟角中之鳳毛麟角，而是人者亦已睥睨一世，幾幾乎以中國之大而不能容此巨物矣。由是而推而至於諸君之所謂半開通，由是而推而至於諸君之所謂野蠻人，其程度更當何若？由是而推而至於未成年人之蒙童，由是而推而至於所謂文明人、所謂半開通、所謂野蠻人所教授之蒙童，其程度更當何若？嗚呼！言盡於此，蔑以加矣，吾言至此，吾亦爲之赧然。

故今日中國而言開學堂，有問吾以大學堂可開乎，則答曰姑少安無躁；有問吾以高等學堂可開乎，則答曰亦可少安無躁；然則中學堂可開乎，曰是可開；小學堂可開乎，曰是宜急開。聞著不以爲然，而有所論難，則又答之曰：諸君若不能少安無躁，固不妨從便。然吾謂雖曰大學，雖曰高等，其教西文也。仍自愛皮西地始，其教算學也。仍自加減乘除始，其教一切科學，皆自破題見第一頁始。世固有以每月六百金聘日本理學士，而教筆算數學程度之算學者矣，更有以每月八百金聘德國法學博士，而教亞培崔台之字母者矣。大學其名而小學其實，則雖大聲疾呼，正其名曰大學、曰高等，吾必仍謂之小學。

且豈特仍謂之小學而已，以小學之目的辦小學，則有小學之效。以大學之目的辦小學，則并小學之效而無之。蓋由前之説，所謂刻鵠而類鶩；由後之説，所謂畫虎而類犬也。蓋吾國人辦學堂，有特別性質焉？京師之翰林院也，國子監也，各省府州縣書院也，其名雖殊，其爲學堂則一也，今則惡其名矣。而另立學堂之新名詞，然名詞立矣，而由吾國人辦之，往往帶有翰林院、國子監、書院之性質。蓋學生之老大如故，自由惡法律如故，一物不知而自命不凡又如故，故其名雖曰學生，而其爲翰林院之編修、國子監之監生與各書院之高材生猶如故。此豈盡辦學堂者之過哉？雖以天下第一教育家處此，亦不過掩耳而走，莫可如何也？此無他，善教育者止能不收老大腐敗之學生，而要無術使老大腐敗之學生，一變而爲童蒙也，不見各省之高等學堂乎？有日宿齋中作書院之課卷者，有教習命算學題，持至齋中日夕研究。至七八日十餘日而繳卷者，有終年不上課堂，終日詩酒清狂，恃老學生之資格，而學堂無可如何者，使早抱定專辦小學之宗旨，亦安有若斯之腐敗者乎？故吾謂專辦小學，極其弊至昔日之義塾爲止。然猶得多識數字，以爲處世之用也，若如所謂高等，則直爲聾瞽廢疾之製造場逋逃藪，即論其至良之結果，亦仍不外羊質虎皮之小學堂，試問辦學堂者，將何去何從？

難者又曰，小學爲今日之急務，固也，然其效緩，彼倡言各種專門者，亦□得而非之。且既曰：『中學可開矣。』而又言專辦小學何也？曰：吾非欲舉小學以外之學堂，而盡廢之也。特以廢科舉後，所得之經費，當盡以之辦小學耳，專門豈不甚□，然無論今日專門學堂之必不能完備也。即能完備如歐美，然無普通學者，仍不能入也。且無論有普通學者難其人也，即有人焉，具有入專門之資格，然亦不過一部分之學者。竊謂其所費者奢，而所及者之已狹也。今姑以政法學堂言之，彼豈不曰國家將立憲法，政法爲造成公民之第一要事乎。然造成公民者，而僅僅爲政法學堂之學生，則其一部分可以爲議員參政事矣。而此外之蠢愚如故也，則何如廣設小學，而多造公民之爲愈也？故專門之繁多，今有所不暇顧也，寒士之號咷，今有所不暇顧也，無他，求普及故也。

且也以鄉會歲科書院賓興諸費而辦小學，其本義固□爾也。各國各種學堂，固不必盡隸於一部，法律學堂則隸於司法部，農工商各種實業專門學堂則隸於農工商部，其他學堂則隸於文部。今吾國鄉會歲科之制，其名曰貢生、曰舉人、曰進士，夫曰貢曰舉曰進，其初本爲從下級學堂升入高級學堂之意，此固尋常普通教育之制而隸於文部者也。然則欲開法律學堂，則今日刑部固議開設矣；欲開實業學堂，則今日商部固已開設矣。茲欲議擴充，固當由刑部商部等或各省督撫特別籌款，安得移普通教育之費。以爲剜肉醫創之計，故此費不能用以開專門學堂，此又一説也。

難者又曰：吾以爲子必有崇論高議，爲今日教育界別開生面，而今乃僅曰小學，無乃卑之無甚高論乎？應之曰：子寧謂吾言太高，則或亦近之，蓋如他人言，則今日之學子，固可權宜使之入大學入高等學堂矣。如吾言，則今日之學子，鮮有此資格，必另造一種完全無缺之人才，使之循序而進。是彼爲苟且，我爲求備；彼求速成，我求深造；彼由枝葉著想，我由根本著想；彼爲一時計，我爲未來之中國計；是孰高孰卑，固不待知者而知之矣！且子以小學爲卑，豈以小學爲易爲乎？且豈以今日之小學爲完全無缺之小學乎？且豈以今日小學之教員，爲完全無缺之教員乎？且豈以日本卒業歸來之速成師範生，爲中國惟一之教育家乎？天下事言之甚易，爲之甚難，人人所視爲難者，其事未必盡難；人人所視爲易者，其事未必盡易。區區小學，亦豈今日失職之舉貢生監所可肆口而談者。

由是而官費公費處置之法，可得而言乎？曰官費當以之辦師範學堂及師範游學，公費當以之廣設小學，改良私塾。持此目的行之，則其效似緩而實速，其謀似近而實遠，而且爭端可以弭，覬覦可以絕。由是行之，不數年而中學、高等大學，以次遽興，乃爲有本，否則日日言速成，日日言救急，又奚益之有。

若夫已成之學堂，而籌津貼之法，則當視其學堂之經費何如，與所辦之學堂何如，使學堂之經費而猶可支持也，則不論其所辦學堂之良否，不津貼可也。使所辦之學堂而無所取也，則不論其經費之缺令與全無，不津貼可也。若經費有岌岌不可終日之勢，而其教育之美備，又爲人人所共認，則固無不津貼之理。是在當事者酌度情勢以善處之，固未可執一而論也。

雜録

《申報·制軍興學一九〇二年一月五日》 香港循環日報云：皇太后、皇上回鑾在卽，一切新政行將次第施行。兩廣督憲陶芷芳制軍欽奉綸音，飭創設學堂以育人才而資治理。本月某日，札委龔仙舟、沈羅談兩太守，錢叔楚司馬、方子順大令、秦子治參軍、胡濟生二尹，往黄埔水陸師學堂考察諸生學舍及堂中一切規模，旋復詣魚雷局，校閲肄業生試演諸技。迨回轅稟覆制軍，卽禮延吳惟暉、鈕永建二孝廉爲學堂教習，大約一經抵省卽須商訂章程矣。

又《延訪通儒一九〇二年一月二十日》 金陵訪事人云，派辦新政處近奉兩江督憲劉峴莊宫太保手諭，將省垣各書院分别改設學堂，並委潘芸蓀觀察總理一切事宜，發出公款十萬金爲起造屋宇之用。觀察奉委後卽酌定地方鳩工庀料，惟洋文教習非取材異地不爲功，夙聞滬上一隅爲各國人才薈萃之處，爰稟請赴滬延訪務得一二通達時務之西儒，上月下旬某日已由省啓行矣。

又《奏疏彙録一九〇二年二月二十四日》 江蘇學政吏部左侍郎臣李殿林跪奏。爲江蘇南菁書院遵改學堂，謹擬試辦章程，恭摺具陳，仰祈聖鑒事。竊惟郅治之道，興學爲先，伏讀八月初二日上諭，著各省所有書院於省城均建大學堂等因，欽此。又恭讀十月十五日諭旨，蒙恩頒發山東試辦章程，著各省仿辦。仰見皇上育才廣學，鋭意振興，凡有血氣之倫，應無不感激圖維，力求通變。臣查江蘇書院在江寧、蘇州兩省城者，已由督撫臣分别改辦，惟江陰南菁書院自前學臣黄體芳創設後，以經古考課通省士子，通才碩學多出其中，院中事宜歸學臣管理。光緒二十四年詔改書院爲學堂，經前學臣瞿鴻機奏，以南菁雖隸縣治，而入院肄業者，爲通省人才所萃，請照省會書院之例作爲高等學堂，當邀恩准。今又叠承明訓，改訂教規，自應照省設大學堂章程辦理。臣惟山東章程學生分齋督課，其次第則先辦備齋、正齋，後辦專齋，此自爲風氣未開，宜循序漸進起見。江蘇爲人文淵藪，年來講求中西實學，頗不乏人，卽南菁諸生平日所肄習者，如經史政治輿地天算格致各學，皆門徑已通，可期深造。若非徑立專齋，俾資精進，恐無以鼓舞高材及時奮勉之心。臣謹擬專齋、正齋、備齋同時並立章程，於明年正月先行試辦，由臣延請在籍紳士之學通中西、士林翕服者爲總教習，又分延天算、格致、測繪、東文、西文各藝學教習，俾得陶成多士，啓迪新機，以仰副皇上求治作人之至意。至辦事支銷，係就書院原有經費，酌爲區畫，未能添籌。計開辦事宜，如改造講堂，加建號舍，添置圖書、儀器等項，費用已屬不支，故額設學生止限百人之數，祇可將來再議，擴充合併申明。所有江蘇南菁書院，遵改學堂，謹擬試辦章程，開具清單，恭呈御覽。緣由理合，恭摺具陳，伏乞皇太后、皇上聖鑑訓示。謹奏。奉硃批：『著照所請辦理，務須認真考核，期收實效，單併發，欽此。』謹擬江蘇南菁書院遵改學堂試辦章程十條，恭呈御覽。計開：一、恭繹光緒二十七年八月初二日諭旨：『著各省所有書院於省城改建大學堂等因，欽此』。查南菁爲江蘇全省經古書院，建設以來，各府舉貢生監皆入肄業，特因事歸學政管理，是以黌舍建於江陰，原爲通省士子肄業之地，院生執業素尊，英才斯萃，每届優拔之科率取諸此。光緒二十四年詔行新政，經前學臣瞿鴻機奏准改爲高等學堂，今更欽奉明諭改訂章程，請得比照省設學堂，定名江蘇全省南菁高等學堂，以崇規制。一、查政務處頒定各省大學堂章程第二章内，開大學堂課程分爲備齋、正齋、專齋三項，今按備齋者，卽各州縣小學堂應辦之初級淺近學；正齋者，卽各府直隸州中學堂應辦之普通學；惟專齋肄習專門之學，參酌中外學制，分爲十門，實爲大學堂應辦之主義。又章程第一章内開，現中小學堂未設，大學堂無所取材，當先立備齋，次立正齋，俟各府州縣學堂有成，再立專齋等語。專齋之設，須俟正齋學生卒業之年，現時未能卽辦。竊惟蘇省風氣早開，南菁尤爲通省人材所聚，年來講求有用之學，如專齋所隸之經學、中外史學、中外政治學、測繪學以及農工商礦之類，諸生平日本事考求，允宜卽立專齋，俾資精進。至諸生普通藝學各門多有未備，今擬變通補習，併日程功，期以四年，普通專門同時卒業，以速成就而備任使。專齋課程列後。一、省學堂募考學生，本屬權宜辦理，今南菁爲書院改設事歸學政管理，應由學政調取原在院之肄業生及各學高等生百人，充各齋學生。嗣後學生缺額，仍由學政於各學調取，其舉人貢監願入肄業者，由各該縣具文申送，准其附課，俟及三月，由總教習核定去留，如其文學較優者，遇有額出卽補入班次。一、正備齋學目，悉照頒定章程，其專齋學目原定十科，今開辦伊始，先立經、史、政治、測繪四科，餘分年次第興辦。一、聘請總教習一人，藝學分教習天算學、圖繪學、格致學、東文、西文各一人，將來農工商礦各學添立專科，隨時添請各學教習。一、調取學生百人到堂，由總教習先課三月，再由學政親加考驗，明定班次，以經史、政治、藝學有門徑者，爲專齋學生，其次者爲正齋學生，餘皆爲備齋學生，各給膏火有差。一、諸生課程，曰日記，曰月課，曰勤業，總教習與藝學各教習司之。及半年，總教習察諸生治業之勤惰及課第之高下，用積分升舍法，各班遞升以資誘掖。其有學業不進者，核分數以退其班次，有不率教者斥去之，凡升退斥去者，總教習書其狀以聞於學政，每歲終仍總記諸生班次進退之數簿而呈之學政，以備考核。一、學院舊有藏書樓一所，茲將舊庋新購各圖籍編刻書目，備諸生檢用，儀器並附。一、屆專齋、正齋四年卒業之期，由總教習考察諸生學業，遴取合格者，以專門學已深而普通兼備者爲專齋卒業生，以普通學完全而勤習專門者爲正齋卒業生，出具切實考語以達於學政，學政親考驗之，各發給卒業學生憑照，餘仍肄業。至備齋學生卒業升入正齋，卽照頒定章程辦理。一、學堂經始責掌之事，權限宜明，學政有管理學堂之責，凡延請總教習、選派提調經理各職事，調取學生及學生卒業親加考驗之事，皆學政主之。總教習有管理學務之責，凡定立課程、添置圖書儀器、延請分教習、稽考學生德業、分別班次、出具學生卒業考語，皆總教習主之。學堂經費收支歸董事經理。至於稽查銀錢出入、管理一切堂務、督率司事及執役人等，皆提調主之。附課程：經學：小學、理學附。《周易》、《尚書》、《毛詩》、《三禮》、《春秋三傳》、《論語》、《孟子》、《爾雅》、《孝經》，右十三經分七類，諸生各就夙究心者擇一類精研之，日有所心得記於册，月終考之必期年而後可更其所治之類，願温故仍習舊類者聽之。月課一藝，以驗其益否。小學爲治經必由之徑，理學則士人檢身不可須臾離者，諸生研經之暇，隨時討論，有心得並記於册。史學：輿地學附。史之類三：曰歷代史鑑，曰國朝掌故，曰各國史志。輿地之類二：曰中朝輿地，曰五洲形勢，以上兩門學均繁重，通貫爲難，諸生先各卽一類精治之，一類竟，再治一類，必半年而後可更其所治之類。日記，月課如治經、政學：農學、商學、工學、礦學附。政之類七：曰吏政，國家官制及各國官制之屬，曰戶政，國家歲用出入、丁賦漕糧、鹽課商稅、圜法郵政、俸餉倉儲、蠲貸荒政及各國財政之屬，農事如種植、墾荒、漁牧、蠶桑及各國農政之屬，商務如土產、物價、口岸、貿易公司、賽會及各國商務之屬。曰禮政，國家典禮、貢舉、學校及各國選舉、教育之法。曰兵政，國家海防、邊防、水陸兵制、餉需、軍械、營規、操演、砲臺、城守、保甲、民團及各國兵政之屬。曰刑政，國家律例及各國刑律之屬。曰工政，國家河防、海塘、直省水利、船政、鐵路、機器、製造及各國工政之屬，工學、礦學附此門。曰外交政，國家與各國交涉，如互市、分界、傳教、通使、遊歷，一切國際公法、私法及各國交涉之屬。右中外政治七類，諸生先卽一類精治之，各類繁簡不同，不定期限。然必一類竟，再治一類，始免淺嘗躁率之譏。日記、月課如治經。農工商礦本列專門，第須考驗實事方臻精詣，諸生有志各學者，姑就前賢論肄及之，爲將來專門學之豫備。藝學：體操附藝之類五：曰算學，天文學附；曰測繪學；曰格致學，凡重學、代學、磁學、電學、聲學、光學、熱學、水學、地質學、生物學全體之屬皆是；曰譯學，外國語言文字；曰體操學。右天算門在各國學校爲普通學，諸生素通習者益精治之，亦日課劄記，月課一藝，以時考驗，其不能者補習之。測繪門在各國學校亦普通學，於兵學、工學、輿地學尤關切要，須補習。諸生算術素精者，尤宜勤肄，以成專門之用。格致門在各國學校亦普通學，益精治之，日記、月課如天算，不能者補習之。認習外國一國語言文字，在各國學校亦普通學，今立東文、西文二科，隨諸生擇便補習。柔軟體操在各國學校亦普通學，爲人衛生要義，須補習。以上補習詳細課程，由總教習會同藝學教習隨時商定。奉硃批：『覽，欽此。』

又《學堂難辦一九〇二年三月四日》 金陵訪事人云，省垣創設大、中、小三項學堂，兩江督憲劉峴莊宮太保特撥巨貲委員興造，並將各學堂華文總、分教習次第禮延，一面飭派辦新政處妥議辦法。茲經派辦處司道議覆，大略謂學堂需款甚巨，卽以書院改置，經費實屬不敷。當此公帑奇窮，安有閒款可撥，故各教習雖自去冬延訂，而薪水竟如畫餅充飢。宮太保以巨款難籌，擬飭將大學堂暫行緩辦，然卽中小學堂經費亦屬不貲，尚未知如何設法也。

又《保陽雜事一九〇二年三月十三日》　保定府城周圍約九里之遥，今者新政施行，公所學堂星羅棋布，民人勢必不敷居住，大吏因擬將城放寬四十里，然工程浩大，深恐未易告成也。

轉變社會習俗分部

綜述

《兩廣官報》第一期《督院張具奏粤省召集諮議局臨時會籌議禁賭善後事宜並開會閉會日期緣由摺》　奏爲召集諮議局臨時會籌議禁賭善後事宜，謹將開會閉會日期恭摺具陳，仰祈聖鑒事。竊照廣東諮議局上年常期會中因提議禁賭一案意見分歧，贊成禁賭之議員，與被攻庇賭之議員劉冕卿等三十五人，均以禁賭未奉定期，具呈辭職。經前兼署督臣增祺電商憲政編查館核覆在案，臣到任後，見其實去名存，形同解散，亟思設法整理，適承準憲政編查館劉冕卿等三十五人准其辭職，臣一面電飭該復選監督按照該區出缺議員遵章選補，隨據陸續申覆前來。一面督同官紳設法籌抵，酌擬本年三月初一日一律禁賭，於上年十二月二十一日據情電奏。仰蒙聖明俞允，善政善教，薄海同欽，臣伏思禁賭善後頭緒紛繁，舉凡謀教養、清亂源諸大端，均須先期籌議。而諮議局自劉冕卿等辭職之後，常駐議員缺額過半，亦不能不重行組織，因電飭各屬召集臨時會議于二月二十一日開會，旋因議案過多，延至三月十五日閉會。臣提交各議案及諮議局案均逐一議決，并發交審查科，臨時會公同審查分別準駁。除將裁奪施行各案另行奏明辦理，並分咨查照外，所有廣東諮議局召集臨時會，開會閉會日期理合恭摺具陳。伏乞皇上聖鑒訓示。謹奏。

《大清法規大全・法律部》卷一《憲政編查館會奏彙案會議禁革買賣人口舊習酌擬辦法摺》　奏爲彙案會議禁革買賣人口舊習酌擬辦法恭摺，仰祈聖鑒事。光緒三十二年三月初一日，署兩江總督周馥奏買賣人口有傷天地之和，未洽文明之化，請旨禁革以昭仁政一摺。奉硃批：『政務處會同各該部議奏單併發，欽此。』宣統元年正月十六日，陝西道監察御史吳緯炳奏置買奴婢惡習宜除，請旨嚴行禁革，以昭仁政而重憲法一摺，欽奉諭旨：『著憲政編查館知道，欽此。』查周馥原摺内稱，中國三代盛時無買賣人口之事，惟罪人乃爲奴隸，周衰始有鬻身之説，秦漢以後變而加厲，以奴婢與財物同論，不以人類視之，生殺悉憑主命。我朝定例，逐漸從寬，白契所買奴婢與僱工同論，奴婢有罪，不告官司而毆殺者治罪，疊次推恩，有加無已。然仍准立契買賣，本源未塞，徒挽末流，補救終屬有限。貧家子女一經賣入人手，虐使等於犬馬，苛待甚於罪囚。呼籲無門，束手待斃，慘酷有不忍言者。泰西歐美各邦，近年治化日進，深知從前競尚蓄奴爲野蠻陋習，英國靡數千萬金幣贖免全國之奴。美國則以釋奴之令兵爭累歲，卒盡釋放，義聲所播，各國從風。我朝振興政治，改訂法律，百度維新，獨買賣人口一端，既爲古昔所本無，又爲環球所不韙。擬請特沛殊恩，革除此習，嗣後無論滿漢官員軍民人等，永禁買賣人口，如違，買者、賣者均照違制律治罪。其使用奴婢只准價僱，仍議定年限，以本人過二十五歲爲限，限滿聽歸本家，無家可歸者，男子聽其自立，女子由主家婚配，不得收受身價納妾，只准媒説，務須兩相情願，不能抑勒。母家准其看視，仍當恪守妾媵名分，不許僭越。又吳緯炳原摺内稱：天地有好生之心，帝王以仁民爲本，方今預備立憲，全國人民其俊秀者，固宜隨時培養，其微賤者亦須一視同仁。若以窮苦無告之民，聽其互相買賣淪於賤役，致令虐使苛待，慘無人理，非仁政所宜有也。查徽寧世僕，嘉慶年間早經開豁，浙江墮民近已設立學堂，准其出業。新民善政，薄海交稱，而奴婢一項，同居人類之中，竟列良民以外，在憲法固無偏枯之理，則皇仁方以普及爲公，應請置買奴婢一事永遠革改，嗣後滿漢官員軍民人等，需人工作，祇准價僱作工，不准買爲奴婢。凡納妾者，祇准媒説，不准立契價買。其從前原有奴婢皆以僱工論，有犯照僱工科斷。所有律例内關涉奴婢各條，均予删除。庶國無賤民，皆歡欣鼓舞於聖仁之世。擬請敕下憲政編查館會同修律大臣，連同周馥原奏一併核議，妥訂條例，請旨施行各等語。臣等伏查周馥前奏，政務處未及議覆旋即裁撤。今吳緯炳奏請一併核議，自應彙案辦理。竊維立憲政體，首重人權，凡屬圓顱方趾之儔，皆有特立獨行之性，若互相買賣，奪其自由，視同犬馬。與朝廷頒行憲法之宗旨，顯相違背，非所以廣皇仁示列邦也。是買賣人口一事自應禁革，毫無疑義。而論者每多慮其不便，若不詳加推究，終無以釋衆人之疑，立率由之準。今試綜而論之，不便之故約有數端。一謂諸王府中有不便也，查王府包衣人向准考試出仕，既非尋常奴僕可比，又世居戶下，亦非罪隸之徒。本與買賣人口之案無涉，惟奴婢律例若有變革，則王府屬下人亦應一體遵辦，所關係者此耳。在王府屬下人，其中多有品官，初不若尋常奴僕之淪於賤役。按之唐律，其隸屬之情事與部曲約略相似，唐律殺奴婢與毆部曲罪有差等，則此項屬下人本不當與奴婢同科，今量予變通法理，自當如是，此未可拘牽舊制者也。一謂滿蒙官員之家有不便也，查國初旗下家奴，於賞給投充之外半由契買，故定例有分別紅白契之專條。近數十年來，賞給功臣之法，早已停止，投充契買，亦久無聞。大抵因爲奴者易逃難育，相戒不用，其所驅使之人亦多出於傭僱。惟世家大族從先遺留家奴之子孫，尚不乏人，猶累世不能脫離奴籍。漢世免官奴婢爲庶人，《本紀》屢書。唐代官奴婢年七十者免爲良人，載在《六典》。古人良法班班可考，初無世世爲奴之理，即現行例內亦有數輩勤勞，情願聽贖，及累代出力，放出爲良諸條。以功令而論，亦未嘗令其世世爲奴也，此輩跟隨主家必皆數輩，後之子孫閲時一二百年，徒以未放未贖，世世被以奴名，其情亦殊可憫。今朝廷既沛殊恩，天下人民不復再有奴籍，此輩亦未可獨令向隅，但概令放免，亦不易行，惟一律以僱工相待，則主僕之名分仍存，於主家毫無所礙，而此輩得霑國家一視同仁之澤，獲與齊民爲齒，實變通之良法也。一謂鬻婢之家有不便也，今買奴之風久熄，而鬻婢之家不獨滿漢官員大族，即中人小康之戶莫不有之。蓋以使用婢女較之傭婦爲便，此等習慣，勢難禁斷，若改買賣爲價僱，恐此輩恃係傭賃，不聽指揮，或親屬人等常來看視，致有勾串逃盜等情事。不知價買之婢無從驅逐，或慮其不聽教令，難於管束。若本係傭僱，則不聽指揮，盡可遣去另僱，何難之有？至於婢女逃走，係因賣身不能自便，是以潛逃，若由傭僱而來，如有不合可以明言告退，何必私逃。世間但聞有婢女逃走，未聞有傭婦逃走，其明證也。自來鬻婢之家，在良善者相待既寬，及年之後嫁人爲妻妾，必得其所，原與使奴之惡俗迥殊。若遇殘忍之人，或非法毆打，戕賊其生命，或衣食缺乏，凍餓其體膚，種種凌虐，慘不可言。如改買賣爲價僱，此風庶可少殺，洵王者好生之仁政也。以上諸端，實屬均無窒礙。至奴婢僱工雖有區別，而律例內罪名從同之處，本屬不少，惟鬭毆、故殺則定罪輕重攸殊。在奴僱於家長，奴重僱輕。第僱工毆家長死者絞決，謀故斬決，罪名已特重於凡人。當此減輕刑法之時，照此科罪，實亦不爲寬縱。若家長於奴僱，奴輕僱重。故殺奴婢不過徒一年，毆死僱工者已擬滿徒，故殺者即擬絞抵，人或以此爲疑議，不知奴亦人也，豈容任意殘害，生命固應重，人格尤宜尊，正未可因仍故習，等人類於畜産也。方今朝廷頒行憲法，疊奉諭旨不啻三令五申，凡與憲法有密切之關係，尤不可不及時通變。買賣人口一事，久爲西國所非笑，律例內奴婢各條，與買賣人口事實相因，此若不早圖禁革，迨實行憲政之時，將有格不相入之勢。臣等公同商酌，擬請准如該督、該御史所奏將買賣人口之事特旨禁革，嗣後無論滿漢官員軍民人等，不准以人口互相買賣，違者治罪。其使用奴婢祇准價僱，納妾祇准媒説，從前原有之奴婢，一律以僱工論，身體許其自主，有犯按僱工科斷。並不輕縱。所有律例內關涉奴婢諸條，悉予刪除，以廣皇仁而符政體，至其辦理條款謹就周馥原奏清單，悉心參核，酌擬十條，開具清單，恭呈御覽。此事掃除數千年積弊，爲曠古未有之盛舉，足以感薄海之人心，動環球之觀聽。應請明降諭旨，宣布德音。敕下各省，刊刻謄黄，徧行張貼，俾衆周知，其律例內關涉奴婢諸條，臣等正在核訂，現行刑律即當查明刪改，以昭核實而便引用。所有臣等遵照彙案會同核議緣由，理合恭摺具陳，伏乞皇上聖鑒，再此摺係憲政編查館主稿，會同修訂法律大臣辦理，合併聲明。謹奏。宣統元年十二月二十一日奉旨：著依議，欽此。謹將酌擬禁革買賣人口條款十條，開具清單，恭呈御覽。

計開。

一、契買之例，宜一律刪除也。價買家人婢女，例內分別旗民，赴該管佐領及本地方官鈐蓋圖記印信。其情願用白契價買者，從其便，遇有相犯，以紅契白契分別科斷。又買賣人口，不僅奴婢一項，亦有爲妻妾子孫者，今既以不准買賣爲宗旨，自應一律禁止。擬請嗣後買賣人口，無論爲妻妾、爲子孫、爲奴婢概行永遠禁止，違者治罪，舊時契買之例，一律作廢。

一、買賣罪名宜酌定也。查略賣和賣治罪，各律例已極周備，惟買者不知情律不坐罪，因貧而賣子女及買者，律例內亦無科罪之文。今既禁止買賣人口，則此等情節雖輕，未便置諸勿論，擬請嗣後除略賣和賣各律例於新律未頒以前照舊遵行外，如有因貧而賣子女者，於略賣子孫處八等罰律上減一等，處七等罰，買者處八等罰，身價入官，人口交親屬領回。其略賣和賣案內不知情之買者，亦照此辦理，律內買者不知情不坐之文，即行刪除。

一、奴婢罪名宜酌定也。律內奴婢干犯家長罪名綦重，今既禁買奴婢，改爲僱工，此後即永無奴婢名目，自不便沿用舊法。查康熙年間原有旗人白契所買之人以僱工論之例，準此定擬，尚非無所依據，擬請嗣後契僱貧民子女及從前舊有之奴婢，均以僱工人論，仍存主僕名分，有犯即按僱工人本律本例科斷。其與家長之親屬人等有犯，亦照此辦理。

一、貧民子女准作僱工也。荒歲貧民乏食，無力養贍子女，勢將流爲餓莩，即尋常境遇艱窘者，亦有不能存活之時，若禁止買賣而不籌一善法，亦非兩全之道。擬請除尋常傭僱仍照舊各聽其便毋庸議定年限外，嗣後貧民子女不能存活者，准其議定年限，立據作爲僱工，先給僱值多少，彼此面訂，僱定之時不問男女長幼，總以扣至本人二十五歲爲限，祇准減少，不准加多。如僱時十歲，不得過十五年，九歲不得過十六年之類，願減少者聽，限滿聽歸本家。其限滿後無家可歸者，男子聽其自立，若欲再僱，彼此情願，准另立據訂僱，按年論值。女子如母家無人，交其至近親屬領回婚配。無親屬者，由主家爲之擇配，不得收受身價。此等僱工與契賣奴婢不同，主家當以僱工之例相待，不得凌虐，該僱工仍當遵守主僕名分，不准違犯。倘僱限以內，主家有虐待情事，准本家繳還未滿工值領回。

一、旗下家奴之例宜變通也。查八旗家奴先年有賞給者、有投充者、有契買者，其名目不一，人亦衆多。戶律內則有放出爲民之例，有贖身爲民之例。原未當令其世世爲奴，惟未經贖放者，其子孫仍須在主家服役，偶犯軍流等罪，則發駐防爲奴。若犯徒罪，徒滿後仍歸伊主，不能銷除旗檔。其或潛入民籍，即干例擬。近來不獨賞給一項早經停止，即投充契買之事亦不復多見。惟從前未經贖放之人，以及莊頭看坟等項，其賴伊主養贍，已非一世。與本身契買者不同，如果伊主情願放出。或准其贖身，仍可照定例辦理。若未經贖放而必以二十五歲爲限，限滿聽其自由。則此項人等皆有經管田廬產業事宜，亦未必盡願舍去，辦理恐多窒礙。此項罪名，今既擬悉照僱工人科斷，則奴僕之名已可永遠蠲除，似不必再以年歲爲限。擬請旗下家奴概以僱工人論，不必限定年歲，伊主情願贖放者聽。

一、漢人世僕宜酌量開豁也。現在漢人之畜婢者，各省皆有，而畜奴者實已罕睹。從前安徽省世僕，早於嘉慶十四年奏明開豁爲良第，恐他省尚有昔年遺留之世僕，未經開豁者，自應酌量辦理。擬請嗣後漢人世僕及其子孫概行開豁爲良，如仍在主家服役者，俱以僱工論。其向係僱工及嗣後傭僱男女工人，無論滿漢人家，均仍遵守主僕名分，不得違越。

一、舊時婢女限年婚配也。民間契買婢女，大抵經媒人之手，真正親屬無從查考、又或歷年已久、或遠道攜歸，若必責令交還親屬，匪特窒礙難行，亦徒滋紛擾。定例婢女不行婚配，致令孤寡者，照不應重律擬杖，無自應明定年限，勒令婚配。擬請嗣後舊時婢女照定例年二十五歲以上，無至近親屬可歸者，由主家婚配，不得收受身價，違者著照例治罪。

一、納妾祇許媒説也。泰西各國無論何人，不准置妾。日本近從西例，亦無准令置妾明文。但中國禮俗民情與東西各國不同，未便遽加禁止，惟向來習俗有憑媒説合者，有用錢價買者，自應明定辦法，庶與此次宗旨相符。查唐律，娶妾本有婚契名目，擬請嗣後凡納妾者，應憑媒説合，祇用財禮接娶，由妾之母家寫立爲妾婚契，不得再以買賣字樣立寫賣契。母家准令看視，以順人情，至爲妾名分，仍當嚴恪遵守，不許稍有僭越。

一、良賤爲婚姻之律宜刪除也。向來奴婢之於家長，名義至嚴，故有犯罪名獨重，而與良人爲婚姻，不能謂家長無責。故知情則亦坐罪，律內特設專條，預防流失，重在壓良爲賤，冒賤爲良，而以良從賤次之。其於良賤之分，秩序判然，殆如涇渭之不可合流，東西之莫能易位，正始所以正名也。然定律雖嚴，而良賤爲婚仍各循其風氣、人情所習慣，法亦莫得而加之。今既禁止買賣人口，則以後奴婢名目自當永遠革除，同是齊氓，似不應再分階級。擬請將此律刪除，凡僱工人與良人爲婚，一概不加禁阻，並於主家無涉，庶與重視人類之意有合。至良賤相毆、相姦各條，及律例內分別良賤之處，擬請一概刪除，以歸一律。

一、買良爲娼優之禁宜切實執行也。奴婢雖爲賤役，尚得齒於人羣，若降至娼優，托業愈卑，品類汙下，蕩然無復廉恥之存。故例於買良家之女爲娼及買良家之子爲優者，皆科以枷號、滿徒罪名。無如奉行既久，官吏視爲具文，買良爲娼之案，尚或偶然一見，買良爲優則終年不見一案，亦未聞有經官舉發者。若不嚴申禁令，實力執行，恐奴婢之名目易除，娼優之根株難絕，流弊所至，將有不爲奴婢或轉而爲娼優者。擬請責成地方官嚴密稽查，遇有買良爲娼優案件，務須盡法懲治，勿事姑息。

又《民政部》卷一三《民政部通諮各省嚴禁人麻雀文》（宣統元年八月）查得又麻雀賭博一項，近來各處盛行，官紳士商莫不沾染此項習氣，誤事廢時，莫斯爲甚。當茲預備憲政，講求自治之際，豈容虛擲歲月，日事荒嬉，亟應認真整頓。現已由部通諭各省，一律嚴行查禁。凡各公會、局所、住宅、妓院，概不准再有此項賭博，無論官紳士商民人，一律查拿，照違警律懲辦。各省均應一體嚴禁，由各處巡警偵查辦理，以保治安而除弊俗。

《東方雜誌》第一卷第十一號《政務處奏復東撫請禁漢人陋俗摺一九〇四年十二月三十一日》 七月二十八日軍機處鈔交山東巡撫周馥奏《籌畫駐防旗人生計並嚴禁漢人陋俗》一摺，奉硃批：『政務處議奏，欽此。』原奏内稱，青州、德州兩處駐防情形困苦，現飭省城高等學堂、師範學堂、青州中小學堂、蠶桑學堂皆選旗人肄業，將來學堂及格概予出身。擬將官山荒地應招墾者，酌撥認墾，其離駐防窵遠之地，亦准地方官酌給。凡有志讀書務農者照行，並准隨處貿易，不分畛域，如有事犯，由所在地方官審理，應得罪名仍照旗人本例辦理，並請令各省酌量仿辦，各等語。查八旗生齒日繁，生計日絀，疊經臣工條奏，多以屯墾爲言，每因道遠費鉅，人情不便，款項不繼，屢議輒止。今該撫擬在山東駐防就近撥地認墾，並准隨在貿易，其有志讀書者選入各學堂，令其教養有資，導以四民之業，輕而易舉。近而易行，籌慮甚爲周妥，應請准其試辦，並將辦理情形隨時咨報，以備考覈。各處駐防不甚懸殊，如能一律仿辦，實於旗人生計大有裨益。擬由臣處通諮有駐防省分各督撫，會同各將軍都統，體察情形，妥籌舉辦。至原奏所稱事犯由地方官審理罪名仍照旗人本例一節，向來旗民交涉案件例由理事廳審理，軍流徒均折枷笞杖鞭責。道光五年，協辦大學士英和等會籌旗人，疏通勸懲，奏内請許旗人在外居住，即經申明所有笞杖徒流軍各例應照民人一體辦理。查屯居旗人原有照民人問擬之例，自應查照成案，無庸分別旗漢，致涉分歧。又原奏内稱漢人婦女纏足敝俗相沿，應嚴定禁令，擬將此後命士以上其家有未經纏足再行纏者即以違制論，由部定例通行各省，出示諭禁各等語。竊謂律設大法，禮順人情。現今風氣開通，況經明詔宣示，因勢利導，便而易行，似不必嚴定禁令。溯自欽奉懿旨，中外感頌，搢紳之家已多遵奉，該撫所云奉行不過百分之一，諒係指偏隅編戶而言，習俗視貴族爲轉移，人情以便利爲趨向，此後應由地方官隨時善爲勸導，自能逐漸感化，無庸多設科條。謹奏奉旨：『依議，欽此。』

論　說

《東方雜誌》第一卷第七、八號《可權〈改良風俗論説一九〇四年九月四日、十月四日〉》 天下之勢，日激日進，有如江河旋溜，一波未伏，一波又起者。風俗是也。顧不求其所自始，不究其所終極，雖有巨靈擘山之力，不能使之安流順軌，其事亦何以異。竊以爲風俗之著現，始必有人倡之，後復有人和之，相沿愈久，乃成風俗。在野蠻之世，爲無意識之運動，不知所謂美，亦不知所謂惡，但覺其如是則安且適焉，不如是則不安不適而已。然一羣之生活，不與他羣相接觸，雖長此自安自適可也，浸假而他羣入據其中。而向之安者，忽覺其不安，向之適者，忽覺其不適，則必相率改之。雖然，改而良焉在此時，改而不良焉亦在此時，吉凶悔吝生乎動，不可不最先注意者也，今請得而備論之。

世之爲苛刻之言者，心醉歐風，目熒美化。視中國舊有之禮法政治，蔑然若無一當意者，處此過渡時代，必一一取而更張之，然後可以振極敝之人心，挽淪胥之世道，此大謬不然也。夫中國爲文明最古之邦，上有羲軒黃頊之創造，中有堯舜湯文之擴充，下有伊周孔孟之法守，歷史炳然，何一不足震耀宇宙。雖其中屢經喪亂，間或不能保存國粹，然大經大法之貽留永久者，依然日往來於吾民耳目間也。今試讀《禹貢》豫州治絲枲，青州出魚鹽，荆揚饒木材，梁雍多礦利，恍然如見夏之風俗。又試讀十五

《國風》，齊人尚奢侈，魏人崇儉樸，豳人美文治，秦人好武功，恍然如見周之風俗。又試讀《貨殖傳》，三晉多富賈，三楚喜文辭，江淮之間，民無積聚，鄒魯以內，家有詩書，恍然如見漢之風俗。自魏晉以後，中原糜爛，先王之聲明文物，泯然不可復識。於是始有專家力守宗風，而邪術左道，亦相緣以起，淩夷至於今日，遂使愚者益愚，頑者益頑。天下擾擾，莫知嚮往，如聚一羣聾聵，崎嶇躑躅於沙場戎馬之間，於虖！將何以善其後也。

且夫國家之大，由社會而積，社會之等級愈高者，其智識愈大。故天有十日，人有十等，入於其等而安焉，身自享受自由，又不侵犯他人自由，可以養成最優尚之人格。入於其等而汲汲焉，思所以去之，則小者可以加大，新者可以間舊，淫者可以破義，而天下始多事矣。今觀我國社會，自上流、中流、下流三級，無人不視其身如傳舍。其所以視身如傳舍之故，則由誘於利欲，惑於神怪，互相衝激，互相牽引。如春蠶縛絲，如秋蛾撲火，蠕蠕然莫知其何爲也，逐逐然莫知其所返也，使其希望萬一可酬，則亦何怪其然，明知不酬，而猶相率爲之，可不謂之大惑不解耶。今有人焉，口誦孔子之書，手持周公之法，而其行事，乃與蹻蹠同科，人必笑其非類，然而由今之道，無變今之俗，則所謂上流社會之人，較之中流下流之人，其度量相越，亦究能幾何也。

或者不解其故，而歸咎於宗教之不善，並因宗教而歸咎於聖人。宗教由習慣而成，聖人又因循於宗教，不求所以改良，此吾民所以多錮癖也。而抑知不然，夫巫祝爲苗黎舊俗，唐虞之盛，沿而不革，然不爲教典，亦無刑禁，聖人不欲操切從事，殆將俟其自微自滅，潛移默化以至於盡耳。觀於仲尼不禱疾，子產不禳災，豈非上智之矯俗者耶？若使後世無天竺佛法，鼓簧煽誘，則巫祝之無靈久矣。至於聖人之名，本以功參造化道濟生民爲稱，又非飾辭於宗法一二故事，遂能使萬衆悅服也。使大禹無治洪水之績，周公無驅猛獸之烈，孔子無筆削春秋之功，則後世亦何必以聖人尊之哉！故謂今日風俗之澆漓，歸咎於聖人作法之未備，亦寃獄也，聖人豈能以一時之思慮，應付千萬世無窮之世變耶？

夫欲知風俗之結果，當先觀其造因，後世循生迭起之風俗，不必皆緣於古初。譬如人有錮疾，其緣於遺傳性者固多，而傳染亦足以致之。故有千萬人共愛慕共嗜好之事，而爲一二人者或深惡之、痛絶之，其深惡痛絶之故，不必果中於理，而勢力所在，足以箝制此千萬人，始而反抗，繼而馴伏，終而同化。迨同化之後，則習非勝是，不知其然而然矣，此風俗之一端也。有一二人獨愛慕獨嗜好之事，而爲千萬人者皆深惡之、痛絶之，其深惡痛絶之故，亦不必果中於理，而錮蔽既深，足以欺惑此一二人，始而矯飾，繼而瞻狥，終而藐玩，迨藐玩之時，則合異爲同，不知其然而然矣，又風俗之一端也。有下之人所愛慕所嗜好之事，而爲上人者，雖深惡痛絶，而不能革除。久之上之人亦從而愛慕之，亦從而嗜好之，又風俗之一端也。有上之人所愛慕所嗜好之事，而爲下人者，雖深惡痛絶，而無由解免，久之下之人亦從而愛慕之，亦從而嗜好之，又風俗之一端也。有人人知其事之可愛慕可嗜好者，而以其殊於古制，則不免恝然置之，或更矯飾以禁人之信從，又風俗之一端也。有人人知其事之當深惡當痛絶者，而以其便於己私，則不免習而安之。或更暱就而置身於沈昏，又風俗之一端也。昌黎韓子曰：『莫爲之前，雖美弗彰；莫爲之後，雖盛弗傳。』豈惟美盛如是，卽不必美不必盛之風俗，亦必有爲之前者焉？有爲之後者焉？然後能彰且傳也。

故論中國今日之風俗，其真舊者猶無害，惟俗情之膠擾，與衆論之沸騰。揆之舊典，必不可通，而又足以阻障新學理之發明。光天化日之下，忽而陰霾晦塞，則不得不思所以廓清之，廓清之如何，亦惟有改其不良者以歸於良而已，不必事事皆從歐從美，而可以從者從之。卽吾前聖之定章不必泥，況由末世收入之惡結果，而謂其必應據爲典要耶？不必事事皆拒歐拒美，而可以拒者拒焉。卽吾政府之嚴令不能從，況由敵國嘘拂之逆感情，而謂可以引爲肸蠁耶？故吾謂改良風俗之方針，在於斟酌世界之公理，吸收各國之文明，不容有一毫怙恃祖國之心，亦不容有一毫厭薄祖國之心。然何者爲良，何者不良，何者當改，何者勿改，不難縷析條分，一一見諸實事矣。

夫一國風俗之起，固有無限原因，則欲改良舊習，固非一朝夕所能見效，一二人所能成功也。西人譏中國之風俗，謂不去其五經毒、鴉片毒，終無望治之一日。吾以爲其説未備，宜更合迷信毒去之。而中國上中下三流社會，乃無一人能逃其責矣。夫五經何必毒人，自皮相者習之，華而不實，成一種痿痹癱緩之症。八股策論，節外生枝，無足論矣，其號稱明經之士，亦往往支離破碎，無當治體，積成風俗，遂有漢宋之爭。今且有目未識丁，遽以儒雅風流自命者矣。鴉片之毒，論者謂與醇酒美人同科，而陰慘過之。夫飲酒御女，未必遂有大害於身，至一近鴉片，則廢時失業，沉痾莫挽。且從經濟問題上言之，亦生無限漏卮，故不當以醇酒美人爲比，而直無異於洪水猛獸云。至鬼巫之俗，自洪荒至今，其毒不絕，雖若不甚爲害，然其足以阻障文明之進步者，則勢力甚鉅。茲三事者，實通乎中國之三流社會而無能變革者也，今欲大爲改良，第一宜去五經毒，第二宜去鴉片毒，第三宜去迷信毒。

去五經毒之法有三：

一廢科舉。人人有一科舉之目的，於是乎讀書者多，高者得翰林，下者得秀才。然猶千百中之十一耳，試問此十一之選，果皆通達治理，致用無忝乎？抑仍揣摩風氣，趨走錢神，然後獲免於播弄而其餘千百之窮愁槁餓以死者，殆如恆河沙數，此皆不營一業，不名一錢，終其身爲社會之大蠹。古人有言：『一鄉之讀書者多，其風俗必澆薄。』語雖未免過激，亦實見科舉之誤人至深也。

二興學堂。科舉與學堂，居反對之勢。吾不謂學堂必無儌倖，然按其程度以相教授，由普通以及專門，學一年有一年之用，學十年有十年之用。學成卽業成，爲官、爲兵、爲士、爲農、爲工、爲商，皆有切實之進階。不能貿貿從事，非如科舉之文章，做童生時，卽可望狀元也。三代之盛，黨有庠，遂有序，鄉有校，國有學。而其時風俗粹美，歐美人教育普及，實與中國之古法相同，胡爲乎數典而忘其祖也。

三修實學。五經爲古人之陳迹，大都推論原理，頌揚功效，非專爲學科設也。今使童子習之，何以收心得之效。古人有小學，有大學，入學有年例，卒業有考校。豈與末世之扃門給卷、糊名暗索者，同其指歸哉，亦必有實驗其所學之處矣。夫西人無五經，事事能發明新理。中國有五經，事事皆拘守舊法，吾不知變通盡利之謂何也？爲今之計，不如人人盡修實學，而列五經爲教典，奉孔子爲教主，則第一毒除而風俗美矣。

去鴉片毒之法有三：

一清流品。中國此時有階級而無流品，履歷清供，皆成具文。故有文無行，有財無行，皆可以爲官爲紳。今宜嚴爲分辨，凡癖嗜鴉片成癮者，在官必盡行參撤，在紳不得充舉地方董事。其餘士商，亦不得報捐投考，有犯此者，准人訐告。告發之後，去其所應得之權利而止。如是則事不擾而人易從，且人人知吸食鴉片爲濁流，爲卑品，雖不必嚴加禁止，而其風亦可稍戢矣。

二重煙燈捐。中國鴉片之禍，彌漫已臻極點。始焉禁賣禁吸禁種，終於無效，近年以財政紊亂，倒行逆施，反從而勸導之，土捐膏捐，所在皆是，豈復有人理乎？然在創立此捐者，固將謂變通其法，略加徵稅，使購買不易，庶幾吸食者寡矣。顧又格於洋關則例，不能重徵，阻礙土貨之銷路，則有稅與無稅等耳。竊謂逆制之術，不如去膏捐，加燈捐。按市場之大小，查局鋪之多寡，不論售膏幾何，概使有煙燈一盞，月捐若干，二盞三盞至於十餘盞，以次遞加，則洋關不能爲難，而不禁之禁，亦可收微末之效矣。

三立演說會。文明各國，無論何等社會，皆有演說。中國則懸爲厲禁。專制餘毒，不可嚮邇。此最足以閼塞文化也，然亦有循例爲之者，如恭讀聖諭，宣講鄉約，何嘗不類於演說，而無效可覩，何也？有形式，無精神也。今宜著爲通行規則，或學生，或紳士，或地方長吏，或過境達官，皆可隨時邀集衆庶，演說利弊。此法不獨爲攻治鴉片毒而設，而鴉片毒亦因此可以減少。又煙館之中，特許青年志士，連袂入座，互相演說，館主不得禁阻。庶幾下流社會之人，知所警戒，免於沈溺，則第二毒除而風俗美矣。

去迷信毒之法亦有三：

一改時憲書。王政首重授時，聖人心切憲天，故累朝馭世，不敢忽於推步之法。然但爲辨節候之寒暖，風雨之方向足矣，其餘之天罡、河魁、三合、六煞等說，欺惑愚民，莫此爲甚。然國家既公然著之時憲書，朔望祭告，護救日月，舉爲重典，何怪民間之多迷信也。解大紳曰：『治曆明時，但著民事之宜，何用建除之謬。』今若舉荒誕無稽之宜忌，一切刪之，而更改刊衞生種植諸方法，按月附列，使之明白易曉，則於濬發民智之機，大有影響。且並滅卻神權之氣焰，不使信機祥、操符咒者，有所藉口而熒衆聽矣。

二興女學。中國女子之識字者，富貴之家，十或一二；貧寒之家，百不一覯；而其爲迷信則一也。既信奉之，則陰陽、風水、星相、僧道之術數，因而無不貫注其腦筋，牢不可破。若能使之向學，則千萬迷魔，一旦銷解，豈非快事乎？西洋之諺語曰：『女子者，產文明者也。』又曰：『女子者，社會之母也。』人生之嗜好，多稟受於女子。習慣爲第二天性，豈可誣乎？吾見有高明儒士，篤信程朱，而因母妻之癖好，不免隨俗齋醮者矣。吾又見有凶惡棍徒，行同梟獍，而因婦孺之説法，翻然持械懺悔者矣。是故女學昌明，則社會優美，此吾敢斷言也。

三廣白話報。今之談進化者，動欲取泰西文明，托之彈詞小説，輸入於下流社會。然而言者諄諄，聽者藐藐，何也？下流社會之識字少也，吾以爲白話報之擴充，當與女學並進。蓋女子之向學者衆，則其所生之子女，識字之數亦多，識字之數多，白話報乃可通行矣。中國説部，舊無善本，非淫媟，即詭誕，故使閱者生邪僻之思。今誠以新理想組織報文，流布於窮鄉僻壤，使妙齡女子爭先覩之爲快。而一般之人心，皆知神鬼諸魔之無據，陰陽諸忌之無謂，則第三毒除而風俗美矣。

夫風俗者非一朝一夕所由致也，非一人一家所能成也。其來以漸，其去亦不能過急。苟操之已蹙，則反激之禍益烈，終無望有改良之事矣。故五經爲傳家之器，吾置以最尊之位，則無秦始皇之禍矣。鴉片爲附骨之疽，吾治以最緩之劑，則無林則徐之悔矣。迷信爲藏形之魅，吾照以最明之鏡，則無魏道武之惑矣。草蛇灰線，不即不離，然後可以窮形盡相而更張之。若夫三者之外，尚有他毒，不能洗刷淨盡，要亦爲附麗之物，未必通乎上中下三流社會而悉受其害，且以其餘力去之，亦未有不奏刀砉然者也，故不備論。

《中外日報·論東撫請設纏足禁令事一九〇四年九月初十日》 前者東撫周中丞，有籌畫駐防旗人生計之摺，兼及嚴禁漢人纏足陋俗事。近經政務處議覆，略謂律設大法，禮順人情，現今風氣開通，況經明詔宣示，因勢利導，便而易行，似不必嚴定禁令。溯自欽奉懿旨，中外感頌，縉紳之家，已多遵奉。該撫所云奉行不過百分之一，諒係指偏隅編戶而言。習俗視貴族爲轉移，人情以便利爲趨向，此後應由地方，隨時善爲勸導，自能逐漸感化，無庸多設科條云云。按政務處此等議論，實爲大而無當，浮而不實，宜爲津報所譏，惟周中丞因欲嚴禁纏足陋習之故，欲特立禁令，以爲之助。似亦未爲扼要之策，則政務處駁之，亦未可厚非也。何以言之？蓋禁令二字，實含有二義：一爲防其未然，一爲禁其已然。纏足之事，當屬於已然之一類，然而禁令之設，亦有不能爲力者。蓋天下害人之事，使其自起始至今，爲日尚淺，則猶易禁。若已經千餘年之久，而且成爲風俗，則即難禁。一也。又使犯此弊者，居於少數，則猶易禁。若人人皆然，且久而不自知其非，則即難禁。二也。又使其害爲人人所共知，特爲衆所牽制，不能改革，則猶易禁。若人人並不知其害，方且以是爲美觀，則即難禁。三也。又中國所定之禁令，率施於以人害人之一類，若夫纏足之害，乃出於自爲之而自受之。即斷非禁令所能施，四也。具此四者，故欲特設一科條，以禁人之纏足，實爲未必有益之事，可斷言矣。竊謂今日有心之士，痛乎纏足之爲害，欲思掃除而更張之。第一、當明乎纏足之所由盛，而後乃有下手之方；第二、必當設法使人人知纏足之爲害，而後纏足之俗，乃可漸改；第三、亦當持之以恆，貞之以漸，已纏足者，姑置勿論。惟未纏足之女子，必設法使之不纏足，一時雖未必見效，而百年之後，可使遍中國無纏足之婦女。竊謂除害之法，殆無逾於此矣。何以明其然也，按纏足之俗，約由唐宋之間，富貴之家，例蓄有家妓，始彼時爲妓者，例必習舞，習舞則必纏足，久之其家之婦女，濡染已久，遂亦效其所爲，競相纏足，此實爲纏足之所由始，而猶未沿及中下社會也。然而婦人例好妝飾，而妝飾之法，例必取則於富貴之家，於是而纏足之風遂益盛。試觀各行省中，其纏足最盛之處，實爲從前曾經建都之地，否則爲貴族豪家聚居之地，甚或爲自昔至今妓女最繁盛之地，其故亦概可知矣。故今日勸戒纏足之法，當從仕宦之家爲始。但使一地之中，有一二家以爲之倡，則由親及親，由友及友，互相勸戒，終有化行成俗之時。彼夫中資以下之家，見夫富貴家之婦女，已不復纏足如彼也，則又何樂而爲之，此固非禁令所能爲力，而當責諸提倡風氣之人者也。惟是人情習於自然，憚於改革，彼富貴家之婦女，自其有生以來，目中所見，無一非纏足之女子。若驟以不纏足之説進，非特詫爲異聞，抑且不敢違衆而獨斷。故惟有由倡首之人，匯聚纏足之弊害，逢人而教告之，但使有一人能聽從，則其一家之婦女，已爲所勸化矣。再有十人能聽從，則其十家之婦女，已爲所勸化矣。推而廣之，其道豈能外是？而要必使有女子之家，咸怵乎纏足之爲害，而後其效乃可漸致，此演説之所以不容或緩也。至周中丞所以請嚴定禁令者，蓋爲求速效計也，不知一國之風俗，成之者幾何年，則廢之者亦必以幾何年。其始因何而成，其後亦必因何而廢。皆有一定之比例，非可一蹴而幾，亦非可無因而致。故今日有志之士，若力持不纏足之議，宜當如傳教之士，引此事爲己任，終日逢人勸説，强聒不舍，久而久之必有達其目的之一日。較之特立科條者，其收效雖遲，而其益則實大矣。此固就理以決之者也，至於正本清源之策，則尤宜廣設女學，提倡女教，使世之爲女子者，知己身之職業，並不亞於男子，亦並不必恃男子以爲生活，而後自重之念，因以漸增。則其自待，亦必與男子等，必不肯戕賊肢骸，以取媚於男子。而纏足之弊，自不禁而自絶，較之僅言戒纏足者，其效固有進矣。

又《論迷信鬼神之法一九〇五年三月初五日》　中國之所以日卽於貧弱者，其原因非一端，而下流社會之迷信鬼神，實爲其一大影響。此事原於宗教，成於社會，其來因至繁複而深遠，自古已然，於今尤甚。試一游中國全土，無論十室之邑，一廛之地，而歲必有迎神設醮之舉，糜巨資而不惜，經大亂而不改。且不特內地爲然也，海外各埠，但有華商僑居之地，亦必因仍故國之風，歷數十年如一日。近有胡君子春，特於吡叻壩羅埠會議，登壇演説，首倡停止迎神之議，並刊行其演説之詞，分寄各地，觀其所演之詞，謂欲去奴隸之根性，當先祛依賴之積習，探本窮源，抉摘弊害，所見信倜乎遠矣。雖然一事之行，一俗之成，其初必與社會有密合之果，爲一世之所崇信，萬事之所根本，斯須而不可去，遂沿習以至於今。迨至世界進化，而其民之程度不進，則大害立見，足以爲政教人心之蠹，而愈以阻其進化之途，此卽中國迷信鬼神之現象也。今考其迷信之由，有原於政治者，有原於學術者。

中國上下之人，無不信術數者，而愚民尤甚，非術數之説，獨行於中國也。蓋世界之人，雖有智愚賢不肖之不齊，而欲富貴而惡貧賤，躭安樂而厭勞苦，固五洲萬國之人所同也。而一國之中，得保富貴而享安樂者，常居其少數。又五洲萬國之所同也，合天下之人心，以羣思弋取其最少數之位置，而又適值此專制之政體，愚民之法律，任探鬮之法以取人才，憑穿窬之術以覬祿位。天下之人，見夫同是人也，我則勞苦而彼則安樂，且此一人也。昔則貧賤而今則富貴，此或然或不然之事，可解不可解之理，不謂之命運不得也。且術數與鬼神，在古固分爲二，而今則溝合爲一。蓋術數有定，而鬼神無定，術數可測，而鬼神不可測。以爲無定與不可測，由是禱祀之説起，崇拜之心生，遂以傀儡爲能造福之主，土偶爲有奪命之權，此其信之有素，持之最堅，殆非筆墨口舌之力所能爭也。

中國之宗教，行於上而不行於下。故至今日，惟士大夫間有學術，而農工商賈以至婦女，則無之。所謂天經地義三綱五常之大法，惟上之人自喻之，而下之人初不瞭然也。此無量數不學無術之人，其智識極短，其生計極艱，其道德極淺薄，其社會極渙散，使無術以靖之，則爭奪相殺之事日起，而天下將不能一日安。靖之之法，惟恃有崇奉之具，以爲依歸而已。由是聽天由命之説起，而鬼神遂大有權，試一游中國內地，見夫窮鄉僻壤之間，天子之條教，所弗喻也，官府之命令，所弗及也，而惟其鄉之長，管理其一鄉之政。其管理之法，有凶荒之事，則禱之神，求神之庇己也；有喜慶之事，則禱之神，謝神之福己也。甚至有關係公衆之事，則請於神而決之，有得罪公衆之人，則誓於神而罰之，蓋儼然猶一神權世界之時代焉。夫如是則《封神傳》《西游記》之書，安得不爲下流社會之聖經，而觀世音、姜太公之流，安得不爲下流社會之教主也。

此第就其淺者而言之，而其從來之遠、沿習之深已如此。今欲祛此數千年之積習，亦豈無術以處此乎。蓋今日之中國，其足爲全世界之主動力者，不外二種人，一曰下流社會，一曰兒童，而士大夫不與焉。下流社會者，現在世界占多數之人也，兒童者，將來世界可希望之人也。今欲爲天下之大事，惟有開通多數之人材，而培養此未來之人材。開通下流社會之法，演説之事，亦稍稍有功矣。而其尤要者，在全國中普設蒙養學堂，使後來之人，去其依賴之根性，而免於爲奴隸之惡果，則我中國其庶幾猶有希望乎。

《時報·論粵督籌議禁賭一九〇五年五月初六、初七日》　粵督岑春帥恫賭禍之毒害粵民，乃議切實整頓關稅鹽課。以其溢款，及銅元局贏利，撥抵賭餉，以禁粵省一切賭博，見方在籌畫中，嗚呼！續廣東數百萬人垂絶之生命，而蘇其生機，起廣東數十年枯瘵之沉痾，而復其元氣，全國家之政體，免外人之騰笑，其在粵省斯舉乎！其在粵督斯舉乎！

賭之毒我粵民也久矣，請先言其歷史。粵民好賭，天性然矣。然賭禁方厲，有所畏憚而不敢披猖。張香帥前督兩粵，涎其歲可得款百數十萬，於是始有闈姓承餉之議。謂粵省多盜，資此款爲勇餉，諱其名曰『緝捕經費』。且謂粵省禁之，則賭移澳門，利權且將外溢。更遁其詞曰『截緝』。闈姓承餉既成正課，賭館遂如行肆，此爲廣東賭世界開幕之第一時期。闈姓承餉，各賭繼起。幸前後督撫，上顧國體，下念民生，拒而勿許。譚文帥駁覆部奏，侃侃持正，爭之尤力，逮李文忠來粵，見有金而不見有人，乃明目張膽，毅然請以番攤承餉。自省府州縣之都會，以至窮鄉僻壤，無不賭館林立，官督民賭。有不欲賭者，則集金錢納空餉，乃得見許，名之曰捐免賭博。驅民納阱，教猱升木，豎窮三古，橫盡五洲，固嘗聞有此政體耶？此爲廣東賭世界進化之第二時期。番攤承餉，尚恐未足；則以白鴿票承餉，猶未足；則更以山票承餉，更以鋪票承餉，猶未足；則更奏辦彩票。他省顧粵民之飲鴆而樂之，則亦紛紛而效尤，若順直、若湖北、若福建、若浙江、若南洋，無不有彩票之設。粵省賭禍，遂推廣而蔓延國中，此爲粵東賭世界拓地之第三時期。嗚呼！賭者，戕我粵民之惟一利器也，一刃不殊，再刃三刃。嗟我粵人，其不斃於叢刃之下也幾何矣！請繼此略陳其毒害。

賭也者，製造盜賊之絕大工場也。賭禁既弛以來，政府認許之矣，官吏護獎之矣，則赴賭者自爲民生之正業，父不能禁其子，兄不能禁其弟也。且上自省會，下至村落，各賭棋布，大細不捐，民之趨之。如蠅逐臭，倖勝者人之同情也，而勞動之小民尤甚。舉凡事畜之資，衣食之費，朝夕所恃以爲生者，無不幾幸大獲。舉以爲孤注之擲，一博再博，富者立貧，貧者立赤，饑來驅我，遂不得不出於劫奪之途，夕劫所得，朝罄於賭，更番迭進，無有已時。盜賊之加增，與賭案之加增爲正比例。霧涌雲興，廣東遂爲盜藪，上之稅賭，曰資以捕盜也。而其設賭，則教之爲盜也，既教之而又捕之，欲捕之且先教之，吾不知其何詞以自解於民，哀哀粵民，何辜而離此酷慘也。

然此猶毒害之有形也，請進言其無形之毒害。傳曰：『民生在勤，勤則不匱，人情惡勞而好逸，果何所樂而爲此勤勤哉。』生計學之公例，勞苦必與酬報相當，民既有酬報之希望在前，故不憚而從事於勞苦也。今夫賭者懸莫大之資以爲標，而又可不勞而獲，雖標愈大者去獲愈遠，失者萬而得者一。然幸勝之情，既深中於人心，人人自詭爲必得，卒至破產敗家相隨屬，猶冀幸於萬一以爲娱。夫舉有用之母財，投之不生產之地，一國之資本既坐以日耗矣。況人人挾幸勝之心，以希此不勞之獲，舍業而嬉，蕩成習尚，誰復肯胼手胝足，執一業以自苦，以逐什一之微利哉。勞力之用日衰，即生產之力日狹，故農工愈窳，而商業愈荒。去歲廣東經濟界之大恐慌，其原因雖甚複雜，而賭之涸竭其源，實爲遠因之最大者。繼此以往，吾恐工商諸業之荒僨，粵省膏血之瘵敝，且日甚而未有已時也。況乎敗壞民德，汙點羣俗，其害之中於人心者，更有十百於此者邪。

然而粵吏忍饜吾粵數百萬人之生命，而覥然出此害民辱國之下策者，豈不以利此數百萬金之賭餉乎哉！夫粵省物產豐牣，素稱財賦之區，使理財有術，則剔釐蠹弊，振興廢墜，官中之利固多，且取利於民，而能以權利相酬。則民間之利可取者亦自不少，顧乃爲此飲鴆止渴之謀，烏知鴆已殺人，而渴尚不止邪。且今日粵吏，固亦太息於粵東之財盡民窮矣。然民窮財盡之故，正由稅賭之斲其元氣，而涸其財源，財源涸矣。雖令管桑持籌，寧復有可容搜括之餘地，皮之不存，毛將焉附，縱不爲粵民計，而賭餉之失策，不待知者而後知，岑督之籌議禁賭，固不獨能知大體，抑可謂善自爲謀者也。

然而禁賭之籌議果決，吾仍不能不躊躇而顧慮也。管子曰：『舉美者必計其終，去惡者必慮其窮。』粵督除吾粵之賭禍，生死人而肉白骨，吾人固禱祀以求。然政府之信用墮地，繼此之國用方殷，設有奸人乘間覬覦，別易一名以進，則今日禁以惠民者，安知他日不復開以牟利？如是則粵人雖一時蘇息，而反增數百萬之歲供，以重吾人之負擔也。岑督誠爲德吾粵人，是宜請之朝廷，援永不加賦之例，明布諭旨，永遠禁革，庶幾奸商無所幾幸，而粵民得以少蘇。

嗚呼！粵中政治之黑闇，數十年於茲矣。岑督蒞粵，粵人歌舞懽迎，固謂其能加惠粵民，拯我疾苦而與之休息也。今者治粵三年矣，舉凡興學詰戎，吏治捕務諸端，未聞有一成效。一切舉動，猶吾大夫，嚮者頌禱之聲，幾一易爲謗讟。民望亦稍稍墮地矣。今幸籌議及此，是宜有以塞粵人之望，而一慰其嗷嗷待命之心。粤民生死，懸於此舉，其激西江之水以活我乎！抑將索我於枯魚之肆乎！岑督其努力以爲之矣。

《東方雜誌》第三卷第十一號《孫夢蘭〈禁賭私議一九〇六年十二月〉》 今天下有一毒物焉，害人甚於虎豹，而無其爪牙；殺人利於戈矛，而無其鋒刃。非酒精之能發熱，而令人心醉；非女色之能悦目，而令人意淫。噫嘻，此何物耶？非我國人所好之賭耶。賭之具不一，而麻雀花會，則今時之最爲通行者。然此猶爲上之所禁，而不敢公然爲之。若各省所辦之彩票，則不阻不禁，而反有勸之之意焉。嗚呼！一國之民，而皆狂醉於大賭小賭，求國無危，豈可得乎？吾今請極言賭之害。

一害於生計也。生計學公理，一國之民皆生利者，則其國必富，反是則其國必貧。今試問賭之事，生利乎？分利乎？吾知雖天下之至愚，亦知其屬於分利矣。吾國之好賭者，竟居全國民十分之五。則吾國四萬萬人，生利者不過二萬萬人而已。計學家公言，三四人之所赢，僅足以供一人之所耗。今生利者半，而分利者半，則此二萬萬人之所赢，必不足以供彼二萬萬人之所耗。而此二萬萬之生利者，亦終歸於不能生利而已。嗚呼！中國二十年前，十室之邑，尚有擁中人之產，號稱小康者，今則號寒啼饑，不絕於耳，鬻子蕩產，不絕於目。豈盡由官吏之侵削，償款之漏卮乎。其原因之最大者，乃在大賭小賭，以增分利之率，以消蝕此有限之勞力，有限之母財也。故今日而不禁賭，則經濟政策，終無所施也。

二害於修學也。學問之大小，視乎修養時間之長短，此一定而不可易者也。而時間者，最難得之物也。人生年齡，最長不過百歲，此三萬六千日者，不過一彈指頃，稍一蹉跎，轉瞬卽逝耳。好賭者舉其與黄金同價之韶華，消磨於鬭牌擲色之事，雖有慧質，亦無暇從事於高等之學問，乃不得不改而就下等之事業。夫一人而爲下等事業，則其人在本羣中爲劣者，一羣之人而多爲下等事業，則其羣在世界中爲劣者，至其羣在世界中爲劣者，則以處民族競爭之時代，豈有不敗亡者乎！故今日而欲保種，必自禁賭始。

三害於養生也。養生之道不一，而尤宜注意者，莫如飲食衣服起居三端。好賭則腦筋之作用，全集注於局中，而冷暖飢餓之感覺盡失。且俾晝作夜，不遑休息，其起居之無時，尤不合衛生之道，於是疾病叢生，其人幾等廢物。夫使人爲廢物，則與自殺一己無異，自殺一己，已不啻殺千萬人也。生理學家有言：人之身體，時時代謝。卽以腦論，腦中含有三萬萬細胞，此細胞新陳代謝，約六十日而全易，卽一日換五百萬箇，一小時換二十萬箇，一分時換三千五百箇。由是而言，則今日之我，非必卽昨日之我也；明日之我，非必卽今日之我也。我今日而縱欲過度，傷其身體，則後日之我必身受其害。而夭折焉，萎廢焉，譬之祖父尫弱，其子孫亦必有遺傳焉。然則殺今日之我，不啻殺後日之我；殺此刻少數之我，不啻殺此後大多數之我也。我者國民中之一分子也，我而自殺其我，其罪與殺國民等；我而殺大多數之我，其罪與殺大多數之國民等。夫至人人自殺，人人自殺其羣，則其羣之劣敗，當何如也。夫孰知賭之爲害，竟如是其劇烈也。

四害於道德也。一羣之成立，必有道德以爲維持，道德盛則其羣盛，道德衰則其羣衰。此一定之理，無可逃於天地者也。好賭之人，無所謂道德也，其所知者，私利耳，徼倖耳。品格卑下，志氣昏惰，性情貪鄙，數者實兼有之。又其甚者，乃以好賭之故，而父子失其愛，兄弟失其和，夫婦失其睦，朋友失其誼，伯叔甥舅失其禮，是天下壞倫常破秩序之毒物，未有甚於賭者也。今之言教育者，莫不曰德育德育，然賭風不去，則雖日日言德育，庸有濟乎？而況盜賊之多，乞丐之多，棍騙之多，罪囚之多，無一非賭風之盛階之厲也。嗚呼，吾不意賭之害人，一至於此。

夫賭之爲害如此，則我國人當視爲鴆毒，惡若仇讎，避之惟恐不及，而反日與相緣者，何也？斯密之論國博也，曰每國之真值，十常賦其二三以至於四者有之，事之不公不廉如是。然而人方爭購之者，徼倖之心勝，常自詭於可得也。夫徼倖心之有無，與民智之高下爲反比例。法國當斯密之時，賭風甚盛，至今日則幾將盡革，無他，法國今日之民智，其高出於當日民智之程度已萬萬也。然則我國而不欲禁賭則已，我國而欲禁賭，舍開民智而外，固無他道也。

汪詒年《汪穰卿先生遺文·芻言報論説擷粹·論時俗之誕妄》 時局轉變未定，兒童趨向未準，是所賴於人之掖導者甚衆。所謂掖導者，則奬是而懲違，實兩負其任，而近來風氣但尚新穎，不重倫理，加以向來之俗，工諛而忘規，好異而棄舊，客言某名流聲譽故震鑠海內，或詘其賓館，適其子從師於館中，年十三年耳。聞客言及其父，遽云：『吾父惟英文佳耳，其餘科學皆無門徑，不足與今日學子競也。』客驚其言，以語余，且譽之。余曰：『異哉！是子敢於作如是言乎！』君之譽之也，得無謂其能不私其親，且以十三之童而能作是語，爲可怪乎？不知此等語，必時有人言之，此子特拾人牙後慧耳，夫何足貴。且不私其親而得人譽，誰則不能！充是言之，必有賣其親以求譽者矣，甚有賣其親以求富貴者矣。近人於學西人之美德，吾未之見也，獨此等處，初亦非西人所有，而妄自爲之，而又得譽於人，無怪風俗之一落千丈矣。

有某貴人子列人表，而置其父於下列，於是無識之徒皆拍手大贊，甚至呼爲犂牛之子。數年後視之，乃常兒也，智識亦無大進，吾甚爲贊之者愧也。近來至有洋行買辦之子，直對人謂其父爲三等奴隸者。嗚呼！上無厲行之教化，下無矜式之師儒，而羣靡於狂言濃譽之中，無怪舉國後進被其毒矣。

按：前聞日本某君言，其家當革新時代，其父與叔皆黨於新，而祖父則守舊，怒二子異趣，令依破腹法自裁。某君又曰：彼時常有是事，此固偏宕太甚。然而返之吾國，能有是乎？阿徇而已矣，勢利而已矣。

又《駁剪髮易服之反對論》 剪髮易服一事，言之者十餘年。而吾浙人以生計之所在，起而求罷此議，而九月初四日中《帝國日報》獨著論深責之，且注其下曰：『請看浙江商會之糊塗蟲，請看浙江人之私利心。』余浙江人也，則亦糊塗蟲也，請以糊塗蟲之資格而論茲事，可乎？

夫人將飢寒就死，而呼號跳擲，此雖極殘忍之人，不能阻使勿爲，且不能謂爲不應。蓋人之可哀，孰有過於無端就死者乎？孰有過於未死之前，明知己之將死乎？況此非一人一家之慘，而數千萬人之慘也。於是而罵爲糊塗，斥爲私利，誰能任之？吾江浙固以蠶桑著食於此者，非獨綢業中也，舉凡養蠶者、種桑者、繅絲者、織綢者、販綢者，若主若夥，若粗工若船戶，恃以爲食者，不知若干萬人，一朝令下，易綢而呢，則諸人無策，惟有束手聽死而已。

或者曰今之剪髮易服行之，以漸則或稍紓也。余曰固也，然卽以漸而損失，固已多矣，且所慮者，則人人懷全行更易之心，則進貨之家節節遲疑，而工商機關必大爲之滯。況所謂行之以漸者，必有所謂十足圓滿之日，卽全國悉易服是也，不知彼時已有術以生活此數千萬食於絲綢之人乎？抑仍迫令自行設法乎？若謂令改織呢羽，則工藝家改變甚難。且吾恐彼時人人好用外國之呢羽，而不用本國之呢羽也。若謂可設法銷諸他國，則恐爲事既難，且數必極少。況試辦之事，安可指爲口實？萬一失於此而不能得於彼，則爲禍甚矣。

假使剪髮易服之後，而吾國立時富强，一切損失之權利，立時回復，則謂當以數千萬人爲之殉，猶可言也。雖然，猶恐其難也。今則剪髮易服，不過收剪髮易服之效而已，不過舉動便捷，不與人爲異而已，外人對於此，不過謂中國人能類我，不使人怪詫而已，於他何有哉？

且今之論者，非謂小民生計日迫，益宜推廣實業乎？然而言屯墾、言工藝、言殖民，利未睹萬一也，而於已有之業，則不惜大破壞之，吾不知論事者何不措意至此也。

剪髮易服一事，吾未敢置一辭，然剪髮易服其收效不出於前之所云，而實禍則立有受之者，不知當局何以處之？

辛亥革命部

革命派與立憲派大論戰分部

綜　述

孫文《民報發刊詞》 近時雜誌之作者亦夥矣。【略】余維歐美之進化，凡以三大主義：曰民族，曰民權，曰民生。羅馬之亡，民族主義興，而歐洲各國以獨立。洎自帝其國，威行專制，在下者不堪其苦，則民權主義起。十八世紀之末，十九世紀之初，專制僕而立憲政體殖焉。世界開化，人智益蒸，物質發舒，百年銳於千載，經濟問題繼政治問題之後，則民生主義躍躍然動，二十世紀不得不爲民生主義之擅場時代也。是三大主義皆基本於民，遞嬗變易，而歐美之人種胥治化焉。其他旋維於小己大羣之間而成爲故説者，皆此三者之充滿發揮而旁及者耳。

今者中國以千年專制之毒而不解，異種殘之，外邦逼之，民族主義、民權主義殆不可以須臾緩。而民生主義，歐美所慮積重難返者，中國獨受病未深，而去之易。是故或於人爲既往之陳迹，或於我爲方來之大患，要爲繕吾羣所有事，則不可不並時而弛張之。嗟夫！所陟卑者其所視不遠，遊五都之市，見美服而求之，忘其身之未稱也，又但以當前者爲至美。近時志士舌敝唇枯，惟企强中國以比歐美。然而歐美强矣，其民實困，觀大同盟罷工與無政府黨、社會黨之日熾，社會革命其將不遠。吾國縱能媲迹於歐美，猶不能免於第二次之革命，而況追逐於人已然之末軌者之終無成耶！夫歐美社會之禍，伏之數十年，及今而後發見之，又不能使之遽去。吾國治民生主義者，發達最先，睹其禍害於未萌，誠可舉政治革命、社會革命畢其功於一役。還視歐美，彼且瞠乎後也。【略】抑非常革新之學説，其理想輸灌於人心而化爲常識，則其去實行也近。吾於《民報》之出世覘之。

《民報》第三號《〈民報〉與〈新民叢報〉辨駁之綱領》 近日《新民叢報》將本年《開明專制論》、《申論種族革命與政治革命之得失》諸篇合刊爲《中國存亡一大問題》。本報以爲中國存亡誠一大問題，然使如《新民叢報》所云，則可以立亡中國。故自第四期以下，分類辨駁，期與我國民解決此大問題。兹先將辨論之綱領，開列於下，以告讀者：

一《民報》主共和；《新民叢報》主專制。

二《民報》望國民以民權立憲；《新民叢報》望政府以開明專制。

三《民報》以政府惡劣，故望國民之革命；《新民叢報》以國民惡劣，故望政府以專制。

四《民報》望國民以民權立憲，故鼓吹教育與革命，以求達其目的；《新民叢報》望政府以開明專制，不知如何方副其希望。

五《民報》主張政治革命，同時主張種族革命；《新民叢報》主張政府開明專制，同時主張政治革命。

六《民報》以爲國民革命，自顛覆專制而觀，則爲政治革命，自驅除異族而觀，則爲種族革命；《新民叢報》以爲種族革命與政治革命不能相容。

七《民報》以爲政治革命，必須實力；《新民叢報》以爲政治革命，祇須要求。

八《民報》以爲革命事業專主實力，不取要求；《新民叢報》以爲要求不遂，繼以懲警。

九《新民叢報》以爲懲警之法，在不納租税與暗殺；《民報》以爲不納租税與暗殺，不過革命實力之一端，革命須有全副事業。

一〇《新民叢報》詆毁革命而鼓吹虚無黨；《民報》以爲凡虚無黨，皆以革命爲宗旨，非僅以刺客爲事。

一一《民報》以爲革命所以求共和；《新民叢報》以爲革命反以得專制。

一二《民報》鑑於世界前途，知社會問題，必須解決，故提倡社會主義；《新民叢報》以爲社會主義，不過煽動乞丐流民之具。

以上十二條，皆辨論之綱領。《民報》第四號刻日出版，其中數條，皆已解決。五號以下，接連闢駁，請我國民平心公決之。

《與康有爲論革命書》 長素足下：讀與《南北美洲諸華商書》，謂中國祇可立憲，不能革命，援引今古，瀝瀝萬言。嗚呼長素，何樂而爲是耶？【略】夫長素所以不認奴隸，力主立憲，以摧革命之萌芽者，彼固終日屈心忍志，以處奴隸之地者爾。欲言立憲，不得不以皇帝爲聖明。舉其詔旨有云『一夫失職，自以爲罪』者，而謂『亟亟欲開議院，使國民咸操選舉之權，以公天下。其仁如天，至公如地，視天位如敝屣，然後可以言皇帝復辟，而憲政必無不行之慮。』則吾向者爲《正仇滿論》既駁之矣。【略】

今以滿洲五百萬人，臨制漢族四萬萬人而有餘者，獨以腐敗之成法，愚弄之錮塞之耳。【略】由是言之，彼其爲私，則不欲變法矣；彼其爲公，則亦不能變法矣。長素徒以詔旨美談，視爲實事，以此誑耀天下。獨不讀劉知幾《載文》之篇乎，謂魏晉以後，詔敕皆責成羣下，藻飾既工，事無不可，故『觀其政令，則辛癸不如，讀其詔誥，則勳華再出。』此足以知戊戌行事之虚實矣。

且所謂立憲者，固將有上下兩院，而下院議定之案，上院猶得以可否之。今上院之法定議員，誰爲之耶？其曰皇族，則親王貝子是已；其曰貴族，即八家與内外蒙古是已；其曰高僧，則衛藏之達賴班禪是已。是數者，皆漢族之所無，而異種之所特有，是議權仍不在漢人也。所謂滿漢平等者，必如奥匈二國並建政府，而統治於一皇，爲雙立君主制而後可。使東三省尚在，而滿洲大長，得以兼統漢人，吾民猶勉自抑制以事之。今者，滿洲故土既攘奪於俄人，失地當誅，並不認爲滿洲君主，而何雙立君主之有？夫戴此失地之天囚，以爲漢族之元首，是何異取罪人於囹圄，而奉之爲大君也。【略】

要之，撥亂反正，不在天命之有無，而在人力之難易。今以革命比之立憲，革命猶易，立憲猶難。何者？立憲之舉，自上言之，則不獨專恃一人之才略，而兼恃萬姓之合意，自下言之，則不獨專恃萬姓之合意，而兼恃一人之才略；人我相待，所倚賴者爲多。而革命則既有其合意矣，所不敢證明者，其才略耳。然則立憲有二難，而革命獨有一難，均之難也，難易相較，則無寧取其少難而差易者矣。【略】

長素以爲『中國今日之人心，公理未明，舊俗俱在，革命以後，必將日尋干戈，偷生不暇，何能變法救民，整頓内治』。夫公理未明、舊俗俱在之民，不可革命而獨可立憲，此又何也？豈有立憲之世，一人獨聖於上，而天下皆生番野蠻者哉！雖然，以此譏長素，則爲反唇相稽，校軫無已。吾曰不可立憲，長素猶曰不可革命也。則應之曰：人心之智慧，自競爭而後發生，今日之民智，不必恃他事以開之，而但恃革命以開之。【略】然則公理之未明，即以革命明之，舊俗之俱在，即以革命去之。革命非天雄大黄之猛劑，而實補瀉兼備之良藥矣。

長素以爲『今日之言革命者，或托外人運械，或請外國練軍，或與外國立約，或向外國乞師，卒之堂堂大國，誰肯與亂黨結盟，可取則取之耳』。吾以爲今日革命，不能不與外國委蛇，雖極委蛇，猶不能不使外人干涉。此固革命黨所已知，而非革命黨所未知也。日本之覆幕也，法人嘗通情於大將軍，欲爲代平内亂，大將軍之從之與否，此固非覆幕黨所能豫知。然以人情自利言之，則從之爲多數，而不從爲少數，幸而不從，是亦覆幕黨所不料也。而當其歃血舉義之時，固未嘗以其必從而少沮。今者人知恢復，略有萌芽，而長素何忍以逆料未中之言，沮其方新之氣乎？【略】

世有談革命者，知大事之難舉，而言割據自立。此固局於一隅，所謂井底之蛙不知東海者，而長素以印度成事戒之。雖然，吾固不主割據，猶有辯護割據之説在，則以割據猶賢於立憲也。夫印度背蒙古之莫卧爾朝，以成各省分立之勢，卒爲英人蠶食，此長素所引爲成鑑者。然使莫卧爾朝不亡，遂能止英人之蠶食耶！當莫卧爾統一時，印度已歸於異種矣。爲蒙古所有與爲英人所有，二者何異？使非各省分立，則前者爲蒙古時代，後者爲英吉利時代，而印度本種並無此數十年之國權。夫終古不能得國權，與暫得國權而復失之，其利害相越，豈不遠哉？

《民報·汪東〈論支那立憲必先以革命〉》 方今不欲革命而主立憲論者，其苦心有二大端：曰，怵殺人流血之慘也，曰，懼列强之干預也。【略】而革命與立憲，要非絶對的名詞也。夫立憲爲專制改良的政體，而革命者即所以求此政體之具也。求共和立憲以革命，求君主立憲亦以革命。問各國立憲政體，然孰非成之於革命者？【略】雖然吾言革命，吾於今之革命者，猶不能無疑焉。則其革命之宗旨、之手段，果何若也。吾嘗見某氏著論，至崇拜張獻忠，【略】崇拜革命之英雄，而至於張獻忠，則是萑苻劇盜，剸刃他人之腹而不撓目者，舉從而崇拜之可也耶？歷朝鼎革之例，一夫倡議，百夫揭竿，挾篝火狐鳴之技，托真主王氣之言，所謂抱帝王之思想而革命者，則始無拯民水火之想，心中更擾攘思因時勢以就功名。其不久敗亡，民之福也。其大欲遂償，人乃益困。是則無賴之横行耳，烏可以辱莊嚴寶貴之『革命』二字哉！夫革命云者，將以舉凡從前之陋俗弊政，悉掀翻而摧拉之，非僅以殺人流血爲能事也。抑革命云者，雖屬於破壞的名詞，而一方破壞，一方必相繼以建設。使僅有破壞而無建設，則言王侯將相，駢首就戮之後，猶不得爲革命也。他日革命之結果若何，一視於今之仁人志士之造因若何。莊周曰：『作始也簡，其將畢也必巨，可勝懼哉。』是以今之流俗，聞革命而駭者，不知革命者也。而一二狂悖躁進之士，談革命而色舞者，亦不知革命者也。不知革命而駭革命，猶屬夫人之情，乃若不知革命而言革命，罪其容於誅乎。

天下事無中立也，不進則退。退者，非必卻步之謂。競走於一場，捷足者爲勝，彼不勝者，即謂之退步已。而況乎逗遛中路，觀望徘徊，以自召劣敗之譏者耶！求其進步，惟動力而已。動力速者，其進也隨之而速，動力弛者，其進也亦隨之而少弛，理使然也。然而因循也者，爲物質之公性，如機器然，壓之則動，否卽永靜以終世。人類之壓動力何？革命是已。雖然，革命者，靜與動相遞嬗之時代也，假之以爲過渡者也。既動之後，卽不欲其復靜，是在伺其機者首得其人矣。法國之革命，迫動力也，至於今未嘗稍靜，故不聞有再度之革命。美國之獨立，迫動力也，至於今未嘗稍靜，故不聞有第二之獨立。英國之騷亂，日本之維新，迫動力也，至於今未嘗稍靜，故不聞有續起之騷亂與重唱之維新。蓋一物之動，必需壓力，則必其靜之已久者矣。一度以壓力動之而復靜，而復以壓力動之，故器勞而易敝。返觀中國之革命，何其煩也。上溯湯武，下迄洪楊，或已成，或未成，如水泡之前滅後興，續續無已，幾以革命爲日夕餐飯事，民氣不已凋乎！而至於今猶必有革命之倡言，何以故？則以所謂司其機者，不得其人故。今也革命之役，未役也，必求其已動而不復靜，一度壓力之後，而毋需有第二次之壓力也。猗歟休哉！進步復進步，吾安知其極。

載澤《奏請宣布立憲密摺光緒三十二年》 竊奴才前次回京，【略】以今日之時勢言之，立憲之利有最重要者三端：

一曰，皇位永固。立憲之國，君主神聖不可侵犯，故於行政不負責任，由大臣代負之；卽偶有行政失宜，或議會與之反對，或經議院彈劾，不過政府各大臣辭職，別立一新政府而已。故相位旦夕可遷，君位萬世不改，大利一。

一曰，外患漸輕。今日外人之侮我，雖由我國勢之弱，亦由我政體之殊，故謂爲專制，謂爲半開化，而不以同等之國相待。一旦改行憲政，則鄙我者轉而敬我，將變其侵略之政策，爲平和之邦交，大利二。

一曰，內亂可弭。海濱洋界，會黨縱橫，甚者倡爲革命之説。顧其所以煽惑人心者，則曰政體專務壓制，官皆民賊，吏盡貪人，民爲魚肉，無以聊生，故從之者衆。今改行憲政，則世界所稱公平之正理，文明之極軌，彼雖欲造言而無詞可藉，欲倡亂而人不肯從，無事緝捕搜拿，自然冰消瓦解，大利三。

梁啓超《政聞社宣言書》 今日之中國，殆哉岌岌乎。【略】然則孰能改造之？曰：惟立於現政府之外者能改造之。立於現政府之外者爲誰？其一曰君主，其他曰國民。而當其著手於改造事業，此兩方面孰爲有力，此不可不深察也。今之談政治者，類無不知改造政府之爲急。然叩其改造下手之次第，則率皆欲假途於君主，而不知任責於國民。於是乎有一派之心理焉，希望君主幡然改圖，與民更始，以大英斷取現政府而改造之者。或希一二有力之大吏，啓沃君主，取現政府而改造之者。此二説者，雖有直接間接之異，而其究竟責望於君主則同。

吾以爲持此心理者，其於改造政府之精神，抑先已大剌繆也。何也？改造政府者，亦曰改無責任之政府爲有責任之政府云爾。所謂有責任之政府者，非以其對君主負責任言之，乃以其對國民負責任言之。苟以對君主負責任而卽爲有責任，則我中國自有史以來以迄今日，其政府固無時不對君主而負責任，而安用復改造爲？【略】故立憲政治，必以君主無責任爲原則。君主純超然於政府之外，然後政府乃無復可逃責任之餘地。今方將改造政府，而還以此事責諸君主，是先與此原則相衝突，而結果必無可望，然則此種心理之不能實現也明甚。

同時復有一派反對之心理焉，謂現在政府之腐敗，實由現在之君主卵翼之，欲改造政府，必以顛覆君統爲之前驅。而此派中復分兩小派，其一則絶對的不承認有君主，謂必爲共和國體，然後良政府可以發生。其他則以種族問題攙入其間，謂在現君主統治之下，決無術以得良政府。此説與希望君主之改造政府者，雖若爲正反對，要之，認政府之能改造與否，樞機全繫於君主，則其謬見亦正與彼同。夫絶對不認君主，謂必爲共和國體然後良政府可以發生者，以英德日本之現狀反詰之，則其説且立破，故不必復深辯。【略】而惜也彼方苦於不識所以得良政府之途。夫政府之能良者，必其爲國民的政府者也。質言之，則於政治上減殺君權之一部分而以公諸民也。於政治上減殺君權之一部分而以公諸民，爲君主計，實有百利而無一害，此徵諸歐美日本歷史確然可爲保證者矣。【略】西哲有言，國民恆立於其所欲立之地位。誠哉斯言！凡腐敗不進步之政治，所以能久存於國中者，必其國民甘於腐敗不進步之政治，而以自卽安者也。人莫不知立憲之國，其政府皆從民意以爲政。吾以爲雖專制之國，其政府亦從民意以爲政也。【略】

夫所謂改造政府，所謂反對專制，申言之，則不外求立憲政治之成立而已。立憲政治非他，卽國民政治之謂也。欲國民政治之現於實，且常保持之而勿失墜，善運用之而日向榮，則其原動力不可不還求諸國民之自身。其第一著，當使國民勿漠視政治，而常引爲己任。其第二著，當使國民對於政治之適否，而有判斷之常識。其第三著，當使國民具足政治上之能力，常能自起而當其衝。夫國民必備此三種資格，然後立憲政治乃能化成。

同盟會發動一系列反清武裝起義分部

萍瀏醴起義

綜　述

《宋教仁日記》（一九〇六年）12月12日，晴　閲報載江西萍鄉革命黨蜂起，已圍縣城，勢甚危云。余思此當係馬福益之同類，或前歲隨余之楚淦、晏雄亦在，亦未可知也。下午至劉林生寓，詢問萍鄉事知其詳情與否？林生亦言，當是前歲舊同志，但亦不知詳形也。談良久，八時始返。【略】時忽有大聲唱賣『號外』者，購一張觀之，則謂湖南醴陵革命黨甚猖獗，外國人皆避亂至長沙，日本南清艦隊已有二艘駛上漢口云。

12月13日，晴　閲報謂湖南革命黨已圍攻瀏陽縣城，湘潭亦有起者，鄂督已派步兵一千、炮兵五百往援云云。噫！中原之風雲蓋蔚起矣！【略】

12月14日，晴【略】閲報載湖南革命黨益盛，在萍鄉者爲吉安巡防軍袁某所攻，避走宜春，然次日復大舉向萍鄉，江西臬司已至萍鄉督戰，在醴陵者爲湖南軍三營分攻，『暴徒』遂向瀏陽而去云云。【略】

12月16日，晴【略】閲報載湖南革命軍佔領醴陵、瀏陽一帶爲根據地，至湖南、江西間，至於廣西，皆有同志之士，其軍械多新式槍炮，甚爲完備，且無打教堂、殺洋人之舉，其情狀甚非小可。現江西之兵與湖南之兵兩面夾攻，正在激戰中。湖北之兵亦到。湖北又派二營援長沙，兩江亦派二營由輪船援江西。日本艦二只，英、德、美艦各一只，皆上駛往岳州云。

12月17日，大雨　八時至《民報》社，與章太炎談良久。黄慶午告余，昨日湖南口分會開會選舉，余被舉爲副會長云。余問及湖南暴動事，慶午言已派多人往各省經營之矣。下午三時回。劉林生來，談良久。林生欲歸國起事，或往助湖南之事，約余明日往與黄慶午商焉。

閲報，有言湖南革命軍接戰毫無屈色者，有言革命軍被殺千餘人者，不知孰是？又山東曹州、廣西潯鬱各處亦有起者。且江蘇江北一帶大起饑饉，饑民載道，清江浦聚集者有五十餘萬，勢亦洶洶云。

12月18日，晴　八時至《民報》社，劉林生亦至，遂偕之至□樓上坐良久。十二時偕至孫逸仙寓，晤得黄慶午。林生詢問歸國之事，慶午不勸其去，談良久遂罷。【略】　報載湖南革命軍已佔領萍醴鐵路。

12月19日，晴【略】三時至楊小江、覃理門寓，坐良久。四時至劉式南、袁雪庵寓，詢問其接有湘中確信與否，皆云無之，已電問亦無回電，蓋不通電信矣，云云。【略】

12月21日，晴【略】十一時至《民報》社，遇宋海南。海南邀余至其寓，談良久，告余以欲歸國運動，並言自己所擬軍隊編制之法，余亦贊之。晚餐後始返。【略】

12月25日，晴【略】閲報載湖南革命軍日益盛，其首領有二：一龔□，一孫□，皆甚通事理，有策略云。

12月26日，晴【略】閲報，言萍鄉、醴陵、瀏陽、湘潭已爲革命軍佔領，長沙亦危在旦夕云。【略】

12月30日，晴　接覃理門信，謂將歸國助湖南革命軍，問余以有何方法。下午至理門寓，談良久，余亦無所設法。【略】

12月31日，晴【略】下午余松雲、趙復臣、仇秉生來，坐良久。松雲並攜有火藥料至，欲試驗，以天將夜，恐火大爲人覺，遂止。黄慶午來，言日內將往廣東去，囑余移居至《民報》社近所，余諾之。【略】

1月4日，陰　閲報，記湖南革命軍被官兵戰敗云云。又山東曹州、

直隸大名亦均有『暴徒』起事，勢甚猖獗云云。【略】

1月7日，晴【略】閱報載有湘贛亂事，謂此次革命黨根蒂强固，舉動文明，起事後發行紙幣，頒布禁令，有新式槍三千餘枝、頭繩槍四千餘枝、大舊式頭炮八門，已佔有醴陵、萍鄉、瀏陽三縣，人民從之者無數。聞其主張，除爲滿洲奴隸者及富豪外，學界、商界及百姓均不擾害，外人及教堂尤力爲保護，故人民雖在不安之中，然猶如常執業務，不恐。官兵往剿者未收效果，兵備處總辦俞明頤自出馬防守。革命黨現已至距省十餘里之永安市云云。

《時報·匪亂之起源一九〇六年十二月十六日》 萍鄉礦工人類原極不齊，此次官吏探得湘贛交界之處有會匪二十一日起事之信，因疑內有通匪之人，正在查究，遂釀罷工之禍。其實所謂萍鄉匪亂者，其匪並不在萍鄉礦地，湖南瀏陽、醴陵等處原爲會匪出没之區，萍醴界上之滅安里有一山洞可容千餘人，尤爲匪黨巢窟。前者屢次肇事，每始於此，今次匪亂之根據，實亦由此發生。

數日來之情形：自二十一日一得匪黨起事之信，萍鄉縣令電致省城請兵，一面即撥防勇進剿，二十三日省城派往陸軍一營，駐余干巡防六十名往剿。二十四日匪黨來犯萍鄉，防勇與之接戰，以衆不敵見敗。贛撫因以江西兵力單薄，電湘、鄂兩處派兵助剿。聞鄂省已派步軍二營、炮兵一營即日起程往剿。二十六日贛撫接清廷寄著贛省迅速剿匪，並命江、鄂、湘三省協剿。贛撫即命駐吉安巡防左軍袁協統坦率兵往剿。二十七日袁軍連擊匪黨二次，殺傷數百人，匪黨還竄瀏陽、醴陵間。聞鄂省派來兵三千約於明日可到。江督派往之兵已於今日過九江前進。又聞自湘省派往之兵亦於二十七日在瀏陽城南擊敗匪類。現湘、鄂、江、贛四省重兵已集，匪黨南北受敵，省城又命秦臬統軍親往，想不日即可平定。

匪黨情勢：匪黨初發難時約有三、四千人，自後蔓延於瀏陽、醴陵、九溪、衡山一帶，尤以上栗市附近一帶爲最多。實匪約數千名，餘皆脅從。自後經萍鄉、瀏陽兩處協剿，遂有退往宜春、慈化、金瑞等處。匪首聞有龔姓、蔡姓、呂姓、范姓等。器械以鳥槍、抬炮爲多，亦間有攜洋槍、劈山炮者。初起之時多用白布爲巾，亦有用白衣者，並聞旗幟上大書『革命軍』等字樣。現在匪數較多，其服亦不一。

剿匪兵數：鄰近各省一聞亂起，均各派兵助剿，現在前往匪地之兵，連本省兵在內，約計：鄂省步兵二營，炮兵一營，由李襄麟統帶；湘省步兵四營，二十六日抵麻石；江省步隊三營，炮工兵二隊，馬兵、輜重兵各一排，艾忠琦統帶；贛省各兵隊由案山關進剿者，計袁統領所率百人，萍鄉縣張所帶領團勇五十名，駐紮袁州之後營一哨，以及省城所派之前營一半，後營一哨，吉安防營二哨，又聞秦臬前往時將帶常備軍三百餘人，合計已有萬餘人矣。

又**《萍鄉亂事匯記一九〇六年十二月十七日》** 長沙來電：（一）湖南瀏陽醴陵與江西萍鄉交界地方有會匪滋事。瀏陽拿獲匪目王永求供認：聽從人洪江會充坐探，僞官匪首姜守旦即萬飛鵬，欲圖劫獄起事等語。起事票布會名不一，惟自立社一票最爲悖逆，現已將王永求並醴陵縣在板山拿獲之匪首陳顯龍等五名一併正法云。（二十三日）

（二）醴陵匪已擊潰，官寮一股有七千餘，現正剿辦。瀏陽匪據報有一、二千，頭裹白巾，肆行搶燒，當經防軍擊斃不少云。（二十三日）

（三）醴陵神福股約九百餘人。廿二四更膽敢撲城，爲巡防隊擊潰。官寮一股約三千人。距萍鄉十餘里之麻石匪亦不少，現經各營兜剿。瀏陽之匪廿二夜從德風團進剿，槍斃數十名。金剛頭另起一股頭裹白巾，計有數千，旋至三口並永和市地方劫取團局軍械，焚毀民房數十間，殺斃團總李得中等，襲踞該市。經蔣、李二哨弁先後督勇迎剿，鏖戰兩時之久，斃匪百數十名，奪獲抬槍、刀械多件。傷勇八人。各勇仍奮勇猛進，匪遂奔逃。廿三竄至牛石嶺人數更多，豎旗列陣，經梁國楨督隊進擊，槍斃三百餘人。追至（深）［楓］林鋪，因天晚回駐城外南街市，匪復尾綴而至，正酣戰間，適徐振岔領隊至縣迎剿，又斃匪二十九名，生擒八人，僞統領陳紹（庭）［莊］受傷甚重，被匪招竄。現在萍醴大股多趨瀏境，匪勢已漸衰云。（二十九日）

又**《萍鄉亂事匯志一九〇七年一月一日》** 敬稟者：竊照湖南瀏陽、醴陵各處匪徒蠢動。【略】本月二十二日夜三更，匪徒千餘，頭包白布，帶有槍炮刀矛，由湖南文家市及萍鄉桐木一帶地方竄入卑宜春縣屬之北鄉慈化市，焚屋搶掠。署黄圃巡檢吳慶恩督率弓兵捕拿，因衆寡不敵，被匪焚毀衙署。巡防隊後營趙哨弁馳往與吳巡檢及警勇丁役並力剿捕，匪卽退入桐木。

論説

《漢幟》第一號《鐵郎〈論各省宜速響應湘贛革命軍〉》　最難解決者，中國革命後建國之問題也。【略】滿清覺羅之入關也，屠洗我人民，淫掠我婦女，食踐我毛土，斷送我江山，變易我服色，駐防我行動，監督我文字，括削我財產，干涉我言權，慘殺我志士，謬定我憲法，二百六十年如一日。我國民雖欲包容彼族，其如日日防我家賊何？我國民雖欲不謀動作，其如伊之賣送我於朋友何？我四萬萬之民族日益削，彼五百萬之羶種日益横。年復一年，人生有幾？再過數載，吾鬼餒。而此正嘉富洱驅逐奧國，而明太祖奮起淮右之秋也。國民革命軍之興，寧得已哉。用是我湘贛軍首伸大義，赫然震憤，誓師討滿，力復祖仇。起兵以來，未及三周，州縣下者十數處，國民從者四十萬。義兵所過，商民安堵，秋毫無犯，並另派有保護外國人一隊，所有各國教堂租界，尤加意護衛，不准稍有侵犯。雖湯武仁義之師，耶穌救世之軍，亦不是過。今者全湘瓦解，直搗省城，岳州動搖，旦夕武昌必破。贛省萍鄉之師，亦直抵袁州，漸及臨江，以窺省會，圖出九江，指日長江可順流而下。凡我漢族中父老子弟，孰不以手加額曰：『漢祚之將興，胡運之將終，斯其時哉！』惟是一處之精力有限，全部之羣策易舉。獨立者，對於外族之謂，非對於各省之謂也。第三國之嚴守中立者，乃外國國際上之公法，非本國省界上之私見也。【略】徵之各國之革命團體既如彼，返之我國之革命歷史又如此，然則今日之撲滿洲也，欲孤恃一方面之師心，與二百年虎踞之悍酋相搏，而各省皆作壁上觀，不速思所以全體回應之道，吾知其萬萬不可矣。夫中國者，中國人之中國，非滿洲之中國也。光復中國者，中國全體之責任，非僅湘、贛一部分之責任也。欲救中國於今日列强競爭之世，非先撲滅滿洲不可，欲倒滿洲於今日壓制漢族之際，非速援助湘、贛此次之革命軍不可。

《湖南巡撫岑春蓂致軍機處請代奏電光緒三十二年十月二十九日》　竊前因瀏陽醴陵二縣及江西萍鄉縣有會匪勾結搶劫起事，已將派營剿辦情形電請代奏在案。發電後，因據報瀏陽匪裹脅愈多，勢甚猖獗。該縣地居險要，匪黨蓄謀已久，極爲凶悍。復加派常備軍李文升、吳經武兩營馳往瀏陽，標統吳紹璘前赴醴陵督率剿辦。另派一隊往護路礦。連日迭據醴陵文武稟，該縣所有該匪各股約九百餘人，二十二日四鼓膽敢撲城，爲巡防隊管帶趙春廷擊潰。宜春一股誘脅約三千人，距萍鄉十餘里之麻石匪亦不少，現由崔朝俊、趙春廷、吳廷瑞各營兜剿，尚未據報接仗情形。瀏陽之匪，據巡防隊管帶梁國楨先後稟報，二十二夜經黃哨弁從得風團進剿，擊斃數十名。金剛頭另起一股，頭裹白巾，計有數千，旋至三口並永和市地方搶取團局軍械，焚燬民房數十間，殺斃團總李得中等數人，襲踞該市，經蔣李二哨弁先後督勇迎上，鏖戰三點鐘之久，兩次斃匪約百數十名，奪獲抬槍刀械多件。匪將火藥從樓上拋下，傷什勇宋家正等八人，各勇仍奮勇猛進，匪等奔逃。二十五日竄至牛石嶺，人數更多，豎旗列陣，經梁國楨督隊進擊，鎗斃三百餘人，追至楓林鋪，因天晚回駐城外南街市。匪復尾綴而至，正酣戰間，適徐振岱領隊至縣迎剿，又斃匪二十九名，生擒八人，四名訊明正法。僞統領陳紹莊受傷甚重，被匪抬竄。該縣之匪雖經官軍迭挫凶鋒，第據報萍醴大股多趨瀏境，故匪勢未衰，非會力兜剿，難免此擊彼竄。惟湘省兵力單薄，不敷分布，幸經湖廣總督張之洞調派步隊三營、砲隊二十營乘輪至岳來湘，赴萍醴會剿，藉厚兵力。蓂現派道員俞明頤前往瀏醴，擇要駐紮督辦，以一事權。一面頒發告示，解散脅從。並因該兩縣距省僅百餘里，不可不急爲防範。現飭長善二縣諭飭各鄉整頓團練，認眞清查戶口。在籍紳士前江西按察使佘肇康、候選道張祖同等鄉望素著，辦事認眞，現經飭委會同臬司切實督辦，以資得力。春蓂惟有欽遵諭旨，嚴飭派出營隊及地方文武，趕緊分頭剿滅，俾免蔓延。開礦洋人均已到省。除俟續報情形再行奏報外。乞代奏。

雜録

《中華國民軍起義檄文》　中華國民軍南軍革命先鋒隊都督龔，奉中華民國政府命，照得韃虜原係東胡異族，遊牧賤種，自漢隋唐宋以來，久爲我中華漢族之寇仇。【略】韃虜逞其凶殘，屠殺我漢族二百餘萬，竊據中華，一大罪也。韃虜以野蠻遊牧之劣種，蹂躪我四千年文明之祖國，致列强不視爲同等，二大罪也。韃虜五百餘萬之衆，不農不工，不商不賈，坐食我漢人之膏血，三大罪也。韃虜妄自尊大，自謂天女所生，東方貴胄，不與漢人以平等之利益，防我爲賊，視我爲奴，四大罪也。韃虜挾『漢人强，滿人亡』之謬見，凡可以殺漢人之勢、制漢人之死命者，無所不爲，五大罪也。韃虜久失威信於外人，致列國乘機侵佔要區，六大罪也。韃虜爲藉外人保護虜廷起見，每以漢人之權利贈給外人，且謂『與其給之家奴，不若贈之鄰封』，七大罪也。韃虜政以賄成，官以金賣，致政治紊亂，民生塗炭，八大罪也。韃虜於國中應舉要政，動以無款中止，而宮中宴飲、頤和園戲曲，動費數百萬金，九大罪也。韃虜假頒立憲之文，實行中央集權之策，以削漢人之力，冀固虜廷萬世帝王之業，十大罪也。其餘種種罪惡，不能盡書。特舉大略，以昭天討。

凡我漢族同胞，無論老少男女農工商兵等，皆有殄滅韃虜之責任。務各盡爾力，各抒爾能，以速成掃除醜夷恢復漢家之鴻業。至現在爲虜廷官吏者，宜革面反正，出郊相迎；若仍出曾胡之故智爲虜出力者，以韃虜視之，殲殺無赦。現在爲虜廷將弁營勇者，宜聞風回應，倒戈相向，若仍效湘軍之故智死力相抗者，以韃虜視之，殲殺無赦。本督師建立義旗，專以驅逐韃虜收回主權爲目的。凡本督師所到之處，卽漢族恢復之處，農工商賈，各安其業，不稍有犯。外國人之生命財產，竭力保護，不稍有犯。教堂教民，各安其堵，不稍有犯。當知本督師只爲同胞謀幸福起見，毫無帝王思想存於其間，非中國歷朝來之草昧英雄，以國家爲一己之私產者所比。本督師於將來之建設，不但驅逐韃虜，不使少數之異族專其利權，且必破除數千年之專制政體，不使君主一人獨享特權於上，必建立共和民國，與四萬萬同胞享平等之利益，獲自由之幸福。而社會問題，尤當研究新法，使地權與民平均，不致富者愈富，成不平等之社會。此等幸福，不但在韃虜宇下者所未夢見，卽歐美現在人民亦未能完全享受。

黃岡起義

綜　述

《上海〈時報〉專電丁未四月十六日》　十一日夜間，廣東潮州府饒平縣黃岡地方，因厘捐鬧事，匪徒乘機作亂，戕殺官吏，焚毀衙署，勢甚猖獗。在籍總兵黃金福率勇馳往剿辦。汕頭與該處切近，卽日戒嚴。

《上海〈時報〉電報丁未四月十七日》　饒平縣匪亂，其勢極大，脅從愈多，將延及澄海縣屬之樟林、東隴地方，若火燎原，不可嚮邇。輿論咸謂此禍由在籍總兵黃金福釀成，大動公憤。

《上海〈時報〉電報丁未四月十九日》　饒平亂匪因無糧餉軍械，不能敵官兵。總兵黃金福率勇到時，匪卽嘩散。汕頭已解嚴。

《上海〈時報〉電報丁未四月二十日》　潮州饒平縣亂匪首領實是孫光武，現在官兵剿辦得力，匪勢漸弱。廉州欽州兩處亂事亦略定，可無他虞。

《上海〈時報・饒平匪徒暴動詳情丁未四月十九日〉》　饒平黃岡地方有匪徒暴動，已迭登本報專電。現得確實消息。謂該處亂匪係半屬土著，半屬外來，而互相組合者。十一夜三更時候忽然暴動，卽將駐黃岡文武官弁戕殺，並將各衙署局廠盡行焚毀。聞其宗旨，係專與官爲難，不擾及商民。潮州鎮黃鎮軍金福接到警報，乘夜至各屬召集防勇，親自前往剿辦。汕頭巡警局亦下令戒嚴。各銀號亦集議雇募小輪船一艘，每夜在海旁各處巡緝，以防不測云。

又聞黃岡會匪暴動，適有蔡哨弁帶勇二十名，原係到該處緝捕澄海劫案餘匪者，與會匪相值，由十一晚八下鐘戰至將天亮，卒以衆寡不敵，將蔡弁及二十勇捉去，勸其投降。二十勇內有一勇逃出回汕，此逃勇報稱眼見隆都司（旗人）、王守備被殺，二府不知其生死。會匪均辮嵌白布，袖鑲紅布，以爲記號，幸匪軍火不多，所用多短槍。【略】

又聞此次匪徒起事，汕頭日前已有所聞，每夜炮聲隆隆，自宵達旦，商民莫不震懼，惟地方官未之知。迨至初十日駐該處同知謝某與都司某始行稟報，然已無及矣。

十一夜起事後，黎明各商店均不敢啓門，各匪即出號令，勒令照常交易，無須驚擾，故該處商業，尚不致被其蹂躪。

又《饒平匪徒暴動續志丁未四月二十二日》 十四晚《嶺東報》傳單節録：此次黄岡匪警得報後，沈觀察黄鎮軍曾電稟省憲請派兵往剿，周玉帥□電後，於十二晚發來電示，大意謂地方兵勇如不敷防禦，可派募土勇，現已電咨閩督兩省會剿。而廣東一面，現派胡統帶調東路第十二營速赴黄岡合剿。又咨水陸提督李軍門加派營勇，迅□助剿云。

又聞此次匪變之原因，係由蔡哨官至黄緝澄海匪犯，住舊協臺署，聞拿得下寮張姓匪二名，十一日匪衆來署劫奪，因一哄而起。又聞匪有安民告示，其銜首爲孫汶，旗幟皆白大書帛字。十四日，潮州府擬派駐潮東路巡防營管帶趙參戎，帶勇前往剿辦。又道憲沈觀察本日在汕擬招募土勇百名，以資調撥，現已招得數十名矣。

《軍機處寄閩浙總督松壽兩廣總督周馥電旨光緒三十三年四月十六日》 據稱接粤督電，饒平縣屬之黄岡土匪戕官鬧事。又據詔安縣報稱，黄岡三點會匪合力擄搶，現已派營堵剿等語。著即嚴飭該軍阨要堵截，趕緊會剿，迅即撲滅，毋任蔓延。土匪戕官重案，周馥何以尚未電奏？廣東伏莽甚多，近日情形頗有不靖，該督務當振刷精神，認真整頓，毋稍貽誤。欽此。

論　說

《東方雜誌》第四卷第七號《前兩廣總督周奏陳辦理黄岡亂事情形摺》 此次黄岡土匪起事，變起倉卒，【略】係外匪陳芸生勾結會匪首余丑即已成、曾金全、余錫天及福建詔安縣屬白石鄉匪首沈牛屎、後嶺鄉匪首沈家塔等，先在詔安縣屬烏山、饒平縣屬浮山柘林等處拜會。本年正月沈牛屎等帶來鷹球票布銀紙分給會黨，刊刻偽示諭帖，原圖搶劫已裁黄岡協署舊軍槍械起事，因一時無隙可乘，未敢蠢動。適於四月十一日警兵拿獲匪夥邱保、張善兩名，會匪張天賜告知匪首余丑糾黨打奪。經都司隆啓【略】各匪遂佔據衙署，焚拆關廠局所，搶劫副將都司兩署舊械，號召各路匪黨逼脅鄉民，串同外匪陳芸生等，即於十四日乘機入寨，將所刊偽示填寫四月，妄稱大明軍政都督府孫等字樣，豎旗起事，分發偽諭，勒索殷富銀米，脅徒頗衆，下寮東灶各匪鄉皆濱海，漁戶糾合外匪，船載而來，分爲水路兩黨，水路踞古樓山後，陸路踞寨。此當日匪黨起事之情形也。

該管潮州府知府李象辰、饒平縣知縣鄭世麟集團固守府縣城池，分堵要隘。【略】據提督李准言獲各匪，並不能指出孫姓係何人，顯係匪首陳芸生等附和孫逆，有意煽惑。此十二至十六等日官兵擊平各匪，救出被擄官兵之情形也。

黨匪氛初起之際，號召黨羽，勢甚披猖，後知大兵降臨，海面並有兵輪堵截，賊匪聞風膽落，井州戰敗，古樓奪回，棄械分散奔逃。十八日提督李准督軍到境，聲威大震，派兵會合追搜獲匪頗多，各軍起獲槍械甚夥，黄金福馳至分水關與福建軍官相見，查得詔安縣並無股匪竄入，居民安謐。是役也，官軍接仗七次，殺傷賊匪五六百名，該匪起事以來，六日之間即行撲滅，未擾村鎮，亦未擾及鄰近地方，一律平靖。

《許雪秋等致孫中山電》 東山先生電鑒：【略】初是衆議調齊各處，於三月同日舉事，使官兵不暇兼顧，以備我軍易於從事。詎料元月秘機微泄，官查頗急，又隨饒平預備已妥，遂議乘此機泄之時而官場尚在疑似之間，擬不若神速舉事，襲其不備，先取潮城，兼占汕頭，以固邊防，然後從事於各縣。遂詢於衆，均認可，故派張煊、郭公接兩君往饒，後加李思唐、向大昌兩君副之，擬約此處之兵赴潮，襲潮城，方姓兩君則急往黄岡埠調兵往占汕頭，瑞麟、良牧兩君，則同僕帶三百人埋伏城邊，六十人預伏城內，以爲破門內應，是日則爲元月初七日也，是夕兩點，候至黎明，饒衆不至，故僕等不得不暫散回。頃本饒兵爽約之故，查悉向、李兩君到饒已睡，是事公事不之商及。初六傳令云初七四時齊兵，饒之頭目，正音不熟，誤聽爲十點，在該頭目雖錯誤之罪，而向君等亦難免有不以午後詳示之愆。至初七早，詔安兵一千餘名聚於浮山圩。至午十二點，不見向君等，即散去大半，漳浦、雲宵兩處兵有數百至浮山左近，見詔安兵散不知其故，亦從之而散。彭［坪］溪鄉八百兵至八仙山，候至四點，方見李君等四位，郭君見人數僅存八九百名，膽爲少，即命散去，斯時散者三百餘人。方憶浮山有兵駐搭，隨即趕至浮山，誰料浮山本處之兵千餘名，命詔安散存之兵數百兵，自晨候至黄昏，不見李君等到浮調度，亦散去一半，僅存人四五百名而已。斯時彭［坪］浮之兵聚在八仙山跟李君四位來浮山者，有數百人。兼以浮山所存之衆合有千餘人，若此攻潮，盡有餘力。無料張、郭、李、向四君，膽驚心怯，不敢舉事，李君即擬私逃，不通知同人，即先逸去，郭、張、向三君見李先逃，乃從而偕遁。郭君尚勸李君等將散存之兵先奪饒平以作根據，而謀再集，而李君不聽，決於逃遁，而所存之兵緊隨其後，請問所向，李君見勢不美，恐難私逃，即將國票詐云銀票，分發衆人回去。僕派去之頭目薛君見他等如此倉皇，故不得不保其出饒，此饒事之實在情形也。

所可惜者，饒事失誤，向、李、方君兩位，駐黄岡之兵，一經饒事解散，各兵目被黄乃裳之門生陳芸生等乘機謠惑，兵不敢集，候至天明，饒兵不至，亦爲散去。噫嘻，調度若是周密，而竟被誤，若如苟張、郭、向、李四君肯實心任事，肯先分兩人駐於浮山，則事亦免致此，一旦被誤，遂爾冰消，可勝歎也。僕生也晚，閲世淺而且識疏，故前曾面懇派人相助，在李君等見面不久，竊謂他等來東京，必是經練老成，故敢以重任托之，誰知反被其誤，用人不當，僕之罪也。

惠州七女湖起義、欽廉防城之役

綜述

《上海〈時報〉丁未四月二十七日》 距惠州府二十里七女湖地方於二十三日有土匪暴動，戕勇奪械，勢頗猖獗，博羅縣土匪應之，蔓延素廣，郡城戒嚴，粵督周馥聞警即派鍾弁率勇剿辦並檄水陸提督李準即日由潮州迅赴惠州相機進動。

《博羅縣令上省吏稟》 敬稟者，竊照土匪樑亞珍、樑慕光等近由香港潛回圖謀起事，業經卑職將籌防拿辦以及七女湖水陸營被傷斃各情，迭次稟陳鈞鑒在案。至於匪踪，採分龍門歸博數股，意擬先攻博城，而後大舉。迨水南匪黨薛貴林等十三名，仰賴憲威，按名獲辦，知卑縣已有防備，始各驚散，其七女湖股匪，先經卑職稟報本府調營兜拿，一面商請東路巡防第五營吴鰲撥往清鄉營勇抽集追捕，該匪隨從七女湖竄至派尾楊村三達柏塘一帶，旋由柏塘八子爺等處圖來縣城，新坡蘆洞響水鄉團練協力堵御，各營追及接仗，又轉竄歸善之蔗埔而去。竊以此次匪勢雖甚猖獗，現以大兵云集，分路剿辦，似不難即日撲滅，但聞羅浮山附近之處，又有著匪黄寧瑞、樑春秋黨羽結黨潛匿，亦經會商中路巡防第十營鍾管帶子才，於四月三十日督隊往捕，除將搜捕情形隨時採稟，一面會同營訊嚴密籌防外，理合稟報大人察核。再縣城民心現尚安定，足紓憲堇云云。

《粵督周馥致清廷電》 廣州報云，自粵督周馥電致政府，稱港督允將革命黨副首領驅逐出境後，近日又得楊副將洪標由港電稟督院稱『革命黨首鄧子瑜，蒙港官勒令出境，本月初九日派差押赴鴨家輪船，六點鐘引往新加坡』等情。周督接電後，即轉電飭新加坡孫領事留意防範，並電咨外務部查照存案，其致新加坡孫領事電云『新加坡孫領事，密，孫黨頭目鄧子瑜，引外匪到惠州滋事，獲犯訊有確據，已商港官將鄧匪逐出，於五月初九押赴鴨家輪船，六點鐘行往新加坡，望留意防範，馥』。初十致外務部電云：『外務部長，昨港督已將孫黨大頭目鄧子瑜，押上輪船送往新加坡矣。至孫汶實未在港，聞港官云：如上岸，亦必驅逐。至前聞孫汶在河内請大部密商法使，告越督驅逐，不知有回信否？近日探得越南實有革命黨三人，私入兩廣邊界，欲到三那煽惑。前日攻那時，已獲一犯正法，現仍密拿，并聞，馥。初十。』

《軍機處寄廣西提督丁槐兩廣總督張人駿電旨光緒三十三年八月十一日》 奉旨：昨據丁槐電奏，防城失守，係股匪突至，致有焚署戕官等事。兹據胡湘林奏稱，有匪七八百人分路來攻，先勾通駐防衡軍左右兩哨爲内應等語。所奏情節，各執一詞。著張人駿確切查明，據實電奏。仍著督飭各軍分路追剿，搜捕餘匪，以淨根株。其被脅平民亦應設法解散，務期早日廓清，毋貽後患。欽此。

《兩廣總督張人駿爲鎮壓欽廉起義之官吏請奬事奏摺光緒三十三年十月》 兩廣總督兼管廣東巡撫事臣張人駿跪奏：【略】本年春間，逆首劉恩裕、黄世欽等在欽屬之三那地方，藉抗捐爲名爲首倡亂，一時伏莽遊匪羣起響應，廉欽兩屬岌岌可危。經由省派已革陝西補用道郭人漳，及新軍步隊標統趙聲統營往剿。郭人漳攻破三那，陣斃劉思裕。元惡授首，餘黨解散，業已漸就敉平，正在分段清鄉。而逃弁梁秀春適被越官釋放，即聯合西匪黄和順、農二十四等，勾結逆首孫文，接濟餉械，又遣黨四處招人，賄通營隊。七月間駐防城之衡軍及縣署親兵，爲匪内應，攻陷防城，戕官焚署，復攻撲東興，進犯欽州，圍攻靈山，幾有同時糜爛之勢。經前護督臣廣東布政使胡湘林派署北海鎮李准，統營馳往督剿，而郭軍已先收復防城，當於大菉、奇靈、祿馬一帶跟蹤追剿，迭有斬獲，欽西遂稍安，靖州城亦得無恙。靈山經分統宋安樞督營力戰，旋即解圍。惟匪勢仍未稍戢，官軍喘息未定，匪股愈聚愈多，乘虛突擾，股數不一，千百成羣，其中雖有脅從附和，而真正悍黨亦復不少。經過各處出僞示以安民，以仇官仇學爲宗旨，稱爲革命南軍，置有旗幟號衣，並有僞統領、都督、元帥、管帶等名目，聲勢浩大，甚至局紳李漢才等亦貪利助逆，日本振武學生黎光漢且爲匪教操。

臣於八月間到任，【略】布置粗定，適欽奉諭旨派署廣東水陸提督臣秦炳直前往督師。秦炳直未至廉欽以前，李准、龔心湛已派定各營分路防剿，並因廣平、平吉、久隆、牛岡各處最爲扼要，調集各營嚴加防守。欽西一帶，經郭人漳防備周密，匪遂相率竄聚靈山屬之那樓附近，及江（方）［萬］西牙各村。九月二十後至十月初旬，郭人漳督同管帶馬鏞桂等及東西各營，一捷於那棉屯良，再捷於江萬西牙，生擒數十名，斬獲首級耳記數百具。兩次殲斃焚死不可數計，奪獲槍械、旗幟、僞印、僞示、僞劄、匪馬、乾糧、火藥、逼碼無算。逆首黄世欽、賴春元、梁健葵、潘二、易三，匪目李特考、廖清江、黄道昌、黄啓明、黄清舟、蘇乃彪，及助逆之局紳李漢才，均先後授首。李准、龔心湛又派前河南補用參將王有宏督營搜剿。管帶孔繁琴在梁屋拿獲匪首王世昌等數名，並搜獲革命軍旗幟、僞統領營哨關防及逆黨僞書等件；管帶黄秀瑀在青龍江斃匪五六十名；其攻陷防城匪首農二十四經營團續獲，僞漢軍大元帥劉殷明復被郭人漳、王有宏生擒。此各營迭獲勝仗之實在情形。【略】現在匪勢窮蹙，零星散匿。

論說

孫中山《復張永福函書一九〇七年六月五日》　永福仁兄大人足下：昨接惠書敬悉。日來潮起於東，欽廉應於西，全省風動。尚有數路，次第俱發。當合廣、韶、惠、潮、欽、廉諸軍，以聯爲一氣，則粵事機局宏遠，大有可爲也！各埠同志聞此消息，皆非常踴躍。星埠聲氣較捷，團體較大，望兄導掖諸人，力任義務，以相協助，是所至望。

《兩廣總督張人駿爲鎮壓欽州、防城起義事致軍機處電光緒三十三年九月十三日》　查防城收復後，股匪竄聚於欽西之祿馬、奇靈、大菉各處，經郭人漳派營分投探剿，迭次擊散，匪勢稍衰。而廉州之久隆、那樓、那思、茅針各地方，復有股匪往來竄擾，經東軍夏文炳在那思，西軍杜育在那樓，先後與匪接仗，斬獲甚多。迭據文武探報，匪由欽西而竄欽東，趨重靈山，意圖西竄；大菉一股，被官軍剿擊，竄匿於西省交界之十萬山，其著要匪首探報爲張德馨、黄世欽、梁建騤、梁少亭、劉庭耿、劉淵明、賴春元等；而廣西漏網著名巨匪黄和順、農廿四，逃弁梁秀春陰謀勾結，並據密探有革命黨由越南私濟軍火情事。【略】惟欽靈邊境與廣西之上思、横州、果化等屬犬牙相錯，而十萬山又連屬兩省，爲匪徒窟穴，非東西聯絡防剿，勢必此擊彼竄。【略】就目前情形而論，欽匪業已分竄，惟各股聚散無定，合之即成大股，且有亂黨潛匿香港、越南煽惑勾結，尤屬可慮。

《兩廣總督張人駿爲鎮壓欽廉起義之官吏請奬事奏摺光緒三十三年十月》　竊廉欽兩屬地近越邊，民情强悍。從前法越之役，該處土民多應募出關，遂成遊匪，嘯聚越南，往來不定，其後駐防邊軍多收降匪，又復時募時汰，以至遊勇遍地。廣西固受其害，而欽廉爲所歸宿，隱患尤無已時，故頻年用兵，卒至旋滅旋起。顧昔則遊勇土匪其志僅在搶掠，今則勾結逆黨倡言革命，竟至謀陷城池，凶焰日張，剿辦愈難措手。【略】

伏查此次廉欽之亂，實係逆首孫文爲之主謀，王和順、農二十四等互相聯合，倡立革命。南軍先在欽廉發難，意圖上窺南寧，牽動兩省，蓄謀甚爲遠大。查閲革命書，措詞悖逆，剿辦苟不得手，大局何堪設想。幸托朝廷威福，將士用命，乃能連獲勝仗，大股盡殲，實爲初料所不及。

鎮南關起義、欽廉上思起義、雲南河口起義

綜述

《軍機處致廣西巡撫張鳴岐電光緒三十三年十一月初一日》 上月二十九日轉接龍州關電稱，昨早亂黨佔據南關並附近炮臺，越南郵電不通，勢焰頗熾，倘官兵不變，西人或不至受險等語。查南關爲交界要隘，向有重兵防守，何至突被匪徒佔據？亦未得貴省奏報。倘外人藉口干預，恐將牽動大局。望迅卽督飭該處文武將領剋日會合進攻，立卽克復，毋得稍涉延緩。尤須嚴防營隊，免生意外。

《軍機處寄兩廣總督張人駿廣西巡撫張鳴岐電旨光緒三十三年十一月初三日》 奉旨：張人駿、張鳴岐電奏均悉。前因廣西邊防緊要，匪情叵測，曾電飭該督撫嚴密籌防。十月初三日據該督撫覆奏，業經厚集兵力，尚足抵禦。乃此次張鳴岐電奏，南關祇駐一營。其駐守右軍山礮臺者想亦在此一營之內。兵力甚單，無惑乎匪徒乘虛猝佔。該撫布置疏忽，致失要隘，咎實難辭。張鳴岐應先行交部議處。著卽督飭各路統將，優懸賞格，嚴申紀律，協力進攻，卽日克復。其首先立功之將領，朝廷當予以不次擢用。倘有遷延退縮者，立按軍法懲治。如該撫督率不力，定一併從嚴懲處。龍濟光素有勇略，應責成統率前敵各營奮力圖功。

現在廉欽一帶匪勢已衰，能否飭郭人漳挑撥精鋭兼程赴援？著該督撫統籌兼顧，妥速辦理。至各屬洋人產業，務嚴飭地方文武妥爲保護。並著外務部速向駐京法使詳晰商辦，以保治安。嗣後軍情，由張鳴岐一面電知粵督，一面徑先電奏，以便迅授機宜。

《兩廣總督張人駿廣西巡撫張鳴岐致軍機處外務部請代奏電光緒三十三年十一月初九日》 右輔礮臺克復日期，先經鳴岐電奏。茲據龍濟光、陸榮廷先後電稟，初三夜二鼓，榮廷督全隊，陳炳焜率先鋒隊，曾廣義、黄瑞興別領一隊，周文獻率親兵鄉勇，龍覲光率蕭順洪扼左輔山，梁正麟、林紹斌分扼摩沙渠歷各隘，礮隊營分扼馬鞍青山各礮臺。布置周密後，陳曾兩路猛進，直撲北臺。各路同時奮攻。礮隊管用大礮向北臺轟擊，臺上石垣立崩。先鋒隊已撲至臺外石壘後閘，用火藥焚炸，奈藥力不足，匪徒抵死拒守，未能卽拔。兵匪槍礮齊發，匪燃大電燈朗照如白日。黄瑞興腰際受傷，彈子穿透下部而出，各隊仍急攻不下。榮廷親督全營大隊，由是夜戰至初四申刻，槍礮迄未稍停，我軍愈戰愈奮。曾廣義、卓瀛洲等先後搶拈四方嶺及小尖山，賊無險可憑，悉數退入壘中堅守。各隊圍益近，急登壘旁高埠，用槍密擊，匪勢不支，然仍死守。至二鼓，先鋒各隊躍登石壘，陳炳焜手斫中臺匪纛，全軍繼登，匪隊紛奔壘南逃潰。壘卽屬越境，我軍不能過界窮追，只得用槍遥擊，雖斃無算，究惜宋克盡殲。先是，陳炳焜於初一日卽會同礮隊奪回北臺後之土礮臺，此此得手，全在奪土礮臺及四方嶺小尖山三處，濟光周歷戰地，慰勞前敵出力員弁兵勇，見皆面目黧黑，形神惘散，幾非人形。黄瑞興、古景邦、王佩清、馬朝輔受傷尤重。回思七晝夜血戰，令人感泣。是役均肉薄相持，陣擒者均受重傷、不能訊供。據探報，著名匪首疤頭梁之弟梁扒在北臺擊斃。此外傷斃著要，猝難查悉。【略】人駿鳴岐復查，此次匪黨千餘，入手卽據礮台，其志實不在小，軍用品又極精利周備，卽電光燈可以概見。右輔山本極險峻，易守難攻。匪之陷臺也，據龍濟光查復，匪於先數月遣三人應募爲守臺兵夫，匪至內應。又值是夜大霧，邏卒先爲匪戕散，失之甚易。加以山南出爲越境，接濟既無從斷，邊軍地遠備多，兵力又難驟增。礮利臺堅，宜無速克之理。幸賴朝廷威福，仰承指授機宜，嚴申賞罰，將士俱能用命，竟於七日內克復，實非初意所及。

《軍機處寄廣西巡撫張鳴岐電旨光緒三十三年十一月二十八日》 奉旨：張鳴岐二十三日電奏悉。據稱匪股現有四千，官軍已集一萬二千人。兵較匪已加兩倍，並非單薄。若按沿邊一千九百里節節重防，不但無此兵力，且亦無此辦法。宜扼要設防，匪來固守以待援應。另集遊擊隊數枝，適中屯紮，多遣偵諜，察匪趨向，隨其所之迅赴策應，較分段株守，得力實多。縱使匪股乘隙深入，亦可前後夾攻，截其歸路，不難聚而殲旃。著該撫悉心籌畫，妥籌布置，勿得藉口兵單，稍涉諉誤。至請撥直隸江鄂新軍來桂防剿一節，客軍遠戍，水土既多不服，調度亦難得力，應無庸議。

其所請照擬戰守兵額接濟餉項之處，著陸軍部度支部會同速議具奏。欽此。

《雲貴總督錫良致軍機處外務部請代奏電光緒三十四年四月初四日》 昨據署蒙自關道增厚電報，河口地方被孫汶逆黨竄攻，當將派營分道馳援並布置接應各大概情形電奏在案。河口至蒙自電綫現尚阻隔。頃據增厚電稟，轉據駐阿白防營管帶黃新春專報，初三日早接到河口副督辦委員王鎮邦飛檄內稱，革匪千餘人自越邊來撲，鏖戰一晝兩夜，未退，乞速援應。又據駐糯姑防營管帶楊光宸飛稟稱，初三日五鐘雷領事由河口乘火車過營稱，王鎮邦業已遇害，匪分三路進擾。又據蠻耗電稱，派援之李美一營已與匪在河口附近接仗，岑得貴等營亦已在鐵路等處交戰，並聞外人鐵路火車仍照常暢行，各等情。查核來電與外務部録示法領電語大致相同。是河口被陷，王鎮邦遇害，事屬不虛。刻已飛飭前敵各營攔頭痛擊，並催飭招募各營，迅速成軍繼進，由增厚會同開化鎮總兵白金柱督率調遣，務期迅掃邊氛。蒙自爲通中要區，前已調駐新軍一營，茲復添調新軍前往，以厚兵力而資接應。惟是，河口爲滇南門戶，雖迭經先事嚴防，竟致不守，實由錫良調度無方，應請飭部嚴加議處，以爲各邊將士之鑑戒。

《雲貴總督錫良致外務部電光緒三十四年四月初五日》 革匪竄陷河口警報，昨已電聞。查此股匪首爲關苐臣、黄和順，皆孫汶所領大頭目。【略】 此次雷領事過河口時，已經匪佔。關黃二匪首公然致給一函，該領事亦公然以之示人。是其有意縱匪，已屬顯然。該逆黨於去臘即已盤踞越邊芭蕉坪等處，距河口不及三十里。曾據探報電達鈞處在案。河口與越南保勝僅隔一河，不過數丈。王鎮邦慮匪偷渡，恆徹夜帶隊梭巡。其防備不爲不力。詎意頃得確報，此次革匪數千乃係由保勝直過鐵橋而來，竟是明目張膽。況係客民之在越者，例不得攜帶寸鐵。該匪快利槍礮，又從何來。凡此心迹，路人皆知。昨電示有云似無可慮之言。今據迭次稟報，該匪現雖分股沿鐵路上竄而不擾鐵路，外人火車照常暢行。雷領事即係乘火車而過。與鈞電亦正相同。要之，此時匪已內犯，自唯有奪迅用兵，攔頭痛擊。然匪黨雄悍且衆，果能由我兜剿窮追，竭桂滇兩省之兵力，未必不能掃穴擒渠。無如有人陰實助之，非但坐觀成敗，且唯恐其患之不深，禍之不烈。出界一步，匪可逍遥，我難過問。匪之來，防不勝防，匪之過，剿無可剿。勢成束手，禍已噬臍。此固不僅桂滇之邊患，實全局莫大切近之憂也。至滇省尤處其難者，莫如外人之鐵路。現火車仍照常通行，鐵路亦未遭匪毁。然兵匪交戰之區，即在鐵路線上，且更難保該匪不從火車運械運兵。此時若商令停工停車，又慮別啓要索。以前種種重要內容，不敢不據實密陳。

《雲貴總督錫良致軍機處請代奏電光緒三十四年四月初六日》 現在匪勢猖獗日甚，軍情瞬息萬變，不容稍誤機宜。據增厚報稱，該匪分三股上竄，已擾及南溪、壩洒地方，該處防營均接戰失利，前敵萬分緊急，等情。查滇邊本極遼闊，地廣兵單，平日營隊皆係分紮，雖經調集各營，分路銜進馳援，迄無大枝勁旅。總兵白金柱及知府王正雅固皆能戰之將。而究係新募之軍，槍械尤不應手。蒙自爲居中最要處所，派出扼紮該處之新軍又未能飭調遠離。該逆匪黨與衆多，根柢深固，迨謀成事集，糧足械精，而後悉鋭內犯。其逆謀之狂妄，匪勢之鴟張，實與圖擾一隅之醜類迥異。錫良雖外示鎮靜，心之焦灼莫名。籌計再三，伏查廣西提督龍濟光，生長滇省邊地，迭建奇功，其所部精鋭亦皆滇人。惟有仰懇天恩，俯賜敕下張鳴岐，諮派龍濟光挑撥一軍，親率由桂邊逕赴廣南府界，以達開化邊境，橫掃而前，斷匪後路，一面由滇軍迎頭痛剿夾擊，庶足淨此邊氛。

《雲貴總督錫良致軍機處請代奏電光緒三十四年四月初九日》 爲電報剿匪獲勝事：竊逆匪分路內竄，因知西路蠻河一帶尤爲地廣兵單，糾合大股疾趨而入，乘以繞襲蒙自，竄踞箇舊錫廠。查西路以蠻耗爲扼要地方，原駐僅柯樹勳所帶一營，及曾國楨護商一營，兵力太薄。經督商增厚先飭馬廷芳一營馳援，派賀宗章爲蠻河一帶統領，催軍繼進。嗣告警益急，增厚復飭駐蒙之新軍步隊營管帶周國祥帶隊飛往。頃據增原電稟：轉據周國祥電報，該匪果直撲蠻耗，勢極凶悍，槍炮尤烈。經柯樹勳、曾國楨、馬廷芳等奮力堵剿。初八日午刻正在鏖戰，適周國祥率新軍馳到，會合過河痛擊，得獲大勝，生擒悍匪十餘名，槍斃者不計其數，並奪獲槍枝數十桿，現正向前追擊，等情。又據電稟：轉據南防副營務處護開化府知府陳先澤報稱，由河口正路竄犯之匪，經營官姜含章由開化古林箐地方率隊迎擊獲勝，匪已失險。現在白金柱之新募勝興等營，亦已到古林箐八寨等處，穩紮會擊。等情。據報情形，是西路既力挫凶鋒，而開化一帶亦已漸臻穩固。俟白金柱親臨前敵，會合各營兜剿，可期迅奏膚功。謹先撮要電報。再日前河口失陷情形，迭據探查，該處副督辦委員、知府用、在任候補同知、開缺雲南宜良縣知縣王鎮邦，與匪力戰一晝兩夜，被圍後，匪勸其降，不屈，力竭遇害。其餘兩營弁兵，頗有潰降。營官岑得貴、黄體良不知下落。除俟再行確查失事員弁暨隨同王鎮邦殉難各弁兵奏請辦理外，應懇天恩飭部先將王鎮邦照知府陣亡例從優議卹，以慰忠魂。合併附陳，謹乞代奏。錫良謹叩。初九日。

《雲貴總督錫良致軍機處請代奏電光緒三十四年四月十二日》 頃在途次承准電寄初十日諭旨，【略】歷來詗得匪情，大抵所分三路，一欲循鐵道由中路上竄，一欲從古林箐等處東犯開化，一沿變河深入圖擾西路。今白金柱自開化募集各營，親率以出古林箐，遏匪東竄，即以横截中路之衝，與王正雅等會剿得手後，掃盪而前，直攻河口。是白金柱一軍實爲全省之正兵，亦助各軍之力。中路爲鐵道所在，關繫重要，由王正雅率新舊各營而下，飭先扼要嚴防，步步審慎，俟白金柱到中路時，再行夾擊。西路蠻河一帶，匪自蠻耗敗退後，聞沿河尚有匪蹤，已由西路統領賀宗章由蒙自帶兵直趨新平地方，舊原駐蠻耗之陸軍步隊營官周國祥等併力搜剿，即向前與白金柱大軍及中路之師約會痛剿。

查變河直通河口，若令精鋭水陸順流疾下，可以逕擣匪巢，斷其歸路。增厚曾建此策。然必須西路後顧無虞，方可迅密從事。已飭增厚妥慎審度，届時電商。此又西路一軍雖正兵而兼備奇兵之布置也。其餘開臨廣各屬之近邊者，均已分飭該文武添募營團，扼守城隘。白金柱離開化後，有該知府陳先沅早經督營駐守八寨等處，可期得力。頃據白金柱電稱：初八九兩日匪犯古林箐，經營官胡興等鏖戰獲勝。同時該匪另枝旁竄大吉廠地方，亦經派堵該處之營官賽家斌奮力截擊。兩處均有斬獲。匪已暫退。等情。現在白金柱又指日親臨，自可迎頭痛剿。【略】

查前因匪情萬緊，乞援桂軍，原冀龍濟光挑簡精鋭親軍馳援，以掩匪之不備。兹經查明，所派知府龍裕光，現本在籍，前由增厚飭募團營。是桂省奏撥之援軍，仍即滇省飭募之土勇。自因該省邊防未鬆，無從抽調，若待另行募集前來，實不如滇省自募之爲便。

《雲貴總督錫良致軍機處請代奏電光緒三十四年四月十九日》 承准電寄十五十七兩日諭旨，【略】近日前敵軍情，自白金柱進駐八寨，即派營進紮普元、大碓灣、太木灣三處，以進規南溪。仍留營扼守古林箐以接應中路。十四日匪衆猛撲大碓灣，經我軍接戰獲勝。同日分犯大木灣，亦以嚴堵不得逞。而中路王正雅一軍，據增厚電稟，轉據報稱：該軍收復三岔河後，當合各營進取打拉山，詎匪首黄向順即王向順，率衆竟先上犯，其黨至悍且衆，槍械尤精，十四五等日迭次鏖戰，經各營奮勇將匪擊退，適白金柱所部古林箐之營亦越峽横出助戰，匪益不支，已逼匪退至老范寨地方，距打拉山已僅數里。惟該處地極險峻，攻克不易，現正設法分路兜抄。等情。

查該匪攻踞河口後，即連陷南溪及壩灑地方，以該兩處爲巢穴重地。南溪係鐵路第二十三啓羅，距河口約六十里。日前匪已竄至七十四啓羅白河地方，經一再擊退，若攻克老范寨，則已抵四十四啓羅，距南溪亦不過五十餘里。現在中路與東路之師既可會合，俟白金柱募營到齊，併力進攻，得能收復南溪，即可直指河口。至壩灑地方，係在南溪以西，地濱蠻河。前者匪由壩灑沿河會趨田房、南屏、龍膊、新街等處，直犯蠻耗，幸我軍於蠻耗大捷，匪始敗退，西竄三猛地方，龍裕光帶團追擊潰散。經飭會合各土司辦理清鄉，以免蔓延。蠻耗以下，沿河仍有匪蹤。現趙金鑑已率陸軍營隊續抵蠻耗，由增厚飭商西路統領賀宗章抽撥各營，由趙金鑑率領，直取新街，節節掃盪而前。俟克壩灑，我軍即可三路會齊。

《雲貴總督錫良致軍機處請代奏電光緒三十四年四月二十七日》 竊中路前敵收復老范寨，昨已另陳在案。兹據西路趙金鑑電稱：『自田房大捷後，審察地勢，以田房壩灑之間小龍膊地方最爲險要，二十五日率隊進取，沿途見有傷斃賊屍，並據探詢匪首黄和順於田房之戰係受傷而逸，我軍到小龍膊，已無匪蹤，尚遺有宰食牲畜。當即於二十六日進薄壩灑，該匪未敢接仗，先已狂奔，即又跟蹤追剿。是晚進紮曼莪地方，距河口約僅三十里，擬即直攻河口。』等情。錫良查該匪在田房既受大創，且中東兩路方緊逼猛攻，機勢萬不可失。惟匪情狡詭，偏師直抵，仍飭加意審慎。一面約會中東兩路之師。至中東兩路現已將次併爲一路。

《雲貴總督錫良致軍機處請代奏電光緒三十四年四月三十日》 竊二十七日據趙金鑑電報，收復河口，當即據電先行陳奏在案。兹據白金柱電稱：二十五日東路之師既克南溪。適是日中路王正雅各營由泥巴黑追剿而前，節節迭有斬馘。【略】餘匪百餘人，知我軍已復南溪，要其去路，歧趨僻徑，恃險力抗圖脫。【略】將士憤甚，奪勇兜圍，殲之殆盡。遂與東路之師會於南溪。護理開化府知府陳先沅率團亦到，由該鎮督派會合，於二十六日進攻螞蝗坡踞匪，該匪仍以死拒，經我軍併力痛擊，斬芟尤多，復沿途搜山而進。時西路趙金鑑已於二十七日由蔓莪逕取河口，匪先空壁逃奔過界，未便往追，截獲渡河零匪，訊明立予駢誅。一面扼險穩紮。旋該鎮與王正雅、陳先沅亦卽馳至。當先出示安民，將逃避越界保勝之商人悉數招回，照常復業。路工洋房一無損壞。其竄逃伐布田之匪，亦經龍裕光督率遊擊兩營搜捕擒斬，狂奔出界等情。【略】

伏查該匪突踞河口後，連陷南溪壩洒兩處，倚爲巢穴，卽分三路上犯，黨衆械精，勢極剽悍。【略】匪蹤所竄，戰綫袤延數百里，每股輒號數千人，幾於全省動搖，不可終日。經錫良督同司局及南防營務處增厚，仰秉宸謨，廣諮方略，審察形勢，詗探匪情，分路命將徵兵，運糧授械，不旬日而籌辦粗備。各路新舊將弁，或千里赴援，方喘息之未甦，卽血肉以相薄；或以倉猝召募之師，甫隸戎行，卽當狂寇。適值暑雨時行，瘴氣盛發，各軍皆能奮不顧身，冒險遄進。幸而西路蠻耗戰捷，搶傷匪首關茀臣，圖犯蒙自及箇舊錫廠之匪，自此不振。中路復捷於白河，直驅賊至三岔河以上。而東路白金柱本軍及陳先沅之保衛隊，當賊氛方熾，獨能穩紮硬打，遏其東趨。於是各路局勢日臻穩固，乃迅飭進取。白金柱親臨前敵，決縱指揮，未幾而有田房之捷、南溪之捷。匪首黃和順、熊達卿或傷或斃。中路亦在老范寨槍斃匪首黃東。我軍自泥巴黑、車河地等處掃盪而下。南溪之役，斃匪尤多。於是餘匪逃死不遑，甫數日而卽將河口克復，同奏膚功。

《雲貴總督錫良致軍機處請代奏電光緒三十四年五月二十三日》竊滇邊於河口克復後，敗逃零匪竄匿開化東路沿邊新店等處，經營團奮剿出界，前已電奏在案。該匪自新店逃出界外，旋又內犯老卡及小壩子地方。當飭知府王正雅會同護開化府陳先沅督率各營，三面兜剿。該匪雖敗竄之餘，而悉皆死黨，搏戰甚力。經我衆數次奮勇攻擊，斃匪極多。餘匪復又逃出界外，仍在近邊處所伏聚，意圖伺隙進攻。各營晝夜嚴防，並密布遠圍，以爲聚殲之計。現據該府等稟報：餘匪知我嚴備，計無復之，近日已探聞陸續遠竄，醜類雖未淨絕，內地實已肅清，等情。查該匪既迭受鉅創，其竄散固在意中。惟匪蹤飄忽靡常，沿邊千里處處可通，防範斷不容稍懈。

《雲貴總督錫良致外務部電光緒三十四年八月十二日》初八日、初九日法國寶領事照會洋務局稱：據報有中國賊匪一隊，在滇亂以後闖入東京，已減至二百名左右，自受越之第三路軍隊擊敗後，匪向老寨與底柱坪一帶竄去，似欲罷手，不意驟有華人二百名前往附合，致匪力頓漲，並有猛丁土司名頭子者遣助苗子若干，卽著名爲苗子王者。此起匪隊，係由名黃萬廣者，與前在黃樹皮之廣東頭目卽其兄弟名黃之庭者同帶。現此二人又在中國軍隊當差，改名黃載亭、梁章謙，中國官員注意此人民附匪滋亂之重要，設法飭拘要犯懲辦，卽黃梁二人，並飭知中國邊隊頭目，不得縱其部下私與東京賊匪和合，等語。【略】錫良查革命黨久在越南境內居留勾結。此次滇亂，該匪卽自越界而來，非但環球共知，法人亦無從曲諱。縱有前被我軍剿勝餘匪，只能謂之逃回原地，不得謂之闖入彼界。況迭據探報，越南土人之被煽者亦到處皆有，其咎又將誰歸。

論　說

《致鄧澤如述鎮南關起義後情形並告來星加坡籌款函一九〇八年三月七日》澤如同志仁兄足下【略】弟自攻破鎮南關之後，默察廣西全局大有可爲，月來所圖較前極有進步。蓋我軍苦戰八月，未嘗小挫，軍心堅定，無慮渙散。而各鄉人民視革命軍如親友，不獨鄉民爲然，卽各處團練亦多暗附。以軍心民心而論，誠可無憂，蓋革命軍之根本已立矣。

而目前更有千載一時之機會，則以廣西邊兵多暗約來降也。自軍興以來，虜廷調兩廣之兵聚於欽州、南寧、龍州三處，兵數雖近六萬，而能戰者甚鮮。客兵既不習戰，巡防各營則久已有心歸附。其能任戰者，惟陸榮廷部下四千人而已。此四千人者皆百戰悍卒，屯駐邊防。昔日我軍破鎮南關之時，【略】自經此役之後，無論廣西各營兵聞風膽寒，卽陸軍亦心折我軍之堅勁。而我軍中人多有與陸軍將士爲舊時兄弟，以是之故，我軍百端運動，陸軍將士逐漸傾心。且虜朝待人無信，當我軍攻破鎮南關時，虜下令廣西巡撫、提督及諸統領，謂『十日內不能復關，一律斬首；如能克復，當有重賞』。乃我軍血戰七晝夜後棄關前進，陸軍收復，所有前此花紅重賞一概不與，以致全軍怨望，而陸榮廷諸將尤怨虜之濫刑吝賞，故我軍中將士得以乘間而運動奏效。現時陸榮廷部下之兵多來約降，弟許以若每人攜槍及子碼來降，破龍州、南寧後每人予賞一百元。而各兵則謂來降之時，卽求賞三十元，俟破龍州、南寧再領厚賞云云，其所要求亦不爲奢。弟料此軍來降，則龍州、南寧確可以必破，因現時除此軍外實無他軍足以任戰也。

《在河內對鎮南關起義黨人的演説一九〇八年二月》 此次起義，我們以少數同志佔領了三個炮臺，與龍、陸數千人奮戰七、八天，已經顯示了我們革命軍人的大無畏精神。此次革命還有外國的革命同志同我們在一起。從表面看，好似我們遭受了失敗，其實勝利仍屬於我們。因爲此次起義已震撼了滿清王朝，中國專制政體不久一定會被我們革命黨推翻。這不是勝利是什麼？我們革命是合乎世界潮流，順應全國人民期望的，所以一定會成功。我們要乘此勝利聲威，繼續不斷地革命。這就是我們今後的責任。

《欽廉之役致鄧澤如書一九〇八年》 澤如同志仁兄鑑【略】現下，我西路義師在欽、廉連戰大勝，聲勢大張。廣西邊防營勇之思反正以爲義師內應者甚衆。今有數營已經定約與我廣西別軍同時起事，急需花紅並月餉萬元。精衞來函，謂足下處力能籌五千，如此當可剋期集事，務望足下早日籌便付來，以便轉匯軍前，令立行事。若於此時廣西能大活動，以爲欽、廉義師之聲援，則西路大局可定，而東路惠、潮亦可預備再舉矣。雲南之局，亦有布置。廣西得手，則雲南之師亦可以隨之而動。如此，則兩廣、雲、貴可期恢復，而革命軍之根本固矣。全局關鍵繫於廣西邊防營勇之回應，而回應之遲速，又繫於籌款之成否？今得足下力任一臂，事可無憂矣。惟機局之來，難得而易失。今誠千載一時之機，若不致遲延錯過。則南方基礎可定，而破竹之形成矣。【略】

庇朥同盟列位義兄大人均鑑：【略】弟此次南來籌款，已得三數埠同志捐集多少，故欽軍得有近日之活動，連戰大捷，軍威爲之一振。今又得貴埠及芙蓉各同志贊成，前途更有大望矣。現時廣西邊防營勇已約降，而雲南之布置，又已妥當，可隨時發起，所待者款耳。刻下有最急之需而不容緩者，有廣西營勇約降之花紅及餉需萬餘元；有雲南待舉之接濟萬餘元；有欽軍之加補子彈需三萬餘元，此三宗統計不過五、六萬元耳。若能立得此數，則兩粵、雲南三省相連數千里之地，可以同時活動，則虜兵雖有百萬之衆，亦必難首尾兼顧矣。況彼虜傾國不過十餘萬之弱卒耶？廣西、雲南兩省一起，則欽軍無後顧之憂，可以長驅進取，而東路惠、潮之義師可以再起，福建漳、泉可以響，如是則南七省之局定矣。此時則北軍必可起於燕、齊，中軍必可起於吳、楚，此弟數年之計畫也。【略】顧今日之得失成敗，在於能速得此款否耳。得此款，則吾軍之勢力可立增十倍，達此目的，則基礎可固，乃能持久，一能持久，則軍政府可以成立。軍政府一成立，便可因糧於內地，借債於外國。此時自可左右逢源，雖數千萬數萬萬之軍餉國用，可以無憂矣。惟當此得失之交，爲吾漢族存亡所關，不能不望公等竭其能力以任此急需也。

《雲南留日本同志檄國內反對清政府借外兵文》 今清廷因平滇亂密借外兵，所謂盜憎主人，復開門而揖盜者，是耶非耶！原其處心積慮，必使我禹域神州盡陸沉不起而不止。顧念我皇漢同胞既爲彼之順奴，今彼且不悅，復轉賣而俾奴隸於列強，東三省之慘禍不遠矣。【略】

然而雲南者非僅雲南人之雲南也，漢族之雲南也，中國之雲南也。雲南人既處此不能不死絕、不可不死絕之時與地，則吾雲南人惟有實行死絕會之手段，以達死絕會之目的。凡雲南人有一人未死盡絕盡時，則雲南人絕對的不受清廷之支配，亦絕對的不受他國之干涉。且清廷爲偷目前之小安，而促列强瓜分中國之慘禍，則雲南人雖至最終之失敗，不能保雲南全土，亦必爲遊俠，爲刺客，懷槍挾彈分途並進，誓殺盡賣我雲南、辱我雲南之醜類及官吏而後已。【略】

今我雲南人之自覺自決，僉以獨立爲唯一無二之目的也。顧或者謂外部懼革命軍聲勢盛大，密借外兵以平滇亂，雖於文明戰爭法例小有出入，則亦無可厚非。滇人卽欲阻止，亦宜先電清政府或各省督撫，而阻止之可也。又或謂雲南一省萬難獨立，卽欲獨立，是未免自棄於中國也。嗚呼！是等論説，皆無意識，無肝膽，計個人私利，惟恐斯事舉行害彼前途之言，非正當防衛關於祖國前途之言也。

夫清政府之欲斷送雲南於外人也，久矣。藩籬盡撤，路礦悉賣，官吏盡放一羣豺狼，邊防無一壯兵利器，致革命一到，勢如破竹，如入無人之境。彼無可如何，遂使其狡計，密借外兵，將雲南一十四萬六千六百八十方英里之土地，一千二百數十萬之人民雙手捧送法人，以圖換取革命黨數人之頭顱，喪心病狂，是豈可以天理人情喻者。【略】

成就雲南獨立，卽爲成就中國獨立之基礎。蓋雲南者，漢族之雲南也，中國之雲南也，非滿廷之雲南，亦非清國之雲南。清國爲滿廷之代名詞，非中國之代名詞也。中國被併吞於清國，漢族被征服於滿廷。今滿廷罪惡貫盈，我漢族起而驅逐之，以恢復我中國，固古今東西凡有教育之文明國無不許爲大義之所宜，而人道之所重者。況今復天奪其魄，妄借外兵，以平內亂。我雲南與彼斷絶關係，尤爲名正言順，氣壯理直，雖刀鋸在前，鼎鑊在後，亦何畏之有。蓋雲南之舉獨立軍而宣告獨立，實對於清政府而宣告也，非對於我皇漢同胞而宣告獨立，非對於中國宣告獨立，此界限甚嚴明，非可遷就混淆者。惟我雲南獨立義軍所到之地，卽中國主權恢復之地，若有助清政府以抗拒我義軍，或助清政府而進軍入我雲南境者，無論中國人、外國人，皆與清兵一律敵視。若其他教士、商人之生命財產，我雲南獨立軍皆加意保護，若有意外損害，則我雲南擔負賠償之責。

廣州新軍起義

綜　述

李介孺《粵東軍變記》（初三日）粵省新軍與警兵積不相能。去年十二月三十夜，有二標新軍六人，與某店夥爭論價值。警兵上前干涉，新軍與之互毆，老城一局巡尉朱某受傷，警兵將新軍二人拘去。【略】次日卽初一日，各執木器入城，拆毀警局，毆擊警兵。（初二）至十點鐘時，有步兵二三百人洶湧出營門，【略】於是全營震動，無論同謀不同謀，皆紛紛束裝，而變事以起。

轉瞬間各兵嚴裝出，哄入軍械房取軍械。【略】是時各兵已將軍械取出，惟槍支上全無扳機，因年終大吏接陸路提督秦炳直電，恐軍界有事變，命各標統將扳機並子彈解繳軍械局，每營只留子彈一千粒，七營共七千粒而已。各步兵見槍無扳機不可用，卽擁向炮、工、輜各營搶奪。適各營正將扳機用馬車裝運進城，遂被奪去。幸各快炮仍無彈子，只有快槍千數百杆可用，而變事竟成。【略】

當潰變報到時，水師提督李准與張協統帶親軍出東郊，向諸叛軍勸諭。不服。【略】當備官勸諭時，叛軍堅執不從，並催官軍回城布置，以決一戰。至是而政界主剿之意遂堅。【略】自李提督入城後，叛軍麕集於錢局後各山，有撲城勢，頻以槍向東城上轟擊。有彈向都統頭上飛過，都統大怒，卽命城上守兵放槍。先吹接戰響號，彼此轟擊數分鐘。城兵約放彈四五百響，見叛軍行伍已亂，遂卽停發。是時，城軍正在戒備，各叛兵乃向燕塘一路退竄，或伏於山陬，或分路割斷電線，或遊弋至東門馬車房附近，時已五點鐘後。【略】

叛兵退竄後，至初三日淩晨，李提督與統領吳宗禹率管帶等各率所部，約二千人，由大東門、大北門、小南門三路進兵。【略】吳統領卽飭所部在牛王廟一帶分占四山，以步隊遮其前，而以退管炮隊密藏於後。布置一定，全師俱伏山上。叛兵伏牛王廟前之兩小山脚，持槍直向大馬路之中。吳軍別有一隊，從楊箕村進至黄崗包其後，遂各開戰。炮聲甫發，服藍袍者應聲而倒。叛兵亦還槍相擊，以排山倒海之勢洶湧而來，故傷亡枕藉。約逾三四十分鐘，叛兵死數十人，紛紛棄械逃去。【略】

初四日，官軍以叛兵多向石牌、東圃、白雲山一帶逃遁，仍分隊四處搜剿，並分電各路截擊。是午並將一標內二營燒去，以免藏匿。袁總督卽將大勝情形分電各省督撫，並請軍機處代奏。又官軍進攻時，防亂兵西竄，先調兵五百守流花橋，五百守長堤，以阻其西下之路。並調有佛山安勇四百至省，秦提督亦率大兵到省，汪有容亦帶隊赴燕塘會合，事始大定。

《盛京時報·廣東兵變詳述（續）宣統二年正月二十二日》　正月二日，穗垣新軍之叛，擾攘至夜，一事無成。【略】初三日淩晨，水師提督李軍門會商統領吳宗禹等各武員，分率部兵約二千人出自大東、大北、小南三門，悉心搜捕。下午一鐘，至東門外茶亭前，遇叛兵全隊千餘人。【略】劇戰數時，叛兵傷亡枕藉，倖免者棄械紛逃。事後查計，槍斃百餘人，刀斬十餘人，牛王廟前屍骸遍地。【略】官軍僅傷兩名，大獲全勝，卽駐紮一標營内。查亂軍大敗之速，實因槍彈僅掠得七千顆，每人不及七顆，斷不敵吳軍堅利之快槍也。此初三日大戰之情形也。初三日之戰，更生擒叛軍十四名，悉數押解南海縣。餘黨多向石牌、東圃、白雲山一帶潰遁。初四日，官軍分隊搜剿，又獲叛軍數名。袁制軍分電各路嚴密截拿，並盡焚曲標内二營營房。大局已安，斷無死灰復燃之慮。

劉悲庵《砭羣叢報》第六册《吳宗禹〈三日録〉》　三日録，紀事也，紀叛軍之戰也。【略】初，光緒三十二年政府釐定就徵兵之制。編別鎮數，分定省限，各行省遵章陸續徵勸土著者入伍，則所謂新軍也。廣東於三十二年開徵，經營數年，始成步隊及炮工輜等十一營，則所謂混成協也。

新軍既集，時有革黨陰爲煽惑，浮囂之徒，遂致紛擾。去年早有同盟會票事。洎乎年終，謠諑尤甚。【略】三十日及初一二日，巡防新軍中營右哨右營及副中營全營，親軍左營相繼奉調至。而除夕適有二標兵士與員警衝突事，然旋亦解散。當事者恐其再肇事端也，遂有禁假之令。元月初二日，一標新軍乃藉口禁假，遽相鼓噪，羣起奪械出營，糾合工、輜、炮等隊聚掠標營及協司令等部，波及講武堂，殺官長齊汝漢等三人。昌言革命軍起。

本府聞警，下令閉城，是午水師提督李軍門命禹至行臺與吳參議商策略，密陳督帥，定於初三日帶隊出城，相機剿撫。【略】初三日早七鐘，禹奉命會同張協統哲培，督隊出南門到東鬼基堤岸時，水師提督遣撫之弁還報，亂兵悉不受撫，並言各已嚴裝將來撲城。禹乃命先鋒衛隊管帶童常標選八十人爲前衛；巡防新軍右營管帶太永寬，選百三十人爲右側隊；副中營管帶李得銘選百三十人爲左側隊；禹帥李幫帶挑選親軍中營勁勇百六十人爲本隊；左營管帶薛治和選六十人，巡防第十六營管帶劉啓璋，帶勇八棚並爲本隊接應。【略】十二鐘，見叛兵斥候至茶亭，【略】布列約半句鐘，而叛兵分四大隊持械前來，分占駟馬崗、鴨舌岡及茶亭後面各岡頂，動作極爲迅速。兩軍既接，李幫帶及童、太、劉三管帶挺身逾戰線諭以大義，勸速解散，倪逆等接語多不遜。【略】禹是時始下令還槍抵禦。叛軍屢次衝鋒，異常凶猛。幸我軍佔據高山，用機關炮射擊，斃數十人，陣斬二名，始紛紛棄槍奔竄。我軍奮追至駟馬岡下，李幫帶生擒落馬之倪映典。各營亦擒獲叛兵二十餘名，奪獲無煙槍四百餘支。【略】沿途繳槍者不計其數。約六鐘到燕塘炮營，搜得無煙槍及馬槍五百餘支，子彈百餘顆。而巡防營汪統帶有容亦率勇到。禹乃令劉、太兩管帶率勇回護省城，自與汪等四百餘人駐協司令部。【略】初四日早，隆統帶各管帶奉令來會。張協統亦至軍次。午間諮議局李、毛兩委來饋飯，禹料理撲火並搜緝餘黨事畢，乃請汪、隆兩統帶督飭童、李兩管帶帥各營分紮協司令部，禹率本部親軍中營押解王占魁等回。

論説

黄興《致宮崎寅藏書一九一〇年四月二十八日》　茲略將當日致敗之情形，報告如左，以慰錦念也。此次純以軍隊爲主力，定期在陰曆正月初六日。不料正月初一、二兩日，兵卒與巡警衝突，致爲滿大吏所察覺，加意防備。初三日新軍（約一聯隊）一標及炮工輜（約一聯隊外）四營見其勢已危，卽與官兵戰，相持數時間之久。奈新軍子彈每人不及四顆（因子彈均在城内），終以無彈退敗。同志倪映典，號炳章，安徽人，死之。其兵卒遣散，仍返鄉里。官吏雖知吾黨運動，表面上則爲兵警衝突，莫能爲革命實據，不致妄肆殺戮，亦幸也。然吾黨之勢力已普及於全軍隊（如北京、南京皆是），此次不過解散一部分，而其主要仍在也。今後人心更加奮發，一得機會，卽再舉動，可望成功。弟擬於北京及南京兩處圖之，較之廣東之偏於一隅，則更有進也。

胡毅生、朱執信《致孫中山函八月十日》　前年倪君在粤省運動時僅費數月工夫，實因趙任標統時已種下種子，不可爲例。且當時防閑極疏，外人可任便入營住宿、演説，今斷不能。而倪君開手運動雖在九月，其結納營中官長已先費半年有餘工夫，又有同鄉多人爲助，然後有此好況。

今往運動他省，雖稍有基礎，而防閑較嚴，尤需長時日矣。倪君運動之費（專就新軍一方面）不過三千餘元耳，今歲所費十倍倪君時，而其人又大半已經倪君運動者，然尚不得前歲十分之一之效果，足見運動不全關於錢，仍繫於人才也。然今日人才尤難，欲得其人，勢不許十省同時運動，故此期限仍須放長一年半載。即欲真得十省軍隊贊同，須一年以上至二年之工夫也。

《兩廣總督訓諭正月二十八日》　爲訓諭事，照得此次新軍之變，非本部堂所及料，抑豈本部堂所忍言。然懲前毖後，不得不爲爾等痛言之。邇來國家多故，勢甚險危。力圖自强，特練新軍，以爲兵力充足，內訌既弭，外侮自消。故不惜鉅款，注重於斯。孰意該軍毫無意識，不思感奮，反肆倡狂，將歲費巨萬金錢置之虛牝，內貽君父之深憂，外啓鄰封之訕笑，則安用此新軍爲哉！【略】

推原其故，實因狂悖之徒煽爲邪妄之説，不顧大局，徒快陰私，彼則遠颺，陷人屠戮。輕浮險躁，擾害治安，此皆連年捕誅，無庸愛惜者也。至爾等軍人，受軍事教育，資格既高，意識當具。豈全無忠君愛國之心，不識服從命令之旨哉！乃以小忿之故，遂成叛逆之舉，膽敢持槍抗拒，打壞協司令部，槍斃長官，燒毀營房，殘折軍械，犯上作亂，一致於斯。【略】

自取屠戮不足惜，其如老親弱息何！爾試思之，當亦慘然淚下。假令當日不因小費與店口角，何至巡警干涉？巡警既來，使爾等和平告語，自當調解，亦未必遽行無禮。即巡警無禮，亦只得控訴爾之長官，與巡警交涉。何得不守軍紀、不畏王法，遽行暴動！且訪聞當日爾等未著軍服，蜂擁街衢，藉端滋擾，與流氓爛仔何異！又安望警兵之能以特別優待也！凡此非爲巡警袒護，不過欲爾等思前想後，爲異日良善之基礎。

《兩廣總督部堂袁爲劄飭事》　照得此次新軍釀事，始末原因極爲複雜。外間不盡周知，遂多異同之論。【略】就事論事，三十之事猶可言兵警口角，兩有是非。初一則新兵糾集復仇，至於毁局傷人，則新兵無一是而巡警無所謂非，然猶可曰以復仇爲名，與警兵固有連也。至初二以後，則彼兵等已昌言叛變，逆迹昭然。【略】此次新兵釀禍，外間但知與巡警口角之近因，然其橫決離奇，其罪已難曲恕。況初二以後之叛迹昭著，更兼三十以前之票據顯然。彼言者設身處地，應作如何辦法？幸其破綻尚早，事用不集，逃散以後，軍械已遺，且跟蹤搜緝，派員賫遣，閭閻安堵如常，否則何堪設想。論者乃狃於散兵之沿途安靜，遂謂其不應作爲悖逆。然則當日之戕營官、占要隘、奪槍械、排隊迎戰，口出悖逆，非該兵等之爲而誰爲！一言蔽之，謂其中有脅從附和可也，謂其中盡完全高尚焉不可也。至於新軍應如何招練，應如何嚴加遴選，如何明訂規則，自當參照部章，以期重新耳目，力湔前愆。語云，往者不諫，來者可追。幸紳民等其各悉遵等語，於此事真相已具一班。

黃花崗之役

綜述

宋教仁《黃花崗起義週年紀念會演講辭》　最初，同志計畫進行方法各有不同。或主從中央入手，如法、葡是，但在我國頗不易爲；或主從地方入手，各處同時大舉，是亦恐難以做到；最後決定從邊遠入手。故從前雲、貴、廣西諸義舉，即緣此義而起，因復有去歲廣州一役。

先是，黃克强、趙伯先等，立實行機關於香港，內分數部，或掌運輸，或主聯絡，或謀通財與執文牘，謀甚秘密。孫中山先生、黃君克强先後到南洋、美洲一帶，募軍餉四十餘萬，兼購最利槍支。廣州舉義時，槍未運到，而各處同志來者益衆，形迹頗露，衛隊及警兵漸相緝探，遂決用手槍炸彈，黃君先入城。原擬黃自攻督署，而以趙君攻水師營，其餘分三支：一攻旗軍，一守南門，一迎新軍。入城事成後，則以趙君出江西，黃君入湖南，再分道各省，鼓動回應。此布署大概也。

二十六日，機關部得黃電，言事洩矣，請改期二十七日。又得黃電，催衆往，遂於二十八日出發，到者僅一部分人，而事已一發難收矣。二十九日餘始到，業知失敗，未容展我手眼，爰探得舉事時，黃君初以事洩，欲解散，多數人反對，遂倉猝舉發。黃君所帶無百人，又大半留學生，未習戰伐。攻督署時，擊死衛隊甚多，同志死者亦不少。繼而黃君直入後堂，見不惟無人，並器具亦無之，乃知張鳴岐得信最早，已攜眷潛逃，因率隊外出。而各處陸軍岔集，黃又擊斃數人，而我之隊伍已被陸軍衝散，黃乃易服出城。其餘未出城者，血巷戰，至死氣不餒。黃隻身逃至一買賣鋪中，伏數日始脫於難。至初四日，入城調查，死屍計七十二人。黃雖未死，受傷頗劇，餘則或傷或逃，尤不可勝紀。噫，亦慘矣！

黃興《廣州起義報告書辛亥年四月初》 良友盡死，弟獨歸來，何面目見公等！惟此次之失敗至此者，弟不能不舉（胡）毅生、（姚）雨平二人之罪。

毅生所主張用頭髮公司之陳鏡波，據現在事實觀之（昨新聞紙已載有用頭髮運槍彈之說），陳實爲大偵探。【略】又廿八之期，原毅所主張，及弟到省，公議廿九，即電告港部。而港見龍王廟添兵，即運動競存、執信提議緩期。健侯亦憂不敵，贊同其說。（後雨平到，甚反對改期。）然伊亦要槍數在五百以上方允辦。此刻槍所到者不過七十餘支，而弟上期尚未取出，不敢作必得之數，是直不辦而已。）

弟見各部如此，所謂改期者，實解散而已。弟之痛心，當何如也！故弟當即決心願以一死拼李准，以謝海外助款之各同胞，而令各部即速解散，以免搜捕之禍。（當即與宋、周二君商量，先將伯兄部全數返港，隨即遣回籍。）一面保存已到之槍支，留與公等作後圖。此即緩期之一段落也。

後林時塽、喻雲紀兩君到弟處，云：不但不能緩期，且須速發，方可自救。此巡警局早四五日已有搜索戶口之劄飭，旦夕必發也。【略】當即電港：定期二十九。弟意此三營若能反正，不患餘營不降，現有新軍以助之，事必可成。即定計劃與競存兄。弟即召集餘人，以當督署。意欲督署一破，防巡即入，李准不難下也。孰料事竟相反，死多人以攻入督署，空洞無一人。觀其情形，有如二三日前去者。【略】

又可憤者：既約定時刻，陳破巡警局，毅率陳二十人守大南門。（毅自云：欲駁殼十餘支，只給弟部六支，後毅亦不知何往。若當時自己不出，多給弟十餘支，則殪賊必多，或全部擊出城外，亦未可知。弟思及此，尤歎毅之無良。）姚部既不能出，則馳往新軍，必可成功。何姚並此不爲，徒作壁上觀耶？是可忍，孰不可忍也！

論說

宋教仁《黃花崗起義週年紀念會演講辭》 計此事失敗原因有三：一、偵探李某充運軍火，爲平日黨中最得力人，不知實乃偵探，後查明，處以死刑，槍斃之香港；二、從戎者皆文弱書生，素無武力；三、起事倉猝，新軍未能響應，諸同志亦多奔赴不及。有此三原因，所以失敗。

但平心思之，此事究不得以爲失敗，蓋失敗一時而收效甚遠也。何則？有此一番變動，遂生出三種觀念：一、此番死難諸人，如此猛烈，可使一般人知同盟會非徒空談，實有犧牲性命的精神；二、此番死義，多屬青年，易激起人痛惜之心，而生傾向革命之熱誠；三、政府對於此舉毫無悔心，人愈恨舊政府而爭欲推翻之。有此種種，故武昌一起，天下從風，豈偶然哉？雖謂諸烈士已成有圓滿無上之功，未爲不可也。願諸君作事勿看眼前成敗，要看後來結果，最遠之成敗，天下事無不可爲矣云云。

黃興《與胡漢民致譚德棟等書一九一一年五月下旬》 自起事至今，始能執筆綜述報告，【略】此次以經營過久，人先械到，日露風聲（此若事勢使然，因預料購械之地，多不如願也。而周來蘇之棄槍大海，要重購重運，亦貽害不細。）且知人不明，內藏偵探，使敵爲備。至温生才之事件，新軍之退伍，皆屬意外之障礙。然使各任事之人，俱能盡其任務，則虜雖密防，而其戰鬥力如彼，只百餘人，橫直衝突，虜幾無如何。克即晚出大南門，徐維揚到小北門，俱無守備者。當時若巡防營從南入，新軍從北入，必無抵禦。張、李爲空衙空城之計，若軍界有變，即不啻自貽伊戚。而孰知一皆虛僞，平日專任調度處之人匿不敢出，僞言其衆有槍無彈。（是時雨平所部全在省，並未退去他處。初雨平言毅生不肯發彈，克亦姑信其言。後查知伊已由女同志忠漢手收彈三千餘，且是日雨平到某書院取兩槍彈，二三其說，後亦不自取而去。惟有彈三千，盡足以起。又伊另支公款三千五百元，爲自購槍彈之用，此項又安在？以平日慣爲運動，至難信爲可即反正之軍隊，一與觸接，又復何難？倪映典隻身入軍，而三千人反。人之賢不肖，相去遠矣。）是日再三言巡防營必反必應，克等因之再定二十九之期。詎伊臨時並不一往應接，（防營與我黨相遇，亦隨處敵視。）非詐僞欺人，即忍心作壁上觀耳。此姚雨平誤事之罪也。毅生本任百人，連東莞五十人，爲百五十人，二十七因有改期之説，乃盡遣返。二十八晚，由執信兄馳往順德，二十九午後歸，云有十人至蓮塘街，比往視，則克部李羣帶來之人。克知毅衆不能復來，乃聽其擇陳炯明二十人守大南門。詎其日三時，陳炯明馳至始平書院告毅，謂又改期三十。（此説係港部二十八晚發電求緩者，因二十八晚十時，港始接省再定二十九之密電，以早船不克全部來，乃分早晚發，早船少，晚船五只也，而同時發電求緩。）然克等在省議已決定，陳炯明初以爲言，克即拒之。再使其友馬君來，則克衆已裝好身將奮戰。不知陳炯明何所據，而謬謂克已允改期之妄傳？讓還守大南門之職務與炯明，因謂與炯明之衆言語不通，請炯明另派一人指揮，而身自出大南門，會順德派來之人，後遂不得入城。毅生既有任務，初豈不知炯明之衆爲海陸豐人，何至臨時方始悟及？輕將守大南門之任並還於炯明，其誤事一。惟其任守大南門，故克聽其多分駁殼槍，否則克部戰鬥力增，傷亡或少，其誤事二。陳炯明本不知兵，然既承指揮之任不辭，乃便造爲克已允改三十之説，自誤誤人，殊不可解。先擔任攻巡警教練所，因毅讓還其部二十人，則云，如此我並以全衆守大南門，不攻督練公所，既已非矣，後則並大南門而不守，徘徊於城外，此皆陳炯明周章誤事之處也。至二十六日，克已當公衆定二十九爲期，倘始終不改，不撤退各部之衆，而且陸續仍進，則在省多三四百人，虜不足懼。即敗，或能盡衝出。而毅生、炯明等則僅以風聲之過露，以爲事必不成。（以事勢論，防營、新軍不能反正，雖有黨人數百，恐亦難於佔領廣東，如毅所料，然究竟有進無退，方爲我輩之決心。）毅懼頭髮公司之有偵探，則不敢往取彈子，見巡警之矚目與防勇之加增，則憂其難圖。殊不知張、李二賊方設網羅，任我輩之盡數投入。倘爲盡數之拚命，未必果全燼也。當二十八晚港部接省電，仍定二十九之期，其時在港者餘三百人，翌日早船只有一隻，以當時謠言已重，恐一船數百無辮之人不得登岸，故分小半上省，而大半入夜搭船上；同時發電，請省緩一夜。展與伯先俱以嫌疑重而識面者多，故俱搭夜船上。至則二十九晚之事已敗，城門已閉，不得入，乃相率歸港。

藝　文

高旭《蝶戀花·四月一日感粵事作》　百囀黄鸝簾外聽。芳訊沉沉，惹起春人病。緑到肥時紅瘦盡，幾時重奉東皇命？連日南風吹不定。蝶醉蜂癲，打落蒼苔徑。絶少杜鵑聲響應，奈依愁喜交相迸。

高旭《相見歡·前題》　心期兩地相同，死聲中。惆悵年來難競是南風。春安去？花無語，恨匆匆。回首粵王臺畔血飛紅。

黄興《蝶戀花·辛亥秋哭黄花崗諸烈士》　轉眼黄花看發處，爲囑西風，暫把香籠住。待釀滿枝清豔露，和風吹上無情墓。回首羊城三月暮，血肉紛飛，氣直吞狂虜。事敗垂成原鼠子，英雄地下長無語。

四川保路運動日趨高漲分部

綜　述

傖父《川路事變記》　一　川粵漢鐵路之借款

光緒二十二年，美國上議院議員准西排等倡議創立合興公司，以承攬建築中國鐵路爲目的。是年，總理衙門奏明蘆漢鐵路業已開工，粵漢亦須次第舉辦，以期聯絡一氣。是爲建築粵漢鐵路動議之始。【略】然是年三月二十四日，督辦鐵路大臣盛宣懷與美國合興公司代表人巴時訂立草合同十五條，專款一條，由駐美使臣伍廷芳在華盛頓簽字，粵漢全路定由該公司承造。【略】二十六年六月，盛宣懷與合興公司續訂合同二十六條，亦由駐美使臣伍廷芳簽字。【略】合興公司董事，大半皆屬比人，比與法通，法與俄合，其時京漢路已由法、比二國合辦，東三省鐵路又在俄人掌握之中，與粵漢聯絡一氣，勢力益張。【略】四月二十二日，郵傳部遂奏陳四國借款歷次商議情形，改訂合同二十五款。遂奉命著郵傳部簽字。蓋先以國有之名取消商辦，然後與四國訂約借款修築。政府之政策，記者固無評論之餘地，惟改訂合同中，除增借款爲六百萬鎊、加入美國資本團外，復將鄂境川漢路線刪去支路，以宜昌至四川夔州一段抵補之，仍名爲湖北境內川漢鐵路。以鄂路借款混入川路，實由於此，而川路事變亦因此而發生矣。

二 川路之接收

法於光緒十四年要求建築滇越鐵路，【略】英亦於是年要求建築滇緬鐵路，【略】美於二十九年請於外務部，願借款以修築由成都至漢口之路。是年閏五月十四日，川督錫良奏請自設川漢鐵路公司以辟利源而保主權。十二月初六日，又奏遵商部新訂鐵路章程，設立川漢公司，集股開辦。大旨分成渝、渝萬、萬宜三大段。【略】本年四月十二日，川粵漢幹路奉命收歸國有。【略】二十二日，郵部訂立四國借款合同，將宜夔一段作爲鄂境川漢路線。二十四日，奉命停止川省租股。當時護督王人文曾參劾郵部訂立之借款合同喪失權利，六月初六，又電奏四川諮議局呈稱請飭暫緩接收川路，奉旨申飭。【略】閏六月初九日，川督趙爾豐蒞任。十六日，川路公司開股東會，以川路駐宜分公司總理李稷勳，於未經股東會議決以前卽呈郵傳部定接收辦法，與郵傳部私相授受，專擅害公，由股東會決議辭退；又以郵傳部電致川督，飭川路公司無庸停工，原用員司一概仍舊，每日開支仍用川款，是於收路之外又奪其貲。二十二日，由川督據情電奏，奉旨將原件鈔給督辦川粵漢大臣、郵傳大臣閱看。郵部覆奏瀝陳川路情形，請飭下四川督臣，轉飭奏派路工總理李稷勳仍駐宜歸，暫管路事。七月朔，川路股東開保路大會。下午，成都罷市，學堂亦停課，居民商人均供奉德宗神位舉哀。初五日，將軍玉昆、總督趙爾豐合都統提督司道聯名入奏，請川路暫歸商辦，將借款收路事件分別交資政院、諮議局議決。初九日又聯銜奏請。政府惟飭川督勸諭解散，無一定辦法。十二日，川督又電內閣，陳川路風潮日漸劇烈，罷市者已有十一州縣之多，其餘州縣雖尚未罷市，亦皆有不安穩之現象，若不亟定辦法，明白宣示，恐不久必有意外之事變。十三日，端方奏劾趙爾豐庸懦無能，以致推波助瀾，風潮愈烈，遂命端方入川查辦。十八日，端方帶兵兩隊由鄂起程，而川省事變已亟。（宣統三年七月）十五日，事機決裂，川省遂糜爛而難於收拾矣。

三 川省之騷亂

當川事之初起也，政府頗主張平和對付，惟無根本上之解決，川督以朝旨未定，亦不敢驟以兵力鎮壓，致釀事變。川省雖罷市已久，而紳民多方勸導，力戒暴動，相持至十餘日，忽聞端方帶兵隊入峽，人心恐怖，誤會朝旨不愛川人生命財產，遂有人散布《自保商榷書》，有停止捐輸、停止協餉諸項。川督遂變其方針，謂爲首數人顯露逆謀，已糾匪徒，約期起事，謬希獨立，其宗旨非復前日保路可比，非用嚴厲辦法，不足以消逆謀而扶危局，遂有拘捕紳士之事。

（宣統三年七月）十五日，川民數千人，由商會、工會、教育會代表，詣督署求阻端方兵，面呈奏稿，請代表，川督允之，已散。而川督以人民聚衆要脅，決意嚴懲，卽日以兵拘諮議局議長蒲殿俊、副議長羅綸、川路公司股東會長顏楷、張瀾、保路同志會會員鄧孝可等入督署。川民復聚，相率隨行，及抵督署，則兵衛甚嚴。趙督斥諸紳爲叛逆，諸紳抗辯不屈，趙督欲殺之，隨觀者爲之哀求，署外之人皆哭喊。將軍玉崑在座，爲諸紳緩頰，並乞代爲看管，遂攜諸紳去。督署內外圍觀之人尚未散，續至尚絡繹不絕，趙督以兵驅之不去，乃槍斃若干人，並以騎兵衝突人叢，死傷頗多，衆猶不去，力與衛兵相持，督署之門被毀。【略】

自趙督入奏以後，朝野輿論，咸以爲爭路之紳士與暴動之亂民，自宜分別。靖亂之法，當以分別剿撫爲一事，宣示路事方針爲一事，而剿撫必分良莠，勿宜藉兵力以妄行殺戮。岑春煊奉命會辦川事，卽以撫民爲宗旨，先發手書，勸慰川民，川民望岑甚切。岑春煊到鄂後，與瑞澂議論不洽，與趙爾豐亦有意見，復引疾。川事自趙爾豐用兵痛剿後，成都雖幸無事，而各地方暴動迭起，亂事日益蔓延。端方帶隊入川，尚未入峽，而（宣統三年八月）十九日武昌兵變，全局騷動。二十三日，以岑春煊補授四川總督，所有該省軍隊均歸節制調遣。二十四日，開去王人文川滇邊務大臣差，仍以趙爾豐充任。岑春煊未到任以前，所有川中剿撫事宜，仍由趙爾豐迅速辦理。旬日以來，鄂亂益棘，川事更不可知矣。

宋教仁《論川人爭路事宣統三年七月二十一日》 自政府定借債修路政策，【略】茲就各方面所得之消息，列舉如左：

七月一日，川民因爭路事開大會，到者數萬人，全城罷市罷學罷稅。

（五日）

十二日，全川保路同志會宣言云：『成都自朔日罷市罷課，南至邛雅，西迄綿州，北近順慶，東抵榮、隆，千里内外，府縣鄉鎮，一律閉戶持奉景皇帝神牌，朝夕哭臨，全川憤激悲壯，天地易色。川人所爭者，新内閣第一政策，不依法律而舉債，不依法律而收路，種種蠻横，直從根本上破壞憲政，故願簽名决誓，先海内死爭之，區區股東權利，猶其末節。今自初九日起，實行不納租税，已納者不解，既解者不交，萬衆誓死，事在必行。特此布告全國之熱心憲政前途者。全川股東保路同志會啓。』（十二日）

川民已用正式公文向川督趙爾豐宣言，不納租税，截解餉款。（十四日）

川督與將軍各司聯名代奏，請川路暫歸商辦，以去就力爭。奉嚴旨飭遵前旨辦理。（十五日）

川民圍攻督署，立卽剿捕，互有傷亡。（十五日）

川督遵旨嚴拿滋事首要。（十六日）

川中兵民已開戰，傷人甚多。（十六日）

四川保路會代表劉聲元上書監國，請收回成命，不報。

廷旨命端方赴川省辦理路事。

四川京官聯名嚴劾盛宣懷，留中。

川督已命西人避去省城。（以上十七日）

端方奉旨帶兵入川，並相機調用川軍，得格殺勿論。（十八日）

英美兩國各遣砲艦入川，保護西僑。（十八日）

川省爭路愈烈，官民衝突，異常擾亂，由川至京電線已被切斷。

内閣議全調鄂軍赴川。

川省各府鹽井灶戶數十萬，羣起罷市，抗不納税。

鄂軍三十二標全數開往鄖陽、施南等處，防川鄂邊界。

川民决議，自練民兵，自抽租税。

川南一帶會黨乘機起事。（以上十九日）

廷寄川督，宜剿撫兼施，得格殺勿論，其電由資州電線轉達。

北京川路代表及川省學生，相率哭於慶邸之門。

有旨拿川路代表劉聲元。

川人萬餘人要求川督請止端方帶兵入川，趙督拿人，互相擊鬭，死四十餘人。

川中亂勢已成，川人宣告獨立。

川中資州電線又被切斷。（以上二十日）

端方奉旨，節制川全省軍務。（二十一日）

川人與官兵鬭鬧多次，死傷頗多。（二十一日）

綜合以上觀之，其川人决心之激烈，與政府對付之蠻横，可以知其梗概。將來結果，固不可預料，而其關鍵，則要視乎兩方最後五分鐘如何？西南大局，危機一髮，誠可謂人民與政府爭鬭之一大事件也。

《趙爾豐致内閣請代奏陳四川大勢已成燎原請速派兵增援電宣統三年八月二一日》 川省自亂起後，一月以來，據報州縣失守者已十餘處。西南偏地皆匪。由新津至打箭鑪，文報月餘不通，傳聞皆爲匪踞，並有誘結土司情事。

前因新津失守，其地爲西南要衝，形勢尤爲險阻，始派防軍六營，繼新軍混成一協往攻。温江前次失守，克不旬日，又爲匪據，蓋兵力僅止此數，匪則徧地蔓延，兵來則散而爲民，兵退又聚而爲匪。不惟已亂地方，剿不勝剿。且東北表面雖尚安靜，而同志會到處皆昌言設立集團、製械、聽其自由，地方官坐擁虚名，隨時隨地皆可失守。加以民情日爲同志會『路亡川亡』之説所惑，總以首要爲川民爭路而待罪，而不知其借路作亂。匪徒利用此機，雖戕官據城，猶自託於保路同志。愚民無識，竟認匪爲義憤，見匪則助糧助餉，見兵則靦同仇讎，甚至求水火而不與。

川兵皆係本籍，此次均能深服訓勉，忠勇堅苦，實爲難得。如久無後援，既恐勞憊不能久支，且同志會黨現正多方設法誘惑脅迫，相持過久，萬一身家之念一動，恐督策鼓勵，皆無所施。匪勢日張，兵力將弱。省外大勢已成燎原，省城爲根本重地，戶口數十萬，面積周數十里，加以人心助亂，聞兵勝則怒，聞匪勝則喜。兵多調派充剿，省防至爲單弱，一旦變起倉猝，爾豐死不足惜，特此次變亂雖成土崩瓦解之勢，而省城苟能自保，尚可維繫人心，省城若失，則全川將無寸土！【略】

屈計川省兵力，新軍雖有一鎮，特兵科尚未完全，防軍四十餘營，向係分紮各屬防捕，徵集不易。加以事起倉猝，所有寧遠、越嶲等處駐紮新軍步隊一標，防軍十營，被逆黨抗拒於大渡河外，聲氣不通，糧草亦少。邛、雅向駐防軍兩營，與前向關外調還行經雅州防軍三營，現聞均有損失，僅有兩營困守雅州境內。嘉定、眉州、青神、彭山中虛，匪氛聯成一片，而從雷波、馬邊、屏山等處調還五營，遂致隔絶於下游，據報正向嘉定赴援，不知能否得手？敍府、瀘州、永寧等處，素爲盜匪淵藪，重慶爲通商重鎮，僅有防軍九營。【略】

此外資陽、富順，東路咽喉，今敍兵僅三營，合江爲匪徒出没要地，添駐一營，西秀添駐兩營，小川北則夔、萬一營，保、順、潼三府，僅共駐一營，而大北路，即由蜀通陝之要道，劍閣尤關緊要，該路一帶，曾無一兵防駐，至爲空虛。

《趙爾豐致内閣請代奏人民與同志軍合流防剿實難兼顧電宣統三年八月二一日》 嘉定當未失守之先，聞眉州有警，已慮及嘉、敍一帶，恐致滋擾，即電調右路防軍統領朱登五，徵集分防各營，迅速上援。一面飭黔軍進紮瀘州、敍府，爲朱軍援應。十一日朱軍行抵犍爲，與匪接仗，犍在敍、嘉之間，去嘉百里，匪約四千餘人，凶悍實甚，該軍力戰，斃匪三百數人，匪首白、畢、巫，當時陣斃，匪始奔潰撲河逃去。現已向前進。温江縣之匪，已經潰散，崇、仁堵截，未能來省，新津亦將攻破。惟人民終爲『保路保川』一語所惑，到處皆助匪爲虐，愍不畏死。

論　説

宋教仁《論川人爭路事宣統三年七月二十一日》 吾人於是不得不有所感焉！以謂有此一役，而後乃知專制之威，非平和所能克，羣衆之力，非壓迫所能制，實爲政治現象之原則，雖吾中國亦不能外之者也。自政府以僞立憲之旨布告天下，熱中功名之徒，不審翔實，靡然附和，奔走呼號，爲之推波助瀾。於是吾民信之，皆以爲庶政公之諸輿論之實，今而後庶幾可以見之。邇來彼輩實際上雖無大表現，而以其外觀上，嘗有頒布憲法，設立資政院、諮議局等舉動之故。猶以爲吾民既藉此得漸參與政治，則制限淫威，伸張輿論，保護吾儕權利，當非難事。迄自今日，信用政府之心未嘗稍減也。乃者所謂借債築路之政策既定，不經資政院、諮議局之決議，徑自大借外債，收回川漢、粤漢鐵路，政府先自違犯憲法大綱及資政院、諮議局之章程，不顧國家之命脈，侵奪人民之權利，於是吾民始頗知政府之不足恃。【略】數年來，彼輩所戴僞立憲之假面，遂由是一旦脱去，毫無顧忌。吾民處此而猶信其能節制淫威，尊重輿論，保護吾儕權利，蓋不謂之迷夢，已不可得。自茲以往，吾民苟不欲求真正之立憲政治則已，而不然者，則斷非平和手段所能動其毫末。此固事有必至，理有固然者也。

茲者，川人之抗爭川漢鐵路，而知以全體罷市，不納租税爲武器，蓋已覺平和手段之不能有效，而將逐漸以合於政治現象原則之手段對付之者。道路相傳，謂已與官兵開戰數次，死傷甚衆，其確否雖未可知？然川人能羣策羣力，愍不畏死，以抵抗專制之惡政府，搗彼輩之中堅，使之震懾不知所措，則不可掩之事實也。所可惜者，川人尚只趨於消極，而不知出以積極之方法，致使彼輩猶以爲易與，而不知俯首納降，且再三裝腔作勢，以爲恫嚇。復次，除川人外，湘、鄂、粤人不知同聲相應，一致行動（湘、鄂、粤人聽者），更使彼輩得以口惠收拾民心，以便一意堅持其惡劣政策。有斯二者，乃爲憾事耳。【略】普國之受刺激於二月革命也，普人集於柏林與政府戰，卒倒政府、開國會，遂確立普國之憲法政治。凡此非皆吾國人所能效其方法者乎（其目的雖不必效）？嗚呼！事迫矣，吾願政府諸人，勿再以吾民爲可欺，而嚴威以迫人，吾更願川人勿終以政府爲可懼，而退縮以將事也。

《時報·川亂評論宣統三年七月二十八日》 川亂亟矣！政府苟不善籌所以應付之策，國民苟不詳究所以補救之方，則不特糜亂一川已也！謹本一得之見，著爲評論，以爲世告。

以此次川亂之原因，起於爭路；川亂之朕兆，始於初一日之罷市；川亂之成熟，又始於十五日之暴動。計自十五至今日，則禍事已愈釀愈烈矣。夫無［幹路］國有之政策，則川路之風潮不生，無給股獨遜於湘、鄂之上諭，則川人之反對不烈；無李稷勳迎合郵部意旨，自貳於股東之舉動，則川人之憤怒不甚；無郵部故拂民意，故挑民釁，舉川人所羣諸撤銷之總理而壓之以欽派之事，則罷市之事實不見；無加派端方帶隊入川之舉，則川人之驚慌不起。【略】然則綜以上所舉而觀之，此次川省之亂，其十五日以前皆中央政府有以致之，自十五日起，則川督趙爾豐之咎也。蓋川亂之遠因始於路之國有，繼於給股之不公，終於欽派總理，而近因則始於端方之帶隊入川，終於趙督之拿人開槍也。

若夫二十三日之上諭，則亦有二缺點焉。上諭開首即以逆黨罪川人。川查此次風潮之起，其主持倡議者，無非川路之股東及諮議局諸議員；川路股東無非紳商，諮議局議員無非公正之紳士。此等人而謂之爲逆黨，則試問十五日以前川省官場幾無一不與此輩上下其議論，將軍、總督迭次電奏，猶且與表同情，代爲請命。然則川之官吏亦逆黨乎？【略】是川亂本暫，政府逼之不得不久，此一缺點也。

一則岑春煊赴川既無何等之名義，又無何等之職權，曰會同趙爾豐，而趙爾豐近日且困於圍城之內。將如何會同乎？曰辦理剿撫事宜，而手無寸鐵，言撫既屬空談，言剿更乏實力。且諭旨之末有著端方先行設法速解城圍之語。夫朝廷既以速解城圍責之端方，是以端方爲可恃矣；端既可恃，胡必又贅之以岑？設端不能解城圍，而趙又久困於圍內，則岑之到川自仍以速解城圍爲著手。斯時所憑藉之軍隊，是否即奪之於端方之手？抑另有大軍資其調遣？此皆題中應有之義，而上諭均未明及之。此二缺點也。

諭旨有云：分別良莠，剿撫兼施。竊謂岑春煊、端方就此諭旨，須知所以解釋。以記者之意，川亂既釀如此之大難，保中無革黨，革黨別有宗旨，縱使路事問題完全解決，而彼之欲亂如故。然則今日岑、端二大臣對於川亂，須認爭路事之人爲良，革黨爲莠，良者撫之，莠者剿之。則一方面不至濫殺無辜；一方面不至養癰貽患，此最要之宗旨也。

又《論今日當研究解決川省亂事宣統三年八月初二日》 自川省肇事以來，【略】其肇事也爲爭路而起，其持論本甚正大，自初一日罷市罷課以至十五，爲時旬日有餘，並未有暴動情事，其暴動本甚文明。發起者始自成都，不旬日而遍數十州縣，其團結力本甚鞏固。比年民黨之與政府爭者，多虎頭蛇尾，不轉瞬而潛就撕滅。惟彼川人能以熱心毅力而行之，此亦足以見吾民之非易侮者。此後政府舉措，凡有關於吾民權利存廢事件，當不敢貿然從事，可斷言也。則謂川民此舉犧牲無數生命，以爲吾國民爭權利之代價，亦不爲過也。

雖然，此第就民黨之一方面言之而已；若就政府一方面言之，方且目之爲亂民，爲匪黨，爲逆黨。其鬨鬧督署也，則指之爲凶橫，其散布《自保商榷書》也，則指之爲意圖獨立。今日《自保商榷書》既已經各報登載，試問其中果有獨立之字樣否乎？記者又竊嘗就二十日之上諭與二十三日之上諭、二十八日之上諭細心而比較之。二十日之上諭，其最要者，莫如『顯係逆黨勾結爲亂，於路事已不相涉』之二語，一若脱去路事，即可施其痛剿之威也者。二十三日之上諭，其措辭用意，仍根據此二語以立言，故發端即曰：『四川逆黨勾結爲亂』，是明明指此次爭路之人爲逆黨也。即非以爭路之人爲逆黨，亦將爲逆黨所運動，與逆黨聯同一氣者也。二十八日之上諭，雖與前者略異，然其始終指之爲謀逆，則前後皆同，且其嚴厲，更有出於趙督奏報之外者。趙督之稟報也，始則曰亂民，繼則曰民團，三則曰匪黨，原未指斥之曰謀逆。今諭旨一再指爲逆黨、謀逆，是政府之視川民，將絕對的認爲謀反大逆矣。

夫論川民十五日以後之舉動，其罪似無可逭，然論川民十五日以前之舉動，其心迹則確有可原。今舍其肇事之原因，而究其釀禍之結果，試問釀此禍者，果何如人？此豈特川民之過乎！其遠因則有借債築路之盛大臣，其近因則有誘擒代表之趙督。是此次川亂，實由盛與趙迫之使然，萬不能廻護此二人，而專歸咎於川民也。【略】

夫爲今日治川計，莫不曰剿撫兼施。然剿之之事在用兵，今日吾國兵力雖弱，而以之禦內亂尚綽然有餘；至於撫，則此事不能不歸本於鐵路。何以故？以川民之所爭者在鐵路，其爭鐵路也，則在借款合同之失敗。苟借款合同一日不修改，則川民亦斷無就撫之時。縱或一時怵於兵威，帖然就服，然此憤未釋，終久必有爆發之虞。故今日欲解決川亂之問題，非再提議路事不可。惟恭讀二十三日與二十八日兩次上諭，並無提及川路之一語，則政府之對於川事，似無轉圜之意。然四川者，中國人之四川，其利害實關係於全國，四川不幸而罹此厄，吾二十一行省，豈能以對岸觀火視之？

《御史趙熙奏摺宣統三年八月十七日》 竊八月以來，四川謠警漸希。仰見我皇上恩意所流，天下無不平之難。近聞端方已入川境。岑春煊猶留漢口。該大臣心直口快，固非畏難辟事之人。但人心初定，正宜迎機立解，彌亂無形，愈速愈妙。萬不可使民見慣不驚，以致別生枝節。四川至成都外自流井爲官運局所在，而各鹽產林立。重慶爲大清銀行所在，而各票莊林立。兩處人口極多，萬一積久不測，雖勉强收拾，而財政根本損傷，元氣恐百年難復。督撫慣習，不外鋪張延緩兩途。上則於國帑多報銷，下則於百姓多屠戮。徒便一般私人藉開保舉。不知窮民滿地，失一日之機，釀無窮之禍也。以臣聞見，小民感戴皇仁，其敬愛實深且固。不但守分之民如此，卽喜事之民亦如此。故肇亂至難，而定亂至易。其所以激成亂事者，大半官與民相仇，則憤而思聚。官與民相疑，亦聚而不散。必得官民相信，乃能大事立化成小事，小事立化成無事。光緒二十八年岑春煊督川時，正地方惑亂。岑春煊宣上之德，達民之隱，兵不血刃，全蜀帖然。故川民相信至深，言出卽服。及今常在人口。【略】今該大臣半途未發。應懇嚴旨飭其力疾前往，假以不撓之權，責以必收之效。

《學部左丞喬樹枏等奏摺宣統三年八月二十日》 溯查光緒二十八年四川奸民聞北方拳匪之亂，倡立紅燈教，迫脅鄉民，肆行殺掠，蔓延幾徧全省。【略】入川後，查明良莠，分別剿撫。不過二月亂事遂平。然則川人之聞風感動，亦由徵諸往事也。該前督若乘此機會迅速遄行，先聲奪人，川亂自可望其平息。乃聞近日以來，該前督尚在養痾漢口，未定行期。此風一播，關繫非細。現在省圍雖解，謠言已滿全川。【略】臣等再四思維，惟有仰懇聖恩，嚴催該前督岑春煊力疾起程，以紓朝廷西顧之憂，以答川民喁喁之望。【略】

學部左丞喬樹枏等奏摺附片 再：此次川省之亂本起於謠言之煽動，而向來匪類聞風興起，遂不能制。鄉人函電所傳雖不盡確。然以事理揣之，所謂川南一帶屯聚股匪，似卽指新津崇慶等邑而言。又聞匪黨聚集江口，又聞嘉定府城危急。查江口爲新津之下遊，嘉定又爲新津之下遊，如果屬實，是必由江口順流而下，已成建瓴之勢。該匪中必有梟桀之徒，明知省城兵力尚足，不敢攻堅，嘉定而下，敍瀘重夔皆無重兵扼守。是以爲此狡計。然以川省形式而論，重慶實爲水路要衝。非得威望素著深得民心之大臣駐師重慶，居中策應，與趙爾豐合力剿撫，則川楚下游何堪設想。從來兵事貴在神速。岑春煊若一時不能力疾前往，臣等不揣冒昧，擬懇天恩特派前四川總督臣錫良迅往督辦。錫良爲趙爾豐舉主，必能相得益彰。該二督恩威並用，剿撫兼施，當可不致蔓延，重勞宸慮。臣等上念國家，下念桑梓，區區愚悃，不敢引嫌避咎，自安緘默。

《翰林院編修賀維翰等呈》 竊川民因路激變，上煩宸廑，遷延至今，一月有餘。【略】致亂之源半由誤會。川民雖甚冥頑不靈，似不致竟幸天高地厚之恩，以自召其兵燹流離之禍。職等近結川省紳民公私函電所述激變情形，證諸署川督臣趙爾豐前後電奏，多不相符。中間委屈難言之隱，職等聞之，莫不痛心。【略】

職等竊維此次川省之事，始而疆臣激變，以冤濫而興大獄。繼而人民誤會，以驚疑而輒奔救，加以土匪乘機煽誘，遂使人心不靖，至有今日。語曰：『涓涓不塞，將成江河。』又曰：『作始也簡，將畢必鉅。』萬一勢成燎原，不可嚮邇。則西南一隅牽制全局，後患何堪設想。縱使廟算無遺，不難戡定。而軍需疲於飛輓，人民斃於鋒鏑，我國家之元氣固已大損矣。職等之愚，竊謂宜及此時早爲收拾，毋任浸淫醞釀，至滋蔓難圖。擬請嚴飭岑春煊星馳入川，不得在鄂逗留。

雜録

《川人自保之商榷書一九一一年九月五日》 中國現在時局，只得亡羊補牢，死中求生，萬無僥倖挽救之理。【略】今因政府奪路劫款，轉送外人，激動我七千萬同胞，翻然悔悟。兩月以來，其團結力、堅忍力、秩序力，中外鮮見，殊覺人心未死，尚有可爲。及是時期，急就天然之利，輔以人事，一心一力，共圖自保。竭盡赤誠，協助政府，政府必當曲諒，悉去疑慮，與人民共挽時局之危，厝皇基於萬世之安。謹將自保條件，分列於後。願我七千萬同胞及仁人志士，付諸議會討論一是，指定方針，或得萬一之幸。

（甲）現在自保條件：

（一）保護官長 由各廳、州、縣城議事會，通告鎮鄉議事會集議，選定殷實精壯子弟多至百名，少至六十名，作爲舊時團丁，分季輪操，常川駐守官署官局，以便保護。

（二）維持治安 現在全川罷市，萬一不幸，亂民乘機肆擾，應由保路同志會，會同咨議局協議。既經議決認爲亂民，必先曉以大義；如其不從，乃興大兵彈壓，迫令解散，但須不行殺戮，殘害同胞。

（三）一律開市、開課、開工　罷市、罷課、罷工，不過表明川人同志，其實損害甚大；故須斟酌時勢，約同一律開市、開課、開工。斷不可前後參差，使秩序之不能始終一致。

（四）經收租稅　由各廳、州、縣城議事會，通告鎮鄉議事會集議。卽由城董事會代收糧津捐與各項釐稅，妥爲存儲，以議支撥。

《清帝以四川逆黨勾結爲亂於路事已不相涉飭趙爾豐分別剿辦諭宣統三年七月二十日》　內閣奉上諭：自鐵路幹路收歸國有，凡從前商股民股，均經飭部妥定辦法，明白宣示，既已減輕民累，復不令虧損民財，朝廷體恤閭閻，實已仁至義盡。乃川人未明此意，開會演説，藉端爭執，始不過無知愚氓，羣相附和，繼則罷市罷課，迹近囂張。屢經電飭趙爾豐彈壓解散，並飭郵傳部將路款鏐暢妥速清理，明示辦法，以釋羣疑。原冀早就敉平，各安生業，迄不忍加罪吾民。

不料抗糧抗捐之議，相繼而起，惟恐有匪徒從中煽誘，別滋事端，特派端方前往查辦，僅准酌帶兵勇兩隊，俾免驚疑。旬日以來，該省有人散布《自保商権書》，意圖獨立，並有約期起事之舉。經趙爾豐先期偵悉，將首要擒獲。本月十五日竟有數千人凶撲督署，肆行燒殺，並傷斃弁兵。似此目無法紀，顯係逆黨勾結爲亂，於路事已不相涉，萬難再予姑容，已電飭趙爾豐相機分別剿辦。該署督迅卽懔遵前次電旨，嚴飭新舊各軍，將倡亂匪徒及時撲滅，毋任蔓延。其被脅紳民，均係無辜，尤當妥籌安撫，不得稍有株連，免致地方糜爛。如有爲逆黨强迫列名會簿者，卽將該名册全行銷燬，一概不究。

《四川保路同志會聲討趙爾豐檄文宣統三年八月二十七日》　朝廷立憲，普天同遵，食王爵祿而不遵王立憲，以戕朝廷赤子，卽係叛臣，人人得而誅之者也。考查歐洲立憲各國政府，原無逮捕議員之理，議員且不可捕，況議長乎？今我全川議長蒲（殿俊）、羅（綸）等熱忱爭路，力挽利權，本爲强國計也，而川督趙爾豐用野蠻手段，妄加囚錮。同志人等頭頂先皇德宗牌位，跪轅懇釋，更祈代奏，願遵先皇德宗之諭，路歸商辦。不圖爾豐炮斃懇恩之民，並碎先皇神位，以臣轟君，非叛逆而何？

由是川民始邀同志團丁來省乞救，該逆反以罪名栽誣，妄懸賞格，四出防兵，橫施開花大炮，轟斃無數良民。擄民之財，姦民之女，更焚燬民房，不下百千萬戶，全蜀寒心，人人切齒，而趙逆反以防兵之所焚毁，捏誣我民。使先皇復起，不知若何流涕，若何痛哭，若何嚴治趙逆之罪也！惜皇靈已渺，斧鉞誰加，以至該逆數承盛宣懷賣國奴之意旨，狼狽爲奸，不憚喪七千萬人生命財産，以鞏固其身家。故忍剿義民，敢轟皇位。噫！我朝二百餘年，凡全國督撫，間有不臣不子者，至趙逆而已極。

該逆既釀巨禍，尤復屢下告章，欺哄我民，並有助紂爲虐之官員，亦隨聲附和，出示誣民。殊不知人心不死，公論難逃，目今各衙門告示，除將軍（玉崑）、岑宮保（春煊）而外，我川人均可置之無覩焉可耳。

且趙逆之與川民，仇不共戴天矣。奏亡我鐵路於前，焚剿我義民於後，是陷我民爲亡國之奴，橫加我荼毒之慘，凡被剿之家，恨不能寢其皮，食其肉；卽未剿之家，亦恨不能剖其腹，剜其心。

茲者，爰告同人，團體務宜堅固，合七千萬人爲一命，卽合七千萬人爲一心。結爲死士，奮其死力，抱路存與存，路亡與亡之思想，謹守秩序，不可奪城池，侮官長，打教堂，擾平民，以文明之義師，聲討趙逆之罪狀。若稍解體，不特路權難挽，卽川民未失路權，而趙逆之蹂躪，將來更有不堪設想者！

《川人告哀文辛亥九月》　嗚乎，生人之苦痛，蓋未有若求生而得死，求存而得亡者。【略】原川亂之起於鐵道國有。國有政策者，奪吾人之生命財産而送諸外人之政策也。【略】川人爭路理由，保路同志會有報告書，川人言之，川人知之，而吾全國三萬三千萬之同胞未必周知也。【略】用是略撮近事，録其大要，以哀告於全國父老伯叔兄弟諸姑姊妹之前，幸垂鑑焉。

當鐵道政策之始生也，湘人激昂於前，粤人抗議於後，雖未足寒政府之膽，抑亦大煩疆吏之慮。吾川於是時，未見全文，無所置喙。但保全路款，以待後命，請疆吏代奏，勿刊謄黄停租股而已。既不得請，六月見借款條約，始知喪權失利，無異賣路，羣情大嘩。於是有保路同志會之設，其宗旨專在爭款破約，而不敢議政策。蓋深諒政府之苦心，以爲政策一定，無能反汗，而破約改款之事，特一大臣與外國資本家之關係耳，改弦更張，固自易易。自處於退讓之地而不責政府以難能，此川人之有禮於政府者一也。

罷市既久，趙督無所施其技，州縣稟報，皆不得復。地方官吏，頗有縱兵擊民者。兵民交哄，時有所聞。人民既絕望，始有倡議不納正糧租稅以抵股息者。片言才宣，羣吏震駭，朝廷遂有端方帥兵入川之命。【略】吾獨痛吾川人士哀號哭泣，務自盡其馴良之職，以求一旦之命，而朝廷必不之許，豈唯不許而已，並其柔順忠貞之志，視之曾不若愛犬之搖尾，必賜以匪黨嘉名，膏其草薙禽獮之刃而後快。向使吾川人能如政府所期許者，近尚得高枕也邪？

嗚乎！川事已矣，吾人尚有不能已於言者。川人所爭者，一省之路，而非一省之路也。蓋使川路得，則川漢、粵漢與之並得；川路失，則川漢、粵漢與之俱失。理之自然，無待言者。夫以川人之柔弱，當政府大軍之猛悍，鎮定之功可計日而待。然試問川亂平後，鐵道問題遂解決乎？四省人之生命財產遂陸沉而不可拯乎？全國危亡之機，遂隱伏而不可去乎？使川人力竭於强禦，身殉於半途，則繼川人以爭者，非休戚相關之三省及存亡相共之全國同胞之責而誰之責乎？

武昌首義分部

綜述

《民國報》第一號《劍農〈武漢革命始末記〉》 革命之事，由來已久，其遠因，在種族之見存；其近因，在政治之腐敗。愛國志士，思政治革命，非先種族革命不爲功，於是蓄志密謀，匪伊朝夕，安慶廣州之事，皆未告成。今者時機已熟，天應人歸，一省發難，全國響應，不旬日而十八行省，徧樹義旗，誠足動各國之觀瞻，昭休光於後世。因擇其確實可徵信者，備記始末，以爲後日作革命史資料焉。

武昌革命之發軔

湖北省城，於初七日起，即謠傳有大股革黨，聯合軍界起事，瑞督已飭統制張彪、警道王履康督飭兵警，嚴密防範。十八日午後三時，革黨總機關遍發傳單，約黨於是夜二時，圍攻督署，先殺瑞督。不料該黨送信人，誤送至張彪公館，以致事機敗露。【略】瑞督遂密發命令，至一句鐘派巡防消防警察各兵，【略】拿獲四人，內有彭楚藩一名，是陸軍憲兵，帶至督署。【略】於是，瑞澂命推出東轅門斬首。又在小朝街九十二號，拿獲男革命黨十六名，女革命黨二名，復至十五協西營門外，拿獲楊玉山一名（是雜貨店主），起獲炸彈三十餘箱。【略】

是晚九鐘時，漢口巡警四區，在俄租界拿獲革命黨，先是忽聞彈聲，由洋務局吳令元愷，會同俄領事率同捕警往拿。【略】正搜查間，有洋裝無辮者二人，在門外窺探，據稱在武昌小朝街來漢訪友者。據該里報稱，此人係本里一號租戶，遂即拿下，姓劉名耀章，一姓萬【略】派廿九標陸軍將永慶棧圍住，【略】立將劉萬二名推出斬首，餘黨收押模範監獄。瑞督又電飭水陸各關卡嚴密查拿無辮黨人，及形迹可疑者，解省訊辦。是日省城漢口，人心皇皇。【略】

省城之佔據

自十八夜拿獲諸革命黨，搜出名册，多係軍籍，瑞督大爲駭懼。【略】恐是夜有革命起事，於午後獨發步隊三十標某營（該營是駐防旗籍）槍彈，且使之往捕在黨之二十標二營張排長及兵丁等人。各營兵列名黨籍者，疑懼交集，均不自安。於是二十九標、三十標（多開差出省祇存三營。）砲隊馬隊兩標，（共五營）工程營，遂同時起事。【略】

其時督署守衛之砲馬兵一隊，已得信先變，正與衛隊巡警消防隊，在二門內外互相槍擊，革命軍隊繼至，即在署側縱火，並投炸彈，向內署攻擊。【略】瑞督既走，衛兵亦散，革命軍長趨入署四處搜尋，後知已逃，乃於署前頭二門、署後花園兩處縱火，各自退出。【略】城中各署，已無一官，武昌全城，遂爲革命軍所領。

按有謂此次湖北兵變，革命軍佔領，實因鄂督瑞澂防備革黨過嚴所致，專用巡警巡防，不調陸軍，此其一也。迨外間風聲吃緊時，只發巡警巡防子彈，而不給陸軍，此其二也。平日待旗人從寬，對漢兵主苛，此其三也。至捉獲革黨，不問眞僞，一認即殺，此其四也。綜觀以上情形，明認漢軍爲革黨，故發之烈而且速。

軍政府之組織

革命軍於十九夜聯合後，即分兵三處，一駐城内蛇山，一駐楚望台，【略】諸軍人見事已成，不能無所統帥，於是環請鄂軍二十一混成協協統黎元洪充任都督。黎以事已至此，遂許之，惟約以不滋擾百姓，並須約集紳商籌議接濟善後辦法。革命軍當即延諮議局正議長湯化龍、議員吕逵先、阮毓崧、時象晉等，赴諮議局會議。時革命軍已將諮議局改爲軍政府矣，【略】諮議局即移於教育會爲辦公處，集議表決，先儘官錢局、造幣廠、藩署三處現存之銀及銅元，約二百萬串，支給軍用。又恐流痞滋事，議辦保安社，當與軍政府交涉約次日會議舉辦。【略】凡係黨人，均被羅入軍政府辦事，不願者送出城外。軍政府人材，遂濟濟一堂。當即組織各項辦事規則，分科治事，極有條理。一面廣募人材，招致新軍，遂大有可爲之象矣。

武漢三鎮之保安

武昌事起倉猝，而匪徒乘勢，槍斃數人示衆。二十一日諮議局開會，城内紳商齊集，議定山前後開辦保安社。【略】諸紳商請軍政府申明紀律，不准軍隊入百姓家搜索滿人，因恐藉此滋事。軍政府胡代表，謂此次軍紀嚴明，爲向來所未有，搜索滿人，乃軍隊目的，不能取消，惟多派巡查，以防流弊可耳。是日各鋪，聞有開市交易者，官錢票先一日不能通行者本日一律通用，人心亦藉得維持。是夜槍聲已少，軍隊巡查仍嚴。【略】

漢陽自被軍政府佔領後，即派兵駐防，兵工廠各工匠人等，均加倍俸給，日夜開工趕造備用。【略】

漢口【略】午後三時，建安兵船與新軍略開仗。【略】次日全埠罷市，午間軍政府出安民告示，申刻出通用官票告示。二十三早，已開市，二十二晚由各街坊商團竟夜巡查，革軍亦竟夜巡查，遇有搶劫，被捉獲者立即正法，後遂漸平。【略】

軍政府之外交

此次武昌之事，極其尊重外人生命財產。佔領以後，各教堂教士及各學堂外國教員，先後由軍隊護送出城。至於教堂資產，軍政府極力保護，於二十日出安民告示有云，凡擾害外人及外國租界者斬，保護外人及租界教堂者賞。于是，外人皆稱其文明。【略】

及二十日下午，接軍政府照會，大意欲外人承認軍政府爲獨立團體，不加干涉，並謂如能承認，外人生命財産及租界治安，軍政府擔任保護。自宣告獨立以前，滿洲政府所借外債及賠款，俱照約履行，以後如有借款，則不能承認。漢口領事團會商，當即承認爲獨立團體，於兩方面戰事，毫不干涉。及領事電告本政府，各政府俱贊成，美國首先宣告中立，英法繼之，俄日又繼之。即各國報館皆贊成革命軍，並謂此革命成功，大爲中國前途之福。【略】

軍政府之内政

國民軍雖事起倉猝，佔領以後，内部組織甚爲完備，以黎元洪爲都督，以湯化龍爲總參議，以張國溶、夏壽康爲副參議，其總指揮官則公舉吴兆麟，總宣布官則公舉蔡國楨。【略】二十三，黎都督謂現在既佔領三處，進可以戰，退可以守，惟武昌省城、漢陽郡城、漢口商埠大局將定，而省外各府州縣，誠恐不知眞相，或有匪徒藉端騷擾，實於地方治安有礙，不得不作鎮定之計。隨會同參謀部長湯化龍，通檄各官，出示曉諭，以安民心，一切政事，均照舊辦理，以後應如何除去苛政，改良進行，俟大局定後，再行切實辦理。【略】

軍政府之軍容及餉糈

國民軍佔領武昌後，所到漢口、漢陽二處，無論何項防營勇丁，均倒戈歡迎。【略】此次國民軍分爲兩派，一係陸軍，今改爲老軍，一係現招募而來者，名爲新軍，除出防外，已有兩鎮，均於二十三日編列成軍。新招之兵，大多數皆受訓練，並非私自操練，實係在軍營更番教練者也。其中學生亦多，由此可知蓄意獨立者，深謀遠慮，乃能成此大有利之軍。【略】海外華僑，於革命之舉，極表同情，於助餉一事，解囊助資，甚爲踴躍。【略】

京師之震恐

京師自十九以前，即聞黄興已到武昌，潛謀起事。【略】自鄂事起後，京朝官無憂國之色，各王公貴人，但紛紛買金取銀，以爲自衛之計，一班京官紛紛議南徙之策，故市面益行擾亂。是日宮廷籌議起用袁、岑事，聞監國起奏太后二次，乃行決定，故當日上諭，以袁世凱補湖廣總督，並督辦勦撫事宜；岑春煊補授四川總督，亦並督辦勦撫事宜，而袁世凱又有該省所有軍隊暨各路援軍，均歸節制調遣之諭。

二十四日，京中亂象較前益甚。【略】

二十五日，因各報均取消各處失守之説，故人心稍定。【略】

二十六日，政治官報發布各督撫所到平安電報，直隸、山東、江寧、上海、河南、福建、兩廣、安徽均平安無事。薩鎮冰又有電到京，報告已通告各國領事，保護租界，停艦江中，阻絶武漢交通，大智門車站，並未被革黨佔據，於是人心大定。學部亦發布命令，通飭各學校學生，照常上課。

是日有京官自鄂中來者，傳告武漢極其安謐，若不知有亂事者。黎元洪等均是臨時被推，提法使馬吉樟暨武昌府、江漢關道、夏口廳並各局所，均公服治事如故，故京中頗疑此次係瑞澂激變，大多數之人定無叛意者。總協理亦有所聞，故慶邸力請治瑞澂之罪。監國猶豫不允者，論者多詆澤公暗中爲之左袒。

蔭昌南下之計劃

蔭昌此次奉命出征，外間多出不意。【略】二十二日，蔭昌指定第六鎮全鎮、第一四等鎮各派一混成協，自是日起，分五日陸續發進。【略】武昌居民，聞滿政府已派旗兵一萬二千名，由火車來鄂，歸蔭昌統率。漢鎮以旗兵性好殘殺，恐此次報復更甚，異常惶恐，紛紛逃避。

漢口商會，聞之此信，擬俟蔭昌到時卽往謁見，懇祈飭令不可騷擾，無論誰勝誰負，商民確守中立，否則一律入外國籍，以托保護。【略】旅漢各大西商，聞蔭軍南下，特往謁黎都督詢問一切，黎曰北兵一到，漢滿均有，如能共表同情，則免干戈，否則惟有與之爭戰，業已預備全齊，可不必憂。但是北洋軍隊開砲，如子彈落在貴租界，貴租界向伊索賠，必無疑。又北洋軍隊既能攻我，我軍自不能不開砲相還，如子彈在貴租界，實不能承認賠償，何以故，蓋由伊先放，不能不如此辦理。各西商無言，又謂此事只有照章辦理，如要爭戰，須離漢口三十里，在青山地方，作爲戰爭之地。

劉家廟戰爭記

劉家廟一帶，爲張彪、陳得龍等所據，又得薩鎮冰兵輪，與永平來兵二千相助，革命軍速以函勸降，二十六夜一鐘時，軍政府卽由武昌發出步軍一標至漢口，因探得張彪軍兩營駐在劉家廟，革命軍布列車站附近，【略】北軍卽披靡而退，【略】革命軍並未追逐。

二十七，敗軍繞過車站，與北來豫軍會合，共約一鎮，革命軍亦出一鎮以當之，天明時卽布開戰線，革命軍先放空槍警告，官軍卽已實彈還擊，戰乃起。革軍皆以一當十，就地面蛇行而前，愈薄愈近，砲兵亦同時擊射，北兵漸次夷傷，遂引退，革命軍盡力追之，北軍乃避入火車飛駛。【略】

二十八日，革軍都督黎元洪親自督戰，於二十七夜下令，派敢死隊一千五百人於劉家廟對敵，畏死者勿容前去，一經得令，告奮勇者頃刻而足。早晨渡江，逕至劉家廟，至十一鐘時，聯合兵隊槍炮齊開，北軍尚未備戰，革軍卽連續進攻，革軍愈戰愈進，北軍隨戰隨退。【略】是日劉家廟江心所泊之中國兵船，聞革命軍添派敢死隊，各船已有戒心。至北軍全行潰敗時，各艦軍開砲助戰，又恐不敵，皆源源開往下游矣，革命軍亦未開砲與敵。【略】

二十八晚，薩兵艦已退至下游，二十九日早七時，艦隊復出。革軍自晨卽預備開仗，出步隊三千人、砲八尊，環攻北軍於七里河間。薩軍兵艦，向前助戰，施放數砲之後，卽向下駛，因一面受敗，四散奔逃，有匿在小輪船者，有上划船者，惟大隊向鐵路而退。是日革命軍佔據車站，別有敢死隊，擄砲四尊，追逐而北，又敗蔭昌之前部。【略】

此次北軍之敗，薩軍並未到漢，因武勝關駐守者，係四十二標統領張永漢，率領馬步兵三千餘人。永漢係張彪親信之人，彪赴河南，詭稱土匪滋事，故隨豫兵與永漢之兵會合，始有此戰，而一般敗北豫兵，無不追悔莫及。

《時報・關克威招撫當陽詳記辛亥十二月初七日》 辛亥八月【略】其時武漢敉平，下游各屬首先景附。上游以施南、宜昌爲著手要區，義旂所指，亦皆歸誠恐後。而宜昌商務較劇，尤重鎮也。故於其間設一分司令部，屯駐勁兵，與中央軍政府互相策應。不佞克威，佐軍宜郡。旋奉使招撫荆、當、遠三屬全境。三屬者，荆遠山僻，不利交通。獨當陽水陸綰轂，爲宜、施、荆、襄上下往來必假之道。九月十四日，使者發自宜昌。

鞭一騎踔百八十里，馳至當陽。【略】而甫入其境，丁婦旄倪，歡呼雷動，黄旗轟天，爆竹匝地。【略】使者於此忻感交集，洒竊然歡吾祖宗黄帝在天有靈。雖偏陬蕞爾邑如當陽之一區域者，其民俗進化之遠，感情之眞且摯，熱力膨張已能遠於優點。其他通都大邑，蓋可知也。

論說

《時報・論鄂亂一九一一年十月十四日》　據連日警耗，鄂省革黨業已聯合新軍，據城倡亂。事變之起，其驟若風，何國家之多難也！此次之變甚爲離奇。蓋中秋以前，鄂省即有謠傳，謂有大幫革黨，將於鄂垣起事。武昌之人渡江避難者以百數，鄂督調兵防守，亦日有所聞。似此則在官場一方面，必已盡力布置，嚴密查緝，何至竟有十九日之事？此一可疑也。

若謂官場布置並未盡力，查緝並未嚴密，則十八日武昌小朝街之破獲，被縛至數十人之多，並起出炸彈三十箱。觀二十日之諭旨，方且以該督弭患初萌、定亂俄頃爲褒嘉，是防範並未稍疏，而黨謀已全破敗。乃何以十九日午前，黨謀初敗，而十九夜尚有大幫革黨，燃其已死之灰，並能於頃刻間，佔據城池，戕殺官吏？此二可疑也。

若謂黨羽尚衆，雖經破獲，猶堪大舉；炸彈尚多，雖經起獲，所餘猶夥；而且八鎮新軍，久已聯合，外攻内應，故能得手如是之速。夫黨羽既不止數十人，炸彈既不止三十箱，新軍既早被勾結。然則鄂督於事前所謂防範者何事？所謂查緝者何事？而諭旨所褒許之弭患初萌、定亂俄頃，不適成相反乎？以鄂督之明敏有才，遠鑑於春間廣州之禍亂，近鑑於近日川省之風雲，而謂於逆謀早露之革黨，不能盡其消弭之策，卒使省會重地，一瞬而入革黨之手。闔城文武逃匿無蹤，而鄂督乃先（爲）［失］民望，此其咎戾將誰任乎？三可疑也。

今者禍變已成，吾儕更何暇作此事後之評議。爲今之計，在政府則但求速籌恢復，綏靖叛亂。須知此次革命之禍，倘只囿於武昌一隅，則旬日之間，各省援軍四面馳至，似不難立告克復之功，所慮者回應耳。【略】夫合各省之兵，而撲一省之匪，其成功易；若各省同時蠢動，則此時自顧既有所不暇，即成敗亦有所難知，斯真不堪設想矣。且自鐵路國有以後，如川，如粵，如湘，或則風潮尚熾（指四川），或則暗潮已生（指湘粵），民心憤懣，衆志危疑。革黨乘此時機，最易煽誘。譬如萬斤炸藥，中埋一繩，偶一燃及，立時迸裂，此不免於回應者一也。【略】

綜上以觀，則此次武昌之暴變，其可慮之點，轉不在武昌而在各省。而爲政府之敵者，轉不在革黨而在回應之民。究其終極，則又不在回應之民，而在政府之自失民心。嗚呼！政府而有腦筋者，其亦可以憬然矣。

《時報・論政府處置鄂亂當爲根本之計劃一九一一年十月十五日》　恭讀連日上諭，知朝廷重視鄂亂。【略】政府又將若何張惶其六師，以圖應付乎？記者前日著論，已言此次鄂亂可慮者不在鄂而在各省之回應。【略】由是以觀，則革黨蔓延之地愈廣，政府兵力之應付愈難，即各省今日赴援之師，亦將返旆言旋，以圖自保。兵力之牽掣既多，捍衛之本能自弱。此可慮者一也。近畿陸軍皆募自北地，於鄂省之地理形勢，全不了了，不如第八鎮叛軍之多係土著，熟悉情形，則一時戰事，未必遽能得手。此可慮者二也。以逸待勞，以主待客，水土不調，疾病易起。此可慮者三也。武漢脅從之兵民，知王師大至，苟不死力抵抗，則勢在必死。【略】而來援之師，勝則未必人人有功，敗則未必人人皆罪。兩者相較，利害生死之關係，官兵不如革黨之切，則懈心易生，鬥志難固。此可慮者四也。革黨既占漢陽，【略】留武昌外人，若將以之爲質，使政府不敢妄發炮彈，使各國不敢偏袒助剿（見昨電），其計至巧而毒。【略】此可慮者五也。有此五可慮。則政府之處置鄂亂，欲求專以兵力奏蕩平之功，仍以暴厲銷反側之患，竊恐政府愈激，而民愈怒而亂愈多，其結果則外禍乘之，相率於亡而已矣。

是故以記者之私見，竊以爲今之政府處置鄂亂，當同時有治標、治本之兩方法。蓋標不治則立見禍患之蔓延，其爲患也在於土崩；本不治則立見人心之全失，其爲患也在於瓦解。治標之法，以剿撫兼施爲上策，不以芟夷慘殺爲功。【略】若夫治本之計，則不外於急頒罪己之詔書，急謀政治之改革。親貴内閣急須更改，皇族政治尤應削除，四省幹路國有之事，急須降旨交付資政院討議。商股急籌十成還本。此次閣臣、疆臣辦理之不善，急應分別懲治，以謝國民。夫如是則天下人民知朝廷實心立憲，而憤氣立平，革命已失其附從之儔侶，其勢日卽於孤危，將不攻而自敗矣。

《申報・武昌革命（一）一九一一年十月十三日》 余昨日方評武昌革命黨之泄事失機，而昨晚卽得武昌新軍之變，省城陷，總督走，督署毀，張彪傷，武昌之革命已成一發難收之勢。此其事爲革命黨舉事以來，最爲成功之事。

雖其後之變幻不知何若，而就今之可評者言之，約有數事：其一爲四川之事，必更一時而難平也。武昌爲中國樞紐，武昌一失守，則中國之（機）［樞］紐斷，而四川孤援於內，官兵之勢愈孤，而人民之膽愈壯。其餘鄰省，無不以擁兵自守爲急，而決不敢再來相助。且以前之川人，僅以文明爭抗，未嘗有心叛亂也，後爲官吏所慘殺。其蘊怒已深，然懼於官之勢力，又不敢明白宣戰也。今聞武昌之事已經得手，則膽氣頓張，而胸腹之憤怒，必然勃發以求報復。此必然之勢，而無可僥倖免者。

其二爲粤、湘之事，必又連翩而並起也。粤爲革命黨人之根本地，屢起而屢僕者，以他省無事，難以一處動搖之也。今春圍攻督署之事，已近幾希，去年新軍之變，亦已前兆，而路事之爭，亦與川省互有關繫。其人心之動已可概見。湘省人民强悍，爲革命而死者人已大多，革命之思想亦灌輸已久。近日爭路之布置，亦正趨步川省之後塵，滿地亂機，如散炸藥。今復動以武昌之變起，安有不受燃而火發者？

又《武昌革命（二）一九一一年十月十四日》 武昌革命軍已進陷漢陽。【略】雖然，兩軍之勝敗，現在固尚難預料。

以力量論，政府兵有兩鎮，而武昌兵不及一鎮；政府兵又有各省之協助，而武昌兵則止有此數，是政府必能勝革命軍。以情勢論，則武昌之兵卻能一心；而政府之兵亦爲新軍，難保不生中變，卽或不變，而其交戰之時，亦未必能如武昌軍之盡力。而況武昌之兵，現已守城，且爲本地之兵，是爲之主；政府之兵則由北來，是爲之客。以客攻主，其勢已難。況武昌之兵已有預備，毁鐵路，占車站；北來之軍，亦屬不易，則勝敗之數，一時又未可知。再以兩軍之調度論，武昌之兵雖由紛亂而起，然著著進取，既得武漢扼要，又得漢陽軍械之廠；又能申明紀律，不殺平民，不害外人；又能進取漢口，斷北軍南來之要口，舉動迅疾，不落人後。而政府之處置，則適與之相反，以陸軍大臣而統帥，則中央已虛，京城雖有禁衛軍之保守，而直隸全省及黄河以北，已傾兵而來；苟一旦更起他亂，則此次之兵前後受敵，而陷於絶地矣。由今以觀，則政府之兵實視武昌軍更多危險也。

《御史陳善同奏摺宣統三年八月二十二日》 竊十九日夜湖北省城革匪餘黨勾結新軍工程輜重等營作亂，武昌不守，督臣瑞澂逃至漢口。二十一日奉上諭，派陸軍大臣廕昌督兵往剿。臣思武昌居南北東西水陸之衢，爲我國心腹要地，而又內地精華之所聚也。設若爲賊所據，不獨横斷我軍西進之路，卽京漢粤漢交通亦將因而中梗。因循愈久，卽蔓延愈多。此可慮者一。武漢有警，川中亂民勢必遥爲聲援，凶燄益張。各處匪徒更難保不聞風響應。此可慮者二。入川鄂軍，迴顧身家，中途或虞譁歸。其鄂中未叛各營，狐兔同悲，亦不無反戈之懼。合以謀我，患更加烈。此可慮者三。陸軍兩鎮既調赴鄂，則駐紮之原處，武備亦形單弱。此可慮者四。各軍訓練無論何若，但素無閲歷，以禦亡命之黨，非必可恃。且素號精練之鄂軍固已如此，其他又豈盡可用。此可慮者五。外人軍艦，託名保商，游弋長江者所在皆是。乘機攫利，自在意中。武漢爲通商大埠，教堂林立，洋商麕集；保護稍有疏虞，卽不免予外人以藉口之資。此可慮者六。以上六可慮，皆事前所應計畫者。

《御史文鑑奏摺宣統三年八月二十七日》 竊鄂省兵匪勾結爲亂，督臣瑞澂倉皇逃避，致全城淪爲賊窟，其輕棄守土，遺誤大局之罪，誠有不可勝誅者。顧臣所慮者，在將來，不在既往。蓋鄂省爲長江鎖鑰，實南北之樞紐也。武昌之陷雖由一時倉猝所致。但地居要衝，星火可以燎原，若不卽行撲滅，恐稍一蔓延，卽牽動全局。近數日訛言四起，風鶴皆驚，不逞之徒乘機煽惑。設非預爲防禦之計，一旦猝有非常，必且大致紛擾。前雖簡任陸軍大臣蔭昌馳往剿辦。然聞命下之日，該大臣憂疑驚怛，肝膽俱墜。並其所帶之兩鎮兵弁，皆憂念妻孥，倉皇零涕。試思，叛卒一呼而疆臣狂竄，此乾坤何等時耶？而該大臣遲遲不發，部衆又如此沮喪，尚何望其殺敵致果，奮不顧身乎？兩鎮之外，其餘各鎮雖皆訓練有日，然舊軍所日習者有勇知方之訓，新軍所耳熟者保國不保君之説。況以新軍討新軍，未必不視若同袍，相與歡迎而去。此皆意中之變，不得不逆防之，非過慮也。

故今日之事，變生不測，不可不預備非常。且變出新軍，欲備非常，不可不更練義勇。欲練義勇，不可不別選將才。若仍用出洋留學，或不出洋而已剪髮易服之人，帥而訓練之。彼其胸中久已視忠孝爲迷信，視暴動爲文明之進階，則其訓練之方，必不外乎山岳黨、青年會之私説，以此練兵是仍爲新軍之續耳。故非外選將材不可。選將之法不外博訪。擬請飭下在廷諸臣，各舉所知舊將之有威望有謀略者，嚴與立約，有功則所舉與同賞，有罪則所舉與同罰。天下多才，何患無頗牧其人應募而起乎？若慮餉無所出，不妨以舊將練新軍。新軍本有餉項，舊將素知忠義，不增兵則餉項自足。持此以備非常，是轉危爲安之道也。

雜録

《武昌起義同盟會檄國内回應文》 滿洲以東胡賤種，入主中原。殘德相沿，幾三百載。淫威虐政，未遑具論。然以神明華胄，而戴此犬羊遺孽以爲宗主，是亦曠世之奇羞，絶代之巨耻也。我鄂軍都督黎元洪，激於公憤，赫然振怒，義幟一張，全軍嚮應，半日之間，三鎮讋服。足見人心思漢，天下喬詰卓鷔而不甘雌伏於建虜之下者，已非一日，比如順風而呼，聲非加疾，其勢激也。乃僞政府不知天命，反肆行抵抗，調將遣師，水陸並進，甫一交鋒，俱遭敗北，陸師則退保信陽，水軍則幾遭沉没。瓦解之勢已成，倒戈之期日迫。【略】此真天意厭胡，而漢族復興之一機會也。

然湖北居天下之中，當四戰之地，進取則有餘，保守則不足。是故一軍出河洛以達宛平，而遼東三省可以檄定；一軍出宜昌以攻成都，而西藏可以遙制；一軍趨衡岳而連百粵；一軍下九江而揚子江下流諸省悉歸掌握。大功之成，易於反掌。但義師崛起，兵力猶孤。進取之軍，或不足以供遣派，則恐時機一去，而大局全非。漢族興亡，間不容髮。昔者洪楊之役，湖北旋得旋失，此誠便於進取，不便於保守之故也。現在巴蜀義民，猶知抗敵，武漢上游或無足慮。然而河北無嚮應之軍，江東無兵馬之助，我義師内無接應，外無聲援，水陸交攻，腹背受敵，鄂軍縱强，其如寡不敵衆何？卽幸而不敗，亦不能克日蕩平，已深足爲諸父兄之患。

況鄂軍一敗，則漢族全亡，而中國無復革命之望。時乎，時乎，不可失也。願各省父老昆季，一垂察焉。【略】今者鄂軍起義，汝等當蜂起相助，攻城先登，陷陣卻敵，斬將搴旗，以銷宿憤，而除公敵。大功告成，當錫汝爵，無功者亦收爲良民，而同安畎畝。惟行軍之中當知紀律，凡戕殺外人、焚毁教堂、刼奪良民者，殺無赦，望稍爲留意焉可也。要之湖北當天下交衝之地，尤漢族興亡所關，凡我同仇，均當協力。長於權變者，以參軍政；富於資財者，以輸軍餉；勇於敢死者，以從軍事；精於戰略者，以司軍令；結天下之盟，作國民之氣。統率義師，宣言北伐。執彼虜魁，投之遐塞。伏望同胞聞風興起，石勒倚嘯於東門，陳涉輟耕於壟上。草澤匹夫，猶懷大志；神明貴胄，忍作胡奴。此真英雄用武之秋，豪傑建功之會也。特此公布，以告天下。

《清帝爲變端四起人心動摇引咎罪己諭宣統三年九月初九日》 監國攝政王鈐章。九月初九日内閣奉上諭：朕纘承大統，予今三載，兢兢業業，期與士庶同登上理。而用人無方，施治寡術。政地多用親貴，則顯戾憲章；路事朦於僉壬，則動違輿論。促行新治，而官紳或籍爲網利之圖；更改舊制，而權豪或只爲自便之計。民財之取已多，而未辦一利民之事；司法之詔屢下，而實無一守法之人。馴致怨積於下朕不知，禍迫於前而朕不覺。川亂首發，鄂亂繼之。今則陝湘警報迭聞，廣贛變端又見。區夏騰沸，人心動摇。九廟神靈，不安歆饗，無限蒸庶，涂炭可虞。此皆朕一人之咎也。茲特布告天下，誓與我國軍民維新更始，實行憲政。凡法制之損益，利病之興革，皆博採輿論，定其從違。以前舊制舊法，有不合於憲法者，悉皆除罷。化除旗漢，屢奉先朝諭旨，務卽實行。鄂湘亂事，雖涉軍隊，實由瑞澂等乖於撫馭，激變棄軍，與無端搆亂者不同。朕維自咎用瑞澂之不宜，軍民何罪，果能翻然歸正，决不追究既往。朕以眇眇之躬，立於臣民之上，禍變至此，幾使列聖之偉烈貽謀顛墜於地，悼心失圖，悔其何及。尚賴國民扶持，軍人翼戴，期納我億兆生靈之幸福，而鞏我萬世一係之皇基。使憲政成立，因亂而圖存，轉危而爲安，端恃全國軍民之忠誠，朕實嘉賴於無窮。此時財政外交，困難已極，我軍民同心一德，猶懼顛危。倘我人民不顧大局，輕聽匪徒煽惑，致釀滔天之禍，我中國前途更復何堪設想。朕深憂極慮，夙夜旁皇，惟望天下臣民共喻此意。將此通諭知之。欽此。

《**革命軍總指揮命令一九一一年十月十一日**》　一、據報聞，瑞澂欲派兵襲武昌城。

二、本軍今晚以戰鬥隊形徹夜固守武昌城。

三、步隊二十九標第一、第二兩營附炮六門，歸姚金鏞指揮，防禦賓陽門、通湘門、小東門一帶。

四、步隊四十一標第三營及第一、第二兩營留守兵並步隊三十標留守兵附炮六門，歸胡廷佐指揮，防禦漢陽門、平湖門、文昌門一帶。

五、混成二十一協工程輜重二隊附炮二門，歸李鵬升指揮，防禦武勝門一帶。

六、工程第八營附炮四門，歸李占魁指揮，防禦望山門、中和門一帶及楚王臺軍械局。

七、炮隊第八標，歸程國貞指揮，除派附屬各部隊外，其餘在蛇山、黃鶴樓、楚王臺布置放列。

八、馬榮帶兵一隊防禦諮議局。

九、總指揮在諮議局。

《**湖北軍政府都督命令一九一一年十月十二日**》　一、據各方面偵探報告，瑞澂在楚豫兵輪，率楚材、江清二兵輪，在日本租界下面停泊。張彪率輜重第八營，在劉家廟，似欲圖襲武昌之勢。

二、本軍政府自本日起，擬防禦武昌省城、漢口及漢陽兵工廠；一俟軍隊組織就緒，即向京漢鐵路前進，佔領武勝關。

三、胡效騫率步隊二十九標第二營，即赴漢口防禦大智門一帶。

四、吳勝元率步隊四十二標第一營，防禦漢口各街市，但派一隊沿街遊擊。

五、宋錫全率步隊四十二標第三營，固守漢陽兵工廠。

六、姚金鏞率步隊二十九標第一營、炮六門，仍防禦通湘門、賓陽門、小東門一帶。

七、胡廷佐率步隊四十一標第二營、炮六門，防禦漢陽門、平湖門、文昌門一帶。

八、李鵬升率混成協工輜二隊、炮二門，防禦武勝門一帶。

九、謝元愷率步隊三十標第三營、炮四門，防禦望山門、中和門一帶。

十、程國貞率炮隊續行前任務。

十一、段天一率混成協炮隊一營防禦鳳凰山。

十二、李占魁率工程第八營防禦楚王臺軍械局。

十三、張福麟率馬隊第八標在混成協營房內待命。

十四、王祥發率混成協馬隊一營在諮議局待命。

十五、本都督在諮議局。

都督黎元洪

各省奮起回應分部

湖南宣告獨立

綜述

《**軍機處現月檔・上諭宣統三年九月初九日**》　茲據朱家寶轉遞余誠格電奏，本月初一日湖南陸軍砲營叛變，攻入小吳門，陸軍標營同叛，攻入北門，城内巡防隊亦叛，戕統領黃忠浩，直攻撫署，匪黨遂踞省城。誠格暫避入水師營，不意水師亦懸白旗，遂登湘帆小輪，候調省外各隊，力圖克復，懇請簡員統隊來湘剿辦，並自請嚴懲等語。長沙爲省城重地，余誠格雖係甫經到任，所調將領未到，添募未齊，究屬措置乖方，以至倉卒生變，罪無可辭。湖南巡撫余誠格著即革職，戴罪圖功，併著暫管湖南巡撫印信，責成該革撫迅調省外兵隊，即將省城剋期克復，毋稍延玩，倘不奮力自效，定將該革撫從重治罪。並將黃忠浩被戕情形查明電奏。

《**前署湖南勸業道沈祖燕致内閣函宣統三年九月初九日**》　王爺、中堂鈞座：【略】八月閒，聞鄂警風鶴時驚，人心皇皇，力疾出謁余撫，力言省防空虛，新軍不足恃，外憂尚緩，内患最宜防。二十三及二十五日，迭陳無效。又聞有二十七日至初一此數日内起事之説，得之洋人，又以告藩司及警道代陳。不意九月朔日辰刻，常備軍卽排隊入城，一無堵禦，直入撫署，並先踞軍裝局、電報局，遍竪白旂。迫巡防隊統領黄忠浩於撫署營務處，脅降不從，殺以示衆。撫署亦遍懸白旂。出示安民，滿街有掮高脚牌安民示諭。鳴鑼告衆。頃刻之間，省城不守，不開一槍，不折一矢。常備新軍，除防外縣外，在省城外僅六百人。而巡防隊之在城中者尚有八隊，將二千人。又永州軍亦已到數百人，以無主令，並不交戰，爲常備軍迫令投降，使手袖束白布爲記。滿城街市民居，皆令懸白旂。蓋自八點鐘肇事，而十一點鐘時已定局。省城久備防守，一無禦敵，而遂不守。痛哉！勸業道王曾綬、營務處總辦道員王毓江、長沙縣沈瀛皆以不屈被殺。其餘巡撫及以下各官則皆不知下落。出示有軍政府譚字樣。旋擁焦大鵬爲湘軍都督，以譚延闓爲軍政府參謀部長，卽出示軍政府譚也。其辦事皆在諮議局。此湖南省城九月初一日常備軍變而失手之實在情形也。

其初，余撫以常備軍聞鄂亂自告奮勇，從衆意，以其不可恃，已定遣之赴鄂。旋又以省兵少而留之。此二十五日事。使早使赴鄂，則湖南可無事也。可勝痛哭哉！祖燕在假年餘，並無職守，【略】初四至漢口。初五至贛境，而九江已失。初六至皖境，過大通，見又懸白旂殆遍。憂憤倉皇，莫知所措。初八至滬，卽詣滬道，告以湘省失守情形，囑其電稟江督電奏。以滬道劉燕翼亦言未知實在也。初九赴蘇謁程撫，亦尚未知，當告以詳情，請其電奏，想可上陳矣。

又當過岳州時，訪悉常備軍變，得長沙省城，卽日電告各道府州縣云，全省宣布自立，並飭各道府州縣各局所一律照常辦事，其不通電之處，飭卽鈔電專差齎送，務令投順。是湖南全省，已爲彼傳電而定。一日之事，業已至此，可勝駭憤！岳州爲湘鄂之中要，聞電至岳州，常備軍駐防有八百餘人，皆預備白旂。巡防隊僅二百人，亦無能爲力。此初二日事，想已早聯合矣。岳州一通，則鄂湘已合，聲勢更大，可憂尤甚。

雜録

《黎都督檄湖南文一九一一年十月》 滿清入關而後，盤踞我神州，虐劉我漢族，揚州十日，歷代亡國之慘，莫過於是。及其混一區宇，自以爲君臨天下，敲皮剝骨，任其恣肆，漢民無可誰何。三百年來，學士有倡新説，則曰大逆不道，輿論稍涉政權，則曰格殺勿論。財用不足，繼之以賣官，賣官不足，繼之以権酤，権酤猶不足，繼之以賣礦，賣礦猶不足，繼之以借款。國益以貧，民益以病。旋以釀成戊戌、庚子之亂，屈膝割地而不以爲恥。至於時危勢迫，始假維新以號召天下。然其學堂猶是科舉也，立憲猶是專制也，括數百萬民膏民脂贖回之鐵路，猶强歸國有也，胡虜其有心肝乎！然非我族類，其心必異，無足怪也。書曰：『撫我則后，虐我則仇。』卽不待民族主義之昌明，已爲天下所不容矣。嗟乎！湯武不作，誰與弔民以伐暴？秦皇漢武，兵威不振，誰與保種以圖存？今幸天心厭亂，胡運已終，爰舉義師，克復武漢，以爲天下倡。夫鄂湘犬牙相錯，於勢則爲比鄰，於誼則屬一家。地居上游，足以壯鄂之聲援者，湘也。粟富敖倉，足以濟鄂之糧糈者，湘也。呼吸靈而勢若指臂，足以與鄂克復大業者，湘也。四川下矣，廣東舉矣，江南凱旋，又紛紛電告矣，而素所稱開通之湖南，誠不解徘徊觀望者何居？且湖南自曾、左反戈相殘，助賊爲虐，汙穢歷史，爲世界公論所不與，湘人士早引爲大恥。譚嗣同、唐才常諸公倡始於前，陳天華、姚洪業、禹之謨、楊篤生接踵於後，或駢首受誅，或蹈海而死，義聲震天地，皆不惜一身以救同胞，而洗從前之恥也。嶽山之靈，湘水之秀，安可任異族鼾睡，而不還我漢族乎？湘士同胞，務宜激發義風，匡復漢業，以清三百餘載之胡氛，是漢家土地，仍歸漢人，炎帝子孫，仍保炎祚。檄到，望無眷戀仇讎，坐失機宜，以爲天下笑。

《湖南軍政府示》 本軍政府特舉義師，光復故國，對於軍民學商各界，極行保護主義，秋毫無犯，以昭大公。凡内外各界人等，均宜靜安，勿用驚擾。倘有不軌之徒，乘間肆行，就地立斬。所有保護條件，布告於左。

一、承認外人關於清政府之借款賠款。

二、保護外人生命財産，（甲）各國公使領事府住宅、租界商業。（乙）各國所設教堂、醫院及學堂。（丙）各國輪船及其輪船公司碼頭。

三、請求各國不得接濟清政府軍裝火藥糧餉及一切軍用品，並確守局外中立，不得暗中援助。

四、保護本國各項人等生命財產，不得侵犯。

五、保護市面，照常一律交易。

六、保護各種學堂公司會社，及一切衙署團體，照常一律治事。

陝西宣告獨立

綜述

郭孝成《陝西光復記》 陝西於今歲，早謀舉義，惟尚未定期。及八月初，忽有匿名揭帖粘於省垣之四門，略謂秦省革黨甚夥，多係陸軍軍官，及各學堂學生，不日將結連起事云云。至八月十五，而殺韃子之説，又復充盈街巷。滿將軍乃與清護撫院錢能訓籌商，由軍械局將槍械子彈領取，以施防備。於是我軍舉事之機，乃爲之一逼。十九日鄂軍舉義，滿將軍與清撫錢能訓查捕我黨乃益亟，曾秘密兩次面議，探其內容，謂主張革命，多係軍官，若以躁切從事，必致釀成大變；不若陸續將陸軍調出分防，另招巡防，保衛省城，再爲捕擒云云。二十五日，清官遂將一標一營，調遣漢中，添招巡防之旗，布於各州縣。於是革命軍起事之機，又爲之一逼。一標三營督隊官錢鼎，邀合同志會於某所會議，定於九月初八舉義。及至三十日，有測繪學生陳建候、趙皖江者，於其監督霍色哩（滿人）處，覓得吾黨人名册一本，事機又洩。更聞將二標三營於九月初三日開往龍駒寨，一標三營開往長武，而舉事之期，勢不得不改訂。及九月初一，（星期日）爲發餉之期，兵士均未出營。晨七鐘時，由錢鼎邀集同志，會議於廣野森林中，計劃進軍之秩序，及各人應攻應守之地點。【略】

布置既定，即日舉事，諸軍各向預定各地點進據。惟頑固之滿將軍，尚抗義不服，出城與我軍開戰。然彼軍十五前所領之子彈，多不合用，駐防又素無訓練，一聞砲聲，已早退守滿城，堅保不出。是夜我軍同志等，齊集軍械局，公推張鳳翽爲全陝復漢軍大統領，錢鼎副之，（因不知東南各省信息，故舉統領作暫定名義。）即以軍械局爲總司令部，布置隊伍。初二早四點鐘，圍攻滿城，滿人死力相拒，轉戰於大菜市門北城門，我軍屢戰屢勝，滿兵潰散。遂將滿城攻開，所有滿人，潛逃一空。於是出示安民，廣布演説，倡辦民團，招集民吏，以恢復秩序。添招新兵，以備四路攻守。【略】

初五日於高等學堂設立軍政府，分軍務、民政、司法、財政、交通、外交六部，每部設正副部長各一人，並各部分科，設以科長科員。一面招集舊日議員，仍住議局，以爲立法機關。【略】初六日，副大統領錢鼎，以潼關關係重大，且有滿道據城抗義，自請領兵前往。詎料行至渭南，遂有不測之禍。【略】軍政府聞此警信，於十一日，派張伯寅爲東路招討使，帶步兵兩標馬炮各一營，前往東路，立時肅清。十二日紮委謝濂赴晉，以資聯絡。十三日，請王人文帶陝西、四川陸軍學生並一營衛隊回川，平定川亂，以爲陝省後援。【略】十四日，得潼關捷音。十五日，派張仲仁爲南路招討使，曹位爲西路招討使，所帶軍隊，與東路同。十六日，派井勿幕爲北路招討使，帶馬步兵兩營，砲隊一隊。各招討使所到州縣，無不簞食壺漿，以表歡迎云。

陝省民軍，於九月初一日舉事，蓋自武漢倡義以後，其響應爲獨先。此由關輔健兒之見義勇爲，而爆裂之近因，猶有四事。（一）清廷輕視西北諸省，往往以至庸極劣之滿奴，畀以陝撫重任。升允頑梗不化，既妄興黨獄於前；恩壽貪鄙無恥，復敗壞吏治於後。【略】雖五尺之童，語及滿官，無不扼腕。（二）川鄂陝唇齒相連，陝人聞川路慘獄，即同深義憤。郵部盛宣懷迭電陝撫，命派兵協剿，陝撫雖未照辦，而陝人深恐一旦奉命殘殺同胞，復聞盛及端方將以借款移禍於陝，故急思舉義自保，兼爲川人聲援。八月望日，已定議反正，以事未果。及聞武漢光復，乃亟圖重舉。（三）關中民氣沈摯，志士鼓吹已久，川路事起，頗有籌畫。西安將軍文瑞聞之，手書民黨名單百餘人，密交錢撫，按名拘捕，凡軍學兩界稍有聲望者，幾盡與其列。錢撫恐激變未允。而文瑞曉聒不已，事爲民黨所聞，懼觀望失機，乃以九月朔倉卒舉事。（四）自恩壽撫陝，政以賄成，剝削民脂，扣減軍餉，軍民怨憤已久，投身會黨者日衆，哥老會之勢力，及於全陝，其首領有救民伐暴之宣言，其黨員挾乘機劫掠之希望。民黨見其時機已熟，即民軍不舉，彼等亦必揭竿而起，不如聯絡利用，輸以常識，免至地方糜爛，故亟與會黨合謀，早日舉義。

民軍光復後，省城附近居民，紛紛運送糧食，或製成饅首犒師。回教徒亦深體民軍保護之德，由其阿洪出示約束，禁止在外滋事，違者送軍政府懲治。故省中軍民相安，回漢一體，有言回人駭懼將起事者，殊屬無稽。

民軍大統領張鳳翽、副統領張益謙，皆日本士官學校畢業，任新軍管帶。舉義前，即已推定二君。曾宣言武漢光復，各省必聞風響應，軍制組織，宜歸大同，現暫以復漢軍之名義，標大統領、副統領之稱，異日仍當改從多數云云。故自與武昌聯絡後，即已改稱都督府矣。其下分置軍政、民政二府，軍政府置司令、參謀、軍需、軍政、軍法、會計等科，府長爲張伯寅，即親率大兵出關東征者。民政府置內務、財政、教育、交通、外交、司法等科，府長爲郭希仁，本諮議局副議長，舉義之初，贊襄籌畫，總司一切，爲民軍內部最盡力之人。

省城大局略定，即傳檄各州縣反正。後聞各屬土匪蠭起，乃派陸軍及高等師範法政諸校學生回籍，協同官紳籌辦團練。其檄文有本軍府以保民保商保外人爲宗旨，所有各屬倉庫錢糧衙署局所學堂教堂，一概不得損毀。其順者爲民國之義民，一體保護，其違者本軍府旌麾所指，決不寬恕等語。【略】省外各屬，向多土匪，此次頗思乘機劫掠，幸民軍既派學生回籍辦團，又遣使分路招討安撫，故秩序未至大亂。而會黨亦以仁義之師，自相號召，公買公賣，不絕於口，商民甚爲悅服。即此可見民軍當局布置之密，與會黨徒善之勇也。【略】

陝西民軍，九月中旬已駐潼關，清軍同時進攻，遂有十五日秦嶺之戰。民軍大勝，清軍退出靈寶。及民軍追及，清兵又退至鄭州。秦人勇敢善戰，均以一當百，惟因交通不便，槍械缺乏，不能大舉。嗣以議和停戰，而陝西電信不通，清軍違約進攻，潼關失陷。觀該省代表上孫總統書，及關於西北軍情建議案理由書，可得其概矣。

論　説

《參議院陝西代表趙世鈺關於西北軍情建議案之理由書》　和議可恃乎？不可恃乎？即欲求和，亦須可戰，然後能得充足之解決。清人以和誤我，乃於停戰期内，經營北方，欲除肘腋之患。悉兵南下，實行其遠交近攻政策。於前停戰期中，違約攻娘子關，取太原，茲又續約，復於停戰期內，合全力以攻陝西。【略】陝西民軍，腹背受敵，危急萬千。而江南擁有重兵，但張北伐之聲，數月以來，徒恃和議，不能越雷池一步，致令已響應者轉萌退志，未響應者咸有戒心，此機一失，殆所謂天與不取，反受其殃也。【略】關於全局之勢，西北失，東南不能獨存，同心合力，期早日滅敵，已達起義目的，固初志也。【略】

據以上諸理由，故敢提議榷商於諸公之前。至鄙見所及，約略陳之：清軍所欲得者南都，我軍所力爭者北京。開封爲南北京樞紐，實今日中原之鹿，歸楚則楚興，歸漢則漢强。若清軍先我渡黄河，以保有開封，進攻金陵，則我危。若我先清軍渡揚子江以取開封，則清軍危。響應我北伐之軍以圖開封者，秦晉之師。掣肘清軍，使不能保有開封，驅兵南下，無後顧之憂者，亦秦晉之師。故清軍以撲滅秦晉軍爲急務，我軍亦惟聯絡秦晉軍爲至要。今晉軍敗績，餘師散卒，萃而與秦師會合，其數亦衆。但道路修阻，交通不便，軍械不貴。若由鄂湘等處，出師襄陽，以赴援秦晉，則勢力增倍，合力由洛陽以攻開封，遮斷京漢綫路，鄭州以下之清軍，已成囊中之鼠，而大河以南，悉爲我有，大局定矣。即刻下不能出師赴援，願分軍械若干，以與秦晉，亦大足有濟。非不主持和議，特能戰然後能和。【略】

經營河套，都督張照會云：榆延爲陝北重鎮，河套爲九邊藩籬。故歷代籌邊，必先防守榆延；而防守榆延，尤以經營河套爲急。本軍政府興漢滅胡，克復省城，凡外屬州縣，莫不爭先降附。正宜籌謀北邊，屯田河套，以爲聯絡蒙古鞏固北邊之至計。【略】

聯絡川省，都督張照會云：此次軍興，將士均能用命，四川陸軍學生，亦頗著效力。現在軍事尚在吃緊之際，本當留幷一處，共襄大舉。惟秦蜀係輔車之勢，各學生又有桑梓之情，現在川省事變，尚無確耗，亟宜聯隊回川，運動大舉。本都督爲兼顧起見，特選潘大迴等五十人留陝，聽候調遣。其餘三千人，特給槍械資糧，隨同王人文先生，回川運動進行。將來兩方並舉，彼此聯爲一氣，則大業不難成矣。勉之！本都督有厚望焉！

《西漢中鎮總兵江朝宗奏摺附片一宣統三年十一月十九日》　臣因漢中各屬匪氛日熾，革黨布滿城鄉，盜賊隨風響應，惟督飭標路各營將備弁兵日夜防守。漢南原駐巡防三隊，槍枝悉多窳敗，不能摧鋒。會函商陝撫，承護撫臣錢能訓奏撥陸軍第一標第一營來漢駐防，暫歸臣節制調遣。係按七成人數出發。所用槍枝悉是哈乞開思，隨帶子彈四千粒，痙次剿匪，並收復廳縣，現已用罄。陸軍官帶官協參領李光輝，自本年九月初四日到防以來，督飭士卒操練巡防不遺餘力。繼聞省變，該管帶深明大義，惕勵血誠，嚴誡弁兵，誓死報國。本月初六初七兩日與賊夜戰，奮不顧身。本月十一日臣與四川提臣田振邦所帶之衞隊數十人，並分統巡防隊洪遊擊隆廷合兵會剿革匪鄧占雲數千之衆，均能以少擊多，咸能用命，擊斃該匪過半，餘匪竄入南山，該分統等跟蹤搜剿殆盡，實屬異常出力。

《陸鍾璐等防堵陝西革命軍起義有關函電宣統三年九月初五日》　內閣總協理大臣、軍諮府、陸軍部鈞鑒：申。現在鄂變未平，陝變又作。據渡關道來電：匪蹤已過臨潼，東竄晉省平蒲等處，防務萬分吃緊。省南巡防隊，昨已電奏派陳守政詩接統。但該路防營，僅有七隊，不敷分布，擬再添招五營，以資調遣。秦晉僅一河之隔，渡口林立，若劃河爲守，緩急斷不足恃。茲令謝鎮就現有防營，先帶數隊渡河，至同華一帶，相機防剿。另由省派撥新軍步隊兩營、馬炮各一隊，即日開赴蒲州一帶協防。惟新軍逐漸開拔，省境空虛，擬就駐省防隊，並於中前兩路，酌調營隊，編練兩營，立爲省防，新軍薪餉，均照部章撥給。查有現辦陸軍小學堂候選主事劉冠軍，諳習軍事，卽派爲該軍統帶，專顧省城之防。所有該軍官佐卽由統帶自行遴委，以期情誼融洽。以上應需款項，均由司運兩庫通融籌撥。現在匪蹤靡定，若循渭而東，則趨洛漁，如渡渭而北，則逼平蒲。河防上下千餘里，處處可虞。轉瞬冰凍，則北路保德等處，更屬可慮。若至匪勢趨重，恐晉省所有兵隊，不敷策應，亟須另籌防堵之策。

雜録

《陝西都督府布告三秦同胞文》　爲通告事，照得本都督仗義興師范，代民請命，原爲保國，【略】本無一毫自私之心。是以本都督誓師以來，一舉而咸陽恢復，僞撫就擒，再舉而潼關歡迎，秋毫無犯。人心思漢，天命有歸，此誠本都督始願所不及者也。今當大事初定，百度維新，特於軍政府組織各部，如軍事、財政、外交、實業、學務、司法，條分目舉，各有專司，立除從前僞政府泄沓之習，還我同胞監督之權。並且設納言之筒，以期下情上達，築招賢之館，以免奇士沈淪。凡我同胞，同爲軒轅苗裔，受異族二百數十年吸脂敲髓之苦，平昔認賊作父而不敢與較者，非心有所甘，實力有所未逮也。今者義旗所指，想我父老兄弟，應無不共表同情。省垣商民，既各安堵，省外州縣，亦宜一體保安，勿稍恐慌，勿聽謬論。官紳協力，籌軍餉，設民團，總以各保各縣，各安各村爲急務。昔高皇入關，與父老約法三章，民心大定。今與我同胞約法二章，簡而易守。傷一無辜，罪不赦！行一不義，罪不赦！其有慷慨輸財以濟軍需者，受上賞。反對義軍者，加顯戮。錢糧雜稅，照常急解，一切公款，均歸民國政府綜核。如地方有司有假公濟私肥己舞弊者，本都督信賞必罰，必加以應得之罪。內部庶政既已就緒，再當奮羆虎之師，東出鎬洛，聯合三河年少，斂干鹹甲，直指燕雲，取羯奴之頭而懸之藁街，使我大漢之河山，重逢景星慶雲之瑞，當亦我父老兄弟所奮袂起舞者也。布告四境，咸使聞知。

《民立報・短評・陝西諮議局宣告獨立一九一一年十月二十九日》　陝人者，政府素以無能相看待。故凡陝西之大官，皆各省所不能容之輩。不意今日竟革命，且諮議局竟宣告獨立，甚矣莫謂秦無人！

猶憶數年前陝人因爭辦鐵路，爭辦石油，與各大官相衝突。而某某旗員則對人曰：『陝人向日恭順，今亦漸次囂張，我輩尚有啖飯地乎？是非用威力壓制不可！』曾幾何時，而陝西竟獨立。

今日請問某旗［員］曰：『陝西尚是爾啖飯之地否？陝西爾尚不能啖飯，中國那有爾啖飯之地？』又問北京政府曰：『公等素不重視陝人，今後之陝人果可重視否？關輔多賢俊，公等當知之。』

山西宣告獨立

綜　述

張樹幟《山西辛亥起義日記辛亥年九月初四日》　下午五時，樹幟由陝省旋晉。【略】初五日早，駐軍八十六標統帶閻君錫山聞樹幟旋省，即遣人邀之至寓所，會議起義辦法。【略】初六日早，樹幟與李成林、謝維梓、王棟材等晤面，將閻君錫山罷兵不動之手續，逐條宣布，衆然其言。【略】初七日上午，樹幟復糾集五臺會館所會之王棟材等，仍欲於罷兵之策激變軍心，乃籌畫至下午。【略】

初八日上午【略】時則司令官姚以價、八十五標一營管帶楊彭齡率師已由撫署前門攻入，有陸軍四十三協統領譚振德聞兵變事，倉皇仗劍趨撫署彈壓，厲聲恐嚇，即被槍斃。閻錫山由撫署後指揮布置，派本標二營前隊三排長張培梅、右隊三排長金殿元帶隊從撫署西圍攻，右隊隊官王纘緒、後隊隊官吴信芳帶隊從撫署東圍攻。内有巡防馬隊一營管帶譚金標帶隊由撫署後抗拒，被錫山擊散。【略】樹幟以撫署既陷，急去滿營，時督隊官苗文華、統帶閻錫山率軍登城並攻滿營，復調炮隊兵士于鳳山、高永勝、劉德魁等，向滿營南門轟擊，滿兵初猶抗拒，繼則潰散。樹幟見事已奏效，即召集閻錫山、温壽泉、喬煦、李成林、楊沛霖、姚以價、張瑜等齊集諮議局開全體大會。【略】大衆研究推都督辦法。【略】所有多數人皆願公推軍隊中有力能擔任此重任者，大衆聲言擁戴閻錫山爲督都，温壽泉爲副督都，杜上化爲總參議，姚以價爲總司令官，皆拍手稱讚。【略】遂組織機關，布置一切，設司令部、參謀部、警務部、民政部及軍務科、庶務科、財政科、文牘科、糧餉科、報銷科、軍械科分任其事，各有專責。【略】

初九日上午一時　都督一面派重兵彈壓街面，一面與張樹幟親往外國醫院，恐外人遇害，欲邀至諮議局妥爲保護。【略】

初十日　閻都督命總司令姚以價率師四千餘人，往娘子關防堵，張樹幟偕往辦理全軍軍需事。【略】

十一日　閻都督令一等副官張培梅，四標統帶張瑜、標副官江廷棟與本標第一營管帶章成格，率步兵五百人，又隨炮隊百餘人，到代州屬陽明堡駐紮。四標第二營管帶王纘緒率兵五百人，又隨炮隊百餘人到龍泉關駐紮。

二十五日　省城委員北上安民。委員李苑林、胡行至雁門關溝，被清兵槍斃。張瑜擬先取代州，次攻雁門。【略】

十月初一日　北伐民軍抵崞縣屬之原平鎮與續桐溪、弓富魁之義勇會合，議定分三路進兵，爲直搗大同轉取歸化之方針。中路宜出代州攻雁門，東路宜出繁峙縣攻胡峪口，兩路宜出寧武縣攻陽方口。

初四日　民軍由原平鎮出發，李黽、李香元帶兵二百五十人北往陽明堡駐紮，與張瑜軍隊會合，預備攻雁門。王家駒、吴信芳帶兵二百五十人，楊沛霖、賈英帶百數十人，魏得新帶義勇隊二百餘人，西往寧武駐紮，預備攻陽方口。續桐溪、弓富魁、續培模帶義勇千餘人，東往繁峙駐紮，預備攻胡峪口。

初七日　張瑜等率民軍二百餘人，攻代州城，用大炮轟擊數次，城堅未破，兵士扒城而上，有在城上發槍者，有下城内開門者，民軍一擁入城，擊斃清軍數人，王國士遁走，並獲其馬三十餘匹，槍械多件。

初八日　王家駒、楊沛霖、賈英，率民軍四百餘人，攻陽方口。清軍馬隊潰逃，民軍至河會村，獲馬二匹、槍二枝。

初十日上午十一時出發往東門外，晚十二時，張瑜等率兵百餘人，乘夜暗襲雁門關，兵士踴躍爭先，由兩旁跋山而上，奮不顧身，擊斃清軍數人，奈關上伏炮已久，民軍蹈險，竟被轟傷十餘人，死者七人，仍退守代州。排長孫鳳詔等四人寒不能堪，煨柴烤火，被清軍圍之，欲降服，民軍不從，竟被槍斃。翌日尋屍，或肢解其體，或斷其頭。是役兵甚激烈，爲北仗最危險之戰也。

初十日　續桐溪、弓富魁等，率義勇千餘人攻胡峪口，僅放數槍，守口清兵，聞風潰散。

十一日　王家駒等在河會，僉謂：清兵駐守雁門，雄關難破，宜繞廣武攻其後。張樹幟以兵力單弱，恐難奏效，單騎由寧武返代州，約與駐代之民軍，彼此相應，合擊雁門。清軍探知，恐首尾受敵，乘夜遁至廣武，又退守岱嶽鎮。是日下午八時，大同鎮王得勝兵變，王得勝被逼出逃。變兵揚言：出迎北來之毅軍。變兵返城後，閉門搶掠商號數十家，次日搶掠僻巷富户。

十二日　總司令官孔庚奉都督命令，帶關防、文牘等件，爲朔方興討使，到代郡屬陽明堡鎮。凡北伐軍隊，統歸其節制。

十四日　續桐溪、弓富魁率兵駐懷仁縣，偵知岱嶽之清軍米鎮標、耿應周、王國士、甄占標等率兵十餘人，隨後急追。續桐溪、弓富魁等毫不畏避，擬定翌日直入大同。

十五日　續桐溪等率義勇入大同。駐岱嶽鎮之清軍尾追，僅相距十餘里。大同知府李得炳並紳士等出迎北來之毅軍。時毅軍二千餘人爲陳希義所領，逃員王得勝遇之，欲借毅軍以圖功，亦返與偕來，未及入城，續桐溪等已佔據城内。所有毅軍、知府、紳士及米鎮標等所帶清兵，俱畏縮退避城外。

十六日　張瑜、章成格等，率師兩營，出雁門駐廣武。王家駒、吳信芳等亦率師由河會村來會。衆議：以軍隊半數留守雁門，半數直取大同。時王建基奉都督命令，將續桐溪軍隊編制成標，至廣武與民軍遇，因有清軍阻路，未宜前往。遂與楊沛霖、賈英等同帶敢死隊行懷仁，偵知清軍駐懷仁北四十里之新莊村，續桐溪所帶義軍入大同。

《軍諮府轉送正太鐵路總工程司電宣統三年十月二十九日》　竊自晉省兵變，巡撫殉節，到處人心浮動，謠諑四起。【略】詎於九月十九日夜聞，駐紮歸化中哨巡防兵突然潰敗，竄赴後山一帶，裹脅馬賊土匪，到處騷擾。統領周維藩不知去向。幸各外卡駐守巡防兵隊未皆被其搖動。然偏地伏莽，紛紛響應。當即飭派馬步官兵分頭追擊，扼要設防。前經電奏請將巡防步三隊管帶吳吉昌派爲統領，尚能維繫兵心。分撥甫定。而東之陶林廳戕害官長之信又至。正飭派兵往辦。而西之包頭鎮又有劣生王鴻文、郭鴻霖勾結潰兵土匪，冒充革黨，幾致釀成巨患。賴該鎮文武官員設法將匪首張琳等擊斃，而首禍王鴻文等黨與甚衆，仍在該鎮盤踞煽惑，勢甚危急。趕即飛派各項軍隊開往該鎮，擒斬首禍，解散脅從，既懾以兵威，復曉以切諭，地方始獲安全。惟於軍隊西行後，彼關内革黨竄踞寧武朔州一帶。大同吃緊，朔平戒嚴。南路各廳多與大朔兩府州縣連界，道路紛歧，處處可慮。除節節加派哨探分兵防守，仍復抽派馬步砲隊馳往寧遠迎剿土匪，以清内患。乃該匪聞風逃竄，復東隆盛莊匪徒約共五六百人，攔入豐鎮，大肆焚掠。刻又加派兵隊飭由寧遠徑赴剿辦。並派土默特官兵由東山溝堵禦。因賊數衆多，我兵力薄，飛飭察哈爾鑲紅、鑲藍兩旗，挑派精壯馬隊一營，由臣籌發月餉軍械，合力會剿。仍恐該匪飽颺北竄。現又札飭統領吳吉昌擇派兵隊，助以綏遠炮兵，取道陶林抄剿，以期一鼓盪平，不留餘孽。

查口外各廳本可無事，詎自歸化巡防兵譁潰後，匪徒蜂起爲亂，各廳相繼告警，月餘以來，我兵東西南北馳驅於冰天雪地之時，實已疲於奔命。委緣口外地勢袤延，山路崎嶇，頭頭是道，匪徒東奔西竄，防不勝防。況歸綏爲各廳根本之地，尤宜加意保重，民回各團只可供巡查彈壓之用，仍須佐以綏遠官兵。雖有後路巡防兵隊分布各廳，仍恐顧此失彼。似此地廣途紛，奸匪四竄，僅恃此有數之旗兵捍外防内，實屬應接不暇。

論說

《署理山西河東兵備鹽法道余寀致内閣函宣統三年九月十二日》　竊職道於九月初九日接祁縣知縣劉令祖電稱，太原有兵變之説，當即兩次電稟在案。惟太原線阻，亮難達呈。茲將原電抄具清摺，恭請鈞鑒。刻又接祁縣劉令祖述電稱：初八日晚，太原兵變，四出搶奪焚燒，土匪乘勢助虐，次晚未止。各衙署、各街鋪盡成灰燼。其已得財之變兵、土匪，（映）[現]各分逃，各官無下落，等語。聞變駭痛！職道查陝匪現已東竄，有圍攻潼關警信。現在太原新軍又變。運城西有陝匪，北有晉匪，聞變堵禦，危險萬狀。現經職道飛咨前路巡防隊統領陳守政詩，星夜帶隊前往韓侯嶺防堵。惟該統領遠行澤州，緩不濟急。伏乞迅賜派撥可靠舊軍，由火車飛至洛陽，兼程作三日抵河東。稍遲則兩匪連成一氣，秦晉不堪問矣！

《直隸總督陳夔龍致内閣軍諮府電宣統三年十月初三日》　查山西亂兵，北守雁門，此内怯也。北來百數十人，被大同兵擊散，此兵單也。徵索銀糧，用行軍票，此内空也。及此人心不附，急檄山西各城鎮，堅壁清野。一面選銳兵步砲隊三四營，由火車星夜至天鎮，去雁門二百餘里，疾攻之，使之南北兩面不能兼顧，則晉省即可規復。若失此不圖，稍遲時日，彼之防維固，我之人心去，則危矣。

《綏遠城將軍堃岫等奏摺宣統三年十月十七日》 竊據大同總兵王得勝初七電稱，代州寧武府相繼失陷，請派兵接應，等情。查關外潰兵土匪到處滋事，太原革軍又增兵進逼雁門，不特大同一帶戒嚴，即歸綏兩城亦孤危日甚。爲今之計，應請旨飭催晉撫駐節大同，約舉其利有四：旌旗到日，坐鎮雄城，革軍必不敢長驅，伏莽亦不敢竊發，利一。先據晉疆之半，再議勦撫，進窺退守操縱自如，較在石家莊借地仰攻，難易顯判，利二。關北州縣丁賦亦可接濟餉需，利三。守大同即所以固歸張兩鎮，京師無西北之憂，利四。不然兵匪勾結，禍亂侵尋，現在之地方，徵存之糧稅，皆岌岌不保旦夕，朔方半壁糜爛固不待言，萬一京張阻斷交通，根本重地尤虞不固。如必藉井陘軍隊之力以守爲攻，抑或別有機謀，非邊陲荷甲之夫所能遙度。總之，關北一帶惟有厚集兵力以資防衛，方保無虞。目下方添紮之不遑，既難抽調援助中路守關，且各廳目下土匪蠢動，更難勻撥助勦。至旗蒙陸軍各隊，爲數無多，僅足防守歸綏兩城，不能再備徵調。時迫事急，無路求援。惟有請旨速催晉撫駐節大同，居中籌布，並請速撥數營歸臣等調遣，庶可保關北全局，而晉事亦維持較易矣。

雜録

《山西討滿檄文一九一一年十月二十九日》 春雷動地，千年之醉夢驚回；旭日當天，萬里之妖氛盡掃！蓋救焚拯溺，不得已而見諸兵戎，而應天順人。必如是方合乎時宜。惟我中華古國，實爲東亞盟主。土地甲於環球，人民多於列國。慨自嘉靖以還，綱權廢弛，迨至崇禎之末，寇盜縱橫，根本既已動搖，蟲蠹因而侵蝕。彼滿洲者，人不及兆，地限一隅，以遊牧爲生涯，恃凶頑之本性。腥膻異類，僅比唐之突厥、漢之匈奴；豺狼野心，竟效周之犬戎、宋之金狄。乘我無備，驅兵以前。李自成流賊無謀，聞風奔竄；吳三桂逆臣背義，解甲迎降，遂使龍鳳之郊，變爲虺蛇之窟。揚州十日，凶焰燭於九天；嘉定三屠，冤血溢於四海。所至城邑，盡爲丘墟。於是貪生畏死之輩，認賊作父；爭名趨利之徒，忘親事仇。頌功德於虜廷，奉正朔於僞主。山河蒙恥，草木含愁。彼乃益施凶殘，專行壓制。獄興文字，片言以至殺頭；禍及林泉，不仕指爲叛逆。朝皆凶黨，野絕正人，億萬人民，川血山骸。何故至此，二百餘載，天荊地棘，有路難逃。借我膏血，養他醜類。無事之時，吾民服勞畎畝，滿酋則坐享甘肥；有事之日，我兵委命疆場，滿奴則榮膺爵賞。英雄聞之而切齒，壯士睹之而寒心！是故洪天王奮臂一呼，響應風從，幾遍天下；李忠王揮戈四指，雷轟電掣，將復神州。所恨當時士民，未沾教育，種族之義不明，竟然殺同胞以爲功；華夷之界不辨，遂至爲胡虜而效死。以漢將攻漢將，問其緣故，則曰事君盡忠；以漢兵殺漢兵，究其成功，不過助滿爲虐。故不明順逆者，或謂曾國藩忠同諸葛；然諸葛匡扶漢室，何嘗委質於胡奴；不辨智愚者，或謂李鴻章功過汾陽；然汾陽翊贊唐朝，豈肯失節於夷虜！是非顛倒，竟至於此，陸沉安足怪哉！自太平以後，滿奴凶焰更熾，以爲中華國土，乃彼億年獨佔之家私；中國人民，乃彼萬世不易之奴隸。驕奢不道，委任非人，政事乖張，仕途塞才。割土地贈諸列强，全無愛惜之心；借外債以飽私囊，遺我生靈之累。而且假名立憲，肆意橫徵。攝政王媚外奴也，乃操內閣之權；盛宣懷賣路賊也，反掌郵部之政。那桐、世昌，傀儡人物；瑞徵、保芬，齷齪心腸。趙爾豐殺人如草，而督四川；張鳴岐嫉義如仇，而鎮兩粵。君子在野，小人盈廷，內政獨操，民權盡奪。【略】列强虎視眈眈，亡國之禍，已迫於眉睫矣！當此軍興之時，正人才爭奮之秋。我三晉山河表裏，舊係形勝之區；人文蔚起，古稱文物之邦。【略】出幽谷遷喬木，早思效順於明時；失東隅收桑榆，尚勉圖功於來日。蕭何秦末小吏，能爲隆漢之功臣；劉基元季微官，亦作皇明之佐命。苟能反正，咸與維新；倘予執迷，必至自誤。今者，大總統孫公文，已由美國返駕亞洲；副元帥黃公興，亦自兩湖移戈南下。馬蹄袖，大命不長；豬尾辮，元氣將絕。殺人以染紅頂，幻想難酬；捐金而買花翎，前程已斷。【略】墨西哥創立革命義軍，各國未嘗干預，此皆本年內事，赫然在人耳目，實係公法之當然，切勿聽信謠言而自餒。至於彼之黨羽，已若晨星。岑春煊託病不出，袁世凱無心效死，縱作下車馮婦，亦無救於政亡。人心所向，大勢所趨，彼胡兒之滅亡，乃指日間事耳！屈指罪惡，擢髮難數。凡我同胞，速舉義旗，光復舊物。倘有助桀爲虐，殺之勿赦。檄到如律令！

雲南宣告獨立

綜　述

周鍾嶽《宣統三年歲次辛亥惺庵日記》　滇省光復，大局粗定，軍府會議，【略】設蜀道梗阻，則與中原隔絕，形勢尤爲孤危。而當時川督趙爾豐猶據成都，蜀中同志會紛起，全省糜爛，不能不由滇派兵援川。乃編兩梯團，以謝汝翼、李鴻祥率之，分道出師。【略】謝梯團抵敘州時，成都已宣布獨立，而土匪托同志會名義，四出滋擾，謝下令擊之，匪徒敗走。未幾，李亦抵瀘州，乃分兵擊合州、自流井各匪，匪徒潰散。流言滇軍將佔領四川，於是川滇軍乃交惡矣。【略】蔡都督迭電告謝、李兩師，謂川已宣布獨立，我軍不宜急圖進取，惟宜督促成、渝兩軍統一政權，戡平內亂，即會師北伐，以定中原。未幾，成、渝兩軍府合并，清帝亦退位。南京政府成立，宣布共和，蔡公遂電催謝、李克期班師。是役也，滇軍援蜀，本屬仗義興師，而蜀人誤會生疑。滇軍在蜀，亦間有未能嚴束部下者，以致兩軍抵觸，大損鄰誼，甚可惜也。

滇軍反正之前，騰越張文光、刀安仁等，亦先於九月初六日，在騰越起兵，宣布獨立。然兵匪混淆，軍無紀律，而文光、安仁皆稱都督，角立爭權。張部下陳雲龍稱都指揮，率兵自永昌東竄，進窺大理；時大理得省電，已贊成反正，並挽留趙介庵先生在榆維持秩序，保衛地方，乃陳雲龍兵分略永平、順寧、漾濞，榆紳屢電阻止，而陳肆意要求，辭益不遜。蔡公得榆電，遂命迎頭痛擊，大敗之，陳遁回，而騰永之在省者，益嗛趙介庵先生，騰永亦舉代表電省，請聯合，軍府乃派軍政部總長李根源，率兵前往，相機辦理。根源至榆，騰永代表亦到，根源乃與會定息兵，並偕趙介庵先生赴騰，辦理善後，解散冗兵，蠲除苛派，整頓吏治，殲除叛兵，騰永之事遂平。根源乃請解兵柄，趙介庵先生亦辭迤西巡按使職，請回籍養親。

省軍反正時，駐臨軍趙復祥亦響應，略取蒙自，爲南防統領。添募新兵，流品太雜，又軍中賭風甚熾，聞前清道庫尚有存款，又許九畹由河口解省銀數十萬，趙截留十餘萬在蒙，匪兵覬覦，一日嘩變，攫取公款無算，並焚劫哥臚士洋行，南防大震。法人亦藉保護爲名，欲派兵入境，軍府一面阻止法兵，許以竭力保護法人，一面派軍政部總長羅佩金，單騎赴蒙查辦，羅到蒙自，誅首亂李鎮邦等十數人，並分別遣散兵卒，不旬日亂平。惟哥臚士洋行索償太巨，乃歸省交涉。

《雲貴總督李經義致內閣請代奏電宣統三年十月十六日》　革屢謀滇未遂。自鄂湘贛晉變起，粵桂謠言，軍學界合，黨力始大。然滇不因部迫裁營，川亂分兵，省防較厚，禍猶可制。義見事急，調募五營建署械局，再有五日即營到工竣，並設法併營退伍，暗收操彈。革偵知謀急。九月初七駐騰新軍先變。初九戌，駐省七十三標李鴻祥營叛，攻傷標統丁錦，戕管帶趙懷清、隊官數人，全標兵變。砲標機關槍營繼之。城外防營兵單戰敗。學生內應。叛軍入城，分攻局署，先據電局。義率總辦王振畿督衛隊守署，令鎮統鍾麟同、參議靳雲鵬率輜重營防營赴五華山堵禦，令總辦唐鴈錕率防營守械局。叛軍約二千。餘軍抗調，禦敵兵隊分三處，數不滿七百。自亥初戰至初十巳正，叛軍各城樓架快砲機槍三十餘尊轟擊，兵多傷亡，仍拼死禦，叛軍子彈垂竭，突有前講武堂總辦李根源率軍學生數百，及工程營挖地道架砲用炸藥內轟，協統蔡鍔助攻，午正械局失守，鍾麟同陣亡，局毀。叛兵全力攻署，未正督署失守，王振畿遇害，管帶范鍾嶽戰死。

《雲南普洱鎮總兵署臨元鎮總兵孔慶塘呈宣統三年十一月十四日》　竊於九月初六日騰越兵變。旋於初九日夜接省急電，七十三標兵變。當即電詢詳情，而電已不通。十一日道路傳聞，臨安府七十五標亦相繼起事。嗣聞全鎮皆變。而署鎮所屬巡防八營，除分防外，其駐紥蒙自者僅有一百六十名，守城尚且不足，無力援者。當與臨開廣兵備道龔心湛組織募兵，以圖恢復省城。明知綏難濟急，但事變倉猝，無可爲計。孰意臨安劣紳朱朝英代廣東募兵數營，會合臨安變兵，僞稱都督，與省城僞都督僞蔡鍔先後宣布獨立。而全省人心皆變，遍插漢字白旗。臨安派革軍三路進攻蒙自縣城。而西北一路被署鎮防兵擊退並追襲三十餘里。而西南一路由蜀下督带孔繁琴带防兵二百餘人接战，奈衆寡不敌，該督带力竭被擒，不屈身死。而蒙自縣城商民盡變，偽使勸降。

雜録

《黎都督檄雲南文》　自滿盧愛星阿提兵犯順，永曆被擒，金馬碧鷄之鄉，淪於異族。三桂圖復，中路喪亡，繼以世播，遭三路入滇之屠戮。嗚呼華胄，言之痛心！三百年來，復受制於虜廷之下，犬馬奴隸，竭膏餉以供。蠢爾類醜，龐然長我，誰無血氣，甘此摧殘。本都督篤念華宗，首義於鄂，白麾一指，皖寧湘豫，殷然從風。而長淮以北，巴蜀以西，在指顧間。大局告成，光明淨宇，天人協應，遐邇同情。卓爾南滇，地處偏隅，同屬炎黄貴胄，緬維烈祖，遺我羣黎，朱明不綱，致遭慘毒。葛藟無識，尚能庇其本根，負氣含生，能勿自保族類。況外禍紛遝，屬在遐方，滿政府早隔膜視之，置諸化外。東南三猛，西北八關，拱手授人，寧之顧惜。猶復飭鞭長莫及之讕言，滇緬滇越，甘賣路權，礦産商場，任其狐媚鄰交，自填欲壑。彼都志士，亦有同心，羣起而爭，久爲識者欽服。滿政府肆行抑壓，權不下移，專送友邦，勿與家奴，彼固持之有素，道之若常也。今天方授楚，殄彼胡兒，時大可爲，機不可失。尚冀英雄奮起，戮力同仇，誓掃燕雲，滅此朝食，與十八行省，興大漢天聲，返吾家故物，永立共和政體，俾同胞得平等自由。詎獨雲南一隅之福，中原皆共食無疆之庥，本都督實引領焉。檄到如律令！

《滇軍政府討滿洲檄》　皇漢紀元四千六百有九年，民國滇軍政府檄告於我雲南漢族父老諸姑姊妹之前曰：

慨自滿虜入關以來，荼毒我黄裔，擾亂我神明，金馬碧鷄，腥羶遍野，我同胞惕於專制淫威，任其蹂躪踐踏，奴隸牛馬，而不能揚眉吐氣，二百六十餘年於茲矣。今者胡運告終，人心思漢，革命風潮，一日千裏。某等不才，忝負軍人名譽，謹於九月初九日，共舉義旗，全軍反正，驅除清吏，撫我黎民。誠以世界文明，人權貴重，必不能久去屈異族專制之下，而任人魚肉不思獨立者。惟義旗所指，尚恐吾雲南人未能周知本軍政

府之意，爰數虜之罪，願我雲南人及漢族同胞，悉心以聽。

昔拓跋氏竊號於洛，代北羣胡，猶不敢陵轢漢族。滿虜入關以來，恐吾漢人心存光復也，凡屬要缺，悉置滿人，藉此以監視漢人之耳目，使漢人永遠降爲滿虜之奴隸而後快。心如蛇蠍，行同虎狼，其罪一。大虜玄燁（即康熙）創一條鞭之法，謂以後永不加税。乃未幾而釐金之制起，未幾而雜税之説興。近年以來，更變本而加厲。【略】外竊仁聲，内存殘暴，其罪二。【略】虜謂漢人死不盡，滿人不得安，於是使其僞王吳三桂，帶兵入滇，所過屠殺，迤西數千里，幾無人煙。興言及此，凡我漢人，當無不涔涔淚下也。漢人何辜，受此慘毒，其罪三。【略】虜恐人心思漢，焚毁書籍八千餘通，自明季諸臣奏議外，上及宋元之遺書，靡不焚燒。欲令漢人忘舊，永遠爲奴，其罪四。世奴之制，世界所無。滿虜竊據中國，視漢人如豬羊，故漢人少有過失者，即發八旗，永與滿人爲奴。有私逃者，罪其九族。背逆人道，苛暴齊民，其罪五。滿虜爲滅絶漢人計，嚴其刑罰，苛其條例，吾民一觸其綱羅，則有死無生。【略】其罪六。垂狗尾以爲飾，穿馬蹄以爲服，衣冠禽獸，貽羞萬國，使吾國神州文物，夷爲牛馬，其罪七。

滿虜之大罪，既昭如日月，然滿政府近日行事，最足制吾民之生命，有不能不速起革命者，不得不再爲我同胞陳之。國家建設政府，所以捍衛國民也。被滿政府以惡劣無能，陷吾民如此悲境。【略】吾民講自衛之策，虜則百方阻撓之，是亡我國者非外人，實滿洲政府也。故滿洲政府不除，滿洲官吏不逐，吾國終無復興之一日，此不能不急起革命者一。【略】專以剝削吾民爲能，吾民窮矣，則倡言借款，名曰改革幣制，實則不過供滿賊君臣父子之娱樂而已。自四國借款以還，虜政府已置吾民之生命財産於各國範圍之下，吾民其知之否？將來用不得當，償還無術，各國派兵實行監督，吾民尚有死所乎？此不可不急起革命者二。全國饑民，數逾千萬。【略】乃反觀滿洲政府，各省官吏，未聞有一粟一絲之施。而興王府，建離宫，動以百萬計。嗟乎！同胞割膏血以養胡虜，不爲憐之，而反殺之！【略】此不可不急起革命者三。今者民氣發揚，同趨革命，虜知其大命將傾，乃以僞立憲誘我漢族。陽示仁義，包藏禍心，專任胡人，死相撑拒。我國民伯叔兄弟，亦既燭其奸慝，弗爲禍亂。以胡亂孔棘

之故，惟有剋期舉義，驅其官吏，殲其渠魁，以爲中華民族請命。【略】爲是與四萬萬人共約曰：自盟之後，當掃除韃虜，恢復中華，建立民國，平均地權。有渝此盟，四萬萬同胞共擊之！

江西宣告獨立

綜述

《時報·贛省光復史辛亥年九月二十一日》　贛省初十晚二句鐘，新軍舉義，茲將連日大事匯紀於左：

十一日，各新軍起義後，城守巡防水師各軍，概懸白旗，手圍白布。各巡警先均逃匿，旋由軍官通告各警區，並不相仇，勉以大義，各巡警漸次陸續荷槍上街梭巡，各軍隊仍由軍官督率，晝夜在街輪巡，秩序毫不紊亂。各大商店咸閉門不敢開市，惟小買食物仍照常交易，並經軍隊格殺搶劫者數人，人心甚安，各官吏均避匿無蹤，協統吳介璋亦避而不出。是日下午三句鐘，在商務總會大會議，紳、學、商各界到者甚多，公議舉馮撫爲大都督，如馮不願充，次則舉吳介璋爲都督，衆皆認可。又公推咨議局副議長葉紳先圻充民政部長，管理民事、商事，葉力辭不就，又改推劉太史鳳起充任，並議定先調查官公款項，以爲餉糈，議決散會。

十二日，各軍隊仍照舊巡查街段，人心較昨日尤爲鎮靜，各官吏避匿地方，均經軍隊覓獲，馮撫以次各司道仍到撫院齊集，撫院止焚去頭門，儀門以內概未動。各官由瓦礫場而入，莫不淒然失色。九江軍政分府馬都督，因接省垣起義電報，恐有戰爭，乃親率義勇四百名來省。各界又在教育會公舉軍政府內部各部部長十四員，並決議暫以高等學堂爲軍政府，該學堂係西式樓房，辦公甚爲便利。旋在該堂公舉大都督，馮撫司道紳學軍商各界，到者千餘員。馮撫仍穿滿州公服，司道以次，均係便裝。衆人先舉馮撫充大都督，以死辭，又改舉吳介璋任大都督，劉鳳起任民政部長，始均力辭，經衆迫以大義，始充就職，大都督既定，人心有主，尤爲相安。各界以馮撫不擔任職事，要求交出印信，馮撫以城池已失，留印無用，允即交出，各界咸歡然而散。並聞馮撫在會場勸衆人反正，由渠電奏，由渠一人擔處分，衆咸嗤之以鼻云。是日商店仍未開市。

十三日，馮撫交出印信後，乃赴各公團親拜辭行，各紳士軍隊均公送出城，馮撫仍攜眷乘輪往潯，擬往上海暫寓，此後將隱姓埋名，求避世之桃源以了此餘生。【略】省城是日搜獲旗人男婦五名，當解送軍政府暫行拘留，擬即驅逐出境，是真不愧爲人道主義。江西此次獨立，並未妄殺一人，居民咸慶安枕，較之前數月之風聲鶴唳，又是一番氣象，無怪各省聞風而起也。是日仍未開市。

十四日，軍政府內部已組織就緒，較之前數日更有秩序，軍隊已調回營中操防，員警照舊上崗，各外府巡防隊，前經馮撫密電調集來省，如吉安、袁州、廣信、建昌各府巡防軍，均陸續到省，聞新軍起義，均左袖掛白，以表贊成。聞各軍餉項，均議定加倍給發，並出示添募新兵三千名，在百花洲、滕王閣、工業學堂三處報名。十五日，在大較廠考驗，應募者極爲踴躍，又洪江會頭目彭木香，率領部下健兒不下三千名投效，已得軍政府允許，聞有編成隊伍，稍加訓練，即派往武昌，以備隨同北上，共襄大義。是日商會已議定辦法十二條，呈請軍政府批准，所有各鋪，均於十六日開市，以前官商紙幣概行通用，並由軍政府出示以本日起，各戶首均須日懸白旗，夜掛紅燈三日，以爲慶祝光復之紀念云。

《中國報·九江失守之詳聞辛亥年九月十四日》　九江自鄂變後，謠言四起，一夕數驚。至本月初二夜六句鐘時，街市忽起驚惶，居民遷避者絡繹不絕，至十句鐘，果有回應之舉。初由金鷄坡炮臺營響號炮二聲，城內新軍各營吹號齊集，舉火爲應，先奔道署，開炮轟擊。潯道保恆早已聞風逃逸。繼分隊攻擊府署，璞守亦逃。在道庫獲銀八萬有奇，旋派人看守，沿途皆派人梭巡，民人有出戶觀看者，令其入內，但勿驚恐，站崗巡警均勸其速應，各巡警均贊成。所長李敬曾先已逃逸，新軍沿街巷大呼協力同心，槍聲轟轟不絕，皆向空中開擊，恐傷居民故也。至一句鐘時，率隊出城攻提法使張檢行轅，按張行轅暫在鐵路公司後門即甘棠湖。張已由後門叫船逃逸。繼至電報局，勸諭局員贊成此舉，局員皆允，惟不許發官電，仍照常供職，旋即逃去。迨天明時，即出示安民，有中華民國九江軍政府字樣，並頒軍令，與湖北之文告同意，有黎都督字樣。並令軍士沿街巡邏，理勸店鋪照常開市。有某教練官乘馬至街市，諭令開市，決不驚擾，各店遵諭，照常貿易，闔城人民安堵如故，秋毫無犯，其文明程度之高，出人意表。初三日，城門大開，任人出入，惟不許攜箱籠出城，衣包亦須盤詰，守城軍士，每門有數十人把守，惟九華門緊閉不開，則係靠江之故。新軍於城內延支山上，高豎［馬］字［徐］字［陳］字白旗各一面，各軍皆手纏白布爲號，上印有協力同心四字，按馬、徐、陳皆軍中官佐，徐於上月乞假往武昌偵察亂事，至二十七日歸九江，而綠營中兵遂變。據云是日綠營曾向九江道索發六個月軍餉，道僅許以發給三個月，衆不允，藉以遂變。

此次九江起事，秩序亦甚整齊，各兵士皆守文明法律，即此可徵革命思想雖舊營中亦已普及矣。

上海宣告獨立

綜述

《光復報・上海光復記（一）一九一一年十一月四日》　昨日二時，閘北失火，姚局長自後門逃亡，民軍乘機占領。巡警總部管帶陳漢欽先占總局，係民軍總司令李燮和所派。

五時，民軍得滬軍營。上海道劉逃入租界。城內各官逃避無蹤，城牆各處卽懸白旗，商團巡警左手均纏白布。舉李平書爲民政長官。五時一刻，民軍攻製造局，傷八人，死二人。

七時，占浦東火藥局。中國界安寧如常，皆懸白旗，民軍之安民告示，到處張貼。

十時，焚道署及參將署。有自城內攜行李遷出者，民軍竭力保護之。

十二時，在城內縣署會議。

兩時，民軍率道署衛隊並敢死團百人，再攻製造局。

今晨六時，三攻製造局。九時，全局爲民軍佔領。鐵路車站及租界之華商，白旗飄揚。

十一時，焚上海縣署。民軍至寶山縣，迫吳令調元將印信交出。吳淞炮臺於昨日四點鐘時已懸掛白旗。

又《上海光復記（二）一九一一年十一月五日》　民軍於昨晨九時占領製造局後，卽作爲司令部，卽檢出內存軍械，計存新式快槍二萬杆，其餘炮彈，現正檢查，未悉其詳。該局有二大銀庫，一儲銅元數百萬枚，一在鐵門內，未得鑰匙，急切不能開視，派人看守云。

該局門首有諭單云：李總理平書傳知本局各司員照舊録用；現在整備現銀，卽日照常開工，所有各司員速來接洽。淞口炮臺及防營水師、鹽捕營、警察局、商會各紳董已議定吳淞爲共和獨立地，於十三夜四時均扯白旗，警兵弁勇左臂均纏白布。惟吳淞口之策電兵輪，只扯白旗而已，臂上未纏白布。

淞口之大清郵政分局，汪總理卽塗抹『大清』二字。卽炮臺蘊藻浜車站亦均改懸白旗。惟吳淞常關及捐局皆聽候上海新關稅務司酌示。

又《上海光復記（三）一九一一年十一月六日》　軍政府自得上海後，卽宣布所有釐捐、落地捐一律廢除，以蘇商困。本年下忙下漕及前次丁漕，概行豁免。獄中罪犯，除徐仲魯、張毛毛、眞修和尚三人罪惡貫盈，立時斬決外，餘皆開釋，人心大快。閘北民軍總部管帶陳漢欽宣布獨立，卽派人曉諭各商各絲廠照常貿［易］工作。晚間各區隊一律梭巡，以故閭閻安堵。大清、交通兩銀行，裕寧、裕蘇官錢局均收歸軍政府所有。

舉定李平書爲民政長，伍廷芳、温欽甫二人爲外交官，李燮和爲軍事指揮官，製造局存款共現洋六萬元、現銀十萬兩，惟城內道庫尚未盤結，約有十餘萬。

十四日下午，民軍至龍華子藥局，守兵歡迎，遂卽佔領。今日與製造局一同開工，並加夜工趕造。滬寧車站已承認中立，將保護車站之萬國團練兵一律撤退，由民國軍政府派軍一隊前往保護。聞昨日派小輪二艘，運到新槍數百枝，子彈數萬及格林炮多尊，當卽分軍北新涇、眞茹、江灣等各要隘，以資防守。上海鈞和兵輪現已投順。

《中華民國軍光復上海記一九一一年》　第一章　上海軍政府宣言書**【略】**

第二章　上海光復時之情因

十三日上午十一時二刻，閘北巡警各區官齊集總局，謂各區巡警均將有變，稟見局長請示辦法。局長先傳馬隊隊官陳某進見。陳以鄂警迭傳，各省響應，滿清大事已去，識時務者爲俊杰，請局長酌奪等語婉勸。局長不允。陳卽出手槍向上轟擊，屋瓦皆震。該隊巡士等聞聲亦卽持砲向空亂轟。局長當槍聲迭作時，卽由後門逃竄，然而已哮喘大作，不能步履，幸有五六人扶掖之，始得出險。各巡士遂向總局左近之茶館、草屋縱火，一時烈焰騰起，人聲鼎沸。總局拘留所内押犯數十人，亦乘亂將墻推倒，一齊哄出，不知去向。總局各人員已逃避一空。當火作時，各巡士已將肩章扯去，左臂各扎白布一方，紛集局門。嗣因指麾者未來，又各將白布藏起，秩序因之稍亂。惟鄰屋之火，已由消防隊撲滅。

下午四時後，餘往閘北探視，見巡警總局白旗已掛起，上有『光復』二字，各巡士左臂白布又復纏起，蓋革軍已得手矣。

革軍佔領閘北警局後，卽舉巡選隊兼預防隊管帶陳漢欽爲臨時領袖，一面出示安民，一面派騎巡巡視各區，并勸諭居民，各安生業，毋須驚恐。八時後，城内有巡警一人，肩無徽章，由小東門大街起，經新北門街，至老北門一帶，遇有站崗巡警，卽招以手，命從腰間檢出白布，親爲扎於左袖。道旁觀者咸有喜色，商團旁立而視，無阻撓者。各城門仍大開，各店亦如常開市，並不閉門，店夥相顧而嘻，似甚樂者。各城上均高懸白旗，城中遍貼中華民國軍政府告示。萬人攢首，相聚而觀，每閲至痛快處，鼓掌聲大作。亙古失城之事多矣，未有若是其奇妙者也。

第三章　革命軍光復後之新氣象

南市新舞臺觀劇者甚多，似不知本城有變者，大足見民軍維持秩序之能力也。滬軍營及滬杭車站，均已懸掛白旗。【略】

此次上海舉事，總司令爲李燮和，水陸各軍俱回應，吳淞、高昌廟水陸巡警及砲臺各軍，亦皆應命。惟攻製造局時，以該局有備，未遽得手，定於夜間再行進攻。【略】

第四章　民國軍攻克製造局之詳情

革命軍於前晚攻擊滬南製造局，未達目的，暫行退回。昨晨天未黎明，復行起事，先從滬軍營入手。該營兵士見革軍已至，聯隊歡迎，遂將白布分纏袖口，一律投降。惟該營管帶洪遹聲先期逃逸，不知去向。革軍遂命各哨官率領至製造局，衝進二門。迨至内柵門，門已盡閉，不能直達。旋有西路總巡蘇統領在内，從營壘上與所部兵士急發排槍。圍攻移時，革命軍敢死隊三百餘人，雖有槍械衝鋒冒突，然兵士在内，鋭莫能當，槍子未能遽進。以致受槍傷者約三十餘人，并哨官王國輔竟當場被蘇軍槍死。革軍知勢不敵，見機而退，復繞從炮彈廠後面矮墻，一律躍進局内，卽備火油、引火物俱，先將洋槍樓廠間房屋縱火焚燒，秩序頓亂。蘇統領以勢已危急，立卽遁出局門，避入小輪逸去。一時該局炮隊營兵士及警兵等大半投降。改繞白布後，由團練等聯合各會友數百人，乘火警時，接攻進内，唾手而得。局廠内司員各人均已逃散，張總辦先時遁去，不知下落。革軍占領製造局之後，先將火勢救熄。是役也，僅毁去廠屋數椽。傳令升懸白旗，大書『光復』，當將該局改名司令部，將内存軍械分給，在各段防守。至炮隊營立卽升懸白旗，以作軍士造飯所。并擬定卽日尚須將龍華火藥局一律攻擊云。

雜録

《上海軍政府宣言書》　竊自滿清爲虐，盜我中華，同胞之深仇巨恥未報者，二百餘年矣。屠殺之慘，歷歷在目，卧薪嘗胆，未敢或忘。詎意滿清今復狠毒，假立憲之妖名，行防漢之譎計，塗吾四百兆神明子孫之肝腦，以供養彼五百萬之犬羊賤種。【略】以是我軍政府，起光復之師於武昌，不旬日而克復三鎮，天下響應，共起義兵，誓討北虜，重興神州。自兵興以來，皆爲救我同胞於異族虐政之下，拯我同胞於水深火熱之中。以故市民安堵，鷄犬不驚。

蓋我軍政府以愛種愛國爲心，故不惜冒矢石爲同胞請命。凡我同胞，均須共體此義。滿將廕、薩屢戰屢北，今我秦晉革命軍，現已分兵直搗幽燕，逆酋逃亡，將不崇朝，卽可全復天下。我蘇浙各省，擄長江下流門戶，形勢重要。故我江東革命軍，於九月十三日，起義於上海，以安商業，以寧民居，各守生業，毋相驚恐。有急於大義者，其各來歸。蓋滿惡昭昭，白於天下，胡運已絶，漢族方興。凡我三吳健兒，均當效忠於祖國，以建共和之基，不當盡力於滿奴，以貽萬世之辱。【略】本軍政府又念我蘇浙等省，民困已久，【略】用特將江浙皖閩境內一切惡稅，盡行豁免，以紓我父老之難，而免奔亡之苦。其條例謹列左：

（一）除鹽酒糖各稅捐外，所有統稅關卡，一律永遠裁撤。

（二）除海關外所有稅關，一律永遠裁撤。

（三）本年下忙丁漕，概行蠲免。

（四）本年以前積欠丁漕，概行蠲免。

（五）各屬雜捐，除爲地方所用者外，概行蠲免。

凡我江浙皖閩人民商賈，均宜竭力助餉，以裕軍實。蓋本軍政府之成敗利鈍，係於四省人民之生死存亡，漢口滿兵屠殺商民之事，可以前知。今日共助義師，則我人民商賈，即可同享安寧。不然，則思日後之慘禍，亦當寒心。凡我商界同胞，俱屬深明大義，諒能慷慨運輸，將來共奠中華民國共和，則自由幸福實無涯既。

《上海軍政分府檄鎮江文》 鎮江爲長江第三門戶，金焦團象，屹然峙立，實天然之形勝，通商之要津也。自鄂省倡舉義旗，而各省響應，惟我江南尚屬寂然，實深愧恧。今我江東革命軍於十三日舉義於上海，不數時之久，而大局底定，克復製造局，佔領淞滬砲台及火藥庫，士民歡呼，聞風降順，是長江第一門户已爲我軍所有也。而江陰亦同時響應，據守砲台，是長江第二門戶亦爲我軍所有也。鎮江雖據形勝，亦不難即日攻取。然本軍政府以鎮江文物敦厚，熱心義士，復漢健兒，當不乏人。平昔駐防胡虜，二百六十年來，我鎮同胞，久受其害。食用錢糧，均我鎮同胞生養之；著用衣物，亦我鎮同胞供給之。彼滿人尚不知感，猶百端凌暴，欺吾漢人，實屬罪無可道，理難復忍。本軍政府擬上溯長江，恢復江寧，而鎮江適當其衝。我鎮忠義豪傑之士，均應乘時奮興，共伸天討，誅鋤胡虜之惡政府，建立共和之新國家。今特飛檄通告，檄到之日，其即樹民國之旗，組敢死之隊，規復南洋，重光北固。凡我商民，俱各安商業，保護租界。至駐防旗兵，有竭誠歸順者，本軍政府以人道爲懷，概免其死。倘有敢抗義師，爲虎作倀者，殺無赦！此檄。

貴州宣告獨立

綜述

《民立報・貴州之獨立史一九一一年十一月二十八日》 宣告獨立 上月十四日各界人民宣告獨立，以軍界爲重，新軍、巡防、陸軍小學堂黎明入城即保守藩庫、火藥局等重要所在。諮議局改爲軍政府，出示以安人心，凡領軍火者皆由軍政府發給。一切秩序井井有條，人民皆安堵如故云。

軍政府樞密部 軍政府成立後，已組織樞密部規劃一切，暫舉郭君子華、蔡君衡武、任君志清、張君石麒、雷君少峯、樂君采臣、楊君伯釗、周君澍元（素園）、平君少璜、陳君柱臣十人於午前九時舉行受職禮，公同辦事云。

光復後之國民 省垣各街居民自宣告獨立後，皆於門首插大漢國民白旗一支，夜間懸燈一盞，以表同情。人心思漢，於此可見一斑。

聯合會之組織 自宣告獨立後，各屬同鄉會前已組織成立，現各屬組成聯合會，由省城召集各同鄉願入軍隊者即編成軍隊，各舉代表轉各屬籌辦一切事宜云。

擴充軍隊 獨立初定，本省土匪爲現在之一大問題，一般熱心之士，曾進軍隊充當兵役，以及前革退軍官皆熱心，依然服務，故目前紛紛報名，需教練甚急，大約以前退職官兵勝任，有成第二標之舉，以陳君松圃爲協統云。

又**《貴陽歸客談一九一一年十二月二十四日》** 貴陽省城自九月十四日光復後，舉定楊君爲都督，將滿官一律驅逐，用新政人員辦理各項政務，教士、教堂、外人財產悉完全保護，省城及各屬均不血刃而入民軍之手。刻下地方平靜，士商稱快，民軍萬衆一心。聞川省未能克日光復，已撥遣大隊赴川助剿，獨山一邑，號稱難治者，亦於九月杪恢復。目下民軍政府已下令剪辮，民皆大半剪髮，毫無反抗之徒從中生事。惟黔屬邊境，風聞少數鄉民趁此匆忙時代仍種罌粟以求厚利而已。

《時報·貴州光復之片辛亥十月廿九日》 貴州政、軍，學各界於九月十四日由新軍及政黨、學界齊集諮議局宣告獨立，兵不血刃，大局安定。倡首獨立者，爲新軍、陸軍小學堂學生一百卅餘人，聞十四日宣布獨立，卽於十三日夜回應，於十四日黎明由新軍、巡防、陸軍小學堂學生同時入城，卽分守藩庫、火藥局等處，將諮議局改爲軍政府，卽出示安民。

軍政府成立後，卽公舉楊君柏舟爲正都督，日本士官畢業，新軍教練官。又公舉趙君德全爲副都督。軍政府卽於昨日組織樞密部，舉郭子華、蔡衡武、任志清、張石麒、雷少峯、樂采臣、楊伯釗、周澍元、平少璜、陳桂臣十人公同辦事。

雜録

《貴州軍政府檄文》 吾族爲神明之世胄，中華爲吾族之國土，中華主人，當然吾族，有史以來蓋四千餘年矣。間或異族佔領，大都不久恢復。何物韃子，竟盤踞至今，二百六十有八載。其敢行暴虐也，如揚州十日之屠全城，南山一獄之戮千人者，何可勝數。其歧視漢滿也，如滿人生給口糧，而漢人永納丁稅，漢娶滿則罪夫，滿娶漢則罪婦等，亦何可勝數。卽此賊民，應行革命，况其禍國，尤有罪大惡極之事實。（甲）不重屏藩，割去澳門、香港、臺灣、澎湖列島四領土一也，喪失越南、緬甸、暹羅、不丹、琉球、朝鮮、西土耳其斯坦七屬國又一也。（乙）不固邊圉，西南劃脱雲南地萬餘方里一也，西北畫脱新疆地十餘萬方里，烏梁海地百餘萬方里又一也，東北畫脱黑龍江及吉林兩省地三百餘萬方里又一也。（丙）不患心腹，租久假不歸之租借地旅順大連等若干處一也，開外資侵略之大商場上海、天津等若干埠又一也，立不讓予他國之賣身契山東、福建等若干省又一也，放棄至重且鉅之權路、鑛、航空、海關等若干事又一也。（丁）不節財流，乞和而甘認賠款數十萬萬兩一也，揮霍而濫舉外債數十萬萬兩又一也。總之對於各國專訂最惠優先極不平等之條約。對於吾族，抱定寧贈朋友，不贈家奴之惡心，禍國至此，敢不速鋤？再延時日，亡國滅種矣。前有鄭成功革命不成而亡，繼有洪秀全革命垂成而敗。今我民黨，賡續起義，不辭万死，終圖一生。已於八月十八日光復湖北，九月一日光復湖南，我黔中同志分頭聯絡軍界學界，一致進行。如火如荼，如熊如羆，滿史震讐，自巡撫沈瑜慶以下，解印歸降。本日黎明，在貴陽成立貴州軍政府，光復貴州，公訂約法：（一）男子一律剪髮。（二）家懸漢字旗。用白布製，大不過見方五尺，小不下見方二尺五寸，中書漢字。（三）公務一律公決。（四）公務人員聽候本軍政府命令，不得擅離職守。（五）殺人者死，傷人及盜抵罪。（六）僞官屬及旗人，一律保護。（七）敢抗本軍政府命令者斬。謹此七章與我全黔各色人等約。行見全國響應，直擣黄龍，組織政體，惟一共和，統治中華，惟一吾族。於萬斯年，永永無極。露布中外，咸使聞知。此檄。

《貴州光復並曉諭全省文一九一一年十一月》 貴州全省業已光復，公舉楊柏舟、趙德全爲正副都督云云。當日楊柏舟爲貴州新軍教練官、趙德全爲新軍隊長。全省光復，清撫沈瑜慶逃，遂改諮議局爲軍政府，並組樞密部，舉郭子華、蔡衡武、任志清、張石麒、雷少峯、樂采臣、楊伯釗、周澍元、平少璜、陳桂臣等十人公同辦事，並出示曉諭貴州全省。文曰：爲曉諭事，照得中國各省，近月以來，人民奮興，已次第宣告獨立，義師所至，秋毫無犯，保護公安，紳民歡迎，本省處西南之中心，自當應時而起，以增我漢族之光榮，合將宗旨禁令宣告如下。

一、宗旨：本省與各省人民同意組成大漢聯邦民國，以達共和立憲之希望。

二、禁令：（甲）保護官紳，不許傷害。（乙）保護教堂、教士及遊歷旅居外國人等，以慎重邦交。（丙）保護人民，不分黨派。（丁）保護衙署、局所、學堂、廟宇及一切公地。（戊）不准姦淫賭博、燒殺搶擄及强買强賣。（己）不准擅入民家。凡違犯以上各條禁令者斬。

黎都督特將以上兩省光復電文布告武漢地方，並傳知各部隊，一面轉告各省同志，又迭電南京、安徽迅卽回應，出兵北伐，以挽狂瀾云云。

浙江宣告獨立

綜述

《民立報·民軍佔領浙江記一九一一年十一月六日》杭州於十四日下午撫署召集各官紳會議，多數紳界堅請獨立，要求至晚八時，未允，旋退出。

夜二句半時，有南星橋專車至杭站，載八十二標及敢死隊，先開頭門至二門，連擲二炸彈，撫署遂焚。增撫逃於本署馬房內，現已押送福建會館暫禁。標營軍裝前日收回，現在所用係得諸軍裝局及撫院衛隊。現以諮議局爲軍政府。舉童某（金華東陽人）爲臨時都督，以湯壽潛爲民政部長。

街市係陸軍小學及講武堂學生荷槍站立，並無土匪滋擾。旗兵至死不悟，營門緊閉，德將軍尤在城上督陣，槍傷營外路人甚多。

軍政府布置漸完，惟以一經開戰攻擊，必致玉石俱焚。現已經宣告擬下午三時開戰，先令附近營牆居民遷避。

商店照常貿易，均一律懸『歡迎』二字白旗。大清銀行各司庫及督練諸軍械局已占定，以褚慧僧爲民政部長。

統計焚燒撫署及宣示成立，不及三小時。

又《杭州光復記一九一一年十一月八日》十四夜四鼓，杭州光復。十五晚八時，旗營已下。所有詳情續志如下：

光復後之進行　杭州光復，已志本報，頃悉軍政府事務所已設諮議局，杭州城站爲司令部，並擬以新建之勸業道署爲中華銀行。其內部支配已經揭布，交通長褚輔成、民政長陳介石（聞陳不就以褚兼）、財政長張申芝、司法長陳時夏、軍事長周赤城。自旗兵降口民軍隊奉令停止放槍，惟仍在埠處防守。

光復後之民賊　增韞已移錮他處，聞知悉地點之人太多，以防不測。德濟已不知下落，傳説自經。吳引孫聞避在某尼庵内，其上房地近吳山，屋宇爲大炮所損。地方審判廳長張象焜十三日即逃避拱埠，事後進城。午刻該廳姑懸白旗，然恆向人道聽，謂一切改章，於彼衣食飯碗有礙否，聞者嗤笑。

光復後之民軍　現在民軍人數已不爲少，而平時食力者，及清政府判罪者，刻均一律投效，聞軍政府擬揀訓練入伍。昨（十六）下午農事試驗場等處，饋送豬隻、鮮菜、海味、米穀無數，增韞存米，聞已有五十石提充軍糧。

光復後之誅奸　增韞契友趙椿林住浙充撫院頂馬四年。現因大局若此，擬拯救老增。昨日奸謀敗露，已拿交執法處訊明槍斃。又有前任湖州府屬某縣令文海私宅在車家橋查出炸藥、軍火等物，連同房主李景穀向充汛弁一律拿交軍政府發落。

光復後之政策　昨軍政府發出簡明告示，以浙屬本年災情其重，迭次請求清府豁糧，迄未允許。現在各同胞捨命亡身，並非希圖富貴，原爲拯救人民於水火之中。因擬普免本年錢糧以惠農民而培元氣，現已頒貼通衢矣。

論説

《全浙公報·本省大革命（一）一九一一年十一月十日》此次民軍起義，學生團未曾協助分毫，殊爲缺點。前有學界王學達、何福清、朱衣德、葛敏時諸君發起學生軍，分出通啓，略謂：同人等提議組織學生軍一隊，一以分軍界之勞力，一以盡學生之義務。組成之後悉聽軍政府總司令部指揮效用。凡我青年學生務祈各抱愛國熱誠，迅即赴所報名，以便剋日成隊，快著祖鞭，是所盼禱。

又《本省大革命（二）一九一一年十一月十四日》此次民軍起義光復杭州，對於旗營極主和平，故未十分用力進攻，且允其出營議和，允其繳械歸誠，並由都督府竭力擔任保護，實可謂仁至義盡。

《國風日報·寧波之宣告獨立一九一一年九月十七日》劉都督宣告寧波軍政分府成立文：【略】茲幸鄂兵舉義，不匝月而長江上下游剋期克復，義師所指，簞壺爭迎，天心人事，蓋可知矣。本郡地濱海角，形勢險要，聲明文物，久稱望邑，尤應早日規復，以慰先靈，此則光復大漢爲本軍政府不易之宗旨者一也。【略】最近數歲，非僞朝所號爲預備立憲之時代乎，而吾父老子弟所受之困虐何如？名爲永不加賦，而苛稅特捐，百倍增賦；日籌三權鼎立，而中央集權，日見其鞏固。至於親貴專橫，日事防漢，則皆吾父老所習知者，不必贅言矣。嗟夫！大江南北，連歲飢饉水厄，本郡各屬之災荒，亦屢見告。僞朝則且修葺頤和園，酣歌恆舞於大內矣。嗟嗟！脂膏有限，朘求何饜。【略】中華民國寧波軍政分府爲曉諭事，照得本都督昨由寧波保安會全體議員公推，忝膺是任，以光復大漢，改革政治爲宗旨。地方軍民人等，自應一律保護。爾軍民人等，尤當確遵此次頒行軍律，毋得故違，切切特示！

江蘇宣告獨立

綜述

《民立報・南京新軍起義記一九一一年九月二十三日》 南京新軍久抱革命宗旨，除各級將校抱有金錢主義外，餘皆協同一致。【略】武昌民軍已得勝利，人心大振，徐統制心已活動，於九月初四日起，逐日傳各標營隊官徵取出防駐守之意見。【略】九月十六日，得上海、蘇州克復之信，人心大快，即派人至上海運子彈，約城內機關部係上海派去之機關部，非蘇良斌也。於十八日晚三點鐘起事。【略】而不料十七日晚，蘇良斌運動之巡防隊即行起事，使城中得以預防也。【略】蘇良斌果於十七夜三點鐘放炮爲號，探訪隊先變，各掛白布於胸，上書『中華民國』字樣。張人駿聞城內兵變，即行逸出看他最後之布置。王有宏指揮衛隊擊探訪隊，衛隊即反戈相向。王有宏親自用機關炮擊斃衛兵廿餘人後，以力不支，乃遁去。嗣巡防各營相繼起事，打開城門，見大軍未到，始各潰散。而張勳所轄之軍於天明始出，用槍亂擊，殺人甚多。至十八日，城內已知巡防隊有異心，乃將其已起事者擊散，其未起事者即行調開。將城門緊閉，嚴密防守。【略】

十八日，民軍彈藥既不能到，而城內搜索甚嚴，恐派去之決死隊被害，不得不勇往直前，孤注一擲。乃將各標營帶來之彈藥原打靶所剩出者收集，發給敢死隊每人八發，戰鬥隊每人只得五發，至後方隊伍，並一彈而無之。於上午八點鐘由宿營地出發，至十一點鐘，獨立馬隊到達姑娘橋，雨花台之防軍甚（即）用要塞炮遠擊，此時馬隊萬不能退，只得奮勇接近，避入死角。至黃昏時，步隊亦已接近，故防軍費炮彈甚多，而未能傷一人。敵軍機關槍即（甚）銳利，萬不能接近。戰至晚上十點鐘時，敵人所費子彈不下數十萬，僅能傷民軍數十人。民軍以彈藥缺乏，未敢輕發一彈。至十二點鐘，民軍敢死隊進至百密達以內，方開始射擊，然敵人深溝高壘，亦未能大顯效力。有三十四標某隊官率敢死隊十餘人，連拋炸彈二枚，轟斃防軍四十餘名，乘勢奪取機關炮。將行接近，忽爲敵人小炮擊來，此隊官與敢死（隊）十餘人悉行陣亡。天明時，民軍子彈告罄，不得不行退卻。馬隊先由蔭蔽地退出，步隊在後，爲敵人機關炮追擊，損傷甚多。至十九日上午十點鐘，陸續退至秣陵關，乃將桂城、恩錫等十四名槍斃，由徐統制命令向鎮江退卻。二十日，陸續退至鎮江。現將三十五標移駐高資，即以該標標房爲寧軍收容所。

又《六合光復簡記一九一一年十月二十三日》 本月十三日，滬軍敢死隊總司令張承槱奉滬軍都督命，會同六合公民田君北湖等，迅赴六合，先行光復，然後就地練兵，以備北伐。當日同行者聞有六七十人，其中陸軍高材生居多。由滬專車抵鎮時，已有六合派代表數十人在站迎接。十四日改乘輪船，夜半抵埠，岸上觀者如堵，歡聲雷動，遂由該代表導進南門前至高等小學堂駐紮，城內民團整隊致敬，居民懸燈歡迎，極一時之盛，人心思漢，於此可見。明日，到處貼有安民告示，而全埠遂安然光復矣。

又《清江光復之風雲》 昨日駐滬江淮規復團於下午一鐘，在平橋路清涼寺開成立大會，到者極衆。先由交通部長章佩乙君宣布開會宗旨。略謂本會（以）規復淮徐海之秩序爲宗旨。凡有經土匪潰勇等紊亂秩序者，本會當謀規復之；或有雖已宣布獨立，而實辦理不善者，本會即行組織兵隊以光復之。總之，江淮爲蘇浙北向之門戶，於軍事上爲最注重之地點。目下清江秩序大亂，海州警電紛來，救援勢所不能再緩。本會聯合旅滬江淮紳商及入會同志，公舉鄢君玉春爲軍事長，即日帶隊直達清江，以便實行規復。總以保護商旅、疏通民困爲一定之宗旨，並將民政部應辦事宜由地（方）公舉民政長，然後次第將善後政策一一興辦，以達諸同志熱心共和之目的。

又《轉滬都督暨各報館鑑》 江北已於上月二十二日光復，由紳、商、學、軍各界公舉雁行爲江北都督，楊君慕時爲民政總長，陶君思澄爲財政總長，魏君宗瀚爲參謀部長，已分別任事。時以派兵剿匪，維持秩序，未及電達，抱歉良深，務祈原諒，並乞補載爲叩。江北都督蔣。十月初八日

論説

《兩江總督張人駿等奏摺宣統三年九月二十九日》 伏念寧城孤立，倘爲匪黨佔有，勢必長驅北上，摇動京師，大局何堪設想。此次江防各營連日血戰，固由陣地優勝，策應靈捷，用能以少勝衆，傷亡無多。然城大兵單，四無援助，如非江防軍異常奮勇，各將士踴躍拚戰，焉能數日之内克告大捷。況武漢、九江、安慶陷於上，鎮江蘇滬淪於下，南昌不存，賊將北逼，徐揚不守，匪更南來。江寧當四面之衝，孤軍無分應之力。設不破格獎勵將士，恐軍心一懈，必至寧亂甫定，旋陷危機。【略】

抑臣等更有請者。現在寧匪麤平，百端待舉。一面曉諭商民照常開市，一面設立善後營務處，搜查奸宄，保護官署局所，暨各國領事館教堂，並嚴束各營不准騷擾地方，以期收拾民心，漸復元氣。正籌辦間，適聞皖贛匪兵力圖下犯，蘇鎮逆黨剋日上侵。處此艱危，寧省固當格外戒嚴，鎮江又須實力進剿，若待賊軍雲集，四面環攻，不特坐困孤城，且失先發制人之利。當將防堵事宜密爲布置，即分兵規取鎮江。如匪黨反正歸誠，擬予招撫。否則極力猛攻，希圖早爲收復。惟舉辦善後各事，以及招兵派探加賞等項，需款甚多，待用尤急。懇請飭下度支部迅即籌撥銀三百萬兩，妥交外國銀行保險匯解來寧，以濟急需而撑危局。又此時攻守並策，實係兵分力單，不敷調遣，兼以鄰郡皆陷，匪可隨處來攻，萬一爲賊所乘，勢必寧省難支，蘇鎮無法規復，東南大局岌岌可危。五夜焦思，惟有仰懇天恩，飭下海陸各部，迅派可靠兵輪三四艘暨陸軍一二協速來應援，以脱危難。

《兩江總督張人駿奏摺附片一宣統三年九月二十九日》 再：正在繕

摺間，九月二十八日由徐州電報局專差齎到内閣寄諭。仰蒙訓誨周詳，莫名欽感。臣當即恭録，咨會江寧將軍臣鐵良、會辦江防江南提督臣張勳欽遵辦理。前次電請内閣代奏，因事機甫定，倉促電陳，未及詳敘。經臣等合詞恭摺臚陳，並將尤爲出力各員先行開單籲懇恩獎，以作士氣而勵戎行。臣尚有不能已於言者。江防各營兵數本單，先經張勳於砲臺要隘節節布置，援蘇援皖復派五營，江寧城防留兵不多，新募各營尚在訓練。而匪徒勾結新軍，忽然起事，變生肘腋，猝不及防，該軍各將領忠勇奮發，共抱血誠，踴躍出戰，爭先恐後，其軍心之鞏固，近時實難多覯，故能以少勝多，力保危城。江寧爲南洋根本，關繫大局安危，幸賴保全，厥功甚偉。

雜録

《江浙聯軍檄南京文一九一一年十一月十二日》 夫外夷内擾，尼父所以垂箴；以胡亂華，紫陽因而興歎。【略】蓋胡賊之肆虐於我中華者，既二百六十餘年。芟夷我人民，淫戮我子女，搜括我財貨，竊據我政權。我祖我宗，日惟伈伈俔俔，含痛忍恥，輸其脂膏，以滋醜類者，固私冀胡賊能爲我保茲土地。【略】蓋胡賊者，固久存一寧贈朋友，無讓奴隸之旨，不同歸於盡，而彼心終不快也。邇者天佑皇漢，胡祚告終，凶德相仍，淫虐是長，羣獸嘻嘻，羌無遠慮，如室將傾，而抉其鑿楔；如水欲潰，而塞以苕莘。其設官也，則財賄通而政柄雜；其待人也，則禁網密而猜疑甚；其裁基也，則根本亡而枝葉撥；其崇尚也，則酋虜尊而奇傑賤。激憤之氣，溢爲雲雷，喑鳴之聲，震彼山岳。【略】

我伯叔兄弟，忍無可忍也，於是鞠旅陳師，撕城麾邑，簫勺羣慝，張惶六軍。湘鄂發難於先，皖贛起義於後，一戰而山陜復，再戰而粵桂平。看漢將之如飛，望胡塵其不起。【略】寧省上苞斗極，下鈐勾吳，朱帝之所搆基，洪後於焉斟籙。望鐘山之王氣，日月無光；聽瓜步之濤聲，腥氈孰掃？燔燴偏乎六郡，凶穢播乎故宮。此邦士夫，憤無可洩，莫不引頸延踵，以待義師，本督師等謬以菲材，當茲重任，痛兆民之塗炭，舍五省而興兵。水師截蛟螭，陸軍厲獅虎，槍礮震山岳，戈矛彗星辰，揮刃則

日馭回鑾，投鞭而江流立斷。【略】本督師本總司令氣湧如山，鼻端出火，三郊三遂，旌旂生荼火之光，九地九天，太白耀龍蛇之陣，交綏未戰，穎考叔拔幟先登；並道進攻，狄虒彌援弧而舞。四奇布陣，誓盡掃乎氐羌；三師宣猷，更分功於郤范。所冀四方會合，三刻踰溝，翢護體而蝨飛，丸洞胸而猱進。【略】凡我漢族，同憤胡塵，尚其速舉義旗，早驅羶種。務使珍珠帳捲，服匿廬空，焚老上之龍庭，掃淳維之甌越。報吾父老，八千子弟之兵；還我山河，十萬橫磨之劍。【略】嗚呼！白馬南來，蒼鵝西去，虜運已成爲帝鬼，民情積慘於人痾，衆輾轉其將亡，人嬉遊以待死。所望大功克定，重開黃帝之山河；非種驅鋤，盡逐白山之苗裔。洗二百年來奇辱，會看赤日之再中；拯大千世界沈痾，快擣黃龍而痛飲。用告天下，咸使聞知。

《時報·上海軍政府檄南京文一九一一年八月十九日》 金陵龍蟠虎踞，爲長江下游第一都會，人文鍾秀，冠蓋江南。我明太祖洪武之舊都也。甲申之變，滿虜乘間竊取中原，以少數野蠻之人種，竟陵制我億兆神明之民族，我先民抗義成仁，前仆後繼，以是二百六十年間，光復之旗，不絕於道。然往事之失敗，皆由同胞昏昧，不知大義，甘作漢奸，自殘同種。以至含垢多年，未解奴劫。今天下光復之師，同時並起。我江東革命軍特於九月十三日舉義於上海，人民歡迎，健兒踴躍。遂得克復江南製造局，保守吳淞砲台，地方安靖，不犯秋毫。本軍政分府擬上溯長江，恢復江寧，剋日會合武漢皖浙光復軍，共伸天討。誅鋤野蠻之滿政府，建立共和之新國家。然以江南多忠義之士，久抱同仇，諒必聞風興起，規復石頭。用特通告，檄文到處，其速響應，爲江南獨立先聲。人民商賈，毋得驚懼。須知本軍政府之起義，乃所以救同胞，非所以累同胞也。至於駐防旗兵，如有忠心歸順者，概免其死；若有敢抗義軍者，殺無赦！此檄。

廣西宣告獨立

綜述

《廣西獨立後軍政府的通電九月廿一日》 各鎮、道、府、州、縣暨各屬關卡：現經軍政府交諮議院議定應行各事如下：（一）所有外圻領事官及一切居留境內之商人教民等，其生命財產，均一律嚴加保護。（二）行政機關除重要各部須重新組織外，其餘各官廳一律照常辦理，惟參事會其未成立者限一個月內一律成立。（三）所有原有稅制，照常徵收解繳。（四）廣西現在軍隊一律改爲國民軍。（五）現在已開辦各學堂一律照常開課。（六）如有土匪痞棍擾亂地方公安，均照軍法治罪。（七）凡現在文官職官軍隊人員及一般普通人民，剪辮易服，均聽自由。

《廣西獨立後省議會發出的通告》 現經官民協議，廣西於今日宣布獨立，速諭軍民人等知悉，凡我同胞，一律保護，自今以後，無論官、紳、商、民，在廣西境內者，同爲廣西獨立國民，各項官員及行政機關均仍舊，務各妥爲辦理，原有軍皆改稱廣西國民軍，營制、餉章仍舊，由原有統兵人主持，照舊率統。所有府、廳、州、縣錢糧、訴訟，均照舊辦理。各關廠厘卡稅員，按照原定稅則徵稅，商民不得阻抗。洋商、教堂。責成地方官員格外嚴加保護。如有匪徒滋事，或僞稱國民軍擾害地方人民者，經查屬實，應即分別嚴拿懲處。此令。

《廣西獨立時都督沈秉堃演説詞》 今日爲廣西獨立之日，廣西國民前途幸福，以今日爲起點，鄙人不勝慶賀，請與諸公高呼廣西國民萬歲。廣西地方，乃廣西人之土地，本應由廣西人主持，現在組織伊始，必欲鄙人權代主持，同爲漢族，亦屬義不容辭。但鄙人之才識淺薄，不嫻軍事，擬請王鐵珊、陸幹卿兩先生共同擔任，諸公當以爲然。據鄙人愚見，目前辦法：（一）先改巡撫衙門爲軍政府，改諮議局爲議院，添設臨時議員，由官、紳、學三界人才內選充。所有一切法制，概由議院議決施行。（二）當取住居主義。凡在廣西境內各省人民，一律認爲廣西國民，不分畛域，服制暫仍其舊，薙髮任人自由。（三）華、洋商人及教堂教士、教民，一律嚴加保護。（四）各行政機關及稅制，暫仍其舊，而固餉源。各地方添設參事會，限一月內成立。（五）廣西原有軍隊，一律改爲廣西國民軍。（六）各行政人員，有不勝其任者，由議院及地方參事會糾發。並即推選長於軍政、財政、教育、員警、實業各項人才，從速更換。（七）急派得力軍隊直驅漢口，聯合鄂軍，進窺中原。（八）聯合各省軍政府，警告各省督撫，促令同時獨立，共謀組織臨時政府，以對外人。以上各條，不過鄙人愚見，目前權宜辦法，仍望議院議定法制，俾共遵守。至都督一席，鄙人只可暫時承認，仍望公舉偉人，及早接替，不勝企盼。

《廣西軍政府通諭改革官制組織軍政府電九月廿七日》 南寧、梧州、龍州、柳州各軍政分府，各電局分送各府、州、廳、縣、各營隊、各統稅、鹽稅局卡同覽。照得軍政府應設軍政、財政、民政、教育、司法、交涉各司，均附入軍政府內辦公。業將原設布政、提學、提法三司及勸業道、營縣處、禁煙公所一律裁撤。所有布政司主管事宜，現歸財政司辦理；提學司主管事宜，現歸教育司辦理；提法司主管事宜，現歸司法司辦理，勸業道及禁煙事宜，現歸併民政司辦理；營務處主管事宜，現歸併軍政司辦理。此外，銀行則附財政司，軍械局則附軍政司。對外行文，均由本軍政府發表。經王副都督試辦一月當無滯礙，應即宣布嗣後無論何項公牘，均直接報告本軍政府，毋庸分報，以省繁復。除將軍政府大綱另案頒布外，希即一體遵照。

安徽宣告独立

綜述

《安徽巡撫朱家寶奏摺宣統三年》 竊查皖省當長江之衝，地瘠以貧，連半災祲，本年秋間武昌變起，黃州九江相繼淪陷，皖之英霍一帶毗連鄂省，人心浮動，竊發時虞。九月初九初十兩日，皖省砲營標營相繼叛變。當於十一日將兵變擊退情形電奏在案。十三日奉電傳諭旨：『此次該省兵變，經該撫預爲戒備，立即擊散，克保危城，洵屬布置有方，深堪嘉尚。仍著該撫嚴密防守，毋稍疏虞。所有在事出力員弁，俟事定後准其擇尤保獎。』欽此。臣遵即督同在城各官竭力籌防。而諮議局及各士紳僉以沿江各省會宣告獨立，皖不獨立，則上下夾攻，民生塗炭，性命財產勢將不保。兩次具呈來署環求，情詞激迫。正在切實籌商，以保治安。突有九江兵偵知皖省江防兩營因南京吃緊業已開回江寧，省防空虛，遂即馳抵城外江岸，猝於二十五日蜂擁入城，焚擊各署，並在各街市大肆殺掠。是時士紳脅於淫威，亦不能阻止，頓失其自保之初念。變起倉卒，無兵可以抵禦。此皖省城垣失事之實在情形也。

自九月十三日以後，皖電已不能通，所有省城失事情形致稽奏陳，久勞宸廑，悚惶實深。臣待罪皖疆屢膺變故，仰賴威福，幸就敉平。此次鄂贛蘇浙先後失陷，皖處各省之中，腹背受敵，而餉絀兵單，較他省爲尤甚。迭經臣三次電請部撥餉項，迄無絲毫的款，未能添募一兵，以致束手無策，坐視潯兵之蹂躪，疾首痛心，莫可言狀。

《兩江總督張人駿等奏摺附片二宣統三年九月二十九日》 再：臣勳所部江防步隊第三營，前因安慶省城新軍叛變，經安徽撫臣朱家寶電請派營馳往援剿，當由臣勳飭派該營管帶遊擊銜儘先都司林慶元督隊乘輪馳赴安慶，竭力攻擊，立將叛軍擊散，安慶危而復安。嗣因江寧防務喫緊，已將該營由陸路調回。臣等查該管帶林慶元奉派援剿安慶叛軍，奮勇當先，立時擊散。迨安慶淪陷，該管帶不爲所脅，復能整隊而回，實屬異常忠勇。

《江北提督雷震春致內閣電宣統三年十月初三日》 皖省已陷。皖北糜爛，盜賊蜂起。兼以清江陸軍、皖北巡防各營紛紛潰散，鳳陽、懷遠、壽州、鳳臺相繼失守。

《河南巡撫寶棻致內閣軍諮府陸軍部電宣統三年十月十一日》 迭據歸德府、鹿邑、亳州官紳紛紛電稟：潁州初四、太和初九先後失守，匪勢猖獗，鹿邑、亳州等處同時吃緊，永夏虞一帶，碭匪又闌入，鎮兵單薄，不敷分防，請速派重兵，星夜前來防剿，等語。

《新授河南布政使倪嗣衝致內閣軍諮府電宣統三年十月十一日》 潁州來報，革黨由壽來潁，確有二千人，【略】革匪在潁又募三千餘人，【略】

太和失守後，已陸續西竄。距周口之四十里牛口集確有土匪一二百名。四處響應。周口戒嚴，步隊到齊。六鎮馬炮各一隊，三鎮馬兩隊，均未到，乞急電催。

《新授河南布政使倪嗣衝致內閣軍諮府電宣統三年十月十八日》 頃接豫撫急電，徐碭會匪西竄，勾結駐防永夏撫標親軍兩營，全部變叛，槍械子彈及開花炮彈均爲匪得，勢極倡狂，飭衝馳赴援。府州縣官存逃心，民無固志，永夏匪兵聲勢浩大，歸德危迫，自應急切赴援。惟衝前隊已向太和進發，太和又係要道，匪兵尚少，或易克復，擬克復太和後，略留兵防守，其餘悉數帶由亳州赴歸援勦。

《欽差大臣節制近畿軍隊袁世凱奏摺宣統三年十二月十三日》 茲查潁州匪首張夢礫，係壽州積年幫匪，有衆萬人，盤踞潁上。自太和既下，該匪由劉家集遁回府城，挖取城內街心石條，將西北兩門閉塞，誓死固守，以待壽州援賊。經該藩司察看地形，以東北兩門均靠潁河，惟西南稍高，利於攻戰。遂於十一月二十一日分飭巡防右路前左兩營並三鎮六鎮砲隊兩隊，由城北七里溝繞出西南、東南，兩面攻擊。另派左翼小隊潛往東門外設伏，以防該匪逃遁。該藩司自帶馬隊往來遊弋應接。該匪槍砲齊發，勢若飛蝗，連日死抗，仰攻殊不得力。而該匪胞弟夢韭又率賊黨一千餘人由壽來援，探報已抵潁東之三十里埠。我軍前對堅城，後防勁旅，急飭六鎮馬隊一隊、步隊四哨馳往截勦援匪，一面專力攻城。惟城垣堅固，勢難力取，且慮多傷士卒，遂密飭潁紳吳奉恩、趙安瀾勸諭已叛巡防管帶朱兆勳，已降團練管帶徐振清，許以重賞，用爲內應。又於西北兩面防禦稍虛之處預備雲梯，派令營務處高世讀、管帶邱昌錦、右路左營幫帶馬聯甲、左翼小隊管帶周茂冬、後路左營管帶倪毓棻率領練總周家凱等，抽拔奮勇短刀手二百餘名，分頭由西北、東北兩處緣梯而上。朱兆勳、徐振清亦由內夾攻。各隊將士遂蟻附登城，無不以一當百，巷戰數時之久，遂於二十五日辰刻將府城克復。

是役也，攻圍六晝夜之久，陣斃悍匪一千餘名，生擒匪黨六百餘名，擊斃匪首僞標統營官隊官二十餘名，奪獲克鹿卜五生的七鋼礮三尊、江南造大銅礮三尊、格林連珠大礮二尊、各種快槍土槍數百杆、子彈火藥無算。該藩司以新募之兵，當方張之寇，仰仗朝廷威靈，將士用命，遂能力破堅城，克復土宇。

論說

《鄂軍政府檄安徽文》 皖省當南北之衝，江淮戰爭，常集於此，故多驍勇敢之士。前明之亡，義師屢起。洎乎近代，則有徐錫麟、熊成基其人，前仆後繼，可見皖人之痛恨異族，食息夢寐，未或忘之。夫昔之舉事，少雖勝多，每爲深恨。今武昌克復，近在接壤，又處上游，當全國之中心，地廣兵精，可戰可守。倘能念我漢族，同是炎、黄血胤，復仇起義，重爲四萬萬同胞雪此大辱，不忍漠視其患難，相與左提右挈，靖此南陲，揮刀北指，事成之後，共建民主，永享治平，豈惟皖、鄂之幸福，抑亦我四萬萬人之幸福也。

《河南布政使倪嗣衝致內閣軍諮府陸軍部電宣統三年十月二十日》 竊查會匪革黨雖甚充斥，尚易收拾。惟兵營器械精利，操練純熟，設有變變，爲害最大。近來江北皖省潰散兵丁槍械流落民間者甚多，尤爲隱患。已面允酌加餉項，並飭設法收買潰兵槍械，添募二三營，以資調遣而弭後患。永夏防務現往吃緊，查歸德張鎮畏葸無能，貪利空額，駐鹿巡防砲隊一營，已有變意，斷難勝任，應請罷斥。

《河南巡撫齊耀琳致兩閣請代奏電宣統三年十月二十四日》 本日接奉電傳二十二日諭旨：『內阁請簡派大員兼管皖北事務。自安慶失陷，皖撫朱家寶尚無下落。皖北一帶盜賊蠭起，擾害閭閻，殊堪憫念。所有皖北各屬吏治軍務，均著河南巡撫齊耀琳管轄籌辦。並著倪嗣沖兼署安徽布政使。』欽此。伏念皖北一帶頻苦霖災，重遭兵禍，人心思亂，財政尤艱，撫字勦防，萬分棘手。雖明知未能兼顧，值此時局危迫，不得不勉爲其難。惟有商同兼署藩司倪嗣沖，於吏治軍務力求整頓，以弭亂事而慰宸衷。

《安徽巡撫朱家寶奏摺宣統三年十二月初八日》 宣統三年十二月初八日奉旨：失守地方本屬咎有應得，惟近年安徽屢次變亂，均經該撫立即撲滅，不爲無功，此次悉力防守，卒以餉絀兵單，省城失陷，情尚可原。

廣東宣告獨立

綜述

《廣東獨立記一九一一年九月廿三日》　自粵垣三月廿九日之役，黄花崗諸志士之血未乾，不圖竟有郵部大臣盛宣懷，奏請四省鐵路收回國有。【略】故有川省爭路獨立之變。鄂省接應，大起雄師，影響及粵。紳民目睹情形，恐百姓顛連，至有融和滿漢，維持人道，以保公安，羣謀自立之議，此保存廣東大局，無怪其然。茲先將九月初四一九一一年十月二十五日議案詳列，並志事之顛末。

各團體集議詳情

九月初四日省中各大團體，假座下九甫農務總會（卽文瀾書院）開大會議，維持廣東公安事，到會人數極衆。【略】

議決保全廣東大局議案

一、議決：廣東現在兵單財絀，自顧不暇，未能兼顧各省。所有亂事省分，遇有電來調兵、撥餉、撥械，三者斷不能應命。至各協餉均一律暫行截留，以爲防守之用。

二、議決：卽日成立監督官吏改良政治總機關，由各界團體公舉代表若干人，主持其事。【略】

三、議決：盧子川提議，廣東言論界對於地方治安極爲熱心，事實亦極了亮，擬請由報界公會推舉代表若干人，前赴香港與旅港各團體接洽，俾資聯絡而保公安。【略】

各界公認粵東自立後之現象

連日有謂旗滿已伏鬥機，將有鬥禍之謠，以致居旗滿界者遷徙屬道倉前街、大市街等處，公館搬遷已盡。【略】

自炸死將軍後，人心惶惑，紛紛遷徙，至初七日則四牌樓各鋪戶閉歇甚多，而惠愛四、五、六、七等約，雙門底上下街，各鋪戶多係半閉店門買賣。【略】

自各界公議融和滿漢、維持人道之後，粵垣連日紛傳國民軍某日到粵，屆時必與政界血戰，炮火轟天。故各界紛紛遷逃，不絶於道，人心惶恐。無如官吏出示安民，人皆以政界每多失信，莫不欲謀獨立以自守，遂於初八日大集會焉。

（一）集議之初情

（二）維持之議案【略】

衆議舊日專制政府，政治勢力已失，共和政府勢力已成，友邦公認。爲保存永久治安起見，應卽承認共和政府。【略】

報界公會初八日傳單：今日七十二行、九大善堂、總商會各團體在愛育善堂集議。

一、承認新政府。

一、承認滿漢一體。

一、用正式公文呈報張督。

一、已續派代表赴港表示意見，商議進行方法。

以上係今日各團體會議大略情形，萬衆一心，居民無容惶恐。此布。

【略】

（十七）致港之公函　四邑工商總會暨旅港各同胞鈞鑒，切啓者：卽午全粵商民集敝堂開大會議，決定承認新政府，以救粵亡。隨舉定赴港代表馮君商嚴、郭君仙舟、蔡君卓琴、譚君民三、熊君長卿五人，親詣尊處，直接宣達本日集議情形，及全粵商民公意。危急存亡，間不容發，理合省港互相聯絡，以圖進行。一切辦法，希卽與代表協商，切禱切盼！此啓。十善堂會社、七十二行商暨全粵商民公啓。【略】

省城大恐怖情形

初七以後，謠言蠭起，闔省騷然。嗣經各團體極力維持，表決承認新政府，暨承認漢滿一體，各始安然，晚間且紛燃串炮數小時，尤有聯同親朋，共浮一大白，種種雀躍情形，有非筆墨所能形容者。不料一般人民自張督禁暨獨立旗燈之諭發表後，闔省又復騷然，故初九日之情形，比前尤爲騷擾。城內外各鋪戶皆一律閉門，或有半掩門，如常營業。至各處之船渡及汽車［火車］，其搭客之擠擁，比之初七八尤甚，路上行人絶少。

【略】

初十日各城門雖已開放，惟因各城門均有兵隊駐紮，各官署亦嚴陣以待，故人心仍然惶懼，路上行人稀少。是日訪員巡遊各處，所見各大商店均仍歇業，但每街之中，仍有少數店鋪（多業食物），照常貿易，或半掩門。至若住戶，真十室九空矣。查是日香港日船香山、永安兩船開倉未及一小時，便已不能容足，其餘廣九、粤漢及省佛汽車，均異常擠擁，各江鄉渡亦然。噫！吾粤固未亂，乃竟釀成若亂，是誰之咎歟？【略】

自初八以後，張督以粤人獨立，稱爲匪徒，不期十九日竟出獨立之告示。説者謂張督聞京師失守，龍濟光亦因被人謀刺數次，一則以大局難保，一則恐軍人難恃，且四鄉從前之著盜，改去前非，轉而爲國民軍，四處回應，以挽復大漢二百六十餘年之祖業，前山新軍，因之而起。張鳴岐、龍濟光輩，至此知大事已去，乃思反正，亦未嘗少補其過，後之著史者，自有評論其人焉。

從此大漢光明，廣東獨立，同胞萬歲。呼新政府之聲言、暨獨立之旗情形，照録於下：【略】

軍政府告巡警文【略】爲通告事：鄂軍起義，各省回應，雪仇之心，不約而同。人志如此，天意可知。本軍政府擔光復之重任，爲漢族報大仇，務使殺盡滿賊而後已，指日即率師大舉。深恐飢寒無告之民，乘間竊發，施其搶劫之手段，而本軍政府軍事旁午之際，勢難兼謀並顧。所有保護人民之生命財產，維持地方之安寧秩序，皆惟我同胞巡警是賴。理應通告各省巡警父老兄弟，共謀同胞之幸福，方不負本軍政府弔民伐罪之本意。凡我義師所到之處，爲地方巡警者，上至官長，下至巡警，左手均袖以白布，局中高懸白旗，曉諭安民，以示誠意。其守望巡邏之規則，官弁長警之薪餉，概照向章辦理。至義旗將到，切勿自相驚恐，畏縮不前，是爲切要。倘臨事之時，官警棄局先逃，置人民於不顧，致使同胞受擄掠之害，本軍政府惟有派探拿獲，從重治罪。此深望親愛同胞巡警所鑒諒者也。特此通告，即維施行。

諮議局大會議　十九日全省各團體，在諮議局開大會議，決議各條如下：

（一）歡迎民黨組織共和政府及臨時機關。

（二）宣布共和獨立，電告各省及各國。

（三）所有向日官吏，願留爲新政府服務者聽，惟必宣誓忠於中華民國。

（四）所有旗滿人，一律看待。

（五）調新軍回省，一律給還槍彈，併將退伍兵士，概行徵回，所有巡警防營，亦仍舊服務。

（六）所有士農商工各界，各安常業，新政府擔任保護。

（七）管理財政員，向日該管人員，不得擅離職守，俟新政府派員接收。

（八）釋放罪囚，許其改過自新。

（九）對於省會及各處會黨，以前所犯，一切不問，自新政府宣布之後，不得擾害地方治安行爲。

（十）練民團。

議案既成，即宣示掛獨立旗，再送公文於張督，隨宣布正式公文，並下剪辮令。即派陳景華、黄謙、祥康送公文印信於督院。張督力辭，乃舉定胡君漢民爲粤軍都督，蔣協統尊簋爲軍政部長兼代理臨時都督。又電信宜黄士龍速拔隊回省，維持地方治安。通知各營軍隊，仍照常發餉。龍、李兩提力擔任約束所部營勇，同保公安。即出示安民，及通告各衙門局所。午後李登同幷率部衆多人投效，民軍聲勢益振。居民見發出告示，知大局已定，沿途歡呼，城廂內外均高揭三色國旗。有書『中華民國萬歲』者，有書『新漢萬歲』，有書『民國軍萬歲』者，爆竹如雷，歡聲響動，剪髮者尤衆。入夜四城大開，各安其業，五羊城中煥然一新世界矣。

論　説

《兩廣總督張鳴岐致內閣電宣統三年閏六月二十一日》　廣東自佛山兩次亂後，各屬土匪同時蠭起。前經奏准酌添營隊大舉清鄉。數月以來，水陸營隊分投剿捕，殆無虚日。雖時有斬擒，而匪勢迄未少衰。加以革黨到處煽誘，亂民乘間竊發。【略】

統計全省，除惠州、廉州、欽州略稱安靖，此外各屬無不匪蹤遍境，尤以高州、韶州及廣州等爲甚。高州與廣州灣租借毗連，革黨倚爲窟穴，日與內地土匪勾結響應，紳民多半逆匪。現雖添派新軍兩營會同原有營隊，合力剿捕。迭據稟報，匪勢過盛，兵力仍虞單薄，地方岌岌可危。韶州則素爲會匪淵藪，不特民間大半拜會，即衙役勇丁亦多有入會。歷任文武但期苟安自了，隱忍不敢舉發。自省城亂後，一經蠢動，不可復遏。該府所屬各州縣，無不報有成股之匪四出竄擾。雖經陸續添派營隊馳往剿辦，能否得手，亦尚毫無把握。廣州則順德、香山、新會、新寧等縣，匪勢皆極盛。

省城自從三月二十九日之變，謠言無日不有。五月間因粵路收歸國有，亂黨藉此煽動，幾釀巨變。居民驚心怵目，草木皆兵，十室九徙，廛市蕭索。經鳴岐督勵文武，聯絡紳商，勉篤鎮定。前月二十九日復於香港進口輪船查獲炸彈等件。初三日香港又有革黨潛運炸彈失手碰發之事。人心更因之大震。又經鳴岐輕減騎從，親出巡視，示以安閒，數日之間，奔者漸定，走者復集。又以粵省精華全在商務，地方之安危與商務之盛衰關係至切。自經變亂，銀根大緊，貨物壅滯，市面既減，隱患愈深。正議由官設法維持，冀復市面，乃復有水師提督被匪炸傷之事。經此意外變故，風鶴之驚，皆成事實。人心將以何術而定，商務將以何術而復，眞有不堪設想者。

《御史麥秩嚴奏摺宣統三年八月初五日》 竊廣東自三月以來，革黨肇釁，未逞厥志。聞其蓄謀甚狡，動以謠言煽惑，勾結土匪，倚爲聲援。

【略】

爲今之計，莫如多派兵勇，除酌留若干營防衛省城外，其餘調往各府州縣，擇多盜之區，適中之地，扼要駐紮，常川迺緝。至每段駐勇若干名，各按其地段之廣狹，盜匪之多寡，由該管官體察情形，妥籌辦理。但使賊蹤所可到之處，即兵力所常及之處。伏莽雖多，廓而清之不難矣。顧或謂省城防務吃緊，抽調則兵力難分，添募則餉需不足。不知粵省以治盜爲最急，即騰出別項經費以爲添募之資，亦事所難已。況現查廣東水陸防營共一百零四營，近復另招十營，此外新軍、巡警爲數亦復不少，何患不敷分布。況以百餘人革黨，竟致勞師數萬，麕聚一處，不特虛糜餉項，抑且搖動人心，措置以爲失當。若以之抽調各屬，鄉閭既藉資緝捕，省垣亦可免驚惶，未始非一舉而兩得也。或又疑舊日綠營分駐，汛兵緝捕，未嘗得力，今仍用舊法，恐成敗難期，此因噎廢食之論也。**【略】**

方今時事日棘，災祲迭臻，歲饑民流，盜賊四起，中原大勢岌岌可虞。粵省遏水陸咽喉，爲東南門戶，地勢險要，奸宄垂涎，幸前此革黨屢經失敗耳。然其中不乏梟桀之徒，邪謀仍復未已。著任其勾串土匪，必至羽翼衆盛，縱橫四出，南據嶺表，東擾閩中，西掠鬱梧，北連湘贛。長江一帶鹽梟會匪從亂如歸，勢將潰決而不可收拾。況現在川禍未已，人心皇皇，乘此危機，連旗西向，其爲禍更有不堪設想者。大局所關，固非獨廣東一省之足憂也。語有之：『燄燄不滅，炎炎若何；涓涓不壅，終爲江河。』自來盜賊之興，其始僅擾及閭閻，其後乃禍貽家國，關係實非淺鮮。

《廣東陸路提督秦炳直呈宣統三年十月十六日》 竊提督駐于廣東惠州，與香港水陸交通，更便於省。自革黨搆變，最注意其地。因提督防堵周密，部伍整嚴，久未得逞。迨川鄂亂後，有黨首陳炯明、鄧鏗在港廣集徒衆，潛運軍火。九月十三日，麕集淡水墟，劫奪勇械。提督先據探報，已調兵備豫城守，至此乃益戒嚴。十五日，四路大股來犯府城及歸善縣城，衆號數萬。提督調集之水陸各營僅二千人，不敷策應。因抽出勁旅，先禦最悍之馬鞍一股，戰十數合，驅回蠻頭嶺外，傷斃以千計，並擒斬其先鋒將領蘇和。十七日，復拒之于大石橋，甫摧撼其前隊，即飛奔遁逃。實已寒其膽而奪其氣。會將大致情形，電聯兩廣總督張鳴岐請爲代奏在案。

不意另股圍攻博羅縣城，管帶何培清竭力守禦，苦戰一晝夜，縣令蔡國英與紳商開城迎入，兵隊潰而城陷。府城即歸善縣城紳商原通革黨，至是乃益合謀歡迎。提督正詞力拒，皆面從心違。十八日晡，歸城紳商竟有迎革軍以入，匪勢滋益浩大。提督比因府縣防兵均屬單薄，遂將縣防之勇調回府城斂守。十九日，一面飭營開炮轟擊歸城之匪，一面派隊扼截西江小河，堵匪來撲府城。傷斃無算。而城外洪兆麟一營忽然叛變。其餘城內外各營，雖軍心甚固，亦因省餉久未解到一錢，粒米皆不可得，殊亦饑不能振。總督張鳴岐所派援兵四營，復於中途逗留不進。適聞省城業已獨立，張鳴岐亦經離省。所部俾將見事無可爲，再四向提督痛哭相勸出城暫避。提督誓以死守。而紳商又于二十日黎明開府城合迎革軍。其炸彈敢死隊直抵提署，環列以伺。提督亟欲一死以報朝廷。乃革黨欲留提督任事，不惟不加戕害，轉益多方防護，無隙自裁。轉脱幾費苦心，昨始由粵抵滬。

《內閣寄開缺廣東陸路提督秦炳直電旨宣統三年十一月初六日》 奉旨：內閣代遞秦炳直呈稱，戰雖屢勝，城不能守，請從嚴治罪等語。廣東陸路提督秦炳直，素秉公忠，勤勞久著。此次變生意外，地方不守，原係咎有應得。惟該提督志向堅定，始終不渝，輾轉脱離，束身歸罪，尚屬情有可原。著開缺，加恩免其治罪，並著迅卽來京，以備任使。至所稱管帶守備何培清在博羅縣守城苦戰中鎗身死，幕友優附生何承鑫府城將陷自縊而殞，均屬忠義可嘉，著該衙門查例從優議卹。欽此。

《調署廣東北海鎮總兵陸建章呈宣統三年十月二十三日》 竊職鎮于宣統元年十二月二十四日蒙恩簡授廣東高州鎮總兵，【略】九月廣東宣告獨立，設軍政府，胡都督電信到連，會當同府縣集紳會議，曉以大義，並告以欽廉軍隊合郭人漳所統尚有二十營，只須人心堅固，再辦團防，足與軍政府立對待地位，彼此各不相擾，足以地方治安。彼此有意來犯，而欽廉軍隊力足相抗，章雖不勇，願爲前驅。廉人均合掌贊成，交口稱頌大清萬歲、廉州萬歲不置。人心大定。職鎮一面按照此意電復軍政府，並函商郭人漳，推誠布公，以期和衷共濟。孰料郭人漳悍然不顧，置之不答，以行政長官公然反背朝廷，自立爲大都督，來電稱廉欽軍政府，於九月二十四日成立，以楊尊任爲廉州軍政分府，府、直隸州、州縣、佐雜改爲二等、三等、四等行政官，徵收稅銀雜項一律解繳欽州，以資薪餉及行政之用，限旬日僅數解繳一次。並責以保護外人生命財產，云云。聞之駭異萬分，無可措手。職鎮忝爲武職大員，斷無服從僞令之理。若欲與之相抗，職鎮犧牲一身原不足惜，惟衆寡既屬懸殊，人民能無波及，且更恐貽禍外人釀成交涉，獲戾更深。思維再四，只好潔身而退。

福建宣告獨立

綜　述

《太平洋報·汀江流域革命史一九一一年五月十二日、十三日、十六日》

汀江流域，上自長汀，下至大埔，各邑之地勢力人情，風俗語言，大概相同，關係最爲密切。自丁未以後，有同盟會員張俞人、郭守毅、林菊秋、林謌廠、丘巨川、丘星五、賴子齡、涂演凡、蘇星鑾、郭震珊、何季武、張蔚然、丘澄星諸君在該處極力運動，與粵部機關聯絡一致，共圖大舉。繼見各次首義，多以勢孤無援，一蹶遂難復振，非處處響應不爲功，乃變計而謀就地布置，以圖響應。去歲六月遂借體育之名，開一軍事研究所於杭永之間，復設一鄉團模範社于大埔，以爲辦事機關，以養成軍事之人材，而求進行之一致。並籌編設鄉團以習兵事，以待時響應、光復汀江流域爲目的。及武漢事起，卽集同志編練成軍多數爲體育研究所及鄉團模範教練所畢業者，於九月末分赴潮汕、大埔、永定、上杭等處，陸續光復。義旗所指，萬衆歡迎。當未光復以前，土匪到處嘯聚，咸思暴動。及民軍抵□抗，捕斬匪首温開元等之後，各處土匪遂皆聞風解散，地方以安，紳商百姓爭以酒肉犒師。時因汀州有朱守□鎮，俱爲旗人，仇漢行爲素所昭著，擬卽北上掃□以清嶺表，且□汀而贛並可以出長江而援武漢。適報汀州□死鎮逃，地方無主，樊匪竄入，樊名彪，本舊裁勇，在汀杭峯市各地作堂子班主多年。此次事起，遂假冒民軍，到上杭、武平各邑，騙取槍砲，搜劫財物，大擾治安，無人不知其劣迹者。亂勢洶洶，糜爛在卽。該處自治公所紳乃商向駐汀機關支部特派代表到機關本部請派民軍赴汀鎮壓。當時民軍愈以舉義響應，本思驅胡虜而保公安，脱有秩序混亂，必致糜爛地方，或且釀成外交問題，更爲民國之累，遂應其請而分軍赴汀。詎意到汀之後，樊匪竟誘結防勇及各地匪徒，思與民軍抵抗，民軍中派差遣員涂弼垣、敢死隊長賴涼廣二君前往匪營演説，招令附降。豈該匪遽殺二君而襲圍民軍營。時因匪數驟增，防營皆爲所用，民軍衆寡不敵。又以司令李長忠調度失宜，竟被圍困於永定公所中。民軍死力拒戰，四日後，江振華等督率極力，自舊曆十月十四日至十七日，糧盡彈乏援絶，滴水不可得，乃突圍而出，是□駐上杭、大埔各地。計是役民軍陣亡者凡四十六人。自十四日以後，樊匪公然懸賞斬獲剪辮革軍一人者，給銀五十元，故凡剪髮粵商，多被枉殺。

本地紳學各界之剪髮者多走避數百里外。民黨被殺者如涂賴二君及軍需長郭君震珊、汀州民政長劉君藹士、華僑炸彈隊張君準等，皆被肢解而食其心及其頭血截掛人頭於轅門，每匪過必吮其血云，備極野蠻。有德國教士數人，目睹慘狀，倉皇走避，極爲危險。自後汀城商富被樊匪搜劫殆盡，秩序大亂，各處土匪見民軍敗而無援，亦遂輕視民軍，故復有十月二十八日杭城之變。上杭城内風氣本最閉塞，又有多數劣紳把持其間，凡自治教育商會諸新□，皆爭盤踞其中以攬權漁利，敲詐商民，凡開花捐包賭博等□地方以肥私囊之事，無所不至。民軍到杭後，悉除所有弊賭，諸劣紳權勢一時頓失，而嚴申賭禁，尤爲諸劣紳賭徒所深嫉。

時因臨時民政長徐演凡、參謀□鴻逵相繼辭職，遂集城鄉紳耆代表於十月廿八日到城會議，行正式選舉。諸劣紳恐民黨協同各鄉紳耆組織鞏固完善政治機關，則彼輩之權勢永失，遂激成政治革命之反動力，串同積匪土棍賭徒人等，僞造一謠，謂民軍將徇義倉而食積穀因民軍欲破商民之請，提十二石充公之米以爲軍食，劣紳不肯，遂借此造謠。以鼓動無知愚民。竟聚衆千人奪守城軍械，殺散各門民軍，誘殺司令長童國珍，復率衆圍營，焚會議場，劫財政處。民軍因禍起蕭牆，變出意外，倉皇無主，不得不開槍拒敵沖出，而西門又來大股匪徒截殺，在杭民軍，遂全覆没。計是役民軍司令童國珍，列長丘景福、丘師柳，收支員丘鳳鏞，敢死隊長高啓棠等被殺者凡四十七人，被捕者又六十二人。一時秩序大亂，凡剪髮者多被殘殺，商富謝萬萬等各家均被毁搶，高等小學亦被焚燬。官紳各界前經民軍到時强迫剪髮者，至是乃各戴假辮子，前清□□復集三班六房，排衙點卯，以示克復之意。並徧張告示，指民軍爲土匪，懸賞購拿。其捕獲之民軍，則出示勒贖，每人千數百元至數十元不等，最少者亦須二元。四鄉人□均謂此次民軍起義，力保治安，毫未擾亂。乃官紳如此殘殺，慘無人理，大動公憤。特開追悼大會，組織四鄉自治總公所於白芙附設高等小學，公舉代表詣省陳訴。後有福州都督派往安撫之民管帶到場捕拿匪首鄭傳出及黄莫郭等四人，將鄭正法，並令杭城諸劣紳賠銀一萬五千元，以撫卹死義之民軍。並建專祠，充□修墓。集官紳學商各界復開追悼大會。惟龔僞令對於民黨尚存極大惡感，竟派員圍自治總局，毁公學校，捕局董董表楷之子，復起釁端，事尚未了。統計汀江流域一軍，一敗於涂州，再敗於上杭，皆以勢力太孤，又以所辦軍械阻隔不到，籌足款項爲資本家所耽擱之故。致燼餘軍隊，僅得歸併潮汕及廣東北伐軍，革命之流血亦慘矣哉。

山東宣告獨立

綜述

《山東巡撫孫寶琦致内閣總理袁世凱電宣統三年九月二十七日》 北京袁宮太保：東密，各省現象，只爲共和問題，確係政治革命，並無種族之間，故各省仍極力保護滿人，與迭次朝旨並不相悖。各省派代表來京，必要求達其目的而後止。與其待下要求，何如特降綸音，使海内感頌公天下之盛德，早息爭端，免致外人干預。慰使必無效。若恃兵力征服十餘省，財力必不支。且以後暗殺日多，禍仍未已，非國家之福。公握重權，天下安危，懸公之手。昨接蘇浙電，合數省之軍往攻南京，佔領後即北上。又議在滬組政府，招孫汶回等語。東省承認獨立後，人心稍定，毫無暴動。五鎮亦漸安靖，兵未進城。

《山東巡撫孫寶琦致内閣總理袁世凱電宣統三年十月十三日》 北京袁宮太保：東密，十一電致王傳炯，得復電如下：『眞電敬悉。黎黨與政府有和平解決君主民主之説，極慰。煙埠所以獨立，都督知其詳細情形否？所謂原有起義之十八人，業已盡行解散，都督得知否？炯之所以抱病竭力維持煙埠者，亦正如都督所謂，若使民兵激變仇殺，惹動外人干預，不獨煙埠首遭糜爛，勢必斷送山東全省，中國大局何堪設想。炯若一味坐視，奈天理良心何。況亦絶非我海軍人保國保民之原意。故炯於連日推辭不得後，始終以鎮壓地面、保護中外人民，嚴防匪徒等爲宗旨。煙埠獨立之與不獨立，實際上本絶無絲毫差別，不過徒經此十八人之一番擾亂而已。今奏銷東省獨立，自係都督婉轉求全之至意。炯當爲東省人民慶幸。及至煙臺所有一切事，似可仍行照舊辦理，少一番更動，即少一番擾亂，一俟大局定後，全國自有統一制度。都督若以炯意爲然，炯當暫勉竭心力，保持煙埠治安。否則，炯決不敢過問此間事。至若炯事，一身祇求告無罪於國民足矣，功名利禄非所敢知。迫切復陳，不勝待命』云。應否暫時聽之，抑如何對待？乞示遵。

《山東巡撫孫寶琦致内閣電宣統三年十月十五日》 頃接署登州府孫熙澤來電云：王傳炯絶無反對省城取銷獨立之事，更不慮驚擾内地。惟俄美增兵四艘，迫欲派兵登岸。設法止阻，始退。又南軍有信派兵輪來煙。等語。以遵電示，飭令維持現象矣。

《山東巡撫胡建樞致内閣總理袁世凱稟宣統三年十一月》 宮太保鈞鑒：【略】伏查東省界臨江皖，地近海隅。伏莽孔多，人心未靖。撫綏匪易，時用驚惶。溯前次事起之始，由聯合會運動軍隊釀成此變。其中公正紳民亦多反對。迄聞宮太保抵京，軍心同向。東省爲公舊治，威惠霑浹，深入人心，稍有知識者亦皆奉令恐後。當其初反正時，自宜雷厲風行，示以不可侵犯之概。及事平以後，亦宜分別良莠，德威兼施。其對於黨人也，非嚴密防範，實力稽查，震之以威力，不足以戢其煽惑之謀。其對於紳民也，非宣布德意，開誠布公，綏之以德惠，不足以堅其内向之志。語曰：『民爲邦本』，又曰：『攻心爲上』，此意大可思矣。舊屬當此危局，忝撫是邦。不敢操切圖功，使斯民重足而立；亦不敢稍涉柔懦，以姑息爲養奸之媒。總期於秋肅之中，寓春温惠。一面扶植軍界，以揚威棱；一面綏緝人民，以消疑貳。【略】

敬再稟者：此次，聶道以緝拿黨案不協輿論。其實，黨人既儲備軍械以圖一逞，理應立爲拿辦。惟其兵丁往捕時稍越範圍，未免有傷人及掠物情事，以致紳民羣起不平，卽向之反對黨人者亦皆譁憤。是以慕師商令聶道辭去差缺，以免別生事端。舊屬豔電亦以司法事繁，防務責重，恐有顧此失彼之虞，欲其辭法司留原差原缺，以求兩全。

《清軍咨府等關於山東登州各地起義函電・張廣建電宣統三年十二月十六日》 内閣宮太保、軍咨府太保、陸軍部大堂鈞鑒：查卽墨縣被匪佔據，當經飭派參議官張樹元帶兵往剿，已將克復大概情形電陳在案。茲復據該參議官電稱：竊參議奉諭，以卽墨匪黨，冒充革軍，拘官劫庫，立旗占城，飭參議督兵前往，相機辦理。等因。遵卽督師前進。今早十點半抵城陽下車，晤德人庶爺次幷馬司夫爾德，始知德兵昨已由卽調回青島。並據各密探報告，匪黨占城約七八百人。其告示飭隨員等張貼，曉以利害，並與德教士接洽，囑其暫避。而該匪等竟閉城接［抗］拒，先行開槍。我軍亦卽還擊，並三面扒城。頃刻間，參議率兵登城，拔去匪旗。其餘兩面兵丁，相繼而上。受傷兵一名，右眼轟瞎。匪黨見兵登城，知勢不敵，遂分路潛逃。參議自城上觀之，精鋭不過四五百人，若速擊之尚易攻破。斯時甫下火車，輜重炮彈均無大車可載。托民雇覓，又需多時。參議遂派步兵一隊，掩護炮隊輜重，隨後雇車前進。其餘各隊，督率先行，隨員人等徒步隨進，並有德人隨隊參觀。至下午兩點，隊抵卽城。因居民櫛比，若於城上施槍，居高臨下，匪黨雖無可逃，然玉石俱焚，殊堪憫惻。遂禁止施槍，飭兵分路擒殺，並飭炮在城外隙地截擊逃匪，計擒匪四十餘名，斬匪十名，奪獲炸彈七顆、子彈二千餘粒、槍炮百餘杆、火藥甚多，城遂克復，毫未騷擾，並先出示安慰。又將被拘張令同皋、巡官朱慶彝釋出。地丁正雜約銀一萬三千餘兩，早已被匪劫去。除生擒各匪交縣訊明懲辦外，是役中，將士隨員等均皆同心戮力，奮勇爭先，以至迅速成功，生靈免遭塗炭。至兵丁恪遵命令，無犯秋毫，尤屬可嘉。【略】查此次卽墨縣匪黨，假冒民軍名義，膽敢拘官劫庫，佔據城池，實屬擾害治安，形同流寇。該參議官張樹元帶隊馳往督率將士，奮勇爭先，立卽收復，辦理甚合機宜。

雜録

黎元洪《檄山東文一九一一年十月》 東魯開化最早，文明獨先，山河鍾毓，代生聖哲，民俗强悍，習於戰鬥。太公小白，先後用之以成霸業，光耀歷史，彰彰在人耳目。降及明季，政失其紀，四方多故，三桂引賊入室，遂使黑水建夷，宰制我天下。貴省密邇燕雲，首當其衝，屠戮之慘，剮刻之酷，無異嘉定揚州。遺聞匪遙，至今思之，猶令人心痛。嗚呼！非我族類，其心必異。滿清以氈毳遺孽，犬羊賤種，一旦臨我華冑，心實内媿，故不惜極力摧殘，以爲長治久安之計。三百年來，暴令苛政，罄竹難書。至於今日，則蓄之愈險，出之愈刻，日日言籌備立憲，而專制實甚，日日言融化滿漢，而防漢實深。乳臭黄口，則委之以兵權，行屍白髮，則寄之以政柄。猶恐不足以制吾族死命也，於是横徵苛斂，供其饕餮，賣路獻礦，取憐外人。吾族起而與爭，則曰民氣囂張，曰格殺勿論。嗟嗟！誰無天良，誰無廉恥，忍令錦繡山河，淪於夷狄，文明貴胤，降在輿臺，而不思掃除胡虜，以雪國恥乎！本都督心切思漢，義重復仇，白麾一舉，武漢克復，湘粵寧贛，亦同時響應，東南半壁，得以重見天日。東邦爲孔教發源之地，攘夷大義，服膺最久，曷勿及時奮興，共襄大業，以紹炎黄之墜緒，而衍洙泗之真傳乎？況滿奴常挾寧贈友邦之術，故不惜棄我如遺。膠州之租，威海之割，奴隸之奴隸，諒我青兗泰岱諸同胞，當亦羞且痛也。復九世仇，春秋大之。趁此速舉義旗，右我鄂軍，西發臨清，扼南北之咽喉；北出渤海，攻塘沽之險隘。水陸並進，直擣巢穴，復漢官之威儀，建共和之民國。我列祖在天之靈，實式憑之！嗟呼！陟泰山之巓，揮吾漢幟；決黄河之水，滌彼胡氛。東魯同胞，應多俊傑。請盡先驅之義，勿貽後至之羞。此檄。

四川宣告獨立

綜述

《蒲殿俊等與趙爾豐訂立之四川獨立條約宣統三年十月四日》 附：重慶同盟會革命黨人《四川獨立條約駁議》【略】九月初，飛電傳來，漢胄雲興，滿奴煙滅，趙爾豐魂飛膽落，屢欲自裁，兼以軍界之衝突時聞，人心之離散益甚。十月初二，重慶宣告獨立，成都更全城震動，軍商學界，各懷反正之心。警察則任人聚語而不疑，卒伍則彼此相顧而色動。我司令西部規劃將成，不出十日，芙蓉城上將白旗飛揚矣。萬不料有蒲、趙之協約在！

十月初三、四等日，外間已有風聲，聞係割西藏與趙。於是各團開會，要求發表《條約》。初五日，有與奴才的奴才當奴才之僞小京官廖治，在商會宣言辦法，僅以『不言而喻』四字了之。大衆反對，謂如此黑暗，是第二專制國發見，非以第二次革命對付之不可。因茲鼓動，始於初六日宣布蒲之十一條，又於初七日將趙之十九條宣布，卽於是日宣告獨立。

《時报・夔州光復詳志一九一一年十二月二十四日》 川省自路事風潮起後，省城雖甚擾亂，而川東一帶尚屬安謐。武昌事起，人心因之大爲動搖。趙督以夔州爲全川門戶，委候補道余大鴻帶兵三營，嚴爲防堵，委知府成昌爲監督，奉節縣知縣曹彬孫爲提調。未設備間，川東土匪大起，余大鴻竟畏懼不敢到夔。時湖北利川、建始等縣相繼光復，夔州孤縣，曹令督勇千餘，會同警務長徐希賢勉力防守，籌兵籌餉，兩月之久，危險萬狀，備極辛勞。嗣有本城辦理團防紳士鮑立貴，鮑超之後裔也。勸該令投誠，該令以城亡與亡拒之，蓋鮑欲獨立也。至十月初六日，該令正在夜間巡城之際，民黨猝發，衆寡不敵，遂爲所困，迫令投降。該令不從，身受數傷，遂以斃命。警務長徐希賢亦同時被殺。城內秩序大亂，幸附近民軍連夜入城，維持秩序，人心始藉以無恐。惟鮑之爲人，頗爲輿論所不容，聞民軍到時，鮑竟遁逸者，家屬有被民軍罰款二萬金之説，至曹令靈柩回武清縣王慶坨原籍矣。

論説

《四川京官曾鑑等呈宣統三年十一月初二日》 竊職等近據川中來人所述，川東如重慶等郡，因聞謠傳北京失陷，又以趙前督爾豐抗不交印，端署督號令不行，川民危迫惴懼，不得已始爲自保身家之計，亦於本月初間宣告獨立。報紙所載，大略相同。與有意反抗政府，實屬有別。觀於八九月間各省紛紛獨立而川民不肯附和者，足見此舉決非出川民之本心。前派四川宣慰使喬樹枏，雖已遵旨出京，惟陝鄂多事，水陸不通，計現留滯中途，不能前進。且鄂亂以後，郵電阻隔，川民僻在西南，於朝廷近月毅然改革政治、曲順民情之德意，及各省取銷獨立、停戰議和之確情，均苦不知，乃迫而出此。揆其心迹，實有可原。爲今之計，惟有懇請添派在籍素有名望正紳，責令宣布朝廷與民更始之意，及新政府成立，實行憲政情形，使川民知政府可恃，則獨立之事將自取銷。

《蒲殿俊等與趙爾豐訂立之四川獨立條約宣統三年十月四日》 附：重慶同盟會革命黨人《四川獨立條約駁議》

［甲、蒲殿俊等提出趙爾豐同意者］【略】

［乙、趙爾豐提出蒲殿俊等同意者］【略】

總按三十條協約，無一字可通，無一條無弊。【略】夫條約者，乃有國權者對等間之合意而成者也。未宣告獨立以前，蒲、羅止一私人耳，焉有締結條約之資格？趙爾豐亡國大夫，又焉有與人結約之資格？無資格者，所結之條約，當然無效。又況國家之貴乎獨立者，以能支配人而不受人支配也。今觀蒲之十一條，一則曰『請帥』，再則曰『望帥』，措詞何其卑！趙之十九條，一則曰『不准』，再則曰『不准』，措詞何其傲！一卑一傲，儼然宗主國與保護國之狀態顯露於條文。至於割地供餉、年供歲朝，則又保護國之不如，直視四川爲趙奴之屬地。此種獨立宣言，謂外國公認之乎？否乎？不待智者而知矣。

然而黨於蒲、羅者，曲爲之解，則有三説：

一謂迫於外界之風潮也。傳聞總軍政府命令，各省如不自行獨立，他省代爲獨立者，本省人卽不得享有種種之權利，蒲、羅迫於事勢，不得已而出此。執是説也，蒲、羅乃純全權利思想，所謂見利忘義，知有利不知有害也。我漢族之興也，大勢所趨，全國風靡。成都卽無蒲、羅，未必無獨立之人，蒲、羅卽不與趙協約，亦未必無爲都督、爲部長之一日，各界運動，皆推蒲、羅。乃利令智昏，迫不及待，身敗名裂，貽禍全川，吾甚爲蒲、羅不值。

二謂迫於趙爾豐之兵力，不忍川禍之蔓延無已也，於是乎委曲求全，藉以紓川民之困。是説也，吾始而信之，繼而疑之，終且恨之。夫趙之兵力誠厚矣，然而情見勢屈，人懷疑貳之心，疑則必變，貳則必離，不變不離，亦居少數，此而加之運動，將不戰而自斃。計不出此，屈己求和，使滿奴得滿其慾望而後止。吾不能不疑蒲、羅之和趙，非怯趙兵力，實戚趙釋放也。且不能不疑蒲、趙之協約，非定於釋放之後，乃定於釋放之前也。【略】

三謂對付趙之手段不必照約履行也，奪其權而圖之，趙爾豐未必能行；卽行矣，兵未必從；兵從矣，藏民未必服，卽使一切無慮，而進藏之後，四川不與餉費，終亦無能爲。是説也，欺三尺童子之言也。趙之手段，非蒲、羅諸人之所及也明矣，以朱爲之保障，誰敢正視？厚給軍餉，誰敢不從？大賞齎以買藏民之心，誰敢不服？四川若不供給，立地興問罪之師，朱慶瀾爲之内應，川豈不危乎？且既認西藏爲趙之所有物，則趙自有其處分之權，舉而送之外人，夫誰得而追問之？蓋至此而始悔理想之不足憑，亦已晚矣。近數年來，强鄰越海以經營西藏，其目光之所注射，固不在西藏也。今我漢族不圖自衞則已，苟圖自衞，卧榻之側顧容他人鼾睡耶？趙入藏而川危，大漢亦危，蒲、羅諸人種此禍胎，使我川人爲中外所指摘，誠牛馬奴隸之不若也。吾願與七千萬同胞，起而共擊之，吾願與大漢聯邦軍政府，起而共擊之。

《趙爾豐宣布四川自治文宣統三年十月七日》 爾豐不德，【略】四川雖自治以後，困難問題方如循環之不知所終。爾豐雖將離去，【略】因是之故，遂難自默。幸以吾言爲然，實爲四川將來之福；苟以吾言爲非，吾亦聊盡臨別之誼。

第一、奉告人民：於乎！我至親愛之父老子弟，亦知今日之四川，爲破壞之四川乎？亦知今日以後之四川，爲四川人自治之四川乎？往日受治於國家，地方而不治，國家之患也。今日四川人自治，地方而不治，四川人之患矣。以今日之大勢，卽地方已治已安，猶有種種恐怖刺激之事；若益之以内患，四川其能久存乎？爾豐對於四川之將來，良有無窮莫大之希望。然内患而不速寧，恐眼前便難自保。【略】

第二、奉告我軍人：於乎！我至辛苦之新舊軍將校士卒，亂起以來，苦我將校士卒至矣！今日以後，四川歸四川人自治，軍隊多爲四川子弟，有應保全四川全體之責，而爲四川全體盡捍衞之義務。亂而速定，我軍人其可稍休；如其未能，抑有外侮之來，以四川子弟對於四川人盡

當盡之義務，吾恐後此軍人之勞，或什百於今日。【略】

安輯人民，撫恤士卒，則當事諸君子乏職責也。於此奉告我當事諸君：於乎！爾豐不德，愧對四川，其能補爾豐之過，而出四川人於水火者，惟望諸君矣。【略】爾豐以可爲之四川付之諸君，即以至大之責任委之諸君，今日以後即爲自治之日，即爲諸君担荷之日，爾豐雖去此，屬望無窮。知諸君必有塞爾豐之望，且必有以塞吾四川父老子弟之望也。

《成都四川軍政府宣布獨立書宣統三年十月七日》 吾漢族苦壓制久矣，今一旦脫專制之羈絆，爲政治之改革，豈非吾川人日夜所禱求而引以自任者耶！

夫川人以爭路與政府相抵抗，猛厲進行，萬死不顧，不二、三月間，天下土崩，各省次第宣告獨立。吾川燦爛光華之大漢獨立軍政府亦於今日告其成。此非吾同胞之同心協力，軍人之一致進行，而吾人因得以食其果歟！此後增進人民之幸福，發揚大漢之威靈，當與吾川七千萬人共謀之。

惟有一言以正告於吾川七千萬人者，則大漢四川獨立軍政府之宗旨，基於世界之公理、人道之主義，組織共和憲法，以鞏固我大漢聯邦之帝國而與世往極，所當與吾川七千萬人子子孫孫共守之。

黃帝紀元四千六百九年十月初七日，軍政府告。

中華民國誕生分部

綜述

《東方雜誌》第八卷第十一號《平佚〈臨時政府成立記〉》 一 臨時政府之組織

武漢倡義甫一月，而湘秦晉滇贛黔浙蘇桂皖粵閩各省先後回應，宗旨雖同，機關互異，當事者以對內對外之不可不亟謀統一也，乃往返電商，籌議組織。先由鄂軍黎都督通電各省，請派員到鄂會議。浙軍湯都督、蘇軍程都督亦致電滬軍陳都督，略謂【略】吾國急宜仿照美國第一次方法，於上海設立臨時會議機關，磋商對內對外善要方法。【略】

十月初旬，代表之行抵上海者凡十省：其贛粵桂三省，則以鄂省先有請派之議，逕至武昌。此十三省，均贊成組織臨時政府統馭全國之說。即由十省代表在上海會議，先推武昌爲中央軍政府，並提議武昌既爲中央軍政府，各代表即應前赴武昌，惟滬上仍留一通信機關，以便接洽機要。

當代表團未全體到鄂之先，各省軍政府以代表到鄂尚需日時，外交應付不容稍緩，乃先後電致鄂垣，凡民軍佔領各省，公推黎都督爲民國中央政府代表，而以鄂省爲暫時民國中央政府，凡與各國交涉，有關民國全體大局者，均由黎都督代表一切。【略】

各省代表既由滬議決前赴武昌，即於（宣統三年）十月初十日（11月30日），在武昌會議，全體贊成於臨時政府未成立以前，推舉鄂軍都督爲中央軍政府大都督。惟時漢陽於初七日（27日）失守，鄂省軍務正在吃緊，而民軍旋於十二日（12月2日）攻取南京，情形不同，則臨時政府地點，不得不稍事變易。【略】由是南京爲臨時政府地點，滬鄂兩處會議固已同歸一致矣。惟大元帥一職，則黃興君一再謙讓，改由黎都督暫任。【略】

各省代表既議定以南京爲臨時政府地點，遂先後齊集南京。初擬二十六（16日）選舉臨時大總統，嗣又詳細研究，以爲先已選舉大元帥，可以暫時執行臨時大總統職務，故暫從緩。遂由各代表逐日開會，議商臨時政府條件。至十一月初十日（12月29日），乃開正式選舉總統大會。【略】孫君提倡革命，奔走海外凡二十年。自武昌起義以後，民軍首領曾發電敦促回國。江蘇程都督復以組織政府非孫莫屬爲言，當時各省均贊成此說。孫君於初七日（26日）抵滬，至是遂被舉爲中華民國第一期大總統。

二 南京政府之成立

孫文君既當選爲臨時大總統，南京各省代表團即發電敦促就任，孫總統遂於陽曆1月1號，即舊曆十一月十三日，攜同顧問員，由滬專車赴寧。下午十時，行就任禮。【略】孫總統既就任，即著手於組織內閣。初三日正式宣布：陸軍總長黃興，次長蔣作賓。海軍總長黃鍾瑛，次長湯薌銘。司法總長伍廷芳，次長呂志伊。財政總長陳錦濤，次長王鴻猷。外交總長王寵惠，次長魏宸組。內務總長程德全，次長居正。教育總長蔡元培，次長景耀月。實業總長張謇，次長馬君武。交通總長湯壽潛，次長于右任。部中職員分薦任、委任兩項，卽由部長組織，先後報告成立。而議和全權代表，則仍委任伍廷芳、温宗堯接任。政府成立，應設參議院，以爲立法機關。照代表團所議臨時政府組織大綱，參議院應由各省都督府所派參議員組織，業經通電選派。【略】

孫總統以政府成立，所有一切法律命令，亟須編訂，而公布法律命令，亦宜設立機關，因提議創設法制院，併發行臨時政府公報。旋由參議院將法制院職制議決施行，而公報亦同時發布。於是對內對外立法執行各機關，漸臻完備矣。

至政治上之設施，軍政則頒布臨時軍律，限制各省招兵，內務則整頓全國警察，保護人民財產，財政則取締各省借款，發行全國公債，以及教育之頒行辦法，外交之保護外人，凡此卓犖諸大端，已漸收整齊劃一之效。而作戰方略，則議定以鄂湘爲第一軍，由漢京鐵道前進；寧皖爲第二軍，向河南前進；淮揚爲第三軍，煙臺爲第四軍，向山東前進；秦皇島合關外之軍爲第五軍，山陝爲第六軍，向北京前進。聯各省之勁旅，聽指令於中央，整飭戎行，師行有日矣。適和議已將告成，遂不出發。

《庸言》第一卷第四号《林長民〈參議院一年史〉》 第一章 參議院之沿革

參議院之設，最初根據於中華民國臨時政府組織大綱之規定。【略】初，革命經月，各省回應者十四。蘇州都督程德全、浙江都督湯壽潛，遣人會於上海，通電各省，請以代表來會，謀立統一政府，已革命之省電致都督，未革命者致諮議局。越旬日，代表至者七，所稱『代表聯合會』，又曰『代表團』。議以武昌爲臨時政府所在地，移『代表團』赴之。各省所派，亦有逕赴武昌者，凡十省二十二人，於是有漢口之會議。時漢陽方失，民軍適得南京，則復公議設政府南京。十月末旬，『代表團』東至。十一月十日舉孫文爲臨時大總統。【略】大總統既舉，立法之事悉屬『參議院』。『參議院』以都督所派參議員一省三人組織之。未成立以前，『代表團』代行其職權，是爲『代表團』攝理時代。其後各省參議員續至，自相更迭，未至者每省留代表一人至三人爲代理。蓋代表人數初無定額，江蘇一省三都督各有所選派也。正月末旬，參議員漸集，未革命之省，仍以諮議局所遣與會。公議凡以代表代理參議員者，但得議決事件，無選舉及被選舉院中委員之權。然是議尋廢。參議員既爲都督所選任，實以代表各省政府，是爲地方政府代表時代。二月南北和局成，孫文辭職，舉袁世凱爲臨時大總統。於是北方各省，不戰悉屬民國。蒙古、西藏、青海亦贊同共和，皆得選派參議員矣。三月八日，議定臨時法約，廢組織大綱，改議員額省三人爲五人，內蒙古、外蒙古、西藏員額亦同，惟青海一人。其選舉方法由地方自定之。都督所遣，任職如故，特增額而已。未幾有比國公債之議，議決不足法定人數，復未經三讀會，湖北議員大憤，辭職。江蘇議員亦引去。於是有主張議員當由民選者，謂受都督委任不足代表民意，宜別立民選議院，湖北省議會通電持之尤力。『參議院』乃議決卽現有機關改民選，令各省臨時省議會選舉來代。未有省議員或未選出者，則留都督所遣以竢。自是絡繹交迭，其制漸備。南京政府解職，四月參議院移於北京開會，以迄今日。內外蒙古、青海議員十一人，三人選自本土，餘八人則北京蒙古聯合會之所選出。各省悉選自省議會，是爲民選時代。新疆五人，缺其三。西藏至今未選也。

第二章 參議院成立前後民國之政局及政府之更迭

武昌革命，推黎元洪爲首領，稱『中華民國軍政府鄂軍都督』。其後各省響應，稱都督者咸冠以軍政府名義，然省各獨立，無所統一。黎元洪以首義負時望，衆論咸推戴之。【略】滬軍都督陳其美以軍政府名義，委任伍廷芳、温宗堯爲民國外交總代表，留上海與外國領事交涉。【略】伍廷芳亦自宣言民國政府當在鄂，留數人未行爲通信。比至鄂，則漢陽已失，武昌危在旦夕。聞南京下，則議以南京建設臨時政府，一面仍以黎元洪爲大都督，暫行中央政務。上海通信諸代表，初約不得議決事件，但以『代表團』命爲進止。漢陽耗至，乃聯電趣『代表團』東下。時郵電梗阻，累日不得報，南京新陷，各路軍帥未有所一。蘇州都督程德全移領江寧，稱江蘇都督，初就職，即返旆，亦駐上海。東南各地軍心民心咸企望速立政府，頗咎代表團謀事緩，有激昂者。程德全、湯壽潛、陳其美乃聚議，延留滬代表，至則軍隊森列，以舉大元帥，建設政府爲請。蔡元培臨時受湯壽潛委任爲浙江代表，薦黄興。通信代表以未得赴鄂『代表團』意爲辭，不聽。卒選舉黄興爲『假定大元帥』，黎元洪爲『假定副元帥』。【略】時十月十四日，黄興方自鄂來也。大元帥既舉，得鄂報，乃知『代表團』在漢已有大都督之選定。湯壽潛返杭州，即夕電滬，翻前議。浙軍駐寧者，亦不滿於黄興。二十一日以後，通信代表與東下『代表團』，悉會南京，追認上海大元帥之選舉，遣人迎黄興。黄興固辭。『代表團』連日紛議，乃改選黎元洪爲大元帥，黄興副之。【略】議既決，而孫文適自海外歸，於是復有競選臨時大總統之議。

『代表團』之會於漢口也，漢陽新敗，英國駐漢領事即介南北軍議和，開停戰條件。代表團内議欲留大總統位置以待袁世凱反正，至南京，得黎元洪電，復敦言之，故有組織大綱追加之條。然孫文歸，黄興謙讓，十一月十日卒舉孫文。後三日，改元元年。正月三日，舉黎元洪爲臨時副總統。是日孫文提出國務員於『參議院』，得同意黄興爲陸軍總長，黄鐘瑛爲海軍總長，王寵惠爲外交總長，程德全爲内務總長，陳錦濤爲財政總長，伍廷芳爲司法總長，蔡元培爲教育總長，張謇爲實業總長，湯壽潛爲交通總長，是爲民國第一期内閣。【略】

二月十二日，清帝下詔遜位，於是全國共和之局始成。【略】孫文既履約辭職薦袁世凱，復提三事於『參議院』：

曰：臨時政府地點設於南京，爲各省代表所議定，不能更改。

曰：辭職後，俟『參議院』舉定新總統，親到南京受任之時，大總統及國務員乃行解職。

曰：臨時政府約法，爲『參議院』所制定，新總統當遵守，頒布之一切法律章程非經『參議院』改訂，仍繼續有效。

參議院得咨，報曰：【略】南都之議既定，行選舉，舉袁世凱爲臨

時大總統，黎元洪則復被舉爲副。末旬，遣蔡元培、汪兆銘、宋教仁等爲專使，偕唐紹儀北行迎袁世凱。元培等抵北京，北京兵變，夜襲專使卧所，諸專使僅以身免，乃電南都謂：兵變之事，外人極爲激昂，今日當速建統一政府，其餘盡可遷就，惟求籌一善策以滿南北之望。三月六日，元培等復電請臨時政府暫設北京，袁世凱不必南行受職，定内閣總理，由總理南下組織新内閣，接收交待，即偕參議院北移。【略】

蓋至是南北都之事已再易議，國務總理本爲組織大綱所無，改制約法始置也。後兩日約法全案乃通過於『參議院』。臨時約法既定，其明日袁世凱即以唐紹儀爲國務總理，由孫文提出院議，得同意。十四日，復提出國務員十二人，院議據約法所定十部駁之。於是往返商榷，至二十九日，始以十部十人交議，陸徵祥爲外交總長，趙秉鈞爲内務總長，段祺瑞爲陸軍總長，劉冠雄爲海軍總長，熊希齡爲財政總長，王寵惠爲司法總長，蔡元培爲教育總長，宋教仁爲農林總長，陳其美爲工商總長，梁如浩爲交通總長。惟梁如浩否決之，越數日乃改任施肇基，是爲第二期内閣。視第一期增置農林一部。初區工商爲二，郵電亦别立於交通之外，故爲十二部。藍天蔚長海軍，陳幌長工，劉炳炎長商，范源濂長教育，皆經更定也。陳其美則移交通爲工商，於是南北之見始洽。

新内閣成立。四月一日，唐紹儀南下，孫文解職，「參議院」部署北行。四月末旬，内閣『參議院』悉移北京。當是之時，南北統一，天下望治。紹儀與世凱交親得信任，『參議院』移至北京，開會旬日，紹儀偕國務員等到院，宣政見，即舉内政、外交、改革、維持諸方略一一陳之。於是衆屬耳目財政報告，數目舛錯，議員湯化龍等提出質問，不能答也。王芝祥督直之議起，袁、唐意見亦寖不合。會紹儀南下接收南京政府，約以芝祥爲直隸都督。至京，即以爲請，世凱雅不欲，頗相持。六月十六日，國務院索總理不得，紹儀侵晨行矣！既行，以病爲辭，陸徵祥以外交總長攝總理事。世凱遣使挽紹儀，紹儀不至。二十七日，乃以徵祥任總理提出議院。

時國中政黨有三，曰同盟會，曰共和黨，曰統一共和黨。紹儀新自附

於同盟會。國務員中屬同盟會者六人，紹儀去，同盟會諸人亦多辭職者，謂內閣共負責任，總理非同黨人，政見不一，無從負責，當引去。有持仍任同盟會人爲總理之説者，世凱則曰：『我任人，但問其才不才，不問其黨不黨也。』徵祥無黨，卒通過於『參議院』，世稱爲『超然總理』。同盟會閣員亦卒不可留，同時去職者教育總長蔡元培、農林總長宋教仁、司法總長王寵惠、工商次長王正廷。陳其美始終未至，正廷實代之，至是亦辭。熊希齡、施肇基非同盟會人，適以他故辭職。十部總長缺其六人。七月十八日，以周自齊、章宗祥、孫毓筠、王人文、沈秉堃、胡惟德提出於『參議院』。徵祥躬至述六人事迹，求院中同意。時徵祥任總理已二十日，始至院也，演詞大失衆望。翌日投票，六總長咸否決，於是有不信任陸內閣之説。徵祥亦自請解職。國人以無政府爲懼，頗咎『參議院』，不數日而維持論乃大勝。二十三日復提六人，周學熙長財政，許世英長司法，范源濂長教育，陳振先長農林，朱啓鈐長交通，蔣作賓長工商。獨作賓不得多數同意，餘五人咸可決之。尋以劉揆一任工商總長，是爲第三期內閣。揆一本同盟會人，以入閣故，乃脱黨。趙秉鈞雖入黨無甚關係，劉冠雄則以軍人不與黨爲進退。故第三期內閣亦曰『超然內閣』。徵祥當國兩月，以多病屢請解職。九月二十二日，改任趙秉鈞爲總理，國務員無所更動。然至是政黨形勢已變，同盟會與統一共和黨合併爲國民黨，獨周學熙不隸黨籍，范源濂脱共和黨以自解。是爲第四期內閣。

雜録

孫文《臨時大總統誓詞一九一一年一月一日》 顛覆滿清專制政府，鞏固中華民國，圖謀民生幸福，此國民之公意，文實遵之，以忠於國，爲衆服務。至專制政府既倒，國內無變亂，民國卓立於世界，爲列邦公認，斯時文當解臨時大總統之職。謹以此誓於國民。中華民國元年元旦

孫文《臨時大總統就職宣言一九一一年一月一日》 中華締造之始，而以不才膺臨時大總統之任，夙夜戒懼，慮無以副國民之望。夫中國專制政治之毒，至二百餘年來而滋甚，一旦以國民之力踣而去之，起事不過數旬，光復已十餘行省，自有歷史以來，成功未有若是之速也。國民以爲於內無統一之機關，於外無對待之主體，建設之事，刻不容緩，於是以組織臨時政府之責相屬。自推功讓能之觀念以言，文所不敢任也；自服務盡職之觀念以言，文所不敢辭也。是用黽勉從國民之後，能盡掃專制之流毒，確定共和，以達革命之宗旨，完國民之志願，端在今日。敢披肝瀝膽，爲國民告。

國家之本，在於人民。合漢滿蒙回藏諸地爲一國，如合漢滿蒙回藏諸族爲一人，是曰民族之統一。武漢首義，十數行省先後獨立。所謂獨立者，對於滿清爲脱離，對於各省爲聯合，蒙古西藏意亦同此。行動既一，決無歧趨，樞機成於中央，斯經緯周於四至，是曰領土之統一。血鐘一鳴，義旗四起，擁甲帶戈之士，遍於十餘行省，雖編制或不一，號令或未齊，而目的所在，則無不同。由共同之目的，以爲共同行動，整齊劃一，夫豈甚難？是曰軍政之統一。國家幅員遼闊，各省自有其風氣所宜。前此清廷强以中央集權之法行之，以遂其僞立憲之術。今者各省聯合，互謀自治，此後行政，期於中央政府與各省之關係，調劑得宜。大綱既挈，條目自舉，是曰內治之統一。滿清時代，籍立憲之名，行斂財之實，雜捐苛細，民不聊生。此後國家經費取給於民，必期合於理財學理，而尤在改良社會組織，使人民知有生之樂，是曰財政之統一。以上數者，爲行政之方針，持此進行，庶無大過。

若夫革命主義，爲吾儕所倡言，萬國所同喻，前此雖屢躓，外人無不鑑其用心。八月以來，義旗飆發，諸友邦對之抱平和之望，持中立之態，而報紙及輿論，尤每表其同情。鄰誼之篤，良足深謝。臨時政府成立以後，當盡文明國應盡之義務，以期享文明國應享之權利。滿清時代辱國之舉措，與排外之心理，務一洗而去之。持平和主義，與我友邦益增親睦，使中國見重於國際社會，且將使世界漸趨於大同。循序以進，不爲幸獲。對外方針，實在於是。

夫民國新建，外交內政，百緒繁生，文自顧何人，而克勝此？然而臨時政府，革命時代之政府也，十餘年來以至今日，從事於革命者，皆以

誠摯純潔之精神，戰勝其所遇之艱難。即使後此之艱難，遠逾於前日，而吾人惟保此革命之精神，一往無阻，必使中華民國基礎確立於大地，此後臨時政府之職務始盡，而吾人始可告無罪於國民也。今以與我國民初相見之日，披布腹心，惟我之四萬萬同胞鑒之。

《中華民國臨時約法》　第一章　總綱

第一條　中華民國由中華人民組織之。

第二條　中華民國之主權，屬於國民全體。

第三條　中華民國領土爲二十二行省內外蒙古西藏青海。

第四條　中華民國以參議院、臨時大總統、國務員、法院，行使其統治權。

第二章　人民

第五條　中華民國人民一律平等，無種族階級宗教之區別。

第六條　人民得享有左列各項之自由權：

一、人民之身體，非依法律，不得逮捕、拘禁、審問、處罰。

二、人民之家宅，非依法律不得侵入或搜索。

三、人民有保有財產及營業之自由。

四、人民有言論、著作、刊行及集會、結社之自由。

五、人民有書信秘密之自由。

六、人民有居住、遷徙之自由。

七、人民有信教之自由。

第七條　人民有請願於議會之權。

第八條　人民有陳訴於行政官署之權。

第九條　人民有訴訟於法院，受其審判之權。

第十條　人民對於官吏違法損害權利之行爲，有陳訴於平政院之權。

第十一條　人民有應任官考試之權。

第十二條　人民有選舉及被選舉之權。

第十三條　人民依法律有納稅之義務。

第十四條　人民依法律有服兵之義務。

第十五條　本章所載人民之權利，有認爲增進公益，維持治安，或非常緊急必要時，得依法律限制之。

第三章　參議院

第十六條　中華民國之立法權，以參議院行之。

第十七條　參議院以第十八條所定各地方選派之參議員組織之。

第十八條　參議員每行省、內蒙古、外蒙古、西藏各選派五人，青海選派一人，其選派方法，由各地方自定之。參議院會議時，每參議員有一表決權。

第十九條　參議院之職權如左：

一、議決一切法律案。

二、議決臨時政府之預算決算。

三、議決全國之稅法、幣制及度量衡之準則。

四、議決公債之募集及國庫有負擔之契約。

五、承諾第三十四條、三十五條、四十條事件。

六、答覆臨時政府諮詢事件。

七、受理人民之請願。

八、得以關於法律及其他事件之意見建議於政府。

九、得提出質問書於國務員，並要求其出席答覆。

十、得咨請臨時政府查辦官吏納賄違法事件。

十一、參議院對於臨時大總統，認爲有謀叛行爲時，得以總員五分四以上之出席，出席員四分三以上之可決彈劾之。

十二、參議院對於國務員認爲失職或違法時，得以總員四分三以上之出席，出席員三分二以上之可決彈劾之。

第二十條　參議院得自行集會、開會、閉會。

第二十一條　參議院之會議，須公開之，但有國務員之要求，或出席參議員過半數之可決者，得秘密之。

第二十二條　參議院議決事件，咨由臨時大總統公布施行。

第二十三條　臨時大總統對於參議院議決事件，如否認時，得於咨達後十日內，聲明理由，咨院覆議，但參議院對於覆議事件，如有到會參議員三分二以上仍執前議時，仍照第二十二條辦理。

第二十四條　參議院議長由參議員用記名投票法互選之，以得票滿投票總數之半者爲當選。

第二十五條　參議院參議員於院內之言論及表決，對於院外不負責任。

第二十六條　參議院參議員除現行犯及關於內亂外患之犯罪外，會期中，非得本院許可，不得逮捕。

第二十七條　參議院法由參議院自定之。

第二十八條　參議院以國會成立之日解散，其職權由國會行之。

第四章　臨時大總統副總統

第二十九條　臨時大總統副總統由參議院選舉之，以總員四分三以上出席，得票滿投票總數三分二以上者爲當選。

第三十條　臨時大總統代表臨時政府，總攬政務，公布法律。

第三十一條　臨時大總統爲執行法律，或基於法律之委任，得發布命令，並得使發布之。

第三十二條　臨時大總統統帥全國海陸軍隊。

第三十三條　臨時大總統得制定官制、官規，但須提交參議院議決。

第三十四條　臨時大總統任免文武職員，但任命國務員及外交大使公使，須得參議院之同意。

第三十五條　臨時大總統經參議院之同意，得宣戰媾和及締結條約。

第三十六條　臨時大總統得依法律宣告戒嚴。

第三十七條　臨時大總統代表全國接受外國之大使公使。

第三十八條　臨時大總統得提出法律案於參議院。

第三十九條　臨時大總統得頒給勳章並其他榮典。

第四十條　臨時大總統得宣告大赦、特赦、減刑、復權，但大赦須經參議院之同意。

第四十一條　臨時大總統受參議院彈劾後，由最高法院全院審判官互選九人，組織特別法庭審判之。

第四十二條　臨時副總統於臨時大總統因故去職，或不能視事時，得代行其職權。

第五章　國務員

第四十三條　國務總理及各部總長，均稱爲國務員。

第四十四條　國務員輔佐臨時大總統，負其責任。

第四十五條　國務員於臨時大總統提出法律案、公布法律及發布命令時，須副署之。

第四十六條　國務員及其委員得於參議院出席及發言。

第四十七條　國務員受參議院彈劾後，臨時大總統應免其職，但得交參議院覆議一次。

第六章　法院

第四十八條　法院以臨時大總統及司法總長分別任命之法官組織之。

法院之編制及法官之資格，以法律定之。

第四十九條　法院依法律審判民事訴訟及刑事訴訟。但關於行政訴訟及其他特別訴訟，別以法律定之。

第五十條　法院之審判，須公開之，但有認爲有妨害安寧秩序者，得秘密之。

第五十一條　法官獨立審判，不受上級官廳之干涉。

第五十二條　法官在任中，不得減俸或轉職，非依法律受刑罰宣告或應免職之懲戒處分，不得解職。懲戒條規以法律定之。

第七章　附則

第五十三條　本約法施行後，限十個月內，由臨時大總統召集國會。其國會之組織及選舉法，由參議院定之。

第五十四條　中華民國之憲法，由國會制定。憲法未施行以前，本約法之效力與憲法等。

第五十五條　本約法由參議院參議員三分二以上，或臨時大總統之提議，經參議員五分四以上之出席，出席員四分三之可決，得增修之。

第五十六條　本約法自公布之日施行。臨時政府組織大綱於本約法施行之日廢止。

《中華民國臨時政府組織大綱草案一九一一年十二月十一日》　第一章　臨時大總統

第一條　臨時大總統，由各省都督府代表選舉之，以得票滿投票總數三分之二以上者爲當選。代表投票權，每省以一票爲限。

第二條　臨時大總統，有統治全國之權。

第三條　臨時大總統，有統率海陸軍之權。

第四條　臨時大總統，得參議院之同意，有宣戰媾和及締結條約之權。

第五條　臨時大總統，得參議院之同意，有任用各部部長及派遣外交專使之權。

第六條　臨時大總統，得參議院之同意，有設立臨時中央審判所之權。

第二章　參議院

第七條　參議院以各省都督府所派之參議員組織之。

第八條　參議院每省以三人爲限，其派遣方法，由各省都督府自定之。

第九條　參議院會議時，每參議員有一表決權。

第十條　參議院之職權如左：

（一）議決第四條及第六條事件。

（二）承諾第五條事件。

（三）議決臨時政府之預算。

（四）檢查臨時政府之用出納。

（五）議決全國統一之稅法、幣制及發行公債事件。

（六）議決暫行法律。

（七）議決臨時大總統交議事件。

（八）答復臨時大總統諮詢事件。

第十一條　參議院會議時，以到會參議員過半數之所決爲准，但關於第四條事件，非有到會參議員三分之二之同意，不得決議。

第十二條　參議院議決事件，由議長具報，經臨時大總統蓋印，發交行政各部執行之。

第十三條　臨時大總統對於參議院議決事件，如不以爲然，得于具報後十日內，聲明理由，交令復議。參議院對於復議事件，如有到會參議員三分之二以上之同意，仍執前議時，應仍照前條辦理。

第十四條　參議院議長，由參議員用記名投票法互選之，以得票滿投票總數之半者爲當選。

第十五條　參議院辦事規則，由參議院議訂之。

第十六條　參議院未成立以前，暫由各省都督府代表會代行其職權，但表決權，每省以一票爲限。

第三章　行政各部

第十七條　行政各部如左：

（一）外交部。

（二）內務部。

（三）財政部。

（四）軍務部。

（五）交通部。

第十八條　各部設部長一人，總理本部事務。

第十九條　各部所屬職員之編制及其權限，由部長規定，經臨時大總統批准施行。

第四章　附則

第二十條　臨時政府成立後，六個月以內，由臨時大總統召集國民議會，其召集方法，由參議院議決之。

第二十一條　臨時政府組織大綱施行期限，以中華民國憲法成立之日爲止。

清帝退位分部

綜　述

《黎元洪關於清帝遜位優待條件復上海外交伍總長電一九一二年二月十一日》　蒸電敬悉。優待清室條件，於共和主義，毫無妨礙，敝處極表同情。即令各省反對，亦不過外交之後勁，非與公爲難也。此次議和，我公煞費苦心，不待智者而知，元洪深爲感佩。惟望早日解決，大局幸甚。

附一　伍外長來電一

初四日，得袁内閣正式交來關於清帝退位後之優待條件。查閲大意，與廷前所提交者，無甚出入，惟文句諸多增飾。廷因此事關係重大，特入南京與孫總統面商，並徵求參議院之意見。初五日，已得參議院議決，於袁内閣提交條件，有所修正。茲將參議院議決之條件録呈尊覽：（甲）關於清帝遜位優待之條件。今因清帝贊成共和國體，中華民國於清帝遜位之後，優待條件如左：第一款，清帝遜位之後，尊號仍存不廢，以待外國君主之禮相待。第二款，清帝遜位之後，其歲用四百萬元，由中華民國政府付與。第三款，清帝遜位之後，暫居宮禁，日後移居頤和園，侍衛照常留用。第四款，清帝遜位之後，其宗廟、陵寢，永遠奉祀，由中華民國酌設衛兵，妥慎保護。第五款，清德宗崇陵未完工程，如制妥修，其奉安典禮，仍如舊制，所有實用經費，仍由中華民國支出。第六款，以前宮内所用各項執事人員，可照常留用，惟以後不得再招閹人。第七款，清帝遜位之後，其原有之私産，由中華民國特別保護。第八款，原有之禁衛軍，歸中華民國陸軍部編制，其額數、俸餉，仍如其數。（乙）關於清皇族待遇之條件：一、清王公世爵，概仍其舊。二、清皇族對於中華民國國家之公權及其私權，與國民同等。三、清皇族私産，一體保護。四、清皇族免兵役之義務。（丙）關於滿、蒙、回、藏各族待遇之條件。因滿、蒙、回、藏各民族，贊成共和，中華民國待遇條件如左：一、與漢人平等。二、保護其原有私産。三、王公世爵，概仍其舊。四、王公有生計過艱者，設法代籌生計。五、先籌八旗生計，於未籌定之前，八旗兵弁俸餉，仍舊支放。六、從前營業別住等限制，一律蠲除，各州縣聽其自由入籍。七、滿、蒙、回、藏原有之宗教，聽其自由信仰。以上條件，列於正式公文，由兩方代表，照會各國駐北京公使。以上各條件，已於今晨電達袁内閣。而今晨復得北洋諸將段祺瑞等，及蒙古王公阿王郡王等來電，其所開條件，與袁内閣所提交者，無一字之異。廷已分別復電。要之，此次優待條件，已極寬容，而所必須堅持者，在清帝實行遜位，蓋必如是，而後中華民國之基礎始立，不致有類於虚君位之嫌也。特此布聞，以慰廑系。

附二　伍外長來電二

佳電敬悉。清帝退位後優待條件，現正與袁内閣磋商，大約須俟磋商決定，清帝退位，始見明文。惟近日各處頗有反對優待條件者，廷意若無礙於共和主義，不妨從寬，以期早日了結。尚乞尊處賜教爲感。

雜　録

《清帝退位授袁世凱全權組織臨時共和政府諭宣統三年十二月二十五日》　奉旨：朕欽奉隆裕皇太后懿旨：前因民軍起事，各省回應，九夏沸騰，生靈塗炭。特命袁世凱遣員與民軍代表討論大局，議開國會，公決政體。兩月以來，尚無確當辦法。南北暌隔，彼此相持。商輟於塗，士露於野。徒以國體一日不決，故民生一日不安。今全國人民心理，多傾向共和。南中各省，既倡義於前，北方諸將，亦主張於後。人心所向，天命可知。予亦何忍因一姓之尊榮，拂兆民之好惡。是用外觀大勢，内審輿情，特率皇帝將統治權公諸全國，定爲共和立憲國體。近慰海内厭亂望治之心，遠協古聖天下爲公之義。袁世凱前經資政院選舉爲總理大臣，當茲新舊代謝之際，宜有南北統一之方。即由袁世凱以全權組織臨時共和政府，與民軍協商統一辦法。總期人民安堵，海宇乂安，仍合滿、漢、蒙、回、藏五族完全領土爲一大中華民國。予與皇帝得以退處寬閑，優遊歲月，長受國民之優禮，親見郅治之告成，豈不懿歟！欽此。【略】

朕欽奉隆裕皇太后懿旨。前以大局阽危，兆民困苦，特飭內閣與民軍商酌優待皇室各條件，以期和平解決。茲據復奏民軍所開優禮條件，於宗廟陵寢永遠奉祀，先皇陵制，如舊妥修各節，均已一律擔承。皇帝但卸政權，不廢尊號，并議定優待皇室八旗、待遇皇族四條，待遇滿蒙回藏七條。覽奏尚爲周致。特行宣示。皇族暨滿蒙回藏人等，此後務當化除畛域，共保治安，重覩世界之昇平，胥享共和之幸福。予實有厚望焉。欽此。【略】

朕欽奉隆裕皇太后懿旨，古之君天下者，重在保全民命，不忍以養人者害人。現將新定國體，無非欲先彌大亂，期保義安。若拂逆多數之民心，重啓無窮之戰禍，則大局決裂，殘殺相尋，勢必演成種族之慘痛。降至九廟震驚，兆民荼毒，後禍何忍復言，兩害相形，惟取其輕。此正朝廷審時觀變，痌瘝吾民之苦衷。凡爾京外臣民，務當善體此意，爲全局熟權利害，勿得挾虛憍之義氣，逞偏激之空言，致國與民兩受其禍。著民政部步軍統領姜桂題、馮國璋等，嚴密防範，剴切開導，俾皆曉然於朝廷應天順人，大公無私之至意。至國家設官分職，以爲民極，內列閣府部院，外建督撫司道，所以康保羣黎，非爲一人一家而設，爾京外大小官，均宜慨念時艱，慎供職守，應即責成各長官，敦切誡勸，毋曠官守，用副昔愛撫庶民之至意。欽此。【略】

朕欽奉隆裕皇太后懿旨，前據岑春煊、袁樹勳、陸徵祥等，統兵大員段祺瑞等，電請速定共和國體，以免生靈塗炭等語，現在時局艱危，四民失散，朝廷亦何忍因一姓之尊榮，貽萬民以實禍。惟是宗廟陵寢，關係重要，以及皇室之優禮、皇族之保全、八旗之生計、蒙古回藏之待遇，均應預爲籌畫。着授袁世凱以全權代表，一切辦法，先行迅速與民軍商酌條件，奏明請旨。欽此。袁世凱署名。

《黎元洪關於清帝遜位致各省都督及各軍司令電一九一二年二月十三日》 今日接北京電：清帝已於昨日奉清太后懿旨遜位，宣布共和，合漢、滿、蒙、回、藏爲中華民國。所有清帝遜位之旨及各項條件，容卽電知。

《黎元洪關於清帝退位旨寄各機關電一九一二年二月十三日》 昨接北京袁項城電，稱『本日上諭，朕欽奉皇太后懿旨：前因民軍起事，各省回應，九夏沸騰，生靈塗炭。特命袁世凱遣員與民軍代表，討論大局，議開國會，公決政體。兩月以來，尚無確當辦法，南北暌隔，彼此相持，商輟於塗，士露於野，徒以國體一日不決，故民生一日不安。今全國人民心理，多傾向共和，南中各省，既倡議於前，北方諸將，亦主張於後，人心所向，天意可知。予何忍因一姓之尊榮，拂兆人之好惡？是用外觀大勢，內察輿情，特率皇帝將統治政權，公諸全國，定爲共和立憲國體，近慰海內厭亂之心，遠協古聖天下爲公之義。袁世凱業經資政院選舉爲總理大臣，當茲新舊代謝之際，定有南北統一之方，卽由袁世凱以全權組織臨時共和政府，與民軍協商統一辦法。總期人民安堵，海內乂安。仍令滿、漢、蒙、回、藏五族完全領土，爲一大中華民國，予與皇帝得以退處寬閑，優遊歲月，長受國民之優禮，親見郅隆之告成，豈不懿歟！此旨。宣統三年十二月二十五日。用寶。內閣總理大臣署名』等情。現在國體改更，南北宜視爲一家，民國宜視爲一人。各軍感情，亟宜聯絡，毋令稍有衝突，以昭大信。尤須派員與豫省會齊，恢復山、陝、甘、新各省秩序辦法，並將近情詳告，以免隔膜而生齟齬。

《清帝關於袁世凱托詞時局阽危堅辭受封侯爵諭一九一二年一月》 清帝諭旨1月26日 十二月初八日，內閣奉旨：朕欽奉隆裕皇太后懿旨：內閣總理大臣袁世凱，公忠體國，懋著勤勞。自受任以來，籌畫國謨，匡襄大局，厥功尤偉。著錫封一等侯爵，以昭殊獎，毋許固辭。欽此。

清帝諭旨1月31日 十二月十三日，內閣奉旨：朕欽奉隆裕皇太后懿旨：袁世凱奏：迭奉恩旨，未敢堅辭。懇俟時局稍定，再行受封一摺。知道了。欽此。